KRÖNERS TASCHENAUSGABE BAND 13

PHILOSOPHISCHES WÖRTERBUCH

Begründet von
HEINRICH SCHMIDT

Neu bearbeitet von
PROF. DR. GEORGI SCHISCHKOFF

Zweiundzwanzigste Auflage

ALFRED KRÖNER VERLAG STUTTGART

Schmidt, Heinrich
Philosophisches Wörterbuch.
Neu bearb. von Georgi Schischkoff
22. Aufl. – Stuttgart 1991
(Kröners Taschenausgabe; Bd. 13)
ISBN 3-520-01322-3

Druck von Friedrich Pustet, Regensburg, Graphischer Großbetrieb

AUS DEM VORWORT ZUR 16. AUFLAGE

Mit dieser neuen, umgearbeiteten Auflage blickt das vorliegende „Philosophische Wörterbuch" auf ein 50jähriges Bestehen zurück. Es dient seit nunmehr einem halben Jahrhundert der Aufgabe, den Bestand an philosophischen Begriffen und Problemen, aber auch die Meinungen über sie, sowie die Lehren der einzelnen Denker so darzustellen, daß der Leser auf die Fragen „Um was handelt es sich bei ...?", „Was denkt man heute über ...?" und „Wo kann man mehr darüber nachlesen?" klar und zuverlässig Antwort erhält.
Der im Jahre 1935 verstorbene Begründer des „Philosophischen Wörterbuches", Heinrich Schmidt, Jena, hat diese Aufgabe im Vorwort zur achten, noch von ihm herausgegebenen Auflage (1934), treffend als eine „ewige Aufgabe" bezeichnet. In der Tat bleibt die Philosophie als Gesamtheit der philosophischen Probleme und der Bemühungen um sie ewig im Fluß; immer tauchen neue Gesichtspunkte auf, und die alten Probleme werden von jeder neuen Zeit, von stets neuauftretenden Denkern meist anders gesehen und interpretiert. Die Erfassung des neuesten Standes der philosophischen Entwicklung muß diesem beständig fließenden Fundament von Forschung und Interpretation Rechnung tragen.

Daher galt es, bei der Umarbeitung und vielfachen Ergänzung des Werkes alle modernen Gesichtspunkte und Ansätze aufzuspüren und objektiv an dem bisherigen Erweiterungsprinzip festzuhalten, indem jede Vordergrundstellung einer der modernen philosophischen Strömungen vermieden wurde. Durch die ständige Begriffspräzisierung und die Aufnahme von neuen Artikeln, auf die ich als Herausgeber seit der 14. Auflage besonderen Wert gelegt habe, dürfte dieses wohl klassisch gewordene „Philosophische Wörterbuch", besonders nach der laufenden Einbeziehung des neuesten Schrifttums, eine merkliche Vertiefung und inhaltliche Ausweitung erreicht haben, die dem geistesphilosophischen Charakter der heutigen Philosophie entspricht

Wenn vorliegendes Wörterbuch seit Kriegsende vielleicht das einzige im deutschsprachigen Raum ist, das durch Neuauflagen in kurzen Abständen in der Lage ist, mit der neuesten Begriffsbildung der Philosophie und mit dem Hervortreten neuer Denker und neuer Originalwerke Schritt zu halten, so dürfte seiner Aktualität die Bedeutung einer fortlaufenden Bestandsaufnahme des jeweiligen Entwicklungsstadiums der philisophischen Forschung zukommen, dessen Vielseitigkeit und Objektivität jedoch nur durch die kritische Wachsamkeit der zeitgenössischen Fachkollegen gewährleistet werden kann. Es ergeht in diesem Sinne von neuem der Appell an alle Fachkenner, mich von allen gelegentlich festgestellten Lücken und Ungenauigkeiten durch konkrete Hinweise wissen zu lassen, wofür im voraus ergebenst gedankt wird.

Durch einen Pfeil (→) ist überall dort auf andere Artikel verwiesen, wo erwartet wird, daß der Benutzer diese Verweisartikel auch wirklich liest. Dagegen bedeutet „→ auch ...", daß die Lektüre der betreffenden Artikel nützlich sein kann, aber nicht unbedingt notwendig ist. Bei Stichwörtern auf fremden Sprachen steht, wenn sie abweichend vom Deutschen betont werden, unter dem Vokal oder Diphthong der betonten Silbe ein Punkt. Da keine Abkürzungen verwendet wurden, deren Sinn nicht ohne weiteres verständlich wäre, konnte auf die Beigabe eines Abkürzungsverzeichnisses verzichtet werden. Zur Vereinfachung der Angaben über oft zitierte Werke aus „Kröners Taschenausgabe" (KTA) und Forschungsbeiträgen der „Zeitschrift für philosophische Forschung" (ZphF) wurden die hier in Klammern stehenden Abkürzungen verwendet.

am 16. Okt. 1961 *Dr. G. Schischkoff*

VORWORT ZUR 19. AUFLAGE

Bei der Vorbereitung dieser neuen Auflage mußte jene zum Teil praktische Umorientierung der Philosophie seit Anfang der 60er Jahre besonders berücksichtigt werden, die ihren sichtbaren Ausdruck darin findet, daß aktuelle Fragen der soziologischen, politologischen und kulturpolitischen Bereiche in zunehmendem Maße in die philosophischen Interpretationen einbezogen wurden. Haben sich die Vertreter dieser Fachbereiche gezwungen gesehen, ihre theoretischen und empirischen Studien zu einer Grundlagenforschung auszuweiten, die zugleich auf eine aktuelle Praxis hinführen sollte, so konnten sie ihrerseits nicht umhin, nach neuen methodischen Wegen zu suchen und diese tiefer als zuvor philosophisch-anthropologisch zu interpretieren. Die erst eingeleitete Umorientierung der Philosophie erweist sich dadurch als eine Begegnung philosophischer Tradition mit den auf konkrete Praxis hinzielenden Humandisziplinen, die sich vorläufig jedoch auf eine formale Praxiologie beschränken. Denn sie alle befinden sich in einer ersten Phase der Selbstkritik, die sie dazu zwingt, ihren Gegenstand näher zu bestimmen und sich als legitime Fachdisziplinen auszuweisen. Diese Übergangsphase gilt vom Standpunkt der Philisophie in gleichen Maßen für Soziologie, Politologie und Ideologiekritik.

Kennzeichnend für die Entwicklung der letzten Jahre ist auch die Zunahme der Veröffentlichungen und Fachtagungen über Wissenschaftstheorie, zur kritischen Widerentdeckung positivistischer Fragestellungen und der formallogischen Behandlung des Wertproblems im Rahmen semantischer und symbollogischer Untersuchungen zur Beziehung vom Sein und Sollen. Wenn auch diese von England und den USA ausgegangenen Bestrebungen hauptsächlich im Theoretischen steckenbleiben, ist die dadurch geforderte Neuformulierung und präzise Problemstellung zu alten Begriffen der Philosophie nicht zu verkennen. Man kann diese Entwicklung nur in den Bereichen als praktisch fruchtbar bezeichnen, in denen es sich um wissenschaftstheoretische Bemühungen von Vertretern einzelner Fachdisziplinen handelt, die von der Theorie gleich zu Anwendungen auf genau fixierte Strukturen überzugehen in der Lage sind. Das gilt insbesondere für die Methodenlehre der Naturwissenschaften, der Modelltheorie, Kybernetik, analytischen Philosophie u. a.

Die soeben beschriebenen Entwicklungsabläufe der neuesten Zeit haben das Interesse an der klassischen Philosophie jedoch kaum beeinträchtigt. Deshalb wurden die meisten Begriffsartikel in der vorliegenden 19. Auflage nicht neugefaßt, sondern um neue Aspekte erweitert. Dies gilt vor allem für die Grenzüberschreitung zu den obengenannten Humandisziplinen, wobei hauptsächlich philosophische Gesichtspunkte in den Vordergrund gestellt wurden. Da es aber zweckmäßig erscheint, sich diese Begriffe auch von der fachlichen Seite anzusehen, sei die Benützung der im Kröner-Verlag erschienenen Fachwörterbücher – etwa der Soziologie (KTA 410), der Psychologie (KTA 269), der Pädagogik (KTA 94), Wörterbuch der Antike (KTA 96) u. a. sowie der angegebenen Literatur zu soziologisch-politologischen, informationstheoretischen und naturphilosophischen Stichworten besonders empfohlen.

Im gleichen Maße, wie moderne Strömungen neue Vertreter des Faches namhaft gemacht haben, wurde auch die Zahl der Personenartikel erweitert, wobei in der Hauptsache an jene Universitätslehrer gedacht wurde, deren Veröffentlichungen neuen Stoff zur aktuellen Diskussion liefern. Bei dem begrenzten Umfang des Bandes mußte eine engere Auswahl aus den Vertretern fremdsprachiger Philosophie getroffen werden, wobei große historische Persönlichkeiten im Vordergrund stehen mußten, während Gegenwartsdenker anderer Länder nur aufgrund aktueller Bedeutung in der deutschen philosophischen Literatur der Gegenwart, nicht jedoch auch Modephilosophen, Berücksichtigung fanden.
Was den fachlichen Charakter des „Philos. Wörterbuchs" betrifft, ist es zwar auf dem Niveau der Universitätsphilosophie gehalten, mit dem Vorsatz, daß die gleichzeitig erstrebte Allgemeinverständlichkeit der Formulierungen die Präzision der Begriffsbeschreibungen nicht schmälern darf. Es sind darüber hinaus zusätzliche Erklärungen gegeben, durch welche einzelne schwerverständliche Begriffe gebildeten Laien zugänglich gemacht werden. Dieses Einhalten des streng fachlichen Niveaus gilt jedoch nicht auch für Fachbegriffe anderer Disziplinen, etwa der Naturwissenschaften, die hauptsächlich natur*philosophisch,* nicht jedoch auch fachtheoretisch erläutert werden. Dafür gibt es Spezialwörterbücher, während den Benützern des vorliegenden Wörterbuchs vereinfachte, leichter verständliche Beschreibungen geboten werden. Bei Angaben etwa über physikalische Begriffe wurden absichtlich nur kurze Hinweise auf deren mathematische Darstellung angeführt, wodurch eine zwar nicht immer genaue, aber im naturphilosophischen Zusammenhang widerspruchsfreie, mühelos zugängliche Erklärung übermittelt wird.

Wie bei allen seit 1957 von mir besorgten Neuauflagen konnte ich auch dieses Mal wertvolle Anregungen sowie Textstücke zu einzelnen Artikeln von jüngeren Fachkollegen aus dem Mitarbeiterkreis der beiden von mir herausgegebenen Zeitschriften empfangen und mitverarbeiten. Ihnen allen und jenen aufmerksamen Benutzern des „Philosoph. Wörterbuchs", die mir Hinweise auf Druckfehler und auf kleine sinnstörende Auslassungen im Text zukommen ließen, sei an dieser Stelle aufrichtig gedankt!

Januar 1974 *Prof. Dr. Georgi Schischkoff*

VORWORT ZUR 22. AUFLAGE

Mit dem Erscheinen dieser Neuauflage besteht das „Philosophische Wörterbuch" seit nahezu 80 Jahren. Es ist mir vergönnt, dabei auf 33 Jahre meiner Herausgeberschaft zurückzublicken, die ich im Frühjahr 1957 mit der 14. Auflage begonnen habe und mit der vorliegenden Auflage niederlege. Ich meine feststellen zu dürfen, daß diese lange Periode konsequenter Weiterführung dieses alten Nachschlagewerkes, in der die Aufbauarbeit von einem und demselben Herausgeber geleistet wurde, der Sache selbst zugute gekommen ist, und hoffe, daß auch in Zukunft Kontinuität und Einheitlichkeit der Konzeption die leitenden Maßstäbe bei der Betreuung und Weiterentwicklung des so bewährten und beliebten Werkes sein mögen.
Auch diese neue Auflage wurde gründlich überprüft, um neue Literaturangaben ergänzt und hinsichtlich der Präzisierung von Daten auf den neuesten Stand gebracht. Da ich seit mehreren Jahren krankheitshalber daran gehindert war, die Bearbeitung der Neuauflage durchzuführen, haben sich im Auftrag des Verlages und mit meinem Einverständnis inzwischen Frau Margot Fröschle, Frau Antje Gimmler und Herr Thomas Herfurth insbesondere um die Überprüfung und Aktualisierung der Literaturangaben verdient gemacht. Diesen jungen Kollegen und vielen Ordinarien des Faches und Benutzern des Wörterbuches möchte ich meinen verbindlichen Dank sagen für Anregungen und Hilfen zur Erweiterung des Bandes während der vergangenen 33 Jahre.

Wasserburg am Inn,
November 1990 *Prof. Dr. Georgi Schischkoff*

ALLGEMEINES ABKÜRZUNGSVERZEICHNIS

(Literaturangaben)

Akad.	Akademie
allg.	allgemein
Abh.	Abhandlung(en)
Abt.	Abteilung
amerik.	amerikanisch
Anh.	Anhang
Anm.	Anmerkung(en)
Ausg.	Ausgabe
Ber.	Berichte
Bibl.	Bibliographie
Diss.	Dissertation
dt.	deutsch
Einf.	Einführung
Einl.	Einleitung
engl.	englisch
Erg.	Ergänzung
frz.	französisch
Gesch.	Geschichte
Hb.	Handbuch
hl.	heilig
int.	international
ital.	italienisch
Jb.	Jahrbuch
Jh.	Jahrhundert
lat.	lateinisch
mal./MA	mittelalterlich/Mittelalter
NF	Neue Folge
niederl.	niederländisch
österr.	österreichisch
Philos.	Philosophie/philosophisch
Repr.	Reprint
russ.	russisch
St.	Studien
Suppl.	Supplement
theol.	theologisch
u.	und
Übers.	Übersetzung
Unters.	Untersuchung(en)
wiss./Wiss.	wissenschaftlich/Wissenschaft(en)
Zt.	Zeitschrift

ZEITSCHRIFTENABKÜRZUNGSVERZEICHNIS

Allg. Z. Philos.	Allgemeine Zeitschrift für Philosophie
Amer. J. Philol.	The American Journal of Philology
Amer. J. Psychiatry	American Journal of Psychiatry
Anz. für die Altertumswiss.	Anzeiger für die Altertumswissenschaft
Arch. Begriffsgesch.	Archiv für Begriffsgeschichte
Arch. filos.	Archivio di filosofia
Arch. Gesch. Philos.	Archiv für Geschichte der Philosophie
Arch. hist. doctr. litt. moyen-âge	Archives d'histoire doctrinale et littéraire du moyen-âge
Arch. Hist. Ex. Sci.	Archive for the History of Exact Sciences
Arch. Philos.	Archiv für Philosophie
Arch. Rechts- u. Sozialphilos.	Archiv für Rechts- und Sozialphilosophie
Arch. Rel.wiss.	Archiv für Religionswissenschaft
Bl. dt. Philos.	Blätter für deutsche Philosophie
Brit. J. Philos. Sci.	The British Journal for the Philosophy of Science
Class. J.	The Classical Journal
Class. Quarterly	Classical Quarterly
Dt. Z. Philos.	Deutsche Zeitschrift für Philosophie
DVjs	Deutsche Vierteljahrsschrift für Literaturwissenschaft und Geistesgeschichte
Franciscan Stud.	Franciscan Studies
Human Biol.	Human Biology
HZ	Historische Zeitschrift
Jb. f. Philos. u. spek. Theol.	Jahrbuch für Philosophie und spekulative Theologie
Jb. Hess. Kirchengesch. Vg.	Jahrbuch der hessischen kirchengeschichtlichen Vereinigung
J. Brit. Soc. Phenomenol.	The Journal of the British Society for Phenomenology
J. Eccles. Hist.	Journal of Ecclesiastical History
J. Hist. Philos.	Journal of the History of Philosophy
J. Hist. Ideas	Journal of the History of Ideas
J. Philos.	The Journal of Philosophy
J. Philos. Log.	Journal of Philosophical Logic

Kant-St.	Kant-Studien
Mus. Helv.	Museum Helveticum. Schweizerische Zeitschrift für klassische Altertumswissenschaft
Neue H. Philos.	Neue Hefte für Philosophie
Orientalia christ. period.	Orientalia christiana periodica
Philol.	Philologus
Philos. Bibl.	Philosophische Bibliothek
Philos. Jb.	Philosophisches Jahrbuch
Philos. Nat.	Philosophia Naturalis
Philos. Phenom. Res.	Philosophy and Phenomenological Research
Philos. Quart.	The Philosophical Quarterly
Philos. Rev.	The Philosophical Review
Philos. Sci.	Philosophy of Science
PhLA	Philosophischer Literaturanzeiger
Phys. Bl.	Physikalische Blätter
Psychol. Beitr.	Psychologische Beiträge
Psychol. Rev.	Psychological Review
Rech. théol. et médiévale	Recherches de théologie ancienne et médiévale
Rev. ét. grec.	Revue des études grecques
Rev. int. philos.	Revue internationale de philosophie
Stud. Ital. Filol. Class.	Studi italiani di filologia classica
Stud. Leibn.	Studia Leibnitiana
Stud. Philos.	Studia Philosophica
Tübing. theol. Quart.	Theologische Quartalsschrift
Z. f. Psychol.	Zeitschrift für Psychologie
ZphF	Zeitschrift für philosophische Forschung

A ist A, formale Schreibweise für den Satz der → Identität.

A ist nicht non-A, formale Schreibweise für den Satz des → Widerspruchs.

Abälard(us), Petrus, scholast. Theologe und Philosoph, * 1079 Palet bei Nantes, † 21. 4. 1142 Kloster St. Marcel bei Châlon. Bekannt durch seinen unglücklichen Liebes- und Ehebund mit Heloïse, der Nichte des Kanonikus Fulbert in Paris, der ihn aus Rache entmannen ließ. Mitbegründer und Hauptvertreter der scholast. Methode, bes. durch seine dialektische Schrift *„Sic et non"* (Ja und Nein). Im Universalienstreit milderte er den extremen Nominalismus seines Lehrers Roscelinus zum Konzeptualismus, in der Theologie suchte er Glauben und Wissen zu versöhnen. In seiner Ethik vertrat er den Standpunkt, daß es nicht auf die Werke, sondern auf die Gesinnung ankomme. – Hauptwerke: Dialectica (entst. 1118–1137), 1616, [2]1970; Sic et non (entst. zw. 1121 und 1140), 1851 (Repr. 1981); Ethica seu liber dictus scito te ipsum (entst. nach 1129), 1616 (Repr. 1970), dt. 1947; Theologie vom höchsten Guten (lat.-dt.), hg. 1988 (PhB 395); Opera, I–II, Paris 1849/1859 (Repr. 1970); P. A.s philos. Schriften, I–IV, 1919–33.

E. Gilson, Héloise et Abélard, Paris 1938, dt. 1955; L. Grane, P. A. – Philos. u. Christentum im MA, 1969 (dän. 1964); M. W. Tweedale, Abailard on Universals, Amsterdam/New York 1976; T. Rudolf, P. A., 1980.

Abbagnano, Nicola, ital. Existenzphilosoph, * 15. 7. 1901 Salerno, † 9. 9. 1990 Mailand, seit 1936 Prof. in Turin, fand (nach → Michelstaedter) als erster in seinem Lande den Weg zum existenzphilosophischen Ansatz; definierte Existenz als „Seinssuche in welcher der Mensch unmittelbar engagiert ist", wobei jede authentische existenzielle Entscheidung einen Versuch darstellt, im Jetzt eine Einheit zwischen Vergangenheit und Zukunft zu stiften, in der sich der Sinn der Entscheidung verwirklicht. – Hauptw.: *Il principio della metafisica,* 1936; *La struttura dell' esistenza,* 1939; *Introduzione all'esistenzialismo,* 1942, [8]1972, dt. u. d. T. Philosophie des menschl. Konflikts, 1957; *Esistenzialismo positivo,* 1948; *Filosofia, religione, scienza,* [2]1967; *Storia della filosofia,* 3 Bde., [3]1974; *Problemi di sociologia,* [2]1967; *Per o contro l'uomo,* 1968. – B. Maiorca, *Bibliografia degli scritti di e su N. A. (1923–73),* Turin 1974.

M. A. Simona, La notion de liberté dans l'existentialisme positif de N. A., Fribourg 1962; A. Dentone, La ‚possibilità' in N. A., Mailand 1971.

Abbildtheorie, erkenntnistheoretische, bis auf Demokrit zurückgehende Lehre, nach der die Erkenntnis ein Spiegelbild des zu Erkennenden ist. Sie läßt sich hauptsächlich im Rahmen materialistischen Denkens vertreten, so z. B. im englischen Sensualismus und im französ. Materialismus des 18. Jhdts. Die neuere Psychologie lehrt, daß sich zwar die uns begegnenden Dinge zu der physikalischen → Wirklichkeit verhalten wie ein Bild zu dem von ihm Abgebildeten, daß sie aber nicht als etwas Bildartiges, also auf etwas eigentlich Wirkliches Hinweisendes erlebt werden (→ Wahrnehmung), sondern als die ich-unabhängige → Wirklichkeit selbst. Eine besondere Deutung der A. liegt der dialektisch-materialistischen Erkenntnistheorie zugrunde, bei der davon ausgegangen wird, daß sie sich in der höheren Nerventätigkeit durch physiopsychologische, neurophysiologische und neurokybernetische Forschung nachweisen läßt. Die A. des Satzes ist zentraler Bestandteil der Philosophie → Wittgensteins im Tractatus. Ein Satz bildet nach Wittgenstein strukturell ein Stück → Wirklichkeit ab; er ist ein „logisches Bild" eines Ausschnittes der Wirklichkeit.

W. I. Lenin, Materialismus u. Empiriokritizismus, 1957 (russ. 1909); E. Müller, Das Abbildungsprinzip, 1912; N. Hartmann, Grundzüge einer Metaphysik der Erkenntnis, 1921; A. Willwoll, Seele u. Geist, 1938; A. J. Ayer, The Problem of Knowledge, London 1956; E. Stenius, Wittgenstein's Tractatus, Oxford 1960, dt. 1969; P. V. Simonov, Widerspiegelungstheorie u. Psychophysiologie der Emotionen, 1975; H. H. Holz, Dialektik u. Widerspiegelung, 1983.

Abduktion, neben nicht-deduktiver → Induktion eine Form des Schließens (→ Deduktion), zum ersten Male von S. Peirce 1867 in seinem Werk „On the natural classification of arguments" beschrieben. Es ist das formale Schließen von dem Resultat (conclusio) und der Regel (major) auf den gegebenen Fall (minor), also von der Wirkung auf die Ursache. A. ist Bestandteil jeder wissenschaftlichen Hypothesenbildung.

J. v. Kempski, C. S. Peirce u. der Pragmatismus, 1952; J. Habermas, Erkenntnis u. Interesse, 1968; K. T. Fann, Peirce's Theory of A., Den Haag 1970; K.-O. Apel, Der Denkweg des C. S. Peirce, 1975.

Abendland (Okzident), die westliche Hälfte der Alten Welt, im übertragenen Sinne der Raum, den diejenigen Völker bewohnen, die die Kultur des A. aufgenommen haben. A. und *Morgenland* zusammen bilden die beiden Halbkreise des „orbis terrarum", sind – grob gesprochen – die weiße und schwarze Hälfte des Erdkreises, entsprechend den Farben der beiden Brüder Kastor und Pollux. Die a.sche Kultur ist aus einer Verbindung von griechisch-römischer Antike (→ Griechische Philosophie) und dem Christentum (→ Christliche Philosophie) hervorgegangen u. bildet das die Völker des A. einigende Band. Die Kultur des A. hat starke Einwirkungen auf die Kulturen anderer Erdteile gehabt, die stärksten während des Mittelalters. Seit Beginn der Neuzeit hat das A. seine Kultur gegen den einseitigen Rationalismus der → Aufklärung zu verteidigen. Seit Beginn des 20. Jh.s spricht man von einem Niedergang, ja von einem Untergang des A., dessen Kultur von zwei Seiten bedroht sei: von der sog. Amerikanisierung bzw. Technisierung des Lebens (→ Technik) und vom Materialismus in der Form des sowjetrussischen → Bolschewismus.

O. Spengler, Der Untergang des A.es, I–II, 1918/22; B. Russell, History of Western Philosophy, New York 1945, dt. 1950; A. v. Scheltema, Die geistige Mitte. Umrisse einer abendländ. Kulturmorphologie, 1947; H. Freyer, Weltgesch. Europas, I–II, 1948; J. Plenge, Die Altersreife des A.es, 1948; K. Muhs, Gesch. des abendländ. Geistes, I–II, 1950/54; F. Borkenau, Ende u. Anfang: von den Generationen der Hochkulturen u. von der Entstehung des A.es, hg. 1984.

Abgeschiedenheit, in der deutschen Mystik Ausdruck für die Abkehr von der Welt und das dadurch erreichte Mitsichselbsteinssein der Seele. „Wer unbetrübt und lauter sein will, der muß eines haben, Abgeschiedenheit" (Meister Eckhart). A. ist keine asketische Weltflucht, sondern fromme, werktätige Weltüberlegenheit.

E. Schaefer, Meister Eckeharts Traktat „Von A.", 1956.

Abhängigkeit → Funktion, Relation.

abnorm, regelwidrig, d. h. von der Regel (Norm) abweichend, über das Normale hinausgehend. Gleichbedeutend mit anomal (gesetzwidrig) gebraucht, – insbesondere in der Psychologie als Bezeichnung für seelische Störungen solange sie die Grenze zur akuten Erkrankung nicht überschreiten.

ab ovo (lat., „vom Ei an"), von den allerersten Anfängen an; Ausdruck von Horaz.

Abschattung, in der Phänomenologie eine der Arten, in der ein Ding in Erscheinung tritt. Jedem Ding ist eine große Zahl von Wahrnehmungsabwandlungen zugeordnet, in denen es sich „abschattet".

absolut (lat., „abgelöst"), frei von allen Beziehungen, Bedingungen; unabhängig, unbedingt, uneingeschränkt, vollkommen, schlechthin, rein. – Gegensatz: → relativ. Philosophisch am wichtigsten ist das metaphysisch A.e, das gefaßt wird u. a. als: a.er Geist, d. h. höchste Weltvernunft (bei Hegel), a.e Persönlichkeit, d. h. Gott (im Christentum), a.er Wert (im metaphysischen Idealismus seit Platon), a.e Sittlichkeit, d. h. kategorischer Imperativ od. Pflichtgesetz (bei Kant), a.es Ich, d. h. überindividueller Kraftgrund des Einzelwesens (bei Fichte). A.e Geltung hat, was unabhängig davon gilt, ob es erkannt oder gewußt ist. So gelten in der Logik die Denkprinzipien (z. B. Satz von der Identität) a.: „Sind zwei Größen einer dritten gleich, so sind sie auch untereinander gleich". In manchen Philosophien findet das A.e keinen Platz, so im → Materialismus und den auf ihn zurückführbaren Systemen.

J. Möller, Der Geist u. das A.e. Zur Grundlegung einer Religionsphilos. in Begegnung mit Hegels Denkwelt, 1951; G. Huber, Das Sein u. das A.e. Studien zur Gesch. der ontolog. Problematik in der spätantiken Philos., 1955; W. Cramer, Das A.e u. das Kontingente, 1959; D. Henrich, Der ontolog. Gottesbeweis, 1960; W. Cramer, Die absolute Reflexion, I–II, 1966/67; H. Radermacher, Fichtes Begriff des A.en, 1970; B. Brenk, Metaphysik des einen u. a.en Seins. Mitdenkende Darstellung der metaphys. Gottesidee des späten Max Scheler, 1975; D. Henrich/R.-P. Horstmann, Hegels Logik d. Philos. Religion u. Philos. in der Theorie des a.en Geistes, 1984.

Abstammungslehre (Deszendenztheorie, vom lat. *descendere,* „herabsteigen"), versucht über die Abstammung der verschiedenen jetzt lebenden Lebewesen und ihrer Arten im Wandel der vorangegangenen Generationen der Lebewesen und deren Arten Auskunft zu geben, sie entweder sämtlich aus einer Urart (monophyletische [griech.], einstämmige A.) oder aus mehreren (polyphyletische [griech.], mehrstämmige A.) abzuleiten. Die Verwerfung der Lehre von der Konstanz der Arten und damit die beinahe allgemeine Anerkennung der A. setzte sich durch → Darwin, bes. sein Werk „Der Ursprung der Arten" (1859), durch. Sachliche Belege der A.: Befunde der vergleichenden Anatomie, Physiologie und Entwicklungsgeschichte jetzt lebender Arten sowie Funde ausgestorbener Arten seitens der Paläontologie. Hauptrichtungen der Ausdeutung dieser Belege innerhalb des Gesamtrahmens der A.: 1. Katastrophentheorie Cuviers, wonach mehrmals vorhandene Arten zugrunde gingen und neu entstanden (eigentlich noch verstecktes Beibehalten der Konstanz der Arten), 2. Umwelt- oder Anpassungslehre: a) passives Angepaßtwerden durch Kräfte der Außenwelt bei im Grunde erhaltener Konstanz der Arten nach Lamarck, b) aktives Sichanpassen und Sichdurchsetzen an und in der Umwelt durch Ausnutzung und Beibehaltung von an sich zufälligen, aber günstigen Wandlungen nach Darwin, 3. Erblichkeitslehre, wonach Hauptträger des Abstammungswandels die gegenüber Umwelteinflüssen weitestgehend unbeeinflußbare Erbanlage (Genotypus) des betr. Lebewesens bzw. seiner Art ist, die sich nur durch Verschmelzung verschiedener Erbanlagen bei der geschlechtlichen Zeugung ändern kann. Die A. ist von weiteren Funden der Paläontologie sowie Ergebnissen der Vererbungswissenschaft abhängig. Schon jetzt hat die A. jedoch nicht nur das organische, sondern auch das geistig-kulturelle Weltbild entscheidend beeinflußt.

H. Conrad-Martius, Ursprung u. Aufbau des lebendigen Kosmos, 1938, ab [2]1949: A.; H. Weinert, Entstehung der Menschenrassen, 1938; H. Weinert, Der geistige Aufstieg der Menschheit vom Ursprung bis zur Gegenwart, 1940; G. Heberer (Hg.), Die Evolution der Organismen, 1943; O. Kuhn, Die Deszendenztheorie, 1947; B. Rensch, Neuere Probleme der A., 1947; O. H. Schindewolf, Fragen der A., 1947; G. Heberer, Was heißt heute Darwinismus?, 1949; G. G. Simpson, The Meaning of Evolution, New Haven 1949; W. Zimmermann, Evolution, 1953; L. Eiseley, The Immense Journey, New York 1957, dt. 1969; H. Querner u.a., Vom Ursprung der Arten, 1969; M. Diehl, A., 1976, [2]1980.

abstrahieren (vom lat. *abstrahere,* „fortschleppen"), abziehen, absehen von etwas. Das A. hat „die Bedeutung, daß aus dem Konkreten nur zu unserem subjektiven Behuf ein oder das andere Merkmal so herausgenommen werden, daß mit dem Weglassen so vieler anderer Eigenschaften und Beschaffenheiten des Gegenstandes denselben an ihrem Wert und ihrer Würde nichts benommen sein solle ..." (Hegel).

abstrakt (lat. „abgezogen") heißt nach allgem. Sprachgebrauch alles rein Gedachte bzw. Gedankliche, insofern es gegenüber dem unmittelbar Erlebten, Angeschauten, Wahrgenommenen, Gefühlten, d. h. dem → Konkreten, abgeblaßt, unanschaulich, vermittelt, begrifflich geartet ist; im tadelnden Sinne auch svw. lebensfern, wirklichkeitsentfremdet; → Intellektualismus. Im philos. Sinne ist a.: 1. das sachliche Ergebnis jedes Denkens, im Sinne von → Abstrahieren, 2. alles Begriffliche (→ Begriff) gegenüber allem Nichtbegrifflichen.

Abstraktion (lat. „Abziehung") im weiteren Sinne heißt ein Denkvorgang, der von etwas Erlebtem, Wahrgenommenem, Vorgestelltem im Verlaufe des Denkens etwas fortnimmt und den Rest für sich heraushebt, um ihn in weiteren Denkschritten anwenden zu können, z. B. vom Gesamtbild eines Menschen das Unwesentliche weglassen, um den Kern seines Wesens festzustellen. A. im engeren Sinne heißt ein Denkvorgang, der vom Einzelnen, Zufälligen, Unwesentlichen absieht und das Allgemeine, Notwendige, Wesentliche heraushebt, um zu wissenschaftlich objektiver Erkenntnis zu gelangen. Die A. ist das Mittel der Begriffsbildung.

R. Schottlaender, Recht u. Unrecht der A., in ZphF, VII, 1953; G. Siewerth, Die A. und das Sein nach der Lehre des Th. v. Aquin, 1958; R. Hönigswald, A. und Analysis, 1961; E. Oeser, Begriff und Systematik der A., 1969.

absurd (lat. „falsch tönend"), ungereimt, sinnlos, widersinnig, widerspruchsvoll. *Ad absurdum* führen: den logischen Widersinn in einer → Argumentation aufzeigen, um diese zu widerlegen. – Seit dem zweiten Weltkrieg wird das A.e häufig als ein Merkmal der Seinsstellung des Menschen bezeichnet; vgl. A. Camus, *Le mythe de Sisyphe* (*essai sur l'absurde*, 1942, dt. 1950). „Das A.e entsteht aus der Gegenüberstellung des Menschen, der fragt, und der Welt, die vernunftwidrig schweigt"). Zum Theater des A.en werden vor allem die Dramen S. Becketts, E. Ionescos und J. Genets gezählt.

G. Rensi, La filosofia dell' assurdo, Mailand 1937; J.-P. Sartre, L'être et le néant, Paris 1943, dt. 1952; J. Möller, A.es Sein?, 1959; M. Esslin, The Theatre of the A., London 1962; W. F. Haug, J.-P. Sartre u. die Konstruktion des A.en, 1966; B. Rosenthal, Die Idee des A.en. F. Nietzsche u. A. Camus, 1977; M. Rath, Albert Camus: Absurdität u. Revolte, 1984.

abundant (lat.), „überfließend", sind die Merkmale bei einer → Definition, die nicht notwendig sind.

Abulie (griech. „Willenlosigkeit"), Willensschwäche, Entschlußunfähigkeit, kommt bei Melancholie, Hypochondrie und Neurasthenie vor, kann bisweilen auch durch Widerstreit von Vorstellungen und Gefühlen oder in scheinbar ausweglosen Situationen durch die Überzeugung von der Nutzlosigkeit alles Tuns hervorgerufen werden.

Achilleus, berühmter Trugschluß des Eleaten Zenon, durch den er nachweisen wollte, daß es wirkliche Bewegung nicht gäbe. Der schnelle Achill könne eine Schildkröte nie einholen, wenn diese auch nur einen geringen Vorsprung habe; denn er müsse in jedem einzelnen Augenblick erst noch den Punkt erreichen, von dem im gleichen Augenblick die Schildkröte bereits aufbricht. Der Vorsprung, den die Schildkröte hat, werde zwar immer kleiner, könne aber niemals gleich Null werden. – Der Irrtum liegt in der Verwechslung und Vertauschung des gedachten zeitlichen Nacheinander mit dem konkreten räumlichen Hintereinander, bzw. in der Verkennung der Tatsache, daß die nur mathematisch unendliche Teilbarkeit einer Strecke oder einer Zeitlänge nichts gegen deren konkrete Endlichkeit besagt.

B. Black, Achilles and the Tortoise, in: Analysis 11 (1951); G. Ryle, Dilemmas, Cambridge 1954, dt. 1970; W. C. Salmon (Hg.), Zeno's Paradoxes, Indianapolis 1970 (mit Bibl.).

Achsenzeit, eine von K. Jaspers geprägte Bezeichnung für den antiken Wendepunkt der Menschheitsgeschichte, an dem sich – etwa zwischen 800 und 300 – in allen Kulturen (China, Indien, Iran, Judäa, Griechenland) das Auftreten von Denken und kritischen Reflexionen ereignet hat, womit gegenüber Mythos und starrer Traditionsgebundenheit eine selbstbewußte kulturelle Aktivität einsetzte. Durch den Begriff A. vollzog sich eine Absage an die traditionelle, christlich motivierte Auffassung von Universalgeschichte, die nur für den christlichen Kulturbereich galt, so daß die Menschheitsgeschichte und ihre Anfänge nunmehr einheitlich verstanden werden.

K. Jaspers, Vom Ursprung und Ziel der Gesch., 1949 [8]1983; G. Simon, Die Achse der Weltgesch. nach K. Jaspers, Rom 1965; L. Franke, Die A. als Wendepunkt zur Idee. K. Jaspers und G. Simmel, in: ZphF 26 (1972); R. Moritz/H. Rüstau/G.-R. Hoffmann (Hgg.) Wie und warum entstand Philos. in verschiedenen Regionen der Erde?, 1988.

actio, Wirken, Tätigkeit; eine der aristotelischen → Kategorien. actio transiens: Wirken nach außen, auf einen anderen Gegenstand; actio immanens: Wirken nach innen, auf sich selbst (bes. der → Entelechie beim Lebewesen).

actus purus (lat. „reines Wirken", → Akt), Identität von Sein und Wirken, Wirklichkeit ohne alle Potentialität und Passivität. Der Begriff geht auf Aristoteles zurück und wurde von der Scholastik zur Bestimmung Gottes verwendet; Gott ist alles, was er sein kann, ohne daß eine seiner Möglichkeiten unverwirklicht bleibt.

Adam Kadmon, → Kabbala.

Adaptation (Adaption, vom lat. *adaptare,* „anpassen"), → Anpassung, → Koadaptation.

adäquat (vom lat. *adaequare,* „gleichmachen"), gleichkommend, übereinstimmend, angemessen. Eine Vorstellung ist a., wenn sie mit der Gegebenheit, auf die sie sich bezieht, übereinstimmt, wenn sie „richtig" ist. In diesem Sinne sagt Thomas von Aquino, die Wahrheit sei die Übereinstimmung (lat. *adaequatio*) von Gegenstand und Einsicht. Gegensatz: inadäquat.

additiv (vom lat. *addere,* „hinzufügen"), summenhaft, keine Ganzheit bildend.

Adelhard von Bath (auch Adelard), engl. Scholastiker, * um 1090 Bath bei Bristol, † nach 1160, nahm eine zw. Plato und Aristoteles vermittelnde Stellung ein und lehrte, daß die Universalien mit dem Einzelnen zusammenfallen und daß es auf die Betrachtungsweise des Erkennenden ankomme, ob er das Besondere oder das Gleichartige an den Dingen wahrnehme. Schrieb u. a. *„De eodem et diverso"*, hrsg. v. H. Willner, 1903.

F. Bliemetzrieder, A. v. B., 1935.

ad hoc (lat. „für dieses"), hierfür, nur für diesen einen Zweck bestimmt; aus dem Augenblick heraus, → spontan.

ad hominem demonstrieren oder **argumentieren** (lat.), auf den Menschen hin beweisführen, d. h. nicht rein sachlich, sondern unter Inrechnungstellung der Fassungskraft eines bestimmten Menschen oder einer Gruppe von Menschen.

Adiaphoron (Mehrzahl *Adiaphora;* griech. „nicht Unterschiedenes"), das Gleichgültige, Belanglose, nach der Lehre der Kyniker und Stoiker das zwischen Gut und Böse, Tugend und Laster Liegende, das sittlich gleichgültig sei. Der Stoiker Zeno lehrt: „Von dem, was existiert, besteht ein Teil in Gütern, ein anderer in Übeln, ein dritter in Adiaphora . . ., das sind: Leben und Tod, Ehre und Unehre, Lust und Schmerz, Armut und Reichtum, Gesundheit und Krankheit und dergl." Im 16. Jh. ging lange Zeit ein Adiaphoristenstreit zwischen Anhängern des Melanchthon und orthodoxen Lutheranern, wie Flacius, der behauptete, daß es in Glaubenssachen kein A. („Mittelding") gäbe. Für die Ethik gibt es nach Fichte kein A.

ad infinitum (lat.), „ins Unendliche".

Adler, Alfred, Psychiater, * 7. 2. 1870 Wien, † 28. 5. 1937 Aberdeen, Begründer der → Individualpsychologie, nach der das Seelenleben vom Geltungsdrang und Streben nach Überlegenheit im gesellschaftlichen Verhalten bestimmt ist. Die Überwindung daraus entstehender Konflikte hängt ab von der Stärke des mitwirkenden Gemeinschaftsgefühls, bzw. von der Fähigkeit und Einsicht des einzelnen, negative Selbstwertgefühle (Minderwertigkeitskomplexe) auszukompensieren (Kompensationstheorie). Hrsg. der „Intern. Zschr. f. Indiv.-Psychologie", 1917–1937. – Hauptwerke: Menschenkenntnis, 1927; The Education of the Children, 1930, dt. 1976.

A. Rühle-Gerstel, Freud u. A., 1924; H. Orgler, A. A., London 1939, dt. 1974; H. Sperber, A. A. oder Das Elend der Psychologie, 1970; R. Schmidt (Hg.), Die Individualpsychologie A. A.s, 1982; D. Horster, A. A. zur Einf., 1984; J. Rattner, A. A. zu Ehren, 1986.

Adler, Max, Soziologe, * 15. 1. 1873 Wien, † 28. 6. 1937 das., hielt den Marxismus für die konsequenteste Form der von ihm als eine kausale Wissenschaft vertretenen Soziologie. Er suchte sie unter Zuhilfenahme kantischer methodischer Gedankengänge kritisch-erkenntnistheoret. zu stützen. Schrieb u. a.: Kausalität und Teleogie im Streite um die Wissenschaft, 1904; Marx als Denker, 1908, [3]1925; Das Soziologische in Kants Erkenntniskritik, 1925; Das Rätsel der Gesellschaft, 1935. – H. Schroth/H. Exenberger (Hgg.), M. A. – Eine Bibl., 1973.

P. Heintel, System u. Ideologie. Der Austromarxismus im Spiegel der Philos. M. A.s, 1967.

ad oculos demonstrieren (lat.), etwas so anschaulich erklären, daß es gleichsam „vor Augen" liegt.

Adorno, Theodor W., Philosoph u. Soziologe, * 11. 9. 1903 Frankfurt/M., ab 1949 Prof. das., † 6. 8. 1969 Visp (Wallis), wird zur → Frankfurter Schule gerechnet; von der Voraussetzung eines unvermeidlichen Endes der prima philosophia und der überflüssigen Wiederholung geschichtlich längst erledigter Ideologien ausgehend, sucht A. ein zur gesellschaftlichen Praxis kritisch gerichtetes Denken. – Hauptw.: Kierkegaard. Konstruktion des Ästhetischen, 1933, [2]1962; Philosophie der neuen Musik, 1949, [2]1958; Minima Moralia. Reflexionen aus dem beschädigten Leben, 1951, [2]1962; Zur Metaphysik der Erkenntnistheorie. Studien über Husserl und die phänomenologischen Antinomien, 1956; Einleitung in die Musiksoziologie, 1962; Drei Studien zu Hegel, 1963; Eingriffe. Neue kritische Modelle, 1963; Noten zur Literatur, 3 Bde., 1958–65; Jargon der Eigentlichkeit, 1965; Seine „Negative Dialektik", [2]1967, versucht die Hegelsche Dialektik unter Aufnahme Kierkegaardscher und besonders Kantscher Motive negativ zu wenden und sie von den affirmativen Aspekten der Identitätsphilosophie zu befreien. Ästhetische Theorie, 1970; Soziol. Schriften, 1971; Ges.-Ausg. in 20 Bdn, 1967ff.; Briefwechsel m. E. Krenek, 1975.

M. Horkheimer (Hg.), Zeugnisse. T. W. A. zum 60. Geburtstag, 1963; H. Schweppenhäuser (Hg.), T. W. A. zum Gedächtnis, 1971 (mit Bibl.); F. Böckelmann, Marx u. A., 1972; T. Koch, Negative Dialektik. Kontroverse über T. W. A., 1973; F. Grenz, A.s Philos. in Grundbegriffen, 1974; G. Kaiser, Benjamin, A. – Zwei Studien, 1974; J. S. Narski, Die Anmaßung der negativen Philos. T. W. A.s, 1975; H. L. Arnold (Hg.), T. W. A., 1977 (mit Bibl.); G. Figal, T. W. A. – Das Naturschöne als spekulative Gedankenfigur, 1977; J. F. Schmucker, A. – Logik des Zerfalls, 1977; R. Szibovski, A.s Musikphilos., 1978; K. Sauerland, Einf. in die Ästhetik A.s, 1979 (mit Bibl.); U. Guzzoni, Identität oder Nicht. Zur krit. Theorie der Ontologie, 1981; H. Mörchen, A. u. Heidegger, 1981; L. v. Friedeburg/J. Habermas, A.-Konferenz 1983, 1984 (mit Bibl.); H. Gripp, T. W. A. – Erkenntnisdimensionen negativer Dialektik, 1986; R. Wiggershaus, T. W. A., 1987; Ulrich Müller, Erkenntniskritik u. Negative Metaphysik bei A., 1988.

Advaïta (sanskr., „ohne ein zweites"), Nichtzweiheit, All-Einheit; a.-mata (Lehre von der Nicht-Zweiheit), der in der ind. Philosophie in zahlreichen Spielarten vertretene Monismus, → Vedanta, Schankara.

K. Cammann, Das System des A. nach der Lehre Prakasatmans, 1965; E. Deutsch, A. Vedanta. A Philosophical Reconstruction, Honolulu 1969; K. H. Potter (Hg.), Encyclopedia of Indian Philosophies, III: A. Vedanta up to Samkara and his Pupils, New Delhi 1981.

Aegidius Romanus, scholast. Philosoph u. Theologe, * 1243 und 1247 Rom, † 22. 12. 1316 Avignon, seit 1295 Erzbischof von Bourges. Seine Lehre, die 1287 zur Doktrin der Augustinereremiten (deren Ordensgeneral er seit 1292 war) erklärt wurde, beruht auf augustinisch-thomistischer Grundlage. In dem Traktat *„De ecclesiastica sive de summi pontificis potestate“* (hrsg. v. U. Oxilia u. G. Boffito, Florenz 1908) bildet er die thomistische Lehre von der päpstlichen Gewalt in einseitiger Weise fort.

A. Maier, Metaphys. Hintergründe der spätscholast. Naturphilos., Rom 1955; A. M. Hewson, Giles of Rome and the Medieval Theory of Conception, London 1975.

Affekt (lat. „Angetansein“), d. h. → Gemütsbewegung, die durch Erregung des Gefühls, Mitgerissensein des Willens, mitunter weitgehende Ausschaltung des klaren Denkens und seines Einflusses unheilvoll gekennzeichnet ist (im Falle vieler A.handlungen) und sich von der → Leidenschaft durch geringere Dauer und geringere seelische Tiefe unterscheidet, zu der sich der A. oft wie die Wirkung zur Ursache verhält.

Der A. ist eine lebensgesetzlich notwendige Äußerung der Menschennatur; A.losigkeit verrät ebensosehr Lebensschwäche wie unbeherrschter A. Lebensunreife; wird der A. gänzlich unterdrückt oder die lösende Haltung gehemmt, so entsteht der „verdrängte“ oder „gehemmte“ A. (→ Komplex), der oft krankhafte Auslösungen sucht.

Schon die griech. Philosophen beschäftigten sich mit den A.en, versuchten sie in Gruppen einzuteilen und ethisch zu bewerten. Dem klassischen Ideal der Besonnenheit entsprach es, daß die A.e als schädlich bekämpft wurden, so bes. von den Stoikern; Aristoteles und Thomas forderten nur Mäßigung der Affekte. Auch die christliche Asketik verlangte, die A.e zu unterdrücken, da sie die Empfindung für das Sündhafte schwächen. Erst die Renaissance entdeckte die eigentlich positiven Seiten der A.e. Die Gegenwart ist davon überzeugt, daß ohne starke A.e schöpferische Leistungen nicht vollbracht werden können. In der Psychologie spielte die Lehre von den A.en bis zum Ausgang des 19. Jh. eine große Rolle.

K. Bernecker, Krit. Darstellung der Gesch. des A.begriffs, Diss. Greifswald, 1915; H. Apfelbach, A.dynamik, 1927; G. Mall, Konstitution u. A., 1936; M. Forschner, Die pervertierte Vernunft. Zur stoischen Theorie der A.e, in: Philos. Jb. 87 (1980).

Affinität (v. lat. *affinitas,* „Grenznähe“), die Wesensverwandtschaft zweier Größen und die dadurch bewirkte Anziehung, Berührungs- und Verbindungsmöglichkeit. – Bei Kant ist A. der „Grund der Möglichkeit der Assoziation des Mannigfaltigen, sofern er im Objekte liegt“, und zwar ist diese A. transzendental.

Affirmation (lat.) „Bejahung“, affirmativ, bejahend, ist ein Aussagesatz, in welchem dem Subjekt ein Prädikat zugesprochen wird; z. B. die Wiese ist grün. Gegensatz: → negativ.

affizieren (vom lat. *afficere,* „hinzutun“), erregen, beeinflussen. Nach Kant muß der Gegenstand „das Gemüt auf eine gewisse Weise a.“, damit eine Erkenntnis zustande kommt.

a fortiori (lat.) „vom Stärkeren her“, eine Beweisführung, die das in Frage Stehende als gesicherter ansieht als etwas, das bereits mit hinlänglicher Sicherheit bewiesen ist.

Agápe, gr., Liebe, auch Nächstenliebe (lat. „caritas"), im Unterschied zum → Eros und dessen Antrieb zur Vervollkommnung bedeutet A. das einfache Sich-zufrieden-Geben mit den Dingen, eine freie Entscheidung für das Geringere. Wesentlicher Begriff in der Philosophie Plotins (Enneaden, VI, G).

J. B. Lotz, Die drei Stufen der Liebe: Eros, Philia, A., 1971.

Agens (vom lat. *agere,* „in Bewegung setzen"), das, (Mehrzahl: Agentien), wirkendes Wesen, treibende Kraft.

agere sequitur esse, scholastisch. Grundsatz: Das Wirken folgt dem Sein, setzt das Sein voraus, keine Tätigkeit ohne zugrunde liegende Substanz; Gegensatz: Aktualitätstheorie.

Aggregat (v. lat. *aggregare,* „zur Herde scharen"), Anhäufung, Haufe, entstanden durch bloße Aneinander- oder Aufeinanderhäufung (Aggregation) von Teilen ohne innere Verbundenheit. Gegensätze: → Organismus, → System.

K. Lasswitz, Gesch. der Atomistik vom MA bis Newton, I–II, 1890 (Repr. 1963); F. Kaulbach, Philos. der Beschreibung, 1968.

Agnosie (griech. „Unwissen"), Nichtwissen, bei Sokrates der Anfang, bei den Skeptikern das Ergebnis des Philosophierens; → docta ignorantia.

Agnostizismus (vom griech. *agnostos,* „unbekannt"), die Lehre v. der Unerkennbarkeit des wahren Seins, d. h. von der Transzendenz des Göttlichen (→ deus absconditus) im weiteren Sinne von der Unerkennbarkeit der Wahrheit und der Wirklichkeit überhaupt. Der A. leugnet die Metaphysik als Wissenschaft und ist insoweit für den kantischen Kritizismus und für den Positivismus kennzeichnend.

R. A. Armstrong, Agnosticism and Theism in the Nineteenth Century, London 1905; Ernst Mayer, Dialektik des Nichtwissens, 1950; A. Konrad, Unters. zur Kritik des phänomenalis. A. u. des subjektiven Idealismus, 1962; H. R. Schlette (Hg.), Der moderne A., 1979; K. D. Ulke, Agnost. Denken im Viktorian. England, 1980.

Agricola, Rudolf, Humanist, * 23. 8. 1443 Baflo bei Groningen, † 27. 10. 1485 Heidelberg, bedeutsam durch scharfe Kritik d. Scholastik und vorbildliche Herausstellung des neuen geistigen Stils des Humanismus, wodurch er die folgenden Humanisten und bes. auch Melanchthon stark beeinflußte. Seine Schriften erschienen 1539 in Köln (2 Bde., hrsg. von Alardus).

A. Faust, Die Dialektik R. A.s, in: Arch. Gesch. Philos. 34 (1922); C. Vasoli, Dialettica e retorica in R. A., in: Accademia toscana di scienze lettere 22 (1975).

Agrippa von Nettesheim → Nettesheim.

ähnlich sind Gegebenheiten, wenn sie in mehreren Merkmalen (gleich sind sie, wenn sie in allen Merkmalen) übereinstimmen. Da nur ä.e Dinge verglichen werden können (→ tertium comparationis), spielt die Ähnlichkeit im Erkenntnisprozeß eine entscheidende Rolle: der Schritt vom Erkannten in Richtung auf das noch Unerkannte ist nur möglich, wenn zwischen beiden etwas liegt, was dem Erkannten ä. und somit bereits zum Teil erkannt ist. L. Klages führt für die Erfassung von Sinn und Bedeutung von Erlebnisvorgängen den Begriff „elementare Ä.-keit" ein (34. Kapitel im „Geist als Widersacher der Seele", [4]1960). – In der modernen Gestaltpsychologie ist das Zustandekommen eines Ähnlichkeitserlebnisses

(z. B. beim Anhören der Variationen eines musikalischen Themas) ein wichtiges, noch nicht ganz gelöstes Problem.

Ahnung, das unbegründbare Vorherwissen eines kommenden Ereignisses; der „verborgene Sinn für das, was noch nicht gegenwärtig ist" (Kant). Nach F. H. Jacobi erteilt die A. „Weisungen", die die menschliche Vernunft ausmachen. Die Wahrheit sei der Vernunft allein nicht zugängig u. „wo die Weisung auf das Wahre fehlt, da ist keine Vernunft". In diesem Sinne hat A. Ähnlichkeit mit dem in der Lebensphilosophie wichtigen Begriff der → Intuition.

I. Kant, Von einem neuerdings erhobenen vornehmen Ton in der Philos., 1796; J. F. Fries, Wissen, Glauben u. Ahndung, 1805; G. H. Schubert, Über Ahnen u. Wissen, 1847; A. Görland, Religionsphilos., 1922; M. Keilhacker, Entwicklung u. Aufbau der menschl. Gefühle, 1947.

Akademie (v. griech. *akademeia*), vorgriech. Name (Bedeutung unbekannt) einer bei Athen gelegenen Flur (akademos), nach welcher Platon seine 385 v. Chr. dort gegründete Philosophenschule benannte, die 529 n. Chr. v. Kaiser Justinian geschlossen wurde (→ Platonismus). 1459 stiftete Cosimo von Medici in Florenz eine neue Platonische A., deren Haupt Marsilio → Ficino war. Sie bestand bis 1521. In ihr wirkten griech. Gelehrte, die nach d. Eroberung Konstantinopels (1453) nach Italien geflohen waren und zahlreiche bis dahin in Westeuropa unbekannte Platon-Texte mitbrachten (→ Cambridger Schule). In der Neuzeit versteht man unter A. eine Forschungsanstalt od. eine Vereinigung zur Förderung von Wissenschaften und Künsten, wobei das Prädikat „akademisch" für Lehre und Forschung nicht mehr den A.n, sondern den Universitäten und Hochschulen vorbehalten wird.

H. Cherniss, The Riddle of the Early Academy, Berkeley/Los Angeles 1945, dt. 1966; H. Herter, Platons A., 1946; W. Wühr, Das abendländ. Bildungswesen im MA, 1950; O. Seel, Die platon. A., 1953; A. Weische, Cicero u. die Neue A., 1961.

Akasha, in der ind. Philosophie der Äther oder die als materiell vorgestellte Raumsubstanz.

Akkomodation (lat. „Angleichung"), → Anpassung.

Akosmismus (aus griech. a, „nicht" u. kosmos, „Welt"), Weltlosigkeit, philos. u. rel. Lehre, die die Nichtigkeit der Welt behauptet; sie findet sich am reinsten in der ind. Vedanta-Philosophie und in dem akosmischen Idealismus Berkeleys. – A. nannte Hegel den Pantheismus Spinozas, weil darin Gott die einzige Wirklichkeit, alles übrige aber nur → Akzidenz sei. Als A. wird auch der Spiritualismus bezeichnet, der die Realität der Außenwelt leugnet.

akroamatisch (vom griech. *akroamatikos,* „hörbar"), zum Anhören bestimmt, wurden die Schriften des Aristoteles genannt, die aus Vorträgen entstanden sind; bei der a.en Lehrweise hört der Schüler nur zu. Gegensatz: → erotematisch oder dialogisch (→ Dialog).

Akt (vom lat. *actus,* „das Getriebenwerden"), ein zeitlich begrenzter u. qualitativ bestimmbarer, vom Gefühl gesteuerter Teilvorgang im Strom des Erlebens (→ auch Realität). Bei → Palágyi und → Klages die zeitenthobene, im Strom des Erlebens nur Grenzen fixierende Tat des Geistes. A.e von qualitativ gleicher Art bilden zusammen je eine A.klasse, z. B. Denka.e, Willensa.e, Erinnerungsa.e. Über A.werte in der Ethik → Zwecktätigkeit. Über A.charakter in der Phänomenologie → Intention. Die → Potenz verhält sich zum A. – beide ursprünglich aristotelische Kategorien – wie Möglichkeit zu Wirklichkeit (→ auch Neuthomismus).

L. Fuetscher, A. u. Potenz, 1933; L. Lavelle, De l'acte, Paris 1937; M. F. Sciacca, Atto ed essere, Rom 1956, dt. 1964; J. Stallmach, Dynamis u. Energeia. Unters. am Werk des Aristoteles zur Problemgesch. von Möglichkeit u. Wirklichkeit, 1959; H. J. Krämer, Die Ältere A., in: Grundriß der Gesch. der Philos. (begr. v. F. Ueberweg), Antike, III, 1983.

Aktbewußtheit, ein Wissen vom seelischen Erlebnis als solchem (→ Akt). Die A. fehlt in der Regel dem Erlebnis, wenn es sich um ein passives handelt. Aber wenn ich z. B. auf das Schlagen einer Uhr lausche, so erlebe ich auch mein Hören. – Jedes bewußte Tun ist von A. begleitet.

Aktion (lat. „Handlung"), Tätigkeit, Tat.

Aktivismus (lat.), 1. Anschauung, nach der das Wesen des Menschen nicht auf Betrachten, sondern auf tätige Gestaltung seiner Umwelt gerichtet ist; 2. sittliche Forderung, daß stets von der Betrachtung zur Tat, von der Theorie zur Praxis geschritten werden muß (so bei Kant, Fichte, Nietzsche, Marx, Lenin u. a.). Aktivist ist einer, der sich für die Erreichung der politischen Ziele seiner Partei persönlich stark einsetzt.

Aktivität (vom franz. *activité,* „Tatkraft"), Wirksamkeit, tätiges Verhalten. Gegensatz: → Passivität.

Aktpsychologie, die bes. von F. Brentano, C. Stumpf und A. Höfler vertretene Psychologie, die bei den seelischen Erlebnissen zwischen Inhalt und → Akt unterscheidet. Seine Bedeutung erhalte das Erlebnis erst durch sein Gerichtetsein auf den gemeinten („intendierten") Gegenstand (→ Intention).

Aktualisierung (neulat.), Verwirklichung; Übergang aus dem Zustand der Möglichkeit in den der Wirklichkeit.

Aktualitäts-Theorie (Aktualismus), die zuerst von Heraklit vertretene Lehre, daß ein unveränderliches Sein nicht möglich, daß alles Sein vielmehr ewiges Werden, lebendiges Geschehen sei. Auch Leibniz lehrt, „daß eine Substanz natürlicherweise überhaupt nicht untätig sein kann". Die psychologische A. lehnt sowohl die materialistische Zurückführung des Seelenlebens auf physiologische Vorgänge als auch die aristotelisch-scholastische Lehre von einer immateriellen Seelensubstanz ab und nimmt statt dessen psychische Akte ohne zugrunde liegende Substanz an. Darüberhinaus vertritt die metaphysische A. den Standpunkt, daß alle Wirklichkeit letztlich auf Akte, Tätigkeiten ohne zugrunde liegende Substanz zurückzuführen ist (Wundt, Paulsen), widerspricht also dem Prinzip → agere sequitur esse. Daher wird die A. in der modernen Auffassung, etwa seit O. Külpe, als Gegensatz zur Substanzialitätslehre (→ Substanz) verstanden.

aktuell (aus franz. *actuel,* „wirklich") auch aktual, wirksam, gegenwärtig, unsere augenblicklichen Interessen betreffend, vordringlich.

Akzidens (vom lat. *accidentia,* „das plötzlich Eintretende"), das nicht Wesentliche, das Wechselnde, „Zufällige", das auch wegbleiben kann, ohne daß sich dadurch das Wesen eines Dinges (das „Essentielle") änderte (z. B. ist eine „unwesentliche“ Eigenschaft eines Dinges ein A.).

akzidentiell (vom lat. *accidens,* „anfallend“), akzidental, akzidentell, zufällig, unwesentlich, nebensächlich. Gegensatz: → essentiell.

Alain, Deckname von Emile Chartier, franz. Philosoph, * 3. 3. 1868 Mortagne (Orne), † 3. 6. 1951 Paris als Prof. am Lyzeum Henri IV (seit 1933), gehörte zu den bedeutendsten Moralisten der Gegenwart, vertrat eine betont optimistische Lebensphilosophie. „Wollen heißt wagen und beharren ... Nichts ist unmöglich; widmet euch ganz dem gegenwärtigen Tun, und in den Grenzen der menschl. Kräfte und eurer eigenen Mittel werdet ihr erlangen, was ihr wollt.“ Seine Betrachtungen erschienen in Form von Aphorismensammlungen u. d. T.: *„Les propos d'A.“* in 23 Bdn. Weitere Hptw.: *81 chapitres sur l'esprit et les passions,* 1917; *Système des Beaux-Arts,* 1920; *Les idées et les âges,* 2 Bde., 1927, [2]1943; *Histoire de mes pensées, in La Nouvelle Revue Française,* Febr.–April 1936. – Auswahl aus A.s Schriften, dt. 1932 u. d. T.: „Lebensalter u. Anschauung“. Gedanken über die Religion, 1948.

A. Maurois, A., Paris 1950; S. Dewit, A. Essai de bibl., 1893–juin 1961, Brüssel 1961; A. Bridoux, A., sa vie, son œuvre, 1964; G. Pascal, L'idée de philos. chez A., Paris 1970; O. Reboul, L'élan humain ou l'éducation selon A., Montreal/Paris 1974; A. Carnec, A. et J. J. Rousseau, Paris 1977; A. Sernin, A., Paris 1985.

Alanus ab Insulis (Alain de Lille), frz. Scholastiker, * 1120 Lille, † 1203 Citeaux, entwarf ein streng deduktives System der Theologie nach math.-axiomatischer Methode und gab in einem Lehrgedicht („Anticlaudianus“, neu hrsg. v. Th. Wright, London 1872) eine Enzyklopädie des gesamten theol. u. nichttheol. Wissens seiner Zeit.

M. Baumgartner, Die Philos. des A. de I., 1896; J. Huizinga, Über die Verknüpfung des Poetischen mit dem Theologischen bei A. de I., Amsterdam 1932; M.-T. d'Alverny, A. de L., Paris 1965; G. de Lage, A. de L., Poète du XII siècle, Montréal/Paris 1951; G. R. Evans, Alan of Lille. The Frontiers of Theology in the Late Twelfth Century, Cambridge 1983.

Albert der Große (lat. Albertus Magnus), Graf Albrecht von Bollstädt, Ehrenname „Doctor universalis“, * 1193 (1207) Lauingen a. d. Donau (Schwaben), † 15. 11. 1280 Köln, umfassendster Gelehrter des MA., bedeutsam durch seine anschaulich-kritische Denkart, kein eigentlicher Systematiker. Nach Studien in Italien u. ausgedehnten kirchenamtlichen Reisen seit 1248 mit kurzen Unterbrechungen Lehrer (u. a. von Thomas von Aquino) am Generalstudium der neugegründeten Dominikaner-Universität in Köln. Seine Volkstümlichkeit klingt in mancherlei Legenden nach. Inhaltlich nahm A. sich Aristoteles zum Vorbild und war der erste große christl. Aristoteliker des MA., benutzte als Quelle zu seinen Arist.-Studien die große Enzyklopädie des Iraniers Avicenna. Schrieb Kommentare und „Paraphrasen“ zu Aristoteles. Sicherte der Wissenschaft ihr Forschungsgebiet durch klare Sonderung von der Theologie. Vertrat die Forschungsmethode der Beobachtung, d. h. der liebevollen Versenkung in die lebendige Fülle der Schöpfung, wovon seine zweibändige Zoologie zeugt; viele seiner naturwiss. Schriften sind verlorengegangen. Faßte den Kosmos als krafterfüllte Gestalten-Gesamtheit auf und entwickelte bereits eine Lehre von der realen Ganzheit. Erkenntnis kommt nach A. nur durch das Zusammenspiel von Wahrnehmung und Denken zustande; denn die Vernunft ist auf die Sinne zurückbezogen und von ihnen bzw. ihrer ganzheitlichen Zusammenarbeit nicht trennbar, d. h. überhaupt die Seele nicht schroff dem Leib entgegengesetzt. Die Sittlichkeit entspringt nicht dem Verstand, sondern hat im Gewissen ihren Mittelpunkt. – Ausgaben (lat.): 21 Bde. unvollst. v. Jammy, 1651; 38 Bde. v. Borgnet, 1890 bis 1899; Neue krit. Ausg. durch das A. Magnus-Institut in 40 Bdn., 1951 ff.

H. C. Scheeben, A. M., 1932, [2]1955; U. Dähnert, Die Erkenntnislehre des A. M., 1934 (mit Bibl.); R. Liertz, A. d. Gr., Gedanken über sein Leben u. aus seinen Werken, 1948; O. Lottin, Ouvrages théologiques des S. A. le G., in: Psychologie et morale aux XII et XIII siècles, 1960; J. Schneider, Das Gute u. die Liebe nach der Lehre A. d. Gr., 1967; G. Wieland, Unters. zum Seinsbegriff im Metaphysikkommentar A. d. Gr., 1972; A. Zimmermann (Hg.), A. d. Gr., 1981; B. Thomassen, Metaphysik als Lebensform. Unters. zur Grundlegung der Metaphysik im Metaphysikkommentar A. d. Gr., 1985; A. de Libera, A. le grand et la philos., Paris 1990.

Albert, Hans, Prof. in Mannheim, * 8. 2. 1921 Köln, arbeitet auf dem Gebiet der Erkenntnistheorie u. Wissenschaftslehre, speziell über deren Grundfragen in den Sozialwissenschaften. Sucht – unter Kritik anderer (z. B. analytischer, hermeneutischer, dialektischer) Denkansätze – die Bedeutung eines Modells kritischer Rationalität für die Lösung von Erkenntnisproblemen und Fragen der sozialen Praxis aufzuweisen. – Schrieb u. a.: Ökonomische Ideologie u. politische Theorie, 1954, [2]1972; Marktsoziologie und Entscheidungslogik, 1967; Traktat über kritische Vernunft, 1968, [3]1975; Konstruktion und Kritik, 1972; Transzendentale Träumereien, 1975; Aufklärung und Steuerung, 1976; Kritische Vernunft und menschliche Praxis, 1977; Traktat über rationale Praxis, 1978; Das Elend der Theologie, 1979; Die Wissenschaft und die Fehlbarkeit der Vernunft, 1982; Freiheit und Ordnung, 1986; Kritik der reinen Erkenntnislehre, 1987.

G. Ebeling, Krit. Rationalismus. Zu H. A.s ‚Traktat über kr. V.', 1973; T. W. Adorno/ H. Albert u.a., Der Positivismusstreit in der dt. Soziologie, 1969; P. Suchla Krit. Rationalismus in theol. Prüfung: zur Kontroverse zwischen H. A. u. Gerhard Ebeling, 1982; A. Velthaus, H. A.s Kritik am Offenbarungsgedanken, 1986

Albert, Karl, Prof. in Wuppertal, * 2. 10. 1921 Neheim, sucht in seiner Lehre von der „ontologischen Erfahrung" den Seinsgedanken der abendländischen Tradition mit Grundgedanken der Existenzphilosophie zu verbinden, um zur Philosophie der einzelnen Kulturgebiete (Kunst, Religion, Gesellschaft u. Erziehung) zu gelangen. – Veröffentlichte u. a.: Philosophie der modernen Kunst, 1969; Die ontologische Erfahrung, 1974; Zur Metaphysik Lavelles, 1975; Meister Eckharts These vom Sein, 1976; Über spirituelle Poesie, 1977; (Hg.) Hesiod, Theogonie, 1978; Griech. Religion u. platonische Philosophie, 1980; Das gemeinsame Sein, 1981; Vom Kult zum Logos, 1982; Mystik u. Philosophie, 1986; Philos. Studien, I–II, 1988/89.

E. Jain, Erfahrung des Seins. Reflexionen zur Philos. K. A.s, 1986.

Albert von Sachsen, * 1316 Rikmersdorf b. Helmstedt, † 1390 Halberstadt als Bischof (seit 1366), 1353 Rektor d. Univ. Paris, 1365 erster Rektor d. neugegr. Univ. Wien; in seiner theoret. Philosophie Anhänger des Nominalismus Wilhelms v. Ockham, in seiner Naturphilosophie der Buridans. – Hauptwerke: De proportionibus, 1487; Sophismata, 1502 (Repr. 1975); Questiones in octo libros physicorum, 1516; Perutilis logica, 1522 (Repr. 1974).

H. L. L. Busard, Der ‚Tractatus proportionum' von A., Denkschriften. Österr. Akad. Wiss., math.-naturw. Kl. 116, 2. Abh. (1971); G. Heidingsfelder, A., 1921, [2]1927.

Albrecht, Erhard, Prof. in Greifswald, DDR, * 8. 10. 1925 Kirchscheidungen/Thür., untersucht die logische Struktur und Gesetzmäßigkeit der wissenschaftlichen Erkenntnis, widmet besondere Aufmerksamkeit dem syntaktischen und semantischen Aufbau wissenschaftlicher Theorien und ihrer Geschichte. – Schrieb u. a.: Die Beziehung zwischen Logik, Erkenntnistheorie und Sprache, 1956; Beiträge zur Erkenntnistheorie und das Verhältnis von Sprache und Denken, 1959; Einführung in die Philosophie, 2 Bde., 1964; Sprache und Erkenntnis, 1967; Bestimmt die Sprache unser Weltbild?, [2]1974 Sprache und Philosophie, 1976; Kritik der zeitgenös. Sprachphilosophie, 1977; *Jazyk a Skutečnost,* 1978; Weltanschauung und Erkenntnistheorie in der klassischen bürgerl. Philosophie, 1982; *Studies to the Philosophy of Language, Logic and Epistemology,* 1982.

Alcher von Clairvaux, frz. Frühscholastiker, Ende des 12. Jh., regte mit seiner Schrift „De spiritu et anima" (abgedr. von Migne unter den Werken Augustins) das psychologische Denken seiner Zeit an, indem er darin eine Auswahl aus dem psycholog. Denken seit dem späten Altertum zusammenstellte.

alétheia (griech. „das Nichtverborgene", „die Wahrheit"), was erschlossen und erkannt wird. Das Erschließen ist kein Tun im Sinne einer äußeren Handlung, sondern stets Ausdruck der Wahrnehmung oder der Mitteilung (sehen, hören, tasten; sagen, schreiben, hinweisen). Durch diese Tätigkeit wird a. erkannt bzw. mitgeteilt, aber die mit a. bezeichneten Zusammenhänge und Sachverhalte sind immer an sich vorhanden und „warten" auf die menschliche Erschließung (→ wahr).

Alethiologie (vom griech. *alétheia,* „Wahrheit"), die Lehre von der → Wahrheit, bei J. H. Lambrecht von der „Wahrheit selbst, an sich betrachtet"; in engerem Sinne die Lehre von dem Unterschied zwischen Wahrheit und Irrtum.

Alexander, Samuel, engl. Metaphysiker, * 6. 1. 1859 Sidney (Austr.), † 13. 9. 1938 Manchester (Engl.), das. Prof. 1893–1923. Seine Lehre (Hauptwerk: *„Space, Time and Deity"*, 2 Bde., 1920, [2]1927; *Beauty and other Form of Value,* 1933) geht auf Spinoza, Spencer und Hume zurück und berührt sich mit der Bergsons. A. vertritt einen monistischen Aktualismus im Rahmen einer naturalistischen Metaphysik. Das Raum-Zeitliche steht bei A. an der Stelle des idealistischen Absoluten, ist aber Stoff, aus dem alles geformt ist: die Wirklichkeit besteht aus Raum-Zeit-Punkten, aus deren Gesamtheit die Dinge mit ihren Kategorien und Qualitäten auftauchen *(emergent evolution).* Gott ist die Welt in der Bewegung auf ihre Vollendung hin.

Ph. Devaux, *Le système d'A.,* 1929; G. van Hall, *The Theory of Knowledge of A.* (Diss. Rom) 1936; M. R. Konvitz, *The Nature of Value. The Phyl. of S. A.,* 1946; A. P. Stiernotte, *God and space-time. Deity in the philos. of S. A.,* 1954.

Alexander von Aphrodisias, lehrte zw. 198 und 211 n. Chr. in Athen peripatetische Philosophie und ist der bedeutendste Kommentator des Aristoteles (daher „der Exeget", d. h. der „Ausleger", genannt). A. leugnete nicht den Eintritt des göttl.

Geistes in die Seele der Menschen, aber er identifizierte den unsterblichen aktiven → Intellekt mit der Gottheit und schrieb dem Einzelmenschen nur einen leibgebundenen und daher sterblichen, passiven Intellekt zu. Daher hießen in der Renaissance Alexandristen diejenigen Aristoteliker, die in der Art des A. die Unsterblichkeit bestritten; ihr Haupt war → Pomponatius.

P. Moraux, A. d'A., Paris 1942; R. B. Todd, A. of A. on Stoic Physics, Leiden 1976.

Alexander von Hales, erster bedeutender engl. Scholastiker des Franziskaner-Ordens, * zw. 1170 u. 1180 Hales in Gloucester, † 1245 Paris, wirkte durch seine dynamisch-realistische Ideenlehre. Sein auf päpstlichen Befehl nach seinem Tode herausgeg. Hptw. „*Summa theologica*" (Venedig 1475, neu ersch. in 3 Bdn. 1924 bis 30) vertieft die Beweisführung der bisherigen Gottesbeweise aus aristotelisch-augustinischem Geiste; *Glossa in quatuor libros sententiarum P. Lombardi,* 4 Bde., 1951–57.

E. Schlenker, Die Lehre von den göttl. Namen in der ‚Summe' A.s, 1938; E. Gössmann, Metaphysik u. Heilsgesch. – Eine theolog. Unters. der ‚Summa Halesienus', 1964.

alexandrinische Philosophie, in den ersten vor- und nachchristl. Jahrhunderten die in Alexandrien herrschende, aus spätgriech., jüdischen und christl. Elementen bestehende Philosophie. Hauptvertreter: 1) jüdische → Philon; 2) christliche → Clemens von Alexandria und → Origenes. In dieser „Alexandrinischen Schule" wurde der Versuch gemacht, eine → christl. Philosophie zu schaffen, die an die Stelle der spätgriech. Philosophie treten könnte.

H.-D. Saffrey, Le chrétien Jean Philopon et la survivance de l'école d'Alexandrie au Ve siècle, in: Rev. ét. grec. 67 (1954); K. Kremer, Der Metaphysikbegriff in den Aristoteles-Kommentaren der Ammonius-Schule, 1961.

Alexandristen, Anhänger einer philos. Richtung in der Renaissance; → Alexander von Aphrodisias; → auch Pomponatius.

Alfarabi, islam. Philosoph, → Farabi.

Alfred von Sareshel (Alfredus Anglicus), engl. Scholastiker, * um 1175 Hales, † 1245, lehrte in Paris und verband in seiner Philosophie platonische und aristotelische Gedanken, identifiziert im Gegensatz zum Trichotomismus (→ Trichotomie) die vernünftige Geistseele mit der → Entelechie des Leibes (wie Aristoteles); das Herz sei der Sitz der Seele. – Hauptw.: *De motu cordis.*

C. Baeumker, Die Stellung des A. v. S. u. seiner Schrift ‚De motu cordis' in d. Wiss. des beginnenden 13. Jh.s, in: Sitzungsber. d. Bayr. Akad. d. Wiss., 1913; A. Pelzer, Une source inconnue de Roger Bacon: A. d. S., commentateur des météorologiques d'Aristote, in: Ders., Etudes d'hist. littér. sur la scolastique médiév., Paris 1964.

Algazel, islam. Philosoph, → Gazali; → auch isl. Philosophie.

Alkuin *(Alcuinus),* fränk. Theologe, Lehrer und Freund Karls d. Gr., * um 735 Northumbrien, † 19. 5. 804 Tours als Abt von St. Martin (seit 769), stiftete das. 801 eine Schule, die er zu einem Mittelpunkt der Wissenschaft machte. A. schuf aus den Seelenlehren des Augustinus und des Cassiodorus einen Abriß der Psychologie „*De animae ratione ad Eulaliam Virginem*" (1851 bei Migne in Bd. 101 der *Patrologia Latina* erschienen).

M. Boas, A. u. Cato, Leiden 1937; G. Ellard, Master Alcuin, Liturgist, Chicago 1956.

All, Übers. von griech. *pān,* lat. *universum,* der Inbegriff alles Seienden; alles, was ist.

Allbeseelungslehre, → Panpsychismus.

Alleben, bei Scheler das universelle Lebens-Agens, das alle Arten und Gattungen des Irdisch-Organischen übergreift, das real und zieltätig ist und auch alle empirischreale Entwicklung der Arten leitet und lenkt. Das A. erklärt das Nichtmechanische in den von uns beobachteten Lebensprozessen. Scheler sagt, „daß trotz der persönlichen Substantialität der individuellen Geister das Leben in allen Personen metaphysisch ein und dasselbe Leben ist". Das A. bereichert sich an den Erfahrungen, die das individuelle Leben macht. „Denn zwischen A. und allen Lebewesen besteht gegenseitige solidarische Abhängigkeit" (Erkenntnis und Arbeit, in „Die Wissensform u. d. Gesellschaft", 1926); → auch Paulsen, Fr.

All-Einheit, Einheit des Alls, in der die Dinge in wechselseitigem In- und Miteinander ein Ganzes bilden. Nach Ansätzen bei den Eleaten findet sich der Begriff der A., als „Ein und Alles" *(Hen kai pan)* bezeichnet, bes. im Neuplatonismus. Die Lehre von der A. tritt bes. im → Pantheismus und im Monismus auf.

Alles fließt (griech. *panta rhei*), dem → Heraklit zugeschriebener Grundsatz, der seine Philosophie charakterisieren soll. Es handelt sich dabei kaum um ein echtes Heraklitwort; auch → Aktualitäts-Theorie.

Allgegenwart (lat. *omnipraesentia*) nach Th. v. Aquino die Anwesenheit Gottes in allen Dingen, sofern sie offen vor seinen Augen liegen, seiner Macht unterworfen sind und seine Gegenwart als die Ursache ihres Seins in sich tragen. Bei den meisten Mystikern erhalten die Kreaturen ihr Wesen durch die A. Gottes; ohne die A. Gottes in ihrem Dasein wären sie wesenlos.

allgemein, was einer Vielheit notwendiger- oder gesetzlicher-, nicht nur zufälligerweise gemeinsam ist. Für Platon war das A.e das eigentliche, wirkliche Sein (→ Idee), während das Besondere nur durch Teilhabe am A.en wirklich ist. Nach Aristoteles besitzt das A.e keine eigene Wirklichkeit, sondern es wohnt den Einzelgegenständen als deren → Form inne. Das Besondere kann nur dadurch bestehen, daß das A.e sich in ihm verwirklicht; das Besondere entsteht durch Deduktion aus dem A.en. In der Scholastik ergab sich aus diesem Problemkreis der → Universalienstreit.

N. Hartmann, Aristoteles u. das Problem des Begriffs, in: Kleine Schriften, 1957; P. T. Geach, Reference and Generality, New York 1962; P. F. Strawson, Individuals, London 1959, dt. 1972; H. Jergius, Subjekt. A.heit: Unters. im Anschluß an Kant, 1984.

Allgemeinbegriff bedeutet, im Gegensatz zum → Individualbegriff, den Gattungs-, Klassen-, Artbegriff. A.e sind auch die Sammelbegriffe, Ordnungsbegriffe, Inbegriffe u. a. m. → Universalien.

Allgem. Gesellsch. f. Philosophie in Deutschland, s. Deutsche Philos. Gesellschaft.

Allgemeingültigkeit, Gültigkeit einer Einsicht, einer Erkenntnis, eines Satzes ohne jede Ausnahme. A. konnte man für möglich halten, solange man annahm, daß die Art und Weise des Erkennens bei allen Menschen die gleiche ist und das

Wesen des Menschen durch seine → Vernunft bestimmt werde.

Allheit (Totalität), die als Einheit betrachtete Vielheit; in Kants Kategorientafel eine Kategorie der Quantität.

alogisch (v. griech. *alogos,* „nicht logisch"), auch unlogisch: den Gesetzen der Logik widersprechend.

als ob, Formel zur Kennzeichnung einer notwendig erscheinenden Vorstellung, → Fiktion. Bei Kant heißt es z. B., von Gott, Freiheit usw. gebe es keinen theoretischen Beweis, man müsse daher „so handeln, a. o. wir wüßten, daß diese Gegenstände wirklich wären". Damit ist der Vernunft ein transzendentales, kritisches Prinzip der reflektierenden Urteilskraft gegeben. Für die Wissenschaft bedeutet dieses Prinzip eine heuristische Regel zur Hypothesenbildung. – Eine Philosophie des a. o. schrieb → Vaihinger.

H. Vaihinger, Die Philos. des A. o., 1911 (Repr. 1986); H. Noack, Einl. zu Kants ‚Religion innerhalb der Grenzen der bloßen Vernunft', in: Philos. Bibl. 45 (1956).

Alternative (vom neulat. *alternativus,* „von einem zum andern wechselnd"), die Wahl zwischen zwei Möglichkeiten mit der Notwendigkeit, sich für eine von beiden nolens volens zu entscheiden.

Althus(ius), Johannes, Rechtsphilosoph, * 1557 Diedenhausen (Westfalen), † 1638 Emden als Stadtsyndikus (seit 1604), seit 1586 Prof. a. d. Univ. Herborn, lehrte die Vergemeinschaftung der Menschen aus Trieb und Bedürfnis, der ein Vertrag folgen kann. Das Volk ist ein „Körper aus Zusammenleben" (lat. *corpus symbioticum*) und hat alle Rechte eines Souveräns, auch der an seinen Willen gebundenen Regierung gegenüber, der nach A. in erster Linie eine verwaltende Tätigkeit obliegt, und zwar im Staat als der „allgemeinen öffentlichen Vergemeinschaftung" (lat. *„universalis publica consociatio"*), neben der aber noch Familie, Standesgemeinschaft Gemeinde, Provinz u. a. Lebensrecht besitzen. Aufgabe der Politik ist es, dem natürlichen Sittengesetz und dem Willen Gottes Geltung zu verschaffen. – Hauptw.: *Politica,* 1603. – H. U. Scupin/U. Scheuner (Hgg.), A.-Bibl., I–II, 1973.

O. v. Gierke, J. A. u. die Entwicklung der naturrechtl. Staatstheorien, 1880 (Repr. 1981); W. Buchholz, Rousseau u. A., Diss. Breslau 1922; C. J. Friedrich, J. A. u. sein Werk im Rahmen der Entwicklung der Theorie von der Politik, 1975; O. v. Gierke, J. A. u. die Entwicklung der naturrechtl. Staatstheorien, 1981.

Altruismus (vom lat. *alter,* franz. *autrui,* „der Andere"), seit Comte Bez. für selbstloses Denken und Handeln: „*Vivre pour autrui*" (für den anderen leben) sollte das Motto für die Moral aller Zukunft sein. Materialistische Deutungen des A. sehen im Hintergrund die unbewußt berechnende Erwartung einer Belohnung. → auch Egoismus, Passivismus, Nächstenliebe.

W. G. MacLagan, Self and Others, in: Philos. Quart. 4 (1954); T. Nagel, The Possibility of Altruism, Oxford 1970; R. D. Milo (Hg.), Egoism and Altruism, Belmont Calif. 1973; J. v. Kempski, Zur Problematik altruist. Maximen, in: ZphF 30 (1976).

Amalrich (Amaury) von Bène (bei Chartres), franz. Mystiker, † um 1206 Paris, Lehrer u. Theologe an der Pariser Artistenfakultät. Seine hauptsächlich durch seinen Gegner Gerson überlieferte pantheistische Lehre wurde von seinen Anhängern (Amalrikaner) zu einer Ethik ausgebaut, nach der gut und böse untrennbar seien, weil beides von Gott stamme. Auferstehung und Jüngstes Gericht seien Fabel. Bei der Pariser Synode (1210) wurden A. u. seine Jünger (Amalrikaner) als Ketzer verurteilt.

G. C. Capelle, Amaury de Bèen, Paris 1932; M. dal Pra, Amalrico di B., Mailand 1951; K. Albert, A. v. B. u. der mal. Pantheismus, in: A. Zimmermann (Hg.), Die Auseinandersetzungen an der Pariser Universität im XIII. Jh., 1976.

Ambiguität (vom lat. *ambigere,* „nach zwei Seiten treiben"), Zweideutigkeit, Doppelsinnigkeit.

Ambivalenz (aus lat. *ambo,* „beide", und *valentia,* „Stärke"), gefühls- und willensmäßige Doppelwertigkeit und -wirksamkeit nach sich widersprechenden Richtungen hin. A. besitzen manche Vorstellungen, die zugleich lust- und unlustbetont sind, Liebe und Haß, Neigung und Abneigung bedeuten; das eine dieser Gefühle wird gewöhnlich (unbewußt) verdrängt und durch das andere maskiert.

S. Strasser, Das Gemüt, 1956; H. Thomae, Der Mensch in der Entscheidung, 1960; D. Schönbächler, Erfahrung der A. Das Bild der Wirklichkeit im Werk Josef Vital Kopps, 1975.

Ambrosius von Mailand, * um 340 Trier (wahrscheinlich), † 4. 4. 397 Mailand, das. seit 375 Bischof, bekämpfte die Arianer u. wurde durch seine von Cicero beeinflußte Schrift *„De officiis ministrorum"* (386) bedeutsam, in der er eine christl. Ethik aufstellte, die ihr Ziel im jenseitigen Leben erblickte. Unter „Ambrosianischer Lobgesang" versteht man das A. zugeschriebene Kirchenlied *„Te deum laudamus"*. – Opera omnia, Paris 1879–87 (Migne 14–17); Opera Vindobonae, 1955 ff.; Ausgewählte Schriften, I–III, 1914–17.

J. Rinna, Die Kirche als Corpus Christi mysticum beim hl. A., Rom 1940; J. Huhn, A. v. M., 1946; G. Ferretti, L'influsso di S. A. in S. Agostino, Faenza 1951; D. Löpfe, Die Tugendlehre des hl. A., 1951; S. Calafato, La proprietà privata in S. A., Turin 1958; A.-L. Fenger, Aspekte der Soteriologie u. Ekklesiologie bei A. v. M., 1981.

amerikanische Philosophie, gemeinsame Bezeichn. für die Ph. der Kulturwelten Nord- und Iberoamerikas. Neben beiden gemeinsamer Beeinflussung durch die europ. Ph. sind die Unterschiede vornehmlich durch verschiedene geistige und staatl. Gestaltung und religiöse Voraussetzungen bedingt. Als Begründer der nordamerik. Ph. kann der engl. Philosoph Berkeley angesehen werden, der 1728/31 in Amerika geweilt hatte. Hauptsächlich auf seine Anregung hin bilden sich die ersten Anfänge einer idealistisch-theïstischen Philosophie in engem Anschluß an die Bibel in der sog. „Neuengland-Theologie". Bedeutendster Denker dieser Gruppe ist Jonathan → Edwards (1703–58). Um 1800 dringt die Aufklärungsphilosophie nach USA; sie findet im ethischen Rationalismus Benjamin → Franklins (1707–1790) und in der Vernunftreligion Thomas Paines (1737–1809) ihren amerikan. Ausdruck. Der Geist der beiden ersten Epochen der a. Ph. verbindet sich in Ralph Waldo → Emersons (1803–1882) künstlerisch-dichterischem Denken; hinzukommen Einflüsse seitens der dt. klass. Dichter und Denker: das gleiche Göttliche durchwaltet Natur und Menschenseele, bes. die Seele der großen schöpferischen Menschen. Diese „Transzendentalismus" genannte Philosophie wurde dann mehr idealistisch durch William Torrey Harris (1835–1909) und die „St. Louis-Schule", mehr realistisch durch Noah Porter (1811–1892) und Stanley Hall (1846–1924) ausgebaut. Seit der Mitte des 19. Jh. läßt sich in der a. Ph. deutlich eine idealistisch-metaphysische von einer realistisch-positivist. Strömung unterscheiden. Jene geht, meist in Anschluß an den dt. Denker Hermann Lotze, vom Verhältnis zw. Gott (All) und Seele (Mensch) aus und entwickelt einen → Personalismus, der die Welt als Gesamtheit von geistig-personenhaftem Wesen auffaßt, so Josiah → Royce (1855–1916), William Ernest → Hocking (1873–1966), Borden Parker Bowner (1847–1910), dessen Schüler E. S. → Brightman (1884–1953), Ralph Tyler Flewelling (1871–1952) sowie den in Puerto Rico 1906 geborenen J. A. Franquiz und die Schule des sog. „Kalifornischen Personalismus". Vertreter der realist.-positivist. Richtung ist James Mark → Baldwin (1861–1934). Die seither für die a. Ph. maßgebende Synthese zw. Metaphysik und Positivismus schuf William → James (1842–1910), dessen → Pragmatismus gen. Lehre vielfach weitergebildet wurde: pädagogisch durch den sehr einflußreichen John → Dewey (1859–1952), der auch durch den frz. Philosophen Comte beeinflußt ist, und die „Chicago-Schule", pädagogisch-psychologisch durch Edward Lewis Thorndike (1847–1949), rein psychologisch im sog. → Behaviorismus John Broadus Watsons (1878–1958); alle diese Fortsetzer James' sind ihm gegenüber sehr selbständig. Gegen den Subjektivismus und Individualismus, der vom Pragmatismus her droht, wendet sich neuerdings eine mannigfaltige realistische Strömung. Aristotelisch tritt sie bei Frederick James E. Woodbridge (1867–1940) und anderen (vereinigt in der amerik. Aristoteles-Gesellschaft) auf. Die „Neurealisten" (engl. New Realists) stehen unter A. N. → Whiteheads (1861–1947), Ralph Barton → Perrys (1876–1957) u. W. P. → Montagues (1873–1958) Führung, die „Kritischen Realisten" unter der A. O. → Lovejoys (1873–1947). Der Einfluß der Lebensphilosophie des gebürtigen Spaniers George → Santayana (1863–1952) ist stark zurückgegangen. Viel gearbeitet wird auf den Gebieten der experimentellen Psychologie (einschließlich der der Tiere) und Pädagogik (Mc Dougall, 1871–1936). Die kath. Neuscholastik hat ihren Mittelpunkt in der Zeitschrift *„The New Scholasticism"* (gegr. 1927). Das übliche Bild des „Amerikanismus" paßt wenig auf die a. Ph., die sehr viele spekulativ-metaphysische Züge aufweist und vergleichsweise tief in den amerikan. Alltag und die Tagespolitik hineinreicht. Beträchtlichen Einfluß auf die a. Ph. der Gegenwart hat die protestant. Theologie (Tillich, Niebuhr u. a.). Stark vertreten ist die → Semantik sowie eine (soziologisch orientierte, oft sozialistisch gefärbte) Wertethik. Seit Mitte der 70er Jahre werden in den USA verstärkt die Werke von Husserl, Scheler, Heidegger und Sartre rezipiert, und die Arbeit der *Society for Phenomenology and Existential Philosophy* gewinnt zunehmend an Bedeutung für die gegenwärtige a. Ph.

In **Iberoamerika** wirkten in d. Kolonialzeit und während der Unabhängigkeitsbewegung Literaten, Politiker u. Freiheitsdenker, die mit viel Rhetorik und Leidenschaft Europäisches wiederholten oder übertrugen. Der Venezolaner *Andrés Bello* (1781–1865), Lehrer S. Bolivars und Mitarbeiter A. v. Humboldts, entwickelte, von → Reid und → Hamilton beeinflußt, in seiner „Ph. des Verstandes" bemerkenswerte Analysen des Gedächtnisses. Die *positivistische* Periode (→ Positivismus) verläuft im Anschluß an → Comte u. → Spencer. Der Cubaner *Enrique Varona* (1849–1933) gilt als typischer Vertreter eines soziolog. Positivismus bei naturalistischer, antireligiöser und antimetaphys. Einstellung. Mit Benjamin Constant zusammen gründeten *Botelho de Magalhaes M. Lemos und Teixeira Mendes* in Brasilien den rel. Comtismus und die positivist. Kirche (1881) und setzten die republikan. Revolution „Ordem e Progreso" (Ordnung und Fortschritt) und die positivist. polit. Verfassung durch. In Argentinien anerkennt *José Ingenieros* (1877–1925) allerdings einen unerfahrbaren Rest als Raum für eine zukünftige Metaphysik, die sich aber auf log. legitimen Hypothesen gründen müsse. In der *antipositivistischen* Reaktion versuchte der Brasilianer *Tobias Barreto* (1839–1889), zunächst selbst Positivist, unter dem Einfluß Kants und Schopenhauers eine Kombination von Mechanismus und Teleologie. Auf den Peruaner *Deustua Alejandro* (1849–1945), der aus der schöpferischen Freiheit die ästhetische Ordnung des Bestehenden ableitet, wirken Gedanken von → Krause, → Wundt, → Bergson. Seiner Schule gehören heute bedeutende Gelehrte an, wie der Wissenschaftstheoretiker O. Miró Quesada, der Phänomenologe Fr. Miró Quesada und der führende Psychologe Honorio Delgado (* 1892). Der Argentinier *Alejandro Korn* (1860–1936) sucht im Anschluß an → Dilthey, das Problem von Notwendigkeit und Freiheit, unter Wahrung der Eigenständigkeit beider, nicht als spekulatives, sondern als praktisches zu lösen. Schule bildend wurde dann der Brasilianer *Raimundo Brito de Farías* (1862–1917), dessen → Spiritualismus die Ph. nicht als Überwindung der Wiss. versteht, sondern als deren geistige Bewältigung. Der Uruguayer *Carlos Vaz Ferreira* (1872–1958) tendiert in seiner „logica viva" zum Konkreten als Grundlage aller phil. Probleme. Der Mexikaner *José Vasconcelos* (1882–1959) vertritt in einer auf Ästhetik gründenden monistischen Interpretation des Universums die Idee einer amerikan., geistig-kosmischen, rassischen Gemeinschaft *(„raza cósmica americana")*. Für den Argentinier *Alberto Rougés* (1880–1945) sind physisches Werden als vergängliches Nacheinander und geistiges W. als bleibendes Miteinander von Vergangenheit, Gegenwart und Zukunft, als Teilhabe an der Ewigkeit, nicht aufeinander rückführbar. Der Mexikaner *Antonio Caos* (1883–1946), außer von → Boutroux und → Bergson, vor allem von dt. Ph., u. a. Husserl beeinflußt, erneuerte die Ph. in Mexiko durch eine Ph. des Lebens u. d. Aktion. Von unbestrittenem Rang unter den zeitgenössischen Denkern ist der Argentinier *Francisco Romero* (1891–1962), ein ausgezeichneter Kenner und selbständiger Fortführer von Gedanken der modernen dt. Ph., besonders über Intentionalität, Wert und Transzendenz. Der Argentinier *Carlos Astrada* (* 1894), Schüler Husserls, Schelers, Heideggers, bringt den Gedanken des existentiellen Wagnisses in die Neue Welt und sieht im existential verstandenen „juego" (Spiel), das sich seinen eigenen Umkreis und Fortgang bildet, die entscheidende Triebfeder für die metaphysische Spekulation. Der heute in Mexiko lehrende *Augustin Basave F. del Valle* geht von der Kritik an H. Kelsens Staatslehre aus und baut die Prinzipien der theoretischen Staatslehre in die philosophische Anthropologie ein. Der Rechtsphilosophie Argentiniens vermittelt *Carlos Cossio* (* 1903) Kelsen, Husserl, Heidegger, die er zu verbinden sucht. Unter den Neuscholastikern ragt hervor *Ismael Quiles* S. J. (* 1906), der in einem → Personalismus als Ziel des → Existentialismus eine Ph. der *„insistencia"* (Beständigkeit) als Ausgleich zwischen Thomismus und Heidegger anstrebt. Der Mexikaner *Eduardo García Maynez* (* 1908) untersucht in kritischem Anschluß an → Kelsen und → N. Hartmann das Problem der Geltung des Rechts und neigt zu logistischer Begründung seiner formalen Struktur. Ebenfalls rechtsphil. orientiert, entwickelt der Uruguayer *Juan Llambias de Azevedo* (* 1907), von antikem und besonders dt. Denken beeinflußt, den Wertgedanken als Moment des Seins des Seienden, neben Wesen und Existenz und findet im Bewußtsein der Nichtigkeit des Menschen ihre Überwindung.

Norda. P.: E. Voegelin, Über die Form des amerikan. Geistes, 1928; E. Baumgarten, Die geistigen Grundlagen des amerikan. Gemeinwesens, I–II, 1936–38; H. W. Schneider, History of American Philosophy, New York 1946, dt. 1957; H. S. Commager, The American Mind, London 1950, dt. 1952; M. H. Fisch u.a. (Hgg.), Classic American Philosophers, New York 1951; J. L. Blau, Men and Movements in American Philosophy, New York 1952, dt. 1957; L. Marcuse, Amerikan. Philosophieren, 1959; M. Black (Hg.), Philosophy in America, London 1965; A. J. Bahm, Directory of American Philosophy, I ff., Bowling Green 1966 ff.; A. J. Reck, The New American Philosophers. An Exploration of Thought since World War II, Baton Rouge 1968; E. F. Sauer, A. Philosophen. Von den Puritanern bis Herbert Marcuse, 1977; B. Kuklick, The Rise of American Philosophy, Cambridge Mass. 1977; E. Flower/M. G. Murphey, A History of Philosophy in America, New York 1977; P. Caws (Hg.), Two Centuries of Philosophy in America, Oxford 1980; M. C. Singer (Hg.), American Philosophy, Cambridge 1985; J. J. Stühr, Classical American Philosophy, Oxford 1987.

Lateina. P.: A. Sanchez-Reulet, La filosofia latinoamericana contemporánea, México 1941, engl. 1954; R. Insua Rodriguez, Historia de la filosofia en Hispanoamérica, Guayaquil 1947; L. Zea, Dos etapas del pensamiento en Hispanoamérica, México 1949; V. de Caturla Bru, Cuales son los grandes temas de la filosofia latinoamericana, México 1959; I. Höllhuber, Gesch. der Philos. im span. Kulturbereich, 1967; Werner Müller, Indian. Welterfahrung, 1976; L. Zea (Hg.), Pensamiento positivista latinoamericano, I–II, Caracas 1980; J.-J. E. Gracia/E. Rabossi u.a. (Hgg.), Philosophical Analysis in Latin America, Dordrecht 1984; R. Fornet y Betancourt, Kommentierte Bibl. zur Philos. in Lateinamerika, 1985.

Ammonios Sakkas, lebte um 175–242 in Alexandria, sagenhafter Begründer des Neuplatonismus; Lehrer von Plotinos, Origenes u. Herenius, auf dessen Aussagen über die Ansichten A. S.s die Lehre → Plotins beruhen soll.

K. Kremer, Der Metaphysikbegriff in den Aristoteles-Kommentaren der Ammonius-Schule, 1960; W. Theiler, A., der Lehrer des Origenes, in: Ders., Forschungen zum Neuplatonismus, 1966; H. R. Schwyzer, A. S., der Lehrer Plotins, 1983.

Amoralismus (aus griech. *a*, „nicht" und lat. *moralis*, „der Sitte gemäß"), Gleichgültigkeit in sittlichen Dingen, Unsittlichkeit. Ablehnung nicht der Sittlichkeit als solcher, aber der herrschenden Moral heißt → Immoralismus. Ansätze des A. sind bei griechischen Sophisten zu suchen, in der Neuzeit bei M. Stirner und Nietzsche; wird auch als eine Lebenshaltung jenseits der Moral aufgefaßt.

H. Reiner, Die philosophische Ethik, 1964.

Amor fati (lat.), Liebe zum → Fatum, für Nietzsche eine Formel für den höchsten Zustand, den ein Philosoph erreichen kann: dionysisch zum Dasein zu stehen, vgl. → Schicksal.

Ampère, André Marie, frz. Physiker u. Mathematiker, * 20. 1. 1775 Lyon, † 10. 6. 1836 Marseille, teilte in seinem *Essai sur la philosophie des sciences* (2 Bde., 1834/43, repr. 1979) die Wissenschaften in kosmologische und noologische ein. In seiner Erkenntnistheorie entfernte sich A. von Kant, indem er den Relationsbegriffen Zeit, Raum,

Zahl, Kausalität u. a. absolute Gültigkeit zuschrieb. Von A. stammt die Schrift Cybernetique (Theorie der Verfahrensweisen beim Regieren), die ihn heute für die moderne → Kybernetik bedeutend erscheinen läßt. *Oeuvres complètes,* 2 Bde., 1855, dt. 1855.

J. B. Saint-Hilaire (Hg.), Philos. des deux A., Paris 1866; L. D. Bel'kind, A.-M. A., Moskau 1968; J. Merleau-Ponty, Leçons sur la genèse des theories physiques: Galilée, A., Einstein, Paris 1974; A.-M. A., 1775–1836. Exposition organisée pour le deuxième centenaire de sa naissance, Lyon 1975 (mit Bibl.).

Amphibolie (vom griech. *amphibolos,* „von zwei Seiten beschossen"), Zweideutigkeit im logischen Sinne, bzw. Doppelsinn; amphibolisch, zweideutig, doppelsinnig. – Als transzendentale A. oder A. der Reflexionsbegriffe bezeichnet Kant eine Verwechslung des empirischen Verstandesgebrauchs mit dem transzendentalen.

analog (vom griech. *analogos,* „dem Logos entsprechend"), gleichartig, entsprechend, ähnlich.

analogia entis (lat. „Ähnlichkeit des Seins"), in der Scholastik Ausdruck für das Verhältnis des ewigen Seins Gottes zum vergänglichen Sein der Schöpfung, die danach ein Gleichnis eines Wesens ist, wobei doch Gott zugleich über diesem Gleichnis steht. Die a. e. wurde auf dem 4. Laterankonzil 1215 formuliert. Der Katholizismus erkennt nur einen → Gottesbeweis an, in dem von dem weltlichen Sein auf Gott als eine Ursache geschlossen wird; der Protestantismus verwirft selbst diesen bzw. die a. e.

E. Przywara, A. e., 1932, Neuausgabe in: Schriften, III, 1962; E. Stein, Endliches u. ewiges Sein, 1950; H. Lyttkens, The Analogy between God and the World, Uppsala 1952; E. Przywara, Essentialisme, existentialisme, analogie. Etudes philosophiques, Paris 1956; E. Heintel, Hegel u. die a. e., 1958; R. M. Mc Inerny, The Logic of Analogy, Den Haag 1961; B. Mojsisch, Meister Eckhart: Analogie, Univozität u. Einheit, 1983.

Analogie (vom griech. *analogon,* „nach Verhältnis"), Ähnlichkeit, Gleichheit von Verhältnissen, aber auch Erkenntnis durch Vergleich. Zwischen vergleichbaren Dingen muß sowohl Verschiedenheit als auch Ähnlichkeit (→ ähnlich) bestehen und das, womit verglichen werden soll (→ *tertium comparationis*), muß bekannter sein als das zu vergleichende. Verschiedenheit und Ähnlichkeit müssen in beiden Dingen (Analogaten) untrennbar (metaphysische A.) oder doch wenigstens ungetrennt sein (physische A.). In der sogen. Attributions-A. wird das, was die Ähnlichkeit der beiden Dinge ausmacht, dem zweiten Analogat vom ersten zugeteilt (wenn z. B. sowohl der menschliche Körper als auch ein Handelsunternehmen als „gesund" bezeichnet werden), in der sog. Proportionalitäts-A. enthält jedes Analogat etwas, worin es dem anderen zugleich ähnlich u. unähnlich ist (Beispiel: die → *analogia entis,* bei der Gott und die Geschöpfe auf das beiden gemeinsame Sein bezogen sind).

H. Höffding, Der Begriff der A., 1924; H. Wagner, Existenz, A. u. Dialektik, 1948; E. K. Specht, Der A.begriff bei Kant u. Hegel, 1952; K. Bärthlein, Der A.-Begriff bei den griech. Mathematikern u. bei Platon, Diss. Würzburg 1957; J. Hirschberger, Paronymie u. A. bei Aristoteles, in: Philos. Jb. 68 (1960); G. E. R. Lloyd, Polarity and Analogy, Cambridge 1966; L. B. Puntel, A. u. Geschichtlichkeit, 1969; B. Gertz, Glaubenswelt als A., 1970.

Analogien der Erfahrung sind in Kants „Kritik der reinen Vernunft" die Grundsätze des reinen Verstandes, die aller Erfahrung vorausgehen; sie gelten nicht konstitutiv, sondern bloß regulativ.

C. F. v. Weizsäcker, Kants ‚Erste Analogie der Erfahrung' u. die Erhaltungssätze der Physik, in: H. Delius/G. Patzig (Hgg.), Argumentationen, 1964.

Analogieschluß, ein → Schluß von der Übereinstimmung oder Ähnlichkeit zweier Dinge in einigen Punkten (→ Analogie) auf Gleichheit oder Ähnlichkeit auch in anderen Punkten. Beispiel: Die Erde ist bewohnt. Der Mars ist der Erde ähnlich. Also ist wohl auch der Mars bewohnt. Analogieschlüsse führen nur zu Wahrscheinlichkeiten. Trotzdem kommt ihnen im prakt. wie wiss. Leben (→ Heuristik) große Bedeutung zu.

Anạlogon (griech.), analoger (ähnlicher) Gegenstand, analoges Ereignis, analoger Fall.

anạlogon rationis (gr., lat.), Entsprechendheit (auch Ähnlichkeit) zwischen der Vernunft als oberer Seelenkraft und den niederen „Seelenkräften" im Bereich des Instinktiven und Vital-psychischen. Baumgartner nennt seine Ästhetik „ars analogi rationis", indem er sie auf die unteren Seelenvermögen gründet.

Analyse (griech. *analysis*, „Auflösung"), in der Logik die begriffliche bzw. Begriffe ermöglichende Zerlegung einer Einheit in eine Vielheit, eines Ganzen in seine Teile, eines Zusammengesetzten in seine Komponenten, eines Geschehens in seine Einzelstufen, eines Bewußtseinsinhalts in seine Elemente, eines Begriffs in seine Merkmale (Gegensatz: → Synthese.) Den Vollzug der A. bezeichnet man als Analysieren, die Verfahrensweise als analytische Methode. Die elementare A. zerlegt eine Erscheinung in ihre Teilerscheinungen ohne Rücksicht auf die Beziehungen, in denen die Teile zueinander und zum Ganzen stehen. Die kausale A. zerlegt sie mit Rücksicht auf die ursächlichen Beziehungen. Die logische A. zerlegt sie mit Rücksicht auf die logischen Beziehungen. Die phänomenologische A. löst sie in Bewußtseinsinhalte auf, um ihr Wesen zu erforschen (→ Phänomenologie), die psychologische A. zerlegt die Bewußtseinsinhalte in ihre Elemente (durch die Methoden der → Ganzheitspsychologie überholt). – Bei der A. muß bedacht werden, daß jede Gegebenheit durch Herauslösung aus ihrem natürlichen Zusammenhang mit anderen Gegebenheiten ihr Sosein ändert.

E. Mach, Erkenntnis u. Irrtum, 1905, [3]1917; B. v. Juhos, Die erkenntnisanalyt. Methode, in: ZphF 6 (1951); A. Pap, Analyt. Erkenntnistheorie, 1955; R. Hönigswald, Abstraktion u. Analysis, in: Schriften aus dem Nachlaß, III, 1961; F. Kambartel, Erfahrung u. Struktur, 1968, [2]1976; F. Waismann, Was ist logische A.? 1973; J. Hintikka/U. Remes, The Method of Analysis, Dordrecht 1974.

Analytik (vom griech. *analytike* [tẹchne], „die Kunst der Analyse"), bei Aristoteles die Kunst der Begriffszergliederung, die Logik. – Die transzendentale A. trägt nach Kant „die Elemente der reinen Verstandeserkenntnisse u. die Prinzipien vor, ohne welche überall kein Gegenstand gedacht werden kann". Sie ist deshalb nur ein Mittel der Beurteilung, kein Instrument zur Hervorbringung inhaltlicher Erkenntnis.

analytische Urteile → Urteil

Analytische Philosophie, eine in Fortsetzung des → Neupositivismus in England entwickelte moderne Strömung der Philosophie, die vor allem in den USA und in einzelnen osteuropäischen Ländern Verbreitung gefunden hat, seit den 60er

Jahren langsam auch in Deutschland Wurzeln schlägt. Zwar kommt die ursprüngliche prinzipielle Wendung gegen die Metaphysik nicht bei allen ihren Vertretern in gleicher Weise zur Geltung; der Glaube an eindeutige Kriterien zur Überprüfung des „sinnvollen" Charakters von Aussagen bleibt jedoch ziemlich unverändert. Denn Gegenstände der a. Ph. sind nicht die Dinge, Ereignisse oder Sachverhalte als solche, sondern die Aussagen und Prinzipien der Einzelwissenschaften sowie Begriffe und Axiome, die durch die formal erweiterte Logik (mehrwertige Logik, → Logistik) eine neue Interpretation finden. In der neueren Entwicklung zeigen sich mindestens drei methodische Gesichtspunkte, von denen aus Grundfragen der a. Ph. behandelt werden: 1) Es werden künstliche Sprachen aufgebaut (B. Russell, R. Carnap), die es ermöglichen sollen, klassische Probleme der Philosophie eindeutig und klar zu formulieren, um dadurch deren logisch gesicherte Lösungen herbeizuführen; 2) Es wird auf den einfachen sprachlichen Inhalt der Sätze zurückgegriffen (G. Ryle, J. L. Austin), so wie sie im alltäglichen Sprachgebrauch gemeint werden (Philosophie der „Normalen Sprache"), woraus sich klare, vereinfachte Formulierungen der fachlich komplizierten Thesen, Begriffe und Argumentationen ergeben sollen; 3) Bedeutungsvoll ist schließlich die Verbindung und Gegenüberstellung der beiden Methoden, die das wissenschaftslogische Vorgehen → Wittgensteins bestimmen.

G. Ryle, The Concept of Mind, 1949, dt. 1969; R. J. Butler, Analytical Philosophy, 1962; W. K. Frankena, Ethics, Englewood Cliffs N. J. 1963, dt. 1972; A. C. Danto, Analytical Philosophy of History, Cambridge 1968, dt. 1974; E. v. Savigny (Hg.), Philos. u. normale Sprache, 1969; W. Stegmüller, Probleme u. Resultate der Wissenschaftstheorie u. A. P., 1969; E. v. Savigny, A. P., 1970; W. K. Essler, A. P., 1972; A. C. Danto, Analytical Philosophy of Action, Cambridge 1973, dt. 1979; E. Tugendhat, Vorlesungen zur Einf. in die sprachа. P., 1976; H.-U. Hoche/W. Strube, A. P., 1985; L. Nagl/R. Heinrich (Hgg.), Wo steht die A. P. heute?, 1986; M. Dummett, Ursprünge der a. P., 1988.

Anamnese (vom griech. *anạmnesis*, „Erinnerung, Wiedererinnerung"), nach Platon die Erkenntnis, weil jede Erkenntnis ein Sicherinnern der Seele an die → Ideen sei, in deren Nähe sie vor ihrer Verbindung mit dem Körper weilte.

B. Waldenfels, Das sokrat. Fragen. Aporie, Elenchos, A., 1961; C. E. Huber, A. bei Platon, 1964.

Anarchie (vom griech. *anarchịa*, „Herrschaftslosigkeit"), Gesellschaftszustand mit aufgehobener Staatsgewalt. Der Anarchismus ist eine utopische Gesellschaftslehre, die den Willen der Einzelpersönlichkeit als allein maßgebend anerkennt, jede Autorität und Staatsordnung dagegen verwirft, weil an eine reibungslose Koordinierung der Interessen und Willensäußerungen aller Einzelindividuen geglaubt wird. – In der Philosophie zeigen sich anarchistische Gedankengänge bereits in der Antike bei den Kynikern und, in religiöser Form, in gewissen altchristlichen Sekten sowie später in den Sekten des MA., besond. in denen des Chiliasmus. In der Neuzeit stellte der Engländer William Godwin die erste wiss. Theorie der A. auf in seinem Werk: „*Enquiry Concerning Political Justice and its Influence on Morals and Happiness*" (1793). Der Deutsche Max → Stirner predigte den Anarchismus in „Der Einzige und sein Eigentum" (1845) und vertrat darin eine individualistische Wirtschaftsauffassung, während der Franzose → Proudhon, der die anarchistische

Bewegung begründete, unter der These „Eigentum ist Diebstahl" wirtschaftlich den Kommunismus verfocht; hauptsächliche Vertreter des Anarchismus in Rußland waren Michael → Bakunin (*Dieu et l'Etat,* 1871) und der Fürst Peter → Kropotkin (Memoiren eines Revolutionärs, dt. [13]1923). Der Anarchismus hat Berührungspunkte mit dem → Liberalismus.

G. Plechanow, Anarchismus u. Sozialismus, 1911 (russ. 1894); K. Diehl, Über Sozialismus, Kommunismus u. Anarchismus, 1905, [4]1922; M. Nettlau, Gesch. d. A., I–VI, 1909–31 (Repr. 1984); J. Joll, The Anarchists, London 1964, dt. 1966; D. Guerin, Anarchismus. Begriff u. Praxis, 1967; O. Rammstadt (Hg.), Anarchismus. Grundtexte zur Theorie u. Praxis der Gewalt, 1969; U. Linse, Organisierter Anarchismus im Dt. Kaiserreich von 1871, 1969; A. Carter, The Political Theory of Anarchism, London/New York 1971; E. Oberländer, Der Anarchismus, 1972; H. P. Duerr (Hg.), Unter dem Pflaster liegt der Strand. Anarchismus heute I–III, 1975–76; P. Loesche, A., 1977; H. Read, Philos. d. Anarchismus, 1982.

Anaxagoras, griech. Philosoph, Mathematiker und Astronom aus Klazomenai in Kleinasien, um 500–428 v. Chr., lehrte in Athen, wurde 431 wegen „Gottlosigkeit" *(Asebie)* vertrieben (er hatte behauptet, die Sonne sei eine glühende Steinmasse) und lebte später im Lampsakos. Er führt die Verschiedenheit der Naturkörper auf verschiedenartige, unveränderliche, unendlich viele, unendlich kleine Elemente des Wirklichen („Samen der Dinge", griech. *Homoiomerien*) zurück, die anfangs, bunt durcheinandergemischt, ein Chaos bildeten. Der *Nous* (griech., „[Welt]-Vernunft"), „das feinste und reinste aller Dinge", setzt sie in Bewegung und ordnet sie: es sondern sich die ungleichartigen, es verbinden sich die gleichartigen Elemente, die Dinge entstehen. Dabei ist der *Nous* in der Materie, in der er wirkt; doch mischt er sich nicht mit ihr; er ist „unvermischbar" (griech. *ameikton,* lat. *immiscibile*), welche Auffassung für die Scholastik wichtig wird. „Kein Ding entsteht, noch auch vergeht es, sondern aus vorhandenen Dingen setzt es sich durch Verbindung zusammen, und durch Trennung dieser Dinge vergeht, zerfällt es." Nur Ungleiches und Gegensätzliches kann erkannt werden. – Texte: H. Diels/W. Kranz (Hgg.), Fragmente der Vorsokratiker, 1903, [17]1974; W. Capelle (Hg.), Die Vorsokratiker 1935, [8]1968 (KTA 119); J. Mansfeld (Hg.), Die Vorsokratiker, 1986 (RUB 7966).

W. Jaeger, Die Theologie der frühen griech. Denker, 1953 (Repr. 1964); D. E. Gershenson/ D. A. Greenberg, A. and the Birth of Physics, New York 1964; F. M. Cleve, The Philosophy of A., Den Haag 1973; M. Schofield, An Essay on A., Cambridge 1979; W. K. C. Guthrie, An Essay on A., Cambridge 1980; S.-T. Teordorsson, A.'s Theory of Matter, Göteborg 1982.

Anaximander, ionischer Naturphilosoph aus Milet, um 611 bis 545 v. Chr., Schüler und Nachfolger von Thales. Seine Schrift „Über die Natur" war die erste philosophische griech. Schrift überhaupt. Er fragte als erster nach dem „Anfang" von allem und bezeichnete ihn als ein Prinzip, das er *Apeiron* (griech. „Unerfahrbares") nennt. Es ist der Urstoff, das Unendliche der Natur, das „Göttliche", das allein Ungewordene und Unvergängliche. Aus ihm entstehen die Stoffe durch Ausscheidung. – Texte: H. Diels/W. Kranz (Hgg.), Fragmente der Vorsokratiker, 1903, [17]1974; W. Capelle (Hg.), Die Vorsokratiker, 1935, [8]1968 (KTA 119); J. Mansfeld (Hg.), Die Vorsokratiker, 1986 (RUB 7966).

O. Gigon, Der Ursprung der griech. Philos. von Hesiod bis Parmenides, 1945, [2]1968; M. Heidegger, Der Spruch des A., in: Ders., Holzwege, 1950; C. H. Kahn, A. and the Origins of Greek Cosmology, New York 1960; P. Seligman, The Apeiron of A., London 1962; C. J. Classen, Ansätze, Amsterdam 1986, S.47–129; H. Schmitz, A. und die Anfänge der griech. Philos., 1988.

Anaximenes, ionischer Naturphilosoph aus Milet, zw. 585 und 525 v. Chr., bezeichnete als den Urstoff die „Luft", aus der durch Verdünnung Feuer, durch Verdichtung Wind, Wolken, Wasser, Erde und Steine entstehen. „Wie die Luft als unsere Seele uns zusammenhält, so umfaßt Hauch und Luft die ganze Welt." – Texte: H. Diels/W. Kranz (Hgg.), Fragmente der Vorsokratiker, 1903, [17]1974; W. Capelle (Hg.), Die Vorsokratiker, 1935, [8]1968 (KTA 119); J. Mansfeld (Hg.), Die Vorsokratiker, 1986 (RUB 7966).

O. Gigon, Der Ursprung der griech. Philos. von Hesiod bis Parmenides, 1945, [2]1968; R. E. Allen/D. J. Furley (Hgg.), Studies in Presocratic Philosophy, I–II, London 1970/1975; C. H. Classen, Ansätze, Amsterdam 1986, S. 113–129.

Anderle, Othmar F., Geschichts- u. Kulturphilosoph, * 25. 2. 1907 Palbersdorf b. Bruck a. d. Mur, † 27. 4. 1981 Hall/Steierm., war Prof. a. d. Universität Salzburg, Begründer der Disziplin „Theoretische Geschichte", die im Gegensatz zur empirischen Geschichtswissenschaft als systematischer Ort aller rein theoret. Bemühungen der Geschichts-, Kultur- und Geisteswissenschaft auftritt („Theoretische Geschichte", in „Historische Zeitschr." 185, 1958); befaßt sich mit Kulturmorphologie und Interpretationsproblemen auf ganzheitstheoret. Basis. – Schrieb u. a.: Das universalhistorische System A. J. Tonybees, 1955; Die Geschichtswissenschaft in der Krise, 1957; (Hg.) *The Problems of Civilizations,* 1964; Die Problematik der Ganzheit in Natur- und Geisteswissenschaft, 1965.

Andersheit (gr. *hetérītes,* lat. *alteritas*), wichtiger Begriff der platonischen Metaphysik in „Parmenides" und „Timaios". Im Neuplatonismus wird der *nous* gegenüber dem „Einen" als eine A. aufgefaßt, weil in ihm die Zweiheit von Erkennendem und Erkanntem enthalten ist. In der Scholastik wird die Offenbarung Gottes der Welt als A. aufgefaßt, da es in Gott selbst keine A. gibt. Für Hegel ist die A. die Negation des Einen, aber zugleich „das Andere an sich selbst", es schließt „sein eigenes Anderes in sich und ist somit als der Widerspruch die gesetzte Dialektik seiner selbst".

J. Stenzel, Studien zur Entwicklung der platon. Dialektik, 1917, 1931 (Repr. 1961); W. Flach, Negation u. A., 1959; M. Theunissen, Der Andere, 1965, [2]1977; K. Lorenz/J. Mittelstraß, Theaitetos fliegt. Zur Theorie wahrer u. falscher Sätze bei Platon, in: Arch. Gesch. Philos. 48 (1966).

Änesidemos, grch. Philosoph aus Knossos auf Kreta, lehrte um 70 v. Chr. in Alexandria, Erneuerer der Lehren Pyrrhons, Begründer der jüngeren skeptischen Schule auf der Grundlehre von den zehn Gründen (den zehn sog. „skeptischen Tropen" [grch.]) zur Rechtfertigung des Zweifels. – Ä. nannte sich auch der Philosoph G. E. → Schulze, der als Ä.-Schulze bekannt wurde.

J. Bekker (Hg.), Photius, Bibliotheca, 1824; A. Goedeckemeyer, Die Gesch. des griech. Skeptizismus, 1905; H. Krüger, Zur Philos. des A. v. K., in: Archiv für die gesamte Psychologie 48 (1924); U. Burkhard, Die angebl. Heraklit-Nachfolge des Skeptikers Aenesidem, 1973.

angeborene Ideen, die Vorstellungen und Erkenntnisse, die nicht erworben sein können, weil sie in der Sinnenwelt nicht vorkommen (z. B. die math. und logischen Axiome, die ethischen Werte). Die a.n I. spielen bes. in rationalistischen und idealistischen Systemen eine Rolle; der Empirismus und Naturalismus lehnt sie entweder ab oder betrachtet sie als im Laufe der Menschheitsgeschichte erworben und vererbt; der Aristotelismus kennt keine a.n I. im strengen Sinne, wohl aber eine aller Erfahrung vorangehende Angelegtheit des Geistes auf die Erkenntnis der Wahrheit hin; → auch Anamnese, → a priori. Die Theorie der a.n I. ist in jüngster Zeit von → Chomsky aufgegriffen worden. Für ihn müssen bestimmte Strukturen angeboren sein, da sonst das komplexe Phänomen des Spracherwerbs nicht erklärbar ist.

K.-O. Apel/N. Chomsky, Sprachtheorie u. die Philos. der Gegenwart, in: M. Gerhardt (Hg.), Linguistik u. Sprachphilos., 1974; H. Brands, Unters. zur Lehre von den a.n I.n, 1977.

Angelus Silesius („Schlesischer Bote"), eigentl. Johann Scheffler, * Dez. 1624 Breslau, † das. 9. 7. 1677, religiöser Denker und Dichter, trat 1653 von der prot. in die kath. Kirche über und wurde 1661 Mitglied des Minoritenordens. Die bildstarken Verse seines „Cherubinischen Wandersmannes" sind dichterische Zeugnisse deutscher Mystik, die an Meister Eckhart und Tauler anknüpfen. Beispiel: „Ich weiß, daß ohne mich Gott nicht ein Nu kann leben; werd' ich zunicht, er muß von Not den Geist aufgeben." – „Sämtl. poet. Werke" hrsg. von H. L. Held, 3 Bde., ³1949–52.

L. Gnädinger, Die spekulative Mystik im ‚Cherubinischen Wandersmann' des J. A. S., in: Studi Germanici, Neue Reihe 4 (1966); J. L. Sammons, A. S., New York 1967; J. Brukker, A. S. und Nikolaus von Kues, in: Euphorion 64 (1970).

angenehm ist nach Kant das, „was den Sinnen in der Empfindung gefällt." Was a. ist, entscheidet das Gefühl. Das A.e muß vom Ästhetischen sowohl wie vom Sittlichen unterschieden werden. Die Beurteilung der Wirkung vom A.n auf das Gemüt richtet sich nach der Menge der Reize und der wohltuenden Empfindungen.

Angst, Gefühl, das mit der Vorstellung künftiger Übel einhergeht. Von der Furcht wird die A. dahingehend unterschieden, daß sie nicht mit der Vorstellung bestimmter bedrohlicher Objekte verbunden ist (Furcht vor einem gefährlichen Tier, vor bewaffneten Verbrechern etc.). Nach Heidegger ist die A. eine → Befindlichkeit, in der das Dasein durch sein eigenes Sein vor es selbst gebracht wird. „Wovor die A. sich ängstet, ist das → Inderweltsein selbst." Die A. vereinzelt das Dasein und erschließt es so als Möglichsein, als Freisein für die Freiheit des Sichselbstwählens und -ergreifens. Nach Sartre ängstige ich mich in der A. vor mir selber, vor meinen eigenen, infolge meiner Freiheit undeterminierten, unvorhersehbaren Verhaltensweisen; → auch Technik.

S. Kierkegaard, Der Begriff A. (1844), in: Ders., Gesammelte Werke, I–XLI, 1950–74, XI; S. Freud, Hemmung, Symptom und A. (1926), in: Ders., Gesammelte Werke XIV, 1948, ⁶1977; J.-P. Sartre, L'être et le néant, Paris 1943; A. Künzli, A. als abendländ. Krankheit, 1948; A. Silva-Tarouca, Die Logik der A., 1953; H. v. Ditfurth (Hg.), Aspekte der A., 1965; K. Schlechta (Hg.), A. u. die Hoffnung in unserer Zeit, 1965; W. Bitter (Hg.), A. u. Schuld in theolog. u. psychotherapeut. Sicht, 1971; R. Lenné, Das Urphänomen A., Analyse u. Therapie, 1975; H. W. Krohne, Theorien zur A., 1976.

Anima (lat. „Seele") einer der beiden Hauptarchetypen in der analytischen Tiefenpsychologie von C. G. → Jung; vergl. → Animus.

animalisch (vom lat. *animalis*, „lebendig"), tierisch, den Tieren eigentümlich; im übertragenen Sinne: mit Nahrungstrieb und Geschlechtstrieb im Zusammenhang stehend („a.e Bedürfnisse").

Animismus (vom lat. *anima*, „Seele"), bei primitiven Völkern der Glaube an Geisterkräfte als Ursachen der Wirkungen der Natur, an die Beseeltheit der ganzen Natur, worauf die Naturreligionen beruhen (Tylor, Die Anfänge der Kultur, 1873); im metaphysischen Sinne die Anschauung, welche die Seele als das Prinzip des Lebens auffaßt, so bes. bei G. E. Stahl (*Theoria medica,* 1737), der, verwandt mit Aristoteles, die Seele als Bildnerin des Leibes betrachtet; aber auch schon bei Paracelsus oder Cardanus, die das Leben auf einen seelenartig-dynamischen „Spiritus" zurückführen. → auch Mythus.

N. A. Aksakow, A. u. Spiritismus, I–II, 1890; N. Söderblom, Das Werden des Gottesglaubens, 1916; W. T. Harris/E. G. Parrinder, The Christian Approach to the Animist, London 1960; W. Mc Dougall, Body and Mind. A History and a Defense of Animism, Boston 1961; E. Renner, Eherne Schalen. Über die animist. Denk- u. Erlebnisformen, 1967.

Animus (lat. „Seele"), Gemüt, der Inbegriff des Denkens, Fühlens und Wollens im Gegensatz zu Anima (weibl. Form des Wortes A.,), die das empfangende, treibende, tierische (animalische) Prinzip im Menschen darstellt. Das Wissen um diese Zweiheit und die sich daraus ergebenden, teils zerstörerischen, teils schöpferischen Spannungen ist uralt, lebt in Mythen und Sagen und kommt in manchen lebenden Sprachen noch zum Ausdruck, so z. B. in den slawischen (tschechisch: *duch* und *duše*); → auch Yang und Yin; → auch Mythus, Archetyp.

Anlage, Gesamtheit der körperlich-seelischen Grundmöglichkeiten des Menschen, aus denen sich seine Art zu sein, zu erleben, zu handeln, zu denken u. dgl. entwickelt. Die A.n sind angeboren, lassen aber der Entwicklung bestimmter Eigenschaften nach der Geburt einen gewiss. Entfaltungsspielraum. Führen sie zu wertvollen Leistungen, so spricht man von Begabungen. In ihrem Umfang erkannt werden können sie erst nach ihrer Ausprägung. Durch Erziehung und → Umwelt können sie nicht verändert, wohl aber gehemmt oder gefördert werden. In der Psychologie versteht man unter A. die dynamische Ganzheit von Möglichkeiten des Reagierens auf die Umwelt. Diese Ganzheit wird als vererbt betrachtet.

K. Gottschaldt, Das Problem der Phänogenetik, in Hbch. d. Psychol., 4, 1960.

Anmut (Grazie), im ästhetischen Sinn ein Verhalten, dessen Betrachtung das Gemüt mit einfacher und schlichter Freude und Neigung erfüllt. Sartre sagt, daß die von anmutigem Leib ausgeführten Bewegungen von einer ästhetischen Notwendigkeit getragen zu sein scheinen, die sich aus ihrer vollkommenen Angepaßtheit an den Zweck ergibt.

Schiller, Über Anmut und Würde, 1793.

Annahme, in der Logik und Erkenntnistheorie ein vorläufig bis zum Beweis des Gegenteils für richtig gehaltener Satz; → auch Hypothese.

A. Meinong, Über A.n, 1902, [3]1928; C. Weinberger, Zur Logik der A.n, 1976.

Anomalie (vom griech. *a,* „nicht", und *nomos,* „Gesetz"), Abweichung von der Norm, von einem Gesetz. Gleichbedeutend: Abnormität.

Anpassung (Adaptation, Akkomodation), Veränderung eines Lebewesens durch die Einwirkungen der Umwelt und das Ergebnis dieser Veränderung. Die A. ist direkt, wenn sie unmittelbar durch die Einwirkung der Lebensverhältnisse hervorgerufen, indirekt, wenn durch Selektion (Auswahl) das nicht an die Bedingungen Angepaßte vernichtet, das Angepaßte also

„erhalten" wird; sie ist funktionell, wenn veränderte Lebensbetätigungen (infolge veränderter Lebensbedingungen) eine Veränderung der Lebensformen bewirken, korrelativ oder wechselseitig, wenn zwei verschiedene Organismen oder Organe sich gegenseitig anpassen (→ auch Koadaptation), passiv, wenn der Organismus ohne sein Zutun verändert wird, aktiv, wenn er durch Gebrauch (Übung) die A. bewirkt, aktivistisch (oder objektiv), wenn die Umwelt durch das Subjekt im Sinne der Anpassung verändert wird.
Die A.sfähigkeit der Lebewesen gegenüber bestimmten Umweltänderungen ist sehr verschieden und kann ganz fehlen. Die Überlegenheit des Menschen über die anderen Lebewesen wird darauf zurückgeführt, daß er das anpassungsfähigste sei. Nach L. v. Wiese ist A. ein Zusammengehen mit anderen „unter Anerkennung der Verschiedenheit", ohne das die Existenz der Einzelnen und die der sozialen Gruppen nicht möglich wäre.

C. R. Darwin, On the Origin of Species by Means of Natural Selection or the Preservation of Favoured Races in the Struggle of Life, London 1859; A. Basler, Über die A. des Organismus an die Umwelt, 1933 H. Hartmann, Ich-Psychologie u. A.sproblem, 1960; R. Presthus, Individuum u. Organisation. Typologie der A., 1962; P. R. Skawran, Psychologie der A.sprozesse, 1965; J. Schlemmer, A. als Notwendigkeit, 1973.

Anschauung, zunächst unmittelbares visuelles Erleben der Dinge, dann alles unmittelbare Erleben oder Innewerden von gestalthaftem Sachhaltigen und Sinnvollem überhaupt. A. bezeichnet sowohl den Vorgang des Anschauens wie sein Ergebnis, das Angeschaute. Philosophisch tritt der Begriff A. in vielerlei, teils einander widersprechenden Bedeutungen auf: 1. visuelle A. im speziellen Sinne (→ auch Eidetik), 2. wahrnehmungshafte A. im allgemeinen Sinne, 3. empirisches, nichtbegriffliches, nichtrationales Ergreifen von Wirklichkeit. In einer zweiten Gruppe von Bedeutungen bezeichnet der Begriff A. gerade umgekehrt das unmittelbare an die Vermittlung durch die Sinne nicht gebundene Ergreifen von nichtsinnlichen Bedeutungen, Ideen, Werten, Wirklichkeiten: 1. A. als Bedeutungsschau rein logischer und math. Art 2. A. im Sinne Platons als unmittelbares Innewerden von Ideen und Werten, 3. A. als sittliche Gewißheit über ethische Werte und Normen im Sinne Kants, 4. A. als Erfassen des Absoluten, Gottes: intellektuelle (intellektuale) A. im Sinne des dt. Idealismus. → auch Intuition, Wesensschau.

J. König, Der Begriff der Intuition, 1926; W. Cramer, Das Problem der reinen A., 1937; K. Reich, A. als Erkenntnisquelle, in: ZphF 2 (1947); R. Zocher, Zur Erkenntnistheorie der empirischen A., in: ZphF 6 (1952); B. Barthlen, Der Begriff der A., 1954; F. Kaulbach, Die A. in der klassischen u. modernen Physik, in: Philos. Nat. 5 (1958); W. Flach, Zur Prinzipienlehre der A., 1963.

Anschauungsformen im Sinne Kants sind → Raum und → Zeit, worin sich die Empfindungen ordnen; sie sind „die im Gemüt bereitliegenden" Formen unserer sinnlichen → Anschauung *a priori,* unabhängig von Erfahrung, diese vielmehr erst ermöglichend. A. im weiteren Sinne sind die → Kategorien.

Anselm von Canterbury, bedeutender scholast. Theologe und Philosoph, * 1033 Aosta (Piemont), † 21. 4. 1109 Canterbury, seit 1093 daselbst Erzbischof. Im Universalienstreit scheint er eine gemäßigt realistische Position eingenommen zu haben, die seinem konsequent schöpfungstheologischen Ansatz entspricht. Danach ist die ratio als Vollzugsorgan der Schöpfungsordnung relativ autonom. Theologisch erstrebte A. die rationale Begründung der Glaubensdogmen im Sinne seines Satzes: *Credo, ut intelligam:* ich glaube, um zu erkennen. Die in sich selbst ruhende, eigentliche Wahrheit ist mit Gott identisch. Erkenntnis des Wahren ist Wirkung der Wahrheit. A. ist der Schöpfer des sog. ontologischen → Gottesbeweises. – Schriften: *Proslogion* (mit dem ontologischen Beweis); *Cur deus homo?* (Warum Gott Mensch geworden), – neuhrsg. 1962; S. Anselmi Opera omnia, ed. F. S. Schmitt, [2]1968.

R. Allers, A. v. C., Leben, Lehre, Werke, 1936; F. S. Schmitt, Die wiss. Methode in A.s ‚Cur Deus homo', in: Spicilegium Beccense 1 (1959); A. Schurr, Die Begründung der Philos. durch A. v. C., 1966; R. Haubst, Vom Sinn der Menschwerdung. Cur Deus homo, 1969; F. S. Schmitt (Hg.), Analecta Anselmiana, I/1969 ff.; H. K. Kohlenberger (Hg.), Sola ratione, 1970; H. K. Kohlenberger, Similitudo u. ratio. Überlegungen zur Methode bei A. v. C., 1972; K. Kienzler, Glauben und Denken bei A. v. C., 1981; B. Mojsisch (Hg.), Kann Gottes Nicht-Sein gedacht werden? Die Kontroverse zwischen A. v. C. und Gaunilo v. Marmoutiers, 1989 (m. Bibl.).

Ansichsein, in der Erkenntnislehre die Unabhängigkeit eines Seienden vom Subjekt, insbesondere vom Erkanntwerden durch das Subjekt (→ Erkenntnis). Einem Seienden als → Gegenstand kommt indessen Fürmichsein zu, denn er kann nur innerhalb einer Beziehung zum erkennenden Subjekt gedacht werden. Neben diesem Fürmichsein behält das Seiende aber A., soweit es nämlich der Erkenntnis unzugänglich ist. Ontologisch gesehen besteht dieser Unterschied nicht, vielmehr „hebt sich alles Ansichseiende und Fürmichseiende in schlechthin Seiendes auf" (Nic. Hartmann, Zur Grundlegung der Ontologie, [3]1948). Im Existentialismus Sartres ist A. *(être en soi)* das Kennzeichen des Seins selber. „Das Sein ist an sich" bedeutet: „Das Sein ist, was es ist" *(l'être est ce qu'il est)*. Dieses A. (der Dinge) kommt allem zu, außer dem Menschen. Es gibt einen metaphysischen Ekel vor jedem Ding: die Dinge sind so ekelhaft selbstsicher, so komplett, so völlig positiv. „Das menschliche Sein, das Fürsichsein *(être pour soi)* ist . . . eine Seinsinsuffizienz: im Sein hat sich eine Bruchstelle gebildet, in die sich unbemerkt das → Nichts eingeschlichen hat. Das Auftreten der menschlichen Existenz bedeutet demnach . . . ein Infragestellen des Seins und damit einen Sieg des Nichts". (E. Mounier, Einführung in die Existenzphilosophien, dt. 1949).

G. Krüger, A. u. Gesch., in: ZphF 3 (1949); E. Tugendhat, Ti kata tinos. Eine Unters. aristotel. Grundbegriffe, 1958.

Antagonismus (vom grch. *antagonizesthai,* „gegeneinander kämpfen"), Gegensatz, Widerstreit. – Antagonisten, Gegner, Widersacher.

Antecedens, das (Mehrz. Antecedentien; vom lat. *antecedere,* „vorhergehen"); Prämisse, Grund, Ursache, Gegensatz: → Konsequenz.

Anthropologie (aus griech. *anthropos,* „Mensch", und *logos,* „Lehre"), die Wissenschaft vom → Menschen. 1. Naturwissenschaftlich-medizinische A.: sie untersucht die Stellung des Menschen im Reich der Lebewesen (→ Abstammungslehre) und seine ihn von anderen Lebewesen unterscheidende leibliche Beschaffenheit. Zu ihr gehören Anatomie, Physiologie, Rassenkunde u. a. m. 2. Philosophische A.: diese ist weniger eine besondere philos. Einzeldisziplin (wie sie ursprünglich von O. Casmann begründet wurde) als vielmehr eine auf die Werke Max → Schelers zu-

rückzuführende philos. Denkart, die die reale, vollständige Existenz des Menschen ergreift, seine Stellung und seine Beziehung zur gesamten Welt untersucht.
Das Denken der Antike war auf den Kosmos gerichtet und auf die Natur, auf den Menschen nur, insoweit er mit beidem in Beziehung steht. Im MA. war der Mensch ein Bestandteil der göttl. Geordnetheit der Welt. In der Neuzeit verschwand er hinter seiner Vernunft oder sogar hinter einer absoluten Allvernunft und wurde zum erkennenden Subjekt. Für L. Feuerbach ist A. „das Geheimnis der Theologie". Mit Schelling und Kierkegaard beginnt die Wendung des europäischen Denkens zur personalen und geschichtlichen Konkretheit des menschlichen Daseins und zum Begriff des Lebens (→ Lebensphilosophie). Über Nietzsche und Scheler führte die Entwicklung weiter zur → Existenzphilosophie, in der die philosophische A. ihren vorläufigen Abschluß fand. Beiträge lieferten die → Psychologie und die auf Klärung des Begriffes → Person gerichteten Bemühungen. – Aus der Fragestellung der philosophischen A. ergeben sich im Zusammenhang mit anderen Wissensgebieten noch eine Reihe weiterer A.n: soziologische, pädagogische, theologische A. u. a. m.

B. Groethuysen, Philosophische A., 1928; H. Plessner, Die Stufen des Organischen u. der Mensch, 1928, [3]1975; M. Scheler, Die Stellung des Menschen im Kosmos, 1928, [8]1975; J. Ritter, Über den Sinn u. die Grenze der Lehre vom Menschen, 1933; P. L. Landsberg, Einf. in die philosophische A., 1934, [2]1960; A. Gehlen, Der Mensch, 1940, [7]1962; P. Häberlin, Der Mensch. Eine philosophische A., 1941, [2]1969; E. Rothacker, Mensch u. Gesch., 1944, [2]1950; W. E. Mühlmann, Gesch. der A., 1948, [2]1968; E. Rothacker, Probleme der Kultura., 1948; A. Dempf, Theoretische A., 1950; P. T. de Chardin, Le Phénomène humain, Paris 1955, dt. 1957; A. Portmann, Zoologie u. das neue Bild vom Menschen, 1956; D. Runes, On the Nature of Man, New York 1956; C. Lévi-Strauss, A. structurale, Paris 1958, dt. 1967; W. Brüning, Philosophische A., 1960; M. Landmann, Der Mensch als Schöpfer u. Geschöpf der Kultur, 1961; O. Marquard, Zur Gesch. des philos. Begriffs ‚A.' seit dem Ende des 18. Jh.s, in: Collegium Philosophicum. Studien J. Ritter zum 60. Geburtstag, 1965; A. Vetter, Personale A., 1966; G. Heberer, Der Ursprung des Menschen, 1968, [5]1980; H. Walter, Grundriß der A., 1970; W. Keller, Einf. in die philosophische A., 1971; M. Landmann, Das Ende des Individuums: anthropolog. Skizzen, 1971; G. Balandier, Politische A., 1972; H.-G. Gadamer/P. Vogler (Hgg.), Neue A., I–VIII, 1972 ff.; F. Hartmann, Ärztliche A., 1973; W. Kamlah, Philosophische A., 1973; R. Metzger, Die Lehre vom Begriff das begriffl. Bild des Menschen, 1977; W. Rudolph/P. Tschohl, Systematische A., 1977; M. Landmann, Fundamental-A., 1979; J. Möller, Menschsein, ein Prozeß. Entwurf einer A., 1979; G. Böhme, A. in pragmat. Hinsicht, 1985; N. A. Luyten/ L. Scheffczyk (Hgg.), Veränderungen im Menschenbild. Divergenzen der modernen A., 1987.

Anthropologismus (vom griech. *anthropos,* „Mensch" und *sophia,* „Lehre"), hält im Anschluß an L. Feuerbach die naturwissenschaftlich-medizinische Anthropologie für die menschl. Universalwissenschaft.

anthropomorph (vom griech. *anthropomorphos,* „menschenförmig"), menschlich gestaltet, nach menschlicher Art und Weise; als Anthropomorphismus (Vermenschlichung) bezeichnet man die (unerlaubte) Übertragung menschlicher Eigenschaften, menschl. Art und Weise auf nicht menschl. Dinge, auf Tiere, auf die Natur oder auf den Gottesbegriff.

H. M. Kuitert, Gott in Menschengestalt, 1967.

Anthroposophie (aus griech. *anthropos,* „Mensch", und *sophia,* „Weisheit"), eine im Jahre 1912 von Rudolf → Steiner gegründete Richtung der Theosophie, will durch eine „Geheimschulung" die Jünger zu einem „geistigen Schauen" befähigen, durch das die höheren Welten so unmittelbar wahrgenommen werden, wie die körperlichen Dinge durch die Sinnesorgane (→ auch Aura). – Die Dinge der Körperwelt sind nur verdichtete Geist- und Seelengebilde (wobei Geist und Seele wie → Animus und Anima zu verstehen sind). Der Mensch ist Körper, Seele und Geist. Der Geist steht unter dem Gesetz der Wiederverkörperung (→ Reinkarnation). „In einem Leben erscheint der menschl. Geist als Wiederholung seiner selbst mit den Früchten seiner vorherigen Erlebnisse in vorhergehenden Lebensläufen. Der Leib unterliegt dem Gesetz der Vererbung, die Seele unterliegt dem selbstgeschaffenen Schicksal" (→ Karma). Nach dem Tode bleibt der Geist mit der Seele verbunden, und zwar so lange, „bis die Seele ihre Neigungen zum physischen Dasein abgestreift hat". Zur Ergründung dieses a.sch-metaphysischen „Wissens" schuf R. Steiner eine eigene Erkenntnistheorie. Aus dieser ergibt sich als Aufgabe der A. die Pflege der im bildhaften, im verstehenden und im sich selbst begreifenden Denken veranlagten Fähigkeiten der Imagination, der Inspiration und der Intuition, sowie die Anwendung der durch sie erlangten Forschungsresultate auf den verschiedenen Gebieten der Wissenschaft, der Kunst und der Lebenspraxis. „Die a. Gesellschaft" will diese Aufgabe „so zu lösen versuchen, daß sie die im Goetheanum zu Dornach (Schweiz) gepflegte a. Geisteswissenschaft mit ihren Ergebnissen für die Brüderlichkeit im menschlichen Zusammenleben, für das moralische und religiöse sowie für das künstlerische und allgemein geistige Leben im Menschenwesen zum Mittelpunkte ihrer Bestrebungen macht."

H. Leisegang, Die Geheimwiss., 1924; R. Steiner, A. Eine Einf. in die anthroposoph. Weltanschauung, 1924, [4]1974 (Gesamtausgabe CCXXXIV); G. Troberg, Rudolf Steiner u. die A., 1949; O. Fränkl-Lundborg, Die A. R. Steiners, [3]1957; H. Witzenmann, Die Voraussetzungslosigkeit der A., [2]1969.

anthropozentrisch (aus griech. *anthropos,* „Mensch", und *kentron,* „Mittelpunkt") heißt eine Anschauung, nach der der Mensch Mittelpunkt der Welt und Zweck des Weltgeschehens ist.

Antike (vom lat. *antiquus,* „alt"), die Zeit des klassischen, griechisch-römischen Altertums; → Griechische Philosophie.

G. Maurach, Gesch. der röm. Philos., 1989.

Antinomie (vom griech. *antinomia,* „Widerspruch des Gesetzes mit sich selbst"), Widerstreit zwischen mehreren Sätzen, deren jedem für sich Gültigkeit zukommt. Kant hat eine besondere A.nlehre in seiner „Kritik der reinen Vernunft" aufgestellt, in der er vier A.n – zwei mathematische und zwei dynamische – unterscheidet, die jeweils aus Thesis (Behauptung) und Antithesis (Gegenbehauptung) bestehen.

M. Landmann, Pluralität u. A., 1963; F. v. Kutschera, Die A.n der Logik, 1964; N. Hinske, Kants Begriff der A. u. die Etappen seiner Ausarbeitung, in: Kant-St. 56 (1965); A. Kulenkampff, A. u. Dialektik, 1970; T. Kesselring, Die Produktion der A. Hegels Dialektik im Lichte der genet. Erkenntnistheorie und der formalen Logik, 1984.

Antisthenes, griech. Philosoph, lebte etwa 444–368 v. Chr. in Athen, Stifter der kynischen Philosophenschule (→ Kyniker), Schüler des Sophisten Gorgias, als der er die Möglichkeit jeglichen Widerspruchs leugnete, später des Sokrates, dessen Lehre er verbreitete, Gegner der Ideenlehre Platons; vorwiegend praktisch gerichtet; predigte Bedürfnislosigkeit (Autarkie) und

Charakterstärke und forderte Rückkehr zur Einfachheit des Naturzustandes. Er lehnte die herkömmliche Religion ebenso ab wie den herkömmlichen Staat: Der Weise ist nicht Bürger eines bestimmten Staates, sondern Weltbürger. – Texte: F. W. A. Mullach (Hg.), Fragmenta philosophorum Graecorum II, Paris 1867 (Repr. 1968), S. 274–293; F. Caizzi (Hg.), Fragmenta, Mailand 1966.

H. D. Rankin, A. a ‚nearlogician'?, in: Antiqu. Class. 39 (1970); P. Merlan, Minor Socratics, in: J. Hist. Philos. 10 (1972).

Antithese (vom griech. *antithesis,* „Entgegensetzung"), ein der → These entgegengestellter Satz, Gegensatz, Gegenbehauptung.

Antizipation (vom lat. *ante,* „vor", und *capere,* „nehmen"), Vorwegnahme, die vorläufige Anerkennung eines Satzes als wahr, in der Erwartung einer späteren Begründung (→ Annahme). Bei den Stoikern und Epikureern waren A.en = → angeborene Ideen. A.en der Wahrnehmung nennt Kant „Erkenntnisse, wodurch ich dasjenige, was zur empirischen Erkenntnis gehört, → *a priori* erkennen und bestimmen kann": Raum und Zeit in bezug auf Gestalt und Größe.

M. Heidegger, Die Frage nach dem Ding. Zu Kants Lehre von den transzendentalen Grundsätzen, 1962.

Äon (vom griech. *aion,* „Leben"), Zeit, Ewigkeit, unveränderliche Dauer; Weltperiode; Zeitraum, in dem die Nachtgleichenpunkte einmal um den Tierkreis wandern, d. h. rund 26000 Jahre. Im Gnostizismus sind Ä.en Kräfte, die der Gottheit entströmen.

Apagoge (griech. „Wegführung", lat. *abductio*), bei Aristoteles ein Schluß aus einem gültigen Obersatz und einem Untersatz, der nicht sicher, aber doch mindestens ebenso glaubwürdig ist, wie die aus beiden Sätzen gezogene Folgerung. Ein apagogischer (indirekter) Beweis zeigt die Richtigkeit einer Behauptung durch Nachweis der Unrichtigkeit des Gegenteils *(deductio ad absurdum).*

Apathie (vom griech. *apatheia,* „Unempfindlichkeit"), Teilnahmslosigkeit, unter normalen Verhältnissen eine Folge von Erschöpfung oder geistiger Ermüdung, oft auch erstes Symptom schwerer Erkrankungen. – Philosophisch seit der Stoa das Freisein von Affekten und Leidenschaften, also das Ziel der sittlichen Selbsterziehung.

W. Stempel, Die Therapie der Affekte bei den Stoikern u. Spinoza, 1969.

Apeiron (griech. „das Unbegrenzte"), das Unendliche, nach → Anaximander der ungeformte Weltstoff für alle Dinge, die aus diesem heraus entstanden sind und wieder in das A. hinein vergehen.

P. Seligman, The A. of Anaximander, London 1962 (Repr. 1974); G. Striker, Peras u. A., 1970.

Apel, Karl-Otto, Prof. f. Philosophie in Frankfurt/M., * 15. 3. 1922 Düsseldorf, bearbeitet u. a. Fragen der Wissenschaftstheorie und Ethik in erkenntnisanthropologischer bzw. transzendentalpragmatischer Sicht, sucht in diesem Zusammenhang durch kritische Konfrontation den Diskussionszusammenhang zwischen analytischer (angelsächsisch-skandinavischer) und phänomenologisch-hermeneutischer Philosophie wiederherzustellen. – Schrieb u. a.: Das „Verstehen", eine Problemgeschichte als Begriffsgeschichte, 1955; Die Idee der Sprache i. d. Tradition des Humanismus von Dante bis Vico, 1963, [2]1975; Analytic Philosophy of Language and the Geisteswissenschaften, 1967; Einführung in C. Peirce-Schriften, Bde. I u. II, 1967–70; Transformation der Philosophie (Bd. I: Sprachanalytik, Semiotik, Hermeneutik, Bd. II: Das Apriori der Kommunikationsgemeinschaft), 1973, [2]1976; Der Denkweg von Ch. S. Peirce, 1975; Sprechakttheorie und transzendentale Sprachgrammatik, 1976; Die ‚Erklären-Verstehen'-Kontroverse in transzendentalpragmatischer Sicht, 1979; Diskurs und Verantwortung, 1988.

W. Kuhlmann/D. Böhler (Hgg.), Kommunikation u. Reflexion. Zur Diskussion der Transzendentalpragmatik: Antworten auf K.-O. Apel, Festschrift zu seinem 60. Geburtstag, 1982; W. Kuhlmann, Reflexive Letztbegründung. Unters. zur Transzendentalpragmatik, 1985; W. Reese-Schäfer, K.-O. A. zur Einf., 1990.

Aphasie (vom griech. *aphasia,* „Nicht-Sprechen"), Sprachlosigkeit, bei den Skeptikern der Verzicht, etwas über Dinge auszusagen, von denen wir nichts Sicheres wissen (→ Epoche). In der Medizin die Unfähigkeit für das, was ausgedrückt werden soll, die Worte zu finden (amnestische A.) oder die Unfähigkeit, den Sinn gehörter oder gelesener Worte zu verstehen (sensorische A., Worttaubheit, Wortblindheit).

Aphorismus (vom griech. *aphorizein,* „abgrenzen"), ein nicht mit anderen Sätzen in Zusammenhang stehender Satz, in dem ein Gedanke, ein Einfall, kurz und schlagend dargestellt wird. Aphorismen schrieben Erasmus, Bacon, die franz. → Moralisten, Gracian, Pascal, Lichtenberg, Goethe (Maximen und Reflexionen – Sprüche in Prosa), Novalis, Nietzsche. – Aphoristisch: in Form von Aphorismen, kurz, prägnant.

H. Krüger, Studien über den A. als philosophische Form, 1956.

apodiktisch (aus griech. *apodeiktikę [episteme],* „dem Beweis dienende Wissenschaft"), unwiderleglich, unbedingt richtig. Das a.e Urteil drückt logische Notwendigkeit oder unmittelbare Gewißheit aus.

apokalyptisch (vom griech. *apokąlypsis,* „Erscheinung"), wird ein geschichtlicher Zeitabschnitt oder ein Zustand genannt, in dem das menschl. Dasein von unheimlichen, übermächtigen, durch das Schicksal entfesselten Gewalten (heute z. B. Technik, Atombombe, „Wärmetod", → Entropie) bedroht wird. Die vier A.en Reiter im 6. Kap. der Offenbarung Johannis, die von Dürer und Böcklin eindrucksvoll dargestellt wurden, kündigen Pest, Krieg, Hungersnot, und Tod an; → auch Angst.

K. Koch, Ratlos v. d. A.tik, 1970.

Apokatastasis (gr.), Wiederkunft, Wiederherstellung, Wiedereintreffen des ursprünglichen Zustandes aller gewesenen Dinge. Die A.-Lehre geht auf die Pythagoreer und auf Heraklit zurück und findet eine präzise Form bei den Stoikern, die aus der Unveränderlichkeit der Gesetze im gesamten Weltgeschehen auf die Ähnlichkeit und Gleichheit der aufeinander folgenden Welten schließen, weshalb in allen weiteren Welten die gleichen Personen, Gegenstände und Geschehnisse wiederkommen müssen. Der A. findet einen deutlichen Ausdruck in Nietzsches Lehre von der ewigen „Wiederkunft des Gleichen". → Palingenesie.

apollinisch – dionysisch, von Schelling geschaffenes Begriffspaar, mit dem er das auf Form und Ordnung gerichtete Wesen des Gottes Apollon im Unterschied zu dem rauschhaften, alle Formen sprengenden Schöpfungsdrang des Gottes Dionysos kennzeichnen wollte. „Im Menschen ... finden wir eine blinde, ihrer Natur nach schrankenlose Produktionskraft, der eine besonnene, sich beschränkende und bildende, eigentlich also negierende Kraft in demselben Subjekt entgegensteht ... In demselben Augenblick zugleich trunken und nüchtern zu sein, dies ist das Geheimnis der wahren Poesie. Dadurch unterscheidet sich die apollinische Begeisterung von der bloß dionysischen". Das Begriffspaar wurde u. a. von Hegel, Nietzsche und Rich. Wagner benutzt. In „Die Geburt der Tragödie aus dem Geiste der Musik" (1871) stellt Nietzsche die attische Tragödie und das Musikdrama Wagners als Einheiten aus Apollinischem und Dionysischem dar.

O. Kein, Das Apollinische u. Dionysische bei Nietzsche u. Schelling, 1935; F. J. v. Rintelen, Von Dionysos zu Apollon, 1948; R. Schottlaender, Apollon u. Pythagoras, in: ZphF 10 (1956); M. Vogel, Das A. u. D., 1966; J. Alwast, Logik der dionys. Revolte, 1975.

Apollonius von Tyana, neupythagoreischer Prediger Ende des 1. Jh. n. Chr., von dem ähnliche Wundertaten berichtet werden wie von Jesus von Nazareth; Vertreter eines der Stoa verwandten Kosmopolitismus. A. kennt einen höchsten namenlosen Gott, dem nicht geopfert werden darf.

J. Hempel, Unters. zur Überlieferung von A. von T., Stockholm 1920; F. Kliem, A., 1927; G. Petzke, Die Traditionen über A. v. T. und das Neue Testament, Leiden 1970.

Apologeten, philosophisch gebildete Verteidiger des Christentums gegen die heidnischen Vorurteile der Herrscher und der Gebildeten in den ersten christlichen Jahrhunderten. In ihren Denkschriften an die Kaiser und Machthaber versuchten die A. von der sittlichen Überlegenheit des Christentums und seiner Ungefährlichkeit für den Staat zu überzeugen. Einer der bedeutendsten A. war Justinus der Märtyrer, genannt „der Christ im Philosophenmantel" (→ Patristik).

Apologie (vom griech. *apologia,* „Verteidigung"). Platon und Xenophon verfaßten unter diesem Titel Schriften über die Verteidigungsrede des Sokrates.

apophantisch (vom griech. *apophansis,* „Enthüllung"), eine Aussage oder eine Behauptung betreffend. Ein a.er Satz ist ein Aussagesatz (griech. *logos apophantikos*) im Unterschied zum Frage-, Wunsch- oder Befehlssatz. Von der formalen Logik unterscheidet → Husserl eine a.e Logik.

E. Husserl, Formale u. Transzendentale Logik, 1929, 1974.

Aporem (vom griech. *aporema,* „Streitfrage"), logische Schwierigkeit, schwierige Aufgabe.

Aporetik (vom griech. *aporetike [techne],* „die Kunst, schwer lösbare Probleme zu bewältigen"), die Behandlung von → Aporien.

Aporie (aus griech. *a* „nicht", und *poros,* „Weg, Brücke"), Weglosigkeit, Ausweglosigkeit, die Unmöglichkeit, zur Auflösung eines Problems zu gelangen, weil in der Sache selbst oder in den verwendeten Begriffen Widersprüche enthalten sind; → auch Antinomie, Skepsis.

G. Thines, L'a., Brüssel 1974.

a posteriori (lat. „vom späteren her"), heißt eine → Erkenntnis, die aus der Wahrnehmung, aus der Erfahrung stammt.

Apotheose (gr.), Vergottung eines großen Mannes, feierliche Erhebung in den Götterstand, bereits bei den alten Ägyptern bekannt, später besonders häufig bei den Griechen und Römern. Als Herrscherkultus gründet die A. auf der Gottessohnschaft und dem Gotteskönigstum. Manche römische Kaiser nannten sich Dominus et Deus.

Apperzeption (aus neulat. *adpercipere,* „hinzuwahrnehmen"), in der Logik bzw. Erkenntnistheorie seit Leibniz und Kant svw. urteilende Auffassung (transzendentale A.); in der Psychologie Wilh. Wundts svw. willensmäßig aufmerksames Erfassen (psychologische A., → Aufmerksamkeit) im Gegensatz zum bloßen Haben von Vorstellungen (→ auch Perzeption), das aktive seelische bzw. erkennende Verhalten neu auftretenden Bewußtseinsinhalten gegenüber, die Eingliederung neuer Kenntnisse und Erfahrungen in das System des schon vorhandenen Wissens, die Auslese, Bereicherung und Gliederung des Gegebenen gemäß der Struktur des Bewußtseins. – In der Psychologie der Gegenwart spielt der Begriff der A. nur noch eine untergeordnete Rolle, bisweilen wird er als Fremdwort für → Wahrnehmung benutzt.

K. Lange, Über A., 1879; W. Wundt, Grundriß der Psychologie, 1896; W. F. Schoeler, Die transzendentale Einheit der A. von I. Kant, 1959.

apperzipieren (vom neulat. *adpercipere,* „hinzuwahrnehmen"), einen neuen Bewußtseinsinhalt in das System des vorhandenen Wissens eingliedern.

approximativ (vom neulat. *approximare,* „allmählich näherkommen"), annähernd, näherungsmäßig.

a priori (lat., „vom früheren her") heißt eine → Einsicht, deren Richtigkeit durch die Erfahrung weder bewiesen noch widerlegt werden kann. – Kant kennzeichnet damit Begriffe, die allein dem Verstande, der Vernunft entstammen, allerdings erst dann in Erscheinung bzw. Tätigkeit treten, wenn mit ihrer Hilfe Wahrnehmungen zu Begriffen geformt werden. Rein a. sind nach Kant die → Kategorien sowie, allerdings in nichtbegriffl. Form, Raum und Zeit (→ Anschauungsformen); jedoch kann mit ihrer Hilfe ohne Hinzutreten von Wahrnehmungen keine Erkenntnis erzielt werden. – „Alle apriorische Einsicht ist objektiv allgemein, d. h. sie spricht in jedem Urteil, zu dem sie führt, von einer Totalität möglicher Realfälle, gleichgültig ob diese in Wirklichkeit vorkommen, vorgekommen sind oder vorkommen werden. Diese Totalität erstreckt sich darüber hinaus auf Fälle, die im Realzusammenhang der Welt niemals wirklich werden. Ideale Gegenstände (insbes. logische und mathematische) sind rein a. gegeben" (Nic. Hartmann, Zur Grundlegung der Ontologie, ²1941); → auch a posteriori, → Kategorialanalyse.

N. Hartmann, Das Problem des Apriorismus in der platon. Philos. (1935), in: Kleinere Schriften, II, 1957; M. Dufrenne, La notion d'a p., Paris 1959; L. Eley, Die Krise des Apriori in der transzendentalen Phänomenologie E. Husserls, Den Haag 1962; H. Delius, Unters. zur Problematik der sogenannten synthet. Sätze a p., 1963; G. Sala, Das Apriori in der menschl. Erkenntnis, 1971; J. Grondin, Kant et le problème de la philos.: L'apriori, Paris 1989.

Apriorismus, die Lehre von der Möglichkeit einer Erkenntnis → a priori.

N. Hartmann, Das Problem des A. in der platon. Philosophie, 1935.

Äquilibrismus (vom lat. *aequilibrium,* „Gleichgewicht"), scholast. Lehre, daß der menschliche Wille nur dann frei sei, wenn alle Motive einer Tat gleich stark seien, denn nur dann könne er frei wählen (→ Buridans Esel).

äquipollent (lat. „in gleichem Maße geltend"), heißen zwei Begriffe mit gleichem Umfang, die, durch verschiedene ihrer Merkmale bezeichnet, sich in der Definition als inhaltlich verschieden erweisen. Zwei ä. Urteile, die also ä. Begriffe enthalten, sind z. B.: „A ist der Vater von B" und „B ist der Sohn von A". Ä. Begriffe bzw. Urteile lassen sich durch doppelte Verneinung formulieren.

äquipotentiell (aus lat. *aequus,* „gleich", und *potentia,* „Wirksamkeit"), nach → Driesch die Eigenschaft organischer, insbes. embryonaler Teile, das ganze System (dessen „Teile" sie sind) aus sich zu erzeugen. Werden z. B. die Furchungszellen der Gastrula eines Seeigels künstlich voneinander getrennt, so wachsen sie zu neuen (kleineren) ganzen Organismen aus. In der „Philosophie des Organischen" ([4]1930) nennt Driesch solche Systeme harmonisch-ä.e und will beweisen, daß sie nicht mechanistisch zu erklären sind; → Vitalismus.

äquivalent (vom lat. *aequus,* „gleich" und *valens,* „wirksam"), gleichwertig; Äquivalent: gleicher Wert; Äquivalenz: Gleichwertigkeit. – Äquivalenzprinzip (Prinzip des Ersatzes) heißt in der Psychologie das bei Wahrnehmungen wirksame Prinzip, wonach sich zwei „gegabelte" Wirkungen einer Reizgruppe im Bewußtsein gegenseitig vertreten können. „So ist die Größe des Netzhautbildes Reizgrundlage für die anschauliche Größe und gleichzeitig für die anschauliche Nähe eines Gegenstandes. Eine Größenänderung des Netzhautbildes kann ebensowohl nur zur Wahrnehmung einer Größenänderung wie nur zur Wahrnehmung einer Entfernungsänderung führen, aber außerdem zu beiden zugleich in jedem beliebigen Verhältnis" (W. Metzger, Psychologie, [2]1957). Der Begriff wird insbesondere in der Mathematik, speziell in der Mengenlehre verwendet, wobei auch eine formale A.z definiert wird.

äquivok (aus lat. *aequus,* „gleich" und *vocare,* „benennen"), doppelsinnig, zweideutig heißen Bezeichnungen, die einen doppelten oder mehrfachen Sinn haben, z. B. Feder als Vogelfeder, Schreibfeder, Uhrfeder usw.

arabische Philosophie, → islam. Philosophie.

Arbeit, als ethisches Phänomen svw. „Einsatz, Aufwand, Drangeben: die Person setzt sich ein, wendet Kraft auf, gibt ihre Energie dran. Die A. will vollbracht, ‚geschafft' sein. Sie stößt nicht nur auf den Widerstand der Sache, sie ringt ihm auch das Erstrebte erst ab, ringt es ihm auf Die Tendenz des Menschen geht dahin, über die A. hinauszuwachsen, ihrer Herr zu werden. Er ‚erfährt' also ständig in seiner A. sowohl sich selbst als auch die Sache: sich selbst in der Spontaneität eingesetzter Energie, der physischen wie der geistigen, die Sache in ihrem Widerstand gegen diese. Beides ist unaufhebbar aneinander gebunden, und beides ist Realitätserfahrung" (Nic. Hartmann, Zur Grundlegung d. Ontologie,

[3]1948). – Arbeiter im Sinne der Soziologie einer, der gegen Entlohnung für einen anderen (den Unternehmer, Arbeitgeber) arbeitet. Seit Marx ist dieser A.er zum Gegenstand leidenschaftlicher Auseinandersetzungen geworden. Marx schuf den Begriff des Proletariers, d. h. des A.ers, der ohne Besitz und deshalb gezwungen ist, seine Arbeitskraft „zum Marktpreis", also auch zu ungünstigsten Bedingungen zu verkaufen, um nicht zu verhungern.

K. Marx, Die entfremdete A., in: Ökonomisch-philos. Manuskripte (1844), Marx/Engels, Werke, Erg.Bd. I, 1968; M. Scheler, Erkenntnis u. A., in: Ders., Die Wissensformen u. die Gesellschaft, 1926; H. Marcuse, Die philos. Grundlagen des wirtschaftswiss. A.sbegriffs (1932), in: Ders., Kultur u. Gesellschaft II, 1965; H. Arendt, The Human Condition, Chicago 1958, dt. 1960; R. C. Kwant, Philosophy of Labour, Pittsburgh 1960; H. Klages, Techn. Humanismus, Philos. u. Soziologie der A. bei K. Marx, 1964; S. Moser, Zum philos. u. sozialwiss. Begriff der A., in: Arch. Rechts- u. Sozialphilos. 50 (1964); A. Barzel, Der Begriff der A. in der Philos. der Gegenwart, 1973; H. Fürth (Hg.), A. und Reflexion, 1980; P. Damerow u.a. (Hgg.), A. und Philos., 1983; A. Menne (Hg.), Philos. Probleme von Arbeit und Technik, 1987.

Arbeitsethos, ein der menschl. Arbeit als solcher, abgesehen von ihrem Zweck zugeschriebener sittl. Wert. Allerdings taucht der Begriff vorzugsweise dort auf, wo der Sinn der Arbeit als einer Gemeinschaftsfunktion bedroht ist: es wird dann versucht, ihn durch Betonung des A. wiederherzustellen (so z. B. in Diktaturen; „Helden der Arbeit"). Auch die Unterbewertung der geistigen und künstlerischen Arbeit in der kapitalistisch-techn. Gesellschaft soll durch Hinweis auf das ihr innewohnende A. kompensiert werden. – Im außerchristl. Raum ist der Begriff A. unbekannt. Dort gilt die Arbeit, wenn nicht als Fluch, so doch als das, was das Leben zur Last macht und den Menschen hindert, sich um sich selbst oder um sein Seelenheil zu kümmern. „Nach chines. Auffassung ist der am kultiviertesten, der auf die klügste und überlegenste Weise müßig zu gehen versteht. Man empfindet bei uns einen geradezu weltanschaulichen Widerspruch zwischen angestrengter Tätigkeit und Weisheit. Der Weise ist nie in Schaffenshast und der Hastige ist niemals weise" (Lin Yutang, Weisheit des lächelnden Lebens, dt. [17]1949).

J. Haessle, Das A. i. d. Kirche, 1923; Th. Litt, Das Bildungsideal der deutschen Klassik u. die moderne Arbeitswelt, 1955; F. Jonas, Sozialphilosophie der industriellen Arbeitswelt, 1960.

Arbeitshypothese nennt man eine → Hypothese, die nicht ein Grundgedanke des Forschens ist, sondern dem Forscher nur als Leitfaden für seine Arbeit dient, als Gerüstwerk, das sich entweder als richtig und beständig erweist oder als unrichtig wieder abgetragen werden muß; → auch Heuristik.

archaisches Denken, altertümliches (ursprüngliches) Denken, im engeren Sinne das Denken d. archaischen griech. Völker (in der Zeit von Homer bis zum 5. Jahrh. v. Chr.), bei denen das Logische mit dem Mythischen noch eng verbunden war. → auch Mythus.

E. Hoffmann, Die Sprache u. die archaische Logik, 1925; B. Snell, Die Entdeckung des Geistes, 1946, [4]1975; J. Klowski, Dialektik von Mythos u. Logos. Vom Sinn der Beschäftigung mit dem Griechischen, 1980; C. R. Hallpike, Die Grundlagen primitiven Denkens, dt. 1984.

Archę (griech. „Anfang"), Urgrund, Prinzip, Urform, latente Urkraft.

A. Lumpe, Der Terminus A. von den Vorsokratikern bis auf Aristoteles, in: Archiv f. Begriffsgesch. 1 (1955).

Archetyp (vom griech. *archetypon,* „das zuerst Geprägte"), Urbild, Urform, Muster; bei C. G. → Jung sind die Archetypen vorerst unanschauliche Dispositionen, die unter bestimmten Konstellationen in archetypischen Bildern u. Abläufen bzw. Symbolen wahrnehmbar werden; sie treten in d. Träumen, Visionen, Phantasien d. Menschen auf u. haben in Mythen u. religiösen Vorstellungen, in Sagen, Märchen u. Kunstwerken aller Kulturen und Zeiten ihren Ausdruck gefunden. Als Strukturelemente d. unbewußten psychischen Materials u. als dessen Regulatoren sind sie im Reifungsprozeß der Psyche, im Individuationsprozeß (Entwicklung zur psychischen „Ganzheit") bes. wirksame Faktoren. Die einzelnen Phasen d. Prozesses sind durch d. Auseinandersetzung d. Bewußtseins mit typischen Inhalten d. Unbewußten (Schatten, Animus, Anima, Alter Weise, Magna Mater, Selbst etc.) gekennzeichnet. – Mundus archetypus: die Welt der Ideen; → auch Typus.

J. Schwabe, A. u. Tierkreis, 1951; J. Jacobi, Komplex, Archetypus, Symbol, 1957; R. Seifert-Helwig, Bilder u. Urbilder. Erscheinungsformen des A., 1963.

Archeus (vom griech. *archaios*, „Urheber"), bei Paracelsus und van Helmont die in den Samen schaffende Kraft, die den Naturdingen und besonders den Organismen ihre Gestalt gibt.

Arendt, Hannah, Prof. f. polit.- und Geisteswissenschaften in New York, * 14. 10. 1906 Hannover, † 4. 12. 75 New-York, Schülerin von Husserl und Jaspers, Mithsg. der Kafka-Ausgabe (1946ff.), in der dt. Philosophie der letzten Jahre bekannt geworden durch ihre Untersuchung der soziologisch-anthropol. Kategorien Arbeit, Herstellen und Handeln, in deren Aspekte die Grundsituation des menschlichen Seins und Tuns eine neue, dialektisch-anthropologische Beleuchtung erfährt, deren Gültigkeit für das technische Zeitalter unbestritten sein dürfte. – Schrieb u. a.: Der Liebesbegriff bei Augustin, 1932; Elemente und Ursprünge totaler Herrschaft, 1938; Fragwürdige Traditionsbestände im polit. Denken der Gegenwart, 1956; Die Krise in der Erziehung, 1959; Vita activa, oder: Vom tätigen Leben, 1960; *On Revolution,* 1963, dt. 1965; Wahrheit und Lüge in der Politik, 1973; Vom Leben des Geistes, 2 Bde., 1979.

A. Diemer, Der Mensch, sein Tun u. die menschliche Grundsituation. Krit. Bemerkungen zu H. A.s ‚Vita activa', in: ZphF 16 (1962); H. Jonas, Handeln, Erkennen, Denken. Zu H. A.s philos. Werk, in: Merkur 30 (1976): A. Reif (Hg.), H. A., Materialien zu ihrem Werk, 1979; F. G. Friedmann. H. A., 1985; E. Young-Bruehl, H. A. – Leben und Werk, 1986; S. Wolf, H. A. zur Einf., 1990.

Arete (griech.), Tüchtigkeit, Vortrefflichkeit; bei Plato Tauglichkeit d. Seele zu Weisheit und Gerechtigkeit, verstanden als die Einheit von innerem Wert und äußerer Gültigkeit. Aretologie, ein Sonderbereich der Ethik, Lehre von der Tugend.

H. J. Krämer, A. bei Platon u. Aristoteles, 1959. Amsterdam 1967; H. Reiner, Die philos. Ethik, 1964; J. Kube, Techne u. A., 1969.

argentinische Philosophie, → amerikanische Philosophie, 2. Teil (Iberoamerikan. Philosophie).

Argument (vom lat. *argumentum*, „Beweis"), Beweisgrund; derjenige Teil eines Beweises, auf dem seine Sicherheit beruht. Argumentieren, beweisen, begründen. Ad hominem argumentieren → *ad hominem* demonstrieren; A. e consensu gentium: der „Beweis" einer Behauptung durch den Hinweis, daß das Behauptete „allgemein als wahr angenommen" sei;

A. e contrario: aus dem Gegenteil; A. a priori: aus rein logischer Erwägung; A. a posteriori: aus der Erfahrung.

R. Ginters, Typen eth. Argumentation, 1976; M. Schecker (Hg.), Theorie der Argumentation, 1977; K.-H. Göttert, Argumentation, 1978; C. Kirwan, Logic and A., London 1978; U. Berk, Konstruktive Argumentationstheorie, 1979; J. Walther, Philos. Argumentieren, 1990.

Argumentation (vom lat. *argumentatio*), Beweisführung.

Aristippos, griech. Philosoph aus Kyrene in Nordafrika, um 435–355 v. Chr., Gründer der kyrenäischen oder hedonischen Schule, Schüler und Freund von Sokrates, mit sophistischem Einschlag. Erkenntnis beruht allein auf Empfindungen, deren Ursachen allerdings unerkennbar sind. Auch die Empfindungen anderer sind uns unzugänglich, wir können uns nur an ihre Äußerungen halten (Parallele zum → Behaviorismus). Die → Eudämonie ist bei A. nicht, wie bei Sokrates, Begleiterscheinung der Tüchtigkeit (→ Arete), sondern das Bewußtsein der Selbstbeherrschung in der Lust: der Weise genießt die Lust, ohne sich von ihr beherrschen zu lassen. Über Vergangenes soll man nicht klagen, vor Zukünftigem nicht bangen. Man richte seinen Sinn im Denken wie im Tun auf die Gegenwart, sie allein steht uns zur freien Verfügung.

C. M. Wieland, A. u. einige seiner Zeitgenossen, 1812; E. Antoniadis, A. u. die Kyrenaiker, 1916; G. B. L. Colosio, A. di C. filosofo socratico, Turin 1925; O. Gigon, Sokrates. Sein Bild in Dichtung u. Gesch., 1947.

Ariston von Chios, griech. Philosoph, gehörte zur alten Stoa, war ein Schüler Zenons von Kition, lehnte Beschäftigung mit Physik und Logik ab und verkündete in seinem bis in Einzelheiten ausgearbeiteten Moralsystem das Ideal des „tätigen Lebens“, des Handelns u. des praktischen Tuns. – Texte: J. v. Arnim (Hg.), Stoicorum veterum fragmenta I, 1903 (Repr. 1964).

N. Festa, Studi critici sullo stoicismo, in: Arch. filos. 3 (1933).

Aristoteles, neben Platon der größte altgriech. Philosoph, * 384/3 Stageira (daher der „Stagirit“ genannt), † 322/1 Chalkis auf Euböa; studierte bei Platon, ohne eigentlich dessen Schüler zu werden, Erzieher Alexanders d. Gr. In Athen gründete er 335 die sog. „Peripatetische Schule“ (gen. nach einem Peripatos, d.h. Wandelgang, wo er lehrte); nach Alexanders Tod der Gottlosigkeit angeklagt, floh er 323/22 nach Chalkis.
A. ist der Begründer der eigentlich wiss. Philosophie und philosophiedurchleuchteten (Einzel-) Wissenschaft; wohl wirkungsmächtigster aller Philosophen, die bisher gelebt haben (→ Aristotelismus), bes. auch durch sein philosophisch-wiss. Disziplinensystem, das allerdings nur teilweise ausgearbeitet überliefert ist. Seine Grundlagen sind Logik und Metaphysik. Die Logik, deren Schöpfer A. ist und die er „Analytik“ nennt (die Bez. „Logik“ brachte erst die Stoa auf), ist die Lehre von den logischen Grundgesetzen, von Begriff, Urteil, Schluß, von Definition, Beweis sowie setzender bzw. widerlegender Methode, niedergelegt in den 6 Schriften seines „Organon“. Die Kategorienlehre (Substanz, Beziehung, Raum, Zeit, Qualität, Quantität, Tun, Leiden, Haltung, Lage) steht auf der Grenze zw. Logik und Metaphysik. In dieser unterscheidet A. Stoff (Materie) und Form (Kraft, Denken), die zunächst getrennte Möglichkeiten sind und in ihrem Zusammentreten die Wirklichkeit ergeben.

Oberste Wirklichkeit ist Gott: Denken des Denkens, reine Form, unbewegter Beweger. Die inhaltlichen Disziplinen der Philosophie teilt A. ein in die theoretischen („erste Philosophie“, später Metaphysik genannt, Mathematik, Physik einschließlich Psychologie), die praktischen (Ethik, Politik, Ökonomik) und die poiëtischen (Technik, Ästhetik, Rhetorik). Die Physik bzw. Naturphilosophie ist zunächst die Lehre von der endlichen, ewig unbewegt inmitten des Fixsternhimmels schwebenden Erde, von den vier Elementen: Feuer, Wasser, Luft, Erde, von den vier Qualitäten bzw. Kräften: Kalt-Warm, Trocken-Feucht, von den sechs Arten der Bewegung: Entstehen-Vergehen, Wachsen-Sichrückbilden, Qualitäts- und Ortsänderung, von den zwei Arten der Kräfte: anorganische Energie und organische → Entelechie und von den drei „Ursach“-Arten: Substanz, Kausalität, Finalität. Bes. die Naturphilosophie des Organischen ist bei A. weit entfaltet: im Menschen ist das Denken, die Vernunft das eigentl. Menschliche; er hat an den Grundfunktionen des Tieres: Reizbarkeit (Empfindung) und willkürlichen Ortswechsel durch Leibesbewegung Anteil, diese schließlich an denen der Pflanze: Ernährung u. Fortpflanzung. Die Seele des Menschen reicht in seine pflanzenhaften und seine tierhaften Grundlagen hinein als „erste Entelechie des Leibes“; von ihnen frei ist der Intellekt, der passiv ist als Behältnis der Ideen, aktiv und zugleich unsterblich als forschendes Denken. Dieses „theoretische Leben“ ist zugleich auch, wie des A. Ethik lehrt, der Sitz der höchsten, der theoretischen (dianoëtischen) Tugenden und der wahren Glückseligkeit. Die praktischen Tugenden sind dagegen der Herrschaft der Vernunft nicht restlos unterworfen; hier gilt deshalb die Regel: vermeide die Extreme und halte die Mitte ein (→ Tugend). In seiner Politik geht A. vom Menschen als „Zoon politicon“ (Lebewesen, das in Gemeinschaft mit anderen existiert) aus, der in den Lebenskreisen: Familie, Gemeinde, Staat lebt. Den Staat (ebenso die Wirtschaft) faßt A. bürgerlich und sehr realistisch auf: der Staatsmann darf nie ideale politische Verhältnisse erwarten, sondern soll mit der bestmöglichen Verfassung die Menschen, wie sie einmal sind, auf bestmögliche Weise regieren, vor allem die Jugend leiblich und sittlich ertüchtigen. Gute Staatsformen sind: Monarchie, Aristokratie, gemäßigte Demokratie, schlechte als Kehrseiten der obengenannten: Tyrannis, Oligarchie, Ochlokratie (Pöbelherrschaft). – Werke (Organon, Metaphysik, Physik, Über die Tiere, Nikomachische Ethik, Politik, Rhetorik, Poetik u. a.) hrsg. von d. Berliner Akademie 1831f.; Die Lehrschriften des A., hrsg. v. P. Gohlke, 1952f.; Auswahl von W. Nestle in KTA, Bd. 129, [5]1963; Werke (dt., mit Kommentar), hrsg. E. Grumach, 1956ff.; A. Ars Rhetorica, hrsg. v. R. Kassel, 1976.

W. Jaeger, A., Grundlegung einer Gesch. seiner Entwicklung, 1923, [2]1955 (Repr. 1967); W. Bröcker, A., 1935, [4]1974; M. Wundt, Unters. zur Metaphysik des A., 1953; P. Gohlke, Die Entstehung der aristotel. Prinzipienlehre, 1954; P. Trude, Der Begriff der Gerechtigkeit in der aristotel. Rechts- u. Staatsphilos., 1955; G. Lieberg, Die Lehre von der Lust in den Ethiken des A., 1958; G. Patzig, Die Aristotel. Syllogistik, 1958; W. Wieland, Die aristotel. Physik, 1962; P. Moraux (Hg.), A. in der neueren Forschung, 1968; F. Wiplinger, Physis u. Logos. Zum Körperphänomen in seiner Bedeutung für den Ursprung der Metaphysik bei A., 1971; G. Bien, Die Grundlegung der polit. Philos. bei A., 1973; H. Flashar, A., in: Ders. (Hg.), Grundriß der Gesch. der Philos., III, 1983 (mit Bibl.); K. v. Fritz, Beiträge zu A., 1984; J. Wiesner (Hg.), A. – Werk u. Wirkung, I–II, 1985/87; A. Kamp, Die polit. Philos. des A. und ihre metaphys. Grundlagen, 1985; T. H. Irwin, Aristotle's First Principles, Oxford 1988; G. Patzig (Hg.), A.' „Politik", 1989; D. N. Robinson, Aristotle's Psychology, New York 1989.

Aristotelismus, die sich auf Aristoteles stützende Art des Philosophierens (→ auch Peripatetiker). Der A. wurde in der nachklass. Zeit bes. von den Arabern (Averroës) und Juden (Maimonides) gepflegt und beherrschte seit dem 13. Jahrh. das philosoph. Denken des Abendlandes, vermittelt insbes. durch Albert d. Gr. und Thomas von Aquino, allerdings mit wesentlichen, durch das Christentum bedingten Änderungen. Dieser A. wurde die philos. Grundlage der kath. → Neuscholastik der Gegenwart. In der Zeit der Renaissance wurde der A. in unscholastisch-humanist. Art von nach Italien gelangten byzantin. Gelehrten neu belebt; in Deutschland fußten sowohl die kath. (durch Suarez) als auch die prot. Neuscholastik (durch Melanchthon) auf dem A. → auch Neuthomismus.

Commentaria in Aristotelem Graecam, I–XXIII; 1882–1902; P. Petersen, Gesch. der aristotel. Philos. im protestant. Deutschland, 1921 (Repr. 1964); P. Moraux (Hg.), Aristoteles in der neueren Forschung, 1968; G. Rokita, Aristoteles, Aristotelicus, Aristotelicotatus, Aristoteleskunst, in: Arch. Begriffsgesch. 15 (1971); P. Moraux, Der A. bei den Griechen, I–II, 1973/84; E. Kessler, A. u. Renaissance, 1988; R. Sorabij (Hg.), Aristotle Transformed, London 1989.

Aristoxenos von Tarent, griech. Philosoph, * um 354 v. Chr., Schüler des Aristoteles, verband Pythagoreisches mit Peripatetischem und baute die ältere mathematisch-spekulative Musik- u. Rhythmuslehre aus. Die „Fragmente über Rhythmik" gab 1854 Bartels, die „Elemente der Harmonik" 1893 Saran heraus. – F. Wehrli, Die Schule des Aristoteles. Texte u. Kommentar II (A. v. T.), 1945, [2]1967.

J. Handschin, Der Toncharakter, 1948; P. Kucharski, Le Philèbe et les Elèments harmonique d'A., in: Revue philosophique de la France et de l'Etranger 84 (1959).

Arkesilaos, griech. Philosoph, 315 bis 241 v. Chr., Scholarch der 2. (mittleren) Akademie (→ Platonismus); gab der Schule eine skeptische Richtung durch Einführung der „Urteilsenthaltung" (epochē); nur Wahrscheinlichkeit sei erreichbar, und diese genüge zum Leben.

O. Gigon, Zur Gesch. der sogenannten Neuen Akademie, in: Mus. Helv. 1 (1944); A. Weische, Cicero u. die neue Akademie. Unters.en zur Entstehung u. Gesch. des antiken Skeptizismus, 1961.

Arnauld, Antoine, Theologe (Jansenist), * 6. 2. 1612 Paris, † 8. 8. 1694 Brüssel, verfaßte als Anhänger Descartes', aber auch unter Pascals Einfluß, zusammen mit C. Lancelot die „Grammatik von → Port Royal" (1660) u. mit Pierre → Nicole die sog. Logik von Port Royal mit dem Titel *L'art de penser* (1662); 1667 veröffentlichte er die *Nouveaux éléments de geometrie.* A. wurde von Leibniz, der mit ihm in Verbindung stand, besonders verehrt. – *Oeuvres,* 43 Bde., 1775–1783 (repr. 1964–67); Die Logik oder die Kunst des Denkens (1685), 1972.

L. Verga, Il piensiero filosofico e scientifico di A. A., I–II, Mailand 1972; R. Donze, La Grammaire générale et raisonnée de Port-Royal, 1967.

Art (lat. *species*), A.begriff, logisch ein Begriff, der aus den gemeinsamen Merkmalen von → Individualbegriffen gebildet ist und selbst mit anderen A.begriffen gemeinsame Merkmale hat, aus dem ein noch höherer, der Gattungsbegriff (lat. *genus:* → Gattung) gebildet werden kann. Ein A.begriff kann in bezug auf niedere Begriffe seinerseits zum Gattungsbegriff werden. – In der Biologie Gesamtheit einander nächstverwandter Individuen, die in gewissen, relativ unveränderlichen Merkmalen übereinstimmen. Während bis ins 19. Jh. die biologischen A.en als unveränderlich galten, trat seit Darwin das Problem der allmählichen Wandlung auch der A.en auf.

R. Löther, Die Beherrschung der Mannigfaltigkeit, 1972; U. Sucker, Philos. Probleme der A.theorie, 1978.

Asebie (vom grch. *asębeia*, „Gottlosigkeit"), Frevel gegen die Götter durch Diebstahl von Weihgeschenken, Beschädigung von Götterbildern, Verrat von Mysteriengeheimnissen u. dergl., aber auch durch Verweigerung der üblichen Kulthandlungen u. Opfer.

Aseïtät (vom lat. *a se*, „von sich aus"), das vollkommene In- und Durch-sich-selbst-sein (Von-sich-her-sein), die absolute Selbständigkeit, Unabhängigkeit Gottes (in der Scholastik), des Willens (nach Schopenhauer), des Unbewußten (nach E. v. Hartmann).

Askese (Aszese, vom griech. *askesis*, „Übung"), ursprünglich Vorbereitung der Athleten auf die Kampfspiele (Training), dann Übung in tugendhaftem Leben und Kampf gegen Laster und Untugenden; so in der stoischen Philosophie, später auch beim Apostel Paulus. Christliche A. der Mönche und der „Asketen" ist auf Unterdrückung und Ertötung der sinnlichen Natur gerichtet, nicht nur der geschlechtlichen Lust, sondern auch der Lust des Anschauens, des Hörens, des Schmeckens usw. – Innerweltliche A. nennt Max Weber die Verwendung der durch Ablehnung der religiösen A. frei gewordenen Energie in der Berufsarbeit, wie sie bes. durch den Calvinismus gefördert wurde; → auch Arbeit.

R. Arbesmann, Das Fasten bei den Griechen und Römern, 1929; H.-E. Hengstenberg, Christl. A., 1952; R. Bendix, M. Weber. Das Werk 1964; B. Lohse, A. und Mönchtum in der Antike, 1969.

asozial (aus griech. *a*, „nicht", u. lat. *socialis*, „gesellig"); nicht sozial ist, wer sich gegenüber der Gemeinschaft innerlich gleichgültig und äußerlich passiv, in der äußersten Form auch gemeingefährlich verhält.

Aspekt (vom lat. *aspectus*, „Anblick"), Anblick, Gesichtspunkt.

assertorisch (vom lat. *assertio*, „Aussage") ist ein → Urteil, in dem etwas einfach behauptet wird (S ist P, oder S ist nicht P).

Assimilation (vom lat. *assįmilis*, „ziemlich ähnlich"), Anähnlichung, Angleichung; in der Psychologie die Angleichung eines Bewußtseinsinhaltes an einen früher erlebten ähnlichen durch die Wirkung von dessen Gedächtnisspuren.

Assoziation (vom lat. *associąre*, „sich verbinden mit"), Vergesellschaftung. In der Psychologie die Verbindung von zwei Vorstellungsbildern derart, daß das eine, wenn es auftritt, auch das andere zum Bewußtsein bringt (Ideen-A.). Die A.stheorie bemüht sich um die Ursachen dieser Verbindung. Schon Aristoteles nennt die Ähnlichkeit und den Gegensatz als Verknüpfungsursachen. Später kamen räumliche und zeitliche Nähe dazu, bis schließlich die zeitliche Nähe allein übrig blieb. Als Bindemittel wurden genannt: eine dritte vermittelnde Vorstellung, das Gefühl, die Gestaltqualität, der Gebrauchszweck, die Bedeutung, der Name, die zusammenfassende Aufmerksamkeit o. dergl. Immer wurde vorausgesetzt, daß mit Hilfe der A. alles mit allem verbunden werden kann, was aber von der → Ganzheitspsychologie als irrig nachgewiesen wurde. Die A.stheorie wurde ersetzt durch die Gestalttheorie des → Zusammenhanges, und sie wird in der Phänomenologie unter ganz neuen Gesichtspunkten betrachtet.

E. Holenstein, Phänomenologie der A., Den Haag 1972; D. Rapaport, The History of the Concept of Association of Ideas, New York 1974.

Assoziations-Psychologie, eine im 19. Jh. dominierende Richtung der Psychologie, welche das gesamte Seelenleben einschließlich der höchsten Denkvorgänge und der sich ergebenden willkürlichen Bewegungen durch → Assoziation bestimmt sein läßt. Begründet wurde diese Richtung durch Hartley, Priestley, Hume u. Herbart; ihr hervorragendster Vertreter im 19. Jh. ist J. St. Mill, in der jüngsten Vergangenheit Th. Ziehen, H. Ebbinghaus u. G. E. Müller. Inzwischen wurde die A.-P. im allgemeinen aufgegeben, da die Theorie der Assoziation sich als unhaltbar erwiesen hat.

Ast, Friedrich, Philosoph, * 29. 12. 1778 Gotha, † 31. 10. 1841 München als Prof., Anhänger Schellings, versuchte in seinem „Grundriß einer Gesch. der Philos." (1807, [2]1825) die Entwicklung der philosoph. Systeme als Vernunftzusammenhang zu begreifen. Im „Grundriß der Philologie" (1808) gibt er, von der Antike ausgehend und an ihr sich orientierend, eine Verstehenstheorie, die in seiner Geistlehre gipfelt: der Geist ist Ursprung, Bildungsprinzip u. Brennpunkt alles Lebens. Das geistige Verständnis ist die höhere Einheit des Historischen und Grammatischen. – Weitere Hauptw.: Handbuch der Ästhetik, 1805; Grundlinien der Philosophie, 1807, [2]1809; Platons Leben u. Schriften, 1816; *Lexikon Platonicum,* 1834 bis 1839.

J. Wach, Das Verstehen, Bd. 1, 1926; K. Willimczik, Fr. As. Geschichtsphilosophie, 1967.

Aster, Ernst von, Philos., * 18. 2. 1880 Berlin, † 21. 10. 1948 Stockholm, bis 1933 Prof. in Gießen, seit 1935 in Istanbul, Gegner der Phänomenologie Husserls, Positivist und erkenntnistheoretischer Erneuerer des Nominalismus in der Gegenwart. – Schrieb: Prinzipien der Erkenntnislehre, 1913; Gesch. der antiken Philosophie, 1921; – d. neueren Erkenntnistheorie, 1921; – der englischen Philos., 1927; – der Philos., [16]1981 (KTA, 108); Marx u. die Gegenwart, 1929; Philos d. Gegenwart, 1935.

H.-M. Baumgartner, E. v. A. Zum 100. Geburtstag (mit Biblgr.), ZphF, 35, 1981.

Ästhetik (vom griech. *aistetike [episteme],* „die die Sinne betreffende Wissenschaft"), Lehre vom Schönen, allgemeiner: vom ästhetisch Belangvollen, seiner Wirklichkeitsart (nicht grobstofflich, sondern als „ästhetischer Schein"), seinen Gesetzen und Normen (lebendige Form, anschauliche Fülle des Gehalts, harmonische Gliederung, bedeutungsvoller, mindestens veredelter Gehalt usw.), seinen Spielarten bzw. Typen (neben dem Schönen das Erhabene, Anmutige, Tragische, tief Humorvolle, Charakteristische, Idyllische usw.), seinem Verhältnis zu Natur u. Kunst, seiner Entstehung bzw. Stellung im künstlerischen Schaffen und Genießen. Nach der philos. Grundhaltung und methodischen Einstellung der Ä.-Treibenden unterscheidet man: empirische, psychologische, formale, normative, spekulative Ä. – Im Altertum finden sich bei Platon (Idee der Einheit von Schönheit, Güte, Sinnerfülltheit, Liebe im Ästhetischen) u. Aristoteles (Lehre vom Drama und seiner affektveredelnden Wirkung), vorher schon bei den Pythagoreern (in Zahlen ausdrückbare Harmonie als Grundgesetz des Schönen) Ansätze zur Ä., die später, außer im Neuplatonismus (Plotins Schönheitstraktat: Schönheit innere göttlich-geistige Harmonie der Dinge), kaum weiterentwickelt wurden. Im MA. verschwindet die Ä. beinahe gänzlich, Renaissance und Humanismus, ebenso die frz. Klassik, erneuern und erweitern die antike Ä., in England entsteht im 17. und 18. Jh. die Psychologie des Ästhetischen; in Dtl. im 18. Jh. die erste begrifflich exakte Ä. (Baumgartens Ä. als Kunst, schön zu denken, Sulzers Ä. der schönen Form, Kants Ä. des ästhetischen Gemütszustands) sowie bei den großen dichterischen Ä.ern (Winckelmann, Klopstock, Lessing, Hamann, Herder, Goethe, Schiller) eine Ä. aus der Fülle ihres Schaffens heraus: die Synthese beider erstrebt zu Beginn des 19. Jh. die metaphysische Ä. des dt. Idealismus (Schelling, Hegel, die Romantiker, Schopenhauer, später F. Th. Vischer). Fechner und R. Zimmermann betrieben die Ä. als Formwissenschaft, Th. Lipps als Teilgebiet der angewandten Psychologie, wogegen Joh. Volkelt den ästhetischen Genuß als ein Korrelationsverhältnis zwischen Kunstwerk und Mensch behandelte. In der Gegenwart wird das ästhetische Erleben als das Erleben eines Wertes aufgefaßt und im Rahmen der → Wertphilosophie behandelt. In sehr verschiedener Auseinandersetzung mit Hegel entstanden Versuche materialer Ästhetik wie G. Lukács, Die Theorie des Romans, 1916, [3]1969; W. Benjamin, Ursprung des deutschen Trauerspiels, 1928; Th. W. Adorno, Philosophie der neuen Musik, [2]1958. Eher zur formalen Ästhetik zu zählen wären die Arbeiten des französischen Strukturalismus, besonders die von R. Barthes, die Anregungen des russischen Formalismus aufnehmen. Beide Positionen sind jedoch nicht unvereinbar wie besonders die Musikanalysen Adornos und seine Kantreflexionen in ‚Ästhetische Theorie", 1970, zeigen. – Eine Sonderstellung nimmt die an der Kybernetik orientierte Informations-Ä. ein, welche teilweise auf Psychologie zurückgreift, teilweise ohne psychol. Fundierung eine wertfreie statistische und zeichentheoretische Beschreibung gegebener oder möglicher Kunstwerke versucht.

K. Rosenkranz, Ä. des Häßlichen, 1853; H. Lützeler (Hg.), Jahrbuch für Ä. u. allg. Kunstwiss., 1951 ff.; N. Hartmann, Ä., 1953; K. Huber, Ä. 1954; A. Moles, Théorie de l'information et perception esthétique, Paris 1958, dt. 1971 W. Tatarkiewicz, Gesch. der Ä., 1979 ff. (russ. 1960–68); R. Hönigswald, Wiss. u. Kunst, in: Schriften aus dem Nachlaß, IV, 1961; W. Perpeet, Antike Ä., 1961; E. Grassi, Die Theorie des Schönen in der Antike, 1962; R. Assunto, Die Theorie des Schönen im MA, 1963; W. Iser (Hg.), Immanente Ä. – Ästhet. Reflexion, 1966; H. Kuhn, Schriften zur Ä., 1966; H. R. Jauss (Hg.), Die nicht mehr schönen Künste, 1968; H. Osborne, Aesthetics and Art Theory, London/New York 1968; R. Wollheim, Art and its Objects, New York/Evanstone 1968; M. Bense, Einf. in die informationstheoret. Ä., 1969; H.-D. Bahr, Das gefesselte Engagement. Zur Ideologie der kontemplativen Ä., 1970; W. F. Haug, Kritik der Warenä., 1971; H. R. Schweizer, Ä. als Philos. der sinnl. Erkenntnis, 1973; R. Bittner/P. Pfaff (Hgg.), Das ästhet. Urteil, 1977; H. R. Jauss, Ästhet. Erfahrung u. literar. Hermeneutik, 1977; W. Perpeet, Ä. im MA, 1977; W. Henckmann (Hg.), Ä., 1979; G. Kohler, Geschmacksurteil u. ästhet. Erfahrung, 1980; D. Henrich/W. Iser (Hgg.), Theorien der Kunst, 1982; F. Koppe, Grundbegriffe der Ä., 1982, [2]1988; B. Wyss, Trauer der Vollendung, 1985; R. zur Lippe, Sinnenbewußtsein. Grundlegung einer anthropolog. Ä., 1987; F. v. Kutschera, Ä., 1988; K. Lüdeking, Analyt. Philos. der Kunst, 1988.

Ästhetik, transzendentale, bei Kant unter Verwendung der ursprünglichen Bedeutung des Ausdrucks Ä. die Lehre von der Sinnlichkeit, d. h. von der Wahrnehmung und ihrem Anteil an der begrifflichen Erkenntnis. Zur tr. Ä. gehört nach Kant auch die Lehre von Raum u. Zeit als den Formen apriori der „reinen" Sinnlichkeit.

P. Rohs, Transzendentale Ä., 1973.

ästhetisch (vom griech. *aisthetos,* „sinnlich wahrnehmbar"), anschauend, geschmackvoll, künstlerisch, das Schöne (oder sein Gegenteil) betreffend, an Schönem orientiert.

Astralleib (v. lat *astrum,* „Stern"), nach Paracelsus der unter gewöhnlichen Verhältnissen unsichtbare unangreifbare Leib, der als bewegende seelische Kraft im irdischen Leib waltet. In der Theosophie und Anthroposophie svw. → Aura.

Astralreligion (vom lat. *astrum,* „Stern"), Astralmythologie, Bestandteil der → Naturreligion. In der Religion der Assyro-Babylonier waren die Gestirne Wohnsitze oder Verkörperungen der Götter, von denen das Schicksal der Natur und der Menschen gelenkt wurde. Die noch heute üblichen Namen der Sternbilder gehen auf die A., die Vorläuferin der späteren → Astrologie, zurück.

E. Stucken, Astralmythen, 1907 ff.

Astrologie (vom griech. *astron,* „Stern", und *logos,* „Lehre"), Sternkunde, Sterndeutung, bei Griechen und Römern soviel wie Astronomie; später nannte man A. den Versuch, aus der Stellung und dem Lauf der Sterne das Schicksal der Menschen zu deuten; daher das Sternzeichen (*) für „geboren" und die Redensart vom „guten (oder bösen) Stern". Die schematische Darstellung von Sonne, Planeten und Tierkreis im Augenblick eines bestimmten Ereignisses, z. B. der Geburt eines Menschen heißt Horoskop; sie geht aus von dem in diesem Augenblick aufgehenden Punkt der Ekliptik, der bestimmend auf das betr. Ereignis, also auf Charakter und Schicksal des betr. Menschen wirken soll. Diese Art von A. wurzelt in den → Astralreligionen der orientalisch. Kulturvölker des Altertums, wurde im 3. und 2. Jahrtausend v. Chr. von den Babyloniern entwickelt und in der hellenistischen Zeit vom Orient übernommen und weitergeführt. Die grundlegenden Lehrbücher der A. waren die von Claudius Ptolemäus („Tetrabiblos") und von Firmicus Maternus („Matheseos libri VIII", neu ersch. in 2 Bdn. 1897 und 1913). Im MA. und lange danach stand die A. sehr in Blüte. Kepler stellte das Horoskop Wallensteins auf, der sich von G. B. Seni (1600–1656) beraten ließ, Nostradamus (1503–1566) wirkte am Hof der Katharina von Medici usw. Als erster großer Gegner der A. trat → P. della Mirandola auf, von dem 12 Bücher zu deren Überwindung stammen (1496). Dürers Kupferstich „Melancholie" (1514) veranschaulicht die Stellung der A. in der Kultur seiner Zeit. Interessante Mitteilungen über die A. im 18. Jh. bei Casanova. Auch in der Gegenwart erfreut sich A. großer Beliebtheit, denn sie kommt nicht nur dem uralten Wunsch entgegen, zu erfahren, „was in den Sternen geschrieben steht", sondern sie liefert dem Menschen auch Argumente dafür, daß er für sein Tun und Lassen nicht voll verantwortlich gemacht werden könne.

W. und H. G. Gundel, Astrologumena. Die astrolog. Literatur in der Antike und ihre Gesch., 1966; W. Knappich, Gesch. der A.,

1967; H.-J. Eysenck/D. Nias, A. – Wiss. oder Aberglaube?, dt. 1984 (mit Bibl.); M. Allen, A. für das neue Zeitalter, 1988.

asylum ignorantiae (lat. „Zufluchtsstätte der Unwissenheit"), ein Begriff, mit dem man sich trotz erkannter Unzulänglichkeit zufrieden gibt, weil man nicht weiter nachdenken will.

Ataraxie (vom griech. *ataraxia*, „Unerschütterlichkeit"), Seelenruhe, Gleichmut als Vorbedingung der Eudämonie von Epikur, Pyrrhon, bes. aber von Demokrit gepriesen, der sie auch mit vielen anderen Ausdrücken bezeichnet: als Frohmut, Leidenschaftslosigkeit, Zustand des Nicht-mehr-Erstaunens, Harmonie; → auch Apathie. Die A. wird in modernen sozialphilosophischen Deutungen als Vorstufe mystischer oder philosophischer „Abgeschiedenheit" (O. Spann) aufgefaßt.

O. Spann, Kurzgefaßtes System der Gesellschaftslehre, 1914 (Spätere Auflagen u. d. T.: Gesellschaftslehre, [4]1969).

Atavismus (vom neulat. *atavus*, „Ahnherr"), Rückschlag in der Ahnenreihe; Wiederauftreten vorelterlicher Eigenschaften, die inzwischen scheinbar verloren waren, bei einem späteren Nachkommen infolge von Reaktivierung durch irgendwelche Ursachen. Man spricht auch von psychischen Atavismen.

Athanasie (vom griech. *athanasia*, „Todlosigkeit"), Unsterblichkeit. Athanatismus: Glaube an → Unsterblichkeit.

Athaumasie (griech.), Verwunderungslosigkeit, das Sich-nicht-wundern (Horaz: *nil admirari*), das Demokrit für eine notwendige Bedingung der Seelenruhe und Glückseligkeit (→ Ataraxie, Eudämonie) hält und das der Stoiker Zenon vom Weisen fordert.

Atheismus (vom griech. *atheos*, „ohne Gott"), Gottesleugnung, Gottesverneinung, die die Wirklichkeit des mit dem Wort → Gott Gemeinten entweder grundsätzlich abstreitet (radikaler A.) oder doch bestreitet, daß Gott, wenn es ihn gäbe, von Menschen irgendwie erkannt werden könne (agnostizistischer A.). Jener taucht in seiner radikalen Ausprägung erst im Gefolge des modernen Materialismus, ganz besonders im Marxismus auf; diesen gibt es schon seit der altgriech. Philosophie, wo er von einigen Vorsokratikern (Demokritos u. anderen) und Sophisten (Protagoras, Gorgias), Epikur und seiner Schule, den frühen Kynikern u. den Skeptikern vertreten wird; im Gegenwartsdenken vor allem von dem Positivismus. In beiden Fällen handelt es sich um einen Glauben, der auf keinerlei Begründung oder Beweisführung basiert. Deshalb verwendet man in neuester Zeit statt des Substantivs A. das unmittelbar verständliche Wort a.scher Glaube, das lediglich eine Negation des Gottglaubens meint. In der modernen Wertethik ist ein postulatorischer A. enthalten, der vor allem von N. Hartmann vertreten wird, indem er den Glauben an einen göttlichen Gesetzgeber für unvereinbar mit der Wertethik hält. „Der finale Determinismus der göttl. Vorsehung hebt die ethische Freiheit (und damit die Voraussetzung jedes sittlichen Handelns) auf. Läßt man aber die Freiheit der Person gelten, so hebt sie unfehlbar jenen auf. Beide stehen zueinander kontradiktorisch, als These und Antithese" (N. Hartmann, Ethik, [3]1949).

F. Mauthner, Der A. u. seine Gesch. im Abendlande, I–IV, 1920–23 (Repr. 1963); J. Maritain, La signification de l'athéisme contemporain, Paris 1949; K. Löwith, Wissen, Glaube u. Skepsis, 1956, ³1962; J. Hromadka, Evangelium für Atheisten, 1958; H. Pfeil, Der atheist. Humanismus der Gegenwart, 1959, ²1961; W. Gent, Unters. zum Problem des A., 1964; H. Ley, Gesch. der Aufklärung u. des A., I–III, 1966–71; A. Esser (Hg.), A. Profile u. Positionen der Neuzeit, 1971; L. Koch, Humanistischer A. u. gesellschaftl. Engagement, 1971; A. Sarlemijn, Die Methode des Sowjeta., in: ZphF 25 (1971); W. Weischedel, Der Gott der Philosophen, I–II, 1971; E. Bloch, A. im Christentum, 1973; K.-H. Weger (Hg.), Religionskritik. Beiträge zur atheist. Religionskritik der Gegenwart, 1976.

Äther (vom griech. *aither,* „die Luft über den Wolken"), in der griech. Philosophie (bei Anaxagoras, Empedokles, den Pythagoräern, Platon, Aristoteles, den Stoikern) ein feinster Urstoff; bei Platon und Aristoteles auch das fünfte Element („Quintessenz"), dem Range nach das erste, das den Himmelsraum über dem Monde ausfüllt; bei den Stoikern der feine Urstoff (Feuer, Pneuma), aus dem alles entsteht, der (als „Weltseele") in allem wirkt (→ auch Palágyi), in den sich beim „Weltbrand" wieder alles umwandelt. Nach Herder ist der Ä. vielleicht das „Sensorium des Allerschaffenden", nach Kant die Urmaterie, dessen Modifikationen (Verdichtungen) die einzelnen Stoffe sind.
In der älteren Physik ist Ä. ein hypothetischer Stoff, der den Weltraum erfüllt und alle Körper durchdringt.

O. Lodge, Der Weltä., 1911; F. Fürlinger, Studien zum Ä.begriff in der griech. Literatur bis Platon, Diss. Innsbruck 1948.

Ätiologie (vom griech. *aitịa,* „Ursache", und *logos,* „Lehre"), die Lehre von den Ursachen; ätiologisch, ursächlich.

Atman (sanskr. „Selbst, Seele"), in der ind. Philosophie der → Upanischaden, der ewige, unwandelbare geistige Kern des Individuums, für den Vedanta mit dem → Brahman identisch, vom Buddhismus geleugnet.

C. Oetke, „Ich" und das Ich. Analyt. Unters. zur buddhistisch-brahman. A.kontroverse, 1988.

Atom (vom griech. *ạtomon,* „das Unzerschneidbare"), das Unteilbare. A. nennen die griech. Philosophen Leukipp und Demokrit u. nach ihnen Epikur die kleinsten Bausteine der Materie, aus denen alles zusammengesetzt sei, auch die Seele, die aus den feinsten Atomen bestehe. Die A.e sind ewig, ungeworden und unzerstörbar, von Ewigkeit her in Bewegung, nur nach Gestalt und Größe, Anordnung und Lage verschieden. Im 17. Jh. erneuerten Sennert und Gassendi diese Lehre, den Atomismus, Boyle, bes. aber Dalton (*New System of Chemical Philosophy,* 1808) führten den A.begriff in die Chemie ein, wo er sich als außerordentlich fruchtbar erwies. Heute ist das A. ein Forschungsgegenstand der Physik. Es hat sich als nicht unteilbar erwiesen. Das A. hat – nach der Modellvorstellung populärer Darstellungen der A.-physik – eine kugelförmige, planetensystemartige Struktur (→ Mikrophysik) mit einem aus Protonen und Neutronen bestehenden Kern und einer Hülle aus Elektronen. Die Zahl der Protonen ist gleich der Ordnungszahl des betr. chemischen Elements, die Zahl der Neutronen ist gleich der Differenz zwischen Atomgewicht und Ordnungszahl. Das A. hat einen Durchmesser von etwa 10^{-8} cm, der Kern einen solchen von etwa 10^{-12} cm. In dem Kern ist die ganze Masse des A.s enthalten, so daß, wenn man sich die Elektronenhüllen wegdenkt, die Erde bei gleichbleibendem Gewicht eine Kugel mit

320 m Durchmesser ergäbe. Solche anschaulichen Vorstellungen gehören jedoch nur sekundär zu der Arbeit des modernen Atomphysikers, der alle Strukturen und Beziehungen im atomaren Bereich nur in der Sprache mathematischer Formeln interpretiert. Man kann das A. „zertrümmern“, indem man aus dem Kern mit Hilfe von Zerfallsprodukten radioaktiver Elemente Protonen und Neutronen „herausschießt“ (die ihrerseits in Mesonen zerlegt werden können), wobei große Energiemengen frei werden, die man zunächst zur Stromerzeugung (zum Betrieb eines Elektrizitätswerkes von 100000 kW Leistung werden täglich 400 g spaltbares Uran [gegenüber 800 t Steinkohle] benötigt), zur Konstruktion von A.bomben und zum Antrieb von Schiffen benutzt; → auch Wellenmechanik. – Analog zur atomistischen Betrachtung der Materie spricht man von einem logischen Atomismus (B. Russell), nach dem logische Sätze sich durch erschöpfende logische Analyse auf letzte Elementarsätze (Elementargedanken) zurückführen lassen. Wittgenstein spricht von „logischen A.n“ der Welt.

W. Heisenberg, Wandlungen in den Grundlagen der Naturwiss., 1935, [9]1959; C. F. v. Weizsäcker, Zum Weltbild der Physik, 1943, [12]1976; A. G. M. van Melsen, A. gestern u. heute. Die Gesch. des A.begriffs von der Antike bis zur Gegenwart, 1957 (niederländisch 1945); Z. Bucher, Die Innenwelt der A.e, 1946; Vom Atom zum Weltsystem. Vorträge, 1954 (KTA 226); C. F. v. Weizsäkker, A.energie u. A.zeitalter, 1957; K. Jaspers, Die A.bombe u. die Zukunft des Menschen, 1958; A. Stückelberger (Hg.), Antike A.physik. Texte zur antiken A.lehre u. ihre Wiederaufnahme in der Neuzeit, 1978.

atomar (vom griech. *ạtomon,* „das Unzerschneidbare“), nennt man Vorgänge, die sich im Atom abspielen. B. Russell und L. Wittgenstein bezeichnen die Aussagen über individuelle Tatsachen als a.e Sätze.

Atomismus (vom griech. *ạtomon,* „das Unzerschneidbare“), Atomistik, naturphilos. Lehre daß alle Dinge aus selbständigen Elementen (→ Atomen) bestehen und alles Geschehen auf Umlagerung, Vereinigung und Trennung dieser Elemente beruhe. Der A. herrscht noch heute in der kausal-mechanischen Natur- und Weltauffassungen und wird erst allmählich durch die moderne ganzheitliche Betrachtungsweise verdrängt.

K. Lasswitz, Gesch. der Atomistik vom MA bis zur Neuzeit, I–II, 1890 (Repr. 1963); A. March, Natur u. Erkenntnis, 1948; B. Russell, Die Philos. des logischen A., 1976.

attische Philosophie, die Philosophie der in Athen (der Hauptstadt von Attika) lebenden und lehrenden Philosophen Sokrates, Plato und Aristoteles sowie ihrer Schulen und Zeitgenossen im Unterschied von der ionischen, vorsokratischen und der hellenistisch-römischen Philosophie; → griechische Philosophie.

E. Stiglmayr, Der Wissenschaftsbegriff i. d. a. Philosophie, 1976.

Attraktion (vom lat. *attrạhere,* „heranziehen“), Anziehung, Gegensatz: Repulsion, Zurückstoßung.

Attribut (vom lat. *attributum,* „das Zugeteilte“), Merkmal, Kennzeichen, wesentliche Eigenschaft. Nach Spinoza das, „Was der Verstand als der Substanz Wesen ausmachend erkennt“.

atypisch (vom griech. *a,* „nicht“, und *typos,* „Gepräge“), vom → Typus bzw. vom Typischen abweichend.

Aufforderungscharakter (auch Valenz), die einem innerhalb eines Strebezusammenhanges befindlichen Gegenstand häufig zukommende Eigenheit, den Menschen gewissermaßen einzuladen, aufzufordern, etwas zu tun, z. B. ein schief hängendes Bild gerade zu hängen. Der A. ist eine Entdeckung der modernen Gestaltpsychologie, die auch für die Wertethik (jedem Wert kommt A. zu) von Bedeutung ist. Mit dem A. ist die Richtung der Reaktionen eines Individuums auf seine Umwelt mitbestimmt.

W. Stern, Allgem. Psychologie auf personalist. Grundlage, 1935.

aufheben, in der → Dialektik Hegels (der Mehrdeutigkeit des Wortes a. entsprechend) sowohl emporheben, als auch bewahren, als auch vernichten (negieren). Das in der Thesis Gesetzte wird in der Antithesis aufgehoben, d. h. negiert, und dann durch Negation der Negation von neuem gesetzt, jetzt aber auf einem erhöhten, über den Ausgangspunkt der dialektischen Bewegung emporgehobenen Niveau. Daraus ergibt sich die Synthesis, die die Thesis in erhöhter Form in sich bewahrt, d. h. aufhebt.

Aufklärung, eine Kultur- u. Geistesbewegung mit dem Ziel, auf religiöser oder politischer Autorität beruhende Anschauungen durch solche zu ersetzen, die sich aus der Betätigung der menschl. Vernunft ergeben und die der vernunftgemäßen Kritik jedes einzelnen standhalten. Dieser Begriff einer A., die als geistesgeschichtl. Epoche wiederholt auftrat (in der Antike z. B. in den nachsokratischen Jahrhunderten), entwickelte sich an dem A. genannten Gesamtumschichtungsprozeß, den Europa vom 16. bis 18. Jh. durchmachte, und zwar verschieden sowohl für die einzelnen Länder wie für die einzelnen Lebensgebiete. In England tritt die A. seit dem 16. Jh. vorwiegend religiös u. politisch auf, in Frankreich seit dem 17. Jh. gesellschaftlich und moralkritisch, siegreich im 18. Jh., bis sie in die Revolution v. 1789 mündete, in Dtl. seit dem 18. Jh., ohne entscheidende äußere Erfolge, als innerliche formende Selbstbesinnung der dt. Philosophie und Literatur auf sich selbst, im Sinne des Kant-Wortes: A. ist Erwachen des Menschen aus einer selbstverschuldeten Unmündigkeit. Italien und Spanien kennen ein eigentliches Zeitalter der A. kaum; A. ist in Italien gleichbedeutend mit Antiklerikalismus.

Philosophisch bekämpfte die A. jede echte Metaphysik. Sie beförderte jede Art des → Rationalismus, wissenschaftlich die Naturwissenschaft, auf deren Ergebnissen die A. umgekehrt vielfach fußt und sie ihre Wissenschaftsgläubigkeit u. ihren Fortschrittsglauben gründet, eth.-pädagogisch humanitäre Ideale und ein jugendgemäßes Erziehungswesen, politisch-juristisch-gesellschaftlich-wirtschaftlich die Freiheit des Menschen aus ungerechtfertigten Bindungen (→ Individualismus, → Liberalismus), die Gleichheit aller Bürger desselben Staates vor dem Gesetz, schließlich die Gleichheit all dessen, was Menschenantlitz trägt, vor der → Menschheit, deren Begriff bes. durch die A. herausgearbeitet wurde. Hauptvertreter der A.: (Francis) Bacon, Hobbes, Locke, Hume in England; Bayle, Voltaire, die Enzyklopädisten, Rousseau, Montesquieu, Diderot in Frankreich; Wolff, Lessing, Kant (zugleich Überwinder der A.), Friedrich der Große, Thomasius in Dtl. Jedoch schon am Ende des 18. Jh. konnte Fichte der A. ein langes Sündenregister vorhalten. Das Ende des 19. Jh. brachte mit seiner Rückwendung zur → Metaphysik die Überwindung der A.sphilosophie, jedoch nicht auch der wissenschaftlichen und sozialpolitischen A.sbewegung, die heute noch anhält.

C. v. Brockdorff, Die engl. A.sphilosophie, 1924; O. Ewald, Die frz. A.sphilosophie, 1924; E. Cassirer, Die Philos. der A., 1932 (Repr. 1973); M. Wundt, Die dt. Schulmetaphysik im Zeitalter der A., 1945 (Repr. 1964); H. M. Wolff, Die Weltanschauung der dt. A. in gesch. Entwicklung, 1949, 1963; F. Valjavec, Gesch. der abendländischen A., 1961; G. Schmidt, A. u. Metaphysik, 1965; H. Ley, Gesch. der A. u. des Atheismus, I–III, 1966–71; W. Oelmüller, Die unbefriedigte A., 1969; W. Martens, Die Botschaft der Tugend: die A. im Spiegel der dt. moral. Wochenschriften, 1971; N. Hinske (Hg.), Was ist A.? Beiträge aus der Berlin. Monatsschrift, 1973; H. Dieckmann, Studien zur europäischen A., 1974; W. Schneiders, Die wahre A., 1974; H. J. Schings, Melancholie u. A., 1977; J. Kopper, Einf. in die Philos. der A., 1979; P. Kondylis, Die A. im Rahmen des neuzeitl. Rationalismus, 1981; W. Walter/L. Borinski (Hgg.), Logik im Zeitalter der A., 1981; W. Röd, Die Philos. der Neuzeit. 2. Von Newton bis Rousseau, 1984; C. Jamme/G. Kurz (Hgg.), Idealismus und A., 1988; J. Rüsen (Hg.), Die Zukunft der A., 1988.

Aufmerksamkeit, das durch die Eigenart des Gegenstandes (auch → Aufforderungscharakter) oder willentlich herbeigeführte Verharren des Bewußtseins bei der → Wahrnehmung eines Sachverhaltes zum Zweck genauer → Auffassung, d. h. „ein Zustand erhöhter geistiger Aktivität, vermöge deren ein Erlebnisinhalt aus dem Bewußtseinsstrome besonders deutlich herausgehoben ist“ (Kerschensteiner). Die A. kann verschiedene Intensitätsgrade annehmen bis zur stärksten Konzentration.

Augenblick (Augen-Blick), bereits im Mittelhochdeutschen (ougenblic) als zeitliche Begrenzung des Blickens der Augen gebraucht, später als minimales Zeitmaß, als Momentbestimmung des Jetzt-Punktes zwischen Vergangenheit und Zukunft im Sinne des gr. rhopē. Logische Erörterungen darüber finden sich bereits bei Platon. Bei Kierkegaard wird die Ungewißheit zwischen Schein und Wahrheit durch den A. der Entscheidung überwunden.

R. W. Saner, Ansätze zur Bestimmung der Geschichtlichkeit bei S. Kierkegaard, 1953.

Augustin(us), Aurelius, Kirchenvater und Philosoph, * 13. 11. 354 Tagaste (Numidien), † 28. 8. 430 Hippo Regius (bei Karthago), einflußreichster Kirchenlehrer und -politiker der kath. Kirche; kam durch Manichäismus, Skeptizismus, Neuplatonismus hindurch zum Christentum, dessen Sünden- und Gnadenlehre ihn stark beeindruckte. In diesem Sinne vertritt er im besonderen (gegen Pelagius) die Lehre von der → Prädestination: daß der Mensch zur Seligkeit oder zur Verdammnis von Gott vorausbestimmt sei. Die Menschengeschichte, die A. in dem großen Werk *„De civitate Dei“* (Über den Gottesstaat), der ersten „Weltgeschichte“, darstellt, ist für ihn ein Kampf zweier sich bekämpfender Reiche: des Reiches der irdisch Gesinnten, der Gottesfeinde, des Weltreichs *(civitas terrena* oder *diaboli)* und des Gottesreiches *(civitas dei)*. Dabei identifiziert er das Gottesreich seiner irdischen Erscheinung nach nicht ohne weiteres mit der römischen Kirche. A. lehrte die Selbstgewißheit des menschl. → Bewußtseins (letzter Gewißheitsgrund ist Gott) und die Erkenntniskraft der → Liebe. Bei der Schöpfung legte Gott in die materielle Welt die Keimformen aller Dinge, aus denen sie sich selbständig entwickeln. Die von A. begründete neuplatonische Richtung der christlichen Philosophie (Augustinismus) herrschte im Abendland vor, bis sie im 13. Jh. von → Albertus

Magnus und → Thomas von Aquin durch den christlichen Aristotelismus ersetzt wurde. A. schrieb eine Selbstbiographie unter dem Titel *„Confessiones"*, Bekenntnisse (dt. von W. Thimme, 1950). Diese und den „Gottesstaat" gab J. Bernhart (KTA, Bd. 80, 71965) heraus. Gesamtausgabe bei Migne i. *„Patrologia latina"*, Bd. 32–47, Paris 1845f. Eine „Dt. Ausgabe" erscheint seit 1941, 21952/55. – Als philosophischen A.ismus bezeichnet man eine Lehrrichtung des 13. Jhts., in der unter Ablehnung des Aristotelismus der Vorrang der Theologie vor der Philosophie betont wird. – C. Andresen, *Bibliographia Augustiniana,* 1962, 21973; T. L. Miethe, *Augustinian Bibliography, 1970–80,* London 1982.

W. Kamlah, Christentum u. Selbstbehauptung, 1940, 1951 (u. d. T. Christentum u. Geschichtlichkeit); J. Hessen, Die Philos. des hl. A., 1948, 21958; F. G. Maier, A. u. das antike Rom, 1956; G. Nygren, Das Prädestinationsproblem in der Theologie A.s, 1956; H. M. Marrou, A. in Selbstzeugnissen u. Bilddokumenten, 1958; R. Berlinger, A.s dialog. Metaphysik, 1962; H. König, Das organ. Denken A.s, 1966; H. J. Kaiser, A., Zeit u. Memoria, 1969; K. A. Wohlfahrt, Der metaphys. Ansatz bei A., 1969; A. Schöpf, A., Einf. in sein Philosophieren, 1970; J. Brechtken, A. Doktor Caritatis, 1975; E. Sandvoss, A. A., Ein Mensch auf der Suche nach Sinn, 1978; K. Flasch, A., Einf. in sein Denken, 1980; G. R. Evans, Augustine on Evil, Cambridge 1982; H. Chadwick, A., Oxford 1986; C. Mayer (Hg.), A.-Lexikon, I ff., 1986 ff.; U. Wienbruch, Erleuchtete Einsicht. Zur Erkenntnislehre A.', 1989.

Aura (lat. „Luft"), nach theosoph. und anthroposoph. Lehre ein Lichtschimmer um den Körper, der für die Augen Eingeweihter sichtbar sein und dessen Farbe der spezifische Ausdruck der seelischen Regungen sein soll.

Ausdehnung, Eigenschaft der Raumbeanspruchung und Raumerfüllung, die den physikalischen Körpern zukommt; Descartes und Hobbes erblicken in der A. (eigentl. Ausgedehntheit) das Wesen der Materie. – In der Physik ist A. Vergrößerung eines Körpers durch Erwärmung. Über die A. des Weltalls → Weltall.

Ausdruck, auf Leibniz zurückgehender Begriff für die Art und Weise sowie die Mittel, mit denen die Seele kundtut, was in ihr vorgeht. In der Psychologie des 19. Jh. entstand eine Lehre von den A.sbewegungen der Gesichtsmuskeln, der Gliedmaßen, des ganzen Körpers; auch → Ausdruckskunde, Ausdrucksverfahren und Ausdrucksmetaphysik. – In der Mathematik und in der Logistik ist A. eine Formel, ein graphisches Zeichen oder eine Gruppe solcher Zeichen.

D. Wendland, Ontologie des A.s, 1957; R. Kirchhoff, Allg. A.slehre, 1957.

Ausdruckskunde, die Lehre vom sichtbaren Dasein und Verhalten des Menschen als → Ausdruck psychischer Zustände und Vorgänge; sie bildet ein Kerngebiet der → Charakterkunde, insofern ein Charakter u. a. durch Ausdruckserscheinungen zugängig ist. Je nachdem ob Ausdrucksgestalten (dauernd geprägte körperliche Formen) oder Ausdrucksbewegungen auf ihren seelischen Gehalt hin untersucht werden, kann man eine statische („Physiognomik") von einer dynamischen („Pathognomik") A. unterscheiden. Zur statischen A. gehört die Lehre von der → Konstitution, die den Zusammenhang zwischen Körperbau und Charakter untersucht, sowie die (zeitweilig stark überschätzte) Lehre von der charakterolog. Bedeutung der Formen des Kopfes (→ Phrenologie), des Gesichts (→ Physiognomik), der Hände (Chirognomik). Zur dynam.

A. gehört die Lehre vom Ausdrucksgehalt des Mienenspiels und der Gebärden- und Gestensprache des Körpers (→ Mimik) und der Pantomimik sowie der Art des Gehens und der Stimme und Sprechweise (Phonognomik). Ein bevorzugtes Gebiet ist die Handschrift (→ Graphologie), die bes. günstige Voraussetzungen für die Ausdrucksforschung bietet, weil in der eigenhändigen Schrift, wie in jeder Werkgestaltung, die Spur bestimmter Ausdrucksbewegungen ihres Urhebers fixiert und konserviert ist. – Die neuere A. geht mehr und mehr zur Erforschung der dynam. Ausdruckserscheinungen über, weil hier gesetzmäßige Zusammenhänge aufweisbar sind. Zwar können den dynam. Ausdruckserscheinungen unmittelbar nur die – wechselnden – Gemütszustände zugeordnet werden, doch ist von hier aus über die spezifischen Verhaltensbereitschaften und über die etwa im Ausdrucksfeld des Gesichts sich eingrabenden Ausdrucksspuren auch eine Zuordnung zu den überdauernden Eigenschaften des Charakters möglich.
Die A. entwickelte sich parallel zur Psychologie, indem sie von einer elementenhaften Betrachtungsweise (einem einzelnen Ausdrucksmerkmal wurde jeweils eine bestimmte Bedeutung zugeschrieben) überging zu einer ganzheitlichen (ein Merkmal gewinnt seine Bedeutung erst in der Zusammenschau mit anderen Merkmalen, jede Bewegung ist Ausdruck der ganzen Persönlichkeit), die aber schon mit dem Wiederaufleben der A. im 18. Jh. (Goethe, Lavater, Lichtenberg) einsetzte und besond. durch die „Ideen zu einer Mimik" von I. I. Engel (1785/86), durch Th. Piderit (1867) und Ch. Darwin gefördert wurde. Sie war im 19. Jh. unter dem Einfluß der naturwiss. Denkweise zum großen Teil verlorengegangen. Als ihr wichtigster Vertreter und Erneuerer kann Ludwig → Klages gelten.

L. Klages, Grundlegung der Wissenschaft vom Ausdruck, [8]1968; ders., Die Grundlagen der Charakterkunde, [14]1969; G. Carus, Über Grund und Bedeutung der verschiedenen Formen d. Hand, 1846; Schulze-Albrecht, Naturell u. Stimme, 1931; Ph. Lersch, Gesicht u. Seele, 1932; H. Mangin, Die Hand, ein Sinnbild des Menschen, 1951; Ph. Miller, Einführung in die Graphologie, 1958.

Ausdrucksmetaphysik, die Lehre von der grundsätzlich gegebenen oder grundsätzlich zu verneinenden Möglichkeit, Seelisches u. Geistiges durch Nichtseelisches u. Nichtgeistiges auszudrücken (→ Ausdruck). Gegenstände der A. sind insbes. die durch die Sinne wahrnehmbare Gestalt und ihre „Ausdruckshaltigkeit" (→ auch Morphologie) und das → Symbol. „Denkt der Weltgeist selbst in solchen Bildern, die der geniale Intuitionsmensch wiedererkennt (→ auch Anamnese), der reflektierende Verstandesmensch aber erklärt?" (A. Wenzl, Wissensch. und Weltanschauung, [2]1949).

Ausdrucksqualitäten (Wesenseigenschaften), → Wesen.

ausgeschlossenes Drittes, → *Exclusi tertii principium.*

Auslese, svw. → Selektion; negative A.

Auslösung, die Aktualisierung d. in einem physikalischen System aufgespeicherten (potentiellen) Energie durch eine geringfügige, von außen einwirkende Energiemenge (der ins Pulverfaß fliegende Funken). In der älteren Psychologie wurde der A.sbegriff benutzt, um seelisches Geschehen zu erklären, was heute als unzulässig gilt, da seelisches Geschehen nicht kausal-mechanisch, sondern final-teleologisch bestimmt ist. Ein psychisches System ist kein totes Gebiet, in das ein Reiz von außen ohne weiteres „eindringen" kann. Es kann sich nur darum handeln, daß eine innere Gleichgewichtslage gestört und durch psychische Akte mehr oder weniger schnell wiederhergestellt wird (→ Virtuellitätshypothese). In der → Verhaltenspsychologie wird A. auf diejenigen äußeren oder inneren Reize (Schlüsselreize) zurückgeführt, die im Sinne signalisierender Merkmale zur Verständigung weiterentwickelt werden.

A. Mittasch, A.s-ABC, in ZphF, Bd. VI, 1951; H. Tinberger, Tiere untereinander, 1955; K. Lorenz, Tierisches Verhalten, 1965.

Aussage, sprachl. Wiedergabe eines Tatbestandes, die stets von Zeit, Interesse, Phantasie, Suggestion, Affekt, Umgebung, Alter, Geschlecht usw. beeinflußt wird. auch → apophantisch, Prädikat, Satz. – In der Logistik ist A. ein sprachlicher → Ausdruck, der für sich allein stehen (behauptet werden) kann, der einen Sachverhalt intendiert und dadurch den Charakter erhält, wahr oder falsch zu sein. – A.nfunktor, ein Funktor, dessen Argumente nur Aussagen oder Aussageformen sein können. – A.nkalkül, → Logistik.

F. Mönkenmöller, Psychologie u. Psychopathologie der A., 1930; G. Schmidt, Vom Wesen der A., 1956.

Außenwelt. Nach dem (naiv-realistischen) Außenwelterlebnis bezeichnet das Wort all das, was nicht die Innerlichkeit, das Seelenleben eines Menschen ist. Wird dieses Außenwelterlebnis in der „philosophischen Theorienbildung" umgedeutet, so kommt es je nach der erkenntnistheoretischen Grundansicht (→ Realismus, transzendentaler, kritischer) zur Unterscheidung zweier A.-begriffe. 1. physikalische A. einschl. unseres Organismus, von der die Reizungen unserer Sinnesorgane ausgehen und innerhalb welcher sich auch sämtl. physiolog. Vorgänge in unserem eigenen Organismus abspielen; sie ist für alle Menschen dieselbe, ist aber unerkennbar (→ Wirklichkeit) und der Physik, die sie erforscht, nur mittelbar (→ Schein) zugängig; 2. anschauliche A. einschl. des anschaulichen Körper-Ich-Bereichs (→ Ich), die ein Bereich des Seelischen ist und von der Psychologie erforscht wird. Die Gesetze, die in der anschaulichen Welt (Umwelt) herrschen, sind in jedem Falle psychologische Gesetze. Die anschauliche A. ist für jeden Menschen, überhaupt für jedes mit Sinnesorganen ausgestattete Lebewesen eine andere (→ auch Mikrokosmos). Doch sind die verschiedenen anschaulichen A.en als – stark vereinfachte – Abbilder, Repräsentationen, Symbole (so Nic. Hartmann) der gemeinsamen physikal. A. einander in der Regel hinreichend ähnlich, um eine gegenseitige Verständigung zu ermöglichen. – Der Gegenbegriff zur A. ist die → Innenwelt.

H. A. Lindemann, Die Erkenntnis der A. u. d. psychophysische Problem, in ZphF, III, 1949; G. Kropp, Das A.problem i. d. mod. Atomphysik, 1948; weitere Literatur → Erkenntnislehre.

Austin, John Langshaw, engl. Philosoph, * 26. 3. 1911 Lancaster, † 8. 2. 1960 Oxford, Arbeiten in der Sprachphilosophie, Handlungstheorie, Erkenntnistheorie. Am stärksten hat A. die Sprachphilosophie durch seine Theorie der Sprechakte (→ Sprachakttheorie) beeinflußt. – Hauptw.: *How to do Things with Words,* 1962, dt. 1972;

Sense and Sensibilia, 1962, dt. 1975; *Philosophical Papers,* 1969.

E. v. Savigny, Die Philos. der normalen Sprache, 1969, [2]1980; E. v. Savigny, J. L. A. Hat die Wahrnehmung eine Basis?, in: J. Speck (Hg.), Grundprobleme der großen Philosophen. Philos. der Gegenwart, III, 1975; D. Wunderlich, Studien zur Sprechakttheorie, 1976; M. H. Wörner, Performative u. sprachl. Handeln, 1978; G. J. Warnock, J. L. A., London 1989.

Autarkie (vom griech. *autarkeia,* „Selbstgenügsamkeit"), Unabhängigkeit von äußeren Dingen oder anderen Menschen (so bei Platon); für Sokrates die Bedingung der Verwirklichung von Freiheit, bei Aristoteles gründet das Gute in A.; das Lebensideal der Kyniker und Stoiker. Der stoische Weise ist „sich selbst genug". Volkswirtschaftl. A. ist wirtschaftl. Unabhängigkeit eines Landes von lebenswichtigen Einfuhrgütern.

E. Schorer, Der A.begriff im Wandel der Zeit, in: Schmollers Jahrbuch 65 (1941).

Autismus (von griech. *autos,* „selbst"), rein ichbezogene Lebenseinstellung mit Überwiegen des phantastisch-traumhaften Innenlebens über die Betätigung und Anteilnahme an der Außenwelt; entspringt seelischer Überempfindlichkeit oder einfacher Gemütlosigkeit und ist oft Anzeichen eines schizoiden Temperaments (→ schizoid).

Autokratie (von griech. *autokrator,* „sein eigener Herr"), Selbstherrschaft, Alleinherrschaft.

automatisch (von griech. *automaton,* „das von Selbst Geschehende") heißen bei Aristoteles Vorrichtungen, die sich von selbst bewegen und dadurch die Beschäftigung von Sklaven überflüssig machen; auch Bewegungen, die ohne Beteiligung des wachen Bewußtseins geschehen (Automatismen, → auch Technik, Kybernetik). Nach Descartes sind die Tiere seelenlose Automaten (→ Maschinentheorie).

Automaton logicum (ein „Logisches produzierender Automat"), von Otto Liebmann geschaffener Name für das Gehirn zur Kennzeichnung der (paradoxen) Tatsache, daß das Geschehen in den Nervenbahnen, im Gehirn usw. nach physikalisch-chemischen Gesetzen abläuft, während der auf diesem Geschehen beruhende Gedankenablauf logisch, nach Sinngesetzen erfolgt, ohne daß es denkbar wäre, die beiden qualitativ verschiedenen Gesetzeskategorien aufeinander zurückzuführen. Die Theorie des psychophysischen → Parallelismus erweist sich demnach als unhaltbar; → auch Erkenntnis. – Das A.l. läßt sich in der Kybernetik an einem sog. „Elektronengehirn" demonstrieren.

G. Günther, Das Bewußtsein der Maschinen, [2]1964.

Autonomie (von griech. *autos,* „selbst", und *nomos,* „Gesetz"), Eigengesetzlichkeit; so spricht man von der A. des organischen Lebens gegenüber dem anorganischen, des Denkens gegenüber dem Sein, der ethischen Selbstbestimmung aus eigener Vernunft u. Kraft, gemäß der eigenen Natur, die nach Kant allein der Würde des sittlich reifen Menschen angemessen ist. Gegensatz: → Heteronomie.

A. Metzger, Automation u. A., 1964; P. C. Mayer-Tasch, A. u. Autorität, 1968; G. Mensching, Totalität u. A., 1971; H. Czuma, A.: eine hypo het. Konstruktion prakt. Vernunft 1974; M. Welker, Der Vorgang A., 1975; E. Kleppel, A. u. Anerkennung, 1978; G. Prauss, Kant über Freiheit als A., 1983.

Autorität (von lat. *autor,* „Urheber"), Geltung bzw. Einfluß, den eine Person oder auch eine Sache hat, ohne ständig dafür eintreten bzw. eingesetzt werden zu müssen. Je nach dem Gebiet, auf dem sie gilt, tritt A. verschieden auf: religiöse A., politische A., wissenschaftl. A., erzieherische A. u. a.

H. Barth, Das Problem der A., 1929; G. Krüger, Das Problem der A., in: Offener Horizont, Festschrift für K. Jaspers, 1953; J. M. Bochenski, Was ist A.? Einf. in die Logik der A., 1974.

autós épha (grch., „er selbst [d. h. der Meister] hat's gesagt"; lat. *ipse dixit*): sagten die Schüler des Pythagoras, wenn sie einen unerschütterlichen Beweis für eine Behauptung erbringen wollten (→ Autorität).

Avenarius, Richard, Philosoph, * 19. 11. 1843 Paris, † 18. 8. 1896 Zürich, seit 1877 das. Prof., Begründer des → Empiriokritizismus. Hauptw.: Kritik der reinen Erfahrung, 2 Bde., 1888, [2]1908; Der menschliche Weltbegriff, 1892, [3]1912.

O. Ewald, R. A. als Begründer des Empiriokritizismus, 1905; J. Suter, Die Philos. von R. A., Diss. Zürich 1910; F. Hobek/W. Swoboda, R. A. Mit einer Bibl., in: Conceptus 26 (1975).

Averroës (arab. Mohammed ibn Ruschd), führender Philosoph des West-Islams, * 1126 Cordoba, † 12. 12. 1198 in Marokko, einflußreicher Vertreter des → Aristotelismus, versuchte, die Lehren des Aristoteles mit der islam. Theologie zu verbinden, da nur ein aktiver Verstand, der göttliche, existiert, der den potentiellen Intellekt zum erworbenen aktualisiert (→ auch Averroïsmus). A. lehrte die Ewigkeit auch der geschaffenen Welt, den Monopsychismus (es besteht nur eine, allen Menschen gemeinsame vernünftige Seele, eine Emanation der Gottheit, die ewig ist, wogegen die individuellen Seelen sterblich sind), die Materie als Prinzip der Individuation, schließlich die Lehre von der Doppelten Wahrheit, durch die vor allem der Gottesbegriff des Theïsmus gefährdet wurde durch die Möglichkeit der Entscheidung für den Pantheismus.

L. Gauthier, Ibn Rochd (Averroès), Paris 1948; B. Bürke (Hg.), Das neunte Buch des lat. großen Metaphysik-Kommentars von A., 1969; M. Fakhry, A History of Islamic Philosophy, 1970; J. Jolivet (Hg.), Multiple Averroès, 1978; C. Genequand, Ibn Rusd's Metaphysics, 1984; O. Leaman, A. and his Philosophy, Oxford 1988.

Averroïsmus, philos.-theolog. Bewegung des christl. MA. und der Renaissance, die sich auf → Averroës oft nur berief, um durch seine Autorität gedeckt zu sein bei ihren Kritiken an der Kirchenlehre, bes. unter Verwendung der Averroës-Lehre, daß die Vorstellungen der Religion nur allegorische Verhüllungen der reinen (philos.) Wahrheiten seien. A.-Vertreter (Averroïsten) des MA.: Siger von Brabant und Johannes von Jandun; der Renaissance: Alexander Achillini, Augustinus Niphus, Andreas Caesalpinus, Jakob Zabarella. Gegen den A. des 13. Jh. wandte sich sowohl der traditionelle Augustinismus als auch der christl. Aristotelismus (A. Magnus, Th. v. Aquin).

M. Grabmann, Der lat. A. des 13. Jh. u. seine Stellung zur christl. Weltanschauung, 1931; E. Renan, Œuvres complètes III (Averroès et l'averroisme), Paris 1949; M. Grabmann, Mal. Geistesleben, 1956.

Avesta, „Grundtext", die heilige Schrift der Parsen, in der die Religion Zarathustras niedergelegt ist. Ausg. 1886–95 von Geldner, dt. [2]1924 von Wolff.

Avicebron (Avencebrol), jüd. Philosoph, → Gabirol.

Avicenna (Ibn Sina), arab. Arzt und Philosoph persischer Abkunft,

980–1037, der wie sein Lehrer Farabi aristotelische mit neuplatonischer Philosophie verschmolz; wirkte durch seine große Enzyklopädie „Buch der Genesung der Seele“ (dt. hrsg. v. M. Horten, 1907–09) stark auf das christliche Abendland und bes. auf Albert d. Gr. und Thomas von Aquino. – Opera, Venedig 1508 (Repr. 1961).

A.-M. Goichon, La philos. d'Avicenne et son influence en Europe médiévale, 1951; O. E. Chahine, Ontologie et théologie chez A., 1962; A.-M. Goichon, Ibn Sina, in: The Encyclopaedia of Islam, New Edition, III, 1971.

Axiologie (vom griech. *axios,* „Wert“, und *logos,* „Lehre“), Wertlehre als formale Theorie der Werte, im Unterschied von der Lehre vom Handeln; axiologisch, dem Werte nach, werttheoretisch.

F. Brentano, Vom Ursprung sittl. Erkenntnis, 1889, [4]1955 (Repr. 1969); N. Hartmann, Ethik, 1926, [4]1962.

Axiom (vom griech. *axioma,* „Geltung, Forderung“), Grundsatz; ein Satz, der nicht bewiesen werden kann, aber auch nicht bewiesen zu werden braucht, da er unmittelbar als richtig einleuchtet und deshalb als „Grundsatz“ für andere Sätze dient (→ Deduktion), bzw. als solcher auch vereinbart werden kann (→ Konventionalismus). Logische A.e sind: der Satz der → Identität, der Satz des → Widerspruchs, der Satz des ausgeschlossenen Dritten (→ *Exclusi tertii principium*), der Satz des → Grundes. – Axiomatik, die Lehre vom Postulieren und Ableiten, sofern dabei von einem Axiomensystem ausgegangen wird; vgl. → Logistik.

E. Rogge, Axiomatik alles mögl. Philosophierens, 1950; F. Austeda, Axiomat. Philos., 1962.

Baader, Franz Xaver von, Philosoph und Theologe, * 27. 3. 1765 München, † das. 23. 5. 1841, seit 1826 Prof. das., urspr. Naturwissenschaftler (Bergfachmann), von der Kabbala, Böhme, Schelling und dem franz. Mystiker St. Martin beeinflußt, auf den er selbst stark einwirkte. Die Erkenntnis ist das Mitwirken des Menschen in der göttl. Vernunft, unser Wissen ist ein Mitwissen des göttl. Wissens. – Hauptwerke: Fermenta cognitionis, 1822–26; Über das dermalige Mißverhältnis der Vermögenslosen oder Proletairs zu den Vermögen besitzenden Klassen der Societät, 1835; Schriften zur Gesellschaftsphilosophie, hg. 1925; Über Liebe, Ehe und Kunst, hg. 1953; Gesellschaftslehre, hg. 1957; Vom Sinn der Gesellschaft. Schriften zur Social-Philosophie, hg. 1966; Sätze aus der erotischen Philosophie und andere Schriften, hg. 1966 (mit Bibl.); Sämtl. Werke, I–XVI, 1850–60 (Repr. 1987). – C. Processi Xella, B. Rassegna storica degli studi (1786–1977), Bologna 1977; J. Jost, Bibl. der Schriften F. v. B.s, 1926.

F. Lieb, B. u. Kant, Diss. Basel 1923; D. Baumgardt, F. v. B. u. die philos. Romantik, 1927; E. Susini, F. v. B. et le romantisme mystique, I–II, Paris 1942; E. Benz, F. v. B. u. der abendländ. Nihilismus, in: Arch. Philos. 3 (1949); K. Hemmerle, Philos. Grundlagen zu F. v. B.s Gedanke der Schöpfung, Diss. Freiburg 1957; J. Siegl, F. v. B., 1957; S. Hellberger-Frobenius, Macht u. Gewalt in der Philos. F. v. B.s, 1969; S. Schmitz, Sprache, Sozietät u. Gesch. bei F. B., 1975; H.-J. Görtz, F. v. B.s „anthropolog. Standpunkt“, 1977; H. Sauer, Ferment der Vermittlung. Zum Theologiebegriff bei F. v. B., 1977.

Bachofen, Johann Jakob, schweizer. Rechts- und Religionshistoriker, * 22. 12. 1815 Basel, † das. 25. 11. 1887, bekannt durch sein Werk „Das Mutterrecht“ 1861. Begründer der vergleichenden Rechtswissenschaft, Mythen- und Symbolforscher („Der Mythus ist die Exegese des Symbols"), betrachtet die Weltgeschichte als einen ewigen Kampf zwischen Licht und Dunkel, Himmel und Erde, Geburt und Tod, Männlichem und Weiblichem. Die Erde ist „Träger des Muttertums", während die Sonne „die Entwicklung des Vaterprinzips leitet". – Hauptwerke: Versuch über die Gräbersymbolik der Alten, 1859; Das Mutterrecht, 1861; Der Mythus von Orient u. Okzident, hg. 1926; Urreligion u. antike Symbole, I–III, hg. 1926; Gesammelte Werke, I–X, 1943–67.

C. A. Bernoulli, J. J. B. u. das Natursymbol, 1924; G. Schmidt, J. J. B.s Geschichtsphilos., 1929; K. Kerényi, B. u. die Zukunft des Humanismus, 1945; A. Baeumler, Das myth. Weltalter. B.s romant. Deutung des Alten Testaments, 1965; H. J. Heinrichs (Hg.), Materialien zu B.s ‚Das Mutterrecht', 1975; A. Cesana, J. J. B.s Geschichtsdeutung, 1983.

Bacon, Francis (Baco von Verulam), engl. Staatsmann und Philosoph, * 22. 1. 1561 London, † 9. 4. 1626 Highgate, begründete den modernen engl. Empirismus und brach der Herrschaft des naturwiss. Denkens Bahn, obwohl er philosophisch z. T. noch der Metaphysik des MA. verhaftet war. Er erklärte als höchste Aufgabe der Wissenschaft die Naturbeherrschung und die zweckmäßige Gestaltung der Kultur durch Naturerkenntnis. Dazu ist nach B. nötig, daß der Mensch sich der Vorurteile und falschen Vorstellungen (Idole) entledige. Die einzige verläßliche Quelle der Erkenntnis ist nach B. die Erfahrung (Beobachtung und Experiment), die einzig richtige Methode die Induktion, die zur Erkenntnis der Gesetze fortschreitet; von da aus läßt sich dann wieder herabsteigen und zu Erfindungen gelangen, welche die Macht des Menschen über die Natur erhöhen. Denn der Mensch vermag so viel, als er weiß: *tantum possumus quantum scimus.* – Hauptwerke: Novum organum scientiarum, 1620, dt. 1793, 1830 (Repr. 1974); De dignitate et augmentis scientiarum, 1623, dt. 1783 (Repr. 1966); New Atlantis, 1627, dt. 1890; Instauratio magna, I–III, 1622–27; The Works of F. B., I–XIV, London 1857–74 (Repr. 1961–63). – G. W. Gibson, F. B., A Bibliography of his Works and Baconiana to the Year 1750, Oxford 1950, Suppl. 1959; A. Quinton, F. B., Oxford 1980.

K. Fischer, F. B. u. seine Schule, 1897, [4]1923; W. Frost, B. u. die Naturphilos., 1927; H. Bock, Staat u. Gesellschaft bei F. B., 1937; E. Lewalter, F. B., 1939; F. H. Anderson, The Philos. of F. B., Chicago 1948/New York 1971; W. Schneiders, Einige Bemerkungen zum gegenwärtigen Stand der B.-Forschung, in: ZphF 16 (1962); B. Farrington, The Philos. of F. B., Liverpool 1964; A. Johnston (Hg.), F. B., 1965; A. M. Paterson, F. B. and Socialized Science, Springfield Ill. 1973; S. Dangelmayr, Methode u. System, 1974; R. Ahrbeck, Morus – Campanella – Bacon. Frühe Utopisten, 1977; J. J. Epstein, F. B., Athens Ohio 1977; J. Rublack, Widerspiegelung u. Wirkung, 1979; W. Krohn, F. B., 1987; C. Whitney, F. B., 1988.

Bacon, Roger, engl. Philosoph u. Naturforscher, * um 1214 Ilchester, † 11. 6. 1294 Oxford, *„Doctor mirabilis"*, Gegner des Klerikalismus, auf dessen Betreiben er 1278 eingekerkert wurde. Er führte die Scheidung von Theologie und Profanwissenschaften (d. h. Philosophie) konsequent durch; Erfahrung, Experiment und Mathematik sind ihm die drei Hauptsäulen der Wissenschaft. Er rief die Wissenschaft seiner Zeit von den Autoritäten zu den Sachen, von den Meinungen zu den Quellen, von der Dialektik zur Erfahrung, von den Büchern zur Natur und ließ dabei als die wirklich großen Philosophen Artistoteles, → Avicenna und → Averroes gelten. Er erkannte u. a. die Gesetze der Reflexion und der Strahlenbrechung, die Erscheinungen d. atmosphärischen Strahlenbrechung, verfertigte optische Instrumente und entwarf vorausschauend allerlei Ideen moderner Erfindungen, z. B. der konvexen Gläser und des Schießpulvers, so daß man B. als den ersten Naturforscher des MA. bezeichnen kann; doch spielen bei ihm auch mystische Gedankengänge und astrologische, alchimistische und magische Interessen (Suchen nach dem Lebenselixier u. ä.) eine Rolle, so daß seine Bedeutung als eines der Zeit vorauseilenden Denkers nicht überschätzt werden darf. Hauptwerk: *Opus maius* (hrsg. v. J. J. Bridges, Oxford 1897).

K. Werner, Die Psychologie, Erkenntnis- u. Wissenschaftslehre des R. B., 1879 (Repr. 1966); S. C. Easton, R. B. and His Search for a Universal Science, Oxford/New York 1952 (Repr. 1971); E. Westacott, R. B., London 1953; E. Heck, R. B., 1957; G. Wieland, Ethik u. Metaphysik. Bemerkungen zur Moralphilos. R. B.s, in: J. Möller/H. Kohlenberger (Hgg.), Virtus politica, 1974; M. Huber-Legnani, R. B. – Lehrer der Anschaulichkeit, 1984.

Baeumler, Alfred, Philosoph, * 19. 11. 1887 Neustadt a. d. Tafelfichte (Böhmen), † 19. 3. 1968 in Eningen/Kr. Reutlingen, 1933–45 Prof. in Berlin; förderte die „philos. Grundlegung des Nationalsozialismus" und suchte einen symbolischen Realismus zu begründen. Er begann seine philosophischen Forschungen mit Arbeiten über Kant (Kants Kritik der Urteilskraft, I, ²1956) und Hegel, veröffentlichte eine Geschichte der Ästhetik in dem von ihm begründeten „Handbuch der Philosophie", schrieb eine Einleitung über den romantischen Symbolismus zu der Bachofen-Auswahl von Manfred Schröter („Der Mythus von Orient und Okzident", 1926), gab die Werke Nietzsches in KTA heraus (Bde. 70–78), Arbeiten über Nietzsche: Nietzsche, der Philosoph u. Politiker, 1931 und in „Studien zur dt. Geistesgeschichte" (1937); Das mythische Weltalter, ²1965.

Thomas Mann und A. B. – Eine Dokumentation, 1989.

Bakunin, Michael, russ. Hegelianer, * 30. 5. 1814 Prjamichina (Twer), † 1. 7. 1876 Bern, studierte von 1840 an in Berlin, bereiste dann Westeuropa, nahm an den sozialistischen Aufständen in Polen, Sachsen und Böhmen teil (1848–49), wurde nach Sibirien verbannt, von wo er 1861 wieder nach Westeuropa entfloh. Im dialektischen Prozeß der Philosophie Hegels, die für B. „die höchste Spitze der Bildung" ist, räumt er dem Negativen den Vorrang vor dem Positiven ein, gelangt so zu einer Philosophie der Vernichtung alles Bestehenden und wird zum Begründer des Anarchismus (→ Anarchie). – Hauptwerke: Dieu et l'état, 1882, dt. 1969; Philosophie der Tat (Auswahl), hg. 1968; Staatlichkeit u. Anarchie u. andere Schriften, hg. 1972; Frühschriften, hg. 1973; Gesammelte Werke, I–III, 1921–24 (Repr. 1975).

R. Huch, M. B. u. die Anarchie, 1923; E. H. Carr, M. B., London 1937 (Repr. 1975); G. P. Maksimov, The Political Philos. of B., Glencoe Ill. 1953; P. Scheibert, Von B. zu Lenin, 1956; A. Masters, B., London 1974; J. F. Wittkop, M. A. B. in Selbstzeugnissen u. Dokumenten, 1974; W. v. Dooren, B. zur Einführung, 1985.

Baldwin, James Mark, nordamer. Philosoph, * 12. 1. 1861 Columbia, † 8. 11. 1934 Paris, Prof. an verschiedenen USA-Universitäten, Entwicklungs- u. Sozialpsycholog; vertritt einen Dualismus aus genetischer und nichtgenetischer Methodik, der durch das übergreifende ästhetische Erlebnis überbrückt wird. Hauptw.: *Mental Development in the Child and in the Race,* 1896 (dt. 1898); *Thought and Things* *or Genetic Logic*, 1901–1911 (dt., 3 Bde., 1908–14); *Darwin and the Humanities*, 1909; *History of Psychology*, 2 Bde., 1913.

U. D. Sewing, *The Social Theory of J. M. B.*, 1945.

Ballauff, Theodor, Prof. f. Pädagogik in Mainz, * 14. 1. 1911 Magdeburg, ursprünglich von naturwissenschaftl. Konzeptionen seines Lehrers N. Hartmann ausgegangen, gelangt B. zu einer eigenen Philosophie des Lebendigen, die sich auf seine geschichtlichen und systematischen Untersuchungen zu Bildungsfragen gelegentlich befruchtend auswirkt. – Schrieb u. a.: Das Problem des Lebendigen, 1949; Die Idee der Paideia, 1952; Die Grundstruktur der Bildung, 1953; Die Wissenschaft vom Leben, Bd. I, 1954; Erwachsenenbildung, 1958; Systematische Pädagogik, [3]1970; Die pädagog. Unzulänglichkeit der biolog. Anthropologie, 1962; Philosoph. Begründungen der Pädagogik, 1966; Skeptische Didaktik, 1970; Pädagogik, eine Geschichte d. Bildung u. Erziehung. Bd. I, 1969; Bd. II u. III (zus. m. Kl. Schaller) 1970, 1973; Pädagogik als Bildungslehre, 1986.

Balmes, Jaime, * 28. 8. 1810 Vich, † 9. 7. 1848, gehört zu den bedeutendsten spanisch. Philosophen des 19. Jhts. Grundlage seiner kriteriologischen Untersuchungen bildet nicht der Syllogismus, sondern eine rationale Intuition, die keineswegs empirisch oder affektiv gemeint ist. Der tragende Begriff der „certeza" (certitúdo) weist auf eine dreifache Quelle hin: das Bewußtsein, die Evidenz und den Gemeinsinn oder geistigen Spürsinn („instinto intelectual"), der uns unsere Empfindungen objektivieren und den wirklichen Bestand einer Außenwelt annehmen läßt. – Hauptwerke: El protestantismo comparado con el catolicismo en sus relaciones con la civilzación europea, I–IV, 1842–44, dt. 1861/62; Cartas a un escéptico en materia de religión, 1845, dt. 1852; El criterio, 1845, dt. 1852; Filosofia fundamental, I–IV, 1846, dt. 1855/56; Curso de filosofia elemental, I–III, 1847, dt. 1852–53. – I. de Dios Mendoza, Bibliografia balmesiana, Barcelona 1961.

H. Auhofer, Die Soziologie des J. B., Diss. München 1953; J. R. Gironella, Balmes Filósofo, Barcelona 1969; J. Tusquets, J. B. – Son système philosophique, Paris 1969.

Balthasar, Hans Urs von, philos.-theologischer Schriftsteller, * 12. 8. 1905 Luzern, † 26. 6. 1988 Basel, bekannt geworden durch seine Studien zur Geschichte des dt. Idealismus, der Lebens- u. Existenzphilosophie. – Schrieb u. a.: Apokalypse der dt. Seele, 1937–39; *Présence et pensee*, 1942; Wahrheit, 1946; Herrlichkeit, eine theologische Ästhetik, 7 Bde., 1961/70 (Bd. III/1 „Durchbruch durch die abendl. Metaphysik unter dem Vorzeichen des ‚Herrlichen'"); Rechenschaft (m. vollst. Biblgr.), 1965; Wer ist ein Christ?, [3]1966; Klarstellungen, zur Prüfung des Geistes, [3]1972; Die Wahrheit ist symphonisch, 1972.

L. Roberts, The Theological Aesthetics of H. U. v. B., Washington 1987; K. Lehmann/W. Kasper (Hgg.), H. U. v. B., 1989.

Banfi, Antonio, * 30. 9. 1886 Vimercate/Mailand, † 20. 7. 1957 Mailand, enge Verbindungen zur dt. Philosophie, Studium in Berlin bei Spranger u. Simmel, auch mit Husserl, Prof. in Mailand. Als Hauptgegner des italien. Idealismus (Croces, Gentiles) entwickelt er eine eigene Phänomenologie und Kulturphilosophie, gab 1930–1940 „Studi filosofici" heraus. – Hauptw.: *La filosofia e la vita spiri-*

tuale, 1922; *Principi di una teoria della ragione,* 1926; *Vita di Galilei,* 1930; *Vita dell'arte,* 1947; *L'uomo copernicano,* 1950; *La ricerca della realtà,* 2 Bde, 1959; *Saggi sul marxismo,* 1960; *Filosofia dell'arte,* 1962; *Studi sulla filosofia del Novecento,* 1965; *Incontro con Hegel,* 1965; *Introduzione a Nietzsche (Vorlesungen 1933–34),* ²1977; *Tre generationi dopo,* 1981.

F. Papi, *Il pensiero di A. Banfi,* 1961 (mit vollst. Bibliogr.); *A. B. e il pensiero contemporaneo,* 1969; L. Rossi, *Situazione dell'estetica in Banfi,* 1973; A. Erbetta, *L'umanismo critica di A. B.,* 1979.

Barion, Jakob, Prof. in Bonn, * 23. 7. 1898 Wüschheim b. Euskirchen/Rhl., von der Rechts- und Staatsphilosophie des dt. Idealismus ausgehend, setzt sich B. mit der marxist. Kritik an Hegel und mit Grundfragen der modernen Ideologienlehre auseinander. – Schrieb u. a.: Intellektuelle Anschauung bei Fichte und Schelling, 1929; Plotin und Augustin, 1935; Macht und Recht, 1947; Recht, Staat und Gesellschaft, 1949; Universitas und Universität, 1954; Hegel und die marxist. Staatslehre, ²1970; Was ist Ideologie?, ³1974; Ideologie, Wissenschaft, Philosophie, 1966; Staat und Zentralismus, 1969; Einführung in die Terminologie u. Hauptprobleme der Philosophie, 1977 – Biblgr. in ZphF, 22, 1968.

Barth, Hans, * 25. 2. 1904 Zürich, † 12. 3. 1965, seit 1946 Prof. das., befaßt sich mit Philosophie und Ideengeschichte der Politik. – Der philos. Gedanke in der Politik (Fluten und Dämme) 1943; Wahrheit und Ideologie, 1945, ²1962; Pestalozzis Philosophie der Politik, 1954; Die Idee der Ordnung, 1958; Masse und Mythos, 1959.

Barth, Heinrich, schweizer. Philosoph, * 3. 2. 1890 Bern, seit 1928 Prof. in Basel, † 22. 5. 1965 das., vertritt eine kritische, christliche Existenzphilosophie, schrieb u. a.: Die Seele in der Philosophie Platons, 1921; Philosophie der praktischen Vernunft, 1927; Die Freiheit der Entscheidung im Denken Augustins, 1935; Philosophie der Erscheinung, 2 Bde., ²1965; Erkenntnis der Existenz, 1965; Existenzphilosophie und neutestament. Hermeneutik, 1967 (mit bibliogr. Nachträgen).

G. Hauff u.a. (Hgg.), In Erscheinung treten. H. B.s Philos. des Ästhetischen, 1990.

Barth, Karl, schweizer. Theologe, * 10. 5. 1886 Basel, seit 1935 Prof. das., † 10. 12. 1968 dass., Dialektischer Theologe, weckte das Interesse der Gegenwartsphilosophie für Kierkegaard und für existenzphilosophische Probleme, schrieb u. a.: Der Römerbrief, 1918; Das Wort Gottes u. die Theologie, 1924; Christl. Dogmatik im Entwurf, 1927; Erklärung des Philipper-Briefes, 1928/43; *Fides quaerens intellectum,* 1932; Kirchl. Dogmatik, 1932ff., bisher 12 Bde.; Theolog. Existenz heute, 1933 u. ö.; Mensch und Mitmensch, 1954; Gesamtausgabe I–XVII, 1972–85. – H. A. Drewes/H. Wildi (Hgg.), K. B. Bibl., 1984.

M. Werner, Das Weltanschauungsproblem bei K. B. u. Albert Schweitzer, 1924; H. U. v. Balthasar, K. B., Darstellung u. Deutung seiner Theologie, 1951; R. Grunow (Hg.), B.-Brevier, 1966; E. H. Friedmann, Christologie u. Anthropologie, 1972; K. G. Steck, K. B. u. die Neuzeit, 1973; W. Lindemann, K. B. u. die krit. Schriftauslegung, 1973; U. Dannemann, Theologie u. Politik im Denken K. B.s, 1977; E. Jüngel u.a. (Hgg.), B.-Studien, 1982; H. J. Kraus, Theolog. Religionskritik, 1982; M. Beintker, Die Dialektik in der „dialekt. Theologie" K. B.s, 1987.

Barthes, Roland, * 12. 11. 1915 Cherbourg, † 26. 3. 1980 Paris, Forsch.-Dir. der „Ecole pratique des Hautes Études", Paris, zuletzt

Prof. am Collège de France, ebda., versuchte – ähnlich de Saussure und Levi-Strauss – strukturale Methoden speziell in die Literaturwissenschaft einzuführen. Bekannt als Literaturkritiker und Semiologe: Mythos, Kommunikationssysteme und strukturale Tätigkeit werden von ihm als semiologische Systeme interpretiert; Semiologie sei die Wissenschaft von Formen und Zeichen, die unabhängig von deren Bedeutungen untersucht werden. – Hauptwerke: Le degré zéro de l' écriture, 1953, dt. 1959; Mythologies, 1957, dt. 1964; Sur Racine, 1963, dt. 1969 (in Auszügen); La Tour Eiffel, 1964, dt. 1970; Critique et vérité, 1966, dt. 1967; L'empire des signes, 1970, dt. 1981; Sade – Fourier – Loyola, 1971, dt. 1981; Le plaisir du texte, 1973, dt. 1974; R. B. par lui-même, 1975, dt. 1978; Fragments d'un discours amoureux, 1977, dt. 1984; Le grain de la voix, 1981.

L. J. Calvet, R. B., Paris 1973; S. Heath, Vertige du déplacement: lecture de B., Paris 1974; J. B. Fagès, Comprendre R. B., Toulouse 1979; S. Nordahl, L'aventure du signifiant: une lecture de B., Paris 1981; G. R. Wasserman, B., Boston 1981; J. Culler, R. B., London 1983; S. Freedman, R. B.: a bibliographical reader's guide, New York 1983; G. Röttger-Denker, R. B. zur Einführung, 1989.

Bauch, Bruno, Philosoph, * 19. 1. 1877 Groß-Nossen (Schlesien), † 27. 2. 1942 Jena, das. Prof. seit 1911; stellte Kants Lehre, ausgehend von der Kr. d. U., als durch die Wertidee beherrschte Theorie der Kultur dar, innerhalb deren der Erkenntnistheorie ihre spezifische Funktion zukommt („Immanuel Kant"/1917); die darin sich abzeichnende Synthese neokritizistischer und wertphilosophischer Intentionen wurde in systematischer Absicht in „Wahrheit, Wert und Wirklichkeit" (1923) und der „Idee" (1926) begründet – einerseits im Nachweis des Mathematischen als einer Differenzierung des Logischen, andererseits in der Behauptung des Anspruchs der Wahrheit als Wert (in der Lehre von „Begriff und Urteil als Strukturformen der Wahrheit"). Die „Grundzüge der Ethik" (1935) entwickeln das System spezifischer Verbindlichkeiten aus der Wertidee.

P. Bommmersheim, B. B., in: Bl. dt. Philos. 16 (1942); W. Ritzel, Studien zum Wandel der Kantauffassung, 1952; J. Strasser, Die Bedeutung des hypothet. Imperativs in der Ethik B. B.s, 1967; M. A. Gonzáles Porta, Transzendentaler „Objektivismus". B. B.s kritische Verarbeitung des Themas der Subjektivität, 1990.

Baumgardt, David, Philosoph, * 20. 4. 1890 Erfurt, † 21. 7. 1963 New-York, bis 1937 Prof. in Berlin, danach in Birmingham, seit 1939 in den USA, befaßte sich mit Fragen der Moralphilosophie und Ästhetik; von Untersuchungen über den Sinn der Geschichte ausgegangen, bemühte sich B. um eine Weltorientierung unter Grundmotiven der Religion sowie in der Dialektik von Sinn und Widersinn des Lebens, um schließlich zur Grundlegung einer Theorie des konsequenten hedonistischen Rigorismus zu gelangen. – Hauptw.: Franz v. Baader und die philosophische Romantik, 1927; Der Kampf um den Lebenssinn unter Vorläufern der modernen Ethik, 1933; *Bentham and the Ethics of Today*, 1952; *Great Western Mystics and their Lasting Significance*, 1961; Die abendländische Mystik, 1963; Jenseits von Machtmoral und Masochismus (Nachlaßwerk), 1965.

Festschr. „Horizons of a Philosopher" (mit vollst. Bibliographie), hg. von Fr. Minkowski, 1963.

Baumgarten, Alexander Gottlieb, philos. Schriftsteller, * 17. 7. 1714 Berlin, † 26. 5. 1762 als Prof. in

Frankfurt a. d. O., Schüler Wolffs, begründete die Ästhetik als selbständige Wissenschaft, womit er das Wolffsche „System" um eine neue Disziplin ergänzte („Aesthetica", 2 Bde., 1750–58); seine „Metaphysika" (1739) legte Kant seinen Vorlesungen zugrunde. – Hauptwerke: Metaphysika, 1739, [7]1779 (Repr. 1963); Ethica philosophica, 1740, [3]1763 (Repr. 1969); Aesthetica, I–II, 1750–58 (Repr. 1961); Philosophia generalis, hg. 1770 (Repr. 1968).

A. Riemann, Die Ästhetik A. G. B.s, 1928 (Repr. 1973); H. G. Peters, Die Ästhetik B.s, 1934; U. Franke, Kunst als Erkenntnis. Die Rolle der Sinnlichkeit in der Ästhetik des A. G. B., 1972; H. R. Schweizer, Ästhetik als Philos. der sinnl. Erkenntnis. Eine Interpretation der ‚Aesthetica' A. G. B.s mit teilweiser Wiedergabe des lat. Textes u. dt. Übersetzung, 1973; M. Jäger, Kommentierende Einf. in B.s ‚Aesthetica', 1980 (mit Bibl.); M. Jäger, Die Ästhetik als Antwort auf das kopernikan. Weltbild, 1984.

Baumgartner, Hans-Michael, * 5. 4. 1933 München, Prof. in Gießen, 1977–1988 zus. mit O. Höffe Hg. der ZphF, befaßt sich mit der Philosophie Kants u. ihren idealistischen Transformationen sowie mit Grundproblemen des menschlichen Wissens und Handelns. Sein systematisches Interesse gilt einer Erneuerung der Transzendentalphilosophie, die er durch Interpretation klassischer Texte u. in Auseinandersetzung mit modernen Strömungen zu entwickeln sucht. – Schr. u. a.: Die Unbedingtheit des Sittlichen. Eine Auseinandersetzung mit N. Hartmann, 1962; J. G. Fichte – Bibliographie (Hg. u. a.), 1968; Kontinuität und Geschichte. Zur Kritik und Metakritik der historischen Vernunft, 1973; Schelling. Einführung in seine Philosophie (Hg.), 1975; Philosophie in Deutschland, 1980; Kants „Kritik der reinen Vernunft", Anleitung zur Lektüre, 1988.

Bayle, Pierre, franz. Philosoph, * 18. 11. 1647 Carlat, † 28. 12. 1706 Rotterdam, Skeptiker, der mit seinem *Dictionnaire historique et critique* (1696–1697, neue Ausg. 16 Bde., 1920, repr. 1969, dt. 1741–1744, repr. 1974–1978) die ganze geistige Entwicklung des 18. Jh.s stark beeinflußt hat. Er bekämpfte jeden Dogmatismus in der Philosophie, verlangte die Behandlung ethischer Probleme allein durch die Vernunft, hielt Glauben und Wissen für unvereinbar, aber gerade deshalb den Glauben an die religiösen Dogmen für verdienstvoll. – Hauptwerke: Pensées sur la Comète, 1682; Dictionnaire historique et critique, I–II, 1696–97, I–XVI, 1920 (Repr. 1969), dt. I–IV, 1741–44 (Repr. 1974–78); Système de philosophie. Contenant la logique et la métaphysique, hg. 1785; Œuvres diverses, I–IV, Den Haag/Rotterdam 1727–31 (Repr. 1964–68).

E. B. Sugg, P. B., 1930; E. Cassirer, Die Philos. der Aufklärung, 1932 (Repr. 1973); E. Beyreuther, Zinzendorf u. P. B., 1955; P. Dibon (Hg.), P. B., Amsterdam/Paris 1959; H. T. Mason, P. B. and Voltaire, London 1963; C. B. Brush, Montaigne and B., Den Haag 1966; P. Rétat, Le ‚Dictionnaire' de B. et la lutte philosophique au XVIIIe siècle, Paris 1971; J. P. Jossua, P. B. ou l'obsession du mal, Paris 1977.

Bazala, Albert, kroat. Philosoph, * 13. 7. 1877 Brünn, † 12. 8. 1947, Zagreb, Prof. das. seit 1909, Präs. d. Jugosl. Akad. d. Wissenschaften. Sein Philosophieren ist bestimmt durch die Annahme, daß der Wille und nicht der Intellekt jene Achse ist, um die unser Seelenleben kreist; die Wurzel der Philosophie u. aller kulturellen Tätigkeiten sei in dieser metalogischen Schicht zu suchen. Das Bewußtsein als ein unaufhaltsamer zielgerichteter Prozeß drängt zur Gestaltung des individuellen und gesellschaftl. Lebens wie der

Wirklichkeit überhaupt. Dieser Standpunkt eines voluntaristischen Aktivismus wird von B. konsequent durchgeführt in allen philos. Problembereichen. Besonders verdienstvoll sind B.s Bemühungen um die kroatische philos. Terminologie. – Schrieb u. a.: (kroat.) Moralphilosoph. Werke d. Dichters Marulić, 1904; Geschichte der Philosophie, 3 Bde., 1906–1912; Die metalogische Wurzel der Philosophie, 1924; Welt u. Leben im Lichte des physikal. Rationalismus, 1932; Bewußtsein u. Welt, Subjekt u. Objekt, 1941; aus d. Nachlaß: Hesiodos, Werke u. Tage, übers. aus d. Griech., dazu die Studie: Die Weisheit d. Griechen, 1970.

Beauvoir, Simone de, frz. philos. Schriftstellerin, * 9. 1. 1908 Paris, † 14. 4. 1986 Paris, Schülerin und Gefährtin (seit 1949) Sartres, 1931–43 Lehrerin, verdient um die Verbreitung des frz. Existentialismus; faßte den Menschen als eine von der Geschichte geformte Gegebenheit auf; die Frau ist mehr als der Mann etwas Werdendes; ihre Möglichkeiten wurden bisher weder bestimmt noch genutzt. – B. schrieb außer Romanen u. a.: *Pour une morale de l'ambiguité,* 1974; *Le deuxième sexe,* 2 Bde., 1949, dt. Das andere Geschlecht, 1951; *La force des Choses,* 1963; dt. Der Lauf der Dinge, 1966; *Les belles Images,* 1967, dt.; Die Welt der schönen Bilder, 1968; *La Vieillesse,* 1970, dt. Das Alter, 1972; *La Cérémonie des Adieux,* 1981.

G. Hourdin, S. de B. et la liberté, Paris 1962; F. Jeanson, S. de B. ou l'entreprise de vivre, Paris 1966; E. Schmalenberg, Das Todesverständnis bei S. de B., 1972; J. Leighton, S. de B. on Woman, Rutherford N. J. 1975; C. Francis/F. Contier, Les écrits de S. de B., Paris 1979; A. Withmarsh, B. and the Limits of Commitment, Cambridge 1981; M. Evans, S. de B. A Feminist Mandarin, London/New York 1985, dt. 1986.

Becher, Erich, Philosoph, * 1. 9. 1882 Reinshagen b. Remscheid, † 5. 1. 1929 München als Prof. das. (seit 1916); vertrat einen kritischen Realismus und Vitalismus, lehrte, daß im Weltgeschehen und im menschl. Dasein von den primitiven Anfängen bis zu den höchsten Leistungen der Kultur ein überindividuell Seelisches sich auswirkt (Psychovitalismus); → auch Virtuellitätshypothese. In seinem Wissenschaftssystem teilt er die Wissenschaften, die er nach Gegenständen, Methoden und Grundlagen betrachtet, in Idealwissenschaften und Realwissenschaften ein, diese in Natur- und Geisteswissenschaften, welche sich ihrerseits in Psychologie und Kulturwissenschaften aufgliedern. – Hauptw.: Gehirn und Seele, 1911; Geisteswissenschaften und Naturwissenschaften, 1921; Einführung in die Philosophie, 1926, [2]1949.

K. Huber, E. B.s Philosophie, 1931.

Beck, Heinrich, Prof. in Bamberg, * 29. 4. 1929 München, befaßt sich mit der Bewegungsstruktur des „Seins in der Zeit" und versteht sie als Ausdruck, Partizipation und Mitvollzug einer Seinsbewegung, die er im Sinne des trinitarischen Gottesgedanken deutet; er setzt sich dabei mit dem Seinsbegriff bei Th. v. Aquin und der dialektischen Bewegung bei Hegel auseinander. – Schr. u. a.: Der Aktcharakter des Seins, 1965; Möglichkeit und Notwendigkeit (im Ausgang von N. Hartmann), 1961; Der Gott der Weisen und Denker, [4]1970; Kulturphilosophie der Technik, 1979; Philosophie der Erziehung, 1979; Anthropologie u. Ethik der Sexualität, 1982 (mit A. Rieber); Natürl. Theologie, 1986.

Becker, Oskar, Philosoph, * 5. 9. 1889 Leipzig, seit 1931 Prof. in

Bonn, † das. 13. 11. 1964; Vertreter der phänomenolog. Methode, lieferte einen Beitrag zur Existenzphilosophie durch Aufweisung einer „Para-Existenz“ im Gebiete des Nichtgeschichtlichen; schrieb u. a.: Mathemat. Existenz, 1927, ²1973; Von der Hinfälligkeit des Schönen und der Abenteuerlichkeit des Künstlers, 1929; Transzendenz und Paratranszendenz, 1937; Para-Existenz, 1943; Geschichte der Mathematik (mit J. E. Hoffmann), 1951; Einführung in die Logistik, 1951; Untersuchungen über den Modalkalkül, 1952; Grundlagen der Mathematik in geschichtl. Entwicklung, 1954; Das mathematische Denken der Antike, 1957; Zwei Untersuchungen zur antiken Logik, 1957; Von der Abenteuerlichkeit des Künstlers und der vorsichtigen Verwegenheit des Philosophen, 1958; Größe und Grenze der mathem. Denkweise, 1959; Die Aktualität des pythagoreischen Gedankens, 1960; Dasein und Dawesen (Gesammelte philos. Aufsätze), 1963; Beiträge zur phänomenologischen Begründung der Geometrie, ²1973; Mathematische Existenz, ²1973.

O. Pöggeler, Hermeneut. u. mathemat. Phänomenologie, in: Philos. Rundschau 13 (1965); E. Ströker, Philosoph. Unters. zum Raum, 1965, ²1977.

Becker, Werner, * 21. 2. 1937, Lauterbach/Hessen, befaßt sich mit Fragen des Dt. Idealismus, der Marxismuskritik u. politisch-praktischer Philosophie; weiterhin mit Kritik an der dialekt. Methode von Hegel und Marx, sowie mit der Theorie des Liberalismus u. d. Demokratie. – Schr. u. a.: Idealist. u. materialistische Dialektik, ²1972; Selbstbewußtsein und Spekulation, 1972; Kritik der Marxschen Wertlehre, 1972; Die Achillesferse des Marxismus, 1974; Die liberale Demokratie, 1982; Elemente der Demokratie, 1985.

Beda Venerabilis, d. h. der „Ehrwürdige“, Philosoph, * 674 in England, † 26. 5. 735 als Lehrer an der Klosterschule in Jarrow, Begründer der engl. Philosophie durch Übermittlung des griech.-lat. Bildungsgutes an die Angelsachsen. Mit seiner *„Historia ecclesiastica gentis Anglorum“* (abgedr. bei Migne) beginnt die german. Geschichtsschreibung.

K. Werner, B. der Ehrwürdige u. seine Zeit, 1875; G. F. Browne, The Venerable B., London 1919; P. H. Blair, The World of Bede, London 1970; T. R. Eckenrode, The Growth of a Scientific Mind. B.’s Early and Late Scientific Writings, in: Downside Review 94 (1976); H.-J. Diesner, Fragen der Macht- u. Herrschaftsstruktur bei B., 1980.

Bedeutung, ein „Vermittler zw. dem anwesenden Ding, das die B. trägt, und dem abwesenden Objekt, das durch die B. bezeichnet wird“ (Sartre, Baudelaire, 1947). Aus jedem gehörten Wort schließen wir auf das, was der Sprecher damit meint, was es (unter Berücksichtigung aller Umstände) bedeutet. B.n. sind vornehmlich an die Sprache gebunden, worin sich ihre soziale Funktion offenbart. – Bedeutungslehre, → Semantik.

C. K. Ogden/I. A.Richards, The Meaning of Meaning, London 1949, dt. 1974; R. Haller, Unters. zum B.sproblem in der antiken u. mal. Philos., in: Arch. Begriffsgesch. 7 (1962); A. Rapoport, B.slehre. Eine semant. Kritik, 1972; H.-U. Hoche, Krit. Bemerkungen zu Freges B.slehre, in: ZphF 27 (1973); A. Margalit (Hg.), Meaning and Use, Dordrecht 1978; H. Putnam, Die B. von B., 1979; L. Röska-Hardy, Die „B.“ in natürl. Sprachen. Eine philos. Unters., 1988; E. v. Savigny, The Social Foundation of Meaning, Berlin 1988.

Bedingung, dasjenige, wovon ein anderes (das Bedingte) abhängt, was ein Ding, einen Zustand, ein Geschehen *möglich* macht, im Gegensatz zur → Ursache, die etwas (die Wirkung, das Bewirkte) notwendig, unabänderlich hervorbringt, und zum → Grund, der die logische B. der Folge ist. → auch Abhängigkeit.

N. Rescher, Hypothetical Reasoning, Amsterdam 1964; W. Stegmüller, Probleme u. Resultate der Wissenschaftstheorie u. Analyt. Philos. I, 1969; G. H. v. Wright, Causality and Determinism, New York/London 1974; G. H. v. Wright, Determinismus, Wahrheit u. Zeitlichkeit, in: Stud. Leibn. 6 (1974).

Befindlichkeit, nach Heidegger das Sichbefinden des Menschen, die in ihm herrschende, von ihm nicht beherrschbare Gestimmtheit (→ Stimmung), aus der sich ergibt, wie und was er im gegebenen Augenblick fühlen, denken und wollen kann. Die B. ist das Grundgeschehen unseres → Daseins, „sie ist eine existenziale Grundart der gleichursprünglichen Erschlossenheit von Welt, Mitdasein und Existenz".

L. Binswanger, Grundformen u. Erkenntnis des menschl. Daseins, 1942, [4]1964; C. F. Gethmann, Verstehen u. Auslegung. Das Methodenproblem in der Philos. Martin Heideggers, 1974.

Begabungseigenschaften, die das Maß der Leistungsfähigkeit eines einzelnen Menschen oder einer Gruppe von Menschen ausmachenden Eigenschaften im Unterschied zu seinen → Charakter-Eigenschaften. Die B. unterscheiden sich einerseits nach dem Anteil, den Intelligenz, Gemüt, Wille an ihnen haben, andererseits nach den Gebieten, für die sie bestehen. Die Untersuchung der B. bildet die Grundlage der Begabtenauslese und Begabtenförderung durch Freistellen usw. Begabungs- und Eignungsprüfungen werden z. Zwecke der Berufsberatung vorgenommen.

A. Wenzl, Die Theorie der Begabung, [2]1957; J. Piaget, Psychologie der Intelligenz, 1948; H. Roth, Begabung u. Lernen, 1968.

Begierde, ein zwischen unwillkürlichem Streben und bewußtem Wollen liegendes Trieberlebnis (→ Trieb).

begreifen, den rechten Begriff v. etwas haben. In der Psychologie ist B. die Fähigkeit, eine Gegebenheit in der richtigen Gliederung und im richtigen Bezugssystem zu anderen Gegebenheiten, vor allem aber mit der richtigen Gewichtsverteilung und mit den richtigen Abhängigkeitsverhältnissen zu sehen; vgl. → verstehen.

Begriff, der einfachste Denkakt im Gegensatz zu → Urteil und → Schluß, die aus B.en zusammengesetzt sind. Nach Sigwart ist der B. „eine Vorstellung, die die Forderung durchgängiger Konstanz, vollkommener Bestimmtheit, allgemeiner Übereinstimmung und unzweideutiger sprachlicher Bezeichnung erfüllt". Von den B.en der Logik weichen die B.e des alltägl. Sprachgebrauches bisweilen erheblich ab, da dieser die Dinge vorzugsweise nach Typen einteilt und nicht nach Merkmalsgesamtheiten (ein Rechteck mit den Seitenlängen 1 und 150 gehört nicht dem Typus Rechteck, sondern dem Typus Band an und fällt daher unter den B. „Band"). So bilden sich auch die B.e im Denken eines Volkes oder eines Menschen nicht dadurch, daß die einer Gruppe von Dingen gemeinsamen Merkmale wahrgenommen und zu B.en zusammengefaßt werden (→ Art), sondern dadurch, daß zunächst die Wesenseigenschaften (→ Wesen) an den Dingen aufgefaßt und zu Begriffen verarbeitet werden (für viele Stadtkinder ist jedes vierbeinige größere Tier ein „Wauwau") und daß sich erst allmählich diese wenigen, weiten, aber unscharfen B.e in zahlreiche, enge und scharf abgegrenzte B.e dadurch aufgliedern, daß im Bereich des Gegebenen das Prägnante erkannt wird sowie eine zunehmende Zahl von Prägnanzstufen, die zum Prägnanten hin oder von ihm wegführen. Der Umfang natürlicher B.e fällt mit Prägnanzbereichen zusammen. Z. B. kennt das vorwissenschaftliche Denken nicht die B.e Quadrat, Rechteck, Parallelogramm, Trapez, Rhombus, sondern nur den B. „Viereck" und meint damit zunächst das prägnante Viereck, nämlich das Quadrat. Unter diesen B. Viereck fallen alle Rechtecke, die in den Bereich des prägnanten Vierecks fallen, d. h. alle, deren Gestalt sich dem Quadrat stark annähert. Eine neue Stufe der (abnehmenden) Prägnanz wird beim „Viereck im Postkartenformat" erreicht, die nächste bei der „Raute", d. h. beim Rhombus. Zwischen den Prägnanzstufen liegen Gestalten, die das „Viereck" weniger gut, unvollkommen oder schlecht verkörpern, deren Wesen nicht klar hervortritt und die daher vom vorwissenschaftlichen Denken begrifflich nicht erfaßt werden.

Abgesehen vom Denkakt selbst ist am B. zu unterscheiden: der Denkinhalt (das mit dem B. Gemeinte) und der Gegenstand des B.es (das denkunabhängige Objekt), ferner der Umfang des B.es (die Gesamtheit der Dinge, die unter den Begriff fallen) und der Inhalt des B.es (die Gesamtheit der in ihm vereinigten Merkmale des Dinges oder einer Gruppe von Dingen). Stellenwert der B.e → Denkraum. Ferner unterscheidet man abstrakte oder → Allgemeinb.e (in der Mathematik gibt es nur solche; → auch allgemein) und Einzel- oder Individualbegriffe.

Das Denken in B.en, auch das in Individualb.en, ist inhaltsärmer als die genetisch frühere → Anschauung, es dringt aber tiefer in die Struktur des Gegebenen ein und ist für die Erkenntnis unentbehrlich, insbes. läßt sich ohne B.e die Erfahrung nicht überschreiben (→ transzendental); ohne begriffliches Denken ist auch keine → Metaphysik möglich.

G. Lehzeltern, Der B. als psych. Erlebnis, 1946; T. Haering, Das Problem der naturwiss. u. der geisteswiss. B.sbildung u. die Erkennbarkeit der Gegenstände, in: ZphF 2 (1948); P. T. Geach, Mental Acts, London 1957 (Repr. 1971); J. C. Horn, Monade u. B. Der Weg von Leibniz zu Hegel, 1965; P. Lorenzen, Method. Denken, 1968; S. J. Schmidt, Bedeutung u. B., 1969; P. L. Peterson, Concepts and Language, Den Haag 1973; R. Toumela, Theoretical Concepts, New York 1973; P. F. Strawson, Subject and Predicate in Logic and Grammar, London 1974; R. Metzger, Die Lehre vom B., 1977; B. Ganter/R. Wille/K. E. Wolff (Hgg.), Beiträge zur B.sanalyse, 1987; A. Ros, Begründung und B., I–III, 1989–90.

begrifflich, zum Begriff gehörend, aus oder in Begriffen bestehend.

Begriffsbildung, die jeweilige Methode einer Wissenschaft, wodurch das Zustandekommen der Begriffe je nach eigener Betrachtungsweise, Definition und Formulierung ermöglicht wird. Es sind drei Grundformen der B. voneinander zu unterscheiden: die mathematische B., die auf Deduktion beruht, die empirisch-naturwissenschaftliche, die sich der induktiven Ableitung bedient, und die geisteswissenschaftliche B., die von der individualisierenden Betrachtungsweise bestimmt ist.

H. Rickert, Die Grenzen der naturwiss. B., 1896/1902, [5]1913; T. Haering, Das Problem der naturwiss. u. der geisteswiss. B., in: ZphF 2 (1948); G. Ryle, Dilemmas, Cambridge 1954, dt. 1970; E. Rossi, Das menschl. Begreifen u. seine Grenzen, 1968; → Begriff.

Begriffsformen, → Kategorie.

Begriffsschrift, Darstellung von Begriffen und Begriffszusammenhängen durch Zeichen und Symbole. Eine solche B. gibt es vor allem in der Mathematik, in der Chemie und in der Logik (Logistik); bei Leibniz → *Characteristica universalis, Pasigraphie.* → Frege entwickelte in seiner B. (1879) eine zweidimensionale Formelsprache des reinen Denkens und begründete mit ihr den Anfang der modernen formalen → Logik.

G. Frege, B. Eine der arithmethischen nachgebildete Formelsprache des reinen Denkens, 1879 (Repr. 1964); G. Frege, Über die wiss. Berechtigung einer B., in: Zt. für Philos. u. philos. Kritik 81 (1882); H. Schnelle, Zeichensysteme zur wiss. Darstellung, 1962; G. Patzig, Leibniz, Frege u. die sogenannte ‚lingua characteristica universalis', in: Stud. Leibn. Suppl. III (1969).

Beharrung, das Verbleiben in einem Zustande, der Gegensatz von Veränderung; B.sgesetz, → Trägheit.

Behaviorismus (vom engl. *behaviour,* „Verhalten, Betragen"), eine besonders in Amerika vertretene Richtung der Psychologie (Hauptvertreter: Watson und Thorndike), die von aller Selbstbeobachtung und deren Auswertung vollständig absehen und nur das Verhalten der Tiere und Menschen ins Auge fassen will, das sie genau beobachtet und beschreibt, ohne es innerseelisch „verstehen" zu wollen. Zur Methode des B. gehört daher die Untersuchung von Reiz und Reaktion sowie in späterer Zeit die der seelischen Auswirkung der inneren Sekretionen. Von dieser Grundlage aus gelangt der B. zu einer eigenen Ethik und Soziologie. Er will das Verhalten des Menschen in bestimmten Situationen voraussehen können und daraus Regeln für die Erziehung und das menschliche Zusammenleben ableiten.

E. L. Thorndike, Educational Psychology, New York 1903, dt. 1922; J. M. Watson, Psychology as the Behaviorist Views it, in: Psycholog. Rev. 20 (1913); J. B. Watson, Bahaviorism, London 1925, dt. 1930; B. F. Skinner, Sciene and Human Behavior, New York 1953; F. Ketter, Verhaltensbiologie des Menschen, 1966; K. Holzkamp, Krit. Psychologie, 1972; B. D. Mackenzie, Behaviorism and the Limits of Scientific Method, London 1977; G. E. Zuriff, Behaviorism: a Conceptual Reconstruction, New York 1985.

Bejahung, → Affirmation.

Beierwaltes, Werner, * 8. 5. 1931 in Klingenberg, Prof. in Freiburg/Br., seit 1982 in München, befaßt sich mit Fragen der Metaphysik, Ontologie u. Ästhetik unter besonderer Rücksicht auf die Transformation antiker Philosophie in der Renaissance und der späteren Neuzeit. – Schr. u. a.: Proklos. Grundzüge seiner Metaphysik, [2]1979; Plotin. Über Ewigkeit und Zeit, [3]1981; Platonismus und Idealismus, 1972; Identität und Differenz, 1980; Marsilio Ficinos Theorie des Schönen im Kontext des Platonismus, 1981; Denken des Einen. Studien zur neuplaton. Philos. und ihrer Wirkungsgeschichte, 1985.

Belinskij, Wissarion Grigorjewitsch, russ. Literaturkritiker u. Philosoph, * 11. 6. 1811 Sweaborg, † 7. 6. 1848 Petersburg, hatte als Kritiker großen Einfluß auf die Jugend, wirkte für Hegel, vor allem für die dialektische Methode, und führte viele Begriffe der dt. Philosophie in die russ. Umgangssprache ein (Unmittelbarkeit, Immanenz, Anschauung, Moment, Negation, Konkretheit, Reflexion usw.). 1840 wandte er sich (auch durch Bakunin und Herzen beeinflußt) dem dt. und franz. Radikalismus zu. – Ausgewählte Schriften, dt., 1922.

D. Tschizewskij (Hg.), Hegel bei den Slawen, 1934, [2]1961; S. Fasting, V. G. B. Die Entwicklung seiner Literaturtheorie I, Bergen 1969; V. Terras, B. and Russian Literary Criticism, Madison Wisc. 1974.

Benjamin, Walter, * 15. 7. 1892 Berlin, † 27. 9. 1940 Port Bou, Frankr., Essayist, Sozialphilosoph und polit. Kritiker, seit 1935 aus der Emigration in Frankreich Mitarbeiter des „Instituts f. Sozialforschung" (→ Frankfurter Schule). Schrieb u. a.: Das Kunstwerk im Zeitalter seiner technischen Reproduzierbarkeit u. über einige Motive bei Baudelaire, – beides Aufsätze, in der „Zeitschr. f. Sozialforschung", 1935, ²1936 und 1939; Einbahnstraße, Aphorismen, 1955; Goethes Wahlverwandtschaften, 1922, ²1964; Deutsche Menschen, Briefe, 1962; Zur Kritik der Gewalt u. a. Aufsätze (Nachwort v. H. Marcuse), 1965; Versuche über Brecht, 1966; Briefe hrsg. v. Th. Adorno, ²1970; Über Kinder, Jugend und Erziehung, 1969; Der Begriff der Kunstkritik in der dt. Romantik, hrsg. v. H. Schweppenhäuser, 1973; L. Wiesenthal, Zur Wissenschaftstheorie W. B.s, 1973; Ges. Schr. in 3 Bdn., 1977 ff.; Bd. 2 Aufsätze, Essays, Vorträge, 1978; Briefe in 2 Bdn., 1978; Briefwechsel mit G. Scholem, 1980. – M. Brodersen, W. B., Bibliografia critica generale (1913–83), Palermo 1984.

R. Tiedemann, Studien zur Philos. W. B.s, 1965; T. W. Adorno u.a., Über W. B., 1968; H. L. Arnold (Hg.), W. B., 1971, ²1979 (mit Bibl.); S. Unseld (Hg.), Zur Aktualität W. B.s, 1972; L. Wawrzyn, W. B.s Kunsttheorie, 1973; H. Günther, W. B. u. der humane Marxismus, 1974; G. Scholem, W. B. Die Gesch. einer Freundschaft, 1975; B. Witte, W. B., Der Intellektuelle als Kritiker, 1976; W. Fuld, W. B., Zwischen den Stühlen, 1979; C. Hering, Der Intellektuelle als Revolutionär, 1979; J. P. Schobinger, Variationen zu W. B.s Sprachmeditationen, 1979; W. Menninghaus, W. B.s Theorie der Sprachmagie, 1980; R. Dieckhoff, Mythos und Moderne. Über die verborgene Mystik in den Werken W. B.s, 1987; H. Kaulen, Rettung u. Destruktion. Unters. zur Hermeneutik W. B.s, 1987; J. Fürnkäs, Surrealismus als Erkenntnis, 1988.

Bense, Max, Philosoph, * 7. 2. 1910 Straßburg, † 29. 4. 1990, seit 1948 Prof. in Stuttgart, arbeitete über Philosophie der Technik, Naturphilosophie, Informationsästhetik (Texttheorie) u. allgemeine Semiotik. Vertrat einen existentiellen Rationalismus (der Mensch ist durch seine Intelligenz charakterisiert) und einen semiotischen Realismus (fundamentale-kategoriale Zeichenrelationen).
Hauptw.: Hegel und Kierkegaard, 1946; Philosophie als Forschung, 1948; Technische Existenz, 1949; Konturen einer Geistesgeschichte der Mathematik, 2 Bde., 1946–49; Literaturmetaphysik, 1950; Die Philosophie zw. d. beiden Kriegen, 1951; Der Begriff der Naturphilos., 1953; *Aesthetica,* I-IV 1954–60; Descartes u. d. Folgen, 1955; Bestandteile des Vorüber, 1961; Theorie der Texte, 1962; Die präzisen Vergnügen, 1964; Aesthetica, 1965; Semiotik, 1967; Einführung in die informationstheoretische Ästhetik, 1969, ²1971; Zeichen und Design, 1971; Semiotische Prozesse u. Systeme, 1975; Vermittlung der Realitäten, 1976; Die Unwahrscheinlichkeit des Ästhetischen u. die semiotische Konzeption der Kunst, 1979; Axiomatik u. Semiotik, 1981.

E. Walter/L. Harig, Muster mögl. Welten. Eine Anthologie für M. B., 1970.

Bentham, Jeremias, engl. Philosoph, * 15. 1. 1748 in London, † das. 6. 6. 1832; einflußreicher Vertreter des → Utilitarismus, bestimmt Moral wie Gesetzgebung als die Kunst, die menschlichen Handlungen so zu regeln, daß sie die möglichst größte Summe von Glück, „*the greatest possible quantity of happiness*", hervorbringen. Das höchste Ziel menschlichen Handelns sei „das größtmögliche Glück der größtmöglichen Zahl". B. führte auch den Begriff „international" in die Literatur ein. – Hauptwerke:

An Introduction to the Principles of Moral and Legislation, 1789; Deontology, I–II, 1834, dt. 1834; The Collected Works, London 1968 ff.; The Works of J. B., I–XI, Edinburgh 1838–43 (Repr. 1976).

D. Baumgard, B. and the Ethics of Today, Princeton 1952; M. P. Mack, J. B.: an Odyssey of Ideas, New York 1963; D. Lyons, In the Interest of the Governed. A Study in B.'s Philosophy of Utility and Law, Oxford 1973; B. C. Parekh (Hg.), B.'s Political Thought, London/New York 1973; D. G. Long, B. on Liberty, Toronto 1977; G. J. Postema, B. and the Common Law Tradition, Oxford 1986.

Benz, Ernst, * 17. 11. 1907 Friedrichshafen/Bodensee, Professor f. Kirchen- und Dogmengeschichte in Marburg/L.; † 29. 12. 1978 Meersburg, befaßt sich u. a. mit Forschungen zur Geschichte der Beziehungen zwischen Theologie und Philosophie. – Philos. Werke: Das Todesproblem in der stoischen Philosophie, 1929; M. Victorinus und die Entwicklung der abendl. Willensmetaphysik, 1932; Der vollkommene Mensch nach J. Boehme, 1937; Nietzsches Ideen zur Geschichte des Christentums, 1938, [2]1956; Westlicher und östlicher Nihilismus in christl. Sicht, 1948; Em. Swedenborg, Naturforscher u. Seher, 1948; Schelling, Werden und Wirken seines Denkens, 1955; Schellings theologische Geistesahnen, 1955; Adam, der Mythus vom Urmenschen, 1955; Die christliche Kabbala, 1958; Der Übermensch, 1961; Asiatische Begegnungen, 1963; Buddhas Wiederkehr und die Zukunft Asiens, 1963; Evolution und Endzeiterwartung, 1964; Die russische Kirche und das abendländ. Christentum, 1966; Die Vision. Erfahrungsformen und Bilderwelt, 1969; Neue Religionen, 1971; Geist u. Landschaft, 1972; Endzeiterwartung zwischen Ost u. West, 1974; Meditation, Musik u. Tanz, 1976; Kosmische Bruderschaft, 1978.

Berdjajew, Nicolai Alexandrowitsch, russ. Philosoph, * 19. 3. 1874 Kiew, † 24. 3. 1948 Clamart bei Paris, lebte, 1922 aus Rußland ausgewiesen, bis 1924 in Berlin, seither in Paris, vertrat, von Marx, Nietzsche, Ibsen, Kant und Carlyle stark beeinflußt, eine durch die Problematik des Geistes bestimmte Existenzphilosophie, lehrte den Primat der Freiheit vor dem Sein (Freiheit kann durch nichts determiniert werden, auch durch Gott nicht, sie wurzelt im Nichtsein), die Offenbarung des Seins durch den (gottähnlichen) Menschen, die Sinnhaftigkeit der Geschichte, schrieb über die christliche Offenbarung, über Soziologie und Ethik. – Hauptw.: Vom Sinn des Schaffens, 1916, dt. 1927; Der Sinn d. Geschichte, 1923; dt. 1925; Das neue Mittelalter, 1924, [2]1950; Wahrheit und Lüge des Kommunismus, 1936, [2]1953; Die Bestimmung des Menschen, 1935; Ich und die Welt der Objekte, 1933, [2]1951; Des Menschen Schicksal in der gegenwärtigen Welt, 1934; *Cinq méditations sur l'existence,* 1936; *Slavery and Freedom,* 1944, dt. 1954; *Le sens de l'histoire,* 1948; Warum der Westen Sowjetrußland nicht versteht (Universitas, IV, 1949); Geist und Wirklichkeit, 1949; Existentielle Dialektik des Göttlichen und Menschlichen, 1951; Das Reich des Geistes und das Reich des Cäsar, 1952; Selbsterkenntnis, 1953; Das neue Mittelalter, 1958; Der Sinn der Geschichte, 1960. – T. Klépinine, *Bibl. des œuvres de N. B.*, Paris 1978.

R. Kremser, N. B.s metaphys. Grundlegung der Geschichtsphilos., 1943; E. Porret, La philos. chrétienne en Russie: N. B., Neuchâtel 1944, dt. 1950; O. F. Clarke, Introduction to B., London 1950; G. Seaver, N. B. An Introduction to his Thought, New York

1950; E. Porret, B., Prophète des temps nouveaux, Neuchâtel 1951; R. Rössler, Das Weltbild N. B.s, 1956 (mit Bibl.); E. Klamroth, Der Gedanke der ewigen Schöpfung bei N. B., 1963; W. Dietrich, Provokation der Person, N. B. in den Impulsen seines Denkens, I–IV, 1975–78; M. Markovic, La philos. de l'inégalité et les idées politiques de N. B., Paris 1978; A. Köpcke-Duttler, N. B., 1981 (mit Bibl.).

Bergson, Henri, franz. Philosoph, * 18. 10. 1859 Paris, † das. 4. 1. 1941, seit 1900 Prof. am *Collège de France,* 1914 Mitglied der *Acad. Française,* 1928 Nobelpreis für Literatur, bestimmte jahrzehntelang die franz. Gegenwartsphilosophie.

B. ist einer der wichtigsten Vertreter der Lebensphilosophie. Er lehrte, daß sich das Denken des Gehirns nur als eines automatischen Werkzeugs bediene und die Intelligenz nur das Starre, Tote der anorganischen Natur begreifen könne, nicht aber das Leben, das in seinem Wesen schöpferische Aktivität und begrifflich unfaßbar sei. Das seelische Individuum sei eine fließende, rational nicht festhaltbare, unzerlegbare Mannigfaltigkeit, das Leben nur durch eigenes Erleben, nur durch → Intuition begreifbar. Ebenso das Universum; denn es lebt, wächst in schöpferischer Entwicklung und entfaltet sich frei nach dem ihm innewohnenden Lebensdrang *(„élan vital“).* „B.s Größe liegt in der Macht, mit der er die Haltung des Menschen zur Welt und zur Seele in eine neue Richtung zu drängen wußte ... Die neue Haltung mag als ein Sichhingeben an den Anschauungsgehalt der Dinge, als die Bewegung eines tiefen Vertrauens in die Unumstößlichkeit alles schlicht und evident ‚Gegebenen‘, als mutiges Sichselbstloslassen in der Anschauung und der liebenden Bewegung zu der Welt in ihrer Angeschautheit bezeichnet werden“ (Max Scheler, Vom Umsturz der Werte, Bd. 2, [2]1919). Diese neue Haltung, zu der dann die Dichter Péguy und Claude aufriefen, leitet zum Irrationalismus (→ irrational) und dadurch zur Existenzphilosophie über. Hauptw.: *Essai sur les données immédiates de la conscience,* 1889, [23]1924, dt. [3]1949 u. d. T. „Zeit und Freiheit“; *Matière et mémoire, essai sur la relation du corps à l'esprit,* 1896, dt. 1907 u. 1964; *Le rire,* 1900, [24]1925, dt. [2]1972; *L'évolution créatrice,* 1907, [28]1925, dt. 1912; *Réflexions sur le temps, l'espace et la vie,* 1920; *Durée et simultanéité. A propos de la théorie d'Einstein,* 1922, [2]1923; *Les deux sources de la morale et de la religion,* 1932, dt. 1933 u. 1964; *La pensée et le mouvant,* 1934, dt. u. d. T., „Denken und schöpferisches Werden“, 1948; *Ecrits et Paroles,* 3 Bde., 1957/59; *Mémoire et vie,* 1957; Materie und Gedächtnis, 1964; *Oeuvres,* hg. v. E. Gouhier u. A. Robinet, 1959. – P. A. Y. Gunter, *H. B., A Bibliography,* Bowling Green Ohio 1974, [2]1986.

H. Sundén, La théorie bergsonienne de la religion, Uppsala 1940; A. Cresson, H. B., Paris 1941; V. Jankélévitch, H. B., Paris 1959, [2]1975; T. Hanna (Hg.), The Bergsonian Heritage, New York 1962; G. Bachelard, La dialectique et la durée – H. B., Paris 1972; G. Bretonneau, Création et valeurs éthiques chez B., Paris 1975; M. Cariou, B. et le fait mystique, Paris 1976; A. E. Pilkington, B. and his Influence, London/New York 1976; B. Gilson, L' individualité dans la philos. de B., Paris 1978; M. Austermann, Die Entwicklung der ethischen u. religionsphilosoph. Gedanken bei H. B., 1981; N. Frieden-Markevitch, La philos. de B., Fribourg 1982; K. P. Romanos, Heimkehr. H. B.s lebensphilos. Aufsätze zur Heilung von erstarrtem Leben, 1988; G. Deleuze, B. zur Einf., dt. 1990.

Berkeley, George, engl. Theologe und Philosoph, * 12. 3. 1685 Disert Castle in Irland, † 14. 1. 1753 Oxford, lehrte, daß eine vom Wahrnehmen und Denken unabhängige → Außenwelt nicht existiert. Das

Sein der Dinge besteht nur in ihrem Wahrgenommenwerden *(esse = percipi),* und real existiert überhaupt nichts außer der Substanz des Geistes, der Seele und des Ich. Die (durch den göttl. Geist uns eingeprägten) Vorstellungen sind für uns die Wirklichkeit, soweit es sich nicht um Phantasien, Träume usw. handelt. – Hauptwerke: An Essay Towards a New Theory of Vision, 1709, dt. 1912 (PhB 143); Treatise Concerning the Principles of Human Knowledge, 1710, dt. 1869; Three Dialogues between Hylas and Philonous, 1713, dt. 1980 (PhB 102); Alciphron: or, the Minute Philosopher, 1732, dt. 1915 (PhB 156); Eine Abhandlung über die Prinzipien der menschl. Erkenntnis, hg. 1957; The Works of G. B., I–IX, London 1948–57. – T. E. Jessop/A. A. Luce, A Bibliography of G. B., Den Haag 1973; G. Keynes, A Bibliography of G. B., Oxford 1976.

E. Cassirer, B.s System, 1914; A.-L. Leory, G. B., Paris 1959; G. W. Ardley, B.'s Renovation of Philosophy, Den Haag 1968; J. F. Bennett, Locke, B., Hume, Oxford 1971; H. M. Bracken, B., London 1974; G. Pitcher, B., London/Henley/Boston 1977; J. O. Urmson, B., Oxford 1985; A. Kulenkampff, G. B., 1987; W. Breidert, G. B. 1685–1753, 1989.

Berlinger, Rudolph, Prof. in Würzburg, * 26. 2. 1907 Mannheim, ein anfänglich der Phänomenologie nahestehender systematischer Denker, der durch spekulative und problemgeschichtliche Untersuchungen kritische Neuansätze zu einer Metaphysik als Weltwissenschaft entwickelt. – Schrieb u. a.: Das Nichts und der Tod, 1954, [2]1972; Das Werk der Freiheit, Zur Philosophie von Geschichte, Kunst, Technik, 1959; Augustins dialogische Metaphysik, 1962; Das Problem des höchsten Gedankens, 1964; Vom Anfang des Philosophierens, Traktate, 1965; Hölderlins philosoph. Denkart, in „Euphorion“, 1968; Subversion und Revolution, in „Praxis“, 1969; Philosophie als Weltwissenschaft, 1975/80; Hg. „Perspektiven d. Philosophie“, neues Jahrbuch (zus. mit E. Fink †, Fr. Kaulbach, W. Schrader), 1975ff.; „Elementa“, (zus. mit W. Schrader), 16 Bde., 1975ff.

Bernhard von Chartres (auch Bernardus Carnotensis), Philosoph, † zw. 1124 und 1130, gab der → Philosophenschule von Chartres einen neuen Auftrieb, indem er sich, beeinflußt von dem Kommentar des Chalcidius zu Platons „Timäus“ um einen Ausgleich zw. Platonismus und Aristotelismus bemühte; lehrte, noch schärfer als → Wilh. v. Champeaux, daß die Universalien mit den platonischen Ideen identisch seien. Von seinen Schriften ist nichts erhalten, seine Lehre ist im *Metalogicon* des Johannes von Salisbury überliefert.

E. Garin, Studi sul platonismo medievale, Florenz 1958; E. Jeauneau, Nani gigantum humeris insidentes. Essai d'interpretation de B. de C., in: Vivarium 5 (1967).

Bernhard von Clairvaux, Theologe, * 1091 Schloß Fontaines b. Dijon, † 20. 8. 1153 Clairvaux, von großem Einfluß auf das Denken seiner Zeit, lehnte die Erkenntnis um ihrer selbst willen ab; sie hat der Erbauung zu dienen; bekämpfte die theoretisierende Haltung Abälards. Eigentliche Erkenntnisquelle ist die mystische Schau, in der Demut und Liebe zu Gott hinführen. Höchster Seelenzustand ist die Ekstase, das Hinaustreten des gereinigten Geistes zu Gott, wodurch das Ich aufgegeben und Gott zu allem in allem wird. Die Mystik B. ist frei von pantheistischen Tendenzen. – Hauptw.: *De gradibus humilitatis et superbiae* (um 1121); *De diligendo*

Deo (um 1126); *De gratia et libero arbitrio* (um 1127). – *Opera omnia,* 4 Bde., 1854–1855; *Opera,* 1957 ff.; Schriften, 6 Bde., 1934–38; Die Botschaft der Freude, hg. v. J. Leclercq, 1977. – C. Janauschek (Hg.), *Bibliographia Bernardina,* Vindobonae 1891 (Repr. 1960); J. de la Croix Bouton, *Bibl. Bernardine 1891–1957,* Paris 1958.

G. G. Coulton, Saint B. His Predecessors and Successors 1000–1200, Cambridge 1923; E. Gilson, La théologie mystique de Saint B., Paris 1934; P. Rohbeck, B. Gestalt u. Idee, 1949; E. Bertola, San B. e la teologia speculativa, Padua 1959; B. Schellenberger (Hg.), B. v. C., 1982.

Bernhard Silvestris von Tours, Mitte des 12. Jhs. in Tours wirkender Naturphilosoph, der ein von Platons Dialog „*Timaios*" und von der neuplatonischen Emanationslehre beeinflußtes Weltbild in *De mundi universitate* (1145–1153, hrsg. v. C. S. Barach, 1876, repr. 1964) entwarf.

E. Gilson, La cosmogonie de B. S., in: Arch. hist. doctr. litt. moyen âge 3 (1928); T. Silverstein, The Fabulous Cosmogony of B. S., in: Modern Philology 46 (1948); M. F. McCrimmon, The Classical Philosophical Sources of the ‚De Mundi Universitate' of B. S., Diss. Yale University 1953; B. Stock, Myth and Science in the Twelfth Century. A Study of B. S., Princeton 1972.

Beron, Peter, s. bulgar. Philosophie.

Bertalanffy, Ludwig von, Biologe und Naturphilosoph, * 19. 9. 1901 Atzgersdorf bei Wien, 1934–48 Prof. in Wien, seither in Ottawa (Kanada), † 12. 6. 1972 Buffalo/USA, will die Harmonie und Koordination der Lebensprozesse aus dem „lebendigen System immanenter Kräfte" erklären, die von formativen Stoffen getragen seien und sich aus einem „Formpotential" ergäben. B. ist Begründer einer „theoretischen Biologie", die inzwischen in den USA zu einem anerkannten Hochschulfach wurde, die er später zu einer „Allgemeinen Systemtheorie" erweiterte, deren Prinzipien er auf Psychologie, Soziologie und Anthropologie auszuweiten suchte. – Hauptw.: Kritische Theorie d. Formbildung, 1928, engl. *Modern theories of development,* 1933; Theoret. Biologie, 2 Bde., 1932–42, [2]1951; Das Gefüge des Lebens 1937; Das biolog. Weltbild, 1949; Vom Molekül zum Organismenreich, 1949; Auf den Pfaden des Lebens 1951; B. ist Herausg. d. „Handbuchs der Biologie", 1954 ff.; Essai über die Relativität der Kategorien, 1955; *Robots, Men and Minds,* 1967, dt. 1970; *General System Theory,* 1968, [2]1971; *Perspectives on General System Theory,* 1975.

H. Jonas, Comment on General System Theory, in: Human Biol. 23 (1951); A. Bendmann, L. v. B.s organism. Auffassung des Lebens in ihren philos. Konsequenzen, 1967; E. Laszlo (Hg.), The Relevance of General Systems Theory, New York 1972; J. D. Donaldson, L. v. B., 1901–1972, in: Amer. J. Psychiatry 130 (1973); W. Gray/N. D. Rizzo (Hgg.), Unity Through Diversity, I–II, New York/London/Paris 1973 (mit Bibl.).

Berti, Enrico, * 3. 11. 1935 Valeggio/Verona, seit 1963 o. Prof. zunächst in Perugia, dann (1971) in Padua, hat bedeutende Arbeiten über antike Philosophie, vor allem über Aristoteles hervorgebracht: *La filosofia del primo Arist.,* 1962; Il „*De re publica" di Cicerone e il pensiero politico classico,* 1963; *L'unità del sapere in Arist.,* 1965; *Studi aristotelici,* 1975; *Arist.: dalla dialettica alla filosofia prima,* 1977; *Profilo di Arist.,* 1979. Sein Interesse gilt ebenso der neuzeitlichen Philosophie: *Ragione scientifica e ragione filosofica nel pensiero moderno,* 1977. Theoretisch arbeitet er an einer Herausschälung von Eigenart und Struktur des philosophischen Diskurses, den er von anderen –

religiös., wissenschaftl., polit. – Diskurstypen unterscheidet: *Studi sulla struttura logica del discorso filosofico,* 1967; *La contraddizione* (Hg.), 1977; *Il bene,* 1983; *Contradizione e dialettica negli antiqui e nei moderni,* 1987; *Le vie della ragione,* 1987.

Beschreibung, Deskription, geordnete Darlegung eines Sachverhaltes mit dem Zweck, eine klare und deutliche Vorstellung von ihm zu vermitteln. Die B. hält sich an die Tatsachen, an das Was und Wie, während die Erklärung auch die Ursachen zu geben versucht, das Warum und Weil. Das Verfahren der B. (deskriptive Methode), die sich in der Regel der natürlichen Sprache bedient, ist eine, aber nicht die einzige Verfahrensweise der → Wissenschaft. Zum Beispiel beschränkt sich die mathematische B. nur auf die Wiedergabe der Zusammenhänge der Größen, die an einem Naturereignis wesentlich sind, und sie bedient sich dabei ausschließlich der Formelsprache.

F. Kaulbach, Philos. der B., 1968; F. D. Newman, Explanation by Description, Den Haag/Paris 1968; F. Fellmann, Wiss. als B., in: Arch. Begriffsgesch. 18 (1974).

beseelen, die die Umwelt ausmachenden Dinge und Lebewesen durch Sinnverleihung (→ Sinngehalt) auf einen mir ebenbürtigen Rang erheben, so daß sie mit mir ein Ganzes bilden, innerhalb dessen sie und ich bestimmte Tendenzen aufweisen, bestimmte Forderungen aneinander haben, Träger bestimmter Funktionen sind.

Besonnenheit, derjenige Geistes- und Gemütszustand, in dem wir „bei Sinnen" und imstande sind, seelisches Übermaß zugunsten innerer Harmonie zu bekämpfen; bei Platon eine der vier → Kardinaltugenden; auch → Affekt.

O. Kunsemüller, Herkunft der platon. Kardinaltugenden, Diss. München 1935; T. G. Tuckey, Plato's Charmides, Cambridge 1951; H. North, Sophrosyne, Selfknowledge and Self-Restraint in Greek Literature, Ithaca N. Y. 1966; B. Witte, Die Wiss. vom Guten u. Bösen. Interpretationen zu Platons Charmides, 1970.

besorgen, nach Heidegger das alltägliche und angemessene Verhalten den Dingen gegenüber, deren Sein darin besteht, daß sie zu irgend etwas dienlich sind, daß durch sie irgend etwas ausgeführt, besorgt, erledigt werden kann. Heidegger charakterisiert dieses Verhalten näher als Umsicht im Gegensatz zum bloßen Hinsehen („Begaffen"), dem sich das Sein der Dinge nicht erschließt. Die natürliche Weise, in der dem anderen begegnet wird, nennt Heidegger Fürsorge; auch → Zeug, Zuhandenheit.

Bessarion, Basilius (oder Johannes), Humanist, * 1403 Trapezunt, † 18. 11. 1472 Ravenna, seit 1439 Kardinal, übersetzte griech. Autoren ins Lateinische und wirkte für Verbreitung altgriech. Philologie und des Platonismus im Abendland. Reden und Briefe bei Migne in *„Patrologia graeca",* Bd. 161, 1866.

L. Mohler (Hg.), Kardinal B. als Theologe, Humanist u. Staatsmann, 1923–42 (Repr. 1967); H.-G. Beck, Kirche u. theolog. Literatur im byzantin. Reich, 1964 (Neuausg.).

Bestimmung eines Begriffes liegt vor, wenn er nach Inhalt und Umfang von andern Begriffen abgegrenzt ist. → Determination. „Die Bestimmung des Menschen" (Buchtitel bei J. G. Fichte, 1800, und Berdjajew, 1931) ist Zweck und Sinn seines Daseins; die Anschauung, daß der Wille des Menschen in jedem Falle ursächlich bestimmt (bedingt) sei, heißt → Determinismus. Die Bestimmtheit eines Seienden besteht in dem, was darüber ausgesagt (→ Kategorie) werden kann (kategoriale Bestimmtheit); wenn das Seiende anschaulich gegeben ist, bedeutet Bestimmtheit svw Festigkeit, klare Erfaßbarkeit und Abgegrenztheit der Gegebenheit. Die Bestimmungsstücke eines Seienden sind das, was sein → Sosein ausmacht. Wenn alle Bestimmungsstücke eines Seienden konkret vorliegen, so tritt es aus dem Seinsmodus der Möglichkeit in den der Wirklichkeit über. Beispiel: Die Bestimmungsstücke eines Parallelogramms sind 1) daß es aus geraden Linien besteht, 2) daß es ein Viereck ist, 3) daß je zwei gegenüberliegende Seiten parallel sind. Das Bestimmungsstück 1) bietet bereits die Möglichkeit zu einem Parallelogramm, durch Hinzutritt von 2) erhöht sich diese Möglichkeit, durch 3) wird die Möglichkeit verwandelt i. d. Wirklichkeit des Parallelogramms.

N. Hartmann, Zur Grundlegung der Ontologie, 1935; A. Prior, Determinable, Determinate, Determinant, in: Mind 58 (1949).

Bewegung, im weiteren Sinne jede → Veränderung, im engeren Sinne die stetige Ortsveränderung eines Körpers (→ Kraft, → Raum, → Zeit). Absolute B. gibt es nur in bezug auf einen im Weltraum als ruhend gedachten Punkt. Wirkliche B. ist stets relativ, auf einen in (relativer) B. oder in (relativer) Ruhe befindlichen Raumpunkt bezogen (→ auch Relativitätstheorie). – Für die Psychologie ist das Sehen von B.en (→ auch Wertheimer) gebunden an die Voraussetzung der Identität als eine der Kategorien des → Zusammenhanges, des Sichgleichbleibens anschaulicher Dinge in der Zeit. Eine B. wird als solche (und nicht als das Auftauchen eines ähnlichen Dinges an einem anderen Raumpunkt) am deutlichsten aufgefaßt, wenn sie stetig ist, wenn sie nicht zu schnell und nicht zu langsam und wenn sie auf einer glatten Bahn verläuft, wenn das Ding sich so bewegt, daß es für den Beschauer dieselbe Form, Größe, Beschaffenheit usw. behält. Nach dem sog. Carpenter-Gesetz (William Benjamin Carpenter, engl. Physiolog, † 19. 11. 1885) erzeugt jede Wahrnehmung oder Vorstellung einer B. in uns einen leisen Antrieb zum Mitvollzug dieser B.

H. Reichenbach, Die B.slehre bei Newton, Leibniz u. Huygens, in: Kant-St. 29 (1924); K. Vogtherr, Das Problem der B. in naturphilos. u. physikal. Sicht, 1956; E. Fink, Zur ontolog. Frühgesch. von Raum, Zeit, B., Den Haag 1957; W. Wieland, Die aristotel. Physik, 1962; F. Kaulbach, Der philos. Begriff der B., 1965.

Bewegungsgröße, → Impuls.

Beweis (lat. *probando*), ganz allgemein das Unternehmen, die Richtigkeit einer Behauptung, die Gewißheit einer Erkenntnis herbeizuführen oder, falls sie bestritten wird, sie zusätzlich und ergänzend zu sichern; ursprünglich ein juristischer Begriff, erst viel später in die Mathematik aufgenommen. Der strenge oder deduktive B. (die Demonstration) wird erbracht, indem die betr. Behauptung durch solche als wahr anerkannten Sätze (B.gründe, Argumente) gestützt wird, daß aus ihnen das Behauptete als die Folgerung in einem formgerechten → Schluß folgt. Wenn dies nicht möglich ist, muß umgekehrt versucht werden, Tatbestände als Beweisgründe beizubringen, die aus der betr. Behauptung als deren Besonderungen hervorgehen: induktiver B. Wenn nur entweder die Richtigkeit oder die Falschheit der betr. Behauptung, nicht aber die Unentscheidbarkeit jener beiden in Frage steht, kann fernerhin versucht werden, das Gegenteil der betr. Behauptung zu beweisen bzw. zu widerlegen, womit diese selbst dann widerlegt bzw. bewiesen ist: indirekter B. Gegenteil des B. ist die Widerlegung; sie besteht darin, daß hinsichtlich der Sache, auf die die betr. Behauptung geht, Tatsachen vorgebracht werden, aus denen diese Behauptung nicht gefolgert werden kann. B.fehler liegen möglicherweise: 1. in der Unklarheit der Behauptung, die bewiesen werden soll (das Thema *probandum*), 2. in der Unrichtigkeit oder Unsicherheit der vorgebrachten B.gründe, 3. in der formalen Unrichtigkeit der zu vollziehenden Folgerung. Die bekanntesten B.fehler sind: das → *Hysteron-Proteron,* der → *Circulus vitiosus,* die → *Petitio principii,* die → *Ignoratio elenchi,* das → *Proton pseudos* und die → *Quaternio terminorum.* Davon zu unterscheiden sind → Fehlschluß, Fangschluß und → Trugschluß.

P. Lorenzen, Über die Begriffe ‚B.‘ u. ‚Definition‘, in: A. Heyting (Hg.), Constructivity in Mathematics, Amsterdam 1959; K. Schütte, B.-Theorie, 1960; H. Klotz, Der philos. B., 1967; G. Takeuti, Proof Theory, Amsterdam 1975; B. Strecker, B.en. Eine praktisch-semant. Unters., 1976; M. Stein, B.en, 1986.

Bewußtsein, in der Psychologie das Insgesamt der B.sinhalte, die normalerweise begleitet sind von einem mehr oder weniger deutlichen Wissen („Begleitwissen“, „Ge-Wissen“, lat *con-scientia*) davon, daß ich selbst es bin, der diese B.sinhalte erlebt (daher B.sinhalt = Erlebnis). Der Mensch lebt nicht nur, sondern er erlebt außerdem sich selbst als einen in bestimmter Weise Lebenden (Selbstb.). Etwas anschaulich Gegebenes ist bewußtseinsfähig, wenn es wahrgenommen werden kann. Ob es wahrgenommen und somit bewußt wird, hängt ab vom Zustand des Organismus (des Leibes) u. vom Zustand des B.s (→ Wahrnehmung); eine Gegebenheit kann auch mehr oder weniger bewußt sein, so daß sich B.sgrade unterscheiden lassen. Die alte Anschauung vom „B.sstrom“, d. h. von einer vor dem Ich oder vor der Seele vorbeiströmenden ungegliederten Mannigfaltigkeit undeutlicher Bilder, aus denen die Aufmerksamkeit einzelne aussondert, analysiert und zu eigentlichen Wahrnehmungen gestaltet, hat sich als irreführend erwiesen. Der Ausdruck „B.sstrom“ enthält die ebenfalls irrtümliche Anschauung, daß das Ich oder die Seele diesen Strom betrachten („Guckkastentheorie“). Richtig ist vielmehr, daß das B. eine aus dem individuellen → Mikrokosmos herleitbare Struktur besitzt (→ Bezugssystem), durch die jeder Inhalt sofort in eigentümlicher Weise gestaltet und zu den übrigen Inhalten in Wechselbeziehung gesetzt wird. Das B. begleitet und kontrolliert die Auseinandersetzung des Organismus mit seiner Umwelt, indem es sich zwischen den von außen einwirkenden → Reiz und die dem Reiz entsprechende → Reaktion einschaltet. Diese kontrollierende Funktion des B.s ist um so wirksamer, je höher organisiert ein Lebewesen ist; → auch Schwelle d. Bewußtseins, Unterbewußtsein, Unbewußtes. Über das „reine B.“ der Phänomenologie → Intention. Nach J.-P. Sartre ist das B. das Absolute. Es ist „die transphänomenale Seinsdimension des Subjekts“. Es hat keinen Inhalt, sondern besteht in der Setzung eines transzendenten Objektes, d. h. eines Objektes, das vom B. dadurch erreicht wird, daß es sich selbst transzendiert. Ein Tisch ist nicht „im“ B., auch nicht als Vorstellung, sondern das B. wird „Tischb.“ und ist sich dessen bewußt. Die Existenz von Unterbewußtem oder Unbewußtem wird von Sartre bestritten.

T. Lipps, B. u. Gegenstände, 1905; T. Kehr, Das B.sproblem, 1916; L. Klages, Vom Wesen des B.s, 1921; E. Neumann, Ursprungsgesch. des B.s, 1949; G. Ryle, The Concept of Mind, London 1949, dt. 1969; C. G. Jung, Von den Wurzeln des B.s, 1954; T. Litt, Die Wiedererweckung des geschichtl. B.s, 1956; A. Gurwitsch, Théorie du champs de la conscience, Paris 1957, dt. 1975; F. Seifert, Seele u. B., 1962; P. Gorsen, Zur Phänomenologie des B.sstroms, 1966; B. Liebrucks, Sprache u. B., 1966; H. Ey, Das B., 1967; H. Kilian, Das enteignete B., 1971; H. Lübbe, B. in Gesch.n, 1972; B. v. Brandenstein, B. u. Vergänglichkeit, 1975; H. Klement (Hg.), B. Ein Zentralproblem der Wiss., 1975; G. Frey, Theorie des B.s, 1980; H. Rombach, Phänomenologie des gegenwärtigen B.s, 1980; R. Lauth, Die Konstitution der Zeit im B., 1981; C. Kummer, Evolution als Höherentwicklung des B.s, 1987; E. Oeser, Gehirn, B. und Erkenntnis, 1988; E. Pöppel (Hg.), Gehirn und B., 1989.

Beyer, Wilhelm Raimund, lebt in Salzburg, * 2. 5. 1902 Nürnberg, Hg. des „Hegel-Jahrbuches" der von ihm gegründeten „Internat. Hegel-Gesellschaft", die das unmittelbar nach dem II. Weltkrieg ebenfalls von ihm ins Leben gerufene „Hegelianum" ablöste und „eine neue Funktion" der Hegelschen Philosophie als Grundlage der Auseinandersetzung zwischen Idealismus und Materialismus sucht. Bearbeitet u. a. bisher unbekannte Materialien über Hegels Tätigkeit, vor allem in Bayern. – Hauptw.: Die verfassungsmäßige Sicherung staatsbürgerl. Freiheit im Wandel der Zeit, 1946; Spiegelcharakter der Rechtsordnung, 1951; Zwischen Phänomenologie und Logik, 1974; Staatsphilosophie, 1959; Hegel-Bilder, 1970; Die Parteinahme der Wissenschaft für die Arbeiterklasse, 1972; Denken und Bedenken, Hegelaufsätze, 1977; Der ‚alte Politikus' Hegel, 1980; Der Triumph des neuen Rechts (Hegel), 1981; Bibliographie, [2]1982.

Beziehung, → Relation.

Beziehungslehre (Beziehungssoziologie), eine formalistisch eingestellte Richtung in der dt. → Soziologie der jüngsten Vergangenheit, deren Hauptvertreter Leopold von Wiese und Georg Simmel sind (→ auch Milieu). A. Vierkandt betrachtet die B. als eine der Hauptkategorien des soziologischen Denkens. Man unterscheidet in der Logik *interne* und *externe* B.n, die nach Wittgenstein beide zum logischen Gerüst der Welt und der Sprache gehören.

G. Simmel, Soziologie, 1908; A. Vierkandt, Die Beziehung als Grundkategorie des soziolog. Denkens, in: Archiv für Rechts- u. Wirtschaftsphilos 9 (1916); L. v. Wiese, Allg. Soziologie, 1924; J. Plenge, Ontologie der B., 1930.

Bezugssystem, in der Psychologie der Bereich des Psychischen, in dem das wahrgenommene Einzelgebilde sich befindet und bewegt, in dem es einen Ort seine Richtung und sein Maß hat. Die Festigkeit und Bestimmtheit der Einzelgebilde beruht auf der Festigkeit und Bestimmtheit des jeweils herrschenden B.s. Jedes B. hat eine individuelle Struktur, die mehr oder weniger dicht und fest sein kann, letzten Endes aber sachbedingt ist, d. h. abhängig von der Eigenart der in das B. eintretenden und es beanspruchenden Einzelgebilde (Gestalttheorie der B.e). Zwischen dem B. und den Einzelgebilden besteht Wechselwirkung (→ auch Feld), was für psysikalische B.e in gleicher Weise gilt. Eigenschaften des B.s sind häufig gemeint, wenn von einer bestimmten „Auffassungslage", von einer bestimmten „Einstellung" oder „Orientierung" die Rede ist. Gewisse Eigenschaften, Zustände und Teilfunktionen von Gebilden haben nur Sinn innerhalb eines B.s, so z. B. klein, nahe, oben, spät. Das B. und seine Veränderungen werden nur mittelbar wahrgenommen an Veränderungen der Gebilde innerhalb des B.s (Unscheinbarkeit der B.e); → auch Raum.

W. Metzger, Psychologie, [2]1957.

Biel, Gabriel, Philosoph, * 1430 Speyer, † 1495 als Propst von Einsiedel b. Tübingen, „der letzte Scholastiker", trat für den „modernen Wissensweg" (die *„via moderna"*; → deutsche Philosophie) ein, hatte als Vermittler der Lehren Wilhelms v. Ockham (etwas anderes wollte er nicht sein), bes. an den Universitäten Erfurt und Wittenberg, viele Anhänger (die sog. „Gabrielisten") und starken Einfluß. Neben seinen Schriften über Ockham schrieb er Arbeiten über die mittelalterlichen Wirtschaftsverhältnisse, über Geldwesen u. a. – Hauptwerke: Sacri Canonis misse expositio resolutissima, 1488; Collectorium in IV libros sententiarum Guillelmi Occam, 1501 (Repr. 1977); Quaestiones de justificatione, hg. 1929; Defensorium obedientiae apostolicae et alia documenta, hg. 1968.

H. A. Oberman, The Harvest of Medieval Theology – G. B. and Late Medieval Nominalism, Cambridge Mass. 1963, dt. 1965; W. Ernst, Gott u. Mensch am Vorabend der Reformation. Eine Unters. zur Moralphilos. u. -theologie bei G. B., 1972; F. J. Burkhard, Philos. Lehrgehalte in G. B.s Sentenzenkommentar unter besonderer Berücksichtigung seiner Erkenntnislehre, 1974.

Biemel, Walter, Prof. in Aachen, * 19. 2. 1918 Kronstadt/Siebenbürgen. B. versucht, ausgehend von der Phänomenologie und der Philosophie Heideggers, das Phänomen Kunst philosophisch zu interpretieren. Aufsätze über Gegenwartskunst im Zusammenhang mit dem Begriff der Lebenswelt, Interpretationen zu Hegel, Husserl, Heidegger u. Sartre. – Schrieb u. a.: *Le concept de monde chez Heidegger,* 1948; Kants Begründung der Ästhetik u. ihre Bedeutung für die Philosophie der Kunst, 1959; Sartre-Monographie, 1964; Philos. Analysen zur Kunst der Gegenwart, 1968; Heidegger-Monographie 1973; (Hg.) Phänomenologie heute (Festschr. für L. Landgrebe), 1972; Heidegger: Logik-Vorlesung 1976; Die Welt des Menschen – die Welt der Philosophie (Festschr. für J. Patocka) 1976; Zeitigung u. Romanstruktur, 1985.

P. Jaeger/R. Lüthe (Hgg.), Distanz u. Nähe. Reflexionen zur Kunst der Gegenwart, W. B. zum 65. Geburtstag, 1983.

Bildung. Als B. bezeichnet man sowohl die geistige Gestalt eines Menschen, die er an den sittlichen und geistigen Werten seines Kulturkreises erworben hat, als auch den Prozeß der Erziehung, Selbsterziehung, Beeinflussung, Prägung, der zu dieser Gestalt hinführt. Nicht das Maß des Wissens, sondern seine Verschmelzung mit der Persönlichkeit, das selbständige Verfügenkönnen ist dabei entscheidend. B. ist stets sowohl formal, d. h. Geistestätigkeit oder -fähigkeit (unabhängig vom jeweiligen Stoff), als auch material, d. h. auf die Bildungsinhalte gerichtet.
Das Wort erhielt seine heutige Bedeutung im späten 18. Jh. besonders durch Goethe, Pestalozzi und die Neuhumanisten und sollte damals den Gesamtprozeß geistiger Formung gegenüber der methodengläubigen Erziehungstechnik der Aufklärer bezeichnen. Seither hat sich die Bedeutung erweitert. Man spricht von Allgemein-B., die bes. die Schule zu vermitteln sucht, und von Spezial-B. (z. B. wissenschaftl., musischer, technischer B.). Spezial- und Berufswissen können aber nur dann B. im echten Wortsinne sein, wenn sie sich dem Zu-

sammenhange einer Allgemein-B. einfügen. Das Bildungsideal ebenso wie der ihm zugehörige Wissensbestand ist nach Kulturkreis, Nation, Landschaft und Sozialschicht verschieden und dem historischen Wandel unterworfen (Adels-B., Bürger-B., Nützlichkeits-B., humanistische B., politische B. usw.). B. als Schutz gegen die entpersönlichenden Mächte der Zeit wird in der demokratischen Gesellschaft zwar zu einer Lebensfrage für alle einzelnen wie für die Gesamtheit. In der Tat wird sie aber soweit von der Spezialisten-B. (Ausbildung) verdrängt, daß man heute ohne Übertreibung von einem Untergang der eigentlichen Menschen-B. sprechen kann.

M. Scheler, Die Formen des Wissens u. die B., 1925; E. Spranger, Der dt. Klassizismus u. das B.sleben der Gegenwart, 1928; T. Ballauf, Die Grundstruktur der B., 1953; R. Guardini, Grundlegung der B.s-Lehre, (Neudruck) 1953; W. Flitner, Grund- u. Zeitfragen der Erziehung u. B., 1954; H. Weinstock, Arbeit u. B., 1954; T. Litt, Das B.sideal der dt. Klassik u. die moderne Arbeitswelt, 1957; T. Litt, Techn. Denken u. menschl. B., 1957; K. Wolf, Konkrete B., 1964; E. Lichtenstein, Zur Entwicklung des B.sbegriffs von Meister Eckhart bis Hegel, 1966; H. Röhrs (Hg.), B.sphilos., I–II, 1967/68 (mit Bibl.); H. R. Cassirer, Kommunikation u. die Zukunft der B., 1974; G. Böhme, Die philos. Grundlagen des B.sbegriffes, 1976; P. Kellermann, Zur Soziologie der B., 1976; M. Fuchs, Kulturelle B. und ästhet. Erziehung, 1986; H. Lehner, Bewußtsein und B., 1987.

Bildungsphilister nannte Nietzsche jene Menschen, die, bei völligem Mangel an Selbsterkenntnis und an echter Bildung, fest überzeugt sind, Musensöhne und Kulturmenschen zu sein, und die es daher feierlich verschwören, Philister zu sein. (Unzeitgem. Betracht., 1. St.).

Binswanger, Ludwig, schweizer. Psychiater, * 13. 4. 1881 Kreuzlingen (Kt. Thurgau), † 5. 2. 1966 das., wendet, der Existenzphilosophie nahestehend, die phänomenolog. Methode auf die Erforschung geistig-seelischer Störungen an, untersucht Lebensgeschichte und Lebensfunktion in bezug auf psychopatholog. Tatbestände. Dem In-der-Welt-sein Heideggers stellt er ein Über-die-Welt-hinaus-sein (d. h. Liebe) gegenüber. B. ist Begründer der psychiatr. Daseinsanalyse. – Hauptw.: Einf. in die Probleme der allgemeinen Psychologie, 1922; Wandlungen in der Auffassung und Deutung des Traumes. Von den Griechen bis zur Gegenwart, 1928; Über Ideenflucht, 1933; Grundformen und Erkenntnis menschl. Daseins, 1942 [3]1962; Zur phänomenolog. Anthropologie, 1947; Ausgewählte Vorträge und Aufsätze, Bd. I, 1947, Bd. II, 1955; Drei Formen mißglückten Daseins, 1956; Erinnerungen an Sigm. Freud, 1956; Schizophrenie, 1957; Der Mensch in der Psychiatrie, 1957; Melancholie und Manie, 1960; Wahn. Beiträge zur phänomenolog. u. daseinsanalytischen Forschung, 1965.

biogenetisches Grundgesetz (Rekapitulations-Theorie), der zuerst von Fritz Müller u. Ernst Haeckel formulierte Satz, daß die Reihe von Entwicklungsformen, die ein Individuum während seiner Entwicklung von der Eizelle bis zu seinem ausgebildeten Zustande durchläuft (Ontogenesis), eine kurze, gedrängte, vielfach abgeänderte Wiederholung der langen Formenreihe sei, welche die Vorfahren desselben Organismus oder die Stammformen seiner Art von den ältesten Zeiten an bis auf die Gegenwart durchlaufen haben (Phylogenesis). Diese Anschauung, die von H. → Spencer auf die Soziologie übertragen wurde, ist bereits im 19. Jht. oft kritisiert worden, und sie wird heute selten vertreten.

Franz, Ontogenie und Phylogenie. Das sogenannte B. G., Abhandl. zur Theorie der organ. Entwicklung, 3, 1927; A. Remane, Grundlagen des natürlichen Systems, der vergl. Anatomie u. Phylogenetik, 1952; B. Rentsch, Biophilosophie auf erkenntnisth. Grundlage, 1968.

Biologie (vom griech. *bios,* „Leben“, u. *logos,* „Lehre“), die Wissenschaft vom Leben auf Grund der Ergebnisse der Physiologie, Botanik, Zoologie, Anthropologie. Die Formen des Lebens und ihren Aufbau untersucht die Morphologie, die als Organologie, Anatomie, Histologie das Ganze eines Organismus nach seinen Bauteilen und Bauelementen zu erkennen sucht. Die chem. Zusammensetzung der Organismen sowie ihren Stoffwechsel untersucht die Biochemie, die Funktion des Ganzen und seiner Teile die Physiologie, die in der Physiologie der Nerven und der Sinnesorgane in die engste Beziehung zur Psychologie tritt (vgl. F. Alverdes, B. u. Psychologie, in *„Universitas“* 6, 8, 1951). Als neueste Teildisziplin kam in den letzten Jahrzehnten die Mikrobiologie oder *Molekularbiologie* hinzu, die es ermöglichte, die Fragen der bereits bestehenden *Erbbiologie* auf empirischer Basis zu stellen. Die Verhältnisse der Lebewesen zu ihrer Umgebung u. zu ihresgleichen sind Gegenstand der Ökologie, ihre Verbreitung auf der Erde erforscht die Chorologie (Pflanzen- und Tiergeographie). Die Entwicklung vom Ei bis zum Tode verfolgt die → Entwicklungsgeschichte, die ihre Grundlagen in der Paläontologie, der Wissenschaft von den ausgestorbenen Lebewesen hat, deren Überreste in den Schichten der Erdrinde versteinert aufbewahrt sind.

J. v. Uexküll, Theoret. B., 1920; M. Hartmann, Lehrbuch der allg. B., 1953; T. Ballauf, Die Wiss. vom Leben. Eine Gesch. der B. I, III, 1954; A. Meyer-Abich, Geistesgeschichtl. Grundlagen der B., 1963; H. Jonas, The Phenomenon of Life, New York 1966, dt. 1973; F. Ketter, Verhaltensb. des Menschen, 1966; B. Rensch, Biophilos. auf erkenntnistheoret. Grundlage, 1968; H. Sachsse, Die Erkenntnis des Lebendigen, 1968; H. Autrum, B. – Entdeckung einer Ordnung, 1970; F. Jacob, La logique du vivant, Paris 1970, dt. 1972; A. D. Breck/W. Yourgrau (Hgg.), B., History and Natural Philosophy, New York 1972; M. Ruse, The Philosophy of B., London 1973; M. Grene, The Understanding of Nature, Dordrecht/Boston 1974; D. L. Hull, Philosophy of Biological Science, Englewood Cliffs N. J. 1974; B. Hoppe, B. 1976; F. M. Wuketits, Wissenschaftstheoret. Probleme der modernen B., 1978; R. Riedl, B. der Erkenntnis, 1980; H. Fäh, B. und Philos. in ihren Wechselbeziehungen, 1984; E. Mayr, Toward a New Philosophy of Biology, Cambridge Mass. 1988; M. Rüse, Philosophy of Biology Today, New York 1988.

Biologismus, eine Weltanschauung, die den Urgrund der Gesamtwirklichkeit, also auch des geistigen Seins, in das organ. Leben verlegt und die Normen menschl. Erkennens und Handelns von biolog. Bedürfnissen und Gesetzen herleitet. Einen konsequenten B. vertritt z. B. H. G. Holle (Allg. Biologie als Grundlage für Weltanschauung, Lebensführung u. Politik, [2]1925). Bemerkenswert ist, daß auch das naturwissenschaftliche Weltbild nicht mehr allein von Physik und Chemie, sondern zunehmend auch von der Biologie bestimmt wird.

J. S. Huxley, Evolution, the Modern Synthesis, London 1942; L. v. Bertalanffy, Das biolog. Weltbild, 1949; G. Ewald, Der biologisch-anthropolog. Aufbau der Persönlichkeit, 1959; J. Monod, Le Hasard et la nécessité, Paris 1970, dt. 1971.

Bios (griech.), der, das → Leben.

biozentrisch (vom grch. *bios,* „Leben“, u. lat. *centrum,* „Mittelpunkt“) heißt ein Denken, das vom Leben und von der Seele, nicht vom Geiste und von der Vernunft ausgeht und daher im Sinne jener symbolisch und hinweisend, nicht im Sinne dieser erklärend und rational verallgemeinernd gerichtet ist; auch → Klages.

Bleuler, Eugen, schweizer. Psychologe, * 30. 4. 1857 Zollikon bei Zürich, † das. 15. 7. 1939; vertrat eine Entwicklungstheorie des Lebens, wonach erworbene Eigenschaften vererbt werden können auf Grund eines „Mnemismus" der lebenden Substanz: auf Grund gelegentlich erfolgreichen Verhaltens sollen sich „Engramme" bilden, die die lebende Substanz mit einer Art (vererbbarem) Gedächtnis ausstatten. Hauptw.: Lehrb. der Psychiatrie, 1916, [7]1945; die Naturgesch. der Seele, 1921; Mechanismus-Vitalismus-Mnemismus, in „Abhandlgn. zur Theorie der organ. Entwicklung" 6, 1931.

Bloch, Ernst, * 8. 7. 1885 in Ludwigshafen/Rh., marxist. Philosoph, Prof. in Leipzig, seit 1961 in Tübingen, † 4. 8. 1977 das., betrieb ein utopisches Philosophieren, das Utopie nicht als Idealzustand faßt, sondern als „utopische Funktion", anthropologisch als Entwurfscharakter des Bewußtseins, materialistisch als Vorschein in der Welt. Im Bogen „Utopie-Materie" zwischen realer Tendenz und antizipierter Latenz wird Utopie konkret, Hoffnung zum Prinzip, das eigentlich nur als Möglichkeit gedacht ist. Ansatz der Konkretheit sieht B. nur in der Zukunftsorientierung des Marxismus. Hauptw.: Spuren, 1930, [2]1959; Geist der Utopie, 1918, [3]1964; Thomas Münzer als Theologe der Revolution, 1921, [3]1969; Erbschaft dieser Zeit, 1934, [2]1962; Das Prinzip Hoffnung, 3 Bde. 1954/57, [2]1959 (in 5 Teilen), Subjekt-Objekt, Erläuterungen zu Hegel, 1951, [2]1962; Avicenna und die aristotelische Linke, 1952, 1963; Christian Thomasius, 1953; Differenzierungen im Begriff Fortschritt, 1956; Philosophische Grundfragen I, 1961; Naturrecht und menschliche Würde, 1961; Verfremdungen I u. II, 1963/64; Tübinger Einleitung in die Philosophie, I u. II, 1963/64; Literarische Aufsätze, 1965; Über K. Marx, 1968; Widerstand u. Friede, 1968; Wegzeichen der Hoffnung, 1967; Das Materialismusproblem, seine Geschichte und Substanz, 1972; Vom Hasard zur Katastrophe, 1972; Experimentum Mundi, 1975; Zwischenwelten in der Philosophiegeschichte 1977; Tendenz, Latenz, Utopie, 1978; Abschied von der Utopie?, 1980; Gesamtausgabe, I–XVI, 1959 ff.; Werkausgabe, 1978.

R. O. Gropp (Hg.), Festschrift E. B. zum 70. Geburtstag, 1955; H. Bütow, Philos. u. Gesellschaft im Denken E. B.s, 1963; C. H. Ratschow, Atheismus im Christentum? Eine Auseinandersetzung mit E. B., 1970; R. Damus, E. B., Hoffnung als Prinzip – Prinzip ohne Hoffnung, 1971; H. H. Holz, Logos spermatikos, 1975; E. B.s Wirkung. Ein Arbeitsbuch zum 90. Geburtstag, 1975 (mit Bibl.); G. Raulet (Hg.), Utopie, Marxisme selon E. B., Paris 1976 (mit Bibl.); S. Markun, E. B. in Selbstzeugnissen u. Bilddokumenten, 1977; B. Schmidt (Hg.), Materialien zu E. B.s ‚Prinzip Hoffnung', 1978 (mit Bibl.); A. F. Christen, E. B.s Metaphysik der Materie, 1979; H. Schelsky, Die Hoffnung B.s, 1979; B. Schmidt, Seminar: Zur Philos. E. B.s, 1983; B. Schmidt, E. B., 1985; H. L. Arnold (Hg.), E. B., 1985 (mit Bibl.).

Blondel, Maurice, frz. Philosoph, * 2. 11. 1861 Dijon, seit 1896 Prof. in Aix en Provence, † 4. 6. 1949. Anfänglich beeinflußt von Bergson, in den Modernistenstreit hineingezogen, erregt Aufsehen mit seinem Frühwerk *„L'Action"* (1893), das den transzendierenden Charakter des Menschen aufweist. Blondel erstrebt eine integrale Philosophie, die ihre stillschweigenden Voraussetzungen („Implikationen") und ihren inneren noëtisch-pneumatischen Dualismus, somit auch ihre Unzulänglichkeit und Ergänzungsbedürftigkeit erkennt, die nur von der christlichen Religion ausgefüllt werden kann; seine theistische Metaphysik sucht zugleich deren Gehalt philosophisch zu erschließen. – Hauptwerke: *L'action,* 1893 (dt. 1965), ²1936–37 (2 Bde.); *La pensée,* 2 Bde. 1934, dt. 1953–56; *L'être et les êtres,* 1935; *La philosophie et l'esprit chrétien,* 2 Bde. 1944–46; *Exigences philosophiques du christianisme,* 1950, dt. 1954; Tagebuch vor Gott 1883–1894, 1964.

P. Archambault, Initiation à la philos. blondélienne, Paris 1941; J. Paliard, M. B. ou le dépassement chrétien, Paris 1950; H. Dumery, B. et la religion, Paris 1954; A. Cartier, Existence et vérité. Philos. blondélienne de l'action et problématique existentielle, Paris 1955; J. Ecole, La métaphysique de l'etre dans la philos. de M. B., Leuven 1959; H. Bouillard, B. et le christianisme, Paris 1961, dt. 1963; D. Esser, Der doppelte Wille bei M. B., 1961; C. Tresmontant, Introduction à la métaphysique de M. B., Paris 1963; U. Hommes, Transzendenz u. Personalität. Zum Begriff der Action bei M. B., 1972; R. Virgoulay/C. Troisfontaine, M. B. Bibl. analytique et critique, I–II, Leuven 1975–76; A. Raffelt, Spiritualität u. Philos. Zur Vermittlung geistig-religiöser Erfahrung in M. B.s ‚L'action', 1978; P. Favraux, Une philosophe du médiateur: M. B., Paris 1987; C. Theobald, M. B. und das Problem der Modernität, 1988.

Blüher, Hans, philos. Schriftsteller, * 27. 2. 1888 Freiburg/Schles., † 4. 2. 1955, bemüht um das Problem des geistigen Führertums, des Männerbundes u. die Sinndeutung der Wandervogelbewegung (Kampf gegen den verbildenden Einfluß der Alterskultur). Unter Einfluß von Kant, Nietzsche und Schopenhauer hat der späte B. ein philosophisches System als Lehre von den reinen Ereignissen der Natur zu entwerfen versucht. Hptw.: Die dt. Wandervogelbewegung als erotisches Phänomen, ⁶1922; Die Rolle der Erotik in der männlichen Gesellschaft, 2 Bde., 1917/19, ²1961; Die Achse der Natur, 1949; Parerga zur Achse der Natur, 1952; Werke und Tage, 1954; Studien zur Inversion und Perversion, 1965.

Blumenberg, Hans, Prof. in Münster/W., * 13. 7. 1920 Lübeck, arbeitet auf den Gebieten der Renaissance- und Neuzeit-Philosophie, sowie der Geschichts- und Kulturphilosophie. – Hauptwerke: Die Legitimität der Neuzeit, 1960; Paradigmen zu einer Metaphorologie, 1960; Kopernikus im Selbstverständnis der Neuzeit, 1965; Selbsterhaltung u. Beharrung, 1969; Pseudoplatonismen in der Naturwiss. der frühen Neuzeit, 1971; Die Genesis der kopernikan. Welt, 1975; Aspekte der Epochenschwelle, 1976; Arbeit am Mythos, 1979; Die Lesbarkeit der Welt, 1981; Wirklichkeiten in denen wir leben, 1981; Lebenszeit u. Weltzeit, 1986; Das Lachen der Thrakerin. Eine Urgesch. der Theorie, 1987; Matthäuspassion, 1988; Höhlenausgänge, 1989.

Bochenski, Joseph M., * 30. 8. 1902 Czuszow/Polen, Prof. em. für Gegenwartsphilosophie in Freiburg/Schweiz, befaßt sich mit Forschungen zur modernen Logik, Wissenschaftstheorie und sowjetischen Philosophie. – Europäische Philosophie der Gegenwart, 1947, ²1951; Diamat, ³1961; Formale Logik, 1956, ³1965; (zus. m. A. Menne) Grundriß der Logistik, ⁴1973; Mitherausgeber des Handbuches des Weltkommunismus, 1958; Wege zum philosoph. Denken, 1959; Logik der Religion, ²1982.

Contributions to Logic and Methodologic (Festschr., mit vollst. Bibliographie), 1965.

Bodin (Bodinus), Jean, frz. Publizist u. Staatsrechtslehrer, * 1530 Angers, † 1596 Laon, trat in der Zeit der Hugenottenverfolgung für Toleranz ein und gab in seinem staatsrechtl. Hauptwerk *„De la république"* (1576; hg. v. P. C. Mayer-Tasch, 1981 ff.) eine Begriffsbestimmung der Souveränität, die durch kein verfassungsrechtliches Gesetz eingeschränkt werden dürfe. In seinem *„Colloquium heptaplomeres“* (erster Druck 1857) begründete er das gleiche Recht aller Religionen u. nannte als Grundlagen einer einzigen natürlichen Religion: die Einheit Gottes, ein moralisches Bewußtsein, den Glauben an die Freiheit, die Unsterblichkeit und Vergeltung im Jenseits. – Hauptwerke: Methodus ad facilem historiarum cognitionem, 1566, 1650 (Repr. 1967); Les six livres de la république, 1576, 1583 (Repr. 1977), dt. 1981; Iuris universi distributio, 1578; Universae naturae theatrum, 1596; Colloquium heptaplomeres de rerum sublimium arcanis abditis, entst. 1593, 1841, 1857 (Repr. 1970).

M. E. Kamp, Die Staatswissenschaftslehre J. B.s, 1949; G. Roellenbleck, Offenbarung, Natur u. jüd. Überlieferung bei J. B., 1964; H. Quaritsch, Staat u. Souveränität, 1970; H. Denzer (Hg.), J. B. – Verhandlungen der int. B.-Tagung in München, 1973 (mit Bibl.); J. H. Franklin, J. B. and the Rise fo the Absolutist Theory, Cambridge 1973; P. T. King, The Ideology of Order, London 1974; G. Treffer, J. B. Zum Versuch einer juristisch-philos. Bewältigung des allg. religiösen Bürgerkrieges in Frankreich, 1977; J. B. – Actes du colloque interdisciplinaire d'Angers, I–II, Angers 1985; K. F. Faltenbacher, Das Colloquium Heptaplomeres, ein Religionsgespräch zwischen Scholastik und Aufklärung, 1983.

Boehm, Rudolf, Prof. in Gent, * 24. 12. 1927 Berlin, sucht in der Nachfolge Nietzsches, Husserls und Heideggers nachzuweisen, daß sich eine phänomenologische Philosophie in der Gestalt einer Kritik der Grundlagen unseres Zeitalters begründen läßt, wendet diese Kritik gegen das aus der antiken Philosophie herstammende Ideal der modernen Wissenschaft. – Schr. u. a.: Das Grundlegende und das Wesentliche, 1965; Vom Gesichtspunkt der Phänomenologie, I u. II, 1968, 1981; Kritik der Grundlagen des Zeitalters, 1974.

Boëthius, Anicius Manlius Torquatus Severinus, röm. Staatsmann und Philosoph, * um 480, † 524 (wegen angebl. Hochverrates hingerichtet), von großer Bedeutung für die mittelalterliche Philosophie als Übersetzer u. Kommentator aristotelischer Schriften, der wichtigste Vermittler zw. Altertum u. MA., „der letzte Römer und der erste Scholastiker“. Berühmt wurde sein Werk *„De consolatione philosophiae“* (Tröstung durch die Philosophie), das er während langer Kerkerhaft schrieb (zuerst gedruckt Nürnberg 1473). Es zeugt von dem Neuplatonismus seines Verfassers und trägt nur spärliche christliche Züge, während seine sog. *Opuscula sacra* eine Anzahl theol. Abhandlungen enthalten. – Hauptwerke: De consolatione philosophiae (entst. ca. 524), 1476, 1957, dt. 1964; De institutione arithmetica libri duo, hg. 1867 (Repr. 1966); De institutione musica libri quinque, hg. 1867 (Repr. 1966); The Theological Tractates, hg. 1918, 1968; Opera, I–II, Venedig 1491–92.

H. F. Stewart, B., Edinburgh 1891 (Repr. 1975); H. v. Campenhausen, Lat. Kirchenväter, 1960; V. Schmidt-Kohl, Die neuplaton. Seelenlehre in der ‚Consolatio Philosophiae' des B., 1965; K. Berka, Die Semantik des B., in: Helikon 8 (1968); J. Gruber, Kommentar zu B. De consolatione Philosophiae, 1978; M. Fuhrmann/J. Gruber (Hgg.), B., 1984.

Böhme, Jakob, Mystiker und dialektischer Philosoph, * 1575 Altseidenberg b. Görlitz, † 16. 11. 1624 Görlitz, Schuhmachermeister, von seinen Freunden (paracelsischen Ärzten und schlesischen Adligen) „Philosophus Teutonicus“ („Dt. Philosoph“) genannt, von der protestantischen Orthodoxie heftig verfolgt. Vom Rätsel des Bösen aufgewühlt, hatte er 1600 einen Erleuchtungszustand, der ihn „bis in die innerste Geburt der Gottheit durchbrechen“ und „an allen Kreaturen, sowie Kraut und Gras Gott erkennen“ ließ. Nach zehnjährigem wortlosem Ringen beginnt sich das Erlebnis unter Zuhilfenahme alchemistischer, kabbalistischer, paracelsischer und weigelscher Termini und Gedanken, die er für seine Zwecke umbildete, in ein umfangreiches (erst nach seinem Tod gedrucktes) philosophisches Werk zu verdichten. Eine auch die Tiefenregionen aufspürende Schau des „menschlichen Gemüts“ führt ihn nach dem christlichen Ebenbildsatz zu einer neuen Gottesvorstellung, nach der Gott sich selbst gebiert. Erst ist nur ein „Ungrund“, ein drängender Wille, der sich selbst „in Grund faßt“ zu einem reichbewegten innertrinitarischen Leben, das aber noch ohne eigentlichen Gegensatz als „ewige Stille“, „stille lichte Wonne“ und „Freiheit“ ganz in sich ruht („ewiges Gemüt“, „freie Lust des Nichts“). Um sich ins einzelne zu entfalten, d. h. zu individualisieren, vom „Nichts“ ins „Etwas“ zu kommen, muß sich der Wille im „Begehren“ selbst verfinstern und sich im „Angstrad“ in die feindlichen Gegensätze einer „wütenden Unsinnigkeit“ aufspalten („ewige Natur“, „Finsterwelt“, die als solche aber „nichts Verwerfliches“ enthält). Im Durchbruch zum „Licht“ werden alle sich befeindenden Kräfte in ein „Liebesspiel“ verwandelt, das im „Ganzen“, (im „Einen“) der sich damit nun erst selbst offenbarenden „Freiheit“ schwingt. Wo der Wille diesen Durchbruch nicht vollzieht, verkrampft sich die Finsterwelt ins „höllische Reich“, in dem sich das eigentlich Böse konstituiert, das aber „unvermeidbar“ ist. – Charakteristisch für B. ist die Verwendung anschaulicher mythischer Symbole (philos. Kugel, Herz Gottes, Lilie, Kreuz, Rad, Dreiangel usw.). Obwohl einer der schwerstverständlichsten Autoren, wirkte er, nicht zuletzt durch seine Sprachgewalt, gleichermaßen auf einfache Gemüter wie auf differenzierteste Geister, so auf Angelus Silesius, Oetinger, Hamann, St. Martin, Schelling (der ihn eine „Wundererscheinung in der Geschichte der Menschheit“ nannte), Hegel, Goethe, Lichtenberg, Novalis, Berdjajew u. a. – Hauptwerke: Aurora oder Morgenröte im Aufgang (entst. 1612), 1634; Vom dreifachen Leben des Menschen (entst. 1619/20); De tribus principiis oder Beschreibung der Drey Principien Göttlichen Wesens (entst. 1619), 1660; Vierzig Fragen von der Seelen (entst. 1620); De signatura rerum oder Von der Geburt u. Bezeichnung aller Wesen (entst. 1622), 1635; Von der Gnadenwahl (entst. 1623); Mysterium magnum (entst. 1623); Sämtliche Schriften I–XI, 1955–61 (Neudruck von 1730); Die Urschriften, I–II, 1963–66.

A. Koyré, La philos. de J. B., Paris 1929; E. Benz, Der vollkommene Mensch nach J. B., 1937; W. Buddecke, Die J. B.-Ausgaben. Ein beschreibendes Verzeichnis, I–II, 1937–57 (Repr. 1981); V. Weiß, Die Gnosis J. B.s, 1955; J. J. Stoudt, Sunrise to Eternity. A Study in J. B. Life and Thought, Philadelphia 1957; E. Pältz, J. B.s Hermeneutik, Geschichtsverständnis u. Sozialethik, 1961; P. Schäublin, Zur Sprache J. B.s, 1963; G. Wehr, J. B. in Selbstzeugnissen u. Dokumenten, 1971; G. Wehr, J. B., der Geisteslehrer u. Seelenführer, 1979; D. Walsh, The Mysticism of Innerwordly Fulfillment, A Study of J. B., Gainesville 1983.

Bohr, Niels, dän. Physiker, * 7. 10. 1885 Kopenhagen, das. Prof. seit 1916, † ebda. 18. 11. 62, bekannt als Schöpfer eines auf der Quantentheorie Plancks u. auf den Arbeiten Rutherfords beruhenden hypothetischen Atom-Modells (Analogie zum Planetensystem, → Atom). Das

Modell hat dadurch an Bedeutung verloren, daß sich in der Mikrophysik die Tendenz z. Unanschaulichkeit u. Mathematisierung der Erkenntnisse immer mehr durchsetzt. – Hauptwerke: On the Constitution of Atoms and Molecules (1913), dt. 1921; Atomtheorie u. Naturbeschreibung, 1931 (dän. 1929); Wirkungsquantum u. Naturbeschreibung (1929); Atomphysik u. menschliche Erkenntnis, I–II, 1958/66 (dän. 1957/64); Collected Works, Amsterdam 1972 ff. – U. Röseberg, N. B. Bibl. der Sekundärliteratur, 1985.

W. Pauli (Hg.), N. B. and the Development of Physics, London/New York 1955; K. M. Meyer-Abich, Korrespondenz, Individualität u. Komplementarität. Eine Studie zur Geistesgesch. der Quantentheorie in den Beiträgen N. B.s, 1965; R. Silverberg, N. B., Philadelphia 1965; U. Hoyer, Die Gesch. der B.schen Atomtheorie, 1974 (mit Bibl.); U. Röseberg, N. B. 1885–1962, 1985; E. Fischer/P. Fischer, N. B. – Die Lektion der Atome, 1987.

Bolingbroke, Viscount, Henry Saint John, engl. Philosoph, * 10. 10. 1678 Battersea, † das. 12. 12. 1751, stand Shaftesbury nahe, lehrt, von Locke für den Deismus gewonnen und beeinflußt, daß die Erfahrung genüge, um zu Gott zu gelangen; bezeichnete die Freiheit des Denkens als ein Vorrecht der oberen Volksschichten, während die niederen Volksschichten an der Religion festhalten sollen; setzte sich ähnlich Voltaire für das Studium und den Nutzen der Historie ein. – Schrieb u. a.: *Letters on the Study and Use of History,* 1738, dt. 1794. – Werke, 5 Bde., 1754, Neudr. 1849.

K. Kluxen, Das Problem der polit. Opposition, 1956; D. Harknes, B., London 1957; H. C. Mansfield, Statesmanship and Party Government, Chicago 1965; W. Jäger, Polit. Partei u. parlamentar. Opposition. Eine Studie zum polit. Denken von Lord B. u. David Hume, 1971; R. A. Barrell, B. and France, Lanham 1988.

Bolland, Gerardus Joh. Petrus Josephus, niederl. Philosoph, * 9. 6. 1854 Groningen, † 11. 2. 1922 Leiden als Professor das. (seit 1896), bedeutendster Vertreter der Hegelschen Philosophie in den Niederlanden, vertrat weltanschaulich einen christlich-kosmopolitischen Liberalismus. Hptw.: *Verandering en tijd,* 1896; *Het wereldraadsel,* 1896; *Anschouwing en verstand,* 1897; Alter, Vernunft und neuer Verstand, 1902; *Zuivere Rede* (Reine Vernunft), 1904, [3]1912; *Collegium logicum,* 1905.

S. A. van Lunteren, Der niederländ. Hegelianismus, in: Logos 14 (1925); De Idee 5 (1927). Sondernummer (mit Bibl.).

Bollnow, Otto Friedrich, Philosoph u. Pädagoge, * 14. 3. 1903 Stettin, seit 1953 Prof. in Tübingen, 1970 emer., arbeitet, von der Diltheyschule ausgehend, vor allem über philos. Anthropologie und Ethik. – Schrieb u. a.: Dilthey, 1936, [4]1980; Das Wesen der Stimmungen, 1941, [6]1980; Existenzphilosophie, 1953, [8]1978; Einfache Sittlichkeit, 1947, [4]1968; Die Ehrfurcht, 1947, [2]1958; Das Verstehen, 1948; Rilke, 1951, [2]1956; Die Pädagogik der dt. Romantik, 1952, [3]1977; Neue Geborgenheit. Das Problem einer Überwindung des Existentialismus, 1955, [4]1979; Die Lebensphilosophie, 1958; Wesen und Wandel der Tugenden, 1958; Existenzphilosophie und Pädagogik, 1959, [4]1968; Mensch und Raum, 1963, [3]1976; Die pädagogische Atmosphäre, 1964, [4]1970. Französischer Existenzialismus, 1965; Die anthropologische Betrachtungsweise in der Pädagogik, 1967, [3]1975; Sprache und Erziehung, 1966, [2]1969; Philosophie d. Erkenntnis, Bd. I, 1970, Bd. II, 1975; Das Verhältnis zur Zeit, 1972; Selbstdarstellung (in Pädag. in Selbstdarstellungen I) 1976; Vom Geist des Übens, 1978; Studien zur

Hermeneutik, I–II, 1982/83; Zwischen Philos. u. Pädagogik. Vorträge u. Aufsätze, 1988.

H.-P. Göbbeler/H.-U. Lessing (Hgg.), O. F. B. im Gespräch, 1983 (mit Bibl.).

Bolschewismus (vom russ. *bolschinstwo*, „Mehrheit", nämlich auf der Londoner Tagung d. russ. sozialdemokrat. Partei, Juli 1903), die radikale, von Lenin geschaffene und durch die Oktoberrevolution in Rußland verwirklichte Form des → Marxismus. Kennzeichnend für den B. ist seine absolute Unduldsamkeit gegenüber jeder anderen Denkweise. Die Verbreitung des B. in der ganzen Welt war bis vor kurzem das wichtigste politische Anliegen Sowjetrußlands, da jeder Anhänger des B. dessen Politik billigt und den sowjetruss. Imperialismus unterstützt.

Lenin, Staat u. Revolution, 1918; Stalin, Fragen des Leninismus, [2]1950; W. Gurian, Der B., 1931; R. Saitschick, Aufstieg u. Niedergang des B., 1952; W. Brökelschen, Die bolschewistische Staatsphilosophie, 1955; N. Leser, Zwischen Reformismus und B., 1968.

Bolzano, Bernhard, Philosoph, Mathematiker und Sozialethiker, * 5. 10. 1781 Prag, † das. 18. 12. 1848, 1805–19 Prof. in Prag, führte als Gegner Kants die Trennung des Logischen vom Psychologischen folgerichtig durch, indem er zwischen dem psychischen Vorgang u. seinem logischen Inhalt unterschied. Die Logik hat es nicht mit den seelischen Vorgängen des Urteilens und Fürwahrhaltens zu tun, sondern mit den zeit- und raumlosen Wahrheiten, Vorstellungen oder Sätzen an sich, den im logischen Urteil gemeinten ideellen Gegenständen. Auf seiner Lehre fußten bes. der junge Brentano u. Husserl. – Hauptwerke: Wissenschaftslehre, I–IV, 1837, Neudruck 1929–31 (Auswahl aus I u. II u.d.T.: Grundlegung der Logik, hg. 1963, [2]1978 (PhB 259)); Was ist Philos.?, 1849 (Repr. 1964); Paradoxien des Unendlichen, hg. 1851, hg. 1955, [2]1975 (PhB 99); Untersuchungen zur Grundlegung der Ästhetik, hg. 1972; Kleine Wissenschaftslehre, hg. 1975; B. B. Gesamtausgabe, 1969 ff. – B.-Bibl., 1972, 1982; J. Berg/E. Morscher (Hgg.), B.-Bibl. u. Editionsprinzipien der Gesamtausgabe, 1988.

G. Buhl, Abfolge u. Ableitbarkeit in der Wiss.theorie B.s, 1961; J. Berg, B.s Logic, Stockholm 1962; J. Danek, Weiterentwicklung der Leibnizschen Logik bei B., 1970; U. Neemann, B.s Lehre von Anschauung u. Begriff in ihrer Bedeutung für erkenntnistheoretische u. pädagog. Probleme, 1972 (mit Bibl.); H. Schrödter, Philos. u. Religion. Die ‚Religionswiss.' B. B.s, 1972; E. Herrmann, Der religionsphilos. Standpunkt B. B.s unter Berücksichtigung seiner Semantik, Wissenschaftstheorie u. Moralphilos., Uppsala 1977; E. Winter (Hg.), Die Sozial- u. Ethnoethik B. B.s, 1977; C. Christian (Hg.), B. B. – Leben und Wirkung, 1981.

Bonald, Louis Gabriel-Ambroise Vicomte de, frz. Philosoph, * 2. 10 1754 Mouna (Guyenne), † das. 23. 11. 1840, wandte sich gegen die nach der Revolution von 1789 vorherrschende Religionsfeindschaft. B. faßte alles menschliche Denken, die Sprache, die Gesellschaft und den Staat als eine durch Christus u. die Kirche vermittelte Schöpfung Gottes auf und entwickelte in seiner Staatslehre die Grundzüge einer Monarchie auf theokratischer Grundlage (*Théorie du pouvoir politique et religieux dans la société civilisée,* 3 Bde., 1796, [4]1860). – *Oeuvres complètes,* 12 Bde., 1817–1836; *Oeuvres,* 3 Bde., 1959.

R. Spaemann, Der Ursprung der Soziologie aus dem Geist der Restauration. Studien über L. G. A. de B., 1959; V. Petyx, I selvaggi in Europa. La Francia rivoluzionaria di Maistre e B., Neapel 1987.

Bonaventura (urspr. Johannes Fidanza), Scholastiker, * 1221 Bagnorea (Toskana), † 15. 7. 1274 Lyon, seit 1257 General d. Franziskanerordens, entwarf eine neuplatonisch-mystische Erkenntnislehre und Lichtmetaphysik; Hauptvertreter des Augustinismus im 13. Jh. Logische und moralische Bedingung jeder Wahrheitserkenntnis ist ein dem Gottesdienst geweihtes Leben. – Hauptwerke: Itinerarium mentis in Deum, (entst. 1259), um 1472; Soliloquium, 1474, dt. 1958; De reductione artium ad theologiam, (entst. zw. 1248 u. 1256), 1484, dt. 1961; Collationes in hexaemeron, (entst. 1273), 1495, dt. 1964; Breviloquium theologiae, 1505, dt. 1931; Works (lat./engl.), I–II, St. Bonaventure N. J. 1955/56; Opera Omnia, I–XI, 1883–1902.

E. Gilson, La philos. de Saint B., Paris 1923, dt. 1960; J. Ratzinger, Die Geschichtstheologie des hl. B., 1959; A. Gerken, Theologie des Wortes. Das Verhältnis von Schöpfung u. Inkarnation bei B., 1963; F. von Steenberghen, La philos. au XIIIe siècle, Leuven/Paris 1966, dt. 1977; M. Wiegels, Die Logik der Spontaneität. Zum Gedanken der Schöpfung bei B., 1969; A. J. W. Hellmann, Ordo, 1974; A. Speer, Triplex veritas. Wahrheitsverständnis u. philos. Denkform B.s, 1987.

bon sens (franz.), gesunder Menschenverstand.

Boole, George, engl. Mathematiker, * 2. 11. 1815 Lincoln, † 8. 12. 1864 Cork, der eigentliche Begründer der sog. „algebraischen Logik" (→ Logistik). – Hptw.: *The Mathematical Analysis of Logic,* 1847, neue Ausg. 1951; *An Analysis of the Laws of Thought,* 1854, neue Ausgabe 1916.

M. B. Hesse, B.'s Philosophy of Logic, in: Ann. Sci. 8 (1952); T. Hailperin, B.'s Logic and Probability, Amsterdam/New York/Oxford 1976; D. McHale, G. B., Dublin 1985.

Bosanquet, Bernhard, engl. Philosoph, * 14. 6. 1848 Rock Hall (Northumberland), † 8. 2. 1923 London, neben F. H. → Bradley Hauptvertreter des engl. Neuhegelianismus, betont (in: *Knowledge and Reality,* 1885, [2]1892, repr. 1968) die Ganzheit des Wirklichen, das sich in der Anschauung in Form einzelner Inhalte, in der systematischen Erkenntnis als Ganzes darbietet. B. ist bedeutsam durch seine der Auffassung Treitschkes nahestehende Staatslehre (*The Philos. Theory of the State,* 1899, [4]1923, repr. 1965) u. durch eine Geschichte der Ästhetik (*A History of Aesthetics,* 1892, dt. [2]1905, repr. 1966).

H. Bosanquet, B. B., London 1924; B. Pfannenstill, B. B.'s Philosophy of the State, Lund 1936; F. Houang, Le néo-hegelianisme en Angleterre. La philos. de B. B., Paris 1954 (mit Bibl.); C. Le Chevalier, Ethique et idéalisme: Le courant néo-hegelien en Angleterre. B. B. et ses amis, Paris 1963.

böse, Gegensatz zum Guten (→ gut und böse), nach dessen jeweiliger Auffassung sich die des B.n richtet. Als metaphysischer Begriff spielt das B. eine Rolle bes. im → Manichäismus, bei → Plotinos, in der christl. Philosophie, bei Augustinus, Leibniz, J. Böhme, Schelling, Hegel, die alle eine Antwort auf die Frage suchen: wie ist das B. in die Welt gekommen, kann und soll man es beseitigen, hat es eine Funktion u. welche? → Theodizee.

P. Ricœur, Philos. de la volonté, II, Paris 1959/60, dt. 1971; B. Welte, Über das B. Eine thomist. Unters., 1959; P. Häberlin, Das B., 1960; K. Lorenz, Das sogenannte B., 1963; H. Reiner, Gut u. B., 1965; I. Beck, Das Problem des B.n u. seine Bewältigung, 1976; H. Haag, Vor dem B.n ratlos?, 1979; C. Schulte, Radikal b. – Die Karriere des B.n von Kant bis Nietzsche, 1988.

Bošković (Boschkowitsch), Rugjer Josip, kroat. Naturphilosoph u. Mathematiker, * 18. 5. 1711 Dubrovnik, † 13. 2. 1787 Mailand, Prof. in Rom, Pavia (1764) und Paris (1773). Die Materie wird von B. im Rahmen einer dynamistischen

Atomtheorie als diskontinuierliches Gefüge nicht ausgedehnter Kraftzentren aufgefaßt, u. alle Naturphänomene werden aus einem einzigen obersten Gesetz von der Abwechslung der Attraktion u. Repulsion abgeleitet, womit er manche Vorstellungen der modernen Atomlehre vorausgeahnt haben dürfte. – Hauptwerke: De viribus vivis, 1745; De continuitatis lege et eius consectariis pertinentibus ad prima materiae elementa eorumque vires, 1754; Theoria philosophiae naturalis, 1759; Opera pertinentia ad opticam et astronomiam, I–V, 1785–86.

M. Oster, R. J. B. als Naturphilosoph, Diss. Bonn 1909; H. V. Gill, R. J. B., Forerunner of Modern Physical Theories, Dublin 1941; M. Jammer, Concepts of Force, Cambridge Mass. 1957; L. L. Whyte, R. B. Studies of his Life and Work, London 1961 (mit Bibl.); Z. Markovic, R. B., I–II, Zagreb 1968/69.

Boström, Christoffer Jakob, schwed. Philosoph, * 1. 1. 1787 Piteä, † 22. 3. 1866 Upsala als Prof. (seit 1838), erstrebte die Synthese zw. Platon und Hegel auf dem Boden eines undogmatischen Theismus. B.s Zentralbegriff ist die panentheistisch aufgefaßte Persönlichkeit, der es obliegt, Gottes Werk auf Erden zu ihrem Werk zu machen. Dt. Auswahl seiner Schriften von Geijer u. Gerloff u. d. T. „Grundlinien eines philos. Systems“ (m. Biblgr.), 1923.

P. E. Liljequist, Der schwed. Persönlichkeitsidealismus und Kant, 1934; S. E. Rodhe, *B.s religionsfilosofiska äskädning*, 1950; R. N. Beck, *C. J. B.s Philosophy of Religion*, 1962.

Boutroux, Emile, frz. Philosoph, * 28. 7. 1845 Paris, † 22. 11. 1921 ebda als Prof. (seit 1888). Die Naturgesetze sind nach ihm nur annähernd strenge Gesetze, sie lassen dem Zufall, der Kontingenz, der Individualität des Wirkens, der Freiheit Raum u. haben ein freies schöpferisches Prinzip, ein unerklärliches Göttliches, zum Urheber. – Hauptwerke: De la contingence des lois de la nature, 1874, dt. 1911; De veritatibus aeternis apud Cartesium, 1874; De l'idée de loi naturelle dans la science et la philos. contemporaines, 1895, dt. 1907; Science et religion dans la philosophie contemporaine, 1908, dt. 1910; L' idéal scientifique des mathématiciens dans l'antiquité et dans les temps modernes, 1920, dt. 1927.

A.-P. La Fontaine, La philos. d'E. B., Paris 1920; L. S. Crawford, The Philosophy of E. B., New York 1924; A. F. Baillot, E. B. et la pensée religieuse, Paris 1957; M. Bruno, Autonomia e collaborazione tra scienza e filosofia nel pensiero di E. B., in: Incontri culturali 8 (1975).

Boyle, Robert, engl. Chemiker u. Philosoph, * 25. 1. 1627 Lismore (Irland), † 30. 12. 1691 London, löste die Chemie von der Alchimie, unterschied die sekundären von den primären Sinnesqualitäten und faßte die Natur als einen Mechanismus von physikal. Massen auf, die sich nach exakten Gesetzen bewegen. Von B. stammt der chemische Begriff Element. – The Works of the Honourable R. B., I–V, London 1744, I–VI ^{2}1772 (Repr. 1965/66). – J. Fulton, A Bibliography of the Honourable R. B., I–II, Oxford 1932/33, ^{2}1961.

S. Mosessohn, R. B. als Philosoph u. seine Beziehungen zur zeitgenössischen engl. Philos., 1902; M. S. Fisher, R. B. Devout Naturalist, Philadelphia 1945; E. J. Dijksterhuis, Die Mechanisierung des Weltbildes, 1956 (niederl. 1950); W. Applebaum, B. and Hobbes, in: J. Hist. Ideas 25 (1963); M. Boas (Hall), R. B. on Natural Philosophy, Bloomington Ind. 1965; R. E. W. Maddison, The Life of the Honourable R. B., London 1969; J. E. McGuire, B.'s Conception of Nature, in: J. Hist. Ideas 33 (1972).

Bradley, Francis Herbert, engl. Philosoph, * 30. 1. 1846 Glasbury, † 18. 9. 1924 Oxford, Prof. das. seit 1876, Neuhegelianer, aber von platonischen u. neuplatonischen Traditionen stark beeinflußt; versuchte von der Grundlage des dt. Idealismus aus den Utilitarismus, Hedonismus und Pragmatismus in England zugunsten eines ontologischen Denkens zurückzudrängen. Sein Werk *„Appearance and Reality"* (1893, dt. 1928) stellt die größte originelle Leistung der engl. Metaphysik dar; schrieb ferner: *Principles of Logic,* 1883, neubearb. 1922; *Essais on Truth and Reality,* 1914, repr. 1962.

G. E. Moore, Some Main Problems of Philosophy, London 1953; R. Wollheim, F. H. B., London 1959 (mit Bibl.); J. Schüring, Studie zur Philos. von F. H. B., 1963; T. S. Eliot, Knowledge and Experience in the Philosophy of F. H. B., London/New York 1964; S. K. Saxena, Studies in the Metaphysics of B., London 1967; G. L. Vanderveer, B.'s Metaphysics and the Self, New Haven 1970; A. Manser (Hg.), The Philosophy of F. H. B., Oxford 1984.

Bradwardine, Thomas, engl. Scholastiker, * um 1295 Hartfield (Sussex), † 26. 8. 1349 Lambeth (London) als Erzbischof von Canterbury, entwarf unter Anwendung der mathem. Forschungsmethode ein rationalistisches System der Theologie, glaubte an den freien und daher unvorherberechenbaren Willen Gottes, durch den alles in der Natur bestimmt ist, auch Seele und Handlungen des Menschen. Seine Gnadenlehre wurde von seinem Schüler Wiclif zur extremen Prädestinationslehre (→ Prädestination) fortgebildet. – Hauptwerke: Tractatus proportionum seu de proprietatibus velocitatum in motibus, (entst. 1328), 1495; De causa Dei contra Pelagium et de virtute causarum ad suos Mertonenses, (entst. vor 1335), 1618 (Nachdruck 1964).

C. Leff, B. and the Pelagians, Cambridge 1957; H. A. Oberman, Archbishop T. B., Utrecht 1958; A. G. Molland, Geometria speculativa of T. B., Diss. Cambridge 1967; W. A. Wallace, Mechanics from B. to Galileo, in: J. Hist. Ideas 32 (1971).

Brahma(n), das, (sanskr. „heilige Macht"), urspr. der Zauberspruch, dann die Kraft, die den Opferhandlungen ihre Wirksamkeit gibt, schließlich das durch sich selbst seiende schöpferische und erhaltende Prinzip der Welt, das alles schafft, trägt, erhält und wieder in sich zurücknimmt. Seit den Upanischaden bildet die Spekulation über das Verhältnis des B. zum Selbst (Atman) des Einzelwesens das Hauptthema des → Vedanta; auch → indische Philosophie.

S. Radhakrishnan, Indian Philosophy, I–II, London 1923/27, dt. 1955/56; H. v. Glasenapp, Die Religionen Indiens, 1944, [2]1956 (KTA 190); W. Kirfel, Symbolik des Hinduismus u. des Jinismus, 1959; S. E. Basu, The Concept of B., Delhi 1986.

Brahmanismus („Lehre d. Brahmanen", der Priester), die herrschende Religion Indiens, die sich zum heutigen → Hinduismus gewandelt hat; sie wird dogmatisch auf den → Veda zurückgeführt, hat sich aber doch weit davon entfernt. Im B. finden sich monotheistische, pantheistische, ja atheistische Richtungen. Als Weltanschauung ist d. B. Evolutionismus: die Welt entwickelt sich durch das → Brahman aus einer ungeschaffenen und unvergänglichen Urmaterie (Prakriti) und wandelt sich in ewigem Wechselspiel wieder in diese Urmaterie zurück. Die sechs orthodoxen Systeme des B. sind Mimansa und Vedante, Sankhya u. Yoga, Vaischeschika u. Nyaya (→ indische Philosophie). Doch übt der B., abgesehen von der Grundforderung, das Kastenwesen, bes. die Führerstellung der Brahmanenkaste, zu respektieren, weitgehende theoretische u. praktische Toleranz.

H. v. Glasenapp, Die Religionen Indiens, 1944, [2]1956 (KTA 190); H. v. Glasenapp, Die Philos. der Inder, 1949, [4]1985 (KTA 195); S. Radhakrishnan/C. A. Moore (Hgg.), A Source Book in Indian Philosophy, Princeton 1957; J. Gonda, Die Religionen Indiens, 1960; H. v. Glasenapp, Die Literaturen Indiens, 1961 (KTA 318); P. T. Raju, The Philosophical Traditions of India, London 1971.

Brandenstein, Béla von, * 17. 3. 1901 Budapest, 1929 Prof. für Philos. das., seit 1948 Prof. i. Saarbrükken. – Grundlegung d. Philosophie, Bd. I u. III, 1926/27; Bd. I–VI, 1965–70; Metaphysik des organischen Lebens, 1930; Der Mensch und seine Stellung im All, 1947; Das Bild des Menschen und die Idee des Humanismus, 1948; Leben und Tod, 1948; Der Aufbau des Seins, 1950; Platon, 1951; Vom Werdegang des Geistes in der Seele, 1954; Die Quellen des Seins, 1955; Vom Sinn der Philosophie und ihrer Geschichte, 1957; Teleologisches Denken, 1960; Wahrheit und Wirklichkeit, 1965; Bewußtsein u. Vergänglichkeit, 1975; Logik u. Ontologie, 1976; Grundlagen der Philosophie, 1979; Das Problem einer philosophischen Ethik, 1979; Wesen und Weltstellung des Menschen, 1979; Was ist Philosophie?, 1981.

brasilianische Philosophie, → amerikanische Philosophie, 2. Teil (Iberoamerikan. Philosophie).

Brentano, Franz, Philosoph, * 16. 1. 1838 Marienberg bei Boppard, † 17. 3. 1917 Zürich, seit 1864 kath. Priester, 1872 Prof. d. Philosophie in Würzburg. Wegen Glaubenskämpfen trat B. 1873 aus dem Priesterstand aus und verzichtete auf die Professur in Würzburg; 1874 Berufung als Ordinarius für Philos. nach Wien. 1879 Austritt aus der kath. Kirche. 1880 Eheschließung mit Ida v. Lieben und Verlust der Professur in Wien. Bis 1895 lehrte er aber dort noch als Priv.-Dozent weiter.
Von Aristoteles ausgehend entwikkelte B. eine eigene, in sich geschlossene Philosophie. Er war ein entschiedener Gegner aller nicht auf Erkenntnissen im strengen Sinne aufbauenden philosophischen Richtungen (Neuplatonismus, scholast. Mystik, Kant, dt. Idealismus); ihnen gegenüber vertrat er einen ausgesprochenen Empirismus (Ableitbarkeit aller Begriffe aus der Erfahrung) und lehrte, daß nur evidente, d. h. einsichtige Urteile als wissenschaftliche Grundlagen dienen können. Für die Ethik wird ein Analogon der Urteilsevidenz eingeführt. B. ist der Begründer der Psychologie als Lehre von den psychischen Phänomenen, bei denen er drei Grundklassen unterscheidet: Vorstellungen, Urteile und Gemütstätigkeiten. Das wesentliche Merkmal des Psychischen ist nach ihm die Intentionalität (Intention), wobei aber das zweite Glied, das Objekt, nicht existieren muß. B.s spätere Lehre verwirft alles Nichtreale, (also auch die immanenten Objekte) als Fiktionen. Existieren können nur Realia, Dinge (zu denen aber auch Psychisches gerechnet wird), und nur sie lassen sich vorstellen. Stumpf, Meinong, Husserl nahmen von B. ihren Ausgang, doch vermochten sie seinem „Reismus", durch den B. zum Vorläufer der modernen Sprachanalyse geworden ist, nicht mehr zu folgen. Hervorzuheben sind auch B.s historisch-philos. Arbeiten, besonders die Bücher und Schriften über Aristoteles. – Hauptw.: Psychologie vom empir. Standpunkt, 1874, ^{2}1955; Vom Ursprung sittlicher Erkenntnis, 1889, ^{4}1955; von der als 20-bändig geplanten Ausgabe, hrsg. v. O. Kraus u. A. Kastil, erschienen von 1921 bis 1934 insges. 11 Bde. Später gab Fr. Mayer-Hillebrand die darin nicht enthaltenen Schriften heraus: Grundlegung und Auf-

bau der Ethik, 1952; Religion u. Philosophie, 1954; Die Lehre vom richtigen Urteil, 1956; Grundzüge der Ästhetik, 1959; Geschichte der griech. Philosophie, 1963; Wahrheit und Evidenz, 1964; Die Abkehr vom Nichtrealen, 1966; Über die Zukunft d. Philosophie, 1968; Untersuchung zur Sinnespsychologie, [2]1979; Philos. Untersuchungen zu Raum, Zeit u. Kontinuum, 1976; Geschichte der mittelalterlichen Philosophie, 1980. – P. Gregoretti, F. B. – Bibliografia completa (1862–1982), Triest 1983.

O. Kraus (Hg.), F. B., 1919 (mit Bibl.); A. Kastil, Die Philos. F. B.s, 1951; L. Gilson, La psychologie descriptive selon F. B., Paris 1955; L. Gilson, Méthode et métaphysique selon F. B., Paris 1955; W. Stegmüller, Philos. der Evidenz: F. B., in: Ders., Hauptströmungen der Gegenwartsphilos., I, 1950, [7]1989 (KTA 308); L. L. McAlister, The Philosophy of B., London 1976 (mit Bibl.); F. Volpi, Heidegger e B., 1976; R. Chisholm/R. Haller (Hgg.), Die Philos. F. B.s, Amsterdam 1978; E. Campos, Die Kantkritik B.s, 1979; R. M. Chisholm, B. and Meinong Studies, 1982; J. M. Werle, F. B. und die Zukunft der Philos., Amsterdam 1989.

Breysig, Kurt, Historiker, Soziologe u. Geschichtsphilosoph, * 5. 7. 1866 Posen, † 16. 6. 1940 Rehbrücke b. Potsdam, 1896 bis 1934 Prof. in Berlin; schuf eine Geschichtslehre, die vom Boden der erforschten Tatsachen zu immer höheren und umfassenderen Gesamtbeobachtungen aufzusteigen sucht, betrachtete die Kulturgeschichte als Seelengeschichte und den Werdegang der Menschheit kulturmorphologisch als eine Entwicklung vom Naturgeschehen zum Geistesgeschehen. Hauptw.: Vom geschichtl. Werden, 1925/28; Die Gesch. der Seele, 1931; Naturgesch. und Menschheitsgesch., 1933; Der Werdegang d. Menschheit vom Naturgeschehen zum Geistesgeschehen, 1935; Die Geschichte der Menschheit, 5 Bde., 1955; Gesellschaftslehre – Geschichtslehre, 1958; Aus meinen Tagen und Träumen, 1962; Gedankenblätter, 1964.

E. Hering, Das Werden als Geschichte, K. B. in seinem Werk, 1939; M. Kammer, Kulturgeschichte als Aufgabe der Zeit, 1949; F. Schilling, K. B.s Forschungen u. Vorlesungen, 2 Bde., 1962.

Brightman, Edgar Sheffield, amerikan. Philosoph, * 20. 9. 1884 Holbrook (Mass.), Prof. in Boston, † 11. 8. 1953, vertritt einen auf der Wertethik beruhenden Personalismus. Das Ich besteht in seiner Aktivität, die eine auswählende u. wertende ist. Die Metaphysik muß sich auf die Einzelwissenschaften stützen. Das Naturgeschehen ist blind, sinn- und ziellos. Gott existiert als höchste Person, aber seine Wirksamkeit ist begrenzt. Hauptw.: *The Problem of God,* 1930; *The Finding of God,* 1931; *The Spiritual Life,* 1942. *Nature and Value,* 1945.

P. A. Bertocci (Hrsg.), *Person and Reality,* (mit Bibgr.) 1958.

Broad, Charlie Dunbar, engl. Philosoph, * 30. 12. 1887 London, seit 1936 Prof. in Cambridge, † 11. 3. 1971, das., gehört der neurealistischen Schule G. E. Moores an, untersucht die Anwendbarkeit bewährter einzelwissenschaftl. Anschauungsweisen auf Ästhetik, Religion, Ethik, Politik, insbes. der mathemat. Erkenntnisse auf die Physik. B. ist Anhänger der Lehre von der *„emergent evolution“* (→ Alexander, S.) und der Seelenwanderung. Hauptw.: *Perception, Physics and Reality,* 1914; *Scientific Thought,* 1923; *The Mind and his Place in Nature,* 1925, [2]1929; *Five Types of Ethical Theory,* 1930; *Ethics and the history of philosophy,* 1952.

K. Marc-Wogau, Theorie der Sinnesdaten, 1945.

Bröcker, Walter, Prof. in Kiel, * 19. 7. 1902 Itzehoe, entwickelt in seinen Studien zur Überwindung des Positivismus einen eigenen Begriff von Dialektik, der seinen Ursprung in der mythischen Welt hat, weil Mythos in sich nur dialektisch sei; behandelt kritisch die gewaltigen Irrtümer u. spärlichen Erkenntnisse der Philosophie, befaßt sich außerdem mit der Entstehung des Europ. Nihilismus u. mit poetischer Theologie. – Hauptw.: Aristoteles, 1935, [3]1964; Im Strudel des Nihilismus, 1951; Dialektik – Positivismus – Mythologie, 1958; Hölderlins Friedensfeier, 1960; Formale, transzendentale und spekulative Logik, 1962; Auseinandersetzungen mit Hegel, 1965; Geschichte der Philosophie vor Sokrates, 1965; Platos Gespräche, [2]1967; Kant über Metaphysik und Erfahrung, 1970 (jap. 1980); Der Gott des Sophokles, 1971; Theologie der Ilias, 1975; Rückblick auf Heidegger, 1977; Poetische Theologie, 1980.

Broglie, Prinz Louis de, franz. Physiker, * 15. 8. 1892 Dieppe, sprach 1924 den für die → Wellenmechanik grundlegenden Gedanken aus, daß jedem materiellen Vorgang im Atom auch ein Wellenvorgang entspreche (Materiewellen, B.-Wellen); schrieb u. a.: *La théorie de quanta,* 1924, dt. 1927; *Introduction à la mécanique ondulatoire,* 1930; *Matière et lumière, la physique moderne et les quanta,* 1937; *De la mécanique ondulatoire à la théorie du noyau,* 1943; *Physique et Microphysique,* 1947, dt. 1950; *L'Avenir de la science,* 1951: Ergebnisse der neuen Physik, 2 Bde., Dt. 1941–43; *Étude critique des bases de l'interprétation actuelle de la méchanique ondulatoire,* 1963; *La réinterprétation de la mécanique ondulatoire* (mit J. L. Andrade e Silva), 1971.

W. Pauli u. A. George, *L. d. B., physicien et penseur,* 1952; C. Price, S. S. Chissick, T. Ravensdale (Hg.), *Wave-mechanics, A tribute to L. de B.*, 1973; M. Flato, Z. Maric (u. a.) (Hg.), *Quantummechanics, determinism, causality and particles,* 1976.

Brown, Thomas, engl. Philosoph u. Dichter, * 9.1. 1778 Kirkmabreck bei Edinburgh, † 2. 4. 1820 Brompton bei London, Vertreter der → schottischen Schule, bildete die Assoziationspsychologie aus, nahm erkenntnistheoretisch eine Mittelstellung zw. Hume und Reid ein, schrieb in England 1802 die erste Darstellung der Philosophie Kants. Hauptw.: *Lectures on the Philos. of the Human Mind,* 4 Bde., 1822, mit Biogr. hrsg. v. Welsh, [21]1870.

Brugger, Walter SJ., * 17. 12. 1904 in Radolfzell, Prof. a. d. philos. Fakultät S. J. München; befaßt sich mit Fragen der philos. Gotteslehre und Metaphysik. Mit J. Lotz Hsg. d. „Pullacher philos. Forschungen"; in Bd. I, Das Unbedingte in Kants Kr. d. r. V., 1955. – Hauptw.: *De anima humana,* [2]1962; *Theologia Naturalis,* [2]1964; Summe einer philos. Gotteslehre, 1979; Der dialekt. Materialismus u. die Frage nach Gott, 1980; Philos. Wörterbuch (Hg.), [16]1981; Kleine Schriften zur Philos. u. Theol., 1982.

Brunner, Constantin (eigentl. Leopold Wertheimer), * 28. 8. 1862 Altona, † 28. 8. 1937 Den Haag. Sohn eines jüdischen Rabbiners, studierte Philosophie und Geschichte, floh 1933 nach Den Haag. Mit D. v. Liliencron und O. Ernst Hg. der Zeitschrift „Der Zuschauer" (1882). Seine philos. Arbeiten lehnen sich an Platon und besonders Spinoza an. – Hauptwerke: Die Lehre von dem Geistigen und dem Volk, I–II, 1908; Spinoza gegen Kant, 1910; Materialismus und

Idealismus, 1928. 1947 Gründung der Stiftung International Constantin Brunner Instituut in Den Haag. 1975 Gründung der C.-B.-Stiftung in Hamburg.

Brunner, Emil, schweizer. Religionsphilos., * 23. 12. 1889 Winterthur, Prof. in Zürich, † 1966 das., einer der bedeutendsten Vertreter der von Karl Barth entwickelten → dialektischen Theologie, deren Methode er auf die Philosophie übertrug. B. steht Kierkegaard nahe, bezweifelt die Möglichkeit einer philos. Existenzerhellung (menschl. Existenz ist nur als Gottbezogenheit erkennbar), die er zum Anliegen einer christl. Anthropologie macht. Auch die Heideggersche Lösung des Existenzproblems lehnt B. ab. Der Mittelpunkt des natürl. Selbstverständnisses ist das Gewissen. Hauptwerke: Philosophie u. Offenbarung, 1925; Religionsphilosophie, 1926; Der Mittler, 1927, [2]1930; Grundprobleme der Ethik, 1931; Natur u. Gnade, [2]1935; Offenbarung u. Vernunft, 1941, [2]1961; Der Mensch im Widerspruch, 1937, [2]1941; Glaube und Forschung, 1943; Glaube und Ethik, 1945.

H. Volk, E. B.s Lehre von dem Sünder, 1950.

Bruno, Giordano, ital. Naturphilosoph, * 1548 Nola, † 17. 2. 1600 in Rom auf dem Scheiterhaufen. Seit 1563 Dominikaner, 1576 aus dem Kloster entflohen, an vielen Universitäten lehrend auf 16jährig. Wanderschaft durch die Schweiz, Frankreich, England u. Dtl., von der Inquisition in Venedig verhaftet, acht Jahre eingekerkert und wegen Ketzerei zum Tode verurteilt. In ihm zuerst verbinden sich die naturwissenschaftl. Errungenschaften der Neuzeit mit epikureischen, stoischen und neuplatonischen Elementen zu einer genialen pantheistischen Weltschau, die er mit dichterischer Kraft und Begeisterung verkündet: Das All ist Gott, es ist unendlich, und zahllose Sonnen mit ihren Planeten folgen in ihm ihrer Bahn. Dieses unendliche Universum ist das einzig Seiende und Lebendige, von inneren Kräften bewegt, das seiner Substanz nach ewig und unveränderlich ist; die Einzeldinge haben am ewigen Geiste und Leben je nach der Höhe ihrer Organisation teil, sind jedoch dem steten Wechsel unterworfen. Die elementaren Teile alles Existierenden, die nicht entstehen und nicht vergehen, sondern sich nur mannigfach verbinden und trennen, sind die Minima oder Monaden, die materiell u. psychisch zugleich sind. Nichts in der Welt ist also leblos, alles ist beseelt. Gott kann von uns nicht würdiger verehrt werden, als indem wir die Gesetze, welche das Universum erhalten und umgestalten, erforschen und ihnen nachleben. Jede Erkenntnis eines Naturgesetzes ist eine sittliche Tat. Wie B. von großen dt. Denkern, bes. Nikolaus von Kues und Paracelsus, stark beeindruckt wurde und von der Weltmission des dt. Geistes überzeugt war (Rede in Wittenberg 1588), so wirkte er umgekehrt auf Leibniz, Herder, Goethe, Schelling. – Hauptwerke: La cena de le ceneri, 1584, dt. 1904; Spaccio de la bestia trionfante, 1584, dt. 1889; De l'infinito universo et mondi, 1584, dt. 1824; De la causa, principio et uno, 1584, dt. 1983 (PhB 21); De gl'heroici furori, 1585; Heroische Leidenschaften u. individuelles Leben (Auswahl), hg. 1957; Opera latine conscripta, I–III, Neapel/Florenz 1879–91 (Repr. 1962); Gesammelte Werke, I–VI, 1904–09. – V. Salvestrini, Bibliografia di G. B. (1582–1950), Florenz [2]1958.

D. W. Singer, G. B., New York 1950; P.-H. Michel, La cosmologie de G. B., Paris 1962; F. A. Yates, G. B. and the Hermetic Tradition, Chicago/London 1964; K. Huber, Einheit u. Vielheit in Denken u. Sprache G. B.s, 1965; A. M. Paterson, The Infinite Worlds of G. B., Springfield Ill. 1970; F. B. Stern, G. B., Vision einer Weltsicht, 1977; M. Ciliberto, Lessico di G. B., I–II, Rom 1979; P. R. Blum, Aristoteles bei G. B. Studien zur philos. Rezeption, 1980; J. Brockmeier, Die Naturtheorie G. B.s, New York 1980; J. Kirchhoff, G. B. in Selbstzeugnissen u. Bilddokumenten, 1980; J. Teller, G. B.: Von der Ursache, dem Prinzip u. dem Einen, 1984; B. Hentschel, Die Philos. G. B.s – Chaos oder Kosmos?, 1988.

Brunschvicg, Léon, franz. Philosoph, * 10. 11. 1869 Paris, † 18. 1. 1944 Aix-les-Bains, seit 1909 Prof. an der Sorbonne, Begr. der „Societé francaise de philosophie“, vertrat eine idealistische Philosophie, die die Aufgabe der Kritik gegenüber den Methoden der Einzelwissenschaften hat (Mathematismus). In der Geschichte des menschl. Geistes erkennt B. in der Zeit von Aristoteles bis Descartes ein Zurückfallen auf die „akusmatische“ (gläubig hinnehmende) Stufe, die erst in der Gegenwart verlassen wird: es besteht Hoffnung, daß der Glaube stirbt und der Geist endgültig frei wird. Die wichtigste Tätigkeit des Geistes ist das Urteil, dessen wesentlichster Bestandteil das Verbum (die Kopula) ist. Gott ist weder Person, noch Begriff, noch Gegenstand (der Liebe), sondern er ist das Wort (Verbum), die Kopula des Urteils; durch Gott begreifen wir. Die metaphysischen Systeme ändern sich mit der Entwicklung der Wissenschaften. Ursache, Raum, Zeit und Maß sind bloße geistige Funktionen, sich wandelnde Begriffe, keine denkunabhängigen Wesenheiten. – B. gab (mit Boutroux und Gazier) die *Oeuvres complètes de Pascal* (14 Bde., 1904–14) heraus. Hauptw.: *La modalité du jugement,* 1897; *Introduction à la vie de l'esprit,* 1900; *L'idéalisme contemporain,* 1905; *Les étapes de la phil. mathématique,* 1912; *Le progrès de la conscience dans la phil. occidentale,* 2 Bde., 1927; *La raison et la religion,* 1939; *Les âges de l'intelligence,* 1934; *Ecrits philosophiques,* 2 Bde., 1939; *Descartes et Pascal lecteurs de Montaigne,* 1944; *Ecrits philosophiques,* 2 Bde., 1951.

J. Messaut, La philos. de L. B., Paris 1938; M. Deschoux, La philos. de L. B., Paris 1949 (mit Bibl.); R. Boirel, B. – Sa vie, son œuvre, avec un exposé de sa philos., Paris 1964; M. Deschoux, L. B. ou l'idéalisme à hauteur d'homme, Paris 1969.

Buber, Martin, Religionsphilosoph und Soziologe, * 8. 2. 1878 in Wien, seit 1938 Prof. in Jerusalem, † 13. 6. 1965 das. B. hat in einer großen Zahl von Schriften die Welt des → Chassidismus dem Westen vermittelt und selbst von ihr entscheidenden Einfluß erfahren. Seine eigene philos. Stellung kam zum erstenmal zu vollem Ausdruck in „Ich und Du“ (1923), dem sich weitere Schriften über das Gespräch u. die Begegnung als Grundlage des menschl. Seins anschlossen. Grundgedanke: die Welt ist dem Menschen zwiefältig gegeben nach seiner zwiefältigen Haltung in ihr. Diese Haltung ist charakterisiert durch die beiden Grundwortpaare: Ich-Du und Ich-Es. Es gibt kein Ich an sich, sondern nur das Ich dieser beiden Grundworte. Ihnen entspricht die Einstellung zur Welt als „Beziehung“ oder als „Erfahrung“. „Beziehung“ ist gegenseitig. Mein Du wirkt an mir, wie ich an ihm; der Mensch wird am Du zum Ich. Steht mir ein Mensch als Du gegenüber, ist er kein Ding unter Dingen. Der Mensch kann zur Natur, zum Mitmenschen und zu geistigen Wesenheiten in Ich-Du-Beziehungen treten. Der Unterschied zwischen „Beziehung“ u. „Erfahrung“, Du u. Es, ist zugleich der zwischen „Gegenwart" u. „Gegenstand", Ich-Du ist unmittelbare Gegenwärtigkeit. Im Leben sind aber Beziehung und Erfahrung nicht reinlich geschieden, sondern wirr verschlungen. Die Beobachtung an „Primitiven" und Kindern zeigt, daß die Beziehung am Anfang steht. Mit dem Erschlaffen der Beziehungskraft wird das „Du" zu einem „Es", das nun in die Gegenstandswelt eingeordnet wird und so das Leben „erleichtert". Das Grundproblem der Gesellschaft heute ist, ob wir das Leben wieder zur „Begegnung" gestalten können. Von da ergeben sich Konsequenzen mannigfachster Art, sowohl für das religiöse Leben, als auch für unsere gesamte Existenz. Gott ist „das ewige Du", unser Leben muß „Zwiesprache" mit Gott werden, und zwar ist der Alltag das Gebiet dieses Dialogs. Wir dürfen die uns entgegenkommenden Ereignisse nicht zum Es erstarren lassen, sondern müssen sie als Botschaften des ewigen Du erleben. Gott ist kein Objekt des Glaubens oder der Beweise, er kann nur angesprochen werden. Hier liegt die Eigenart der biblischen Religion. Die großen religiösen Lehrer wollen nicht Ansichten über Gott enthüllen, sondern den Weg zu ihm weisen.

Von da auch Folgerungen für die Gesellschaftslehre: Erneuerung der Gesellschaft nicht durch Reform der Institutionen, sondern durch neue Einstellung von Mensch zu Mensch. B. vertritt einen „utopischen" Sozialismus, der aufgebaut ist auf der kleinen Gemeinschaft. Der Staat muß verstanden werden als Gemeinschaft von Gemeinschaften, mit möglichster Dezentralisation.

In seinen anthropolog. Schriften findet B. das Prinzip des Menschseins in einer doppelten Bewegung, die er „Urdistanzierung" und „In-Beziehung-Treten" nennt („Urdistanz und Beziehung" 1951). Nur der Mensch – nicht das Tier – hat eine „Welt", in der er „wohnt", und dies liegt daran, daß er das Seiende seiner Gegenwart entheben und einen von ihm abgerückten Seinszusammenhang herstellen, eine Welt verselbständigen kann. Zu dieser tritt er dann in Beziehung. Dieses Doppelverhältnis manifestiert sich besonders in der Sprache. („Das Wort, das gesprochen wird" in: „Wort und Wirklichkeit", Vortragsreihe München 1960).

Hptw.: Ich und Du, 1923, [2]1958; Das Problem des Menschen, 1948; Urdistanz und Beziehung, 1951; Bilder von Gut und Böse, 1952; Die chassidische Botschaft, 1952; Zwischen Gesellschaft und Staat, 1952; Reden über Erziehung, 1953; Schriften über das dialogische Prinzip, 1954; Der Mensch und sein Gebild, 1955; Schuld und Schuldgefühle, 1958; Logos, 1960; Begegnung – Autobiogr. Fragmente, 1963; Ges. Werke in 3 Bdn., Bd. I (Schriften zur Philos.), 1962, Bd. II (Schriften zur Bibel), 1963, Bd. III (Schriften zum Chassidismus), 1964; Briefwechsel aus sieben Jahrzehnten, 3 Bde., 1972/73. – M. Cohn u.a., M. B. – A Bibliography of his Writings 1897–1978, 1980.

A. Sborowitz, Beziehung u. Bestimmung. Die Lehren von M. B. u. C. G. Jung in ihrem Verhältnis zueinander, 1955; P. A. Schilpp/ M. Friedmann (Hgg.), M. B., 1963; A. Anzenbacher, Die Philos. M. B.s, 1965; M. Theunissen, Der Andere, 1965; G. Schaeder, M. B., Hebräischer Humanismus, 1966; G. Wehr, M. B. in Selbstzeugnissen u. Bilddokumenten 1968; R. Bielander, M. B.s Rede von Gott, 1975; Z. Balogh, M. B. u. die Welt des Es, in: ZphF, Beiheft 20 (1969); H. H. Schrey, Dialog. Denken, 1970; G. Sutter, Wirklichkeit als Verhältnis. Der ideolog. Aufstieg bei M. B., 1972; W.-D. Gudopp, M. B.s dialog. Anarchismus, 1975; J. Bloch, Die Aporie des Du, 1977; H. Oberparleiter, M. B. und die Philos., 1983; W. Lieth, M. B.

und Jürgen Habermas, 1988; Heinz Schmidt (Hg.), M. B., I–II, 1989.

Buch der Natur, ein von A. Augustinus geprägtes Gleichnis, wonach die Natur neben der biblischen Offenbarung als zweite Form der göttlichen Offenbarung in die christliche Welterkenntnis eingegangen ist, Die Natur wird dabei als eine von Gott „geschriebene" Chiffrenschrift (→ Chiffre) aufgefaßt, die entziffert werden müßte. Im MA. betrachtete man das „Buch der Naturgeschöpfe" als gleichberechtigt mit der Bibel. Das Gleichnis B. d. N. fand in der weiteren Entwicklung der christl. Philosophie bis in die Romantik verschiedene Abwandlungen. Goethe sprach von einem lebendigen Buch, das unverstanden aber nicht unverständlich sei.

E. R. Curtius, Europäische Literatur u. lat. Mittelalter, 1948; E. Rothacker, Das ‚B. d. N.' – Materialien u. Grundsätzliches zur Metapherngesch., 1979; H. Blumenberg, Die Lesbarkeit der Welt, 1981.

Büchner, Ludwig, Philosoph, * 29. 3. 1824 Darmstadt, † das. 1. 5. 1899 als Arzt, wurde durch sein Buch „Kraft und Stoff" ([21]1855, 1932 KTA, Bd. 102) zum populärsten Vertreter des Materialismus seiner Zeit. Weckte und förderte durch zahlreiche populärwissenschaftliche Veröffentlichungen das Interesse weiter Kreise an naturwissenschaftlichen Fakten und Problemen. Durch sein in der ganzen Welt verbreitetes Werk, das als „Bibel des Materialismus" bekannt wurde, hat er – wenn auch undialektisch – als Fortsetzer der materialist.-rationalistischen Aufklärung gewirkt.

J. Frauenstädt, Der Materialismus. Seine Wahrheit u. sein Irrtum, 1856; F. A. Lange, Gesch. des Materialismus u. Kritik seiner Bedeutung in der Gegenwart, 1866 (Repr. 1974); P. Berglar, Der neue Hamlet. L. B. in seiner Zeit, 1978.

Buddhismus, die von dem Buddha („Erleuchteten") Gautama (Gotama) um 560–480 v. Chr. verkündete Heilslehre. Nach ihr ist alles in der Welt „vergänglich, ohne Selbst (beharrende Substanz) und deshalb leidvoll (unbefriedigend)". Jedes Einzelwesen ist eine vergängliche Kombination von nach ewigen Gesetzen in funktioneller Abhängigkeit voneinander aufspringenden und wieder dahinschwindenden Daseinsfaktoren (Dharma). Da kein gutes oder böses Tun ohne Wirkung bleibt, findet jeder Strom individuellen Lebens (scheinbare Persönlichkeit) gemäß dem → Karma nach dem Tode in einer neuen Existenz seine Fortsetzung. Moralisches Handeln führt zur stufenweisen Läuterung; Erkenntnis und Vernichtung des Durstes (Willens zum Leben) zur Befreiung (→ Nirwana). Die alte pluralistische Selbsterlösungslehre (Hīnayāna, d. h. kleines Fahrzeug) wurde um die Zeitwende zum monistischen Mahāyāna (Großen Fahrzeug) ausgestaltet: Die Dharmas haben kein wahres Sein, in Wahrheit existiert nur das unbegreifliche Schunya (Leere), das nur unter der Einwirkung des Irrtums als vielheitliche Welt erscheint (→ indische Phil.). Die aktivistische Ethik des Mahāyāna betrachtet es als das Hochziel des Buddhajüngers, nicht als Arhat (Heiliger) für sich selbst die Erlösung zu erreichen, sondern als Bodhisattva (Anwärter auf spätere Buddhastellung) in selbstloser Liebe zu allen Wesen andere zum Heil zu führen. Um 1200 erlosch der B. in Vorderindien, besteht aber als Hīnayāna noch in Ceylon und Hinterindien, ferner als Mahayana in China, Korea, Japan, in Tibet, in der Mongolei, und auch in den Himalayaländern; → auch Zen.

P. Dahlke (Hg.), Auswahl aus dem Pali-

Kanon, 1922; H. v. Glasenapp, Der B. in Indien u. im Fernen Osten, 1936; I. Babbitt, Buddha and the Occident, 1936, dt. 1978; H. v. Glasenapp, Die Religionen Indiens, 1944, ²1956 (KTA 190); H. v. Glasenapp, Die Weisheit des Buddha, 1946; H. v. Glasenapp, Die Philos. der Inder, 1949, ⁴1985 (KTA 195); C. Regamey, Buddhist. Philos., 1950; E. Conze, Der B., Wesen u. Entwicklung, 1953; G. Mensching, Buddhist. Geisteswelt, 1955; E. Frauwallner, Die Philos. des B., 1956; H. Günther, Der Buddha u. seine Lehre, 1956; K. E. Neumann, Die Reden Gotamo Buddhas, I–III, 1956–57; M. Fukushima, Über die innere Freiheit im B., 1956; H. Oldenberg, Buddha. Sein Leben, seine Lehre, seine Gemeinde, 1958; K. E. Neumann, Also sprach der Erhabene, 1962; G. Siegmund, B. u. Christentum, 1968; H. J. Greschat, Die Religion der Buddhisten, 1980; B. Matilal/R. D. Evans, Buddhist Logic and Epistemology, Dordrecht 1986.

buddhistische Logik, → Nagarjuna.

Buffon, Georg Louis Leclerc, Graf von, franz. Naturforscher, * 7. 9. 1707 Montbard (Côte d'Or), † 16. 4. 1788 Paris, verfaßte mit Daubenton u. anderen eine Naturgeschichte (*Histoire naturelle,* 44 Bde., 1749–1804, dt. 1750–1774), die in fast alle Sprachen übersetzt wurde; er kam der Entwicklungsidee sehr nahe, bes. in seinem Werk über die „*Époques de la nature*" (1787), u. deutete die Verschiedenheiten der Lebewesen aus erdgeschichtl. Ursachen und organismischer Zusammengehörigkeit. „Die Natur ist ein großer Organismus, dessen Bausteine organische Teilchen oder Moleküle sind" (K. Vorlaender). – *Oeuvres philosophiques,* hg. v. J. Piveteau, 1954.

P.-M.-J. Flourens, Histoire des travaux et des idées de B., Paris 1850 (Repr. 1971); R. Dujarric de la Rivière, B. – Sa vie, ses œuvres, Paris 1971; O. Fellows/S. F. Milliken, B., New York 1972; P. Gascar, B., Paris 1983; W. Lepenies, Autoren und Wissenschaftler im 18. Jh., 1988.

bulgarische Philosophie, Die ersten Ansätze enthalten religionskritische Gedanken (seit dem 9. Jh. bei Johann Exarch und dem Bogomilentum). Als Beginn der neueren Entwicklung in Bulg. kann das Erscheinen der philos. Schriften des bulg. Enzyklopädisten u. Aufklärers während der Befreiungskämpfe, Dr. *Peter Beron* (1798 bis 1871), angesehen werden. B. schrieb in dt., franz. u. griech. Sprache und veröffentlichte 1855 in Prag eine „Slawische Philos., enthaltend die Grundzüge aller Natur- u. Moralwissenschaften"; 1858 in Paris „*Origine des sciences physiques et naturelles et des sciences métaphysiques et morales*" (7 Bde.). Während Beron systematisch vorging und Wesen und Berufung des slaw. Denkens in einem einseitigen Licht sah, entwickelte sich das bulg. philos. Denken gegen Ende des 19. Jh. im besonderen im Sinne der weltanschaulichen Grundlagen der Befreiungskämpfe und im allgemeinen auf jene gesamtmenschl. Weise, die für das Denken der Slawen charakteristisch ist (→ europ. Philos.), so bei Ivan Selimnski (1799–1867). Die Auswirkungen der westeuropäischen Philosophie machten sich erst um die Jahrhundertwende bei *Iwan Güselev* (1844–1916) u. *Nikola Alexiev* (1877–1913) bemerkbar. Nach dem 1. Weltkrieg wirkten unter dem Einfluß des Idealismus, Naturalismus, Positivismus, Psychologismus, Pragmatismus und Kritizismus *Iwan Georgov* (1862–1969), *Spiridon Kasandjew* (1882–1951), *Iwan Sarailiev* (1888–1969), *Zeko Torbov* (geb. 1899), ein Schüler des Göttinger Philosophen L. Nelson, und ganz besonders *Dimiter Michaltschev* (1882–1966), ein Schüler des Greifswalder Philosophen J. Rehmke. Seit dem 2. Weltkrieg ist die bulg. Philos. völlig vom marxistischen Denken beherrscht, obwohl es früher dort in akademischen Kreisen nur wenig Ansätze dafür gab. Als Hauptvertreter dieser Entwicklung gelten *Dimiter Blagojev* (1855–1924) und *Todor Pawlov* (1890–1977).

G. Groseff, Gesch. d. bulg. Philosophie (in bulg. Sprache), 1957; D. Tschižewskij, Hegel bei den Slawen, [2]1961; G. Schischkoff, Bulg. Ph. unter dt. philos. Einflüssen, im „Bulg. Jahrbuch I", 1968; ders. P. Beron, Forscherdrang aus dem Glauben an die geschichtl. Sendung der Slawen, 1971; ders.: Philosophie in Bulgarien, in ZphF, 27, 1973; Gesch. d. bulg. Philos. (in bulg. Sprache) 3 Bde., 1972–77; A. Ignatov, Philosophie der Arrieregarde, in „St. in Soviet Thought", 16, (1976).

Bultmann, Rudolf, * 20. 8. 1884 in Wiefelstede/Oldenburg, Theologe, Prof. in Marburg/L. seit 1921, † 30. 7. 1976 das.; bekannt durch seine Methode der → Entmythologisierung, die durch die existenzphilos. Interpretation der Bibel eine lebhafte Diskussion in der evangelischen und katholischen Theologie hervorrief. – Hauptw.: Die Geschichte der synopt. Tradition, 1921, [8]1970; Offenbarung und Heilsgeschehen, 1941; Theologie des NTs, 1948, [6]1968; Das Urchristentum im Rahmen der antiken Religionen, 1949, [3]1963; Glaube und Verstehen, 4 Bde., 1952–67; Bd. I, [6]1966; Bd. II, [5]1968; Bd. III, [3]1965; Bd. IV, [2]1967; *History and Eschatology,* 1957, dt. [2]1964; Die drei Johannesbriefe, [2]1969; – K. Barth – R. B., Briefwechsel 1922–1966, 1971. – Vollständ. Biblgr. in „Exegetica" (Aufsätze zum Neuen Testament), 1967. – M. Kwiran, Index to Literature on Barth, Bonhoeffer and B., 1977.

H. W. Bartsch (Hg.), Kerygma u. Mythos, I–V, 1948–55, I–VII, [2]1955–67; H. Ott, Gesch. u. Heilsgesch. in der Theologie R. B.s, 1955; R. Marlé, B. et l'interprétation du Nouveau Testament, Paris 1956, dt. 1959; O. Schnübbe, Der Existenzbegriff in der Theologie R. B.s, 1959; F. Theunis, Offenbarung u. Glaube bei R. B., 1960; A. Malet, Mythos et logos. La pensée de R. B., 1962; G. Hasenhüttl, Der Glaubensvollzug. Eine Begegnung mit R. B. aus kathol. Glaubensverständnis, 1963 (mit Bibl.); E. Dinkler (Hg.), Zeit u. Gesch., Dankesgabe an R. B., 1964; F. Vonessen, Mythos u. Wahrheit. B.s Entmythologisierung u. die Philos. der Mythologie, 1972; M. Boutin, Relationalität als Verstehensprinzip bei R. B., 1974; G. Eberhard, Existentiale Theologie u. Pädagogik. Das Beispiel R. B.s, 1974; O. Kaiser (Hg.), Gedenken an R. B., 1977; W. Stegemann, Der Denkweg R. B.s, 1978; B. Jaspert (Hg.), R. B.s Werk und Wirkung, 1984; M. Evang, R. B. in seiner Frühzeit, 1988.

Burckhardt, Jacob, Kultur- und Kunsthistoriker, * 25. 5. 1818 in Basel, † das. 8. 8. 1897, Prof. in Basel 1858–93, Verfasser des „Cicerone" (1855, 1978) und der „Kultur der Renaissance in Italien" (1860, [11]1988, KTA, Bd. 53). In den „Weltgeschichtlichen Betrachtungen" (1905, [12]1978, KTA, Bd. 55) findet sich jene Geschichtsdeutung, mit der B. die drei Potenzen der Geschichte (Staat, Religion, Kultur) und ihre gegenseitigen Bedingtheiten, die geschichtlichen Krisen, die historische Größe (das Individuum u. das Allgemeine) sowie Glück u. Unglück in der Weltgeschichte betrachtet, vor jeder Konstruktion von Gesetzmäßigkeiten im Geschichtsablauf und vor allem Fortschrittsoptimismus warnt u. dem hist. Geschehen seine ganze unerforschliche Rätselhaftigkeit beläßt. Aus dem Nachlaß erschienen: Griech. Kulturgeschichte, 4 Bde., 1898–1920 ([5]1953 KTA, Bd. 58–60); Ges. Werke, 10 Bde., Basel 1954ff.

K. Löwith, J. B., 1936; A. v. Martin, Nietzsche u. B., 1941; E. Grisebach, J. B. als Denker, 1943; W. Kaegi, J. B. – Eine Biographie, I–VII, 1947–82; E. Heftrich, Hegel u. J. B., 1967; J. Rüsen, J. B., in: H.-U. Wehler (Hg.), Dt. Historiker, III, 1972; H. Ritzenhofen, Kontinuität und Krise. J. B.s ästhet. Geschichtskonzeption, Diss. Köln 1979; P. Ruhstaller, B. und Nietzsche, Diss. Zürich 1988.

Bürgertum, klassisch-politischer, später soziolog. Begriff; ursprüngl. die Angehörigen des B ü r g e r s t a n d e s, der sich mit der polit. Unabhängigkeit und der wachsenden wirtschaftl. Bedeutung der Städte bes. seit dem 13. Jh. bildete, dann die Gesamtheit der wirtschaftl. selbständigen, gewerbetreibenden Bevölkerung einer Stadt, seit der Franz. Revolution der „dritte Stand" im Gegensatz zu Adel und Geistlichkeit. Das B. war der wichtigste Träger der → Aufklärung, des → Liberalismus und der → Kultur des dt. Volkes vom Beginn des 18. Jh. an bis zur Reichsgründung. Im Zeitalter der Industrialisierung entstand (unterstützt durch das Bestreben des B.s, einerseits die gesellschaftl. Geltung des Adels zu erreichen, andererseits sich vom „vierten Stand", der sozialist. Arbeiterschaft, abzugrenzen) neben dem eigentl., vorwiegend mittelständischen B. im 19. Jh. das Großb., die „Bourgeoisie", die sich der nationalen Idee zuwandte, die liberale Gesamthaltung vernachlässigte und das eigene Schicksal nicht mehr aus eigenen Kräften, sondern mit den Mitteln des – von ihm politisch beherrschten oder stark beeinflußten – Staates zu meistern suchte. Als die Herrschaft im Staate seit dem ersten Weltkrieg den Händen des B.s entglitt, geriet es in einen gegenwärtig stetig sich verschärfenden Gegensatz zum Staate, der nun als mehr oder weniger „totaler Staat" erscheint, in welchem der Raum für eine individuelle, bürgerl. Kultur, eine sich selbst vertrauende Lebensform, immer schmaler wird. (→ Arbeiter, → Bildung). Marx fordert eine „Vermenschlichung" der staatsbürgerlichen Emanzipation, die das B. von der Privatperson und diese von den gesellschaftlichen Partikularitäten befreien soll.

Steinhausen, Gesch. d. dt. Kultur, [2]1929; W. E. Moore, Strukturwandel der Gesellschaft, 1967.

Buridan(us), Johannes, Philos. u. Physiker, * um 1295 Béthune (Artois), † kurz nach 1358, Anhänger Wilhelms v. Ockham, 1327 u. 1348 Rektor der Universität Paris, vertrat eine Kraft- u. Trägheitstheorie, die der der modernen Physik nahekommt. Neben seinen damals bedeutenden Arbeiten zur Logik und Ethik bemühte er sich um Klärung des Problems der Willensfreiheit (→ Buridans Esel). Anhänger des kausalen bzw. teleologischen Gottesbeweises. – Hauptwerke: Sophismata, 1489; Quaestiones super octos libros Physicorum (entst. um 1350), 1509 (Repr. 1964); Quaestiones super libros De anima (entst. um 1350), 1516; Quaestiones super libros De caelo et mundo (entst. um 1350), 1942 (Repr. 1970).

A. Maier, Die naturphilos. Bedeutung der scholast. Impetustheorie, in: Scholastik 30 (1955); J. Pinborg, Logik u. Semantik im MA, 1972; A. Ghisalberti, Giovanni B., Mailand 1975 (mit Bibl.); J. Pinborg, The Logic of John B., Kopenhagen 1976; M. Wolff, Gesch. der Impetustheorie, 1978; O. Pluta, Kritiker der Unsterblichkeitstheorie in MA u. Renaissance, 1986.

Buridans Esel, ein dem Sinne nach schon bei Aristoteles und Dante vorkommendes Gleichnis für die Unfreiheit des Willens: ein hungriger Esel zw. zwei gleichweit entfernten, gleich beschaffenen Heubündeln müsse verhungern, da er bei der Gleichheit der Motive sich nicht entscheiden könne, welches Bündel er zuerst fressen solle; fälschlich Joh. Buridan zugeschrieben.

N. Rescher, Choice without Preference, in: Kant-St. 51 (1959/60).

Burke, Edmund, engl. Staatsmann u. Ästhetiker, * 12. 1. 1729 Dublin, † 9. 7. 1797 Beaconsfield, kritisierte aus konservativem Geist die Franz. Revolution (*Reflections on the Revolution in France,* 1790, dt. 1793), begründete eine psychol. Ästhetik, die zw. dem Schönen und Erhabenen genauer unterscheidet und jenes mit dem Geselligkeitstrieb, dieses mit d. Selbsterhaltungstrieb verbindet (*A philos. Inquiry into the Origin of our Ideas on the Sublime and Beautiful,* 1756, dt. 1773); *Works,* 16 Bde., 1803–1827; *The Works of E. B.*, 12 Bde., 1887 (repr. 1975).

G. Candera, Der Begriff des Erhabenen bei B. u. Kant, 1894; C. B. Cone, B. and the Nature of Politics, Lexington 1957; D. Hilger, E. B. u. seine Kritik der frz. Revolution, 1960; H.-G. Schumann, B.s Anschauung vom Gleichgewicht in Staat u. Staatensystem, 1964 (mit Bibl.); B. T. Wilkins, The Problem of B.'s Political Philosophy, Oxford 1967 (mit Bibl.); P. L. Gardiner (Hg.), Nineteenth Century Philosophy, New York/London 1969; C. B. Macpherson, B., Oxford 1980; G. Fasel, E. B., Boston 1983.

Burleigh, Walter (Burlaeus), engl. Spätscholastiker, * um 1275 Yorkshire, † n. 1343, einer der bedeutendsten Anhänger des Duns Scotus, schrieb eine Gesch. der antiken Philosophie von Thales bis Seneca *(De vitis et moribus philosophorum)* und verfaßte eine Art Lexikon der aristotel. Philosophie *(Summa alphabetica problematum)*. Trat in Paris und Oxford als einer der schärfsten Gegner des Occamschen Nominalismus auf. Weitere Schr.n: *De materia et forma; De potentiis animae; De puritate artis logicae; Sophismata insolubilia.* – J. A. Weisheipl, *Repertorium Mertonense,* in: Med. Stud. 31 (1969).

A. Maier, Die Vorläufer Galileis im 14. Jh., Rom 1949; A. Maier, Zwischen Philos. u. Mechanik. Studien zur Naturphilos. der Spätscholastik, Rom 1958; H. Shapiro, W. B. and the Intension and Remission of Forms, in: Speculum 34 (1959); S. F. Brown, W. B.s Treatise De suppostitionibus and its Influence on William of Ockham, in: Franciscan Stud. 32 (1972).

byzantinische Philosophie, entsteht mit der Verselbständigung und Verchristlichung des byzantinischen Reiches seit dem 6. und 7. Jh., Vorläufer sind die griech. Kirchenväter Prokopios von Gaza (465–529), Leontios von Byzanz (475–543), → Johannes Damascenus (700–750). Die b. Ph. pflegt bes. die platonisch-aristotelische Überlieferung; sie beginnt mit → Photios (820–91), dem Verfasser des Sammelwerks „Bibliotheke" (vor 857), und gipfelt in → Michael Psellos (1018–1078/96) und Nikephoros Vlemydes († 1272). Eine Nachblüte hatte sie im Italien der Renaissance durch → Bessarion (1403–72), Georgios Trapezuntios (1396 bis 1484) u. andere (→ auch Akademie [von Florenz]). Eine irrationale Strömung der b. Ph. wird vertreten durch die von ekstatischen Begleiterscheinungen und Bewußtseinstrübungen freie Mystik Symeons (1025–1092) und die sich gegen rel. Äußerlichkeit wendende Innerlichkeitsmystik des Nikolaos Kabasilas (14. Jh.).

K. Krumbacher, Gesch. der byzantin. Literatur, 1891 (Repr. 1970); E. Ivanka, Hellenisches u. Christliches im frühbyzantin. Geistesleben, 1948; H. Hunger, Das Reich der neuen Mitte, 1965; S. Otto, Person u. Subsistenz. Die philos. Anthropologie des Leontios von Byzanz, 1968; K. Oehler, Antike Philos. u. byzantin. MA, 1969; H. G. Beck, Das byzantin. Jahrtausend, 1978; Athener Akademie (Hg.), Corpus philosophorum medii aevi, Philosophi byzantini, Leiden 1984.

Calvin, Johannes (eigentl. Jean Caulvin oder Chauvin), kirchlicher Reformator, * 10. 7. 1509 Noyon (Picardie), † 27. 5. 1564 Genf, schrieb: *Institutio religionis christianae* (1536, dt. 1887), ein System des christl. Glaubens, begründet auf dem Grundsatz, daß die Bibel, bes. die Gesetzesrelig. des A. T., die alleinige Quelle der (christl.) Wahrheit sei. Im Mittelpunkt seiner Lehre (Calvinismus), die anfangs einem antischolastischen Humanismus zuneigte, stand die → Prädestination. Auf den engen Zusammenhang zwischen dem Calvinismus, bes. dem aus ihm entwickelten engl. Puritanismus, und dem modernen Kapitalismus der westlichen Demokratien hat vor allem Max Weber hingewiesen (→ auch Askese). – Gesammelte Werke, in: Corpus Reformatorum, I–LIX, 1863–1900; Auswahl in 5 Bänden, 1926 ff.; Supplementa Calviniana. Sermons inédits, I–VII, 1936–81; Briefe in Auswahl, I–III, 1961–62; Opera selecta, I–V, 1963–74.

T. F. Torrance, C.'s Doctrine of Man, London 1949, dt. 1951; R. Reuter, Vom Scholaren bis zum jungen Reformator. Studien zum Werdegang J. C.s, 1981; W. J. Bouwsma, J. C., New York 1988.

Cambridger Schule, platonisch-mystische philos. Richtung der engl. Universität Cambridge in der 2. Hälfte des 17. und zu Anfang des 18. Jh. „Vor allem ist es jenes Bild der platon. Gedankenwelt, das Marsilius Ficinus u. die Florentinische Akademie (→ Akademie) gezeichnet hatten, das auch für die Denker der Schule von C. als schlechthingültig, als eigentlich exemplarisch erscheint. Die Schule von C. bildet eine Art Bindeglied der Geister und Epochen: sie ist einer der Brückenpfeiler für jene Brücke, die von der ital. Renaissance zum dt. Humanismus des 18. Jh. führt" (E. Cassirer, Die platon. Renaissance in England und die Schule v. C. 1932) Hauptvertreter: Ralph → Cudworth und Henry → More.

F. J. Powicke, The Cambridge Platonists, London/Toronto 1926 (Repr. 1970); G. R. Guffey (Hg.), Taherne and the Seventeenth-Century English Platonists, London 1969; C. A. Patrides (Hg.), The Cambridge Platonists, Cambridge Mass. 1970 (Textauswahl); B. L. Mijuskovic, The Achilles of Rationalist Arguments. The Simplicity, Unity and Identity of Thought and Soul from the Cambridge Platonists to Kant, Den Haag 1974.

Campanella, Thomas, ital. Philosoph, * 5. 9. 1568 Stilo (Kalabrien), † 21. 5. 1639 Paris, streng kirchlich gesinnter Dominikaner, der die Idee der päpstlich-kath. Universalmonarchie verfocht, der sich alle Nationalstaaten unterwerfen müssen. C. bekämpfte das Studium der Natur aus d. Schriften des Aristoteles und verlangte, daß wir die Natur selbst erforschen. Die Erhaltung und Förderung des eigenen Daseins ist das höchste Ziel des Handelns. Aller Wille ist auf Macht gerichtet, u. Macht wird erreicht durch Wissen, das auch die Grundlage aller Erziehung bilden muß. In seinem Buch *Città del sole* (Sonnenstaat, 1602) zeichnet C. das Bild eines vollkommenen christlich-kommunistischen Staates (→ auch Utopie), in dem Priester-Philosophen herrschen (mit einem idealen Papst an der Spitze). Den „Sonnenstaat" suchten die Jesuiten zu verwirklichen, als sie von 1588 bis 1768 in Paraguay regierten. – Hauptwerke: Philosophia sensibus demonstrata, 1591; La città del sole, 1602, lat. 1612, dt. 1789; Theologia, 1613; Apologia pro Galileo, 1622, dt. 1969; Universalis philosophiae seu metaphysicarum rerum iuxta propria dogmata, 1638; Gesammelte Werke, I–II, Turin 1854; L. Firpo (Hg.), Tutte le opere, Mailand 1954 ff. – L. Firpo, Bibliografia degli scritti di T. C., Turin 1940.

L. Blanchet, C., Paris 1920 (Repr. 1971); N. Badaloni, T. C., Mailand 1965; B. M. Bonansea, T. C., Renaissance Pioneer of Modern Thought, Washington 1969; G. Bock, T. C. – Polit. Interesse u. philos. Spekulation, 1974; E. Bloch, Zwischenwelten in der Philos.geschichte, 1977; R. Ahrbeck, Morus, C., Bacon. Frühe Utopisten, 1977.

Camus, Albert, franz. Dichterphilosoph, ursprünglich Schauspieler und Journalist, * 7. 11. 1913 Mondovi (Algerien), † 4. 1. 1960 Villeblin (Yonne), vertrat zunächst einen Existentialismus des „Absurden“, eine Lehre von der Fremdheit des Menschen in der Welt. Die Sinn- und Hoffnungslosigkeit des Daseins kann nicht mit rationalen Mitteln ergründet, sie muß einfach hingenommen werden; darin besteht die Würde des Menschen: Sisyphus ist ein Symbol des Lebens. Daraus entfaltet C. einen Humanismus, der ohne Rückgriff auf Gott oder eine allgemeine Vernunft in einer den Nihilismus überwindenden Philosophie der Revolte mündet und eine solidarische Beziehung zum Mitmenschen einbegreift. Natur wird als Korrektur gegen die Geschichte gesetzt. Hauptw.: *Métaphysique chrétienne et néoplatonisme,* 1936, dt. 1978; *L'envers et l'endroit,* 1953, dt. 1954; *L'etranger,* 1942, dt. 1948; *Le mythe de Sisyphe, essai sur l'absurde,* 1942, dt. 1950; *Lettres à un ami allemand,* 1945; *La peste,* 1947, dt. 1949; *L'homme révolté,* 1951, dt. 1953; Dramen (Théâtre), dt. 1959; Actuelles I, II, III, Essays u. Briefe, 1959, dt. u. d. T. „Fragen der Zeit“, 1960; *Œuvres complètes,* I–IX, 1983–84. – S. Crepin, *A. C. – Essai de bibliographia,* Brüssel 1961; F. di Pilla, *A. C. e la critica Bibliografia int. (1937–1971),* Lecce 1973.

G. Brée, C., New Brunswick 1959; M. Lebesque, A. C. in Selbstzeugnissen u. Bilddokumenten, 1960; A.-G. H. Mikkawy, Philos. Unters. zum Begriff des Absurden u. der Revolte bei A. C., 1962; L. Pollmann, Sartre u. C., 1967; P. Kampits, Der Mythos vom Menschen. Zum Atheismus u. Humanismus A. C.s, 1968; J. J. Brochier, A. C., philosophe, Paris 1970; W. D. Marsch, Philos. im Schatten Gottes, 1973; A. Rühling, Negativität bei A. C., 1974; H. R. Schlette (Hg.), Wege der dt. C.-Rezeption, 1975; I. DiMeglio, Antireligiosität u. Kryptotheologie bei A. C., 1975; R. Neudeck, Die polit. Ethik bei Jean-Paul Sartre u. A. C., 1975; E. Barilier, A. C., Philos. et littérature, Lausanne 1977; H. R. Schlette, A. C., Welt u. Revolte, 1980; A. Pieper, A. C., 1984.

Cardano (lat. *Cardanus*), Girolamo (Hieronymus), ital. Mathematiker, Prof. der Medizin und Philosoph, * 24. 9. 1501 Pavia, † 20. 9. 1576 Rom, bekannte sich zur röm.-kath. Kirche, huldigte aber einer pantheistischen Naturphilosophie. Die Wahrheit dürfe nur Wenigen, nicht dem ganzen Volke, zugänglich sein. Rel. Diskussionen und wiss. Abhandlungen in der Volkssprache seien zu verbieten, um nicht durch Aufklärung möglicherweise Unruhe hervorzurufen. Dogmen, die ethisch-politischen Zwecken dienen, soll der Staat durch strenge Gesetze und harte Strafen aufrechterhalten. Außer vielen math., medizin. und naturphilos. Werken gehört er zur humanistischen Tradition, verfaßte eine bekenntnishaft dargestellte Selbstbiographie. – Hauptwerke: Artis magnae, 1545; De rerum varietate, 1557, dt. 1559; De propria vita, 1575, dt. 1914; De arcanis aeternitatis, hg. 1663; Opera omnia I–X, Lyon 1663 (Repr. 1966).

A. Simili, G. C. nella luce e nell' ombra del suo tempo, Bologna 1941 (mit Bibl.); O. Ore, C. – The Gambling Scholar, Princeton 1953; M. Fierz, G. C., 1977.

Carlyle, Thomas, engl. Ethiker u. Historiker, * 4. 12. 1795 Ecclefechan (Schottland), † 5. 2. 1881 London, wirkte für das Bekanntwerden des deutschen Geisteslebens in England. In seinen zahlreichen Geschichtswerken erscheint d. genialheroische Persönlichkeit, die die Geschichte macht. – Hauptwerke: Sartor Resartus. The Life and Opinions of Herr Teufelsdröckh in Three Books, hg. 1831, dt. 1882; Heroes and Hero-Worship, 1841, dt. 1912; Arbeiten u. nicht verzweifeln. Auszüge aus seinen Werken, hg. 1902; The Works of T. C., I–XXX, 1896–1901 (Repr. 1969). –

J. W. Dyer, A Bibliography of T. C.'s Writings and Ana, Portland Maine 1928 (Repr. 1968); R. L. Tarr, T. C. – A Bibliography of English-Language Criticism 1824–1974, Charlottsville 1976.

W. Dilthey, C., in: Arch. Gesch. Philos. 4 (1891); C. F. Harrold, C. and German Thought (1819–1834), New Haven Conn. 1934; J. Kedenburg, Teleolog. Geschichtsbild u. theokrat. Staatsauffassung im Werke T. C.s, 1960; A. J. La Valley, C. and the Idea of the Modern, New Haven 1968; J. P. Seigel (Hg.), T. C., London 1971; W. W. Waring, T. C., Boston 1978; T. Fasbender, T. C., 1989.

Carnap, Rudolf, Philosoph, * 18. 5. 1891 Ronsdorf (Rheinl.), seit 1954 Prof. in Los Angeles, früher in Wien, Prag und Chicago, † 14. 9. 1970, vertrat eine positivistisch-logistische Philosophie (→ Einheitswissenschaft). – Hauptwerke: Der logische Aufbau der Welt, 1928; Scheinprobleme in der Philos., 1928; Abriß der Logistik, 1929; Logische Syntax der Sprache, 1934; Foundations of Logic and Mathematics, 1939; Introduction to Semantics, 1942; Formalization of Logic, 1943; Meaning and Necessity, 1947, dt. 1972; Logical Foundations of Probability, 1950; The Continuum of Inductive Methods, 1952; Einführung in die symbolische Logik, 1954; Induktive Logik u. Wahrscheinlichkeit, 1959; Philosophical Foundations of Physics, 1966, dt. 1969; Studies in Inductive Logic and Probability, 1971. – A. J. Benson, Bibliography of the Writings of R. C., La Salle Ill./London 1963.

W. Stegmüller, Das Wahrheitsproblem u. die Idee der Semantik. Eine Einf. in die Theorien von A. Tarski u. R. C., 1957, [2]1977; P. A. Schilpp (Hg.), The Philosophy of R. C., La Salle Ill./London 1963; A. Hausman/F. Wilson, C. and Goodman. Two Formalists, Jowa City 1967; L. Krauth, Die Philos. C.s, 1970; R. Butrick, C. on Meaning and Analyticity, Den Haag 1970; A. C. Michalos, The Popper-C. Controversy, Den Haag 1971; R. C. Buck/R. S. Cohen (Hgg.), In Memory of R. C., Dordrecht/Boston 1972; D. Wandschneider, Formale Sprache u. Erfahrung, 1975; J. Hintikka (Hg.), R. C., Logical Empiricist, Dordrecht 1975; E. Tegtmeier, Komparative Begriffe. Eine Kritik der Lehre von C. u. Hempel, 1981.

Carpenter-Gesetz, → Bewegung.

Cartesianismus, die Philosophie weniger des → Descartes (Renatus *Cartesius*) als die seiner Anhänger und Fortbildner in Frankreich, Deutschland, Holland und Italien, die sich in vier verschiedenen Richtungen entwickelt haben, eine davon ist der → Okkasionalismus. Der C. ist gekennzeichnet durch den Ausgang von der Selbstgewißheit des Bewußtseins *(cogito, ergo sum)*, durch den strengen Dualismus von Leib und Seele und durch die rationalistische math. Methode.

F. C. Bouillier, Histoire de la philos. cartésienne, I–II, Paris/Lyon 1854, [3]1868 (Repr. 1969); R. A. Watson, The Downfall of C. (1623–1712), Den Haag 1966; R. Specht, Commercium mentis et corporis. Über Kausalvorstellungen im C., 1966; W. Röd, Descartes' Erste Philos. – Versuch einer Analyse mit besonderer Berücksichtigung der Cartesian. Methodologie, 1971.

Carus, Carl Gustav, Arzt und Naturforscher, * 31. 1. 1789 Leipzig, † 28. 7. 1869 Dresden, romantischer Naturphilosoph und Psycholog, Freund und Geistesverwandter Goethes, mit dem ihn die genetische Methode, jede Betrachtungsreihe mit dem Urphänomen zu beginnen, durch das Schauen des Werdens das Gewordene zu begreifen, verbindet. In diesem Sinne ging C. vom lebendigen Gestaltwandel des als Ganzes beseelten Alls aus, innerhalb dessen der Mensch nach Leib und (unbewußt-schöpferischer) Seele am Schicksal von Pflanze u. Tier Anteil hat, während er durch sein Bewußtsein ein neues, nur ihm eigentümliches Reich begründet, das nicht selten in Konflikt mit dem unbewußten Leben in und außer ihm gerät. C. betrachtete den Leib als Ausdruck der Seele (→ auch Mneme), faßte die Krankheit als Störung der leiblich-seelischen Ganzheit auf, die auch nur vom Ganzen her behoben werden könne, und war ein Feind alles Materialismus und Mechanismus, auch des Darwinismus und der Milieutheorie. Seine Hauptleistung ist die tiefdringende Erforschung des unbewußten Seelenlebens. – Hauptwerke: Vorlesungen zur Psychologie, 1831 (Repr. 1958); Goethe, 1843, 1931 (KTA 97); Psyche. Zur Entwicklungsgeschichte der Seele, 1846, [3]1860 (Repr. 1975), (KTA 98); Symbolik der menschlichen Gestalt, 1853, [2]1858 (Repr. 1962); Natur u. Idee oder das Werdende u. sein Gesetz, 1861 (Repr. 1975); Lebenserinnerungen u. Denkwürdigkeiten, I–V, 1865–66/1931; Gesammelte Schriften, I–III, 1938.

C. Bernoulli, Die Psychologie von C. G. C. u. deren geistesgesch. Bedeutung, 1925; R. Zaunick, C. G. C. – Eine historisch-krit. Literaturschau mit zwei Bibl., 1930; H. Kern, C. G. C. – Persönlichkeit u. Werk, 1942; G. Kloos, Die Konstitutionslehre von C. G. C., 1951; R. Abeln, Unbewußtes u. Unterbewußtes bei C. G. C. u. Aristoteles, 1976; W. Genschorek, C. G. C. – Arzt, Künstler, Naturforscher, 1978; M. Prause, C. G. C. – Leben u. Werk, 1968; E. Meffert, C. G. C. – Sein Leben, seine Anschauungen von der Erde, 1986.

Cassiodorus, Flavius Magnus Aurelius, Philosoph, * um 488 Scylacium (Kalabrien), † 583, verfaßte einen Abriß der Weltgesch. bis 519 *(„Chronica")*, ließ im Kloster Vivarium Werke der Alten abschreiben und rettete dadurch wertvolle Teile der ant. Literatur. Als Psychologe lehrte er die Unkörperlichkeit der Seele, die durch ihre Vernünftigkeit Gott nahe steht und durch ihre Ebenbildlichkeit unsterblich ist. – Hauptwerke: Institutionum divinarum et humanarum rerum libri duo (entst. zw. 551 u. 562), 1566, 1937 (Repr. 1961); Opera, Paris 1855; Opera omnia, I–II, Paris 1848/65.

A. van de Vyver, C. et son œuvre, in: Speculum 6 (1931); E. K. Rand, The New C., in: Speculum 13 (1938); G. J. Paschali, Unters. zu C.s ‚Institutiones', 1947; G. Ludwig, C., 1967; J. J. O'Donnell, C., Berkeley Calif. 1979.

Cassirer, Ernst, Philosoph, * 28. 7. 1874 Breslau, † 13. 4. 1945 New York, 1919–33 Prof. in Hamburg, seit 1934 in New York, gehörte der → Marburger Schule an, erforschte die Gesch. der philosophischen Probleme. Neben die Welt der reinen Erkenntnis des wissenschaftl. Denkens, in der das Gegenständliche in Relationen aufgelöst ist, stellte er die des sprachlichen, des mythisch-religiösen Denkens und der künstlerischen Anschauung. Er trat für Einsteins Relativitätstheorie ein und fand in der Wissenschafts- und Philosophiegeschichte die Entwicklung vom Gegenständlichen zum funktional-relationalen (unanschaulichen) Denken vor. – Hauptwerke: Das Erkenntnisproblem in der Philos. u. Wissenschaft der neueren Zeit, I–IV, 1906–50 (Repr. 1973/74); Substanzbegriff u. Funktionsbegriff, 1910 (Repr. 1976); Freiheit u. Form, 1916, [3]1922 (Repr. 1975); Kants Leben u. Lehre, 1918 (Repr. 1977); Idee u. Gestalt, 1921, [2]1924 (Repr. 1971); Philos. der symbol. Formen, I–III, 1923–29; Determinismus u. Indeterminismus in der modernen Physik, 1936; Descartes, 1939; An Essay on Man, 1944, dt. 1960; The Myth of the State, 1946, dt. 1949; Wesen u. Wirkung des Symbolbegriffes, 1956. – W. Eggers/S. Mayer, E. C. – An Annotated Bibliography, New York/London 1989.

P. A. Schilpp (Hg.), The Philosophy of E. C., Evanston Ill. 1949, dt. 1966 (mit Bibl.); C. H. Hamburg, Symbol and Reality. Studies in the Philosophy of E. C., Den Haag

1956; F. E. Meyer, E. C., 1969; R. Nadeau, Bibl. des textes sur E. C., in: Rev. int. philos. 28 (1974); H. Lübbe, C. u. die Mythen des 20. Jh.s, 1975; J.-P. Peters, C., Kant u. die Sprache, 1983; A.-J. Braun u.a. (Hgg.), Über E. C.s Philos. der symbol. Formen, 1988.

Causa (lat.), Ursache, Grund, *C. efficiens,* wirkende Ursache; *C. finalis,* Zweckursache (→ Finalität); *C. sui,* Ursache seiner selbst, Bez. der Scholastiker für Gott, um damit die Unbedingtheit und Unabhängigkeit Gottes zu kennzeichnen; die Neu-Scholastik hält sie für eine spinozistische Bezeichnung und lehnt sie ab. *Causae occasionales,* gelegentliche Ursachen, → Okkasionalismus.

Celsus, grch. Kelsos, röm. platonischer Philosoph der 2. Hälfte des 2. Jh. n. Chr., erhob als erster grundsätzliche Einwände gegen das Christentum: Gott könne ohne Veränderung in das Schlechte gar nicht zu den Menschen gelangen; die christl. Lehre sei ohne Originalität, habe ihre Wurzeln in der oriental. Mythologie und gefährde praktisch den Staat. – Sein Hauptwerk „Wahres Wort" wurde von den Gegnern unterdrückt, ist aber in einer Gegenschrift des Origenes weitgehend überliefert (hrsg. und übers. von Th. Keim, „C. wahres Wort", 1873; griech. hrsg. von Glöckner, 1924).

A. Miura-Stange, C. u. Origenes, 1926; R. Bader, Der alethes logos des C., 1940; A. Wifstrand, Die wahre Lehre des C., in: Bull. Soc. Royale des Lettres de Lund 1941/42; C. Andresen, Logos u. Nomos. Die Polemik des C. wider das Christentum, 1955; H. Dörrie, Die platon. Theologie des C. in ihrer Auseinandersetzung mit der christl. Theologie auf Grund von Origenes c. C. 7, 42 ff. (1967), in: Ders., Platonica Minora, 1976.

Chamberlain, Houston Stewart, engl. Geschichts- und Kulturphilosoph, * 9. 9. 1855 Portsmouth, † 9. 1. 1927 Bayreuth, Schwiegersohn Rich. Wagners, Verteidiger der These zur „Rückkehr zur Natur", worin er eine der verantwortungsvollsten Aufgaben der Wissenschaft sieht. C. wurde bekannt durch sein Hauptw. „Die Grundlagen des 19. Jh.s", 2 Bde., 1899, [29]1944, in dem er die Überlegenheit der nordischen Rasse nachzuweisen suchte, und durch seine gehaltvollen Studien „Immanuel Kant" (1905, [5]1938), „Goethe" (1912, [8]1936) und „Richard Wagner" (1895, [2]1901). Gesamtausg. 9. Bde., 1923.

W. Vollrath, Thomas Carlyle u. H. S. C., 1935; W. Nielsen, Der Lebens- u. Gestaltbegriff bei H. S. C., Diss. Kiel 1938.

Chaos (v. griech. *chainein,* „gähnen"), der klaffende, gähnende Abgrund (Hesiod), dann der ungeordnete, formlose, ungestaltete Zustand der Dinge, für Aristoteles Inbegriff des ‚leeren Raumes'. In den altgriech. Kosmogonien ein mythischer Urzustand oder Urstoff, aus dem sich die Welt von selbst oder durch die Tätigkeit eines „Schöpfers" zum geordneten „Kosmos" gebildet habe; → auch Hyle.

H. Gunkel, Schöpfung u. C. in Urzeit u. Endzeit, 1895 (Repr. 1921); F. Börtzler, Zu den antiken C.-Kosmogonien, in: Arch. Rel.wiss. 28 (1930); F. Solmsen, C. u. Apeiron, in: Studi Ital. Filol. Class. 24 (1950); F. Lämmli, Vom C. zum Kosmos, I–II, 1962; F. Cramer, C. und Ordnung. Die komplexe Struktur des Lebendigen, 1988.

Characteristica universalis (lat., „allg. Charakteristik"), von Leibniz geprägter Ausdruck für die von ihm geforderte Begriffsschrift zur analytischen Darstellung des Denkens, das auf letzte Elementar-Begriffe, auf ein „Alphabet" der Gedanken zurückgeführt werden soll; auch → Frege.

L. Couturat, La logique de Leibniz, Paris 1901, [2]1961; K. Dürr, Neue Beleuchtung einer Theorie von Leibniz: Grundzüge des Logik-Kalküls, 1930; R. Kauppi, Über die Leibnizsche Logik, Helsinki 1960; W. u. M.

Kneale, The Development of Logic, Oxford 1962; H. Burkhardt, Logik u. Semiotik in der Philos. von Leibniz, 1980.

Charakter (griech. „das Gepräge"), der durch alle Lebensäußerungen hindurchgehende, auch gegen äußere Einflüsse beharrlich widerstehende Grundzug der Haltung, Gesinnung, Handlungsweise des Menschen, der Kern der Persönlichkeit und ihrer Sittlichkeit. „In der Einheit des C.s besteht die Vollkommenheit des Menschen" (Kant). Kant unterscheidet den unwandelbaren „intelligiblen C." vom wandelbaren „empirischen C."; jener entspricht der übernaturhaften Sittlichkeit des Menschen; bei diesen spielen noch äußerliche Beeinflussungen mit. Goethe hat das Widerspiel zw. C. und Schicksal in seinem Gedicht „Urworte. Orphisch" dichterisch dargestellt. Im Sinne der modernen Ethik ist C. der Inbegriff der in einem Menschen verwirklichten Persönlichkeitswerte (→ Persönlichkeit).

P. Lersch, Aufbau der Person, 1938, [11]1970; N. M. Häring, C., Signum u. Signaculum. Die Entwicklung bis nach der Karoling. Renaissance, in: Scholastik 30 (1955); P. Mesnard, La caractérologie, in: Revue int. caractérologie 4 (1962); P. Skawran, Person u. Persönlichkeit, 1963.

Charakterkunde (Charakterologie), auf Jul. Bahnsen zurückgehende Lehre vom Werden und Wesen des → Charakters und von seiner Bedeutung für die Gesamtpersönlichkeit, dann d. Lehre von dieser überhaupt (Persönlichkeitsforschung). Die C. stellt sich die Aufgabe, den Charakter, d. h. die individuelle Eigenart des Menschen zu erhellen. Das leibliche Bild des Menschen wird mit den Mitteln der → Ausdruckskunde und der Erforschung der → Konstitution für die C. ausgewertet. In der Zusammenfassung der ermittelten Ergebnisse leistet die → Typologie ihre Dienste. Das Werden des Charakters wird einer bewußten oder unbewußten Selbstformung zugeschrieben (psychogenetische Theorie), in Gang gesetzt vom Sexualtrieb, seiner Verdrängung und Sublimierung (Freud), oder vom Geltungs- und Machtstreben (Adler, Jung). Eine physiolog. Theorie schreibt das Werden des Charakters den vererbten physiolog. Grundlagen des Seelischen (→ Vererbung) zu. In der Gegenwart wird die C. als Teilgebiet der Anthropologie angesehen, die den Charakter in seiner Entwicklung zur Gesamtpersönlichkeit betrachtet. – Die erste Systematik der wissenschaftl. C. hat Ludw. Klages entwickelt, wesentlich erweitert und vertieft wurde sie von Ph. Lersch.

L. Klages, Die Grundlagen der C.kunde, 1910; F. Künkel, Einf. in die C.kunde, 1928, [13]1961; E. Spranger, Lebensformen, [8]1950; C. G. Jung, Psycholog. Typen, [2]1942; E. Jaensch, Grundformen menschl. Seins, 1929; Pfahler, Der Mensch u. sein Lebenswerkzeug. Erbcharakterologie, [2]1951; Ph. Lersch, Aufbau der Person, [6]1966; E. Kretschmer, Körperbau u. Charakter, [21]1955; Müller-Freienfels, Lebensnahe C., 1935; L. Klages, Grundlagen der C., [14]1969; ders., Vorschule der C., [8]1942; F. Künkel, Einf. in die C., [13]1961; H. Rohracher, Kleine Einf. in die C., [8]1959; Le Senne, *Traité de caractérologie*, 1945; R. Heiss, Die Lehre vom Charakter, [2]1949; A. Wellek, Die Polarität im Aufbau d. Charakters, [3]1966; P. Helwig, C., [3]1957; E. Schneider, Person u. Charakter, [3]1950; R. u. G. Meili (Hrsg.), Beiträge zur genetischen Ch., 1957ff.; W. Arnold, Person – Charakter – Persönlichkeit, [2]1962; S. O. Hoffmann, Charakter u. Neurose, 1979; L. Corman, Caractérologie et morphopsychologie, Paris 1983; J. Rattner (Hg.), Menschenkenntnis durch C., 1983.

Charisma (griech. „Geschenk"), Gnadengabe; ungewöhnl. große, als Gottesgeschenk empfundene Begabung oder Begnadung.

Th. Seebohm, Ratio und C., 1977.

Charron, Pierre, franz. Theolog u. Philosoph, * 1541 Paris, † 16. 11.

1603 das., mit Montaigne befreundet, dessen Skeptizismus auf ihn einwirkte, suchte nach einer nur vom Gemüt und von der natürlichen Sittlichkeit bestimmten Lebensweisheit des Einzelnen, die das Ergebnis einer durch den Willen erreichbaren *„Proud'homie"* ist, einer Seinsfrömmigkeit, die den Menschen nach den Gesetzen der Natur und der Vernunft leben läßt und zur Selbsterkenntnis sowie zur Überlegenheit über das Schicksal (Ataraxie) führt. Hptw.: *De la sagesse,* 3 Bde., 1601, dt. 1779; *Toutes les oeuvres,* 2 Bde., 1635 (repr. 1970).

R. H. Popkin, The History of Scepticism from Erasmus to Descartes, Assen 1960; J. D. Charron, The ‚Wisdom' of P. C., Chapel Hill N. C. 1961; M. C. Horowitz, P. C.'s View of the Source of Wisdom, in: J. Hist. Philos. 9 (1971); E. F. Rice, The Renaissance Idea of Wisdom, Westport Conn. 1973; A. Soman, Methodology in the History of Ideas. The Case of P. C., in: J. Hist. Philos. 12 (1974); G. Abel, Stoizismus u. Frühe Neuzeit, 1978.

Chartres, (Stadt in Mittelfrankreich). → Philosophenschule von C.

Chassidismus (vom hebr. *chassidim,* „die Frommen"), eine im 18. Jh. unter den poln. Juden entstandene antirationale Glaubensbewegung, die eine Verinnerlichung der jüd. Religion erstrebte. Nicht Gesetzesstrenge u. Askese sollen den frommen Juden auszeichnen, sondern Herzensfreudigkeit (Abcda), Andacht (Kawana) und Demut (Schiflut). Der C. lehrt, „die Nächstenliebe habe ihren Sinn nicht darin, daß Gott sie uns geboten habe und wir seinen Befehl vollziehen, sondern daß wir durch sie und in ihr zu Gott gelangen ... Die chassidische Lehre ist die Vollendung des Judentums. Und das ist ihre Botschaft an jedermann: Du mußt selber anfangen. Das Sein wird dir sinnlos bleiben, wenn du nicht selber, liebendtätig, in es eingehst und den Sinn in ihm erschließt; alles wird geheiligt, das heißt in seinem Sinn erschlossen und verwirklicht werden durch dich" (Martin Buber, An der Wende, 1952).

M. Buber, Die Gesch.n des Rabbi Nachman, 1908; M. Buber, Der große Maggid u. seine Nachfolge, 1922; S. Dubnow, Gesch. des C., I–II, 1931 (Repr. 1982); M. Buber, Die chassid. Botschaft, 1952; J. Maier, Gesch. der jüd. Religion, 1972; J. Dan (Hg.), The Teachings of Hasidism, New York 1983.

Cherbury, Edward Lord Herbert von, engl. Staatsmann und (Religions-) Philosoph, * 3. 3. 1583 Eyton-on-Severn, † 20. 8. 1648 London, Begründer einer Naturreligion, die die biblische Religion völlig der Rechtsprechung der Vernunft, des obersten und in allen Menschen gleichen Instinkts unterwarf, aus der auch alle praktische Sittlichkeit stamme. – Hauptwerke: De veritate, 1624, 1645 (Repr. 1966); De causis errorum, 1645 (Repr. 1966); De religione gentilium, 1663 (Repr. 1967); The Life of E. Lord H. of C., written by himself, hg. 1764.

C. F. M. de Rémusat, Lord H. de C., Paris 1874; H. Scholz (Hg.), Die Religionsphilos. des H. v. C., 1914; M. M. Rossi, La vita, le opere i tempi di E. H. di C., I–III, Florenz 1947; W. R. Sorley, A History of British Philosophy to 1900, Cambridge 1965; R. H. Popkin, The History of Scepticism from Erasmus to Spinoza, Berkeley/Los Angeles/London 1979.

Chestov, Leo, russ. Philos., → Schestow.

Chiffre (von arab. *sifr,* franz. *chiffre,* „Zahlzeichen"), Geheimzeichen, in der dt. Romantik das Mittel, „wodurch die Natur in ihren schönen Formen zu uns spricht" (Kant); ähnlich bei Goethe, Novalis, Hamann, Hebbel u. a. Der Begriff wird von → Jaspers aufgenommen: „Durch Metaphysik hören wir das → Umgreifende der Transzendenz. Wir verstehen diese Metaphysik als C.schrift". Wir erfahren die in der C. beschlossene Wirklichkeit aus der Wirklichkeit unserer Existenz, nicht aus dem bloßen Verstande, der vielmehr hier überall keinen Sinn zu sehen meint; → Scheitern, Symbol.

H. Looff, Der Symbolbegriff in der neueren Religionsphilos. u. Theologie, Kant-Studien Ergänzungsheft 69 (1955); H. A. Salmony, J. G. Hamanns metakrit. Philos., 1958; X. Tilliette, Sinn, Wert u. Grenze der C.-Lehre, in: Stud. philos. 20 (1960).

Chiliasmus (vom griech. *chilioi*, „tausend"), der Glaube an ein tausendjähriges Reich der Glückseligkeit, nämlich an eine dem Weltende vorangehende Herrschaft Christi auf Erden. Der C. beruft sich auf die Offenbarung Johannis (20, 4), wurde bereits von Origenes bekämpft, während Augustinus lehrte, daß das tausendjährige Reich bereits mit Christus angebrochen sei. Im MA. lebte der C. vielfach wieder auf, bes. bei → Joachim v. Floris, bei den Wiedertäufern und bei den Hussiten, in der Neuzeit im Pietismus und in der Theosophie (→ Oetinger). Der C. wird noch heute von einigen Sekten (z. B. Zeugen Jehovas) vertreten, im engl. Sprachgebrauch u. d. Namen *Millenarismus*.

P. Althaus, Die letzten Dinge, 1922; E. Sarkisyanz, Rußland u. der Messianismus des Orients, 1955; E. J. Hobsbawn, Primitive Rebels, Manchester 1959, dt. 1962; H. Schumacher, Das tausendjährige Königreich Christi auf Erden, 1964; N. Cohn, Das Ringen um das tausendjährige Reich, 1961; B. Töpfer, Das kommende Reich des Friedens. Zur Entwicklung chiliast. Zukunftshoffnungen im HochMA, 1964; G. List, Chiliast. Utopie u. radikale Reformation. Die Erneuerung der Idee vom 1000jährigen Reich im 16. Jh., 1973; M. Brecht u.a. (Hgg.), C. in Deutschland und England im 17. Jh., 1988.

chinesische Philosophie: 1. Vorzeit der ch. Ph. bis Anfang des 6. Jh. v. Chr. In der frühesten philos. Überlieferung (im Buche Schu-King) des chinesischen Volkes findet sich ein kosmogonischer Himmelskult, der die Bewegungen der Gestirne nicht bloß mit dem regelmäßigen Ablauf der Naturvorgänge, sondern auch mit den Schicksalen der Staaten und der einzelnen Menschen und mit den Geboten des sittlichen Empfindens verbindet. Die das All erfüllenden und bewegenden lebensstiftenden und -erhaltenden Ursubstanzen bzw. Kräfte → Yang und Yin (dargestellt im Buch J-King) bedingen das Wesen der fünf Naturelemente: Metall, Erde, Holz, Wasser, Feuer; der fünf Naturzustände: Nässe, Wind, Wärme, Trockenheit, Kälte; der fünf menschlichen Grundfunktionen: Gebärde, Sprache, Gesicht, Gehör, Denken, und der fünf Grundaffekte: Sorge, Furcht, Zorn, Freude, Beschaulichkeit. Im ganzen ist die älteste ch. Ph. bis ins 7. Jh. v. Chr. praktisch-nüchterne diesseitige symbolträchtige Bauernreligion.

2. Altertum der chin. Ph.: 600–200 v. Chr. Im 6. Jh. v. Chr. treten zwei Denker auf, deren Einfluß bis in die Gegenwart reicht: → Lao-tse u. → Kung-fu-tse. Die beiden von Kung-fu-tse geforderten Haupttugenden, Nächstenliebe und Pietät, erweiterte Me Ti zur allgemeinen Menschenliebe, die ihn soziale Reformen verlangen läßt. Die Lehren des Lao-tse vom → Tao verkündete auf dichterische Art → Tschuang-tse, während → Yangtschu das Tao materialistisch auffaßte. In Hui Schi (4. Jh.) taucht der erste Logiker und Sophist auf. → Schang Yang und Han Fei-tse sind als Staatsphilosophen Hauptvertreter der → Fakia („Rechtsschule"). Kung-fu-tses Ethik wird ausgebaut im optimist. Sinne durch → Mongtse, im pessimist. durch Hsün-tse (3. Jh.). Ende des 3. Jh.s schließt eine

große Philosophenverfolgung und Bücherverbrennung das klassische, für die gesamte ch. Ph. ausschlaggebende Altertum der ch. Ph. ab.
3. Mittelalter der ch. Ph.: 200 v. Chr. bis 1000 n. Chr. Es ist durch die Auseinandersetzung zw. dem im 3. Jh. n. Chr. eindringenden Buddhismus mit Taoismus und Konfuzianismus, die ihrerseits miteinander im Wettbewerb stehen, erfüllt, aus der schließlich der Konfuzianismus als siegreiche Staatsreligion und -ethik hervorgeht. Bedeutsame Denker: Kaiser Han Wu Ti (2. Jh. v. Chr., Konfuzianer, macht den Konfuzianismus erstmalig zur Staatslehre), die Taoisten Yang Hsiung und Ko Hung (mystischer Naturphilos). Im 1. Jh. n. Chr. ist → Wangtschung radikaler Materialist. Im 6. Jh. blüht der Buddhismus auf, vom 7. Jh. an wird er verfolgt. Entscheidend ist der Neukonfuzianismus des 10. Jh.s zur Zeit der Sung-Dynastie, der die bis heute maßgebliche Form des Konfuzianismus schuf; unter seinem Einfluß steht der Naturphilosoph → Tschou Tun-I (1017–73). Die bedeutendsten und einflußreichsten Denker dieser Zeit sind die Brüder Tscheng sowie → Tschu-Hsi (1130–1200), der „zweite Konfuzius" (vgl. → japanische Philosophie, koreanische Philosophie).
4. Neuzeit der ch. Ph.: seit 1000. Sie ist gekennzeichnet durch Dogmatisierung des Konfuzianismus, der samt seinem Stifter religiöse Verehrung erhält (1055 Erhebung der Familie Kungtse in den Herzogsstand, 1503 „Heiligsprechung" des Kungtse, dem [bilderlose] Tempel errichtet werden). Andererseits Unterdrückung des Taoismus (formelles Verbot 1183). Bedeutendere Denker treten nur wenige auf; zu erwähnen der zw. Taoismus und Konfuzianismus vermittelnde → Wang Yang Ming (16. Jh.). Das damals eindringende Christentum vermochte die ch. Ph. nicht zu beeinflussen. Bedeutend später noch der Pädagoge Yän Yüan (18. Jh.) sowie einige der neuesten Reformkonfuzianer, in der Gegenwart bes. der im Kampf um die Reinerhaltung der ch. Ph. stehende Ku Hung Ming; auch Sun Yatsen gehört hierher. – Wenn auch im heutigen China eine maoistische Deutung des dialekt. Materialismus im Vordergrund steht, läßt sich das Zurückgreifen auf die Tradition, insbesondere auf die Konfuzianische Lebenspraxis nicht verkennen. – Bibl.: C. W. Fu, Guide to Chinese Philosophy, Boston Mass. 1978.

H. Hackmann, C. P., 1927; A. Forke, Gesch. der alten c. P., 1927, ²1964; A. Forke, Gesch. der mal. c. P., 1934, ²1964; W. J. Durant, Our Oriental Heritage, New York 1935, dt. 1946; Y. Lin, The Importance of Living, New York 1937, dt. 1979; A. Forke, Gesch. der neueren c. P., 1938, ²1964; Y.-L. Fung, A History of Chinese Philosophy, I–II, Princeton 1952–53; A. Eckhardt, Laotses Gedankenwelt, 1957; G. Schmitz, Der dialekt. Materialismus in der c. P., 1960; C. B. Day, The Philosophers of China, London 1962; A. F. Wright (Hg.), Studies in Chinese Thought, Chicago/London 1967; O. Graf, Tao u. Jen. Sein u. Sollen im sungchines. Monismus, 1970; W. T. De Bary (Hg.), The Unfolding of Neo-Confucianism, New York 1975; W. Münke, Die klassische chines. Mythologie, 1976; H. Schleichert, Klassische c. P., 1980; M. Granet, Das chines. Denken. Inhalt, Form, Charakter, dt. 1985; Chinesisch-dt. Lexikon der c. P., 1986.

Chirognomik (vom griech. *cheir*, „Hand", und *gnome*, „Erkenntnis"), Lehre vom seel. Ausdrucksgehalt der Hände, → Ausdruckskunde.

Chomsky, Noam A., * 7. 12. 1928 Philadelphia/Pa., Logiker und Sprachtheoretiker, Prof. am Massachusetts Institut of Technology, knüpft an die Forschungen Leibnizens und W. von Humboldts an, ohne die charakteristischen Züge der angelsächsischen Denkart zu verlieren. Prägte den Begriff „Linguistische Universalien", die sämtlichen natürlichen menschlichen Sprachen gemeinsam seien, wodurch sich das Erlernen jeder fremden Sprache erklären ließe, während wir die Sprache etwa der „Marsbewohner", sofern sie keine gleichartigen Wesen sind, deshalb niemals würden erlernen können, weil uns die betreffenden „Universalien" fehlten; hat dadurch die Lehre von den angeborenen Ideen (Strukturen) für das moderne Denken fruchtbar gemacht, stieß aber auf zunehmende Kritik. – Hauptwerke: Syntactic Structures, 1957, dt. 1973; Aspects of the Theory of Syntax, 1965, dt. 1969; Cartesian Linguistics, 1966, dt. 1971; Language and Mind, 1968, dt. 1970; Rules and Representations, 1980, dt. 1981; Knowledge of Language, 1986; Language and the Problems of Knowledge, 1988. – L. S. Ramaiah/T. V. Prafulla Chandra, N. C. – A Bibliography, Hyderabad 1984.

E. H. Lenneberg, Biological Foundations of Language, New York/London/Sydney 1967, dt. 1977; J. Wang, Zur Anwendung kombinator. Verfahren der Logik auf die Formalisierung der Syntax, 1968; J. Lyons, N. C., London 1970, dt. 1971, [4]1976; F. Hiorth, Linguistics and Philosophy: N. C., Oslo 1974; J. Leiber, N. C. – A Philosophical Overview, Boston Mass. 1975; H. Weydt, N. C.s Werk. Kritik, Kommentar, Bibl., 1976; H. Brands, Unters. zur Lehre von den angeborenen Ideen, 1977; H. M. Bracken, Mind and Language. Essays on Descartes and C., Dordrecht 1984; V. J. Cook, C.s Universal Grammar. An Introduction, Oxford 1988.

christliche Philosophie, die Auseinandersetzung des christl. Glaubens mit der gerade herrschenden Zeitphilosophie. Eine chr. Ph. gibt es seit den Kirchenvätern des 3. Jh. (→ auch alexandrinische Philosophie). Obgleich viele Kirchenväter die Philosophie abgelehnt hatten, setzte sie sich, bes. seit Augustin, als chr. Ph. in der Kirche durch. Jedoch erst seit der Hochscholastik des 13. Jh. treten chr. Ph., als Ausfluß des „natürlichen Lichts", und christliche Theologie, als Ausfluß des „übernatürlichen Lichts", deutlich unterschieden auf. Diese Unterscheidung verwischt sich wieder zur Zeit von Humanismus und Renaissance, um in der Reformation teilweise bis zur schroffen Feindschaft zwischen Philosophie und Theologie neu aufzuleben. Danach findet die chr. Ph. in der (inzwischen verschwundenen) prot. sowie in der kath. Neuscholastik ihre Fortsetzung, die seit 1879 auf päpstliche Veranlassung als → Neuthomismus wieder belebt wurde, wofür auch die Bez. → *Philosophia perennis* üblich ist. Die klassische, universalgeschichtliche Auffassung der chr. Ph. gilt heute als überwunden. → Achsenzeit.

J. Maritain, De la philos. chrétienne, Paris 1933, dt. 1935; E. Gilson/P. Böhner, Die Gesch. der c. P., I–III, 1936–37, I–II, [2]1952–54; A. Dempf, C. P., 1938; M. Blondel, La philos. et l'esprit chrétien, I–II, Paris 1946–50; W. Kamlah, Christentum u. Geschichtlichkeit, 1951; E. Benz, Die russ. Kirche u. das abendländ. Christentum, 1966; R. M. McInerny, New Themes in Christian Philosophy, Notre Dame Ind. 1968; U. Neuenschwander, Gott im neuzeitl. Denken, I–II, 1977; D. Papenfuss/J. Söring (Hgg.), Transzendenz u. Immanenz. Philos. u. Theologie in der veränderten Welt, 1977; K. E. Yandell, Christianity and Philosophy, Leicester 1984; G. Vosey, Philosophers in Christianity, Cambridge 1989.

Chrysippos, Philosoph, 281/78 bis 208/05 v. Chr., aus Soli oder Tarsus in Kilikien, leitete die Schule der Stoa 233/2–208/5 und wird als ihr zweiter Begründer bezeichnet; schuf die Lehre von der periodischen Weltverbrennung und Welterneuerung durch die Gottheit. – Fragmente hrsg. v. H. v. Arnim, [2]1964.

E. Bréhier, C. et l'ancien stoicisme, Paris 1910, [2]1951 (Repr. 1971); M. Pohlenz, Zenon u. C., 1938; J. B. Gould, The Philosophy of C., Leiden 1970; M. Frede, Die stoische Logik, 1974.

Cicero, Marcus Tullius, röm. Politiker und Philosoph, * 3. 1. 106 v. Chr. Arpinum, † (durch politischen Mord) 7. 12. 43 in Formiae, berühmt als Redner, hat das Verdienst, die griech. Philosophie in selbständiger Auswahl und Verarbeitung in das röm. Denken eingeführt zu haben; rechnete sich selbst zur neuakadem. Schule. Als Skeptiker vermied er apodiktische Urteile. In seiner Ethik und Theologie vertrat er die Lehre der Stoa (Poseidonios). Durch seine Schriften hat C. stark auf die Denkweise der Renaissance und des Humanismus (Petrarca, Erasmus) eingewirkt. – Hauptwerke: De re publica; De legibus; De finibus bonorum et malorum; De officiis; Tusculanae; De natura deorum; De oratore; Academici libri quattuor; Hortensius; Gesamtausgabe, I–IX, 1878–1908; Epistulae, I–III/Orationes, I–VI/ Rhetorica I–II, Oxford 1901–65; Scripta omnia, 1914 ff.; Auswahl seiner Briefe, 1953 (KTA 201); Sämtliche Reden, I–VII, 1971–85.

W. Burkert, C. als Platoniker u. Skeptiker, in: Gymnasium 72 (1965); W. Suess, C. – Eine Einf. in seine philos. Schriften, 1966; M. Gelzer, C., 1969 (mit Bibl.); K. Bringmann, Unters. zum späten C., 1971; G. Görler, Unters. zu C.s Philos., 1974; E. Rawson, C., London 1975; P. L. Schmidt, C.'s Place in Roman Philosophy, in: Class. J. 74 (1978/79); J. Mančal, Unters. zum Begriff der Philos. bei M. T. C., 1982; P. Grimal, Ciceron, Paris 1986, dt. 1988.

Circulus vitiosus (lat. „fehlerhafter Kreis"), auch: *Circulus in probando* („Kreis beim Beweisen"), Zirkelschluß, ein Beweis mit Voraussetzungen, in denen das zu Beweisende schon enthalten ist.

Fr. Kümmel, Platon und Hegel. Zur ontologischen Begründung des Zirkels in der Erkenntnis, 1968.

Clarke, Samuel, engl. Moralphilosoph, * 11. 10. 1675 Norwich, † 17. 5. 1729 Leicester, seit 1707 Pfarrer in London, Freund Newtons, dessen philos. Lehre er im Schriftwechsel mit Leibniz vertrat; bekämpfte Materialismus und Atheismus. Grundlage der Ethik ist der von der Natur bestimmte Platz, den jeder in der Weltharmonie einnimmt. – Hauptwerke: A Demonstration of the Being and Attributes of God, 1705 (Repr. 1964), dt. 1756; The Unchangeable Obligations of Natural Religion and Truth, 1706 (Repr. 1964); The Leibniz – C. Correspondence, hg. 1956; Sermons I–X, London 1730–31; Works, I–XXI, London 1711–34; The Works of S. C., I–IV, London 1738.

F. E. L. Priestley, The C./Leibniz Controversy, in: R. E. Butts/J. W. Davis (Hgg.), The Methodological Heritage of Newton, Oxford 1970; J. P. Ferguson, The Philosophy of Dr. S. C. and its Critics, New York 1974; R. Attfield, C., Collins and Compounds, in: J. Hist. Philos. 15 (1977).

Clemens von Alexandria, Philosoph, etwa 150 bis 215, Lehrer in Alexandria, von Platon, der Stoa und Philon beeinflußt, Vorkämpfer einer bewußt christl. Philosophie und einer christl. Gnosis, sah das Wirken des göttl. Logos überall, auch in der heidn. Philosophie (bes. bei Platon), die als Hinlenkung zum Göttlichen unentbehrlich ist. Gott kann nur negativ bestimmt werden. Der gnostische Christ ist durch stoische → Apathie ausgezeichnet, durch Askese kann er zu einem „im Fleische wandelnden Gott" werden. – Hauptwerke: Protreptikos; Paidagogos; Stromateis; Quis dives salvetur; Eklogae Propheticae; Hypotyposeis; Opera omnia, I–II, Paris 1857; Werke, 1905–36; Ausgewählte Schriften, 1934–38.

E. F. Osborn, The Philosophy of C. of A., Cambridge 1957; S. R. Lilla, C. of A., London 1971; J. Ferguson, C. of A., New York

1974; G. Apostolopoulou, Die Dialektik bei K. v. A. – Ein Beitrag zur Gesch. der philos. Methoden, 1977; R. Hoffmann, Das prinzipielle Denken u. seine prakt. Anwendung bei C. v. A. – Eine Unters. zum spätantiken Platonismus, 1978.

cogito, ergo sum (lat.): ich denke, also bin ich; → Descartes.

Cohen, Hermann, Philosoph, * 4. 7. 1842 Coswig (Anhalt), † 4. 4. 1918 Berlin, 1876–1912 Prof. in Marburg, mit Natorp Begründer und Haupt der → Marburger Schule. Denken als Denken der Idee und Sein (Denkgegenstand) sind identisch. Jeder Rückgriff auf vorhandene Wirklichkeit ist in der Philosophie unerlaubt; eine metaphysische Grundlage der Wirklichkeit gibt es nicht. Erfahren ist das Hervorbringen des Gegenstandes. Die Mathematik ist das „methodische Symbol der Wissenschaft" einschl. der Philosophie. In Kants Ethik erblickt C. die philos. Formulierung der alttestamentlichen Moral. Der Staat ist nicht Selbstzweck, sondern eine Organisation zur Versittlichung der Individuen und zur Verwirklichung des Humanitätsideals. Gott ist das „Zentrum aller Ideen, die Idee der Wahrheit". Hauptw.: Kants Theorie der Erfahrung, 1871, [4]1924; System der Philosophie (Bd. I: Logik der reinen Erkenntnis, 1902, [3]1922; Bd. II: Ethik des reinen Willens, 1904, [4]1923; Bd. III: Ästhetik des reinen Gefühls, 1912, [2]1923); Jüd. Schriften, 3 Bde., 1924; Kl. philos. Schriften, 2 Bde., 1926; Religion der Vernunft aus den Quellen des Judentums, [2]1960; Das Prinzip der Infinitesimalmethode und seine Geschichte, 1968; Werke, I–XVI, 1977 ff.

P. Natorp, H. C. als Mensch, Lehrer u. Forscher, 1918; W. Kinkel, H. C. – Eine Einf. in sein Werk, 1924 (mit Bibl.); J. Solsowiejczyk, Das reine Denken u. die Seinskonstituierung bei H. C., Diss. Berlin 1932; W. de Schmidt, Psychologie u. Transzendentalphilos. – Zur Psychologie-Rezeption bei H. C. u. Paul Natorp, 1976; J. Klein, Die Grundlegung der Ethik in der Philos. H. C.s u. P. Natorps, 1976; W. Marx, Transzendentale Logik als Wiss.theorie. Systematisch-krit. Unters. zur philos. Grundlegungsproblematik in C.s ‚Logik der reinen Erkenntnis', 1977; H. L. Ollig, Aporet. Freiheitsphilos. – Zu H. C.s philos. Ansatz, in: Philos. Jb. 85 (1978); E. Winter, Ethik u. Rechtswiss. – Eine historisch-systemat. Unters. zur Ethik-Konzeption des Marburger Neukantianismus im Werke H. C.s, 1980; H. Holzhey, C. u. Natorp, I–II, 1986; G. Edel, Von der Vernunftkritik zur Erkenntnislogik. Die Entwicklung der theoret. Philos. H. C.s, 1988; H. v. Wiedebach, H. C., 1989.

Cohn, Jonas, Philosoph, * 2. 12. 1869 Görlitz, † 12. 1. 1947 Birmingham, 1901–33 Prof. in Freiburg, lehrte, daß die Sache und ihr Erkennen nur zusammen erkennbar werden, und zwar durch dialekt. Denken, das weder die Vernünftigkeit noch die volle Begreiflichkeit der Welt voraussetzt. C. vertrat eine Ethik der Werte; jedes ideale Gut hat seine Wahrheit erst in seiner Verwirklichung. Hauptw.: Allg. Ästhetik, 1901, [5]1928; Der Sinn der gegenwärtigen Kultur, 1914; Theorie der Dialektik, 1923, [2]1965; Wertwissenschaft, 3 Bde., 1932; Selbstdarstellung in „Philosophen-Lexikon", [2]1949; Wirklichkeit als Aufgabe, 1955.

S. Marck, Die Dialektik in der Philos. der Gegenwart, 1931; Nachruf, in: ZphF 1 (1946/47).

coincidentia oppositorum (lat.): Zusammenfall der Gegensätze; gemeint ist die bewußte Verneinung der Gegensätze im Hinblick auf Gott. C. o. findet nach Nikolaus Cusanus, der sie mit Beispielen aus der Geometrie belegt, nach Giordano Bruno und Schelling überall in der Wirklichkeit statt. Die c. o. ist einer der tiefsinnigsten Gedanken dt. Philosophie.

D. Mahnke, Unendl. Sphäre u. Allmittelpunkt, 1937 (Repr. 1966); E. Kanitz-Huber,

Die c. o. als Grenzbegriff, 1954; K. Jacobi, Die Methode der Cusan. Philos., 1969.

Collins, Anthony, engl. Philosoph und Deist, * 21. 6. 1676 Heston (Middlesex), † 13. 12. 1729 London, mit Locke befreundet, forderte die Befreiung des Denkens vom Dogma, wollte das freie Denken nicht auf die Gebildeten beschränkt wissen, weil dies die Quelle aller gesellschaftlicher Unordnung sei. Hauptw.: *A Discourse on Freethinking,* 1713; *A Discourse on the Grounds and Reasons of the Christian Religion,* 1724.

N. L. Torrey, Voltaire and the English Deists, New Haven 1930; J. O'Higgins, A. C. – The Man and his Work, Den Haag 1970; R. Attfield, Clarke, C. and Compounds, in: J. Hist. Philos. 15 (1977); U. Horstmann, Die Gesch. der Gedankenfreiheit in England. Am Beispiel von A. C. ‚A discourse of freethinking', 1980.

Common sense (engl. „gemeinsamer Sinn"), Gemeinsinn, Gemeinschaftssinn, gesunder Menschenverstand, ist gemäß der Philosophie der → Schottischen Schule die angeborene Grundlage aller Wahrheitserkenntnis; → auch Franklin, B.

N. Isaacs, The Foundations of C. S., London 1949; S. A. Grave, The Scottish Philosophy of C. S., Oxford 1960 (Repr. 1973); H. Körver, C. S. – Die Entwicklung eines engl. Schlüsselwortes u. seine Bedeutung für die engl. Geistesgesch. vornehmlich zur Zeit des Klassizismus u. der Romantik, 1967; G. E. Moore, Eine Verteidigung des c. s., 1969; M. J. Adler, The Time of our Lives. The Ethics of C. S., New York 1970; H. Lübbe, Die Wiss. und ihre kulturellen Folgen. Über die Zukunft des c. s, 1987.

Comte, Auguste, franz. Philosoph, * 19. 1. 1798 Montpellier, † 5. 9. 1857 Paris, das. 1833–45 Lehrer am Polytechnikum, Hauptvertr. d. klass. Positivismus; in seiner Geschichts- und Sozialtheorie von → Saint-Simon beeinflußt, mit dem er eine Zeitlang befreundet war. C. verwarf jede Metaphysik. Er lehrte, daß der menschl. Geist in seiner Entwicklung drei Stadien durchläuft: das theologische, metaphysische und positivistische. Im ersten, dem der Priester- und Kriegerherrschaft, erklärt der Mensch die Naturerscheinungen aus einem besonderen Willen der Dinge selbst oder übernatürlicher Wesen (Fetischismus, Polytheismus, Monotheismus); im zweiten, dem der Philosophen und Juristen, aus abstrakten Ursachen, „Ideen" und „Kräften", hypostasierten Abstraktionen. Im dritten, positivistischen Stadium, dem der Vereinigung von Theorie und Praxis, begnügt sich der Mensch damit, durch Beobachtung und Experiment die Zusammenhänge der Erscheinungen aufzuspüren und die sich als konstant erweisenden Zusammenhänge als Gesetze auszusprechen. *Savoir pour prévoir, prévoir pour prévenir* (Wissen, um vorauszusehen, voraussehen, um vorzubeugen) ist das Motto der positiven Wissenschaft. Die Wissenschaften ordnen sich nach C. in einer „natürlichen Hierarchie": Mathematik, Astronomie, Physik, Chemie, Biologie, Soziologie. Die Psychologie verteilt C. auf Biologie und Soziologie. Jede dieser Wissenschaften setzt die elementaren Tatsachen der vorhergehenden voraus. Der → Soziologie hat C. ihren Namen und ihr erstes wissenschaftl. System gegeben; das praktische Ziel der Soziologie soll eine Organisation der menschlichen Gesellschaft sein. Um den Fortschritt zu beschleunigen, bedarf es zuletzt der Aktivierung der Gefühle durch eine allgemeine Menschheitsreligion, deren höchster Gegenstand (Grand Être) die Menschheit selbst ist. Die Anliegen dieser Religion sind: Liebe als Prinzip, Ordnung als Grundlage, Fortschritt als Ziel. – Hauptwerke: Cours de philosophie positive, I–VI, 1830–42, dt. 1883; Discours sur l'esprit positif, 1844, dt. 1979 (PhB 244); Système de politique positive ou traité de sociologie instituant la religion de l'humanité, I–IV, 1851–54; Catéchisme positiviste, 1852, dt. 1891; Die Soziologie (Auswahl), 1933, ²1974 (KTA 107); Œuvres complètes, I–XII, Paris 1968–71.

L. Lévy-Bruhl, La philos. d'A. C., Paris 1900, engl. 1973; W. Ostwald, A. C. – Der Mann u. sein Werk, 1914; J. Peter, A. C.s Bild vom Menschen, 1936; J. Lacroix, La sociologie d'A. C., Paris 1956, ⁴1973; P. Arbousse-Bastide, La doctrine de l'éducation universelle dans la philos. d'A. C., I–II, Paris 1957; B. Sokoloff, The Mad Philosopher A. C., Westport Conn. 1961 (Repr. 1975); O. Negt, Strukturbeziehungen zwischen den Gesellschaftslehren C.s u. Hegels, 1964; K. Thompson, A. C. – The Foundation of Sociology, New York 1976; W. Habermehl, Historizismus u. krit. Rationalismus: Einwände gegen Poppers Kritik an C., Marx u. Platon, 1980.

Conclusio (lat.) → Schluß.

concursus dei (lat., „Mitwirkung Gottes"), Auffassung des → Okkasionalismus, wonach es keine Wechselwirkung bei der Verbindung zwischen seelischen und leiblichen Vorgängen gibt, sondern daß der Zusammenhang zwischen den beiden Bereichen aus der ständigen Bewirkung durch Gott resultiere.

L. Rasolo, Le dilemme du concours divin. Primat de l'essence ou primat de l'existence?, Rom 1956.

Condillac, Etienne Bonnot de, franz. Philosoph, * 30. 9. 1714, Grenoble, † 3. 8. 1780 Flux bei Beaugency, Begründer des neueren Sensualismus, sucht alle psychischen Vorgänge von der Erinnerung bis zum Denken und Wollen als Umformungen von Sinneswahrnehmungen (sensations), der einzigen Erkenntnisquelle, zu begreifen. – Hauptwerke: Traité de sensations, I–II, 1754, dt. 1983 (PhB 25); Traité des animaux, 1755; Essai sur l'indifference en matière de religion, I–IV, 1817–23, dt. 1820; Œuvres complètes, I–XXXI, Paris 1803; Œuvres complètes, I–XVI, 1821–22 (I–VIII, Repr. 1970).

R. McRae, The Problem of the Unity of the Sciences. Bacon to Kant, Toronto 1961; F. Réthoré, C. ou l'empirisme et le rationalisme, Paris 1964 (Repr. 1971); H. Aarsleff, C.'s Speechless Statue, in: Akten des II. International Leibniz-Congress, 4 (1975); C. Avossa, C. e il processo cognitivo, Neapel 1975; E. M. Hine, A Critical Study of C.'s Traité des Systèmes, Den Haag 1979; N. Rousseau, Connaissance et langage chez C., Genf 1986.

Conditio sine qua non (lat.): die Bedingung, ohne welche (ein Ereignis) nicht (eintreten könnte).

Condorcet, Marie Jean Antonie, französ. Geschichtsphilosoph, * 17. 9. 1743 Ribemont b. St. Quentin, † 29. 3. 1794 Clamart, Sensualist und Positivist, ursprünglich Mathematiker, stand in enger Verbindung mit Condillac, seit 1777 ständiger Sekretär der Akademie, schloß sich den Enzyklopädisten (→ Enzyklopädie), später der Revolution an. Forderte eine Reform der Erziehung zum Ausgleich der natürlichen Ungleichheiten von Talent und Besitz sowie die Beseitigung aller Klassenunterschiede im Bildungswesen. Schrieb: *Esquisse d'un tableau historique des progrès de l'esprit humain* (1794, dt. 1796, 1976), worin er die ursprüngliche Güte und unbegrenzte Vervollkommnungsfähigkeit des Menschen und der ganzen Menschheit, sofern sie nur ihre Vernunft walten lasse, zu beweisen sucht. – Hauptwerke: Essai d'analyse, 1768; Esquisse d'un tableau historique des progrès de l'esprit humain, 1795 (Repr. 1978), dt. 1976; Œuvres complètes, I–XXI, Paris 1804; Œuvres, I–XII, Paris 1847–49 (Repr. 1968).

E. Madelung, Die kulturphilos. Leistung C.s, Diss. Jena 1912; J. G. Frazer, C. and the

Progress of Human Mind, Oxford 1933; F. Lebrecht, Der Fortschrittsgedanke bis C., Diss. Frankfurt 1934 (Repr. 1974); R. Reichardt, Reform u. Revolution bei C., 1973 (mit Bibl.); K. M. Baker, C. – From Natural Philosophy to Social Mathematics, Chicago/London 1975 (mit Bibl.); J.-C. Perrot, C. Présentation, Paris 1988 (Revue de synthèse 109, Heft 1); E. u. R. Badinter, C., Paris 1988.

Conrad-Martius, Hedwig, Philosophin, * 27. 2. 1888 Berlin, † 15. 2. 1966 München, seit 1955 Prof. in München, unternimmt, von der Phänomenologie ausgehend, die Neubegründung einer Realontologie und ihren Ausbau als Kernstück einer universellen Ontologie. Auf dieser Basis entwickelte C.-M. eine philos. Kosmologie u. Anthropologie. Für die Natur werden immanente transphysische Potenzgrundlagen aufgewiesen, auch als reale Begründung der neuen z. T. paradox erscheinenden Ergebnisse der Naturwissenschaften. Kategorien wie Raum, Zeit, Materie erfahren dabei eine notwendige Erweiterung. Wesensentelechien, wegen ihres qualifizierenden Wirkvermögens von C.-M. „energetisierte Artlogoi“ genannt, sind für die ontische Konstitution aller Natursubstanzen letztbegründend. Hauptw.: Realontologie, 1923; Abstammungslehre, ^{2}1950; Der Selbstaufbau der Natur, 1944, ^{2}1961; Naturwissenschaftlich-metaphysische Perspektiven, 1948; Bios und Psyche, 1949; Die Zeit, 1954; Utopien der Menschenzüchtung, 1955; Das Sein, 1957; Der Raum, 1958; Festschrift für C.-M., Jahrbuch der Görres-Gesellschaft, 1958; Die Geistseele des Menschen, 1960; Schriften zur Philosophie, Bd. 1–3, 1963–65; Metaphysik des Irdischen, 1982. Ges. Biblgr. in ZphF 31, 1977.

Festschr. für C.-M., Jahrb. der Görresgesellschaft, 1958; E. Avé-Lallemant, *H. C.-M., Phenomenology and Reality,* in: H. Spiegelberg, *The Phenomenological Movement,* ^{3}1981.

Consensus (lat.), Übereinstimmung, Zustimmung; C. gentium, C. omnium, Übereinstimmung der Völker bzw. Aller; wurde bei den Stoikern, bei Cicero und in der Schottischen Schule als Beweis benutzt, → auch Argument. In der modernen Logik wird C., u. a. von Ch. S. Peirce, als Kriterium der Wahrheit betrachtet, sofern dazu die uneingeschränkte Übereinstimmung der Wissenschaftler vorliegt.

K. Oehler, Der c. omnium als Kriterium der Wahrheit in der antiken Philos. u. Patristik, in: Antike u. Abendland 10 (1961); H. Scheit, Wahrheit, Diskurs, Demokratie. Studien zur „Konsensustheorie der Wahrheit“, 1987.

Contradictio (lat.), Widerspruch. C. in adiecto, Widerspruch im Beiwort, z. B. hölzernes Eisen.

A. Höfler, Grundlehren der Logik, 1917; R. Heiss, Wesen u. Formen der Dialektik, 1959.

Contrat social (franz.), Gesellschaftsvertrag, → Staat, → Rousseau.

Copleston, Frederik, * 10. 4. 1904 Taunton/England, Prof. am Heythrop College, Universität London, Chipping Norton, Historiker der Philosophie. Studien zur Geschichte der europäischen Philosophie. – Fr. Nietzsche, 1942; A. Schopenhauer, 1946; *A History of Philosophy,* 9 Bde., 1952–75; *A history of medieval philosophy,* 1952, dt. 1972; *Aquinas,* 1955, ^{2}1957; *Philosophies and Cultures,* 1980.

Coreth, Emerich, Prof. in Innsbruck, * 10. 8. 1919 Raabs/Niederösterr., arbeitet auf dem Gebiet der christlichen Philosophie, philosoph. Hermeneutik und Anthropologie; versucht auf dem Hintergrund historischer Arbeiten über den dt. Idealismus, Husserl, Heidegger u. a. eine transzendentale Begründung der Metaphysik. – Schrieb u.

a.: Metaphysik. Methodisch-systematische Grundlegung, 1961, [3]1980, (span. u. engl. Übers. 1964, 1968); Grundfragen der Hermeneutik, 1969 (span. 1972, portg. 1973); Was ist der Mensch? Grundzüge der Anthropologie, [3]1980, (span. 1976, ital. 1978).

Corpus mysticum (lat. „geheimnisvoller Leib"), symbolische Bezeichnung der Christenheit als des Leibes Christi (so bes. 1. Kor. 12, 12ff.). In der Philosophie → Hamanns ist das c. m. die Ganzheit aus Schöpfer und Schöpfung, aus Weltgeist und Weltsein, in der alles zugleich göttlich und menschlich ist, in der Christus und die Gemeinde da sind.

E. Mersch, Le corps mystique du Christ, Leuven 1933, [3]1951; F. Hölböck, Der eucharist. u. der myst. Leib Christi in ihren Beziehungen zueinander nach der Lehre der Frühscholastik, 1941; A. Mitterer, Geheimnisvoller Leib Christi nach Thomas von Aquin u. nach Papst Pius XII, 1950; G. Rossé, Voi siete corpo di Cristo: evoluzione storica, Rom 1986.

Cousin, Victor, franz. Philosoph, * 28. 11. 1792 Paris, † 13. 1. 1867 Cannes, seit 1814 Prof. in Paris, vertrat eine eklektische Philosophie, indem er lehrte, daß alle philos. Systeme teilweise richtige, dauernde, teilweise falsche, vergängliche Bestandteile enthalten. Kehrte gegen Ende seines Lebens zu einem psychologisch abgeschwächten Cartesianismus zurück. Vermittelte zwischen der metaphysikfeindlichen schottischen (Hume, Hamilton) und der metaphysisch gerichteten deutschen Schule (Schelling und Hegel, Cousins *„deux illustres amis"*) und bekämpfte den Sensualismus und Materialismus. Hauptw.: *Fragmentes philosophiques,* 5 Bde., 1826 (repr. 1971); *Cours de l'histoire de la philosophie,* 3 Bde., 1828; *De la Metaphysique d'Aristote,* 1835; *Histoire de la philosophie,* 3 Bde., 1840; *Jacqueline Pascal,* 1845, [10]1894; *Du vrai, du beau et du bien,* 1853.

C. E. Fuchs, Die Philos. V. C.s, 1847; P. Janet, V. C. et son œuvre, Paris 1885; H. J. Ody, V. C. – Studien zur Gesch. des frz. Bildungswesens u. seiner Beziehungen zu Deutschland in der ersten Hälfte des 19. Jh.s, 1933; H. J. Ody, V. C., 1953; W. V. Brewer, V. C. as a Comparative Educator, New York 1971; A. Cornelius, Die Geschichtslehre V. C.s unter besonderer Berücksichtigung des Hegelschen Einflusses, 1958.

Couturat, Louis, franz. Mathematiker u. Philosoph, * 17. 1. 1868 Paris, † das. 3. 8. 1914, arbeitete auf erkenntnistheoretisch-logischem Gebiet in einem der Logik Husserls verwandten Sinn und ist Mitbegründer der modern. math. Logik, deren Anfänge bei Leibniz er untersuchte. Hauptw.: *La logique de Leibniz d'après des mss. documents inédits,* 1901, repr. 1961; *Les principes des mathématiques,* 1905, repr. 1965, dt. 1908; *L'algèbre de la logique,* 1905, repr. 1965.

A. Lalande, *L'oeuvre de L. C.,* 1914.

Cramer, Wolfgang, * 18. 10. 1901 in Hamburg, Schüler von R. Hönigswald, Prof. in Frankfurt/M., † 2. 4. 1974 das., suchte den Subjektivismus der kritizistischen Grundlehre in einer transzendentalen Ontologie zu überwinden. Nach C. bedarf die Fragestellung der Transzendentalphilosophie einer Fundierung in einer aus eben dieser Fragestellung entwickelten Ontologie der Subjektivität, die ihrerseits in einer Theorie des Absoluten zu begründen ist. – Hauptw.: Die Monade, das philosophische Problem vom Ursprung, 1954; Grundlegung einer Theorie des Geistes, [3]1975; Das Absolute und das Kontingente, 1959, [2]1976; Die absol. Reflexion, Bd. I, Spinozas Philosophie des Absoluten, 1966, Bd. II, Gottesbeweise u. ihre Kritik, 1967; Die absolute Reflexion, 1969; Kausalität und

Freiheit, in „Philos. Perspektiven", 1973; Das Absolute, im Handbuch philos. Begriffe, 1973.

H. Radermacher/P. Reisinger (Hgg.), Rationale Metaphysik. Die Philos. von W. C., I, 1987.

Creatio continua (lat.), fortlaufende → Schöpfung.

credo, quia absurdum (lat.), ich glaube es, gerade weil es widersinnig, widervernünftig ist (→ paradox), d. h. der Glaube bezieht sich auf das, was weder mit den Sinnen noch mit der Vernunft erkannt werden kann; ein fälschlich Tertullian und Augustinus zugeschriebener Ausspruch, der den Widerstreit zw. Glauben und Wissen zum Ausdruck bringt. Luther: „Wider alle Vernunft, ja wider alles Zeugnis der Sinne muß man lernen am Glauben festhalten".

credo, ut intelligam (lat.), ich glaube, um zu erkennen; → Anselm von Canterbury.

Croce, Benedetto, ital. Philosoph, * 25. 2. 1866 Pescasseroli, Prov. L'Aquila, † 20. 11. 1952 Neapel, 1910 Senator, 1920/21 Unterrichtsminister, 1943 Neubegründer der ital. liberal. Partei und deren Vorsitzender bis 1947, 1944 Minister, vertrat eine idealistische Philosophie im Anschluß an Hegel und zugleich einen antiklerikalen Intellektualismus. Es gibt keine Natur. Es gibt nichts Reales als den Geist, der sich in vier Stufen, zwei theoretischen und zwei praktischen, dialektisch verwirklicht: 1. als Intuition (ästhetische Stufe), 2. als Synthese des Allgemeinen mit dem Individuellen (logische Stufe), 3. als Wollen der Einzelheit (ökonomische Stufe), 4. als Wollen des Allgemeinen (ethische Stufe). Der Geist soll diese Stufe immer von neuem, auf höherem Niveau, durchlaufen. Die Welt ist Geschichte. Die geschichtl. Entwicklung geht vom Guten zum Besseren. Die Erkenntniskraft der Intuition und der Phantasie setzte C. sehr hoch an. Durch sein umfassendes Lebenswerk „schuf er seinem Lande die verbindliche Ideologie seiner bürgerl. Epoche und verhalf ihm damit zu einem neuen geistigen Bewußtsein" (A. Hübscher, Philosophen der Gegenwart, 1949). – Hauptwerke: Estetica come scienza dell'espressione e linguistica generale, 1902, dt. 1905; Logica come scienza del concetto puro, 1905, dt. 1930; Ciò che è vivo e ciò che è morto della filosofia di Hegel, 1907, dt. 1909; Filosofia come scienza dello spirito, I–IV, 1908–17; Filosofia della practica, 1909, dt. 1929; La filosofia di G. Vico, 1911, dt. 1927; Breviario di estetica, 1913, dt. 1913; Zur Theorie u. Gesch. der Historiographie, 1915; Goethe, 1919; Aesthetica in nuce, 1928; La storia come pensiero e come azione, 1938, dt. 1944; Le carattere della filosofia moderna, 1941; Storia dell'estetica per saggi, 1942; Indagini su Hegel, 1952; B. C. – Karl Voßler. Briefwechsel, hg. 1955; Scritti di storia letteraria e politica, Bari I–XXXXVI, 1911–54; Saggi filosofici, I–XIV, Bari 1910-52; Gesammelte philos. Schriften, I–VII, 1927–30. – E. Cione, Bibliografia Crociana, Rom 1956. F. Nicolini (Hg.), Bibliografia Vichiana, I–II, Neapel 1947/48.

A. M. Fränkel, Die Philos. B. C.s u. das Problem der Naturerkenntnis, 1929; T. Osterwalder, Zur Philos. B. C.s, 1950; M. Corsi, Le origini del pensiero di B. C., Florenz 1951; A. Caracciolo, L'Estetica e la Religione di B. C., Arona 1958; A. A. de Gennaro, The Philosophy of B. C., New York 1961; M. Abbate, La filosofia di B. C. e ala crisi della società italiana 1966; K.-E. Lönne, B. C. als Kritiker seiner Zeit, 1967; V. Stella, Il giudizio su C., Pescara 1971; I. de Feo, C., Mailand 1975; L. M. Palmer/H. S. Harris (Hgg.), Thought, Action and Intuition as a Symposium on the Philosophy of B. C., 1975; W. Rossani, C. e l'estetica, Mailand 1976; K. Acham, B. C.: Die Grundprobleme des Historismus, in: Die Großen der Weltgesch. XI, 1978; P. Bonetti, Introduzione a C., Rom/Bari 1984; M. Fabris (Hg.), Ritorno a C., Bari 1984; R. Zimmer, Einheit u. Entwicklung in B. C.s Ästhetik, 1985.

Crusius, Christian August, Philosoph, * 10. 1. 1715 Leuna, † 18. 10. 1775 Leipzig, der bedeutendste Gegner Christian Wolffs, gab die Lehre von der prästabilierten Harmonie auf und vertrat gegen Leibniz und Wolff die Ansicht, daß nicht alle Wirkungen sich mit Notwendigkeit aus ihren Ursachen ergeben, verwies auf die Grenzen der mathem. Methode bei ihrer Anwendung auf wirkliche Gegenstände; schrieb u. a.: Weg zu Gewißheit und Zuverlässigkeit der menschl. Erkenntnis, 1747; Opuscula philosophico-theologica, 1750; Die philos. Hauptw., hg. v. G. Tonelli, 4 Bde., 1964–69.

H. Heimsoeth, Metaphysik u. Kritik bei C. A. C., 1926; M. Wundt, Die dt. Schulphilos. im Zeitalter der Aufklärung, 1945 (Repr. 1964); L. W. Beck, Early German Philosophy, Cambridge Mass. 1969; M. Benden, C. A. C. – Wille u. Verstand als Prinzipien des Handelns, 1972.

Cudworth, Ralph. engl. Philosoph, * 1617 Aller (Sommersetshire), † 26. 6. 1688 Cambridge, Begründer und Haupt der → Cambridger Schule, vertrat einen christianisierenden Platonismus, für den sich die Sittlichkeit aus angeborenen, absolut gültigen sittl. Ideen herleitet; wandte sich gegen jede mechanistische Naturerklärung: hinter jeder Erscheinung der Körperwelt steckt eine bildende Natur geistiger Art. – Hauptwerke: The True Intellectual System of the Universe, 1678; A Treatise concerning eternal and immutable morality, hg. 1731; Works, I–IV, Oxford 1829; Collected Works, I–III, 1977 ff.

E. Cassirer, Die Platon. Renaissance in England u. die Schule von Cambridge, 1932; A. N. Prior, Logic and the Basis of Ethics, Oxford 1949; I. A. Passmore, R. C., Cambridge 1951; L. Gysi, Platonism and Cartesianism in the Philosophy of R. C., 1962.

Cusanus, Nicolaus, → Nikolaus Cusanus.

Da, Begriff der → Existenzphilosophie. Das „Da“ des Daseins ist die befindliche (→ Befindlichkeit) Erschlossenheit des Daseins durch die Stimmungen, hauptsächlich durch die → Angst; das Dasein ist in sein Da „geworfen“ (→ Geworfenheit); die existenziale Räumlichkeit des Da-seins, die seinen Ort bestimmt, gründet auf seinem In-der-Welt-Sein.

Dämon (griech. „Gottheit“), eine unbegreifliche Kraft, die der Mensch solchen Erscheinungen unterlegt, die er aus seiner gewöhnlichen Erfahrung heraus nicht versteht. Der D. im Menschen ist seit Heraklit, Platon und den Stoikern seine Eigenart, seine schicksalhafte Bestimmtheit; bei Homer meist Bezeichnung für Gottheiten, die sich nicht näher bestimmen lassen, aber durch geheimnisvolle (nicht unbedingt schädliche) Wirkungen auf den Menschen kundtun. Die Nebenbedeutung des Bösen, Unheimlichen (Dämonischen) ist erst im Christentum und im spätantiken Zauberglauben entstanden. Das „Dämonische“ ist das unerklärbar Wirkende in einem Ausmaß, das unheimlich und oft zerstörerisch wirkt. In diesem Sinne spricht man von einer Dämonie der Technik, von der Dämonie des Krieges oder des Staates, auch von der Dämonie des Menschen der Gegenwart, der sich von übermächtigen, unbekannten Kräften nach einem unbekannten Ziel hin getrieben fühlt; → auch Macht.

U. v. Wilamowitz, Der Glaube der Hellenen, 1931 (Repr. 1955); A. Weber, Der dritte oder der vierte Mensch. Vom Sinn des geschichtl. Daseins, 1953; A. Metzger, Dämonie u. Transzendenz, 1964; G. Luck, Magie und andere Geheimlehren in der Antike, 1990 (KTA 489).

dänische Philosophie, entwickelte sich seit der Aufklärung im engsten Zusammenhang mit den Philosophien der großen Nachbarländer, bes. Deutschlands. An die franz. Aufklärung schloß sich philosophisch der Dichter Ludwig Holberg (1684–1754) an. Der Norweger → Treschow brachte um 1800 die kantische Philosophie nach Dänemark. Durch die beiden → Oersted wurde Schelling bekannt. Der Pädagoge Grundtvig (1783–1872) verbreitete durch seine Psalmen-Dichtung u. praktisch-geistige Tätigkeit eine allgemeinchristl. Gesinnung von philos. Belang. Die große Abrechnung mit Hegel vollzog → Kierkegaard, der bisher einzige große Vertreter der Ph. In jüngster Zeit wurde, auch in Deutschland, durch Übersetzungen seiner Schriften → Höffding (1843–1931) bekannt. Heute ist die dän. Fachphilosophie überwiegend logisch-empirisch u. sprachanalytisch orientiert (Jörgensen, 1894–1969, Hartnack, * 1912). Die metaphysisch-ethische Tradition von Kierkegaard wurde von der Theologie (Slök, Lögstrup u. a.) übernommen. Die d. Ph. wurde in ihrer neuesten Entwicklung hauptsächlich von modernen Strömungen der engl. Philosophie beeinflußt.

E. Olson/A. M. Paul (Hgg.), Contemporary Philosophy in Scandinavia, Baltimore/London 1972.

Daimonion (griech. „göttl. Wesen"), nannte Sokrates eine „innere Stimme", die ihn warnte, wenn er im Begriff stand, etwas nicht Richtiges, gegen das Gute Verstoßendes zu tun. D. wird erst in den folgenden Jhdtn. in die Dämonenlehre einbezogen.

R. Guardini, Der Tod des Sokrates. Eine Interpretation der platon. Schriften, 1945.

D'Alembert, Jean le Rond, französ. Naturwissenschaftler, * 16. 11. 1717 Paris, † das. 29. 10. 1783, gab mit Diderot zusammen die → Enzyklopädie heraus, in deren Einleitung (*Discours préliminaire,* 1751, dt. v. G. Klaus, 1958) er das Zeitalter der Naturwissenschaften ankündigt. D'A. ist der erste Vertreter des → Positivismus. Das d'A.sche Prinzip, entwickelt in *Traité de dynamique* (1743), führt die Bewegung der starren Körper auf die Bewegung von Massenpunkten zurück. – *Oeuvres philosophiques, historiques et littéraires,* I–XVII, Paris 1805; *Oeuvres,* I–V, Paris 1821/22 (Repr. 1967).

M. Schinz, Die Anfänge des frz. Positivismus I, 1914; M. Muller, Essai sur la philos. de J. d'A., Paris 1926; R. Grimsley, J. d'A. (1717–83), Oxford 1963 (mit Bibl.); T. L. Hankins, J. d'A., Oxford 1970; G. Klaus (Hg.), Philosophiehistor. Abhandlungen. Kopernikus, d'A., Condillac, Kant, 1977.

Dante Alighieri, ital. Dichterphilosoph, * 30. 5. 1265 Florenz, † 14. 9. 1321 Ravenna, schildert in seiner *„Divina Commedia"* (Göttliche Komödie) den Zustand der Seele nach ihrem Tode in den drei Reichen des Jenseits: in der Hölle, im Fegefeuer und im Paradies. D.s Hinneigung zum Averroismus und seine dem Neuplatonismus verwandte Lichtmetaphysik sind von theolog. Seite oft getadelt worden. – Weitere Hauptwerke: De monarchia libri tres (entst. um 1310), dt. 1913 (Repr. 1974); Il convivio (entst. zwischen 1303 u. 1308), dt. 1965.

E. Gilson, D. et la philos., Paris 1939; E. Roon-Bassermann, D. u. Aristoteles. Das „Convivio“ u. der mehrfache Schriftsinn, 1956; P. Boyle, D. – Philomythes and Philosopher, Man in the Cosmos, Cambridge 1981; C. Vasoli, Filosofia e politica in D. fra „Convivio“ et „Monarchia“, in: Letture Classensi, 9–10 (1982).

Darwin, Charles, engl. Naturforscher, * 9. 2. 1809 Shrewsbury, † 19. 4. 1882 Down (Kent), Begründer des nach ihm genannten → Darwinismus, in dem D. selbst den Keim einer ganzen Philosophie erblickte. – Hauptwerke: On the Origin of Species by Means of Natural Selection, 1859, [6]1872 (Repr. 1963), dt. 1963; The Descent of Man and Selection in Relation to Sex, 1871, dt. 1966; C. D.s gesammelte Werke, I–XVI, 1875–88; C. D.'s Works, I–XV, New York 1910. – R. B. Freeman, The Works of C. D. – An Annotated Bibliographical Handlist, Folkstone 1965, [2]1977.

G. Wichler, C. D., Oxford/New York 1961, dt. 1963; J. Hemleben, C. D. in Selbstzeugnissen und Bilddokumenten, 1968; D. L. Hull, D. and his Critics, Cambridge Mass., 1973; M. Ruse, Taking D. Seriously, Oxford 1986; F. M. Wuketits, C. D. – Der stille Revolutionär, 1987 (mit Bibl.).

Darwinismus, die → Abstammungslehre in der ihr von → Darwin gegebenen Form. Ihre Grundlagen bilden die Erfahrungstatsachen der Veränderlichkeit der Lebewesen (Variabilität), der Vererbung (Heredität) und der Überproduktion von Nachkommen. Im Gegensatz zu → Lamarcks „Vererbung erworbener Eigenschaften“ sieht der D. aus dieser Überproduktion (hier liegt der Kern des D.) einen Kampf ums Dasein unter den Lebewesen hervorgehen, der zu einer Auslese (Selektion) führt, diejenigen, die wegen unzulänglicher Eigenschaften den Kampf nicht bestehen, gehen zugrunde, sterben aus; diejenigen, die ihn infolge günstiger Eigenschaften und Fähigkeiten bestehen, erhalten ihre Rasse, indem sie sich fortpflanzen und ihre Eigenschaften durch Wahl geeigneter Fortpflanzungspartner (Zuchtwahl) auf ihre Nachkommen vererben.

H. W. Koch, Der Soziald., 1973; T. F. Glick (Hg.), The Comparative Reception of Darwinism, Austin Tex., 1974; G. Altner (Hg.), Der D., 1981; J. Illies, Der Jahrhundert-Irrtum. Würdigung und Kritik des D., 1983.

Dasein, das (empirische) Vorhandensein (Daß-Sein) einer Sache oder Person, im Gegensatz zum Sosein (Beschaffenheit, Was-Sein) und zum (metaphysischen) → Sein. Ontologisch gesehen hat aber die Beschaffenheit ebensoviel D. wie die Sache. Es gibt kein Sosein ohne D. und kein D. ohne Sosein. Alles Sosein von etwas „ist“ selbst auch D. von etwas, und alles D. von etwas „ist“ selbst auch Sosein von etwas. Nur das Etwas ist hierbei nicht ein und dasselbe. Beispiel: das D. des Baumes an seiner Stelle ist selbst ein Sosein des Waldes, denn ohne ihn wäre der Wald anders, also von anderer Beschaffenheit; das D. eines Astes am Baum ist ein Sosein des Baumes; das D. eines Zweiges am Ast ist ein Sosein des Astes usw. Immer ist das D. des einen zugleich das Sosein des anderen. Diese Reihe läßt sich nach beiden Seiten verlängern und auch umkehren. Eine neue Bedeutung hat das D. in der modernen → Existenzphilosophie gewonnen. Das D. des Menschen wird, da es unserer Erkenntnis am leichtesten zugängig ist, mittels einer Daseinsanalytik dazu benutzt, das Wesen und den Sinn des (im menschl. D. anwesenden) Seins zu erschließen (Existenzphilosophie = Fundamentalontologie); → auch Existenz, Essentia, Welt.

N. Hartmann, Zur Grundlegung der Ontologie, 1935; J. B. Lotz, Sein und Wert, 1938

(Das Urteil und das Sein, [2]1957); R. Lauth, Die Frage nach dem Sinn des D.s, 1953; T. Räber, Das D. in der „Philosophie" von K. Jaspers, 1955; W. Goelz, D. und Raum, 1970; F. W. v. Herrmann, Subjekt und D. – Interpretationen zu „Sein und Zeit", 1974; F. W. v. Herrmann, Hermeneut. Phänomenologie des D.s – Eine Erläuterung von „Sein und Zeit", I, 1987.

Dauer, das Fortbestehen der Dinge in der Zeit. – Bergson sagt von der Wirklichkeit, daß sie weder räumlich noch zählbar, daß sie hingegen „reine D." und von Raum und Zeit durchaus verschieden ist. Die D. wird nicht mit dem Verstande – (der nur zerschneiden, analysieren, messen und zählen kann) aufgefaßt, sondern mit der → Intuition. Bergsons Begriff der D. kommt u. a. bei Rilke vor.

H. Bergson, *Durée et simultanéité*, [2]1923; G. Pflug, H. Bergson. Quellen und Konsequenzen einer induktiven Metaphysik, 1959.

Dawson, Christopher, engl. Religionsphilosoph, * 12. 10. 1889 Skipton, † 25. 5. 1970 Budleig Salteron, Devonshire, seit 1934 Prof. in Liverpool, erforscht die auf der Grenze zwischen Soziologie und Religionsphilosophie liegenden Phänomene, bes. die Wirkungen des Religiösen innerhalb der abendländ. Kultur und – im Gegensatz dazu – in der Gegenwart. Den drohenden Untergang des Abendlandes sieht D. verursacht durch die Säkularisation aller religiösen Bindungen durch den Fortschrittsglauben, der im 18. Jh. das abendländ. Erbe antrat und vertan hat. Hauptw.: *The Age of the Gods, Progress und Religion,* 1929, dt. 1935; *Mediaeval Religion,* 1934; *The Making of Europe, 1934, dt. [2]1950; Christianity and the New Age, Religion and the Modern State,* 1935, dt. 1953; *The Judgement of the Nations,* 1943, dt. 1945, *Religion and Culture,* 1948, dt. 1951; *Religion and the Rise of Western Culture,* 2 Bde., 1950, dt. 1953; *Mediaeval Essays,* 1954; *Dynamics of World's History,* 1957; *Movement of World Revolution,* 1959 (dt. die Revolution der Weltgeschichte, 1960); *The Historic Reality of Christian Culture,* 1960; *The Crisis of Western Education,* 1961; *The dividing of Christendom,* 1965.

De Boer, Wolfgang, * 10. 2. 1914 Beelitz Heilstätten, Prof. in Dortmund, stark von Hölderlins Existenzauffassung beeinflußte Anthropologie, welche das Menschenbild der Antike mit dem des modernen Existenzialismus zu vereinbaren sucht. Der Mensch unterscheidet sich vom Tier durch das „Ungenügen am Gegenwärtigen" (Hölderlin), dem die menschlichen Kulturleistungen entstammen. – Schr. u. a.: Das Problem des Menschen und die Kultur, 1958; Hölderlins Deutung des Daseins, 1961; Der Wille zum Glück. Über die Geburt der Kultur aus dem Leiden am Menschen, 1963.

De Chardin, s. → Teilhard de Ch.

Deduktion (latein. „Herbeiführung"), Ableitung des Besonderen aus dem Allgemeinen; derjenige Weg des Denkens, der vom Allgemeinen zum Besonderen, von einem allgemeinen Satz zu einem speziellen führt. Die allg. Denkform der D. ist dabei der → Schluß, dessen Voraussetzungen das betr. Allgemeine und dessen Schlußfolgerung das betr. Besondere bilden. Anwendbar ist die D. oder deduktive Methode daher nur in den Naturwiss., und in der Mathematik. So kann z. B. aus dem 1. Hilbertschen Axiom („Zwei voneinander verschiedene Punkte A und B bestimmen stets eine Gerade a") mittels D. geschlossen werden, daß die kürzeste Verbindungslinie zweier

Punkte eine durch die beiden Punkte gelegte Gerade ist. – Gegensatz → Induktion; → auch Beweis. – Transzendentale D. nennt Kant die Erklärung der Art, wie sich Begriffe *a priori* auf Gegenstände beziehen können, d. h. wie sich vorbegriffliche Wahrnehmung zu begrifflicher Erfahrung (Erkenntnis) umformen kann, zum Unterschied von der empirischen D., welche nur die Art anzeigt, wie ein Begriff durch Erfahrung und Reflexion über diese erworben wird.

J. S. Mill, A System of Logic, Ratiocinative and Inductive, I–II, London 1843, dt. 1849; H. Krings, Transzendentale Logik, 1964; M. Hossenfelder, Kants Konstitutionstheorie und die transzendentale D., 1978; G. Sundholm, Systems of D., in: D. Gabbay/F. Guenthner (Hgg.), Handbook of Philosophical Logic, Dordrecht 1983 (mit Bibl.); M. Baum, D. und Beweis in Kants Transzendentalphilos., 1986.

Definition (lat. „Begrenzung"), Begriffsbestimmung, Darstellung eines Begriffs durch Aufzählung seiner Merkmale, d. h. durch Angabe des Begriffsinhalts (→ Begriff, Prädikat). D. kann bei Begriffen von empirischen Gegenständen nur in der Angabe der wesentlichen Merkmale bestehen, weil solche Begriffe unabsehbar viele Merkmale haben (→ Abstraktion). Der Exaktheit nach unterscheidet man strenge D.en, die es nur in der Mathematik gibt, von Begriffs-Aufweisungen. Nach den näheren Umständen und den Funktionen der D. unterscheidet man: 1. Analytische D.en von synthetischen D.en, d. h. D.en in synthetisch-konstruktiver Funktion, was sich nicht aus der isolierten D., sondern aus dem Erkenntniszusammenhang, in dem sie steht, erweist: 2. Nominal-D.en, die einen Begriff auf andere zurückführen, von Real-D.en, die auf geeignete Gegenstände als Beispiele von solchen hinweisen, die unter den Begriff fallen. – Die aristotelische D. im schulmäßigen Sinne eines Begriffes geschieht durch Angabe seiner „nächst-(höher-)en Gattung" *(„genus proximum")* u. des „artbildenden Unterschieds" *(„differentia specifica")* – D.-Fehler: 1. Die D. enthält nur (echte) Verneinungen; 2. die D. ist zu eng; 3. die D. ist zu weit; 4. die D. benutzt das zum Definieren, was erst definiert werden soll; 5. statt den Inhalt anzugeben, gibt die D. den Umfang des betr. Begriffs an, womit sie keine D., sondern eine Verifikation des betr. Begriffs ist; → auch Logik.

H. Rickert, Die D., 1888; W. Dubislav, Über D., 1926; R. Robinson, D., Oxford 1954 (Repr. 1965); D. P. Gorski, Über die Arten der D. und ihre Bedeutung in der Wiss., in: G. Kröber (Hg.), Studien zur Logik der wiss. Erkenntnis, 1967 (russ. 1964); R. Borsodi, The D. of D., Boston Mass. 1967; E. v. Savigny, Grundkurs im wiss. Definieren, 1970; M. Kessler, Aristoteles' Lehre von der Einheit der D., 1976; K. Schütte, Proof Theory, 1977; R. Kleinknecht, Grundlagen der modernen D.stheorie, 1979.

Defizient (lat. „erlahmend, verscheidend"), mangelhaft werdend. Heidegger spricht von dem d.en Modus eines Verhaltens zur Umwelt, wenn er die im alltäglichen Leben verlorengegangene Ursprünglichkeit einer Auffassungsweise kennzeichnen will. So ist das Betrachten eines Gegenstandes um der reinen Erkenntnis willen ein d.er Modus des → Besorgens.

Deformation (lat. „Entstellung, Verunstaltung"), Gestaltsänderung, Verbildung.

Degeneration (lat.), Entartung.

Deismus (aus lat. *deus,* „Gott"), die bes. in England seit der Aufklärung entstandene, auf Herbert von → Cherbury zurückgehende Form des Glaubens, daß es zwar einen Gott als Urgrund der Welt gibt, aber keinerlei Eingriffe dieses Gottes nach der Schöpfung in den Lauf der Welt stattfinden, weder als Wunder noch durch Sendung seines Sohnes auf die Erde. Die Anhänger des D. heißen Deisten; nach Collins' Schrift „*A Discourse on Freethinking*" (1713) wurden sie meist Freidenker genannt. Weitere Hauptvertreter: Herbert von Cherbury, Toland, Tindal, Shaftesbury in England; Voltaire, Rousseau u. a. in Frankreich; Reimarus, Lessing in Dtld.

G. V. Lechler, Gesch. des engl. D., 1841 (Repr. 1965); J. M. Creed/J. S. B. Smith (Hgg.), Religious Thought in the Eighteenth Century, Cambridge 1934; M. Rast, Welt und Gott. Philos. Gotteslehre, 1952; P. Byrne, Natural Religion and the Nature of Religion: The Legacy of Deism, London 1989.

Dekadenz (vom franz. *décadence* „Verfall, Niedergang"), in der Geschichtsphilosophie bei der Betrachtung des Aufstiegs und des Niedergangs der Völker u. Kulturen viel benutzter Begriff, so bei Montesquieu (*„Considérations sur les causes de la grandeur des Romains et de leur décadence"*, 1734). Man spricht auch von einer D. in Kunst, Literatur, Politik usw. und in der Haltung eines Menschen dem Leben und der Welt gegenüber, wobei die „Symptome" der D. mit Willkür zusammengestellt zu werden pflegen.

H. J. Lieber, Kulturkritik u. Lebensphilos., 1974; P. Rippel (Hg.), Der Sturz der Idole, 1985.

Deleuze, Gilles, *1925, Prof. in Paris, ist zusammen mit Foucault und Derrida einer der Hauptvertreter der gegenwärtigen franz. Philosophie; mit seinen Arbeiten möchte er eine Alternative zum „Logozentrismus" der abendländischen Tradition schaffen. – Hauptwerke: Empirisme et subjectivité, 1953; Nietzsche et la philosophie, 1962, dt. 1976; La philosophie critique de Kant, 1963 Marcel Proust et les signes, 1964, dt. 1978; Nietzsche, 1965; Le bergsonisme, 1966; Présentation de Sacher-Masoch, 1967, dt. 1968; Spinoza et le problème de l'expression, 1968; Logique du sens, 1969; Différence et répétition, 1969; L'Anti-Oedipe (mit F. Guattari), 1972, dt. 1974; Kafka (mit F. Guattari), 1975, dt. 1976; Rhizome (mit F. Guattari), 1976, dt. 1977; Dialogues (mit C. Parnet), 1977; Mille plateaux (mit F. Guattari), 1980; Foucault, 1986, dt. 1987.

J. Altwegg/A. Schmidt, Frz. Denker der Gegenwart, [2]1988; T. Lange, Die Ordnung des Begehrens. Nietzschean. Aspekte im philos. Werk von G. D., 1989.

Del-Negro, Walter von, Naturphilosoph, * 1. 8. 1898 Salzburg, † 24. 8. 1984 das., Prof. das., Vertreter des wissenschaftstheoret. Methodenpluralismus, sowie des kritischen Realismus, setzte sich mit ontologischen Fragen der modernen Physik auseinander. – Hauptw.: Die Rolle der Fiktionen in der Erkenntnistheorie Fr. Nietzsches, 1923; Der Sinn des Erkennens, 1926 Philosophie der Gegenwart in Deutschland, 1942, Einleitung u. Kommentar zu einer einbänd. Kant-Ausgabe, 1958; Konvergenzen in der Gegenwartsphilosophie und die moderne Physik, 1970

Bibliogr. in ZphF, 1968.

Delp, Alfred, Philosoph u. Theologe, * 15. 9. 1907 Mannheim, † (hingerichtet) 2. 2. 1945 Berlin wegen seiner dem Nationalsozialismus feindlichen Bestrebungen; bemühte sich um eine Synthese von Sozialismus u. Christentum u. um eine christl.-kath. Sinndeutung des Menschen. Hptw.: Tragische Existenz, 1935; Der Mensch und die Geschichte, 1943; Christ und Gegenwart (I. Zur Erde entschlossen, II. Der mächtige Gott, III. Im Angesicht des Todes, geschr. zwischen Verhaftung [Juli 1944] u. Hinrichtung), 1947.

Del Vecchio, Giorgio, ital. Rechtsphilosoph, * 26. 8. 1878 Bologna, Prof. in Bologna und Rom, † 28. 11. 1970 das. – Hauptw.: *Sui principi generali del diritto,* 1921, dt. 1923; *Lezioni di filosofia del diritto,* [12]1963, dt. [2]1951; *La Giustizia,* [6]1961, dt. [2]1950; *La verità nella morale e nel diritto,* [3]1954; *Studi sul diritto,* 2 Bde., 1958; *Studi sullo Stato,* 1958; *Presupposti, concetto e principio del diritto,* [3]1959; *Studi sulla guerra e la pace,* 1959; *Humanité et unité du droit,* 1963.

R. Orecchia, *Bibliografia di G. D. V.,* [2]1949; M. Djuvara, *La pensée de G. D. V.,* in „*Archives de Philosophie du droit et de Sociologie juridique*", t. VII, 1937; E. Vidal, *La Filosofia giuridica di G. D. V.,* 1951; S. Vela, *Derecho natural en G. D. V.,* 1965.

Demiurg (griech. „ein öffentl. Gewerbe frei treibend"), bei Platon Bez. für Gott als Bildner der Welt aus dem bereits von Ewigkeit her vorhandenen Urchaos oder d. Urmaterie; Anstoßgeber zur Entstehung der Sinnenwelt. Gegensatz zum Christengott, der aus dem Nichts schafft.

G. C. Field, The Philosophy of Plato, London 1949; K. Murakawa, D., in: Historia 6 (1957).

Demokratie (griech. „Volksherrschaft"), diejenige Form des Staates, in der die Mehrheit des Volkes sich ausdrücklich mit der Übertragung der Regierungsgewalt auf einzelne Volksvertreter einverstanden erklärt, sich aber das Recht der Kontrolle vorbehält. Der Bedeutungswandel des Begriffes führt dazu, daß D. nicht mehr allein auf die Staatsform bezogen wird, sondern soziale und politische Kräfte einbezieht und sie zu d.sieren sucht, woraus unter den jeweiligen Verhältnissen eine Praxis der D. entsteht.

C. Schmid, Die Intellektuellen und die D., 1958; W. Walter, Die sozialeth. Definition der D., 1962; T. Tarkiainen, Die athenische D., 1966; M. Hättich, D. als Herrschaftsordnung, 1967; M. Duverger, D. im techn. Zeitalter, 1973; G. Maluschke, Philos. Grundlagen des demokrat. Verfassungsstaats, 1982; K. Homann, Rationalität und D., 1988.

Demokritos, griech. Philosoph, * 460 Abdera (Thrakien), † das. 371. Begründer des → Atomismus. D. lehrte, daß alles Geschehen Mechanik der Atome ist, die, verschieden an Gestalt und Größe, Lage und Anordnung, sich im leeren Raum in ewiger Bewegung befinden und durch ihre Verbindung und Trennung die Dinge u. Welten entstehen und vergehen lassen. Die Seele, identisch mit dem Element des Feuers, besteht aus kleinsten, glatten und runden Atomen, die durch den ganzen Leib verbreitet sind; Organ des Denkens ist allein das Gehirn. Die Empfindungen kommen dadurch zustande, daß von den Dingen ausgehende Ausflüsse, sich loslösende „Abbilder" in die Sinnesorgane eindringen und die Seelenatome in Bewegung setzen. Das höchste Gut ist die Glückseligkeit; sie besteht wesentlich in der Ruhe und Heiterkeit der Seele, die am sichersten durch Mäßigung der Begierden und Gleichmaß des Lebens zu erreichen ist. D. selbst hieß schon im Altertum wegen der Befolgung dieser Lehre der „lachende Philosoph". – Erhaltene Schriften in Diels, Fragmente der Vorsokratiker, [5]1937 und Capelle, Die Vorsokratiker (KTA, Bd. 119), [8]1973.

P. Natorp, Die Ethika des D., 1893; P. J. Bicknell, Two Notes on D., in: Apeiron 9 (1975); R. Löbl, D.s Atome, 1976.

Demonstration (lat. „das Hinweisen"), Beweis; im 18. Jh. z. B. bei

Wolff und Kant, Bez. für den streng begrifflich-wiss. Beweis einer Behauptung; jetzt soviel wie sinnfällige Vorführung eines Vorganges, eines Gegenstandes, z. B. durch Experiment; im politischen Sinn die öffentliche (Massen-) Kundgebung; auch → *ad oculos* demonstrieren.

Dempf, Alois, Kultur- und Geschichtsphilosoph, * 2. 1. 1891 Altomünster, † 15. 11. 1982 Eggstätt, Prof in Bonn, Wien u. München, suchte die mittelalterliche kath. Philosophie für die Kultur der Gegenwart nutzbar zu machen. Hptw.: Weltgesch. als Tat u. Gemeinschaft, 1924; die Hauptform der mittelalterl. Weltanschauung, 1925; Die Ethik des MA., 1927; *Sacrum Imperium,* 1929; Metaphysik des Mittelalters, 1930; Kulturphilosophie, 1934; Kierkegaards Folgen, 1935; Meister Eckart, 1935; Religionsphilos., 1937; Christl. Philosophie, 1938, [2]1952; Selbstkritik der Philosophie, 1947; Die drei Laster: Dostojewskis Tiefenpsychologie, [2]1949; Theoret. Anthropologie, 1950; Die Weltidee, 1955; Einheit der Wissenschaft, [2]1971; Kritik der historischen Vernunft, 1957; Die unsichtbare Bilderwelt, eine Geistesgeschichte der Kunst, 1959; Geistesgeschichte der altchristlichen Kultur, 1964; Religionssoziologie der Christenheit, 1972; Metaphysik, 1986.

Festschrift f. A. D., Philosophia Viva, (mit vollst. Biblgr.), 1961.

Demut, eine Tugend, die aus dem Bewußtsein unendlichen Zurückbleibens hinter der erstrebten Vollkommenheit (Gottheit, sittl. Ideal, erhabenes Vorbild) hervorgehen kann. Übertriebene demütige Haltung nach außen verrät unechte D. die eigentlich Selbsterniedrigung und sklavische Gesinnung ist. Für Nietzsche gehört D. zu den gefährlichen, verleumderischen Idealen, hinter denen sich Feigheit und Schwäche, daher auch Ergebung in Gott verstecken. Echte D. gehört zum sittlichen Stolz, dessen Sinn es ist, sich am Unerreichbaren zu messen. Innerhalb des philosophischen Bereiches wird als „Seinsdemut" die Grundhaltung des echten Philosophen vor der Wirklichkeit bezeichnet.

Buytendijk, Erziehung zur D., dt. 1928; H. Kanz, Über das Wesen der Seinsdemut, in „Philos. Jahrbuch", 64, 1965.

Denken, das innerliche, aktive Schalten und Walten mit den eigenen Vorstellungen, Begriffen, Gefühls- und Willensregungen, Erinnerungen, Erwartungen usw. mit dem Ziele, eine zur Meisterung der Situation brauchbare Direktive zu gewinnen. Das D., das seiner Struktur nach e r k e n n e n d e s oder e m o t i o n a l e s D. sein kann, besteht also in einem stetigen Umgruppieren aller möglichen Bewußtseinsinhalte und einem Herstellen bzw. Unterbrechen von Verknüpfungen zwischen diesen (→ auch Denkraum), wobei sich eine Folge von Inhalten ausgliedern kann, die eine vergleichsweise feste Form annimmt und „Gedanke" genannt werden kann. Die Form eines solchen Gedankens ist normalerweise die des sprachlich formulierten Gedankens. D. ist dann stummes, innerliches Sprechen, Sprechen ist lautes Denken. Die Art des D s ist davon abhängig, was für ein Mensch (im weitesten Sinne) einer ist, sie macht seine Persönlichkeit aus. Ob, was u. wie einer im gegebenen Augenblick denkt, ist von seiner Stimmung abhängig (→ Denkgesetze).

Oft hebt das D. mit einem Einfall an und ist zunächst ein → einfallmäßiges D. Richtet sich das D. auf reale

Gegenstände (Angetroffenes), so heißt es konkretes D., richtet es sich auf ideale Gegenstände oder auf Vergegenwärtigtes, so handelt es sich um abstraktes D. Beide Denkweisen gehen in der Regel ineinander über. Im philosophisch-wiss. Sinne ist D. immer mehr oder weniger Begriffs-D., wenn mehr, heißt es D. *a priori,* wenn weniger, *a posteriori.* Man spricht auch von primitivem, magischem, archaischem u. symbolischem D. Die Tatsache des D. wird untersucht durch die (Denk-)Psychologie, seine Funktion im Erkennen durch die Erkenntnislehre, sein Verhältnis zum Begrifflichen durch die Logik, zum Sein durch d. Metaphysik, seine Rolle in der Gemeinschaft durch die Soziologie, seine Rückverbundenheit zum Leben des Organismus, der denken kann, durch die Biologie.

N. Hartmann, Grundzüge einer Metaphysik der Erkenntnis, 1921; H. Bergson, La pensée et le mouvant, Paris 1934, dt. 1948; M. Blondel, La pensée, I–II, Paris 1934, dt. 1953/56; L. S. Wygotski, D. und Sprechen, 1969 (russ. 1934); J. König, Sein und D., 1937; T. Litt, D. und Sein, 1948; P. Feldkeller, Das unpersönliche D., 1949; G. Ryle, The Concept of Mind, London 1949, dt. 1969; F. J. Brecht, Vom menschlichen D., 1955; H. Krings, Meditation des D.s, 1956; C. F. Graumann (Hg.), D., 1965; H. J. Hampel, Variabilität u. Disziplinierung des D.s, 1967; P. Lorenzen, Methodisches D., 1968; H. Gipper, D. ohne Sprache?, 1971; J. B. Lotz, Die Identität von Geist u. Sein, 1972; J. Mittelstraß/M. Riedel (Hgg.), Vernünftiges D., 1978; G. Seebass, Das Problem von Sprache und D., 1981; R. E. Schaefer, Informationsverarbeitung, math. Modelle und Computersimulation, 1985; R. J. Sternberg (Hg.), The Psychology of Human Thought, Cambridge 1988.

Denken, dialogisches, s. Dialog.

Denkformen, die formale Art und Weise der Gedankenverknüpfungen ohne Rücksicht auf das inhaltlich Gemeinte. Bei Kant und Hegel sind die Kategorien D. Für H. Leisegang sind D. nicht allein formal verständlich, sondern durch die Abhängigkeit von dem jeweiligen Wirklichkeitsbereich und aus den Gesetzmäßigkeiten des darauf angewandten Denkens bzw. aus der Analyse der Begriffsverbindungen, die für bestimmte Menschen und Menschengruppen charakteristisch sind. Es entspricht zugleich dem „Denktypus" eines Menschen, wenn z. B. seine Betrachtung über die Natur zu materialistischen Überzeugungen und Denkformen führt oder zu dualistischen, zu theistischen, idealistischen usw. Für Leisegang entsprechen die D. weniger dem Menschentypus als vielmehr den Gedanken, die am Verhalten der einzelnen Naturgegenstände und Wirklichkeitsbereiche abgelesen werden. Das ursprüngliche System der D. findet heute eine Erweiterung durch die existenzphilosophischen Ansätze, die – besonders bei Heidegger und Jaspers – ihre eigenen Denkformen haben.

H. Leisegang, D., [2]1951; H. Stoffer, Die modernen Ansätze zu einer Logik der D., in ZphF, Bd. X, 1956; H. Schüling, Denkstilist. Beschreibung der D., 1964; A. Sohn-Rethel, Warenform u. D., 1971; W. Segeth, Aufforderung als D.m, 1975.

Denkgesetze, die Regeln, nach denen sich das Denken vollziehen muß, wenn es richtig sein soll; → Logik. „Nicht im Denken als solchem, sondern in den Gegenständen des Denkens – mögen es nun reale oder ideale sein – liegen die das Denken bestimmenden und ihm die Gesetze vorschreibenden Prinzipien, und was innerhalb eines Gegenstandsbereiches von bestimmter Struktur richtig gedacht ist, weil es den Sinn dieser Struktur richtig wiedergibt und richtig für alle Gegenstände gleicher Art verallgemeinert, kann, wenn es auf Gegenstände anderer Struktur bezogen wird, unzutreffend, ganz fruchtlos oder auch geradezu unsinnig sein." (H. Leisegang, Denkformen, ²1951, S. 451 bis 452).

Denkökonomie, ein Prinzip zur Erklärung des rationellen Funktionierens des Denkens, wonach dieses als Sonderfall des Prinzips des kleinsten Kraftmaßes zu verstehen sei. Als Inbegriff der Einfachheit bereits bei Galilei, Newton und M. Mendelssohn anzutreffen, wurde D. von E. Mach und R. Avenarius als philosophischer Begriff beschrieben. Die Arbeit der Wissenschaft sei eine Minimumaufgabe, wodurch Tatsachen durch Begriffsbildung mit dem geringsten Denkaufwand vollständig erfaßt werden. Das Prinzip der D. wurde sowohl von Empiriokritizisten und Positivisten wie auch von Phänomenologen meist abgelehnt. Heute hat es im Bereich der Theorie und Praxis von Computerbau (→ Kybernetik), womit „Denkfunktionen" nachkonstruiert werden, den Anschein, als könnte man in Minimalaufwand und Einfachheit der elektronischen Vorgänge, womit Denkprozesse verglichen werden, eine Bestätigung der D. erblicken.

F. Kallfelz, Das Ökonomieprinzip bei E. Mach. Darstellung und Kritik, 1929; G. König, Der Wissenschaftsbegriff bei Helmholtz und Mach, 1968.

Denkpsychologie, Ende des 19. Jh. in Dtld. (Külpe, Würzburger Schule), vorher schon in Frankreich (Ribot, Binet) entstandener Zweig der experiment. Psychologie, die den zielstrebigen Verlauf des Denkens, hauptsächlich mit Hilfe des Test-Verfahrens, aufzuhellen versuchte und die bisherigen assoziationstheoretischen Erklärungen d. Denkvorgangs ablehnte. Die D. wurde vertreten u. a. von N. Ach, K. Bühler, A. Messer, W. Köhler, M. Wertheimer.

Krueger-Sander, Gestalt u. Sinn, 1933; R. Hönigswald, Prinzipienfragen der D., 1913; ders., Grundlagen der D., ²1925; G. Humphrey, *Thinking. An introduction to its experimental psychology*, 1951; C. F. Graumann, Denken, 1965; R. G. Collingwood, Denken, 1968.

Denkraum, bildlicher Ausdruck für die Gesamtheit der Denkmöglichkeiten eines Menschen, einer Gruppe, eines Volkes. Der D. umschließt den → Mikrokosmos, das erinnerbare Wissen und die Vorstellungen des erkennenden u. des emotionalen Denkens. Innerhalb des D.s geht das geistige Suchen im Vorrat des Wissens oder im Schatz der Erinnerungen vor sich, das ganz räumlich erlebte Umherschweifenlassen des Geistes zwischen den Möglichkeiten des Vorstellbaren oder des Ausdenkbaren, das Aufspüren von Vorstellungen, die sich zu der gesuchten vereinigen lassen, das Sichbesinnen auf Vergessenes. Jeder Begriff, den ein Mensch oder ein Volk benutzt, ist seinem Inhalte und seinem Umfange nach davon abhängig, was jeweils im Denkraum vor sich geht und an welcher Stelle des Denkraums der Begriff plaziert ist (Stellenwert der Begriffe). Von der Stelle hängt seine Wichtigkeit ab und die Kraft, die von ihm auf den übrigen Inhalt des D.s ausstrahlt (Beispiele: „Im Mittelpunkt seines Denkens steht die Sorge für Frau und Kind". „Sein Denken kreist beständig um das Wohlergehen von Frau und Kind"). Der D. ändert Umfang und Inhalt unaufhörlich. Er kann sogar, bei extremen Stimmungen, z. B. in Todesangst oder im Liebesrausch, vollständig verschwinden und das Ich allein mit sich selbst zurücklassen. Die Grundverfassung des individuellen D. bleibt einigermaßen konstant. Diese Konstanz bildet einen Teil von der Gewißheit der → Identität des Ichs.

Denkzwang, im allgemeinen der Zwang zu einer bestimmten eng begrenzten Denkweise innerhalb einer Ideologie oder Dogmatik. Im logischen Bereich bedeutet D. die Gewöhnung und Bindung an die Regeln der Logik, wodurch eine bestimmte Denkform zur Geltung kommt, die den Verlauf und die Ergebnisse des Denkens im engen Rahmen hält. Davon sind die Zwangsvorstellungen zu unterscheiden, die von rein psychologischer Natur sind und nicht dem logischen Denken unterworfen.

Denomination (lat.), Benennung.

Dependenz (vom lat. *dependere,* „abhängen von"), → Abhängigkeit.

Derbolav, Josef, Prof. in Bonn, * 24. 3. 1912 Wien, † 14. 7. 1987 Bonn; bearbeitete Themen der antiken Philosophie (Platon u. Aristoteles), des dt. Idealismus u. seiner Nachwirkungen (Hegel, Marx, Dilthey, Litt) sowie Probleme der Sprach- u. Wissenschaftstheorie u. der Prakt. Philosophie (Ethik, Politiktheorie). Suchte die Pädagogik systemat. zu begründen, disziplinär auszugliedern (päd. Fakultät) und mit strukturverwandten Wissenschaften zusammenzudenken (Praxeologie-Modell). Schrieb u. a.: Erkenntnis u. Entscheidung, 1954; Frage und Anspruch, 1970; Systematische Perspektiven der Pädagogik, 1971; Platons Sprachphilosophie in Kratylos und in den späteren Schriften, 1972; Pädagogik u. Politik, 1975; Kritik u. Metakritik der Praxeologie, 1976; Selbstdarstellung, 1976; Grundlagen u. Probleme der Bildungspolitik. Ein Theorieentwurf, 1977; Von den Prinzipien gerechter Herrschaft. Studien zu Platon u. Aristoteles, 1980; Abriß europäischer Ethik, 1983.

Derrida, Jacques, * 15. 7. 1930, El Biar (Algerien), Prof. a. d. Ecole Normal (Paris), geht mit seiner neuen Deutung der systematischen Philosophie von Platon über Husserl zu Marx eigene Wege. Hervorgetreten durch strukturalistische Arbeiten über die Sprache, die Philosophie der Schrift, des „logocentrisme" und durch die Methode einer „stratégie déconstructrice". – Hauptwerke: L'écriture et la différence, 1967, dt. 1972; La voix et le phénomène, 1967, dt. 1979; De la grammatologie, 1967, dt. 1974; La dissemination, 1972; Positions, 1972, dt. 1986; Marges de la philosophie, 1972, dt. 1976; Glas, 1974; Eperons, 1978; La vérité en peinture, 1978; La carte postale, 1980, dt. 1982/84; Parages, 1986; De l'esprit. Heidegger et la question, 1987, dt. 1988; Psyché. Inventions de l'autre, 1987. – Joan M. Miller, French Structuralism: A Multidisciplinary Bibliography, New York/London 1981.

W.-D. Lange (Hg.), Frz. Literaturkritik der Gegenwart, 1975 (KTA 445); Les fins de l'homme, Colloque de Cerisy, Paris 1981; S. Kofman, Lecture de D., Paris 1984, dt. 1988; C. Norris, D., London 1987; E. Behler, Nietzsche – D., 1988; H. Kimmerle, D. zur Einf., 1988; H. J. Silverman, D. and Deconstruction, London 1989.

Descartes, René (Renatus Cartesius), franz. Philosoph, Mathematiker und Naturwissenschaftler, * 31. 3. 1596 La Haye (Touraine), † 11. 2. 1650 Stockholm, „Vater der neueren Philosophie" genannt, denn er begründete den von der philos. Souveränität der Vernunft überzeugten modernen Rationalismus. Seine Ausbildung, die ihn mit der Denkweise der Scholastik und der Geisteshaltung des Humanismus vertraut machte, erhielt er bei den Jesuiten von La Flèche. Danach große Reisen durch Europa (u. a. auch nach Dtl. im Heere Tillys), dann zwei Jahrzehnte zurückgezogenes Leben in Holland; ein Jahr vor seinem Tode ging er, einer Einladung der Königin Christine von Schweden folgend, nach Stockholm. – Seine philosoph. Meditationen beginnen mit dem Versuch, an allem zu zweifeln, an den überkommenen Meinungen ebenso wie an der Wahrheit der Sinneserkenntnis, und sie entwickeln sich weiter zu einer sukzessiven Überwindung des Zweifels. Unbezweifelbar bleibt ihm zuletzt nur die Tatsache des Zweifelns als einer Art des Denkens. Also folgert D.: Ich denke, also bin ich *(Cogito, ergo sum)* und faßt von da aus wieder Vertrauen zur Vernunft. Unter den Vorstellungen des Denkens findet D. auch die Gottesidee. Diese Idee, folgert er, kann ich mir nicht selbst gegeben haben, da sie die vollkommenste Realität einschließt, die mir selbst nicht zukommt; die Ursache dieser Idee muß Gott selbst sein: das Auftreten der Idee Gott ist also der Beweis für das Dasein Gottes. Aus dem Besitz der Gottesidee und dadurch der göttlichen Wahrhaftigkeit folgt nach D., daß auch alles andere, was ich klar und deutlich erkenne, wahr ist. Eine klare und deutliche Vorstellung haben wir auch von der ausgedehnten, körperlichen Welt: also existiert diese Welt *(mundus)*, deren wesentliche Eigenschaft die Ausdehnung ist. So ist die Existenz Gottes, des Denkens *(cogitatio)* und der Ausdehnung *(extensio)*, d. h. der materiellen Welt, bewiesen. Gott ist die ungeschaffene, Denken u. Ausdehnung sind die geschaffenen Substanzen. In Denken und Ausdehnung ist der Mensch gespalten: er ist eine „denkende Substanz" *(res cogitans)*. Schon seinem Leibe nach ist der Mensch, wie sämtl. Lebewesen, eine Maschine. Die Materie besteht aus kleinsten Körperchen *(Corpuscula)* von verschiedener Gestalt und Größe. Ihr Quantum u. das Quantum der Bewegung bleiben im Universum unverändert. Z. T. getrennt von diesem ganzen rationalistisch-mechanistischen System hat D. eine aristokratische Charakterkunde in seinem Werke *„De passionibus animae"* entwickelt, wobei seine Ethik wiederum auf dieser rationalistisch-mechanistischen Auffassung aufgebaut ist. Die Auswirkungen der Philos. des D. reichen bis in unsere Gegenwart hinein. Die ganze moderne Technik ist nur dadurch entstanden, daß D. die Menschen in eine Position gegenüber der Natur brachte, von wo aus eine durchgreifende Naturbeherrschung erst möglich wurde. D. hat die Menschen so denken gelehrt, daß sie die Technik erschaffen konnten. – Hauptwerke: Discours de la méthode pour bien conduire sa raison et chercher la vérité dans les sciences, 1637, dt. 1893; Meditationes de prima philosophia, 1641, dt. 1977; Principia philosophiae, 1644, dt. 1955; Regulae ad directionem ingenii, 1684, dt. 1906; Correspondance, I–VIII, Paris 1936–63 (Repr. 1970), dt. 1949 (Auswahl); Œuvres, I–XII, 1965–74. – A. J. Guibert, Bibl. des œuvres de R. D. publiées au XVIIe siècle, Paris 1976; R. Klibansky, D. – A Selected Bibliography, London 1970.

H. Heimsoeth, Die Methode der Erkenntnis bei D. und Leibniz, I–II, 1912–14; E. Husserl, Méditations Cartésiennes, Paris 1931, dt. 1950; K. Jaspers, D. und die Philos., 1937; E. Cassirer, D., Stockholm 1939; J.-P. Sartre (Hg.), D., Genf/Paris 1946, dt. 1948; E. W. Beth, cogito ergo sum – raisonnement ou intuition, in: Logica. Studia Paul Bernays dedicata, Neuchâtel 1959; W. Röd, Zum Problem des Premier Principe in D.' Metaphysik, in: Kant-St. 51 (1959/60); J. Hintikka, cogito ergo sum: Inference or Performance? in: Philos. Rev. 71 (1962); C. F. v. Weizsäcker, D. und die neuzeitl. Naturwiss., 1962; W. Röd, D., 1964; R. Specht, R. D. in Selbstzeugnissen und Bilddokumenten, 1966; A. Kenny, D., New York 1968; W.

Röd, D.' Erste Philos., 1971; F. Grayeff, D., London 1977; J. Cottingham, D., Oxford 1986; A. Beckermann, D.' metaphys. Beweis für den Dualismus. Analyse u. Kritik, 1986; B. Williams, D. – Das Vorhaben der reinen philos. Unters., 1988.

Desintegration (aus lat. *de*, „von ... weg" und *integratio*, „Erneuerung"), Zerstreuung, das Gegenteil von → Integration. – Desintegriert, aufgelöst, zerteilt, gespalten. Desintegrierter Typus.

Deskription (lat.), → Beschreibung, sprachl. Darstellung eines erlebten Sachverhaltes; deskriptiv: beschreibend. Demgemäß spricht man in den Wissenschaften von deskriptiver Methode.

Destutt de Tracy, Antoine Louis Claude, Graf, franz. Philosoph, * 20. 7. 1754, Paris, † 9. 3. 1836 das., bildete die Lehre Condillacs zu einer Ideologismus genannten Naturwissenschaft des Geistes weiter und stellte in den Mittelpunkt seiner Erkenntnistheorie das in der Gegenwartsphilosophie bedeutsam gewordene → Widerstandserlebnis: *„Action volue et sentie d' une part, et résistance de l'autre, voilà le lien entre moi et les autres êtres."* Hauptw.: *Eléments d'idéologie,* 5 Bde., 1801–15; *Commentaire sur l'esprit des lois de Montesquieu,* 1817, dt. 1820, repr. 1970.

O. Kohler, Die Logik des D. de T., 1928; E. Kennedy, A Philosopher in the Age of Revolution – D. de T. and the Origins of ‚Ideology', Philadelphia Pa. 1978.

Determination (vom lat. *determinare,* „begrenzen"), Bestimmung, Bestimmtheit; im Sinne der Logik die Hinzufügung von Merkmalen zu einem allgemeineren Begriff (Gattungsbegriff), wodurch ein enger begrenzter Artbegriff entsteht (→ Art, → Begriff). In der Biologie spricht man von *D.s-Komplex,* worunter bei einem Individuum seine ganze Präformation, die Gesamtheit derjenigen Faktoren verstanden wird, die seine Qualitäten und Besonderheiten bestimmen. Über D.sweisen u. D.stypen → Schichtenlehre.

Determinismus (vom lat. *determinare,* „begrenzen"), die Lehre von der Bestimmtheit des gesamten Weltgeschehens einschl. aller menschlichen Lebensläufe von Gott her (theologischer D. oder Prädestinationslehre, → Prädestination) oder nur des Naturgeschehens (kosmologischer D. → Kausalität) oder der Geschichte (historischer D., → Materialismus) und im besonderen des menschlichen Willens (anthropologisch-ethischer D.), für dessen Freiheit und Verantwortung dann kein Raum bliebe (→ Atheismus). Der D. kann zum → Fatalismus werden. Gegensatz: → Indeterminismus. Es gibt auch Übergänge zw. D. und Indeterminismus, z. B. in Luthers, Zwinglis und Kants Lehren, so wenn letzterer den D. für die empirische (naturverflochtene) Person des Menschen lehrt, für seine sittliche Persönlichkeit dagegen eine Art Indeterminismus.

M. Planck, D. oder Ind., 1938; F. Gonseth, Déterminisme et libre arbitre, Neuchâtel 1944, dt. 1948; W. Heisenberg, Physikal. Prinzipien der Quantenmechanik, 1958; H. Korch, Bemerkungen zum Begriff des D., in: Dt. Z. Philos. 9 (1961); H. Hörz, Zum Verhältnis von Kausalität und D., in: Dt. Z. Philos. 11 (1963); U. Röseberg, D. und Physik, 1975; P. van Inwagen, An Essay on Free Will, Oxford 1983.

deus absconditus (lat.), der verborgene Gott, nach Jes. 45, 15 Bezeichnung für den Gott Israels, dann überhaupt für das Unoffenbarsein Gottes.

F. Blanke, Der verborgene Gott bei Luther, 1928.

deus ex machina (lat. „der Gott aus der Maschine"), die am Ende griech. Tragödien mit Hilfe eines Krans über der Bühne erscheinende Göttergestalt, die einen an sich unlösbaren Konflikt kraft ihrer göttlichen Macht dennoch löst. Daher übertragen für jeden unerwarteten Helfer in einer kritischen Lage.

Deussen, Paul, Philosoph, * 7. 1. 1845 Oberdreis (Kr. Neuwied), † 6. 7. 1919 Kiel, Prof. das. seit 1889, Anhänger Schopenhauers, Freund Nietzsches (Herausgabe der großen Schopenhauer-Ausgabe, 13 Bde., 1911 ff. unter seiner Leitung) und Gründer der Schopenhauergesellschaft (1912), Übersetzer und Darsteller der indischen Philosophie, deren Gedanken er mit der Philosophie Schopenhauers zu einer Metaphysik vereinigte. Hauptw.: Die Elemente der Metaphysik, 1877, [6]1919; Allg. Gesch. d. Phil., 7 Bde., 1894–1917; Die Sutras des Vedanta, übers., 1887; Die Geheimlehre des Veda, 1907, [4]1911; Das System des Vedanta, 1883, [2]1906; Vier philos. Texte des Mahabharatam, 1906; Erinnerungen an Indien, 1904; Mein Leben, 1922.

deus sive natura (lat. „Gott bzw. die Natur"), → Spinoza.

Deutinger, Martin von, Philosoph, * 24. 3. 1815 Langenpreising (Obb.), † 9. 9. 1864 Bad Pfäfers, lehrte 1847–52 in Dillingen, vertrat einen spekulativen Theismus (Schüler von Schelling und Baader) und die Vereinbarkeit der kath. Kirchenlehre mit der Philosophie. Das Absolute ist ein Ich, das Wollen ist identisch mit Sein, das wiederum identisch ist mit dem Erkennen Gottes. Hauptw.: Grundlinien einer positiven Philosophie, 7 Bde., 1843–49; Das Prinzip der neueren Philos. u. d. christl. Wissenschaft, 1857.

Reisch, D.s dialektische Geschichtstheologie, 1939; A. Fischer, Metaphysik der Person. Die philos. Anthropologie M. D.s, 1952; L. Kraft, M. D. und das Wesen der musikalischen Kunst, 1963; W. Henckmann, Das Wesen der Kunst in der Ästhetik M. D.s, 1966.

Deutsche Kongresse für Philosophie, allgemeine Zusammenkünfte der Philosophen und philosophisch Interessierten in Deutschland seit dem 2. Weltkrieg, deren erster (Garmisch 1947) und zweiter (Mainz 1948) aus der privaten Initiative der „Zeitschr. f. philos. Forschg." hervorgegangen sind, um nachher auf Anregung des Hg.s dieser Zeitschr. zu einer Einrichtung der neugegründeten „Allgemeinen Gesellschaft f. Philos. in Deutschland" (→ Deutsche Philos. Gesellschaft) zu werden. Die weiteren Kongresse (III. – Bremen 1950; IV. – Stuttgart 1954; V. – Marburg/L. 1957; VI. – München 1960; VII. – Münster/W. 1962; VIII. – Heidelberg 1966; IX. – Düsseldorf, 1969; X. – Kiel 1972; XI. – Göttingen, 1975; XII. – Innsbruck, 1981; XIII. – Bonn 1984; XIV. – Gießen 1987; XV. – Hamburg, 1990) wurden vom Vorstand der Gesellschaft veranstaltet.

H. L. Matzat, Der Philos.-Kongreß in Garmisch-Partenkirchen, in ZphF, Bd. II, 1948; Philosophische Vorträge u. Diskussionen von Mainz, 1949; Symphilosophein (Bericht über Bremen), 1952; Philosophie der Gegenwart im Spiegel des Stuttgarter Kongresses, 1955; Das Problem der Ordnung (Verhandlungen des Münchener Kongresses), 1961; Die Philosophie und die Frage nach dem Fortschritt (Verhandl. d. Kongresses von Münster/W.), 1963; Das Problem der Sprache, Bericht über den Heidelberger Kongreß, 1967; L. Landgrebe, Philosophie und Wissenschaft, Bericht über den 9. Dt. Kongreß für Philosophie, 1972; G. Schischkoff, Dt. Philosophie von Garmisch bis Kiel, in ZphF, 26, 1972; Bericht üb. d. X. Dt. K. f. Philos., 1973; G. Patzig, E. Scheibe, W. Wieland (Hg.), Logik-Ethik-Theorie der Geisteswissenschaften, Bericht über den XI. Kongreß für Philosophie, 1977.

deutsche Philosophie, schon an der Gestaltung der → Scholastik waren Deutsche beteiligt. Sie schrieben lateinisch u. waren mit ihrer Philosophie mit dem abendländ., aristotelisch-platonisch-christlichen Denken eng verflochten. Die ersten Anfänge einer Ph., die man „deutsch" nennen kann, liegen in der sog. Frauenmystik, in den Briefen u. Erbauungsbüchern → Hildegards von Bingen (1098–1173) und anderer rheinischer und flandrischer Nonnen. Die bedeutendste unter diesen Frauen ist → Mechthild von Magdeburg (1212–85). Die Laienfrömmigkeit der Brüder vom gemeinsamen Leben und anderer Brüderschaften bilden den Hintergrund für das Wirken der großen dt. Mystiker: Meister → Eckhart (1260–1337), Heinrich → Seuse (1300–66) u. Johann → Tauler (1300–61). Hierher gehören auch Geert Groote, → Thomas von Kempen (1379–1471) und der unbekannte Verfasser der → „Theologia deutsch"; → auch Mystik. Der führende dt. Philosoph im Zeitalter der Renaissance ist → Nikolaus Cusanus (1401–64); Züge der späteren Leibnizschen u. Hegelschen Philosophie künden sich in ihm bereits an, bes. in seinem teils noch magischen, teils schon dynamischen Prinzip des „Zusammenfallens der Gegensätze". Neben Nikolaus Cusanus sind Agrippa von → Nettesheim (1486–1535) und der Arzt → Paracelsus (1493–1541) zu nennen, die eine wieder auf altgriech. Gedankengut zurückgehende Mystik vertreten. Im Zeitalter des Barock sind es Valentin → Weigel (1533–1588) und Jakob → Böhme (1575–1624), deren typisch dt. Mystik sich der westeuropäischen Gedankenwelt entgegensetzt. Martin → Luther (1483–1546) wirkt auf die dt. Ph. durch das Pathos und Ethos einer Freiheit, deren Begriff er jedoch bekämpft. Er verwirft alle metaphys. Ansprüche der dt. Ph., wendet sich schroff gegen Aristotelismus und Thomismus, tritt aber entschieden für den erzieherischen Nutzen eines zu Klarheit der Begriffe u. des Ausdrucks führenden Denkens ein. Philipp → Melanchthon (1497 bis 1560), von ihm mit der Vollmacht zur philosophischen Systematisierung der Reformation ausgestattet, errichtet den ein Vierteljahrtausend wirksamen, nur langsam wieder abbröckelnden Bau der prot. Neuscholastik. In Ulrich → Zwingli (1487–1531) erscheint reformierte Theologie schon beinahe als vielfach (bis in letzte „Glaubensartikel" hinein) voluntaristische dt. Ph. In dieselbe Richtung deuten die Arbeiten des Geschichtsmystikers Sebastian → Franck (1499–1542). Die dt. Ph. im Zeitalter der Aufklärung kündigt sich bereits zur Zeit des Dreißigjährigen Krieges an in Johannes Clauberg (1622–65) und bes. in Jacob → Tomasius (d. Älteren; 1622–1684). Mit → G. W. Leibniz (1646–1716) tritt die dt. Ph. in die Zeit ihrer Mündigkeit ein. Leibniz begründete den dt. → Idealismus u. damit die dt. Ph. im engeren und eigentl. Sinne. Mit einem alle nationalen Grenzen überschreitenden Weitblick beherrschte er das gesamte Wissen seiner Zeit. Dem franz. Materialismus gegenüber ist er ebenso kritisch eingestellt wie zum Empirismus und Skeptizismus Englands. Er versucht, eine Erkenntnistechnik zu schaffen, die auf einer Vereinigung der Logik mit der reinen Naturwissenschaft beruht. Das Universum ist ein harmonisches Ganzes, in dem auch der Gegensatz zwischen Religion und Wissenschaft aufgehoben ist. Unsere Welt ist die beste aller möglichen Welten.

Die Philosophie der dt. → Aufklä-

rung gerät wieder stärker unter den Einfluß des Auslandes (Descartes, Locke, Shaftesbury, Hume). Ihr typischer Vertreter ist Christian → Wolff (1679–1754), dessen Philosophie zu seiner Zeit als die Philosophie schlechthin galt. Er eröffnet die Reihe der Popularphilosophen (→ Popularphilosophie), die teils die Philosophie Wolffs darstellten, teils eine Philosophie des gesunden Menschenverstandes pflegten. Neben Wolff sind Moses → Mendelssohn (1729–86) und A. G. → Baumgarten (1714–62) zu nennen.
Der Glaube der Aufklärungsphilosophen an die unbegrenzten Fähigkeiten der menschl. Vernunft stand im Gegensatz zum skeptischen Empirismus, der sich nur auf die Zeugnisse der Sinne verließ. Der Kritizismus Immanuel → Kants (1724 bis 1804) erhob die Forderung, daß, bevor der Wahrheitsgehalt einer Erkenntnis erörtert wird, das Erkenntnisvermögen selbst geprüft werden müsse. Seine Untersuchungen ergaben, daß das „Ding an sich" unerkennbar ist und daß wir uns mit den Erscheinungen begnügen müssen. Diese Erscheinungen werden bestimmt durch die Anschauungsformen (Raum u. Zeit) und durch die Verstandesbegriffe (Kategorien). Das Schlußvermögen der reinen Vernunft führt von den Erscheinungen zu den Ideen, die außerhalb des Bereiches der Erfahrungen bleiben. Die menschl. Urteilskraft verlangt (kann aber durch Erfahrung nicht beweisen), daß in der Natur eine durchgängige Zweckmäßigkeit herrsche. Die prakt. Vernunft fordert als „kategorischer Imperativ" ein allgemeingültiges Sittengesetz, den Glauben an die Freiheit und Unsterblichkeit der Seele und an das Dasein Gottes, obgleich auch alles dieses unbeweisbar bleibt. – Kants Kritizismus und auch die in ihm enthaltenen Unvollkommenheiten und Widersprüche gaben der dt. Ph. des 19. Jh. starke Impulse, die noch heute wirksam sind (→ Neukantianismus, → Marburger Schule). Unmittelbare Nachfolger Kants waren K. L. Reinhold (1758–1823), Salomon → Maimon (1753–1800), J. S. Beck (1761–1840) und J. F. → Fries (1773–1843). Durch Kant wurde auch → Schillers (1759–1805) Denken bestimmt, der sich in seiner Ethik und Ästhetik allerdings von dem Intellektualismus Kants entfernte und einem platonischen Idealismus näherte.
Die Philosophie der Aufklärungszeit wird beendet u. überwunden von Joh. Georg → Hamann (1730–1788), dem protestant. Metaphysiker, von Friedr. Heinr. → Jacobi (1743–1819), der eine Philosophie des Glaubens an die transzendentale Realität des Gedachten und des Vorgestellten schuf und wieder auf Spinoza aufmerksam machte (durch Jacobi kam Goethe zu Spinoza), und von Joh. Gottfr. → Herder (1744–1803), dem Gegenspieler Kants, der die Geschichte zur Grundlage seines Philosophierens machte u. das Organische an die Stelle des Mechanischen setzte. Herder und → Goethe (1749–1832) sind die Vorläufer der Romantiker, die sich später die Philosophie des fortschrittsgläubigen Tatdenkers Joh. Gottlieb → Fichte (1762–1814) in ziemlich willkürlicher Weise aneigneten. Fichte bildete den Kritizismus Kants zu einem reinen Idealismus weiter, der bei Friedr. Wilh. → Schelling (1775–1854), dem eigentlichen Philosophen der Romantik, in einer → Identitätsphilosophie gipfelt: die Natur erhebt sich, indem sie von dem Menschen gedacht wird, zum Bewußtsein ihrer selbst, so daß Denken und Sein identisch werden.

Eine romantische Philosophie vertritt auch → Novalis (1772–1801), der einen „magischen Idealismus“ schuf, → Schleiermacher (1768–1834), für den die Religion auf dem Gefühl „schlechthinniger Abhängigkeit“ vom Universum beruht, u. Friedr. → Krause (1781– 1832), der in die Identitätsphilosophie Schellings einen Panentheismus einführte.

Im übrigen wurde das 19. Jh. philosophisch von → Hegel (1770–1831) und → Schopenhauer (1788–1860) beherrscht. Hegel, der die dt. spekulative Geistesphilosophie (zu der es außerhalb Dtl. keine Parallelen gibt, der vielmehr in Frankreich und England der Positivismus und die Soziologie zeitlich entsprachen) ihrem Höhepunkt entgegenführte, gibt dem die Aufklärungszeit kennzeichnenden Fortschrittsglauben eine neue Grundlage, indem er den Fortschritt selbst in die Vorstellung von einem dialektischen Prozeß aufnimmt, „in dem der Geist, dessen Natur eine u. immer dieselbe ist, diese seine Natur expliziert“, in dem jedes Spätere immer auch ein Höheres ist, eine höhere Stufe der sich verwirklichenden Vernunft. Der Staat wird zum Abbild der ewigen Weltordnung, er wird zur „substantiellen Sittlichkeit“. Diese Gedankenreihe wird fortgeführt von den Vertretern der „Hegelschen Rechten“, bes. von Jul. Stahl (1802–61) und Ferd. → Lassalle (1825–64) und endet bei Bismarck, später insbesondere bei den Wegbereitern des Nationalsozialismus. Eine andere Entwicklung der Hegelschen Lehre nimmt Elemente des franz. Positivismus und der im Zeitalter der Industrialisierung sich ausbreitenden kausalmechanischen Natur- und Weltbetrachtung in sich auf und wird von den Vertretern der „Hegelschen Linken“, vor allem von Ludwig → Feuerbach (1804–1872), Max → Stirner (1806– 1856), David → Strauß (1808– 1874), Karl → Marx (1818–83) und Friedr. → Engels (1820–95), daneben von vielen russischen Denkern ausgebaut zum dialektischen (historischen) Materialismus mit seinen gewaltigen, noch heute unübersehbaren Folgen, der im Leninismus (→ Lenin) seinen Höhepunkt findet. – Schopenhauer lehrt, jede historische Betrachtung des Weltgeschehens, jede Philosophie, die ein Gewordensein oder Werden voraussetzt, einen Anfangs- und einen Endpunkt, sei irrig. Gegenstand der Philosophie könne nur das Wesen der Welt sein, das dem Satz vom Grunde nicht unterworfen ist. Weltbegebenheiten sind für Schopenhauer nur „Fortsetzungen der Zoologie“, nur die Buchstaben, mit denen die Idee des Menschen gelesen werden kann. Von hier aus führt die philos. Entwicklung über Schopenhauers Schrift „Über den Willen in der Natur“ (1836) und Nietzsches „Willen zur Macht“ bis zur → Lebensphilosophie und zum → Vitalismus. Eine Sonderstellung nimmt die Umweltlehre Jakob von → Uexkülls (1864–1944) ein.

Neben Hegel und seiner Schule ist Johann Friedrich → Herbart (1776–1841) durch seine Pädagogik u. Psychologie bedeutungsvoll geworden, ferner Bernh. → Bolzano (1781–1848) durch seine Logik und Friedrich Eduard Beneke (1798–1854) durch seine Psychologie als Naturwissenschaft der inneren Erfahrung.

Seit dem Tode Hegels verminderte sich rasch das Interesse der dt. Philosophen für die Probleme der Metaphysik. Die Philosophie wurde zur Grundlagenwissenschaft für die Einzelwissenschaften, die das allgemeine Interesse mit Erfolg für sich in Anspruch nahmen. Der Materialismus wurde von Carl Vogt (1817–1895), Jacob Moleschott (1822–93), Ludwig → Büchner (1824–99) und Friedr. A. → Lange (1828–75) zu einem naturwissenschaftl. Materialismus, von Ernst → Haeckel (1834–1919) zum Monismus und von Wilh. → Ostwald (1853–1932) zur Energetik umgestaltet. Abseits von dieser Gruppe stehen Gust. Theodor → Fechner (1801–87) mit seiner pantheistischen Naturphilos., Rud. Herm. → Lotze (1817–81) mit seiner idealistisch-mechanistischen Weltauffassung und Ed. von → Hartmann (1842–1906) mit seiner Philosophie des Unbewußten. Erscheinungsformen der vor allem naturwissenschaftl. Fragen zugewendeten Philosophie sind auch die physiologisch-experimentelle Psychologie Wilhelm → Wundts (1832–1920), der eine weitverzweigte Schule bildete (Külpe, Ebbinghaus, Kraepelin, Meumann u. a.), der neuzeitliche Positivismus von Ernst Laas (1837–85) u. Eugen → Dühring (1833–1921), der Empiriokritizismus v. Richard → Avenarius (1843 bis 1896), Ernst → Mach (1838–1916) u. Theod. → Ziehen (1862–1950), die Immanenzphilosophie Wilhelm → Schuppes (1836–1913) und der idealistische Positivismus bzw. Fiktionalismus Hans → Vaihingers (1852–1933). Seit etwa 1860 spielte der → Neukantianismus eine Rolle, der in Opposition zur spekulativen Metaphysik des dt. Idealismus stand und u. a. von Alois → Riehl (1844–1924), Wilh. → Windelband (1848–1915), Heinr. Rickert (1863–1936) und Ernst → Cassirer (1874–1945) kraftvoll vertreten wurde.

Das Ende des 19. Jh. brachte die Rückwendung zur Metaphysik. Die Philos. → Nietzsches (1844–1900) öffnete wieder den Blick der Philosophen für die Tiefen der menschl. Natur und des Lebens. Bei Nietzsche bereitet sich die dt. → Lebensphilosophie vor, die ihrem Wesen nach eine Geschichtsphilosophie war. Hauptvertreter sind Georg → Simmel (1858–1918), Rudolph → Eucken (1846–1926) u. vor allem Wilhelm → Dilthey (1833–1911), für den das Leben „ein das menschl. Geschlecht umfassender Zusammenhang" ist, für den Erkenntnis nur mittels der Ganzheit der Seele möglich ist, für den die Außenwelt im Widerstandserlebnis erfahren wird. Die bemerkenswertesten Nachfolger Diltheys sind der Religionssoziolog Ernst → Troeltsch (1865–1923), der Kulturphilosoph Erich → Rothacker (1888–1965) und der Pädagog Eduard → Spranger (1882–1963). Von Dilthey wesentlich beeinflußt sind Georg Misch (1878–1965), Herman → Nohl (1879–1960), Hans → Freyer (1887–1969), auch Theodor → Litt (1880–1962). Im Zusammenhang mit Dilthey sind auch zu nennen: Oswald → Spengler (1880–1936), der den Untergang des Abendlandes voraussagte, Hermann Graf → Keyserling (1880–1946), der pragmatistische Irrationalist, und Ludwig → Klages (1872–1956), der die Wirklichkeit als einen Strom beseelter Bilder und den Geist als Widersacher der Seele darstellt.

Der Beginn des 20. Jh. steht unter dem Vorzeichen der → Phänomenologie. Vorbereitet wurde sie von Franz → Brentano (1838–1917), Alexius → Meinong (1853–1921), Alois → Höfler (1853–1922), Carl → Stumpf (1848–1936) und Christian → v. Ehrenfels (1850–1932), der auch der modernen Gestaltpsychologie die entscheidenden Anregungen gab. Begründet wurde die Phänomenologie von Edm. → Husserl

(1859–1938). Sie ist eine Methode, das Phänomen zu beschreiben; ihr Gegenstand ist das Wesen, das durch die Wesensschau erfaßt wird, nachdem durch eine „eidetische Reduktion" das Wesen freigelegt worden ist. Die Philosophie Husserls findet sich, ebenso wie die Diltheys, in den Werken aller dt. Philosophen der Gegenwart mehr oder weniger ausgeprägt wieder. Nachfolger Husserls sind Alexand. Pfänder (1870–1941), Oskar → Becker (1889–1964), Moritz Geiger (1880–1937), Edith Stein (1891– 1942), Adolph Reinach (1883– 1916), vor allem Max → Scheler (1874–1928), der originellste und einflußreichste Denker dieser Gruppe, der der Metaphysik wieder den ihr in der dt. Ph. gebührenden Platz einräumte, eine Philosophie der Person und die moderne → Wertethik schuf.

Die dritte Hauptströmung in der dt. Ph. der Gegenwart ist die → Existenzphilosophie. Sie geht auf Kierkegaard zurück, nahm viel Gedankengut der Lebensphilosophie und der Phänomenologie in sich auf und erhielt ihre erste und zugleich stärkste Ausprägung von Martin → Heidegger (1889–1968)) und Karl → Jaspers (1883–1969). Im Mittelpunkt steht das existentielle Erlebnis der Welt und des Ich, das ein Erlebnis von der Brüchigkeit des → Daseins ist, das als ein „Sein zum Tode" erfahren wird. Das Ich ist seine eigene Existenz, die im wesentlichen in der Möglichkeit besteht, zu einem eigentlichen, die Bedrohtheit und Ungesichertheit bewußt übernehmenden Dasein zu gelangen oder ein solches Dasein zu verfehlen. Die vierte Hauptströmung, mit den drei anderen vielfach durchflochten, ist die moderne → Ontologie. Sie ist die Weise, in der in der Gegenwart Metaphysik getrieben wird. Im Gegensatz zur älteren Metaphysik beruht sie nicht allein auf apriorischen Einsichten der einzelnen Denker, sondern auch auf den Ergebnissen der Einzelwissenschaften, deren jede sich bemüht, zur Metaphysik vorzustoßen, dadurch eine für alle Wissenschaften gemeinsame Plattform zu gewinnen, die Spezialisierung und Vereinzelung der Einzelwissenschaften zu durchbrechen und zu einer ganzheitlichen Betrachtungsmöglichkeit von Welt und Mensch zu gelangen *(Studium generale)*. Diese philos. Bewegung nahm bei Hans → Driesch (1867–1941) in der Biologie ihren Anfang. Verwandte Bestrebungen finden sich bei Heinrich → Maier (1867–1933), Erich Jaensch (1883–1950) und Günther → Jacoby (1881–1969). Ihr wichtigster Vertreter ist Nicolai → Hartmann (1882– 1950), einer der bedeutendsten Gestalten der Gegenwartsphilosophie überhaupt. Er zeichnet sich aus durch eine beispielhafte Feinheit und Schärfe der philos. Analysen und durch eine ganz seltene Klarheit und Durchsichtigkeit der sprachlichen Form seiner umfangreichen und inhaltlich weitgespannten Arbeiten. Die von ihm behandelten Gebiete sind außer der Ontologie das Problem des geistigen Seins, die Metaphysik der Erkenntnis, die Kategorienlehre, die Modalanalyse und die Schichtenlehre. In seiner Ethik schließt er sich an Scheler an. Die genannten vier Hauptströmungen der dt. Philosophie, die ihre längsten Entwicklungszeiten vor dem 2. Weltkrieg erlebten, fanden in der danach beginnenden neuen Periode nur vereinzelt Fortsetzer. Es kamen dann, zunächst meist isoliert voneinander, geschichtsphilosophische, anthropologische, sprachphilosophische und wissenschaftstheoretische Probleme in den Vordergrund, die, nach der zunehmenden Abwendung von der Metaphysik, auf so verschiedenen Ebenen behandelt werden, daß vorläufig von einer einheitlichen Entwicklung oder von einer besonders hervorragenden Strömung in der heutigen dt. Ph. nicht gesprochen werden könnte. Heute gibt es neben den obengenannten Strömungen drei neuere philosophische Hauptrichtungen in der dt. Ph., die im internationalen Vergleich als bedeutungs- und wirkungsvoll angesehen werden können: 1. Die „Hermeneutische Philosophie" (→ Hermeneutik), verbunden mit dem Namen → H. G. Gadamer und seinem einflußreichen Werk: „Wahrheit und Methode" (1960); 2. Die „Kritische Theorie", ausgehend von der sogenannten „Frankfurter Schule" → Adornos und → Horkheimers, von → Habermas in der Öffentlichkeit weiter bekannt gemacht; 3. die → „analytische Philosophie". Unter dieser Bezeichnung können neben Vertretern der → Wissenschaftstheorie (u. a. → Stegmüller), Anhänger des von → Popper begründeten → Kritischen Rationalismus (u. a. → Albert) sowie sich an der sprachanalytischen Philosophie orientierende Philosophen (→ Patzig) zusammengefaßt werden. Das Programm der „Erlanger Schule" um → Lorenzen läßt sich als eine Verbindung von Elementen der analytischen Philosophie mit solchen der Kritischen Theorie interpretieren. Vergl. außerdem Zeittafel, S. 807 ff.

E. Zeller, Gesch. der d. P. seit Leibniz, 1873 (Neuausg. 1965); O. Külpe, Die Philos. der Gegenwart in Deutschland, 1901; J. Dewey, German Philosophy and Politics, New York 1915, dt. 1954; A. Messer, Die Philos. der Gegenwart, 1916; M. Wundt, Die dt. Schulphilos. im Zeitalter der Aufklärung, 1945 (Repr. 1964); H. Albrecht, D. P. heute, 1969; C. Sutton, The German Tradition in Philosophy, London 1974; H. M. Baumgartner, Philos. in Deutschland 1945–1975, 1978; H. Schnädelbach, Philos. in Deutschland: 1831–1933, 1983; W. Hogrebe, D. P. im 19. Jh., 1987.

Deutsche Philosophische Gesellschaft, gegründet 1917 von Bruno Bauch, Zeitschrift: „Blätter für dt. Philosophie", 1925 ff. Nach dem 2. Weltkrieg wurde nach organisatorischen Vorarbeiten der Redaktion der „Ztschr. f. philos. Forschg." und der ersten → Deutschen Kongresse für Philosophie die „Allgem. Gesellschaft f. Philosophie in Deutschland e. V." mit Sitz Worms/Rh. gegründet, die ihre Verbindung mit der „Ztschr. f. philos. Forschg." über 2 Jahrzehnte lang beibehielt. Die Gesellschaft hat u. a. die Aufgaben, Kongresse und Tagungen für Philosophie zu veranstalten und die Gemeinschaft der deutschen Philosophen in der *„Fédération internationale des sociétés de Philosophie"* zu vertreten. Im Auftrag dieser *Fédération* veranstaltete sie 1978 den XVI. Weltkongreß für Philosophie (→ Weltkongresse) an der Universität Düsseldorf. – Innerhalb der „Allgem. Ges. f. Philosophie" wurde 1952 der → „Engere Kreis" gegründet, dem solche Mitglieder der Ges. angehören, die Lehrer an dt. Hochschulen mit Promotionsrecht sind; dieser hat die Aufgabe, Fachtagungen zu veranstalten und Einfluß auf kulturpolitische Maßnahmen, die Stellung und Aufgaben der Philosophie an den dt. Hochschulen u. Gymnasien betreffend, zu nehmen.

G. Schischkoff, Dt. Philosophie von Garmisch bis Kiel, in ZphF, 26, 1972.

deutscher Idealismus, 1. die Entwicklung der → deutschen Philosophie von Kant (um 1780) bis Hegel (um 1830); 2. eine philos. Grundhaltung, während der dt. Romantik, → Idealismus.

H. A. Korff, Geist der Goethezeit, I–IV, 1923–53; N. Hartmann, Philos. des d. I., I–II, 1923/29; R. Bubner (Hg.), Das älteste Systemprogramm. Studien zur Frühgesch. des d. I., 1969; W. Röd, Dialekt. Philos. der Neuzeit, I, 1974; H. Paetzold, Ästhetik des d. I., 1983; J. Kopper, Das transzendentale Denken des D. I., 1989.

Deutung, Erklärung, Erschließung des Verborgenen durch Einsicht in die Dinge, wodurch eine zunächst individuell verstehbare Erkenntnis gewonnen wird, die sich durch fortgesetzte Erschließung und Findung einer adäquaten Sprache als allgemein zugänglich erweist. D. ist eine Methode der Geisteswissenschaften, die im Gegensatz zu den kausal-mechanischen Naturwissenschaften individuell vorgehen und in jeder Einzelerscheinung das Besondere, den Sinn, die → Intention zu erschließen suchen. Im Bereich der Psychologie, Anthropologie und Graphologie hat sich dafür der Name D.-Wissenschaften eingebürgert. → Hermeneutik, verstehende Psychologie.

G. H. v. Wright, Explanation and Understanding, Ithaca 1971, dt. 1974; O. Schwemmer, Theorie der rationalen Erklärung, 1976; K.-O. Apel, Die Erklären-Verstehen-Kontroverse in transzendentalpragmat. Sicht, 1979.

Dewey, John, amerik. Philosoph, * 20. 10. 1859 Burlington (Vermont), † 1. 6. 1952 New York, 1904–1931 Professor an der Columbia-Universität in New York, gab dem Pragmatismus eine typisch amerik. Prägung, indem er ihn mit Materialismus und Behaviorismus verband. Wirkliche Erkenntnis ist nur mit naturwissenschaftlichen Methoden zu erreichen. Transzendentes hat keine Realität. Es gibt nichts, was Dauer hat. Der Mensch fängt erst an zu denken, wenn er Schwierigkeiten materieller Art zu überwinden hat. Die Idee wird von der Erfahrung geschaffen und ist ihre Funktion (Instrumentalismus). Eine Idee ist wertvoll, wenn sie Nutzen bringt. – D.s Philosophie kann als die heute in Nordamerika, das dem techn.-wissenschaftlichen „Fortschritt" noch volles Vertrauen entgegenbringt, allgemeingültige bezeichnet werden. D. ist auch als Reformpädagoge hervorgetreten. – Hauptw.: *Experience and nature,* 1925; *The influence of Darwin on philosophy,* 1910; *The school and society,* 1899 dt. 1905; *Democracy and Education,* dt. 1930; *Human nature and conduct,* 1922, dt. 1931; *The quest for certainty,* 1929; *Art and experience,* 1934; *Logic, the theory of inquiry,* 1938; *Problems of men,* 1946; *Knowing and the known* (mit A. F. Bentley), 1949; *How we think*, 1910, dt. 1951; Deutsche Philosophie und deutsche Politik, 1954; *The Early Works of J. D. (1882–1898),* I–V, Carbondale Ill. 1969–72. – M. H. Thomas/H. W. Schneider, *A Bibliography of J. D.,* New York 1929, ²1939.

P. A. Schilpp (Hg.), The Philosophy of J. D., Evanston/Chicago 1939; W. Correl u.a., Neue Aspekte der Reformpädagogik, 1964; J. A. Boydston/K. Poulos (Hgg.), Checklist of Writings about J. D. 1887–1977, Carbondale Ill. 1978; S. Morgenbesser (Hg.), D. and his Critics, Hassocks 1978; R. Sleeper, The Necessity of Pragmatism. J. D.'s Conception of Philosophy, New Haven 1986; F. H. Peterson, J. D.'s Reconstruction in Philosophy, New York 1987.

Dharma (Sanskrit; Pali: *Dhamma,* „tragendes Prinzip") in der → indischen Philosophie Gesetz, Wahrheit, Lehre, Recht, Pflicht, Tugend, Eigenschaft; im Buddhismus die elementaren, jeden Augenblick vergänglichen Daseinsfaktoren, aus denen alle vergänglichen Dinge – selbst Gedanken und Bewußtsein – zusammengesetzt sind. Für den substanziellen Träger von D. wird das Wort *Dharmin,* als logisches Subjekt aufgefaßt, verwendet.

T. Shcherbatsky, The Central Conception of Buddhism and the Meaning of the Word ‚d.‘, London 1923 (Repr. 1961); H. v. Glasenapp, Entwicklungsstufen des ind. Denkens, 1940; A. Piatigorsky, The Buddhist Philos. of Thought, London 1984.

Diakrisis, → Synkrisis

Dialektik (vom griech. *dialektike [tęchne]*, „die Kunst der Unterredung“), die Kunst der Beweisführung, die Wissenschaft der Logik. Für Sokrates ist die D. die Kunst der Unterredung zur Klärung der Begriffe, für Platon die oberste Wissenschaft: das Verfahren zur Erkenntnis der Ideen; bei den Sophisten wurde die D. zum intellektuellen Werkzeug im Existenzkampf (→ Sophistik). Vom MA. bis zum 18. Jh. war D. die Bez. für die übliche (Schul-) Logik.
Kant versteht unter D. ein Pseudophilosophieren, eine „D. des Scheins“, weil sie allein durch die Vernunft, ohne die notwendige Stützung auf die Erfahrung, zu Erkenntnissen (metaphysischer Art) gelangen möchte. Kants „transzendentale D.“ ist eine „Kritik des dialektischen Scheins“, eine „Kritik des Verstandes und der Vernunft in Ansehung ihres hyperphysischen Gebrauchs“, d. h.: sofern sie sich übernatürlicher Erkenntnisse rühmen.
Für Hegel ist die D. „die wissenschaftl. Anwendung der in der Natur des Denkens liegenden Gesetzmäßigkeit und zugleich diese Gesetzmäßigkeit selbst“ (Enzyklopädie). Sie ist die Bewegung, die als eigentlich geistige Wirklichkeit allem zugrunde liegt, und zugleich die des menschl. Denkens, das als Spekulation an dieser Bewegung allumfassenden, absoluten Anteil hat. Die dialekt. Struktur des Absoluten (der mit dem All identischen Gottheit) wird in der Wissenschaft der Logik (d. h. der Ontologie) entwickelt. Natur und Geist sind nichts anderes als Entfremdung und Rückkehr dieses göttl. Logos. Alle Bewegung verläuft nach den „vernünftigen“ Gesetzen der D. Das Gesetz des beweglichen Denkens ist das der beweglichen (geisthaften) Welt; → auch aufheben.
Für den dialektischen → Materialismus des Marxismus ist D. zunächst die innere Gesetzmäßigkeit der ökonomischen Entwicklung und – da alles andere von ihr abhängt – des Weltgeschehens überhaupt. Im Gesetz der D. sieht der Marxismus die Garantie des Fortschritts in Richtung auf eine allg. Glückseligkeit der Menschen. Der große dialektische Dreischritt ist: Kapitalismus (Thesis) – Diktatur des Proletariats (Antithesis) – Klassenlose Gesellschaft und gleiches Glück für alle (Synthesis).

J. Cohn, Theorie der D., 1923 (Repr. 1965); J. Stenzel, Studien zur Entwicklung der Platon. D. von Sokrates zu Aristoteles, 1917 (Repr. 1974); B. Liebrucks, Platons Entwicklung zur D., 1949; M. Merleau-Ponty, Les aventures de la dialectique, Paris 1955, dt. 1968; H. Wein, Realdialektik. Von Hegelscher D. zu dialekt. Anthropologie, 1957; R. Heiss, Wesen u. Formen der D., 1959; K. R. Popper, Conjectures and Refutations, New York 1962, dt. 1967; R. Marten, Der Logos der D., 1965; T. W. Adorno, Negative D., 1966; L. Sichirollo, Dialegesthai – D., Von Homer bis Aristoteles, 1966; W. Bekker, Idealistische und materialist. D., 1970; W. Hartkopf, Studien zur Entwicklung der modernen D., 1972; R. Simon-Schäfer, D. – Kritik eines Wortgebrauchs, 1973; W. Röd, Dialekt. Philos. der Neuzeit, I–II, 1974, [2]1986; W. Janke, Historische D., 1977; C. Hubig, D. und Wissenschaftslogik, 1978; P. Kondylis, Die Entstehung der D., 1979; W. Becker/W. K. Essler (Hgg.), Konzepte der D., 1981; E. Heintel, Grundriß der D., I–II, 1984; T. Kesselring, Die Produktivität der Antinomie. Hegels D. im Lichte der genet. Erkenntnistheorie und der formalen Logik, 1984; R. Hegselmann, Formale D., 1985.

Dialektiker, diejenigen, die in der Kunst der → Dialektik erfahren sind; ferner die → Megariker; auch eine Richtung scholast. Philosophen

(Berengar von Tours u. a.) im 11. Jh., die ihrer logisch-formalen Disputier- und Beweiskunst auch die Theologie unterwarf und dadurch mit der Kirche in Widerspruch geriet; auch diejenigen, welche die dialektische Methode Hegels anwenden. In tadelndem Sinne: die in begrifflichen Schach- und Winkelzügen Erfahrenen, ähnlich den „Sophisten".

dialektische Theologie (Theologie der Krisis) hieß eine um 1921 bis 1933 von K. → Barth, Friedrich Gogarten, Eduard Thurneysen, Georg Merz, Emil Brunner, R. → Bultmann u. a. vertretene, seither mannigfach z. T. gegensätzlich differenzierte Richtung evangelischer Theologie. Im Gegensatz zu der noch am Anfang des Jahrhunderts herrschenden historisch-psychologischen Selbstauslegung des „religiösen" Menschen war diesen Theologen damals gemeinsam das Fragen nach dem jedes menschliche Selbstverständnis begrenzenden und bestimmenden Überlegenen und Neuen, das in der Bibel Gott, Gottes Wort, Gottes Offenbarung, Gottes Reich und Tat genannt wird. Die Kennzeichnung „dialektisch" meinte ein Denken im Gespräch des Menschen mit dem ihm souverän begegnenden Gott.

J. Moltmann (Hg.), Anfänge der d. T., I–II, 1962/63; C. Gestrich, Neuzeitl. Denken und die Spaltung der d. T., 1977.

Diallele (vom griech. *di̜allelos tropos,* „sich im Kreise bewegende Art"), Zirkelschluß *(→ Circulus vitiosus),* auch jede Definition,die das zu Erklärende in offener oder versteckter Weise in die Erklärung aufnimmt.

Dialog (griech. „Unterredung"), Gespräch zur Darstellung von Problemen mittels der → Dialektik dienende lit. Kunstform in der antiken Philosophie, angebahnt von den Sophisten, im Kreise des Sokrates vor allem von → Platon zu hoher Vollendung geführt. Durch die Rede und Gegenrede wird die Darstellung philosophischer Probleme anschaulich gemacht und belebt. In den „Sokratischen D.en" spiegelt sich die Lehrmethode des Meisters wider. Im ganzen Altertum wurde der D. bei philosophischen Erörterungen bevorzugt. – Die moderne Philosophie hat den Begriff *dialogisches Denken* hervorgebracht (F. Ebner, M. Buber, G. Marcel) und das unmittelbare Verstehen und Einswerden in der gedanklichen Kommunikation dadurch auf eine Weise näher bestimmt, die – trotz subjektiver Differenzen in der Begegnung – auf die Möglichkeit eines höchsten Zueinanderfindens im Denken hindeutet.

H. L. Goldschmidt, Dialogik, 1964; M. Theunissen, Der Andere, 1965, [2]1977; B. Casper, Das dialog. Denken, 1967; A. Edmaier, Dialog. Ethik, 1969; H. H. Schrey, Dialog. Denken, 1970; B. Waldenfels, Das Zwischenreich des D.s, 1970; R. Bubner (Hg.), D. als Methode, 1972; H. Turk, Dialektischer Dialog, 1975; P. Lorenzen/K. Lorenz, Dialog. Logik, Den Haag 1978; F. Jacques, Über den D., dt. 1986.

Dialogisches Denken, → Dialog.

DIAMAT, dialekt. Materialismus → Materialismus (Schluß).

Dianoia (griech. „Denkkraft"), Vernunft: Dianoëtik oder Dianoiologie, Denklehre; dianoëtische Tugenden nannte Aristoteles die sittlichen Kräfte der denkenden Vernunft: Wissenschaft, Kunst, Klugheit oder Einsicht, Weisheit, Wohlberatenheit und Verständigkeit.

Diätetik (vom griech. *diaitetikę) [tęchne],* eine Lehrdisziplin der klassischen Heilkunst, deren Streben nach Gesundheit sich nach dem rechten Maß des Lebens und der gesellschaftlichen Ansprüche orientierte; „Lehre von der vernunftgemäßen Lebensweise"), Lebenskunst.

H. v. Feuchtersleben, Von der D. der Seele, 1956; H. Schipperges, Heilkunde, 1962.

Dichotomie (griech. „Zerschneidung in zwei Teile"), Zweiteilung, in der Logik die Einteilung nach zwei Gesichtspunkten; danach: dichotomische Methode.

H. W. B. Joseph, An Introduction to Logic, Oxford 1906, [2]1916 (Repr. 1967); T. Ziehen, Lehrbuch der Logik auf positivist. Grundlage mit Berücksichtigung der Gesch. der Logik, 1920 (Repr. 1974).

Didaktik (griech. *didaktikę [tęchne]* „die Kunst oder Wissenschaft des Lehrens"), Unterrichtslehre, deren Entwicklung über die Romantik und Dilthey zu einer Differenzierung ihrer Anwendung in den verschiedenen Wissenschaftsgebieten führte. Die Ausweitung und künftige Planung des Philosophieunterrichts in Deutschland machte Überlegungen zu einer D. der Philosophie notwendig. Dieses neue Fach – es gibt erst einen Lehrstuhl für D. der Philosophie in Deutschland (Hamburg) – wird im Augenblick geprägt durch eine konstitutive Philosophied., die Wissen und Können in einem problemorientierten Verständigungsprozeß (Dialogmethode) vermitteln will.

G. Günther, Beiträge zur Grundlegung einer operationsfähigen D., I–III, 1976–80; Zeitschrift für D. der Philosophie, 1979 ff.; E. Martens, Dialogisch-pragmat. Philosophied., 1979; W. D. Rehfus, D. der Philos., 1980; J. Schmucker-Hartmann, Grundzüge einer D. der Philos., 1980; H. Girndt (Hg.), Lehren und Lernen der Philos. als philos. Problem, 1987.

Diderot, Denis, franz. Schriftsteller und Philosoph, * 5. 10. 1713 Langres, † 31. 7. 1784 Paris, Begründer und Mitherausgeber d. → „Enzyklopädie", seine Entwicklung ging vom offenbarungsgläubigen Theismus zum Materialismus und Pantheismus, der im Naturgesetz und im Wahren, Schönen und Guten, die im Grunde ein und dasselbe sind, die Gottheit erkennt. Die Atome sind Träger von Empfindungen, aus denen das Denken entsteht. Aus der Berührung der Atome entsteht das für die Menschen u. das All einheitliche Bewußtsein. – Hauptwerke: Pensées philosophiques, 1746; Lettre sur les aveugles à l'usage de ceux qui voient, 1749, dt. 1961; Pensées sur l'interpretation de la nature, 1754, dt. 1965; Essai sur la peinture, 1765; Le neveu de Rameau, hg. 1821, dt. 1805; L'entretien entre d'Alembert et D./ Le reve de d'Alembert/La suite de l'entretien, hg. 1830, dt. 1961; Œuvres complètes, I–XX, 1875–77 (Repr. 1966). – F. R. Spear, Bibl. de D., Genf 1980.

H. Dieckmann, Stand und Probleme der D.-Forschung, 1931; H. Dieckmann, Inventaire du fonds Vandeul et inédits de D., Genf 1951; H. Dieckmann, D. und die Aufklärung, 1972; R. Mortier, D. in Deutschland, 1972; A. Strugnell, D.s Politics, Den Haag 1973; C. Blum, D., New York 1974; G. Sauerwald, Die Aporie der D.schen Ästhetik, 1975; J. v. Stackelberg, D. – Eine Einf., 1983; K. Dirscherl, Der Roman der Philosophen D., Rousseau, Voltaire, 1985.

Diemer, Alwin, Prof. in Düsseldorf, * 16. 4. 1920 Eisenberg/Pfalz, † 25. 12. 1986 Düsseldorf, entwickelte sich auf dem Wege der Begriffsanalyse zu einem scharfsinnigen Methodiker in natur- und geisteswiss. Problematik, dem die Darstellung philosoph. Grundpositionen (Entwicklungsphasen der Phänomenologie, Typen der Philosophie u. a.) gelingt. Neben Untersuchungen zur allg. Wissenschaftstheorie historisch-systematische

Versuche zur Dokumentation der Philosophie mit Hilfe moderner Datenverarbeitung. – Schrieb u. a.: Grundzüge Heideggerschen Denkens, 1950; Ed. Husserl, Versuch einer system. Darstellung seiner Phänomenologie, [2]1964; Einführung in die Ontologie, 1959; Grundriß der Philosophie, 2 Bde., 1962/65; Was heißt Philosophie?, 1964; Was heißt Wissenschaft?, 1964; Die historische Voraussage, 1967; Die Idee einer systematisch-philosophischen Enzyklopädik u. die moderne Dokumentation, 1968; Informationswissenschaft, 1971; Elementarkurs Philosophie: Dialektik, 1977; Elementarkurs Philosophie: Allgemeine Hermeneutik, 1977; Elementarkurs Philosophie: Philos. Anthropologie, 1978.

Differentia specifica (lat. „artbildender Unterschied"), → Definition.

Differenzierung (vom lat. *differentia*, „Unterschied"), die Ausbildung von Verschiedenheiten auf einheitlicher Grundlage von gleichem Ausgang aus; ist u. a. ein Prinzip der biologischen Entwicklungslehre; → auch Individuation, → Entfaltung.

Dikaiarchos von Messene, griech. Philosoph, um 320 v. Chr., Schüler des Aristoteles (Peripatetiker), setzte das prakt. Leben über das theoretische, sah in der Seele die Harmonie der den Leib bildenden Elemente, also keine eigene Seelensubstanz; er leugnete die Unsterblichkeit der Seele; in seiner Schrift „*Tripolitikos*" lehrte er als beste Staatsform, nach dem Vorbild Spartas, eine harmonische Vereinigung von Aristokratie, Monarchie und Demokratie. – Fragmente von D. v. M. mit Kommentar gab F. Wehrli heraus, 1944.

Diktatur (lat.), Ausübung unbeschränkter Machtvollkommenheit. – Neben den bekannten Formen nationalsozialistischer u. faschistischer D. gilt als besonderes Beispiel dafür heute die D. des Proletariats, in der Arbeiter und Bauern entweder durch Zwang oder durch Erziehung zum Fanatismus zur Hinnahme der kommunistischen Ideologie und ihrer dogmatischen Grundsätze gebracht werden; ihnen wird suggeriert, daß aus der Gesellschaftsordnung der Unfreiheit bald einmal echte, beglückende Freiheit hervorgehen werde; → auch Materialismus.

C. J. Friedrich, Totalitäre D., 1957; G. W. Hallgarten, Dämonen oder Retter? 1957; E. Sterling, Der unvollkommene Staat, 1965.

Dilemma (griech. „zweiteilige Annahme"), die peinliche Lage, in der man sich befindet, wenn man zwischen zwei gleich unangenehmen Dingen wählen soll oder muß („Zwickmühle"). In der Logik ein Schluß von der Form: A wird befriedigt, wenn entweder B oder C erfüllt ist; B und C sind aber miteinander unverträglich; wenn also A durch B erfüllt wird, verstößt er gegen C, wenn durch C, gegen B. Beispiel: Jemand braucht Geld, das er von einem anderen auch bekommen würde; dieser soll aber nicht wissen, daß jener kein Geld mehr hat. Bittet jener also um Geld, so erfährt der andere von der Geldknappheit, bittet er nicht, so bekommt er kein Geld.

C. Prantl, Gesch. der Logik im Abendlande, I–IV, 1855–70 (Repr. 1955); W. Sinott-Armstrong, Moral Dilemmas, Oxford 1988.

Dilthey, Wilhelm, Philosoph, * 19. 11. 1833 Biebrich a. Rh., † 1. 10. 1911 Seis b. Bozen, seit 1882 Prof. in Berlin, bemühte sich um die Begründung einer „Erfahrungswissenschaft der geistigen Erscheinungen“ und um die Erfassung „geschichtl. Seelenvorgänge“ durch Verstehen. D. ging von der Theologie aus und wandte sich dem dt. Idealismus zu, bes. Schleiermacher und der Romantik, von dort aus der gesamten abendländ. Geistesgesch. seit dem Altertum. Im Bestreben, aus den dabei gewonnenen Einsichten eine „Kritik der historischen Vernunft“ zu entwickeln, wurde D. zum Schöpfer der Erkenntnistheorie der Geisteswissenschaften, deren Selbständigkeit nach Gegenstand und Methode gegenüber den Naturwissenschaften nachzuweisen sein Bestreben war (Einl. in d. Geisteswiss., 1883, [3]1933, in Ges. Schriften, Bd. 1). Die Aufgabe der Philosophie ist nach D., die philos. Systeme in ihrer Entstehung zu begreifen und sich im Begreifen über sie zu erheben. In der abendländ. Weltanschauung erkennt D. drei Typen als „einseitige, doch aufrichtige Offenbarungen der menschl. Natur“: Materialismus (= Positivismus), objektiver Idealismus und Idealismus der Freiheit, deren keiner die Alleinherrschaft beanspruchen könne (philos. Relativismus). Die Metaphysik im bisherigen begrifflichen und dualistischen Sinn wird von ihm abgelehnt (Philosophie der Philosophie, 1931, in Ges. Schr., Bd. 8). Was der Mensch sei, erfährt er nur durch die Gesch., die D. geistesgeschichtlich untersucht (vgl. den größten Teil seiner Ges. Schriften, geschichtsphilosophisch grundsätzlich in: Der Aufbau der gesch. Welt, 1910, [2]1928, in Ges. Schr., Bd. 7). Besonders wichtig sind seine Untersuchungen zur Gesch. des dt. Geistes (1927, in Ges. Schr., Bd. 2). Die Geschichte hat es mit den Menschen als seelischen Ganzheiten und mit deren Strukturen zu tun (vgl. Ges. Schr., Bd. 5). Diese können nicht im Hypothesen-Gewebe einer konstruktiven, erklärenden Psychologie erfaßt werden, neben die deshalb eine beschreibende u. → „verstehende“ Psychologie treten muß, die die Struktur eines Individuums oder einer Zeit nacherlebend zu zergliedern sucht (Ideen über eine beschreibende und zergliedernde Psychologie, 1894, [2]1924, Ges. Schr., Bd. 5). – Hauptwerke: Leben Schleiermachers, 1870; Einleitung in die Geisteswissenschaften, 1883; Ideen über eine beschreibende und zergliedernde Psychologie, 1894; Das Erlebnis und die Dichtung, 1906; Der Aufbau der geschichtl. Welt in der Geisteswissenschaften, 1910; Briefwechsel zwischen W. D. und Graf Paul Yorck von Wartenburg, hg. 1923; Von dt. Dichtung und Musik, hg. 1933; Gesammelte Schriften, I–XIX, 1914–85. – U. Herrmann, Bibl. W. D., 1969.

E. Spranger, W. D., 1912; C. Misch (Hg.), Der junge D., 1933; O. F. Bollnow, D., 1936; P. Krausser, Kritik der endl. Vernunft. W. D.s Revolution der allg. Wissenschafts- u. Handlungstheorie, 1968; U. Herrmann, Die Pädagogik W. D.s, 1971; M. Heinen, Die Konstitution der Ästhetik in W. D.s Philos., 1974 H. Ineichen, Erkenntnistheorie und geschichtlich-gesellschaftl. Welt. D.s Logik der Geisteswiss., 1975; C. Zöckler, D. und die Hermeneutik, 1975; M. Riedel, Verstehen oder Erklären? Zur Gesch. und Theorie der hermeneut. Wiss., 1978; E. W. Orth (Hg.), D. und die Philos. der Gegenwart, 1985.

Dimension (lat.), Ausmessung, Ausdehnung. In der Mathematik hat die Linie eine D. (Länge), die Fläche zwei (Länge u. Breite), der Körper drei (Länge, Breite und Höhe); → auch Koordinaten, → Kontinuum. – In der Physik ist D. die Beziehung einer physikal. Einheit zu den Grundeinheiten der Länge, der Masse und der Zeit (cm, g, sek.); so hat z. B. die Geschwindigkeit die D. cm/sek. –

K. Menger, D.stheorie, 1928; K. Nagami, D. Theory, New York/London 1970.

Ding an sich, nach Kants „Kritik d. reinen Vernunft" das Ding, wie es unabhängig von einem erkennenden Subjekt für sich selbst besteht, das „wahre" → Sein, dessen „Erscheinungen" die empirischen Dinge sind, auf welche eben die „Erscheinungen" hinweisen. Wir erkennen ein Ding als Gegenstand unserer Wahrnehmung nur so, wie es uns – eingekleidet in die Anschauungsformen von Raum und Zeit, in die Kategorien und Verstandesgesetze – so erscheint; wie es „an sich" beschaffen ist, werden wir niemals erkennen. → Chiffre, → Wirklichkeit.

G. Prauss, Kant und das Problem der D.e a. s., 1974; J. Mittelstraß, Ding als Erscheinung und D. a. s., in: Ders./M. Riedel (Hgg.), Vernünftiges Denken, 1978.

Dingler, Hugo, Philosoph, * 7. 7. 1881 München, † das. 29. 6. 1954; 1920–32 Prof. in München, 1932 bis 1934 in Darmstadt, versucht in seiner „Methodischen Philosophie" die Möglichkeit eines „methodisch-gesicherten", d. h. eines in für jedermann nachvollziehbaren Schritten zu gehenden Weges der Wirklichkeitserkenntnis zu zeigen. Er weist nach, daß die ersten Schritte geplante (gewollte) Handlungen sein müssen, die als Ziel nur diese methodische Sicherung haben („Eindeutigkeit"). Diese allgemeine Aufgabe konkretisiert sich in seinem nachgelassenen Werk (s. unten: 1964). Insbesondere die Herstellung der Meßapparate der Physik sind geplante Handlungen, deren „Pläne" die Möglichkeit geben, auch noch die sog. Axiome der Geometrie, Kinematik und Mechanik zu begründen. – Hauptw.: Die Grundlagen der Naturphilosophie, 1913; Grundlagen der Physik, 1919, [2]1923; Der Zusammenbruch der Wissenschaft und der Primat der Philosophie, 1926; [2]1930; Das Experiment, sein Wesen und seine Geschichte, 1929, [2]1952; Metaphysik als Wissenschaft vom Letzten, 1929; Philosophie der Logik und Arithmetik, 1931; Geschichte der Naturphilosophie, [2]1973; Die Methode der Physik, 1938; Grundriß der method. Philosophie, 1949; Die Ergreifung des Wirklichen, 1955, [2]1969; Lehrbuch der exakten Fundamentalwissenschaften (Arithmetik, Geometrie, Kinematik und Mechanik), 1964; Aufsätze zur Methodik, hg. 1987.

H. C. Sanborn, D.'s Methodical Philosophy, in: Methodos 4 (1952); W. Krampf, Die Philos. H. D.s, 1955; W. Krampf (Hg.), H. D.-Gedenkbuch zum 75. Geburtstag, 1956; J. Willer, Relativität u. Eindeutigkeit. – H. D.s Beitrag zur Begründungsproblematik, 1973; J. Willer, Methodische Philos. und konstruktive Logik. Bemerkungen zu den Begründungsentwürfen von H. D. und Paul Lorenzen, in: Kant-St. 64 (1973); P. Janich (Hg.), Methodische Philos., 1984.

Diogenes Laërtios, griech. Schriftsteller, der um 220 n. Chr. eine Art Geschichte der Philosophie in 10 Büchern schrieb, eine wichtige, allerdings oft unkrit. Quelle für die Geschichte der alten Philosophie *(De vitis, dogmatibus et apophthegmatibus clarorum philosophorum,* dt. 1921, 2 Bde.; *Vitae philosophorum,* 2 Bde. hrsg. v. H. S. Long, 1964).

K. Janaček, Zur Würdigung des D. L., in: Helikon 8 (1968); J. Mejer, D. L. and his Hellenistic Background, 1978.

Diogenes von Apollonia, griech. Philosoph, * 499/98, † 428/27, Zeitgenosse des Anaxagoras, sieht wie Anaximenes in der Luft den Urstoff. Darüber hinaus überträgt er auf diese auch die von Anaxagoras dem Nous zugeschriebenen Eigenschaften, also auch Vernunft und Denken. Alle Dinge sollen Umwandlungen der Luft sein. Seine Lehre faßt die gesamte Philosophie der Ionier nochmals zusammen. – Texte: H. Diels/W. Kranz (Hgg.),

Fragmente der Vorsokratiker, 1903, [17]1974.

H. Diller, Die philosophiegesch. Stellung des D. v. A., in: Hermes 76 (1941); J. Zafiropulo, D. d'A., Paris 1956.

Diogenes von Sinope in Kleinasien, griech. Philosoph, * um 412 v. Chr., † 323 Korinth, steigerte den Begriff der sokratischen Selbstgenügsamkeit zur inneren Askese, die, jeder verfeinerten Lebensart abhold, äußerste Bedürfnislosigkeit zur Pflicht machte, forderte Gemeinsamkeit der Frauen und Kinder und erkannte die geltenden Sittengesetze nicht an. D. ist zum Urbild der kynischen Schamlosigkeit (daher unser Ausdruck „Zynismus") und des Sichgehenlassens geworden. Auf D. beziehen sich die Anekdoten vom Philosophen, der in einer Tonne wohnte, der Alexander den Großen, als dieser ihn besuchte und eine Bitte zu erfüllen versprach, bat, aus der Sonne zu gehen, und der mittags auf dem Markte v. Athen mit der Laterne nach „Menschen" suchte.

K. v. Fritz, Quellenunters. zu Leben und Philos. des D., in: Philol. Suppl. 18 (1926); F. Sayre, D., Baltimore 1938; J. M. Finley, D., London 1968.

Dion Chrysostomus („Goldmund") **von Prusa** in Bithynien, griech. Kyniker, um 40–120, urspr. Rhetor, nach seiner Verbannung durch Domitian Wanderprediger, wandte sich gegen die entartete Zivilisation der röm. Kaiserzeit, predigte die Rückkehr zur Natur und zum Landleben und machte sozial-reformerische Vorschläge zur Behebung der Not der Großstadtbevölkerung. – Sämtliche Reden, 1967.

H. v. Arnim, Leben u. Werke des D. v. P., 1898.

Dionysios Areopagita (Pseudo-Dionysius), christl. Neuplatoniker, der als D. A. (eines in der Apostelgesch. 17,34 erwähnten Atheners) etwa im 5. Jh. verschiedene, im MA. eifrig studierte und viel kommentierte Schriften veröffentlichte, in denen er versuchte, Christentum und heidnische Philosophie zu verbinden. – Hauptwerke: Peri mystikes theologias, hg. 1516, dt. 1832; Peri tes uranias hierarchias, 1516, dt. 1955; Peri theion onomaton, 1516, dt. 1933; Œuvres complètes, Paris 1943, [2]1980.

W. Jaeger, Der neuentdeckte Kommentar zum Johannesevangelium und D. A., 1930; W. Völker, Kontemplation u. Ekstase bei Pseudo-D., 1958; P. Spearritt, A Philosophical Enquiry into Dionysian Mysticism, 1975; S. Gersh, From Iamblichus to Eriugene. An Investigation of the Prehistory and Evolution of the Pseudo-Dionysian Tradition, Leiden 1978; R. Roques, L'univers dionysien: structure hiérarch. du monde selon le Pseudo-Denys, Latour-Maubourg 1983.

dionysisch → apollinisch-dionysisch.

Dionysius der Kartäuser, Theolog, genannt: *Doctor ecstaticus,* * 1402–03 Ryckel b. Lüttich, † 1471 Roermond (Holland), mit Nikolaus Cusanus befreundet, verarbeitete ohne eigene Schöpferkraft noch einmal das gesamte scholast. und myst. Wissen des 13. Jh.; von Bedeutung auf den Gebieten der Ästhetik und der rel. Erziehung. Gesamtausgabe seiner Werke durch die Karthäuser 1896–1935, 43 Bde.

K. Krogh-Tonning, Der letzte Scholastiker – Eine Apologie, 1904; E. Ewig, Die Anschauungen des Kartäusers D. von Roermond über den christl. Ordo in Staat u. Kirche, Diss. Bonn 1936; H. Pohlen, Die Erkenntnislehre D. d. K., 1941.

Diotima, in Platons „Gastmahl" eine Priesterin aus Mantineia, von der Sokrates die in diesem Dialog vorgetragenen Lehren über das Wesen des Eros empfangen haben will. Hölderlin gibt der Geliebten seines „Hyperion" diesen Namen (nach einem Liebeserlebnis mit Susette Gontard aus Frankfurt, der geistvollen Mutter seiner Zöglinge).

disjunkt (lat. „getrennt“) sind in der Logik Begriffe, die dem Umfang nach keine gemeinsamen Elemente haben, jedoch unter einen Oberbegriff fallen, z. B. Hund-Katze: Vierbeiner. – Disjunktiv, wechselseitig sich ausschließend. Disjunktive Urteile sind Urteile nach dem Schema: A ist entweder B oder C. Ein d.er Schluß hat die Form: A ist entweder B oder C. A ist B (oder A ist nicht B.). Also ist A nicht C (oder: also ist A = C).

diskontinuierlich (vom lat. *dis...*, „auseinander ...“ und *continuum*, „das Zusammenhängende“), unstetig, nicht stetig zusammenhängend.

diskursiv (vom lat. *discurrere*, „auseinanderlaufen“) oder *sukzessiv* nennt man ein Denken, das von einer bestimmten Vorstellung zu einer bestimmten anderen logisch fortschreitet und das ganze Gedankengebilde aus seinen Teilen aufbaut. Im weiteren Sinne wird das Denken d. genannt, insofern es begrifflich ist, im Gegensatz zur intuitiven Erkenntnis durch Anschauung.

disparat (vom lat. *dispar*, „ungleich“), unverträglich miteinander, heißen Begriffe, die keine gemeinsamen oder sogar einander widersprechende Merkmale, bzw. Gegenstände, die keine gemeinsamen oder sogar einander widersprechende Eigenschaften besitzen.

Disposition (lat. „Anordnung“), Einteilung, Plan; in der Medizin und Psychologie soviel wie Anlage, Veranlagung, Stimmung, Geneigtheit. Kant bezeichnet damit auch Naturanlagen im Bewußtsein und Angewohnheiten im Gemüt.

Dissoziation (lat. „Trennung“), Zerteilung. In der älteren Psychologie Aufhebung einer Assoziation z. B. durch Affekte; Zerfall von Bewußtseinszusammenhängen.

distinkt (lat. „unterschieden“), deutlich begrenzt. Distinktion, Unterscheidung, wird in drei Grundformen gebraucht: Distinctio formalis, D. rationalis und D. realis.

distributiv (vom lat. *distribuere*, „verteilen“), für jeden Gegenstand geltend, der unter einen bestimmten Begriff fällt.

Disziplin (lat. „Unterricht, Zucht“), Unterrichtsfach, Zweig einer Wissenschaft oder der Wissenschaften; auch Mittel und Methode einer strengen Erziehung.

divergierend (vom lat. *divergium*, „Trennungspunkt“), divergent, sich von einander entfernend.

Division (lat. „Teilung“), Einteilung; in der Logik die Zerlegung eines Gattungs- in seine Artbegriffe.

docta ignorantia (lat. „gelehrte Unwissenheit“), das durch Wissenschaft gewonnene Nichtwissen, nennt Nikolaus Cusanus das Wissen von der Unbegreiflichkeit Gottes.

J. Ritter, D. i., Die Theorie des Nichtwissens bei Nicolaus Cusanus, 1927; K. G. Pöppel, Die d. i. des Nicolaus Cusanus als Bildungsprinzip, 1956; K. H. Volkmann-Schluck, Nicolaus Cusanus, 1957; K. Jaspers, Nikolaus Cusanus, 1964.

doctor (lat.), Lehrer, Gelehrter; je nach seinem Beiwort wurde D. zum jeweils anderen Ehrennamen führender Theologen und Philosophen des MA. Beispiel: *d. angelicus* (engelhafter D.): Thomas von Aquino; *d. invincibilis* (unbesiegbarer D.): Wilhelm von Ockham; *d. mirabilis* (wunderbarer D.): Roger Bacon; *d.*

subtilis (scharfsinniger D.): Duns Scotus; *d. universalis* (allumfassender D.): Alb. Magnus; *d. fundatissimus* (bestgegründeter D.): Aegidius von Rom; *d. ecstaticus* (ekstatischer D.): Dionysius der Kartäuser; *d. solemnis* (feierlicher D.): Heinrich von Gent; *d. christianissimus* (allerchristlichster D.): Johannes Gerson (Charlier); *d. seraphicus* (engelhafter D.): Bonaventura, usw.

Dogma, das, Mehrzahl: Dogmen, selten: Dogmata (griech. „Meinung"), ein Lehrsatz, dessen Wahrheitsgehalt nur gläubig hingenommen als unanfechtbar gilt, der deshalb zur Grundlage einer Glaubenslehre oder einer Ideologie gemacht wird; auch Glaubenssatz im Christentum: (verbindliche) Lehrüberzeugung, die, übernatürlichen Ursprungs, von Gott bestimmten Menschen bzw. der Kirche offenbart und zur Verbreitung und Anwendung übertragen sei.

W. Schulz, Dogmengesch. als Problem der Geschichtlichkeit der Wahrheitserkenntnis, Rom 1969; F. L. Breusch, Referat gegen D. und Dialektik, 1975; W. Kern/F.-J. Niemann, Theolog. Erkenntnislehre, 1981.

Dogmatiker, einer, der Behauptungen ohne zureichende Begründung aufstellt und daran trotz gewichtiger Gegengründe festhält; in der Philosophie urspr., nach Sextus Empiricus, diejenigen, die, im Gegensatz zu den alles bezweifelnden Skeptikern, positive Behauptungen und Lehren aufstellten; nach Kant diejenigen, die unter Umgehung jeglicher Erfahrung und Anschauung positive metaphysische Behauptungen aufstellen, ohne zu fragen, ob die menschl. Vernunft zu solchen Behauptungen berechtigt ist. Der Typus des D.s ist heute in der Praxis politischer Ideologien häufig anzutreffen.

Dokumentation auf dem Gebiet der Philosophie ist die erst in unserer Zeit notwendig gewordene systematische Sammlung, Katalogisierung und Nutzbarmachung der vorliegenden philosophischen Publikationen aller Art mit dem Ziel, alle Sachgebiete und einzelne Denker sowie die bis ins Kleinste differenzierten Begriffe und Probleme so übersichtlich anzuordnen, daß durch besondere technische Systeme jede Information darüber, bzw. die Publikationen selbst, stets greifbar gemacht werden. Im allgemeinen Bibliothekswesen bedient man sich meist des bekannten Dezimalsystems der D., wobei weitere Dez.-Zahlen erst hinzugefügt werden, wenn die Einordnung in begrifflich untergeordnete Sachgebiete dies erfordert. Die philosoph. D., die vor allem nach Begriffen, Problemen, Gesichtspunkten, spezifischen Nuancen usw. differenzieren muß, erweist sich als weitaus umfangreicher, als die bibliothekarische D.; man muß deshalb nach neuen Wegen suchen. – Eine erste Forschungsstelle für philosoph. D. besteht seit 1966 am Philos. Institut der Universität Düsseldorf, wo die Vorarbeiten an der Erfassung, Differenzierung und Kodierung der Begriffselemente philosophischer Publikationen inzwischen soweit fortgeschritten sind, daß dort mit elektronischen datenverarbeitenden Geräten zur Bewältigung der gesamten philosoph. D. experimentiert wird. Dadurch entsteht, in Zusammenarbeit mit ähnlichen bibliograph. Zentren des Auslandes, eine *Datenbank*, die Fachforschern und Studierenden sekundenschnell jede gewünschte fachliche Information in allen Details übermitteln soll.

G. Schischkoff, Über die Möglichkeit der D. auf dem Gebiet der Philosophie, ZphF, VI, 1951/52, A. Diemer, Philosophie D., ebenda, 21, 1967; ders. (Hrsg.), System u. Klassifikation in Wissenschaft und D., 1968; G. Schischkoff, Statistische Repräsentativauswertung philosophischer Problembereiche, in ZphF, 25, 1971; W. G. Stock, Wissenschaftliche Information metawissenschaftlich betrachtet, 1980.

Doppelbewußtsein (Doppel-Ich), krankhafte Spaltung einer Persönlichkeit in zwei Phasen, die in ihrem Charakter miteinander abwechseln und ohne Zusammenhang sind, so daß der davon Betroffene von seinem normalen Ich wie von einem fremden spricht; bisweilen hat er von einem früheren Leben keine Erinnerung mehr oder aber er erlebt sich gleichzeitig als zwei verschiedene Personen.

M. Dessoir, Das Doppel-Ich, [2]1896; K. Österreich, Die Phänomenologie des Ich, 1910; P. Christian u. R. Haas, Wesen und Formen der Bipersonalität, 1949; Gottfried Benn, Doppelleben, 1950.

doppelte Wahrheit, das gleichzeitige Wahr- oder Falsch-sein-können einer Erkenntnis je nach der Grundlage dieser Erkenntnis. Die Lehre von der d. W. spielte im MA. eine große Rolle, als die Glaubenswahrheiten rational gesichert werden sollten. Averroismus und Nominalismus versuchten die Aporie durch die Behauptung aufzulösen, daß etwas philosophisch wahr, theologisch aber trotzdem falsch sein könne. In der Renaissancephilosophie wurde die Lehre von der d. W. besonders von Petrus → Pomponatius vertreten. Die d. W. wird grundsätzlich in sachlicher Hinsicht (als geglaubte oder vom Weltwissen abgeleitete W.) und in methodischer Hinsicht zum Problem gemacht.

Anneliese Maier, Das Prinzip der d. W., Rom 1955; A. Hufnagel, Zur Lehre von der d. W., in: Tübing. theol. Quart. 136 (1956).

Dostojewskij, Feodor Michaijlowitsch, russ. Dichterphilosoph, * 11. 11. 1821 Moskau, † 9. 2. 1881 Petersburg, schildert die unerforschlichen Tiefen und Rätsel der Welt und des Menschenherzens, er beschreibt die → Grenzsituationen, in die der Mensch gerät und in denen er scheitert (→ Scheitern). Die Gestalten seiner Romane stehen im Widerspruch zu sich selbst. Sie (und D.) suchen das Hintergründige der christl. Religion und der sie umgebenden Dinge und Menschen; sie gehören alle zur mittellosen hungernden und frierenden Intelligenz der russ. Großstädte. „Es gibt kaum einen zweiten Dichter, der seine Leser so unbarmherzig quält wie D., – und zwar nicht etwa durch Schilderungen äußeren Elends oder durch künstlich ersonnenes Raffinement, sondern einfach dadurch, daß er bis auf den chaotischen Urgrund der Menschenseele dringt und alles ans Licht zieht, was er da zu sehen bekommt. Es hat aber auch kein Dichter so viel Liebe besessen wie D. Es hat keiner so gut verstanden, den göttlichen Funken auch im verworfensten Geschöpf zu entdecken, es hat keinen zweiten so beredten Anwalt der Unterdrückten und Beleidigten gegeben. Seine Gabe des Hellsehens tritt vielleicht gerade hier am stärksten und überzeugendsten zutage“ (A. Luther, Gesch. der russ. Lit., 1924). – Hauptw.: Der Idiot, 1869; Die Dämonen, 1871; Schuld u. Sühne, 1874; Brüder Karamasow, 1880.

N. Berdjajew, Die Weltanschauung D.s, 1925; A. Dempf, Die drei Laster. D.s Tiefenpsychologie, 1946; R. Lauth, Die Philos. D.s, 1950; R. Guardini, Religiöse Gestalten in D.s Werk, 1951; S. Sutherland, Atheism and the Rejection of God. Contemporary Philosophy and „The Brothers Karamasow“, Oxford 1977.

Drang, bei Schopenhauer Bestimmung der niedrigsten Objektivation des Willens, nach M. Scheler die unterste Stufe des Psychischen, die auch dem Tier und der Pflanze zukommt. Der Mensch ist der Treffpunkt von D. und Geist; → Hemmung. – D. und Geist sind auch die Attribute des → Urseienden.

J. W. Atkinson, An Introduction to Motivation, Princeton 1965.

Dreistadiengesetz, → Comte.

Drews, Artur, Philosoph, * 1. 11. 1865 Uetersen, † 19. 7. 1935 Achern, seit 1898 Prof. an der Techn. Hochschule in Karlsruhe, Anhänger Hegels und Ed. von Hartmanns; vertrat eine pantheistische Metaphysik, die er „konkreten Monismus" nannte. In seinem Buch „Die Christusmythe" (1909–1911, [14]1924) bestritt er die historische Existenz Jesu. Hauptw.: Die dt. Spekulation seit Kant, 2 Bde., 1893, [3]1924; Die Religion als Selbstbewußtsein Gottes, 1906, [2]1925; E. v. Hartmanns philos. System im Grundriß, [2]1906; Psychologie des Unbewußten, 1924; Lehrb. d. Logik, 1928; Rich. Wagner, 1934.

Philosophie der Gegenwart in Selbstdarst. 5. Bd., 1924; H. Lübbe, A. D. in N. Dt. Biogr., 1959.

Driesch, Hans, Philosoph, urspr. Biolog, * 28. 10. 1867 Bad Kreuznach, † 16. 4. 1941 Leipzig, 1921 bis 1933 das. Prof., gelangte, von Haeckel herkommend, zur Aufstellung des Systems eines kritischen, antimaterialistischen → Vitalismus (Philosophie des Organischen, 2 Bde., 1909, [4]1930), das philosophisch teilweise auf Aristoteles und dessen Begriff der Entelechie zurückgeht (→ auch äquipotentiell). In der Philosophie unterscheidet D. die „Ordnungslehre" oder Logik (1912, [2]1923) von der „Wirklichkeitslehre" oder Metaphysik (1917, [3]1931). Logik ist die Lehre von den Bedeutungen, Naturphilosophie die Lehre von den in Raum, Zeit und Stoff verdinglichten Bedeutungen; Geschichte bzw. Kulturphilosophie ist die Lehre von den ethisch-geistig bedeutsamen Wirklichkeiten. D. setzte sich stark für die Parapsychologie ein. – Weitere Schriften: Geschichte d. Vitalismus, 1905, [2]1927; Leib und Seele, 1916, [3]1927; Grundprobleme der Psychologie, 1925, [2]1929; Behaviorismus und Vitalismus, 1927; Parapsychologie, 1932, [3]1952; Die Überwindung des Materialismus, 1935; Selbstbesinnung und -erkenntnis, 1940; Biologische Probleme höherer Ordnung, 1941, [2]1944; „Lebenserinnerungen" gab 1951 seine Tochter J. Tétaz-D. heraus; Bblgr. in ZphF. Bd. I, 1947.

A. Gehlen, Zur Theorie der Setzung und des setzungshaften Wissens bei D., 1927; E. Heuss, Rationale Biologie und ihre Kritik. Eine Auseinandersetzung mit dem Vitalismus H. D.s, 1938; A. Wenzl (Hg.), H. D. – Persönlichkeit und Bedeutung für Biologie u. Philos. von heute, 1952 (mit Bibl.); R. Mocek, Zum Lebenswerk von H. D., in: Dt. Z. Philos. 12 (1964).

Dualismus (vom lat. *duo* „zwei"), das Nebeneinanderbestehen zweier verschiedener, nicht zur Einheit führbarer Zustände, Prinzipien, Denkweisen, Weltanschauungen, Willensrichtungen, Erkenntnisprinzipien; einen D. bezeichnen die Begriffspaare: Welt der Ideen und Welt der Wirklichkeit (Platon), Gott und Teufel (gutes und böses Prinzip, → auch Manichäismus), Gott und Welt, Geist und Materie, Natur und Geist, Seele und Leib, Denken und Ausdehnung (Descartes), anorganische und organische Natur, Subjekt und Objekt, Sinnlichkeit (d. h. Sinneserkenntnis) und Verstand, Glauben und Wissen, Naturwissenschaft und Geisteswissenschaft, Naturnotwendigkeit und Freiheit, Diesseits und Jenseits, Reich der Natur und Reich der Gnade u. a. Man unterscheidet, je nachdem, einen religiösen, metaphysischen, erkenntnistheoretischen, anthropologischen und ethischen D. Den D. prinzipiell zu überwinden trachtet der Idealismus als einer vom Geist ausgehenden übergreifenden Einheit der Gegensätze, bes. die Hegelsche Dialektik, die die Gegensätze in der Synthesis aufhebt. Dasselbe Ziel verfolgen alle Formen des → Monismus; → Pluralismus. Eine Überwindung des Ur-D. Leib – Seele scheint sich durch die Theorie der Psychosomatik (→ Tiefenpsychologie) anzubahnen.

A. Vierkandt, Der D. im modernen Weltbild, 1923; S. Pétrement, Le dualisme chez Platon, les gnostiques et les manichéens, Paris 1947; A. Beckermann, Descartes' metaphys. Beweis für den D., 1986; P. F. Fontaine, The Light and The Dark. A Cultural History of Dualism, I–IV, Amsterdam 1986–89.

Duhem, Pierre, franz. Physiker, * 10. 6. 1861 Paris, † 14. 9. 1916 Bordeaux als Prof. der Physik, bedeutend auch als Naturphilosoph und als Historiker der Naturwissenschaft. Die physikalischen Gesetze und Theorien sind nach ihm nichts als symbolische Konstruktionen, relativ, provisorisch und zu einfach, um die Wirklichkeit vollständig darzustellen, weder wahr noch falsch. Den einzigen Daseinsgrund der physikal. Theorie bildet der Glaube d. Menschen an eine über der Physik stehende Ordnung, zu deren Verdeutlichung die Philosophie nur als metaphysische Hypothesenbildung beitragen kann. Hauptw.: *Le mixte et la combinaison chimique, essai sur l'évolution d'une idée,* 1902; *La théorie physique,* 1906, dt. 1908; *Les sources des théories physiques,* 1905, dt. 1908 u. d. T. Ziel und Struktur der physikal. Theorien, [2]1978; *Le système du monde,* 7 Bde., 1913–17.

K. Hübner, D.s histor. Wiss.theorie und ihre gegenwärtige Weiterentwicklung, in: Philos. Nat. 13 (1971); L. Schäfer, Erfahrung u. Konvention. Zum Theoriebegriff der empir. Wiss., 1974; W. K. Goosens, D.'s Thesis, Observationality and Justification, in: Philos. Sci. 42 (1975).

Dühring, Eugen, Philosoph und Volkswirtschaftler, * 12. 1. 1833 Berlin, † 21. 9. 1921 Nowawes b. Berlin, gemäßigter Materialist, bejahte den Begriff der Kraft und eines spezifischen Lebensprinzips, hielt aber Fühlen und Denken für bloße Erregungszustände der Materie. Aus dem Wesen der Zahl leitet er die räumliche Endlichkeit der Welt und die zeitliche Endlichkeit des Weltprozesses ab; ebenso muß die Teilbarkeit der Materie eine Grenze haben. Da Welt und Leben einen Anfang hatten, ist stets die Möglichkeit eines Neubeginns gegeben (→ Engels, Fr.). – Hptw.: Der Wert des Lebens im Sinne einer heroischen Lebensauffassung, 1865; Krit. Grundlegung d. Volkswirtschaftslehre, 1866; Krit. Geschichte der Philosophie, 1869, [4]1894; Krit. Gesch. der allgem. Prinzipien der Mechanik, 1873, [3]1887; Kursus der Philosophie, 1875; Logik und Wissenschaftstheorie, 1878, [2]1905; Die Judenfrage, 1881, [6]1930; Sachen, Leben und Feinde (Selbstbiogr.), 1882, [3]1903; Der Ersatz der Religion durch Vollkommeneres, 1883, [3]1906; Wirklichkeitsphilosophie, 1895.

F. Engels, D.s Umwälzung der Wiss., 1878; E. Döll, D., 1888; G. Albrecht, E. D., 1927.

Dunin-Borkowski, Graf Stanislaus, poln. Philosoph, * 11. 11. 1864 Winniczki b. Lemberg, † 1. 5. 1934 München, Jesuit, verdienter Spinozaforscher, Hauptw.: Der junge De Spinosa, 1910, [2]1933; Die Kirche als Stiftung Christi, 1921; Schöpferische Liebe, 1922, [2]1932; Spinoza nach 300 Jahren, 1932; Aus den Tagen Spinozas, 1933.

D. Tschiševskij, Hegel b. d. Slawen (bzw. bei den Polen), [2]1961.

Dunkelmännerbriefe, → Reuchlin.

Duns Scotus, Johannes, schott. Scholastiker, * zw. 1266 und 1270 Maxton (Schottland), † 8. 11. 1308 Köln, genannt *Doctor subtilis,* Begründer d. schotistischen Schule, der führenden des Franziskanerordens, scharfsinniger Kritiker des Thomismus. D. S. lehrte, daß nicht der Wille von der Vernunft, sondern diese von jenem abhängig sei, beim Menschen wie bei Gott (Lehre vom Primat des Willens). Der Wille Gottes ist absolut frei: gut ist, was Gott will, dadurch, daß er es will. Die Sätze der Theologie müssen einfach geglaubt werden; sie unterscheidet sich weitgehend von der Philosophie, in der die irrationalen Momente (weil das Individuelle metaphysisch tiefer liegt als das Allgemeine) über die rationalen herrschen, die gleichwohl mit möglichster begriffl. Schärfe herausgearbeitet werden müssen. In seiner Metaphysik sucht D. S. im Gegensatz zu Thomas dem Individuum mehr Bedeutung zu verleihen, indem er das Individuationsprinzip in einem zur artbestimmenden Form hinzutretenden positiven Sein, der Diesheit *(haecceïtas),* erblickt. – Hauptwerke: Ordinatio, (1. Buch) hg. 1472; Tractatus de primo principio, hg. 1497, dt. 1974; Quaestiones subtilissimae super libros Metaphysicorum Aristotelis, hg. 1639; Philosophical Writings (Auswahl), I–II, hg. 1962–64; Opera omnia, I–XXVI, Paris 1891–95; Opera omnia, (bisher) I–VIII, Rom 1950 ff. – O. Schäfer, Bibliographia de vita, operibus et doctrina J. D. S., Rom 1955.

M. Heidegger, Die Kategorien- und Bedeutungslehre des D. S., 1916; R. Messner, Schauendes und begriffl. Erkennen nach D. S., 1942; B. de Saint-Maurice, J. D. S., Montréal 1944, dt. 1956; A. B. Wolter, The Transcendentals and Their Function in the Metaphysics of D. S., St. Bonaventure N. Y. 1946; G. Stratenwerth, Die Naturrechtslehre des J. D. S., 1951; E. Gilson, J. D. S., Paris 1952, dt. 1959; W. Hoeres, Der Wille als reine Vollkommenheit nach D. S., 1962; J. P. Beckmann, Die Relationen der Identität u. Gleichheit nach J. D. S., 1967; H.-J. Werner, Die Ermöglichung des endl. Seins nach J. D. S., 1974; L. Honnefelder, Ens inquantum ens. Der Begriff des Seienden als solchen nach der Lehre des J. D. S., 1979.

Durand von St.-Pourçain (Durandus de Sancto Porciano), franz. Scholastiker, * um 1274 St.-Pourçain, † 10. 9. 1334 in Meaux, als Bischof das., Gegner des Thomas von Aquino, kam wegen seiner teilweise ganz unscholastischen Metaphysik des Willens und des willensbestimmten Intellekts mit seinem eigenen Orden (Dominikaner) in Konflikt. D. lehrt ein dreifaches Sein: das der Substanzen, das der Akzidentien und das der Relation. Durch seine Lehre, daß das Universale ein bloßes Gedankending sei, wurde er Vorläufer des Nominalismus Wilhelm von Ockhams. Sein Hauptw. ist ein Kommentar zu den „Sentenzen" des Petrus Lombardus (1310–12, gedr. 1508 auch 1595, repr. der Ausg. v. 1556, 1964). Man kennt von ihm auch zwei *Questiones disputatae,* fünf *Questiones quod libetales,* einen *Tractatus de Rubitibus* und die *Questiones de libero arbitrio.*

J. Koch, D. de S. P., 1927; N. Kretzmann u.a. (Hgg.), The Cambridge History of Later Medieval Philosophy, Cambridge 1982.

Durkheim, Emile, franz. Philosoph und Soziologe, * 15. 4. 1858 Epinal, † 15. 11. 1917 Paris als Prof. an der Sorbonne (seit 1902). D. ging zwar von der Tatsache der sozialen Verbundenheit des Menschen aus, die dem einzelnen jedoch als Zwang auferlegt sei. Die Arbeitsteilung stellt ihn in ein von ihm nicht beherrschbares Geflecht von Ursachen und Wirkungen. Die Einzelpersönlichkeit wird von der Kollektivpersönlichkeit aufgesogen. D.

hielt gemäß seiner zwischen Individualismus und Kollektivismus stehenden Auffassung auch die Denkgesetze und Denkformen für Kollektivvorstellung. – Hauptwerke: De la division du travail social, 1893, dt. 1977; Les règles de la méthode sociologique, 1895, dt. 1976 (mit Bibl.); Le suicide, 1897, dt. 1973; Les formes élémentaires de la vie religieuse, 1912, dt. 1981; Sociologie et philosophie, 1924, dt. 1967; L'education morale, 1925, dt. 1973; Le socialisme, 1928; L'évolution pédagogique en France, I–II, 1938, dt. 1977; Leçons de sociologie, hg. 1950; Textes, I–III, hg. 1975. – Y. Nandan, The D.ian School. A Systematic and Comprehensive Bibliography, Westport Conn. 1977.

J. Duvignaud, D., Paris 1965; D. la Capra, E. D., Ithaca/London 1972; J. Hofmann, Bürgerl. Denken. Zur Soziologie E. D.s, 1973; S. Lukes, E. D., London 1973 (mit Bibl.); A. Giddens, D., Hassocks 1978; R. König, E. D. zur Diskussion, 1978; S. Fenton, D. and Modern Sociology, Cambridge 1984.

Dvornikovic, Vladimir, kroat. Philosoph, * 28. 7. 1888 Severin (Kroatien), † 30. 9. 1956 in Agram, seit 1919 Prof. das., Schüler Wundts (Wilh. Wundt und seine Bedeutung, 1920), arbeitete über den slaw. Volkscharakter (Psychologie der slaw. Melancholie, 1917, ²1925; Studien zur Psychologie des Pessimismus, 2 Bde., 1923–24), schrieb eine Psychologie der philos. Haltung (Die beiden Grundtypen des Philosophierens, 1918), eine „Philosophie der Gegenwart“ (2 Bde., 1919/20); W. Wundt u. seine Bedeutung, 1920; Studien zur Psychol. d. Pessimismus, 2 Bde., 1923/24 u. a. (→ Jugoslawische Philosophie).

Nachruf in „Filosofski pregled“, 4, 1957.

Dynamik (vom griech. *dynamikę [epistęme]),* „die Lehre von den Kräften“ und den durch sie erzeugten Bewegungen; bei Aristoteles heißt die Potenz (Möglichkeit) der Kraft zu wirken Dynamis (latente Kraft), zum Unterschied von Energie oder Entelechie, der tatsächlich, aktiv wirkenden Kraft. – *Dynamisch,* kraftartig, dem Werden nach, die Bewegung betreffend, dem → Dynamismus gemäß, z. B. d.e Weltanschauung. D. wird als Name für die betreffende Teildisziplin der Physik gebraucht. A. Comte spricht von einer sozialen Statik und D.

Dynamismus, eine Natur- und Weltanschauung, nach der alle Wirklichkeit als Kräftespiel oder Dynamik auftritt bzw. darin gründet. Der physikal. D. faßt den Stoff als Erscheinungsform von Kraft oder Energie auf, der biolog. D. das Leben als stoffbeherrschende und formbildende Kraft; → auch Energetik, Naturphilosophie. D. wird auch (unter der Bezeichnung „Präanimismus“) als eine Gegenauffassung zu den Theorien des Animismus verstanden, wodurch auf den Machtbegriff der Eingeborenensprachen, „mana“, verwiesen wird.

J. Reinke, Das dynam. Weltbild, 1926; E. Wingendorf, Das Dynamische in der menschl. Erkenntnis, 1939; J. Stallmach, Dynamis und Energeia, 1959.

Dyroff, Adolf, Philosoph, * 2. 2. 1866 Damm b. Aschaffenburg, † 3. 7. 1943 Bonn als Prof. (seit 1903), vertrat einen kritischen Realismus und bemühte sich, die allgemeinsten, letzten und höchsten Prinzipien der Erklärung des Seins aufzuweisen. In seiner Ethik unterscheidet er Reaktionswerte (z. B. Lust) und Kongruenzwerte (z. B. Wahrheit, Güte). Hauptw.: Über den Existentialbegriff, 1902; Einführ. i. d. Psychologie, 1908, ⁶1932; Religion und Moral, 1925; Betrachtungen über Geschichte, 1926; Ästhetik des tätigen Geistes, 1948; Einleitung i. d. Philosophie, aus dem Nachlaß hrsg. v. W. Szylkarski, 1948.

W. Szylkarski, A. D., 1947; ders., A.-D.s Jugendgeschichte usw., 1946; ders. im „Philos. Jahrbuch 1946 u. 1966".

Ebbinghaus, Julius, Sohn des bekannten Psychologen Hermann E., Philosoph, * 9. 11. 1885 Berlin, ab 1930 Prof. in Marburg, em. 1954, † 16. 6. 1981 ebda. Arbeitete auf dem Gebiet der kantischen Philosophie und der Rechts- und Staatsphilosophie. E. vertrat die Theorie des Staates als einer Gemeinschaft ausschließlich zum Zwecke der Verwirklichung des Rechtes. Die aus dieser Gemeinschaft sich ergebenden staatsbürgerlichen Grundrechte enthalten bereits die soziale Pflicht des Staates zur Verhinderung der Proletarisierung der Bürger als Rechtspflicht. – Hauptwerke: Kantinterpretation u. Kantkritik, in: DVjS 2 (1924); Zu Deutschlands Schicksalswende, 1946; Die Idee des Rechts, in: ZphF 12 (1958); Gesammelte Aufsätze. Vorträge und Reden, 1968 (mit Bibl.); Die Strafen für Tötung eines Menschen nach Prinzipien einer Rechtsphilosophie der Freiheit, 1968; Wozu Rechtsphilosophie? Ein Fall ihrer Anwendung, 1972; Gesammelte Schriften, I–II, 1986/88.

G. Wolandt, J. E. als philos. Schriftsteller, in: ZphF 24 (1970).

Ebner, Ferdinand, österr. Philosoph, * 31. 1. 1882 Wiener Neustadt, † 17. 10. 1931 Gablitz b. Wien. Während seiner Tätigkeit als Lehrer an Mittelschulen unbekannt, wurde sein umfangreiches Werk auf Initiative des Münchner Theologieprofessors Th. Kampmann, des Verlegers Ludwig v. Ficker u. a. erst nach dem 2. Weltkrieg richtig erschlossen und ausgewertet. Aufgetreten als Kritiker am dt. Idealismus, dessen Grundsatz nach E. zusammenbrechen muß, sobald die Erkenntnis aufleuchtet, daß das Absolute in seiner Isolierung gegenüber der Welt unserem menschlichen Dasein nichts Ursprüngliches, nichts Wesentliches sein kann, weshalb das dadurch vereinsamte Ich sich gegenüber dem Du und dadurch der ganzen mitmenschlichen Wirklichkeit abschließt. Erst das zu mir sprechende Du ist Träger des gelebten Geistes; was im anderen Menschen lebt, erfahre ich als erlebten Grund meiner eigenen Existenz. Das von E. entwickelte *Dialogische Denken* (→ Dialog) wird auf dem „Dialog mit Gott" aufgebaut, so daß E.s Philosophie dadurch einen christologischen und religionsexistenzialistischen Charakter bekommt. – Neben kleinen Aufsätzen und Aphorismen veröffentlichte E. das Buch „Das Wort und die geistigen Realitäten, pneumatologische Fragmente", 1921; Ges. W. in 3 Bänden (enthaltend Tagebücher, sprachphilosophische u. a. Fragmente, Lebenserinnerungen und Briefe), 1969ff.

H. Jone (Hg.), Für F. E. – Stimmen der Freunde, 1935; T. Steinbüchel, Der Umbruch des Denkens. Die Frage nach der christl. Existenz erläutert an F. E.s Menschdeutung, 1936, [2]1967; A. Edmaier, Dialog. Ethik 1969; A. K. Wucherer-Huldenfeld, Personales Sein u. Wort. Einf. in die Grundgedanken F. E.s, 1985; W. Methlagl u.a. (Hgg.), F. E., 1986.

Ecce homo (lat. „hier ist der Mensch"), nach Joh. 19, 5 Ausruf des Pilatus, als er den dornengekrönten Christus dem Volke zeigte, um dessen Mitleid zu erregen; meist nach der Übers. Luthers zitiert: „Sehet, welch ein Mensch!" Vielfach z. Kennzeichnung der bemitleidenswerten Situation des heutigen Zivilisationsmenschen gebraucht (→ Untergangserwartung). Auch Titel einer Schrift → Nietzsches.

Eckardt, André, Kulturhistoriker und Philosoph, * 21. 9. 1884 München, seit 1956 Prof. das., früher China u. Korea, † 8. 1. 1974, befaßte sich mit kulturgeschichtl. und philos. Fragen der ostasiatischen Völker, besonders der koreanischen Sprache. Bekannt durch seine Welt-Sinnschrift SAFO, wodurch er zugleich die Basis zu einer Philosophie der → Schrift fand, die auf der These gründet, daß Gedanke, Wort und Schrift eine Einheit bilden. Schrieb u. a.: Geschichte der koreanischen Kunst, 1929; Laotse, Buch von der großen Weisheit, 1951, [2]1957; Laotses Gedankenwelt (Kommentar), 1957; Geschichte und Kultur von China, Korea und Japan, 3 Bde., [2]1968; Philosophie der Schrift, 1965; Hersg. der „Zeitschr. f. allgem. Schriftkunde" (seit 1953; darin 1968 vollst. Biblgr.); Koreanische Studien, 7 Bde., korean. u. indogerm., 1966; Geschichte der koreanischen Literatur, 1968; Zur Phänomenologie, Struktur und Ästhetik der dt. Sprache, 1972; Geschichte der Pasigraphie, 1972.

Festschrift für A. E., „Koreanica", 1960.

Eckhart, Johann („Meister Eckhart"), dt. Mystiker, * um 1260 Hochheim bei Gotha, † Herbst 1327 in Köln, Dominikaner, 1303–1311 Ordensprovinzial in Sachsen, seit 1311 Prof. in Paris, seit 1313 in Straßburg und seit 1320 Lesemeister in Köln. Auf Betreiben der Franziskaner wurden nach seinem Tode 28 Thesen E.s durch päpstl. Bulle verurteilt. E. fußt auf Thomas von Aquino, Dionysios Areopagita und Johannes Scotus Eriugena, ist in seinem Denken Scholastiker und in seinem mystischen Fühlen mit den ihm vorhergehenden Vertretern der dt. Mystik eng verbunden. Der Glaube soll das übernatürliche Wissen zu logischem Wissen umformen. Die höchste Kraft der Seele ist die Vernunft, die E. auch Funke, Burg der Seele, Synteresis (griech. „Aufbewahrung", nämlich des natürl. Gefühls für das Gute, trotz des Sündenfalls) nennt. Die vornehmste Tätigkeit der Seele ist das Erkennen, dem die Sinne das Material liefern, aus welchem der „Gemeinsinn" die Wahrnehmungen gestaltet. Auf Grund der Wahrnehmung bildet der Verstand die Begriffe. Die Vernunft, durch die wir Gottes Willen „vernehmen", der Wille und das Gedächtnis werden von E. in Beziehung gesetzt zu Sohn, Geist und Vater (Trinität). Die Tätigkeit der Vernunft ist Tun Gottes in uns. Die Seele steht zwischen Gott und Kreatur. Gott ist das reine Sein, das Ureine. Das Wesen Gottes besteht aus Ideen. Er erschafft die Dinge aus dem Nichts nach dem Vorbild der Ideen. Zweck des Lebens ist die Erkenntnis Gottes und die Rückkehr zu Gott, die ermöglicht wird durch tugendhaftes Leben, Askese („Abgeschiedenheit" von allem Kreatürlichen) und vor allem durch liebreiches Wirken unter den Mitmenschen; bloße Kontemplation genügt nicht. Durch die Gnade Gottes kann die → *Unio mystica* mit Gott erreicht werden. – Hauptwerke: Quaestiones Parisienses (entst. um 1302/03 und 1311/13), 1931; Daz buoch der goetlichen troestunge (entst. um 1308), 1857; Opus tripartitum (entst. nach 1311), 1886; Die dt. und latein. Werke, 1936 ff.; Dt. Predigten u. Traktate, 1955, [6]1985; Schriften u. Predigten, I–II, 1903/09. – N. Largier, Bibl. zu M. E., 1989.

A. Dempf, Meister E., 1934; J. Kopper, Die Metaphysik Meister E.s, 1955; E. v. Bracken, M. E. – Legende u. Wirklichkeit, 1972; H. Fischer, Meister E., 1974; K. Albert, M. E.s These vom Sein, 1976; R. Imbach, Deus est intelligere, 1976; C. F. Kelley, M. E. on Divine Knowledge, New Haven Conn. 1977; R. Schürmann, M. E., Mystic and Philosopher, London 1978; B. Welte, M. E. – Gedanken zu seinen Gedanken, 1979; W. M. Fues, Mystik als Erkenntnis? Krit. Studien zur M.-E.-Forschung, 1981; K. Ruh, M. E., 1985; E. Waldschütz, Denken u. Erfahrung des Grundes. Zur philos. Deutung M. E.s, 1989.

Eddington, Arthur Stanley, engl. Astronom, * 28. 12. 1882 Kendal, † 22. 11. 1944 Cambridge, das. seit 1914 Direktor der Sternwarte, einer der führenden engl. Wissenschaftstheoretiker, schrieb u. a.: *Space, Time and Gravitation,* 1920, dt. 1923; *The Mathematical Theory of Relativity,* 1922, dt. 1925; *The Nature of the Physical World,* 1928, dt. Das Weltbild der Physik, [2]1939. – Dt. erschien ferner: Dehnt sich das Weltall aus?, 1933; Die Naturwissenschaft auf neuen Bahnen, 1935; Sterne und Atome, [2]1931; Philosophie der Naturwissenschaft, 1949; *Fundamental theory,* 1946.

A. V. Douglas, *The life of A. S. E.,* 1956; J. W. Yolton, *The Philosophy of Science of A. S. E.,* 1960; C. W. Kilmister, *Men of Physics: Sir A. E.,* 1966.

Edmaier, Alois, Prof. in Eichstätt, 21. 6. 1916 Altenmarkt/Alz, kath. Theolog, setzt sich als Philosoph auf dem Boden dialogischen Denkens kritisch mit modernen Ideologien auseinander. – Schrieb u. a.: Horizonte der Hoffnung, 1968; Dialogische Ethik, 1969; Die Philosophie der Gegenwart, 1970; Dimensionen der Freiheit, 1976.

Edwards, Jonathan, nordamerik. Philosoph, * 5. 10. 1703 East Windsor (Connecticut), † 22. 3. 1758 Princeton (New Jersey), vertrat ähnlich Berkley eine idealistische Philosophie, sah allein in der Geisteserkenntnis Wahrheit, verband in seinem Hauptw. *„Inquiry Into the Freedom of the Will"* (1754) den Determinismus des Calvinismus mit einer Lehre von der persönl. moralischen Verantwortlichkeit. – The Works, I–VIII, Leeds 1806–11, [2]1817 (Repr 1968); The Works of J. E., New Haven 1957 ff. – T. H. Johnson, The Printed Writings of J. E. 1703–1758. A Bibliography. New Haven 1940, [2]1970.

P. Miller, J. E., New York 1949; H. G. Townsend (Hg.), The Philosophy of J. E. from His Private Notebooks, Eugene 1955 (mit Bibl.); J. Opie, J. E. and the Enlightenment, Lexington Mass. 1969; E. M. Griffin, J. E., Minneapolis 1971; D. P. Rudisill, The Doctrine of the Atonement in J. E. and his Successors, New York 1971; E. Hankamer, Das polit. Denken von J. E., 1972; W. J. Scheick (Hg.), Critical Essays on J. E., Boston Mass. 1980.

Egoismus (vom lat. *ego,* „ich"), Eigenliebe, Ichliebe; Verhalten, das vom Ich-Gefühl, von dem Gedanken an das eigene Ich beherrscht und geleitet wird. Der E. ist zunächst ein Ausfluß des natürl. Selbsterhaltungstriebs, der auch ethisch vom Wert des Lebens gefordert ist. E. ist notwendig zur Erkenntnis und Verwirklichung der Persönlichkeitswerte und zur Erfüllung der sittl. Pflicht, die eigenen Anlagen und Fähigkeiten zu größtmöglicher Vollendung zu bringen; er wird ethisch verwerflich, wenn dem fremden Leben und der fremden Persönlichkeit weniger Wert beigemessen wird als der eigenen, wenn die Rechte anderer verletzt werden; → auch Altruismus, Nächstenliebe, Hobbes, Smith, Stirner. L. Klages beschreibt den E. als „persönliche Selbstbehauptung" und unterscheidet vier Grundformen: den spontanen, den passiven, den reaktiven und den isolierten E.

L. Klages, Prinzipien der Charakterologie, 1910 (ab. 4. Aufl.: Grundfragen der Charakterkunde); P. Lersch, Aufbau des Charakters, 1938 (ab 4. Aufl.: Aufbau der Person); R. Dawkins, The Selfish Gene, Oxford 1976, dt. 1978; J. Österberg, Self and Others: a Study of Ethical Egoism, Dordrecht 1988.

egozentrisch (vom lat. *ego,* „ich" und *centrum,* „Mittelpunkt") ist ein Mensch, der in allem Denken und Tun bewußt oder unbewußt das eigene Ich in den Mittelpunkt stellt; → extrovertiert.

Ehre, die Anerkennung, die einem Menschen als dem Träger der von ihm und durch ihn verwirklichten Persönlichkeitswerte freiwillig entgegengebracht wird (Ehrfurcht); die Anerkennung (Selbstachtung), die ein Mensch sich selbst als Persönlichkeit entgegenbringt (Ehrgefühl) bzw. die er von den Angehörigen seiner sozialen Schicht fordern zu können glaubt (Ehrgeiz). Die Weckung, Pflege und Schonung eines feinen und maßvollen Ehrgefühls gehört, da von ihm die individuell und sozial fruchtbare Entfaltung der Persönlichkeit im wesentlichen abhängt, zu den höchsten und schwierigsten Aufgaben der Erziehung.

H. Reiner, Die E., 1956; W. Korff, E., Prestige, Gewissen, 1966; H. J. Hirsch, E. u. Beleidigung. Grundfragen des strafrechtl. Ehrenschutzes, 1967.

Ehrenfels, Christian v., Psycholog, * 20. 6. 1859 Rodaun (Niederösterreich), † 8. 9. 1932 Lichtenau bei Krems, seit 1896 Prof. in Prag, Schüler von F. Brentano und Meinong, entdeckte die Gestaltqualitäten („E.qualitäten", → Gestaltqualitäten), wodurch der modernen Gestaltpsychologie die Grundlage gegeben wurde. Hptw.: Über Gestaltqualitäten, in „Vierteljahresschrift f. wissenschaftl. Philos.", 1890; System der Werttheorie, 2 Bde., 1897–98; Grundbegriffe der Ethik, 1907; Kosmogonie, 1916; Das Primzahlengesetz, 1923; Die Religion der Zukunft, 1929; Philos. Schriften, I–IV, 1982–89.

F. Weinhandl (Hg.), Gestalthaftes Sehen. Zum 100jährigen Geburtstag von C. v. E., 1960, [3]1974; R. Fabian (Hg.), C. v. E. – Leben u. Werk, Amsterdam 1986.

Ehrfurcht, im Unterschied zur Furcht, mit der auf äußere Gefahren reagiert wird, die Fähigkeit, das Hohe, Große, Erhabene, das Vollkommene, mit dem man sich hinaufstrebend verwandt weiß, zu empfinden. E. ist das Organ für Werterlebnisse überhaupt, in denen sich der Sinn des Lebens und der Menschwerdung offenbaren; in ihrer höchsten Form ist sie zugleich E. vor sich selbst, vor dem Übermächtigen des eigenen Lebens. „Es gibt eines, das kein Kind mit auf die Welt bringt, und doch ist es das eine, wovon alles abhängt, damit ein Mensch im vollen Sinne Mensch wird: E." (Goethe).

O. F. Bollnow, Die E., 1947, [2]1958; E. Beutler, Vom Gewissen und von der E., 1956.

Eidetik (vom griech. *eidetike [episteme],* „die Wissenschaft v. Geschauten"): 1. in der Psychologie eine von E. R. Jaensch entwickelte Lehre von einer ganz bestimmten (in Verbindung mit bestimmten Konstitutionstypen stehenden) seelischen Veranlagung, die er als eidetisch bezeichnete und die sich vorwiegend bei Kindern, Jugendlichen u. Primitiven findet; 2. E. svw. Wesenslehre, → Eidos.

H. Düker, Hat Jaenschs Lehre von der E. heute noch Bedeutung?, in: Psychol. Beitr. 8 (1965).

Eidos (griech. „Urbild"), Gestalt, Begriff, Idee. In Husserls → Phänomenologie gleichbedeutend mit Wesen. Eidetik oder Eidologie bei Husserl: Die Lehre vom E.; eidetische Wissenschaften: Wesenswissenschaften im Gegensatz zu Tatsachenwissenschaften. Zur phänomenologischen Methode gehört die eidetische Reduktion (Einklammerung) der „Weltexistenz", d. h. der individuellen Existenz des betrachteten Gegenstandes, so wie die natürliche Einstellung sie ergibt. Durch die eidetische Reduktion werden alle am Gegenstand haftenden, wissenschaftl. u. nichtwissenschaftl. Erfahrungen, Urteile, Setzungen, Wertungen usw. ausgeschaltet, so daß das Wesen des Gegenstandes frei und erfaßbar wird.

Eigenschaft, das, was einem → Gegenstand eigen ist, was sein Sosein ausmacht; → Qualität. Es gibt wesentliche E.en, ohne die der Gegenstand nicht bestehen kann, und unwesentliche E.en (→ Akzidenz), bei denen dies möglich ist.

A. Burks, Dispositional Statements, in: Philos. Sci. 22 (1955); A. J. Ujomov, Dinge, E.en und Relationen (russ. 1963), dt. 1965.

Einbildung, 1. eine Vorstellung ohne realen Gegenstand oder eine grundlose Annahme (→ auch Fiktion); auch die Tätigkeit, die eine solche Vorstellung oder Annahme erzeugt. Die E. kann – als Zustand oder Vorgang im Nervensystem – den Körper in weitgehendem Maße beeinflussen, ihn krank („Der eingebildete Kranke"), aber auch gesund machen. Psychologisch gesehen gehören die E.en zum Bereich des Angetroffenen. 2. E. als Zeichen der Selbstüberschätzung und Überheblichkeit: eingebildeter Mensch. Hauptsächlich durch Kant wurde der Begriff E.skraft in die Philosophie eingeführt, wobei unterschieden wird zwischen logischer, teleologischer, psychologischer und ästhetischer Urteilskraft. → Phantasie.

W. Dilthey, Die E.skraft des Dichters, 1887; H. Mörchen, Die E.skraft bei Kant, in: Jb. für Philos. und phänomenol. Forschung 11 (1930); J.-P. Sartre, L'imagination, Paris 1936; K. Homann, Zum Begriff E.skraft nach Kant, in: Arch. Begriffsgesch. 14 (1970).

einfallmäßiges Denken, die natürliche Form des Denkens im Gegensatz zum logischen Denken in Form des deduktiven Schließens oder zum diskursiven Denken. Das e. D. besteht in einem von der jeweiligen Situation geforderten unmethodischen Verwerten des Wissens „auf gut Glück", in einem sprunghaften, probierenden Auswählen aus dem Schatz des Gedächtnisses (→ Denkraum). In der Gestaltpsychologie wird darunter die unmittelbare Einsicht in gegebene Verhältnisse, ein „Aufleuchten", ein „intellektueller Kurzschluß" verstanden; → Kreativität.

Einfühlung, die Fähigkeit, sich in die Vorstellungswelt anderer zu versetzen; diese E. ist die Bedingung der Möglichkeit des → Verstehens anderer. – Im psychol. Sinne die Projektion eigener Seelenzustände in das draußen Wahrgenommene. Die sog. E.stheorie behauptet, die Gestaltqualitäten seien nicht Eigenschaften der wahrgenommenen Gestalten, sondern Gefühle des Betrachters, die er in die Dinge hineinverlegt. – Im ästhetischen Sinne die Fähigkeit, unser eigenes Denken, Fühlen, Wollen, insofern es von Objekten der Natur und Kunst angeregt wird, in diese Objekte selbst hineinzuverlegen, als ob es das innere Leben dieser Objekte selbst sei (→ Identifikation, Beseelen, Wesen). Die Theorie der E. spielt seit Herder, bes. aber seit Fr. Th. Vischer, eine bedeutende Rolle in der Ästhetik. Th. Lipps unterscheidet einfache oder praktische und ästhetische E.

T. Lipps, Ästhetik, I–II, 1903–06; M. Worringer, Abstraktion und E., 1908; E. Stein,

Zum Problem der E., 1917; R. Kirchhoff, Allg. Ausdruckslehre, 1957; Einfühlen, Erinnern, Verstehen. Eine Festschrift für R. A. Spitz zu seinem 80. Geburtstag, 1967; K. F. Morrison, I am You: the Hermeneutics of Empathy in Western Literature, Theology and Art, Princeton 1988.

Eingebung, ein Gedanke, der anscheinend unvermittelt im Bewußtsein auftaucht und nach theologisch-mytholog. Auffassung von einem Gott oder Dämon eingegeben wird.

einheimisch, Verdeutschung Kants für immanent.

Einheit, das anschaulich gegebene Einzelne (numerische E.) oder eine Mannigfaltigkeit, deren Einzelheiten in sich so zusammenhängen und zusammenwirken, daß sie einen einheitlichen Eindruck erzeugen, eine einheitliche Wirkung hervorbringen (synthetische E.); eine der Kantischen Kategorien, (→ Kategorie). Die „Einheit in der Mannigfaltigkeit" ist ein wichtiges Prinzip der Ästhetik.

H. Rickert, Das Eine, die E. und das Eins, 1911; G. Martin, Einl. in die allg. Metaphysik, 1965; K. Gloy (Hg.), E. als Grundfrage der Philos., 1985; K. Gloy (Hg.), E.skonzepte in der idealist. und in der gegenwärtigen Philos., 1987.

Einheitswissenschaft, → Neupositivismus.

Einklammerung, Teil der phänomenolog. Methode, → Eidos.

Einsicht, unmittelbares Durchschauen oder Verstehen eines Sinnzusammenhanges. Man kann die E. *a priori* von der Erkenntnis *a posteriori* unterscheiden.

K. Schlunck, Verstehen und Einsehen, 1926; Gerh. Krüger, E. u. Leidenschaft, 1948; B. J. F. Lonergan, *Insight,* 1957.

Einstein, Albert, Physiker, * 14. 3. 1879 Ulm, † 18. 4. 1955 Princeton (USA, New Jersey), seit 1914 Prof. in Berlin, seit 1933 in Princeton, stellte 1905 die spezielle und 1916 die allg. → Relativitätstheorie auf. Die Plancksche → Quantentheorie stützte er durch Entdeckung der Lichtquanten. – Die Arbeiten E.s sind für die moderne Physik, vor allem für die Atomphysik, aber auch für die Theorie der Naturwissenschaften und für die moderne Metaphysik von überragender Bedeutung. – Hauptwerke: Die Grundlage der allg. Relativitätstheorie, 1916; Physik u. Realität, 1936; The Evolution of Physics, 1938, dt. 1938; Aus meinen späten Jahren, 1952; On Peace, hg. 1960, dt. 1975; A. E., Hedwig u. Max Born. Briefwechsel 1916–1955, hg. 1986. – N. Boni/M. Ross/D. H. Laurence, A Bibliographical Checklist and Index to the Published Writings of A. E., New York 1960.

M. Born, Die Relativitätstheorie und ihre physikal. Grundlagen, 1920; P. Frank, E. – Sein Leben und seine Zeit, 1949; P. A. Schilpp (Hg.), A. E. – Philosopher Scientist, Evanston Ill. 1949, dt. 1951 (Repr. 1979); L. Infeld, A. E., New York 1950, dt. 1957; W. Heisenberg, A. E.s wiss. Werk, in: Universitas 10 (1955); K. Dürr, Ein Nein zu E., 1960; S. Müller-Markus, E. und die Sowjetphilosophie, I–II, 1960/66; R. W. Clark, E., New York/Cleveland 1971, dt. 1974; J. Wickert, A. E. in Selbstzeugnissen u. Bilddokumenten, 1972; P. C. Aichelburg/R. Sexl (Hgg.), A. E. – Sein Einfluß auf Physik, Philosophie u. Politik, 1979; B. Kanitschneider, Das Weltbild A. E.s, 1988.

Einstellung, in der Psychologie die seelische, individuell und zeitlich verschiedene Ausgerichtetheit des Denkens und Wollens, der Erwartung, Hoffnung oder Befürchtung, der Überzeugung, der Voreingenommenheit und des Vorurteils, die nicht nur das Verhalten gegenüber einem Gegenstand, einem Geschehen, einer Tatsache, einer Meinung, einer Sache, einer Person usw. bestimmt, sondern zuvor schon die Art, wie alles dieses uns unmittelbar erscheint, d. h. wie es sich in unserer Wahrnehmungswelt verwirklicht. E.en können innerlich bedingt sein (durch Bedürfnisse, Aufmerksamkeitsrichtung) oder durch die Verlaufsstruktur d. äußeren Geschehens hervorgerufen werden (subjektive bzw. objektive E.en). Dazwischen stehen die E.en, die durch frühere Erfahrungen mit dem betr. Gegenstand zustande gekommen sind und sich über längere Zeit erhalten haben (Freundschaft, Feindschaft, Achtung, Vertrauen u. dgl.). Die E. ist also eine Beziehung zw. dem anschauenden Ich und den Gegenständen derart, daß später die gleichen Reaktionen nicht nur und nicht erst durch die tatsächliche Wiederkehr der gleichen Einwirkung, sondern schon durch die – durch irgendwelche Vorzeichen oder Signale erweckte – Erwartung ihres Eintreffens hervorgerufen werden; → Intentio, Raumwahrnehmung.

N. Hartmann, Zur Grundlegung der Ontologie, [3]1948; F. Roth, E. als Determination individuellen Verhaltens, 1967.

Einteilung, Begriff der aristotel. Methodenlehre, in der Logik die Gruppierung von Begriffen nach Begriffsumfängen, die Zerlegung eines Gattungsbegriffes in seine Artbegriffe. Das Merkmal, nach dem die Einteilung erfolgt (meist sind mehrere dazu geeignet), heißt E.sgrund. Werden E.sglieder ihrerseits weiterer E. unterworfen, so entstehen Neben- oder Untere.en. Werden der E. alle möglichen Gesichtspunkte zugrundegelegt, so liegt eine → Klassifikation vor. Zu einer guten E. wird erfordert: 1. daß sie vollständig ist; 2. daß der E.sgrund festgehalten wird; 3. daß die einzelnen Glieder sich untereinander ausschließen; 4. daß sie möglichst stetig ist, Sprünge vermeidet. Die Übertreibung der E. führt zum Schematisieren („nach Schema F").

Einzelwissenschaften, die außerhalb des engeren Bereichs der Philosophie stehenden Wissenschaften (Mathematik, Naturwissenschaften, Rechts- und Staatswissenschaften, Medizin, Pädagogik, Geschichte, Philologie, Archäologie, Kunst- und Literaturwissenschaften, Musikwissenschaft usw.), im Unterschied zur Philosophie selbst, die den E. gegenüber als Gesamtwissenschaft (Mutter der E.) erscheint, weil sie den E. die Grundlagen und Prinzipien der Forschungsmethoden mitbringt und sie zu beleuchten in der Lage ist.

A. Wenzl, Die E. u.d. Metaphysik, in ZphF, Bd. IX, 1955.

Eitelkeit (lat. *vanitas*), das subjektive Wohlgefallen an eigenen, meist eingebildeten Vorzügen gegenüber den Mitmenschen, die man dazu bringen möchte, diese vermeintlichen Vorzüge anzuerkennen und zu bewundern. Die E. eines Menschen hindert ihn daran, den Wert und inneren Gehalt der Dinge oder von Mitmenschen und Ideen einzusehen und sich anerkennend und selbstlos für sie einzusetzen. Im objektiven Sinne ist E. eine unbedachte Antwort auf die Vergänglichkeit des Lebens und aller Dinge der Welt.

K. J. Grau, E. und Schamgefühl, 1928.

Ekel, philosophisch relevant wurde der Begriff E. in → Sartres Existenzphilosophie, in der E. das Gefühl der Sinnlosigkeit und der Weigerung gegenüber dem → Ansichsein der Dinge zum Ausdruck bringt.

J.-P. Sartre, La nausée, Paris 1938, dt. 1949; W. F. Haug, J.-P. Sartre und die Konstruktion des Absurden, 1966.

Eklektiker (vom griech. *eklegein,* „auswählen") heißen diejenigen, die weder ein eigenes, auf einheitlichem Prinzip ruhendes philos. System schaffen, noch sich an einen einzelnen Philosophen anschließen, sondern aus verschiedenen Systemen entnehmen, was ihnen richtig erscheint, und dies zu einer mehr oder weniger geschlossenen Einheit verbinden. Der Eklektizismus herrschte bes. in der Spätzeit der griech. und der alexandrinischen Philosophie; er hat oft den Nebensinn von „unoriginal", „unschöpferisch". Auch auf künstlerischem Gebiete spricht man in diesem Sinne von Eklektizismus. Als E. gelten bes. Karneades, Cicero, die Popularphilosophen der Aufklärungszeit, V. Cousin.

Ekstase (griech., *ekstasis,* „aus sich gestellt sein"), Außersichsein, Verzückung; der höchste, dem Wahnsinn nahe Grad des Rausches, in dem Gesichte gesehen, Stimmen gehört werden. (L. Klages, Vom Kosmog. Eros, [5]1951). Griech. Metaphysiker glaubten, daß in der E. das eigene Ich den Körper verlasse und ein Gott oder eine Muse einfahre und aus ihm rede (→ Enthusiasmus). In der E. vollzieht sich nach Plotin und den oriental. sowie den christl. Mystikern (z. B. → Bernhard von Clairvaux) die Vereinigung der Seele mit Gott, eine Erhebung des Geistes, die zu einer lebhaften Erkenntnis Gottes *(cognitio Dei experimentalis)* führt, nicht aber ein rauschhaftes Gefühl der Vereinigung mit dem Weltgrund (wie bei der pantheistischen Mystik). – In der Existenzphilosophie bedeutet ‚Ekstasis' „Stehen im Nichts" oder – Verschmelzung mit „Existenz" – als „Stehen im Aus" (Przywara, Christl. Exist., 1934) gedeutet.

H. Grabert, Die E.erlebnisse der Mystiker und Psychopathen, 1927; D. Langen, Archaische E. und asiatische Meditation, 1963.

élan vital (frz.), Lebensdrang, Lebensschwungkraft; → Bergson.

Eleaten, Schule der → griech. vorsokratischen Philosophie.

Eleatischer Grundsatz, Zusammenfassung der Lehre der eleatischen Philosophen (→ griech. Philosophie): „Das schlußfolgernde Denken ist unfehlbarer Richter über Sein und Nichtsein der Dinge. Nichts unmittelbar Gegebenes darf ohne weiteres als wirklich hingenommen werden, alles muß vielmehr rational begründbar sein. Nur das Erklärbare ist wirklich. Was man nicht in widerspruchsfreie Aussagen fassen kann, existiert nicht. Daß der Widerspruch zwischen Vorhandenheit und Erklärbarkeit durch Mängel der zur Verfügung stehenden Begriffe verursacht sein könnte, steht außerhalb jeder Erörterung" (Metzger, Psychologie, [2]1957). Auf diesem Grundsatz, der für die europäische Philosophie bis in unsere Gegenwart hinein mitbestimmend war und noch ist, beruht der Rationalismus ebenso wie der Agnostizismus. Dem e. G. entgegengesetzt ist der Grundsatz der → Phänomenologie: „Zu den Sachen selbst!"

Elektron (griech. „Bernstein"), das elektrisch negativ geladene Elementarteilchen, ein negatives elektrisches Elementarquantum; es tritt, losgelöst von anderen Formen materieller Teilchen, sowohl in den Kathoden- wie auch in den Betastrahlen radioaktiver Elemente auf. → Konstanten.

Elementarbegriffe → Kategorialanalyse.

Elementargeister, nach mittelalterlicher Weltanschauung Geister (elfische Wesen), die die Elemente bewohnen. Paracelsus unterschied: die E. des Feuers (Salamander), die des Wassers (Undinen), die der Luft (Sylphen) und die der Erde (Gnomen oder Kobolde). – Vgl. Goethes Faust I, Studierzimmer: „Salamander soll glühen, Undine sich winden, Sylphe verschwinden, Kobold sich mühen."

Elemente (vom lat. *elementum*, „Grundstoff"), in der griech. Philosophie die Urstoffe (→ auch Arche), näml.: Feuer, Wasser, Luft, Erde u. (als 5. Element, lat.: *Quintessenz*) der Äther. Die ind. Philosophie unterschied die E.: Feuer, Wind, Erde, Wasser, Äther, die chinesische Philosophie die E.: Erz, Erde, Holz, Wasser, Feuer, die Alchimie des MA. einerseits die E.: Feucht – Trocken. Kalt – Warm, andererseits die E.: Schwefel, Salz, Quecksilber. Nachdem I. Jungius die Erde grundsätzlich für eine ungeheure Vielheit von E.n erklärt hatte, schuf Boyle den naturwiss. Begriff des Elements als eines nicht auf weitere Stoffe zurückführbaren Grundstoffes. Heute kennt man über 100 E. – In übertragenem Sinne ist Element svw. Bestandteil.

A. Lumpe, Der Begriff ‚Element' im Altertum, in: Arch. Begriffsgesch. 7 (1962); G. A. Seeck, Über die E. in der Kosmologie des Aristoteles, 1964; E. Ströker, Denkwege der Chemie. Elemente ihrer Wissenschaftstheorie, 1967.

Elenchus (vom griech. *elenchos*, „Gegenbeweis") → *Ignoratio elenchi.*

Eley, Lothar, Prof. in Köln, * 19. 6. 1931 Paderborn, bearbeitet Fragen des Dt. Idealismus, insbes. der Philosophie Hegels, interpretiert die Phänomenologie, die Husserl entworfen hat, im Hinblick auf dialektische Momente und beschäftigt sich vor allem mit der Phänomenologie der Logik und der Gesellschaft. Schr. u. a.: Die Krise des Apriori in der transzendentalen Phänomenologie Husserls, 1962; Metakritik der formalen Logik, Sinnliche Gewißheit als Horizont, 1969; Transzendentale Phänomenologie und Systemtheorie der Gesellschaft, 1972; Hegels Wissenschaft der Logik, 1976; Philosophie der formalen Logik, 1982.

Eliade, Mircea, Indologe und Religionsphilosoph, * 9. 3. 1907 Bukarest (Rumänien), † 24. 4. 1986 Chicago/Ill., Prof. das., befaßte sich mit Geschichte der Religion und Mythenforschung, suchte die Unterschiede zwischen mythischer und sakraler Zeit, zwischen archaischen und orientalischen Religionen zu bestimmen. Zusammen mit E. Jünger Herausg. von „Antaios". – Hauptwerke: Le Yoga, 1936, dt. 1960; Traité d'histoire des religions, 1948, dt. 1954; Le mythe de l'éternel retour, 1949, dt. 1956; Le chamanisme et les techniques archaiques de l'extase, 1951, dt. 1957; Images et symboles, 1952, dt. 1958; Forgerons et alchimistes, 1956, dt. 1960; Naissances mystiques, 1958, dt. 1961; The Quest, 1969, dt. 1973; Histoire des croyances et des idées religieuses, I–III, 1976–78, dt. 1978–83. – D. Allen, M. E. – An Annotated Bibliography, New York/London 1980.

A. Marino, Hermeneutica lui M. E., Cluj-Napoca 1980; H. P. Duerr (Hg.), Sehnsucht nach dem Ursprung. Zu M. E., 1983; H. P. Duerr (Hg.), Die Mitte der Welt. Aufsätze zu M. E., 1984.

Emad, Parvis, * 5. 9. 1935 Teheran, Prof. an der dePaul University Chicago, USA; ausgehend von Heidegger versucht E., das Zeitverständnis bei der herkömmlichen sowie der gegenwärtigen Behandlung ethischer Probleme herauszuarbeiten. Die Wertethik Schelers und Nietzsches Ethik scheinen ihm unter dem Gesichtspunkt des jeweils wirksamen Zeitverständnisses für die Begründung einer neuen Konzeption des Ethischen besonders geeignet zu sein. – Schr. u. a.: *Heidegger and the Phenomenology of Values, His Critique of Intentionality,* 1981; *Max Scheler. Centennial Essays,* 1974; *Heidegger on Schelling's Concept of Freedom,* 1975.

Emanation (lat. „Ausfluß"), Ausströmung aus dem Einen, Vollkommenen. Nach der Lehre der Neuplatoniker ist die Welt eine E. der Gottheit, die aber dabei unverändert bleibt. Alles Niedere strömt nach dieser E.slehre (Emanatismus) aus dem Höchsten, das man nicht nur als „Gott", sondern auch als das „Ur-eine", das „Ein und Alles" (vgl. → All-Einheit) bezeichnet. Im Gegensatz zur E. bzw. zum Emanatismus nimmt die → Entwicklungsgeschichte einen Lauf vom Niederen zum Höheren an.

H. Jonas, Gnosis und spätantiker Geist, I–II, 1934/54; T. P. Roeser, Emanatism and Creation, in: New Scholasticism 19 (1945); H. Dörrie, E. – Ein unphilos. Wort im spätantiken Denken, in: Platonica minora 1976.

Emergenz (vom lat. *emergere,* „auftauchen" bzw. „auftauchen lassen"), Begriff in der engl. Metaphysik, nach der die Dinge aus dem aus Raum-Zeit-Punkten bestehenden Grund der Welt auftauchen und sich mittels einer „auftauchenlassenden Entwicklung" *(emergent evolution)* immer höher erheben, indem ihnen Kategorien und Qualitäten in steigender Zahl beigelegt werden. – Hauptvertreter der E.philosophie sind C. L. → Morgan und Sam. → Alexander.

R. Metz, Die philos. Strömungen in Großbritannien, Bd. 2, 1935.

Emerson, Ralph Waldo, amerik. Philosoph, * 25. 5. 1803 Boston, † 27. 4. 1882 Concord bei Boston, mit → Carlyle (*Correspondance of Th. Carlyle and R. E. 1834–1872,* 2 Bde., 1883) befreundet, machte den dt. Idealismus in Nordamerika bekannt. Er nannte sich selbst einen „endlosen Sucher mit keiner Vergangenheit hinter sich", lehnte allen philosoph. Schul- und Systemzwang ab und bekämpfte Materialismus u. Pragmatismus. Sein Denken läßt drei Hauptlinien erkennen: 1. Der Geist ist das einzig Wirkliche, er ist der Träger des Göttlichen in der Natur und in der Seele; 2. die zentrale metaphysische Bedeutung der Seele als Urquell der Werte und Wahrheiten; Philosophie ist die Ansicht, die die menschl. Seele sich selbst über die Einrichtung der Welt gibt; 3. die Allbeseelung oder die Auffassung der Natur als eines Geistig-Absoluten: die Natur ist alles, und alles ist Natur, auch die Seele; der Geist ist die Überseele *(oversoul).* Sein Persönlichkeitsideal ist die sich selbst prägende idealist.-aktivistische Persönlichkeit; je stärker die Persönlichkeit des Menschen, desto mehr wird er „repräsentativer Mensch", d. h. Hinweis auf eine (absolute) Wahrheit. Besonders beliebt wurden seine *Essays on Representative Men.* – Hauptwerke: Nature, 1836, dt. 1868; Essays, I–II, 1841–44, dt. 1897; Essays on Representative Men, 1849, dt. 1895; The Journals, I–X, hg. 1909–14, dt. 1955 (Auswahl); The Journals and Miscellaneous Notebooks, I–XVI, hg. 1961–82; The Complete Works, I–XII, New York/Boston/Cambridge 1903/04; The Collected Works, 1971 ff. R. E. Burkholder, E. An Annotated Secondary Bibliography, Pittsb. 1985; W. G. Cooke (Hg.), A Bibliography of R. W. E., New York 1966.

P. Sakmann, E., 1927; J. Simon, R. W. E. in Deutschland, 1937; F. J. Carpenter, E.-Handbook, New York 1953; E. Baumgarten, Das Vorbild E.s im Werk u. Leben Nietzsches, 1957; S. Hubbard, Nietzsche und E., 1958; K. W. Cameron, E. the Essayist. An Outline of his Philosophical Development, Hartford Conn., 1972; T. Krusche, R. W. E.s Naturauffassung und ihre philos. Ursprünge, 1987.

Emge, Carl August, Rechtsphilosoph, * 21. 4. 1886 in Hanau/M., † 20. 1. 1970 München, Prof. der Rechte in Gießen, der Philosophie in Jena u. Riga, dann der Rechtsphilosophie in Berlin; befaßte sich mit Grundfragen der Rechts- und Sozialphilosophie sowie mit teleologischer Begriffsbildung, auch im religionsdogm. Bereich; Kritiker des Rechtspositivismus u. -relativismus; Dozent am „Bauhaus" und 1931–36 Wiss. Leiter des Nietzsche-Archivs in Weimar. – Hauptw.: Über das Grunddogma d. rechtsphilos. Relativismus, 1916; Vorschule der Rechtsphilosophie, 1924; Philos. Gehalt der relig. Dogmatik, 1929; Geschichte der Rechtsphilosophie, 1931; Das Aktuelle, 1935; Sicherheit und Gerechtigkeit, 1940; Diesseits u. Jenseits des Unrechts (Aphorismen), 1942; Erste Gedanken zu einer Richtigkeitslehre, Abh. Pr. Akad. d. Wiss., 1942; Über die Problematik im Begriff der Situation, ebda., 1943; Bürokratisierung unter philosoph. und soziologischer Sicht, 1950; Die Aufgaben der Humanität für den Geist, 1951; Einführung in die Rechtsphilosophie, 1955; Das Problem des Fortschritts, 1958; Philosophie der Rechtswissenschaft, 1961; Das Wesen d. Ideologien, 1961; Der Weise, 1966; Die geistige Bewältigung der Europaidee, 1967; Biblgr. in d. „Festschr. zum 70. Geburtstag", 1956; Der ethische Fehlgriff nach dem Ganzen, 1969.

H. Ryffel, Soziologie jetzt desolat zwischen Neopositivismus und Neomarxismus, in „Arch. f. R. u. Soz.-Philosophie", 1972.

Emotion (frz.), Gemütsbewegung; e m o t i o n a l, gefühlsmäßig, gefühlsbetont; bei Nic. Hartmann auch: eine Tendenz verfolgend; emotionales Denken: vom Fühlen (Gefühl, Gemüt) beeinflußtes Denken.

E. R. Zetzel, Die Fähigkeit zum emot. Wachstum, 1974.

Empedokles, grch. Philosoph und Arzt, * 483/82 Akragas (Agrigent), † 424/23 auf der Peloponnes, schrieb sich selbst magische Kräfte zu, und wurde, als Arzt, Priester und Wundertäter umherziehend, von seinen Anhängern als Gott verehrt. Aristoteles soll ihn den Erfinder der Rhetorik genannt haben. Er lehrte im Anschluß an die orphische Mystik, daß es Entstehen und Vergehen im eigentlichen Sinn nicht gibt, sondern nur Mischung und Entmischung, Verbindung und Trennung von unveränderlichen, unentstandenen und unvergänglichen Elementen, deren E. vier aufzählt: Feuer, Luft, Wasser, Erde. Aus einem Urzustand der absoluten Mischung, in dem keine Einzeldinge existieren, entwickelt sich allmählich ein Zustand der absoluten Trennung der Elemente, aus diesem wieder der Zustand der Mischung und so fort ins Unendliche. Die bewirkenden Kräfte dieser Entwicklung nennt E. Liebe und Haß (Freundschaft und Zwist, Anziehung und Abstoßung), die abwechselnd zur Alleinherrschaft kommen. Von den Lebewesen sind zuerst die Pflanzen aus der Erde hervorgekeimt, danach tierische Wesen, und zwar zuerst „Köpfe ohne Hals und Rumpf, Arme, denen die Schultern fehlten, Augen, die eines Angesichts entbehrten"; diese Teilwesen vereinigten sich, wobei jedoch nur lebensfähige Gebilde sich erhielten und fortpflanzten (Gedanke des Überlebens des Tauglichsten). Auch der Mensch ist so entstanden, der das ihm seinsmäßig Nahestehende allein erkennt; denn Gleiches wird stets durch Gleiches erkannt, die Sonne z. B. durch das sonnenhafte Auge (Goethe). → Hölderlin. – Hauptwerke: Katharmoi, hg. 1573; Peri physeos, hg. 1573; H. Diels/W. Kranz (Hgg.), Fragmente der Vorsokratiker, I, 1903, [17]1974; W. Capelle (Hg.), Die Vorsokratiker, 1935, [8]1968 (KTA 119).

C. E. M. Smertenko, On the Interpretation of E., Chicago 1908, Neuausg. 1980; W. Kranz, E., 1949; J. Bollack, E., I–IV, Paris 1965/69 (mit Bibl.); R. E. Allen/D. J. Furley (Hgg.), Studies in Presocratic Philosophy, I–II, London 1970/75; J. C. Lüth, Die Struktur des Wirklichen im Empedokleischen System ‚Über die Natur', 1970; D. O'Brien, Pour l'interpréter E., Paris/Leiden 1981.

Empfindsamkeit (Sentimentalität), die Neigung zu rührenden Empfindungen und Vorstellungen, jedes Erlebnis mit Gefühlsüberschwang zu begleiten; Kant unterscheidet davon die Empfindelei, die er gegenüber dem Vermögen der E. als eine Schwäche bezeichnet. – Als das Zeitalter der E. gilt die zweite Hälfte des 18. Jh., vertreten in England durch Richardson, Sterne, Goldsmith, Young, in Frankreich durch Rousseau, in Deutschland vor allem durch Goethes „Werther"; → auch Reizsamkeit.

R. Krüger, Das Zeitalter der E., 1972.

Empfindung, in der Alltagssprache svw. Gefühl, in der Physiologie und Psychologie eine Erregung in den Sinneszentren der Großhirnrinde (→ psychophys. Niveau), die gewöhnlich durch die Erregung eines Sinnesnerven (→ Sinne) hervorgerufen wird. In der Regel tritt die E. als Teil eines E.szusammenhanges auf; so sind z. B. zusammen mit einer Schall-E. noch andere E.en gegeben, die anzeigen, ob der Schall laut oder leise, hoch oder tief, harmonisch oder rauh ist, aus welcher Richtung er kommt usw. Sobald der E.szusammenhang die Schwelle des Bewußtseins überschreitet, wird er (gemäß der individuellen Struktur des Bewußtseins) Teil einer Gestalt u. Teil einer → Wahrnehmung. Die Intensität (Stärke) eines Empfindungszusammenhanges hängt von der Intensität des Reizes und von der Empfindlichkeit des Nervenapparates ab; die Qualität (Beschaffenheit) ist bedingt durch die Art des Reizes, durch das aufnehmende Sinnesorgan (→ spezifische Sinnesenergien) und (hauptsächlich) durch den jeweiligen Zustand des Bewußtseins; → auch Marburger Schule. – Entwicklungsgeschichtlich sind diese Sinnesorgane als in arbeitsteiliger Anpassung an Reizvorgänge entstanden zu denken: die Aufnahmeapparate ebenso wie der zentrale Umsetzungsapparat (das Gehirn) haben sich im Laufe der Entwicklung entsprechend der Verschiedenartigkeit der Reize mehr und mehr differenziert, und damit auch die E.en; die E. ist dem Reiz damit zugleich adäquater geworden. In der neueren Zeit ist sowohl für die Psychologie (Gestaltpsychologie) als auch für die Erkenntnislehre (→ Dilthey, Rehmke, Hofmann, Th. Haering u. a.) die Bedeutung der „Empfindungen" als Aufbauelemente der Wahrnehmung, Vorstellung grundsätzlich bestritten worden. Meist ist das mit dem Versuch verbunden, das Wahrnehmen im Sinne einer natürl. Weltauffassung zu „rehabilitieren".

L. Klages, Vom Wesen des Bewußtseins, 1921; W. Metzger, Psychologie, 1952, [3]1963; H. Lehwalder, Herders Lehre vom Empfinden, Diss. Kiel 1955; M. Minssen, Der sinnliche Stoff. Vom Umgang mit Materie, 1986.

Empiriokritizismus ist ein von R. → Avenarius begründetes philosophisches System der „reinen Erfahrung“, ein kritischer Empirismus, der darauf ausgeht, die Philosophie auf die Darlegung des Tatbestands der Erfahrung zu lenken, sofern diese nicht als Beweismittel, sondern als Gegenstand der Untersuchung aufgefaßt wird. Der E. von Avenarius weist im Gegensatz zu diesem Begriff in der Naturwissenschaft einen metaphysischen Charakter auf, sofern A. den „natürlichen Weltbegriff des Menschen“ herauszuarbeiten sucht und sein Werk „Der menschliche Weltbegriff“ als „seine Metaphysik“ bezeichnet. Lenin setzte sich mit dem E. kritisch auseinander in seiner Schrift „Materialismus u. E.“, 1908, dt. 1927, er bekämpfte außerdem den sogen. *Empiriomonismus,* eine von russischen Marxisten geschaffene Lehre von der Einheit physischer und psychischer Phänomene, wodurch die Widerspiegelungstheorie des → DIAMAT ersetzt werden sollte.

O. Ewald, R. Avenarius als Begründer des E., 1905; H. Schnädelbach, Erfahrung, Begründung u. Reflexion. Versuch über den Positivismus, 1971.

empirischer Realismus. Nach Kant die Auffassung von Raum und Zeit als Ordnungsformen der Dinge in der Erfahrung, verträglich mit dem transzendentalen Idealismus, der sie zugleich als bloße Formen des sinnlichen Bewußtseins betrachtet, im Gegensatz zum transzendentalen Realismus, der in ihnen Formen der unwahrnehmbaren „Dinge an sich“ sieht. In der jüngsten Philosophie meist als „naiver Realismus“ gefaßt, der aber nach Zocher (Tatwelt und Erfahrungswissen, 1948) in Wahrheit eine primitive, durch Erkenntnisfortschritte korrigierbare Ontologie ist, während der empirische Realismus eine prinzipiell unaufgebbare Grundhaltung ausdrückt.

Empirismus, erkenntnistheoretische Richtung, welche alle Erkenntnis aus Sinnes-Erfahrung (Empirie) ableitet; methodologisch das Prinzip, alle Wissenschaft, ja alle Lebenspraxis und Sittlichkeit darauf zu gründen. → Positivismus, → Pragmatismus. Der radikale E. läßt dabei allein die Sinneswahrnehmung gelten, der gemäßigte E. sie jedenfalls maßgeblich beteiligt sein. Gegensatz: → Rationalismus. – Empiristisch war bereits der mittelalterl. → Nominalismus. Der Begründer des erkenntnistheoretischen E. in der neueren Philosophie, der sich in enger Verbindung mit den Fortschritten der modernen experimentellen Naturwiss. entwickelte, ist Locke, der des methodologischen Francis Bacon; der Hauptvertreter des E. im 19. Jh. ist J. St. Mill; zu den Kritikern am E. der Gegenwart gehört u. a. H. → Dingler. – Die Physik der Gegenwart wird von einem logisch orientierten E. getragen.

H. Dingler, Das Experiment, sein Wesen und seine Geschichte, 1928; K. Deichgräber, Die griech. Empirikerschule, 1930, [2]1965; H. Pfeil, Der Psychologismus im engl. E., 1934 (Nachdruck 1973); H. Dingler, Die Ergreifung des Wirklichen, hg. 1955; F. Kambartel, Erfahrung u. Struktur. Bausteine zu einer Kritik des E. und Formalismus, 1968; L. Krüger, Der Begriff des E., 1973; H. Schleichert (Hg.), Log. E. – Der Wiener Kreis, 1975; M. Benedikt, Der philos. E., 1977; R. S. Woolhouse, The Empiricists, Oxford 1988.

Encheiresis naturae (griech.-lat. „die Handhabung der Natur“), das Begreifen der Natur, früher in der Chemie verwendet; bei Goethe: „Die geheime E. (Tätigkeit) der Natur, wodurch sie Leben schafft und fördert.“

E. O. v. Lippmann, E.n., in „Goethe-Jhrb.“, 1908, S. 163ff.

Encheiridion (grch.), „Handbuch", (Handbüchlein der Moral), Titel einer Schrift von → Epiktet (KTA, Bd. 2).

Endlichkeit, Eigenschaft der ausgedehnten Dinge (Begrenztheit), dann Begrenztheit und Vergänglichkeit des irdischen Seins überhaupt mit dem Nebensinn der prinzipiellen Möglichkeit des Mehr- oder Darüberhinausseins zur Un.E. → auch Geschichtlichkeit, Zeitlichkeit.

E. Stein, Endliches und Ewiges Sein, 1950; F. J. v. Rintelen, Philos. der E. als Spiegel der Gegenwart, 1951; P. Lorenzen, Das Aktual-Unendliche in der Mathematik, in: Philos. Nat. 4 (1957); R. de Chany, Sur les confins du fini, Paris 1968; J. Taminiaux (Hg.), Dialectic and difference: Finitude in Modern Thought, Atlantic Highlands N. J. 1985.

endogen (griech. „innen erzeugt"), aus inneren Anlagen oder Ursachen entstanden. Gegensatz: → exogen.

Endzweck, der letzte, keines anderen Zweckes als Bedingung seiner Möglichkeit bedürfende Zweck, dem alles dient und in dem die Bestimmung des Menschen (oder, theologisch, die ganze Schöpfung) ihr Ziel erreicht; auch → Finalität, → Teleologie.

Energetik, Energetismus, Lehre von der → Energie. Der Begründer der naturwiss. E. ist J. Robert Mayer (1814–1878). – Die philosophisch-weltanschaul. E. führt alles Sein und Geschehen auf Energie zurück, auch die Materie, auch den Geist, die nichts als Erscheinungsformen der Energie seien. Der Hauptvertreter dieser E. ist Wilhelm → Ostwald, der sie zu einer umfassenden Natur- und Kulturphilosophie ausgebaut hat, die im energetischen Imperativ gipfelt: „Vergeude keine Energie, verwerte sie!"

E. Daser, Ostwalds energet. Monismus, Diss. Konstanz 1980.

Energie (vom griech. *energeia,* „Wirksamkeit"), bei Aristoteles alles Kraftartige, einer Leistung, eines Werkes (griech. *ergon*) Fähige, daher noch heute gleichbedeutend mit Tatkraft, Entschlossenheit, Willensbestimmtheit menschlichen Verhaltens. In der Physik, etwa von Galilei bis zur Mitte des 19. Jh., entstand der physikalische E.begriff, der die Fähigkeit bezeichnet, unter bestimmten Bedingungen Bewegung zu erzeugen, zu beschleunigen, zu hemmen, ihre Richtung zu ändern oder aus Bewegung hervorzugehen. Die Stellung dieses E.-begriffes im modernen physikal. Weltbild ist durch den „Satz von der Erhaltung der E." bestimmt, wonach sich verschiedene E.arten unter geeigneten Bedingungen ineinander umwandeln lassen, die E. im ganzen jedoch bei allen Umwandlungen die gleiche (dem Maße nach) bleibt. Der Entdecker des E.prinzips (1842) ist J. Robert Mayer; → Energetik. – Der Satz von der Erhaltung der E. wurde erweitert zum „E.-Masse-Satz", wonach E. in Masse verwandelt werden kann (und umgekehrt) nach der Formel: E. gleich Masse multipliziert mit dem Quadrate d. Lichtgeschwindigkeit ($E = m \cdot c^2$); 1 kg Masse entspricht danach etwa einer E. von 25000 Millionen Kilowattstunden. – Der E. Begriff liegt der sprachphilosophischen Auffassung W. v. Humboldts zugrunde, wonach Sprache kein bloßes Werk, sondern als eine energetisch-geistige Tätigkeit gedeutet wird.

M. Planck, Das Prinzip der Erhaltung der E., 1887; A. E. Haas, Die Entwicklungsgesch. des Satzes von der Erhaltung der Kraft, 1909; J. Stallmach, Dynamis u. Energeia. Unters.

am Werk des Aristoteles zur Problemgesch. von Möglichkeit u. Wirklichkeit, 1959; L. Jost, Sprache als Werk und wirkende Kraft. Ein Beitrag zur Gesch. und Kritik der energet. Sprachauffassung seit W. v. Humboldt, 1960; D. W. Theobald, The Concept of Energy, London 1966; M. Taube, Materie, E. und die Zukunft des Menschen, 1988.

Engels, Friedrich, Philosoph, * 28. 11. 1820 Barmen, † 5. 8. 1895 London, Mitarbeiter von Karl Marx und Hg. des zweiten und dritten Buches von dessen „Kapital"; Mitbegründer des dialektischen → Materialismus (vgl. → Kautsky) und des Wissenschaftl. Sozialismus, Mitverfasser des „Kommunistischen Manifestes", verteidigte Hegel gegen Dühring und erklärte – im Gegensatz zum orthodoxen Marxismus –, daß die politische, rechtliche, literarische, künstlerische usw. Entwicklung zwar auf der ökonomischen beruhe, daß die kulturelle u. politische Entwicklung aber auf die ökonomische Basis zurückwirke. – Hauptwerke: Die heilige Familie oder Kritik der kritischen Kritik, 1845 (zusammen mit K. Marx); Herrn Eugen Dührings Umwälzung der Wiss., 1878; Socialisme utopique et socialisme scientifique, 1880, dt. 1882; Der Ursprung der Familie, des Privateigentums und des Staates, 1884; Ludwig Feuerbach und der Ausgang der klassischen dt. Philos., 1886; Dialektik der Natur, hg. 1925; Die dt. Ideologie, hg. 1932; K. Marx/F. E., Historisch-krit. Gesamtausgabe, 1970 ff.; K. Marx/F. E., Werke, I–XXXIX, Ergänzungsbände I–II, 1956–68. – F. Neubauer, Marx-E.-Bibl., 1979.

W. Sombart, Sozialismus und soziale Bewegung im 19. Jh., 1896 (ab 10. Auflage: Der proletarische Sozialismus); Gustav Mayer, F. E., I–II, 1920; W. Hofmann, Ideengesch. der sozialen Bewegung des 19. und 20. Jh.s, 1962; H. Hirsch, F. E. in Selbstzeugnissen u. Bilddokumenten, 1968; H. Pelger (Hg.), F. E., 1971; M. Adler, Marx u. E. als Denker, 1972; N. Mader, Philos. als polit. Prozeß. Karl Marx und F. E., 1986.

Engerer Kreis, ein Fachgremium der „Allgem. Gesellschaft f. Philosophie in Deutschland" (→ Deutsche Philos. Gesellschaft), dem nur Philosophielehrer an deutschen Universitäten und Hochschulen mit Promotionsrecht sowie Neuhabilitierte als Mitglieder angehören, dessen interner Auftrag sich auf eine direkte Zusammenarbeit mit dem Wissenschaftsrat der „Deutschen Forschungsgemeinschaft" in allen das Fach Philosophie betreffenden bildungspolitischen Aufgaben bezieht. Darüber hinaus veranstaltet der E. K. die eigentlichen (im Gegensatz zu den allgemeinen Kongressen, → Deutsche Kongresse für Philosophie) streng fachlich gehaltenen akademischen Tagungen, die zu lebendigen philosophischen Diskussionen und zur gegenseitigen Fühlungnahme im Bereich schwebender Fragen der Gegenwartsforschung beitragen. Es wurden bisher folgende Tagungen des E. K. auf Einladung des jeweiligen Universitätsinstituts für Philosophie abgehalten, wobei die ersten drei Konglomerate von Einzelvorträgen boten, die späteren dagegen unter je einem zentralen Thema standen: 1) Univ. Marburg/L., Sept. 1952; 2) Univ. Mainz, Okt. 1953; 3) Freie Univ. Berlin, Okt. 1955; 4) Univ. Köln, Okt 1956 – „Die Philosophie und ihre Geschichte"; 5) Univ. Hamburg, Okt. 1959 – „Probleme der aristotelischen Philosophie"; 6) Univ. Würzburg, Okt. 1961 – „Die Grundprobleme der kantischen Philosophie und der Neukantianismus"; 7) Univ. Heidelberg, Mai 1964 – „Analytische und hermeneutische Methoden der Geisteswissenschaften"; 8) Univ. Marburg/L., Okt. 1965 – „Probleme der Philosophie Platons"; 9) Univ. Göttingen, Okt. 1967 – „Fragen der Naturphilosophie" 10) Univ. Mannheim,

Okt. 1968 – „Vernunft und Tradition"; 11) Univ. Karlsruhe, Okt. 1970 – „Neue Aspekte der Wissenschaftstheorie"; 12) Techn. Univ. Hannover, Okt. 1971 – „Probleme der Ethik"; 13) Univ. Tübingen, Okt. 1973 – „Aspekte und Probleme der Sprachphilosophie"; 14) Univ. Trier, Okt. 1974 – „Aufklärung u. Philosophie"; 15) Univ. Bonn, Okt. 1976 – „Nominalismus"; 16) Univ. Stuttgart, Okt. 1977 – „Glück"; 17) Univ. Gießen, Okt. 1979 – „Erfahrung"; 18) Techn. Univ. Berlin, Okt. 1980 – „Wandel des Vernunftbegriffes"; 19) Univ. Hamburg, Okt. 1982 – „Rationalität"; 20) Marburg, 1985 – „Natur".

englische Philosophie, für die Beteiligung englischer, schottischer und irischer Theologen und Philosophen an der Gestaltung der scholastischen Philosophie gilt das unter → deutsche Philosophie (Anfang) Gesagte. Im Unterschied zur dt. Philos. war und ist die e. Ph. mehr der unreflektierten Wirklichkeit und dem prakt. Leben zugewendet. Schon die ersten Vertreter einer selbständigen e. Ph. waren Empiriker und gründeten ihre Lehre auf die religiöse, wissenschaftliche und psychologische Erfahrung; es waren Roger → Bacon (1214–95), Johannes → Duns Scotus (1266–1308) und → Wilhelm von Ockham (1300–1350). Der Begründer der neueren e. Ph., Francis → Bacon (1561–1626) entwirft ein Reformprogramm der Wissenschaft und tritt für saubere Trennung von Glauben und Wissen ein. Thomas → Hobbes (1588–1679), „der Vater des Unglaubens", bahnte der kausalmechanischen Naturauffassung und dem Materialismus den Weg, der durch den engl. → Deismus, durch die „natürliche Religion" eines Herbert von → Cherbury (1583–1648) und durch den Platonismus der → Cambridger Schule bekämpft wurde. Die Mystik Jacob Böhmes gelangt durch John Pordage (1625–1698) nach England. Ein hervorragender Repräsentant der engl. Aufklärung ist John → Locke (1632–1704), ein Erkenntniskritiker, der nur Wahrnehmen und Denken als Erkenntnisquellen anerkannte. Andere Vertreter der Aufklärungsphilosophie sind der Deist John → Toland (1670–1722), der „Freidenker" Anthony → Collins (1676–1729), der Naturphilosoph und Physiker Isaak → Newton (1643–1727) und die Ethiker → Shaftesbury (1671–1713) und Francis → Hutcheson (1694–1747). Psychologen aus der Schule Lockes (Assoziationspsychologie) waren David Hartley (1705–1757) und Joseph → Priestley (1733–1804). Zu einem reinen Idealismus und zu einer christl. Philosophie gelangte George → Berkeley (1684–1753), auch als Erkenntnistheoretiker bemerkenswert. Am Ende der e. Ph. der Aufklärung steht die *Common sense*-Philosophie der → Schottischen Schule, die weit ins 19. Jh. hineinreicht und sich des nüchternsten Erfahrungsstandpunktes befleißigt. Sie entsteht im Anschluß an Shaftesbury; Hauptvertreter sind neben Hutcheson: Thomas → Reid (1710–1796), Dugald → Stewart (1753–1828) und Thomas → Brown (1778–1820); der Nationalökonom Adam → Smith (1723–1790) steht ihr nahe, wie auch David → Hume (1711–1776), nach J. St. Mill „der größte negative Denker aller Zeiten". Seit Hume hat die e. Ph. grundsätzliche Wandlungen von innen heraus nicht mehr erfahren, es sei denn, man rechne die, aber doch von außen her seit etwa 1800 gekommenen, geistigen Anstöße durch die Frz. Revolution, den dt. Idealismus und das Weltbild der modernsten, bes. der biologischen Naturwissenschaft hierher. Die ältere von Reid begründete Schottische Schule geht in die jüngere seit William → Hamilton (1788–1856) und William → Whewell (1794–1866) über, die teilweise durch Kant beeinflußt ist. In scharfer Gegnerschaft dazu steht Jeremy → Bentham (1748–1832), der Sittlichkeit und Recht auf die Nützlichkeit zurückführt und das größtmögliche Glück der größtmöglichen Zahl anstrebt. Der Ausbau der Assoziationspsychologie läuft weiter, u. a. durch James Mill (1773–1836). Erkenntnistheorie und Methodologie (so auch durch Whewell) entwickeln sich im Anschluß an die Naturwissenschaften weiter; es zeigen sich hier Ansätze zur Logistik, so bei George → Boole (1815–64) und W. St. Jevons (1835–82). Entscheidend wichtig ist die Fortführung der klassischen engl. Erfahrungsphilosophie durch John St. → Mill (1806–1873) und Herbert → Spencer (1820–1903); bei diesem deutlicher als bei jenem zeigt sich das für große Teile der e. Ph. des 19. und 20. Jh. bezeichnende Bündnis zw. Empirismus des 17. und 18. und Biologie des 19. Jh. in dem spekulative Elemente nicht völlig entbehrenden Evolutionismus, dem u. a. auch W. K. Clifford (1845–79) und Th. H. → Huxley (1825–95) angehören. Der Klassiker des Biologismus ist Charles → Darwin (1809–82) mit seiner „Kampf ums Leben"-Lehre. Gegen Biologismus und Evolutionismus tritt eine idealistisch-romantische, christlich beeinflußte Gegenströmung auf, getragen bes. durch James → Martineau (1805–1900), sowie A. C. Fraser (1819–1914) und Robert Flint (1838–1910). Unter dem Einfluß des dt. Idealismus stehen auch die Ethiker Thomas → Carlyle (1795–1881), Henry → Sidgwick (1838–1900) und Th. H. → Green (1836–82). Ein eigentlicher Kantianismus bzw. Hegelianismus entstand aber in der e. Ph. nicht. Gedanken beider Denker wirkten jedoch vielfach, so bei dem Hegelianer J. H. → Stirling (1820–1909). Es wurden die verschiedensten Synthesen zw. Idealismus und Biologismus versucht (kennzeichnend dafür D. G. Ritchies Buch *„Darwin and Hegel"*, 1893). Neuhegelianer sind F. H. → Bradley (1846–1924), Bernard Bosanquet (1848–1932) und I. E. McTaggart (1866–1925). Die Psychologie als biologisch unterbaute Theorie des Bewußtseins wird weiterentwickelt u. a. durch James → Ward (1843–1925), G. F. Stout (1860–1943), C. E. Spearman (1863–1945), gegenwärtig durch William → McDougall (1871–1936). Als selbständige Erscheinungen der e. Ph. sind zuletzt am bekanntesten geworden der Pragmatismus F. C. S. → Schillers (1864–1937) und die neurealistische Schule (→ Neurealismus), deren repräsentativster und einflußreichster Vertreter Bertrand → Russell (1872–1970) ist; in ihm vereinigen sich mathematisch-logischer Scharfsinn, aphoristische Einfälle und humanitäre, pazifistische Ideen. Er war zwischen den beiden Weltkriegen der meistgelesene englische Philosoph. Neben Russell sind zu nennen: G. D. Hicks (1862–1941), G. E. → Moore (1873–1958) und Ch. D. → Broad (1887–1971). Aus der neurealistischen Schule hervorgegangen sind die Vertreter einer engl. Ontologie: Samuel → Alexander (1859–1938), der dem Pantheismus zuneigt, der Platoniker Alfred North → Whitehead (1861–1948), der einen evolutionistischen Theismus vertritt, John Laird (1887–1946), A. E. →

Taylor (1869–1945) u. a. Als bedeutender Religionsphilosoph ist Ch. → Dawson (1889–1970) zu nennen. Einen philosoph. Biologismus vertritt J. S. Huxley (1887–1975). Einen hervorragenden Vertreter der Geschichtsphilosophie besitzt England in A. J. → Toynbee (1889–1975). Die Existenzphilosophie hat in der e. Ph. der Gegenwart keinen bemerkenswerten Vertreter: Existenz ist für engl. Denken kein philos. Problem. Dagegen kommen heute in Engl. Metaphysik und analytische Philosophie, diese in Verbindung mit formal mathematischen Verfahren, immer mehr zur Geltung.

E. v. Aster, Gesch. der e. P., 1927; R. Metz, Die philos. Strömungen der Gegenwart in Großbritannien, I–II, 1935; E. Leroux/A. Leroy, La philos. anglaise classique, Paris 1951; P. Ginestier, La pensée Anglo-Saxonne depuis 1900, Paris 1956; J. A. Passmore, A Hundred Years of Philosophy, London 1957, ²1968 und Ergänzungsband: Recent Philosophers, London 1985; G. J. Warnock, English Philosophy since 1900, London 1958, dt. 1971; S. G. Shanker (Hg.), Philosophy in Britain Today, London 1986; J.-P. Schobinger (Hg.), England. In: Grundriß der Gesch. der Philosophie (begr. v. F. Ueberweg). Die Philos. des 17. Jh.s, 1988.

Engramm (griech. „das Eingeschriebene"), → Gedächtnis, Mneme.

Ens (lat. „seiend"), Seiendes, Sein, Wesen, Ding, Idee; *E. entium,* das Wesen der Wesen (Gott); *E. rationis,* Gedankending; *E. reale,* wirkliches Wesen; *E. realissimum,* das allerrealste Wesen, der Inbegriff aller Realität (= Gott).

Entelechie (aus griech. *en,* „in", *telos,* „Ziel" und *echein,* „haben"; „was sein Ziel in sich selbst hat"), nennt Aristoteles die Form, die sich im Stoff verwirklicht, das aktive Prinzip, welches das Mögliche erst zum Wirklichen macht und dies zur Vollendung seines Daseins bringt. Als aktuelle Betätigung wird die E. von Aristoteles auch Energie genannt. Die E. des Leibes, die sich in der Gestaltung, in den Veränderungen und Tätigkeiten des Körpers verwirklicht, ist nach Aristoteles die Seele. Der Begriff E. tritt in allen teleologischen Systemen (→ Teleologie) auf, so bes. bei Thomas von Aquino und Leibniz (*Nouveaux essais,* II, 21). Für Goethe ist E. „ein Stück Ewigkeit", das den Körper belebend durchdringt. – In der gegenwärtigen Naturphilosophie ist E. „eine Wirkmächtigkeit, die nicht blind wie die physischen Naturkräfte, sondern sinnentsprechend wie eine menschliche Handlung ist. Die E. ist etwas Reales, aber nicht etwas von physischer oder psychischer Realität, sondern von metaphysischer Realität" (H. Conrad-Martius; → Vitalismus).

H. Driesch, The Science and Philosophy of the Organism, I–II, London 1908, dt. 1909; A. Mittasch, E., 1952; Aristoteles, Eudemos oder Von der Seele, dt. 1960; U. Arnold, Die E., 1965; I. Düring, Aristoteles, 1966.

Entfaltung, das Auseinandertreten von Teilen einer Gegebenheit, die dadurch eine gewisse Selbständigkeit erlangen und besser voneinander unterschieden werden können. Bei den Neuplatonikern, bei Augustinus, Dionysios Aeropagita, Johannes Scotus Eriugena, Nikolaus von Kues u. a. wird der Begriff E. (lat. *explicatio,* → Explikation) auf die Beziehungen zwischen Gott und Welt angewendet; die Welt ist die Selbstentfaltung Gottes. Bei Leibniz ist das Geschehen in der Seele und in den Monaden eine innere E. von Zuständen; es gibt überall nur Umformungen, keine Neuentstehung und keine Vernichtung. Der Ausdruck E. wird heute anstelle von → Entwicklung benutzt, wenn es sich um einen Vorgang handelt, dem nichts von einer Zielgerichtetheit oder von einem Sinn bzw. Wertvollerwerden anhaftet. So spricht man von der Entwicklung eines Charakters oder einer Kultur, aber von der E. einer Begabung, einer Anlage; → auch Differenzierung.

Entfremdung, in der aktuellen politischen und soziologischen Bedeutung gilt E. als ein Begriff der Marxschen Philosophie, obwohl seine Wurzeln bis in die mittelalterliche Theologie zurückverfolgt werden können. Für Bonaventura realisiert sich das Bewußtsein der Gegenwart Gottes in der E. von der Sinnenwelt. W. v. Humboldt bezeichnet damit den Konflikt des Einzelnen, zu dem er gebracht wird, sobald über die eigene Person hinaus die „Menschheit als Person" erlebt werden soll. Für Hegel kann das Bewußtsein sich der eigenen objektiven Allgemeinheit gegenüberstellen und sich gegen sie entfremden. Feuerbach betrachtet die Religion als eine Weise der E. des Menschen, der sich von der Realität entfernt und seine Ideale auf Himmel und Gott projiziert. K. Marx versteht darunter die eingeengte ökonomische E. durch die Hingabe des Menschen an Arbeit und Versklavung durch Produktionsverhältnisse. „Das Geld ist das dem Menschen entfremdete Wesen seiner Arbeit und seines Daseins." Arbeit wird als Entäußerung des Wesens des Menschen aufgefaßt und setzt mit der E. des menschlichen Gattungswesens die „E. des Menschen von den Menschen" (Ökonomisch-philos. Manuskripte, 1844). – Der Begriff wird heute psychoanalytisch untersucht und über Arbeit und Geld hinaus auf Konsumstreben, Entpersönlichung, Freizeit u. a. ausgedehnt (E. Fromm, J. Habermas); oder es wird die klassische Gültigkeit von E. für die Gegenwart angezweifelt (H. Marcuse). Es läßt sich vielmehr von einer Auflösung des Begriffes E. sprechen, als dem Menschen fremden Element, wofür die Konfrontierung mit Grunderfahrungen der Sinnlosigkeit, personeller Entwurzelung, Relativierbarkeit aller Normen, Machtlosigkeit u. a. m. als Argumente angeführt werden.

J. Gabel, La fausse Conscience, Paris 1962, dt. 1967; E. Fromm, Das Menschenbild bei Marx, 1963; H. Marcuse, One-Dimensional Man, London/Boston 1964, dt. 1967; A. Fischer, Die E. des Menschen in einer heilen Gesellschaft, 1970; I. Mészáros, Marx's Theory of Alienation, London 1970; F. Linares, Ontologie der Einsamkeit 1974; H.-H. Schrey (Hg.), E., 1975 (mit Bibl.); R. Havemann, Dialektik ohne Dogma? – Naturwiss. und Weltanschauung, 1976; H.-J. Fuchs, E. und Narzißmus, 1977; J. Israel, Alienation. From Marx to Modern Sociology, Hassocks 1978; R. Ruzicka, Selbste. und Ideologie. Zum Ideologieproblem bei Hegel und den Junghegelianern, 1978; N. Rotenstreich, Alienation: the Concept and its Reception, Leiden 1989.

Enthemmung, Begriff aus Max Schelers Metaphysik, → Hemmung.

Enthusiasmus (griech. „Gotterfülltheit, Verzückung"), Begeisterung, leidenschaftliche Erregung durch eine Idee, ein Ideal; die Erhebung der Seele über sich selbst hinaus zu allgemeineren, höheren Werten, bes. relig., eth., ästhet. Art; „eine Anspannung der Kräfte durch Ideen, welche dem Gemüte einen Schwung geben, der weit mächtiger und dauerhafter wirkt als der Antrieb durch Sinnenvorstellungen" (Kant). Seit dem 19. Jht. zeigt sich eine zunehmende Entwertung des E., und er scheint nur noch in ideologisch organisierten Gemeinschaften aufzutreten.

A. Shaftesbury, A Letter Concerning Enthusiasm, 1708, dt. 1981; E. Fink, Vom Wesen des E., 1947; J. Pieper, Begeisterung und göttl. Wahnsinn, 1962.

Entität (vom lat. *ens*, „seiend"), Seinshaftigkeit von etwas (mit dem

Nebensinn, „daß“ etwas ist, im Unterschied davon, „was“ es ist; → Quidditas).

Entmythologisierung, eine von R. → Bultmann eingeführte Bezeichnung für die Erschließung des Sinnes des NTs durch kritische Deutung des „myth. Weltbildes“ der Bibel. Der Mythos der Bibel entspreche dem modernen, vom naturwissenschaftl. Denken geprägten Menschen nicht mehr. Der Glaube verlange ein Neuverständnis der Bibel und die Befreiung von der Bindung an jenes Weltbild, das vom objektivierenden mythischen Denken entworfen wird. Die Auferstehung Christi sei nicht als historische Tatsache zu verstehen, sondern nur als der Osterglaube der Jünger; nur das Kreuz sei ein Faktum. – In dem allgemeinen Gebrauch des Wortes E. zeigt sich die Tendenz einer Erweiterung dieser Methode zur Säuberung aller mythol. Reste der historischen und mythol. Forschung der Gegenwart.

R. Bultmann, Glauben u. Verstehen, 1933; H.-W. Bartsch (Hg.), Kerygma u. Mythos, I–VII, 1948–79; K. Jaspers/R. Bultmann, Die Frage der E., 1954 (Neuausgabe 1981); G. Bornkamm, Die Theologie Bultmanns in der neueren Diskussion, in: Theol. Rundschau 29 (1963); W. Nethöfel, Strukturen existentialer Interpretation. Bultmanns Johanneskommentar im Wechsel theol. Paradigmen, 1983.

Entropie (Innewendung), Bezeichnung für die Zustandsfunktion eines physikalischen Systems, deren Zunahme durch die dem System reversibel zugeführte Wärme bestimmt ist; Maß für den nicht in mechanische Arbeit umsetzbaren Energiegehalt. Die genaue Bestimmung der E. erfolgt durch mathematische Formelberechnung, die für jedes System eine entsprechende Zustandsgröße der gebundenen Energie feststellt. Die E. läßt sich besonders deutlich an thermodynamischen Vorgängen ablesen, sofern man zwischen umkehrbaren und nichtumkehrbaren Abläufen unterscheidet, wobei die E. im ersteren Falle unverändert bleibt, im zweiten ständig zunimmt, und diese Zunahme geht auf Kosten des Verlustes von mechanischer Energie. Bei allen nichtumkehrbaren Vorgängen in der Natur, deren es ständig und in großer Anzahl gibt, nimmt also die Energie der mechanischen Geschehnisse ständig ab, was schließlich zu einem Stillstand, zu einem „Wärmetod“ führen müßte. Dagegen spricht jedoch die kosmologische Unmöglichkeit einer abgeschlossenen empirischen Erkenntnis von der „Totalität des Weltalls“, worauf die Auffassung von der E. eine begründete Anwendung finden könnte. Christliche Theologen glauben, aus der E. auf die Endlichkeit der Welt und dadurch auf das Dasein Gottes schließen zu können. – In der → Kybernetik wird das Wort E. in einem sachfremden Sinne gebraucht, der sich höchstens formal aus dem klassischen Begriff ableiten ließe und bedeutet soviel wie: mittlerer Informationsgehalt; Unsicherheit für den Erwartungswert von Information.

M. Planck, Vorlesungen über Thermodynamik, 1897; W. Pons, Steht uns der Himmel offen? E., Ektropie, Ethik, 1960; G. Ludwig, Physikertagung, 1965; H. J. Schröder, Die entschleierte E., 1982.

Entschlossenheit, bei Heidegger das verschwiegene, angstbereite (→ Angst) Sichentwerfen auf das eigenste Schuldigsein, auf das Gewissen-haben-wollen, das eine Weise der Erschlossenheit des Daseins ist. E. läßt auch erkenntnistheoret. Implikationen zu. „Die E. bringt das Selbst gerade in das jeweilige besorgende (→ Besorgen) Sein bei Zuhandenem und stößt es in das fürsorgende Mitsein mit den Anderen" (Heidegger, Sein und Zeit, [15]1979.

B. Sitter, Dasein u. Ethik, 1975.

Entweder–Oder, in der → Logistik die Grundform *Disjunktion* des Aussagenkalküls: A ist e. B – od. C. auch A ist e. B – od. C – od. D – od. E . . . – S. Kierkegaard behandelt in seiner E.-Od. betitelten Schrift (1843) Hegels Problem der Vermittlung. Demnach hebt die existenzielle Entscheidung nicht das eine in das andere auf, sondern sie vermag das eine gegen das andere zu wählen. Dabei unterliegt Kierkegaards Bestimmung des Anderen, des zu Wählenden, worunter er ethische Entscheidungen meint, starken Schwankungen, weshalb ihm für seine letzte, absolute Wahl nur noch die christlich-religiöse Existenzform verbleibt.

Th. W. Adorno, Kierkegaard. Konstruktion des Ästhetischen, [2]1963; G.-G. Grau, Die Selbstauflösung des christl. Glaubens. Studien über Kierkegaard, 1963.

Entwicklung (Evolution, Genesis), eigentl. die „Auswicklung" eines vorh. „Eingewickelten", das Sichtbarwerden, Zutagetreten v. Dingen, Teilen, Zuständen, Eigenschaften, Verhältnissen, die vorher schon da oder vorgebildet angelegt, aber der Wahrnehmung nicht zugänglich waren (→ Entfaltung), bes. im Sinne des Aufsteigens vom Niedrigeren und Wertloseren zum Höheren und Wertvolleren. E. ist entweder extensive E. (Evolutionismus im Sinne des 18. Jh.), Auseinanderfaltung und Vergrößerung von schon Vorhandenem, oder intensive E. *(Epigenesis),* Entstehung von gestalthaft und qualitativ Neuem. E. ist andererseits entweder exogene E., d. h. unechte, uneigentliche, nur von außen, von der Umwelt bestimmte E., oder endogene E., d. h. echte, aus dem Innern des sich Entwickelnden hervorkommende Entwicklung.

Im Gegensatz zur „Schöpfung", dem Hervorbringen aus dem Nichts, oder zur spontanen Gestaltung aus einem Chaos oder einer → Hyle wird das Wort E. gebraucht für das schrittweise Hervorgehen eines Zustandes aus einem anderen. Man kann die Einzel-E., die E. eines Einzelwesens, von der Gesamtentwicklung (der Natur, des Sonnensystems, der Erde, des Lebens, des Menschen, einer Rasse, eines Volkes) unterscheiden.

Der moderne Begriff der E., der unvollkommenen Ansätzen dazu in Antike und MA. folgte, ist im Denken der Neuzeit, etwa um die Mitte des 18. Jh. mit dem Aufblühen der modernen biolog. Naturwiss. aufgekommen. Buffon wendet ihn an auf die Erde und ihre Lebewesen, Kant auf den Kosmos, Herder auf die Kulturgeschichte, Lamarck zu Anfang des 19. Jh. speziell wieder auf die Lebewesen. Für den dt. Idealismus war E. die Selbstentfaltung des Göttlichen in der Welt, Selbste. des Lebendigen zum Göttlichen hin und zugleich der Weltprozeß als → *Creatio continua.* Zum beherrschenden Prinzip der Biologie mit Einschluß der Anthropologie und Psychologie wurde der Begriff der E. um die Mitte des 19. Jh. erhoben durch Spencer, Darwin, Haeckel. E. auf kulturgeschichtlichem Gebiete → Fortschritt.

H. A. E. Driesch, Philos. des Organischen, 1909; Heinrich Schmidt, Gesch. der E.slehre, 1918; K. Breysig, Gestaltungen des E.sgedankens, 1940; P. Lecomte du Nouy, L'Avenir de l'esprit, Paris 1941, dt. 1953; J. S. Huxley, Evolution, the Modern Synthesis, London 1942; G. Heberer (Hg.), Die Evolution der Organismen, 1943, [2]1959; G. G. Simpson, The Major Features of Evolution, New York 1953; W. Zimmermann, Evolution u. Naturphilos., 1968; R. Goll, Der Evolutionismus 1972; H. v. Ditfurth, Der Geist fiel nicht vom Himmel. Die Evolution unseres Bewußtseins, 1979.

Entwicklungsgeschichte, die Wissenschaft von der → Entwicklung überhaupt, im engeren Sinne die Wissenschaft von der Entwicklung des Lebens im Laufe der Erdgeschichte: der Stämme und Arten (Phylogenie, Stammesgeschichte), und von der Entwicklung der Einzelwesen, Individuen (Ontogenie, Keimesgeschichte).

M. Clara, E. des Menschen, [2]1940; E. Brandenburg, Der Begriff der Entwicklung u. s. Anwendung auf d. Gesch., 1941; B. Dürken, Entwicklungsbiologie und Ganzheit, 1936; G. Heberer, Evolution der Organismen, 1954; B. Rensch, Biophilosophie auf erkenntnistheoretischer Grundlage, 1968.

Enzyklopädie (aus griech. *encyklios,* „Kreis“ und *paideia,* „Bildung“), das Maß an Bildung, das sich in Griechenland ein freigeborener Jüngling angeeignet haben mußte, ehe er zur Erlernung eines bestimmten Faches oder ins tätige Leben selbst überging. Schon das MA. kannte enzyklopädische Zusammenfassungen des gesamten Wissensstoffes, z. B. das *Speculum maius* des → Vincenz v. Beauvais. Der Name E. entstand aber erst in der 2. Hälfte des 16. Jh. für Werke, in denen der Kreis der allgemeinen Bildung oder eines Spezialfachs dargestellt wurde. Die philosophisch berühmteste. E. ist die *„Encyclopédie ou dictionnaire raisonné des sciences, des arts et des métiers“*, die 1751–1780 von den „Enzyklopädisten“ d'Alembert und Diderot unter Mitarbeit von Rousseau, Voltaire, Grimm, Holbach u. a. herausgegeben wurde, galt seinerzeit als das „Reallexikon der Aufklärung“. Die Nachfolger der E.n wurden in Deutschland die „Konversations-Lexika“. „E. der philosophischen Wissenschaften“ (1817) nennt sich ein Hauptwerk Hegels.

L. Ducros, Les Encyclopédistes, Paris 1900; A. Cazes, Grimm et les Encyclopédistes, Paris 1933; F. Schalk, Einl. in die Encyclopédie der frz. Aufklärung, 1936; R. Collins, Encyclopaedias. Their History throughout the Ages, New York/London 1964; U. Dierse, E. Zur Gesch. eines philos. und wiss.-theoretischen Begriffs, 1977.

Epagoge (griech. „Hinaufführung“), der Fortgang des Denkens vom Einzelnen zum Allgemeinen. Epagogisch vom Einzelnen zum Allgemeinen fortschreitend, induktiv.

K. v. Fritz, Die E. bei Aristoteles, 1964; D. W. Hamlyn, Aristotelian E., in: Phronesis 21 (1976).

Epigenesis (aus griech. *epi* „dazu“ und *genesis* „Entstehung“), → Entwicklung durch aufeinanderfolgende Neubildungen, Differenzierung von Teilen. K. Fr. Wolf – für Goethe ein maßgebender Naturforscher – unterscheidet E. von Evolution dahingehend, daß letztere mit der Theorie der Einschachtelung (in Adam die Keime aller kommenden Menschen) gleichgesetzt wird, während für ihn E. der heutigen Entwicklungslehre entspricht.

Epigonen (griech.), ursprünglich Nachkommen, Nachgeborene, später als unfähig zur selbständigen Empfindungskraft bezeichnet, die sich also auf „Nachmachen“, „Kopieren“, „Nachbeten“ begrenzen und zu keiner schöpferischen Originalität fähig sind. E. sind in allen Bereichen des Lebens, in Kunst, Literatur und Wissenschaft anzutreffen.

M. Windfuhr, Der Epigone. – Begriff, Phänomen u. Bewußtsein, in: Arch. Begriffsgesch. 4 (1959); C. David, Über den Begriff des Epigonischen, in: W. Kohlschmidt/H. Meyer (Hgg.), Tradition u. Ursprünglichkeit, 1966.

Epiktet, griech. Philosoph, * um 50 Hierapolis (Phrygien), † 138 Nikopolis (Epirus), in Rom Sklave, dann Freigelassener, gründete in Nikopolis eine philos. Schule. Er lehrte als Stoiker: Das erste in der Philosophie ist, unterscheiden lernen, was in unserer Gewalt steht und was nicht. Nicht in unserer Gewalt steht alles Äußere, das Leibliche, Besitz, Ansehen, äußere Stellung. Nicht diese Dinge selbst, sondern nur unsere Vorstellungen darüber machen uns glücklich oder unglücklich; unser Denken und Begehren aber, und somit unser Glück, steht in unserer Gewalt. Die Menschen sind alle eines einzigen Gottes Kinder, und das ganze Leben des Menschen soll in Gottverbundenheit stehen, die gerade in widrigen Lebensumständen zu Lebensmut und Tüchtigkeit befähigt. Aufzeichnungen seiner Lehre durch seinen Schüler Arrian als „Unterredungen" (1866), als Auszug daraus unter dem Titel „Handbüchlein der Moral" ([9]1973, KTA, Bd. 2). – Epictetae philosophiae monumenta, I–V, 1799/1800 (Repr. 1977); Epicteti dissertationes ab Arriani digestae, 1916, 1965.

A. Bonhoeffer, E. und die Stoa, 1890 (Repr. 1968); A. Bonhoeffer, Die Ethik des Stoikers E., 1894 (Repr. 1968); J. Bonforte, E. – The Philosophy of E., New York 1955; J. Bonforte, Epictetus. A Dialogue in Common Sense, New York 1974; J. C. Gretenkord, Der Freiheitsbegriff E.s, 1981.

Epikur, grch. Philosoph, * 342/41 auf Samos, † 271/70 als Haupt der von ihm 306 gegr. Philosophenschule. Sein Anliegen war mehr die Gestaltung der prakt. Lebensführung als die Ethik; ihr dient die Physik, dieser wieder die Logik. Seine Naturlehre ist im wesentlichen die demokritische: aus sich selbst entwikkeln sich die Welten in unendlicher Zahl und Folge, indem sich die Atome, außer denen nichts als der leere Raum existiert, zusammenballen und wieder auflösen. In den Zwischenräumen (Intermundien) zw. diesen Welten wohnen die Götter ewig und selig, ohne sich um Welt und Menschen zu kümmern. Ebenso entstehen und vergehen die Lebewesen sowie die Seele, die aus feinsten, leichtesten, rundlichsten und beweglichsten Atomen besteht. Naturerkenntnis ist nicht Selbstzweck, sondern sie befreit den Menschen von den Schrecknissen des Aberglaubens und der Religion überhaupt wie von der Furcht vor dem Tode. Diese Befreiung ist nötig zur menschlichen Glückseligkeit, deren Wesen die Lust ist, aber nicht die bloße Sinnenlust, sondern die geistige, wiewohl an sich keine Lustart schlecht ist; geistige Lust ist jedoch beständiger, weil von äußeren Störungen unabhängiger. Durch Vernunft, das Geschenk der Götter, für das sie keinen Dank wissen wollen, müssen die Triebe in eine lustgemäße Übereinstimmung (Symmetrie) gebracht werden, wodurch zugleich Gemütsruhe, Leidenschaftslosigkeit (Ataraxie) erzielt wird, in der auch die wahre Frömmigkeit besteht. Der Öffentlichkeit (bes. Staat u. Kult) soll der Weise freundlich, aber zurückhaltend begegnen. E.s Rat lautet geradezu: Lebe zurückgezogen! Von den 300 Schriften, die E. geschrieben haben soll, sind nur Fragmente erhalten. – Hauptwerke: Kyriai doxai, 1533; Peri physeos, 1793–1855; Epicurea, 1887 (Repr. 1966); Philosophie der Freude (Auswahl), 1949, [5]1973 (KTA 198); W. Nestle (Hg.), Die Nachsokratiker, 1923; Opere, Turin 1960; W. Krantz (Hg.), Briefe, Sprüche, Werkfragmente, 1985 (RUB 9984).

J. Mewaldt, Die geistige Einheit E.s, 1927; N. W. De Witt, E. and his Philosophy, Minneapolis 1954; J. M. Rist, E. – An Introduction, New York 1972; D. Lemke, Die Theologie E.s, 1973; R. Philippson, Studien zu E. und den Epikureern, 1983; E. Asmis, Epicurus' Scientific Method, Ithaka 1984; G. Manolidis, Die Rolle der Physiologie in der Philos. E.s, 1987.

Epikurëismus, die Lehre und Lebensweise Epikurs u. der Epikureer. Heute nennt man „Epikureer", wer die materiellen Freuden d. Daseins unbedenklich genießt.

J. Brun, L'épicurisme, Paris 1959; A. A. Long, Hellenistic Philosophy, London 1974; M. Hossenfelder, Stoa, E. und Skepsis, 1985; H. Jones, The Epicurean Tradition, London 1989.

Epiphänomenon (grch.), Begleiterscheinung. Als ein E., eine für den Ablauf des Naturgeschehens unwesentliche Begleiterscheinung, als eine bloße „Spiegelung" des metaphysischen oder materiell-energetischen Geschehens betrachten manche (u.a. Eduard v. Hartmann und Nietzsche) das Bewußtsein, wodurch diesem eine sekundäre Bedeutung zugeschrieben wird. M. Scheler geht von der Eigenständigkeit des Psychischen aus und betrachtet es als ein E. des Physischen.

J. Sachs, Epiphenomenalism and the Notion of Cause, in: J. Philos. 60 (1963); U. J. Jensen, Conceptual Epiphenomenalism, in: Monist 56 (1972).

Epistemologie (griech. „Wissenschaftslehre"), Erkenntnislehre; epistemologisch: erkenntnistheoretisch; der Ausdruck wird weniger in der dt. als in der franz. und bes. in der engl. Philosophie verwandt. Je nach Auffassung von Erkenntnis wird E. von Heraklit über Platon und Aristoteles bis zur neuplatonischen und christl. Philosophie jeweils anders definiert.

G. Bachelard, Epistémologie, Paris 1971; → Erkenntnislehre.

Epóche (griech. „Haltepunkt"), ein Zeitpunkt, mit dem eine neue Entwicklung oder ein bestimmter Zeitabschnitt beginnt. „Zeitlich begrenztes Machtfeld herrschender Ideen" (G. Jacoby). Epochal oder epochemachend heißen Ereignisse oder Persönlichkeiten, die eine bedeutende Epoche einleiten.

Epoché (griech. *epoché,* „Anhalten, Ansichhalten"), Zurückhalten des Urteils, Grundbegriff der antiken Stoa, dann bes. der Skepsis bei Sextus Empirikus. In der phänomenolog. Methode ist E. (historische E.) das Aufsichberuhenlassen aller im Laufe der Geschichte des Denkens an einen Gegenstand herangetragenen Meinungen, um das Wesen dieses Gegenstandes zugängig zu machen. Auf die historische E. folgt die eidetische Reduktion des Gegenstandes (→ Eidos).

P. Couissin, L'origine et l'evolution de l'e., in: Rev. ét. grec. 42 (1929); M. Hossenfelder, Einl. zu Sextus Empiricus, Grundriß der phyrrhon. Skepsis, 1968; E. Ströker, Das Problem der E. in der Philos. Husserls, Dordrecht 1970.

Eppur si muove → Galilei.

Erasmus, Desiderius, von Rotterdam (eigentlich: Gerhard Gerhards), bedeutender Humanist, * 28. 10. wahrscheinlich 1466 (vielleicht auch 1465 oder 1469) Rotterdam, † 17. 7. 1536 Basel, „der Voltaire des 16. Jh." (Dilthey), mit Thomas Morus befreundet und in Verbindung mit der platon. Akademie in Florenz. E. verfocht die religiöse Toleranz und stand in den Auseinandersetzungen der Reformation über den Parteien. „Das war es, was E. als Luthers „Neuerung" erkannte: die teilnahmslose Erwählung des Menschen durch Gott, das Hingerissensein, das das Irdische, die Welt aus der Verfügbarkeit des Menschen löst und die Welt in dem Maße der Zügellosigkeit überliefert, als sie den Menschen unmittelbar in die Knechtschaft Gottes gibt" (A. Gail, E., Auswahl aus seinen Schriften, 1948). E. beklagte sich: „Was ich maßvoll und für bestimmte Fälle gesagt habe, hat Luther maßlos verallgemeinert." Im Vergleich der Bibel mit den antiken

Klassikern (bes. Sokrates und Platon) wollte E. die „universale Offenbarung", das „reine Evangelium", „die Philosophie Christi" erfassen und wurde so zum Begründer des theolog. Rationalismus. Sein Bildungsideal war das eines ästhetisch – moralischen – religiösen Individualismus. – Hauptwerke: Moriae encomium, 1511; Enchiridion militis Christiani, 1515; De libero arbitrio diatribe sive collatio, 1524; Opera omnia, Amsterdam 1969 ff.; Ausgewählte Schriften, I–VIII, 1967 ff.

J. Huizinga, E., Haarlem 1924, dt. 1928; S. Zweig, Triumph u. Tragik des E. v. R., 1935; E.-W. Kohls, Die Theologie des E., I–II, 1966; W. P. Eckert, E. v. R., 1967; E.-W. Kohls, Luther oder E., 1972; A. J. Gail, E. v. R. in Selbstzeugnissen u. Bilddokumenten, 1974; C. Augustijn, E. v. R. (niederl.), dt. 1986 (mit Bibl.).

Erfahrung (Empirie), ist zunächst die Gesamtheit all dessen, was dem Menschen in seinem Leben mit Bewußtsein „widerfährt" (→ Realität); auch sich selbst, seine Anlagen und Fähigkeiten, seine Tugenden und Laster kann der Mensch erfahren, aber auch seine Einfälle, Ideen, Erkenntnisse (innere E.). In der Philosophie ist E. die Grundlage aller nichtbegriffl. Kenntnis v. Wirklichem. Auf E. muß alle Wissenschaft zurückgehen, wenn sie ihrer selbst sicher sein soll, andererseits darf das Erkennen nicht bei der bloßen Erfahrung stehen bleiben. Zu wiss. Zwecken muß vielmehr die E. durch das Denken geordnet, verglichen, verknüpft, ja selbst berichtigt und ergänzt werden. Nach Dilthey ist alle Wissenschaft E.swissenschaft, aber nur das Seelenleben, nicht die Außenwelt ist unmittelbar erfahrbar; denn „alle E. hat ihren ursprüngl. Zusammenhang und ihre hierdurch bestimmte Geltung in den Bedingungen unseres Bewußtseins, innerhalb dessen sie auftritt, in dem Ganzen unserer Natur" (Ges. Werke I, Kap. 17); → auch Erkenntnis, *a posteriori*, Widerstandserlebnis.

Bedeutung und Tragweite der E. werden von Kant in der „Kritik der reinen Vernunft" untersucht: E. ist das erste Produkt unseres Verstandes. Mit ihr fängt alle Erkenntnis an. (K. spricht von dem „Bathos", Abgrund der E.). Sie gibt aber ihren Urteilen niemals strenge, sondern nur verhältnismäßige Allgemeinheit. Alle Erweiterung unserer Erkenntnis kann auf nichts wie auf Erweiterung der E. gestellt sein. Die E. selbst ist aber eine geistige Leistung, die gewisse „Formen des Verstandes' voraussetzt, die erst die E. möglich machen. Nur durch E. oder mögliche E. erhalten Begriffe ihre Realität. Schlüsse, die über das Feld möglicher E. hinausgehen, sind trügerisch.

J. Volkelt, E. und Denken, 1886; E. Husserl, E. und Urteil, Prag 1939, [4]1972; S. Körner, Experience and Theory, London 1966, dt. 1970; F. Kambartel, E. und Struktur. Bausteine zu einer Kritik des Empirismus u. Formalismus, 1968; W. Bröcker, Kant über Metaphysik und E., 1970; L. Schäfer, E. und Konvention. Zum Theoriebegriff der empir. Wiss., 1974; R. E. Vente (Hg.), E. und E.swissenschaft, 1974; H.-N. Castañeda, Sprache und E., dt. 1982.

Erfahrungswissenschaften, im weiteren Sinne alle Wissenschaften, sofern man zur Erfahrung auch die innere → Erfahrung rechnet. Im engeren Sinne sind E. die gegen die Vernunftwissenschaften (z. B. Logik, Mathematik) abgegrenzten Wissenschaften, die ihre Erkenntnisse vorwiegend aus der Erfahrung der Außenwelt gewinnen, vor allem also die Naturwissenschaften; sie vermitteln das sog. Erfahrungswissen, → auch Einzelwissenschaften.

R. Zocher, Tatwelt u. Erfahrungswissen, 1948; H. Reichenbach, The Rise of Scientific Philosophy, Berkeley/Los Angeles 1951, dt. 1968; G. Gutzmann, Logik als E., 1980.

erhaben ist alles Überragende und Gewaltige, sofern das Gemüt dadurch emporgerissen wird über alles Niedrige und Kleinliche; nach Kant: was allen Maßstab der Sinne durch unvergleichliche Größe oder durch unvergleichliche Kraft übertrifft oder allen Maßstab des Wollens durch ein unvergleichlich großes und hohes Ziel. Kant unterscheidet die mathematische E.-heit der Monumentalität von der dynamischen E.heit der Energiegeladenheit. Schiller (Über das E., 1793) sieht das Erleben des E.en erwachsen „einerseits aus dem Gefühl unserer Ohnmacht und Begrenzung, einen Gegenstand zu umfassen, andererseits aus dem Gefühle unserer Übermacht, welche vor keinen Grenzen erschrickt und dasjenige sich geistig unterwirft, dem unsere sinnlichen Kräfte unterliegen".

E. Burke, A Philosophical Enquiry into the Origin of our Ideas of the Sublime and Beautiful, 1757, dt. 1956; W. J. Hipple, The Beautiful, the Sublime, and the Picturesque, Carbondale Ill. 1957; R. Homann, Erhabenes u. Satirisches, 1977; C. Pries (Hg.), Das Erhabene, 1989.

Erinnerung, das unwillkürliche oder willentlich herbeigeführte Wiederauftauchen von Bewußtseinsinhalten, die dem ursprünglichen Erleben mehr oder weniger ähnlich sind oder zu sein scheinen (E.sgewißheit und ihre Täuschungen). Die Fähigkeit der (genauen) E. ist bei verschiedenen Menschen sowie bei demselben Menschen verschieden für die jeweiligen Gegenstandsbereiche. Das Erinnerte gehört in die Klasse des Vergegenwärtigten; → Gedächtnis.

D. Rapaport, Emotions and Memory, Baltimore 1942, dt. 1977; E. J. Furlong, A Study of Memory, London 1951; J. Ritter, Die Aufgabe der Geisteswiss. in der modernen Welt, 1963; L. Oeing-Hanhoff, Zur Wirkungsgesch. der platon. Anamnesislehre, in: Collegium philosophicum. Studien Joachim Ritter zum 60. Geburtstag, 1965.

Eristik (vom griech. *eristike [techne],* „die Kunst des Streitens"), die Kunst des Disputierens, „die geistige Fechtkunst, in Regeln gebracht" (Schopenhauer). E.er hießen die Megariker wegen ihrer Neigung zum Disputieren, Streiten.

Eriugena → Johannes Scotus.

Erkenne dich selbst, grch. *gnothi seauton* (lat. *nosce te ipsum*), Inschrift am Apollotempel in Delphi, Spruch des Weisen Cheilon. Sokrates gründete darauf seine Tugendlehre; → Selbsterkenntnis.

Erkenntnis, das Sichaneignen des Sinngehalts von erlebten bzw. erfahrenen Sachverhalten, Zuständen, Vorgängen, mit dem Ziele der Wahrheitsfindung. E. heißt sowohl (ungenau) der Vorgang, der genauer als Erkennen bezeichnet werden muß, als auch dessen Ergebnis. Im Sinne der Philosophie ist Erkennen immer „etwas als etwas erkennen", so wie man z. B. sagt: „Er hatte ihn als Lügner erkannt." In der E. ist also ein Beurteilen enthalten, das sich auf Erfahrungen stützt. Wer nicht weiß, was ein Lügner ist und daß es Lügner gibt, kann niemals einen Menschen als Lügner erkennen. In der E. ist stets auch ein Wiedererkennen enthalten. Neue, von innerer und äußerer Erfahrung unabhängige E.e können nur durch die schöpferische → Phantasie entstehen. – Die E. wird seit der griechischen Philosophie untersucht nach den Gesichtspunkten von (objektiver) Quelle bzw. Herkunft, (subjektiver) Fähigkeit, d. h. Vermögen dazu, Ziel und Zweck, Kennzeichen und Maßstäben, Grenzen u. Hindernissen (Aporien und Antinomien) in einer Erkenntnislehre, die erst seit Kant als philosophisches Sondergebiet unter dem Namen E.theorie auftritt und im 19. sowie im Beginn des 20. Jh.s mitunter beinahe die ganze übrige Philosophie überwucherte. Innerhalb der E. wird unterschieden zw. der (uneigentlichen) formalen oder abstrakten E. und der (eigentlichen) inhaltlichen oder konkreten E. Diese zerfällt ihrerseits in so viele E.arten, wie es wichtige Sachgebiete gibt.

Bei der E. stehen sich → Subjekt und → Objekt als Erkennendes und Erkanntes gegenüber. Das Subjekt erfaßt und das Objekt ist erfaßbar. Das Erfassen geschieht dadurch, daß das Subjekt gleichsam in die Sphäre des Objekts hinübergreift und es in seine eigene hereinholt, genauer dadurch, daß die Bestimmungsstücke des Objektes an seinem, im Subjekt entstehenden Abbild (→ Erscheinung) wiederkehren. Auch dieses Abbild ist objektiv, d. h. das Subjekt unterscheidet es, an dessen Aufbau es selbst beteiligt ist, von sich selbst als ein Gegenüberstehendes. Das Abbild ist nicht identisch mit dem Objekt, aber ihm kommt „Objektivität" zu. Das Objekt ist unabhängig vom Subjekt. Es ist mehr als nur ein Gegenstand der E. und in diesem Mehr-als-bloßes-Objektsein ist es das „Transobjektive". Neben dem Gegenstandssein besitzt das Objekt Ansichsein. Wird das Objekt unabhängig von der E.beziehung gedacht, so wird es zum Ding. Das Subjekt aber kann auch für sich selbst Subjekt sein, d. h. es kann ein Bewußtsein für seine Fähigkeit des Erkennens haben. Es besitzt über seine Eigenschaft als eines Erkennenden hinaus noch ein Fürsichsein. Das Ansichsein des Objektes bedeutet, daß neben dem am Objekt Erkannten noch ein unerkannter Rest übrig bleibt. Die Tatsache, daß wir den E.gegenstand nie vollständig und ohne Rest, nie in der Fülle seiner Bestimmtheit erfassen können, spiegelt sich wider in der Nichtübereinstimmung zwischen Objekt und Abbild. Sofern das Subjekt von diesem Unterschied weiß, ergibt sich das Phänomen des Problems, das den weiteren E.vorgang mit Spannung lädt und auf immer weitere E.bemühungen drängt. Der Ausgleich einer solchen Spannung liegt in der Richtung eines E.progresses, durch den die Grenze zwischen dem, was bereits erkannt wurde, und dem, was erkannt werden sollte, auf das Transobjektive hin verschoben wird. Der E.drang des Bewußtseins, dessen Wirkung der E.progreß ist, ist ein fortschreitendes Sich-empfänglichmachen für die Bestimmtheiten des Objekts. Für den E.drang ist das, was erkannt werden soll, unerschöpflich, für ihn ist es ein Unendliches.

Der Erkenntnisprogreß findet seine Schranke an der selten verschiebbaren Grenze der Erkennbarkeit. Dahinter beginnt das Unerkennbare, das Transintelligible (irreführend oft das Irrationale genannt). „Wie das Transobjektive in der verlängerten Richtung des Erkannten liegt, so liegt innerhalb des Transobjektiven das Transintelligible in der verlängerten Richtung des Erkennbaren' (Nic. Hartmann). Die Existenz des Transintelligiblen ist es, die den E.vorgang nicht zur Ruhe kommen läßt. Der Bereich des Transintelligiblen, dem Ansichsein (→ auch Realität) und Fürsichsein zugehören, ist das Medium, das den Wirkungszusammenhang zwischen Objekt und Subjekt ermöglicht. In welcher Weise die Übertragung der Bestimmungsstücke des Objekts auf das Subjekt erfolgt, ist im wesentlichen unbekannt. Geht man aber davon aus, daß alles Seiende, da der gemeinsamen Sphäre des Unerkennbaren angehörend, sich gegenseitig irgendwie bedingt und bestimmt, bedenkt man ferner, daß das Subjekt das reaktionsfähigste und empfindsamste unter allem Seienden ist, so ergibt sich, daß das ganze System des Seienden vom Transobjektiven her über das Objekt und das Abbild vor dem Subjekt in Erscheinung treten muß. E. ist, so gesehen, ein Erfassen der dem Subjekt zunächst gelegenen Glieder der Beziehungen zwischen Objekt und Subjekt.

Die E.prinzipien, d. h. die Art und Weise, in der E. stattfindet, müssen also für alle Subjekte die gleichen sein. Andererseits ergibt sich, z. B. aus der (innerhalb der bekannten Fehlerbereiche möglichen) Berechenbarkeit physikalischer Vorgänge, daß die Gesetze der mathematischen Logik (und somit die Gültigkeit apriorischer Einsichten) die logisch-mathematische Sphäre überschreiten und darüberhinaus Gültigkeit haben. Die Anwendung eines mathematischen Satzes auf ein Naturgeschehen bedeutet ein Übergreifen der logischen Sphäre auf die reale. Es gibt logische Zusammenhänge und Beziehungen, die mit denen des Realen übereinstimmen. Die logische Sphäre vermittelt demnach zwischen der Welt der Abbilder und der Welt des Realen. Die E.prinzipien sind also nicht nur für alle Subjekte dieselben, sondern sie treten auch in der Welt der Objekte auf, und zwar als die Kategorien. E. ist möglich, weil E.kategorien und Seinskategorien identisch sind. Aber weder sind alle E.kategorien zugleich Seinskategorien, noch sind alle Seinskategorien zugleich E.kategorien. Träfe das erstere zu, so würden alle E.e die reine Wahrheit zum Inhalt haben, träfe das letztere zu, so wäre alles Seiende ohne Rest erkennbar. Die Bereiche der Seins- und der E.kategorien decken sich teilweise, und nur so ist es zu verstehen, daß sich das Naturgeschehen nach mathematischen Gesetzen zu richten scheint: daß z. B. die Planetenbahnen auch tatsächlich „elliptisch" sind. Seit Beginn des 19. Jhts. wird E. hauptsächlich mit Erfahrungs-E. der Naturwissenschaften gleichgesetzt. Während → Geisteswissenschaften über die rationale E. hinauszugreifen gezwungen sind.

E. Cassirer, Das E.problem in der Philos. und Wiss. der neueren Zeit, I–III, 1906–20, IV, 1950; N. Hartmann, Grundzüge einer Metaphysik der E., 1921; M. Landmann, E. und Erlebnis, 1951; H. Dingler, Die Ergreifung des Wirklichen, 1955; J. S. Bruner u.a. (Hgg.), Studies in Cognitive Growth, New York/London/Sidney 1966, dt. 1971; E. Albrecht, Sprache und E., 1967; J. Habermas, E. und Interesse, 1968; O. F. Bollnow, Philos. der E., I–II, 1970/75; I. Lakatos/A. Musgrave (Hgg.), Criticism and the Growth of Knowledge, Cambridge 1970, dt. 1974; U. Neisser, Cognition and Reality, San Francisco 1976, dt. 1979; G. Radnitzky/G. Andersson (Hgg.), Progress and Rationality in Science, Dordrecht 1978; H. J. Sandkühler (Hg.), Die Wiss. der E. und die E. der Wiss., 1978; R. Riedl, Biologie der E., 1980 (mit Bibl.); M. Lindauer (Hg.), Wie erkennt der Mensch die Welt?, 1984; F. Scheidt, Grundfragen der E.philos., 1986; P. K. Moser, Human Knowledge: Classical and Contemporary Approaches, New York 1987.

Erkenntnislehre, die Wissenschaft von der → Erkenntnis. Man kann unterscheiden: 1. Die Erkenntnistheorie als spezialisierteste Untersuchung der Erkenntnis; sie gliedert sich in Erkenntniskritik, die von einem vorher bestehenden Erkenntnistypus ausgeht, an dem sie die vorhandenen Kenntnisse kritisch mißt (so Kant in seiner „Kritik der reinen Vernunft"), und Erkenntnismetaphysik, die das Wesen der Erkenntnis erforscht und dabei meist von den im Sein des Erkennenden und des Erkannten beschlossenen Möglichkeiten des Erkennens ausgeht. Im 19. Jh. und zu Beginn des 20. Jh.s entstand eine Fülle von Richtungen der E.: → Empirismus, Empiriokritizismus, Idealismus, Illusionismus, Konventionalismus, Kritizismus, Phänomenalismus, Positivismus, Pragmatismus, Sensualismus, Skeptizismus. In der Gegenwart verliert die E. ihre Selbständigkeit und ihre Bedeutung. Bei Scheler ist sie nur ein Ausschnitt aus der Lehre von den objektiven Wesenszusammenhängen. Im Neuthomismus, bei Nic. Hartmann und Sam. Alexander wird sie in die Metaphysik einbezogen. Die Existenzphilosophie sucht die Subjekt-Objekt-Beziehung durch das → Inderweltsein des Menschen zu ersetzen. Grundfragen der E. werden heute im Rahmen der → Wissenschaftstheorie mehr formallogisch behandelt.

M. Schlick, Allg. E., 1918; F. van Steenberghen, Epistémologie, Leuven 1945, dt. 1950; B. Russell, Human Knowledge – its Scope and Limits, London 1948; J. Piaget, Introduction a l'épistémologie génétique, Paris 1950; A. Pap, Analyt. Erkenntnistheorie, 1955; E. Albrecht, Beiträge zur Erkenntnistheorie und das Verhältnis von Sprache u. Denken, 1959; R. M. Chisholm, Theory of Knowledge, Englewood Cliffs N. J. 1966, [2]1977, dt. 1979; A. Wellmer, Methodologie als E., 1967; J. Piaget, Genetic Epistemology, New York 1970, dt. 1973; G. Vollmer, Evolutionäre Erkenntnistheorie, 1975; G. Prauss, Einf. in die Erkenntnistheorie, 1980, [2]1988; P. Bieri (Hg.), Analyt. Philos. der Erkenntnis, 1987; R. Riedl/F. M. Wuketits (Hgg.), Die evolutionäre Erkenntnistheorie, 1987; E.-M. Engels, Erkenntnis als Anpassung? Eine Studie zur evolutionären Erkenntnistheorie, 1989.

Erkenntnistheorie → Erkenntnislehre.

Erklärung, Einleuchtendmachen irgendeines mehr oder weniger verwickelten Tatbestandes durch Darlegung der Ursache oder der Bedingungen bzw. Zwecke, warum und wozu etwas so ist, oder der Gesetzmäßigkeit eines Geschehens, in das ein besonderer Fall einzuordnen ist. Fast stets bleibt dabei Unerklärbares übrig. Dem naturwiss. „Erklären" stellt Dilthey das → „Verstehen" in den Geisteswissenschaften gegenüber; → auch Beschreibung. Eine dritte Art von E. ist die statistische, die keine Ursachen-E. ermöglicht, sondern nur empirisches Material zur Beschreibung von Gründen liefert, das eine Bestimmung des Wahrscheinlichkeitswertes für das Auftreten einzelner Ereignisse unter bestimmten Bedingungen ermöglicht.

S. E. Toulmin, Foresight and Understanding, Bloomington Ind. 1961, dt. 1968; G. H. v. Wright, Explanation and Understanding, London/Ithaca N. Y. 1971, dt. 1974; O. Schwemmer, Theorie der rationalen E., 1976; C. G. Hempel, Aspekte wiss. Erklärung, 1977; M. Riedel, Verstehen oder Erklären? Zur Theorie u. Gesch. der hermeneut. Wiss., 1978; K.-O. Apel, Die Erklären-Verstehen-Kontroverse in transzendentalpragmat. Sicht, 1979; P. Achinstein, The Nature of Explanation, New York 1983; J. C. Pitt (Hg.), Theories of Explanation, New York 1988.

Erlebnis, bedeutungsvolle Erfahrung, die als Bereicherung der eigenen Persönlichkeit empfunden wird. – In der Psychologie ist E. ein Vorgang des Angemutetwerdens in einer Begegnung mit der Welt, im weiteren Sinne gleichbedeutend mit Bewußtseinsinhalt (→ Bewußtsein). Dadurch wird zum Ausdruck gebracht, daß an allem Psychischen der ganze Mensch als leiblich-seelisch-geistige Ganzheit beteiligt ist; → auch Aktbewußtheit, Realität.

W. Dilthey, Das E. und die Dichtung, 1905; E. Höffding, E. und Deutung, 1923; A. Loewenstein, Das E., 1962; J. Habermas, Erkenntnis u. Interesse, 1968; R. Reininger (Hg.), Philos. des Erlebens, 1976; W. Mansch, Wirklichkeit und E., 1987.

Erlebnismittelpunkt. Der Bestimmtheit des Gegenstandes korrespondiert in der Philosophie R.

Hönigswalds die unbegrenzte Vielzahl der E.e. Der E. (monás, → Monade) ist durch seine possessive Bindung an den eigenen Organismus zeitlich lokalisierte Tatsache u. in seiner universalen Intentionsfunktion (Denken-Können) als ein Prinzip zu betrachten. Der Vereinzelung der E.e entspricht ihre intermonadische Verbindung in Verständigung u. Überlieferung.

R. Hönigswald, Die Grundlagen der Denkpsychologie, [2]1925; ders., Philosophie u. Sprache, 1937; ders., Analysen u. Probleme, 1959; M. Löwi, Zum Problem der Ganzheit, 1927; ders., Vom Ich u. Ich-Bewußtsein, Päd. W. 1930; H. G. Gadamer, Wahrheit und Methode, [2]1965.

erlebnistranszendent, sich der Erlebnisfähigkeit entziehend, nennt man in der Psychologie die physikalische → Wirklichkeit, insofern wir ihrer mittels der Erfahrung nicht inne zu werden vermögen, deren Dasein sich uns vielmehr durch seine Wirkungen zeigt. So sind e. z. B. die Vorgänge, die sich in den Sinnesorganen, den Nervenbahnen und im Zentralnervensystem abspielen und die → Empfindungen zur Folge haben; e. ist auch alles, was sich durch unsere Stimmungslage (→ Befindlichkeit) anzeigt: unwahrnehmbare Vorgänge im Verdauungstraktus, im Blutkreislauf usw., Veränderungen des Luftdrucks, des Feuchtigkeits- und Elektrizitätsgehaltes der Luft usw., überhaupt alles, was → Reize aussendet.

Erlösung, in den sog. E.sreligionen, zu denen auch das Christentum gehört, die Befreiung des Menschen von vielerlei Übeln, sei es aus eigener Kraft, wie im Buddhismus (Selbst-E.), sei es, wie im Christentum, durch einen Erlöser (Fremd-E.). Im Christentum handelt es sich hauptsächlich um die E. von den Folgen der Erbsünde.

Eros, bei den alten Griechen der Gott der Geschlechtsliebe, Sohn der Liebesgöttin Aphrodite und ihr ständiger Begleiter. Bei Platon (im „Gastmahl") wird E. zur Verkörperung der Liebe zur Weisheit und der männl. Zeugungskraft, sowohl der körperlichen als auch der geistigen. E. ist ein Dämon, der die Menschen für das Wahre, Gute und Schöne begeistert, er ist der Antrieb des männl. Strebens nach Selbstvollendung und Unsterblichkeit (in seinen leibl. und geistigen Kindern), nach dem Wertvollen und dem Unbedingten.

L. Klages, Vom kosmogonischen E., 1922; H. Marcuse, E. und Kultur, 1957; B. Ehlers, Eine vorplaton. Bedeutung des sokratischen E., 1966; J. B. Lotz, Die Drei-Einheit der Liebe: E., Philia, Agape, 1979; A. und W. Leibbrand, Formen des E., I–II, 1972; G. Krüger, E. und Mythos bei Plato, 1978; W. M. Müller, E. und Sexus im Urteil der Philosophen, 1985.

erotematisch (vom griech. *erotematikos,* „fragweise"), fragend, in Form von Fragen vorgetragen, auf die der Schüler antwortet; Erotematik, Die Fragekunst. Gegensatz: → akromatisch.

Erotik (aus griech. *erotike [episteme],* „die Lehre vom → Eros"), die Geschlechtsliebe, die vor allem der sexuellen Entspannung dient. Nach Riebold („Einblicke in den periodischen Ablauf des Lebens", 1942) verlaufen beim Mann die Perioden der erotischen Spannung mit denen der geistigen Anspannung und Produktivität parallel, während sie nach anderen Deutungen, wie z. B. nach K. Stavenhagen, entgegengesetzt verlaufen (vgl. „Person und Persönlichkeit", 1957). In der Tat entsprechen die Auffassungen wohl verschiedenen Grundtypen des erotischen Verhaltens; – auch → Sublimierung.

H. Blüher, Die Rolle der E. in der männl.

Gesellschaft, I–II, 1919/20, Neuausgabe 1962; M. Foucault, L'usage des plaisirs, Paris 1984, dt. 1986.

errare humanum est (lat.), „Irren ist menschlich", ein Wort, das auf den älteren Seneca (den Vater des Stoikers) zurückgeht.

Erscheinung *(Phänomenon, Phänomen),* allgemein alles, was sinnlich wahrgenommen wird, bes. wenn es in irgendwelcher Beziehung auffällt (z. B. eine Natur-E. ist). Erkenntnistheoretisch ist E. Bekundung, Anzeichen von etwas anderem; so ist das Fieber eine Krankheitse., d. h. die Krankheit gibt durch das Fieber von sich Kunde, sie tritt im Fieber in die E. Bei Kant ist E. ein korrelativer Begriff zum „Ding an sich", ist jedoch deshalb nach Kant kein bloßer Schein, sondern das „Ding an sich", wie es sich einem erkennenden Subjekt tatsächlich darstellt. Nic. Hartmann sagt: „Das Ansichseiende [→ Erkenntnis] ist das Erscheinende in der E. Anders wäre ja die E. leerer Schein." (Wer sich in einen leichten Meskalin-Rausch versetzt, dem erscheint nichts in der E., dagegen gewinnt die E. eine überraschende Daseinskraft und -fülle; vgl. A. Huxley, Die Pforten der Wahrnehmung, dt. 1954). Das Erscheinen der ansichseienden Dinge im → psychophysischen Niveau, das Zum-Abbild-Werden, ist nichts anderes als das Erkennen selbst, gewissermaßen vom Objekt aus betrachtet; → Schein. Der Gegensatz zw. E. und Ansichseiendem tritt im indischen Denken (→ Schankara) am schroffsten auf; im europäischen scheint er auf die christliche Entgegensetzung von Diesseits und Jenseits zurückzugehen: → auch Illusionismus, Phänomenalismus, Ausdruckskunde.

Heinr. Barth, Philos. der E., 2 Bde., [2]1966; H. Herrigel, Der Ansatz der Ontologie (Die Phänomene), in ZphF, Bd. VII, 1954; G. Prauss, E. bei Kant, 1971.

Erschleichung *(Subreption),* in der Philosophie bzw. Logik Bez. für eine Beweisführung, die sich auf falsche Schlüsse oder auf Behauptungen stützt, die erst noch bewiesen werden müssen.

Erziehung, Einwirkung einzelner Personen oder der Gesellschaft auf einen sich entwickelnden Menschen. E. im engeren Sinne ist die planmäßige Einwirkung von Elternhaus und Schule auf den Zögling, d. h. auf den unfertigen Menschen, zu dessen Wesen die Ergänzungsbedürftigkeit und -fähigkeit, auch das Ergänzungsstreben gehören. Zweck der E. ist es, die im Zögling zur Entfaltung drängenden Anlagen zu fördern oder zu hemmen, je nach dem Ziel („E.sideal"), das mit der E. erreicht werden soll. Mittel der E. sind vor allem das Beispiel, das der Erzieher dem Zögling gibt, dann der Befehl (Gebot und Verbot), die Überredung, die Gewöhnung und der Unterricht. Die E. erstreckt sich auf Körper, Seele und Geist und versucht zu erreichen, daß die sich entfaltenden Anlagen und die sich entwickelnden Fähigkeiten unter- und miteinander ein harmonisches Ganzes (→ Harmonie) bilden und daß der heranwachsende Zögling einen für sich selbst und für die Gesellschaft günstigen seelisch-geistigen Standpunkt gegenüber den Mitmenschen, gegenüber Familie, Volk, Staat usw. gewinnt. Dabei können die von verschiedenen, mächtigen sozialen Gruppen aufgestellten E.sideale zueinander in Widerspruch stehen. Hand in Hand mit der E. geht die → Bildung. Die E. durch Elternhaus und Schule findet ihr Ende mit dem Aufhören der → Autorität über den

Zögling, wobei diese nicht von Strenge und Distanzierung des Erziehers geprägt zu sein braucht. Die weitere E. des erwachsenen Menschen übernimmt einerseits dieser selbst (Selbst-E.), andererseits die Gesamtheit der im alltäglichen Leben auf ihn wirkenden psychischen Kräfte, bes. der sich aus den zahlreichen sozialen (bes. Beruf) und emotionalen (bes. Ehe) Beziehungen ergebenden, in die der Mensch gerät (→ Man). Eine E. zum Schlechten ist möglich. Die systematische Erforschung u. Aufweisung aller bei der E. mitwirkenden Faktoren ist Aufgabe der E.wissenschaft (→ Pädagogik). Dazu gehört heute die Entideologisierung moderner, antiautoritärer Schulmethoden, die von Theoretikern der Psychologie und Pädagogik aufgebracht wurden und der empirischen Entfaltung des Kindes sowie der Erziehung zur Achtung kultureller und geschichtlicher Werte nicht angepaßt sind und daher in Einzelfällen zu verheerenden Ergebnissen der modernen Schularbeit geführt haben.

P. Barth, Die Elemente der E.s- und Unterrichtslehre, 1906; P. Barth, Gesch. der E. in soziologischer u. geistesgesch. Beleuchtung, 1911; E. Spranger, Kultur und E., 1919; J. Derbolav, Die gegenwärtige Situation des Wissens von der E., 1956; F. W. Foerster, Die Hauptaufgaben der E., 1959; W. Brezinka, Von der Pädagogik zur E.swissenschaft, 1971; H.-W. Saß (Hg.), Antiautoritäre E., 1972; R. Uhle, Geisteswiss. Pädagogik u. krit. E.swiss., 1976; W. Brezinka, Metatheorie der E., 1978; J. Piaget/B. Inhelder, Die Entwicklung des inneren Bildes beim Kind, 1979; W. Brezinka, E. in einer wertunsicheren Gesellschaft, 1986; C. Günzler, Ethik und E., 1988; → Pädagogik.

Es, ein von G. Groddeck eingeführter Begriff, in der Tiefenpsychologie und in der psycholog. Schichtenlehre der Inbegriff des Unbewußten, das Reich der „Tiefenperson, des Menschentiers in mir" (Rothakker), in dem (nach Freud) „das Lustprinzip uneingeschränkt regiert". Innerhalb des E. sind zu unterscheiden: das Verdrängte (→ Psychoanalyse), das als ein abgespaltener Teil des Ich zu betrachten ist; ferner das Vorbewußte, das bewußt werden kann, aber im gegebenen Zeitpunkt nicht bewußt ist; dann das Bewußtsein der Anwesenheit von Wahrnehmungen (Wahrnehmungsbewußtsein); endlich das Ich, das derjenige Teil des E. ist, der sich durch das Wahrnehmungsbewußtsein verändert. Das Ich als Bereich des E. ist auch der Inbegriff der im gegebenen Zeitpunkt bewußten, auf das erlebende Ich bezogenen psychischen Inhalte. Das Ich als E.-Bereich, das Wahrnehmungsbewußtsein, das Vorbewußte und das Verdrängte spielen im psych. Geschehen die Rolle von Unter- oder Neben-Ichen des erlebenden Ichs. Das Ich als E.-Bereich wandert im E. (dazu veranlaßt durch die zwischen den Teilen des E. bestehenden Spannungen), setzt dessen Teile in Beziehung zum erlebenden Ich und macht sie zu Trägern von Erlebnissen.

G. Groddeck, Buch vom E., 1923; S. Freud, Das Ich und das E., 1923; E. Rothacker, Die Schichten der Persönlichkeit, [5]1952; E. R. v. Diersburg, G. Groddecks Philosophie des Es, in ZphF, Bd. XV, 1961; Ph. Lersch, Aufbau der Person, [11]1970.

Eschatologie (vom griech. *eschaton,* „das Letzte", und *logos,* „Lehre"; spr.: es-chatologie), in der christlichen Dogmatik Lehre von den letzten Dingen: vom Ende der Welt, von der Auferstehung der Toten, vom Jüngsten Gericht, vom Reiche Gottes auf Erden (→ Chiliasmus).

P. Althaus, Die letzten Dinge, 1922; J. Taubes, Abendländ. E., 1947; K. Löwith, Meaning in History, Chicago/London 1949, dt. 1953; J. Pieper, Über das Ende der Zeit, 1950; J. Richter, Welt-Ende. Das Problem der E. einst und heute, 1956; R. Bultmann, Gesch. und E., 1958; A. Dempf, Weltordnung u. Heilsgesch., 1958; J. Moltmann, Theologie der Hoffnung, 1964; M. Kehl, E., 1986.

Esprit (franz.), Geist, geistige Lebendigkeit, Beweglichkeit, Treffsicherheit, Scharfsinn, Witz. Pascal unterscheidet zwischen „E.de géometrie" und „E. de finesse".

Wechsler, E. u. Geist, 1927.

Esse est percipi (lat. „Sein ist Wahrgenommenwerden"), Hauptsatz der idealistischen Philosophie von George → Berkeley.

Essentia (lat.), Essenz, Wesen, Wesenheit, Sosein; in der Scholastik unterschieden von der *existentia,* dem → Dasein. Bei Spinoza wurde das Verhältnis beider so verstanden, daß das wesenhafte Sein das wahrgenommene Dasein bedingt (*„E. involvit existentiam"*). In der → Existenzphilosophie geht die Existenz der E. voraus.

G. M. Manser, Das Wesen des Thomismus, 1932, [3]1949; E. Przywara, Essenz- u. Existenzphilos., in: Scholastik 14 (1939); E. Gilson, L'être et l'essence, Paris 1948; M.-T. Liske, Aristoteles und der aristotel. Essentialismus, 1985.

essentiell, wesentlich, zum Wesen eines Dinges gehörend. Gegensatz: → akzidentiell. Durch die → Existenzphilosophie wurde der Begriff Essentiologie als ein Gegensatz zur existenziellen Deutung des Seins aufgebracht.

Ethik (vom griech. *ta ethika,* „die Sittenlehre" [des Aristoteles]) ist die „praktische" Philosophie, denn sie sucht nach einer Antwort auf die Frage: was sollen wir tun? Für die kantische Ethik ist die Antwort auf diese Frage durch den kategorischen → Imperativ gegeben. Die E. lehrt, die jeweilige Situation zu beurteilen, um das ethisch (sittlich) richtige Handeln zu ermöglichen. Sie erzieht den Menschen zu seinem Beruf, die Welt dadurch zu vollenden, daß er das Reich des Seienden mit dem Reich des Seinsollenden überbaut, was in vielen Fällen freilich utopisch anmutet. Die E. untersucht, was im Leben und in der Welt wertvoll (→ Wert) ist, denn das ethische Verhalten besteht in der Verwirklichung ethischer Werte. Diese Werte sind sowohl in der jeweiligen Situation als auch in der Person zu finden. Die E. dient der Erweckung des Wertbewußtseins.

In dem Leben, das der moderne Mensch zu führen gezwungen ist, findet ethische Betrachtung und Besinnung schwer einen Platz. Der moderne Mensch ist abgestumpft und in hastender Bewegung. Dagegen ist der ethische Mensch der Wertsichtige, der Weise (der sapiens, lat. „der Schmeckende"), der die feine Zunge, das feine Organ für die Wertfülle des Lebens besitzt. Ein undifferenziertes Wertbewußtsein ergibt sich für jeden Menschen aus der Funktion seines Willens, da der Wille nur in Richtung auf einen Wert tätig werden kann. Die durch → Erziehung bzw. ethische Besinnung erschlossenen ethischen Werte ordnen sich von selbst in eine Rangordnung, eine Wertpyramide, deren Basis von den unbewußt verwirklichten Vitalwerten (Wille zum Leben, Nahrungstrieb, Geschlechtstrieb usw.) gebildet wird, an deren Spitze der höchste denkbare Wert steht Ethische Werte sind Werte der Gesinnung und des erstrebten sittlichen Verhaltens.

Jeder als solcher erkannte ethische Wert lenkt die ethische Energie des Menschen auf sich und fordert vom Menschen seine Verwirklichung (→ Aufforderungscharakter). Eine Umwertung von Werten findet nicht statt, wohl aber ein Umsatz von Werten im Wertbewußtsein: die „Enge" des Wertbewußtseins hat zur Folge, daß jeweils nur eine beschränkte Zahl von Werten, ein begrenzter Ausschnitt aus dem Reich der Werte gleichzeitig aufgefaßt werden kann. Die Anforderungen des menschl. Daseins bewirken, daß ständig neue Werte über die Schwelle des Wertbewußtseins treten, andere aus ihm ausscheiden. Was vor hundert Jahren gute Sitte war, kann heute sittenwidrig sein.

Jeder Mensch hat die ihm eigentümliche Wertpyramide. Die Wertpyramiden der Angehörigen eines Volkes (als Sprach- und Denkgemeinschaft) haben einen gemeinsamen Kern, der die Werte enthält, deren Verwirklichung von jedermann gefordert und bei jedermann vorausgesetzt wird. Die Gruppe der in diesem Kern vereinigten Werte macht die gute Sitte aus, die geltende → Moral.

Die Wertverwirklichung besteht darin, daß der von einem Wert ausgehenden Forderung nachgegeben und daß das alltägliche Leben dieser Forderung angepaßt wird, daß z. B. die Ehrlichkeit als Tugend nicht nur anerkannt, sondern konsequent geübt wird. In den Situationen des alltäglichen Lebens hat der Mensch in der Regel die Wahl zwischen mehreren Werten (→ Situation). Die E. setzt voraus, daß der Mensch die Möglichkeit des Wählens, daß er → Freiheit hat. Die E. zeigt, daß der Mensch dann ethisch richtig handelt, wenn er denjenigen Wert verwirklicht, der zu seiner Verwirklichung das höhere Maß an ethischer Energie (z. B. Selbstlosigkeit) verlangt. Der erforderliche Energiebedarf zeigt an, daß der betreffende Wert einen (für das Individuum) höheren Rang einnimmt, als die anderen zur Wahl stehenden Werte. Die Verwirklichung des jeweils höchsten erkennbaren Wertes ist das Gute, die Verwirklichung eines tiefer stehenden Wertes ist das Böse.

Im Reich der ethisch bedeutsamen Werte lassen sich unterscheiden: 1. die dem Menschen anhaftenden Grundwerte, die in alle anderen ethischen Werte mehr oder weniger weit übergreifen: der Wert des Lebens, des Bewußtseins, der Tätigkeit, des Leidens, der Kraft, der Willensfreiheit, der Voraussicht, der Fähigkeit Zwecke zu setzen; 2. die Tugenden: Gerechtigkeit, Weisheit, Tapferkeit, Selbstbeherrschung, Nächstenliebe, Wahrhaftigkeit und Aufrichtigkeit, Zuverlässigkeit und Treue, Vertrauen und Glaube, Bescheidenheit und Demut, Werte des Umgangs mit Anderen (→ auch Kardinaltugenden); 3. die spezielleren ethischen Werte: Fernstenliebe, Verschenken geistigen Besitzes, die Persönlichkeitswerte, die auf den idealen Wert der fremden Persönlichkeit gerichtete Liebe. Jeder dieser Werte läßt sich noch weitgehend differenzieren. Je nach ihrer Begründung ist die E. *heteronom* (fremdgesetzlich: Gott gibt das Sittengesetz) oder *autonom* (eigengesetzlich: der Mensch gibt sich das Sittengesetz), formal (ein allg. Prinzip für das sittl. Handeln aufstellend, → Imperativ) oder material (sittliche Werte feststellend, → Wertethik), absolut (wenn sie die Geltung der ethischen Werte als unabhängig von ihrem Erkanntwerden betrachtet) oder relativ (wenn sie die Werte als Funktion der jeweiligen Zielsetzung des Menschen betrachtet); je nach dem Zweck des Wollens und Handelns ist die E. Eudämonismus, Hedonismus, Utilitarismus, Perfektionismus. In der europäischen Philosophie der Gegenwart sind drei Grundtypen ethischer Systeme vorherrschend: die (oben als Beisp. dargestellte) Wertethik, der soziale → Eudämonismus und die auf einer unveränderlichen Wesens- und Zielordnung beruhende und darin Gottes Gebot anerkennende christliche Ethik. – Eine auf bloß positiven Geboten beruhende Ethik wäre allenfalls Moraltheologie, aber nicht philosophische Ethik.

A. Geulincx, E. oder über die Kardinaltugenden, 1948 (lat. 1665); I. Kant, Grundlegung zur Metaphysik der Sitten, 1785; I. Kant, Kritik der prakt. Vernunft, 1788; G. E. Moore, Ethics, London 1912, dt. 1975; M. Scheler, Der Formalismus in der E. und die materiale Werte., 1916; N. Hartmann, E., 1926; M. Weber, Die protestant. E. und der Geist der Kapitalismus, 1934; B. Bauch, Grundzüge der E., 1935 (Repr. 1968); R. Reininger, Wertphilos. und E., 1939; P. Häberlin, E. im Grundriß, 1946; H. Reiner, Pflicht u. Neigung, 1951; E. Fromm, Psychoanalyse und E., 1954; J. Hessen, E., 1954; M. G. Singer, Generalization in Ethics, New York 1961, dt. 1975; H. Reiner, Die philos. E., 1964; G. Patzig, E. ohne Metaphysik, 1971; W. Kamlah, Philos. Anthropologie. Sprachkrit. Grundlegung der E., 1972; H. Wasmus, E. und gesellschaftl. Ordnungstheorie, 1973; A. Griffel, Der Mensch – Wesen ohne Verantwortung, 1975; B. Sitter, Dasein u. E., 1975; D. Birnbacher/N. Hoerster (Hgg.), Texte zur Ethik, 1976; W. Weischedel, Skept. E. 1976; O. Höffe (Hg.), Lexikon der E., 1977, [3]1986; C. Westermann, Argumentationen u. Begründungen in der E. und Rechtslehre, 1977; A. Pieper, Pragmatische und ethische Normbegründung, 1979; O. Schwemmer, Ethische Unters. – Rückfragen zu einigen Grundbegriffen, 1986; R. Spaemann, Glück u. Wohlwollen. Versuch über E., 1989.

Ethos (grch.), Sitte, sittlicher Charakter, moralische Gesinnung; in der modernen Ethik näher bestimmt durch das Vorherrschen eines sittlichen Wertbewußtseins.

H. Kron, E. und Ethik, 1960; E. Schütrumpf, Die Bedeutung des Wortes E. bei Aristoteles, 1970; W. Lauer, Humor als E., 1974; W. Kluxen, Ethik des E., 1974.

Eubulides aus Milet, griech. Philosoph des 4. Jh. v. Chr., gehörte zur Schule der Megariker, wurde durch die Erfindung einiger Fangschlüsse bekannt. – H. S. Long (Hg.), Diogenis Laertii vitae Philosophorum, II, Oxford 1964.

Eucken, Rudolf, Philosoph, * 5. 1. 1846 Aurich (Ostfriesland), † 15. 9. 1926 Jena als Prof. (seit 1874), lehrte und forderte einen neuen Idealismus, einen Neuidealismus im Sinne eines idealistischen Aktivismus aus der „wesentlichen Einigung zu gemeinsamem Schaffen und Leben", sittl.-geistige Tat, die die Entartung der modernen Zivilisation mit ihrer „unpersönlich gewordenen Kulturarbeit" überwindet u. wieder echtes Geistesleben schafft. Der Gottesgedanke „bedeutet uns nichts anderes als absolutes Geistesleben ..." (Der Wahrheitsgehalt der Religion, 1901, [4]1927). Sein Denkverfahren bez. E. als „noologische Methode". – Hptw.: Die Einheit des Geisteslebens in Bewußtsein und Tat der Menschheit, 1888, [2]1925; Die Lebensanschauungen d. großen Denker, 1890, [18]1922; Der Kampf um einen geistigen Lebensinhalt, 1896, [5]1925; Können wir noch Christen sein?, 1911; Sinn und Wert des Lebens, 1908, [9]1922; Mensch und Welt, 1918; Lebenserinnerungen, 1920, [2]1922; Briefe aus dem Nachlaß, 1927; Die geistigen Forderungen der Gegenwart, 1928; Zeitüberlegenheit u. histor. polit. Wirklichkeit, 1961.

Siebert, R. E.s Welt- u. Lebensanschauung, [4]1926; E. Becher, E. und seine Philos., 1927.

Eudämonie (griech.), Glückseligkeit; → Eudämonismus, Glück.

Eudämonismus, eine die Glückseligkeit als Motiv und Ziel alles Strebens betrachtende Ethik. Dem E. huldigten bes. die Griechen. Als glücklich und tugendhaft zugleich gilt ihnen der Mensch, dessen geistige u. körperliche Kräfte sich ungehindert entfalten können, der durch die allseitige Übung dieser Kräfte sich und andere erfreut, so daß ihm Ansehen bei den Mitlebenden und rühmliches Andenken bei den Nachkommen gesichert sind. Einen E. vertreten Sokrates, Epikur, Spinoza, Leibniz, Shaftesbury, Feuerbach, Strauß, Sigwart, Dühring, Sidgwick, E. Becher, Spencer u. a. In der Gegenwart weit verbreitet ist der soziale E., der das größtmögliche Glück der größtmöglichen Zahl (→ Bentham) erstrebt. Alle Tugenden des einzelnen sind nur sinnvoll, soweit sie diesem Streben dienen. Auch der Staat, alle seine Einrichtungen, Maßnahmen und Gesetze sind Mittel dieses obersten Zwekkes. Der E. wird zum sozialen → Utilitarismus.

M. Heinze, Der E. in der griech. Philos., 1883; J. Thyssen, Glückseligkeitsethiken und das Äquivokative des Ethischen, in: R. Wisser (Hg.), Sinn u. Sein, 1960; H. Reiner, Die philos. Ethik, 1964; G. Bien (Hg.), Die Frage nach dem Glück, 1978.

Eudemos von Rhodos, griech. Philosoph, Peripatetiker, war neben Theophrast einer der bedeutendsten Schüler des Aristoteles und befaßte sich mit Fragen der Ethik, die er in Anlehnung an Platon religiös begründet; bezeichnete die dianoetische Tugend als Gotteserkenntnis. Unter den Schriften des Aristoteles wird eine „eudemische Ethik" genannt. – F. Wehrli (Hg.), Die Schule des Aristoteles. Texte u. Kommentar, VIII, 1955, [2]1969.

Eugenetik oder **Eugenik** (vom grch. *eugenes,* „wohlgeboren"), die auf Platons „Staat" zurückgehende, durch Francis → Galton begründete Lehre von den Bedingungen, unter denen die Erzeugung körperlich u. geistig wohlgeratener Nachkommen steht und die Erzeugung ungeratener Nachkommen verhindert wird.

O. v. Verschner, E., kommende Generationen in der Sicht der Genetik, 1966.

Euhemeros von Messene, griech. Philosoph des 4./3. Jh. v. Chr., aus der Schule der Kyrenaiker, wurde berühmt durch seine Lehre (die später als „Euhemerismus" in die Religionswissenschaft einging), daß die Götter mächtige, hervorragende Menschen der Vorzeit seien, die dann das Volk idealisiert hätte.

M. P. Nilsson, Gesch. der griech. Religion, I–II, 1941/50.

Europäische Aufklärung, → s. Aufklärung.

europäische Philosophie. „Unser europäisches Denken hebt an bei den Griechen, und seitdem gilt es als die einzige Form des Denkens überhaupt. Zweifellos ist diese griech. Form des Denkens für uns Europäer verbindlich, und wenn wir damit Philosophie und Wissenschaft treiben, so löst es sich von allen geschichtl. Bedingtheiten und zielt auf das Unbedingte und Beständige, auf die Wahrheit, ja, es zielt nicht nur darauf, sondern erreicht es auch, Unbedingtes, Beständiges und Wahres zu begreifen ... Die Griechen haben nicht nur mit Hilfe eines schon vorweg gegebenen Denkens neue Gegenstände (etwa Wissenschaft u. Philosophie) gewonnen und alte Methoden (etwa ein logisches Verfahren) erweitert, sondern haben, was wir Denken nennen, erst geschaffen: die menschl. Seele, der menschl. Geist wurde von ihnen entdeckt; eine neue Selbstauffassung des Menschen liegt dem zu Grunde" (B. Snell, Die Entdeckung des Geistes. Studien zur Entstehung des europ. Denkens bei den Griechen, 1948). Die griech. Philosophie ist nicht nur das Fundament der e. Ph., sondern auch ihre Struktur und ihr wesentlicher Inhalt: noch heute zehren die europäischen Denker vom griech. Geisteserbe.

„Wir sind gewiß weiter als Hippokrates, der griech. Arzt. Wir dürfen kaum sagen, daß wir weiter seien als Platon. Nur im Material wissenschaftl. Erkenntnisse, die er benutzt, sind wir weiter. Im Philosophieren selbst sind wir vielleicht noch kaum wieder bei ihm angelangt" (K. Jaspers, Einf. i. d. Phil., 1950).
Seine heute noch gültige Form erhielt das europ. Denken im MA. Die Scholastik verbreitete das von den griech. Denkern überkommene Erbe durch die Ordensgeistlichen und die Universitäten. Dieses Erbe lag den scholast. Gelehrten nicht in seiner ursprünglichen Gestalt vor, sondern in latein. Übersetzungen. Die Frühscholastik war fast ganz auf die Werke des Boethius angewiesen, der von Aristoteles die Kategorien und die Schrift *„Peri hermeneias"* (Über die Fähigkeit, sich auszudrücken), von Euklid die Schrift *„Stoicheia"* (Anfangsgründe, nämlich der Geometrie) ins Lateinische übersetzt hatte.
Anfangs kannte man von Aristoteles überhaupt weiter nichts. Erst 1128 übersetzte Jakob von Venedig auch die Analytika, die Topik und die Schrift *„Peri sophistikon elenchon"* (Über die sophistischen Widerlegungsschlüsse) ins Lateinische; auch Thomas von Aquino hatte nur diese Übersetzungen zur Verfügung. Um die Mitte des 12. Jh.s wurden dann auch die naturwissenschaftlichen Werke des Aristoteles, ferner solche des Ptolemäus und weitere des Euklid bekannt, und zwar in Übersetzungen aus dem Griechischen ins Lateinische, die in Palermo, und aus dem Arabischen ins Lateinische, die in Toledo entstanden (wo bisweilen noch eine Zwischenübersetzung ins Kastilianische vorherging). Zur selben Zeit wurden die medizin. und astronom. Werke der Araber ins Lateinische übersetzt. Von Platon kannte das frühe MA. nur den „Timäus" in der Übersetzung Ciceros, benutzt wurde aber nicht dieser Text, sondern fast ausschließlich der Timäus-Kommentar des Poseidonios in der lat. Übersetzung des Chalcidius. Im übrigen kannte man Platon nur aus Zitaten in den Werken lat. Kirchenväter, vor allem denen des Augustinus und des Boethius. Diese beiden Männer waren für Europa überhaupt die Autoritäten bis ins 12. Jh. hinein. Neben ihnen spielen die griech. Kirchenväter keine große Rolle, obwohl sie durch zwei so bedeutende Gestalten vertreten waren wie Dionysios Areopagita, den Vater der christl. Mystik (neben Augustinus) und der Hauptquelle des Neuplatonismus, und Johannes Damascenus, der in seiner ins Lateinische übersetzten Schrift *„Pege gnoseos"* (Quelle der Erkenntnis) die Gedankenwelt der gesamten griech. Väter in einheitl. Zusammenstellung darbot. Der Einfluß Platons auf das europ. Denken wurde in der Hochscholastik noch geringer, denn nun wurden auch die Metaphysik, die Psychologie, die Ethik und die Politik des Aristoteles bekannt, und zwar wiederum zunächst indirekt durch Vermittlung arabischer und jüdischer Gelehrter, die die aristotelischen Texte aus dem Arabischen ins Kastilianische bzw. Lateinische übertrugen. In dieser Form wurde Aristoteles zur unbestrittenen Lehrautorität vom 13. Jh. an und blieb es bis zum Ausgang des MA. Die Hochscholastik kannte gewissermaßen nur eine Aufgabe: Aristoteles zu interpretieren und so seine Lehren mit den Offenbarungen der Heiligen Schrift und den Meinungen der anerkannten Kirchenväter in Übereinstimmung zu bringen.

Für das Werden der e. Ph. ist es von großer Bedeutung, daß den Denkern des MA. die Erkenntnisse der griech. Philosophen nur in mehr oder weniger guten Übersetzungen und in der Regel nur gleichzeitig mit Kommentaren aus der Feder von Römern, Arabern und Juden zur Hand waren. Der zählende und messende Verstand der Römer war ein ungeeignetes Werkzeug, den griech. Geist und seine Erzeugnisse richtig zu interpretieren. Noch ferner standen ihm die beiden semitischen Völker in ihrer extremen Nüchternheit des Denkens. Die Übersetzungen enthalten rationalistische Mißdeutungen, Verbiegungen und Verzerrungen in Menge. Dazu kommt, daß das MA. eine kommentierfreudige Zeit war. Jeder Übersetzer lieferte noch einen Kommentar zu der von ihm übersetzten Schrift, und diese Kommentare spielten in der Scholastik wenigstens dieselbe Rolle wie die Texte. Dem Übersetzer war sein Kommentar begreiflicherweise interessanter und wichtiger als seine Übersetzung. Daher interpretierte und übersetzte er die griech. Texte so, wie es der in seinem Kommentar von ihm vertretenen Auffassung entsprach.

Es war die Philosophie der Übersetzer und Kommentatoren, die in die Lehrgebäude der scholast. Denker einging und sich von da über die Klöster und Universitäten in die europ. Völker ergoß, nicht eigentlich der Geist der Griechen. So wurde das europ. Denken in den entscheidenden Jh.en zu einseitigem Rationalismus erzogen, der dann in Descartes als Sieger über alle anderen Denkformen zum Durchbruch kam, der in der Aufklärung bis Hegel das geistige Leben vollkommen durchdrang und der noch die Philosophie der Gegenwart stark beeinflußt. Als im 14. Jh. die Osmanen Byzanz bedrohten und die von dort fliehenden griech. Gelehrten die griech. Urtexte mit nach Westeuropa brachten (→ Akademie), war es zu spät. Man erkannte zwar, daß man sich an einen plotinisch verfälschten Aristoteles und einen neuplatonischen Platon gehalten hatte, aber die Denkform Westeuropas war bereits fest und starr geworden. Vergebens stemmte sich Pascal dem Strom des Rationalismus entgegen. Das ungeheure Reich der Wertbegriffe wurde von den die Welt deutenden Begriffen abgesondert und als zweitrangig erklärt. Die Wahrheit war fortan nur noch dem Verstande zugängig. Humanismus und Neuhumanismus, die daran nachträglich etwas ändern wollten, blieben Episoden.

Aber das griech. Gedankenerbe fand noch einen zweiten Weg nach Europa, der nicht über Rom und Palermo oder über Alexandria und Toledo führte, sondern über Byzanz. Der legitime Erbe der griech. Denker war nicht Rom, sondern Byzanz. Die byzantinischen Gelehrten, die griech. Kirchenväter und die Mönche in den Athos-Klöstern sprachen und schrieben griechisch, sie bedurften keiner Übersetzungen und – das Wichtigste – sie besaßen Urtexte. Die Sprache und infolgedessen die geistige Atmosphäre war in den Grundstrukturen die gleiche, und viel von der Ausgewogenheit des griech. Geistes war erhalten geblieben. Allerdings, die byzantin. Gelehrten waren Christen und lasen, wie die westeuropäischen Gelehrten, Aristoteles und Platon im christl. Geiste. Indessen war die Strecke von Athen nach Byzanz so viel kürzer und irrwegefreier als die nach Rom oder Toledo, daß die byzantin. Gelehrten ein viel wahreres Bild der griech. Philosophie gewannen als die abendländischen. Noch ein zweiter Unterschied zwischen Byzanz und Paris (als Vorort des Abendlandes) ist bedeutungsvoll: der leitende Philosoph in Byzanz war nicht Aristoteles, der Vater der Logik, sondern Platon, der Entdecker der Ideenwelt, von dem das abendländ. MA. so gut wie nichts wußte. Was Thomas von Aquino für das Abendland bedeutete und für die röm.-kath. Kirche noch bedeutet, das ist für Ostrom und für die orthodoxe Kirche Photios, Patriarch von Byzanz. Er war es, der die grundsätzlichen Unterschiede römischen und byzantinischen Denkens, römischer und byzantinischer Christlichkeit erfaßte und scharf betonte. Er erkannte das byzantin. Reich als den nach der Völkerwanderung einzig übrig bleibenden Hort europäischer Kultur, errichtete 870 im Magnaura-Palast in Byzanz eine Akademie und hielt Vorlesungen über griech. Philosophie. In seinem Geiste wirkten d. byzantin. Gelehrten in d. Welt hinaus, so wie die abendländ. im Geiste des Aquinaten. Im Geiste des Photios wirkten auch die beiden, mit ihm etwa gleichaltrigen vornehmen jungen Männer aus Saloniki, Cyrillus und Methodius, die Apostel der Slawen. So wie Paris auf das Abendland wirkte, so wirkte Byzanz auf die slawischen Völker, ja es wirkte so nachhaltig, daß noch heute im slaw. Lebensraum byzantinisches MA. durchaus lebendig ist. Das gilt für die Liturgie der orthodoxen Kirche, die ohne Kenntnis der platon. Philosophie nicht zu verstehen ist, das gilt vor allem auch für die slaw. Sprachen. So wie sich das Denken der westeurop. Völker zur Zeit der Scholastik endgültig formte, so das der osteuropäischen zur Zeit der Wirksamkeit der christl. Missionare, die aus Byzanz kamen. Um sich politisch von Byzanz zu distanzieren, erfand Cyrillus für die slaw. Völker eine Schrift, die in ihren Grundzügen noch heute benutzt wird. Nun erst gewannen die slaw. Sprachen eine faßliche Gestalt, konnten sich völkisch den Zugriffen Roms entgegenstellen. Diese Gestalt erbrachte einen eigentümlichen Sinn, einen objektiven Geist. Eine eigenständige slaw. Philosophie ist in jenen Jhtn. nicht entstanden, vielmehr kommt das griech. Geisteserbe in der Gesamthaltung des Menschen zur Welt und zu den Mitmenschen zum Ausdruck. Das Denken der Slawen ist gesamtmenschlich, etwa vergleichbar mit dem, was Jaspers existentiell nennt. Der russ. Philosoph Kirejewskij, der zur Zeit Hegels in Berlin studierte, sagt: „Mit einem besonderen Sinn begreifen die Denker des Westens das Sittliche, mit einem anderen das Schöne, mit einem dritten das Nützliche; das Wahre erfassen sie mit dem abstrakten Verstand, und keine dieser Fähigkeiten weiß, was die andere tut, ehe ihre Tätigkeit vollendet ist ... Die gefühllose Kälte der Überlegung halten sie für einen ebenso rechtmäßigen Zustand der menschlichen Seele wie die höchste Begeisterung des Herzens ... Das aristotelische System zerriß den einheitlichen Zusammenhang der geistigen Kräfte, löste alle Ideale aus dem Wurzelboden des Sittlichen und Ästhetischen los und verpflanzte sie in die Sphäre des Intellekts, wo nur noch abstrakte Erkenntnisse Gültigkeit haben" (Rußlands Kritik an Europa, dt. 1923). Der Slawe denkt im Sinne des Slawophilentums aus dem Zentrum seines Ichs heraus und er hält es für seine sittliche Pflicht, alle seine Geisteskräfte in diesem Zentrum beieinander zu halten und nicht anders als gesammelt (in der Nähe des

Herzens versammelt) auf Dinge und Menschen zu richten. Denn nur so gelangt das Denken zur Wahrheit und ein Denken, das ein anderes Ziel als die Wahrheit hat, ist sündhaft, unzulässig, unmenschlich. Das slaw. Denken ist in seinem Wesen existentiell.
Die beiden aus der griech. Philosophie hervorgegangenen Zweige der e. Ph., der abendländisch-aristotelische und der morgenländisch-platonische, haben sich seit der Trennung der orthodoxen von der röm. Kirche (um das Jahr 1000) immer weiter voneinander entfernt, wobei die östliche Philosophie an Kraft verloren hat und durch die jahrhundertelange Herrschaft der Türken eine Unterbrechung fand. Zwischen beiden Welten gab es währenddessen wenig Berührungspunkte. Den entscheidenden Einfluß des Westens auf den Osten hat erst wieder die Philosophie der Aufklärung und dann die Hegels ausgeübt (vgl. Tschizewskij, Hegel bei den Slawen, [2]1961). Gegenwärtig wird im slaw. Lebensraum und in allen osteurop. Ländern unter der Führung des → Bolschewismus die philosophisch-materialistische Periode der Aufklärungszeit nachgeholt, während Westeuropa mit einer Rückwendung einerseits zur Metaphysik die Alleinherrschaft des Rationalismus endgültig abzuschütteln sucht; andererseits war es die Vertiefung anthropologischer Fragen, die eine Ausweitung zu den Humandisziplinen wie Soziologie, Politologie und Ideologiekritik herbeigeführt hat, wodurch Philosophie seit Mitte des 20. Jhts. trotz ihrer geschichtlichen Verwurzelung in zunehmendem Maße in die konkreten Geschehnisse und deren Deutungen einzugreifen versucht. Trotz vieler gemeinsamer Probleme und häufiger Zusammenarbeit der Fachvertreter europäischer Nationen kann von einer Gesamteuropäischen Philosophie der Gegenwart nicht gesprochen werden; vielmehr muß diese heute als ein Prozeß des langsamen Zusammenwachsens einzelner geschichtlich und sprachlich bedingter Entwicklungsabläufe der → französischen, → englischen, → deutschen, → italienischen, der klassisch slawischen u. a. Philosophien betrachtet werden.

P. Hazard, Die Krise des europäischen Geistes 1680–1715, 1939; S. Radhakrishnan, Eastern Religions and Western Thought, Oxford 1939, dt. 1952; B. Russell, A History of Western Philosophy, New York 1945, dt. 1950; B. Snell, Die Entdeckung des Geistes, 1946; J. M. Bochenski, E. P. der Gegenwart, 1947; L. Brunschvicg, L'Esprit Européen, Neuchâtel 1947; F. Heer, Aufgang Europas, 1949; H. Gollwitzer, Europabild u. Europagedanke, 1951; F. Heer, Europäische Geistesgesch., 1953; H. Glockner, E. P., 1958; H. Noack, Die Philos. Westeuropas, 1962, [2]1976; G. Paul, Asien und Europa. Philosophien im Vergleich, 1984; H.-G. Gadamer, Die Vielfalt Europas, 1985.

Eusebie (griech), Erfüllung der Pflichten gegen die Götter; Gottesfurcht, Frömmigkeit. Gegensatz: → Asebie.

Euthanasie (vom griech. *eu,* „gut" und *thanatos,* „Tod"), Sterbehilfe, die Kunst des Arztes, einem Sterbenden den Tod zu erleichtern oder den Tod eines unter Qualen Sterbenden herbeizuführen. Die Zulässigkeit oder Unzulässigkeit der E. wird wegen des leichten Mißbrauchs vom Standpunkt der Ethik, der Medizin, Rechtswissenschaft und der Religion lebhaft erörtert. – Die antike Philosophie bezeichnete als (heroische) E. die Forderung, in furchtloser Haltung zu sterben.

H. Saner/H. Holzhey (Hgg.), E. – Zur Frage von Leben- u. Sterbenlassen, 1976; P. Carrick, Medical Ethics in Antiquity, Dordrecht 1985; J. Rachels, The End of Life: Euthanasia and Morality, Oxford 1986.

Euthymie (griech. „Wohlgemutheit"), Seelenruhe, Frohsinn, nach Demokrit d. wahre Glückseligkeit.

Evidenz (vom lat. *evidens*, „herausscheinend"), Augenscheinlichkeit, höchste, im Bewußtsein erlebte und zur → Gewißheit führende Einsichtigkeit; das, was dem Denken und der Erkenntnis „einleuchtet". E. kann nach Kant nie aus Begriffen in „diskursiven" Erkenntnissen entspringen, sondern nur aus „intuitiven" Grundsätzen, Axiomen im engeren Sinn. Man unterscheidet zw. psychol. E. (Gefühl des Überzeugtseins) und logischer E., die die Überzeugung von der Gültigkeit des Urteils verleiht. Für die Wesenserfassung im phänomenologischen Sinn ist die E. von besonderer Wichtigkeit.

J. Geyser, Über Wahrheit u. E., 1918; F. Brentano, Wahrheit u. E., 1930 (Repr. 1974); O. Muck, Apriori, E. und Erfahrung, in: Festgabe für Karl Rahner, 1964; P. Weiss, First Considerations. An Examination of Philosophical Evidence, Carbondale Ill., 1977; P. Achinstein (Hg.), The Concept of Evidence, Oxford 1983.

Evolutionstheorie, die Auffassung von der Präformation aller Dinge im kosmischen Werdegang, seit dem 18. u. 19. Jht. speziell im biologischen Bereich, wonach später entstandene Formen als Ergebnis der Entfaltung vorgegebener, „eingewickelter" Anlagen betrachtet werden, → Entwicklung; Modelldarstellungen für „gesetzmäßige" Abfolgen entwicklungsgeschichtlicher Vorgänge in Natur- und Geschichtsbetrachtung wurden in neuester Zeit speziell für kosmische, biologische und geistige Prozesse erarbeitet. → Epigenesis.

I. Rechenberg, Evolutionsstrategie, 1973; C. Bresch, Zwischenstufe Leben. Evolution ohne Ziel?, 1977; F. M. Wuketits, Kausalitätsbegriff und E., 1980; A. Unsöld, Evolution kosmischer, biologischer u. geistiger Strukturen, 1981; H. Holz, Evolution u. Geist, 1981; F. M. Wuketits, Grundriß der E., 1982, [2]1989; P. Kaiser u.a. (Hg.), E. und Schöpfungsverständnis, 1984; R. Riedl, Kultur – Spätzündung der Evolution?, 1987; F. M. Wuketits, E.n, 1988.

Evolutionäre Erkenntnistheorie, → Erkenntnislehre.

Ewigkeit, die unendliche → Dauer. „Die wahre E. ist nicht die, welche alle Zeit ausschließt, sondern welche die Zeit (die ewige Zeit) selbst sich unterworfen enthält. Wirkliche E. ist Überwindung der Zeit" (Schelling, Die Weltalter, 1811 bis 1813).

M. Wundt, E. und Endlichkeit, 1937; L. Lavelle, Du temps et de l'éternité, Paris 1945 H. G. Redmann, Gott und die Welt. Die Schöpfungstheologie der vorkrit. Periode Kants, 1962; E. Behler, Die E. der Welt. Problemgesch. Unters. zu den Kontroversen um Weltanfang u. Weltunendlichkeit in der arabischen u. jüd. Philos. des MA s, 1965; W. Seidel, Der E.sglaube der Menschen und Völker während aller Jahrtausende, 1985; R. C. Dales, Medieval Discussions of the Eternity of the World, Leiden 1990.

exakt (lat.), pünktlich, genau; exakte Wissenschaften (Mathematik, Physik, Chemie, Astronomie) gewinnen ihre Erkenntnisse durch Messungen und logisch-mathematische Beweisführung, die nachgeprüft werden können. Sie beanspruchen daher objektive Geltung (→ Neupositivismus). Die e.e Naturwissenschaft existiert erst seit 350 Jahren, seit Galilei.

P. Lorenzen, Die Entstehung der e.n Wissenschaften, 1960; G. König, Der Begriff des E.en, 1966.

exclusi tertii principium (lat.), der Satz vom ausgeschlossenen Dritten, eines der logischen → Axiome, besagt, daß A entweder gleich B oder nicht gleich B ist und daß es eine dritte Möglichkeit nicht gibt (lat. *tertium non datur*, „ein Drittes wird nicht gegeben").

Existenz (lat.), → Dasein in seiner einfachen Tatsächlichkeit; existentiell: in Beziehung zu dem Dasein stehend, auf dieses Bezug nehmend. Bei Heidegger ist E., „das Sein desjenigen Seienden, das offen steht für die Offenheit (→ Physis) des Seins, in der es steht, indem es sie aussteht" (Was ist Metaphysik?, [9]1965); dieses Seiende ist der Mensch; etwas ausstehen hat die Bedeutung von „sich um etwas sorgen" (→ Sorge); → auch Welt, Existenzphilosophie.

Existenzialien, die Weisen des menschl. Existierens, die Kategorien des menschl. Seins, bei Heidegger vor allem die Angst, ferner In-der-Welt-sein, Sorge, Verstehen, Gestimmtheit, Geworfenheit; → auch Existenzphilosophie.

Existenzialurteil, ein → Urteil, das sich auf das nackte → Dasein bezieht. Es hat die Form: „A ist" (nämlich: da, seiend, existent) im Unterschied zum Soseinsurteil von der Form: „A ist P" (z. B. A ist grün).

Existenzphilosophie (Existentialismus). Es sind zunächst zwei Grundformen der sog. „Existenzphilosophie" zu unterscheiden: E. unter Voraussetzung der Existenz Gottes, die von G. → Marcel, F. → Ebner u. a. vertreten wird, und die vorherrschende E., die nicht von der Existenz Gottes ausgeht. Diese erscheint in drei verschiedenen Gestalten: 1. Die Existenzial-Ontologie Heideggers („Sein und Zeit", 1927), deren Leitfrage die nach dem Sinn von Sein ist; 2. Die Existenzerhellung von K. Jaspers („Philosophie", 1932), die jene Frage als unmöglich ablehnt und sich auf die Erhellung der Seinsweise der menschlichen Existenz und ihrer Bezüge zur (göttlichen) Transzendenz konzentriert; 3. Der Existenzialismus von J. P. Sartre, der erst diese Bezeichnung prägte („*L'Etre et le néant*", 1943). In ihm liegt eine selbständige Umbildung von Heideggers Einsichten zu einer subjektivistischen Metaphysik vor. Ausgangspunkt der E. ist die Philosophie → Kierkegaards, die (im Protest gegen Hegels Panlogismus) den Menschen aus jeder ihn bedingenden und über ihn hinweggreifenden Ganzheit (menschl. Organisationen, Welt der Ideen, der Begriffe) herauslöst und ihn vor einen ebenso vereinzelten Gott stellt, dem er „mit Furcht und Zittern" gegenübersteht.

Die E. entstand nach dem ersten Weltkrieg in Deutschland; der Begriff E. stammt von Fritz → Heinemann, der damit die im Versuche der Überwindung der antithetischen Prinzipien von Ratio und Leben begriffene moderne Philosophie charakterisiert. Karl → Jaspers („Die geistige Situation der Zeit", 1931) gebraucht ihn für das alle Sachkunde nutzende, aber überschreitende Denken, durch das der Mensch er selbst werden möchte; den stärksten Ausdruck verlieh ihr Martin → Heidegger. Die philos. Situation jener Zeit, aus der die E. hervorging, war gekennzeichnet durch ein Zurücktreten der methodolog.-erkenntnistheoret. Problematik (Dilthey), durch eine Wende zum Objekt (Husserl), durch eine Erneuerung der Metaphysik (Nic. Hartmann) und durch die Idee einer Philosophischen Anthropologie (Scheler).

Die Einsamkeit des Menschen vor Gott, die Kierkegaard erkannte (vgl. → dialektische Theologie) wurde in der E. zur Einsamkeit des Menschen vor dem → Nichts, aus der sich die Grundbefindlichkeit (→ Befindlichkeit) d. → Angst ergibt, die jedoch allein zum Offenbarwerden des Seins, zum Selbstsein und zur Freiheit des Menschen führt. Deshalb muß diese Angst bewußt übernommen und ertragen werden; → Entschlossenheit.

„Die Existenz bedeutet jenen innersten Kern im Menschen, der auch dann noch unberührt übrig bleibt, ja dann überhaupt erst richtig erfahren wird, wenn alles, was der Mensch in dieser Welt besitzen und an das er zugleich sein Herz hängen kann, ihm verlorengeht oder sich als trügerisch erweist" (aus O. F. Bollnow, Das Problem einer Überwindung des Existentialismus, in *„Universitas"*, VIII, 1953).

Die E. ist antirationalistisch. Sie hält den Verstand für ein untaugliches Werkzeug zur Erforschung der Wahrheit und mißt dem Erkenntnisvorgang nur dann einen Wert bei, wenn er als eine natürliche Verhaltensweise der Gesamtpersönlichkeit (→ Besorgen), nicht aber als eine Funktion der Geisteskräfte allein aufgefaßt werden kann. Der unverbildete, an seinen Alltag gebundene, instinktsichere Mensch denkt existentiell, d. h. er denkt nicht abstrakt, spekulativ, systematisch (→ auch einfallmäßiges Denken). Existentielles Denken ist ein Denken, an dem jeweils der ganze körperlich-seelisch-geistige Mensch mit seinen Ahnungen und Befürchtungen, seinen Erfahrungen und Hoffnungen, seinen Sorgen und Nöten beteiligt ist. Nur einem solchen „Denker" (→ Einstellung) erschließt sich die Wahrheit, das Wesentliche an den Dingen. Der Verstand ist seiner Natur und seiner Geschichte nach wertblind, aber gerade die Werte sind es, die die Dinge zu erkennbaren Gegebenheiten machen und das Leben in Bewegung setzen. Die E. ist der Versuch, die Weise des ursprünglichen existentiellen Denkens aufzuzeichnen und seine Ergebnisse darzustellen, – dies „in einer Zeit, welche die *cartesianische* Distanz des *cogitare* zum *esse* (des Denkens zum Sein; → *cogito, ergo sum)* nicht mehr erträgt und welche konsequent genug ist, den Vorstoß zum Leben (→ Lebensphilosophie) als ungenügend zu empfinden" (O. Veit, Soziologie der Freiheit, ^{2}1957). Die Grundverfassung des menschlichen Daseins ist das → In-der-Welt-sein, wobei „Welt" die Werkwelt ist, die Welt der besorgbaren Dinge, die Gesamtheit von → Zeug, und wobei „sein" gleichbedeutend ist mit „sein bei", „wohnen bei", „vertraut sein mit". Das In-der-Welt-sein ist ein → Existenzial des Daseins, es ist außerdem die Transzendenz (nach Heidegger „der Überstieg") des Daseins in diese Welt, also eine immanent bleibende Transzendenz. Das Dasein „weltet". Durch die Grundverfassung des Daseins wird die Entgegengesetztheit von Subjekt und Objekt (→ Erkenntnis) aufgehoben; erst das theoretisch isolierte „Bewußtsein" wird zur nichtursprünglichen Quelle dieser Entgegensetzung. Diese Entdeckungen sind die bemerkenswertesten und folgenreichsten Leistungen der E. überhaupt. Schon die Phänomenologie hatte das Bewußtsein zu einer nicht-psychischen Gegebenheit gemacht, zu einem bloßen Bezugspunkt der Intentionalität (→ Intention). Die E. lehrt, daß die Intentionalität des Daseins in der Transzendenz des Daseins gründet, in seinem „Sein-bei" der Welt. Nicht nur der Bewußtseinsbegriff wird also überwunden, sondern auch die „Weltlosigkeit" des Subjekts, die Abgetrenntheit des Subjekts von der Welt. Für die E. ist Welt soviel wie Mitwelt; die „Anderen" sind immer schon mit da und brauchen nicht erst erkannt zu werden; das Dasein ist Mitsein (→ auch Kommunikation).

Das Dasein ist „je meines", es ist mein Besitz und meine Last, es ist in sein Da, in sein Immer-schon-in-der-Welt-sein geworfen, ihm eignet → Geworfenheit (Faktizität; → auch Geschichtlichkeit), es ist, so wie es ist, notwendig. Das Dasein hat die Möglichkeit, somit die Freiheit, sich die Faktizität zu eigen zu machen und im verstehenden Ergreifen dieser Freiheit ein „eigentliches" Dasein zu werden, oder aber vor seiner Faktizität die Augen zu verschließen und sich selbst zu verfehlen. Das eigentliche Dasein ist ein Dasein als Existenz. Es geht ihm immer um sein eigenstes Seinkönnen, es ist auf die Zukunft gerichtet und befindet sich ständig im Absprung von der Gegenwart: ein Kennzeichen des Daseins ist das „Sich-vorweg-sein"; es ist die Existenzialität im eigentl. Sinne.

Die Faktizität, das Überantwortetsein an das eigene Dasein, erschließt sich dem Menschen durch die → Befindlichkeit des Daseins und durch das → Verstehen; die Grundbefindlichkeit ist die → Angst, die Grundstruktur des Daseins selbst ist die → Sorge, das Sein-bei ist → Besorgen, das Mit-sein mit den anderen ist Fürsorge.

Die Unausweichlichkeiten des Daseins werden durch das Gerede des → Man (→ Verfallen) in der Regel verdeckt, durch das Man wird auch der → Tod, eine der → Grenzsituationen, bagatellisiert, während er in Wirklichkeit die einzige Möglichkeit des Daseins ist, sich als Ganzes, als Abgeschlossenes und nicht mehr Veränderliches zu erfassen. Das Sich-vor-den-Tod-bringen ist eine unbewußte, dauernde Handlung des existierenden Menschen, das Sich-vorweg-sein ist im Grunde ein „Vorlauf in den Tod", mit dem sich die Existenz als Sein zum Tode enthüllt. Im Tod kommt das zur Ganzheit werdende Dasein auf sich selbst zu, er ist die Zu-kunft, aus der sich auch die → Zeitlichkeit (→ auch Geschichtlichkeit) und die Endlichkeit des Daseins ergeben.

Nach Jaspers kommt dem eigentlichen Selbstsein noch ein Ansichsein (→ Erkenntnis) entgegen, das es mit dem → Umgreifenden, der → Transzendenz, verbindet, die sich durch eine Chiffreschrift (→ Chiffre) anzeigt. Der Hauptunterschied zwischen Heidegger und Jaspers liegt darin, daß Jaspers einen „Appell" an die Menschen richtet, sich um ein eigentliches Dasein zu bemühen, während der frühe Heidegger vom Dasein aus das Sein offenbar werden lassen und den Sinn von Sein erschließen will. Heideggers E. ist im wesentlichen → Fundamentalontologie. Sartre vertritt eine von der Auffassung der beiden dt. Philosophen stark abweichende Ansicht über das Bewußtsein, den Anderen, die Freiheit, das Nichts und den Tod; neu sind in der franz. E. die Begriffe der existentiellen → Psychoanalyse und der → Unwahrhaftigkeit *(mauvaise foi)*. G. Marcel lehrt eine christl., Jaspers nahestehende E.

Die E. ist hart und nüchtern; im Mittelpunkt ihrer Untersuchungen steht ein durch die Erfahrungen zweier Weltkriege realistisch, ideologiefeindlich gewordener Mensch, der sich als einzige Aufgabe stellt, mit der Last seines Schicksals äußerlich und innerlich fertig zu werden, dessen Kraft sich darin erschöpft, da zu sein. „Die E. ist, historisch gesehen, der Anfang einer Philosophie die mit letzter Unbedingtheit den Menschen mit seinen wirkl. Aufgaben und Schwierigkeiten in den Mittelpunkt des Philosophierens stellt. Die E. ist, systematisch gesehen, ein bleibendes Glied in einer solchen Philosophie, das im spannungshaften Bezug zum Ganzen die dauernde Unruhe in Gang hält. Aber: die E. kann niemals selber das Ganze der Philosophie werden. Es gibt keine reine E. Wo sie als Ganzes dauernd festgehalten werden soll, entartet sie zu einer Haltung trotziger Versteifung, die weltlos in sich selber kreist, unfähig, die Realität außer dem Menschen in ihrem eigenen Wesen zu begreifen und seine Aufgabe in ihr zu erfüllen" (O. Fr. Bollnow, Dt. E. und franz. Existentialismus, in ZphF, II, 587, 1948). – Dichter der E. sind vor allem R. M. Rilke in seinen Spätwerken und Franz Kafka in seinen Romanen „Der Prozeß" (1924) und „Das Schloß" (1926).

M. Heidegger, Sein u. Zeit, 1927; M. Heidegger, Was ist Metaphysik?, 1929; K. Jaspers, Philosophie, I–III, 1932; G. Marcel, Être et avoir, Paris 1935, dt. 1954; K. Jaspers, E., 1938; S. Passweg, Phänomenologie u. Ontologie. Husserl, Scheler, Heidegger, 1939; O. F. Bollnow, E., 1942; J.-P. Sartre, L'être et le néant, I–II, Paris 1943, dt. 1985; G. Marcel, Homo viator, Paris 1944, dt. 1949; J.-P. Sartre, L' existentialisme est un humanisme, Paris 1946, dt. 1962; J. Maritain, Court traité de l'existence et de l'existant, Paris 1947; E. Mounier, Introduction aux existentialismes, Paris 1947, dt. 1949; J. Lenz, Der moderne dt. und frz. Existentialismus (1949/50), [2]1951; L. Gabriel, E. – Von Kierkegaard bis Sartre, 1950; V. Gignoux, La philos. existentielle, Paris 1950; J. Wahl, La pensée de l'existence, Paris 1951; H. Knittermeyer, Die Philos. der Existenz von der Renaissance bis zur Gegenwart, 1952; F. Heinemann, E., lebendig oder tot?, 1954; K. Reidemeister, Die Unsachlichkeit der E., 1954; J. Wahl, Les philosophies de l'existence, Paris 1954; N. Abbagnano, Philos. des menschl. Konflikts, 1957; F. Heinemann, Jenseits des Existentialismus, 1957; T. W. Adorno, Jargon der Eigentlichkeit, 1964; A. Metzger, Existentialismus u. Sozialismus, 1968; W. Franzen, Von der Existentialontologie zur Seinsgeschichte. Eine Unters. über die Entwicklung der Philos. Martin Heideggers, 1975; F. Zimmermann, Einf. in die E., 1977; W. Janke, E., 1982; H. Beck, Ek-insistenz. Positionen und Transformationen der E., 1989.

ex nihilo nihil (e. n. n. fit; lat.), „aus nichts wird nichts"; → Materie.

G. Kahl-Furthmann, Das Problem des Nichts [2]1968.

exogen (griech.), von außen her wirkend, entstanden oder verursacht, z. B. eine Krankheit. Gegensatz: → endogen.

exoterisch (griech. „nach außen hin"), auch für Außenstehende, Nichteingeweihte, Laien zugänglich und verständlich. Gegensatz: esoterisch.

Experiment (lat. „Probe, Versuch"), planmäßig veranstaltete Beobachtung; die planmäßige Isolierung, Einrichtung und Variation von Bedingungen zum Studium der davon abhängigen Erscheinungen mit Hilfe der Gewinnung von Beobachtungen, aus denen sich Regel- und Gesetzmäßigkeiten ergeben. Das E. im heutigen Sinne ist seit Galilei und Fr. Bacon eines der wichtigsten Hilfsmittel der Forschung.

J. W Goethe, Der Versuch als Vermittler zwischen Subjekt u. Objekt, 1823; H. Dingler, Das E. – Sein Wesen und seine Gesch., 1928; R. A. Fisher, The Design of Experiments, Edinburgh 1935; P. Lorenzen, Die Entstehung der exakten Wiss., 1960; W. Strolz (Hg.), E. und Erfahrung in Wiss. und Kunst, 1963; K. Holzkamp, Wiss. als Handlung, 1968; H. Tetens, Experimentelle Erfahrung, 1987.

experimentum crucis (lat.), oft auch *indicium crucis*, „Probe des Kreuzes", entscheidendes Experiment: man glaubt, die Natur auf die Folter *(crux)* spannen und sie zwingen zu können, ihre Geheimnisse preiszugeben. Ein E., das für die Bestätigung einer Theorie oder zwischen zwei konkurrierenden Theorien als entscheidend angesehen wird.

Explikation (lat.), → Erklärung, → Entfaltung; explizieren, erklären, auseinandersetzen; explizite, ausführlich, auseinandergesetzt, gesondert, ausdrücklich, deutlich; → implizite. Bei → Carnap meint E. Präzisierung eines im Alltagsgebrauch vorhandenen vagen Begriffes. Dieser heißt „Explikandum", das Resultat der E. „Explikat".

J. F. Hanna, An Explication of ‚Explication', in: Philos. Sci. 35 (1968); G. Küng, The Phenomenological Reduction as Epoche and as Explication, in: Monist 59 (1975/76).

Extension (lat.), → Ausdehnung, → *res extensa;* Extensität, Ausdehnung, Ausmaß, Umfang, extensiv, ausgedehnt.

extramental (lat.), außerhalb des erkennenden Bewußtseins.

extramundan (lat.), außerweltlich.

extrem (lat.), äußerst, übertrieben; auch Hauptwort: das E.; Extremisten heißen diejenigen, die äußerste, übertriebene Forderungen stellen bzw. Haltungen verkörpern.

extrovertiert (lat.), nach außen gewandt; Begriff für eine seelische Grundhaltung in der Psychologie von C. G. Jung, der den e.en Typus vom introvertierten unterscheidet; jener ist im Denken und Handeln offen für die Einflüsse von außen, dieser ist „nach innen gekehrt", verschlossen, weltabgewandt.

C. G. Jung, Psycholog. Typen, [2]1942; F. Hammer, Die exzentrische Position des Menschen, 1967.

Fa-kia („Rechtsschule"), Schule innerhalb der → chinesischen Philosophie, verfocht den Gedanken eines den Verhältnissen angepaßten souveränen Rechts, unterlag aber ihres abstrakten ethiklosen Formalismus wegen in der Auseinandersetzung mit dem Konfuzianismus; zu ihren Hauptvertretern gehörten der berühmte Staatsmann Kuan-tse (7. Jh. v. Chr.), → Schang Yang (4. Jh. v. Chr.) und → Han Feit-se (3. Jh. v. Chr.).

Faktizität (vom lat. *factum,* „Tatsache"), Tatsächlichkeit, Gegebenheit (im Gegensatz zur Logizität, dem logischen Sein), besonders die Tatsache des dem eigenen Dasein Überantwortetseins; nach Heidegger ist F. „die Tatsächlichkeit des Faktums Dasein. Der Begriff der F. beschließt in sich: das → Inderweltsein eines ‚innerweltlichen' Seienden, so zwar daß sich dieses Seiende verstehen kann als in seinem ‚Geschick' verhaftet mit dem Sein des Seienden, das ihm innerhalb seiner eigenen Welt begegnet"; → Geworfenheit.

H. Barth, Erkenntnis der Existenz, 1965; H. Holz, Spekulation und F., 1970; G. Wolandt, Idealismus und F., 1971.

Faktum (lat.), Tatsache, Mehrz.: Fakta; faktisch, tatsächlich, wirklich. – Faktor, der Macher, Bewirker; ein mitwirkender, mitbestimmender Umstand; Grund, Tatsache.

Fanatismus (vom lat. *fanum,* „Opferhaus, Tempel"), das völlige Durchdrungensein von einer Idee, Weltanschauung, Religion, der leidenschaftlich-blinde Eifer für eine Sache, eine Ideologie.

Farabi, al, (Alfarabi) arab.-türk. Philosoph, * um 870 Wasidsch (Turkestan), † 950 Damaskus, hervorragend als Kommentator der platonischen sowie der aristotelischen Philosophie, steht der neuplatonischen Emanationslehre nahe; →

islamische Philosophie. Bekannt durch seine Beweise für die Existenz eines einfachen Göttlichen Wesens sowie durch seine staatspolitischen Ideen. – Hauptwerke: De intellectu et intellecto, 1500, dt. 1892; Der Musterstaat, hg. 1895 (Repr. 1964); Die Staatsleitung, hg. 1904; De Scientiis, hg. 1932; Philos. Abhandlungen, I–II, Leiden 1890–92 (Repr. 1977). Opera omnia, Paris 1638 (Repr. 1970). – N. Rescher, Al-F. An Annotated Bibliography, Pittsburgh 1962.

M. Steinschneider, Al-F. Des arab. Philosophen Leben u. Werk, Petersburg 1869 (Repr. 1966); M. Horten, Die Philos. des Islams, 1924; G. E. v. Grunebaum, Medieval Islam, Chicago 1947, dt. 1963; M. Fakhry, A History of Islamic Philosophy, New York/London 1970.

Fatalismus (vom lat. *fatalis,* „vom Schicksal bestimmt"), Schicksalsglaube, eine Weltanschauung, nach der alles so kommen muß, wie es von einem blinden Schicksal *(Fatum)* gewollt ist, und daß der Mensch an diesem Schicksal nichts ändern kann; → auch Determinismus.

Fatum (lat.), Schicksal, blinde Naturnotwendigkeit. – *Amor fati,* Liebe zum Schicksal, nach Nietzsche ein Kennzeichen menschl. Größe; → Schicksal.

faule Vernunft, bei Cicero, Kant u. a. eine Vernunft, die auf Betätigung verzichtet, weil der → Fatalismus recht hat, weshalb gar keine Gelegenheit zum Gebrauch der Vernunft im Leben übrig bleibt; → Quietismus.

Fausse reconnaissance (franz.), „falsches Wiedererkennen" infolge einer Erinnerungstäuschung.

faustisch, nach O. Spengler die kennzeichnende Eigenschaft des abendländischen Menschen mit seinem nie befriedigten Drang nach Erkenntnis der Wahrheit, des absolut Gültigen der letzten Dinge, – im Gegensatz zum apollinischen Menschen der grch. Antike; → auch apollinisch – dionysisch.

H. Schwerte, Faust und das F.e, 1962.

Fechner, Gustav Theodor, Philosoph, * 19. 4 1801 Groß-Särchen bei Muskau (Niederlausitz), † 18. 11. 1887 Leipzig als Prof. (seit 1834), gelangte durch Verallgemeinerung, Erweiterung und Steigerung der Gesichtspunkte über das Erfahrbare hinaus zu einer panentheistischen und panpsychistischen Naturphilosophie. F. begründete die → Psychophysik und versuchte, die → Leib-Seele-Frage auf dem Wege des psychophysischen → Parallelismus zu lösen.

Der „Ästhetik von oben", die von obersten Begriffen ausgeht, setzte er eine „Ästhetik von unten" entgegen, die er auf Erfahrung und Induktion gründete. – Hauptw.: Nanna oder über das Seelenleben der Pflanzen, 1848, [5]1921; Zendavesta oder über die Dinge des Himmels und des Jenseits, 3 Bde., 1851, [5]1922; Elemente der Psychophysik, 2 Tle., 1860, [3]1907; Vorschule d. Ästhetik, 2 Tle., 1876, [3]1925; Die Tagesansicht gegenüber der Nachtansicht, 1879, [3]1919.

W. Wundt, G. T. F., 1901; M. Wentscher, F. und Lotze, 1925; J. Hermann, G. T. F., 1926; L. Sprung/H. Sprung, G. T. F. – Wege u. Abwege in der Begründung der Psychophysik, in: Z. f. Psychol. 186 (1978); M. Thiel, F., Emerson, Feuerbach, 1982.

Fehlschluß, in der Logik ein Schluß, bei dem die Schlußfolgerung (unabsichtlich) falsch gezogen wird, obwohl die Voraussetzungen (Prämissen) richtig sein können. Ein absichtlicher F. heißt Fangschluß; → auch Trugschluß.

W. W. Fearnside/W. B. Holther, Fallacy. The Counterfeit of Argument, Englewood Cliffs N. J. 1959; C. L. Hamblin, Fallacies, London 1970.

Feldtheorie, eine Auffassungsweise der neueren Physik, nach der es „Fernkräfte", die ohne eine vermittelnde Substanz (also auch ohne einen „Äther") wirksam werden können, nicht gibt, nach der vielmehr jede Kraft um sich herum ein „Feld" erzeugt (d. h. die Kraft besteht in der Erzeugung des Feldes), das sich in der Weise eines → Kontinuums ausdehnt und auf jeden Körper wirkt (und auch die Wirkung jedes Körpers erleidet), der in das Feld hineingerät. Der an sich leere Raum besitzt die (einzige) Eigenschaft, daß sich in ihm Felder befinden.
Nach den drei zur Zeit bekannten Arten von Kräften unterscheidet man Gravitationsfelder (Anziehungskraft d. schweren Masse), elektromagnetische Felder (Anziehungs- und Abstoßungskraft elektr. geladener Körper, Anziehungskraft magnetischer Körper) und nukleare Felder (Anziehungskraft der den Atomkern konstituierenden Nukleonen, d. h. der Protonen und Neutronen).
Da jede Energie zugleich eine Masse und jede Masse zugleich eine Energie darstellt, repräsentiert auch jedes Feld eine gewisse Masse, z. B. auch ein elektrisches, von einem → Elektron erzeugtes Feld. Die F. setzt nun diese durch die Feldenergie repräsentierte Masse der Masse des Elektrons gleich, so daß beides im Feld aufgeht. „... Materie ist nichts als die Singularitäten des Feldes" (die Feldknoten). – Analog dazu wurde in der modernen Psychologie eine F. zur Beschreibung psychischer Erscheinungen entwickelt, wodurch z. B. über den Wahrnehmungsbereich hinaus Feldwirkungen in den motorischen Bereich hinein nachgewiesen werden konnten; eine F. gibt es auch in der Soziologie.

F. Hund, Materie als Feld, 1954; M. B. Hesse, Forces and Fields. The Concept of Action at a Distance in the History of Physics, London/New York 1961; A. Lang/F. Lohr, F. in den Sozialwiss., 1963; B. Juhos, Die erkenntnislog. Grundlagen der modernen Physik, 1967.

Ferguson, Adam, schott. Historiker und Moralphilos., * 20. 6. 1723 Logierait/Perthshire (Schottland), † 22. 2. 1816 Saint Andrews, 1745 Priesterweihe, 1759 Prof. für Naturphilosophie, 1764–1785 für Moralphilosophie in Edinburgh, anschließend für Mathematik das.; sieht in seinen *„Institutes of Moral Philosophy"* (1769, dt. 1772) die Grundlagen eines sittlich guten Lebens in einer Verbindung von Selbstliebe, Wohlwollen und Vollkommenheit, die von der Selbsterhaltung, der Geselligkeit und der Wertschätzung motiviert werden. In seinem *„Essay on the History of Civil Society"* (1767, dt. ²1923), später unter politischen Aspekten betrachtet in *„Principles of moral and political science"*, 1792, dt. 1796, leitete er die Klassenunterschiede aus den Eigentumsverhältnissen ab. *Principal Works,* hg. v. F. O. Wolf, 5 Bde., 1979ff.

W. C. Lehmann, A. F. and the Beginning of Modern Sociology, New York 1930; H. H. Jogland, Ursprünge u. Grundlagen der Soziologie bei A. F., 1959; D. Kettler, The Social and Political Thought of A. F., Columbus Ohio 1965; P. Salvucci, A. F. – Sociologia e filosofia politica, Urbino 1972 (mit Bibl.).

Fetscher, Iring, Prof. in Frankfurt/M., * 4. 3. 1922 Marbach/Neckar, sucht die klass. dt. Philosophie als Artikulation des Emanzipationswillens der Bourgeoisie und als Anleitung der emanzipatorischen Praxis zu interpretieren, um dadurch einen Beitrag zum systematischen Selbstverständnis von Mensch und Gesellschaft zu leisten; untersucht die Problematik von Demokratie und Sozialismus historisch und systematisch. – Schrieb u. a.: Rousseaus politische Philosophie, ^{3}1975; Der Marxismus. Seine Geschichte in Dokumenten, ^{3}1976/77; Marx und der Marxismus, 1967; Hegels Lehre vom Menschen, 1970; Herrschaft und Emanzipation. Zur Philosophie des Bürgertums, 1977; Terrorismus und Reaktion, ^{2}1978; Von Marx zur Sowjetideologie, ^{21}1981; Arbeit u. Spiel. Essays zur Kulturkritik u. Sozialphilosophie, 1983.

Feuerbach, Ludwig, Philosoph, * 28. 7. 1804 Landshut, † 13. 9. 1872 auf dem Rechenberg bei Nürnberg, Onkel des Malers Anselm F. Junghegelianer, sah in der Philosophie die Wissenschaft der naturhaft aufgefaßten Wirklichkeit in ihrer Wahrheit und Totalität. Wahrheit, Wirklichkeit, Sinnlichkeit sind identisch. Physisches und Psychisches bilden im Menschen eine dynamische Ganzheit, die nur in der Abstraktion zerlegt werden kann. Anthropologie ist auch die Theologie als Produkt des menschl. Geistes. Gott ist nichts anderes als das Wesen des Menschen, befreit gedacht von den Schranken des individuellen, d. h. wirklichen, leiblichen Menschen, und vergegenständlicht, d. h. angeschaut und verehrt als ein anderes, von ihm unterschiedenes, eigenes Wesen. Der Mensch ist das „wahre *ens realissimum*". Der alte unheilvolle Zwiespalt zwischen Diesseits und Jenseits muß aufgehoben werden, damit sich die Menschheit mit ganzer Seele, mit ganzem Herzen auf sich selbst, auf ihre Welt und Gegenwart konzentriere. Dabei müssen wir an die Stelle der Gottesliebe die Menschenliebe als die einzige, wahre Religion setzen, an die Stelle des Gottesglaubens den Glauben des Menschen an sich selbst. – Hauptwerke: Gedanken über Tod u. Unsterblichkeit, 1830; Pierre Bayle, 1838; Das Wesen des Christentums, 1841; Grundsätze der Philosophie der Zukunft, 1843; Vorlesungen über das Wesen der Religion, 1851; Theogonie, 1857; Ausgewählte Briefe von und an L. F., I–II, hg. 1904; Vorlesungen über Logik u. Metaphysik, hg. 1976; Werke, I–VI, 1974–76; Gesammelte Werke, I–XX, 1967 ff. (bisher II–XII); Sämtliche Werke, I–X, 1903–11 und 3 Erg.bände, 1959–64.

F. Engels, L. F. und der Ausgang der klassischen dt. Philos., 1888; F. Jodl, L. F., 1904; S. Rawidowicz, L. F.s Philosophie, 1931 (Repr. 1964); K. Löwith, Von Hegel zu Nietzsche, 1941, ^{2}1977; K. Bockmühl, Leiblichkeit u. Gesellschaft. Studien zur Religionskritik u. Anthropologie im Frühwerk L. F.s und Karl Marx', 1961; E. Thies (Hg.), L. F., 1976; H.-M. Saß, L. F. in Selbstzeugnissen u. Bilddokumenten, 1978; W. Teichner, Mensch u. Gott in der Entfremdung oder die Krise der Subjektivität, 1984; G. Biedermann, L. A. F., 1986.

Feyerabend, Paul K., Prof. in Berkeley (Univ. of Calif.) und zugleich an der TH Zürich, * 13. 1. 1924 Wien, versucht, Denken und Leben zu vereinfachen und angenehmer zu machen durch eine Kritik verschiedener Formen des Rationalismus (krit. Rationalismus eingeschlossen) sowie durch scharfes Vorgehen gegen das Überhandnehmen des wissenschaftlichen Denkens. Die Wissenschaften sollen den Künsten angenähert und dem Urteil der Bürger unterworfen werden. Arbeitet auf dem Gebiet der Ideengeschichte. Neben früheren Arbeiten zur Wissenschaftstheorie veröffentlichte F. u. a.: Problems of Empiricism (1965), dt. 1981; Against Method, 1975, dt. 1976; Science in a Free Society, 1978, dt. 1979; Philosophical Papers, I–II, 1981; Ausgewählte Schriften, I–II, 1978–81.

G. Radnitzky/G. Andersson (Hgg.), Progress and Rationality in Science, Dordrecht 1978; H. P. Duerr (Hg.), Versuchungen. Aufsätze zur Philos. P. F.s, I–II, 1980/81; K. H. Brendgen, Relative Realitäten und reale Relativitäten. Studien im Umfeld der Philos. P. F.s, Diss. Düsseldorf 1983; G. Andersson, Kritik u. Wiss.geschichte. Kuhns, Lakatos' und F.s Kritik des Krit. Rationalismus, 1988.

Fichte, Immanuel Hermann, Philosoph, * 18. 7. 1796 Jena, † 8. 8. 1879 Stuttgart, Sohn von Joh. Gottlieb F. (der „jüngere Fichte"), 1843 bis 62 Prof. in Tübingen, Herausgeber der philosophischen Werke seines Vaters, Mitbegründer der „Ztschr. f. Philosophie und spekulative Theologie" (seit 1847 unter dem Titel „Ztschr. f. Philosophie und philos. Kritik", die bis 1918 bestand), berief 1847 den 1. Kongreß dt. Philosophen (in Gotha), entwikkelte seine Philosophie in der Auseinandersetzung mit Hegel, dessen Panlogismus und Pantheismus er bekämpfte, und vertrat als Theist in Fortbildung der Philosophie Kants und d. seines Vaters eine idealistisch-christliche Grundanschauung mit Hinneigung zum Okkultismus. Hauptw.: Spekulative Theologie, 1846; Theistische Weltansicht, 1873; Anthropologie, 1856, [2]1876; Psychologie, 2 Tle., 1864–1873; Der neuere Spiritualismus, 1878; System der Ethik, 2 Bde., 1850 bis 1853.

H. Herrmann, Die Philos. I. H. F.s, 1928; A. Serwe, Die Raum- u. Zeitlehre I. H. F.s, 1959; G. Wolandt, I. H. F., in: 150 Jahre Rhein. Friedrich-Wilhelms Universität zu Bonn, 1968 (mit Bibl.); H. Ehret, I. H. F. – Ein Denker gegen seine Zeit, 1987.

Fichte, Johann Gottlieb, Philosoph, * 19. 5. 1762 Rammenau (Oberlausitz), † 27. 1. 1814 Berlin, das. seit 1809 Prof. und 1811/12 der erste gewählte Rektor, 1794–99 Prof. in Jena, das er 1800 infolge rel. Streitigkeiten (Vorwurf des Atheismus gegen ihn, weil er Gott unpersönlich, d. h. als moralische Weltordnung aufgefaßt hatte) verließ. Seine Schrift „Versuch einer Kritik aller Offenbarung" (1792) wurde als ein Werk Kants angesehen; als F. sich als ihr Verfasser herausstellte, wurde er mit einem Schlage berühmt. Seine „Reden an die deutsche Nation", die er 1807–08 in Berlin hielt, machten ihn in weitesten Kreisen bekannt.

F. ging von Kants ethischem Rigorismus und Aktivismus aus. Philosophie ist für F. die wissentliche Selbstbeobachtung der schöpferisch-ethischen Aktivität der Persönlichkeit (des „Ich", wie F. etwas mißverständlich, sagt); deshalb nennt er seine Philosophie „Wissenschaftslehre" (in über 10 Fassungen seit 1794 vorliegend). F. stellt in diesem Sinne drei „Tathandlungen" des Ich fest. 1. Ich setzt sich. 2. Ich setzt Nicht-Ich. 3. Ich setzt im Ich dem teilbaren Ich ein teilbares Nicht-Ich entgegen. Das Ich ist für F. der Inbegriff von Geist, Wille, Sittlichkeit, Glaube, das Nicht-Ich der Inbegriff des gegen die Trägheit ringenden Willens der Menschen. Es gibt also ursprünglich nur eine absolute Tätigkeit, das Ich. Dinge außer uns stellen wir uns dadurch vor, daß das Ich eine Realität in sich aufhebt, d. h. außer sich setzt, und diese aufgehobene Realität in ein Nicht-Ich setzt, das ja auch eine „Tathandlung" des Ich ist.

Die Überzeugung, daß d. Bewußtsein einer dinglichen Welt außer uns absolut nichts weiter ist als das Produkt unseres eigenen Vorstellungsvermögens, gibt uns zugleich die Gewißheit unserer Freiheit. Nicht als bestimmt durch die Dinge, sondern als die Dinge bestimmend ist das Ich zu denken: die Welt ist nichts anderes als das Material unserer Tätigkeit, das versinnlichte Material unserer Pflicht. Alles, was zur Tätigkeit gefordert ist, ist auch sittlich gefordert. Dahin gehört vor allem die Ausbildung des Körpers und des Geistes und die Eingliederung in die menschliche Gemeinschaft; denn die Arbeit an der Sinnenwelt, d. h. die Kulturarbeit, kann nur eine gemeinsame sein. Andererseits haben alle Staatsbürger nicht nur das Recht auf formale Freiheit und Schutz vor Vergewaltigung, sondern auch auf Eigentum, Arbeitsgelegenheit und Teilnahme an den Erträgnissen der Staatswirtschaft, wie F. in seinem „Geschlossenen Handelsstaat" 1800 darlegt. 1987 Gründung der Int. J.-G.-F.-Gesellschaft, Wuppertal. – Hauptwerke: Grundlage des Naturrechts, 1796/97; Das System der Sittenlehre, 1798; Die Bestimmung des Menschen, 1800; Der geschlossne Handelsstaat, 1800; Die Anweisung zum seligen Leben, 1806; Die Grundzüge des gegenwärtigen Zeitalters, 1806; J. G. F.s nachgelassene Werke, I–III, 1934/35 (Repr. 1962); J. G. F.s sämtliche Werke, I–VIII, 1845–46 (Repr. 1965); J. G. F.-Gesamtausgabe, 1962 ff. – H. M. Baumgartner/W. G. Jakobs (Hgg.), J. G. F.-Bibl., 1968.

F. Medicus, F.s Leben, 1914; B. Bauch, F. und der dt. Gedanke, 1918; H. Heimsoeth, F., 1923; W. Weischedel, Der frühe F. – Aufbruch der Freiheit zur Gemeinschaft, 1939; J. Drechsler, F.s Lehre vom Bild, 1955; W. Ritzel, F.s Religionsphilos., 1956; D. Henrich, F.s ursprüngl. Einsicht, 1966; W. Janke, F. – Sein u. Reflexion, 1970; G. Schulte, Die Wissenschaftslehre des späten F., 1971; H. Verweyen, Recht u. Sittlichkeit in J. G. F.s Gesellschaftslehre, 1975; H. Jergius, J. G. F.: Die Theorie des Gewissens, in: J. Speck (Hg.), Grundprobleme großer Philosophen. Philos. der Neuzeit II, 1976; M. Brüggen, F.s Wissenschaftslehre, 1979; H. Tietjen, F. und Husserl, 1980; K. Hammacher (Hg.), Der transzendentale Gedanke, 1981; W. G. Jacobs, J. G. F. in Selbstzeugnissen u. Bilddokumenten, 1984.

Ficino, Marsilio (lat. Ficinus, Marsilius), Philosoph, * 19. 10. 1433 Figline (Valdarno), † 1. 10. 1499 Careggi bei Florenz, Haupt der florentinischen → Akademie, suchte von Plato und Plotin her, die er übersetzte, ein neues philos. Weltbild, das die christl. Religion aufheben und die Kultur neu im Hellenismus verankern wollte. Werke: *Opera* (lat.), 1561, 2 Bde., 1576 (repr. 1959–1962), 1641; *Supplementum Ficinianum*, hg. v. P. Kristeller, 1937, repr. 1973; *Theologia Platonica,* 1482, repr. 1975; *De triplici vita,* 1489, repr. 1973; *The Letters,* hg. v. P. Kristeller, 1975, [2]1978

G. Saitta, La filosofia di M. F., 1923; W. Dreß, Die Mystik des M. F., 1929; R. Marcel, M. F., Paris 1958; P. O. Kristeller, Die Philos. des M. F., 1972; A. B. Collins, The Secular is Sacred. Platonism and Thomism in M. F.s Platonic Theology, Den Haag 1974; W. Beierwaltes, M. F.s Theorie des Schönen im Kontext des Platonismus, 1980; K. Eisenbichler u.a. (Hgg.), F. and Renaissance Neoplatonism, Ottawa 1986; P. O. Kristeller, M. F. and His Work After Five Hundred Years, Florenz 1987.

Fideismus (vom lat. *fides,* „Glaube"), eine auf dem schlichten Glauben an die geoffenbarten Wahrheiten beruhende Weltanschauung; meist mit dem tadelnden Nebensinn eines Verzichtes auf die Benutzung der eigenen Vernunft. Die ursprüngliche Form des F. nahm ihre Anfänge in der Pariser „reformierten theolog. Fakultät" und wurde von Kant und Schleiermacher beeinflußt.

W. Bartley, The Retreat of Commitment, London 1964.

Fiktion (lat.), Erdichtung: im wissenschaftlichen Denken eine Annahme, deren Unwahrscheinlichkeit, ja Unmöglichkeit eingesehen ist, die aber doch als vorübergehender Hilfsbegriff, der später wieder aus dem betr. Gedankengang ausgeschieden wird, dem menschlichen Verstande große Dienste leisten kann (z. B. leerer Raum); der sprachliche Ausdruck der F. ist vorzugsweise die Konjunktion „als ob“, die so schon von Kant angewendet wurde. Nietzsche schuf den modernen erkenntnistheoretischen Begriff der F. Durch Kant und ihn angeregt entwickelte → Vaihinger eine umfassende Theorie der F.en (d. h. des „F.alismus“) in seiner „Philosophie des Als ob“ ([10]1927); er unterscheidet die naive Illusion vom künstlerischen Figment und von der wissenschaftlichen F., die entweder als Semi-F. oder als Voll-F. auftritt.

N. Goodman, Fact, Fiction and Forecast, London 1954, dt. 1975; J. Woods, The Logic of Fiction. A Philosophical Sounding of Deviant Logic, Den Haag/Paris 1974; G. Gabriel, F. u. Wahrheit. Eine semant. Theorie der Literatur, 1975; D. Henrich u.a. (Hgg.), Funktionen des Fiktiven, 1983.

Finalität (vom lat. *finalis,* „auf das Ziel, den Zweck bezüglich“), finale Determiniertheit, Finalnexus (im Gegensatz zur Kausalität, der ursächlichen Bestimmtheit), die Zweckbestimmtheit, die Zweckgerichtetheit; den zugrunde liegenden Zweck bezeichnet man als Finalursache (*causa finalis;* → Endzweck.) F. ist möglich, weil das Weltgeschehen durchgehend kausal determiniert, somit innerhalb gewisser Grenzen berechenbar ist und von dem Zwecke und Ziele setzenden Bewußtsein gelenkt werden kann (der von Kausalität verursachte Wasserfall kann durch F. zum Antrieb einer Turbine werden). Nach N. Hartmann ist die F. nicht der Determinationstypus des Organischen, den wir überhaupt nicht kennen (kleinere Schriften, I, S. 31ff.) → Kausalität.

N. Hartmann, Teleolog. Denken, 1951; W. Baumann, Das Problem der F. im Organischen bei N. Hartmann, 1955; H. Voigt, Das Gesetz der F., Amsterdam 1961; A. Möslang, F., 1964; R. Mathes, Evolution und F., 1971.

Fink, Eugen, * 11. 12. 1905 in Konstanz, 1929–1938 Priv. Ass. v. E. Husserl, seit 1948 Prof. in Freiburg/Br., † 25. 7. 1975 das., zunächst durch Arbeiten über die Phänomenologie Husserls, später durch eigene phänomenologische und ontologische Untersuchungen hervorgetreten. – Hauptw.: Die phänomenol. Philos. E. Husserls in der gegenwärtigen Kritik, 1933; Das Problem der Phänomenol. E. Husserls, 1939; Zur ontologischen Frühgeschichte von Raum-Zeit-Bewegung, 1957; Oase des Glücks, 1957; Sein-Wahrheit-Welt, 1958; Alles und Nichts, ein Umweg zur Philosophie, 1959; Spiel als Weltsymbol, 1960; Nietzsches Philosophie, [3]1973; Studien zur Phänomenologie (1930–39), 1966; Metaphysik und Tod, 1969; Erziehungswissenschaft und Lebenslehre, 1970; Metaphysik und Erziehung im Weltverständnis von Platon und Aristoteles, 1970; Epiloge zur Dichtung, 1971; Traktat über die Gewalt des Menschen, 1974; Nähe und Distanz, 1976; Hegel, 1977; Sein u. Mensch. Vom Wesen der ontolog. Erfahrung, 1977; Grundfragen der system. Pädagogik, 1978; Grundphänomene des menschl. Daseins, 1979; Einl. in die Philos., hg. 1985.

L. Landgrebe (Hg.), Beispiele. Festschrift für E. F., Den Haag 1965 (mit Bibl.); D. Dairns, Conversations with Husserl and F., Den Haag 1976; F. Graf (Hg.), E.-F.-Symposion, 1987.

finnische Philosophie. Anfang des 19. Jh. zeigen sich die ersten selbständigen Regungen der f. Ph., die sich seither nach vielen Gebieten hin entfaltet hat. G. J. Hartmann (1776–1809) geht von der Philosophie des gesunden Menschenverstands (→ Schottische Schule) und des natürlichen Willens und Fühlens aus. Sein Schüler K. Sederholm (1789–1867) ist später Schellingianer. Bald jedoch gewinnt Hegel für fast ein Jh. Einfluß u. a. durch: J. W. → Snellman (1806–81) und Th. Rein (1838 bis 1919), der sich später von Hegel abwandte wie auch der antiidealistische, als Feuerbach-Forscher hervorgetretene W. Bolin (1835–1924). Außerhalb ihres Landes wurde die f. Ph. bes. durch eine Gruppe ethnologisch-soziolog. Denker bekannt; zu nennen sind: der Erforscher der Ehe E. Westermarck (1862–1939), der Geschichtsphilosoph A. Grotenfelt (1863–1928), der Ästhetiker Y. Hirn (1870–1943), der idealist. Morpholog Herman Friedmann (1873–1951), der Psycholog Rolf Lagerborg (1874–1939). Für die f. Ph. der Gegenwart ist die analytische Philosophie, vertreten durch E. Kaila (1890–1958), U. Saarnio († 1977), Y. Reenpää (1894–1977), H. G. v. Wright, J. Hintikka, E. Stenius, R. Hilpinen, O. Ketonen und R. Tvomela, von besonderer Bedeutung. Die existenzielle und hermeneutische Philosophie ist vertreten durch L. Rauhala u. L. Routila. Allgemeine philosoph. Interessen vertreten S. Krohn, U. Harva, Y. Ahmavaara u. K. Sorainen.

W. Mencke, Die f. Rechtstheorie unter dem Einfluß der analyt. Philosophie, 1979.

Fischer, Aloys, Pädagog, * 10. 4. 1888 Furth i. W., † 23. 11. 1937 München als Prof. (seit 1918), trat auch als Soziologe und Vertreter der Phänomenologie hervor. Hauptw.: Die Grundlehren d. vorsokrat. Philos., 1910, [2]1923; Psychologie der Gesellschaft, 1922; Familie u. Gesellschaft, 1927; Pädagogische Soziologie, 1931; Leben u. Werk, Ges. Abhandlungen zur Berufspädagogik, 1967; Ges. Ausg. in 9 Bdn., 1971 ff.

K. Kreitmair u. J. Dolch, A. F.s Leben u. Werk, 4 Bde., 1954.

Fischer, Hugo, Prof. em. in München, * 17. 10. 1897 Halle, † 11. 5. 1975 in Murnau, arbeitete auf den Gebieten der Kulturphilosophie, Philosophiegeschichte u. Philosophie der Kunst; bemüht sich um die Grundlegung einer Theorie der Kultur als ursprünglichen Phänomenbereich. – Schrieb u. a.: Hegels Methode, 1928; Erlebnis u. Metaphysik. Zur Psychologie des metaphys. Schaffens, 1929; Nietzsche Apostata, 1931; K. Marx, 1932; Die Aktualität Plotins, 1956; Die Geburt der Hochkulturen, 1960; Wer soll der Herr der Erde sein?, 1962; Theorie der Kultur, 1965 Die Geburt der westl. Zivilisation aus dem Geist des roman. Mönchtums, 1969; Vernunft und Zivilisation. Die Antipolitik, 1971; Kunst und Realität, 1975.

Fischl, Johann, Prof. em. in Graz, * 7. 3. 1900 Tobaj/Burgenld., befaßt sich mit Fragen der Philosophiegeschichte u. Zeitkritik; untersucht die Entwicklung der europ. Geistesgeschichte von den Griechen bis zur Gegenwart. – Schrieb u. a.: Geschichte der Philosophie, 5 Bde., 1946–1954; Geschichte der Philosophie von den Griechen bis zur Gegenwart, 1964.

fixe Idee (vom lat. *fixus,* „fest"), eine festgewurzelte falsche Vorstellung, die durch nichts zu berichtigen oder zu beseitigen ist.

P. Janet, *Névroses et idées fixes,* 1925.

Folge, was logisch notwendig aus etwas anderem (als dessen → Grund) hervorgeht.

Folgerung, das Schließen aus gegebenen Erkenntnissen auf weitere, → Schluß.

Fontenelle, Bernard le Bovier de, französischer Aufklärungsphilosoph, * 11. 2. 1657 Rouen, † 9. 1. 1757 Paris, verteidigte Descartes' Naturauffassung gegen die Newtons, der er gleichwohl in einigen Punkten zustimmte, und wandte sich gegen die christianisierende Metaphysik Malebranches. Berühmt sind seine *„Dialogues des morts"* (1683) und seine *„Entretiens sur la pluralité des mondes"* (1686, dt. 1727); *Oeuvres diverses,* 3 Bde., 1701; *Oeuvres,* 8 Bde., 1790–1792; *Oeuvres complètes,* 3 Bde. 1818, repr. 1968. – S. Delorme, *Contribution à la bibl. de F.,* in: Rev. hist. Sci. applic. 10 (1957).

J. R. Carré, La philos. de F., Paris 1932; L. M. Marsak, B. de F. – The Idea of Science in the French Englightenment, Philadelphia 1959; W. Krauss, F. und die ‚Republik der Philosophen', in: Ders., Perspektiven u. Probleme, 1965; G. Lissa, Cartesianesimo et anticartesianesimo in F., Neapel 1971; A. Niderst, F. à la recherche de lui-même, Paris 1972 (mit Bibl.); G. Lissa, F. tra scetticismo e nuova critica, Neapel 1973; B. Femmer, Vernünftige Skepsis, skept. Vernunft. F. und die Anfänge der Aufklärung, in: German. Roman. Monatsschrift 63 (1982).

Forest, Aimé, Prof. in Montpellier, * 18. 2. 1898 Rancon/Haute Vienne, † 20. 3. 1984 Limoges; untersuchte als Historiker der Philosophie, insbesonders der mittelalterlichen Metaphysik, die moderne Entwicklung klassischer Probleme und gelangte anhand neuentdeckter Aspekte zu einem metaphysischen Realismus eigener Prägung. – Hauptw.: *La Structure du concret selon saint Th. d'Aquin,* ²1956; *Du consentement à l'être,* 1935; *Consentement et création,* 1943; *Le mouvement doctrinal du IXᵉ au XIVᵉ siecle; La vocation de l'esprit,* 1953; *Orientazioni metafisiche,* 1961. – Biblgr. in *„Itinéraire philosophique"*, 1965.

J. L. Roche, The Vocation of Christian Philosopher – The spiritual Realisme of A. F., 1963; ders., *A Philosophical Approach to Dialogue: A. F.,* 1964; ders., *A. F. and Consent to Being,* 1966.

Form, bezeichnet zunächst den Umriß, die äußere → Gestalt, dann aber auch den inneren Aufbau, das Gefüge, die bestimmte und bestimmende Ordnung eines Gegenstandes oder Prozesses zum Unterschied von seinem „amorphen" Stoff (Materie), dem Inhalt oder Gehalt. An diese Unterscheidung knüpft der philosophische F.begriff, der in Logik, Erkenntnistheorie, Ontologie, Ethik, Ästhetik, Natur- u. Geschichtsphilosophie eine wichtige Rolle spielt (vgl. → formal, Formalismus, Morphologie). F. wird bei Platon im gleichen Sinne wie Idee (Eidos, Idea) gebraucht zur Bezeichnung des Allgemeinen, Unwandelbaren und eigentlich Seienden, das als Urbild hinter und über den wechselnden und individuellen Erscheinungen steht. Aristoteles läßt jedes konkrete Ding aus Stoff und Form zusammengesetzt sein, wobei die Form den aktualisierenden, Wirklichkeit verleihenden Faktor *(causa formalis),* sowie das Ziel des Werdeprozesses *(causa finalis)* darstellt. Dieser H y l e m o r p h i s m u s wurde im MA. und in der Neuzeit, besonders von den scholastischen Systemen, übernommen und ausgebaut. Nach Thomas von Aquino entspringen Wesen und Dasein der Dinge aus der Form, ist die Seele die Form des Körpers, sind die rein geistigen Substanzen getrennte Formen und Gott reine Form *(actus purus).* In dem Maße, wie sich die neuzeitliche Philosophie von der objektiven Seinslehre abkehrte, änderten sich auch Stellung und Bedeutungsgehalt des F.begriffs. So bezeichnen die Formen der Anschauung (Raum und Zeit) und des Denkens (Kategorien) bei Kant nicht mehr objektive Seinsverhältnisse, sondern notwendige, im Verstand des Menschen liegende Bedingungen der Erfahrung und der Erkenntnis. In Auseinandersetzung mit der formalistischen Ethik Kants entwickelte M. Scheler seine phänomenologisch fundierte, materiale → Wertethik. Die morphologische Betrachtung der biolog., psycholog. und geschichtl. Phänomene gewinnt gegenüber der mechanistischen mehr und mehr an Boden.

J. Geyser, Eidologie oder Philos. als F.erkenntnis, 1921; E. Cassirer, Philos. der symbol. F.en, I–III, 1923–29; K. Vietor, Geist u. F. – Aufsätze zur dt. Literaturgesch., 1952; D. C. Williams, F. and Matter, in: Philos. Rev. 67 (1958); J. A. Robinson, Logic: F. and Function. The Mechanization of Deductive Reasoning, Edinburgh 1979.

formal, nur zur Form gehörig, auf die Form bezüglich, nicht auch auf den Inhalt; bisweilen mit dem Nebensinn des Abstrakten, Lebensfremden; vgl. → Form.

Formalismus, Anschauungsweise, die das Wesen der Dinge in der Form erblickt, die Form überschätzt und über der Form den Inhalt vernachlässigt oder vergißt; sie betont in der Philosophie das Begrifflich-Rationale gegenüber dem Konkret-Anschaulichen, Irrationalen. – Als F. bezeichnet man moderne Richtungen der Kunst, u. a. eine bestimmte Bewegung in der russ. Literaturwissenschaft, die vor der Revolution aus dem „Moskauer Linguisten-Kreis" hervorging.
In der Logistik ist F. das Schema, nach welchem man (rein formal aufgefaßte) Aussagen anordnet und miteinander verbindet, um zu logischen Einsichten zu gelangen. Man spricht von zwei- und mehrwertigen Formalismen, je nachdem, ob zwischen zwei Aussagen ein einfaches Ausschließungsverhältnis angenommen wird (z. B. „Wahr-falsch"), oder ob dazwischen noch andere Aussageprädikate als logische anerkannt werden (z. B. „möglich"). Die mathematische Praxis der *Formalisierung* von Theorien aller Art führt dann zu einem leeren F., wenn die inhaltlichen Aspekte der betreffenden Begriffe und Strukturen außeracht gelassen werden. Eine F.ierung der Philosophie wird heute von der → Wissenschaftstheorie mit ideologischer Entschiedenheit vorangetrieben.

H. Weyl, Philos. der Mathematik u. Naturwiss., 1927; P. Lorenzen, Formale Logik, 1958; S. Körner, The Philosophy of Mathematics, London 1960, dt. 1968; P. Janich u.a., Wissenschaftstheorie als Wissenschaftskritik, 1974; R. Rheinwald, Der F. und seine Grenzen. Unters. zur neueren Philos. der Mathematik, 1984.

Fortschritt, die anscheinend von selbst stattfindende Entwicklung des Menschen und der Menschheit in der Richtung zum Besseren, Höheren, Vollkommeneren. Er ist in der → Entwicklung des Lebens dadurch gekennzeichnet, daß im Laufe der Erdgeschichte (der geologischen Entwicklung) immer höhere Lebewesen entstehen, d. h. Lebewesen, die in immer erhöhterem Maße für die Bestimmtheiten der sie umgebenden Objekte empfänglich werden (→ Erkenntnis) und so zu immer adäquateren Erkenntnissen gelangen.
Die Philosophie der → Aufklärung schloß aus den glanzvollen Ergebnissen der Naturwissenschaften im Zeitalter der Entdeckungen und Erfindungen auf die unbegrenzte Leistungsfähigkeit der menschl. Vernunft (→ Optimismus), sowie auf eine sich von selber einstellende moralische Entwicklung von Mensch und Gesellschaft aufgrund von sich zunehmend verbessernden Lebensverhältnissen. Die → Dialektik Hegels lehrte, daß der F. nicht nur ein Prinzip des Denkens, sondern des Weltgeschehens überhaupt sei. Es ergab sich der vom Marxismus übernommene und gestützte F.sglau-

be, in dem die Überzeugung enthalten ist, daß die Menschheit keine andere Aufgabe habe, als auf dem bisherigen Wege einer immer umfassenderen Naturbeherrschung, einer Durchrationalisierung und Technisierung der Erde fortzuschreiten. Der Glaube an den F. wurde durch die beiden Weltkriege schwer erschüttert und beginnt einer pessimistischen Betrachtungsweise Platz zu machen; → auch Abendland, → apokalyptisch, → Technik, → Untergangserwartung.

F. Tönnies, F. und soziale Entwicklung, 1926; E. L. Tuveson, Millenium and Utopia. A Study in the Background of the Idea of Progress, Berkeley 1949; E. Bloch, Differenzierungen im Begriff F., 1956; R. Taepper, Das Ende des F.s, 1956; A. Salomon, F. als Schicksal u. Verhängnis, 1957; C. A. Emge, Das Problem des F.s, 1958; R. W. Meyer (Hg.), Das Problem des F.s heute, 1969; I. Lakatos/A. Musgrave (Hgg.), Criticism and the Growth of Knowledge, Cambridge 1970, dt. 1974; E. Knaul, Glanz u. Elend des F.s, 1972; E. R. Dodds, The Ancient Concept of Progress, Oxford 1973, dt. 1977; H. Lübbe, F. als Orientierungsproblem, 1975; A. Mercier/M. Scilar (Hgg.), Was ist F.?, 1979; G. A. Almond (Hg.), Progress and its Discontents, Berkeley 1982; H. Lübbe, Zeit-Verhältnisse. Zur Kulturphilos. des F.s, 1983; J. Mittelstraß, F. und Eliten. Analysen zur Rationalität der Industriegesellschaft, 1984.

Foucault, Michel, * 15. 10. 1926 Poitiers, † 25. 6. 1984 Paris, seit 1970 Prof. für Geschichte der Denksysteme am Collège de France in Paris, ursprünglich Historiker der Philosophie, mit kritischen Studien zum Rationalismus aufgetreten, gehörte er der Generation an, die über den franz. Existentialismus hinausführt und sich kritisch mit Grundfragen der Dialektik, Phänomenologie, Psychoanalyse und des Strukturalismus auseinandersetzt; wird als „der Philosoph unter den Strukturalisten“ oder als „Poststrukturalist“ bezeichnet. – Schr. u. a.: *Maladie mentale et Psychologie,* 1954, [2]1955, dt. 1968; *Histoire de la folie à l'âge classique,* 1961, [2]1972, dt. Wahnsinn und Gesellschaft, 1969; *Naissance de la clinique: une archéologie du regard médical,* 1963, dt. 1973; *Les mots et les choses,* 1966; dt. Die Ordnung der Dinge, 1971; *L'archeologie du savoir,* 1969, dt. 1973; *L'ordre du discours,* 1971, dt. 1977; *Surveiller et punir,* 1975, dt. 1976; *Histoire de la sexualité,* Bd. I, 1976, dt. 1977, Bd. II u. III, 1984. – M. Clark, M. F.: *An Annotated Bibliography,* New York 1983.

D. Lecourt, Pour une critique de l'épistémologie. Bachelard, Canguilhem, F., Paris 1972, dt. 1975; J. L. Chalumeau, La pensée en France. De Sartre à F., Paris 1974; A. Kremer-Marietti, F. et l'archéologie du savoir, Paris 1974, dt. 1976; J. Baudrillard, Oublier F., Paris 1977, dt. 1983; U. Raulf, Das normale Leben. M. F.s Theorie der Normalisierungsmacht, 1977; B. Smart, M. F., London 1985; G. Deleuze, F., Paris 1986, dt. 1987; C. Kammler, M. F., 1986; U. Marti, M. F., 1988; H. Fink-Eifel, M. F. zur Einf., 1989.

Fouillée, Alfred, franz. Philosoph, * 18. 10. 1838 La Pouèze, † 16. 7. 1912 Lyon, ging in seiner Metaphysik von der Ideenlehre Platons sowie von Kants Problem des Verhältnisses zwischen (moralischer) Freiheit und (naturhafter) Notwendigkeit aus: das Seelische ist nach ihm das wahre Wesen der Dinge, die Triebkraft des freiheitlichen und doch zugleich gesetzmäßigen Geschehens, der wahre Faktor der Entwicklung, deren Kern Wille, Streben ist. Die Ideen sind dynamische Faktoren, die bestimmend auf das Naturgeschehen und den Geschichts- und Kulturverlauf einwirken (Lehre von den „Kraft-Ideen“, den *„idées-forces“*). Auch als Völkerpsychologe ist F. bedeutsam durch mehrere Werke über die seelische Eigenart der europ. Völker, bes. der Franzosen. – Hptw.: *L'évolutionisme des idées-forces,* 1890, [7]1921, dt. 1908; *La psychologie des idées-forces,* 1890, [6]1922; *La morale des idées-forces,* 1908; *Psychologie* *du peuple français,* 1898, [7]1921; *Esquisse psychologique des peuples européens,* 1902, [7]1921.

A. Guyau (sein Stiefsohn), *La philosophie et la sociologie d'A. F.,* [2]1926; S. Jonescu, F.s Verhältnis zu Kant, 1915; E. G. de Beaucoudrey, *La psychologie et la méthaphysique chez A. F.,* 1936; M. Capete, *The Doctrine of Necessity Re-examined,* 1951.

Fourier, Charles, franz. Sozialphilosoph, * 7. 4. 1772 Besançon, † 9. 10. 1837 Paris, kritisierte die gesellschaftl. Einrichtungen, soweit sie sich dem natürl. menschl. Streben nach Erlangen von Lust entgegenstellen. F. wollte eine neue, uneigennützige Wirtschaftsgesinnung und eine neue Wirtschaftsverfassung durch Aufteilung des Staates in Genossenschaftsgebiete *(phalanstères)* herbeiführen; → Considérant. – Hauptw.: *Théorie des quatre mouvements et des destinées générales,* 1808; *Traité d'association domestique et agricole,* 2 Bde., 1822; *Le nouveau monde industriel,* 1829; *Œuvres complètes,* I–VI, Paris 1840–70 (Repr. 1966), Neuausgabe I–XII, Paris 1966–68.

A. Bebel, C. F. – Sein Leben und seine Theorien, 1888; W. Wessel, C. F. als Vorläufer der modernen Genossenschaftsbewegung, Diss. Köln 1929; E. Lehouck, F. aujourd'hui, Paris 1966; H. Lefèbvre u.a., Actualité de F., Paris 1975; R. Bambach, Der frz. Frühsozialismus, 1984.

Fragment (lat.), Bruchstück, erhalten gebliebener Teil, unvollendetes Werk; fragmentarisch, bruchstückhaft, unfertig.

Fragen, sprachlicher Ausdruck eines Vakuums im Erkenntnisdrang (→ horror vacui), wodurch die Erweiterung des Wissens um einen gegebenen Gegenstandsbereich erstrebt wird. F. setzt die Empfindung oder das Denken der Unvollständigkeit des bereits Gewußten voraus, woraufhin sich das Bedürfnis einstellt, die betreffenden Aspekte des Unbekannten sprachlich zu formulieren und nach einer Antwort zu suchen. Das F. im Alltagsleben beschränkt sich auf die pragmatische Orientierung und Sicherung des menschlichen Verhaltens, oder es erfolgt oft aus Neugierde. Eigentliches F. wird im Denken reflektiert, man wird sich des Bedürfnisses des F.s und dessen Funktion im Erkenntnisprozeß bewußt. Bereits Sokrates hatte darauf hingewiesen, daß man letztlich „nichts weiß"; von Augustinus bis zum Renaissancedenken wurde man sich der „wissenden Unwissenheit" (docta ignorantia) in zunehmendem Maße bewußt, wodurch für immer der Grund zur fragenden Offenheit in jedem wissenschaftlichen und philosophischen (nichtdogmatischen) Denken gelegt wurde. Die Anfänge des kausalen, urteilenden und Schlüsse ziehenden Denkens dürfen wohl mit den ersten Formen sprachlicher Ausdrücke von Fragen zusammenfallen. Die Philosophie selbst beginnt mit den F. nach den letzten Dingen, Ursachen und Prinzipien der Natur, und wesentlich an ihr ist das Fortschreitende *F.können* unter jeweils neuen Gesichtspunkten, nicht die geschichtliche Reihe der darauf gegebenen Antworten.

A. Meinong, Über Annahmen, 1902, [2]1910; H. Rombach, Über Ursprung u. Wesen der Frage, in: Symposion 3 (1952); H.-G. Gadamer, Wahrheit u. Methode, 1960; B. Waldenfels, Das Sokrat. Fragen, 1961; J. Walther, Logik der F., 1985.

Franciscus de Mayronis, Scholastiker, * um 1288 in Meyronnes (Provence), † 26. 6. 1328 Piacenza, *Doctor illuminatus,* lehrte in Paris, Schüler des Duns Scotus, Vertreter reinster Begriffsphilosophie. – Hptw.: seine Kommentare zu den Kategorien und zur Physik des Aristoteles, zu Porphyrios u. *De primo principio, Tesminorum Theologica-*

lium declarationes, Ocunivationes, 1520.

H. Rossmann, Die Hierarchie der Welt. Gestalt u. System des F. v. M., 1972; ders., Die Quodlibeta u. verschiedene sonstige Schriften des F. v. M., 1972.

Franck, Sebastian, Geschichts- und Kulturphilosoph, * 20. 1. 1499 Donauwörth, † 1542 Basel, war nach Ausbildung im Dominikanerkloster zu Heidelberg erst kath., dann ev. Geistlicher, seit 1528 nach Aufgabe des geistl. Berufes ein unsteter Wanderer, verfolgt auch von den (orthodoxen) Lutheranern (bes. auf Betreiben Melanchthons). F. lehrte, daß Gott das allwirksame Gute und die Liebe ist. Gott beweist sich in dem freien Willen des Menschen. Die Bibel ist nur eine „ewige Allegorie" oder „Einkleidung" der höchsten, unerreichbaren Wahrheit; die Geschichte, die er auch als das „Fastnachtspiel Gottes" bezeichnet, ist dagegen die eigentliche Bibel („Geschichtsbibel"), der Ort wortloser Gottesoffenbarung. F. philosophierte auch über die Geschichte des dt. Volkes, dessen Gemeinschaftsleben und dessen Spruchweisheit. – Hptw.: *Chronica.* Zeitbuch und Geschichtsbibel, 1531; *Cosmographia.* Weltbuch, 1534; 280 Paradoxa aus der Heiligen Schrift, 1534, Neudr. 1912; *Germaniae Chronicon,* 1538; Sprichwörter, 2 Bde., 1541. – K. Kaczerowsky, S. F. Bibl., 1976.

A. Reimann, S. F. als Geschichtsphilosoph, 1921; W. E. Peuckert, S. F., 1943; H. Weigelt, S. F. und die Lutherische Reformation, 1972; C. Dejung, Wahrheit u. Häresie. Eine Unters. zur Geschichtsphilos. bei S. F., 1980.

Frank, Philipp, Philosoph, * 20. 3. 1884 Wien, lebte seit 1938 in den USA, † 21. 6. 1966 das., Vertreter des Neupositivismus, von Mach stark beeinflußt, will nur solche Begriffe benutzen, die nicht außerhalb der Physik ihre Brauchbarkeit einbüßen, arbeitete über die Theorien von Mechanismus und Vitalismus. Hptw.: Das Kausalgesetz und seine Grenzen, 1932; Das Ende der mechanischen Physik, 1935; *Between physics and philosophy,* 1941; Einstein, sein Leben und seine Zeit, 1949; *Modern science and its philosophy,* 1949.

Frankfurter Schule, Bezeichnung für einen Kreis von philosophischen und soziologisch-politologischen Autoren der Gegenwart, deren Arbeiten sich unter verschiedenen Gesichtspunkten mit kritischer Theorie der Gesellschaft befassen. Aus keiner Schrift der Vertreter der gemeinhin als F. S. bezeichneten Richtung der kritischen Sozialphilosophie geht das Bestreben hervor, eine Denkschule mit einer genau festgesetzten programmatischen Ausrichtung zu begründen. Es läßt sich vielmehr eine prinzipielle Übereinstimmung von Denkansatz und Gegenwartsdiagnose (aber nicht über Fragen der gesellschaftspolitischen Praxis) bei den älteren Mitgliedern des „Frankfurter Instituts für Sozialforschung", dessen Leitung Max Horkheimer 1930 übernahm, und den jüngeren Vertretern feststellen, die aber nicht ausreichen, um von einem in sich geschlossenen und widerspruchsfreien System zu sprechen. Diese Entwicklung läßt sich zur Übersichtlichkeit in drei Phasen darstellen: Die erste davon ist in den hauptsächlich in der ‚Zeitschrift für Sozialforschung' abgedruckten Aufsätzen Max → *Horkheimers* dokumentiert. Es handelt sich dabei vorwiegend um historisch gerichtete Selbstreflexionen der ‚kritischen Theorie', die sich von der ‚traditionellen' abzusetzen sucht und so die eigene Position findet, aber auch schon um soziologische Untersuchungen wie die des Bandes über „Autorität und Familie". Die nächste Phase bilden die gemeinsam mit Theodor W. → *Adorno* geschriebenen philosophischen Fragmente: ‚Dialektik der Aufklärung', die zu zeigen suchen, wie Aufklärung selber, aus Mangel an Selbstreflexion, in Mythologie zurückschlägt. Nach dem Kriege erschienen dann ‚The Authoritarian Personality', *Adornos* ‚Minima Moralia', dessen kunstphilosophische Studien, die mit denen des Freundes W. → *Benjamin* zusammengesehen werden müssen und als Zusammenfassung die ‚Negative Dialektik'. Sie sucht Dialektik noch einmal durch sich selbst zu kritisieren, die Hegelsche Form von den affirmativen Aspekten, die sich noch in den dialektischen Materialismus fortgesetzt hatten, zu befreien. Eine Skizze der von Adorno als so nicht möglich angesehenen ‚Theorie der fortgeschrittenen Industriegesellschaft' gab Herbert → *Marcuse,* sein Freund und Mitarbeiter an der ZfS, in „Der eindimensionale Mensch". Jürgen → *Habermas* übertrug Überlegungen der kritischen Theorie, nach Studien zum „Strukturwandel der Öffentlichkeit" und zur „Theorie und Praxis", auf das Gebiet der Methodologie und focht besonders mit Hans → *Albert* den „Positivismusstreit in der deutschen Soziologie" aus. Seine Konzeption umreißt sein als Prolegomenon einer Gesellschaftstheorie gedachter Band „Erkenntnis und Interesse", den die Idee einer Selbstreflexion der Wissenschaft trägt; → Kritischer Rationalismus.

H. Marcuse, Triebstruktur u. Gesellschaft, 1965; M. Horkheimer, Zur Kritik der instrumentalen Vernunft, hg. 1967; M. Horkheimer, Kritische Theorie, I–II, hg. 1968; M. Theunissen, Gesellschaft u. Geschichte. Zur Kritik der kritischen Theorie, 1969; M. Jay, The Dialectical Imagination, London 1973, dt. 1976; G. Wischel, Die Wertvorstellungen der krit. Theorie, 1975; A. Arato/E. Gebhardt (Hgg.), The Essential Frankfurt School Reader, Oxford 1978 (mit Bibl.): W. v. Reijen, Philos. als Kritik. Einf. in die Krit. Theorie, 1984; H. Gmünder, Krit. Theorie, 1985; A. Honneth/A. Wellmer, Die F. S. und die Folgen, 1986; R. Wiggershausen, Die F. S., 1986; K.-H. Sahmel, Die Krit. Theorie, 1988.

Franklin, Benjamin, nordamerik. Staatsmann und Schriftsteller, * 17. 1. 1706 Boston, † 17. 4. 1790, ursprünglich Facharbeiter, nüchtern u. praktisch, hervorragender Vertreter des → *Common sense* und der Aufklärungsphilosophie; der erste Amerikaner von internationalem Ruf. „F.s Grundsätze gehen allenthalben darauf, gesunde Vernunft, Überlegung, Rechnung, allgemeine Billigkeit und wechselseitige Ordnung ins kleinste und größte Geschäft der Menschen einzuführen, den Geist der Unduldsamkeit, Härte, Trägheit von ihnen zu verbannen ... ... Seine Einkleidungen sind so leicht und natürlich, sein Witz u. Scherz so gefällig und fein, sein Gemüt so unbefangen u. fröhlich, daß ich ihn den edelsten Volksschriftsteller unseres Jh.s nennen möchte." (Joh. Gottfr. Herder, Briefe zur Beförderung der Humanität, 1793 bis 1797). Seine bis 1757 reichende Selbstbiographie ersch. dt. [1]1882, Neuausg. 1947, [2]1964; dt. Bearbeitung seiner Werke v. Binzer, 4 Bde., 1829; *The Papers,* 25 Bde., 1959 ff. – P. L. Ford, *F. Bibliography,* 1889, Boston 1972 (Neuausgabe).

I. B. Cohen, F. and Newton, Cambridge Mass. 1966; E. Wright, F. of Philadelphia, Cambridge Mass. 1986; J. A. Lemay, The Canon of B. F., London/Toronto 1986.

französische Philosophie. Die fr. Ph., in ihren ersten Anfängen an die Philosophie der spätesten Antike anknüpfend, gelangte frühzeitig zu einer eigenen Denk- und Darstellungsweise, gekennzeichnet durch vernunftgemäße Klarheit; sie stand stets in enger Verbindung mit dem gesellschaftlichen und politischen Leben der Nation. Im MA. war die fr. Ph. führend, und bis zum Ende des 14. Jh. gab es in Europa kaum einen Philosophen von Rang, der nicht wenigstens vorübergehend an der Schola Palatina in Paris oder an der 1206 gegründeten Pariser Universität (beide Hochschulen hatten europäisches Gepräge) gelernt oder gelehrt hätte.

1. Patristik. Die ersten Anfänge der fr. Ph. reichen noch in die Kirchenväterzeit zurück. Hilarius von Poitiers († 366) entwickelte eine kreatianistische (→ Kreatianismus) Lehre der Entstehung der Seele, und Claudianus Mamertus († 474) betonte in diesem Sinne die Unkörperlichkeit der Seele.

2. Scholastik.

a) Frühscholastik. Im Zeitalter Karls des Großen wurde die fr. Ph. bes. an der Hofschule von Tours weiterentwickelt, namentlich zur Zeit, als → Alkuin (735–804) dort wirkte. Die Tradition von Tours lebte humanistisch gewandelt in dem Cicero-Anhänger → Servatus Lupus von Ferrière (um 850), der das Verhältnis von Vorsehung und Freiheit sowie von Leib und Seele untersuchte, sowie in dem Logiker Heiricus von Auxerre (841–875) und dem realistischen Metaphysiker Remigius von Auxerre (um 841 bis um 908) weiter. Gerbert von Aurillac, der spätere (seit 999) Papst Sylvester II., ein Logiker und Mathematiker, dachte als erster über die Grenzen des Vernunftsgebrauchs kritisch nach. Sein Schüler → Fulbert von Chartres († 1028) gründete 990 die Schule von Chartres als Pflegstätte klarer Vernünftigkeit, die sein Schüler Berengar von Tours († 1088) so scharfsinnig an kirchlichen Dogmen erprobte, daß nicht nur theol., sondern auch philos. Gegner dieses „Intellektualismus" auftraten. Dies war der Boden, auf dem sich der Gegensatz zwischen Realismus und Nominalismus herausbilden konnte, jener vertreten durch → Wilhelm von Champeaux (um 1070–1121), dieser durch dessen Lehrer → Roscellinus von Compiègne (um 1050–1123/25). Die Synthese zwischen Realismus u. Nominalismus bahnte sich in → Abälard (1079–1142) an, der, zugleich Ethiker und (platonisch geprägter) Theologe, den Höhepunkt der franz. Frühscholastik darstellt. Inzwischen entwickelte sich die Schule von Chartres, besonders im 12. Jh., unter → Bernhard von Chartres († um 1127), seinem Bruder, dem Naturphilosophen Thierry von Chartres († 1155), und → Bernhard Silvestris von Tours (um 1150); → Gilbert de la Porée (um 1070–1154) war der bedeutendste Logiker dieser Schule. Parallel zu ihr entwickelte sich in Paris die Schule v. St. Viktor, an der außer franz. auch nichtfranz. Schulhäupter amtierten. Im 12. Jh. übte der Mystiker → Bernhard von Clairvaux (1091–1153) großen Einfluß aus, dessen Mystik durch → Alcher von Clairvaux (Ende 12. Jh.) und Wilhelm von St. Thierry († 1148 od. 1153) nach der begrifflichen Seite hin ausgebaut wurde. Eine von der Kirche unabhängige, „pantheïstische" Richtung vertraten → Amalrich von Bène († um 1206) und David von Dinant (um 1200). Auch Guillaume de Conches (1080–1150) gehörte nicht zu den kirchl. orthodoxen Denkern. Den Abschluß der Frühscholastik der fr. Ph. bildet die große Enzyklopädie „Größerer (Welt-)Spiegel" des → Vinzenz von Beauvais († um 1264).

b) Hochscholastik. In der Hochscholastik trat die fr. Ph. weniger in eigenen großen Denkern auf, vielmehr bot sie, besonders in Paris, den Boden dar, auf dem die Großen ihrer Zeit ihre theologisch-philos. Kämpfe ausfochten: der Italiener Thomas von Aquino, der Engländer Duns Scotus. Nachdem gerade von franz. Seite anfangs der → Thomismus bekämpft worden war (bes. durch den Bischof von Paris, Stephan Tempier, 2. Hälfte des 13. Jh.), wurde Paris später zur Hochburg des orthodoxen Thomismus. Anderseits hatte dort auch der als ketzerisch verschriene → Averroïsmus seine Stätte, vertreten u. a. durch Siger von Brabant (um 1270) und → Johannes von Jandun († 1328).

c) Spätscholastik. Neben dem Thomismus breitete sich in der fr. Ph. auch der → Scotismus aus, u. a. durch → Franciscus de Mayronis († 1325) und Petrus Tartaretus (Ende 15. Jh.). Im übrigen griff langsam eine naturwissenschaftlich u. -philosophisch unterbaute antischolastische Strömung um sich, auf scholastischem Boden bei → Durand v. St. Pourçain (um 1272–1334) und → Petrus Aureoli († 1322), ferner bei Johannes v. Mirecourt (Mitte 14. Jh) und dem kirchl. gemaßregelten → Nikolaus von Autrecourt († nach 1350), bes. aber bei Johannes → Buridanus († n. 1358) und → Nikolaus von Oresme (um 1320–1382). Der Ockhamismus kommt nochmals in → Peter d'Ailly (1350–1420), die Mystik in Johannes Gerson (1363–1429) zum Anklingen.

3. Übergang zw. MA. und Neuzeit. Nachdem der Humanismus die Grundlagen der Scholastik (die sich aber noch lange in der fr. Ph. behauptete) erschüttert hatte, setzte im 15. Jh. ein neues Philosophieren ein, vorbereitet durch die von Nikolaus Cusanus beeinflußten Humanisten Faber Stapulensis († 1537) und Carolus Bovillus († 1553) und den politisch-sozialphilos. Jean → Bodin (1530–96). Michel de → Montaigne (1533–1592) schuf sich eine neue, formvollendete Weise der Darstellung, beispielgebend für die fr. Ph. Aus der Einwirkung der aphoristischen Schreibweise von Erasmus und Francis Bacon entwickelt sich der Stil, in dem später die franz. → Moralisten ihren Beitrag zur fr. Ph. leisten. Unter einer Reihe von antischolast. Denkern naturwissenschaftl. bzw. -philos. Prägung ist vor allem Marin → Mersenne (1588–1648) zu nennen, während Pierre → Gassendi (1592–1655) den Atomismus Demokrits und die Ethik Epikurs zu erneuern suchte.

4. Aufklärung. Eine neue Blütezeit erlebte die fr. Ph. durch das erste neuzeitliche philosophische System des → Descartes (1596–1650). Es wurde bald der Gegenstand des Meinungskampfes in Europa und erfuhr in Frankreich zahlreiche Abwandlungen, so bes. durch Arnold → Geulincx (1624–1669) und Nicolaus → Malebranche (1638–1715), die den harten Dualismus des Descarteschen Systems durch die Okkasionalismustheorie zu mildern suchten. Auf religiösem Gebiet kam der Kampf um den Kartesianismus in dem Gegensatz zw. Jansenismus u. Jesuitismus zum Austrag. Hier liegt die Bedeutung des ebenso mystisch wie erkenntniskritisch ausgerichteten Blaise → Pascal (1623–1662), der einen frz. Denktypus in edelster Form darstellt. Das 17. Jh. bringt ferner die stärkste Seite des frz. Geistes zu hervorragender Ausbildung, den Sinn für psychologische Zergliederung, leidenschaftslose, skeptische Menschenkunde (→ La

Rochefoucauld, 1613–1680; → La Bruyère, 1645–1696). Von dieser Grundlage aus fand sich der Weg für die große kultur- und denkkritische Leistung Pierre → Bayles (1647–1706) in seinem „*Dictionnaire*“ bereitet. Jedoch auch die Gegenreformation blieb innerhalb der fr. Ph. nicht untätig. François Fénelon (1651–1715) steht hier am Beginn des nachscholastischen kath. Philosophierens, in dessen Sinne Jacques-Bénigne Bossuet (1627–1704) ein christl. Geschichtsbild entwarf. Trotzdem nahm die Opposition gegen das christl. Weltbild unaufhaltsam zu, dabei oft bis an die Grenzen des Materialismus gelangend.

Unter dem Einfluß der engl. Philosophie wurde Frankreich im 18. Jh. das klass. Land der Aufklärung. Wortführer dieser Bewegung war → Voltaire (1694–1778), dessen Witz und künstler. Gestaltungskraft die Aufklärungsgedanken über Europa verbreitete. Voltaire war kein Materialist, aber ein Denker, dem es, wie Pierre Bayle, im wesentlichen um den Kampf gegen Intoleranz und Dogmatismus ging. → Montesquieu (1689–1755) mißtraute jeder Deutung der geschichtl. Entwicklung aus der christl. Vorsehungsidee und erblickte in der realistisch und doch ethisch gesehenen Geschichte die große Lehrerin der späteren Generationen. Die erkenntniskritische Linie in Richtung auf den Materialismus wurde wesentlich verstärkt durch Denker wie → Lamettrie (1709–51), → Holbach (1723–1789) und besonders → Helvétius (1715–71). Diese Denker können als die wesentlichen geistigen Vorbereiter der Franz. Revolution gelten. → Buffons (1707–88) und → Diderots (1713–84) Weltanschauung zeigte wiederum materialistisch-pantheistische Züge; → Condillacs (1715–80) für die Zukunft folgenreiche Philosophie war sensualistisch. Die Ideen der Aufklärung in Verbindung mit einer positiven Kulturkritik und Leidenschaft der Sprache und des Herzens gaben der Naturpredigt J. Jacques → Rousseaus (1712–78) die große europäische Wirkung. Das bedeutendste wissenschaftliche Erzeugnis dieser Periode franz. Geistesgeschichte war aber die von Diderot und d'Alembert herausgegebene Enzyklopädie (1751–72, 28 Bde., dazu 8 Ergänzungsbände, 1776–77). Der Musiker Louis Claude St. Martin (1743–1804) übersetzte Schriften Jak. Böhmes ins Franz. und war von großem Einfluß auf Franz von Baader.

5. Revolution und Restauration. Die Franz. Revolution von 1789 war ebensosehr durch bedeutende Geister auch philosophisch vorbereitet worden, wie sie selbst im eigentlich philos. Sinne keine wesentl. Neuerungen brachte. Denn auch Condorcets geschichtsphilosophisch-pädagog. Gedanken entstammen dem vorhergehenden Zeitalter der Aufklärung. Am ehesten sind die Ideen der Revolution, bes. nach ihrer humanitären u. ihrer kommunistischen Seite hin, philosophisch dargestellt bei Condillacs Bruder Gabriel Bonnet de → Mably (1709–85) und Abbé → Morelly (Ende 18. Jh.). „Offizielle“, aber nicht sehr wirksame Philosophie der ausgehenden Revolution, des Direktoriums und der napoleonischen Zeit war die physiologische Ideologie der → Destutt de Tracy (1754–1836), Pierre J. G. Cabanis (1757–1808) und Laromiguière (1756–1837); ein Eklektiker war Royer-Collard (1763–1845), der die Schottische Schule vertrat. Wirksamer wurde die Gruppe der christl. Philosophen der Restauration: → Bonald (1754–

1840), → Lamennais (1782– 1854) und → Maistre (1753– 1821). Frau v. Staël (1766– 1817) und Chateaubriand (1768– 1848) standen mit dieser Gruppe in Verbindung.

19. Jahrhundert. Während die Ideen der Franz. Revolution sich langsam über das übrige Europa verbreiteten, erwachte in Frankreich eine spiritualistisch-idealistische Richtung: → Maine de Biran (1776–1824), Th. Jouffroy (1796–1842). In dieser Zeit beginnt auch die kritisch- und spekulativ-idealistische dt. Philosophie auf das franz. Denken einzuwirken: Victor → Cousin (1792–1867), J. → Lachelier (1832–1918), Ch. → Renouvier (1815–1903), O. → Hamelin (1856–1907) u. L. → Brunschvicg (1869–1944). Mit → d' Alembert (1717–1767) fing der wissenschaftliche Positivismus an, der allmählich an die Stelle des Materialismus trat und in A. → Comte (1798–1857) seinen vollendeten philos. Ausdruck fand. Aus den Ideen der Frz. Revolution in Verbindung mit dem Positivismus Comtes bahnte sich dann in Frankreich ein folgenreiches frühsozialistisches Denken an, das in → Saint Simon (1760–1825), → Fourier (1772–1835), → Considérant (1808–1893) und → Proudhon (1809–65) seine schöpferischen Vertreter hatte. Dieser Sozialismus wird von rationalen und zum Teil mystisch-phantastischen Ideen geleitet; letzteres ist bes. bei Pierre Leroux (1797–1871) und Jean → Reynaud (1806–63) der Fall. Die Philos. im eigentl. Sinn schließt sich enger an die Entwicklung der Fachwissenschaften an, z. B. bei E. → Boutroux (1845–1921), der eine eigene Freiheitslehre entwickelt, an die Naturwissenschaften, ebenso bei H. → Taine (1828–93), dessen glänzende, von einem überlegenen Geist erfüllte Geschichtsphilosophie von breiter Wirkung war; ähnlich, aber auch auf dem Boden der Religionswissenschaft, wirkte auch E. → Renan (1832–92). Auf psychologischem Gebiet hatten Th. Ribot (1839–1916), A. Binet (1857–1911) und Pierre Janet (1859–1947) große Erfolge, die auch auf die dt. Wissenschaft übergriffen. Als Logiker und Erkenntnistheoretiker von Rang sind zu nennen: Henri → Poincaré (1853–1912), Pierre M. → Duhem (1861–1916) u. bes. L. → Couturat (1868–1915), als Philosoph der Naturwissenschaften: Antoine Cournot (1801–77). Die Geschichte der exakten Wissenschaften u. ihrer Philosophie fand in Paul Tannery (1834–1904) und P. Duhem ihre Erforscher. Schließlich entstand im 19. Jh. auch eine antimaterialistische theïstische Metaphysik, deren Hauptvertreter der Büchner-Gegner Paul Janet (1823–99), sowie E. → Vacherot (1809–97), F. → Ravaisson-Mollien (1813–1900) u. der Schweizer Ch. Secrétan (1815–95) waren, und eine vitalist. Metaphysik, noch theïstisch bei dem Schweizer H. F. Amiel (1821–81), deren Hauptvertreter A. → Fouillée (1838–1912) und der „franz. Nietzsche" J. M. → Guyau (1854–88) waren.

20. Jahrhundert. Die wirksamste philos. Erscheinung war Henri → Bergson (1859–1941), der die schöpferische Freiheit der Lebenskräfte betonte u. vom Boden exakter Forschung aus metaphysisches Denken für berechtigt und möglich erklärte. Seine Denkart hatte auf die dt. Lebensphilosophie stärksten Einfluß. Den Bergsonismus vertreten J. de Gaultier (1858–1942), E. Le Roy (1870–1958) und M. → Blondel (1861–1949). Ein kritischer Vitalist ist A. → Lalande (1867–1953). Auch die von Bergson beeinflußte neue franz. Soziologie

wurde bedeutsam, deren Hauptvertreter Alfred Espinas (1844–1922), Gabriel Tarde (1843–1904), Emile → Durkheim (1858–1917), Lucien → Lévy-Bruhl (1857–1939), Gustave → Le Bon (1841–1931) und Célèstin Broglé (1870–1940) sind. Auf dem Gebiete der modernen Ontologie sind René → Le Senne (1882–1954) u. bes. Louis → Lavelle (1882–1951), die Häupter einer *„Philosophie de l'esprit"* genannten Schule, hervorragend. Der in der fr. Ph. (und in Belgien) heute sehr einflußreiche → Neuthomismus wird von J. → Maritain (1882–1973), einem der bedeutendsten Metaphysiker der Gegenwart (neben Nic. Hartmann und A. N. Whitehead), und E. → Gilson (1884–1978) geführt. Während des zweiten Weltkrieges verlagerte sich der Schwerpunkt der → Existenzphilosophie von Dtl. nach Frankreich und erhielt dort, teilweise als Ausdruck des Geistes der Résistance (Widerstandsbewegung gegen die dt. Besatzung) eine von der dt. abweichende Prägung, die gegenwärtig auf die dt. Existenzphilosophie zurückwirkt. Hauptvertreter sind. G. → Marcel (1889–1973), J.-P. → Sartre (1905–1980), Albert → Camus (1913–60) u. E. → Mounier (1905–50), der Begründer der Zeitschrift „Esprit", die zwischen Existentialismus u. Marxismus steht. Zur neuesten Problematik der fr. Ph. gehören die Begriffe → Strukturalismus und die zentrale Kategorie des fr. dialektischen Denkens „Totalität", letztere vertreten durch L. Goldmann, → M. Merleau-Ponty u. G. Gurvitch. Besonders hervorgetreten sind die „Poststrukturalisten" (M. → Foucault, J. → Derrida, G. → Deleuze), Phänomenologen wie P. → Ricoeur u. E. → Levinas sowie auch neuerdings die „neuen Philosophen" (A. Glucksmann, B. H. Levy, J.-M. Benoist usw.).

L. Lavelle, La philos. française entre les deux guerres, Paris 1942; J. Wahl, Tableau de la philos. française, Paris 1946, dt. 1948; É. Bréhier, Transformation de la philos. française, Paris 1950; M. Farber (Hg.), L'activité philosophique contemporaine en France et aux Etats-Unis, I–II, Paris 1950; E. Callot, Von Montaigne zu Sartre, 1952; M. Merleau-Ponty, Les Aventures de la dialectique, Paris 1955, dt. 1968; C. Lévi-Strauss, Anthropologie structurale, I–II, Paris 1958/73, dt. 1967; G. Gurvitch, Dialectique et sociologie, Paris 1962, dt. 1965; F. Schalk, Studien zur frz. Aufklärung, 1964, [2]1977; O. F. Bollnow, Frz. Existentialismus, 1965; J. Lacroix, Panorama de la philos. française contemporaine, Paris 1966; L. Pollmann, Sartre u. Camus, 1967; G. Schiwy, Der frz. Strukturalismus, 1969; E. F. Sauer, Frz. Philosophen, 1976; G. Schiwy, Kulturrevolution und „Neue Philosophen", 1978, Neuausgabe 1985; V. Descombes, Le même et l'autre. 45 ans de philos. française (1933–1978), Paris 1979, dt. 1981; E. Berns u.a., Denken in Paris, Brüssel [2]1981; A. Montefiore (Hg.), Philosophy in France today, Cambridge 1983; B. Waldenfels, Phänomenologie in Frankreich, 1983; J. Altwegg u.a., Frz. Denker der Gegenwart, 1987; B. Taureck, F. P. im 20. Jh., 1988.

Frege, Gottlob, Philosoph, * 8. 11. 1848 Wismar, † 26. 7. 1925 Bad Kleinen. 1879–1918 Prof. der Mathematik in Jena, der auf den Gebieten der Logik und Sprachphilosophie Wegweisendes geleistet hat. Durch die „Begriffsschrift" wurde er zum eigentlichen Begründer der modernen Logik, indem er die verschiedenen Teilgebiete der Logik, z. B. die aristotelische → Syllogistik und die stoische Aussagenlogik zu einer Theorie zusammenfaßte. Er zeigte, daß man mit wenigen Grundsymbolen auskommen kann und führte den Allquantor ein. Die Unterscheidung zwischen „Merkmalen" und „Eigenschaften" (Gegenstände haben Eigenschaften, Begriffe Merkmale), die Klärung des Begriffs „Begriff" (ein Begriff ist eine Funktion, deren Wert immer ein Wahrheitswert ist) und die Differenzierung zwischen Be-

griffen erster und zweiter Stufe waren für die Entwicklung der Logik bestimmend. Diese Gedanken sind vor allem von Russell, Carnap, Church und Quine weitergeführt worden.
Seine Grundlegung der philosophischen → Semantik besteht in der Unterscheidung zwischen „Zeichen", „Sinn" und „Bedeutung" von Eigennamen, Sätzen und Begriffen. Z. B. ist der Sinn eines Eigennamens seine Art des sprachlichen Gegebenseins, seine Bedeutung ein bestimmter Gegenstand. „Abendstern" und „Morgenstern" haben dieselbe Bedeutung, den Planeten Venus. Der Sinn ist verschieden, denn in dem Ausdruck „Abendstern" wird uns die Venus anders gegeben als in dem Ausdruck „Morgenstern". Diese semantischen Unterscheidungen waren für Wittgensteins eigene Überlegungen bedeutsam. Freges Widerlegung des Psychologismus in der Logik beeinflußte unmittelbar Husserl.- Hauptw.: Begriffsschrift, 1879; Die Grundlagen der Arithmetik, 1884; Funktion u. Begriff, 1891; Über Sinn u. Bedeutung, 1892; Grundgesetze der Arithmethik, 2 Bde., 1893 u. 1903; Logische Untersuchungen, 1918, 1919, 1923 (Buchausgabe 1966). – Ausgaben: G. F., Kleine Schriften, hg. Ignacio Angelelli, Darmstadt 1967; G. F., Nachgelassene Schriften, hg. H. Hermes, F. Kambartel, F. Kaulbach, Hamburg 1969; G. F. Funktion, Begriff, Bedeutung, Fünf log. Studien, hg. G. Patzig, Göttingen [2]1966; G. F., Log. Untersuchungen, hg. G. Patzig, Göttingen 1966; Nachgelass. Schriften u. Briefwechsel, I–1969; II–1976.

C. Thiel, Sinn u. Bedeutung in der Logik F.s, 1965; I. Angelelli, Studies on G. F. and Traditional Philosophy, Dordrecht 1967; G. Patzig, Sprache u. Logik, 1970; M. Dummett, F.: Philosophy of Language, London 1973, [2]1981; C. Thiel (Hg.), F. und die moderne Grundlagenforschung, 1973; M. Schirn (Hg.), Studien zu F., I–III, 1976 (mit Bibl.); G. P. Baker/P. M. S. Hacker, F. Logical Excavations, Oxford 1984.

Freidenker, geistes- bzw. religionsgesch. Begriff, der seit seinem Entstehen Anfang des 18. Jh. eine wechselvolle Geschichte aufweist. Seit A. Collins Schrift „Über die Denkfreiheit" 1713 wurden die Vertreter des → Deïsmus auch F. genannt, womit sachlich ein Christentum außerhalb der Kirchen gemeint war. In Deutschland standen Friedrich der Große, Reimarus u. Lessing als Kritiker der Kirchen und ihrer Dogmatik dem F.tum nahe, das sich in Frankreich schon im 18. Jh. zum Atheïsmus hin entwickelte. Trotzdem bezeichnete das F.tum noch bis zur Mitte des 19. Jh., bes. in Deutschland, die Gesamtheit der kirchenfreien relig. Bewegungen. Aus dieser Entwicklung ging 1905 in Berlin der „Verein der Freidenker für Feuerbestattung" hervor, es folgten weitere Landesverbände. Nach dem 1. Weltkrieg nahm das Interesse zu, der erweiterte „Dt. F.-Verband" wurde zu einer sozialistischen Arbeiterbewegung, die im 3. Reich verboten wurde. Seit sich der Verband später von kommunistisch beeinflußten Gruppen distanzierte, gehört Toleranz zu den Grundtugenden der Mitglieder, wenn auch teils mit einer kämpferischen Weltanschauung verbunden. – Die ursprüngliche, philos.-kritische Idee des F.tums wird heute von Fachvertretern der Philosophie weitergeführt, die sich von den dogmatischen Grundlagen religiösen Glaubens distanzieren. – K. Becker, Freigeistige Bibl. – Ein Verzeichnis freigeistiger, humanistischer u. religionskrit. Lit., 1973.

J. A. Trinius, Freidenker-Lexikon, 1759, 1765 (Repr. 1960); B. Russell, Why I am not a Christian, London 1927, dt. 1963; J. B.

Bury, A History of Freedom in Thought, London/New York 1952 (Repr. 1975); A. Bayet, Histoire de la libre-pensée, Paris 1959.

Freiheit, die Möglichkeit, so zu handeln, wie man will. F. ist Willensfreiheit. Der Wille ist seinem Wesen nach stets freier Wille. Das Problem der F. hat sich im Laufe der abendländ. Geschichte dadurch kompliziert, daß von vielen Denkern versucht wurde, aus dem Wesen der F. auf die Pflicht des Menschen zu schließen, von seiner F. keinen oder nur einen in bestimmter Weise eingeschränkten Gebrauch zu machen. Eine solche Pflicht kann sich aber nie aus der F. selbst, sondern nur aus ethischen Erwägungen ergeben. Eine dem Wesen nach unbeschränkte F. muß gerade die → Ethik voraussetzen, um den Menschen für sein Tun und Lassen uneingeschränkt verantwortlich machen zu können: → Atheismus, → Determinismus, → Erbsünde, → Finalität, → Indeterminismus, → Liberalismus. – Die Realität der Freiheit als solcher wird von der Ontologie im Rahmen der → Schichtenlehre geschildert, von der Psychologie durch die Analyse der normalerweise beleidigenden Kennzeichnung eines Menschen als „unzurechnungsfähig", d. h. als so beschaffen, daß ihm die Folgen seines Handelns, da er unfrei ist, nicht zugerechnet werden können.

Die Geschichte des F.-Begriffs seit dem Altertum läßt den Begriff der schöpferischen F. gegenüber dem der F. von Behinderung (durch Zwang, Kausalität, Schicksal) meist sehr zurücktreten. Der Philosophie des Altertums geht es zuerst (bei Sokrates und Platon) um F. und Schicksal, dann um F. von politischem Despotismus (bei Aristoteles und Epikur) und von den Übeln des Daseins (bei Epikur, in der Stoa, im Neuplatonismus). Im MA. handelt es sich um F. von Sünde und Verdammnis durch die Kirche, wobei sich zw. der sittlich geforderten F. des Menschen und der religiös geforderten Allmacht Gottes ein Zwiespalt auftut. Die Renaissance und die Folgezeit versteht unter F. die unbehindert allseitige Entfaltung der menschl. Persönlichkeit. Seit der Aufklärung kommt ein vom Liberalismus u. der Naturrechts-Philosophie (Althusius, Hobbes, Grotius, Pufendorf; 1689 die *Bill of rights* in England) getragener Begriff von F. auf, gedämpft durch die wissenschaftlich immer mehr vertiefte Einsicht in das Walten allmächtiger Naturkausalität u. -gesetzlichkeit. Die dt. Gläubigkeit und Philosophie stellt von Meister Eckhart an über Leibniz, Kant, Goethe und Schiller, den dt. Idealismus bis zu Schopenhauer und Nietzsche die Frage der F. als die eines Postulates der Wesensentsprechung und -entfaltung sittlich-schöpferischer Art. Der Marxismus hält die F. für eine Fiktion: in Wirklichkeit denke und handle der Mensch trieb- und milieubedingt (→ Situation), wobei in seinem Milieu die ökonomischen Verhältnisse und die Klassenkampflage die Hauptrolle spielen. – Eine Verbindung von Freiheit als politischer und sozialer Forderung des Menschen mit dem Problem der Willensfreiheit wird hergestellt von → O. Veit. Die Freiheitsforderung gilt ihm nur als begründet, wenn bejaht werden kann, daß der Mensch zu freier Willensentscheidung fähig ist. Dadurch verbindet sich das soziologische Problem mit dem anthropologischen. Zu beachten ist dabei das Phänomen der „Flucht vor der Freiheit", also eines Ausweichens vor der freien Willensentscheidung. Veit erneuert die Theorie der Willensfreiheit im Rahmen der Ethik mit gewisser Anlehnung an N. Hartmann. Die Existenzphilosophie Heideggers lehrt, daß die Grundbefindlichkeit des Daseins die Angst ist vor der Möglichkeit des Nicht-Seins, die Angst, die den Menschen aus allen Verbindungen löst und ihn so, gewissermaßen auf dem Grunde des Nichts angelangt, frei sein läßt, sich selbst in seinem unentrinnbaren Überantwortetsein an es selbst (→ Geworfenheit) zu wählen, d. h. sich als eigentliches, vollwertiges Dasein zu wählen. – Die Existenzphilosophie von Jaspers lehrt, daß der Mensch die F. hat, das Weltsein in der Selbstwahl zu überwinden u. sich zur Transzendenz des → Umgreifenden aufzuschwingen. Frei-Sein heißt, den guten oder den bösen Willen betätigen zu können. Der gute Wille ist von der Gewißheit des Unbedingten, des Göttlichen getragen; er wird begrenzt durch den unbewußten vitalen Trotz des bloßen So-Seins und des Eigen-Seins. – Nach dem Existenzialismus J. P. Sartres ist die F. nicht eine Eigenschaft des Menschen, sondern seine Substanz. Der Mensch kann von seiner F., diese kann von ihren Auswirkungen nicht unterschieden werden. Weil er frei ist, kann der Mensch sich auf ein freigewähltes Ziel hin entwerfen und sich von diesem Ziel verkünden lassen, wer er ist. Mit der Zielsetzung tauchen auch alle Werte auf, treten die Dinge aus ihrer Indifferenz heraus und ordnen sich zu der Situation, mit der der Mensch fertig zu werden hat und zu der er selbst gehört. Also ist der Mensch immer auf der Höhe dessen, was ihm zustößt. Es gibt für ihn keine Entschuldigungsgründe; → auch Freiheit, transzendentale. – R. Hall, Free Will. A Short Bibliography, in: Philos. Quart. 15 (1965).

J. B. Bury, A History of Freedom of Thought, London 1913, dt. 1949; B. Malinowsky, Freedom and Civilization, New York 1944; G. Mottiers, Determinisme et liberté, Paris 1947, J. Grenier, Entretiens sur le bon usage de la liberté, Paris 1948; H. Daudin, La liberté de la volonté, Paris 1950; K. Muhs, Die Prinzipien der F. und das System der natürl. Ordnung, 1950; L. Schulte, Die schöpfer. F., 1954; R. Garaudy, La liberté Paris 1955, dt. 1959; M. Pohlenz, Griech. F. – Wesen und Werden eines Lebensideals, 1955; O. Veit, Soziologie der F., 1957; O. Janssen Das Beziehungsgefüge der menschl. Handlung und das Problem der F., 1958; F. A. v. Hayek, The Constitution of Liberty, Chicago 1960, dt. 1971; M. Horkheimer/K. Rahner/C. F. v. Weizsäcker (Hgg.), Über die F., 1965; H. Jonas, The Phenomenon of Life, New York 1966, dt. 1973; H. Rombach, Strukturontologie. Eine Phänomenologie der F., 1971; R. Dahrendorf, Die neue F., 1975; A. Griffel, Der Mensch. Wesen ohne Verantwortung?, 1975; A. Edmaier, Dimensionen der F., 1976; R. Mokrosch, Theolog. F.sphilosophie, 1976; H. P. Balmer, F. statt Teleologie, 1977; J. Simon (Hg.), F. – Theoretische u. prakt. Aspekte des Problems, 1977; H. Krings, System und F., 1980; U. Steinvorth, F.stheorien in der Philos. der Neuzeit, 1987.

Freiheit, transzendentale, nach Kant die Bedingung der Selbstbestimmung des Willens durch sein eigenes Gesetz, wodurch eine neue Kausalreihe in der Welt der Erscheinungen beginnt. Die t. F. ermöglicht die praktische Freiheit, nämlich die Unabhängigkeit der Willkür von der Nötigung durch Antriebe der Sinnlichkeit.

Kant, Grundlegung zur Metaphysik der Sitten, u.: Kritik der prakt. Vernunft; G. Krüger, Philosophie und Moral der kantischen Kritik, 193_.

Freud, Sigmund, Mediziner, * 6. 5. 1856 Freiberg in Mähren, † 23. 9. 1939 London, seit 1902 Prof. für Neuropathologie in Wien, seit 1938 in England, Begründer der → Psychoanalyse, die er zunächst nur als eine Psychotherapie zur Heilung der verschiedenen Formen der Hysterie entwickelte, dann aber zu einer Lehre von den Eigengesetzlichkeiten und dem Wirken des Unbewußten, bes. des Trieblebens, ausgestaltete. Nach dem ersten Weltkrieg wandte sich Freud immer mehr von den Problemen der Krankenbehandlung ab und der psychologischen Theorie, von ihm ‚Metapsychologie' benannt, zu. Am Lebensabend behandelte er insbesondere kulturphilosophische Fragen, die er psychologistisch zu klären versuchte. – F.s Einfluß auf das heutige allgemeine Denken und auf die moderne Kunst, ebenso wie auf Psychologie und Psychotherapie, ist unermeßlich, am stärksten in der angelsächsischen Welt. – Hauptwerke: Studien über Hysterie, 1895; Die Traumdeutung, 1900; Zur Psychopathologie des Alltagslebens (1901); Totem und Tabu, 1913; Vorlesungen zur Einführung in die Psychoanalyse, 1916/17; Jenseits des Lustprinzips, 1920; Das Unbehagen in der Kultur, 1930; Ges. Werke, I–XVIII, 1948–66; Studienausgabe, I–X, 1969–72, Erg.band 1975. – A. Grinstein, S. F.'s Writings. A Comprehensive Bibliography, New York 1977; J. Meyer-Palmedo (Hg.), S. F.-Konkordanz und -Gesamtbibl., 1975, [3]1980.

L. Binswanger, Erinnerungen an S. F., 1956; L. Marcuse, Eros and Civilization. A Philosophical Inquiry into F., London 1956, dt. 1965; P. Ricoeur, De l'Interpretation. Essais sur F., Paris 1965, dt. 1974; R. Wollheim, F., London 1971, dt. 1972; A. Schöpf, S. F., 1982; H.-M. Lohmann, F. zur Einf., 1986; A. Vetter/L. Nagl (Hgg.), Die Philosophen und F., 1988; D. Eicke (Hg.), S. F., I–IV, 1989.

Freundlich, Rudolf, Prof. in Graz, * 9. 2. 1911 Wien, † 21. 6. 1988, bearbeitete Fragen der modernen Logik und der Begründung einer wissenschaftl. Philosophie, insbesondere der Ethik; versucht den Entwurf einer logisch fundierten Sprachtheorie. – Schrieb u. a.: Die beiden Aspekte der Meinong'schen Gegenstandstheorie, 1952; Logik und Mystik, 1953; Über transzendentale Reduktion, 1955; Über das Gute, 1958; Ziele und Methoden der sprachlogischen Forschung, 1960; Sprachtheorie, 1970; Einführung in die Semantik, 1972; Innere Erfahrung, Ontologie und Sprache, 1976. Festschr. Logik, Ethik und Sprache, 1981.

Freundschaft, seit Sokrates eine der Grundtugenden, die sich in dem bewußten gegenseitigen Wohlwollen zweier Menschen ausdrückt, wobei nur jene F. einen wirklich sittlichen Charakter trägt, die auf wechselseitiger Liebe, Achtung, Aufgeschlossenheit und bedingungslosem Vertrauen basiert. F. führt zur → Kommunikation und ist dadurch der Weg zur Selbstverwirklichung des Selbst durch das Du. Wirkliche F. setzt innere und äußere Freiheit voraus und ist selbst Träger einer Steigerung der inneren Freiheit.

Frey, Gerhard, Prof. in Innsbruck, * 19. 10. 1915 Wien, befaßt sich mit mathem.-naturwissenschaftlichen Fragen der Wissenschaftstheorie sowie Problemen einer Theorie d. Geisteswissenschaften und der Kunst; versucht, die Ergebnisse d. Metamathematik durch Sprachanalyse für eine Philosophie des Bewußtseins fruchtbar zu machen: Linguistische Theorie der Reflexion; Sprache der Kunst. – Schrieb u. a.: Gesetz und Entwicklung in der Natur, 1958; Sprache – Ausdruck des Bewußtseins, 1965; Erkenntnis der Wirklichkeit, 1965; Die Mathematisierung unserer Welt, 1967 (span. 1972); Einführung in die philos. Grundlagen der Mathematik, 1968; Philosophie u. Wissenschaft, 1970; Theorie des Bewußtseins, 1980.

Festschr. „Sprache u. Erkenntnis", Hg. v. B. Kanitscheider, 1976.

Freyer, Hans, Soziologe, * 31. 7. 1878 Leipzig, Prof. in Kiel 1922 bis 1925, in Leipzig 1925–48, 1938–45 Gastprof. in Budapest, seit 1953 Prof. in Münster/W., † 18. 1. 1969 Wiesbaden, wurde in seinem Denken bestimmt durch Jugendbewegung, Weltkrieg sowie Platon, Hegel, Nietzsche (Hierher gehören die Schriften: Antäus, Grundlegung einer Ethik des bewußten Lebens, 1918, ²1922; Prometheus, Ideen z. Philos. der Kultur, 1922; Der Staat, 1925). Die Schrift „Theorie des objektiven Geistes", 1922 (³1935), untersucht dessen Formen und Strukturen. In seiner der histor. Soziologie nahestehenden „Soziologie als Wirklichkeitswissenschaft" (1930, kürzer als „Einl. in die Soziologie", 1931) begreift F. die gesellschaftl. Gebilde als Formen aus dem Leben, als in der konkreten Zeit eingelagert u. als die existentielle Situation des Menschen. F. schrieb ferner u. a.: Die politische Insel (eine Gesch. der Utopien), 1936; Machiavelli, 1937; Weltgesch. Europas, 2 Bde., 1948, ³1969; Theorie des gegenwärtigen Zeitalters, 1955, ³1967; Das soziale Ganze u. d. Freiheit des Einzelnen unter den Bedingungen des industriellen Zeitalters, 1957; Schwelle der Zeiten, 1965; Gedanken zur Industriegesellschaft (Nachlaßwerk, hrsg. v. A. Gehlen) 1970; Herrschaft, Planung und Technik, hg. 1987. – D. Willers, Verzeichnis der Schriften von H. F., 1966.

P. Demo, Herrschaft u. Geschichte. Zur polit. Gesellschaftstheorie F.s und Marcuses, 1973; O. Rammstedt, Dt. Soziologie 1933–45, 1986.

Freytag-Löringhoff, Bruno von, Prof. in Tübingen, * 11. 6. 1912 Bilderlingshof b. Riga. Arbeitet auf dem Gebiet der Philosophie der Mathematik und Naturwissenschaften, Sprachphilosophie, sowie über Begriffe wie Situation, Verstehen, Kausalität, Freiheit u. a. In seinem Hauptwerk Logik, I, ⁵1972, II, 1967 erneuert er den aristotelischen Ansatz, schafft für ihn eine neue, einprägsame Symbolik und interpretiert damit moderne Logikkalküle; neuerdings Anwendung der dadurch vervollkommneten Logik auf Computern. – Schr. weiterhin: Gedanken zur Philosophie der Mathematik, 1948 Rekonstruktion der ersten Rechenmaschine von Wilh. Schickard, Tübingen 1962; Werbung für Philosophie, 1973; Neues System der Logik, 1985.

Fries, Jakob Friedrich, Philosoph, * 23. 8. 1773 Barby a. d. Elbe, † 10. 8. 1843 Jena als Prof. (1816–17, 24–43), war wegen seiner Teilnahme an den burschenschaftl. Bestrebungen (bes. der Teilnahme am Wartburgfest 1817) 1818–24 seiner Professur enthoben. F. gründete seine positivistische Philosophie auf Kant, Jacobi, Schleiermacher und auf die Psychologie Ernst Platners (1744–1818). Seine Hauptsätze lauten: 1. Die Sinnenwelt unter Naturgesetzen ist nur Erscheinung. 2. Der Erscheinung liegt ein Sein der Dinge an sich zugrunde. 3. Die Sinnenwelt ist die Erscheinung der Dinge an sich. Der erste Satz enthält das Prinzip des Wissens, der zweite das des Glaubens, der dritte das der Ahnung. F. betrachtet die Welt im Sinne der exakten Naturwissenschaften als Organismus, der unter mechanistischen und mathematischen Gesetzen steht, ebenso wie die Geschichte der Menschen. In den Mittelpunkt seiner Moralphilosophie stellt er den Begriff der persönlichen Würde des Einzelmenschen, die Verpflichtung, der Entfaltung der sittlich-religiösen Kraft der Völker zu dienen. F. wurde bedeutsam auch für die Grundlegung der modernen Psychiatrie. – Über die Neufriesische Schule → Nelson. – Hptw.: Neue Kritik der Vernunft, 3 Bde., 1807, [2]1828–31; Wissen, Glaube, Ahndung, 1805, Neudr. 1905; Handbuch der prakt. Philosophie, 2 Bde., 1818–32; Versuch einer Kritik der Wahrscheinlichkeitsrechnung, 1842; Politik oder philosoph. Staatslehre, 1848. Handbuch der psychol. Anthropologie, 2 Bde., 1820/21, [2]1837–39; Sämtl. Schriften, 1967 ff. – Bibl. in: Abh. der Friesschen Schule NF 6 (1937).

T. Elsenhans, F. u. Kant, I–II, 1906; M. Hasselblatt, J. F. F., 1922; J. Hasenfuß, Die Religionsphilos. bei J. F. F., 1935; K. H. Bloching, J. F. F.s Philos. als Theorie der Subjektivität, Diss. Münster 1971.

Frings, Manfred S., * 27. 2. 1925 Köln, Prof. an der dePaul University, Chicago/USA, Hg. der Ges. Werke Max Schelers. Ausgehend von Schelers Spätlehre untersucht er das Selbstverständnis des heutigen Menschen, um von daher Arten des Gegenwartsgeschehens in den Griff zu bekommen, dies mit „Rückschritten“ zu dem ‚Anfang‘ des Denkens (Heidegger). Seinsvergessenheit und Abwesenheit der Gottesidee sind Charaktere in der Halt- und Ratlosigkeit des gegenwärtigen „Eigen-Sinnes“ des Menschen. – Schr. u. a.: *Max Scheler, Centennial Essays* (mit Bibliogr.), 1974; *M. Scheler, A Concise Introduction into the World of a Great Thinker,* 1965; Person und Dasein. Zur Frage der Ontologie des Wertseins, 1969; Zur Phänomenologie der Lebensgemeinschaft. Ein Versuch mit M. Scheler, 1971.

Fritz, Kurt von, * 25. 8. 1900 Metz, † 16. 7. 1985 Feldafing, Prof. emer. in München, befaßte sich als klass. Philologe mit antiker Philosophie, insbesondere mit der Bedeutung der altgriech. Staats- und Gesellschaftsphilosophie für die Gegenwart; weiterhin mit Fragen der antiken Mathematikgeschichte und Astronomie. – Schr. u. a.: Philosophie und sprachlicher Ausdruck bei Demokrit, Platon und Aristoteles, [2]1966; The Theory of the Mixed Constitution in Antiquity, [3]1975; Die griech. Geschichtsschreibung, Bd. I, 1967; Grundprobleme der Geschichte antiker Wissenschaft, 1971; Griechische u. römische Verfassungsgeschichte und Theorie, 1976.

Frobenius, Leo, Ethnologe und Kulturphilosoph, * 29. 6. 1873 Berlin, † 9. 8. 1938 Biganzolo (Lago Maggiore), seit 1925 Prof. in Frankfurt a. M. u. Begründer des Forschungsinstituts für Kulturmorphologie. F. schuf den Begriff des „Kulturkreises“, wonach die Kulturformen für bestimmte Lebensräume charakteristisch u. auf ihn beschränkt sind u. jede Kultur mit ihrer Wirkkraft (dem Paideuma) ein Organismus, eine selbständige Wesenheit mit denselben Lebensstufen ist, wie sie Pflanze, Tier und Mensch durchlaufen (Kulturkreislehre, Kulturmorphologie). Hauptwerke: Probleme der Kultur, 1900: Paideuma, Umrisse einer Kultur- und Seelenlehre, 1921, [2]1925; Das unbekannte Afrika, 1923; Schicksalskunde im Sinne des Kulturwerdens, 1932, [2]1938; Erlebte Erdteile, 7 Bde., 1925–1929; Atlantis, 12 Bde., 1921–1928; Schriften zur Kulturkunde, 1938f.

L. F., Ein Lebenswerk aus der Zeit der Kulturwende (m. Bblgr.), 1933; A. E. Jensen, L. F., in „Paideuma“, 1938.

Fröhliche Wissenschaft, provenzal. Gaya scienza, Bez. für die in der Meistersingerschule von Toulouse (gegr. 1324) gepflegte Poesie. Nietzsche benutzte den Ausdr. als

Titel eines seiner Werke, um damit dem provenzal. Troubadour, der „Einheit von Sänger, Ritter u. Freigeist“, zu huldigen.

Frömmigkeit, das Bestimmtwerden unserer Gesinnung und unserer Handlungen durch eine das Bewußtsein erfüllende Vorstellung von der Anwesenheit oder Wirksamkeit eines allmächtigen, das Weltgeschehen leitenden Wesens oder Prinzips; → Abhängigkeit. Religionspsychologisch lassen sich F.stypen unterscheiden, auf die z. B. die verschiedenen Gottesvorstellungen zurückzuführen sind; → auch Weltfrömmigkeit.

W. James, The Varieties of Religious Experience, New York/London 1902, dt. 1907; R. Otto, Das Heilige, 1917; K. Girgensohn, Der seel. Aufbau des religiösen Erlebens, 1921; A. Vetter, F. als Leidenschaft. Eine Deutung Kierkegaards, 1928, Neuauflage 1963; A. Zottl (Hg.), Weltfrömmigkeit. Grundlagen, Traditionen, Zeugnisse, 1985.

Fromm, Erich, * 23. 3. 1900 Frankfurt/M., † 19. 6. 1980 Muralto/Tessin, Psychoanalytiker und Kulturphilosoph, begann seine Laufbahn mit Studien am psychoanalyt. Institut in Berlin, 1927ff., wurde anschließend Lektor für Psychologie und Psychoanalyse am soziolog. Institut Frankfurt, 1929–32. Seit 1934 in den USA, zunächst am Intern. Inst. Social Research in NY, DC bis 1939. Arbeitete zugleich an den Universitäten Columbia, Colorado u. a. Versuchte, die Psychoanalyse Freuds kritisch auszuwerten und zu erweitern, befaßte sich auf der Basis der Tiefenpsychologie mit soziologischen und kulturphilosophischen Fragen, insbes. dem Versuch, die psycholog. Voraussetzung für eine neue Struktur der Gesellschaft herauszuarbeiten. 1985 wurde die Int. E.-F.-Gesellschaft in Tübingen gegründet. – Hauptwerke: Man for himself, 1947, dt. 1954; Psychoanalysis and Religion, 1950, dt. 1966; The Forgotten Language, 1951, dt. 1956; The Sane Society, 1955, dt. 1960; Freud's Mission, 1958, dt. 1979; Zen Buddhism and Psychoanalysis, 1960, dt. 1972; The Dogma of Christ and Other Essays on Religion, Psychology and Culture, 1963, dt. 1981; The Anatomy of Human Destructiveness, 1973, dt. 1974; To Have or to Be, 1976, dt. 1976; On Disobedience and Other Essays, 1981, dt. 1982.

H. J. Schaar, Escape from Authority. The Perspectives of E. F., New York 1961; B. Landis/E. Tauber (Hgg.), In the Name of Life. Essays in Honor of E. F., New York 1971; R. Funk, Mut zum Menschen. E. F.s Denken u. Werk, seine humanist. Religion u. Ethik, 1978; R. Funk, E. F., 1983; Forschungen zu E. F., I ff., 1985 ff.

Fulbert von Chartres, frz. Frühscholastiker, † 1028 als Bischof von Chartres, begründete 990 die Schule von Chartres (→ frz. Philosophie), in der dann auf Jahrhunderte hinaus philosoph. Denken von einer vorbildlichen echt frz. Verstandesklarheit gepflegt wurde.

Fundament (lat.), Grund, Grundlage, bes. eines philos. Lehrsatzes, einer Lehre.

Fundamentalontologie (aus lat. *fundamentum,* „Grundlage“, griech. on, „Sein“, und *logos,* „Lehre“), die Grundlehre vom Sein, Bez. für die von M. → Heidegger in seinem Werke „Sein und Zeit“ (⁹1960) niedergelegten, meist ungenau als „Existenzphilosophie“ bezeichneten Ergebnisse seiner Untersuchungen des (menschl.) Daseins zu dem Zwecke, das Sein (als ein auch im Dasein, eines sich selbst verstehenden Seienden Anwesendes) und den Sinn von Sein zu erschließen. Die F. zeigt, wie das Sein sich im → Dasein kundgibt (→ auch Existenzialien); sie will die Grundlage für alle Erfahrungswissenschaften sein.

A. Pöggeler, Der Denkweg M. Heideggers, 1963.

Funke, Gerhard, Prof. in Mainz, * 21. 5. 1914 Leopoldshall/Anhalt, neben eigenen Forschungen zur Phänomenologie im Anschluß an Husserl sowie zur Geistesgeschichte des 17./18. Jhs. geht F. den Weg begriffsgeschichtlicher Analysen (Ethos, Gewohnheit, Sitte, Sittlichkeit, Geschichte u. a.), die er auch in den Dienst der systematischen Frage nach Sein und Bewußtsein, Wissen und Gewissen stellt. Die reflektive Aufklärung des Bewußtseins wird als kritische Phänomenologie im Ausgang von historischen und metaphysischen Positionen durchgeführt. Ziel ist eine umfassende Transzendentalphilosophie. F. ist seit 1969 Hg. d. Kant-Studien. – Schrieb u. a.: Maine de Biran, 1947; Zur transzendentalen Phänomenologie, 1957; (Hrsg.) Festschr. f. E. Rothacker, Konkrete Vernunft, 1958; Gewohnheit, ²1961; Die Aufklärung, 1963; Phänomenologie – Metaphysik oder Methode?, ³1979; Von der Aktualität Kants, 1979.

G. Müller/T. M. Seebohm (Hgg.), Perspektiven transzendentaler Reflexion, Festschrift für G. F., 1989.

Funktion (lat.), Tätigkeit, Verrichtung: „F. ist das Dasein in Tätigkeit gedacht" (Goethe). Die Wissenschaft von den F.en der Organe der Lebewesen ist die Physiologie; die spezielle Wissenschaft von den F.en des Nervensystems ist die Sinnes- und Nervenphysiologie. Im log., bes. math. Sinn heißt F. das Abhängigkeits-Verhältnis zweier veränderlicher Größen (Variablen) bzw. Größengruppen, dadurch gekennzeichnet, daß eine Veränderung der einen Größe eine Veränderung der anderen zur Folge hat, d. h. je einer Größe der einen immer in bestimmter Weise je eine (oder je mehrere) Größe der anderen Gruppe zugeordnet ist.
Unter Funktionalismus versteht man eine Lehre, nach der gewisse Denkgegenstände nicht Realitäten, sondern nur F.en anderer Gegebenheiten sind. So wird insbes. das Bewußtsein seit William James von manchen Denkern für eine F. des Insgesamts der Sinnesorgane (so z. B. von A. N. Whitehead) oder des In-der-Weltseins, des Besorgens (→ Existenzphilosophie) angesehen. Das Denken wird bisweilen als F. des Handelns charakterisiert (→ auch Pragmatismus). Für den Idealismus wurde in extremen Fällen die ganze Welt zu einer F. des Ich, so bei Fichte. – Der F.-Begriff hat in der Gegenwart durch die Verwendung in der Soziologie und Politologie neue Deutungen gefunden, wird dadurch in zunehmendem Maße für die Behandlung konkreter Situationen nutzbar gemacht.

G. Frege, F. u. Begriff, 1891; C. Stumpf, Erscheinungen u. psychische F.en, 1907; E. Cassirer, Substanzbegriff u. F.sbegriff, 1910; H. Rombach, System, Struktur. Ontologie des F.alismus, 2 Bde., 1956f.; W. W. Isajiw, *Causation and functionalism in sociology*, 1968.

Funktionär, einer, dessen Tätigkeit darin besteht, daß er Funktionen ausübt, d. h. daß er „funktioniert", daß er die → Funktion einer Gegebenheit ist. Alfred Weber („Kulturgesch. als Kultursoziologie", ²1950) ist der Meinung, daß ein „vierter Mensch" den dritten Menschen, der „in Jahrtausenden über die Synthese vom Herrentum und Anti-Herrentum zur vollen Vermenschlichung fortschritt", ablösen wird, und daß dieser vierte Mensch der F. ist, F. der Zivilisations-Apparatur, des „zivilisatorischen Komplexes", der Spezialist, der den Arbeiter beaufsichtigt. Sein Ehrgeiz treibt ihn dazu, sich mit seinen Funktionen, selbst wenn sie ihm vom fremden Willen aufgezwungen werden, zu identifizieren. Es erfolgt eine Aufspaltung der Persönlichkeit in ein F.swesen und einen mehr oder weniger rasch verkümmernden Restmenschen. Das F.swesen ist imstande, Dinge zu vollziehen, die von äußerster Unmenschlichkeit sind. So erklärt Weber die Möglichkeit totalitärer Staatsführung.

I. Schultz, Der F. in der Einheitspartei, 1956; J. Messner, Der F., seine Schlüsselstellung in der heutigen Gesellschaft, 1961; C. W. Churchman, Philosophie des Managements, 1973.

Funktionspsychologie, Psychologie im Rahmen des Funktionalismus (→ Funktion), bes. stark in den USA vertreten (W. James, G. T. Ladd, G. S. Hall, J. Dewey, J. R. Angell).

C. Stumpf, Erscheinungen und psychische Funktionen, 1906; G. Pfahler, Der Mensch und sein Lebenswerkzeug, 1954.

Fürmichsein, → Ansichsein.

Fürsichsein, in der Erkenntnislehre die Eigenschaft des erkennenden Subjekts, im Erkenntnisprozeß nicht aufzugehen und Subjekt auch ohne die Anwesenheit eines Objektes zu bleiben (während das Objekt ohne die Anwesenheit eines Subjektes verschwindet und zum „Ding" wird). Die wichtigste Folge des F.s ist, daß das Subjekt seine Tätigkeit des Erkennens selbst zum Erkenntnisgegenstand machen kann. – Bei Hegel (Enzyklop. § 91ff.) ist F. die „Aufhebung der Beziehung u. Gemeinschaft mit Anderem" und die „unendliche Rückkehr in sich", → auch Sankhya; → Sartre.

Futurologie, ein erst in unserer Zeit geprägter Name für eine Wissenschaft von der Zukunft, die sich zum Ziel setzt, alle vorhersehbaren Geschehnisse und veränderliche Größen im praktischen Leben sowie im wissenschaftlichen Fortschritt nicht mehr, wie bisher, der Schätzung durch zufällige Meinungen und vage Prognosen zu überlassen, sondern deren Voraussetzungen derart systematisch zu erforschen, daß sie einer streng methodischen Bearbeitung zugänglich gemacht werden. Es sollen dabei nicht nur die vereinzelten prognoseträchtigen Erfahrungen einzelner Wissenschaften zusammengetragen werden, die sich mathematischer Methoden, vor allem der Statistik und Wahrscheinlichkeitslehre bedienen, darüber hinaus wird eine neuartige Zusammenarbeit hauptsächlich auf den Anwendungsgebieten der meisten Wissenschaften angestrebt, welche die Zukunftsdimension des gesamten Kulturprozesses gesellschaftlicher Existenz in ihrer Vollständigkeit aus allen beteiligten Komponenten zu erschließen haben wird. F. ist Voraussetzung und zugleich Ertrag verifizierbarer Hypothesen bei Planungen in den großen Bereichen der Wirtschaft, Technik, Forschung und der gesamten politischen und sozialen Wirklichkeit. Daß die F. als eine systematische Aufgabe erst in unserer Zeit zur Geltung kam, dürfte wohl mit der ungewöhnlichen Dynamik des modernen Lebens und Fortschritts zusammenhängen, für die es nicht mehr genügt, die Gegenwart nur in die Vergangenheitsdimension bewußt zu erweitern, wie das im traditionellen Denken stets der Fall war. Sondern man sieht sich herausgefordert, planend in die Zukunft zu schauen, weshalb Wissen um die Zukunft, Überprüfung der gestaltenden Kräfte und entsprechende sozialethische Überlegungen sich als wichtige aktuelle Probleme aufdrängen.

F. L. Polak, The Image of the Future, I–II, New York 1961; A. C. Clarke, Profiles of the Future, London 1962, dt. 1969; D. Gabor, Inventing the Future, London 1963; B. de Jouvenel, L'art de la conjecture, Monaco 1964, dt. 1967; O. K. Flechtheim, History and Futurology, Meisenheim 1966; Zeitschrift „Futurum", O. K. Flechtheim (Hg.), 1968–71; R. Jungk/J. Galtung (Hgg.), Mankind 2000, Oslo 1969; G. Picht, Mut zur Utopie, 1969; H. Staudinger/W. Behler (Hgg.), Chance u. Risiko der Gegenwart, 1976; O. Helmer, Looking forward: a Guide to Futures Research, Beverly Hills 1983; H. Afheldt (Hg.), Bilder einer Welt von morgen – Modelle bis 2009, 1985.

Gabirol (Gebirol), Salomon ben Jehuda Ibn, Avivebron, Avencebrol, der erste jüd. Philosoph des Abendlandes, * 1020/21 Malaga, † 1069/70 in Spanien, wirkte in Spanien und hatte großen Einfluß auf die Scholastik; bes. vermittelte er ihr aristotelisch-neuplatonisches Gedankengut. G. unterscheidet an einer *Materia universalis* die körperl. und die geistige Materie; auch die Seele ist Materie. Allein Gott ist Form ohne Materie; er läßt aus sich den Willen hervorgehen, der die Welt schafft und bewegt, der Form und Materie aneinander bindet; → jüdische Philosophie. Hauptw.: *Fons vitae* (hrsg. v. Cl. Baeumker in Beiträge zur Gesch. d. Philos. d. MA. I, 2–4, 1892–95).

D. Kaufmann, Studien über S. G., Budapest 1899 (Repr. 1977); M. Wittmann, Die Stellung des Hl. Thomas zu Avencebrol, in: Beiträge zur Gesch. der Philos. d. M.-A. 3 (1900); M. Wittmann, Zur Stellung Avencebrols im Entwicklungsgang der arab. Philos., in: Beiträge zur Gesch. der Philos. d. M.-A. 5 (1905); J. Schlanger, La philos. de S. ibn G., Leiden 1968; I. Myer, Qabbalah. The Philosophical Writings of S. b. J. I. G., New York 1971; F. P. Bargebuhr, S. ibn G., 1976; R. Loewe, Ibn G., London 1989.

Gabriel, Leo, * 11. 9. 1902 Wien, seit 1947 em. Prof. das., arbeitet auf dem Gebiet der antiken und neuzeitl. Philosophie, der system. Philos. der Gegenwart, insbesondere einer integralen Logik. – Hauptw.: Vom Brahma zur Existenz, 1947, [2]1954; Logik der Weltanschauung, 1949; Existenzphilosophie von Kierkegaard bis Sartre, 1951, [2]1968; Indischer Denker, eine Einführung, 1957; Mensch und Welt in der Entscheidung, 1961; Cusanus-Ausgabe, 3 Bde., 1964–67; Integrale Logik, 1965. Hrsg. d. Zeitschr. „Wissenschaft u. Weltbild"; Die Wahrheit des Ganzen (Festschr. u. Selbstdarstellung), 1976; Neue Sicht des Leib-Seele-Problems, 1978.

Gadamer, Hans-Georg, Philosoph, * 11. 2. 1900 Marburg, seit 1939 Prof. in Leipzig, 1947 in Frankfurt, seit 1949 in Heidelberg, hervorgetreten durch seine ‚philosoph. Hermeneutik' sowie durch seine Studien zur griech. Philosophie, zu Hegel und zur Phänomenologie; Wahrheit und Methode, 1960, [4]1975; Platos dialekt. Ethik u. a. Platostudien, 1968; Kleine Schriften, I u. II, 1966; III, 1971; IV, 1977; Hegels Dialektik, 1971; Wer bin ich, wer bist Du?, 1973; Vernunft im Zeitalter der Wissenschaft, 1976; Philosophische Lehrjahre, 1976; Poetica, 1977; Die Idee des Guten, 1978; Das Erbe Hegels, 1979; Heideggers Wege. Studien zum Spätwerk, 1983; Ges. Werke, 1985 ff.

D. Henrich u.a. (Hgg.), Die Gegenwart der Griechen im neueren Denken. Festschrift für H.-G. G. zum 60. Geburtstag, 1960; R. Bubner u.a. (Hgg.), Hermeneutik u. Dialektik. Festschrift für H.-G. G. zum 70. Geburtstag, I–II, 1970; H.-G. Gadamer/G. Boehm (Hgg.), Seminar: Philos. Hermeneutik, 1976; H.-G. Gadamer/G. Boehm (Hgg.), Seminar: Die Hermeneutik und die Wiss., 1978; D. E. Linge (Hg.), H.-G. G. – Philosophical Hermeneutics, Berkeley 1978; J. Grondin, Hermeneut. Wahrheit. Zum Wahrheitsbegriff H.-G. G.s, 1982; J. C. Weinsheimer, G.'s Hermeneutics, New Haven 1985; L. K. Schmidt, The Epistemology of H.-G. G., [2]1987.

Galenos, Leibarzt des Kaisers Marc Aurel. * um 131 Pergamon, † um 201 Rom, schrieb über das gesamte Heilwesen und blieb viele Jahrhunderte ärztl. Autorität. Außerdem beschäftigte er sich mit Philosophie, da der wahre Arzt auch Philosoph sein müsse. Quelle der Erkenntnis und Wahrheit ist ihm außer den Sinnen der Verstand. Mit den Lehren der Peripatetiker verband er die der Stoiker. Bes. bekannt wurde die nach ihm genannte 4. (Galenische) Figur des logischen Schlusses sowie seine Lehre von den vier → Temperamenten (sanguinisch, phlegmatisch, cholerisch, melancholisch) und den ihnen zugrunde liegenden vier Körpersäften (Blut, Schleim, gelbe und schwarze Galle). – „Werke", 2 Bde., 1941.

H. Bayer, Anatomie des Herzens nach G., Diss. München 1943; N. W. Gilbert, Renaissance Concepts of Method, New York 1960; O. Temkin, Galenism. Rise and Decline of a Medical Philosophy, Ithaca/London 1973 (mit Bibl.).

Galilei, Galileo, Mathematiker u. Physiker, * 15. 2. 1564 Pisa, † 8. 1. 1642 Arcetri b. Florenz, wegen seines Eintretens f. die Kopernikanische Lehre von der Inquisition angeklagt und zum Widerruf gezwungen. (Der ihm zugeschriebene Ausruf: „*Eppur si mouve,* Und sie bewegt sich doch" ist eine literar. Erfindung). G. ist, im Anschluß an Demokrit, der Begründer der neueren mechanistischen Naturphilosophie. „Er starb in dem Jahre, da Newton geboren wurde. Hier liegt das Weihnachtsfest unserer neuen Zeit" (Goethe). „In ihm folgte auf mehr als 2 Jahrtausende von Beschreibung und Formbetrachtung der Natur das Studium einer wirklichen Analysis der Natur" (Dilthey). Seine Entdeckung der Fallgesetze ist für die Entwicklung der naturwiss. Methode von so überragender Bedeutung geworden, weil sie sich auf reine Erfahrung beschränkte, d. h. nicht auszudrücken versuchte, „warum" der Stein falle, sondern „wie" er es tut. Das wahre Buch der Philosophie ist für G. das Buch der Natur, das nur in anderen Buchstaben geschrieben ist als in denen des Alphabets, nämlich in Dreiecken, Quadraten, Kreisen, Kugeln usw. Zum Lesen desselb. kann nicht Spekulation dienen, ist vielmehr Mathematik nötig. Für die wiss. Forschung forderte G.: Verwerfung der Autorität in Fragen der Wissenschaft, Zweifel, Gründung der allgem. Sätze auf Beobachtung und Experiment, induktives Schlußverfahren. G. huldigte einem Rationalismus, der glaubt, die Welt rein auf mechanistische Weise, mit Hilfe von Mathematik, Mechanik und Vernunft, begreifen zu können. – Hauptw.: *Jl saggiatore,* 1623; *Dialogo sopra i due massimi sistemi del mondo,* 1632; *Discorsi e dimostrazioni matematiche intorno a due nuove scienze,* 1638, dt. 1891: *Della scienza meccanica,* 1649. – *Edizione Nazionale delle opere di G. G.,* 21 Bde., 1890–1909, repr. 1968.

E. Wohlwill, G. und sein Kampf für die Copernikan. Lehre, I–II, 1909/26 (Repr. 1969); F. Dessauer, Der Fall G. und wir, 1943; A. C. Crombie, Augustine to Galileo. The History of Science, I–II, London 1952, dt. 1977; H. C. Freiesleben, G. G. – Physik u. Glaube an der Wende der Neuzeit, 1956; B. G. Kuznecov, Von G. bis Einstein, 1970 (russ. 1953); R. E. Butts/J. C. Pitt (Hgg.), New Perspectives on G., Dordrecht/Boston 1978; W. A. Wallace, Prelude to G. – Essays on Medieval and 16th Century Sources of G.'s Thought, Dordrecht 1981; P. Redondi, G. eretico, Turin 1983, dt. 1989.

Galton, Francis, engl. Naturforscher, * 16. 2. 1822 Dudderston

(Warwickshire) † 18. 1. 1911 Haslemere, Begründer der → Eugenetik. Die von G. auf Grund eines biologischen Evolutionismus aufgestellte Vererbungsregel (Galtonsche Regel) besagt, bes. hinsichtlich der Hoch- und Höchstbegabungen, daß die Abweichungen der Individuen einer Art um einen best. Höchstwert schwanke. Hauptw.: *Hereditary Genius,* 1869, dt. 1910; *Inquiries into Human Faculties and its Development,* 1883; *Natural Inheritance,* 1889; *Memoires of my Life,* 1908.

K. Pearson, *Life, Letters and Labours of F. G.,* 3 Bde., 1914–30; E. G. Boring, *A History of Experimental Psychology,* 1950.

Gansfort, Wessel, niederdt. spätscholast. Mystiker, * um 1420 Groningen, † das. 4. 10. 1489, Vorläufer der Reformation, von Luther geschätzt, übte an Papst und Kirche Kritik; selbst bedeutender Humanist, verwarf er die irreligiöse Haltung der meisten Humanisten. Er warnte vor ungezügelter Erfahrung. Der von ihm entworfene vierfache Weg der mystischen Selbstdisziplinierung durchläuft Gottesfurcht, Gottessehnsucht, Gotteshinwendung, Gottesliebe. – Hauptw.: *Farrago rerum theologicarum,* 1522 hrsg. von Luther. – *Opera,* hrsg. v. A. Hardenberg, 1614.

Van Rhijn, W. G., 1917; A. Renaudet, *Preréforme et humanisme a Paris,* [2]1953.

Ganzheit, die Vollständigkeit, Totalität, Unversehrtheit und Eigengesetzlichkeit einer Sache. Seit der Jahrhundertwende, bedient man sich dieses Begriffes, um alle Dinge zunächst in ihrem ursprünglich unversehrten Zusammenhang und ihrer Struktur zu betrachten, um auf diese Weise der Tatsache gerecht zu werden, daß eine Aufweisung der Eigenschaften der Einzelteile niemals Gesamtbestand bzw. Gesamtwirkung einer Sache erklären könne; denn das einzelne, der „Teil", ist nur aus dem Ganzen heraus zu verstehen, das Ganze aber ist, wie bereits Aristoteles lehrte, mehr als die Summe seiner Teile. Das Ganze ist nicht aus Teilen „zusammengesetzt", es werden nur Teile an ihm unterschieden, in deren jedem das Ganze ist u. wirkt; → Organismus (dynamische G.). Bes. die Psychologie hatte das Bedürfnis, von der mechanistischen, atomistischen Betrachtungsweise des 18. und 19. Jh. loszukommen und das unentstellte ursprüngliche Seelische zum Gegenstand der Forschung zu machen; bis dahin war ihr das besondere Seelische, nämlich Sinn und Bedeutung entgangen (→ Ganzheitspsychologie). In der Soziologie ist durch O. Spann der G.s-Begriff zum tragenden Begriff einer universalistischen Gesellschaftslehre gemacht worden; danach sind G.en nicht nur Gefüge von Erscheinungen, „Strukturen", sondern wirksame Mächte, Träger von Kausalität, nicht definierbar, sondern nur aufweisbar. In der Pädagogik hat die neue Auffassung der G. zu einer Umwälzung im Lese- und Schreibunterricht geführt (Ganzheitlicher Erstunterricht). In der deutschen Philosophie finden sich G.s-Betrachtungen seit Albertus Magnus, sodann in der Klassik und im Idealismus des 18. und beginnenden 19. Jh. In der Gegenwart ist die ganzheitliche Auffassungsweise aller Gegebenheiten vorherrschend; → auch Holismus.

H. Driesch, Das Ganze und die Summe, 1921; O. Koehler, Das G.sproblem in der Biologie, 1933; F. Krueger, Zur Philos. und Psychologie der G., hg. 1953; A. Müller, Das Problem der G. in der Biologie, 1967; C. G. Vaught, The Quest for Wholeness, Albany 1982.

Ganzheitspsychologie, die heutige Form der Psychologie, die im Gegensatz zur älteren Assoziations- und Elementenpsychologie, die sich methodisch an den exakten Naturwissenschaften orientiert hatten, von der → Ganzheit des ursprünglichen Erlebens ausgeht und auf dem Wege der Beschreibung und Zergliederung innerhalb des ursprüngl. Erlebnisganzen dessen ganzheitliche Struktur sowie die in diese eingebetteten psychischen Gestalten (→ auch Gestaltpsychologie, Struktur-Psychologie) untersucht.

F. Krueger, Das Problem der Ganzheit, 1932; Ehrenstein, Einführung in die G., 1934; O. Klemm, Wege zur G., 1954; A. Wellek, Die genetische G., 1954; ders., G. u. Strukturtheorie, 1955; Th. Hermann, Problem und Begriff der Ganzheit in der Psychologie, 1957; F. Sander u. H. Volkelt, G., 1962.

Garve, Christian, Popularphilosoph, * 7. 1. 1742 Breslau, † das. 1. 12. 1798, 1770–72 Prof. in Leipzig. Sein Denken ist vom engl. Empirismus bestimmt. G. gibt in geschmackvoll populärer Darstellung eine nützlich-praktische Lebensphilosophie, wobei er sich als ein geistvoller Beobachter des sozialen Lebens erweist. Hauptw.: Versuche über verschiedene Gegenstände aus der Moral, Literatur und dem gesellschaftlichen Leben, 5 Bde., 1792–1802; – Eigene Betrachtungen über die Sittenlehre, 1798. – Auch als Übersetzer machte sich G. einen Namen (Ferguson, Burke, Smith u. a. engl. Moralphilosophen; Cicero, Von den Pflichten, 1793 im Auftrag Friedrichs d. Gr., Aristoteles, Ethik, 2 Bde., 1798–1801, und: Politik, 2 Bde., 1799–1802); G.s Briefe an Eine Freundin, 1801; G.s Briefe an Weiße, 1803; G.s Briefe an seine Mutter, 1830; Sämtl. Werke, I–XVIII, 1801–04 (Repr. 1980). – A. Viviani, C. G.-Bibl., in: Wolfenbütteler Studien zur Aufklärung 1 (1974) und 2 (1975).

P. Müller, G.s Moralphilos. und seine Stellungnahme zu Kants Ethik, Diss Erlangen 1905; W. Milch, C. G. (1926), in: Ders., Kleine Schriften zur Literatur- und Geistesgesch., hg. 1957; M. Stolleis, Die Moral in der Politik bei C. G., 1967; M. Ammermann, Gemeines Leben. Gewandelter Naturbegriff und lit. Spätaufklärung: Lichtenberg, Wezel, G., 1978.

Gassendi, Pierre, franz. Mathematiker und Philosoph, * 22. 1. 1592 Champtercier (Provence), † 24. 10. 1655 in Paris als Prof. (seit 1645), Gegner von Descartes sowie des herrschenden aristotel.-scholastischen Weltbildes. Er erneuerte die atomistisch-mechanistische Physik Demokrits und die eudämonistische Ethik Epikurs und war (nach Ansicht Bayles) der größte Gelehrte unter den Philosophen und der größte Philosoph unter den Gelehrten seiner Zeit. – Hauptw.: *De vita, moribus et doctrina Epicuri,* 1647; *Syntagma philosophicum,* 1658; *Opera omnia,* 6 Bde., 1658, repr. 1964.

P. Pendzig, Die Ethik G.s und ihre Quellen, 1910; C. Marwan, Die Wiederaufnahme der griech. Atomistik durch P. G., Diss. Breslau 1935; J. S. Spink, French Free-Thought from G. to Voltaire, London 1960; O. R. Bloch, La philos. de G., La Haye 1971; R. Tack, Unters. zum Philosophie- u. Wissenschaftsbegriff bei P. G., 1974; W. Detel, Scientia rerum natura occultarum. Methodolog. Studien zur Physik P. G.s, 1978; B. Brundell, P. G., Dordrecht 1987; L. S. Joy, G. the Atomist, Cambridge 1988.

Gasset, span. Philosoph → Ortega y Gasset.

Gast, Peter (eigentl. Heinrich Köselitz), Schriftsteller und Musiker, * 10. 1. 1854 Annaberg (Erzgeb.), † das. 15. 1. 1918, 1900–1908 am Nietzsche-Archiv in Weimar tätig, trat 1876 in persönl. Beziehungen zu Nietzsche, dessen Gehilfe er wurde, und schrieb eine Einführung in den Gedankenkreis von „Also sprach Zarathustra“, in der er Nietzsches Gedanken vom Übermenschen, von der Ablehnung der Massen und der Demokratie besonders hervorhob. Veröffentlichte 1908 Nietzsches ges. Briefe. Seine Briefe an Nietzsche gab A. Mendt (2 Bde., 1924) heraus.

Fr. Götz, Peter G., 1934.

Gastmahl, Platons → Symposion.

Gattung *(Genus),* philosophisch zusammenfassende Bez. für eine Gruppe von Gegenständen, denen wesentliche Eigenschaften gemein sind, während sie in unwesentlichen Eigenschaften voneinander abweichen. Aristoteles bezeichnete diese gemeinsamen Eigenschaften, deren jeweilige Gesamtheit seit Platon als metaphysische Wirklichkeit begriffen wird und im MA. als „Universalien" (Einz. „Universale", Allgemeines, → Allgemein) eine große Rolle spielte, als das „Wesensallgemeine ähnlicher Dinge". – In der Logik ist der G.sbegriff ein Ordnungsbegriff, der, von höherer Allgemeinheit, eine Reihe von weniger allgemeinen Begriffen unter sich umfaßt; → Art. In der Systematik der Pflanzen und Tiere ist die G. eine Gruppe verwandter Arten; Gruppen verwandter Gattungen bilden eine Familie.

Gattungsentelechie, biolog. Begriff, Artseele, hypothetischer Träger überindividueller seelischer Einflüsse, denen die Entwicklung der Individuen einer Art zu verdanken sei.

Gauss, Hermann, Prof. in Bern, früher Basel, Schüler von H. Schmalenbach, * 4. 5. 1902 Liestal/Basel, † 29. 6. 1966, Bern, Platonforscher, widmete sich der großen Aufgabe, die spätplatonische Philosophie systematisch zu erfassen, war zugleich bemüht, in philologisch-philosophischer Kleinarbeit für die Gegenwartsforschung ein direkt auf den Quellen basierendes Gesamtbild des Platonismus zu erschließen. – Hauptw.: *Plato's Conception of Philosophy,* 1937; Philosophischer Handkommentar zu den Dialogen Platos, 7 Bde., [2]1972.

Gazali (Ghazali, Ghasali, im MA.: Algazel), Mohammed ibn Mohammed, islam. Theologe und Philosoph, * 1059 in Tus, Provinz Chorasan (Iran), † das. 1111, anfangs Mystiker im Sinne des Sufismus, bestritt die Allgemeingültigkeit des Kausalitätsgesetzes, wurde zum erbitterten Gegner der Philosophie („Zerstörung der Philosophie", franz. 1903) und zum Neubegründer orthodoxer Theologie („Neubelebung der Theologie"). – Schrieb u. a. die selbstbiogr. Abhandlung, „Der Erretter vom Irrtum", engl. 1909; → Islamische Philosophie.

L. Obermann, Der philos. und religiöse Subjektivismus G.s, 1921; K. Azkoul, Al-G., Glaube u. Vernunft im Mohammedanismus, 1938; M. Abu Ridah, Al-G. und seine Widerlegung der griech. Philos., 1952; M. A. Sherif, G.'s Theory of Virtue, Albany N. Y. 1975.

Gebser, Jean, * 20. 8. 1905 Posen, philosoph. Schriftsteller, Hon. Prof. der Universität Salzburg, wohnte in Burgdorf b. Bern, † 14. 5. 1973 das. Versuchte nachzuweisen, daß die Bewußtseinsentwicklung die Stufen des Archaischen, Magischen und Mentalen bereits durchlaufen hat und sich gegenwärtig in der Mutation zum integralen Bewußtsein befindet. Wendet sich gegen die Übermacht des quantifizierenden Denkens, fordert eine Wertung von Qualitäten und Strukturen des Lebendigen, zugleich die Überwindung von unzeitgemäßen Antagonismen. – Schr. u.

a.: Abendländische Wandlung, [8]1968; Ursprung und Gegenwart, 3 Bde., [4]1973 (engl. 1977); In der Bewährung, [2]1969; Asien lächelt anders, 1969; Der unsichtbare Ursprung, 1970; Zerfall und Teilhabe, 1973; Gesamml. Lyrik, 1974; Ges.-Ausg., 8 Bde., 1975ff.

Gedächtnis, die Fähigkeit Wahrnehmungen und Vorstellungen über den Zeitpunkt des Erlebens hinaus aufzubewahren; G. heißt auch (bildlich gesprochen) die Aufbewahrungsstätte. „Nächst der Wahrnehmung ist das G. für ein denkendes Wesen das Notwendigste. Seine Bedeutung ist so groß, daß, wo es fehlt, alle unsere übrigen Fähigkeiten großenteils nutzlos sind; in unseren Gedanken, Schlußfolgerungen und Erkenntnissen könnten wir nicht über die gegenwärtigen Objekte hinauskommen ohne den Beistand unseres G.ses" (Locke). Während die Erinnerung ein psychischer Akt ist, der sich auf die Verwertung des G.besitzes bezieht, ist das G. selbst eine latente Kraft mit der Fähigkeit, diesen Besitz gewissermaßen zu mobilisieren und verwertbar zu machen. Es ist bei Vertretern der Tierreihe wie auch bei den einzelnen Menschen in ungleicher Stärke und verschiedener Richtung entwickelt.
Die Theorie des G.ses nimmt an, daß jedes Erlebnis im Großhirn eine „Spur" (ein „Engramm") hinterläßt und daß das G. dann tätig werden kann, wenn sich zwischen dieser Spur und einem neuen Erlebnis ein Zusammenhang bildet. Über die Natur dieser Zusammenhangsbildung bestehen nur Vermutungen. Falsch ist die Annahme der physiolog. Theorie, daß die Spur des neuen Erlebnisses mit der alten Spur zusammenfallen müsse, damit das alte Erlebnis als solches wiedererkannt werden könne, oder daß bei häufiger Wiederholung eines Erlebnisses (z. B. beim Lernen) eine „Ausschleifung" oder „Bahnung" von besonderen Erregungsleitungen im Großhirn stattfände. Wahrscheinlich handelt es sich beim Wiedererkennen um eine Paarbildung – wie sie sich z. B. im Wahrnehmungsfeld zwischen zwei gesehenen Punkten gleicher Farbe herstellt unter der Bedingung, daß die Beschaffenheit des Zwischenfeldes von der der beiden Paarglieder genügend abweicht – zwischen einer Wahrnehmungsgestalt und einer (unbewußten) Spurgestalt, wobei Ähnlichkeitsgrad und Nähe (räumliche und zeitliche) von entscheidender Bedeutung sind. Die Spurgestalt verändert sich im Laufe der Zeit. Erstens gleicht sie sich der Masse der übrigen Spurgestalten an, verliert sich in ihnen und wird gewissermaßen unauffindbar für ein neues Erlebnis (Beginn und Fortschreiten des Vergessens). Zweitens verändert sie sich in der Weise, daß das Erinnerte oder infolge eines äußeren Anlasses aus dem G. Reproduzierte eine prägnantere Gestalt hat, als das betr. Erlebnis selbst: im G. herrscht, wie auch im Wahrnehmen und Vorstellen, die Prägnanztendenz und die Spurgestalt verbessert sich in Richtung auf die „gute" → Gestalt. Dies hat zur Folge, daß „dasselbe, gestaltlich nicht ausgezeichnete Gebilde, wenn man es nach genügend langer Zwischenzeit zum zweiten Mal antrifft, vielfach unmittelbar verschlechtert, verblaßt usw. aussieht. Ohne daß dazu ein Vorstellungsbild des früher gesehenen Gegenstandes oder gar eine Erinnerung an die erste Begegnung wachgerufen zu werden braucht, ist doch als heimlicher Maßstab für die neue Wahrnehmung die verbesserte Spur der alten

wirksam“ (W. Metzger, Psychologie, [2]1957).
Ältere G.theorien sind: die metaphysische Anamnesis-Theorie seit Platon, die psychologische Theorie seit Aristoteles, seit Beginn der Neuzeit in Form einer Assoziationstheorie, die physiologische Theorie des 19. Jh. In deren Sinne hat Ewald Hering das G. in seinem Werk „Über das G.“ (1870) als eine „allgem. Funktion der organisierten Materie“ darzutun versucht und auch die Vererbungsvorgänge als Leistung dieser Funktion aufgefaßt. R. Semon hat diese Gedanken in seiner Theorie von der → Mneme weiter ausgeführt, die Bleuler zu seiner G.-theorie ausbaute. – Die kybernetischen Vergleiche des G. mit dem „G.-Speicher“ eines Computers hat inzwischen zu neuen Forschungsversuchen geführt, die sich der Modelltheorie bedienen und mathematisierbare Strukturen aufzudecken suchen, aus denen das Behalten von Vorstellungen, die Assoziationsgesetze, Sprachvorgänge, Lernprozesse u. a. exakt bestimmt werden sollen. Führend auf diesem Gebiet sind amerikanische Computermathematiker und russische Forscher, für die sich die Beschreibung psychischer Vorgänge und Denkfunktionen angeblich auf entsprechende Hirnstrukturen und physiologische Prozesse reduzieren läßt.

G. E. Müller, Zur Analyse der G.tätigkeit und des Vorstellungsverlaufs, in: Zt. für Psychologie u. Physiologie der Sinnesorgane, Erg.bände 5, 8, 9 (1911–17); M. Halbwachs, Les cadres sociaux de la mémoire, Paris 1925, dt. 1966; E. Bleuler, Mechanismus, Vitalismus, Mnemismus, 1931; K. Foppa, Lernen, G., Verhalten, 1965; H. J. Flechtner, Das G. – Ein neues psychophys. Konzept, 1979; R. Arbinger, G., 1984; R. L. Klatzky, Memory and Awareness, New York 1984, dt. 1989; H. Rahmann, Das G. – Neurobiolog. Grundlagen, 1988.

Gedanke, Denkakt, Ein Teilvorgang des → Denkens oder auch sein Ergebnis, der Gehalt des Denkens, das Denkerzeugnis; auch svw. Idee. Über Unterschied u. Beziehungen zw. ‚Denken‘ u. ‚Gedanke‘ vergl. W. Cramer „Grundlegung einer Theorie des Geistes“, 1958, s. S. 11–27. – G.n sind unanschauliche Inhalte des Denkens, die nicht auf andere Erlebnisse zurückgeführt werden können, stellen aber „elementare Erlebniseinheiten dar. (K. Bühler).

Geduld, die Beharrlichkeit im Wartenkönnen (passive G.) und im unermüdlichen Tätigsein (aktive G.) im Hinblick auf ein gesetztes Ziel oder beim Sich-Abfinden mit einem Schicksalsschlag. Goethe bezeichnete die G. als Inbegriff der drei christlichen → Kardinaltugenden.

Gefüge, dt. Ausdr. für → Struktur.

Gefühl, in der Psychologie die Art, in der wir unmittelbar das Wesen der wechselnden Ichzustände (Freude, Trauer, Aufgeregtheit, Unlust u. dergl.) an uns selbst und an anderen erleben. G.e sind eine besondere Art von → Gestaltqualitäten und gehören zur Gruppe der Wesenseigenschaften. Gestaltqualitäten des Gesamtbewußtseins, also des im Augenblick anschaulich Erlebten einschl. der Außenwelt (von Felix Krueger, „Komplexqualitäten“, d. h. Eigenschaften eines ungegliederten Ganzen, genannt), werden heute mit dem Ausdruck → Stimmungen bezeichnet. – G.e und gefühlsartige Erscheinungen können verschiedenen Bereichen des Bewußtseins zugeordnet sein: dem Gesamtbewußtsein, dem Ichbereich oder Teilbereichen der anschaulichen Welt. Entwicklungsgeschichtlich ist der letzte dieser drei (voneinander nur methodisch isolierbaren) Bereiche wichtig, weil für das ursprüngl. Denken auch die Dinge belebt waren (→ Animismus, → beseelen), weil sie selbst „fühlten", also eine Einfühlung in die Dinge, deren Wesen erschlossen werden sollte, möglich war (auf diesem Wege auch eine Einwirkung auf die Dinge durch Beschwörung und dergl.; → Magie). Für das ursprüngliche Denken und für Kinder ist das G. daher das das Seelenleben Beherrschende und die natürliche Weise der Erkenntnis (→ auch Liebe). Starke und rasch verlaufende G.e heißen → Affekte. Das Wort G. bzw. Fühlen ist erst seit dem 18. Jh. ein philos. Fachausdruck; vorher wurde das G. meist unter dem Thema „Leidenschaften der Seele" (lat. *passiones animae*) philosophisch-psychologisch behandelt; → auch G.sphilosophie.

A. Vetter, Kritik des G.s, Psychologie in der Kulturkrisis, 1923, [2]1977; F. Krueger, Das Wesen der G.e, 1928; K. Stumpf, G. und G.sempfindung, 1928; R. Odebrecht, G. und Ganzheit. Der Ideengehalt der Psychologie Felix Kruegers, 1929; F. Grossart, G. und Strebung, 1931 (Neuauflage 1961); W. Metzger, Psychologie, 1941; M. Keilhacker, Entwicklung u. Aufbau der menschl. G.e, 1947; S. Strasser, Das Gemüt, 1956; M. B. Arnold, Emotion and Personality, I–II, New York 1960; D. Ulrich, Das G. – Eine Einführung in die Emotionspsychol., 1982; R. M. Gordon, The Structure of Emotion, Cambridge 1987.

Gefühlsmoral, in der Ethik Bez. für eine Moral, die die Motive des sittlichen Wollens und Handelns in den Gefühlen, Neigungen, Affekten sieht, denen echte Liebe und Ergriffenheit vorausgehen. (Hauptvertreter: Shaftesbury, Hutcheson; später auch M. Scheler); Gegensatz: → Reflexionsmoral.

Gefühlsphilosophie (Glaubensphilosophie), Bez. für eine philos. Strömung des 18. Jh., die nicht im (abstrakten) Denken, sondern im Gefühl (Glauben) die Quelle der Wahrheit sah und dem (subjektiven) Gefühl die Führerrolle im Denken (Weltanschauung) wie im Handeln (Leben) zuwies (→ Gefühl); mit der → Empfindsamkeit der damaligen Zeit und ihrem „Sturm und Drang" war sie innerlich verbunden. – Hauptvertreter: F. G. → Jacobi, J. G. Hamann, J. H. Newman.

gegeben heißt etwas, das ohne unser Zutun als Tatsache oder Bewußtseinsinhalt auftritt; das „Gegebene", die Gegebenheit, ist der neutrale Ausdruck für das schlicht erlebnismäßige Vorhandensein von gegenständlichen Gehalten im Bewußtsein.

N. Hartmann, Zum Problem der Realitätsgegebenheit, 1931; J. Wild, The Concept of the Given in Contemporary Philosophy, in: Philos. Phenom. Res. 1 (1940/41); J. J. Ross, The Appeal of the Given. A Study in Epistemology, London 1970.

Gegensatz, in der Logik die Unterscheidung bzw. die Unverträglichkeit von Begriffen, wozu folgende fünf G.formen aufgezählt werden: 1) die kontradiktorische (kalt und nicht kalt); 2) die konträre (kalt u. warm); 3) die privative (sehend und blind); 4) die relative (Vater–Sohn); 5) die polare (Kraft–Stoff, Mann–Frau).

Gegenstand, Ding, Objekt im allgemeinsten Sinne, jedes Seiende, das sich durch anschauliche Gestalt oder innere Sinneinheit als abgegrenztes und in sich geschlossenes ausweist. In diesem Sinne ist G. jedes dem schlichten Erleben (Bewußtsein) gegebene („entgegenstehende") Etwas in individueller Form. Als Hauptarten v. Gegenständen kann man unterscheiden: 1. das Ding, den physischen, außenweltlichen G.; 2. den Begriff, den logisch gedachten G.; 3. den zuständlichen G., allgemeine Gefühlslagen oder geistige Haltungen, z. B. den „Geist" einer Sache, einer Zeit. In diesem Sinne wurde das Wort G. und gegenständlich zu Beginn des 20. Jh. zum Kampfwort gegen jede Art von Subjektivismus. Die abstrakte Kunst wurde als G.slos bekämpft. Zugleich erging der Ruf nach erneuter Hinwendung „zu den Sachen selbst" (→ Phänomenologie) auf allen Gebieten; → Sachlichkeit, Eigenschaft. – Kant versteht unter G. an sich nur den außenweltlichen und meint: es gäbe für uns keine anderen Gegenstände als die der Sinne; das Ding an sich, ihre objektive, nicht sinnliche Ursache, sei uns gänzlich unbekannt. In der Existenzphilosophie ist G. das mir im Erleben Entgegenstehende, das aus der Unauffälligkeit der Dinge Heraustretende (weil es z. B. nicht zur Hand ist, nicht paßt, im Wege steht usw.) das Widerständige, dessen Wesen sich mir durch das → Widerstandserlebnis enthüllt.

G. Söhngen, Sein und G. – Das scholast. Axiom, 1930; H. Behrens, G. und G.sbewußtsein, 1937; W. V. O. Quine, From a Logical Point of View, Cambridge Mass. 1953, dt. 1979; K. Kosik, Die Dialektik des Konkreten, 1986 (tschech. 1963); W. Kamlah/P. Lorenzen, Log. Propädeutik, 1969.

Gegenstandstheorie, nach Meinong (Untersuchungen zur G. und Psychologie, 1904) die Theorie desjenigen, was aus der Natur eines Gegenstandes *a priori* in betreff dieses Gegenstandes erkannt werden kann. Unter → Gegenstand ist dabei alles zu verstehen, was irgendwie gemeint oder beurteilt werden kann.

Gegenwart, im allgemeinen ein eng bemessener Zeitabschnitt, in dem wir gerade leben; präziser betrachtet „hat sie die Zeit Null und die Raumgröße unendlich. Sie umfaßt das Weltall. Sie wird niemals in ihrer Nullzeit, sondern immer nur in einer endlichen Präsenzzeit erlebt. Sie ist der Koordinatenmittelpunkt unserer Zeitorientierung und der Konstrukteur unseres Nacheinander. Sie beansprucht in diesem jeweils ihre Alleinwirklichkeit. Die Vergangenheit vor ihr ist für sie nicht mehr, die Zukunft nach ihr noch nicht wirklich. Gegenwart und Nacheinander sind ausschließlich Bewußtseinserscheinungen. Es gibt sie nur für uns. Die Wirklichkeit selber ist eine nacheinanderlose, vierdimensionale nichteuklidische Raumzeiteinheit. Die ontologische Realinterpretation der modernen Physik zeigt, daß es verschiedene Gegenwartsgestalten und daher verschiedengestaltete Nacheinander mit verschiedenen Transformationen gibt" (G. Jacoby in „Allgem. Ontologie der Wirklichkeit". Bd. II, 524ff.); → Futurologie.

Geheimlehre (esoterische Lehre), eine Lehre, die nur Eingeweihten zugänglich ist und von diesen nicht weiter verbreitet werden darf. Als G.n galten z. B. die jüdische → Kabbala, die griech. Mysterien, die gnostischen Lehren. Heute sind G.n die Lehren der Freimaurer, Theosophen und Anthroposophen.

H. Leisegang, Die Geheimwissenschaften, 1924.

Gehlen, Arnold, Philosoph und Soziologe, * 29. 1. 1904 Leipzig, 1934–1945 Prof. in Leipzig, Königsberg, Wien; seit 1947 Prof. f. Soziol. a. d. Hochschule f. Verwaltungswissenschaft Speyer, seit 1962 a. d. TH Aachen, † 30. 1. 1976 Hamburg, hervorgetreten durch eine in seinem Hauptw. „Der Mensch, seine Natur und seine Stellung in der Welt" (1940, [9]1971) dargestellte empirisch-philosophische Anthropologie, in der er, durch Dewey angeregt, von der menschl. Antriebsstruktur ausgeht. Die Sonderstellung d. Menschen beruht auf morphologischen Primitivismen und auf dem Fehlen sicherer Instinkte. Ein so entstehender Antriebsüberschuß bedarf der Lenkung. Der Mensch ist das handelnd erkennende Wesen, das jede Umwelt ins Lebensdienliche umarbeitet, von Natur ein Kulturwesen. Das Buch „Urmensch und Spätkultur" ([2]1963) behandelt die Institutionen als Stabilisierungen der Plastizität d. Menschen, „Moral und Hypermoral" [2]1970 erstellt eine pluralistische Ethik. G. schrieb ferner u. a.: Die Seele im technischen Zeitalter, [13]1972; Zeit-Bilder, [2]1966; Studien zur Anthropologie u. Soziologie, [2]1971; Anthropologische Forschung, [3]1971; Soziologie (zus. m. H. Schelsky), [7]1968; vollst. Bibliogr. in ZphF, XVIII, 1964. – Ges.-Ausg. in 10 Bden., 1978ff.

F. Jonas, Die Institutionenlehre A. G.s, 1966; J. Weiß, Weltverlust u. Subjektivität, 1971; W. Lepenies/H. Nolte, Kritik der Anthropologie, 1971; W. R. Glaser, Soziales u. instrumentales Handeln. Probleme der Technologie bei A. G. und J. Habermas, 1972; C. Hagemann-White, Legitimation als Anthropologie. Eine Kritik der Philos. A. G.s, 1973; P. Gelis, Bewußt-Seinskritik. Zum Problem des Bewußtseins in der Anthropologie A. G.s, 1973; P. Jansen, A. G. – Die anthropolog. Kategorienlehre, 1975; P. Fonk, Transformationen der Dialektik. Grundzüge der Philos. A. G.s, 1983.

Geist, als Übersetzung der in der antiken Philosophie und in der Bibel vorkommenden Wörter *spiritus* (lat.) und *pneuma* (griech.) soviel wie bewegte Luft, Hauch, Atem (als Träger des Lebens); dann Seele als ein Wesen, das den Körper zeitweilig oder für immer verlassen kann, Gespenst; das Leben selbst (Goethe: „Denn das Leben ist die Liebe, und des Lebens Leben G."); das Wesen Gottes: „Gott ist G."; das innerste Wesen der Erde oder der Welt: Erdgeist, Weltgeist; der gedankliche Gehalt eines Kunstwerkes; der allg. Charakter einer Sache, z. B. G. der Goethezeit, Volksgeist, Korpsgeist; → auch Esprit.

Der heute gebrauchte philos. Begriff G., in Polarität zu → Natur, bildete sich im Zeitalter der Romantik und des Idealismus, besonders aber bei Hegel („Der G. offenbart sich als das riesenhafte, Himmel und Erde, Gut und Böse zusammenfassende Integralzeichen"; H. Dreyer, Der Begriff G. i. d. dt. Philos. von Kant bis Hegel, 1908).

Eine umfassende Untersuchung hat Klages dem Geist gewidmet; als Ziel seiner Forschungen bezeichnet er, „die Knüpfungsformen von Leben und Geist zu ermitteln" (Die Grundlagen der Charakterkunde). Dazu ist die sorgfältige Unterscheidung und Wesensbestimmung beider erforderlich; Klages kommt zu dem Befund, daß Leben und Geist zwei völlig selbständige, weder auf einander noch auf eine gemeinsame Wurzel rückführbare Mächte sind; dem raumzeitlichen (kosmischen) Leben steht der außerraumzeitliche (akosmische) Geist gegenüber. Zwischen beiden findet Klages zwei Knüpfungsstellen, den Auffassungsakt und den Willensakt. Zu seiner These, der Geist habe im Verlaufe der Weltgeschichte mehr und mehr die Rolle eines Widersachers der Seele angenommen, gewinnt man leichter Zugang, wenn man beachtet, „daß die entscheidende Tat des Geistes nicht im Auffassungsakt, sondern im Willensakt zu suchen" ist. Unter Geist versteht Klages deshalb „den Sachverhalt, durch den es geschieht, daß aus dem Vorgang eine Tätigkeit wird" (Die Sprache als Quell der Seelenkunde).

Für die klassische Auffassung tritt der G. in drei Seinsformen in die

Erscheinung: als G. des Einzelnen (personaler G.), als Gemeingeist (objektiver G.) und als objektivierter G. (Gesamtheit der abgeschlossenen geistigen Schöpfungen). Während das Seelische so eng in den Entwicklungsprozeß des Organischen einbezogen ist, daß seine Entfaltung mit diesem Hand in Hand geht und im großen und ganzen als zur Erbmasse gehörend betrachtet werden kann, wird der personale G. nur als Möglichkeit vererbt, als Fähigkeit, er selbst zu werden. Seine Gestaltung wird von ihm selbst geschaffen durch die geistige Arbeit, die bis an das Lebensende nicht aufhören darf. Deshalb sind die geistigen Unterschiede zwischen den Menschen viel größer als die vitalen. Die Bedürfnisse von Leib und Seele, die Nöte und Triebe der Menschen sind über weite Räume hinweg die gleichen und die Seele reagiert auf sie in typischer, psychologisch-gesetzlicher Weise. Der G. hat seine Gesetzlichkeit für sich, er kann vom Psychologischen aus (wie es Klages versucht) überhaupt nicht verstanden werden. Er ist autonom und es gibt für ihn keine erkennbaren Grenzen; die Schranke des Transintellegiblen (→ Erkenntnis) ist nur eine prinzipielle und entzieht für jeden personalen G. ein anderes Gebiet dessen Reichweite.

Der personale G. wird er selbst durch das Hineinwachsen des Individuums in den Bereich des objektiven G.es, in eine geistige Sphäre, eine Kultur, die es vorfindet und die es sich (teilweise) aneignen kann, unterstützt durch Erziehung und Bildung. Dieses Hineinwachsen ist seine Menschwerdung, sofern unter Mensch ein Lebewesen verstanden wird, das sich durch seine Geistigkeit, d. h. durch sein Freigewordensein von der unmittelbaren Herrschaft der Triebe und durch seine innere Distanziertheit von den Ereignissen und Dingen von anderen Lebewesen unterscheidet. Der personale G. lebt durch seine Beziehungen zur geistigen Gemeinschaft (dem „geistlosen" Menschen mangelt eine solche Bezogenheit), die ihrerseits das Leben des objektiven Geistes ausmacht. So wie der personale G. vom psychischen Habitus des Einzelnen getragen wird, so der objektive G. von einer Gemeinschaft (Gruppe, Volk, Völkergruppe). Sein Verbundensein mit dem personalen G. ist das geschichtl. Geistesleben der Menschen (daher auch „lebendiger G."), sein Verbundensein mit dem objektivierten G. ist der geschichtl. G. Der objektive G. kann nur in einem Ineinssein mit dem personalen und dem objektivierten G. verstanden werden. Was ein einzelnes Geistesprodukt ist und was seinen Wert ausmacht, ergibt sich nur aus seiner Bezogenheit zum objektiven G., durch den es und für den es entstand. Den Mitträger des objektiven G.es nennen wir → Person.

Der objektive G. z. B. eines Volkes ist das, was über das Volk ausgesagt werden kann, er ist die Gesamtheit der möglichen Prädikate zu dem Subjekt Volk, er tritt in dem gemeinsamen geistigen Besitz in Erscheinung, zu dem er, nach Nic. Hartmann (Das Problem des geistigen Seins, ^{2}1949), gehört; vor allem die → Sprache; in weitem Abstand folgen Produktion und Technik, bestehende Sitte, geltendes Recht, vorherrschende Wertungen, herrschende Moral, hergebrachte Form der Erziehung und Bildung, vorwaltender Typus der Einstellung und Gesinnung, tonangebender Geschmack, Mode, Richtung der Kunst und des künstlerischen Verstehens, Stand der Erkenntnis und Wissenschaft, herrschende Weltanschauung in jeder Form (Religion, Mythos, Philosophie). Am reinsten und faßlichsten tritt der objektive G. dort zutage, wo sein Inhalt am wenigsten anschaulich ist: in den Denknormen, in Begriff und Urteil, also im Bereich des Logischen.

Im objektivierten G., in den Werken der Wissenschaften und Künste, erkennen wir den lebendigen G. wieder, der sie schuf; er spricht zu uns aus diesen Werken, sofern und solange wir (als Personen) an ihm teilhaben können. So sind die geistigen Güter Gräber und Quellen des lebendigen G.es zugleich.

Hegel spricht noch von einem, von jedem irdischen Träger unabhängigen absoluten G., der identisch ist mit dem reinen, als ideales Ganzes betrachteten göttlichen G.

H. Freyer, Theorie des objektiven G.es, 1923 (Repr. 1966); N. Hartmann, Das Problem des geistigen Seins, 1933; N. A. Berdjajew, G. und Wirklichkeit, 1949 (russ. 1937); B. Snell, Die Entdeckung des G.es, 1946: C. G. Jung, Symbolik des G.es, 1948; A. v. Martin, G. und Gesellschaft, 1948; G. Ryle, The Concept of Mind, London 1949, dt. 1969; A. Cresson, Le méchanisme de l' esprit, Paris 1950; J. Möller, Der G. und das Absolute. Zur Grundlegung einer Religionsphilos. in Begegnung mit Hegels Denkwelt, 1951; K. Reidemeister, G. und Wirklichkeit, 1953; W. Cramer, Grundlegung einer Theorie des G.es, 1957; S. Hampshire (Hg.), Philosophy of Mind, New York 1966; F.-P. Hager, Der G. und das Eine, 1970; J. Teichman, The Mind and the Soul. An Introduction to the Philosophy of Mind, London/New York 1974; J. Teichman, Philosophy and the Mind, Oxford 1988.

Geistesgeschichte, eine wissenschaftl. Methode, die die Kulturgeschichte als eine Gesch. des Geistes, der die Kultur hervorbringt, auffaßt. Sie ist teils Geschichte der Ideen und Weltanschauungen, sowie Kulturgeschichte, teils Erforschung des Zeitgeistes und seiner Wandlungen mittels Querschnitten durch die jeweilige Zeitlage. 1957 Gründung der „Gesellschaft für Geistesgeschichte e. V." Erlangen. → Geist, Kultur, Zeitgeist.

R. Heiss, Der Gang des Geistes, 1948; H. J. Schoeps, Was ist und was will die G.? Über Theorie u. Praxis der Zeitgeistforschung, 1959; W. Weier, G. im Systemvergleich. Zur Problematik des histor. Denkens, 1984.

Geisteswissenschaften, auch Kultur- od. Geschichtswissenschaften, heißen seit der Mitte des 19. Jh. sämtliche Wissenschaften, die sich der Erforschung der Schöpfungen des mensch. Geistes (→ Geistesgeschichte), der Kulturgebilde und Kulturgebiete, widmen, wie Wissenschaft, Kunst, Religion, Staat, Wirtschaft, Recht u. a. Zu den G. zählen daher Geschichte, Philologie, Soziologie, Theologie, Ethik, Ästhetik, während die Psychologie eine Mittelstellung zw. Natur- u. G. einnimmt (→ Leib-Seele-Frage). Der Ausdruck G. stammt von Schiel, der J. St. Mills „Logik" übersetzte (1849) und darin das Wort *„moral science"* mit G.

Von der Außenwelt her betrachtet beginnt das Gebiet der G. dort wo die geistig-kulturelle Betätigung der Menschen sinnhafte und dauernde Spuren in der Natur hinterläßt. Dilthey versuchte 1883 in seiner „Einleitung in die G." die methodisch scharfe Trennung zwischen G. u. Naturwissenschaften durchzuführen; er bestimmte die G. als das Ganze derjenigen Wissenschaften, welche die geschichtlich-gesellschaftliche Wirklichkeit zu ihrem Gegenstande haben; ihre Aufgabe ist es nach Dilthey, die Bekundungen dieser Wirklichkeit nachzuerleben und denkend zu erfassen, d. h. zu begreifen und zu verstehen. Das Kausalprinzip gilt durchgehend auch in den G., es muß jedoch ergänzt werden durch die Zweckvorstellung (→ Teleologie), Wertbeurteilung u. Sinngebung.

Für die Wissenschaftstheorie (→

auch Wissenschaft) ist die Abgrenzung der G. von den → Naturwissenschaften ein wichtiges Problem, in das d. Gegensatz zwischen Rationalem u. Irrationalem hineinspielt.

Nach Spranger beschäftigen sich die G. 1. mit transsubjektiven u. kollektiven geistig-geschichtlichen für den Einzelmenschen erheblichen Gebilden; 2. mit den geistigen Normen für den Einzelmenschen und sein geistig-kulturelles Leben und Leisten.

Windelband unterscheidet geschichtebezogene einzigkeitenbeschreibende (idiographische) G. von den gesetzesetzenden (nomothetischen) Naturwissenschaften, ähnlich Rickert und Rudolf Stammler. Von anderen werden die G. als Sozial- oder Kulturwissenschaften den Naturwissenschaften gegenübergestellt. Da der Mensch trotz seiner Geistbegabung Glied der Natur bleibt, ist für wieder andere, u. a. Haeckel und Breysig, alle Wissenschaft, also auch die G., letzten Endes Naturwissenschaft. – Die sich eine „Geisteswissenschaft" nennende Anthroposophie hat mit den G. nichts zu tun.

W. Dilthey, Einl. in die G., 1883; W. Windelband, Gesch. und Naturwiss., 1894; W. Dilthey, Der Aufbau der gesch. Welt in den G., 1910; E. Rothacker, Einl. in die G., 1920; E. Becher, G. und Naturwiss., 1921; E. Rothacker, Logik u. Systematik der G., 1927 (Repr. 1965); J. Kraft, Die Unmöglichkeit der G., 1934, [3]1977; O. F. Bollnow, Das Verstehen, 1949; O. F. Bollnow, Die Methode der G., 1950; E. Grassi/T. v. Uexküll, Von Ursprung u. Grenzen der G. und Naturwiss., 1950; J. Ritter, Die Aufgabe der G. in der modernen Gesellschaft, 1961; H. Trümpy (Hg.), Kontinuität, Diskontinuität in den G., 1973; T. Pawlowski, Methodolog. Probleme in den Geistes- und Sozialwiss., 1975; M. Riedel, Verstehen oder Erklären? Zur Theorie und Gesch. der hermeneut. Wiss., 1978; H. Flashar (Hg.), Philologie u. Hermeneutik im 19. Jh., 1979; T. Bodammer, Philos. der G., 1987; E. Betti, Zur Grundlegung einer allg. Auslegungslehre, 1988.

geisteswissenschaftliche Psychologie, eine von Dilthey begründete Forschungsrichtung der Psychologie, die auf die seelischen Untergründe der Geistes- u. Kulturgeschichte gerichtet ist und den Aufbau der menschl. Persönlichkeit und ihrer Leistungen zu „verstehen", nicht sie aus seelischen Elementarbestandteilen nach naturwissenschaftl. Gesetzen zu erklären sucht. Wir verstehen aber eine Persönlichkeit niemals unmittelbar, sondern stets durch ihre Äußerungsformen, durch ihre psychische und geistige Ausdruckswelt hindurch. Die objektiven Sachleistungen einer geistigen Persönlichkeit (die Gegenstand der → Geisteswissenschaften sind) lehren uns subjektive Lebenszusammenhänge verstehen. Dabei ist das sachliche Verstehen mit dem Verstehen der Persönlichkeiten durch innerlich verwandte „Strukturen" verbunden. Den Erlebnistypen entsprechen im Zusammenhang mit den objektiven Leistungszusammenhängen bestimmte → „Lebensformen", auf die die Arten der Persönlichkeit gegründet sind. Die g. P. wird vor allem von Spranger, Litt, Jaspers, Bollnow u. a. vertreten, ihre Methode geht aber immer mehr in die allg. Psychologie über, bes. soweit sie sich die Erforschung der höheren psychischen Funktionen zur Aufgabe macht.

W. Diltheys Gesammelte Schriften, 8 Bde., 1914–1926; E. Spranger, Lebensformen, [9]1966; ders., Psychologie d. Jugendalters, [24]1955; K. Jaspers, Psychologie der Weltanschauungen, [5]1960; Th. Litt, Erkenntnis u. Leben, 1923; E. Rothacker, Logik und Systematik der Geisteswissenschaften, [2]1948; W. Oelrich, G. Ps. und die Bildung des Menschen, 1950.

Geltung, das Anerkanntsein eines Begriffs oder eines Urteils, seine logische oder werttheoretische „Zulässigkeit"; die inhaltliche Richtigkeit eines Gedankens, die ideelle einer Idee. Dinge „sind“, Ereignisse „geschehen“; Begriffe, Gesetze und Schlüsse aber „gelten“. Nach Lotze „gelten“ die Wahrheiten, ganz gleich, ob sie jemand nur denkt oder ob sie irgend worin verwirklicht werden.

In der Philosophie der Südwestdt. Schule (→ Neukantianismus) haben die Werte des Wahren, des Sittlichen und des Schönen zwar absolute G., aber keine Realität; ihr Sein erschöpft sich in ihrer G. Bruno Bauch unterscheidet die G. der objektiven Beziehungen von der Gültigkeit der Urteile, wobei die G. die Gültigkeit begründet.

A. Liebert, Das Problem der G., 1914 (Repr. 1971); B. Bauch, Wahrheit, Wert, Wirklichkeit, 1923; F. M. Gatz, Die Begriffe der G. bei Lotze, 1929; H. Wagner, Philos. und Reflexion, 1959; K.-H. Ilting, G. als Konsens, in: Neue H. Philos. 10 (1976); C. F. Gethmann, Genesis u. G. von Normen, in: W. Oelmüller (Hg.), Normen u. Gesch., 1979.

Geltungstrieb (auch Geltungsdrang, Geltungsbedürfnis) in der Psychologie das oft krankhaft ausartende Streben, zur Überlegenheit zu gelangen oder Überlegenheit vorzuspielen, als Persönlichkeit von anderen anerkannt zu werden bzw. das Ich anderen gegenüber zu behaupten. G.e sind in den meisten Fällen, wenn nicht von Herrschsucht bestimmt, als Äußerungen des Bedürfnisses zu verstehen, Minderwertigkeitsgefühle und seelische Niederlagen auszukompensieren. → Individualpsychologie.

Gemeinschaft, im metaphysischen Sinne die Kategorie des Zusammenseins bzw. der Wechselwirkung (lat. *commercium*), so noch bei Leibniz und Kant; im soziologischen Sinne das natürliche (organische), auf gleicher Abstammung, auf ähnlicher Gesinnung, auf gemeinsamen Schicksalen und Bestrebungen beruhende Zusammenleben einer Menschengruppe im Gegensatz zu den rational-zweckgebundenen in der → Gesellschaft, von welcher die G. zuerst Tönnies 1887 in seiner Schrift „G. und Gesellschaft“ unterschieden hatte; trotz dieser Unterscheidung hat sich in der Praxis das pragmatisch klingende Wort „Interessen-G.“ eingebürgert, dessen Entstehung jedoch gegenüber der Gesellschaft auf einem spontanen Zusammenschluß der Interessen beruht. Typische G.en sind Familie und Volk, die Familie als Liebes-, Erwerbs- und Schicksals-G., das Volk als Träger des Gemeingeistes (→ Geist), als Sprach-, Kultur- und Schicksals-G. → Soziologie; → Sozialpsychologie.

A. Vierkandt Gesellschaftslehre, 1923; F. Krueger (Hg.), Philos. der G., 1929; T. Litt, Individuum u. G., 1929; H. Steingräber, Dt. G.sphilosophie der Gegenwart, 1933; A. Metzger, Existentialismus u. Sozialismus, 1968; E. Fink, Existenz und Coexistenz. Grundprobleme der menschl. G., 1987.

Gemüt, eine nur der dt. Sprache eigentümliche Bez. für die enge Einheit des geistigen u. sinnlichen Gefühlslebens, für die → Innerlichkeit der Seele.

J. Rehmke, G. und G.sbildung, ^{2}1924; S. Strasser, Das G., 1956; H. Albrecht, Über das G., 1961; G. Huber, Über das G. – Eine daseinsanalyt. Studie, 1975.

Gemütsbewegungen (Emotionen), nennt man die Gefühle, Affekte, Leidenschaften, Stimmungen.

Generalisierung (vom lat. *generalis*, „die Gattung betreffend“), Verallgemeinerung, Verfahrensweise der Mathematik und der Naturwissenschaft (weniger der Geisteswiss.), bei der auf dem Wege der → Induktion, überhaupt der Bildung von Begriffen aus den Einzelheiten die Gemeinsamkeiten herausgesondert werden.

Generation (vom lat. *generatio,* „Zeugung"), das einzelne Glied einer Geschlechtsfolge (Eltern, Kinder, Enkel); die Gesamtheit der annähernd Gleichaltrigen eines Volkes, eines Kulturkreises. Sie gehört zu den „gesellschaftl. formierenden Kräften" (Mannheim). Die Existenz der G. hat bedeutsame soziologische Erscheinungen zur Folge: stetes Neueinsetzen neuer und steter Abgang früherer Kulturträger; zeitlich begrenzte Teilhabe der Träger eines G.szusammenhanges am Geschichtsprozeß; stete Notwendigkeit des Tradierens der Kulturgüter; Kontinuierlichkeit des G.wechsels. Unter G.enproblem versteht man meist das Insgesamt der Konflikte, die sich aus dem Kampf der jüngeren gegen die ältere G. ergeben, wenn es sich darum handelt, neuen Erkenntnissen u. Anschauungsweisen gegenüber alten und erprobten Geltung zu verschaffen. Dieses Problem hat heute durch die rasche technologische und soziale Veränderung der Lebensverhältnisse und durch die oft allzu nachlässig praktizierte freiheitliche Erziehung zu höchsten Zuspitzungen geführt.

K. Mannheim, Das Problem der G., in „Vierteljahrshefte für Soziologie" VII, 1927; Pinder, Das Problem der G. in der Kunstgeschichte, [3]1941; Th. Litt, Das Verhältnis der G.en ehedem u. heute, 1947.

generell (vom lat. *generalis,* „die Gattung betreffend"), gattungsmäßig, allgemein, manchmal auch: durchgehend, schematisch. Gegensatz: → individuell.

generisch (vom frz. *générique,* „zur Gattung gehörig"), die Gattung *(genus)* betreffend, Gattungs-, Gegensatz: → spezifisch.

Genesis (griech. „das Werden"), Genese, Entstehung, Entwicklung z. B. Biogenesis, Entstehung oder Entwicklung des Lebens; Titel des 1. Buches Moses, das die Entstehung der Welt schildert.

Genetik (vom griech. *genetike [episteme],* „die Wissenschaft vom Entstehen u. Werden"), Entwicklungslehre; genetisch, die Entstehung und Entwicklung betreffend, unter dem Gesichtspunkt der Entwicklung, entwicklungsgeschichtl., Entwicklungs-, z. B. genetische Psychologie. – Im engeren Sinne umfaßt G. die Lehre von den *Genen,* womit die in den Keimzellen liegenden Erbeinheiten bezeichnet werden; → Abstammungslehre.

J. Piaget, Introduction à L'Epistémologie génétique, I–III, Paris 1950, dt. 1972/73; L. v. Bertalanffy, Auf den Pfaden des Lebens, 1951; E. Thomas, Philos.-methodolog. Probleme der Molekularg., 1966; W. Gottschalk, Allg. G., 1982, [3]1989; H. Markl, Evolution, G. und menschl. Verhalten. Zur Frage wiss. Verantwortung, 1986.

Genie (franz.), bezeichnet sowohl den höchsten Grad von schöpferischer Begabung, die wirksam ist als originale Kraft der Auffassung (Intuition), der Kombination (Phantasie), der schöpferischen Gestaltung u. Darstellung, als auch den mit dieser Begabung Begnadeten. In der dt. Dichtung und Philosophie des 18. Jh. bis hin zur Romantik ist das G. der überragende Ausnahmemensch. Kant nennt den genialen Menschen einen „Günstling der Natur", G. die angeborene Gemütsanlage, durch welche die Natur nicht der Wissenschaft, sondern der (schönen) Kunst die Regel vorschreibt (Kritik der Urteilskraft § 46–49). Noch deutlicher sieht Goethe in Anknüpfung an Hamann, Herder sowie den Geniekult des Sturm und Drang das G. als gestaltenschaffende Begabung höchsten Ranges, ähnlich Schiller als schöpferische Naivität. Schöpferische Kindhaftigkeit sieht auch Nietzsche als eine der Hauptquellen des G.s an.

Zu neuerer Zeit wurde bisweilen der Versuch unternommen, G. mit Irrsinn in Beziehung zu setzen (so von Moreau de Tours, Lombroso u. a.); schon Platon spricht vom „göttlichen Wahnsinn" der Dichter. Tatsächlich verfielen zahlreiche geniale Menschen dem Wahnsinn (Tasso, Swift, Lenau, Schumann, Haller, Nietzsche) und wirklich hat der das G. zeitweilig überfallende Schaffensdrang Ähnlichkeit mit bestimmten originellen und gedanklich hochproduktiven Phasen aus den leichteren psychopatholog. Randgebieten (leichten hypomanischen Phasenschwankungen, visionären Vorstadien von Schizophrenie und dergl.). Aber wenn überhaupt das vom Dasein anderer Menschen abweichende Leben des G.s als „Abartigkeit" bezeichnet werden kann, dann nicht unbedingt als krankhafte regelwidrige, willkürhafte Ausnahme, sondern soziolog. betrachtet vielleicht als regelsetzender und gesetzeschaffender gestalthaft-schöpferischer Gipfelpunkt menschlicher Existenz. Die Psychiatrie der Gegenwart hat die zu weitgehenden Theorien Lombrosos fallen gelassen. Es mehren sich heute die Versuche, G. aus der Entwicklung zur → Kreativität, psychologisch aus kreativen Anlagen und Innovation zu erklären.

C. Lombroso, Der geniale Mensch, 1888 (ital. [4]1882); F. Brentano, Das G., 1892; W. Ostwald (Hg.), Große Männer, Studien zur Biologie des G.s, 1909; E. Zilsel, Die Entstehung des G.begriffs, 1926; W. Lange-Eichbaum, G., Irrsinn u. Ruhm, 1928; E. Kretschmer, Geniale Menschen, 1929; W. Lange-Eichbaum, Das G.problem, 1931; P. Grappin, La théorie du g. dans le préclassicisme allemand, Paris 1952; R. Revész, Talent und G., 1952; A. Hock, Reason and Genius. Studies in their Origin, New York 1960; A. Kuhn-Foelix, Vom Wesen des genialen Menschen, 1968; Jochen Schmidt, Die Gesch. des G.-Gedankens in der dt. Literatur, Philos. u. Politik 1750–1945, I–II, 1985, [2]1988.

Gentile, Giovanni, ital. Philos., * 30. 5. 1875 in Castelvetrano, † 15. 4. 1944 Florenz (von Partisanen erschossen), 1917–44 Prof. in Rom, Neuhegelianer, Schlüsselfigur der modernen ital. Philosophie, neben → Croce Hauptvertreter des ital. Neuidealismus, den er vor allem in aktualistischer Richtung entwickelt hat. Der Gedanke in seinem Werden u. seiner Aktualität ist die Synthese von Subjekt und Objekt, die für sich allein keine Wirklichkeit besitzen. Der Geist ist als reiner Akt konzipiert, der sich selbst hervorbringt und daher Freiheit ist. – Hauptw.: *L'atto del pensare come atto puro,* 1912, dt. 1931; *La riforma della dialettica hegeliana,* 1913, [3]1924; *Teoria generale dello spirito come atto puro,* 1916; *Sistema di logica,* 1923; *Filosofia dell'arte,* 1931; *Genesi e struttura della società,* [2]1954; *Opere complete,* 1928ff. – V. A. Bellezza, *Bibliografia degli scritti di G. G.,* Florenz 1950.

G. Gentile, La vita e il pensiero, I–XIV, Florenz 1948–72; V. A. Bellezza, L'esistenzialismo positivo di G. G., Florenz 1954; H. S. Harris, The Social Philosophy of G. G., Urbana 1960; M. E. Brown, Neo-idealistic Aesthetics: Croce – G. – Collingwood, Detroit 1966; G. Giraldi, G. G., Rom 1968; U. Spirito, G. G., Florenz 1969; K. G. Fischer (Hg.), G. G. – Philos. und Pädagogik, 1970 (mit Bibl.); F. Pardo, La filosofia di G. G., Florenz 1972; A. Lo Schiavo, Introduzione a G., Rom/Bari 1974; M. Di Lalla, Vita di G. G., Florenz 1975; A. Negri, G. G., I–II, Florenz 1975; A. Agosti, Filosofia e religione nell'attualismo gentiliano, Brescia 1977.

Gentile, Marino, Prof. f. theor. Philosophie in Padua, * 9. 5. 1906 Triest, versteht die Philosophie als reine Problematizität, als Offenheit allen Fragens, die, in der neuesten Entwicklung von mathematischen Methoden beschränkt, ihre Vollendung nur in der klassischen Metaphysik gefunden habe. – Schrieb u. a.: *La dottrina platonica delle ideenumeri e Aristotele,* 1930; *La metafisica presofistica,* 1939; *La politica di Platone,* 1940; *Umanesimo e tecnica,* 1943; *Filosofia e Umanesimo,* 1947; *Il problema della filosofia moderna,* 1950; *Come si pone il problema metafisico,* 1955; *Se e come è possible la storia della filosofia,* 1963.

Iam rude donatus, Festschr. (mit Bibliogr.) 1978.

Genus proximum (lat.), die nächst höhere Gattung; → Definition.

geozentrisch (aus grch. *ge,* „Erde" u. lat. *centrum,* „Mittelpunkt") ist die Weltanschauung, welche die Erde zum Mittelpunkt der Welt macht, z. B. die Weltanschauung des MA., des Christentums. Seit Kopernikus setzte sich die → heliozentrische durch mit der Sonne als Mittelpunkt, während man heute von einem „Mittelpunkt" der → Welt nicht mehr spricht.

E. J. Dijksterhuis, Die Mechanisierung des Weltbildes, 1956 (niederl. 1950); A. Koyré, From the Closed World to the Infinite Universe, Baltimore 1957, dt. 1969.

Gerechtigkeit, bei Platon die Tugend des rechten Verhaltens zu den Mitmenschen, die Summe aller Tugenden überhaupt. In der modernen Wertethik ist G. die Vorbedingung z. Verwirklichung weiterer Werte (→ Ethik) und besteht darin, der fremden Person als solcher gerecht zu werden, sie zu respektieren und in ihre Freiheitsphäre nicht einzudringen, damit ihre Handlungsfreiheit zur Erhaltung und Schaffung von Kulturwerten nicht beeinträchtigt wird. – Rawls interpretiert in seinem bedeutenden Buch „Eine Theorie der Gerechtigkeit" (1975) G. als Fairneß und definiert eine Gesellschaftsordnung als gerecht, der jedes Mitglied dieser Gesellschaft zustimmen könnte, auch wenn es noch nicht weiß, welche Stellung es in dieser Gesellschaft innehaben wird.

G. del Vecchio, Die G., [2]1950; J. Pieper, Über die G., [2]1954; P. Trude, Der Begriff der G. in der aristot. Rechts- u. Staatsphilosophie, 1955; K. Engisch, Auf der Suche nach der G., 1971; R. Dahrendorf, Die Idee des Gerechten im Denken von K. Marx, [2]1971; J. Rawls, G. als Fairneß, 1977; I. Tammelo, Theorie d. G., 1977; J. Rawls, Eine Theorie der G., 1979.

Gesamtperson, nach Scheler die Personengemeinschaft, von der sich die einzelne Person als von ihrem Hintergrund abhebt, von der sie aber zugleich ein Glied ist und sich für deren Gesamtwirken als mitverantwortlich betrachtet. Da Scheler die Person als Aktzentrum auffaßt, ist die G. ein Erlebniszusammenhang, der in seiner zeitlichen Erstreckung „Geschichte", in seiner Gleichzeitigkeit Sozialeinheit heißt.

Geschichte, der zeitliche Ablauf des die Wirklichkeit ausmachenden Geschehens in der Welt sowie die Aufzeichnung dieses Geschehens und seines Gehalts, am einfachsten in der Form schlichter zeitl. Aneinanderreihung (d. h. als Chronik). Wenn auch dem Menschen die G. des Menschengeschlechts, also seine eigene G., am nächsten liegt, so hat doch, wie erst seit dem 19. Jh. genauer betrachtet wurde, auch die nichtmenschliche Natur ihre G., die die Entstehung der Welt, der Erde, des Pflanzen- u. Tierreichs umfaßt. Aufgabe der Geschichtsforschung ist es, aus der Fülle der geschichtl. überlieferten Ereignisse die bedeutungsvollen besonders hervorzuheben, aus ihnen das Geschichtsbild zusammenzusetzen und die zwischen ihnen bestehenden Zusammenhänge aufzudecken, so daß sich daraus das Geworden-

sein des gegenwärtigen Zustandes ergibt. Die Geschichtsforschung steht dabei nicht über der G., sondern ist in das Gewebe der Zeit selbst mit hineingeflochten.
Was in der G. nur physische Grundlage ist und was nur identisch wiederkehrt, etwa die regelmäßigen Kausalitäten und mechanische Kräfte, das ist das Ungeschichtliche in der G.
In dem Strom des bloßen Geschehens ist das eigentlich Geschichtliche von einem einzigartigen Charakter. Es ist Überlieferung durch Autorität u. darin eine Kontinuität durch erinnernden Bezug auf das Vergangene. Es ist Erscheinungswandlung in bewußt vollzogenen Sinnzusammenhängen. Warum ist überhaupt G.? Weil der Mensch endlich ist, unvollendet u. unvollendbar, muß er in seiner Verwandlung durch die Zeit des Ewigen innewerden, und er kann es nur auf diesem Wege. Das Unvollendetsein des Menschen und seine → Geschichtlichkeit sind dasselbe. Die Grenzen des Menschen schließen gewisse Möglichkeiten aus: Es kann keinen Idealzustand auf Erden geben. Es gibt keine vollständig befriedigende Welteinrichtung. Es gibt keinen vollkommenen Menschen. Beständige Endzustände sind nur möglich als Rückfall in bloßes Naturgeschehen. Aus ständiger Unvollendung in der G. muß es ständig anders werden. Die G. ist aus sich selbst heraus nicht abschließbar. Sie kann nur zu Ende gehen durch inneres Versagen oder kosmische Katastrophen.
„Die Frage aber, was nun in der G. das eigentlich Geschichtliche in seiner Erfüllung aus dem Ewigen sei, treibt uns zwar an, seiner ansichtig zu werden, aber es bleibt doch unmöglich, daß wir über eine geschichtl. Erscheinung im Ganzen und endgültig urteilen. Denn wir sind nicht die Gottheit die richtet, sondern Menschen, die ihren Sinn öffnen, um Anteil zu gewinnen am Geschichtlichen, das wir daher, je mehr wir es begreifen, um so betroffener immer noch suchen." (K. Jaspers, Vom Ursprung und Ziel der G., 1949); – auch Geschichtsphilosophie, Historik, Weltgeschichte.

K. Lamprecht, Moderne Geschichtswiss., 1905; E. Spranger, Die Grundlagen der Geschichtswiss., Diss. Berlin 1905; W. v. Humboldt, Über die Aufgabe des Geschichtsschreibers, hg. 1919; F. Wagner, Geschichtswiss., 1951; H. I. Marrou, De la connaissance historique, Paris 1954; A. Delp, Der Mensch und die G., 1955; P. Ricoeur, Histoire et vérité, Paris 1955; O. F. Anderle, Theoret. G., in: HZ 185 (1958); A. C. Danto, Analytical Philosophy of History, Cambridge 1965, dt. 1974; H. W. Hedinger, Subjektivität u. Geschichtswiss., 1969; H. M. Baumgartner, Kontinuität u. G., 1972; S. W. Baron, The Contemporary Relevance of History. A Study in Approaches and Methods, New York 1986; → Geschichtsphilosophie.

Geschichtlichkeit, in der Existenzphilosophie von Jaspers die Einheit der bloßen Vorhandenheit des Menschen und der in seinem Dasein enthaltenen Entwicklungsmöglichkeiten zu eigentlicher Existenz, d. h. zu dem Seienden, das sich zu sich selbst und seiner Transzendenz verhält. Die G. der Existenz, die Augenblick genannt wird, ist die Einheit von Zeit u. Ewigkeit (→ Geschichte). Die G. wird verwirklicht in der Treue des Selbst zu seinem Grunde. – Die G. einer Sache usw. betont man, wenn daran erinnert werden soll, daß sie eine Geschichte hat, die man kennen muß, um das Wesen der Sache zu erfassen.

H. Marcuse, Hegels Ontologie und die Grundlegung einer Theorie der G., 1923; L. v. Renthe-Fink, G., ihr terminolog. u. begriffl. Ursprung bei Hegel, Haym, Dilthey u. Yorck, 1964; E.-G. Faber, Theorie der Geschichtswiss., 1971, [4]1978.

Geschichtsphilosophie (das Wort stammt von Voltaire; sachlich reichen ihre Anfänge bis in die Antike zurück) ist die deutende und wertende Betrachtung der Geschichte, d. h. meistens der Ergebnisse der Geschichtsforschung und Geschichtsdarstellung; → Geschichte. Ihre wichtigsten Systeme sind u. a. folgende:

Als treibende Kraft der gesch. Entwicklung betrachtet die theol. G. den Ratschluß Gottes, die metaphysische G. die transzendente Gesetzlichkeit bzw. das Schicksal, die idealistische die Ideen, die geisteswiss. das geistig-seelische Leben des Menschen, die naturalistische die Triebnatur des Menschen und sein Milieu, die materialistisch-ökonomische die wirtschaftl. Verhältnisse. Nach der Rolle des Menschen in der Geschichte betrachtet, gibt es eine individualistische und eine kollektivistische G. Gegenüber stehen sich andererseits fatalistische (deterministische) und aktivistische (indeterministische) G. Andere wichtige Probleme der G. sind Wesen und Grenzen des geschichtlichen Erkennens, Begriffsbildung der Geschichtswissenschaft, das sog. historische Gesetz, der sog. Sinn der Geschichte, ist die Frage, ob mit dem Gang der Geschichte notwendigerweise ein „Fortschritt" verbunden sei und welche Stufen dabei durchlaufen werden.

Geschichtlich gesehen beginnt die G. in der Antike mit den Untersuchungen des Herodot und des Thukydides über die Kräfte der geschichtl. Bewegung, geht weiter über Polybios zur ganzheitl. Auffassung des Poseidonios und zur sittlich-politischen des Plutarch(os). Augustinus schafft die für das kommende Jahrtausend entscheidende G. des einzig in der christl. Kirche seine irdische Bekundung findenden Gottesstaates. Erst im 18. Jh. schreitet die G., nachdem sie Jahrhunderte geruht hatte, grundsätzlich über Augustinus hinaus, freilich nur zu einer psychologisierenden G., die die Gesetze des individuellen Seelenlebens in der Geschichte am Werke zu sehen glaubte. Der dt. Idealismus mit seinen Vorläufern seit Leibniz sieht die metaphysischen Kräfte und Ideen der Geschichte in dieser selbst walten und den Menschen in das empirische wie transzendente Geschehen der Geschichte verflochten; Hegel sieht geradezu die ganze Wirklichkeit als stets weltvernunftbeherrschte Geschichte. Die G. des 19. und des beginnenden 20. Jh. knüpfte vielfach an die des 18. Jh. an, meist unter Auseinandersetzung mit naturwiss. Gesichtspunkten und unter Herausbildung einer oft sehr abstrakten Logik und Erkenntnistheorie der Geschichte, oft auch dem Historismus zuneigend oder, wie bei Schopenhauer, Jakob Burckhardt und Osw. Spengler dem Pessimismus, wie bei Toynbee einem gedämpften Optimismus oder, wie im Marxismus, einem auf die Dialektik des Weltgeschehens sich stützenden grundsätzlichen Optimismus. Auch die theologische G. der Konfessionen trat wieder stärker hervor. Die letzte an die G. zu stellende Frage, ob die Menschheitsgeschichte → sinnhaltig ist, wird (außer von der christl. G.) heute im allgemeinen negativ beantwortet; → auch Untergangserwartung.

Bedeutende Vertreter der G. sind: Vico (Prinzipien einer neuen Wissenschaft, 1744, dt. 1925); Montesquieu (Geist der Gesetze, 1748); Lessing (Die Erziehung des Menschengeschlechts, 1781); Herder (Ideen zur Phil. der Geschichte der Menschheit, 1784); Kant (Ideen zu einer allgemeinen Geschichte in weltbürgerl. Absicht, 1784); Fichte (Die Grundzüge des gegenwärtigen Zeitalters, 1800); Novalis (Die Christenheit od. Europa, in „Fragmente", 1802); Hegel (Vorlesungen über die Phil. der Geschichte); Marx und Engels (Das kommunist. Manifest, 1848); J. Burckhardt (Weltgeschichtl. Betrachtung., 1905, KTA Bd. 55); Dilthey (Einl. in die Geisteswissenschaften, [3]1928); Spengler (Der Untergang des Abendlandes, 2 Bde., 1918–22); Theod. Lessing (Geschichtsphil. als Sinngebung des Sinnlosen, [5]1927; Europa und Asien, [5]1930); A. Toynbee (*A Study of History,* 10 Bde., 1934–55; dt. „Der Gang der Weltgeschichte – Aufstieg u. Zerfall der Kulturen", 1950).

W. Windelband, G., 1916; N. Berdjajew, Der Sinn der Gesch., 1925; F. Kaufmann, G. der Gegenwart, 1931 (Repr. 1967); K. Breysig, Naturgesch. und Menschheitsgesch., 1933; E. Rothacker, G., 1934 (Repr. 1971); J. Thyssen, Gesch. der G., 1936; H. Freyer, Weltgesch. Europas, I–II, 1948; H. Heimsoeth, G., 1948; K. Jaspers, Vom Ursprung u. Ziel der Gesch., 1949; K. Löwith, Meaning in History, Chicago 1949, dt. 1979; W. Schulze-Sölde, Einzelmensch u. Gesch., 1953; F. Stern (Hg.), The Varieties of History. From Voltaire to the Present, New York 1956, dt. 1966; A. Dempf, Kritik der histor. Vernunft, 1957; F. Meinecke, Zur Theorie u. Philos. der Gesch., hg. 1959; R. K. Maurer, Hegel und das Ende der Gesch., 1965; W. Kamlah, Utopie, Eschatologie, Geschichtsteleologie, 1969; G. Haeuptner, Studien zur gesch. Zeit, 1970; R. Schaeffler, Einf. in die G., 1973; K. Acham, Analyt. G., 1974; J. Rüsen (Hg.), Histor. Objektivität, 1975; Max Müller, Sinn-Deutungen der Gesch., 1976; Alfred Schmidt, Die Krit. Theorie als G., 1976; H. Lübbe, Geschichtsbegriff u. Geschichtsinteresse, 1977; J. Kmita, Problems in Historical Epistemology, Dordrecht 1988; M. Lutz-Bachmann, Gesch. und Subjekt. Zum Begriff der G. bei Kant u. Marx, 1988; → Geschichte.

Gesellschaft, durch zweckbestimmtes, verstandesmäßiges Zusammenleben u. -arbeiten gebildete Menschengruppe, deren Glieder nicht durch ein tieferes Prinzip geeint zu sein brauchen wie im Falle der echten → Gemeinschaft. G. beruht auf Konvention, Vertrag, gleichgerichteten Interessen. In der G. wird die Individualität des einzelnen durch seine Gliedhaftigkeit weit weniger verändert, als in der Gemeinschaft. Oft meint man mit G. den zwischen Individuum und Staat liegenden menschl. Bereich (so wenn man z. B. von der Orientierung der Erziehungsziele am „gesellschaftlichen" Willen einer Epoche redet), od. die bürgerliche G. der Romantik (vgl. W. H. v. Riehl, Die bürgerliche G., 1851), oder die sog. gute G., („gesellschaftliches" Ereignis) oder – im Sinne des franz. Begriffes der *société = corps social* – das ganze Menschengeschlecht. – Nach Ansätzen im Altertum (bei Aristoteles) und im MA. (bei Augustinus und Thomas von Aquino) wurde die G. bes. seit dem 18. Jh. zum politisch-philos. Problem, dem Comte in seiner Soziologie eine umfassende Lösung zu geben suchte; dadurch wurde die G. zum Gegenstand u. Mittelpunkt der neuen Wissenschaft → Soziologie.

J. Millar, The Origin of the Distinction of Ranks, 1793 (Repr. 1986), dt. 1967; F. Tönnies, Gemeinschaft u. G., 1887 (Repr. 1979); A. Vierkandt, Kleine Gesellschaftslehre, 1949; M. Foucault, Folie et déraison, Paris 1961, dt. 1969; T. B. Bottomore, Elites and Society, London 1964, dt. 1966; H. Marcuse, Ideen zu einer krit. Theorie der G., 1969; N. Luhmann, Soziolog. Aufklärung. Zur Theorie der G., I–III, 1970–81; I. C. Jarvie, Concepts and Society, London 1972, dt. 1974; H. Dahmer, Libido und G., 1973; H. Büchele, Zu einer konkreten Ontologie der G., 1974; M. Forschner, Mensch und G. – Grundbegriffe der Sozialphilos., 1989.

Gesellschaftslehre → Soziologie.

Gesellschaftsvertrag *(contrat social)* → Rousseau, → Staat.

Gesetz, 1. Anordnung für das menschl. Verhalten in der Gemeinschaft (Sitten-G., Rechts-G.); es ist eine Vorschrift darüber, wie etwas sein oder geschehen soll; 2. im naturwissenschaftl. Sinn ein Satz, der irgendeinen allgemeinen Sachverhalt ausdrückt; eine Aussage darüber, wie etwas notwendig ist oder geschieht, „eine Regel notwendigen Daseins" (Kant). Das wiss. G. ist von Menschen begrifflich formulierte Erkenntnis, die jedoch in der Natur (im objektiven Sein) ihren Grund hat. Die aus der Erfahrung gewonnenen (empirischen) Gesetze haben nur relative Bedeutung, insofern sie nur unter gewissen Bedingungen gültig sind u. immer nur dann, wenn bestimmte Voraussetzungen gegeben sind. Die Möglichkeit, Gesetze festzustellen, d. h. gesetzmäßige Beziehungen aufzufinden, ist größer in den Naturwissenschaften (und hier größer in Physik und Chemie als in der Biologie) als in den Geisteswissenschaften (Geschichte, Sprachwissenschaft usw.), weil sie ein Geschehnis oder einen Zustand bewirkenden Faktoren, die Bedingungszusammenhänge, dort leichter und vollständiger zu übersehen sind als hier. Nichts geschieht infolge eines Gesetzes, bewirkt durch ein Gesetz, sondern immer nur gemäß diesem oder jenem Gesetz. Der Mensch unterliegt als Glied des Naturgeschehens selbst dem Naturgesetz, an dem er nichts ändern kann. Er kann aber infolge seiner Kenntnis die Natur innerhalb gewisser Grenzen durch ihre eigene Gesetzlichkeit dadurch beherrschen, daß er die Bedingungen herstellt, unter denen ein Geschehen einem bestimmten Naturgesetz gemäß erfolgt.

É. Boutroux, De la contingence des lois de la nature, Paris 1874, dt. 1911; P. Natorp, Die log. Grundlagen der exakten Wissenschaften, 1910; B. Bauch, Das Naturgesetz, 1924; P. Jordan, Das Problem der Gesetzlichkeit und die moderne Physik, in: Universitas 4 (1949); Y. Reenpää, Über den Begriff der G.esartigkeit, in: ZphF 26 (1972); O. Schwemmer, Theorie der rationalen Erklärung. Zu den method. Grundlagen der Kulturwiss., 1976; H. Sachsse, Kausalität – G.lichkeit – Wahrscheinlichkeit, 1979.

Gesinnung, die sittliche Grundhaltung des Menschen, insofern sie bes. dem Handeln (auch dem Denken) Richtung und Ziel gibt, auch wenn es dem eigenen Nutzen zuwiderlaufen sollte. Die G.en des Menschen sind verschieden wie ihre Charaktere. Der Begründer einer G.sethik (im Gegensatz zur Erfolgsethik) ist Kant. Goethe sagt, die Menschen würden durch G.en vereinigt, durch Meinungen getrennt. Die moderne Ethik beurteilt einen Menschen nach seiner G., nicht nach dem äußeren Erfolg seiner Taten; es sei denn nach seinen sittlichen Taten, die über die bloße Legalität hinaus auf Moralität ausgerichtet sind.

A. Pfänder, Zur Psychologie der G.en, in: Jb. für Philos. u. phänomenol. Forschung 1 (1913) und 3 (1916); N. Hartmann, Ethik, 1926; P. Lersch, Der Aufbau des Charakters, 1938, ab [4]1951: Aufbau der Person; R. Hönigswald, G., in: Ders., Schriften aus dem Nachlaß, II, hg. 1959.

Gestalt, anschaulich-räumliche Form wahrnehmbarer Gegenstände; übertragen auch von psychischen und historisch-kulturellen Gebilden gebraucht: Gebilde, deren Teile vom Ganzen her bestimmt sind, bei denen alle Teile sich gegenseitig tragen und bestimmen; Gebilde, deren wesentliche Eigenschaften nicht durch die Summierung der Eigenschaften ihrer Teile zu fassen sind, da außer diesen auch noch ihre → G.qualitäten mitsprechen, wie etwa bei der akustischen G. einer Melodie, außerdem aber auch ihre „Komplexqualitäten" (→ Gefühl). Die Seele ist ihrem Wesen nach auf Gestaltung schlechthin angelegt. Hochentwickelte Strukturen des Bewußtseins tendieren nach Geschlossenheit, Einheitlichkeit,

Einfachheit, Regelmäßigkeit, nach Symmetrie und Eingliederung in die bevorzugten Raumrichtungen (senkrecht u. waagrecht), auf Zügigkeit aller Kurven, kurz auf Prägnanz, auf das Optimum sinnvoller Gestaltetheit innerhalb der Sphäre des Anschaulichen.

Ausgebildete G.en sind stets Teilganze des umfassenden Bewußtseinsganzen mit den Merkmalen der Abgegrenztheit und Gegliedertheit, es sind in sich geschlossene Gefüge aus mehr oder minder voneinander abgehobenen, ganzheitsbezogenen Gliedern. Die g.begründende Abgrenzung (Konturierung) kann charakterisiert werden nach dem Grad der Abgehobenheit u. nach der Geschlossenheit oder Offenheit des Umrisses des „Konturs". Der Zusammenhang der Glieder einer G. (Gefügezusammenhang) kann locker oder eng, lose oder innig sein (→ auch Bezugssystem). Nach dem Satze von der Ganzbestimmtheit der Teile einer G. können, wenn ein Teil, eine Stelle oder eine Eigenschaft eines Ganzen geändert wird, sich zugleich auch alle anderen Teile, Stellen oder Eigenschaften ändern (→ auch Mikrophysik). Zur Beschreibung einer G. gehört auch die Gewichtigkeit. Das Ganze kann eindringlich sein, die Glieder ungewichtig, und umgekehrt. Figurbereiche sind stets gewichtiger als Grundbereiche. Die Gewichtigkeit kann so gelagert sein, daß sich eine Gleichgewichtigkeit der Glieder ergibt (seltener Fall, nur bei gewissen Ornamenten wahrnehmbar) oder (meistens) so, daß sich eine hierarchische Gewichtsverteilung unter einer G.dominante ergibt: das Ganze ist mehr oder minder zentriert (z. B. die G. eines Menschen in seinem Gesicht, das Gesicht wiederum in den Augen) bzw. auf einen dominierenden Schlußpunkt gerichtet (z. B ein Baum auf den Wipfel). Die Glieder einer G. weisen unterschiedliche Rangstufen auf (so z. B. im Kreis: 1. der Mittelpunkt, 2. ein Punkt auf der Peripherie, 3. ein beliebiger Punkt im Inneren des Kreises), treten als Haupt- oder Nebenteile auf. Wo die Zentrierung nicht festliegt, kann ihre Verschiebung den Charakter der G. stark verändern, wie z. B. beim Wechsel des Haupttones eines Akkordes. Jede G. hat einen G.schwerpunkt, der als Massenmittelpunkt (z. B. bei einem Diskus die Mitte) oder als Verankerungs- bzw. Quellpunkt (von dem aus das Ganze aufgebaut zu sein scheint, z. B. bei einer Säule die Basis) od. als Leitpunkt (z. B. bei einem Pfeil die Spitze) auftritt. Aus der Tatsache, daß die Seele auf Gestaltung angelegt ist, ergibt sich das Gesetz der guten G., welches (nach Metzger, Psychologie, 1941) lautet: „Immer ist das Bewußtsein so disponiert, daß in einem Beieinander von Wahrnehmungen vorzugsweise das möglichst Einfache, Einheitliche, Geschlossene, Symmetrische, sich in die Hauptachsen des Raumes Einfügende wahrgenommen wird" (Beispiel: die Entstehung der Stern-„Bilder" durch Auswahl solcher Sterne, die sich am leichtesten zu einigermaßen „guten" G.en zusammenfügen lassen). Abweichungen von der guten G. werden zunächst nicht, sondern erst bei intensivem Betrachten wahrgenommen (z. B. wird ein annähernd gleichseitiges Dreieck als gleichseitig „angesprochen", ein fast rechter Winkel als rechter usw., → Begriff). Auch dort, wo der Mensch in die physikalische Wirklichkeit verändernd eingreift, erfolgt der Eingriff, falls nicht etwas einfach zerstört oder vernichtet werden soll, mehr oder minder unbewußt stets so, daß die sich ergebenden Wahrnehmungen eine Veränderung in Richtung auf die gute oder bessere G. erfahren.

M. Wertheimer, Experimentelle Studien über das Sehen von Bewegung, in: Zt. für Psychologie 61 (1912); W. Köhler, G.-Probleme u. Anfänge einer G.theorie, 1922; Georg E. Müller, Komplextheorie u. G.theorie, 1923; E. Jaensch/L. Grünhut, Über G.psychologie u. G.theorie, 1929; F. Krueger/F. Sander (Hgg.), G. und Sinn, 1932; K. Koffka, Principles of G.Psychology, New York 1935; K. Bühler, Das G.prinzip im Leben des Menschen und der Tiere, 1960; R. Hönigswald, Wiss. und Kunst, hg. 1961; A. Gobar, Philosophic Foundations of Genetic Psychology and G.Psychology, Den Haag 1968; W. Köhler, Die Aufgabe der G.-Psychologie, 1971; S. Ertel/L. Kemmler/M. Stadler (Hgg.), G.theorie in der modernen Psychologie, 1975 (mit Bibl.); B. Smith (Hg.), Foundations of G.theory, München 1988.

Gestaltqualitäten (Ganzeigenschaften, Ehrenfelsqualitäten), Eigenschaften von Ganzheiten, bes. von Gestalten, die sich nicht aus den Eigenschaften der Teile dieser Gestalten ergeben, sondern der Gestalt als solcher anhaften (Beispiel: das Akkorderlebnis ist völlig verschieden von der Summe der Erlebnisse der Teiltöne). Sie wurden von Chr. v. → Ehrenfels entdeckt. Auf diese Entdeckung gründet die Gestaltpsychologie (→ Gestalttheorie). Die G. beruhen auf den zugrunde liegenden Reizmannigfaltigkeiten, also auf objektiven Gegebenheiten. Aber es wurden auch Ähnlichkeiten zwischen G. festgestellt, die zu ganz verschiedenen Sinnes- u. Sachgebieten gehören (z. B. musikal. *Crescendo* – aufgehende Sonne – steigende Erwartung; Ähnlichkeit des Stils zwischen Werken der Dichtkunst, der Tonkunst, der bildenden Künste). Man unterscheidet drei Arten v. G.:
1. Struktur, Gefüge oder Tektonik. Hierzu gehören die Eigenschaften der Anordnung und des Aufbaues.
2. Beschaffenheit, Ganzbeschaffenheit oder Ganzqualität. Hierzu gehören die stofflichen Eigenschaften, das „Material".
3. Das Wesen. Hierher gehören alle physiognomischen (geschichthaften) Eigenschaften: Charakter, Ethos, Habitus, Stimmung usw.

W. Metzger, Psychologie, 1941, [5]1975; D. Katz, Gestaltpsychologie, 1944 (schwed. 1942).

Gestalttheorie (Gestaltpsychologie), eine auf Chr. v. → Ehrenfels zurückgehende, von Wolfgang → Köhler, → Koffka und Max → Wertheimer begründete Forschungsrichtung der modernen Psychologie, durch die Verlauf u. nähere Umstände des Erlebens der → Gestalt als Erzeugnis allererst des Erlebens aufgefaßt wird (wie bei F. → Krueger; diese Richtung wird nur noch von der österr. Schule der G. vertreten, welcher angehören: Vittorio Benussi [† 1928], Steph. Witasek [1870–1905], A. → Meinong, A. → Höfler), sei es, daß erlebte Gestalt als seelischer Niederschlag objektiv-außenweltlich vorhandener Gestalthaftigkeit aufgefaßt wird (wie bei W. Köhler). – Lit.: → Gestalt.

Gesunder Menschenverstand, → Common sense.

Geulincx, Arnold, Philosoph, * 31. 1. 1624 Antwerpen, † Nov. 1669 Leiden als Prof. (seit 1665), bekämpfte nach seinem Übertritt von der kath. zur reformierten Konfession scholast. und klerikales Denken und begründete, von dem Dualismus des Descartes ausgehend, den → Okkasionalismus, die Lehre, daß bei Gelegenheit *(occasion)* des seelischen Vorganges der entsprechende leibliche und bei Gelegenheit des leiblichen der entsprechende psychische einträte. Dieses

Eintreten werde durch Gott hervorgerufen. Als bloße Zuschauer dieses Geschehens (denn von der Seele wisse man wenig, vom Leibe noch weniger, vom Zusammenwirken beider am allerwenigsten) bliebe uns nichts anderes übrig als demütige Schickung in den Weltlauf: *Ita est, ergo ita sit:* es ist so, also sei es so! – Hauptw.: *Logica fundamentis suis restituta,* 1662; *Physica vera,* 1688; *Metaphysica vera,* 1691. Die „Ethik oder über die Kardinaltugenden" erschien dt. 1948. – *Opera philosophica,* 1891–1893, repr. 1963–1965.

P. Hausmann, Das Freiheitsproblem in der Metaphysik u. Ethik bei A. G., Diss. Bonn 1934; H. J. de Vleeschauwer, Die biolog. Theorie der sinnl. Erkenntnis bei A. G., in: ZphF 8 (1954); H. J. de Vleeschauwer, Three Centuries of G. Research. A Bibliographical Study, Pretoria 1957; H. J. de Vleeschauwer, L'opera di A. G. 1624–1669. Bibliografia, evoluzione, Turin 1958; R. Specht, Commercium mentis et corporis. Über Kausalvorstellungen im Cartesianismus, 1966; A. de Lattre, L'occasionalisme d'A. G., Paris 1967.

Gewissen, die Fähigkeit des menschl. Geistes, die ethischen Werte in ihrer Realität und mit den von ihnen erhobenen Ansprüchen zu erkennen: die Art und Weise, in der das Wertgefühl im Menschen sich Geltung schafft: im engeren Sinne das sittliche Bewußtsein, das Gefühl um das, was gut und böse, recht und unrecht ist; das subjektive Bewußtsein vom sittlichen Wert oder Unwert des eigenen Verhaltens (→Synteresis). Das G. als ursprüngliche sittliche Regung ist angeboren, kann aber durch Umwelteinwirkungen entwickelt oder unterdrückt werden. Die christliche Ethik betrachtet das G. als das „Einfallstor des göttlichen Willens" (Wünsch). Für Kant ist der „autorisierte Gewissensrichter eine idealische Person, welche die Vernunft sich selbst schafft." In Heideggers Fundamentalontologie ist G. der Ruf der → Sorge. „Es ruft den Menschen an und zurück aus der Verlorenheit an das (→) Man in die (→) Freiheit auf dem Grunde des Nichts. Dieser Ruf ist es, der die Bewegung des eigentlichen Selbstwerdens ermöglicht. Das G.habenwollen konstituiert das eigentl. Seinkönnen des Daseins" (Brecht, Einf. i. die Existenzphilosophie, 1948). „Für den reifen Kulturmenschen gibt es nicht nur ein sittliches, sondern auch ein logisches und ein ästhetisches Gewissen, er kennt, wie für sein Wollen u. Handeln, so auch für sein Denken und Fühlen eine Pflicht, und er weiß, er empfindet mit Schmerz und Beschämung, wie oft der naturnotwendige Lauf seines Lebens diese Pflichten verletzt" (Windelband). Für Freud dagegen existiert das G. seit dem Auftreten des Überich.

H. Reiner, Pflicht u. Neigung, 1951; W. J. Revers, Charakterprägung u. G.sbildung, 1951; F. Pustet, G.skonflikt u. Entscheidung, 1955; F. Häfner, Schulderleben u. G., 1956; Das G., 1958 (Studien aus dem C. G. Jung-Institut Zürich VII); A. Spitaler/A. Schieb (Hgg.), Wissen und G. in der Technik, 1964; F. Stadter, Psycholanalyse und G., 1970; H. Chadwick, Betrachtungen über das G. in der griechischen, jüdischen u. chr. Tradition, 1974; H. Holzhey (Hg.), G.? 1975; J. Blühdorn (Hg.), Das G. in der Diskussion, 1976; A. Häberlin, Das G., 1978; J. Fuchs (Hg.), Das G., 1979; C. Holzapfel, Heideggers Auffassung des G.s vor dem Hintergrund traditioneller G.skonzeptionen, 1987.

Gewißheit heißt der Charakter des sicheren, unbezweifelbaren Wissens, der manchen Denkinhalten beigelegt wird. Die G. ist eine subjektive (im Glauben), eine objektive (in der Wissenschaft), eine unmittelbare (auf Anschauung, eigener Wahrnehmung, eigenem Erleben beruhend – intuitive – G.) oder eine mittelbare, historische oder logische (durch Bericht oder Denken gewonnen); → auch Evidenz. Descartes findet in dem Satz „cogito ergo sum" die G. als Kriterium aller weiteren fundamentalen Erkenntnisse.

J. Volkelt, G. u. Wahrheit, 1918; F. Wiedmann, Das Problem der G., 1967; L. Wittgenstein, On Certainty, Oxford hg. 1974; T. Neumann, G. und Skepsis. Unters. zur Philos. Johannes Volkelts, Amsterdam 1978; N. M. L. Nathan, Evidence and Assurance, Cambridge 1980.

Gewohnheit (lat. *consuetudo,* „sich gewöhnen"), eine „zweite Natur" (Pascal) des Menschen, die sich in dem stetig gleichförmigen Vollzug angeeigneter Handlungen und Verhaltensformen manifestiert, wodurch die Kontinuität der Anpassungsfähigkeit im gesellschaftlichen und geistigen Geschehen gewährleistet wird. Die psychologische und erkenntnistheoretische Funktion der G. besteht in der Ausbildung gleichförmiger Akte, die sich dann ohne eine weitere Beanspruchung des Bewußtseins vollziehen und im Sinne einer Denkökonomie das Seelenleben erweitern. Viele psychische Vorgänge des Gedächtnisses, beim Lernen und bei automatisierten Handlungen, lassen sich als G.n erklären.

G. Funke, G., 1958; G. W. Allport, Gestalt und Wachstum der Persönlichkeit, 1970.

Geworfenheit (Faktizität, franz. *facticité),* in der Existenzphilosophie Heideggers das unentrinnbare Überantwortetsein des Daseins an sein eigenes In-der-Welt-sein, d. h. an sich selbst, das „Wovor" der Angst (→ Freiheit). – Bei Sartre ist G. des Fürsich „die fortwährend verschwindende Kontingenz des Ansich, von der das Fürsich heimgesucht, und durch die es an das Ansichsein gebunden ist, aber ohne jemals erfaßt werden zu können." – G. Marcel findet für diese Stimmung der G. die Formel. „Wir sind eingeschifft" (*Homo viator,* 1945).

Geyser, Josef, Philosoph, * 16. 3. 1869 Erkelenz, † 11. 4. 1948 München, das. Prof. 1924–35, vertrat, an Aristoteles und die Scholastiker anknüpfend, einen metaphysischen Realismus und bemühte sich, von dieser aristotelisch-scholastischen Grundlage aus Fragen der Gegenwartsphilosophie zu beantworten. – Hauptw.: Grundlegung der Logik und Erkenntnistheorie, 1919; Allgem. Philosophie des Seins und der Natur, 1915; Das Prinzip vom zureichenden Grunde, 1930; Das Gesetz der Ursache, 1933; Selbstdarstellung in „Dt. system. Philosophie", 2, 1934.

Festgabe f. J. G.: Philosophie perennis, 2 Bde., 1930; J. Rössli, Das Prinzip d. Ursache u. d. Grundes bei J. G., 1940; Fr.-J. v. Rintelen, J. G., in N. D. Biogr., 1964.

Gide, André, franz. Dichterphilosoph, * 22. 11. 1869 Paris, † das. 19. 2. 1951, forderte in *„Les nourritures terrestres"* (1897) die Auflehnung gegen „d. Eingezäunte u. Gesicherte"; die Kultur kann nur durch die Rebellen *(insoumis)* gerettet werden; sie sind das Salz der Erde, die Gott Verantwortlichen. G. ist überzeugt, daß Gott noch nicht ist und daß wir ihn erringen *(obtenir)* müssen; dies sei das Ziel aller menschl. Bemühungen. G. ist der „konsequenteste unter den frz. Humanisten unserer Zeit" (Ed. Grangier). – Hauptw.: *Les cahiers d'André Walther,* 1891; *Si le grain ne meurt,* 1921, dt. 1930; *Nouveaux prétextes,* 1911; *Ainsi soi-t-il ou Les jeux sonts faits,* 1952. – *Œuvres complètes,* 15 Bde., 1932–39; Tagebücher, 2 Bde., 1939–1942. Sein Briefwechsel 1893–1938 mit Francis Jammes erschien dt. 1951.

H. Uhlig, A. G. oder die Abenteuer des Geistes, 1948; Ch. du Bos, *Le dialogue avec A. G.,* 1947; P. Archambault, *Humanité d'A. G.,* 1950; R. Lang, A. G. u. d. dt. Geist, dt. 1953; Ch. du Bos, Dialog mit A. G., 1961; C.

Martin, *A. G. par lui-même*, 1963; K. Mann, A. G. und die Krise des modernen Denkens, 1966; R. Theis, A. G., 1974.

Gigon, Olof, Prof. f. klass. Philologie in Bern, * 28. 1. 1912 Basel, Schüler von W. Jaeger, setzt dessen Werk auf dem Gebiet der griech., philol.-philosophischen Forschung fort, wobei er einen eigenen Weg geht und die Problemgeschichte der antiken Philosophie aus den Quellen selbst zu entwickeln und an ihnen zu aktualisieren sucht. – Schrieb u. a.: Der Ursprung der griech. Philosophie, ²1967; Sokrates, sein Bild in Dichtung und Geschichte, 1947; Kommentar zu Xenophons Memorabilien, ²1956; Grundprobleme der antiken Philosophie, ²1970; Aristoteles (Auswahl u. Übersetzung), 4 Bde., ²1964; Studien zur antiken Philosophie, 1972; Gegenwärtigkeit u. Utopie. Interpretation von Platons Staat, Bd. 1, 1976; Die antike Philosophie als Maßstab und Realität, 1977.

Gilbert de la Porrée (lat. *Gilbertus Porretanus*), frz. Frühscholastiker, * um 1070 Poitiers, † das. 4. 9. 1154, bedeutendster Lehrer innerhalb der Schule v. Chartres, schrieb „*De sex principiis*", über die letzten sechs der zehn Kategorien des Aristoteles (Raum, Zeit, Tun, Leiden, Haltung, Lage) und wurde damit der Begründer der „Neuen Logik", der „*logica nova*", die der erfahrungsmäßigen Wirklichkeit näher kam und von nun ab von der bisherigen sog. „Alten Logik", der „*logica vetus*", unterschieden wurde.

A. Berthaud, G. de la Porée et sa philos., Poitiers 1892 (Repr. 1985); B. Geyer, Die Sententiae Divinitatis. Ein Sentenzenbuch der G.schen Schule, 1909; A. Maxsein, Die Philos. des G. P., Diss. Freiburg 1930; H. C. van Elswijk, G. P. – Sa vie, son œuvre, sa pensée, Leuven 1966; J. Jolivet/A. de Libera (Hgg.), G. de Poitiers et ses contemporains, Neapel 1987.

Gilson, Etienne, franz. Philosoph, * 13. 6. 1884 Paris, † 19. 9. 1978 Cravant (Yonne), Prof. an der Sorbonne (1921), Brüssel (1923), Harvard (1927); schuf 1929 an der Universität Toronto das *Institut of Medieval Studies;* von 1932–1951 Prof. am Collège de France; einer der wichtigsten Vertreter des Neuthomismus, schrieb u. a.: *Index scolastico-cartésien*, 1913, ²1979; *Le thomisme*, 1921, ¹³1927; *La philosophie au moyen-âge*, 2 Bde., 1922; *La philosophie de Saint-Bonaventure*, 1924, dt. 1929; *Saint Thomas d'Aquin*, 1925; *Saint Augustin*, 1930, dt. 1930; *L'esprit de la philosophie médiévale*, 2 Bde., 1932, ²1944, dt. 1950; *L'être et l'essence*, 1948; *Jean Duns Scotus*, 1952, dt. 1959; *Dante et le philos.*, 1939, dt. 1953; *Le philosophe et la Théologie*, 1960; *Eléments de philosophie chrétienne*, 1960; *D'Aristote à Darwin et retour*, 1961; *Matières et formes*, 1964; *La societé de masse et sa culture*, 1967; *Dante et Béatrice*, 1974.

Mélanges offerts à E. G. (mit Bblgr.), 1959; Malerei u. Wirklichkeit, 1965.

Gioberti, Vincenzo, ital. Philosoph und Staatsmann, * 5. 4. 1801 Turin, † 26. 10. 1852 Paris: wegen seiner Beziehungen zu Mazzini 1833 verbannt, vertrat eine undogmatische theologische Ontologie (*Teoria del sopranaturale*, 1938, und: *Introduzione allo studio della filosofia*, 1839–40, neue Ausg. 4 Bde. 1861), lehrte das göttliche Sein als Gegenstand geistiger Anschauung. Erkennen ist Offenbarung Gottes. „*L'Ente crea l'esistente*", das göttl. Sein schafft das Seiende (*Della protologia*, 1857). G. war ein Wegbereiter der nationalen Einigung Italiens („Die zivilisatorische Erneuerung Italiens", 1851) und der Philosophie des deutschen Idealismus in Italien.

Ges. Werke, 35 Bde., 1877; *Edizione nazionale delle opere,* 1938ff.

G. Gentile, Rosmini e G., Pisa 1898; A. Bonetti, G., Mailand 1960; G. de Crescenzo, La fortuna di V. G. nel mezzogiorno d'Italia, Brescia 1964.

Giordano, Bruno, → Bruno.

Glaube ist ein Fürwahrhalten, das nicht durch die notwendige lückenlose Bezeugung des Fürwahrgehaltenen seitens Wahrnehmung und Denken erhärtet ist, also keine objektiv gesicherte Geltung beanspruchen kann. Am deutlichsten kennzeichnet die engl. Sprache den Unterschied des theoretischen G., daß etwas ist *(belief),* vom rel. G. an etwas *(faith).* Der rel. G. wie der wiss. „G." (Vermutung) wollen sich zwar beide auf Tatsachen stützen; aber während dieser mit seinen Voraussetzungen, verbindenden Gedanken und Folgerungen im Erkennbaren (Natürlichen) und Gesetzmäßigen bleibt, schreitet jener ins Unerkennbare (Übernatürliche, Metaphysische) und überträgt die Freiheit, die er für das Übernatürliche annimmt, auch auf die Natur. Daß von transzendenten, außer- oder übernatürlichen Dingen kein Wissen möglich ist, hat Kant in seiner Vernunftkritik gezeigt: „Ich mußte das Wissen (das Scheinwissen um angeblich transzendente Dinge) aufheben, um zum Glauben (an Ideen und Ideale als Richtungspunkte menschlichen Strebens) Platz zu bekommen". (Kritik d. r. V.).

Im rel. Sinne wird G. als eine von Gott her geschenkte Tüchtigkeit betrachtet („Tugend"), die von Gott offenbarte Wahrheit anzunehmen und an ihr unerschütterlich festzuhalten, was eine vorherige Hinnahme der Glaubwürdigkeitsgründe nicht aus-, sondern einschließt. Im Sinne der Ethik ist G. gleichbedeutend mit Vertrauensfähigkeit, einer moralischen Kraft eigener Art, die Seelenstärke voraussetzt. Der G. ist die Grundlage des Vertrauens. Was solchen G. rechtfertigt, ist allein das Gefühl für den sittl. Wert der anderen Person. Da dieses Gefühl irren kann, ist der G. stets ein Wagnis. Er ist im Grunde immer „blinder G.", denn ein G., der gute Gründe und objektive Sicherheiten hat, ist kein echter G., ihm fehlt das entscheidende Moment des Risikos der eigenen Person. Wer weiß, kann nicht glauben. „Blinder G. (bzw. blindes Vertrauen) ist die in ihrer Art höchste Belastungsprobe moralischer Kraft, das wahre Kriterium der Einheit in allen tieferen Gesinnungsbeziehungen von Mensch zu Mensch. Wie mancher glaubt, der Freundschaft im hohen Sinne des Wortes fähig zu sein, und verliert doch bei der ersten Gelegenheit, wenn die sichtbaren Tatsachen gegen den Freund sprechen, den G. an ihn" (Nic. Hartmann, Ethik, [3]1948). Für K. Jaspers ist der G. nur echt, wenn er ständig von der Unruhe des Unglaubens erschüttert wird.

K. Jaspers, Der philos. G., 1948; A. Brunner, G. und Erkenntnis, 1951; U. Neuenschwander, G., 1957; G. Szczesny, Die Zukunft des Unglaubens, 1958; J. Pieper, Über den G.n, 1962; W. Rorarius, G. und Psychotechnik, 1964; G. Waldmann, Christl. G.n und christl. G.nslosigkeit, 1968; W. Hertel, Existentieller G. – Eine Studie über den G.nsbegriff von K. Jaspers und P. Tillich, 1971; E. Bischofberger, Die sittl. Voraussetzungen des G.ns. Zur Fundamentalethik John Henry Newmans, 1974; H. Hofmeister, Wahrheit und G., 1978; F. Eichinger (Hg.), Konkreter G., 1980; W. Lenzen, G.n, Wissen und Wahrscheinlichkeit, 1980; A. Plantinga/N. Wolterstorff (Hgg.), Faith and Rationality: Reason and Belief in God, Notre Dame 1983; R. Swinburne, Faith and Reason, Oxford 1984.

Glaubensphilosophie, → Gefühlsphilosophie.

Gleichheit, in der Mathematik soviel wie quantitative Gleichwertigkeit algebraischer Ausdrücke oder Funktionen, die zur Bildung einer *Gleichung* berechtigt. In der Soziologie Postulat für die einzig gerecht erscheinende Gesellschaftsordnung, weshalb wirtschaftliche, soziale, bildungsfördernde und politische Gleichheit für alle gefordert wird. Seit der französ. Revolution eine Kampfparole zur Überwindung von Feudalismus und der sozialen Hierarchie, später gegen kapitalistische Ausbeutung, gegen Zweiklassengesellschaft gerichtet. Die utopische Steigerung des G.-postulats führte zum → Marxismus, nach dessen Zukunftsbild durch die Vergesellschaftung der Produktionsmittel und jedes Privateigentums die vielfältige G. aller und dadurch die „vollkommene" Gesellschaft sich von selber einstellen würden. Während G. vor dem Gesetz, „vor Gott" und G. der Entwicklungschancen sich als realistische Gesichtspunkte erweisen, scheitert die erstrebte utopische G. an der meist verschwiegenen Tatsache, daß *die Menschen von Natur aus ungleich* sind und im „Wettlauf" der Leistungsgesellschaft verschiedene Stellungen erreichen, verschiedene Gipfel erklettern. Würde man den Tüchtigen (dabei die „Schlauen", „Ellbogenläufer", unsozial Geltungsbedürftige usw. eingeschlossen) die Kräfte zugunsten der nachhinkenden großen Masse der trägen und initiativearmen Bürger von vornherein beschneiden, so führt eine solche, nur durch Gewalt aufrecht zu erhaltende „Gleichmacherei" erfahrungsgemäß zur bürokratischen Erstarrung im G.szwang und dadurch zum spürbaren Nachlassen der Produktivität in allen Lebensbereichen.

G. Leibholz, Die G. vor dem Gesetz, 1925, [2]1959; A. de Tocqueville, Das Zeitalter der G., hg. 1954; W. Abendroth, Antagonist. Gesellschaft und polit. Demokratie, 1967; H. Scholler, Die Interpretation des G.ssatzes als Willkürverbot oder als Gebot der Chancengleichheit, 1969; E. R. Wiehn, Ung. unter Menschen als soziolog. Problem, 1973; O. Dann, G., in: O. Brunner u.a. (Hgg.), Gesch. Grundbegriffe, 1975; N. Hinske (Hg.), G. als Problem, 1982; C. R. Beitz, Political Equality, Princeton 1989.

Glockner, Hermann, Philosoph, Hegelforscher, * 23. 7. 1896 Fürth i. B., 1933 Prof. in Gießen, seit 1951 in Braunschweig, † das. 11. 7. 1979. Der Durchbruch zur „Fundamentalphilosophie" erfolgte 1938 mit den metaphysischen Meditationen „Das Abenteuer des Geistes" ([3]1947), die 1963/66 in das Hauptwerk „Gegenständlichkeit und Freiheit" eingingen. Inwiefern es sich dabei um eine radikale, konkret vergegenständlichend errichtete Neugestaltung der durch Aristoteles und Kant geprägten Hegelschen Geisteswelt handelte, geht aus den 1965 erschienenen Beiträgen zum Verständnis und zur Kritik Hegels hervor. Auch die 1958 erschienene „Europäische Philosophiegeschichte" ([4]1977) entspricht dem Entwurf dieser Geisteswelt. Die von G. besorgte 20bändige Jubiläumsausgabe von Hegels Werken wird durch eine 2bändige Hegelmonographie und ein Hegellexikon ([2]1957) ergänzt und erschlossen. – Im letzten Jahrzehnt erschienen die autobiographischen Darstellungen: Heidelberger Bilderbuch, 1969; Bilderbuch meiner Jugend, 2 Bde., 1970; Entwicklung meiner Fundamentalphilosophie, 1975; außerdem das Selbstbewußtsein, 1972 und die Einführung in das Philosophieren, 1974. – Biblgr. in „Festgabe für H. G.", 1966.

Glück (Glückseligkeit), Zustand vollkommener Befriedigung, vollkommener Wunschlosigkeit, ein Ideal, dessen Verwirklichung durch sinnvolles Wirken und Zusammenwirken erstrebbar ist (→ Eudämonismus). „Das höchste in der Welt mögliche und, soviel an uns ist, als Endzweck zu befördernde physische Gut ist G.seligkeit, unter der objektiven Bedingung der Einstimmung des Menschen mit dem Gesetze der Sittlichkeit, als der Würdigkeit, glücklich zu sein" (Kant, Urteilskraft). In Schillers Gedicht „Das G." heißt es: „Groß zwar nenn' ich den Mann, der, sein eigner Bildner und Schöpfer, / Durch der Tugend Gewalt selber die Parze bezwingt; / Aber nicht zwingt er das Glück, und was ihm die Charis / Neidisch geweigert, erringt nimmer der strebende Mut / Vor Unwürdigem kann dich der Wille, der ernste, bewahren / Alles Höchste, es kommt frei von den Göttern herab." Die griech. Ethik unterschied bereits zwischen *Eutychia,* der Gunst der Umstände und des Schicksals, und *Eudaimonia,* dem Empfinden dieser Gunst, dem G.sgefühl. Die *Eutychia* ist ein reiner Sachverhaltswert, die *Eudaimonia* ein zwar innerer, aber rein zuständlicher Güterwert. Beide Werte sind ethisch ohne Belang. Das G.sgefühl hängt nicht von den erreichten G.sgütern ab, sondern von der eigenen G.sfähigkeit. Die G.sfähigkeit aber ist den Persönlichkeitswerten zuzurechnen, denn der G.sfähige erhöht durch sein Beispiel den Wert des Lebens und die Bereitschaft, ethische Werte als solche zu erkennen und zu verwirklichen. Gegenüber allen philosophischen Deutungen des G.s beschränken sich die G.serlebnisse der meisten Menschen im technischen Zeitalter auf Befriedigung eigener Konsumwünsche und anderer materieller Freuden, meist ohne Rücksicht auf die dürftigen Lebensverhältnisse anderer.

Seneca, Vom glückseligen Leben, hg. 1909, [14]1978 (KTA 5); B. Russell, The Conquest of Happiness, New York 1930, dt. 1977; H. Pichler, Besinnung über G. und Ung., in: Kant-St. 41 (1936); H. Pichler, Persönlichkeit, G., Schicksal, 1947; L. Marcuse, Philos. des G.s, 1949, Neuausgabe 1972; Epikur, Philos. der Freude, hg. 1949, [5]1973 (KTA 198); E. Fink, Oase des G.s – Gedanken zu einer Ontologie des Spiels, 1957; W. Sanders, G. – Zur Herkunft u. Bedeutungsentwicklung eines ma. Schicksalbegriffs, 1965; G. Bien (Hg.), Die Frage nach dem G., 1978; E. Martens (Hg.), Was heißt G.?, 1978; H. Röhrbein, Der Himmel auf Erden. Plädoyer für eine Theologie des G.s, 1978; R. Spaemann, G. und Wollen, 1989.

Gnade, Huld und Förderung seitens übergeordneter Mächte und Personen, die der, dem G. zuteil wird, nicht unmittelbar verdient. Als bes. begnadeter Mensch erscheint zuweilen die große Persönlichkeit, das → Genie; → auch Charisma. – Im christl. Glauben ist G. diejenige Güte (und daraus folgende Gabe) Gottes, mit der er den Menschen liebt und ihm den Weg zum Seelenheil eröffnet, indem er ihn befähigt, die göttl. Gebote zu befolgen und das Gute zu tun. Auch der Glaube an Gott ist demnach nur demjenigen möglich, der sich im Zustand der G. befindet. – G.nwahl → Prädestination.

R. Guardini, Freiheit, G., Schicksal, 1948; J. Brinktrine, Die Lehre von der G., 1957.

Gnoseologie (vom griech. *gnọsis,* „Erkenntnis" und *lọgos,* „Lehre"), Erkenntnislehre, nach Nic. Hartmann der metaphysische Bestandteil der Erkenntnistheorie neben dem logischen und psychologischen. – gnoseologisch, zum Erkenntnisprozeß gehörend.

N. Hartmann, Grundzüge einer Metaphysik der Erkenntnis, [4]1949; Th. Ballauff, Das gnoseolog. Problem, 1949.

Gnosis (griech. „Erkenntnis"; Gnostik, Gnostizismus), die in der Schau Gottes erlebte Einsicht in die Welt des Übersinnlichen. Gnostiker heißen jene Philosophen bzw. Theologen der ersten nachchristl. Jahrhunderte, die im Glauben verborgene Mysterien durch philosophische Spekulation erkannten. Die kirchlich-gläubigen Gnostiker (→ Clemens von Alexandria, → Origenes) wollten nur den christl. Glauben stützen; die nichtkirchl. Gnostiker (Basilides, Valentinus u. a.) vereinigten die G. mit altorientalischen, besonders persischen u. syrischen Religionsvorstellungen, jüd. Theologie, platonischer, stoischer und pythagoräischer Philosophie zur einer eklektizistischen Mystik. Fast allen gnostischen Systemen ist gemeinsam der Dualismus zw. Gottheit und Materie, die Überbrückung der Kluft zw. beiden durch eine Reihe von Mittelwesen, der Gedanke ihrer Emanation in abnehmenden Seinsstufen und ihrer Rückkehr zum Ursprung auf dem Wege der Erlösung. – Die G., I–III, 1969–79.

L. Fendt, Gnost. Mysterien, 1922; H. Leisegang, Die G., 1924, [5]1985 (KTA 32); H. Jonas, G. und spätantiker Geist, I, 1934, I–II, [3]1964; G. Quispel, G. als Weltreligion, 1951; K. Rudolph (Hg.), G. und Gnostizismus, 1975; B. Aland (Hg.), G. – Festschrift für Hans Jonas, 1978.

Gnostiker von Princeton, unter dieser Bezeichnung versteht man seit etwa 1968 einen Kreis von angelsächsischen und asiatischen Naturwissenschaftlern, welche die Grenzen der Wissenschaft hervorheben und jenseits der naturwissenschaftlichen Erkenntnis nach Wahrheit und nach einer neuen Lebenseinstellung suchen. Dazu gehören: G. Stromberg, V. F. Weisskopf, E. T. Whittacker, G. J. Whitrow, D. W. Siama, D. Bohm, I. J. Good, F. Hoyle, W. M. Elsasser, W. S. Beck, E. P. Wigner, E. Berne.

R. Ruyer, Jenseits der Erkenntnis. Die G. von P., 1977.

Görres, Joseph v., Publizist, * 25. 1. 1776 Koblenz, † 29. 1. 1848 München als Prof. der Geschichtswissensch. (seit 1827), bekannt als Vorkämpfer der nationalen Bewegung von 1813 und als Gegner der preuß. Reaktion, gestaltete, von Schelling beeinflußt, ein System kath. Mystik. – Philos. Hauptw.: Die christl. Mystik, 4 Bde., 1836 bis 1842, [2]1961 in 5 Bdn.; in Ausw. hrsg. v. J. Bernhart u. d.T. „Mystik, Magie und Dämonie“, 1927; Glaube und Wissen, 1806; Mythengesch. der asiat. Welt, 1810. – Ausgew. Werke und Briefe, hrsg. v. W. Schellberg, 2 Bde., 1911 („Philosoph. Jahrbuch“, Organ der Görres-Gesellschaft seit 1888); Ausgewählte Werke, Bd. 1 u. 2, 1978. – Gesammelte Schriften, I–IX, 1854–74.

A. Dempf, G. spricht zu unserer Zeit, 1933; G. Bürke, Vom Mythos zur Mystik. J. v. G.’ myst. Lehre und die romant. Naturphilos., 1958; R. Habel, J. G. – Studien über den Zusammenhang von Natur, Gesch. u. Mythos in seinen Schriften, 1960; W. Bopp, G. und der Mythos, Diss. Tübingen 1974; E.-B. Körber, G. und die Revolution, 1986.

Goethe, Johann Wolfgang, * 28. 8. 1749 Frankfurt a. M., † 22. 3. 1832 Weimar, der größte dt. Dichter, war auch ein bedeutender Denker. Seine Lebens- und Weltanschauung ist teils in seinem dichterischen Werk, bes. im „Faust“ und in vielen (Alters-) Gedichten ausgesprochen, teils in seinen Sprüchen in Prosa („Maximen und Reflexionen“: neue kommentierte Ausg. in Kröners Taschenausgabe Bd. 186) und naturwissenschaftlich-naturphilosophischen Schriften, teils in seinen Gesprächen und Briefen. Sein im engeren Sinn philos. Werdegang führte ihn von der Abneigung gegen die Schulphilosophie (das *„Collegium logicum“*) in der Leipziger Zeit zur Erweckung eigenen philosoph. Denkens in der

Straßburger Zeit und von hier zu naturphilos. Studien der ersten Weimarer Zeit in Auseinandersetzung mit Platon, Neuplatonismus, Giordano Bruno und vor allem mit Spinoza. Nach der italienischen Reise beherrschen ihn das Sachinteresse an der Farbenlehre und an der vergleichenden Gestaltlehre (Morphologie, niedergelegt in der „Metamorphose der Pflanzen", 1790) sowie die grundsätzliche Auseinandersetzung mit Schiller über das Verhältnis von Denken und Anschauung zur Idee, zum „Urphänomen", dann die Beschäftigung mit der Kantischen Philosophie, besonders der „Kritik der praktischen Vernunft" und der „Kritik der Urteilskraft", schließlich die mit der Romantik und mit Schelling. Seit der Zeit der Befreiungskriege tritt G.s eigenes „System" seiner Altersweisheit immer klarer hervor, niedergelegt bes. in den Altersgedichten, vor allem in „Urworte. Orphisch", „Vermächtnis", „Eins und Alles". Wenn G. von sich sagt: „Für Philosophie im eigentlichen Sinne hatte ich kein Organ", so wird damit die Schulphilosophie und bes. die Logik und die Erkenntnistheorie verworfen, nicht aber diejenige, die „unsere ursprüngliche Empfindung, als seien wir mit der Natur eins, erhöht, sichert und in ein tiefes ruhiges Anschauen verwandelt." Damit ist zugleich sein schöpferischer Aktivismus gekennzeichnet: „Ein jeder Mensch sieht die fertige, geregelte Welt doch nur als ein Element an, woraus er sich eine besondere, ihm angemessene Welt zu erschaffen bemüht ist."

Höchstes Symbol für G.s Weltanschauung ist die Gott-Natur, in der ein ewiges Leben Werden und Bewegung ist, „die uns offenbart, wie sie das Feste läßt zu Geist zerrinnen, wie sie das Geisterzeugte fest bewahrt" Geist und Materie, Seele und Körper, Gedanke und Ausdehnung, Wille und Bewegung sind für G. die sich ergänzenden Grundbeschaffenheiten des Alls. Daraus folgt zugleich für den tätigschöpferischen Menschen: „Wer das Höchste will, muß das Ganze wollen, wer vom Geiste handelt, muß die Natur, wer von der Natur spricht, muß den Geist voraussetzen oder im stillen mitverstehen." „Der Mensch ist als wirklich in die Mitte einer wirklichen Welt gesetzt und mit solchen Organen begabt, daß er das Wirkliche und nebenbei das Mögliche erkennen und hervorbringen kann. Er scheint das *Sensorium commune* (Empfindungsorgan) der Natur zu sein. Nicht jeder in gleichem Maße, obgleich alle Vieles, sehr Vieles gleichmäßig inne werden. Aber im höchsten, größten Menschen kommt die Natur sich selbst zum Bewußtsein, und sie empfindet und denkt, was zu allen Zeiten ist und geleistet wird." Über die Stellung der Persönlichkeit im All sagt G.: „Das All ist ein harmonisches Eins. Jede Kreatur ist nur ein Ton, eine Schattierung einer großen Harmonie, die man auch im Ganzen und Großen studieren muß, sonst ist jedes einzelne ein toter Buchstabe. Alle Wirkungen, von welcher Art sie auch seien, die wir in der Erfahrung bemerken, hängen auf die stetigste Weise zusammen, gehen ineinander über. Wir versuchen es auszusprechen: zufällig, mechanisch, physisch, chemisch, organisch, psychisch, ethisch, religiös, genial. Es ist das Ewig-Eine, das sich vielfach offenbart. Die Natur – sie ist alles – hat kein Geheimnis, das sie nicht irgendwo dem aufmerksamen Beobachter nackt vor die Augen stellt." „Gleichwohl kann sich jeder nur als ein Organ ansehen, und man muß eine Ge-

samtempfindung aller dieser einzelnen Organe zu einer einzigen Wahrnehmung voraussetzen und diese der Gottheit beilegen."
In G. und Schelling tritt der stoffgläubig-mechanist. Naturwissenschaft des Westens eine schöpferische Naturlehre gegenüber. Auf diesen Wesensgegensätzen beruht auch die starrdogmatische Ablehnung der Newton'schen Farbenlehre durch G. Im Mittelpunkt von G.s Naturauffassung stehen die Begriffe: → Urphänomen, → Typus, → Metamorphose und → Polarität. Nüchtern und realistisch dachte G. über die Möglichkeit gegenständlicher Erkenntnis: „Man suche nur nichts hinter den Phänomenen; sie selbst sind die Lehre." Das gesamte Dasein des Menschen sieht G. fünf großen Mächten unterstellt, die er in den „Orphischen Urworten" dichterisch veranschaulicht: 1. der Dämon der Persönlichkeit, 2. der Entelechiegedanke, 3. die Tyche als Gesamtheit der schicksalhaften Lebensfügungen, 4. der Eros als Liebe im Sinne freien und freudigen Sichentscheidens, 5. die Ananke als die aus den konkreten Lebensumständen fließende Nötigung, 6. die Elpis als Hoffnung auf zukünftige Freiheit und Selbstentfaltung.
In der Gegenwart beschäftigt man sich eingehend mit den naturwissenschaftlichen Arbeiten G.s, weil man in ihnen ein Mittel zu finden hofft zur Vereinigung des mathematisch-physikalischen Weltbildes (das „richtig", aber unanschaulich ist) mit dem naivnaturalistischen (das anschaulich, aber eben nicht „richtig" ist). Für G. bestand dieser Zwiespalt nicht, weil er sich weigerte, das Reich des Unanschaulich-Abstrakten zu betreten. Aber er wußte, daß es auch in diesem Reich Wahrheiten zu entdecken gibt. In G.s Anmerkungen zu W. v. Schützens Rezension der Beiträge zur Morphologie lesen wir: „Die Idee ist in der Erfahrung nicht darzustellen, kaum nachzuweisen; wer sie nicht besitzt, wird sie in der Erscheinung nirgends gewahr; wer sie besitzt, gewöhnt sich leicht, über die Erscheinung hinweg-, weit darüber hinauszusehen, und kehrt freilich nach einer solchen Diastole, um sich nicht zu verlieren, wieder in die Wirklichkeit zurück und verfährt wechselweise so wohl sein ganzes Leben. Wie schwer es sei, auf diesem Wege für Didaktisches oder wohl gar Dogmatisches zu sorgen, ist dem Einsichtigen nicht fremd". G. verteidigte energisch sein Recht, die Welt auf seine Weise zu betrachten und zu deuten. Aus seinem Werke ergibt sich nicht, daß er sie für die einzig zuverlässige hielt.
Um die Aneignung der Weltsicht G.s bemühen sich auch in unseren Tagen die Philosophen in unterschiedlicher Weise. J. Ortega y Gasset will „einen G. für Ertrinkende" schreiben; für H. G. Gadamer lebt im Werk „ein echter Zug zur Metaphysik"; K. Jaspers ist von der „großartigen Unentschiedenheit" beeindruckt; v. Rintelen deutet G. als normierenden, trotz Dämonie und Gegensätzlichkeit der Natur, begegnenden „lebendigen Geist". – H. Pyritz/N. Nicolai/G. Burckhardt, G.-Bibl., I–II, 1965/68.

C. G. Carus, G., 1843, 1931 (KTA 97); H. Grimm, G., I–II, 1877; H. S. Chamberlain, G. 1912; B. Croce, G., 1920; E. Spranger, G.s Weltanschauung, 1932; F. Weinhandl, Die Metaphysik G.s, 1932; H. Böhm, G. – Grundzüge seines Lebens u. Werkes, 1938; H.-G. Gadamer, G. und seine Philos., 1947; K. Hildebrandt, G.s Naturerkenntnis, 1947; F. Seidel, G. gegen Kant, 1948; M. Trapp, G.s naturphilos. Denkweise, 1949; E. Staiger, G., I–III, 1952–59; W. Kloppe, DuBois-Reymond und G., 1958; W. Muschg, G.s Glaube an das Dämonische, 1958; A. Jaszi, Entzweiung u. Vereinigung. G.s symbol. Weltanschauung, 1973; H. Hamm, Der Theoretiker G.: Grundpositionen seiner Weltanschauung, Philos. u. Kunsttheorie,

1975; A. Schmidt, G.s herrlich leuchtende Natur. Philos. Studie zur dt. Spätaufklärung, 1984; H. Börnsen, Leibniz' Substanzbegriff und G.s Gedanke der Metamorphose, 1985; W. Secker, „Wiederholte Spiegelungen". Die klass. Kunstauffassung G.s und Wilhem v. Humboldts, 1985; A. Schöne, G.s Farbentheologie, 1987; D. Kuhn, Typus u. Metamorphose. G.-Studien, 1988.

Gogarten, Friedrich, Theologe, * 13. 1. 1887 Dortmund, seit 1933 Prof. in Göttingen, † 16. 10. 1967 das., Schüler von E. Troeltsch, zuerst von Fichte und dem deutschen Idealismus beeinflußt (Fichte als religiöser Denker, 1914), dann der theolog. Kierkegaardbewegung (→ dialektische Theologie) sich anschließend, die idealist. Kultur- und Geschichtsphilosophie immer schärfer kritisierend (Illusionen, 1926). Die „Religiöse Entscheidung" (1921) erfordert eine radikale Scheidung (Von Glauben und Offenbarung, 1923). G. vertritt einen Glaubensrealismus (Glaube und Wirklichkeit, 1928; Der Mensch zwischen Gott und Welt, [3]1957), der jede „philos. Deutung der menschlichen Existenz" ablehnt; Verhängnis und Hoffnung der Neuzeit, [2]1958; Luthers Theologie, 1967. – In Anknüpfung an Luther hat G. eine Ständeethik entwickelt (Wider die Ächtung der Autorität, 1930; Politische Ethik, 1932), die den Menschen „von einem anderen her" verantwortlich gebunden sieht.

W. Andersen, Der Existenzbegriff u. d. existentielle Denken i. d. neueren Philosophie u. Theologie, 1940; H. Zahrnt, Die Sache mit Gott, 1966.

Gomperz, Heinrich, Philosoph, * 18. 1. 1873 Wien, das. Prof. 1924–34, † 27. 12. 1942 Los Angeles (das. seit 1936 Prof.), Sohn von Theodor G., Positivist, versteht die Kategorien der Substanz, Identität, Relation und Form als „Vorbegriffe der Weltanschauungslehre"; sie treten je in vier Entwicklungsstufen auf, in der animistischen, metaphysischen, ideologischen und kritizistischen, und sollen durch eine „pathempirische" Methode auf Gefühle (5. Stufe) zurückgeführt werden. – Hptw.: Weltanschauungslehre, 2 Bde., 1905–08; Zur Psychologie der log. Grundtatsachen, 1897; Über Sinn und Sinngebilde, Erklären und Verstehen, 1929; *Interpretation, logical analysis of a method of historical research,* 1939; Philos. Studien (m. Biogr. u. Bblgr.), 1953.

E. Topitsch, H. G., in „Wiener Ztschr. f. Philos., Psychol." 1954/55.

Goodman, Nelson, * 7. 8. 1906 Sommerville (Massachusetts), seit 1967 Prof. für Philosophie in Harvard, einer der einflußreichsten Vertreter → amerikanischer → analytischer Philosophie. Arbeiten vor allem auf den Gebieten → Wissenschaftstheorie (Theorie der → Induktion und der Verifikation von → Hypothesen), Ontologie → (Aufbau eines Systems des → Nominalismus), Erkenntnistheorie (Konstruktion eines → phänomenalistischen Systems) und → Sprachphilosophie (Analyse der sprachlichen Darstellungsfunktion). – Hauptwerke: The Structure of Appearance, 1951, dt. 1984; Fact, Fiction and Forecast, 1955, dt. 1975; Languages of Art, 1968, dt. 1973; Ways of Worldmaking, 1978, dt. 1984; Of Mind and Other Matters, 1985, dt. 1987.

A. Hausman/F. Wilson, Carnap and G. – Two Formalists, Iowa City 1967; R. S. Rudner/I. Scheffler (Hgg.), Logic and Art. Essays in Honor of N. G., Indianapolis 1972 (mit Bibl.); F. v. Kutschera, N. G., in: Das neue Rätsel der Induktion, in: J. Speck (Hg.), Grundprobleme der großen Philosophen. Philos. der Gegenwart III, 1975; Erkenntnis 12 (1978), H.1 (G.-Sonderheft); S. Hottinger, N. G.s Nominalismus und Methodologie, 1988.

Gorgias, grch. Sophist und Lehrer der Redekunst, * um 483 Leontinoi auf Sizilien, † 375 Larissa, lehrte voller Skepsis: 1. Es ist nichts; 2. wenn aber etwas wäre, so würde es unerkennbar sein; 3. wenn auch etwas wäre und dies erkennbar wäre, so wäre doch die Erkenntnis nicht mittelbar an andere. Gorgias ist der Titel eines Dialoges v. Platon, in dem die Frage nach dem Wesen und Wert der Rhetorik zum Ausgangspunkt für die scharfe Bekämpfung der Sophistik vom Standpunkt des uneigennützigen sokratischen Wissensstrebens gemacht wird. – Texte: H. Diels/W. Kranz (Hgg.), Fragmente der Vorsokratiker, 1903, [17]1974; T. Buchheim (Hg.), Reden, Fragmente u. Testimonien (griech.-dt.), 1989.

G. Calogero, Studi sull' eleatismo, Rom 1932, [2]1977, dt. 1970; H.-J. Newiger, Unters. zu G.' Schrift „Über das Nichtseiende", 1973.

Gott (lat. *deus*, griech. *theos*), der oberste, in der Mythologie und den Religionen meist als Person gefaßte Gegenstand des Glaubens, geglaubt als ein Wesen mit „übernatürlichen" d. h. außergewöhnlichen Eigenschaften und Kräften; im höchsten Sinne ein Wesen mit allen Eigenschaften der Vollkommenheit, der Inbegriff der Vollkommenheit als seiend geglaubt und verehrt. Besonders gut läßt sich die Entwicklung der G.esvorstellung in der indischen Mythologie verfolgen: Die indischen „Götter" waren ursprünglich hervorragende, starke, siegreiche, kenntnis- und erfindungsreiche Menschen, die überragend mehr wußten und konnten als alle anderen und damit ihren Mitmenschen erwünschte und erbetene Vorteile verschafften; sie wurden später zu Göttern erhoben; die Götter wurden damit die „Mächtigen", die „Wissenden", „Guten" und „Spender alles Guten". Sie waren die „Schöpfer", d. h. die Erfinder, die Techniker der Urzeit, die Helden und „Könige", die Stammesväter und -führer („Urvater", der „Uralte" ist bei primitiven Völkern vielfach die Bezeichnung des höchsten G.es). Im Lichte der G.esvorstellung erschienen von Anfang an auch mächtige Naturkräfte und Naturdinge: der lichte Tageshimmel, die Sonne, der Mond usw., zuerst noch naiv als die Erscheinung selbst verehrt, später in den von ihnen beherrschten Erscheinungen als hinter oder in den Naturereignissen wirkend gedachte unsichtbare, unfaßbare Kräfte (→ Animismus), als „geistige" Wesenheiten gefürchtet oder verehrt. Damit wurden sie zugleich zu Ideal- und Wunschwesen: sie sind, was und wie der Mensch nicht ist, aber sein möchte. Sie bringen Klarheit und Festigkeit in das verworrene und labile Dasein. Wer ihnen gehorcht, ihre Gebote befolgt, sich ihnen mit Opfern angenehm macht, den begaben und begnaden sie; zuerst nur mit materiellen, später auch mit geistigen Gütern, und lassen ihn an ihrer Einsicht, ihrer Macht, endlich auch an ihrer Unsterblichkeit im „Jenseits" teilnehmen. Sie verleihen dem Leben einen höheren Sinn und gelten als die Vertreter eines allg. Prinzips, durch das die Welt samt ihren Übeln und Leiden verständlich wird, durch das auch die Rätsel der eigenen Seele (der „Kampf zwischen Tier und Engel"; A. Gide) eine Erklärung finden; – auch Erlösung.

Die ursprünglichste Form des G.glaubens ist vielleicht → Monotheismus als „Urmonotheismus", d. h. die Verehrung des Stammesvaters, Urvaters, innerhalb eines Stammes. Das Auftreten noch anderer Helden, Ahnen, Führer, Erfinder u. dgl. in Verbindung mit der Verehrung verschiedener Naturerscheinungen führt zum → Polytheismus, der Verehrung von vielen „Göttern"; wenn bei einer Mehrzahl von Göttern nur ein Gott verehrt wird, spricht man vom Henotheismus. Der später universale Monotheismus leitet sich ab teils vom „Urmonotheismus", teils von der angleichenden Verschmelzung polytheistischer Gottheiten zu einer gegenständlichen Einheit, die vielfach im Anschluß an die politische Zentralisation der Macht eintrat. Ein ursprünglich einziger G. kann durch Vergöttlichung seiner Attribute aber auch wieder zu vielen Göttern werden.

Die Vorstellungen der Volksreligion bleiben ihrem Ursprung gemäß meist anthropomorph: G. ist eine der menschlichen ähnliche Persönlichkeit (→ Theïsmus), od. theromorph: Tiergötter. Wissenschaftliche Erkenntnis und philos. Denken führen zum → Deïsmus oder zum → Pantheïsmus, bzw. → Panentheïsmus, od. zum → Atheïsmus. Sämtliche in diesen G.esbegriffen sich ausdrückenden G.esvorstellungen sind immer irgendwie Auseinandersetzungen mit dem im Abendland wirksamen christl. G.esdogma der Kirchen. In diesem Sinne ist der spezifische G.esbegriff eigentlich auf das Abendland beschränkt geblieben.

Die Relig.-Metaphysik der Gegenwart nennt das Göttliche (G. oder die Götter) d. Urgegebene des menschl. Bewußtseins; das Göttliche ist → heilig und absolut seiend, während der Mensch dem Bereiche des relativ und zufällig Seienden angehört (das aber, nach Scheler, „die je primäre Anzeigefunktion auf das absolute Sein eines Seienden besitzt"). Das Göttliche ist gleichbedeutend mit dem Reich der Werte, insbes. der ethischen Werte. Durch die fortschreitende Verwirklichung der Werte seitens des Menschen (→ Ethik) geschieht das Werden des Göttlichen, der Gottheit. G. ist im Christentum deshalb nur insofern existent, als es christl. Menschen gelingt, sittliche Werte auch tatsächlich zu realisieren. G. ist, wie es in der dichterischen Version bei Rilke heißt, „der Kommende, der von Ewigkeit her bevorsteht, der Zukünftige, die endliche Frucht eines Baumes, dessen Blätter wir sind". Der werdende G. wächst im Herzen des Menschen, der Mensch wird eigentlicher Mensch in dem Maße, wie es ihm gelingt, die ethischen Werte zu verwirklichen, d. h. in dem Maße, in dem G. in ihm wächst und ihn gottähnlich macht. „Der Mensch ist also nicht Nachbildner einer an sich bestehenden oder schon vor der Schöpfung in G. fertig vorhandenen ‚Ideenwelt' oder ‚Vorsehung', sondern er ist Mitbildner, Mitstifter und Mitvollzieher einer im Weltprozeß und mit ihm selbst werdenden ideellen Werdefolge. In seinem Menschsein, das ein Sein der Entscheidung ist, trägt der Mensch die höhere Würde eines Mitstreiters, ja Miterwirkers G.es". (Max Scheler, Philosoph. Weltanschauung, 1929) Nach dem theologiekritischen Existenzialismus (Sartre) und ebenso nach Nietzsche wird Gott nur als Ideal der Selbstverwirklichung des Menschen in der unendlichen Ferne der Zukunft angesehen.

R. Otto, Das Heilige, 1917; W. Schulz, Der G. der neuzeitl. Metaphysik, 1957; R. Garaudy, Dieu est mort. Étude sur Hegel, Paris 1962, dt. 1965; G. Picht, Der G. d. Philosophen und die Wiss. der Neuzeit, 1966; H. Zahrnt, Die Sache mit G., 1966; U. Mann, Theogon. Tage. Die Entwicklungsphasen des G.esbewußtseins in der altorientalischen u. bibl. Religion, 1970; W. Weischedel, Der G. der Philosophen, I–II, 1971/72; H.-M. Barth, Theorie des Redens von G., 1972; E. Bormann, Der diesseitige G., 1973; G. Muschalek, G. als G. erfahren, 1974; H. Kimmerle, Die G.esfrage im konkreten Theorie-

Praxis-Zusammenhang, 1975; A. Kenny, The God of the Philosophers, Oxford 1979; B. Weissmahr, Philos. Gotteslehre, 1983; W. Pannenberg, Metaphysik u. Gottesgedanke, 1988.

Gottesbeweise, Versuche, das Dasein Gottes und seine Eigenschaften begrifflich zu erschließen und dadurch den Glauben an Gott rational zu stützen. Nach Kant ist das Dasein Gottes schlechterdings unbeweisbar, womit Kant jedoch nicht behaupten will, daß es keinen Gott gäbe. Die sechs bekanntesten G. sind:

1. Der ontologische G. schließt von der subjektiven Idee eines höchsten Wesens auf dessen objektives Dasein: Existierte Gott nicht wirklich, sondern nur als Idee, so widerspräche dieser Mangel dem Begriff Gottes als des vollkommensten allerrealsten Wesens.

2. Der psychologische G. geht vom Vorhandensein der Idee Gottes im Bewußtsein aus (d. h. vom Erleben Gottes) und behauptet, daß das Bewußtsein selbst kein zureichender Grund für das Vorhandensein der Idee Gottes in ihm sein könne; also müsse eine äußere Ursache übermenschlicher Art (d. h. Gott als Existierender) den Grund bilden.

3. Der kosmologische G. schließt von der Existenz der Welt auf einen Urheber derselben, von der Bedingtheit alles Seienden auf ein letztes bedingendes, unbedingtes, an sich seiendes, absolutes Wesen → Gott, welcher die nicht weiter zurückführbare Ursache von allem sei.

4. Der teleologische G. schließt von der Zweckmäßigkeit und Ordnung der Welt auf einen allweisen Weltbaumeister.

5. Der moralische G. schließt aus dem Vorhandensein eines sittlichen Bewußtseins auf einen Urheber desselben oder von einer „moralischen Weltordnung" auf einen Begründer dieser Ordnung.

6. Der voluntaristische G. geht davon aus, daß der Mensch in der dreifachen Stufenreihe des Seienden, des Lebenden und des Erkennenden am höchsten steht. Er ist aber nicht allmächtig, da er nicht alles kann, was er will. Folglich muß es über ihm noch eine höhere Macht geben, die allmächtig ist: Gott.

F. Sawicki, Die G., 1926; A. Silva-Tarouca, Praxis u. Theorie des Gottesbeweisens, 1950; E. Pfennigsdorf, Der krit. Gottesbeweis, 1938; D. Henrich, Der ontolog. Gottesbeweis, 1960; J. Kopper, Reflexion u. Raisonnement im ontolog. Gottesbeweis, 1962; W. Cramer, G. und ihre Kritik, 1967; Q. Huonder, Die G., Gesch. und Schicksal, 1968; J. Barnes, The Ontological Argument, London 1972; R. Swinburne, The Existence of God, Oxford 1979, dt. 1987; J. L. Mackie, The Miracle of Theism, Oxford 1982, dt. 1985.

Gottlosigkeit, → Atheismus, Freidenker.

Götzendämmerung oder Wie man mit dem Hammer philosophiert: Titel einer Schrift von Nietzsche, geschrieben 1888.

Gracian, Baltasar, span. Schriftsteller, *8. 1. 1601 Belmonte del Calatayud (bei Saragossa), † 6. 12. 1658 Tarragona Rektor des Jesuitenkollegiums; schrieb ein „Handorakel" (*Oráculo manual y arte de prudencia,* 1637), eine Anleitung zur Weltklugheit, das durch Schopenhauers Übersetzg. auch in Deutschland berühmt geworden ist (KTA, Bd. 8, [11]1973). – Weitere W.: *El héroe,* 1637; *El discreto,* 1646; *El criticón,* 3 Bde., 1651–57; Obras completas, 1969 ff.

W. Krauss, G.s Lebenslehre, 1947; E. Hidalgo-Serna, Das ingeniöse Denken bei B. G., 1985 (mit Bibl.).

Grammatik, (vom griech. *grammatike),* bezeichnet ursprünglich das

Wissen von der Sprache und der Fertigkeit des Sprechens; bei den Sophisten ging es um die Erörterung der Beziehung zwischen Wort und dem damit bezeichneten Ding. Die Erweiterung des Begriffes durch Analyse der Sätze und durch Unterscheidung zwischen Nomen und Verbum, zugleich zwischen Subjekt und Prädikat, erfolgte bei Plato, Aristoteles und durch die Stoiker; letztere bezeichneten sprachliche Befunde als wissenschaftliche Gegenstände. Als erster griech. G.er, der die Probleme umfassend behandelt und G. als eine autonome Erfahrungswissenschaft beschreibt, gilt Dionysius Thrax (2. Jh. v. Chr.). In der weiteren Entwicklung bis zum Mittelalter wurden folgende Einzelbereiche ausgebaut: 1) Lehre von den Sprachelementen, 2) Lehre von den Redeteilen und 3) Lehre von der Syntax; zugleich wurden – bis zur Gegenwart – neue Aspekte der Betrachtung zugrundegelegt, woraus u. a. folgende späteren Formen grammatischer Theorien auftreten: *grammatica speculativa,* vergl. Grammatik der Nationalsprachen und Mundarten (R. Bacon), *grammatica rationalis* (Leibniz), später die *strukturalistische G.* (F. de Saussure), die *logische Gr.* (Husserl), die linguistisch fundierte *„generative Gr.“* (N. Chomsky), die *inhaltsbezogene G.* (L. Weisgerber) u. a.

A. Marty, Unters. zur Grundlegung der allg. G. und Sprachphilos., 1908; R. Carnap, Log. Syntax der Sprache, 1934, [2]1968; J. Schächter, Prolegomena zu einer krit. G., 1935, [2]1978 (mit Bibl.); E. K. Specht, Die philos. und ontolog. Grundlegung im Spätwerk L. Wittgensteins, in: Kant-St., Erg.H. 84 (1963); L. Wittgenstein, Philos. G., hg. 1969; G. Helbig, Gesch. der neueren Sprachwiss.: unter dem besonderen Aspekt der G.theorie, 1971; W. Köller, Philos. der G., 1988.

Grassi, Ernesto, ital. Philosoph, *2. 5. 1902 Mailand, seit 1948 Prof. in München, bemüht sich um die philos. Neubegründung einer humanistischen Auffassung des Menschen und der Wirklichkeit. – Hauptw.: *Il problema della metafisica platonica,* 1933; *Dell' apparire e dell' essere,* 1935; Vom Vorrang des Logos, 1939; Der Beginn des modernen Denkens. Von der Leidenschaft und der Erfahrung des Ursprünglichen, im Jahrbuch „Geist. Überlieferung“, 1940; Verteidigung des individuellen Lebens, 1946; Leopardis Theorie des schönen Wahns, 1949; Von Ursprung u. Grenzen der Geisteswissenschaften und Naturwissenschaften, 1950; Die Einheit unseres Wirklichkeitsbildes (mit T. v. Uexküll), 1951; Reisen ohne anzukommen; südamerikanische Meditationen, 1954; Kunst und Mythos, 1957; Die zweite Aufklärung, 1958; Die Theorie des Schönen in der Antike, 1961; Macht des Bildes, Ohnmacht der rationalen Sprache, 1968; Humanismus und Marxismus, 1973; *The Priority of Common Sense and Imagination: Vico's Philosophical Relevance Today,* in *„Social Research“,* Vol. 43, 1976; Die Macht der Phantasie. Zur Geschichte abendländischen Denkens, 1979; *Rhetoric as Philosophy. The humanist Tradition,* 1980.

Gratry, Alphonse, franz. Philosoph *30. 3. 1805 Lille, † 7. 2. 1872 Montreux, seit 1863 Prof. der Moralwissenschaft an der Sorbonne in Paris, bekämpfte als Vertreter einer orthodox-kath. Philosophie bes. den Pantheismus und die deduktive Methode; durch die Denkmittel der höheren Mathematik suchte er die christl. Dogmen zu stützen. Hauptw.: *Cours de la philos.,* 3 Tle., 1855–57; *La philosophie du Credo,* 1861, dt. 1928; *Les sophistes et la critique,* 1864; *La morale et la* *loi de l'histoire,* 1868, [2]1871; *De la connaissance de l'âme,* 1857; dt. Was ist die Seele, 1953.

C. L. Braun, G.s Theorie der religiösen Erkenntnis, 1914; Scheller, Grundlagen der Erkenntnislehre bei G., 1929; J. Marias, *La filosofia del padre G.,* 1941; L. Foucher, *La philosophie catholique en France,* 1955.

Grau, Gerd-Günther, Prof. in Hannover, *15. 2. 1921 Hamburg, ursprünglich Naturwissenschaftler, arbeitet auf dem Gebiet der Kulturphilosophie und Religionskritik, versucht Nietzsches Idee der „Selbstauflösung" des Christentums an dessen historischer Entwicklung nachzuweisen. Zur Erklärung wird A. Schweitzers These von der ausgebliebenen Parusie herangezogen. – Schr. u. a.: Christlicher Glaube und intellektuelle Redlichkeit. Eine religionsphilos. Studie über Nietzsche, 1958; Die Selbstauflösung des christl. Glaubens, Eine Studie über Kierkegaard, 1963; Ideologie u. Wille zur Macht. Zeitgemäße Betrachtungen über Nietzsche, 1984.

F. W. Korff (Hg.), Redliches Denken. Festschrift zum 60. Geburtstag, 1981.

Gravitation (vom lat. *gravis,* „schwer"), Massenanziehung, von → Newton entdeckte Eigenschaft der Materie. Nach dem G.sgesetz besteht zwischen zwei Massen m_1 und m_2 eine Anziehung, die um so größer ist, je geringer der Abstand r der beiden Massen ist.

Die Anziehung ist $G \cdot \frac{m_1 \cdot m_2}{r^2}$ wobei die Massen in Gramm, der Abstand in Zentimetern gemessen wird und G. die G.skonstante ($6{,}7 \cdot 10^{-8}$) ist. Die Anziehung wird in Dyn (1 Dyn gleich dem Druck eines Gewichtes von 1/981 g) gemessen. – Die G. ist philosophisch von hohem Interesse, weil sie im Mittelpunkt der Erörterungen des physikal. Weltbildes steht; → auch Energie (Energie-Massen-Satz). → Feldertheorie, Relativitätstheorie.

G. Gamow, Gravity. Classic and Modern Views, Garden City N. Y. 1962, dt. 1962; L. Witten (Hg.), G. – An Introduction to Current Research, New York 1962; P. Jordan, Die Expansion der Erde. Folgerungen aus der Diracschen G.shypothese, 1956; B. Thüring, Die G. und die philos. Grundlagen der Physik 1967; S. W. Hawkings (Hg.), Three Hundred Years of Gravitation, Cambridge 1987.

Grayeff, Felix, philos. Schriftsteller, * 6. 2. 1906 Königsberg, lebt in London, arbeitet auf dem Gebiet einer neuen, eigenen Lehre vom Denken, die er als unabhängig von den Voraussetzungen der griech. Metaphysik und traditionellen Logik betrachtet. Dementsprechend läßt er eine neue Erkenntnistheorie an deren Seite treten, die von der „synnoetischen Denkform" bestimmt ist. Diese wird auf Philosophie, Ethik, Geschichtsphilosophie u. a. angewendet. – Schr. u. a.: Deutung und Darstellung der theoretischen Philosophie Kants. Ein Kommentar zur Kritik der reinen Vernunft, 1951 (engl. 1970); Versuch über das Denken, 1956; *Aristotel and his School,* 1974; Descartes, 1977; *A Short Treatise on Ethics,* 1980.

Green, Thomas Hill, engl. Philosoph, *7. 4. 1836 Birkin (Yorkshire), † 26. 3. 1882 (Oxford) vermittelte der engl. Philosophie Kants Gedanken bes. dessen kritizistisches Denken. Als Träger der Erkenntnis nahm er (auf Grund ihrer durchgängigen Beziehungshaftigkeit) ein „unendliches Subjekt", das Bewußtsein, an, an dem der einzelne Verstand teil hat; in seiner Ethik lehrte er die Freiheit des menschl. Willens vom materiellen Zwang (prolegomena to ethics). *Works of*

T. H. B., 3 Bde., 1885–88, Neuausg. 1906.

J. McCunn, Six Radical Thinkers: Bentham, J. S. Mill, Cobden, Carlyle, Mazzini, T. H. G., London 1907; D. Parodi, Du positivisme à l'idéalisme, Paris 1931.

Gregor von Nazianz, Kirchenlehrer, * um 329 Arianz b. Nazianz (Kappadozien), † das. um 390, eng befreundet mit Basilius d. Gr., Kleriker in Nazianz, lehrte seit 379 in Konstantinopel, berühmter Redner, vom Kynismus beeinflußter Platoniker, verteidigte die Lehre von der Wesensgleichheit des Logos (Christus) und des Hl. Geistes mit Gott-Vater. Auswahl aus seinen Reden erschien dt. in 2 Bdn. 1874–1877, [2]1928.

P. Gallay, G. de N., 2 Bde., 1941; M.-M. Hauser-Meury, Prosopographie zu den Schriften G.s v. N., 1960.

Gregor von Nyssa, Kirchenvater, * in Cäsarea (Kappadozien), † um 394 Nyssa, Bruder von Basilius d. Gr., Freund von Gregor von Nazianz, bedeutender Dogmatiker, lehrte die ursprüngliche Verschiedenheit von Glauben und Wissen und Gott als Einheit in drei → Hypostasen (Vater, Sohn, Heiliger Geist). Seine Lehre von der Willensfreiheit schließt sich an die des Origenes an. – Auswahl aus seinen Schriften, I–II, 1870/80; Werke, 1921–72. – M. Altenburger/F. Mann, Bibl. zu G. v. N., Leiden 1988.

M. Schüler, Prädestination, Sünde u. Freiheit bei G. v. N., 1934; A. Lieske, Die Theologie der Christusmystik G.s v. N., Diss. Münster 1943; M.-B. v. Stritzky, Zum Problem der Erkenntnis bei G. v. N., 1973; H. Dörrie/M. Altenburger/U. Schramm, G. v. N. und die Philos., Leiden 1976; C. Apostolopoulos, Phaedo christianus, 1986.

Grenzbegriffe, Begriffe, die die Erkenntnis begrenzen und zugleich auf etwas hinter der Grenze Liegendes hinweisen. Bei Kant ist → Noumenon „bloß ein Grenzbegriff, um die Anmaßung der Sinnlichkeit einzuschränken, und also nur von negativem Gebrauche". Unter Noumenon in positiver Bedeutung versteht Kant „ein Objekt einer nichtsinnlichen Anschauung", einer intellektuellen, die Kant gerade abweisen will.

B. Kerry, System einer Theorie der G. – Ein Beitrag zur Wissenschaftstheorie I, hg. 1890; G. Prauss, Kant und das Problem der Dinge an sich, 1974.

Grenzsituationen, nach K. Jaspers die Situationen, in denen die menschl. Existenz sich als Unbedingtheit erfährt. „Wir sind immer in Situation. Ich kann an ihrer Veränderung arbeiten. Aber es gibt G., die immer bleiben, was sie sind: ich muß sterben, ich muß leiden, ich muß kämpfen, ich bin dem Zufall unterworfen, ich verstricke mich unausweichlich in Schuld. Die G. sind neben dem Staunen und dem Zweifel der Ursprung der Philosophie. Wir reagieren auf G. durch Verschleierung oder durch Verzweiflung begleitet von einer Wiederherstellung unseres Selbstseins (Seinsbewußtseins)". (Jaspers, Einf. i. d. Philosophie, [7]1961).

griechische Philosophie. Die gr. Ph. ist gleichbedeutend mit der Philosophie als solcher in der geistig-kulturellen Weltgeschichte und bestimmte, mindestens der Form, d. h. dem Wort und dem Begriff nach, bis heute weitgehend alle Philosophie. Nach einer Vorbereitungszeit von mehreren Jahrhunderten entfaltete sie sich – etwa seit → Hesiod → im 7. bis 6. Jh. v. Chr. – zu klassischer Blüte, worauf sie dann noch ein Jahrtausend ab- und ausklang. Byzanz und der Islam verwalteten ein weiteres Jahrtausend ihr Erbe, das dann erst seit Renaissance und Humanismus von innen heraus neu belebt wurde und zu schöpferischen Neuansätzen führte, angefangen vom Renaissance-Platonismus u. -Aristotelismus bis zum Wirken der gr. Ph. im dt. Idealismus und darüber hinaus: → europäische Philosophie.

Die gr. Ph. (man kann ebenso sagen: die antike Philosophie, denn was schöpferisch an dieser ist, verdankt sie der gr. Ph.) gliedert sich auf in die hellenische Philosophie des klass. Altgriechenland selbst im 4. Jh. v. Chr., der noch die Philosophie der gr. Pflanzstädte rings um Griechenland im 6. und 5. Jh. vorausgeht, und in die hellenistisch-römische Philosophie, d. h. in die Ausstrahlungen und Fortsetzungen der hellenischen Philosophie in das werdende und dann wieder zerfallende römische Imperium vom 3. Jh. vor bis zum 6. Jh. nach Chr. Die hellenische Philosophie gliedert sich in die vorsokratische im 6. und 5. Jh. und in die klassische (attische) Philosophie (Sokrates, Platon, Aristoteles) des 4. Jh., die vorsokratische in die kosmologische im 6. und 5. Jh. und die vom 5. bis ins 4. Jh. hineinreichende anthropologische (sophistische).

Der Beginn der gr. Ph. im Zeitalter der kosmolog. Vorsokratiker bedeutet zugleich, daß neben, ja über den Priester der politisch ausgerichtete Denker und Wissenschaftler tritt, vorbereitet schon durch die polit. Gestalten der Sieben Weisen. Einer von ihnen, Thales v. Milet (etwa 625–545), gilt seit Aristoteles als der erste Philosoph; er ist der erste der Kosmologen, und zwar im engeren Sinne der ionischen Naturphilosophen (etwa 625–425), zu denen außerdem Anaximander, Anaximenes, Diogenes von Apollonia u. a. gehören. Es folgt die seinsphilosophische Schule der Eleaten (etwa 580–430) mit Xenophanes, Parmenides, Zenon (dem Eleaten), Melissos, die gleichzeitig in der Ergründung des Wesens von Harmonie, Maß, Zahl sich widmende Schule des Pythagoras, der u. a. Philolaos (Ende des 5. Jh. v. Chr.), der Arzt Alkmaion (um 520 v. Chr.), der Musiktheoretiker, Philosoph und Mathematiker Archytas von Tarent (um 400–365 v. Chr.) zugehörten und der Bildhauer Polyklet der Ältere (Ende des 5. Jh. v. Chr.) nahestand. Große Einzelgänger sind Heraklit (544–483), sodann Empedokles (483/482 bis 424/23) und auch Anaxagoras (500–428). Der enzyklopädisch umfassende Demokrit (460–371) samt seinem halb sagenhaften Vorläufer Leukipp (um 460) und der demokritischen Schule bildet den Beschluß der vorsokratischen Kosmologen. Neben dieser läuft zuletzt die Entwicklung der anthropologischen Sophistik (etwa 475 bis 375) einher, vertreten hauptsächlich durch Protagoras, Gorgias, Hippias, Prodikos.

Unter den drei Häuptern der gr. Ph., Sokrates (469–399), Platon (427–347) und Aristoteles (384/3 bis 322/1), wurde Athen für etwa 500 Jahre zum Mittelpunkt der gr. Ph. Mit Sokrates tritt zuerst die Philosophenpersönlichkeit mit all ihren Gewissensentscheidungen und Wertungen ins volle Licht der Geschichte, mit Platon die Philosophie als geschlossenes weltanschaulich-politisches sowie logisch-ethisches System, mit Aristoteles die Wissenschaft als forscherisch-theoretische Ergründung der realen Gegebenheiten. Diese drei großen griechischen Denker wirken seither auf ihre Art und in mannigfaltigen Abwandlungen schon über zwei Jahrtausende.

Die hellenistisch-römische Periode der gr. Ph. beginnt mit der Entste-

hung wichtiger einander zeitlich parallel laufender Philosophenschulen noch im 4. Jh.; einzig der Neuplatonismus entsteht nachträglich ein halbes Jahrtausend später.
Im Anschluß an Sokrates bildet sich eine ganze Gruppe von nicht sehr langlebigen Schulen: die unmittelbaren Sokratiker (u. a. Xenophon), die Megariker (u. a. Eubulides und der erste Theoretiker des Möglichkeitsbegriffs Diodoros Kronos [† 307 v. Chr.]), die Kyniker (u. a. Antisthenes, Diogenes von Sinope [„mit der Laterne"], viel später der religiös gerichtete Sozialreformer Dion [Chrysostomus] von Prusa, um 40–120 n. Chr.), schließlich die Kyrenaiker (u. a. Aristippos und Euhemeros). Die Platon-Anhänger fallen unter die Bezeichnung (alte, 348–270; mittlere, 315–241; neuere, 160 v. Chr. bis 529 n. Chr.) „Akademie"; in der mittleren Akademie sind wichtig Arkesiloos und Karneades, in der neueren Cicero und Marcus Terentius Varro (116–27 v. Chr.); der Akademie folgt dann ein mittlerer Platonismus (u. a. Plutarchos von Chaironeia [um 45–120] und Thrasyllos, der Platon-Kommentator und Hofastrologe des Tiberius). Die Aristoteles-Anhänger, meist namhafte Einzelwissenschaftler, werden Peripatetiker genannt; bedeutsam u. a. der Botaniker und Charakterologe Theophrast (372–287), der Musiktheoretiker Aristoxenos (um 350 v. Chr.), der Historiker und Politiker Dikaiarchos (um 320 v. Chr.) im älteren Peripatos, im jüngeren u. a. der Physiker Straton († 270 v. Chr.), die Geographen und Astronomen Aristarchos von Samos (Schüler Stratons, um 250 v. Chr.) und Klaudios Ptolemaios (um 150 n. Chr.), der Arzt Galenos (um 131/201), der Aristoteles-Kommentator Andronikos von Thodos (um 70 v. Chr.). Epikur (342/41 bis 271/70) wird zum Begründer einer verbreiteten Schule, der u. a. Lucretius (um 96–55) angehört. Zur Schule des eigentlichen Skeptizismus (der sachlich auch viele Akademiker angehören) zählen u. a. Pyrrhon (360–270) als Gründer, ferner Änesidemus (um 50 v. Chr.) und später der Arzt Sextus Empricius (um 200–250 n. Chr.).
Die Stoa entfaltet sich aus kleinen Anfängen zur wichtigsten philosophisch-religiösen Bewegung der Antike bis hin zu Neuplatonismus und Christentum. Begründet durch Zenon von Kition (um 300 v. Chr.), erhält sie ihre literar. Formung durch Chrysippos (281/78–208/05) in der älteren Stoa; der mittleren gehören u. a. Panaitios (um 180 bis 110) und Poseidonios (um 135–51) an; der Historiker Polybios (um 200–120) steht ihr nahe. Die spätere Stoa, haltungsmäßig meist von ausgeprägt röm. Charakter, ist hauptsächlich vertreten durch das Dreigestirn: den Patrizier Seneca (um 4 v. Chr. bis 65 n. Chr.), den freigelassenen Sklaven Epiktet (um 50–138) und den Kaiser Marc Aurel (121–180).
Im Neuplatonismus, als dessen Begründer Plotinos (205–270) gilt, werden die (erste) römische, die athenische, die alexandrinische, die syrische, die pergamenische und die (zweite) römisch-christliche Schule unterschieden; neben Plotionos traten besonders hervor: Porphyrios (232/33–304), Proklos (410–85), die Philosophin Hypatia († 450), Jamblichos († um 330), Kaiser Julianus Apostata (332–363), der Enzyklopädist Martianus Capella (1. Hälfte d. 5. Jh.). Boethius (um 480–524).
Im Zeitalter des Hellenismus blühte auch die Gnosis mit ihren phantasievollen u. oft geistreichen Systemen einer Verschmelzung abendländischer und orientalischer Reli-

giosität u. Philosophie. Aus der babylonischen Gnosis ging der Machinäismus hervor mit seiner Lehre von der Welt des Lichtes u. der Finsternis. Von besonderer Bedeutung für die Philosophie der ersten nachchristl. Jahrhunderte wurde Philo Iudaeus (um 20–50) durch seine allegorische, platonisch-stoizistische Bibelauslegung. Er begründete die von Clemens von Alexandria (um 150 bis 215) und Origenes (185–254) weitergeführte Alexandrinische Schule, die Keimzelle einer christlichen Philosophie, die allmählich die abendländische Philosophie mehr u. mehr bestimmte. Bedeutsame Ausstrahlungen der gr. Ph. finden sich in der Islam-Philosophie, ja reichen bis in die ind. Philosophie. – Quellen: W. Nestle, Die Sokratiker, 1922 (Repr. 1968); W. Nestle, Die Nachsokratiker, 1923 (Repr. 1968); W. Capelle (Hg.), Die Vorsokratiker, 1935, [8]1968 (KTA 119).

W. Windelband, Gesch. der alten Philos., 1888, ab [4]1923: Gesch. der abendländ. Philos. im Altertum; W. Capelle, Die g. P., I–IV, 1922–34, [2]1953; E. Zeller, Die Philos. der Griechen in ihrer gesch. Entwicklung, I–III, 1923; G. Calogero, Studien über den Eleatismus, Rom 1932 (Repr. 1971); W. Nestle, Vom Mythos zum Logos, 1940, [2]1941 (Repr. 1975); W. Kranz, Die g. P., 1941; W. Nestle, Griech. Geistesgesch., 1944 (KTA 192); O. Gigon, Der Ursprung der g. P., 1945; W. Nestle, Griech. Weltanschauung in ihrer Bedeutung für die Gegenwart, 1946; A. H. Armstrong, An Introduction to Ancient Philosophy, London 1947; W. Nestle, Griech. Studien, 1948; C. J. de Vogel, Greek Philosophy, I–II, Leiden 1950/59; E. Wolf, Griech. Rechtsdenken, 1950; E. Hoffmann, Die g. P. bis Platon, 1951; W. Jaeger, Die Theologie der frühen griech. Denker, 1953; H. Fränkel, Wege und Formen frühgriech. Denkens, 1955; M. Pohlenz, Griech. Freiheit, 1955; H. Schwabl, Die Eleaten (Forschungsbericht) 1939–1956, in: Anz. für die Altertumswiss. 9 (1956)/10 (1957); F. Wehrli, Hauptrichtungen des griech. Denkens, 1964; W. Röd, Die Philos. der Antike, I, 1976, [2]1988; W. Schadewaldt, Die Anfänge der Philos. bei den Griechen, 1977; K. F. Geyer, Einf. in die Philos. der Antike, 1978, [2]1988; A. Graeser, Die Philos. der Antike, II, 1983; F. Ricken, Philos. der Antike, 1988; T. Irwin, Classical Thought, 1989.

Grisebach, Eberhard, * 27. 2. 1880 Hannover, † 16. 7. 1945 Zürich, das. seit 1931 Prof., ging von Eukken aus und näherte sich vom orthodoxen Protestantismus her später der dialektischen Theologie. Von ihr ist seine Kulturkritik und seine Weltanschauung stark bestimmt, die der Existenzphilosophie in manchem nahestent, sich jedoch von deren pessimistischer Grundstimmung durch eine ethisch-pädagogische Haltung unterscheidet. G. sucht einen neuen Wirklichkeitsbegriff, der im Gegensatz zu der Wahrheit steht, die nur innerhalb der humanistischen Welt Geltung beanspruchen könne. – Hptw.: Wahrheit u. Wirklichkeit, 1919; Die Schule des Geistes, 1921; Erkenntnis u. Glaube, 1923; Gegenwart, eine kritische Ethik, 1928; Freiheit u. Zucht, 1936; Die Schicksalsfrage des Abendlandes, 1942; J. Burckhardt als Denker, 1943.

R. Barth, Das method. Problem und das Problem der „Grenze“ bei E. G., Diss., 1932; G. A. Rauche, Was ist Wahrheit in Wirklichkeit, in ZphF, 24, 1970

Groethuysen, Bernhard, *9. 1. 1880 Berlin, † 17. 9. 1946 Luxemburg, 1931–33 Prof. in Berlin, lebte seither meist in Paris, „Schüler Diltheys und einer seiner kongenialen Fortsetzer, der universale Kenntnis der Ideengeschichte mit einer bes. Gabe der Einfühlung in die hist. Individualität verband“ (Philos. Anthropologie, in „Handb. d. Philos.“, hrsg v. Baeumler u. Schröter, 1931) und der durch intensives Studium und Ausschöpfen abgelegener, anonym gewordener Quellen entscheidende geistesgeschichtl. Prozesse wie den der Säkularisierung bis ins Einzelne und Nuancierte philologisch belegte u. deutete

(Entstehung der bürgerl. Welt- und Lebensanschauung in Frankreich, 2 Bde., 1927 u. 1931); schrieb ferner: Dialektik d. Demokratie, 1932, gab Bd. I, VII u. VIII der Ges. Schriften Diltheys heraus; Unter den Brükken d. Metaphysik, 1968; Philos. Anthropologie, [2]1969.

G. Heß, B. G., in ZphF, Bd. I, 1947.

Grosseteste, R., → Robert Grosseteste.

Grote, Albert, *16. 4. 1898 in Vienenburg, † 3. 5. 1983, das., dort als Arzt tätig. Phänomenologe u. Sprachtheoretiker. Nach ihm wäre schon der Begriff der Transzendenz unverstehbar, wenn er nicht in ganz anderer Weise, als vom Phänomenalen her, vorgegeben wäre. Man könnte nicht einmal nach Transzendentem auch nur fragen. Die (notwendige) Doppelheit der Komponenten jeder Erwartung scheint in der Struktur der Dinge zurück, wird laut im Gegensatz von Subjekt und Prädikat und bestimmt unser Weltbild. – Schrieb u. a.: ‚Die Funktion der Copula' 1935; ‚Die Welt der Dinge' 1948, [2]1980; ‚Die Grundlagen einer Phänomenologie der Erkenntnis' 1972.

Grotius, Hugo, niederl. Rechtsphilosoph, * 10. 5. 1583 Delft, † 28. 8. 1655 Rostock, Begründer des neueren Naturrechts und des Völkerrechts; forderte Toleranz für alle positiven Religionen, aber Intoleranz gegen alle Leugner von Gott und Unsterblichkeit. Im Recht trifft sich nach G. Gottes Absicht mit menschlicher Vernunftseinsicht; über den Wert der Handlung entscheidet ihre innere Haltung und Gesinnung. – Hauptw.: *De jure belli et pacis,* 1625, dt. 2 Bde., 1869–70; *Mare liberum,* 1609; Neuausg. v. Kanter, 1939.

E. Wolf, G., Pufendorf, Thomasius, 1927; M. Diesselhorst, Die Lehre des H. G. vom Versprechen, Diss. Köln/Böhlau 1959; F. De Michelis, Le origini storiche e culturali del pensiero di U. G., Florenz 1967; G. Hoffmann-Loerzer, Studien zu H. G., Diss. München 1972; C. Link, H. G. als Staatsdenker, 1983; N. Paech, H. G., 1985.

Grund, ein Urteil oder Gedanke, dessen Gültigkeit die eines anderen (die Folgerung) notwendig macht: logischer oder Erkenntnis-Grund. Von diesem wird der Realgrund unterschieden, der den Gedanken vom Erfahrungsinhalt bzw. von einer metaphysischen Wirklichkeit abhängig macht. Der psychologische G. (→ Motiv) ist die seelische Voraussetzung jeder Handlung bzw. Tat. Der „Satz vom (zureichenden) Grunde" oder der „Satz des G.es" *(principium rationis sufficientis)* stellt für alles Bestehende einen G. fest, aus dem es rechtmäßigerweise abgeleitet bzw. gefolgert werden kann.

A. Schopenhauer, Über die vierfache Wurzel des Satzes vom zureichenden G.e, Diss. Rudolstadt 1813, [2]1847; J. Geyser, Das Prinzip vom zureichenden G.e, 1929; M. Heidegger, Vom Wesen des G.es, 1929; M. Heidegger, Der Satz vom G., 1957; U. Guzzoni, G. und Allgemeinheit, 1975; W. Teichner, Rekonstruktion oder Reproduktion des G.s, 1976; F. Kambartel, Theorie u. Begründung, 1976.

Grundrechte, → Menschenrechte.

Grundrelation, die Beziehung zwischen Subjekt und Objekt im Erkenntnisprozeß a posteriori (psychophysische G.) sowie das Verhältnis zwischen Erkenntnis- und Seinskategorien im Erkenntnisprozeß a priori (kategoriale G.); → Erkenntnis. Die beiden G.en werden gebildet und lösen sich auf im → Psychophysischen Niveau. Im Wahrnehmungsakt sind beide G.en im Spiel: die kategoriale bringt die Allgemeincharaktere des Gegenstandes zum Bewußtsein, die psychophysische die individuellen Sondercharaktere. „Durch die kategoriale G. begreifen wir, wissen wir aber nicht um das Dasein; durch die psychophysische G. wissen wir um das Dasein, begreifen es aber nicht" (Nic. Hartmann, Metaphysik der Erkenntnis, [4]1949).

Grundsatz: 1. grundlegende theoretische Erkenntnis, die weder beweisbar noch beweisbedürftig ist, → Axiom, Postulat, Prinzip; 2. grundlegende sittliche Norm, die nach Kant entweder subjektiv ist – Maxime – und den Willen lenkt, soweit sie für den Einzelnen maßgebend ist, oder objektiv ist – Gesetz – und dann für den Willen jedes vernünftigen Wesens als gültig anerkannt wird.

Grundwissenschaft, bei Chr. Wolff u. a., und auch heute wieder die → Ontologie. Bei Joh. → Rehmke die Philosophie, insofern als sie das in den Fachwissenschaften vorausgesetzte, für sie grundlegend Allgemeinste (z. B. Veränderung, Werden, wirklich, Bewußtsein) zum Gegenstand hat. – Bibl.: Grundwissenschaft 1 (1919) und 10 (1931).

J. Rehmke, Philos. als G., 1910; J. Rehmke, Anmerkungen zur G., 1913; J. Schaaf, Über Wissen u. Selbstbewußtsein, 1947.

Gruppe, die dem Zustand der → Gemeinschaft entsprechende Vereinigung von Menschen, „die engste Form der Gesellschaft, in der das Gemeinschaftsverhältnis den Charakter des Ganzen bestimmt" (Vierkandt, Gesellschaftslehre, [2]1928). Kennzeichen der G. sind: das Wir-Bewußtsein (G.nbewußtsein), auch G.negoismus, G.individualismus, die gegenseitige Hilfsbereitschaft unter ihren Mitgliedern sowie die Existenz einer Lebensordnung als Inbegriff gewisser Forderungen, die G. an ihre Mitglieder stellt. G.nseele ist (nach Scheler, Wissensformen, 1926) das Kollektivsubjekt von Ausdrucksäußerungen und von automatischen oder halbautomatischen psychophysischen Tätigkeiten. G.ngeist – das Kollektivsubjekt spontaner, voll bewußter, intentional bezogener Akte. Das Verhalten der Einzelnen in der G., das sich wesentlich vom isolierten individuellen Verhalten unterscheidet, ist Gegenstand der *G.npsychologie.*

G. Weippert, Die Bildung sozialer G.n, 1950; G. C. Homans, The Human Group, New York 1950, dt. 1960; P. R. Hofstätter, G.ndynamik, 1957; J. Luft, Einf. in die G.ndynamik, 1971; B. Müller (Hg.), Theories of Group Behavior, New York 1987.

Guardini, Romano, Philosoph u. Theologe, * 17. 2. 1885 Verona, † 1. 10. 1968 München, 1923–39 Prof. in Breslau und Berlin, 1945–1948 in Tübingen, seit 1948 in München, sucht in seinen Werken das Leben aus einer katholischen Haltung zur Welt zu deuten. Eine der Grundeigenschaften des Lebens ist die Gegensätzlichkeit (Der Gegensatz. Versuche einer Philos. des Lebendig-Konkreten, 1925, [2]1955); Gegensatz ist „die Tatsache wechselseitiger Ausschließung und Einschließung zugleich." In „Unterscheidung des Christlichen" ([2]1963) bringt er das Christl. im Unterschied zum Religiösen schlechthin zur Darstellung. Sein Hauptinteresse ist auf das existentielle Problem gerichtet, wie der konkrete Mensch als Christ in der Welt gestanden hat und steht. In diesem Sinne analysiert er die Christlichkeit großer Charaktere (Der Mensch u. d. Glaube, Versuche über die rel. Existenz in Dostojewskijs großen Romanen, 1933; Christl. Bewußtsein, Versuche über Pascal, 1934; Die Bekehrung des Aurelius Augustinus, der innere Vorgang in seinen Bekenntnissen, 1936; Hölderlin, 1939). Weitere Hauptw.: Das Gute, das Gewissen und die Sammlung, 1929; Zu R. M. Rilkes Deutung des Daseins, 1941; Der Herr, 1937; Die Offenbarung, 1940; Freiheit, Gnade, Schicksal. Drei Kapitel zur Deutung des Daseins, 1948; Der Tod des Sokrates, ⁴1956; Das Ende der Neuzeit, 1950; Gläubiges Dasein, 1951; Die Macht, 1951; Religiöse Gestalten in Dostojewskijs Werk. Studien über den Glauben, 1964; Die Existenz des Christen, ²1977. – H. Mercker, Bibl. R. G., 1978.

H. Kuhn, R. G. – Der Mensch und das Werk, 1961; K. Wucherer-Huldenfeld, Die Gegensatzphilos. R. G.s in ihren Grundlagen u. Folgerungen, 1968; H. U. v. Balthasar, R. G. – Reform aus dem Ursprung, 1970; H. R. Schlette, R. G., 1973; E. Biser, Interpretation u. Veränderung: Werk u. Wirkung R. G.s, 1979; B. Gerner, G.s Bildungslehre, 1985; H. Mercker, Christl. Weltanschauung als Problem. Unters. zur Grundstruktur im Werk R. G.s, 1988.

Günther, Gotthard, Prof. em. d. Universität of Illinois, * 15. 6. 1900 Arnsdorf/Riesengeb., † 29. 11. 1984 Hamburg, seit 1973 Mitgl. d. Univers. Hamburg, gegen die monothematische Logik des Aristoteles kritisch vorgehend, untersuchte G. das Problem der totalen Reflexion, die ihm als das zwingende Motiv für eine nicht-aristotelische Logik gilt, deren formale Struktur und Anwendbarkeit im Bereich der Logistik, der mehrwertigen Logiken und der Kybernetik untersucht wird. – Schrieb u. a.: Grundzüge einer neuen Theorie des Denkens in Hegels Logik, 1933; Christliche Metaphysik und das Schicksal des modernen Bewußtseins, 1937; Idee und Grundriß einer nicht-aristotelischen Logik, Bd. I, 1959; Das Bewußtsein der Maschinen, ²1964; Logik, Zeit, Emanation u. Evolution, 1966, ²1978 (mit Anhang von R. Koehr); Beiträge zu einer operationsfähigen Dialektik, Bd. I u. II, 1979; Bd. III, 1980.

Gutberlet, Konstantin, Philos., * 10. 1. 1837 Geismar, † 27. 4. 1928 Fulda, verband thomistische Lehren mit solchen von Suarez, bemühte sich um die „mathematischen Grundlagen des theol. Gottesbeweises" (Das Unendliche, mathematisch u. metaphysisch betrachtet, 1878), suchte die Lehre von den substanzialen Formen mit modernen physikal. Argumenten zu stützen (Das Gesetz von der Erhaltung der Kraft und seine Beziehung zur Metaphysik, 1885; mechanischer Monismus, 1893) und neigte Leibniz zu, während er Kant aufs schärfste ablehnte. G. ist auch als Psychologe hervorgetreten (Psychophysik, 1905; Experimentelle Psychologie, 1915), ferner mit Schriften über Willensfreiheit, Ethik und Erziehungslehre. – Weitere Hptw.: Lehrbuch der Philosophie, 6 Bde., 1878–84; Lehrbuch der Apologetik, 3 Bde., 1888–94; Der Kosmos, sein Urgrund und seine Entwicklung, 1908; – Selbstbiographie, hrsg. v. K. Leimbach, ²1930.

gut und böse. Das Gute ist der moral. Grundwert, der sittl. Wert an sich. Es ist weder „gut zu etwas" (Fehler des Utilitarismus) noch „gut für jemand" (Fehler des Eudämonismus); es ist nicht „höchstes Gut", also etwas Komparatives, sond. ein schlichter Positiv. Die Person ist weder gut noch böse, ihr ethisches Wesen besteht vielmehr darin, zum Guten und zum Bösen in gleicher Weise fähig zu sein; ethisch wertvoll („gut") handelt, wer dem Guten vor dem Bösen in der jeweiligen konkreten Situation den Vorzug gibt; → Ethik. „Das Gute ist weder das ideale Sein der Werte, oder ihr Inbegriff, noch auch das bloße reale Bestehen des Wertvollen, sondern einzig die Teleologie der Werte (das Böse die Teleologie der Unwerte) in der realen Welt" (Nic. Hartmann, Ethik, [3]1949). Die Teleologie an sich (d. h. die Fähigkeit, irreale Sachverhalte, z. B. Werte, zu Zwecken zu machen und realisieren, verwirklichen zu können) ist bereits wertvoll; in höherem Sinne wertvoll ist die Teleologie der Werte (d. h. das Fundiertsein des Guten auf den – ethisch an sich indifferenten – Werten). Gut oder böse aber ist nur der Mensch als zwecktätiges, mit der Macht der Teleologie ausgestattetes Wesen (→ auch Zwecktätigkeit) in seinem Verhalten zu den Werten; → auch böse.

G. Mensching, G. u. B. im Glauben der Völker, 1941; M. Buber, Bilder von G. u. B., 1952; B. Welte, Über das B., 1959; H. Kuhn, Das Sein und das Gute, 1962; H. Reiner, G. u. B., 1965; K. Riesenhuber, Die Transzendenz der Freiheit zum G. – Der Wille in der Anthropologie u. Metaphysik des Thomas von Aquin, 1971; R. B. Brandt, A Theory of the Good and the Right, Oxford 1979; F. Pawelka, Warum ist der Mensch g. u. b.? Die Naturgesch. von G. u. B. und die christl. Ethik, 1987.

Güter, wertvolle Gegenstände, Handlungen und Verhaltensformen; letztere sind die Voraussetzung der sittl. Werte. So setzt z. B. Ehrlichkeit (ein moralischer Wert der Person) voraus, daß es G. (und nicht bloß Dinge) gibt, die als Besitz anderer zu respektieren sind; Nächstenliebe setzt den Güterwert des Geschenkes, der Aufopferung usw. für den anderen voraus, Wahrhaftigkeit den der wahren Aussage. Treue ist für den, der treu ist, ein sittl. Wert, für den, der nur registriert, daß ihm die Treue gehalten wird, ohne daß er sie erwidern würde, ein Güterwert.

Guyau, Jean Marie, franz. Philosoph, * 28. 10. 1854 Laval, † 31. 3. 1888 Mentone, mit Fouillé der bedeutendste Vertreter des philosoph. Evolutionismus u. des ekstatischen Vitalismus in Frankreich („der frz. Nietzsche"). Alles Sein besitzt nach ihm einen universalen Lebensdrang, aus dem sich sodann im entwicklungsgeschichtlichen Verfahren Ethik, Religion und Ästhetik ableiten lassen. Die größtmögliche Lebensentfaltung ist als Ziel der Natur zugleich Moralgesetz. Dabei sind die sympathetischen Gefühle und das Leben in der Gemeinschaft von höchster Bedeutung, während Isolierung und Egoismus unsittlich, weil verengend, sind. Religion ist das Gefühl der Lebensgemeinschaft des Menschen mit dem Kosmos. – Hptw.: *Esquisse d'une morale sans obligation ni sanction,* 1885, [18]1925, dt. 1909; *L'irreligion de l'avenir,* 1887, [16]1912, dt. 1910; *L'art au point de vue sociologique,* 1889, [10]1912, dt. 1911. – Philos. Werke in Ausw., dt. v. E. Bergmann, 6 Bde., 1912–1914.

Fouillé, *La morale, l'art et la religion d'après G.*, [4]1901; Zitron, J. M. G.s Moral- u. Religionsphilos., 1908; E. Bergmann, Die Philosophie G.s, 1912 (mit Biblgr.); H. Pfeil, J. M. G. u. die Philosophie des Lebens, 1928; I. Walther-Pulk, Materialien zu Philosophie u. Ästhetik J. M. G.s, 1965.

Habermas, Jürgen, Prof. in Frankfurt/M., * 18. 6. 1929 Düsseldorf, befaßt sich mit histor. Untersuchungen zur polit. Philosophie und Soziologie sowie mit Methodologie der Sozialwissenschaften – Schrieb u. a.: Strukturwandel der Öffentlichkeit. Untersuchungen zu einer Kategorie der bürgerl. Gesellschaft, 1962, [5]1970; Erkenntnis und Interesse, 1968, [4]1970; Legitimationsprobleme im Spätkapitalismus 1973, [2]1976; Rekonstruktion des Historischen Materialismus, 1976; Theorie des kommunikativen Handelns, 2 Bde., 1981; Philos.-politische Profile, [2]1981; Kleine politische Schriften, 1981; Moralbewußtsein und kommunikatives Handeln, 1983; Vorstudien u. Ergänzungen zur Thorie des kommunikativen Handelns, 1984; Die neue Unübersichtlichkeit, 1985; Der philos. Diskurs der Moderne. Zwölf Vorlesungen, 1985; Nachmetaphysisches Denken. Philos. Aufsätze, 1988. – R. Görtzen, J. H. – Eine Bibl. seiner Schriften und der Sekundärlit. 1952–1981, 1982.

M. Theunissen, Gesellschaft u. Geschichte, 1969; A. Wellmer, Krit. Gesellschaftstheorie u. Positivismus, 1969; W. Dallmayr (Hg.), Materialien zu H.' „Erkenntnis u. Interesse", 1974; L. Zahn, Die letzte Epoche der Philosophie. Von Hegel bis H., 1976; W. Kunstmann, Gesellschaft, Emanzipation, Diskurs. Darstellung u. Kritik der Gesellschaftstheorie von J. H., 1977; R. K. Maurer, J. H.' Aufhebung der Philos., 1978; T. A. McCarthy, The Critical Theory of J. H., Cambridge Mass./London 1978, dt. 1980; H. Gripp, J. H., 1984; A. Honneth/H. Joas (Hgg.), Kommunikatives Handeln. Beiträge zu J. H.' „Theorie des kommunikativen Handelns", 1986; K. Bauer, Der Denkweg von J. H. zur Theorie des kommunikativen Handelns, 1987; D. Horster, H. zur Einf., 1988; S. K. White, The Recent Work of J. H., Cambridge 1988; A. Honneth u.a. (Hgg.), Zwischenbetrachtungen. Im Prozeß der Aufklärung. Festschrift zum 60. Geburtstag, 1989.

Häberlin, Paul, Philosoph, * 17. 2. 1878 Keßwil (Bodensee), † 29. 9. 1960 Basel, seit 1922 Prof. das., formuliert die Frage der (philos.) Anthropologie so: „Wer bin ich, der ich mir so erscheine, eigentlich?". Die Frage ist empirisch nicht zu beantworten, da sie auf Wahrheit zielt (die es im Bereich des Wahrnehmbaren nicht gibt) und der Mensch nie „Gegenstand" sein kann (Der Mensch. Eine philos. Anthropologie, 1941). In der anthropol. Frage ist die Idee eigentlichen Seins enthalten; sie setzt die Einsichtigkeit des eigentl. Seienden, d. h. sie setzt Ontologie als die Begründung ihrer Möglichkeit voraus (Logik im Grundriß, 1947) und zwar eine „kosmologische" Ontologie, weil es sich für die Anthropologie um die Stellung des eigtl. Menschen (nicht des empirischen) im eigtl. Kosmos (nicht einem empirisch.) handelt (Naturphilos. Betrachtungen, 2 Bde., 1939–40). – Weitere Hptw.: Allg. Ästhetik, 1929; Ethik im Grundriß, 1946; Leitfaden der Psychologie, 1937; [3]1949; Anthropologie u. Ontologie, in ZphF IV, 1949; Handbüchlein der Philosophie, 1949; *Philosophia perennis,* 1952; Allgemeine Pädagogik, 1953; Das Evangelium u. die Theologie, 1956; Leben und Lebensform, 1957; Vom Menschen und seiner Bestimmung, 1959; Statt einer Autobiographie, 1959; Das Böse, 1960; Eine philosophische Anthropologie, Schriften, Bd. III, 1969.

H. Zantop, Die philos. Bedeutung der Frage im Werke P. H.s, ZphF, VII, 1953; X. Wyder, Die Schau des Menschen b. P. H. (Diss.), 1955; P. Kamm, P. H. zum 2. Todestag, in ZphF, XVI, 1962; H. Neubauer, Der philosoph Charakter der Pädagogik bei P. H., 1971; P. Kamm, P. H., sein Leben u. Werk, 1977, [2]1981.

Habitus (lat.), äußere Erscheinung, Haltung, auch Körperbeschaffenheit, die körperl. Verfassung, insofern sie als Konstitution gekennzeichnet werden soll. In übertragenem Sinn spricht man auch von dem H. als Geistesrichtung, dem „Ethos", einer Gruppe oder einer Zeit, was sich teilweise mit der Mentalität eines Menschen oder einer Gemeinschaft deckt. Begriff der angelsächsischen pädagogischen Psychologie, worin verschiedene Formen der Verhaltensweisen ihrer Motivierung nach zusammengefaßt sind.

haecceitas (neulat.), Diesheit, Dieses-Sein; Individualität. → Duns Scotus.

Haeckel, Ernst, Zoologe, * 16. 2. 1834 Potsdam, † 9. 8. 1919 Jena, das. Prof. 1865–1909, dessen Hptw. „Die Welträtsel. Gemeinverständl. Studien über biolog. Philosophie" (1899) zu seiner Zeit weiteste Verbreitung und Wirkung fand (410. Tsd. 1933, KTA Bd. 1); ein Verehrer H.s war Lenin. Erkenntnisse a priori gibt es nicht, nur Erfahrungskenntnisse früherer Generationen, die durch Vererbung konstitutionell geworden sind. Auch die Philosophie muß auf das Prinzip der Entwicklung gegründet werden. Einen „ersten Anfang" können wir uns für die Materie und ihre Bewegungserscheinungen ebensowenig denken, wie ein schließliches Ende. Die Annahme eines das Weltgeschehen lenkenden Gottes muß abgelehnt werden. Seine Lehre faßte H. unter dem Namen → Monismus zusammen. – Weitere Hauptw.: Die Lebenswunder, 1904 (KTA, Bd. 22); Der Monismus als Band zwischen Religion und Wissenschaft, 1892, [17]1922; Gott-Natur, 1914, [3]1922; Natürliche Schöpfungsgeschichte, 1868, [12]1930; Anthropogenie, 1874, [6]1910; Generelle Morphologie der Organismen, 1866, Neudr. 1906; Kristallseelen, 1917, [3]1922; Gemeinverständl. Werke, I–VI, 1924.

Heinrich Schmidt (Hg.), Was wir E. H. verdanken. E. H. zum 80. Geburtstag, I–II, 1914; Heinrich Schmidt, E. H. – Denkmal eines großen Lebens, 1934; V. Franz (Hg.), E. H.s Leben, Denken u. Wirken, I–II, 1943/44; J. Hemleben, E. H. in Selbstzeugnissen u. Bilddokumenten, 1964; G. Altner, Charles Darwin und E. H., 1966; K. Keitel-Holz, E. H., 1984; E. Krausse, E. H., 1984.

Haecker, Theodor, Schriftsteller u. Philosoph, * 4. 6. 1879 Eberbach (Württ.), † 9. 4. 1945 Ustersbach bei Augsburg, arbeitete über Kierkegaard (Kierkegaard u. die Philosophie der Innerlichkeit, 1913; Übersetzung seiner Tagebücher in Ausw., 2 Bde., 1923) und über Anthropologie (Was ist der Mensch?, 1933, [2]1934). H. vertrat die Lehre vom Primat des (auf die Wahrheit hin angelegten) Geistes vor allen anderen menschl. Kräften, im übrigen mit großer Entschiedenheit eine kath. Kulturphilosophie (1921 unter dem Einfluß der Schriften Newmans übergetreten). Weitere Hauptw.: Christentum und Kultur, 1927, [2]1946; Virgil, Vater des Abendlandes, 1931; Der Christ und die Gesch, [2]1965; Der Geist d. Menschen u. die Wahrheit, 1938, [2]1961; Essays, 1957; Tag- u. Nachtbücher, 1948, [2]1958; Metaphysik des Fühlens, 1958.

W. Schnarwiler, T. H.s christl. Menschenbild, 1962; H. Siefken, T. H. 1879–1945, (Marbacher Magazin 49), 1989 (mit Bibl.).

Haering, Theodor, Philosoph, * 22. 4. 1884 Stuttgart, seit 1919 Prof. in Tübingen, † 16. 6 1964 das. Historische Werke über Kant, Hegel und Novalis (Der Duisburgsche Nachlaß u. Kants Kritizismus um 1775, 1912; Hegel, sein Wollen und sein Werk, 2 Bde., 1928 und 1938; Der werdende Hegel, 1931; Entstehungsgeschichte der Phänomenologie des Geistes, 1934; Hegels Lehre von Staat u. Recht, 1940; Fichte, Schelling, Hegel, 1941; Novalis als Philosoph, 1955), arbeitete über Methodologie der Einzelwissenschaften. – Weitere Hauptw.: Psychologie der Wertung, 1912; Materialisierung des Geistes, 1919; Philos. d. Naturwiss., 1923; Individualität in Natur- und Geisteswelt, 1935; Die Struktur der Weltgeschichte, 1921; Die Grundfragen der Geschichtsphilosophie, 1925; Das Problem der naturwissenschaftlichen u. d. geisteswissenschaftl. Begriffsbildung u. d. Erkennbarkeit der Gegenstände, in ZphF, Bd. II, 1948; Was ist Leben?, ebda., IV, 1951; Bemerkungen zum Begriff des geistigen Seins, ebda., XI, 1957; Natur- u. Geisteswissenschaften faßt H. als ein Gesamtsystem der Wirklichkeit auf, deren Anspruch, eine Weltanschauung zu begründen, weist er aber zurück. H. gelangte zur Aufstellung spezifischer Erkenntnistypen (gesetzmäßiger, kausaler, teleologischer, ganzheitlicher), deren Erkenntnisse nicht verschmolzen, sondern nur koordiniert werden können. – Beachtenswert sind auch die belletristischen Arbeiten H.s (vgl. E. Staiger in „Schwäbische Kunde", 1958); Philosophie des Verstehens, 1963.

Haldane, Richard Burdon, Viscount of Cloan, * 30. 7. 1856 Cloan (Schottl.), † 19. 8. 1928, der aus der Gesch. bekannte brit. Kriegsminister und spätere Lordkanzler, als Philosoph Schüler von Lotze, Neuhegelianer, faßt Hegels Methode weniger als dialektische, sondern im Sinne der Phänomenologie des Geistes mehr als begrifflich bestimmende Erfahrungsstufung auf. „Wahrheit ist das Ganze", die Grenzen des menschl. Geistes sind durch die Stellung des Menschen in der Natur bestimmt. – Hptw.: *Essays in Philosophical Criticism,* 1883; *The Pathway to Reality,* 2 Bde., 1903/4; *The Reign of Reality,* 1921; *The Philosophy of Humanism,* 1922; *Human Experience,* 1926; *An Autobiography,* 1928, dt. 1929.

F. Maurice, *The Life of Viscount H. of Cloan,* 1929; D. Sommer, *H. of Cloan,* 1960; E. S. Koss, *Lord H.: Scapegoat of Liberalism,* 1969; E. Ashby u. M. Anderson, *Portrait of H.,* 1974; M. E. Teagarden, *H. at the War Office,* 1974; E. M. Spiers, *An Army Reformer,* 1980.

Hallische Jahrbücher → Hegelianismus.

Hamann, Joh. Georg, * 27. 8. 1730 Königsberg, † 21. 6. 1788 Münster (Westf.), einer der bedeutendsten christl. Philosophen seit dem Ausgang des Mittelalters, mystischer Denker inmitten des Rationalismus seiner Zeit, wurde „Magus des Nordens" genannt, war ein Gegner der Aufklärung und wies gegenüber Kants rein verstandesmäßiger Erkenntnis auf die Schöpferkraft des Gefühls u. des Gemüts hin, die er bes. in der Sprache am Werk sah und die sich in der Dichtung, „der Muttersprache des Menschengeschlechts", offenbare. Seine Wirkung reicht über die Sturm- und Drangperiode und den Klassizismus hinweg bis weit in die Romantik und die moderne Sprachphilosophie hinein. Hamanns eigentlicher Schüler bzw. Anhänger ist S. Kierkegaard. – Hauptw.: Tagebuch eines Christen, 1758; Kreuzzüge des Philologen, 1762; Golgatha und Scheblimini, 1784; Sokratische Denkwürdigkeiten, 1759; Werke, hrsg. v. F. Roth, 8 Bde., 1821–43; Hist.-krit. Ausg. sämtlicher Werke in 6 Bdn. von J. Nadler, 1949ff.; Briefwechsel, hrsg. v. W. Ziesemer und A. Hentel, 1955ff.; Hauptschriften (erklärt), 7 Bde., 1956ff.

W. Metzger, J. G. H., 1944; J. Nadler, J. G. H., 1949; K. Gründer, Figur u. Geschichte. – J. G. H.s „Bibl. Betrachtungen" als Ansatz einer Geschichtsphilos., 1958; H. A. Salmony, J. G. H.s metakrit. Philos., 1958; H. Herde, J. G. H. – Zur Theologie der Sprache, 1971 (mit Bibl.); G. Nebel, H., 1973; B. Gajek (Hg.), J. G. H., 1976, 1979; S.-A. Jørgensen, J. G. H., 1976 (mit Bibl.); R. Wild, J. G. H., 1978; T. Kracht, Erkenntnisfragen beim jungen H., 1981.

Hamelin, Octave, franz. Philosoph, * 22. 7. 1856 in Lion-d'Angers; † 11. 9. 1907 Huchet (Landes), seit 1905 Prof. a. d. Sorbonne in Paris, Schüler Renouviers, Rationalist, bildete Kants Kategorienlehre zu einer Dialektik des Wirklichen fort:

These, Antithese und Synthese sind drei Phasen der Beziehung, die jedes Ding bestimmt. Das Denken ist gleichzeitig Objekt und Subjekt sowie die Synthese von beiden. – Hauptw.: *Essai sur les éléments principaux de la représentation,* 1907, [2]1925; *Le système de Descartes,* 1911; *Le système d'Aristote,* 1920, [2]1931.

A. Etcheverry, L'idéalisme français contemporain, Paris 1934; A. Sesmat, Dialectique. H. et la philos. chrétienne, Paris 1955; P. Heitkämper, Der Personalitätsbegriff bei O. H., 1971.

Hamilton, William, engl. Philosoph, * 8. 3. 1788 Glasgow, † 6. 5. 1856 Edinburgh als Prof. das. (seit 1821), ging von der Denkweise der → schottischen Schule aus u. verband sie mit Kantischen Gedankengängen. Gegenstand der Erkenntnis ist nur das Bedingte u. Begrenzte. Das Unbedingte in seinen beiden Formen des Absoluten (d. h. das, was nicht vollendet werden kann) ist Gegenstand des Glaubens. In der Logik erstrebte H. eine neue Analytik der logischen Formen, wobei er das Urteil als Gleichung auffaßte. – Hptw.: *Lectures on Metaphysics and Logic,* 4 Bde., 1859/60.

J. S. Mill, An Examination of Sir W. H.s Philosophy and of the Principal Philosophical Questions Discussed in His Writings, London 1865, dt. 1908; J. H. Stirling, Sir W. H., London 1865; F. Nauen, Die Erkenntnislehre H.s, Diss. Straßburg 1911; T. T. Segerstedt, The Problems of Knowledge in Scottish Philosophy, Lund 1935; G. Geduldig, Die Philos. des Bedingten. Transzendentalphilos. Überlegungen zur Philos. Sir W. H.s, 1976; K.-D. Ulke, Agnost. Denken bei W. H., in: Ders., Agnost. Denken im Viktorian. England, 1980.

Handlung, jedes Sichbetätigen des Menschen, an dem sein Organismus beteiligt ist und für das er sich (im Unterschied zu den Reflexbewegungen) verantwortlich fühlt. „Während man mit jedem Ding etwas t u n kann, hat das H a n d e l n den bes. Akzent, daß auf ihm das Gewicht des Sittlichen liegt" (Nic. Hartmann, Einf. in die Philos., [3]1954). H. ist stets Ausdruck des Menschen als Ganzheit, wenn sich auch die H.en von Automatismen mitunter schwer oder gar nicht unterscheiden lassen. Das Gefühl der Spontaneität unserer H.en beruht auf der Gewißheit, daß H en nicht von äußeren Reizen allein bestimmt, sondern auch vom Denken beeinflußt werden. Die H. ist eine der Erscheinungsformen der Willensfreiheit (→ Freiheit) und der Zwecktätigkeit. In der Anthropologie der Gegenwart wird der Meinung Ausdruck gegeben, daß der Mensch nicht eigentlich das denkende Wesen sei, sondern das handelnde (→ Gehlen, Aktivismus, Pragmatismus); auch → Können.

K. Holzkamp, Wiss. als H., 1968; W. R. Glaser, Soziales u. instrumentales Handeln. Probleme der Technologie bei A. Gehlen und J. Habermas, 1972; W. Vossenkuhl, Wahrheit des Handelns, 1974; R. Bubner, H., Sprache u. Vernunft, 1976; H. Lenk, Sozialphilos. des Leistungshandelns. Das humanisierte Leistungsprinzip in Produktion u. Sport, 1976; G. H. v. Wright, H., Norm u. Intention, hg. 1977; Ferdinand Maier, Intelligenz als Handlung. Der genet. Ansatz in der Erkenntnistheorie Jean Piagets, 1978; P. Schmidt-Sauerhöfer, Wahrhaftigkeit u. Handeln aus Freiheit. Zum Theorie-Praxis-Problem der Ethik I. Kants, 1978; H. Aebli, Denken. Das Ordnen des Tuns, I–II, 1980/81; M. Brenner (Hg.), The Structure of Action, New York 1980; P. Rohs, Die Zeit des Handelns, 1980; U. Gaier, System des Handelns, 1986; C. Kohler, Handeln u. Rechtfertigen. Unters. zur Struktur der prakt. Rationalität, 1987; P. Lanz, Menschl. Handeln zwischen Kausalität u. Rationalität, 1987; → Handlungstheorie.

Handlungstheorie, eine neue phil. Disziplin, die vor allem in den angelsächsischen Ländern betrieben wird. Teildisziplin der → Ethik, oder allgemeiner → Wissenschaftstheorie aller Handlungswissenschaften. Zu ihrem Aufgabenbereich gehört die Bestimmung des Handlungsbegriffs. Diese beinhaltet 1.) die adäquate Beschreibung von Handlungen und die Klärung der in diesem Zusammenhang auftretenden Begriffe wie „Absicht", „Wunsch", „Motiv", „Plan", „Vorsatz", u. a. m., und 2. die Erklärung der Handlungen.

P. Winch, The Idea of a Social Science and Its Relation to Philosophy, London/New York 1958, dt. 1966; S. Hampshire, Thought and Action, London 1959; G. H. v. Wright, Norm and Action, London/New York 1963, dt. 1979; C. Taylor, The Explanation of Behaviour, New York/London 1964; N. S. Care/C. Landesman (Hgg.), Readings in the Theory of Action, Bloomington Ind. 1968; A. I. Goldman, A Theory of Human Action, Englewood Cliffs N. J. 1970; G. H. v. Wright, Explanation and Understanding, Ithaca N. Y./London 1971, dt. 1974; A. C. Danto, Analytical Philosophy of Action, Cambridge 1973, dt. 1979; A. Beckermann (Hg.), Analyt. H., 1977; H. Lenk (Hg.), H.n interdisziplinär, I–IV, 1977–81; F. Kaulbach, Einf. in die Philos. des Handelns, 1982; R. Münch, Theorie des Handelns, 1982; G. Prauss (Hg.), H. und Transzendentalphilos., 1986; → Handlung.

Handorakel u. Kunst der Weltklugheit (span. *Oráculo manual*): Titel eines berühmten Werkes von Baltasar → Gracian, erschienen 1634 (KTA, Bd. 8).

Han Fei-tse, † 233 v. Chr., chines. Philosoph, in seinem Denken sowohl der Weltanschauung Laotses als auch der → Fakia-Schule verbunden, faßte Recht und Macht als Grundlagen der Regierungskunst auf. – Complete Works of H., I–II, London 1939/59; H. – Basic Writings, New York/London 1964. → Chinesische Philosophie.

G. Wu, Die Staatslehre des H. F., 1978; H. Schleichert, Klassische chines. Philos., 1980.

haptisch (von griech. *hapticos*, „greifbar"), dem Tastsinn angehörig, den Tastsinn betreffend; als Wahrnehmungsmerkmal von Bedeutung für die Begriffsbildung der empirischen Wissenschaften.

W. Witte, Somästhesie und h.e Wahrnehmung, in: Stud. gen. 17 (1964).

Harmonie (griech.), Einklang, Zusammenklang, eine den Gesetzen der Ästhetik entsprechende Übereinstimmung der Teile in einem gegliederten Ganzen. Der H.gedanke lag schon der pythagoreischen Idee der Sphären-H. zugrunde und lebt in der neueren Philosophie bei Shaftesbury, Kepler, Giordano Bruno, Leibniz und im dt. Idealismus neugestaltet weiter. Goethes pädagog. Ideal, wie es im „Wilhelm Meister" zum Ausdruck kommt, war die „Erziehung zu harmonisch freiem Menschentum", die Ausbildung aller wertvollen menschl. Kräfte zu schönem Gleichgewicht. Die Natur war für Goethe ein großer Organismus, in dem eine schöne H. aus „Macht u. Schranken, Willkür und Gesetz, Freiheit und Maß, beweglicher Ordnung, Vorzug u. Mangel" herrscht („Metamorphose d. Tiere", 1819).

E. Spranger, W. v. Humboldt und die Humanitätsidee, 1909; A. Adam, Spannungen und H., 1940; H. Kayser, Lehrbuch der Harmonik, 1950.

Harmonie, prästabilierte, nennt Leibniz das (von Gott geordnete) Verhältnis aller Dinge im All, bes. aber von Leib und Seele des Menschen, die nicht kausal aufeinander bezogen, aber so eingerichtet seien, daß ein harmonisches, obwohl nur paralleles Geschehen beider zustande kommt (zwei Uhren, die genau gleich reguliert sind).

G. Fabian, Beitrag zur Gesch. des Leib-Seele-Problems. Lehre von der p.n H. in der Leibniz-Wolffschen Schule, 1925 (Repr. 1974); M. Casula, Die Lehre von der p.n H. in ihrer Entwicklung von Leibniz bis A. G. Baumgarten, in: Akten des II. int. Leibniz-Kongresses, III, 1975.

Harnack, Adolf von, Theologe, * 7. 5. 1851 Dorpat, † 10. 6. 1930 Heidelberg, seit 1888 Prof. in Berlin, protestant. Kirchen- und Dogmenhistoriker, untersuchte bes. die

Verflochtenheit theolog. und philos. Gedankenarbeit. Das Dogma nennt er „ein Werk des griech. Geistes auf dem Boden des Evangeliums“, die Religion das „Hauptstück“ der Kultur. Erkenntnis und Leben, Wissenschaft und Tätigkeit bilden nach H. eine Einheit. H. war ein für heutige Begriffe sehr liberaler Protestant. – Hauptw.: Lehrbuch der Dogmengeschichte, 3 Bde.,1885–89; Wesen des Christentums, 1900, Neuaufl. 1950; Gesch. der Preuß. Akademie der Wissenschaften, 4 Bde., 1900; Über die Sicherheit und die Grenzen geschichtl. Erkenntnis, 1917.

H. Soden, A. v. H.s Schriften, 1931; A. v. Zahn-Harnack, A. v. H., 1936; K. Hall, Briefwechsel mit A. v. H., 1966.

Hartkopf, Werner, Ob.-Stud.-Dir. u. philos. Schriftsteller in Berlin, * 4. 8. 1906 das., arbeitet als Pädagoge über eine Theorie und Praxis der Gymnas. Bildung, versucht die Grundlegung einer system. Heuristik. In seinen philosophischen Schriften untersucht H. die Entwicklung zur Dialektik in den Jugendschriften Schellings und Hegels. – Hauptw.: Die Dialektik in Schellings Ansätzen zu einer Naturphilosophie, 1972; Die Dialektik in Schellings Transzendental- und Identitätsphilosophie, 1974; Der Durchbruch zur Dialektik in Hegels Denken, 1976; Kontinuität und Diskontinuität in Hegels Jenaer Anfängen, 1979; Dialektik – Heuristik – Logik. Nachgelassene Studien, 1987.

Hartmann, Eduard von, Philosoph, * 23. 2. 1842 Berlin, † das. 5. 6. 1906, bekannt als der „Philosoph des Unbewußten“; sein System ist eine Synthese Hegels u. Schopenhauers, die unter Aufnahme des Begriffs des Unbewußten aus Schellings Philosophie, der Leibnizschen Individualitäts- (Monaden-) Lehre und des modernen naturwissenschaftl. Realismus zu einer dynamischen Metaphysik gestaltet wurde. Das Prinzip der praktischen Philosophie besteht darin, alle glückgerichtete Pseudomoral zu entlarven und die Zwecke des Unbewußten – die Welterlösung vom Elend des Wollens – zu Zwecken seines Bewußtseins zu machen. H. wandte sich in diesem Zusammenhang auch gegen das Christentum („Die Selbstzersetzung des Christentums und die Religion der Zukunft“, 1874, [3]1888) und das ihm wesensverwandte Judentum („Das Judentum in Gegenwart und Zukunft“, 1880). Seine Ästhetik schließt sich an den dt. Idealismus an, seine Psychologie setzt sich mit der zu seiner Zeit herrschenden auseinander. – Hauptw.: Philosophie des Unbewußten, 1869, [12]1923; Das Unbewußte vom Standpunkt der Physiologie und Deszendenztheorie 1872; Ästhetik, 2 Bde., 1887; Das Grundproblem der Erkenntnistheorie, 1889; Kategorienlehre, 1896; Geschichte der Metaphysik, 2 Bde., 1900; System der Phil. im Grundriß, 8 Bde., 1906–09; Ausgewählte Werke, I–XIII, 1885–1901. – H. Stäglich, Verzeichnis der E. v. H.-Lit., 1932; A. v. Hartmann, Chronologie der Schriften von E. v. H., in: Kant-St. 17 (1912).

A. Drews, E. v. H.s philos. System im Grundriß, 1902; W. Rauschenberger, E. v. H., 1942; M. Huber, E. v. H.s Metaphysik u. Religionsphilos., 1954; W. Hartmann, Die Philos. M. Schelers in ihren Beziehungen zu E. v. H., 1956; D. N. K. Darnoi, The Unconscious and E. v. H., Den Haag 1967; T. Schwarz, E. v. H., in: Dt. Z. Philos. 17 (1969); M. Weyembergh, F. Nietzsche und E. v. H., Brüssel 1977.

Hartmann, Klaus * 5. 9. 1925 Berlin, Prof. in Tübingen, befaßt sich mit Begründungsfragen der Sozialphilosophie, speziell mit der Relevanz ontologischer und dialektischer Ansätze (Hegel, von Stein, Marx, Sartre) hierzu; versucht im Anschluß an Hegel den Gedanken einer kategorialen Ontologie im Unterschied zur Metaphysik zu rechtfertigen. – Schr. u. a.: Grundzüge der Ontologie Sartres, 1963 (auch engl.); Sartres Sozialphilosophie, 1966; Die Marxsche Theorie, 1970; Die ontologische Option, 1976; Politische Philosophie, 1981.

Hartmann, Nicolai, Philosoph, * 20. 2. 1882 Riga, † 9. 10. 1950 Göttingen, seit 1931 Prof. in Berlin, seit 1945 in Göttingen. Anfangs der Marburger Schule angehörend, gab er in der Folge deren rationalistischen Subjektivismus preis, daß Erkennen ein Erschaffen des Gegenstandes, daß Denken und Sein dasselbe sei. Erkennen ist vielmehr ein Erfassen eines Ansichseienden, das vor u. unabhängig von aller Erkenntnis vorhanden ist (H. kam es stets mehr auf die Seins- als auf die Erkenntniskategorien an), u. weist uns über das Bewußtsein hinaus zu den Erscheinungen des Wirklichen. Es handelt sich also nach H. in der Philosophie um die Erforschung der Erscheinungswelt, die sich in verschiedenen Seinsschichten aufbaut (anorganische, organische, geistige), von denen jede höhere Schicht in der unteren wurzelt, ohne von da aus völlig determiniert zu sein; → Schichtenlehre.

Auf allen Gebieten gibt es dabei Probleme, die nicht restlos, nicht endgültig lösbar sind, die eigentlich metaphysischen Probleme, die dem Problemdenken, der von H. sog. Aporetik, angehören: die Grundformen des Seins (Existenz, Leben, Bewußtsein, Geist, Freiheit usw.) bleiben ewig rätselhaft, unerkennbar, transintelligibel, gnoseologisch irrational. Erst vom Problemdenken aus läßt sich zum Systemdenken vorschreiten, zur Theorie einer philos. → Ontologie. Die Welt ist im Grunde doch nur eine Welt. Dieser Welteinheit eine „Idee“ etwa in Form eines „Gottes“ unterzulegen, wäre voreilig; → Atheismus. Heideggers Fundamentalontologie, die nach dem Sinn von Sein fragt, hielt er in ihrem Ansatz für verfehlt.

Zu den metaphysischen, nicht restlos lösbaren Fragen der Philosophie gehören auch die nach der Stellung des Menschen zw. Wirklichkeit und idealer Forderung, zw. kausaler Realdetermination und teleologischer Wertdetermination. Werte wirken nicht ohne das Zutun der Menschen final determinierend in einer kausal determinierten Welt, woraus dessen Macht über die Dinge entspringt, in den Naturverlauf einzugreifen und ihn nach seinem Willen abzuändern.

In seiner „Ethik“ (1926), dem für H. kennzeichnendsten Werk, die manche Gedanken Max Schelers fortführt, verlangt und entwickelt H. eine materiale Wertethik, die den Sinn u. Inhalt des „Guten“ zu ermitteln u. im Leben zur Erscheinung zu bringen sucht.

Hauptw.: Grundzüge einer Metaphysik der Erkenntnis, 1921, [4]1949; Die Philosophie des deutschen Idealismus, Bd. I, 1923, Bd. II (Hegel) 1929 (in einem Bd. [3]1974); Ethik, 1926, [3]1949; Das Problem des geistigen Seins, Untersuchungen zur Grundlegung der Geschichtsphilosophie u. d. Geisteswissenschaft, 1933, [2]1949; Zur Grundlegung der Ontologie, 1935, [3]1948; Möglichkeit und Wirklichkeit, 1938; Der Aufbau der realen Welt. Grundriß der allg. Kategorienlehre, [2]1949; Neue Wege der Ontologie, 1942, [5]1969; Die Anfänge des Schichtungsgedankens i. d.

alten Philosophie, 1943; Leibniz als Metaphysiker, 1946; Ziele und Wege der Kategorialanalyse, in ZphF, Bd. II, 1948; Philosophie der Natur, 1950; Teleolog. Denken, 1951; Ästhetik, 1953; Einf. i. d. Philos. (Vorlesungsnachschrift), 1950, [3]1954; Philos. Gespräche, 1954; Kurze Selbstdarstellung seiner Philosophie in „Philosophen-Lexikon", Bd. 1, 1949; Kleinere Schriften, 3 Bde., 1955 bis 1958.

H. Heimsoeth/R. Heiss (Hgg.), N. H. – Der Denker und sein Werk, 1952 (mit Bibl.); E. Mayer, Die Objektivität der Werterkenntnis bei N. H., 1952; C. T. Frey, Grundlagen der Ontologie N. H.s, Diss. Zürich 1955; N. Hülsmann, Die Methode in der Philos. N. H.s, 1959; B. v. Brandenstein, Teleolog. Denken. Betrachtungen zu dem gleichnamigen Buche N. H.s, 1960; H. M. Baumgartner, Die Unbedingtheit des Sittlichen, 1962; A. Möslang, Finalität. Ihre Problematik in der Philos. N. H.s, 1964; I. Wirth, Realismus u. Apriorismus in N. H.s Erkenntnistheorie, 1965; R.-G. Maliandi, Wertobjektivität u. Realitätserfahrung, 1966; W. Bulk, Das Problem des idealen Ansich-Seins bei N. H., 1971; R. Gamp, Die interkategoriale Relation und die dialekt. Methode in der Philos. N. H.s, 1973; F. Hartmann/R. Heimsoeth (Hgg.), N. H. und H. Heimsoeth im Briefwechsel, 1978; A. J. Buch (Hg.), N. H., 1982 (mit Bibl.); G. Wolandt, N. H. – Ontologie als Grundlehre, in: J. Speck (Hg.), Philos. der Gegenwart, IV, 1984.

Haß, → Liebe.

Haym, Rudolf, Literarhistoriker, * 5. 10. 1821 Grünberg (Schles.), † 27. 8. 1901 St. Anton (Vorarlberg), seit 1860 Prof. in Halle, arbeitete über die Entwicklung des dt. Geistes, die er durch Verbindung der Literaturgesch. mit der Geschichte der Philosophie darstellte. Hauptw.: Die romantische Schule, 1870, [3]1928; Hegel u. seine Zeit, 1857; Feuerbach u. d. Philosophie, 1847; Aus meinem Leben, 1902; Ausgew. Briefwechsel, 1930; Herder, 2 Bde., [2]1954.

H. Rosenberg, Die Jugendgeschichte R. H.s, Diss. 1928; W. Hessler, Die philosoph. Persönlichkeit R. H.s, Diss., 1953; W. Hock, Liberales Denken im Zeitalter der Paulskirche, 1957.

Hedonismus (vom griech. *hedone,* „Lust"), diejenige ethische Richtung, welche die sinnliche Lust, das Vergnügen, den Genuß als Motiv, Ziel oder Beweis alles sittl. Handelns betrachtet. Der Hedoniker ist das, was wir einen „Genießer" nennen. Begründet wurde diese Richtung durch Aristippos aus Kyrene (daher auch kyrenaische genannt). Unsere Empfindung ist Bewegung; ist diese eine sanfte, entsteht das Gefühl der Lust, wenn eine heftige, das der Unlust. Tugend ist Genußfähigkeit; aber nur der Gebildete, der Einsichtige, der Weise versteht recht zu genießen; er folgt nicht blindlings jedem aufsteigenden Gelüst, und wenn er genießt, so geht er nicht im Genuß auf, sondern steht über ihm, beherrscht ihn. Andere „Hedoniker" bestimmten das höchste Gut als die heitere Gemütsverfassung, die Freuden der menschl. Gemeinschaft oder als das bloße Freisein von Unlust und Schmerz. Hedoniker waren auch viele französische Materialisten, an deren Spitze Helvetius und Lamettrie.

H. Gomperz, Kritik des H., 1898; V. Cathrein, Lust u. Freude, 1931; D. Baumgardt, Jenseits von Machtmoral u. Masochismus. Hedonist. Ethik als krit. Alternative, 1977; R. B. Edwards, Pleasures and Pains. A Theory of Qualitative Hedonism, Ithaca N. Y. 1979; H. Marcuse, Zur Kritik des H. (1938), in: Ders., Kultur u. Gesellschaft I, 1980.

Hegel, Georg Wilhelm Friedrich, Philosoph, * 27. 8. 1770 Stuttgart, † 14. 11. 1831 Berlin, studierte 1788–93 am Tübinger Stift Philosophie u. Theologie, war 1801 bis 1807 Dozent und Professor in Jena, 1816–18 in Heidelberg und seit 1818 in Berlin; zwischendurch 1807 Zeitungsschriftleiter in Bamberg u. 1808–1815 Rektor des Ägidiengymnasiums in Nürnberg. Was im 19. Jahrhundert von Hegels Denken allein zur Wirkung kam, war das System des reifen Denkers. Dieses System ist, nach Hegels Anspruch, als die Selbstwerdung des Absoluten zu verstehen. Die Philosophie teilt ihren Gegenstand – Gott, das Absolute – mit der Religion, doch erscheint das Absolute erst im reinen Denken in seiner angemessenen Form. Das „absolute Wissen", d. h. die in H. vollendete Philosophie, ist deshalb das „Selbstbewußtsein Gottes" im Menschen; das Wesen Gottes ist aber – da er Geist ist – nichts anderes als solches Selbstbewußtsein, Denken des Denkens.

Hegels System besteht aus drei Teilen: der Logik (Ontologie), die das Sein Gottes vor Erschaffung der Welt nachvollzieht, der Naturphilosophie, die Gottes Entäußerung in die materielle Welt zum Inhalt hat, und der Philosophie des Geistes, die die Rückkehr Gottes aus seiner Schöpfung zu sich selbst (zu seinem Selbstdenken) im menschl. Geiste schildert. Am Ende steht wiederum die Logik – diesmal jedoch die von Gott im Menschen vollzogene, die sich aber inhaltlich von der ersten nicht unterscheidet.

Die Entwicklung (rein ideeller Natur) vollzieht sich dadurch, daß die reine Innerlichkeit des göttlichen Denkens sich in die ihr völlig inadäquate Form der materiellen Natur entläßt und so einen ungeheuren Widerspruch bildet. Das Prinzip der dialektischen Entwicklung (→ Dialektik) ist die aus dem Widerspruch resultierende Bewegung. Schon in der Natur findet ein allmähliches „Insichgehen" der Äußerlichkeit statt, aber die eigentliche „Rückkehr" des Geistes aus seinem „Anderssein" (= Natur) vollzieht sich erst im Menschen. Der Mensch, der zunächst naturhaft seelenhaft (Anthropologie) existiert, trennt sich auf der Stufe des „erscheinenden Bewußtseins" (Phänomenologie) von seinem unmittelbaren Dasein und tritt in Gegensatz zu ihm, bis er als Geistwesen (subj. Geist) seine eigene geistige Substanz als identisch mit seinem bewußten (denkenden und wollenden) Verhalten erkennt. Die gleiche Entwicklung machen die Gebilde des „objektiven Geistes" durch, d. h. die von der menschlichen Gemeinschaft geschaffenen Formen (Recht, Moralität, Sittlichkeit). Auch hier ist die dritte Stufe wiederum die Synthese der beiden ersten, die sich antithetisch zueinander verhalten. In der konkreten Sittlichkeit (von Familie, Gesellschaft und Staat) ist eine Einheit von rechtlichem Verhalten und moralischer Gesinnung das Entscheidende. Diese Einheit erreicht im Staat ihre höchste, weil allgemeinste Form. Der Staat ist daher für Hegel „der erscheinende Gott", denn Gott ist die Einheit von Subjektivität und Objektivität (Subjekt und Substanz) schlechthin. Über den Gebilden des objektiven Geistes stehen die drei Gestalten des „absoluten Geistes", d. h. des Anschauens, Vorstellens und Wissens der absoluten Identität von Substanz und Subjekt. In der Kunst wird diese Einheit nur erst „angeschaut", das Ideelle (Gedankenhafte) scheint durch die Materie hindurch, in der Religion wird sie in einer jenseitigen Person „vorgestellt", die zugleich Gott (d. h. Denken des Denkens) und Mensch (d. i. sinnliches Dasein) ist, erst im absoluten Wissen wird diese Einheit als vollkommene Identität von subjektivem (menschlichem) und absolutem (göttlichem) Geist gewußt, erst hier erreicht die Erhebung des endlichen Wesens Mensch zum Unendlichen ihr Ziel. Über den Staaten steht nur noch der Weltgeist, der sich durch den dialektischen Kampf der Volksgeister hindurch entwickelt. Die gesamte Weltgeschichte wird als Prozeß der Selbstbewußtwerdung des Weltgeistes aufgefaßt und zugleich damit als „Fortschritt im Bewußtsein der Freiheit". Freiheit aber besteht darin, daß der Mensch seine Wesensidentität mit dem Absoluten erkennt und sich mit den letztlich auch vom Absoluten geschaffenen Gebilden des objektiven Geistes und ihrem Wollen (Staat und Recht) identifiziert. Die folgenreichsten Nachfolger Hegels waren nicht seine unmittelbaren Schüler (s. Hegelianismus), sondern jene großen Gegner, die seinem Denken in ihrer Gegnerschaft verhaftet blieben: auf dem Weg über Karl Marx (s. d.) gewann das Hegelsche Denken maßgebenden Einfluß auf die verschiedenen Spielarten des Marxismus (s. d.); über Kierkegaard (s. d.) bleibt auch die heutige Existenzphilosophie (s. d.) auf Hegel bezogen.

Erst zu Anfang unseres Jahrhunderts wurden die Niederschriften des jungen Hegel durch Wilhelm Dilthey neu entdeckt und neu gedeutet und dann unter dem Titel „Theologische Jugendschriften" durch H. Nohl publiziert (1907). Ein ganz neues Hegelbild wurde aus diesen lange mehr oder weniger vergessenen Papieren erstellt: Hegel zeigte sich nun als der Freund des Dichters Hölderlin, in Opposition stehend zum Geist der Zeit, in theologischen Aufzeichnungen um eine lebendige Volksreligion ringend und so die Grundbegriffe seines Denkens gewinnend. Die marxistische Hegelinterpretation (Lukács) hat dann die politische Seite dieser Jugendschriften entdeckt und in den frühen politischen und ökonomischen Überlegungen Hegels den Ursprung der hegel-marxschen Dialektik finden wollen. – Die Bemühungen der letzten Jahrzehnte um eine kritische Edition des gesamten Hegelschen Werkes haben sichtbar werden lassen, daß auch die Arbeiten aus Hegels Jenaer Jahren und selbst die großen Berliner Vorlesungen nicht einfach am fertigen System gemessen werden dürfen. Das geniale erste größere Werk Hegels, die Phänomenologie des Geistes (1807), rückte immer mehr in den Mittelpunkt des Hegelinteresses. In diesem Werk führt Hegel das Bewußtsein durch eine dialektische Entwicklung herauf zum „absoluten Wissen", um im Element des absoluten Wissens das System entfalten zu können.

Werke: Phänomenologie des Geistes, 1807; Logik, 1812–16; Enzyklopädie der Wissenschaften, 1817, 1827, 1830; Rechtsphilosophie, 1821. Innerhalb einer Ausgabe von Hegels „Sämtlichen Werken" (18 Bände, 1832–45), veranstaltet von Hegels Freunden und Schülern, wurden auch Hegels große Vorlesungen ediert. Diese Ausgabe wurde in anderer Reihenfolge als „Jubiläumsausgabe" herausgegeben von H. Glockner, 1927 ff., vermehrt um die 1. Aufl. der Enzyklopädie, um eine Hegel-Monographie und ein Hegel-Lexikon. Eine kritische Hegelausgabe, die jedoch nicht zum Abschluß kam, wurde seit 1905 von Georg Lasson unternommen und von Johannes Hoffmeister fortgeführt. Eine historisch-kritische Gesamtausgabe von Hegels Werken wird z. Zt. von der Deutschen Forschungsgemeinschaft herausgegeben. Studienausgaben v. Hegels Werken mit kritisch gesichertem Text bringt die „Philosophische Bibliothek" des F. Meiner-Verlages. Eine Hegel-Auswahl findet sich in

KTA, Bd. 39 (Recht, Staat, Geschichte), hrsg. v. Friedr. Bülow; Enzyklopädie, in 6. Aufl. sowie andere Werke neubearb. u. hrsg. von Fr. Nicolin u. O. Pöggeler, 1959ff.; Suhrkamp-Ausg. in 20 Bdn., 1969ff. – K. Steinhauer (Hg.), H.-Bibl., 1980.

K. Rosenkranz, G. W. F. H.s Leben, 1844 (Repr. 1972); R. Haym, H. und seine Zeit, 1857 (Repr. 1962); K. Fischer, H.s Leben, Werke u. Lehre, I–II, 1901, [2]1911 (Repr. 1976); W. Dilthey, Die Jugendgesch. H.s, 1905; R. Kroner, Von Kant bis H., I–II, 1921/24; N. Hartmann, H., 1929; H. Marcuse, H.s Ontologie und die Theorie der Geschichtlichkeit, 1932; K. Löwith, Von H. zu Nietzsche, 1941; A. Kojève, Introduction à la lecture de H., Paris 1947, dt. 1958; G. Lukács, Der junge H., 1948; T. Litt, H. – Versuch einer krit. Erneuerung, 1953; J. Ritter, H. und die Frz. Revolution, 1957; G. Rohrmoser, Subjektivität u. Verdinglichung. Theologie u. Gesellschaft im Denken des jungen H., 1961; T. W. Adorno, Drei Studien zu H., 1963, 1975; J. Ritter, Metaphysik u. Politik. Studien zu Aristoteles und H., 1969; I. Fetscher (Hg.), H. in der Sicht der neueren Forschung, 1973; R. Heede/J. Ritter (Hgg.), H.-Bilanz, 1973; L. B. Puntel, Darstellung, Methode u. Struktur. Unters. zur Einheit der systemat. Philos. G. W. F. H.s, 1973; B. Dinkel, Der junge H. und die Aufhebung des subjektiven Idealismus, 1974; G. Ahrweiler, H.s Gesellschaftslehre, 1976; L. Eley, H.s Wiss. der Logik, 1976; H. Röttges, Der Begriff der Methode in der Philos. H.s, 1976; C. H. Taylor, H., dt. 1978; L. Siep, Anerkennung als Prinzip der prakt. Philos. – Unters. zu H.s Jenaer Philos. des Geistes, 1979; C. Helferich, G. W. F. H., 1979; K.-A. Scheier, Analyt. Kommentar zu H.s Phänomenologie des Geistes, 1980; D. Henrich/R.-P. Horstmann, H.s Philos. des Rechts, 1982; D. Henrich (Hg.), Kant oder H., 1983; K. Düsing, H. und die Gesch. der Philos., 1983 (mit Bibl.); D. Henrich/R.-P. Horstmann, H.s Logik der Philos. – Religion u. Philos. in der Theorie des absoluten Geistes, 1984; A. Gethmann-Siefert (Hg.), Welt u. Wirkung von H.s Ästhetik, 1986; D. Henrich (Hg.), H.s Wiss. der Logik, 1986; R.-P. Horstmann/M. J. Petry (Hgg.), H.s Philos. der Natur, 1986; V. Hösle, H.s System, I–II, 1988; A. Peperzak, Selbsterkenntnis des Absoluten. Grundlinien der H.schen Geistphilos., 1990.

Hegelianismus. Die Schule Hegels zerfällt in Dtl. in eine Rechte (theistische): Göschel, Daub u. a., und in eine radikale Linke (Junghegelianer): Ruge, Bruno Bauer, Feuerbach, Strauß u. a. Bedeutungsvoll für die Geschichte des H. wurden die von Ruge und Echtermeyer 1838 begründeten „Hallischen Jahrbücher", an denen die Junghegelianer mitarbeiteten; sie hießen von 1841 an „Dt. Jahrbücher f. Wissenschaft und Kunst" und wurden 1843 verboten. Zwischen Rechter und Linker vermittelnd wirkten Rosenkranz, J. E. Erdmann u.a. Marx und Engels machten die dialektische Methode Hegels zur Grundlage ihrer materialistischen Geschichtsauffassung (→ Materialismus, historischer). In Frankreich wurde der H. durch Cousin begründet u., ohne direkte Bezugnahme auf Hegel, durch Taine, Renan, Hamelin, Andler u. a. weitergeführt. Heute spielt, nach langer Unterbrechung, Hegels Phänomenologie des Geistes zusammen mit den philos. Arbeiten des jungen Marx im franz. Geistesleben eine entscheidende Rolle. In England führte die dichterische Schrift Stirlings *„The Secret of Hegel"* (1865) den H. herauf, dem Bosanquet, McTaggart, Haldane *(Viscount of Cloan)*, Baillie u. a. angehörten, in den USA Harris, Royce, Bowne. In Italien war der H. von Gioberti und Rosmini an bis in die Gegenwart (Gentile u. Croce) sehr verbreitet, heute tritt dort das Problem Hegel-Marx in den Vordergrund. Stark gewirkt hat Hegel ebenso in Rußland, wo er von den geistigen Hintergründen der revolutionären Bewegung nicht zu trennen ist. Bedeutsam wurde der H. auch bei den kleineren slawischen Völkern, in Skandinavien und in Holland. Kein dt. Denker, selbst Kant nicht, hat so nachhaltig auf fremde Nationen gewirkt wie Hegel. Hegel-Renaissance im 20. Jh. → Neuhegelianismus.

W. Windelband, Die Erneuerung des H., 1910; G. Lasson, Was heißt H.?, 1916; W. Moog, Hegel und die Hegelsche Schule, 1930; D. Tschizewskij, Hegel bei den Slawen, 1934; H. Höhne, Der H. in der engl. Philos., 1936; B. Jakovenko, Gesch. des H. in Rußland, 1938; J. E. Toews, Hegelianism. The Path toward Dialectical Humanism, 1805–1841, Cambridge 1980; P. Robbins, The British Hegelians: 1875–1925, New York 1982.

Heidegger, Martin, Philosoph, * 26. 9. 1889 Meßkirch (Baden), 1928–1945 Prof. in Freiburg i. B., † 26. 5. 1976 das., Schüler und Nachfolger Husserls, von dem er sich jedoch immer mehr entfernte durch die in „Sein u. Zeit" gestellte Frage nach dem Sinn von Sein, die durch eine Fundamentalontologie vorbereitet werden sollte. Mittels einer Analyse des menschl. Daseins entwickelte er diese → Fundamentalontologie, die auf der Seite der Person das Ganze der (wesentlich unerkennbaren) Existenz des Menschen voraussetzt, der sich zunächst aber nicht in dieser, sondern in → Geworfenheit vorfindet. Die praktischen Dinge des Lebens begegnen im Rahmen des → Inderweltseins als „Zuhandenes", die theoretischen und lediglich betrachteten als bloß „Vorhandenes".

Der Mensch ist ein in der Welt seiendes, in seinem Sein an Kosmos u. Mitmenschen gekoppeltes, in seinem tiefsten Grunde gestimmtes, verstehendes Wesen, das sich zur Umwelt besorgend, zu den Menschen fürsorgend verhält und durch den Tod aufgerufen wird zu seinem eigensten Seinkönnen. H. vereinigt so die Existenzlehre Luthers und Kierkegaards, in die reine Diesseitigkeit übersetzt, mit der Geschichtshermeneutik Diltheys zu einer neuen Lehre vom Sinn des Seins und vom Wesen des Menschen; → Existenzphilosophie.

Die Grundfrage der Metaphysik ist für H. jene Schellings: warum ist überhaupt Seiendes u. nicht vielmehr nichts? Die Grunderfahrung vom → Nichts liegt nach H. im Anschluß an Kierkegaard im Erleben der → Angst. Das Sichängsten ist als Befindlichkeit eine Weise des In-der-Welt-seins; das Wovor der Angst ist das geworfene In-der-Welt-sein; das Worum der Angst ist das In-der-Welt-sein-können. Das volle Phänomen der Angst zeigt demnach das Dasein (des Menschen) als faktisch existierendes In-der-Welt-sein.

Dasein ist → Sorge, deren Wesen das Sich-vorweg-schon-sein in der Welt ist. Die Sorge ist *a priori*, d. h. sie liegt immer schon in jedem tatsächlichen Verhalten vor. Zum Dasein gehört aber auch das Ende selbst, der Tod. Den Tod übernimmt das Dasein, sobald es ist. Das Geworfensein in den Tod enthüllt sich in dem Phänomen der Angst – womit wir wieder am Anfang, d. h. vor dem Nichts stehen. Das Dasein ist ein Sein zum Tode, aber nicht ein Sein in der Zeit, sondern ein Sein als Zeit (→ Zeitlichkeit).

Später hat H. diesen Ansatz so überholt, daß das Dasein als „Seinsverständnis" nicht autonom, daß die Existenz als „Eksistenz" zu begreifen sei.

„Sein Wesen ist nicht Selbststand, sondern Ausstand, Eksistenz, mit der Aufgabe, dem Sein gegenüber gehorsam zu sein, um ihm eine beschränkte u. ungenügende, aber geschichtl. notwendige und geforderte Stätte zu bereiten, die Ankunft des Seins geschehen zu lassen." (Max Müller, Existenzphilosophie im geistigen Leben der Gegenwart, [2]1958). H. sagt: „Das Denken bringt in seinem Sagen das ungesprochene Wort des Seins zur Sprache". Dieses „wesentliche Denken" ist ein „Ereignis des Seins", es hält sich fern von jeder fertigen Logik, von

jeder Kunst des Denkens, von der es nur dazu verführt würde, über sich selbst nachzudenken anstatt seiner Bestimmung zu folgen: das anwesende Sein aus seiner Verborgenheit ans Licht zu bringen.
Die Philosophie H.s u. die eigenwillige, von ihm geschaffene Terminologie haben dem Denken der Gegenwart stärkste Impulse gegeben; jeder Philosoph, ja jeder Dichter u. Schriftsteller, der der Welt etwas zu sagen hat, setzt sich, bewußt od. unbewußt, mit H. auseinander. Seine Philosophie eröffnet einen neuen Abschnitt in der Gesch. des europäischen Denkens (→ europäische Philosophie, dt. Philosophie). Stark beeinflußt von H. ist Jean-Paul → Sartre. 1985 Gründung der M.-H.-Gesellschaft in Meßkirch. – Hauptw.: Die Kategorien- und Bedeutungslehre des Duns Scotus, 1916; Sein und Zeit, 1927, [14]1977 (m. d. Randbemerkungen); Vom Wesen des Grundes, 1929, [6]1973; Kant und das Problem der Metaphysik, 1929, [4]1973; Was ist Metaphysik? 1929, [11]1975; Vom Wesen der Wahrheit, 1943, [6]1976; Erläuterungen zu Hölderlins Dichtung, 1944, [4]1971; Platons Lehre von der Wahrheit. Mit einem Brief über den Humanismus, 1947, [3]1975; Holzwege, 1950, [5]1972; Der Feldweg, 1953, [5]1975; Einführung in die Metaphysik, 1953, [4]1976; Aus der Erfahrung des Denkens, 1954, [4]1977; Was heißt Denken? 1954, [3]1971; Vorträge und Aufsätze, 1954, [3]1967; Was ist das – die Philosophie? 1956, [6]1976; Der Satz vom Grund, 1957, [4]1971; Identität und Differenz, 1957, [5]1976; Hebel der Hausfreund, 1957, [4]1977; Gelassenheit, 1959, [5]1977; Unterwegs zur Sprache, 1959, [5]1975; Nietzsche, 2 Bde., 1961, 3. Aufl.; Die Frage nach dem Ding, 1962, [2]1975; Die Technik und die Kehre, 1962, [3]1976; Wegmarken, 1967; Die Kunst und der Raum, 1969; Zur Sache des Denkens, 1969, [2]1976; Phänomenologie und Theologie, 1970; Heraklit (mit Eugen Fink), 1970; Schellings Abhandlung Über das Wesen der menschlichen Freiheit, 1971; Frühe Schriften, 1972; Gesamtausgabe, IV Abteilungen: Bd. 21 Logik, etwa 80 Bde., 1975ff. – H. M. Sass, H.-Bibl., 1968; H. M. Sass, Materialien zur H.-Bibl. 1917–1972, 1975; F. Volpi, Nochmals H.?, in: PhLA (1980); H. M. Sass, M. H. – Bibliography and Glossary, Bowling Green/Ohio 1982.

C. Astrada u.a., M. H.s Einfluß auf die Wissenschaften. Aus Anlaß seines 60. Geburtstages, 1949; Anteile. M. H. zum 60. Geburtstag, 1950; K. Löwith, H., 1953; B. Allemann, Hölderlin u. H., 1954; G. Neske (Hg.), M. H. zum 70. Geburtstag, 1959; H. Ott, Denken u. Sein, 1959; H. Feick, Index zu H.s ‚Sein u. Zeit', 1961, [3]1980; W. Marx, H. und die Tradition, 1961; F. Wiplinger, Wahrheit u. Geschichtlichkeit, 1961; E. Schöfer, Die Sprache H.s, 1962; J. M. Demske, Sein, Mensch u. Tod. Das Todesproblem bei M. H., 1963; O. Pöggeler, Der Denkweg M. H.s, 1963; W. J. Richardson, H. – Through Phenomenology to Thought, Den Haag 1963; F.-W. v. Herrmann, Die Selbstinterpretation M. H.s, 1964; O. Pugliese, Vermittlung u. Kehre, 1965; I. Bock, H.s Sprachdenken, 1966; E. Tugendhat, Der Wahrheitsbegriff bei Husserl und H., 1967; O. Pöggeler (Hg.), H. Perspektiven zur Deutung seines Werks, 1969, 1984 (mit Bibl.); V. Klostermann (Hg.), Durchblicke. M. H. zum 80. Geburtstag, 1970; A. Rosales, Transzendenz u. Differenz, Den Haag 1970; R. Wisser (Hg.), M. H. im Gespräch, 1970; A. Bucher, M. H. – Metaphysikkritik als Begriffsproblematik, 1972, [2]1983; J. E. Doherty, Sein, Mensch u. Symbol. – H. und die Auseinandersetzung mit dem neukantian. Symbolbegriff, 1972; J. Beaufret, Dialogue avec H., I–III, Paris 1973/74; W. Biemel, M. H. in Selbstzeugnissen u. Bilddokumenten, 1973; F.-W. v. Herrmann, Subjekt u. Dasein, 1974; W. Franzen, M. H., 1976; J. Schlüter, H. und Parmenides, 1979; R. A. Bast/H. P. Delfosse, Handbuch zum Textstudium von M. H.s ‚Sein u. Zeit', 1980; T. Sheehan (Hg.), H. – The Man and the Thinker, Chicago 1981; H.-G. Gadamer, H.s Wege. Studien zum Spätwerk, 1983; E.-W. Orth (Hg.), Zeit u. Zeitlichkeit bei Husserl u. H., 1983; O. Pöggeler, H. und die hermeneut. Philos., 1983; G. Seubold, H.s Analyse der neuzeitl. Technik, 1986; F.-W. v. Herrmann,

Hermeneut. Phänomenologie des Daseins. Eine Erläuterung von „Sein und Zeit", I, 1987; R. Wisser (Hg.), M. H. Unterwegs im Denken, 1987; V. Farias, H. et le nazisme, Paris 1987, dt. 1989; A. Gethmann-Siefert/ O. Pöggeler (Hgg.), H. und die prakt. Philos., 1988; G. Figal, M. H. – Phänomenologie der Freiheit, 1988; J. Altwegg (Hg.), Die H.-Kontroverse, 1988; H. Ott, M. H. Unterwegs zu seiner Biographie, 1988; W. Biemel/ F.-W. v. Herrmann (Hgg.), Kunst u. Technik. Gedächtnisschrift zum 100. Geburtstag, 1989.

heilig heißt eine sich durch das Gefühl kundtuende geheimnisvolle, überwältigende Macht, vor der der Mensch erschauert und erzittert (griech.-lat.: *mysterium tremendum*), die ihn aber gleichzeitig entzückt u. beseligt. Das Wort h. wird als Übersetzung der aus dem röm. Götterkultus stammenden Begriffe *sacer* (einem Gotte geweiht) und *sanctus* (ehrwürdig, erhaben, feierlich, im Gegensatz zu *profanus* [ungeweiht]) und des aus dem A. T. stammenden Begriffes *kadosch* (Erhabenheit Gottes über alles Kreatürliche, zugleich Zugehörigkeit des Kreatürlichen zu Gott) benutzt. Nach christl. Dogma ist H.keit das Wesen der unendlichen Fülle des göttlichen Seins, der göttlichen Erhabenheit; Personen sind heilig, wenn sie durch ihr sittlich vollendetes Leben mit Gott verbunden, „Freunde Gottes" sind.

R. Otto, Das H.e, 1917; J. Hessen, Die Werte des H.en, 1938; F. K. Feigel, Das H.e, Haarlem 1948; B. Häring, Das H.e und das Gute, 1950; H. André, Natur u. Mysterium, 1959; J. Splett, Die Rede vom H.en. Über ein religionsphilos. Grundwort, 1971, [2]1985; H. Schmitz, Das Göttliche und der Raum, 1977.

Heimarmene (griech.), Schicksal.

Heimsoeth, Heinz, * 12. 8. 1886 Köln, † 10. 9. 1975 das., Professor in Marburg, Königsberg und Köln (seit 1931), vorwiegend Philosophiehistoriker. – Hauptw.: Die Methode der Erkenntnis bei Descartes u. Leibniz, 1912–14; Die sechs großen Themen der abendländischen Metaphysik, 1922, [6]1974; Fichte, 1923; Metaphysik der Neuzeit, 1929, [2]1967; Geschichtsphilosophie in N. Hartmanns „Systematische Philosophie", 1942; Metaphysische Voraussetzungen und Antriebe in Nietzsches „Immoralismus", 1955; Studien zur Philosophie Immanuel Kants. Metaphysische Ursprünge u. ontologische Grundlagen, 1956, [2]1971; Zur Geschichte der Kategorienlehre, in „Studien zur Philosophiegeschichte", Ges.-Abhandlungen, Bd. II, 1961 und Die Philosophie im 20. Jh., in Windelband-Heimsoeth, Lehrbuch der Geschichte der Philosophie, [16]1976; Hegels Philosophie der Musik, 1964; Transzendentale Dialektik. Ein Kommentar zu Kants Kr. d. r. V., 4 Teile, 1966–71; Studien zur Philosophie I. Kants II, Methodenbegriff der Erfahrungswissenschaften und Gegensätze spekulativer Weltkonzeption, 1970 – Vollständige Bibliographie seiner Werke in „Kritik u. Metaphysik", Festschr. f. H. H., 1966; Fr. Hartmann u. R. Heimsoeth, N. Hartmann und H. H. im Briefwechsel, 1978.

Heinemann, Fritz, Philosoph, * 8. 2. 1889 Lüneburg, Historiker der Philosophie, erkenntnistheoretische und ästhetische Studien; 1930 Professor in Frankfurt/M., lebte seit 1937 in Oxford, † 7. 1. 1970 das. – Der Aufbau von Kants Kritik d. reinen Vernunft und das Problem der Zeit, 1913; Plotin, seine Entwicklung und System, 1921; Neue Wege der Philosophie, 1929; W. v. Humboldts philos. Anthropologie u. Theorie der Menschenkenntnis, 1929; *Essay on the Foundations of Aesthetics*, 1939; *D. Hume, the Man and his Science of Man*, 1939; Odysseus oder die Zukunft der Philosophie, 1939; Existenzphilosophie, lebendig oder tot, 1954, [4]1971; Jenseits des Existenzialismus, 1956; Die Philosophie im 20. Jh., (Hrsg.) 1959, [2]1963. – Vollst. Bibliogr. seiner Werke in ZphF, XIX, 1965.

Heinrich von Gent, Philosoph, * 1217 Gent, † 29. 6. 1293 Tournay, seit 1276 Magister der Theologie an der Univers. Paris, Anhänger des Thomismus, wandte sich gegen die Bevorzugung des Intellekts und betonte die Mächtigkeit des Willens. Nach ihm ist die Materie nicht potenziell, sondern existiert wirklich, und nur insofern ideel, als sie einer eigenen Idee im Geiste des Schöpfers entspricht. – Werke: Quodlibeta, I–II, hg. 1518 (Repr. 1961); Summae quaestionum ordinarium, I–II, hg. 1520 (Repr. 1953); Lectura ordinaria super sacram scripturam, hg. 1972; Opera omnia, I–XXXVII, Leuven/Leiden 1979 ff.

W. Schölligen, Das Problem der Willensfreiheit bei H. v. G. und Herveus Natalis, 1927 (Repr. 1975); H. Rüßmann, Zur Ideenlehre der Hochscholastik, 1938; P. Bayerschmidt, Die Seins- und Formmetaphysik des H. v. G. in ihrer Anwendung auf die Christologie, 1941.

Heintel, Erich, Prof. in Wien, * 29. 3. 1912 Wien, versucht den Entwurf einer „philosophia perennis", die er im wesentlichen von Aristoteles, Leibniz und dem dt. Idealismus her sieht, bemüht sich in seinen Werken um eine Synthese von Transzendentalismus und Aristotelismus. – Schrieb u. a.: Nietzsches System in seinen Grundbegriffen, 1939; Metabiologie und Wirklichkeitsphilosophie, 1944; Sprachphilosophie, [2]1957; Hegel und die analogia entis, 1958; Herder u. die Sprache (Einl. zur Ausgabe der sprachphilos. Schriften Herders), [2]1964; Die beiden Labyrinthe der Philosophie. Betrachtungen zur Fundamentalphilosophie, Bd. I, 1968; Einführung in die Sprachphilosophie, 1972; Grundriß der Dialektik, I–II, 1984; Gesammelte Abhandlungen. Zur Fundamentalphilos., I–II, 1988.

H. Nagl-Dodikal (Hg.), Überlieferung u. Aufgabe. Festschrift für E. H. zum 70. Geburtstag, 1982.

Heisenberg, Werner, Physiker, * 5. 12. 1901 Würzburg, Prof em. in München, † 1. 2. 1976 das; früher f. theor. Physik in Leipzig, Berlin, Göttingen, bis 1971 Direktor des „Max-Planck-Instituts für Physik u. Astrophysik", Begründer der → Quantenmechanik, für die er die → Unbestimmtheitsrelationen aufstellte, nach welcher das Geschehen im Atom einer streng deterministischen Behandlung grundsätzlich unzugänglich ist. Die Gültigkeit des Kausalitätsgesetzes wird dadurch nicht grundsätzlich in Frage gestellt, wohl aber erweist es sich als notwendig, die Begriffe ‚Kausalgesetz' und ‚Determinismus' einer gründlichen neuen Analyse zu unterziehen. – Hauptw.: Die Physikalischen Prinzipien der Quantentheorie, 1930, [4]1958; Das Naturbild der heutigen Physik, 1955; Wandlungen in den Grundlagen der Naturwissenschaft, 1935, [10]1973; Die Physik der Atomkerne, 1943, [3]1949; Physik u. Philosophie, 1959, [3]1978; Das Naturgesetz und die Struktur der Materie, 1967; Einführung in die einheitliche Feldtheorie der Elementarteilchen, 1967; Der Teil und das Ganze, 1969, [6]1981; Schritte über Grenzen, 1971, [4]1977; Tradition in der Wissenschaft, 1977; Quantentheorie u. Philosophie, 1979. – H. Cluny, H. – Choix de textes de W. H., Bibl., Paris 1966.

H. Hörz, W. H. und die Philos., 1966; F. Hund, Gesch. der Quantentheorie, 1967; H. P. Dürr (Hg.), Quanten u. Felder. Physikalische u. philos. Betrachtungen zum 70. Geburtstag von W. H., 1971; A. Hermann, W. H. in Selbstzeugnissen u. Bilddokumenten, 1976 (mit Bibl.); H. Pfeiffer (Hg.), Denken u. Umdenken. Zu Werk u. Wirkung von W. H., 1977; C. F. v. Weizsäcker/B. L. van der Waerden, W. H., 1977; G. Gembillo, W. H. – La filosofia di un fisico, Neapel 1987.

Heiss, Robert, Prof. f. Psychologie in Freiburg/Br., * 22. 1. 1903 München, † 21. 2. 1974 in Freiburg, befaßt sich über sein Fach hinaus mit Fragen der Logik und Dialektik, wobei er letztere auf die Prinzipien: Negation, zeugender Widerspruch und Stufenfolge zurückführt. Ihr Gegenstand ist nicht ein statisches Sein, sondern die erlebte, die aktiv ergriffene, revolutionär bejahende Bewegung. Diese „explosive" Dialektik wird unterschieden von dem herkömmlichen (neuzeitlichen) Begriff, in dem sich das geschichtliche Denken nur mit metaphysisch-logischen Grundbegriffen interpretiert. – Schrieb u. a.: Logik des Widerspruchs, 1932; Die Lehre vom Charakter, 1936; Der Gang des Geistes, [2]1970; Die großen Dialektiker des 19. Jh.: Hegel, Kierkegaard, Marx, 1963; Utopie u. Revolution, 1973. – Festschr. „Dialektik u. Dynamik d. Person", mit Biblgr., 1964; 2. Festschr. zum 65. Geburtstag: Person als Prozeß, 1965.

Heistermann, Walter, Prof. in Berlin, * 14. 9. 1912 Augustdorf, Kr. Detmold, neben kritischen Arbeiten zum Wahrheitsbegriff des Pragmatismus, verbindet H. seine erkenntnistheoret. Studien auf der Grundlage eines transzendentalen Phänomenalismus mit der Begründung einer Anthropologie der spezifischen Seinsweise des Menschen. Erörtert die Grenzen der Abbildung des Menschen durch die Maschine (Kybernetik) und das Problem des Zeitlosen in der Geschichte und der Objektivität der Werte für eine Theorie der Erziehung. – Schrieb u. a.: Erkenntnis und Sein, 1951; Die Wissenschaft vom Menschen als philosoph. Anthropologie, 1954; Form, Formbarkeit und formale Aktivität, 1959; *Epistemological Writings*, 1976.

Festschr. *Actio formans*, hg. v. G. Heinrich.

heliozentrisch (aus griech. *helios*, „Sonne", u. lat. *centrum*, „Mittelpunkt") heißt das Weltbild des → Kopernikus, das die Sonne in den Mittelpunkt der Welt versetzte.

E. J. Dijksterhuis, Die Mechanisierung des Weltbildes, 1956 (niederl. 1950); A. Koyré, From the Closed World to the Infinite Universe, Baltimore 1957, dt. 1969.

Hellenismus (vom griech. *hellen*, „der Grieche"), die griech.-röm. Philosophie in der Zeit von Alexander dem Großen (356–323 v. Chr.) bis Augustus u. der späteren Epochen bis zum Ausgang des Altertums (Mitte des 6. Jh. n. Chr.). Der Ausdruck wurde erst im 19. Jh. von dem Historiker J. H. Droysen geprägt; → griechische Philosophie. – hellenistisch, zum H. gehörend; hellenisch, griechisch. – Texte: A. A. Long/D. N. Sedley, The Hellenistic Philosophers, I–II, Cambridge 1987.

H. J. Krämer, Platonismus und hellenist. Philos., 1971.

Hellpach, Willy Hugo, Nervenarzt, Psychologe und Philosoph, * 26. 2. 1877 Öls (Schlesien), † 6. 7. 1955 Heidelberg, daselbst Prof. seit 1926, näherte sich von psychiatrischer Seite her der Philosophie (Grenzwiss. der Psychologie, 1902; Nervosität u. Kultur, 1903; Nervenleben und Weltanschauung, 1905; Psychologie der Umwelt, 1924 u. a.). In seinem Hauptw.: Die geopsychischen Erscheinungen, 1911, [6]1950 u. d. T. Geopsyche, betrachtete er „die Menschenseele unterm Einfluß von Wetter und Klima, Boden u. Landschaft." In seinen polit. Schriften (Zwischen Wittenberg und Rom, 1930) stellte H. den Ausgleich der Ideen u. kulturellen Kräfte als Prinzip der gesch. Entwicklung dar. In seinen folgenden Arbeiten (Sozialpsychologie, ein Elementarlehrbuch, 1933, ³1951; Einf. in die Völkerpsychologie, 1938, ³1954; Mensch und Volk der Großstadt, 1939, ²1952; Dt. Physiognomik, 1942, ²1949; Der Sozialorganismus, 1953; Der dt. Charakter, 1954) wendete er sich der Untersuchung der dt. Stammespsychologie zu, in seinen letzten Arbeiten dem Problem des Ideenwechsels im Generationswechsel, des Religiösen und der geistigen Gesetzmäßigkeit in der Geschichte (Völkerentwicklung u. Völkergeschichte, 1944; Sinn und Seele, 1946, Tedeum, Laienbrevier einer Pantheologie, 1947, ²1951; Das Magethos, 1947; Grundriß der Religionspsychologie; 1951; Kulturpsychologie, 1953; Erzogene über Erziehung, 1954). – Selbstbiographie in: Wirken in Wirren, Lebenserinnerungen in 3 Bänden, 1948–50; Universelle Psychologie eines Genius – Goethe, 1953; Ethos zwischen Mythos u. Logos, (aus d. Nachlaß), in ZphF., 30, 1976.

Helmholtz, Hermann von, Physiker u. Physiologe, * 31. 8. 1821 Potsdam, † 8. 9. 1894 Berlin als Prof. das. (seit 1871); philosophisch von Kant beeinflußt; Begründer der Sinnespsychologie: unsere Empfindungen sind Wirkungen, welche durch äußere Ursachen in unseren Sinnesorganen hervorgebracht werden; sie hängen sowohl vom erregenden Objekt als auch vom perzipierenden Sinnesapparat ab. Die Empfindung ist somit nicht ein Abbild des Objekts, sondern ein Symbol. Die Gesetzmäßigkeit der wirklichen Welt spiegelt sich in der Welt der Symbole wider, mittels deren Erkenntnissen wir unsere Handlungen so einrichten können, daß sie den gewünschten Erfolg haben, d. h. daß die erwarteten neuen Sinnesempfindungen auch eintreten. Von dieser Grundlage aus entwikkelte H. eine erkenntnis-theoretische Grundlegung der Geometrie und der naturwiss. Forschung. – Hauptw.: Über das Sehen des Menschen, 1855; Die Lehre von den Tonempfindungen, 1863 u. ö.; Die Tatsachen in der Wahrnehmung, 1879; Schriften zur Erkenntnistheorie (hrsg. u. erläutert v. P. Hertz u. M. Schlick) 1921; Philos. Vorträge u. Aufsätze, hg. 1971.

L. Königsberger, H. v. H., 3 Bde., 1902/3; A. Riehl, H. in seinem Verhältnis zu Kant, 1904; J. Hamm, Das philos. Weltbild von H., 1937; D. Goetz, H. v. H. über sich selbst, 1966.

Helmont, Franciscus Mercurius van (d. J.), Arzt, * 1614 bei Brüssel, † 1699 in Berlin, wo er den Hof für die Philosophie gewann, entwickelte im Anschluß an Paracelsus und seinen Vater eine spekulative Naturphilosophie. Er stellte eine eigene Monadenlehre auf, durch die er (im persönlichen Verkehr) auf Leibniz wirkte. – Hauptw.: *Seder olam sive ordo saeculorum,* 1693; *Opuscula philosophica,* 1690.

Broeckx, *Le baron F. M. v. H.,* 1870.

Helvétius, Claude Adrien, franz. Philosoph und Psychologe, * 26. 1. 1715 Paris, † das. 26. 12. 1771, leitete die Bedürfnisse, Leidenschaften, Gedanken, Urteile, Handlungen und die Geselligkeit des Menschen aus seinem sinnlichen Empfindungsvermögen *(sensibilité)* ab. „Der Mensch ist eine Maschine, die, durch sinnliche Empfindungen in Bewegung gesetzt, alles tun muß, was sie ausführt". In den sinnlichen

Empfindungen, Hunger, Durst usw., ist die Ursache zu suchen, welche die Menschen zwingt, die Erde zu bebauen, sich zu vergesellschaften und untereinander Verträge einzugehen, deren Beobachtung die Menschen zu „Gerechten", deren Verletzung sie zu „Ungerechten" macht. Das Motiv aller Tätigkeit ist die Selbstliebe *(intérêt)* des Menschen; Moral zu predigen dient daher zu nichts. Der beste Gesetzgeber ist derjenige, der die Scheidung des öffentlichen und privaten Interesses verschwinden zu lassen weiß. Sein durch Lockes „Versuch über den menschlichen Verstand" angeregtes Hauptwerk „*De l'esprit*" (Paris 1758, dt. von Forkert mit Vorrede von Gottsched 1760) wurde 1759 auf Befehl des Parlaments als staats- und religionsgefährlich verbrannt. – Posthum erschien: „*De l'homme, de ses facultés intellectuelles et de son éducation*" (2 Bde., 1772, dt. von Lindner 1877, [2]1972); Œuvres complètes, I–V, Paris 1795 (Repr. 1967–69); Philos. Schriften, I–II, 1973/76. – D. W. Smith, A Preliminary Bibliographical List of Editions of H.'s Works, in: Australas. J. French Studies 7 (1970).

G. V. Plechanow, Beiträge zur Gesch. des Materialismus, 1896, [4]1975; A. Keim, H. – Sa vie et son œuvre, Paris 1907; I. L. Horowitz, C. H., New York 1954; C. N. Momdzhian, La philos. d'H., Moskau 1959, dt. 1959; D. W. Smith, H. – A Study in Persecution, Oxford 1965.

Hemmung heißt in der Psychologie ein Symptom der Funktionseinschränkung des Ich, verursacht durch Zurückdrängung der Triebe, durch milieubedingte Minderwertigkeitskomplexe (→ Minderwertigkeitsgefühl) und durch die damit verbundene Energieverarmung, oder durch übergroße Erotisierung der betreffenden Organe, auch durch Selbstbestrafung im Hinblick auf ein Verbote erlassendes Über-Ich. In der Pädagogik spielen die intellektuellen H.en eine Rolle, die die Lernfähigkeit herabsetzen und sich in Trägheit, Verträumtheit, Vergeßlichkeit, Eigensinn usw. äußern. In der Metaphysik Max Schelers sind H. und Enthemmung die beiden Hauptfunktionen des Geistes, der den „allmächtigen, weltschaffenden, mit unendlichen Bildern geladenen (→) Drang, der die Wirklichkeit und das durch Wesensgesetze und Ideen niemals eindeutig bestimmte zufällige Sosein dieser Wirklichkeit zu verantworten hat –" enthemmt, damit die in der Welt angelegte Ideen- u. Wertfülle verwirklicht werden kann; der ihn aber hemmt, wenn es nötig ist, den Geist vor der andrängenden Wirklichkeitsfülle zu schützen (M. Scheler, Die Stellung des Menschen im Kosmos, [5]1949).

M. Scheler, Die Wissensformen und die Gesellschaft, 1926; H. Schultz-Henke, Der gehemmte Mensch, 1940.

Hemsterhuis, Franz, niederl. Philosoph, * 27. 12. 1721 Franekker (Friesland), † 7. 7. 1790 Den Haag, vertrat einen mystisch-dichterischen Neuplatonismus; die Materie ist „geronnener Geist" (ähnlich Goethes Gott-Natur, die das Feste zu Geist zerrinnen läßt u. das Geisterzeugte sinnlich fest bewahrt). Schön ist, was erfüllte Eindrücke hervorruft; dies ist zugleich gut, wenn es die Einigung mit dem göttlichen All befördert. H. stand im engen Verkehr mit dem kath. Kreis um die Fürstin Gallitzin in Münster, dem auch Jacobi u. Hamann angehörten. Seine ästhet. Anschauungen hatten großen Einfluß auf die Frühromantik. – Hptw.: *Lettre sur la sculpture,* 1769; *Lettre de Dioclès à Diotime sur l'athéisme,* 1787, dt. v. Jacobi; *Lettre sur l'homme et ses* *rapports,* 1772 (enthält seine Psychologie); Vermischte philos. Schriften, 3 Tle. 1782–1797, *Oeuvres philosophiques,* 3 Tle., 1846–1850, repr. 1972; Philos. Schriften, I–II, 1912.

F. Bulle, F. H. und der dt. Irrationalismus des 18. Jh.s, Diss. Jena 1911; E. Boulan, F. H. – Le Socrate hollandais, Groningen/Paris 1924; I. E. Poritzky, F. H. – Seine Philos. und ihr Einfluß auf die dt. Romantiker, 1926; K. Hammacher, Unmittelbarkeit u. Kritik bei H., 1971; H. Moenkemeyer, François H., Boston 1975; P. Pelckmans, H. sans rapports: contribution à une lecture distante des lumières, Amsterdam 1987.

Henade (vom grch. *hen,* „eins"), Einheit, auch svw. Monade.

Hengstenberg, Hans-Eduard, Prof. in Würzburg, * 1. 9. 1904 Homberg/Ndrh., bearbeitet Grundkategorien der ontologischen Konstitutionslehre, die ihm als Ausgangspunkte zur Begründung einer philosophischen Anthropologie als „Ontologie der Person" dienen; versucht eine Revision von Ursprungsbeziehungen wie der Kausal-, Begründungs-, Mitteilungs-Relation, entwickelt daraus eine Freiheitslehre. – Schrieb u. a.: Die Macht des Geistigen in seiner Ohnmacht, 1931; Christliche Askese, [3]1948; Autonomismus und Transzendenzphilosophie, 1950; Der Leib und die letzten Dinge, [2]1955; Philosophische Anthropologie, [3]1966; Sein und Ursprünglichkeit, [2]1959; Freiheit u. Seinsordnung, 1961; Evolution und Schöpfung, 1963; Mensch u. Materie, 1965; Grundlegung der Ethik, 1969; Philos. in Selbstdarstellungen I, 1975; Seinsüberschreitung u. Kreativität, 1979. Gründung der H.-E.-H.-Gesellschaft in Würzburg.

Norbert Matros, Beitrag zur Revis. d. Gewissensbegriffs auf d. Grundlage der Anthropologie H.-E. H.s, 1966; W. Weier, Wege einer metaph. Phänomenologie, in „Freibr. Zeitschr. f. Philos. u. Theol.", 1969.

Hen kai pan (griech. „eins und alles"), → All-Einheit.

Henotheismus (vom griech. *hen,* „eins" u. *theos,* „Gott"), → Gott.

Henrich, Dieter, Prof. in München, * 5. 1. 1927 Marburg, befaßte sich vor allem mit der systematischen Rekonstruktion der Philosophie Kants und des Deutschen Idealismus und vertritt eine von Kant hergeleitete Idee kritischer Metaphysik. – Hauptwerke: Die Einheit der Wissenschaftslehre Max Webers, 1952; Über den Begriff der Einheit in Forschung und Lehre, 1958; Der ontologische Gottesbeweis, 1960; Fichtes ursprüngliche Einsicht, 1967; Hegel im Kontext, 1971; Identität und Objektivität, 1976; Fluchtlinien, 1982; Selbstverhältnisse, 1982; Der Gang des Andenkens, 1986; Konzepte. Essays zur Philos. in der Zeit, 1987; Ethik zum nuklearen Frieden, 1990; Eine Republik Deutschland, 1990.

Heraklit od. **Herakleitos,** grch. Philosoph, etwa 544–483, lebte als Politiker in Ephesos, wegen des Tiefsinnes seiner Lehren „der Dunkle" genannt, wegen seines tragischen Ernstes auch „der weinende Philosoph". H. lehrt: Das Weltall hat weder der Götter noch der Menschen einer gemacht, sondern es war immer und ist und wird sein ein ewig lebendiges Feuer, gesetzmäßig sich entzündend und wieder löschend. Aus dem einen allwaltenden göttlichen Urfeuer, welches reine Vernunft, Logos ist, geht durch Zwiespalt u. Kampf die Vielheit der Dinge hervor („Weg hinab"); Eintracht und Friede bringt Erstarrung, bis das Erstarrte wieder zur Einheit des Urfeuers zurückkehrt („Weg hinauf"). In diesem ewigen Auf und Ab wird aus Einem alles und aus allem Eines. Alles fließt, aber in diesem Fließen waltet der Logos als Gesetz, das nur wenige erkennen. So ist Gott Tag und Nacht, Sommer und Winter, Krieg und Frieden, Sättigung u. Hunger; gut ist schlecht und schlecht ist gut, in allem ist Gegensätzliches vereint und ist doch verborgene Harmonie, und diese unsichtbare Harmonie ist besser als die sichtbare Gegensätzlichkeit, Krieg ist der Vater aller Dinge, und die einen erweist er als Götter, die anderen als Menschen, die einen als Sklaven, die anderen als Freie. Die Vernunft, den Logos, zu erkennen, die in allem waltet, alles durch alles steuert, ist weise; weise ist es, sich dieser Vernunft zu beugen und zu fügen. Nur durch Unterwerfung unter die Gesetze der Vernunft, die in der Ordnung der Natur zum Ausdruck kommen, kann der Mensch die Heiterkeit der Seele gewinnen, die sein höchstes Glück ausmacht. Die Lehre Heraklits hatte erhebliche Auswirkungen. Sie wurde von der Stoa wieder aufgenommen und verbreitete sich von dort aus über die christl. u. die ganze abendländ. Philosophie. In der Neuzeit wurde sie bes. von Hegel, Schleiermacher, Lassalle und Nietzsche weiterentwickelt. Die Theoretiker des Bolschewismus, so auch Lenin, berufen sich gern auf H. („*Leninskij Sbornik*", Bd. 12, 1930, S. 302 u. a.). – B. Snell (Hg.), H.-Fragmente, 1926. – E. N. Roussos, H.-Bibl., 1971.

F. Lassalle, Die Philos. H.s des Dunklen von Ephesos, I–II, 1858; T. Gomperz, Zu H.s Lehre und den Überresten seines Werkes, 1887; E. Weerts, H. und Herakliteer, 1926; L. Winterhalder, Das Wort H.s, 1962; M. Heidegger/E. Fink, H.-Seminar, 1970; F. Jürss, Von Thales zu Demokrit. Frühe griech. Denker, 1977; K. Held, H., Parmenides und der Anfang von Philos. und Wiss., 1980; G. Nesse, H. heute. Die Fragmente seiner Lehre als Urmuster europäischer Philos., 1982.

Herbart, Johann, Friedrich, Philosoph, * 4. 5. 1776 Oldenburg, † 14. 8. 1841 Göttingen, 1805 Prof. das., 1809 in Königsberg, seit 1831 wieder in Göttingen. Philosophie ist Bearbeitung der Begriffe. Die Logik erstrebt die Deutlichkeit der Begriffe, die Metaphysik ihre Berichtigung, die Ästhetik im weiteren Sinn, welche auch die Ethik in sich faßt, die Ergänzung der Begriffe durch Wertbestimmungen.

H.s Metaphysik ist charakterisiert durch die Annahme von vielen einfachen realen Wesen (ähnlich den Monaden von Leibniz), deren jedem eine einfache, sich selbst erhaltende Qualität zukommt. Die Seele ist ein solches reales Wesen mit dem Sitz im Gehirn; die Statik und Mechanik der Vorstellungen als Selbsterhaltungsschritte der Seele erklärt die psychischen Erscheinungen ohne Zuhilfenahme von sog. Seelenvermögen: „Die Gesetzmäßigkeit im Seelenleben gleicht vollkommen der am Sternenhimmel." H.s Psychologie ist auf dem Gebiete des Gedanklichen reiner Intellektualismus, weniger auf dem des Gefühls- und Willensmäßigen. Die Quelle der ästhetischen und ethischen Ideen liegt in unwillkürlichen Geschmacksurteilen, die der ethischen Ideen insbesondere in Geschmacksurteilen über Willensverhältnisse. Als Normen für das sittliche Leben des einzelnen wie der Gesellschaft dienen die praktischen Ideen: 1. der inneren Freiheit, 2. der Vollkommenheit, 3. des Wohlwollens, 4. des Rechtes, 5. der Vergeltung oder der Billigkeit. Im Staate werden diese Ideen zu solchen der Rechtsgesellschaft, des Lohnsystems, des Verwaltungssystems, des Kultursystems und der beseelten Gesellschaft. Auf H.s Ethik ist eine Pädagogik aufgebaut, die im 19. Jh. bes. Schule gemacht hat, und zwar –

im Grunde gegen H.s Absicht – in Richtung auf einen pädagogischen Formalismus.

Hauptw.: Allg. Pädagogik, 1806, Neuausg. 1902, [2]1920; Hauptpunkte der Metaphysik, 1806, [2]1808; Allgem. praktische Philosophie, 1808, [3]1891; Lehrbuch zur Einleitung in die Philosophie, 1813, [5]1883, Neuausg. 1912; Lehrbuch zur Psychologie, 1816, [6]1900; Psychologie als Wissenschaft, 2 Bde., 1824–25; Allgem. Metaphysik, 2 Bde., 1828–29. – Gesamtausg. der Werke H.s in chronolog. Reihenfolge von Kehrbach u. Flügel, 19 Bde., 1887–1912.

W. Kinkel, H. – Sein Leben und seine Philos., 1903; T. Fritzsch, J. F. H.s Leben u. Lehre, 1921; G. Weiss, H. und seine Schule, 1928; Jakob Müller, H.s Lehre vom Sein, Diss. Zürich 1933; K. Siegel, Volksgeschichtswiss. Studien über H. und die H.ianer, Diss. Göttingen 1939; W. Asmus, J. F. H., I–II, 1968/70; B. Gerner (Hg.), H. – Interpretation u. Kritik, 1971; F. W. Busch/ H.-D. Raapke (Hgg.), J. F. H., 1976; G. Buck, H.s Grundlegung der Pädagogik, 1985; D. Benner, Die Pädagogik H.s, 1986.

Herbert von Cherbury, engl. Staatsmann und Philosoph, → Cherbury.

Herder, Johann Gottfried, Philosoph, * 25. 8. 1744 Mohrungen (Ostpreußen), † 18. 12. 1803 als Generalsuperintendent in Weimar, wohin ihn sein Weg 1776 durch Vermittlung Goethes führte, nachdem er nach theol. Studium 1762 bis 1764 in Königsberg (Einflüsse Kants und Hamanns), 1764–69 Lehrer und Pfarrer in Riga gewesen und nach längeren Reisen (Reisebegleiter des Erbprinzen v. Holstein-Eutin, 1770 Bekanntschaft mit dem jungen Goethe in Straßburg) 1771 als Hofprediger nach Bückeburg gekommen war. Die Philosophie H.s ist vor allem von Giordano Bruno, Spinoza, Leibniz und Hamann, mit dem er befreundet war, beeinflußt. Den späteren Kant lehnte er schroff ab, seine Untersuchungen nannte er „öde Wüsten voll leerer Hirngeburten und in anmaßendsten Wortnebel". Gegen den Aphorismus Kants führte er den Entwicklungsgang der Sprache ins Feld: „Erst mit dem Sprechen entsteht Vernunft". H.s Sprachphilosophie und seine Volksliedersammlung (Stimmen der Völker in Liedern, 1778–79, von ihm meisterhaft ins Dt. übers.) lenkten seine Aufmerksamkeit besond. auf jene Völker, die ihre typischen Sitten u. Bräuche und ihre urwüchsige Sprachkraft noch nicht verloren hatten. H. wurde so zum Bewunderer der Lieder der Südslawen, von deren Volkstum West-Europa bis dahin so gut wie nichts wußte, und ist der Vater der europ. Slawistik, der Wissensch. von den slaw. Sprachen. Er bahnte den slaw. Völkern den Weg zu den eigenen, von ihnen vernachlässigten Volksgütern. Sie haben es H. zu verdanken, daß sie in den Bereich der europ. Kulturinteressen treten konnten.

In seiner Philosophie geht es H. darum, in allem Sein u. Geschehen eine auf einen höchsten Zweck gerichtete Tendenz aufzuzeigen. Raum und Zeit sind Erfahrungsbegriffe. Form und Materie der Erkenntnis auch in ihrem Ursprung nicht voneinander getrennt; statt der „Kritik der Vernunft" bedarf es einer Physiologie der menschlichen Erkenntniskräfte. In der Geschichte wie in der Natur entwickelt sich alles aus gewissen natürlichen Bedingungen nach festen Gesetzen. Das Fortschrittsgesetz der Geschichte beruht auf einem Fortschrittsgesetz der Natur, das schon in den Wirkungen der anorganischen Naturkräfte verborgen tätig ist, in der aufsteigenden Reihe der organischen Wesen vom Naturforscher bereits erkannt wird und sich für den Geschichtsforscher in den geistigen Bestrebungen des Menschengeschlechts zeigt; die Geschichte ist fortschreitende Entwicklung zur Humanität. Die Dinge entwickeln sich nicht auseinander, sondern alles entwickelt sich aus Gott, der ewigen und unendlichen Wurzel aller Dinge, und die Gesetzlichkeit und Ordnung der Welt ist Ausdruck der göttlichen Macht und Vernunft. Trotz allen Festhaltens an einem umfassenden Humanitätsgedanken der Menschheit und an einem übergeschichtl. sittlichen Ziele d. Menschheit zeigt H. jedoch immer wieder eine besondere Fähigkeit, geschichtliche Gestalten, Kulturen und Zeiten aus sich selber heraus zu entwickeln.

Hauptw.: Über den Ursprung der Sprache, 1772; Auch eine Philosophie der Geschichte zur Bildung der Menschheit, 1774; Stimmen der Völker in Liedern, 1778–79; Ideen zur Philosophie der Geschichte der Menschheit, 4 Tle., 1784–1791 (wichtigstes Werk, unvollendet); Briefe zur Beförderung der Humanität, 1793–97; Verstand u. Erfahrung, Vernunft u. Sprache, eine Metakritik zur Kritik der reinen Vernunft, 1799. – Sämtl. Werke, 45 Bde., 1805–20; kritische Ausgabe, 33 Bde., hrsg. von Suphan, 1877–1913; Auswahl: Ges. Werke in 7 Bden, hrsg. von Franz Schultz, 1938ff.; Auswahlband „Mensch und Geschichte“, hrsg. v. W. A. Koch, [3]1957, KTA, Bd. 136; Sprachphilosophische Schriften, hrsg. von E. Heintel, 1959. – G. Günther/A. A. Albina/S. Seifert, H.-Bibl., 1978.

R. Haym, H., I–II, 1880/85, [2]1954; T. Litt, Kant u. H. als Deuter d. geistigen Welt, 1930; A. Gillies, H., Oxford 1945 (mit Bibl.), dt. 1949; C. Grawe, H.s Kulturanthropologie, 1967 (mit Bibl.); E. Adler, H. u. die dt. Aufklärung, 1968; W. Dobbek, J. G. H.s Weltbild, 1969; A. Gulyga, J. G. H. – Eine Einf. in seine Philos., 1978; G. Arnold, J. G. H., 1979; G. Sauder (Hg.), J. G. H., 1987; U. Gaier, H.s Sprachphilos. u. Erkenntniskritik, 1988.

Hermeneutik (vom griech. *hermeneutikē [technē]*, „Kunst der Auslegung“), Verdolmetschungskunst, Erklärungskunst (Hermes war in der griech. Mythologie der Vermittler zw. Göttern und Menschen). Die H. war die besond. Methode der klass. Sprachwissenschaft, um alte Literaturdenkmale sinngemäß auszulegen. Bes. durch die Arbeit der sog. Historischen Schule im 19. Jh., seit Schleiermacher, wurde sie die spezifisch geisteswiss. Methode. Sie ist die Lehre vom → Verstehen, vom wiss. Begreifen geisteswiss. Gegenstände. Die Bedeutung der H. erkannt zu haben, kommt vor allem Dilthey zu. Heidegger nennt H. die von ihm in „Sein u. Zeit“ durchgeführte Phänomenologie des Daseins. – N. Henrichs, Bibl. der H. und ihrer Anwendungsbereiche seit Schleiermacher, 1968, [2]1972.

E. Betti, Teoria generale della interpretazione, I–II, Mailand 1955, dt. 1967; H.-G. Gadamer, Wahrheit u. Methode. Grundzüge einer philos. H., 1960; E. Coreth, Grundfragen der H., 1969; P. Ricoeur, Le conflit des interprétations. Essais d'hermeneutique, Paris 1969, dt. 1973/74; K.-O. Apel u.a., H. und Ideologiekritik, 1971; O. Pöggeler (Hg.), Hermeneut. Philos., 1972; T. M. Seebohm, Zur Kritik der hermeneut. Vernunft, 1972; H. Göttner, Logik der Interpretation, 1973; R. Brandt, Zur Interpretation philos. Texte, in: Allg. Z. Philos. 1 (1976); H.-G. Gadamer/G. Boehm (Hgg.), Seminar: Philos. H., 1976; E. Hufnagel, Einf. in die H., 1976; G. Meggle/M. Beetz, Interpretationstheorie u. Interpretationspraxis, 1976; A. Diemer, Elementarkurs Philosophie. H., 1977; H.-G. Gadamer/G. Boehm (Hgg.), Seminar: Die H. und die Wiss., 1978; M. Riedel, Verstehen oder Erklären? Zur Theorie u. Gesch. der hermeneut. Wissenschaften, 1978; H. Flashar (Hg.) Philologie und H. im 19. Jh., 1979; H. Birus (Hg.), Hermeneutische Positionen, 1982; J. Nassen (Hg.), Klassiker der H., 1982; G. B. Madison, The Hermeneutics of Postmodernity, Bloomington 1988.

hermetische Schriften (*corpus hermeticum*), eine Sammlung von über 40 griech., arab. und lateinischen Schriften aus den ersten Jahrhunderten n. Chr., in der verschiedene platonisch-pythagoreische und mystische Bestandteile zur gnostischen Weltentstehungslehre und zum Erlösungsglauben, besonders auch aus den Schriften des Poseidonios, zusammengetragen sind. Die Sammlung wird Hermes Trismegistos, dem Götterboten und Vermittler zwischen Menschen und Göttern, dem griech. Gott des Wissens und der Welterkenntnis, zugeschrieben und als Niederschrift seiner Offenbarungen angesehen. – Dt. Ausg. v. A. D. Nock u. A. J. Festugière, *Corpus Hermeticum,* 4 Bde., 1945–1954.

J. Kroll, Die Lehren des Hermes Trismegistos, 1913.

Herrenmoral und Sklavenmoral (oder: Herdenmoral) unterscheidet Nietzsche als zwei Grundtypen der Moral. Der Schwache und Unterdrückte bilde, als Ausgleich seines Ressentiments gegen den „Herrn“, eine Moral aus, in der das Schwache und Unterdrückte Höchstwerte sind; die christl. Werte der Demut u. des Mitleides sind nach Nietzsche („Zur Genealogie der Moral“) so entstanden und müßten deshalb durch entsprechende Werte einer H. ersetzt werden, durch Distanzgefühl, Machtbewußtsein usw.

Herrschaft, Verfügung über menschliche Leistungen; Begriff der Soziologie und Geschichte: überall, wo Schutz gewährt wird, entsteht H. über den Beschützten, so des Vaters über das Kind (analog: der Kirche über das Gewissen, des Staates über den Bürger usw.). Um beschützen zu können, bedarf es der → Macht. Jedes H.sverhältnis ist zugleich, wenn auch nicht ausschließlich, ein Machtverhältnis, das gelegentlich auch mißbraucht werden und in → Diktatur ausarten kann. Max Weber bestimmt es in der positiven Form: „H. soll heißen die Chance, für einen Befehl bestimmten Inhalts bei angebbaren Personen Gehorsam zu finden“ (Wirtschaft und Gesellschaft, [4]1956).

K. v. Fritz, Platon in Sizilien und das Problem der Philosophenh., 1968; W. Schluchter, Aspekte bürokrat. H., 1972; K. O. Hondrich, Theorie der H., 1973; G. Geismann, Ethik u. H.sordnung, 1974; I. Fetscher, H. und Emanzipation. Zur Philos. des Bürgertums, 1976; M. Hennen/W. U. Prigge, Autorität und H., 1977; R. Saage, H., Toleranz, Widerstand. Studien zur polit. Theorie der niederländischen und der engl. Revolution, 1981.

Hersch, Jeanne, * 13. 7. 1910 Genf, seit 1956 Prof. das., bis 1972 Leiterin der Philosophie-Abt. der Unesco, Paris, Schülerin von K. Jaspers. Ausgehend von der Existenzphilosophie setzt sie sich insbesondere für die Anerkennung der existentiell gegebenen Freiheit ein; macht auf Fehlentscheidungen in der politischen Entwicklung aufmerksam, lehnt jede Bevormundung durch Ideologien und Dogmen als Freiheitseinschränkung ab. – Hauptw.: Die Ideologien und die Wirklichkeit, 1957, [2]1973; Die Illusion, Weg zur Philosophie, [2]1956; *L'Etre et la Forme,* 1946; *Le Droit d'être un homme,* (Unesco-Ausgabe) 1968; Die Unfähigkeit, Freiheit zu ertragen, 1974; Die Hoffnung, Mensch zu sein, 1976; Von der Einheit des Menschen, 1978; Karl Jaspers, 1980; Das philos. Staunen, 1981.

Herschel, Sir John Frederick William, engl. Astronom, * 7. 3. 1792 Slough, † 11. 5. 1871 London, veröffentlichte 1864 einen Katalog aller damals bekannten Nebel und Sternhaufen und 1831 sein bedeutsames Werk *„A Preliminary Discourse on the Study of Natural Philosophy“* (1830, repr. 1967, dt. 1836), in dem er zeigte, wie auf dem

Wege logischer Induktion die Generalisationen und Entdeckungen der Wissenschaften ermöglicht werden; wird oft mit Sir Friedrich Wilhelm H. (1738–1822) verwechselt, der nur als Astronom und Erbauer großer Teleskope, nicht mit philosoph. Schriften aufgetreten ist; *Scientific papers*, 2 Bde., 1912.

M. A. Hoskin, W. H. and the Construction of the Heavens, London 1963; G. Buttmann, J. H. – Lebensbild eines Naturforschers, 1965; S. Schweber/I. B. Cohen (Hgg.), Aspects of the Life and Thought of Sir J. H., New York 1981.

Herz, neben seiner anatomischen Bedeutung als Zentralorgan der Blutfunktionen, bereits seit dem Altertum als Sitz der Gefühle, der religiösen Empfindungen und des Mutes angenommen; für Empedokles hatte sogar die Denkkraft darin ihren Sitz. Bei Aristoteles ist das H. der „unbewegte Beweger" des Leibes, bzw. Angelpunkt des Lebens; außerdem der ausgewachsene Samen des Vaters, d. h. der Ursprung der Lebensentstehung. Dies im Gegensatz zur hippokratischen Schule, die im Gehirn den Ursprung des Lebens sah. Nach Augustins Auffassung hat Gott sein Gesetz ins H. des Menschen „geschrieben". Bei Pascal kommt das H. zur besonderen Geltung als Organ der inneren Empfindung; es ist das Prinzip unmittelbarer Gewißheit, sowohl für die philosophische als auch für die religiöse Erkenntnis; weiterhin die ewige Gesetzmäßigkeit (*„ordre du coeur"*, auch *„logique du coeur"*) des Fühlens, Liebens, Hassens, die in keiner Weise auf intellektuelle Logik reduzierbar ist, jedoch stets subjektiven Charakter trägt. Der Streit über den wahren „Sitz" des Lebens zieht sich durch die ganze Geschichte der Naturphilosophie bis zur Romantik, und das H. wird auch danach – wie etwa bei Oken – als Sitz des Lebens betrachtet.

R. Unger, Das Wort Herz und seine Begriffssphäre bei Novalis, 1937; F. Vonessen, Das Herz im Umkreis des Denkens, 1969.

Herzen, Alexander Iwanowitsch, russ. Schriftsteller, * 6. 4. 1812 Moskau, † 21. 1. 1870 Paris, unehelicher Sohn eines Edelmannes (Jakowlew) und einer Schwäbin (Luise Hag), vom franz. sozialist. Schrifttum, Schillers Jugenddramen, Jakob Böhme und Hegel („Hegel ist Shakespeare und Homer in eins") beeinflußt, schloß sich bald der Hegelschen Linken an, geriet aber allmählich in eine fatalistische, grob materialistische, fast nihilistisch anmutende Weltanschauung. Durch seine geistvolle Schreibweise wirkte er stark auf seine Zeitgenossen und die Entwicklung des Sozialismus. Seine Gesammelten Werke gab M. K. Lemke heraus (22 Bde., 1919–23).

R. Labry, A. I. H. 1812–70, Paris 1928; R. Labry, H. und Proudhon, Paris 1928; D. Tschizewskij (Hg.), Hegel bei den Slawen, 1934.

Hesiod, (um 700 v. Chr.), aus dem Dorf Askra in Böotien, nach Homer der bedeutendste Epiker der frühen griech. Geistesgeschichte, bezichtigte die homerischen Erzählungen der „Lüge", will im Gegensatz dazu ‚die Wahrheit' sagen. In der „Theogonie" liefert er in Form einer Göttergenealogie eine Lehre von der Entstehung und Ordnung des Weltganzen. Die „Werke und Tage" enthalten eine Weltalterlehre, die die Geschichte der Menschheit als Niedergang und Entfernung von den Göttern interpretiert. Mit H. haben sich die frühen Philosophen der Griechen meist kritisch auseinandergesetzt. Im Blick auf die Hesiodischen Ansätze zu systematischem und geschichtsphilosophischem Denken haben moderne Forscher die Anfänge der griech. Philosophie nicht erst bei den jonischen Philosophen, sondern bereits bei H.s Lehrgedichten angesetzt. – Sämtl. Werke, 1936, 1947, [2]1965. – W. W. Minton, Concordance to the Hesiodic Corpus, Leiden 1976.

O. Gigon, Der Ursprung der griech. Philos. – Von H. bis Parmenides, 1945; W. Jaeger, The Theology of the Early Greek Philosophers, Oxford 1947, dt. 1953 (Repr. 1964); F. Lämmli, Vom Chaos zum Kosmos, 1962; E. Heitsch (Hg.), H., 1966; U. Hölscher, Anfängl. Fragen. Studien zur frühen griech. Philos., 1968; J. Blusch, Formen u. Inhalt von H.s individuellem Denken, 1970.

heterogen (griech.), einer anderen Gattung angehörend, ungleichartig, aus ungleichartigen Elementen zusammengesetzt. Gegensatz: → homogen.

Heterogonie (vom grch. *hẹteros,* „der Andere" und *gonẹ,* „Abkunft"), das Hervorgehen aus einem Anderen, Fremden. H. der Zwecke nennt W. Wundt die Tatsache, daß in den Wirkungen stets noch Nebenwirkungen gegeben sind, die in den vorausgehenden Zweckvorstellungen nicht mitgedacht waren, die aber gleichwohl in neue Motivreihen eingehen und die bisherigen Zwecke umändern oder neue zu ihnen hinzufügen. Daher ist jede objektive Zweckmäßigkeit meist verschieden von den subjektiven Zwecksetzungen, aus denen sie hervorgeht.

W. Wundt, System der Philosophie, [4]1919; O. Klemm, Die H. der Zwecke (Festschrift für Joh. Volkelt, 1918).

Heteronomie, (vom griech. *hẹteros,* „der Andere", u. *nọmos,* „Gesetz"), Fremdgesetzlichkeit, im Gegensatz von Eigengesetzlichkeit → Autonomie.

heureka (griech.), „ich hab's gefunden", soll Archimedes ausgerufen haben, als er im Bade das hydrostatische Grundgesetz entdeckte, nach dem ein Körper in einer Flüssigkeit soviel von seinem Gewicht verliert, als die von ihm verdrängte Flüssigkeitsmenge wiegt.

Heuristik (vom griech. *heurịskein,* „finden"), Erfindungskunst; die Anleitung, auf method. Wege Neues zu finden; als Lehrprinzip stark vertreten in der modernen Pädagogik. – Heuristisch: auf das Finden, Entdecken bezüglich, auch: zur Auffindung von Neuem (neuen Gedanken, neuen Tatsachen) dienend; von großem heuristischen Wert sind gute → Hypothesen und Modelldarstellungen als Hilfsmittel der Forschung. Das heuristische Verfahren im Fachunterricht besteht in der Darstellung des Weges, auf dem die Resultate einer Wissenschaft gefunden worden sind, im Gegensatz zur systemat. Darstellung.

H. Albert, Transzendentaler Realismus und rationale H. – Zum heurist. Charakter der wiss. Methode, in: Ders., Die Wiss. und die Fehlbarkeit der Vernunft, 1982; R. Groner u.a. (Hgg.), Methods of Heuristics, Hillsdale N. J. 1982.

Hexis (griech.), Haben, Innehaben; Beschaffenheit, Verhalten; Zustand, Gewohnheit. Bei Aristoteles ist die Tugend eine seiner zehn Kategorien, H. der Seele.

Hierarchie (vom griech. *hierọs,* „heilig" u. *archẹ,* „Herrschaft"), Herrschaft der Heiligen; dann Rangordnung der Priester (hieratisch), H. der Obrigkeit im Staate u. a. In übertragenem Sinn eine Gliederung mit aufsteigender Bedeutung und abnehmender Zahl der Glieder, z. B. H. der Wissenschaften, H. der Werte. Eine H. der Wissenschaften stellte z. B. → Comte auf.

Hilbert, David, Mathematiker u. Logiker, * 23. 1. 1862 Königsberg, † 14. 2. 1943 Göttingen, das. Prof. 1895–1936, lieferte grundlegende Arbeiten zur Axiomatik von Geometrie, Arithmetik und Physik, indem er den Beweis der Unabhängigkeit und Widerspruchslosigkeit für das zugrundeliegende Axiomensystem zu führen suchte. Seine Leistungen zur Theorie der Axiomensysteme wurden bahnbrechend für die moderne Mathematik, sind oft mit jenen Euklids verglichen worden – Hauptw.: Grundlagen der Geometrie, 1899, [12]1977; Grundzüge der theoretischen Logik (mit W. Ackermann), 1928, [6]1972; Grundlagen der Mathematik (mit P. Bernays), 2 Bde., 1934–39, [2]1968/70 – Gesammelte Abhandlungen, 3 Bde. (in Bd. 3: Lebensbeschreibung H.s von O. Blumenthal), 1932–35, [2]1965.

G. Frege, Ein unbekannter Brief über H.s erste Vorlesung über die Grundlegung der Geometrie, 1940; C. Reid, H., 1970; K. Reidemeister (Hg.), H.-Gedenkband, 1971.

Hildebrand, Dietrich von, Philosoph, * 12. 10. 1889 Florenz, Sohn d. Bildhauers Adolf v. H., ab 1941 Prof. an der Fordham-Univ. in New York, † 26. 1. 1977, das., Vertreter der phänomenolog. Schule und einer objektiven, materialen Wertethik. Jedem sittlich relevanten Wert gebührt eine Wertantwort, die in Bewunderung, Liebe, auch in einer wert-bewahrenden oder verwirklichenden Handlung bestehen kann. – Hauptwerke: Die Idee der sittl. Handlung, in: Husserls Jb. 3 (1918); Sittlichkeit und eth. Werterkenntnis, in: Husserls Jb. 5 (1922); Metaphysik der Gemeinschaft, 1930; Sittl. Grundhaltungen, 1933; Die sittl. Grundlagen der Völkergemeinschaft, 1946; Der Sinn philos. Fragens und Erkennens, 1950; Christian Ethics, 1953, dt. 1959; True Morality and its Counterfeits, 1955, dt. 1957; Graven Images: Substitutes for True Morality, 1957; Trojan Horse in the City of God, 1967, dt. 1968; Gesammelte Werke, I–X, 1971–84.

Festschrift für D. v. H., hrsg. von B. Schwarz (mit Bibliographie) 1974.

Hildegard von Bingen, Mystikerin, Naturwissenschaftlerin u. Ärztin, * 1098 Burg Böckelheim b. Kreuznach, † 17. 9. 1179 in dem von ihr gestifteten Kloster auf dem Rupertsberg b. Bingen; zeichnete sich in ihrer Naturbetrachtung durch erste empirische Studien, große Anschaulichkeit des Denkens sowie Einfühlungskraft aus. Ausgew. Schriften übersetzte Bühler (1922); Geheimnis der Liebe (Ausz.), 1957; Briefwechsel, hrsg. v. A. Führkötter, 1965; Werke (Auswahl), 1978. – W. Lauter, H.-Bibl., I–II, 1970–84.

A. Führkötter, H. v. B., 1972; H. Schipperges (Hg.), H. v. B., 1981; W. Nigg, Heilige u. Dichter, 1982; G. Ruhbach/J. Sudbrack (Hgg.), Große Mystiker, 1984; A. Führkötter, Kosmos u. Mensch aus der Sicht H.s v. B., 1987.

Himmel, im mythisch-religiösen Glauben der „himmlische“, über alle Maßen herrliche Aufenthalt Gottes. Nach babylon. u. jüd. Anschauung gab es sieben übereinander gewölbte H. „Im siebten H.“ werden die Seligen der Gegenwart Gottes teilhaftig. Der im Matthäus-Evangelium (in den anderen Evangelien nicht) vorkommende griech. Ausdruck *hai basileia tôn uranôn* (die Herrschaft der Himmel, von Luther mit „H.reich“ übers.) meint diese sieben H. Im Sinne der modernen Wertethik werden die sieben H. als Schichten der aufsteigenden Wertpyramide (→ Ethik) gedeutet, so daß das H.reich (von dem gesagt wird: es ist inwendig in euch) zum Reich der von den Menschen zu verwirklichenden ethischen Werte wird und der „H. auf Erden" gleichbedeutend ist mit dem (unerreichbaren) Zustand der Realisiertheit aller ethischen Werte; → Gott. – Der H. in astronomischem Sinne ist heute mit allen sich darin abspielenden Erscheinungen derart konkret erforscht, daß die neuen Vorstellungen davon jede religiöse Deutung in den Mythos verweisen.

Hinduismus, das erst im Verlaufe des letzten Jahrtausends entstandene, gegenwärtig noch weitgehend herrschende sozialreligiöse System der Hindu in Vorderindien; die Gesamtheit aller Riten, religiösen Praktiken und Anschauungen, Traditionen und Mythologien, die durch die heiligen Bücher (→ Veda) und die Vorschriften der Brahmanen ihre Sanktion erhalten. Seine Grundlage ist die Kastenordnung und die auf sie gegründete Vormachtstellung der Brahmanen (Hindupriester). Hauptgötter sind Vischnu u. Schiva; ersterer ist als Rama und als Krischna verkörpert erschienen. Ein allgemein gültiges Bekenntnis besitzt der H. nicht. Für die Hindu ist er der „Anâtana Dharma", das ewige Gesetz, weil er seit jeher besteht und immer bestehen wird. – H. v. Glasenapp (Hg.), Ind. Geisteswelt, I–II, 1958/59. – D. J. Dell, Guide to Hindu Religion, Boston 1981. → Brahmanismus, Dharma.

H. v. Glasenapp, Der H., 1922; H. v. Glasenapp, Die Philos. der Inder, 1949, [4]1985 (KTA 195); L. Renou, L'hinduisme. Les textes, les doctrines, l'histoire, Paris 1951; P. Hacker, Prahlāda. Beiträge zur Gesch. des H., I–II, 1959; U. Schneider, Einf. in den H., 1989 (mit Bibl.).

Hingabe, eine in der modernen Erkenntnistheorie vielfach vom Erkennenden geforderte Haltung: das Wesen eines Gegenstandes entzieht sich der Erkenntnis dessen, der ihm seine Erkenntniskategorien aufzwingen, ihn zu seinem Objekt machen will; es bietet sich nur der Erkenntnis dessen dar, der sich dem Gegenstand hinzugeben vermag: → auch Liebe.

Hippias, griech. Philosoph aus Elis, um 400 v. Chr., jüngerer Zeitgenosse des Protagoras, Sophist, besaß reiche Kenntnisse in vielen Wissenschaften; unterschied Naturrecht und menschliches Recht (Satzung); nach ihm hat Platon zwei seiner Schriften benannt. – Fragmente, hrsg. v. G. Müller, 1848; *Sofisti,* hrsg. v. M. Untersteiner, 1954.

C. J. Classen (Hg.), Sophistik, 1976; K. Mainzer, Gesch. der Geometrie, 1980.

Hippokrates von Kos, einer Insel im Ägäischen Meer, Arzt, * um 460, † um 377 v. Chr. Larissa (Thessalien), Vater der wiss. Heilkunde der Griechen, die aus der Philosophie sich als Einzelwissenschaft absonderte. Während der Arzt Alkmaion aus Kroton in Unteritalien (um 500 v. Chr.), berühmt durch seine anatomischen Studien, der Pythagoreischen Schule angehörte, scheint sich H. an Heraklit angelehnt zu haben. Er begründete den Charakter der Medizin als Erfahrungswissenschaft. Die Ärzteschule von Kos erfreute sich lange großen Ansehens (das berühmte Asklepiosheiligtum auf Kos). Unter dem Namen des H. laufen viele späte unechte, sog. pseudohippokratische Schriften. – Die Werke des H., 25 Teile, 1934–40; H.-Schriften, 1962.

G. Baisette, Hippocrate, Paris 1931, dt. 1932; M. Pohlenz, H. und die Begründung der wiss. Medizin, 1938; L. Edelstein, The Hippocratic Oath, Baltimore 1943, dt. 1969; R. Joly, Le niveau de la science hippocratique, Paris 1966.

Hirschberger, Johannes, Prof. in Frankfurt/M. * 7. 5. 1900 Oesterberg/Mittelfr., † 27. 11. 1990 Schmitten, Philosophiehistoriker, befaßte sich besonders mit Fragen der antiken und mittelalterlichen Philosophie in Hinblick auf eine ideengeschichtlich-kritische Klärung systematischer Begriffe und Probleme, sowie mit Metaphysik und katholischer Religionsphilosophie. – Schrieb u. a.: Die Phronesis in der Philosophie Platons, 1932; Geschichte der Philosophie, 2 Bde., [12]1981 (mit engl., span., portugies. u. japan. Übersetzungen, 1958 bis 1968); Kleine Philosophiegeschichte, [16]1980; Denkender Glaube. Philosoph. u. theologische Beiträge zu der Frage unserer Zeit nach Gott, Mensch und Offenbarung, 1965.

Historik (vom lat. *historia*, „Geschichte"), die Wissenschaft von der Geschichtsschreibung, ihren Methoden und Aufgaben. Ursprünglich Beschäftigung mit der Kunde von Überlieferungen; Zeugnis, Zeuge, später auch Bericht. Für Hegel gleichbedeutend mit empirischer Voraussetzung der Geschichtsschreibung.

J. G. Droysen, Grundriß der H., 1868; A. Klempt, Die Säkularisierung der universalhistor. Auffassung. Zum Wandel des Geschichtsdenkens im 16. und 17. Jh., 1960; F. Wagner, Moderne Geschichtsschreibung. Ausblick auf eine Philos. der Geschichtswiss., 1960; H. M. Baumgartner/J. Rüsen (Hgg.), Seminar: Gesch. und Theorie. Umrisse einer H., 1976; H. Lübbe, Geschichtsbegriff u. Geschichtsinteresse. Analytik u. Pragmatik der Historie, 1977.

Historismus (vom lat. *historia*, „Geschichte"), das geschichtl. Bewußtsein, d. h. das jede Erkenntnis begleitende Bewußtsein der Gewordenheit alles, auch des geistig Seienden. Die Bedeutsamkeit dieses H. für die Erforschung der Wahrheit ist in der Neuzeit erkannt worden. Für die Gegenwart ist er durch Kierkegaard, Nietzsche, Simmel, Eucken und vor allem Dilthey und die Existenzphilosophen (→ Geschichtlichkeit) erneut zum Gegenstand philos. Erörterungen geworden. – In tadelndem Sinne ist H. das Zurückweichen vor der Gegenwart in die Vergangenheit, wodurch der Wahrheitswert der gegebenen Tatsachen beeinträchtigt u. ihre Bedeutung relativiert wird. Diese Form des H. ist bes. von E. Troeltsch (Der H. und seine Probleme, 1922; Der H. und seine Überwindung, 1924) und Heinr. Rickert angegriffen worden. „Wo die Wirklichkeit in ihrer Individualität und Besonderheit erfaßt werden soll, da ist es einfach logisch widersinnig, sie unter allgemeine Begriffe zu bringen od. Gesetze des Historischen aufzustellen, die, wie wir wissen, als Gesetze notwendig Allgemeinbegriffe sind ... Es ist nicht etwa mehr oder weniger schwierig, die Gesetze der Geschichte zu finden, sondern der Begriff des ‚historischen Gesetzes' enthält eine *contradictio in adjecto*, d. h. Geschichtswissenschaft u. Gesetzeswissenschaft schließen einander begrifflich aus" (Rickert, Die Grenzen der naturwissenschaftl. Begriffsbildg., [4]1921). Die Historische Schule ist die von F. K. v. Savigny, J. G. Eichhorn, W. Grimm, L. v. Ranke u.a. begründete Richtung historischen Verstehens auf Grund der in das Detail gehenden Forschung. – Dem gegenüber gebraucht K. Popper einen Begriff des „Historizismus", worunter er jene Einstellung zu den Sozialwissenschaften versteht, die annimmt, daß historische *Voraussage* deren Hauptziel sei, das sich dadurch erreichen lasse, daß man die „Rhythmen" oder „Patterns", die „Gesetze" oder „Trends" entdecke, die dem geschichtlichen Ablauf zugrunde liegen.

F. Nietzsche, Vom Nutzen u. Nachteil der Historie für das Leben (1874), in: Unzeitgemäße Betrachtungen II; F. Meinecke, Die Entstehung des H., I–II, 1936; C. Antoni, Dallo storicismo alla sociologia, Florenz 1940, dt. 1950; H. Diwald, Das histor. Erkennen, 1955; A. Dempf, Kritik der histor. Vernunft, 1957; K. R. Popper, The Poverty of Historicism, Boston/London 1957, dt. 1965; E. Reisner, Der begegnungslose Mensch. Eine Kritik der histor. Vernunft, 1964; W. J. Mommsen, Die Geschichtswiss. jenseits des H., 1971; G. Scholtz, ‚H.' als spekulative Geschichtsphilosophie: Christlieb Julius Braniß (1792–1873), 1973; H. Schnädelbach, Geschichtsphilos. nach Hegel. Die Probleme des H., 1974; R. Marks, Philos. im Spannungsfeld zwischen Historiographie und H. Studien zu Kant, J. v. Müller und Dilthey, 1988.

Hobbes, Thomas, engl. Staatsmann u. Philosoph, * 5. 4. 1588 Malmesbury, † 4. 12. 1679 Hardwick, lehnte die spekulative Metaphysik ab und definierte die Philosophie als die Erkenntnis der Wirkungen oder der Phänomene aus den Ursachen und andererseits der Ursachen aus den beobachteten Wirkungen mittels richtiger Schlüsse; ihr Zweck liegt darin, daß wir die Wirkungen voraussehen u. für unser Leben nutzbar zu machen lernen.

Alle Erkenntnis erwächst aus den Empfindungen teils unmittelbar, teils aus ihren Rückständen, den Erinnerungen. Diese werden unterstützt durch konventionelle Zeichen, Namen, Worte. Alles Denken ist ein Verbinden und Trennen, Addieren und Subtrahieren von Namen: Denken ist Rechnen.

Da alles ursächlich bestimmt ist, so ist auch das Wollen streng determiniert. Nicht der Wille, sondern das Handeln ist so weit frei, wie es der Natur des Menschen entspringt.

Die menschl. Natur wird urspr. nur von der Selbstsucht getrieben, sich zu erhalten und Genuß zu verschaffen. Daher war der Naturzustand des Menschen der allen nachteilige Krieg aller gegen alle *(Bellum omnium contra omnes)*. Deshalb vereinigen sich durch einen Vertrag die Menschen im Staat und unterwerfen sich einem Herrscher, dem alle Gehorsam leisten, um dadurch Schutz u. die Möglichkeit eines humanen Lebens zu erhalten. Was er sanktioniert, ist gut, das Gegenteil verwerflich. Das öffentl. Gesetz ist das Gewissen d. Bürgers. Die Furcht vor denjenigen unsichtb. Mächten, welche der Staat anerkennt, ist Religion, die Furcht vor solchen, welche er nicht anerkennt, Aberglaube. – Hauptwerke: Elementa Philosophica de cive, 1647, dt. 1959; Leviathan or the Matter, Form and Power of a Commenwealth, Ecclesiastical and Civil, 1651, dt. 1695; De corpore, 1655, dt. 1915; De homine, 1658, dt. 1959; Elements of Law Natural and Politic, hg. 1889; The English Works, I–XI, London 1839–45 (Repr. 1962); Opera, I–V, London 1839–45 (Repr. 1961). – H. McDonald/M. Hargreaves, T. H. – A Bibliography, London 1952; C. H. Hinnant, T. H. – A Reference Guide, Boston 1980; A. Garcia, T. H. Bibl. int. de 1620 à 1986, Caen 1987.

F. Tönnies, T. H., 1896; R. Hönigswald, H. und die Staatsphilos., 1924 (Repr. 1971); Carl Schmitt, Der Leviathan in der Staatslehre des T. H., 1938; R. Polin, Politique et philos. chez T. H., Paris 1953; H. Warrender, The Political Philsophy of H., Oxford 1957; F. O. Wolf, Die neue Wiss. des T. H., 1969; R. Koselleck/R. Schnur (Hgg.), H.-Forschungen, 1969; H. Fiebig, Erkenntnis u. techn. Erzeugung. H.' operationale Philos. der Wiss., 1973; U. Weiß, Das philos. System von T. H., 1980; O. Höffe (Hg.), T. H. – Anthropologie u. Staatsphilos., 1981; H. Schelsky, T. H. – Eine polit. Lehre, 1981; B. Willms, T. H. – Das Reich des Leviathan, 1987; R. Tuck, H., Oxford 1989.

Hobhouse, Leonard Trelawny, engl. Soziologe, * 8. 9. 1864 St. Ives (Cornwall), † 22. 6. 1929 Bagnoles (Normandie), 1907–29 Prof. in London, vertrat eine Philosophie der Entwicklung (*Mind in evolution,*

1906, [3]1926; *Morals in evolution,* 2 Bde., 1906), in der zwar der Kampf ums Dasein abgelehnt und eine überempirische, geistige, auf Harmonie und Ganzheit gerichtete Tendenz angenommen wird, jedoch ohne metaphysisch-konstruktive Durchführung. Als Erkenntnistheoretiker (*The Theory of Knowledge,* 1896, [3]1921) ist H. Realist, in Ethik und Sozialphilosophie (*The Rational Good,* 1921; *Elements of Social Justice,* 1922; *Social development,* 1924) Individualist. Sein Buch über den Staat (*The Metaphysical Theory of the State,* 1918, dt. 1924) bekämpft den Neuhegelianismus Bosanquets und die Lehre vom allgemeinen Willen, der sich im Staate verkörpere. Selbstdarstellung in *Contemporary British Philosophy I,* 1924.

J. A. Hobson/M. Ginsberg, L. T. H. – His Life and Work, London 1931; M. Ginsberg, Reason and Unreason in Society, London 1947 (Repr. 1956); M. Ginsberg, On Justice in Society, Ithaca/New York 1965.

Hocking, William Ernest, amerikan. Philosoph, * 10. 8. 1873 Cleveland (Ohio), 1914–43 Prof. an d. Harvard-Univ. in Cambridge (Mass.), † 12. 6. 1966 Madison, Schüler von Kuno Fischer, Dilthey, Windelband, arbeitet bes. auf dem Gebiete der Religionsphilosophie, in die er die Erkenntnisse der Phänomenologie, der Wertethik u. des Neurealismus einzubeziehen sucht. Hauptw.: *The Meaning of God in Human Experience,* 1912, [5]1925; *The Self, Its Body and Freedom,* 1928; *Lasting Elements of Individualism,* 1937; *Thoughts on Death and Life,* [2]1937; *What Man Can Make of Man,* 1942, dt. 1949; *Science and the Idea of God,* 1944; *The Coming World Civilizations,* 1957.

L. S. Rouner (Hg.), Philosophy, Religion and the Coming World Civilisation, Den Haag 1966 (mit Bibl.); D. S. Robinson, Royce and H., Boston 1968; L. S. Rouner, Within Human Experience: The Philosophy of W. E. H., Cambridge Mass. 1969.

Hoëne-Wronski, Joseph Maria, poln. Philosoph, * 24. 8. 1778 in der Prov. Posen, † 9. 8. 1853 Paris, wo er seit 1810 lebte, Kantianer, Begründer des poln. Messianismus (→ auch poln. Philosophie), in dem er kosmopolitische Gedanken mit national-slawischen verband: die Vernunft soll dereinst eine unbestreitbare Weltherrschaft ausüben und die Gegensätze zw. den Menschen u. Völkern durch die Vereinigung der besten Menschen aus allen Völkern überwinden; Aufgabe der Slawen soll es sein, diese Vereinigung herbeizuführen. – Hptw.: *Philosophie des mathématiques,* 1811; *Philosophie de l'infini,* 1814; *Messianisme ou réforme absolue du savoir humain,* 3 Bde., 1847; *Philosophie absolue de l'histoire,* 2 Bde., 1852.

S. Dickstein, H.-W., 1896 (mit Bibl.); P. Chomicz, H.-W., 1929; D. Tschizewskij (Hg.), Hegel bei den Slawen, 1934.

Höffding, Harald, dänischer Philosoph, * 11. 1. 1843 Kopenhagen, † das. 2. 7. 1931, 1883–1915 Prof. in Kopenhagen, kritischer Positivist, lehnte jede theologische oder metaphysische Begründung der Ethik ab. Ein Grundgedanke seiner Religionsphilosophie ist, daß ein echter Lebensglaube nur aus eigner Erfahrung und persönlichem Nachdenken hervorwachsen könne. Einflußreich sind seine Gedanken über den Humor („Humor als Lebensgefühl", [2]1930). Seine Bedeutung liegt vor allem auf philosophiehistorischem Gebiet; bes. stark wurde er von dt. Dichtern und Denkern (wie Kant, Goethe, Fichte, Jean Paul, Raabe) beeinflußt. – Hauptwerke: Psychologie, 1887 (dän. 1881); Ethik, 1888 (dän. 1887); Sören

Kierkegaard als Philosoph, 1896 (dän. 1892); Die Gesch. der neueren Philos., I–II, 1895/96 (dän. 1894/95); Religionsphilosophie, 1901 (dän. 1901); Der menschl. Gedanke, 1911 (dän. 1910); Humor als Lebensgefühl, 1918 (dän. 1916); Erindringer, 1928; Psykologi og autobiografi, 1943.

Höffe, Otfried, Prof. in Fribourg, * 12. 9. 1943 Leobschütz/Ob. Schl. Um die vielfältige normativ-kritische Kompetenz der praktischen Philosophie unter Beweis zu stellen, sucht H. in Auseinandersetzung mit klassischen und zeitgenössischen Positionen eine systematische Begründung der Ethik und polit. Philosophie zu geben. H. ist seit 1977 Hg. der ZphF (zus. mit H.-M. Baumgartner) und trat auch als Hg. von Standardwerken über Probleme der Ethik von J. Rawls, Hobbes u. a. hervor. – Schr. u. a.: Praktische Philosophie. Das Modell des Aristoteles, 1971; Strategien der Humanität, 1975 (span. 1979); Ethik und Politik, Grundmodelle, 1979; Naturrecht ohne naturalistischen Fehlschluß, 1980; Sittlich-politische Diskurse, 1981; Immanuel Kant, 1983; Strategien der Humanität, 1985; Polit. Gerechtigkeit. Grundlegung einer krit. Philos. von Recht u. Staat, 1987; Den Staat braucht selbst ein Volk von Teufeln, 1988.

Hoffmeister, Johannes, * 17. 12. 1907 Heldrungen/Thür., † 19. 10. 1955 Bonn, Prof. das., Hegelforscher, begann als Mitarbeiter von Lasson, um später zu einer eigenen Methode der Analyse Hegelscher Niederschriften und Vorlesungsnachschriften zu gelangen, die ein Höchstmaß an kritischem Bewußtsein gegenüber dem Quellenmaterial ermöglicht; war Leiter der von ihm vorbereiteten „Krit. Hegelausgabe". – Hauptw.: Kaspar von Barths Leben, Werke und dt. Phönix, 1931; Hölderlin und Hegel, 1931; Goethe und der dt. Idealismus, 1932; Die Problematik des Völkerbundes bei Kant und Hegel, 1934; Hölderlin und die Philosophie, [2]1944; Wörterbuch der philos. Begriffe, [2]1955; Die Heimkehr des Geistes, 1946; Der Mensch, 1949; Nachgoethische Lyrik, 1948; Hölderlins Empedokles, 1963.

Hoffnung, das Begleitgefühl der Erwartung, das sich zu der Gewißheit steigern kann, daß etwas Gewünschtes eintreffen wird. Als Grundhaltung eines Menschen, dessen Blick weniger auf das faktisch Gegebene, vielmehr auf die Zukunft gerichtet ist, bedeutet H. ein unkritisches Geltenlassen der Möglichkeit und zugleich der Wirklichkeit des Ersehnten, und sie stützt sich meist auf einen fraglosen → Glauben, der sich dem tatsachengerechten Denken und Handeln in den Weg stellt. H. ist Grundprinzip aller Utopien. Sobald sich H. auf das Unerfahrbare und Absolute bezieht, wird sie zum tragenden Grund der Erfüllung im religiösen Glauben. Für G. Marcel ist H. einer der Akte geistigen Erlebens, welche die Tiefen der Seele erschließen.

J. Pieper, Über die H., 1935; G. Marcel, Homo viator, Paris 1945, dt. 1949; E. Bloch, Das Prinzip H., I–III, 1954–59; J. Moltmann, Theologie der H., 1964; M. Kimmerle, Die Zukunftsbedeutung der H. – Auseinandersetzung mit E. Blochs ‚Prinzip H.' aus philos. und theolog. Sicht, 1966; J. Pieper, H. und Geschichte, 1967; A. Edmaier, Horizonte der H., 1968; R. Schaeffler, Was dürfen wir hoffen?, 1979.

Höhlengleichnis, Platons Vergleich (im „Staat", 7. Buch) des menschlichen Daseins mit dem Aufenthalt in einer unterirdischen Behausung. Gefesselt, mit dem Rücken gegen den Höhleneingang, erblickt der Mensch nur die Schatten der Dinge, die er für die alleinige Wirklichkeit hält. Löste man seine Fesseln und führte ihn aus der Höhle in die lichte Welt mit ihren wirklichen Dingen, so würden ihm zuerst die Augen wehtun, und er würde seine Schattenwelt für wahr, die wahre Welt für unwirklich halten. Erst allmählich, Schritt für Schritt, würde er sich an die Wahrheit gewöhnen. Kehrte er aber in die Höhle zurück, um die anderen Menschen aus ihrer Haft zu befreien und von ihrem Wahn zu erlösen, so würden sie ihm nicht glauben, ihm heftig zürnen und ihn vielleicht sogar töten.

M. Heidegger, Platons Lehre von der Wahrheit, 1947; T. Ballauff, Die Idee der Paideia. Eine Studie zu Platons „H." und Parmenides' „Lehrgedicht", 1952; W. Wieland, Platon und die Formen des Wissens, 1982.

Holbach, Paul (P. Thiry d'Holbach), Baron von, franz. Philosoph, * 8. 12. 1723 Edesheim in der Pfalz, † 21. 1. 1789 Paris, Verfasser des *„Système de la nature ou des lois du monde physique et du monde moral"* (1770; dt. 1783, Neuausg. 1960), eines Hauptwerks des franz. Materialismus, zugleich sensualistisch, deterministisch u. atheistisch in systematischer Zusammenfassung. Was am Stoffe Trägheit, Anziehung, Abstoßung ist, zeigt sich im Bewußtsein als Trägheit, triebhafte Liebe, Haß. – Ausgewählte Texte, 1959; Religionskrit. Schriften, 1970.

G. V. Plechanow, Beiträge zur Gesch. des Materialismus, 1896, [4]1975; M. P. Cushing, Baron d'H., New York 1914; R. Hubert, D'H. et ses amis, Paris 1928; R. Besthorn, Textkrit. Studien zum Werk H.s, 1969; K. Deschner (Hg.), Das Christentum im Urteil seiner Gegner, I–II, 1969/71, Neuausg. 1986; A. C. Kors, D'H.'s Coterie: An Enlightenment in Paris, Princeton N. J. 1976 (mit Bibl.).

Hölderlin, Friedrich, dt. Dichter, * 20. 3. 1770 Lauffen/Neckar, † 7. 6. 1843 Tübingen, Hegel und Schelling nahestehend. Seine geistige Entwicklung ist bestimmt durch eine innere Entfremdung vom Christentum sowie von dem Idealismus der deutschen Romantik und von der Verehrung des griech.-antiken Geistes. Letztere findet ihren Niederschlag in dem Briefroman „Hyperion" (1797–99) und dem Bruchstück gebliebenen Drama „Der Tod des Empedokles" (1798–99). Die neueste H.-Forschung, die meist aus existenzphilosoph. Gesichtspunkten durchgeführt wird, erschließt einen tiefen philosophischen Gehalt in seinen Elegien. – Sämtl. Werke, I–VII, 1943–77; Sämtl. Werke, I–VI, 1944–72; Sämtl. Werke, I ff., 1976 ff. – F. Seebass, H.-Bibl., 1922; N. Kohler/ A. Kelletat, H.-Bibl. 1938–1950, 1953; M. Kohler, H.-Bibl., in: H.-Jahrbücher 9 (1955/56) ff.

G. Wagner, H. und die Vorsokratiker, 1936; K. Hildebrandt, H. – Philos. und Dichtung, 1943; M. Heidegger, Erläuterungen zu H.s Dichtung, 1944; W. Bröcker, H.s Friedensfeier, 1960; W. de Boer, H.s Deutung des Daseins, 1961; U. Häussermann, F. H. in Selbstzeugnissen u. Bilddokumenten, 1961; M. Konrad, H.s Philos. im Grundriß, 1967; P. Szondi, H.-Studien, 1967; R. Zuberbühler, H.s Erneuerung der Sprache aus ihren etymolog. Ursprüngen, 1969; P. Bertaux, F. H., 1978; C. Jamme, „Ein ungelehrtes Buch". Die philos. Gemeinschaft zwischen H. u. Hegel in Frankfurt 1797–1800, 1983, [2]1986; D. Henrich, Der Gang des Andenkens. Beobachtungen u. Gedanken zu H.s Gedicht, 1986.

Holismus (vom griech. *to holon*, „das Ganze") stellt eine philosoph. Grundhaltung dar, welche in allen großen Epochen der Philosophiegeschichte vertreten ist: Aristoteles, Thomas von Aquino, Leibniz, Schelling und Hegel. Das Wort ist neuerdings von J. C. Smuts (*„Holism and Evolution"*, 1926, dtsch. 1938) geprägt, seine wesentlichen gegenwärtigen Vertreter sind J. S. Haldane in England (*„The philoso-*

phical Basis of Biology", 1931, dtsch. 1932) und Adolf Meyer-Abich in Deutschland („Ideen und Ideale der Biologischen Erkenntnis", 1933 und „Naturphilosophie auf neuen Wegen", 1948). In Amerika entspricht dem europäischen Holismus die Philosophie der „emergent evolution" (W. M. Wheeler, A. N. Whitehead). Während die monistischen Philosophien von der grundsätzlichen metaphysischen Gleichförmigkeit aller Wirklichkeitsbereiche überzeugt sind und der Pluralismus ebenso grundsätzlich ihre Wesensverschiedenheit vertritt, stimmen alle holistischen Systeme in allen Epochen darin überein, daß alle Wirklichkeitsbereiche – das Physische, Organismische, Psychische usw. – trotz grundsätzlicher Verschiedenheit eine echte Ganzheit bilden, die als Stufenfolge auftritt. Jeder Bereich bildet eine eigene Stufe, die durch Kontingenzen von den anderen Stufen getrennt ist und durch „holistische Simplifikation" (Meyer-Abich) in die jeweils einfachere Stufe übergeführt werden kann. Jeder Bereich ist in sich durch Komplementaritäten gegliedert. Für den modernen H., so wie er vor allem durch → Meyer-Abich vertreten wird, ist charakteristisch, daß er zwischen totalen (transzendenten) und partikulären (transzendentalen) Wirklichkeiten unterscheidet. Die ersteren sind nur den Ideen, die letzteren hingegen wissenschaftlichen Theorien zugänglich. Totale wie partikuläre Wirklichkeiten erscheinen in Stufenfolgen, die durch Kontingenzen getrennt und in sich komplementär gegliedert sind.

A. Meyer-Abich, Ideen u. Ideale der biolog. Erkenntnis, 1934; A. Meyer-Abich, Naturphilos. auf neuen Wegen, 1948; A. Meyer-Abich, Geistesgesch. Grundlagen der Biologie, 1963; J. S. Allwood, The Concepts of Holism and Reductionism in Sociological Theory, Göteborg 1973; D. C. Phillips, Holistic Thought in Social Science, Stanford Calif. 1976; K. M. Meyer-Abich, Wiss. für die Zukunft. Holist. Denken in ökolog. und gesellschaftl. Verantwortung, 1988.

holländische Philosophie, → niederländische Philosophie.

Höllhuber, Ivo, philos. Schriftsteller, korrespond. Mitglied der Universitäten Genua und Mexico, * 8. 6. 1906 Wien, lebt in Salzburg, vertritt einen theozentrischen Idealismus, den er auf der geschichtl. Linie Augustinus-Rosmini-M. F. Sciacca begründet findet; arbeitet als Philosophiehistoriker im Bereich der romanischen Philosophie, versucht als theoret. Soziologe das Verständnis für einen am klassischen Naturrecht orientierten Universalismus zu vertiefen. – Schrieb u. a.: M. F. Sciacca, ein Wegweiser abendländischen Denkens, 1962; Sprache – Gesellschaft – Mystik, 1963; Geschichte der Philosophie im spanischen Kulturbereich, 1967; Geschichte der italienischen Philosophie seit dem XIX. Jh., 1968; Zum philos. Erweis der Allwissenheit des Seinsurgrundes, 1987; Aufsatzveröffentlichungen in frz., engl., span. und ital. Sprache, 1962ff.

Holz, Harald, * 14. 5. 1930 Freiburg/Br., Prof. in Münster/W., versucht Kernthesen der metaphysisch-transzendentalphilosophischen Tradition auf Fragen der modernen Anthropologie, Gesellschafts- u. Geschichtsphilosophie zu applizieren. Arbeitet an einer Neubegründung philosophischer Systematik als umfassender Relationstheorie mit „offenem" Systemcharakter; zugleich philosophiehistorisch unter spezieller Verwendung der systemmorphologischen

(„Strukturologischen") Analyse. – Schr. u. a.: Spekulation u. Faktizität, zum Freiheitsbegriff b. Schelling, 1970; Mensch u. Menschheit, 1973; Personalität als Wesen und Geschichte, 1974; Philosophie humaner Praxis, 1974; Th. v. Aquin und die Philosophie, 1975; Vom Mythos zur Reflexion, 1975; Die Idee der Philosophie bei Schelling, 1977; System der Transzendentalphilosophie im Grundriß, 2 Bde., 1977; Evolution und Geist, 1981; Anthropodizee, 1982; Philos.-logische Abhandlung. Entwurf einer transzendentalen Erkenntnistheorie zur Grundlegung formaler Logik, 1984; Metaphysische Untersuchungen. Meditationen zu einer Realphilos., 1987.

Home, Henry, Lord Kames, schott. Philosoph, * 1696 Kames (Berwickshire), † 27. 12. 1782 Edinburgh, seit 1763 einer der Oberrichter in Schottland, dessen *„Elements of criticism"* (3 Bde., 1762–65, dt. 1765 und 1772) zu den wichtigsten, Kants Kritik der Urteilskraft beeinflussenden Werken der Aufklärungsphilosophie gehören. H., der die Arbeiten seiner Vorgänger Hutcheson, Burke und Gerard zusammenfaßt und vereinheitlicht, untersucht die psycholog. Elemente eines Kunstwerks, die nach dem Assoziationsprinzip verknüpft sind, den Unterschied von *emotion* und *passion,* die Gesetze der ästhet. Harmonie, die Arten der Schönheit, die Kongruenz, Proportion usw. Von Winckelmann verachtet, von der idealist. Ästhetik der Hegelianer als „begrifflos" bezeichnet, findet H. erst in der induktiven Ästhetik Fechners eine Fortsetzung. In seiner Ethik ist H. Anhänger der Lehre vom moralischen Sinn *(Moral sense),* die er in seinen *„Essays on the Principles of Morality and Natural Religion"* (1751), dt. 1768, entwickelt.

K. Bühler, Studien über H. H., Diss. Straßburg 1905; M. Joseph, Die Psychologie H. H.s, 1911; A. E. McGuiness, H. H., Lord Kames New York 1970; W. C. Lehman, H. H., Lord Kames and the Scottish Enlightenment, Den Haag 1971.

homo (lat.), Mensch; H. sapiens (lat., „der schmeckende Mensch", übertr. der eine Empfindung für Wesentliches besitzende), der weise, denkende Mensch. – Andere Versuche, die Natur des Menschen durch eine ähnliche Formel auszudrücken, sind: h. faber (lat., „der Mensch als Handwerker"), der technische, handelnde Mensch (→ Handlung), h. divinans (lat., „der ahnende Mensch"), der magische, in einer beseelten Welt (→ Animismus, Beseelen) lebende Mensch; h. ludens (lat., „der spielende Mensch"), der nichts ernst nimmt und auch bedenkenlos mitmacht, was in seiner Umwelt „gespielt" wird (→ Puerilismus, Spiel). Zu den modernen Wortbildungen gehören in diesem Sinne der H.oeconomicus und H.sociologicus.

J. Huizinga, H. ludens, [4]1958; H. Jonas, H. pictor und die Differenzia des Menschen, in ZphF, XV, 1961; G. Hartfiel, Wirtschaftliche und soziologische Rationalität, 1968.

homogen (grch.), in sich gleichartig. Gegensatz → heterogen.

Homologie (gr.), nach den Stoikern Übereinstimmung der Vernunft mit der sich selbst und mit dem von ihr mitbestimmten Leben, zugleich Übereinstimmung von Vernunft und Leben mit der Natur, in der pythagoreischen Auffassung sogar Ähnlichkeit und Übereinstimmung mit Gott. In der Mathematik und in den Naturwissenschaften bedeutet H. svw. konstantbleibende Beziehung der Seiten und anderen charakteristischen Größe in ähnlichen und kongruenten Figuren oder → Analogie.

R. Löther, Die Beherrschung der Mannigfaltigkeit. Philos. Grundlagen der Taxonomie, 1972; K. Meissner, H. in der Ethologie, 1976.

Homo – mensura – Satz (lat. „Mensch-Maß"-Satz), wird der Satz des → Protagoras gen.: Der Mensch, und zwar jeder einzelne, ist das Maß aller Dinge, der seienden, daß sie sind oder nicht sind und wie sie sind.

A. Neumann, Die Problematik des H.-m.-S.es (1938), in: C. J. Classen (Hg.), Sophistik, 1976; H.-A. Koch, Homo mensura. Studien zu Protagoras u. Gorgias, Diss. Tübingen 1970.

Homo sum, *humani nihil a me alienum puto* (lat., „ich bin ein Mensch, und nichts Menschliches achte ich mir fremd"), Ausspruch v. Terenz nach einem Wort des griech. Komödiendichters Menander; von Cicero und Seneca als Prinzip der Humanität angesehen.

Hönigswald, Richard, Philosoph, * 18. 7. 1875 Ungarisch-Altenburg, † 11. 6. 1947 New Haven (Conn.), 1930–33 Prof. in München, 1938 im KZ Dachau, lebte danach in den USA. Nach H. ist Philosophie Analyse der Gegenständlichkeit. Die Gegenständlichkeit (Bestimmtheit) ist der Inbegriff der Prinzipien, die einerseits den Gegenstand in seiner Unabhängigkeit (durch ein System entsprechender Bestimmtheitsformen) und andererseits die konkrete Subjektivität (Monadizität) in ihrem Gegenstandsbezug (durch ein System entsprechend. Geltungsnormen) grundlegen. Die Monade selbst mit ihren Grundfunktionen des Vollzugs und der Sprache ist Tatsache u. Prinzip zugleich. In ihrer Bindung an den Organismus ist sie zeitortbestimmte Tatsache, als Korrelat der Gegenständlichkeit aber Prinzip. Mit Rücksicht auf diese prinzipielle Faktizität des Monadischen kommt der Analyse des Beziehungszusammenhangs zwischen Intentionalität (Sinn, Gegenstandsbezug), innerer (Präsenz, Überschaubarkeit) und äußerer Temporalität (Natur) eine entscheidende Bedeutung zu. In H.s Monadologie vollzieht sich vermittels dieser Analyse eine tiefgreifende Umwandlung der kritizistischen Grundlegungstheorie. – Einfluß auf Sprachphilosophie und Phonetik gewann H.s Philosophie der Sprache (E. Zwirner, E. Koschmieder). Eine beachtl. Wirkung ging auch von H.s Pädagogik aus, die die Begriffe der Überlieferung, der Konzentration und der Zukunft ins Zentrum stellte (M. Löwi, A. Petzelt). Eine Reihe von Denkern machte das Werk H.s für die fundamentalphilosophische Forschung fruchtbar (vor allem B. Bauch, Th. Litt, W. Cramer u. H. Wagner).

Hauptw.: Prinzipienfragen der Denkpsychologie, 1913; Die Philosophie des Altertums, 1917, [2]1924; Die Grundlagen der Denkpsychologie, 1921, [2]1925; Über die Grundlagen der Pädagogik, 1918, [2]1927; Grundfragen der Erkenntnistheorie, 1931; Geschichte der Erkenntnistheorie, 1933; Philosophie und Sprache, 1937; Vom erkenntnistheoretischen Gehalt alter Schöpfungserzählungen, 1957; Analysen und Probleme, 1959; Wissenschaft und Kunst, 1961; Abstraktion und Analysis, 1961. (Verwaltung und Herausgabe des Nachlasses im „H.-Archiv" an der Universität Bonn, Ltg. Prof. H. Wagner; Schriften aus dem Nachlaß, 1957 bis 1968, (Bde. I–X); Die Systematik d. Philosophie, 1976.

G. Wolandt, Gegenständlichkeit u. Gliederung. Unters. zur Prinzipientheorie R. H.s, mit besonderer Rücksicht auf das Problem der Monadologie, 1964; E. W. Orth, Bedeutung, Sinn, Gegenstand. Studien zur Sprachphilos. E. Husserls und R. H.s, 1967; N. Meder, Prinzip u. Faktum. Transzendentalphilos. Unters. zu Zeit u. Gegenständlichkeit im Anschluß an R. H., 1975; G. Wolandt, Philos. als Theorie der Bestimmtheit, in: J. Speck (Hg.), Grundprobleme der großen Philosophen. Philos. der Gegenwart, II, 1981.

Honorius Augustodunensis lebte als Einsiedler bei Regensburg, dt. Frühscholastiker aus der 1. Hälfte des 12. Jh., wurde durch seine Erstlingsschrift „*Elucidarium*" – eine umfassende theologische Systematisierungsarbeit –, die weite Verbreitung fand, der geistige Urheber der ersten dt. Enzyklopädie „*Lucidarius*". Philosophisch vertrat er, bes. von Augustin, Johannes Scotus Eriugena und Anselm von Canterbury beeinflußt, einen christianisierten Platonismus. Er war in seinem Denken von einer bildstarken und volksnahen Ursprünglichkeit. Lehrte eine dreifache Daseinsweise aller Kreatur: in Gott (als dem unveränderlichen Leben), in sich selbst (als veränderlicher Substanz) und im Menschen (als Vorstellung oder Abbild eines Wirklichen); die Welt aber hat als Urbild (*„archetypus mundi")* schon vor ihrer Schöpfung unendlich lange in Gott bestanden.

J. A. Endres, H. A., 1906.

Horkheimer, Max, Soziologe u. Philosoph, Prof. in Frankfurt/M., * 14. 2. 1895 Stuttgart, † 7. 7. 1973 Nürnberg, betrachtet die Philosophie als Kulturkritik, die sich an der philosoph. Tradition orientiert, um zugleich als „Kraft des Negativen" sich gegen die unphilos. Gegenwart zu wenden, wozu der nichtideologischen Wahrheit anhand eines eigenen „Begriffs der Vernunft" und innerhalb der „Lehre vom Vorurteil" nachgegangen wird. – Hauptw.: Über Kants Kritik d. Urteilskraft, 1925; Anfänge der bürgerlichen Geschichtsphilosophie, 1930; Autorität und Familie (Hrsg. u. Mitautor) 1936; Zeitschrift für Sozialforschung (Hrsg.) 1932–41; Neudruck 1970; Dialektik der Aufklärung, gemeinsam m. Th. W. Adorno, 1947, [2]1969; Studies in Prejudice, 5 Bde (Hrsg.) 1949–50; Sociologica II. Reden u. Vorträge, gemeinsam m. Th. W. Adorno, 1962; Zur Kritik der instrumentellen Vernunft, 1967; Kritische Theorie, 2 Bde., 1968; Die Sehnsucht nach dem ganz Andern. Interview m. Kommentar, 1970. Aus der Pubertät, 1974. → Frankfurter Schule.

W. Post, Krit. Theorie und metaphys. Pessimismus. Zum Spätwerk M. H.s, 1971; H. Gumnior/R. Ringguth, M. H. in Selbstzeugnissen u. Bilddokumenten, 1973; A. Schmidt, Zur Idee der Krit. Theorie. Elemente der Philos. M. H.s, 1974; A. Skuhra, M. H. – Eine Einf. in sein Denken, 1974; W. v. Reijen, H. zur Einf., 1982, [2]1987; A. Schmidt/N. Altwicker (Hgg.), M. H. heute. Werk u. Wirkung, 1986 (mit Bibl.).

Horn, J. Christian, * 18. 11. 1920 Kiel, Prof. in Regensburg, arbeitet auf den Gebieten der Fundamentalphilosophie und pädagog. Anthropologie, bemüht sich um einen Vollbegriff der Transzendentalphilosophie auf der systematischen Linie von Leibniz zu Hegel, unter Berücksichtigung des psycho-analytischen Erfahrungsbegriffes. – Schr. u. a.: Monade und Begriff. Der Weg von Leibniz zu Hegel, [3]1982; Grundwahrheiten der Philosophie. Leibniz' Monadologie, 1962; Die Struktur des Grundes/Gesetzes und Vermittlung des logischen und ontologischen Denkens, [2]1982.

horror vacui (lat., „Scheu vor dem Leeren"), auf Aristoteles zurückgehender Ausdruck für den angeblichen Abscheu der Natur vor dem leeren Raum, der zur Folge hat, daß überall „etwas" ist; → Äther.

W. Gerlach, Das Vakuum in Geistesgesch., Naturwiss. und Technik, in: Phys. Bl. 23

(1967); E. Grant, Much Ado about Nothing. Theories of Space and Vacuum from the Middle Ages to the Scientifique Revolution, Cambridge 1981.

Hrabanus Maurus, Frühscholastiker, * 784 Mainz, † 4. 2. 856 Winkel (Rheingau), aus vornehmer fränk. Familie, Schüler Alkuins, seit 847 Erzbischof von Mainz, gab dem Schulwesen auf kirchl. Grundlage seine erste Organisation (daher der Ehrenname *„Praeceptor Germaniae")* und verfaßte auf pädagogisch., theol., philos. sowie naturwiss. Gebiet maßgebende Lehrbücher, wenn auch ohne originale eigene Gedanken; gilt als der erste dt. Naturwissenschaftler. – J. P. Migne, Patrologia Latina, Bd. 107–112. – H. Spelsberg, H. M.-Bibl., 1984.

W. Böhne (Hg.), H. M. und seine Schule, 1980; R. Kottje/H. Zimmermann (Hgg.), H. M. – Lehrer, Abt u. Bischof, 1982.

Hsüntse, → Sün-tse.

Huber, Gerhard, Prof. f. Philosophie u. Pädagogik in Zürich, * 4. 9. 1923 Basel, versucht aus seinen Studien zur Geschichte der gr. Philosophie in Verbindung platonischer und existenzphilosophischer Grundmotive einen phänomenologisch begründeten Ansatz zur systematischen Philosophie zu entwikkeln. – Schr. u. a.: Platons dialektische Ideenlehre nach dem 2. Teil des „Parmenides", 1951; Das Sein und das Absolute. Studien zur Geschichte der ontolog. Problematik in der spätantiken Philosophie, 1955; Menschenbild und Erziehung bei M. Buber, 1960; Was ist wirklich?, in „Stud. Philosophica", 1965; Gegenwärtigkeit der Philosophie, 1975.

Huber, Kurt, * 24. 10. 1893 Chur (Schweiz), † 13. 7. 1943 (hingerichtet im Zusammenhang mit dem Münchner Studentenaufstand vom Februar 1943), Prof. in München, Philosoph, Psychologe u. Musikwissenschaftler, bekannt durch seine Leibnizforschungen, die unvollendet blieben. – Hauptw.: *Ivo de vento* (musikgeschichtliche und stilistische Untersuchungen), 1918; Herders Begründung der Musikästhetik, I. Teil in „Archiv für Musikforschung", 1936; Leibniz-Biographie, 1950; Allgemeine Ästhetik, 1954; Musikästhetik, 1954; Grundbegriffe der Seelenkunde, 1955 (– alle aus dem Nachlaß).

Gedenkbuch für K. H., 1947; G. Schischkoff, K. H. als Leibniz-Forscher, 1966.

Hübner, Kurt, Prof. in Kiel, früher Berlin, * 1. 9. 1921 Prag, befaßt sich insbesondere mit Fragen der Erkenntnistheorie, Methodologie und Logik der exakten Naturwissenschaften u. d. Geisteswissenschaften, sowie mit deren Reflexionen im historischen u. philosophie-geschichtlichen Zusammenhang. – Schrieb u. a.: Leib u. Erfahrung in Kants Opus Postumum, ZphF, VII 1953; Über den Begriff der Quantenlogik, 1964; Von der Intentionalität der modernen Technik, in „Sprache im techn. Zeitalter", 1968; Kritik der wissenschaftl. Vernunft, [2]1979; Die Wahrheit des Mythos, 1985.

H. Lenk (Hg.), Zur Kritik der wiss. Rationalität. Zum 65. Geburtstag von K. H., 1986.

Hübscher, Arthur, Schopenhauer-Interpret, * 3. 1. 1897 Köln, † 10. 4. 1985 Frankfurt/M., Forschungen zur Philosophie und Geistesgeschichte des 19. u. 20. Jh. Herausgeber der Werke, des Nachlasses, der Briefe u. Gespräche Schopenhauers und der Jahrbücher der Schopenhauer-Gesellschaft, deren Präsident er seit 1936 war. Arbeiten zur Wirkungsgeschichte Schopenhauers in Philosophie, Kultur und Geistesleben der Gegenwart. Schrieb u. a.: A. Schopenhauer, ein Lebensbild, 1938, [2]1949; Hölderlins späte Hymnen, 1942; Philosophen der Gegenwart, 1949; Die große Weissagung, eine Geschichte der Prophezeiungen, 1952; Denker unserer Zeit, 2 Bde., [2]1958/61; Von Hegel zu Heidegger, 1961; Denker gegen den Strom, Schopenhauer. Gestern, heute, morgen, 1973; Schopenhauer-Bibliogr., 1981.

Festschriften f. A. H.: Krise um Schopenhauer, 1962; Von der Aktualität Schopenhauers, 1972; Wege zu Schopenhauer, 1978.

Hugo von St. Viktor, Graf von Blankenburg, dt. Frühscholastiker, * 1096 Hartingham am Harz, † 11. 2. 1141 Paris, wo er (seit 1115) im gelehrten Kloster St. Viktor lebte (seit 1125 als Lehrer, seit 1133 als Schulleiter) und philosophisch die sogen. „Schule von St. Viktor" begründete. Eilte naturwissenschaftlich seiner Zeit weit voraus (Zuweisung der math. Methode an die Physik, Annahme der atomistischen Struktur und der Konstanz der Materie), schätzte die allseitige wissenschaftliche Bildung sehr hoch („Lerne alles! Du wirst später sehen: nichts ist überflüssig") und unterschied im Erkennen: Meinung, Glaube und Wissen. Er sprach allen belebten Wesen Beseelung und symbolische Bedeutung zu und betrachtete als tiefste seelische Begabung des Menschen die „urbilderbetrachtende Schauung" mit der Fähigkeit der mystischen Gotterfassung: „In Gott aufsteigen, das heißt: in sein Ich einkehren und doch nicht dies allein, sondern auf unsichtbare Weise über sich hinauskommen". Auswahl hrsg. v. P. Wolff, Die Viktoriner, Mystische Schriften, 1934; Bblgr. in „*H. d. St. V. theologia perfectiva Roma*", hrsg. v. D. Lasic, 1956.

R. Baron, Science et sagesse chez H. de St. V., Paris 1957; H. R. Schlette, Die Nichtigkeit der Welt. Der philos. Horizont des H. v. St. V., 1961; J. Ehlers, H. v. St. V. – Studien zum Geschichtsdenken und zur Geschichtsschreibung des 12. Jh.s, 1973; R. Goy, Die Überlieferung der Werke H.s v. St. V., 1976.

Huizinga, Johan, niederl. Kulturhistoriker und -philosoph, * 7. 12. 1872 Groningen, † 1. 2. 1945 Steeg b. Arnheim, seit 1915 Prof. in Leyden, drang tief in das morpholog. Verständnis des Kulturverlaufs ein. (Berühmt gewordenes Hauptw.: Der Herbst des MA. Studien über Lebens- u. Geistesformen, 1919, dt. [11]1975, KTA, Bd. 204). Weitere Werke: Erasmus, 1924, dt. [5]1951; Neue Wege der Kulturgesch., 1930; *Homo ludens*. Versuch einer Bestimmung des Spielelementes der Kultur, 1939, [3]1950, dt. [6]1958; Im Banne der Gesch., [2]1943. In „Im Schatten von morgen" (1935, dt. 1935, [7]1948) gibt er eine „Diagnose des kulturellen Leidens unserer Zeit" im Zeichen der autoritären Massenstaaten, bes. im Hinblick auf den entartenden dt. Nationalsozialismus. Demselben Thema ist das nachgelassene Werk „*Geschonden wereld*" (1945, dt. 1945 u. d. T. „Wenn die Waffen schweigen", dann „Geschundene Welt" 1948) gewidmet. Aufsätze und Betrachtungen erschienen als „Parerga" 1945 Reden und Aufsätze u. d. T. „Geschichte und Kultur", 1954, KTA, Bd. 215; Ges.-Ausg. [2]1966.

C. W. Vollgraff, J. H., 1945; C. F. van Falkenburg, J. H., 1946; H. R. Weber, Geschichtsauffassung, J. H.s, 1954; L. Huizinga, *Herinneringen an mijn vader*, 1963; W. R. H. Koops, E. H. Kossmann u. G. Van Der Plaat, J. H., 1973.

Humanismus (vom lat. *humanitas*, „Menschlichkeit"), ein reflektierter Anthropozentrismus, der vom menschl. Bewußtsein ausgeht und die Wertsetzung des Menschen zum Objekt hat, – unter Ausschluß dessen, was ihn sich selbst entfremdet, entweder indem es ihn übermenschlichen Mächten und Wahrheiten unterwirft oder indem es ihn untermenschlichen Zwecken nutzbar macht. – Humanitas nannten schon die Römer, besonders Cicero, die ethisch-kulturelle Höchstentfaltung der menschlichen Kräfte in ästhetisch vollendeter Form, gepaart mit Milde und Menschlichkeit. H. nannte sich sodann die der Scholastik und der geistigen Vorherrschaft der Kirche mehr und mehr entgegentretende Bewegung, welche zu Beginn der Neuzeit das Ideal der rein menschlichen Bildung und Haltung aus den neuentdeckten Werken der Alten zu gewinnen suchte. Das Zeitalter des H. leuchtete geistig dem Zeitalter der Renaissance voran. Dante, Petrarca, Boccaccio waren die Väter des ital. H. Die histor. Vermittler des H. waren aus Byzanz nach Italien gekommene bzw. geflüchtete Griechen wie Manuel Chrysoloras, der seit 1396 als Lehrer des Griechischen in Florenz wirkte, der Kardinal Bessarion, Georgios Gemisthos Plethon. Weitere bedeutende ital. Humanisten waren u. a. Enea Silvio Piccolomini (Papst Pius II.), Laurentius Valla, der Kardinal Pietro Bembo, außerhalb Italiens der Spanier Vives, der gelehrte franz. Buchdrucker Robert Estienne sowie Faber Stapulensis, Carolus Bovillus, Jean Bodin, Michel de Montaigne, die Briten Thomas Morus, John Colet, Philipp Sidney, Thomas Eliot, die Cambridge-Schule. In den Niederlanden und Deutschland bildeten sich Pflegestätten des H. u. a. in Deventer, Straßburg, Basel, Augsburg, Nürnberg sowie an den neugegründeten Universitäten, bes. in Wien und namentlich in Erfurt. Hauptvertreter dieses H. sind u. a.: Rudolf Agricola, Johannes Reuchlin, Desiderius Erasmus, Conrad Celtis, Ulrich v. Hutten, Mutianus Rufus, Konrad Peutinger, Willibald Pirckheimer; Melanchthon und Zwingli hatten dem H. nahegestanden. In Deutschland ging der H. schließlich in die krichliche Reformation über, die dem H. ein Ende machte.

Als Neu-H. bezeichnet man die wiedererwachende Beschäftigung mit der Antike zur Zeit unserer Klassiker im Ausgang des 18. und zu Beginn des 19. Jh., vertreten vor allem durch Wilh. v. Humboldt, ferner durch Lessing, Herder, Goethe, Schiller. – H. (als eine Abart des → Pragmatismus) nennt sich auch die erkenntnistheoretische Lehre, daß all unser Erkennen in seinen Motiven wie in seinem Umfang und seinen Zwecken immer nur menschlich ist, nicht über das Menschliche hinaus kann, durch menschliche Bedürfnisse erzeugt und bedingt ist. Hauptvertreter der englische Philosoph F. C. → Schiller. – H. im Sinne des franz. Existenzialismus ist ein Pragmatismus, wonach die ethischen und die Güterwerte nur im Rahmen des menschl. Tuns und Lassens existieren, nicht unabhängig davon oder absolut (Sartre, *L' Existentialisme est un humanisme*, 1946, dt. 1947).

J. Burckhardt, Die Kultur der Renaissance in Italien, 1860, [11]1988 (KTA 53); R. Hönigswald, Philos. Motive im neuzeitl. H., 1918; W. Jaeger, Antike u. H., 1925; W. Jaeger, Paideia, I–III, 1934–47; J. Maritain, L'humanisme intégral, Paris 1936, dt. 1938; H. de Lubac, Le drame de l'humanisme athée, Paris [3]1945, dt. 1950; E. Garin, Der italien. H., 1947; M. Heidegger, Platons Lehre von der Wahrheit. Mit einem Brief über den H., 1947; H. Weinstock, Die Tragödie des H., 1953; P. O. Kristeller, Renaissance Thought, I–II, New York 1961/65, dt. 1974/76; K.-O. Apel, Die Idee der Sprache in der Tradition des H. von Dante bis Vico, 1963; H. R. Schlette, Christen als Humanisten, 1967; H. Oppermann (Hg.), H., 1970; E. Grassi, H. und Marxismus, 1973; E. Grassi, Rhetoric as Philosophy. The Humanist Tradition, University Park Pa./London 1980; W. Kölmel, Aspekte des H., 1981; A. Buck, H. – Seine europäische Entwicklung in Dokumenten u. Darstellungen, 1987; A. Goodman/A. MacKay (Hgg.), The Impact of Humanism on Western Europe, London 1989.

Humanität (lat.), Menschlichkeit, Ideal im Sinne der vielfachen Strömungen des Humanismus, daher nicht einheitlich verstanden. Hauptziel: harmonische Ausbildung der dem Menschen eigentümlichen wertvollen Anlagen des Gemütes und der Vernunft (so schon von Cicero bestimmt); höchste Entfaltung menschl. Kultur und Gesittung und dementsprechendes Verhalten gegenüber den Mitmenschen, ja aller Kreatur. Seine eigentliche Begründung und Ausgestaltung erfuhr der H.sgedanke im 18. Jh. im Zeitalter des Neu-Humanismus (→ Humanismus). Für Kant ist H. „der Sinn für das Gute in Gemeinschaft mit andern überhaupt; einerseits das allgemeine Teilnehmungsgefühl, andererseits das Vermögen, sich innigst und allgemein mitteilen zu können, welche Eigenschaften zusammen verbunden die der Menschheit angemessene Geselligkeit ausmachen, wodurch sie sich von der tierischen Eingeschränktheit unterscheidet". Goethe sagt von ihr: „Seele legt sie auch in den Genuß, noch Geist ins Bedürfnis, Grazie selbst in die Kraft, noch in die Hoheit ein Herz".

J. G. Herder, Briefe zur Beförderung der H., I–X, 1793–97; E. Spranger, W. v. Humboldt und die H.sidee, 1909; P. Scherer/B. Sengfelder/P. Lersch, Wiedergeburt der Menschlichkeit, 1946; H. Hoffmann, Die H.sidee in der Gesch. des Abendlandes, 1951; E. Przywara, Humanitas, 1952; G. Krüger, Abendländ. H., 1953; W. Rüegg, Anstöße, 1973; O. Höffe, Strategien der H. – Zur Ethik öffentl. Entscheidungsprozesse, 1975; T. Schabert, Gewalt u. H., 1978; R. Gleissner, Die Entstehung der ästhet. Humanitätsidee in Deutschland, 1988.

Humanwissenschaften, Forschungsdisziplinen vom Menschen im weitesten Sinne des Wortes, die sich der Methoden sowohl der → Geisteswissenschaften, wie auch der allgemeinen Anthropologie bedienen. Man rechnet heute dazu hauptsächlich Soziologie, Psychologie, Pädagogik, Politologie, Völker- und Massen-Psychologie, praktische Kommunikationslehre, z. T. auch Wirtschaftswissenschaften und alle Forschungsbereiche der internationalen Zusammenarbeit. Statt H. wird oft die Bezeichnung *Kulturwissenschaften* gebraucht, weil das Humane im Hervorbringen von Kultur in allen Lebensbereichen gesehen wird. Die meisten dieser Disziplinen befinden sich erst auf dem Wege dazu, ihre Methoden und ihren Gegenstand im Sinne der modernen Wissenschaftsauffassung näher zu bestimmen und mit denen benachbarter Bereiche zu koordinieren.

E. Walter-Busch, Labyrinth d. H., 1977.

Humboldt, Alexander von, Naturforscher, * 14. 9. 1769 Berlin, † das. 6. 5. 1859, schrieb einen umfassenden „Entwurf einer physischen Weltbeschreibung" unter dem Titel „Kosmos" (5 Bde., 1845–1858), in dem er die Welt als ein durch innere Kräfte bewegtes und belebtes Naturganzes darstellte, und war bestrebt, den Geist des klass. Idealismus mit dem der aufstrebenden Naturwissenschaft zu vereinigen; – Kosmische Naturbetrachtung, KTA Bd. 266, 1958. Zum Wirken im Geiste der beiden Brüder und zur Erforschung von deren Gesamtwerk wurde 1962 eine „H.-Gesellschaft für Wissenschaft, Kunst und Bildung e. V." mit Sitz Mannheim gegründet. – J. Löwenberg, A. v. H. – Bibliograph. Übersicht seiner Werke, Schriften u. zerstreuten Abhandlungen, 1960.

H. de Terra, A. v. H. und seine Zeit, 1956; H. Beck, A. v. H., I–II, 1959–61; A. Meyer-

Abich, A. v. H. in Selbstzeugnissen u. Bilddokumenten, 1967; H. Hartmann u.a., Die Brüder H. heute, 1968; H. Wilhelmy (Hg.), A. v. H., 1970; K. Hammacher (Hg.), Universalismus u. Wiss. im Werk u. Wirken der Brüder von H., 1976; B. Sticker, Erfahrung u. Erkenntnis, 1976; K. Schleucher, A. v. H., 1985.

Humboldt Gesellschaft – s. Humboldt, A.

Humboldt, Wilhelm von, Staatsmann, Philosoph, Sprachforscher, * 22. 6. 1767 Potsdam, † 8. 4. 1835 Tegel bei Berlin, Hauptvertreter des Humanismus und des Gedankens der Humanität zur Zeit des dt. Idealismus. Seine Weltanschauung zeigt drei Grundideen: Universalität, Individualität und Totalität (= Formung des Lebens zu einem Kunstwerk). Die Erforschung der Geschichte ebenso wie die der Sprache ist für ihn nicht eine Sache des bloßen Intellekts, sondern hat die Mitwirkung der Gesamtheit der menschl. Seelenkräfte zur Voraussetzung. Der Historiker muß sich in das Innere der Personen und Epochen, mit denen er zu tun hat, hineinversetzen, wenn er mehr als eine zusammenhanglose Aufzählung äußerer Ereignisse bieten will. Der Sprachforscher muß die Sprache als Äußerung und Werkzeug des Volksgeistes zur Gewährleistung der Sprachgemeinschaft begreifen. Im Sinne seines Humanitätsideals war H. ideell sowie praktisch an der Gründung der Universität Berlin 1811 beteiligt. Aus seiner Reform des höheren Schulwesens ging das humanistische Gymnasium in seiner heutigen Gestalt hervor. In seinen „Ideen zu einem Versuch, die Grenzen der Wirksamkeit des Staates zu bestimmen“ (hrsg. von Cauer, 1851) bestimmte er die Aufgabe des Staates dahin, für Schutz nach außen und Rechtssicherheit nach innen zu sorgen, im übrigen aber sich möglichst zurückzuhalten und der freien individuellen und nationalen Entwicklung Raum zu lassen. – Hauptwerke: Über die Aufgabe des Geschichtsschreibers, 1822; Über die Verschiedenheit des menschl. Sprachbaues und ihren Einfluß auf die geistige Entwicklung des Menschengeschlechts, 1836; Ideen zu einem Versuch, die Grenzen der Wirksamkeit des Staates zu bestimmen, hg. 1851; Werke, I–V, 1960–81; Gesammelte Schriften, I–XVII, 1903–36 (Repr. 1968); Schriften zur Anthropologie u. Bildungslehre, 1956; Schriften zur Sprache, 1973.

E. Spranger, W. v. H. und die Reform des Bildungswesen, 1910; S. A. Kaehler, W. v. H. und der Staat, 1927; J.-A. v. Rantzau, W. v. H., 1939; F. Schaffstein, W. v. H., 1952; E. Kessel, W. v. H., 1967; H. P. Berglar, W. v. H. in Selbstzeugnissen u. Bilddokumenten, 1970; K. Hammacher (Hg.), Universalismus u. Wiss. im Werk und Wirken der Brüder H., 1976; T. Borsche, Sprachansichten. Der Begriff der menschl. Rede in der Sprachphilos. W. v. H.s, 1981; H. Scurla, W. v. H., 1984.

Hume, David, schott. Diplomat, Historiker und Philosoph, * 7. 5. 1711 Edinburgh, † das. 25. 8. 1776, der bedeutendste Philosoph der engl. Aufklärung.
Die schöpferische Kraft des Denkens erstreckt sich nach seiner Lehre nicht weiter als auf das Vermögen, denjenigen Stoff, welchen die Sinne und die Erfahrung liefern, zu verbinden, umzustellen, zu erweitern oder zu vermindern; auf diese Weise entstehen alle Ideen, auch z. B. die Gottesidee: der Verstand gewinnt sie, indem er die menschl. Eigenschaften der Weisheit und Güte über alle Grenzen hinaus steigert. Verbindungen von Ideen können durch bloße Denktätigkeit zustandekommen, sie sind unabhängig von der Existenz des damit Gemeinten. Ursachen und Wirkungen

dagegen, die sich auf Tatsachen beziehen, können nicht durch bloße Vernunft, sondern nur durch Erfahrung entdeckt werden. Ursächliche Erkenntnis aus Vernunft bzw. *a priori* gibt es nicht, sondern nur aus wiederholter Erfahrung derselben Art, die zu einer selbständigen Denkgewohnheit wurde, die schließlich als Kausalgesetz dasteht, wobei eine Art Kausalinstinkt hilft. Das höchste Ziel der menschlichen Erkenntnis kann also nur darin bestehen, die empirisch gefundenen Ursachen der Naturerscheinungen einheitlich zusammenzufassen und die Mannigfaltigkeit der besonderen Wirkungen einigen wenigen generellen unableitbaren Ursachen unterzuordnen. Das Kausalgesetz gilt dabei nur innerhalb des Erfahrungsbereichs, und ein Schluß von dem empirisch Gegebenen auf Transzendentes (etwa Gott oder Unsterblichkeit) ist durchaus unzulässig. Religiöse „Wahrheiten" können nie gewußt, sondern nur geglaubt werden, aber ihre Entstehung ist mit psychol. Notwendigkeit aus Bedürfnissen des Gemüts erfolgt. Den Substanzbegriff untersucht H. ebenso kritisch wie den der Ursache. Substanz ist nur ein Zusammen einfacher Vorstellungen, die durch die Einbildungskraft vereinigt worden sind und einen besonderen Namen erhalten haben, wobei wiederum eine Art Substanzinstinkt mithilft. Auch die Seele oder das Ich ist keine Substanz, sondern ein Bündel fortwährend wechselnder Vorstellungen und Gefühle.

In der Ethik ist H. Determinist: alle unsere Handlungen sind durch unsere Dispositionen bestimmt und natürlich. Aus bloßem Denken, reiner Vernunft geht kein Handeln hervor. Die Vernunft belehrt nur über Wahr und Falsch, Natürlich und Verderblich; das Tun entspringt Neigungen und Leidenschaften. Immerhin glaubt H. fest, daß Gerechtigkeit und Verträglichkeit schließlich über Gewalttat und Willkür siegen werden. H. ist kein „Skeptiker" in gewöhnlichem Sinne, sondern antirationalistischer Realist auf biologisch-anthropologischer Grundlage, was auch den Grundzug seiner klassischen historischen Werke, bes. der Geschichte Englands seit Cäsars Landung, ausmacht. – Hauptwerke: A Treatise of Human Nature, I–III, 1739/40, dt. 1904–06; Philosophical Essays Concerning Human Understanding, 1748, dt. 1954; An Enquiry Concerning the Principles of Morals, 1751, dt. 1929; Political Discourses, 1752, dt. 1795; The Natural History of Religion, 1757, dt. 1757; Dialogues Concerning Natural Religion, 1779, dt. 1968; The Philosophical Works, I–IV, London 1874/75, [2]1882–86 (Repr. 1964). – R. Hall, A H.-Bibliography from 1930, York 1971; R. Hall, Fifty Years of H. Scholarship A Bibliographical Guide (1925–1976), Edinburgh 1978; T. E. Jessop, A Bibliography of D. H. and of Scottish Philosophy from F. Hutcheson to Lord Balfour, New York 1960.

R. Hönigswald, Über die Lehre H.s von der Realität der Außendinge, 1904; C. J. W. Francke, D. H., 1907; R. Metz, H., 1929; F. Zabeeh, H. – Precursor of Modern Empiricism, Den Haag 1960; A. Schaefer, D. H. – Philos. u. Politik, 1964; E. C. Mossner, The Life of D. H., Oxford 1970 (mit Bibl.); N. Capaldi, D. H. – The Newtonian Philosopher, Boston 1975 (mit Bibl.); U. Voigt, D. H. und das Problem der Geschichte, 1975 (mit Bibl.); G. P. Morice (Hg.), D. H. – Bicentenary Papers, Edinburgh/Austin Tex. 1977; C. A. Gaskin, H.'s Philosophy of Religion, New York/London/Baringstoke 1978; E. J. Craig, D. H., 1979; J. L. Mackie, H.'s Moral Theory, Boston/London/Henley 1980; W. Farr (Hg.), H. und Kant, 1982; A. G. N. Flew, D. H.'s Philosophy of Moral Science, Oxford 1986; G. Gawlick/L. Kreimendahl, H. in der dt. Aufklärung, 1987; J. Kulenkampff, D. H., 1989.

Humor (lat. „Feuchtigkeit"), das richtige Maß von Feuchtigkeit, d. h. „gesunden Säften", im Menschen, wohlgegründete gute Stimmung. Der H. sieht am Ernsthaften und Großen das Unbedeutende und Kleine, ohne doch jenes kritisch zersetzend zu verneinen. Umgekehrt sieht der H. auch am Vernunftwidrigen noch das Vernünftige. Er ist ohne Schärfe, im Gegensatz zur Satire, und getragen von Ernst und Liebe und großer Freiheit des Geistes. Der H. hat tiefe Beziehung zur philos. Haltung. „Der Humorist treibt immer Metaphysik" (Fr. Th. Vischer). Jean Paul spricht in diesem Sinne von einer „humoristischen Totalität" der Weltanschauung. Höffding unterscheidet den „Großen H." als Weltanschauung vom „Kleinen H." des Alltags, der jedoch weder kleinlich noch unwichtig ist, vielmehr sehr zum guten Zusammenleben im Alltag beitragen kann. H. ist die auf großer Charakterstärke beruhende, höchste Form der Selbstbehauptung gegenüber den Sinnlosigkeiten des Daseins und den bösen Zufällen, gegenüber menschl. Böswilligkeit. H. ist auch das Mittel, sich selbst richtig zu erkennen, sich weder zu gering noch zu hoch zu achten. „Wer sich nicht selbst zum besten haben kann, der ist gewiß nicht von den Besten" (Goethe). → Skandal der Philosophie.

Jean Paul, Die Vorschule der Ästhetik, 3 Bd. 1804; H. Lipps, Komik u. H., [2]1922; H. Höffding, H. als Lebensgefühl, [2]1930; F. G. Jünger, Über das Komische, [2]1948; W. Lauer, H. als Ethos, 1974.

Husserl, Edmund, Philosoph, * 8. 4. 1859 Prossnitz in Mähren, † 27. 4. 1938 Freiburg i. B. als Prof. (seit 1916), bemühte sich zunächst um die logische Grundlegung der Arithmetik (Über den Begriff der Zahl, 1887; „Philosophie der Arithmetik", 1890–1901, [2]1970; „Studien zur Arithmetik u. Geometrie", 1886–1901, hg. v. I. Strohmayer, 1981; „Aufsätze u. Rezensionen, 1890–1910", hg. v. B. Rang, 1979), wobei sich die Fundamentalbegriffe Vielheit, Einheit u. Anzahl ergaben. H. unterscheidet die eigentlich gegebenen Vielheiten von den sinnlichen Mehrheiten, die nur indirekt und auf dem Wege über die in ihnen enthaltenen „figuralen Momente" (etwa identisch mit den von Ehrenfels entdeckten Gestaltqualitäten) als Vielheiten aufgefaßt werden. Aus diesen Untersuchungen ergab sich die zugleich subjektiv-noetische und objektiv-noematische Methode der Fragestellung, die für sämtl. weiteren Arbeiten H.s charakteristisch ist. Im I. Band der „Logischen Untersuchungen" (*Prolegomena* zur reinen Logik, 1900, hg. v. E. Holenstein, 1975) verteidigt H. die Objektivität des Objektes, hier der logischen Gebilde, gegen jede falsche Subjektivierung (neuidealistischer Erkenntnistheorien) und gegen den zu seiner Zeit sehr verbreiteten Psychologismus, der auch die logischen Begriffe und Sätze als psychische Gebilde auffassen will. H. kennzeichnet den Psychologismus als Relativismus und betont die Apriorität der reinen Logik, die sich thematisch in apophantische Logik (Logik der „Bedeutungskategorien" Begriff, Satz, Schluß usw.) und in formale Ontologie (formale Theorie der Gegenstände) gabelt. Der II. Band (Untersuchungen zur Phänomenologie und Theorie der Erkenntnis, 1901) will „die logischen Ideen, die Begriffe und Sätze zur erkenntnistheoretischen Klarheit und Deutlichkeit bringen"; er enthält Untersuchungen über Ausdruck und Bedeutung, über die ideale Einheit der Spezies und die neueren Abstraktionstheorien, über das Ganze und die Teile (apriorische Theorie der Gegenstände), über den Unterschied zwischen selbständigen und unselbständigen Bedeutungen, über intentionale Erlebnisse und ihre Inhalte, endlich über die Elemente einer phänomenolog. Aufklärung der Erkenntnis. Alle Feststellungen schöpfte H. aus einer rein immanenten „apodiktischen“ Intuition, aus „intuitiver Evidenz“, aus der anschaulichen Selbstgegebenheit der Gegenstände, deren Sein und Geschehen von Wesensgesetzlichkeiten geregelt wird. Die Intentionalität des Bewußtseins wird grundsätzlich vom „intentionalen Gegenstand“ her analysiert. Aus diesen Vorarbeiten ging H.s Hauptw. hervor: „Ideen zu einer reinen Phänomenologie und phänomenolog. Philosophie“ (1. Buch, 1913, neu hrsg.v. W. Biemel 1950, neu hg. v. K. Schuhmann, 2 Tle., 1976; 2. und 3. Buch, hrsg. v. W. Biemel 1952), dessen wichtigste Themen sich bereits in den 5 Vorlesungen von 1907 über „Die Idee der Phänomenologie“ ankündigen, die 1950 W. Biemel herausgab. In den „Ideen I“ wird die → Phänomenologie durch Anwendung der intentional-analytischen Methode auf jede mögliche Gegenständlichkeit zu einer universalen u. transzendentalen Philosophie entfaltet. In H.s Arbeiten aus der Zeit nach 1920 wiegt in zunehmendem Maße die Methode der genetischen Intentionalanalyse vor: „Erste Philosophie“ (1923/24, hg. v. R. Boehm 1956–58); „Formale und transzendentale Logik“ (1929); *„Méditations cartésiennes“* (1931; Originaltext hrsg. v. S. Strasser 1950); „Die Krisis der europäischen Wissenschaften und die transzendentale Phänomenologie“ (1936; vollständige Ausgabe v. W. Biemel 1954); „Erfahrung und Urteil. Untersuchungen zur Genealogie der Logik“ (Texte aus den 20er Jahren, hrsg. v. L. Landgrebe 1939, ^{2}1954). Von 1913–1930 gab H. das „Jahrbuch für Philosophie und phänomenolog. Forschung“ heraus (12 Bände). Das 1939 gegründete Husserl-Archiv zu Löwen bewahrt und bearbeitet etwa 50000 Seiten größtenteils noch unveröffentlichter Originalmanuskripte aus H.s Nachlaß. Es veröffentlicht seit 1950 unter Leitung von H. L. Van Breda in Gemeinschaft mit dem H.-Archiv an der Universität Köln in der Reihe „Husserliana“ H.s Gesammelte Werke (bisher 23 Bände). In Zusammenarbeit mit weiteren Zweigstellen in Buffalo (USA), Freiburg i. B. und Paris (Sorbonne) wird die Reihe „Phaenomenologica“ herausgegeben, in die historische und systematische Studien über die von H. inaugurierte Phänomenologie aufgenommen werden. Zuletzt erschienene Texte aus dem Nachlaß: Zur Phänomenologie der Intersubjektivität, hg. v. I. Kern, 3 Bde., 1973; Ding und Raum (1907), hg. v. U. Claesges, 1973; Phantasie, Bildbewußtsein, Erinnerung, hg. v. E. Marbach, 1980. – F. Lapointe, E. H. and its Critics. An Int. Bibliography (1894–1979), Bowling Green Ohio 1980; Laufende Bibl. in: H. Studies 1984 ff.

E. Fink, Die phänomenolog. Philos. E. H.s in der gegenwärtigen Kritik, in: Kant-St. 38 (1933); A. De Waelhens, Phénoménologie et vérité, Paris 1953; A. Diemer, E. H. – Versuch einer systemat. Darstellung seiner Phänomenologie, 1956; H. U. Asemissen, Strukturanalyt. Probleme der Wahrnehmung in der Phänomenologie H.s, 1957; E. H. 1859–1959, La Haye 1959 (Phenomenologica 4); H. L. van Breda/J. Taminiaux (Hgg.), E. H. 1859–1959, La Haye 1959; H. und das Denken der Neuzeit, La Haye 1959 (Phenomenologica 2); H. Spiegelberg, The Phenomenological Movement. A Historical Introduction, I–II, Den Haag 1960; H. Drüe, E. H.s System der phänomenolog. Psychologie, 1963; I. Kern, H. und Kant, Den Haag 1964; T. de Boer, The Development of H.'s

Thought, Den Haag/Boston/London 1978 (niederl. 1966); E. W. Orth, Bedeutung, Sinn, Gegenstand. Studien zur Sprachphilos. E. H.s und R. Hönigswalds, 1967; E. Tugendhat, Der Wahrheitsbegriff bei H. und Heidegger, 1967; S. Bachelard, A Study of H.'s Formal and Transcendental Logic, Evanston Ill., 1968; E. Holenstein, Phänomenologie der Assoziation, Den Haag 1972; H. Noack (Hg.), H., 1973; E. Marbach, Das Problem des Ich in der Phänomenologie H.s, Den Haag 1974; Severin Müller, Vernunft u. Technik. Die Dialektik der Erscheinung bei E. H., 1976; K. Schuhmann, H.-Chronik, Den Haag 1977; R. Boehm, Vom Gesichtspunkt der Phänomenologie, I–II, Den Haag 1981; E. Ströker, H.s transzendentale Phänomenologie, 1987; W. Marx, Die Phänomenologie H.s – Eine Einf., 1987; H. R. Sepp (Hg.), E. H. und die phänomenolog. Bewegung, 1988; R. Bernet/I. Kern/E. Marbach, E. H. Darstellung seines Denkens, 1989.

Hutcheson, Francis, engl. Moralphilosoph und Ästhetiker, * 8. 8. 1694 in Nordirland, † 1747 Glasgow, das. seit 1729 Prof., baute im Anschluß an Shaftesbury die Ästhetik zu einer systematischen Wissenschaft aus und wirkte damit auch in Deutschland bis auf Kant, Lessing und Herder nach. Im Gegensatz zur zeitgenöss. ital.-franz. Formalästhetik vertrat er eine Ästhetik der Innerlichkeit: Schönheit bestimmte er als die harmonisch-lebendige Einheit in der klargegliederten Mannigfaltigkeit; als Grundlage für die Empfindung des Schönen nahm er ein selbständiges unmittelbares ästhet. Gefühl des Wohlgefallens an. Sowohl dieses Gefühl wie auch der von Gott verliehene moralische Sinn gelten auch für Nichtgläubige, sind von keinen theologischen Voraussetzungen abhängig. – Hauptwerke: An Inquiry into the Original of our Ideas of Beauty and Virtue, 1725 (Repr. 1971), dt. 1762; An Essay on the Nature and Conduct of the Passions and Affections, 1728 (Repr. 1971); A System of Moral Philosophy, I–II, 1755 (Repr. 1969), dt. 1756; Works, I–VI, Glasgow 1769–74; Collected Works, I–VII, 1969–71.

D. D. Raphael, The Moral Sense, London 1947; C. Reto, Die Problematik des Moral Sense in der Moralphilos. H.s, 1950; H. Jensen, Motivation on the Moral Sense in F. H.s Ethical Theory, Den Haag 1971; P. Kivy, The Seventh Sense. A Study of F. H.'s Aesthetics and Its Influence in Eighteenth-Century Britain, New York 1976; W. Leidhold, Ethik u. Politik bei F. H., 1984.

Huxley, Thomas Henry, engl. Naturforscher und Philosoph, * 4. 5. 1825 Ealing, † 29. 6. 1895 Eastbourne, seit 1854 Prof. in London, stand unter dem Eindruck der Lehre Darwins, den er warm verteidigte, war Evolutionist und Agnostiker, hielt als naturwiss. Hypothese die materialistische Auffassung des Lebens für die einzig fruchtbare, wenn sie nicht übersieht, daß Materie und Kraft nur Namen für gewisse Bewußtseinszustände sind und daß ein „Gesetz“ nur eine Regel ist, die in der Erfahrung stets gegolten hat und von der wir deshalb erwarten, daß sie stets gelten wird. – Hauptw.: *Man's Place in Nature,* 1863, dt. u. d. T. Zeugnisse f. d. Stellung des Menschen, 1863; *Hume,* 1879; *Evolution and Ethics,* 1893.

L. Huxley, Life and Letters of T. H. H., I–II, London 1900 (Repr. 1979); L. Huxley, T. H. H., London 1920; H. Peterson, H. – Prophet of Science, New York 1932 (Repr. 1977); H. C. Bibby, T. H. H., London 1959; W. Irvine, T. H. H., London 1960.

Hyle (griech. „Holz, Wald“), Stoff, Materie. Aristoteles versteht unter H. den noch nicht zu realen Dingen geformten „Urstoff“, der als bloße, noch nicht verwirklichte „Möglichkeit“ die einzige Eigenschaft der Formbarkeit besitzt.

H. Happ, H., Studie zum aristotel. Materie-Begriff, 1971.

Hylemorphismus (aus griech. → *hyle* und *morphe,* „Gestalt, Form“), neuscholast. Bezeichnung der von

Aristoteles begründeten Lehre, daß alle körperlichen Substanzen aus dem Stoff, der an sich nur Möglichkeit ist, und der Wirklichkeit verleihenden → Form bestehen.

B. Webb, Hylomorphism, Gravity and ‚Tertiary' Matter, in: Thomist 24 (1961); E. McMullin (Hg.), The Concept of Matter in Greek and Medieval Philosophy, Notre Dame Ind. 1965.

Hylozoismus (aus griech. → *hyle* und *zoę*, „Leben"; Hylopsychismus, aus griech. *hyle* und *psyche*, „Seele"), diejenige philos. Richtung, welche alle Materie von Haus aus als belebt (beseelt) betrachtet; die Anschauung, „daß die Materie nie ohne Geist, der Geist nie ohne Materie existiert und wirksam sein kann" (Goethe). Hylozoisten waren bereits die jonischen Naturphilosophen, später G. Bruno, Diderot u. a. Der Ausdruck H. kommt zuerst im 17. Jh. bei Ludworth vor und wird seit dem 19. Jh. gern im tadelnden Sinne von der materialistisch-mechanistischen Philosophie für alle nichtmaterialistische, nicht-mechanistische Philosophie gebraucht.

H. Spitzer, Über Ursprung u. Bedeutung des H., 1881; W. Jaeger, Die Theologie der frühen griech. Denker, 1953.

Hypatia, griech. Philosophin, Tochter des Mathematikers Theon, Vorsteherin der alexandrinischen Schule der Neuplatoniker, 415 n. Chr. von fanatischen Christen in Alexandria gesteinigt.

Kingsleys *„Hypatia"*, Roman, 1853 (engl.); W. A. Meyer, H. v. Alexandria, 1886; R. Asmus, H. in Tradition und Dichtung, 1907; J. M. Rist in „Phoenix", 19, 1965.

Hypertrophie (aus griech. *hyper*, „über", u. *trophę*, „Ernährung"), durch übermäßige Ernährung verschuldetes übermäßiges Wachstum; Begriff der Biologie, der im übertragenen Sinne viel benutzt wird: H. staatl. Organe, H. der Technik u. ä.

Hypostase (griech. „Unterlage"), Substanz; auch die (berechtigte oder unberechtigte) Substantialisierung, Verdinglichung einer Eigenschaft, eines Begriffes, überhaupt eines Abstraktums oder eines bloßen Gedankens. In der Patristik ist der Begriff H. in etwa gleichbedeutend mit Erscheinungsform oder Seinsweise und wird gern zur Deutung der Dreieinigkeit benutzt: Vater, Sohn und Hl. Geist sind ihre H.n, die (in der griech. Patristik) mit Wurzel, Stamm und Blüte verglichen werden. Für Kant ist H. was bloß in Gedanken existiert, wozu ein wirklicher Gegenstand außerhalb des Subjekts angenommen wird; hypostasieren – vergegenständlichen.

H. Dörrie, Zum Ursprung der neuplaton. H.nlehre, in: Hermes 82 (1954).

Hypothese (griech. „Unterlage, Grundlage"), wohlerwogene begrifflich-wiss. Annahme, welche die lückenhafte empirische Erkenntnis an einer bestimmten Stelle ergänzen oder verschiedene empirische Erkenntnisse zu einem Ganzen verbinden oder die vorläufige Erklärung einer Tatsache oder Tatsachengruppe darstellen soll; wissenschaftlich ist eine H. nur dann, wenn sie durch die Tatsachen herausgefordert wird; *„hypotheses non fingo* (lat.) H.n erdichte ich nicht" (Newton). Die H. ist nur solange haltbar, wie sie mit sicheren Erfahrungstatsachen nicht in Widerspruch steht, sonst wird sie zur bloßen Fiktion; durch Erfahrungstatsachen, die ihr entsprechen, bes. durch Experimente, wird sie verifiziert, mit dem Charakter der Wahrheit versehen; sie ist – als heuristische oder Arbeits-H. – fruchtbar, wenn sie die Forschung zu neuen Erkenntnissen und zu neuen Wegen der Erkenntnis zu leiten vermag.

„Die wesentliche Funktion einer H. besteht darin, daß sie zu neuen Beobachtungen und Versuchen führt, wodurch unsere Vermutung bestätigt, widerlegt oder modifiziert, kurz die Erfahrung erweitert wird" (Mach). Erfahrungstatsachen eines beschränkten Wissensgebietes mitsamt der durchgeführten, streng bewiesenen H. oder den verbindenden, einzig möglichen H.n bilden eine Theorie. Diese wird heute teils mathematisch spekulativ, teils empirisch in der Modelltheorie konstruktiv interpretiert.

H. Poincaré, La science et l'h., Paris 1901, dt. 1904; E. Mach, Erkenntnis u. Irrtum, 1905; H. Dingler, Physik und H., 1921; K. Korch, Die wiss. H., 1972; L. Laudan, Science and Hypothesis, Dordrecht/Boston/London 1981.

hypothetisch (vom griech. *hypothesis,* „Unterlage"), bedingt, angenommen; h. ist ein Urteil, wenn die Gültigkeit des Nachsatzes durch die des Vordersatzes bedingt ist: wenn A ist, so ist B.

Hyppolite, Jean, franz. Philosoph, Prof. am Collège de France/Paris, früher Sorbonne, * 8. 1. 1907 Jonzac/Charente-Maritime, † 27. 10. 1968 Paris, einer der wenigen franz. Kenner des dt. Idealismus, Hegelforscher. Erst durch seine Hegel-Übersetzungen und eigene Studien, wenn auch von manchen marxistischen Deutungen begleitet, wurde Hegel dem franz. Denken der Gegenwart richtig erschlossen. Hauptw.: *Genèse et structure de la Phénoménologie de l'Esprit de Hegel,* 1947; *Introduction à la philosophie de l'histoire de Hegel,* 1948; *Logique et existence,* 1952; *Etudes sur Marx et Hegel,* 1955; *Figures de la pensée philosophique. Ecrits de J. H.,* 2 Bde., 1971.

S. Bachelard u.a., Hommage à J. H., Paris 1971.

Hysteron-Proteron (griech. „das Spätere [wird] das Frühere"), die Vorwegnahme dessen, was eigentlich nachfolgen soll, was sich aus der Umkehrung der natürlichen Ordnung ergibt; ein H.-P. ist z. B. ein (Schein-) Beweis aus einem Satze, der selbst erst aus dem Bewiesenen hätte abgeleitet werden müssen.

Iamblichos, Philosoph, † um 330 n. Chr., aus Chalkis in Syrien; Schüler des Porphyrios, begr. die sog. Syrische Schule des Neuplatonismus, deren bedeutendster Vertreter er ist, übernahm die plotinische Emanationslehre, stellte die orientalische Theologie über die griech. Philosophie und wirkte, obwohl er selbst das Christentum bekämpfte, durch seine orientalische Denkweise doch entscheidend auf die spätere christl. Theologie ein. In seiner Lehre finden sich neben einzelnen Platoninterpretationen zahlreiche Begriffanalysen: Teilung des e i n e n Urwesens in zwei, des *Nous* in die Hypostasen des Intelligiblen und Intellektuellen, Dreiheit der Seele und andere Dreiteilungen, weshalb er von Hegel als der erste Vertreter der „dialektischen Methode" betrachtet wurde. – Hauptwerke: Adhortatio ad philosophiam, hg. 1813; De mysteriis liber, hg. 1857 (Repr. 1965), dt. 1922; Protrepticus, hg. 1888 (Repr. 1967), dt. 1984; De vita Pythagorica liber, hg. 1937 (Repr. 1974).

T. Hopfner, Über die Geheimlehren des I., 1922; H. Flashar, Platon u. Aristoteles im Protreptikos des I., in: Arch. Gesch. Philos. 47 (1965); S. Gersch, From I. to Eriugena, Leiden 1978; B. L. van der Waerden, Die gemeinsame Quelle der erkenntnistheoret. Abhandlungen von I. und Proklos, 1980.

Iberoamerikanische Philosophie → amerik. Philosophie (2. Teil).

Ibn Chaldun, Abd al Rahman, arab. Kulturhistoriker und Geschichtsphilosoph, * 1332 Tunis, † 1406 Kairo, von noch nicht allgemein erkannter großer Bedeutung, entwickelt vor allem in der Vorrede seiner „Gesch. d. Araber u. Berber“ eine Theorie vom zykl. Werden und Vergehen der asabijja, worunter die Einheit einer faktischen Abstammungsgemeinschaft, deren bewußtes Ergreifen im Gemeingeist und der daraus erwachsende Einsatz zu verstehen ist. – Hauptw.: *Kitab-el-ibar* (Buch der Beispiele), 7 Bde., gedr. 1867; die geschichtsphil. Einleitung Hg. v. E. M. Quatremère, 3 Bde., 1858, franz. v. G. de Slane, 1862–1868; ausgewählte Abschnitte, dt. v. A. Schimmel, 1951.

M. K. Ayad, Die Gesch. und Gesellschaftslehre I. C.s, 1930; E. Rosenthal, I. C.s Gedanken über den Staat, Diss. Berlin 1931; H. Simon, I. C.s Wiss. von der menschl. Kultur, 1959; D. Sturm (Hg.), Ibn Haldun und seine Zeit, 1983.

Ibn Ruschd → Averroës.

Ibn Sina → Avicenna.

Ich (lat. *ego*), Ausdruck für den Bewußtseinskern, d. h. für den Träger des Selbstbewußtseins der leiblich-seelisch-geistigen Ganzheit des Menschen, oder um einen Teil dieser Gesamtheit gegenüber einem anderen Teil zu bezeichnen, wenn und insofern dieser andere Teil vom Ganzen sich bes. abhebt oder abgehoben werden soll (z. B. ich habe einen Arm, einen Gedanken). Vom Standpunkt der Psychologie aus wird das Ich „als Quellpunkt des eigenen Verhaltens und als Verankerungspunkt der Person in ihrer menschl. Umgebung betrachtet“. Außer seiner Eigenschaftsarmut fällt dabei eine gewisse Seite des Freiheitsbewußtseins auf: der gewaltige Unterschied nämlich, den es für manchen Menschen ausmacht, ob man, um ihn zu einem bestimmten Verhalten zu veranlassen, sich „an ihn selbst“ wendet, sich der Vermittlung seines Ichkerns bedient, oder ob man, zu äußerlich genau demselben Endzweck, unmittelbar an seinen Gliedern (beim „Zwang“), unmittelbar an seinen Trieben oder Gelüsten (bei der „Verführung“) oder unmittelbar an seinen unerwünschten Gewohnheiten (bei der „Heilsuggestion“) angreift. „Nur beim ersten, ‚natürlichen‘ Weg der Beeinflussung haben wir das Gefühl, als Menschen behandelt zu sein, während wir bei dem zweiten uns zur Sache erniedrigt fühlen, sogar auch, wenn der örtliche Eingriff (in der ‚Autosuggestion‘) von uns selber ausgeht“ (Metzger, Psychologie, [2]1957). Das Ichbewußtsein (vgl. → Ichbewußtheit) differenziert sich im Verlauf der frühkindlichen Entwicklung des Menschen aus einem einheitlichen Urbewußtsein, das „Außenwelt“ und „Ich“ in ungeschiedener Einheit umfaßt. Es ist ständig vom Bewußtsein des Mit-sich-selbst-identisch-seins begleitet: so deutlich auch der Mensch seine leiblich-seelisch-geistigen Veränderungen erkennt, er weiß, daß er trotzdem, „im Grunde genommen“ (d. h. in seinem Ichkern) immer derselbe ist. – Der dt. Idealismus sieht im Ich die schöpferische Einheit, auf die bezogen die Wirklichkeit erst Sinn erhält; am stärksten durch J. G. Fichte: „Das I. fordert, daß es alle Realität in sich fasse und die Unendlichkeit erfülle“. Nietzsche dagegen lehrt hinsichtlich des I.: „Das *ego* ist eine Mehrheit von personenartigen Kräften, von denen bald diese, bald jene im Vordergrund steht." – Unter Über-Ich versteht man nach S. Freud das soziale Gewissen, das uns zum Verzicht auf die Befriedigung unserer Triebe und auf einen Teil möglichen Glückes zwingt; → auch Es. Das Ich als Träger der Akte und als Gegenstand der Ethik ist die → Person; → Individualismus, Individualität, Individuum.

E. Rothacker, Die Schichten der Persönlichkeit, 1938; F. S. Rothschild, Das Ich und die Regulationen des Erlebnisvorganges, 1950; C. G. Jung, Von den Wurzeln des Bewußtseins, 1954; E. H. Erikson, Identity and the Life Cycle, New York 1959, dt. 1966; D. Kadinsky, Die Entwicklung des I. beim Kinde, 1964; J. B. Lotz, Ich – Du – Wir, 1968; E. Marbach, Das Problem des I. in der Phänomenologie Husserls, Den Haag 1974; R. Döbert/J. Habermas/G. Nunner-Winkler (Hgg.), Entwicklung des I.s, 1977; G. Schmidt, Subjektivität u. Sein. Zur Ontologizität des I., 1980; G. Madell, The Identity of the Self, Edinburgh/New York 1981; K. Nagasawa, Das I. im dt. Idealismus und das Selbst im Zen-Buddhismus, 1987; C. Reidel, Subjekt u. Individuum. Zur Gesch. des philos. I.-Begriffs, 1989.

Ichbewußtheit (Ichgefühl), ein seelisch-geistiger Zustand, in dem das Ich als Bewußtseinsinhalt gegeben ist. Das Ichgefühl reicht „vom völligen Zurücktreten des Ich gegenüber dem (sonstigen) Inhalt – so daß das Ich nur noch ideeller Bezugspunkt ist – bis zur völligen Ichklarheit. Es tritt ebenso bei seel. Erlebnissen wie bei geistigen Akten auf: ich kann einen Sonnenuntergang am See ichverloren und (ganz ohne mein Zutun, ganz ohne Besinnungstat) in durch ihn gerade bewirkter höchster Steigerung des Wachgefühls der Entzückung erleben, und ich kann einer höchst unanschaulichen mathemat. Aufgabe in völliger Ichentrücktheit, ganz dem Inhalt hingegeben beizukommen versuchen, wie ich ein anderes Mal die Lösung umgekehrt Schritt für Schritt als Ichleistung empfinde" (Wenzl, Wissensch. und Weltanschauung, [2]1949) → Aktbewußtheit.

ideal, vorbildlich, vollkommen, einem → Ideal angemessen oder nachstrebend; auch = ideell, nur als Idee bestehend, nicht real, nicht wirklich; i.es Sein, → Sein.

Ideal, Musterbild, bedeutungsvolles Urbild, sittliches Vorbild, Inbegriff der Sehnsucht nach Vollkommenheit; idealisieren heißt, ein unvollkommenes Wirkliches in Gedanken von seinen Unvollkommenheiten befreien, einem Ideal angleichen, etwas einer Idee gemäß gestalten, wie es bes. die großen Dichter und Künstler getan haben. Ideale sind historisch bedingte, lebendige und wirksame hohe Vorstellungen und Ziele; sie können praktische Kraft gewinnen. Nach Kant geben sie ein unentbehrliches Richtmaß der Vernunft ab, die des Begriffs von dem, was in seiner Art ganz vollkommen ist, bedarf, um danach den Grad und die Mängel des Unvollkommenen zu schätzen u. abzumessen. „Daß Ideale in der wirklichen Welt sich nicht darstellen lassen, wissen wir; wir behaupten nur, daß nach ihnen die Wirklichkeit beurteilt und von denen, die dazu Kraft in sich fühlen, modifiziert werden müsse" (Fichte).

A. Schlesinger, Der Begriff des I.s, 1908; B. Kellermann, Das I. im System der Kant. Philos., 1920; K. Ritter, Die Kerngedanken der platon. Philos., 1931; F. Will, Intelligible Beauty in Aesthetic Thought. From Winckelmann to Victor Cousin, 1958; N. Rescher, Ethical Idealism. An Inquiry into the Nature and Functions of Ideals, Berkeley 1987.

Ideal, transzendentales, nach Kant die Vorstellung, die Idee, der notwendige Vernunftbegriff von Gott, nicht als Begriff seiner bewiesenen Wirklichkeit (→ Gottesbeweise), sondern als „regulatives Prinzip der

Vernunft, alle Verbindungen in der Welt so anzusehen, → *als ob* sie aus einer allgenugsamen notwendigen Ursache entsprängen", sofern „die Idee nicht bloß in concreto, sondern in individuo" gegeben sei.

Idealismus, im allgemeinen Sprachgebrauch jede durch echte Ideale und ihre praktische Befolgung bestimmte Weltanschauung und Lebensführung, bes. im Sinne uneigennützigen, aufopferungsvollen Handelns (praktischer I.); im Gegensatz dazu steht der → Materialismus. Metaphysisch die Ansicht, die das objektiv Wirkliche als Idee, Geist, Vernunft bestimmt und auch die Materie als eine Erscheinungsform des Geistes betrachtet, entweder mehr nach der Seite der Idee hin: objektiver I. (Platon, Schelling, Hegel), oder mehr nach der Seite der Vernunft hin: subjektiver I. (Descartes, Malebranche, Fichte). Erkenntnistheoretisch der Standpunkt, der die Dinge als Komplexe von Vorstellungen auffaßt, das Sein nur als Bewußtsein anerkennt: Sein = Wahrgenommenwerden (*esse est pericipi;* Leibniz, Berkeley, Schopenhauer); → Neuidealismus, dt. Idealismus; Gegensatz: → Realismus.
Als „magischer I." wird das Weltbild 1. der Romantik, 2. der Primitiven insofern bezeichnet, als ihm gemäß die Idee, die Vorstellung, als zauberkräftiges Agens gedacht wird.

N. Hartmann, Die Philos. des dt. I., I–II, 1923/29; H. U. v. Balthasar, Apokalypse der dt. Seele, 1937, ab [2]1947 u.d.T.: Prometheus. Studien zur Gesch. des dt. I.; H. A. Pochmann, New England Transcendentalism and St. Louis Hegelianism. Phases in the History of American Idealism, Philadelphia 1948; T. Litt, Hegel. Versuch einer krit. Erneuerung, 1953; G. Wolandt, I. und Faktizität, 1971; W. Beierwaltes, Platonismus und I., 1972; N. Rescher, Conceptual Idealism, Oxford 1973; G. Vesey (Hg.), Idealism Past and Present, Cambridge 1982; W. Caspart, Handbuch des prakt. I., 1987.

Idealismus, transzendentaler, die Grundlehre Kants, wonach nicht die Dinge an sich, sondern die Dinge nur als Erscheinungen erfaßbar sind, insbes. aller begrifflich geformten Erfahrung nur wahrnehmungshafte, d. h. „empirische Realität", zugleich aber von ihrem Erscheinungscharakter und bes. von ihren apriorischen bzw. kategorialen Begriffsbestandteilen her „transzendentale Idealität" eigne; → Transzendenz.

Idealität, das Sein als bloße Idee oder Vorstellung, im Gegensatz zur Realität, dem Sein in der objektiven Wirklichkeit.

Hans Wagner, Apriorität und I., 1946.

Ideation, auf sinnhaltigen Anschauungen beruhende Bildung von Ideen, Begriffen, auch ideierende Abstraktion genannt; auch Wesensschau, → Phänomenologie.

Idee (griech.), eigentlich optisches Bild, anschauliche Gestalt, in der Philosophie seit Platon metaphysische Wesenheit eines Dinges, die Aristoteles als kraft- und formbildungsbegabt dachte (→ Entelechie), der Neuplatonismus als Ausstrahlung des obersten Weltprinzips, das mittelalterliche Christentum als „Gedanke Gottes". Allmählich wird die I. immer subjektivistischer aufgefaßt: seit Descartes und Locke bedeutet I. vielfach nur noch das „Bild, das sich der Geist von einem Dinge macht", die Vorstellung; das im Begriff erfaßte „Wesen" eines Dinges, einer Sache, das zugleich als sein Urbild, Musterbild gedacht wird, dem es in der Wirklichkeit nur unvollkommen entspricht. Platons Begriff der I. ist damit verblaßt; denn nach Platon sind die I.n die ewigen und unveränderlichen, nicht sinnlich, sondern nur geistig auf

Grund vorgeburtlicher Erinnerung (→ Anamnese) erfaßbaren, Realität besitzenden Urbilder der Dinge. Das Ding bildet die I. ab, es hat an der I. teil, die I. ist in ihm gegenwärtig. Die I.n sind „das Eigentlich-Seiende". Seit dem dt. Idealismus, insbes. seit Schellings „Bruno" (1802) und „Vorlesungen über die Methode des akadem. Studiums" (1803) gewann die metaphys. I.n-lehre erneut Bedeutung, auch infolge Fichtes „Reden an die dt. Nation" (1807–1808); es bahnt sich eine neue, dynamische Auffassung der I. an: „Eine Idee ist nichts anderes als ein Begriff von einer Vollkommenheit, die sich in der Erfahrung noch nicht findet, z. B. die Idee eines vollkommenen, nach Regeln der Gerechtigkeit regierten Staates. Erst muß unsere Idee nur richtig sein, dann ist sie bei allen Hindernissen, die ihrer Ausführung im Wege stehen, gar nicht unmöglich" (Kant). Goethe findet das Ideelle „im Geist des Wirklichen". „Die Idee, wo sie zum Leben durchdringt, gibt eine unermeßliche Kraft und Stärke, u. nur aus der Idee quillt Kraft" (Fichte). Hegel sieht in der I. das objektiv Wahre und zugleich das wahrhafte Sein. Sie ist das im dialektischen Prozeß sich entfaltende Denken, die Wirklichkeit ist die entwickelte I. Der historische → Materialismus betrachtet die I. als bedingt durch die wirtschaftlichen Verhältnisse, die Verkündung von I.n als bloße → Ideologie; die idealistische Geschichtsauffassung sucht die treibenden Kräfte des historischen Geschehens in I.n (Ranke).

P. Natorp, Platos I.nlehre, 1902, ²1921 (Repr. 1961); B. Bauch, Die I., 1926; C. A. Emge, Über die I., 1926; A. Rosmini, Nuovo saggio sull' origine delle i., I–III, Mailand 1936/37; C. Brinton, Ideas and Men. The Story of Western Thought, New York 1950, dt. 1954; W. D. Ross, Plato's Theory of Ideas, Oxford 1951 (Repr. 1976); W. Knuth, I.n, Ideale, Ideologien, 1955; H. Brands, Unters. zur Lehre von den angeborenen I.n, 1977; N. Jolley, The Light of the Soul. Theories of Ideas in Leibniz, Malebranche and Descartes, Oxford 1989.

Idee, transzendentale (Vernunftbegriff), nach Kant ein Begriff, der nur in der Sehnsucht des Verstandes, das ihm gegebene zu überschreiten, seinen Ursprung hat und die Möglichkeit der Erfahrung übersteigt, aber für die formale Anordnung der Begriffe und Erkenntnisse in einer vollständigen Wissenschaft unentbehrlich ist. Als die drei Ideen der Metaphysik (transzendentale Ideen) bezeichnet er: Gott, Freiheit, Unsterblichkeit.

Ideengeschichte, gesch. Erforschung der in den gesch. Ereignissen und Zuständen wirksamen ideellen Kräfte, die ihre eigene Gesetzlichkeit haben; auch svw. → Geistesgeschichte.

K. Schilling, Gesch. der sozialen Ideen, 1957 (KTA 261); P. P. Wiener/A. Noland (Hgg.), Ideas in Cultural Perspective, New Brunswick N. J. 1962; G. Boas, The History of Ideas, New York 1969; J. L. Tobey, The History of Ideas. A Bibliographical Introduction, I–II, Santa Barbara Calif./Oxford 1975/77.

Ideenlehre, → Platon, Idee.

Ideïrung. Denkakt, durch den das Wesen einer Sache erfaßt und als Idee der Sache gesetzt wird.

Identifikation (aus lat. *idem,* „dasselbe" und *facere,* „machen"), Gleichsetzung. Die Psychologie untersucht die Selbst-I. des kultischen Tänzers mit dem Dämon oder dem Tier, deren Maske oder Insignien er trägt; die I. des Primitiven mit seinem Totemtier. – Ähnlich (als Voraussetzung des Gefühls der Ergriffenheit): I. des Schauspielers mit der von ihm dargestellten Person; I.

des Zuschauers mit dem Helden des Dramas, des Films; I. des Lesers mit einer Figur des Romans, des Betrachters mit einer Gestalt des Gemäldes, der Sportveranstaltung u. a. Bedingung der I. ist, daß das Wesen der Sache, der Person usw. stark zum Ausdruck kommt und lebhaft erfaßt wird.

Identität (vom lat. *idem,* „dasselbe"), Dieselbigkeit, Einerleiheit, völlige Übereinstimmung. A. ist identisch mit sich selbst, wenn es in den verschiedensten Sachlagen und Umständen immer dasselbe bleibt, so daß es als dasselbe identifiziert werden kann. Das I.s-prinzip oder der Satz von der I. (A = A) verlangt, daß jeder Begriff im Verlauf eines zusammenhängenden Denkaktes genau dieselbe Bedeutung beibehalte; es ist „die Forderung der feststehenden Bedeutung der in einem Urteil gebrauchten begrifflichen Symbole" (Cornelius). Strenggenommen kann ein Ding nur mit sich selbst identisch sein. Zwischen mehreren Dingen kann Ähnlichkeit (→ ähnlich) oder Gleichheit (Übereinstimmung in allen wesentlichen Merkmalen) bestehen. Ein reales Ding bleibt nicht mit sich selbst identisch (→ Dialektik), es ändert sich, wird identoid (= sich selbst ähnlich); ebenso ist die „Identität d. Bewußtseins meiner selbst in verschiedenen Zeiten" in Wahrheit keine I., sondern eine Kontinuität oder eine Entwicklung, wohl aber die des → Ich.

R. W. Göldel, Die Lehre von der I. in der dt. Logikwiss. seit Lotze, 1935 (mit Bibl.); G. Siewerth, Der Thomismus als I.ssystem, 1939, [2]1961; M. Heidegger, I. und Differenz, 1957; P. J. de Levita, The Concept of Identity, Den Haag/Paris 1965, dt. 1971; J. B. Lotz, Die I. von Geist u. Sein, Rom 1972; B. Taureck, Mathematische u. transzendentale I., 1973; O. Marquard/K. Stierle (Hgg.), I., 1979; W. Beierwaltes, I. und Differenz, 1980; J. M. Benoist (Hg.), I., 1980; U. Guzzoni, I. oder nicht. Zur krit. Theorie der Ontologie, 1981; E. Hirsch, The Concept of Identity, New York/Oxford 1982; K. Lorenz (Hg.), I. u. Individuation, I–II, 1982; E. J. Lowe, Kinds of Being. A Study of Individuation, Identity and the Logic of Sortal Terms, Oxford 1989; C. J. Williams, What is Identity?, Oxford 1989.

Identitätsphilosophie, auf Schelling zurückgehender Begriff der Philosophiegeschichte, wonach die Unterschiede zwischen Materie und Geist, Körperlichem und Seelischem, Subjekt und Objekt, Denken und Sein im Absoluten oder in der absoluten Vernunft überwunden sind, daher als zwei verschiedene Erscheinungs- oder Auffassungsweisen einer einzigen Wirklichkeit betrachtet werden können und im Grunde identisch sind. I. ist die Philosophie Spinozas und des dt. Idealismus, tritt der Sache nach aber schon bei Heraklit auf, welcher lehrte, daß der Logos sich als einunddersel be sowohl in unserer Seele als auch in der Welt befinde und daß es deshalb dem Menschen möglich sei, mit seinem Verstand (Logos) zu deuten, was die Sinne ihm andeuten.

K. Groos, Der Aufbau der Systeme, 1924; E. E. Geißler, Das Eine und das Viele. Eine Interpretationsstudie zu Schellings I., in: Scholastik 34 (1964); H. Titze, ‚Identitäts'-philos. heute und bei Schelling, 1979.

Ideologie (grch. „die Lehre von den Ideen") in Frankreich eine an Condillac anknüpfende philos. Richtung, „welche durch eine genaue und systematische Kenntnis der physiologischen und psychischen Welt praktische Regeln für Erziehung, Ethik und Politik festzustellen sucht". Destutt de Tracy, Cabanis u. a. Ideologen übten von 1792–1802 einen bedeutenden politischen Einfluß aus. – Heute wird der Begriff I. fast nur noch als Bez. für eine unechte, aus materiellem, auch politischem Interesse nur vorgetäuschte Weltanschauung benutzt, nachdem der Marxismus gelehrt hatte: alle Ideen, Religionen, Weltanschauungen, Einrichtungen, Rechtsverhältnisse usw. sind nur Ausdruck materieller Verhältnisse und werden von der Bourgeoisie fälschlich bzw. in betrügerischer Absicht in den Rang geistiger Wesenheiten (Ideen) erhoben, während es in Wirklichkeit derartige Ideen nicht gibt, es sich also um bloße I.n (unzulässige Ideïrungen wirtschaftlicher Gegebenheiten), einen „ideologischen Überbau" über die Wirklichkeit handelt. Nach Th. Geiger liegt I. überall vor, wo (subjektive, es gibt nur subjektive) Werturteile in der objektiven Form von „Ist-Aussagen" ausgesprochen werden; alle metaphysischen und theolog. Begriffe, in denen ein metaphys. oder religiöses Urgefühl in die (inadäquate) Form einer Erkenntnisaussage gekleidet wird, sind von vornherein „ideologisch". → auch Lukács. Der versteckte ideologische Charakter der meisten religiösen und politischen Weltanschauungen, die sich einen wissenschaftlichen Anstrich geben und dadurch „erwiesenermaßen" Anspruch auf Wahrheit und Alleingültigkeit erheben, hat im modernen kritischen Denken die *Ideologiekritik* auf den Plan gerufen, die sich zur Überprüfung selbst von wissenschaftlichen Theorien als notwendig erweist.

K. Mannheim, I. u. Utopie, 1929; H. Barth, Wahrheit u. I., 1945; T. Geiger, I. u. Wahrheit, 1953; K. Lenk (Hg.), I., I.kritik und Wissenssoziologie, 1961; J. Barion, Was ist I.?, 1964; H. Kelsen, Aufsätze zur I.kritik, hg. 1964; H. Zeltner, I. u. Wahrheit, 1966; E. Hölzle, Idee u. I., 1969; K.-O. Apel u.a., Hermeneutik u. I.kritik, 1971; Michael Schmid, Leerformeln u. I.kritik, 1972; G. Lichtheim, Das Konzept der I., 1973; H.-J. Lieber (Hg.), I., Wissenschaft, Gesellschaft, 1976; R. Ruzicka, Selbstentfremdung u. I. – Zum I.problem bei Hegel und den Junghegelianern, 1978; M. Djurić, Mythos, Wissenschaft, I., Amsterdam 1979; L. Füssel, Theorien der I., 1980; L. Kudera, Das Modell der I., 1987; R. Boudon, I. – Gesch. u. Kritik eines Begriffs, 1988.

ideomotorisch heißen Handlungen, die unbewußt und ohne Beteiligung des „Willens" durch eine Wahrnehmung oder eine Vorstellung ausgelöst werden; sie spielen eine wichtige Rolle in der → „Parapsychologie".

A. Nitschke, Die Auswirkungen fremder Motorik auf den jugendl. Menschen, 1960.

idiographische Ereigniswissenschaft im Gegensatz zur → nomothetischen Naturwissenschaft ist nach Windelband (Geschichte u. Naturwissenschaft, [3]1904) die Geschichte, weil sie es nur mit individuell einmaligem, sich nicht wiederholendem Geschehen zu tun hat.

J. G. Droysen, Grundriß der Historik, 1868; H. Rickert, Kulturwiss. u. Naturwiss., 1899; H. L. Ollig, Der Neukantianismus, 1979.

Idol (vom griech. *eidolon,* „Bild"), Götzenbild, Trugbild, Gegenstand blinder Verehrung. I.e nennt F. Bacon in seinem „Novum Organon" die menschlichen Vorurteile, die der Gewinnung empirischer Erkenntnis im Wege stehen.

Plachte, Symbol u. I., 1931.

Ignorabimus (lat. „wir werden es nicht wissen"), eine Formel, die die gegenwärtigen Grenzen des Erkennens zu Grenzen für alle Zukunft machen will (Du Bois-Reymond, „Über die Grenzen des Naturerkennens", 1872); → auch Agnostizismus, Konvergenz, transintelligibel.

Ignoratio elenchi (lat. „Unkenntnis des Beweises" zweier Behauptungen), ein Fehler im Beweis, darin bestehend, daß das, was bewiesen (oder widerlegt) werden soll, außer acht gelassen, ignoriert, also etwas anderes als das Geforderte bewiesen (oder widerlegt) wird.

M. Landmann, Elentik und Maieutik. Drei Abhandlungen zur antiken Psychologie, 1950; B. Waldenfels, Das sokrat. Fragen. Aporie, E., Anamnesis, 1961.

I-Ging („Buch der Wandlungen", dt. von R. Wilhelm, 2 Bde., 1924).

E. H. Gräfe, Buch des Stetigen und der Wandlung, 1967; ders., Die acht Urbilder des I. G., 1968.

Illuminaten-Orden, Freimaurerorden, → Lichtmetaphysik.

Illuminationstheorie (vom lat. *illuminatio,* „Erleuchtung"), zur mittelalterl. → Lichtmetaphysik gehörende Lehre, wonach es zur Erkenntniskraft des Verstandes und zum Erfassen der Dinge durch Wahrnehmungen eines geistigen Lichtes, einer Verbindung des Menschen mit Gott bedarf.

M. Grabmann, Der göttl. Grund menschl. Wahrheitserkenntnis nach Augustinus u. Thomas v. Aquin, 1924; R. Guardini, Systembildende Elemente in der Theologie Bonaventuras, hg. 1964; R. H. Nash, The Light of the Mind. St. Augustine's Theory of Knowledge, Lexington 1969.

Illusion (lat. *illusio,* „Täuschung"), oberflächliche Vorstellung, bloße Einbildung; im praktischen Leben erleichternde Selbsttäuschung („Sich I.en hingeben") statt nüchternen Tatsachenblicks. Die „Desillusionierung" (Zerstörung der I.) ist dann häufig mit mehr oder minder großen Unlustgefühlen verbunden. Psychologisch bzw. psychopathologisch eine Vorstellung, der zwar ein Gegenstand entspricht (anders als bei der Halluzination); aber unwillkürliche, seelisch-geistige Eingriffe gestalten die objektive Gegebenheit in Richtung auf eine erwünschte Gegebenheit um. Der eigentliche Nährboden für die I. ist der Affekt, besonders die Erwartung, die Furcht und die Hoffnung. – Die spiritualistische Auffassung, wonach die Welt nur in unserer Vorstellung bestehe und die Außendinge nur ein Schein, I. seien, bezeichnet man als → *Illusionismus.* F. A. Lange sucht den Ursprung d. Kunst durch ein Bedürfnis des Menschen nach I. (d. h. „Stehen im ästhetischen Schein") zu erklären. Kunst sei die Fähigkeit, sich und anderen eine auf I. beruhende Lust zu bereiten, bei welcher jeder andere Zweck als der des Vergnügens ausgeschlossen sei (Das Wesen der Kunst, 1911).

E. H. Gombrich, Art and I., New York/London 1960, dt. 1967; E. Topitsch, Mythos, Philos., Politik. Zur Naturgesch. der I., 1969; H. Gradmann, Menschsein ohne I.en, 1970; E. Lobsien, Theorie lit. I.sbildung, 1975; G. Lukács, Organisation und I., hg. 1977; E. Topitsch, Erkenntnis und I., 1979.

Illusionismus als philosophische Richtung hält alle Wahrheit, Schönheit und Sittlichkeit für Illusion, Schein, Täuschung; auch die Lehre der Upanishaden und Schopenhauers gehören hierher, nach welcher die raumzeitliche Außenwelt ein „Schleier der Maya", eine „Phantasmagorie", ein „Gehirnphänomen", bloßer Schein ist.

imaginär (vom lat. *imaginarius,* „scheinbar"), eingebildet, bloß in der Einbildung bestehend, nicht wirklich. In der Mathematik verwendet man *i.e Zahlen,* die nicht in der Weise der natürlichen Zahlen gegeben sind, sondern durch eine Setzung der i.en Einheit $\sqrt{-1}$ eingeführt werden.

Imagination (lat.), Einbildung, Phantasie, bildhaft anschauliches Vorstellen, Einbildungskraft.

immanent (lat.), darin bleibend, „einheimisch" (Kant), der Sache innewohnend – im Gegensatz zu →

transzendent: was im Eigenen bleibt und nicht auf etwas Fremdes hinübergreift, transzendiert; i. ist z. B. eine Methode, die durch den Gegenstand der Untersuchung selbst bestimmt wird, eine Kritik, die einen Gedanken oder ein Gedankensystem von dessen eigenen Voraussetzungen aus beurteilt. In der Erkenntnistheorie bedeutet i.: in den Schranken möglicher Erfahrung bleibend.

J. B. Lotz, Immanenz und Transzendenz. Zum gesch. Werden heutiger Problematik, in: Scholastik 13 (1938); E. Röder v. Diersberg, Der positive Begriff der I., in: ZphF 9 (1955).

Immanenzphilosophie, eine Richtung der Philosophie, die sich auf die Erkenntnisse möglicher Erfahrung beschränkt, Erfahrung aber nur innerhalb des Bewußtseins für möglich hält, das Sein in das Bewußt-Sein verlegt und nicht über das Bewußt-Sein hinausgeht (Bewußtseins-Monismus). Vertreter dieser I. sind Schuppe, Ziehen u. a. Auch der Positivismus neigt dazu.

M. Kauffmann, Immanente Philos., 1893; W. Schuppe, Die immanente Philos., in: Zt. für immanente Philos. 2 (1897); R. Ettinger-Reimann, Die I., 1916; L. Richter, Immanenz u. Transzendenz im nachreformator. Gottesbild, 1954.

immateriell (lat.), stofflos, nicht stofflich, nicht körperlich, geistig. Der Immaterialismus leugnet die Realität der Materie und lehrt, daß nur geistige Wesenheiten real seien, so bes. Berkeley. Andere Denker fassen die Materie als Erscheinungsformen von Kräften auf; → auch Energetik, Materie.

Immoralismus, Leugnung d. Verbindlichkeit moralischer Grundsätze und Vorschriften. Der relative I. leugnet das gegenwärtig, in einer bestimmten Zeit und in einem bestimmten Kulturkreis, als gut und böse Geltende; der absolute I. ist Negation der Möglichkeit aller moralischen Werte, das Sichhinwegsetzen über den Unterschied von gut und böse; → auch Amoralismus.

H. Heimsoeth, Metaphys. Voraussetzungen u. Antriebe in Nietzsches ‚I.', 1955; I. Heidemann, Nietzsches Kritik der Moral, in: Nietzsche-St. 1 (1972).

Imperativ (lat.), Gebot, Befehl, Gesetz; seit Kants „Kritik der praktischen Vernunft" Bez. für eine allgemeingültige sittliche Vorschrift im Gegensatz zum persönlich-praktischen Grundsatz (Maxime); eine Regel, die ein Sollen (objektive Nötigung der Handlung) ausdrückt. Der hypothetische I. gilt nur unter gewissen Bedingungen; der kategorische I. drückt ein unbedingtes, unausweichliches Sollen aus, er legt die Form und das Prinzip fest, aus der das Handeln folgt. Der kategorische I. oder I. der Sittlichkeit wird von Kant u. a. folgendermaßen formuliert: „Handle so, daß die Maxime deines Willens jederzeit zugleich als Prinzip einer allgemeinen Gesetzgebung gelten könne." Dazu sagt Nic. Hartmann (Ethik, [4]1949): „Sofern das besagt, daß wirklich die jedesmalige ‚Maxime' der Handlung ihre Richtschnur daran hat, ob sie zugleich allgemeines Gesetz sein könnte oder nicht, so liegt darin offenkundig etwas, was der Mensch als Persönlichkeit nicht prinzipiell wollen kann. Er muß vielmehr zugleich wollen, daß über alle Allgemeingültigkeit hinaus noch etwas Eigenes in seinem Verhalten sei, was an seiner Stelle kein Anderer tun sollte oder dürfte. Verzichtet er hierauf, so ist er eine bloße Nummer in der Menge, durch jeden Anderen ersetzbar; seine persönliche Existenz ist vergeblich, sinnlos."

M. Scheler, Der Formalismus in der Ethik und die materiale Wertethik, I–II, 1916; H.

J. Paton, The Categorical Imperative. A Study in Kant's Moral Philosophy, Chicago Ill. 1948, dt. 1962; T. C. Williams, The Concept of the Categorical Imperative in Kant's Ethical Theory, Oxford 1968; L. H. Wilde, Hypothetische u. kategor. I.e, 1975; G. Patzig, Tatsachen, Normen, Sätze, 1980; R. Wimmer, Universalisierung in der Ethik. Analyse, Kritik u. Rekonstruktion eth. Rationalitätsansprüche, 1980; T. Nisters, Kants kategor. I. als Leitfaden humaner Praxis, 1989.

Impetus (lat.), Antrieb, Drang, Begeisterung.

Implikation (lat. „Eingewickeltsein"), logische Beziehung, die darin besteht, daß eine Sache eine andere „impliziert", d. h. in sich einbegreift. Ein Erkenntnisobjekt impliziert ein zweites, wenn das zweite sich mit Notwendigkeit aus dem ersten ergibt; z. B. die Relation impliziert die Zahl, die Zahl impliziert den Raum; der Begriff Vater impliziert den Begriff Kind usw. In der modernen Logik wird unter I. im allgemeinen die „wenn ... so"-Beziehung verstanden: „*wenn* es regnet, *so* ist es naß." Über I. und Implikator → Logistik.

J. Bennett, Meaning and Implication, in: Mind 63 (1954); J. C. Hungerland, Contextual Implication, in: Inquiry 3 (1960).

implizite (lat.), eingeschlossen, einbegriffen, dem Sinn nach mitenthalten. Gegensatz: explizite (→ Explikation).

Imponderabilien (lat.), Unwägbares; unbestimmbare, unfaßbare Einflüsse, Einwirkungen.

Impression (lat.), Eindruck, Sinneseindruck, Empfindung, auf das Gefühl wirkende Wahrnehmung.

Impuls (lat.), in der Psychologie Antrieb, Anstoß; impulsiv: triebhaft, durch Impulse bestimmt, ohne (lange) Überlegung; → auch spontan. – In der Physik ist I. (Produkt aus der Kraft und der Zeit, während der die Kraft wirkt [k×t]) die Zunahme der Bewegungsgröße (Produkt aus d. Masse und der [augenblicklichen] Geschwindigkeit eines bewegten Körpers [m·v1]), also gleich m (v2–v1); bisweilen wird auch die Bewegungsgröße I. genannt; vgl. – Unsicherheitsrelation.

M. Jammer, Concepts of Mass in Classical and Modern Physics, Cambridge Mass. 1961, dt. 1964; M. Wolff, Gesch. der Impetustheorie. Unters. zum Ursprung der klass. Mechanik, 1978.

in abstracto (lat. → abstrakt), herausgelöst, an und für sich, ohne Rücksicht auf die tatsächlichen Verhältnisse. Gegensatz: → in concreto.

in aeternum (lat.), in Ewigkeit, auf ewig, auf immer.

in concreto (lat.), in Wirklichkeit, in einem bestimmten Fall, tatsächlich, → konkret. Gegensatz: → in abstracto.

Inderweltsein, Begriff der → Existenzphilosophie, die transzendentale Grundverfassung des Daseins. Am I. sind erkennbar: das → In-Sein als solches, wobei Sein bedeutet „wohnen bei", „vertraut sein mit"; die → Welt als die Weltlichkeit des Daseins, insofern zum Sein des Daseins die Angewiesenheit auf eine begegnende Welt wesenhaft gehört; Das Mitsein der Anderen. Das Dasein als Existenz, dem es um sein eigenes Seinkönnen geht, hat als I. immer schon eine Welt entdeckt. Durch den Begriff des I.s werden der Bewußtseinsbegriff und der Subjekt-Objekt-Gegensatz ausgeschaltet.

K. Neulichedl, Der Weltbegriff bei M. Heidegger, Diss Wien 1967; F. Couturier, Monde et être chez Heidegger, Montréal 1971.

Indeterminismus (aus lat. *in*, „nicht", und *determinare*, „abgrenzen"), die Lehre, daß es Zustände und Ereignisse gibt, für die eine Ursache nicht besteht bzw. nicht angegeben werden kann; → Determinismus.

E. Cassirer, Determinismus und I. in der modernen Physik, Göteborg 1937; E. Schrödinger, Was ist ein Naturgesetz? Beiträge zum naturwiss. Weltbild, 1962; J. Monod, Le hasard et la nécessité. Essai sur la philos. naturelle de la biologie moderne, Paris 1970, dt. 1973.

indifferent (lat. „nicht verschieden"), gleichgültig.

indirekter Beweis, Begriff der Logik, → Apagoge.

indische Philosophie, gleich der chines. Phil. hat sich auch die ind. seit dem Altertum kontinuierlich entwickelt, ohne, gleich der abendländischen, richtungsändernde Umbrüche zu erleben. Ihre ältesten, noch heute heilig gehaltenen Urkunden finden sich im → Veda (um 1500 v. Chr.). Fast die gesamte Literatur der i. Ph. ist in der Kunst- und Gelehrtensprache des Sanskrit abgefaßt. Da ein großer Teil der geistigen Wandlungen in den Kommentaren zu autoritativen Grundschriften vor sich ging, glaubte die ältere europ. Forschung der i. Ph. ihren Platz in der Vorgeschichte des Philosophierens anweisen zu müssen, während sie in Wahrheit eine Parallelentwicklung zur abendländischen Phil., wenn auch in anderen Formen, darstellt. Gleich der europ. bis zum 18. Jh. beschäftigt sich auch die i. Ph. vorzugsweise mit relig. Problemen, doch legt sie mehr Nachdruck auf die im Wege der Meditation zu verwirklichende Erkenntnis des Transzendenten. Da die Inder an die Ewigkeit des sich zyklisch erneuernden Weltprozesses glauben, haben sie keine eigentliche Geschichtsphil. ausgebildet. Ästhetik und Staats- und Gesellschaftslehre gelten als besondere Wissenschaften. Nach ihrem hist. Ablauf zerfällt die i. Ph. in 3 Perioden: 1. die vedische (1500 bis 500 v. Chr.), 2. die klassische oder brahmanisch-buddhistische (500 v. Chr. bis 1000 n. Chr.) und 3. die nachklassische oder hinduistische (seit 1000 n. Chr.).

1. Vedische Periode. Die Weltanschauung des → Rigveda und der anderen Veden sowie der Brahmanas (Texte des Opferwesens, ab 1000 v. Chr.) ist ein extremer Pluralismus: Götter, Menschen, Tiere, Pflanzen, Elemente, Jahreszeiten, Himmelsrichtungen, Opferhandlungen, Qualitäten, Körperteile, geistige Vermögen usw. sind insgesamt belebte Substanzen, die sich miteinander verbinden, ineinander eingehen und auseinander herausfahren können, was durch magische Operationen erreicht werden soll. Die Zahl dieser Potenzen verringert sich dadurch, daß sie in steigendem Maße zueinander in genetische Beziehung gesetzt werden: jedes Feuer ist eine Manifestation des Feuergottes, jedes Auge eine solche des Sonnengottes usw. (primitiver Platonismus). Die Welt und ihre Erscheinungen werden als Entfaltungen eines Urwesens *(puruscha)* betrachtet. In den phil. Traktaten der Upanischaden (Geheimlehren ab 800 v. Chr.) findet diese All-Einheitslehre ihre für die ganze spätere Zeit gültige Gestalt in der Ansicht, daß dem Kosmos ein ewiges Seiendes, das → Brahman zugrunde liegt, aus dem sich alles entwickelt hat und das mit dem ewigen innersten Kern des Individuums, dem → Atman identisch ist. Dort wird auch die Theorie v. d. Seelenwanderung, von der nachwirkenden Kraft guter und schlechter Taten *(karman),* welche die neue Existenz eines Lebewesens bedingt sowie die Sehnsucht nach einer Er-

lösung aus dem Kreislauf der Wiedergeburten (*samsara*) durch Askese und Gewinnung höherer Erkenntnis zu einem maßgebenden Faktor in der ganzen späteren Geistesgeschichte.

2. Klassische Periode. In dieser wendet sich das Interesse den ethischen Problemen zu. Agnostiker, Materialisten und Fatalisten werden von Brahmanen und Reformern bekämpft. Neben den Brahmanismus treten jetzt die Heilslehren des Buddhismus und Jainismus, welche die Autorität des Veda und die Vorrangstellung der erbl. Priesterkaste negieren. So kommt es zu der Ausbildung von Systemen, die in Lehrtexten ihren Niederschlag finden. Innerhalb des Brahmanismus entstehen 6 „Darschanas" (Anschauungsweisen), die alle als gleichberechtigte Auslegungsformen der Wahrheit gelten.

A. Der Nyāya (Regel, Logik), eine Lehre von den Denkformen (und -entartungen), stellt einen fünfgliedrigen Syllogismus auf. Mit ihm zu einem System verschmolzen ist B. das Vaisesikā, das d. Unterschiede zwischen allem, was uns in der Außen- und Innenwelt entgegentritt, festzustellen sucht. Es hat eine realist. Kategorienlehre und eine Atomistik entwickelt, ist theistisch und sieht die Erlösung in der Trennung der Seele von dem Stofflichen und dem Denkorgan verwirklicht. C. das → Sānkhya („vernunftgemäße Erwägung" oder „Aufzählungslehre") lehrt einen atheistischen Dualismus: die Urmaterie ist nur scheinbar mit der rein geistigen Seele verbunden, die Überwindung dieser Illusion verbürgt die Erlösung. D. Der Yoga (Anspannung, Trainierung) ist eine Meditationspraxis; ihm dient als theoret. Grundlage das Sānkhya, doch wird ein persönlicher Gott angenommen. E. Die Mimamsa („Erörterung" des vedischen Opferwesens) hat es mit der Erklärung des Rituals zu tun, ist aber in ihrer Methode philosophisch und durch Kumârila (8. Jh. n. Chr.) zu einem atheistischen pluralistischen System ausgebildet worden. F. Der → Vedanta (Vollendung des Veda) lehrt in den auf den Upanischaden und der Bhagavadgitâ fußenden „Brahmasûtras" die Entfaltung der Welt aus dem Brahma; die Einzelseelen erlangen in der durch Erkenntnis oder Gottesliebe *(bhakti)* erreichbaren Erlösung die Vereinigung mit Gott, ohne mit ihm zu verschmelzen. Vom Idealismus der spätbuddh. Phil. beeinflußt, gab → Schankara (um 800 n. Chr.) den Texten eine neue Auslegung, welche die frühere Lehre von der realen Entfaltung des Brahma nur als niedere Scheinwahrheit gelten läßt; in Wirklichkeit ist alle Vielheit Trug *(maya)*, die Einzelseele mit dem unveränderlichen Brahma identisch.

Jainismus und Buddhismus sind atheistische Heilslehren. Während der erstere ewige Geistmonaden und Stoffe annimmt, leugnet der letztere die Existenz von beharrenden Substanzen. Das Individuum und die von ihm erlebte Welt kommen durch das Zusammenwirken von gesetzmäßig entstehenden und vergänglichen Daseinsfaktoren *(dharma)* zustande. Die Erkenntnis, daß es kein beharrendes Selbst, sondern nur einen Strom von kooperierenden Dharmas gibt, ist die Voraussetzung für die Gewinnung des → Nirvana. Der extreme Pluralismus des alten Buddhismus, des sog. Kleinen Fahrzeugs *(Hinayana)*, erfährt in dem um die Zeitwende entstehenden „Großen Fahrzeug" *(mahayana)* einen monistisch. Überbau. Nach der „mittleren Lehre" des Nagarjuna (1. bis 2.

Jh. n. Chr.) haben die Dharmas kein wahres Sein, weil sie vergänglich sind; real ist nur das unbegreifliche, in der Meditation erfaßbare „Leere". Sansar und Nirvan sind vom höheren Standpunkt der Wirklichkeit aus gesehen dasselbe. In der späteren „Naturbewußtseinslehre" des Asanga und Vasubandu (3.–4. Jh. n. Chr.) nähert sich der Buddhismus dem Vedanta, indem er ein Geistiges als letztes Sein annimmt, das durch Yoga erfaßbar ist, wenn die Außenwelt als Projektion aus dem Bewußtsein erkannt wurde.
3. Die hinduistische Periode seit 1000 n. Chr. Der Buddhismus in Indien erlischt u. der Jainismus verliert seine Bedeutung. Vedānta u. Nyāya-Vaisésikā werden fortgebildet: charakteristisch ist vor allem das Aufkommen von realistischen vischnuitischen und schivaitischen Systemen, die in scholastischer Weise nachzuweisen suchen, daß das Brahma der Brahma-Sutras der persönliche Gott Vischnu bzw. Schiva ist. Diese Lehren sind z. T. von Gedankengängen des → Tantrismus und Schaktismus beherrscht. Unter dem Einfluß des Islam entstanden seit 1000 monotheistische Heilslehren (Kabirpanthis, Sikhs), seit dem 19. Jh. unter abendländischer Einwirkung solche, die einen modernisierten Theismus oder Pantheismus vertreten (Brahma-Samaj, Arya-Samaj, Tagore, Gandhi, Aurobindo Ghose). Die ind. Schulphilosophie der Gegenwart (S. Radhakrishnan) ist bemüht, ind. und westliches Gedankengut zu verschmelzen. In Dtl. wurde das allgemeine Interesse für die ind. Ph. durch Friedr. Schlegel (Über die Sprache u. Weisheit der Inder, 1808) geweckt; seine Zeit sah in Indien und überhaupt im Orient eine Fundgrube für Romantik (vgl. S. Sommerfeld, Indienkenntnis und Indiendeutung romant. Philosophen, 1934; behandelt Novalis, Schelling, Hegel, Schopenhauer). Goethe bearbeitete ind. Stoffe (Der Gott und die Bajadere, u. a.), vor allem aber war es Rückert, der die Kenntnis der ind. Denkweise verbreitete (Nal und Damajanti, 1828; Brahmanische Erzählungen, 1839; Die Weisheit des Brahmanen, 3 Bde., 1836–39, u. a.). Schopenhauers Lehre von der Verneinung des Willens zum Leben, um Errettung aus dem Leiden zu erlangen, geht auf den Buddhismus zurück. Auf ind. Phil. beruhen die von Helene Blavatsky (1831–91) ins Leben gerufene Theosophie (Theosoph. Gesellschaft, gegr. 1875, Sitz Adyar bei Madras) und die von der Theosophie ausgehenden Strömungen (Anthroposophie u. a.).

G. Grimm, Die Lehre des Buddha, 1915; S. Radhakrishnan, Indian Philosophy, New York 1922, dt. 1955; H. v. Glasenapp, Entwicklungsstufen des ind. Denkens, 1940; H. v. Glasenapp, Der Stufenweg zum Göttlichen. Shankaras Philos. der All-Einheit, 1948; H. v. Glasenapp, Die Philos. der Inder, 1949, [4]1985 (KTA 195); H. Zimmer, Philosophies of India, New York 1951, dt. 1961; S. Bagchi, Inductive Reasoning. A Study of Tarka and Its Role in Indian Logic, Calcutta 1953; E. Frauwallner, Gesch. der i. P., I–II, 1953/56; W. Ruben, Gesch. der i. P., 1954; M. Hiriyanna, Indian Philosophical Studies, 1957; A. Bareau u.a. (Hgg.), Die Religionen Indiens, 1964; L. Schmithausen (Hg.), Mandanamiśra's Vibhramavivekah. Mit einer Studie zur Entwicklung der ind. Irrtumslehre, 1965; J. Tähtinen, Indian Philosophy of Value, Turku 1968; Journal of Indian Philosophy, 1 (1972) ff.; R. A. Mall, Studien zur i. P. und Soziologie, 1974; N. K. Devaraja (Hg.), Indian Philosophy Today, Delhi 1975; J. Wietzke, Theologie im modernen Indien. Paul David Devanandan, 1975; W. Halbfass, Indien u. Europa, 1981; K. H. Potter (Hg.), Encyclopedia of Indian Philosophies, I, Princeton N. J. 1983; B. Matilal, Perception. An Essay on Classical Indian Theories of Knowledge, 1986.

Individualbegriff (vom lat. *individuum,* „das Unteilbare"), im Gegensatz zum → Allgemeinbegriff u. Gattungsbegriff (→ Gattung) der

Einzel-→Begriff, der nur ein einzelnes Ding (Individuum) oder einmaliges Geschehnis bezeichnet, z. B. Goethe, der 1. Weltkrieg.

Individualethik, der Teil der → Ethik, der sich auf das Individuum bezieht, gegenüber der Gemeinschaftsethik (→ Sozialethik). I. verlangt vom Einzelnen sittliche Selbstverwirklichung und persönliche Verantwortung.

Individualismus, diejenige Richtung des Denkens, Fühlens und Wollens, die das Sonderdasein des Einzelmenschen (in weiterem Sinne auch das einzelner bes. wertvoller Gruppen, z. B. der Familie) für wichtiger hält, als das der großen Gemeinschaften und Gesellschaften. Der theoretische I. anerkennt überhaupt nur die Wirklichkeit des Individuellen (→ Nominalismus) bzw. des eigenen Bewußtseins bzw. Ichs (→ Solipsismus) und leugnet deshalb die Möglichkeit allgemein verbindlicher Aussagen bzw. Einsichten (→ Subjektivismus). Der ethisch-politische I. (→ Anarchie, → Egoismus, → Liberalismus) betrachtet d. Individuum als Selbstzweck und sieht im Glück und in der allseitigen Entfaltung der Einzelpersönlichkeit (→ Persönlichkeit) das letzte Ziel; insbes. betrachtet er Gesellschaft und Staat nur als Hilfsmittel zur Erreichung der Zwecke des Individuums. Einflußreiche Spielarten des ethisch-politischen I. sind der volkswirtschaftliche I., der das Wirtschaftsleben dem freien Spiel der Kräfte (Gewinnstreben, Wettbewerb) überläßt (vgl. → Laissez faire) und der pädagogische I., der die erzieherische Arbeit auf die individuelle Eigenart des Zöglings einstellt in der Meinung, daß echte Gemeinschaften nur zwischen voll entfalteten Individuen möglich sind. Der soziologische I. vertritt die Auffassung, daß die Gemeinschaftsvorgänge durch die Wechselwirkung der Individuen entstehen, im Gegensatz zum Solidarismus oder → Universalismus, der sie als Ganzheitserscheinungen der Gemeinschaften betrachtet; → auch Sozialismus.

T. Litt, Individuum u. Gemeinschaft, 1912; L. Koehler, Wesen u. Bedeutung des I., 1922; R. Denker, I. und mündige Gesellschaft, 1967; A. Bohnen, I. und Gesellschaftstheorie, 1975; V. Vanberg, Die zwei Soziologien. I. und Kollektivismus in der Sozialtheorie, 1975; T. C. Heller, Reconstructing Individualism, Autonomy, Individuality, and the Self in Western Thought, Stanford 1986.

Individualität, die Eigenart, der Inbegriff von Eigenschaften und Merkmalen durch die ein Wesen sich als eigenartiges, einmaliges Individuum bekundet; ungenau gebraucht für → Persönlichkeit, Eigenpersönlichkeit, im Gegensatz zur unterschiedslosen Masse der Dutzendmenschen (von denen aber jeder „I." besitzt).

R. Müller-Freienfels, Philos. der I., 1921; T. Haering, I. in Natur und Geisteswelt, 1926; J. Volkelt, Das Problem der I. 1928; F. Suárez, Über die I. und das Individuationsprinzip, 1976; K. Lorenz (Hg.), Identität u. Individuation, I–II, 1982; M. Frank, Die Unhintergehbarkeit von I., 1986; M. Frank (Hg.), I., 1988.

Individualpsychologie nennt Alfred → Adler sein psychologisch-therapeutisches System; er geht von der Annahme aus, daß sich alles menschl. Verhalten vornehmlich aus dem Streben nach Macht und Geltung verstehen läßt. Schon in den ersten Lebensjahren wird sich das Kind seiner Mehr- oder Mindertauglichkeit bewußt und wird, wenn es sich bei Geschwistern und Spielkameraden nicht durchsetzen kann, besonders den überlegenen Erwachsenen gegenüber, die seine Individualität durch Spott oder Strenge unterdrücken, von einem → Minderwertigkeitsgefühl beherrscht. Später sind es Mängel der sozialen oder menschl. Position innerhalb von Gemeinschaften (Schulklasse, Verwandtschaft, Arbeitskollegen usw.), die Minderwertigkeitsgefühle („Komplexe") hervorrufen können. Daraus entspringt entweder ein Geltungstrieb, der zu einem Gefühl der Überlegenheit über Natur und Menschheit zu gelangen trachtet (Überkompensation durch Tyrannisierung der Umgebung, Überheblichkeit, Größenwahn) oder ein Ausweichen durch „Flucht in die Krankheit", Mißbrauch der Hilfsbedürftigkeit usw., das ebenso wie der Geltungstrieb zu einer neurotischen Erkrankung und sozialen Minderwertigkeit werden oder führen kann. Aufgabe der I. soll es sein, die Leit- und Lebenslinie des „nervösen Charakters" zu ermitteln und die Heilung durch eine Methode der Bewußtmachung und Ermutigung herbeizuführen; → auch Tiefenpsychologie.

A. Adler, Menschenkenntnis, 1927; F. Künkel, Einf. in die Charakterkunde auf individualpsycholog. Grundlage, 1928; F. Künkel, Die Arbeit am Charakter, 1929; O. Brachfeld, Minderwertigkeitsgefühle beim Einzelnen und in der Gemeinschaft, 1953; J. Rattner, I. – Eine Einf. in die tiefenpsycholog. Lehre von A. Adler, 1963; R. Dreikurs, Grundbegriffe der I., 1969; H. L. Ansbacher/R. R. Ansbacher (Hgg.), Alfred Adlers I., 1972.

Individuation, die Sonderung eines Allgemeinen in Individuen, Besonderheiten. Prinzip der I. *(principium individuationis):* der Existenzgrund von Einzelwesen oder Besonderheiten. Mit dem Begriff der I. sind zwei Probleme verbunden: 1. Warum findet I. statt? – Und bleibt nicht vielmehr ungeteilte Einheit des Wirklichen? 2. ist I. im Wirklichen von vornherein vorhanden? – Oder, wenn nicht, woraus und wodurch ist I. entstanden? Aristoteles findet das Prinzip der I. in der verschiedenartigen Bestimmtheit und Gestaltung des Stoffes, ebenso Thomas von Aquino. Duns Scotus sieht das I.sprinzip in der → haecceitas. Locke u. Schopenhauer nehmen an, das Prinzip der I. sei in Raum u. Zeit gegeben. Schelling sieht den Grund der I. im sündigen Abfall von Gott. Leibniz nimmt eine von vornherein aus Individuen (Monaden) bestehende Welt an.

J. Assenmacher, Geschichte des I.-prinzips in der Scholastik, 1926; Nordenholz, Welt als I., 1927; J. Goldbrunner, I., Die Tiefenpsychologie von C. G. Jung, 1949.

individuell, einem Einzelnen zukommend, vereinzelt. Gegensatz: → generell.

Individuum (lat. das „Unteilbare"), das Einzelwesen (das „Singuläre"), das nicht geteilt werden kann, ohne seine Eigenart (seine → „Individualität") und seine Eigenexistenz, die nur in seiner Ganzheit beruht, zu verlieren. Diese Definition läßt sich streng genommen nur auf die höheren Tiere (mit Einschluß des Menschen) begründet anwenden. – Die Schwierigkeit der Definition des Begriffes I. liegt bes. darin, daß das I. in seiner Einzigkeit und Besonderheit schwer oder überhaupt nicht durch allgemeine begriffl. Merkmale beschreibbar ist, weshalb schon die Philosophie des MA. zu dem Satz gelangte *„individuum est ineffabile"* (lat.: das I. ist unaussagbar). Seit dem Ende des MA. erhält I. immer mehr stillschweigend die Bedeutung menschliches I. Darunter wird der Mensch verstanden als selbständiges u. vernunftbegabtes Wesen (→ auch Ich), der über sich selbst verfügen kann, zugleich aber als Träger allgemeinmenschl. Werte in übergreifenden

Zusammenhängen steht; → auch Individualismus.

T. Litt, I. und Gemeinschaft, 1912; H. Bouchet, Introduction à la philos. de l'individu, Paris 1949; O. v. Nell-Breuning, Einzelmensch u. Gesellschaft, 1950; I. B. Medawar, The Uniqueness of the Individual, London/New York 1957, dt. 1969; P. F. Strawson, Individuals. An Essay in Descriptive Metaphysics, London 1959, dt. 1972; M. Landmann, Das Ende des I.s, 1971; → Individualität.

Indolenz (aus lat. *in,* „nicht", u. *dolere,* „schmerzen") Empfindungslosigkeit, Gleichgültigkeit, Stumpfheit, auch → Sicheinsetzen.

Induktion (lat. das „Einführen, Zuleiten"), philos. bzw. wiss. Methode, welche vom Einzelnen, Besonderen auf etwas Allgemeines, Gesetzmäßiges schließt. Gegensatz → Deduktion. Durch I. gewonnene Erkenntnis heißt induktiv, ihre Gewinnung induzieren, die sich ihrer bedienenden Wissenschaften induktive Wissenschaften, mit ihrer Hilfe gewonnene Gesetze induktive Gesetze. Das Induktionsverfahren folgert, im einfachsten Falle, aus dem Umstand, daß z.B. S und P (zeitlich oder räumlich) miteinander verbunden auftreten, sei es einmal, sei es öfter, daß sie stets miteinander auftreten oder auftreten werden. Dieser Folgerung kommt natürlich keine absolute Gewißheit, sondern nur Wahrscheinlichkeit zu und diese wächst mit der Zahl der überprüften Einzelfälle. Ein Induktionsschluß ist z. B.: Gold, Silber, Eisen usw. sind Metalle. Gold, Silber, Eisen usw. sind schwerer als Wasser. Also sind alle Metalle schwerer als Wasser. Der Schluß war richtig, bis das Kalium entdeckt wurde.
Die Induktion als Methode der Gewinnung allgemeiner Erkenntnisse aus einzelnen Wahrnehmungen kennen schon Sokrates (auf sittl. Gebiete) und die Epikureer; bewußt begründet und weitergebildet wurde sie von Francis Bacon, Whewell, John Stuart Mill u.a. Sie besteht darin, daß eine aus irgendwelchen Beobachtungen geschöpfte oder sonstwie entstandene Vermutung über den Zusammenhang gewisser Erscheinungen planmäßig, durch Beobachtung und Experiment an den Tatsachen geprüft und mehr oder weniger zur Gewißheit erhoben wird. Dem gegenüber ist die I. im Alltagsdenken sehr kurzschlüssig, führt von wenigen, oft nur einzelnen beobachteten Fällen zu Verallgemeinerungen. – Die strenge I. führt zu erst erarbeiteten, aus mehrfacher Erfahrung abgeleiteten Allgemein-Begriffen und zu Gesetzen, die Deduktionen zugrunde gelegt werden können; bes. die Naturwissenschaften sind mit Hilfe der I. groß geworden. Francis Bacon sagt (in *Novum organum,* 1620):
„Die Empirie kommt nicht über das Besondere hinaus, sie schreitet immer nur von Erfahrungen zu Erfahrungen, von Versuchen zu neuen Versuchen; die I. dagegen zieht aus den Versuchen und Erfahrungen die Ursachen u. allgemeinen Sätze heraus und leitet dann wieder neue Erfahrungen und Versuche aus diesen Ursachen u. allgemeinen Sätzen oder Prinzipien ab."

W. Whewell, History of the Inductive Sciences, I–III, London 1836, dt. 1840/41; J. S. Mill, A System of Logic, Rationative and Inductive, I–II, London 1843, dt. 1849; A. Lalande, Les théories de l'induction et de l'expérimentation, in: Bibl. de la Revue des cours et conférences, Paris 1926; S. F. Barker, Induction and Hypothesis, Ithaca N. Y. 1957; G. H. v. Wright, A Treatise on Induction and Probability, Paterson N. J. 1960; L. J. Cohen, An Introduction to the Philosophy of Induction and Probabilty, Oxford 1989.

induktiv (vom lat. *inducere,* „hineinführen"), durch → Induktion, in der Form der Induktion.

Infinitesimalrechnung (v. franz. „*calcul infinitésimal*"), Rechnen mit unendlich kleinen Größen, wobei das Ganze als eine unendliche Summe von unendlich Kleinen aufgefaßt wird. Ihre streng wissenschaftliche Begründung verdankt die I. hauptsächlich Newton und Leibniz. I. ist der zusammenfassende, übergeordnete Begriff für Differential- und Integralrechnung, auf denen die höhere Analyse der modernen Mathematik basiert.

H. Cohen, Das Prinzip der Infinitesimal-Methode und seine Geschichte, 1883, Neuausgabe 1968; O. Toeplitz, Die Entwicklung der I., hg. 1949 (Repr. 1972); C. H. Edwards, The Historical Development of the Calculus, 1979.

Influxus physicus (lat. „natürl. Einfluß"), scholast. Bezeichnung für den Einfluß des Körpers auf die Seele und der Seele auf den Leib; dazu ist nach Descartes und den Okkasionalisten wegen der völligen Verschiedenheit beider die Mitwirkung Gottes (*concursus* oder *assistentia Dei*) nötig; auch → Leib-Seele-Problem.

Information, (urspr. Formgebung), ein alter philosoph. Begriff, der durch die → Kybernetik eine neue und umfassendere Bedeutung gewonnen hat und dadurch die Grundlagen zu einer verbindenden, in den sich kybernetisch ausweitenden wissenschaftl. Disziplinen allgemeingeltenden I.-Theorie liefert. Unter I. wird nicht allein, wie im Sprachbereich, eine Mitteilung verstanden, sondern ein physikalischer Reiz, sofern dieser eine psychische Rückwirkung auslöst. Die technologische Einschränkung des Begriffes sieht davon ab, daß es des menschlichen Verstehens bedarf, um I. aufzunehmen, abzulesen (zu verarbeiten), aufzuspeichern und sie als Mitteilung oder Handlung weiterzugeben. Eben dadurch gelang es, vollautomatische, I. verarbeitende elektronische Maschinen zu konstruieren, die den vermittelnden, I. verstehenden Menschen völlig entbehren. Je nach Ausgangspunkten spricht man von subjektiver, semantischer, ästhetischer und statistischer I. Die mathematische Behandlung machte die I. zu einer meßbaren Größe, deren Meßeinheit „1 bit" heißt. Die I., die z. B. die Ungewißheit über einen Tatbestand reduziert (ob eine Person in einem Auditorium anwesend ist – ja oder nein?) beträgt = 1 bit. In der allgemeinen mathematischen Deutung heißt I. „logarithmisches Maß für die Unwahrscheinlichkeit des Eintretens eines Ereignisses". Für die mathematische Bearbeitung der vereinfachten I.-Darstellung und I.übertragung wurde die *I.stheorie* begründet, die der technologischen Datenverarbeitung zugrundeliegt.

K. Steinbuch, Automat u. Mensch, 1961; Y. Bar-Hillel, Language and I., Reading Mass. 1964; J. Peters, Einf. in die allg. I.stheorie, 1967; H. Seiffert, I. über die I., 1968; H. Titze, Ist I. ein Prinzip?, 1971; W. D. Hund, Ware Nachricht und I.sfetisch, 1976; P. Young, The Nature of I., New York 1987.

Ingarden, Roman, polnischer Philosoph, * 5. 2. 1893 Krakau, seit 1945 Prof. das., früher in Lemberg, † 14. 6. 1970 Krakau; Husserl-Schüler. In seinen phänomenologischen ästhetischen Schriften entwickelt I. die Schichtenstruktur bestimmter Kunstwerkkategorien und die quasizeitliche Ordnung der Teile literarischer und musikalischer Werke, sowie die eigentümliche synthetische Natur des Films. Kunstwerke sind rein intentionale Gegenständlichkeiten, die in ihrer schematischen Gestalt in dem vom Künstler gemodelten realen Ding oder Prozeß und in den schöpferischen Bewußtseinsakten des Künstlers ihren Seinsgrund haben und in ästhetischem Erlebnis des Betrachters konkretisiert, als ästhetisch wertvolle Gegenstände erfaßt werden. Demgemäß sind sie in ihrer Seinsweise von der Realität wesensmäßig verschieden, obwohl sie in ihr gründen. In I.s Auseinandersetzung mit dem transzendentalen Idealismus Husserls (Der Streit um Existenz der Welt) werden vorerst die verschiedenen möglichen Seinsbegriffe geklärt und in formalontologischen Analysen der wesensmäßige Formunterschied zwischen den seinsautonomen, insbesondere realen Gegenständen und den rein intentionalen Gebilden aufgewiesen, womit der Weg zu einer möglichen Entscheidung der Frage nach der tatsächlichen Seinsweise der uns in der Erfahrung vorgegebenen realen Welt eröffnet wird. Die letzte existentiale Entscheidung muß nach I. aber einer metaphysischen Betrachtung vorbehalten werden. – Hauptwerke: Das literar. Kunstwerk, 1931; Der Streit um die Existenz der Welt, I–III, 1964 (poln. 1947/48); Unters. zur Ontologie der Kunst, 1962; Briefe E. Husserls an I., 1968; Vom Erkennen des literar. Kunstwerks, 1968; Über die Verantwortung, 1970; Gegenstand u. Aufgaben der Literaturwiss., hg. 1976. – A. Poltawski, Bibligrafia prac filozoficznych Romana Ingardena 1915–1971, in: Fenomenologia Romana Ingardena, Warschau 1972.

W. Schopper, Das Seiende und der Gegenstand. Zur Ontologie R. I.s, 1974; A. T. Tymieniecka (Hg.), Ingardeniana (Analecta Husserliana IV), Dordrecht/Boston 1976; E. H. Falk, The Poetics of R. I., Chapel Hill N. C., 1981; L. G. Taylor, A Critical Study of R. I.s Phenomenology of Literary Works of Art, Ann Arbor Mich. 1987; B. Dziemidok/ P. MacCormick (Hgg.), On the Aesthetics of R. I., Dordrecht 1989.

Inhalt ist das Was in dem Wie der Form, ist dasjenige, mit dem die Form erfüllt ist, aus dem sich eine Gestalt verwirklicht. Der I. eines Begriffes ist, im Gegensatz zu seinem Umfang, das Insgesamt seiner Merkmale.

Inhärenz (vom lat. *inhaerere,* „in etwas hängen"), das Verhältnis der Eigenschaften zu ihrem Träger, der Akzidenzen zur Substanz; es ist das In- oder An-einem-anderen-sein; z. B. inhäriert das Rundsein dem Kreis; auch inhärent im Gegensatz zu dominant zur Bezeichnung gegenstandstheor. Schichten; vgl. → Kategorie.

J. Thyssen, Die philos. Methode, 1930.

in infinitum (lat.), ins Unendliche, ohne Aufhören fortschreitend.

inkommensurabel (aus lat. *in,* „nicht", *cum* „mit" und *mensurare,* „messen"), mangels eines gemeinsamen Meßstabes nicht vergleichbar, unmeßbar; in der Mathematik Bezeichnung für irrationale und transzendente Zahlen.

W. R. Knorr, The Evolution of the Euclidean Elements. A Study of the Theory of Incommensurable Magnitudes and Its Significance for Early Greek Geometry, Dordrecht/Boston 1975; Zeno and the Discovery of Incommensurables in Greek Mathematics, New York 1976 (Repr. von Arbeiten von H. Hasse, H. Scholz, H. G. Zenthen); A. Mercier, Metaphysik: eine Wiss. sui generis. Theorie u. Erfahrung auf dem Gebiet des I.n, 1980.

inkonsequent (aus lat. *in,* „nicht" und *consequi,* „folgen"), nicht folgerichtig; Inkonsequenz, Folgewidrigkeit.

Innenwelt, das Insgesamt des bewußten Seelen- und Geisteslebens eines Menschen. In der neueren Psychologie, die auf die I. nur aus dem sichtbaren Verhalten schließt, werden I. und → Außenwelt nicht mehr unterschieden. Insbes. ist das Wahrgenommene nicht mit Außenwelt und das Vergegenwärtigte nicht mit I. gleichzusetzen. Auch Vorstellungen und Denkgegenstände, die im Inneren erzeugt werden, stehen dem Menschen, wenn auch in eigenartiger Weise, wie von ihm unabhängige Dinge gegenüber und können von ihm zu Objekten seines Nachdenkens gemacht werden. Andererseits werden Gefühle, Stimmungen, Neigungen, Hunger und Durst nicht vergegenwärtigt, sondern als unmittelbar zur I. gehörend oder wie von außen kommend erlebt (ein Gefühl „steigt in mir, nimmt von mir Besitz, überfällt mich").

Innerlichkeit, Begriff der deutschen Mystik, die Tendenz der menschl. Seele, die Dinge der Umwelt sich durch Beseelung anzugleichen, sie durch Sinnverleihung in das Wertreich einzubeziehen, sie durch Aufdeckung ihres Wesens ansprechend und ansprechbar zu machen. Es handelt sich um eine bes. Form der Aneignung, die sich vom geistigen Ergreifen oder Erfassen dadurch unterscheidet, daß sie den Dingen gerecht zu werden sucht, sie als gleichrangig mit dem Menschen betrachtet, und sie vor dem Akt der Aneignung nicht (irgendwelchen Zwecken oder Zielen zuliebe) umgestaltet, stilisiert, rationalisiert, in ihrem Wesen vergewaltigt. Die I. ist eine psychische Potenz hohen, vielleicht des höchsten Ranges, denn sie bereitet dem Geist den Weg zur Wahrheit. Sie hat zu tun mit Gehorsam, → Hingabe, → Liebe, → Sachlichkeit und ist verwandt mit Pascals → Instinkt.

U. Christoffel, Deutsche I., 1940; J. Brändle, Das Problem der I.: Hamann – Herder – Goethe, 1950; W. Lepenies, Melancholie u. Gesellschaft, 1969.

Innovation, (frz. Wort seit dem 13. Jh., svw. Neuerung), bedeutet gegenüber dem herkömmlichen Lernen, dem Umgang mit bekannten, überschaubaren Gegenständen und Naturgesetzen, die Fähigkeit, sich auch neuen Situationen gegenüber zurecht zu finden. Das geschieht durch die *Erneuerung* und Erweiterung des Denkens, durch eigenes Verstehen neuer Probleme, die auch tatsächlich gesehen und zumindest teilweise gelöst werden. Der häufige Umgang mit solchen Situationen und deren Bewältigung führt zum *innovativen Lernen,* wodurch Ausbau und Anwendung neuer Denkstrukturen, neuer eigener Fähigkeiten zum Verstehen von Zusammenhängen und deren Beherrschung als schöpferische Möglichkeiten aktiviert werden; ein in den Sozialwissenschaften vielfältig verwendbarer Begriff. In der Philosophie heißt I. die Fähigkeit, über einen gegebenen Stand philosophischen Problemdenkens hinaus neue Probleme zu sehen und sich zu deren Lösung aufzuschwingen. Die Förderung von I. wird heute als Voraussetzung zum Überleben ganzer Gesellschaften und der Menschheit betrachtet, weil nur dadurch kriegerischen Katastrophen und neuartigen Zuspitzungen im politisch-militärischen Zusammenleben der Völker begegnet werden kann.

H. Klages, Rationalität u. Spontaneität. I., Wege der modernen Großforschung, 1967; G. Ulman, Neue amerikan. Ansätze zur Erweiterung des Intelligenzkonzeptes, 1968; R. Specht, I. und Folgelast, 1972; J. W. Botkin/M. Elmendja/M. Malitza, No Limits to Learning: Bridging the Human Gap, Oxford/New York 1979, dt. 1979.

Insein, nach Heidegger „der formale existentiale Ausdruck des Seins des Daseins, das die wesentliche Verfassung des Inderweltseins hat. Das Inderweltsein des Daseins hat sich mit dessen (→) Faktizität je schon in bestimmte Weisen des I.s zerstreut oder gar zersplittert ...

Die Weisen des I.s haben die ... Seinsart des (→) Besorgens" (Sein und Zeit, 1927); → auch Intention.

Inspiration (lat. „Einatmung, Einhauchung"), Eingebung; im rel. Sinn die übernatürliche Mitteilung Gottes an den Menschen durch den Anhauch seines Geistes; im psychol. Sinn das ohne willensmäßige Handlungen eintretende, plötzliche Überfallen-werden von inneren Gesichten, bes. im künstlerischen Schaffen, klassisch geschildert von Nietzsche in seiner Schrift *„Ecce homo"* in bezug auf die Entstehung seines Werkes „Also sprach Zarathustra": „Man hört, man sucht nicht; man nimmt, – man fragt nicht, wer da gibt; wie ein Blitz leuchtete ein Gedanke auf, mit Notwendigkeit in der Form, ohne Zögern, – ich habe nie eine Wahl gehabt. Eine Entzückung, deren ungeheure Spannung sich mitunter in einen Tränenstrom auslöst, bei der der Schritt unwillkürlich bald stürmt, bald langsam wird; ein vollkommenes Außersichsein mit dem distinktesten Bewußtsein einer Unzahl frommer Schauder und Überrieselungen bis in die Fußzehen; eine Glückstiefe, in der das Schmerzlichste und Düsterste nicht als Gegensatz wirkt, sondern als bedingt, als herausgefordert, als eine notwendige Farbe innerhalb eines solchen Lichtüberflusses; ein Instinkt rhythmischer Verhältnisse, der weite Räume und Formen überspannt. Alles geschieht im höchsten Grade unfreiwillig, aber wie in einem Sturm von Freiheitsgefühl, von Unbedingtsein, von Macht, von Göttlichkeit"; Fr. Schleiermacher gab dem I.begriff in seiner Glaubenslehre eine protestantische Deutung. → Kreativität.

W. Hellpach, Schöpferische Unvernunft, 1937.

Instinkt (lat. „Anreiz, Antrieb"), Naturtrieb; gattungs- und artmäßig angeborene bzw. vererbliche Befähigung zu bestimmten Verhaltens- bzw. Betätigungsweisen, durch die automatisch oder infolge Reizwirkung von außen der Ablauf von mehr oder weniger verwickelten, auf ein „Ziel" gerichteten Handlungen bestimmt ist, ohne daß eine bewußte Einsicht in den Ablauf der betr. I.handlung, geschweige denn in ihre Zweckmäßigkeit bzw. Notwendigkeit vorhanden sein müßte. Die I.handlungen unterscheiden sich von den Intelligenzhandlungen hauptsächlich dadurch, daß sie nur unter bestimmten Verhältnissen (den gewohnten, natürlichen) zustande kommen und zweckmäßig sind, bei einer plötzlichen Änderung dieser Verhältnisse jedoch ausbleiben bzw. unzweckmäßig werden können. Welche Rolle I.e (noch) im Leben des Menschen spielen, ist nicht völlig geklärt. Fest steht, daß einerseits bei schöpferischen Völkern und Persönlichkeiten auch das bewußte Denken und Wollen durch I.e im tiefsten Grunde gelenkt wird, daß andererseits die viel beklagte Labilität des modernen Kulturmenschen auf Verkümmerung der auch ihm vital unentbehrlichen I.grundlage seiner Lebensführung beruhen, was entsprechend schon von den Haustieren des Menschen gilt. Dabei ist aber zu bedenken, daß gerade diese Labilität, das häufige Ungleichgewicht aller Anlagen und Fähigkeiten, der Intelligenz die Möglichkeit uneingeschränkter Betätigung eröffnet und für das Phänomen Mensch wesentlich ist. – Bei Pascal und später bei Bergson *(„élan vital")* ist I. eine auf → Intuition beruhende, triebhafte innere Erfahrung.

C. L. Morgan, I. und Erfahrung, 1913; H. E. Ziegler, Der Begriff des I.es einst und jetzt,

[3]1920; W. McDougall, The Energies of Men, London 1932, dt. 1937; J. A. Bierens De Haan, Die tier. I.e und ihr Umbau durch Erfahrung, 1940; A. Gehlen, Der Mensch, 1940; A. Kämpf, Die Revolte der I.e, 1948; N. Tinbergen, The Study of Instinct, Oxford 1951, dt. 1952; R. C. Birney/R. C. Teevan (Hgg.), Instinct, Princeton N. J./New York/ London 1961; K. Lorenz, Über tierisches und menschl. Verhalten, 1965; D. Claessens, I., Psyche, Geltung. Bestimmungsfaktoren menschl. Verhaltens, 1968; W. J. Larre, The Missing Link. The Transition from Animal Instinct to Human Mind, New York 1982.

Instrumentalismus, die von John → Dewey u. a. vertretene Anschauung, daß Intelligenz und Intellekt (die logischen, ethischen usw. Formen) genau so Mittel (Instrumente) der Anpassung an wechselnde Bedingungen seien, wie es Glieder und Zähne sind. I. ist im besonderen der → Pragmatismus der amerikan. Philosophie.

M. Horkheimer, Eclipse of Reason, New York 1947, dt. 1967; H. Lübbe, Instrumentelle Vernunft. Zur Kritik eines krit. Begriffs, in: Perspektiven der Philos. 1 (1975); B. C. van Fraassen, The Scientific Image, Oxford 1980.

Insuffizienz (vom lat. *in,* „nicht" und *suffịcere,* „ausreichen, genügen"), Unzulänglichkeit, z. B. die mangelhafte Funktion eines Organs. – Sartre spricht von der „Seins-I." des Menschen gegenüber den (Seinsfülle besitzenden) Dingen, womit der Mensch sich dadurch Bewußtsein und Freiheit gewissermaßen erkauft.

Integration (vom lat. *ịnteger,* „ganz, vollständig, unverletzt"), ein Vorgang oder eine Handlung, die eine Ganzheit zur Folge hat; Vereinigung, Verbindung, Vereinheitlichung; in der Philosophie Spencers die Veränderung von einem zerstreuten, nicht wahrnehmbaren Zustand in einen konzentrierten, wahrnehmbaren, verbunden mit einer Abnahme der inneren Bewegung, während Desintegration die Veränderung eines konzentrierten in einen zerstreuten Zustand, verbunden mit Zunahme von Bewegung, bedeutet. Spencer gebraucht das Wort I. vielfach auch gleichbedeutend mit Aggregation. Die Entwicklung des Sonnensystems, eines Planeten, eines Organismus, einer Nation besteht nach Spencer in einem Wechsel von I. und Desintegration. In der Psychologie von E. Jaensch bedeutet I. die Ausbreitung seelischer Einzelzüge über die Ganzheit des Seelenlebens. In der Staatslehre von Smend wird als I. die ständige Selbsterneuerung des Staates durch die gegenseitige Durchdringung aller auf ihn gerichteten Betätigungen bezeichnet. Unter I.sproblem versteht man heute in erster Linie die Frage, wie und auf welcher Ebene das in viele Weltanschauungs- und Interessengruppen zersplitterte dt. Volk oder ein anderes auseinandergerissenes Volk wieder zu einer Nation zusammengeschlossen werden kann.

A. Messer, Psychologie, 1914; R. Smend, Verfassung u. Verfassungsrecht, 1928; E. R. Jaensch, Grundformen menschl. Seins, 1929.

integrierend (vom lat. *integrạre,* „wiederherstellen"), wesentlich, nötig für das Bestehen und die Vollständigkeit.

Intellekt (lat.), Verstand, Denkkraft, Einsicht, der Inbegriff derjenigen geistigen Funktionen (Vergleich, Abstraktion, Begriffsbildung, Urteil, Schluß usw.), die aus Wahrnehmungen Erkenntnisse machen bzw. schon vorhandene Erkenntnisse kritisch sichten und zergliedern, wobei bisweilen die ganzheitlichen Funktionen des Erkannten und seine Eingebettetheit in größere Ganzheiten nicht mehr beachtet werden, was zur (tadelnden)

Bez. → Intellektualismus geführt hat. Seit dem MA. besteht die philos. Streitfrage, ob der Wille dem I. unterworfen sei (ein Standpunkt, den Thomas von Aquino vertrat) oder der I. dem Willen (ein Standpunkt, von dem Duns Scotus u. Wilhelm von Ockham ausgingen). Heute herrscht die Anschauung vor, daß sowohl der I. als auch der Wille von der jeweiligen Stimmungslage abhängig sind, daß aber der I. (als zur Sphäre des Geistes gehörend) dem Willen (als zur Sphäre des Seelischen gehörend) übergeordnet sei.

J. K. Kreibig, Die intellekt. Funktionen, 1909; P. F. Linke, Erkennen u. Geist, 1936.

Intellektualismus, tadelnde Bezeichng. für die theoret. wie auch prakt. Haltung des „Intellektuellen", der unausgesprochen oder ausgesprochen, dem zwar kritischen, aber an sich wertblinden → Intellekt die Lenkung des Tuns und Lassens überläßt. Der I. vertritt in der Erkenntnistheorie den Rationalismus, in der Ethik – im Gegensatz zum emotionalen Erleben – die Lehrbarkeit der Tugenden; oder präzise gekennzeichnet: eine Haltung, für die gilt *intellectus voluntate superior,* woraus Determinismus folgt. In der Pädagogik ist I. eine Bevorzugung der Verstandesbildung vor der Gemütsbildung. Mit den Ergebnissen und Forderungen der ganzheitlichen Betrachtungsweise von Mensch und Welt ist der I. nicht vereinbar. – Gegensatz: → Voluntarismus.

M. Wundt, Der I. in d. griech. Philos. 1907; T. Litt, Wissensch., Bildung, Weltanschauung, 1928; N. Chomsky, Die Verantwortlichkeit der Intellektuellen, 1971; E. R. Wiehn, Intellektuelle in Politik und Gesellschaft, 1971.

intellektuelle Anschauung, eine anschaulich-unmittelbar das metaphysisch Absolute erfassende Erkenntnisweise; der Begriff wurde vom dt. Idealismus geprägt. Sofern eine i. A. möglich ist, ist sie eine Leistung der → Innerlichkeit. Kant verstand unter i. A. eine die Dinge in ihrer absoluten Realität erfassende Intuition, „welche allein dem Urwesen zuzukommen scheint, die aber nicht die unsrige ist, von welcher wir auch die Möglichkeit nicht einsehen können". Bei Goethe eine „anschauende Urteilskraft", ein „Anschauen der inneren schaffenden Natur", das auf das „urbildliche, Typische" geht. Als eine Quelle philos. Erkenntnis betrachten sie vor allem J. G. Fichte und Schelling. Schopenhauer lehnt sie dem Worte, nicht so sehr der Sache nach ab; vgl. → Intuition, Wesensschau.

Intelligenz (vom lat. *intellegere,* „einsehen, begreifen, Kenner sein"), die dem Menschen eigentümliche geistig-verstandesmäßige Begabung, im engeren Sinne die Fähigkeit, sich in ungewohnten Situationen schnell zurechtzufinden, das Wesentliche eines Sachverhaltes oder eines Vorganges richtig und schnell zu erfassen, überhaupt geistige Beweglichkeit, Anpassungsfähigkeit, Neugierde, die Fähigkeit raschen Denkens und Urteilens. Der Grad der I. ist verschieden, angefangen nahe beim Nullpunkt, bei der Idiotie, bis zum unerklärlichen Höhepunkt beim Genie; ihrer Art nach ist sie reaktiv oder spontan, je nachdem sie einen Anstoß von außen braucht oder nicht, kritisch oder aufbauend, je nachdem sie ein Gegebenes betrachtet oder Neues schafft, theoretisch oder praktisch, je nachdem sie die Denkarbeit oder die Tätigkeit des Lebens betrifft (I.typen).

Zur näheren Bestimmung der I. dienen die I.prüfungen, die darin bestehen, daß verschiedenartige Aufgaben gestellt werden, aus deren Lösung oder Nichtlösung auf die Art und den Grad der I. geschlossen werden kann.

Mit „Intelligenz" bezeichnet man auch die geistig führende Schicht eines Volkes. Sie besteht als „bürgerliche I." seit dem Zeitalter des Humanismus, während bis dahin die geistige Führung in den Händen der Geistlichkeit lag. Die I. ist die Schicht der Vorurteilslosen und Bildungsstrebsamen, sie ist geistig beweglicher, unberechenbarer u. politisch schwieriger zu lenken als andere Schichten, aber auch labiler, instinktärmer, vital gefährdeter. Die I. steht der Gruppe der Künstler nahe, ist aber in ihrem Habitus weniger emotional bestimmt als diese.

T. Geiger, Aufgaben u. Stellung der I. in der Gesellschaft, 1949; T. S. Molnar, The Decline of the Intellectual, Cleveland 1961, dt. 1966; J. Piaget, Psychologie de l'intelligence, Paris 1967, dt. 1980; H. G. Furth, Piaget and Knowledge, Englewood Cliffs 1969, dt. 1972; G. Güntheroth (Hg.), Die technisch-wiss. I., 1972; T. Dobzhansky, I. – Vererbung u. Umwelt, 1974; R. Kail, Human Intelligence. Perspevtives and Prospects, New York 1985; B. Hassenstein, Klugheit. Bausteine zu einer Naturgesch. der I., 1988.

intelligibel (lat.), nur mit Hilfe des Intellektes bzw. durch → intellektuelle Anschauung erfaßbar, der → intelligiblen Welt zugehörig; nach Kant das, was dem Verstand bzw. der Vernunft allein und den Sinnen gar nicht gegeben ist: „Transzendente Ideen haben einen bloß i.en Gegenstand, welchen ... als ein durch seine unterscheidenden und inneren Prädikate bestimmbares Ding zu denken, wir weder die Gründe der Möglichkeit, noch die mindeste Rechtfertigung ... haben, und welcher daher ein bloßes Gedankending ist" (Kant, Kritik der reinen Vernunft, ähnlich: *Prolegomena*); → auch transintelligibel.

intelligibler Charakter, heißt bei Kant und Schopenhauer die metaphysische Grundlage des menschl. Charakters, bes. soweit sie, von allen naturhaften Fesseln frei, letzter Grund der sittl. Handlungen ist (→ auch Persönlichkeit). Schopenhauer bezeichnet den i. Ch. auch als unzerstörbaren Charakter *(character indelebilis),* weil er den unzerstörbaren Anteil des Menschen am Weltwillen darstellt.

intelligible Welt, das Reich des → Intelligiblen, der Inbegriff der reinen Gedankendinge, der Ideen, der Ideale usw., die die geistige Wirklichkeit ausmachen. Die Kritik des reinen Verstandes „erlaubt es nicht, sich ein neues Feld von Gegenständen außer denen, die ihm als Erscheinungen vorkommen können, zu schaffen und in i. W.en, sogar nicht einmal in ihren Begriff, auszuschweifen" (Kant); wohl aber sei es der praktischen Vernunft erlaubt, sich eine i. (moralische) W. zu schaffen und diese i. W. ist – wie alles Ideale – Willensgrund alles sittl. Handelns; → auch Realität.

W. Teichner, Die i. W. – Ein Problem der theoret. u. prakt. Philos. I. Kants, 1967.

Intensität (neulat.), Stärke, Anspannung, Spannungsgrad; intensiv, von (großer) I. In der Naturwissenschaft die Größe der einzelnen Komponenten einer physikalischen Erscheinung, die zum Zwekke der exakten Bestimmung meßbar gemacht wird. – Gegensatz → Extension.

A. Maier, Das Problem der intensiv. Größen in der Scholastik, 1939.

Intentio (lat.), Anspannung, Absicht, Gerichtetsein, → Intention; *i. recta,* „gerades Gerichtetsein" auf einen Begriff oder Gegenstand, der dabei als außerhalb (bei der *i. obli-*

qua, dem „schrägen Gerichtetsein" als innerhalb) der gnoseologischen Beziehung stehend gedacht wird. Entsprechend nennt man die beiden Weisen (lat. *modi*) dieses Gerichtetseins *modus rectus* und *modus obliquus.* Nic. Hartmann (in „Zur Grundlegung der Ontologie", S. 49, [3]1948) nennt die *i. recta* „die natürliche Einstellung zur Welt", in der der Ansatz der Ontologie enthalten sei, weil diese nicht mit Reflexion (*i. obliqua*) beginne, die natürliche Richtung des Erkennens nicht umstelle, ihr vielmehr folge und sie gradlinig weiter verfolge; vgl. → Einstellung.

Intention (lat.), Absicht, Tendenz. Intentionalismus ist die Lehre, daß jede Handlung nur nach der Absicht des Handelnden zu beurteilen sei. Den Begriff der Intentionalität, der schon in der mittelalterlichen Philosophie eine große Rolle gespielt hatte, haben Brentano u. d. Phänomenologische Schule zum wesentlichen Merkmal alles Psychischen gemacht: „Unter den Erlebnissen heben sich solche heraus, die die Wesensgemeinschaft haben, Erlebnisse von einem Objekt zu sein. Diese Erlebnisse heißen ‚intentionale Erlebnisse', und insofern sie Bewußtsein (Liebe, Werte usw.) von etwas sind, heißen sie auf dieses Etwas ‚intentional bezogen'. Indem man jetzt die phänomenologische [eidetische] Reduktion auf solche intentionale Erlebnisse anwendet, kommt man einesteils zur Fassung des Bewußtseins als eines reinen Bezugspunktes der Intentionalität (‚reines Bewußtsein'), dem der intentionale Gegenstand gegeben ist, anderenteils gelangt man zu einem Objekt, dem nach der Reduktion keine andere Existenz verbleibt, als diesem Subjekt intentional gegeben zu sein. Im Erlebnis selbst schaut man den reinen Akt, der einfachhin die intentionale Bezogenheit des reinen Bewußtseins auf den intentionalen Gegenstand zu sein scheint" (Bochenski, Europäische Philosophie d. Gegenwart, [2]1951). Bei Brentano muß dabei unterschieden werden, daß während für den jüngeren Brentano alle Gegenstände der intentionalen Akte eo ipso intramental existierten (Verdoppelung der Welt) – eine Auffassung, die fast alle seine Schüler, auch Husserl, übernahmen – erkannte *der spätere* Brentano, daß die Objekte der intentionalen Akte immer bewußtseins*transzendent* sind. Das Bewußtsein ist nach B. zwar immer auf ein reales Objekt gerichtet, ohne daß letzteres unbedingt zu existieren braucht (vgl. Osk. Kraus' Hinweis in der Neuauflage von Brentanos ‚Psychologie vom empirischen Standpunkt', 1924, I. Bd., S. XXXIIIf.). In der Existenzphilosophie ist die Intentionalität des Daseins das „Seinbei" einer Welt, das zum → Insein gehört. „Die Intentionalität gründet in der Transzendenz des Daseins, im Weltentwurf des vom Seienden je schon durchstimmten Daseins" (Brecht, Einf. i. d. Philos. der Existenz, 1948).

I. Fisch, Husserls I.alitäts- u. Urteilslehre, Diss. Basel 1942; J.-P. Sartre, Situations, Paris 1947; F. Brentano, Die Lehre vom richtigen Urteil, hg. 1956; G. E. M. Anscombe, I., Oxford 1957, dt. 1986. G. Sodan, Über den Gebrauch der Ausdrücke ‚I.', ‚intentional', ‚I.alität' und ‚intendieren' in der modernen Bewußtseinstheorie, 1958; G. H. v. Wright, Norm and Action, London/New York 1963, dt. 1979; J. R. Searle, Intentionality, Cambridge 1983, dt. 1986; E. Baumgartner, I.alität, 1985.

Interesse (lat. „dabei sein"), Anteil, Hinzugezogensein, Teilnahme an, Neigung zu etwas („I. zeigen"); der Wert und die Bedeutung, die wir einer Sache beilegen, die dementsprechend unser Denken und Fühlen in Anspruch nimmt; gegenständlich gewendet auch: Vorteil, Nutzen, Eigennutzen („Auf sein I. bedacht sein"). Wer I. hat, heißt interessiert, wer ständig bestimmte I.n verfolgt oder wem mit Aussicht auf Erfolg etwas angeboten werden kann, heißt Interessent. Interessant heißt, was unsere Aufmerksamkeit weckt und festhält (→ auch Wesen), weil es eine positive oder negative Bedeutung für unsere praktischen oder theoretischen Bedürfnisse hat. Je nach dem Gegenstand des I.s spricht man von materiellen und geistigen, von wiss., künstlerischen, von allgemeinen und Sonder-Interessen. Helvetius nennt „wohlverstandenes I." die Verbindung von Uneigennützigkeit und eigenem Vorteil. Politisch, bes. außenpolitisch, bezeichnet I. gewisse Ansprüche des Staates außerhalb seiner Grenzen.

P. Bollhagen, I. und Gesellschaft, 1967; G. Gabriel, Definitionen und I.n. Über die prakt. Grundlagen der Definitionslehre, 1972; J. Habermas, Erkenntnis und I., 1968; P. Massing/P. Reichel (Hgg.), I. und Gesellschaft. Definitionen – Kontroversen – Perspektiven, 1977.

Intermittierend (vom lat. *intermittere,* „unterbrechen"), unstetig, ohne → Kontinuität, mit Unterbrechungen auftretend, so sind z. B. die Bewußtseinsakte als i. nachzuweisen.

Intermundien (lat. „Zwischenwelten"), Metakosmien, Bez. Epikurs für die leeren Zwischenräume zw. den Welten, in denen die Götter wohnen, ohne sich um die Welt zu kümmern.

Interpretation (lat.), Auslegung, Deutung, Erklärung; → Hermeneutik.

Intersubjektiv (lat. aus *inter,* zwischen und subjektiv). Damit wird die Fähigkeit aller Subjekte bezeichnet, allgemeingültige Sätze grundsätzlich einzusehen, mitzuteilen und nachzuprüfen.

Intersubjektivität. In der transzendentalen Phänomenologie → Husserls die eine objektive Welt transzendental ermöglichende Vergemeinschaftung von Subjektivitäten, wobei der Sinn von „objektiv" als „intersubjektive Betreffbarkeit" bestimmt wird. Die transzendentale I. wird in einer phänomenologischen Analyse der Erfahrung von Leiblichkeit und der in dieser Erfahrung fundierten Appräsentation, d. h. → Einfühlung, fremder Subjektivität durchgeführt. Sie zeigt, daß in jedem Ich der Andere impliziert ist und daß diese Implikation den Sinn von objektiver Welt konstituiert. Auf die Stufe bloßer Erfahrung von Ich-Fremden (→ Nicht-Ich) baut sich die Stufe intersubjektiver Konstitution von → Lebenswelten und auf diese – nach der Ausbildung des Ideals universaler intersubjektiver Betreffbarkeit und der diese ermöglichenden logischen Begrifflichkeit, – die Stufe objektive Gültigkeit erstrebender Wissenschaft. Durch die Theorie der Intersubjektivität befreit sich die transzendentale Phänomenologie vom Schein des → Solipsismus.

A. Schutz, Das Problem der transzendentalen I. bei Husserl, in: Philos. Rundschau 5 (1957); E. Husserl, Zur Phänomenologie der I., I–III, hg. 1973; M. S. Frings, Husserl and Scheler. Two Views of Intersubjectivity, in: J. Brit. Soc. Phenomenol. 9 (1978).

intolerant (lat.), unduldsam; Intoleranz, Unduldsamkeit. Gegensatz: → Toleranz.

intramundan (lat.), innerweltlich.

Introjektion (aus lat. *intro,* „hinein", und *iacere,* „werfen"), Beseelung, Einfühlung; nach Avenarius legt der Mensch in sich selbst wie in seine Mitmenschen Vorstellungen von Umgebungsbestandteilen als innere Zustände „hinein", wodurch eine irrtümliche Spaltung der Einheit der empirischen Welt in eine „Innen-" und eine „Außenwelt", in „Objekt" und „Subjekt" erfolge. Auf diese Weise entstehen nach Avenarius u. a. die Vorstellungen: Seele, Unsterblichkeit, Geist.

R. Avenarius, Kritik der reinen Erfahrung, 2 Bde., [2]1908.

introvertiert → extrovertiert.

Intuition (v. lat. *intuitus,* „Blick, Anblick"), Betrachtung, Sichtung, Anschauung, dann auch, der Sache nach schon seit dem Altertum, eingebungsartiges geistiges Schauen, unmittelbare, nicht durch Erfahrung oder verstandesmäßige Überlegung (Reflexion) gewonnene Einsicht, unmittelbares Erleben der Wirklichkeit; „eine aus dem inneren Menschen sich entwickelnde Offenbarung" (Goethe). Intuitive Erkenntnis: durch I., durch unmittelbares Erfassen des Wesens der Dinge gewonnene Einsicht in den Wesenskern einer Sache. Für Descartes ist die I. des Geistes (mentis intuitus) das unmittelbar vorausgehende Denken vor jeder Methode. Kant unterscheidet die durch Begriffsbildung gewonnene diskursive (logische) Deutlichkeit von der durch Anschauung gewonnenen intuitiven (ästhetischen, d. h. sinnlichen) Deutlichkeit. Der dt. Idealismus, bes. Schelling, bezeichnete die später I. genannte Erkenntnisart mit → Intellektuelle Anschauung. Bei Bergson ist I. „gleichzeitig ein Zusammen- und Ineinanderschauen der Resultate der Analyse, nicht also ein voranalytisches Verhalten. Die Philosophie soll ... weder die Realität konstruieren ..., noch sich bei dem Tatbestand der natürl. Weltanschauung und der ... Wissenschaft begnügen, ... sie soll durch I. das All rekonstruieren, indem sie steigend mit ihm unmittelbaren Erlebniskontakt gewinnt, eben dadurch, daß sie die Formen und Schemata zerbricht, die dem All den Charakter eines bloßen Menschenmilieus verliehen" (Max Scheler, Vom Umsturz der Werte, II, [4]1955).

J. König, Der Begriff der I., 1926; H. Bergson, La pensée et le mouvant, Paris 1934, dt. 1948; K. W. Wild, I., Cambridge 1938; A. J. Bahm, Types of I., Albuquerque 1960; M. Bunge, I. and Science, Englewood Cliffs N. J. 1962 (Repr. 1975); G. Kühlewind, Die Wahrheit tun. Erfahrung u. Konsequenzen des intuitiven Denkens, 1978.

Intuitionismus (lat.), die Lehre von der → Intuition als hauptsächlichster und sicherster Erkenntnisquelle. In der Ethik und Kunst werden Vorstellungen und Gefühle dieser Quelle zugeschrieben. Man spricht auch von einem mathematischen I., der aus der Kritik an den Paradoxien der axiomatischen Mengenlehre hervorging.

W. Meckauer, Der I. und seine Elemente bei H. Bergson, 1917; A. Hufnagel, Intuition und Erkenntnis nach T. v. Aquin, 1932; K. Möhlig, Die Intuition. Eine Unters. der Quellen unseres Wissens, 1965 M. Dummett, Elements of Intuitionism, Oxford 1977.

invariabel (lat.), unveränderlich. Invariante; unveränderl. Größe.

involvieren (lat.), einschließen, in sich begreifen, beinhalten.

ionische Philosophen, die ältesten griech. Philosophen, die alle aus Ionien an der kleinasiat. Küste stammten. Sie waren sämtlich Naturphilosophen, „Physiologen", u. suchten nach dem Einen, aus dem alles Vorhandene in natürlicher

Entwicklung geworden sei; zu ihnen gehören: Thales, Anaximander, Anaximenes, Diogenes von Apollonia, Heraklit. Nur von wenigen sind schriftliche Bruchstücke erhalten; wir wissen Näheres davon aus ihren in Hymnenform geschriebenen Schriften hauptsächlich durch Platon. Der Ausgangspunkt ihres Philosophierens war die Frage nach dem Urstoff. Vgl. → griech. Philosophie.

ipse dixit (lat.), → *autós epha.*

Irenäus, röm. Kirchenvater, aus Kleinasien, † um 200 als Bischof von Lyon und Vienne, bekämpfte die Gnostiker durch seine Schrift „*Adversus haereses*" (hrsg. von Schieren, 2 Bde., 1851–53, dt. 1912) und formulierte darin das Traditionsprinzip der kath. Glaubenslehre; sein „Erweis der apostolischen Verkündigung", dt. 1907, enthält interessante Texte und Untersuchungen zur Gesch. d. altchristl. Literatur.

J. Werner, Der Paulinismus des I., 1889; G. N. Bonwetsch, Die Theologie des I., 1925; R. A. Norris, God and World in Early Christian Theology, London 1966.

Ironie (vom griech. *eironeia,* „Verstellung, Vorwand"), urspr. eine Redeweise, bei der der Redende entweder trotz seines Wissens sich unwissend stellt oder etwas anderes sagt, als er wirklich denkt und meint (doch muß dies dem intelligenten Zuhörer noch erkenntlich sein). Die Sokratische I. bestand darin, daß sich der Weise Unwissenden gegenüber, die sich selbst für wissend und weise hielten, dumm stellte, um sie schließlich aus ihren Folgerungen ihre Unwissenheit und Torheit erkennen zu lassen und zur rechten Weisheit anzuleiten. Die Romantische I. besteht ihrem Kerne nach in der Stimmung, „welche alles übersieht, sich über alles Bedingte unendlich erhebt, auch über eigene Kunst, Tugend oder Genialität" (Fr. Schlegel); sie kann Ausdruck wirklicher Überlegenheit oder Versuch des Ausgleichs innerer Schwäche und Unsicherheit sein. Die existentielle I. bei Kierkegaard ist ein aus einer höchstgesteigerten christl. Gefühlswelt stammendes Nichtmehrernstnehmen der ästhet. Phänomene beim Übergang zu den ethischen Entscheidungen, welche die Vorstufe zum religiösen Sichbestimmtfinden bilden.

S. Kierkegaard, Über den Begriff der I., 1929 (dän. 1841); R. Jancke, Das Wesen der I., 1929; F. Wagener, Die romantische und die dialekt. I., Diss. Freiburg 1931; B. Allemann, I. und Dichtung, 1956; E. Pivcevič, I. als Daseinsform bei S. Kierkegaard, 1960; V. Jankélévitch, L'I., Paris 1964; E. Behler, Klassische I., romantische I., tragische I. – Zum Ursprung dieser Begriffe, 1972; U. Japp, Theorie der I., 1983.

Irradiationstheorie (vom lat. *irradiatio,* „Einstrahlung"), zur mittelalterl. → Lichtmetaphysik gehörende Lehre.

irrational (lat. „unvernünftig"), nennt man das, was mit dem Verstande nicht erfaßbar ist, was sich den Gesetzen der Logik anscheinend nicht unterwerfen läßt, was als „übervernünftig", vernunftfremd, aber nicht als vernunftwidrig gilt; vgl. → transintelligibel. Der Irrationalismus (innerlich verwandt mit dem → Agnostizismus) bezeichnet Instinkt, Intuition, Gefühl, Innerlichkeit, Liebe als die grundlegenden vorrationalen Erkenntnisquellen, deren Ergebnisse von der Ratio lediglich weiterbehandelt werden. Schelling nennt das I.e „an den Dingen die unbegreifliche Basis der Realität, das, was sich mit der größten Anstrengung nicht in Verstand auflösen läßt, sondern ewig im Grunde bleibt. Aus diesem Verstandlosen ist im eigentl. Sinne der Verstand geboren" – Irrationalität, Unzugänglichkeit für den Verstand.

R. Müller-Freienfels, Metaphysik des I.en, 1927; G. Lukács, Die Zerstörung der Vernunft, 1954; H. M. Garelick, Modes of Irrationality. Preface to a Theory of Knowledge, Den Haag 1971; H. Titze, Traktat über Rational und I., 1975; M. Landmann, Anklage gegen die Vernunft, 1976; H. P. Duerr (Hg.), Der Wissenschaftler und das I.e, 1980; D. Pears, Motivated Irrationality, Oxford 1984.

irreal (lat.), nicht real, unwirklich.

irreduzibel (lat.), auf nichts anderes zurückführbar, von nichts anderem ableitbar.

irrelevant (lat.), bedeutungslos, unerheblich, geringfügig.

Irresein, moralisches, → *moral insanity*.

irreversibel (lat.), nicht umkehrbar, heißen Vorgänge, deren Richtung und Ablauf nicht umgekehrt verlaufen können, z. B. die Umwandlung von Bewegungsenergie in Wärme beim Abbremsen eines Fahrzeugs, bei mechanischer Arbeit überhaupt, bei nicht umkehrbaren thermodynamischen Abläufen (→ Entropie); i. sind weiterhin die Lebensvorgänge (Entwicklung vom Ei bis zur Reifeform; Verdauung), die menschliche Geschichte usw.

Irrtum, eine Vorstellung, ein Gedanke oder eine Gedankenfolge, die zwar mit dem Bewußtsein bzw. der Gewißheit ihrer Richtigkeit erlebt wird, aber der „Wahrheit", den tatsächlichen Verhältnissen, dem Gegenstand nicht entspricht (materialer I.) oder den logischen Gesetzen widerspricht (formaler I.). Quellen des I. können sein: Vorurteile, Mangel an Urteilskraft; Übereilung, Mangel an Energie, an Konzentration oder an Stetigkeit des Denkens; unzureichendes Erkenntnismaterial; subjektive Stimmungen, Dispositionen, Leidenschaften, unmethodisches Verfahren, Übersehen von Fehlerquellen, vorschnelle Verallgemeinerungen u. a. Von den I.ern, die an sich unabsichtlich geschehen, unterscheiden sich die absichtlich hervorgerufenen I.er, die entweder Selbsttäuschungen oder Täuschungen anderer sind. Psychologisch gesehen ist der I. eine sehr subjektive oder mangelhafte Deutung der sinnlich wahrnehmbaren Erscheinung, ein sehr subjektiver oder fehlerhafter Schluß von der Erscheinung auf diejenige physikalische Wirklichkeit, die in der Erscheinung von sich Kunde gibt.

E. Mach, Erkenntnis und I., [5]1926; F. Mayer, Zur systematischen Stellung der Descartesschen I.stheorie, 1920; J.-E. Heyde, Logik des I.s (Festschrift f. Joh. Rehmke, 1928); B. Schwarz, Der I. i. d. Philosophie, 1934; A. Seiffert, I. u. Methode, in „Philos. naturalis", IV, 1958.

islamische Philosophie, die i. Ph. ist nur zum geringsten Teile arabische, meist aber arabischsprachige Philosophie; sie ist die Philosophie philosophiebegabter Völker, bes. der Iranier, im Bereich der Islam-Religion, deren Sprache die arabische ist. Daher bietet die i. Ph. meist das Bild eines Eklektizismus, in welchem das islamisch-relig. Moment mit altiranischer Weltanschauung und philos. Ideen altgriech. und indischer Herkunft zusammenkommt.

1. Anfänge. Dem Stifter des Islam und dessen Theologen und Bekennern lag Philosophie an und für sich fern, obwohl Mohammed (ca. 570–632 n. Chr.) kein Gegner der Philosophie war. Auch stieß der Is-

lam bei seinem Vordringen, bes. in Kleinasien, überall auf Pflegstätten antiker Philosophie. Als daher die Islam-Theologie angesichts der Probleme der Vorherbestimmung des Menschenschicksals und der sittl. Verantwortung sich vor die Notwendigkeit klarer Gedankenführung gestellt sah, benutzte sie den Gedankenapparat der antiken Philosophie. Viele philosoph. und wiss. Schriften der Griechen wurden zuerst vorwiegend ins Arabische übersetzt.

2. Philosophie im Ost-Islam. Die eigentliche i. Ph. nahm im 9. Jh. ihren Ausgang vom Iran. Nazzam († 845) steht unter dem Einfluß der griech. Stoa und des indischen Jainismus. Die beiden Aristoteliker, der Araber Alkindi († um 870) und der Türke → Farabi (um 870–950) streben zum philos. System, jener durch exaktes math. und kausales Denken, dieser durch eine Emanationsphilosophie nach Art des Neuplatonismus. Die erste Kategorienlehre gibt der Iranier Rhazes; sie fußt auf den fünf Prinzipien: Gott, Seele, Materie, Raum und Zeit. Bemerkenswert ist der christliche Araber Costa ben Luca (864–923) durch sein Werk *„De differentia spiritus et animae"*. Versuche enzyklopäd. Wissenszusammenfassung unternehmen im 10. Jh. die „Lauteren Brüder von Basra". Der größte Systematiker der i. Ph. ist der Iranier → Avicenna (Ibn Sina; 980–1037), der das Universalienproblem sowie das Problem der subjektiven und der objektiven Erkenntnisakte in Angriff nimmt. Folgenreich auch für das mittelalterliche Europa wurde die (philosophisch-psychologisch-physikalische) Optik der i. Ph. besonders Alhazens (965–1038).

Von Anfang an finden sich auch mystische Strömungen in der i. Ph., gipfelnd in der Lichtmetaphysik des Iraniers Suhrawardi († 1191). Die Islam-Mystik wird unter dem Namen Sufismus zusammengefaßt, der bes. die Wesensgleichheit prophetisch Begabter mit Gott lehrt, im übrigen sein Lehrgebäude im Anschluß an den Neuplatonismus errichtet; auch indische Einflüsse finden sich gerade hier zahlreich. Der Sufismus gipfelt in den ekstatischen Bekenntnissen des Ibn Halladsch († 922); die großen Dichter stehen ihm nahe, z. B. Omar Chajam und Dschelaleddin Rumi. Im 12. und 13. Jh. erhebt sich heftige Opposition gegen die Philosophie; Hauptwortführer → Gazali (1059–1111) und Sahrazuri († 1243; beberühmte Schrift gegen die Philosophie). Philosophen und Mystiker werden hingerichtet (z. B. Suhrawardi und Ibn Halladsch). Das Wort „Philosoph" wird zum Schimpfwort.

3. Philosophie im West-Islam. Eine kurze Nachblüte erlebte die i. Ph. im maurischen Spanien. Sie stand dort von Anfang an stark unter dem Einfluß jüd. Philosophen. Diese Nachblüte ist wichtig, weniger an sich als durch ihre Wirkung auf das christl. Europa des MA. (→ europäische Philosophie). Avempace (Ibn Badja, 1100–1138) entwarf auf neuplatonischer Grundlage ein System der Selbsterlösung, das Abubaker (Ibn Tufail, 1100–1185) zu einem System der allgemeinen Weltflucht und der Skepsis gegen alle positiven Religionen ausbaute. Den Höhe-, aber zugleich Endpunkt dieser kurzen Entwicklung bildet das aufklärerisch-scharfsinnige System des → Averroës (1126–98).

4. Philosophie seit dem 13. Jh. Seit dem 13. Jh. weicht die i. Ph. im Gebiete des Islam immer mehr einem theol. Gegendruck, ohne ganz auszusterben. Es gibt eine Reihe

Mystiker, u. a. der bedeutende Suhrawardist Sirazi († 1640). Unbehindert blieben enzyklopäd. Zusammenfassungen, wie sie z. B. Taşköprüzade († 1555) gab. Bedeutsam Ibn Chalduns († 1408) Geschichtsphilosophie. Zufluchts- und Pflegestätte der i. Ph. war seit dem 16. Jh. bes. das islamische Nordindien; Blütezeit unter Kaiser Akbar (1556–1605). Seit dem 19. Jh. regt sich die i. Ph. wieder kräftiger, außer in Indien (Pflegestätte die Universität Alidarh) auch in Ägypten; seit dem 2. Weltkrieg wurden häufig philosophische Konferenzen arabischer Philosophen abgehalten, die letzte davon 1972 in Marokko.

F. Dieterici, Die Philos. der Araber im 9.–10 Jh. n. Chr., I–VIII, 1873–75; T. J. de Boer, Gesch. der Philos. im Islam, 1901; M. Horten, Die Philos. des I. in ihren Beziehungen zu den philos. Weltanschauungen des westl. Orients, 1924; O. A. Farrukh, The Arab Genius in Science and Philosophy, Washington 1954 (arab. 1945); G. E. v. Grunebaum, Medieval Islam, Chicago 1946, dt. 1963; R. Jockel, Islam. Geisteswelt, 1954; M. Asad/H. Zbinden (Hgg.), Islam u. Abendland, 1960; M. Fakhry, A History of Islamic Philosophy, New York/London 1970; H. Gätje, Studien zur Überlieferung der Aristotel. Psychologie im Islam, 1971; M. Rodinson, Islam und Kapitalismus, 1971; G. F. Hourani, Islamic Rationalism, Oxford 1971; A. Mercier (Hg.), Islam u. Abendland in Geschichte u. Gegenwart, 1976; C. Bouamrane/L. Gardet, Panorama de la pensée islamique, Paris 1984.

Isomorphie (griech.), Gleichgestaltetheit, Gestaltidentität. In der Psychologie die (theoretische) Gestaltidentität zwischen dem anschaulich Erlebten und den Vorgängen in der Großhirnrinde: es wird angenommen, daß wir an dem anschaulich Erlebten unmittelbar die Gestalteigenschaften jener Vorgänge, insbes. die des Aufbaues und des dynam. Gefüges, ablesen können; → psycho-physisches Niveau.

italienische Philosophie, 1. Einleitung. An der Entfaltung der scholastischen Philosophie waren italienische Gelehrte von Weltruf beteiligt, so vor allem → Anselm von Canterbury (1033–1109), → Bonaventura (1221–1274) und → Thomas von Aquino (1225–74). Die eigentliche i. Ph. beginnt mit der Renaissance, der Wiedergeburt der griech. Philosophie, die ganz in italienischem Geiste vor sich ging.

2. Renaissance und Humanismus. Für die platon. Philosophie trat → Plethon (um 1355–1450) ein, weil sie der christl. Denkungsart näher stehe, als die aristotelische. Ihm schlossen sich Marsilio → Ficino (1433–99), der Leiter der platon. → Akademie in Florenz, und → Pico della Mirandola (1463–1494) an, während Petrus → Pomponatius einen Aristotelismus im Sinne der → Alexandristen vertrat. Orthodoxe Formen zeigt teilweise der späteste Renaissance-Aristotelismus von Andreas Caesalpinus (1519–1603) und Giacomo Zabarella (1532–89). Der naturwissenschaftliche Forscher bestimmt dagegen den philosophischen Typus mehr und mehr; Geronimo → Cardano (1501–1576) schuf eine dynamische Philosophie des universellen Gestaltenwandels; philosophisch weniger bedeutend ist der verdienstvolle Wissenschaftsorganisator Bernardino → Telesio (1508–1588). Franciscus Patritius (1529–97) suchte kritische Naturforschung mit spekulativer Lichtmetaphysik zu vereinigen. Alle diese Denker waren Vorläufer der eigentlich kämpferischen Geister, deren Reihe mit Leonardo da Vinci (1452–1519) begann, der in seiner philos.-wiss. Forscherleistung Anschauung und Denken genial vereinte, während Niccolò → Machiavelli (1469–1527) eine nationale Geschichtsphilosophie entwickelte. Giordano → Bruno (1548–1600)

findet die unsichtbare Unendlichkeit Gottes in der sichtbaren des Weltalls wieder, die den Menschen mit „heroischer Leidenschaft" erfüllt. Die endgültige Überwindung des MA. aus dem Geiste forschender (Natur-)Wissenschaft stellt sich in Galileo → Galilei (1564–1642) dar.

3. Gegenreformation und Aufklärung (Mitte des 17. bis Ende des 18. Jh.). Schon Patritius hatte sich philosophisch in den Dienst der Gegenreformation gestellt, was im Grunde auch bei Thomas → Campanella (1568–1639) trotz seiner betonten Scholastikfeindschaft der Fall war. Der Kardinal Bellarmin (1542–1621) vertrat eine dem späteren Unfehlbarkeitsdogma schon nahe verwandte Auffassung von der Macht des Papstes. Der Begründer des modernen Historismus wurde Giovanni Battista → Vico (1668–1744). Cesare Beccaria-Bonesana (1737–94) schuf eine sozialreformistische Philosophie der Sittlichkeit und des Rechts. Die Philosophie der franz. und engl. Aufklärung wurde von den ital. Denkern übernommen, aber nicht fortgebildet.

4. 19. Jahrhundert. Ein dem spekulativen Aufschwung im dt. Idealismus verwandter Enthusiasmus, den in Norditalien der von Kant beeinflußte Antonio → Rosmini (1797–1855) und Vincenzo → Gioberti (1801–52) verkörperten, wurde für die endgültige i. Ph. entscheidend. Für Gioberti, der in seinem Denken bei Hegel und der dialekt. Methode endete, steht nicht nur das Sein, sondern das göttliche Sein selbst dem Erkennen offen. Die i. Ph. Süditaliens war zur gleichen Zeit von einer ersten Welle des Hegelianismus getragen; Hauptvertreter Bertrando Spaventa (1817–83) und Francesco De Sanctis (1817–1883). Pasquale Galluppi (1770–1864) und Alfonso Testa (1784–1860) basierten vorwiegend auf Kant. Endlich lebte auch in der i. Ph. der Positivismus, durch Carlo Cattaneo (1801–69) und Giuseppe Ferrari (1812–76) auf der Linie Vicos geisteswissenschaftlich vertreten. Eine starke neuscholastische Strömung entstand Mitte des 19. Jh.; Vertreter: Cajetano Sanseverino (1811–65); Tommasso Zigliara (1833–93) und Matteo Liberatore (1825–1892). Durch die Enzyklika *„Aeterni Patris"* Leos XIII. 1879 und die Gründung der Thomas-Akademie im Vatikan 1891 erhielt diese Strömung eine wesentliche Unterstützung. Ihr gegenüber gelangte der mittlere Hegelianismus kaum zu Bedeutung. Der neuere Kantianismus kam nur durch Carlo Cantoni (1840–1911) zu einiger Wirkung, ihm folgen Felice Tocco (1845–1911), der Philosophiehistoriker Alessandro Chiapelli (1875–1931) und der skeptisch-kritische Giuseppe Rensi (1871–1941). Auf der Grenze des Idealismus zum Positivismus hin steht Bernardino Varisco (1850–1933). Vertreter eines jüngeren (naturwissenschaftlichen) Positivismus sind Roberto Ardigò (1828–1920) und Pasquale Villari (1827–1917). Eine positivistische Soziologie vertrat Antonio → Labriola (1843–1904).

5. 20. Jahrhundert. Führende Philosophen in der 1. Hälfte dieses Jh.s bis zum 2. Weltkrieg waren G. → Gentile (1875–1944), der einen „aktualistischen" Neuhegelianismus entwickelte, und Benedetto → Croce (1866–1952), der sich selbst einen De Sanctis'schen Idealisten in der Ästhetik, einen Herbartianer in der Moral und allgemein in der Auffassung der Werte,

einen Antihegelianer und Antimetaphysiker in der Theorie der Geschichte und der allg. Auffassung der Welt, einen Naturalisten oder Intellektualisten in der Erkenntnislehre nennt. Neben neuthomistischer Philosophie, Studien zur eigenen Philosophiegeschichte und Neohegelianismus nehmen heute in der i. Ph. marxistische Deutungen, Hermeneutik und Existenzphilosophie eine zentrale Stellung ein; außerdem Einflüsse der französischen und englischen Philosophie, insbesondere ihrer modernen Strömungen. – Bibliografia filosofica italiana, 1950 ff.

R. Hönigswald, Denker der italien. Renaissance, 1938; M. F. Sciacca, La filosofia italiana, Mailand 1941; A. Santucci, Esistenzialismo e filosofia italiana, Bologna 1959; E. Garin, Storia della filosofia italiana, I–III, Turin 1966; G. Gentile, Storia della filosofia italiana, I–II, Florenz 1969; I. Höllhuber, Gesch. der i. P. seit Beginn des 19. Jh.s, 1969; E. Garin u.a., La filosofia italiana dal dopoguerra a oggi, Bari 1985.

Jacobi, Friedrich Heinrich, Philosoph, * 25. 1. 1743 Düsseldorf, † 10. 3. 1819 München, zuerst Kaufmann und freier Schriftsteller (Allwills Briefsammlung, 1792; Woldemar, 1779 – beides philos., z. T. von Goethe inspirierte Romane, Vorläufer des Wilhelm Meister) auf seinem Gut in Pempelfort bei Düsseldorf, in seiner Jugend mit Lessing und Goethe befreundet, 1807–13 Präsident der bayrischen Akademie der Wissenschaften in München. Großes Aufsehen erregte seine Schrift „Über die Lehre des Spinoza, in Briefen an Moses Mendelssohn" (1785); er teilte darin ein Bekenntnis Lessings zum Spinozismus mit und erklärte den Atheismus für eine Folge des Spinozismus wie aller Verstandesphilosophie, während die wahre Philosophie auf Gefühl und Glauben beruhe und erst anfange, wo der Spinozismus aufhöre. In diesem Sinne bezeichnete sich J. als „Heiden mit dem Verstande, Christen mit dem Gemüte". Mit Hume und Kant setzte er sich auseinander in der Schrift „David Hume über den Glauben oder Idealismus und Realismus" (1787). In diesem Werke entwickelt er seine Glaubensphilosophie: „Die höchsten Grundsätze, worauf sich alle Beweise stützen, sind, unverkleidet, bloße Machtansprüche, denen wir, wie dem Gefühl unseres Daseins, glauben". Mit Fichte setzte er sich in einem „Sendschreiben an Fichte" (1799), mit Schelling in der Schrift „Von göttlichen Dingen" (1811) auseinander. – J. war der Philosophielehrer der Romantiker und der Verkünder des modernen Individualismus. Er leitete die Philosophie der Menschen aus ihren Handlungen ab. Nicht nur alle Personen, sondern auch alle Dinge sind „im Leben", das „Gott" ist. Bei J. finden sich sowohl lebens- als auch existenzphilosophische Ansätze.

O. F. Bollnow, Die Lebensphilos. F. H. J.s, 1933 (Repr. 1966); G. Baum, Vernunft u. Erkenntnis. Die Philos. F. H. J.s, 1969; K. Hammacher, Die Philos. F. H. J.s, 1969; W. Weischedel, J. u. Schelling, 1969; K. Homann, F. H. J.s Philos. der Freiheit, 1973; Peter-Paul Schneider, Die „Denkbücher" F. H. J.s, 1986.

Jacoby, Günther, Philosoph, * 21. 4. 1881 Königsberg, seit 1919 Prof. in Greifwald, † 4. 1. 1969 ebda., Mitbegründer der modernen Ontologie. Seine Untersuchung unserer praktischen Seinsbegriffe führt für Raum wie Zeit zu einer „Immanenzontologie" der erfahrbaren Erscheinungen und zu einer „Transzendenzontologie" der aus ihnen erschließbaren Wirklichkeit. Diese, die „Zeitwelt", ist ein vierdimensionales, nacheinanderloses, euklidisches Raumzeitkontinuum. Sie führt zu ontologischen, neuen Transformationen und diese ihrerseits zu einer neuen Unterbauung der speziellen Relativitätstheorie. Die Zeitwelt ist die Weltsubstanz. Lokal begrenzte Raumzeitkrümmungen dieser führen zu unseren Einzelsubstanzen. Seine „Ideenontologie" behandelt den objektiven Geist, den subjektiven und als ein Korrektiv beider einen absoluten. J. vertritt Logik als philosophische Lehre von der Identität und Nichtidentität zwischen Begriffen. Er befürwortet eine Trennung zwischen den philos. Aufgaben der Logik u. den mathem. der Logistik. Im ganzen strebt J. eine subjektfrei ausgerichtete Philosophie und deren Selbständigkeit allen Einzelwissenschaften gegenüber an. – Hauptw.: Allg. Ontologie der Wirklichkeit, 2 Bde., 1925/55; Der Anspruch der Logistiker auf die Logik u. ihre Geschichtsschreibung, 1962. – Nachlaßverwaltung und -Bearbeitung an der Universität Tübingen durch B. v. Freytag-Löringhoff.

W. v. Del Negro, Ontologie als Wissenschaft vom Seienden, in ZphF, Bd. XI, 1957; G. Hennemann, Allgemeine Ontologie der Wirklichkeit, ebda., Bd. XII, 1958; B. v. Freytag, G. J. 80 Jahre alt, (mit vollst. Bibliographie) in ZphF Bd. XV, 1961; E. Albrecht, Gedanken aus Anlaß des 100. Geb.-tages von G. J. In: „Dt. Zeitschr. für Philosophie", 1981/7.

Jaeger, Werner, Philologe und Philosophiehistoriker, * 30. 7. 1888 Lobberich (Rheinl.), † 19. 10. 1961 in USA, 1921–1936 Prof. in Berlin, seit 1939 an der Harvard-Universität in Cambridge (Mass.), arbeitete über Aristoteles (Aristoteles. Grundlegung einer Gesch. seiner Entwicklung, 1923, [2]1955), Platon und die griech. Geistesgeschichte (Paideia. Die Formung des griech. Menschen, 3 Bde., 1933–47, [2]1954/55) u. Gregor v. Nyssa, dessen Gesamtwerk er seit 1921 herausgab (Gregorii Nysseni Opera; bisher 10 Bde.). Als Pädagoge bemühte sich J. um eine Neubegründung der humanist. Idee u. des humanist. Bildungsideals (Das Problem des Klassischen und die Antike, 1931, [2]1961; Humanist. Reden und Vorträge, 1937, [2]1960); Diokles von Karystos. Die griech. Medizin u. die Schule des Aristoteles, 1938; *Scripta Minora*, 1960. J. schrieb ferner: Demosthenes, der Staatsmann u. sein Werden, 1938; *Humanism and Theology*, 1943, dt. 1960; *The Theology of the Early Greek Philosophers*, 1947, dt. 1953; *Two Rediscovered Works of Early Christian Literature*, 1954; Die Anfänge der Rechtsphilosophie und die Griechen, in ZphF, Bd. III, 1949; Diokles von Karystos, ebda., V, 1950; Die Griechen und das philosophische Lebensideal, ebda., XI, 1957; Medizin als methodisches Vorbild in der Ethik des Aristoteles, ebda., XIII, 1959.

E. Lebek, W. J. zum 60. Geburtstag, ZphF, III, 1949; D. Gigon, W. J. zum Gedenken, ebda., XVIII, 1964.

Jainismus (Dschainismus), indische, mit dem Buddhismus verwandte Religion, nach ihren 24 Heilverkündern, den „Jinas" (Siegern) benannt, von denen die beiden letzten, Parschva (angebl. 750 v. Chr.) und Mahavira (500 v. Chr.) historisch sind. Nach der Lehre des Jainas (Anhänger des J.) geht der ewige, von keinem Gott regierte Weltprozeß nach dem → Karma-Gesetz durch Zusammenwirken von ewigen Geistmonaden und ewigen Atomen vor sich. Solange die Seele durch feine Materie infiziert ist, muß sie durch immer neue Existenzen wandern, wenn sie aber durch rechte Erkenntnis und Askese von allem Stofflichen befreit ist, so steigt sie erlöst zum Gipfel der Welt empor, wo sie untätig in reiner Geistigkeit verharrt. Der J., der heute in Indien noch 1¼ Mill. Bekenner zählt, zerfällt in die zwei Konfessionen der *Schvetambaras* (deren Mönche „weiße Gewänder" haben) und der *Diagambaras* (deren Mönche den „Luftraum als Gewand" haben, d. h. nackt gehen). – Der J. hat eine große Lit. hervorgebracht und eine eigenartige Relativitätslehre *(syadvada)* entwickelt; → indische Philosophie.

H. v. Glasenapp, Der J. – Eine ind. Erlösungsreligion, 1925; H. v. Glasenapp, Die Philos. der Inder, 1949, [4]1985 (KTA 195); A. Bareau u.a. (Hgg.), Die Religionen Indiens, III, 1964; N. N. Bhattacharyya, Jain Philosophy, New Delhi 1976; K. Bruhn/A. Wezler (Hgg.), Studien zum J. und Buddhismus, 1981.

James, William, nordamerikan. Philosoph, * 11. 1. 1842 New York, † 26. 8. 1910 Chocorua (New Hampshire), 1872–1907 Prof. an der Harvard-Universität in Cambridge (Mass.), mit Carl Stumpf befreundet, Vertreter eines antimaterialistischen „radikalen Empirismus" und Begründer des Pragmatismus (→ Peirce). Leitgedanken seiner von Renouvier beeinflußten Metaphysik sind die freie, schöpferische Persönlichkeit und die Vielgestaltigkeit der Wirklichkeit (→ Pluralismus); er suchte in diesem Sinne die „letzte Weltanschauung von größter subjektiver und objektiver Fülle" (gebraucht das dt. Wort „Weltanschauung"). In seiner Psychologie bekämpfte er die Assoziationstheorie. Das Bewußtsein ist gegliedert und hat eine zweckmäßige Struktur. Seine Religionsphilosophie bzw. -psychologie ist ethisch geartet und beruht auf personalistischer Deutung von seelischen Kräften im All; sie gipfelt in einem Panpsychismus. – Hauptw.: *The Principles of Psychology,* 2 Bde., 1890, dt. 1900; *Pragmatism,* 1907, dt. 1908; *A Pluralistic Universe,* 1909, dt. 1914; *The Varieties of Religious Experience,* 1902, dt. [4]1925; Essays über Glaube und Ethik, dt. 1949; The Works of W. J., Cambridge Mass./London 1975 ff.

K. Stumpf, W. J. nach seinen Briefen, 1927; R. B. Perry, The Thought and Character of W. J., I–II, Boston 1935 (Repr. 1974); H. Schmidt, Der Begriff der Erfahrungskontinuität bei W. J. und seine Bedeutung für den amerik. Pragmatismus, 1959; P. K. Dooley, Pragmatism as Humanism, Chicago 1974; R. Stevens, J. and Husserl, Den Haag 1974; W. R. Corti (Hg.), The Philosophy of W. J., 1976 (mit Bibl.); E. Herms, Radical Empiricism. Studien zur Psychologie, Metaphysik u. Religionstheorie W. J.', 1977; I. K. Skrupskelis, W. J., Boston 1977; G. Bird, W. J., London 1986 (mit Bibl.); G. E. Meyers, W. J., New Haven 1986 (mit Bibl.).

Janke, Wolfgang, Prof. in Wuppertal, * 8. 1. 1928 Beuthen, Ob.-Schlesien, befaßt sich mit der Weiterentwicklung und Destruktion der Reflexionsphilosophie im spekulativen Idealismus, insbesondere mit der Spätphilosophie Fichtes. Mit seiner Apologie der modernen Existenzphilosophie bemüht sich J. um eine Neubegründung traditioneller Fragen der Metaphysik. – Schr. u. a.: Leibniz. Die Emendation der Metaphysik, 1963; Fichte – Sein u. Reflexion, 1970; Historische Dialektik. Destruktionen dialekt. Grundformen von Kant bis Marx, 1977.

Jansenismus, eine nach dem niederl. Theologen Cornelius Jansen (* 28. 10. 1585 Acquoi bei Leerdam, † 6. 5. 1638 Ypern. Hauptw.: *Augustinus, sive doctrina Augustini de humanae naturae sanitate, aegritudine, medicina,* 1640) benannte katholisch-theolog. Bewegung, die an den Lehren Augustins festhielt und sich scharf gegen den Jesuitismus richtete. Die Jansenisten waren die gewissenhaftesten Vertreter der kath. Innerlichkeit. Ihre Hauptanliegen waren: Gnadenwahl Gottes, Sündhaftigkeit der Menschen, Bußübungen, Weltverneinung, Kunstfeindschaft. Der J. hatte sein Hauptquartier im Kloster → Port-Royal-des-Champs bei Versailles, das bes. durch die sog. Logik von Port-Royal des Antoine Arnauld und durch Pascals Unterstützung des J. (*Lettres provinciales,* 1657) bekannt geworden ist. Der J. wurde von Kirche und Staat verfolgt, 1730 verboten.

P. Honigsheim, Die Staats- u. Soziallehren der frz. Jansenisten im 17. Jh., 1914; W. Deinhardt, Der J. in dt. Landen, 1929; L. Ceyssens (Hg.), Jansenistica minora, I–X, Mechelen 1950–68; L. Ceyssens, Sources relatives aux débuts du jansénisme et de antijansénisme, Leuven 1957; A. Sedgwick, Jansenism in Seventeenth-Century France, Charlottsville Va. 1977; R. Traveneaux (Hg.), Jansénisme et prêt à intérêt, Paris 1977.

japanische Philosophie, während sich das Inselreich innerhalb des großen Kulturkreises von China seine Selbständigkeit bewahrt hat, entwickelte sich die j. Ph. unter chines. Einfluß, bis sie erst im 19. Jh. mit der europäischen Kultur in Berührung kam. Andererseits hatte das Land die Voraussetzungen, den aus China gebrachten Buddhismus und Konfuzianismus auf eigene Weise weiterzuentwickeln. In der ersten Hälfte des 6. Jh.s kam der Buddhismus von China über Korea ins Land. Er wurde vom alten Kaisertum als nützlich zur staatlichen Vereinigung betrachtet und fand unter staatlichem Schutz, im Kampf gegen abweichende Glaubensformen verschiedener Clans, allgemeine Verbreitung. Daher erhielt der alte Buddhismus in hohem Maße den Charakter einer staatl. Religion. Wer als erster in Japan den Buddh. richtig begriff und weitervermitteln konnte, war Shootoku *Taishi* (574–622); die ersten Begründer der buddhistischen Philosophie waren *Saichoo* (767–822) und *Kuukai* (774–835). In seiner Deutung, die als die älteste philosophische Auseinandersetzung in Japan gilt, arbeitete Saichoo den Gedanken heraus, daß alle Menschen gleich berechtigt seien, vom Buddha begnadet zu werden. Von diesem Standpunkt aus beschäftigt sich seine Schule mit sozialen Aufgaben, was im Buddhismus eine neue Phase darstellte. Bei *Kuukai* hatte die buddhistische Philosophie ihre Grundlage im Pantheismus; alles sei nur Offenbarung des Wesens des Kosmos, des Mahāvāirocanah. Daraus entstanden zwei Richtungen, Mystizismus und Weltbejahung. Der pantheistische Gedanke, alles zu bejahen und zu ergreifen, ist der älteste philosophische Ausdruck typisch japanischer Kultur, die verschiedene Elemente fremder Kulturen in sich aufnahm und sie weiterentwickelte.

Die Auflösung des alten Staats und damit die Entstehung einer feudalistischen Gesellschaft brachten die buddh. Philosophie wieder in eine neue Phase. Ein starkes Endzeitgefühl bei der Auflösung des alten Staates überfiel das Volk. Der mittelalterliche Buddhismus stand nun vor der echt religiösen Frage, wie man selbst erlöst werden könne. Es entwickelten sich zwei Lösungsrichtungen: 1) Man verließ sich ganz auf die Gnade Buddhas; *Shinran* (1173–1262) war Begründer des Buddhismus als Erlösungsreligion. Seine ins Paradoxe gehende Fragestellung, warum nur gute Menschen und nicht auch böse erlöst werden, besagt, daß sich dadurch gerade der Böse wegen seines Sündenbewußtseins stärker Buddha anvertraut, als der Gute. 2) Man strengt sich selber sehr intensiv in der Zen-Kasteiung an. *Doogen* (1200–1253) meinte, die innere Praxis von Zen sei gleichbedeutend mit der Erlösung.

Die japanische Neuzeit beginnt damit, daß die sogenannte Shogunatsregierung (begründet 1600) mit ihrer starken politischen Macht den Feudalismus umorganisierte. Um die aktive Tätigkeit von Jesuiten zu verhindern, schloß die Regierung das Land für die Fremden ab (mit Ausnahme von chinesischen und holländischen Kaufleuten). Innenpolitisch gesehen war dieses Zeitalter deswegen das friedlichste, weil das Volk dadurch gemäß einer strengen Standesordnung leben konnte. Der Konfuzianismus, der eine innerweltliche Morallehre verkörpert, lieferte für diese Zeit das passende Gedankengerüst. Während bis dahin konfuzianische Klassiker schon lange von den Buddhisten zur sekundären Bildung herangezogen wurden, gewann der Konfuzianismus nunmehr seine Legitimität dadurch, daß er die Außerweltlichkeit des Buddhismus angriff. Die höchsten Leistungen der konfuzianischen Philosophie sind bei der *Kogaku-Schule* zu suchen (Yamaga *Sokoo*, 1622–1685), Itoo *Jinsai* (1627–1705). In ihrer Morallehre war die Ehrlichkeit gegenüber dem Anderen der Grundgedanke. Die Auffassung der *Mito-Schule*, daß Chuu (Loyalität des Dieners) und Koo (Gehorsam gegen die Eltern) einig seien, drückte ebenfalls die Geltung von Ehrlichkeit aus.

Seit dem letzten Drittel des 19. Jh.s, seit dem Start Japans als modernem Staat, nahm man aus verschiedenen sozialen Beweggründen zahlreiche europäische philosophische Gedanken auf, wie z. B. den englischen Utilitarismus, Sozial-Darwinismus von Spencer und die französischen Aufklärungsideen. Ferner herrschte seit der Jahrhundertwende der deutsche Idealismus. Nishida *Kitaroo* (1870–1945) versuchte, das in der Tradition eingewurzelte Erlebnis der westlichen Philosophie zu einer Logik auszubauen („Die intelligible Welt“ übers. v. R. Schinzinger). Das Interesse der japanischen Gegenwartsphilosophie am europäischen Denken findet seit dem 2. Weltkrieg auch darin einen starken Ausdruck, daß die Hauptwerke großer westlicher Philosophen (u. a. von K. Jaspers, O. Fr. Bollnow) ins Japanische übersetzt werden. – Texte: K. Nishida, Die intelligible Welt, hg. 1943; O. Benl/H. Hammitzsch (Hgg.), Japan. Geisteswelt, 1956.

S. Y. Park, Die Rezeption der dt. Philos. in Japan u. Korea, 1976; Y. Nitta/H. Tatematsu (Hgg.), Japanese Phenomenology, Dordrecht 1979, dt. 1984; S. Linhart (Hg.), Japan. Geistesströmungen, 1983; R. Schinzinger, Japan. Denken, 1983; K. v Barloewen (Hg.), Japan und der Westen, I, 1986; M. Yasaki (Hg.), East and West. Legal Philosophies in Japan, 1987; L. Brüll, Die j. P. – Eine Einf., 1989.

Jaspers, Karl, Philosoph, * 23. 2. 1883 Oldenburg, 1916–21 a. o. Prof. der Psychiatrie in Heidelb., 1921–37 u. nach 1945 das. Prof. d. Philos., seit 1948 in Basel, † 26. 2. 1969. J. kam von der Psychopathol. her. In seinem wissenschaftlichen Hauptwerk (Allg. Psychopathologie, 1913, ⁷1959) hob er durch die methodologische Systematik die Psychopathologie aus einer klinischen Empirie in eine wissenschaftliche Forschungspraxis. Theorien werden nur bis an die Grenzen ihres Gehalts an Realität als Theorien ernst genommen. Das Ganze selbst, der Mensch, entzieht sich ihrem Zugriff – J.' Psychologie (Psychologie der Weltanschauungen, 1919, ⁶1971; Strindberg u. van Gogh, 1922, ³1949) ist in weitem Umfang Existenzerhellung. Über die empirische Feststellung von Tatbeständen hinaus wuchs sie zum systematischen Entwurf von Möglichkeiten der Seele und zum indirekten Appell an die Freiheit des Menschen. – J.' Philos. hat entscheidende Gehalte von Kant und Kierkegaard in sich aufgenommen. Doch geht es nie darum, wie die großen Philosophen zu denken, sondern aus und in ihren tragenden Gehalten ursprünglich das Philosophieren unserer Zeit zu finden, Philosophiegeschichte, deren Horizont die Universalgesch. d. Philos. ist, erschöpft sich nicht in der Historie, sondern ist wesentlich Praxis der Aneignung (Max Weber, 1932, [3]1958; Nietzsche 1936, [3]1950; Descartes, 1937, [3]1956; Nietzsche u. d. Christentum, 1947, [2]1963; Lionardo als Philosoph, 1953; Schelling, 1955; Die großen Philosophen, 1957, [2]1959; Nikolaus Cusanus, 1964). – Man kann das ganze Gebiet von J.' Philos. (Philosophie, 3 Bde., 1932, [3]1956; Einführung in die Philos., 1950, [7]1961; Rechenschaft und Ausblick, Reden und Aufsätze, 1951, [2]1958; Philosophie und Welt, Reden und Aufsätze, 1958, [2]1964) mit den fünf Grundfragen umgrenzen: 1) Was ist Wissenschaft? 2) Wie ist Kommunikation möglich? 3) Wie wird uns Wahrheit zugänglich? 4) Was ist der Mensch? 5) Wie wird man sich der Transzendenz bewußt? – Die erste Frage führt zu einer klaren Trennung von Philosophie u. Wissenschaft. Sie bewahrt vor der Verwechslung des Denkens, das auf das Ganze geht, mit dem Denken, das im Partikularen aufgrund bestimmter Voraussetzungen methodisch, zwingend gewiß und allgemein gültig voranschreitet. Für die Wissenschaft bedeutet das, daß sie als Sacherkenntnis unaufhaltsam einem offenen Kosmos des Wißbaren zustrebt, aber um den Preis der Seinserkenntnis; für die Philosophie, daß sie unentwegt diese Seinserkenntnis aus einem philos. Glauben heraus sucht, aber um den Preis zwingender Antworten im Sinn der Sacherkenntnis (Die Idee der Universität, 1923; Neufassung, 1946; völlige Neubearbeitung, 1961; u. a. o.). – Die zweite Frage geht von der These aus, daß der einzelne Mensch für sich allein nicht Mensch werden kann. „Selbstsein ist nur in Kommunikation mit anderem Selbstsein wirklich."

Grundbedingung der Kommunikation ist die Freiheit, individuell im Entschluß verwirklicht, aber politisch (Die geistige Situation der Zeit, 1931, [10]1960; Die Atombombe und die Zukunft des Menschen, 1958, [41]1960; Lebensfragen der deutschen Politik, 1963) in der Staatsordnung garantiert und in ihrer Praxis ermöglicht. Denken und Tun erhalten ihren Wahrheitsausweis erst von der Kommunikation her: „Wahr ist, was verbindet." – Die Frage nach der Wahrheit (Vernunft und Existenz, 1935, [4]1960; Existenzphilosophie, 1938, [3]1964; Von der Wahrheit, 1947, [2]1958; Vernunft und Widervernunft in unserer Zeit, 1950, [2]1952) geht vom Faktum der Subjekt-Objekt-Spaltung aus. Was Gegenstand wird, tritt aus dem Grund des Seins als Seiendes in diese Spaltung. Weder ein einzelnes Seiendes noch die Totalität des Seienden sind das Sein selbst. Vielmehr bleibt dieses hinter aller Erscheinung ungreifbar als der ständig sich entziehende Horizont, den J. das Umgreifende nennt. Es kann gegenständlich nicht erkannt, aber philos. erhellt werden. Das geschieht jeweils durch eine Weise des Transzendierens. Sie findet ihre methodische Ausfaltung in der offenen Systematik, der → Periechontologie, in der hingedacht wird zum Umgreifenden, in dem wir sind

(Welt, Transzendenz), und zum Umgreifenden, das wir sind (Dasein, Bewußtsein überhaupt, Geist). Die Existenz ist der Grund in uns, die Vernunft das Band dieser fünf Weisen des Umgreifenden. – So wie das Sein mehr ist als die Totalität des Seienden, ist das Menschsein mehr als die Totalität seiner historischen Seinsweisen (Vom Ursprung und Ziel der Geschichte, 1949, [4]1963). Der Mensch ist mehr als er weiß. Als Dasein lebt er in der Welt, als Bewußtsein überhaupt forscht er im Gegenständlichen, als Geist entwirft er die Ideen des Ganzen im Weltdasein. Als mögliche Existenz ist er alloffen auf Transzendenz bezogen. – Das philos. Denken umkreist die Transzendenz fortwährend, aber so, daß es sich, im Unterschied zur Religion, keine Objektivierung gestattet. Für J. ist Philosophie grundsätzlich anders als Religion und demnach auf diese ständig angewiesen. (Der philosophische Glaube, 1948, [4]1955; Die Frage der Entmythologisierung, [2]1954; Der philosophische Glaube angesichts der Offenbarung, 1962, [2]1964). An der Unerkennbarkeit der Transzendenz muß alles wissende Denken scheitern. Transzendenz ist „draußen". Aber in der Existenz wird „gleichsam der Lichtfaden" spürbar, der alles Seiende mit ihr verbindet. So wird sie immanent, aber nicht als greifbare Endlichkeit, sondern als schwebende, grenzenlos vieldeutige Chiffre. – J.' Philos. ist sich selbst als Denken nicht genug. In der Offenheit aller Räume und in der Helle der Existenz möchte sie Anruf sein. Anruf zum Denken, aber zu einem Denken, das immer auch Praxis ist, und in dessen Vollzug der Mensch erfährt, was Philos. eigentlich will: den Aufschwung der Seele. J. scheint zu dieser Praxis seine politischen Sorgen und Aufsätze zu rechnen („Hoffnung und Sorge", 1965). – K. J., Werk und Wirkung mit Autobiogr. und Bibliogr., 1963; aus dem Nachlaß: Spinoza, 1978; Notizen zu M. Heidegger (hrsg. v. H. Saner), 1978. – G. Gefken/K. Kunert (Hgg.), K. J. – Eine Bibl., 1978.

M. Dufrenne/P. Ricoeur, K. J. et la philos. de l'existence, Paris 1947; U. Schmidhäuser, Allg. Wahrheit und existentielle Wahrheit bei K. J. 1953; P. A. Schilpp (Hg.), The Philosophy of K. J., La Salle Ill. 1957, dt. 1957; H. Arendt, K. J., 1958; X. Tilliette, K. J., Paris 1960; N. Rigali, Die Selbstkonstitution der Gesch. im Denken von K. J., 1965; W. Schneiders, K. J. in der Kritik, 1965; C. U. Hommel, Chiffre u. Dogma. Vom Verhältnis der Philos. zur Religion bei K. J., 1968; S. Samay, Reason Revisited. The Philosophy of K. J., Notre Dame Ind. 1971; H. Saner (Hg.), J. in der Diskussion, 1973; K. Salamun, K. J., 1985; J. Hersch/J. M. Lochman/R. Wiehl (Hgg.), K. J. – Philosoph, Arzt, polit. Denker, 1986; Y. Oernek, K. J. – Philos. der Freiheit, 1986 (mit Bibl.); F. W. Veauthier (Hg.), K. J. zu Ehren. Symposium aus Anlaß seines 100. Geburtstags, 1986; L. H. Ehrlich/R. Wisser (Hgg.), K. J. Today, Washington D. C. 1988; E. Hybasek/K. Salamun (Hgg.), Jahrbuch der österreich. K.-J.-Gesellschaft, I, 1988; D. Hardt (Hg.), K. J., 1989.

Joachim von Floris (Fiore), ital. mystischer Theologe und Geschichtsmetaphysiker, * um 1135 Celico (Calabrien), † 30. 3. 1202 Fiore (Calabrien), entwarf eine mystische Geschichtsphilosophie, die zw. Schöpfung und Weltende drei Reiche auf Erden annahm und zwar: das 1. Reich (des Vaters), das mit der Schöpfung beginnt, das 2. Reich (des Sohnes), das mit der Erlösung durch Christus beginnt, und das 3. Reich (des heiligen Geistes), dessen Anbruch J., von den chiliastischen Strömungen seiner Zeit ergriffen, zu Beginn des 13. Jh.s erwartete. Seine Lehre wurde 1215 wegen ihres „Tritheismus", d. h. ihres Glaubens an drei Einzelpersonen in der Dreieinigkeit, kirchlicherseits verworfen. – Hauptwerke: Liber concordiae veteris et novi Testamenti, 1519 (Repr. 1964); Psalterium decem chordarum, 1527; Expositio in apocalypsim, 1527 (Repr. 1964). – F. Russo, Bibliografia Gioachimita, Florenz 1954; B. Hirsch-Reich, Eine Bibl. über J. v. F. und dessen Nachwirkung, in: Rech. théol. et médiévale 24 (1957).

H. Grundmann, Studien über J. v. F., 1927 (Repr. 1966); H. Grundmann, Neue Forschungen über J. v. F., 1950; F. Russo, Gioacchino da F. e le fondazioni florensi in Calabria, Neapel 1959 (mit Bibl.); D. C. West (Hg.), J. of F. in Christian Thought, I–II, New York 1975; H. Grundmann (Hg.), J. v. F., 1977; B. MacGinn, The Calabrian Abbot: J. of F. in the History of Western Thought, New York/London 1985.

Johannes Capreolus, dominik. Scholastiker, * um 1380 i. d. Prov. Languedoc, † 7. 4. 1444 Rodez (Süd.Fr.) seit 1408 Lehrer in Paris, als Vertreter eines konsequenten Thomismus „Fürst der Thomisten" *(Thomismus princeps)* genannt. – Hauptw.: *Defensiones theologiae divi Thomae Aquinatis,* 4 Bde., 1483; Neuausg., 7 Bde., 1900–1908.

K. Werner, Die Scholastik des späteren MA.s, II, 1883; M. Grabmann, J. C., in: Jb. f. Philos. u. spek. Theol. 16 (1902); C. J. Jellouschek, Verteidigung der Möglichkeit einer anfangslosen Weltschöpfung durch C., in: Jb. f. Philos. u. spek. Theol. 26 (1912); K. Forster, Die Verteidigung der Lehre des hl. Thomas von der Gottesschau durch J. C., 1955; T. Hegyi, Die Bedeutung des Seins bei den klass. Kommentatoren des h. Thomas v. Aquin: C., Sylvester v. Ferrara, Cajetan, 1959; L. Dewan, The Doctrine of Being of John C., Diss. Toronto 1967.

Johannes Damascenus (Johannes von Damaskus), griech. Kirchenvater, * 675 Damaskus, † 750 Jerusalem, der klass. Systematiker der Ostkirche, überlieferte, zw. Patristik und MA. stehend, den Aristotelismus und vertrat den für die Scholastik so bedeutsam gewordenen Satz, daß die Wissenschaften Dienerinnen der Theologie seien. – Hauptw.: Quelle der Erkenntnis, dt. 1923. – Opera 1559, 1575; Opera omnia, I–II, Paris 1712; I–III, Paris 1860; Die Schriften des J. v. Damaskos, 1969 ff.

H. Menger, Die Bilderlehre des J. v. D., 1938; J. Nasrallah, Saint Jean de Damas, Paris 1950; J. M. Hoeck, Stand u. Aufgaben der D.-Forschung, in: Orientalia christ. period. 17 (1951); B. Studer, Die theol. Arbeitsweise des J. v. D., 1956.

Johannes von Jandun (de Janduno), Philosoph, * um 1285, † 1328, vertrat in dem gemeinsam mit Marsilius von Padua abgefaßten *„Defensor pacis"* („Friedensanwalt", Neuausg. 1914 von R. Scholz) die These von der Volkssouveränität als der Quelle aller (polit.) Macht und lehnte die Verleihung der Macht der weltl. Herrscher durch den Papst ab, weswegen er 1327 exkommuniziert wurde. J. war ein Gegner des orthodoxen Thomismus, gehörte zu den Averroisten und lehrte wie Siger von Brabant die Ewigkeit der Welt; alle Aussagen über das tiefste Wesen der Seele erklärte er für Glaubenssätze. – *De Laudibus Parisius,* 1869; *Defensor pacis,* Krit. Ausgabe 1928.

E. H. Gilson, L'esprit de la philos. médiévale, I–II, Paris 1932, dt. 1950; L. Schmugger, J. v. J., 1966 (mit Bibl.); A. Pattin, Pour l'histoire du sens agent. La controvers entre Barthélemy de Bruges et Jean de J., ses antécédents et son évolution, Leuven 1988.

Johannes von Salisbury (Johannes Saresberiensis), engl. Frühscholastiker, * um 1115 Sarum, † 1180, seit 1176 Bischof von Chartres, kann mit seinem Lehrgedicht *„De dogmate philosophorum"* als der erste mittelalterliche Philosophiehistoriker bezeichnet werden; schuf auch die erste systematisch durchgeführte Staatslehre des MA. *(„Policraticus")* und ebenso im *„Metalogicus"*) die erste mittelalterliche Wissenschaftstheorie, in der Beobachtung und Experiment eine hervorragende Stellung einnehmen. – *Opera omnia,* 5 Bde., 1848; *Metalogicon libri,* 4, 1929.

P. Gennrich, Die Staats- u. Rechtslehre des J. v. S., 1894; C. Webb, J. S., London 1932; J. Huizinga, Parerga, 1945; M. Kerner, J. v. S. und die log. Struktur seines Policratus, 1977; K. Guth, J. v. S. (1115/20–1180), 1978.

Johannes Scotus Eriugena, Philosoph, * um 810 in Irland, † nach 877 in Frankreich oder England, schuf eine systematisch aufgebaute Weltansicht, suchte unter Heranziehung der (von ihm zum Teil übersetzten) Schriften des Pseudo-Dionysius christl. und neuplaton. Lehren zu verschmelzen unter Respektierung der Bibel, die für E. aber nicht alleinige Autorität ist. Gott lebt in der dauernd sich vollziehenden Schöpfung, bes. im Gottsuchen und -erkennen der somit unmittelbar von Gott erfüllten Menschen; diese in dem Hauptwerk: *„De divisione naturae"* (dt. 1870–1877) niedergelegten Anschauungen beeinflußten die dt. Mystik; sie wurden von Papst Honorius III. 1225 verworfen. – Ges.-Ausg. I. P. Migne, *Patrologia Latina,* Bd. 122. – I. P. Sheldon-Williams, A Bibliography of the Works of J. S. E., in: J. Eccles. Hist. 10 (1960).

A. Schneider, Die Erkenntnislehre des J. E. im Rahmen ihrer metaphysischen u. anthropolog. Voraussetzungen, I–II, 1921/23; H. Dörries, Zur Gesch. der Mystik. E. und der Neuplatonismus, 1925; P. Kletler, J. E. – Eine Unters. über die Entstehung der mal. Geistigkeit, 1931 (Repr. 1971); M. Cappuyns, Jean Scot Erigène, Leuven 1933 (Repr. 1969); P. Mazzarella, Il pensiero di Giovanni Scoto E., Padua 1957; C. Allegro, Giovanni Scoto E., I–II, Rom 1974/76; W. Beierwaltes (Hg.), E. redivivus. Zur Wirkungsgesch. seines Denkens im MA und im Übergang zur Neuzeit, 1987.

Jolivet, Régis, * 8. 11. 1891 Lyon, † 4. 8. 1966 das., franz. Philosoph, Prof. das., arbeitet auf dem Gebiet der Metaphysik und Phänomenologie – *Introduction à Kierkegaard,* 1946; *Les doctrines existentialistes,* 1948; *Essai sur le problème et les conditions de la sincérité,* 1951; *De Lachelier à Rosmini,* 1954; *Le Dieu des philosophes et des savants,* 1956; *L'homme métaphysique,* 1958; *Sartre ou la Théologie de l'absurde,* 1965.

Jonas, Hans, Prof. der New School for Social Research, New York, * 10. 5. 1903 Mönchengladbach, besonders hervorgetreten durch seine umfangreichen Untersuchungen zum Wesen und zur Geschichte der Gnosis, die er zunächst bis auf ihre ursprünglichen mythischen Formen zurückverfolgt und deren spätere Entwicklung zur philosophischen Gnosis er als Weg einer begrifflichen Transformation der Vorstufen des spätantiken Denkens interpretiert. Zuletzt arbeitete J. auf dem Gebiet der theor. Ethik in Verbindung mit Fragen der modernen Technologie. – Schrieb u. a.: Augustin und das Paulinische Freiheitsproblem, [2]1965; Gnosis und spätantiker Geist, 2 Bde., [3]1964; *The Gnostic Religion,* [2]1963; Zwischen Nichts und Ewigkeit, 1963; *The Phenomenon of Life,* 1966; Organismus und Freiheit, 1973; *Philosophical Essays: From Ancient Creed to Technological Man*, 1974; Das Prinzip Verantwortung. Versuch einer Ethik für die technologische Zivilisation, 1979; *On Faith, Reason and Responsibility,* 1981; Macht oder Ohnmacht der Subjektivität, 1981; Wissenschaft als persönl. Erlebnis, 1987; Materie, Geist u. Schöpfung. Kosmolog. Befund und kosmogon. Vermutung, 1988.

B. Aland (Hg.), Festschrift für H. J., 1978; Wolfgang Erich Müller, Der Begriff der Verantwortung bei H. J., 1988; M. Rath, Intuition u. Modell. H. J.' „Prinzip Verantwortung" und die Frage nach einer Ethik für das wiss. Zeitalter, 1988.

Jordan, Pascual, theor. Physiker, * 18. 10. 1902 Hannover, 1929–44 Prof. in Rostock, seither in Hamburg, † 13. 7. 1980 das., arbeitete über Quantentheorie, Relativitätstheorie, Kosmologie und Biophysik, untersuchte im Zeichen des Positivismus die philos. Konsequenzen physikalischer Forschungsergebnisse. – Hauptw.: Elementare Quantenmechanik (zus. mit M. Born), 1928; Statistische Mechanik auf quantentheoretischer Grundlage, 1935; Anschauliche Quantentheorie, 1936; Schwerkraft und Weltall, 1952, [2]1955; Verdrängung und Komplementarität, eine philosoph. Untersuchung, 1947, [2]1951; Forschung macht Geschichte, 1954; Der gescheiterte Aufstand, 1958; Der Naturwissenschaftler vor der religiös. Frage, [6]1972; Die Expansion der Erde. (Folgerungen aus der Dirac'schen Gravitationshypothese), 1966, engl. Übs. 1971; A. Einstein, 1971; Aufbruch zur Vernunft, 1976.

Juhos, Béla, Prof. in Wien, dort * 22. 11. 1901, † 27. 5. 1971 das., untersuchte die erkenntnistheoretischen Voraussetzungen und Grundlagen der philos. und einzelwissenschaftl. Methoden, der Begriffs- und Satzformen sowie die Einflüsse dieser Erkenntnisanalyse auf die Einzelforschung. – Veröffentlichte u. a.: Erkenntnisformen in Natur- und Geisteswissenschaften, 1940; Die Erkenntnis und ihre Leistungen, 1950; Elemente der neuen Logik, 1954; Das Wertgeschehen und seine Erfassung, 1956; Die erkenntnistheoret. Grundlagen der klassischen Physik, 1963; Die erkenntnislogischen Grundlagen der modernen Physik, 1967; *Selected Papers,* 1976.

V. Kraft, Nachruf auf B. J. in „Zeitschr. f. allgem. Wissenschaftstheorie", II, 1971.

jüdische Philosophie, die j. Ph. war von Anfang an Religionsphilosophie und ist es geblieben. Die reine Bibelauslegung und die Sammlung der göttl. Gesetze, in der Halacha (neuhebr. „Richtschnur") normiert und durch erbauliche Schriften zur Haggada (hebr. „Erzählung, Belehrung") erweitert und später in den Talmud übernommen, wurde ausgeweitet durch das Einströmen hellenistischen Gedankengutes, das bes. die Philosophie der alexandrin. Juden bestimmte. Führend ist in dieser Periode → Philon (25 v. Chr. bis 50 n. Chr.), der jüd. Religionslehren im Gewande griechischer Philosophie (Platon) vertrat (vgl. H. A. Wolfson, Philo, 2 Bde., 1948; engl.).
Nach dem Untergang des jüd. Staates (70 n. Chr.) versuchte die j. Ph. unter Rabbi Jochanan ben Sakkai die geistigen Besitztümer des Judentums zu erhalten. Besonders erfolgreich war Rabbi Ben Joseph Akiba (50–137), dessen Schriften die Grundlage der Mischna (hebr., „Wiederholung"; Ausg. von L. H. Strack, [4]1915) wurde. Der gesamte, in den ersten fünf nachchristl. Jahrhunderten mündlich und schriftlich überlieferte religionsgesetzl. Stoff der Juden wurde im Talmud (hebr., „Lehre") gesammelt (um 500 in ostaramäischer Sprache abgefaßt; dt. von Laz. Goldschmidt, 12 Bde., 1930–36).
Um 761 stiftete Hanan ben David die Sekte der Karaïten (Karäer), die sich geistig vom Talmud loslöste und verstandesmäßig zu philosophieren begann. Um dieselbe Zeit trifft die j. Ph. mit der islam. Philosophie zusammen und erfährt von ihr mancherlei Anregungen und Einflüsse. Es entsteht die der karaïtischen verwandte Philosophie der Mutasiliten (arab., „sich Absondernde"), die die Denkformen der

griech. Logik benutzten und deshalb auch Kalamiten (arab., „Dogmatiker") genannt wurden; sie lehrten die Gerechtigkeit und Einheit Gottes und lehnten es ab, das Wesen Gottes durch Attribute zu bestimmen (Kampf gegen die christl. Trinitätslehre und den Dualismus d. Manichäer; vgl. M. Schreiner, Der Kalam i. d. jüd. Lit., 1895).

Es beginnt die Blütezeit der j. Ph. (→ auch europäische Philosophie), in der zwei Hauptrichtungen zu unterscheiden sind: eine orientale mit dem Schwerpunkt in Babylon (Hauptvertreter: → Saadja ben Joseph, 892–942, und Aaron ben Elijah, 1300–1369, Karaït, Hauptw.: *„Ez Hayyim"* [hebr., „Stammbaum der Größe"], 1346, hrsg. v. Delitzsch und Steinschneider, 1841) und eine okzidentale mit dem Schwerpunkt in Spanien, in der vor allem wirkten: der Neuplatoniker Ibn → Gabirol (1020/21–1069/70), → Maimonides (1135–1204) und Juda ha-Levi (1085–1145, Arzt, Religionsphilosoph und der größte hebr. Dichter der nachbiblischen Zeit; vgl. F. Rosenzweig, 92 Hymnen und Gedichte J. H.s mit Nachw. u. Anm., 1928). Abraham ibn Daud (A. ben David, 1110–80), Historiker, Hauptwerke: *„Emunah Ramah"* [Erhabener Glaube], hebr. u. dt. hrsg. von S. Weil, 1852), Bahya ben Joseph (um 1050, Neuplatoniker, Hauptw.: *„Hobot ha-Lebabot"* [Herzenspflichten] und *„Torot ha-Nefesch"* [Lehren der Seele]; vgl. G. Vajda, *La théologie de B. b. J.*, 1947), Levi ben Gerson (Gersonides, 1238–1340), Aristoteliker, Astronom, Hauptw.: *„Milhamot Elohim"* [Kriege Gottes], 1560, hebr. neu hrsg. 1866) und Don Hasdai Crescas (1370–1412), der als erster Europäer den Aristoteles kritisierte; Gegner des Rationalismus des Maimonides (vgl. H. A. Wolfson, *Crescas critique of Aristotle*, 1929). Die okzidentale Richtung war, wie das abendländ. MA. überhaupt, von Aristoteles beherrscht. Die orientale Richtung hielt sich in der Mitte zwischen Aristotelismus und Mutasilitismus. Alle diese Denker behandeln eine Reihe von Grundproblemen, wobei der unverbrüchliche Wahrheitsgehalt der Thora (der fünf Bücher Mosis) und der hohe Wert der Schriften der Propheten vorausgesetzt sind.

Die Existenz Gottes beweisen die östl. Philosophen und Bahya logisch (die Schöpfung ist, folglich ist ein Schöpfer), die westl. mit aristotel. Argumenten. Juda ha-Levi ist im Unterschied zur rationalist. Richtung der Scholastik um den überintellektuellen Charakter der Offenbarung und die dem Herzen innewohnende Gottesgewißheit der Frommen bemüht, gestützt auf das Faktum der hist. Offenbarung. Die Einheit Gottes ist für Saadja und seine Schule bereits im Begriff des Schöpfers gegeben, während Maimonides und sein Kreis mit dem Begriff des unbewegten Bewegers und der Weltharmonie arbeitet. Das Problem der Eigenschaften (Attribute) Gottes verursachte eine ausgebreitete Diskussion, in deren Mittelpunkt die Unbegreiflichkeit Gottes steht. Trotzdem bemüht man sich, einige Aussagen über Gott zu machen. Saadja nennt Gott den Einen, den Lebendigen, den Mächtigen, den Weisen; Bahya nennt ihn den Einen, den Daseienden, den Ewigen. Ibn Daud fügt hinzu: wahr, wollend. Da aber alle Eigenschaften mit der Einheit Gottes im Grunde unvereinbar sind, stellte Bahya fest, der Inhalt jener Begriffe sei negativ; dieser Auffassung schlossen sich alle anderen

Philosophen an, Gerson und Crescas mit einigen Vorbehalten (vgl. Kaufmann, Gesch. der Attributenlehre i. d. jüd. Religionsphilosophie des MA. von Saadja bis Maimûni, 1877).

Hinsichtlich der Welt selbst schließt sich die j. Ph., auch die Saadjas, der aristotel. Lehre von den Beziehungen zwischen Materie und Form an; die Begriffe der Hyle, der vier Elemente (Feuer, Luft, Wasser, Erde), Teilung des Alls in eine obere Welt der Sphären und eine untere, sublunarische, kehren wieder. Saadja lehrt eine stufenförmige Erschaffung der Welt durch Gott aus dem Nichts (erste Luft, bestehend aus Hyle und Form, daraus die Elemente, die Engel, die Sterne und Sphären). Ibn Daud, Maimonides und Gerson vertreten die Auffassung, daß aus der *prima causa* ein geistiges Wesen hervorging, aus diesem neun andere, entsprechend der Zahl der Sphären. Gabirol und Gerson behaupten die ewige Existenz der Hyle; Schöpfung sei nur Ausstattung der Hyle mit Form und Leben.

Die Vorsehung Gottes wird aus der Beständigkeit der natürlichen Ordnung abgeleitet, trotzdem werden Wunder (also eine Störung dieser Ordnung) für möglich gehalten; denn die Naturgesetze sind nach mutasilitischer Anschauung nur „Gewohnheiten Gottes", keineswegs ist Gott an sie gebunden. Für Maimonides ist Vorsehung auch eine menschliche Eigenschaft, die mit dem Intellekt zusammenhängt. Das Verhältnis zwischen göttl. Vorsehung und menschl. Willens- u. Wahlfreiheit enthält das Problem: weiß Gott vorher, was der Mensch tun wird? Wenn er es weiß, ist die menschl. Wahlfreiheit nur eine scheinbare. Saadja sagt, Gottes Wissen sei wie ein Blicken in den Spiegel der Zukunft, von dem die Handlungen der Menschen nicht beeinflußt werden. Maimonides sagt, Gottes Wissen sei vom menschl. Wissen so verschieden, daß Gott den Verlauf der Dinge kennt, ohne die Wahlfreiheit des Menschen dadurch einzuschränken. Ibn Daud und Gerson beschränken Gottes Wissen auf das, was dem Menschen zur Wahl gestellt wird. Nach Crescas weiß der Mensch von der wirklichen Situation, in der er sich befindet, nichts; deshalb wird von Gott nicht der Erfolg seines Wählens, sondern die gute oder böse Absicht gewertet.

Die Seele wird von Gott im Verlauf der (fortgesetzten) Schöpfung geschaffen. Nach Saadja besteht sie aus einer feinen, geistigen Substanz; Begehren, Fühlen und Denken sind ihre Hauptfunktionen; Maimonides nennt noch zwei weitere: Einbildungskraft und Erkennen. Ibn Daud nimmt eine Präexistenz der Seele und ihre Entwicklungsfähigkeit im irdischen Dasein an. Alle Denker halten die Seele für unsterblich; nach Saadja und ha-Levi lebt die ganze Seele weiter, nach Ansicht anderer Philosophen nur der Verstand (das Denken).

Die jüd. Ethik schließt sich im allg. der aristotel. Lehre vom goldenen Mittelweg an, dessen Auffindung durch die Thora gewährleistet wird. Maimonides hält den Mittelweg für eine nur den Durchschnittsmenschen betreffende Norm. Der höher stehende Mensch muß den extrem guten Weg beschreiten. Crescas meint, die Liebe zu Gott und der Wunsch, sie im Leben zu verwirklichen, sei die Grundlage des menschlichen Verhaltens. –

Nach der Vertreibung der Juden aus Spanien (1498) besteht die j. Ph. hauptsächlich in der Sichtung und Kommentierung des erarbeiteten

Stoffes. Mit dem um dogmatische Fixierung des Glaubensgehaltes bemühten Josef Albo (1380–1435) und mit Isaak Alvavanel (1437–1508) endet die jüd. Scholastik. Bemerkenswerte Gestalten sind erst wieder → Spinoza (1632–77) und Moses → Mendelssohn (1729–86), der die Thora und die Psalmen ins Deutsche übertrug und die Juden veranlaßte, sich mit dt. Sprache und Literatur zu beschäftigen (bis dahin durften die orthodoxen Juden nur hebräische Texte lesen). Zu den letzten Klassikern jüd. Denker in der dt. Philosophie gehört S. → Maimon, der als scharfsinniger Kritiker an Kant und Wegbereiter des Neukantianismus bekannt wurde. Eine besond. Erscheinung der j. Ph. ist der → Chassidismus, der auch von dem führenden Denker der jüd. Gegenwartsphilosophie, M. → Buber, vertreten wird. Der Anteil jüdischer Denker an der weiteren Entwicklung der europäischen Philosophie war erheblich; namentlich zur Logik und Erkenntnistheorie haben sie Grundlegendes beigesteuert. Ihr Schaffen kann aber nicht als spezifisch jüd. Ph. im Sinne der neubeginnenden israelischen Philosophie bezeichnet werden; (→ Brunner, Const.).

J. S. Spiegler, Gesch. der Philos. des Judentums, 1890 (Repr. 1971); D. Neumark, Gesch. der j. P. des MA.s nach Problemen dargestellt, I–II, 1907/10; I. Husik, A History of Mediaeval Jewish Philosophy, New York 1916; H.-J. Schoeps, Gesch. der jüd. Religionsphilos. in der Neuzeit, 1935; L. Strauss, Philos. und Gesetz. Beiträge zum Verständnis Maimunis und seiner Vorläufer, 1935; Ijjun (Zeitschrift), 1945/49 ff.; G. Vajda, Introduction à la pensée juive du Moyen Age, Paris 1947; T. Bomann, Das hebräische Denken im Vergleich mit dem Griechischen, 1952; S. Hurwitz, Die Gestalt des sterbenden Messias. Religionspsycholog. Aspekte der jüd. Apokalyptik, 1958; E. I. J. Rosenthal, Griech. Erbe in der jüd. Religionsphilos. des MA.s, 1960; E. Behler, Die Ewigkeit der Welt. Problemgesch. Unters. zu den Kontroversen um Weltanfang u. Weltunendlichkeit im MA. 1965; F. Weinreb, Die Symbolik der Bibelsprache, 1969; W. E. Kaufman, Contemporary Jewish Philosophies, Lanham 1976, [2]1986; F. Mussner, Traktat über die Juden, 1979; F. Simon, Gesch. der j. P., 1984; J. Guttmann, Die Philos. des Judentums, 1985; A. Altmann, Von der mal. zur modernen Aufklärung. Studien zur jüd. Geistesgesch., 1987.

Jünger, Ernst, philos. Schriftsteller, * 29. 3. 1895 Heidelberg, bemühte sich um die philos. Deutung des Kriegserlebnisses. Für die Existenzphilosophie wichtig ist sein Buch „Der Arbeiter. Herrschaft u. Gestalt" (1932, [4]1941), in dem er den Arbeiter als Exponenten der Technik und als Prototyp des kommenden, der Technik verfallenen Menschen darstellt; → Arbeiter. Als Sprachforscher trat J. 1934 mit seiner Arbeit „Lob der Vokale" ([5]1963 u. d. T. Geheimnisse der Sprache) hervor. In „Sprache und Körperbau" (1947, [2]1949) untersucht er den Zusammenhang gewisser Wertbegriffe mit Rechts- und Linksseitigkeit des Körpers, mit der Senkrechten (Kopf und Fuß) und mit der Natur der Sinnesorgane. – Weitere Hauptw.: Strahlungen, 1949; Über die Linie, 1950; Der Waldgang, 1951; Der gordische Knoten, 1953; An der Zeitmauer, 1959; Der Weltstaat, Organismus und Organisation, 1960; Typus, Name, Gestalt, 1963; Subtile Jagden (Naturphilosophie), 1967; Ad hoc, 1970; Annäherungen, 1970; Sinn und Bedeutung, ein Figurenspiel, 1971; Zahlen u. Götter, 1974; Eumeswil, 1977; Sämtl. Werke, 18 Bde., 1978–1982; Siebzig verweht, 2 Bde., 1981. – H. P. des Coudres/H. Mühleisen, Bibl. der Werke E. J.s, 1970, [2]1985.

E. Brock, Das Weltbild E. J.s, 1945; G. Loose, E. J., 1957; C. Graf v. Krockow, Die Entscheidung. Eine Unters. über E. J., Carl Schmitt und M. Heidegger, 1958; K. O. Paetel, E. J. in Selbstzeugnissen u. Bilddokumenten, 1962; G. Kranz, E. J.s symbol. Weltschau, 1968; K. H. Bohrer, Die Ästhetik des Schreckens, 1978; F. Baumer, E. J.,

1980; W. Kaempfer, E. J., 1981; M. Meyer, E. J., 1990; E. J. (Text und Kritik 105/106), 1990.

Jünger, Friedrich Georg, philos. Schriftsteller, * 1. 9. 1898 Hannover, † 20. 7. 1977 Überlingen, Bruder von Ernst J., erregte Aufsehen durch sein Buch „Perfektion der Technik" (1946), in dem er den Raubbau schildert, den seiner Ansicht nach die Technik mit den Schätzen der Erde und den seelischen Kräften des Menschen treibt. Durch dieses Buch wurde das „Apokalyptische" der techn. Entwicklung zur Diskussion gestellt; → Technik. J. schrieb u. a. noch: Nietzsche, 1949; Maschine und Eigentum, 1949; Spiegel der Jahre, 1958; Rhythmus u. Sprache im deutschen Gedicht, 1952; Sprache und Kalkül, 1956; Gedächtnis und Erinnerung, 1957; Griechische Mythen, [3]1957; Sprache und Denken, 1962; Die vollkommene Schöpfung, 1969; Die Perfektion der Technik, [6]1980. – H. P. des Coudres, F. G. J.-Bibl., in: Philobiblon (1963).

W. Grenzmann, F. G. J., in: Ders., Dichung u. Glaube, 1950; W. Hädecke, Die Welt als Maschine, in: Scheidewege 10 (1980); A. H. Richter, A Thematic Approach to F. G. J., Bern 1982.

jugoslawische Philosophie, ein selbständiges Philosophieren ist in den westlichen Gegenden des heutigen jugoslaw. Raumes bereits im 15. Jh. festzustellen. Die ersten Ansätze der humanistischen Bewegung stehen noch unter dem Einfluß der scholastischen Tradition, vor allem der Spannung zwischen Thomismus und Scotismus. Zu den Vertretern der anfänglichen Strömungen gehören u. a. Juraj Dragišić (G. Benignus de Salviatis) 1450–1520, Frane Petrić (Franciscus Patricius) 1529–1597, Rugjer Bošković, 1711–1787. Seit dem 19. Jh. entwickelt sich die j. Ph. vielfach unter dem Einfluß westlicher philosophischer Strömungen wie Neuthomismus, Idealismus, Positivismus, Gegenstandstheorie und Irrationalismus, die von folgenden Vertretern repräsentiert wurden: Božidar Knežević (1862–1905), Branislav Petronijević (1873–1954), Albert Bazala (1877–1947), Stjepan Zimmermann (1884–1963), Vladimir Dvorniković (1888–1957), Pavao Vuk-Pavlović (1894–1976), und von den noch lebenden V. Filipović * 1906, K. Krstić * 1906, P. Vranicki *1922, u. a. Seit dem zweiten Weltkrieg ist die j. Ph. vom marxistischen Denken bestimmt, das sich im Gegensatz zum dogmatischen Marxismus der anderen osteuropäischen Länder durch kritische Haltung, eigene neomarxistische Versuche und Aufgeschlossenheit für Kontakte mit der westlichen Philosophie auszeichnet. Ihre in der westlichen Welt sehr beachtete philosophische Zeitschrift „Praxis" (seit 1965) wird von einem internationalen Redaktionsrat geleitet (seit 1974 verboten), und sie unterscheidet sich wesentlich vom dogmatischen Stil anderer kommunistischer Zeitschriften des Landes wie *„Filozofska istraživanja"* (Zagreb). *„Theoria"* (Beograd) und *„Anthropos"* (Ljubljana).

L. Vrtačič, Einf. in den jugoslaw. Marxismus-Leninismus, 1963; L. Vrtačič, Der jugoslaw. Marxismus, 1975; A. Pavković, Contemporary Yugoslav Philosophy: The Analytical Approach, Dordrecht 1988.

Jung, Carl Gustav, Psychiater u. Psychotherapeut, * 26. 7. 1875 in Kesswil (Kt. Thurgau, Schweiz), † 6. 6. 1961 in Zürich, em. Professor Universität Basel und Eidg. Techn. Hochschule Zürich; 1900–1909 Mitarbeiter von E. Bleuler, 1907–13 enge Zusammenarbeit mit S. Freud. Als Folge eigener neuer Konzeptionen Trennung von

Freud u. Bezeichnung seiner Lehre als „Analytische Psychologie“, deren Leitgedanken sind: a) das Unbewußte, das den „schöpferischen Mutterboden des Bewußtseins“ darstellt, umfaßt persönliche, der Ontogenese, und kollektive, der Phylogenese entstammende Inhalte. Letztere sind die artbedingten Aktions- und Reaktionsweisen *(patterns of behaviour)* der Psyche, die Archetypen (→ Archetyp). – b) die Beachtung und Entfaltung d. angeborenen religiösen Funktion d. Psyche, die ein integrierender Bestandteil der seelischen Gesundheit ist, weshalb auch deren Verdrängung und Vernachlässigung zu psychischen Störungen führt. – c) die Auffassung der Psyche als ein sich-selbst-regulierendes energetisches System, in welchem Bewußtsein und Unbewußtes kompensatorisch aufeinander bezogen sind. – d) die Unterscheidung von zwei Einstellungstypen: den extravertierten (an der Außenwelt orientierten) und den introvertierten (an der eigenen Innenwelt orientierten) Menschen sowie die vier Funktionstypen je nach Differenzierung von Denken, Fühlen, Intuieren, Empfinden zur sog. Hauptfunktion. – e) die Traum- und Symboldeutung auf der Subjektstufe, bei der die Traumelemente als Darstellung innerpsychischer Gegebenheiten verstanden werden, wodurch eine Einsicht in die eigenen Projektionen u. ihre Zurücknahme ermöglicht wird. Im Gegensatz zur kausal-reduktiven Deutung Freuds findet dabei der finale und prospektive Aspekt der unbewußten Vorgänge Berücksichtigung. – f) die Synchronizität, d. h. sinnvolle Koinzidenz eines inneren und äußeren Ereignisses, als ein Erklärungsprinzip a-kausaler Zusammenhänge z. B. v. Vorahnungen, Wahrträumen, sog. „Zufällen“ etc. – Jung hat nicht allein die moderne Neurosenlehre u. Psychotherapie erweitert u. vertieft; seine wissenschaftlichen Einsichten haben ihn auch mit zahlreichen anderen Disziplinen in Berührung gebracht. Er hat auf Anthropologie, Ethnologie, Vergl. Religionsgeschichte u. -psychologie, Pädagogik u. Literatur befruchtend gewirkt. In Zürich besteht seit 1948 das C. G. Jung-Institut als Ausbildungs- u. Forschungsstätte. – Hauptw.: Diagnostische Assoziationsstudien, 1906; Wandlungen und Symbole der Libido, 1912, u. d. T. „Symbole der Wandlung“ ^{2}1952; Psychologische Typen, 1920, ^{8}1950; Die Beziehungen zwischen dem Ich und dem Unbewußten, 1928, ^{5}1950; Seelenprobleme der Gegenwart, 1931, ^{5}1950; Wirklichkeit der Seele, 1934, ^{3}1947; Psychologie und Religion, 1937, ^{3}1947; Paracelsica, 1942; (zusamm. mit K. Kerény) Einführung in das Wesen der Mythologie, 1942; Psychologie und Alchemie, 1944, ^{3}1956; Die Psychologie der Übertragung, 1946; Aufsätze zur Zeitgeschichte, 1946. Über die Psychologie des Unbewußten, 1948; Symbolik des Geistes, 1948; Über psychische Energetik und das Wesen der Träume, 1948; AION, 1951; Antwort auf Hiob, 1952; Von den Wurzeln des Bewußtseins, 1954; Gegenwart und Zukunft, 1958; Ein moderner Mythos, 1958; Die Dynamik d. Unbewußten, Bd. 8 d. Ges. Werke, 1967; Über das Phänomen des Geistes in Kunst und Wissenschaft, Bd. 15, 1971; Gesammelte Werke, I–IX, 1958–83; Briefe, I–III, 1972–73. – J. F. Vincic, M. Rathbauer-Vincic, C. G. J. and Analytical Psychology. A Comprehensive Bibl., New York/London 1977.

G. Adler, Die Entdeckung der Seele, 1934; J. Jacobi, Die Psychologie von C. G. J., 1940; H. Schär, Religion u. Seele in der

Psychologie J.s, 1946; J. Goldbrunner, Individuation, 1949; J. Jacobi, Komplex, Archetypus, Symbol in der Psychologie C. G. J.s, 1957; T. Wolff (Hg.), Studien zu C. G. J.s Psychologie, 1959; W. Hochheimer, Die Psychologie von C. G. J., 1966; A. Jaffé, Der Mythos vom Sinn im Werke von C. G. J., 1967; C. A. Meier, Lehrbuch der komplexen Psychologie C. G. J.s, I–IV, 1968–77; G. Wehr, C. G. J. in Selbstzeugnissen u. Bilddokumenten, 1969; H. H. Balmer, Die Archetypentheorie von C. G. J., 1972; P. J. Stern, C. G. J., 1977; R. Fetscher, Grundlinien der Tiefenpsychologie von S. Freud und C. G. J. in vergleichender Darstellung, 1978; G. Weiler, Der enteignete Mythos, 1985.

Jungius, Joachim, Mathematiker und Physiker, * 22. 10. 1587 Lübeck, † 23. 9. 1657 Hamburg, Schüler Daniel Sennerts, war von einer sehr modern wirkenden naturwissenschaftl. Einstellung (Eintreten für die math. Methode, quantitativ messendes empirisches Verfahren, Ablehnung aller Spekulation und Mystik) und beeinflußte, obwohl in Vergessenheit geratend, Männer wie Leibniz, Linné und Goethe. –Hauptw.: *Logica Hamburgensis,* 1638 (³1977); *Doxoscopiae physicae minores,* 1662.

E. Wohlwill, J. J., 1888; A. Meyer (Hg.), Beiträge zur J.-Forschung, 1929; J. J.-Gesellschaft der Wiss. (Hg.), Die Entfaltung der Wiss. – Zum Gedenken an J. J. (1587–1657), 1958; H. Kangro, J. J.' Experimente u. Gedanken zur Begründung der Chemie als Wiss. – Ein Beitrag zur Geistesgesch. des 17. Jh.s, 1968 (mit Bibl.).

Kabbala (hebr. „Überlieferung, Tradition"), die neben dem schriftlich niedergelegten göttl. Gesetz der Juden bestehende mündliche Überlieferung religiöser Vorschriften. Im engeren Sinne ist die K. eine Sammlung mystischer Schriften, deren älteste, das Buch Jezira (hebr. „Schöpfung"), im 8. oder 9. Jh., deren jüngste und wichtigste, das Buch Zohar (hebr. „Glanz"), um 1200 entstand. Die K. lehrt die Entstehung der Welt aus dem Ensoph (griech., „einfach"), dem Ureinen. Aus ihm gehen die zehn Sephirot hervor (Zahlen, Formen, Lichtströme), aus denen das Urbild der irdischen Welt und des irdischen Menschen, des A d a m K a d m o n (hebr., „erster Mensch"), zusammengesetzt ist. Dieses Idealbild soll der Mensch am Ende der Entwicklung wieder erreichen (vgl. 1. Kor. 15,45). Aus der urbildlichen Welt gehen hervor: Beriah (Welt der Formen), Jezira (Welt der Engel) und Asijjah (Welt der Materie). Der Mensch gehört (mit Geist, Seele, Vitalität) allen drei Reichen an. Die K. lehrt eine Seelenwanderung. Sie war von großem Einfluß auf die Renaissancephilosophie, auf Paracelsus und Jak. Böhme.
Die sogen. K a b b a l i s t e n hielten sich für Zauberer und glaubten, gestützt auf das Buch Jezira (nach dem in den 10 Zahlen und den 22 Buchstaben der Grund aller Dinge enthalten sei) wunderkräftige Amulette und Formeln (Sage vom Prager Golem) herstellen zu können. Das Buch Jezira wurde 1894 von L. Goldschmidt dt. hrsg. und erläutert, das Buch Zohar erschien 1906–11 in 6 Bdn. franz., hrsg. v. J. de Pauly, 1949 in 5 Bdn. engl., hrsg. von Sperling. – G. Scholem, Bibliographia Kabbalistica, 1927; G. Scholem, K., Jerusalem 1974.

P. Bloch, Gesch. der Entwicklung der K. und der jüd. Religionsphilos., 1894; E. Bischoff, Die K., 1903, ²1917 (Repr. 1981); G. Scholem, Major Trends in Jewish Mysticism, Jerusalem 1941, dt. 1980; Ben Z. Bokser, From the World of the Cabbalah. The Philosophy of Rabbi Judah Loew of Prague, London 1957; E. Benz, Die christliche K., 1958; A. Safran, La Cabale, Paris 1960, dt. 1966; G. Scholem, Zur K. und ihrer Symbolik, 1960; H. Wankel, K., Diss. Würzburg 1961; A. Safran, Sagesse de la Kabbale, I–II, Paris 1986/87, dt. 1988; M. Idel, Kabbalah, New Perspectives, New Haven 1988.

Kafka, Franz, Dichterphilosoph, * 3. 7. 1883 Prag, † 3. 6. 1924 Kierling b. Wien, entstammt einer deutsch sprechenden, jüdischen Kaufmannsfamilie tschechischer Herkunft, schrieb zunächst dichterische Prosa (Die Verwandlung, 1916; Ein Landarzt, 1919 u. a.) und wurde berühmt, als aus seinem Nachlaß Fragmente der Romane „Der Prozeß" (1925) und „Das Schloß" (1926) veröffentlicht wurden. Wird zusammen mit Rilke vielfach Vorläufer der modernen Existenzphilosophie genannt. K.s universelles Thema des „Seins", das in seinen Werken als „Gesetz" auftritt, läßt Vergleiche mit der Seinsphilosophie (→ Fundamentalontologie) Heideggers zu. Sein bei K. bleibt jedoch das streng Inhaltlose, Unbestimmbare und daher Unaussprechbare, das den Menschen zwar beständig fordernd angeht, dessen Erscheinung aber niemals einer „Entbergung" standhält (Vor dem Gesetz). Sein bleibt „Gesetz", durch dessen Unkenntnis der Mensch schuldig wird (Der Prozeß). Eine „Lichtung" des Seins, die nur im Verein aller Denkvorgänge vollzogen werden kann (Forschungen eines Hundes), gibt den Menschen eine Leere preis, die ihn aus allen Bindungen des Lebens löst und ihn „frei"-gibt für das „Gericht", „das oberste, ... für uns alle ganz unerreichbare Gericht". Daher K.s Anliegen, der Mensch müsse sich zwar den Aufgaben des Lebens stellen, dürfe aber nicht meinungslos den Gegebenheiten und Geschäften der Welt verfallen, die „man nicht ... für wahr halten, ... nur für notwendig halten" muß (Prozeß). Infolge der Schwierigkeiten des Zugangs blieben dem Werke K.s Mißdeutungen nicht erspart, und wohl keine andere Dichtung unseres Jahrhunderts wurde von einer solchen Anzahl widerstreitender Strömungen für sich in Anspruch genommen. – Werke: „Amerika", „Der Prozeß", 1925, „Das Schloß", 1926, außerdem Erzählungen, Briefe und Tagebücher.

M. Brod, F. K.s Glauben und Lehre, 1948; ders., F. K. Eine Biogr., 1954; H. S. Reiss, F. K. Eine Betrachtg. seines Werkes, 1952; W. Grenzmann, F. K.s Werke u. geistige Welt, in „Universitas" VIII, 1953; W. Emrich, Fr. K., das Baugesetz seiner Dichtung, 1958; W. Kraft, F. K. Durchdringung und Geheimnis, 1968; G. Wöllner, E. T. A. Hoffmann u. F. K., 1970; W. Hoffmann, K.s Aphorismen, 1975; H. Binder, K. in neuer Sicht, 1976; W. Ries, Transzendenz als Terror, Eine Studie üb. F. K., 1977; H. Binder, F. K., I. Bd., Der Mensch und seine Zeit, II. Bd., Das Werk und seine Wirkung, 1979.

Kahl-Furthmann, Gertrud, * 19. 3. 1893 in Hamburg-Altona, † 7. 5. 1984 Bayreuth, befaßte sich besonders mit dem Problem ‚Zeit', mit sozialkritischen Fragen, sowie mit Grenzfragen zur Physik, bildenden Kunst, Religion und Archäologie. – Hauptw.: Das Ideal des sittlich reinen Menschen, 1928; Beiträge zum Kausalproblem, 1934; Das Problem des Nicht, [2]1968; Fragen aus der Not der modernen Welt an das Christentum, 1954; Wann lebte Homer?, 1967; Die bildenden Künste und ihre Probleme, 1975; Die Frage nach dem Ursprung der Etrusker, 1976; Christentum u. Krieg, 1979. – Bibliogr. in ZphF, Bd. 22, 1968. Bayreuther Kulturpreis zum 85. Geburtstag.

F. Vonessen, K.-F.s Homer und das Problem der Philologie, ZphF, 23, 1969.

Kainz, Friedrich, Prof. in Wien, * 4. 7. 1897 das., † 1. 7. 1977 ebda., war bemüht, der heute als vordringliches Anliegen der Philosophie anerkannten kritischen Sprachanalyse die nötigen linguistischen und psychologischen Fundamente zu verschaffen; die von ihm vertretene Form der Sprachanalyse ist verglechend-genetisch, indem sie u. a. auch das ethnologische, medizinisch-pathologische usw. Material einbezieht. – Hauptw.: Personalistische Ästhetik, 1932; Einführung in die Sprachpsychologie, 1946; Vorlesungen über Ästhetik, 1948; Einführung in die Philosophie der Kunst, 1948; Psychologie der Sprache, 5 Bde., 1941–1969; Die ‚Sprache' der Tiere, 1961; Philosophische Etymologie und historische Semantik, 1969; Über die Sprachverführung des Denkens, 1973; Grillparzer als Denker, 1975; Hauptprobleme der Kulturphilosophie, 1977.

Kairos (griech.), der Gott des günstigen Augenblicks; in der christl. Religionsphilosophie die Fülle der Zeiten; in der Existenzphilosophie der Augenblick einer weittragenden Entscheidung; Bewußtwerdung der Schicksalsstunde.

M. Kerkhoff, Zum antiken Begriff des K., in ZphF, 27, 1973.

Kalokagathie (griech. „Schöngutheit"), das von Plato so bezeichnete Bildungsideal der Griechen, die Einheit von Adel, Reichtum u. körperlich-geistiger Leistungsfähigkeit; vom dt. Idealismus als Inbegriff der guten körperlichen und geistigen Bildung aufgefaßt. Die K. war nicht ein ethisch-ästhetischer, sondern ein sozial-ethischer Begriff; denn der Kalokagathos (der zur K. erzogene Mensch) sollte sich der Gemeinschaft (der → Polis) zur Verfügung stellen.

Kambartel, Friedrich, * 17. 2. 1935 Münster, Prof. in Konstanz, befaßt sich mit Fragen der prakt. Philosophie, Sprachphilosophie und Wissensch.-theorie, ist dabei von sokratischen und kantischen Ideen geprägt. Wendet die analytische Wissenschaftstheorie kritisch auf wissenschaftliche Beschreibungen an, mit der Absicht, das dabei wirksame, aber vergessene und überlagerte Ausgangswissen von der lebensweltlichen Praxis und Erfahrung deutlich zu machen, und für dieses dann gegenüber falschen Auffassungen von Lebenspraxis, Sprache und Wissenschaft normative Geltung zu beanspruchen. – Schr. u. a.: Erfahrung und Struktur – Bausteine zu einer Kritik des Empirismus und Formalismus, 1976; (Mitverf.) Wissenschaftstheorie als Wissenschaftskritik, 1974; Theorie und Begründung, 1976; Mithg. des G. Frege-Nachlasses, 1969/1976; Philos. der humanen Welt, 1989.

Kamlah, Wilhelm, * 3. 9. 1905 Hohendorf a. d. Bode, Prof. in Erlangen, † 24. 9. 1976 das., über seine Untersuchungen zur mittelalterl. Philosophie und christl. Geschichtsphilosophie hinaus versucht K. die Sprachkritik u. Logik unter radikalem Verzicht auf die traditionelle Bildungssprache für eine strenge Erörterung philosoph. Probleme u. für die philos.-geschichtliche Forschung fruchtbar zu machen. – Schrieb u. a.: Apokalypse und Geschichtstheologie, 1935; Der Mensch in der Profanität, 1949; Christentum u. Geschichtlichkeit, Untersuchungen zur Entstehung des Christentums und zu Augustins „Bürgerschaft Gottes", [2]1951; Platons Selbstkritik im „Sophistes", 1963; Logische Propädeutik (zus. m. P. Lorenzen), 1967; Philos. Anthropologie, sprachkritische Grundlegung und Ethik, 1972.

D. Böhler, Sprachkrit. Rehabilitierung der philos. Anthropologie. Eine kritische Explikation von W. K.s Anthropologie, in: Philos. Rundschau 23 (1976); J. Mittelstraß/M. Riedel (Hgg.), Vernünftiges Denken. Studien zur prakt. Philos. und Wissenschaftstheorie (W. K. zum Gedächtnis), 1978 (mit Bibl.).

Kampf, in der Philosophie der Grundbegriff der dynamischen Weltanschauungen. Die schöpferische Funktion des K.es betonte zuerst Heraklit („Der K. ist der Vater aller Dinge"); der K. ist das metaphys. Prinzip des Werdens. Bei Hegel ist K. das Wesen der dialekt. Bewegung: die Synthesis wird durch einen inneren K. erreicht. Für Nietzsche ist der K. von dem Dionysischen im menschl. Dasein nicht zu trennen. Die Soziologie kennt einen K. des Ichs um seine Selbstbehauptung gegen eine Welt der Kollektive; vgl. → Minderwertigkeitsgefühl. „Das Leben bekommt dadurch einen großen Inhalt: an Stelle eines bloßen Daseins wird es zu einer Auseinandersetzung mit der Welt, zu einem Zustand des Leistens und Schaffens" (Vierkandt). Seit Darwin spricht man von einem → „K. ums Dasein". Im Sinne der Ethik kann es nur zwischen grundsätzlich Ebenbürtigen K. (Jaspers spricht von einem „liebenden K." im Rahmen der Kommunikation) geben. Die häufigste Form des sozialen K.s in der modernen Gesellschaft gründet in → Ideologien, wird deshalb mit Glaubensfanatismus ausgetragen.

E. Jünger, Der Kampf als inneres Erlebnis, 1922; A. Vierkandt, Gesellschaftslehre, 1923.

Kampf ums Dasein (engl. *struggle for existence*) bzw.: Kampf ums Leben (engl. *struggle for life*) nennt Darwin, angeregt durch Malthus (*Essay on the Principle of Population,* 1798) die Tatsache, daß die Lebewesen, die erzeugt werden, sich nicht ohne weiteres am Leben erhalten können, sondern nur diejenigen, die in ihrer Konstitution, ihren Fähigkeiten, ihren Instinkten usw. den Daseinsbedingungen entsprechen, bes. aber sich kämpfend durchzusetzen imstande sind. Das Ergebnis ist das Überleben der Anpassungsfähigen. (Spencer: *the survival of the fittest*); → Darwinismus.

Heinrich Schmidt, Der K. u. D , 1930; O. Kuhn, Die Deszendenztheorie, 1947; W. Zimmermann, Evolution, 1953.

Kampits, Peter, * 28. 6. 1942 Wien, seit 1974 Prof. das., versucht mit phänomenologischer Orientierung vor allem systematische Grundfragen der philosophischen Anthropologie neu zu stellen. Befaßt sich weiterhin mit Sprachphilosophie, Ethik und Philosophie in Frankreich. – Schr. u. a.: Zum Atheismus und Humanismus von A. Camus, 1968; Sartre und die Frage nach dem Anderen, 1975; Gabriel Marcels Philosophie der 2. Person, 1976; (Hg.) F. Wiplinger, Metaphysik, 1976; Zwischen Schein u. Wirklichkeit. Eine kleine Geschichte der österreich. Philosophie, 1984; Ludwig Wittgenstein, 1985.

Kanitscheider, Bernulf, Prof. in Gießen, * 5. 9. 1939 Hamburg, versucht unter dem Namen „Synthetische Philosophie" die Naturphilosophie neu zu begründen als materiale Wissenschaft von den großräumigen und tiefliegenden Strukturen der Realität; diese gewinnt aufgrund der Verwendung des einschlägigen Theoriebestandes der Naturwissenschaft eine deskriptive, und wegen der angestellten epistemologischen Reflexion, eine erkenntnistheoretische Komponente. – Schr. u. a.: Geometrie und Wirklichkeit, 1971; Philosophisch historische Grundlagen der physikalischen Kosmologie, 1974; Vom absoluten Raum zur dynamischen Geometrie, 1976; Philosophie und moderne Physik, 1979; Wissenschaftstheorie der Naturwissenschaft, 1981; Kosmologie, 1984;

Das Weltbild Albert Einsteins, 1988.

Kanon (griech. „Regel"), Zusammenfassung der in einem bestimmten Bereich geltenden Regeln. Kanonik nannte Epikur die Logik.

B. L. van der Waerden, Die Harmonielehre der Pythagoreer, in: Hermes 78 (1943); A. Szabó, Die frühgriech. Proportionenlehre im Spiegel ihrer Terminologie, in: Arch. Hist. Ex. Sci. 2 (1962–66).

Kant, Immanuel, Philosoph, * 22. 4. 1724 Königsberg, † 12. 2. 1804 Königsberg, wo er sein ganzes Leben verbrachte. Stammte aus einer Handwerkerfamilie mit 12 Kindern. Studierte in Königsberg Mathematik und Naturwissenschaften, Philosophie bei dem Wolff-Schüler Knutzen. Wirkte ab 1756 als Privatdozent, ab 1770 als ordentlicher Professor der Logik und Metaphysik mit großem Lehrerfolg; lehrte auch Naturwissenschaften und bes. Geographie. Unverheiratet, pflegte er doch regen geselligen Verkehr, späterhin bes. im eigenen Hause, 1794 durch eine königliche Kabinettsorder wegen „Entstellung und Herabwürdigung mancher Haupt- und Grundlehren der Heiligen Schrift und des Christentums" verwarnt. K. ist der Begründer des Kritizismus bzw. der Transzendentalphilosophie.
Man unterscheidet den „vorkritischen K." vom „kritischen" (seit Erscheinen der „Kritik d. reinen Vernunft" 1781), sowie genauer noch folgende Entwicklungsstufen: 1. eine naturwissenschaftliche (1747–1755) mit der „Allg. Naturgeschichte u. Theorie des Himmels" 1755, die den Keim zur späteren sogenannten Kant-Laplaceschen Theorie (→ Laplace) und zur Entwicklungslehre enthält, 2. eine metaphysische, in der sich Kant von der Wolffschen zur kritischen Metaphysik entwickelt, bes. in den Schriften „Träume eines Geistersehers" 1766, die kritisch auf → Swedenborg Bezug nimmt, und „Über Form und Grundlagen der Wahrnehmungs- und der Vernunftwelt" 1770 (lat. geschrieben). 3. Die kritische Philosophie K.s beginnt mit der „Kritik der reinen Vernunft" 1781 (2. Aufl. 1787, in vielem verändert). Es folgen die „Prolegomena zu einer jeden künftigen Metaphysik", 1783; „Ideen z. einer allg. Geschichte in weltbürgerlicher Absicht", 1784; „Grundlegung zur Metaphysik der Sitten", 1785; „Metaphysische Anfangsgründe der Naturwissenschaft", 1786; „Kritik der praktischen Vernunft", 1788; „Kritik der Urteilskraft", 1790; „Die Religion innerhalb der Grenzen der bloßen Vernunft", 1793. 4. Der nachkritische Schlußabschnitt des K.schen Schaffens enthält neben den Veröffentlichungen der Vorlesungen über Logik, Pädagogik, Physische Geographie u. Pragmatische Anthropologie (d. h. Charakterologie) bes. das erst 1938 veröffentlichte später sog. *„Opus postumum"* K.s (2 Bde., hrsg. v. G. Lehmann i. d. unten angeg. Akad.-Ausgabe), das ein entscheidendes Bindeglied zwischen K.s Kritizismus und der (Natur-)Metaphysik des dt. Idealismus darstellt.
Kant hat den Begriff der Metaphysik geändert, den der Erkenntnistheorie neu geschaffen, beides in der „Kritik der reinen Vernunft". Metaphysik ist ihm nicht mehr, wie den „dogmatischen" Philosophen, besonders der Wolff-Schule, Wissenschaft vom Absoluten, sondern von den Grenzen der menschlichen Vernunft. Die Erkenntnistheorie ist die „Grenzpolizei" gegen alle Anmaßungen und Grenzüberschreitungen über das Erfahrbare hinaus, die sich die reine Ver-

nunft zu Erkenntniszwecken zuschulden kommen läßt. Denn Erkenntnisse beruhen nach K. einzig und allein auf Erfahrung, auf Sinneswahrnehmung. Die Sinne allein geben uns Kunde von einer realen Außenwelt. Wenn aber auch unsere sämtliche Erkenntnis mit der Erfahrung anhebt, so entspringt sie doch nicht vollständig aus der Erfahrung. Sie wird vielmehr geformt durch die im erkennenden Geiste vor und unabhängig, von aller Erfahrung, d. h. *apriori,* bereitliegenden Anschauungsformen des Raumes u. der Zeit und die Denk- bzw. Verstandesformen der Kategorien, deren Erforschung von K. transzendental genannt wird. Freilich geht, nach K., auch die durch Erfahrung gegründete Erkenntnis nicht auf die → Dinge an sich, sondern nur auf deren Erscheinungen (Phänomene). Reine Gedankenkonstruktionen hinsichtlich der Dinge an sich, Noumena (→ Noumenon) aber sind nach K. erst recht keine Erkenntnisse. Dies zeigt K. an der psychologischen, kosmologischen und theologischen Idee der bisherigen scholastischen, ontologischen, rationalistischen, damit als dogmatische Scheinwissenschaft entlarvten Metaphysik und natürlichen Theologie: der Unsterblichkeit der Seele, der Entstehung der Welt, der Existenz Gottes.

K.s in der „Kritik der prakt. Vernunft" niedergelegter autonom. Pflicht-Ethik, die eine bedeutende philos. Leistung ist, liegt folgender Gedankengang zugrunde: Der Vernunft ist es zwar unmöglich, Gegenstände rein *apriori,* d. h. ohne Erfahrung theoretisch zu erkennen, wohl aber den Willen des Menschen und sein praktisches Verhalten zu bestimmen. Es stellt sich dabei heraus: Seinem „empirischen" Charakter nach, d. h. als Person, steht der Mensch unter dem Naturgesetz, folgt er den Einflüssen der Außenwelt, ist er unfrei. Seinem „intelligiblen" Charakter gemäß, d. h. als Persönlichkeit, ist er frei und nur nach seiner, praktischen, Vernunft ausgerichtet. Das Sittengesetz, dem er dabei folgt, ist ein kategorischer → Imperativ. D. h. konkret: Nicht auf äußere Güter gerichtetes Streben nach Glück, nicht Liebe oder Neigung machen ein Tun moralisch, sondern allein die Achtung vor dem Sittengesetz und die Befolgung der Pflicht. Getragen ist diese Ethik der Pflicht von der nicht theoretischen, sondern praktischen Überzeugung von der Freiheit des sittlichen Tuns, von der Unsterblichkeit des sittlich Handelnden, da dieser in diesem Leben den Lohn seiner Sittlichkeit zu ernten nicht befugt ist, von Gott als dem Bürgen der Sittlichkeit und ihres Lohnes. Diese drei Überzeugungen nennt K. die „praktischen → Postulate" von Gott, Freiheit, Unsterblichkeit. Von relig. Heteronomie (Fremdbestimmung, Überfremdung) ist nach K. die Sittlichkeit frei, da sie autonom (selbstgesetzlich) ist. In diesen Zusammenhängen äußert K. seine Auffassungen über Recht, Staat, Politik, Geschichte, deren Wirklichkeit er sehr skeptisch gegenübersteht, bes. der des von ihm als ethisch-politisches Ideal anerkannten Ewigen Friedens.

Umgekehrt ist nach Kant in seiner Schrift „Religion innerhalb der Grenzen der bloßen Vernunft", 1793, Religion nichts als der Inbegriff aller unserer Pflichten als göttlicher Gebote und Gott svw. höchstes Ideal. Alles, was außer dem guten Lebenswandel der Mensch noch tun zu können vermeint, um Gott wohlgefällig zu werden, bes. alle religiöse Organisation, Institution, Dogmatik und bloß äußerliche

Religionsausübung, ist bloßer Religionswahn und Afterdienst, wie Kant in unerschrockener Kritik auch der vorhandenen Kirche feststellt.

Die „Kritik d. Urteilskraft" 1790 beginnt mit abschließenden Darlegungen Kants zu seinem System des Kritizismus, es folgt die kritische Ästhetik, bes. des Schönen, des Erhabenen und des Genies (durch welches, nach K., die Natur der Kunst die Regel gibt), sodann die Kritik der Prinzipien der Biologie, wonach die mechanistische Erklärung der Lebensvorgänge unzureichend, die übermechanische unvollendbar ist, abschließend die kritische Absteckung der Grenzen der Anwendung des teleologischen Denkens bei der metaphysischen Deutung der Gesamtwelt.

K.s Nachwirkungen. K.s Philosophie, in Fachkreisen seine theoretische, in weiteren Kreisen, z. B. bei Goethe u. Schiller, seine praktische, rief schon zu seinen Lebzeiten eine starke Bewegung hervor. Auf Schiller wirkte K. vor allem durch seine Sittenlehre, wenn auch Schiller die Härte der K.schen Pflichtethik bekämpfte. Goethes anschauender Natur war zwar K.s „Kritik der reinen Vernunft" in ihrer Abstraktheit fremd, doch bekennt er, daß ihm K.s „Kritik der Urteilskraft" die philos. Grundlage für sein „Schaffen, Tun und Denken" gegeben habe, wie ihn auch K.s „Kritik der prakt. Vernunft" mit ihrer strengen Pflichtethik tief beeindruckte. Hamann, Herder und Jacobi traten als Gegner auf. Fichte, Schelling, Hegel knüpften mit ihrer allerdings nicht mehr kritizistischen spekulativ-idealistischen Metaphysik an K. an. Nach 1850 in Frankreich (→ Renouvier), nach 1860 in Dtl. entstand der → Neukantianismus.

Ausgaben: „Ges. Schriften", krit. Ausg., hrsg. v. d. Berliner Akad. d. Wissenschaften, 1900ff., in 4 Abteilungen: 1. Gedruckte Werke, 2. Gedruckte Vorlesungen, 3. Briefe, 4. Handschriftl. Nachlaß; „Werke" hrsg. von Vorländer, 9 Bände, 1901–1924 (Philos. Bibliothek). Durch verbindenden Text zusammenhängende Auswahl unter dem Titel: Die drei Kritiken, hrsg. von R. Schmidt, ^{9}1964 (KTA, Bd. 104). – R. Eisler, K.-Lexikon, 1930 (Repr. 1961); R. C. Walker, A Selective Bibliography on K., Oxford 1975, ^{2}1978.

Kant-Studien, 1897 ff.; E. Cassirer, K.s Leben u. Lehre, 1918, ^{3}1977; R. Reininger, K., seine Anhänger und seine Gegner, 1923; H. Rickert, K. als Philosoph der modernen Kultur, 1924; M. Wundt, K. als Metaphysiker, 1924; M. Heidegger, K. und das Problem der Metaphysik, 1929; T. Litt, K. und Herder als Deuter der geistigen Welt, 1930; H. J. Paton, The Categorical Imperative, London/New York 1947, dt. 1962; G. Martin, I. K. – Ontologie u. Wissenschaftstheorie, 1951; A. E. Teale, Kantian Ethics, London 1951; P. Menzer, K.s Ästhetik in ihrer Entwicklung, 1952; W. Ritzel, Studien zum Wandel der K.auffassung, 1952; H. W. Cassirer, K.'s First Critique, London 1954; H. Heimsoeth, Studien zur Philos. I. K.s, I–II, 1956/70; O. Marquard, Skept. Methode im Blick auf K., 1958; M. Heidegger, Die Frage nach dem Ding. Zu K.s Lehre von den transzendentalen Grundsätzen, 1962; H. Heimsoeth, Transzendentale Dialektik. Ein Kommmentar zu K.s Kritik der reinen Vernunft, I–IV, 1966–71; H. Saner, K.s Weg vom Krieg zum Frieden, 1967; F. Kaulbach, I. K., 1969; N. Hinske, K.s Weg zur Transzendentalphilos., 1970; K. Neumann, Gegenständlichkeit u. Existenzbedeutung des Schönen. Unters. zu K.s „Kritik der ästhet. Urteilskraft", 1973; J. Kuhlenkampff, K.s Logik des ästhet. Urteils, 1978; W. Teichner, K.s Transzendentalphilos., Grundriß, 1978; V. Gerhard/F. Kaulbach, K., 1979; P. Heintel/L. Nagl (Hgg.), Zur K.-Forschung der Gegenwart, 1981; R. Bubner (Hg.), K.s Ethik heute, 1983; O. Höffe, I. K., 1983; G. Prauss, K. über Freiheit als Autonomie, 1983; J. Kopper, Die Stellung der „Kritik der reinen Vernunft" in der neueren Philos., 1984; W. Ritzel, I. K. – Eine Biographie, 1985; G. Böhme, Philosophieren mit K. – Zur Rekonstruktion der K.schen Erkenntnis- u. Wissenschaftstheorie, 1986; P. Guyer, K. and the Claims of Knowledge, Cambridge 1987; H. Schmitz, „Was wollte K.?", 1989.

Kant-Gesellschaft, anläßlich des 100. Todestages Kants 1904 von → Vaihinger gegründet; übernahm die seit 1897 bestehende Zeitschrift „Kant-Studien“. Sie wurde 1938 aufgelöst, 1947 wurden in Berlin, München und später in Rheinland-Westfalen einzelne Sektionen der K.-G. neu begründet; bald darauf auch wieder die K.-G. als Dachorganisation, der die Fortsetzung der „Kant-Studien“ zu verdanken ist, seit 1952 herausgegeben von P. Menzer († 1960) u. G. Martin († 1972); seit 1969 hrsg. v. G. Funke u. J. Kopper. – Die K.-G. veranstaltete folgende internationale Kongresse: 1. Bonn, 1960; 2. Bonn-Düsseldorf, 1965 (Vorträge in Kt.-St. 1965); 3. Rochester, 1970 (Proceedings ed. L. W. Beck, Dordrecht, 1972); 4. Mainz, 1974 (Akten hg. v. G. Funke, 3 Bde., 1974/75); 5. Mainz, 1981 (Akten hg. v. G. Funke, 2 Bde., 1981).

H. L. Matzat, Rückschau u. Vorblick der K.-G., in ZphF, Bd. IV, 1949; Bericht über den II. intern. Kant.-Kongreß, ZphF, XX, 1966; Bericht über den Kant-Welt-Kongreß 1974; auch in „Kant-Studien“ 1974 und 1975; Zum 3. Kongreß: M. Kleinschnieder, in: Kt.-St., 66, 1975; Zum 4. Kongreß: R. Malter, ebda., 68, 1977.

Kanthack, Katharina, Prof. in Berlin-West, * 7. 11. 1901 das., † 26. 2. 1986 Marburg, Studien zur Ontologie bei Leibniz und N. Hartmann. Untersuchte die Frage der Selbsterkenntnis auf existenzphil. Basis. Weiter suchte K. die von Heidegger behauptete „epochale Wende in der Geschichte“ mit dem Hinweis auf den von ihr so benannten „gnoseo-ontologischen Zirkel“ in allem überformalen älteren Denken nachzuweisen. – Schrieb u. a.: Die psychische Kausalität und ihre Bedeutung für das Leibnizsche System, 1939; Leibniz, ein Genius der Deutschen, 1946; Max Scheler. Zur Krisis der Ehrfurcht, 1948; Vom Sinn der Selbsterkenntnis, 1958; Das Denken M. Heideggers, [2]1964; N. Hartmann und das Ende der Ontologie, 1962.

Kappadozier (Die großen K., „Die drei Lichter der Kirche von Kappadozien“) heißen die griech. Kirchenväter Basilius der Große, sein Bruder und → Gregor von Nazianz, alle drei gebürtig aus Kappadozien, einer Landschaft in Kleinasien zwischen dem Oberlauf des Euphrat im Osten, dem Salzsee Tus Tschöllü im Westen, dem Taurus-Gebirge im Süden und dem Schwarzen Meer im Norden.

H. Weiss, Die großen K., 1872; Unterstein, Die natürl. Gotteserkenntnis nach der Lehre der k.zischen Kirchenväter, 2 Tle., 1902/1903; E. Weiss, Die Erziehungslehre der drei K., 1903; M. Restle, die byzantin. Wandmalereien in Kleinasien, 3 Bde., 1967.

Kardinaltugenden (aus lat. *cardinalis,* „hauptsächlich“), Grundtugenden, aus welchen alle übrigen folgen, nach Platon: Weisheit, Tapferkeit (Willensenergie), Besonnenheit (Maßhalten, Selbstbeherrschung) und die sie umgreifende Gesamttugend – Gerechtigkeit; die christl. Philosophie fügte drei weitere hinzu: Glaube, Liebe und Hoffnung. Für Aristoteles ist Gott als der unbewegte Beweger zugleich die Angel (cardo) des Weltalls. Die vier Angeln, die die beiden Türen eines Kirchenportals tragen, sind im Mittelalter häufig durch die Symbolik der K. dargestellt worden.

J. Pieper, Vom Sinn der Tapferkeit, 1934; J. Pieper, Traktat über die Klugheit, 1937; J. Pieper, Zucht u. Maß, 1939; P. Keseling, Die vier K., in: Philos. Jb. 58 (1948); J. Pieper, Über die Gerechtigkeit, 1953; J. Pieper, Das Viergespann: Klugheit, Gerechtigkeit, Tapferkeit, Maß, 1964.

Karma (Karman, sanskr.), nach der Lehre der Brahmanen, Buddhisten und Jainas „das Werk“, speziell die Summe der guten und bösen Taten eines Lebens, die auf Grund der ihr innewohnenden, automatisch wirksamen gesetzmäßigen Vergeltungskausalität die Voraussetzungen für eine neue Existenz von bestimmter Wesensart und bestimmtem Schicksal schafft. In den Upanishaden gilt K. als Erscheinungsweise und Bewährung des → Atman.

H. v. Glasenapp, Unsterblichkeit u. Erlösung in den ind. Religionen, 1938; W. Ehrlich, Die Lehre vom K.n, 1945; L. Nordstrom, Zen and K., in: Philosophy East and West 30 (1980); K. K. Anand, Indian Philosophy. The Concept of K., Delhi 1982.

Karneades, griech. Philosoph, * 214 v. Chr. Kyrene (Nordafrika), † 129 Athen, Stifter der neuen oder dritten Akademie, 156 als Gesandter in Rom, wo er die Philosophie heimisch machte, entwickelte die akad. Skepsis bis zur äußersten Folgerichtigkeit und leugnete Wissen und Möglichkeit eines endgültigen Beweises. Als erster Theoretiker d. Wahrscheinlichkeitsbegriffes unterschied er – späteren Berichten zufolge – drei Grade der Wahrscheinlichkeit: 1. die nur für sich allein wahrscheinlichen Vorstellungen, 2. die wahrscheinlichen, nicht von anderen, mit denen sie in Verbindung stehen, bestrittenen, 3. die allseitig unbestrittenen. – Werke: K. Fragmente, Wroclaw 1970.

A. Schmekel, Die Philos. der mittleren Stoa in ihrem gesch. Zusammenhang, 1892 (Repr. 1974); K. Eupolis, Carneades on „Injustice", Ashford 1923; A. A. Long, Carneades and the Stoic Telos, in: Phronesis 12 (1967); A. Schütz, Das Problem des Carneades, in: Ders., Das Problem der Relevanz, hg. 1971.

Kaßner, Rudolf, philos. Schriftsteller u. Essayist, * 11. 9. 1873 Groß-Pawlowitz (Mähren), † 1. 4. 1959, in seiner Denkart G. Santayana nahestehend, schrieb über Physiognomik: Grundlage der Physiognomik, 1921; Das physiognomische Weltbild, 1930; Physiognomik, 1932. Seine ästhet. und philos. Werke zeichnen sich durch eine sehr persönliche, eigenwillige und starke Anschauungskraft aus, so: Die Mystik, die Künstler und das Leben, 1900, 2. Aufl. unter dem Titel „Englische Dichter", 1920; Die Elemente der menschlichen Größe, 1911; Zahl und Gesicht, 1919; Von der Einbildungskraft, 1936; Der Gottmensch, 1938; Transfiguration, 1946; Das 19. Jh., Ausdruck und Größe, 1947; Sören Kierkegaard, 1949; Das inwendige Reich. Versuch einer Physiognomik der Ideen, 1953. – Sämtl. Werke in 6 Bdn., 1969–1978.

Th. Wieser, Die Einbildungskraft bei R. K. Studie mit Abriß von Leben und Werk, 1949; L. W. Brock, R. K. u. d. mod. Physiognomik, in „Universitas" X, 1955; H. Paeschke, R. K., 1963.

Kasualismus (vom lat. *casus,* „Fall, Zufall"), Zufallslehre; die von Epikur, Lukrez u. a. vertretene Ansicht, daß die Welt der Herrschaft des Zufalls unterworfen sei und auch durch Zufall entstanden.

Kasuistik (vom lat. *cąsus [conscięntiae],* „Gewissensfälle"), der Teil der Moralwissenschaft, der für bestimmte Verhältnisse und Vorkommnisse das genaue Verhalten des Gewissens untersucht und bestimmt, ausgebildet von den Stoikern, den Talmudisten, Scholastikern und Jesuiten. – In der Rechtswissenschaft die Rechtsfindung, die den einzelnen Fall seiner Besonderheit gemäß behandelt, in Unsicherheitsfällen wird *kasuistisch* als spitzfindig und sophistisch gebraucht.

R. Thamin, Un problème moral dans l'antiquité. Étude sur la casuistique stoicienne, Paris 1884; I. v. Döllinger/F. H. Reusch, Gesch. der Moralstreitigkeiten in der römisch-kathol. Kirche seit dem 16. Jh., I–II, 1889 (Repr. 1968); J. Klein, Ursprung u. Grenzen der K., in: Aus Theologie u. Philos. Festschrift F. Tillmann, 1950; A. R. Jonsen, The Abuse of Casuistry. A History of Moral Reasoning, Berkeley 1988.

Katalepsis (griech. „das Erfassen, Begreifen"), bei den Stoikern das begriffliche Erfassen eines realen Objektes durch eine evidente, vom Objekt verursachte Vorstellung. Sie gebrauchten den Begriff *kataleptische Phantasie* als Kriterium der Wahrheit.

K. v. Fritz, Zur antisthen. Erkenntnistheorie u. Logik, in: Hermes 62 (1927); J. M. Rist, Stoic Philosophy, Cambridge 1969.

katechetisch (vom griech. *katechein,* „unterrichten"), svw. → erotematisch.

Kategorialanalyse (Kategorienlehre), untersucht die Natur und die Geltungsbereiche der → Kategorien. Sie unterscheidet zwischen Kategorien der Wissenschaft und des begreifenden Denkens (z. B. Raum und Zeit) und solchen der Anschauung und des erlebenden Bewußtseins (z. B. Substanz, Gesetzlichkeit). Sie stellt fest, daß jedes Wissensgebiet seine eigenen Kategorien hat (die K. rechnet mit einer sehr großen, noch nicht übersehbaren Zahl von Kategorien) und daß nur wenige überall die gleiche Funktion haben. Kants Lehre, daß die Kategorien der Erkenntnis zugleich die der Gegenstände sind, ist nur mit gewissen Einschränkungen → (Erkenntnis) zutreffend: nicht alle Seinskategorien sind im menschlichen Verstande vertreten, denn sonst gäbe es nichts Unerkennbares. – Bisweilen tritt eine Kategorie an die Stelle einer anderen (z. B. in der Physik die Kausalität an die Stelle der Teleologie), bisweilen verändert sich der Inhalt einer Kategorie. „So ist im Problem der Substanz (als Beharrenden) der Erkenntnisgang von der Materie zur Energie vorgedrungen, im Problem des real Allgemeinen von der substantiellen Form zur Gesetzlichkeit, im Zeitproblem von der naiv verstandenen Zeitanschauung zur Realzeit" (Nic. Hartmann, Ziele und Wege der K., in ZphF, II, 1948). Da die K. es mit Seinsstrukturen zu tun hat, untersucht sie, wie weit sich im Einzelfall die Real- mit den Bewußtseinskategorien decken bzw. wie weit sie auseinanderklaffen (daher auch: differentielle K.). Sie decken sich weitgehend im Gebiet der reinen Mathematik; denn „das ideale Sein (der mathemat. Gegenstände) hat eine Nahstellung zum Bewußtsein, die für keine andere Seinsweise gilt, und diese ist greifbar im Phänomen einer unmittelbaren (apriorischen) Gegebenheit" (Nic. Hartmann, a.a.O.). Sie klaffen weit auseinander im Gebiet des Organischen, weil die Lebensfunktionen dem Zugriff des Bewußtseins weitgehend entzogen sind. Bei alledem „lassen sich die Strukturen der Seinskategorien immer nur erraten, und zwar aus den Veränderungen, die die kategorialen Begriffe bei fortschreitender Erkenntnis des Gegenstandes erfahren." G. Schischkoff (Begriff u. Aufbau eines kategorial-analytischen Wörterbuches, in ZphF, III, 1949) erweitert den Begriff der Kategorie, indem er ihn auf alle unmittelbar gegebenen Elemente des Denkens, d. h. auf Elementarbegriffe ausdehnt, die dadurch charakterisiert sind, daß sie nicht definiert, sondern nur erläutert werden können. Diese Elementarbegriffe bilden zusammen mit den Kategorien (Kategorien im engeren Sinne) die Kategorialbegriffe. Die Zurückführung aller höheren Begriffe auf die Kategorialbegriffe nennt Schischkoff „systematische K.", die der differentiellen K. das definitorische Material zu liefern hat.

E. v. Hartmann, Kategorienlehre, [2]1923; N. Hartmann, Der Aufbau der realen Welt.

Grundriß der allg. Kategorienlehre, [2]1949; A. Seiffert, Einige kategoriale Grundformen, 1972.

Kategorie (vom griech. *kategorein,* „aussagen"), umgangssprachlich svw. Art, Sorte, Klasse, Rang („eine bestimmte K. von Beamten"). In der Philosophie sind die K.n einerseits die allgemeinsten Wirklichkeits-, Aussage- und Begriffsformen, die „Stammbegriffe" (Kant), von denen die übrigen Begriffe ableitbar sind (Erkenntnisk.n, Bewußtseinsk.n), andererseits die Ur- und Grundformen des Seins der Erkenntnisgegenstände (Seinsk.n, Realk.n). Das Verhältnis der Seins- zu den Erkenntnisk.n wird von der Erkenntnistheorie (→ Erkenntnis) erforscht; vgl. → Grundrelation. Der dt. Idealismus faßte dieses Verhältnis als Identität auf; vgl. → Marburger Schule.

Der Begründer der Kategorienlehre ist Aristoteles; er nahm 10 (Einzel- und Allgemein-)Kategorien an: Substanz, Quantität, Qualität, Relation, Ort, Zeit, Tun, Leiden, Sichverhalten (Haltung), Sichbefinden (Lage). Der Sache nach kennt schon Platon die 4 K.n Identität, Unterschied, Beharrung, Veränderung. Die Scholastik, die die K.n auch Prädikamente (vgl. → Prädikabilien) nannte, wußte nur von 6 K.n: Sein oder Wesen, Qualität, Quantität, Bewegung (Veränderung), Beziehung, Sichverhalten (Habitus). Descartes und Locke unterscheiden 3 K.n: Substanz, Zustand (Modus), Relation. Kant verstand unter K.n die Formen des Verstandes, welche die Erfahrung insofern bedingen, als sie der bloßen Wahrnehmung Erkenntnischarakter verleihen, für sich allein, also ohne Erfüllung durch Wahrnehmung, jedoch keinerlei Erkenntniswert haben. Kant stellt eine aus der entsprechenden Urteilstafel abgeleitete K.n-tafel von 12 in 4 Dreiergruppen geordneten K.n auf; die ersten 6 nannte er mathematische, die letzten 6 dynamische K.n: K.n der Quantität: Einheit (Maß), Vielheit (Größe), Allheit (das Ganze); K.n der Qualität: Realität, Negation, Limitation; K.n der Relation: Substanz, Kausalität, Wechselwirkung; K.n der Modalität: Möglichkeit, Dasein, Notwendigkeit. Im 19. Jh. entwickelte Hegel das umfassendste und komplizierteste aller bisherigen K.nsysteme; dem folgte mit einer kritischen Darstellung E. v. Hartmann; und die bisher letzte bedeutende systematisch durchgeführte K.nlehre schrieb Nicolai Hartmann. Schopenhauer strich von den 12 Kantischen K.n alle bis auf die Kausalität; hier kündigt sich schon eine gegen alle K.n grundsätzlich skeptische Philosophie an, wie sie dann bes. bei Nietzsche begegnet. Außerhalb des Abendlandes hat vor allem die indische Philosophie komplizierte K.nsysteme aufgestellt, namentlich die Sankhya-, die Waischeschika- und die Nyaya-Philosophie taten dies. In der Gegenwart wird das K.nproblem im Rahmen der Ontologie behandelt (→ Kategorialanalyse).

A. Trendelenburg, Gesch. der K.nlehre, 1846; E. Lask, Die Logik der Philos. und die K.nlehre, 1911; O. Külpe, Zur K.nlehre, 1915; H. Heyse, Einl. in die K.nlehre, 1921; H. Pichler, Einf. in die K.nlehre, 1937; N. Hartmann, Der Aufbau der realen Welt, 1940; H. Krings, Transzendentale Logik, 1964; J. L. Bell, Category Theory and the Foundation of Mathematics, in: Brit. J. Philos. Sci. 32 (1981); C. E. Reyes, Logic and Category Theory, in: E. Agazzi (Hg.), Modern Logic, Dordrecht/Boston/London 1981.

kategorisch (vom griech. *kategorein,* „aussagen"), aussagend, behauptend; unbedingt (im Gegensatz zu → hypothetisch). Ein kategorisches Urteil ist eine nicht an Bedingungen geknüpfte, einfache Aussage: Eisen ist schwer.

kategorischer Imperativ → Imperativ.

Katharsis (griech. „Reinigung"), Läuterung, bes. die mystische Reinigung der Seele von den Schlacken der Sinnlichkeit, Leiblichkeit; nach Aristoteles ist es Zweck der Tragödie, eine K. der Seele, eine „Läuterung der Leidenschaften" bzw. eine „Läuterung von den Leidenschaften (und zwar „durch Erregung von Mitleid und Furcht") herbeizuführen. Methoden der K. werden in der modernen Psychotherapie angewandt, wodurch Abreaktionen und Befreiung von verdrängten traumatischen Erlebnissen bewirkt werden.

W. Schadewaldt, Furcht u. Mitleid?, in: Hermes 83 (1955); K. Gründer, Jacob Bernays und der Streit um die K., in: Epirrhosis. Festgabe C. Schmitt, 1968.

Katholizismus, der seit der Entstehung des Protestantismus in das Bewußtsein der Öffentlichkeit getretene besondere Charakter der morgenländischen und der abendländischen christl. Kirche, wie er sich in den ersten Jahrhunderten nach Chr. Geb. entwickelt und bis heute bewahrt hat. Im Abendland haben die Päpste und das Konzil von Trient (1545–63) diesen Charakter schärfer ausgeprägt. Die Bezeichnung kath. tritt schon um 150 n. Chr. auf und besagt, daß gegenüber anderen Auffassungen des Christentums die von den Aposteln ausgehende Überlieferung „überall" (griech. *katholu*) verbreitet sei und anerkannt werden müsse. Die klassische Formulierung dieses Standpunktes nennt „katholisch" dasjenige, *„quod ubique, quod semper, quod ab omnibus creditum est"* (lat.: was überall, immer und von allen geglaubt worden ist). Der K. stellt sich dadurch in die Nähe der natürlichen Religion u. d → *Consensus omnium.* Die Philosophie des K., die → *Philosophia perennis,* wird in der Gegenwart durch die → Neuscholastik und den → Neuthomismus vertreten. An den Prioritätsansprüchen des K. hat sich auch in der modernen Entwicklung nichts geändert, was den Anschluß der kath. Kirche an die ökumenischen Bestrebungen unglaubwürdig macht.

K. Adam, Das Wesen des K., 1924; U. Noack, Katholizität u. Geistesfreiheit, 1936; F. Heiler, Altkirchl. Autonomie und päpstl. Zentralismus, 1941; E. Przywara, Kathol. Krise, 1967; R. Groscurth (Hg.), Katholizität u. Apostolizität, 1971.

Kaulbach, Friedrich, Prof. in Münster/W., * 15. 6. 1912 Nürnberg, befaßt sich mit der Deutung und Weiterbildung der Transzendentalphilosophie Kants im Sinne theoretischen und praktischen Handelns („transzendentale Bewegung"), das unter methodischem Gebrauch kritisch normierter Perspektiven geschieht, wobei die Unterscheidung zwischen „freier" und „gefesselter" Natur wesentlich wird. In der praktischen Philosophie betont er den Zusammenhang zwischen Handeln und dialogischer Rechtfertigung, bei der das praktische Subjekt „Stand" auf dem Boden allgemeiner und gemeinsamer praktischer Vernunft nimmt, sie durch seine Existenz und sein Handeln repräsentiert und sie dadurch verwirklicht. – Schr. u. a.: Zur Logik und Kategorienlehre der mathemat. Gegenstände, 1937; Das sittliche Sein und das Sollen, 1948; Philosophische Grundlagen zu einer wissenschaftl. Symbolik, 1954; Die Metaphysik des Raumes bei Leibniz und Kant, 1960; Der philosophische Begriff der Bewegung, 1965; Philosophie der Beschreibung, 1968; Imm.

Kant, 1969; Ethik und Metaethik, [2]1974; Einführung in die Metaphysik, 1972; Das Prinzip Handlung in der Philosophie Kants, 1978; Nietzsches Idee einer Experimentalphilosophie, 1980; Philosophie als Wissenschaft. Einleitung in Kants Kr. d. r. V., 1981; Einf. in die Philosophie des Handelns, 1982; Immanuel Kants „Grundlegung zur Metaphysik der Sitten". Interpretation u. Kommentar, 1988. – Bibl. F. K., in: ZphF 42 (1988).

kausal (lat.), ursächlich, dem Kausalgesetz entsprechend; → Kausalität.

Kausalgesetz (Kausalitätsprinzip), → Kausalität.

Kausalität (vom lat. *causa,* „Ursache"), Ursächlichkeit, Wirksamkeit, gesetzmäßiger Zusammenhang von Ursache und Wirkung. Als K.sprinzip (Kausalprinzip bzw. -gesetz) ausgesprochen: Jedes Geschehen hat eine Ursache (ist bewirkt, entsteht durch Wirkung) und ist zugleich die Ursache eines anderen Geschehens, oder umgekehrt: Ohne Ursache geschieht nichts. Ursache und Wirkung bilden eine aus der Vergangenheit (→ *Proton kinun*) kommende, durch die Gegenwart hindurchlaufende und in der Zukunft verschwindende Kette (Kausalnexus; vgl. → Finalität). Näher betrachtet zerfällt die Ursache mindestens in die (äußeren) Umstände, unter denen etwas geschieht, die (inneren) Bedingungen, durch die es zustandekommt, und die → Auslösung, die den unmittelbaren Anlaß gibt. Beispiel: Wenn das Pulver trocken (Umstand) und richtig zusammengesetzt (Bedingung) ist, wird es durch den Schlag (Auslösung) entzündet (Wirkung).
Der K.sbegriff ergibt sich als Verallgemeinerung der Erfahrung, daß irgend etwas, die „Wirkung", immer nur dann, aber immer dann geschieht, wenn etwas anderes, die „Ursache", geschehen ist oder gleichzeitig geschieht. Dabei liegt der Irrtum nahe, daß ein *„post hoc"*, d. h. ein zeitliches „Danach" stets als ein *„propter hoc"*, d. h. als ursächliches „Dadurch" aufgefaßt wird.
In der Geschichte der Philosophie tritt das K.sprinzip ausdrücklich formuliert zuerst bei Demokrit auf, als streng kausaler Zusammenhang des Geschehens bei den Stoikern u. bei Epikur. Das Prinzip der nicht von übernatürlichen Eingriffen irgendwie durchbrochenen Natur-K. wird, nachdem die Frage der exakten Natur-K. im MA. so gut wie völlig geruht hatte, erst wieder in der neueren Naturwissenschaft (Bacon, Galilei, Kepler usw.) gründlicher geklärt. Diesem naturwissenschaftlichen geklärteren objektiven K.sbegriff stand die vor allem von den engl. Empiristen vertretene subjektivistische K.sauffassung entgegen. Nach Hume z. B. beruht der Glaube an die K. auf Assoziation, Erwartung und Gewohnheit. Kant hält das allgemeine K.sprinzip für apriorisch, aber nur im Bereich der Erfahrung gültig. Schopenhauer unterscheidet 3 Formen der K.: die Ursache im eigentlichen Sinn (im Anorganischen), den Reiz (im organisch-vegetativen Leben) und das Motiv (in den Handlungen aller bewußten Wesen). Aus der Erfahrung ganz allein, und zwar durch Induktion gewonnen, suchen Mill, Spencer u. a. die K. zu verstehen und zu erklären. Der Positivismus (Comte, Avenarius, Mach u. a.) ersetzt den Begriff der K. durch den der funktionellen Abhängigkeit, den der Ursache durch „Bedingung" (→ Konditionismus). Im Sinne der neueren

Ontologie gehört die K. zu den Kategorien. Sie ist eine der Determinationsmöglichkeiten bzw. -Formen des Seienden (→ Schichtenlehre). Neuere Physiker lassen es wegen empirischer Nichtnachprüfbarkeit offen, ob die uneingeschränkte Anwendbarkeit des K.sprinzips im Bereich der kleinsten Massen und Wirkungen gilt; sie wird als bewährte Hypothese, als heuristisches Prinzip, als Wahrscheinlichkeitsregel benutzt; → Unsicherheitsrelation; → Grund.

E. Wentscher, Gesch. des Kausalproblems in der neueren Philos., 1921; J. Hessen, Das Kausalitätsprinzip, 1928; M. Hartmann, Die K. in Physik u. Biologie, 1937; G. Siebers, Die kausale Notwendigkeit und das kausale Werden, 1951; J. E. Heyde, Entwertung der K.?, 1957; H. Titze, Der K.begriff in Philos. und Physik, 1964; G. H. v. Wright, Causality and Determinism, New York/London 1974; P. Sachta, Die Theorie der K. in Kants „Kritik der reinen Vernunft", 1975; Z. M. Puterman, The Concept of Causal Connection, I–II, Uppsala 1977; F. M. Wuketits, K.sbegriff und Evolutionstheorie, 1980; G. Posch (Hg.), K. Neue Texte, 1981; P. Frank, Das Kausalgesetz und seine Grenzen, 1988.

kausal-mechanisches Weltbild, eine Vorstellung von der Welt, nach der alles Geschehen kausal verursacht und gemäß den Gesetzen der (klassischen) Mechanik berechenbar ist. → auch Maschinentheorie, → mechanistisch. Das k. W. entstand im Zeitalter der Aufklärung, als die Metaphysik völlig aus dem Bereich der Naturwissenschaften verbannt wurde. Die entdeckte Lückenlosigkeit des Kausalnexus verleitete sodann zu der Annahme, das Kausalgesetz sei „das" Gesetz der Natur überhaupt; die Errungenschaften der Technik führten zu der Annahme, alles unterliege den Gesetzen der Mechanik (vgl. → physikalisches Weltbild). „Es ist nur das praktische Motiv des modernen, auf Naturherrschaft ausgehenden Menschen gewesen, Geschehnisse ausschließlich in der Richtung Anfangs-Endzustand für eindeutig bestimmt zu halten. Denn wir können um der Gerichtetheit unseres Lebensabflusses willen die Natur nur so weit beherrschen, als sie nur durch die praktisch direkt faßbare *causa efficiens* in ihrem Gang bestimmt ist. Soweit sie es nicht ist, müssen wir hübsch warten, was geschieht ... Der vorwiegend mechanische Eindruck der anorganischen Kausalität ist genau so anthropomorph wie der vorwiegend teleologische Eindruck der Vitalgeschehnisse ... Mag die Bestimmung des Menschen eine wie immer über die Bestimmung aller anderen Dinge erhabene sein, so hat doch auch jedes Ding seine Bestimmung, sein ‚Werde, was du bist'. Erst die absolute und ontische Deutung der formalmechanischen Naturansicht hat den Menschen so völlig aus der Natur herausgehoben, entheimatet, ja entwurzelt, daß er wie betrunken zu schwanken begann zwischen einem lächerlichen Materialismus, der ihn zum Tier erniedrigt, und einem ebenso lächerlichen Spiritualismus, der ihn aller Bruderschaft mit der Natur entreißt. Schon für Descartes sind Menschenseelen im Grunde rein spirituelle Seelendenkpünktchen, die von einem rein mechanischen All von ‚oben', von Gott her, gleichwie an Seilen heruntergelassen sind. Gibt es eine groteskere, naturwidrigere Vorstellung?" (M. Scheler, Erkenntnis u. Arbeit, in „Die Wissensform u. d. Gesellschaft", [2]1960).

Im k. W. spielt der Mensch die Rolle eines Rädchens im Welt-„Getriebe". Er ist im Grunde verantwortungslos. Diese Stellung des Menschen in einer kausal-mechanisch determinierten Welt erklärt nicht nur die große Beliebtheit und Bedeutung des k. W. für das Denken der breiten Masse seit dem französ.

→ Materialismus, sondern auch die Zähigkeit, mit der an diesem Weltbild – indirekt auch im dogmatischen Denken des dialektischen Materialismus – festgehalten wird; obwohl seit Beginn des 20. Jh. begründete Bedenken dagegen nicht nur seitens der Philosophie, sondern auch seitens der Naturwissenschaften geltend gemacht worden sind; → Metaphysik, Schichtenlehre. Der Denkfehler, der zur Hinnahme des k. W. führt, dürfte wohl daher rühren, daß man von der einleuchtenden strengen Determiniertheit einer *endlichen* physikalischen Maschine ausgeht und deren fixierbaren kausalen Verlauf bedenkenlos auf menschliche Systeme des Universums und des biologischen Mikrokosmos überträgt; – Lit.: s. Kausalität.

Kausalnexus (aus lat. *causa*, „Ursache" u. *nexus*, „Verschlingung"), ursächlicher Zusammenhang, Verknüpfung von Ursache und Wirkung, der Übergang der Ursache in die Wirkung; → Kausalität, *Proton kinun*.

Kausalreihe (Kausalkette), Bild für den fortlaufenden Zusammenhang von Ursache u. Wirkung; → Kausalität.

Kautsky, Karl, sozialist. Schriftsteller, * 16. 10. 1854 Prag, † 17. 10. 1938 Amsterdam, von Marx und Engels sowie Büchner und Haeckel entscheidend beeinflußt, trat als Historiker und Nationalökonom hervor. Seine Anschauungen stützen sich auf Engels: „Die Körper sind nicht von der Bewegung zu trennen, ihre Formen und Arten nur in ihr zu erkennen, von Körpern außer der Bewegung, außer allem Verhältnis zu den anderen Körpern ist nichts zu sagen. Erst in der Bewegung zeigt der Körper, was er ist" (Brief an Marx v. 30. 5. 1873). Auch Menschen und Menschengruppen sind Körper; ihre Bewegungsformen zu untersuchen ist Gegenstand der Soziologie. – Hauptw.: K. Marx ökonom. Lehren, gemeinverständl. dargestellt, 1887, [14]1912; Das Erfurter Programm in seinem grundsätzl. Teil erläutert, 1892, [17]1922; Ethik und materialist. Geschichtsauffassung, 1906; Der Ursprung des Christentums, 1908, [13]1923; Vorläufer des Sozialismus, 4 Bde., 1909–21; Die materialist. Geschichtsauffassung, 2 Bde., 1927; Briefwechsel mit Fr. Engels, hrsg. v. B. Kautsky, [2]1955.

W. I. Lenin, Die proletar. Revolution und der Renegat K., 1918; W. Blumenberg, K. K.s literar. Werk. Eine bibliograph. Übersicht, 1960; D. B. McKown, The Classical Marxist Critique of Religion: Marx, Engels, Lenin, K., Den Haag 1975; J. Gilcher-Holtey, Das Mandat des Intellektuellen. K. K. und die Sozialdemokratie, 1986.

Keller, Wilhelm, Prof. in Zürich, * 19. 10. 1909 Toffen bei Bern, klärt die Grundlagen der Psychologie, insbesondere die Willensproblematik im Lichte fundamentalontologischer Zusammenhänge: während ein Großteil unseres alltäglichen Verhaltens aus Gewohnheitshandlungen besteht, ergibt sich die reale Wirklichkeit des Wollens nur aus der Interferenz der Antriebe und der Selbstbestimmung des Ichs, die auch die Motivation umgreift. Ihre Möglichkeit gründet im (gebundenen) *Selbstsein* („Freiheit im Durchbruch") als der ontologisch deduzierbaren und phänomenologisch nachweisbaren Grundweise alles menschlich seelischen Seins. – Schrieb u. a.: Vom Wesen des Menschen, 1943; Psychologie und Philosophie des Wollens, 1954; Das Selbstwertstreben – Wesen, Formen, Schicksale, 1963; Das Problem der Willensfreiheit, 1964; Frustration im frühen Kindesalter, 1966; Dasein und Freiheit, 1974.

Kelsen, Hans, Staats- u. Rechtswissenschaftler u. -philosoph, * 11. 10. 1881 Prag, Prof. seit 1919 Wien, seit 1930 in Köln, Genf und Prag, seit 1939 in den USA, † 19. 4. 1973 Berkeley, Calif., Schüler Cohens, entwarf eine „Reine Rechtslehre", welche alle Politisierung der geisteswissenschaftl.-wertfreien Rechtsdisziplin verwirft, das Recht als ein System v. Zwangsnormen und den Staat als höchstentwickelte Rechtsordnung auffaßt. K.s positivistische Lehre hatte starken Einfluß auf die Verfassungen des österreichischen und tschechoslowakischen Staates. – Schr. u. a.: Hauptprobleme der Staatsrechtslehre aus der Lehre vom Rechtssatz, [2]1923; Allg. Staatslehre, 1925; *Théorie générale du droit international public,* 1932; *Society and Nature,* 1943; *General Theory of Law and State,* 1945; *What Is Justice?,* 1957; Reine Rechtslehre, 1934, [2]1960 (mit Bibliographie); Aufsätze zur Ideologiekritik, 1964.

A. Verdroß (Hg.), Gesellschaft, Staat u. Recht. Festschrift zum 50. Geburtstag, 1931; R. Hofmann, Logisches und metaphys. Rechtsverständnis. Zum Rechtsbegriff K.s, 1967; R. Hauser, Norm, Recht u. Staat. Überlegungen zu H. K.s Theorie der reinen Rechtslehre, 1968; R. A. Metall, H. K., 1969 (mit Bibl.); U. Klug, Prinzipien der reinen Rechtslehre. H. K. zum Gedächtnis, 1974; W. Schild, Die reinen Rechtslehren, 1975; H. Dreier, Rechtslehre, Staatssoziologie u. Demokratietheorie bei H. K., 1986.

Kepler, Johannes, Naturforscher, * 27. 12. 1571 Weil der Stadt (Württ.), † 15. 11. 1630 Regensburg, 1594–1600 Prof. der Mathematik u. Moral in Graz, bis 1612 Assistent des Astronomen Tycho de Brahe in Prag. Aus einer mystischen Naturphilosophie und einer pantheistischen Stimmung entwickelte er den Gedanken einer Weltharmonie und fand in dem Bemühen, diesen Gedanken induktiv zu begründen, u. a. die drei nach ihm genannten Gesetze der Planetenbewegung, die ersten Naturgesetze in math. Form; sie drückten für ihn eine gottgewollte Harmonie aus; er veröffentlichte sie in seinen beiden Hauptwerken *„Astronomia nova"* (1609) u. *„Harmonices mundi"* (1619). Die Zahl der Planeten kann nach K. keine andere als fünf sein, weil es nur fünf regelmäßige Polyeder gibt; → Galilei. K.s Lehren waren für die Gestaltung des modernen Weltbildes von größter Bedeutung. *Opera omnia,* hrsg. v. Chr. Frisch, 8 Bde., 1858–1871. Dt. Ausg. seiner Werke von W. v. Dyck und M. Caspar seit 1936; Weltharmonik (Hsg. v. M. Caspar), 1973. – M. Caspar/L. Rothenfelder (Hgg.), *Bibliographia Kepleriana,* 1936, [2]1968.

P. Roßnagel, J. K.s Weltbild u. Erdenwandel, 1930; Kepler-Festschrift zum 300. Todestag, 1930; M. Caspar, J. K., 1948; H. C. Freiesleben, K. als Forscher, 1970; E. Oeser, K. – Die Entstehung der neuzeitl. Wiss., 1971; G. Doebel, J. K., 1983.

Kessler, Herbert, * 8. 12. 1918 Mannheim, philosoph. Schriftsteller, wissenschaftl. Leiter der „Humboldt Gesellschaft für Wissenschaft, Kunst und Bildung e. V.". Versucht eine Wert- und Weisheitslehre, eine philosophische Psychologie und Esoterik zu begründen, die auf wissenschaftl. Forschungsbeiträgen fußt und der Industriegesellschaft gerecht wird. – Schr. u. a.: Das schöne Wagnis, Denkschrift für Selbstdenker, 1974; Der Wille zum Wert. Wertordnung und Wertakzent bei der Lebensgestaltung, 1975; Warum Sokrates modern ist?, 1976; Das Symbol als Wegweiser in das Unerforschliche, 1977; Bauform der Esoterik, 1982.

Kettenschluß (*Sorites,* Häufer, grch.) heißt jede Schlußkette (→ Schluß), bei der alle zwischen der ersten Prämisse und der abschließenden Folgerung anfallenden Zwischenfolgerungen nicht jedesmal nochmals als neue Zwischenprämissen aufgeführt werden. 1. Beispiel: Hunde sind Raubtiere, also Fleischfresser, also mit kurzem Darm ausgestattet. Dieser K., bei dem alle Obersätze verkürzt sind, heißt Aristotelischer K. oder *Sorites.* 2. Beispiel: Hunde sind (mitunter) Bernhardiner, also (mitunter) Alpenbewohner, also (mitunter) Retter aus Bergnot. Dieser K., bei dem alle Untersätze verkürzt sind, heißt Goclenischer *Sorites* (nach R. Goclenius, 1547–1628). Ein Beispiel für diesen K. ist: Nimmt jemand ein Wesen als wirklich an, dann leugnet er nicht alles; glaubt er an sich selbst, dann nimmt er bereits ein Wesen als wirklich an. Jeder Skeptiker glaubt an sich selbst, also leugnet er nicht alles.

Keyserling, Graf Hermann, Kultur- und Geschichtsphilosoph, * 20. 7. 1880 auf Könno (Livland), † 26. 4. 1946 Aurach (Tirol), gründete (1920) u. leitete die „Schule der Weisheit" in Darmstadt und entwickelte eine metaphysisch begründete „Philosophie des Sinns". Er verwendet den Sinn-Begriff als Belichtung für allen geistig faßbaren Ursprung, der Sinn selber, weder mit dem griechischen Logos wesenseins, noch der Ideenlehre Platos nahestehend, entzieht sich der Definition. „Verwandtschaft allein hat er mit dem allgemein schöpferischen Prinzip des Chinesischen. Aber auch diesen Sinn meine ich nicht. Unter Sinn verstehe ich den Ursprung". (Buch vom Ursprung). Nach der Weltreise K.s entsteht die Lehre der Polarisation, der Selbstverwirklichung, der Sinngebung, der Stil des polyphonen Denkens, eine auf Leib, Seele und Geist aufgebaute Anthropologie. Anliegen seiner Philosophie ist, den geistigen Kern des Menschen freizulegen und bewußt zu machen. Hauptw.: Das Gefüge der Welt, 1906, ³1922; Unsterblichkeit, 1907, ³1920; Prolegomena zur Naturphilosophie, 1910; Das Reisetagebuch eines Philosophen, 2 Bde., 1919, ⁵1921; Schöpferische Erkenntnis, 1922; Die neu entstehende Welt, 1926; Menschen als Sinnbilder, 1926; Wiedergeburt, 1927; Das Spektrum Europas, 1927; Amerika, der Anfang einer neuen Welt, 1931; Südamerikan. Meditationen (1932, ²1960, von K. als eines seiner wichtigsten Bücher bezeichnet); Das Buch vom persönl. Leben, 1936; Betrachtungen der Stille und Besinnlichkeit, 1941; das 1942 geschr. „Buch vom Ursprung" („das konzentrierteste Vermächtnis K.s" [H. Noack]) erschien 1947; Kritik des Denkens, 1948; ²1952; Reise durch die Zeit, I–II, hg. 1948–58; Philos. Aufsätze (Teilsammlung), 1963.

P. Feldkeller, Graf K.s Erkenntnisweg zum Übersinnlichen, 1922; R. Röhr, Graf K.s mag. Geschichtsphilos., 1939; K.-Archiv/Innsbruck (Hg.), Graf H. K. – Ein Gedächtnisbuch, 1948; E. v. Dungern (Hg.), Jahrbuch der K.-Gesellschaft für freie Philos., 1949; H. Noack, Sinn u. Geist. Eine Studie zu K.s Anthropologie, in: ZphF 7 (1953).

Kierkegaard, Sören, dänischer Philosoph und Theologe, * 5. 5. 1813 Kopenhagen, † 11. 11. 1855 das., aufgewachsen in häuslicher Atmosphäre christlichen Schuldbewußtseins (sein Vater hatte Gott geflucht), erbte wohl vom Vater den Hang zu Melancholie, die er früh hinter Sarkasmus und Ironie gegen sich und andere verbarg. 1841 Auflösung des Verlöbnisses mit der 17jährigen Regine Olsen (geschildert in „Stadien auf dem Lebenswe-

ge" 1845) und Magisterpromotion mit der Schrift „Über den Begriff der Ironie mit steter Bezugnahme auf Sokrates". 1841 in Berlin Hörer Schellings; wandte sich später schroff gegen ihn und Hegel und bekämpfte „die Unangemessenheit der Philosophie als reiner Theorie des absoluten Geistes zur existierenden Wirklichkeit und zur wirklichen Existenz des Menschen. Denn nur im Hinblick auf diese Wirklichkeit und Möglichkeit des Menschseins hat die Philosophie ihren Sinn. Auch für Marx, Feuerbach und Stirner könnte die universalontologische Frage nach dem Sein nur in ihrer entschlossenen Konzentrierung auf die Frage nach dem menschl. Dasein philosophisch sinnvoll sein. Das ist exakt der Grundvorgang und das Grundanliegen der gegenwärtigen Existenzphilosophie" (F. J. Brecht, Einf. i. d. Philos. der Existenz, 1948; vgl. U. Johansen, K. und Hegel, in ZphF, Bd. VII, 1953). K. wurde berühmt durch die Schrift „Entweder-Oder" (2 Bde., 1843).
K. schildert immer das Zerbrochen- und Sinnlos-Sein der Welt, auf das Angst und Verzweiflung die Antwort sein muß („Der Begriff der Angst", 1844). Er wendet sich gegen jedes Sichstützen auf die Außenwelt, das nur „ästhetisch" ist, mißtraut auch der selbstverantworteten Innerlichkeit, d. h. dem „Ethischen", und empfiehlt gänzliche Preisgabe des Selbst an Gott; das ist für K. Leben im „Religiösen", freilich auch im „Paradoxen" („Christliche Reden" 1848). Dabei bekundet K. schärfste Ablehnung des offiziellen Christentums der Christenheit, das die klare Forderung des wahren Christentums verleugnet: „existentiell" zu denken, ganz dem Absoluten zu leben, in rückhaltloser Hingabe an die christliche Wahrheit, selbst bis zum Martyrium. An K. knüpfen an: die → dialektische Theologie und die → Existenzphilos. – Sämtl. Werke, übers. v. Chr. Schrempf, 12 Bde., 1922–1925; Ges. Werke, übers. v. E. Hirsch, 24 Bde., 1951ff.; S. K. Die Tagebücher 1834–1855, Auswahl u. Übertr. von Th. Haecker, 1942; Entweder-Oder, 2 Bde., 1956/57; Abschließende unwissenschaftl. Nachschrift, 1957/59.

T. W. Adorno, K. – Konstruktion des Ästhetischen, 1933, [2]1962; W. Lowrie, A Short Life of K., Princeton N. J. 1942, dt. 1955; A. Künzli, Die Angst als abendländ. Krankheit, 1948; J. Hohlenberg, S. K., 1949; L. Schestow, K. und die Existenzphilos., 1949; S. Holm, S. K.s Geschichtsphilos., 1956 (dän. 1952); W. Anz, K. und der dt. Idealismus, 1956; M. Theunissen, Der Begriff Ernst bei S. K., 1958; G.-G. Grau, Die Selbstauflösung des christl. Glaubens, 1963; H. Diem, S. K. – Eine Einf., 1964; H. Fahrenbach, K.s existenzdialekt. Ethik, 1968; A. Pieper, Gesch. und Ewigkeit bei S. K., 1968; F. C. Fischer, Existenz u. Innerlichkeit. Einf. in die Gedankenwelt S. K.s, 1969; N. Thulstrup, K.s Verhältnis zu Hegel, 1969; H. H. Schrey (Hg.), S. K., 1971; J. Holl, K.s Konzeption des Selbst, 1972; C. Kühnhold, Der Begriff des Sprunges und der Weg des Sprachdenkens. Eine Einf. in S. K., 1975; H. R. Schär, Christl. Sokratik. K. über den Gebrauch der Reflexion in der Christenheit, 1977; M. Theunissen/W. Greve, Materialien zur Philos. S. K.s, 1979; H. Vetter, Stadien der Existenz. Eine Unters. zum Existenzbegriff S. K.s, 1979; J. Ringleben, Aneignung. Die spekulative Theologie S. K.s, 1983; H. Deuser, K.: die Philos. des religiösen Schriftstellers, 1985; S. N. Dunning, K.'s Dialectic of Inwardness, Princeton N. J. 1985 (mit Bibl.).

Kilwardby, R. → Robert Kilwardby.

Kirchenlehrer, von der kath. Kirche verdienten Gelehrten beigelegter Ehrenname (lat. *doctor ecclesiae*). K. sind die griech. Kirchenväter Athanasius (296–373), Basilius d. Große (330–79), Gregor v. → Nazianz (329–90), Johannes Chrysostomos (344–407); die römischen Kirchenväter → Ambrosius von Mailand (340–79), Hieronymus (345–420), Aurelius → Augustinus

(354–430), Papst Gregor der Große (regierte 590–604); weitere K.: Thomas von Aquino (1225–1274), → Bonaventura (1221–1274), Papst Leo I. (regierte 440–61), → Petrus Damiani (1006–72), → Bernhard von Clairvaux (1090–1153), Hilarius von Poitiers (315–66), Alfons von Liguori (1696–1787), Franz v. Sales (1567–1622), Cyrill von Alexandria (Patriarch 412–44), Cyrill von Jerusalem (315–86), → Johannes Damascenus (700–750), → Beda Venerabilis (674–735).

Lit. → Patristik.

Kirchenväter → Patristik.

Kirejewskij, Iwan Wassiljewitsch, russ. Schriftsteller, * 3. 4. 1806 Moskau, † 24. 6. 1856 Petersburg, studierte bei Hegel in Berlin und bei Schelling in München, erkannte in Hegel den Rationalisten und Aristoteliker, die letzte und höchste Möglichkeit westlichen Denkens, dem eine russische, auf dem Gefühl und dem reinen orthodoxen Glauben aufgebaute Weltanschauung gegenübergestellt werden müsse. K. ist der Vorkämpfer und Philosoph des → Slavophilentums. – Seine Werke gab (russ.) Koschelew 1861 in 2 Bdn. heraus; „Drei Essais" erschienen dt. (übers. von Hoerschelmann) 1921; „Rußlands Kritik an Europa" gab dt. 1923 Alf. Paquet heraus. Werke, 2 Bde., Moskau 1911.

N. v. Arsenjew, Bilder aus d. russ. Geistesleben: I. W. K., in „Kyrios" 1, 1936, S. 233–44; D. Tschiżewskij, Hegel bei den Slawen, [2]1961.

Kismet (arab. „Zuteilung") das, was innerhalb der Vorsehung jedem zugeteilt, bestimmt ist; → Fatalismus.

Klages, Ludwig Philosoph, * 10. 12. 1872 Hannover, † 29. 7. 1956 in Kilchberg bei Zürich; vertrat eine biozentrische Metaphysik und entwickelte die Methoden einer Wissenschaft vom Ausdruck. Jede physiognomische Betrachtung muß von der frei sich bewegenden Gestalt ausgehen und nach ihrem seelischen Gehalt fragen. Der Leib-Seele-Zusammenhang ist für K. nicht nur ein Seins-, sondern vor allem ein Sinn-Zusammenhang: „Der Leib ist die Erscheinung der Seele, die Seele der Sinn des lebendigen Leibes." Z. B. am Gegensatz von Ausdrucks- und Willkürbewegungen erläutert K. die Widersacherschaft zwischen Seele und Geist: „Das nach Leib und Seele polarisierte Leben in die Botmäßigkeit des Geistes zu zwingen, ist eine Formel für den anfangs unbewußten Drang, später bewußten Willen alles höheren Denkens" (Wahrheit und Wirklichkeit, in „Universitas" IV, 1949). Dieser These ist sein Hauptwerk „Der Geist als Widersacher der Seele" (3 Bde., 1929–32, [5]1972) gewidmet. Der (mechanische) Takt als Gegenspieler des (lebendigen) Rhythmus wird in „Vom Wesen des Rhythmus" (1933, [2]1944) dargestellt. – Hauptw. K.s: Grundlegung der Wissensch. v. Ausdruck, 1942, [9]1970; Die Grundlagen der Charakterkunde, 1926, [14]1969; Handschrift und Charakter, 1917, [26]1968; Mensch u. Erde, 1920, [2]1973, KTA, Bd. 242; Vom Wesen des Bewußtseins, 1921, [4]1955; Vom kosmogonischen Eros, 1922, [7]1968 (eins seiner schönsten Bücher); Die psychologischen Errungenschaften Nietzsches, 1926, [4]1968; Goethe als Seelenforscher, 1932, [4]1949; Die Sprache als Quell der Seelenkunde, 1948, [2]1959. – Auswahl: Vom Sinn des Lebens, ausgew. v. H. Kern, 1940, [2]1943; Sämtl. Werke, 1964 ff. – H. Kasdorff, L. K. Werk u. Wirkung. Einf. und kommentierte

Bibl., I–II, 1969/74; H. Kasdorff, K.-Bibl., in: Hestia 1967/69 ff.

H. Prinzhorn (Hg.), Die Wiss. am Scheidewege von Leben u. Geist. Festschrift L. K. zum 60. Geburtstag, 1932; G. Thibon, La sience du caractère. L'œuvre de L. K., Paris 1933; C. Haeberlin, Einf. in die Forschungsergebnisse von K., 1934; H. Hönel (Hg.), L. K. Erforscher u. Künder des Lebens. Festschrift zum 75. Geburtstag des Philosophen, 1947; W. Hager, L. K. in memoriam, 1957; H. E. Schröder, L. K., I–III, 1966 ff.; H. E. Schröder, Schiller – Nietzsche – K., Abhandlungen u. Essays zur Geistesgesch. der Gegenwart, 1974; H. Kunz, M. Heidegger und L. K., hg. 1976; H. Kasdorff, L. K. im Widerstreit der Meinungen. Eine Wirkungsgesch. von 1895–1975, 1978; H. Kasdorff (Hg.), Wirklichkeit u. Realität. Vorträge u. Kommentare zu L. K., 1979.

klar und deutlich (lat. *„clarus et distinctus"*), ist nach R. Descartes eine Erkenntnis, die dem aufmerksamen Verstande gegenwärtig und offen ist und von allen anderen Erkenntnissen eindeutig unterschieden und abgegrenzt wird. K. bedeutet im allgemeinen einsichtig, vollbewußt, eindeutig erkannt, und wird im allgemeinen als Ausmaß der Klarheit einer Erkenntnis aufgefaßt.

P. Markie, Clear and Distinct. Perception and Metaphysical Certainty, in: Mind 88 (1979).

Klasse, in der Logistik die Gesamtheit der Einzelgegenstände, denen etwas durch einen Namen Bezeichnetes (gemeinsam) zukommt. In der naturwissenschaftl. Systematik eine Einheit (Kategorie) des Systems, die unter der Abteilung (oder dem Stamm) und über der Ordnung steht: die Säugetiere bilden eine K. der Abteilung Wirbeltiere und umfassen unter sich die Ordnungen der Nagetiere, Huftiere, Herrentiere usw. – In der Soziologie sind K.n „erbliche, einander über- und untergeordnete Dauergruppen, deren Personenbestand in der Regel und im großen durch den Zufall der Geburt bestimmt ist und bleibt. Die Oberklasse ist in ihrer Lebensführung und Gesamthaltung das ideale Vorbild der Unterklasse, auch noch in Zeiten, in denen eine veränderte Lagerung der K.nmacht die innere Macht der Oberklasse bereits stark erschüttert hat." (F. Oppenheimer, Machtverhältnisse, in Hwb. der Soziologie, hrsg. von Vierkandt, 1931). Die K.ntheorie des Marxismus kennt nur zwei K.n: die Besitzenden, Bürgerlichen (Bourgeois), Kapitalisten, „Ausbeuter" auf der einen Seite, die Nichtsbesitzenden, Proletarier, „Ausgebeuteten" auf der anderen. Zwischen beiden K.n besteht der immerwährende K.nkampf. Alle gesellschaftlichen, wirtschaftlichen und geistigen Gegebenheiten innerhalb der Geschichte eines Volkes seien nichts weiter als die Ergebnisse der jeweiligen K.nkampflage. Nach dem Gesetz der dialektischen Entwicklung (→ Dialektik) muß der K.nkampf zur Diktatur des Proletariats (→ Diktatur) überleiten und diese ihrerseits, obwohl jede individuelle Freiheit aufhebend, zur klassenlosen Gesellschaft und damit zum größten Glück der meisten Menschen (→ Eudämonismus) führen. Eine wenig beachtete soziolog. K.ndifferenzierung weist auf die große träge Masse der willensschwachen, initiativearmen und führungsbedürftigen Bürger hin, der die führenden Klassen der Tüchtigen, energievoll unternehmungslustigen und ideenreichen Persönlichkeiten gegenübersteht; zur letzteren sind jedoch auch die „Ellbogenstarken" zu rechnen, deren Tüchtigkeit sich oft im Gebrauch moralisch fragwürdiger Mittel an der Grenze der Legalität erschöpft. Diese K.ntheorie bedarf der Ergänzung durch die Zwischenklasse derer, die selten dazu fähig sind, in die höhere K. aufzusteigen, dafür aber die Tatkraft zum K.nkampf aufbringen. – G. C. Kinloch, Social Stratification. An Annotated Bibliography, New York 1987.

W. Sombart, Die Idee des K.nkampfes, in: Theorie des K.nkampfes, Handelspolitik, Währungsfrage. Verhandlungen des Vereins für Socialpolitik in Stuttgart, 1925; G. Albrecht, Die sozialen K.n, 1926; T. Geiger, Die K.ngesellschaft im Schmelztiegel, 1949; R. Dahrendorf, Soziale K.n und K.nkonflikte in der industriellen Gesellschaft, 1957; R. Herrnstadt, Die Entdeckung der K.n – Die Gesch. des Begriffs K. von den Anfängen bis zum Vorabend der Pariser Julirevolution 1830, 1965; T. B. Bottomore, Classes in Modern Society, London 1965, dt. 1967; M. Haller, Theorie der Klassenbildung und sozialen Schichtung, 1983.

Klassenbewußtsein, sozialrevolut. Begriff des Marxismus: der Proletarier soll sich stets seiner Zugehörigkeit zur Klasse der Ausgebeuteten und seiner Solidarität mit den Proletariern aller Länder bewußt sein und nicht nach der Verbesserung seiner individuellen wirtschaftlichen Lage streben. Die Überredung der einzelnen Arbeitnehmer, ihre eigene Lage und individuellen Entfaltungsmöglichkeiten nicht selber zu bewerten, sondern sich mit dem starren Bild eines „Proletariers" und dadurch mit dem K. zu identifizieren, ist die Voraussetzung für die aktive Beteiligung am Klassenkampf; → Klasse. Dieser Klassenkampf ist jedoch nicht auch für den Fall vorgesehen, in dem nach Überwindung der alten Klassen kein klassenloser Zustand herrscht, sondern neue Klassen auftreten: – die der herrschenden Führerschicht von Aktivisten und Funktionären und jene des unfreien Volkes, dessen Schicksal für immer von der Diktatur bestimmt bleibt.

Klassifikation (lat.) Klassifizierung, die systematische Einteilung und Anordnung von Begriffen oder Gegenständen; → Einteilung.

klassisch, vorzüglich, musterhaft, dem Höhepunkt der antiken – klassisch genannten – Kultur entsprechend. Klassik ist das Streben nach Ruhe, Ordnung, Klarheit, Maß und Harmonie im Gegensatz zum Leidenschaftlich-Bewegten, Dunklen, Maßlosen, Regellosen des Barock und der Romantik. Das Prädikat k. wird in unserer Zeit im übertragenen Sinne auch späteren Werken und schöpferischen Persönlichkeiten zugeschrieben.

Klaus, Georg, * 28. 12. 1912 Nürnberg, Prof. in Berlin-Ost, † 29. 7. 1974 das.; befaßte sich mit philosoph. Fragen der Naturwissenschaft, versuchte die Kybernetik, Informationstheorie und Semiotik für die allgemeine Methodologie der Wissenschaften zu verwerten und den Nachweis zu führen, daß diese Erkenntnisse mit dem Marxismus verträglich sind und für seine Weiterentwicklung fruchtbar gemacht werden können. – Schrieb u. a.: Jesuiten, Gott, Materie, 1958; Philosophie und Einzelwissenschaften, 1958; Kybernetik in philosoph. Sicht, 1961; Semiotik und Erkenntnistheorie, 1963; Moderne Logik, 1964; Kybernetik und Gesellschaft, 1964; Die Macht des Wortes, 1964; Spezielle Erkenntnistheorie, 1965; Kybernetik und Erkenntnistheorie, 1966; Sinn, Gesetz, Fortschritt in der Geschichte, 1967; Philosophische Probleme der Spieltheorie, 1968; Sprache der Politik, 1971; Rationalität-Integration-Information, 1974.

Klemmt, Alfred, philos. Schriftsteller, * 10. 3. 1895 Jatznick-Pommern, † 8. 8. 1979 Berlin, ging in seinen Forschungen zur neuzeitlichen Philosophie geschichtlich sowie systematisch vor und ließ die behandelten Probleme der großen Klassiker, in umfassendere Zusammenhänge eingeordnet, ins Licht der Gegenwart rücken, und in der Weiterverarbeitung in eine neue Ontologie und Ethik ausmünden. – Schrieb u. a.: Descartes – Pascal – Malebranche, 1932; J. Lockes theoretische Philosophie, 1952; Karl L. Reinholds Elementarphilosophie. Eine Studie über den Ursprung des dt. Idealismus, 1958; G. Berkeley (Hrsg.), Prinzipien der menschl. Erkenntnis, 1957; N. Malebranche (Hrsg.), Erforschung der Wahrheit, 1968; Descartes und die Moral, 1971.

Kluxen, Wolfgang, * 31. 10. 1922 Bensberg, Professor in Bonn, befaßt sich historisch-kritisch und interpretatorisch mit der Philosophie des Mittelalters, insbesondere der Hochscholastik. Versucht systematisch, die geschichtliche Pluralität der praktischen wie der theoretischen Vernunft in einem Konzept zu fassen, das konkrete Ethik wie auch affirmative Metaphysik ermöglicht. – Schrieb u. a. Philosophische Ethik bei Thomas von Aquin, 1964; J. Duns Scotus, *Tractatus de primo principio* (mit Kommentar), 1973; Ethik des Ethos, 1974; Th. v. Aquin im philosoph. Gespräch, 1975; Bibl. W. K., in: Philos. Jb. 89 (1982).

Knutzen, Martin, Philosoph, * 14. 12. 1713 Königsberg, † das. 29. 1. 1751 als Prof. der Logik und Metaphysik, der Lehrer Kants, bemühte sich, die rationalistische Philosophie Wolffs mit dem Pietismus zu verbinden. – Hauptwerke: Philos. Beweis von der Wahrheit der christl. Religion, 1740; Commentatio philosophica de humanae mentis individua natura sive immaterialitate, 1741, dt. 1744; Elementa philosophiae rationalis, 1747 (Repr. 1980).

B. Erdmann, M. K. und seine Zeit, 1876 (Repr. 1973); M. van Biéma, M. K. – La critique de l'harmonie préétablie, Paris 1908; M. Wundt, Die dt. Schulphilos. im Zeitalter der Aufklärung, 1945 (Repr. 1964); L. W. Beck, Early German Philosophy. Kant and His Predecessors, Cambridge Mass. 1969.

Koadaptation (vom lat. *co* . . ., „zusammen . . ." und *adaptare*, „anpassen"), korrelative Anpassung, in der Biologie die gemeinsame und wechselseitige → Anpassung an veränderte Lebensbedingungen, z. B. die Umgestaltung eines Schlangenzahns zum Giftzahn durch korrelative Anpassung von Speicheldrüse (wird zur Giftdrüse), Zahnbau (Anlage eines Kanals) und Muskulatur (der Zahn klappt beim Schließen des Maules nach hinten), oder die korrelative Anpassung der Blütenformen an die der Mundteile gewisser Insekten. Die K. ist eines der wichtigsten Argumente gegen die Thesen Darwins.

Körner, Franz, Prof. in Ludwigsburg, * 29. 12. 1919 Cottbus, Philosoph und Theologe, sucht die Da-Seins-Philosophie durch Beantwortung der Grundfragen nach dem Sein und Sollen zunächst mit den Mitteln der Reflexionsphänomenologie erkenntnistheoretisch zu begründen, mit dem Ziel, diese mitmenschlich zum Du aufgerufenen „Da-Sein für . . ." methodologisch mittels der Seinsphänomenologie wesensgemäß zu orten, um den Standort des „homo interior" zu bestimmen. – Schr. u. a.: Das Prinzip der Innerlichkeit in Augustins Erkenntnislehre, ²1958; Das Sein und der Mensch, ²1959; Vom Sein und Sollen des Menschen, 1963; Die Metaphysik des Abendlandes unter dem Richtmaß der Krisis, 1968 (mit Bibliogr.); Das Grundproblem der Existenz, Die Frage nach der Ratio im Dasein u. Denken des Menschen, [2]1979.

Koëxistenz (lat.), zeitliches und örtliches Zugleichsein; heute gebräuchlich als politischer Begriff für die K. der Völker, der im Falle von sich gegenseitig bekämpfenden Staaten und politischen Blöcken nur formale Gültigkeit hat.

K. Marko, Pragmat. K., 1973; C.-Chr. v. Braunmühl, Sukzession und K., 1974.

Kognition (lat.), Kenntnis, Erkenntnis; kognitiv, die K. oder Erkenntnis betreffend, erkenntnismäßig.

Kohärenz (vom lat. *cohaerere,* „zusammenhängen"), Zusammenhang. K.prinzip, Der Grundsatz, daß alles Seiende miteinander in Beziehung steht; die K.gesetze der Ontologie verleihen dem Zusammenhang Ausdruck, der unter den Kategorien einer Schicht (→ Schichtenlehre) besteht; K.faktoren (K.motive), in der Psychologie Teile des Bewußtseinsinhaltes, die auf Grund ihrer Ähnlichkeit, räumlichen oder zeitlichen Nähe, symmetrischen Lage, ihres Figurcharakters od. dergl. die Aufmerksamkeit auf sich lenken und dadurch zu abgegrenzten Wahrnehmungen zusammengeschlossen werden können. Die moderne Psychologie nimmt an, daß die sachliche Beschaffenheit der K.faktoren unmittelbar (d. h. ohne Mitwirkung der Aufmerksamkeit) Anlaß zu gewissen Zusammenhangsbildungen (→ Zusammenhang) ist.

Koigen, David, Philosoph, * 27. 10. 1877 Wachniaki (Rußl.), † 7. 3. 1933 Berlin, 1913–21 Prof. in Kiew, 1928–33 in Hamburg, faßte die Philosophie als Mannigfaltigkeitslehre auf, die einer besonderen Mannigfaltigkeitslogik bedarf, um ihrer Eigenart und Konkretheit gerecht zu werden, wozu die Axiome der formalen Logik nicht ausreichen; zusätzliche Axiome müssen auf die Ordnung und gestaltende Prinzipien der konkreten Vernunft hinweisen. – Hauptw.: Ideen zur Philosophie der Kultur, 1909; Die Kultur der Demokratie, 1912; Der moralische Gott, 1922; Der Aufbau der sozialen Welt, 1929.

Koinzidenz (lat.), Zusammenfallen, → *coincidentia.*

Kolakowski, Leszek, Prof. in Oxford, früher Warschau, * 23. 10. 1927 Radom/Polen, arbeitet auf dem Gebiet der Geschichte der Philosophie (17. Jh.), Kulturphilosophie u. Religionsphilosophie; Studien über Phänomenologie, Marxismus u. a. – Schr. u. a.: Das Individuum und das Unendliche. Freiheit und deren Antinomien bei Spinoza (polnisch), 1958; Der Mensch ohne Alternative, 1960; *Chrétiens sans église,* 1969; Die Philosophie des Positivismus, 1971; Der revolutionäre Geist, 1972; *Husserl and the Search for Certitude,* 1975, dt. Die Suche nach der verlorenen Gewißheit. Denkwege mit E. Husserl, 1977; Hauptströmungen des Marxismus, Bd. 1–3, 1977–1979; Leben trotz Geschichte, 1977; Zweifel an der Methode, 1977; Henri Bergson. Ein Dichterphilosoph (engl.), dt. 1985; Horror metaphysicus. Das Sein und das Nichts, 1989.

G. Schwan, L. K. – Eine Philos. der Freiheit nach Marx, 1971; A. W. Mytze (Hg.), L. K., 1977 (Europäische Ideen 33); O. K. Flechtheim, Von Marx bis K., 1978; B. Piwowarczyk, Lire K., Paris 1986.

Kollektiv (vom lat. *colligere,* „sammeln"), Gruppe; in der Soziologie eine → Gruppe mit dem bes. Kennzeichen, daß in ihr die auton. Entwickl. der Individuen verhindert wird. K.e in diesem Sinne gibt es seit der Entstehung der totalitären Staaten. Diese bedienen sich der K.ierung, um den formalen Charakter der Demokratie aufrecht zu erhalten indem sie den Einzelnen dem Willen der Staatsführung indirekt aussetzen, womit eine genaue Befolgung aller Anordnungen erreicht wird. In der Regel ist dieses K. die jeweilige Staatspartei. Aber auch andere Gruppen bilden sich, wenn ein machtvolles K. in ihrer Nähe besteht, leicht zu K.en geringerer Machtfülle um. Der Einzelne wird von den K.en immer enger umschlossen, so daß er, um etwas Bewegungsfreiheit zurückzuerlangen, einem K. beitreten muß. In den totalitären Staaten wird daher der Einzelne danach gewertet, welchen K.en er angehört und welche Rolle er in diesen K.en spielt. Der Entstehung von K.en, auch in Demokratien und Monarchien, kommt die Neigung der breiten Masse zur Verantwortungslosigkeit entgegen. Je größere Teile der persönlichen Verantwortung auf den Staat abgewälzt werden (Kinder- u. Familienbeihilfen, Altersfürsorge, Sozialversicherungen usw.), desto größer wird die Macht des Staates über den Einzelnen und desto leichter werden diejenigen Personengruppen, die den staatl. „Daseinsfürsorgeapparat" (K. Jaspers) in Gang halten und leiten, zu K.en. Das vom Sozialismus erstrebte Ziel eines risikolosen Daseins und einer allgemeinen Glückseligkeit auf Erden (→ Eudämonismus) fördert die Umwandlung von Gruppen zu K.en in hohem Maße.

Die Struktur sozialistischer K.e wird diktatorisch bestimmt. Von den Mitgliedern werden soldatische Tugenden gefordert: Disziplin, blindes und kritikloses Vertrauen zur Führung, unbedingten Gehorsam, Einsatzbereitschaft, Opferwilligkeit usw. Dafür verspricht das K. dem Einzelnen eine gewisse Sicherung seiner Existenz. Da das Bedürfnis nach Existenzsicherung so übermächtig ist, werden die mit dem Eintritt in ein K. verbundenen Nachteile entweder überhaupt nicht als solche empfunden oder aber in Kauf genommen. Diese Nachteile sind: Verdrängung der Persönlichkeitswerte (→ Persönlichkeit) aus dem Bewußtsein durch die K.werte; damit einhergehend: Einbuße an Kritikfähigkeit, Vernachlässigung der logischen Seite des Denkens zugunsten des emotionalen → Kollektivbewußtseins, Verkümmerung des Selbstvertrauens und Vergrößerung der Lebensangst (denn der Einzelne hat → Angst auch vor dem K., dem er angehört), Verkleinerung des → Denkraums durch Vernachlässigung aller nicht-orthodoxen (d. h. vom K. nicht gut geheißenen) Denkmöglichkeiten.

Das größte zur Zeit bestehende K. ist das t e c h n i s c h e K., in welchem die Menschen vereinigt sind, die die Maschinen hervorbringen und benutzen. Zum technischen K. gehört daher die ganze zivilisierte Menschheit, bis auf wenige Einzelne und Gruppen, die sich der unsichtbaren Entpersönlichung bewußt werden und versuchen, ihr entgegenzuwirken. Die bes. Nachteile dieses zivilisationsbedingten K.s sind: Verdrängung der finalausgerichteten Denk- und Erkenntniskategorien zugunsten kausal-mechanischer zunehmender Abhängigkeit vom technischen Kollektiv in lebensnotwendigen Dingen (Heizung, Beleuchtung, Trinkwasser, Verkehrsmittel usw.); → Technik → Kollektivismus.

E. Durkheim, Les règles de la méthode sociologique, Paris 1895, dt. 1961; R. Kassner, Der Einzelne und der K.mensch, 1931; F. Alexander, Irrationale Kräfte unserer Zeit, 1947; O. Veit, Die Flucht vor der Freiheit, 1947; C. Ertel, Der K.mensch, 1950; H. Marcuse, Soviet Marxism, London 1958, dt. 1964.

Kollektivbewußtsein, Bezeichnung für die Gesamtheit aller Bewußtseinsakte und -inhalte, die jedem Glied einer Menschengruppe (als Gruppenbewußtsein) oder überhaupt allen Menschen (als „Bewußtsein überhaupt" oder „überindividuelles Bewußtsein") zu eigen sind. Ein K. im eigentlichen Sinne (als Bewußtsein eines → Kollektivs) existiert nicht, wohl aber eine (unbewußt bleibende) kollektive Gestimmtheit, aus der sich gleichartige, bewußt werdende Gefühle und (auf Gefühlen beruhende) Willenshandlungen entwickeln können. Man kann modernen demokratischen Staaten zwar nicht vorwerfen, sie würden das K. bei den Bürgern vorsätzlich fördern; andererseits kann man sich aber dem Eindruck nicht entziehen, wie leicht sich kollektivistische Abstufung zur Wandlung organisierter Gruppen aller Art gerade durch Stärkung des K. ausnutzen läßt; → Vermassung.

G. Lehmann, Das K., 1928; C. Blondel, Einf. in die Kollektivpsychologie, 1948; A. R. Harris (Hg.), Rationality and Collective Belief, Norwood N. J., 1986.

Kollektivismus, in sozialrevolutionärem Sinn die Eingegliedertheit des Einzelnen in ein → Kollektiv oder mehrere Kollektive, bes. in wirtschaftl. und sozialer Hinsicht, und zwar oft zum Schaden der natürlichen, organisch gewachsenen Gemeinschaften (Familie, Stand usw.). – K. heißt auch die Neigung, sich an Kollektive anzuschließen und Teile der persönlichen Verantwortung auf Kollektive zu übertragen. K. nennt man endlich auch die Überzeugung, daß die Zeit der Einzelpersönlichkeiten überhaupt vorüber und die der Kollektive angebrochen sei. Der K. breitet sich überall da aus, wo wirtschaftliche, politische oder geistige Not das Selbstvertrauen so erschüttert, daß der Einzelne mit den Schwierigkeiten und Problemen des Daseins allein nicht fertig zu werden glaubt. – Als geschichtsphilosophische Theorie ist der K. die Auffassung, daß der Verlauf der Geschichte nicht von großen Persönlichkeiten, sondern von den Massen bestimmt wird. Am konsequentesten wird der K. vom → Marxismus vertreten.

N. Bogdanow, Umrisse der Philosophie des K., 1909; Wilh. Röpke, Die Krise des K., [2]1949; G. Weippert, Jenseits von Individualismus u. K., 1964.

Kollision (lat.), Zusammenstoß. In der Ethik K. der Pflichten: das Zusammentreffen zweier Pflichten, deren Erfüllung sich gegenseitig ausschließt: den Vorrang hat diejenige Pflicht, deren Erfüllung größere sittliche Energie (→ Ethik) erfordert; → auch Dilemma.

Kombination (lat.), Vereinigung, Verbindung des Zusammengehörigen im Denken; Kombinatorik (lat. *ars combinatoria*), die Kunst, ein System von Begriffen aufzubauen, → Lullus; die Kombinatorik in der Mathematik untersucht, auf wieviele und was für Arten eine gegebene, zahlenmäßig feststehende Menge von Elementen angeordnet, in welcher übersichtlichen Weise die Elemente erschöpfend vertauscht werden können. Es werden dabei die drei Grundformen unterschieden: K.en, Variationen und Permutationen.

G. Martin, Arithmetik u. Kombinatorik bei Kant, 1972; H.-R. Halder/W. Heise, Einf. in die Kombinatorik, 1976; A. Hajnal/V. T. Sós, Combinatorics, I–II, Amsterdam 1978.

Komik (vom grch. *kọmos,* „dörfliches Fest"), bedeutet der gefühlsmäßigen Wirkung nach zunächst jede Art von anschaulichem Kontrast harmloser Art. Beispiel: großer dikker Mann mit Fistelstimme. Was K. enthält, heißt komisch. Für den Menschen in komischer Lage liegt, je nachdem er willentlicher oder unfreiwilliger K. verfällt, freiwillige oder unfreiwillige K. vor. Weitere Arten des Komischen: Feine K. (z. B. leises „Lampenfieber" eines sonst sehr sicher Auftretenden), rührende K. (z. B. eine zierliche Alte im Gewande längst vergangener Zeiten), drollige K. (z. B. das Herumspringen junger Tiere), derbe K. (z. B. eine „Äquatortaufe"), groteske K. (z. B. der „amerikanische Humor"), Tragi-K., in der sich die K. mit tragischen Zügen verbindet. Der anschaulichen K. steht die sinnhafte K. gegenüber, die beim → Witz eine große Rolle spielt. Schließlich besteht der Unterschied zwischen gesunder, natürlicher K. und gekünstelter, verzerrender, zersetzender K. Echter → Humor erhebt sich über bloße K., obwohl er gesunde K. zu würdigen weiß.

H. Bergson, Le rire, Paris 1900, dt. 1935; F. G. Jünger, Über das Komische, 1936; H. Plessner, Lachen u. Weinen, 1941; W. Preisendanz/R. Warning (Hgg.), Das Komische, 1976.

kommensurabel, Gegensatz zu → inkommensurabel.

Kommunikation (vom lat. *communịcare,* „sich besprechen mit"), bei K. Jaspers ein Vorgang, in dem das Ich als Selbst dadurch wirklich wird, daß es sich im anderen offenbart. „Dieser Prozeß des Sichoffenbarwerdens in der K. ist jener einzigartige Kampf, der als solcher zugleich Liebe ist: liebender Kampf, der sich nicht in harmonistischem Weltanschauen, welches K. überhaupt unmöglich macht, beruhigt, sondern in Frage stellt und schwer macht, bei unvergleichlicher Solidarität der so sich Berührenden, von forderndem Anspruch ist ..." K. kann sich auch im Schweigen erfüllen: wie für Heidegger (und ähnlich schon für Kierkegaard) das Schweigen die eigentliche Möglichkeit der Rede konstituiert, so gibt es eine Gemeinschaft im Schweigen, ohne die entschiedene K. nicht möglich ist" (F. J. Brecht, Einf. i. d. Philos. der Existenz, 1948). Näher betrachtet erweisen sich diese Beschreibungen der K. sowohl bei Jaspers wie auch bei Heidegger als begriffliche Konstruktionen, nicht als Ausdrücke eigen vorgelebter K. – In der Existenzphilosophie Sartres ist das Angewiesensein auf den Umgang mit anderen das Ur-Unglück für das Selbstsein. – Die Informationstheorie gebraucht den Begriff K. im Sinne einer mechanischen Übertragung von Mitteilungen, wodurch nur dann echte K. vermittelt wird, wenn Sender und Empfänger menschliche Subjekte sind und sich als Ich und Du zu einander verhalten → Dialog.

M. Chastaing, L'existence d'autrui, Paris 1951; B. Badura, Sprachbarrieren. Zur Soziologie der K., 1971; K. Held, K.forschung, Wiss. oder Ideologie?, 1973; W. Klement, Die sprachliche K. – Lautzeichen u. Information, 1973; G. Meggle (Hg.), Handlung, K., Bedeutung, 1979; J. Habermas, Theorie des kommunikativen Handelns, I–II, 1981; J. Habermas, Vorstudien und Ergänzungen zur Theorie des kommunikativen Handelns, 1984.

Kommunismus (vom lat. *communis,* „gemeinsam"), die konsequente Form des → Marxismus, die ihre stärkste Ausprägung im russischen → Bolschewismus gefunden hat, wenn auch die praktischen Versuche mit dem K. als allg. Gütergemeinschaft schon alt sind (Züge in

Platons Idealstaat, wie er ihn in der *„Politeia"* schildert, im Urchristentum, in den Mönchsorden und vielen rel. Sekten). Der K. erstrebt einen Wirtschafts- und Gesellschaftszustand, der unter Berufung auf die Gleichheit aller Menschen (→ Menschheit) die Vernichtung des persönlichen Eigentums und die Enteignung von Produktionsmitteln und Produktionsgütern in sich schließt. Es soll dadurch vor allem jene Entfremdung des Menschen überwunden werden, die geschichtlich dadurch aufgetreten sei, daß materielle Güter zu eigentlichen Werten menschlichen Daseins erhoben wurden. Heute gilt der K. für kritisch Denkende, selbst in Ländern, die vorgeben, auf dem Wege dazu zu sein, als pure Utopie, während es nur noch fanatisierte Proletarier und Flegelsozialisten sind, die an dessen Realisierbarkeit glauben. Vgl. → Sozialismus. – K.-H. Ruffmann (Hg.), K. in Geschichte u. Gegenwart. Ausgewähltes Bücherverzeichnis, 1964, [2]1966.

M. Djilas, Die neue Klasse. Eine Analyse des kommunist. Systems, 1957; I. M. J. Bochenski (Hg.), Handbuch des Weltk., 1958; H. Falk, Die ideolog. Grundlagen des K., 1961; A. Rudnick, Die kommunist. Idee, 1972; C. Pierson, Marxist Theory and Democratic Politics, Berkeley 1986.

Komplement (lat. „Ergänzung"), Ergänzungsmittel; komplementär, ergänzend. – K.aritätsprinzip: nach N. Bohr Verschiedenheit der Erscheinungsstrukturen der mikrophysikalischen Gebilde je nach angewandten Untersuchungsmitteln. Die beiden k. Eigenschaften eines Elektrons – sowohl als Teilchen wie auch als Welle zu erscheinen – resultieren aus Messungsmaßnahmen, die miteinander unvereinbar sind. Das K.-Prinzip gehört zu jenen formalen Begriffen der modernen Physik, die nur mathematisch interpretierbar bleiben und keiner Objektivierbarkeit zugänglich sind.

P. Jordan, Verdrängung und K.arität, 1947; C. F. v. Weizsäcker, K.arität und Logik, in: Naturwiss. 42 (1955); K. M. Meyer-Abich, Korrespondenz. Individualität u. K.arität. Studien zur Geistesgesch. der Quantentheorie in den Beiträgen Niels Bohrs, 1965.

Komponente (vom lat. *componere,* „zusammensetzen"), mitwirkende Kraft, Teilursache, die das Produkt, die Resultierende (in der Physik: Resultante), die Wirkung mitbestimmt. Beispiel: Stoffliche Beschaffenheit und jeweilige Beleuchtung eines Körpers sind die K.n seiner jeweiligen Körperfarbe. Ähnlich spricht man von den K.n z. B. eines geschichtlichen Ereignisses.

Konditionismus oder Konditionalismus (vom lat. conditio, „Bedingung"), nennt der Physiologe Verworn (1863–1921) seine Erkenntnistheorie, die den Begriff der → Ursache, weil zu anthropomorph und unwissenschaftlich, durch den der Gesamtheit von Bedingungen ersetzt. Obendrein sei kein Geschehen von nur einer Ursache abhängig und der Begriff der Ursache, auf sämtliche bestimmende Faktoren des Vorganges angewendet, sei identisch mit dem Begriff der Bedingung. Eine Erklärung sei nur möglich durch die Angabe aller Bedingungen.

M. Verworn, Kausale u. konditionale Weltanschauung, [3]1928.

Konflikt (lat.), Zusammenstoß, Widerstreit, bes. im Seelischen und Sittlichen; K.e in sozialen Bereichen führen oft zum offenen → Kampf, insbesondere wenn es sich dabei um zugespitzte Forderungen verschiedener Interessengruppen und Klassen handelt, die in Machtkämpfe ausarten. → Kollision.

R. Dahrendorf, Soziale Klassen u. Klassenk. in der industriellen Gesellschaft, 1957; W. L. Bühl, K. und K.-Strategie, 1972; R. Dahrendorf, K. und Freiheit, 1972; G. Aschenbach/ W. Kempf (Hgg.), K. und K.bewältigung, 1981.

konform (lat.), gleichförmig, übereinstimmend; Konformist wird (in tadelndem Sinne) genannt, wer sich unkritisch der in seinen Kreisen vorherrschenden Meinung anschließt; Konformismus, die Haltung des Konformisten.

W. Lipp (Hg.), Konformismus – Nonkonformismus, 1975.

Konfuzius, → Kung-fu-tse.

konjunktiv (vom lat. *coniungere*, „verbinden") heißen Urteile, die ein Subjekt und mehrere Prädikate haben: S. ist (ist nicht) P_1, P_2, P_3. – Konjunktor, → Logistik.

Konklusion (lat.), der Schlußsatz in einem Syllogismus, Folgerung; konklusiv: folgernd.

konkret (lat. „zusammengewachsen"), heißt das natürliche, sichtbar und greifbar Wirkliche, das sich zu einer bestimmten Zeit an einem bestimmten Ort befindet. Moderne Theorien der Soziologie und Politologie gehen dazu über, sich mit k.n Geschehnissen und Aufgaben zu befassen. Gegenteil: → abstrakt.

K. Kosík, Die Dialektik des K.en, 1967 (tschechisch 1963); D. Claessens, Das K.e und das Abstrakte. Soziolog. Skizzen zur Anthropologie, 1980.

Können ist die Möglichkeit von Handlungen, die in jedem Lebensgeschehen gegenwärtig ist. Haltung ist aber nur aus K. deutbar. So erscheint K. einerseits als das zu Deutende (Existential), andererseits als das Erklärende, d. h. als Kategorie. Diese ist aber nur in Begriffen faßbar, die K. schon beinhalten. Den kategorialen Charakter von K. hat erstmalig G. Ichheiser (1933) herausgestellt. Später bezeichnete A. Gehlen das K. ausdrücklich als Kategorie. Danach hat W. Kamlah den kategorialen Charakter von K. herausgestellt. Die philosophischen Grundlagen für derartige Betrachtungen wurden von W. Dilthey gelegt. In seinem Lebensbegriff ist die Analyse des K.s als Existential und Kategorie implizite vorweggenommen. Zur Deutung des Realitätsbewußtseins griff M. Scheler den von Dilthey eingeführten Begriff des Widerstandes auf. Der Widerstand ist als Objekt- und zugleich als Erlebensqualität verständlich. Von hier aus wird der Bezug zum K. deutlich. K. heißt auf Widerstände bezogen sein. Dieser Bezug ist rational nicht voll ausdeutbar. Er betrifft das der Gestaltung Widerstehende (Werk, Verrichtung) und einen inneren Widerstand. Als solcher ist in jedem K. ein mögliches Nichtkönnen gegenwärtig. Im ausgewogenen K. wird das mögliche → Nichtkönnen gefühlsmäßig bejaht („K. des Nichtkönnens"). K. ist weder an Erkennen des Gekonnten noch an Erkennen seiner selbst gebunden. Das Schlagen eines Rhythmus ist auch ohne Kenntnis eines Notenbildes möglich. K. und Möglichsein haben nicht die gleiche Seinsart. Das Erkennen von Möglichkeiten beeinflußt nicht immer unser K. Erkennen ist aber notwendig auf K. angewiesen. Erkenntnisse ohne Bezug auf K. sind blaß. Seinsgewißheit beruht vorwiegend auf Könnensgewißheit, die uns jeweils einen Könnensgehalt vermittelt. Dieser ist vielmehr eine Umgangsqualität, die unser Verhalten den Dingen und Begriffen gegenüber bestimmt. Diese sprechen uns an und setzen uns in Bewegung oder versetzen uns in Ruhe, ohne daß wir von Einzelheiten in der Form logischer Aussagen Kenntnis nehmen. Der K.-Gehalt ist also nicht in einer Erkenntnis, sondern in einer „Erkönntnis" (W. Kroug) fundiert.

G. Ichheiser, Das Können, d. Bed. des Könnens u. d. Erleben des Könnens, Ztschr. f. angew. Psychol., Bd. 44; H. Reiner, Freiheit, Wollen und Aktivität, 1927; Bohnenkamp, „Können" im Pädag. Lexikon d. Herderverlages; W. Kroug, Grundgedanken zu einer Philosophie des K., ZphF, Bd. X, 1956.

Konnex (lat.), Verbindung, Verknüpfung, Zusammenhang.

konsekutiv (vom lat. *consecutio,* „Folge, Folgerung") nachfolgend, abgeleitet, heißen die Merkmale eines Begriffs, die aus anderen folgen.

Konsequenz (lat.), Folge, Folgerung, Folgerichtigkeit.

Konstanten (vom lat. *constans,* „feststehend, beharrend"), das bei einer Veränderung oder Rechnung unverändert Bleibende. In der Physik (und auch in der Metaphysik) der Gegenwart wird die Bedeutung der universellen physikal. K. untersucht, vor allem die der Lichtgeschwindigkeit c (300 000 km je Sekunde), der Gravitationskonstante g (→ Gravitation), des Planckschen Wirkungsquantums h ($6{,}55 \cdot 10^{-27}$ Erg mal Sekunde) → auch Quantentheorie; und des elektr. Elementarquantums e ($1{,}6 \cdot 10^{-19}$ Coulomb). Die Bedeutung dieser K. wird darin gesehen, daß sie zueinander in einer für das Weltgeschehen entscheidenden Beziehung stehen, etwa nach der Formel $\frac{c.h}{e^2}$ und daß sie die Dimensionen formal zu einem vierdimensionalen → Kontinuum verknüpfen.

H. Lenk, Kritik der logischen K., 1968; C. Peacocke, What is a Logical Constant?, in: J. Philos. 73 (1976); K. Dosen, Logical Constants. An Essay in Proof Theory, Diss. Oxford 1980.

Konstanz (lat.), Beständigkeit, Unveränderlichkeit, z. B. K. der Arten, (im Gegensatz zur Entwicklung), K. (Unvernichtbarkeit) der Substanz. In der Psychologie versteht man unter K.a n n a h m e eine Theorie, nach der der Zustand jedes einzelnen Punktes des Sinnfeldes (→ Feldtheorie) von der konstant gleichförmigen Entwicklung auf das ihm entsprechende Sinnesorgan bestimmt wird; die moderne Psychologie hat diese Theorie durch die Gestalttheorie der → Bezugssysteme ersetzt.

Konstellation (vom lat. *con ...,* „zusammen ..." und *stella,* „Stern"), die gegenseitige Stellung von Gestirnen; übertragen: die Art und Stellung der einzelnen Teile oder Faktoren innerhalb eines Ganzen, das Zusammentreffen von Umständen.

Konstitution (lat.), Zusammensetzung, Verfassung (auch Staatsverfassung), Einrichtung; biologisch-medizinisch „eine dem Individuum vererbte oder erworben eigentümliche, ebensowohl morphologisch wie funktionell analysierbare, so gut aus dem Verhalten bestimmter Einzelfunktionen wie aus der Summe körperlicher und seelischer Zustands- und Leistungseigenschaften sich ableitende Beschaffenheit; bes. in Hinsicht auf Beanspruchbarkeit, Widerstandskraft (Krankheitsbereitschaft), Verjüngungsfähigkeit und Lebensfähigkeit des Organismus" (Fr. Kraus, Die allgem. und spezielle Pathologie der Person, 1919).
Für den anthropologischen K.sbegriff wurden die Arbeiten von → Kretschmer durch Inbeziehungsetzung von K. („Körperbau" im speziellen) und Charakter bedeutungsvoll. Danach ist K. „die Gesamtheit

aller individuellen Eigenschaften, die auf der Vererbung beruhen, d. h. genotypisch verankert sind" (mit Einschluß der früherworbenen Ablenkungen dieser angeborenen Eigenschaften); Charakter ist die Gesamtheit „aller affektiv-willenmäßigen Reaktionsmöglichkeiten eines Menschen, wie sie im Laufe seiner Lebensentwicklung geworden sind, also aus Erbanlagen und sämtlichen von außen stammenden Faktoren, Körpereinflüssen, gezielter Erziehung, Milieu, Erlebnisspuren".

E. Kretschmer, Körperbau u. Charakter, 1921, [25]1967; O. Schwarz, Medizinische Anthropologie, 1929; W. Böhle, Die Körperform als Spiegel der Seele, 1929; Ph. Lersch, Aufbau der Person, [8]1962.

konstitutiv (vom lat. *constituere,* „festsetzen, bestimmen") objektiv bestimmend, das Wesen einer Sache ausmachend. Nach Kant sind die Kategorien erkenntnistheoretisch k., weil sie objektive Erfahrung begründen und weil diese ohne sie nicht möglich ist. Gegensatz bei Kant: → regulativ. In der Logik heißen die unerläßlichen Merkmale des Begriffs, d. h. die, bei deren Verlust er seinen Sinn verliert, k., die anderen → konsekutiv.

Konszientialismus (vom lat. *conscientia,* „Bewußtsein"), Bewußtseins-Standpunkt, der das Wirkliche auf das im Bewußtsein Gegebene beschränkt, empirische Erkenntnisse daher geringschätzt; läuft im Grunde auf den → Solipsismus hinaus; auch gleichbedeutend mit erkenntnistheoretischem Idealismus.

Kontemplation (lat.), Schauen, Betrachtung, anschauende Versenkung unter Ausschaltung alles Wollens (vgl. → Anschauung); bes. bei den Mystikern die Beschauung des Göttlichen im Spiegel des eigenen Innern, zugleich die Erschließung übersinnlicher Wirklichkeitstiefen; kontemplativ, beschaulich, zur Beschaulichkeit, zum betrachtenden Erkennen geneigt.

T. Merton, Vom Sinn der K., 1955; J. Pieper, Glück und K., 1957; H. Arendt, Vita Activa oder Vom tätigen Leben, 1960.

Kontiguität (lat.), Angrenzung, Berührung.

Kontingenz (vom lat. *contingere,* „sich ereignen"), Zufälligkeit, als Gegensatz zur Notwendigkeit. In der Scholastik die im Wesen des Endlichen begründete Nichtnotwendigkeit seiner Existenz, von der, wenn sie doch gegeben ist, der sog. K.beweis zur notwendigen Existenz der Ursache des Kontingenten fortschreitet. – Von einer „K. der Naturgesetze" spricht → Boutroux. – In der Psychologie ist K. gleichbedeutend mit Beliebigkeit. In der modernen Philosophie spricht man von der sich aufdrängenden Notwendigkeit der Bewältigung der erlebten Schicksalsk., die als Grund religiösen Glaubens unverlierbar erscheint.

A. Becker-Freyseng, Die Vorgesch. des philos. Terminus ‚contingens', 1938; J. Schmukker, Das Problem der K. der Welt. Versuch einer positiven Aufarbeitung der Kritik Kants am kosmolog. Argument, 1969; A. Gibbard, Contingent Identity, in: J. Philos. Log. 4 (1975).

Kontinuität (lat.), → Stetigkeit, steter, lückenloser Zusammenhang, Ineinanderübergehen: kontinuierlich, stetig. K. ist eine wichtige geschichtsphilosophische Kategorie.

K. und Tradition. Jahrbuch der Ranke-Gesellschaft, 1955; F. Kaulbach, Philosophisches u. mathemat. Kontinuum, in: W. Ritzel (Hg.), Rationalität – Phänomenalität – Individualität, 1966; H. M. Baumgartner, K. als Paradigma histor. Konstruktion, in: Philos. Jb. 79 (1972); N. Kretzmann (Hg.), Infinity and Continuity in Ancient and Medieval Thought, Ithaca 1982.

Kontinuum (vom lat. *continuus,* „ununterbrochen"), das stetig sich Ausdehnende. In der Physik der Gegenwart ist die Theorie vom vierdimensionalen oder Riemannschen K. (nach dem Mathematiker Bernhard Riemann, * 17. 9. 1826 Breselenz Kr. Dannenberg, † 20. 7. 1866 Selasca am Lago Maggiore; „Werke" 1876) zu Bedeutung gelangt. Diese Theorie faßte die drei Dimensionen des Raumes und die eine Dimension der Zeit zu einem formalmathematischen Gebilde von vier Dimensionen zusammen. Während das mathematisch-naturwissenschaftliche Denken das Vorhandensein eines Kontinuums des Zusammenhanges in allem Geschehen, dem geistigen und dem materiellen, behauptet, wird ein solches Kontinuum von philosophisch-anthropologischer Seite, wie vor allem von Kierkegaard, als reine Abstraktion aufgefaßt. Nur das abstrakte Denken schafft K.; das Leben, die konkrete menschliche Welt geht von einem Zustand zum anderen plötzlich, durch je einen „Sprung" (Kierkegaard, Die Angst).

H. Weyl, Das K., 1918; F. Kaulbach, Der philos. Begriff der Bewegung, 1965; J. E. Murdoch/E. A. Synan, Two Questions on the Continuum, in: Franciscan. Stud. 26 (1966); F. Brentano, Philosoph. Unters. zu Raum, Zeit und K., hg. 1976.

Kontradiktion (lat.), → Widerspruch; vgl. → *Contradictio.*

kontradiktorisch (vom lat. *contradictio,* „Widerspruch"), widersprüchlich, gegensätzlich. Zwei Begriffe sind k., wenn einer (Nicht-A) die Verneinung des anderen (A) ist, → Widerspruch; → konträr.

Kontraposition (lat.), Entgegenstellung; die Umkehrung eines bejahenden Urteils in ein verneinendes und umgekehrt.

konträr (lat.) sind Begriffe, die einander nicht formal (→ kontradiktorisch), sondern inhaltlich, d. h. auf einem bestimmten Sachgebiete entgegengesetzt sind; z. B. weiß und grün (als Farben) sind einander k., dagegen weiß und nicht-weiß einander (formal-)kontradiktorisch; k. im zugespitzten Sinne, besser: einander polar sind die entgegengesetzten Endglieder einer Reihe, z. B. weiß und schwarz.

Konvention (lat.), Übereinkunft, (stillschweigende) Vereinbarung; – konventionell, herkömmlich, üblich.

Konventionalismus (vom lat. *conventio,* „Übereinkunft") philos. Richtung, die den auf rein zweckmäßiger Übereinkunft der Wissenschaftler beruhenden Charakter von Begriffen, Definitionen, Axiomen, Hypothesen betont. So brauchen z. B. für den mathemat. K. die Axiome keine evidenten Wahrheiten zu sein, sondern sie werden zweckmäßig ausgewählt und als Setzungen vereinbart, müssen nur dem formal widerspruchsfreien Aufbau eines Axiomensystems Genüge leisten. Der K. steht soweit im Mittelpunkt der heutigen Mathematik, daß behauptet werden kann, es könnte so viele gleichberechtigte („wahre") Mathematiken geben, wie Mathematiker.

H. Poincaré, Wiss. und Hypothese, 1904; D. Lewis, Convention. A Philosophical Study, Cambridge Mass. 1969, dt. 1975; W. Diederich, Konventionalität in der Physik. Wissenschaftstheoret. Unters. zum K., 1974; L. Schäfer, Erfahrung u. Konvention. Zum Theoriebegriff der empir. Wiss., 1974; A. Kemmerling, Konvention und sprachl. Kommunikation, Diss. München 1976.

Konvergenz (vom lat. *con . . .,* „zusammen . . .", und *vergere,* „sich neigen"), Hinneigung; das Sicheinander-Nähern. In den Naturwissenschaften die allmähliche Annäherung von Forschungsergebnissen (z. B. von Berechnungen des Wertes der Konstanten) an einen bestimmten Endwert, dem objektive Gültigkeit zuzuschreiben wäre; auch die Annäherung der verschiedenen Berechnungsmethoden an eine, die schließlich zum Ziele führt, und die ganzer Theoriensysteme an ein System, das sich als tragfähig erweist. So ergibt sich z. B. aus Plancks Entdeckung des Wirkungsquantums (→ Quantentheorie), daß es primär weder Massen noch Energien gibt, sondern nur Summen von Wirkungsquanten, die nicht den Raum allein, sondern immer Raum und Zeit zugleich ausfüllen. Zu demselben Ergebnis führt, von einer ganz anderen Seite her, die → Relativitätstheorie. Die Tatsache der K.en ist eine ernsthaft nicht bezweifelbare Garantie für die Möglichkeit wirklicher objektiver Gültigkeit unserer Naturerkenntnis. – Max Hartmann formulierte ein K.-Prinzip für die Wahrheitsfindung als vierfaches Methodengefüge der Induktion, bestehend aus Induktion, Deduktion, Analyse und Synthese.

M. Hartmann, Die philos. Grundlagen der Naturwiss., 1948; W. v. Del-Negro, K.en in der Gegenwartsphilos. und die moderne Physik, 1970; G. Rose, K. der Systeme. Legende u. Wirklichkeit, 1970.

Konzentration (lat.), das Beziehen auf einen Mittelpunkt, Verdichtung in einem Punkt, Zusammenlegung, Zusammenfassung; in der Psychologie die Einschränkung der Aufmerksamkeit auf bestimmte Vorstellungsinhalte. Gegensatz: Dispersion, Dissipation, Zerstreuung.

Konzeption (lat.), Erdenken, Begreifen; bes. das oft plötzliche Auftauchen einer Idee, eines Grundgedankens, eines künstlerischen oder anderen Grundmotivs zunächst in einer vorbegrifflichen Form.

Konzeptualismus (vom lat. *concipere*, „zusammenfassen"), → Nominalismus.

Koordinaten (lat. „die Zugeordneten"), die grundlegenden Bestimmungsstücke einer Gegebenheit. In der Mathematik Zahlen, die die Lage eines Punktes bestimmen; sie werden oft durch Strecken veranschaulicht. So wird z. B. die Lage eines Punktes P im Inneren eines Würfels mathematisch bestimmt durch seinen Abstand von der linken, der unteren und der hinteren Würfelfläche. Fällt man Lote vom Punkte P auf diese drei Flächen und nennt man die Fußpunkte A, B und C, so entsteht in der linken hinteren Ecke des Würfels ein Quader mit den folgenden Eckpunkten: A-C_1-C-P-A_1-O-B_1-B. Die Strecken O-A_1, O-B_1, C-C_1 sind dann die K. des Punktes P (s. Abb.). Die vom Punkte O (Nullpunkt) ausgehenden Geraden x, y, z sind die K.achsen (die man sich über die Würfelkanten hinaus verlängert zu denken hat).

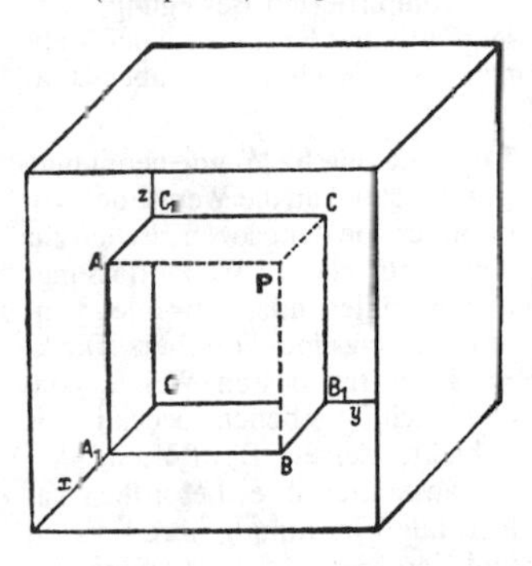

Sie stehen in diesem Falle senkrecht aufeinander und bilden daher ein orthogonales oder kartesianisches K.system. Die Erfassung von Ebenen und des Raumes durch K.systeme ermöglichte die Grundlegung der analytischen Geometrie, in der die Zuordnung von rein mathematischen Gebilden (etwa algebraischen Gleichungen) und geometrischen Formen (Geraden, Kurven, Flächen usw.) ihren exakten Ausdruck gefunden hat. Diese methodische Leistung Descartes', die Erfassung der Mannigfaltigkeit von Raumformen durch abstrakte Symbole des algebraisch-analytischen Denkens, kann in ihrer ontologischen Tragweite kaum hoch genug eingeschätzt werden.

E. A. Maxwell, Elementary Coordinate Geometry, Oxford 1952; K. Mainzer, Gesch. der Geometrie, 1980.

Koordination (lat.), Zuordnung; in der Logik die Beiordnung, das Nebeneinander gleichwertiger Gegenstände oder Begriffe; in der Physiologie das harmonische Zusammenwirken mehrerer Muskeln oder Muskelgruppen zur Ausführung einer komplizierten Bewegung; auch K. politischer Kräfte, sozialer Maßnahmen, Forschungsaufgaben u. a.

Kopernikanische Wende nennt man (im Anschluß an die Wende des Kopernikus von der geozentrischen zur heliozentrischen Weltauffassung) eine grundlegende Neu- oder Umorientierung eines Forschers. Die k. W. Kants ist dessen Wende vom empirisch Gegebenen zurück in das Subjekt, dessen Bewußtsein den Gegenständen ihre, begrifflich kategoriale Einordnung, ihre Formen und Gesetze vorschreibt und sie dadurch erst zu Bestandteilen der Welt dieses Bewußtseins macht; durch diesen „Rückstieg" (lat. *transcensus*, → Transzendenz) ins Subjekt wird das erreicht, was Kant „transzendental" nennt, nämlich das vor und über dem Faktischen, Einzelnen, Erfahrbaren Liegende, die apriorischen Grundlagen u. Bedingungen aller Erfahrung überhaupt (Bruno Bauch, Immanuel Kant, 1917).

G. Kahl-Furthmann, Subjekt u. Objekt, in: ZphF 7 (1953); K. Dienst, K. W.en, in: Jb. Hess. Kirchengesch. Vg 18 (1967).

Kopernikus (richtige Schreibweise Koppernigk bzw. Coppernicus), Nikolaus, Astronom, Philosoph, Humanist, * 19. 2. 1473 Thorn, † 24. 5. 1543 Frauenburg, ersetzte das geozentrische (ptolomäische) Weltbild des MA. endgültig durch das heliozentrische. Hauptw.: *De revolutionibus orbium coelestium* (Von den Umdrehungen der Himmelskörper), begonnen 1507, erschienen 1543. Vorarbeiten waren von anderen Forschern seit Beginn des 14. Jh. geleistet worden. Nach K. wird das heliozentrische Weltbild auch das kopernikanische genannt, Goethe bezeichnet die Entdeckung des K. als „die größte, erhabenste, folgenreichste Entdeckung, die je der Mensch gemacht hat, wichtiger als die ganze Bibel" (zum Kanzler von Müller, 1832). – Gesamtausgabe sämtlicher Schriften und Briefe, 1942 ff.

D. Stimson, The Gradual Acceptance of the Coppernican Theory of the Universe, New York 1917; G. C. Lichtenberg, N. K., hg. 1943; E. Zinner, Entstehung u. Ausbreitung der kopernikan. Lehre, 1943 (Repr. 1978); K. Hildebrandt, K. und Kepler in der dt. Geistesgesch., 1944; H. Blumenberg, Die Genesis der kopernikan. Welt, 1975; T. S. Kuhn, The Copernican Revolution, Cambridge Mass. 1957, dt. 1981; J. Kirchhoff, N. K., 1985.

Kopper, Joachim, Prof. in Mainz, * 31. 7. 1925 in Saarbrücken. Versucht die Auffassung zu begründen, philosophisches Denken geschehe im Wechselverhältnis determinierenden und reflektierenden Begreifens. Von hier aus sei die Geschichte des philosophischen Bewußtseins und des Selbstbewußtseins überhaupt transzendentaldialektisch in dem Sinne zu interpretieren, daß innerhalb eines anfänglichen Beisichseins des Wissens eine Entwicklung auf das ausdrückliche Begreifen dieses Beisichseins vollzogen wird. K. erörtert in dieser Rücksicht vor allem die Probleme der Selbst- und der Gotteserkenntnis. – Mit G. Funke Herausgeber der Kant-Studien. – Hauptw.: Die Metaphysik Meister Eckharts, 1955; Transzendentales und dialektisches Denken, 1961; Reflexion und Raisonnement im ontologischen Gottesbeweis, 1962; Reflexion und Determination, 1976; Einführung in die Philosophie der Aufklärung, 1979; Ethik der Aufklärung, 1983; Die Stellung der „Kritik der reinen Vernunft" in der neueren Philosophie, 1984.

Kopula (lat.), Band; im Satz bzw. im logischen Urteil die Verbindung zwischen Subjekt(sbegriff) und Prädikat(sbegriff), in manchen Sprachen durch Tätigkeitsworte (Verba) ausgedrückt, z. B. durch die (Hilfs)-Zeitwörter „sein" u. „haben"; → auch Sein, Urteil.

G. Frege, Über Begriff u. Gegenstand, in: Vierteljahresschrift wiss. Philos. 16 (1892); A. Grote, Über die Funktion der Copula, 1935; P. Lorenzen/O. Schwemmer, Konstruktive Logik, Ethik u. Wissenschaftstheorie, 1973.

koreanische Philosophie, ursprünglich mit taoistischen und schamanistischen Vorstellungen verbunden herrschte in Korea die Verehrung der Naturkräfte (besonders der Sonne, gewisser Sterngottheiten, sodann der Geisterwelt, Sansin „Berggeist", Okwang „Gott der Unterwelt", Yumna-täwang, der „große Gott des Totenlandes"). Damit verbunden ist der Ahnenkult. Etwa im 3. Jh. n. Chr. kommt die konfuzianische Philosophie – vor allem als Ethik – aus China nach Korea, fast gleichzeitig der Buddhismus, der bei dem naturliebenden koreanischen Volk wegen seiner Kunstfreudigkeit leicht Aufnahme fand, und bis ins 14. Jh. eine Blütezeit erlebte. – Korea war von der Mitte des 1. vorchristlichen Jh. bis 668 n. Chr. in 3 Königreiche geteilt. Die klassischen Schriften wurden 372 n. Chr. in Koguryŏ, etwas später in Päktsche und erst Anfang des 5. Jh. in Silla eingeführt; vorerst wurde die chinesische Philosophie und Ethik in Akademien gepflegt und nach Japan weitergegeben. Als Vermittler werden die koreanischen Gelehrten Wangin (jap. Wani) und Achiki genannt. Unmittelbar in konfuzianischem Geist entstand das Rittertum „Hoarangdo", das bis in die Koryozeit (935–1392) entscheidenden Einfluß auf die koreanische Moral ausübte.

Tsch'ö Tsch'ung (um 1100) gilt als der „koreanische Konfuzius". Die Hochschulen mit Studium der Philosophie, Ethik, Astronomie und Astrologie werden in 3 Gruppen eingeteilt: 1) für Aristokraten, 2) für mittlere, 3) für untere Beamtensöhne mit je 300 Studenten, außerdem gab es Fachschulen und sieben „Fakultäten". Unmittelbar mit diesen Gelehrtenschulen wurde die Musik, als wesentlicher Bestandteil der Bildung, gepflegt.

Die Philosophie Tschu Hi's († 1200) findet in Korea teils begeisterte Annahme, teils hartnäckige Ablehnung. Wohl schon aus dieser Zeit stammen die Spaltungen unter den Gelehrten, die sich über die Natur des Menschen stritten.

1304 erfolgt Gründung einer neuen Akademie zum Studium des Konfuzianismus (Yuhak). Bedeutende Gelehrte waren Anhyang († 1306) und I Säk (um 1370). – 1443 wird in Verbindung mit naturphilosophi-

schen Gedanken die koreanische Buchstabenschrift „Hangŭl" geschaffen, die dem Studium der philosophischen Literatur neuen Auftrieb gab. Einige konfuzianische Gelehrte wie Tsch'ö Malli (1444) protestierten gegen die neue Schrift und nennen sie „Onmun" (Helotenschrift). – Unter der J-Dynastie (1392–1910) wird der Konfuzianismus Staatsreligion, der Buddhismus zurückgedrängt. Infolge konfuzianischen Gelehrtendünkels verschärfen sich in Korea die sozialen Gegensätze; die Trauer um Verstorbene wird (nach Konf.) rigoroser als in China durchgeführt.
Das 16. und 17. Jh. erlebte eine Reihe von Spaltungen (p'a) unter den konfuzianischen Gelehrten, zuerst in 4 Gruppen:

1) Hunku-p'a (Königsanhänger)
2) Tschöri-p'a (Anhänger der Reinheit)
3) Sarim-p'a (Anhänger der Mandschu-Schulen)
4) Songni-p'a (Anhänger der Kosmos-Theorie)

Es ging hier um die Methode der Erkenntnis des menschlichen Herzens und Charakters und war weniger eine spekulative Philosophie. Der bekannteste Philosoph und Ethiker war J T'öge (1501–1576). Nach ihm ergänzen sich Vernunft und Gemütsart. Vernunft ist ihm eine Kategorie der Natur. Die Basis des Guten liege in der Vernunft (ri), die des Bösen in der Gemütsart (k'i). J I (Yulgok, um 1600) unterscheidet in der Gemütsart Reinheit und Unreinheit und fordert zur täglichen Selbstbesinnung auf. 1575 standen die Ost-Gelehrten (Tongin) in offenem Zwist den West-Gelehrten (Sŏ-in) gegenüber und spalteten sich 1683 in die beiden Richtungen Noron (die Älteren) und Soron (die Jüngeren). Mit der Zeit gab es 25 philosophische Gelehrten-Parteien, die sich oft blutig bekämpften. Am Ende des 17. Jh. blieben die vier Gruppen Süd-, Nord-, Ältere- und Jüngere Partei, die sich auch nach außen durch ihre Kleidung unterschieden und daher Sasäk „4 Farben" genannt wurden. Die Nam-in, Vertreter der südlichen Gruppe, hatten durch christliche Missionare abendländische Philosophie, Naturwissenschaft und christliches Gedankengut aufgenommen und traten für Reformen und neuzeitliches Denken ein, ebenso wie die sogenannte pragmatische Sirkak-p'a, die originellste Schule des koreanischen Konfuzianismus, zu der Yu Hyŏngwon und J Ik zählten. Sie richtete sich in einer philosophisch-politischen Opposition gegen die vorherrschende Staatslehre, gegen den Neukonfuzianismus und rät zu induktiven Forschungsmethoden in den wissenschaftlichen Studien. Der Gelehrtenstreit, eines der unerquicklichsten Kapitel der koreanischen Geschichte, machte den Konfuzianismus beim Volke unbeliebt. Der Streit dauerte fort bis um 1880.

Choi Minhong, Einfluß der Konfuz. Ethik in Korea, Seoul 1960; A. Eckhardt, Korea, 1961; ders., Der Konfuz. Gelehrtenstreit in Korea, in „Übersee-Rundschau", 1961; ders., Korea-Studien, 5 Bde., Kor.sch u. indogerm.sch, 1966.

Korpuskeln (lat.), Körperchen, Elementarteilchen, Körperelemente. Gegenwärtig versteht man unter K. die Teile, aus denen die → Atome bestehen (Protonen, Neutronen, Mesonen, Elektronen u. a.); auch die → Lichtquanten werden K. genannt. Es handelt sich jeweils um Teilchen des mikrokosmischen Bereichs, die alle derselben Größenordnung angehören und als deren oberste Grenze etwa die kleinsten chemischen Verbindungen (Moleküle) angesehen werden.

korrelat, korrelativ (aus lat. *con* . . ., „mit . . .", und *relatus,* „zurückgelenkt") wechselseitig; k. zueinander sind Dinge oder Begriffe, die nur in wechselseitiger Beziehung einen Sinn haben (warm – kalt, Ursache – Wirkung); sie werden auch als Korrelate bezeichnet und bilden zusammen eine → Korrelation. In der Erkenntnistheorie ist Korrelativismus der Standpunkt, der das (erkennende) Subjekt und das (erkannte) Objekt als Korrelate bezeichnet.

Korrelation (lat.), Wechselbeziehung: 1. in der Logik das Verhältnis zw. zwei gleichgestalteten Zusammenhängen: „Wird durch eine gesetzliche Strukturveränderung ein Zusammenhang einem anderen isomorph (gleichgestaltet), so bezeichnet man dies Verhältnis der beiden Zusammenhänge als K. und diese gesetzliche Strukturveränderung als den Korrelator" (Burkamp). 2. gelten in der Biologie alle Organe, alle Teile des Körpers als wechselseitig aufeinander bezogen, so daß eine Veränderung des einen im allgemeinen auch eine Veränderung der übrigen nach sich zieht. – Ähnliche K.en gibt es im Bereich von Psychologie (→ Gestalt), im Wirtschaftsgeschehen und in der Soziologie.

W. Betz, Über K., in: Zeitschrift für angewandte Psychologie, 3. Beiheft, 1911; E. S. Pearson/M. G. Kendall (Hgg.), Studies in the History of Statistics and Probability, London 1970.

kosmisch (griech.), auf die Welt, den Kosmos bezüglich, den Kosmos betreffend, aus dem Kosmos kommend (z. B. kosmische Strahlen, kosmische Einflüsse auf den Menschen u. a.).

Kosmogonie (griech. „Welterzeugung"), Schöpfungsmythus, die vorrationale, vorwissenschaftliche mythisch-religiöse Lehre von der Weltentstehung, Weltentwicklung. Alle Religionen haben typische K.n entwickelt, bei denen auch die Herkunft des Menschengeschlechts eine Rolle spielt. Man kann drei Hauptarten von K.n unterscheiden: sie ist Schöpfungsgeschichte, wenn sie die Welt in ihrer Gesamtheit als das Produkt eines göttlichen Willens betrachtet; Bildungsgeschichte, wenn die Gottheit einen als vorhanden gedachten, nicht erschaffenen Stoff zur Welt bildet; Entwicklungsgeschichte, wenn ein als ewig angenommener Stoff als sich aus eigenen Kräften zur Welt in ihrer Mannigfaltigkeit bildend gedacht wird. Der Übergang von der vorwissenschaftlichen K. zur wissenschaftlichen → Kosmologie findet schon bei den ionischen Naturphilosophen statt.

S. Arrhenius, Das Werden der Welten, 1907; S. Arrhenius, Die Vorstellung vom Weltgebäude im Wandel der Zeiten, 1908; L. Klages, Vom kosmogon. Eros, 1922; S. Arrhenius, Erde u. Weltall, I–II, 1926/31; R. Hönigswald, Vom erkenntnistheoret. Gehalt alter Schöpfungserzählungen, hg. 1957; W. Frese, Die Sache mit der Schöpfung. Eine Gesch. der Kosmologie und der Mythologie zur Astrophysik, 1973; H. Blumenberg, Die Genesis der Kopernikan. Welt, 1975; J. Audretsch/K. Mainzer (Hgg.), Vom Anfang der Welt, 1989.

Kosmologie (grch. „Weltlehre"), die philosophisch-wiss. Betrachtung des Kosmos, des Weltalls, bes. hinsichtlich ihrer Entstehung. Ihre Anfänge (– Kosmogonie) liegen im Altertum, in den Beobachtungen und Aufzeichnungen der babylonischen und ägyptischen Priesterschaft. Von ihnen geht die Entwicklung über Hipparch und Ptolemäus zu Kopernikus, Tycho Brahe, Kepler, Newton und weiter bis zur Gegenwart, wobei sich aus der K. allmählich die modernen exakten → Naturwissenschaften ausgliedern.

Früher als Teil der Metaphysik betrachtet und behandelt, ist die K. selbst zu einer Naturwissenschaft geworden und wird (im engeren Sinne verstanden) d. Astronomie gleichgesetzt.

F. Troels-Lund, Himmelsbild u. Weltanschauung im Wandel der Zeiten, 1899; E. Becher, Weltgebäude, Weltgesetze, Weltentwicklung, 1915; E. Whittaker, The Beginning and the End of the World, London 1942, dt. 1955; H. Bondi, Cosmology, Cambridge 1952; M. Jammer, Concepts of Space, Cambridge 1954, dt. 1960; H. Wein, Zugang zur philos. K., 1954; F. Lämmli, Vom Chaos zum Kosmos, I–II, 1962; S. Müller-Markus, Wo die Welt nochmal beginnt. Moderne Physik und die Möglichkeit des Glaubens, 1970; J. Meurers, Weltallforschung, 1971; B. Lovell, Emerging Cosmology, New York 1981, dt. 1983; B. Kanitscheider, K. Gesch. u. Systematik in philos. Perspektive, 1984 (RUB 8025); J. Meurers, K. heute, 1984.

Kosmopolitismus (vom griech. *kọsmos,* „Welt" u. *polịtes,* „Bürger"), Weltbürgertum, weltbürgerliche Gesinnung, aus dem Altertum (bes. der Stoa) stammende, durch die christliche Lehre von der Gleichheit der Seelen vor Gott gestützte, durch Humanismus und Aufklärung geförderte, die menschl. Gemeinschaft betonende Haltung. Auch Goethe war Kosmopolit, das junge Dtld. (Gutzkow, Heine, Herwegh usw.) verehrte in Napoleon den stärksten Vertreter des K., der später von den Linksliberalen und d. Sozialisten aufgenommen wurde. Pazifismus (B. v. Suttner, Die Waffen nieder!, 8 Bde., 1892–1899) und Internationalismus (bes. in der Form des Marxismus) sind die heute utopisch wirksamen Ausprägungen des K. gegenüber den UNO-Bestrebungen, die auf ein politisch vorbereitetes Zusammenwachsen der Staaten der Erde ausgerichtet sind und dadurch auf einen konkreten Weg der Realisierung führen.

Fr. Meinecke, Weltbürgertum u. Nationalstaat, [8]1958.

Kosmos (griech.), Weltall, die Welt als eine geordnete Einheit gedacht (im Gegensatz zum Chaos); ursprünglich so viel wie Ordnung, Schmuck. Die Welt soll Pythagoras zuerst wegen der Ordnung und Harmonie in ihr einen K. genannt haben. Plutarch leitet seine *„Naturalis historia"* mit Worten ein, die den K. preisen. Erfülltsein vom Gefühl innerer Verbundenheit mit dem K. heißt kosmisches Gefühl bzw. Fühlen. – Unter dem Titel K. gab A. v. Humboldt seinen 5-bändigen „Entwurf einer physikalischen Weltbeschreibung" heraus.

E. Cassirer, Logos, Dike, K. in der Entwicklung der griech. Philos., Göteborg 1941; W. Kranz, K., in: Arch. Begriffsgesch. 2/1 (1955) u. 2/2 (1957); J. Kerschensteiner, K. – Quellenkrit. Unters. zu den Vorsokratikern, 1962; → Kosmologie.

Kraft, im physi(kali)schen Sinne die Fähigkeit, die Form stofflicher Massen zu verändern, ihre Bewegung hervorzurufen, diese in ihrer Richtung und Geschwindigkeit zu ändern oder zum Stillstand zu bringen. „Lebendige" K. (ein heute wenig mehr gebräuchlicher Ausdruck) bzw. aktuelle K.(äußerung) ist die K. im Zustand ihrer Wirksamkeit, d. h. sie ist, physikal. gesprochen „Arbeit". „Spannk." oder latente K. heißt eine Kraft, solange sie sich noch nicht betätigt hat, ist also K. im eigentl. Sinne. Der seelische Ursprung der K.vorstellung liegt in inneren Spannungserlebnissen des Menschen („K.gefühl"); → Energie.

Von der neuesten Physik werden die von den Massen, von den magnetischen und den elektr. geladenen Körpern sowie von den die Atomkerne bildenden Protonen und Neutronen ausgehenden Kräfte in K.felder einbezogen, denen die Theorie eine physikal. Wirklichkeit neben den übrigen Kräften zubilligt; bisweilen verschwindet bereits die Wirklichkeit der Kräfte zusammen mit der Materie hinter der der Felder; → Feldtheorie. Über das physikalische Gebiet hinaus findet sich die K.vorstellung, schon seit Aristoteles, im Begriff der Lebens-K., der seelischen K., der geistigen K., der geschichtlichen K. Diese Arten der K. konstituieren das Weltbild des → Dynamismus.

H. v. Helmholtz, Über die Erhaltung der K., 1847; Robert Mayer, Abhandlungen über die Erhaltung der K., hg. 1926; J. Seiler, Philos. und unbelebte Natur, 1948; M. B. Hesse, Forces and Fields, London/New York 1961; M. Wolff, Gesch. der Impetustheorie. Unters. zum Ursprung der klass. Mechanik, 1978.

Krampf, Wilhelm, Prof. em. in Regensburg, * 27. 3. 1899 Bad Kissingen, untersucht, anknüpfend an die von Hugo → Dingler begründete methodische Philosophie, in kritischer Auseinandersetzung mit dem Neopositivismus und dem Voluntarismus Dinglers unter sprachphilosophischen Gesichtspunkten die Frage nach der Möglichkeit von Metaphysik. Diese Überlegungen führten K. zur Behandlung religionsphilosophischer Fragen unter sprachkritischen Gesichtspunkten, beeinflußt von Ideen Wittgensteins und sprachanalytisch orientierter Philosophen und Theologen im angelsächsischen Sprachraum. – Schrieb u. a.: Die Philosophie Hugo Dinglers, 1955; Einleitung und Kommentare zu E. Cassirers „Philosophie und exakte Wissenschaft“, 1968; Die Metaphysik und ihre Gegner, 1973; Die Bedeutung der Sprachanalyse für die Religionsphilosophie, 1982.

Kratylos, griech. Philosoph, war Anhänger (kaum direkter Schüler) des Heraklit, Lehrer des Platon; bestritt die Zulässigkeit irgendeines Urteils, da über das absolut Veränderliche keine bestimmte Aussage zu machen sei. – K. heißt auch eine Schrift Platons; sie enthält seine Sprachphilosophie (mit einer Polemik gegen den Herakliteismus).

D. J. Allan, The Problem of Cratylus, in: Amer. J. Philol. 75 (1954); K. Lorenz/J. Mittelstraß, On Rational Philosophy of Language. The Programme in Plato's „Cratylus“ Reconsidered, in: Mind 76 (1967); J. Derbolav, Platons Sprachphilos. im K. und in den späteren Schriften, 1972.

Krause, Karl Christian Friedrich, Philosoph, * 6. 5. 1781 Eisenberg (Thüringen), † 27. 9. 1832 München, Schüler Fichtes und Schellings. Er vertrat den → Panentheismus und prägte dieses Wort; suchte Kants Lehre fortzusetzen. Geist und Leib stehen in Gegensatz und Wechselwirkung zueinander; das übergeordnete Ganze ist Gott als das Wesen, das Absolute, Wirkliche. Deshalb muß alle Philosophie mit der Wesensschauung beginnen. Das Ziel der Menschheitsentwicklung ist ein Völkerbund (Das Urbild der Menschheit, 1811, [3]1903). K. gewann in Belgien, Spanien und Südamerika großen Einfluß, er galt in manchen iberoamerikanischen Ländern bis zum 2. Weltkrieg als einer der Hauptvertreter dt. Philosophie. – Hauptw.: Abriß des Systems der Philosophie, 3 Bde., 1825–28; Rechtsphilosophie, 1829; Vorlesungen über d. System der Philos., 1828; Vorlesungen über die Grundwahrheiten der Wissenschaft, 1829.

R. Eucken, Zur Erinnerung an K. C. F. K., 1881; H. K. v. Leonhardi, K. C. F. K. als philos. Denker, hg. 1905 (mit Bibl.); L. Kunze, Die pädagog. Gedanken K. C. F. K.s, 1911; T. Schwarz, Die Lehre vom Naturrecht bei K. C. F. K., 1940; O. Schedl, Die Lehre von den Lebenskreisen in metaphysischer u. soziolog. Sicht bei K. C. F. K., Diss. München 1941; E. Horn, Schelling u. Swedenborg (mit Anhang über K. C. F. K.), 1954; M. Gößl, Unters. zum Verhältnis von Recht u. Sittlichkeit bei I. Kant und K. C. F. K., Diss. München 1961; R. García Mateo, Das dt. Denken und das moderne Spanien. Panentheismus als Wissenschaftssystem bei K. C. F. K., 1982; K.-M. Kodalle (Hg.), K. (K. C. F.). Studien zu seiner Philos. und zum Krausismo, 1985.

Kreatianismus (vom lat. *creąre,* „erschaffen"), Kreatismus, Schöpfungslehre; in der Patristik und Scholastik die Ansicht, daß infolge der Zeugung nur der Leib entsteht, die Seele aber von Gott aus Nichts erschaffen und mit dem Leib vereinigt wird.

H. Karpp, Probleme altchristl. Anthropologie, 1950.

Kreativität, seit über 50 Jahren gebräuchliche Bezeichnung für ein, meist psychologisch aufgefaßtes Phänomen, das als *vitaler, schöpferischer Kern fruchtbarer persönlicher Fähigkeiten* verstanden wird wie Phantasie, Intuition, denkerische Improvisation, Originalität, Begabung, Flexibilität der Persönlichkeit, wissenschaftlich-technisches Konstruktionsdenken, Inspiration, künstlerisches Können u. a. Obwohl bereits von *Freud* als psychologisches Rätsel bezeichnet und auch heute hauptsächlich als psychologischer Gegenstand interpretiert, dürfte K. tiefer liegende Hintergründe haben. Das ersieht man auch aus dem ersten Gebrauch des Wortes für die englische Übersetzung von Platons „poietiké", das mit „creativity" wiedergegeben wird. Das Wort entspricht nicht genau dem Begriff in Platons „Sophistes", wo noch die Rede ist von „dynamis", von „machen", Hervorbringen, Erschaffen; daraus lassen sich Muster-haben, Vorbild-Nachahmen, Muster-Sein ableiten. Außerdem erweist sich kreatives Verhalten meist als „ziellos", aber nicht als „zielblind", weil es gerade spontane, richtunggebende Komponenten im Schöpferischen sind, die das gesuchte Wesen der K. ausmachen. Diese tieferen Hintergründe erfordern über die psychologische K.sforschung hinaus weitere methodische Verfahren, die philosophisch analytisch oder speziell phänomenologisch eingeleitet werden müßten, zumal die verschiedenen Strömungen der Lebensphilosophie inzwischen manche Ansätze dazu geliefert haben. – Die psychol. K.sforschung, die gelegentlich als eine Fortsetzung der alten „Genie"-Forschung aufgefaßt wird, beschränkt sich heute hauptsächlich auf die Suche nach Anlagen und der besonderen Konstitution der Kr.-Persönlichkeit, wozu einzelne Testverfahren entwickelt wurden; weiterhin auf Prüfung von Möglichkeiten zur Förderung von K. Das Grundproblem, woran es liegt, daß manche Menschen eine kreative und innovative Intelligenz vorweisen, andere dagegen nicht, ist bisher ungelöst geblieben. Zu dieser eigentlichen (höheren) Intelligenz, die K. ausmacht, gehören wesentlich „Verspieltheit" des Verstandes und dessen spontane Offenheit für neue Antworten auf alte Fragen, für neuaufleuchtende Gesichtspunkte der Weltbetrachtung. → Genie, → Intelligenz.

N. D. M. Hirsch, Genius and Creative Intelligence, Cambridge 1931; G. Ulmann, K., 1968; E. Landau, Psychologie der K., 1969; R. Schottlaender, Paradoxien der „K.", in: ZphF 26 (1972); P. Matussek, K. als Chance, 1974; H. U. Gumbrecht (Hg.), K. – ein verbrauchter Begriff?, 1988; D. L. Miller, Philosophy of Creativity, New York 1989.

Kretschmer, Ernst, Neuropsychiater, * 8. 10. 1888 Wüstenrot/Württ., † 9. 2. 1964 in Tübingen; seit 1926 o. Prof. in Marburg u. Tübingen; eröffnete der Medizin, der Psychologie, der (philosophischen) Anthropologie neue Wege durch die systematische Synthese von physischer Konstitutionslehre und Charakterkunde. K. unterscheidet 4 Körperbautypen, den pyknischen, athletischen, leptosomen und dysplastischen. Sie stehen in enger Beziehung zu den beiden von dem Psychiater E. Kraepelin aufgestellten Formkreisen der psychischen Krankheiten, dem manisch-depressiven und dem schizophrenen Irresein. Der Pykniker neigt zur ersten, der Leptosome und Athletiker zur zweiten Form. Dieselbe Grundrichtung des Charakters, die sich bei der Krankheit in übersteigertem Maße zeigt, wird auch beim gesunden Vertreter des jeweiligen Typs beobachtet: der pyknischen Wuchstendenz entspricht das zyklothyme, der athletischen das visköse, der leptosomen das schizothyme Temperament. Diese psychophysischen Korrelate werden als „Konstitutionstypen" bezeichnet. – Hauptw.: Körperbau und Charakter, 1921, [25]1967; Medizinische Psychologie, 1922, [13]1971; Geniale Menschen, 1929, [5]1958; Psychotherapeutische Studien, 1949; Mensch und Lebensgrund, 1967; Vorlesungen über Psychoanalyse, hrsg. v. W. Kr., 1973.

H. Rohracher, Kleine Einführung in die Charakterkunde, [12]1969.

Krings, Hermann, Prof. in München, 1960–68 in Saarbrücken, * 25. 9. 1913 Aachen, versucht die Tradition der Transzendentalphilosophie in einer der gegenwärtigen Problemlage entsprechenden Weise fortzuführen. Die in der „Transzendentalen Logik" durchgeführte systematische Reflexion des theoretischen Wissens unterscheidet sich von der kantischen vor allem dadurch, daß sie die Lehre von der Anschauung in die Logik einbezieht, und ferner dadurch, daß das „ich denke" nicht nur als „höchster Punkt" angezeigt wird, sondern das Selbstwerden des Ich ein zentrales Thema der transzendental-genetischen Darstellung des endlichen Wissens bildet; Fortführung der Transzendentalphilosophie zum Thema Freiheit in Aufsätzen. – Schrieb u. a. Ordo. Philosophisch-historische Grundlegung einer abendländ. Idee, 1941; Fragen und Aufgaben der Ontologie, 1954; Meditation des Denkens, 1956; Transzendentale Logik, 1964; Mithrsg. d. „Handbuch philosophischer Begriffe" (dort Artikel Denken, Freiheit, Philosophie. 1973/75); System u. Freiheit, 1980; Ordo. Philos.-histor. Grundlegung einer abendländ. Idee, 1982. – Bibl. H. K., in: ZphF 43 (1989).

Kriterium (vom griech. *krinein,* „scheiden, urteilen"), Kennzeichen, Prüfungsmittel, Maßstab; in der Erkenntnislehre Kennzeichen f. die Gültigkeit eines Satzes; auch Unterscheidungsmerkmal.

D. Birnbacher, Die Logik der Kriterien. Analysen zur Spätphilos. Wittgensteins, 1974; A. Lyon, Criteria and Evidence, in: Mind 83 (1974); J. Austin, Criteriology, in: Metaphilos. 10 (1979).

Kritias, Titel einer der Altersschriften Platons, in der seine Auffassung von dem Atlantis-Mythos dargelegt ist.

Kritik (vom griech. *kritike [techne]*, „Kunst der Beurteilung"), Beurteilung, auch Fähigkeit der Beurteilung, der Prüfung, eine der wichtigsten Fähigkeiten des Menschen, die vor den Folgen von Täuschung und Irrtum bewahrt, bes. auch hinsichtlich der eigenen Person (Selbst-K.). – K. der reinen Vernunft, K. der praktischen Vernunft, und K. der Urteilskraft: Titel der drei Hauptwerke → Kants.

H. Albert, Traktat über krit. Vernunft, 1968; C. v. Bormann, Der prakt. Ursprung der K.,

1974; K. Röttgers, K. und Praxis. Zur Gesch. des K.begriffs von Kant bis Marx, 1975.

Kritischer Rationalismus. Das Hauptwerk der haupts. in Deutschland ‚Kritischer Rationalismus' genannten Konzeption. K. R. Poppers „Logik der Forschung", ist eine Kritik des Positivismus des Wiener Kreises, besonders von dessen Sinnkriterium. → Popper ersetzt es, da es selber den von ihm formulierten Anforderungen nicht genügt, durch die Falsifizierbarkeit, die allerdings nicht als Sinnkriterium sondern als Abgrenzungskriterium verstanden wird: „Ein empirisch-wissenschaftliches System muß an der Erfahrung scheitern können." Gesellschaftspolitisch folgenreich wird diese Methodologie, wenn sie auf Gesellschaftstheorien der Vergangenheit oder Gegenwart angewendet wird wie Popper das in seinem Buch: „Die offene Gesellschaft und ihre Feinde" tut. Hegel und Marx beispielsweise werden als „orakelnde Philosophen" begriffen, deren wichtigste Hypothesen, wenn sie nicht schlechterdings durch ihre Immunisierungsstrategien unwiderlegbar sind, längst falsifiziert sind. Eine öffentliche Auseinandersetzung um diese Fragen stellt der sogenannte „Positivismusstreit in der deutschen Soziologie" dar. Nach einem Referat von Popper und einem Korreferat von → Adorno über die Logik der Sozialwissenschaften wurde die Diskussion von Poppers Freund und Schüler Hans → Albert auf der einen und von Jürgen → Habermas auf der anderen Seite fortgeführt. Dabei blieb selbst der Begriff ‚Positivismus' kontrovers, wie auch die jeweiligen Konzeptionen von „System" und „offener Gesellschaft". Vor allem ging es wohl um eine unterschiedliche Deutung der Funktion der Wissenschaften, wie schon die unterschiedlichen Auffassungen dessen, was Kritik heißen soll, zwischen Popper und Adorno zeigen.

K. Popper, Logik der Forschung, 1935; K. Popper, The Open Society and Its Enemies, 1945, dt. 1957/58; K. Popper, The Poverty of Historicism, London 1957, dt. 1965; K. Popper, Conjectures and Refutations, London 1963; H. Albert (Hg.), Theorie u. Realität, 1964; H. Albert, Traktat über krit. Vernunft, 1968; T. W. Adorno u.a., Der Positivismusstreit in der dt. Soziologie, 1969; H. Albert, Plädoyer für krit. Rationalismus, 1971; H. Albert, Konstruktion u. Kritik, 1972; K. Popper, Objective Knowledge, Oxford 1972, dt. 1973; H. Albert, Theolog. Holzwege. Gerhard Ebeling und der rechte Gebrauch der Vernunft, 1973; G. Ebeling, K. R.? Zu Hans Alberts Traktat über krit. Vernunft, 1973; H. Albert, Die Wissenschaft und die Fehlbarkeit der Vernunft, 1982; G. Andersson, Kritik und Wiss.sgesch. – Kuhns, Lakatos' u. Feyerabends Kritik der k. R., 1988.

Kritische Theorie → Frankfurter Schule.

Kritizismus heißt in der Philosophie seit → Kant das Verfahren, die Möglichkeit, den Ursprung, die Gültigkeit, die Gesetzmäßigkeit und die Grenzen des menschlichen Erkennens festzustellen. Kant parallelisiert geistig das Kindesalter mit dem Dogmatismus, das Jünglingsalter mit dem Skeptizismus, das reife Mannesalter mit dem K. Systematisch hält der K. die Mitte zwischen Rationalismus und Sensualismus. Kants K. wendet sich 1. gegen die Mißachtung der Wahrnehmung beim Erkennen, 2. gegen die Behauptung, man könne aus bloßen Begriffen (Kategorien) ohne Grundlegung durch Wahrnehmung Erkenntnisse bilden, 3. gegen die Behauptung, Gott, Seele, Welt seien erkennbare Gegenstände, während sie in Wirklichkeit (systembildende) Ideen sind. Hauptsatz des K.: Anschauungen ohne Begriffe sind blind, Begriffe ohne Anschauungen leer.

J. Bergmann, Zur Beurteilung des K. vom idealist. Standpunkte, 1875; A. Riehl, Der philos. K. und seine Bedeutung für die positive Wiss., I–III, 1876–87; F. Kreis, Phänomenologie und K., 1930; L. Nelson, Drei Schriften zur krit. Philos., 1948; D. Collingridge, Criticism – its Philosophical Structure, Lanham 1987.

Krokodilschluß, ein berühmtes Paradoxon des Altertums: Ein Krokodil hat einer Mutter ihr Kind geraubt und verspricht ihr, es dann und nur dann zurückzugeben, wenn die Mutter richtig errät, was das Krokodil tun wird. Die Mutter sagt: „Du wirst mir mein Kind nicht zurückgeben ..." Selbst wenn sie mit dieser Aussage sein Vorhaben nicht erraten hat, trifft die Aussage doch wieder zu sobald es das Kind zurückbehält.

Kroner, Richard, Philosoph, * 8. 3. 1884, Breslau, em. Prof. der Universität Kiel, lebte in Philadelphia, Pa., † 2. 11. 1974 Mammern/Schweiz, befaßt sich mit Fragen der Gesch. d. Philos., Religionsphilosophie und d. Deutschen Idealismus. – Hauptw.: Zweck und Gesetz in der Biologie, 1912; Kants Weltanschauung, 1914; Von Kant bis Hegel, 2 Bde., 1921/1924, [2]1961; Die Selbstverwirklichung des Geistes, 1928; Kulturphilos. Grundlegung der Politik, 1931; *Primacy of Faith* (*Gifford Lectures,* 1939–40), *How Do We Know God?,* 1942; *Culture and Faith,* 1951; *Speculation in Pre-Christian Philosophy,* 1956; Selbstbesinnung, 1958; *Speculation and Relation in the Age of Christian Philosophy,* 1959; *Speculation and Revelation in the history of Philosophy,* 3 Bde., 1957–61; *Between faith and thought,* 1966; Freiheit u. Gnade, 1969.

S. Marck, R. K. in „Die Dialektik in der Philosophie der Gegenwart", 1929; W. Flach, R. K. und der Weg von Kant bis Hegel, in ZphF, Bd. XII, 1958.

Kropotkin (Krapotkin), Peter, Fürst, russ. Anarchist, * 9. 12. 1842 Moskau, † 8. 2. 1921 Dmitrow bei Moskau, ursprünglich Offizier und Forschungsreisender, Revolutionär und Schriftsteller; seine moralischen und soziologischen Anschauungen gipfeln in dem Begriff der egoistisch motivierten gegenseitigen Hilfe, den er zur Grundlage seiner anarch.-kommunist. Gesellschaftslehre machte. – Hauptwerke: Memoirs of a Revolutionist, 1899 (Repr. 1970), dt. 1972; Mutual Aid, 1902, dt. 1976; Etika, I–II, 1922/23, dt. 1975.

M. Nettlau, Der Anarchismus von Proudhon zu K., 1927; G. Woodkock/I. Avakumovic, The Anarchist Prince. A Biographical Study of P. K., London/New York 1950 (Repr. 1970); J. W. Hulse, Revolutionists in London, Oxford 1970; M. A. Miller, K., Chicago/London 1976; H. Hug, K. zur Einf., 1989.

Krueger, Felix, Psychologe u. Philosoph, * 10. 8. 1874 Posen, † 25. 2. 1948 Basel, Schüler von H. Cornelius, Th. Lipps und Wilh. Wundt, 1917–38, Nachfolger des letzteren als Prof. in Leipzig, baute die genetische Psychologie Wundts zur antimechanistischen Entwicklungspsychologie aus, wandte sich dabei besonders der Erforschung der Gefühle zu und schuf eine Lehre von der „Struktur" des Seelischen nebst Folgerungen für die Theorie des Organismus u. der Gemeinschaft. K. hat schon seit 1900 eine Ganzheitspsychologie, die einer Gestaltpsychologie übergeordnet ist und sie einschließt, zu entwickeln begonnen. Er hat damit die moderne Ganzheits- und Gestaltpsychologie wesentlich gefördert und der ersteren ihre noch heute gültigen Formen gegeben. – Hauptw.: Der Begriff des absolut Wertvollen als Grundbegriff der Moralphilosophie, 1898; Über Entwicklungspsychologie, 1915; Der Strukturbegriff in der Psychologie, 1924, [2]1931; Über psych. Ganzheit, 1926; Das Wesen der Gefühle, 1928, [5]1937; Zur Psychologie des Gemeinschaftslebens, 1934; Lehre von dem Ganzen. Seele, Gemeinschaft u. d. Göttliche, 1948; Zur Philos. u. Psychologie der Ganzheit (Schriften 1918–1940), 1953; Zwei Aufsätze über das Gefühl, [2]1967.

O. Buss, Die Ganzheitspsychologie F. K.s, 1934; Festschrift für F. K., 1934; A. Wellek, Das Problem des seel. Seins. Die Strukturtheorie F. K.s, 1941; A. Wellek, Die Wiederherstellung der Seelenwiss. im Lebeswerk F. K.s, 1950; A. Wellek (Hg.), Genet. Ganzheitspsychologie, 1954.

Kues → Nikolaus Cusanus

Kuhn, Helmut, * 22. 3. 1899 Lüben/Schlesien, Prof. a. d. Universität München, früher Berlin, Erlangen u. in den USA, 1957–62 Präsident der → Deutschen Philosoph. Gesellschaft, arbeitet auf dem Gebiet der Metaphysik, Ästhetik, politischen Philosophie und griech. Philosophie, erstrebt eine, die Transzendentalphilosophie überwindende Erneuerung der Metaphysik. – Hauptw.: Die Kulturfunktion der Kunst, 2 Bde., 1931; Sokrates – Versuch über den Ursprung der Metaphysik, 1934, [2]1959; *A History of Esthetics* (mit K. E. Gilbert), [5]1972; *Freedom Forgotten and Remembered,* 1943; Begegnung mit dem Nichts – ein Versuch üb. Existenzphilosophie, 1950; Begegnung mit dem Sein – Meditationen zur Metaphysik des Gewissens, 1954; Wesen und Wirken des Kunstwerkes, 1960; Romano Guardini, [2]1979; Das Sein u. das Gute, 1962; Schriften zur Ästhetik, 1966; Traktat über die Methode d. Philosophie, 1966; Der Staat, 1967; Rebellion gegen die Freiheit, 1968; Aufbruch der Jugend, 1970; Liebe – Geschichte eines Begriffes, 1975; Der Weg vom Bewußtsein zum Sein, 1981.

Külpe, Oswald, Philosoph und Psychologe, * 3. 8. 1862 Candau (Kurland), † 30. 12. 1915 München, 1894–1909 Prof. in Würzburg, seit 1912 in München; vertrat einen kritischen Realismus und stellte die experimentell-psychologische Untersuchung bes. der höheren psychischen Vorgänge, die er wesentlich förderte („Denkpsychologie"), auf die reine Methode der Selbstbeobachtung ab. – Hauptw.: Einleitung in die Philosophie, 1895, 12. Aufl. hg. von A. Messer, 1928; Die Realisierung. Ein Beitrag zur Grundlegung der Realwissenschaften, Bd. I, 1920, Bd. II und III, hrsg. v. A. Messer, 1920–23; Über die mod. Psychologie des Denkens, in Internat. Monatsschr. f. Wiss., Kunst u. Technik, 1912; Vorlesungen über Psychologie, 1920, [2]1922; Grundlagen der Ästhetik, 1921; Vorlesungen über Logik, 1923.

K. Bühler, O. K., in: A. Chroust (Hg.), Lebensläufe aus Franken, II, 1922; A. Messer, Der krit. Realismus, 1923; R. M. Ogden, O. K. and the Würzburg School, in: American Journal of Psychology 64 (1951).

Kultur (vom lat. *cọlere,* „hegen und pflegen, bebauen, ausbilden, tätig verehren"), ursprüngl. Bearbeitung und Pflege des Bodens (lat. *agricultura*), um ihn menschlichen Bedürfnissen anzupassen und dienstbar zu machen (daher „Bodenk., K.technik"). Übertragen bedeutet K. Pflege, Verbesserung, Veredelung der leiblich-seelisch-geistigen Anlagen und Fähigkeiten des Menschen; entsprechend gibt es Körper-K., seelische und Geistes-K. (in diesem Sinne spricht schon Cicero von *cultura animi*).

Im umfassendsten Sinne ist K. die Gesamtheit der Lebensbekundungen, der Leistungen und Werke ei-

nes Volkes oder einer Gruppe von Völkern. Sie ist der Inbegriff für jenen neuartigen Prozeß auf Erden, dessen Einzelprodukte nur menschliche Schöpfungen sind und niemals von der Natur hervorgebracht worden wären.
Die K. verzweigt sich inhaltlich in die verschiedensten Gebiete: K.gebiete od. -provinzen, hauptsächlich: Sitte und Brauch, Sprache und Schrift, Kleidungs-, Siedlungs- und Arbeitsart, Erziehungswesen, Wirtschaft, Heerwesen, politisch-staatliche Einrichtungen, Rechtspflege, Wissenschaft, Technik, Kunst, Religion, alles Erscheinungsformen des objektiven Geistes (→ Geist) des betr. Volkes. Ihrem jeweiligen Stande und Bestande nach kann eine K. nur von der K.entwicklung oder K.geschichte her verstanden werden; in diesem Sinne spricht man von primitiven und Hoch-K.en; Ausartungen der K. werden zu Un-K. oder Hyper-K. Bei alten K.en beobachtet man bisweilen K.-müdigkeit, K.-pessimismus, K.-stillstand und K.-verfall. Diese Erscheinungen werden danach beurteilt, wie weit die beteiligten K.träger ihrer K.substanz treu geblieben sind. Der Unterschied zwischen K. und → Zivilisation besteht im dt. Sprachgebrauch darin, daß K. der Ausdruck und der Erfolg des Selbstgestaltungswillens eines Volkes oder eines Einzelnen ist, während Zivilisation das Insgesamt der Errungenschaften der Technik und des damit verbundenen Komforts ist (→ Kollektiv); → K.-philosophie, K.-morphologie, K.-soziologie, K.-wissenschaften.

J. Niedermann, K. – Werden u. Wandlungen des Begriffs und seiner Ersatzbegriffe von Cicero bis Herder, 1941; E. Cassirer, An Essay on Man, New Haven Conn. 1946, dt. 1960; A. Portmann, Natur und K. im Sozialleben, [2]1946; E. Rothacker, Probleme der K.anthropologie, 1948; F. Thiess, Ideen zur Natur- u. Leidensgesch. der Völker, 1949; A. Weber, Prinzipien der Geschichts- u. K.soziologie, 1951; E. Callot, Civilisation et civilisations, Paris 1954; H. Marcuse, Eros and Civilisation, London 1956, dt. 1957; W. de Boer, Das Problem des Menschen und die K., 1958; Hugo Fischer, Theorie der K., 1965; F. Steinbacher, K. als Daseinsbewältigung, 1967; E. E. Boesch, K. und Handlung. Einf. in die K.psychologie, 1980; Y. Maikuma, Der Begriff der K. bei Warburg, Nietzsche und Burckhardt, 1985.

Kulturkreislehre → Frobenius.

Kulturkritik → Kulturphilosophie.

Kulturmorphologie, die Wissenschaft von der „Gestalt" und dem Gestaltwandel der Kulturen als selbständiger, vom Menschen unabhängiger Organismen mit gesetzmäßigem Ablauf ihrer Entwicklung (Geburt, Jugendalter, Blütezeit, Greisenalter, Tod). Die K. beruht auf der heute zum Teil umstrittenen Annahme, daß sowohl die innere Geschlossenheit und Selbständigkeit wie auch der Übergang der Kulturen in die einzelnen Stufen durch innere in der Kultur selbst wirkende Kräfte verursacht ist. Sie arbeitet bes. mit vergleichenden u. analogiebildenden Methoden. Ihre Hauptvertreter sind → Danilevskij, → Breysig, → Frobenius, → Spengler und → Toynbee.

F. A. van Scheltema, Die geistige Mitte. Umrisse einer abendländ. K., 1947.

Kulturphilosophie, Gesamtheit der philos. Bemühungen um Klärung des Phänomens → Kultur, seiner Gliederung nach Kulturgebieten, seiner Struktur-, Rangordnungs-, Wertgesetze. Da Kultur nur in der bzw. als Geschichte wirklich ist, überschneidet sich K. weitgehend mit → Geschichtsphilosophie, ja ist oft mit ihr identisch. Der Sache nach (das Wort K. kam erst Anfang des 20. Jh. auf) geht die K. bis auf die Vorsokratiker zurück, auf ihre

Unterscheidung dessen, was „von Natur" ist, von dem, was „durch Setzung bzw. Satzung" ist. K. findet sich bei Platon und in der Stoa, im MA. nur vereinzelt, u. a. bei Thomas von Aquino, dann wieder im Humanismus. Eine deutliche Gestalt erhält die K. aber erst im 18. Jh., und zwar durch Vico in Italien, Rousseau und Voltaire in Frankreich und bes. Herder in Dtl., unter dessen Einfluß sie zu einer Lehre von der Stellung und dem Wirken der leiblich-seel.-geistigen Ganzheit des Menschen in der naturhaften und zugleich geschichtlich-geistigen Welt wird. Seit Rousseau tritt die K. auch als Kulturkritik auf, so bei Jakob Burckhardt, Dilthey, Nietzsche, Klages, Spengler und Rüstow.

E. Spranger, Lebensformen, 1914; H. Freyer, Theorie des objektiven Geistes. Eine Einl. in die K., 1923, [3]1934 (Repr. 1966); A. Schweitzer, K., I–II, 1923/24; H. Rickert, Kulturwiss. und Naturwiss., 1926; J. Huizinga, Wege der Kulturgesch., 1930; A. Dempf, K., 1932; E. Cassirer, Zur Logik der Kulturwiss., 1942 (Repr. 1971); O. Rüstow, Ortsbestimmung der Gegenwart. Eine universalgesch. Kulturkritik, I–III, 1950–55; H. Friedmann, Epilegomena. Zur Diagnose des Wissenschaft-Zeitalters, 1954; O. Samuel, Die Ontologie der Kultur, 1956; W. Ehrlich, K., 1964; H.-J. Lieber, Kulturkritik u. Lebensphilos. Studien zur dt. Philos. der Jahrhundertwende, 1974; O. Schwemmer, Theorie der rationalen Erklärung. Zu den method. Grundlagen der Kulturwiss., 1976; F. Kainz, Hauptprobleme der K. im Anschluß an die kulturphilos. Schriften Richard Meisters, 1977; J. Illies, Kulturbiologie des Menschen, 1978; H. Lübbe, Zeit-Verhältnisse. Zur K. des Fortschritts, 1983.

Kultursoziologie, die Verwendung von Verfahren der Soziologie zwecks Deutung der Entwicklung und der Funktion der → Kultur von den Gemeinschaftsformen der kulturtragenden Menschengruppen her.

Alfred Weber, K., in Hwb. der Soziologie, hrsg. v. Vierkandt, 1931; ders., Kulturgesch. als K., [2]1950; ders., Prinzipien der Geschichts- u. K., 1951; Maiwald, Soziologie der modernen Kultur, in „Universitas", IV, 1949; W. Hellpach, Kulturpsychologie, 1953; H. Freyer, Theorie des gegenwärtigen Zeitalters, 1955; P. Bourdien, Zur Soziologie der symbol. Formen, 1970.

Kultursysteme, von Dilthey geprägte Bez. der einzelnen Kulturgebiete, soweit sie einen eigengesetzlichen inneren Zusammenhang aufweisen, K. sind Religion, Wissenschaft, Recht, Wirtschaft, Kunst, staatliches u. gesellschaftliches Leben, Technik.

Kulturwissenschaften, im allgemeinen gleichbedeutend mit Humanwissenschaften und → Geisteswissenschaften.

Kung-fu-tse (Kung-tse, Konfuzius), chines. Philosoph, Sozialpolitiker und Staatsmann, * 552 v. Chr. Küoli b. Tschou im Staate Lu. Seine Moralphilosophie ist mit religiöser Weihe umgeben. 213 v. Chr. erfolgt unter Schi huang-ti auf Anraten des Kanzlers Li Ssê als Maßregel gegen politische Umtriebe konfuzianischer Gelehrter die Verbrennung sämtlicher konfuz. Bücher. – Unter Kaiser Kao-tsu (202–195) rehabilitiert, erlebt der Konfuzianismus im 1. Jh. v. Chr. seine erste Blüte. „Tao" ist für die Anhänger des K. nicht das absolute Sein (→ Laotse), sondern Weltgesetz, sittliche Ordnung, unabänderliche Gleichmäßigkeit in der Natur, „Te" ist ihm Formwerdung der Sittlichkeit, der „Tugend". – K. wurde seit 1530 von Staats wegen religiös verehrt. Er trat nicht mit eigenen Lehren hervor, sondern sammelte, kommentierte und überlieferte die fünf klassischen Werke des alten China. Von K. selbst stammt wahrscheinlich nur der Kommentar zum Frühling-Herbst-Buch, einer im Staate Lu verfaßten Geschichte. Außerdem werden der Veranlassung durch ihn die Schriften „Erhabenes Wissen" und „Rechte Mitte“ zugeschrieben sowie Gespräche von ihm überliefert. Ihren wesentlichen Inhalt bilden die fünf einfachen, großen, im Einklang mit den Gesetzen der Natur stehenden Tugenden, die die Grundbedingungen einer vernunftgemäßen Ordnung im Zusammenleben der Menschen darstellen: 1. Weisheit, 2. Güte, 3. Treue, 4. Ehrfurcht, 5. Mut, die in ihrem Maß und ihren Grenzen Anerkennung fordern, d. h. praktisch: Gewissenhaftigkeit und Ehrfurcht gegen sich und andere, deren freilich nur auserlesene und hochwertige Menschen wirklich fähig sind, während bloße Anhäufung von Gesetzen versagt. Der praktischen Selbsterkenntnis muß theoretisch die „Richtigstellung der Bezeichnungen“ zur Seite treten, damit eine auf die Vernunft gebaute Ordnung der Gesellschaft entstehen kann, die es dem einzelnen ermöglicht, sowohl in sich vollkommen zu werden als auch im Wirken für das Ganze seine Bestimmung zu erfüllen. Der Konfuzianismus gewann im 9. Jh. über den Taoismus endgültig die Oberhand, besonders durch den bedeutsamen Neukonfuzianismus der Sung-Zeit. Seit ca. 1600 ist ein Erstarren der konfuz. Orthodoxie und Minderung der Einflüsse des K. festzustellen. – Texte: Kungfutse, Gespräche, hg. 1910.

R. Wilhelm, Kung-Tse. Leben u. Werk, 1925; R. Wilhelm, Kung-Tse und der Konfuzianismus, 1928; Wu-Chi Liu, Confucius, New York 1955; Tu Weiming, Humanity and Self-Cultivation. Essays in Confucian Thought, Berkeley Calif. 1979; H. Schleichert, Klassische chines. Philos., 1980; R. Dawson, Confucius, Oxford/Toronto/Melbourne 1981.

Kunst, ursprünglich Bezeichnung für jedes Können höherer und besonderer Art („K. des Denkens“, „K. der Kriegsführung“), im üblichen besonderen Sinne für das ästhetische Können und die daraus entsprungenen Werke: K.-werke, die sich wesentlich unterscheiden von den Schöpfungen der Natur (Begriffspaar: künstlich-natürlich) einerseits, von den Erzeugnissen der Wissenschaft, des Handwerks, der Technik andererseits, wenn auch die Grenzen zwischen diesen menschlichen Tätigkeitsbereichen unscharf sind, da bei Höchstleistungen in diesen Bereichen oftmals auch künstlerische Kräfte mitgewirkt haben. Die Frage nach den realen und seelischen Quellen der K., d. h. des künstlerischen Schaffens wird sehr verschieden beantwortet Phantasie (Romantik), spielartiger Gestaltungsdrang (Schiller), Nachahmungstrieb (Aristoteles, moderner Naturalismus), symbolisierender Darstellungsdrang (dt. Idealismus, Expressionismus), rational gewollte Ausweitung der Stilbereiche (Formalismus), ungekonnte Schöpfungen durch suggestive Beeinflussung für K. halten lassen (Kommerzialisierung der K.) u. a. m. Man unterscheidet verschiedene K.gattungen, wie sie dem gestalterischen Willen des Künstlers entsprechen: Architektur, Plastik, Malerei, Dichtung, Musik und die mimischen Künste (Schauspielkunst, Tanz). Nach Goethe werden die höchsten K.werke zugleich als höchste Naturwerke vom schöpferischen Menschen geschaffen; so fordere wahre K. den ganzen Menschen; → Kunstphilosophie, Kunstsoziologie.

W. Biemel, Die Bedeutung von Kants Begründung der Ästhetik für die Philos. der K., 1959; H. R. Jauss (Hg.), Die nicht mehr schönen Künste, 1968; R. Wollheim, Art and Its Objects. An Introduction to Aesthetics, New York/Evanston/London 1968, dt. 1982; G. Frey (Hg.), Bausteine zu einer Philos. der K., 1976; N. Wolterstorff, Works and Worlds of Art, Oxford/New York 1980; J. Margolis (Hg.), The Worlds of Art and the World, Amsterdam 1984.

Kunstphilosophie, Zweig der Philosophie, in welchem auf der von Kunst-, Literatur-, Musikwissenschaft geschaffenen Grundlage das Wesen und der Sinn der → Kunst untersucht werden, und zwar auch im Hinblick auf ihre Funktion innerhalb der Kultur und des Reiches der Werte. Die K. zerfällt in 3 Hauptgebiete: 1. Deutung der Kunstgattungen und Mittel des künstlerischen Gestaltens u. Wirkens, 2. Untersuchung der Beziehungen der Kunst zu Ethik, Religion, Metaphysik und Weltanschauung, 3. Untersuchung der Beziehung kunstschaffender und kunsterlebender Menschen zum Kunstgegenstand (Kunstanthropologie).

E. Utitz, Grundlegung der allg. Kunstwiss., I–II, 1914/20; R. Ingarden, Das literar. Kunstwerk, 1931; H. Lützeler, Einf. in die Philos. der Kunst, 1934; M. Weitz, Philosophy of the Arts, Cambridge 1950; W. Weischedel, Die Tiefe im Antlitz der Welt. Entwurf einer Metaphysik der Kunst, 1952; H. Kuhn, Wesen u. Wirken des Kunstwerks, 1960; R. Ingarden, Unters. zur Ontologie der Kunst, 1962; W. Perpeet, Das Sein der Kunst in der kunstphilos. Methode, 1970; H. H. Holz, Vom Kunstwerk zur Ware, 1972; J. Margolis, Art and Philosophy, Brighton N. J. 1980; A. C. Danto, The Transfiguration of the Commonplace. A Philosophy of Art, Cambridge Mass. 1981; T. Reucher/H. v. d. Boom, Von der Logik des Sinns zum Sinn der Kunst, 1981; → Ästhetik.

Kunstsoziologie, die Verwendung von Verfahren der Soziologie zum Zwecke der Erklärung, des Entstehens, der Wirkungsweise der → Kunst und der Steuerung des K.geschmacks.

W. Ziegenfuß, Kunst (Bildende Kunst u. Lit.), in Hwb. der Soziologie, hrsg. v. Vierkandt, 1931; A. Hauser, Sozialgesch. der Kunst u. Literatur, 2 Bde., 1953; ders. Kunst und Gesellschaft, 1973.

Kybernetik (vom griech. *kybernetikę [tęchne]*, „Steuermannskunst") im allgem. die Methodenlehre von Prinzipien der Steuerung, Regelung, Regulierung und Programmierung von Prozessen aller Art; speziell die Lehre von den sich selbst steuernden Naturprozessen und Maschinen, bes. von Maschinen mit elektronischen Steuerungs- und Regelungseinrichtungen („Elektronen-Gehirn"). Die Steuerungs- u. Kontrollvorgänge selbst, die in Organismen, Rechengeräten u. Gesellschaften zur Anwendung gelangen, beruhen auf Regelkreissystemen und auf der Übertragung von → Information. Die K., die von der Logistik und Informationstheorie wesentliche Impulse erhielt, findet auch auf biologische und soziologische Gegebenheiten Anwendung; ihre biologischen Grundlagen greifen auf Begriffe zurück wie „biolog. Regelung durch Rückkopplung", „Reglermechanismen im Organismus" u. a., die der dt. Physiologe Rich. Wegner († 1970) bereits im Jahre 1926 in seinen Forschungsarbeiten beschrieben hat. K. hat jedoch weder unmittelbar mit Maschinen noch unmittelbar mit Lebewesen zu tun, sondern mit gemeinsamen Strukturen derselben. Dieses Gemeinsame stellt der Konstruktionselektronik und der Biologie analoge Prinzipien als neue Ausgangspunkte der Forschung zur Verfügung. N. Wiener sucht zu zeigen, daß das mensch. Gehirn nach dem binären System der elektronischen Rechenmaschinen angelegt sei. – Philosophisch gesehen bezieht sich K. fast immer auf eine Nachbildung oder zu heuristischen Zwecken erfolgende fiktive Annahme von Bewußtseinsprozessen in Systemen (techn. od. biolog. Systemen), denen kein Bewußtsein zugeschrieben wird. Die eigentliche philosophische Bedeutung der K. besteht in der Aufdeckung von übergreifenden Prinzipien, die sich methodisch als verbindend und z. T. allgemeingültig in allen jenen Disziplinen erweisen, deren Gegenstände Aufgaben der Regelung und der Informationsverarbeitung stellen und sich zu deren Lösung als mathematisierbar erweisen (Informat.theorie). Eine Untersuchung über die Kategorie der → Steuerung, die den wesentl. Ansatz zu einer philosophischen Begründung der K. erbringen würde, steht noch aus.

N. Wiener, Cybernetics – or Control and Communication in the Animal and the Machine, New York 1948, dt. 1968; W. R. Ashby, An Introduction to Cybernetics, London/New York 1956, dt. 1974; G. Günther, Das Bewußtsein der Maschinen, 1957; B. Hassenstein, Die gesch. Entwicklung der biolog. K. bis 1948, in: Naturwiss. Rundschau 13 (1960); K. Steinbuch, Automat u. Mensch, 1961; R. Lohberg/T. Lutz, Was „denkt" sich ein Elektronengehirn?, 1963; H. Stachowiak, Denken u. Erkennen im kybernet. Modell, 1965; H. G. Frank, K. und Philos., 1966; E. Lang, Staat u. K., 1966; F. v. Cube, Was ist K.?, 1967; W. Hasseloff (Hg.), Grundfragen der K., 1967 (mit Bibl.); H. Sachsse, Einf. in die K. unter besonderer Berücksichtigung von technischen u. biolog. Wirkungsgefügen, 1971; F. Vester, Das kybernet. Zeitalter, 1974; W. Röhrich, Neuere polit. Theorie. Systemtheoret. Modellvorstellungen, 1975; H. J. Flechtner, Grundbegriffe der K. – Eine Einf., 1984.

Kyniker heißen in der griechischen Philosophie die Anhänger des Antisthenes, der im Gymnasium Kynosarges vor allem Bedürfnislosigkeit und Selbstgenügsamkeit lehrte. Kennzeichen des späteren Kynismus (→ Diogenes von Sinope) war die Mißachtung aller Kultur und aller Sitte, was zuweilen in Schamlosigkeit ausartete. → Zynismus. – Texte: F. W. A. Mullach (Hg.), Fragmenta philosophorum Graecorum II, Paris 1867 (Repr. 1968).

D. R. Dudley, A History of Cynicism from Diogenes to the 6th Century A. D., London 1937 (Repr. 1967); H. Niehues-Pröbsting, Der Kynismus des Diogenes und der Begriff des Zynismus, 1979; P. Sloterdijk, Kritik der zynischen Vernunft, I–II, 1983.

Kyrenaiker, griech. Philosophenschule, die Anhänger des → Aristipp von Kyrene.

Laberthonnière, Lucien, franz. Philosoph, * 5. 10. 1860 Chazeleu (Indre), † 6. 10. 1932 Paris, einer der führenden Vertreter des Bergsonismus, Blondel nahestehend, war zusammen mit diesem ein Gegner der kirchenamtl. aristotelisch-thomist. Glaubenslehre, wirkte für eine die Innerlichkeit aufrufende Immanenzphilosophie. – Hauptwerke: Essais de philosophie religieuse, 1903; Le réalisme chrétien et l'idéalisme grec, 1904; Positivisme et catholicisme, 1911; Etudes sur Descartes, I–II, 1935; Esquisse d'une philosophie personaliste, 1942; La notion chrétienne de l'autorité, 1955.

H. Platz, Geistige Kämpfe im modernen Frankreich, 1922; G. Bonafede, L. L., Palermo 1958; E. P. Lamanna, La filosofia del Novecento I, Florenz 1963.

Labriola, Antonio, ital. Soziologe und Philosoph, * 2. 7. 1843 Cassino, † 2. 2. 1904 Rom als Prof. (seit 1874), kam von der Altphilologie über Hegel und Herbart zum historischen Materialismus und wurde einer der Führer der italienischen Sozialdemokratie; wollte die „Philosophie der Ideen" durch eine „Philosophie der Dinge" ersetzen, d. h. die Geschichte und die Entwicklung der Ideen als die der Dinge auffassen. – Hauptw.: *La dottrina di Socrate secondo Senofonte, Platone e Aristotele,* 1871; *Morale e religione,* 1873; *Del materialismo storico,* 1896; *Scritti vari di filosofia e politica,* hrsg. von B. Croce, 1906; *Da un secolo all'altro,* 1925; Briefwechsel mit Engels, 1927/28; *La concezione materialistica della storia,* hg. v. E. Garin, 1965, [2]1969; *Scritti filosofici e politici,* hg. v. F. Sbarberi, 2 Bde., 1976.

S. Diambrini-Palazzi, *Il pensiero filosofico di A. L.*, 1923; L. Dal Pane, *A. L.*, 1935; ders., *Profilo di A. L.*, 1948; L. Actis Perinetti, *A. L. e il marxismo in Italia,* 1958; E. Agazzi, *Il giovane Croce e il marxismo,* 1962; B. Widmar, *A. L.*, 1964; D. Marchi, *Pedagogia di A. L.*, 1971; A. Bertondini, *A. L.*, 1974; L. Dal Pane, *A. L. nella cultura italiana*, 1975; G. Mastroianni, *A. L. e la filosofia in Italia*, 1976; N. Siciliani de Cumis, *Studi su L.*, 1976; S. Poggi, *A. L.*, 1978; N. Badaloni u. C. Muscetta, *L., Croce, Gentile*, 1979.

La Bruyère, Jean de, franz. Moralist, * 16. 8. 1645 Paris, † 11. 5. 1696 Versailles, gab in seinem Hauptw. *„Les caractères de Théophraste, traduits du grec, avec les caractères ou les mœurs de ce siècle“* (1688 u. ö., dt. 1886, zuletzt 1939) im Anschluß an sein antikes Vorbild ein anschauliches Bild des Lebens und Treibens in seiner Zeit und war vom Egoismus der Menschen als der Quelle aller ihrer Handlungen überzeugt. L. wirkte auf Nietzsche. – Werke: in 6 Bdn., 1920–23.

H. G. Rahstede, L. B. und seine Charaktere, 1886; M. Lange, L. B., critique des conditions et des institutions sociales, Paris 1909; M. Kruse, Die Maxime in der frz. Lit., 1960; G. Macchia, I moralisti classici da Macchiavelli a L. B., Mailand 1961.

Lacan, Jacques Marie Emile, * 15. 4. 1901 Paris, Prof. an der Ecole Normale Supérieure, † 9. 9. 1981 Paris. Einer der führenden franz. Strukturalisten. Ausgehend von Freud gibt er der synchronischen Psychoanalyse gegenüber der diachronischen den Vorzug. Das Unbewußte ist für L. strukturiert wie die Sprache in der Bedeutung, die Freud der menschlichen Rede und ihren Fehlleistungen zugeschrieben hat. Sein paradoxer Satz, „Ich denke sobald ich *nicht* bin“ bedeutet: „... denn der Mensch, wie wir ihn bisher verstanden, ist *nicht*“. – Hauptwerke: De la psychose paranoiaque dans ses rapports avec la personalité (Diss.), 1932; Ecrits, I–III, 1966, dt. 1973–80; Le Séminaire de J. L., I, 1953–54, dt. 1978, II, 1954–55, dt. 1980, XI, 1964, dt. 1978, XX, 1972–73, dt. 1986.

A. Wilden, The Language of the Self, Baltimore 1968; A. Wilden, L. et le discours de l'autre, Paris 1971; H. Lang, Die Sprache und das Unbewußte, 1973; A. Kremer-Marietti, L. ou la rhétorique de l'inconscient, Paris 1978; A. Juranville, L. et la philos., Paris 1984; G. Pagel, L. zur Einführung, 1989; E. Ragland-Sullivan, J. L. und die Philosophie der Psychoanalyse, 1989.

Lachelier, Jules, franz. Philosoph, * 27. 5. 1832 Fontainebleau, † 16. 1. 1918 das., machte die Philosophie Kants in Frankreich bekannt und vertrat eine subjektivistisch-idealistische, auch von Leibniz beeinflußte Freiheits-Metaphysik, die in seinem Schüler Emile Boutroux ihren Fortsetzer fand und auch Bergson beeinflußte. – Hauptwerke: Du fondement de l'induction, 1871; Psychologie et métaphysique, 1885, dt. 1908.

G. Séailles, La philos. de J. L., Paris 1920; L. Millett, Le symbolisme dans la philos. de L., Paris 1959; G. Mauchaussat, L'idéalisme de L., Paris 1961.

Laissez faire, laissez aller (franz. „tun lassen, gehen lassen!“), Wahlspruch der Physiokraten, nach deren Auffassung sich die Wirtschaft am besten entfaltet, wenn sie frei ist von staatlichen dirigistischen Maßnahmen, weil sie sich dann nach dem Gesetz von Angebot und Nachfrage von selber reguliere.

Lakebrink, Bernhard, Prof. in Paderborn/W., * 5. 8. 1904 Asseln b. Paderborn, versucht in Auseinandersetzung mit der neueren Philosophie, insbesondere Hegels Dialektik und der Existenzphilosophie, die Aktualität der Hochscholastik nachzuweisen, deren Denkverfahren er gegenüber der Dialektik als ‚Analektik‘ bezeichnet, womit eine Proportionierung des Nicht-Identischen gemeint ist, das selbst als Proportionables und Konventientes diesem Prozeß vorausliegt. – Schrieb u. a.: Zum Eckhart-Problem. Studien zum Mythos d. 20. Jh.s, 1934; Hegels dialekt. Ontologie u. die thomistische Analektik, [2]1968; Die europ. Idee der Freiheit, Bd. I: Hegel u. die Tradition der Selbstbestimmung, 1968; Komment. zu Hegels „Logik" in seiner „Enzyklopädie" von 1830, Bd. I, Sein und Wesen, 1979.

Gegenwart u. Tradition. Festschr. f. B. L. (mit Bibliogr.), 1969.

Lalande, André, franz. Philosoph, * 19. 7. 1867 Dijon, † 15. 11. 1963 Asnières/S., seit 1904 Prof. das., vertritt, unabhängig von Bergson, einen krit. Vitalismus u. entwarf ein antirationalistisches System der Philosophie, biologisch-psychologisch begründet und der dt. Ganzheitsauffassung verwandt; gab im Auftrag der *„Société Française de Philosophie"* und in Zusammenarbeit mit vielen anderen Philosophen das *Vocabulaire technique et critique de la Philosophie*, 2 Bde. 1926 ([9]1962, in 1 Bd.) heraus. – Hauptwerke: Lecture sur la philos. des sciences, 1893; L'idée directrice de la dissolution opposée à celle de l' evolution, 1898, 2. Aufl.: Les illusions évolutionistes, 1930; Vocabulaire technique et critique de la Philos., I–II, 1926, [12]1976; La raison et les normes, 1948, [3]1963.

L. Lavelle, La philos. française entre les deux guerres, Paris 1947; I. Bertoni, Il neoilluminismo etico di A. L., Mailand 1965; W. Lalande (Hg.), A. L. par lui-même, Paris 1967 (mit Bibl.).

Lalo, Charles, * 24. 2. 1877 Périgueux, † 1. 4. 1953, franz. Ästhetiker, dessen Ästhetik stark soziologisch gerichtet ist und außer Soziologie auch andere Wissenschaften, einschließlich Mathematik und Physiologie, insbesondere die Psychologie, als Hilfswiss. der Ästhetik heranzieht. – Hauptw.: *Introduction à l'esthétique,* 1912, [2]1925; *L'art et la vie sociale,* 1921; *L'expression de la vie dans l'art,* 1933; *Esthétique du rire,* 1949; *Notions d'esthétique,* 1952.

Lamaismus, die in Tibet und der Mongolei herrschende Form des Spätbuddhismus, dessen Mönche als Lamas (d. h. Obere) bezeichnet werden. Im 8. Jh. n. Chr. in Tibet eingeführt, erhielt er im 15. Jh. seine heutige Gestalt in einem Kirchenstaat, an dessen Spitze der „Dalai-Lama" (Ozean-Priester) und andere „Tulkus" oder „Hutuktus" stehen, die als irdsche Erscheinungsformen von Buddhas und Bodhisattvas gelten und nach ihrem Tode in Kindern wiedergeboren werden. Im L. verbindet sich die Phil. des → Buddhismus mit einheimischem Dämonenwesen und sakraler Magie. Nach der Besetzung Tibets durch das kommunist. China wurden der Dalai-Lama und seine Anhänger aus dem Lande vertrieben.

W. Filchner, Kumbum. Der L. in Lehre u. Leben, 1954; G. Tucci/W. Heisig, Die Religion Tibets u. der Mongolei, in: Die Religionen der Menschheit 20 (1968).

Lamarck, Jean-Baptiste de, franz. Naturforscher, * 1. 8. 1744 Bazentin (Picardie), † 18. 12. 1829 Paris, Schöpfer des Wortes „Biologie", zuerst Offizier, 1793 Prof. der Zoologie am Jardin des Plantes in Paris. Der Grundgedanke seiner die → Abstammungslehre mitbegründenden Lehre (des Lamarckismus) ist: Mit der Annahme der Konstanz der Arten muß gebrochen werden. Veränderung der Umgebungsbedingungen verändert die Bedürfnisse der Organismen; daraufhin entstehen neue Tätigkeiten und Gewohnheiten; deren Betätigung verändert die Organisation des betr. Lebewesens; die so erworbenen Abänderungen werden durch die Fortpflanzung auf die Nachkommen übertragen (vererbt). Auf den Menschen wendet L. diese Lehre im *„Système analytique des connaissances positives de l'homme"* 1820 an. Die Weiterbildung des Lamarckismus, besonders der Lehre von der Vererbung der aus Gewohnheiten erworbenen Eigenschaften bezeichnet man als Neolamarckismus. – Hauptwerke: Philosophie zoologique, I–II, 1809, dt. 1873 (Repr. 1970); Histoire naturelle des animaux sans vertèbres, I–VII, 1815–22 (Repr. 1969).

A. Wagner, Gesch. des Lamarckismus, 1908; F. Kühne, L., 1913; F. Alverdes, Das Lebenswerk L.s, 1929; S. Tsvkulok, L., 1937; R. W. Burkhardt jun., The Spirit of System. L. and Evolutionary Biology, London 1977 (mit Bibl.); M. Barthelemy, L. ou le mythe du précurseur, Paris 1979; Universite de Picardie, L. et son temps, L. et notre temps, Colloque internationale, Krin 1981.

Lamarckismus, → Lamarck.

Lambert, Johann Heinrich, Philosoph, Physiker, Astronom und Mathematiker, * 26. 8. 1728 Mühlhausen i. E., † 25. 9. 1777 Berlin, der bedeutendste erkenntniskritische und kosmologische Vorgänger Kants, stand mit Kant, der ihn sehr schätzte, in Briefwechsel. – Hauptwerke: Cosmologische Briefe über die Einrichtung des Weltbaues, 1761 (Repr. 1979); Neues Organon oder Gedanken über die Erforschung u. Bezeichnung des Wahren u. dessen Unterscheidung vom Irrthum u. Schein, I–II, 1764 (Repr. 1965); Anlage zur Architektonik, oder Theorie des Einfachen u. des Ersten in der philos. u. mathemat. Erkentniss, I–II, 1771 (Repr. 1965); Mathemat. Werke I–II, 1946/48; Philos. Schriften I–X, 1965–68.

O. Baensch, J. H. L.s Philos. u. seine Stellung zu Kant, 1902, [2]1977; M. E. Eisenring, J. H. L. u. die wiss. Philos. der Gegenwart, 1924; F. Löwenhaupt, J. H. L., Leistung u. Leben, 1943; M. Steck, Schriften zur Perspektive, 1943 (mit Bibl.); M. Dello Preite, L'imagine scientifica del mondo di J. H. L. Rationalitá ed esperienza, Bari 1979.

Lamettrie, Julien Offray de, franz. Arzt und Philosoph, * 25. 12. 1709 Saint-Malo, † 11. 11. 1751 Berlin, wegen seiner materialistisch-atheistischen Ansichten in Frankreich und Holland verfolgt, von Friedrich dem Großen nach Berlin als Mitglied der Akademie berufen. L. bekannte sich zuerst zum radikalen Materialismus und Mechanismus und faßte demgemäß den Menschen als Maschine auf (*„L'homme machine"* 1748, dt. 1919). Die Empfindungen haften am Stoff, das Denken sei eine Funktion des Gehirns; womit, nach L., auch die Frage der Ethik geklärt und alle Religion als im Grunde überflüssig erwiesen ist. Im gleichen Jahr erschien *„L'homme plante"* (Der Mensch eine Pflanze), worin L. seinen Materialismus mehr physiologisch auffaßte. – Hauptwerke: L'homme machine, 1748, dt. 1875; L'homme plante, 1748; Œuvres philosophiques I–II, 1751 (Repr. 1970).

F. A. Lange, Gesch. des Materialismus I, 1866, neu hg. 1974; J. E. Poritzky, L. – Leben u. Werke, 1900; E. Bergmann, Die Satiren des Herrn Maschine, 1913; R. Boissier, L., médecin, pamphlétaire et philosophe, Paris 1931; A. Baruzzi (Hg.), Aufklärung u. Materialismus, 1968; A. Thomson, Materialism and Society in the Mid-Eighteenth Century, Genf 1981; La Mettrie, Revue de philos. 5/6, Paris 1987.

Lamprecht, Karl, Historiker u. Geschichtsphilosoph, * 25. 2. 1856 Jessen (Schwarze Elster), † 10. 5. 1915 Leipzig als Prof. (seit 1891), vertrat eine nüchtern-positivistische Betrachtungsweise in seiner „Dt. Geschichte" (19 Bde., 1891–1909) und in seiner „Dt. Geschichte der jüngsten Vergangenheit und Gegenwart" (2 Bde., 1912–13, [4]1922). L. suchte an vielen Einzelfällen den jeweiligen „Geist eines Zeitalters", von ihm „Diapason" genannt, durch Zusammenschau der verschiedenen Kulturgebiete sichtbar zu machen. Der Geschichtsverlauf, durch die Einwirkung der äußeren geschichtlichen, bes. auch wirtschaftlich bestimmten „Reizmasse" nach L. stark beeinflußt, durchläuft die seelisch bestimmten Stilarten des Symbolismus, Typismus, Konventionalismus, Individualismus, Subjektivismus. Diese Neufassung des Begriffs der Kulturgeschichte hatte einen geschichtswissenschaftlichen Methodenstreit zu Folge, in den L. mit verschiedenen Schriften eingriff: Alte und neue Richtungen der Geschichtswissenschaft, 1896; Was ist Kulturgeschichte?, 1897; Moderne Geschichtswissenschaft, 1905; Einführung in das historische Denken, 1912; Dt. Aufstieg (1750–1914), 1914.

R. Kötzschke und Tille, K. L., 1915; F. Seifert, der Streit um K. L.s Geschichtsphilosophie, 1925; J. Hohlfeld, K. L., 1930; H. Schönbaum, H. v. Treitschke u. K. L., 1960.

Landgrebe, Ludwig, * 9. 3. 1902 in Wien, Professor em. u. Dir. des Husserl-Archivs, an der Universität Köln, Mithsg. d. Husserl-Nachlasses; befaßt sich mit Fragen der Metaphysik, Geschichtsphilosophie und Phänomenologie. Versucht nachzuweisen, daß mit phänomenologischer Methode eine transzendentale Philosophie d. Geschichte neuen Stils entwickelt werden kann, welche die Konsequenzen aus dem „Ende" der traditionellen Metaphysik zieht. – Hauptwerke: Diltheys Theorie der Geisteswissenschaften, 1928; Philosophie der Gegenwart, 1952, [2]1957; Hg. v. E. Husserls „Erfahrung und Urteil", 1939, [5]1976; Der Weg der Phänomenologie, 1963; Phänomenologie und Geschichte, 1968; Über einige Grundfragen der Philosophie der Politik, 1969; Der Streit um die philosoph. Grundlagen der Gesellschaftstheorie, 1975; Lebenswelt und Geschichtlichkeit des menschlichen Daseins, in: Phänomenologie und Marxismus, II, 1977; Phänomenologische Analyse und Dialektik, in: Phänom. Forschungen 10, 1980; *The Phenomenology of Edmund Husserl. Six Essays. Ed. and introduced by Donn Welton,* 1981.

Landmann, Michael, Prof. in Berlin-West, seit 1979 in Haifa, * 16. 12. 1913 Basel, † 25. 1. 1984 Haifa, ausgehend von Phänomenologie u. N. Hartmann entwickelte L. sich zum Kulturphilosophen u. Anthropologen. Spezialgebiete: Antike, Simmel-Forschung. – Schrieb u. a.: Der Sokratismus als Wertethik, 1943; Elenktik und Maieutik, 1950; Geist und Leben (varia Nietzscheana), 1951; Erkenntnis und Erlebnis, 1951; Philosoph. Anthropologie, [4]1976; Das Zeitalter als Schicksal, 1956; Der Mensch als Schöpfer und Geschöpf der Kultur, 1961; De homine, 1962; Pluralität und Antinomie, 1963; Die absolute Dichtung, 1963; Ursprungsbild u. Schöpfertat, 1966; Das Israelpseudos der Pseudolinken, 1971; Das Ende des Individuums, 1971; Philosophie, ihr Auftrag u. ihre Gebiete, 1972, 2. Aufl. u. d. T. Was ist Philosophie, 1976; Entfremdende Vernunft, 1975; Anklage gegen die Vernunft, 1976; Fundamentalanthropologie, 1979; Jüdische Miniaturen, 1981.

Festschr. „Der Mensch als geschichtliches Wesen (darin Selbstdarstellung u. Biblgr.), 1974.

Landsberg, Paul-Ludwig, Philosoph, * 3. 12. 1901, † 2. 4. 1944, Dozent in Bonn, Barcelona, Paris, Schüler von Max Scheler, ein auf Jaspers beruhender Denker, starb im Konzentrationslager Oranienburg, enge Verbindung mit den franz. Personalisten (Mounier, Lacroix), veröffentlichte zahlreiche Aufsätze in *„L'esprit"*. – Hauptwerke: Das Mittelalter u. wir, 1923; Pascals Berufung, 1925; Einf. in die philos. Anthropologie, 1934; Die Erfahrung des Todes, 1935; Problèmes du personalisme (Aufsätze aus *„L'esprit"*), hg. 1952.

A. Hilckmann, Der Philosoph im KZ, in: Hochland 44 (1957/58); K. Albert, Die philos. Anthroplogie bei P. L. L., in: ZphF 27 (1973).

Lange, Friedrich Albert, Philosoph, * 28. 9. 1828 Wald bei Solingen, † 21. 11. 1875 Marburg als Prof. (seit 1873), Vertreter der → Marburger Schule, wegen seiner Schrift „Die Arbeiterfrage" (1865, [7]1910) politisch gemaßregelt, bekannt geworden durch seine „Geschichte des Materialismus und Kritik seiner Bedeutung in der Gegenwart" (2 Bde., 1866, [10]1926); in ihr sucht L. dem Materialismus als der allein berechtigten Methode der Naturwissenschaft Geltung zu verschaffen, während er ihn als Metaphysik auf Grund des Kantischen Kritizismus ablehnt. Denn Metaphysik ist, nach L., nur möglich als Begriffsdichtung, nicht als Wissenschaft. Zur Ergänzung der materiellen Wirklichkeit bedarf der Mensch aber auf jeden Fall einer von ihm selbst geschaffenen Idealwelt, die L. im Anschluß an Schillers ethischen Enthusiasmus als Kern der Religion auffaßt. – Hauptwerke: Die Arbeiterfrage, 1865; Gesch. des Materialismus und Kritik seiner Bedeutung in der Gegenwart, I–II, 1866; Über Politik u. Philosophie. Briefe u. Leitartikel 1862–1875, hg. 1968. – W. Ring, Verzeichnis des wiss. Nachlasses von F. A. L., 1929.

H. Vaihinger, E. v. Hartmann, Dühring u. L., 1876; S. H. Braun, L. als Sozialökonom, 1884; O. A. Ellissen, L., 1891; H. Ortler, Recht u. Unrecht des Materialismus nach F. A. L., 1913; E. Becher, Dt. Philosophen, 1929; G. Lehmann, Gesch. der Philos., IX, 1953; J. H. Knoll/H. J. Schoeps (Hg.), F. A. L., Leben u. Werk, 1975 (mit Bibl.).

Lao-tse, Ehrenname („der alte Meister") des chines. Philosophen Li, Po-yang, * 604 v. Chr. Tschüjen (Prov. Honan), † um 520 außerhalb des Reiches, Staatsarchivar, neben → Kung-fu-tse einer der größten chinesischen Denker; ihm wird die Verfasserschaft des Tao-te-king, des „Kanonischen Buches vom Tao und Te" zugeschrieben, des wohl meistübersetzten chines. Buches (dt. von R. Wilhelm, [2]1925, und Weiß [Reclam], von A. Eckardt [2]1957), das jedoch seine heute vorliegende Form erst nach L.s Tode erhalten haben dürfte. Das überirdische → Tao, mitunter von L. sogar als eine Art persönliche Gottheit aufgefaßt, ist das größte Wesen, der Urgrund alles Seins, in den auch alles wieder zurückkehrt. Im erfaßbaren irdischen Tao liegen die „Hsiang" (Urbilder, Ideen) zusammen mit dem „Te" (wirkende Kraft). Ihnen gemäß muß nach L. der Mensch leben, teils denkend, teils handelnd, d. h. „Wuwei", (nichtaufbegehrenden) Einklang üben (erst unter dem Einfluß des Buddhismus erscheint „Wuwei" später als passives Sichtreibenlassen). Nach L. sucht der „Weise" die Vollkommenheit in der Vereinigung mit → Tao. L. formt den Menschen, Konfuzius den Staat. Die Philosophie des L. hat gegenüber jener des Konfuzius einen betont metaphysischen Charakter, was auch der Grund dafür ist, daß sie außer in volkstüml. kultischen Gemeinschaften keine tieferen Wurzeln in der Geistesgeschichte des Volkes fassen konnte. – Texte: Tao-Teh-King, hg. 1961 (RUB).

R. Wilhelm, L., 1911; F. E. A. Krause, Ju-Tao-Fo, 1924; A. Eckardt, L.s Gedankenwelt, 1957; A. Eckardt, L. – Unvergängl. Weisheit, 1957; P. J. Opitz, L.-tzu, 1968; C. Larre, Tao Te King, Paris 1977.

Laplace, Pierre Simon Marquis de, franz. Mathematiker und Astronom, * 28. 3. 1749 Beaumont-en-Auge (Normandie), † 5. 3. 1827 Paris, bewies als erster die Konstanz der mittleren Bewegungen der Planeten (*Mécanique céleste,* 5 Bde., 1799–1825) und entwickelte eine Theorie über die Entstehung des Planetensystems (*Exposition du système du monde*, 2 Bde., 1796), die mit der von Kant vertretenen nur z. T. übereinstimmt. Nach L. soll sich das Planetensystem aus einem rotierenden Gasnebel gebildet haben, während Kant als Urzustand eine kosmische Wolke mit frei beweglichen Teilchen annahm (vergl. Kants „Allg. Naturgesch. u. Theorie des Himmels", 1755). L. glaubte, den gesamten Weltmechanismus auf den Geist mathematischer Funktionen (Differenzialgleichungen u. a.) reduzieren zu können, wodurch die Voraussagbarkeit aller Zukunftsgeschehnisse gewährleistet wäre. – Hauptwerke: Exposition du système du monde, I–II, 1796; Traité de méchanique céleste, I–V, 1799–1825 (Repr. 1967); Essai philosophique sur les probabilités, Paris 1814 (Repr. 1967), dt. 1886; Œuvres complètes, I–XIV, Paris 1887–1912.

H. Andoyer, L'œuvre scientifique de L., Paris 1922; J. Merleau-Ponty, L. as a Cosmologist, in: W. Yourgran/A. D. Breck (Hgg.), Cosmology, History and Theology, New York 1977.

La Rochefoucauld, François, Herzog von, franz. Moralist, * 15. 9. 1613 Paris, † das. 17. 3. 1680, schrieb berühmt gewordene *„Réflexions, ou sentences et maximes morales"* (1665 u. ö.; viele Übers. in alle Kultursprachen), die – zu einseitig aus der Perspektive des höfisch-aristokratischen Lebens seiner Zeit geschrieben – in der menschl. Selbstsucht die Grundlage aller Handlungen erblicken. – Hauptwerke: Réflexions ou sentences et maximes morales, 1665, dt. 1983; Œuvres complètes, I–II, Paris 1957.

R. Grandsaigne d'Hauterive, Le pessimisme de L. R., Paris 1914; F. Schalk (Hg.), Die frz. Moralisten, 1933–40; M. Kruse, Die Maxime in der frz. Literatur, 1960; F. Schalk, Studien zur frz. Aufklärung, 1964, [2]1977; L. Ansmann, Die Maximen von L. R., 1972; V. Thweatt, L. R. and the Seventeenth-Century Concept of the Self, Genf/Paris 1980; O. Roth, Die Gesellschaft der „Honnêtes Gens", 1981.

Lask, Emil, Philosoph, * 25. 9. 1875 Wadowice (Woiwodschaft Krakau), gefallen 26. 5. 1915, seit 1910 Prof. in Heidelberg, Schüler Windelbands, erstrebte eine Neubegründung der Metaphysik durch seine Lehre von den Kategorien der Kategorien, indem sich diese als ein „Material" zur Gegenständlichkeit erhöhende „Formen" erweisen, so ist in der kategorialen Form das logische Urphänomen zu erblicken. – Hauptwerke: Fichtes Idealismus u. die Geschichte, 1902; Die Logik der Philos. u. die Kategorienlehre, 1911; Die Lehre vom Urteil, 1912; Gesammelte Schriften, I–III, 1923/24.

G. Pick, Die Übergegensätzlichkeit der Werte. Über das religiöse Moment in E. L.s log. Schriften vom Standpunkt des transzendentalen Idealismus, 1921; H. Sommerhäuser, E. L. in der Auseinandersetzung mit H. Rikkert, 1965; H. Sommerhäuser, E. L., in: ZphF 21 (1967); H. Rosshoff, E. L. als Lehrer von G. Lukács, 1975.

Lassalle, Ferdinand, Schriftsteller und Politiker, * 11. 4. 1825 Breslau, † 31. 8. 1864 Genf, faßte Heraklit als Revolutionär auf („Die Philosophie Herakleitos' des Dunklen", 1858), ähnlich auch Hegel. In der Technik bzw. der Maschine sah er „die lebendig gewordene Revolution", im Bauernstand dagegen das konservative Prinzip. Seine Rechtsphilosophie ist enthalten in „Das System der erworbenen Rechte, eine Versöhnung d. positiven Rechts und der Rechtsphilosophie« (2 Bde., 1860). Der Ricardoschen Lohntheorie, für die L. sich lebhaft einsetzte, gab er den Namen „Ehernes Lohngesetz"; damit bezeichnet er den Sachverhalt, daß der durchschnittliche Arbeitslohn stets auf den notwendigen Lebensunterhalt beschränkt bleibe, der in einem Volk gewohnheitsmäßig zur Fristung der Existenz und zur Fortpflanzung erforderlich sei. Die Wissenschaft will L. als Werkzeug des Klassenkampfes benutzt wissen. – Hauptwerke: Die Philosophie Herakleitos' des Dunklen, 1858; Das System der erworbenen Rechte, 1861; Nachgelassene Briefe u. Schriften, I–VI, hg. 1921–25 (Repr. 1967); Bismarck u. Lassalle. Ihr Briefwechsel u. die Gespräche, hg. 1928; Reden u. Schriften, I–III, 1892/93; Gesammelte Reden u. Schriften, I–XII, 1919/20.

H. Oncken, L., 1904; B. Harms, F. L. u. seine Bedeutung für die dt. Sozialdemokratie, 1909; T. Ramm, F. L. als Rechts- u. Sozialphilosoph, 1953; E. Colberg, Die Erlösung der Welt durch F. L., 1969; G. v. Uexküll, F. L., 1974 (mit Bibl.).

Lasson, Adolf, Philosoph, * 12. 3. 1832 Altstrelitz, † 19. 12. 1917 Berlin, das. Prof. 1897–1906, Hegelianer, von der historischen Rechtsschule beeinflußt, bemühte sich um eine Vereinigung der Philosophie Hegels mit den Ergebnissen der neueren Naturwissenschaften. – Hauptw.: Meister Eckhart, der Mystiker, 1868; Prinzip und Zukunft des Völkerrechts, 1871; System der Rechtsphilosophie, 1882, ²1967; Der Leib, 1898; Nikomachische Ethik, 1909; G. Bruno, ⁴1923.

H. Schmidt u. A. Liebert, A. L. zum Gedächtnis, in Kantstudien, Bd. 23, 1919; F. J. Schmidt, Gedenkblatt, ebda., 37, 1932.

latent (lat.), verborgen, gebunden.

Lauth, Reinhard, Prof. in München, * 11. 8. 1919 Oberhausen, Rhld., lehrt Transzendentalphilosophie als wissenschaftl. Standpunkt, jenseits von Dogmatismus (Realismus od. Idealismus) und hist. Relativismus, im Sinne Descartes', Kants und Fichtes; Spezialveröffentlichungen über J. G. Fichte und seine Zeit. – Schrieb u. a.: Die Philosophie Dostojewskis in system. Darstellung, 1950; Die Frage nach dem Sinn des Daseins, 1953; Zur Idee der Transzendentalphilosophie, 1965; Begriff, Begründung und Rechtfertigung der Philosophie, 1967; Ethik in ihrer Grundlage, aus Prinzipien entfaltet, 1969; Die Entstehung von Schellings Identitätsphilosophie in der Auseinandersetzung mit Fichtes Wissenschaftslehre, 1975; Theorie des philos. Arguments, 1979; Die Konstitution der Zeit im Bewußtsein, 1981.

Lavater, Johann Kaspar, Theologe und Schriftsteller, * 15. 11. 1741 Zürich, † das. 2. 1. 1801, vertrat gegenüber dem Rationalismus der Aufklärung eine mystisch-schwärmerische, wundersüchtige Religiosität. Bedeutsam wurde er jedoch durch die von ihm hervorgerufene Neubelebung der → Physiognomik, die u. a. die Zustimmung Goethes fand. – Hauptwerke: Physiognomische Fragmente zur Beförderung der Menschenkenntniß u. Menschenliebe, I–IV, 1775–78; Sämmtl. Werke, I–VI, 1834–38; Ausgewählte Werke, I–IV, 1943.

A. Vömel, L., 1923; E. v. Bracken, Die Selbstbeobachtung bei L., 1932; T. Hasler, L., 1942; R. Züst, Die Grundzüge der Physiognomik L.s, Diss. Zürich 1948; R. Schostack, Wieland u. L., Diss. Freiburg 1964; J. Graham, L.s Essays on Physiognomy, Bern 1979.

Lavelle, Louis, franz. Philosoph, * 15. 7. 1883 Saint-Martin de Villeréal, † 1. 9. 1951 Parranquet, seit 1941 Prof. am Collège de France, einer der bedeutendsten Vertreter des neuen französischen Spiritualismus, begründete 1934 zusammen mit R. → Le Senne die Richtung der „Philosophie de l'Esprit"; steht in der Nachfolge von Platon, Malebranche, Leibniz und Maine de Biran, ist aber auch Bergson verbunden und nimmt manche Einsichten des Existentialismus vorweg. Seine Lehre ist ganz auf den Menschen, seine Stellung und Aufgabe im Ganzen gerichtet und deutet diese als lebendige Teilhabe und -nahme (participation); die Existenz ist ein transzendierender Akt, der aufnehmend und schöpferisch gestaltend an der Dynamik des universalen Aktes und Prozesses partizipiert und dabei eine Dialektik von Ich und Sein begründet. – Hauptwerke: La dialectique du monde sensible, 1921; De l'être, 1928; La conscience de soi, 1933; De l'acte, 1934; La présence totale, 1934, dt. 1952; Du temps et de l'éternité, 1945; Les puissances du moi, 1948; De l'âme humaine, 1951; Traité de valeurs, I–II, 1951–55; De l'intimité spirituelle, 1955; Conduite à l'égard d'autrui, 1957.

J. Ecole, La métaphysique de l'être dans la philos. de L., Paris 1957 (mit Bibl.); C. d'Ainval, Une doctrine de la présence spirituelle: La philos. de L., Paris 1967.

Leben wird schon anschaulich u. gefühlsmäßig seit den ältesten Zeiten zunächst in dem erblickt, worin sich die Welt der Organismen, d. h. Pflanze, Tier, Mensch, von aller übrigen Wirklichkeit unterscheidet. Von diesem zentralen Sinn aus entwickelten sich eine Reihe, oft sogar einander ausschließender, Sonderbedeutungen von L.:

1. Im naturwissenschaftlich-biologischen Sinn ist L. gleichbedeutend mit organischem Geschehen; dieses unterscheidet sich (nach E. S. Russel) grundsätzlich von anorganischem Geschehen durch seine Gerichtetheit, im besonderen durch 1. Beendigung des Aktes mit Erreichen des Zieles; 2. Beharrlichkeit des Tuns bei Nichterreichen des Zieles; 3. Variationsmöglichkeit der Methoden oder Kombinierfähigkeit von solchen bei Nichterreichen; dabei ist sterotypes Verhalten auf das Normale, adaptives auf das Ungewohnte eingestellt; 4. Begrenzung, aber nicht Bestimmung des gerichteten Verhaltens durch äußere Bedingungen (z. B. Zellteilung oder Vermehrung trotz Substanz- oder Nahrungsmangel). – Eine Erklärung dieses Verhaltens ist vom kausal-mechanischen Standpunkt aus nicht möglich; auch die Aufweisung der Grenze zwischen organischer und anorganischer Substanz (→ Virus) reicht dazu nicht aus. Gegenwärtig wird versucht, das Problem des Lebendigen mittels des aristotelischen Entelechiebegriffes (→ Entelechie) oder mittels eines angenommenen „Vitalfaktors" (→ Vitalismus) zu lösen; → Biologie, Hylozoismus, Materialismus, Mechanismus, kausal-mechanisches Weltbild, Organismus.

2. Im metaphysischen Sinn ist das L. ein Grundmotiv weltanschaulichen Denkens als Inbegriff für das Erlebnis des Menschlichen, das Lebensschicksal überhaupt. Hier wird nach Sinn, Wert und Zweck des Lebens gefragt und aus den vorhandenen weltanschaulichen Grundvoraussetzungen heraus geantwortet; vgl. → Existenzphilosophie, Lebensanschauung, Lebensphilosophie.

3. Psychologisch gesehen ist das L charakterisiert durch seine natürliche Geordnetheit. Die moderne

Gestaltpsychologie lehnt daher sowohl die kausal-mechanische als auch die vitalistische Erklärung des Lebendigen ab, weil beide Theorien vom Grundsatz der Unordnung des Natürlichen ausgehen, die erst durch Einwirkung besonderer Kräfte (Entelechien, Vitalfaktoren usw.) zu einer Ordnung bzw. zu einem funktionierenden Organismus umgestaltet werden müsse.

4. Geschichtlich-kulturell bedeutet L. im Sinne von „geistiges bzw. Geistes-L." das Vorhandensein und Wirken von Ideen und Sinngehalten im Denken und Tun durch die Weltgeschichte hindurch; → Geschichte, Geschichtsphilosophie, Kultur, Kulturphilosophie. Bes. wichtig sind hier alle Übertragungen des naturwissenschaftlichen L.sbegriffes auf geistig-geschichtliche Sachverhalte, bes. auch auf den Staat.

5. Biographisch ist das „L. eines Menschen" dessen gesamtes leiblich-seelisch-geistiges Werden, Wirken und Schicksal in der Welt von der Geburt bis zum Tode, wobei innenbiographisch noch Fragen nach dem Sinn, Reflexionen nach dem persönlichen Sein, über den Tod u. a. hinzukommen.

M. Hartmann, Allg. Biologie. Eine Einf. in die Lehre vom L., I–II, 1925–27; L. Klages, Vom Sinn des L.s, 1940; E. Schrödinger, What is life, Dublin 1943, dt. 1946; E. S. Russell, The Directiveness of Organic Activities, Cambridge 1945, dt. 1947; A. Pfänder, Philos. der Lebensziele, 1948; T. Ballauff, Das Problem des Lebendigen, 1949; H. Conrad-Martius, Bios u. Psyche, 1949; L. Seitz, Die Wirkungseinheit des L., 1950; J. v. Uexküll, Das allmächtige L., 1950; L. v. Bertalanffy, Auf den Pfaden des L.s, 1951; R. Uhlirz, Das Wesen des L.s, 1952; A. Butenandt, Was bedeutet L. unter dem Gesichtspunkt der biolog. Chemie?, 1955; H. Rahmann, Die Entstehung des Lebendigen, 1972; W. Blasius, Probleme der L.sforschung, 1973; F. Ulrich, L. in der Einheit von L. und Tod, 1973; E. Kolb, Hormone – Regulatoren der Lebensvorgänge, 1974; F. E. Lehmann, Bio-Logik. Grundideen der modernen L.slehre, 1976; M. Eigen, Stufen zum Leben. Die frühe Evolution im Visier der Molekularbiologie, 1987.

Lebensformen, nach → Spranger „gedanklich entworfene Strukturen des individuellen Bewußtseins, die sich ergeben, wenn ein Wert im Leben als das Beherrschende gesetzt wird«. Als L. in diesem Sinne, die nicht isoliert auftreten, sondern jeweils einen vorherrschenden Charakter haben, betrachtet Spranger (L., 1914, [9]1966) den theoretischen, den ökonomischen, den ästhetischen, den sozialen, den religiösen und den nach Macht strebenden Menschen. Der Begriff L. wird heute auch u. a. Gesichtspunkten gedeutet; vgl. → Typus, Stil.

E. Spranger, L. – Geisteswiss. Psychologie u. Ethik der Persönlichkeit, 1914; P. Helwig, Dramaturgie des menschl. Lebens, 1958; R. Bergler, Psychologie stereotyper Systeme, 1966; F. Kambartel, Universalität als Lebensform, in: W. Oelmüller (Hg.), Materialien zur Normendiskussion, II, 1978; A. Baruzzi, Alternative Lebensform?, 1985.

Lebenskraft (lat. *vis vitalis*), die vom Vitalismus, ursprünglich von Aristoteles, angenommene „besondere" elementare Kraft, die sich aus mechanischen Kräften nicht ableiten läßt, welche in den Organismen die Erscheinungen des Lebens bewirkte; → Leben, → Entelechie.

J. D. Brandis, Versuch über die L., 1795; H. Driesch, Gesch. des Vitalismus, 1905; T. Cecchini, Lebenskräfte, Lebenssäfte, 1979.

Lebensphilosophie, im allgemeinsten Sinne jede Philosophie, die nach Sinn, Ziel, Wert des → Lebens fragt, bes. wenn sie sich vom theoret. Wissen ab- und der unverfälschten Fülle des unmittelbaren Erlebens zuwendet. L. will „das Leben aus ihm selber verstehen" und steht auf der Seite des Gefühls, des Instinkts, gegen den Intellekt; auf seiten des Irrationalismus, der Mystik gegen allen Rationalismus, der Anschauung gegen den Begriff, des

„Schöpferischen" gegen das „Mechanische". Zur L. rechnet man viele Vorsokratiker (bes. Empedokles) und Stoiker, nachreformatorische dt. Naturphilosophen seit Paracelsus, bes. den älteren van Helmont, Vertreter des Irrationalismus (bes. Hamann, Herder und Goethe) des 18. Jh., des dt. Idealismus (bes. Schelling) und der Romantik, aber auch den Biologismus. Als Begründer der modernen, betont antirationalistischen L. gelten Schopenhauer, noch mehr Dilthey und Nietzsche. Anfang des 20. Jh. erreichte die L. ihren Höhepunkt durch → Bergson, → Freud, → Simmel, → Keyserling und → Klages. – Als „Lebensphilosophen" werden bisweilen auch die → Moralisten bezeichnet; zur L. wird indirekt auch die → Existenzphilosophie gerechnet. Während die dt. L. den Zugang zum unmittelbaren Erleben meist begrifflich zu vermitteln weiß, finden sich echte, spontan erfahrene Zugänge zum gelebten Leben hauptsächlich in den Werken der russischen Romanciers des 19. Jh.s, insbesondere bei → Dostojewskij.

H. Rickert, Die Philos. des Lebens, 1920; A. Messer, L., 1931; P. Lersch, L. der Gegenwart, 1932; L. Klages, Vom Sinn des Lebens, 1940; E. Scherrer, Mensch u. Wirklichkeit. Eine allgemeinverständl. L., 1949; R. Lauth, „Ich habe die Wahrheit gesehen." Die Philos. Dostojewskis, 1950; O. F. Bollnow, Die L., 1958; G. Meinecke, Positionen des Lebendigen, 1966; W. Blasius, Probleme der Lebensforschung, 1973; H. J. Lieber, Kulturkritik u. L., 1974.

Lebenswelt, nach → Husserl der aller objektiv-logischen Wissenschaft vorgegebene → intersubjektiv in ursprünglicher Evidenz erfahrene und sich in der Praxis bewährende Weltzusammenhang. Lebensweltliche Wahrheit ist zwar gegenüber der objektive Gültigkeit beanspruchenden Wahrheit der Wissenschaften bloß subjektiv-relativ und situationsgebunden; da aber wissenschaftliche Theorien letztlich auf schlichter unmittelbarer Beobachtung fußen, ist die Lebenswelt den Wissenschaften und ihrem Weltbegriff vorgeordnet. Wissenschaft gibt es auch nicht in jeder Lebenswelt, sie gehört als spezifische Leistung zur europäischen Lebenswelt und ist als „theoretische Praxis" dort selbst eine lebensweltliche Erscheinung. Wegen des subjektiv-relativen Charakters der Lebenswelt gibt es eine Vielzahl verschiedener Lebenswelten und es stellt sich die Aufgabe der Erschließung fremder Lebenswelten. Sie wird von den → Geisteswissenschaften wahrgenommen. Das philosophische Problem der Lebenswelt ist das philosophische Universalproblem, da in ihr alle anderen Gegebenheiten wurzeln. Wird es zu Ende gedacht, so führt es direkt zur → transzendentalphänomenologischen Reduktion.

E. Husserl, Die Krisis der europäischen Wissenschaften u. die transzendentale Phänomenologie (entst. 1936/37), hg. 1962 (= Husserliana VI); M. Landmann, Erkenntnis u. Erlebnis, 1951; E. Ströker, L. u. Wissenschaft in der Philos. E. Husserls, 1979; W. Lippitz, L. oder die Rehabilitierung der vorwiss. Erfahrung, 1980; B. Waldenfels, In den Netzen der L., 1985; P. Kiwitz, L. u. Lebenskunst, 1986; E. Welter, Der Begriff der L., 1986.

Le Bon, Gustave, franz. Arzt, Anthropologe und Soziologe, * 7. 5. 1841 Nogent-le-Rotrou, † 15. 12. 1931 Paris, wurde bes. bekannt durch seine *„Psychologie des foules"* (1895, repr. 1972; dt. im KTA Bd. 99, [15]1982), den ersten, in seinen wesentl. Aussagen noch heute gültigen Versuch, das Gesamt der massenpsychologischen Tatbestände und Gesetzmäßigkeiten darzustellen → Vermassung. – Hauptwerke: Les lois psychologiques de l'évolution des peuples, 1894, dt. 1931; La Psychologie des foules, 1895

(Repr. 1972), dt. 1911 (KTA 99); Psychologie du Socialisme, in: Revue Philosophique 42 (1896).

G. Picard, G. L. B. et son œuvre, Paris 1909; W. Schwalenberg, G. L. B. und seine „Psychologie des foules", 1919; P. R. Hofstätter, Gruppendynamik, 1957, 1986 erw. Aufl.; R. A. Nye, The Origin of Crowd Psychology and the Crisis of Mass Democracy in the Third Republic, London 1975.

Leese, Kurt, Religionsphilosoph, * 6. 7. 1877 Gollnow, seit 1935 Prof. in Hamburg, † 6. 1. 1965 das., bemühte sich um die Synthese der christlichen Agapereligion mit den Kategorien der Lebensphilosophie, bzw. der (heidnischen) Naturmystik, wie sie durch die Begriffe Alleben, Erdleben, Leiblichkeit, Geschlecht, Blut, Rasse, Instinkt, Seele, Unbewußtes, Drang, Triebe, Sinne, Affekte, Leidenschaften, Sympathiegefühle, Eros, Dionysos usw. umschrieben wird. Kernproblem der Lebensphilosophie ist die Dialektik von nicht-geistigem (natürlichem) Leben und Geist, die in die Synthese Gott mündet. – Hauptw.: Krisis und Wende des christl. Geistes. Studien zum anthropolog. und theologischen Problem der Lebensphilosophie, [2]1941; Die Religion des protestant. Menschen, [2]1948; Naturreligion und christl. Glaube, 1936; Der Protestantismus im Wandel der neueren Zeit, 1941 (KTA 180); Geistesmächte und Seinsgewalten, 1946; Die Religionskrise d. Abendlandes und d. religiöse Lage der Gegenwart, 1948; Recht und Grenze der natürlichen Religion, 1954; Ethische und religiöse Grundfragen im Denken der Gegenwart, 1956; Der unbekannte Gott, 1961.

Leeuw, Gerardus van der, niederländischer Religionsphilosoph, * 18. 3. 1890 Den Haag, † 18. 11. 1950 Utrecht, 1918–50 Prof. in Groningen, 1945–46 Unterrichtsminister, lehrte, daß alle Lebenserscheinungen auf Gottes Offenbarung in Christus hinweisen. In Gott ist Raum für jeden, auch für den Atheisten. – Hauptw.: Phänomenologie der Religion, [2]1951. L. schrieb ferner u. a.: *Inleiding tot de theologie,* [2]1948; Bachs Matthaeuspassion, [5]1947; Der Mensch und die Religion. Ein anthropolog. Versuch, 1940; Bachs Johannespassion, 1946; *Levensvormen*, 1948; Die Bilanz des Christentums, 1951.

F. Sierksma, *G. v. d. L.*, 1951.

Legalität (lat.), Gesetzlichkeit, ist ein Verhalten dem äußeren Gesetz gemäß, im Gegensatz zur → Moralität, dem Verhalten nach dem inneren Gesetz, der Sittlichkeit gemäß; legal: gesetzlich, dem Gesetz entsprechend. L. ist heute das wirkliche Gesetz des modernen Lebens („Dich nicht erwischen lassen"), während echte moralische Verantwortung nur selten praktiziert wird.

C. Schmitt, L. und Legitimität, 1932, [3]1980; J. Habermas, Legitimationsprobleme im Spätkapitalismus, 1973; P. Graf Kielmannsegg/U. Matz (Hgg.), Die Rechtfertigung problemat. Herrschaft, 1978; T. Würtenberger, Legitimität, L., in: E. Brunner u.a. (Hgg.), Geschichtl. Grundbegriffe, III, 1982.

Lehmann, Gerhard, Univ.-Doz. i. R., * 10. 7. 1900 Berlin, Philosophiehistoriker und Systematiker. Beginnt mit Analyse des Individualitätsbewußtseins, die er bis zum → Kollektivbewußtsein durchführt. Von Kant aus gewinnt er den Begriff des kritischen Motivs, das er bis zur Gegenwart verfolgt. Für seine Kantinterpretation will L. Motiv (Leitmotiv) und (personale) Motivation so aufeinander beziehen, daß sich eine sachlich-persönliche Entwicklung des Systems bis zum Nachlaßwerk ergibt. – Hauptw.: Kollektivbewußtsein, 1928; Geschichte der nachkantischen Philosophie, 1931; Kants Nachlaßwerk und die Kritik der Urteilskraft, 1939; Deutsche Philosophie der Gegenwart, 1943; Philosophie des 19. Jh., 2 Bde., 1953; Philosophie des 20. Jh., 2 Bde., 1957/60; Kantausgabe, Bde. XX bis XXIX 1936–1980; Beiträge zur Geschichte u. Interpretation der Philosophie Kants, 1969; Hypoth. Vernunftgebrauch u. Gesetzmäßigkeit des Besonderen in Kants Philosophie, 1971; Analyse des Gewissens in Kants Vorlesungen über Moralphilosophie, 1974; Kants Tugenden, 1980.

Leib, der beseelte Körper des Menschen und der Tiere. Der menschl. L. ist in weitem Umfang die Grundlage des Seelenlebens: L. und Seele (vgl. → Animus) bilden die vitale Einheit im Gegensatz zur Einheit des Geistigen (→ Geist); durch Gehirn, Nerven, Blutstruktur, innere Sekretion, Vererbung, Gesundheitszustand usw. des L.s wird das Seelische beeinflußt, während es durch Einbildungskraft, Gefühle, Affekte, Stimmungen usw. (→ Psychoanalyse, Individualpsychologie) auf den L. einwirkt. Da das Geistige auf dem Seelischen beruht, ist auch der Geist vom L. nicht unabhängig (vgl. → Schichtenlehre). Seelische Erlebnisse sind auch dadurch an den L. gebunden, daß sie sich bisweilen nur voll entfalten können, wenn sie sich im L. auszudrücken vermögen (vgl. → Ausdruckskunde). Für den Menschen ist der eigene L. als Synthese von Körperlichem und Geistigem (Kausal-mechanischem und Final-teleologischem) das zentrale Erlebnisobjekt, das anschauliche → Ich; in Analogie zu ihm gestaltet er sein Menschen- und Weltbild; → L.-Seele-Problem.

C. A. van Peursen, Leib – Seele – Geist. Einf. in eine phänomenolog. Anthropologie, 1959; H. Glockner, Der eigene L., in: Kant-St. 53 (1961/62); H. Schmitz, System der Philos. II/1. Der L., 1965; F. Hammer, L. u. Geschlecht, 1974

Leibniz, Gottfried Wilhelm, Philosoph, Physiker, Mathematiker, Historiker und Diplomat, * 1. 7. 1646 Leipzig, † 14. 11. 1716 Hannover, einer der universalsten und schöpferischsten Gelehrten des 17. Jh. Zunächst wurde L. durch seine Lehrer Jacob Thomasius (Leipzig) und Erhard Weigel (Jena) beeinflußt, später durch den kurmainzischen Kanzler Johann Christian von Boineburg (Konvertit); unter ihm war L. 1667–1672 in kurmainzischen Diensten (seitdem seine ständigen Bemühungen um einen Ausgleich zwischen der prot. und kath. Kirche), dann 1672–76 in Paris, 1673 in London, überall gelehrte Beziehungen aufnehmend. L. regte die Gründungen der Akademien in (1700) Berlin (hier maßgeblicher Einfluß durch die Königin Sophie Charlotte von Preußen), Wien und (1711) Petersburg an 1676–1716 in hannoverschen Diensten, seit 1696 (außen-)politischer Berater (1683 Kampfschrift gegen Ludwig XIV.: *Mars christianissimus*, d. h. Allerchristlichster Kriegsgott) und Geschichtsschreiber des Welfenhauses, das aber seine über vierzigjährigen, oft in den vertraulichsten Missionen bewährten Dienste nicht gebührend anerkannte. »Sein Leben verlief in rastloser, aber zersplitterter Tätigkeit, ‚monadisch' einsam, ohne den gefestigten Lebenskreis eines Lehramtes, aber doch in universaler, stets lebendiger Beziehung zu anderen Forschern. So kommt es, daß L. nur Gelegenheitsschriften geschrieben hat: wenige zusammenfassende Skizzen und unzählige Briefe. Noch ist längst nicht alles veröffentlicht, was in Hannover von ihm aufbewahrt wird"

(Gerh. Krüger, L. Die Hauptwerke, [5]1967, KTA Bd. 112). Bis gegen 1680 vollzog sich in L. die Loslösung von der Neuscholastik; im übrigen bewegte er sich bis dahin vorzugsweise auf politischem, auf theologischem und auf mathematisch-naturwiss. Gebiete. Erst nach 1680 treten auch seine philos. Arbeiten und Gedanken hervor, die aber nur in Gestalt von Briefen und Zeitschriftenabhandlungen vorliegen; die zu Lebzeiten erschienene, diese Welt als die beste aller möglichen und Gott als ihren Schöpfer darlegende und verteidigende »Theodizee« (1710) ist im wesentlichen (natürliche) Theologie; das philos. Werk »Neue Versuche über den menschlichen Verstand" erschien erst nach seinem Tode (1765, abgeschlossen 1704).

L.' Denkentwicklung ist sehr wandlungsreich, kreist jedoch stets um das Problem einer geschlossenen, Widersprüche ausgleichenden, jeder Einzelheit der Wirklichkeit gerecht sein wollenden sowohl anschaulichen wie gedanklichen Systematik, die von L. freilich nur in vielen Fragmenten dargestellt wird. Grundgedanken L.s: 1. Vernunftgemäßheit und Gottverbundenheit des Alls, 2. Bedeutsamkeit des Individuellen, des Personenhaften in diesem All, 3. Harmonie des Alls im Ganzen und im Individuellen, 4. Quantitativ und qualitativ unendliche Mannigfaltigkeit des Alls, 5. Dynamische Grundbeschaffenheit des Alls.

Von der scholastischen Lehre der metaphysischen allgemeinen Wesenheiten *(formae substantiales)* ausgehend, gelangte L. zum Prinzip des schöpferischen Denkens hinsichtlich individueller Wirklichkeiten. Die mathemat. Methode erscheint ihm hier angemessen, bis er sich über deren unverrückbare Grenzen klar wird. Im Anschluß an Descartes' Lehre vom klaren und deutlichen Erkennen bzw. Denken, mit deren ungelösten Problemen er sich eingehend beschäftigte, entwickelte er sodann eine analytische Theorie des denkenden bzw. erkennenden Bewußtseins. Zugleich kam er naturwissenschaftlich von der Mechanik nahe an die Energetik heran (großer Eindruck der Beobachtung von Lebensvorgängen durch das Mikroskop). Andererseits gelangt er zur Unterscheidung zw. gedanklichen Wahrheiten und Tatsachenwahrheiten.

Neben den vielen Aufsätzen, Gelegenheitsschriften und Briefen schrieb L. als einziges abgeschlossenes, bekannt gewordenes Werk die Monadenlehre (Monadologie). → Monaden nennt er die einfachen, körperlichen, geistigen, mehr oder weniger bewußten Substanzen; ihre tätigen Kräfte bestehen in Vorstellungen. Die Verschiedenheit der Monaden besteht in der Verschiedenheit ihrer Vorstellungen. Gott ist die Urmonade, alle andern Monaden sind ihre Ausstrahlungen. Was uns als Körper erscheint, ist in Wahrheit ein Aggregat von vielen Monaden. Auch die Seele ist eine Monade. Mineralien und Pflanzen sind gleichsam schlafende Monaden mit unbewußten Vorstellungen; Tierseelen haben Empfindung u. Gedächtnis; die Menschenseelen sind klarer und deutlicher Vorstellungen fähig, Gott hat lauter adäquate, d. h. vollbewußte und vollsachliche Vorstellungen. Der Vorstellungsverlauf jeder Monade schließlich kreist in sich; es kommt nichts aus ihr heraus und nichts in sie hinein. L.' Monadenlehre wird ergänzt durch seine Lehre der „Prästabilierten Harmonie". Danach hat Gott alle Substanzen so geschaffen, daß, indem jede dem Gesetz ihrer inneren Entwicklung mit voller Selbständigkeit folgt, sie zugleich mit allen andern in jedem Augenblick in genauer Übereinstimmung steht. Sowohl Monadenlehre wie Lehre von der Prästabilierten Harmonie gelten nach L. für alle Wesen leiblicher, seelischer, geistiger Artung sowohl in sich wie zwischeneinander, so insbes. für das Verhältnis von Leib, Seele, Geist innerhalb der menschlichen Persönlichkeit. L. wirkte außer auf die Leibniz-Wolffsche Schule u. a. auf Herder, Goethe, Schiller und den dt. Idealismus, später u. a. auf Herbart und Lotze. – Hauptwerke: Système nouveau de la nature, 1695; Nouveaux essais sur l'entendement humain (entst. 1704), hg. 1765; Essais de theodicée, 1710; Monadologie (entst. 1714), hg. 1720; Principes de la nature et de la grace fondés en raison (entst. 1714), hg. 1718, dt. 1780; G. Hess (Hg.), „L. korrespondiert mit Paris" (Ausg. von Briefen), 1948; Opera omnia, I–VI, 1768–98; Die philosoph. Schriften, I–VII, 1875–90 (Repr. 1960/61, 1978); Hauptschriften zur Grundlegung der Philosophie, I–II, 1904/1906; Sämmtl. Schriften u. Briefe, 1923 ff. – Kurt Müller (Hg.), L.-Bibl., 1967/A. Heinekamp (Hg.), [2]1984.

G. E. Guhrauer, L., I–II, 1846 (Repr. 1966); H. Schmalenbach, L., 1921 (Repr. 1973); D. Mahnke, L.ens Synthese von Universalmathematik u. Individualmetaphysik, 1925 (Repr. 1964); R. Hönigswald, G. W. L., 1928; G. Friedmann, L. et Spinoza, Paris 1946; G. Schischkoff (Hg.), Beiträge zur L.-Forschung, 1947; E. Hochstetter, Zu L.ens Gedächtnis, 1948; R. W. Meyer, L. und die europäische Ordnungskrise, 1948; J. E. Hofmann, Die Entwicklung der L.schen Mathematik, 1949; I. Pape, L. – Zugang u. Deutung aus dem Wahrheitsproblem, 1949; K. Huber, G. W. L., Bildnis eines dt. Menschen, 1951; G. Grua, La justice humaine selon L., Paris 1956; A. Robinet, Correspondance L. – Clarke, Paris 1957; Y. Belaval, L., Critique de Descartes, Paris 1960; P. Wiedeburg, Der junge L. – Das Reich u. Europa, I–VI, 1962–70; E. Hochstetter/G. Schischkoff, L.-Gedenkheft, in: ZphF 20 (1966); A. Heinekamp, Das Problem des Guten bei L., 1969; K. Müller/G. Krönert, Leben u. Werk von G. W. L., 1969; H. Schepers, L. Die Monadologie. Etappen der Interpretation, 1971; M. Blondel, Le lien substantiel d'après L., Paris 1972; C. Axelos, Die ontolog. Grundlagen der Freiheitstheorie L.ens, 1973; O. Ruf, Die Eins u. die Einheit bei L. – Studien zur Monadologie, 1973; S. v. d. Schulenburg, L. als Sprachforscher, 1973; H. J. Zacher, Die Hauptschriften zur Dyadik von G. W. L., 1973; A. Gurwitsch, L.ens Philos. des Panlogismus, 1974; E. Sandvoss, L., 1976; R. Bohle, Der Begriff des Individuums bei L., 1978; H. H. Holz, L., 1983; W. Schmidt-Biggemann, Topica universalis, 1983; G. M. Ross, L., Oxford 1984; A. Heinekamp/F. Schupp (Hgg.), L.' Logik u. Metaphysik, 1988; B. Mates, The Philosophy of L., Metaphysics and Language, Oxford 1989.

Leib-Seele-Problem entsteht durch die Erfahrung, die der Mensch mit sich macht. Schon eine flüchtige Selbstbeobachtung führt nämlich (z. B.) zu der Frage: wie kann es geschehen, daß ein Bündel verschiedenfarbiger Lichtstrahlen in mir die Wahrnehmung „Bundesflagge" erzeugt? Wie kann es überhaupt geschehen, daß physikalisch-chemische Vorgänge in der Netzhaut meines Auges etwas Psychisches (nämlich z. B. eine Wahrnehmung) zur Folge haben? Was für Beziehungen bestehen zwischen der „Außenwelt", meinem Leib und meiner Seele? Die Beziehungen zw. Leib und Seele spielen in der heutigen Medizin, Psychotherapie und Psychopathologie eine zentrale Rolle unter der Bez. Psychosomatik. Es ist einwandfrei nachweisbar, daß nicht nur die Erlebnisse der „Außenwelt" auf physikochemische Vorgänge in unserem Organismus angewiesen sind, sondern auch unser Denken, Fühlen, Wollen, Gestimmtsein usw. Wie können derartige „Innenwelt"-Erlebnisse (die auch durch „Außenwelt"-Erlebnisse verursacht sein können) zu Bewegungen meines Leibes führen,

wie kann z. B. mein Wille, den Arm zu heben, die Bewegung des Armes (also einen physikochemischen Vorgang in der Muskulatur) bewirken? Das L. vereinfacht sich zu dem Problem: wie wirkt Psychisches auf Physisches und umgekehrt (Psychophysisches Problem)?
Die wichtigsten Lösungsversuche sind 1. die Theorie des psychophysischen → Parallelismus, 2. die Theorie der psychophysischen → Wechselwirkung, die der Wahrheit erheblich näher zu kommen scheint, 3. der auf Aristoteles zurückgehende → Hylemorphismus, 4. die auf E. Becher zurückgehende → Virtuellitätshypothese, 5. der psychosomatische Lösungsversuch (→ Tiefenpsychologie). Daneben gibt es Theorien, die das L. aus der Welt zu schaffen versuchen, indem sie den prinzipiellen Unterschied zwischen Leib und Seele verneinen; am bekanntesten ist der Satz von L. Klages: „Der Leib ist die Erscheinung der Seele, und die Seele Sinn der Leibeserscheinung". Andere Theorien, die wissenschaftlich nicht mehr erörtert werden, sind:
I. Gruppe: Nur entweder Leib oder Seele existiert: 1. Es gibt nur Seele, denn der Leib ist nur „meine Vorstellung" (Leibniz, Berkeley, Schopenhauer teilweise): → Spiritualismus. 2. Es gibt nur Leib im stofflich-mechanischen Sinne, Seele ist nur eine der verschiedenen Leibesfunktionen (Lamettrie, Moleschott): → Materialismus. II. Gruppe: Sowohl Leib als Seele existiert: 3. Zw. Leib u. Seele vermitteln die Funktionen der Zirbeldrüse (Descartes). 4. Zw. Leib und Seele vermitteln rein seelische Vorgänge (Romantik): Magischer → Idealismus. 5. Leib und Seele sind restlos getrennt; Gott sorgt bei seelischen Regungen für die entsprechenden leiblichen Bewegungen, und umgekehrt (Malebranche, Geulincx): → Okkasionalismus; vgl. → Gedächtnis, Grundrelation, psychophysisches Niveau, Wirklichkeit.

E. Becher, Gehirn u. Seele, 1911; K. Jaspers, Allg. Psychopathologie, 1913; R. Reininger, Das psychophys. Problem, 1916; M. Haubfleisch, Wege zur Lösung des L.-S.-Problems, 1929; A. Wenzl, Das L.-S.-Problem im Lichte der neueren Theorien der physischen und seel. Wirklichkeit, 1933; W. Metzger, Psychologie, 1941; M. Planck, Scheinprobleme der Wiss., 1946; H. Conrad-Martius, Bios u. Psyche, 1949; G. Liewerth, Der Mensch u. sein Leib, 1953; O. Schulze-Wegener, Der L.-S.-Zusammenhang u. die wiss. Forschung, 1967; E. P. Polten, Critique of the Psycho-Physical Identity Theory, Den Haag 1973; J. Seifert, Das L.-S.-Problem in der gegenwärtigen philos. Diskussion, 1979, [2]1989; M. Bunge, The Mind-Body-Problem, Oxford 1980; H. Holzhey/J.-P. Leyvraz (Hgg.), Körper, Geist, Maschine, 1987; H. Hastedt, Das L.-S.-P., 1988.

Leid, Leiden, Erleiden, das Erlebnis der Verschlechterung eines als schmerzfrei empfundenen Zustands. Wenn ich „Schaden leide", so deshalb, weil man mich eines Gutes beraubt hat und weil ich unter dem neuen Zustand leide, weil er mir Leid verursacht; → Realität. – Für die Antike war das Leid ein Übel (so noch heute für alle Formen des → Eudämonismus), seit dem Christentum wird von einem Wert des Leidens gesprochen, der darin besteht, daß er die Tugend der Leidensfähigkeit erzeugt, die dort einsetzt, wo mit Aktivität nichts mehr auszurichten ist, die den Menschen befähigt, Leid und Mißgeschick zu ertragen, ohne moralisch zu zerbrechen oder in seinem personalen Grundwert geschädigt zu werden. Innerhalb der Grenze der Leidensfähigkeit bedeutet das Leiden die Erweckung edelster menschl. Kräfte, eine Erhöhung der Person, eine Erweiterung des Wertbewußtseins und eine Vertiefung der Glücksfähigkeit. – Wie das Leiden entsteht und wie man es beenden kann, lehrt der → Buddhismus.

E. May, Heilen u. Denken, 1940; F. J. J. Buytendijk, Über den Schmerz, 1948; E. Frankl, Homo patiens. Versuch einer Pathodizee, 1950; V. v. Weizsäcker, Pathosophie, 1956; V. v. Weizsäcker, Der Gestaltkreis, 1973; W. Oelmüller (Hg.), Leiden, 1986.

Leidenschaft (Passion), zur bleibenden Neigung gewordener Drang, der das gesamte Denken, Fühlen und Wollen eines Menschen beherrscht, in seine Dienste stellt, also den Menschen ebenso unfrei macht wie jeder → Affekt, nur in stärkerem Maße und dauernd. Die Einschätzung einer L. wird sich danach richten müssen, ob sie auf niedere oder auf höhere Werte gerichtet ist (negative und positive L.). Hegel nennt die L. die subjektive Seite der Energie, des Wollens und der Tätigkeit; er sagt: „Es ist nichts Großes ohne Leidenschaft vollbracht worden, noch kann es ohne solche vollbracht werden."

R. Descartes, Les passions de l'âme, 1649, dt. 1723; G. Kafka, Uraffekte, 1950; R. M. Unger, L. – Ein Essay über Persönlichkeit, dt. 1984.

Leisegang, Hans, Philosoph, * 13. 3. 1890 Blankenburg Kr. Langensalza, † 6. 4. 1951 Berlin, 1930–1937 und 1945–48 Prof. in Jena, seither in Berlin (Freie Univ.), kam von der Religionsphilos. her und trat mit Arbeiten zur hellen. Philosophie hervor; → Denkformen. Hptw.: Hellenist. Philos. von Aristoteles bis Plotin, 1923; Der Apostel Paulus als Denker, 1923; Die Gnosis, 1924, [5]1985 (KTA Bd. 32); Denkformen, 1928, [2]1951; Religionsphilosophie der Gegenwart, 1930; Lessings Weltanschauung, 1931; Goethes Denken, 1932; Die Erkenntnis Gottes im Spiegel der Seele und der Natur, franz. 1937, dt. in ZphF, Bd. IV, 1950; Dante und das christliche Weltbild, 1941; Hegel, Marx und Kierkegaard, 1948; Platon, 1950; Einf. i. d. Philos., 1951, [4]1960; Weltanschauung, 1952.

Th. Litt, H. L., in ZphF, VI, 1952; H. Stoffer, Logik d. Denkformen, ebda., X, 1956.

Lemma (gr.), Satz, Annahme; in der Mathematik svw. Hilfssatz; → Dilemma.

Lenin, eigentlich: Wladimir Iljitsch Uljanow, russ. Staatsmann, * 22. 4. 1870 Simbirsk (jetzt: Uljanowsk, a. d. mittleren Wolga), † 21. 1. 1924 Moskau, Gründer des sowjetruss. Staates, geistiger Urheber des → Bolschewismus bzw. des in dessen Sinne weiterentwickelten dialektischen und historischen → Materialismus, mit dem er den Empiriokritizismus und speziell die Philosophie Machs und dessen russ. Anhänger (in der Schrift „Materialismus u. Empiriokritizismus" 1908, dt. 1927), überhaupt jede Art von Idealismus bekämpfte; → Leninismus. – Hauptwerke: Materialismus u. Empiriokritizismus. Krit. Bemerkungen über eine reaktionäre Philosophie 1927 (russ. 1909); Sämtl. Werke (russ.), Moskau 1940/41; Werke, I–XL, 1955–71.

N. Bucharin, L., 1924; E. Drahn, L. – Eine Bio-Bibl., 1924; N. K. Krupskaja, Erinnerungen an L., 1959 (russ. 1933); M. Paleologue, Les précurseurs de L., Paris 1938; G. Sorel, L., a cura di Aldo Valori, Modena 1946; C. J. Cianoux, L., Paris 1952; D. Grille, L.s Rivale Bogdanov u. seine Philos., 1966; M. M. Rozental (Hg.), L. als Philosoph, 1971 (russ. 1969); V. Bolko/H. Schweinitz (Hgg.), L. zum 100. Geburtstag. Prinzipien der Einheit von Sozialismus u. Wiss., 1970; L. Althusser, L. et la philos., Paris 1972, dt. 1974; R. Dutschke, Versuch, L. auf die Füsse zu stellen, 1974; G. Wilczek, Die Erkenntnislehre L.s, 1974; A. Solschenizyn, L. in Zürich, 1977; N. Harding, L.s Political Thought, I–II, London 1977–81 (mit Bibl.); L. Singer, Korrekturen zu L., 1980; P. Lübbe, Kautsky gegen L., 1981.

Leninismus, das Insgesamt der sozialist. Theorien Lenins, die sich z. T. auf die Werke Rud. Hilferdings („Das Finanzkapital", 1910) und J.

A. Hobsons („*The Evolution of Modern Capitalism*", [2]1926) stützten. Die Konzentration des Kapitals führt zur Bildung von Monopolen (Monopolkapital). Gemeinsam mit den Banken beherrscht das Monopolkapital den Staat und lenkt dessen Außenpolitik mit dem Ziel, die (ständige, mehr oder weniger latente) Absatzkrise durch Erschließung neuer Absatzmärkte zu überwinden. Die dabei entstehenden Konflikte mit anderen Staaten führen zum Krieg. So lösen („imperialistischer") Krieg u. Krise einander ab, bis die → Diktatur des Proletariats den endgültigen Frieden bringe. Die Diktatur war der Leitgedanke Lenins, der ein Gegner des demokratischen Gedankens war. Freiheit bezeichnete er als ein „bürgerliches Vorurteil". Die kommunist. Partei faßte er als eine zur Führung befähigte und berechtigte Elite auf. Die proletarische Revolution, die nach der marxist. Theorie erst als Abschluß der bürgerlichen und der industriellen Epoche stattfinden sollte, wurde von L. 1917 in Rußland (wo damals nur 1,2% der Bevölkerung Fabrikarbeiter waren) durchgeführt, weil L. den Weltkapitalismus als Ganzheit und Rußland als dessen schwächstes Glied auffaßte; sie erschien ihm besonders geeignet, die Weltrevolution auszulösen. – Der L., seit der Revolution als „wissenschaftl. Marxismus-L." bezeichnet, ist die Staatstheorie Sowjetrußlands und der Leitfaden seiner Innen- und Außenpolitik. Lenins Lehre von der Partei-Elite und der Diktatur waren von entscheidender Bedeutung für die Entstehung von Faschismus und Nationalsozialismus sowie für die spätere Erhöhung dieser Elite zu einer privilegierten Klasse im Staate.

W. I. Lenin, Der Imperialismus als höchste Stufe des Kapitalismus, 1918 (russ. 1917); W. I. Lenin, Staat u. Revolution, 1918 (russ. 1918); W. I. Lenin, Der Radikalismus, die Kinderkrankheit des Kommunismus, 1925 (russ. 1920); J. W. Stalin, Fragen des L., 1950 (russ. 1947); M. G. Lange, Marxismus, L., Stalinismus, 1955; M. Bocheński, Die dogmat. Grundlagen der sowjet. Philos., 1959; W. Goerdt, Fragen der Philos. im Spiegel der Zeitschrift „Vroposy Filosofii", 1960; G. A. Wetter, Der dialekt. Materialismus, 1960; W. Leonhard, Sowjetideologie heute, I–II, 1962/74; H. Dahm, Die Dialektik im Wandel der Sowjetphilos., 1963; A. Amalrik, Kann die SU das Jahr 1984 erleben?, 1970; D. Colas, Lénine et Léninisme, Paris 1987.

Lenk, Hans, * 23. 3. 1935 Berlin, Prof. in Karlsruhe, befaßt sich mit Fragen der Wissenschaftstheorie, Logik und analytischen Philosophie, sowie mit philos. Fragen der Mathematik, der Natur, Technik u. a. bis zur Sozialwissenschaft u. Sozialphilosophie. Versucht philosophische Entwürfe und Rekonstruktionen, zu einem neukritizistischen, praxisorientierten Philosophieren zu vereinen. – Schrieb u. a.: Kritik der logischen Konstanten, 1968; (Hrsg.) Neue Aspekte der Wissenschaftstheorie, 1971; Philosophie im technologischen Zeitalter, [2]1974; Erklärung – Prognose – Planung, 1972; Leistungssport, – Ideologie oder Mythos?, 1972; Metalogik und Sprachanalyse, 1973; Technokratie als Ideologie (Hrsg.), 1973; Normenlogik (Hrsg.), 1974; Wozu Philosophie, 1974; Pragmatische Philosophie, 1975; Sozialphilosophie des Leistungshandelns, 1976; *Team Achievement*, 1977; *A Social Philosophy of Athletics*, 1977; Pragmat. Vernunft, 1979; Zur Sozialphilosophie der Technik, 1982; Zwischen Wissenschaftstheorie u. Sozialwiss., 1986; Kritik der kleinen Vernunft. Einf. in die jokolog. Philos., 1987; Zwischen Sozialpsychologie u. Sozialphilosophie, 1987.

Lersch, Philipp, Psychologe und Charakterologe, * 4. 4. 1898 München, † 15. 3. 1972 das., Prof. in München seit 1942, auf kritisch lebensphilosophischer Grundlage der Ausdrucks- und Charakterkunde zugewandt. – Hauptw.: Lebensphilosophie der Gegenwart, 1932; Gesicht und Seele, 1932, [7]1971; Der Aufbau des Charakters, 1938, [11]1970 u. d. T. „Aufbau der Person"; Seele und Welt, 1941, [2]1943; Vom Wesen der Geschlechter, 1947; [4]1968; Der Mensch in der Gegenwart, [3]1964; Der Mensch als soziales Wesen, [2]1965; Der Mensch als Schnittpunkt, 1969; – Bibliogr. u. Biobibliogr. in: Jahrbuch der Sächsischen Akad. der Wissenschaften, 1971–72 (S. 349–57).

Le Senne, René, franz. Philos. spiritualistischer Richtung, Prof. a. d. Sorbonne, * 8. 7. 1882 Elbeuf (Seine Inf.), † 1. 10. 1954 Paris, von Hamelin und Bergson ausgehend und dem christl. Existentialismus nahestehend. Seine Philosophie nennt er einen „ideoexistentiellen personalistischen Spiritualismus"; ein „allgemeiner Geist" ist Vorbedingung von Sympathie, Gesellschaft und Erkenntnis; das selbstbewußte Ich hat Anteil am unendlichen Ich, welches „der Wert" ist; Ich und Nicht-Ich durchdringen im Bewußtsein einander. Das Wesen der Religion ist es, die Grenzen des Bewußtseins zu überschreiten. – Hauptwerke: Introduction à la philos., 1925; Le devoir, 1930; Le mensonge et la caractère, 1930; Obstacle et valeur, 1934; Traité de morale générale, 1942; Traité de caractérologie, 1946; La destinée personelle, 1951; La découverte de Dieu, hg. 1955.

J. Pirlot, Destinée et valeur: la philos. de L. S., Namur 1953; Les études philosophiques, 1955 (Sonderheft mit Bibl.); M. Gutierrez, Estudio del carácter segun L. S., Madrid 1964; M. Giordano, L. S. tra spiritualismo e caratterologia, Bari 1975; A. Saliba, Dieu dans la pensée de R. L. S., Paris 1975.

Lessing, Gotthold Ephraim, Dichter der Aufklärung, Philosoph, (Literatur- und Kultur-) Kritiker, * 22. 1. 1729 Kamenz (Sachsen), † 15. 2. 1781 Braunschweig, mit Moses Mendelssohn befreundet, trat für die Freiheit prüfender Forschung bes. in der Literaturwissensch. ein, wirkte für Toleranz und Humanität („Nathan der Weise", 1779). Als Religionsphilosoph bekämpfte er den kirchlichen Dogmatismus. In der Schrift „Erziehung des Menschengeschlechts" (1780, neueste Ausg. 1948) erhofft er nach den Zeitaltern des Genusses und des Ehrgeizes das der Pflichterfüllung. Durch seine ästhetische Kritik bahnte L., wie durch seine Dramen, der Dichtung der großen Klassiker den Weg. – Laokoon, oder über die Grenzen der Malerei und Poesie, 1766; Die Erziehung des Menschengeschlechts, 1780; G. E. Lessings Sämmtl. Schriften, I–XXX, 1771–94; Sämtl. Schriften I–XIII, 1838–40, in 3. Aufl.: Werke I–XXIII, 1886–1924; Werke I–VII, 1911; L.s Gespräche, 1971.

C. Schrempf, L. als Philosoph, 1906; H. Leisegang, L.s Weltanschauung, 1931; B. v. Wiese, L.s Dichtung, Ästhetik, Philosophie, 1931; O. Mann, L. – Sein u. Leistung, 1949; W. Ritzel, L., 1966; H. Schultze, L.s Toleranzbegriff, 1969; B. Bothe, Glauben u. Erkennen. Studien zur Religionsphilos. L.s, 1972; A. Schilson, Gesch. im Horizont der Vorsehung. L.s Beitrag zu einer Theologie der Gesch., 1974; M. Bollacher, L. Vernunft u. Gesch. – Unters. zum Problem religiöser Aufklärung in den Spätschriften, 1978; D. Hildebrandt, L. – Biographie einer Emanzipation, 1979; A. Schilson, L.s Christentum, 1980; F. Niewöhner, Veritas sive Varietas. L.s Toleranzparabel und das Buch von den drei Betrügern, 1988.

Lessing, Theodor, Schriftsteller und Philosoph, * 8. 2. 1872 Hannover, † (ermordet) 30. 8. 1933 Marienbad, dem Sozialismus nahestehender Pragmatist, vertrat einen rationalistischen Kulturpessimismus („Gesch. als Sinngebung des Sinnlosen", 1919, [4]1927) und wirkte für Gleichstellung der Frauen, Beseitigung der reglementierten Prostitution, friedliche Verständigung der Völker. – Hauptwerke: Studien zur Wertaxiomatik. Unters. über reine Ethik u. reines Recht, 1908; Europa u. Asien, 1918; Geschichte als Sinngebung des Sinnlosen, 1919; Prinzipien der Charakterologie, 1926; Einmal und nie wieder (Lebenserinnerungen), in: Ges. Schriften, I, hg. 1935 (Repr. 1969).

A. Messer, Der Fall L., 1926; H. E. Schröder, T. L.s autobiograph. Schriften, 1970; R. Marwedel, T. L. 1872–1933. Eine Biographie, 1987.

Leukipp von Abdera oder Milet, um 460 v. Chr., Zeitgenosse und angeblicher Lehrer des Demokrit, gilt zusammen mit diesem als der Begründer der Atomistik; doch waren Leben und Schriften L.s schon im Altertum unbekannt, und wir wissen noch heute von ihm so gut wie nichts, weshalb die Behauptung Epikurs, L. habe gar nicht existiert, Beachtung findet. – Texte: Die grosse Weltordnung; Über den Verstand; H. Diels/W. Kranz, Die Fragmente der Vorsokratiker, I–II, 1906–10.

K. v. Fritz, Philos. u. sprachl. Ausdruck bei Demokrit, Plato u. Antisthenes, 1938; J. Kerschensteiner, L., in: Hermes 87 (1959); J. Barnes, The Presocratic Philosophy, II, London 1979; A. Stückelberger (Hg.), Antike Atomphysik, 1979.

Leviathan (hebr. „krumme, gewundene Schlange"), im Buche Hiob (40, 25–41, 26) das als eine den Menschen demütigende Naturgewalt geschilderte Krokodil; von → Hobbes als Gleichnis für den allmächtigen Staat (den „sterblichen Gott") benutzt.

T. Hobbes, Leviathan, ore the Matter, Form, and Power of a Commenwealth, Ecclesiastical and Civil, 1651; O. Kaiser, Die myth. Bedeutung des Meeres, 1959; F. Vonessen, Die Herrschaft des L., 1978.

Levinas, Emmanuel, * 12. 2. 1906 Kaunas/Litauen, studierte ab 1923 in Straßburg (Verbindungen mit Ch. Blondel, M. Halbwachs, H. Cartéron, M. Guéroult, Freundschaft mit M. Blanchot), 1927/28 in Freiburg (Kontakt mit Husserl u. Heidegger) und schließlich in Paris, wo er 1930 promovierte. Nach dem Krieg Direktor der Israelitischen Lehrerbildungsanstalt für den Westen, seit 1947 Vorlesungen an dem von J. Wahl gegründeten *Institute philosophique*, 1962 Prof. in Paris-Nanterre, 1973 Berufung an die Sorbonne, seit 1976 emeritiert. Sein Denken, das eine originelle Überwindung des abendländischen Vorrangs der Ontologie darstellt, ist vor allem für die Ethik und die Religionsphänomenologie relevant. – Hauptwerke: La théorie de l'intuition dans la phénoménologie de Husserl, 1930; De l'existence à l'existant, 1947; Le Temps et l'autre, 1947, dt. 1984; En découvrant l'existence avec Husserl et Heidegger, 1949, dt. 1983; Totalité et infini, 1965, dt. 1986; Autrement qu' être ou au delà de l'essence, 1974; Sur M. Blanchot, 1975; Noms propres, 1976; Du Sacré au Saint, 1977; Ethique et infini, 1982; De Dieu qui vient à l'idée, 1982, dt. 1985. – R. Burggraeve, E. L. Une bibl. primaire et secondaire (1929–1985), Leuven 1986.

H. Treziak, Die konkrete Intentionalität der Exteriorität, 1976; S. Strasser, Jenseits von Sein u. Zeit, 1978; J. M. Pace (Hg.), Textes pour E. L., Paris 1980; K. Huizinga, Das Sein und der Andere. L.s Auseinandersetzung mit Heidegger, 1988; T. Wiemer, Die Passion des Sagens. Zur Deutung der Sprache bei E. L. und ihrer Realisierung im philos. Diskurs, 1988.

Lévi-Strauss, Claude, * 28. 11. 1908 in Brüssel, Prof. für Anthropologie am *Collège de France* in Paris, Schüler u. a. von E. Durkheim, ursprünglich Ethnologe und Sprachforscher, bekannt geworden durch Analysen primitiver Kunst Asiens und Amerikas, trat 1949 durch sein Werk „Die elementaren Strukturen der Verwandtschaft“ als einflußreicher Theoretiker und Praktiker der strukturalen Methode hervor, gilt heute als der Begründer des französischen → Strukturalismus. – Hauptwerke: Les structures élementaire de la parenté, 1949, dt. 1981; Tristes tropiques, 1953, dt. 1970; Anthropologie structurale, 1958, dt. 1967; Leçon inaugurale au Collège de France, 1960; La pensée sauvage, 1962, dt. 1968; Le Totémisme aujourd'hui, 1962, dt. 1965; Mythologiques, I–IV, 1964–71, dt. 1971–75; La voie des masques, 1975; L'identité, 1977; Le regard eloigné, 1984, dt. 1985.

G. Charbonnier, Entretiens avec C. L.-S., Paris 1961, dt. 1970; M. Jalley-Crampe, La notion de structure mentale dans la traveaux de C. L.-S., in: La Pensée 135 (1967); J. Piaget, Le structuralisme, Paris 1968; R. Gasche, Die hybride Wiss. – Zur Mutation des Wiss.begriffs bei E. Durkheim u. im Strukturalismus von C. L.-S., 1973; W. Lepenies/H. H. Ritter (Hgg.), Orte des Wilden Denkens. Zur Anthropologie von C. L.-S., 1974 (mit Bibl.); I. Rossi, The Unconscious in Culture. The Structuralism of C. L.-S., New York 1974; F. H. Lapointe/C. Lapointe, C. L.-S. and his Critics. An Internat. Bibl., New York 1977; R. Bellour/C. Clement, C. L.-S., Paris 1979 (mit Bibl.); A. Jenkins, The Social Theory of C. L.-S., New York 1979; A. S. Cook, Myth and Language, Bloomington Ind. 1980; E. Kurzweil, The Age of Structuralism. From L.-S. to Foucault, New York 1980; R. A. Champagne, C. L.-S., Boston 1987.

Lévy-Bruhl, Lucien, franz. Philosoph und Ethnologe, * 10. 4. 1857 Paris, † 13. 3. 1939 das. als Prof. an der Sorbonne (seit 1899); entwikkelte sich unter dem Einfluß der Lehren von Comte, Ribot und bes. Durkheim und trat mit völkerpsychologisch wichtigen Arbeiten über das von ihm „prälogisch“ genannte Denken der Primitiven hervor, das er magisch eng mit seinen außenweltlichen Gegenständen verknüpft sein läßt; gilt als Vorläufer d. Strukturalismus. – Hauptwerke: Les fonctions mentales dans les societés inférieures, 1910, dt. 1921; La mentalité primitive, 1922, dt. 1927; L'âme primitive, 1922, dt. 1930; La mythologie primitive, 1935; L'expérience mystique, 1938; Les Carnets, 1949.

J. Cazeneuve, L.-B., Paris 1963; R. Gasche, Die hybride Wiss., 1973.

Liberalismus (vom lat. *liberalis*, „die Freiheit betreffend“), freiheitliche Gesinnung, die sich von Überlieferungen, Gewohnheiten, Dogmen usw. freimachen und auf eigene Füße stellen will. Der L. erhielt starke Antriebe durch die Aufklärung (gegenüber der Scholastik), die Reformation (gegenüber dem Katholizismus), den Pietismus (gegenüber dem Luthertum). Als politische Richtung steht er im Gegensatz zu Konservatismus und Reaktion; als wirtschaftl. Doktrin tritt er für freien Wettbewerb und für freien, staatlich unbehinderten Warenverkehr, weltanschaulich für Kosmopolitismus, Toleranz und Humanität ein; auf dem Gebiete des Religiösen bekämpft er die Orthodoxie. Philosophisch gesehen steht der L. dem Individualismus nahe: er betont den Wert der Persönlichkeit gegenüber den Gemeinschaftswerten. – Träger des L., der heute meist ideologiekritisch untersucht wird, war zu allen Zeiten das → Bürgertum.

L. Nelson, Was ist liberal?, 1910; L. v. Wiese, Der L. in Vergangenheit u. Zukunft, 1917; A. Liebert, Der L. als Forderung, Gesinnung u. Weltanschauung, 1938; W. Röpke, Das Kulturideal des L., 1947; F. C. Sell, Die Tragödie des dt. L., 1953; F. v. Hayek, The Constitution of Liberty, Chicago 1960, dt. 1971; M. Freund (Hg.), Der L. – In ausgewählten Texten dargestellt, 1965; H. Wasmus, Ethik u. gesellschaftl. Ordnungslehre. Kritik des L., 1973; L. Gall (Hg.), L., 1976; R. Vierhaus, L., in: O. Brunner u.a. (Hgg.), Geschichtl. Grundbegriffe, 1982.

liberum arbitrium (lat.), Wahl-, Willensfreiheit; → Freiheit.

Lichtenberg, Georg Christoph, Physiker, * 1. 7. 1742 Oberramstadt b. Darmstadt, † 24. 2. 1799 Göttingen als Prof. (seit 1769), geistvoller Vertreter der Aufklärung, in dessen Denken sich schon Züge des dt. Idealismus abzeichneten, Gegner des Geniekultes u. des Mystizismus der Philosophie seiner Zeit, zog er als Kritiker Kants aus dessen Philosophie bes. ethisch u. pädagogisch weitgehende, auch praktische Folgerungen; er bekämpfte geistige Zuchtlosigkeit (Relativismus) und Pedanterie (Rationalismus), ebenso die konfessionelle Orthodoxie. Seine „Vermischten Schriften" (hrsg. v. L. C. Lichtenberg und Kries, 9 Bde., 1800–05) enthalten viele satirische, ironische, geistvoll formulierte Aussprüche über alle Lebensgebiete. – Aphorismen. Nach den Handschriften, I–V, 1902–08; Schriften und Briefe, I–IV, 1967 ff. – R. Jung, L.-Bibl., 1972.

F. Schäfer, L. als Psycholog u. Menschenkenner, 1898; E. Bertram, L., 1919; G. Seider, Versuch über die Bemerkungen L.s, 1937; P. Requadt, L. – Zum Problem der dt. Aphoristik, 1948; F. H. Mautner, L. – Gesch. seines Geistes, 1968; H. Gockel, Individualisiertes Sprechen. L.s Bemerkungen zur Erkenntnistheorie u. Sprachkritik, 1973; A. Schöne, Aufklärung aus dem Geist der Experimentalphysik. L.sche Konjunktive, 1982.

Lichtmetaphysik, das Insgesamt der Lehren vom außerirdischen Ursprung des Lichtes und von seiner Bedeutung für den Menschen. Die antike Philosophie war, bereits seit Philon (Gott als Urlicht, geistige Sonne), fast allgemein der Anschauung, daß die Ideen ein Licht ausstrahlen und daß das Erkennen ein von diesem Lichte Erleuchtetwerden ist. Augustinus sagt in den Confessiones: „Das Wort Gottes ist das wahre Licht, das den ganzen Menschen erleuchtet". Aber schon Cicero spricht vom „natürlichen Licht" *(lumen naturale)* der menschl. Vernunft und im MA. wird zwischen diesem natürlichen und einem übernatürlichen Licht *(lumen supranaturale)*, d. h. der durch göttl. Offenbarung bewirkten Einsicht unterschieden. Augustinus, Bonaventura u. a. lehren, daß zu vollkommener geistiger Erkenntnis außer der menschlichen Erkenntniskraft noch eine besondere Erleuchtung durch ein göttl.-geistiges Licht gehört, durch die der Mensch zu einer Schau der ewigen Wahrheiten gelangt. Diese sog. Iradiations- oder → Illuminationstheorie bildet auch die geistige Grundlage d. im 17. Jh. entstehenden Illuminaten-Ordens, einer Art Freimaurerorden, der für Aufklärung und weltbürgerl. Gesinnung kämpfte; Pestalozzi, Herder, Goethe u. a. waren Mitglieder.

E. Sardemann, Ursprung u. Entwicklung der Lehre vom lumen rationis, 1902; W. Beierwaltes, Die Metaphysik des Lichtes in der Philos. Plotins, in: ZphF 15 (1961); K. Hedwig, Sphaera Lucis. Studien zur Intelligibilität des Seienden im Kontext der mal. Lichtspekulation, 1980.

Lichtquanten (Photonen), kleinste Teilchen (Korpuskeln), in deren Gestalt auf Grund der L.theorie (→ Quantentheorie) das Licht infolge seiner Doppelnatur erklärt werden kann; es kann auch als Wellenform interpretiert werden.

Liebe, das einander in seiner Existenz wechselseitig anerkennende, ja fördernde Streben zueinander. In diesem allgem. Sinne gilt die L. im altind. Veda und in der altgriechischen Philosophie (Hesiod, Empedokles) als kosmisches Prinzip, durch das das Weltall in der auseinanderstrebenden Fülle seiner Kräfte und Gestalten gebändigt und geeinigt wird. Als menschl. L. einerseits das leiblich-seelische Prinzip der Geschlechtlichkeit (→ Erotik), andererseits das seelisch-geistige Prinzip der von jedem Besitzwillen freien „platonischen L.“. Das Christentum lehrt die L. zw. Gott und Mensch (erbarmende L. Gottes, verehrende L. des Menschen) sowie der Menschen untereinander (Gebot der christl. Nächstenliebe [grch. *agape*, neulat. *caritas*], wobei der Begriff des Nächsten auf alle Menschen, auf Freund u. Feind ausgedehnt wird). Schopenhauer setzt L. gleich Mitleid. In der Ethik ist L. „die Tugend der Persönlichkeit in bezug auf die Persönlichkeit, gehört selbst zum Persönlichkeitswert des Liebenden und ist auf den Persönlichkeitswert des Geliebten gerichtet, Hingabe an ihn ... Denn alles, was an sich wertvoll ist, erfüllt seinen Sinn darin, daß es auch ‚für jemand‘ wertvoll ist ... Der Liebende gibt dem Geliebten ... die neue Dimension seines Wesens, ‚für ihn‘ zu sein, was er sonst nur ‚an sich‘ ist. Persönliche L. ist der Komplementärwert zur Persönlichkeit, die Sinngebung ihres Seins“ (Nic. Hartmann, Ethik, [3]1948); → Fernstenliebe. In der Erkenntnistheorie ist L. Voraussetzung und Beginn des Erkenntnisprozesses (→ Hingabe, Innerlichkeit, Sachlichkeit). Augustinus sagt: *tantum cognoscitur, quantum diligitur* (lat., „wir erkennen so viel, wie wir lieben“); ähnlich Goethe, Leonardo da Vinci, Giordano Bruno. Bei Pascal bereitet die L. (das „Herz“) der Vernunft den Weg zu den Dingen u. zu den Menschen. Die tief in das Wesen des Seienden hinabreichenden Beziehungen zwischen L. und Erkenntnis hat vor allem Max Scheler aufgedeckt (L. u. Erkenntnis, in „Schriften zur Soziologie und Weltanschauungslehre“, Bd. 1, 1923); die „Rangordnung der L.“ (lat. *ordo amoris*), d. h. die Rangordnung, nach der ein Mensch die ethischen Werte (→ Ethik) liebt und sein Verhalten von ihnen bestimmen läßt, ist das stärkste individuelle Merkmal seiner Persönlichkeit. Bei Sartre ist das Lieben seinem Wesen nach der Entwurf, sich lieben zu lassen. Das Ideal, das Ziel und der Wert der L. bestehen darin, auf die Freiheit des anderen einzuwirken, aber die Freiheit intakt zu lassen: sie soll sich selbst dazu bestimmen, L. zu werden. „Geliebt werden wollen heißt, den anderen zwingen wollen, mich fortwährend neu zu erschaffen als die Bedingung für seine Freiheit.“ – Verdrängte L. kann nach der Tiefenpsychologie in ihr Gegenteil, in Haß umschlagen, zu einer bis zur Leidenschaft gesteigerten Abneigung. Haß und L. sind für Empedokles die bewirkenden Kräfte der Weltentwicklung.

M. Scheler, Zur Phänomenologie u. Theorie der Sympathiegefühle, 1913 (u. d.T.: Wesen u. Formen der Sympathie, 1923); R. Lagerborg, Die platon. L., 1926; H. Scholz, Eros u. Caritas, 1929; F. Künkel, Charakter, L. und Ehe, 1932; J. Ortega y Gasset, Über die L., 1935; F. Weinreich, Die L. im Buddhismus u. Christentum, 1935; H. v. Hattinberg, Über die L., 1940; E. Fromm, The Art of Loving, New York 1956, dt. 1971; H. van Oyen, L. und Ehe, in: Ders., Evangel. Ethik, II, 1957; E. Spranger, Stufen der L., 1965; D. v. Hildebrand, Das Wesen der L., 1971; A. u. W. Leibbrand, Formen des Eros. Kultur- u. Geistesgesch. der L. I–II, 1972; J. Pieper, Über die L., 1972; N. Luhmann, L. als Passion. Zur Codierung von Intimität, 1982; A. W. Price, Love and Friendship in Plato and Aristotle, Oxford 1989.

Lieber, Hans-Joachim, Prof. in Köln, früher Berlin, * 27. 3. 1923 Trachenberg/Schlesien, befaßt sich im Rahmen seiner Spezialuntersuchungen zur Geschichts- u. Sozialphilosophie mit Problemen der Ideologietheorie und des Marxismus. – Schrieb u. a.: Wissen und Gesellschaft, 1952; Die Philosophie des Bolschewismus in den Grundzügen ihrer Entwicklung, [2]1958; Philosophie – Soziologie – Gesellschaft, 1965; Kulturkritik und Lebensphilosophie, 1975; Ideologienlehre und Wissenssoziologie, 1975; Ideologie – Wissenschaft – Gesellschaft, 1976. Hersg. d. K. Marx-Ausgabe, 6 Bde., 1959ff.

Liebrucks, Bruno, Prof. in Frankfurt/M., * 12. 10. 1911 Budupönen b. Ragnit/Ostpreußen, † 15. 1. 1986 Frankfurt/M., führender Sprachphilosoph der Gegenwart, der das Problem der Sprache auf breitester Basis systematischer und historischer Aspekte untersuchte, wobei es ihm um eine Klärung der Beziehungen von Sprache und Bewußtsein, Sprache und Dialektik, Sprachlichkeit und Bewußtsein u. a. geht, wozu ihm W. v. Humboldt, Kant, Hegel und Hölderlin entscheidende Ansatzpunkte liefern. – Schrieb u. a.: Probleme der Subjekt-Objekt-Relation, 1934; Zur Dialektik des Einen und des Seienden, 1947; Platons Entwicklung zur Dialektik, 1949; Sprache und Bewußtsein, 8 Bde., 1964–74; Bd. 9, 1978; Erkenntnis u. Dialektik, 1972. – Bibl. B. L., in: ZphF 41 (1987).

Liljequist, Per Efraim, schwed. Philosoph, * 24. 9. 1865 Örebro (Mittelschweden), † 20. 8. 1941 Lund, das. Prof. 1906–35; gelangte von der Psychologie zur Philosophie und erstrebte die Synthese zw. Kant und → Boström. Der Mensch ist ein unvollkommenes Subjekt, das zu seiner Erklärbarkeit ein unendliches, vollkommenes, absolutes Subjekt (in welchem er nur ein „Moment" ist) voraussetzt. – Hauptwerke: Die Philos. F. Bacons, I–II, 1893–94; Antike u. moderne Sophistik, 1896; Einf. in die Psychologie, 1899; Meinongs allg. Werttheorie, 1904; Selbstdarstellung, in: R. Schmidt (Hg.), Die Philos. der Gegenwart in Selbstdarstellungen, VI, 1927.

G. Aspelin, (Hg.), Stud. tillägnade E. L. (Festschrift für L. zum 65. Geburtstag), I–II, Lund 1930; G. Aspelin, E. L., 1942.

Linguist. Universalien, → Chomsky.

Lipps, Hans, Philosoph, * 22. 11. 1889 Pirna, gefallen 10. 9. 1941 bei Leningrad, seit 1936 Prof. in Frankfurt, arbeitete auf dem Gebiet der Logik u. der Anthropologie. Als Sprachphilosoph versuchte er, ähnlich wie L. Lavelle, sich von der logischen Methode abwendend, von der Existenzphilosophie her in den realen Vollzug wirklicher Gespräche einzudringen, indem er als Grundlage des Sprechens nicht die Sprachlogik, sondern dasjenige erkennt, was man in den verschiedenen Wörtern eigentlich „meint". – Hauptwerke: Unters. zur Phänomenologie der Erkenntnis, I–II, 1927–28; Unters. zu einer hermeneut. Logik, 1938; Die menschl. Natur, 1941; Die Verbindlichkeit der Sprache, hg. 1944; Die Wirklichkeit des Menschen, hg. 1954; Werke, I–V, 1976–77.

J. Henningsfeld, Die Sprachphilos. des 20. Jh.s, 1982; W. v. d. Weppen, Die existentielle Situation in der Rede. Unters. zur Logik u. Sprache in der existentiellen Hermeneutik von H. L., 1984.

Lipps, Theodor, Philosoph, * 28. 7. 1851 Wallhalben (Pfalz), † 17. 10. 1914 München als Prof. das. (seit 1894), machte die zurückschauend analysierende Psychologie zur Grundwissenschaft für die nach L. andererseits normativ gegründete Logik, Ästhetik, Ethik, überhaupt für die gesamte Philosophie. Bedeutsam ist seine Ästhetik des Willens zum künstlerischen Schaffen, die experimentell psychologisch unterbaut ist und in der bes. die Ästhetik des Räumlichen und die Theorie der Einfühlung hervortritt. – Hauptwerke: Grundzüge der Logik, 1893; Vom Fühlen, Wollen u. Denken, 1902; Leitfaden der Psychologie, 1903; Ästhetik, I–II, 1903–06; Gesamtausg. I–VIII, 1976 ff.

A. Pfänder (Hg.), T. L. zu seinem 60. Geburtstag, 1911; O. Külpe, Nekrolog zu T. L., in: Jb. der Münchener Akademie, 1915; H. Gothot, Grundbestimmungen über die Psychologie des Gefühls bei T. L., 1921.

Litt, Theodor, Kulturphilosoph u. Pädagoge, * 27. 12. 1880 Düsseldorf, 1919–20 a. o. Prof. in Bonn, 1920–37 u. 1945–47 Prof. in Leipzig, seither in Bonn, † das. 16. 7. 1962, wendet die im kritischen Durchgang durch Hegel vertiefte Methode des Verstehens (Dilthey) auf die Ethik und Soziologie sowie auf die Geistes- u. Kulturgeschichte an. Das Verhältnis von Individuum und Gemeinschaft ist für L. eine „Begegnung“, in der das Ich den „Anruf“ des Du „erwidert“, in der „das Du dem Ich zum Schicksal wird und umgekehrt“. Geschichtsphilosophisch werden nach L. Gegenwart und Vergangenheit wechselseitig auseinander verstanden, d. h. im Verstehen der Gegenwart wird die Zukunft schon im Voraus gedeutet. In seiner Erkenntnistheorie lehrt L., daß das Wirkliche an seinem Gedachtwerden nicht eine zufällige und äußerliche Beigabe hat, die ebensogut fehlen könnte, sondern eine Bestimmung, die ihm im strengsten Sinne zugehört. Subjekttätigkeit und Objektbeschaffenheit stehen zu einander in Korrelation, und zwar infolge einer „ursprünglichen Abgestimmtheit“. – Hauptwerke: Geschichte u. Leben, 1918; Einleitung in die Philos., 1933; Der dt. Geist und das Christentum, 1938; Die Selbsterkenntnis des Menschen, 1938; Protestant. Geschichtsbewußtsein, 1939; Das Allgemeine in der geisteswiss. Erkenntnis, 1941; Denken u. Sein, 1948; Mensch u. Welt. Grundlinien einer Philos. des Geistes, 1948; Die Sonderstellung des Menschen im Reiche des Lebendigen, 1948; Staatsgewalt und Sittlichkeit, 1948; Die Weltbedeutung des Menschen, in: ZphF 4 (1950); Naturwiss. u. Menschenbildung, 1952; Hegel. Versuch einer krit. Erneuerung, 1953; Das Bildungsideal der dt. Klassik und die moderne Arbeitswelt, 1955; Die polit. Selbsterziehung des dt. Volkes, 1955; Technisches Denken und Menschenbildung, 1957; Berufsbildung, Fachbildung, Menschenbildung, 1958; Wiss. und Menschenbildung im Lichte des West-Ost-Gegensatzes, 1958; Freiheit u. Lebensordnung. Zur Philos. u. Pädagogik der Demokratie, 1962.

A. Reble, T. L., 1950; P. Vogel, T. L., 1955; J. Derbolav/F. Nicolin (Hgg.), Erkenntnis u. Verantwortung. Festschrift für T. L. (mit Bibl.), in: Alma mater 15 (1963); B. Bracht, Geschichtl. Verstehen u. geschichtl. Bildung, 1968; L. Funderburk, Erlebnis – Verstehen – Erkenntnis. T. L.s System der Philos. aus erkenntnistheoret. Sicht, 1971; F. Klafki, Die Pädagogik T. L.s, 1980; J. Derbolav/C. Menze/F. Nicolin (Hgg.), Sinn u. Geschichtlichkeit. Werk u. Wirkungen T. L.s, 1980.

Littré, Maximilien-Paul-Emile, franz. Philologe und Philosoph, * 1. 2. 1801 Paris, † das. 2. 6. 1881, berühmt durch seinen *„Dictionnaire de la langue française“*, 4 Bde., 1863–77. L. war als der bedeutendste Anhänger Comtes Positivist, lehnte aber dessen spätere Entwicklung als einen Irrweg ab und ging dann in seinem Denken eigene Wege; fügte den drei Stadien Comtes als viertes das der Technik hinzu. – Hauptwerke: Analyse raisonnée du

Cours de philosophie positive d'A. Comte, 1845; Paroles de la philos. positive, 1859; Dictionnaire de la langue française, I–IV, 1863–77; La science au point de vue philos., 1873; De l'établissement de la Troisième République, 1880.

A. Poey, E. L. et A. Comte, Paris 1877, [2]1880; E. M. Caro, L. et le positivisme, Paris 1882; S. R. A. Aquarone, The Life and the Works of E. L., Leiden 1958; J. F. Six, L. devant Dieu, Paris 1962 (mit Bibl.); A. Rey, L., Paris 1970.

Lobkowicz, Nikolaus, * 9. 7. 1931, Prag, Prof. in München, Univ.-Präs. das. bis 1982; seit 1984 Präsident der theolog. Hochschule Eichstätt. Befaßt sich einerseits mit den verschiedenen Gestalten des Marxismus, andererseits mit Grundlagenproblemen der Sozialwissenschaften und der politischen Ethik; versucht nachzuweisen, daß die Tendenz, Probleme menschlichen Handelns zu „verwissenschaftlichen", in die Sackgasse führt und eine Rückkehr zur praktischen Philosophie in der Nachfolge der aristotelischen Tradition erforderlich macht. Beschäftigt sich auch mit der Frage der Neubegründung einer die Erfahrung transzendierenden Metaphysik als Grundlage von Ethik und Theologie. – Schr. u. a.: Marxismus-Leninismus in der ČSR, 1961; *Theory and Practice,* 1967; *Marx and the Western World,* 1967; (zus. m. A. Hertz) Ende aller Religion?, 1975; Die politische Herausforderung der Wissenschaft, 1976; (Hg.), Das europäische Erbe und seine christl. Zukunft, 1985.

Locke, John, engl. Philosoph, Psychologe, Pädagoge, * 29. 8. 1632 Wrington b. Bristol, † 28. 10. 1704 Oates (Essex), Hauptvertreter des Empirismus, unterbaute erkenntnistheoretische Untersuchungen durch eine psychologische Theorie des Bewußtseins (wodurch er die Entwicklung der Psychologie im modernen Sinne als Analyse des empirischen Bewußtseins anbahnte) und schuf damit ein System einer Pädagogik der individuellen Persönlichkeit. Psychologisch-erkenntnistheoretisch stellte er sich die Aufgabe, den Ursprung, die Sicherheit und den Umfang des menschlichen Wissens zu untersuchen, sowie die Gründe und Grade des Glaubens, der Meinung und der Zustimmung; er will dadurch den Menschen anleiten, sich in ruhiger Gelassenheit angesichts der Grenzen des Erkennens nicht mit Dingen zu befassen, die seine Fassungskraft übersteigen. L. leugnet das Vorhandensein angeborener, sei es theoretischer, sei es ethischer Ideen. Vielmehr ist nach L. das Bewußtsein anfangs leer wie ein weißes Papier, eine *tabula rasa*, und gelangt erst durch Erfahrung zu Inhalten, von L. „Ideen" genannt. Die Erfahrung ist entweder (äußere) Wahrnehmung (sensation) oder (innere) Selbstbeobachtung (reflexion). Die Erfahrung ist bei allen Individuen und Völkern verschieden, daher schließl. auch die Verschiedenheit selbst der obersten Grundsätze. Übereinstimmung unter ihnen gibt es höchstens von der Natur her oder aus Gewohnheit. Folgenreich, z. B. für Kant, wurde L.s Lehre von den „primären" und „sekundären Qualitäten": In den Körpern sind wirklich und von ihnen in jedem Zustande unabtrennlich: Größe, Gestalt, Zahl, Lage, Bewegung oder Ruhe. Dies sind die „primären Qualitäten" der Körper, die wir so wahrnehmen, wie sie wirklich sind. Farben, Gerüche, Geschmacksqualitäten usw. dagegen sind „sekundäre Qualitäten", die in uns als bloß subjektive Vorstellungen durch die Einwirkung unsichtbarer Partikelchen auf unsere Sinne entstehen. Die zusammengesetzten Inhalte dürfen nur erfahrungsgemäß zusammengesetzt sein; freies Kombinieren führt nach L. zur Phantasterei. L.s oberster Satz lautet: *Nihil est in intellectu, quod non ante fuerit in sensu* (lat. „nichts ist im Verstande, was nicht zuvor im Sinneswahrnehmen gewesen wäre"); doch gesteht er das Vorhandensein gewisser „Angelegtheiten des Verstandes" *(Dispositions of the mind)* zu.

In seiner Staatslehre schränkt L. die Bedeutung des Staates auf das Notwendigste ein und fordert auf Grund der Volkssouveränität eine konstitutionelle Regierung, die Freiheit und gleiches Recht für alle verbürgt, sowie Teilung der Gewalten. In der Ethik bezeichnet L. als gut, was Lust erweckt oder steigert, und das Gegenteil als Übel. Das höchste Gesetz ist das allgemeine Wohl. Religionsphilosophisch lehrte L.: Was Gott geoffenbart hat, ist zwar unbedingt wahr; was aber göttliche Offenbarung sein kann, was nicht, kann nur die Vernunft beurteilen, nicht aber kirchl. Dogma; L. steht der → Natürlichen Religion nahe. – Hauptwerke: Essay on the Law of Nature (entst. 1663), hg. 1954; Epistola de tolerantia, 1689, dt. 1957; An Essay Concerning Human Understanding, 1690, dt. 1911–13; Two Treatises on Government, 1690, dt. 1967; The Reasonableness of Christianity as Delivered in the Scriptures, 1695; The Works, I–III, 1704.

E. Fechtner, J. L.s Gedanken über Erziehung, 1894; H. Pfeil, Der Psychologismus im engl. Empirismus, 1934; J. W. Gough, J. L.s Political Philosophy, London 1950; A. Klemmt, J. L. – Theoret. Philos., 1952; C. A. Viano, J. L. – Dal rationalismo all'illuminismo, Turin 1960; L. Krüger, Der Begriff des Empirismus. Erkenntnistheoret. Studien am Beispiel J. L., 1973; S. Dangelmayr, Methode u. System. Wissenschaftsklassifikation bei Bacon, Hobbes u. L., 1974; M. Rostock, Die Lehre von der Gewaltenteilung in der polit. Theorie von J. L., 1974; C. Tipton, L. on Human Understanding, Oxford 1977; R. Brandt (Hg.), J. L., 1981; N. Wood, J. L., 1983; J. Dunn, L., Oxford 1984; R. Specht, J. L., 1989; U. Thiel, J. L. in Selbstzeugnissen u. Bilddokumenten, 1989.

Logik (von griech. → Logos), die Fähigkeit, richtig, d. h. eben logisch zu denken. Diese Richtigkeit basiert auf den vier Grundsätzen des Denkens: 1. Satz der → Identität, 2. Satz des → Widerspruches, 3. Satz des ausgeschlossenen Dritten (d. h. von 2 entgegengesetzten Behauptungen über einen Gegenstand kann nur eine richtig sein und keine dritte), 4. Satz vom zureichenden Grund: Jede Tatsache und jede Erkenntnis kann nur dann als bestehend bzw. wahr behauptet werden, wenn dafür je ein ausreichender Grund vorliegt. Als „elementare formale L." befaßt sie sich mit den allen (vorhandenen) Begriffen eigenen allgemeinsten Eigenschaften.

Die grundlegenden Eigenschaften der Begriffe werden ausgesprochen in den logischen Axiomen (→ Axiom). Es folgt die Lehre vom Begriff, dann die vom Urteil, zuletzt die vom Schluß. Lehre von den log. Axiomen, vom Begriff, vom Urteil, vom Schluß bilden zusammen die reine L. Die angewandte L. umfaßte in der traditionellen L. die Lehre von der Definition, vom Beweis, von der Methode. Neuerdings werden ihr oft vorausgesandt die noch nicht logikwissenschaftlichen, sondern erkenntnistheoretischen bzw. psychologischen Lehren vom Erleben, vom Beschreiben und Formulieren, bes. mit Hilfe einer Fachsprache, einer Terminologie, und von der Begriffsbildung Bisweilen wird ihr angeschlossen die Lehre vom System.

L.(wissenschaft) ist nur die Lehre vom Denken in Begriffen, nicht aber vom Erkennen durch Begriffe; sie dient der Steigerung der bewußten formalen Exaktheit und gehaltlichen Sachlichkeit des Denkens und Erkennens. Begründer der abendländischen L.(wissenschaft) ist Aristoteles, der „Vater der L.". In der Stoa kam das Wort L. auf; sie und der Neuplatonismus (bes. Porphyrios) schufen Verfeinerungen im einzelnen, das MA., die Scholastik bis ins einzelnste, ja ins Spitzfindige. Der Humanismus vertrieb die Scholastik aus der L., ohne sie selbst erneuern zu können. Die Reformation schloß sich der L. des Melanchthon an, die Gegenreformation der des Suarez. Grundsätzlich über die Scholastik hinaus entwickelte die L. Johannes Sturm aus Straßburg; bekannter wurde Petrus Ramus. Seit dem 17. Jh. machte sich der Einfluß mathematischer Denkformen auf die L. bemerkbar, weniger in der geometrischen Methode Spinozas als bei Leibniz, der die sich vervollkommnenden naturwissenschaftlichen Methoden logisch auswertete. Von ihm u. der Mathematik sowie von der Neuscholastik her kam die L. der Wolffschen Schule. Kants „transzendentale L." ist in Wirklichkeit kritische Erkenntnistheorie, die L. des dt. Idealismus, bes. Hegels, spekulative (Logos-) Metaphysik. Schopenhauer, Nietzsche, Bergson u. die Vertreter der Lebensphilosophie verwarfen die traditionelle L. In der Gegenwart ist die L. noch in mehrere Strömungen aufgespalten: 1. metaphysische L. (Hegelianismus), 2. psychologische L. (Th. Lipps, Wilh. Wundt, teilweise), 3. erkenntnistheoretische bzw. transzendentale L. (Neukantianismus), 4. Sprach-L. (Aristoteles, Külpe, der moderne Nominalismus), 5. Sach- oder Gegenstands-L. (Rehmke, Meinong, Driesch), 6. L. der Neuscholastik, 7. Phänomenologische Logik, 8. Methodo-L. (Neukantianismus) und → Logistik, die gegenwärtig im Mittelpunkt der Erörterungen über L. steht.

H. Lotze, L., 1843; K. Prantl, Gesch. der L. im Abendlande, I–IV, 1855–70; E. Husserl, Prolegomena zur reinen L. (= Log. Untersuchungen I), 1900; T. Ziehen, Lehrbuch der L. auf positivist. Grundlage mit Berücksichtigung der Gesch. der L., 1920; O. Külpe, Vorlesungen über L., 1923; D. Hilbert/W. Ackermann, Grundzüge der theoret. L., 1928; H. Scholz, Gesch. der L., 1931; H. Lipps, Unters. zu einer hermeneutischen L., 1938; E. Husserl, Erfahrung u. Urteil. Unters. zur Genealogie der L., Prag 1939; L. Bonnot, Essai sur les fondements de la logique et sur la méthodologie causale, Paris 1943; M. R. Cohen, Einleitende Betrachtungen zur L., 1948; K. Jaspers, Philos. Logik I, Von der Wahrheit, 1948; W. v. O. Quine, Methods of Logic, New York 1950, dt. 1969; J. Piaget, Essai sur les transformations des opérations logiques, Paris 1952; H. B. Veatch, Intentional L., New Haven 1952; B. v. Freytag-Löringhoff, L., ihr System u. ihr Verhalten zur Logistik, 1955; G. Günther, Idee u. Grundriß einer nicht-aristotelischen L., 1959; F. Schmidt, L. der Syntax, 1959; P. Gohlke, Moderne L. u. Naturphilos. mit Aristoteles, 1962; G. Jacoby, Die Ansprüche der Logistiker auf die L. u. ihre Geschichtsschreibung, 1962; H. Krings, Transzendentale L., 1964; W. Risse, Bibl. Logica, I–IV, 1965–79; W. Kamlah/P. Lorenzen, Log. Propädeutik, 1967; F. v. Kutschera, Elementare L., 1967; J. Dopp, Formale L., 1969; K. Berka/L. Kreiser (Hgg.), L.-Texte, 1971; P. Lorenzen/G. Schwemmer, Konstruktive L., Ethik u. Wissenschaftstheorie, 1973; J. M. v. Petzinger, Das Verhältnis von Begriffs- u. Urteilslogik, 1975; R. Kleinknecht/E. Wüst, Lehrbuch der elementaren L., I–II, 1979; C. Perelman, L. u. Argumentation, 1979; D. Gabbay/F. Guenthner (Hgg.), Handbook of Philosophical Logic, I–IV, Dordrecht 1983 ff.; T. M. Seebohm, Philos. der L., 1984; L. Eley, Philos. der L., 1985.

Logikkalkül → Logistik.

logisch, den Denkgesetzen gemäß, denkrichtig; die Logik betreffend.

Logismus, Vernunftschluß; die Lehre, daß die Welt logisch geordnet sei (→ Panlogismus).

Logistik (mathematisierte Logik, engl. *Symbolic Logic*), die moderne

Form der Logik. Sie unterscheidet sich von der älteren, traditionellen Logik vor allem durch ihre Formalisierung (d. h. sie berücksichtigt nicht die inhaltlichen Bedeutungen der einzelnen Ausdrücke, sondern nur ihre syntaktische Kategorie und deren strukturelle Beziehungen) und ihre Kalkülisierung (d. h. die Ausdrücke können nach festen Operationsregeln rein formal umgeformt werden, man kann mit ihnen logisch rechnen). Nicht notwendigerweise, aber aus praktischen Gründen doch meistens, ist sie symbolisiert (d. h. den einzelnen Ausdrücken sind ganz bestimmte Zeichen zugeordnet) und axiomatisiert (d. h. alle vorkommenden Zeichen werden durch einige Grundzeichen definiert und alle Gesetze werden durch bestimmte Schlußregeln aus einigen Grundgesetzen, den Axiomen, hergeleitet). – L. im weiteren Sinne ist die Lehre vom Logikkalkül, seinen Voraussetzungen und Anwendungen. Kalkül ist ein System von Zeichen mit dazugehörigen Operationsregeln. Z. B. stellt das Schachspiel einen Kalkül dar: die Spielfelder und Spielfiguren stellen ein System von Zeichen dar, die Zug- und Schlagregeln sind Operationsregeln. – Die formalen Voraussetzungen des Logikkalküls behandelt die Metalogik, die Lehre von den philos. Grundlagen des Logikkalküls; dazu gehören vor allem die Syntaktik (Lehre von den Beziehungen der Zeichen untereinander, → Semiotik), die → Semantik und die Pragmatik (Lehre von den Beziehungen zwischen Zeichen und ihren Benutzern).

Innerhalb der L. lassen sich folgende Aufgabenbereiche unterscheiden: 1. Aussagenkalkül. Er untersucht die Verbindungen zwischen nichtanalysierten → Aussagen durch d. sog. Funktoren, die etwa den Worten „nicht", „oder", „stets dann wenn ... so ...", „und" usw. entsprechen. Diese Funktoren heißen Wahrheitswertfunktoren. – 2. Prädikatenkalkül. Er analysiert die Aussagen, die der Aussagenkalkül als Ganzes behandelt. Prädikat ist hier der Name oder das äußere Zeichen für eine Beschaffenheit. Die Zuordnung einer Beschaffenheit zu einem „Individuum", d. h. zu einem bestimmten, einzelnen Gegenstand, wird durch den Prädikator, der Umfang der Zuordnung durch den Quantifikator ausgedrückt; in den Kalkül gehen nicht die Beschaffenheiten selbst, sondern nur die Prädikatoren bzw. die Quantifikatoren ein. – 3. Klassenkalkül, → Klasse, wobei z. B. die Klasse der Pfeifenraucher als eine „Abstraktion" der Aussageform „x raucht Pfeife" aufgefaßt wird; wenn „ff" bedeutet „Pfeife rauchen", so bedeutet x̂ (fx) diejenigen x, für die gilt: fx (x raucht Pfeife). Der Funktor „∧" heißt daher Abstraktor (Komprehensor); er hat als Argument eine Aussageform und bildet daraus eine Klasse. – 4. Relationenkalkül, analysiert Aussagen über Relationen („der Bruder von", „größer als", „ähnlich" usw.). Wenn R „Verfasser" bezeichnet und a „Bibel" dann ist →, a die Klasse der Verfasser der Bibel; wenn a „Homer" bezeichnet, dann ist →, a die Klasse der Werke Homers. – 5. Sonderkalküle. Dazu gehören: der Modalkalkül, die mehrwertige Logik (→ Formalismus), die kombinatorische Logik, die Syllogistik. Außer den im Abschnitt Aussagenkalkül wiedergegebenen fünf Symbolen werden etwa noch weitere sechzig (neben großen und kleinen römische u. griech. Buchstaben) benutzt.

Die ersten Ansätze (auch → Lullus R.) zu einer inhaltlich fundierten (nicht bloß formalisierenden) L. schuf Gottfr. Wilh. → Leibniz (1646–1716). Seine Ideen wurden wieder aufgenommen durch G. → Ploucquet (1716–90) u. J. H. → Lambert (1728–77), doch ihre Lehren fanden nur wenig Beachtung wegen des bald einsetzenden Siegeszuges der transzendentalen Logik Kants. Unabhängig von diesen Vorgängern wurde dann G. → Boole (1815–64) durch sein 1847 veröffentlichtes Werk *„The Mathematical Analysis of Logic, Being an assay towards a calculus of deductive reasoning"* der Begründer der „Algebra der Logik" womit im Gegensatz zu dem Leibnizschen Ansatz für die ganze künftige Entwicklung der Formalismus einsetzte. Diese Neubegründung durch Boole wurde fortgeführt und erweitert von Augustus de Morgan (1806–78). Stanley Jevons (1835–82), John Venn (1834–1923), Ch. S. → Peirce (1839–1914) u. a. und findet dann ihren Höhepunkt im Werke des Mathematikers Ernst Schröder (1841–1902); Der Operationskreis des Logikkalküls, 1877; Über das Zeichen, 1890; Abriß der Algebra und Logik, 1909. Der eigentliche Begründer der heutigen L. ist Gottlob → Frege (1848–1925), der in Dtld. jedoch fast keinerlei Anerkennung fand. Seine Gedanken wurden aufgenommen von dem ital. Mathematiker Giuseppe Peano (1858–1932); *Formulaire mathématique*, 5 Bde., (1895–1908), der jene einfachere Symbolik dafür verwandte, die heute am weitesten verbreitet ist. In ihr schrieben A. N. → Whitehead (1861–1941) und B. → Russell (1872–1970) das in der L. führende Werk *„Principia Mathematica"* (1910–13). Darüber hinaus führen vor allem der von C. I. Lewis 1918 entwickelte Modalkalkül, die mehrwertigen Logiken von Jan → Lukasiewicz (1878–1956) u. E. L. Post (* 1920), d. kombinatorische Logik von Curry (1930). Die Axiomatik und die Grundlagenforschung wurde entscheidend gefördert von David → Hilbert (1862–1943). Führende Schulen der L. bildeten sich dann zwischen den beiden Weltkriegen vor allem in Dtld., Polen und den USA, und es setzte ein rascher Fortschritt ein, der heute noch andauert (nach: Bochenski-Menne, Grundriß der L., 1954); → Wissenschaftstheorie.

B. Russell/A. N. Whitehead, Principia Mathematica, I–III, 1910–13; D. Hilbert/W. Ackermann, Grundzüge der theoret. Logik, 1928; R. Carnap, Abriß der L., 1929; H. Scholz, L., 1933; A. Tarski, Einf. in die mathemat. Logik, 1937; A. Tarski, Introduction to Logic and to the Methodology of Deductive Sciences, New York 1941; H. Reichenbach, Elements of Symbolic Logic, New York 1948; H. Scholz, Vorlesungen über Grundzüge der mathemat. Logik, 1950; O. Becker, Einf. in die L., 1951; W. v. O. Quine, Mathematical Logic, Cambridge 1951; J. M. Bochenski, Précis de logique mathematique, Paris 1954, dt. 1954; R. Carnap, Einf. in die symbol. Logik mit besonderer Berücksichtigung ihrer Anwendungen, 1954; B. v. Juhos, Elemente der neuen Logik, 1954; B. v. Freytag-Löringhoff, Logik, ihr System u. ihr Verhalten zur L., 1955; R. Carnap/W. Stegmüller, Induktive Logik u. Wahrscheinlichkeit, 1959; F. Schmidt, Logik der Syntax, 1959; G. Jacoby, Der Anspruch der Logiker auf die L. u. ihre Geschichtsschreibung, 1962; F. v. Kutschera, Einf. in die Logik der Normen, Werte u. Entscheidungen, 1973; G. H. Hughes/M. J. Cresswell, Einf. in die Modallogik, 1979; → Logik.

Logizismus, die stillschweigende oder ausdrückliche Bevorzugung der logischen gegenüber der psychologischen Betrachtungsart; Auffassung der Mathematik als eine logische Disziplin; logizistisch, von der Logik abhängend.

Logizität, der Charakter des Logischen. Gegensatz: Faktizität (→ Faktum).

Logos (griech.), ursprüngl. Wort, Rede, Sprache, dann übertragen

Gedanke, Begriff, Vernunft, Sinn, Weltgesetz; bei Heraklit und den Stoikern die Weltvernunft, identisch mit den unpersönlichen, noch über den Göttern thronenden Gesetzmäßigkeiten des Alls, dem Schicksal (Heimarmene); manchmal wird schon in der Stoa der L. als Person, als Gott aufgefaßt. Bei Philon, den Neuplatonikern und den Gnostikern wird die griechische L.-Idee mit der alttestamentlichen Gottesvorstellung verschmolzen; der L. erscheint nunmehr als die ewig bei Gott wohnende Vernunftkraft, das Wort und der ewige Gedanke Gottes, der als L. die Welt geschaffen hat, sie durchdringt und zusammenhält, der erstgeborene Sohn Gottes, der andere Gott, der Mittler zwischen Gott und Mensch (Logosmystik). Im Christentum schließlich wird der L. (bei Johannes, wirklich deutlich aber erst bei den Kirchenvätern) das fleischgewordene Wort Gottes, der „Sohn" Gottes, der als der historische Christus auf die Erde kam. Seine endgültige Stellung innerhalb des Christentums erhielt dieser L. erst durch die Festlegung als zweite Person im Dogma der Dreieinigkeit (Trinität); auch → apophantisch.

L. Duncker, Zur Gesch. der christl. L.lehre, 1848; A. Aall, Der L., I–II, 1896–99; J. Dillersberger, Das Wort vom L., 1935; W. Nestle, Vom Mythos zum L., 1940; K. H. Volkmann-Schluck, Mythos u. L., 1969; P. K. Y. Woo, Begriffsgesch. Vergleich zwischen Tao, hodos u. L., 1970; B. Jendorff, Der L.-Begriff, 1976.

Logotherapie (griech.), ein von Viktor E. Frankl (Der unbewußte Gott, 1948; Logos und Existenz, 1951; Ärztl. Seelsorge, [6]1952; Der unbedingte Mensch, 1949) geprägter Ausdruck, der eine Seelenheilkunde bezeichnen soll, die (unter scharfer Ablehnung der psychoanalyt. und individualpsycholog. Methoden) nicht Triebhaftes bewußt machen will, sondern geistiges: „Hier kommt dem Ich nicht das Es zum Bewußtsein, hier kommt vielmehr das Ich zum Bewußtsein seiner selbst, es kommt zu sich". Da Frankl den *Sinn* von Existenz u. Leiden herausholen will, durfte dafür nicht *logos* sondern *nous* geeigneter sein, d. h. als Bezeichnung einer *Nous*therapie. Eigentliche Ansätze zur L. auf einer viel tieferen Grundlage sind in den Forschungen von L. → Binswanger anzutreffen; → Tiefenpsychologie.

V. E. Frankl, Der unbewußte Gott, 1948; V. E. Frankl, Ärztl. Seelsorge, 1946; V. E. Frankl, Der unbedingte Mensch, 1949; V. E. Frankl, Logos u. Existenz, 1951; V. E. Frankl, Der Wille zum Sinn, 1972; V. E. Frankl, Das Leiden am sinnlosen Leben, 1977.

Lokayata (sanskr. „nur auf diese Welt gerichtet"), das altind. System des Materialismus, erklärt die Welt durch das Zusammenwirken der 4 Elemente Erde, Wasser, Feuer, Luft, auch das Geistige kommt nur durch die Mischung dieser Elemente zustande. Die Anhänger dieser Lehre, auch Carvakas genannt, leugnen eine sittl. Weltordnung und empfehlen den Sinnengenuß als Ziel des Lebens.

A. Hillebrandt, Zur Kenntnis der ind. Materialisten, in: Ders., Aufsätze, 1916; D. R. Shastri, Short History of Indian Materialism, Calcutta 1930

Lombardi, Franco, ital. Philosoph, * 23. 6. 1906 Neapel, seit 1943 Prof. f. Ethik und Geschichte der Philos. an der Universität Rom, vertritt einen kritischen Realismus, der, von einer Kritik des ital. Neoidealismus ausgehend, über Hegel u. Kant an die Grundlegung der philos. Hauptbegriffe in der griech. Spekulation anknüpft um eine neue Auslegung dessen, „was Denken überhaupt ist" u. hierdurch eine „Rekonstruktion in der Philos." zu geben, die eine zugleich historische u. theoret. Darstellung des Ablaufs der europäischen Philos. u. Kultur ist. – Hauptw.: *La posizione dell'uomo nell'universo,* 1963; *Il mondo degli uomini,* ²1967; *Kierkegaard,* ²1967; *Kant vivo,* ²1968; *Nascita del mondo moderno,* ²1967, franz. 1958, dt. 1961; *Concetto e problemi della storia della filosofia,* ²1970; *Il concetto della libertà,* ⁴1969; *Dopo lo storicismo,* ²1970; *Filosofia e società,* 1967, ²1975; *Senso della pedagogia,* ³1971; *Ricostruzione filosofica,* ²1971; *Filosofia e civiltà di Europa,* 1976.

F. L. *Filosofi d'oggi,* Festschrift mit Bibliogr.), 1961; *European Philosophy Today* (Zubiri, Heidegger, L., Sartre, Kolakowski), 1965.

Lorenzen, Paul, Prof. in Erlangen, * 24. 3. 1915 in Kiel, einer der wenigen mathematisch geschulten Philosophen, der um das Begründungsproblem der Mathematik unter Einbeziehung der Logik bemüht ist und seine Forschungen, zum T. im Anschluß an H. Dingler, bis zum allgemeinen Begründungsproblem der Naturwissenschaften, Ethik u. Kulturwissenschaften fortgesetzt hat. – Hauptwerke: Einf. in die operative Logik u. Mathematik, 1955; Formale Logik, 1958; Die Entstehung der exakten Wiss., 1960; Das Begründungsproblem der Geometrie als Wiss. der räumlichen Ordnung, in: Philos. Nat. 6 (1960); Metamathematik, 1962; Differential u. Integral, 1965; Log. Propädeutik, 1967; Normative Logic and Ethics, 1969; Konstruktive Logik, Ethik u. Wissenschaftstheorie, 1973; Theorie der technischen u. politischen Vernunft, 1978; Elementargeometrie: das Fundament der analyt. Geometrie, 1984; Grundbegriffe techn. u. polit. Kultur. Zwölf Beiträge, 1985; Lehrbuch der konstruktiven Wissenschaftstheorie, 1987.

Losskij, Nicolai Onufrijevič, russ. Philosoph, * 6. 12. 1870 Kreslavka (Prov. Witebsk), † 24. 1. 1965 in Geneviève de Bois, bis 1921 Prof. in Petersburg, dann in Prag, nach 1947 in New York. Für L. ist die Auffassung der Außenwelt ein unmittelbarer, nicht reflektierter Vorgang, worauf sich seine Lehre des Intuitivismus stützt, dessen „System der Logik" die unmittelbar evidenten Begriffsinhalte als Ausgangspunkte zum Urteilsdenken und Schließen betrachtet. Der personalistische „Idealrealismus" L.s, der die Grundlage seiner Metaphysik bildet, weist eine enge Beziehung zu Leibnizens Monadenlehre und zum Neuplatonismus auf. – Hauptw.: Die Grundlehren der Psychologie vom Standpunkt des Voluntarismus, dt. 1905; Die Grundlegung des Intuitivismus, dt. 1908, ³1924; Handbuch der Logik, dt. 1927; *Freedom of Will,* 1932; *Des conditions du monde absolu,* 1948; *History of Russian Philosophy,* 1951.

F. Polanowska, L.s erkenntnistheor. Intuitivismus, 1931; Festschr. mit Biblgr., 1932.

Lotz, Johannes Bapt. kath. Philosoph, * 2. 8. 1903 Darmstadt, Prof. an d. philos. Hochschule in München u. der Päpstl. Universität Gregoriana in Rom, befaßt sich mit Fragen der Ontologie, Metaphysik u. Anthropologie – Hauptw.: Das Urteil u. das Sein, 1938, ²1957; *Metaphysica operationis humanae,* 1958, ³1972; *Ontologia,* 1962; Sein und Existenz, 1965; Der Mensch im Sein, 1967; Die Stufen der Liebe, ²1979; Die Identität von Denken und Sein, 1972; Tod als Vollendung, 1976; Tranzendentale Erfahrung, 1977; Person u. Freiheit, 1979; In jedem Menschen steckt ein Atheist, 1981.

Festschr. Der Mensch vor dem Anspruch der Wahrheit und der Freiheit (m. Biblgr.), 1973.

Lotze, Rudolf Hermann, Physiologe u. Philosoph, * 21. 5. 1817 Bautzen, † 1. 7. 1881 Berlin, 1844–81 Prof. in Göttingen, rang in einer wandlungsreichen Entwicklung um die Synthese von der Metaphysik des dt. Idealismus (von Leibniz bis Hegel) und dem Geiste der exakten Naturwissenschaften und der Medizin. Er verwirft den (unkritischen) Vitalismus in der Abhandlung „Leben und Lebenskraft" (1843), später die inhaltliche Erfassung der letzten Wirklichkeit überhaupt, die nur formal gedeutet werden kann am Leitfaden der grundlegendsten Kausal-, Sinn-, Zweckzusammenhänge. Er gelangt demgemäß zur Unterscheidung der drei Reiche: der Wirklichkeit, der Wahrheit und der Werte. In seinem Werke „Mikrokosmos" (3 Bde., 1856–64, [6]1923) schildert er die Stellung der Menschen zu diesen drei Reichen auf geisteswiss., bes. aber auf naturwiss. Grundlage. Letztlich erscheint ihm mit dem dt. Idealismus die Welt als geistig, mit Leibniz die Person als Monade, mit Kant das Verhältnis zu Gott als ethisches. In seiner „Logik" (1874, [4]1928) stellt er Denken und Erkennen rein gegenständlich dar und scheidet streng das Sein der Dinge vom Gelten (neuer Begriff von L.) der Sinngehalte und Werte. In seiner „Metaphysik" (1879, [2]1912) erforscht er die dynamisch-irrationale Beschaffenheit des Wirklichen. – Hauptwerke: Metaphysik, 1841; Leben u. Lebenskraft, 1843; Logik, 1843; Medizin. Psychologie oder Physiologie der Seele, 1852; Mikrokosmos, I–III, 1856–64; Gesch. der Ästhetik, 1868; System der Philos., I–II, hg. 1912.

M. Wentscher, L.s Gottesbegriff, 1893; M. Wentscher, Fechner u. L., 1925; E. Jäger, Krit. Studien zu L.s Weltbegriff, 1937; H. J. Krupp, Die Gestalt des Menschen bei L., 1941; H. Schnädelbach, Philos. in Deutschland 1831–1933, 1983; E. W. Orth, R. H. L., in: J. Speck (Hg.), Grundprobleme der großen Philosophen, Neuzeit IV, 1986.

Lovejoy, Arthur, nordamerikan. Philosoph, * 10. 10. 1873 Berlin, seit 1908 Prof. an der John Hopkins-Univ. in Baltimore, † 1947 das., kritischer Realist, steht auch dem Pragmatismus kritisch gegenüber indem er zu beweisen sucht, daß die pragmatistischen Theorien und Konfusionen alle nur ein Ausweichen vor dem wirklichen Erkenntnisproblem darstellen. – Hauptw.: *The Revolt Against Dualism,* 1930; *The great Chain of Being,* 1936; *Essays on the history of ideas,* 1948; *The thirteen pragmatism and other essays,* 1960.

Löwith, Karl, * 9. 1. 1897 München, Prof. d. Philosophie in Heidelberg, † 24. 5. 1973 ebda., früher in Marburg/L., Japan und den USA, befaßte sich mit Studien zur neueren Philosophie. – Hauptwerke: Das Individuum in der Rolle des Mitmenschen, 1928; Nietzsches Philos. der ewigen Wiederkehr des Gleichen, 1935; J. Burckhardt, der Mensch inmitten der Gesch., 1936; Von Hegel bis Nietzsche, 1941; Meaning in History, 1949, dt. 1953; M. Heidegger. Denker in dürftiger Zeit, 1953; Wissen, Glaube u. Skepsis, 1956; Gesammelte Abhandlungen. Zur Kritik der geschichtl. Existenz, 1960; Die Hegelsche Linke, 1962; Vorträge u. Abhandlungen. Zur Kritik der christl. Überlieferung, 1966; Mensch u. Welt in der Metaphysik von Descartes bis Nietzsche, 1967; Aufsätze u. Vorträge, 1930–1970, 1971; Paul Valéry. Grundzüge seines philos. Denkens, 1971; Sämtl. Schriften, I–IX, 1981–88.

H. Braun/M. Riedel (Hgg.), Natur u. Gesch. – K. L. zum 70. Geburtstag, 1967 (mit Bibl.); R. de A. Almeida, Natur u. Gesch. – Zur

Frage nach der ursprüngl. Dimension abendländ. Denkens vor dem Hintergrund der Auseinandersetzung zwischen M. Heidegger u. K. L., 1976; A. H. Meyer, Die Frage des Menschen nach Gott u. Welt inmitten seiner Gesch. im Werk K. L.s, 1977.

Loyola, Ignatius von (eigentl. Inigo Lopez de Recalde), span. Philosoph und Theologe, * 31. 5. oder 1. 6. 1491 Schloß L. bei Azapeita (Prov. Guipuzcoa), † 31. 7. 1556 Rom, Stifter der Gesellschaft Jesu (des 1540 vom Papst bestätigten Jesuiten-Ordens), gewann durch die von ihm angeordneten „geistlichen Übungen“ (Gebet, Betrachtungen, Lesungen, Gewissenserforschungen bei vollkommenem Stillschweigen während mehrerer Tage unter Leitung eines Ordenspriesters) großen, noch heute bestehenden Einfluß auf die Frömmigkeit der kath. Christen. – Hauptwerke: Exercitia spiritualia, 1548, dt. 1957; Monumenta Historica Societas Iesu, Madrid/Rom 1894 ff.

R. Fülöp-Miller, Macht u. Geheimnis der Jesuiten, 1929; R. Blunck, Der schwarze Papst. Das Leben des I. v. L., 1937; H. Böhmer, I. v. L., 1941; H. Becker, Die Jesuiten. Gestalt u. Gesch. des Ordens, 1951; K. Rahner, I. v. L. als Mensch u. Theologe, 1964; K. Rahner, I. v. L., 1978.

Lübbe, Hermann, Prof. in Zürich, * 31. 12. 1926 Aurich/Ostfriesland, befaßt sich mit Fragen der Phänomenologie, einschl. ihrer Tradition in Positivismus und Sprachanalyse; in der politischen Theorie untersucht er orientierungspraktische Konsequenzen des sozialen Wandels, in Arbeiten zur Geschichtsphilosophie analysiert und verteidigt er kulturelle Funktionen des Historismus. – Schrieb u. a.: Politische Philosophie in Deutschland, 1963, [2]1973; Säkularisierung, 1965, [2]1975; Sprache und Politik, 1967; Theorie und Entscheidung, 1971; Hochschulreform und Gegenaufklärung, 1972; Bewußtsein in Geschichten, 1972; Fortschritt des Orientierungsproblems, 1975; Unsere stille Kulturrevolution, 1976; Geschichtsbegriff und Geschichtsinteresse, 1977; Philosophie nach der Aufklärung, 1980; Religion nach der Aufklärung, 1986; Fortschrittsreaktionen: über konservative u. destruktive Modernität, 1987; Polit. Moralismus: der Triumph der Gesinnung über die Urteilskraft, 1987.

Lucretius Carus, röm. Philos. und Dichter, * um 96 v. Chr., † 15. 10. 55 durch Selbstmord, bedeutendster u. wirksamster Vertreter der Lehren Epikurs in Rom, der in seinem unvollendeten, dichterisch meisterhaften, von Cicero herausgegebenen Lehrgedicht *„De rerum natura“* (Von der Natur der Dinge) nach epikureischen Grundsätzen Weltentstehung und Welt-(Geschichts-)Lauf schildert mit ihren durch ein streng kausal wirkendes, gegen die Menschen gleichgültiges Schicksal verhängten Übeln und Plagen. – De rerum natura, hg. 1473, dt. 1784.

O. Regenbogen, L., 1932; M. Rozelar, L., Amsterdam 1941; W. Schmid, Probleme der L.-Forschung, 1968; H. Ludwig, Materialismus u. Metaphysik. Studien zur epikureischen Philos. bei T. L. C., 1976.

Lüge, auf Täuschung berechnete Aussage, die das verschweigt bzw. entstellt, was der Aussagende über den betr. Sachverhalt weiß bzw. anders weiß, als er sagt. Vom Standpunkt der Ethik aus ist die L. zu verurteilen, wenn die Täuschung hervorgerufen wird, um einem anderen zu schaden oder um sich einen Vorteil vor anderen zu verschaffen. Soweit das nicht geschieht, können insbes. L.n aus Höflichkeit oder Mitleid positiv gewertet werden. Viele L.n entstehen durch Fragen: der Befragte empfindet die Frage als eine Nötigung zur (wahrheitsgemäßen) Antwort (weshalb an eine Respektsperson keine Fragen gerichtet werden dürfen), der er sich durch die L. zu entziehen sucht (Volksmund: „Frage mich nicht, dann brauche ich dich nicht anzulügen"); meist ist bloßes Stillschweigen untunlich, da es Vermutungen zu viel Spielraum läßt und Unheil nicht sicher abwendet (z. B. beim Verhör eines Kriegsgefangenen oder bei Fragen, die auf Geschäftsgeheimnisse zielen). In solchen Situationen muß von Fall zu Fall und nach bestem Gewissen entschieden werden, ob die Wahrhaftigkeit oder die L., mit der dieser ausgewichen wird, dem höheren ethischen Wert dient.

I. Kant, Über ein vermeintl. Recht, aus Menschenliebe zu lügen, 1797; F. Nietzsche, Über Wahrheit u. L. im außermoral. Sinne, 1872/73; W. G. Becker, Der Tatbestand der L., 1948; J. Spieler, Wenn Kinder lügen, 1950; G. Müller, Die Wahrhaftigkeitspflicht u. das Problem der L., 1962 (mit Bibl.).

Lukács, Georg, führender ungar. Marxist, * 13. 4. 1885 Budapest, † 4. 6. 1971 das., unter Béla Kun (1919) Volkskommissar für das Unterrichtswesen, seit 1945 Prof. das., 1956 Minister für Kultur, 1958 emer. Bearbeitete verschiedene Gebiete der Literatur u. Philosophie, teils um die großen Krisen des 19. u. 20. Jh.s zu erfassen, teils um die soziale Bestimmtheit der künstlerischen Formen herauszuarbeiten. L. untersuchte bes. die Literatur unter diesem Gesichtspunkt (Skizze einer Gesch. der neueren dt. Lit., 1954). Die Aufgabe der Kunst ist die „Entdeckung des Typischen im Exzeptionellen". 1970 erhielt L. den Goethe-Preis. – Hauptwerke: Die Seele u. die Formen, 1911 (ungar. 1910); Heidelberger Ästhetik (entst. 1915–18), hg. 1975; Die Theorie des Romans, 1920, [6]1981; Gesch. u. Klassenbewußtsein, 1923; Goethe u. seine Zeit, 1947 (ungar. 1946); Der junge Hegel. Über die Beziehungen von Dialektik u. Ökonomie, 1948; Existentialisme ou marxisme?, 1949, dt. 1950; Heidegger redivivus, in: Sinn u. Form 3 (1949); Beiträge zur Gesch. der Ästhetik, 1954; Die Zerstörung der Vernunft, 1954; Probleme des Realismus, 1955; Prolegomeni a un' estetica marxista, 1957; Wider den mißverstandenen Realismus, 1958; Literatursoziologie, 1961; Die Eigenart des Ästhetischen, I–II, 1963; Zur Ontologie des gesellschaftl. Seins, 1963; Taktik u. Ethik. Polit. Aufsätze, hg. 1975; Sozialismus u. Demokratisierung, hg. 1987; Werke, I–XV, (2 Ergänzungsbände), 1962–81.

H. Althaus, G. L. – oder: Bürgerlichkeit als Vorschule der Ästhetik, 1962; F. Benseler, Festschrift für G. L. zum 80. Geburtstag, 1965 (mit Bibl.); T. Hanak, A filozófus L., Parizo 1972, dt. 1973; T. Hanak, L. war anders, 1973; I. Hermann, Die Gedankenwelt des G. L. 1978; G. Wetschel, Ethische Probleme der Philos. G. L.', 1981; R. Dannemann (Hg.), G. L. Jenseits der Polemiken, 1986; R. Dannemann, Das Prinzip Verdinglichung. Studie zur Philos. G. L.', 1987; U. Bermbach/G. Trautmann (Hgg.), G. L. Kultur – Politik – Ontologie, 1987; T. Rockemore (Hg.), L. Today. Essays in Marxist Philosophy, Dordrecht 1988; W. Jung, G. L., 1989.

Lukasiewicz, Jan, poln. Logistiker, * 21. 12. 1878 Lemberg, wurde 1911 Prof. das., 1920 in Warschau, seit 1949 Prof. in Dublin, † 23. 2. 1956 das.; Begründer der mehrwertigen Logik (→ Formalismus). – Hauptwerke: Philos. Bemerkungen zu mehrwertigen Systemen des Aussagenkalküls, in: Comtes rendus des sciences et des lettres de Varsavie, III, 23 (1930); Unters. über das Aussagenkalkül, in: Comtes rendus, III, 23 (1930); Zur Gesch. der Aussagenlogik, in: Erkenntnis 5 (1935/36); Die Logik u. das Grundlagenproblem, in: F. Gonseth (Hg.), Les entriens de Zurich, 1941;

Aristotle's Syllogistic from the Standpoint of Modern Formal Logic, Oxford 1951.

Lukian, (gr. Lukianos) Satiriker, * um 125 Samosata, Syrien (daher: L. von S. genannt), † um 180 Athen, der Kynischen Schule nahestehend, verspottete die Schwächen der Menschen, bes. ihren Aberglauben. Philosophisch bzw. philosophiegeschichtlich bedeutsam durch die Kritik des Philosophiebetriebs seiner Zeit. – Werke, I–VI, 1788–91; Werke, I–IV, 1866–1901.

B. Schwarz, L.s Verhältnis zum Skeptizismus, Diss. Tilsit 1914; F. Ueberweg, Grundriß der Gesch. der Philos. I, 1867, neu bearbeitet I–V, [12]1923–28; H. D. Betz, L. von Samosata u. das Neue Testament, 1961.

Lukrez → Lucretius Carus.

Lullus, Raymundus, span. Dichter, Theologe, Philosoph, * um 1235 Palma (Mallorca), † 1315 Tunis (der Legende nach als christlicher Märtyrer), wirkte nach sehr weltlichem Leben zunächst als Missionar unter den Mohammedanern, lehrte mit Unterbrechungen viele Jahre in Paris, war einer der ersten Anreger der wissenschaftlichen Orientalistik. Philosophisch versuchte L. in seiner *„Ars magna"* (Große Kunst, auch Lullische Kunst genannt) durch eine Kombinatorik der obersten, allgemeinsten evidenten Begriffe alle übrigen Wahrheiten abzuleiten und in ihrem Zusammenhang anschaulich darzustellen, wodurch L. zum Vorläufer der klassischen Logistik wurde. – Hauptwerke: Ars generalis ultima (entst. 1303–08), hg. 1645 (Repr. 1970); Logica nova (entst. 1303), hg. 1744 (Repr. 1971); Opera omnia, I–VI, 1741/42.

O. Keicher, R. L. und seine Stellung zur arab. Philos., 1909; E. A. Peers, Ramon Lull, London 1929; L. Riber, Lulio, Barcelona 1935; E. Colomer, N. v. Kues und R. L., 1961; E. W. Platzeck, R. L., I–II, 1962–63; E. W. Platzeck, Das Leben des seligen R. L., 1964.

lumen (lat.), Licht. – *L.naturale* und *l. supranaturale* → Lichtmetaphysik.

lumen naturale (lat.), das natürliche Licht, eine auf die antike → Lichtmetaphysik zurückgehende Bezeichnung für das endliche Erkenntnisvermögen des Menschen im Gegensatz zum übernatürlichen, göttlichen Licht (lumen supranaturale). Das l. n. „erleuchtet" nur die elementaren logischen und empirischen Wahrheiten, aber der Mensch kann nur durch Offenbarung zu einer höheren Erkenntnis gelangen. Für Augustin ist das Wort Gottes das eigentliche wahre Licht, das den ganzen Menschen erleuchtet.

J. Musaeus, De luminis naturae et ei innixae theologiae naturalis insufficentia ad salutem, 1679; M. Huber, Natürl. Gotteserkenntnis, 1950.

Lust und Unlust, zwei sich polar gegenüberstehende Gefühle, deren Definition unmöglich und unnötig ist. Sie verschmelzen mit den Bewußtseinsvorgängen, so daß sie bildlich als „Färbung" oder „Akzent" der Bewußtseinsvorgänge gekennzeichnet werden. Das Gefühl der Lust tritt auf bei Erfüllung eines (oft unbewußten) Wunsches, das der Unlust bei Nichterfüllung. „Übergang zur Willenserfüllung ist das, was aller Lust, Entfernung von der Willenserfüllung das, was aller Unlust realiter entspricht und wozu sie als bejahende bzw. verneinende Weise des Bewußtseins gehören" (R. Schottlaender, Was bedeuten L. u. U. für die Grundlegung der Ethik?, in ZphF, Bd. III, 1949); → auch Hedonismus.

A. Trendelenburg, Die Lust u. das ethische Prinzip, 1867; V. Cathrein, L. und Freude,

1931; R. Schottlaender, Was bedeuten L. und U. für die Grundlegung der Ethik?, in: ZphF 3 (1949); M. Balint, Problems of Human Pleasure and Behavior, London 1957; H. Marcuse, Zur Kritik des Hedonismus, in: Kultur u. Gesellschaft, I, 1965; J. C. Cowan, Pleasure and Pain, New York 1968; F. Rikken, Der L.-Begriff in der Nikomach. Ethik des Aristoteles, 1976.

Luther, Martin, Schöpfer der dt. Reformation (→ Protestanismus), * 10. 11. 1483 Eisleben, † das. 18. 2. 1546, rief in seiner Schrift „An den christlichen Adel deutscher Nation" (1520), sowie in später folgenden Schriften zum Kampf gegen Papsttum und Priesterschaft auf, weil sie Gewissen und Glauben bevormunden. Gott und Seele stehen sich unmittelbar gegenüber, allein durch den Glauben wird der Mensch selig. „Über die Seele kann und will Gott niemand lassen regieren, denn sich selbst allein" (Von weltlicher Obrigkeit, 1523). Gottes Stimme in der Seele, das ist das eigene Gewissen; es ist die Wirksamkeit Gottes in der Seele. „Darum mich niemand darf fragen, ob er dies oder das tun soll; sondern er sehe zu, prüfe selbst sein Gewissen, was er glauben und tun wolle oder möge. Ich kann ihm nicht raten noch weiter heißen" (Brief an den Kurfürsten Johannes vom 25. 5. 1529). Damit ist der religiöse Mensch als selbstverantwortliche christl. Persönlichkeit auf sich selbst gestellt.

L.s philos. Grundeinstellung ist schon in der „Heidelberger Disputation" (1518) enthalten. L. anerkennt ein natürliches Wissen um Gott und sittliche Grundsätze aus der Vernunft heraus, die aber stets nur dem Glauben vorarbeiten, nie aber ihn ersetzen oder gar übertreffen kann, um so weniger, als nach L. die ursprüngliche anschauliche Kraft des natürlichen Erkennens allmählich nachgelassen hat. Deshalb befürwortet L. eine formale Denkschulung durch die Logik, die für ihn am Werke ist, „wenn man einem ein Ding unterschiedlich u. deutlich sagt, mit kurzen, hellen Worten", und zwar nicht lateinisch, sondern in der dt. Muttersprache. Die Durchführung seines philos. Programmes überließ L. → Melanchthon, der aber lateinisch schrieb. L.s Philosophie gipfelt in der Lehre vom unbekannten Willen in Gott, über den positiv nur der Glaube bzw. die Bibel auszusagen vermag. L. bekannte sich zur Lehre von der → Prädestination. – Hauptwerke: An den christl. Adel dt. Nation, 1520; Sermon von den guten Werken, 1520; Von der Freiheit eines Christenmenschen, 1520; Von weltl. Obrigkeit, 1523; Der große Katechismus, 1525; De servo arbitrio, 1525; Werke (Weimarer Ausg.), 1883 ff.; Werke. Dt. Schriften, I–CXVII, 1826–57. Lat. Schriften, I–XXXVIII, 1829–86 (Erlanger Ausg.); Luther deutsch, I–X, 1948 ff. (Berliner Ausg.).

L. Boehmer, Der junge L., 1925; G. Ritter, L., Gestalt u. Symbol, 1925; O. Dittrich, L.s Ethik, 1930; H. Lammers, L.s Anschauung vom Willen, 1935; R. Thiel, L., I–II, 1935–36; H. Lammers, L. im Spiegel der dt. Geistesgesch., 1954; J. Hirsch, L.-Studien, I–V, 1954 ff. F. Lötzsch, Vernunft u. Religion. Lutherisches Erbe bei Kant, 1976; R. Malter, Das reformator. Denken u. die Philos. L.s, 1980; B. Lohse, M. L., Eine Einf. in sein Leben u. Werk, 1981; R. Thiel, M. L. – Ketzer von Gottes Gnaden, 1986.

Lyotard, Jean-François, * 10. 8. 1924 Versailles, formulierte unter dem Schlagwort „Postmoderne" als Grundproblem der Gegenwart den unauflösbaren Widerstreit heterogener Diskurstypen, Wissensarten und Lebensformen und versucht, in „Relektüre" von modernen Philosophen wie Kant und Wittgenstein eine Philosophie zu entwickeln, die dem Dissens verpflichtet ist. – Hauptwerke: La phénoménologie, 1954; La condition postmoderne, 1979, dt. 1986; Le différend, 1983, dt. 1987; Economie libidinale, 1973, dt. 1984; L'enthousiasme, 1986, dt. 1988.

W. Welsch, Unsere postmoderne Moderne, 1987; W. Reese-Schäfer/W. van Reijen/D. Veermann, L. zur Einf., 1988.

Mably, Gabriel Bonnot de (ein Stiefbruder Condillacs), franz. Schriftsteller, * 14. 3. 1709 Grenoble, † 23. 4. 1785 Paris, vertrat in seiner Schrift *„De la législation ou principes des lois"* (1776) eine Doktrin des franz. Frühsozialismus von utopistisch-humanitärem Charakter u. arbeitete damit der franz. Revolution von 1789 vor. – Hauptwerke: Entretiens de Phocion sur le rapport de la morale avec la politique, 1763; Doutes, proposés aux philosophes economistes sur l'ordre naturel et essentiel des societes politiques, 1763; De la législation ou principes des lois, 1776; De la manière d'écrire l'histoire, 1789; Œuvres complètes I–XV, 1794–95; Scritti politici, I/II, 1961–65.

G. Müller, Die Gesellschafts- u. Staatslehren des Abbé M. 1932; L. Lehmann, M. u. Rousseau, 1975.

Mach, Ernst, Physiker u. Philosoph, * 18. 2. 1838 Turas in Mähren, † 19. 2. 1916 Haar b. München, 1897 bis 1901 Prof. in Wien, sah Ursprung und Ziel der Wissenschaft in der Befriedigung notwendiger Lebensbedürfnisse. Deshalb muß sie mit dem geringstmöglichen Aufwand an Denkenergie, d. h. mit Denkökonomie, sich streng auf die Untersuchung des wirklich Tatsächlichen beschränken, bes. allen metaphysisch-religiösen Spekulationen entsagen. Real sind nach M. nur die Empfindungen: Töne, Farben, Drucke, Wärme, Düfte, Räume, Zeiten usw., und ihre funktionalen, nicht kausalen Abhängigkeiten u. Zusammenhänge; die Dinge sind Empfindungskomplexe, auch das Ich ist nur eine in sich geschlossenere Empfindungsgruppe, die mit anderen, die zusammen die Außenwelt ausmachen, schwächer zusammenhängt als in sich. Wesensverschiedenheit zwischen Psychischem und Physischem, Ich und Welt, Vorstellung und Objekt, Innerem und Äußerem besteht also nicht; ihr Unterschied entspringt nur aus den verschiedenen Gesichtspunkten der wiss. Bearbeitung des Empfindungsmaterials, das exakt mathematisch bearbeitet werden muß. M. wirkte auf Relativitätstheorie und Neupositivismus; → Lenin setzte sich mit ihm auseinander. – Hauptwerke: Die Mechanik in ihrer Entwicklung, 1883 (Repr. 1981); Beiträge zur Analyse der Empfindungen, 1886. U.d.T.: Die Analyse der Empfindungen u. das Verhältnis des Physischen zum Psychischen, 1900; Erkenntnis u. Irrtum, 1905 (Repr. 1980).

R. Hönigswald, Zur Kritik der M.schen Philos., 1903; H. Henning, E. M., 1915; H. Dingler, Die Grundgedanken der M.schen Philos., 1924; R. S. Cohen/R. J. Seeger (Hgg.), E. M., Physicist and Philosopher, Dordrecht 1970; J. T. Blackmore, M.s Philosophy of Science, London 1971, dt. 1974; J. Thiele (Hg.), Wiss. Kommunikation. Die Korrespondenz E. M.s, 1978; M. Sommer, Evidenz im Augenblick. Eine Phänomenologie der reinen Empfindung, 1987; R. Haller/F. Stadler (Hgg.), E. M. Werk u. Wirkung, 1988.

Machiavelli, Niccolò, ital. Staatsmann und Geschichtsschreiber, * 3. 5. 1469 Florenz, † das. 22. 6. 1527, bekannt durch seine *„Discorsi sopra la prima deca di Tito Livio"* (1531, dt. 1922; v. Zorn [2]1977, KTA Bd. 377), in denen er, angeregt durch die Lektüre des Livius, eine

Art Technik der Politik entwickelt und das Ethos und die Macht des stolzen, vorchristlichen römischen Imperiums preist, und *„Il principe"* (1532, [4]1972, KTA Bd. 235), in dem er nationale Selbständigkeit, Größe u. Macht des Staates als das Ideal bezeichnet, das der Politiker durch die zweckentsprechendsten Mittel erstreben müsse, unbekümmert um private Moralität und bürgerliche Freiheit; → Staatsraison. – Hauptwerke: Discorsi sopra la prima deca di Tito Livio, 1531, dt. 1922, 1966 (KTA 377); Il principe, 1532, dt. 1714, 1955 (KTA 235); Opere I–VIII, 1960–65.

Friedrich d. Große, Anti-M., 1740 (frz.), dt. (anonym) 1741; M. Kemmerich, M., 1925; K. Vorländer, Von M. bis Lenin. Neuzeitl. Staats- u. Gesellschaftstheorien, 1926; H. Freyer, M., 1938; U. Spirito, M. e Guicciardini, Rom 1944; M. Brion, M. Genie et destinée, Paris 1948; M. Joly, Gespräche in der Unterwelt zwischen M. u. Montesquieu, 1948; E. Barincou, M. par lui-même, Paris 1957; K. Kluxen, Politik u. menschl. Existenz bei M., 1967; C. Lefort, Le travail de l'œuvre. M., Paris 1972; M. Buck, M., 1985; Q. Skinner, M. zur Einf., 1988.

Machiavellismus, Bez. für eine skrupellose, zugleich konsequente Gewaltpolitik, die ihre Ziele auch mit moralisch verwerflichen Mitteln erstrebt und durchsetzt, unter Berufung auf die Interessen und die Erhaltung des Ganzen; → Machiavelli, Staatsraison.

Macht, zum Unterschied von physischer Gewalt die leiblich-seelisch-geistig formende und durchdringende Kraft jeder Art, die anderen das Gesetz ihres Willens auferlegt. Sie ähnelt in ihrem Wesen der → Autorität. Sie hat ihr Korrelat in der → Ehrfurcht und ist dann u. nur dann ein ethischer Wert, wenn sie den Ehrfürchtigen so lenkt, daß er mehr und höhere Werte zu verwirklichen vermag (→ Ethik), also ohne Beeinflussung durch jene M. Die M. bedarf der Rechtfertigung und diese Rechtfertigungsversuche sind ein wesentlicher Teil der Geschichte. Der M. haftet etwas Dämonisches an. „Dies ist das dämonische Wesen der M.: daß sie auch da, wo mit höchster Selbstlosigkeit für ein ideales Ziel gestritten wird, auf die Dauer nur dem Erfolg gewährt, der zugleich mit höchster Vitalität für sein selbstisches Interesse, für die Durchsetzung seines Eigenwillens streitet, der seinen eigenen Geltungswillen ganz unmittelbar mit dem Einsatz für seine Sache verbindet... Wer M. besitzt, ist von ihr besessen" (Gerh. Ritter, Die Dämonie der M., 1947); M. ist von dem Willen zu deren Mißbrauch schwer zu trennen. Deshalb ist M. im Sinne des orthodoxen Christentums unter allen Umständen sündhaft.

B. Constant, De l'ésprit de conquête et de l'usurpation dans leurs rapport, Paris 1814, dt. 1844; R. Guardini, Die M., 1951; B. Welte, Über das Wesen u. den rechten Gebrauch der Macht, 1960; H. Popitz, Prozesse der M.bildung, 1968, [3]1976; K. M. Kodalle, Politik als M. u. Mythos, 1973; A. v. Martin, M. als Problem, 1976; H. Plessner, M. u. menschl. Natur, 1981; A. Honneth, Kritik der M., 1985; H. Popitz, Phänomene der M., 1986.

Magie (vom griech. *mageia*, „Zauberei"), die oft geglaubte geheimnisvolle Fähigkeit, ohne Zuhilfenahme natürlicher Mittel auf Dinge und Menschen, ja auch „Dämonen" und „Geister" einwirken zu können. Rein seelisch gefaßt, lebt der Begriff M im Magischen → Idealismus der Romantik (→ auch Novalis) wieder auf, in der Gegenwart, abgesehen vom Okkultismus, in der Philosophie Graf → Keyserlings. Ein magisches Weltbild liegt vor, wo auf die Außenwelt mit Beschwörungen, Gebeten, Amuletten, Maskottchen u. dgl., also ohne Ingangsetzung kausaler Wirkungsreihen, eingewirkt werden soll

J. Ennemoser, Gesch. der M., 1844; E. Levi (pseud. A. L. Constant), Histoire de la m., Paris 1859 (Repr. 1976); A. Beth, Religion u. M. bei den Naturvölkern, 1914; C. Albrecht, Psychologie des myst. Bewußtseins, 1951; W. E. Peukert, Gesch. d. Geheimwissenschaften II, M., 1961; G. Luck, Magie u. andere Geheimlehren in der Antike, 1990 (KTA 489).

Mahatma (sanskr. „einer, der eine große *[maha]* Seele *[atman]* hat"), in den indischen Religionen ein Heiliger; Ehrentitel Gandhis.

Maier, Heinrich, Philosoph, * 5. 2. 1867 in Heidenheim (Württ.), † 28. 11. 1933 Berlin als Prof. (seit 1922), betonte bes. die in allem Denken mitwirkenden Gefühls- und Willensmomente und entwarf ein umfassendes System des kritischen Realismus. Hptw.: Syllogistik des Aristoteles, 3 Bde., 1896–1900, ²1936; Sokrates, 1913; Das Geschichtliche Erkennen, 1914; Philosophie der Wirklichkeit: 1. Wahrheit und Wirklichkeit, 1926; 2. Die phys. Wirklichkeit, 1933; 3. Die psychisch-geistige Wirklichkeit, 1935; Grundrichtungen kosmologisch-metaphysischer Weltbetrachtung, 1935.

Ed. Spranger, Gedächtnisrede auf H. M., 1934; N. Hartmann, H. M.s Beitrag zum Problem der Kategorienlehre, 1938.

Maieutik (gr., „Hebammenkunst"), die Kunst des → Sokrates, durch geschicktes Fragen und Antworten die in einem Menschen liegende richtige Erkenntnis herauszuholen.

M. Landmann, Elenktik u. M., 1950.

Maimon, Salomon, jüd. Philosoph, * 1753 Nieszewicz (Litauen), † 22. 11. 1800 Nieder-Siegersdorf (Schles.), wurde in Berlin Moses Mendelssohns Schützling. In seiner scharfsinnigen Auseinandersetzung mit Kant bereitete er die Kantauffassung Hermann Cohens und den späteren Neukantianismus vor. – Hauptwerke: Versuch über die Transzendentalphilos. mit einem Anhang über die symbol. Erkenntnis u. Anmerkungen, 1790 (Repr. 1972); Lebensgeschichte, 1792/93, 1984; Krit. Unters. über den menschl. Geist oder das höhere Erkenntnis- u. Willensvermögen, 1797 (Repr. 1969).

F. Kunze, Die Philos. S. M.s, 1912; S. Atlas, From Critical to Speculative Idealism of S. M., Den Haag 1964; E. Klapp, Die Kausalität bei S. M., 1968.

Maimonides (Rabbi Mose ben Maimon), jüdischer Arzt, Philosoph und Theologe, * 30. 3. 1135 Cordoba, † 13. 12. 1204 Fostat b. Kairo, wo er seit 1165 lebte, größte rabbinische Autorität des MA., weil er die bis dahin unübersichtliche Talmud-Überlieferung in ein begrifflich-systematisches System brachte; → auch jüdische Philosophie. Die jüdische Gesetzesreligion enthält nach M. die obersten Sätze aller Wahrheit, die aber gerade deshalb streng rational begründbar sein müsse. Mit dieser Lehre erregte er den Zorn und den Vorwurf des Atheismus seitens der jüdischen (und der islamischen) Orthodoxie. Sein Hauptwerk, arabisch („*Dalâlat al-Hâirin*", um 1190), gegen 1200 ins Hebräische *(„More nebuchim")* übertragen: „Führer der Unschlüssigen", dt. 1923/24, stützte sich auf Aristoteles (→ Aristotelismus) und wirkte u. a. auf Thomas von Aquino und Spinoza. „Moreh Nebuchim" wurde ins Arab. 1551 übertragen; dt. u. d. T. „Führer der Unschlüssigen" v. A. Weiß, 3 Bde., 1923/24. Eine Auswahl aus seinen Werken gab 1935 N. N. Glatzer heraus.

F. Bamberger, Das System des M., 1935; N. N. Glatzer (Hg.), Rabbi M. b. M. Ein systemat. Querschnitt durch sein Werk, 1935; L. Strauss, Philos. u. Gesetz. Beiträge zum Verständnis M.s u. seiner Vorläufer, 1935; H. Seronya, M., Paris 1964; S. Pines/V. Yovel

(Hgg.), M. and Philosophy, Den Haag 1986; F. Niewöhner, M., 1987; O. Leaman, M. M., London 1989.

Maine de Biran, (Marie François Pierre Gontier de Biran) franz. Philosoph, * 29. 11. 1766 Bergerac, † 16. 7. 1824 Paris, ging von Locke und Condillac aus, kam dann zu einer Psychologie der Selbstbeobachtung, der die Seele trotz ihrer an sich unerreichbaren metaphysischen Natur doch in ihren Äußerungen zugänglich ist, und endete in einer christlich-mystischen Metaphysik der All-Liebe. – Hauptwerke: Essai sur les fondements de la psychologie (entst. vor 1812), hg. 1859; Œuvres complètes, I–XIV, Paris 1982; Journal, I–II, hg. 1954–57, dt. 1977.

H. Gouhier, La conversion de M. de B., Paris 1947; A. Cresson, M. de B., sa vie, son œuvre, Paris 1950; A. Huxley, Themes and Variations, London 1950, dt. 1952; J. Buol, Die Anthropologie M. de B.s, 1961; A. Drevet, M. de B., Paris 1968; H. Gouhier, M. d. B., Paris 1970.

Maistre, Joseph Maria, Graf de, franz. Staatsmann und Philosoph, * 1. 4. 1753 Chambéry, † 26. 2. 1821 Turin, vertrat eine ausgeprägt katholisch-konservative Staatslehre und erlangte in der Restaurationszeit großen Einfluß; Begründer des neueren Ultramontanismus: die absolute Herrschaft über alle Völker der Erde gebührt der Kirche und dem Papst, dem Stellvertreter Gottes. – Hauptwerke: Essai sur le principe générateur des constitutions politiques, 1810; Du pape, I–II, 1819, dt. 1923; Les soirées de St. Pétersbourg, ou le gouvernement temporel de la providence, I–II, 1821, dt. 1924.

P. R. Rohden, J. de M. als polit. Theoretiker, 1929; M. Huber, Die Staatsphilos. von J. de M. im Lichte des Thomismus, 1958; M. Hackenbroch, Zeitl. Herrschaft der göttl. Vorsehung. Gesellschaft u. Macht bei J. de M., 1964; E. M. Cioran, Essai sur la pensée reactionnaire. A propos de J. de M., Montpellier 1977, dt. 1980.

Makrokosmos (griech.), die große Welt; auch der Kosmos im astronomischen Sinne. → Mikrokosmos.

Makrophysik (aus griech. *makros*, „groß", und *physis*, „Natur"), die klassische, sich mit mikroskopisch kleinen Körpern nicht mehr beschäftigende Physik; Gegensatz: → Mikrophysik.

makroskopisch (aus griech. *makros*, „groß", und *skopein*, „betrachten"), mit unbewaffnetem Auge sichtbar. In der Physik spricht man von m.en Systemen, in denen – im Gegensatz zu den Systemen der → Mikrophysik – Raum, Zeit und Energie als voneinander unabhängige (abgesehen von den relativitätstheoretischen Zusammenhängen) Größen betrachtet werden können.

Malebranche, Nicolas, franz. Philosoph, * 6. 8. 1638 Paris, † das. 13. 10. 1715, einer der Hauptvertreter der gegenreformatorischen (nichtscholastischen) kath. Philosophie in Frankreich (der „Christliche Plato"), neben Geulincx das Haupt des → Okkasionalismus. Die äußeren Sinne können nach M. nie das Wesen der Dinge erkennen. Die mit ihrer Hilfe gewonnenen Wahrnehmungen, z. B. Farbe, Härte, Geschmack usw., sind Erzeugnisse unserer Einbildungskraft. Gewißheit verschaffen uns nur (hier urteilt M. ähnlich wie Descartes) die in den math. Begriffen und Urteilen enthaltenen Gesetze des reinen Denkens, in deren Notwendigkeit Gott erscheint. Die Welt und der Mensch lösen sich demnach in Gott auf; wir erkennen alles nur durch Gott in Gott, der auch alles in allem wirkt (→ Panentheismus). – Hauptwerke:

De la recherche de la vérité, 1674, dt. 1920; Entretiens sur la métaphysique et sur la religion, 1688; Œuvres complètes, I–XXI, 1958–70.

H. Gouhier, La vocation de M., Paris 1926; H. Gouhier, La philos. de M. et son expérience religieuse, Paris 1926; P. Mennicken, Die Philos. des N. M., 1927; K. Oedingen, Vernunft u. Erfahrung in der Philos. des N. M., in: ZphF 6 (1952); A. Klemmt, Die naturphilos. Hauptthesen M.s, in: ZphF 18 (1964); M. Gueroult, M., I–III, Paris 1955–59; J. Reiter, System u. Praxis. Zur krit. Analyse der Denkformen neuzeitl. Metaphysik im Werk von M., 1972; F. Alquie, Le cartésianisme de M., Paris 1974; F. Alquie, M. et la rationalisme chrétienne, Paris 1977.

Malraux, André, franz. Dichterphilosoph, * 3. 11. 1901 Paris, † 23. 11. 1976 das., bereiste nach archäolog. und sinolog. Studien Süd- und Ostasien, Afghanistan und Persien, Rußland und Nordamerika, betätigte sich als Forscher in Indochina, als kommunist. Revolutionär in Kanton und Spanien, wandte sich seit etwa 1934 gegen jede Form von Totalitarismus und kämpfte für die geistige Freiheit. In seinen Romanen stellt er dar, wie der Mensch, als machtbesessener Rivale des Schöpfers, in der Welt „ist". M. ist der wortgewaltigste franz. existentialist. Schriftsteller der Gegenwart. – Hptw.: *Les conquérants,* 1927, dt. 1953; *La voie royale,* 1929, dt. 1953; *La condition humaine,* 1933, dt. 1948; *Le temps du mépris,* 1935, dt. 1948; *L'espoir,* 1937, dt. 1954; *Les noyers d'Altenburg,* 1941, dt. 1951; *La psychologie de l'art,* 3 Bde., 1947–50; dt. 2 Bde., 1949; *La métamorphose des dieux,* 1957; *Antimemoires,* 1967.

J. Delhomme, *Temps et destin, essai sur A. M.,* 1955; B. T. Fritch, *Le sentiment d'étrangeté chez M., Sartre, Camus et S. de Beauvoir,* 1964; G. Wuchenauer, Die Sprache A. M.s, 1973.

man, in der Existenzphilosophie die personifizierte Angleichung von Ansichten in der öffentlichen Meinung. „Wir genießen und vergnügen uns, wie man genießt; wir lesen, sehen und urteilen über Literatur und Kunst, wie man sieht und urteilt; wir ziehen uns aber auch vom ‚großen Haufen' zurück, wie man sich zurückzieht; wir finden ‚empörend', was man empörend findet. Das m., das kein bestimmtes ist und das Alle, obzwar nicht als Summe, sind, schreibt die Seinsart der Alltäglichkeit vor" (Heidegger, Sein und Zeit, 1927). Das M. bedeutet eine ständige Versuchung, sich ihm anzuvertrauen, ihm zu verfallen, sich in ihm zu verfangen und sich selbst fremd zu werden (→ Kollektiv). Im Sinne der Ethik ist das M. der Gegenpol zur Persönlichkeit; auf das m. paßt das unreflektierte Wissen um den kategorischen → Imperativ, während die Persönlichkeit durch das Gleichheitsethos der Gerechtigkeit (die nur der Person Rechtsschutz gewährt) ebenso rechtlos wird, wie sie es dem M. gegenüber ist. In der Psychologie ist das M. das Korrelat z. Wir: als Angehörige des M. bin ich Teil einer anonymen → Ganzheit, als Angehöriger eines Wir stehe ich in einem → Bezugssystem.

Mandeville, Bernhard de, engl. Schriftsteller, * um 1670 Dordrecht, † 21. 1. 1733 London, wurde berühmt durch sein satirisches Gedicht mit Kommentar „Die Bienenfabel" (*The Fable of the Bees or Private Vices Made Public Benefits*", 1714; dt. 1914, [3]1968, neuhrsg. v. Fr. Bassenge, 1957), in dem er ohne Scheu den Egoismus als die Triebfeder des gesamten sittl. und kulturellen Lebens hinstellt; die sittlichen Begriffe seien Erfindungen der Herren, um die Massen zu beherrschen. M. wirkte vor allem auf die franz. Enzyklopädisten und trug zur Abschwächung des von → Shaftesbury aufgebrachten moralischen Optimismus bei.

R. Stammler, M.s Bienenfabel, 1918; J. C. Maxwell, Ethics and Politics in M., in: Philosophy 26 (1951); I. Primer, M.-Studies, Den Haag 1975; T. Horne, The Social Thought of B. M., London 1978; P. Carrive, B. M., Paris 1980; M. M. Goldsmith, Private Vices, Public Benefits. B. M.s Social and Political Thought, Cambridge 1985.

Manegold von Lautenbach, theolog.-polit. Wanderredner der dt. Frühscholastik, * um 1030, † nach 1103 Marbach (Elsaß), der „Meister der modernen Lehrer", erster Kritiker des Intellektualismus in der dt. Philosophie; bezeichnete die Philosophie als eine glaubens- und seelenheilgefährdende „Überflüssigkeit", indem er auf die Widersprüche zwischen den heidn. Philosophen hinwies; ließ zuletzt nur die Ethik gelten, wobei er, nach antikem Vorbild, zwischen polit., reinigenden und reinheitserfüllten Tugenden unterschied; er verfocht das Prinzip der Volkssouveränität und sah den Adel aller Fürsten nicht in Geburt oder Privileg, sondern in Menschenwürde und Pflichterfüllung. – Hauptwerk: *Ad Gebehardum Liber*, hrsg. v. K. Francke in: Monumenta Germaniae Historica, 1891 u. 1., 1918.

G. Koch, M. v. L., 1902; A. J. Carlyle/R. W. Carlyle, A History of Mediaeval Political Theory in the West, I, 3/4, Edinburgh 1928; C. Haaby, Stift Lautenbach, 1958.

Manichäismus, die aus gnostischen, babylonisch-chaldäischen, jüdischen, christlichen, iranischen (zarathustrischen) Vorstellungen zusammengesetzte Lehre des Persers Mani (* 216 Mardinu [Babylonien], gesteinigt auf Betreiben der Zarathustra-Priester † 273 in Gandeschapur [Babylonien]). Zarathustrisch ist Manis Lehre vom Kampf des Lichtes und der Finsternis, des Guten und des Bösen. Seine durch die Gnosis beeinflußte Sittenlehre gebot strengste Enthaltsamkeit bes. hinsichtlich Ernährung, Geschlechtsleben, Handarbeit. Da er als „Gesandter des wahren Gottes" die bisherige Zarathustra-Religion verdrängen wollte, fiel er deren Priesterschaft zum Opfer. Der M. gewann trotzdem über das Sassanidenreich und später das Abbasidenreich hinaus östlich bis nach China, westlich bis nach Spanien und Gallien Einfluß; Augustinus, der den M. später heftig bekämpfte, war eine Zeitlang sein Anhänger gewesen.

O. G. v. Wesendonck, Die Lehre des Mani, 1922; H. H. Schraeder, Urform u. Fortbildung des manichäischen Systems, 1924; S. Pétrement, Le dualisme chez Platon, les Gnostiques et les Manichéens, Paris 1947; G. Windgren, Mani u. der M., 1961; G. Windgren, Der M., 1977.

Manipulation, (lat.-neulat.), Handgriff, Kunstgriff, Machenschaft zur Lenkung von Menschengruppen, zur Beeinflussung ihrer Interessen, Überzeugungen und Leidenschaften, woraus eine Technik der Beherrschung und zielbewußten Prägung der Meinungen und Gewohnheit ganzer Gesellschaftskreise, ja ganzer Völker und Kulturräume entwickelt wurde. Voraussetzung jeder erfolgreichen M. ist die mangelnde persönliche Selbständigkeit der Einzelnen und das fehlende kritische Bewußtsein in der pluralistischen Gesellschaft, bzw. die von Außen verhinderte Entfaltung der Anlagen zu derart autonomen Fähigkeiten. Hauptträger der M. in allen Ländern der Welt sind heute – wenn auch nicht gezielt – die → Massenmedien (Presse, Rundfunk, Fernsehen), die sich aus kommerziellen oder politischen Gründen für die Steuerung von Geschmack, übermäßigem Konsumbedarf, öffentlicher Meinung, Ideologien aller Art, Nachahmung aggressiven Verhaltens usw. einsetzen. Sich der M. entziehen ist nur dem einzelnen, autonom lebenden, kritischen Menschen möglich, der aus innerer Freiheit sich von den „besten" und „beglückenden" Gütern, Schaustellungen u. a., die den Massen feilgeboten werden, *ohne das Gefühl des Entbehrens* distanzieren kann.

W. Ehrenstein, Die Entpersönlichung, 1952; H. W. Franke, Der manipulierte Mensch, 1964; H. Marcuse, One-Dimensional Man, Boston 1964, dt. 1967; D. Bergner, Massenverführung oder demokrat. Meinungsbildung in Westdeutschland?, 1967; A. Portmann, Die Manipulation des Menschen als Schicksal und Bedrohung, 1969; K. Arens, M. – Kommunikationspsycholog. Unters. mit Beispielen aus Zeitungen des Springer-Konzerns, 1971; T. Löbsack, Die manipulierte Seele, 1979.

Mannheim, Karl, Soziologe, * 27. 3. 1893 Budapest, † 9. 1. 1947 London, Schüler Max Webers, bis 1933 Prof. in Frankfurt, Schöpfer der Soziologie des Wissens, ging vom Historismus Troeltschs aus sowie von Marx und Freud. Soziol. Erkenntnis ist nicht Sache des Denkens, sondern des tätigen Miterlebens in der Gesellschaft. Eine bessere Zukunft verspricht M. sich von einem neuen Menschentyp; ihn zu prägen ist Aufgabe der Erziehung, die „nicht ohne innere Erfahrung von religiösen Vorbildern auskommen kann". – Hauptwerke: Ideologie u. Utopie, 1929; Wissenssoziologie, in: A. Vierkandt (Hg.), Handwörterbuch der Soziologie, 1931 (mit Bibl.); Mensch u. Gesellschaft im Zeitalter des Umbaus, 1935; Diagnosis of our Time, London 1943, dt. 1951; Freedom, Power and Democratic Planning, New York 1950, dt. 1970; Wissenssoziologie. Auswahl aus dem Werk, hg. 1964 (mit Bibl.).

H. J. Lieber, Sein u. Erkennen. Zur philos. Problematik der Wissenssoziologie bei K. M., in: ZphF 3 (1949); P. Berger/T. Luckmann, The Social Construction of Reality, New York 1966, dt. 1969; A. Neusüss, Utop. Bewußtsein u. freischwebende Intelligenz, 1968; D. Boris, Krise u. Planung. Die polit. Soziologie im Spätwerk K. M.s, 1971; A. P. Simonds, K. M.s Sociology of Knowledge, Oxford 1978; V. Meja/N. Stehr (Hgg.), Der Streit um die Wissenssoziologie, I–II, 1982; H. E. S. Woldring, K. M. The Development of his Thought, Assen/Maastricht 1986.

Marburger Schule, von Herm. → Cohen und P. → Natorp begründete Richtung des → Neukantianismus, die an Kants transzendentale Deduktion anknüpft und eine das Anschauen und die Wirklichkeit begrifflich bzw. mathematisch erfassende Logik entwickelt (Logischer Idealismus). Die Empfindung ist kein selbständiger Erkenntnisfaktor, sondern eine unbekannte, durch die Erkenntnis erst zu bestimmende Größe. Das Sein ist ein Gewebe von logischen Relationen (→ Panlogismus). Die Kategorien sind Bedingungen der Erkenntnis; ein Urteil ist wahr und entspricht der Wirklichkeit, wenn es in Übereinstimmung mit ihnen gebildet ist. Hauptvertreter neben Cohen und Natorp sind E. → Cassirer, F. A. → Lange, Albert Görland (1869–1952; „Die Grundweisen des Menschseins", 1954), anfänglich auch Nic. → Hartmann.

K. Herrmann, Einf. in die neukantian. Philos., 1927; G. Lehmann, Gesch. der nachkant. Philos., 1931; W. Ritzel, Studien zum Wandel der Kant-Auffassung, 1952; D. Puka, Die Logik in der Welt. Ansätze zur Weiterentwicklung des Neukantianismus, 1978; W. Flach/H. Holzhey (Hgg.), Erkenntnistheorie u. Logik im Neukantianismus, 1979 (mit Bibl.); H. L. Ollig (Hg.), Der Neukantianismus, 1979; H. Holzhey, Cohen u. Natorp, I–II, 1986; K. C. Köhnke, Entstehung u. Aufstieg des Neukantianismus, 1986; H. L. Ollig, Materialien zur Neukantianismus-Diskussion, 1987; C. v. Wolzogen, Pünktliche Bilanz? Cohen, Natorp u. der Neukantianismus in neuer Sicht, in: Philos. Rundschau 35 (1988).

Marcel, Gabriel, franz. Philosoph, * 7. 12. 1889 Paris, † 8. 10. 1973 ebda., Haupt des christl. Existentialismus in Frankreich, sieht das menschl. Leben durch den Gegensatz beherrscht zw. dem, was uns eigen ist (Dinge, Gedanken, Gefühle), was wir „haben“, und dem, was wir „sind“, was unser Wesen ausmacht. Eine Trübung des Seins erfolgt, wo das, was wir haben, uns versklavt oder uns zu seinen Funktionären macht. Seit 1950 weist M. die Bezeichnung „christl. Existentialist“ zurück u. möchte sie durch die unmißverständlichere „Neo-Sokratiker“ ersetzt wissen. M. unterscheidet fundamental zwischen Problem als etwas, außerhalb meiner, Analysierbarem und Mysterium als dem, in das ich verstrickt bin. Er möchte maieutisch dazu verhelfen, daß der Mensch die Welt der Probleme transzendiert durch den Vollzug der Einsicht: „Das Sein ist ein Mysterium“. – Hauptwerke: Journal métaphysique, 1914–23, 1927, dt. 1955; Etre et avoir, 1935, dt. 1963; Du refus à l'invocation, 1940; Homo viator, 1945, dt. 1949; La métaphysique de Royce, 1945; Positions et approches concrètes du mystère ontologique, 1949; Les hommes contre l'humain, 1951; Le mystère de l'être, I–II, 1951; L'homme problématique, 1955, dt. 1956; Présence et immortalité, 1959; Fragments philosophiques, 1909–14, 1962; Auf der Suche nach Wahrheit u. Gerechtigkeit (Vorträge in Deutschland), hg. 1964. – F. H. Lapointe u.a. (Hgg.), G. M. and his Critics. An Intern. Bibl. (1928–1976), New York 1977.

E. Gilson (Hg.), Existentialisme chrétien: G. M., Plon 1947; P. Ricoeur, G. M. et Karl Jaspers, Paris 1947; R. Troisfontaines, De l'existence à l'être. La philos. de G. M., I–II, Paris 1953; M. M. Davy, Un philosophe itinérant: G. M., Paris 1959, dt. 1964; P. Kampits, G. M.s Philos. der zweiten Person, 1975 (mit Bibl.); S. Foelz, Gewissheit im Suchen. G. M.s konkretes Philosophieren, 1979.

Marcic, René, Prof. in Salzburg, * 13. 3. 1919 Wien, † 2. 10. 1971, (Flugzeugabsturz über Belgien), Rechtsphilosoph, Staatswissenschaftler u. Politologe, interpretiert Gesellschaft u. Staat vom Aspekt des Richterstaates aus und diesen als archetypische Erscheinungsform des Rechtsstaates; bemüht sich, durch eine Strukturanalyse des Naturrechts die Tradition der Wiener rechtstheoretischen Schule (Kelsen, Verdroß, Merkl) systemimmanent und methodenkonform zu entfalten, sie mit der Rechtsontologie in einem Axiomensystem zu vereinigen. – Schrieb u. a.: M. Heidegger und die Existentialphilosophie, 1948; Vom Gesetzesstaat zum Richterstaat, 1957; Reine Rechtslehre und klassische Rechtsontologie (Kelsen-Festschrift), 1961; Der unbedingte Rechtswert des Menschen, 1962; Das Naturrecht als Grundform der Verfassung (Das Naturrecht in der polit. Theorie, hrsg. v. F. M. Schmölz), 1963; Recht, Mensch, Kosmos, 1964; Verfassungsgerichtsbarkeit und reine Rechtslehre, 1966; Rechtsphilosophie, 1969; Hegel und das Rechtsdenken im dt. Sprachraum, 1970; Demokratie, Baustil des Wandels, 1970; Geschichte der Rechtsphilosophie, 1971.

Marck, Siegfried, * 9. 3. 1889 Breslau, † 16. 2. 1957 in Chicago, 1930 Ordinarius in Breslau, 1933 emigriert, vertrat als Schüler Hönigswalds und Cassirers in seiner „Dialektik in der Philosophie der Gegenwart“, 1929/1931, eine „kritische Dialektik“, differenzierte dieselbe im Hinblick auf die Theorie des Rechts in „Substanz- und Funktionsbegriff in der Rechtsphilosophie“, 1924, und brachte sie in der Auseinandersetzung mit Erscheinungen des geschichtlichen und des zeitgenössischen Geisteslebens („Große Menschen unserer Zeit“, 1954) und in Beiträgen zur Theorie der Politik („Vernunft und Sozialismus“, 1956) zur Anwendung.

T. Litt/W. Ritzel, S. M., in: ZphF 9 (1957).

Marcus Aurelius Antonius, römischer Kaiser und spät-stoischer Philosoph, * 26. 4. 121 Rom, † 17. 3. 180 Vindobona (Wien), schrieb vielgelesene „Selbstbetrachtungen“ (KTA, Bd. 4, [13]1973). Im Mittelpunkt seiner antimaterialist. Lehre steht das Teilhaben des Menschen an Leib, Seele und Geist, deren Träger die fromme, tapfere, vernunftgelenkte Persönlichkeit ist, Herr allerdings nur über den Geist, Setzer der Pflichtgebote und Sitz des prüfenden Gewissens. Durch den Geist haben alle Menschen am Göttlichen teil und bilden insofern eine über alle Schranken hinausreichende ideelle Gemeinschaft (→ Kosmopolitismus). Tapferkeit und Resignation sind in M. A. tragisch gepaart.

W. Görlitz, M. A. – Kaiser u. Philosoph, 1954; A. Birley, M. A., Boston 1966, dt. 1968; P. Klein, M. A., 1979.

Marcus, Hugo, philosoph. Schriftsteller, * 6. 7. 1880 Posen, lebte seit 1940 in Basel, † 17. 4. 1966 das., befaßte sich mit Fragen der Ästhetik, Ethik und der geistigen Welt des Islam, Begründer einer eigenen naturphilosophischen Lehre d. → Monopluralismus. – Schrieb u. a.: Musikästhetische Probleme, 1905; Philosophie des Monopluralismus, 1907; Ornamentale Schönheit der Landschaft, 1912; Metaphysik der Gerechtigkeit, 1947; Rechtswelt u. Ästhetik, 1952; Die Fundamente der Wirklichkeit als Regulatoren der Sprache, 1960.

Marcuse, Herbert, Philosoph, * 19. 7. 1898 Berlin, † 29. 7. 1979 Starnberg/See, 1954 Prof. a. d. Brandeis Univ., seit 1965 Univ. of California San Diego, strebte mit seiner Marx aktualisierenden ‚kritischen Theorie‘ die praktisch-revolutionäre ‚Verwirklichung der Philosophie‘ in der ‚fortgeschrittenen Industriegesellschaft‘ an. Diese gilt als (im Unterschied zu Marx) stabiles System ‚vernünftiger Unvernunft‘, in welchem ‚eindimensionales‘ Denken dazu geführt hat, Glück und Freiheit der Individuen in totaler ‚Manipulation‘ zunichte zu machen. Zur Aufhebung der ‚Entfremdung‘ ist ein gesellschaftlich-praktischer Prozeß der Angleichung der ‚Existenz‘ an den normativ verstandenen ‚Existenzbegriff‘ erforderlich. Der daraus resultierende Zustand der ‚Vernunft‘, dessen Realisierung, der Stabilität des Systems wegen, nur durch ein neues ‚Subjekt der Revolution‘ und eine unorthodoxe Praxis zu erwirken sein wird, ist der des irdischen Paradieses: einer absolut gegensatzlosen individuellen Freiheit, einer repressionslos-‚libidinösen Kultur‘ und einer in ihr Selbstsein entlassenen ‚befriedeten Natur‘. M's Arbeiten zur Untersuchung der Situation von Menschen in der Gesellschaft und über Herrschaftsstrukturen waren in den 60er Jahren von großem Einfluß. – Hauptwerke: Hegels Ontologie u. die Theorie der Geschichtlichkeit, 1932; Reason and Revolution, 1941, dt. 1962; Eros and Civilization, 1955, dt. 1957; Soviet Marxism, 1958, dt. 1964; One-Dimensional Man, Boston 1964, dt. 1967; Kultur u. Gesellschaft, I–II, 1965; Psychoanalyse und Politik, 1968; An Essay on Liberation, 1969, dt. 1969; Ideen zu einer kritischen Theorie der Gesellschaft, 1969; Revolution oder Reform. Eine Konfrontation (mit K. R. Popper), 1971; Zeitmessungen, 1975; Die

Permanenz der Kunst, 1977; Schriften, I, 1978.

J. Habermas (Hg.), Antworten auf H. M., 1968; H. H. Holz, Utopie u. Anarchismus. 1968; K. J. Newman, Wer treibt die BRD wohin?, 1968; P. Mattick, Kritik an H. M., 1969; R. Steigerwald, H. M.s dritter Weg, 1969; G. Rohrmoser, Das Elend der krit. Theorie, 1970; A. McIntyre, H. M., Seghers 1970, dt. 1971; H. Jansohn, H. M. – Philos. Grundlagen seiner Gesellschaftskritik, 1971; J. Fry, M. – Dilemma and Liberation, Stockholm 1974; K. H. Sahmel, Vernunft u. Sinnlichkeit, 1979; D. Claussen (Hg.), Spuren der Befreiung – H. M., 1981; H. M., Text und Kritik 1988.

Marginalien (vom lat. *margo*, „Rand"), Randbemerkungen, kurze Inhaltsangaben am Rande des Textes. Berühmt geworden sind die „Marginalien und Register" zu den Kritiken Kants von George S. A. Mellin; sie stellen das ganze System Kants zusammenhängend in einem kurzen Abriß dar (Neuausg., 2 Bde., 1900–02).

Margolius, Hans, philos. Schriftsteller, * 12. 9. 1902 Krotoschin/ Prov. Posen, † 29. 12. 1984 Miami, arbeitete auf dem Gebiet der Ethik, Versuche mit Aphorismen. Unterschied zwei Grundformen des Guten: Wohlwollen (Hingabe an ein anderes Lebewesen) und Begeisterung (Hingabe an eine Idee), dazu drei Forderungen rechten Handelns: Ehrfurcht vor allem Leben, Arbeit am Wohlergehen der Menschheit und Bemühung um verstehendes Wissen. – Schr. u. a.: Vom Wesen des Guten, 1934; Ideal und Leben, 1936; Aphorismen zur Ethik, 1957; System der Ethik, 1967; Das Gute im Menschen, [4]1981; Notizen zur Ethik (mit Bibliogr.), 1980.

Maritain, Jacques, franz. Philosoph, * 18. 11. 1882 Paris, 1913 bis 1940 Prof. am *Institut catholique* in Paris, bis 1944 am *Institut d'études médiévales* in Toronto (Kanada), † 28. 4. 1973 Toulouse; 1945–48 frz. Botschafter beim Vatikan, seither Dozent a. d. *Princeton-Univers.* (USA). M. weist den Weg über Descartes, Luther, Rousseau und den Kritizismus zurück (und also über das „Moderne" hinaus) zu Th. von Aquino. M. ist einer der Führer des → Neuthomismus. – Hauptwerke: La philos. bergsonienne, 1914, dt. 1930; Antimoderne, 1922, dt. 1930; Trois Réformateurs, 1925; Le Docteur Angélique, 1930; Religion et culture, 1930; Distinguer pour unir ou Les degrés du savoir, 1932, dt. 1954; Humanisme intégral, 1936, dt. 1938, 1950; De Bergson à Thomas d'Aquin, 1944; L'éducation à la croisée des chemins, 1947, dt. 1951; Raison et raisons, essais détachés, 1947; Man and the State, 1951; La philos. morale, 1960; Le mystère d'Israel et autres essais, 1966. Œuvres complètes, 1982 ff.

J. Reiter, Intuition u. Transzendenz. Die ontolog. Struktur der Gotteslehre bei J. M., 1967; H. L. Bauer, Schöpfer. Erkenntnis, 1968; J. W. Hanke, M.s Ontology of the Work of Art, Den Haag 1973; J. Daujat, M., Paris 1978.

Marquard, Odo, * 26. 2. 1928 Stolp (Pommern), seit 1965 Prof. für Philosophie in Gießen, Schüler von Joachim Ritter, vertritt in Anknüpfung an die skeptische Tradition seit der Antike Philosophie als „Wende zur Skepsis". – Hauptwerke: Skept. Methode im Blick auf Kant, 1958; Schwierigkeiten mit der Geschichtsphilos., 1973; Abschied vom Prinzipiellen. Philos. Studien, 1981; Krise der Erwartung – Stunde der Erfahrung. Zur ästhet. Kompensation des modernen Erfahrungsverlusts, 1982; Apologie des Zufälligen. Philos. Studien, 1986; Transzendentaler Idealismus, romant. Naturphilos., Psychoanalyse, 1987; Aesthetica u. Anaesthetica. Zur Philos. der schönen und nicht mehr schönen Künste, 1987.

Marsilius von Padua, ital. Klassiker der Staatsphilosophie, * um 1275 Padua, † 1343, polit. und religiös. Reformator, Vertreter des Nominalismus. Als Fortsetzer der weltlichen Staatslehre W. v. Ockhams steigerte M. die individualistische Auffassung des ausgehenden Mittelalters bis zu der äußersten Folgerung staatlicher Omnipotenz. Seine utilit.-nominalistische Begründung der Staatstheorie bedient sich aristotelischer Begriffsformen sowie vor allem der epikureischen Lehre vom Staatsvertrag. – Hauptwerke: Defensor pacis (entst. 1324), hg. 1522, 1913; Defensor minor (entst. 1343), hg. 1922; Tractatus de translatione imperii (entst. 1343), hg. 1383–91; Opus insigne cui titulum fecit autor Defensorum pacis, Basel 1522.

L. Stieglitz, Die Staatstheorie des M., 1914; B. Geissel, Die kirchenpolit. Lehre des M., 1926; G. D. Lagarde, La naissance de l'esprit laique au déclin du moyen âge II: M. de P., Saint-Paul-Trois-Châteaux 1934; W. Schneider-Windmüller, Staat u. Kirche im Defensor pacis des M., 1934; H. Segall, Der „Defensor pacis" des M., 1957; G. Piaia, M. da P. nella Riforma e nella Controriforma, Padua 1977.

Martineau, James, engl. Philosoph, * 21. 4. 1805 Norwich, † 11. 1. 1900 London, Schüler Trendelenburgs, ging vom Dualismus zw. den Geschehnissen der psychischen Erscheinungswelt u. den willensartigen Äußerungen der realen Welt aus; diese sind nur kausal erschließbar und führen letzten Endes auf Gott zurück, der dem Menschen eine willensmäßige Freiheit verleiht und ihn in seinem sittl. Handeln jeweils den ethisch höheren Wert verwirklichen läßt. – Hauptw.: *Studies of Christianity*, 1858; *Types of Ethical Theory*, 2 Bde., 1885, [3]1889; *Study of Religion*, 2 Bde., 1888, [2]1889; *The Seat of Autority in Religion*, 1890, [5]1905; *Essays, Reviews and Addresses*, 4 Bde., 1890–91; *A Study of Spinoza*, 1895.

Drummond u. Upton, *Life and Letters of J. M.*, 2 Bde., 1902; J. E. Carpenter, J. M., 1905.

Marx, Karl, Philosoph und Sozialist, * 5. 5. 1818 Trier, † 14. 3. 1883 London, mit Friedrich → Engels Verfasser des Kommunistischen Manifests (1848), Schöpfer des historischen → Materialismus. M. ging von Comte und Feuerbach aus, bekämpfte den dt. Idealismus, übernahm aber den rationalen Schematismus der Hegelschen Philosophie (→ auch Hegelianismus), insbes. die Methode der → Dialektik, und machte Hegels Begriff der „bürgerlichen Gesellschaft" zum Angelpunkt seiner gegen alle bisherige Überlieferung und Kultur gerichteten Kritik, dabei unbestreitbare Mißstände kapitalistischer und klerikaler Art zur Stützung seiner Auffassung verwendend. Für ihn war der Streit über die Wirklichkeit oder Nichtwirklichkeit eines Denkens, das sich von der Praxis entfernt, eine reine scholastische Frage, weshalb er eine umwälzende, weltverändernde Praxis *forderte*. Genauer betrachtet ist M. über diese Forderung nicht hinausgegangen. Denn er hat Geschichte und Zukunft nach seinen „Dialekt. Gesetzen" *nur gedeutet*; sein Aufzug zum chaotischen Kampf, zur alles niederreißenden Revolution wirkte sich wie eine pathetisch aggressive Kraft aus, jedoch keineswegs als eine *konstruktive* Praxis der Weltveränderung. – Wie groß der Einfluß Engels' auf die M.schen Schriften ist, läßt sich vielfach nicht mehr feststellen; → auch Marxismus. – Hauptwerke: Kritik der Hegelschen

Rechtsphilos., 1844; Die heilige Familie oder Kritik der krit. Kritik, 1845 (mit F. Engels); Misère de la philos., 1847, dt. 1885; Zur Kritik der polit. Ökonomie, 1859; Das Kapital, I–III, 1867–94; K.Marx/F.Engels Gesamtausgabe, 1975 ff.; Marx-Engels-Studienausg., I–IV, 1966.

A. Adler, M. als Denker, 1908; H. Leisegang, Hegel, M. und Kierkegaard, 1948; E. Thier, Das Menschenbild des jungen M., 1957; M. Friedrich, Philos. u. Ökonomie beim jungen M., 1960; H. Röhr, Pseudoreligiöse Motive in den Frühschriften von K. M., 1962; A. Schmidt, Der Begriff der Natur in der Lehre von M., 1962; R. Heiss, Die großen Dialektiker des 19. Jh.s: Hegel, Kierkegaard, M., 1963; A. Schaff, M. oder Sartre?, 1964; P. Kägi, Genesis des histor. Materialismus. K. M. und die Dynamik der Gesellschaft, 1965; A. Künzli, K. M. – Eine Psychographie, 1966; W. Post, Kritik der Religion bei K. M., 1969; K. Hartmann, Die Marxsche Theorie, 1970; C. Schefold, Die Rechtsphilos. des jungen M. von 1842, 1970; A. Wildermuth, M. und die Verwirklichung der Philos., I–II, 1970; G. Schwan, L. Kolakowski. Eine Philos. der Freiheit nach M., 1971; H. Monz, Der unbekannte junge M., 1973; G. della Volpe, Rousseau u. M., 1975; F. v. Magnis, Normative Voraussetzungen im Denken des jungen M., 1975; E. Fräntzki, Der mißverstandene M., 1978; A. Fürle, Kritik der M.schen Anthropologie, 1979; H. J. Helmich, „Verkehrte Welt" als Grundgedanke des M.schen Werkes, 1980; W. Schmid-Kowarzik, Die Dialektik der gesellschaftl. Praxis, 1980; T. Bottomore (Hg.), Modern Interpretations of M., Oxford 1981; J. Wallis, Estrangement, Westport Conn., 1981; W. Euchner, K. M., 1983; O. K. Flechtheim/H. M. Lohmann, M. zur Einf., 1988; H.-J. Lieber/G. Hehner (Hgg.), M.-Lexikon, 1988.

Marx, Werner, * 19. 9. 1910 Mülheim/Ruhr, Prof. in Freiburg/Br. auf dem Husserl-Heidegger-Lehrstuhl, 1979 emer., befaßt sich mit Fragen der Aristotelesforschung, der Transzendentalphilosophie und des dt. Idealismus sowie mit Gegenwartsphilosophie (Phänomenologie, Heidegger u. a.). – Schrieb u. a.: *The Meaning of Aristotle's „Ontology"*, 1953; Heidegger und die Tradition, ²1980 (engl. Ausg. 1971); Vernunft und Welt, 1970 (engl. 1971); Hegels Phänomenologie des Geistes, ²1980 (engl. 1975); Einführung in Aristoteles' Theorie vom Seienden, 1972 (engl. 1977); Schelling: Geschichte, System, Freiheit, 1977; Heidegger: Freiburger Univ.-Vorträge, zus. mit Gadamer u. v. Weizsäcker, 1977.

Marxismus, die nach → Marx (der nur zum Teil Urheber dieser Gedanken ist) genannte Gesamtheit materialistisch-sozialistischer Lehren. Der M geht von der Triebnatur und dem Besitzstreben des Menschen aus, deren entscheidende Wirksamkeit auch im Bereich des Geistigen (→ Ideologie) er nachzuweisen sucht. Auf Grund wirtschaftlicher Stärke und Schwäche entstand der sich immer schärfer entwickelnde, schließlich zum versteckten und offenen Klassenkampf (→ Klasse) gesteigerte Unterschied der besitzenden und herrschenden Bürger-(Kapitalisten-) von der besitzlosen und unterdrückten Arbeiter-(Proletarier-)Klasse, die sich ebenso durch Aufsaugung abgedrängten (Klein-)Bürgertums zahlenmäßig vermehrt wie sich jene vermindert, so daß die „Enteignung der Enteigner" eines Tages mit dialektischer Notwendigkeit (→ Dialektik) erfolgt. Sie wirkt sich wirtschaftlich in der Vergesellschaftung der industriellen Produktionsmittel sowie des Ertrags der Gütererzeugung aus, womit, – weil dann alle wirtschaftlichen Rivalitäten und Spannungen wegfallen würden, – gleichzeitig der Zustand der klassenlosen Gesellschaft eintreten müßte. Obwohl dieser ganze Prozeß nach dem marxistischen Glauben mit außermenschlicher naturwissenschaftlicher Gesetzlichkeit und Notwendigkeit abrollt, wird doch durch die meisten Richtungen des M. für die eigentliche Überführung der Klassen- in die klassenlose Gesellschaft die Revolution vorgesehen, die allerdings nur eine Übergangserscheinung sein soll (→ Diktatur, Leninismus). Die geschichts- und kulturphilosophische Grundlage des M. ist der historische → Materialismus. Das ursprüngliche Anliegen des M. war der Kampf gegen die Herabwürdigung des Arbeiters zur „Arbeitskraft", d. h. zu einem Objekt der Gewinnkalkulation des Unternehmers. Da der M. nur eine Utopie war, die die Zukunft *lediglich zu deuten*, nicht auch zu einer freiheitlichen Ordnung zu wenden vermochte, hat er nicht verhindern können, daß an die Stelle des (inzwischen zurückgedrängten) profitstrebigen Egoismus des Einzelnen der in seinen Auswirkungen viel unheilvollere Egoismus der → Kollektive aller Art, der kommun. Partei und ihrer höheren Schichten getreten ist.

T. G. Masaryk, Die philos. und soziolog. Grundlagen des M., 1899 (tschech. 1898); G. Plechanow, Grundprobleme des M., 1910; K. Korsch, M. und Philos., 1923; G. Lukács, Gesch. u. Klassenbewußtsein, 1923; J. M. Bochenski, Der sowjetruss. dialekt. Materialismus, 1950; E. Metzke, M.studien, 1954; M. Lange, Leninismus, Stalinismus, 1955; H. R. Schlette, Sowjethumanismus, Prämissen u. Maximen kommunist. Pädagogik, 1960; I. Fetscher, Der M., seine Gesch. in Dokumenten, 1962; J. Barion, Hegel u. die marxist. Staatslehre, 1963; R. Aron, Marxismes Imaginaires. D'une Sainte Famille à l'autre, Paris 1970, dt. 1970; A. v. Weiss, Neomarxismus. Die Problemdiskussion im Nachfolgemarxismus 1945–1970, 1970; D. Böhler, Metakritik der marxist. Ideologiekritik, 1971; A. Schmid, Gesch. u. Struktur. Fragen einer marxist. Historik, 1971; M. Niel, Psychoanalyse des M., 1972; P. Vranicki, Gesch. des M., I–II, 1972–74; L. Kolakowski, M. – Utopie u. Anti-Utopie, 1974; T. Hanak, Die Entwicklung der Marxist. Philos., 1976; I. Fetscher, Grundbegriffe des M., 1976; A. Neusüss, M. Ein Grundriß der Großen Methode, 1981; R. Walther, M., in: O. Brunner u.a. (Hgg.), Geschichtl. Grundbegriffe, III, 1982; G. Labica/G. Bensussan (Hgg.), Krit. Wörterbuch des M., 1983 ff.

Masaryk, Thomas Garrigue, tschech. Philosoph und Staatsmann, * 7. 3. 1850 Hodonin (Mähren), † 14. 9. 1937 Lana (Böhmen), 1918–35 Präsident der Tschechoslowakischen Republik, seit 1882 Prof. an der tschech. Universität in Prag, Vertreter eines theoretischen und religiösen, zugleich aber nationalen Sozialismus („Lange bevor ich auf eine primitive Art sozialistisch zu denken begann, dachte ich tschechisch"), leitete 1884–1893 die von ihm gegr. Ztschr. f. wissenschaftl. Kritik „Athenäum". Nach dem 2. Weltkrieg zunächst völlig vergessen, scheint M.s historische Bedeutung heute in seiner Heimat an Geltung wieder zu gewinnen. – Hauptwerke: D. Humes Prinzipien der Moral, 1883; Die Wahrscheinlichkeitsrechnung u. die Humesche Skepsis, 1884 (tschech. 1883); Grundzüge einer konkreten Logik, 1887 (tschech. 1885); Philos. und soziolog. Grundlagen des Marxismus, 1899 (tschech. 1898); Russland u. Europa, I–II, 1913 (Repr. 1965); Zur russ. Geschichts- u. Religionsphilos., 1913; Das neue Europa, 1922 (engl. u. frz. 1918); Die Weltrevolution 1914–18, 1927 (tschech. 1925); Werke (tschech.), Prag 1930 ff. – B. Jakawenko, Bibl. über T. M., 1930.

O. Kraus, Grundzüge der Weltanschauung T. G. M.s, Prag 1937; A. Werner, M., Bild seines Lebens, Prag 1937; H. Siebenschein, Goethe u. M., 1948; B. Černy, Vražda v Polné, Prag 1968; J. Novák (Hg.), On M., Amsterdam 1988.

Maschinentheorie des Lebens ist der Vergleich, bei ihren radikalen Vertretern (z. B. Julius Schultz) sogar die Gleichsetzung der Lebewesen mit Maschinen.

Nach Descartes sind die Tiere Maschinen (Automaten) ohne „Seele"; Lamettrie schrieb ein Buch *L'homme machine* (Der Mensch Maschine). Chr. Wolff erklärte, daß in der Welt Wahrheit ist, „weil sie eine

Maschine ist." Driesch baute die M. in seinen → Vitalismus ein (das Stoffliche am Organismus als Maschine, die Entelechie als, unstofflicher, „Ingenieur" bzw. „Architekt"). Julius Schultz hat die M. bis ins einzelne entworfen; sein Begriff der organismischen „Maschine" gleicht freilich nicht mehr dem der technischen Maschine (→ Typovergenz), weil er dadurch auch die unendliche Kette der Fortpflanzung zu erklären suchte und es mit der schwer vertretbaren Vorstellung probierte, wonach unzählige kleine Maschinchen als latenter Inhalt der weiteren Generationen im lebendigen Organismus (im Erbgut) gedacht werden müßten. Der Gedanke der M. gewinnt heute eine indirekte Bedeutung in der → Kybernetik.

J. Schultz, Die Maschinentheorie des Lebens, 1909; H. Dingler, Der Glaube an die Weltmaschine und seine Überwindung, 1932; J. Ditz, J. Schultz „M. des Lebens", 1935 (mit Bibl.); H. Driesch, Die Maschine u. der Organismus, 1935; E. C. Berkeley, Symbolic Logic and Intelligent Machines, New York 1959; G. Klaus, Kybernetik in philos. Sicht, 1961; M. Külp, Menschl. und maschinelles Denken, 1968; W. Skyvington, Machina sapiens. Essai sur l'intelligence artificielle, Paris 1976.

Masse, im naturwissenschaftlichen Sinne die Menge des in einem Körper enthaltenen Stoffes; den Widerstand, den ein Körper einer Veränderung seines Bewegungszustandes entgegensetzt (Trägheit), nennt man seine träge M.; die physikal. Einheit ist die träge M. von 1 cm^3 Wasser, die 1 Gramm heißt (M.n-gramm). Jeder Körper besitzt auch schwere M., welche zahlenmäßig mit der trägen M. übereinstimmt und aus der sich das Phänomen der → Gravitation erklärt; vgl. → Energie, Feldertheorie. Die M. eines Körpers hängt ab von seiner Geschwindigkeit nach der Formel $m = \frac{m_0}{\sqrt{1 - (v/c)^2}}$, wobei m die relativ zum Beobachter bewegte, m_0 die ruhende M., v die relative Geschwindigkeit, c die Lichtgeschwindigkeit ist.

M. Wolff, Fallgesetz und M.begriff, 1971.

Masse, im soziologischen Sinn jede Gruppe von Menschen, innerhalb deren die einzelnen bis zu einem gewissen Grade ihre Persönlichkeit aufgeben und durch wechselseitige Beeinflussung von ähnlichen Gefühlen, Instinkten, Trieben, Willensregungen erfüllt sind. Selbstkontrolle und Ordnungsbewußtsein des einzelnen gehen soweit verloren, daß man treffend sagen kann: in der Massensituation feiert der Urmensch seine Auferstehung (C. G. Jung). M.n bilden sich unter dem Drucke wirtschaftlicher oder plötzlich auftretender seelischer Not (Angst, Panik). Der sich an die Spitze der M. setzende Führer formuliert das der M. vorschwebende Ziel oder er suggeriert ihr ein solches Ziel. Die M. bildet sich und reagiert nach typischer Gesetzmäßigkeit, deren Erforschung Aufgabe der Massenpsychologie und der Soziologie ist. – Die bürgerliche Gesellschaft ist etwa seit der Mitte des 19. Jh. infolge des immer schnelleren Anwachsens der Bevölkerung in einem zunehmenden Vermassungsprozeß (→ Vermassung), in einer Umbildung zur M.n-gesellschaft begriffen, die von vielen Soziologen für die innerhalb des europ. Zivilisationsbereiches allein mögliche (also für die „moderne") Gesellschaftsform gehalten wird.

G. Le Bon, La Psychologie des foules, Paris 1895, dt. 1911 (KTA 99); S. Freud, M.npsychologie u. Ich-Analyse, 1921; T. Geiger, Die Masse u. ihre Aktion, 1926; J. Ortega y Gasset, Der Aufstand der M.n, 1931 (span. 1930); W. Reich, Die M.npsychologie des Faschismus, 1933; P. Reiwald, Vom Geist der M.n, 1946; D. Riesman u.a. (Hgg.), The Lonely Crowd, New Haven 1950, dt. 1958; W. Hagemann, Vom Mythos der M.n, 1951;

H. de Man, Vermassung u. Kulturverfall, 1951; W. Ehrenstein, Entpersönlichung, 1952; J. Smelser, Theory of Collective Behavior, London 1962; G. Schischkoff, Die gesteuerte Vermassung, 1964; H. Marcuse, One-Dimensional Man, Boston 1964, dt. 1967; A. Mitscherlich, M.npsychologie ohne Ressentiment, 1972; H. Pross (Hg.), Soziologie der M., 1984.

Massenmedien, (von Masse im soziol. Sinne und: Medium, lat. Mitte, Mittler), im Alltag die sich weit ausbreitenden Vermittler von Information aller Art, wie Tagespresse, Wochenmagazine, Hörfunk, Fernsehen u. a. Obwohl M. eine hochwertige kulturelle Errungenschaft der Technik darstellen, geben ihre teils negativen kulturpolitischen Auswirkungen zu besorgniserregenden kulturphilosophischen Fragen Anlaß. Die Notwendigkeit, alle anzusprechen und sich deshalb an den „Durchschnittsempfänger" zu wenden, hat u. a. die Folgen: 1) Das Gebotene wird in der Regel auf einem allgemeinverständlichen Niveau vorgelegt, das unvermeidlich von Vereinfachungen, unpräzisen Sätzen, banalen Beigaben u. a. bestimmt ist, woraus unterdurchschnittlich gebildete Empfänger, die das Gros des M.-Publikums ausmachen, hauptsächlich Schlagworte und schlichte Redewendungen behalten, ohne das Ganze im Zusammenhang zu überdenken; 2) Wird durch diese Schlagworte die Sprache einheitlich „geformt", so sehen sich die M. weitgehend dazu gezwungen, sich dieser Sprache selber anzupassen, wodurch eine mitverschuldete „Sprachentwicklung" legalisiert wird; 3) Einfache Unterhaltung, Werbung und andere nützliche Informationen werden nicht selten in einer Weise emotional in diese Einheitssprache und in schlichte alltägliche Kunstdarbietungen eingebettet, daß sich die Mehrheit auch dann daran gewöhnt, sie zu hören, wenn sie sich kaum angesprochen fühlt, die Rauschkulisse aber zu einer schwer wegzudenkenden „Umwelt" wird. Diese Umwelt wird dadurch zu einer unmittelbar eigenen gesteigert, indem große Massenveranstaltungen, hauptsächlich sportliche, die Benutzer der M. dazu bringen, sich mit „Helden" (in anderen Zeiten auch mit politischen „Helden") und Siegern, mit den „eigenen" Spielern und mit jedem dazugehörigen Regionalpatriotismus zu identifizieren; 4) Unter den vielen qualitativ verschiedenen Sendungen von Funk u. Fernsehen sind auch leichte Unterhaltungsstunden und einfache Bildinformationen darunter, die den primitiven Schautrieb im Menschen derart stark hervorrufen, daß sich die meisten davon befriedigten Zuschauer auf Bildkonsum beschränken und das Überdenken höherer Zusammenhänge im Vorgebrachten zunehmend vernachlässigen. Geistig träge Zuschauer, die kein Bedürfnis nach Umschalten auf ein bildend anregendes Programm verspüren, werden langsam dazu gebracht, die ursprüngliche Fähigkeit zum Familiengespräch einzubüßen und ihre Sprache auf ein minimales Werkzeug technisch vereinfachter Ausdrücke zu reduzieren. Hörfunk und Tagespresse bieten insofern eine Ausnahme davon, als die meisten Empfänger sich dazu gezwungen sehen, aus den Sätzen den Inhalt des Gesagten zu rekonstruieren und dadurch den Gebrauch der fließenden Sprache nicht völlig verlernen. Aber gerade diese beiden M., dazu auch das Bücherlesen, werden bei unterdurchschnittlich Gebildeten zunehmend vom Fernsehen verdrängt. – Diesen gefährlichen Zuspitzungen gegenüber können die kulturellen und bildenden Möglichkeiten der M. kaum hoch genug eingeschätzt werden. Aber Sendungen dieser Art sind für kleine, begrenzte Kreise da, können nicht in den Mittelpunkt gestellt werden oder Einfluß auf das Niveau der Sendungen für die große Mehrheit nehmen. Abgesehen davon, daß M. selbst bei höheren Formen der Darbietung die Gefahr konsumlenkenden und demagogischen Mißbrauchs in sich bergen, kann schon an der Grundtatsache nichts geändert werden, daß sie eben für die Massen da sind (→ Vermassung) und ihre fördernde Wirkung auf Einzelne, die von den Sendungen höhere Qualitäten erwarten, verschwindend klein bleibt gegenüber der Gleichmacherei aller bildenden Werte auf dem tiefen Niveau des „kulturellen Massenkonsums".

E. Feldmann, Theorie der M., 1962; G. Schischkoff, Die gesteuerte Vermassung, 1963; E. Scheuch, M., Wirklichkeit, Manipulation, 1970; R. Zoll, M. und Meinungsbildung, 1970; A. Silbermann, E. Zahn, Die Konzentration der M. und ihre Wirkung, 1970; H. Holzer, Gescheiterte Aufklärung?, 1971; D. Prokop, Faszination und Langeweile der Medien, 1978.

material (lat.), stofflich; das Inhaltliche an einer Gegebenheit betonend; Gegensatz → formal.

Materialismus, eine Anschauung, die in der → Materie den Grund und die Substanz aller Wirklichkeit sieht, also nicht nur der stofflichen, sondern auch der seelischen und der geistigen. Zum M. ist der Naturalismus zu rechnen, insofern er dem Menschen keine Sonderstellung in der Natur einräumt, ferner der Empirismus, dem nur das mit naturwissenschaftl. Methoden Erfaßbare als wirklich gilt, dann der Neupositivismus, der die Erörterung geistigseelischer Tatbestände von vornherein ablehnt. Teilweise materialist. ist auch die Philosophie B. Russells und seiner Schule. Kennzeichnend für den M. ist sein großer Respekt vor Naturwissenschaft und Technik und seine Verherrlichung der instrumentellen Vernunft. Er läßt sich bis zu den Anfängen des abendländ. Denkens zurückverfolgen und ist überall in der Gesch. der Philosophie anzutreffen. Zu hoher Blüte gelangte er in der franz. Aufklärung (Lamettrie, Holbach, Diderot), aber erst im 19. Jh. gewann er bestimmenden Einfluß auf die europ. Philosophie (Marx, Engels, Feuerbach, Czolbe, D. F. Strauß, Moleschott, Karl Vogt, Büchner, Haekkel, Dühring). Er stellt ein Gegengewicht gegen die Verirrungen des Idealismus dar, aber er versagt in seiner Einseitigkeit vollkommen vor allen entscheidenden, d. h. vor den menschlichen Problemen (Bewußtsein, Dasein, Zweck und Ziel des Lebens, Freiheitswerte usw.), die er als Scheinprobleme abzutun genötigt ist. Seine Grundlagen sind eine Reihe von Dogmen und eine primitive, von der Entwicklung des abendländischen Denkens längst überholte Ontologie. Der M. ist die von den → Massen bevorzugte Denkweise, weil diese ihnen anschaulich plausibel erscheint und mit deren Streben nach materiellem Glück zusammenhängt. Der franz. M. des 17. Jh.s ging unter dem Namen Vulgärm. in die Geschichte ein. Folgende Arten des M. lassen sich unterscheiden: 1. der physikalische M., der in der Materie die letzte phys[kali]sche Wirklichkeit erblickte (Klassische Mechanik); seine Grundlagen sind durch die Ergebnisse der neueren Physik erschüttert. 2. Der biologische bzw. physiologische M. versucht den metaphysischen Begriff des Lebens durch eine verwickelte, „bisher nicht erklärbare" physikalisch-chemische Gesetzlichkeit zu ersetzen (Lamettrie, Moleschott, Vogt, viele moderne Biologen und Physiologen); Opposition dagegen: → Vitalismus. 3. Der psychologische M. stellt dieselben Überlegungen hinsichtlich Seele und Geist an, wobei er den Qualitätenunterschied zw. Materiellem und Immateriellem vernachlässigt (Lamettrie, Bechterew). 4. Etwas völlig anderes ist der ethische M. Er hält nur die nutz- und genießbaren Güter für erstrebenswert und lehnt die Anerkennung eines Reiches autonomer, nicht materieller Werte ab. 5. Der dialektische M. („Diamat") ist die sowjetrussische Staatsphilosophie, zugleich die ideolog. Grundlage der sowjetischen Wissenschaft. Er ist aus einer Übertragung der Hegelschen Dialektik auf das materialistisch-monistische Weltbild des ausgehenden 19. Jh. entstanden; die Bez. M. wird dabei oft im Sinne v. Realismus (vom Denken unabhängige, außerhalb des Bewußtseins existierende Realität) gebraucht; vgl. → Marx, Lenin. 6. Der Historische M.; → Materialismus, historischer.

F. A. Lange, Gesch. des M. u. Kritik seiner Bedeutung in der Gegenwart, 1866; L. Büchner, Kraft u. Stoff, 1898; G. A. Wetter, Der dialekt. M., 1921; J. M. Bochenski, Der sowjetruss. dialekt. M., 1950; H. Ley, Studie zur Gesch. des M. im MA, 1957; J. M. Bochenski (Hg.), Bibl. der sowjet. Philos. (= Sowjetica I, 1–2), 1959; R. Ahlberg, Dialekt. Philos. u. Gesellschaft in der Sowjetunion, 1960; E. Huber, Um eine „dialekt. Logik". Diskussionen in der neuen Sowjetphilos., 1966; A. Deborin/N. Bucharin, Kontroversen über dialekt. u. mechanist. M., 1969; E. Bloch, Das M.problem, seine Gesch. u. Substanz, 1972; A. Schmidt, Drei Studien über M., 1977; P. Tepe, Transzendentaler M., 1978; H. Robinson, Matter and Sense. A Critique of Contemporary Materialism, Cambridge 1982.

Materialismus, historischer (auch: materialistische oder ökonomische Geschichtsauffassung), eine auf Saint-Simon zurückgehende, auf dem → Materialismus beruhende und vom → Marxismus nachdrücklich vertretene Geschichtsphilosophie, die das Hegelsche Schema auf die sozial-ökonomische Struktur und die ihr innewohnenden dialektischen Spannungen bezieht. „Die Produktionsweise des materiellen Lebens bedingt den sozialen, politischen und geistigen Lebensprozeß überhaupt. Es ist nicht das Bewußtsein des Menschen, das ihr Sein, sondern umgekehrt ihr gesellschaftliches Sein, das ihr Bewußtsein bestimmt" (Marx). „Wir sehen die ökonomischen Bedingungen – die Art und Weise, wie die Menschen einer bestimmten Gesellschaft ihren Lebensunterhalt produzieren und die Produkte untereinander austauschen – als das in letzter Instanz die geschichtliche Entwicklung Bedingende an" (Engels); → Ideologie. Der h. M. kann keine wissenschaftl. Erkenntnisse gewinnen, sondern will vor allem ein Instrument sein, um (mit politischen Machtmitteln) in den Ablauf der Geschichte zu Gunsten des Sozialismus einzugreifen. Seine vermeintl. wissenschaftl. Methode ist die des Positivismus, seine metaphysischen Grundlagen sind (obwohl er die Möglichkeit jeder Metaphysik leugnet) der Naturalismus und ein → kausal-mechanisches Weltbild, insbes. aber das Gesetz der → Dialektik (→ Hegelianismus). Der h. M. glaubt an den → Fortschritt, an die Vervollkommnungsfähigkeit des Menschen und an die Solidarität der Menschheit. Sinn und Ziel der geschichtl. Entwicklung ist das Glück Aller (→ Eudämonismus). – Der h. M. läßt die Frage, wer oder was der Geschichte dieses Ziel gesetzt hat, ebenso unbeantwortet wie die Frage nach der Möglichkeit menschl. Eingreifens in den Verlauf der Geschichte überhaupt.

Da Denken, Fühlen und Wollen des Menschen nichts als Funktionen materieller Gegebenheiten (andere existieren in Wirklichkeit nicht) sein sollen, weshalb der h. M. auch keine Ethik entwickelt hat, ist es dem Menschen grundsätzlich nicht möglich, gedanklich an diese Gegebenheiten heranzukommen, geschweige denn sie zu verändern. Der h. M. vermag das Phänomen des Geschichtlichen nicht adäquat zu erfassen.

H. Cunow, Die Marxsche Geschichts-, Gesellschafts- u. Staatstheorie, I–II, 1920–21; N. Bucharin, Theorie des histor. M., 1922 (russ. 1921); K. Kautsky, Die materialist. Geschichtsauffassung, I–II, 1927; G. Wetter, Der dialekt. M., seine Gesch. u. sein System in der Sowjetunion, 1952; J. W. Stalin, Über dialekt. u. histor. M., hg. 1956; P. Kägi, Genesis des histor. M., 1965; J. Lorrain, A Reconstruction of Historical Materialism, London 1986; T. Rockmore, Habermas on Historical Materialism, Bloomington 1989.

Materie (lat.), Stoff, ein Begriff, dem zuerst nur das Merkmal der im Raum sich sinnenfällig darbietenden Körperlichkeit bzw. Körperhaftigkeit, dagegen noch nicht das der Gegensätzlichkeit zu Leben, Seele, Geist anhaftete (Holismus) und der sich erst nach den mannigfaltigsten geschichtlichen Wandlungen zum Begriff des „toten Stoffs", d. h. aber gleichzeitig zum Gegenbegriff gegen die Begriffe Leben, Seele, Geist entwickelte, weltanschaulich im Sinne des → Materialismus, wissenschaftlich im Sinne der modernen Naturwissenschaft. In der neuesten Physik ist ein Elementarteilchen der M. nur noch der Name für einen ausgezeichneten Punkt eines Feldes; → Feldtheorie, → Energetik.

C. Baeumker, Das Problem der M. in der griech. Philos., 1890 (Repr. 1963); B. Russell, The Analysis of Matter, London 1927 (dt. 1929); P. Debye, Struktur der M., 1933; F. Lieben, Vorstellungen vom Aufbau der M. im Wandel der Zeiten, 1953; U. A. Schöndorfer, Philos. der M., 1954; G. Petry, Grundlagen für eine einheitl. Welt- und M.-Theorie, 1971; W. Hollitscher, M., Bewegung, kosm. Entwicklung, 1983.

Materiewellen, → Broglie, Wellenmechanik.

Mathematik die Wissenschaft bzw. Wissenschaftsgruppe von den rational erfaßbaren Mannigfaltigkeiten und Strukturen, bes. von den mathematischen Mengen und Größen, als elementare M. die Wissenschaft von den Zahlengrößen (Arithmetik) und von den Raumgrößen (Geometrie), und der Fertigkeit des Rechnens mit diesen Gebilden. Die reine M. beschäftigt sich mit den Größen an sich, die angewandte M. mit den praktischen Verfahren und vereinfachten Lösungen betreffend meß- und zählbare Erscheinungen, so wie diese ihr von der Physik und anderen Bereichen konkreter Forschung geliefert werden. Die klassische reine M. vermochte mit Hilfe einfacher Begriffe und Voraussetzungen, (Axiome), durch rein logische Schlüsse Ergebnisse abzuleiten, bzw. zu „errechnen', deren Richtigkeit jedes vernünftige Wesen zugeben muß („mathematische" Gewißheit, strenge Beweisführung). In der modernen Begründung der M. sind „Axiome" keine evidenten Wahrheiten mehr, sondern formal eingeführte „Setzungen", und es kommt lediglich auf die Widerspruchsfreiheit des ganzen Axiomensystems an. Ontologisch betrachtet gehören mathematische Gebilde in den Bereich des idealen → Seins und der apriorischen Einsichten; sie treten erst als Vermittler aposteriorischer Erkenntnisse auf, sofern sie auf empirische Anschauungen „angewandt" werden können (Kant). In diesem Sinne betrachtet dürfte es ein Mißverständnis sein, wenn M. zu den Naturwissenschaften gerechnet wird. Dies hat eine sekundäre Begründung nur in dem Umstand, daß die Ergebnisse der ideellen math. Forschung ihre Konkretisierung und Anwendung auf naturwissenschaftlich-technischem Gebiet finden. Die Philosophie der M., d. h. die Frage nach ihrem eigentlichen Wesen, nach ihren wirklichen oder formalen Sätzen (→ Axiomen) und nach ihrer Bedeutung für Erkenntnistheorie und Logik, ist in neuester Zeit bes. durch Frege, Russell, Hilbert, Brouwer, d. h. durch die sog. (mathematische) „Grundlagenforschg." gefördert worden. Ihr offenbarte sich eine „Grundlagenkrisis", hinsichtlich deren Lösung sich (mathematischer) → Formalismus (Hilbert), → Konventionalismus und (mathematischer) Intuitionismus (Brouwer) gegenüberstanden; sie ist weitgehend geklärt, aber doch nicht ganz behoben. Sie hat u. a. die wichtige Einsicht vermittelt, daß es innerhalb der M. unentscheidbare Fragen gibt (Beweis von Gödel). Andererseits sind für weite Gebiete der M. endgültige Beweise ihrer Widerspruchsfreiheit erbracht worden (Hilbert, Genzen).

E. Husserl, Philos. der Arithmetik, 1891; L. Brunschvicg, Les étapes de la philos. mathématique, Paris 1912; R. Baldus, Formalismus u. Intuitionismus in der M., 1924; H. Dingler, Philos. der Logik u. Arithmetik, 1931; W. Dubislav, Philos. der M. in der Gegenwart, 1932; H. Dingler, Die Grundlagen der Geometrie, 1933; D. Hilbert/P. Bernays, Grundlagen der M., I–II, 1934/39; E. Colerus, Von Pythagoras bis Hilbert, 1937; R. Courant/H. Robbins, What is M.?, London 1941 (dt. 1962); B. v. Freytag-Löringhoff, Gedanken zur Philos. der M., 1948; H. Weyl, Philos. der M. und der Naturwiss., 1948, [4]1976; A. Darbon, La philos. des mathématiques, Paris 1949; E. A. Maziarz, The Philosophy of M., New York 1950; O. Bekker, Das mathemat. Denken der Antike, 1957; S. Körner, Philosophy of M., London 1960 (dt. 1968); O. Becker, Grundlagen der M. in geschichtl. Entwicklung, 1964; E. Angelis/W. Risse, Die mathemat. Methode in der Philos., 1970; P. Bernays, Abhandlungen zur Philos. der M., 1976; J. Göckl, Wahrheit u. Beweisbarkeit, 1976; V. N. Molodskii, Studien zu philos. Problemen der M., 1977 (russ. 1969); W. Heitsch, M. und Weltanschauung, 1978; H. Meschkowski, Problemgesch. der M., I–II, 1979/81; R. Rheinwald, Der Formalismus und seine Grenzen. Unters. zur neueren Philos. der M., 1984; F. Schmitz, Wittgenstein. La philos. et les mathématiques, Paris 1988.

Mathesis universalis (griech.-lat. „universale Wissenschaft"), auf Descartes und Leibniz zurückgehende Bezeichnung des Gesamtgebiets aller formalen Wissenschaften.

Mathieu, Vittorio, * 12. 12. 1923 Varazze, Prof. in Turin, Mitglied der UNESCO und des *Institut International de Philosophie*. Sein Denken wurde vor allem von Kant, Bergson und Abbagnano beeinflußt; von Kant übernimmt er den Gedanken einer auf die Wissenschaft gründenden objektiven Erkenntnis und wie Bergson unterscheidet er verschiedene Schichten der Wirklichkeit, die der Philosoph anders als der Wissenschaftler, der die ganze Wirklichkeit auf die Ebene der Objektivität nivelliert, auseinanderzuhalten hat. – Hauptw.: *L'oggettività,* 1960; *Il problema dell'esperienza,* 1963; *Storia della filosofia,* 1966–67; *Bergson*, 1971; *La speranza nella rivoluzione*, 1973; *Dialettica della libertà*, 1974; *Introduzione a Leibniz*, 1976; *Temi e problemi della filosofia contemporanea*, 1977; *Perché punire?*, 1978; *Cancro in Occidente,* 1980.

Maupertuis, Pierre Moreau de, franz. Physiker und Mathematiker, * 28. 9. 1698 St. Malo, † 27. 7. 1759 Basel, 1741 von Friedrich d. Gr. als Präsident der Akademie nach Berlin berufen, setzte in der franz. Philosophie die Lehren Newtons endgültig durch, bemühte sich, Hume folgend, um eine empirische Ableitung der Grundlagen der Mathematik; entdeckte das Prinzip des kleinsten Kraftmaßes und suchte einen Gottesbeweis darauf zu gründen (*Essai de cosmologie*, 1759), was ihn in Konflikt mit Voltaire brachte. – Hauptwerke: Essai de philosophie morale, 1749, dt. 1750; Essai de cosmologie, 1750, dt. 1751; Œuvres, Dresden 1752; Œuvres, I–IV, Lyon 1756 (Repr. 1974).

A. de la Baumelle, La vie de M., Paris 1856 (mit Bibl.); E. du Bois-Reymond, M., Leipzig 1893; P. Brunet, M., I–II, Paris 1929; F. Prunier, Newton, M. et Einstein, Paris 1929; E. Callot, M., Paris 1964; L. Velluz, M., Paris 1969; H. Brown, Science and the Human Comedy. Natural Philosophy in the French Literature from Rabelais to M., Toronto 1976.

Maurer, Reinhart, * 26. 3. 1935, Xanten, Prof. a. d. Fr. Universität Berlin, bemüht sich um die Rehabilitierung praktischer Philosophie; erstens im Rückgriff auf die noch nicht zum Zuge gekommenen, andersanfänglichen Möglichkeiten der philosoph. Tradition; zweitens, in Auseinandersetzung mit modernen Formen praktischer Philosophie und Weltanschauung. Damit in Verbindung sucht M. nach den gegenwärtigen Möglichkeiten einer Ersten Philosophie. – Schr. u. a.: Hegel und das Ende der Geschichte, ²1980; Platons ‚Staat' und die Demokratie, 1970; Revolution und ‚Kehre', 1975; J. Habermas' Aufhebung der Philosophie, 1977.

Mauthner, Fritz, Sprachphilosoph, * 22. 11. 1849 Horschitz (Böhmen), † 28. 6. 1923 Meersburg (Bodensee), lehnt als Vertreter eines extremen Nominalismus den Eigenwert der Erkenntnis ab; was als Fortschritt der Erkenntnis bezeichnet wird, ist in Wirklichkeit ein Wachsenlassen des Wortes durch dessen metaphorische Anwendung. Die Philosophen streiten sich um Worte; eine durchgreifende Kritik der philos. Terminologie könne den Streit beenden. – Hauptwerke: Beiträge zu einer Kritik der Sprache, I–III, 1901–02, ³1923 (Repr. 1982); Die Sprache, 1906; Wörterbuch der Philos., I–II, 1910–11 (Repr. 1980), I–III, ²1923/24; Erinnerungen, 1918 (Repr. u.d.T.: Prager Jugendjahre. Erinnerungen, 1969); Der Atheismus und seine Gesch. im Abendlande, I–IV, 1920–23 (Repr. 1963); Die drei Bilder der Welt. Ein sprachkrit. Versuch, hg. 1925.

T. Kappstein, F. M., 1926; G. Ipsen, Sprachphilos. der Gegenwart, 1930; J. Kühn, Gescheiterte Sprachkritik. F. M.s Leben u. Werk, 1975; W. Eschenbacher, F. M. und die dt. Literatur um 1900, 1977.

Maxime (aus lat. *propositio maxima*, „höchster Grundsatz"), allgemeine Lebensregel, subjektives Prinzip des Wollens, Denkspruch. Berühmt sind Goethes „Maximen und Reflexionen" (neu hrsg. v. G. Müller, KTA Bd. 186), die „Maximen" v. La Rochefoucauld (1665), d. „Handorakel und Kunst der Weltklugheit" von Balthasar Gracian (1653, dt. von Schopenhauer, KTA Bd. 8), die Betrachtungen und Maximen von Vauvenargues (1746).

Maximum und Minimum (lat.), das Größte (Höchste) und das Kleinste (Geringste). Davon: maximal und minimal, auch in der Mathematik. Für Nikolaus von Kues und Giordano Bruno ist „Gott", d. h. das Eine, aus dem Alles hervorgeht, das Maximum und zugleich das Minimum: er ist im Größten wie im Kleinsten.

Maxwell, James Clerk, engl. Physiker und Wissenschaftstheoretiker. * 13. 6. 1831 Edinburgh, † 5. 11. 1879 Cambridge als Prof. (seit 1871), begründete die (inzwischen durch die Quantenphysik modifizierte) elektro-magnetische Lichttheorie. Die sog. M.schen Gleichungen verknüpfen elektr. und magnet. Felder derart, daß aus der Veränderung des einen das Auftreten des anderen einsichtig wird. – Hauptwerke: Matter and Motion, 1876, dt. 1881; The Scientific Papers of J. C. M., I–II, Cambridge 1890 (Repr. New York 1965).

C. Domb (Hg.), C. M. and Modern Science, London 1963; I. Wolff, Grundlagen und Anwendung der M.schen Theorie, I–II, 1968–70.

May, Eduard, * 14. 6. 1905 in Mainz, † 10. 7. 1956 in Berlin, ursprünglich Zoologe, befaßte sich mit Fragen der Naturphilosophie, Wissenschaftstheorie und Methodenlehre, seit 1950 Prof. in Berlin-West, Begründer u. Herausgeber der „Philosophie Naturalis". – Hauptw.: Die Bedeutung der modernen Physik für die Theorie der Erkenntnis, 1937; Am Abgrund des Relativismus, 1941, [2]1943; Kleiner Grundriß der Naturphilosophie, 1948; Heilen und Denken, 1956.

Vollst. Biblg. ZphF, XX, 1966.

Maya (ursprünglich Name eines indianisch-mexik. Volkes; in der indischen Philosophie *Maja* [Sanskrit]), Name einer Göttin, die das täuschende Prinzip u. Zaubermacht in der Welt verkörpert; ind. Wort für d. Kunst, Wunderwirkungen hervorzubringen, bzw. für diese Wunderwirkungen selbst. Schließlich bei Schankara Bez. für das „verformende" Prinzip *(Vivarta)* im Wirklichen. Bekannt durch Schopenhauers „Schleier der M.", womit er den Illusionscharakter der Welt bezeichnen wollte.

P. D. Devanandan, Concept of M., London 1950; R. Reyna, The Concept of M. from the Vedes to the Twentieth Century, London 1962.

McDougall, William, nordamerikan. Soziologe und Psychologe, * 22. 6. 1871 Lancashire (England), † 28. 11. 1938, seit 1929 Prof. an der Duke-Univ. in North Carolina, suchte antimaterialistische und psychologische Gedankengänge auf die Gesellschaftswissenschaften anzuwenden und betonte vor allem den Wert des Instinktes für die menschl. Lebensführung und Erkenntnis. – Hauptw.: *Social Psychology,* 1908, neu als: *An Introduction to Social Psychology,* [24]1943, dt. [2]1951; *Psychology,* 1912, dt. [2]1951; *The Group Mind,* 1920, [2]1927; *The American Nation. Its Problems and its Psychology,* 1925; *The Energies of Men,* 1932, dt. u. d. T.: Aufbaukräfte der Seele, [2]1947; Charakter und Lebensführung, 1951; Parapsychologie als Univers.studium, hrsg. v. H. Bender, 1966.

E. Becker, McD., 1933; M. Ginsberg, *The Psychology of society*, [5]1942.

Mead, George Herbert, amerik. Philosoph, * 27. 2. 1863 South Hadley/Massachusetts, † 26. 4. 1931 Chicago/Ill., seit 1894 Prof. das., vorher in Michigan, wo er in enger Verbindung mit J. Dewey stand. Arbeitete auf den Gebieten der physiolog. Psychologie, Kulturanthropologie und Sozialphilosophie. – Hauptwerke: The Philosophy of the Present, hg. 1932; Mind, Self and Society from the Standpoint of a Social Behaviorist, hg. 1934, dt. 1968; Movements of Thought in the Nineteenth Century, hg. 1936; The Philosophy of the Act, hg. 1938.

A. Strauss (Hg.), The Social Psychology of G. H. M., Chicago 1956; W. R. Corti (Hg.), The Philosophy of G. H. M., Winterthur 1973; H. Joas, Prakt. Intersubjektivität. Die Entwicklung des Werkes von G. H. M., 1980 (mit Bibl.); H. Joas (Hg.), Das Problem der Intersubjektivität. Neuere Beiträge zum Werk G. H. M.s, 1985; H. Wenzel, G. H. M. zur Einf., 1990.

mechanisch (vom griech. *mechane*, „Werkzeug"), auf die Mechanik bezüglich, durch Schwere oder Bewegung (Druck und Stoß), durch physische Ursachen notwendig hervorgebracht und nach den Gesetzen der Mechanik verlaufend; auch: maschinenmäßig, gedankenlos, automatisch; → mechanistisch.

mechanistisch heißt ein Weltbild, das das Weltall als Weltmaschine auffaßt. Kant befürwortete d. m.e Denken nur methodisch: Ohne daß der Mechanismus der Natur als Forschungshypothese zugrunde gelegt wird, kann es keine eigentliche Naturerkenntnis, ja überhaupt keine streng exakte Wissenschaft (kein kausales Verstehen des Weltganzen) geben (Kritik der Urteilskraft); → Maschinentheorie.

E. Wasmuth, Kritik des mechanisierten Weltbildes, 1929; E. J. Dijksterhuis, De mechanisering van het Werelbeeld, Amsterdam 1950, dt. 1956; A. Deborin/N. Bucharin, Kontroversen über dialekt. und m.en Materialismus, 1969.

Mechthild von Magdeburg, erste bedeutende deutschsprachige Mystikerin, * um 1212 bei Magdeburg, † 1285 im Zisterzienserinnenkloster Helfta bei Eisleben; ihr Werk, „Das fließende Licht der Gottheit", ist nur in einer oberdeutschen Bearbeitung (hochdt. Übers. v. M. Escherich, 1909) erhalten sowie in einer lateinischen Übersetzung *„Lux divinitatis"*, die auf Dante gewirkt haben soll. Im Mittelpunkt ihrer Schauungen steht der Adel (die Edelheit) der Seele vor Gott; ihre Bilder entnimmt sie weniger der Natur als dem Volksleben.

H. Starling, Studien zu M. v. M., 1907; H. Neumann, Beiträge zur Textgesch. des fließenden Lichtes der Gottheit, 1954; A. M. Haas, Sermo mysticus, 1979.

Mediation (lat.), Vermittelung; mediatorisch, vermittelnd.

Meditation (lat.), Nachdenken, Nachsinnen, Betrachtung im philosophisch-metaphysischen bzw. religiös-mystischen Sinne. Philosophisches Beispiel: Descartes' „Meditationen über die erste Philosophie (d. h. Metaphysik)" 1641. Im religiös-mystischen Sinne wird M. als Versenkung erlebt, zum Mittel tiefsten Erkennens; → Kontemplation.

H. U. Rieker, Das Geheimnis der M., 1953; J. B. Lotz, Der Weg nach innen, 1954; W. Bitter, M. in Religion u. Psychotherapie, 1958, ²1973; Lu K'uan Yue, Geheimnisse der chines. M., 1967; E. Benz, M., Musik und Tanz, 1976; P. J. Griffiths, On Being Mindless. Buddhist M. and the Mind-Body Problem, La Salle Ill. 1986.

Megariker (megarische Philosophenschule), heißen in der griech. Philosophie die Anhänger des Euklid von Megara (etwa 450–380 v. Chr.), eines Schülers von Sokrates. Sie befaßten sich bes. mit der Logik, mit der Kunst des Wortstreites, der Eristik, und verbanden die sokratische Ethik mit der eleatischen Lehre von dem ewigen steten Einen.

K. Döring, Die M. – Kommentierte Sammlung der Testimonien, 1972.

Meh-ti → Mo Ti.

Meinecke, Friedrich, Historiker und Geschichtsphilosoph, * 30. 10. 1862 Salzwedel, † 6. 2. 1954 Berlin, 1901–1928 Prof. das., bes. bekannt durch sein Werk „Die Entstehung des Historismus" (1936, ³1960), in dem er den Historismus gegen den Vorwurf verteidigt, er sei ein Zurückweichen vor der Gegenwart in die Vergangenheit. Der echte Historismus ist nach M. gleichbedeutend mit dem geschichtl. Bewußtsein und ist „nichts anderes als die Anwendung der in der großen deutschen Bewegung von Leibniz bis zu Goethes Tod gewonnenen Lebensprinzipien auf das geschichtl. Leben". – Hauptwerke: Weltbürgertum und Nationalstaat, 1917; Persönlichkeit und geschichtl. Welt, 1918; Die Entstehung des Historismus, I–II, 1936; Erlebtes 1862–1901, 1941; Die dt. Katastrophe, 1946; Straßburg, Freiburg, Berlin, 1949; Aphorismen und Skizzen zur Gesch., 1951; Werke I–IX, 1957–79.

Das Hauptproblem in der Gesch., Festgabe zum 90. Geburtstag von F. M., in: HZ 174 (1952); W. Bussmann, F. M., 1963.

Meinen, schon in der antiken Philosophie (dort *„doxa"* genannt) Bez. für auf bloßen Schein gerichtetes, an der Wahrheit bzw. am Sein vorbeigehendes Erkennen, so noch bei Kant ein „mit Bewußtsein sowohl subjektiv als objektiv unzureichendes Fürwahrhalten", ähnlich bei Hegel und Goethe, – eine subjektive Vorstellung, beliebiger Gedanke, Einbildung. Seit Lotze dagegen (der oft vom „Gemeinten" spricht) bezeichnet M. die besondere Richtung auf das Gültige innerhalb des gesamten Erkenntnisbemühens, welche Bedeutung von M. schon im mittelalterlichen Begriff der *„Intentio"* (→ Intention), auch als gnoseologische Relation verstanden, angelegt ist. Im Bereich der Soziologie wurde aus M. das Substantiv *Meinung* gebildet im Sinne der öffentlichen Meinung, für deren Erforschung Methoden der Umfrageforschung und Demoskopie entwickelt wurden.

H. Lotze, Logik, 1843; H. Hörmann, M. u. Verstehen, 1978; W. Wieland, Platon und die Formen des Wissens, 1982.

Meinong, Alexius (Ritter von Handschuchsheim), Philosoph, * 17. 7. 1853 Lemberg, † 27. 11. 1920 Graz als Prof. (seit 1882), entwickelte eine Gegenstandstheorie, d. h. eine Lehre vom Gegenständlichen, ohne Rücksicht auf seine jeweilige Seinsweise, jedoch unter besonderer Berücksichtigung seiner vier qualitativ gesonderten Hauptklassen. Entsprechend den vier Erlebnis-Hauptklassen: Vorstellen, Denken, Fühlen, Begehren unterscheidet M. vier Gegenstandsklassen: Objekte, Objektive, Dignitative und Desiderative. Zu den Dignitativen gehören das Wahre, Gute und Schöne, zu den Desiderativen die „Gegenstände" des Sollens und des Zweckes, woraus M. wichtige Folgerungen für die Werttheorie zieht. – Hauptwerke: Psycholog.-ethische Unters. zur Werttheorie, 1894; Über Annahmen, 1902; Über die Stellung der Gegenstandstheorie im System der Wiss., 1907; Ges. Abhandlungen, I–II, hg. 1913–14 (mit Bibl.); Über Möglichkeit u. Wahrscheinlichkeit, 1915; Selbstdarstellung. In: Die dt. Philos. der Gegenwart in Selbstdarstellungen, I, [2]1923; Philosophenbriefe, hg. 1965; Gesamtausg., I–VII, 1968–78.

E. Matinak, M. als Mensch und Lehrer, 1925; J. N. Findlay, M.s Theory of Objects and Values, Oxford 1933, [2]1963; K. Radakovic u.a. (Hgg.), M.-Gedenkschrift, 1952; D. J. Marti-Huang, Die Gegenstandstheorie von A. M. als Ansatz zu einer ontologisch neutralen Logik, 1984.

Melancholie (griech. „Schwarzgalligkeit"), Schwermut, Tiefsinn, ein seelischer Zustand, der durch düstere Stimmung, traurige Vorstellungen, Schwäche des Willens gekennzeichnet ist, durch Herabstimmung des Selbstgefühls und des Selbstvertrauens. Der Melancholiker, beschrieben als Typus der klassischen Lehre vom → Temperament, neigt zum Pessimismus, zu einer stärker von Stimmung und Gefühl als von Tat und Wille beherrschten Lebensauffassung.

R. Kassner, Melancholia, 1908; W. Benjamin, Der Ursprung des dt. Trauerspiels, 1928; O. F. Bollnow, Das Wesen der Stimmungen, 1941; L. Binswanger, M. und Manie, 1960; H. Flashar, M. und Melancholiker in den Theorien der Antike, 1966; W. Lepenies, M. und Gesellschaft, 1969; H. J. Schings, M. und Aufklärung, 1977; L. Völker, Muse M., 1978.

Melanchthon (eigentl.: Schwarzert), Philipp, reformator. Theologe und Pädagoge, * 16. 2. 1497 Bretten, † 19. 4. 1560 Wittenberg, das. seit 1518 Prof.; als Begründer der protestant. → Neuscholastik bis weit ins 18. Jh. hinein wirkend, bes. durch seine Rechts- u. Staatslehre. Zunächst reiner Humanist, wurde er unter Luthers Einfluß dem Humanismus vorübergehend entfremdet (aus dieser Zeit stammen seine „Theol. Punkte" [1521], die erste prot. Dogmatik); vermochte trotz späterer Wiederannäherung an den Humanismus eine wirkliche Synthese zwischen diesem und dem Protestantismus nicht zu finden, weshalb er jenen auf einen (humanistischen) Aristotelismus einschränkte. Sein philos. System umfaßt Dialektik (Logik- und Erkenntnislehre) als Kunst, „richtig, geordnet und durchsichtig zu lehren", Physik (hier ist M. Gegner des kopernikanischen Weltbilds), Psychologie (Bez. stammt von M.) im Anschluß an Aristoteles und die Bibel und Ethik. An die Stelle der Metaphysik muß nach M., auch für den Philosophen, die Theologie treten. Im Sinne des Erasmus von Rotterdam und gegen Luther entschied sich M. für Willensfreiheit. Als Ethik und zugleich Abschluß der Philosophie entwarf M., hier am selbständigsten, ein ausführliches System der geistlichen und bürgerlichen Gerechtigkeit, das einerseits Gesinnungsethik vom Gottesgehorsam her, andererseits eine Gesetzesethik von den zehn Geboten des A.T. her ist. Seiner akademischen Lehrtätigkeit und seiner Mitwirkung bei der Gestaltung des humanistischen Gymnasiums verdankte M. den Namen „*Praeceptor Germaniae*" („Lehrer Deutschlands"). – Hauptwerke: Loci communes rerum theologicarum seu hypotyposes theologicae (Allg. Grundbegriffe des theolog. Sachbereichs oder Abriß der Theologie), 1521; Opera quae supersunt omnia, I–XXVIII, 1843–60 (Repr. 1964).

G. Ellinger, P. M., 1902; H. Engelland, M., 1931; F. Hildebrandt, M., Cambridge 1946; W. Hammer, Die M.-Forschung im Wandel der Jh e, I–III, 1967–80; G. Kisch, M.s Rechts- und Soziallehre, 1967; W. Thüringer, Die M.handschriften in der Herzog August Bibliothek Wolfenbüttel, 1982.

Melissos von Samos, griech. Philosoph des 5. Jh. v. Chr., gehörte zur eleatischen Philosophenschule, vermutlich Schüler des Parmenides, lehrte die Leid- und Zeitlosigkeit des Seins (die Zeit ist nicht), suchte die Ewigkeit u. Unveränderlichkeit des Seienden zu beweisen, bestreitet das Vorhandensein eines leeren Raumes. – Texte: H. Diels/W. Kranz (Hgg.), Die Fragmente der Vorsokratiker, I–II, 1906–10.

E. L. Owen, Eleatic Questions, in: Class. Quarterly 10 (1960); J. Barnes, The Presocratic Philos., I, London 1979.

Mendelssohn, Moses, Philosoph, * 6. 9. 1729 Dessau, † 4. 1. 1786 Berlin, seit 1754 mit Lessing befreundet, stand mit Kant in Briefwechsel, nahm dessen „alleszermalmende Kritik" zunächst ablehnend auf; verteidigte das Judentum vom Boden des Vernunftgesetzes aus gegen Lavater und Bonnet. Seine Schrift „Jerusalem oder Über religiöse Macht und Judentum" (1783) hat das Bild der jüd. Religion bei Kant, Hegel u. a. sowie ihren Nachfolgern bestimmt. M. verteidigte Leibniz gegen Voltaire (Philosoph. Gespräche, 1755), lieferte einen Beitrag zur Theorie der Gefühle (Briefe über die Empfindungen,

1755), zur Theorie des Schönen und zum Problem der Evidenz. – Hauptwerke: Briefe über die Empfindungen, 1755; Philos. Gespräche, 1755; Abhandlung über die Evidenz in den metaphys. Wiss., 1764; Jerusalem oder Über religiöse Macht u. Judentum, 1783; Schriften zur Psychologie und Ästhetik sowie zur Apologetik des Judentums, I–II, hg. 1880 (Repr. 1968); Sämtliche Werke, I–VII, 1843–45 (Repr. 1972–75); Gesammelte Schriften, I–XX, 1929 ff.

F. Bamberger, Die geistige Gestalt M. M.s, 1929; M. Freudenthal, M. M., 1929; H. Lemle, M. und die Toleranz, 1932; R. Richter, M.s Ästhetik, 1948; A. Altmann, M. M.s Frühschriften zur Metaphysik, 1969; J. Allerhand, Das Judentum in der Aufklärung, 1980; A. Altmann, Die trostvolle Aufklärung, 1982; A. Hertzberg, M., London 1989.

Mengenlehre, eine von dem Mathematiker Georg Cantor (1845–1918) aufgestellte analytische Methode zur Überwindung der Paradoxien unendlicher Bereiche und zur widerspruchsfreien Klärung des Mengenbegriffes. Erst in der weiteren Entwicklung durch D. Hilbert und H. Weyl wurde die Axiomatisierung und eindeutige Abgrenzung der verschiedenen Kategorien von Mengen mathematischer Gegenstände möglich, wobei in der Hauptsache kalkulatorisch konstruierbare von nur beschreibbaren (definiten) Mengen unterschieden werden. – Die Einführung der M. als Unterrichtsfach in die unteren Schulklassen hat vor allem die Bedeutung, durch anschauliche Verdeutlichung des Gruppen- und Klassenbegriffes sowie von sich überschneidenden Mengen den Zahlenbegriff aus dem Denken in Gegenstandsbereichen auf eine natürliche Weise entstehen zu lassen.

B. Bolzano, Paradoxien des Unendlichen, 1851; G. Cantor, Über eine Eigenschaft des Inbegriffs aller reellen algebraischen Zahlen, in: Jahrbuch für reine u. angewandte Mathematik 77 (1874); A. A. Fraenkel, Einl. in die M., 1919 (Repr. 1972); A. A. Fraenkel, M. und Logik, 1959; R. Carls, Idee u. Menge, 1974; J. Barwise (Hg.), Handbook of Mathematical Logic, Amsterdam 1977; J. Grattan-Guiness (Hg.), From the Calculus to Set Theory, 1630–1910, London 1980.

Meng-tse → Mong-tse.

Menne, Albert, Prof. in Bochum, früher Hamburg, * 12. 7. 1923 Attendorn/Westf., † 9. 3. 1990 Dortmund, befaßte sich mit Fragen der Wissenschaftstheorie, Logik, Methodologie und ihrer Geschichte sowie mit ihren Anwendungen. Schrieb u. a.: Grundriß der Logistik, zus. m. I. M. Bochenski, 1954, [4]1972; Was ist und was kann Logistik?, 1957, [2]1970; Logik und Existenz, 1954; Einführung in die Logik, 1966, [2]1973; gab Werke heraus u. a. von G. Ploucquet, Bochenski, J. Kraft, 1977; Einführung in die Methodologie, 1980; Einf. in die formale Logik, 1985; (Hg.), Philos. Probleme von Arbeit u. Technik, 1987; Folgerichtig denken: Log. Unters. zu philos. Problemen u. Begriffen, 1988.

Mensch. „Das, was den M.en zum M.en macht, ist ein allem Leben entgegengesetztes Prinzip, das man nicht auf die ‚natürliche Lebensevolution' zurückführen kann, sondern das, wenn auf etwas, nur auf den obersten Grund der Dinge selbst zurückfällt – auf denselben Grund also, dessen Teilmanifestation auch das ‚Leben' ist" (M. Scheler, Die Stellung des M.en im Kosmos, [5]1949). Dieser oberste Grund ist der Geist. Damit ist aber zunächst nur der Grundsatz der modernen philosoph. Anthropologie gekennzeichnet.

L e i b l i c h gehört der M. in die Säugetiergruppe der Hominiden (d. h. der menschartigen Wesen), die nächstbenachbart ist der der Pongiden (M.enaffen: Gorilla, Schimpanse), die beide in einer Urpongidenschicht des Tertiärs verwurzelt sind. Neuere Funde im Victoria-Nyanza-Becken (Ostafrika) „haben uns eine spättertiäre bis frühpleistozäne Formengruppe kennengelehrt, bei der es schlechterdings unmöglich ist, ein eindeutiges Urteil darüber zu fällen, ob wir es schon mit menschl. Wesen zu tun haben, oder noch nicht“ (G. Heberer, Die unmittelbaren Vorfahren des *Homo sapiens*, in *„Universitas“* IV, 1949). Bei diesen *„Praehominiden“*, die vor 550000 Jahren lebten, begann der Gebrauch des Feuers. Über die Ursachen der eigentlichen M.werdung lassen sich nur Vermutungen aufstellen; ihr Weg wird jedoch immer klarer aufgedeckt mit Hilfe der phylogenetischen Anthropologie, der vergleichenden Morphologie und Physiologie und der Paläontologie. Die Höherentwicklung des Menschen über das Tier hinaus zeigt sich im aufrechten Gang, in der Ausbildung der Hand als (Greif-)Werkzeug und bes. in der Vergrößerung des Gehirns und seiner Oberfläche. Mit diesen leiblichen Steigerungen am M.en sind Minderungen der körperlichen Leistungsfähigkeit verbunden: Nachlassen der Sinnesschärfe, der „Abhärtung“ im weitesten Sinne gegenüber den Außenwelteinflüssen, der rein physischen Körperkräfte.

Seelisch ausgezeichnet ist der M. weniger durch das Bewußtsein schlechthin als durch das Bewußtsein von sich selbst, seiner Geschichtlichkeit, seinem herannahenden Tod. Während das Verhalten des Tieres umweltgebunden und instinktgesichert ist, ist das des M.en dagegen weltoffen u. entscheidungsfrei. Diese Unabhängigkeit von der Umwelt ermöglicht die Entspezialisierung der Sinnesorgane und die Ausweitung ihrer Funktionen, die Entstehung selbständigen Denkens, Fühlens, Wollens und die völlige Neuentstehung von Gedächtnis und Phantasie, aus der Umwelt wird die → Welt. Dafür droht dem M.en die Gefahr weitgehenden Instinktverlusts u. eines infolge der zurückgedrängten Triebe naturwidrigen Lebens. Dadurch, daß die Seele dem Leib gewissermaßen selbständig gegenübertritt, entsteht allererst das → Leib-Seele-Problem.

Über dem Bereich des Bewußtseins und der Seele des M.en erhebt sich der (personale) → Geist, der den Zusammenhang des M.en nicht mehr nur mit der materiellen (Um-) Welt, sondern mit den allgemeinen Sinngehalten (Ideen) der Dinge herstellt, wodurch der M. sich am weitesten über das Tier erhebt, freilich auch am weitesten von der Natur entfernt. Durch seine einzigartige leiblich-seelisch-geistige Verfassung ist allein der Mensch → Persönlichkeit, einzig auch bewußt-planvoller und gezielter Handlungen, schöpferisch-stoffgestaltender Leistungen fähig, unter denen die Schaffung menschlicher Gemeinschaften an erster Stelle steht; von dieser Grundlage aus entwickeln sich Sprache und Schrift, die Fähigkeit zur Herstellung technischer Gebilde, die Sammlung und begriffliche Verarbeitung von Beobachtungen und Erkenntnissen in immer größerer Breite und Tiefe, ebenso eine zunehmende Arbeitsteilung und Zusammenarbeit, zunehmende Kraft der Idealbildung und der sittlichen Verantwortung, zunehmende Naturerkenntnis u. Naturbeherrschung (→ Kultur). Bes. Idealbildung und Selbsterkenntnis vermag der M. immer mehr in den Dienst seiner Selbstgestaltung zu stellen:

„Jeder individuelle Mensch trägt der Anlage und Bestimmung nach einen reinen idealischen Menschen in sich, mit dessen unveränderlicher Einheit in allen seinen Abwechslungen übereinzustimmen die große Aufgabe seines Daseins ist" (Schiller).

Die Naturgebundenheit des M. einerseits, seine geistig-kulturelle Erhebung über die Natur andererseits, haben philosophisch zu sehr verschiedenen Deutungen des Wesens des M. und seiner Aufgabe geführt, zunächst in den Schöpfungsmythen der verschiedenen Religionen. Bes. die Deutung des M.en durch das Alte Testament hat nachhaltig gewirkt. Die Antike, bes. das Griechentum, fand das Wesen des M. in seiner Vernunft bzw. Erkenntnisfähigkeit und seiner Kraft zu politischer Gemeinschaftsbildung. Das christl. Mittelalter sah in ihm das Ebenbild Gottes einerseits, die irdisch-dämonischen Kräften ausgelieferte Kreatur andererseits. Das 18. Jh. unterschied im M. die sinnliche Erscheinung und das „übersinnliche" Vernunftwesen. Der letztgenannte Begriff wurde bereits als Ideal des Humanismus herausgearbeitet, das die idealistische leiblich-seelisch-geistige Vervollkommnungsfähigkeit sowie die Freiheit aller Menschen zur Selbsterschaffung (P. della Mirandola) lehrte. Das Wesen des M.n wird heute darin gesehen, daß er das Wertvolle (→ Ethik) unterscheidet vom Zweckmäßigen, Nützlichen, Angenehmen. Mit der Fähigkeit des Wertens steht in Zusammenhang die Fähigkeit, das Wesen einer Sache begrifflich zu erfassen und mit den Mitteln der Kunst anschaulich zu machen, sowie die Fähigkeit der Sinnverleihung (→ Sinngehalt) an Personen, Gegenstände, Geschehnisse. Um das Wesentliche und das Sinnvolle bildet sich der → Mikrokosmos des Einzelnen. Das Wesen des M.en u. seine Stellung in der Welt erforscht die philosophische → Anthropologie; → Funktionär.

L. Klages, M. und Erde, 1920; M. Scheler, Die Stellung des M.en im Kosmos, 1928; A. Gehlen, Der M., 1940; H. Lipps, Die menschl. Natur, 1941; A. Portmann, Biolog. Fragmente zu einer Lehre vom M.en, 1944; M. Buber, Das Problem des M.en, 1948; T. Litt, Die Sonderstellung des M.en im Reiche des Lebendigen, 1948; L. Ziegler, M.werdung, I–II, 1948; E. Przywara, Humanitas. Der M. gestern und morgen, 1952; P. A. Sorokin, Wiederherstellung der M.enwürde, 1952; H. Lipps, Die Wirklichkeit des M.en, 1954; B. Rensch, Homo sapiens. Vom Tier zum Halbgott, 1959; H. E. Hengstenberg, M. und Materie, 1965; G. Heberer, Der Ursprung des M.en, 1968; M. Landmann, Das Ende des Individuums, 1971; I. Eibl-Eibesfeldt, Der vorprogrammierte M., 1973; J. C. Eccles, Facing Reality, Oxford 1974, dt. 1975; J. Hersch, Die Hoffnung, M. zu sein, 1976; W. Oelmüller/R. Dölle-Oelmüller/C.-F. Geyer, Philos. Arbeitsbücher 7. Diskurs: M., 1985.

Menschenrechte, die „ewigen", unveräußerlichen Rechte der Menschen auf Grund ihrer über der Tierwelt stehenden Natur (Grundrechte), als Grundsätze des Staatsrechts 1776 durch die Vereinigten Staaten, 1789 durch Frankreich aufgestellt; → auch Naturrecht. Die M. umfassen Freiheit, Eigentum, Sicherheit und das Recht zum Widerstand gegen Unterdrückung.

G. Jellinek, Die Erklärung der Menschen- und Bürgerrechte, 1895; G. A. Salander, Vom Werden der M., 1926; V. Tomberg, Die Grundlagen des Völkerrechts als Menschheitsrecht, 1947; A. Voigt, Gesch. der Grundrechte, 1948; W. Heidelmeyer (Hg.), Die M., 1972; R. Alexy, Theorie der Grundrechte, 1986; E.-W. Böckenförde/R. Spaemann (Hgg.), Menschenrechte u. Menschenwürde, 1987.

Menschheit, auf der Überzeugung von einer Einheit des Menschengeschlechts beruhende Vorstellung von einer Zusammengehörigkeit der Rassen und Völker aller Zeiten und Erdteile. Die Vorstellung der

M. entstand in der Stoa, verstärkte sich im Christentum, bes. auf Grund der Lehre von der Gleichheit aller Menschen vor Gott, trat in der Neuzeit, bes. in der Toleranzidee, im Naturrecht und in der Natürlichen Religion auf und wurde zum Leitmotiv des kosmopolitischen Sozialismus.

J. Sulser, M. im Werden, 1948; R. Grahmann, Urgesch. der M., 1952; H. Holz, Mensch und M., 1973.

Menschliches Allzumenschliches, ein Buch für freie Geister, Titel eines Werkes von Nietzsche (KTA Bd. 72).

Menschlichkeit → Humanität.

mens sana in corpore sano (lat.), „ein gesunder Verstand in einem gesunden Körper", nach einer Stelle in Iuvenals Satiren, in der ausgeführt wird: der Mensch soll keine törichten Gebete und Wünsche an die Götter richten, sondern sie nur um körperliche Gesundheit und gesunden Menschenverstand bitten. Jedenfalls hat dieser Satz große Bedeutung für die Erziehung und Psychohygiene. „Daß nur in einem gesunden Körper ein gesunder Verstand möglich sei, hat Iuvenal nie gesagt" (Lamer, Wörterbuch der Antike, KTA, Bd. 96); → auch *Kalokagathie*.

Mentalität (lat.), Denkungsart, geistige Gesamteinstellung und Verhaltensweise eines Menschen, einer Gruppe, die meist mit vorgefaßten Wertakzenten im Verhalten zur Wirklichkeit verbunden ist. Sofern alle Einzelnen in einer Gruppe von der gleichen M. bestimmt sind, spricht man von Sozial.-M.

R. Münch, Mentales System u. Verhalten, 1972; U. Raulff (Hg.), M.en-Geschichte, 1987.

Menzer, Paul, Philosoph, * 3. 3. 1873 Berlin, † 21. 5. 1960 Halle/S., seit 1908 Prof. das., führender Neukantianer, Mitherausgeber der „Kant-Studien". – Hauptwerke: Der Entwicklungsgang der Kantischen Ethik, 1897–98; Kants Lehre von der Entwicklung in Natur und Gesch., 1911; Weltanschauungsfragen, 1918; Persönlichkeit u. Philos., 1920; Leitende Ideen in der Pädagogik der Gegenwart, 1926; Dt. Metaphysik der Gegenwart, 1931; Kants Ästhetik in ihrer Entwicklung, 1952; Goethes Ästhetik, 1957.

Mercier, André, Prof. in Bern, * 15. 4. 1913 Genf, entwickelt eine Erkenntnistheorie im Einklang mit einer Werttheorie, wonach Erkenntnis notwendigerweise eine Erkenntnis der Werte sei; befaßt sich mit philosophischen Fragen der modernen Physik, speziell der Relativitätstheorie, weiterhin mit dem Versuch einer „Metaphysik der Zeit" in Übereinstimmung mit der modernen Physik und der christl. Philosophie. – Schr. u. a.: *Thought and Being*, 1959; *De l'Amour et de l'Etre*, 1960; Erkenntnis und Wirklichkeit, 1968; Metaphysik. Eine Wissenschaft sui generis (Auf dem Gebiet des Inkommensurablen), 1980; (Mithg.) Philosoph. Selbstbetrachtungen, Bd. II, (mit Bibliogr.), 1976.

Merkmal, eine Eigenschaft, an der man ein Ding erkennt oder wieder erkennt; die Bestimmungen, die einen Begriff von einem anderen unterscheiden.

Merkwelt → Uexküll.

Merlan, Philip, Prof. in Claremont/California * 20. 12. 1897 Österreich, † 23. 12. 1968 in Calif. Historiker der Philosophie und klassischen Philologie, geht in seinen Forschungen üb. d. Ursprung des Metaphysikbegriffes bei Aristoteles und den Arabern anhand von philologischen Analysen auf spezielle Probleme ein, wie den Ursprung des Quadriviums, das System des Speusippos, die Lehre von der Unizität der Intelligenz u. a., die manches neue Licht auf die Ausgangspunkte antiken Denkens und auf dessen Bedeutung für die Gegenwart werfen. – Hauptw.: *From Platonism to Neoplatonism,* [3]1968; *Studies in Epicurus and Aristoteles,* 1960; *Monopsychism, Mysticism, Metaconsciousness,* 1963; Kleine philosophische Schriften, hg. v. F. Merlan, 1976. – Vollst. Biblgr. in ZphF, 22, 1968.

Philomathes. *Studies and Essays in Memory of Ph. M.,* 1971.

Merleau-Ponty, Maurice, franz. Philosoph, * 14. 3. 1908 Rochefort, † 3. 5. 1961 Paris, war das. Prof. auf dem Lehrstuhl von Bergson und L. Lavelle am Collège de France, ging eigene Wege im existenziellen Denken: die menschliche Existenz ist nicht nur die umgreifende innere Wirklichkeit, sondern zugleich Bewußtsein, d. h. der Ort, an dem sich die physische, die vitale, die psychische und die soziale Ordnung konstituieren, die man als „Bedeutungseinheiten" betrachten muß, wenn man nicht zu einem dogmatischen Realismus zurückkehren will. – Hauptwerke: La structure du comportement, 1942, dt. 1976; Phénomenologie de la perception, 1945, dt. 1966; Humanisme et terreur, 1947, dt. 1966; Sens et non sens, 1948; Eloge de la philosophie, 1953; Les aventures de la dialectique, 1955, dt. 1968; Signes, 1960; Le visible et l'invisible, 1964; Résumées de cours, 1952–60, 1968, dt. 1973; Existence et dialectique, hg. 1971.

A. de Waelhens, Une philosophie de l'ambiguité, Leuven 1951; A. Robinet, M. M., Paris 1963, [2]1970; T. F. Geraets, Vers une nouvelle philosophie transcendentale. La genèse de la philosophie de M. M., Den Haag 1971; G. Pilz, M. M. – Ontologie und Wiss.-kritik, 1973; R. Grathoff/W. Sprondel (Hgg.), M. M. und das Problem der Struktur in den Sozialwiss., 1976; H. Aschenberg, Phänomenolog. Philos. und Sprache, 1978; K. Boer, M. M. – Die Entwicklung seines Strukturdenkens, 1978; B. Frostholm, Leib und Unbewußtes, 1978; C. Lefort, Sur une colonne absente. Ecrits autours de M.-P., Paris 1978; S. B. Mallin, M.-P.'s Philosophy, New Haven/London 1979; A. Metraux/B. Waldenfels, Leibhaftige Vernunft. Spuren von M.-P.s Denken, 1986.

Mersenne, Marin, franz. Mathematiker u. Musiktheoretiker, * 8. 9. 1588 Soutière (Sarthe), † 1. 9. 1648 Paris, trat 1611 in den Orden der Minoriten ein, war der väterliche Freund und treue Ratgeber Descartes', zugleich der geistige Mittelpunkt eines gelehrten Kreises, dem auch Hobbes angehörte; gab sich trotz seiner orthodoxen kath. Gläubigkeit allen Problemen der exakten Naturwissenschaften, der Mathematik und der Musik hin (*Cogitata physico-mathematica,* 3 Bände, 1644), indem er den Aristotelismus und das kath. Dogma mit den Ergebnissen der modernen Naturwissenschaften für vereinbar hielt; in seiner *„Harmonie universelle"* (2 Bde., 1636/37, repr. 1964) führte er erstmalig nach Galilei die Lehre von der Subjektivität der Sinnesqualitäten aus. – Hauptwerke: L'impiété des déistes, I–II, 1624 (Repr. 1975); La vérité des sciences, 1625 (Repr. 1969); Harmonie universelle, I–II, 1636–37 (Repr. 1965–75); Cogitata physico-mathematica, 1644; Correspondance, I–XIV, hg. 1933–80.

H. Ludwig, M. M. und seine Musiklehre, 1935; D. P. Walker, Studies in Musical Science in the Late Renaissance, London 1978.

Meson (griech. „dazwischenliegend“), ein unstabiles Korpuskel (Lebensdauer des freien M.s: höchstens der hundertste Teil einer millionstel Sekunde), das seinem Gewicht nach zwischen den Elektronen und den Protonen liegt; es kommt in über 15 Spielarten vor (frei in der Natur, in den kosmischen Strahlungen) und ist am Aufbau der Atomkerne beteiligt. Die künstliche Erzeugung bestimmter Arten von M.en gelang erst 1948 durch Beschießen von Kohlenstoff mit Protonen.

Messner, Johannes, Prof. in Wien, * 16. 2. 1891 Schwaz/Tirol, † 12. 2. 1984 Wien, vertrat eine induktiv-ontologisch begründete Ethik, den Sozialrealismus in Sozialethik und Sozialreform sowie das Naturrecht als gesellschaftliche Existenzordnung nach Maßgabe der gleichen Menschenwürde aller. – Veröffentl. u. a.: Sozialökonomik und Sozialethik, 1928, [2]1929; Das Naturrecht, Handbuch der Rechts-, Gesellschafts-, Staats- und Völkerrechtsethik, 1950, [5]1965; Kulturethik. Grundlegung durch Prinzipien- und Persönlichkeits-Ethik, 1954; Der Funktionär, seine Schlüsselstellung in der heutigen Gesellschaft, 1961; Moderne Soziologie u. scholast. Naturrecht, 1961; Das Gemeinwohl, Idee und Wirklichkeit, 1961, [2]1968; Die Magna Charta der Sozialordnung. 90 Jahre Rerum novarum, 1981.

A. Klose, J. M. – Leben u. Werk, 1961; J. Höffner u.a. (Hgg.), Natur-Ordnung in Gesellschaft, Staat, Wirtschaft, 1961; A. Klose (Hg.), Ordnung im sozialen Wandel. Festschrift für J. M. zum 85. Geburtstag, 1976; Der Sozialethiker u. Rechtsphilosoph J. M. – Leben u. Werk, 1980 (mit Bibl.); G. Höver, Erfahrung u. Vernunft. Unters. zum Problem sittlich relevanter Einsichten unter besonderer Berücksichtigung der Naturrechtsethik von J. M., 1981; A. Klose/H. Schambeck/R. Weiler (Hgg.), Das Neue Naturrecht. Die Erneuerung der Naturrechtslehre durch J. M., 1985.

Metabasis eis allo genos (griech.), „Hinüberspringen in ein anderes Gebiet“, ein unzulässiger Denkschritt, bes. eine Beweisführung, die auf ein anderes, nicht dazu gehöriges Gebiet, auf eine fremde Gattung übergreift.

Metakritik (aus griech. *meta*, „hinter, nächst“ u. Kritik), Kritik einer Kritik. Von Herder erschien 1799 ein Buch mit dem Titel: „Verstand und Erfahrung, Vernunft und Sprache, eine M. zu Kants Kritik der reinen Vernunft“, das sich in der Hauptsache gegen Kants Apriorismus richtete und anstatt einer „Kritik der Vernunft“ eine Physiologie der menschl. Erkenntniskräfte forderte.

J. G. Hamann, M. über den Purismus der Vernunft (entst. 1784), hg. 1800; J. G. Herder, Verstand und Vernunft, eine M. zur Kritik der reinen Vernunft, 1799.

metalogisch (aus griech. *meta*, „hinter, nächst“, u. Logik), über die Logik hinausgehend, ihr als Grundlage dienend. – Über Metalogik → Logistik.

H. Lenk, Metalogik und Sprachanalyse, 1973.

Metamorphose (vom griech. *meta*, „hinter, nächst“, u. *morphe*, „Gestalt“), Gestaltwandel (→ Gestalt), Umgestaltung, Umbildung, Hauptbegriff der Naturphilosophie Goethes; → Morphologie.

A. Hansen, Goethes M. der Pflanzen, 1907; J. T. Lorenzen, M. in der Entwicklungsgesch. von Mensch u. Tier, 1958.

metanoëtisch (vom griech. *meta*, „hinter, nächst“, u. *noetikos*, „das Denken übersteigend“), über die Denkmöglichkeiten hinausgehend, undenkbar.

Metanoia (griech.), Reue; Änderung der Auffassung des eigenen

Ich, des Lebenszieles; Gewinnung einer neuen Sicht der Welt, des Objektiven, die zur → Hingabe führt.

Metapher (griech.), Übertragung, Bild: die Vertauschung eines gewöhnlichen Ausdrucks mit einem bildlichen, z. B. Schiff der Wüste; metaphorisch, in übertragenem Sinne, bildlich.

H. Werner, Der Ursprung der M., 1919; H. Blumenberg, Paradigmen zu einer M.ologie, in: Arch. Begriffsgesch. 6 (1960); G. Lakoff/ M. Johnson, Metaphors we live by, Chicago 1981; A. Haverkamp (Hg.), Theorie der M., 1983; E. MacCormack, A Cognitive Theory of Metaphor, London 1986.

Metaphysik (vom griech. *metą ta physiką*, „nach, bzw. hinter dem Physischen"), Titel der Schriften des Aristoteles, die das für uns erst nach den konkreten Naturdingen Erkennbare, diesen Zugrundeliegende und somit an sich erste behandeln und daher auch „Erste Philosophie" heißen (vgl. H. Reiner, Die Entstehung u. ursprüngl. Bedeutung des Namens M., in ZphF, VIII, 1954); seit Spätantike und MA. Titel der entsprechenden philosoph. Disziplin überhaupt. In diesem Sinne ist M. die philos. Grundwissenschaft, in der alle philos. Disziplinen wurzeln. Sie ist die Wissenschaft, die das Seiende als solches zum Thema und die Elemente und die Fundamentalbedingungen alles Seienden überhaupt zu untersuchen hat, die die großen Bereiche und Gesetzlichkeiten des Wirklichen zur Darstellung bringt und die das Bleibende und den Zusammenhang in allem Wechsel der Erscheinungen und Äußerungen sucht.
M. zerfällt in die Lehre vom Seienden selbst (Ontologie), vom Wesen der Welt (Kosmologie), vom Menschen (philosoph. Anthropologie, Existenzphilosophie) und von der Existenz und dem Wesen Gottes (Theologie). Man unterscheidet spekulative M., die von einem obersten allgemeinen Grundsatz aus die Gesamtwirklichkeit deuten und herleiten will, und induktive M., die durch Zusammenschau der Ergebnisse aller → Einzelwissenschaften ein Weltbild zu entwerfen sucht. Als Gegenstände der M. gelten insbes.: Sein, Nichts, Freiheit, Unsterblichkeit, Gott, Leben, Kraft, Materie, Wahrheit, Seele, Werden, (Welt-)Geist, Natur. Das Fragen nach diesen Problemen macht die geistige Art des Menschen aus und ist insofern, mit Kant, „unhintertreibliches Bedürfnis" des Menschen.
Durch das Christentum entstand, vom antiken Platonismus vorbereitet, eine M. im Sinne des gegenständlichen Dualismus zwischen „Diesseits" und „Jenseits" bzw. Immanenz und Transzendenz bzw. „bloß sinnlichem" Dasein und „wahrem" Sein bzw. (mit Kant) Erscheinung und Ding an sich und des erkenntnismäßigen Dualismus zw. „bloß sinnlicher" Wahrnehmung, der wahre Seinserkenntnis abgesprochen, u. „reinem" Denken und Erkennen aus Vernunft, von dem jene erwartet od. sogar erreicht geglaubt wurde. Von dieser Grundlage aus ist seit der Spätantike (schon im Neuplatonismus) durch das MA. und die Neuzeit hindurch eine spekulative M. entstanden, die versuchte, das wahre Sein, ja → Gott, aus reiner Vernunft zu erkennen. Kant erschütterte in seiner „Kritik der reinen Vernunft" (1781) diese Art von M., indem er jedem wahrnehmungslosen, bloß spekulativ-konstruktiven Denken die Fähigkeit zu irgendeiner Wirklichkeitserkenntnis absprach. Im dt. Idealismus erlebte die spekulative M., bes. bei Fichte, Schelling, Hegel, ja noch bei Schopenhauer, ei-

nen großen Aufschwung. Inzwischen hatten sich, gefördert durch die Erfolge der Naturwissenschaften und der Technik, der Positivismus durchgesetzt, der die metaphys. Probleme als falsch gestellte und als Scheinfragen bezeichnete und die Abdankung der M. verlangte; sie verfälsche die Wirklichkeit, wenn sie nach dem Wesen der Dinge und nach dem Sinn der Sache frage; alleinige Aufgabe des menschl. Geistes sei es, die Wirklichkeit zu berechnen und zu beherrschen. Auch der Neukantianismus war metaphysikfeindlich. So büßte die M. in der zweiten Hälfte des 19. Jh. ihre Geltung ein, die metaphysikfreie Philosophie wurde zur Wissenschaft, zur Lehre von den Erkenntnisprinzipien und den Methoden der Einzelwissenschaften. Eine Rückwendung zur M. ist seit Beginn des 20. Jh. zu beobachten. Das menschl. Denken zielt auf das Einfache, Einheitliche und Ganzheitliche. Die Wirklichkeit, um die sich die vielen Einzelwissenschaften bemühen, ist aber nur eine, und an sie in ihrer Einfachheit und Ganzheit ist nur durch die metaphys. Betrachtungsweise heranzukommen. Von der Mathematik, der Physik, der Biologie, aber auch von anderen Einzelwissenschaften aus wurden Vorstöße in das Reich der M. unternommen, um die für alle Wissenschaft gemeinsame Ebene zurückzugewinnen, von der aus wieder der Versuch gemacht werden konnte, ein einheitliches und widerspruchsfreies Weltbild zu entwerfen. Es entstand eine Reihe von einzelwissenschaftl. M.en, und für die Gegenwart ist das die ganze Wissenschaft durchziehende Bestreben kennzeichnend, den Ansprüchen der M. gerecht zu werden, alle Fragen bis ans äußerste Ende durchzudenken und das Gegebene als Ganzheit (nicht nur einzelne seiner Aspekte) zu erfassen. Für die M. selbst ist die unbefangene → Hingabe des erkennenden Menschen an das Wirkliche Voraussetzung jeder Wahrheitserforschung. Die M. sucht die Erfüllung ihrer umfassenden Aufgabe in der beschreibenden Erklärung der rätselvollen Tiefen des Seins und seiner reichen Mannigfaltigkeit (wobei sie die Ergebnisse der Einzelwissenschaften sorgsam berücksichtigt), daneben – nicht mehr ausschließlich – in der Konstruktion und Deutung des Zusammenhanges alles Seienden.

A. Drews, Die dt. Spekulation seit Kant, I–II, 1893; Aristoteles, M., hg. v. E. Rolfes, 1904; N. Hartmann, Grundzüge zu einer M. der Erkenntnis, 1921, [5]1965; H. Heimsoeth, Die sechs großen Themen der abendländ. M., 1922, [7]1981; M. Heidegger, Was ist M.?, 1929, [12]1981; A. Dempf, M. des MA.s, 1930; A. Metzger, Phänomenologie u. M., 1933; D. Feuling, Hauptfragen der M., 1936; F. Lion, Lebensquellen frz. M., 1949; M. Heidegger, Einf. in die M., 1953; J. Wahl, Traité de métaphysique, I–II, Paris 1953; H. Reiner, Die Entstehung und ursprüngliche Bedeutung des Namens M., in: ZphF 8 (1954); S. Moser, M. einst und jetzt, 1958; E. Topitsch, Vom Ursprung und Ende der M., 1958; G. Siewerth, Das Schicksal der M. von Thomas zu Heidegger, 1959; H. Holz, Transzendentalphilos. u. M., 1966; E. Fink, M. und Tod, 1969; F. Kaulbach, Einf. in die M., 1972; W. Krampf, Die M. und ihre Gegner, 1973; W. Risse, M., Grundthemen u. Probleme, 1973; F. Hausdorff, Zwischen Chaos und Kosmos, oder: vom Ende der M., 1976; W. Sporn, Wiederkehr der M., 1976; F. Wiplinger, M., Grundfragen ihres Ursprungs und ihrer Vollendung, 1976; H. Boeder, Topologie der M., 1980; A. Mercier, M., eine Wiss. sui generis, 1980; W. Oelmüller (Hg.), M. heute?, 1987; D. Henrich/R. P. Horstmann (Hgg.), M. nach Kant?, Stuttgarter Hegel-Kongreß 1987, 1988; G. Abel/J. Salaquarda (Hgg.), Krisis der M., 1989.

Metaphysik der Sitten, Titel eines Werkes von Kant, 1797 erschienen; seine „Grundlegung zur M. der S.“ erschien 1785. Diese beginnt mit den berühmten Worten: „Es ist überall nichts in der Welt, ja überhaupt auch außerhalb derselben zu denken möglich, was ohne Einschränkung für gut könnte gehalten werden, als allein ein guter Wille." Die „M. der S." enthält die „metaphysischen Anfangsgründe der Rechts- und Tugendlehre".

metaphysisch, zur Metaphysik gehörend, überempirisch, über alle mögliche Erfahrung hinausgehend, transzendent; nach Kant (K. d. r. V., 2. Aufl. S. 38) ist eine Erörterung m., wenn sie „dasjenige enthält, was einen Begriff, als a priori gegeben, darstellt".

Metapsychik (aus griech. *meta*, „hinter, nächst" und *psyche*, „Seele"), → Parapsychologie.

Metempsychose (griech.), Seelenwanderung; die Wanderung der Seele aus einem Körper in den andern, die jeweils beim Tode erfolgen soll; der Glaube an M. war bei den Indern und Ägyptern verbreitet und bildet einen Bestandteil der buddhistischen, orphischen und pythagoreischen Philosophie.

G. Adler, Wiedergeboren nach dem Tode. Die Idee der Reinkarnation, 1977.

Methexis (griech.), Teilhabe, nämlich der Dinge an den Ideen.

H. Meinhardt, Teilhabe bei Platon, 1968.

Methode (vom griech. *methodos*, „das Nachgehen, Verfolgen"), im praktischen Leben, bes. aber in Wissenschaft u. Philosophie Bez. für ein mehr oder weniger planmäßiges Verfahren zur Erreichung eines bestimmten Zieles, der Weg zum Ziel, die bestimmte Art u. Weise, zu handeln. Im Bereich der Wissenschaft ist M. der Erkenntnisweg, den der Forscher sich an Hand einer → Hypothese zu seinem Gegenstand hin bahnt. Dabei gibt die Philosophie als die Grundwissenschaft dem Forscher die Mittel, zu prüfen, ob die gewählte M. überhaupt zur Erreichung des gesteckten Zieles geeignet ist (→ Methodenlehre) und ob er die M. im Verlauf der Arbeit konsequent benutzt. Die Philosophie vermag das M.nbewußtsein in den Einzelwissenschaften wach und kritisch zu halten. Die Versuche, eine einzige M. zu finden, die überall anwendbar ist (Ideal des „Methodenmonismus"), haben gezeigt, daß es eine „Universalmethode" nicht gibt, daß vielmehr jeder Gegenstand und jede Fragestellung eine eigentümliche M. erfordert. M. und → System sind die Grundpfeiler der Wissenschaft. – Lit.: → Methodenlehre.

Methodenlehre, Methodologie, die Untersuchung der → Methoden, bes. auf philos. und einzelwiss. Gebiete, und die Entwicklung von Prinzipien zur Schaffung neuer, sachangemessener Methoden. Die M. tritt erst in der Neuzeit auf. Vorher unterschied man nicht zwischen Wissenschaft und wissenschaftlicher Methode.

R. Descartes, Discours de la méthode, 1637, dt. 1964 (PhB 261); H. Poincaré, Science et méthode, Paris 1908, dt. 1914; R. Herbertz, Studien zum Methodenproblem u. seiner Gesch., 1910; E. Roth, Logik u. Systematik der Geisteswiss., 1927; J. Thyssen, Die philos. Methode, 1930; T. Litt, Denken u. Sein, 1948; H. Kuhn, Traktat über die Methode der Philos., 1966; P. Lorenzen, Methodisches Denken, 1968; A. Menne, Einf. in die Methodologie, 1980; L. Danneberg, Methodologien. Struktur, Aufbau und Evaluation, 1989.

Metzger, Arnold, * 24. 2. 1892 Landau/Pf., seit 1951 Prof. in München, † 16. 7. 1974 das., ausgehend von einer immanenten Kritik an Husserls Phänomenologie gelangte M. zur Frage nach der verwandelten Gestalt der Freiheit in unserer Zeit; erkennt als sich durchhaltendes Implikat gesellschaftlicher Praxis den freien Willen, der über alles Vergängliche das Eine Unendliche im Gemeinwesen symbolisch gestalten will. Der Grund dieser „inneren Transzendenz“ ist das Leiden der Existenz an ihrer Kreatürlichkeit. – Hauptwerke: Der Gegenstand der Erkenntnis, 1925; Phänomenologie u. Metaphysik, 1933; Freiheit u. Tod, 1955; Automation u. Autonomie, 1964; Dämonie u. Transzendenz, 1964; Der Einzelne u. der Einsame, 1967; Existentialismus u. Sozialismus – Dialog des Zeitalters, 1968; Phänomenologie der Revolution (entst. 1919), hg. 1979.

G. Günther, Ideen zu einer Metaphysik des Todes, 1957.

Meurers, Joseph, Prof. in Wien, ursprüngl. Astronom, * 13. 2. 1909 Köln, arbeitet auf Grenzgebieten zwischen Philosophie und Naturwissenschaften, vor allem der Anorganischen, befaßt sich mit Fragen philosophisch-wissenschaftstheoret. Analysen sowie mit Grenzfragen zur Metaphysik. – Schr. u. a.: W. Diltheys Gedankenwelt und die Naturwissenschaft, 1954; Hg. der „Philos. Naturalis“ (seit 1957); Die geistige Einwirkung des Materialismus auf die Wissenschaft des Ostens, 1957; Die Frage nach Gott und die Naturwissenschaft, 1962; Sehnsucht nach dem verlorenen Weltbild (üb. Th. de Chardin), 1963; Wissenschaftslehre, 1970; Metaphysik u. Naturwissenschaft (mit Biblgr.), 1976.

Meyer-Abich, Adolf, Philosoph, * 14. 11. 1893 Emden, seit 1930 Prof. in Hamburg, † das. 3. 3. 1971, geht in seinem → „Holismus“ genannten System von der erfülltesten und verwickeltsten Wirklichkeit aus und schreitet von dort durch Vereinfachungsstufen („Simplifikationen“) bis zur leersten und einfachsten fort in der Reihenfolge: geistig-seelische (menschliche) Ganzheit, organismische (biologische) Ganzheit, physisch-mechanische Systeme. Der Begriff der „Simplifikation“ hat dabei sowohl erkenntnistheoretische wie metaphysische Bedeutung. Hptw.: Logik d. Morphologie, 1926; Ideen und Ideale der biologischen Erkenntnis, 1934; Naturphilosophie auf neuen Wegen, 1948; Biologie der Goethezeit, 1949; Typensynthese durch Holobiose, 1950; Geistesgesch. Grundlagen der Biologie, 1963; *The Historico-Philosophical Background of the Modern Evolution-Biology*, 1964; Gedanken zur Theorie und Philosophie des Organismus, 1965; A. v. Humboldt, 1967; Die Vollendung der Morphologie Goethes durch A. v. Humboldt, 1970.

Meyer, Rudolf, * 25. 4. 1915 Baden/Schweiz, † 4. 1. 1989 Zürich, seit 1958 Prof. in Zürich, befaßte sich u. a. mit Leibnizforschung und Studien über J. Jungius, Leiter der neuen „Ueberweg-Grundriß“-Ausgabe, Träger des Jungius-Preises, Hamburg 1957. – Schriften: Leibniz u. d. europäische Ordnungskrise, 1948 (engl. Ausg. 1951); Krit. Edition der „Logica Hamburgensis“ (Jungius), 1958; Das Problem des Fortschritts, 1969; Philosophie in der Schweiz, 1980; Wilh. v. Ockham, 1982.

Meyerson, Émile, franz. Philosoph, * 12. 2. 1859 Lublin, † 4. 12. 1933 Paris, vertrat gegenüber Phänomenologie und Positivismus die Anschauung, daß die Wissenschaft als Ontologie objektive, von den subjektiven Bedingungen der Wahrnehmungen möglichst unabhängige Grundlagen für die Dinge fordern müsse; sie hat sich nicht nur um die Gesetzmäßigkeit der Phänomene zu kümmern, sondern auch um ihre

Ursächlichkeiten. – Hauptwerke: Identité et réalité, 1908, dt. 1930; De l'explication dans les sciences, I–II, 1921; La déduction relativiste, 1925; Du cheminement de la pensée, I–III, 1931; Réel et déterminisme dans la physique quantique, 1933; Essais, hg. 1936.

T. R. Kelly, Explanation and Reality in the Philosophy of E. M., Princeton 1937; S. Marcucci, E. M., Turin 1962; C. Manzoni, L'epistemologia di E. M., Rom 1971.

Mexikanische Philosophie, → amerikanische Philosophie, 2. Teil (Iberoamerik. Philosophie).

Michael Psellos (der „Stotterer"), byzantinischer Philosoph, * 1018 Konstantinopel, † das. 1078 (od. 1096), der bedeutendste Systematiker der byzantin. Philosophie, der im Gegensatz zu dem vorherrschenden Aristotelismus Platos Philosophie hochschätzte und damit den Boden für den späteren Platonismus der byzantin. Philosophie bereitete. Werke in: Mignes *„Patrologia graeca"*, Band 122 (1857–66), darunter besonders bedeutend sind seine Kommentare zu Platon, Aristoteles u. Porphyros.

K. Dietrich, Byzantinische Charakterköpfe, 1909; C. Zervos, Un philosophe néoplatonique du XIe siècle, Paris 1920 (Repr. 1973).

Michael Scotus (Scottus), schott. Scholastiker, † kurz vor 1235, ein vorwiegend naturwissenschaftlich gerichteter Denker, wurde auf Reisen in Spanien und durch Lehrtätigkeit in Toledo mit dem spanisch-maurischen Kulturkreis bekannt und galt als Ketzer (in Dantes „Göttlicher Komödie" als Höllenin-sasse geschildert), Hofastrologe Kaisers Fr. II. – Hauptwerke: Physiognomia, hg. 1477; Liber introductionis, hg. 1479; Expositio super auctorem spherae, hg. 1495.

C. H. Haskins, M. S. and Frederic II., in: Ders., Studies in the History of Mediaeval Science, Cambridge Mass. 1924; L. Thorndike, M. S., London 1965.

Michelet, Karl Ludwig, Philosoph, * 4. 12. 1801 Berlin, † das. 16. 12. 1893 als Prof. (seit 1829), Schüler Hegels, versuchte die empirischen Wissenschaften dem Bereich der spekulativen Philosophie zu unterwerfen. – Hauptwerke: Gesch. der letzten Systeme der Philos. in Deutschland von Kant bis Hegel, I–II, 1837–38; Gesch. der Menschheit in ihrem Entwicklungsgang seit 1775, I–II, 1959–60; Das System der Philos. als exakter Wiss., I–V, 1876–81; Wahrheit aus meinem Leben, 1884.

E. H. Schmitt, M. und das Geheimnis der Hegelschen Dialektik, 1888.

Michelstaedter, Carlo, ital.-jüd. Philosoph, * 3. 6. 1887 Görz, † 17. 10. 1910 ebda., nach seinem Tode bekannt geworden durch die genialisch anmutenden Gedanken seiner ersten Werke, worin er – ohne Kenntnis von Kierkegaard – fruchtbare Ansätze zur modernen Existenzphilosophie, selbst ganze Gedankengänge von Heideggers „Sein und Zeit" durch Analysen ungewöhnlicher Gedankentiefe vorwegnimmt, was der dt. und franz. Philosophie lange unbekannt blieb. – Hauptwerke: Dialogo della salute, 1912; La persuasione e la retorica, 1912; Poesia, 1912; Opere, Florenz 1958.

J. Ranke, Das Denken C. M.s, in: ZphF 15 (1961); S. Campailla, Pensiero e poesia di C. M., Bologna 1973.

Mikrokosmos (griech. „kleine Welt"), seit der spätantiken Philosophie (Boëthius z. B.) Bez. für Teile der Welt, bes. für den Menschen als Abbild, Spiegel, Symbol, Kraft- und Sinnmittelpunkt der Welt, in der Schöpfung (Kosmos), die dann als Makrokosmos (große

Welt) bezeichnet wird. Bes. in der dt. Philosophie seit Paracelsus wurde die M.-Idee vertieft und verlebendigt. – In der Psychologie versteht man unter M. eines Menschen das Insgesamt seiner → Erlebnisse, also denjenigen Ausschnitt aus der Welt, der ihm persönlich zugehört und eine seiner Persönlichkeit und seinem körperlichen Organismus entsprechende Struktur hat; → Sinn. Dagegen ist Makrokosmos der allen Lebewesen gemeinsame Bereich des → Erlebnistranszendenten, er ist gleichbedeutend mit der physikalischen → Wirklichkeit, von der wir durch die → Erscheinungen Kunde erhalten. Aus dem Makrokosmos stammen die unsere Sinnesorgane treffenden → Reize. Es ist anzunehmen, daß zwischen dem Makrokosmos und den persönlichen Mikrokosmen einerseits (es gibt so viele verschiedene Mikrokosmen, wie es mit Bewußtsein begabte Lebewesen gibt), zwischen den Mikrokosmen selbst andererseits eine mehr oder weniger große Ähnlichkeit besteht, auf die es zurückzuführen ist, daß viele Menschen über denselben Gegenstand dieselben Aussagen machen können: die makrokosmische Wirklichkeit (das aus dem Makrokosmos heraus Wirkende) erscheint den Menschen in den Gegenständen in ähnlicher Weise, die Menschen können sich infolgedessen über einen Gegenstand verständigen. M. wird im physikalischen Sinne als Bezeichnung für das Gesamt der Elementarteilchen gebraucht.

H. Lotze, M., I–III, 1856–64; A. Meyer, Wesen und Gesch. der Theorie vom Makro- und M., Diss. Bern 1900; R. Hanke, Die Idee des Ganzen. Rundgänge und Grenzüberschreitungen in den Weltbildern mod. Wiss., 1989.

Mikrophysik, die Physik der → Korpuskeln, der kleinsten materiellen Teilchen; → Makrophysik. Im Bereich der M. wirkt sich in der ontologischen Betrachtungsweise das Prinzip der Ganzbestimmtheit der Teile (→ Gestalt) in besonderer Weise aus. Die Ganzheit ist hier das Atom, das das Verhalten der Korpuskeln und ihre Natur im Lichte einer Doppelnatur erscheinen läßt. So kann z. B. die Konstante h (→ Konstanten) als Ganzheitskonstante aufgefaßt werden. In der nicht streng mathematischen, der anschaulichen Deutung der M. bedient man sich des Bohrschen Atommodells, wonach Kern und Elektronen inniger aneinander gebunden sind, ähnlich wie Sonne und Planeten. Kennzeichnend für die M. ist ferner die → Unsicherheitsrelation, die eine individuell kausale Betrachtungsweise des atomaren Geschehens als undurchführbar nachweist.

L. de Broglie, Physique et microphysique, Paris 1947, dt. 1950.

Milieu (franz.), Umwelt; von Taine in die Philosophie und Soziologie eingeführter Begriff. Die M.theorie erklärte den Menschen für weitgehend abhängig von seiner Umwelt und daher auch nicht für sittlich voll verantwortlich (vgl. Freiheit). Die M.theorie wurde von Nietzsche und heute auch von der Existenzphilosophie stark bekämpft. In der Gegenwart betrachtet man das M. als den Gegenpol zur Anlage, als den „Entwicklungsraum und -stoff, durch den eine Anlage ihre Wege und Umwege sucht" (Pfahler, System der Typenlehre, [2]1936); → Masse, Situation, Umwelt. M. im soziolog. Sinne bedeutet soviel wie äußere Lebensumstände, natürliche, geographische, sozialökonomische u. a., die den Einzelnen diskriminieren oder ihm Privilegien verschaffen können.

H. Taine, Histoire de la litterature anglaise, I, Paris 1883; G. Pfahler, System der Typenlehre, 1929; H. v. Bracken, M. und Vererbung, in: A. Busemann (Hg.), Hb. d. pädagog. M.kunde, 1932; P. Lersch, Seele und Welt, 1941.

Mill, John Stuart, engl. Philosoph, Psychologe u. Soziologe, * 20. 5. 1806 London, † 8. 5. 1873 Avignon, Sohn von James M., bes. bekannt durch sein System der induktiven und deduktiven Logik (*System of logic, ratiocinative and inductive*, 1843, [9]1875, dt. 1849, [4]1877); setzte den klass. Empirismus der engl. Philosophie fort, den er zum englischen (im Gegensatz zu Comte religiös-undogmatischen) Positivismus erweiterte. M. ist neben Comte und Ardigo der bedeutendste Positivist des 19. Jh. Nach M. bildet die Grundlage aller Philosophie die Psychologie, die feststellt: wirklich gegeben sind nur die jeweiligen Empfindungen und die Vorstellung von Übergängen oder künftig möglichen Empfindungen. Begriffe sind bloße (sprachliche) Namen (term). Den aristotelischen Syllogismus verwirft M. Die Außenwelt ist in diesem Sinne die beständige Möglichkeit ähnlicher Empfindungen. Einzige Erkenntnisquelle ist die Erfahrung, einzig zulässiges Erkenntnisverfahren die → Induktion; sie liegt auch den Schlußformen der Logik und den Axiomen der Mathematik zugrunde; sie soll nicht Ursachen, sondern nur die Gesetze der Erscheinungen feststellen. M. unterscheidet Naturwissenschaften (auch die Geschichtswissenschaft will er zur „Naturwissenschaft" erheben) und Geisteswissenschaften *(moral sciences)*: Psychologie, „Ethologie", Gesellschaftswissenschaft, u. gibt die erste ausführliche Theorie der experimentellen Naturwissenschaft u. der beschreibenden Methode. Aufgabe der Ethik ist nach M. die sittliche Neugestaltung der Gesellschaft im Sinne befriedigenden Ausgleiches zw. Individuum und Gemeinschaft. Die sittlichen Werte sind nicht ursprünglich, intuitiv (bzw. apriori) und veränderlich, sondern empirisch und genetisch. Höchstes Ziel sittlichen Handelns ist für M. (*Utilitarianism,* 1864) nach dem Vorbilde Benthams, die Beförderung des größtmöglichen Glückes aller (→ Eudämonismus, Utilitarismus). Religiös nimmt M., aus ethischen Gründen, ein höchstes, göttliches Wesen an; doch hindern nach M. die kosmischen Tatsachen den Glauben an die Allmacht dieses Gottes. M. nahm auch zu vielen weiteren Problemen Stellung: zum Parlamentarismus (saß selbst 1866–68 im Unterhaus), zur Wirtschafts- und Kolonialpolitik (war zuerst Angestellter der Ostind. Kompagnie gewesen), zur irischen Frage, zur Frauenfrage. – Hauptwerke: A System of Logic, Ratiocinative and Inductive, 1843, dt. 1849; Principles of Political Economy, I–II, 1848, dt. 1852; Dissertations and Discussions, I–II, 1859; Essay on Liberty, 1859, dt. 1860; Utilitarianism, 1861, dt. 1976; Auguste Comte and Positivism, 1865, dt. 1874; An Examination of Sir W. Hamilton's Philosophy, 1865, dt. 1908; Autobiography, 1873, dt. 1874; Gesammelte Werke, I–XII, 1869–81. – N. Macminn u.a. (Hgg.), Bibliography of the Published Writings of J. S. M., Evanston Ill. 1945.

E. Wentscher, Das Problem des Empirismus, dargestellt an J. S. M., 1922; A. Ressler, Die beiden Mills, Diss. Köln 1929; M. A. Hamilton, J. S. M., London 1933; J. Packe, The Life of J. S. M., London 1954; H. Jakobs, Rechtsphilos. und polit. Philos. bei J. S. M., 1965; F. L. van Holthorn, The Road to Utopia, Assen 1971; W. E. Cooper u.a. (Hgg.), New Essays on J. S. M. and Utilitarianism, Guelph Ontar. 1979; C. L. Ten, M. on Liberty, Oxford 1980; J. C. Rees, J. S.

M.'s „On Liberty", Oxford 1985; G. F. Scarre, Logic and Reality in the Philosophy of J. S. M., Dordrecht 1989.

Minderwertigkeitsgefühl, Begriff der modernen Psychologie, die (begründete oder unbegründete) Empfindung, in körperlicher, geistiger oder auch moralischer Beziehung den Mitmenschen unterlegen zu sein. Sie ist die Folge des verletzten, bzw. herabgesetzten Selbstwertbewußtseins, wie z. B. durch erlittene Demütigungen. Um die von den M.n ausgehenden Erschwerungen des Daseins abzuwehren, bilden sich Gegengefühle: Ressentiment, Überheblichkeit, Machthunger, Vernichtungswünsche u. dgl. mehr, wodurch die von M.n stark Belasteten (frei von M.n ist niemand) zu einer Gefahr für die Gesellschaft werden. Es ist deshalb eine wichtige Aufgabe der → Erziehung, den Zöglingen zu einem vernünftigen, nicht leicht zu erschütternden Selbstvertrauen zu verhelfen; → auch Geltungstrieb. → Individualpsychologie.

A. Adler, Studien über die Minderwertigkeit von Organen, 1907; O. Brachfeld, Inferiority Feelings in the Individual and the Group, London 1953, dt. 1954; R. Dreikurs, Grundbegriffe der Individualpsychologie, 1969.

Minimum (lat.), → Maximum.

Minkowskiwelt, nach dem Mathematiker Hermann Minkowski (* 22. 6. 1864 Alexota bei Kowno, † 12. 1. 1909 Göttingen als Prof., berühmt durch seinen Vortrag „Raum u. Zeit", abgedr. in „Das Relativitätsprinzip", hrsg. v. Blumenthal, [4]1922) benanntes nichteuklidisches Weltbild, in welchem „Raum und Zeit eine Union zur Welt eingehen". Gemeint ist damit eine formale Deutung der physikalischen Welt (→ Kontinuum), die eine mathematische Interpretation im Sinne der → Relativitätstheorie ermöglicht.

H. Minkowski, Raum und Zeit, in: H. v. Blumenthal (Hg.), Das Relativitätsprinzip, 1909; L. Pyenson, H. Minkowski and Einsteins Special Theory of Relativity, in: Arch. Hist. Ex. Sci. 17 (1977).

Misch, Georg, Philosoph, * 5. 4. 1878 Berlin, seit 1919 Prof. in Göttingen, † 10. 6. 1965 das., 1939–46 Emigr. in England, wichtiger Vertreter der Schule Diltheys und Leiter der Ausgabe von dessen gesammelten Schriften. – Hauptwerke: Die Idee der Lebensphilos. in der Theorie der Geisteswiss., in: Kant-St. 31 (1926); Der Weg in die Philos., 1926; Lebensphilos. und Phänomenologie, 1930 (Repr. 1967); Vom Lebens- und Gedankenkreis Wilhelm Diltheys, 1947; Studien zur Gesch. der Autobiographie, I–IV, 1954–57. – E. Weniger, Sämtl. Veröffentlichungen von G. M., in: Arch. Philos. 7 (1958).

O. F. Bollnow, Lebensphilos. und Leib. G. M. und der Göttinger Kreis, in: ZphF 34 (1980).

Mitleid, instinktives Miterleiden des Schmerzes und Leides des anderen Menschen, im Buddhismus und bei Schopenhauer dem Gesamterleben gleichgesetzt, weil Leiden zur Grundsubstanz des Wirklichen gehöre; Nietzsche betrachtet M. als Lebensschwäche und Selbstgenuß. → Leid, Nächstenliebe.

B. Groethuysen, Das Mitgefühl, 1904; K. v. Orelli, Die philos. Auffassungen des M.s, 1912; R. S. Peters, Reason and Compassion, London 1971; K. Hamburger, Das M., 1985.

Mitsein (Mitdasein), nach Heidegger das → Insein mit Anderen; „auf dem Grunde des [→] Inderweltseins ist die Welt je schon immer die, die ich mit anderen teile. Die Welt des Daseins ist Mitwelt" (M. Heidegger, Sein und Zeit, 1927).

mittelalterliche Philosophie → Scholastik.

Mneme (griech. „Gedächtnis"), von dem Physiologen Rich. Semon eingeführte Bezeichnung. Der Physiologe Ewald Hering hatte bereits das Gedächtnis als nicht nur psychische, sondern auch als allgemein-organismische Fähigkeit aufgefaßt. Semon postulierte im Anschluß daran eine Fähigkeit des Protoplasmas bzw. der belebten Zelle, Eindrükke, Engramme, aufzunehmen, aufzubewahren und weiterzugeben; mit dieser Fähigkeit, die er M. nannte, wollte er u. a. die Vererbung erklären. Eugen → Bleuler machte den Begriff M. zu einer der Grundlagen seiner Lehre, von ihm als *Mnemismus* bezeichnet. Noch vor den Genannten und tiefer dringend als sie begründete C. G. → Carus seine Lehre vom Leibesgedächtnis; er sprach dabei vom „epimetheischen" Prinzip der Vitalseele; vgl. → Einstellung, Gedächtnis.

C. G. Carus, Psyche, 1846; E. Hering, Über das Gedächtnis als eine allg. Funktion der organ. Materie, 1870; R. Semon, Die M. als erhaltendes Prinzip im Wechsel des organ. Geschehens, 1904; E. Bleuler, Mechanismus, Vitalismus, Mnemismus, 1931; E. Bleuler, Naturgesch. der Seele, 1931; H.-J. Flechtner, Memoria und M., in: Ders., Gedächtnis und Lernen in psycholog. Sicht, 1974.

modal (vom lat. *modus*, „Art und Weise"), durch die Art der Gegebenheit bedingt, die → Modalität betreffend, Modalanalyse, Erforschung des Wesens der Modalität.

Modalität (vom lat. *modus*, „Art u. Weise"), Art und Weise des Seins oder Geschehens. Kategorien der M. sind nach Kant: Möglichkeit, Wirklichkeit, Notwendigkeit, denen die M.en der Urteile – problematische, assertorische, apodiktische – entsprechen.

N. Hartmann, Möglichkeit u. Wirklichkeit, 1938; E. Souriau, Les différents modes d'existence, Paris 1943; G. Schneeberger, Kants Konzeption der Modalbegriffe, 1952; I. Pape, Tradition und Transformation der M., 1966; H. Wessel, Quantoren, M.en, Paradoxien, 1972; A. R. White, Modal Thinking, Oxford 1975; G. Forbes, The Metaphysics of Modality, Oxford 1985.

Modell, Abbildung der für wesentlich gehaltenen Elemente eines Forschungsgegenstandes, auch Prozesses, die in der eindeutigen Zuordnung entsprechender Zeichen zu diesen Elementen besteht. Ein M. heißt anschaulich, wenn es der Anordnung der Elemente und den raumzeitlichen Verhältnissen derart Rechnung trägt, daß eine gewisse Ähnlichkeit den Gegenstand aus dem M. erkennbar macht (Ingenieurpläne, geogr. Karten u. a.). Die mathemat. M.e wie Abbildung der Elemente durch Koordinaten, algebraische Gleichungen usw. lassen in der Regel jede Ähnlichkeit vermissen, und sie gelten nicht für Einzelgegenstände, sondern für alle zur gegebenen Gattung gehörigen Einzelfälle. Beispiele dafür sind die Gleichungen, in denen die Variablen der metrischen Verhältnisse einer mathematischen Textaufgabe zusammengefaßt werden, insbesondere auch in der analytischen Geometrie. Sofern das M. eines bestimmten Gegenstandes (Ereignisses) als repräsentativ für andere Einzelfälle derselben Gattung erkannt wird, spricht man von einem M.-Fall. Der M.-Begriff gilt nicht nur für räumlich statische Gegebenheiten sondern in gleicher Weise auch für veränderliche zeitliche Abläufe (*Fließ*modelle) sowie für jede Anordnung von Ideen, logischen Zusammenhängen, sprachlichen Aussagen u. a. Es wird dabei meist angenommen, daß die M.e ontologische oder logische Strukturen abbilden (→ Struktur) und dadurch zur

Strukturforschung der einzelnen Disziplinen beitragen. M.e sind von besonderer Bedeutung für die Hypothesenbildung (→ Hypothese), und sofern Philosophie gelegentlich als metaphysische Hypothesenbildung aufgefaßt worden ist (→ Duhem), würde eine Weiterentwicklung der philosoph. M.-Theorie wohl auch dem → Strukturalismus gute Dienste leisten.

E. Nickel, Das physikal. M. und die metaphys. Wirklichkeit, 1952; H. Stachowiak, Denken und Erkennen im kybernet. M., 1966; H. Stachowiak, Allg. M.theorie, 1973; H. Fertig, M.theorie der Messung, 1977; A. Prestel, Einf. in die mathemat. Logik und M.theorie, 1986.

Modernismus, um 1900 die Bestrebungen kath. Gelehrter, einen Ausgleich zwischen den Glaubenslehren und den Anforderungen des modernen Lebens herbeizuführen; die Kirche verwarf diesen M. – In der Gesch. der Philos. bezeichnet man mit „modernistischer Bewegung" den auf die Werke von William James, F. C. S. Schiller und Henri Bergson zurückgehenden vitalistischen Irrationalismus, dessen Grundlage der → Pragmatismus ist. Das Wort wird im übertragenen Sinne auch für die moderne Kunst verwendet.

J. Mausbach, Der Eid wider den M. und die kathol. Wiss., 1911; M. J. Lagrange, Loisy et le M., Juvisy 1932; G. Martini, Cattolicesimo e storicismo, Neapel 1951; R. Schaeffler, Der M.-Streit als Herausforderung an das philos.-theolog. Gespräch heute, in: Theolog. Philos. 55 (1980).

Modifikation (lat.), Veränderung der Art und Weise zu sein, Abänderung; – modifizieren, abwandeln, einschränken, auf das richtige Maß bringen. – In der Biologie der Gegenbegriff zu → Mutation.

Modus (lat. „Maßstab, Regel"), Daseinsweise, Art und Weise des Seins oder Geschehens. M. vivendi, die Art und Weise zu leben, das tolerante Nebeneinanderleben; M. procedendi, die Art und Weise des Vorgehens, um ein Ziel zu erreichen; *m. rectus* u. *m. obliquus* → Intentio.

Möglichkeit bzw. **möglich** ist etwas, das 1. objektiv unter bestimmten realisierbaren Bedingungen wirklich werden kann, oder etwas, das 2. subjektiv unter bestimmten Voraussetzungen als wirklich gedacht werden kann. „Wenn die Bedingungen der M. in ihrer Totalität da sind, dann bilden sie zugleich Notwendigkeit" (Nic. Hartmann, Einf. i. d. Philos., ^{3}1954). Kants Begriff des Möglichen → Postulat. Die Problematik des M.sbegriffs ist in der modernen Existenzphilosophie und Ontologie wieder aufgelebt, womit ein existentialistischer M.sbegriff (schon seit Kierkegaard) entstanden ist; → Formalismus, notwendig, Potenz.

A. Meinong, Über M. und Wahrscheinlichkeit, 1915; A. Faust, Der M.sgedanke, I, 1931; N. Hartmann, M. und Wirklichkeit, 1938; U. Wolf, M. und Notwendigkeit bei Aristoteles und heute, 1979.

Molekül (Molekel, lat. Verkleinerungsform von *moles*, „Masse"), das, der kleinste Teil einer chem. Verbindung, zugleich der mechanisch kleinste Teil eines reinen chemischen Grundstoffes; besteht aus einem System von Atomen und läßt sich durch chem. Mittel in Atome zerlegen. Die M.e der Edelgase, Helium usw. sind einatomig, die der kompliziertesten Stoffe, z. B. die Eiweiß-M.e, bestehen aus Tausenden von Atomen. Die Anordnung u. Eigenschaften der die M.e bildenden Atome bestimmen die Eigenschaften der Stoffe. Ein Wasserdampf-M. ist $2{,}6 \cdot 10^{-8}$ cm groß. In 1 cm^3 Gas von 0^0 und 1 Atm. sind rund $27 \cdot 10^{18}$ M.e enthalten. Die M.e bewegen sich um eine Gleichgewichtslage. Die dabei nach außen abgegebene Bewegungsenergie heißt Wärme. Die molekulare Erforschung der lebendigen Zellen, ihrer Wachstumsprozesse und Eigenschaften führte zur Entstehung der *Molekularbiologie*.

L. v. Bertalanffy, Vom M. zur Organismenwelt, 1943; J. Maruani, Molecules in Physics, Chemistry and Biology, Dordrecht 1988/89.

Moment (lat.), Augenblick, Zeitpunkt; das M.: wesentlicher Umstand, Bestandteil. In der Philosophie durch Hegel Bez. für einen nur qualitativ oder dynamisch, nicht aber räumlich oder mechanisch heraushebbaren Bestandteil eines umfassenden Ganzen. Beispiel: Das weltanschauliche Moment einer Revolution. In der Psychologie spricht man von M.en einer Gestalt, um die irreführenden Ausdrücke Teil oder Glied zu vermeiden. Das abgeleitete Wort *momentan* bedeutet sowohl augenblicklich, schnell vergehend, auch sofort, wie ausschlaggebender Umstand, wesentlicher Faktor.

Monade (vom griech. *monạs*, „Einheit"), bei Giordano Bruno physisches und zugleich psychisches Wirklichkeitselement. Der eigentliche Begründer der M.nlehre (Monadologie) ist jedoch → Leibniz. Auch Goethe verwandte den Begriff der Monas im Sinne einer lebendigen, beseelten Individualität. In der Gegenwartsphilosophie finden die Interpretationen zum Monadenbegriff besonders in der Philosophie R. → Hönigswalds wesentlich neue Ansätze, sofern die M. darin als → Erlebnismittelpunkt bestimmt wird. Die Forschungen W. Cramers knüpfen an die Monadologie Hönigswalds an.

W. Cramer, Die M., 1954; W. Cramer, Grundlegung einer Theorie des Geistes, 1957; R. Hönigswald, Analysen und Probleme, in: Ders., Schriften aus dem Nachlaß, II, hg. 1959; J. C. Horn, M. und Begriff, 1965.

Mong-tse oder **Meng-tse** (lat. *Mencius*, eigentl. *Meng Ko*), chines. Dichterphilosoph, * 372, † 289 v. Chr., einer der großen Schüler des Kung-fu-tse; predigte Menschlichkeit und Gerechtigkeit, Schicklichkeit und Weisheit als die vier Haupttugenden, die er auf angeborene (gute) Triebe zurückführte. Da der Mensch von Natur aus gut sei, müsse man die Schuld an Diebstahl und Verbrechen in den schlechten Verhältnissen im Staate suchen; lehrte das „Recht auf Revolution" sofern der Herrscher den Staat in Unordnung stürzt und sich das Volk geschlossen gegen ihn erhebt. Übersetzung seiner Schriften von Wilhelm, 1916.

Yuan, La philosophie morale et politique de Mencius, Paris 1927; E. Haenisch, Mencius und Liu Hiang, 1942; A. Eckardt, China. Gesch. und Kultur, I–III, 1959.

Monismus (vom griech. *monạs*, „Einheit"), (All-) Einheitslehre, wonach die Wirklichkeit einheitlich und von einerlei Grundbeschaffenheit sei. Das Wesen dieser Grundbeschaffenheit wird verschieden gedeutet; daher sind mehrere M.arten zu unterscheiden, von denen allerdings die meisten nicht unter dem Namen M. auftreten (Christian Wolff hatte zuerst Monisten diejenigen genannt, die nur eine Grundsubstanz annehmen), z. B. M. der Ununterschiedenheit im Weltgrunde (Identitätsphilosophie); M. der Gottsubstanz (Pantheïsmus, Spinoza; Panentheïsmus); M. des (All-) Lebens (Hylozoismus, Panvitalismus); M. der (All-) Beseelung, a) objektiv: Panpsychismus, b) subjektiv: Psychomonismus; M. des Bewußtseins (Immanenzphilosophie, Phänomenalismus, Existentialismus, Psychologismus, Solipsismus, Subjektivismus); M. des Denkens bzw. des Geistes (Idealismus, Panlogismus, Spiritualismus); M. der Materie (Materialismus, Naturalismus); M. der Energie (Dynamismus, Energetik); M. der (abstrakten) Zusammenhänge (Formalismus, Funktionalismus); → Dualismus, Pluralismus. – Die materialistisch denkenden Monisten schlossen sich dem von Ernst → Haeckel gegründeten „Deutschen Monistenbund" an, der der Vertiefung und Ausbreitung einer dies-seitigen, materialistisch-naturwissenschaftlichen Weltanschauung diente.

E. Haeckel, Der M. als Band zwischen Religion u. Wiss., 1892; E. Haeckel, Der Monistenbund, 1904; J. Engert, Der naturalist. M. Haeckels, 1907; R. Eisler, Der M., I–II, 1908–10; R. Eisler, Gesch. des M., 1910; F. Klinke, Der M. und seine philos. Grundlagen, 1911; W. Ostwald, Monist. Sonntagspredigten, 1911–16; P. Minges, Der M. des dt. Monistenbundes, 1919; H. Groos, Der dt. Idealismus u. das Christentum, 1927; H. Hillermann, Der vereinsmäßige Zusammenschluß bürgerl.-weltanschaul. Reformvernunft in der M.-Bewegung des 19. Jh.s, 1975.

Monopluralismus (von griech. *monas*, „Einheit" und lat. *plures* „viele") will die Welt als Einheit „und" Vielheit begreifen und nicht als Einheit „oder" Vielheit. Jedes weist als Ganzes Einheit, in seinen Teilen Vielheit auf. Jedes ist als Ausgedehntes eines aus vielen, als Abgegrenztes eines unter vielen. Zur Wirkung bedarf es der Vereinigung vieler Ursachen. Einheit und Vielheit bilden gerade durch ihr stetes, gegensatzreiches Zusammen die Grundpfeiler sowohl der individuellen wie der kollektiven Systeme (Kant: Einheit in der Mannigfaltigkeit = System). – Weitere Wegbereiter des M. sind: Schelling (Polarität), Hegel (Identität zwischen Identität und Nichtidentität). Der systematische M. erörtert die Strukturen der Ein-Vielheit (Spencers Differenzierung und Integration). Den kritischen M. beschäftigt der Gegensatz zwischen → Einheit und Vielheit (Herbarts Dingaufspaltung; Bradleys These: zwei werden durch ein Bindeglied nicht eins sondern drei; N. Hartmanns Seinsgegensätze; → H. Marcus' Ein-Vielheitsantinomie). Neben dem strukturellen M., von dem sich nach Eisler Züge auch bei Ed. v. Hartmann, Lotze, Fechner, Wundt und Groos finden, gibt es den Grundlagen-M.: Die ontologischen Elemente lassen sich nur noch unterscheiden, aber nicht mehr scheiden. Ausdehnung, Größe, Grenze und Gestalt bilden stets eine Ein-Vielheit (H. Marcus, N. Hartmann, H. Wein). Einen metaphysischen M. vertreten Laurie, Petronievics, Laner.

S. S. Laurie, Metaphysica nova et vetusta, a return to dualism, London 1884; F. H. Bradley, Appearance and Reality, London 1893, dt. 1928; P. Laner, Pluralismus oder Monismus, 1905; H. Marcus, Philos. des M., 1907; B. Petronievics, Prinzipien der Metaphysik, I, 1907; N. Hartmann, Der Aufbau der realen Welt, 1940; A. Baumgarten, Die Gesch. der abendländ. Philos., 1945; H. Wein, Zugang zu philos. Kosmologie, 1954.

Monopsychismus (aus griech. *monos*, „einzig", u. *psyche*, „Seele"), die Lehre, daß die Einzelseelen nicht aus sich heraus ursprüngl. und verschieden sind, sondern nur von außen her, bes. stofflich-leiblich bedingte Abwandlungen einer einzigen Seelensubstanz. Der M. wurde durch arabische (→ Averroës) und jüd. Denker des MA. vertreten und drang dann auch in die abendländ. Philosophie ein.

P. Merlan, Monopsychism, Mysticism, Metaconsciousness, Den Haag 1963.

Monotheismus (aus griech. *monos*, „einzig", u. *theos*, „Gott"), die Lehre von dem einen, persönlichen →

Gott. Monotheïstisch im strengen Sinne sind die jüd. Religion und der Islam, im weiteren Sinne ist es auch das Christentum.

W. Schmidt, Der Ursprung der Gottesidee, I–XII, 1912–55; A. Falaturi u.a. (Hgg.), Drei Wege zu einem Gott, 1976; O. Keel (Hg.), M. im AT und seiner Umwelt, 1980.

Montague, William Pepperell, nordamerikan. Philosoph, * 24. 11. 1873 Chelsea (Mass.), † 1. 8. 1953 New York, seit 1920 Prof. an der Columbia-Univ. das., von Royce beeinflußt, dem idealist. Personalismus nahestehend, führender Vertreter des amerikan. Neurealismus. Wissen und Glauben sucht er in einem „spiritualistischen" oder „animistischen" Materialismus zu vereinen. Die Philosophie hat die Aufgabe, die Wirklichkeit zu formen. – Hauptw.: *The ways of Knowing or the Methods of Philosophy*, 1925; *The Ways of Things. A Philosophy of Knowledge, Nature and Value*, 1940; *Great Visions of Philosophy*, 1950.

Montaigne, Michel de, frz. Jurist, Politiker und Moralphilosoph, * 28. 2. 1533 Schloß M. im Périgord, † 13. 9. 1592, das., glänzender Schriftsteller und Essayist; weltanschaulich ausgeprägter Skeptiker (seine ständige Frage: Was weiß ich?, *Que sais-je?*), dessen bedeutender Einfluß durch die ganze frz. Philosophie bis Bergson nachweisbar ist. M. bekämpfte die Eitelkeit der Menschen und des menschl. Vernunftgebrauchs durch immer erneuten Hinweis auf die Fragwürdigkeit der menschl. Existenz (im Anschluß an die Stoa). Die Natur ist Lehrmeisterin. Das meiste Traditionelle ist zu unwichtig, als daß man sich für seine Umstürzung in Gefahr begeben sollte. Lebensklugheit ist die förderlichste Tugend. – Hauptwerke: Les Essais, 1580, I–V, 1906–33 (Repr. 1980); Œuvres complètes, I–XII, Paris 1924–41; Gesammelte Schriften, I–VIII, 1908–11. – S. A. Tannenbaum, M. M., A. Concise Bibliography, New York 1942.

W. Weigand, M., 1911; L. Brunschvicg, Descartes et Pascal, lecteurs de M., 1945; H. v. Friedrich, M., 1949; M. Kölsch, Recht u. Macht bei M., 1974; P. Burke, M. zur Einf., 1985; J. Starobinski, M. – Denken und Existenz, 1986.

Montesquieu, Charles de Secondat, Baron de la Brède et de M., franz. Rechts- und Geschichtsphilosoph, * 18. 1. 1689 Brède b. Bordeaux, † 10. 2. 1755 Paris, verließ in seinem Hauptwerk *„De l'esprit des lois"* (1748, dt. 1891) das formalistische Rechtsdenken und suchte Gesetze und politisches Leben der verschiedenen Länder und Völker aus ihren natürlichen und geschichtlichen Bedingungen im Sinne der Milieutheorie zu erklären. An dem Muster der englischen Verfassung, die er für die fortschrittlichste hielt (die franz. für die rückschrittlichste, wie er in den *„Lettres persanes"* 1721, dt. 1886, darlegte), entwickelte er im Anschluß an → Locke die Theorie von der Teilung der Staatsgewalt in die gesetzgebende, die ausführende und die richterliche. In seinen *„Considérations sur les causes de la grandeur des Romains et de leur décadence"* (1734, dt. 1842) untersuchte er Blüte und Verfall des Römischen Reiches. – Hauptwerke: Lettres persanes, I–II, 1721, dt. 1759; Considérations sur les causes de la grandeur des Romains et leur décadence, 1734, dt. 1786 (Repr. 1980); De l'esprit des lois, I–II, 1748, dt. 1753 (Repr. 1980); Œuvres complètes, I–VII, 1875–79 (Repr. 1972). – L. Vian, M.-Bibl., Paris 1874.

L. Desgraves, Catalogue de la Bibliothèque

de M., Genf 1954; A. Eiselin, Die Grundgedanken M.s zu Staat und Gesetz, Diss. Köln 1964; S. M. Mason, M.s Idea of Justice, Den Haag 1975; M. Richter, The Political Theory of M., New York 1977; C.-P. Clostermeyer, Zwei Gesichter der Aufklärung. Spannungslagen in M.s Esprit des lois, 1983; L. Desgraves, M., Paris 1986; J. N. Shklar, M., Oxford 1987; P. Gascar, M., Paris 1989.

Moore, George Edward, engl. Philosoph, * 4. 11. 1873 London, † 24. 10. 1958 in Cambridge, 1925–39 Prof. das.; 1940–44 Gastprof. in den USA, wurde bekannt durch seine Abhandlung *„Refutation of Idealism"* (in „Mind", 1903), durch die er, indem er den Idealismus bekämpfte, die neurealistische Bewegung (→ Neurealismus) ins Leben rief; sein Einfluß auf die engl. Philosophie der Gegenwart ist bedeutend; war Hsg. v. „Mind" 1921–47. Der vielleicht wichtigste Beitrag zur philos. Diskussion war seine Klärung von Aussagen anderer Philosophen, und zwar solchen Aussagen, die ihm paradox erschienen. So waren der Anlaß zum Philosophieren nicht Probleme der Welt oder der Wissenschaften, sondern was andere über diese gesagt hatten. Maßstab seiner Kritik war der „Common sense", die Summe der Überzeugungen, die die Menschen schon immer im Alltagsleben als wahr angesehen haben. Seine Verteidigung des „Common sense" gegen die häufig widersprechenden philos. Thesen führte ihn später zu Bedeutungsanalysen dieser im Alltagsleben wirksamen Meinungen. – Hauptwerke: Principia Ethica, 1903, dt. 1970; Ethics, 1912, dt. 1975; Commonplace Book of G. E. M., 1919–53, hg. 1962; Philos. Studies, 1922; A Defence of Common sense, 1924, in: J. H. Muirhed (Hg.), Contemporary British Philosophy, London 1924, dt. 1969; Philosophical Papers, 1959; Lectures on Philosophy, hg. 1966.

L. Addis/D. Lewis, M. and Ryle, Den Haag 1965; G. C. Kerner, The Revolution in Ethical Theory, Oxford 1966; M. Horkheimer, M. und die Funktion der Skepsis, in: Krit. Theorie II, hg. 1968; A. J. Ayer, Russell and G. E. M., Cambridge Mass. 1971 N. Hoerster, Die Wahrnehmung der Außenwelt, in: J. Speck (Hg.), Grundgedanken der großen Philosophen, Philos. der Gegenwart III, 1975; D. O'Connor, The Metaphysics of G. E. M., London 1982.

Moral (vom lat. *moralis, „sittlich"*), derjenige Ausschnitt aus dem Reich der ethischen Werte (→ Ethik), dessen Anerkennung und Verwirklichung bei jedem erwachsenen Menschen zunächst angenommen wird. Umfang und Inhalt dieses Ausschnittes ändern sich im Laufe der Zeit und sind bei den verschiedenen Völkern und Bevölkerungsschichten verschieden (Prinzip der Vielheit der M.en und der Einheit in der Ethik). Stets und überall handelt es sich bei der M. um das, was „gute Sitte" ist, was „sich schickt", was das Zusammenleben der Menschen dadurch ermöglicht, daß ein jeder die vollständige Verwirklichung der vitalen Werte (Nahrungstrieb, Geschlechtstrieb, Sicherheitsverlangen, Geltungstrieb, Besitzstreben usw.) gewissermaßen einschränkt zugunsten der (wenigstens verstandesmäßig für richtig gehaltenen) Verwirklichung der Sozialwerte (Anerkennung der Rechte der fremden Persönlichkeit, Gerechtigkeit, Selbstbeherrschung, Wahrhaftigkeit, Zuverlässigkeit, Treue, Duldsamkeit, Höflichkeit usw.); vgl. → Regel (Goldene Regel). Zur geltenden M. gehören bei allen Völkern und zu allen Zeiten außer den Sozialwerten auch die von der Religion als wertvoll bezeichneten Verhaltensweisen (Nächstenliebe, Verehrung der Ahnen, Vollziehung religiöser Kulthandlungen usw.). Die M. ist ein Bestandteil des persönlichen Mikrokosmos und mitbestimmend für das persönl. Weltbild. – Die Auffassung von der Begründung der sittlichen Werte lediglich in den Tatsachen der Natur und Kultur der Völker heißt *M.-Positivismus*; die von den fehlenden festen Grundlagen einer allgemein gültigen M., also von der geschichtlichen Wandelbarkeit der sittlichen Normen – *M.-Relativismus*.

W. Dilthey, Versuch einer Analyse des moral. Bewußtseins, 1864, in: Ges. Schriften, VI, hg. 1924; J. Piaget, Le jugement moral chez l'enfant, Paris 1932, dt. 1983; K. Baier, The Moral Point of View, New York 1958; B. Williams, Morality, London 1976; D. Baumgardt, Jenseits von Machtmoral und Masochismus, 1977; F. Böckle, Fundamentalmoral, 1977; K. Wenke, Rationalität und M., 1977; T. Geiger, Über M. und Recht, hg. 1979; J. Habermas, Moralbewußtsein u. kommunikatives Handeln, 1983; W. Edelstein/G. Nunner-Winkler (Hgg.), Zur Bestimmung der Moral, 1986.

moral insanity (engl.), moralischer Schwachsinn, krankhafter Mangel an sittlicher Urteilskraft, verbunden mit absolutem Egoismus, Gefühlskälte, Grausamkeit.

Moralisten, eine Gruppe von Schriftstellern und Philosophen, die, unter Vermeidung moralistischer Plattheiten, das Wesen der Leidenschaften ergründen und Methoden angeben wollen, um sie zu lenken und zu bekämpfen. „Aus Freimut und Ungeduld verschmähen oder versäumen sie die systematische Ordnung und Logik ... Mit Freimut und Ungeduld würzen sie den Ausdruck ihres Sinnens und Forschens und finden den persönlichen, sprunghaften, gärenden Stil, den man den aphoristischen nennt. Dabei lebt aber doch von der mittelalterlichen und antiken Zucht der Kirchen, Schulen und Akademien noch so viel Liebe zu Innerlichkeit, Klarheit und Schönheit in ihnen weiter, daß die Entartung in Zerfahrenheit und selbstherrliche Willkür vermieden wird" (K. Voßler im Vorwort zu „Die franz. M." hrsg. von F. Schalk, 1938). Zu den franz. M. pflegt man zu rechnen: La Rochefoucauld, Vauvenargues, Montesquieu, Chamfort, Rivarol; → franz. Philosophie. Ein berühmtes Buch mit dem Titel *„The Moralists"* hat 1711 Shaftesbury veröffentlicht. Andere engl. M. sind Cumberland, Butler, Clarke, William Wollaston (1659–1724; Hptw.: *The Religion of Nature Delineated*, 1772), Hutcheson, Home und Ferguson.

A. Shaftesbury, The Moralists, 1705; L. M. Selby-Bigge, British moralists, Oxford 1897; F. Schalk (Hg.), Die frz. Moralisten, I–II, 1940 (Repr 1962); H. P. Balmes, Philos. der menschl. Dinge. Die europäische Moralistik, 1981.

Moralität (vom lat. *moralitas*), Sittlichkeit. M. hat nach Kant eine Handlung nur dann, wenn sie nicht bloß dem Sittengesetz entspricht, sondern aus der Idee, der Pflicht selbst entspringt; → Legalität.

A. Shaftesbury, A Letter Concerning Enthusiasm, London 1707, dt. 1776; I. Craemer-Ruegenberg, Moralsprache und M., 1975; W. Kuhlmann (Hg.), M. und Sittlichkeit, 1986.

Moralphilosophie (Moralwissenschaft), bes. in der kath. Theologie soviel wie Ethik.

Moralprinzip, jeder Grundsatz, der den sittl. Willen bestimmen soll, wie z. B.: Lust (Hedonismus), Glück (Eudämonismus), Nutzen (Utilitarismus), Befriedigung der Naturtriebe (ethischer Naturalismus), Vollkommenheit (Euphorismus), Harmonie usw. In der modernen Ethik wird weniger von feststehenden Prinzipien, vielmehr von der phänomenolog. Beschreibung moralischer Verhaltensformen gesprochen.

D. Wyss, Strukturen der Moral. Unters. zur Anthropologie moral. Verhaltensweisen,

1968; R. Wimmer, Universalisierung in der Ethik, 1980; U. Wolf, Das Problem des moral. Sollens, 1984.

moral sense (engl.), Gefühl für Sittlichkeit.

More, Henry, engl. Philosoph und Theologe, * 12. 10. 1614 Grantham, † 1. 9. 1687 Cambridge als Prof., ging vom Kartesianismus aus, wandte sich aber immer mehr dem Platonismus und der Mystik zu, hier einerseits durch Jakob Böhme, andererseits durch die Kabbala bestimmt. Im „Metaphysischen Handbüchlein" beschreibt M. eine 4. Dimension der Welt, in der Naturgeister walten, die er als die eigentlichen Kräfte der Wirklichkeit annimmt. – Hauptwerke: Enchiridion metaphysicum, 1671; Opera omnia, I–III, 1674–79 (Repr. 1966).

R. Zimmermann, H. M. und die vierte Dimension des Raumes, 1881; E. Cassirer, Die platon. Renaissance in England und die Schule von Cambridge, 1932; A. Koyré, From the Closed World to the Infinite Universe, Baltimore 1957, dt. 1969; A. Lichtenstein, H. M., Cambridge Mass. 1962; A. Jacob, H. M.: The Immortality of the Soul, Dordrecht 1987.

More (lat. **Morus**), Thomas, engl. Jurist und Staatsphilosoph, * 7. 2. 1478 London, † das. 6. 7. 1535 (durch Heinrich VIII. hingerichtet). 1529 Lordkanzler, unterstützte die Gegenreformation. In seiner staatsphilosoph. Schrift „Utopia" (nach der die ganze politische Literatur der „Utopien" den Namen erhielt; 1516 lat., dt. u. a. 1922 mit Einl. v. Oncken) verlegte er seinen Idealstaat auf eine ferne Insel. Er fordert eine an Platons „Staat" erinnernde Eigentumslosigkeit der Einzelnen zugunsten des Staates, religiöse Toleranz, eine möglichst geringe Zahl religiöser Dogmen und die Überantwortung der Jugend bzw. ihrer Erziehung an die Priester. – Hauptwerke: De optimo rei publicae statu deque nova insula Utopia, 1516, dt. 1922; The Complete Works of T. M., I–XIV, London 1963 ff.

K. Kautsky, T. M. und seine Utopie, 1888; H. Brockhaus, Die Utopia-Schrift des T. M., 1929; R. W. Chambers, T. M., London 1935; G. Ritter, Machtstaat und Utopie, 1940; H. W. Donner, Introduction to Utopia, London 1945; E. F. Rogers (Hg.), The Correspondence of Sir T. M., New York 1947, dt. 1949; G. Möbius, Politik und Menschlichkeit im Leben des T. M., [2]1966. 1. Aufl. unter dem Titel: Politik des Heiligen, o. J; H. P. Heinrich, T. M., 1984.

Moreau, Joseph, frz. Philosoph, Prof. in Bordeaux, * 14. 2. 1900 Aiguran sur Indre, Historiker der Philosophie, hervorgetreten durch gründliche, z. T. philologisch fundierte Analysen der platonischen Schriften, wendet später dieselben Methoden auf Untersuchungen zur Metaphysik des 17. Jh. an, woraus er die historischen Wege zum modernen Idealismus und Phänomenologismus aufzeigt. – Hauptw.: *La construction de l'idéalisme platonicien*, 1939, repr. 1967; *Malebranche, correspondance avec J.-J. Dortous de Mairan*, 1947; *L'idée d'univers dans la pensée antique*, 1954; *L'univers leibnizien*, 1956; *L'horizon des esprits*, 1960; *Aristote et son école*, 1962; *L'espace et le temps selon Aristote*, 1965; Selbstdarst. in *„Les philosophes français d'aujourd' hui"*, 1965; *Les sens du platonisme*, 1967; *Jean-Jacques Rousseau*, 1973; *Permanence de la philosophie. Mélanges offerts à J. M.*, 1977.

Morelly (Abbé), franz. Sozialphilosoph, * 1716 Vitry-le-François, † 1781, Paris. Seine Hauptw.: *„Code de la nature"* (2 Bde., 1755–60, dt. 1846) und *„Iles flottantes ou la Basiliade"*, [2]1753 sind wesentliche Beiträge zur Ideologie der Franz. Revolution von 1789; vertrat, unter

Berufung auf Platon, eine utopisch-humanitäre kommunistische Doktrin und bezeichnete das Privateigentum und den ihm zugrundeliegenden Egoismus als die Wurzel aller Streitigkeiten und allen Unglücks.

H. Girsberger, Der utop. Sozialismus des 18. Jh.s in Frankreich, in: M. v. Saitzew (Hg.), Zürcher volkswirtschaftl. Forschungen, I, 1924; R. N. Coe, M. – Ein Rationalist und der Sozialismus, 1961.

Morgan, Conwy Lloyd, engl. Biologe u. Psychologe, * 6. 2. 1852 London, † 6. 3. 1936 in Hastings, seit 1884 Prof. in Bristol, Neurealist, der Philosophie S. Alexanders nahestehend (→ Emergenz). Die Entwicklung ist nicht nur eine Reihe von kontinuierlichen Steigerungen (gesichert durch *the resultant*, das Resultierende), sondern überdies die Entstehung ganz neuer Gesetzlichkeiten und Entwicklungsreihen, die durch *the emergent*, das Aufsteigende, herbeigeführt werden. Da jedes physische Objekt gleichzeitig psychisch ist, gehört auch das Bewußtsein zur aufsteigenden Entwicklung, die als Ganzes auf Gott als den Urheber und auf einen göttl. Weltenplan hinweist. – Hauptw.: *Habit and Instinct*, 1896, dt. 1909; *Animal Behaviour*, 1900, [3]1920; *Instinct und Experience*, 1912, dt. 1913; *Emergent Evolution*, 1923; *A Philosophy of Evolution*, 1924; *Life, Mind and Spirit*, 1926; *The Emergence of Novelty*, 1933.

Morgan, Lewis Henry, nordamerikan. Soziologe, * 21. 11. 1818 Aurora (New York), † 17. 12. 1881 Rochester, bekannt durch „*Ancient Society*" (1877, dt. [2]1908 von Eichhoff und Kautsky u. d. T. „Die Urgesellschaft"), worin er eine stufenweise Entwicklung der Familie schildert: 1. Schrankenlose Promiskuität, 2. Konsanguine Familie (nur Ehen zwischen Eltern und Kindern verboten), 3. Punalua-Familie (Verbot der Ehe auch zwischen Geschwistern; freier Zutritt aller Männer einer Stammeshälfte zu allen Frauen der anderen Hälfte; Gruppenehe), 4. Mutterrechtliche Familie, Anfänge der Individualehe, Polygamie, 5. Patriarchat, polygame Familie, 6. Monogame Individualehe. Diese Theorie gewann großen Einfluß und ist erst in neuester Zeit aufgegeben worden.

A. Vierkandt, Ehe. Gesch. u. Soziologie, in Hwb. der Sexualwissenschaften, [2]1926; B. J. Stern, *L. H. M., Social Evolutionist,* (mit Biblg.), 1931; E. Lucas, Die Rezeption L. H. M.s durch Marx u. Engels, 1964.

Morphologie (griech.). Gestaltlehre, die Wissenschaft von den dynamisch-ganzheitlichen → Gestalten, bes. denen der Lebewesen und ihrer Entwicklung. Erst von Goethe unter dem Namen M. eingeführter Begriff, um die Lehre von der Gestalt, der Bildung und Umbildung der organischen Körper, der Pflanzen und Tiere, zu bezeichnen. Der Sache nach bes. in der dt. Philosophie schon seit dem MA. angebahnt. Nach Goethe auch auf geistige und kulturelle Gebilde (→ Struktur) angewendet; so bezeichnet Spengler seine Untersuchungen zur Geschichts- und Kulturphilosophie auch als „Umrisse einer M. der Weltgeschichte". Frobenius u. a. sprechen von → Kulturmorphologie.

E. Haeckel, Generelle M. der Organismen, I–II, 1866; A. Meyer-Abich, Logik der M. im Rahmen einer Logik der gesamten Biologie, 1926; W. Troll (Hg.), Goethe. Morpholog. Schriften, 1926; T. Haecker, Goethes morpholog. Arbeiten, 1927; W. Troll, Gestalt und Urbild. Ges. Aufsätze zu Grundfragen der organischen M., 1941; O. Westphal, Weltgesch. der Neuzeit, 1953; A. Meyer-Abich, Die Vollendung der M. Goethes durch A. v. Humboldt, 1970.

Morscher, Edgar, * 23. 1. 1941 Bludenz, Prof. in Salzburg, behandelt

Grundfragen der Ethik und die Problematik der Normenbegründung. Verbindet Fragestellungen der Ontologie mit Ideen der modernen Logik und Semantik. Beschäftigt sich mit Geschichte der Philosophie des 19. u. 20. Jh.s, speziell mit der sogenannten österreichischen Tradition seit Bolzano. – Schr. u. a.: Das logische An-sich bei Bernard Bolzano, 1973; *Problems in Logic and Ontology* (Mithg.), 1977; Ontologie und Logik (Mithg.), 1979; Ethik – Grundlagen, Probleme und Anwendungen, 1981; Philosophie als Wissenschaft (Mithg.), 1981; Normenbegründung und moralische Verantwortung, 1981.

Moser, Simon, Prof. in Karlsruhe, * 15. 3. 1901 Jenbach/Tirol, † 22. 7. 1988 das., hervorgetreten mit kritischen Arbeiten zur mittelalterlichen Philosophie und Geschichtsanalysen der metaphysischen Problematik, die er bis zu dem Verhältnis der modernen Naturwissenschaft und Technik zur Metaphysik und Ontologie verfolgte. Mitbegründer und Leiter der internat. bekannten Symposien des „Europ. Forums" (Alpbacher Hochschulwochen), Tirol. – Schrieb u. a. Grundbegriffe der Naturphilosophie bei W. v. Ockham, 1932; Metaphysik einst und jetzt, 1958; Philosophie und Gegenwart, 1960; Information und Kommunikation, 1968; Philosophie und Kybernetik, 1970.

H. Lenk/M. Maring, S. M., „Zwischen Antike u. Gegenwart. Philos. Vorträge u. Abhandlungen", 1986 (mit Bibl.).

Mo Ti (auch Me Ti, Motse, Motius), dritter großer chines. Sozial-Ethiker (um 480–400 v. Chr.), neben Laotse scharfer Gegner des Konfuzius, ihn an Reichtum und Tiefe der Gedanken übertreffend, wirft ihm u. seinen Anhängern Unfähigkeit für praktische Arbeit und leere Altertümlichkeit vor. M. predigte Einfachheit und Mäßigkeit sowie allgemeine, unterschiedlose Menschenliebe ähnlich der christl. Ethik. Seine Lehre zeigt einen sozialistischen Zug, aber nicht in moderner (komm.) Prägung. – Schriften, I–II, 1975.

A. Forke, M. T des Sozialethikers und seiner Schüler Werke, 1922; J. Witte, M. T., 1928; F Geisser, Das Prinzip der allg. Menschenliebe im Reformprogramm von M. T., Diss. Zürich 1947; A. Eckardt, China. Gesch. und Kultur, I–III, 1959.

Motiv (lat.) Beweggrund, Anlaß, Antrieb. Das M. bestimmt nicht die Handlung, sondern es wird erst „in dem und durch den Entwurf einer Handlung" sichtbar (Sartre). – In der Ästhetik bezeichnet man als M. (oder Sujet) den den Anlaß zur künstlerischen Gestaltung gebenden Stoff. Der amerikan. Psychologe G. Allport versucht eine funktionelle Autonomie der M.e nachzuweisen. W. Hellpach spricht von *M.schwund*, womit er die ethnopsychol. Erscheinung bezeichnet, daß in institutionellen Lebensformen nicht mehr nach Motiven gehandelt wird, weil das psychische Leben einen festen Standard annimmt. In der modernen Psychologie gewinnt die Motivationslehre immer mehr an Bedeutung.

G. Allport, Personality, London 1938, dt. 1949; W. Tomann, Dynamik der M.e, 1954; P. Keiler, Wollen und Wert. Grundlegung einer psycholog. Motivationslehre, 1970; T. Hahn, Motivation, M.forschung, M.theorien, 1985.

Motivation (lat.), Motivierung, die Angabe der Beweggründe des Willens.

H. Bürger-Prinz, Motive und M., 1950; J. A. Keller, Grundlagen der M., 1981.

Mounier, Emmanuel, franz. Philosoph, * 1. 4. 1905 Grenoble, † 22. 3. 1950 Paris, Vertreter des

Personalismus, gründete 1932 die einflußreiche Zeitschr. „Esprit", die er (mit Ausnahme der Jahre 1941 bis 1944, als sie von der dt. Besatzungsmacht verboten und M. verhaftet war) bis zu seinem Tode leitete. Die Ganzheit der Menschheitsgeschichte ist für M. das menschliche Absolute, das sich der Begrifflichkeit weitgehend entzieht, aber die Stetigkeit des Menschseins verbürgt. M. forderte, wie Jaspers, Kommunikation der Gewissen, Gemeinschaft freier, verantwortungsvoller Persönlichkeiten. M. stand der sozialistisch-materialistischen Denkweise nahe, bekämpfte aber den Kollektivismus, sofern er die Persönlichkeit gefährdet. – Hauptwerke: Révolution personnaliste et communautaire, 1935; Manifeste au service du personnalisme, 1936; L'affrontement chrétien, 1944, dt. 1950; Introduction aux existentialismes, 1946, dt. 1949; Traité du caractère, 1946; Le personnalisme, 1949; Œuvres complètes, I–IV, 1961–63.

C. Moix, La pensée d'E. M., Paris 1960; J. M. Domenach, E. M., 1972; J. Roy, E. M., Paris 1972.

Müller, Adam Heinrich, Schriftsteller, * 30. 6. 1779 Berlin, † 17. 1. 1829 Wien, wurde als Gegner von Fichtes „Geschlossenem Handelsstaat" bekannt und vertrat eine organische, katholisch-universalistische Staatsauffassung. Der Staat ist für ihn die „Totalität des gesamten Lebens". M.s Lehren wurden von O. → Spann wieder aufgenommen. – Hauptwerke: Die Elemente der Staatskunst, I–III, 1810; Versuche einer neuen Theorie des Geldes, 1816; J. Baxa (Hg.), Ausgewählte Abhandlungen, 1921; W. Schröder/W. Siebert (Hgg.), Kritische, ästhetische und philos. Schriften, I–II, 1967 (mit Bibl.).

E. Sasse, A. M. in Lehre und Leben, 1935; A. Matz, Herkunft und Gestalt der Lehre A. M.s von Staat und Kunst, Diss. Philadelphia 1937; A. Langner (Hg.), A. M. 1779–1829, 1988.

Müller, Johannes, Anatom, Physiologe und Naturphilosoph, * 14. 7. 1801 Koblenz, † 28. 4. 1858 Berlin als Prof. (seit 1833), stand anfangs der romantischen Naturphilosophie auch wissenschaftlich nahe, wurde später zum Mitbegründer der exakten Physiologie und physiologischen Psychologie, hier bes. durch seine Lehre von den spezifischen Sinnesenergien; unterwarf jedoch jederzeit seine einzelwissenschaftliche Methodik philosophisch-kritischer Überprüfung. Hauptwerk für M.s Philosophie und Psychologie: Handb. d. Physiologie des Menschen, 2 Bde., 1833–40, 1. Bd. 1841–[4]1844.

M. Müller, Üb. die philos. Anschauungen d. Naturforschers J. M., 1927; U. Ebbecke, J. M., der große rheinische Physiologe, 1951; G. Koller, Das Leben des Biologen J. M., 1958.

Müller, Max, geb. 6. 9. 1906 in Offenburg/Baden, Prof. in München u. Freiburg i/Br., versucht die Überführung der klassischen Metaphysik und Ontologie (Aristoteles und Thomas v. A.) in eine moderne Philosophie der Freiheit und anthropologische Geschichtsphilosophie. Hauptw.: Über Grundbegriffe philosophischer Wertlehre, 1932; Sein u. Geist, Aufbau und Grundproblem mittelalterlicher Ontologie, 1940; Das christliche Menschenbild und die Weltanschauungen der Neuzeit, 1945; Existenzphilosophie im geistigen Leben der Gegenwart, 1949, [3]1964; Erfahrung und Geschichte, Grundzüge einer Philosophie der Freiheit als transzendentale Erfahrung, 1971; Philosoph. Anthropologie, 1974; Sinn-Deutungen der Geschichte, 1976;

Der Kompromiß, 1980. – Johannes Berger, Bibl. der Veröffentlichungen M. M.s, in: M. M., Symbolos, 1967.

R. E. Ruiz-Pesce, Metaphysik als Metahistorik oder Hermeneutik des unreinen Denkens. Die Philos. M. M.s, 1987.

Müller-Freienfels, Richard, Psychologe und Philosoph, * 7. 8. 1882 Bad Ems, † 12. 12. 1949 Weilburg, 1933–38 Prof. a. d. Wirtschaftshochschule, 1946–48 a. d. Universität Berlin, spürte den irrationalen Kräften und Gestalten in Welt, in Wissenschaft und Philosophie nach und vertrat eine eigene Lebensphilosophie („Lebenspsychologie"). – Hauptw.: Lebenspsychol., 2 Bde., 1916, [2]1924; Psychologie der Kunst, 3 Bde., 1912/1933; Philos. d. Individualität, 1921, [2]1922; Psychol. des deutschen Menschen und seiner Kultur, 1922, [2]1929; Die Seele des Alltags, 1925. 280. Tsd. 1927; Psychol. der Wissenschaft, 1936; Menschenkenntis und Menschenbehandlung, [4]1951; Die Psychol. der Gegenwart in problemgeschichtl. Darstellung, [2]1949; Der Mensch u. d. Universum, [2]1949; Schicksal u. Zufall, 1949.

R. M.-F. zum Gedächtnis, hrsg. von H.-G. Böhme, 1950.

Münchner Phänomenologie, von Alexander Pfänder angeregte Bezeichnung für jene ursprünglich von der Universität München ausgehende Richtung der Phänomenologie, die auch als ontologische und realistische charakterisiert wird. Ihre frühen Vertreter begründeten gemeinsam mit E. Husserl die phänomenologische Bewegung und das „Jahrbuch für Philosophie und phänomenologische Forschung". Zugehörig und nahestehend, außer Pfänder, u. a.: A. Reinach, M. Geiger, M. Scheler, D. v. Hildebrand, H. Conrad-Martius, J. Hering, E. Stein, R. Ingarden, H. Spiegelberg. Später entwickelte sich die M. Ph. zu einer eigenständigen Richtung, die in kritischer Distanz zu Husserls transzendentalem Ansatz stand und die phänomenol. Forschung und Methode weiter ausgebaut hat. Neue Impulse seit den 70er Jahren besonders in Deutschland, USA, Polen.

H. Spiegelberg, The Phenomenological Movement I–II, Den Haag 1960; H. Kuhn/E. Avé-Lallemant (Hgg.), Die M. P. – Vorträge des int. Kongresses München 1971, 1975; E. Avé-Lallemant, Die Nachlässe der Münchener Phänomenologen in der Bayerischen Staatsbibliothek, 1975.

Mundus (lat.), Welt; *M. sensibilis*, Sinneswelt, Natur; *M. intelligibilis*, Verstandeswelt.

W. Teichner, Die intelligible Welt, 1965.

Mutation (lat.), Veränderung, nach dem niederländ. Botaniker Hugo de Vries plötzliche, sprunghafte, sofort vererbbare Veränderungen der Arten sowie deren Ergebnis; die neue Art, im Verhältnis zur Stammart (*Mutante*). Heute versucht man, M.n durch gezielte Einwirkung auf das Erbgut (durch Bestrahlung) künstlich hervorzurufen.

H. de Vries, Die M.s-Theorie, I–II, 1901–03; T. J. Stromps, 25 Jahre M.stheorie, 1931; G. Schubert, Kernphysik und Medizin, 1947; U. J. Jensen/R. Harré (Hgg.), The Philosophy of Evolution, Brighton 1981.

Mysterium (lat.), Geheimkult, Geheimnis, das nur den Eingeweihten, die man Epopten oder Mysten nannte, zugänglich war, denen die Schaufähigkeit zugeschrieben wurde, durch feierliche religiöse Handlungen, Formelsprüche und geheime Lehren einen unmittelbaren, seelisch-leiblichen Kontakt mit den Göttern und Geistern der Feier, die sich den Anwesenden offenbarten, herzustellen. Manche griech. Philosophen, wie Pythagoras, Empedokles, Platon und vor allem die Neuplatoniker betrachteten den Zugang in ihren eigenen Lehren als Einweihung in ein M. und knüpften an die orphischen, an dionysische u. a. M.n an.

O. Kern, Die griech. Mysterien der klass. Zeit, 1927; G. P. Zacharias, Psyche und M., 1954; M. Eliade, Mythes, rèves, et mystères, Paris 1957, dt. 1961; W. Burkert, Ancient Mystery Cults, Cambridge Mass. 1987; C. Riedweg, M.-terminologie bei Platon, Philon und Klemens von Alexandrien, 1987.

Mysterium tremendum (griech.-lat. „Erzittern machendes Geheimnis"), → heilig.

Mystik (vom griech. *mystikos*, „geheimnisvoll"), ursprüngl. Bez. für Geheimreligion bzw. religiöse Geheimorganisationen, in die nur Auserwählte aufgenommen bzw. eingeweiht wurden, sodann überhaupt für das Bestreben, das Übersinnliche, Transzendente, Göttliche durch Abkehr von der Sinnenwelt und Versenkung in die Tiefe des eigenen Seins (Meditation) zu erfassen, durch Aufgehen des eigenen Bewußtseins in Gott mit diesem eins zu werden: mystische Einigung (lat. *unio mystica*). Die kath. Theologie definiert die M. als das erfahrungsmäßige Innewerden des göttlichen Gnadenlebens im Menschen. Die M. trat in allen höheren Kulturen, jedoch in jedem Volk in anderer Form auf, in China bes. innerhalb des Taoismus, in Indien in vielen Abarten von der ältesten Natur-M. bis zur abstrakten und vergeistigten M. des Buddhismus und des späten Brahmaismus, innerhalb des Islam in der iranischen M. des Sufismus. Im alten Griechenland bestanden Mysterienkulte von der Zeit der Sieben Weisen an bis zum Neuplatonismus. Bedeutsam für die Philosophie wurden die Mysterienkulte der Orphiker, die eleusinischen, die des Dionysos, der Isis, des Mithras, da viele Philosophen an die Lehren der Mysterien anknüpften. M. waren auch die Gnosis und der Manichäismus. Die M. des MA. verkörpert sich vor allem in den Werken des Bernhard von Clairvaux und des Huge von St. Viktor. In Deutschland beginnt die Geschichte der Philosophie mit der christl. Frauenmystik von Helfta, Meister Eckhart, Seuse, Tauler, Ruysbroek, Groote, Gansfoort, der Theologia Deutsch, und wird nach der Reformation weitergeführt von Sebastian Franck, Paracelsus, Valentin Weigel, Jakob Böhme, Franckenberg, Angelus Silesius, Oetinger, Hamann, bis sie in den großen Strom des dt. Idealismus und der dt. Romantik mündete. Eine moderne Mystikerin war die Französin Simone Weil (* 1909, † 1943), deren Hauptw.: *„Attente de Dieu"* größtes Aufsehen erregte (vgl. M. Davy, Die geistige Erfahrung der S. W., in ZphF, Bd. VIII, 1954; Perrin-Thibon, Wir kannten S. W., dt. 1954; S. W. in K. Pflegers „Kundschafter der Existenztiefe", 1959); vgl. → Ekstase, Kontemplation.

F. Pfeifer (Hg.), Dt. Mystiker des 14. Jh.s, 1845–57 (Repr. 1962); E. Lehmann, M. im Heidentum und Christentum, 1908; J. Bernhart, Die philos. M. des MA.s, 1922 (Repr. 1967); R. Otto, West-östl. M., 1926 (Repr. 1979); F. W. Wentzlaff-Eggebert, Dt. M. zwischen MA und Neuzeit, 1944; H. Séruoya, Le Mysticisme, Paris 1956; C. Albrecht, Das myst. Erkennen, 1958 (Repr. 1982); H. Graef, Der siebenfarbige Bogen. Auf den Spuren der großen Mystiker, 1959; K. Albrecht, Das myst. Wort, 1974; P. Mommaers, Wat is mystiek?, Nijmegen 1977, dt. 1979; K. Albert, M. u. Philos., 1986; M. Schmidt (Hg.), Grundfragen christl. M., 1987; P. Dinzelbacher (Hg.), Wörterbuch der M., 1989 (KTA 456); A. M. Haas, Gottleiden – Gottlieben. Zur volkssprachl. Mystik im Mittelalter, 1989.

Mystizismus, Vorliebe für das Mystische; Neigung zu verschwommenem, unscharfen Denken, sobald es sich um symbolhaft-abstrakte Gegebenheiten handelt, die gegenüber den „geschauten" mystischen Erlebnisgehalten zurücktreten müssen; wird auch im abschätzenden Sinne für okkultische, schwärmerische und ekstatische Lehren gebraucht.

Mythologie (griech.), die Wissenschaft von den Mythen (Ursprungssagen), den Religionen und den Göttersagen, wobei in neuester Zeit selbst die schriftlichen Überlieferungen über Religionsstifter als mythologisierte Darstellungen betrachtet werden. → auch Mythus.

C. G. Jung/K. Kerényi, Einf. in das Wesen der M., Amsterdam 1941; H. W. Haussig, Wörterbuch der M., I–II, 1961–65; H. Koopmann (Hg.), Mythos und M. in der Literatur des 19. Jh.s, 1979; M. Frank, Vorlesungen über die neue M., I–II, 1982/88.

Mythus, Mythos (vom griech. *mythos*, „Erzählung"), Sage als symbolischer Ausdruck gewisser Urerlebnisse bestimmter Völker zu bestimmten Zeiten. In diesem Sinne wird der Begriff des M. in der Spätromantik (u. a. durch Creuzer und Schelling) geprägt. Im Anschluß daran nennt Bachofen den M. die „Exegese des Symbols", die „Darstellung der Volkserlebnisse im Lichte des religiösen Glaubens". Es ist dabei zu unterscheiden zwischen *freischwebenden* M. einerseits, der durch hinzukommende Deutungen und Symbole sich in einem Wachstumsprozeß befindet, und dem *dogmatisierten* M. der religiösen Institutionen andererseits, der an diesem Wachstum gehindert wird. In der Gegenwart spricht man von der Mythisierung gewisser Begriffe, wodurch die diesen Begriffen zugrunde liegenden Erscheinungen als rational unerfahrbar und unbegreiflich, statt dessen aber als ehrfürchtig hinzunehmend dargestellt werden; solche Begriffe sind z. B.: Staat, Volk Kollektiv, Technik. Man spricht im Gegensatz dazu, insbesondere in den christlichen Kirchen, auch von einer → Entmythologisierung, sofern gewisse, religions-mythologisch überlieferte Anschauungen und Begriffe befreit von ihrem mythischen Gehalt aus ihren historischen Hintergründen erfaßt werden sollen.

G. F. Creuzer, Symbolik und Mythologie der alten Völker, I–IV, 1810–22 (Repr. 1973); F. W. Schelling, Philos. der Mythologie und Offenbarung, hg. 1856–58; J. J. Bachofen, Das Mutterrecht, 1861; E. Cassirer, Philos. der symbolischen Formen, II: Das myth. Denken, 1925; M. Schröter (Hg.), Der M. vom Orient und Occident aus den Werken J. J. Bachofens, 1926; W. Nestle, Vom M. zum Logos, 1940; E. Grassi, Kunst und M., 1957; W. Bröcker, Dialektik, Positivismus, Mythologie, 1958; J. Pieper, Über die platon. Mythen, 1965; K.-H. Volkmann-Schluck, M. und Logos, 1969; A. Klein, Glaube und M., 1973; K. M. Kodalle, Politik als Macht und M., 1973; G. Krüger, Eros und M. bei Plato, hg. 1978; H. Blumenberg, Arbeit am M., 1979; M. Djurić, M., Wiss., Ideologie, 1979; K. H. Bohrer (Hg.), M. und Moderne, 1983.

Nachahmung, die ungewollte (passive) wie gewollte (aktive) Wiederholung fremden Verhaltens in Ausdruck und Gebärde, aus den verschiedensten Motiven heraus vollzogen, wirkt mit beim Verhalten der Tiere wie des Menschen, beim Spiel wie beim Üben bzw. Lernen, ist beteiligt an der Entwicklung der Sprache, der Kunst, der Sitte, der Mode usw.: „Alle die großen Werte, die der Mensch in schöpferischer Berufstätigkeit, in der Familie, der Freundschaft, der Religion und Kunst genießen kann, sie alle blieben dem einzelnen verschlossen, wenn ihm nicht die N. den Schlüssel zu diesem Schatze in die Hand gäbe" (Vierkandt). Tarde (*Les lois de* *l'imitation*, 1890) betrachtete die N. als die wichtigste gesellschaftsbildende Kraft, Nietzsche als das Mittel aller Kultur. Das nachahmenswerte Vorbild ist einer der wichtigsten Erziehungsfaktoren, dessen Vernachlässigung in der modernen pädagogischen Praxis verheerende Folgen hat, wie sich dies verhaltenspsychologisch unschwer nachweisen läßt. Auf die N. als ästhetisches Prinzip wies schon Aristoteles in seiner Poetik hin und lehrte, daß die Kunst eine N. der Natur sei, indem diese dem Menschen die Vorbilder zur N. gibt und dadurch seinen Trieb zur N. auslöst. Für die idealistische Kunstauffassung besteht dagegen das eigentliche Wesen der Kunst in der Idealisierung der Vorbilder der Natur. Rud. Kassner sagt, der Mensch ahme in der Kunst die Götter nach.

K. Groos, Die Spiele der Menschen, 1899; P. Beck, Die N., 1904; G. Tarde, Les lois de l'imitation, I–V, Paris 1907; A. Vierkandt, Gesellschaftslehre, 1923; R. Dahrendorf, Homo sociologicus, in: Kölner Zt. für Soziologie u. Sozialpsychologie (1958); H. R. Jauss (Hg.), N. und Illusion, 1964; J. Weinsheimer, Imitation, London 1984.

Nächstenliebe, ein vom Christentum entdeckter ethischer Wert, der dem ethischen Grundwert der Antike, der Gerechtigkeit, zur Seite trat, indem er gleichzeitig inhaltlich über ihn hinausging. N. bedeutet selbstloses Eintreten für den anderen mit der eigenen Person so wie für sich selbst (→ Altruismus), und zwar ohne Rücksicht auf Anrecht, Verdienst oder Würdigkeit des anderen; darin ist also auch Feindesliebe eingeschlossen. N. ist nicht etwa eine Begleiterscheinung des → Mitleids, sondern ein die fremde Person als etwas Wertvolles intendierendes Fühlen und Streben, ein von Wohlwollen bestimmtes Bezogensein auf den anderen Menschen.

N. Hartmann, Ethik, 1926; R. Bultmann, Das christl. Gebot der N., in: Glauben u. Verstehen, I, 1933; E. Spranger, Stufen der Liebe, 1965; B. Welte, Dialektik der Liebe, 1973.

Nagarjuna, Philosoph aus Südindien, wirkte zu Beginn des 2. nachchr. Jh.s, ein Systemdenker der spätbuddhist. Philosophie. Von ihm stammen die Grundlagen der buddhistischen Logik, die er in seinen vier Lehren dargelegt hat: 1) Lehre von den zwei Wahrheiten, 2) Lehre von der vierfachen Weise der Beweisführung, 3) – von der achtfachen Verneinung des Werdens und 4) der Lehre vom wahren Wirklichen (vom „Mittleren Pfad"). Die Logik der Verneinung, die auf diesem Pfad fortgesetzt wird, führt zum nihilistischen System des N., → Indische Philosophie.

E. Frauwallner, Die Philos. des Buddhismus, 1956; K. Jaspers, Lao-tse, N., 1957.

naiv (von lat. *nativus*, franz. *naïf*, „angeboren"), natürlich (nicht gekünstelt), unbefangen, unreflektiert, kindlich. Im tadelnden Sinn: einfältig. Naivität ist der „Ausbruch der der Menschheit ursprünglich natürlichen Aufrichtigkeit wider die zur andern Natur gewordene Verstellungskunst" (Kant). Schiller schied die Dichter in n.e und sentimentalische („Über naive und sentimentalische Dichtung", 1795): der n.e Dichter schafft unbekümmert, dabei selbst ein Stück Natur, der sentimentalische nachdenklich u. im Gegensatz zur ursprünglichen Natur. Heute wird künstlerische Naivität oft vorgespielt, wie etwa in der n.en Malerei.

F. Schiller, Über naive und sentimentalische Dichtung, 1795; P. Wust, Naivität und Pietät, hg. 1964.

Nation (franz., von lat. *natio*, „Volk, Stamm"), ein Volk, das eine geschichtlich, größtenteils auch eine sprachlich und gedanklich bindende Einheit darstellt, sich eine von ihm abhängige Regierung gegeben hat u. über ein Territorium verfügt, dessen Grenzen von den anderen N.en mehr oder weniger respektiert werden (Staatsvolk). Auch mehrere Völker oder Teile verschiedener Völker können eine N. bilden; Beisp.: Großbritannien, Schweiz; → Volk, Staat.

J. Fels, Begriff und Wesen der N., 1927; H. O. Ziegler, Die moderne N., 1931; M. H. Boehm, Das eigenständige Volk, 1932; O. Vossler, Der N.algedanke von Rousseau bis Ranke, 1937; G. Gorer, The Americans, London 1948, dt. 1956; H.-D. Werner, Klassenkultur und N.alcharakter, Diss. Tübingen 1968; H. Zillessen, Volk, N., Vaterland, 1970; B. R. Anderson, Die Erfindung der N.: zur Karriere eines erfolgreichen Konzepts, dt. 1988; A. F. Reiterer, Die unvermeidbare N.: Ethnizität, N.alität und nachnationale Gesellschaft, 1988.

Nativismus (vom lat. *nativus*, „angeboren"), die Lehre, welche angeborene Ideen oder Fähigkeiten zu bestimmten Handlungen annimmt (→ angeborene Ideen). Helmholtz gebrauchte in der Psychologie die Ausdrücke N. und Empirismus, um die Theorie der Lokalzeichen von derjenigen zu unterscheiden, wonach die Raumwahrnehmungen ein Produkt der Erfahrung seien. In der Ethnologie die Lehre von der demonstrativen Abwehr gegen Unterdrücker durch Betonung der „eigenen" völkischen Werte und Streben nach eigenständiger Emanzipation.

H. v. Helmholtz, Hb. physiolog. Optik, 1867; W. E. Mühlmann, Rassen, Ethnien, Kulturen, 1964.

Natorp, Paul, Philosoph und (Sozial-) Pädagoge, * 24. 1. 1854 Düsseldorf, † 17. 8. 1924 Marburg, das. Prof. seit 1885, bedeutendster Schüler Herm. Cohens und neben ihm Hauptvertreter der → Marburger Schule. Sein Werk „Die Philosophie, ihr Problem und ihre Probleme" (1911) ist eine der besten Einführungen in den Neukantianismus und in die Lehren Cohens. Berühmt wurde N. durch sein Platonbuch („Platos Ideenlehre", 1903, [2]1921). Als Pädagoge berief er sich auf Pestalozzi. Er stellte dem individualist. Bilde vom Menschen ein sozialistisches entgegen; im Bereich des menschlichen ist das wahrhaft Konkrete nicht der einzelne, sondern die Gemeinschaft. – Hauptwerke: Sozialpädagogik, 1899; Platos Ideenlehre, 1903; Die logischen Grundlagen der exakten Wiss., 1910 (Repr. 1969); Die Philosophie. Ihr Problem und ihre Probleme, 1911; Vorlesungen über prakt. Philos., 1925; Philos. Systematik, hg. 1958.

H. Bellersen, Die Sozialpädagogik P. N.s, 1928; J. Graefe, Das Problem des menschl. Seins in der Philos. P. N.s, 1933; E. Winterhagen Das Problem des Individuellen, 1975; J. Klein, Grundlegung der Ethik in der Philos. H. Cohens und P. N.s – eine Kritik des Marburger Neukantianismus, 1976; H. Holzhey, Cohen und N., I–II, 1986.

Natur (griech. *physis*, von *phyein*, „entstehen, geboren werden"; lat. *natura* von *nasci*, desgl.) ist das, was jedem Seienden von seinem Entstehen her wesentlich ist. Daher wird mit N. bezeichnet sowohl das ursprüngliche Wesen, der Kern einer Sache wie die Gesamtheit der vom Menschen unangetasteten Dinge. Seinem vitalen Entstehen und Bestehen nach ist der Mensch selbst ein Stück N. In diesem Sinne ist N. inhaltlich der Inbegriff, die Gesamtheit aller unmittelbaren Wirklichkeit, aller Dinge und Geschehnisse in ihrem ganzheitlichen Zusammenhang, formal das Sein überhaupt: „Sie ist alles" (Goethe). Gegenbereich der N. ist der → Geist in allen seinen Erscheinungsformen, insbes. als → Kultur (bzw. Zivilisation). Im Menschen grenzen beide Bereiche aneinander. Daß der Mensch sowohl N. als auch Geist ist, macht sein Menschentum aus, ermächtigt ihn, sich von der N. (und von seiner eigenen Vitalsphäre) zu distanzieren, sie und sich selbst für seine materiellen und geistigen Bedürfnisse zurecht zu machen und seine Umwelt zur → Welt werden zu lassen. N. und Geist sind einander polar entgegengesetzt und zugleich polar miteinander verbunden. „Wer das Höchste will, muß das Ganze wollen; wer vom Geiste handelt, muß die Natur, wer von der Natur spricht, muß den Geist voraussetzen oder im stillen mitverstehen. Der Gedanke läßt sich nicht vom Gedachten, der Wille nicht vom Bewegten trennen" (Goethe). Bes. Herder hatte den Menschen als Krone der Schöpfung und als Mittler zw. N. und Kultur bzw. Geschichte angesehen, ähnlich Pestalozzi, Hegel dagegen hatte die N. als (vorübergehend) verhüllten und ohnmächtigen Geist angedeutet. Der Pantheïsmus setzt N. u. Gott gleich, der Theïsmus trennt beide. Die seelisch-geistigen Beziehungen des Menschen zur N. reichen von der Verehrung der als beseelt empfundenen N. (→ Animismus, Naturreligion) über das unreflektierte, ursprüngliche N.erleben bzw. N.gefühl bis zum N.begriff philosophischer Art, wie er sich mit Hilfe von N.forschung bzw. → N.wissenschaft gebildet hat; deren N.-begriff freilich bedeutet, wie sich schon bei Kant zeigt, meist eine erheblich formale und abstrakte Vereinfachung des ursprünglichen N.-erlebens (N. als „Dasein der Dinge, sofern es nach allgemeinen Gesetzen bestimmt ist", als „Inbegriff aller Dinge, sofern sie Gegenstände unserer Sinne, mithin auch der Erfahrung sein können"). Die N. ist neben der Geschichte die Quelle aller aposteriorischen Erkenntnis: → Naturphilosophie.

C. G. Carus, N. und Idee, 1861; H. Barth, N. und Geist, 1946; W. Mook, N. und Gottesgeist, 1947; C. F. v. Weizsäcker, Die Gesch. der N., 1948; F. Dessauer, Die Teleologie in der N., 1949; N. Hartmann, Philos. der N., 1950; W. Heisenberg, Das N.-Bild der heutigen Physik, 1955; C. F. v. Weizsäcker, Die Einheit der N., 1971; E. Zacher, Der Begriff der N. und das N.recht, 1973; J. Zimmermann, Das N.bild des Menschen, 1982; W. Hollitscher, N. und Mensch im Weltbild der Wiss., I–VI, 1983–85.

Naturalismus, die philos.-weltanschauliche Richtung, welche die Natur als das Allumfassende, Einzige, allein Seiende betrachtet, oft auch ausdrücklich den Geist, die Erlebnissphäre und die geistigen Schöpfungen in den Begriff „Natur" einbezieht (Stoiker, Epikur, G. Bruno, Th. Hobbes, Goethe, Romantik, biologische Weltanschauung des 19. Jh., Lebensphilosophie); nach Kant die Ableitung alles Geschehens aus Naturtatsachen. – Im Ethischen die Forderung des naturgemäßen Lebens, die Entfaltung der natürlichen Triebe, schließlich auch der philos. Versuch, die sittlichen Begriffe aus bloßen Naturanlagen, Trieben, Instinkten, Interessenkämpfen abzuleiten (Kyniker, Stoiker, Hobbes, Rousseau, Comte, Marx, Nietzsche). – In der Soziologie die vorwiegende oder ausschließliche Betonung biologischer Faktoren als gesellschafts- und geschichtsbildende Mächte. – Religiöser N. → Pantheismus. Der ästhetische N. verlangt vom Künstler, daß sein Werk eine nichtidealisierte, unverfälschte Wiedergabe des wirklich Gesehenen und Erlebten sei.

W. Dilthey, Die Typen der Weltanschauung (1911), in: Ges. Schriften VIII, hg. 1931; H. Barth, Natur und Geist, 1946; R. A. Mall, Naturalism and Criticism, Den Haag 1975.

naturalistisch, im Sinne des Naturalismus, dem Naturalismus gemäß; naturgemäß, naturgetreu; insbesondere in der Kunst.

natura naturans (lat.), bei Spinoza die Natur als lebendige Schönheit gedacht, die in schöpferischer Tätigkeit die n. naturata, d.h. die Einzeldinge, Modi, aus sich hervorgehen läßt. Die beiden Ausdrücke treten schon bei → Averroës auf und finden sich dann in der scholastischen Philosophie, in der Gott die n. n. ist.

H. Siebeck, Über die Entstehung der Termini n. n. und natura naturata, in: Arch. Gesch. Philos. 3 (1890).

natura non facit saltus (lat. „die Natur macht keine Sprünge"), auf J. Tissot zurückgehender Ausdruck, der das Prinzip der → Stetigkeit im Naturgeschehen, das bes. von Leibniz herausgearbeitet wurde, veranschaulicht; → auch Kontinuum.

J. Tissot, Discours, Lyon 1613, in: E. Fournier (Hg.), Variétés historiques et littéraires, I–X, Paris 1855–63.

Naturbeherrschung hat zur Voraussetzung, daß der Mensch die metaphysische Überzeugung gewinnt, die Natur sei für ihn da und er sei zu ihrem Herrn bestimmt (1. Mos. 1,26). Eine solche Überzeugung kann erst nach dem Abklingen des → Animismus entstehen; erst dann ist die Einsicht möglich, daß das Naturgeschehen nach gewissen Regeln verläuft (→ Naturgesetz). Der nächste Schritt ist die Entdeckung, daß eine genaue Kenntnis dieser Regeln und der Eigenschaften der Dinge das Mittel ist, die Natur zu einem den menschl. Zwecken dienenden Verhalten zu zwingen. Auf der Grundlage dieser Entdeckung erwuchs die N. auf der Basis der exakten Naturwissenschaften und durch die → Technik, deren Möglichkeiten außerhalb unseres Planeten wegen der dürftigen Anpassungsfähigkeiten des Menschen als begrenzt gelten. Daß die metaphysische Grundlage der N. sich eines Tages als unzulänglich erweisen und die Natur gegen die N. gewissermaßen revoltieren und den Menschen oder die Menschheit vernichten könne, ist ein in der Gegenwart weit verbreitetes Gefühl, für das L. Klages eine systematische Begründung zu geben suchte. (→ apokalyptisch, dämonisch; → auch Untergangserwartung)

P. W. Tayler, Respect for Nature. A Theory of Environmental Ethics, Princeton 1986.

Naturell (franz.), Naturanlage des Menschen seinem dabei als Einheit zusammengefaßten Gefühls- (Gemüts-) und Trieb- (Willens-) Leben nach, bes. unter Berücksichtigung der leiblichen Äußerungen durch Geste und Gebärde. Heute ist das Wort N. weitgehend durch das Wort → Temperament verdrängt.

Naturgesetz, die für den Menschen der Neuzeit bedeutendste und (im Bereich des Anorganischen) unverbrüchlichste Art von → Gesetz, dessen Begriff sich auf der Grundlage der Fortschritte der exakten Naturwissenschaften erst im 17. und 18. Jh. gefestigt hat; im günstigsten Falle die mathematische Formulierung eines unter bestimmten Umständen jederzeit und überall mit gleicher Notwendigkeit verlaufenden Naturgeschehens. Sofern N.e rein empirisch (induktiv) abgeleitet werden, können sie keine absolute Gültigkeit beanspruchen. Der Begriff N. wird oft im wissenschaftsideologischen Sinne gebraucht, sofern man in unerforschten Bereichen, etwa in Psychologie, Soziologie, Politologie u. a., gerne N.e entdecken möchte, wozu der Forschung jedoch jeder empirische Anhaltspunkt fehlt, bis auf gelegentlich feststellbare, nicht absolut gültige statistische „Gesetze", so daß man das Vorhandensein von Gesetzen nur hypothetisch annehmen oder dogmatisch behaupten kann. Ein Beispiel dafür ist die Behauptung des Marxismus, daß Welt und Geschichte nach *dialektischen N.en* verlaufen, daß auch Revolutionen mit dialektischer „Notwendigkeit“ auftreten müßten.

A. Gatterer, Das Problem des statist. N.es, 1924; M. Planck, Wege zur physikal. Erkenntnis, 1933; F. M. Schmölz, Das N. und seine dynamische Kraft, 1959; W. Heisenberg, Das N. und die Struktur der Materie, 1967; M. B. Crowe, The Changing Profile of the Natural Law, Den Haag 1977; H. Tetens, Was ist ein N.?, in: Zt. für allg. Wiss.theorie 13 (1982).

Natürliche Religion, seit der Aufklärung bes. in England entstandene freie religiös-philosophische Strömung, welche sowohl aus dem undogmatisch aufgefaßten Sinn der Bibel wie aus den gemeinsamen religiösen Grundgedanken der Religionen aller Zeiten und Völker den vernünftigen, d. h. aber gleichzeitig „natürlichen“ Charakter der Religion ableitet. N. R. vertritt fünf religiöse Grundgedanken: 1. Dasein eines höchsten Wesens für alle Menschen und Völker, 2. seine Verehrenswürdigkeit, 3. Pflicht, fromm und sittlich zu sein, 4. Stimme der Reue bzw. des Gewissens, 5. Lohn oder Strafe im Jenseits als Entgelt für das Verhalten im Diesseits; → Deïsmus, Freidenker.

H. S. Reimarus, Die vornehmsten Wahrheiten der n. R., 1754 (Repr. 1985); D. Hume, The Natural History of Religion, 1757, dt. 1757; I. Kant, Die Religion innerhalb der Grenzen der bloßen Vernunft, 1793; K. Leese, Natur und christl. Glaube, 1936; K. Leese, Recht und Grenze der Natur, 1954.

natürliches Licht (*lumen naturale*) → Lichtmetaphysik.

Naturphilosophie („*philosophia naturalis*“, zuerst bei Seneca), Gesamtheit der philos. Versuche, die Natur zu deuten und zu erklären, sei es unmittelbar aus dem Naturerleben heraus, sei es mit Hilfe der grundsätzlichsten Erkenntnisse der Naturwissenschaften, und zwar zum Zwecke der Zusammenfassung und Vereinheitlichung unseres gesamten Wissens von der Natur, der Klarstellung der naturwissenschaftlichen Grundbegriffe (Substanz, Materie, Kraft, Raum, Zeit, Leben, Entwicklung, Naturgesetz), der methodologischen Erkenntnis der Zusammenhänge und Gesetzmäßigkeiten des Naturgeschehens. Der jeweilige Stand der N. hängt zu jeder Zeit in hohem Grade vom jeweiligen Stand der Naturwissenschaft ab.

Die noch vorphilosophischen mythologischen Anfänge der N. liegen vor in Gestalt von sog. → Kosmogonien. Aber auch das Endziel der N. ist eine umfassende wissenschaftlich begründete und geläuterte → Kosmologie und Kosmogonie.

Die ionischen Philosophen begründeten die eigentliche N.; ihre Grundprobleme sind: die vier Elemente, die Materie und ihre (atomistische) Struktur, die (mathematische) Harmonie des Alls, das Verhältnis von Stoff und Kraft, Anorganischem und Organischem. Ihre Bedeutung liegt in den Problemstellungen, nicht in den Lösungen. Bei Aristoteles erhalten viele Fragestellungen der N. bereits naturwiss. Charakter. Nur in der peripatetischen (aristotelischen) Schule und in der Stoa machte die N. später noch einige Fortschritte. Zuletzt wandelte sie sich in, oft phantastische, Naturspekulation. Trotzdem entwickelte sich, zusammen mit der Naturwissenschaft, auch im Mittelalter, vor allem seit der Hoch-Scholastik, die N. weiter, bes. durch Denker wie Thomas von Aquino und Albertus Magnus. Mehr und mehr spielten Beobachtung und Experiment sowohl in der N. wie in der Naturwissenschaft eine Rolle, u. a. bei Heinrich von Langenstein, Albert von Sachsen, Roger Bacon, Nikolaus von Oresme und den ockhamistischen Physikern.

Die Neuentdeckung der Natur als seelisches Erlebnis zu Beginn der Neuzeit führte zu einer zunächst oft ekstatisch-pathetischen Neubegründung der N. (Giordano Bruno). Deutlich unterscheidet sich alsbald eine dem Vitalismus nahestehende N. des Organischen (Paracelsus) von einer dem Mechanismus nahestehenden N. des Anorganischen (Galilei), von denen letztere später, während der Aufklärung, immer mehr die Oberhand gewann; in erster Linie durch den anhebenden Siegeszug der naturwissenschaftlichen Forschungsmethode durch Leonardo da Vinci, Kopernikus, Kepler, Sennert, Galilei, Descartes und den französ. Materialismus. Die N. des Weltalls wurde durch Kopernikus, Kepler, Newton begründet; dieser verstand unter N. die theoretische (mathematisch-deduktive) Naturlehre („*natural philosophy*" bedeutet „exakte Naturwissenschaft"). Im 18. Jh. wird „*physica speculativa*" von „*physica empirica*" (physikalischer Tatsachenfeststellung) unterschieden. Die N. des Organischen wurde, bes. in der Paracelsus-Tradition, durch beide Frühaufklärer, van Helmont und Jungius, weitergebildet. 1786 gab Kant in den „Metaphysischen Anfangsgründen der Naturwissenschaft" die erste kritische N. der modernen (mechanistischen) Naturwissenschaft, 1790 in der „Kritik der Urteilskraft" die ergänzende Kritik zur N. des Organischen, d. h. zur biologischen Begriffsbildung. Die 1797 erschienenen „Ideen zu einer Philos. der Natur" von Schelling leiten die idealistische, konstruktiv-spekulative Periode der N. ein. Tatsachennäher, aber begrifflich weniger scharf ist die N. der Romantik gearbeitet (Oken), der auch Hegel und Schopenhauer nahestehen. Goethe und C. G. Carus bemühen sich, bes. der Betrachtung des Organischen hingegeben, um eine die lebendigen und krafterfüllten Gestalten anschaulich erfassende N. Der immer größere Aufschwung der Naturwissenschaften und die damit zusammenhängende steigende Abneigung gegen die spekulative N. des Idealismus und der Romantik führten im 19 Jh. zum Abgleiten der N. in den Materialismus; sie verschwand schließlich, ebenso und aus den gleichen Gründen wie die Metaphysik, so gut wie völlig. Büchner, Moleschott u. a. vertreten eine materialistische N., deren sich auch der Marxismus zu seinen Argumentationen bedient. Bei den Physiologen Johannes Müller, Lotze, Helmholtz wird die N. zur kritischen Theorie der Grundlagen der Naturwissenschaften; in Fechners N. klingt noch ein spekulatives Element an. Eine N. besonderer Art entwickelte sich im Anschluß an die naturwissenschaftl.-naturgeschichtl. Forschungen Darwins und Haeckels (→ Monismus). Eine neue N. entstand zu Beginn des 20. Jh. bei der Rückwendung des europ. Denkens zur → Metaphysik. Wilh. Ostwald schuf eine N. des Anorganischen („Vorlesungen über N.", 1902 → Energetik), eine N. des Organischen schufen Reinke („Philosophie der Botanik", 1905), Driesch („Philosophie des Organischen", 1909; → Vitalismus), Palágyi („Naturphilos. Vorlesungen", 1907) u. a. Seither ist die N. des Anorganischen vorherrschend geworden (→ kausalmechanisches Weltbild, → physikalisches Weltbild, → organisch), bes. im Gefolge der Erörterungen um die Relativitätstheorie, dabei immer abstrakter werdend. Sie wird in der Gegenwart aufgefaßt als Theorie, Kritik und Erkenntnistheorie der Naturwissenschaften, wie dies in Nic. Hartmanns „Aufbau der realen Welt“ deutlich zum Ausdruck kommt, während seine „Philosophie der Natur“ als ein Grundriß der speziellen Kategorienlehre zu verstehen ist.

I. Kant, Metaphysische Anfangsgründe der Naturwiss., 1786; F. Schelling, Ideen zu einer Philos. der Natur, 1797; L. Oken, Lehrbuch der N., 1809; W. Ostwald, Vorlesungen, 1903; J. Reinke, Philos. der Botanik, 1905; M. Palágyi, Naturphilos. Vorlesungen, 1908; H. Driesch, Philos. des Organischen, 1909; B. Bavink, Hauptfragen der heutigen N., I–II, 1928; H. Dingler, Gesch. der N., 1932; N. Hartmann, Der Aufbau der realen Welt, 1940; B. Bavink, Das Weltbild der heutigen Naturwiss., 1947; A. March, Natur und Erkenntnis, 1948; J. Seiler, Philos. der unbelebten N., 1948; E. May, Kleiner Grundriß der N., 1949; N. Hartmann, Philos. der Natur, 1950; T. v. Uexküll, Der Mensch und die Natur, 1953; F. Dessauer, Naturwiss. Erkennen, 1958; G. Frey, Gesetz und Entwicklung in der Natur, 1958; G. Hennemann, N. im 19. Jh., 1959; W. Zimmermann, Evolution und N., 1968; G. Hennemann, Grundzüge einer Gesch. der N., 1975; M. Drieschner, Einf. in die N., 1981; E. Jaeckle, Vom sichtbaren Geist, 1984; B. Kanitscheider (Hg.), Moderne N., 1984; G. Böhme (Hg.), Klassiker der N., 1989.

Naturrecht, von einzelnen Sophisten, von Sokrates, Platon und den Kynikern vorbereitete, von den Stoikern begründete Auffassung, nach der das Recht in der Natur, d. h. im Wesen des Menschen begründet ist. Da nun nach der Stoa und verwandten Richtungen, zuletzt wieder der Aufklärung des 17. und 18. Jh., in allen Menschen dieselbe Weltvernunft wirksam ist, so ist das N. für alle gleich, unabhängig von Zeit und Ort, und unabänderlich. Für das Christentum, bes. in der Scholastik und Neuscholastik, ist das N. Ausfluß des in die menschliche Natur durch die Schöpfungsordnung gepflanzten göttlichen Gesetzes. Das nichtkirchliche N. entwickelte sich bes. im 17. und 18. Jh.; Bodin, Althusius, Grotius, Hobbes, Pufendorf, Thomasius, Leibniz, Christian Wolff und Kant sind seine in ihren Auffassungen im einzelnen oft weit auseinandergehenden Hauptvertreter. Im 19. Jh. trat das N. zurück, bes. unter der Gegnerschaft der „historischen Rechtsschule“ (→ Historismus), die nur das „positive“, d. h. das in Gesetzen niedergelegte, geltende Recht anerkannte; → Rechtsphilosophie.

G. Stadtmüller, Das N. im Lichte der geschichtl. Erfahrung, 1948; H. Kipp, N. und moderner Staat, 1950; L. Strauss, Natural Right and History, Chicago 1950, dt. 1956; H. Welzel, N. und materiale Gerechtigkeit, 1951; F. Flückinger, Gesch. des N.s, I, 1954; E. Wolf, Das Problem der N.slehre, 1955; R. Marcic, Das N. als Grundnorm der Verfassung, 1963; A. Leinweber, Gibt es ein N.?, 1965; W. Röd, Geometr. Geist und N., 1970; A. Verdroß, Statischer und dynamischer N.sbegriff, 1971; W. Rosenbaum, N. und positives Recht, 1972; F. Böckle/E. W. Bökkenförde (Hgg.), N. in der Kritik, 1973; E. Zacher, Der Begriff der Natur und das N., 1973; H. MacCoubrey, The Development of Naturalist Legal Theory, London 1987; R Marcic/I. Tammelo, N. und Gerechtigkeit, 1989.

Naturreligion, → Animismus, → Pantheismus.

Naturwissenschaften, seit dem 18. Jh. eingebürgerte Bez. für die Gesamtheit aller Wissenschaften, die der auf die → Natur gerichteten Forschung dienen. Die erste Differenzierung der einzelnen Wissenschaftsbereiche stammt von Aristoteles, dem es um eine systematische Anordnung der Naturgegenstände ging. Die ersten Naturforscher („Naturphilosophen“) zogen, jeder für sich, die ganze Natur in den Kreis ihrer Denkarbeit. Fortschreitende Ausbreitung der N. und ihre Vertiefung zur Forschung führte zur sachlichen und arbeitsteiligen, auch heute noch nicht abgeschlossenen Aufgliederung in die einzelnen N. Ihre große Autorität verdanken die N. einerseits ihrer denkerisch wissenschaftlichen Genauigkeit und Folgerichtigkeit, andererseits ihrer praktischen Bedeutung als Mittel der → Naturbeherrschung. Nach den Hauptbereichen der Natur: Materie, Leben, Mensch, Erde, Weltall lassen sich die N. wie folgt gruppieren: I. Physik, Chemie, Physikalische Chemie, II. Biologie, Botanik, Zoologie, III. Anatomie, Physiologie, Abstammungs- und Entwicklungslehre, Vererbungslehre, IV. Geologie, Mineralogie, Paläontologie, Meteorologie, (physische) Geographie, V. Astronomie nebst Astrophysik und Astrochemie. Die Mathematik gehört nicht zu den N., ist aber ihr entscheidendes Denkwerkzeug. Verfahrensmäßig wird ferner unter den N. folgender Unterschied gemacht: Beschreibende N. begnügen sich mit der Erforschung tatsächlicher Gegebenheiten und ihrer Zusammenhänge, die sie in Begriffen und Gesetzen zusammenfassen; exakte N. bringen Tatsachen und Zusammenhänge auf einen mathematischen Ausdruck; doch läßt sich diese Unterscheidung nicht konsequent durchführen. Die reine N. beschränkt sich auf die wissenschaftliche Erforschung, die angewandte (Medizin, Land- und Forstwirtschaft, überhaupt die Technik) verwertet sie für die Gestaltung und Umgestaltung der Natur. Neben den N. stehen die → Geisteswissenschaften, deren Gegenstände und Methoden größtenteils von anderer Natur sind. Beide werden durch die Philosophie zur → Wissenschaft als Ganzes zusammengeschlossen (→ Einzelwissenschaften); → physikalisches Weltbild.

F. Dannemann, Vom Werden der naturwiss. Probleme, 1928; W. Dampier, A History of Science and its Relations with Philosophy and Religion, Cambridge 1929, dt. 1952; W. Heisenberg, Wandlungen in den Grundlagen der N., 1935; A. Eddington, The Philosophy of Physical Science, Cambridge 1939, dt. 1949; L. de Broglie, L'Avenir de la science, Paris 1941; N. Hartmann, Die philos. Grundlagen der N., 1948; J. Jakob, Die Grundlagen unserer naturwiss. Erkenntnis, 1948; J. Meurers, Das Weltbild im Umbruch der Zeit, 1958; J. Schumacher, Philos. und Philosophieren für N.ler, 1963; F. Krafft, Gesch. der N., I, 1971; W. Lefévre, Naturtheorie und Produktionsweise, 1978; W. Hof, Die philos. Reichweite der modernen N., 1984.

Naturzustand, Begriff der naturrechtlichen Auffassung der Aufklärung, Bezeichnung für den ursprünglichen Zustand des Menschenlebens, bevor es organisierte Gesellschaftsformen oder Staatsgewalt gab, als die Menschen völlig frei nach ihrer „Natur" gelebt haben. Die N.-Vorstellungen setzten bereits im Mittelalter ein und erreichten die verschiedensten Deutungen zwischen dem paradiesischen Glück ständig friedvoll-unschuldiger Menschen und dem äußerst grausamen Kampf aller gegen alle (Hobbes), der entweder zur gegenseitigen Vernichtung oder zur Entstehung des Staates führt, der die zunehmende Bereitschaft zur gegenseitigen Verträglichkeit und zu einem Gesellschaftsvertrag zugrunde liegt. Für Hegel und andere Denker vor ihm kann der N. nur Gewalttätigkeit und Unrecht enthalten haben, da Moralität und Recht nur in der organisierten Gesellschaft möglich und nur im Staate gesichert sind. Diese Auffassung richtet sich gegen die religionsmetaphysische Anthropologie, wonach der Mensch mit moralischen Fähigkeiten von Gott von vornherein ausgestattet sei, deshalb zum sittlichen Leben und zur fortschreitenden Staatsbildung befähigt.

H. Schmidt, Seinserkenntnis und Staatsdenken. Der Subjektsbegriff von Hobbes, Locke und Rousseau als Grundlage des Rechts und der Gesch., 1965.

Negation (lat.), Verneinung, entweder des Subjekts überhaupt oder eines Prädikates desselben. Gegensatz: → Affirmation oder → Position. In der → Dialektik Hegels und des hist. Materialismus ist die Antithesis die N. der Thesis; die in den Dingen und Begriffen enthaltene N. ist die Bedingung jeder Bewegung. Bei Heidegger ist N. (Nein-sagen) eine Aussage über ein Nicht, also über etwas Verneinbares, Nichthaftes. „Wie soll aber ein Verneinbares und Zuverneinendes als ein Nichthaftes erblickt werden können, es sei denn so, daß alles Denken als solches auf das Nicht schon vorblickt? Das Nicht kann aber nur offenbar werden, wenn sein Ursprung, das Nichten des Nichts überhaupt und damit das Nichts selbst, der Verborgenheit entnommen ist ... Das Nichts ist der Ursprung der Verneinung“ (Was ist Metaphysik? [7]1955); → Nichts.

G. Kahl-Furthmann, Das Problem des Nicht, 1934; W. Flach, N. und Andersheit, 1960; H. Weinrich (Hg.), Positionen der Negativität, 1975; L. R. Horn, A Natural History of Negation, Chicago 1989; → Verneinung.

negativ (lat.), verneinend. Ein negativer Begriff entsteht durch Verneinung eines anderen (z. B. Unglück, Finsternis); Prädikat für die sog. n.n Zahlen, die durch die symetrische Fortsetzung der natürlichen Zahlenreihe über die Null hinaus nach links eingeführt werden.

Negator (lat. „Verneiner“), → Logistik.

Neid, ein Laster, das dadurch gekennzeichnet ist, daß der Neidische dem Beneideten seinen Besitz, seine Fähigkeiten, seinen Erfolg, sein Glück usw. nicht gönnt. Um das Laster vor sich und anderen zu verbergen, hüllt der Neidische den N. in die Tugend der Gerechtigkeit und behauptet etwa, der Beneidete habe seinen Besitz unredlich erworben, seinen Erfolg erschlichen, seine Fähigkeiten seien bloße Vorspiegelungen usw. Tritt der N. kollektiv auf, kann er unheilvolle soziale und politische Folgen haben; → Ressentiment.

H. Schoeck, Der N. Eine Theorie der Gesellschaft, 1966.

Neigung, die angeborene oder erworbene Disposition, die ein bestimmtes Fühlen oder Begehren begünstigt bzw. leicht auftreten läßt; Kant versteht unter N. bloß die „habituelle sinnliche Begierde“; er stellt ihr scharf die → Pflicht entgegen. Schiller sieht das Ideal in der Harmonie von N. und Pflicht. – N. in starkem Grade heißt Hang, Sucht.

H. Reiner, Pflicht und N., 1951.

Nelson, Leonard, Philosoph, * 11. 7. 1882 Berlin, † 29. 10. 1927 Göttingen, als Prof. das. (seit 1919), Haupt der „Neufriesischen Schule“, die eine psychologische Umbildung der Lehren Kants versuchte. Die Frage nach der objektiven Gültigkeit der Erkenntnis kann durch keine Erkenntnistheorie beantwortet werden. Es gibt Erkenntnisse, die keine Urteile sind, so z. B. die Sinneswahrnehmungen. Sie sind unmittelbare Erkenntnisse, die durch Reflexion bewußt werden. N.s Sittengesetz lautet: „Handle nie so, daß du nicht auch in deine Handlungsweise einwilligen könntest, wenn die Interessen der von ihr Betroffenen auch deine eigenen wären.“ Für die Ethik und Rechtslehre kann ein Prinzip *a priori* nur durch das eigene Nachdenken gefunden werden. – Hauptwerke: Die Unmöglichkeit der Erkenntnistheorie, 1912; Die Rechtswiss. ohne Recht, 1917; Die Reformation der Philos. durch die Kritik der Vernunft, 1918; Vorlesungen über die Grundlegung der Ethik, I–III, 1917–32 (I. Kritik der prakt. Vernunft, 1917. II. System der philos. Ethik und Pädagogik, 1932. III. System der philos. Rechtslehre und Politik, 1924); Fortschritte und Rückschritte der Philos., hg. 1962; Recht und Staat, hg. 1972; Vom Selbstvertrauen der Vernunft, hg. 1975; Gesammelte Schriften, I–IX, 1962 ff.

M. Specht/W. Eichler, L. N. zum Gedächtnis, 1953; O. W. v. Tegelen, L. N.s Rechts- und Staatslehre, 1958; G. Westermann, Recht und Pflicht bei L. N., Diss. München 1969; U. Kamuf, Die philos. Pädagogik L. N.s, 1985.

Neovitalismus, → Neuvitalismus.

ne quid nimis (lat. „bloß nichts zuviel"; Übers. des griech. *meden agan*), nichts im Übermaß; ein Ausspruch, der einem der „sieben Weisen" Griechenlands, meist Solon, zugeschrieben wird.

Nestle, Wilhelm, Philologe und Philosophiehistoriker, * 16. 4. 1865 Stuttgart, † 18. 4. 1959 ebda., seit 1932 Prof. in Tübingen. – Hauptwerke: Ausgaben und Übersetzungen 1908-1923: Die Vorsokratiker, 1908 (Repr. 1969). Die Sokratiker, 1922 (Repr. 1968). Die Nachsokratiker, I–II, 1923 (Repr. 1968); Griechische Religiosität, I–III, 1930–34; Vom Mythos zum Logos, 1940; Griech. Geistesgesch., 1944 (KTA 192); Griech. Weltanschauung und ihre Bedeutung für die Gegenwart, 1946 (Repr. 1969); Die Krisis des Christentums, 1947 (Repr. 1969); Griech. Studien, 1948 (Repr. 1968). – R. Nestle, Bibl. W. N., 1965.

Nettesheim, Agrippa von, Schriftsteller, Arzt und Philosoph, * 14. 9. 1486 in Köln, † 18. 2. 1535 in Grenoble, lehrte in seiner Schrift *„De occulta philosophia"* (1510) eine neuplatonische, mit Alchemie, Astrologie, Magie und Kabbalistik durchsetzte Philosophie. Seine bis heute bekannteste Schrift „Über die Eitelkeit und Unsicherheit der Wissenschaften" (1527, dt. 1913, 2 Bde.) übt schärfste Kritik an der Wissenschaft seiner Zeit. Zuletzt bekannte sich N. wieder zum strengen Kirchenglauben. – Hauptwerke: De occulta philosophia, 1510; De incertitudine et vanitate scientiarum, 1527, dt. 1913; Magische Werke, I–V, 1925.

J. Meurer, Zur Logik des A. v. N., 1920.

Neuhäusler, Anton, Prof. in München, * 20. 2. 1919 das., vertritt eine empirisch fundierte Metaphysik, die aus gesicherten Tatsachen logische Schlüsse auf Wesen und Grund des Seienden zieht, bzw. die jeweils wahrscheinlichen Lösungsversuche rechtfertigt; vertritt weiterhin u. a. eine „psychistische Materieauffassung", mit der er den Leib-Seele-Dualismus und das Problem der „Entstehung von Empfindung" zu überwinden sucht. – Schrieb u. a.: Mensch und Materie, 1948; Ein Weg in die Relativitätstheorie, 1957; Zeit und Sein, 1958; Der Mensch und die Abstammungslehre, 1958; Grundbegriffe der philosophischen Sprache, [2]1967; Fragmente keines Vorsokratikers, 1968.

Neuhegelianismus, uneinheitliche philos. Strömung, bes. seit Beginn des 20. Jh., die in Deutschland, außerdem bes. in Frankreich, England, Holland, Italien, Rußland, Skandinavien und den Vereinigten Staaten, unter Berufung auf Hegel zur Methode der Dialektik, zur Metaphysik, bes. zur metaphysischen Deutung von Kultur und Geschichte, zur Verfechtung des abstrakten Machtstaates und zur Hervorhebung der Geisteswissenschaften gegenüber den Naturwissenschaften neigt. Hauptvertreter: B. Wigersma, H. Freyer, Glockner, Haering, Litt, Bosanquet, Bradley, Croce, Gentile (anfangs), Royce, Bolland, McTaggart, Putenat. Hegel-Bund seit 1930 (Sitz Holland), 1933/34 aufgelöst. Durch die neuen Aspekte der Hegelforschung seit dem 2. Weltkrieg gilt dieser ursprüngliche N. als überholt.

H. Levy, Was heißt Hegelianismus?, 1916; H. Levy, Die Hegel-Renaissance in der dt. Philos., 1927; Logos 20 (1931); B. Wigersma (Hg.), Verhandlungen des ersten, zweiten und dritten Hegel-Kongresses, Harlem/Tübingen 1931–34.

Neuhumanismus → Humanismus.

Neuidealismus, → Eucken, → Neuhegelianismus, Neukantianismus.

Neukantianismus, Bez. für viele und vielartige auf den Namen Kants bzw. des Kritizismus lautende philos. Strömungen des 19. Jh., bes. in Deutschland; hier setzte der N. aus Opposition gegen die spekulative Metaphysik des deutschen Idealismus einerseits, Ungenügen am Fehlen grundsätzlicher Begründung der Einzelwissenschaften andererseits nach 1860 ein (Liebmann, Kant u. d. Epigonen, 1865). Die rationalistischere Art des N. trat auf: metaphysisch (Joh. Volkelt, Nic. Hartmann, Max Wundt), wertphilosophisch (in der Heidelberger oder Südwestdt. Schule: Rickert, Windelband, Lask, Münsterberg, Bauch), methodologisch (in der → Marburger Schule: Cohen, Natorp, Cassirer, Liebert, Vorländer, Stammler), die empiristischere: positivistisch (Dilthey), sensualistisch (Helmholtz, Mach, Riehl), fiktionalistisch (Vaihinger). In Frankreich wird der N. vertreten durch Renouvier, Hamelin und Brunschvicg.

K. Vorländer, I. Kant und sein Einfluß auf das dt. Denken, 1922; G. Lehmann, Gesch. der nachkant. Philos., 1931; H. Rickert, Die Heidelberger Tradition in der dt. Philos., 1931; P. Maerker, Die Ästhetik der südwestdt. Schule, 1973; W. Flach/H. Holzhey (Hgg.), Texte zur Erkenntnistheorie und Logik des N., 1977; E. Kleppel, Autonomie und Anerkennung, 1978; E. Winter, Ethik und Rechtswissenschaft in der Marburger Konzeption des N., 1980; K. C. Köhnke, Entstehung u. Aufstieg des N., 1986; H. L. Ollig (Hg.), Materialien zur N.-Diskussion, 1987.

Neukonfuzianismus, Nach einer ersten Blüte chines. Philosophierens in der späteren Tschou-Zeit (etwa von 500–200 v. Chr.) erfolgte unter Tschu Hi (1130–1200) während der Sung-Periode eine neue Blüte des → Konfuzianismus in der Hsingli hüe-Schule. Neben → Tao und Jen (Nächstenliebe) werden Li (Organisationsprozeß), Hsing (Naturphilosophie), K'i (Energie) und Ethik erörtert. Der N. konnte sich bis 1911 halten. Die neukonfuzianische Summa war Kin-sse lu, eine Kompilation von Hsingli-Texten Tschu Hi's.

A. Eckardt, China, 1968; H. Schleichert, Klassische chines. Philos., 1980.

Neuplatonismus, die in vielen und mannigfaltigen Arten von der Mitte des 3. bis zur Mitte des 6. Jh. n. Chr. auftretende letzte Form der griech. Philosophie, entstanden durch Verschmelzung platonischer, aber auch aristotelischer, stoischer, pythagoreïscher und anderer Lehren (mit Ausnahme des Epikureïsmus) mit orientalischer, auch mit christlicher Mystik und Religion. Legendärer Urheber des N. ist Ammonios → Sakkas, eigentlicher Begründer → Plotinos; andere bedeutende neuplaton. Philosophen sind

Jamblichos, Porphyrios und Proklos. Hauptlehren: Mystische-intuitive Erkenntnis des Höchsten, Stufengliederung vom Höchsten, vom „Ein und Alles" bis zur Materie hinab, Befreiung des stoffgefesselten Menschen zur reinen Geistigkeit durch Ekstase oder Askese; → griechische Philosophie.

T. Whittaker, The Neo-Platonists, Cambridge 1901; H. J. Krämer, Der Ursprung der Geistmetaphysik. Unters. zur Gesch. des Platonismus zwischen Plato und Plotin, 1964; A. Smith, Porphyry's Place in the Neoplatonic Tradition, Den Haag 1974; C. Zintzen, Philos. des N., 1977; A. Camus, Christl. Metaphysik und N., 1978; W. Beierwaltes, Denken des Einen. Studien zur neuplaton. Philos. und ihrer Wirkungsgesch., 1985.

Neupositivismus, philos. Strömung, die auf den Positivismus Comtes und Mills und auf den engl. Empirismus des 18. Jh. zurückgeht, unmittelbar aber auf den Empiriokritizismus. Der N. entstand im „Wiener Kreis", bestehend aus einigen Schülern von Moritz Schlick, die 1929 mit der Programmschrift „Wissenschaftliche Weltauffassung – Der Wiener Kreis" hervortraten und 1929 ihre eigene Zeitschrift, „Erkenntnis", gründeten. Der N., der von Russell, der Logistik und der theoretischen Physik der Dreißiger Jahre stark beeinflußt wurde, verbreitete sich rasch auch im Ausland, als die Mitglieder des Wiener Kreises vor dem Nationalsozialismus nach England und den USA flohen und dort zu lehren begannen. Hauptvertreter des N. waren: Schlick, Carnap und Reichenbach; die Letztgenannten gingen später eigene Wege. Das Insgesamt der Lehren des N. hat sich weniger als Philosophie, hauptsächlich als Wissenschaftslogik und Grundlagenforschung weiterentwickelt. Der N. findet heute eine kritische Wiederbelebung durch die moderne Wissenschaftstheorie und analyt. Philosophie, deren Hauptproblemstellungen oft auf jene des Wiener N. zurückgreifen.

V. Kraft, Der Wiener Kreis. Der Ursprung des N., 1950; W. Brüning, Der Gesetzesbegriff im Positivismus der Wiener Schule, 1954; A. Pap, Analyt. Erkenntnistheorie, 1955; F. Belke, Spekulative und wiss. Philos., 1966; F. Waismann, L. Wittgenstein und der Wiener Kreis, 1967; W. F. Boeselager, The Soviet Critique of N., Boston 1975; E. Kaiser, Neopositivist. Philos im 20. Jh., 1979; G. P. Baker, Wittgenstein, Frege and the Vienna Circle, Oxford 1988.

Neurealismus, die in der Gegenwart herrschende Strömung der engl. Philosophie, die in Cambridge entstand und von → G. E. Moore begründet wurde. Sie bekämpft den Neuhegelianismus und tritt für unspekulative Bearbeitung philos. Einzelprobleme ein, die sie mittels einer gründlichen Analyse, d. h. mittels der Methode der Naturwissenschaften einer Lösung entgegenzuführen sucht. Die Bildung philos. Systeme wird verworfen. Logik, Erkenntnistheorie, Biologie und Physik stehen im Mittelpunkt des philos. Interesses. Dieser N. wird außer von Moore vertreten von S. Alexander, Broad, C. L. Morgan, Russell, Whitehead u. a. Eine andere Gruppe von Neurealisten, geführt von A. J. Ayer, steht dem Neupositivismus nahe.

M. Black, Philosophical Analysis. A Collection of Essays, Ithaca N. Y., 1950; J. Thyssen, Grundlinien eines realist. Systems der Philos., 1966

Neuscholastik, Fortsetzung der Scholastik über die Reformation hinaus, teils als inzwischen längst verschwundene protestant. N., teils als durch die Gegenreformation geförderte und nach Schwächezeiten (bes. im 18. Jh.) seit Mitte des 19. Jh. wieder erstarkte kathol. N. Sie setzte schon im Reformationszeitalter ein. Luthers Augsburger Disputationsgegner Cajetan ist einer ihrer ersten Vertreter. Sie wurde bes. in Spanien und durch den neugegründeten Jesuitenorden organisiert und stützte sich von Anfang an auf Aristoteles und Thomas von Aquino. Das erste System der kathol. N. wurde durch den Jesuiten → Suarez um 1600 vollendet; in Deutschland wirkte bes. der Jesuit Gregor von Valencia (1549–1603). Eine Spaltung kam in die kathol. N. durch den Widerstreit zw. der Prädestinationslehre des Dominikaners Bañez (1528–1604), dem Bañezianismus, und der Freiheitslehre des Jesuiten Luis de Molina (1536–1600), dem Molinismus. In Italien standen schon eine Anzahl Renaissance-Aristoteliker (z. B. Patritius) der N. nahe; Campanella ist im Grunde Vertreter der N., deren bedeutendster italien. Exponent im 16. und 17. Jh. Bellarmin ist. In Frankreich findet sich der äußeren Form nach so gut wie keine N., obwohl sogar Descartes ihr innerlich nahegestanden hat. Die kathol. N. drang bis nach Polen und nach Südamerika vor. Schon im 18., bes. aber im frühen 19. Jh. haben sich viele kathol. Philosophen (bes. deutsche) von der N. mehr oder weniger entfernt, z. B. Deutinger, Frohschammer, Günther. Nach dem Wiederaufleben (1814) des 1773 aufgelösten Jesuitenordens wurde die N. systematisch erneuert, in Deutschland bes. durch den Jesuiten Kleutgen (1811–83), dann im Zuge des → Neuthomismus. Gegenwärtige Vertreter u. a.: → Przywara, → Geyser. – Die protestant. N. geht in ihrem lutherischen Zweige von Melanchthon und seinem Aristotelismus aus; einer ihrer bedeutendsten Systematiker ist der auch auf Christian Wolff wirkende Scheibler. Ihre späteren Vertreter, u. a.: Casmann, Gutke, Jungius, Sennert, Taurellus, wachsen meist schon über sie hinaus. Cornelius Martini (1568–1621) wendet sich bereits gegen theologische Bevormundung; Jakob Thomasius sagt ihr Ende schon um 1670 voraus. Ihr endgültiger Überwinder ist Leibniz. – Der reformierte Zweig der protestant. N. wurde durch den ursprüngl. luther. Clemens Timpler (1540–1604) begründet; ihm gehören an der Lexikonverfasser Goclenius und der Descartes-Anhänger und Mitbegründer der Ontologie Clauberg, auch der Staats- und Sozialphilosoph Althusius; sie hielt sich bis ins 18. Jh., allerdings nur noch in Holland. Die protestant. N. wurde schließlich im ganzen durch die Leibniz-Wolffsche Schule, die manches von ihr übernahm, abgelöst.

Enzyklika „Aeterni patris", in: Acta Sancti Sedis 12 (1879), Text u. Kommentar, hg. 1934; C. Sentroul, Qu'est-ce que la philosophie?, 1909; F. Ehrle, Die Scholastik und ihre Aufgabe in unserer Zeit, [2]1933; M. Wundt, Die dt. Schulmetaphysik des 17. Jh.s, 1939; J. Lenz, Vorschule der Weisheit, 1941.

Neuthomismus, der Kern der → Neuscholastik schon seit Beginn der Gegenreform, bes. aber seit der kirchlich offiziellen Erneuerung der Philosophie des → Thomas von Aquino durch Papst Leo XIII. (*Enzyklika Aeterni Patris*, 1879). Der N. gehört zu den bedeutendsten philos. Bewegungen der Gegenwart, ist am stärksten in Frankreich und Belgien entwickelt, aber in fast allen Ländern vertreten. Das wichtigste Studienzentrum ist das von Kardinal Désiré Mercier (1851–1926) 1882 begründete *Institut supérieur de philosophie* an der Universität Löwen. Der bekannteste Vertreter des N. der Gegenwart war J. Maritain (1882–1973). Neben ihm sind Gilson und Sertillanges zu nennen. – Der N. beschäftigt sich hauptsächlich mit Metaphysik (Akt-Potenz-Lehre: passive Potenz besagt reale Begrenzung des Aktes; das Dasein ist der Akt des Soseins; das Werden ist ein Übergang von Potenz zu Akt), Naturphilosophie (Hylemorphismus: die → Hyle verhält sich zur Form wie Potenz zu Akt; Ordnung des Seienden nach der Seinsfülle: toter Körper, Pflanze, Tier, Mensch), Geist (mit den beiden Grundfunktionen Erkennen und Wollen), Erkenntnis (grundlegende Unterscheidung zwischen sinnlicher und geistiger Erkenntnis), Gott (das Dasein aller Dinge hängt vom freien Willen Gottes ab, endliches Sein ist auf Gott als Seinsfülle ausgerichtet), Ethik (Glückseligkeit des Menschen nur durch letzte Hinordnung auf das reine und vollkommene Sein erreichbar).

G. M. Manser, Das Wesen des Thomismus, 1932; J. Maritain, Distinguer pour unir ou les degrés du savoir, Paris 1932; P. Wyser, Der Thomismus, 1951.

Neuvitalismus oder **Neovitalismus,** zuerst 1856 durch Virchow vom → Vitalismus älteren Stils unterschieden, vertritt unter Beachtung des Prinzips der Kausalität und des naturwissenschaftl. Gesetzesbegriffs das Vorhandensein übermechanisch-übermaterieller vitaler Eigengesetzlichkeit im Leben der Organismen. Vertreter u. a.: J. v. Uexküll, Reinke, Driesch.

H. Driesch, Gesch. des Vitalismus, 1922; J. Gredt, Die aristotel.-thomist. Philos., 1935; M. Kluge, J. Reinkes dynam. Naturphilos. und Weltanschauung, 1935; A. Wenzl, Materie und Leben als Problem der Naturwiss., 1949.

Newman, John Henry, engl. Theologe, * 21. 2. 1801 London, † 11. 8. 1890 Edgebaston (Birmingham), seit 1879 Kardinal, bedeutendster Vertreter des Anglokatholizismus, von großem Einfluß auf die engl. Religionsphilosophie. – Hauptwerke: The Arians of the 4th Century, 1833; An Essay on the Development of Christian Doctrine, 1845, dt. 1969; The Idea of University, 1852, dt. 1960; Apologia pro vita sua. History of his Religious Opinions, 1864 dt. 1931; Essays. Critical and Historical, 1871, Meditations and Devotions, 1893; Uniform Edition, I–XL, 1968 ff.; Werke, I–VIII, dt. 1951–69.

C. Blennerhasset, J. H. Kardinal Newman, 1904; M. Laros, Kardinal N., in: R. Laros (Hg.), Religiöse Geister, I, 4, 1920; E. Przywara, Einf. in N.s Wesen und Werk, 1922; J. Guitton, La philos. de N., Paris 1933; L. Bouyer, N., sa vie, sa spiritualite, Paris 1952; J. Mann, J. H. N. als Kerygmatiker, 1965; J. Newman, The Mental Philosophy of J. H. N., Waterloo 1987.

Newton, Isaak, engl. Mathematiker, Physiker und Philosoph, * 4. 1. 1643 Woolsthorpe (Lincolnshire), † 31. 3. 1727 Kensington, betonte die Notwendigkeit einer streng mechanischen, kausalen und mathematischen Naturerklärung, zu der er selbst durch die Entdeckung des Gesetzes der → Gravitation beitrug, und die sich aller unnötigen Hypothesen enthält („*hypotheses non fingo*“); sah aber trotzdem, vielleicht unter dem Einfluß Jakob Böhmes, die absolute Zeit und den absoluten Raum, innerhalb deren die physikalischen Vorgänge streng gesetzlich ablaufen, gleichzeitig als „Sinnesorgan“ Gottes an, dessen geheimnisvolle Wirklichkeit er für im übrigen unerklärbar hielt. Stellte auch mystische Betrachtungen über die Offenbarung Johannes an. Goethe bekämpfte N. zeitlebens als den Repräsentanten der mechanistischen Naturerklärung, die die gestalthafte Wirklichkeit „Leben“ mit ihren Begriffen nicht zu fassen vermag; vgl. → Trägheit. – Hauptw.: *Naturalis philosophiae principia mathematica*, 1687, [3]1726, Neuausg. v. Frost 1878, dt. 1872.

F. Dessauer, Weltfahrt der Erkenntnis. Leben und Werk I. N.s, 1945; S. I. Wawilow, I. N., 1948; B. G. Kuznecov, Von Galilei bis Einstein, 1970; F. Wagner, I. N. im Zwielicht zwischen Mythos und Forschung, 1976; J. Schneider, I. N., 1988.

Nexus (lat.), Verknüpfung, Verbindung, Zusammenhang; vgl. → Kausalnexus.

Nichten, als Verb im Sinne von zunichtemachen, vernichten, aufheben oder negieren, ein Begriff der Existenzphilosophie, der in der Fachsprache eine tiefere Bedeutung hat, für gebildete Laien zugleich dazu geeignet erscheint, die Kategorien von Seins- und Bewußtseins-Negation als ein grundlegendes Phänomen der Seinserkenntnis verständlich zu machen. Heideggers „Das Nicht *nichtet* beständig in mir" weist auf die innere Tatsache hin, daß ich Sein nur erfassen kann, wenn ich gleichzeitig das Nichtsein (Nichts) denke, und dies in der dialektisch gegenseitigen Verneinung, die ich als ein anhaltendes „Nichten" in mir erfahre. Das *eigentliche* Daseinsverständnis, als → Existenz aufgefaßt, ist ebenfalls nur angesichts des Todes (des beständigen N.s des Lebens) im tiefsten Sinne menschlichen Seins verständlich. Sartres Erfahrung des sich selbstbewußten Seins als Bewußtsein von einem „Für sich Sein", also als unfertig, voll Mängel erkannt, läßt den Menschen aus dem ständigen Negieren heraus, durch Überwinden dieser Mängel handeln, was durch das Hereinholen des Nichts, durch N. der Mängel zu einem bewußten menschlichen Tun befähigt; → Negation.

Nicht-Euklidische Geometrie, Bezeichnung für die formal geometrischen Interpretationen der Raumlehre, sofern diese das euklidische Parallelenaxiom als ein unechtes Axiom feststellt und ihm die Deutungen gibt, daß durch einen Punkt außerhalb einer Gerade nicht nur eine dazu parallel verlaufende Gerade, sondern unendlich viele (N. I. Lobatschewsky, 1793–1856) oder gar keine (B. Riemann, 1826–1866) angenommen werden können, wobei diese Deutungen in keinem logischen Widerspruch zu den übrigen Axiomata der jeweiligen Geometrie stehen. Im ersteren Fall ist die Summe der Winkel eines Dreiecks kleiner als zwei Rechte (hyperbolische Geometrie) im zweiten – größer als zwei Rechte (elliptische Geometrie). Erste Andeutungen der Möglichkeit einer N.-E. G. finden sich bereits im bekannten Euklid-Kommentar des Proklos (dt. 1945, hrsg. v. M. Steck); → Mathematik. Die eigentlichen Pioniere der Kritik am absoluten Charakter von Euklids Parallelenaxiom waren die dt. Mathematiker J. H. Lambert (1728–1777) und K. F. Gauss (1777–1855).

H. Poincaré, Wiss. und Hypothese, 1914; F. Klein, Vorlesungen über n. G., 1928; O. Becker, Grundlagen der Mathematik, 1954.

Nicht-Ich, Grundbegriff → Fichtes in seiner Wissenschaftslehre, in der von dem Problem einer Überwindung des kantischen „Ding an sich" ausgegangen wird. Indem das Ich als sittlich schöpferische Aktivität (Tathandlung) sich selber setzt, setzt es dadurch das N.-I. als die gegenständliche Welt und zwar genau so teilbar, wie sich das Ich teilbar setzt. Das Ich setzt sich, indem es sich vom N.-I. absetzt.

W. H. Schrader, Empirisches und absolutes Ich, 1972.

Nichtkönnen ist als Abart des → Könnens, wie dieses, ein Existenzial. Es wird als vollendetes N. oder als die jedem Können beigesellte

Mißlingens-Chance gegenwärtig. Dieses als Sorge anwesende N. ist sowohl Mäßigung als auch Würze des Könnens. Absolutes → Können bleibt tot. Dank der jedem Können immanenten positiven und negativen Chance ist Können in sich selber auf Dialektik abgestimmt. Der dialektische Prozeß im Einzel- und Völkerschicksal zielt weitgehend auf Ausschaltung von N. Die Eliminierung von N. erfolgt entweder durch geplante Vermeidung vollendeten N.s (Mechanisierung, Regelung) und Gewöhnung oder durch eine krankhafte und unbewußte Ächtung der im Können beschlossenen N.-Chancen. Durch diese unbewußte Entfremdung wird der Drang zu absolutem Können frei. Solch ein in der Psychopathologie als „Verdrängung" bekanntes Versinken ins Unbewußte erklärt viele Phänomene entarteten Könnens, wie sie bei neurotischen Erkrankungen Einzelner (abnorme Reaktionen) auftreten. Aber auch manche unerfreuliche Phänomene im geistigen und politischen Bereich einer Epoche lassen sich durch verdrängtes potentielles N. erklären (Rassenhaß, Machtmißbrauch, Nationalismus). Hegel hat eindrucksvoll gezeigt, wie der Herr mit Hilfe seines Knechtes ein Könnender zu werden wünscht und gerade damit sein eigenes Können gefährdet. Als große Entlarver uneingestandenen N.s sind Kierkegaard, Marx, Nietzsche und Freud zu nennen.

G. Ichheiser, Psychologie des N.s, in: Archiv für die gesamte Psychologie 92 (1934); W. Kroug, Konfrontation mit dem N., in: Psyche 5 (1951/52); J. H. Massermann, Experimente über psychodynam. Probleme, in: Psyche 6 (1952/53); H. Wein, Realdialektik, 1957.

Nichts ist das sprachlich durch Verneinung (→ Negation) ausgedrückte Fehlen bzw. Nichtdasein von etwas, entweder in bloß relativer Bedeutung des Fehlens von Eigenschaften, Zuständen, Vorgängen an dem betr. Etwas, oder in absoluter, als Fehlen des Seins überhaupt. Die jüdisch-christl. Kosmologie lehrt, daß Gott die Welt aus dem N. erschaffen habe; Platon und Plotin bezeichnen die Materie als nicht wahrhaft seiend, als *me on* („Nichts"), die indische Philosophie spricht vom Übergang des Seins in das N. (→ Nirwana). Bei Hegel sind Sein und N., weil reine Abstraktionen, inhaltlich eins. Nach dem Prinzip der → Dialektik schlägt das Sein ins N. um; die Synthesis ist das Werden. Die Existenzphilosophie lehrt, daß das N. durch die → Angst offenbar wird, in der stets ein Zurückweichen vor etwas, das in Wirklichkeit das N. ist, liegt. Das Wesen des N. ist die Nichtung, nämlich die abweisende Verweisung auf das versinkende Seiende im Ganzen, d. h. auf die Nichtigkeit alles Seienden. „In der hellen Nacht des N. der Angst entsteht erst die ursprüngliche Offenbarkeit des Seienden als eines solchen: daß es Seiendes ist – u. nicht N. Einzig weil das N. im Grunde des Daseins offenbar ist, kann die volle Befremdlichkeit des Seienden über uns kommen und die Grundfrage der Metaphysik: Warum ist überhaupt Seiendes und nicht vielmehr N.?" (Heidegger, Was ist Metaphysik?, [7]1955). – Bei Sartre hat das Nichts kein eigenes, sondern nur ein entliehenes Sein, nämlich das Sein desjenigen Seienden, das es war, aber nicht mehr ist. Wenn alles Sein verschwände, würde das Nicht-Sein nicht Alleinherrscher werden, sondern mit verschwinden.

G. Kahl-Furthmann, Das Problem des Nicht, 1934; H. Kuhn, Encounter with Nothingness, Hindsdale Ill. 1949, dt. 1950; E. Ortner, Das Nicht-Sein und das N., in: ZphF 5 (1950); H. Jonas, Zwischen N. und Ewigkeit, 1963; G. Henke, Gewißheit vor dem

N., 1978; W. B. Turner, Nothing and Nonexistence. The Transcendence of Science, New York 1986; W. Neumann, Die Philosophie des N. in der Moderne, 1989.

Nicole, Pierre, franz. Grammatiker und Theologe, * 19. 10. 1625 Chartres, † 16. 11. 1695 Paris, Jansenist, verfaßte zusammen mit Arnauld als Kartesianer, aber auch unter dem Einfluß von Pascal, wenn auch z. T. im Gegensatz zu ihm stehend, die sog. „Logik von Port Royal". – Hauptwerk: La logique ou l'Art de penser, 1662; Œuvres, I–XXV, 1755–81.

J. Leclercq, Jansénisme et doctrine de la prière chez P. N., Leuven 1951; L. Marin, La critique du discours. Sur la „Logique de Port-Royal" et les „Pensées" de Pascal, Paris 1975.

niederländische Philosophie. Schon im MA., seit dem 13. Jh., entwickelte sich im holländ.-flämischen Raum eine selbständige n. Ph. Der Aristoteliker → Heinrich v. Gent (1217–1293) entwickelt ein philos. System, das von dem seiner Zeitgenossen merklich verschieden ist, bei → Siger von Brabant (†1282) finden wir einen an Averroës orientierten Aristotelismus. Heinrich Bate (1246–1310) schreibt über den Neuplatonismus und W. v. Moerbeke (1215–1286) übersetzt griech. Philosophen. Eine Vernachlässigung der Philosophie zu Gunsten der Theologie bedeutet die Mystik, bes. bei Johannes van → Ruysbroek (1293–1381) und Geert Groote (1340–84). Sehr kirchlich bestimmt bleibt der Verfasser der *„Imitatio Christi"* → Thomas von Kempen (1379/80–1471), philosophischer bestimmt → Dionysius der Karthäuser (1402/03–71), ein Geistesverwandter des Nikolaus Cusanus. Einen neuen Aufschwung nahm die Mystik der n. Ph. in Wessel → Gansfort (um 1420 bis 1489), der auch ein bedeutender Humanist war. Rudolf → Agricola (1443–85) war ein Kritiker der Scholastik. Die n. Ph. zur Zeit von Reformation und Humanismus erreichte ihre Gipfel in → Erasmus von Rotterdam (1466/69–1536). In Dirk Coornherts (1522–90) Moralphilosophie beweist die n. Ph. erneut ihren Realismus. Der Cartesianismus hatte einen Vertreter in Arnold → Geulincx (1624–1669), der Humanismus in Hugo → Grotius (1583–1645), die Naturphilosophie in F. M. van → Helmont (1614–99) und sehr nüchtern, im Anatomen Boerhaave (1668–1738). Im 17. Jahrhundert weilten Descartes, Angelus Silesius, Bayle und Spinoza in Holland, das sich zur Zufluchtsstätte unabhängiger Geister entwickelt hatte. Ein Vorläufer der Romantik war Frans → Hemsterhuis (1721–90) mit seinem ästhetisch-mystischen Pantheismus. Im 19. Jh. kam der Einfluß von Kant, Schelling und Hegel zur Geltung, aber ohne nachhaltige Wirkung. Seit den 60er Jahren wurde der Spinozismus wieder stärker beachtet (van Vloten, Land, Meinsma), der in das Philosophieren v. J. D. Bierens de Haan (1866–1943) ausmündet. Als Befreier der n. Ph. aus den Banden der klassischen Philologie und Theologie gilt der naturwissenschaftlich gerichtete, positivistische, antimetaphysische Cornelius Willem Opzoomer (1821–1892); er wollte die Philosophie in den Dienst des Lebens stellen. Anfang des 20. Jh. wurde die n. Ph. zur Wiege des Neuhegelianismus, besonders durch den Hegelianer Gerardus → Bolland (1854–1922); den Marburger Neukantianismus vertrat B. J. Ovink (1862–1944). Schließlich erfolgt durch den psychischen Monismus Gerardus Heymans (1857–1930) und seiner Schüler wieder eine Gegenbewegung der n. Ph. nach der naturwissenschaftlich-positivistischen Seite hin. In der Gegenwart wird die n. Ph. gekennzeichnet durch die Phänomenologie (G. van der Leeuw, 1890–1950; F. J. Buytendijk, * 1887; E. de Bruyne, 1889–1959), die Existenzphilosophie (R. F. Beerling), die Logistik (E. W. Beth, *1908; R. Freys, 1889–1961). Dem Calvinismus nahestehende Denker entwickeln einen religiösen Personalismus (Ph. A. Kohnstamm, 1875–1951) und eine „*Wijsbegeerte der Wetsidee*" (H. Dooyeweerd, * 1894; D. Th. Vollenhoven, *1892). In kath. Kreisen spielt der Neuthomismus eine erhebliche Rolle (J. Th. Beysens, 1864–1945; L. de Raeymaeker, 1895–1961). Auch in der n. Ph. setzen sich in neuester Zeit Versuche zur Etablierung von Wissenschaftstheorie und kritischem Neupositivismus durch, wogegen die intensive Verbreitung des phänomenologischen Denkens (vor allem Husserl, Heidegger, Levinas) ein starkes Gegengewicht darstellt.

G. v. Antal, Die holländ. Philos. im 19. Jh., Utrecht 1888; F. Ueberweg, Grundriß der Gesch. der Philos., V, 1928; J. J. Poortman, Repertorium van de N.se Wijsbegeerte, Amsterdam 1948; F. Sassen, Geschiedenis van de Wijsbegeerte in Nederland, Amsterdam 1959; F. Sassen, Wijsgerig lesen in Nederland in de twintigste eeuw, I–III, Amsterdam 1960; C. Strujker-Boudier, Wijsgerig leven, I–III, Nijmegen 1985–87.

Nietzsche, Friedrich, Philosoph, * 15. 10. 1844 Röcken b. Lützen (Prov. Sachsen), † 25. 8. 1900 Weimar. Sein Vater, der wie seine Großväter Pastor war, starb schon 1849. Seine ersten Gedichte und Kompositionen schrieb N. mit zehn Jahren. 1858 bekam er eine Freistelle in der Landesschule Pforta bei Naumburg, von 1864–68 studierte er Philologie in Bonn und Leipzig, bereits im April 1869 trat er, von dem Philologen F. W. Ritschl empfohlen, eine Professur in Basel an, die er 1878 krankheitshalber niederlegen mußte. Sein Gesundheitszustand verschlimmerte sich von 1871 an; bisweilen mußte er wahre Höllenqualen ausstehen. Ein schmerzhaftes, bis zu fast völliger Blindheit führendes Augenübel peinigte ihn. Ende Dezember 1888 kam eine Paralyse zum Ausbruch. N. fiel in geistige Umnachtung, seine Schwester, Elisabeth Förster-N. (* 10. 7. 1846 Röcken, † 8. 11. 1935 Weimar) pflegte ihn bis zu seinem Tode und betreute auch seinen Nachlaß. N. war ein mittelgroßer, schwächlicher, menschenscheuer und weltungewandter Mann, der sich dieser Mängel und seiner kleinbürgerlichen Abkunft schämte und infolgedessen nach außen eine etwas krampfhafte Würde zur Schau trug. Der Umgang mit seiner Idealgestalt, dem Übermenschen, und seine Vereinsamung trieben ihn immer mehr in eine wirklichkeitsferne, fiktive Daseinshaltung hinein, die bis zur Selbstmythologisierung führte. N.s erstes Buch „Die Geburt der Tragödie aus dem Geiste der Musik" erschien 1872. Es wurde sowohl von seinem Lehrer Ritschl als auch von Ulrich von Wilamowitz-Möllendorff als unwissenschaftlich abgelehnt. – In seinen 1873–76 entstandenen „Unzeitgemäßen Betrachtungen" bekämpfte er D. F. Strauß und den Historismus, verherrlichte Schopenhauer und Rich. Wagner, mit dem er sich bald darauf verfeindete. „Die Fröhliche Wissenschaft" (1882, endgültige Fassung 1886) ist die Vorläuferin seines bekannten Werkes „Also sprach Zarathustra. Ein Buch für Alle und Keinen" (erster Tl. 1883, erste Gesamtausg. 1892), von dem N. sagt, es sei „das tiefste Buch, das die Menschheit besitzt". N.s eigentliches Hauptwerk sollte ein Buch mit dem Titel „Der Wille zur Macht –

Versuch einer Umwertung aller Werte" werden, zu dem N. aber nur eine Fülle von Notizen und Aphorismen hinterlassen hat. Dieses Material erschien u. d. T. „Der Wille zur Macht", hrsg. v. Elisabeth-Förster-Nietzsche und Peter Gast.

N.s Philosophie ist von Schopenhauers Willensmetaphysik und von dem Kampf-ums-Dasein-Prinzip d. Darwinismus seiner Zeit stark beeinflußt. Von dieser Basis aus wollte N. den neuen Menschen, den Übermenschen schaffen, dessen Aufgabe es sein sollte, alles Verlogene, Krankhafte, Lebensfeindliche zu vernichten. Seine Philosophie sollte an die Stelle eines philos. Nihilismus treten, den er herannahen sah. Sein Kampf richtete sich gegen das Christentum, von dem er behauptete, es erzeuge eine „Sklavenmoral" (allerdings hatte er nur „das infantil pietistische Christusbild sentimentaler Weichheit und Passivität" [G. Siegmund] kennengelernt), gegen das Bürgertum, dessen Moral er für verlogen hielt, und gegen den Pöbel, der alles Edle und Hohe bedrohte. N.s Modell des Übermenschen ist der Herrenmensch der Renaissance, so wie er etwa von Cesare Borgia (1475–1510) repräsentiert wird. N.s metaphysische These, teilweise im Anschluß an Schopenhauer, lautet: Alles, was ist, auch das menschl. Erkennen, ist Erscheinungsform des Willens zur Macht; es gibt kein absolutes Sein, sondern Sein ist Werden, aber kein endloses Neuwerden, sondern „ewige Wiederkehr" dessen, was schon unendlich oft dagewesen ist („Die ewige Sanduhr des Daseins wird immer wieder umgedreht"); das identische Ich ist eine Fiktion ebenso wie das wahre Sein. N.s Bedeutung liegt aber nicht in seiner Metaphysik, sondern in dem Beitrag, den er für die Bekämpfung des spekulativen Denkens und vor allem für die Einbeziehung des Denkens in das Leben geleistet hat. Er lehrt einen resignierten → *Amor fati*: „Schicksal, ich folge dir freiwillig, denn täte ich es nicht, so müßte ich es ja doch unter Tränen tun!" Für die Existenzphilosophie der Gegenwart ist auch folgende Stelle wichtig (aus „Schopenhauer als Erzieher", 1874): „Der Mensch, welcher nicht zur Masse gehören will, braucht nur aufzuhören, gegen sich bequem zu sein; er folge seinem Gewissen, welches ihm zuruft: ‚sei du selbst! Das bist du alles nicht, was du jetzt tust, meinst, begehrst'. Jetzt bist du nur ein ‚öffentlich meinender Scheinmensch'." Dieser öffentl. meinende Scheinmensch läßt sich als eine Vorwegnahme des → Man bei Heidegger deuten.

Es besteht Einigkeit darüber, daß N. ein Kritiker und ein sprachschöpferischer Schriftsteller hohen Ranges, daß er einer der bedeutendsten Aphoristiker und Essayisten und daß er ein Dichter war. Dagegen ist das Verständnis seiner Philosophie erschwert durch die sophistische Form, in der er sie vorträgt. „Es ist kein Ausruhen in N., keine letzte Wahrheit und Glaubwürdigkeit hält stand ... N. ist nur recht aufzufassen, wenn systematische und begriffliche Schulung schon anderswo gewonnen wurde, wenn Hartnäckigkeit und Genauigkeit des Denkens mitgebracht werden ... Philosophieren mit N. bedeutet ein ständiges sich gegen ihn Behaupten" (aus K. Jaspers, N., Einf. in das Verständnis eines Philosophierens, [3]1950). – Hauptwerke: Menschliches, Allzumenschliches, 1876–78; Morgenröte, 1881; Die fröhliche Wissenschaft, 1882; Also sprach Zarathustra, I–IV, 1883–85; Jenseits von Gut und Böse, 1886;

Zur Genealogie der Moral, 1887; Der Antichrist, 1888; Dionysos-Dithyramben, 1888; Ecce homo (entst. 1888), hg. 1908; Der Fall Wagner, 1888; N. contra Wagner, 1888; Der Wille zur Macht, hg. 1906; Werke, I–III, 1954–56; Sämtl. Werke, I–XII, 1964–65; Sämtl. Werke. Kritische Studienausgabe, I–XV, 1980. – W. Reichert/K. Schlechta, Int. N.-Bibl., Chapel Hill N. C., 1960.

L. Klages, Die psycholog. Errungenschaften N.s, 1918; R. Reininger, N.s Kampf um den Sinn des Lebens, 1922; K. Hildebrandt, Wagner und N., 1924; E. Bertram, N. – Versuch einer Mythologie, 1926; K. Jaspers, N., 1936; W. Schlegel, N.s Geschichtsauffassung, 1937; K. Löwith, Von Hegel zu N., 1941; K. Jaspers, N. und das Christentum, 1946; W. Kaufmann, N. Philosopher, Psychologist, Antichrist, Princeton N. J. 1950, dt. 1982; H. Heimsoeth, Metaphys. Voraussetzungen und Antriebe in N.s Immoralismus, 1955; S. Hubbard, N. und Emerson, 1958; K. Schlechta, Der Fall N., 1958; E. Fink, N.s Philos., 1960; M. Heidegger, N., I–II, 1961; E. Biser, „Gott ist tot". N.s Destruktion des christl. Bewußtseins, 1962; H. Wein, Positives Antichristentum. N.s Christusbild, 1962; K.-H. Volkmann-Schluck, Leben und Denken. Interpretationen zur Philos. N.s, 1965; H. J. Schmidt, N. und Sokrates, 1969; W. Müller-Lauter, N. – Seine Philos. der Gegensätze und die Gegensätze seiner Philos., 1971; M. Montinari u.a. (Hgg.), N.-Studien, 1972 ff.; F. Wandel, Bewußtsein und Wille. Dialektik bei N., 1972; K. Brose, Geschichtsphilos. Strukturen im Werk N.s, 1973; R. L. Howey, Heidegger and Jaspers on N., Den Haag 1973; K. Schlechta, N.-Chronik, 1975; W. S. Wurzer, N. und Spinoza, Diss. Freiburg 1975; W. Ries, F. N., 1977; B. Hillebrand (Hg.), N. und die dt. Literatur, I–II, 1978; R. Margreiter, Ontologie und Gottesbegriff bei N., 1978; G. Abel, N. Die Dynamik der Willen zur Macht und die ewige Wiederkehr, 1984; G.-G. Grau, Ideologie u. Wille zur Macht. Zeitgemäße Betrachtungen über N., 1984; T. Herfurth, Zarathustras Adler im Wandervogelnest. Formen und Phasen der N.-Rezeption in der dt. Jugendbewegung, in: Jb. d. Archivs d. dt. Jugendbewegung 16 (1986/87); W. Ottmann, Philosophie und Politik bei N., 1987; W. Ries, N. zur Einf., 1987; S. Bauschinger/S. L. Cocalis/S. Lennox (Hgg.), N. heute. Die Rezeption seines Werkes nach 1968, 1989.

Nihil est in intellectu, quod non prius fuerit in sensu (lat. „nichts ist im Geiste, im Verstande, was nicht vorher in den Sinnen war"), der von Locke aufgestellte Grundsatz des → Sensualismus. Leibniz schränkte diesen Satz ein durch: „*nisi intellectus ipse*" (ausgenommen der Verstand selbst)

Nihil humani mihi alienum (lat. „nichts Menschliches ist mir fremd") → *Homo sum.*

Nihilismus (vom. lat. *nihil*, „nichts"), Standpunkt der absoluten Verneinung (→ Negation); von Fr. Heinr. Jacobi in seinem „Sendschreiben an Fichte" (1799) eingeführter und durch Turgenjews Roman „Väter und Söhne" (1862) allg. verbreiteter Ausdruck. Der theoretische N. verneint die Möglichkeit einer Erkenntnis der Wahrheit (vgl. → Agnostizismus), der ethische die Werte und Normen des Handelns, der politische jede irgendwie geartete Gesellschaftsordnung. Vielfach ist der N. nur ein dogmatisch radikaler Skeptizismus, die ressentimentvolle Reaktion gegen eine sinnlos erscheinende Weltordnung, deren Unhaltbarkeit angeblich eingesehen ist. „Mit dem Worte N., das er dem russ. Dichter Turgenjew entlehnt hat, bezeichnet Nietzsche die Erscheinung, daß die obersten Werte sich entwerten, jene Werte, die allem Tun und Leiden der Menschen erst Sinn geben, daß es nichts mehr gibt, wofür es sich zu leben oder zu sterben lohnte, daß das Bewußtsein aufkommt, es sei alles umsonst" (W. Bröker, Nietzsche u. d. europ. Nihilismus, in ZphF, Bd. III, 1949); vgl. → Nichts; auch → Zynismus.

E. Jünger, Über die Linie, 1950; H. Thielikke, Der N., 1950; R. Pannwitz, Der N. und die werdende Welt, 1951; E. Mayer, Kritik des N., 1958; D. Arend (Hg.), N. – Die Anfänge von Jacoby bis Nietzsche, 1970; D.

Arend, Der N. als Phänomen der Geistesgesch., 1974; R. Koselleck/P. Widmer, N., 1980; W. Weier, N., 1980.

Nikolaus Cusanus oder **von Kues** (eigentlich: N. Chrypffs oder Krebs), Theologe und Philosoph, * 1401 Kues (Mosel), † 11. 8. 1464 Todi (Umbrien) als Bischof von Brixen (seit 1450) und Kardinal (seit 1448), auf der Grenze zwischen Scholastik und Humanismus stehend, beeinflußt durch die Mystik (bes. Meister Eckhart) und den Nominalismus (Wilhelm von Ockham), suchte den Umkreis des menschl. Wissens philosophisch als „Wissen vom Nichtwissen" (→ *Docta ignorantia*) zu bestimmen und seine Möglichkeiten durch das „Prinzip des Zusammenfallens der Gegensätze" (→ *Coincidentia oppositorum*) zu erweitern, das es im eigentlichen Sinn nur in Gott geben kann. Obwohl N. schon die räumlich-zeitliche Unendlichkeit empfand, ist ihm doch die geschaffene Welt „Gott im Nichts", woran auch keine Schöpfungslehre etwas ändern kann. Bindeglied zw. Gott und Welt ist Christus als Verkörperung des Logos. Der Mensch, überhaupt jedes Ding, ist Mikrokosmos, Abbild des Universums, in dem alles in einer stetigen Stufenfolge vom Höchsten bis zum Niedrigsten geordnet ist. Mit Vorliebe bediente sich N. mathematischer Denk- und Ausdrucksweisen, bes. um die Probleme des unendlich Großen und Kleinen zu bewältigen. – Hauptwerke: De docta ignorantia (entst. 1440), hg. 1488, dt. 1862; De visione dei (entst. 1453), hg. 1488, dt. 1967; De possest (entst. 1460), hg. 1488, dt. 1862; De apice theoriae (entst. 1460), hg. 1488, dt. 1947; Idiota de sapientia (entst. 1450), hg. 1488, dt. 1617; Opera, I–XX, 1932–44; Philos.-theolog. Schriften (lat./dt.), I–III, 1964–67.

M. de Gandillac, La philos. de N., Paris 1941, dt. 1953; J. Ritter, N. v. C., 1941; E. Hoffmann, N. v. C., 1947; R. Schultz, Die Staatsphilos. des N. v. K., 1948; K. H. Volkmann-Schluck, N. C., 1957; G. Heinz-Mohr, Unitas christiana. Studien zur Gesellschaftslehre des N., 1958; E. Colomer, N. v. K. und Raimund Llull, 1961; C. Hummel, N. C., 1961; M. Alvarez-Gómez, Die verborgene Gegenwart des Unendlichen bei N. v. K., 1968; S. Dangelmayr, Gotteserkenntnis und Gottesbegriff in den philos. Schriften des N. v. C., 1969; K. Jacoby, Die Methode der Cusanischen Philos., 1969; W. Schwarz, Das Problem der Seinsvermittlung bei N. v. C., 1970; R. Haubst (Hg.), N. v. K. in der Gesch. des Erkenntnisproblems, Cusanus-Ges. 1975; N. Herold, Menschl. Perspektivität und Wahrheit. Zur Deutung der Subjektivität in den Schriften des N. v. K., 1975; F. Nagel, N. C. und die Entstehung der exakten Wiss., 1984.

Nikolaus von Autrecourt, franz. Spätscholastiker, † nach 1350 als Domdekan von Metz, Magister der Theologie an der Pariser Universität, der „Hume des Mittelalters"; im Anschluß an Wilhelm v. Ockham sehr kritisch gegenüber den Grundlagen der aristotel. Metaphysik. Sein Zweifel betraf vor allem den Kausal- und den Substanzbegriff, die er beide als bloße Wahrscheinlichkeiten betrachtete. Die Kirche nötigte ihn zum Widerruf. – Hauptwerk: Exigit ordo executionis (entst. 1340); Epistolae – Briefe (lat.-dt.), hg. 1988 (PhB 413).

J. Lappe, N. v. A., 1908; R. J. Weinberg, N. of A., Princeton 1948; M. dal Pra, N. di A., Mailand 1951; W. P. Suttow, N. v. A. und die altgriech. Atomisten, 1959.

Nikolaus von Oresme (Oresmus), franz. Mathematiker, Physiker, Astronom, Philosoph und Volkswirtschaftler, * um 1320 Oresme, †11. 7. 1382 Lisieux, Lehrer in Paris (Erzieher Karls V. von Frankreich) und (seit 1377) Bischof von Lisieux; einer der bedeutendsten Vorläufer moderner Wissenschaft, der sich dem Skeptizismus und Kritizismus Wilhelm v. Ockhams anschloß und die astronom. Lehren des Aristoteles bekämpfte: er hat die tägliche Bewegung der Erde mit einer vor Kopernikus nicht wieder erreichten Klarheit gelehrt, das Fallgesetz vor Galilei aufgestellt und die Grundgesetze der analytischen Geometrie vor Descartes ausgesprochen, bzw. zugleich den modernen Funktionsbegriff erarbeitet. Durch seine Schrift „Über Ursprung, Wesen und Umlauf des Geldes" der Begründer der modernen Nationalökonomie; Gegner der Astrologie und des Aberglaubens seiner Zeit. – Hauptwerke: Quaestiones super geometriam Euclidis (entst. ca. 1350), hg. 1961; De communicatione idiomatum (entst. ca. 1355), hg. 1940.

P. Duhem, Etudes sur Léonard da Vinci, III, Paris 1913 (Repr. 1955); E. Borchert, Die Lehre von der Bewegung bei N. O., 1934; A. Maier, Die Vorläufer Galileis im 14. Jh., Rom 1949; O. Pedersen, N. O., Kopenhagen 1956.

Nikomachische Ethik, Titel der wichtigsten ethischen Schrift von Aristoteles, in 10 Büchern (daneben existieren die Eudemische Ethik und die Große Ethik), die vermutlich nach dessen Tod durch seinen Sohn Nikomachos veröffentlicht wurde; dt. v. E. Rolfes, [2]1921, neu hg. v. G. Bien, 1972.

M. Wittmann, Die Ethik des Aristoteles, 1920; Fr. Dirlmeier, N. E. (Übers. u. Kommentar), 1956; R. A. Gauthier, *L'Éthique à Nicomaque*, 1958; W. F. R. Hardie, *Aristotle's Ethical Theory*, [2]1980; D. Papadis, Die Rezeption der N. E. des Arist. bei Thomas v. Aquin, 1980.

nil admirari (lat. „sich über nichts wundern"), Anfangsworte einer Epistel von Horaz, in der das Sich-über-nichts-wundern behandelt wird. *Meden thaumazein* (n. a.), soll Pythagoras geantwortet haben auf die Frage, was er durch sein Nachdenken erreiche.

Nirwana (sanskr. „Erlöschen", Pali: *nibbana*), der schon bei Lebzeiten durch Schwinden des Lebenstriebes erreichbare Zustand der Erlösung, der nach Eintritt des Todes eine Wiedergeburt unmöglich macht. Von den Brahmanen als Aufgehen der Einzelseele (Atman) in das Absolute (Brahman) verstanden, von den Buddhisten als ein unbegreiflicher Zustand der Seligkeit, in welchem alle eine individuelle Existenz bedingenden Daseinsfaktoren endgültig aufgehoben sind, so daß Sein im N. gleichbedeutend ist mit Nichts. Das späte Mahayana (→ indische Philosophie) faßt das N. nicht als endgültige Vernichtung auf, sondern als den gier- und karmafreien Zustand eines Heiligen, der für immer zum Wohle aller Wesen tätig ist.

H. v. Glasenapp, Entwicklungsstufen des ind. Denkens, 1940; A. Bareau, Die Religionen Indiens, III, 1964; E. Obermiller, Nirvāna in Tibetian Buddhism, Delhi 1988.

Noack, Hermann, Prof. em. in Hamburg, * 23. 2. 1895 das., †19. 11. 1977, befaßte sich mit systematischen Problemen der klassischen philos. Disziplinen, historisch mit neuerer und gegenwärtiger Philosophie. – Schrieb u. a.: Sprache u. Offenbarung, 1960; Die Philosophie Westeuropas im 20. Jh., 1962, [4]1976; Zur Problematik der philos. u. theolog. Hegel-Interpretation und Kritik, in Ztschr. f. syst. Religionsphilosophie, 1967; Allgem. Einführung in die Philosophie. Probleme ihrer gegenwärtigen Auslegung, [2]1976.

Noësis und **Noëma** (beides griech. „Gedanke Sinn"), bei Husserl der sinnverleihende Akt (→ Singehalt) und die dadurch konstituierte Sinneinheit einer Wahrnehmung, wobei jeder solche Akt eine → Abschattung des Gegenstandes ergibt.

H. Wagner, Philosophie u. Reflexion, 1959.

Noëtik (vom griech. *noein*, „denken“), Denklehre, Erkenntnislehre.

Nohl, Herman, Pädagoge und (Kultur-) Philosoph, * 7. 10. 1879 Berlin, † 27. 9. 1960 Göttingen, seit 1920 Prof. in Göttingen, die Philosophie Diltheys vertretend, zunächst in der Ästhetik, vor allem aber in der Begründung einer geisteswissenschaftlichen Pädagogik; mit Georg Misch Herausgeber der Werke Diltheys, mit Ludwig Pallat des Handbuchs der Pädagogik, ferner Hegels theologischer Jugendschriften, seit 1945 der Zeitschrift für Kultur und Erziehung „Die Sammlung“. – Hauptwerke: Stil und Weltanschauung, 1920; Pädagogische Aufsätze, 1929; Die pädagogische Bewegung in Deutschland und ihre Theorie, 1933; Die ästhet. Wirklichkeit, 1935; Einf. in die Philos., 1935; Charakter und Schicksal, 1938; Die sittlichen Grunderfahrungen, 1939; Pädagogik aus 30 Jahren, 1949; Friedrich Schiller, 1954; Erziehergestalten, 1958. – E. Weniger, Bibl. H. N., 1954.

H. J. Finckh, Der Begriff der „Dt. Bewegung“ und seine Bedeutung für die Pädagogik H. N.s, 1977.

nolens volens (lat. „nicht wollend [und doch] wollend“), man mag wollen oder nicht; wohl oder übel.

Noll, Balduin, philos. Schriftsteller, * 9. 11. 1897 Diez/Lahn, † 19. 7. 1964 Köln, versuchte eine Rückwendung zum Rationalismus und zu einer pantheistischen Metaphysik, die den Wiederanschluß an die drei großen Vorsokratiker: Anaximandros, Heraklit und Parmenides findet, – in dem Bewußtsein, daß der moderne Begriff von Energie den der Materie aufgelöst hat und für eine phänomenhafte Erfassung nicht zugänglich ist. – Hauptw.: Kants und Fichtes Frage nach dem Ding, 1936; Das Wesen von Nietzsches Idealismus, [2]1941; Das Gestaltproblem in der Erkenntnistheorie Kants, 1946; Zeitalter der Feste, 1947; Der philosophische Mensch in der Entscheidung unserer Zeit, 1948; Philosophie und Politik, 1954; *Philos. rationalis sine fide*, 1959.

Nominalismus (vom lat. *nomen*, „Name, Benennung“), philosophische Anschauung, wonach dem → Allgemeinbegriff, den → Universalien, außerhalb des Denkens nichts Wirkliches entspricht, die Begriffe also nur subjektive Bewußtseinsgebilde sind, und zwar entweder selbständige Denkgebilde, was der Konzeptualismus annimmt, oder bloße sprachliche Namen (lat. *nomina*), was der strenge N. lehrt, nach welchem die „Universalien“, d. h. die Allgemeinbegriffe, nur Worte sind, Namen, die als Zeichen für die Dinge und ihre Eigenschaften dienen und außerhalb des Denkens nichts zu besagen haben, nichts objektiv Wirkliches bezeichnen. Der Sache nach geht der N. auf die Kyniker und Stoiker zurück, die sich gegen den platonischen Begriffsrealismus wendeten; der Name *„nominales“*, d. h. Nominalisten, entstand zur Zeit der Frühscholastik, als der N. durch Johann Roscelinus von Compiègne erneuert wurde; sein N. wurde 1092 zu Soissons aus religiösen Gründen verdammt. Wilhelm von Ockham gab dem N. die eigentliche metaphysisch-religiöse Begründung, die sich schon bei Duns Scotus, der selbst kein Nominalist ist, anbahnte. Anschließend, als Ockhamismus, gewann der N. allmählich die Oberhand und bahnte der Philosophie der folgenden Jahrh. den Weg;

er ist der Vorläufer des Empirismus; Phänomenologie u. Ontologie der Gegenwart stehen zu ihm im Gegensatz. Der Weg zum späteren dogmenfreien Denken und zur Entstehung der autonomen neuzeitlichen Wissenschaft ging von dem N. aus. Der moderne mathem. Formalismus und der Verzicht der Naturwissenschaften darauf, physikal. Phänomene auf letzte Substanzen und Wesenheiten zurückzuführen, sind neue Spielarten des N.

E. v. Aster, Prinzipien der Erkenntnislehre. Versuch einer Neubegründung des N., 1913; R. Paqué, Das Pariser N.statut, Berlin 1970; F. Kainz, Über die Sprachverführung des Denkens, 1972.

Nomos (griech. Mehrzahl: *nomoi*, „Sitte, Herkommen, Ordnung"), Gesetz, Gesetzesordnung, Rechtsordnung.

F. Heinimann, N. und Physis, 1945 (Repr. 1980); H. Görgemanns, Beiträge zur Interpretation von Platons Nomoi, Diss. München 1960.

nomothetisch (griech.), gesetzgebend, Gesetze aufstellend, ist nach Windelband die Naturwissenschaft, im Gegensatz zur idiographischen Geschichtswissenschaft, die nur einmalige Tatsachen beschreibt, während jene das „in immer gleicher Weise wiederkehrende" Geschehen in „Naturgesetze" faßt (Geschichte und Naturw., 1894).

non plus ultra (lat. „nicht darüber hinaus"), das Unüberbietbare, in seiner Art Vollkommenste.

non scholae, sed vitae discimus (lat. „nicht für die Schule, sondern für das Leben lernen wir"), Umkehrung eines Wortes von Seneca, dessen Epistel 106 schließt mit „Wir lernen [leider] nicht für das Leben, sondern für die Schule".

noologisch (aus grch. *nus*, „Geist", und *logos*, „Lehre") nennt → Eukken diejenige Methode, die sich auf den Geist in seinem „selbständigen Eigenleben", seinem „Beisichselbstsein" bezieht, im Gegensatz zur psychologischen Methode (auch → Psychologismus), die untersucht, wie der Mensch zur Erfassung und Aneignung geistiger Inhalte und überhaupt des Geisteslebens gelangt.

R. Eucken, Die Einheit des Geisteslebens in Bewußtsein und in Tat der Menschheit, 1888.

Norm (lat.), Richtschnur, Regel, Vorschrift, auch: Maßstab der Beurteilung und der Bewertung. Die N. gibt im Gegensatz zum → Gesetz, das ein Sein oder Geschehen aussagt, und zur → Regel, die entweder erfüllt wird oder nicht, an, was auf jeden Fall sein oder geschehen soll. Im einzelnen lassen sich unterscheiden: sittliche, ästhetische und logische Normen (weshalb Ethik, Ästhetik, Logik als normative Disziplinen der Philosophie bezeichnet werden), ferner juristische und technische N.en. Kant gebraucht oft Regel im Sinne von N.

W. Windelband, N. und Naturgesetze, in: Ders., Präludien, II, 1884; W. Hirsch, Die N.en des Seins, 1958; H. Keuth, Zur Logik der N.en, 1972; H. v. Wright, Handlung, N., Intention, 1977; W. Oelmüller (Hg.), Materialien zur Normendiskussion, I–III, 1978 ff.; W. Oelmüller, Transzendentalphilos. und N.begründung, in: W. Oelmüller (Hg.), Materialien zur N.diskussion, I, 1978; H. Kelsen, Allg. Theorie der Normen, 1979; C. Koreng, N. und Interaktion bei J. Habermas, 1979; W. Kerber (Hg.), Sittliche Normen, 1982.

normal, der Norm gemäß, regelrecht. Gegensatz: anormal, → abnorm; kann jedoch nicht auch im Sinne von vollendet, absolut ausgeglichen usw. verwendet werden. Der absolut n.e Mensch, etwa in der Medizin oder in der Psychologie, wäre eine Fiktion.

normativ, normgebend, Normen, Regeln aufstellend; → Norm.

norwegische Philosophie wegen der Dominanz Dänemarks während der Unionszeit konnte sich eine eigenständige norwegische Philosophie erst nach der Gründung der Universität Kristiania (Oslo) 1811 entwikkeln. Ihr erster Repräsentant war Nils Treschow (1751–1833), der seit 1803 in Kopenhagen, seit 1813 in Kristiania lehrte. Er wurzelte in Aufklärung und Rationalismus. Diese Grundhaltung war indessen mitbestimmt durch tiefe Religiosität und durch Annäherung an den Empirismus Lockes. Von Kant distanzierte er sich entschieden: *Forelæsninger over den Kantiske Philosophie*, 1798. Weitere Hauptw.: *Philosophiske Forsög*, 1805; *Elementer til Hostoriens Philosophie*, 1811; *Lovgivnings – Principper* I–III, 1920–23; *Christendommens tand*, 1828.
Angesichts der engen kulturellen Verhältnisse wirkten im Auslande: Henrik Steffens (1773–1845, Kiel, Jena, Halle, Breslau, Berlin) und Nicolai Möller (1777–1862, Löwen).
Mit Marcus Jacob Monrad (1815–1897) bekam Norwegen einen Fachphilosophen, der zugleich ein reiches Wirken im eigenen Kulturmilieu ausübte. Von seinen zwei Hauptwerken ist *„Udsigt over den höiere Logik“*, (1881) vor allem eine Hinführung zu Hegels Logik, während die *„Æsthetik“* (1889–90) eine größere Originalität besitzt, vor allem durch die geschickte Einarbeitung Kantischen Lehrguts. Das Lebenswerk von Monrad – das einzige, was in Norwegen hätte Ausgangspunkt für eine gründliche philosophische Kultur werden können – wurde wegen Nachlassens der Hegelschen Tradition nicht mehr aufgenommen. Nach dem Durchbruch des modernen Denkens durch Georg Brandes und seine norwegischen Epigonen, konnten nur noch Psychologismus und Empirismus gedeihen. Eine beachtenswerte Gestalt in dieser Zeit ist Anathol Aall (1867–1943).
Nach dem zweiten Weltkrieg wurde die norwegische Philosophie bis vor kurzem völlig von Arne Naess (* 1912) und seiner Version des logischen Empirismus beherrscht: Erkenntnis und wissenschaftliches Verhalten, 1936; *Interpretation and Preciseness*, 1953. – Als Vermittler der Antike und der deutschen Philosophie hat Egil A. Wyller (* 1925) zur Überwindung der Hegemonie dieser Richtung beigetragen: *Fra Homer til Heidegger*, 1959; *Fra tankens og troens mötested*, Oslo 1968; Platons Parmenides, 1960; Der späte Platon, 1970. Eine direktere Auseinandersetzung mit der Philosophie von A. Naess liegt vor bei Hans Skjœrvheim (* 1926): *Objectivism and the study of man*, Oslo 1959; *Vitskapen om mennesket og dem filosofiske refleksjon*, Oslo 1964, und bei Dag Österberg (* 1938) *Forståelsesformer*, Oslo 1966. An die kontinentale, insbesondere die deutsche Tradition knüpft Johan Fredrik Bjelke (* 1916) an: Zur Begründung der Werterkenntnis, Oslo 1962; *Intuisjon og natur*, 1971; Das Problem der Intuition in Rationalismus und Empirismus, in ZphF, 1972.

A. Aall, Filosofien, in: Det kgl. Fredriks-univ., 1811–1911, Christiania (Oslo) 1911; A. Aall, Norwegische Philos., in: F. Ueberweg, Grundriß der Gesch. der Philos., V, 1928; A. Naess, Norway, in: J. R. Burr (Hg.), Handbook of World Philos., Contemporary Developments since 1945, Westport Conn. 1980.

nosce te ipsum (lat.; griech. *gnọthi seautọn*, „erkenne dich selbst“), → Selbsterkenntnis.

Notker der Deutsche (*Teutonicus*; auch: Notker Labeo, d. i. der „Großlippige"), * um 950, † 29. 6. 1022 St. Gallen als Leiter der dortigen (Kloster-)Schule, philosophierte als erster dt. Denker in (althoch-) deutscher Sprache, übersetzte u. a. einige philos. Werke von Aristoteles (die zuvor von Boëthius ins Lateinische übersetzt waren), Boëthius selbst und Martianus Capella aus dem Lateinischen ins (Althoch-) Deutsche und verfaßte auch seine sich stark an antike und karolingische Vorbilder anlehnenden eigenen Abhandlungen, u. a. über die Rhetorik *(De rhetorica)*, über die Musik *(De musica)* und über die Logik *(De partibus logicae)* sowie über die Schlüsse *(De syllogismis)* in (althoch-)dt. Sprache bzw. gab die Übersetzung in dieser der lateinischen Fassung bei. Er nannte sich selbst „balbulus" (der Stammler), weil ihm die Formulierung seiner Gedanken oft schwer fiel. – Hauptwerke: De rhetorica, De musica, De partibus logicae, De syllogismis, in: Schriften N.s und seiner Schule, I–III, hg. 1882–83; Notkers des Deutschen Werke, I–X, 1933–83.

P. T. Hoffmann, Der mal. Mensch gesehen aus Welt und Umwelt N.s des Deutschen, 1922; E. Luginbühl, Studien zu N.s Übersetzungskunst, 1933; W. von den Steinen, N. Der Dichter und seine geistige Welt, 1948.

notwendig ist, was aus dem Bereich des Möglichen heraus durch Hinzutritt weiterer Bestimmungsstücke ins Dasein gezwungen wird. So ist z. B. das Seiende an sich nicht n. (→ Nichts), enthält aber eine Fülle von Möglichkeiten; durch Hinzutritt des Bestimmungsstückes (der Seins- oder Erkenntniskategorie) „lebendig" tritt aus dem Bereich des Seienden z. B. der „Organismus" ins Dasein und ist zugleich n. da. Notwendigkeit und → Möglichkeit bilden eine Kette dergestalt, daß die Notwendigkeit eines Dinges immer zugleich die Möglichkeit für wenigstens ein anderes Ding (in der Regel für viele andere Dinge) ist. Die Kette beginnt im denkbar Allgemeinsten und endet im denkbar Individuellsten. Die Notwendigkeit, der die Möglichkeit stets vorausgeht, verhält sich zu dieser wie das Sosein zum → Dasein. → allgemein, → Individuation. Logisch n., denkn. heißt ein Gedanke, der nicht anders gedacht werden kann, wenn er nicht mit bestimmten Voraussetzungen in Widerspruch geraten soll (→ Postulat); real oder physisch n. ein Geschehen, das unbedingt eintreten muß, wenn bestimmte Bestimmungen gegeben sind, oder geschehen muß, wenn etwas erfolgen soll.

N. Hartmann, Einf. in die Philos., 1949.

Noumenon (griech.), Verstandesding, Gedankending, intelligibler Gegenstand, so z. B. im Neuplatonismus. Nach Platon das geistig Erkennbare im Unterschied von dem, was mit den Augen gesehen wird. Nach Kants Vernunftkritik bloß gedachtes, nicht objektiv wirkliches Ding, ein Begriff ohne Gegenstand insofern gedankliches Etwas, aber sachliches Nichts; eine bloße Idee, der kein bzw. insofern ihr kein Gegenstand entspricht (negatives N.). Das positive N., dem zwar keine empirische, aber eine andere (z. B. sittliche) Anschauung innewohnt, ist nach Kant in der praktischen Philosophie (Ethik) von großer Bedeutung. Gegensatz: *Phänomenon* (→ Phänomen).

G. D. Hicks, Die Begriffe Phänomenon und N. in ihrem Verhältnis zueinander bei Kant, 1897.

Nous (griech.), Geist, Intellekt; die Weltseele bei Anaxagoras; bei Platon und Aristoteles die „denkende Seele", die der Mensch vor den Tieren voraus hat; bei Aristoteles, der zwischen N. pathetikós und N. poietikós unterscheidet, mitunter auch Bez. für Gott oder → Demiurg.

J. H. M. M. Loenen, De n. in het systeem van Platon's philos., Diss. Amsterdam 1951; H. J. Krämer, Der Ursprung der Geistmetaphysik, 1964.

Novalis (Friedrich v. Hardenberg), Dichterphilosoph, * 2. 5. 1772 in Oberwiederstedt bei Hettstedt (Prov. Sachsen), † 25. 3. 1801 Weißenfels, entwarf in seinen „Fragmenten" (hrsg. v. Fr. Schlegel und L. Tieck, 1802, krit. Gesamtausg. 1928) auf romantisch-christlicher Grundlage eine Philosophie des „magischen Idealismus", d. h. der Polarität, des dynamischen Gleichgewichts zw. Realität, Idee und Phantasie im Menschen sowie zw. Mensch und Welt. – Sämtl. Werke, I–IV, 1923–24; Werke, Briefe, Dokumente, I–IV, 1953–57; Schriften, I–IV, 1929 ff., [3]1981 ff.

T. Haering, N. als Philosoph, 1954; H. W. Kuhn, Der Apokalyptiker und die Politik. Studien zur Staatsphilos. des N., 1961; W. Malsch, „Europa". Poetische Rede des N., 1965; E. Heftrich, N. – Vom Logos zur Poesie, 1969; G. Schulz, N., 1969; R. Faber, N. – Die Phantasie an die Macht, 1970; G. Wehr, N., 1980.

novum organon, Bezeichnung → Fr. Bacons für das „Organ des Denkens", das er im Gegensatz zu der formalen und deduktiven Logik des Aristoteles als eine neue, ausschließlich auf Erfahrung basierende induktive Methode zu beschreiben suchte, wodurch er zum Begründer des englischen Empirismus und der empirischen Forschung der neuzeitlichen Naturwissenschaft wurde. Im n. o. ist auch Bacons Begriff von den Idolen enthalten, deren Überwindung er als Voraussetzung objektiver empirischer Erkenntnisse betrachtet.

nuklear (vom lat. *nucleus*, „Kern"), den Atomkern (→ Atom) betreffend, in den Bereich der → Kernphysik gehörend. – Nukleonen, zusammenfassende Bez. für Protonen, Mesonen und Neutronen.

numinos (vom lat. *numen*, „göttl. Wille, Walten der Gottheit") nennt R. Otto (Das Heilige, [35]1963) die von der Gottheit ausgehende Macht.

R. Otto, Das Heilige, 1917; W. Hellpach, Numen und Ethos, in: ZphF 1 (1946).

Nützlichkeitsstandpunkt → Utilitarismus.

Nyman, Alf, Prof. in Lund, * 12. 3. 1884 Farhult/Schweden, † 17. 6. 1968 Lund, führender schwed. Philosoph und Psychologe, ausgehend von dem positivistischen Standpunkt der psychologistischen Auffassung, versuchte N. diese durch experim. Untersuchungen und methodologische Überlegungen z. T. abzuschwächen und als gültig für die Erkenntnislehre zumindest der Naturwissenschaften nachzuweisen. – Hauptw.: Psychologismus gegen Logizismus, 1917; Die Antinomien in der Physik des Aristoteles. Eine Kant-Parallele, 1921; Die Raum-Analogien der Logik, 1926; Schema und Schluß, eine experimentell-logische Untersuchung, 1928; Neue Wege der Psychologie, [6]1955; Probleme und Problemlösungen in der Philosophie, 1945; Das Experiment, seine Voraussetzungen und Grenzen, 1952; Der Begriff lyrische Erfahrung, 1959; Ital. Philosophie während zwei Jahrhunderten, 1965.

Oberbewußtsein wird das (helle) Bewußtsein im Gegensatz zum → Unterbewußtsein, Unbewußten genannt; ursprünglich Hauptbegriff der klassischen Psychologie, während das Unbewußte – obwohl bereits von Augustin erkannt – erst seit der Romantik und in der modernen Psychologie zur Geltung kam.

Objekt (vom lat. *obicere*, „sich entgegenstellen"), Sache, Ding, → Gegenstand, seit Ende des 18. Jh. (bes. seit Kant) Bez. für das, was dem → Subjekt, d. h. als Teil der Außenwelt, gegenübersteht, heute genauer als reales O. bezeichnet. Vorher bedeutete O. nur innerhalb des Denkens bzw. Bewußtseins das, was dem Denkgeschehen als Denkgegenstand gegenübersteht, heute genauer als ideales O. bezeichnet; → Erkenntnis. Entsprechend verhält es sich mit den Bezeichnungen objektiv und subjektiv.

O. Külpe, Die Realisierung, I–III, 1912–23; E. Bloch, Subjekt, O., 1951; M. Drieschner, Voraussage, Wahrscheinlichkeit, O., 1979.

objektiv, das Objekt betreffend; gegenständlich, dinglich, sachlich, tatsächlich, nicht bloß gedacht; unabhängig und absehend vom Subjekt, vom subjektiven Meinen, von der Natur und dem Interesse des Subjekts; für jedes erkennende Wesen gültig, allgemeingültig.

Objektivation, Vergegenständlichung, das zu einem Objekt Werden; objektivieren, zu einem Objekt machen, sich vom Objektivierten distanzieren.

objektiver Geist, nach Hegel der → Geist, sofern er als Recht, Moral, Sittlichkeit, Gesellschaft und Staat auftritt; in Kunst, Religion, Philosophie bzw. Wissenschaft dagegen tritt nach Hegel der Geist als absoluter auf. Dilthey (und seine Schule im weitesten Sinne) bezeichnen mit o. G. die Gesamtheit der Niederschläge und Objektwerdungen des geschichtlichkulturellen Lebens, der in Sprache, Sitte, Lebensform und -stilen, Familie, Gesellschaft, Staat, Kunst, Technik, Religion, Philosophie usw. fixierten geistigen Lebensäußerungen, deren Erforschung die Aufgabe der → Geisteswissenschaften bildet. Nic. Hartmann unterscheidet zw. o. G. und objektiviertem Geist (an Stelle des absoluten Geistes), dessen Inhalte zu Objekten werden.

H. Freyer, Theorie des o. G.es, 1923; N. Hartmann, Das Problem des geistigen Seins, 1933; W. Cramer, Grundlegung einer Theorie des Geistes 1957.

Objektivismus, im Gegensatz zum → Subjektivismus 1. diejenige Richtung der Erkenntnistheorie, die dem Erkennen die Erfassung realer Gegenstände und objektiver Ideen zuschreibt (→ Realismus), 2. diejenige Richtung der Ethik, welche objektive Werte und Richtlinien anerkennt und objektive (also in gleicher Weise objektivierbare) Maßstäbe und Zwecke des sittlichen Handelns aufzustellen sucht (→ Norm).

N. Hartmann, Grundzüge einer Metaphysik der Erkenntnis, 1921; K. R. Popper, Objective Knowledge, Oxford 1972; R. J. Bernstein Beyond Objectivism and Relativism, Philadelphia 1983.

Objektivität, der Charakter des Objektiven; das Freisein von subjektiven Zutaten, subjektiven Einflüssen; Sachlichkeit, Neutralität. O. nennt man auch die Fähigkeit, etwas „streng objektiv" zu beobachten oder darzustellen. Eine solche Fähigkeit besitzt der Mensch nicht; vielmehr wirkt bei jeder Erkenntnis und bei jeder Aussage das ganze körperlich-seelisch-geistige Sosein des Einzelnen einschl. der Kräfte seines Unterbewußtseins und des Erlebnistranszendenten mit. O. im eigentl. Sinne ist nur annäherungsweise erreichbar und bleibt ein Ideal wissenschaftlicher Arbeit.

G. Hennemann, Zum Problem der Voraussetzungslosigkeit u. O. in den Wiss., 1947; M. Deutscher, Subjecting and Objecting, Oxford 1983; R. W. Newell, Objectivity, Empiricism and Truth, London 1986.

Occam → Wilhelm von Ockham.

Ochlokratie (aus griech. *ǫchlos*, „der Haufe", und *kratein*, „herrschen"), Herrschaft d. Masse, des Pöbels; nach Aristoteles Entartungsform der Demokratie, die den Boden zur Diktatur bereitet.

Ockham → Wilhelm von Ockham.

Oehler, Klaus, * 31. 8. 1928, Solingen, Prof. in Hamburg, ausgehend von der europ. Tradition des Pragmatismus seit der Antike, an den amerikanischen Pragm. anknüpfend, sucht Oe. die pragmatistische Methode neu zu begründen. Betrachtet die Semiotik als Logik der Wissenschaften; als zentrale philosophische Kategorie gebraucht er den Begriff des Zeichens, dessen Konstruktion seine Untersuchungen bestimmt. – Schr. u. a.: Noetisches und Dianoetisches Denken, 1962; Kommentar zu Ch. S. Peirce – über die Klarheit unserer Gedanken, [2]1977; Antike Philosophie, 1969; *Peirce contra Aristotle*, 1976; Zur Logik einer Universalpragmatik, 1976; *Peirce's Foundation of a Semiotic Theory of Cognition*, 1977; Einleitung zu W. James, Der Pragmatismus, 1977; Die Welt als Zeichen, 1981.

Oelmüller, Willi, Prof. in Bochum, * 16. 2. 1930 Dorsten, befaßt sich mit Fragen der praktischen Philosophie, Geschichtstheorie, Ästhetik und mit Theorie der Aufklärung; betont die Geschichtsabhängigkeit von Normen. – Schr. u. a.: Fr. Th. Vischer und das Problem der nachhegelischen Ästhetik, 1959; Die unbefriedigte Aufklärung. Beiträge zur Theorie der Moderne bei Lessing, Kant u. Hegel, [2]1979; Was ist heute Aufklärung?, 1972; Philosophische Arbeitsbücher 1–10 (zus. mit R. Dölle), 1977 ff.; (Hg.) Kolloquium Kunst u. Philosophie, 1. Ästhetische Erfahrung, 1981, 2. Ästhetischer Schein, 1982; (Hg.), Metaphysik heute, 1987; (Hg.), Philosophie u. Wiss., 1988.

Oetinger, Friedrich Christoph, Theologe, * 6. 5. 1702 Göppingen, † 10. 2. 1782 Murrhardt, der „dt. Swedenborg", der die dt. Mystik in der Aufklärung fortsetzte; suchte die Naturmystik Jakob Böhmes mit der Gravitationstheorie Newtons zu verbinden, wandte sich gegen den rationalistischen Dualismus von Leib und Seele seit Descartes und gegen Leibniz' monadologischen Spiritualismus: „Leiblichkeit ist das Ende der Wege Gottes"; „*Theologia ex idea vitae*"! Er wirkte im kirchl. Raume auf Sekten, philosophisch auf Schelling u. a. – Sämtliche Schriften, 6 Bde., hrsg. von Ehmann, 1858–66; Auswahl, hrsg. von Herpel, 1923 (u. d. T.: Die heilige Philosophie); Selbstbiographie. Genealogie der reellen Gedanken eines Gottesgelehrten, 1961; Die Weisheit auf der Gasse, 1962.

C. C. E. Ehmann, O.: Leben u. Briefe, 1859; J. Herzog, F. C. O., 1902; S. Schaible (Hg.), F. C. O.s Leben, 1927; R. Piepmeier, Aporien des Lebensbegriffes seit O., 1978.

Offenbarung (lat. *revelatio*, griech. *apokalypsis*), die Enthüllung, Entschleierung einer Wahrheit; die Selbstbekundung Gottes, eines Göttlichen, eines Geistes. Die religiöse O. wird übernatürlich, nicht mit dem Verstande entgegengenommen, sondern mit dem Glauben sowie mit dem Herzen (→ Liebe), und sie sei nur wenigen Begnadeten zugänglich. Es gehört zum Wesen der O., daß die Entgegennahme irrtumsfrei sei. Manchmal wird der Begriff O. weiter gefaßt (z. B. Römerbrief 1, 19), im Sinne einer allgemeinen natürlichen O., die jedem religiös Ergriffenen zugänglich sein soll.

K. Barth, O. 1934 (Repr. 1980); R. Guardini, Die O., 1940; M. Vereno, Myth. Wissen u. O., 1958; H. Rademaker, Was besagt die christl. O. eigentlich?, 1980; J. Schmitz, O., 1988.

öffentl. Medien, s. Massenmedien.

öffentliche Meinung, während der franz. Revolution entstandene Bez. für das Ergebnis von Meinungskämpfen und -beeinflussungen. Die ö. M. erscheint labil, ist aber in jedem Falle der mehr oder weniger adäquate Ausdruck des Volkscharakters. Über den „öffentlich meinenden Scheinmenschen" schrieb Nietzsche. Die ö. M. ist heute Gegenstand statistisch soziolog. Untersuchungen, wobei sich die suggestive Auswirkung der Fragestellungen auf die erst zu formulierenden Standpunkte der befragten Personen schwer unterbinden läßt. Deshalb ist ö. M. heute weniger Produkt einer bewegt reflektierten Einsicht in aktuellen Fragen der Gemeinschaft, sondern sie wird hauptsächlich von der Presse u. a. öffentlichen Medien gesteuert.

F. Tönnies, Kritik der ö. M., 1922; P. R. Hofstätter, Die Psychologie der ö. M., 1949; J. Habermas, Strukturwandel der Öffentlichkeit, 1962; H. v. Hentig, Ö. M., öffentl. Erregung, öffentl. Neugier, 1969; E. Traugott, Die Herrschaft der M., 1970; E. Manheim, Aufklärung und ö. M., 1979; H. Büchele, Politik wider die Lüge. Zur Ethik der Öffentlichkeit, 1982; R. Sennett, Verfall und Ende des öffentl. Lebens. Die Tyrannei der Intimität, dt. 1983.

Oken, Lorenz, eigentlich Ockenfuß, romant. Mediziner und Naturphilosoph, * 1. 8. 1779 Bohlsbach (Baden), † 11. 8. 1851 Zürich, Prof. in Jena (daselbst 1819 von der Reaktion gemaßregelt), München, Zürich; begründete 1822 die Jahresversammlungen, 1830 die Gesellschaft deutscher Naturforscher und Ärzte. Herausgeber der Ztschr. „Isis" (1817–48); stand Schelling und Goethe nahe. Aus Gottes Denken bzw. Licht entsteht, nach O., durch Erstarrung die Natur ihrem Sein und ihrer Ordnung nach. Durch optisch-elektrische Kräfte bauen sich aus zellenartig strukturiertem „Urschleim" die Organismen auf, zuletzt der Mensch als Inbegriff aller Möglichkeiten und Organe des Lebens, zu denen auch Seele und Geist gehören. Später neigte O. zu kühnen Allegorien und Analogien. – Hauptw.: Lehrb. der Naturphilosophie, 1809, [3]1843; Lehrb. d. Naturgesch., 13 Bde., 1833–41.

J. S. Schuster, O., der Mann und sein Werk, 1922; Strohl, L. O. u. G. Büchner, 1936; R. Zaunick, L. O. und Goethe, 1941.

Okkasionalismus (vom lat. *occasio*, „Gelegenheit"), Lehre von den gelegentlichen Ursachen, geht von der Zweiheit zwischen Leib und Seele aus, weshalb Leib und Seele nicht wechselseitig aufeinander wirken können (wie Descartes annahm); sondern Gott erzeugt „bei Gelegenheit" von leiblichen Bewegungen die seelischen Empfindungen, bei Gelegenheit von Willensakten die Muskelbewegungen. Die Hauptvertreter des O., der ansatzweise schon bei dem arabischen Philosophen Gazali zu finden ist, waren Arnold → Geulincx und Nicolas → Malebranche. Leibniz löste das O.-Problem durch seine prästabilisierte → Harmonie.

Okkultismus (vom lat. *occultus*, „verborgen"), „das Insgesamt von Lehren und Verfahren, deren Grundlage der Glaube ist, daß alle Dinge zu einem einzigen Insgesamt gehören und zueinander in notwendigen, zielgerichteten Beziehungen stehen, die weder zeitlich noch räumlich sind" (Robert Amadou, *L'Occultisme, esquisse d'un monde vivant,* 1950). In der Praxis ist d. O. die Beschäftigung mit „geheimen Naturkräften", die erforscht und für praktische Zwecke nutzbar gemacht werden sollen. Diese Kräfte, die oft personifiziert und beschworen oder gerufen werden (vgl. Goethe, Faust I, 1. Szene), manifestieren sich angeblich durch Klopflaute, Lichterscheinungen, Materialisationen (Entstehung neuer materieller Gebilde) u. dgl.; vgl. → Parapsychologie, Magie.

T. K. Oesterreich, Der O. im modernen Weltbild, 1921; R. Tischner, Einf. in den O. u. Spiritismus, 1923; F. Luther, Der O., 1926; F. Moser, O., I–II, 1935; R. Tischner, Ergebnisse okkulter Forschung, 1950; A. Neuhäusler, Telepathie, Hellsehen, Präkognition, 1957; M. Eliade, Occultism, Witchcraft, and Cultural Fashions, dt. 1978; G. Hotz, Die Faszination der Zwänge: Aberglaube u. O., 1984.

Ökonomie (griech.), Haushaltung, Wirtschaftlichkeit, die Wissenschaft von der Wirtschaft, die sich in ihrer heutigen Entwicklung mathematischer Methoden, Statistik, Theorienbildung und Prognose- sowie Planungsforschung bedient. In der Philosophie heißt „Ö. des Denkens" (Denkökonomie) das Bestreben, ein Maximum von Denkgegenständen (Erkenntnissen) mit einem Minimum von Denkmitteln (Begriffen, Urteilen) zu umfassen; sie wurde von Avenarius (Philosophie als Denken der Welt gemäß dem Prinzip des kleinsten Kraftmaßes, 1876) und Mach (Die ökonomische Natur der physikalischen Forschung, 1882) als Grundprinzip alles Denkens und aller wiss. Arbeit gefordert und ist als solches kennzeichnend für die organisatorisch-zweckmäßige, nüchterne Arbeitsweise der modernen Tatsachenwissenschaft; → auch Minimum. – K. Marx („Zur Kritik der politischen Ö.", 1859) spricht von einer ökonomischen Struktur der Gesellschaft und versteht darunter die Gesamtheit der „Produktionsverhältnisse" (Art, in der die Menschen Güter erzeugen und austauschen), die – was für die marxist. Theorie von entscheidender Bedeutung ist – unabhängig vom menschl. Willen bestehen, die die Menschen miteinander eingehen und die der jeweiligen Entwicklungsstufe ihrer materiellen Produktionskraft entsprechen. Die ökonom. Struktur ist nach Marx die reale Basis, auf der sich, als ideologischer Überbau (→ Ideologie) das Geistesleben der Gesellschaft mit seinen Erzeugnissen (Wissenschaft, Kunst, Recht, Politik, Verfassung usw.) erhebt. Die Marx'sche Ö.-Lehre gilt für den heutigen Aufbau der produktiven Wirtschaftssysteme nicht mehr, es sei denn im utopischen Denken Jugendlicher, in dirigistischen Gesellschaftsformen, bzw. im Staatskapitalismus.

A. Berle, Die kapitalist. Revolution des 20. Jh.s, 1958; C. E. Weber, Die Kategorien des ökonom. Denkens, 1959; G. Zimmermann, Sozialer Wandel u. ökonom. Entwicklung, 1969; C. Rolshausen, Rationalität u. Herrschaft, 1972; M. Godelier, Horizon, trajets marxistes en anthropologie, dt. 1973; E. Waibl, Ö. u. Ethik, 1984; J. Buchanan, Liberty, Market and State, Brighton 1986; J. Starbatty (Hg.), Klassiker des ökonom. Denkens, I–II, 1989.

Okzident (vom lat. *occidere*, „untergehen"), die Himmelsgegend, in der die Sonne untergeht, im Unterschied zum Orient; im weiteren Sinne das → Abendland.

Oligarchie (griech.), die Herrschaft Weniger, einiger mächtig gewordener Geschlechter, Familien, Gruppen; nach Aristoteles eine Ausartung der Aristokratie. In der Soziologie spricht man von Oligarchisierung als Prozeß der Zunahme von Rationalisierung und Bürokratisierung in Großorganisationen, die durch Unterdrückung herbeigeführt wird; insbesondere in allein herrschenden politischen Parteien, die heute die besten Beispiele für O. liefern.

F. Naschold, Organisation und Demokratie, 1969.

ontogenetisch (aus griech. *on*, „Seiendes“, u. *gęnesis*, „Entstehen“), auf die Entwicklung des Einzelwesens bezüglich.

Ontologie (griech. „Seinswissenschaft“), Lehre vom Sein als solchem, von den allgemeinen Seinsbedeutungen und -bestimmungen, seit Anfang des 17. Jh. (Goclenius 1613, dann Clauberg 1656, endgültig seit Christian → Wolff) Bezeichnung für die Metaphysik des Seins und der Dinge als Grundlage der Metaphysik überhaupt. Von Kant als unhaltbare Metaphysik abgetan und durch seine → Transzendentalphilosophie ersetzt, ist die O. bei Hegel nur noch die „Lehre von den abstrakten Bestimmungen des Wesens“. Nach Hegel tritt sie nur noch selten auf und wird erst wieder im 20. Jh. bei der Abkehr vom Neukantianismus und der Rückwendung zur Metaphysik erneuert: von Günther Jacoby und bes. Nic. Hartmann als streng gegenständliche Seinsphilosophie, bei Heidegger im Sinne der → Fundamentalontologie. Der Unterschied zwischen der alten O. und der O. der Gegenwart besteht darin, daß die alte O. die ganze Welt als auf den Menschen bezogen, alle Formen und Zusammenhänge im Stufenreich der realen Welt als auf ihn angelegt betrachtete, so als bilde der Mensch den Endzweck der Weltordnung, während die neue O. zu einem viel umfassenderen Realitätsbegriff gelangt ist, dem Geist volle Realität zuschreibt und von dieser Einsicht aus das autonome Sein des Geistes und seiner Aktivität im Verhältnis zum autonomen Sein der übrigen Welt zu bestimmen sucht. Die alte O. beschränkte Realität auf Materialität. Realität hängt an der Einmaligkeit u. Einzigkeit der individuellen Realfälle (→ notwendig). Das zeitlos Allgemeine galt in der alten O. als ein Sein höherer Ordnung, ja als das allein wahre Sein. „Was einst für ein Reich der Vollkommenheit galt, das Reich der Wesenheiten, deren schwache Abbilder die Dinge sein sollten, das gerade hat sich als Reich des unvollständigen Seins erwiesen, das nur in der Abstraktion verselbständigt wurde. In dieser Einsicht liegt vielleicht der greifbarste Gegensatz der neuen O. zur alten“ (Nic. Hartmann, Neue Wege der O., in Systemat. Philos., [3]1949). Aus dem Wesen der neuen O. erklärt es sich, daß die → Kategorialanalyse in ihr einen breiten Raum einnimmt. – (Über O. als phil. Grundlehre vgl. R. Zocher, Die philos. Grundlehre, 1939).

G. Jacoby, Allg. O. der Wirklichkeit, I–II, 1925/55; N. Hartmann, Zur Grundlegung der O., 1935; M. Müller, Sein u. Geist. Systemat. Unters. über Grundprobleme u. Aufbau der mal. O., 1940; N. Hartmann, Neue Wege der O., 1942; C. Nink, O., 1952; H. Kuhn, Begegnung mit dem Sein, 1954; H. Krings, Fragen u. Aufgaben der O., 1954; A. Diemer, Einf. in die O., 1959; D. Carvallo, Die ontolog. Struktur, 1961; C. A. v. Peursen, Wirklichkeit als Ereignis. Eine deikt. O., 1971; R. Trapp, Analyt. O., 1976; K. Hartmann (Hg.), Die ontolog. Option, 1976; E. u. W. Leinfellner, O., Systemtheorie u. Semantik, 1978; → Sein.

ontologischer Beweis → Gottesbeweise.

Operationalismus, Auffassung der modernen Wissenschaftslogik, wonach als Grundlagen der naturwissenschaftlichen Forschung nicht die Tatsachen der Erfahrung, sondern die des menschlichen Handelns anzusehen sind, da Beobachtungsvorrichtungen und insbesondere die Herstellung von Meßinstrumenten und -vorschriften für den Aufbau der einzelnen Forschungsbereiche maßgebend bestimmend sind. Als Schöpfer des O. als einer methodologischen Theorie gilt Percy W. Bridgman (*The Logic of Modern Physics*, 1927). Für H. → Dingler ist die Prinzipienlehre der physikalischen Forschung so ausschließlich von den Operationen mit den euklidisch-geometrisch geformten Meßinstrumenten abhängig, daß er jede „Erfahrung" und Verifizierung nichteuklidischer Raumeigenschaften der Welt (→ Nicht-Euklidische Geometrie), die von der Relativitätstheorie behauptet werden, ablehnt.

H. Dingler, Die Methode der Physik, 1928; H. Dingler, Über die Gesch. u. das Wesen des Experimentes, 1952; A. Rapoport, Operational Philosophy, Integrating Knowledge, and Action, San Francisco 1953; C. Bergmann, Sinn und Unsinn des O., in: E. Topitsch (Hg.), Logik der Sozialwiss., 1965.

Opportunismus (vom lat. *opportunus*, „günstig, bequem"), Grundsatzlosigkeit: Bereitschaft, jeder Situation sich so anzupassen, daß ihren Erfordernissen mit dem geringsten Energieaufwand entsprochen werden kann; der Opportunist stellt sich ohne Bedenken auf den Boden der jeweils gegeb. Tatsachen, ist deshalb unfähig, nach eigenen festen Grundsätzen zu handeln.

Optimismus (vom lat. *optimum*, „das Beste"), im Gegensatz zum → Pessimismus diejenige Lebensanschauung oder Gemütsstimmung, welche die Dinge und Geschehnisse von der besten Seite auffaßt, in allem einen guten Ausgang erhofft u. an einen immerwährenden → Fortschritt glaubt; im religiösmetaphysischen Sinne die Überzeugung, daß diese Welt, so wie sie ist, die beste aller (unter den vorliegenden Umständen) möglichen sei, daß das Wirkliche vernünftig, von einer Vernunft geordnet sei: so Platon, die Stoiker, der Rationalismus mit seinem Vertrauen auf die unbegrenzten Kräfte des Verstandes u. der Erkenntnis, die Philosophie der Aufklärung, Leibniz (in seiner „Theodizee" 1710), Hegel (mit seinem Panlogismus) u. a.; → Perfektionismus. Für den Pessimisten Schopenhauer ist der O. eine „ruchlose" Denkungsart; etwas gemäßigter denkt der Pessimist E. v. Hartmann: der O. der Untätigen führt zum Quietismus, der der Tätigen zum Aktivismus. Nietzsche fordert eine diesseits von O. und Pessimismus bleibende Bejahung des Lebens und Seins trotz seiner Tragik; auch → Theodizee.

R. Müller-Freienfels, Persönlichkeit und Weltanschauung, 1919; J. Cazeneuve, De l'optimisme, Paris 1987.

Optimum (lat. „das Beste"), Bestmaß, maximal, günstigstes Verhältnis, günstigste Lage. Davon: optimal, günstigst.

Opus (lat.), Werk; Mehrzahl: *Opera*; O. *posthumum*, nachgelassenes Werk; *Opusculum*, kleines Werk.

Ordnung, die klare und übersichtliche Einrichtung irgendeines Wirklichen, bei der menschlichen Existenz insbes. auch deren sittlich positive Beschaffenheit. Mathematisch die Gruppierung von Größenmannigfaltigkeiten gemäß mathematischen Gesetzlichkeiten. Politisch die Einrichtung der Lebensverhältnisse gemäß dem Charakter eines Volkes auf rechtlichen Grundlagen. Die O. als metaphysisches Prinzip tritt schon in den ältesten Kosmogonien auf (Kosmos griech. für O.). Das überzeugendste Beispiel für O. ist die natürliche O., wie sie im Organismus (als zweckvolle Einheit einer Mannigfaltigkeit) verwirklicht ist, deren Funktionseinheit von ihrer → Struktur abhängt. Die Seinskategorien, die Seinsschichten (→ Schichtenlehre) und die Naturgesetze sind als O.sprinzipien (in den → Konstanten bes. eindringlich zu Tage tretend) aufzufassen. Die O. in der wissenschaftl. Begriffsbildung führt zur → Systematik; → Rangordnung. Im Bereich des Psychischen sind das Prägnanzprinzip (→ Begriff) und das Gesetz der → Gestalt Zeichen einer ursprünglichen Geordnetheit.

K. Muhs, Die Prinzipien der Freiheit und das System der natürl. O., 1950; H. Barth, Die Idee der O., 1958; H.-E. Hengstenberg, Freiheit u. Seins-O., 1961; H. Kuhn (Hg.), Das Problem der O., 1962; W. Strombach, Natur u. O., 1968; W. Dahlberg, O., Sein u. Bewußtsein, 1984; B. Waldenfels, O. im Zwielicht, 1987.

Ordnungslehre bzw. **Ordnungswissenschaft,** von Wilh. Ostwald, H. Driesch und dem amerikanischen Philosophen Royce eingeführte Bez. für Logik (im weitesten Sinne allgemeinster Gegenstandslehre) bzw. Wissenschaftstheorie.

H. Driesch, O., 1912; W. Ostwald, Moderne Naturphilosophie: 1. Ordnungswissenschaften, 1914; F. Schmidt, O., 1956.

Ordo amoris (lat. „Ordnung der Liebe"), Ausdruck von Max Scheler, → Liebe.

Ordre du coeur (franz. „Ordnung des Herzens"), Ausdruck von Pascal für die „Logik des Herzens", die der Logik des Verstandes vorausgeht; → Liebe. – Bei Scheler und Nic. Hartmann ist o. d. c. der Sinn für die Höhe eines ethischen Wertes (Werthöhensinn) innerhalb seiner Rangordnung; → Ethik.

Oresme, N. v., → Nikolaus von Oresme.

Organ (griech.), Werkzeug; Teil eines Lebewesens (Organismus), der innerhalb des Ganzen, von diesem bestimmt und es mitbestimmend, eine besondere Aufgabe erfüllt; als O. des Denkens bei Aristoteles → Organon.

Organisation, die Verbindung von Einzelwesen zur Zusammenarbeit in einem einheitlichen Ganzen, so, daß jene zu wechselseitig verbundenen arbeitsteiligen „Werkzeugen" (Organen) des Ganzen, jedoch unter Wahrung ihrer Persönlichkeit, werden. O. steht somit als Sacheinsatz von Menschen zwischen Sachtechnik und echter Menschenführung, zu deren wichtigsten Hilfsmitteln sie gehört. Der zweckmäßige Aufbau von Organisationen ist heute Gegenstand wissenschaftlicher Forschungen in der O.s-Soziologie.

R. Mayntz, Soziologie der O., 1963; N. Luhmann, Funktionen u. Folgen formaler O., 1964; M. Irle, Macht u. Entscheidung in O.en, 1971; M. Irle, O. und Entscheidung, 1978; R. Prätorius, Soziologie der polit. O.en, 1984; W. R. Scott, Organizations, Englewood Cliffs 1986.

organisch, belebt, einen Organismus bildend oder betreffend, zu einem Organismus gehörig; die o.e Natur ist die Welt der Lebewesen oder Organismen. Wenn in deren Gesetzlichkeit zugleich die der gesamten Welt erblickt wird, spricht man von o.er Weltanschauung.

Driesch, Philosophie des O.en, 1928.

Organismus, Lebewesen; weitgehend selbständige stoffliche, zunächst nach physikalisch-chemischen Gesetzen in ihrem Bestande geregelte Einheit, die jedoch überdies eine Gestalt des Lebens darstellt, so daß der O. als das einheitliche Ganze aus einer Mannigfaltigkeit von Organen besteht. Im Zusammenhang mit der belebten Welt steht der O. durch Erzeugtsein von der Vergangenheit her, durch Erzeugen nach der Zukunft hin, in Verbindung m. d. unbelebten Welt durch Stoffwechsel. Da der O. das eindringlichste Beispiel einer dynamisch geordneten (→ Ordnung) Ganzheit ist, werden oft auch seelische, geistige, geschichtliche, politische, metaphysische Gebilde im übertragenen Sinne als O. aufgefaßt, d. h. der O.begriff findet sich angewandt auf Völker und Kulturen, auf Lebensordnungen (Staat, Recht, Wirtschaft, Gesellschaft), auf die Sprache, Kunst, Philosophie und auf die gesamte (nicht bloß stofflich-räumliche) Wirklichkeit selber. Überall, wo man auf Ganzheiten und letzte unauflösbare Einheiten stößt, erweist sich sehr oft die O.-analogie als fruchtbar. In seiner „Allgemeinen Systemtheorie" versucht → Bertalanffy den O.-Begriff als eine übergreifende Kategorie auszuweisen, die auch in Soziologie und Anthropologie ihre Gültigkeit hat.

H. Driesch, Philos. des Organischen, 1909; M. Hartmann, Allg. Biologie, 1925; L. v. Bertalanffy, Das biolog. Weltbild, 1949; T. Ballauff, Die Wiss. vom Leben, I, 1954; H. Jonas, O. u. Freiheit, 1973; F. Burwick (Hg.), Approaches to Organic Form, Dordrecht 1987; M. Ewers, Elemente organism. Naturphilos., 1988.

Organon (griech. „Werkzeug") nannten byzantin. Gelehrte die logischen Schriften des Aristoteles, weil sie als „Werkzeug" zur Erkenntnis der Wahrheit betrachtet wurden. Ein → „Novum O." verfaßte Francis Bacon (1620).

Origenes, griech. Kirchenvater u. Philosoph, * 185 Alexandria, † 254 Tyrus, zuerst Lehrer an der ältesten christl. Theologenbildungsanstalt zu Alexandria (203–231; → alexandrinische Philosophie), dann Vorsteher der von ihm 232 gegründeten Anstalt in Caesarea (Palästina); von den Orthodoxen als Ketzer angegriffen. Er vollendete die früheste christliche systematische, vergleichende und verteidigende (apologetische) Theologie in Form einer Streitschrift gegen Celsus, durch Bibelforschung und indem er die Gnosis und den Neuplatonismus, bes. seine Lehre vom Logos, zur Deutung der religiösen Urkunden benutzte. Gott ist wirkende Vorsehung. Christus nicht Erlöser, sondern Vorbild, der heilige Geist der eigentliche Mittler zwischen Christus und Welt bzw. Menschheit, der deren Rückführung zu Gott bewirkt. Werke in Auswahl, hrsg. v. de la Rue (4 Bde., 1733–59) und Lommatzsch (25 Bände, 1831–48); ferner eine von Koetschau übers. Ausw. in Bibliothek d. Kirchenväter, Bd. 48, 52 u. 53 (1926–28); Vier Bücher von den Prinzipien, hrsg. v. Görgemanns u. Karpp, 1976.

A. Miura-Stange, Celsus u. O., 1926; W. Völker, Das Vollkommenheitsideal des O., 1931; A. Lieske, Die Theologie der Logosmystik bei O., 1938; F. H. Kettler, Der ursprüngl. Sinn der Dogmatik des O., 1966; M. Eichinger, Die Verklärung Christi bei O., 1969; M. Schär, Das Nachleben des O. im Zeitalter d. Humanismus, 1979; K. Pichler, Streit um das Christentum: Der Angriff des Kelsos u. die Antwort des O., 1980; U. Berner, O., 1981; H. Crouzel, Origène, Paris 1985.

Original (vom lat. *origo*, „Ursprung"), Urbild; ursprünglich; schöpferisch. Originalität, Ursprünglichkeit, die schöpferische Fähigkeit, Neues hervorzubringen; originell, eigenartig, einmalig.

Ortega y Gasset, José, span. Philosoph, * 9. 5. 1883 Madrid, das. Prof. 1911–54, † 18. 10. 1955, von Dilthey u. Nietzsche beeinflußt, hält es für die Aufgabe der Gegenwart, die Vernunft auf die Biologie auszurichten und zugleich dem konkreten Leben zu unterstellen. Wie das Auge eine Auswahl unter den Ätherschwingungen trifft, so die Seele jedes Einzelnen unter den Wahrheiten, und ebenso die Seele jedes Volkes und jeder Zeit. Alle Völker u. Epochen haben gerade darin ihren vollen Anteil an der Wahrheit. Falsch ist diejenige Perspektive, die sich für die einzig mögliche hält (→ Perspektivismus). Auch die großen Systeme der Philosophie sind nicht allgemein gültige Weltbilder, sondern bezeichnen den individuellen Horizont ihrer Schöpfer. Nur wenn man diese Einzelperspektiven gleichzeitig auffassen könnte, würde man die absolute Wahrheit in ihrer unendlichen Vielfalt besitzen wie Gott. O. vertritt mit Leidenschaft die Idee eines neuen Europa. – Hauptw.: *El tema de nuestro tiempo*, 1923, [2]1930; *La rebelión de las masas*, 1929, dt. („Der Aufstand der Massen") 1931, [4]1951; Über die Liebe, 1933, [7]1959; Buch des Betrachters, 1934, [5]1958; Stern und Unstern, 1937; Gesch. als System, 1943; Das Wesen geschichtl. Krisen, 1943, [2]1951; Betrachtungen über die Technik, 1948; Europäische Kultur u. europ. Völker, 1954; Vergangenheit u. Zukunft im heutigen Menschen, 1955; Gesammelte Werke, dt. in 4 Bdn., 1955/56; Eine Interpretation der Weltgeschichte – rund um Toynbee, 1964; Der Prinzipienbegriff bei Leibniz und die Entwicklung der Deduktionstheorie, 1966; *Obras completas,* 11 Bde., 1953–58, [2]1978.

J. Marias, J. O. y G. u. die Idee der lebendigen Vernunft, eine Einf. in seine Philos., 1952; J. L. Abellan, O. y G. en la Filosofia Espanola, Madrid 1966; R. Mattei, Ethical Self-determination in Don J. O. y G., New York 1987.

Orthodoxie (griech.), Rechtgläubigkeit, Übereinstimmung mit der in der Kirche geltenden Lehre; orthodox nennt sich im besonderen die morgenländische (griechisch-o.) Kirche. Gegensatz: Heterodoxie (Andersgläubigkeit) und Häresie (Ketzerei).

orthos logos (gr.) richtige (rechte) Vernunft nannten die Stoiker das höchste allgemeingültige Gesetz, das den Göttern und den Menschen innewohnt und im Einzelnen aus seiner Natur wirkt.

Ostwald, Wilhelm, Naturwissenschaftler u. Kulturphilosoph, * 2. 9. 1853 Riga, † 4. 4. 1932 Großbothen b. Leipzig, 1887–1909 Prof. der Chemie in Leipzig, lehrte: alles ist Energie, auch die Materie, irgendwie auch „der Geist". Die Gesetze der Energie in der anorganischen und die der veredelten Energieentfaltung, d. h. der Entwicklung in der organischen Welt, helfen, das Gegenwärtige zu erkennen, das Zukünftige vorausschauend zu planen. Kulturelle Vervollkommnung beruht nach O. darauf, daß die in der Natur vorhandene freie Energie mit immer geringerem Verlust in die Energieformen des Lebens und der Kultur transformiert wird; → Energetik. – Hauptw.: Vorlesungen üb. Naturphilosophie, 1901, [5]1914; Grundriß der Naturphilosophie, 1908, [2]1913; Energet. Grundlagen der Kulturwissenschaft, 1908; Große Männer. Studien zur Biologie des Genies, 1909; Monistische Sonntagspredigten, 5 Bände, 1911–1916; Die Philosophie der Werte, 1913; Schriften zur Farbenlehre, hrsg. v. W.-O.-Archiv, 1936; Wissenschaft contra Gottesglauben, 1960.

W. Burkamp, Die Entwicklung des Substanzbegriffs bei O., 1913; P. Günther, W. O., 1932; A. Mittasch, W. O.s Auslösungslehre, 1951; J.-P. Domschke/P. Lewandrowski, W. O., 1982.

Otloh von St. Emmeram, dt. Frühscholastiker, * um 1010, † 1070 als Mönch und Lehrer im Kloster St. Emmeram (Regensburg), hinterließ mit seinen pessimistischen Selbstbekenntnissen (*Liber de tentationibus suis et scriptis*, eine der ersten Selbstbiographien des MA., abgedruckt in: Migne, *Patrologiae Latinae*, Bd. 146) das erste intime Bild religiöser Innerlichkeit des MA.; aus der Rätselhaftigkeit des Daseins heraus wurde ihm alles, selbst Bibel und Wesen, Dasein, Allmacht Gottes zweifelhaft; daraufhin entsagte er später aller weltlichen Wissenschaft, betonte das Dienstverhältnis der Philosophie gegenüber der Theologie und unterwarf sich rel. Übungen, um zur Glaubenssicherheit zurückzugelangen.

H. Schauwecker, O. v. St. E., 1964; H. Rökkelein, O., Gottschalk, Thydal, 1987.

Otto, Rudolf, Theologe und Religionsphilosoph, * 25. 9. 1869 Peine, † 6. 3. 1937 Marburg als Prof. (seit 1917), kommt religionsphilos. von Kant und Fries her. In seinem Hauptw. „Das Heilige" (1917, [35]1963) unterscheidet er an diesem das „Numinose" (d. h. die Heiligkeit ohne allen sittlichen und erkenntnishaften Einschlag), das „Tremendum" (d. h. was frommes Schaudern erweckt), das „Mysteriöse", das „*Fascinosum*" (d. h. das Faszinierende, das Hinreißende). In „West-Östl. Mystik" (1926) vergleicht O. bes. Meister Eckhart und Schankara. – Weitere Schriften u. a.: Kantisch-Fries'sche Religionsphilosophie, 1909, [2]1921; Sünde u. Urschuld, 1932; Die Urgestalt der Bhagavad-Gītā, 1934; Freiheit u. Notwendigkeit, 1940.

T. Siegfried, Grundfragen der Theologie bei R. O., 1931; H.-W. Schütte, Religion u. Christentum in der Theologie R. O.s, 1969; P. C. Almond, R. O. – An Introduction to his Philosophical Theology, Chapel Hill 1984.

Otto von Freising, * um 1114 aus fürstl. Geschlecht, † 22. 9. 1158 Kloster Morimund (Frankreich), dt. Geschichtsschreiber (bes. Barbarossas, der sein Neffe war), Theologe und Philosoph am Ausgang der Frühscholastik, kam im Anschluß an Augustins Unterscheidung zw. Gottesstaat und Erdenstaat und unter dem Eindruck des unlösbaren Konflikts zw. Kaiser und Papst in seinem theologisch-philosophischen Hauptwerk (*Chronicon sive historia de duabus civitatibus*, hrsg. v. Wilmanns, 1912) zu einer pessimistischen, christ.-eschatologischen Geschichtsbetrachtung, die überall Elend, Vergänglichkeit, Sinnlosigkeit sieht.

J. Hashagen, O. v. F. als Geschichtsphilosoph u. Kirchenpolitiker, 1900; H. W. Goetz, Das Geschichtsbild O.s v. F., 1984.

Otto, Walter F., * 22. 6. 1874 in Hechingen/Württ., Prof. i. Wien, Basel, Frankfurt/M. und Tübingen, † 1958 das., klassischer Philologe und Philosoph. – Hauptw.: Die Götter Griechenlands, 1929, [4]1958; Dionysos, Mythos und Kultus, 1933; Der junge Nietzsche, 1936; Der Dichter und die alten Götter, 1942; Gesetz, Urbild und Mythos, 1951; Die Musen und der göttliche Ursprung des Singens und Sagens, 1955; Theophania, Der Geist der griech. Religion, [2]1975; Das Wort der Antike; Mythos u. Welt (ges. Aufsätze Bd. I u. II), 1962; Die Wirklichkeit der Götter, 1966.

Pädagogik (aus griech. *pais*, „Knabe“ u. *agogos*, „Führer“), Erziehungslehre, Erziehungskunst, Erziehungswissenschaft; P. im weitesten Sinne ist die Gesamtheit des Erziehungs- und Bildungsgeschehens; → Bildung, → Erziehung. Um die wissenschaftl. P. der Neuzeit haben sich besonders verdient gemacht: → Pestalozzi, → Herbart, Fröbel, Diesterweg, → Kerschensteiner, → Litt, → Nohl, → Spranger. Die P. steht heute vor einer neuen, fragwürdigen Entwicklung, sofern sachfremde Einflüsse deren didaktische Aufgaben nicht mehr primär dem geistvoll wirkenden, lebendigen Lehrer, sondern den sogenannten „Lehrmaschinen“ zuführen wollen. Außerdem werden Erziehungsmodelle heute von Theoretikern des Faches, die auf die Erfahrungen praktischer Pädagogen wenig Rücksicht nehmen, vorgelegt, denen oft ideologische Vorstellungen zugrundeliegen, was insbesondere für die sog. antiautoritäre Erziehung gilt.

W. Böhm (Hg.), Wörterbuch der P., [13]1988 (KTA 94, begr. von W. Hehlmann, 1931); W. Flitner, Allg. P., 1950; F. Blättner, Gesch. d. P., 1951; O. F. Bollnow, Gesch. d. P., 1952; O. F. Bollnow, Existenzphilosophie und P., 1959; T. Wilhelm, P. der Gegenwart, 1959 (KTA 248); T. Wilhelm, Systematische P., 1962; F. Nicolin, P. als Wissen, 1969; H. Kanz, Einf. in die pädagog. Philos., 1971; T. Ballauff, P. Eine Gesch. der Bildung und Erziehung, I–III, 1969–73; W. Fischer, Schule und Kritische P., 1972; R. Schweyen, G. Veronese. Philosophie und humanist. P., 1973; L. Rössner, Erziehungswiss. und Kritische P., 1974; J. Derbolav, P. und Politik, 1975; J. Derbolav (Hg.), Grundlagen und Probleme der Bildungspolitik, 1977; H. Rombach (Hg.), Wörterbuch der P., I–III, 1977; H. H. Groothoff, P., 1980; J. Oelckers (Hg.), P., Bildung und Wissenschaft, 1982; D. Brenner, Allg. P., 1987; H. Kanz, Einf. in die Erziehungsphilosophie, 1987.

Paideia (griech. „Erziehung“), neuhumanistische Bezeichnung für die durch die Tatsache der Polis gegebenen lebendigen Bildungs- und Erziehungselemente der alten Griechen.

W. Jaeger, P., die Formung des griech. Menschen, 1934; T. Ballauff, Die Idee der P., 1952.

Paideuma (griech. „das durch Erziehung Gewonnene“), Kulturseele, nach Leo → Frobenius Bez. für das „Seelenhafte, das Wesen der Kultur“ eines geographischen Raumes, die „Raumseele“.

Palágyi, Melchior, ungar., auch in Dtld. wirkender Philosoph, *26. 12. 1859 Paks (Ungarn), † 13. 7. 1924 Darmstadt, Vitalist, lehrte in seiner Schrift „Neue Theorie des Raumes und der Zeit. Entwurf einer Metageometrie“ (1901), daß das dreiachsige Koordinatensystem des Raums sich auf einer vierten Achse, der Zeit, bewege (→ auch Kontinuum), daß der Raum kein starres Seinssystem ist, sondern von der Zeit von Moment zu Moment hervorgebracht wird. Der Raum „fließt“. Alle Bewegungen stammen vom „Äther“, dem ruhenden Träger von Spannungen u. Spannungsübertragungen. Psychologisch bzw. erkenntnistheoretisch unterschied P. streng zwischen Leben und Geist. Die vom vitalen Leben getragenen Erlebnisse sind P. ein fließender, kontinuierlicher Prozeß. Das Geistige im Menschen dagegen (wozu P. neben Bewußtsein und Denken bes. auch den Willen rechnet) macht sich nur in diskontinuierlichen, zeitenthobenen, unanschaulichen Akten in den Null- u. Jetztpunkten bemerkbar und kann das kontinuierliche Geschehen in Welt und Leben nicht adäquat erfassen. P. stellt sein „biozentrisches“, von Heraklit ausgehendes, durch Goethe, Carus, Nietzsche bestimmtes Denken dem durch Platon verschuldeten „logozentrischen Fehlansatz“

gegenüber, dem sich Descartes, Newton, Kant usw. anschlossen. P. wirkte u. a. auf Scheler, Th. Lessing und Klages. – Weitere Hauptw.: Der Streit der Psychologisten u. Formalisten in der modernen Logik, 1902; Naturphilosophische Vorlesungen über die Grundprobleme des Lebens und des Bewußtseins, 1908, [2]1924; Zur Weltmechanik, 1925; Ausgewählte Werke, dt., mit Einf. in P.s Philos. von L. Klages, 3 Bde., 1924–25.

Deubel, Die Philos. u. Weltmechanik von M. P. (Preuß. Jahrb., Bd. 203, 1926); ders., M. P. zum Gedächtnis, in ZphF, Bd. IV, 1950; B. Wurm, Darstellung u. Kritik der log. Grundbegriffe der Naturphilos. M. P.s, 1931; E. v. Bracken, Die erste Periode im philos. Schaffen M. P.s, ZphF, XX, 1966; L. W. Schneider, Leben u. Werk M. P.s, [2]1977.

Palingenese (griech.), Wiederentstehung; bei Heraklit u. a. die ständige Erneuerung alles Seienden durch das Urfeuer, bei Platon u. a. die Erneuerung der menschl. Seele durch die Seelenwanderung, im Christentum die des inneren Menschen durch die Taufe; bei Darwin die Wiederholung älterer stammesgeschichtl. Zustände bei der Entwicklung des Keimes. Der polnische Philosoph Graf A. Cieskowski schrieb ein Werk über „Gott u. P.“, worin er die Auffassung von einer P. der europäischen Völker durch das Auftreten des Slawentums vertrat, wodurch die kulturell untergehenden westlichen Völker abgelöst würden.

Panaitios von Rhodos, griech. Philosoph, * um 180, † 110 v. Chr. Begründer der mittleren Stoa; verpflanzte griech. Kultur u. Bildung nach Rom, dadurch Begründer des römischen Stoizismus; entfernte aus der Stoa die orientalische Mystik und die asketische Härte der altstoischen Ethik. Schöpfer des Begriffs „Humanität“. P. et Hecatonis librorum fragmentum, hrsg. v. Fowler, 1885.

L. Labowsky, Die Ethik des P., 1934; K. Schindler, Die stoische Lehre von den Seelenteilen und Seelenvermögen insbes. bei P. und Poseidonius und ihre Verwendung bei Cicero, 1934; A. Puhle, Persona: zur Ethik des P., 1987.

Panentheïsmus (griech. „All-in-Gott-Lehre“), von K. C. F. → Krause geprägter Ausdruck für eine Auffassung von Gott, die Theïsmus und Pantheïsmus in sich vereinen soll: das Weltall ruht in Gott, die Welt ist eine Erscheinungsweise Gottes. Es ist keine All-Gott-Lehre, behauptet wird nur das Enthaltensein des Weltganzen in Gott. Von Plotin bis Schleiermacher und Krause oft vertreten, auch durch Augustinus und Johannes Eriugena; liegt aller christl. Mystik nahe.

Panlogismus (griech.), All-Vernunft-Lehre, nach welcher der Logos, die Vernunft, als das absolut Wirkliche, die Welt als Verwirklichung (Objektwerdung) der Vernunft aufzufassen ist; auch die Lehre von der logischen Natur des Weltalls. – Die Philosophie Hegels wird bisweilen P. genannt.

A. Gurwitsch, Leibniz. Philos. d. P., 1977.

Pannwitz, Rudolf, Dichter und Philosoph, * 27. 5. 1881 Crossen (Oder), † 1969, Tessin, fordert für den Menschen d. Zukunft einen Perspektivismus (anstatt Absolutismus und Relativismus); der Mensch ist Vollender des Kosmos (Europa-Idee seit 1914). „Wir haben uns selbst überholt und noch nicht wieder einholen können“ und müssen deshalb versuchen, aus menschl. Geist und menschl. Natur eine neue Einheit zu bilden. – Hptw.: Die Krisis der europ. Kultur, 1917, Neuausg. 1947; *Kosmos atheos*, 1926; Lehre von den Mächten, 1926; Trilogie des Lebens, 1929; Logos, Eidos, Bios, 1930; Der Ursprung und das Wesen der Geschlechter, 1936; Lebenshilfe, 1938; Der Nihilismus u. d. werdende Welt, 1951; Beiträge zu einer europ. Kultur, 1954; Der Aufbau der Natur, 1961; Gilgamesch – Sokrates, 1966; Das Werk des Menschen, 1968.

B. Geyer, Fr. Paulsen und P., Diss., 1973; U. Rukser, Über den Denker R. P., 1970 (mit Biogr. u. Bibliogr.); A. Guth, R. P., 1973; E. Jaeckle, R. P. u. A. Verwey im Briefwechsel, 1976.

Panpsychismus (griech.), Allbeseeltheitslehre, nach welcher alle Dinge beseelt sind, Leben u. Bewußtsein haben, und ebenso die Welt als Ganzes, daß also nichts wirklich Totes, ohne Leben und Bewußtsein existiert; → Hylozoismus, Weltseele. Der P. war im frühgriech. Denken meist unreflektiert enthalten.

A. Rau, Der moderne P., 1904; B. Rensch, Panpsychist. Identismus, 1968.

panta rhei (griech. → „alles fließt").

Pantheïsmus (griech. „All-Gott-Lehre"), macht das All, die Natur, zu Gott (P. als religiöser Naturalismus). „P. ist die heimliche Religion der Deutschen" (Schleiermacher). Das Wort stammt von J. Toland, der 1720 ein Werk u. d. T. „Panteisticon" veröffentlichte. „P. ist die vornehme Form des Atheismus" (Schopenhauer). – Der P. tritt in vier Hauptprägungen auf: 1. der theomonistische P. behauptet, daß allein Gott besteht, und hebt die Eigen-Existenz der Welt auf (→ Akosmismus), 2. der physiomonistische P. behauptet, daß allein die Welt, die Natur besteht, die er nur Gott n e n n t, und hebt damit die Eigenexistenz Gottes auf (Ostwald, Haeckel, Taine), 3. der transzendente (mystische) P., den man als → Panentheismus zu bezeichnen pflegt, 4. der immanent-transzendente P., nach dem sich Gott in den Dingen verwirklicht (Spinoza, dt. Idealismus, Goethe, Schleiermacher, Eucken).

G. B. Jäsche, Der P. nach seinen verschiedenen Hauptformen, 1826–32; W. Dilthey, Der entwicklungsgesch. P., in: Ges. Schriften, II, 1914; W. Hellpach, Te Deum. Laienbrevier einer Pantheologie, 1947; C. Kronabel, Die Aufhebung der Begriffsphilos. – Anton Günther und der P., 1989.

Panvitalismus (aus griech. *pan*, „all" u. lat. *vita*, „Leben"), die naturphilos. Lehre, daß überall in der Natur Leben herrscht, womit jedoch nicht streng die besondere Auffassung von Vitalismus oder Neuvitalismus gemeint ist

Paracelsus, Aureolus Theophrastus, eigentlich Bombast von Hohenheim (Familienname), Philippus Theophrastus, Arzt u. Philosoph. * 1493 Einsiedeln (Schweiz), † 24. 9. 1541 Salzburg, zu seinen Lebzeiten einerseits der „Luther der Medizin" genannt, andererseits heftig angefeindet und in den letzten 12 Jahren seines Lebens unstet umhergetrieben durch Süddtld., die Alpenländer und die Schweiz. Medizin ist für P. die allumfassende Gesamtwissenschaft, fußend auf Physik, Chemie, Physiologie, mündend in Philosophie und Theologie. P. schritt von der Galenischen 4-Säfte-Lehre zur dynamisch-funktionellen Auffassung der Lebensprozesse vorwärts. Er lehrte: All unser Wissen ist Selbstoffenbarung, all unser Können ist Mitwirkung mit der aus Gott stammenden Natur. Alle Wesen bestehen aus einem elementarischen, irdischen, sichtbaren Leib und einem himmlischen, astralen, unsichtbaren Lebensgeist (von P. → Archeus genannt). Beim Menschen, dem → „Mikrokosmos", kommt dazu noch die *„dealische“* (göttliche) Seele, die Quelle des Erkennens, der Sittlichkeit, der Seligkeit. Demgemäß ist ein kranker Mensch stets dreifach: leiblich, seelisch, geistig erkrankt und muß dreifach kuriert werden. Die P.-Tradition wurde bes. durch van → Helmont weitergeführt. – Hauptwerke: Die Geheimnisse, hg. 1941; Theolog. und Religionsphilos. Schriften, hg. 1955–73; Werke, I–XI, 1589–91 (Repr. 1975–77); Werke, I–XIV, 1922–33; Werke, I–V, 1965–68. – K. Sudhoff (Hg.), Bibliographia Paracelsica, 1922–33 (Repr. 1958).

F. Gundolf, P., 1927; K. Sudhoff, P., 1936; W.-E. Peuckert, T. P., 1941 (Repr. 1976); F. Spunda, Das Weltbild des P., 1941; L. Englert, P. Mensch und Arzt, 1941; H. Kern, Von P. bis Klages, 1942; A. Vogt, P. als Arzt und Philosoph, 1956; S. Domandl, Erziehung u. Menschenbild bei P., 1970; F. Weinhandl, P.-Studien, 1970; H. Schipperges, P. Der Mensch im Licht der Natur, 1975; S. Domandl (Hg.), P. Werk u. Wirkung, 1975; H. Schipperges, Die Entienlehre des P. – Aufbau und Umriß seiner theoret. Pathologie, 1988.

paradox (aus griech. *pará*, „gegen“, u. *dóxa*, „Meinung“), dem allgemein Geglaubten, Angenommenen, Erwarteten zuwiderlaufend. Paradoxon, ein paradoxer Satz (Mehrzahl: *Paradoxa*). Der Begriff des P.en ist von Bedeutung bei Kierkegaard, insofern das Wesen des religiösen Verhältnisses von ihm in der Paradoxie gesehen wird, daß sich Gott in begrenzten menschl. Erscheinungen offenbaren muß, die seiner Wirklichkeit nie entsprechen können, oder daß Gott, der „Unmittelbare“, sich in „vermittelten“ Existenzen offenbaren müsse. – Seb. Franck schrieb: „280 Paradoxa aus der Hl. Schrift“ (1534).

R. Heiss, Logik des Widerspruchs, 1932; K. Schilder, Zur Begriffsgesch. des ‚Paradoxon‘, 1933; H. Schroer, Die Denkform der P.alität als theologisches Problem, 1960; → Paradoxie.

Paradoxie heißt in der Logik ein zunächst nicht einleuchtender Satz, der doch eine Wahrheit, wider Erwarten, aussagt. In der antiken Logik ist P. eine, bes. hinsichtlich Richtigkeit oder Falschheit, vieldeutige Behauptung. Aus der eleatischen Schule stammen die bekannten P.n des → Zenon; → Achilleus. Die P.n der modernen Mathematik sind eigentlich mathematische Aporien.

Aristoteles, Sophistische Widerlegungen; B. Bolzano, P.n des Unendlichen, 1851 (Repr. 1964); H. Wessel (Hg.), Quantoren, Modalitäten, P.n, 1972; R. M. Smullyan, Buch ohne Titel: eine Sammlung von Paradoxa u. Lebensrätseln, 1983; T. S. Champlin, Reflexive Paradoxes, London/New York 1988.

Paralipomena (griech. „Ausgelassenes“), Beiseitegelassenes, Nachträge → *Parerga*.

Parallelismus, biogenetischer (vom griech. *parállelos*, „nebeneinander“), das Nebeneinanderherlaufen der individuellen und generellen, der Einzel- und Stammesentwicklung; → auch Biogenetisches Grundgesetz.

Parallelismus, psychophysischer, von manchen Philosophen (Spinoza, Leibniz, Schelling, Schopenhauer, Fechner) angenommenes Verhältnis zw. Denken und Sein, Psychischem u. Physischem, wonach die beiderseitigen Verläufe einander sachlich und zeitlich streng entsprechen, ohne im mindesten in Wechselwirkung zu stehen: „nebeneinander, nicht durcheinander sind die beiden Arten von Vorgängen“ (Paulsen). Wilh. Wundt sagt, „daß alle diejenigen Erfahrungsinhalte, die gleichzeitig der mittelbaren, naturwissenschaftlichen und der unmittelbaren, psychologischen Betrachtungsweise angehören, zueinander in Beziehung stehen, indem innerhalb jedes Gebiets jedem elementaren Vorgang auf psychischer Seite ein solcher auf physischer entspricht". In diesem Sinne, der nur feststellt, aber nicht erklären will, verstanden Riehl und die Vertreter der älteren Psychologie den p. P. „nur als methodische Regel, die uns anweist, die psychologische Analyse der Bewußtseins-Erscheinungen als solcher mit der physiologischen ihrer körperlichen Begleiterscheinungen zu verbinden und so zu einer beiderseitigen Betrachtung zu gelangen"; → Leib-Seele-Frage.

R. Reininger, Das psychophys. Problem, 1916; H. Driesch, Leib u. Seele, 1923; A. Wenzl, Das Leib-Seele-Problem, 1933; H. Conrad-Martius, Bios u. Psyche, 1949; O. Schulze-Wegener, Der Leib-Seele-Zusammenhang, 1967; G. Pohlenz, Das parallelist. Fehlverständnis des Physikers u. des Psychologen, 1977; M. Carrier/J. Mittelstraß, Geist, Gehirn, Verhalten, 1989.

Paralogismus (griech.), → Fehlschluß.

Paramnesie (griech.), Erinnerungsfälschung (franz. *fausse mémoire*), heißt eine Erinnerung, die sich nicht auf ein wirkliches Erlebnis gründet, sondern auf eine phantastische Erfindung, die als Erinnerung erlebt wird; vorwiegend bei verträumten Einzelgängern und Geisteskranken.

Parapsychologie (aus griech. *para*, „neben", „gegen" u. Psychologie), die Wissenschaft von denjenigen Äußerungen seelischer Kräfte, die ihrer Art nach naturwissenschaftlich erklärbar sein müßten, es aber nicht sind. In Anschluß an die Untersuchungen von J. B. Rhine spricht man von Psi-Phänomenen und unterscheidet hierbei Psi-Gamma-Phänomene (Wahrnehmungserscheinungen: Hellsehen, Präkognition [Vorwegnahme zukünftiger Ereignisse]) von Psi-Kappa-Phänomenen (Bewegungserscheinungen; Psychokinese [seelische Fernbeeinflussung eines Objekts]). Eine „Gesellschaft für P. und Grenzgebiete der Psychologie" mit dem Sitz in Freiburg i. Br. wurde 1950 gegründet. Die P. wurde inzwischen in der UdSSR zu einem wissenschaftlichen Fach erhoben, in dem den p.schen Erscheinungen sogenannter wellenphysikalischer Ausstrahlungen vom menschlichen Denken experimentell nachgegangen wird.

H. Driesch, P., ²1943; ders., Alltagsrätsel des Seelenlebens, 1939; J. B. Rhine, Neuland der Seele, dt. 1938; ders., Die Reichweite des menschl. Geistes, dt. 1950; H. Bender, Psychische Automatismen, ³1965; ders., P.sche Phänomene als wissenschaftl. Grenzfrage, 1957/58; A. Neuhäusler, Telepathie, Hellsehen, Praekognition, 1957; R. Tischner, Geschichte der P., 1960; H. Bender, Verborgene Wirklichkeit, 1973; G. Adler, P. u. Religion, 1974; D. Scott Rogo, P., Hundert Jahre Forschung, 1975.

Parerga (griech. „Nebenwerke, Beiwerke"), kleine Schriften. Schopenhauer gab seiner Ergänzungsschrift zu seinem Hauptwerk „Die Welt als Wille und Vorstellung" den Titel „P. und Paralipomena", Zutaten und Ergänzungen (Bde. 5 u. 6 der letzten Gesamtausg., hrsg. von A. Hübscher, 1947).

Pareto, Vilfredo, schweizer. Nationalökonom, * 15. 7. 1848 Paris, † 20. 8. 1923 Coligny, seit 1894 Prof. in Lausanne, suchte eine aus der Mathematik bzw. Physik gewonnene streng exakte Methode anzuwenden, um, unter Ablehnung des historischen Materialismus, die wirtschaftlichen und sozialen Kräfte und Gleichgewichtslagen zu erforschen. Das Denken der Menschen wird durch ihr Handeln bestimmt, die Struktur der Gesellschaft und des Handelns sind „Ableitungen" (ital. *derivazioni*), nämlich der jeweils beteiligten Instinkte. Gedankliche Systeme solcher „Ableitungen" sind „Verhüllungs-Ideologien". Die instinktstarken und ideologie-schaffenden bzw. -meisternden „Eliten" sind die eigentlichen dynamischen Faktoren im Sozialkörper. – Hauptw.: *Les systèmes socialistes*, 2 Bde., 1902; *L'économie et la sociologie*, 1907; *Manuel d'économie politique*, 1909; *Fatti e teorie*, 1920; *Trattato di sozilogia generale*, 3 Bde., [2]1923; *Transformazione della democrazia*, 1921.

G.-H. Bousquet, P., le savant et l'homme, Lausanne 1960; R. Hamann, P.s Elitentheorie und ihre Stellung in der neueren Soziologie, 1964; G. Eisermann, V. P. – Ein Klassiker der Soziologie, 1987.

Pareyson, Luigi, * 4. 2. 1918 Piasco/Cuneo, Prof. in Turin, behandelt Fragen der Existenzphilosophie, die er zu einem ontolog. Personalismus entwickelt, arbeitet an einer Theorie der Ästhetik, zugleich an einer Uminterpretation d. Dt. Idealismus. Hat die Hermeneutik in Italien rezipiert. Hrsg. der „Rivista di estetica". – Schr. u. a.: *La filosofia dell'esistenza e C. Jaspers*, 1940; *Studi sull'esistenzialismo*, 1943; *Esistenza e persona*, 1950; *Fichte*, 1950, 1976; *L'estetica dell'idealismo tedesco*, 1950; *Estetica*, 1954; *Teoria dell 'arte*, 1965; *I problemi dell'estetica*, 1966; *Conversazioni di estetica*, 1966; *L'estetica di Kant*, 1968; *Verità ed interpretazione*, 1971.

D. Formaggio, *I problemi dell'estetica in L. P.*, 1962; A. Negri, *L. P. esistenzialista ed ermeneuta*, 1976; S. Coppolino, *Estetica ed ermeneutica in L. P.*, 1976; Festschr., *Romantismo, esistenzialismo, ontologia della libertà*, 1979.

Parmenides, griech. Philosoph aus Elea in Unteritalien, * um 540 v. Chr., † nach 480, nach dem mehr dichterischen Xenophanes der erste begriffliche Philosoph unter den Eleaten. P. stellte in den Mittelpunkt seiner Philosophie den Begriff einer ungewordenen, unvergänglichen Substanz, des „Seienden". Alle Veränderung ist nur subjektiv. Schein u. Trug, durch die Sinneswahrnehmung hervorgerufen. Das Wahre, Seiende wird nur durch das Denken enthüllt, ja ist das Denken, wie dieses das Sein, während die Sinneswahrnehmung nur „Meinung" (Doxa) erzeugt. Nach P. zerfällt die Welt in zwei Urstoffe, aus deren Mischung sie entsteht: in das helle und tätige „Feuer" und in die dunkle und passive Masse. – Texte: H. Diels/W. Kranz, (Hgg.), Fragmente der Vorsokratiker, I, 1903, [17]1974; U. Hölscher (Hg.), Vom Wesen des Seienden. Die Fragmente, griech.-dt. 1969.

K. Reinhardt, P. und die Gesch. der griech. Philos., 1916, [4]1985; K. Bormann, P. – Unters. zu den Fragmenten, 1971; E. Heitsch, P. und die Anfänge der Erkenntniskritik, 1979; J. Schlüter, Heidegger und P., 1979; K. Deichgräber, Das Ganze Eine des P., 1982.

Parsismus, die Lehre des Zoroaster oder → Zarathustra, der die Parsen (Parsi), die Nachkommen der alten persischen Götter treu geblieben sind.

partikulär (aus lat. *particula*, „Teilchen"), teilweise; ein p. Urteil sagt aus: einige S sind (oder sind nicht) P.

Partizipation (lat.), Teilnahme; Teilhabe.

Parusie (griech.), Gegenwart; bei Platon die Gegenwart (Anwesenheit) der Ideen in den Dingen.

Pascal, Blaise, franz. Philosoph, Mystiker und Mathematiker, * 19. 6. 1623 Clermont, † 19. 8. 1662 Paris, einer der namhaften Vertreter des Geistes von → Port-Royal, Begründer der Wahrscheinlichkeitsrechnung; griff als Jansenist in seinen *„Lettres provinciales“* (1657) die Jesuiten wegen ihres → Probabilismus an. P. sah die Grenze der Mathematik, an deren Entwicklung er selbst hervorragend beteiligt war, und des Rationalismus überhaupt bes. darin, daß sie nicht zu antworten vermögen auf die Fragen: welches ist unsere Stellung in der Welt und welches der Weg zum Seelenfrieden. Deshalb kehren nach P. die großen Seelen, auch wenn sie alles nur irgend mögliche Wissen erworben haben, zur Unwissenheit zurück, zur Hingabe an die Offenbarung und die Gnade, die selbst ein Mysterium ist. Die Wahrheit gründet sich auf eine *„logique du coeur“* (Herzenslogik; → Liebe, → *Ordre du coeur*) und auf das subjektive Erlebnis mystischer Gottesbezeugung. So mündete P.s Denken, bes. klar erkennbar in den erst nach seinem Tode (1669) veröffentlichten *„Pensées sur la religion“* (mit den Anmerkungen Voltaires dt. hrsg. v. H. Hesse, 1929), in einer Mystik der Hingabe an Gott. – Œuvres complètes, I–XIV, Paris 1908–23; Schriften, I–IV, 1981. – A. Maire, Bibl. générale, I–V, Paris 1925–27.

K. Bornhausen, P., 1920; P.-L. Landsberg, P.s Berufung, 1929; R. Guardini, Christl. Bewußtsein. Versuche über P., 1935; E. Wasmuth, Die Philos. P.s, 1949; J. Russier, La foi selon P., I–II, Paris 1949; J. Mesnard, P., l'homme et l'œuvre, Paris 1951; A. Beguin, P. in Selbstzeugnissen und Bilddokumenten, 1959; E. Wasmuth, Der unbekannte P., 1962; J. R. Dionne, P. and Nietzsche, New York 1974; M. Heess, B. P. – Wiss. Denken und christl. Glaube, 1977; J. Kummer, B. P. – Das Heil im Widerspruch, 1978; H. Schmitz du Moulin, B. P. – Une biographie spirituelle, Assen 1982; H. M. Davidson, B. P., Boston 1983; H. Löffel, B. P., 1987.

Pasigraphie (griech.), Universalschrift; Begriffsschrift mit allgemein verständlichen Symbolen, wie sie Raimundus Lullus, Leibniz (→ *Characteristica universalis*) u. a. erstrebten, wird in der Logistik angewandt; auch – Schrift.

Haag, Die Loslösung des Denkens von der Sprache durch Begriffsschrift, 1930.

passiv (lat.), untätig, leidend; passive Resistenz: Widerstand durch Untätigkeit, Nichtbefolgung von Anordnungen; Gegensatz: aktiv.

Passivismus, eine Haltung, die das Eingreifen in menschl. Schicksale oder außenweltliche Geschehnisse vermeidet, weil die Folgen des Eingreifens nicht übersehen und daher nicht verantwortet werden können; in manchen Fällen dient P. zur Rechtfertigung der menschlichen Trägheit. „Der Weise wagt nicht zu handeln“ (*Dschuang Dsi*); vgl. → Sicheinsetzen.

Pathos (griech.), feierlich demonstriertes Leiden, leidenschaftliche Erregtheit, übermäßige Ergriffenheit, Leidenschaft; pathetisch: aufgeregt; hochtrabend.

Patristik (vom lat. *patres*, „Väter“), die Philosophie und Theologie der Kirchenväter, d. h. der geistig-religiösen Führer des Christentums bis ins 7. Jh. (vgl. → Kirchenlehrer). Man pflegt folgendermaßen zu gliedern: 1. Die Apostolischen Väter schließen unmittelbar an die Apostel und Paulus an. 2. Die Apologetischen Väter (verteidigenden Väter) des 2. Jh. suchen bes. die Vereinbarkeit der Lehre des Christentums mit der griech. Philosophie zu beweisen, wobei sie es mitunter als eine neue Philosophie einführten (so Justinus [100–167], ferner Athenagoras [2. Hälfte 2. Jh.]); dabei kam es im 2. Jh. zu Auseinandersetzungen mit der Gnosis, zu der Tatian (2. Hälfte d. 2. Jh.) übergeht (Hauptgegner der Gnosis: Irenäus). Der scharfsinnige

→ Tertullian († um 222) beschließt diesen Abschnitt der P. 3. Im 3. und beginnenden 4. Jh. stehen die ersten theologischen Systematisierungsversuche und die in den mannigfachsten Lösungsversuchen beantwortete Christusfrage im Vordergrund, deren Gegensätze die Göttlichkeitsthese des Athanasius (295–373) und die die Göttlichkeit leugnende These des Arius († 336) hinsichtlich Christus verkörpern. Nachdem → Clemens von Alexandria (150–215) noch unsystematisch philosophiert hatte, schuf → Origenes (185–254) unter Verwendung griech. Begriffe und starker Annäherung an neuplatonische Ideen ein theolog. System des Christentums (→ alexandrinische Philosophie), das später kirchlich verworfen wurde. 4. Im 4. und beginnenden 5. Jh. beginnt das Christentum sich erstmalig geschichtlich zu betrachten. Das Trinitätsdogma nähert sich seiner endgültigen Festlegung. Eusebius von Cäsarea (260–340), dem Arianismus zuneigend, verfaßt die erste Kirchen- u. Dogmengesch.; er lehrte Beeinflussung Platons, überhaupt der griech. Philosophie, durch das Alte Testament, bes. Moses. Von Platon u. Origenes beeinflußt wirken die drei großen → Kappadozier im Sinne einer Systematisierung der Theologie gegen den Arianismus. 5. Mit der weitgehenden Vollendung der Dogmenbildung und der Erstarkung der Kirche, bes. seit der staatlichen Anerkennung 323 durch Kaiser Konstantin d. Gr., tritt schon seit Ende des 4. Jh. der kirchenpolitische Charakter der P. auffällig hervor. Nach Hilarius von Poitiers (310–367), dem „Athanasius des Abendlandes", und dem unter Philons Einfluß stehenden → Ambrosius von Mailand (340–397, der „latein. Philon") stellt → Augustins (354–430) praktische Theologie die Kirche u. ihre Ansprüche auf Seelenlenkung und Heilsvermittlung in den Vordergrund, geschichts-metaphysisch unterbaut durch die von ihm vollendete Lehre vom Gottesstaat. Die Opposition dagegen durch Pelagius (→ Pelagianismus) unterlag. 6. Der → Scholastik gehören im Osten an: die nicht sehr christl., dem Neuplatonismus stark zuneigenden Synesios von Kyrene (370–450) und Nemesios von Emesa (1. Hälfte 5. Jh.). Bedeutsam im 5. und 6. Jh. die nun wirklich christliche Gelehrtenschule von Gaza. Leontios von Byzanz (485–543), der „erste Scholastiker", sowie Maximus Confessor (580–662) und → Johannes Damascenus (700–750) leiten endgültig über in die (byzantinische) Scholastik (→ byzantin. Philosophie). Im Westen tritt bei → Boëthius (480–524) und dem Historiker → Cassiodorus (490–583) das Christliche zurück; es tritt dagegen stark hervor, bes. auch kirchenpolitisch, bei Isidor von Sevilla (560–636). Martin von Bracara († 580) und → Beda Venerabilis (der „letzte Kirchenvater", 674–735) sind bereits ausgesprochene Vertreter der (abendländ.) Scholastik. – Aus der Druckerei von J. P. Migne, Paris, ging der „*Patrologiae cursus completus*" hervor: lat. Serie, 1844–55, 217 Bde., dazu 4 Bde. „*Indices*", 1862–64; griech. Serie, 1857–66, 166 Bde. – Texte in dt. Übertragung in der „Bibliothek der Kirchenväter", hrsg. v. Bardenhewer, 1911 ff. – O. Perler, Patrist. Philos., 1950; W. Schneemelcher, Bibliographia patristica, 1959.

A. v. Harnack, Gesch. der altchristl. Literatur, I–II, 1893–1904; O. Bardenhewer, Gesch. der altchristl. Literatur, I–V, 1913–32, [2]1962; H. Eibl, Augustin und die P., 1923; B. Altaner, Patrologie, 1938; K. Bihlmeyer/H. Tüchle, Kirchengesch., I–III, 1951–55; H. v. Campenhausen, Griech. Kirchenväter, 1955; H. v. Campenhausen, Lat. Kirchenväter, 1960; A. Warkotsch, Die antike Philos. im Urteil der Kirchenväter, 1973; E. Osborne, The Beginning of Christian Philosophy, Cambridge 1981; P. Gorday, Principles of Patristic Exegesis, New York 1983.

Patzig, Günther, Prof. in Göttingen, * 28. 9. 1926 Kiel, arbeitet auf den Gebieten der Logik, Sprachphilosophie u. Ethik, versucht die Instrumente der modernen formalen Logik für die Behandlung philosophischer Probleme und die Interpretation klassischer philosophischer Theorien fruchtbar zu machen. – Schrieb u. a.: Die aristotelische Syllogistik, [3]1969 (engl. u. rumän. Ausg. 1968, 1970); Sprache u. Logik, [2]1981 (ital. 1973); Ethik ohne Metaphysik, 1971 (span. 1976); Der Unterschied zw. subjekt. u. objekt. Interessen u. seine Bedeutung für die Ethik, 1978; Tatsachen, Normen, Sätze, 1980; Aristoteles „Metaphysik Z„, 1988 (zus. mit M. Frede).

Paulus, christl. Heidenapostel, * in Tarsos (Kilikien), † 29. 6. 66 oder 67 Rom (enthauptet), hat das Christentum durch Überwindung der nationalen und traditionellen Bedingtheiten seitens des Judenchristentums zur Weltreligion gemacht, indem er den übernationalen Charakter der durch den Glauben an Christus begründeten Heilsgemeinschaft betonte. Bei der spekulativen Durchdringung des Christentums verwendet er Elemente der stoischen und jüdisch-hellenistischen Philosophie. Auf P. gehen die in der christl. Philosophie enthaltenen und vom Luthertum verschärften Gegensatzpaare Fleisch u. Geist, Gesetz und Gnade, Gerechtigkeit aus Werken u. Gerechtigkeit aus Gnade, Leben und Tod usw. zurück.

H. Weinel, P. – Der Mensch und sein Werk, 1904; A. Schweitzer, Gesch. der paulin. Forschung, 1911; K. Barth, Der Römerbrief, 1919; H. Leisegang, Der Apostel P. als Denker, 1923; A. Nygren, Der Römerbrief, Stockholm 1944, dt. 1951; H. Daniel-Rops, Saint Paul – Conquérant du Christ, Paris 1952, dt. 1955; E. Lohmeyer, Probleme paulin. Theologie, 1954; B. Rigaux, Saint Paul et ses lettres, Paris 1962, dt. 1964; G. Bornkamm, P., 1969, [6]1987; C. Burchard, Der dreizehnte Zeuge, 1970; R. Jewett, A Chronology of P.s Life, Philadelphia 1979; H. Merklein, Studien zu Jesus und P., 1987.

Pawlow, Iwan Petrowitsch, russ. Physiologe, * 14. 9. 1849 Rjasan, † 27. 2. 1936 Leningrad, das. 1890–1914 Prof., bekannt geworden durch seine Erforschung der Innervation des Herzens, der Leber und des Verdauungskanals, vor allem aber durch seine Lehre von den Auswirkungen der inneren Sekretionen und von den bedingten Reflexen, die zur → Reflexologie ausgebaut wurde; auf seiner Lehre basiert zum T. der amerik. → Behaviorismus. – Hauptwerke: Die Arbeit der Verdauungsdrüsen (russ.), dt. 1898; Die höchste Nerventätigkeit von Tieren (russ.), dt. 1926; Conditional Reflexes, 1927; Die Widerspiegelungstheorie, hg. 1973; Sämtliche Werke, I–VI, hg. 1953–56. – W. Dube, I. P. P., 1953.

S. A. Petruschewski, Die materialist. Lehre I. P. P.s, 1956; I. Hand, P.s Beitrag zur Psychiatrie, 1972; J. A. Gray, P., Brighton 1979.

Peirce, Charles Sanders, amerik. Philosoph, * 10. 9. 1839 Cambridge (Mass.), † 19. 4. 1914 Milford (Pa.), Dozent in Cambridge, Baltimore und Boston, von Duns Scotus, Kant und Darwin beeinflußt; sein Aufsatz *„How to Make our Ideas Clear“* (in *„Popular Science Monthly“*, 1878) ist bedeutend für die Philosophie des → Pragmatismus. „Um die Bedeutung eines Verstandesbegriffes zu bestimmen, muß man betrachten, was für praktische Folgen sich mit der Notwendigkeit aus der Wahrheit des Begriffes ergeben; die

Summe dieser Folgen macht die ganze Bedeutung des Begriffes aus". P. gilt als „Vater der wiss. Philosophie i. d. Vereinigten Staaten" (R. Metz). Er gilt als Entdekker der → Abduktion in der modernen Theorienbildung. – Hauptwerke: Studies in Logic, 1883; Fixation of Belief, 1877; How to Make our Ideas Clear, 1878, dt. 1965; Lectures on Pragmatism, 1903; Collected Papers of C. S. P., I–VIII, Cambridge Mass. 1931–58; Schriften, I–II, 1967–70. – K. Ketner, A Comprehensive Bibliography of the Published Work of C. S. P., Greenwich 1977.

M. Thompson, The Pragmatic Philosophy of C. S. P., Chicago 1942; J. v. Kempski, C. S. P. und der Pragmatismus, 1952; G. Wartenberg, Log. Sozialismus bei C. S. P., 1971; W. H. Davis, P.'s Epistemology, Den Haag 1972; K.-O. Apel, Der Denkweg von C. S. P., 1975; E. Arroyabe, P. – Eine Einf., 1982; J. Klawitter, C. S. P., 1984; D. R. Anderson, Creativity and the Philosophy of C. S. P., Dordrecht 1987; R. Kelveson, P.s Method of Methods, Benjamins 1987; J. K. Sheriff, The Fate of Meaning, Princeton 1989.

Pelagianismus, die Lehre des brit. Mönches Pelagius († nach 418), der die Lehre von der Erbsünde verwarf und die natürlichen Kräfte des Menschen zur Erlangung der Seligkeit für ausreichend erklärte; der Mensch sei von Natur aus zur Sündlosigkeit und Vollkommenheit fähig. Von Augustin, und später von den Reformatoren bekämpft, wurde der P. 431 vom Konzil von Ephesus verdammt.

F. Klasen, Die innere Entwicklung des P., 1882; K. Bihlmeyer/K. Tüchle, Kirchengesch., I–III, 1951–55.

Perelman, Chaim, Prof. in Brüssel, * 20. 5. 1912 Warschau, † 21. 1. 1984 Brüssel, befaßte sich mit Fragen der Logik, Rechtsphilosophie und Ethik, bekannt geworden durch seine Untersuchungen über Gerechtigkeit und durch seine Theorie der Argumentation, die er auf eine Reihe von Gegensatzpaaren nicht scharf differenzierbarer Momente zurückführt, wie Sachverhalt und Bedeutung, Faktum und Interpretation, Prämisse und Beweis, Simulation und Dessimulation u. a., womit er einen wichtigen Beitrag zur → Topik leistet, die demnach weit mehr ist, als bloße Argumentationsdisziplin oder Disputiertechnik. – Hauptwerke: De la justice, 1945, dt. 1967; Rhétorique et philosophie, 1952; Traité de l'argumentation, 1958 (engl. 1971); Théorie de l'argumentation, 1964; Logique juridique, 1966, dt. 1979; Droit, morale et philosophie, 1968; Le champ de l'argumentation, 1970; Justice, Law and Argument, 1980; Le raisonnable et le déraisonnable en droit, 1984.

La novelle rhétorique. Revue intern. de philosophie, 1978 (Sonderheft); J. C. Golden (Hg.), Practical Reasoning in Human Affairs, New York 1986; M. Meyer (Hg.), De la metaphysique à la rhétorique, Paris 1986.

Perfektionismus (vom franz. *perfection*, „Vervollkommnung"), Lehre von der Vervollkommnungsfähigkeit des Menschen und alles Menschlichen; → Optimismus. Der P. hat seine Wurzel im Fortschrittsglauben der Aufklärung; betrachtet die Vervollkommnung des Menschen als dessen sittl. Ziel und als den Sinn der Geschichte überhaupt, setzt in der modernen Auffassung naiv stillschweigend voraus, daß die perfekte technologische Vervollkommnung die sittliche Vollendung von selber nach sich zieht. Perfektionisten sind Leibniz, Shaftesbury, Condorcet, Renan, Chr. Wolff, Kant und die meisten Positivisten sowie Wissenschaftstheoretiker.

Periechontologie (vom gr. *to periechon*, ‚das Umfassende' das Umgreifende und → Ontologie), Neubildung von K. → Jaspers. Die P. ist im weitesten Sinne eine Lehre vom Sein, aber ein bewußter Gegenentwurf zur bisherigen Ontologie. Sie will nicht das Sein kategorial erfassen, sondern den Raum des Seins, der Subjekt und Objekt umgreift, transzendierend erhellen. Sie gibt keine Seinsbestimmungen und kein System des Seins, sondern sagt, woraus alles Seiende tritt, und entwirft so eine offene Systematik des Seienden, ohne diese von einem vermeintlich erkannten ersten Prinzip des Seins abzuleiten. Die Folgen der P. sind: Es gibt kein absolutes Weltbild; es gibt keine geschlossene Kategorienlehre. Der Mensch ist in die Gegenwärtigkeit zurückgeworfen, in der er aus Vernunft und Freiheit seine Existenz entscheiden muß.

K. Jaspers, Vernunft und Existenz, [4]1960; ders., Von der Wahrheit, [2]1958; ders., Der philos. Glaube angesichts der Offenbarung, [2]1964; J. Mader, Problemgeschichtliche Studien zur P. bei K. Jaspers, 1952; U. Schmidhäuser, Allgemeine Wahrheit und existentielle Wahrheit bei K. Jaspers, 1953; G. Knaus, Der Begriff des Umgreifenden in Jaspers' Philosophie, in „K. Jaspers. Philosophen des 20. Jh.s", hsg. von P. Schlipp, 1960.

Periodizität (vom griech. *periodos*, „Umlauf"), regelmäßige Wiederkehr bestimmter Erscheinungen (Erinnerungen, Stimmungen, Psychosen, Wachstumsvorgänge, Geburten, Tod, hist. Ereignisse, Naturvorgänge, Epochen u. a.). Der Arzt Wilhelm Fließ (1858–1928) will Monatskurven von 23 (beim Mann) und 28 Tagen (beim Weibe) festgestellt haben; neuerdings hat R. B. Hersey (Pennsylvania-Univ., USA) einen „Stimmungszyklus" von 33 Tagen (Abstand zw. zwei Tiefpunkten der Stimmung) ermittelt; vgl. → Erotik. Neben den gewohnten periodisch immerwiederkehrenden astronomischen Ereignissen, spricht man auch von einer P. in der Anordnung der chemischen Elemente, von P. in der Geschichte u. a.; auch → zyklische Geschichtstheorie.

W. Fliess, Der Ablauf des Lebens, 1906; W. Fliess, Vom Leben und vom Tod, 1909; K. C. Schneider, Die P. unseres Lebens und der Kultur, 1926; J. Aebly, Die Fließsche Periodenlehre im Lichte biolog. und mathemat. Kritik, 1928; J. van der Pot, De Periodisiering der Geschiedenis, Gravenhage 1951; P. Bloomfield, Fourier Analysis of Time Series, New York 1976

Peripatetiker (vom griech. *peripatein*, „umherwandeln") heißen die Schüler und Anhänger des Aristoteles, nach den Wandelgängen *(Peripatoi)* des Lykeion-Gymnasiums, in denen er zuerst lehrte. Die bekanntesten P. sind: Theophrastos, Eudemos, Aristoxenos, Dikaiarchos, Straton; → griechische Philosophie.

peripher (vom griech. *periphereia*, „Kreislinie"), am Rande liegend, unwesentlich.

Permutation (lat.), Vertauschung, Versetzung, Veränderung der Reihenfolge einer bestimmten Menge gegebener Elemente. → Kombination.

Perpeet, Wilhelm, Prof. in Bonn, * 18. 2. 1915 Mühlheim/Ruhr, befaßt sich mit historischen u. systematischen Fragen vor allem der antiken Philosophie; sucht aus der „Dt. historischen Schule" ontologische Einsichten zur Stützung abstrakt wissenschaftl. Erkenntnisse in die Philosophische Anthropologie und die Philosophie der Erkenntnis einzubringen, ist im Anschluß an Rothackers Intentionen um die Erkenntnis der vor- und außerwissenschaftlichen Lebenspraxis im Sinne einer wohlverstandenen Lebensphilosophie bemüht. – Schr. u. a.: Kierkegaard und die Frage nach einer Ästhetik der Gegenwart,

1940; Antike Ästhetik, 1961; E. Rothacker. Philosophie des Geistes aus der „Dt. hist. Schule", 1968; Das Sein der Kunst und die kunstphilosophische Methode, 1970; Ästhetik im Mittelalter, 1977; Das Kunstschöne: sein Ursprung in der italien. Renaissance, 1987.

H. Lützeler u.a. (Hgg.), Kulturwissenschaften: Festgabe für W. P. zum 65. Geburtstag, 1980.

Perry, Ralph Barton, nordamerikan. Philosoph, * 3. 7. 1876 Poultney, † 22. 1. 1957 in Cambridge/USA. 1913–46 Prof. a. d. Harvard-Univ. in Cambridge (Mass.), 1946–48 in Glasgow, Schüler und Nachfolger William James', Neurealist, stellt dem Idealismus eine „egozentrische Ordnung" entgegen; seine Methode ist kritisch-logisch, verwandt mit derjenigen Russells und des Behaviorismus. P. tritt für den Personalismus ein und schuf eine eigene Werttheorie. – Hauptw.: *The new Realism*, 1912; *General Theory of Values*, 1926, [2]1949; *The Thought and the Character of William James*, 2 Bde., [2]1954; *Puritanism and Democracy*, 1944, dt. 1947 u. d. T. „Amerikan. Ideale"; *One World in Making*, 1945, dt. 1948 u. d. T. „Wie wird die Welt?"; *Realism and Value*, 1954; *The Humanity of Man*, 1956.

G. L. Concordia, *Value and Desire. A Study in the Axiology of R. B. P.*, 1965.

Perseveration (vom lat. *perseverantia*, „Beharrlichkeit"), das Beharren, im besonderen die beharrliche Wiederkehr von Vorstellungen im Bewußtsein, z. B. das stetige Auftauchen einer Melodie; vgl. → fixe Idee. Der Begriff stammt aus der Psychiatrie, hat aber als gelegentliche Erscheinung bei Nichtkranken auch zu rein psychologischen Untersuchungen im Rahmen der Typologie Anlaß gegeben (→ Typus).

E. Kühle/E. Passarge, Beiträge zur Lehre von der P., 1926; G. Pfahler, System der Typenlehre, 1929; O. Zimmer, P., 1933.

Persönlichkeit, im Unterschied zur → Person das innere Eigensein des Einzelnen, so wie er sich subjektiv als unvergleichbar und daher als einmalig erlebt, dieses Eigensein vollbewußt reflektiert. Die P. als solche hat idealen Wertcharakter, d. h. die P.swerte bestehen unabhängig von der realen P. Der ethische Wert der P. besteht in dem Sich-selbst-getreu-Bleiben, in der Echtheit und Gediegenheit ihres Wesens; er ist weitgehend gleichbedeutend mit Kants → intelligiblem Charakter. Die Verwirklichung dieses ethischen Wertes, also die Selbstverwirklichung der P., ist eine Tugend. Diese Tugend ist aber nicht allgemein erstrebbar, sondern kann nur durch individuelle Verwirklichung der fundierenden Werte (das Gute, das Edle, die Fülle, die Reinheit) erlangt werden. Die Verantwortung des Einzelnen für seine Selbstverwirklichung als P. fällt zusammen mit der Verantwortung für alles, was sich im Bereich seiner Freiheit und seiner Macht befindet. Insbes. besteht das individuelle Ethos (der sittl. Wert der P.) in der bei der Verwirklichung der fundierenden Werte bevorzugten Richtung, d. h. in der Art, in der bei ranggleichen Werten (→ Ethik) verfahren wird. Insoweit ist die P. axiologisch autonom (vgl. → Imperativ, Man). Die geschichtlich „große P." muß nicht besonders tugendhaft sein, muß aber stets ihre Vorzugsrichtung der Wertverwirklichung in besonders ausgeprägter und kraftvoller Weise vertreten. Die Größe der P. ist die Eigenart der Stellung gegenüber dem Wertreich. Das Anziehende der echten P. besteht darin, daß sich dem Mitmenschen in ihr ein anderes strukturiertes, fest gefügtes, durchsichtiges Wertreich eröffnet.

K. Breysig, P. und Entwicklung, 1925; L. Klages, P., 1927; H. Prinzhorn, Um die P., 1927; E. Rothacker, Schichten der P., 1938; H. Pichler, P., Glück, Schicksal, 1947; J. Revers, P. und Vermassung, 1947; A. Schüler, Verantwortung. Vom Sein und Ethos der Person, 1948; J. B. Coates, The Crisis of the Human Person, London 1949; M. Deschoux, Philos. de la personnalité, Paris 1949; E. Bosshart, Erziehung zur P., 1951; E. Aeppli, P., 1952; G. W. Allport, Pattern and Growth in Personality, New York 1961, dt. 1970; H. Thomae, Das Individuum und seine Welt, 1968; H. Steinert, Strategien sozialen Handelns. Zur Soziologie der P., 1972; S. Feshbach, Personality, Lexington 1982; B. D. Smith, Theoretical Approaches to Personality, Englewood Cliffs 1982; H. H. Sallinger, P. und Freiheit, 1983; R. Harre, Personal Being, Cambridge Mass. 1984.

Person (vom lat. *persona*, „Maske, Rolle des Schauspielers"), bezeichnet schon seit dem späten Altertum den Einzelnen in seiner menschlichen Eigenart, also insofern er nicht nur Naturorganismus ist. Alles auf die P. bezügliche heißt personal. Mit dem Wandel der Anschauungen, bes. aber mit der Zunahme des Wissens vom → Menschen wandelte sich auch der Begriff der P. Philosophisch traten im Laufe der Jahrhunderte, bes. seit Beginn der Neuzeit, viele Deutungen der P. auf, die fast alle irgendwie auf den Dualismus des Descartes zw. Leib und Seele bzw. auf dessen religiöse (christliche) Wurzel zurückgehen, mag es sich nun handeln um den Dualismus zw. Ich und Nicht-Ich (Fichte), Natur und Geist (Hegel), Wille und Vorstellung (Schopenhauer), Leben und Geist (Romantik, heute Klages), Bewußtes und Unbewußtes (Romantik, E. v. Hartmann, Psychoanalyse), Dasein und Existenz (Kierkegaard, heutige Existenzphilosophie). – Die P. ist ein ethisches Phänomen. Sie ist der Inbegriff, das Zentrum und die Einheit der auf andere P.en intentional gerichteten Akte. So wie zu jedem Subjekt ein Objekt gehört, so gehört zu jeder P. eine – grammatisch gesprochen – „zweite P.": zu jedem Ich gehört ein Du. „Unter P.en verstehen wir die menschl. Individuen, sofern sie ... im Zusammenleben mit anderen ebensolchen menschlichen Individuen verbunden dastehen und deren Behandlung, Äußerung, Wollen und Streben erfahren, ihren Meinungen, Einsichten, Vorurteilen begegnen, zu ihren Ansprüchen, Gesinnungen und Wertungen irgendwie Stellung nehmen" (Nic. Hartmann, Ethik, [3]1948); → Realität. Überdies ist die andere P. der Mitträger des objektiven → Geistes. Seit dem 18. Jahrhundert (bes. seit Kant und Herder) wird von P. → Persönlichkeit unterschieden. – Der Begriff P. findet eine besondere Verdeutlichung an dem bekannten Phänomen „Zwiespältigkeit der P.", womit sich L. Klages im gleichnamigen Abschnitt seines „Geist als Widersacher der Seele", [4]1960, auseinandersetzt. – Im juristischen Sinne ist P., wer Rechte und Pflichten haben kann. Daher die Bezeichnung juristische P. für Organisationen.

W. Stern, P. und Sache, I–III, 1906–24; H. Rheinfelder, Das Wort „persona", 1928; P. Lersch, Der Aufbau des Charakters, 1938; A. Schüler, Verantwortung. Vom Sein und Ethos der P., 1948; A. Vetter, Natur und P., 1949 R. Reinig, Bildung und P., 1967; J. Schwartländer, Der Mensch ist P., 1968; M. S. Frings, P. und Dasein, 1969; H. Holz, P.alität als Wesen und Gesch., 1974; J. Splett, Der Mensch ist P., 1978; L. Siep (Hg.), Identität der P. – Aufsätze aus der nordamerikan. Gegenwartsphilos., 1983; S. Shoemaker, Personal Identity, Oxford 1984; J. B. Reichmann, Philos. of the Human P., Chicago 1985; P. Carruthers, Introducing P.s, Albany 1986.

personaler Geist, → Geist, → subjektiver Geist.

Personalismus, philosoph. Richtung, die den Menschen nicht als denkendes Wesen, sondern als handelnde, wertende und Stellung nehmende → Person auffaßt und bes. in der Erkenntnislehre eine Person als am Erkenntnisprozeß teilnehmende voraussetzt. In diesem Sinne der aktiven Teilnahme ist die gesamte Philosophie seit Nietzsche mehr oder weniger personalistisch. Als Erscheinungsform des P. kann auch die philosophische → Anthropologie betrachtet werden. Unter P. im engeren Sinne versteht man eine personalistische Umformung des Pragmatismus, wie sie von Renouvier („*La personnalité, la chose, l'idée, la personne*", 1899), F. C. S. Schiller („Humanismus", 1903) angebahnt und von Royce („*The World and the Individual*", 1900) und William James („*Varieties of Religious Experiences*", 1902), abschließend von B. P. Bowne (1847–1910; „*Personalism*", 1908) vollzogen wurde. Gegenwärtig wird der P. hauptsächlich von Brownes Schüler E. S. Brightman vertreten, der ihn gegen Neurealismus und Logistik verteidigt. Die seit über 60 Jahren in Los Angeles erscheinende Zeitschrift „The Personalist" (z. Zt. hrsg. v. John Hospers) hat sich inzwischen zu einem allgemeinen Organ für Philosophie, Religion und Literatur entwickelt. – In der Ethik versteht man unter P. die Statuierung eines Vorranges der Persönlichkeitswerte vor anderen sittlichen Werten.

E. Mounier, *Le personnalisme*, 1950; J. Lacroix, *Marxisme, existentialisme, personnalisme, présence de l'éternité dans le temps*, 1950; R. J. Haskamp, Spekulativer und phänomenol. P., 1966; B. Casper, Das dialogische Denken, 1967; H. Leonardy, Liebe u. Person. Zu M. Schelers P., 1976.

Personifikation (lat.), die Auffassung und Darstellung abstrakter Begriffe oder lebloser Dinge (Gerechtigkeit, Himmel, Quellen) als lebender Wesen mit bestimmtem Charakter (als Personen); davon: personifizieren, verpersönlichen. Auch → anthropomorph.

Perspektivismus, philos. Auffassung, daß alle Erkenntnis vom persönlichen Standort, von der Perspektive des Erkennenden, bedingt sei, eine standortfreie Allgemeingültigkeit also nicht möglich sei. Leibniz lehrt: „Wie ein und dieselbe Stadt, von verschiedenen Seiten betrachtet, und gleichsam perspektivisch vervielfältigt erscheint, so gibt es vermöge der unendlichen Vielheit der einfachen Substanzen gleichsam ebenso viele verschiedene Welten, die indes nichts anderes sind, als – gemäß den verschiedenen Gesichtspunkten – perspektivische Ansichten einer einzigen." – Der P. wird auch von Nietzsche, Dilthey, Ortega y Gasset u. a. vertreten. K. Jaspers spricht von Weltsicht aus dem „Gehäuse" jedes Einzelnen.

C. F. Graumann, Grundlagen einer Phänomenologie und Psychologie der Perspektivität, 1960.

Perzeption (vom lat. *percipere*, empfangen, einnehmen; „wahrnehmen"), Wahrnehmung als Akt; perzipieren: wahrnehmen; Perzeptibilität: Wahrnehmungsfähigkeit, Wahrnehmbarkeit; vgl. → Apperzeption. Perzeptionalismus, Lehre, daß die Wahrnehmung allein die Grundlage alles Denkens, Wissens und Wollens bilde: vertreten von dem amerik. Philosophen E. J. Hamilton („P. und Modalismus", 1911; „Erkennen und Schließen", 1912).

L. Salomon, Zu den Begriffen P. und Apperzeption von Leibniz bis Kant, 1902; H. Schmitz, Die Wahrnehmung, 1978; J. W. Yolton, Perceptual Acquaintance from Descartes to Reid, Oxford 1984; R. A. Fumerton, Metaphysical and Epistemological Problems of Perception, Lincoln 1985; I. Rock, Perception, New York 1985.

Pessimismus (vom lat. *pessimum*, „das Schlechteste, Schlimmste"), volkstümlich: Schwarzseherei, diejenige persönliche Überzeugung oder philosophische Richtung, die, im Gegensatz zum → Optimismus, die schlechten Seiten der Welt in den Vordergrund der Betrachtungen rückt, die Welt für unverbesserlich schlecht hält, das menschliche Dasein für letzten Endes sinnlos. P. findet sich in rel. Ausprägung bes. im Buddhismus, im Alten Testament und im Christentum. Die → Melancholie ist eine krankhafte Art des P. Philosophisch wurde der P. durch Schopenhauer und E. v. Hartmann vertreten. – H. Stäglich, Bibl. der P.-Literatur, 1871–1933, 1933.

A. Schopenhauer, Die Welt als Wille und Vorstellung, 1819, 1937 f.; E. v. Hartmann, Zur Gesch. und Begründung des P., 1880; F. Sieburg, Die Lust am Untergang, 1955; J. Bailey, Pessimism, London 1988.

Pestalozzi, Johann Heinrich, schweizer. Pädagoge und Sozialreformer, * 12. 1. 1746 Zürich, † 17. 2. 1827 Brugg (Aargau). Höchstes Ziel der Erziehung ist ihm die Emporbildung der inneren Kräfte der Menschennatur in „bildender Nähe zu Natur und Menschen" für tätiges Wirken in der Gemeinschaft in innerer Ruhe und äußerer Ordnung. Bildung ist ihm Selbstentfaltung der Grundkräfte und Fähigkeiten von Kopf (Verstand), Herz (Gefühl), Hand (Schaffen). Seine „Nachforschungen über den Gang der Natur in der Entwicklung des Menschengeschlechts" (1797) brachten ihn zu der Überzeugung, daß die Erziehung diesem Gange angepaßt werden müsse; systematisch ist sein Erziehungsprogramm niedergelegt in der „Abendstunde eines Einsiedlers" (1780) in der Frühform, in der „Lenzburger Rede" (1809) in der Spätform. – Werke, I–XII, 1899–1902; Historisch-Kritische Gesamtausgabe, I–XXV, 1927–74; Gedenkausgabe zu P.s 200. Geburtstag, I–VIII, 1944–49; Werke, I–II, 1977; Sämtl. Briefe, I–XIII, 1946–71. – J.-G. Klink, Bibl. J. H. P., 1968.

P. Natorp, P., sein Leben und seine Ideen, 1909; F. Delekat, J. H. P., Mensch, Philosoph, Politiker, Erzieher, 1926; E. Spranger, P.s Denkformen, 1947; T. Litt, Der lebendige P., 1952; H. Barth, P.s Philos. der Politik, 1954; J. Toivo, P.s „Lebenskrise" und seine Auffassung vom Menschen, Helsinki 1955; L. Froese (Hg.), Der polit. P., 1972; K. Silber, P. – The Man and his Work, London 1973; B. Gerner (Hg.), P. – Interpretationen zu seiner Anthropologie, 1974; M. Liedtke, J. H. P. in Selbstzeugnissen und Bilddokumenten, 1976; G. B. Reinert, J. H. P. Anthropolog. Denken und Handeln, 1984; H. Roth, J. H. P. – Die andere Politik, 1987.

Peter d'Ailly, franz. Spätscholastiker, * 1350 Compiègne, † 1420 Avignon, 1397 Bischof von Cambrai, 1411 Kardinal, vertrat erkenntnistheoretisch einen extremen Spiritualismus, lehrte die größere Sicherheit der inneren gegenüber den äußeren Wahrnehmungen, womit er schon den Lehren Descartes', Leibniz' und Berkeleys nahe kam, und neigte im Alter der Mystik zu. Große Verbreitung fand sein Sentenzenkommentar, 1478. – Hauptwerke: Quaestiones super libros sententiarum, 1478 (Repr. 1968); Tractatus de anima, 1494; Imago Mundi, 1410 (Repr. 1930–31). – L. Salembier, Bibl. des œuvres du cardinal P. d'A., Besançon 1909.

B. Meller, Studien zur Erkenntnistheorie des P. d'A., 1954; F. Oakley, The Political Thought of P. d'A., Cambridge 1964; L. A. Kennedy, P. of A. and the Harvest of Fourteenth-Century Philosophy, Lewiston 1986; O. Pluta, Die philos. Psychologie des P. d'A., 1987.

petites perceptions (franz.), bei Leibniz kleine, unmerkliche → Perzeptionen bzw. Wahrnehmungen, die, ohne bewußt zu werden, ständig in uns verlaufen und sich erst in ihrer Gesamtwirkung als verworrene Vorstellungen oder unbegreifliche (etwa irrationale) Erkenntnisse bemerkbar machen. Leibniz kam zu diesem Begriff bei seiner Überwindung des → Cartesianismus und benützte ihn später zur Erklärung der → prästabilisierten Harmonie im leiblichen und seelischen Geschehen.

Petitio principii (lat. „Beanspruchung des Beweisgrundes"), Voraussetzung eines unbewiesenen, erst noch zu beweisenden Satzes als Beweisgrund.

Petrarca, Francesco, ital. Humanist und Dichter, * 20. 7. 1304 in Arezzo, † 18. 7. 1374 in Arqua bei Padua, lebte bis 1353 meist zurückgezogen bei Avignon. Seine humanistische Wirksamkeit begann mit der Entdeckung von Augustin und Cicero, die ihm zu lebendigen Trägern der neuen geistigen Epoche wurden. In seinen moralphilosophischen Schriften ist eine Synthese von griechisch-römischen Sittlichkeitsidealen und humanistischen Zielsetzungen vollzogen, die dem europäischen Geistesleben für Jahrhunderte zur Substanz der eigenen Entwicklung wurde. – Hauptwerke: De contemptu mundi, 1342–43; De vita solitaria, 1346; De remediis utriusque fortunae, zw. 1355 und 1366; Rerum memorandarum libri, 1368–69; Opera, I–IV, Basileae, 1554 (Repr. 1965); Edizione nationale delle opere di F. P., Florenz 1926 f.; Briefe und Gespräche, hg. 1910; Dichtungen, Briefe, Schriften, 1956.

Zeitschrift: Studi petrarcheschi, Florenz 1948 ff.; G. Billanovich, Un nuovo esempio delle scoperte e delle letture del P., Florenz 1954; E. H. Wilkins, Studies in the Life and Works of P., Cambridge 1955; K. Heitmann, Fortuna und Virtus. Eine Studie zu P.s Lebensweisheit, 1958; F. Schalk (Hg.), P. – Beiträge zu Werk und Wirkung, 1975; A. Buck (Hg.), P., 1976; E. Kessler, P. und die Gesch., 1978; C. E. Trinkaus, The Poet as Philosopher, New Haven 1979; A. Kamp, P.s philos. Programm, 1989.

Petrić, Frane (Franciscus Patritius), kroat. Philosoph, * 25. 4. 1529 Cres, † 7. 2. 1597 Rom, Prof. in Ferrara (1577–1592) u. Rom (ab 1592). Gegner der peripatetischen Richtung in der Scholastik, Vertreter der Meinung, Platons Philosophie stünde mit der christlichen Lehre in Übereinstimmung. Sein philosophischer Standpunkt eines christlich-neoplatonisch gefärbten Emanationismus kommt zum Ausdruck in seinem Hauptwerk *„Nova de universis philosophia"*, 1591. Als ein *„uomo universale"* der Renaissance schrieb er u. a.: *Della historia dieci dialoghi,* 1560; *Della retorica dieci dialoghi,* 1562; *Discussiones peripateticae*, 1571; *La milizia romana*, 1583; *Della poetica*, 1586.

F. Walkoff, F. P.s Leben u. Werk, 1920; D. Nedeljoković, Philosophie des F. P., 1929; L. A. Crespi, *La vita e le opere di F. P.*, 1931; P. M. Arcari, *F. P. da Cherso*, 1935; V. Premec, *F. P.*, 1968.

Petrus Aureoli (Pierre d'Auriole), franz. Spätscholastiker, * Gourdon, † 1322 Avignon, seit 1316 Lehrer in Paris, ein kritisch veranlagter Denker, der sich keiner bestimmten philos.-theologischen Schule anschloß, unterschied bereits (in der Natur) das „Ding an sich" und (im Denken) die „Erscheinung", die allein erkannt werden kann. – Hauptwerke: De paupertate, 1512; Commentatorium in librum primum sententiarum, I–II, 1596–1605 (neu hg. u.d.T. Scriptum super primum sententiarum, New York 1952–56).

R. Lay, Zur Lehre von den Transzendentalien bei P. A., 1964.

Petrus Damiani, ital. Scholastiker, * 1007 Ravenna, † 22. 2. 1072 Faenza, seit 1057 Kardinalbischof von Ostia, verteidigte das Studium der

Bibel und der Kirchenväter gegen die sich in Italien und Deutschland stark ausbreitende Dialektik und Rhetorik. Er formulierte als erster im MA. das Prinzip des Dienstverhältnisses der Philosophie als einer „Magd der Theologie". In Deutschland wirkten in demselben Sinne Manegold von Lauterbach und Otloh von St. Emmeram. – Hauptwerk: De divina omnipotentia e altri opusculi, hg. 1943; J. P. Migne, Patrologia Latina, Bd. 144–145, Paris 1850.

F. Sekel, Geistige Grundlagen des P. D., 1933; F. Dressler, P. D. – Leben und Werk, 1954; K. Reindel, P. D., in: Dt. Archiv zur Erforschung des MA.s, 15 (1959), 16 (1960), 18 (1962).

Petrus Hispanus, * ca. 1219 Lissabon, 1273 Kardinalbischof, 1276 Papst Johannes XXI., † 1277 Rom, Vertreter der spätmittelalterlichen Logik, der „Logica modernorum". Sein viel benutztes Werk *„Summuale logicales"* (erstveröfftl. 1480) war die Grundlage der Logikstudien der weiteren Jahrhunderte. Es wurden darin die ersten Untersuchungen vorgelegt zur Topik, über den Satz, über allgemeine Begriffe, über Kategorien, über Schlüsse und Täuschungen u. a. P. H. gilt heute als Urheber mancher Gedanken der modernen formalen Logik. – Hauptwerk: Summulae logicales, entst. zw. 1230 und 1240, lat./dt. hg. 1987.

K. Prantl, Gesch. der Logik, III, 1858–70; P. Wilpert, Die Metaphysik im MA, 1963.

Petrus Lombardus, ital. Scholastiker, * um 1100, Lumello b. Novara, † um 1160 Paris, das. seit 1140 Lehrer, 1159 Bischof, schuf mit seinen „Sentenzen" (einer Zusammenstellung von Aussprüchen [*„sententiae"*] theol. Autoritäten zu einer „Summe" [*„summa"*]), dem für Jahrhunderte bedeutendsten Werk dieser Art, eine neue Literaturgattung, die von einer großen Anzahl franz. Theologen und Philosophen, den sog. „Sententiariern" oder „Summisten" fortgeführt wurde; sein H.Werk *Libri quattuor sententiarum* erschien 1916 in neuer Aufl.

M. Grabmann, Gesch. der scholast. Methode, II, 1911 (Repr. 1988); J. Schupp, Die Gnadenlehre des P. L., 1932; P. Delhaye, P. L., Paris 1961.

Petrus Tartaretus, franz. Spätscholastiker Ende des 15. Jh., 1490 Rektor der Univ. Paris, war ein Anhänger des Duns Scotus und baute die Schlußlehre Aristoteles' aus; mit seinen Erklärungen der scotistischen Philosophie eröffnete er die Reihe der Kommentatoren des D. Scotus. – Opera Omnia, I–IV, Venedig 1623.

R. G. Villoslada, La Universidad de Paris, Madrid 1938.

Pfänder, Alexander, Philosoph, * 7. 2. 1870 Iserlohn, † 18. 3. 1941 München als Prof. (seit 1921), Phänomenologe, arbeitete auf dem Gebiet der Logik und der Psychologie. Der Mensch ist eine leiblich-seelisch-geistige Dreieinheit. Das Leben ist ein fortwährendes Sich-ins-Dasein-setzen. Der menschliche Geist ist die in sich zurückgekehrte Seele. Alle Wesen und Ideen blikken nach dem menschl. Geist empor und richten an ihn die Aufforderung (→ Aufforderungscharakter), ihnen zu helfen. – Hauptw.: Logik, 1921, [3]1963; Zur Psychologie der Gesinnung, 2 Tle., 1922–30; Grundprobleme der Charakterologie, 1924; Phänomenologie des Wollens, 1900, [3]1963; Die Seele des Menschen, 1933; Philosophie der Lebensziele, 1948; Schriften zur Phänomenologie und Ethik, 2 Bde., hrsg. v. H. Spiegelberg, 1972.

H. Spiegelberg, A. P.s Phänomenologie, 1963; K. Schumann, Husserl und P., 1973.

Pflicht (verbindliche Pflege, für etwas sorgen), die als inneres Erlebnis auftretende Nötigung, den von den ethischen Werten ausgehenden Forderungen (→ Aufforderungscharakter, Ethik) zu entsprechen und das eigene Dasein diesen Forderungen gemäß zu gestalten. Nach Fichte, dem die ganze Welt das „Material der P.erfüllung" ist, gibt es nur e i n e n Endzweck, die P. Das einzig mögliche Glaubensbekenntnis ist: fröhlich und unbefangen vollbringen, was jedesmal die P. gebeut, ohne Zweifeln und Klügeln über die Folgen. Jede klassische P.lehre betrachtete die Realisierung der P. hauptsächlich von der Wunschvorstellung aus, daß es in der Natur des Menschen „so sein möge", fragte jedoch nicht auch nach den psychologischen, sozialen u. a. Bedingungen der Möglichkeit zu deren praktischen Realisierung.

Cicero, De officiis; I. Kant, Kritik der praktischen Vernunft, 1788; J. G. Fichte, System der Sittenlehre, 1798; E. Horneffer, Angewandte Ethik. Eine P.enlehre der Gegenwart, 1951; H. Reiner, Die philos. Ethik, 1964.

Phaidon, Titel einer Schrift von Platon, die seine Unsterblichkeitsbeweise enthält und dem Tode Sokrates' gewidmet ist; benannt nach Phaidon, einem Schüler des Sokrates, der 399 die elisch-eretrische Schule stiftete, die bis 260 v. Chr. bestand.

Phaidros, Titel einer Schrift von Platon über die Ideenlehre, den Eros und über die Rhetorik; benannt nach einem Zeitgenossen Platons.

Phänomen (vom griech. *phainomenon*, „das Erscheinende"), die → Erscheinung, im Unterschied zu dem, wovon die Erscheinung Kunde gibt; → Urphänomen.

J. Mittelstraß, Die Rettung der P.e, 1962.

Phänomenalismus, diejenige Richtung der Philosophie, welche die Gegenstände der Erfahrung als → Erscheinungen (Phänomene) eines unerkennbaren „Dinges an sich" betrachtet (objektiver Ph.), oder überhaupt als bloße Bewußtseinsphänomene bzw. subjektive Empfindungen (extremer Ph.). Den objektiven Ph. lehrten u. a. Kant, Schopenhauer, Herbart, Lotze, E. v. Hartmann, den extremen Ph. u. a. Mach, Vaihinger. Diese Auffassung ist implizite im Denken der modernen Physik enthalten, sofern alle körperlichen Gegenstände und Veränderungen als Erscheinungen von korpuskularen und atomaren Vorgängen aller Art im Mikrokosmos erklärt werden.

H. Kleinpeter, Der P., 1913; H. Barth, Philosophie der Erscheinung, I–II, 1947–59; H. R. Schweizer/A. Wildermuth, Die Entdekkung der Phänomene, 1981.

Phänomenologie (aus → Phänomen und griech. *logos*, „Lehre"), Erscheinungslehre, bedeutet: 1. bei Kant die Lehre von den empirischen Erscheinungen (Kant verwendet das Wort in den „Metaphys. Anfangsgründen der Naturwissensch.", dagegen in seinen 3 „Kritiken" nicht mehr) im Gegensatz zur Lehre vom Ding an sich, 2. bei Hegel („Ph. des Geistes") die metaphysische Darstellung des Bewußtseins in seiner dialektischen Aufwärtsbewegung von der sinnlichen Naivität durch Selbstbewußtsein, Sittlichk., Kunst, Religion, Wissenschaft, Philosophie bis zum absoluten Wissen, 3. bei Brentano und seiner Schule soviel wie „deskriptive Psychologie", 4. bei Stumpf eine bis zu den letzten Elementen vordringende Analyse der Sinnesinhalte und Gedächtnisbilder, 5. bei Nic. Hartmann das befundgetreue, unvoreingenommene Aufzeigen und Beschreiben der Phänomene (des

Gegebenen) als erste Stufe der systematischen Denkarbeit, der als zweite und dritte Stufe die Aporetik (Problematik) und die Theorie folgen, 6. bei → Husserl die Bedeutungs- und Sinnforschung, die Wesenswissenschaft (→ Eidos), die ebenso wie die Geometrie nur mit reinen „Essenzen", Wesenheiten zu tun hat, nicht mit realen „Existenzen", Dingen, Tatsachen, deren Erfahrung absichtlich ausgeschaltet, „eingeklammert" wird (→ Epoché). Genauer ist Husserls P. keine Lehre vom Wesen selbst, sondern von der → Wesensschau, vom wesensschauenden Bewußtsein; dessen wichtigste Beschaffenheit ist die Intentionalität (→ Intention); d. h. Bewußtsein ist Bewußtsein von etwas. Im Wesen des Erlebnisses liegt nicht nur, daß es ist, sondern auch, wovon es Bewußtsein ist und in welchem bestimmten oder unbestimmten Sinn es das ist, mit einem Wort: was es „meint". Die Realität hat keine Selbständigkeit, sondern ist nur Intentionales, Bewußtes, Erscheinendes. Die „Wesen", die für eine ganze Reihe von „Individuen" (individuellen Gegebenheiten) Geltung haben, fundieren je eine Region der zu dem betr. „Wesen" gehörenden „Individuen", d. h.: was z. B. über das Wesen der „Gemeinschaft" festgestellt ist, gilt für alle wirklichen Gemeinschaften. Die letzten (abstraktesten, rein formalen) Wesensallgemeinheiten bilden eine Region für sich, deren Erforschung die letzte Aufgabe der Ph. ist: die Herstellung einer → *Mathesis universalis*, die Logik, Mathematik, Mengen- und Beziehungslehre in sich faßt und der Wissenschaft den Weg „zu den Sachen selbst" bahnen soll. Die Ph. Husserls ist eine der vier großen, die Philosophie der Gegenwart bestimmenden Strömungen (neben Lebensphilosophie, Existenzphilosophie, Ontologie). Husserls Methode setzt sich an die Stelle der natürlichen Einstellung des Menschen zu dem ihm im Leben Begegnenden, die die stillschweigende oder ausdrücklich anerkannte Voraussetzung dafür ist, daß eine Welt, ein Mikrokosmos überhaupt existieren kann. Die Ph. will den Weg zu den Erscheinungen freimachen, der bei natürlicher Einstellung von den Vor-Urteilen über das, was da erscheint, verbaut ist. Das von allen menschl. Setzungen entlastete Bewußtsein wird zum Weltmeinen, d. h. zu einer schlichten Gerichtetheit auf das, was gegeben ist, auf eine „Welt", die nun aber nicht als Mikrokosmos verstanden werden darf, sondern als das Korrelat zu Bewußtseinszuständen, bei denen das Bewußtsein ein einfacher Bezugspunkt seiner Gerichtetheit auf die gegenständliche Existenz, d. h. seiner „Intentionalität" ist. Es wird in der Ph. zum „reinen" Bewußtsein. Die Existenz der Gegenstände erfährt es durch „intentionale Erlebnisse" anschauend, dunkel vorstellend, denkend, wertend, praktisch erstrebend usw.; der Anteil des Subjektes an diesen Bewußtseinsvorgängen interessiert die Ph. zunächst nicht. Welt wird zum „Weltphänomen". Ph. in diesem Sinne ist die Wissenschaft vom Aufbau der Welt, so wie sie dem phänomenologisch eingestellten Menschen jeweils als seiend gilt, auch von der Struktur des ihm als ideale Gegenständlichkeiten geltenden Seins. Dieser Aufbau und diese Struktur ereignen sich in den sinngebenden reinen Bewußtseinserlebnissen und ihren „vermeinten", d. h. intendierten Gestalten. – Husserl betrachtete seine Ph. als die Grundwissenschaft der Philosophie überhaupt, und sie war in der Tat als Methode von größtem Einfluß auf die Entwicklung der Philosophie, insbes. auf Existenzphilosophie, Ontologie u. Logistik.

H. Lipps, Unters. zur P. der Erkenntnis, I–II, 1927–28; H. Reiner, P. und menschl. Existenz, 1931; M. Merleau-Ponty, Phénoménologie de la perception, Paris 1945, dt. 1966; F. J. Brecht, Bewußtsein und Existenz. Wesen und Weg der P., 1948; L. Landgrebe, P. und Metaphysik, 1949; A. Reinach, Was ist P.?, 1951; G. Funke, Zur transzendentalen P., 1957; H. Spiegelberg, The Phenomenological Movement, Den Haag 1960; G. Funke, P. – Metaphysik oder Methode?, 1966; C. A. v. Peursen, P. und analytische Philos., 1969; R. Boehm, Vom Gesichtspunkt der P., I–II, 1968–81; E. Holenstein, P. der Assoziation, Den Haag 1972; U. Melle, Das Wahrnehmungsproblem und seine Verwandlung in phänomenolog. Einstellung, Den Haag 1983; B. Waldenfels, P. in Frankreich, 1983; E. W. Orth (Hg.), Studien zur neueren frz. P., 1986; C. Jamme/O. Pöggeler, P. im Widerstreit, 1989; E. Ströker/P. Janssen, Phänomenolog. Philos., 1989.

Phänotypus (aus griech. *phạinon*, „erscheinend“, und *typos*, „Gepräge“), Erscheinungsbild eines Lebewesens, bes. des Menschen und seiner manifest gewordenen Eigenschaften, im Gegensatz zu seiner eigentlichen erblichen Beschaffenheit, seinem Genotypus; vgl. → Abstammungslehre.

Phantasie (griech.), Einbildungskraft, Verbindungsschwelle zw. der Unmittelbarkeit des Erlebens und der Wirklichkeit des Geistes, wobei die → Innerlichkeit den Brennpunkt aller Ausstrahlungen der P. (die deshalb auch als „Fühlungsfähigkeit“ bezeichnet wird) darstellt. Man unterscheidet sensorische P. mit dem Merkmal des Anschaulichen, der Innerlichkeit und der Teilnahme der Erinnerungen, von der motorischen P. mit dem Merkmal der Spontaneität; die wirkungsmächtige Frühform der motorischen P. ist das → Spiel. Aus dem Übergang der sensorischen zur motorischen P. erwächst die schöpferische P. des Wissenschaftlers, Künstlers u. Technikers. Nach Goethe ist im Grunde „ohne diese hohe Gabe ein wirklich großer Naturforscher gar nicht zu denken. Und zwar meine ich nicht eine Einbildungskraft, die ins Vage geht und sich Dinge imaginiert, die nicht existieren; sondern ich meine eine solche, die den wirklichen Boden der Erde nicht verläßt und mit dem Maßstab des Wirklichen und Erkannten zu geahnten, vermuteten Dingen schreitet“ (zu Eckermann 1830). Das Gebilde der P. heißt, freilich seltener, das Phantasma, gewöhnlich auch die P.; P. als Vorgang dagegen, oft auch im tadelnden Sinne, Phantasieren; Frohschammer faßte die gesamte Wirklichkeit als das Produkt einer Weltphantasie auf.

B. Erdmann, Die Funktionen der P. im wiss. Denken, 1913; W. Dilthey, Die Einbildungskraft des Dichters (1887), in: Ges. Schriften, VI, 1924; R. Müller-Freienfels, Das Denken und die P., 1916; R. Kassner, Von der Einbildungskraft, 1936; H. Kunz, Die anthropolog. Bedeutung der P., I–II, 1946; O. M. Ewert, P. und Intelligenz bei Jugendlichen, 1967; E. Grassi, Die Macht der P., 1979; B. Kuester, Transzendentale Einbildungskraft und ästhetische P., 1979; D. Kamper, Zur Gesch. der Einbildungskraft, 1981; D. Kamper, Macht und Ohmacht der P., 1986; S. Vietta, Literarische P., 1986; M. Fattori (Hg.), Phantasia – imaginatio, Rom 1988.

phantastisch, aus bloßer Phantasietätigkeit, unabhängig von den Realitäten entsprungen. Um das Ideale vom Phantastischen zu unterscheiden, wendet Goethe das treffende Bild vom Aquädukt an: das Ideale ruht auf Pfeilern, die im Boden der Wirklichkeit gegründet sind; der Phantast schlägt – als „Luftbaumeister“ – seine Bogen in die Luft.

Phasen (vom griech. *phạsis*, „Anzeige“), Entwicklungsstufen; Abschnitte einer stetigen Entwicklung, einer Bewegung.

Pherekydes, griech. Kosmologe, * 584/83, † 499/98, von der Insel Syros, Zeitgenosse des Anaximander, schrieb eine Theo- und Kosmogonie; stand den Orphikern nahe, von Aristoteles zu den alten „Theologen" gerechnet; lehrte die Seelenwanderung und unterschied in seiner Elementenlehre die 3 Elemente Feuer, Luft, Wasser. Bruchstücke seines Werkes „*Pentemychos*" in: H. Diels/W. Kranz (Hgg.), Die Fragmente der Vorsokratiker, II, 1903, [17]1974; W. Capelle, Die Vorsokratiker, 1935, [8]1968 (KTA 119).

W. Bröcker, Die Gesch. der Philos. vor Sokrates, 1965; J. Barnes, Presocratic Philosophers, I–II, London 1979; D. Furley, The Greek Cosmologists, Cambridge 1987.

Philanthropinismus (aus griech. *philein*, „lieben", und *anthropos*, „Mensch"), das zuerst von → Basedow in seiner „*Philanthropinum*" genannten Erziehungsanstalt in Dessau (gegr. 1774) durchgeführte System der Menschenfreundlichkeit, das (nach Rousseaus Grundsätzen) in einer naturgemäßen, der jugendlichen Psyche angepaßten Unterrichtsmethode bestand. Einen pädagogischen P. vertrat auch Chr. G. Salzmann (1744–1811).

F. I. Niethammer, Der Streit des P. und Humanismus, 1808 (Repr. 1968); W. Schwab, Die Religiosität des C. G. Salzmann, 1941; G. Gambke, Europäische philanthrop. Tradition, 1976; R. Stach (Hg.), Theorie und Praxis der philanthropist. Schule, 1980; H. Glantschuig, Liebe als Dressur, 1987.

Philon von Alexandrien (Philo Judaeus), jüd.-griech. Philosoph, * um 25 v. Chr. in Alexandrien, † 50 n. Chr. das., verband die Dogmen der jüdischen Religion mit der griechischen Philosophie (Platon, Stoizismus, Pythagoras) im Sinne einer Offenbarungsmetaphysik unter besonderer Ausbildung der Lehre vom → Logos, den er bald als oberste Idee, bald als obersten der Erzengel (Knechte Gottes) darstellte. Die Wahrheiten der platon. und stoischen Philosophie sind nach P. bereits im Pentateuch enthalten. Das jüd. Gesetz ist ein für alle Menschen geltendes Naturgesetz. Den Menschen faßte er als Intellektwesen auf, das an einen zw. Gier und Ekel hin- und hergerissenen Leib gekettet ist. Aufgabe des Menschen ist es, dem Logos zu folgen und Gott ähnlich zu werden, wozu die Ekstase ein Mittel ist. – Verzeichnis seiner Schriften bei Euseb., *Hist. eccles.* 2, 18. Opera quae supersunt, I–VIII, hg. 1896–1923 (Repr. 1962/63). – R. Radice, Filone di Allessandria, Bibliografia generale, Neapel 1983

E. Brehier, Les idées philosophiques et religieuses chez P. d' Alexandrie, Paris 1908; H. Leisegang, Der heilige Geist, 1919; G. Reitzenstein-Schäder, Studien zum antiken Synkretismus, 1926; H. Schmidt, P.s Anthropologie, 1933; H. A. Wolfson, Structures and Growth of Philosophic Systems, II, 1947; G. Farandos, Kosmos und Logos nach P. d. A., 1976; S. Sandmel, P. of A., New York 1979; J.-E. Menard, La Gnose de P. d'Alexandrie, Paris 1987.

Philosoph (griech. „Freund der Weisheit"), ursprünglich, so bei Heraklit, allgemeine Bez. für den forschenden Menschen, später für einen Menschentypus, der nach letzter, umfassender Klarheit und Wahrheit strebt. Der P. wird als solcher geboren und ist an keine besonderen Lebensumstände gebunden; seine Art der Weltverbundenheit und Erkenntnishaltung kehrt zu allen Zeiten und bei allen philosophisch begabten Völkern wieder. Der P. unterscheidet sich vom Künstler dadurch, daß er die Darstellung des Wahren nicht in sinnenfälligen Symbolen und konkreten Gestaltungen sucht, sondern in Begriffen; er unterscheidet sich vom religiösen Menschen dadurch, daß er sein Wahrheitsforschen nicht um des persönlichen Heils willen betreibt, sondern um der Wahrheit selbst willen; er betrachtet die Dinge nach ihrem Wesen; er ist kein eigentlicher Wissenschaftler, da er seine Einsichten nicht nur aus der Brauchbarkeit seiner Methode und der Übereinstimmung mit der Erfahrung gewinnt, sondern auch aus der personalen Kraft der inneren Gewißheit (vorausgesetzt, daß diese Kraft vorhanden ist). Und doch wirken auch alle vor- und nichtphilosophischen Arten des Sichverhaltens zur Welt auf den P.en ein, werden von ihm aufgenommen und bei der Suche nach der Wahrheit mit benutzt. Man spricht vom Dichterphilosophen, vom religiösen Denker und vom wissenschaftl. Schulphilosophen. Ein P. im hohen Sinne ist stets eine bedeutende Persönlichkeit. Da P.ieren ein → Fragen nach dem letzten Sinn ist, der einer Gegebenheit verliehen werden kann, verlangen wir mit Recht vom P. eine Einheit von Lehre und Dasein: in seinem Leben soll sich seine Philosophie bewähren. Kennzeichnend für den P. ist sein Bedürfnis, sich von den Menschen und Geschehnissen zu distanzieren: er braucht einen gewissen, befreienden Abstand von den Dingen, um sie in den Blick zu bekommen. Aus dieser Voraussetzung jedes Philosophierens ergibt sich die sog. Weltfremdheit des P.en.

A. Hübscher, P.en der Gegenwart, I–II, 1949/57; E. W. F. Tomlin, The Great Philosophers: the Western World, 1950; K. Thieme (Hg.), „P.enbilder“, 1952; K. Jaspers, Psychologie der Weltanschauungen, [5]1960; J. Habermas, Philos.-polit. Profile, 1981, erw. 1987; J. Schickel (Hg.), Philos. als Beruf, 1982.

Philosoph von Sanssouci nannte sich Friedrich der Große selbst auf dem Titel der ersten, 1752 erschienenen Sammlung seiner Werke: *„Oeuvres du Philosophe de Sanssouci“*. – Friedrich II. von Preußen, Schriften und Briefe, hg. 1986.

E. Spranger, Der P. v. S., 1942; W. Mönch, Voltaire und Friedrich der Große, 1943; E. Benz, Der P. v. S., 1971; C. Merraud, Voltaire et Frederic II, Oxford 1985.

Philosophem (griech.), philosophische Behauptung oder Lehre.

Philosophenschule von Chartres, gegründet um 990 n. Chr. von Fulbert von Chartres. In ihr wurde das Universalienproblem bearbeitet und eine an Platon orientierte Naturwissenschaft betrieben; → auch franz. Philosophie, → Bernhard von Ch.

Philosophenschulen im alten Griechenland waren oft festgefügte Organisationen, die Jahrhunderte überdauerten, zusammengehalten durch die Ehrfurcht vor ihrem mitunter (z. B. im Falle Pythagoras', Platons, Epikurs) mit göttlichen Ehren bedachten Stifter und dessen Ideen. Der eigentliche Zweck der P. bestand demgemäß weniger im Unterrichten als im gemeinschaftlichen Studieren und Philosophieren. Das Haupt der Schule (griech. Solarch[os]) bzw. der jeweilige Nachfolger (grch. Diadochos, Diadoche) des Stifters verfügte über den Besitz der Schule und verwaltete das Amt bis zu seinem Lebensende. Die einzelnen P. → griechische Philosophie. Im MA. verkörperten die großen Mönchsorden (z. B. Dominikaner, Franziskaner, Augustiner) und einige berühmte Klöster (z. B. Martin, St. Victor, Chartres) zugleich P. In der Neuzeit gibt es keine als Institutionen organisierten P. mehr, und so versteht man unter „Schule“ eine oft an einer bestimmten Universität bes. gepflegte philos. Richtung: z. B. Marburger, Würzburger, Südwestdeutsche Schule, Cambridger Schule, Schottische Schule, Wiener Kreis.

Philosophia perennis (griech.-lat. „immerwährende Philosophie"), in der kath. Philos. seit Beginn der Neuscholastik übliche, auf des Steuchus Eugubinus (1496–1549) Schrift „*De P.*" (1540) zurückgehende Bez. für die Grundlage aller Philosophie, nämlich einen festen Bestand philos. Lehren; → Neuthomismus. Bei Leibniz ist P.p. die von den Alten überlieferte und allgemein verbreitete Wahrheit. Jaspers nennt P.p. das Gespräch der wenigen großen Philosophen über die Zeiten hinweg; damit wird auch jedes offene Problemdenken bezeichnet, das jedes kritische Bewußtsein begleitet.

E. Stein, Endliches u. ewiges Sein, in: Werke, I, 1950; P. Häberlin, P. p., 1952.

Philosophie (griech. „Weisheitsliebe"), Liebe zur Wahrheit; in diesem Sinne wohl zuerst in der sokratischen Schule gebraucht. Das Wort *philosophos* zuerst bei Heraklit in der Bedeutung: ein nach der Natur der Dinge Forschender. „Was P. sei und was sie wert sei, ist umstritten. Man erwartet von ihr außerordentliche Aufschlüsse oder läßt sie als gegenstandsloses Denken gleichgültig beiseite. Man sieht sie mit Scheu als das bedeutende Bemühen ungewöhnlicher Menschen oder verachtet sie als überflüssiges Grübeln von Träumern. Man hält sie für eine Sache, die jedermann angeht und daher im Grunde einfach und verstehbar sein müsse, oder man hält sie für so schwierig, daß es hoffnungslos sei, sich mit ihr zu beschäftigen. Was unter dem Namen der P. auftritt, liefert in der Tat Beispiele für so entgegengesetzte Beurteilungen. Für einen wissenschaftsgläubigen Menschen ist das Schlimmste, daß die P. gar keine allgemeingültigen Ergebnisse hat, etwas, das man wissen und damit besitzen kann. Während die Wissenschaften auf ihren Gebieten meist sichere und allgemein anerkannte Erkenntnisse gewonnen haben, hat die P. dies trotz der Bemühungen der Jahrtausende nicht erreicht. Es ist nicht zu leugnen: in der P. gibt es keine Einmütigkeit des endgültig Erkannten. Was aus zwingenden Gründen von jedermann anerkannt wird, das ist damit eine wissenschaftliche Erkenntnis geworden, ist nicht mehr P., sondern bezieht sich auf ein besonderes Gebiet des Erkennbaren. Das philosophische Denken hat auch nicht, wie die Wissenschaften, den Charakter eines Fortschrittsprozesses. Wir sind gewiß weiter als Hippokrates, der griechische Arzt. Wir dürfen kaum sagen, daß wir weiter seien als Platon. Nur im Material wissenschaftlicher Erkenntnisse, die er benutzt, sind wir weiter. Im Philosophieren selbst sind wir vielleicht noch kaum wieder bei ihm angelangt. → Skandal der Philosophie.

Die Art der in der P. zu gewinnenden Gewißheit ist nicht die wissenschaftliche, nämlich die gleiche für jeden Verstand, sondern ist eine Vergewisserung, bei deren Gelingen das ganze Wesen des Menschen mitspricht. Während wissenschaftliche Erkenntnisse auf je einzelne Gegenstände gehen, von denen zu wissen keineswegs für jedermann notwendig ist, handelt es sich in der P. um das Ganze des Seins, das den Menschen als Menschen angeht, um Wahrheit, die, wo sie aufleuchtet, tiefer ergreift als jede wissenschaftliche Erkenntnis.

Ausgearbeitete P. ist zwar an die Wissenschaften gebunden, sie setzt die Wissenschaften in dem fortgeschrittensten Zustand voraus, den

sie in dem jeweiligen Zeitalter erreicht haben. Aber der Sinn der P. hat einen anderen Ursprung. Vor aller Wissenschaft tritt sie auf, wo Menschen wach werden." (K. Jaspers, Einführung in d. P., [2]1957).
Kennzeichnend für philos. Fragen ist oft ihre Radikalität: nicht dieser oder jener Kausalzusammenhang wird erforscht, sondern der Sinn, der dem Ganzen überhaupt beigelegt werden kann; da die Sinngebung für den philosophierenden Menschen jeweils entscheidend ist, ist alles Philosophieren insofern „existentiell".
Nach Platon ist P. die Erkenntnis des Seienden oder des Ewigen und Unvergänglichen, nach Aristoteles die Untersuchung der Ursachen und Prinzipien der Dinge. Die Stoiker definieren die P. als das Streben nach theoretischer und praktischer Tüchtigkeit, die Epikureer als das Vermögen, durch Vernunft glücklich zu werden. – Im christl. MA. wird die P. im Gegensatz zur Theologie (Gottesweisheit) Weltweisheit, deren Organ das natürl. Licht der Vernunft ist, während jenes d. Theologie das übernat. Licht d. Offenbarung ist. Fr. Bacon und Descartes verstehen unter P. die Gesamtwissenschaft in begrifflicher Form. Christian Wolff nennt die P. die Wissenschaft aller möglichen Dinge, wie und warum sie möglich sind. Kant unterscheidet die P. nach ihrem Schulbegriff, dem System aller philos. Erkenntnisse, von der P. nach ihrem Weltbegriff, der Wissenschaft von der Beziehung aller Erkenntnis auf die wesentlichen Zwecke der menschlichen Vernunft. Fichte lehrt: „Was unsern Geist ergriffen und umgeschaffen und in eine höhere Ordnung der Dinge eingeführt hat, ist P. in uns; in uns muß der Philosoph sein, unser gesamtes Wesen, unsere ganze Geistes- und Herzensbildung muß selbst P. sein." Schelling stellt als Bedingung: „Der zur P. Berufene ist nicht der, dessen Seele noch vollkommen einer *tabula rasa* gleicht, sondern derjenige, der die ganze Weite und Tiefe des zu Begreifenden durch Erfahrung kennengelernt hat." Hegel nennt die P. denkende Betrachtung der Gegenstände, die Wissenschaft der sich selbst begreifenden Vernunft. Nach Schopenhauer hat P. die Aufgabe, das ganze Wesen der Welt abstrakt, allgemein und deutlich in Begriffen zu wiederholen. Goethe bekennt sich zur P., „wenn sie unsere ursprüngl. Empfindung, als seien wir mit der Natur eins, erhöht, sichert und in ein tiefes, ruhiges Anschauen verwandelt." Nach Nic. Hartmann ist sie „das Weltbewußtsein, in welchem der Mensch als in der Welt stehender sich dieser und seiner selbst bewußt zu werden versucht."
Das System der P. wird üblicherweise gegliedert in Erkenntnistheorie, Metaphysik (Ontologie, Kosmologie, philos. Anthropologie, Existenzphilosophie, Theologie), Logik (Logistik, Mathematik), Ethik u. Rechts-P., Ästhetik und Kunst-P., Natur-P., Geschichts- und Kultur-P., Sozial-P., Wirtschafts-P., Religions-P., Psychologie.
Die Geschichte der P. ist die Geschichte des menschl. Denkens, das die philos. Probleme entdeckt bzw. sich ihnen stellt und an ihrer Lösung arbeitet. Die Philosophen aller Zeiten und Völker haben sich mit den gleichen Grundproblemen beschäftigt; in allen Philosophien gibt es eine Erkenntnistheorie, eine Metaphysik, eine Ethik usw. Die Lösungsversuche lassen sich in drei große philosophiegeschichtliche Bereiche zusammenfassen: → europäische P., → indische P., → chinesische P. Diese Bereiche gliedern sich

in die Philosophien und Philosophiegeschichten der einzelnen Völker und Völkergruppen (griechische, deutsche, französische, englische, slawische, südamerikanische usw. P.), die wiederum miteinander verbunden sind durch die übergreifenden philosophischen Systeme, Richtungen, Strömungen, Schulen usw. und deren Geschichte (Erkenntnistheorie, Metaphysik, Ethik usw.; Patristik, Scholastik, Aufklärung usw.; Realismus, Idealismus, Materialismus usw.); → die „Zeittafel" am Schlusse dieses Bandes. Die P.geschichtsdarstellung verfährt teils biographisch (Darstellungen einzelner Denker bzw. Denkergruppen), teils ergographisch, werksgeschichtlich, teils ideengeschichtlich (im Grunde erst seit Hegel). – In der modernen P. wird, in Nachahmung der Naturwissenschaften, zwischen Lehre und Forschung in der akademischen Arbeit unterschieden, die ihrerseits unter den Aspekten von Theorie und Praxis untersucht werden müßten. Dies äußert sich darin, daß die Beschäftigung mit Grundfragen der Humandisziplinen wie Soziologie, Politologie, Ideologiekritik u. a. in zunehmendem Maße auch Probleme der konkr. Wissenschaftspraxis einzubeziehen sucht; auch Wissenschaftstheorie (→ Wissenschaftslehre).

Einführungen: O. Külpe, Einl. in die P., 1898; G. Misch, Der Weg in die P., 1926; T. Litt, Einl. in die P., 1933; P. Häberlin, Das Wesen der P., 1934; H. Nohl, Einf. in die P., 1935; M. Dessoir, Einl. in die P., 1936; J. Bochenski, Europäische P. der Gegenwart, 1947; H. Pfeil, Grundfragen der P. im Denken der Gegenwart, 1949; V. Kraft, Einf. in die P., 1950; J. Hessen, Die P. des 20. Jh.s, 1951; H. Leisegang, Einf. in die P., 1951; L. Landgrebe, P. der Gegenwart, 1952; N. Hartmann, Einf. in die P., 1954; H. Glockner, Europäische P., 1958; K. Wuchterl, Lehrbuch der P. Probleme – Grundbegriffe – Einsichten, 1984; E. Martens/H. Schnädelbach (Hgg.), P. Ein Grundkurs, 1985.

Systematik und Gesch. der P.: F. Ueberweg, Grundriß der Gesch. der P., I–IV, 1862–1902, [12]1951–53, völlig neu bearb. Ausg. 1983 ff.; W. Windelband/H. Heimsoeth, Lehrbuch der Gesch. der P., 1890, [16]1976; K. Vorländer, Gesch. der P., I–III, 1926; S. J. Maréchal, Précis d'histoire de la philosophie moderne, Paris 1933; E. v. Aster, Gesch. der P., 1935, [17]1980 (KTA 108); K. Löwith, Von Hegel zu Nietzsche, 1941; A. Dempf, Selbstkritik der P.gesch. und vergleichende P.gesch. im Umriß, 1947; H. Dingler, Grundriß der method. P., 1949; H. Glockner, Philos. Einl. in die Gesch. der P., 1949; J. Hirschberger, Gesch. der P., I–II, 1949–52; H. Störig, Kleine Weltgesch. der P., 1950; W. Stegmüller, Hauptströmungen der Gegenwartsp., I–II, 1952, I–III, 1986, I–IV, 1989 (KTA 308, 309, 409, 415); W. Capelle/E. Lehmann, Gesch. der P., 1953–54; A. Diemer, Grundriß der P., I–III, 1962–65; K. Schilling, Weltgesch. der P., 1964; H. R. Schlette (Hg.), Die Zukunft der P., 1968; J. Ritter/K. Gründer (Hg.), Historisches Wörterbuch der P., I–VIII, 1971 ff.; M. Landmann, P. – Ihr Auftrag und ihre Gebiete, 1972; H. Krings, Handbuch philos. Grundbegriffe, I–VI, 1973–74; H. J. Schmidt, P. als Problem, 1977; R. Wohlgenannt, Der P.begriff, 1977; W. Röd, Gesch. der P., I–X, 1978 ff.; H. Lübbe (Hg.), Wozu P.?, 1978; R. Rorty, Philosophy and the Mirror of Nature, Princeton 1979, dt. 1987; R. Berlinger, P. als Weltwiss., 1980; R. Bubner (Hg.), Gesch. der Philos. in Text u. Darstellung, I–VIII, 1980–84; J. Mittelstraß (Hg.), Enzyklopädie Philos. u. Wissenschaftstheorie, I ff., 1980 ff.; N. Bolz (Hg.), Wer hat Angst vor der P.?, 1982; Grundkurs P., I–X, 1982–86; K. Wuchterl, Grundkurs: Gesch. der P., 1986.

Zeitschriften: P. Jahrbuch, 1888 ff.; Zt. für Ästhetik und allg. Kunstwissenschaft, 1905 ff.; Analysis, Oxford 1933 ff.; Zt. für deutsche Kultur-P., 1933 ff.; Les Temps Modernes, Paris 1945 ff.; Zt. für philos. Forschung, 1946 ff.; Philos. Literaturanzeiger, 1949 ff.; Philosophia Naturalis, 1950 ff.; Philos. Rundschau, 1950 ff.; Kant-Studien, Neue Folge, 1954 ff.; Archiv für Begriffsgesch., 1955 ff.; Zt. für allgmeine Wissenschaftstheorie, 1970 ff.

Philosophie der Dichtung. Anders als die positive Wissenschaft der D. (im Rahmen der Literaturwissenschaft), die die Vielfalt der Werke (Struktur, Autorschaft, Entstehung, Wirkungsgeschichte usf.) erforscht, fragt die P.d.D. (speziell der Poesie) nach dem Grunde und nach dem Ursprung der D. (→ Poetik). In der Ästhetik (Kunstph.)

hatte die P.d.D. den Rang einer der Gattungstheorien, gleichrangig etwa der P. der Musik (z. B. bei Weisse, Vischer, Cohen und noch bei N. Hartmann). Neuerdings wird der D. ein anderer und höherer Rang zugedacht: Sie wird nicht mehr ausschließlich als eine Kunst unter mehreren Künsten aufgefaßt, sondern als eine dem (theoretischen) Denken gleichrangige u. gleichursprüngliche Hinsicht der Subjektivität, die entweder mit Mitteln der Phänomenologie (Ingarden), der Fundamentalontologie (Heidegger) oder mit denen einer spekulativen Subjekts- und Geltungstheorie (Wolandt) gedeutet wird. Die geschichtliche Subjektivität (Faktizität) findet im Gedicht einen Ausdruck unvergleichlicher Art. Während sich die nichtpoetischen Kunstwerke in Gestalt, Bild und Bildbedeutung (Panofsky) objektivieren, vermag der poetische Gedanke konkrete Sachverhalte zu produzieren, die einerseits in der Faktizität ihren Konstitutionsgrund haben und die andererseits Faktizitäten konstituieren. Wie alle Kunst ist die D. als Selbstanschauung der Faktizität Selbstkonstitution; nur ist sie als Anschauung zugleich Gedanke. Die Konstitutionsfunktion der D. schließt Maßstäblichkeit und Überlieferung gleicherweise ein. Das Gedicht ist als anschauungsbestimmter Gedanke Wort, gebunden nicht nur an „die Sprache", sondern, weil in der Faktizität fundiert, stets an eine Individualsprache: Nationalsprache, Dialekt (Hönigswald). Jede „Übertragung" muß dieser Sachlage gerecht zu werden versuchen. In ihrem Faktizitätsbezug bewährt das Gedicht seine sprachbildende Kraft: „Die Sprache selbst ist Dichtung im wesentlichen Sinne" (Heidegger). Besondere Problemaspekte bieten die Beziehungen der D. zur Literatur (René Wellek) und zur Gesellschaft (Sartre). In der modernen Poetik liegen überdies Ansätze vor, eine klassifizierende Betrachtung der Dichtungsarten zu überwinden und (ähnlich wie bei Hegel) an ihre Stelle eine subjekts- und funktionstheoretische Gliederungslehre treten zu lassen (Staiger).

R. Ingarden, Das literar. Kunstwerk, 1931; M. Heidegger, Hölderlin und das Wesen der Dichtung, 1937; K. Hamburger, Philos. der Dichter, 1946; E. Staiger, Grundbegriffe der Poetik, 1946; G. Wolandt, P. d. D., 1965; E. Fink, Epiloge zur Dichtung, 1971; J. Kristeva, La Révolution du langage poétique, Paris 1974, dt. 1978; A. J. Cascardi, Literature and the Question of Philosophy, Baltimore 1987; D. R. Marshall, Literature as Philosophy/Philosophy as Literature, Iowa City 1987; H. Bachmeier/T. Rentsch (Hgg.), Poet. Autonomie? Zur Wechselwirkung von Dichtung u. Philos. in der Epoche Goethes u. Hölderlins, 1987.

Philosophielehrer-Verband, eine Vereinigung von Lehrern an deutschen Oberschulen, die sich während des Marburger Philosophen-Kongresses (→ Deutsche Philosophen-Kongresse) im Oktober 1957 juristisch konstituiert hat und unter dem Namen „Verband zur Förderung der Philosophie am Deutschen Gymnasium" in Zusammenarbeit mit den Universitäten der wichtigen Aufgabe widmete, durch aufklärende Vorarbeit und Empfehlungen für die Lehrplangestaltung die Bedingungen zur allgemeinen Durchführung eines philosophischen Unterrichts (→ Philosophische Propädeutik) an den deutschen höheren Schulen zu schaffen; was inzwischen jedoch, weil die Philosophie als allgemein bildendes Fach an den Universitäten zunehmend vernachlässigt wird und weil es immer noch nicht an allen Universitäten möglich ist, das Philosophiestudium mit dem Lehramtsexamen abzuschließen, nur dürftige Ergebnisse eingebracht hat. Den Bemühungen des Ph. V.

hat sich vor ca. 10 Jahren der → „Engere Kreis“ der „Allgem. Ges. f. Philosophie in Deutschland“ angeschlossen und wiederholt Reformvorschläge bei der Kultusministerkonferenz eingereicht. Auf der Mitgliederversammlung des Ph. V.s im Nov. 1979 wurde der Verband in „Fachverband Philosophie“ umbenannt. Auf einer der letzten Sitzungen des „Eng. Kr.“ (Gießen/Lahn, Okt. 1979) wurden weitere Reformvorschläge, die sich auch auf konkrete Schritte zur Durchführung der Reform beziehen, formuliert, womit jedoch die Verständnislosigkeit der Kulturministerien für die Wichtigkeit des Faches Philosophie kaum in absehbarer Zeit durchbrochen wird. Als eine neue Voraussetzung zur Einführung der Philosophie an Gymnasien wurde inzwischen ein erster Lehrstuhl für → Didaktik der Philosophie errichtet (Universität Hamburg).

Philosophische Grundlehre. Seit der „ersten Philosophie“ des Aristoteles, für die durch Chr. Wolff die Bezeichnung „Ontologie“ eingeführt wurde, besteht die Frage nach Charakter und Recht einer Grundlehre in der Reihe der philosophischen Disziplinen, im Unterschied zum Grundlehresinn der Philosophie als solcher. Während Kant und die neukantischen Richtungen an die Stelle der Ontologie die kritisch-idealistische Transzendentalphilosophie setzten, restituiert in der Gegenwart besonders N. Hartmann die Ontologie in neuer Form. Einer in dieser Form als möglich anerkannten Ontologie gibt Zocher in der Transzendentalphilosophie als vor-ontologische Grundlehre das letzte Fundament.

R. Wohlgenannt, Der Philosophiebegriff, 1977; R. Berlinger, Philosophie als Wissenschaft, 1980.

Philosophische Propädeutik, die Einführung in die Grundfragen der Philosophie, insbesondere der Psychologie, Erkenntnistheorie, Logik, Ethik und Ästhetik an Gymnasien und höheren Schulen. Die Aufnahme der ph. P. als Unterrichtsfach, in preußischen Lehrplänen seit 1825 enthalten, ist der Herbartschen Pädagogik zu verdanken. Bereits vor der Jahrhundertwende war die ph. P. als Fach jedoch verschwunden, und das Interesse daran fand erst in unserem Jahrhundert eine Wiederbelebung. In Deutschland allerdings nur spärlich und dort nur in wenigen Ländern, während Österreich und die meisten südosteuropäischen Staaten, sowie Frankreich, die Schweiz, Italien, Spanien und Schweden die ph. P. seitdem zu einem Sonderfach an ihren höheren Schulen erhoben haben. (→ Philosophielehrer-Verband).

K. Püllen, Die Problematik des philos. Unterrichts an höheren Schulen, 1958; G. Schmidt, Hegel in Nürnberg – Unters. zum Problem der ph. P., 1960; E. Lebek (Hg.), Philosophie im Gymnasium, 1963; G. Böhme, Der pädagog. Beruf der Philosophie, 1968; E. Martens, Einf. in die Didaktik der Philos., 1983; W. D. Rehfus, Der Philosophieunterricht, 1986; K. D. Frank, Mensch und Wirklichkeit, 1988; → Didaktik.

Photios, byzantin. Theologe, * um 820 Byzanz, † um 891 in Armenien, 857–67 und 877–86 Patriarch von Byzanz, wurde durch seinen Kampf gegen die Herrschaftsansprüche des Papsttums zum Vater der Orthodoxie (→ europäische Philosophie; auch → byzantische Philosophie), führte infolge seiner Auseinandersetzung mit dem Papst ein vorübergehendes Schisma herbei und war somit Vorläufer der großen Schismen seit dem 11. Jh.; errichtete um 870 im Magnaura-Palast in Byzanz eine Akademie, wo er Vorlesungen über griech. Philosophie hielt; fertigte wertvolle Auszüge aus den (inzwischen meist verloren gegangenen) Werken von 280 griech. Schriftstellern an (gesammelt in „Myriobiblion“, hrsg. von Becker, 2 Bde., 1824). – J. P. Migne, Patrologia Graeca, Bd. 101–105, Paris 1857–66 (Repr. I–IV, 1960–64); The Homilies of Photius, Oxford 1958; Bibliothèque de P., Paris 1959.

J. Hergenröther, P., I–III, 1867–69 (Repr. 1966–70); F. Dvorník, Les Slaves, Byzance et Rome au IXe siècle, Paris 1926; F. Dvorník, Photian and Byzantine Ecclesiastical Studies, London 1974; W. T. Treadgold, The Nature of the Bibliotheca of P., New York 1980.

Phrenologie (aus griech. *phren*, „Zwerchfell“ [als Sitz der Seelentätigkeit] und *lọgos*, „Lehre“), die Kunst, Gemüt bzw. Charakter bzw. Begabung aus der Schädelform zu erkennen, daher oft ungenau als Schädellehre, die Kraniologie oder -skopie heißt, bezeichnet; in seinem wiss. Charakter umstrittenes Teilgebiet der Ausdrucks- und Charakterkunde. Der P. liegt die Lokalisationstheorie zugrunde, d. h. die Überzeugung, daß die psychischen Funktionen in verschiedenen Teilen des Großhirns lokalisiert sind und somit deren Ausbildung sowie die des umhüllenden Schädels und seiner Form beeinflussen. Begründer d. P. ist der Schweizer J. Gall; sein Hauptwerk: *Anatomie et physiologie du système nerveux en général et du cerveau en particulier avec des observations sur la possibilité de reconnaître plusieurs dispositions intellectuelles et morales de l'homme et des animaux par la configuration de leurs têtes*, 4 Bde., 1810–19 nannte er Organologie.

J. Gall, Anatomie et physiologie du système nerveux en général et du cerveau en particulier, I–IV, Paris 1810–19; A. V. Froriep, Die Lehren Galls, 1911; E. Ackerknecht/H. V. Vallois, Gall et sa collection, Paris 1955; J. D. Davies, P., 1965.

phylogenetisch (aus griech. *phyle*, „Stamm“, und *gẹnesis*, „Entstehung“), auf die Entwicklung eines Stammes, eines Volkes, einer Rasse, der Menschheit bezüglich.

physikalisches Weltbild nennt man die von der Physik auf Grund empirischer Forschungen und theoretischer Überlegungen erarbeitete Vorstellung von Welt und Weltgeschehen. Das p. W. folgt dem Laufe der wissenschaftlichen Entwicklung; es fußte zuerst auf einer Mechanik der Atome (Atomismus), dann auf einer Mechanik der Kräfte (Dynamismus, Energetik) und in unseren Tagen auf einer Verschmelzung von Raum und Zeit sowie von Kraft und Materie (→ Feldertheorie) u. auf einer Einsicht in die Ganzheitsbedingungen der → Mikrophysik, bzw. in den statistischen Charakter der physikal. Gesetze. Das aus diesen physikalischen Lehren entwickelte p. W. entfernte sich immer weiter von der Anschaulichkeit, mußte außerdem in Bezug auf die klassischen Begriffe von Raum und Zeit als relativierbar aufgefaßt werden. Qualitätsunterschiede wurden immer mehr auf Quantitätsunterschiede zurückgeführt. Das p. W. der Gegenwart besteht aus einem System unanschaulicher Gleichungen, deren Bedeutung schwer faßbar ist; es ist kein „Bild“ mehr. Vor allem wurde der Begriff des materiell Wirklichen völlig abstrakt. Aber nach Planck bedeutet die fortschreitende Abkehr des p. W.es von der Sinnenwelt nichts anderes, als eine fortschreitende Annäherung an die reale (physikalische, erlebnistranszendente) Welt. → kausalmechanisches Weltbild.

A. S. Eddington, The Nature of the Physical World, Cambridge 1929, dt. 1931; W. Heisenberg, Wandlungen in den Grundlagen der Naturwiss., 1935; A. Einstein/L. Infeld, The

Evolution of Physics, New York 1938, dt. 1950; C. F. v. Weizsäcker, Zum Weltbild der Physik, 1943; A. March, Natur und Erkenntnis – Die Welt in der Konstruktion des heutigen Physikers, 1948; E. Nickel, Das physikal. Modell und die metaphys. Wirklichkeit, 1952; F. Wiegand, Klassische und nichtklassische Physik, 1964; B. Juhos, Die erkenntnislog. Grundlagen der modernen Physik, 1967; A. Häussling, Die Reichweite der Physik, 1969; W. Heisenberg, Der Teil und das Ganze – Gespräche über Atomphysik, 1969; A. A. Sinowjew, Logik und Sprache der Physik (russ.), dt. 1975; R. Haller/J. Götschl (Hgg.), Philos. und Physik, 1975; P. Mittelstaedt, Philos. Probleme der modernen Physik, 1976; F. O. Sauer, Physik – Begriffsbildung und physikal. Denken, 1977; B. Thüring, Einf. in die Protophysik der Welle, 1978; E. Anrich, Die Einheit der Wirklichkeit, 1980; F. Wallner, Philos. Probleme der Physik, 1980; W. Hof, Die philos. Reichweite der modernen Naturwiss., 1984; W. C. Salmon, Scientific Explanation and the Causal Structure of the World, Princeton 1984; S. Müller-Markus, Der Gott der Physiker, 1986; H.-P. Dürr, Das Netz des Physikers. Naturwiss. Erkenntnis in der Verantwortung, 1988; H.-P. Dürr/W. Ch. Zimmerli, Geist und Natur, 1989.

Physikalismus, philos. Anschauung, die alles für sinnlose Forschungsarbeit hält, was nicht mit den Methoden der Physik erfaßbar und in ihrer Sprache darstellbar ist. Zum P. neigen Neupositivismus und Neurealismus; → Neupositivismus. Der Ph. wird geradezu unumgänglich von jenen nur exakt geschulten Naturwissenschaftlern vertreten, die von Wesen und Problemstellungen der Philosophie keine gründlichen Kenntnisse besitzen, diese deshalb zugunsten der eigenen begrenzten Methodologie, die sie zur „eigentlichen Philosophie" erheben, ablehnen müssen.

Physiognomik (aus griech. *physis*, „Natur", u. *gnomonia*, „Beurteilung"), Gesichtsdeutungskunst, Teilgebiet der → Ausdruckskunde, die Lehre von den Gesichtszügen (der Physiognomie) oder im erweiterten Sinne die Lehre von der Formgestaltung des gesamten menschlichen Leibes und seiner Teile als körperlicher Grundlage der geistigen Eigenart, der Seele, des Charakters, in der aus dem 2. Jh. v. Chr. stammenden Schrift „Physiognomika" werden Tierköpfe mit charakteristischer Physiognomie zur Begründung einer P. benutzt, die von Johann Baptista Porta (1540–1615; *De humania physiognomonia*, 1593, dt. 1931) weiter ausgebaut wurde. 1774–78 veröffentlichte Lavater „Physiognom. Fragmente zur Beförderung der Menschenkenntnis u. Menschenliebe". Eine P. auf morphologischer Grundlage im Sinne Goethes, der auch der P. sein besonderes Augenmerk zugewandt hatte, schuf C. G. Carus (Symbolik der menschl. Gestalt, 1853). L. Klages bezog, z. T. unter Bezugnahme auf Carus, die P. in seine Ausdruckslehre ein und erschloß der P. in seiner Ausdruckslehre auch die Deutung der Bewegung. Neuerdings hat E. Kretschmer (Körperbau u. Charakter, ^{25}1967) die P. im Rahmen seiner Konstitutionsforschung behandelt; → Kaßner.

P. Lersch, Gesicht und Seele, 1932; M. Picard, Die Grenzen der P., 1937; R. Kassner, P., 1951; M. Rouille-Dugast, Gesicht und Psyche, Paris 1952, dt. 1956; J. Kirchhof, Das menschl. Antlitz im Spiegel organisch-nervöser Prozesse, 1960; N. Glas, Das Antlitz offenbart den Menschen, 1961; P. v. Matt, ... fertig ist das Angesicht – Zur Literaturgesch. des menschl. Gesichts, 1983.

Physiokraten (aus griech. *physis*, „Natur", u. *kratein*, „herrschen"), Vertreter der franz. Nationalökonomie im 18. Jh. (Fr. Quesnay, R. J. Turgot u. a.), die den Boden und seine Bewirtschaftung als die Quelle des Reichtums eines Volkes betrachten und seit dem Industriezeitalter der „positiven", tatsächlichen Ordnung der bestehenden Kräfteverhältnisse eine „natürliche Ordnung" gegenüberstellen; forderten für den Handel unbegrenztes Gehenlassen (→ Laissez faire).

Physis (griech.), nach der Deutung Heideggers nicht – wie üblich – von *phyein* („wachsen lassen") herzuleiten, woraus sich die Bedeutung „Natur, Körper" ergibt, sondern von *phaeinein*, „ans Licht bringen". Dann wäre P. „das leuchtend Offene"; in diesem Sinne spricht Heidegger von der „ursprünglichen Offenbarkeit des Seienden" (→ Nichts). Es ist gegen Heidegger insofern an der herkömmlichen Ableitung von phyein („hervorbringen", „wachsen lassen", „zeugen") festzuhalten, als sich aus der Grundbedeutung „Entstehung", „Zeugung" die Bedeutung „natürliche Beschaffenheit" ergibt.

M. Heidegger, Einf. in die Metaphysik, 1953.

Piaget, Jean, schw. Philosoph, * 9. 8. 1896 Neuburg, † 1980 ebda., Prof. in Genf, Dir. des J. J. Rousseau-Instituts. Befaßte sich neben Untersuchungen zur Kinder- und Persönlichkeitspsychologie mit philosophischen Fragen des Sprachverstehens, Symboldenkens, der moralischen Urteilsbildung, Genetik u. a., zuletzt auch mit Grundfragen des Strukturalismus. – Hauptwerke: La causalité physique chez l'enfant, 1927; Le jugement moral chez l'enfant, 1932, dt. 1954; Le développement de la notion de temps chez l'enfant, 1946, dt. 1955; La psychologie de l'intelligence, 1948, dt. 1948; Traité de logique – Essais de logistique opératoire, 1949; Introduction à l'epistémologie génétique, 1950, dt. 1973; Les mécanismes perceptifs – Modèles probabilistes, 1961; Sagesse et illusions de la philosophie, 1965, dt. 1974; L'image mentale chez l'enfant, 1966, dt. 1979; Biologie et connaissance, 1967; (Hg.) Logique et connaissance scientifique, 1967, dt. 1974; Le structuralisme, 1968, dt. 1973; Gesammelte Werke, I–X, 1975. – A. Nicolas, J. P., Paris 1976.

H. G. Furth, Intelligenz und Erkenntnis, 1972; G. Cellerier, J. P., Paris 1973; T. Kesselring, Entwicklung u. Widerspruch. Ein Vergleich zwischen P.s genet. Erkenntnistheorie und Hegels Dialektik, 1981; F. Buggle, Die Entwicklungspsychologie J. P.s, 1985; M. Seltman/P. Seltman, P.s Logic, London 1985; R. L. Fetz, Struktur und Genese – J. P.s Transformationen der Philos., 1988; T. Kesselring, J. P., 1988.

Picht, Georg, Prof. f. Religionsphilosophie in Heidelberg, * 9. 7. 1913 Straßburg, † 7. 8. 1982 Hinterzarten, befaßt sich mit kritischen Studien zum Wesen der Zeit, zur Geschichte u. Krise der Metaphysik, Voraussetzungen der Wissenschaft, der Beziehung von Philosophie u. Politik, Zukunftsforschung u. a. – Hauptwerke: Die dt. Bildungskatastrophe, 1964; Die Verantwortung des Geistes, 1965; Mut zur Utopie, 1969; Wahrheit – Vernunft – Verantwortung, 1969; Was heißt Friedensforschung?, 1971; Theologie u. Kirche im 20. Jh., 1972; Theologie – was ist das?, 1977; Hier und jetzt: philosophieren nach Auschwitz und Hiroshima, I–II, 1980–81; Vorlesungen u. Schriften, I, 1985.

C. Eisenbart, G. P., Philos. der Verantwortung, 1985.

Pico della Mirandola, Giovanni, ital. Humanist und Philosoph, * 24. 2. 1463 Schloß Mirandola, † 17. 11. 1494 Florenz, Astrologiegegner, Anhänger Savonarolas (1452–98), zur Kabbala neigend, dabei „der einzige, welcher laut und mit Nachdruck die Wissenschaft und Wahrheit aller Zeiten gegen das einseitige Hervorheben des klassischen Altertums verfochten hat". Urheber der modernen philosoph. Anthropologie insofern er die menschliche Würde durch den Hinweis darauf verteidigte, daß der Mensch das einzige Wesen sei, das nicht nach einem Typus (Urbild) erschaffen sei, weshalb er die Freiheit besitze, sich selbst zu vollenden. – Hauptwerke: De dignitate hominis, 1486, dt. 1940, lat.-dt. 1968; Disputationes adversus astrologiam divinatricem, 1496, lat.-dt. I–II, 1946–52; Opera omnia, I–II, Turin 1971.

E. Cassirer, Individuum und Kosmos in der Philos. der Renaissance, 1927; E. Garin, G. P. d. M., Turin 1937; E. Monnerjahn, G. P. d. M., 1960; P. O. Kristeller, Eight Philosophers of the Italian Renaissance, Stanford 1964, dt. 1986; E. Garin, L'Opera e il Pensiero di G. P. d. M., Turin 1965; G. di Napoli, G. P. d. M., Rom 1965; H. de Lubac, G. P. d. M., Paris 1974; H. Reinhardt, Freiheit zu Gott. Der Grundgedanke des Systematikers G. P. d. M., 1989.

Pieper, Annemarie, * 8. 1. 1941 Burscheid b. Köln, Prof. in München, seit 1981 Basel, befaßt sich mit Grundproblemen der praktischen Philosophie, der Existenz- und Transzendentalphilosophie, ist insbesondere an einer Letztbegründung der Ethik auf dem Boden einer transzendentalen Kritik interessiert. – Schr. u. a.: Geschichte und Ewigkeit bei Kierkegaard, 1968; Sprachanalytische Ethik und praktische Freiheit, 1973 (ital., 1976); Pragmatische und ethische Normenbegründung, 1979; Einführung in die philosophische Ethik, 1980; Mithg. der hist.-krit. Schelling-Akademie-Ausgabe, Bd. I, 3, 1982; Albert Camus, 1984; Ethik u. Moral: eine Einf. in die prakt. Philos., 1985.

Pieper, Josef, Prof. in Münster/W., * 4. 5. 1904 Elte/W., interpretiert die Begriffe Philosophie u. Anthropologie aus den Elementen der abendl. Überlieferung (Platon, Aristoteles, Augustin, Thomas v. A.): Philosophie u. Theologie seien unterscheidbar aber nicht scheidbar, da die Theologie durch ihre „religiös. Lehrüberlieferung" schon vor aller Philosophie ein Bild der Welt als einer Ganzheit darbiete, erfahrungsunabhängig das Zielbild einer „Weisheit wie Gott sie besitzt" vorwegnehme und dem Philosophieren kontrapunktisch zugeordnet bleibe. Die Eigenständigkeit der Philosophie bestehe darin, daß Philosophieren sich aus der Erfahrung legitimiere. – Hauptw.: Wahrheit der Dinge, [4]1966; Muße und Kult, [7]1965; Was heißt Philosophieren?, [6]1967; Unaustrinkbares Licht, [2]1963; Scholastik. Gestalten und Probleme der Mittelalterl. Philosophie, 1960; Zustimmung zur Welt, eine Theorie des Festes, 1963, [2]1964; Hoffnung u. Geschichte, 1967; Tod u. Unsterblichkeit, 1968; Überlieferung, Begriff u. Anspruch, 1970; Über die Liebe, 1972; Über den Begriff der Sünde, 1977; J. P.-Lesebuch, 1981.

K. Thieme, Ein Anwalt der Wirklichkeit, in „Hochland", 42, 1950; G. Kranz, Europas christl. Literatur, 1961; P. Breitholz, Schriftenverzeichnis, 1974; C. Dominici, *La filosofia di J. P.*, 1980.

Pietät (vom lat. *pịetas*, „Frömmigkeit"), bei den Römern das ungetrübte freundliche Verhältnis zw. Göttern u. Menschen. Der *„pius"* (d. h. der Träger der P.) kann sowohl der Gott als auch der Mensch allein sein, oder beide; später einseitig nur für Menschen gebraucht: Frömmigkeit. Außerreligiös: das verehrende Verhalten gegenüber Eltern, Vorfahren, Einrichtungen, Vaterland, Tradition.

P. Wust, Naivität und P., 1925

Planck, Max, Physiker, * 23. 4. 1858 Kiel, † 4. 10. 1947 Göttingen, 1892–1926 Prof. in Berlin, 1930–1935 Präsident der Kaiser-Wilhelm-

Gesellsch. (der später nach ihm genannten M. P.-Gesellsch.), schuf 1900 die → Quantentheorie. Wandte sich später naturphilosoph. Fragestellungen zu, in deren Mittelpunkt der Begriff eines → physikal. Weltbildes steht u. die der Neufassung des physikal. Kausalitäts- und Gesetzesbegriffs dienen sollen. – Hauptwerke: Das Weltbild der neuen Physik, 1929; Wege zur physikalischen Erkenntnis, 1933; Die Physik im Kampf um die Weltanschauung, 1935; Determinismus oder Indeterminismus?, 1938; Sinn und Grenzen der exakten Wissenschaft, 1947; Scheinprobleme der Wissenschaft, 1947; Wissenschaftliche Selbstbiographie, 1948; Physikalische Abhandlungen und Vorträge, I–III, 1958.

H. Hartmann, M. P. als Mensch und Denker, 1938; H. Kretschmer, M. P. als Philosoph, 1967; A. Hermann, Frühgesch. der Quantentheorie, 1969; A. Hermann, M. P. in Selbstzeugnissen und Bilddokumenten, 1973; J. L. Heilbron, The Dilemmas of an Upright Man, Berkeley 1986; M. P. – Ein Leben für die Wiss., 1988.

Platon, griech. Philosoph, * 27. 5. 427 v. Chr. Athen, † 347 das., eigentlich: Aristokles, Sohn des Ariston und der Periktione, deren Vorfahren mit Solon verwandt waren. Zuerst Dichter, dann, endgültig durch Sokrates, Philosoph, in der Antike mit Aristoteles der bedeutendste; unternahm große Reisen. Entscheidend wirksam seine Ideenlehre und seine Staatsphilosophie, die beide erst allmählich in P. heranreiften. P.s Gedankengang: Wahrnehmung erkennt nichts Dauerndes, gibt also nicht Gewißheit, sondern nur täuschende Meinung (→ Höhlengleichnis). Nur die Begriffe sind, einmal richtig gebildet, stets unwandelbar, nur sie geben wirkliches Wissen. Der Begriff muß ein Objekt haben, worauf er sich bezieht. Dieses Objekt kann nicht identisch sein mit dem Objekt der sinnlichen Vorstellung, es muß ein übersinnliches Objekt sein: die → Idee. In unseren Begriffen vollzieht sich also die Erkenntnis einer übersinnlichen Welt. Die Begriffe sind Abbilder der Ideen. In der Vielheit der Begriffe spiegelt sich die der Ideen. Die Teilhabe der Seele an den Ideen durch Begriffe beweist nach P. zugleich die Unsterblichkeit der Seele. Die Begriffsbildung in der menschlichen Seele ist ein Akt der Erinnerung an die Ideen selbst, die die Seele schaute, bevor sie an den Leib gebunden wurde. Höchste Idee ist die der „Schöngutheit" (→ Kalokagathie), oft auch von P. als Gott aufgefaßt, der als Weltbildner (Demiurg) zunächst die Weltseele als eine unkörperliche, die Welt durchdringende, bewegende Kraft formte. Die Materie für sich allein existiert nicht; zur Wirklichkeit wird sie erst durch die Ideen erweckt, die in ihr anwesend sind. P.s Ethik geht davon aus, daß nur ein tätiges Leben nach der Richtschnur der Ideen die Sittlichkeit, d. h. Tugend verwirklicht. Triebfeder zum tätigen Aufstieg zu den Ideen ist der → Eros, unabweisbare Voraussetzung der Glückseligkeit die Tugend. Tugend ist Ordnung und Harmonie der Seele. Als vier Haupttugenden unterscheidet P. die Weisheit, die Mannhaftigkeit (Tapferkeit), die Besonnenheit (Selbstbeherrschung) und als die anderen ausgleichende und zusammenhaltende Haupttugend die Gerechtigkeit. Der Staat ist nach P. ein Mensch im großen. Seine höchste Aufgabe ist seine Selbsterhaltung vermittels Bildung der Bürger zur Tugend, sein ethisch bestimmtes politisches Ziel der vollkommene Mensch im vollkommenen Staat. Aus der natürlichen Ungleichheit der Menschen ergibt sich im vollkommenen Staat gemäß der Rangordnung der Tugenden eine solche der Stände: der Stand der untersten Tugend (Selbstbescheidung, Gehorsam) ist der der Bauern und Handwerker, die die materielle Grundlage der Gemeinschaft durch Arbeit sichern. Der Tugend der Tapferkeit entspricht der Stand der Krieger und Beamten, die in selbstloser Pflichterfüllung den Bestand des Staates nach außen durch Abwehr der Feinde, nach innen durch Wahrung der Gesetze gewährleisten müssen. Die Herrscher endlich, deren Tugend praktische Weisheit ist, bestimmen die Gesetzgebung und leiten den Staat. Sein Versuch, sein Staatsideal im Reiche des Tyrannen Dionysios (Sizilien) zu verwirklichen, scheiterte. Die Staatsauffassung P.s ist größtenteils aus dem politischen Grundwillen zu verstehen, zur Einheit der hellenischen Nation auf Grund der Gerechtigkeit zu gelangen. Seine Schriften, außer den Briefen, sind sämtlich in Dialogform verfaßt; die wichtigsten sind: Apologie (Verteidigung des Sokrates); Kriton (über Hochhaltung der Gesetze); Laches (über die Tapferkeit); Charmides (über die Besonnenheit); Euthyphron (über die Frömmigkeit); Hippias minor (über die Lüge und das Unrechttun); Protagoras (Einheit und Lehrbarkeit der Tugend); Gorgias (Gegensatz der egoistischen sophistischen Moral und des sittlich-politischen Standpunktes des Sokrates; Wesen der Rhetorik); Menon (über das Wesen der Rhetorik, Begriffsbildung als Wiedererinnerung); Kratylos (über die Sprache); Symposion (Gastmahl; über den Eros); Politeia (Der Staat: über die Gerechtigkeit, [10]1973, KTA, Bd. 111); Phaidros (Ideenlehre); Theaitetos (Über das Wissen); Timaios (kosmolog. Charakter); Gesetze u. a. – Sämtl. Werke, I–III, 1804 f.; Opera, Kritische Gesamtausgabe, I–V, 1899–1906 (Repr. 1952–54); Werke, I–VII, 1916–26 (Repr. 1988). – O. Gigon, P. – Bibl., 1950; R. D. MacKirahan, P. and Socrates – Bibl. 1958–1973, New York 1978; M. Deschoux, Comprendre P. – Bibl. platonicienne de langue française 1880–1980, Paris 1981.

F. Ast, Lexicon P.icum, I–III, 1835 (Repr. I–II, 1956); W. Windelband, P., 1900; P. Natorp, P.s Ideenlehre, 1903; O. Apelt, P.index, 1923; H.-G. Gadamer, P.s dialekt. Ethik, 1931 (Repr. 1983); K. Hildebrand, P. – Logos und Mythos, 1933; M. Heidegger, P.s Lehre von der Wahrheit, 1947; V. Goldtschmidt, Les dialogues de P. – Structure et méthode dialectique, Paris 1947; B. Liebrucks, P.s Entwicklung zur Dialektik, 1949; H. Gauss, Handkommentar zu den Dialogen, 1955; A. Wedberg, P.s Philosophy of Mathematics, Stockholm 1955; H. Görgemanns, Beiträge zur Interpretation von P.s Nomoi, 1960; E. A. Wyller, P.s Parmenides in seinem Zusammenhang mit Symposion und Politeia, 1960; W. Kamlah, P.s Selbstkritik im „Sophistes“, 1963; W. Bröcker, P.s Gespräche, 1964; E. Wolf, Griech. Rechtsdenken – P.s Dialoge, I–II, 1968–70; E. A. Wyller, Der späte P., 1969; H. Perls, Lexikon der platon. Begriffe, 1973; T. Ebert, Meinung und Wissen bei P., 1974; O. Gigon/L. Zimmermann, P. Lexikon der Namen und Begriffe, 1975, 1987; A. Graeser, P.s Ideenlehre, 1975; R. Thurnher, Der siebte P.brief, 1975; W. Wieland, P. und die Formen des Wissens, 1982; D. Lübke, P., 1984; C. Rowe, P., New York 1984; T. Szlezák, P. und die Schriftlichkeit der Philos., 1985; K. Gloy, Studien zur platon. Naturphilosophie im Timaios, 1986; G. Müller, Platon. Studien, 1986; M. H. Miller, P.s Parmenides, 1986; D. J. Melling, Understanding Plato, Oxford 1987.

platonische Liebe nennt man, den platonischen Eros-Begriff mißverstehend, die zweier Personen verschiedenen Geschlechts ohne Sinnlichkeit und sinnliches Begehren. Dabei schließt Eros neben dem geistigen Aufstreben in gleicher Weise auch die körperliche Liebe (Zeugungseros des Mannes) ein. Plato selbst soll damit auch die Liebe zwischen Mann und Jüngling bezeichnet haben.

Platonismus, 1. der Ausbau der Lehre Platons durch mittelbare und unmittelbare Schüler, 2. die Übernahme der platonischen Philosophie, bes. der Ideenlehre, in andere philos. Systeme. Zu 1.: Der P. wirkt sich zunächst aus als „alter P." in den drei platon. → Akademien (in der 1.: Speusippos, Xenokrates, in der 2.: Arkesilaos, Karneades, in der 3.: Antiochos von Askalon, Lehrer Varros und Ciceros). Dem „mittleren P." gehören u. a. Celsus und Plutarch an. Der dritte und folgenreichste P. ist der → Neuplatonismus. Im MA. spielte der P. neben dem Aristotelismus so gut wie keine Rolle (→ europäische Philosophie); man hielt damals und bis zu Beginn der Neuzeit die neuplatonische Deutung Platons (bes. die in den Kommentaren des Proklos enthaltene) für die echte Philosophie Platons. Das Interesse am P. lebte im Abendland auf durch die Gründung der Platon. Akademie in Florenz unter Marsilio → Ficino (1459), von wo aus er sich über die → Cambridger Schule in England verbreitete. In Dtl. wurde ebenso der P. wie der Neuplatonismus durch das engl. Beispiel und den dt. Idealismus neu belebt; erst seit Leibniz beginnt sich ein historisches Verständnis des ursprünglichen Platonismus durchzusetzen. Gegenwärtig wird die Philosophie Platons um ihres nichtrationalistischen Charakters willen viel erörtert.

E. Horneffer, Der P. und die Gegenwart, 1920; F. Gronau, Platons Ideenlehre im Wandel der Zeit, 1929; P. Merlan, From P. to Neop., Den Haag 1953; W. Beierwaltes (Hg.), P. in der Philos. des MA.s, 1969; H. Dörrie, Von Platon zum P., 1976; J. N. Findlay, Plato to Platonism, New York 1978, dt. 1981; M. J. B. Allen, The Platonism of Marsilio Ficino, Berkeley 1984; H. Dörrie, Die gesch. Wurzeln des P., I, 1987; F. P. Hager, Gott und das Böse im antiken P., 1988.

Plechanow, Georg Valentinowitsch, russ. Schriftsteller, ursprüngl. Hegelianer, * 11. 12. 1856 im Gouv. Tambow, † 30. 5. 1918 bei Terijoki (Finnland), führender Sozialdemokrat, leitete 1901–1905 in Genf Lenins Ztschr. *„Iskra"*, gründete aber später in Rußland eine antibolschewist. polit. Gruppe. P. ist einer der bedeutendsten Theoretiker des Marxismus. – Hauptwerke: Beiträge zur Gesch. des Materialismus (russ. 1893), dt. 1896; Anarchismus und Sozialismus (russ. 1894), dt. 1911; Introduction à l'Historie sociale de la Russie, 1926; Les Questions fondamentales du Marxisme, 1927, dt. 1958.

J. Martow, Gesch. der russ. Sozialdemokratie, dt. 1926; T. Ziemke, Marxismus und Narodnicestvo, 1979; P. M. Grujic, Tschitscherin, Plechanow und Lenin – Studien zur Gesch. des Hegelianismus in Rußland, 1985.

Pleonexie (vom griech. *pleonexia*, „Mehrhaben", „Mehrhabenwollen"), ein auf dem Boden des altgriechischen Ideals der Mäßigung bei Platon zum Terminus gewordener Ausdruck, mit dem die gegen die Tugenden der Gerechtigkeit und Besonnenheit verstoßende menschliche Sucht nach Selbstvergrößerung gemeint ist. Im 20. Jahrhundert wieder auftauchend bei Max Scheler und Arnold Gehlen zur Charakterisierung der Lebenseinstellung des modernen Menschen.

Plessner, Helmuth, * 4. 9. 1892 in Wiesbaden, † 12. 6. 1985 Göttingen, Prof. das., befaßte sich mit Fragen der philos. Anthropologie, Kultursoziologie und Ästhetik. – Hauptwerke: Die wiss. Idee – Ein Versuch über ihre Form, 1913; Krisis der transzendentalen Wahrheit im Anfang, 1918; Die Einheit der Sinne – Grundlinien einer Ästhesiologie des Geistes, 1923, [2]1965; Grenzen der Gemeinschaft, 1924, [2]1972; Die Stufen des Organischen,

1928, [3]1981; Das Schicksal deutschen Geistes im Ausgang seiner bürgerl. Epochen, 1935, 1959 u.d.T.: Die verspätete Nation; Lachen und Weinen, 1941, [4]1970; Zwischen Philos. und Gesellschaft, 1953; Husserl in Göttingen, 1959; Das Problem der Öffentlichkeit und die Idee der Entfremdung, 1960; Die Frage nach der Conditio Humana, 1964; Diesseits der Utopie, 1966; Gesammelte Schriften, I–IX, 1980–85.

Wesen und Wirklichkeit, Festschrift für H. P., 1957 (mit Bibl.); F. Hammer, H. P.s Anthropologie – Die exzentrische Position des Denkens, 1967; Sachlichkeit, Festschrift für H. P. zum 80. Geb., 1974; A. Benk, Skeptische Anthropologie und Ethik, 1987; R. Kramme, H. P. und Carl Schmitt, 1989.

Plethon, Georgios Gemistos, byzantin. Philosoph, * um 1355 Konstantinopel, † 1450, der einflußreichste Erneuerer des Studiums der platon. u. neuplaton. Philosophie im Abendland, suchte gegenüber dem Christentum das heidn. Griechentum wieder herzustellen, dachte dabei an eine Versöhnung von Christentum und Islam. Durch ihn wurde Cosimo von Medici in Florenz zur Gründung der Platonischen → Akademie veranlaßt (1459). – Texte: J. P. Migne, Patrologia Graeca, Bd. 160, Paris 1866.

J. W. Taylor, P.s Criticism of Plato and Aristotle, New York 1921; B. Kieszkowski, Studi sul Platonismo del Rinascimento in Italia, Florenz 1936; F. Masai, Pléthon et le platonisme de Mistra, Paris 1956; H. G. Beck, Kirche und theolog. Literatur im byzantin. Reich, 1959; C. M. Woodhouse, G. G. P.: the Last of the Hellenes, Oxford 1986.

Plotinos, griech. Philosoph, * 203 Lykopolis (Ägypten), † 269 Minturnae (Campanien), in Alexandrien Schüler des sagenhaften Ammonios Sakkas, danach, nach seiner Teilnahme an Kaiser Gordians persischem Feldzug, als Kaiser Gallienus' Schützling Vorsteher einer eigenen Schule in Rom; war so sehr auf Vergeistigung bedacht, daß er sich schämte, einen Leib zu haben. P. systematisierte den → Neuplatonismus. Er ging aus vom „All-Einen", welches das Ur-Gute, aber weder Vernunft noch Gegenstand der Vernunfterkenntnis ist. Das „All-Eine" entläßt aus sich durch Ausstrahlung (Emanation) den Welt-Geist, Nous. Der Nous setzt die Welt-Seele aus sich heraus; er faßt die Ideenwelt in sich, die wahre Welt, während die Sinnenwelt nur ein trügerisches Abbild dieser ist. Die Welt-Seele gliedert sich in die Einzel-Seelen auf. Als niederste Stufe der Emanation entsteht die Materie, das „Nichtseiende", „Böse", die absolute Negation des Einen Urwesens. Das letzte und höchste Ziel der vom All-Einen abgefallenen Seele ist ihre Wiedervereinigung mit ihm durch → Ekstase, zu der die Erkenntnis nur eine Vorstufe ist. 54 von seinen Abhandlungen gab sein Schüler Porphyrios in sechs Abteilungen, „Enneaden" (d. h. Neunergruppen), heraus. – Plotini Opera, I–III, Paris 1951–73; Schriften (gr./dt.), I–VI, 1935–71; Ausgewählte Schriften, 1979.

K. H. Volkmann-Schluck, P. als Interpret der Ontologie Platons, 1941; J. Trouillard, La procession plotinienne, Paris 1955; H. Fischer, Die Aktualität P.s, 1956; W. Himmerich, Eudaimonia – Die Lehre des P. von der Selbstverwirklichung des Menschen, 1959; H. R. Schlette, Das Eine und das Andere – Das Negative in der Metaphysik P.s, 1966; V. Schubert, Pronoia und Logos – Rechtfertigung der Weltordnung bei P., 1968; V. Schubert, P., 1973; J. H. Sleemann/ G. Pollet (Hgg.), Lexicon Plotinianum, Leiden 1980; P. amid Gnostics, Symposion, Amsterdam 1984; W. Beierwaltes, Das Denken des Einen, 1985.

Ploucquet, Gottfried, Philosoph, * 25. 8. 1716 Stuttgart, † 13. 9. 1790 Tübingen, seit 1750 das. Prof., Anhänger der Wolffschen Philosophie, war vorwiegend Metaphysiker und Logiker, bekämpfte den Monadenbegriff, und ist im Sinne Leibnizens einer der Vorläufer des modernen Logikkalküls; entwickelte eine Identitätstheorie des Umfanges von Subjekt und Prädikat. Die „Sammlung der Schriften, welche den logischen Kalkül des Herrn Prof. P. betreffen" gab 1773 A. F. Böck heraus; *Elementa philosophiae contemplativae*, 1778.

K. Aner, G. P.s Leben und Lehren, 1909; G. Rülf, P.s Urteilslehre, 1922; A. Menne (Hg.), Zur Logik von G. P., in: Akten des XIV. Kongresses für Philos. in Wien, III, 1968.

Pluralismus (vom lat. *plures*, „mehrere"), Mehrheits-, Vielheitsstandpunkt; der philos. (metaphysische) Standpunkt, der die Wirklichkeit als aus vielen selbständigen Wesenheiten bestehend auffaßt, die keine durchgehende Einheit bilden. P. sind der Atomismus (absolut aufgefaßt) und die Monadenlehre. Der Ausdruck „Pl." stammt von Christian Wolff, der auch Leibnizens Monadologie als P. auffaßt. Die Philosophie der Gegenwart ist, abhold jedem Monismus, in ihren Grundzügen pluralistisch. Sie erkennt eine Vielheit von selbständigen, oft personhaften (→ Personalismus) Seienden, von Determinationsweisen und Seinsschichten an. In ausgeprägter Form wird der philos. P. vertreten von W. James, dem russ. Denker Jakowenko (Der P., dt. 1928), B. Russell, der südwestdt. Schule, der Lebensphilosophie, dem Neuthomismus u. a.

W. James, A Pluralistic Universe, London 1909, dt. 1914; J. Wahl, Les philosophies pluralistes d'Angleterre et d'Amérique, Paris 1920; B. Jakowenko, Vom Wesen des P., dt. 1928; J. Racette, Thomisme ou pluralisme, Paris 1967; H. F. Spinner, P. als Erkenntnismodell, 1974; W. Welsch, Postmoderne Pluralität als ethischer und politischer Wert, 1988.

Plutarch von Chäronea (Griechenland), griech. Philosoph und Biograph, lebte um 45–120, bekleidete in seiner Vaterstadt das Amt eines Bürgermeisters, in Delphi das eines Priesters. Seine philos. u. wissenschaftl. Schriften aus allen Wissensgebieten sind unter dem zu engen Titel *"Moralia"* vereinigt (dt. Auswahlen daraus v. O. Apelt, 3 Bde. 1926/27, und W. Ax, 1942); sie bekennen sich, in Auseinandersetzung bes. mit Stoa u. Epikureïsmus, zu einem weisheitsvoll-harmonischen privaten u. öffentlichen Leben. Seine vergleichenden Lebensbeschreibungen griechischer u. röm. Feldherrn und Staatsmänner dienen bes. auch dem eindringlichen Aufweis vorbildlicher Sittlichkeit (Auswahlen u. d. T. „Griechische Heldenleben", „Römische Heldenleben", dt. v. W. Ax, KTA, Bd. 66/67). Persönlichkeit u. Schriften P.s übten auf die Nachwelt bis zur Gegenwart großen Einfluß aus. – *Vitae,* hrsg. von Sintenis, 4 Bde. 1839, dt. 1927ff.

B. Lazarus, *Les Idées religieuses de PL.*, 1920; H. Görgemanns, Untersuchungen zu P.s Dialog *„De Facie in orbe lunae"*, 1970; H. Adam, P.s Schrift *„Non posse suaviter"*, 1973.

Pneuma (griech.), Hauch, ätherisches Feuer; Seele, Lebenskraft, Geist. In der christlichen Theologie der Heilige Geist *(pneuma hagion)*. Griechische Ärzte (P.tiker) suchten alle physiologischen und pathologischen Erscheinungen aus dem P. zu erklären, in der Annahme, daß damit der ganze Körper durchdrungen sei. Die Entwicklung des P.-Begriffes ist wichtig für den Werdegang des Geist-Begriffs. – Pneumatologie, die Lehre vom Geist.

Pöggeler, Otto, * 12. 2. 1928 Attendorn/Westf., Prof. in Bochum, Dir. d. Hegel-Archivs, arbeitet historisch auf dem Gebiet der phänomenolog. und hermeneutischen Philosophie; systematisch vom Ansatz einer hermeneutischen Philosophie ausgehend, befaßt er sich mit Fragen der praktischen Philosophie, der Philosophie d. Kunst und mit Methodologie der Geisteswissenschaften. – Schr. u. a.: Hegels Kritik der Romantik, 1956; Hegels Idee einer Phänomenologie des Geistes, 1973; Der Denkweg M. Heideggers, 1963; Hermeneutische Philosophie, 1972; Philosophie u. Politik b. Heidegger, [2]1974; (Hg.) Hegel, Einf. in seine Philosophie, 1977; Fragen der Forschungspolitik, 1980; Homburg v. d. Höhe in der dt. Geistesgeschichte, 1981; Heidegger und die hermeneut. Philos., 1983; Die Frage nach der Kunst. Von Hegel zu Heidegger, 1984; Spur des Worts: zur Lyrik Paul Celans, 1986.

A. Gethmann-Siefert (Hg.), Philos. u. Poesie: O. P. zum 60. Geburtstag, 1988.

Poetik (aus griech. *poiētikōs*, „gestaltend", „bildend"), von Aristoteles eingeführte Bezeichnung für die Wissenschaft von der Dichtkunst, der sprachlichen Kunstgestaltung, ihrer Natur, ihren Formen und Gesetzen, – eine weder theoretische (wie die Geometrie), noch praktische Wissenschaft (wie die Politik), sondern ein Wissen vom Gestalten und Herstellen; auch → Philosophie der Dichtung.

K. Hamburger, Die Logik der Dichtung, 1957; G. Wolandt, Philos. der Dichtung, 1965; J. Dalfen, Polis und Poiesis, 1974; H. Wiegmann, Gesch. der P., 1977; M. Fuhrmann, Einf. in die antike Dichtungstheorie, 1973; R. S. Zons, Randgänge der P., 1985; C. Esteban, Critique de la raison poétique, Paris 1987.

Poincaré, Henri, franz. Mathematiker und Philosoph, * 29. 4. 1854 Nancy, † 17. 7. 1912 Paris, das. seit 1886 Prof., beschäftigte sich bes. mit der Frage der Herkunft der wiss. Grundüberzeugungen. Die Mathematik ist ihm eine auf stillschweigenden denkerischen Übereinkünften beruhende Schöpfung des Geistes, d. h. ein willkürlich gesetztes Zeichensystem zur Darstellung realer Beziehungen (Konventionalismus). Ebenso sind ihm die Prinzipien der Physik freie Annahmen des Geistes: nicht wahr oder falsch, sondern bequem, gemäß den Erfahrungen, an denen sie entwikkelt wurden. Arbeitete bes. den Unterschied zw. Theorie und Hypothese scharf heraus. War antimechanistisch und antimaterialistisch eingestellt. – Hauptwerke: La science et l'hypothèse, 1902, dt. 1904; La valeur de la science, 1905, dt. 1906; Science et methode, 1908, dt. 1914; Dernières pensées, dt. 1913; Œuvres, I–XI, Paris 1916–56.

O. Henk, P.s Theorie der wiss. Methode, 1910; P. Appel, H. P., Paris 1925; J. Berubi, Les sources et les courants de la philosophie contemporaine en France, Paris 1933; J. Giedymin, Science and Convention, Oxford 1982.

Polarität (v. griech. *polos*, „Himmelsgewölbe am Pole"), gegensätzliches Verhalten, die Entfaltung einer Wesenheit nach zwei entgegengesetzten, doch aber sich gegenseitig bedingenden und ergänzenden Richtungen hin; Urspannung. Der Gedanke der P. des Weltseins und Weltgeschehens findet sich ausgeprägt bei Goethe in seiner Farbenlehre und in der Romantik, bes. bei Schelling.

A. Wellek, Die P. im Aufbau des Charakters, 1950; W. Rauschenberger, Das Weltgesetz der P., 1951; A. Silva-Tarouca, Philosophie der P., 1955; W. Bloch, P. und ihre Bedeutung für die Philos., 1972; O. Köhne, P., 1981.

Polemik (vom griech. *polemos*, „Krieg"), wiss. Streit, Wortkrieg, Federkrieg, Diskussion.

Polis, in Griechenland die etwa seit dem 6. Jh. v. Chr. bestehende, das

Königtum und die Adelsherrschaft ablösende bürgerlich-demokratische Verfassung; zugleich Bez. für die politische Gemeinschaft, der jeder natürlicherweise angehört, die ihn erzieht und schützt, die sein Betätigungsfeld darstellt, die zu schützen die erste Pflicht des Einzelnen ist. Die P. war heilig, vor ihrem Gericht erschienen selbst Götter (so bei Aischylos in den „Eumeniden"). Diese hohe Auffassung der P. geriet seit dem 4. Jh. v. Chr. allmählich in Verfall. Die P. wurde zur politischen Zweckgemeinschaft und zum Schauplatz von Interessen-, Macht- und Parteikämpfen.

V. Ehrenberg, Der griech. und der hellenist. Staat, 1932; B. Knauss, Staat und Mensch in Hellas, 1940; V. Ehrenberg, Von den Grundformen griech. Staatsordnung, 1961; J. Dalfen, P. und Poiesis, 1974.

Politeia (griech. „Staat"), Titel einer Schrift von Platon, enthält seine Staats-, Gerechtigkeits- und Gesellschaftslehre, dt. in KTA Bd. 111.

Politik (vom griech. *ta politiką*, „die Staatsgeschäfte"), nach Platon und Aristoteles die gesamte Wissenschaft von Gemeinschaft und (Stadt-)Staat (Polis). Heute versteht man unter P. im Sinne von Staatslehre die Wissenschaft von den Aufgaben und Zwecken des Staates und von den Mitteln, die dafür zur Verfügung stehen bzw. erforderlich sind. Hilfswissenschaften der P. sind: Geschichte, politische und Wirtschaftsgeographie, Staatsrecht, Völkerrecht, Soziologie, Volkswirtschaftslehre, Psychologie, Ethik. Die praktische P. ist die aktive Teilnahme am Staatsleben als Wähler, Abgeordneter, Minister usw. Sie ist weitgehend Parteipolitik, d. h. sie ist bestrebt, die Macht im Staate zu erlangen, um ein bestimmtes, im Parteiprogramm enthaltenes Staatsideal zu verwirklichen, wobei sie sich stets am Konfliktfall mit anderen Staaten zu orientieren hat (Primat der Außenp., P. als „die Kunst des Möglichen"). Staatskunst nennt man die P. des Staatsmannes, der von seinen Anhängern im Parlament gestützt wird, obwohl er sich ihren politischen Dogmen nicht unterwirft, sondern bei seinen Maßnahmen stets das Ganze des Staates im Auge behält. Staatsmänner dieser Art sind so selten, daß Bismarck ihre P. als Kunst bezeichnen konnte; vgl. → Staat, Staatsphilosophie. Die moderne systematische Erforschung des Politischen in Geschichte und Gegenwart wird z. Zt. unter der Bezeichnung Politologie betrieben, ohne daß es bisher gelungen ist, dafür einen abgrenzbaren eigentlichen Gegenstand der Forschung mit spezifisch politologischen Methoden näher zu bestimmen.

A. Grabowsky, P. im Grundriß, 1952; L. Freund, P. und Ethik, 1955; E. Weil, Philos. politique, Paris 1956, dt. 1964; R. Dahl, Modern Political Analysis, Rio de Janeiro 1956, dt. 1973; A. Brecht, Political Theory, Princeton 1959, dt. 1961; H. Lübbe, Politische Philos. in Deutschland, 1963; G. Kress/D. Senghaas (Hgg.), Politikwiss., 1969; K. M. Kodalle, P. als Macht und Mythos, 1973; K. H. Volkmann-Schluck, Polit. Philos., 1974; J. Derbolav, Pädagogik und P., 1975; U. Matz, P. und Gewalt, 1975; H. F. Spinner, Popper und die P., 1978; D. Sternberger, Drei Wurzeln der P., 1978; J. Habermas, Philos.-polit. Profile, 1981; K. Hartmann, Polit. Philos., 1981; R. Scruton, A Dictionary of Political Thought, New York 1982; W. Becker/W. Oelmüller (Hgg.), P. u. Moral. Entmoralisierung des Politischen?, 1987; E. Vollrath, Grundlegung einer philos. Theorie des Politischen, 1987.

polnische Philosophie. Als Anfangspunkt der philos. Entwicklung in Polen ist das Gründungsjahr der Universität Krakau (1364) anzunehmen. Das 15. Jh. ist die Blütezeit der polnischen Scholastik (Mathaeus von Krakau, † 1410). Ihr folgte eine aristotelisch-stoische

Renaissancephilosophie (Andreas Frycz-Modrzewski, 1503–72, Sebastian Petrycy, 1554–1627). In der zweiten Hälfte des 18. Jh. machte die Aufklärungsphilosophie der bis dahin herrschenden Neuscholastik ein Ende (Neugestaltung des Schul- und Universitätswesens 1773); Hauptvertreter sind Hugo Kollontaj (1750–1812), Stanislaus Staszic (1755–1826) und Jan Sniadecki (1756–1830). Die nachfolgende romantische Periode bemühte sich um eine universelle Philosophie des Absoluten: Bronislaus Trentowski (Priv.-Doz. in Freiburg im Breisgau, 1808–1869), Karol Libelt (1807–1875) sowie Josef Kremer (1806–75); hierher gehört auch der Messianismus, eine auf religiöser u. nationaler Grundlage aufgebaute historiosophische Synthese (J. M. → Hoëne Wronski; August Cieszkowski, 1814–94). Dem Messianismus stand später der Platonforscher Wincenty Lutoslawski (1863–1954) nahe. Es folgte ein szientistischer und sozialer Positivismus (Julian Ochorowicz, 1850–1917), zu dem parallel auch eine neuthomistische Bewegung lief (Marian Morawski, 1845–1901). Um 1900 gründete der Brentano-Schüler Kasimir Twardowski (1866–1938; Hauptwerk: Zur Lehre vom Inhalt und Gegenstand der Vorstellungen, 1894) eine analytische Richtung, die bald vorherrschend geworden ist, aber nach 1920 sich teils dem Neopositivismus näherte (Kazimierz Ajdukiewicz, 1890–1963 u. a.), teils die Gestalt des materialistisch gefärbten Reismus (Tadeusz Kotarbiński * 1886) annahm, teils endlich sich in enger Fühlung mit der westeuropäischen logistischen Bewegung in die polnische logische Schule (Jan Lukasiewicz, 1878–1956, Stanisław Leśniewski, 1886–1939, Alfred Tarski u. a.) verwandelte. Unabhängig von Twardowski entwickelten sich der Avenarius nahestehende Władysław Heinrich (1869–1957), der in seinen späteren Jahren sich der Soziologie widmende Florian Znaniecki (1882–1958), sowie der Phänomenologe Roman Ingarden (1893–1970). Endlich sind drei sich der Geschichte der Philosophie widmende Forscher: Konstanty Michalski (1879–1947), Aleksander Birkenmajer und Władysław Tatarkiewicz (1886–1980), der sich auch mit der Ästhetik beschäftigte, zu nennen. Nach dem 2. Weltkrieg ist neben die zahlreich vertretene analytische Richtung die marxistische Philosophie in den Vordergrund getreten, in deren Reihen die kritischen Marxisten A. Schaff und L. Kolakowski zu den hoffnungsvollen Denkern im neuen Polen zählen.

J. Pelc, Semantics in Poland (1894–1969), 1979; Z. Kuderowicz, Das philos. Ideengut Polens, 1988; D. Pearce/J. Wolenski (Hgg.), Log. Rationalismus. Philos. Schriften der Lemberg-Warschauer Schule, 1988.

Polybios, griech. Geschichtsschreiber, Staatsmann u. Offizier, * um 201 v. Chr. Megalopolis (Arkadien), † das. um 120, schrieb eine Weltgeschichte in 40 Büchern und prägte dabei die Idee der einen Weltgeschichte aus. Von der stoischen Vorsehungslehre aus gelangte er zu einer Geschichtsmetaphysik, die in der Geschichte einen Kampf der Völker und des Einzelnen gegen die Macht des Schicksals sieht.

F. Taeger, Die Archiologie des P., 1922; W. Wunderer, P., 1927; E. Mioni, *Politia*, 1949.

Polytheismus (aus griech. *polys*, „viel", und *theos* „Gott"), Vielgötterei, die Verehrung mehrerer oder vieler Götter. Gegensatz → Monotheismus.

Pomponatius, Petrus (Pietro Pomponazzi), ital. Philosoph, * 16. 9.

1462 Mantua, † 18. 5. 1525 Bologna, Lehrer in Padua, Ferrara und Bologna; leugnete (in der lat. Schrift „*De immortalitate animae*", 1516) im Anschluß an den spätantiken Aristoteliker → Alexander von Aphrodisias die Möglichkeit immaterieller individueller Geister und übernatürlichen Geschehens, die Willensfreiheit und die Unsterblichkeit der menschlichen Seele, soweit sie individuell und leibgebunden ist. Das Wesen des Menschen sieht er in seiner Fähigkeit, über die Natur hinauszugehen und eine sittliche Bestimmung zu erfüllen. Gegen Einwände der Kirche, deren jenseitsgerichtete Lohn- und Strafmoral er gleichfalls nicht anerkannte, schützte er sich durch die Lehre von der → doppelten Wahrheit. – *Opera*, Venedig 1525, Basel 1567.

E. Weil, Des P. P. Lehre von Mensch und Welt, Diss. Hamburg, 1928; P. O. Kristeller, Eight Philosophers of Italian Renaissance, Stanford 1964, dt. 1986; B. Nardi, Studi su P., Florenz 1965; A. Poppi, Saggi sul pensiero inedito di P., Padua 1970; M. L. Pine, P. P., Padua 1986.

Popper, Sir Karl Raimund, Prof. in London, * 28. 7. 1902 Wien, führender Kritiker und Gegner des Wiener Neupositivismus, arbeitet auf dem Gebiet der Erkenntnislehre, Wissenschaftstheorie der Physik, Biologie, Sozialwissenschaften sowie der Interpretation zur Wahrscheinlichkeitsrechnung, stets bemüht, die Fragwürdigkeit des positivistischen Standpunktes in allen modernen Problembereichen nachzuweisen. – Hauptwerke: Logik der Forschung, 1935; The Open Society and its Enemies, I–II, 1945, dt. 1957–58; The Poverty of Historicism, 1957; Conjectures and Refutations – The Growth of Scientific Knowledge, 1963; (zus. mit H. Marcuse) Revolution oder Reform?, hg. 1971; Objective Knowledge – An Evolutionary Approach, 1972, dt. 1973; (zus. mit J. Eccles) The Self and its Brain, 1977, dt. 1982; Die beiden Probleme der Erkenntnistheorie, 1979; Ausgangspunkte – Meine intellektuelle Entwicklung, 1979; Vermutungen und Widerlegungen, 1983.

M. Bunge (Hg.), The Critical Approach to Science and Philosophy, New York 1964; A. Wellmer, Methodologie als Erkenntnistheorie, 1967; H. Lenk, Neue Aspekte der Wissenschaftstheorie, 1970; P. A. Schilpp, The Philosophy of K. P., La Salle 1974 (mit Bibl.); F. Schupp, P.s Methodologie der Geschichtswiss., 1975; H. F. Spinner, Begründung, Kritik, Rationalität, 1977; H. Keuth, Realität und Wahrheit – Zur Kritik des kritischen Rationalismus, 1978; H. F. Spinner, P. und die Politik, 1978; O. P. Obermeier, P.s kritischer Rationalismus, 1980; P. Levison (Hg.), In Pursuit of Truth, New York 1982; W. Berkson, Learning from Error, La Salle 1984; G. Currie/A. Musgrave (Hgg.), P. and the Human Sciences, Den Haag 1985; K. Pähler, Qualtitätsmerkmale wiss. Theorien. Zur Logik u. Ökonomie der Forschung, 1986; A. F. Utz, Die offene Gesellschaft und ihre Ideologien, 1986; E. Döring, K. R. P., 1987; L. Schäfer, K. R. P., 1988.

Popularphilosophen nennt man eine Gruppe von Schriftstellern des 18. Jh., die die Lehren der Aufklärungsphilosophie, bes. die Philosophie Wolffs, auch den Nichtfachleuten verständlich zu machen suchten. Zu den P. werden vor allem gerechnet: J. J. Engel, Friedrich Nicolai, H. S. Reimarus, E. Platner, Thomas Abbt, Chr. Garve, Karl Frd. Pockels, J. G. Sulzer. „Die Beförderung der menschl. Glückseligkeit wird Zweck u. Aufgabe der P., deren Reden weithin zu schaler Moralpredigt herabsinkt" (K. Vorländer). Heute nennt man Popularphilosophie eine literarische Behandlung philos. Themen, bei der auf das mangelnde Sachverständnis und die Vorurteile der Leser in einer den wissenschaftl. Wert der Darstellung beeinträchtigenden Weise Rücksicht genommen wird; dies vor allem durch die Versuche, anschauliche, allgemein verständliche Erklärungen und „Weltbilder“ vorzulegen.

D. F. Strauß, H. S. Reimarus, 1862; D. Bachmann-Medick, Die ästhet. Ordnung des Handelns. Moralphilos. u. Ästhetik in der Popularphilos. des 18. Jh.s, 1989; W. Ch. Zimmerli, Öffentliche Vernunft, 1990.

Porphyrios, griech. Philosoph, * 232/33 Tyros, † 304 Rom, Neuplatoniker; als Biograph und Herausgeber Plotins machte er dessen Lehre durch klare, gefällige Darstellung dem allg. Verständnis zugänglich, kommentierte platonische und aristotelische Schriften, verfaßte die „Einführung in die Kategorienlehre des Aristoteles“ (deren Text noch heute dem der „Kategorien“ des Aristoteles vorangedruckt zu werden pflegt); sie behandelt die Prädikabilien. Seine Kampfschrift „Gegen die Christen“ wurde (448) unter Theodosios II. vernichtet, es ist davon wenig erhalten geblieben, ebenso wenig von seiner Gesch. der antiken Philosophie. – Hauptwerke: Eisagoge (entst. nach 268), 1473/78, dt. 1920; Kata Christianon (entst. um 270), dt. 1911.

L. Bidez, Vie de P., Paris 1913 (mit Bibl.); I. Düring, Ptolemaios und P. über die Musik, 1934; H. Dörrie, P.s Symmikta Zetemata, 1959; A. Smith, P.s Place in the Newplatonic Tradition, Den Haag 1974; C. Evangelion, Aristotle's Categories and Porphyry, Leiden 1988.

Portmann, Adolf, Zoologe, Prof. in Basel, * 27. 5. 1897 das., † 28. 6. 1982 ebda., Begründer einer neuen Anthropologie, die im Gegensatz zur neudarwinistischen Genetik die biolog. und psychosomatische Entwicklung nicht restlos aus Mutationen, auch nicht allein aus der schaffenden Potenz des Plasmas abzuleiten sucht, sondern von dem Standpunkt ausgeht, daß das Wesen der höheren Gestalten sich niemals aus den Bedingungen der niederen Formen erklären läßt. Entgegen der Entwertung des Geistes zugunsten des Unbewußten muß die geistige Überlegenheit im leib-seelischen Gesamtmenschen als primär und autonom interpretiert werden. – Hauptwerke: Biologische Fragmente zu einer Lehre vom Menschen, 1944; Die Tiergestalt, 1948; Das Tier als soziales Wesen, 1953; Biologie und Geist, 1956; Neue Wege der Biologie, 1960; Wir sind unterwegs – Der Mensch und seine Umwelt, 1971; An den Grenzen des Wissens, 1974.

R. Kugler, Philos. Aspekte der Biologie A. P.s, 1957; G. v. Wahlert, A. P., 1972 (mit Bibl.); J. Illies, Das Geheimnis des Lebendigen, 1976 (mit Bibl.); Helmut Müller, Philos. Grundlagen der Anthropologie A. P.s, 1988.

Port-Royal, Zisterzienserkloster südwestl. von Versailles (P.-R. des Champs), gegr. 1204, unter A. → Arnauld in die Pariser Vorstadt Saint-Jacques verlegt (P.-R. de Paris); heute Zisterzienserinnenkloster. Die ursprüngliche Gründung (P.-R. des Champs) wurde nach 1640 zum Mittelpunkt des → Jansenismus; → Nicole. Von P.-R. aus bekämpfte → Pascal die Jesuiten. Das Kloster wurde 1710 auf königlichen Befehl niedergebrannt. – Texte: M. Catel (Hg.), Ecrivains de Port-Royal, Paris 1962.

J. de Saint-Beuve, P.-R., I–VII, Paris 1837–38; E. D. Romanes, Story of P.-R., London 1907; A. Gazier, Histoire générale du mouvement janséniste, I–II, Paris 1922; A. Chastagnol, Chroniques de P.-R., Paris 1965; M. Pawson/D. Buisseret, P.-R., Jamaica 1975.

portugiesische Philosophie. Portugal ist bisher philosophisch wenig hervorgetreten. Das wichtigste Ereignis im 16. Jh., mit dem die p. Ph. einen sichtbaren Aufschwung erlebte, ist die Regeneration der Scholastik, der langsam die Einsicht in die Bedeutung von empirischem Wissen folgt. In der Gegenreformation spielte die (Jesuiten-) Schule von Coimbra eine Rolle, bes. Pedro de Fonseca (1528–1599), der bis nach Dtl. wirkte. Portugal blieb jedoch unberührt vom revolutionären Erwachen des Denkens in der Renaissance und in der Folgezeit. Die feste Haltung in der Tradition des christl. Glaubens galt auch in den späteren Jh.n als Stärke der p. Denker. Der Klerikalismus in der p. Ph. wurde dann erst im letzten Drittel des 19. Jh. durch einige Positivisten u. Kantianer durchbrochen. Nach dem 2. Weltkrieg wurden in der p. Ph. deutsche philosoph. Einflüsse spürbar.

M. Uedelhofen, Die Logik des Petrus Fonseca, 1916; L. Baum, Pedro da Fonseca und seine Metaphysik, 1923; Revista Portuguesa de Filosofia, 1945 ff.; P. Gomes, História da filosofia portugesa, I–II, Porto 1981/83.

Poseidonios, griech. Philosoph, * um 135 Apameia in Syrien, † 51 v. Chr. Insel Rhodos, einflußreichster Denker der mittl. Stoa, Leiter der von Panaitios in Rhodos gegründeten Schule, wo Cicero und Pompeius ihn hörten, der vielleicht universalste Gelehrte seiner Zeit; zugleich Philosoph, Naturforscher, Mathematiker, Astronom, Geograph, Historiker und Ethnograph, schuf er ein nur in Bruchstücken erhaltenes eklektizistisches philos.-wiss. System, das den dualistisch in Leib und in (zur Strafe in den Leib eingekerkerte) Seele aufgespaltenen Menschen im Mittelpunkt der göttlichen Allnatur sieht. „Durch die Verbindung eines ausgesprochenen Wirklichkeitssinnes mit einem nicht minder entwickelten Gefühl für das Irrationale in Welt und Menschenleben sowie durch die geistreiche und gefällige Form der Darstellung in seinen zahlreichen Schriften gewann er einen ungeheuren Einfluß auf das Fühlen und Denken der Mit- und Nachwelt" (W. Nestle). – Texte: W. Nestle (Hg.), Die Nachsokratiker, II, 1923; P. – Die Fragmente, I–II, 1981–82.

P. Reinhardt, P., 1921; P. Reinhardt, Kosmos und Sympathie – Neue Untersuchungen über P., 1926; P. Schubert, Die Eschatologie des P., 1927; K. Schindler, Die stoische Lehre von den Seelenvermögen bei Panaitios und P., 1934; G. Pfligersdorffer, Studien zu P., 1950; K. Schmidt, Kosmolog. Aspekte im Geschichtswerk des P., 1980; J. Malitz, Die Historien des P., 1983.

Position (lat.), Setzung, Bejahung, Behauptung; Lage, Stellung.

positiv (lat.), bejahend; wirkl. vorhanden, tatsächlich, nachweisbar.

Positivismus, im philosoph. Sinne seit → Comte Bez. für eine Richtung der Philosophie u. Wissenschaft, die vom „Positiven", d. h. vom Gegebenen, Tatsächlichen, Sicheren, Zweifellosen ausgeht, ihre Forschung und Darstellung darauf beschränkt und metaphysische Erörterungen für theoretisch unmöglich, praktisch nutzlos ansieht. Eine Frage, auf die es nur eine Antwort gibt, die durch Erfahrung nicht kontrolliert werden kann, nennt der P. eine „Scheinfrage" (→ Verifikation). Das System des P. wurde von Comte geschaffen, vor Comte wurde der P. von Hume, d'Alembert u. Turgot vertreten. Der positivistische Grundbegriff „Tatsache" ist umstritten und wird auch innerhalb des P. sehr verschieden gedeutet. Einig sind sich sämtliche Positivisten, d. h. Anhänger des P., darüber, daß sich der P. engstens an das Weltbild und die Methoden der Naturwissenschaften anlehnen müsse. Teilweise erschöpft sich der P. in einer Antiphilosophie gegen Rationalismus, Idealismus, Spiritualismus, während er sich dem Materialismus, Mechanismus, Sensualismus zuwendet; → Physikalismus. Dem P. entgegengesetzt ist der → Intuitionismus. Zahlreiche Anhänger hat der klassische P. in Frankreich (außer Comte u. a.: Littré, Taine, Renan) u. England (J. St. Mill, Spencer) gefunden. Dt. Positivisten waren u. a. Ludwig Feuerbach, Dühring, Jodl, Schuppe, Avenarius (→ Empiriokritizismus). Als phänomenalistische Positivisten (von denen der Neupositivismus ausging) bezeichnet man E. Mach, Cornelius, Ziehen, Verworn, die allein die Empfindungen als gegeben ansehen. → Neupositivismus.

R. Carnap, Scheinprobleme in der Philos., 1928; L. Grunicke, Der Begriff der Tatsache in der positivist. Philos. des 19. Jh.s, 1930; W. Bröcker, Dialektik, P., Mythologie, 1958; K. D. Heller, Ernst Mach – Wegbereiter der modernen Physik, 1964; J. Blühdorn/J. Ritter (Hgg.), P. im 19. Jh., 1971; H. Rieber, Vom P. zum Universalismus, 1971; H. Schnädelbach, Erfahrung, Begründung und Reflexion – Versuch über den P., 1971; E. Mohn, Der logische P., 1978; W. Ettelt, Die Erkenntniskritik des P., 1979; I. Schüssler, Philos. und Wissenschaftsp., 1979; D. Tripp, Der Einfluß des naturwissenschaftl. philos. und histor. P. auf die dt. Rechtslehre des 19 Jh.s, 1983; C. G. Bryant, Positivism in Social Theory and Research, New York 1985.

Positivismus im religiösen Sinn heißt der Standpunkt der positiven (geoffenbarten) Religion, im Gegensatz zur „Vernunftreligion" der Rationalisten.

Possest (aus lat. *posse,* „können", u. *est,* „ist"), das Seinkönnen, bei Nikolaus Cusanus das Zusammenfallen von Potenz und Akt (→ Neuthomismus) im Göttlichen.

Possibilität (lat.), Möglichkeit.

post hoc (lat.), danach, post hoc, ergo propter hoc „danach, also auf Grund dessen"; Trugschluß, bei dem von einer zeitlichen Aufeinanderfolge von Ereignissen auf deren ursächliche Verknüpfung geschlossen wird. → Kausalität.

Poststrukturalismus, auch Neostrukturalismus oder Dekonstruktivismus, eine Ende der sechziger Jahre in Frankreich einsetzende Abspaltung und Radikalisierung des → Strukturalismus. Der P. radikalisiert die vom Strukturalismus postulierte Priorität des sprachlichen Systems vor dem Ich zu einer Philosophie ohne Subjekt, bzw. des dezentralisierten Subjekts; er distanziert sich von dem systematischen, ganzheitlichen Strukturbegriff des älteren Strukturalismus und dem Prinzip der binären Opposition und nimmt als Grundstruktur die unendliche Substitution der Signifikanten und das Prinzip der Pluralität an. Mittels des hermeneutischen Verfahrens der Dekonstruktion soll der Logozentrismus der abendländischen Philosophie entlarvt und das Partikulare, das Nichtidentische als irreduzible Gegebenheit zur Geltung gebracht werden. Vertreter des von Nietzsche, Heidegger und Freud inspirierten franz. P. sind → Derrida, →Foucault und → Lacan. Auch als Verfahren der hermeneutischen Rekonstruktion der Philosophiegeschichte gewinnt der P. in der Universitätsphilosophie wie auch in der Literaturwissenschaft in Deutschland und in den USA zunehmend an Bedeutung.

M. Foucault, Les mots et les choses, Paris 1966, dt. 1971; J. Derrida, De la grammatologie, Paris 1967, dt. 1974; J. Derrida, L'écriture et la différence, Paris 1967, dt. 1972; J. Lacan, Le Séminaire de J. L., Iff., Paris 1975ff., dt. 1978ff.; F. A. Kittler, Die Austreibung des Geistes aus den Geisteswissenschaften – Programme des P., 1980; M. Frank, Was ist Neostrukturalismus?, 1983; M. Sarup, An Introductory Guide to Poststructuralism and Post-modernism, London 1988; P. Engelmann (Hg.), Postmoderne und Dekonstruktion, 1990 (RUB 8668).

Postulat (vom lat. *postulare*, „fordern"), Forderung, sachlich bzw. denkerisch notwendige Annahme, die eines strengen Beweises entbehrt, aber auf Grund von Tatsachen oder aus systematischen oder praktischen Erwägungen gesetzt und glaubhaft gemacht werden muß. Die grundlegenden Forderungen in der Mathematik werden statt P.e Axiome genannt (→ Axiom). Ein P. der praktischen Vernunft ist nach Kant „ein *a priori* gegebener, keiner Erklärung seiner Möglichkeit (mithin auch keines Beweises) fähiger praktischer [NB: sittlicher] Imperativ" (s. auch postulatorischer → Atheismus). Kants „Postulate der praktischen Vernunft" sind: Freiheit des Willens, Unsterblichkeit der Seele, Gott.
Als Postulate des empirischen Denkens überhaupt formuliert Kant die Sätze: „1. Was mit den formalen Bedingungen der Erfahrung (der Anschauung und den Begriffen nach) übereinkommt, ist möglich. 2. Was mit den materiellen Bedingungen der Erfahrung (der Empfindung) zusammenhängt, ist wirklich. 3. Was im Zusammenhang mit dem Wirklichen nach allgemeinen Bedingungen der Erfahrung bestimmt ist, ist (existiert) notwendig."

Potentialität (vom lat. *potentia*, „Vermögen, Kraft, Wirksamkeit"), in der Scholastik die der Materie zugeschriebene Möglichkeit, etwas zu werden; gegenwärtig eine der lebenden Substanz innewohnende Tendenz oder Disposition, die ihr Ziel unter gewissen günstigen Umständen erreicht.

potentiell (lat.), anlagemäßig möglich, wirkungsfähig; der Möglichkeit nach vorgegeben. Gegensatz: → aktuell. – Potentielle Energie (Zustandsenergie), ruhende, nicht wirkende Energie.

Potenz (lat.), Möglichkeit, innewohnende Kraft, Vermögen, Leistungs-, Wirkungsfähigkeit. Es wird dabei unterschieden zwischen P. als Möglichkeit zum Tun und P. als Möglichkeit eines Subjektes, sich verändern zu können; außerdem zw. passiver u. aktiver P. Akt-P.-Lehre → Neuthomismus, → Akt.

N. Hartmann, Möglichkeit und Wirklichkeit, 1938; J. Stallmach, Dynamis und Energeia, 1959.

Prädestination (lat.), die Vorherbestimmung des Menschen schon vor bzw. bei seiner Geburt durch Gottes unerforschlichen Willen, und zwar entweder als Gnadenwahl zur Seligkeit (ohne Verdienst) oder als Prädamnation zur Verdammnis (ohne Schuld), gelehrt von Augustinus und nach ihm vom Jansenismus, von Luther, Zwingli und Calvin; ähnlich Prädeterminismus.

G. Nygren, Das P.sproblem in der Theologie Augustins, 1956; G. Kraus, Vorherbestimmung, Traditionelle P.slehren im Licht gegenwärtiger Theologie, 1977; F. Brosche, Luther on Predestination, Uppsala 1978.

Prädikabilien (vom lat. *praedicare*, „aussagen"), 1. nach Aristoteles bzw. Porphyrios die fünf logischen Begriffe: Gattung, Art, artbildender Unterschied, wesentliches Merkmal, unwesentliches Merkmal; 2. nach Kant die aus seinen Kategorien abgeleiteten Verstandesbegriffe, im Gegensatz zu den Prädikamenten, d. h. zu den Kategorien. P. sind die Begriffe der Kraft, der Handlung, des Leidens, des Entstehens, Vergehens, der Veränderung u. a.

I. Kant, Kritik der reinen Vernunft 1781; F. A. Trendelenburg, Log. Untersuchungen, I–II, 1840; J. Geyser, Grundlagen der Logik und Erkenntnislehre, 1909.

Prädikat (lat.), ist das, was von einem Subjekt ausgesagt wird; prädikative Formulierung: eine Aussage mit einem Prädikat, z. B. „die Materie ist ausgedehnt"; in logischen Formeln mit P bezeichnet. Prädikatives Denken, die Eigentümlichkeit des rationalen Denkens, nur die P.e eines Subjektes, nicht aber das Subjekt selbst erfassen zu können. So ist z. B. die Definition eine Aufzählung der einem Ding zukommenden P.e, erreicht aber nie den Träger dieser P.e. Nach Analogie der Subjekt-P.-Beziehung betrachtet man das Ich und seine psychischen Akte, das Volk und die Erscheinungsformen des objektiven Geistes usw. Die Gesamtheit der P.e einer Gegebenheit ist das, was über die Gegebenheit rational ausgesagt werden kann. Über *Prädikator* und *P.enkalkül* → Logistik.

H. Rickert, Die Logik des P.s, 1930; F. v. Kutschera, Elementare Logik, 1967; F. v. Kutschera/A. Breitkopf, Einf. in die moderne Logik, 1970; W. Carl, Existenz und P.ion, 1974; E. Tamm, Leere und mehrdeutige Namen in der klassischen Prädikatenlogik, 1983; T. Bucher, Einf. in die angewandte Logik, 1987.

Präexistenz (lat.), früheres Dasein, → Metempsychose; eine P. der Seelen, ihre Existenz vor ihrer Einkörperung, lehrte u. a. Platon (→ Anamnese).

Präskription, P.en sind alle Arten von Vorschriften, Geboten, Normen, Pflichten, Regeln. P.en beschreiben, im Unterschied zu Deskriptionen, nicht Tatsachenaussagen, sondern mit ihnen wird etwas vorgeschrieben; sie nennen das, was der Fall *sein soll*. → Moral → Norm → Ethik.

R. M. Hare, The Language of Moral, London 1967, dt. 1972; G. Grewendorf/G. Meggle (Hgg.), Seminar – Sprache und Ethik, 1974.

pragmatisch, praktisch, das Handeln betreffend, der Praxis dienend; den Zusammenhang der Begebenheiten, ihre Ursachen und Folgen betreffend, z. B. p.e Geschichtsschreibung.

Pragmatismus, seit dem amerik. Philosophen → Peirce die Bez. für eine philos. Einstellung, die im Handeln (griech. *pragma, praxis*) des Menschen sein Wesen ausgedrückt findet und Wert und Unwert auch des Denkens in eine enge Beziehung dazu setzt. Peirces „pragmatische Maxime" gibt zunächst eine Methode der Begriffsklärung an: „Überlege, welche Wirkungen, die denkbarerweise praktische Relevanz haben könnten, wir dem Gegenstand unseres Begriffs in unserer Vorstellung zuschreiben. Dann ist unser Begriff dieser Wirkungen das Ganze unseres Begriffes des Gegenstandes" (CP 5.402). Anders als der Vulgärp. setzt Peirce Wahrheit nicht mit faktischem Erfolg gleich. Er bindet das Denken in einen Prozeß von Zweifel und Überzeugung innerhalb einer prinzipiell falliblen Handlungs- und Dialoggemeinschaft ein (→ Sokrates). Der Konsens über Handlungs*regeln* soll eine Handlungssicherheit wiederherstellen, die sich nicht auf untrügerische erste geistige oder sinnliche Gegebenheiten stützen läßt (→ Popper). Die Methode der Begriffsklärung ist somit Teil einer Handlungs- und Konsenstheorie. Auch in seiner Ethik wendet sich Peirce ausdrücklich gegen einen individualistischen Hedonismus und setzt als summum bonum die langfristige Herausarbeitung einer „konkreten Vernunft" an. Erst → James, der den P. populär gemacht hat, geht von einem unmittelbaren Erfolgsdenken aus und verwischt den Unterschied zwischen faktischem und idealem

Konsens. → Dewey bezieht sich in seinem → Instrumentalismus vor allem auf die naturwissenschaftliche Methode als optimales Instrument im Lebenskampf. Wahrheit hat sich im experimentellen Erfolg, auch im sozialen Handeln, zu bewähren. In seiner Pädagogik betont Dewey den Wert praktischer Schulfächer und entwickelt von der Konsenstheorie her ein demokratisches Erziehungsmodell. Einen P. als subjektivistisches Erfolgsdenken vertritt am ehesten F. C. S. → Schiller. Die Bedeutung der *Philosophie* des P. in der Entwicklung der modernen Philosophie seit Kant wird gegenwärtig zusehends deutlicher, etwa für die Sprach-, Sozial-, Wissenschaftsphilosophie und die Semiotik (→ Apel, → Habermas, → Oehler).

W. James, Pragmatism, London 1907, dt. 1977; J. v. Kempski, C. S. Peirce und der P., 1952; A. Rorty (Hg.), Pragmatic Philosophy, New York 1966; A. J. Ayer, The Origins of Pragmatism, London 1968; C. W. Morris, The Pragmatic Movement in American Philosophy, New York 1970; R. J. Bernstein, Praxis and Action, London 1974, dt. 1975; E. Martens (Hg.), Texte der Philos. des P., 1975; H. Stachowiak (Hg.), Pragmatik. Handbuch pragmat. Denkens, I–III, 1986–89; R. Rorty, Contingency, Irony and Solidarity, Cambridge 1989, dt. 1989.

Prägnanz (vom lat. *praegnans*, „schwanger, trächtig"), gehaltvolle Kürze, Gedrängtheit und Schärfe des Ausdrucks; prägnant, kurz, aber inhaltsreich, bedeutungsvoll. – In der Psychologie nennt man prägnant oder ausgezeichnet eine Struktur (→ Gestaltqualitäten), durch die sich das Wesen einer bestimmten Gegebenheit am reinsten und zwingendsten verkörpert; eine Reihe ähnlicher Gegebenheiten kann man nach P.-bereichen und P.stufen (→ Begriff) ordnen; → Gestalt.

Prakriti od. Pradhana (Sanskrit), in der Sankhyaphilosophie das Ursprüngliche, die Urmaterie, die Elemente, aus denen alles hervorgeht, – die Natur, die Materie; → indische Philosophie.

praktisch (vom griech. *prạttein*, „handeln"), auf das Tun, das Handeln bezüglich, für das Handeln brauchbar. Praxis (grch.) Handlung (Gegensatz → Theorie). P. Philosophie heißt die Philosophie, sofern sie auf das Handeln gerichtet ist, also etwa auf sittliches Handeln und nicht auf die Ethik als bloße Praxiologie. P.e Vernunft nennt Kant die Prinzipien und Gesetze des Handelns in ihrer Gesamtheit; → pragmatisch.

M. Riedel, Rehabilitierung der p.en Philos., I–II, 1972–74; A. Baruzzi, Was ist p.e Philos.?, 1976; J. Derbolav, Kritik und Metakritik der Praxeologie, 1976; P. Baumanns, Einf. in die p.e Philos., 1977; W. Wieland, Aporien der p.en Vernunft, 1989.

prälogisch, vorlogisch, nennt man das natürliche, emotionale, → einfallmäßige Denken, das sich zunächst ohne die Kontrolle der Ratio seines Gegenstandes zu bemächtigen sucht; es bereitet dem logischen Denken den Weg, läßt intuitive Einsichten erst formulierbare Gestalt annehmen.

Prämissen (vom lat. *praemissum*, „das Vorausgeschickte"), heißen die Vordersätze eines → Schlusses; die Voraussetzungen, von denen man ausgeht, um etwas folgern zu können.

prämundan (aus lat. *prae*, „vor", und *mụndus*, „Welt"), vor der Welterschaffung existierend, vorweltlich.

prästabilisierte Harmonie (aus lat. *prae*, „vorher", u. *stạbilis*, „feststehend"), Ausdruck von Leibniz, → Harmonie.

Präsumption (vom lat. *praesumere*, „vorwegnehmen"), Vermutung, Annahme aus Gründen der Wahrscheinlichkeit, auch aus Gründen des „gesunden Menschenverstandes".

Prauss, Gerold, * 25. 5. 1936 Troppa/Sudetenland, Prof. in Münster/W., befaßt sich insbesondere mit der Philosophie Kants und des Dt. Idealismus, speziell mit deren Theorien vom Erkennen und Handeln des menschlichen Subjektes; versucht, durch kritische Aneignung und Weiterführung Kants, die Einheit von Subjektivität als die von Theorie und Praxis derselben zu konstituieren und damit den Ansatz der Transzendentalphilosophie weiter zu begründen und durchzuführen. – Schr. u. a.: Platon und der logische Eleatismus, 1966; Erscheinung bei Kant. Ein Problem der „Kr. d. r. V.", 1971; Kant und das Problem der Dinge an sich, [2]1977; Erkennen und Handeln in Heideggers „S. u. Z.", 1976; Einführung in die Erkenntnistheorie, 1980; Kant über Freiheit und Autonomie, 1983; (Hg.), Handlungstheorie u. Transzendentalphilos., 1986.

Priestley, Joseph, engl. Theologe u. Philosoph, * 13. 3. 1733 Fieldhead (Yorkshire), † 6. 2. 1804 Northumberland (Pennsylvanien, USA), auch als Physiker u. Chemiker bedeutend (Entdecker des Sauerstoffs, 1771), neben Hartley Mitbegründer der → Assoziationspsychologie, die er mehr noch als Hartley physiologisch unterbaute und in seinen „Untersuchungen über Materie und Geist" (1777) materialistisch zuende dachte; führte Vorstellungen und Willensentschlüsse auf Gehirnschwingungen zurück und betrachtete die Psychologie als Physik des Nervensystems. – Hauptw.: *Essay on the First Principles of Government*, 1768; *Experiments and Observations on Different Kinds of Air*, 6 Bde., 1774–86; *Harleys Theory of Human Mind on the Principles of the Associations of Ideas*, 1775; *The Doctrine of Philosophical Necessity*, 1777; *Free Discussion of the Doctrines of Materialism*, 1778; *Lectures on History and General Policy*, 1788. *Works*, 26 Bde., 1817–32; *Writings*, hg. v. J. H. Passmore, 1965.

J. Carry, *The Life of J. P.*, 1804; B. Schoenkland, Hardley und P., 1882; G. Thorpe, *J. P.*, 1906; H. Metzger, *Attraction universelle et religion naturelle chez quelques commentateurs anglais de N.*, 1938; S. E. Toulmin, *Crucial Experiments: P. and Lavoisier*, 1957.

primär (lat.), zuerst, ursprünglich; Gegensatz: – sekundär.

Primat (lat.), erste Stelle, Vorherrschaft. – Kant lehrt den „P. der prakt. Vernunft", d. h. vertritt die Überzeugung, daß das Sittlich-Praktische den Vorrang vor dem Beschaulich-Theoretischen haben soll, daß also der Mensch in erster Linie ein zum (sittlichen) Handeln bestimmtes Wesen sei.

Kant, Kritik d. prakt. Vernunft; M. Riedel (Hrsg.), Was heißt P. der Praxis?, 1972.

Prinzip (lat.), Mehrzahl: Prinzipien, im subjektiven Sinne: Grundsatz, Voraussetzung (Denk-P.); → Maxime (P. des Handelns); im objektiven Sinne: Ausgangspunkt, Urgrund, Erstes (Real-P., P. des Seins). Aristoteles versteht unter P., objektiv, die erste Ursache: das, woraus etwas ist oder wird. Kant faßt das P. subjektiv auf; er unterscheidet konstitutive Prinzipien (zum bloß empirischen Gebrauch) und regulative (zum bloß transzendentalen oder bloß praktischen Gebrauch). Als letztes objektives (metaphysisches) P. haben die verschiedenen Denker das, inhaltlich genommen, Allerverschiedenste gesetzt: Thales das Wasser, Anaximander das qualitativ unbestimmte, unendliche „*apeiron*“, Anaximenes die Luft, Heraklit das Feuer (Äther), Pythagoras die Zahl, Anaxagoras die Homöomerien, Empedokles die vier Elemente und dazu Haß und Liebe, Demokrit die Atome, Platon die Ideen, Aristoteles Form und Materie, die Stoa das Pneuma, Epikur die Atome, Spinoza die Substanz, Leibniz die Monaden, Fichte das Ich, Schelling das Absolute, Hegel die Idee, d. h. die bei sich selbst seiende Vernunft, Schopenhauer den Willen, E. von Hartmann das Unbewußte. Der Wirklichkeitsbegriff der Gegenwartsphilosophie läßt die Zurückführung allen Seins und Geschehens in der Welt auf ein einheitliches innerweltliches P. nicht mehr zu.

A. Lumpe, Der Terminus P. *(arche)* von den Vorsokratikern bis auf Aristoteles, in „Archiv f. Begriffsgesch.“, Bd. I, S. 104ff. 1955.

Probabilismus (lat.), Wahrscheinlichkeitsstandpunkt; 1. die Ansicht, daß das Wissen nur Wahrscheinlichkeitswert habe, da das Wahre nicht erkennbar sei; 2. ein moralisches Prinzip, wonach ein Gesetz so ausgelegt werden kann, wie es für die Betätigung der menschl. Freiheit am günstigsten ist, wenn stichhaltige und ernste Gründe dafür sprechen, daß der Gesetzgeber keine mit solcher Betätigung vereinbare Verpflichtung auferlegen wollte; Gegensatz: → Rigorismus. – Pascals Kampf gegen den P. der Jesuiten zielte auf eine Lehre, wonach der Christ jede Meinung eines ernsten Doktors der Theologie für „probabel“ (annehmbar) halten und sich bei seinen Handlungen darauf berufen könne, auch wenn sie im Gegensatz zu den Geboten der Evangelien, der Päpste, der Kirchenväter oder der Konzilien stehe; gäbe es über denselben Sachverhalt mehrere voneinander abweichende probable Meinungen, so dürfte er die angenehmere und günstigere wählen; bei gleichermaßen wahrscheinlichen Meinungen spricht man von Äqui-P.

A. Schmitt, Zur Gesch. des P., 1904; B. Pascal, Briefe gegen die Jesuiten, dt. 1907; R. Carnap, Logical Foundation of Probability, London 1950; L. J. Cohen, An Introduction to the Philosophy of Induction and Probability, Oxford 1989.

Problem (vom griech. *problema*, „das Vorgelegte“), eine ungelöste, zwecks ihrer Lösung bearbeitete Aufgabe oder Frage; → Erkenntnis. – Das P.bewußtsein (dessen Existenz selbst ein P. ist) vermittelt die Einsicht, daß ein Erkenntnisgegenstand u. U. nicht vollständig erfaßt ist, es ist ein Wissen um das Nichtwissen; → Fragen.

H. Wein, Untersuchungen über das P.bewußtsein, 1937; W. Hartkopf, Die Strukturformen der P.e, 1958.

problematisch, fraglich, fragwürdig, zweifelhaft, unentschieden; p. ist ein → Urteil, bei dem das Bejahen oder Verneinen als bloß möglich angenommen wird: es kann sein, es kann aber auch nicht sein.

M. Landmann, Problematik, 1949.

Prodikos von Keos, Sophist, jüngerer Zeitgenosse des Protagoras, gab der sophistischen Haltung ein ethisch-rel. Gepräge, beschäftigte sich mit der Sprachwissenschaft und begründete die Synonymik, d. i. die Kenntnis und Unterscheidung sinnverwandter Wörter. P. wird auch der Mythus von Herakles am Scheideweg zugeschrieben. – Texte: H. Diels/W. Kranz, Die Fragmente der Vorsokratiker, II, 1903, [17]1974.

O. A. Baumhauer, Die sophistische Rhetorik, 1986.

Profil (aus lat. *pro*, „gemäß“, und *filum*, „Faden“), Darstellung des senkrechten Schnittes durch einen Körper, z. B. durch ein Stück Erdoberfläche; in der Psychologie spricht man von dem Eigenschaftsprofil, dem Farbprofil usw. und meint damit die Eigenschaften, Färbungen usw. eines Bewußtseinsinhaltes, insofern sie sich anschaulich (so wie Berge und Täler in einem Geländeprofil) voneinander unterscheiden.

Progreß (lat.), → Fortschritt; *progressus in infinitum*, Fortschritt zum Unendlichen; progressiv, fortschrittlich, fortschreitend (Gegensatz: konservativ oder → regressiv).

Projektion (lat.), Hinausverlegung; P. der Empfindungen: Bez. für die Tatsache, daß wir die Objekte, d. h. die Reizgrundlage unserer Wahrnehmungen, als außerhalb unseres Leibes befindlich annehmen und, im normalen Falle, nicht in unseren Sinnesorganen lokalisieren, daher die Objekte einer Außenwelt zurechnen. → Außenwelt.

Proklos, griech. Philosoph, * 410 Konstantinopel, † 485 Athen, das. Schulhaupt der Neuplatoniker, der „große Scholastiker“ d. Spätantike, unter dem der Neuplatonismus seine letzte Blüte erreichte. P. arbeitete den neuplatonischen Grundbegriff der Emanation klar heraus (Heraustreten, Rückverbundenheit, Rückkehr zum All-Einen, zu Gott) und unterschied bereits zw. intellektuell *(a priori)* und intelligibel (transzendent.). Bevölkerte, im übrigen zu asiatischen Spekulationen neigend, das Zwischenreich zwischen Gott und Mensch mit Engeln, Herren (Archonten) und Dämonen. Seine Ethik fordert die Vertiefung in das Ur-Eine. P.' Hauptwerk ist die für die Scholastik des MA. sehr bedeutsame „Theologische Elementarlehre“; außerdem schrieb er große Kommentare zu Platons Dialogen und einen Euklid-Kommentar (dt. hrsg. v. M. Steck, 1945), der in seinen beiden Vorreden die Tätigkeiten der Platonischen Akademien schildert. – Hauptwerke: Peri tes kata Platona theologias, 1568, griech./frz. hg. 1968 ff.; Stoicheosis theologike, 1583, hg. ²1963; De providentia et fato et eo quod in nobis ad Theodoricum mechanicum, 1717, dt. 1980; De malorum subsistentia, 1820, dt. 1978.

N. Hartmann, Des P. Diadochus philos. Anfangsgründe der Mathematik, 1909 (Repr. 1969); A. J. Friedl, Die Homer-Interpretation des P., 1935 G. Martano, L'uomo e Dio in Proclo, Neapel 1952; W. Beierwaltes, P. – Die Grundzüge seiner Metaphysik, 1965; J. Trouillard, L'un et l'âme selon Proclos, Paris 1972; A. Charles-Saget, L'architecture du divin: mathématique et philosophie chez Plotin et Proclus, Paris 1982; G. Boss (Hg.), Proclus et son influence, Zürich 1987.

Prolegomena (griech., Mehrz. v. Prolegomenon), Vorbemerkungen, vorläufige Mitteilungen, Einleitung zu einer Wissenschaft. Kants „Prolegomena zu einer jeden künftigen Metaphysik, die als Wissenschaft wird auftreten können“ (1783) sind eine Einleitung in seine „Kritik der reinen Vernunft“.

Proposition (lat.), Satz, Urteil, Behauptung.

propter hoc (lat.), deswegen, dadurch, → Kausalität.

Prosyllogismus (griech.), Vorschluß; → Schluß.

Protagoras, griech. Philosoph, * 485 Abdera, † 415 auf der Flucht aus Athen, wo er auf Grund seiner Schrift „Über die Götter“ wegen → Asebie verurteilt worden war; der bedeutendste der Sophisten, bezeichnete sich zuerst als einen „Sophisten und Menschenlehrer". Soll über die Götter geäußert haben: „Von den Göttern weiß ich nichts, weder ob es welche gibt, noch auch ob es keine gibt." Hauptsatz seiner Philosophie: „Der Mensch (der Einzelne) ist das Maß aller Dinge, der seienden, daß sie sind, der nichtseienden, daß sie nicht sind" (sog. „Homomensura"-Satz). Allgemein gültige Wahrheit ist danach nicht möglich. Nicht einmal für denselben Menschen ist dasselbe zu verschiedener Zeit wahr, denn „derselbe" Mensch ist eben zu verschiedener Zeit jedesmal ein anderer Mensch. In diesem Sinne ist alles „relativ". – Texte: H. Diels/W. Kranz, Die Fragmente der Vorsokratiker II, 1903, [17]1974; W. Capelle, Die Vorsokratiker, 1935, [8]1968 (KTA 119).

E. Bux, P.-Studien, 1947; M. Emsbach, Sophistik als Aufklärung, 1980; P. Thrams, Die Morallehre Demokrits und die Ethik des P., 1986.

Protention: zusammen mit Jetzt und → Retention Strukturmoment des immanenten Zeitbewußtseins nach der Zeitlehre → Husserls. Sie ist das Bewußtsein des „Auf-zu-Kommens", der Erwartung. Im Verfließen der immanenten Zeit bilden d. P.en nicht wie die Retentionen ein Kontinuum, sondern gehen in „Erfüllung", d. h. in erlebtes, inhaltlich gefülltes Jetzt über, wobei zu jedem so auftretenden Jetzt eine neue P. gehört usf. Die P. ist kein intentionaler Akt, sondern hat denselben Bewußtseinscharakter wie die → Retention.

G. Brand, Welt, Ich und Zeit bei Husserl, 1955.

Protestantismus, die vor allem in der Lutherischen und in der Reformierten Kirche, daneben aber auch in zahlreichen Freikirchen und Sekten seit Luther, Zwingli und Calvin auftretende Form des Christentums. Im Gegensatz zum Katholizismus lehrt der P. die Rechtfertigung des Christen allein durch die Gnade, das allgemeine Priestertum aller Gläubigen und die religiöse Selbstverantwortlichkeit des Christen; → auch Paulus. Der Ausdruck P. stammt her von der „Protestation", die am 19. April 1529 auf dem Reichstag zu Speyer von den ev. Ständen gegen das Verbot von kirchl. Reformen eingereicht wurde. Im P. der Gegenwart werden die Thesen der → dialektischen Theologie viel erörtert, bes. auch im Zusammenhang mit der Existenzphilosophie und der Entmythologisierung.

O. Ritschl, Dogmengesch. des P., I–IV, 1908–27; E. Troeltsch, Die Bedeutung des P. für die Entstehung der modernen Welt, 1911 (Repr. 1963); K. Leese, Die Religion des protestantischen Menschen, 1938; K. Leese, Der P. im Wandel der neueren Zeit, 1941; E. Kottje, Die geistige Krise des P., 1954; M. Werner, Der protestantische Weg des Glaubens, I–II, 1955–62; E. Benz, Die protestantische Thebais, 1963; T. Herr, Naturrecht im dt. P. der Gegenwart, 1972; G. Huntemann, Der Himmel ist nicht auf Erden. Vom Elend des P., 1986.

proton kinun (griech. „erstes Bewegendes"; lat. *primum movens*), das erste Glied der → Kausalreihe. Im p. k. ist das Problem enthalten, daß das p. k. ohne zureichenden Grund vorhanden (also „zufällig") ist, daß es Wirkungen aus sich entläßt, ohne selbst bewirkt zu sein. Diese Aporie wird von vielen Kosmologien, Theologien und Metaphysiken dadurch umgangen, daß an die Stelle des p. k. das Göttliche gesetzt wird.

proton pseudos (griech.), Grundirrtum, falsche Voraussetzung zu Anfang einer Beweisführung, aus der andere Irrtümer folgen.

Prototyp (aus griech. *protos*, „erste“ und *typos*, „Gepräge“), Urbild, Musterbild, Original.

Proudhon, Pierre-Joseph, franz. Sozialphilosoph, * 15. 1. 1809 Besançon, † 19. 1. 1865 Paris, einer der Begründer der anarchistischen Bewegung, Gegner des Kommunismus, weshalb P. von Marx in der Schrift „Das Elend der Philosophie“ (1874) angegriffen wurde, wollte in seiner „Philosophie der Arbeit“ überall an die Stelle des Bürgers den Arbeiter setzen. Sobald die beiden Despoten Geld und Zins abgeschafft seien, könnten sich freiwillig Gruppen und Verbände bilden, die in Gerechtigkeit und Gegenseitigkeit (daher für sein System die Bez. Mutualismus, von lat. *mutuus*, gegenseitig) in Harmonie miteinander leben würden. In seiner Abhandlung „Was ist das Eigentum?“ (franz. 1840, dt. 1905) findet sich die bekannte Antwort: „Eigentum ist Diebstahl“, womit P. nur das aus Zins u. Grundrente erworbene Eigentum als Diebstahl verworfen hat. – Hauptwerke: Que'est-ce que la propriété?, 1840, dt. 1844; Système des contradiction économique ou la philosophie de la misère, 1846, dt. 1847; Œuvres complètes, I–XXVI, Paris 1867–70; Werke (Auszüge), 1963.

K. Diehl, P., I–III, 1888–96 (Repr. 1968); H. de Lubac, P. et le christianisme, Paris 1945; H. Pelger, K. Marx und P.-J. P., 1981; P. Hauptmann, P., 1982.

Prozeß (lat.), Verlauf, Vorgang, Verfahren.

Przywara, Erich, SJ, kath. Theologe und Philosoph, * 12. 10. 1889 Kattowitz, † 28. 9. 1972 München. Gegen statisch-lineares Denken setzt P. zunächst „Polarität“ als „Spannungseinheit“ und arbeitet dann zunehmend im ges. Lebenswerk die „*Analogia entis*“ im Sinne der lateranensischen Formel einer „je größeren Unähnlichkeit (des Schöpfers) in und über aller je noch so großen Ähnlichkeit (des Geschöpfes: DS 806) heraus als alles durchwaltenden Rhythmus eines vertikalschwingenden „Je-überhinaus“ in und über der horizontal-dynamischen Schwebe eines „Je-andern zum Je-andern“, und somit in der Kreuzform der Koordinaten dieser Bewegung als „Ur-Struktur“ der AE. → Analogia entis, Analogia fidei, Commercium.
Hauptw.: Religionsphilosophie katholischer Theologie, 1927, [2]1962; Geheimnis Kierkegaards, 1929; Ringen d. Gegenwart, 2 Bde., 1929; Analogia entis, 1932, [2]1962; *Deus semper major*, (DS), 1938, [2]1964; Christentum gemäß Johannes, 1954; In und Gegen, 1955; Alter u. Neuer Bund, 1956; Mensch, typolog. Anthropologie, 1959; Frühe relig. Schriften, 1962; Religionsphilosoph. Schriften, 1962; Analogia entis, I. Ur-Struktur, II. All-Rhythmus, 1962; Logos, 1964; Kathol. Krise, 1967. – *Bibliographien:* Zimny, E. P., 1912–1962; E. P., 1889–1969.

Copers, *De Analogieleer van E. P.*, 1952; Holm, Analogia Entis von E. P. in „*Religionsfilosofien i det 20. Aarhundrede*“, 1952; Balthasar, E. P. in „Tendenzen d. Theol. im 20. Jh.“, 1966; K. Rahner, Laudatio in „Gnade und Freiheit“, 1968; Gertz, Glaubenswelt als Analogie. Die theolog. Analogie-Lehre E. P.s etc., 1969; ders., Kreuz-Struktur. Zur theolog. Methode E. P.s in „Theologie und Philosophie“, 4/1970; R. Stertenbrink, Ein Weg zum Denken, 1970.

Psellos, Michael → Michael Psellos.

Pseudo-Dionysios → Dionysios Areopagita.

Psi-Phänomene → Parapsychologie.

Psyche (griech.), Hauch, Atem, → Seele.

Psychoanalyse (aus griech. *psyche*, „Seele", und *analysis*, „Auflösung"), Bestandteil der Psychotherapie, von Siegmund → Freud begründete ärztliche Untersuchungsmethode zur Feststellung und Behebung der Hysterie, dann von ihm zu einer psychologischen Doktrin ausgestaltet, zur Aufdeckung verborgener Zusammenhänge und Untergründe des menschl. Seelenlebens. Sie beruht auf der Annahme, daß gewisse peinliche Vorstellungs-Komplexe, bes. sexueller Art, aus dem Bewußtsein „verdrängt" werden, aber vom „Unbewußten" her, das als durch sexuelle Triebhaftigkeit beherrscht gedacht wird, weiter wirken und sich unter allerlei Masken und Verkleidungen in den Bereich des Bewußtseins drängen und die seelisch-geistige Einheit des Ichs in seiner Umwelt bedrohen. Vergessen, sich versprechen, Träume, Fehlhandlungen, Neurosen (Hysterie) werden aus der Wirksamkeit solcher verdrängter „Komplexe" erklärt und in die Heilbehandlung einbezogen. Dem Sexuellen u. seinem seelischen Niederschlagen (der sog. „Libido") wird von der P. eine zentrale Rolle zugeschrieben, indem sie die Entwicklung des Seelenlebens im allgemeinen als von (unbewußten) sexuellen Lust- oder Unlusttrieben beherrscht ansieht. – Von der Schule Freuds haben sich zwei Richtungen abgezweigt: die → Individualpsychologie Alfred → Adlers und die Züricher Schule, (C. G. → Jung); → Tiefenpsychologie. Später kam die → Logotherapie hinzu, begr. von L. → Binswanger u. V. E. Frankl, die sich aber von der P. ausdrücklich distanzierten. – In der Existenzphilosophie Sartres ist von einer existentiellen P., speziell von einer Existenzanalyse, die Rede, der die Aufgabe zufällt, „in streng objektiver Form die subjektive Wahl ans Licht zu ziehen, durch die jede Person sich zur Person macht, d. h. sich verkünden läßt, was sie ist." Triebe, Neigungen usw. sind zweitrangig in bezug auf diese Wahl. Die Lehre vom Unbewußten wird verworfen: „Der psychische Tatbestand erstreckt sich genau so weit wie das Bewußtsein." Die P. wird heute kritisch weitergeführt indem dogmatische Grundsätze im Denken Freuds abgebaut werden, wodurch die analytische Methode über die P. hinaus zu einer umfassenden Richtung der Psychotherapie ausgebaut wird, die aber immer noch von neuen Dogmatismen aufgehalten wird.

C. G. Jung, Versuch einer Darstellung der psychoanalyt. Theorie, 1913; K. Horney, The Neurotic Personality of Our Time, New York 1937, dt. 1951; K. Horney, New Ways in Psychoanalysis, New York 1939, dt. 1951; E. Fromm, Man for Himself, New York 1947, dt. 1954; P. Ricoeur, De l'interpretation – Essai sur Freud, Paris 1965, dt. 1969; J. Laplanche/J. B. Pontalis, Vocabulaire de la p., Paris 1967, dt. I–II, 1973; A. Lorenzer, Die Wahrheit der psychoanalyt. Erkenntnis, 1974; T. Reik, Aus Leiden Freuden: Masochismus und Gesellschaft, 1977; P. Schalmey, Die Bewährung psychoanalyt. Methoden, 1977; H. J. Möller, P. – Erklärende Wissenschaft oder Deutungskunst, 1978; R. Kuhns, Psychoanalytic Theory of Art, New York 1983, dt. 1986; C. E. Scheidt, Die Rezeption der P. in der dt.sprachigen Philos. vor 1940, 1986; P. Welsen, Philosophie und Psychoanalyse, 1986; O. Marquard, Transzendentaler Idealismus, romant. Naturphilos., P., 1987; A. Grünbaum, Die Grundlagen der P. – Eine philos. Kritik, 1988.

Psychogenesis (griech.), Entstehung bzw. Entwicklung des Seelenlebens: → Psychologie, → Seele.

Psychoïd (aus grch. *psyche*, „Seele", und eidos, „Aussehen"), seelenartiges Gebilde oder Kraft; bei Driesch soviel wie Entelechie.

Psycholinguistik (aus griech. *psyche*, „Seele", und lat. *lingua*, „Sprache"), P. untersucht den Zusammenhang zwischen Sprache und

Wahrnehmung, Sprache und Bewußtsein und Sprache und Denken. Der Spracherwerb, die Sprachentwicklung und die Sprechtätigkeit sind dabei vorrangig Forschungsbereiche.

J. Piaget, Le language et la pensée chez l'enfant, Neuchâtel 1923, dt. 1972; S. Wygotski, Denken und Sprechen (russ.), dt. 1969; G. List, P., 1972; A. Garnham, Psycholinguistics. Central Topics, London 1985.

Psychologie (griech.), Seelenlehre; die Wissenschaft von der → Seele und vom Seelischen. Das Ausgangsmaterial der P., soweit sie sich der Methode der → Selbstbeobachtung bedient, sind die Tatsachen der sog. inneren Erfahrung, also Erinnerungen, Erlebnisse, Gedanken, Gefühle, Stimmungen, Willensregungen u. dgl.; soweit sie sich der Methoden der → Ausdruckskunde bedient, auch die Ausdrucksformen dieser seelischen Tatsachen, z. B. Gebärde, Handschrift, überhaupt jede Art von Handlung. Die P. der Gegenwart unterscheidet sich von der älteren P. (an deren Ende Wilh. Wundt steht) durch folgende Erkenntnisse: 1) daß im Bereich des Psychischen das Ganze nicht aus Einzelnem (Elementen), sondern das Einzelne aus dem Ganzen entsteht, daß die Theorie der Assoziation also unhaltbar ist; 2) daß die seelische Entwicklung nicht vom Speziellen zum Allgemeinen fortschreitet, sondern umgekehrt (→ Begriff); 3) daß das Ganze eigene Eigenschaften hat, die an seinen Bestandteilen nicht auftreten (→ Gestaltqualitäten, Strukturpsychologie); 4) daß die Entstehung von psychischen Ganzheiten nicht willkürlich erfolgt, sondern nach Gestaltgesetzen (→ Gestalt); 5) daß ein seelisches Geschehen, wenn es Teil eines Ganzen ist, andere Eigenschaften hat, als wenn es allein auftritt (→ Bezugssystem, Feld). – Das Suchen nach beschreibbaren Strukturen u. Ganzheiten läßt die neueste Psychologie mehr und mehr davon abrücken, die Annahme einer metaphysischen Seele in der psychol. Forschung für sinnvoll zu halten.

Geschichte der P. Die erste P. schrieb Aristoteles; er betrachtet die Seele als die „erste Entelechie", d. h. als das belebende Prinzip des Körpers mit den drei Grundvermögen der Ernährung, der Empfindung und des Denkens. Erst auf Grund der Fortschritte der Naturwissenschaft seit dem 16. Jh. wurde die aristotel. P., die im wesentlichen das ganze Mittelalter beherrscht hatte, durch eine neue P. abgelöst, in deren Mittelpunkt die Überzeugung der gesetzmäßigen Bestimmtheit des seelischen Lebens durch Ursachen stand. Hobbes und Spinoza vertraten diese mechanist. Vorstellung vom Seelenleben. In der engl. Assoziationspsychologie (Hartley, Hume im 18. Jh., James Mill John Stuart Mill, Bain, Spencer u. a. seither) wurde versucht, das Seelenleben als natürliches u. gleichsam „mechanisches" Ereignis des von Assoziationsgesetzen beherrschten Vorstellungstriebes zu begreifen. – Herbart suchte eine P. herbeizuführen, welche der Naturwissenschaft gleiche: wo es irgend sein kann, durch Erwägung der Größen und durch Rechnung. Die Fortschritte der Sinnesphysiologie (u. a. durch Joh. Müller, E. H. Weber, Helmholtz), die Begründung der Psychophysik als einer exakten Lehre von den Beziehungen zwischen Leib und Seele (durch Fechner), die Ergebnisse der Gehirnanatomie in Verbindung mit der Physiologie, die Anwendung der Entwicklungslehre auf die P. (u. a. durch Darwin und Herbert Spencer), die Begründung der wissenschaftlichen Tier-, Kinder-, Völker-P., die Verbindung der P. mit der Soziologie, und endlich der Ausbau der experimentellen P.: alle diese Einzelwissenschaften haben im Laufe des 19. Jh. die psychol. Forschung mitbestimmt. Aus der Behinderung durch das Übermaß an mechanist. und physiologist. Erklärungsversuchen wurde die P. schließl. seit Beginn des 20. Jh. mehr und mehr befreit durch die Ganzheits-P. und die → Charakterkunde, wobei auch manche Ansätze der modernen P. (→ Freud, → Adler, → Jung) nicht zu unterschätzen sind. (Auch → Tiefenpsychologie). Seit Mitte d. Jh.s breitet sich in Europa die amerikanische Psychologie aus, die mehr empirisch-psychometrisch und behavioristisch ausgerichtet ist, dadurch die Gefahren neuer Einseitigkeiten nach sich zieht, während manche wichtigen Begriffe der dt. P. seit Anfang des Jh.s fallengelassen wurden. In ihrer neuesten Entwicklung ist P. sowohl psychotherapeutisch und auf die Praxis der Erziehung ausgerichtet wie vor allem mit konkreten Alltagsfragen des sozialen Geschehens beschäftigt.

C. Blondel, Introduction à la p. collective, Paris 1928, dt. 1948; W. Metzger, P., 1941; H. Rohracher, Einf. in die P., 1946; G. Adler, Studies in Analytical Psychology, London 1948, dt. 1952; S. Daval/B. Guillemain, P., I–II, Paris 1951; R. Meili, Lehrbuch der psycholog. Diagnostik, 1951; A. Wellek, Die genetische Ganzheitsp., 1954; R. Affemann, P. und Bibel, 1957; B. Holzner, Amerikanische und dt. P. – Eine vergleichende Darstellung, 1958; W. Hehlmann, Wörterbuch der P., 1959, [11]1974 (KTA 269); J. Linschoten, Op weg naar een fenomenologische psychologie, Utrecht 1959, dt. 1961; A. A. Roback, History of Psychology and Psychiatry, New York 1961, dt. 1970; G. Cruchon, Initiation à la p. dynamique, Paris 1963, dt. 1965; W. Hehlmann, Gesch. der P., 1963 (KTA 200); M. I. Posner, Cognition, Glenview 1973, dt. 1976; R. Bubner (Hg.), Philos. P.?, 1977; A. Vetter, Kritik des Gefühls – P. in der Kulturkrisis, 1977; K. Holzkamp, Grundlegung der P., 1983; M. Budd, Wittgenstein's Philosophy of Psychology, London 1989.

Psychologismus heißt die Auffassung, daß die Psychologie die Grundlage aller Philosophie, im ganzen wie in ihren einzelnen Disziplinen, bes. der Logik sei (z. B. wie Wilh. Wundt behauptet); oder auch die Auffassung, daß die Psychologie die einzige Wissenschaft sei, da ja die „Objekte" aller Wissenschaften nur in bestimmter Weise aufgefaßte Empfindungen und Abkömmlinge seien, wie Empiriokritizismus u. Positivismus behaupten. Gegenteil: Antipsychologismus. Der P. fand seine Überwindung durch Arbeiten von Fr. Brentano und vor allem durch Husserl. → Phänomenologie.

M. Palágyi, Der Streit der Psychologisten und Formalisten, 1902; W. Moog, Logik, Psychologie, P., 1919; H. Pfeil, Der P. im englischen Empirismus, 1934.

Psychophysik (aus griech. *psyche*, „Seele" und Physik), die Wissenschaft von den Beziehungen zw. Leib und Seele (→ Leib-Seele-Problem), die messende Vergleichung der Reize und der Reizwirkung (psychische Reaktion, Empfindung); begründet von Gust. Theod. Fechner 1860 (Elemente der P., [3]1907) und ausgebaut von W. Wundt und seinem psychol. Institut in Leipzig, wurde sie eine der wichtigsten Grundlagen der Psychotechnik. P. ist als Bezeichnung für diese Forschungsrichtung heute nicht mehr gebräuchlich; man entwickelte stattdessen die Psychometrie, die auf physische Begleitphänomene jedoch wenig Rücksicht nimmt, weshalb sie hauptsächlich physiologische Vorgänge zum Gegenstand hat.

J. P. Guilford, Psychometric Methods, London 1936; R. Janzen, Körper, Hirn und Personalität, 1977; A. Shalom, The Body/Mind Conceptual Framework and the Problem of Personal Identity, Atlantic Highlands N. J., 1985; M. Carrier/J. Mittelstraß, Geist, Gehirn, Verhalten – Das Leib-Seele-Problem und die Philos. der Psychologie, 1989.

psychophysisches Niveau, Bez. für die Gesamtheit der im Großhirn liegenden Endabschnitte der von den Sinnesorganen ausgehenden chem.-physikalischen Wirkungsreihen; → Reize. Nur diejenigen Prozesse in den Nervenbahnen und überhaupt im Nervensystem des (im übrigen → erlebnistranszendenten) körperl. Organismus sind bewußtseinsfähig (d. h. sie werden nicht mit Notwendigkeit bewußt) und können eine → Empfindung oder eine → Wahrnehmung konstituieren, die sich im p. N. abspielen (s. Abb.); → auch Leib-Seele-Problem. Die moderne hirnanatom. Forschung ist dabei, dieses Bild durch neue Hypothesen und Forschungsergebnisse weiter zu artikulieren. Die Vorgänge im p. N. müssen als zugleich metaphysische und metapsychische aufgefaßt werden; nur gewisse Glieder dieser Vorgänge treten teils als physiolog. Erscheinungen zutage.

F. S. Rothschild, Die Symbolik des Hirnbaus, 1935; D. E. Wooldridge, Mechanik der Hirnvorgänge, 1967; S. A. Sarkissow, Grundriß der Struktur und Funktion des Gehirns, 1967; H. Kuhlenbeck, Gehirn und Bewußtsein, 1973.

psychophysischer Parallelismus, → Parallelismus, psychophys.

psychophysisches Problem, das → Leib-Seele-Problem.

Psychovitalismus (aus griech. *psyche*, „Seele", und lat. *vita*, „Leben"), die Annahme eines besonderen, überindividuell wirkenden, psychischen, teleologischen Prinzips, das das zweckmäßige Verhalten der Organismen erklären soll. Heute versucht man dieses schein-

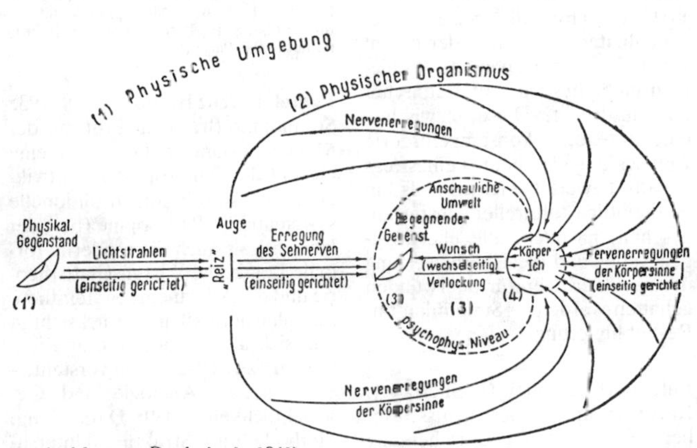

(nach: Metzger, Psychologie, 1941)

(1)+(2): Bereich des Makrokosmos,
(3)+(4): Bereich des Mikrokosmos,
(1) : physikal. (erlebnistranszendente) Wirklichkeit,
(1') : physikal. (erlebnistranszendenter) Gegenstand,
(2) : der eigene (erlebnistranszendente) Leib
(3) : die anschaulich erlebte Welt u. ihre Geschehnisse,
(3') : ein in der anschaulich erlebten Welt begegnender Gegenstand (dem Gegenstand 1' mehr oder weniger ähnlich),
(4) : das Ich als erlebnismäßige Verschmelzung von Leib und Seele.

bar teleologisch ausgerichtete Verhalten durch die vielfache Wirkung von sich überschneidenden Regelkreisen (→ Kybernetik) im physiologischen und psychischen Bereich zu erklären.

E. Becher, Einf. i. d. Philosophie, [2]1949; H. Conrad-Martius, Bios und Psyche, [2]1965; B. Hassenstein, Biologische Kybernetik, 1965.

Puerilismus (vom lat. *puer*, „Knabe“), Knabenhaftigkeit als gewollte seelisch-geistige Haltung; Begriff der Kulturphilosophie M. Schelers, die damit das krampfhaft Jung-bleiben-wollen, die Verächtlichmachung des Geistigen, die Hinneigung zu Sport und Spiel (*homo ludens*, → Huizinga), zu unbekümmerter und „sportsmäßiger“ Bewältigung der vom Leben gestellten Aufgaben weiter Kreise des europäisch-nordamerikan. Kulturkreises charakterisieren will. Mit dem P. verbunden ist eine Tendenz zur Primitivisierung aller geistigen Gegebenheiten, die sich in der Furcht vor und im Übersehen von Problemen metaphysischer und ethischer Art ausdrückt. Diese inzwischen eingetretene, konsumgeförderte Entwicklung wird heute keineswegs negativ bewertet, vielmehr als ein vermeintlich kultureller Gewinn angesehen, nachdem alle überflüssigen Tabus und die Überbewertung des rein Geistigen für überwunden gehalten werden. → Simplifikation, Re-Sublimierung.

Pufendorf, Samuel (Freiherr v.), Rechtslehrer und Geschichtsschreiber, * 8. 1. 1632 Dorfchemnitz (Sachsen), † 26. 10. 1694 Berlin; Prof. für Natur- und Völkerrecht in Heidelberg, Lund in Schweden, dann Hofhistoriograph in Stockholm und Berlin. Gestaltete, von Grotius und Hobbes beeinflußt, das Naturrecht klar und lehrbar. Wie das natürliche Sittengesetz beruht es auf dem Willen Gottes, muß aber trotzdem aus der Vernunft abgeleitet werden können. Das Recht ergibt sich aus dem Geselligkeitsbedürfnis und dem Selbsterhaltungstrieb. Der, nur fiktive, „Naturzustand“ wäre zwar nach P. kein Krieg aller gegen alle (was Hobbes behauptet), aber er wäre ein Zustand der Unsicherheit, zu dessen Vermeidung die Menschen den sie schützenden Staat gründeten (Vertragstheorie). Seine Lehre unterbaut den staatl. Absolutismus seiner Zeit. – Hauptwerke: De jure naturae et gentium, 1672 (Repr. 1967); De officio hominis et civis juxta legem naturalem, 1673 (Repr. 1927); De habitu christianae religionis ad vitam civilem, 1678 (Repr. 1972).

E. Wolf, Grotius, P., Thomasius, 1927; H. Rabe, Naturrecht und Kirche bei S. v. P., 1958; H. Welzel, Die Naturrechtslehre S. P.s, 1958; H. Denzer, Moralphilos. und Naturrecht bei S. P., 1972; P. Laurent, P. et la loi naturelle, Paris 1982.

Puntel, Lorenz Bruno, * 22. 9. 1935 Sobradinho/Brasilien, Prof. an der Münchner Universität, sucht eine Gestalt der Philosophie zu entwikkeln, die sowohl die traditionelle systematische Philosophie (bes. der Neuzeit) als auch die moderne formale Logik, die Wissenschaftstheorie und die Allgemeine Systemtheorie gleichermaßen berücksichtigt und sich als Synthese dieser Richtungen bzw. Disziplinen versteht. – Schr. u. a.: Analogie und Geschichtlichkeit, 1969; Darstellung, Methode und Struktur. Untersuchungen zur Einheit der systemat. Philosophie Hegels, 1973; Wahrheitstheorien in der neueren Philosophie, 1978; (Hg.), Der Wahrheitsbegriff. Neue Erklärungsversuche, 1987; Grundlagen einer Theorie der Wahrheit, 1990.

Pyrrhon, griech. Philosoph aus Elis, 360–270 v. Chr., Begründer der dritten nacharistotelischen Schule, der älteren skeptischen Schule. Er war der Ansicht, nichts sei in Wirklichkeit schön oder häßlich, gerecht oder ungerecht; denn an sich sei alles gleichgültig (*adiaphoron*, „ununterschieden"), weil es ebensosehr und ebensowenig das eine wie das andere sei. Alles Nichtgleichgültige, Unterschiedliche nämlich sei (willkürliche) menschliche Satzung und Sitte. Die Dinge seien unserer Erkenntnis unzugänglich, darum gezieme dem Weisen Urteilsenthaltung (*„epoche"*). Als praktisch-sittliches Ideal des Weisen aber folge daraus die Unerschütterlichkeit, die „Unverwirrtheit" (*„ataraxia"*). Die Lehre des P., die in praktischer Hinsicht eine relativistische Ethik darstellt, heißt Pyrrhonismus, was auch gleichbedeutend mit Skeptizismus gebraucht wird. Die wichtigste Quelle für seine Lehre sind die „Pyrrhonischen Grundzüge" des Sextus Empiricus, hg. 1968.

A. Goedeckemeyer, Die Gesch. des griech. Skeptizismus, 1905 (Repr. 1968); L. Robin, P. et le scepticisme grec, Paris 1944.

Pythagoras, griech. Philosoph, um 570/496 v. Chr., Mathematiker, Astronom aus Samos, dessen nähere Lebensumstände ebensowenig bekannt sind wie seine Lehre; auch der sog. „pythagoreische Lehrsatz" ist kaum von P. selbst. Gründete in Kroton (Unteritalien) einen Bund für sittlich-religiöse Lebensreform, der wegen seiner exklusiv aristokratisch-konservativen Einstellung verfolgt wurde, sich aber bis zum Beginn des 4. Jh. hielt.

Über die Pythagoreer und ihre Lehre (Pythagoreismus) berichtet Aristoteles: sie waren die ersten, die sich ernstlich mit der Mathematik beschäftigten. Daraus entwickelte sich ihre Ansicht, die Prinzipien des Mathematischen – die Zahlen – seien auch die Prinzipien des Seienden, die Zahlverhältnisse (Proportionen) aber Abbilder der Harmonie der Welt selbst. Deshalb soll zuerst im Pythagoreismus die Welt wegen der in ihr herrschenden Ordnung und Harmonie „Kosmos" genannt worden sein. Die bewegten Himmelskörper tönen nach der Lehre des P. in bestimmten Intervallen (Sphärenharmonie); diese Harmonie wird von uns nur deshalb nicht vernommen, weil sie fortgesetzt auf uns einwirkt. Im Anschluß an die Orphiker lehrten die Pythagoreer die Seelenwanderung und die Wiederkunft des Gleichen. – I Pitagorici, Bari 1954.

W. Bauer, Der ältere Pythagoreismus, 1897; E. Frank, Plato und die sogenannten Pythagoreer, 1923, ²1962; D. J. O'Meara, P. Revived. Mathematics and Philosophy in Late Antiquity, 1989.

qua (lat), als, kraft; insoweit, sofern

Qualität (lat.), Beschaffenheit, Eigenschaft, das „Wie" und „Was" der Dinge. Bez. für die ursprüngliche und wirkliche Einheit oder auch Mannigfaltigkeit eines Wirklichen, die noch keinerlei räumliche oder gar begriffliche Zergliederungen voraussetzt, sondern diese vielmehr erst anschaulich ermöglicht; z. B. bitter, salzig, farbig, weich, hart, genommen als die jeweilige ganz individuelle Bitterkeit, Salzigkeit, Farbe, Weichheit, Härte, nicht als deren allgemeiner, abstrakter Begriff, der schon der → Quantität die Grundlage gibt, insofern sich dann Q.en derselben Art messen lassen. Daß die Q.en der Dinge bloße Zustände des Subjekts seien, lehrten die Eleaten später Berkeley und Hume. Zwischen objektiven und subjektiven Q.en d. h. solchen, die den Dingen von Natur aus anhaften, und solchen, die ihnen nur im menschlichen Wahrnehmen vorkommen, unterschied schon Demokrit, später Galilei, dann Locke, der die Bez. „primäre" (d. h. objektive, mathem.-physikalische) und „sekundäre" (d. h. subjektive, psychisch entstandene) Q.en einführte. Kant dagegen sah Lockes objektive Q.en als apriorisch an, die subjektiven als aposteriorisch (real). Aristoteles und die Scholastik (bes. Albertus Magnus) dagegen hatten die Objektivität der Q. gelehrt. Die Zurückführung der Q. auf Quantität ist das Hauptanliegen der modernen Naturwissenschaft (→ Quantifizierung). Für den dialekt. Materialismus ist die Entstehung neuer Q.en und qualitativer Zustände ein gesetzmäß. Vorgang, d. durch quantitative Veränderungen u. sprunghafte Grenzüberschreitungen erklärt wird, vgl. Kategorie.

E. Mach, Beiträge zur Analyse der Empfindungen, 1886; E. v. Hartmann, Kategorienlehre, I–III, 1896; J. Nogué, Esquisse d'un système des qualités sensibles, Paris 1943; J. P. Moreland, Universals, Qualities and Q.-instances, Lanham 1985; A. Lisson u.a. (Hgg.), Q. – die Herausforderung, 1987; G. Botz (Hg.), Q. u. Quantität, 1988.

Quantenmechanik, ein 1926 von den Physikern Max Born (1882–1970), Heisenberg, Jordan und Paul Dirac (* 1902) begründetes Rechenverfahren, das die mathemat. Beschreibung quantenmäßiger (→ Quantentheorie) Energieabgabe und -aufnahme der Atome ermöglicht. Dasselbe leistet die → Wellenmechanik.

P. A. Dirac, The Principles of Quantum Mechanics, Oxford, 1930; G. Hermann, Die naturphilos. Grundlagen der Q., 1935; P. Jordan, Anschaul. Q., 1936; H. Reichenbach, Philos. Grundlagen der Q., 1949; G. Ludwig, Die Grundlagen der Q., 1954; J. M. Jauch, Die Wirklichkeit der Quanten, 1973; G. T. Rüttimann, Logikkalküle der Qantenphysik, 1977; U. Röseberg, Q. und Philosophie, 1978; M. Drieschner, Voraussage, Wahrscheinlichkeit, Objekt, 1979; M. Stöckler, Philos. Probleme der relativist. Q., 1984.

Quantentheorie, von dem Physiker Max Planck 1900 begründete Theorie, nach welcher die Atome Strahlungsenergie immer nur stoßweise, unkontinuierlich aussenden oder aufnehmen, und zwar in bestimmten Quanten (Energiequanten), deren Größe sich aus der Schwingungszahl (Lichtgeschwindigkeit geteilt durch Wellenlänge) der betreffenden Strahlungsart multipliziert mit dem Planckschen Wirkungsquantum h = $6{,}5 \times 10^{27}$ (→ Konstanten, Mikrophysik) ergibt; → auch Quantenmechanik. – Die Q. wurde, hauptsächlich von Einstein, zur Grundlage der Lichtquantentheorie (Korpuskulartheorie des Lichts) gemacht, wonach auch das Licht aus mit Lichtgeschwindigkeit bewegten Quanten (Lichtquanten, Photonen) besteht.

W. Heisenberg, Die physikal. Prinzipien der Q., 1930; C. F. v. Weizsäcker, Die Atomkerne, 1937; W. Heisenberg, Die Physik der Atomkerne, 1943; C. F. v. Weizsäcker, Zum Weltbild der Physik, 1943; M. Planck, Wege zur physikal. Erkenntnis, 1943; H. Falkenhagen, Statistik u. Q., 1950; A. Lande, Foundations of Quantum Theory, New Haven 1955; A. Hermann, Frühgesch. der Q., 1969; N. Herbert, Quantenrealität, 1987.

Quantifizierung, Quantifikation (aus lat. *quantitas,* „das Wie-groß Sein", und *facere,* „machen"), Zurückführung der Qualitäten auf physik. Größen, z. B. Klänge und Farben auf Schwingungszahlen. Die Q., von Descartes in die Physik eingeführt, erwies sich als verhängnisvoll für die Psychologie des 19. Jh., da mit jeder Q. eine Verräumlichung und Rationalisierung der konkretanschaulichen Fülle des Seelischen verbunden ist und die dadurch entstehenden nicht-quantitativen Begriffe dem Wesen des Seelischen nicht adäquat sind. Die zur Q. herangezogene Mathematik ist selbst keine rein quantifizierende Wissenschaft mehr. – Über den Quantifikator → Logistik.

Quantität (lat.), Menge, Größe zahlenmäßige Bestimmtheit, Anzahl. Nach der Q. wird gefragt mit „wieviel?", „wie groß?" „wie lange?". Q. ist eine der Grundkategorien bei Kant und in den mathem. Naturwissenschaften, die selbst die qualitativen Merkmale der Dinge auf Q.en reduzieren, um sie exakt beschreiben zu können: → Quantifizierung; vgl. → Kategorie.

Quantum (lat.; Mehrzahl: Quanta, Quanten), etwas Zähl- oder Meßbares, eine bestimmte Menge; Anzahl, Gewicht, Maß.

Quaternio terminorum (lat. „Vervierfachung der Begriffe"), ein log. Fehler im Schlußverfahren, der dadurch entsteht, daß ein Begriff doppelsinnig gebraucht wird: → Schluß.

Quidditas (neulat.), „Washeit"; Gegensatz: → Entität.

Quietismus (vom lat. *quies*, „Ruhe"), Bez. für eine weltabgewandte Lebenshaltung, vertritt den Standpunkt der völligen Gemütsruhe, des ruhigen, affektlosen, passiven Verhaltens, des willenlosen und widerstandslosen Sichgebens in den Willen Gottes. Franz von Sales faßt das Wesen des Q. in den Worten zusammen: *ni désirer, ni refuser* (nichts begehren, nichts zurückweisen).

J. Zahn, Einf. in die christl. Mystik, 1921; J.-R. Armocathe, Le Quiètisme, Paris 1973.

Quine, Willard Van Orman, * 25. 6. 1908 Akron/Ohio, seit 1948 Prof. an der Harvard-University, Promotion 1932 bei A. N. → Whitehead mit einer Arbeit über die „Principia Mathematica". Als einer der bedeutendsten Vertreter der mathematischen Logik hat Q. in zahlreichen Büchern und Aufsätzen seine holistische Auffassung von der Untrennbarkeit von logischer und empirischer Wahrheit, von Sprache und Theorie entwickelt. Die Summe seiner Philosophie enthält das Werk „Word and Object", in dem Q. u. a. seine vieldiskutierte These von der Unbestimmtheit der Übersetzung darlegt. – Hauptwerke: Mathematical Logic, 1940; Methods of Logic, 1950, dt. 1969; From a Logical Point of View, 1953, dt. 1979; Word and Object, 1960, dt. 1980; Set Theory and Its Logic, 1963, dt. 1973; Ontological Relativity and Other Essays, 1969, dt. 1975; Philosophy of Logic, 1970, dt. 1973; The Roots of Reference, 1974, dt. 1976; Theories and Things, 1981, dt. 1985.

A. Orenstein, W. V. O. Q., Boston 1977; H. Lauener, W. V. O. Q., 1982; L. E. Hahn/P. A. Schilpp (Hgg.), The Philosophy of W. V. O. Q., La Salle/Ill. 1986; W. Stegmüller, Hauptströmungen der Gegenwartsphilos., II, [8]1987.

Quintessenz (aus lat. *quinta essentia*, ‚fünfte Wesenheit"), das fünfte Element des Aristoteles, der Äther, seinem Range nach das erste, feinste, wesentlichste; in übertragenem Sinn: das Wesentliche, Beste, der Kern einer Sache.

Quintilian, Marcus Fabius, röm. Rhetor, 30–96 n. Chr. Verfaßte im Alter seine „Institutio oratoria". Rhetorik hat für ihn philos. und pädagogische Bedeutung, ist mehr als bloße Redekunst. Die Sprache ist Wesensmerkmal des Menschen und der Rhetor ist der vollendete Mensch, *vir bonus*. Die → sophistische Auffassung von Rhetorik ist damit ausgeschlossen. Die → Rhetorik unterscheidet sich von der Dichtkunst, die sich mit Erfindungen abgibt, weil sie Sachliches zur Darstellung bringt. Rhetorik ist die universale Wissenschaft, die alle anderen Wissenschaften, die Kenntnis der Geschichte und der Dichtung umspannt, erschöpft sich jedoch nicht in bloßer Bekanntschaft dieser Gebiete und ihrer passiven Nachahmung in der Wiedergabe, sondern verlangt eigene Urteils-, Erfindungs- und Schöpferkraft, eigenständige Verarbeitung der Literatur und geschichtlicher Tatsachen, erstrebt eine allumspannende Synthese aller Einsichten, die auf der Höhe der Zeit steht. Rhetorik ist so eine prinzipiell unabschließbare Wissenschaft und der Rhetor als *vir bonus* ein aufgegebenes, faktisch nicht vorfindliches Ideal. Rhetorik ist Philosophie, denn sie schließt Kontemplation u. vernünftige Beurteilung in sich. Sie ist als *sapientia* und *ars* zugleich mehr als Philosophie. Der Rhetor muß als *vir bonus* Geistmensch und Tatmensch sein, nicht nur nach Einsicht in das Wahre und Schöne streben, sondern diese Einsicht und die durch sie erkannten und durch Einübung zu seinem → Habitus gewordenen Tugenden der Männlichkeit, Sachlichkeit und Wahrhaftigkeit durch öffentliches Auftreten unter Beweis stellen. Q. war von großem Einfluß auf die Humanisten (→ Humanismus). – Hauptwerk: Institutio oratoria, I–II, hg. [6]1971; Die Ausbildung des Redners (lat./dt.), I–II, 1972–75, [2]1988.

L. Rademacher (Hg.), Institutio oratoria, I–II, 1907/35; G. Funke, Gewohnheit, 1958; F. R. Varwig, Der rhetor. Naturbegriff bei Q. 1976.

Quod erat demonstrandum (lat.), was zu beweisen war.

Radbruch, Gustav, Rechtslehrer und Politiker, * 21. 11. 1878 Lübeck, † 23. 11. 1949 Heidelberg, 1921–23 Reichsjustizminister, seit 1926 Prof. in Heidelberg, schrieb u. a.: Einf. in die Rechtswissenschaft, 1910; Grundzüge der Rechtsphilos., 1914, [8]1973; Religionsphilos. als Kultur (mit P. Tillich), 1920; Kulturlehre des Sozialismus, 1922; Der innere Weg – Aufriß meines Lebens, 1951; Kleines Rechtsbrevier, hg., 1954.

F. Bonsmann, Die Rechts- und Staatsphilos. G. R.s, 1965; Z. U. Tjong, Der Weg des rechtsphilos. Relativismus bei G. R., 1967; A. Kaufmann, G. R. – Rechtsdenker, Philosoph, Sozialdemokrat, 1987.

Radhakrishnan, Sarvepalli, indischer Philosoph, ehem. Vizepräsident von Indien, * 5. 9. 1888 Tiruttani (Südindien), Professor an der Benares Hindu Universität und in Oxford (Engl.), lebte in Neu-Dehli, † 17. 4. 1975 das., bekannt durch seine Forschungen zur indischen Philosophie und Religionsphilosophie sowie durch Parallelbetrachtungen zum westlichen Geistesleben. – Hauptwerke: The Philosophy of Rabindranath Tagore, 1918; Indian Philosophy, I–II, 1923–27, dt. I–II, 1955–56; Hindu View and Life, 1926; Kalki or the Future of Civilisation, 1929; East and West in Religion, 1933, dt. 1961; Eastern Religion and Western Thought, 1939; Mahatma Gandhi – Essays and Reflections, 1939; My Search of Truth, 1946; Religion and Society, 1947, dt. 1954; The Bhagavadgita, 1948; The Dhammapada, 1950; East and West – Some Reflections, 1956; Recovery of Faith, 1956, dt. 1959; The Principle Upanishads, 1958; The Concept of Man, 1960; Vier Ansprachen anläßlich der Verleihung des Friedenspreises, 1961.

P. A. Schlipp, The Philosophy of S. R., La Salle 1952; R. N. Minor, R. – A Religious Biography, Albany 1987.

radikal (vom lat. *radix*, „Wurzel"), auf den Grund gehend, von Grund aus, gründlichst, kompromißlos.

Ramakrischna, indischer Heiliger * 20. 2. 1834 Kamarpukar (Bengalen), † 16. 8. 1886 Kalkutta, verkündete eine volkstümliche Form des → Vedanta → Schankaras als eine Überphilosophie, zu der alle Religionen der Erde hinführen und in der ihre Andachtsformen ihre Erfüllung und Harmonie finden. Sein großer Schüler, Vivekananda (1862–1902), gründete die R.-Mission zur Verbreitung seiner Ideen in Indien und Amerika. – Texte: The Gospel of R., hg. 1907; R. – Worte des Meisters, hg. 1949; Werke, hg. 1963.

R. Rolland, La vie de R., Paris 1929, dt. 1930; O. Wolff, Indiens Beitrag zum neuen Menschenbild, 1957; S. Lemaître, R. in Selbstzeugnissen und Bilddokumenten, 1963; H. Buckle, Dialog mit dem Osten, 1965; C. Isherwood, R. and His Disciples, London 1965; H. Torwesten, R. und Christus oder das Paradox der Inkarnation, 1981.

Ramus, Petrus, eigentl. Pierre de la Ramée, franz. Philosoph, * 1515 Cuth b. Soissons, † 26. 8. 1572 Paris (in der Bartholomäusnacht ermordet), 1562 zum Calvinismus übergetreten, schuf als Gegner der aristotelisch-scholastischen Philosophie eine neue, nicht-aristotelische Logik im Anschluß an Cicero und Quintillian, welche Begriff, Urteil, Schluß, Definition, Beweis, Methode im noch heute geläufigen Sinne abhandelt; verknüpfte die → Rhetorik mit der Logik, die er in die Lehre von der Erfindung und vom Urteil einteilte. Vor ihm hatte schon der Straßburger Pädagoge Johannes Sturm (1507–89) diesen Weg der Logikreform beschritten.

C. Desmaze, P. R., 1864 (Repr. 1970); F. P. Graves, P. R. and the Educational Reformation of the 16th Century, 1912; W. J. Ong, R. and Talon Inventory, Cambridge Mass. 1958 (Repr. 1974); W. Risse, Logik der Neuzeit, I, 1964; J. J. Verdonk, P. R. en de wiskunde, Utrecht 1966; W. J. Ong, R., 1974.

Rangordnung, in der Soziologie die hierarchische Struktur einer Gruppe, einer Gesellschaft; in der Psychologie eine Begleiterscheinung des Abhängigkeitsverhältnisses der Teile (Stellen, Eigenschaften) eines psychischen Gebildes untereinander. Auch die einfachste Wahrnehmungsgestalt zeigt eine bestimmte Zentrierung (→ Gestalt) und eine bestimmte Verteilung der Gewichtigkeit, aus der sich Rangstufen und R. ergeben; die R. der Teile usw. wird nicht, wie die ältere Psychologie annahm, in das psychische Gebilde „hineingesehen" (projiziert, eingefühlt), sondern gehört zu seinem Wesen. – In der → Ethik ist die R. der Werte entscheidend für die Wertwahl, die der Wertverwirklichung vorausgeht; → Ordnung, *Ordo amoris, Ordre du cœur.*

Rasse, im Sinne der Anthropologie eine Gruppe von Menschen, bei denen die normale äußere Erscheinung durch gemeinsame erbliche Körpermerkmale (z. B. Hautfarbe, Kopfform, Gesichts- und Nasenform, Haarformen und -farbe, Körpergröße usw.) bedingt ist. Als menschl. Hauptrassen werden die europäische, die negroide und die mongolische R. genannt. Im weiteren Sinne ist R. die Art und Weise, in der sich der Charakter eines Menschen in dessen äußerem Habitus, bes. in Kopf- und Gesichtsform ausdrückt.

E. v. Eickstedt, R.nkunde und R.ngesch. der Menschheit, 1934; G. Kafka, Was sind R.n?, 1949; J. Zischka, Die NS-R.nideologie, 1986.

Ratio (lat.), Vernunft, Verstand; Grund; r. *essendi,* Seinsgrund; r. *cognoscendi,* Erkenntnisgrund.

T. M. Seebohm, R. u. Charisma, 1977.

rational (lat.), vernunftgemäß, aus der Vernunft, durch Vernunft. Gegensatz: gefühlsmäßig, → irrational.

rationale Psychologie, von Chr. Wolff eingeführte Bezeichnung für die Seelenkunde, sofern sie im Gegensatz zur empirischen Psychologie von den reinen Begriffen seelischer Vorgänge und Verhältnisse ausgeht. Zu deren Begründung gehörte die klassische Lehre von den „seelischen Vermögen" (Denken, Fühlen, Wollen). In Kants „Kr. d. r. V." (Methodenlehre) ist die r. P. neben Ontologie, rationaler Physik und rationaler Theologie eines der vier Hauptgebiete der Metaphysik.

rationalisieren (lat.), vernunftgemäß organisieren, nach erprobten zweckmäßigen Prinzipien gestalten; das Verfügbare in vernünftig gemessene Rationen einteilen. – Rationalisierung wird erstrebt in allen Gebieten menschl. Tätigkeit, wozu die Technik alle erdenklichen Mittel liefert und den Menschen zu neuen Verhaltensformen zwingt; sie hat jedoch an der Irrationalität des Menschenlebens stets ihre Grenzen.

W. Vershofen, Die Grenzen der Rationalisierung, 1927; H. Wiedenmann, Die Rationalisierung aus der Sicht des Arbeiters, 1964; G. Buchholz, Geschichte und Begriff der Rationalisierung, 1981.

Rationalismus (lat.), Verstandes- bzw. Vernunftstandpunkt, Gesamtheit der philos. Richtungen, die auf verschiedene Art die Vernunft (die ratio), das Denken, den Verstand subjektiv, die Vernünftigkeit, die logische Ordnung der Dinge objektiv in den Mittelpunkt ihrer Betrachtungen stellen. Nach Ansätzen zu einem objektivistischen R. im Altertum erfuhr der eigentliche, der subjektivistische R. seine Systematisierung im 17. und 18. Jh. durch Descartes, Spinoza, Leibniz und Wolff. Pascal, sowie die Empiristen Locke, Hume, Condillac bekämpfen ihn, Kant hebt den Gegensatz von Empirismus und R. in der höheren Einheit seines Kritizismus auf; Fichte, Schelling, Hegel kehren teilweise zu einem objektivistischen R., besser Panlogismus, zurück. Völlig rationalistisch sind der historische Materialismus, der Positivismus, der Pragmatismus und die von diesen Philosophien abhängigen oder beeinflußten Denkrichtungen der Gegenwart: Marxismus, Neupositivismus, Logizismus, Physikalismus.

Der R. ist die Denkweise der → Aufklärung und teilt deren Optimismus, insofern er an eine unbegrenzte menschl. Erkenntniskraft glaubt, die sich über kurz oder lang alles Seienden geistig bemächtigen wird. Für den R. gibt es nur vorläufig, nicht aber grundsätzlich unlösbare Probleme.

Im Zeitalter des R. entstand der neue Begriff der Wissenschaft, der gleichbedeutend wurde mit dem der Mathematik und der Naturwissenschaften. „Wissenschaftlich" heißt seither: in mathematisch-naturwissenschaftlicher Sprache darstellbar bzw. dargestellt. Ferner entstand der Begriff der „wertfreien Wissenschaft", der besagt, daß die Wissenschaft sich nicht darum zu kümmern habe, ob die Gegenstände und namentlich auch die Ergebnisse ihres Forschens ethisch wertvoll oder wertwidrig sind, ob sie Heil oder Unheil in sich tragen. Der R. räumt der Ratio eine unbeschränkte Herrschaft ein, gegen die an keine höhere Instanz appelliert werden kann. Für Metaphysik ist im System des R. kein Raum. Die Geschichte der Philosophie verzeichnet deshalb einen Niedergang der → Metaphysik während der Vorherrschaft des R.

Gegner des R. sind Romantik, Irrationalismus (Schopenhauer, Kierkegaard, Maine de Biran, Nietzsche) und Lebensphilosophie (Bergson, Dilthey), doch bleiben sie oft selbst ungewollt dem R. verhaftet. – Unter religiösem R. versteht man den Höhepunkt d. aufklärerischen Theologie im 18. Jh., in dem die überlieferten Offenbarungslehren völlig in Vernunftwahrheiten umgedeutet werden. → Kritischer R.

K. Girgensohn, Der R. des Abendlandes, 1921; R. Müller-Freienfels, Metaphysik des Irrationalen, 1927; B. Noll, Philosophia rationalis sine fide, 1959; H. Stachowiak, R. im Ursprung, 1971; H. F. Spinner, Begründung, Kritik, R., 1977; W. Habermehl, Historismus und Kritischer R., 1980; P. Strasser, Wirklichkeitskonstruktion und R. – Ein Versuch über den Relativismus, 1980; P. Kondylis, Die Aufklärung im Rahmen des neuzeitlichen R., 1981; H. Schnädelbach (Hg.), Rationalität, 1984; P. Madigan, The Modern Project to Rigor – Descartes to Nietzsche, Lanham 1986; H. I. Brown, Rationality, London 1988; K. Homann, Rationalität und Demokratie, 1988.

rationell (lat.), vernunftgemäß; zweckmäßig, praktisch, völlig durchdacht.

Raum, das, was allen → Erlebnissen gemeinsam ist, die unter Mitwirkung der Sinnesorgane zustandekommen. Nachdem jahrhundertelang beinahe nur der „abstrakte R." der Geometrie Problem gewesen war, stellte sich von der Anwendung des Begriffs des „leeren R." in der aufblühenden Physik seit dem 17. Jh. die Frage des „physikalischen R.s" u. schließlich die seiner Existenz bzw. seiner Wahrnehmbarkeit. Schon Leibniz hatte den R. als „wohlbegründete Erscheinung" bezeichnet und Kant (in seiner „Kritik der reinen Vernunft") analysierte den R. als die Form aller Erscheinungen äußerer Sinne, d. i. die formale Beschaffenheit aller Außenwelt-Wahrnehmung, durch die allein uns äußere Anschauung möglich ist. Kant lehrt weiter die formal empirische Realität d. R., d. h. sein Vorkommen in aller Außenwelt-Erfahrung, und zugleich die transzendentale Idealität desselben, d. i. daß er nichts sei, sobald wir den subjektiven Ursprung aller Erfahrung vergessen und den R. als etwas, was den Dingen an sich selbst zugrunde liege, annehmen. Der Mathematiker Gauß meinte, man müsse „in Demut zugeben, daß der R. auch außerhalb unseres Geistes eine Realität hat, der wir *a priori* ihre Gesetze nicht vollständig vorschreiben können". Die → Relativitätstheorie spricht dem R. (u. der Zeit) den Charakter des Konkreten ab, aber damit „ist derselbe nicht aus der Welt geschafft, sondern er ist nur weiter rückwärts verlegt worden, und zwar in die Metrik der vierdimensionalen Mannigfaltigkeit, welche daraus entsteht, daß R. und Zeit mittels der Lichtgeschwindigkeit zu einem einheitlichen (vierdimensionalen) Kontinuum zusammengeschweißt werden" (M. Planck, Vom Relativen zum Absoluten, 1925); → Kontinuum, Palágyi. Heidegger lehrt, daß es mit dem, was als Zuhandenes (→ Zuhandenheit) begegnet, je eine Bewandtnis bei einer Gegend hat. „Aber weder steht die je vorgängig entdeckte Gegend noch überhaupt die jeweilige Räumlichkeit ausdrücklich im Blick. Sie ist an sich in der Unauffälligkeit des Zuhanden ... für diese gelegen ... Der R. ist weder im Subjekt, noch ist die Welt im R. Der R. ist vielmehr ‚in' der Welt, sofern das für das Dasein konstitutive In-der-Weltsein R. erschlossen hat. Das Dasein ist räumlich" (Sein und Zeit, [7]1953). Auch die Psychologie der Gegenwart stellt fest, daß der R. als solcher uns nie gegeben ist, daß er vielmehr stets von einer Mannigfaltigkeit umfassenderer und engerer → Bezugssysteme, zu denen die verschiedenen Gegenstände gehören, erfüllt ist. Auch für die Bezugssysteme, deren Insgesamt man also als R. bezeichnen könnte (wenn es erlaubt wäre, das Dasein einer Sache unabhängig von ihrem Sosein zu denken), ist ihre Unscheinbarkeit, Unauffälligkeit charakteristisch. „Außer der Möglichkeit, aufgefüllt zu werden, hat der R. keine weitere Eigenschaft; er ist, abgesehen von der Festlegung der Einzelorte und ihrer Ausfüllung, ein leeres und totes Nichts" (W. Metzger, Psychologie, [2]1957). Die moderne Physik definiert den R. als dasjenige, worin sich Felder (→ Feldertheorie) befinden; die Verwandtschaft von Feld und Bezugssystem ist unverkennbar. Daß der R. als rechtwinklig (euklidisch) vorgestellt wird, hängt mit der Prägnanztendenz des Bewußtseins zusammen: auch wenn man eine die räumlichen Verhältnisse stark verzerrende Brille aufsetzt, sieht man nach einiger Zeit alles wieder in der gewohnten Ordnung; → Nicht-Euklidische-Geometrien.

H. Weyl, R., Zeit, Materie, 1919; R. Carnap, Der R. – Ein Beitrag zur Wissenschaftslehre, 1921; M. Palágyi, Naturphilosophische Vorlesungen, 1924; H. Reichenbach, Philosophie der Raum-Zeit-Lehre, 1928; G. Jaffé, Drei Dialoge über R., Zeit und Kausalität, 1954; K. Reidemeister, R. und Zahl, 1957; F. Kaulbach, Die Metaphysik des R.s bei Leibniz und Kant, 1960; O. F. Bollnow, Mensch und R., 1963; E. Ströker, Philos. Unters. zum R., 1965; W. Gölz, Dasein und R., 1970; F. Brentano, Philos. Untersuchungen zu R., Zeit und Kontinuum, hg. 1976; A. Gosztonyi, Der R. – Gesch. seiner Probleme, I–II, 1976; B. Kanitschneider, Vom absoluten R. zur dynamischen Geometrie, 1976; W. Balzer, Empir. Geometrie und R.-Zeit-Theorie, 1978; L. Sklar, Philos. and Spacetime Physics, Berkeley 1985; U. an der Heiden/G. Roth/M. Stadler, Das Apriori-Problem und die kognitive Konstitution des R.es, 1986; W. Schmied-Kowarzik, Zeit und R., 1986; R. Heinrich, Kants Erfahrungsr., 1986.

Raumwahrnehmung, die Wahrnehmung räumlicher Entfernungen auf der Oberfläche des eigenen Körpers mittels des Tastsinnes. Eine Wahrnehmung des eigentlichen leeren Raumes gibt es nicht, hingegen können wir uns die Koordinaten eines Gegenstandes (auch z. B. unseres Körpers) über diesen hinaus verlängert denken und so zu einer Raumvorstellung gelangen. Dieser Raum hat normalerweise eine euklidische Struktur – (→ Raum), deren Festigkeit einerseits die Stabilität des Wahrnehmungsfeldes ausmacht, andererseits durch das System der Muskeln gesichert ist. Vom anschaulichen, mit Gegenständen erfüllten Wahrnehmungsraum (Umraum) wirken auf dieses System ununterbrochen Kräfte ein (→ Einstellung), die mit der normalen Tonusverteilung der Gesamtmuskulatur und mit den entsprechenden Zuständen oder Erregungen im psychophysischen Niveau zusammenfallen. Bei gewissen Gehirnkrankheiten, die eine Labilität oder Asymmetrie des Muskeltonus zur Folge haben, treten Schwankungen der Struktur des Umraumes und Abweichungen von der euklidischen Struktur auf.

H. Kleint, Versuche über die Wahrnehmung, 1940; J. Piaget/B. Inhelder, La représentation de l'espace chez l'enfant, Paris 1948, dt. 1975; W. A. Verloren van Themaat, Räumliche Vorstellung und mathemat. Erkenntnisvermögen, I–II, Dordrecht 1962–67; J. Lukas, Die Struktur des Sehraumes, 1981; J. Eliot, Models of Psychological Space, New York 1987.

Ravaisson-Mollien, Felix, franz. Philosoph, * 25. 10. 1813 Namur (Belgien), † 18. 10. 1900 Paris, persönlicher Schüler Schellings. Gott hat der Natur u. dem Universum nur einen Teil seiner Vollkommenheit verliehen, um ihnen eine selbständige Entwicklung in Richtung auf die Vollkommenheit zu ermöglichen. – Hauptwerke: Rapport sur la philosophie en France au XIXe siècle, 1861; Essai sur la métaphysique d'Aristote, 1837–46 (Repr. 1963); De l'habitude, 1838, dt. 1954; Testament philosophique, 1901.

H. Bergson, Le pensée et le Mouvant, 1934, dt. 1948; D. Janicaud, Une généalogie du spiritualisme français, Den Haag 1969.

Raymundus Lullus, s. Lullus, R.

Reaktion (lat.), Rückwirkung, Gegenwirkung; Reizwirkung; notwendiger Bestandteil aller Wechselwirkung, in diesem Sinne bes. in der Chemie und Physiologie gebraucht, in dieser wird unter R.szeit die Zeit zw. der Einwirkung eines Reizes und der darauf erfolgten R. verstanden. In der Biologie heißt R.snorm die ererbte Art und Weise, wie ein Organismus auf bestimmte Reize antwortet. In der Psychologie werden die zunächst ausbleibenden R.n auf unangenehme Reize und Erlebnisse als Abreaktionen bezeichnet.
Im politischen und kulturellen Leben versteht man seit etwa 1830 unter R. das Bestreben sogenannter „Reaktionäre", neue Zustände zu verhindern, ihnen, wenn sie bereits bestehen, entgegenzuwirken, um sie dann wieder durch die alten zu ersetzen.

real (lat.), wirklich objektiv, nicht nur in Gedanken seiend; r.es Sein → Sein. Gegensätze: ideal, ideell, phantastisch, imaginär, irreal, fiktiv.

Realdefinition (lat.), im logischen Sinne keine eigentl. Definition, d. h. Begriffsfestlegung, sondern eine Sachbestimmung, die sich auf den Wirklichkeitsgehalt des mit der Definition Gemeinten bezieht; (→ Formalismus).

Realgrund, im Gegensatz zum Erkenntnisgrund der Grund für das reale Vorhandensein einer Sache.

Realisierung, in der Erkenntnistheorie der Übergang von der Realmeinung (d. h. der Meinung, daß ein Gegenstand an sich und ohne unser Denken uns gegenübersteht oder stehen könnte) zur eigentlichen Erkenntnis der → Realität, d. h. der Erkenntnis, daß er an sich und ohne die Gegenüberstellung durch den erkennenden Akt besteht (→ Ansichsein). Die R., also die Feststellung, daß die Meinung des Denkens über die Realität eines Gegenstandes zutrifft (Realsetzung), kann auf dem Wege der Erfahrung oder des Denkens versucht werden; – etwas realisieren heißt, sich der Realität eines Tatbestandes bewußt werden. Im praktischen Sinne heißt R. so viel wie Verwirklichung: ein Bauvorhaben, einen Reiseplan realisieren ...

O. Külpe, Die R., I–III, 1912–23; G. Jacoby, Allg. Ontologie der Wirklichkeit, I–II, 1925–28.

Realismus (lat.), Wirklichkeits-Standpunkt; er behauptet das Vorhandensein einer außerhalb des Bewußtseins liegenden Wirklichkeit; diese kann als ein Materielles (z. B. bei Leukipp, Lukrez, Haeckel und in der modernen Naturwissenschaft) oder als (nur) Geistiges aufgefaßt werden. Im letzteren Falle spricht man von Spiritualismus. Erkenntnistheoretisch bedeutet der R. im Gegensatz zum → Idealismus die Annahme einer vom erkennenden Subjekt unabhängig bestehenden Dingwelt. Der sog. naive R. meint, daß diese Dingwelt gerade so oder doch annähernd so sei, wie wir sie wahrnehmen (v. Kirchmann, J. Rehmke). In diesem Sinne bezeichnet Wilh. Wundt als R. schlechthin jede Weltanschauung, die den verschiedenen Bestandteilen, in welche sich schon für das vorwissenschaftliche Denken die wirkliche Welt zu sondern scheint, den materiellen wie den geistigen, gerecht zu werden und jedem von ihnen die seinem Einfluß auf die Wirklichkeit entsprechende Bedeutung zu wahren sucht. Der transzendentale Realismus (das Wort bei E. v. Hartmann; Kant nannte seinen Standpunkt „transzendentalen Idealismus") erklärt im Sinne der Eingangslehre Kants (= transzend. Ästhetik), daß das, was wir wahrnehmen, „anschauen" nur eine durch die dem „Subjekte" zugehörigen „Anschauungsformen" Raum und Zeit bedingte Erscheinungswelt sei, die von der individuell-psychischen Verfassung unabhängig sein soll (daher: „transzendental"). Das Ansichseiende soll aber – gegen Kant – irgendwie erkennbar sein. Dieser Standpunkt wurde später „kritischer Realismus" genannt. Als „kritischer" setzt er nicht in das Wahrnehmen, sondern in das „Denken" das Vertrauen, daß wir in ihm ein so anpassungsfähiges Erkenntnis-Werkzeug besitzen, daß eine immer tiefere, vollständigere und richtigere Erkenntnis des Realen allmählich erreicht werden kann. Die kath. Philosophie bzw. Neuscholastik bezeichnet die Annahme einer Realität der Allgemeinbegriffe (→ Universalienstreit) als R. Gegensatz: → Nominalismus. Die Philosophie der Gegenwart ist überwiegend realistisch. Die wichtigsten Richtungen des modernen R. sind: der historische Materialismus, der Neurealismus, der Neuthomismus und die einen metaphysischen R. enthaltende neue Ontologie. Im Mittelpunkt der Erörterung steht die Frage, in welcher Weise die → Realität gegeben ist und bis zu welchem Grade sie erfaßt werden kann. Wichtige Beiträge zum R. der Gegenwart leisteten Phänomenologie und Existenzphilosophie.

A. Messer, Der kritische R., 1923; E. Jaensch, Vorfragen der Wirklichkeitsphilos., 1931; G. Jakoby, Allg. Ontologie der Wirklichkeit, I–II, 1925–28; N. Hartmann, Der Aufbau der realen Welt, 1940; G. Lukács, Essays über den R., 1948; E. Nordhofen, Das Bereichsdenken im kritischen R., 1976; G. Fuller, R.theorie, 1977; J. Seifert, Back to „things in themselves". A Phenomenolog. Foundation for Classical Realism, New York 1987.

Realist, philosophisch Anhänger des → Realismus. Im weiteren Sinne ist R. der sachliche Mensch, der die Dinge nüchtern so nimmt, wie sie sind und die Bedingungen zur praktischen Realisierung von Vorhaben aller Art genau prüft; im Gegensatz zum Idealisten, der sie im verklärenden Schein seiner Wünsche, Ideen und Ideale sieht. Den Unterschied des R.en vom Idealisten, bes. in der Dichtkunst, behandelt Schiller in seiner klassischen Abhandlung „Über naive und sentimentalische Dichtung", in der er die beiden Lebenseinstellungen des Idealisten und des R.en am Unterschiede der sentimentalen von der naiven Bewußtseinshaltung erläutert.

Realität (vom lat. *res,* „Sache, Ding"), Dinghaftigkeit; das ontologische → Ansichsein, d. h. das Ansichsein abgesehen von seiner sich aus dem Erkenntniszusammenhang ergebenden Reflektiertheit (→ Ontologie). Im Unterschied zur → Wirklichkeit lassen sich an der R. Möglichkeit u. Notwendigkeit unterscheiden, während in der Wirklichkeit beides zufammenfällt.
R. wird (durch das Mittel der → Realisierung) allem zugeschrieben, was in der Zeit entstehen kann bzw. entstanden ist (→ notwendig), besteht

und vergeht. Die R. gehört zu den letzten Dingen, sie bedarf keines Beweises. Das Problem ist vielmehr, in welcher Weise R. gegeben ist, wie wir ihrer inne werden; es kann von verschiedenen Seiten her erörtert werden.

1. Die Erkenntnis der R. richtet sich auf ein Ansichseiendes, das, um erkannt werden zu können, in das Bewußtsein eintreten muß, als Teilinhalt des Bewußtseins aber gegenüber dem Erkenntnisakt eine gewisse Selbständigkeit bewahrt. Das Ansichseiende hat als Angetroffenes den Charakter des „zuverlässigen Scheines" (→ Schein), überdies eine größere Gewichtigkeit als der Bewußtseinsakt, der es antrifft. Daher ist die Erkenntnis kein beliebiger Bewußtseinsakt; sie ist ein „transzendenter", andere Inhalte „überschreitender" Akt, der dem Ansichseienden eine besondere, es vor anderen Bewußtseinsinhalten auszeichnende Bedeutung verleiht.

2. Neben dem (rationalen) transzendenten Erkenntnisakt gibt es emotional-transzendente Akte, unter denen die emotional-rezeptiven die für das R.sproblem wichtigsten sind: Erfahren, Erleben, Erleiden, Ertragen, zusammengefaßt als „Widerfahrnisse", als Betroffensein von etwas", nämlich von der R. des Widerfahrnisses und von der Härte der R. überhaupt (wenn man z. B. einen schmerzhaften Stoß oder Schlag erhält). In diesem Sinne „erfahre" ich die Folgen meiner Taten, die Gesinnung meiner Mitmenschen usw., „erlebe" ich Erfolg oder Mißerfolg.

Auch emotional-prospektive Akte (Erwartung, Vorgefühl, Bereitschaft, Sich-gefaßt-machen auf etwas) legen Zeugnis ab von der R., denn sie sind ein Vorbetroffensein von dem „Anrückenden" (→ Situation), das – wie wir wissen – unsere Handlungsfreiheit zu beschränken vermag.

Schließlich gibt es emotional-spontane Akte (Begehren, Wollen, Tun, Handeln). Sie sind im Grunde auch prospektiv, denn sie sind auf Möglichkeiten des Eingreifens in den Ablauf der Geschehnisse gerichtet, also auf Beeinflussung und Veränderung des Anrückenden. Sie bezeugen eindringlich die R.sgewißheit, sowohl des Anrückenden als auch der Folgen dieser Akte. – Das Handeln als R. kann sich auch auf Personen richten. Das Betroffensein einer Person durch mein Handeln kann ein Rückbetroffenwerden meiner selbst zur Folge haben, woraus sich ein – im Vergleich zu der der Sachen – größeres R.sgewicht der Person ableiten läßt.

Alle diese Akte hängen unlösbar zusammen. Im menschl. Alltag verschwinden sie in einem Aktgefüge, das man als eine Ganzeigenschaft des Daseins bezeichnen kann. Dieses Aktgefüge hat die R.sgegebenheit zum Mittelpunkt und macht die R.sgewißheit zur ständigen Begleiterin des menschlichen Daseins.

M. Frischeisen-Köhler, Das R.sproblem, 1912; N. Hartmann, Zum Problem der R.sgegebenheit, 1931; R. Blanche, La science physique et la realité, Paris 1948; P. Sondereguer, Réalidad intellig ble y realidad pura, Buenos Aires 1949; H. Wein, Realdialektik, 1957; D. Papineau, Reality and Representation, Oxford 1987.

Realrepugnanz (aus neulat. *realis*, „sachlich", u. lat. *repugnans*, „widerstreitend"), realer, in den Sachen selbst liegender Widerstreit im Unterschied zum logischen, in den Begriffen liegenden Widerspruch. R. kommt besonders zur Geltung in dem kategorialen Versuch Kants, den Begriff der negat. Größen in die Weltweisheit (1763) einzuführen.

Realsetzung, die → Realisierung.

Recht, Inbegriff der ethischen Gemeinschaftswerte (Gerechtigkeit, Ordnung, Sitte, Wahrhaftigkeit, Treue, Zuverlässigkeit usw.), urspr. beruhend auf der Idee der Gleichheit: gleichen Pflichten sollen gleiche R.e entsprechen. Das Christentum fordert gleiches R. für alle, denn die Unterschiede zwischen den Menschen fallen vor Gott, dem Ursprung und Hüter der R.sidee, nicht ins Gewicht (→ Naturrecht). Das positive R. formuliert die Urrechte des Menschen (z. B. das R. auf Leben und auf das zur Erhaltung und Fortpflanzung des Lebens Notwendige) und die weit verzweigten, aus ihnen hervorgehenden R.e. Zugleich gibt das positive R. an, was geschehen soll, wenn die R.e mehrerer Personen in Widerstreit geraten; es wird so zum Inbegriff der Regeln, die die menschlichen Lebensverhältnisse ordnen. Das positive R. verpflichtet den einzelnen sittlich, sofern es seinem Wertgefühl (R.sgefühl) entspricht. Die Übereinstimmung zwischen positivem R. und R.sgefühl einer möglichst großen Zahl von Staatsbürgern herzustellen und aufrechtzuerhalten ist Aufgabe einerseits der Gesetzgebung, andererseits der Erziehung. Der Erzwingbarkeit des R.s durch die Staatsgewalt sind enge Grenzen gesetzt, weil mit Gewalt zwar ein menschl. Tun verhindert werden kann (z. B. durch Gefangensetzung), nicht aber veranlaßt, es sei denn unter Anwendung von Mitteln (Terror, Mißhandlungen, Folterungen), die den menschl. Urrechten zuwiderlaufen; acht von den Zehn Geboten sind Verbote; → Rechtsphilosophie.

S. Romano, L'ordinamento giuridico, Pisa 1917, dt. 1973; E. Riezler, Das R.sgefühl, 1921; H. Kelsen, Reine R.slehre, 1934; H. Coing, Die obersten Grundsätze des R.es, 1947; F. Achermann, Das Verhältnis von Sein und Sollen als ein Grundproblem des R.s, 1955; E. Fechner, Soziologie und Metaphysik des R.s, 1956; E. Wolf, R. des Nächsten, 1958; E. v. Hippel, Mechanisches und moralisches R.sdenken, 1959; T. Heller, Logik und Axiologie der analogen R.sanwendung, 1961; R. Zippelius, Das Wesen des R.s, 1965; M. Stolleis, Staatsraison, Recht und Moral in der Philos. des 18 Jh.s, 1972; T. Geiger, Moral und R., 1979; U. Wesel, Aufklärungen über R. – Zehn Beiträge zur Entmythologisierung, 1981; O. Kimminich, Macht – R. – Ethos, 1982; T. Schramm, R. und Gerechtigkeit, 1985; C. Meier, Zur Diskussion über das R.sgefühl, 1986.

Rechtsgefühl, → Recht.

Rechtsphilosophie, die philos.-begriffl. Besinnung auf das Wesen des → Rechts und seine Entstehung, auf seinen Zusammenhang mit anderen Erscheinungen des objektiven Geistes, auf die Angemessenheit der formulierten u. kodifizierten rechtlichen Satzungen an die ihnen zugrunde liegenden Ideen und sittlichen Zwecke. Im einzelnen betrachtet die R. das Recht unter logischen, erkenntnistheoretischen, psychologischen, soziologischen u. ethischen Gesichtspunkten. Die inhaltlich verschiedenen Richtungen der R. erklären sich aus den verschiedenen zugrunde liegenden Weltanschauungen und dem geschichtlichen Zustand des Rechts, an den die philos. Besinnung anknüpft. Die bisher wichtigsten Strömungen der R. sind die naturrechtliche (→ Naturrecht), die historische (Savigny) und die neukantische Rechtsschule (R. Stammler).

H. Coing, Rechts- und Sozialphilos., 1932; G. Radbruch, R., 1932; W. Sauer, System der Rechts- und Sozialphilos., 1950; A. Emge, Einf. in die R., 1955; T. Löffelholz, Die R. des Pragmatismus, 1961; W. Maihofer, Recht und Sein – Prolegomena zu einer Rechtsontologie, 1964; D. W. Lerner, Das Problem der Objektivität von rechtl. Grundwerten, 1967; J. Ebbinghaus, Die Strafen für Tötungen nach Prinzipien einer R. der Freiheit, in: Kant-St. 94 (1968); J. Rawls, Theory of Justice, London 1971, dt. 1975; K. Rode, Geschichte der europ. R., 1974; H. Comes, Der rechtsfreie Raum, 1976; R. Wassermann (Hg.), Terrorismus contra Rechtsstaat,

1976; G. Haverkate, Gewißheitsverluste im juristischen Denken, 1977; H. Henkel, Einf. in die R., 1977; H. Köchler, Philos. – Recht – Politik, 1985; H. Alwart, Recht u. Handlung, 1987; A. Holzhey/G. Kohler (Hgg.), Verrechtlichung u. Verantwortung, 1987; G. Roellecke (Hg.), R. oder Rechtstheorie, 1988.

Rechtspsychologie, sucht die seelischen Grundlagen und Auswirkungen des → Rechts in ihren sämtlichen praktischen Verzweigungen zu beschreiben. Hierher gehört u. a. die Frage nach dem Rechtsgefühl, nach den seelischen Voraussetzungen des Handelns, der Willensfreiheit, der Rechtserziehung, ferner die der seelischen Wirkungen von Verbot und Gebot u. dgl.

E. Riezler, Das Rechtsgefühl, 1921; E. Tripp, Unters. zur R. des Individuums, 1931; A. E. Hoche, Das Rechtsgefühl, 1932; G. Bierbrauer/W. Gottwald, Psychologie und Recht – Brückenschlag zwischen Fakten und Fiktion, 1984.

Rechtssoziologie, dasjenige Teilgebiet der Soziologie, das einerseits die pragmatische Rechtsgeschichte sowie die ethnologische und vergleichende Rechtswissenschaft weiterbildet, das andererseits das allg. Programm einer empirischen Theorie der menschl. Gesellschaft für die Untersuchung der Rechtsorganisationen benutzt. Zur R. gehört heute auch die parlamentarische Beobachtung und Beratung von Gesetzesvorlagen, der dadurch auszulösenden Aktionen bei Parteien und Behörden, und nicht zuletzt die Mitgestaltung des juristischen Lehrbetriebes an den Universitäten.

M. Weber, Wirtschaft und Gesellschaft, 1922, 1979; T. Geiger, Vorstudien zu einer Soziologie des Rechts, Aarhus 1947; W. Nauck/P. Trappe, R. und Rechtspraxis, 1970; B. Horvath, Probleme der R., 1971; N. Luhmann, R., I–II, 1972; W. Ott, Rechtspositivismus, 1976; G. Dux, R. – Eine Einf., 1978; L. Kißler, Recht und Gesellschaft – Einf. in die R., 1984; H. Rottleuthner, Einf. in die R., 1987.

Rechtsstaat, ein Staat, der keine Gesetze erläßt, die der sittl. Idee des → Rechts widersprechen, in welchem die stets rechtsbeugende → Staatsraison keine Geltung hat: dessen Organe und Beamte (bes. Gerichte u. Polizei) die bestehenden Gesetze, sowie die darin garantierten Freiheiten genau beachten; ein Staat, in dem jeder öffentliche Akt (Regierungsakt, Hoheitsakt, Verwaltungsakt) durch oppositionelle Parteien, öffentl. Medien u. a. angefochten und durch ein unabhängiges Gericht nachgeprüft werden kann. → Diktatur.

Reduktion (lat.), Zurückführung; biologisch: Rückbildung. – Eidetische R., Begriff der Phänomenologie, → Eidos.

Reduktion, transzendental-phänomenologische: Methode, durch die in der transzendentalen Phänomenologie → Husserls das reine Bewußtsein als Feld transzendentaler Erfahrung der phänomenologischen Analyse zugänglich gemacht wird. Durch die tr.-ph. R. wird die natürliche Einstellung verlassen und die transzendentale eingenommen. Vollzogen wird sie durch *epochē* von der Generalthesis, d. i. von der Setzung der Welt. Als Residuum der tr.-ph. R. verbleibt das reine Bewußtsein, weil seine Setzung von der Generalthesis unabhängig und wesensmäßig unaufhebbar, apodiktisch ist. Da Welt als Universum des Seienden, von dem *epochē* geübt wird, im reinen Bewußtsein als das Universum seiner möglichen → intentionalen Gegenstände gegeben ist, bringt die tr.-ph. R. das, wovon sie *epochē* übt, in der geänderten, jetzt transzendentalen Einstellung als ihr universales Residuum wieder in den Blick. Dies betrifft auch das reine Bewußtsein selbst, das sich in natürlicher Einstellung als Seele gegeben ist. Tr.-ph. R. ermöglicht so universale transzendentale Konstitutionsforschung, d. h. transzendentale Begründung alles Seienden aus dem reinen Bewußtsein.

Husserliana B. I, III, V, VI, VII.

Reenpää, Yrjo, fin. Philosoph, Prof. in Helsinki, * 18. 7. 1894 das., † 18. 12. 1976 ebda., befaßte sich mit Fragen der Physiologie in Hinblick auf deren philosophische Aspekte zu einer Theorie der Sinneswahrnehmung, die als eine Hilfsdisziplin zur Erklärung von Denkvorgängen und Begriffsbildung dienen soll. – Hauptwerke: Allgemeine Sinnesphysiologie (finn. 1935), dt. 1936; Die Dualität des Verstehens (finn. 1950); Über die Zeit (finn. 1966); Wahrnehmen, Beobachten, Konstituieren (finn. 1967).

D. Schaffrath, Grenzfragen philos. und empir. Bewußtseinsbetrachtung – Das psychophysische Problem aus philos. Sicht unter besonderer Berücksichtigung der Sinnesphysiologie Y. R.s, 1979.

reflektieren (vom lat. reflectere, „zurückbiegen"), über das Gewußte nachdenken; Reflektiertheit, die Eigenschaft, ein Gegenstand des Nachdenkens geworden zu sein; → Reflexion. – Auf etwas r.: auf etwas Anspruch erheben.

Reflexion, das → Reflektieren, das prüfende und vergleichende Nachdenken über etwas (vgl. Goethes „Maximen u. R.en"); im engeren Sinne die „Zurückbeugung" des Geistes nach Vollzug eines Erkenntnisaktes auf das Ich (als Zentrum der Akte) und dessen Mikrokosmos, wodurch die Aneignung des Erkannten (→ Innerlichkeit) möglich wird. Eine speziellere Form der R. ist das „Zurückbeugen" des Denkens, das Denken des Gedachten, bzw. die Kritik des Denkens am Denken, die man als die philosophische R. auffassen kann. → Selbstbewußtsein, Selbsterkenntnis.

W. Cramer, Grundlegung einer Theorie des Geistes, 1957; H. Wagner, Philos. und R., 1959; W. Schulz, Das Problem der absoluten R., 1963; W. Kuhlmann, R. und kommunikative Erfahrung, 1975; J. Heinrichs, R. als soziales System, 1976.

Reflexionsmoral, fordert vom sittlichen Willen, daß er sich durch Reflexion, durch vernünftige Einsicht in die jeweilige Situation und Überlegung der eigenen Beziehung zu den betreffenden Mitmenschen bestimmen lassen soll, während die Gefühlsmoral bestimmte Gefühle (z. B. Mitleid, Liebe) als Beweggründe des sittlichen Willens bezeichnet und fordert.

Reflexologie nennen W. v. Bechterew und I. P. Pawlow die auf Physiologie und Verhaltensbeobachtung gestützte „Wissenschaft objektiv-biosozialer Erforschung der menschlichen Persönlichkeit in ihrer physikalisch-kosmischen u. sozialen Umgebung". Die R. glaubt die in der Subjektivität der Selbstbeobachtung liegenden Fehlerquellen ausschalten und überdies fremdes Seelenleben zuverlässig erkennen zu können; in diesem Verfahren dem → Behaviorismus verwandt.

I. Pawlow, Die höchste Nerventätigkeit bei Tieren (russ.), dt. 1926; W. Bechterew, Allg. Grundlage der R. des Menschen, 1926; W. Bechterev, Die kollektive R., 1928; F. Ranschburg; R. und Psychologie, 1932; F. W. Bronisch, Kleines Lehrbuch der R., 1966.

Regel (vom lat. *regula*, „Richtscheit"), im objektiven Sinne Bez. für die begrifflich formulierte, aber nicht als gesetzl. notwendig erkannte Gleichförmigkeit eines Seins, Geschehens oder Handelns; im subjektiven Sinne soviel wie Vorschrift

(z. B. Ordens-R.). Mit dem Begriff der Regel ist die Ausnahme vereinbar, mit dem des → Gesetzes nicht. Die goldene R. sittlichen Verhaltens lautet (zurückgehend auf Tobias 4, 16): „Alles nun, was ihr wollt, daß Euch die Leute tun sollen, das tut ihr ihnen auch"; Matth. 7, 12 fährt fort: „Das ist das Gesetz der Propheten". Dem Sinne nach hat die goldene R. bei allen Kulturvölkern Geltung.

H. Reiner, Die „Goldene R." Die Bedeutung einer sittl. Grundformel der Menschheit, in ZphF. Bd. III, 1948.

regressiv (lat.), rückwärtsschreitend (vom Bedingten zur Bedingung, von der Wirkung zur Ursache). Gegensatz: progressiv (→ Progreß). – *Regressus,* auch *Regression,* das Zurückgehen, Zurückschreiten. r. *in infinitum:* Zurückgehen (in Verfolgung der Ursachen) ins Unendliche, d. h. ohne Abschluß; in der Psychologie infantile Regression.

G. A. Lienert, Belastung und Regression, 1964.

regulativ (vom lat. *regula,* „Richtscheit") nennt Kant ein Prinzip der Vernunft, das nur die Betrachtung, das Denken regelt und zu Erkenntnissen leitet, nicht aber als objektiv vorhanden angesehen werden darf, nicht → konstitutiv ist. Konstitutiv sind nach Kant die Kategorien, r. z. B. das Prinzip der Zweckmäßigkeit(sbetrachtung).

Regulierung, → Steuerung.

Rehmke, Johannes, Philosoph, * 1. 2. 1848 Elmshorn, † 23. 12. 1930 Marburg, 1885–1921 Prof. in Greifswald. Seine ontologische Philosophie stellt einen realistischen Erkenntnis-Monismus dar; im Gegensatz zum Monismus der Immanenzphilosophie, der an dem herkömmlichen Ansatz „Gegenstand Inhalt-Subjekt" die Gegenstände verneint und nur den Bewußtseins-Inhalt zuläßt, verwirft R. umgekehrt den sogenannten „Bewußtseins-Inhalt" und anerkennt nur die Gegenstände, und zwar als unmittelbar vom Bewußtseins-Einzelwesen erfaßbar, nämlich aufgrund dessen schlechthinniger Unräumlichkeit, so daß „Inhalt im Bewußtsein" als ein Widerspruch in sich erscheint. Damit entfällt für R. sowohl der Gegensatz „transzendent-immanent", bzw. „außerseelisch-innerseelisch", wie die Annahme einer „inneren Denktätigkeit", da R. das Denken nicht als subjektives Erzeugen, sondern als objektives Finden versteht, weshalb er auch die Objektivität des Allgemeinen vertritt. Der Mensch gilt ihm nicht als Einzelwesen, sondern als Wirkenseinheit zweier wesensverschiedener Einzelwesen, das eine vom Allgemeinen her, das andere vom subjektiv Erlebten bestimmt. Als → Grundwissenschaft hat die Philosophie das Allgemeinste des Seienden z. Gegenstand. – Hauptwerke: Lehrbuch der allg. Psychologie, 1894; Die Seele des Menschen, 1902; Philos. als Grundwissenschaft, 1910; Die Willensfreiheit, 1911; Logik oder Philos. als Wissenschaftslehre, 1918; Ethik als Wissenschaft (Gesammelte Aufsätze), hg. 1928.

Reichenbach, Hans, Philosoph, * 26. 9. 1891 Hamburg, † 9. 4. 1953 Los Angeles, 1926–38 Prof. in Berlin und Istanbul, seit 1938 an der California-Univ. in Los Angeles. Mitbegründer des Wiener Kreises und einer der Hauptvertreter des → Neupositivismus; ging später eigene Wege. Durch seine Untersuchungen der Grundlagen der Geometrie und der logischen Struktur der Physik gelangt R. zu einer Ablehnung der Apriorität von Raum und Zeit. Den Begriff der Wahrscheinlichkeit definiert R. als einen statistischen; in seiner Wahrscheinlichkeitslogik spielen die Wahrscheinlichkeiten die Rolle von Wahrheitswerten. „Ein Satz hat einen Sinn, wenn der Grad seiner Wahrscheinlichkeit bestimmt werden kann". – Hauptwerke: Axiomatik der relativistischen Raum-Zeit-Lehre, 1924; From Copernikus to Einstein, 1927, dt. 1942; Philos. der Raum-Zeit-Lehre, 1928; Ziele und Wege der heutigen Naturphilos., 1931; Wahrscheinlichkeitslehre, 1935; Experience and Prediction, 1938; Philosophical Foundations of Quantum Mechanics, 1944, dt. 1949; The Rise of Scientific Philosophy, 1951, dt. 1953; Gesammelte Werke, I–IX, 1977 ff.

A. Grünbaum, Philosophical Problems of Space and Time, New York 1963; W. C. Salmon, Laws, Modalities and Counterfactuals, Berkeley 1976; D. Zittlau, Die Philos. von H. R., 1981; G. Neubauer, Das Wahrscheinlichkeitsproblem in der Philos. H. R.s, 1982.

Reid, Thomas, engl. Philosoph, * 26. 4. 1710 Strachan (Schottland), † 7. 10. 1796 Glasgow, Prof. in Aberdeen und Glasgow, Begründer der → Schottischen Schule: lehrte im Gegensatz zu (Locke) Berkeley, Hume, daß der Mensch in intuitiver Weise die Wirklichkeit selbst perzipiert (gegenüber dem *„ideal system"*). Dabei leiten den Menschen zwölf, „selbstevidente" Wahrheiten, die also keines Beweises bedürftig sind und die den *common sense* ausmachen. Reids Lehre ist nicht überall ausgeglichen. Sein Anliegen ist aufgenommen von Fr. Brentano, v. Kirchmann, Rehmke u. a. – Hauptwerke: Inquiry Into the Human Mind on the Principle of Common Sense, 1764, dt. 1782; Essays on the Intellectuell Powers of Man, 1785 (Repr. 1941); Essays on the Active Powers of the Human Mind, 1778; Philosophical Orations, hg. 1937; Lectures on Fine Arts, hg. 1973; Works, I–II, 1846–63.

M. Kappes, Der Common Sense bei R., 1890; A. B. Jensen, Gestaltanalytische Unters. zur Erkenntnislehre T. R.s, 1941; S. A. Grave, The Scottish Philosophy of Common Sense, Oxford 1960; D. Schulthess, Philos. et sens commun chez T. R., New York 1983; E. Lobkowicz, Common Sense und Skeptizismus – Studien zur Philos. von T. R. und D. Hume, 1986; K. Lehrer, T. R., London 1989.

Reimarus, Hermann Samuel, Philosoph und Psychologe, * 22. 12. 1694 Hamburg, † das. 1. 3. 1768, selbständig denkender Anhänger der Wolffschen Schule und Vertreter des Deismus; bekämpfte zugunsten einer natürlichen Vernunft-Religion den Wunderglauben der positiven Offenbarungs-Religion mit scharfer Kritik der biblischen Schriften; die Schöpfung der Welt sei das einzige Wunder; alles andere verlaufe nach Naturgesetzen. R. ist außerdem der Begründer der modernen Tierpsychologie; er verwarf Descartes' Ansicht, die Tiere seien bloße Automaten. – Hauptwerke: Von den vornehmsten Wahrheiten der natürl. Religion, 1754 (Repr. 1985); Vernunftlehre, 1756; Allg. Betrachtungen über die Triebe der Natur, 1760; Wolfenbüttler Fragmente, 1774.

D. F. Strauß, H. S. R., 1862; A. Schweitzer, Gesch. der Leben-Jesu-Forschung, 1913; O. Köstlin, Das religöse Erleben bei R., 1919; E. Hirsch, Gesch. der neueren evangelischen Theologie, IV, 1949; W. Schmidt-Biggemann, H. S. R., 1979 (mit Bibl.); W. Walter/ L. Borinski (Hgg.), Logik im Zeitalter der Aufklärung – Zur Vernunftlehre von H. S. R., 1980; P. Stemmer, Weissagung und Kritik, 1983.

Reiner, Hans, * 19. 11. 1896 in Waldkirch/Br., Prof. in Freiburg/ Br., Schüler v. E. Husserl; entwikkelte ein eigenes System phänomenologischer Wertethik. – Hauptw.: Freiheit, Wollen u. Aktivität, phänomenol. Untersuchungen, 1927; Das Phänomen d. Glaubens, 1934; Pflicht u. Neigung, 1951; Der Sinn unseres Daseins, ²1964; Grundlagen, Grundsätze u. Einzelnormen d. Naturrechts, 1964; Die philosophische Ethik, 1964; Gut u. Böse, 1965. – Bibl. H. R., in: ZphF 41 (1987).

I. Eberhard, Das philos. Werk H. R's., ZphF, 25, 1971; Was heißt und wie übersetzt man ,right' und ,wrong' als Grundbegriffe der Moral ins Deutsche?, in: „Arch. f. Rechts- u. Sozialphilosophie", 1978.

Reinhold, Karl Leonhard, Philosoph, * 26. 10. 1758 Wien, † 10. 4. 1823 Kiel als Prof. (seit 1794), vertrat anfangs den Kritizismus Kants, den er mit seiner Elementarphilosophie neu begründete, war kurze Zeit Anhänger Fichtes und ging darauf zu Bardili über, um schließlich wieder ein eigenes sprachphilosophisch begründetes System zu entwickeln. – Hauptw.: Briefe über die Kantsche Philosophie, 1786, bis 1787, bei Reclam 1923; Versuch einer neuen Theorie des menschlichen Vorstellungsvermögens, 1789, ²1795; Über das Fundament des philosophischen Wissens, 1791; Grundlegung einer Synonymik für den allgemeinen Sprachgebrauch in den philosophischen Wissenschaften, 1812.

A. Klemmt, K. L. R.s Elementarphilosophie, 1958; A. Klemmt, Die philos. Entwicklung K. L. R.s nach 1800, in: ZphF 15 (1961); R. Lauth (Hg.), Philos. aus einem Prinzip, K. L. R., 1974; W. Teichner, Rekonstruktion oder Reproduktion des Grundes: die Begründung der Philos. als Wiss. durch Kant und R., 1976.

Reininger, Robert, Philosoph, * 28. 9. 1869 Linz, † 17. 5. 1955 Wien, seit 1913 Prof. das., schuf eine an Kants Transzendentalphilosophie anknüpfende Erkenntnislehre (Kants Lehre vom inneren Sinn, 1900; Philosophie des Erkennens, 1910; Das Psycho-physische Problem, 1910, ²1930; Kant, seine Anhänger und seine Gegner, 1923). In seinem Werk: „Wertphilosophie und Ethik. Die Frage nach dem Sinn des Lebens als Grundlage einer Wertordnung" (1939, ³1947) vertritt R. eine subjektivistische Wertethik: vom wertenden Subjekt unabhängige Werte gibt es nicht; Werturteile beruhen auf dem Wertgefühl; Werterkenntnis ist die Erkenntnis der Eigenwerte, die die Persönlichkeit ausmachen; der oberste Wert ist die Selbstvervollkommnung, die zugleich der Sinn des Lebens ist. – In seiner „Metaphysik der Wirklichkeit" (1931, 1947–²48 in 2 Bdn.) verteidigte R. das Berkeleysche → *Esse est percipi*; das „Reale" erborgt seinen Seinscharakter vom primären Urerlebnis, in welchem Erleben und Erlebtes eine ursprüngliche Einheit bilden. Ein psychophysisches Problem im eigentlichen Sinne gibt es für R. nicht. Als Kennzeichen der Wahrheit läßt R. nur das Evidenzgefühl gelten. – Weitere Hptw.: Locke, Berkeley und Hume, 1922; Fr. Nietzsches Kampf um den Sinn des Lebens, ²1925; Die Religion der Inder, 1929; Wertphilosophie und Ethik, 1939, ³1947; Jugendschriften (1885–95) u. Aphorismen (1894–1948), 1974; Philosophie d. Erlebens, 1976.

„Philosophie der Wirklichkeitsnähe", Festschr. z. 80. Geburtstag R. R.s, 1949; E. Heintel, Nachgelassene Philos. Aphorismen, mit einer Darstellung des Systems R.s u. vollst. Bblgr. 1961; K. Nawratil, R. R., Leben u. Wirken, 1969.

Reinkarnation (lat.), Wiedereinkörperung (einer Seele), Wiedergeburt; → Metempsychose (Seelenwanderung).

Reinke, Johannes, Botaniker u. Philosoph, * 3. 2. 1849 Ziethen

(Holstein), † 25. 2. 1931 Preetz (Holstein), 1885–1919 Prof. in Kiel, Mitbegründer des Neuvitalismus (→ Vitalismus); vertrat eine teleologische bzw. vitalist. Weltanschauung; nahm intelligente Kräfte (Dominanten) an, die in den Organismen die physikalisch-chemischen Kräfte regieren u. dadurch die Richtung der Entwicklung bestimmen. Gegner Haeckels. – Hauptwerke: Die Welt als Tat, 1899; Einl. in die theoret. Biologie, 1901; Naturwissenschaft, Weltanschauung, Religion, 1923; Mein Tagewerk, 1925; Das dynamische Weltbild, 1926; Wissen und Glauben in den Naturwissenschaften, 1929.

A. Knauth, Die Naturphilosophie J. R.s und ihre Gegner, 1912; M. Kluge, R.s dynam. Naturphilos. und Weltanschauung, 1935 (mit Bibl.).

Reiz, physikalische od. chemische Einwirkung auf Sinneszellen eines Sinnesorgans oder eines anderen Organs des Nervensystems. Der R. ist ein Vorgang, der die Grenze zwischen physikalischer Umgebung u. physikalischem Organismus (→ Abb. bei Art. „Psychophysisches Niveau") od. zwischen nervösen u. nichtnervösen Teilen des physikalischen Organismus an einer dazu geeigneten Stelle überschreitet. Der R. tritt normalerweise als R.mannigfaltigkeit mit einer bestimmten R.konstellation (R.ordnung) auf. Die Reizung hat die Erregung einer entsprechenden Gruppe von Sinneszellen zur Folge, die, in das psychophysische Niveau geleitet, dort ein psychisches Gebilde hervorruft. Dieses Gebilde ist normalerweise eine → Wahrnehmung, ausnahmsweise eine → Empfindung oder ein Empfindungskomplex. Eine feste Bindung des psychischen Gebildes an den R. besteht nicht, vielmehr ist für die Prägnanztendenz des Bewußtseins stets die Möglichkeit gegeben, sich mehr oder weniger erfolgreich durchzusetzen (→ auch äquivalent [Äquivalenzprinzip]), so daß die Abweichung der Ordnung des anschaulichen Gebildes von der R.ordnung unter Umständen erheblich ist. Die auftauchende Wahrnehmung kann der Anreiz dazu sein, daß der Mensch eine Bewegung ausführt, die, wenn sie unmittelbar nach dem Auftauchen der Wahrnehmung erfolgt, → Reaktion genannt zu werden pflegt. Erfolgt die Bewegung auf eine (unter Umständen nur ganz schwach bewußt werdende) Empfindung hin, so spricht man von Reflexbewegung. – Das R.-Phänomen wird heute, im Lichte der kybernetischen Physiologie und Psychologie (→ Kybernetik), nach analogen Prinzipien der Information übertragenden elektronischen Maschinen gedeutet.

Reizsamkeit, gesteigerte Empfindlichkeit für – und Gegenwirkung auf Reize; von dem Historiker Lamprecht (Zur jüngsten dt. Vergangenheit, 2 Bde., 1921–[4]1922) in geisteswissenschaftlicher Analogie zum psychophysiologischen Reizbegriff als das wesentliche Merkmal höchst entwickelter Kulturstufen betrachtet. Als das Zeitalter der R. in Dtl. bezeichnete er die Zeit von 1880–1914; → Empfindsamkeit.

Relation (lat.), Beziehung, Verhältnis zw. mehreren Seienden irgendwelcher, subjektiver oder objektiver, abstrakter oder konkreter Art; bestimmt deren sachliches oder bedeutungshaftes Zusammensein, Aufeinanderangewiesensein, Einanderbestimmen. Es sind dabei objektive, exakt beschreibbare R.en, in der Naturwissenschaft von den subjektiven in der Erlebnissphäre, den Kommunikationsbeziehungen von Ich und Du, zu unterscheiden. – Über den R.enkalkül → Logistik.

H. Höffding, Der R.begriff, 1922; W. Burkamp, Begriff und Beziehung, 1927; W. Burkamp, Logik, 1932; R. Carnap, Einf. in die symbolische Logik, 1954; J. Engelmann, Gesellschaft als Beziehung – Aspekte einer relationstheoret. Soziologie des Denkens, 1974.

Relationismus (auch Relationalismus) ist die philos., bes. erkenntnistheoretische Überzeugung, die nur die Erkenntnis von Beziehungen (→ Relation) zw. Dingen u. zw. Begriffen als möglich anerkennt (Kant, Bergson u. a.), ja sogar die gesamte Wirklichkeit auf ein Gewebe von logischen Relationalismen eingeschränkt (Marburger Schule). Vom Mathematischen her betrachtet, also im Reiche reiner Begriffe, ist die Logistik reiner R.

relativ (lat.), beziehungsweise; im Verhältnis, verhältnismäßig, nur unter bestimmten Verhältnissen gültig, bedingt. Gegensatz: → absolut.

Relativismus, 1. svw. Relationismus, 2. eine zuerst durch den Sophisten Gorgias entschieden vertretene philos. bzw. erkenntnistheoretische Haltung, die alle Erkenntnis als nur relativ richtig betrachtet, weil bedingt durch den Standpunkt, den der Erkennende jeweils einnimmt, bes. aufgrund seines jeweiligen individuellen seelischen Zustandes. Dem ethischen R., dem im extremen Falle alle sittlichen Maßstäbe fehlen, wird der Unterschied zw. gut und böse relativ. In der Kultur- und Geschichtsphilosophie wird häufig, weil das Sein vorgegebener, unabänderlicher Werte und Zielsetzungen angezweifelt wird, der R. vertreten. Die physikalische → Relativitätstheorie hat ihre Grundlagen in verifizierbaren kosmologischen Hypothesen sowie in dem Relationismus der verwendeten mathematischen Theorien.

A. Metzger, Phänomenologie und Metaphysik – Das Problem des R. und seine Überwindung, 1933; E. May, Am Abgrund des R., 1941; A. Tyssen, Der philos. R., 1941; H. Wein, Das Problem des R., 1950; P. Strasser, Wirklichkeitskonstruktion und Rationalität – ein Versuch über den R., 1980; H. J. Wedel, Moderner R., 1990.

Relativitätstheorie, eine Theorie der Physik, an der sich drei Entwicklungsstufen unterscheiden lassen. 1. Das Relativitätsprinzip der klassischen Mechanik (Galilei, Newton) besagt: In allen gleichförmig-geradlinig bewegten Systemen laufen die mechanischen Vorgänge genauso ab wie in ruhenden. Es ist also die geradlinig gleichförmige Bewegung des betr. Systems ohne Zuhilfenahme eines außerhalb des Systems befindlichen Körpers nicht feststellbar. Wird z. B. in einem gleichförmig geradeaus fahrenden Eisenbahnwagen ein Ball senkrecht in die Höhe geworfen, so fällt er, als ob der Wagen stillstände, wieder senkrecht nach unten. Dagegen würde ein Beobachter, der am Bahndamm steht, die Wurfbahn als eine Parabel sehen. Aus der Form der von außen beobachteten u. gezeichneten (photographierten) Parabel kann man die Geschwindigkeit des Zuges relativ zum Standort des Beobachters bestimmen. Ähnlich verhält es sich mit der Bewegung der Himmelskörper im Weltraum. Versuche (Fizeau 1849, Michelson 1881, W. Wien u. a.), durch elektromagnetische (optische) Mittel ein absolutes Bezugssystem im Weltraum festzustellen (etwa einen ruhenden „Äther" als absoluten, unbeweglichen Raum im Sinne Newtons), fielen negativ aus. – 2. Die spezielle R. Einsteins (1905) schuf einen neuen Zeitbegriff für die Physik; die Zeit wird nicht mehr durch die Drehung der Erde, sondern durch die Geschwindigkeit des Lichtes (300000 km Lichtweg = 1 Sekunde) definiert. Diese Zeit wird in der formaltheoretischen Betrachtung mit dem Raum so verknüpft, daß sie zusammen mit den drei Raumdimensionen einen vierdimensionalen Raum (→ Kontinuum) aufspannt. Als Koordinate büßte die Zeit ihre Absolutheit ein, wurde zu einer nur „relativen" Zahl in einem Bezugssystem. Eine den Tatsachen der gesamten Physik angemessene Raumzeitauffassung war gefunden worden. 3. die a l l g e m e i n e R. (Einstein 1916) stellt fest, daß Schwerkraft und Beschleunigung gleichwertig sind, fügt nach dem Vorgang von Minkowski (1908) dem dreidemensionalen Koordinatensystem der klassischen Physik die Zeit als vierte → Dimension hinzu (→ Kontinuum) und dehnt die Betrachtung auf gleichmäßig beschleunigte und auf rotierende Systeme aus. Sie erfordert dazu einen sehr komplizierten mathematischen Aufbau; die benötigte Geometrie wird erst durch diese Physik der R. definiert.

Die R. löst Probleme, die sich aus der Beobachtung der Ausbreitung elektromagnetischer und optischer Erscheinung ergaben, insbes. der Ausbreitung des Lichts in beliebig bewegten Systemen. Die Resultate der mit Hilfe der R. gedeuteten Beobachtungen weichen von den Beobachtungsresultaten der klassischen Mechanik und Elektrodynamik nur dann erheblich ab, wenn es sich um sehr große Geschwindigkeiten und sehr große Entfernungen im unendlichen Kosmos handelt.

H. Weyl, Raum, Zeit, Materie, 1919; H. Reichenbach, Axiomatik der relativist. Raum-Zeit-Lehre, 1920; M. Born, Die R. Einsteins, 1921; A. Einstein, Über die spezielle und allgemeine R., 1921; A. Eddington, The Mathematical Theory of Relativity, Cambridge 1923, dt. 1925; B. Russell, ABC of Relativity, London 1923, dt. 1928; A. Einstein/H. Minkowski, Das Relativitätsprinzip, 1925; J. Jeans, Astronomy and Cosmogony, Cambridge 1928, dt. 1934; K. Dürr, Ein Nein zu Einstein, 1960; S. Müller-Markus, Einstein und die Sowjetphilosophie, I–II, 1960–66; The Comparative Reception of Relativity, 1987; H. Fritzsch, Eine Formel verändert die Welt – Newton, Einstein und die R., 1988.

Religion (vom lat. *religare,* anbinden, festbinden, „etwas wiederholt u. sorgfältig beachten"), die vom Glauben an die Existenz eines → Gottes, einer Gottheit bestimmte Weltanschauung und Lebensführung; das Gefühl d. Verbundenheit, der Abhängigkeit, der Verpflichtung gegenüber einer geheimnisvollen haltgebenden und verehrungswürdigen Macht. Die Besonderheiten der verschiedenen Religionen müssen auf die verschiedene mythologische, geschichtliche und völkerpsychologische Beschaffenheit ihrer Bekenner zurückgeführt werden; sie äußern sich bes. in den verschiedenen dogmatisierten Vorstellungen, die man sich von der Gottheit macht, deren Wahrheitswert im Glauben durch Dogmatisierung postuliert wird. Nach Kant ist die R. die Erkenntnis unserer Pflichten als göttlicher Gebote; nicht als Sanktionen, d. i. willkürlicher, für sich selbst zufälliger Verordnungen eines fremden Willens, sondern als wesentliche Gesetze eines jeden freien Willens für sich selbst, die aber dennoch als Gebote des höchsten Wesens empfunden werden.

Schleiermacher gründet die R. ganz auf das Gefühl: „Alles im Gefühl uns Bewegende in seiner höchsten Einheit als eins und dasselbe zu fühlen und alles Einzelne und Besondere nur hierdurch vermittelt, also unser Sein und Leben als ein Sein und Leben in und durch Gott: das ist R." Für Hegel ist R. das Selbstbewußtsein des absoluten Geistes oder das

Wissen des göttlichen Geistes von sich durch Vermittlung des endlichen Menschengeistes. Goethe sagt: „Wer Wissenschaft u. Kunst besitzt, hat auch Religion." Und Schiller: „Wenn der Mensch nur Mensch bleiben sollte, bleiben könnte – wie hätte es jemals Götter und Schöpfer dieser Götter gegeben?" Für L. Feuerbach sind alle Inhalte des relig. Bewußtsein psychologisch zu verstehen, als Produkt der menschlichen Sehnsucht nach der höchsten Liebe, der absoluten Güte und Gerechtigkeit, die in der Vorstellung einer Illusion, des göttlichen Wesens zusammengesetzt wird. Als Stufen der R.en (die jedoch nicht einer geschichtl. Entwicklung zu entsprechen brauchen) unterscheidet man: 1. die Natur-R., die ihre Götter in Naturgewalten findet; 2. Die Gesetzes-R., die Gehorsam gegenüber den Geboten eines Gottes verlangt; sie entspringt aus der Vorstellung der Gegenwart eines übermächtigen „Herrgottes"; sie kann sich vom Henotheismus (→ Gott) zum → Monotheismus erheben, aber auch zur „R. als bloßer Moral" ohne Gott; 3 die Erlösungs-R., sie entspringt aus dem Gefühl einer selbst durch größte sittliche Anstrengungen nicht behebbaren „Sündhaftigkeit", verbunden mit dem Glauben an eine von der Sündenschuld erlösende allbarmherzige Liebe und Gnade des beleidigten Gottes (Christentum); oder, ohne Gott, aus der Überzeugung von der „Leidhaftigkeit" allen Daseins und dem Bestreben, sich dieser Leidhaftigkeit durch Loslösung der Seele aus dem leidhaften Dasein zu entziehen (Jainismus, Buddhismus). – → Sozialreligionen.

I. Kant, Die R. innerhalb der Grenzen der bloßen Vernunft, 1793; F. Schleiermacher, Über R., 1799; P. Natorp, R. innerhalb der Grenzen der Humanität, 1894; W. Dilthey, Das Problem der R., in: Gesammelte Schriften VI, 1923; A. Schweitzer, Das Christentum und die Weltreligionen, 1925; J. J. Bachofen, Mutterrecht und Naturreligion, dt. 1927, [6]1984 (KTA 52); M. Scheler, Vom Ewigen im Menschen, 1931; H. v. Glasenapp, Die fünf großen R.en, I–II, 1951; A. Bertholet, Wörterbuch der R.en, 1952, [4]1985 (KTA 125); H. v. Glasenapp, Die R.en der Menschheit, 1954; H. Ringgren/A. Ström, Die R.en der Völker, Stockholm 1957, dt. 1959 (KTA 291); J. M. Bochenski, Die Logik der R., New York 1965, dt. 1968; E. Heck, Der Begriff religio bei T. v. Aquin, 1971; R. Schaeffler, R. und kritisches Bewußtsein, 1973; E. Spranger, Philos. und Psychologie der R., 1974; H. J. Greschat, Die R. der Buddhisten, 1980; F. Wagner, Was ist R.?, 1986; W. Pannenberg, Wissenschaftstheorie und Theologie, 1987; F. Stark/W. S. Bainbridge, A Theory of Religion, New York 1987.

Religionsphilosophie, die philos. Betrachtung des Phänomens → Religion, im einzelnen die Erkenntnistheorie, Logik, Metaphysik der Religion. Die Anfänge der modernen R. reichen bis zur Entstehung des Begriffs einer → Natürlichen Religion im 17. Jh. zurück. R. war auch die damals entstehende „Natürl. Theologie" (im Unterschied zur Offenbarungs-Theologie). Für die systemat. Begründung der R. grundlegend: Kant, ‚Religion innerhalb der Grenzen der bloßen Vernunft', 1793; Schleiermacher, ‚Reden über die Religion', 3 Bde., 1831. Hatte bis dahin die R. im Einklang mit der kirchl. Auffassung gestanden, so wurde sie im 19. Jh., bes. seit Schopenhauer und Feuerbach, zur Religionskritik, bes. am Christentum (Nietzsche). Im 20. Jh. zog sich die R. wieder mehr von der Gültigkeitsfrage der Religion auf deren Wesensfrage zurück, abgesehen von den konfessionellen R.n, die die Alleingültigkeit ihrer Konfession vertreten. Die Religion als ein fundamentales Bedürfnis menschlichen Lebens wird als die unaufhörende Notwendigkeit verstanden, die →

Kontingenz im Leben und im Schicksalsverlauf irgendwie zu deuten und zu bewältigen.

H. Scholz, R., 1921; E. Przywara, R. der katholischen Theologie, 1927; A. Dempf, R., 1937; P. Ortegat, Philos. de la religion, I–II, Gembloux 1948; H. Fries, Die kathol. R. der Gegenwart, 1949; H. Wagner, R., I, 1953; S. Holm, R., 1960; P. Tillich, R., 1962; H. Zahrnt, Die Sache mit Gott, 1966; U. Mann, Einf. in die R., 1970, ^{2}1988; J. Kadenbach, Das Religionsverständnis von K. Marx, 1971; H. R. Schlette, Skeptische R., 1972; W. Trillhaas, R., 1972; I. Dalferth (Hg.), Sprachlogik des Glaubens – Texte analytischer R., 1974; H. G. Hubbeling, Einf. in die R., 1981; K. Wuchterl, Philos. und Religion – Zur Aktualität der R., 1982; N. Hoerster (Hg.), Religionskritik, 1984; H. Holzhey/J.-P. Leyvraz (Hgg.), Religion und Vernunft. Philos. Analysen, 1986; H. Schrödter, Erfahrung und Transzendenz, 1987; J. Hick, God and the Universe of Faith, New York 1988.

Religionspsychologie, als selbständige Disziplin infolge von Fr. Schleiermachers „Psychologie" (1862 erschienen) begründet, untersucht die seelischen Voraussetzungen und Vorgänge beim rel. Erleben in Bekehrung, Reue, Sünde, Gotteserlebnis, Gebet und dgl., weiterhin die charakterolog. Eigenart der Religionsstifter und der Gläubigen.

W. James, The Varieties of Religious Experience, London 1902, dt. 1907; W. Gruehn, R., 1917; R. Otto, Das Heilige, 1917; K. L. Girgensohn, Der seelische Aufbau des religiösen Erlebens, 1921; G. van der Leeuw, Einf. in die Phänomenologie der R., 1925; W. Keilbach, Die Problematik der Religionen, 1936; C. G. Jung, Religion und Psychologie, 1947; W. L. Hellpach, Grundriß der R., 1951; W. Bernet, Inhalt und Grenzen der religiösen Erfahrung, 1955; R. Hostie, C. G. Jung und die Religion, 1957; H. Sundén, R. – Probleme und Methoden, 1982.

Religionssoziologie, von Max → Weber eingeführte Bez. für die Untersuchung der Stellung der Religion in der Gesellschaft. Die R. betrachtet die relig. Art sozialer Beziehungen zu Priestern, Propheten usw., die relig. sozialen Gebilde (Priesterstand, Kirche, Sekte, Orden), die gesellschaftl. Funktion dieser Personen und Gebilde: Zusammenschluß der Gläubigen zu „Gemeinden". Eine wichtige Aufgabe der R. von heute ist es, die Ursachen der religiösen Entfremdung zu erforschen, die im allgemeinen in den konsummaterialistischen Lebensformen des technischen Zeitalters gesucht werden, sowie in der fehlenden Anpassungsfähigkeit der Kirche, den gewandelten seelischen Bedürfnissen moderner Menschen Rechnung zu tragen.

M. Weber, Gesammelte Schriften zur R., I–III, 1922, ^{9}1988; J. Wach, R. (engl. 1944), dt. 1951; G. Mensching, Soziologie der Religion, 1947; F. Fürstenberg, R., 1964; H. U. Wintsch, Religiosität und Bildung, 1967; G. Stephenson (Hg.), Der Religionswandel unserer Zeit im Spiegel der Religionswiss., 1976; G. Küenzlen, Die R. M. Webers, 1981; N. Luhmann, Funktion der Religion, 1982; G. Kehrer, Einf. in die R., 1988.

Renaissance (franz. „Wiedergeburt"), nämlich des klass. Altertums; das Entstehen eines neuen Lebensgefühls, das sich dem der Antike verwandt glaubte u. dem Lebensgefühl des MA. und seiner Abkehr von der als sündhaft empfundenen Welt entgegentrat. Aus dem Geiste dieser R. entstand im 13. Jh. in Italien, vorbereitet vom → Humanismus, ein intellektueller und künstlerischer Individualismus, der um 1400 in Florenz am Hofe der reich gewordenen Bürgerfürsten des Hauses Medici aufbrach, nach kurzer Zeit in voller Blüte stand und grandiose Schöpfungen auf dem Gebiete der bildenden Künste, der Literatur, der Naturwissenschaften und der Philosophie (→ ital. Philosophie) hervorbrachte. Die R. verbreitete sich im Laufe des 15. Jh. in ganz Italien, seit 1500 auch in Frankreich, und erlosch Ende des 16. Jh. In den übrigen Ländern kam sie nicht zur Entfaltung, teils weil die seelischgeistigen Voraussetzungen nicht gegeben waren, teils weil das Geistesleben dort von den Fragen der Reformation erfüllt war. Die Philosophie der R. ist charakterisiert durch Abkehr v. d. Autoritäten, Wendung zur Erfahrung, Vertrauen auf die eigene Vernunft, Ausweitung des Weltbildes zum unendl. Kosmos (N. v. Kues, G. Bruno). Disziplinierung der Phantasie durch die sich ausbildende Naturwissenschaft, die Vorstellung einer einheitlichen Natur und die Idee einer Diesseitskultur. Die wichtigsten R.-Philosophen sind Pomponatius, Ficino, Pico della Mirandola, Machiavelli, Paracelsus, Ludovicus Vives, Leonardo da Vinci, Kopernikus, Galilei und Giordano Bruno. Man unterscheidet 1. die Früh-R. (das Trecento) des 14. Jh., 2. die Hoch-R. (Quattrocento) des 15. Jh. und 3. die Spät-R. (Cinquecento) des 16. Jh.

J. Burckhardt, Die Kultur der R. in Italien, 1878, 1927, [11]1988 (KTA 53); K. Brandi, R. in Florenz und Rom, 1900; K. Brandi, Das Werden der R., 1908; H. Schaller, Die R., 1935; P. O. Kristeller, Humanism and Scholasticism in the Italian R., Cambridge Mass. 1945, dt. 1974–76; G. C. Sellery, The R. – Its Nature and Origins, Madison 1950; P. O. Kristeller, The Classics and R. Thought, Cambridge Mass. 1955; P. Burke, The Italian R., Princeton 1987, dt. 1988; C. B. Schmitt u.a. (Hgg.), The Cambridge History of R. Philosophy, Cambridge 1988; H.-B. Gerl, Einf. in die Philos. der R., 1989.

Renan, Ernest, franz. Orientalist u. Philosoph, * 27. 2. 1823 Tréguier (Bretagne), † 2. 10. 1892 Paris, seit 1862 das. Prof. am Collège de France, Positivist mit idealistischem Einschlag; betonte die Relativität der Erkenntnis u. hielt eine Metaphysik für unmöglich. Der Zweck der Welt ist, höhere Menschen zu schaffen, Gottverwirklichung ist Ziel der Entwicklung. Sein „*La vie de Jésus*" (1863, dt. 1863 u. ö.) erregte Aufsehen; seine „*Histoire des origines du christianisme*" (7 Bde., 1863–83) ist eine Fortsetzung davon, seine „*Histoire du peuple d'Israel*" (5 Bde., 1887–1892, dt. 1894) kann als Einleitung dazu angesehen werden. – Weitere Hauptwerke: Averroes et l'Averroisme, 1852; Histoire générale et système comparé des langues sémitiques, 1855; Souvenirs d'enfance et de jeunesse, 1883, dt. 1883; Correspondance, hg. 1898; Œuvre complètes, I–X, 1947–61. – H. Girard/H. Moncel (Hgg.), Bibl. des œuvres de E. R., 1923.

H. Gmelin, Frz. Geistesformen, 1934; G. Psichari, R. – d'après lui-même, Paris 1937; A. Cresson, E. R. – Sa vie, son œuvre, Paris 1949; H. Peyre, Sagesse de R., Paris 1968; L. Retat, Religion et imagination religieuse, Paris 1977; D. M. Hoffman, R. und das Judentum, 1988.

Renouvier, Charles, franz. Philosoph, * 1. 1. 1815 Montpellier, † 1. 9. 1903 Prades, Begründer d. frz. Neukantianismus, lehnte d. Möglichkeit einer Metaphysik ab, entwarf ein dialektisches System von 9 bzw. 36 Kategorien und gründete die Moral auf reine Verstandesbegriffe. Seine Lehre mündete in einem ethischen Personalismus, der auf Kants drei „praktischen Postulaten" Freiheit, Gott u. Unsterblichkeit beruht. – Hauptwerke: Essais de critique générale, I–IV, 1844–64; La science de la morale, 1869; Philosophie analytique de l'histoire, 1896; Le Personnalisme, 1903; Correspondance inédite de R. et Secrétan, hg. 1910; Fragments posthumes, hg. 1924.

P. Pride, C. R. et sa philos., Paris 1905; O. Hamelin, Le système de R., Paris 1927; L. Prat, La philos. de C. R. – Sa doctrine, sa vie, Paris 1937; L. Verneaux, R. disciple et critique de Kant, Vrin 1945; M. Mercy, La critique du christianisme chez R., I–II, Paris 1952; A. Deregibus, L'ultimo R., Genua 1987.

Repräsentation (lat.), Vergegenwärtigung, Vertretung, Darstellung; in der Psychologie seit Schopenhauer und bes. seit Wilh. Wundt vielfach angewandter Hilfsbegriff, um sich das Wesen der Vorstellung zu verdeutlichen; man bezeichnet die Vorstellung als R., als Sichvergegenwärtigen vom nichtgegenwärtig Gegebenen.

Reproduktion (lat.), Erneuerung, Wiederzeugung, Wiedergabe; reproduzieren: früher erlebten Inhalt wieder im Bewußtsein aufleben lassen; → Gedächtnis. Die technische Vereinfachung der Herstellung von Reproduktionen in der Kunst wirft das Problem der Reproduzierbarkeit auf als eine Entwertung des originell Einmaligen großer Kunstwerke.

Res (lat.), Sache, Ding; *r. cogitans,* das denkende Ding, *R. extensa,* das ausgedehnte Ding, zwei Begriffe Descartes', durch die er am Seienden eine denkende Substanz (Geist, Seele) und eine ausgedehnte (Materie, Leib) unterschied. Dieser Dualismus kann nach der Lehre Descartes' und des Okkasionalismus nur durch die Hilfe Gottes, den *concursus dei,* überbrückt werden.

Reservatio mentalis (lat.), gedanklicher Vorbehalt; nicht geäußerte Einschränkung bei einer Aussage, die in der Scholastik im Gegensatz zur Lüge als erlaubt galt, wenn sie zum Schutz rechtmäßiger Geheimnisse verwendet wird. Die jesuitische Deutung von R. m. versucht festzustellen, unter welchen Umständen durch den gedanklichen Vorbehalt keine Lüge entsteht, was Pascal zu scharfer Kritik veranlaßte.

Residuum (lat.), Überrest, Rückstand.

Resignation (lat.), Entsagung, Fügung in das Unabwendbare; kann auf Erkenntnis und Gefühl einer Übermacht beruhen oder auf charakterlicher Trägheit, Mißachtung, Krankheit und Kraftlosigkeit; → Quietismus.

Resonanz (vom lat. *resonare,* „widerhallen"), das Mitschwingen eines schwingungsfähigen u. daher auf eine bestimmte Schwingungszahl „abgestimmten" Körpers – alle Körper sind mehr oder weniger schwingungsfähig –, der von Schwingungen gleicher oder ähnlicher Schwingungszahl getroffen wird, die von einem anderen Körper ausgehen; z. B. das Mitschwingen des Klangkörpers einer Violine mit den Schwingungen der vom Bogen angestrichenen Saiten, wodurch der Klang des Instrumentes verstärkt und „voller" wird. Im übertragenen Sinne spricht man von der R. zweier Seelen im Mitfühlen, Mitleiden, in der Sympathie, in der → Kommunikation usw., daß eine Idee, eine Sympathie R. gefunden hat.

Ressentiment (franz.), Nacherleben eines früheren Gefühls und deshalb Verstärkung dieses Gefühls; bes. (so bei Nietzsche, der das Christentum aus dem R. der Schlechtweggekommenen erklärte): Gegengefühl, Vergeltungs-, Rachegefühl, Bedürfnis nach Abwertung der Qualitäten und Leistungen des Anderen, Gefühl des ohnmächtigen Hasses, den der sozial und geistig tiefer Stehende gegen den Vornehmen und Mächtigen empfindet, ja zuletzt auf diesen überträgt, so daß er sich selbst haßt. Als alltägliche Erscheinung das Bedürfnis über andere schlecht zu sprechen, ihnen böse Handlungen zu unterstellen, wodurch man sich ihnen gegenüber besser vorkommt und dadurch eigene → Minderwertigkeitsgefühle überwindet.

P. Lersch, Der Aufbau der Person, 1951; W. Conrad, R. in der Klassengesellschaft, 1974; A. Altmann, F. Nietzsche – Das R. und seine Überwindung, 1977.

Restriktion (lat.), Einschränkung eines Begriffs auf kleineren Umfang, eines Urteils auf einen kleineren Bereich, der Kategorien auf die Erfahrung. Gegensatz: Ampliation, Erweiterung eines Begriffes, z. B. der menschl. Seele zur Weltseele.

Re-Sublimierung, nach Scheler die Begrenzung, Geringschätzung der Kraftzufuhr von organischer Energie zum Gehirn bzw. zur Intelligenz, in die alle geistige Tätigkeit eingebettet zu sein scheint. Der Prozeß der R., der in unserer Gegenwart abläuft, gibt sich kund in einer geringen Wertschätzung des Geistes, seiner Werke und seiner Trägerschichten (→ Puerilismus). Er ist eine von Scheler begrüßte „systematische Triebrevolte im Menschen des neuen Weltalters gegen die übersteigerte Intellektualität unserer Väter und ihre jahrhundertelang geübten Askesen. Die Götter des sogenannten ‚Lebens' scheinen für einige Zeit die Götter des ‚Geistes' abgelöst zu haben" (Der Mensch im Weltalter des Ausgleichs, in Philosophische Weltanschauung, 1929). Ähnlich wie Scheler denkt Klages; er bedauert die „jahrtausendelange Disziplinierung des Blutes" (in „Vom kosmogonischen Eros", [7]1968).

Retention (lat. „Zurückhaltung") bildet zusammen mit Jetzt u. → Protention d. Strukturmomente d. inneren Zeitbewußtseins nach d. Zeitlehre → Husserls. Sie ist d. zur Gegenwartsphase d. immanenten, d. h. innerl. erlebten Zeit gehörige Bewußtsein des Verfließens von Zeit in die Vergangenheit. Erst durch Retention und Protention wird das Bewußtsein von Dauer, das über das punktuelle Jetzt hinausreicht, möglich. Die in die Vergangenheit verfließenden Retentionen bilden ein Kontinuum, in dem jede Retention Retention von Retentionen ist, weil jede die Retention eines abgeflossenen Jetzt ist, zu dem eine ihm anhängende Retention gehört usf. Das Retentionskontinuum ist so ein sich in sich verschiebendes Kontinuum und kein einfaches lineares Abfließen. Es ist damit in der zum jeweiligen Jetzt gehörigen Retention voll enthalten. Hierdurch erklärt sich, daß in der Gegenwart das Bewußtsein von Vergehen und Vergangenheit immer mitgegeben ist. Im Gegensatz zur → Reproduktion ist die R. kein → intentionaler Akt, denn alle Akte fließen in der Zeit und setzen damit die zeitkonstituierende Retention voraus. Die Bewußtseinstheorie würde auf einen unendlichen Regreß führen, wenn sie R. als Akt deutete. Das innere Zeitbewußtsein und damit die Retention ist vielmehr ein passives Bewußtsein, in dem die Subjektivität ihrer Zeitlichkeit innewird, ohne sie gegenständlich zu intendieren.

E. Husserl, Vorlesungen zur Phänomenologie des inneren Zeitbewußtseins, 1928; E. Husserl, Erfahrung und Urteil, Prag 1939.

Reuchlin, Johann, Humanist, *22. 2. 1455 Pforzheim, † 30. 6. 1522 Bad Liebenzell, neben Erasmus von Rotterdam Haupt des dt. Humanismus, Gegner Luthers; Rechtsgelehrter. Dichter, Lehrer des Griechischen und Hebräischen an den Universitäten Ingolstadt und Tübingen; philosophisch bestimmt durch Nikolaus von Kues, Rudolf Agricola. Aufsehen erregten die in Küchenlatein verfaßten, gegen den getauften Juden Joh. Pfefferkorn in Köln und die ihm zustimmenden Professoren gerichteten „Dunkelmännerbriefe“ (*Epistolae obscurorum virorum,* 1515–17) von Rubianus, Ulrich v. Hutten und Gerbel, die R. verteidigten, der gegen die von Pfefferkorn beabsichtigte Vernichtung aller hebräischen Bücher außer der Bibel Einspruch erhoben hatte und deswegen angefeindet wurde. – Weitere Werke: De verbo mirifico, 1494 (Repr. 1970); De arte cabbalistica, 1517 (Repr. 1970); J. R.s Briefwechsel, hg. 1875 (Repr. 1962). – Bibl. der Schriften J. R.s im 15. und 16. Jh., hg. 1955.

L. Geiger, J. R., Sein Leben und seine Werke, 1871; W. Brecht, Die Verfasser der Epistolae obscurorum virorum, 1904; K. Schiffmann, J. R. in Linz, 1914; M. Krebs (Hg.), J. R., 1955.

Reue (lat. *poenitentia*), das quälende Gefühl, das sich mit dem Gedanken verbindet, daß man nicht gehandelt habe, wie man nach seinem → Gewissen hätte handeln sollen. In der Reue ist der Vorsatz enthalten, künftig der Stimme des Gewissens zu folgen.

H. E. Hengstenberg, Christl. Askese, 1936; A. Esser, Das Phänomen R., 1963; H. Reiner, Die philos. Ethik, 1964; F. Schiederer, Schuld, R. und Krankheit – Analyse und Deutung aus dem Denken S. Freuds, 1970.

Revolution (lat.), Umwälzung auf dem Gebiet der Weltanschauung, der Wissenschaft, der Kunst, der Mode usw.; plötzliche, gewaltsame Umänderung eines bestehenden politisch-gesellschaftlichen Zustandes, im Gegensatz zur Evolution, der Entwicklung, allmählichen Umänderung. Heute der utopische Wunsch nach einer künstlichen, radikalen Beschleunigung des welthistorischen Prozesses lt. moderner R.stheorien; vor allem die jugendliche Forderung der marxistischen Praxis, die R. mit der vollständigen Zerstörung der bestehenden Ordnung einzuleiten, damit aus dem Chaos eine Welt höchster Gerechtigkeit sich „von selbst“ einstellen möge. Chaotisch revolutionäre Umtriebe werden heute meist von Drahtziehern gefördert, die einen Umsturz mit anschließender Diktatur anstreben.

A. Liebert, Vom Geist der R.en, 1919; P. Sorokin, The Sociology of R., Philadelphia 1925, dt. 1928; E. Rosenstock-Huessy, Die europäischen R.en, 1951; A. Camus, L'homme révolté, Paris 1952, dt. 1953; A. Berle, The Twentieth Century Capitalist R., New York 1954, dt. 1958; K. Griewank, Der neuzeitl. R.sbegriff, 1955; H. Arendt, On R., London 1963, dt. 1965; T. Ebert, Gewaltfreier Aufstand, 1968; A. Künzli, Tradition und R., 1975; F. Linares, Beiträge zur negativen R.stheorie, 1975; G. Siebers, Psychologie der R., 1976; S. Breuer, Die Krise der R.stheorie, 1977; F. Linares, Die R. bei Tocqueville und Marx, 1977; P. Calvert, R.s and International Politics, London 1984; M. Kriele, Die demokratische Weltr., 1988.

Rezeptivität (lat.), Aufnahmefähigkeit, auch der Zustand des Aufnehmens selbst; nach Kant die Fähigkeit, „Vorstellungen durch die Art, wie wir von Gegenständen affiziert werden, zu bekommen“. Gegensatz: Produktivität.

rezessiv (neulat.), unterdrückt, zurückgedrängt, nennt die Vererbungslehre eine Erbeigenschaft, die zunächst nicht in die Erscheinung tritt, wohl aber noch vorhanden ist und bei weiteren Zeugungen wieder zum Vorschein kommen kann; läßt sich erkennen beim Ausbleiben einer überwiegenden Anlage, die dann zu beobachten ist, wenn zwei gleiche r.e Anlagen zusammentreffen. Gegensatz: *dominant,* das vorherrschende Merkmal.

reziprok (lat.), wechselseitig sich bedingend.

Rhetorik (griech.), Redekunst, im Altertum durch ihren Einfluß auf die Jugendbildung, das öffentliche Leben und die Literatur jeder Art als Vorläuferin der Pädagogik und Rivalin der Philosophie wirkend, die oft in Form von R. auftrat. Die angeblich in Sizilien aufgekommene R. wurde durch die Sophisten in ein festes System gebracht; berühmt das (verlorengegangene) R.-Handbuch des Sophisten Gorgias, mit dem sich Platon in dem gleichnamigen Dialog bes. auch hinsichtlich der R. auseinandersetzte. Aristoteles betrieb die R. unter logischem sowie unter politischem Gesichtspunkt und hinterließ eine R.-Schrift. Auch die Stoa pflegte die R., die schließlich in den Lehrplänen der Hochschulen ihren festen Platz erhielt und sich als Unterrichtsfach bis ins 19. Jh. hinein behauptete. Eine letzte antike Blüte erlebte die R. in der sog. zweiten Sophistik, etwa vom Beginn des 2. Jh. n. Chr. an. → Quintilian.

E. Grassi, Macht des Bildes – Ohnmacht der rationalen Sprache. Zur Rettung der R., 1970; A. Hellwig, Theorie der R. bei Platon und Aristoteles, 1973; H.-B. Gerl, R. als Philos., 1974; M. Wesseler, Die Einheit von Wort und Sprache – Entwurf einer rhetor. Philos., 1974; G. Ueding, Einf. in die R., 1976; S. Ijsseling, R. und Philos. – Eine historisch-systemat. Einf., 1988; H. Schanze/ J. Kopperschmidt, R. und Philos., 1989.

Rhythmus (wohl vom griech. *rhein,* „fließen, strömen"), nach Klages die „Wiederkehr des Ähnlichen in ähnlichen Fristen", im Gegensatz zum Takt, der exakt genauen Wiederholung des (mathematisch) Gleichen. Das Phänomen des R. wurde zuerst bei Musik und Tanz beobachtet, aber auch hier im Grunde stets mit dem Takt verwechselt, dann aber als eine Ausdrucksform des Lebens überhaupt erkannt: „Die Abläufe der organismischen Natur sind ausnahmslos rhythmisch, aber niemals metrisch" (Klages, Graphologie) → Periodizität. Auch für den Ablauf der Geschichte wird das Prinzip des R. immer wieder herangezogen. In der Psychologie spricht man von rhythmischen → Gestalten aller Art, auch von unbewegten, z. B. Ornament. Die rhythmische Gliederung der Arbeit erleichtert diese (K. Bücher), weshalb die Psychotechnik sich der Rhythmisierung zur Erleichterung des Arbeitsvorganges bedient.

K. Bücher, Arbeit und R., 1896; L. Klages, Vom Wesen des R., 1933; A. Missenard, A la recherche du temps et du rhythme, Paris 1940, dt. 1949; P. Röthig, Beiträge zur Theorie und Lehre des R., 1966.

Richard von Middletown (de Mediavilla), * um 1250, englischer Scholastiker, † 1300/08, wich als Franziskaner von der augustinischen Philosophie seines Ordens ab, indem er sich dem thomistischen Standpunkt näherte; betrachtete den Verstand als ursächlich durch Gott geschaffenes, wenn auch natürliches Erkenntnisvermögen, in welchem die Artbegriffe real, die höheren Begriffe aber abstrakt sind; hierin dem Nominalismus zuneigend. – Quaestiones disputatae, hg. 1925; Super quattuor libros sententiarum, I–IV, 1591 (Repr. 1963).

P. Rucker, Der Ursprung unserer Begriffe nach R. v. M., 1934; J. Reuss, Die theolog. Tugend der Liebe nach R. v. M., 1935.

Richard von St. Viktor, franz. Frühscholastiker, † 1173 als Leiter der Schule von St. Viktor in Paris, entwarf ein ausführliches System der mystischen Erhebung, verlangte jedoch, daß ihre Richtigkeit stets an der Bibel geprüft wird. Suchte Gottes Dasein aus der Vergänglichkeit der irdischen Dinge zu beweisen. Da die Erkenntnis Hand in Hand mit der Sittlichkeit gehe, fordert R. Reinigung und Umkehr des Herzens, damit sich das Gottesbild klar und rein in der Seele spiegelt. – Texte: Selected Writings on Contemplation, hg. 1957; La Trinité (frz.-lat.), hg. 1959; J. P. Migne, Patrologia Latina, Bd. 196, Paris 1844–55.

C. Ottaviano, Ricardo di S. Vittore, Rom 1933; M. Lenglart, La théorie de la contemplation mystique dans l'œuvre de R. v. S. V., Paris 1935; H. Wipfler, Die Trinitätslehre und die Trinitätsspekulation des R. v. S. V., 1965; J. Chatillon, Trois opuscules spirituels de R. de S. V., Paris 1986.

richtig ist etwas, wenn es so ist, wie es sein soll (nach logischen, ethischen oder technischen Grundsätzen); das Richtige ist aber meist nur eine formale Voraussetzung der Wahrheit und daher nicht identisch mit dem → Wahren. Das sittlich Richtige ist vom sittlich Guten grundsätzlich verschieden, jedoch damit oft in Zusammenhang tretend (vgl. H. Reiner, Das Prinzip von Gut und Böse, 1949). In der Methodenlehre spricht man von R.keit eines Systems von Sätzen (Axiomenssystem), wenn die einzelnen Sätze und die von ihnen abgeleiteten untereinander keine Widersprüche zulassen.

C. A. Emge, Erste Gedanken zu einer R.keitslehre, 1942.

Rickert, Heinrich, Philosoph, * 25. 5. 1863 Danzig, † 25. 7. 1936 Heidelberg als Prof. (seit 1916), begründete mit → Windelband die von Kant und Fichte ausgehende Südwestdeutsche Schule (→ Neukantianismus). R. arbeitete methodologisch den Unterschied zw. Naturwissenschaften und Kultur- (Geistes-) Wissenschaften heraus; er strebte vom transzendentalen Idealismus zur kritischen Ontologie, wandte sich bes. auch den Wertproblemen zu und sah Werte, die mit dem Ausdruck objektiver Geltung auftreten können, vorwiegend im Kulturleben verwirklicht; die wechselseitigen Beziehungen zwischen dem Reich der Wirklichkeit und dem der Werte gründen in einem Zwischenreich, dem der „Sinngebilde", das die Grundlage der Kultur bildet. Aufgabe der Philosophie ist die Untersuchung des Reiches der (zeitlos gültigen) Werte. – Hauptwerke: Der Gegenstand der Erkenntnis, 1892; Die Grenzen der naturwiss. Begriffsbildung, 1896; Kulturwiss. und Naturwiss., 1899; Die Philos. des Lebens, 1920; Kant als Philosoph der modernen Kultur, 1924; Die Logik des Prädikats und das Problem der Ontologie, 1930; Die Heidelberger Tradition, 1931; Grundprobleme der philos. Methodologie, Ontologie, Anthropologie, 1934; Unmittelbarkeit und Sinndeutung, 1939.

A. Faust, H. R., 1927; Festschrift für H. R., 1933; G. Ramming, Karl Jaspers und H. R., 1948; A. Miller-Rostowska, Das Individuelle als Gegenstand der Erkenntnis, 1955; H. Seidel, Wert und Wirklichkeit in der Philos. bei H. R., 1968; H. Schnädelbach, Philos. in Deutschland 1831 – 1933, 1983; C. Kuttig, Konstitution und Gegebenheit bei H. R., 1987.

Ricœur, Paul, franz. Philosoph, * 27. 2. 1913 in Valence, Prof. a. d. Univers. Paris(-Nanterre) u. in Chicago/Ill., begann seine philosophische Laufbahn erst nach dem 2. Weltkrieg mit seiner 3bändigen Untersuchung zur Philosophie des Willens, wobei er von der Tatsache ausgeht, daß sich Willkürliches und Unwillkürliches ständig wechselseitig bedingen. Bei deren Beschreibung müsse man deshalb von Fragen der Schuld und der Transzendenz abstrahieren. R. steht Husserl und der neuesten Entwicklung der Phänomenologie nahe; bekannt geworden auch als Kritiker der Existenzphilosophie und des französischen Strukturalismus. – Hauptwerke: G. Marcel et K. Jaspers – Philos. du mystère et philos. du paradoxe,

1947; Philos. de la volonté, I–III, 1950–60; Finitude et culpabilité, I–II, 1960, dt. 1971; De l'interprétation – Essais sur Freud, 1965, dt. 1969; Entretiens P. R. – G. Marcel, 1968, dt. 1970; Le conflit des interprétations, 1969, dt. 1973–74; La métaphore vive, 1975, dt. 1986; Main Trends in Philosophy, 1978; Temps et récit, I–II, 1983. – F. D. Vansina, P. R. Bibl., Leuven 1985.

Studies in the Philosophy of P. R., Athens, Ohio 1979; T. M. van Leeuwen, The Surplus Meaning – Ontology and Eschatology in the Philosophy of P. R., Amsterdam 1981; M. Böhnke, Konkrete Reflexion, Philosophische und theologische Hermeneutik – Ein Interpretationsversuch über P. R., 1983; D. E. Klemm, The Hermeneutical Theory of P. R., London 1983; M. J. Raden, Das relative Absolute – die theolog. Hermeneutik P. R.s, 1988.

Riedel, Manfred, * 10. 5. 1936 Etzoldshain, Professor in Erlangen, befaßt sich mit Fragen der Rehabilitierung praktischer Philosophie, speziell der Ethik und politischen Philosophie. Ausgehend von Kant u. Dilthey sucht R. den wissenschaftlichen Standort der Hermeneutik neuzubegründen. – Schr. u. a.: Theorie u. Praxis im Denken Hegels, [2]1976; Studien zu Hegels Rechtsphilosophie, [3]1972; Metaphysik und Metapolitik, 1975; Verstehen oder Erklären?, 1978; *Lineamenti di etica comunicativa,* 1980; Für eine zweite Philosophie. Vorträge u. Abhandlungen, 1988; Urteilskraft u. Vernunft. Kants ursprüngl. Fragestellung, 1989.

Riehl, Alois, Philosoph, * 27. 4. 1844 Bozen, † 21. 11. 1924 Neubabelsberg b. Berlin, 1905–17 Prof. in Berlin, Neukantianer; steht zw. Kritizismus und Positivismus: die Welt ist nur einmal da; aber sie ist dem objektiven, auf die äußeren Dinge bezogenen Bewußtsein als Zusammenhang quantitativer physischer Vorgänge und Dinge gegeben, während ein Teil derselben Welt einem bestimmten organischen Individuum als seine bewußten Funktionen und deren Zusammenhang gegeben ist. Dasselbe also, was vom Standpunkt des Ich ein Empfindungsprozeß ist, ist von dem des Nicht-Ich ein zerebraler Vorgang. – Hauptw.: Der philosophische Kritizismus und seine Bedeutung für die positive Wissenschaft, 2 Bde., 1876–87; 2. und 3. A. 1924–26 (3 Bde); Nietzsche, 1897, [8]1923; Einf. i. d. Philos. der Gegenwart, 1903, [8]1923; Führende Denker und Forscher, 1924; Philosophische Studien, 1925.

Festschrift, 1914; Siegel, A. R., 1932; L. Ramlow, A. R. und Spencer, Diss. 1933; E. Spranger, in „Forschungen u. Fortschritte", 1944.

Rigorismus (vom lat. *rigor,* „Starrheit, Härte, Strenge"), die strenge, starre Anwendung eines Grundsatzes, bes. in moralischer Hinsicht. Kants ethischer R. nimmt ein unbedingt verpflichtendes Sittengesetz an und verlangt vom sittlichen Menschen, daß er diesem Sittengesetz unter allen Umständen Folge leiste, aus reiner Achtung vor dem Gesetz, nicht etwa aus Liebe oder Zuneigung zu Gott od. den Menschen; (daher *kategorischer* Imperativ). Schiller wandte sich gegen Kants R.

Rigveda, älteste indische Religions- bzw. Weltanschauungsurkunde. → indische Philosophie, Veda.

Rilke, Rainer Maria, Dichterphilosoph, * 4. 12. 1875 Prag, † 29. 12. 1926 Valmont bei Montreux, verbrachte fast sein ganzes Leben auf Reisen durch Rußland und die europäischen Länder. R.s philosophische Bedeutung besteht darin, daß er in seinen Dichtungen Gedanken ausgesprochen hat, die später bei Heidegger und Jaspers auftraten. R. ist der dt. Dichter der Existenzphilosophie. Seine Hauptthemen sind: der werdende Gott, „der von Ewigkeit her bevorsteht, der Zukünftige, die endliche Frucht eines Baumes, dessen Blätter wir sind"; der Tod, „der mit uns wächst und reift", der zum individuellen Leben gehört und diesem seine Würde verleiht; die Aufgabe des Menschen, die darin besteht, die „Erde unsichtbar" zu machen, d. h. den Dingen des Alltags durch liebende Hinwendung zu ihnen einen Sinn zu verleihen und sie so in das Reich des Wertvollen, des Geistigen zu erheben; nur das noch Werdende, das Unvollendete hat Leben, alles Vollendete „fällt heim zum Uralten", je edler etwas ist, desto gebrechlicher ist es, desto mehr ist es von der Vernichtung durch die Technik bedroht; → Gott, Tod, Sinn, Technik. – Hauptw.: Die Geschichten vom lieben Gott, 1900; Worpswede, 1903 (Künstlermonographie); Das Stundenbuch, 1905; Die Weise von Liebe und Tod des Cornets Christoph Rilke, 1906, 1912 als Inselbuch Nr. 1; Die Aufzeichnungen des Malte Laurids Brigge, 1910; Duineser Elegien, 1923; Sonette an Orpheus, 1923. – Neue Gesamtausgabe in „Insel-Bibliothek", 1948ff.

L. Andreas-Salomé, R. M. R., 1928; G. Buchheit, R. M. R., 1928; C. Osann, R. M. R., 1941; R. Guardini, Zu R. M. R.s Deutung des Daseins, 1941; F. Klatt, R. M. R., 1949; F. J. Brecht, Schicksal und Auftrag des Menschen, 1949; O. F. Bollnow, R., 1951, [2]1956; E. Buddeberg, Denken und Dichten des Seins. Heidegger, R., 1956; K.-H. Fingerhut, Das Kreatürliche im Werke R. M. R.s, 1970; R. Ruffini, Das Apollinische und das Dionysische bei R. M. R., 1989.

Rintelen, Fritz-Joachim von, * 16. 5. 1898, Stettin, † 23. 2. 1979 Wiesbaden, o. ö. Prof. Bonn, München, seit 1946 Mainz. Schüler von C. Baeumker und E. Becher entwickelt über der Darstellung d. Gesch. d. europäischen → Wertphilosophie einen neuen, konkreten Wert-Realismus als Grundlage einer krit. Schätzung der → Existenzphilosophie u. der Interpretation → Goethes als Vorbild „lebendigen Geistes" in einer Zeit d. dynamischen → Voluntarismus u. d. formalen → Intellektualismus. – Hptw.: D. Wertgedanke i. d. europ. Geistesentwicklg. A.tum u. MA., 1932; Dämonie d. Willens, 1947; Von Dionysos zu Apollon. Der Aufstieg im Geiste, 1948, [2]1970; Phil. d. Endlichkeit als Spiegel d. Gegenwart, 1951, [2]1961; Goethe. *Espirito e Vida* (portug.), 1954; D. Rang d. Geistes. Goethes Weltverständnis, 1955; *La Finitud en el pensamiento actual y la infinitud agustianiana* (span.), 1961; Goethe. *Imagen del Mundo,* 1967; *Contemporary German Philosophy,* [2]1973; Goethe. Sinnerfahrung und Daseinsdeutung, 1968; *Values in European Thought,* I, 1972; Philosophie des lebendigen Geistes in der Krise der Gegenwart, 1977.

Sinn und Sein, Festschr. f. F.-J. v. R., 1960; vollst. Biblgr. in ZphF, 22, 1968.

Ritter, Joachim, Philosoph, * 3. 4. 1903 in Geesthacht, 1943–46 Prof. in Kiel, seit 1946 in Münster/W., † 3. 8. 1974 das., arbeitete auf den Gebieten der griech. Philosophie, der Geschichts- u. d. praktischen Philosophie, der Ästhetik u. d. Begriffsgeschichte. – Veröffentlichte u. a.: *Docta ignorantia.* Die Theorie des Nichtwissens bei N. Cusanus, 1927; Über den Sinn und die Grenze der Lehre von Menschen, 1933; *Mundus intelligibilis.* Eine Untersuchung zur Aufnahme und Umwandlung der neuplatonischen Ontologie bei Augustinus, 1937; Die Lehre vom Ursprung und Sinn der Theorie bei Aristoteles, 1953; Zum Problem der Existenzphilosophie, 1954; Hegel und die französische Revolution, 1957; „Naturrecht" bei Aristoteles. Zum Problem einer Erneuerung des Naturrechts, 1961; Die Aufgabe d. Geisteswissensch. in der modernen Gesellschaft, 1963; Landschaft. Zur Funktion des Ästhetischen, 1963; – Collegium Philosophium, Festschr. zum 60. Geb.-tag, 1965; Metaphysik u. Politik. Studien zu Aristoteles u. Hegel, 1969; Sujektivität, 1974; Begr. u. Hrsg. des „Hist. Wtb. d. Philosophie", Bd. I–IV, 1971–77.

Gedenkschrift J. R., 1978.

Ritzel, Wolfgang, Prof. in Bonn, * 19. 8. 1913 Jena, verknüpft erziehungsphilosophische und wissenschaftstheoretische Reflexionen in Grundlegung einer Pädagogik als Wissenschaft von der Vermittlung der Mündigkeit an Unmündige; weiß sich in seinen Kant-Interpretationen dem Neukantianismus verpflichtet, von dem er sich jedoch in einer unvollendeten Kant-Biographie (Kants Werk als „Lebenswerk") abwendet. – Schr. u. a.: Studien zum Wandel der Kantauffassung, [2]1968; J. J. Rousseau, [2]1971; G. E. Lessing, [2]1968; Die Vielheit der pädag. Theorien und die Einheit der Pädagogik, 1968; Pädagogik als praktische Wissenschaft, 1973; I. Kant – zur Person, 1975; Philosophie u. Pädagogik im 20. Jh., 1980; Immanuel Kant. Eine Biographie, 1985.

Robert Grosseteste, engl. Scholastiker, * 1175 Stradbrook, † 9. 10. 1253 als Bischof von Lincoln, stützte sich in seiner Naturphilosophie als erster bewußt auf die Mathematik, physikalisch auf eine Lichtmetaphysik; ging auch erkenntnistheoretisch von der Vorstellung einer Erleuchtung der Erkennenden durch göttliches Licht aus. Seine philos. Werke gab dt. L. Baur 1912 heraus.

F. Vogelsang, Der Begriff der Freiheit bei R. G., 1915; L. Baur, Die Philos. des R. G., 1917; D. E. Shrag, Franciscan Philosophy at Oxford in the 13th Century, Oxford 1936; J. H. Crawley, R. G., Lincoln 1953; J. MacEvoy, The Philosophy of R. G., Oxford 1982; R. W. Southern, R. G., 1986.

Robert Kilwardby, engl. Scholastiker, * 12. 9. 1279 Viterbo, lehnte, obwohl Dominikaner, die thomistischen Lehren zugunsten des Augustinus ab, erneuerte die Lehre der Zusammensetzung der menschl. Seele aus den aristotelischen Seelenarten (der vegetativen, der sensitiven und der intellektuellen) und verfaßte eine im MA. weit verbreitete Schrift *De ortu scientiarum*.

E. Sommer-Seckendorf, Studies in the Life of R. K., Rom 1937; L. Schmücker, An Analysis and Original Research of K.'s Work „De ortu scientiarum", Rom 1963.

Robert von Melun (Robertus de Meleduno), engl. Frühscholastiker, † 27. 2. 1167 Hereford, Schüler Hugos von St. Viktor. Seine Hauptwerke sind ein Sentenzenbuch und bes. eine theol. Summa, in der er unter Kritik des Wissenschaftsbetriebs seiner Zeit und Eintreten für den method. Zweifel die gründliche Klärung der einzelwissenschaftlichen Fragen als Sachgrundlage für die Theologie fordert. – Œuvre, I–III, 1932–52.

U. Horst, Die Trinitäts- und Gotteslehre des R. v. M., 1964.

Robinet, Jean Baptiste, franz. Philosoph; * 23. 6. 1735 Rennes, † 24. 1. 1820, betonte das „Gesetz der Stetigkeit" in der Natur, in der eine kontinuierliche Stufenleiter von den niedersten bis zu den höchsten Wesen führe. Alle Wesen seien

Variationen eines Urtypus („prototype"), deren Endziel die Bildung des Menschen sei. Er übertrug damit den geschichtsphilos. Evolutionismus seiner Zeit auf die Naturphilosophie. Die Psychologie suchte R. unter vitalistische Gesetzmäßigkeit zu stellen. Moralprinzip war ihm der natürliche Instinkt. Sein Hauptwerk, „Von der Natur" begründet einen universalen Vitalismus. – Hauptwerke: De la nature, I–IV, 1761–66; Considérations philosophiques de la gradation naturelle, 1768; Parallèle de la condition et des facultés de l'homme avec celles des autres animaux, 1769; Les vertus réflexions morales en vers, 1814.

R. Albert, Die Philos. R.s, Diss. 1903.

Röd, Wolfgang, * 13. 5. 1926 Oderberg, Prof. in Innsbruck, arbeitet auf dem Gebiet der Philosophiegeschichte unter besonderer Berücksichtigung der neuzeitl. Philosophie, setzt sich kritisch mit Grundfragen der Metaphysik auseinander. – Hauptw.: Descartes, [2]1980; Geometrischer Geist und Naturrecht (Abh. d. Bayr. Ak. d. Wiss.), 1970; Descartes' Erste Philosophie, 1971; Dialektische Philosophie der Neuzeit, 2 Bände 1974; (span. 1977, port. 1981); Von Thales bis Demokrit (Bd. I der von ihm hrsg. ‚Gesch. d. Philosophie'), 1976; Von Fr. Bacon bis Spinoza (Gesch. der Philos., Bd. VII) 1978.

Romantik, um die Mitte des 17. Jh. in England entstandener Begriff, kam über Frankreich nach Deutschland und bedeutete zunächst die volkstümliche Dichtung im Unterschied zur lat. Bildungspoesie, daneben auch das Romanhafte. Durch Jak. Bodmer (Von dem Wunderbaren i. d. Poesie, 1740) erhielt R. den Sinn des Erfinderischen und Phantasievollen, Ende des 18. Jh. war R. der Inbegriff des Wunderbaren und Phantastischen.

Die umfangreiche und viel gelesene Darstellung von R. Haym (Die romantische Schule, [4]1928) definiert romantisch als schwärmerisch, exaltiert, irreal, damit hauptsächlich auf den Jenaer Romantiker-Kreis um die Brüder Schlegel zielend. Die R. ist danach idealistischer Universalismus und Enzyklopädismus, womit aber das Wesen der sog. Heidelberger R. (Brentano, Görres, Grimm) nicht erfaßt wird. Üblicherweise wird die Heidelberger R. als Spät-R. und als Verfallserscheinung bezeichnet (Ricarda Huch, Die R., Ausbreitung, Blütezeit und Verfall, 1951). Ähnlich urteilen auch Friedr. Meinecke (Weltbürgertum und Nationalstaat, 1908), der die R. als den Versuch einer Nationalisierung des humanistisch-idealistischen Universalismus bezeichnet, Oskar Walzel (Deutsche R., [5]1923), für den R. eine Verknüpfung des Neuplatonismus mit dem Germanischen ist, und Herm. Nohl (Die dt. Bewegung und die idealistischen Systeme, in Logos IV, 1911), nach dessen Darstellung von 1770 an bis etwa zu Goethes Tod eine idealistisch-pantheistische Denkweise vorherrschend war: die „Deutsche Bewegung". Ihre Entwicklungsstufen sind Sturm und Drang, Klassik, R. Die Heidelberger R. gilt nicht als Verfall, aber auch nur als Ergänzung der eigentlichen Jenaer R. Nach H. A. Korff (Geist der Goethezeit, 1923ff.) ist R. die Romantisierung des von der humanistischen Generation geschaffenen Werkes. Als romantische Philosophen gelten Schelling, Fichte, Schleiermacher, Fr. Schlegel, Novalis, Adam Müller. Der ihnen gemeinsame Zug ist die Erforschung des Ich und der Tiefen der

menschl. Seele (vgl. N. Kern, Die Seelenkunde der R., 1937).
Das Phänomen R. wird verfehlt, wenn man es nur mit Hilfe des aus den Naturwissenschaften stammenden Entwicklungsgedankens zu fassen sucht. Speziell im Bereich der dt. Philosophie betrachtet, wurde die R. zu einem „deutschen Problem" gestempelt (vgl. Rich. Benz, Die dt. R., 1937; ders., Lebenswert der R. Dokumente romantischen Denkens und Seins, 1948), welches lautet: ist der Deutsche notwendigerweise ein Romantiker? Nietzsche nennt die Deutschen „von vorgestern" und „von übermorgen" (Jenseits von Gut und Böse, 1866, KTA, Bd. 76. – Bibl.: J. Osborne, R., 1971.

G. Brandes, Hauptströmungen in der Literatur des 19. Jh.s (dän. 1872–90), dt. Bd. II 1873; W. Dilthey, Das Erlebnis und die Dichtung, 1906; G. Mehlis, Die dt. R., 1922; F. Strich, Dt. Klassik und R., 1922; H. A. Korff, Der Geist der Goethezeit, I–V, 1923–57; H. Knittermeyer, Schelling und die romant. Schule, 1929; F. Lion, R. als dt. Schicksal, 1947; H. Prang, Begriffsbestimmung der R., 1968; G. Heinrich, Geschichtsphilos. Positionen der dt. Frühr., 1977; M. Meyer, Idealismus und politische R., 1978; D. Morse, Romanticism, New York 1982; H. Schlaffer, Klassik und R., 1986; A. Wiedmann, Romantic Art Theories, 1986; W. Menninghaus, Unendliche Verdoppelung – die frühromant. Grundlegung der Kunsttheorie im Begriff absoluter Selbstreflexion, 1987; E. Behler, Studien zur R., 1988; R. Porter (Hg.), Romanticism in National Context, Cambridge 1988.

Romantizismus, Wiederaufleben der Romantik, Nachahmen der romantischen Geisteshaltung; oft im tadelnden Sinne gebraucht.

Rombach, Heinrich, Prof. in Würzburg, * 10. 6. 1923, Freiburg/Br., hat eine „Strukturontologie" entwickelt, die als Grundlegung sowohl der Natur- wie der Geisteswissenschaften angesehen werden will u. sich als Ausgangspunkt einer philos. Anthropologie der Freiburger Tradition (im Anschl. an Husserl u. Heidegger) zurechnet. Im Zusammenhang damit entwickelte er eine „Bildphilosophie", die über die versprachlichte Philosophie hinaus alle wesentlichen Gebiete und Entscheidungen des Menschen als Dokumente einer „Grundphilosophie" versteht, durch die sich der Mensch geschichtlich je neu konstituiert („Fundamentalgeschichte"). – Schr. u. a.: Über Ursprung und Wesen der Frage, 1954; Die Gegenwart der Philosophie, 1962, [2]1963; Substanz, System Struktur, – Zur Ontologie des Funktionalismus, 2 Bde., 1965/66. Die Frage nach dem Menschen, 1967; Pädagog. Lexikon, (Hrsg.), 4 Bde., 1970; Strukturontologie, Eine Phänomenologie der Freiheit, 1971; Wissenschaftstheorie (Hrsg.), 2 Bde., 1974; Leben des Geistes, 1978; Phänomenologie des gegenwärtigen Bewußtseins, 1980; Sein und Nichts (gem. mit Tsujimura u. Ohashi), 1981; Strukturanthropologie „Der menschliche Mensch", 1987.

Roscelinus, Johannes, Scholastiker, * um 1050 Compiègne, † das. 1123/25, vertrat schon zu Beginn des mittelalterl. → Universalienstreites den Nominalismus, indem er nur den empirisch wahrnehmbaren Einzeldingen Wirklichkeit zusprach, deren Gattungen dagegen und ihren Artbegriffen jede Realität aberkannte, sie nur als sprachliche Bildungen (Namen) bezeichnete. Daher hat er die Trinität nur als eine nominalistische Dreiteilung aufgefaßt, sprach von deren Einheit, von dem einen Wesen Gottes. Seine Schriften sind, bis auf einen Brief an Abälard, alle verschollen.

J. Reiners, Der Nominalismus in der Frühscholastik, 1910; F. I. Picavet, R. – Philosophe et théologien, 1911; H. C. Meier, Macht und Wahnwitz der Begriffe – Der Ketzer R., 1974.

Rosenkranz, Karl, Philosoph, * 23. 4. 1805 Magdeburg, † 14. 6. 1879 Königsberg, seit 1833 das. Prof., einer der bedeutendsten Schüler Hegels, an dessen System er weiterarbeitete. – Hauptwerke: Hegels Leben, 1844; Meine Reform der Hegelschen Philosophie, 1852; Die Poesie und ihre Geschichte – Poetische Ideale der Völker, 1855; Wissenschaft der logischen Idee, 1858–59; Hegels Naturphilosophie, 1869 (Repr. 1963); Die Ästhetik des Häßlichen, 1873 (Repr. 1973); Politische Briefe und Aufsätze 1848–1856, hg. 1919; Briefwechsel mit Varnhagen von Ense, hg. 1926.

R. Quäbiger, K. R. Eine Studie zur Gesch. der Hegelschen Philos., 1879, Repr. 1977; R. Jonas, K. R., 1906; F. Metzke, K. R. und Hegel, 1929; L. Esau, K. R. als Politiker, 1935; E. Japtok, K. R. als Literaturkritiker – Eine Studie über Hegelianismus und Dichtung, 1964; K. Lotter, Der Begriff des Häßlichen in der Ästhetik, 1974.

Rosenzweig, Franz, Philosoph und Theologe, * 25. 12. 1886 Kassel, † 10. 12. 1929 Frankfurt/M.; seine Hegelforschungen führen zu einer gläubig-existentiellen Philosophie, wodurch er in manchen Ansätzen Heidegger vorausgegangen ist. Zusammen mit M. Buber übersetzte und verdeutschte R. die Hl. Schrift. – Hauptwerke: Das älteste Systemprogramm des dt. Idealismus, 1917; Hegel und der Staat, I–II, 1920 (Repr. 1962); Der Stern der Erlösung, 1921, [3]1954; Kleinere Schriften, hg. 1937; Understanding the Sick and the Healthy, hg. 1954, dt. 1964; Der Mensch und sein Werk, Ges.Werke, I–X, 1976 f.

E. Freund, Die Existenzphilosophie F. R.s, 1933; N. N. Glatzer, F. R. – His Life and Thought, La Salle 1953; B. Casper, Das dialog. Denken, 1967; H. Liebeschütz, Von G. Simmel zu F. R., 1970; J. Tewes, Zum Existenzbegriff F. R.s, 1970; H. J. Heckelei, Erfahrungen und Denken – F. R.s theolog.-philos. Entwurf eines „Neuen Denkens", 1980; A. Zak, Vom reinen Denken zur Sprachvernunft. Über die Grundmotive der Offenbarungsphilos. F. R.s, 1987; W. Schmied-Kowarzik (Hg.), Der Philosoph F. R. (1886–1929), I–II, 1988.

Rosmini-Serbati, Antonio, * 25. 3. 1797 in Rovereto, † 1. 7. 1855 in Stresa, ital. Geistlicher, Politiker und Philosoph, Vertreter einer gemäßigten Ontologie, unter dem Einfluß von Kant stehend. Das formale Element, das wir im Urteil vorfinden, stammt nach R. weder aus der Sinneserfahrung, noch aus der Tätigkeit unseres Geistes, sondern aus der uns angeborenen Idee des Seins: alle besonderen und allgemeinen Ideen stellen sich nur als verschiedene Determinationen und Begrenzungen eben derselben unerschöpflichen Idee des Seins durch die Sinneserfahrung und die Tätigkeiten des Geistes dar. Die gesamte Ontologie Rosminis gründet in der Unterscheidung (nicht Trennung) von drei Seinsformen; das Sein ist ideal, insofern es die Fähigkeit hat, Objekt zu sein; das Sein ist real, insofern es die Eigenschaft hat, Kraft, aktive Empfindung und Individuum und daher Subjekt zu sein; das Sein ist moralisch, insofern es die Eigenschaft hat, der Akt zu sein, der das Subjekt harmonisch mit dem Objekt verbindet, und die vervollkommende Kraft zu sein, die Vollendung des Subjekts durch Vereinigung und Angleichung an das Glückseligkeitsziel des Seins zu bewirken. Diese Triplizität der Seinsformen ist der Schlüsselpunkt von Rosminis Philosophie und Moral. R. bemühte sich als Diplomat um die nationale Einigung Italiens. 1828 gründete er die Vereinigung der „Priester der Liebe", seine kirchlich-politischen Reformationsbestrebungen brachten ihm verschiedene Konflikte, wobei 40 seiner Thesen 1887 von der Kirche verurteilt wurden. – Hauptwerke:

Nuovo saggio sull'origine delle idee, I–IV, 1830; Principi della scienza morale, 1831; Antropologia servizio della scienza morale, 1838; Filosofia della politica, 1839; Filosofia del diritto, 1841–45; Teodicea, 1845; Psichologia, 1850; Logica, 1854; Teosofia, hg. 1859–74; Antropologia sopranaturale, hg. 1884; Die Politik als philos. Problem, hg. 1963; Opere, I ff., 1934 ff. – C. Caviglione, Bibliografia, Turin 1925; C. Bergamaschi, Bibl. Rosminiana, Mailand 1968.

F. Paoli, Della vita di A. R.-S., Turin 1880; G. Gentile, R. e Gioberti, Pisa 1899; M. Casotti, La pedagogia di A. R., Mailand 1937; M. F. Sciacca, La filosofia morale di A. R., Mailand 1938; M. F. Sciacca, Interpretazione Rosminiana, Mailand 1958; C. Giacon, L'oggettività in A. R., Mailand 1960; G. Radice, Annali di A. R., Mailand 1967 ff.; M. Sancipriano, Il pensiero politico di Haller et A. R., Mailand 1968; F. Pfurtscheller, Von der Einheit des Bewußtseins zur Einheit des Seins – Zur Grundlegung der Ontologie bei R.-S., 1977; E. Berti, La metafisica di Platone e Aristotele nell'interpretazione di A. R., 1978; K.-H. Menke, Vernunft und Offenbarung, 1980.

Rossmann, Kurt, Prof. in Basel, * 15. 5. 1909 Hannover, † 1. 11. 1980 Basel, befaßte sich vornehmlich mit Kants Grundlegung der kritischen Philosophie, der Geschichte der philos. Ethik von Kant bis Nietzsche, dem Verhältnis von Philosophie und Wissenschaft (Denkartstrukturen), geschichtsphilosophischen Problemen und Philosophie der Existenz. – Hauptwerke: Wissenschaft, Ethik und Politik, 1949; Dt. Geschichtsphilos., 1959; Die Idee der Universität (zus. mit K. Jaspers), 1961.

Rothacker, Erich, Philosoph und Psychologe, * 12. 3. 1888 Pforzheim, † 11. 8. 1965 Bonn, seit 1929 Prof. das., untersuchte im Anschluß an die Historische Schule und an Dilthey Eigenart, Tragweite und historische Bedingtheit des Erkennens der Geisteswissenschaften und ihrer Theorien, wandte sich vor allem gegen die Verwechslung von Tatbestand und Theorie und bemühte sich bes. um die Klärung der Begriffe „Kultur" und „Weltanschauung"; → Schichtenlehre. – Hauptwerke: Einl. in die Geisteswiss., 1920, Repr. 1965; Logik und Systematik der Geisteswiss., 1927; Geschichtsphilos., 1934; Die Schichten der Persönlichkeit, 1938; Probleme der Kulturanthropologie, 1948; Mensch und Geschichte, 1944; Die dogmatische Denkform in den Geisteswiss., 1954; Intuition und Begriff, 1963; Heitere Erinnerungen, 1963; Philos. Anthropologie, 1964; Zur Genealogie des menschl. Bewußtseins, 1966; Gedanken über M. Heidegger, 1973.

G. Funke (Hg.), Konkrete Vernunft – Festschrift für E. R., 1958 (mit Bibl.); W. Perpeet, E. R. – Philosophie des Geistes aus dem Geist der dt. histor. Schule, 1968.

Rousseau, Jean Jacques, franz.-schweiz. Kulturkritiker u. Philosoph, * 28. 6. 1712 Genf, † 2. 7. 1778 Ermenonville b. Paris, ein Denker, in dem sich der romant. Protest gegen die Aufklärung vorbereitet, zu der aber R. noch im hohen Maße gehörte, auch als einer der geistigen Wegbereiter der Franz. Revolution. R. suchte nachzuweisen, daß mit dem Fortschreiten der Kultur der Verfall der Sitten Hand in Hand gegangen sei, daß Irrtum und Vorurteil in philos.-wissenschaftlicher Verbrämung die Stimme der Natur und der Vernunft erstickt hätten. Alles sei gut, wenn es aus den Händen des Schöpfers kommt, alles degeneriere unter den Händen des Menschen. Darum: „Zurück zur Natur"! – Die Kulturkritik R.s geht von dem zentralen Gedanken der natürlichen Entwicklung aus. Die daraus resultierenden, zugleich kulturbedingten Ungleichheiten unter den Menschen bilden eines der wichtigsten Probleme R.s. Der Erziehung sprach er die Aufgabe zu, alle Hemmungen der naturgemäßen Entfaltung zu beseitigen und ihr die besten Bedingungen zu bieten. Die rel. Erziehung soll nicht konfessionell, sondern im Sinne des Deismus geschehen. Der Mensch ist frei geboren, aber „überall liegt er in Ketten". Die aktuell herrschende Ungleichheit kann nur durch einen (meist stillschweigend geschlossenen) Gesellschaftsvertrag (*contrat social*) die Menschen in ihrem Willen zu einem „Gesamtwillen" vereinigen; → Staat. R. übte in staatsrechtl., erzieherischer und kultur-krit. Hinsicht großen Einfluß auf die europ. Geistesgeschichte aus. – Hauptwerke: Du contrat sociale ou principes du droit politique, 1755; Emile ou sur l'éducation, 1762; Confessiones, 1781–88; Schriften zur Kulturkritik, hg. 1971; Werke, I–XI, 1786–99; Werke, I–X, 1843–45; Schriften, I–II, 1978.

W. Ziegenfuß, J. J. R. – Eine soziolog. Studie, 1952; F. Glum, R. – Religion und Staat, 1956; H. Röhrs, J. J. R., 1957; M. Rang, R.s Lehre vom Menschen, 1959; W. Ritzel, J. J. R., 1959; I. Fetscher, R.s politische Philos., 1969; F. Müller, Entfremdung – Zur anthropolog. Begründung der Staatstheorie bei R., Hegel und Marx, 1970; G. Holmsten, J. J. R., 1972; G. della Volpe, R. und Marx, 1975; E. Zeil-Fahlenbusch, Wissen und Handeln – Zur Begründung der praktischen Philos. R.s, 1979; R. Wokler, Social Thought of J. J. R., New York 1987; J. Starobinski, R. – Eine Welt von Widerständen, dt. 1988.

Royce, Josiah, nordamerikan. Philosoph, * 10. 11. 1855 Grass Valley (Kalifornien), † 14. 9. 1916 Cambridge (Mass.) als Prof. an der Harvard-Univers. (seit 1882), Schüler von Lotze, sah in der Wendung von Kant zu Fichte, Schelling und Hegel den wahren Weg der Philosophie, nämlich zum idealist. Personalismus; die Welt ist eine Gemeinschaft von personartigen Wesen, die in einer höchsten Geistperson (Gott) geeint sind. Außerdem Arbeiten zur Logik. – Hauptwerke: The Conception of God, 1897 (Repr. 1971); The World and the Individual, I–II, 1900–02; The Sources of Religious Insight, 1912; The Problems of Christianity, 1912 (Repr. 1968); Principles of Logic, 1913, dt. 1922; The Hope of the Great Community, 1916; Lectures of Modern Idealism, 1919 (Repr. 1964); Fugitive Essays, 1920; The Basic Writings, hg. 1969; The Letters, hg. 1920.

G. Marcel, La métaphysique de R., Paris 1945; J. I. Smith, R.s Social Infinity, New York 1950; J. E. Skinner, The Logocentric Predicament, Philadelphia 1965; J. Clendenning, The Life and Thought of J. R., Madison 1985.

rumänische Philosophie. Eine r. P. begann sich erst Ende des 19. Jh. zu bilden; wie auch sonst die Kultur Rumäniens, war seine Philosophie bes. von Frankreich her bestimmt. Basilius Conta (1846–82) war Positivist, jedoch nicht antimetaphysisch gerichtet. Bekannt wurde der Geschichtsphilosoph A. D. Xenopel (1847–1925). Schüler Wilhelm Wundts ist der Psychologe und Soziologe Demetrius Gusti. Die philosophische Entwicklung in Rumänien seit dem 2. Weltkrieg wird fast ausschließlich vom Marxismus bestimmt. Viel weltoffener entwickelt sich die Beschäftigung rumän. Philosophen in den Bereichen der Wissenschaftstheorie und Logik, in deren Rahmen seit 1971 der „Intern. Congress für Logic, Methodology and Philosophy of Science" wiederholt abgehalten wurde.

Fr. Ueberweg, Grundr. d. Gesch. der Philos., Bd. 2, [12]1956/57.

Rupert von Deutz (Rupertus Tuicensis), * um 1070, † 4. 3. 1130, dt. Frühscholastiker, faßte die Allmacht Gottes als Allwillen Gottes auf, sprach der forschenden Vernunft auch in den höchsten rel. Fragen ihr Recht zu und suchte aus dem Trinitätsdogma eine Art dreiaktiges Denkschema abzuleiten. Seine symbolistischen Theologiestudien beeinflußten die spätere Mystik u. d. bildende Kunst.

J. Rocholl, R. v. D., 1886; W. Kahles, Gesch. als Liturgie, 1960; J. H. van Engen, R. v. D., Berkeley 1983; M. L. Arduini, R. v. D. und der „status Christianitatis" seiner Zeit, 1987.

Russell, Lord Bertrand, engl. Mathematiker und Philosoph, * 18. 5. 1872 Chepstow (Monmouthshire), † 2. 2. 1970 in Penrhyndendraeth (Wales), ursprünglich Vertreter eines platonischen Realismus, später Neopositivist und Wissenschaftstheoretiker; bedeutender Vertreter des → Neurealismus und der → Logistik. Logik ist ihm Universalmathematik im Sinne des → Relationismus. Die Philosophie hat ihre Probleme aus den Naturwissenschaften zu entnehmen, sie ist deren Wegbereiterin und soll deren Prinzipien und Begriffe logisch analysieren und klären. Gegen Bradley vertritt er die Ansicht, daß die Beziehungen zwischen den Dingen zu deren Wesen gehören und daß Subjekt und Objekt unterscheidbar sind. Die Welt besteht aus logisch untereinander verbundenen Sinnesdaten *(sensedata)*. Die Sinnesdaten verschiedener Gegenstände sind der „Geist" des Beobachters, die Sinnesdaten eines von mehreren Personen beobachteten Gegenstandes sind die Realität einer – wenn auch unbeweisbaren – Materie (Pluralismus, Probabilismus). Ethische Zielvorstellung ist ein von gefühlsmäßiger Liebe geleitetes und aus dem Glauben an die Macht der Vernunft geführtes Leben. – Hauptwerke: Principia mathematica (mit A. N. Whitehead), 1903 (Repr. 1984); The Problems of Philosophy, 1911, dt. 1926; Our Knowledge of the External World, 1914, dt. 1926; Introduction to Mathematical Philosophy, 1919, dt. 1923; The Analysis of Mind, 1921, dt. 1927; The Prospects of Industrial Civilisation, 1923, dt. 1928; ABC of Relativity, 1925, dt. 1927; The Analysis of Matter, 1927, dt. 1929; Power – A New Social Analysis, 1938, dt. 1947; An Inquiry into Meaning and Truth, 1940; A History of Western Philosophy, 1945, dt. 1950; Physics and Experience, 1946 dt. 1948; Human Knowledge – Its Scope and Limits, 1948, dt. 1952; Authority and the Individual, 1949, dt. 1950. Human Society in Ethics and Politics, 1954; My philosophical Development, dt. 1973; Politische Schriften, hg. 1972. – M. Werner, B. R. – A Bibliography of His Writings, 1895–1976, New York/Paris 1981.

K. Marc-Wogau, Die Theorie der Sinnesdaten, Uppsala 1945; P. A. Schilpp (Hg.), The Philosophy of B. R., La Salle, 1946; A. Wood, B. R. – The Passionate Sceptic, New York 1957, dt. 1959; E. Sandvoss, B. R. in Selbstzeugnissen und Bilddokumenten, 1980; D. Würtz, Das Verhältnis von Beobachtungs- und theoretischer Sprache bei B. R., 1980; B. R. Barber, The Conquest of Politics, Princeton 1988.

russische Philosophie. Von einer selbständigen r. P. kann erst seit Beginn des 19. Jh. die Rede sein, aber auch dann nur mit Einschränkung. Genauer betrachtet kam die russ. Intelligenz weniger aus einem direkten Drang zum Philosophieren, vielmehr durch die Bewältigung des Gegensatzes zwischen den eigenen Traditionen und der hohen Geistesentwicklung des Westens. Bis dahin hatte die Theologie der griechisch-orthodoxen Kirche das Denken beherrscht. Im 18. Jh. kamen die französischen Aufklärer und die Philosophie Christian

Wolffs, im 19. Schelling und Hegel (→ Hegelianismus) zu einigem Einfluß, woraus sich erste Impulse zur Entstehung des → Slawophilentums ergeben haben; später kam es auch zum Positivismus und Materialismus. Bekannt wurden die Schellingianer Wellanskij (1774–1847) und → Kirejewskij (1806–56), die Hegelianer → Belinskij (1811–48), → Herzen (1812–70), Michael → Bakunin (1814–76), B. Tschitscherin (1828–1900), M. M. Filippow (1858–1903), sowie → Plechanow (1857–1918). Erst gegen Ende d. 19. Jh. begann sich, immer mystisch-religiös gestimmt, eine r. P. von nationaler Eigenart zu bilden. In dieser Beziehung sind die Dichter Tolstoi (1828–1910) und → Dostojewskij (1821–81) auch für die r. P. charakteristisch. → Solowjew (1853–1900), der erste im Westen bekanntere Vertreter der r. P., kam aus seinem eigenen christl. Glauben heraus und z. T. beeinflußt durch Schopenhauer zur Rechtfertigung eines mystischen Christentums, was bereits von Pjotr → Tschaadajew (1793–1856) versucht worden war. Ein dem Existentialismus nahestehender Religionsphilosoph war Leo → Schestow. Philosophisch und psychologisch bedeutsam wurden die beiden Physiologen Bechterew und Pawlow (→ Reflexologie). Nikolai → Berdjajew dagegen, wie überhaupt die neueste r. P. außerhalb Rußlands, setzt die mystisch-utopistische Linie Solowjews fort. Einen intuitivistischen Ontologismus („Intuitivismus“) vertritt der letzte klassisch-russ. Philosoph N. O. → Losskij (1870–1965), wobei er, wesentlich unterstützt durch S. L. Frank (1877–1950), nach Solowjew wohl der bedeutendste russ. Denker war. → Sowjetphilosophie.

D. Tschizewskij, Hegel bei den Slaven, 1934; R. Lauth, Die Philos. Dostojewskis, 1950; B. Schultze, Russische Denker, 1950; N. O. Losskij, History of Russian Philosophy, New York 1951; V. Zenkovskij, History of Russian Philos., engl. New York 1952; N. v. Bubnoff, Russ. Religionsphilosophen, 1956; D. Tschizewskij, Russ. Geistesgesch., 1959–60; F. Stepun, Mystische Weltschau – Fünf Gestalten des russ. Symbolismus, 1964; E. Müller, Russ. Intellektualität und europäische Krise, 1966; G. Planty-Bonjour, Hegel et la pensée philosophique en Russie (1830–1917), Den Haag 1974; A. Koyré, La philos. et le probleme national en Russie au début du 19 siècle, Paris 1976; T. M. Seebohm, Ratio und Charisma, 1977; I. Berlin, Russian Thinkers, London 1978, dt. 1980; H. Dahm, Grundzüge russ. Denkens, 1979; W. Goerdt, R. P., I–II, 1984/89; F. C. Copleston, Philosophy in Russia, Notre Dame Indiana 1986; R. Zapata, La philos. russe et soviétique, Paris 1988.

Ruysbroek, Johannes von (Jan van), fläm. Mystiker, * 1293 Ruysbroek b. Brüssel, † 2. 12. 1381 Groenendael b. Brüssel, von Meister Eckhart beeinflußt, als Augustinerprior ein Reformator sowohl des kirchl. als auch bes. des klösterlichen Lebens. Wandte sich gegen alle bloß gefühlsmäßige Mystik und versenkte sich in die gegenständlich-irrationale Ordnung des Kosmos. – Opera omnia, 1552 (Repr. 1967); Œuvres, I–III, 1922–1938; Werken, I–IV, 1944–48.

W. C. A. Schilling, Een proeve va stilistick bij R. „den wonderbare“, Amsterdam 1930; J. Kuckhoff, J. v. R. – Einf. in sein Leben und in seine Werke, 1938; A. Ampe, De mystieke leer van R., I–II, Lannön 1950–57; B. Fraling, Der Mensch vor dem Geheimnis Gottes, 1967; L. Cognet, Introduction aux mystiques rheno-flamands, Paris 1968; P. Mommaers (Hg.) Jan van Ruusbroec, Löwen 1984.

Saadja ben Joseph (S a a d j a G a o n; arab. Saïd ibn Jakub al Fajjumi), Rabbi, * 892 Dilaz (Oberägypten), † 942 Saura (Babylonien), das. Rektor der Akademie 928–30, Verteidiger des Talmud und Bekämpfer der Karaiten (→ jüdische Philosophie), übersetzte das A. T. ins Arabische. – Hauptw.: *Kitab al-Amanat wal-I'takadat,* 932 arab. (Religionen und Dogmen), hebr. 1562, dt. v. Ph. Block, 1879; *Oeuvr. compl.* hrsg. v. J. Dérenbourg, 5 Bde., 1893ff.; Werke arab. u. dt. v. J. Fürst, 1945.

J. Guttman, Die Religionsphilosophie des S., 1882; H. Malter, Saadja Gaon, 1921, [3]1970; E. E. Hildesheimer, Rekonstruktion eines Responismus des R. S., 1926.

Sachlichkeit, seelisch-geistige Tendenz, Handlungen nicht um des persönlichen Vorteils willen, sondern im Dienste einer höheren Ordnung zu vollziehen. Voraussetzungen der S. sind die Fähigkeit, Sachverhalte ohne Voreingenommenheit und Vorurteil zu erfassen, sodann die Fähigkeiten des Gehorsams und der → Hingabe. Sie ist als eine Erwartungshaltung in bezug auf das konkret Begegnende auf dessen Sinnerfüllung gerichtet. (Gegenbegriff: Unsachlichkeit, die sich gegenüber dem Eigensein des anderen verschließt und auf dessen Mißbrauch tendiert.) Die S. gilt bei den Deutschen als eine der Haupttugenden.

J. Pieper, Die Wirklichkeit und das Gute, 1931; H.-E. Hengstenberg, Freiheit und Seinsordnung, 1961; M. Wesseler, Die Einheit von Wort und Sache, 1974; J.-E. Pleines, S. als Argument, 1975.

Sachverhalt, in der Logik die Zugehörigkeit einer „Beschaffenheit" (Eigenschaft, Beziehung) zu einem „Sachgebilde" (Gegenstand, der Beschaffenheit hat). Ein eigentlicher wahrer S. ist z. B. die Zugehörigkeit des Weiß zum Schnee (das Weißsein des Schnees). Schwarzer Schnee (auf den z. B. jemand Ruß geschüttet hat) ist ein uneigentlicher, falscher S., d. h. im Grunde genommen überhaupt kein S. Im Sinne der Logistik sind Wahrheit und Falschheit S.sprädikate und nur S.sprädikate. Bei Husserl ist S. der Gegensatz zum Substrat eines Urteils, zum Beurteilten.

sacrificium intellectus (lat. „Opferung des Verstandes"), Verzicht auf eigenes Denken.

Saint-Simon, Claude Henri de Rouvray, Graf von, franz. Philosoph, * 17. 10. 1760 Paris, † das. 19. 5. 1825, Schüler d'Alemberts; stellte die Lösung der sich ankündigenden Arbeiterfrage als das soziale Problem, d. h. als die eigentliche Aufgabe der Gesellschaft hin, die er international auf dem Wege des Staatssozialismus und mit Hilfe einer religiösen Reform, d. h. eines neuen Christentums der werktätigen Bruderliebe ohne Priester und Dogma erstrebte. Der S.-S.ismus war der religiöse Sozialismus im Frankreich des 19. Jh. – Hauptwerke: Catéchisme des industriels, 1823–24; Nouveau Christianisme, 1835, dt. 1911; Œuvres Choisies, I–III, 1859 (Repr. 1971). – Y. Coirault u.a. (Hgg.), S.-S. – Corpus bibliographique, Paris 1988.

P. Bidlingmaier, Das sozialreformatische System S.-S.s, 1937; J. de La Varende, S. et sa comédie humaine, Paris 1955; P. Ansart, Sociologie de S.-S., Paris 1970; R. P. Fehlbaum, S.-S. und die S.-Sisten, 1970; M. Hahn, Präsozialismus – C. H. de S.-S., 1970; J. H. van Elden, Esprits fins et esprits géometriques dans les portraits de S.-S., 1975; R. Kopffleisch, Freiheit und Herrschaft bei S. S., 1982; T. Petermann, Der S.-S.ismus in Deutschland, 1983; R. M. Emge, S.-S. – Eine Einf. in Leben und Werk, 1987.

Säkularisierung (von lat. *saeculum,* „Jahrhundert", dem Jahrhundert gemäß), Verweltlichung, seit dem Westfälischen Frieden Verweltlichung der kirchl. Institutionen und Klöster, Verwendung ihres Besitzes für allgemeine weltliche Zwecke. Seit der Aufklärung spricht man auch von S. des Christentums überhaupt, von S. der religionsmetaphysisch orientierten Philosophie, von S. der Theologie. Die englischen → Freidenker (Secularists) bezeichneten ihre vom Christentum unabhängige natürliche Lebensanschauung als Säkularismus.

G. J. Holyoake, Secularism, the Practical Philosophy of the People, 1854; K. Löwith, Meaning in History, Chicago 1949, dt. 1953; A. Klempt, Die S. der universalhistorischen Auffassung, 1960; H. Lübbe, S., 1965; O. Mann, Die gescheiterte S., 1980; H. Meyer, Religionskritik, Religionssoziologie und Säkularisation, 1988.

sanguinisch (vom lat. *sạnguis,* „Blut"), lebhaft, impulsiv, → Temperament.

Sankhya (auch Samkhya), eines der 6 klassischen (orthodoxen) Systeme der → indischen Philosophie; es ist ein mystischer und zugleich pessimistisch-dualistischer Realismus, entstanden zwischen den Jahren 750 und 500 v. Chr., ausgehend von den Prinzipien Prakriti (aktive Materie) und Purusha (Geist). Die Prakriti ist fruchtbar, handelnd bewegt, der Purusha ruhend, schauend; der (aktive) Urstoff arbeitet für die allen Handelns unfähige Seele; jene entwickelt in fester Ordnung immer von neuem die Welt, in der nicht das Wirken irgendeiner persönlichen Gottheit erkennbar ist, aus sich heraus und läßt sie wieder in sich eingehen. Alles bewußte Leben ist Leiden, auch die scheinbaren Freuden sind mit Schmerzen durchsetzt oder haben Schmerzen im Gefolge. Befreiung davon geschieht dadurch, daß der Mensch die absolute Verschiedenheit der Seele von der Materie erkennt, aus der allein das Leid stammt. Ist die Seele durch diese Erkenntnis zum Für-sich-sein gelangt, so löst sich das Innenorgan, das ihr bis zum Augenblick der Befreiung angehörte, auf; der feine Körper, der bis dahin einen Kreislauf der Existenzen bedingte, bildet sich zur Urmaterie zurück; das Leben ist zu Ende.

R. v. Garbe, Die S.-Philos., 1894; H. v. Glasenapp, Die Philos. der Inder, 1949, [4]1985 (KTA 195); A. Sen Gupta, Classical Sāṁkhya, Delhi [2]1982.

Sanktion (vom lat. *sancire,* „heiligen, unverbrüchlich machen"), Heiligung; Genehmigung, Bestätigung (S a n k t i o n i e r u n g) v. Gesetzen oder Verträgen; auch die in ihnen für den Fall ihrer Verletzung angedrohte Strafe (S.en auferlegen). Man unterscheidet außer den mit Geboten und Strafen verbundenen S.n noch die *positiven,* die als Förderung für gutes Verhalten gedacht sind, daher Belohnung und Vorteile nach sich ziehen.

G. Spittler, Norm und S., 1967; K. F. Schumann, Zeichen der Unfreiheit, Zur Theorie und Messung sozialer S.n, 1968.

Sansara (Samsara) heißt in der ind. Phil. der sich wiederholende Kreislauf des individuellen Lebenslaufes durch die Wiedergeburten hindurch mit allen ihren Leiden, von dem man nur durch Eingehen in Brahma bzw. im Nirwana erlöst wird. Volkstümlich ausgedrückt: „Wohin ihr auch schaut, da ist ein Drängen und Treiben, eine wilde Jagd nach Vergnügen, eine hastige Flucht vor Schmerz u. Tod, da ist Eitelkeit und die Glut verzehrender Begierden. Die Welt ist voller Wechsel u. Veränderung. Alles ist Sansara." → Indische Philosophie.

Santayana, George, nordamerikan. Dichterphilosoph, * 16. 12. 1863 Madrid, † 26. 9. 1952 Rom, 1907–1912 Prof. in Harvard (USA), seither Privatgelehrter und Schriftsteller. Seine dem Ästhetischen zugewandte, an William James und Josiah Royce anknüpfende Philosophie lebt in der Spannung zwischen mechanistischer und idealistischer (platonisierender) Weltauffassung. „Der Wert des Denkens ist ideell, nicht kausal, d.h. es ist kein Instrument des Handelns, sondern der Schauplatz bildhaft gewordener Erfahrung." – Hauptwerke: Lotzes' Moral Idealism, 1890; The Life of Reason, I–V, 1905–06; Platonism and Spiritual Life, 1927; The Realm of Essence, 1927; The Realm of Matter, 1930; The Last Puritan, 1935, dt. 1949; The Realm of Truth, 1937; The Realm of Spirit, 1940; The Middle Span, 1945, dt. 1950; Atoms of Thought, 1950; Dominations and Powers, 1951; The Works of S., I–XV, New York 1936–40.

P. A. Schilpp, The Philosophy of G. S., Chicago 1940; G. MacCormick, G. S., New York 1987.

Sarkasmus (vom griech. *sarx*, „Fleisch"), das Ins-Fleisch-Schneiden; boshafte Ironie, bitterer Hohn, beißender Spott.

Sartre, Jean-Paul, franz. Philosoph, * 21. 6. 1905 Paris, † 7. 4. 1980 das., einflußreichster Vertreter der franz. → Existenzphilosophie, von Husserl und Heidegger ausgehend, vertrat einen in bezug auf Sinn und Zweck des Daseins realistischen Standpunkt. Sein Hauptw. *„L'être et le néant"* (1943, dt. 1952) ist eine existentielle Ontologie, in der S. nachzuweisen sucht, daß der Mensch dem Alpdruck des → Ansichseins und des „Gesehenwerdens" (→ Kommunikation) nur das Vertrauen in seine Fähigkeit, sich selbst zu „machen" und kraft seiner Freiheit aus den Dingen „nichts" zu machen, entgegenzusetzen hat. „Das denkende Erschaffen des Nichts ist der Adelsbrief der menschl. Freiheit. Durch diesen Gedanken, den kein Tier oder sonst ein Wesen dem Menschen nachdenkt, durch diesen Gedanken des Nichts, vor dem jede Dreckseele *[salaud]* denn auch unfehlbar beklommen wird, durch ihn rettet der Mensch S. sich vor dem lähmenden Alpdruck des Seins, mit dessen Furchtbarkeit es der Mensch ja doch nicht aufnehmen kann ... Das Angewidertsein, der Ekel vor dem Vernunftlosen, vor dem Dinglichen, Determinierten, Naturhaften, vor dem Am-Leben-bleiben-Wollen, vor dem Nicht-Nichtseinwollen ist für S. der Geburtshelfer unserer Freiheit" (K. Wais, Standpunkte und Ausflüchte im neueren franz. Schrifttum, in *Studium generale,* Heft 6, Sept. 1949). Der sicheren Erfahrung von Existenz u. Freiheit müsse nach S. eine Daseinsanalyse vorausgehen, die den Menschen erst einmal von psychischen Störungen und inneren Widersprüchen frei macht. Viele Widersprüche im praktischen Handeln S.s und in seinen politisch-weltanschaulichen Entscheidungen lassen sich vielleicht darauf zurückführen, daß er selbst sich dieser Analyse kaum einmal gründlich unterzogen hat. – Hauptwerke: L'imagination, 1936; La transcendence de l'ego, 1936–37, dt. 1964; L'imaginaire, 1940, dt. 1971; L'être et le néant, 1943, dt. 1952; Les chemins de la liberté, I–III, 1945–49, dt. 1949–51; L'existentialisme est un humanisme, 1946, dt. 1947; Baudelaire, 1947, dt. 1953; Qu'est-ce que la littérature?, 1947, dt. 1958; Situations, I–X, 1947–76, dt. 1955 (Auswahl); Saint Genet – comédien et martyr, 1951; Critique de la raison dialectique, I–II, 1960–85, dt. 1967 (I); L'idiot de la famille, I–III, 1971–73, dt. 1980.

F. Jeanson, Le problème moral et la pensée de S., Paris 1947; M. Beigberger, L'homme S., Paris 1947; G. Varet, L'ontologie de S., Paris 1948; H. Paissac, Le dieu de S., Grenoble 1950; P. J. R. Dempsey, The Psychology of S., Cork 1950; M. Natanson, A Critique of J.-P. S.s Ontology, Lincoln 1951; J. Streller, Zur Freiheit verurteilt – Ein Grundriß der Philos. J.-P. S.s, 1952; J. W. Biemel, J.-P. S. in Selbstzeugnissen und Bilddokumenten, 1964; K. Hartmann, S.s Sozialphilos. – Eine Untersuchung zur „Critique de la raison dialectique", 1966; W. F. Haug, J.-P. S. und die Konstruktion des Absurden, 1966; L. Pollmann, S. und Camus, 1967; F. v. Krosigk, Philos. und politische Aktion bei J.-P. S., 1969; R. Neudeck, Die politische Ethik bei S. und A. Camus, 1975; P. Kampits, S. und die Frage nach dem Anderen, 1975; I. Görland, Konkrete Freiheit des Individuums bei Hegel und S., 1978; C. Howells, S.s Theory of Literature, London 1979; J. S. Catalano, A Commentary on J.-P. S.s „Being and Nothing", 1980; K. Hartmann, Die Philos. J.-P. S.s, 1983; M. Suhr, S. zur Einf., 1987; A. Cohen-Solal, S., Paris 1988, dt. 1988; C. Howells, S. – The Necessity of Freedom, New York 1988.

Satz, in der Sprachwissenschaft eine Gruppe von Wörtern, die vom Sprechenden so ausgewählt und durch die Gesetze der (Sprach-) Logik so miteinander verbunden sind, daß sie die objektivierte, aussagbare, von anderen wahrnehmbare Form eines oder mehrerer Gedanken bilden; → Wort. Im S. unterscheidet man: 1. das Subjekt, von dem etwas ausgesagt wird, 2. das Prädikat, den Inhalt der Aussage. Der S. kann erweitert werden durch 3. das Objekt, auf das sich eine Tätigkeit des Subjekts richtet, 4. das Attribut, das dem Subjekt oder dem Objekt besondere Eigenschaften beilegt, 5. das Adverb, durch das das Prädikat näher bestimmt wird. Beispiel: Die gute (4) Hausfrau (1) kocht (2) das Essen (3) schmackhaft (5); → Urteil.

E. Seidel, Gesch. und Kritik der wichtigsten S. definitionen, 1935; B. L. Müller, Der S. – Definition und sprachtheoretischer Status, 1985.

Schaeffler, Richard, * 20. 12. 1926 München, Prof. in Bochum, befaßt sich mit philosoph.-theologischen Grenzfragen, untersucht geschichtsphilosophisch die Zeitstruktur historischer Abläufe, das Verhältnis von transzendentaler und historischer Reflexion, auch religionsphilosophisch, zugleich das Verhältnis von Vernunft, Wahrheit und Geschichte. – Schr. u. a.: Die Struktur der Geschichtszeit, 1963; Wege zu einer ersten Philosophie, 1964; Religion und kritisches Bewußtsein, 1973; Einführung in die Geschichtsphilosophie, [2]1980; Die Wechselbeziehungen von Philosophie u. kathol. Theologie, 1978; Glaubensreflexion und Wissenschaftslehre, 1980; Fähigkeit zur Erfahrung, 1981; Religionsphilosophie, 1983.

J. Kirchberg/J. Müther (Hgg.), Philos.-theolog. Grenzfragen. Festschrift für R. S. zur Vollendung des 60. Lebensjahrs, 1986.

Schädellehre → Phrenologie.

Schaff, Adam, * 10. 3. 1913 Lemberg, Prof. in Warschau und Wien, ausgehend von der marxistischen Philosophie sucht er die Rolle des menschlichen Individuums in der Erkenntnistheorie und in der Sozialphilosophie neu zu begründen. – Veröffentlichte in dt. Sprache u. a.: Marxismus und das menschliche Individuum, 1965; Sprache und Erkenntnis, 1966; Einführung in die Semantik, 1969; Geschichte und Wahrheit, 1970; Humanismus, Sprachphilos., Erkenntnistheorie des Marxismus. Philos. Abhandlungen, 1975; Entfremdung als soziales Phänomen, 1977; Die kommunist. Bewegung am Scheideweg, 1982; Einf. in die Erkenntnistheorie, 1984.

Festschr. mit Bblgr., 1973.

Scham, bei Jaspers die gefühlsmäßige Sicherung dagegen, das eigene existenzerhellende Philosophieren schon für Existenz zu halten oder sich bei den Resultaten solchen Philosophierens zu beruhigen. – Sartre sagt: „Im S.gefühl erkenne ich an, daß ich bin, wie Andere mich sehen.“ In der allgem. psychologischen Bedeutung heißt S. eine nur dem Menschen eigene Gefühlsreaktion, meist von vegetativen Störungen (Erröten, Herzklopfen u. a.) begleitet, die als Abwehr gegen jedes Eingreifen in die persönlich intime Sphäre auftritt.

Schang Yang (eigentl. Kung-sun-Yang), chines. Philosoph, um 400 bis 338 v. Chr., gehörte zur Fakia („Rechtsschule“) und vertrat in seiner Staatslehre den Gedanken des souveränen Rechts, wonach das Volk nicht mit Güte, sondern nur mit strengen Gesetzen regiert werden kann.

Schankara (angebl. 788–820 n. Chr.), indischer Philosoph, interpretierte in seinem Kommentar zu den Brahma-Sutren die All-Einheitslehre des → Vedanta neu: das Absolute (Brahman) hat sich nicht zur Welt entfaltet, sondern unser angeborenes Nichtwissen gaukelt uns eine Vielheit vor. Das Brahman selbst bleibt ewig ein und dasselbe. Die Annahme eines durch Meditation zu verwirklichenden höheren und eines der Macht der Weltillusion (Maya) unterliegenden niederen Wissens ermöglichte es ihm, alle Kultformen als Vorstufen der Wahrheit zu deuten. Sch.s Kritik an der Erkenntnis, die uns die Vielheit der Welt vermittelt, gipfelt in der Feststellung, daß wir unter Wissen nur das verstehen können, was uns nach Verarbeitung der Erfahrung durch unsere Sinnesorgane gegeben ist, ohne einen direkten Zugang zur Wirklichkeit (zum Brahman) zu besitzen. Damit nimmt Sch. ca. 1000 Jahre vor Beginn des europäischen Kritizismus Kants Grundgedanken vorweg, wenn auch von anderen Gesichtspunkten ausgehend.

P. Deussen, System des Vedanta, 1883; R. Otto, Westöstl. Mystik, 1926; H. v. Glasenapp, Der Stufenweg zum Göttlichen, 1948; H. v. Glasenapp, Die Philos. der Inder, 1949, [4]1985 (KTA 195); J. A. Grimes, Quest for Certainity. A Comparative Study of Heidegger and Sañkara, Frankfurt 1989.

Schein, trügerisches Abbild, Truggebilde, „leerer“ S. (→ Illusionismus). In der Psychologie unterscheidet man den anschaulichen S. (Spiegelbilder u. dgl.) vom (mehr oder weniger) zuverlässigen S., der als Anzeichen für etwas („anscheinend“) objektiv Vorhandenes zu werten ist (→ Erscheinung, Realität); in diesem Sinne ist S. alles anschaulich Gegebene (Angetroffene), insofern es dem → Mikrokosmos angehört und daher mit der objektiven Wirklichkeit nicht identisch sein kann; → Wirklichkeit.

M. Theunissen, Sein und Sch., 1978.

Scheinproblem, → Positivismus.

Scheitern, bei Jaspers ein schicksalhaftes Erlebnis bei der Begegnung mit → Grenzsituationen, das der Mensch, sofern einer solchen bewußten Begegnung fähig, dazu benutzen soll, um aus ihm „den Weg zum Sein zu gewinnen“, weil das S. ihn vor das → Nichts stellt, weil seine Welt und alles Seiende im S. dahinschwindet und verschwindet, weil daher der geistige Blick auf das → Sein frei wird; das S. ist eine → Chiffre für das Sein.

Scheler, Max, Philosoph, * 22. 8. 1874 München, † 19. 5. 1928 Frankfurt (Main), 1919–28 Prof. in Köln, 1928 in Frankfurt; Schüler Euckens, S. übertrug die phänomenologische Methode Husserls auf die Gebiete der Ethik, der Kultur- und Religionsphilosophie, indem er die sittlichen Werte als unwandelbare „Wesenheiten" darstellte und der formalen Ethik Kants eine materiale Wertethik gegenüberstellte. Seine Hauptarbeitsgebiete waren die verstehende Psychologie bes. der Gefühle und die „Soziologie des Wissens" im weitesten Sinne, wo er je nach ihren Grundeinstellungen zu Gott, Welt, Wert, Wirklichkeit, Leben eine Reihe von Typen des religiösen, metaphysischen, wissenschaftlichen Denkens unterschied und ihren Zusammenhang mit bestimmten Formen gesellschaftl., praktisch-staatl. und wirtschaftl. Lebens herauszustellen suchte. Dem schauenden u. erkennenden Menschen gegenüber stehen nach S. vom Menschen nicht geschaffene, objektive Gegenstandwelten, deren jede ihre erschaubaren Wesenheiten und ihre Wesensgesetze besitzt; diese stehen über den empirischen Gesetzen des Daseins und Auftretens der betr. Gegenstandswelten, in denen jene Wesenheiten wahrnehmungshaft zur Gegenheit gelangen. In diesem Sinne bezeichnete S. die Philosophie als oberste und umfassendste Wesenswissenschaft bzw. -einsicht. In seiner letzten Denkphase löst sich Sch. vom Boden kath. Offenbarungsreligion und entwickelt eine pantheïstisch-personalistische Metaphysik, in deren Rahmen er alle Meta-Wissenschaften (Metascienzen), einschließlich der Anthropologie, zusammenfassen wollte. Ohne damit von seinem phänomenologisch-ontologischen Standort grundsätzlich abzurücken, traten nun die Probleme der philosoph. Anthropologie, deren moderner Begründer er ist, einschl. der Geschichts- und Kulturphilosophie, und das Problem der Theogonie entscheidend in den Mittelpunkt seines Philosophierens. → Alleben, Allmensch, Drang, Gesamtperson, Ordo amoris, Re-Sublimierung, Urseiendes. – Hauptwerke: Die transzendentale und psychologische Methode, 1900; Der Formalismus in der Ethik und die materiale Wertethik, 1913; Der Genius des Krieges und der dt. Krieg, 1915; Krieg und Aufbau, 1916; Vom Ewigen im Menschen, 1921; Wesen und Formen der Sympathie, 1923; Schriften zur Soziologie und Weltanschauungslehre, I–IV, 1923–24; Versuche zu einer Soziologie des Wissens, 1924; Die Formen des Wissens und die Bildung, 1925; Die Wissensformen und die Gesellschaft, 1926; Die Stellung des Menschen im Kosmos, 1928; Gesammelte Aufsätze – Philos. Weltanschauung, hg. 1929; Zur Ethik und Erkenntnislehre, I, hg. 1933; Logik, hg. 1976; Erkenntnis und Arbeit, hg. 1977; Gesammelte Werke, I–XIII, 1954 f. – Bibl. M. S., 1963.

J. Hessen, M. S., 1948; B. Lorscheid, M. S.s Phänomenologie des Psychischen, 1957; M. Dupuy, La philos. de M. S., Paris 1959; M. Uchiyama, Das Wertwidrige in der Ethik M. S.s, 1966; B. Rütishauser, M. S.s Phänomenologie des Fühlens, 1969; M. S. Frings, Zur Phänomenologie der Lebensgemeinschaft, 1971 (mit Bibl.); G. Ferretti, M. S. Fenomenologia e antropologia, Mailand 1972; F. Hammer, Theonome Anthropologie – M. S.s Menschenbild und seine Grenzen, 1972; P. Good (Hg.), M. S. im Gegenwartsgeschehen der Philos., 1975; B. Brenk, Metaphysik des Seins – Metaphysische Götteridee beim späten M. S., 1975; H. Leonardy, Liebe und Person, 1976; K. Alpheus, Kant und S., 1981; J. H. Nota, M. S., Chicago 1983; J. Schmuck, Homo religiosus – Die religiöse Frage in der Wissenssoziologie M. S.s, 1987; E. Haffner, Der Humanitarismus und die Versuche seiner Überwindung bei Nietzsche, S. und Gehlen, 1988.

Schelling, Friedrich Wilhelm, Philosoph, * 27. 1. 1775 Leonberg (Württbg.), † 20. 8. 1854 Bad Ragaz (Schweiz), lehrte in Jena, Würzburg, Erlangen, München u. Berlin; auf dem Boden des dt. Idealismus stehend (mit Fichte u. Hegel zus. dessen Hauptvertreter), bildet er dessen Übergang zur Romantik; wegen seiner steten Wandlung der „Proteus der Philosophie" genannt. Im Anschluß an Kant und Fichte, entwarf S. eine spekulative Naturphilosophie der Hierarchie der Naturkräfte („Potenzen"), die schließlich in eine Identitätsphilosophie mündete: Die Gegensätze von Subjekt und Objekt, von Realem und Idealem, Natur und Geist lösen sich ihm im Absoluten auf als der Identität von Idealem und Realem. Nach S. ist dieses Absolute unmittelbar erfaßbar durch die intellektuelle Anschauung und in der Kunst, die gleichberechtigt neben, grundsätzlich sogar über der Philosophie steht und alles Trennende vereinigt. In den Gegenständen der empirischen Wirklichkeit ist je nach der Stufe die Natur oder der Geist stärker vertreten. Infolgedessen bildet das Reich der Natur wie das Reich des Geistes (die Geschichte) eine (Entwicklungs-) Reihe, deren einzelne Stufen S. als „Potenzen" bezeichnet. Verwandt sind diese Potenzen nur durch ihren gemeinschaftlichen Urgrund, das Absolute; insofern entsteht nicht eine Stufe aus der andern, sondern das Absolute läßt sie direkt aus sich hervorgehen, um so zu seiner völligen Entfaltung zu gelangen. S.s Entwicklungslehre ist idealistisch wie diejenige Hegels. Bes. das Gedicht „Epikurisches Glaubensbekenntnis Heinz Widerporstens" (1799) läßt die Grundlagen von S.s Naturmetaphysik klar hervortreten. Seit 1807 wandte sich S. dem Problem der Freiheit des Menschen und seines in seinem Willen begründeten Verhältnisses zu Gott zu. Anschließend entwickelte S. in seiner Metaphysik der Religionsgeschichte Grundlagen zur späteren Religionswissenschaft. Das letzte Stadium seiner Philosophie ist eine tiefsinnige, schwer zugängliche Mystik. – Hauptwerke: Ideen zu einer Philos. der Natur, 1797; Von der Weltseele, 1798; System des transzendentalen Idealismus, 1800; Vorlesungen über die Methode des akadem. Studiums, 1803; Über das Wesen der menschlichen Freiheit, 1809; Philos. der Mythologie und Offenbarung, 1848; Clara oder über den Zusammenhang der Natur mit der Geisterwelt, hg. 1948; Ausgewählte Werke, I–II, 1973–74; Gesamtausgabe, I–XIV, 1856–62; Gesamtausgabe, I–XII, 1925–28, [3]1983–[4]1984; S.-Studienausgabe, 1974 ff.; Briefe und Dokumente, I–III, hg. 1962–73. – G. Schneeberger, S.-Bibl., 1954.

H. Knittermeyer, S. u. die romant. Schule, 1927; H. Fuhrmans, S.s Philos. der Weltalter, 1954; Z. Zelter, S., 1954; W. Schulz, Die Vollendung des dt. Idealismus, 1955; H.-J. Sandkühler, Freiheit und Wirklichkeit – Zur Dialektik von Politik und Philos. bei S., 1968; K.-H. Volkmann-Schluck, Mythos und Logos – Interpretationen zu S.s Philos. der Methodologie, 1969; W. Hartkopf, Studien zur Entwicklung der modernen Dialektik, I–II, 1972–75; I. Görland, Die Entwicklung der Frühphilos. S.s in Auseinandersetzung mit Fichte, 1973; H. M. Baumgartner (Hg.), S. Einf., 1975; R. Lauth, Die Entstehung von S.s Identitätsphilosophie in der Auseinandersetzung mit Fichtes Wissenschaftslehre, 1975; H.-J. Sandkühler (Hg.), Natur und gesch. Prozeß, 1984 (mit Bibl.); M. Frank, Eine Einf. in S.s Philos., 1985; B. Wanning, Konstruktion und Gesch. – Das Identitätssystem als Grundlage der Kunstphilos. bei F. W. J. S., 1985.

Schema (griech.), Figur; Form, Umriß, Muster, allgemeine Gestalt, bei Kant ein Verfahren, sich durch eine anschauliche stellvertretende Vorstellung den Inhalt eines abstrakten Begriffes anschaulich zu machen; bes. die Kategorien haben nach Kant transzendentale Schemata nötig, die zwischen ihnen und der Sinnlichkeit vermitteln; diese geben den Kategorien ihre „Bedeutung" und der Anschauung ihre kategoriale Struktur. Kant braucht also das transzendentale S., um das durch den Begriff umschriebene Allgemeine mit dem Besonderen des Begriffsinhalts zu verbinden. – Der Begriff des „antizipierten S.s", d. h. einer zugleich dynamischen wie systematisch ordnenden Ursache im Denken wurde durch Külpe in die Denkpsychologie eingeführt und auch von Logikern übernommen. In der Verhaltenspsychologie soviel wie fest ausgebildete Verhaltensmuster; Auslösemechanismen.

M. Heidegger, Kant und das Problem der Metaphysik, 1929; M. A. Arbib, The Construction of Reality, Cambridge 1986.

Schestow (Chestow), Leo-Isaak, russ. Religionsphilosoph, * 31. 1. 1866 Kiew, † 20. 11. 1938 Paris als Prof. an der Sorbonne (seit 1920), antirationalistischer existenzieller Denker. – Hauptwerke: Dostojewski und Nietzsche, 1903, dt. 1924; Tolstoi und Nietzsche, 1923, dt. 1923; Potestas clavium oder Die Schlüsselgewalt, 1923, dt. 1926; Essai sur la philosophie de Pascal, 1923; Auf der Hiobswaage, dt. 1929; Spekulation und Offenbarung, dt. 1963.

N. Bubnoff, Russische Religionsphilos., 1956; Y. Bonnefoy, L'obstination de Chestov, Paris 1967.

Schichtenlehre (Schichtentheorie), Auffassung der Wirklichkeit als einer Ordnung von Seinsschichten. Aristoteles unterschied 5 Schichten; die unterste ist die → Hyle, die oberste der Geist, dazwischen liegen Dinge, Lebewesen und Seele. In dieser und ähnlichen Form erhielt sich die ontologische S. bis in die Gegenwart. Die Seinsschichten sind dadurch charakterisiert, daß die jeweils höhere von der niederen, stets stärkeren, getragen wird, der niederen gegenüber aber trotzdem frei ist (soweit die Freiheit nicht durch die Tatsache des Getragenwerdens beschränkt ist), bes. weil sie im Vergleich zu dieser neue Eigenschaften aufweist (Bild: Reiter und Pferd). „Jede Seinsschicht hat ihren eigenen Kategorienkomplex, und zu jedem solchen gehört ein eigener Determinationstyp. Und wie die Kategorien jeder niederen Schicht in der höheren abgewandelt und um ein spezifisches Novum verstärkt wiederkehren, so natürlich auch die niederen Determinationstypen in den höheren" (Nic. Hartmann, Ethik, [3]1949). So gibt es z. B. die Schicht des Anorganischen mit einem um den Begriff der Materie gruppierten Kategorienkomplex und mit dem Determinationstypus Kausalität. Von dieser Schicht wird die des Organischen getragen, in der die Kategorien der Materie und die Determiniertheit durch Kausalität wiederkehren, aber abgewandelt durch das spezifische Novum der Kategorie des Lebendigen; der den Determinationstyp der niederen Schicht überlagernde ist hier der der Finalität. Die Schicht des Anorganischen ist stärker, mächtiger, dauerhafter als die des Organischen, trotzdem ist die des Organischen, bes. wegen der neuen Kategorie des Lebendigen, der des Anorganischen gegenüber frei; die Pflanze wählt aus dem Boden die Stoffe zu ihrer Ernährung aus, lenkt die Wurzeln nach dem Wasser, wendet die Blüte der Sonne zu usw. Die sittliche Freiheit des Menschen kann als Spezialfall dieser „kategorialen" Freiheit betrachtet werden, die jede höhere Schicht gegenüber der niederen besitzt, hier also die Schicht des Geistigen gegenüber der Schicht des Seelischen.

In seinem Werke: „Die Schichten der Persönlichkeit" ([7]1966) entwikkelte E. Rothacker eine psychologische S., bei der er innerhalb d. Gesamtpersönlichkeit drei Hauptschichten unterscheidet: 1. das vegetative und animalische Leben in mir, 2. mein vor allem trieb- und gefühlsbestimmtes → Es, 3. mein eigentliches, denkendes, seiner selbst bewußtes Ich. Für diese Schichten, die als Zentren eines organisch-seelischen Gesamts von fließenden Grenzen und ständiger Wechselwirkung aufgefaßt werden müssen, gelten dieselben Gesetzmäßigkeiten wie für die Seinsschichten.

H. F. Hoffmann, Die Schichttheorie, 1935; N. Hartmann, Zur Grundlegung der Ontologie, 1935; E. Rothacker, Die Schichten der Persönlichkeit, 1938; N. Hartmann, Die Anfänge des Schichtgedankens in der alten Philos., 1943; W. V. Ruttkowski, Typen und Schichten, 1978.

Schicksal, das Insgesamt alles Seienden, was das Dasein eines Menschen, eines Volkes usw. beeinflußt und bestimmt, aber nicht vom Menschen selbst geändert werden kann. Von den Griechen wurde das S. hypostatisiert und personifiziert als Moira, Tyche, Ate, Adrastea, Heimarmene, Ananke, Atropos usw. Diese höhere Macht kann als Natur und ihre Gesetzmäßigkeit oder als Gottheit gedacht werden. Schopenhauer spricht von der „anscheinenden Absichtlichkeit im S. des einzelnen". Nietzsche lehrt „Liebe zum S." *(Amor fati)*. Modernem nüchternem Denken verblaßt die Macht des S.s begrifflich, ohne aber deshalb erlebnismäßig zu verschwinden: „Schicksalhaft erscheint dem Menschen der Strom des realen Geschehens, sofern er sein eigenes, ungesuchtes, ungewolltes, im allgemeinen auch unverschuldetes Ausgeliefertsein an ihn empfindet ... Und das empfundene Ausgeliefertsein ... ist das unentwegt von Schritt zu Schritt uns im Leben begleitende nackte Zeugnis der Realität des Geschehens in uns selber" (N. Hartmann). Das Christentum ersetzt den Begriff des S.s durch den der göttlichen Vorsehung. Schelling sieht in der Geschichte die in drei Perioden sich enthüllende Offenbarung des Absoluten: in der 1. Periode waltet das S. völlig als blinde Macht; in der 2. offenbart sich das Absolute als Natur, und das blinde Walten der Natur wird zum ehernen Naturgesetz; die 3. Periode wird die sein, in der das, was in der früheren als S. und Natur erschien, als Vorsehung offenbar werden wird. – Zum Wesen des S.s gehört, daß es feindlich, düster, drohend, vernichtend ist; → apokalyptisch, dämonisch. Allenfalls sprechen wir von einem „gnädigen" S., das uns einen S.sschlag, der uns zugedacht war, in Gnaden erläßt. Die Existenzphilosophie hat sich dieser Tatbestände besonders angenommen (→ Faktizität, Geworfenheit, Grenzsituationen, Nichts, Scheitern, Untergangserwartung); für sie ist S.sbewußtsein jedoch unvereinbar mit Freiheit. Letztere kommt erst dann uneingeschränkt zur Geltung, wenn der einzelne über alle S.sbestimmung und Umweltschranken hinaus „zu dem wird, was er aus sich macht" (Sartre). In der Psychologie wird eine S.sanalyse als Methode zur Untersuchung des vorangegangenen S.s praktiziert und führt zu Heilprozessen, wie z. B. bei sog. „Wahlkrankheiten".

H. Groos, Willensfreiheit oder S.?, 1939; H. Pichler, Persönlichkeit, Glück, S., 1947; J. Konrad, S. und Gott, 1947; R. Guardini, Freiheit, Gnade, S., 1949; R. Köhler, Der Sinn im Widersinn des S.s, 1953; M. Landmann, Das Zeitalter als S., 1956; R. Schulhess, Ich, Freiheit und S., 1959; R. May, Freedom and Destiny, New York 1981, dt. 1983; G. Kürsteiner, Schwerpunkte der S.sanalyse, 1987.

Schiller, Ferd. Canning Scott, * 16. 8. 1864 Altona, † 7. 8. 1937

Los Angeles, engl. Philosoph, seit 1903 Prof. in Oxford und seit 1929 in Los Angeles, Personalist, Hauptvertreter des angelsächs. Pragmatismus; bezeichnete seine pragmatist. Lehre als → „Humanismus". Entwickelte auf der Grundlage des Homo-mensura-Satzes ein teleologisch-antimechanistisches Weltbild und eine Ethik der Tat. – Hauptw.: *Humanism,* 1903, [2]1912; *Studies in Humanism,* 1907, [2]1912, dt. 1911; *Formal Logic,* 1912, [2]1931; *Our Human Truths,* 1939. – Selbstdarstellung in Muirhead, *Contemporary British Philosophy,* Bd. 1, 1924; *The Economical Doctrine of the Concept,* 1925.

R. Metz, Die philos. Strömungen in Großbritannien, Bd. II, 1935; R. Abel, The Pragmatic Humanism of F. C. S. S. (mit Biblgr.), 1955; L. Marcuse, Amerik. Philosophieren, 1959.

Schiller, Friedrich, * 10. 11. 1759 Marbach (Württ.), † 9. 5. 1805 Weimar, einer der größten dt. Dichter, bedeutsam auch als Philosoph. In seiner Jugend durch die Leibniz-Wolffsche Philosophie einerseits, Shaftesbury u. Rousseau andererseits beeinflußt. Von 1790 an lernte S. Kants Philosophie näher kennen und rang ernsthaft mit ihr, ohne ihr je völlig zuzustimmen. Bes. in der kantischen Moralphilosophie findet S. die Idee der Pflicht mit zu großer Härte und Einseitigkeit vorgetragen. Der Mensch ist hinsichtlich Wille und Vernunft einheitlich, nicht zerspalten. Der Wille ist der Artcharakter des Menschen, und die Vernunft selbst ist nur die ewige Regel desselben. Vernünftig handelt die ganze Natur; Auszeichnung des Menschen ist bloß, daß er mit Bewußtsein und Willen vernünftig handelt. Der Mensch ist das Wesen, welches in Freiheit will. Die Kultur soll den Menschen zu dieser Freiheit verhelfen. Ganz frei ist nur der moralisch ausgerichtete Mensch. Jeder individuelle Mensch trägt als letzte Richtlinie seines Willens der Anlage u. Bestimmung nach einen reinen idealischen Menschen in sich, mit dem in allen Wandlungen des Lebenslaufes übereinzustimmen die große Aufgabe seines Daseins ist. Den Abschluß seiner ethisch-erzieherischen Philosophie setzt S. in der Schrift „Über die ästhet. Erziehung des Menschen" (1795). Hauptproblem ist die Erziehung zum sittlichen Wollen.
Der Übergang von dem leidenden Zustande des Empfindens u. Affekts zu dem tätigen des Denkens und Wollens geschieht durch einen mittleren Zustand ästhetischer Freiheit (der tätigsittliche Ursprünglichkeit bedeutet). Der Mensch „muß lernen edler begehren, damit er nicht nötig habe, erhaben zu wollen". Weitere philosophische Schriften S.s: Philosophische Briefe; Über den moralischen Nutzen ästhetischer Sitten; Über naive und sentimentalische Dichtung. Auswahlen: Inselverlag, 1906; Philos. Bibl., hrsg. v. Kühnemann, [2]1910.

E. Kühnemann, S., 1905; H. Glockner, S. als Philosoph, 1941; E. Spranger, S.s Geistesart, 1941; W. Ritzel, Erziehung und Bildung bei F. S., 1950; O. Schütz, S.s Theorie des Schönen, 1951; B. v. Wiese, S., 1959; W. Henckmann, Kommentar zu S.s „Ästhet. Erziehung des Menschen", 1967; E. M. Wilkinson/L. A. Eillongby, S.s ästhet. Erziehung des Menschen, Oxford 1967, dt. 1977; F. Heuer, Darstellung der Freiheit bei S., 1970; A. Wirth, Das schwierige Schöne, 1975; H. Mettler, Entfremdung und Revolution – Brennpunkt des Klassischen, 1977; L. P. Wessel, The Philosophical Background to F. S.s Aesthetics of Living Form, 1982; K. L. Berghahn, S. – Ansichten eines Idealisten, 1986; U. Tschierske, Vernunftkritik und ästhet. Subjektivität. Studien zur Anthropologie F. S.s, 1988; W. Ranke, Dichtung unter den Bedingungen der Reflexion, 1990.

Schilling, Kurt, Prof., * 17. 10. 1899 München, Prof. das., † 11. 2. 1977 Kreuth, als Philosophie-Historiker betrieb er Forschungen zur Ästhetik und Sozialphilosophie und betrachtete die Philosophie über ihre Grundelemente (Frage, Zweifel, Staunen, Antwort) hinaus als innere Bindung, die aus echter Freiheit heraus erfolgt, wobei Philosophie in der Geschichte erst nach der jeweiligen Überwindung der Aufklärung zur Vollendung ihrer eigentlichen Leistung gelangt. – Hauptw.: Aristoteles, 1928; Natur und Wahrheit, 1934; Der Staat, 1935; Übersetzung griech. Tragödien, 1941/43; Bild u. Deutung des Krieges bei Schiller, 1941; Platon, 1948; Gesch. der Philosophie, 2 Bde., [2]1950/53; Shakespeare, 1953; Geschichte der sozialen Ideen, KTA 261, [2]1966 (frz., ital. u. port. Übersetzungen, 1962–66); Die Kunst, 1961; Weltgesch. d. Philosophie, 1964; Philos. d. Technik, 1968.

K. S. 70 Jahre alt (mit Bibliogr.) in ZphF, 23, 1969.

Schischkoff, Georgi, Prof. in Salzburg u. München, philos. Schriftsteller u. Redakteur, * (23. 5.) 5. 6. 1912 Nova-Zagora/Bulg., Begründer der ZphF (1945/46) und des PhLAs. (1948) u. deren Hg. bis 1977, bzw. 1980; seit 1957 Hg. des vorliegenden „Philos. Wörterbuchs" (bis 1982 acht Auflagen), Versuche zur math. Philosophie, Sozialphilos. und Kybernetik, setzt sich mit paradoxen Kulturphänomenen wie Kunstformalismus, pluralistischer Entwurzelung, mechanisierender Entpersönlichung u. a. kritisch auseinander. Außerdem Studien zur Philos. der slawischen Völker. – Schrieb u. a.: Beiträge zur Leibnizforschung (Hg.), 1947; Erschöpfte Kunst oder Kunstformalismus?, 1952; Die gesteuerte Vermassung, 1964 (span. 1968); Kurt Huber als Leibnizforscher, 1966; Wissenschaftstheor. Betrachtungen über Gegenstand, Methodenlehre u. Grenzen der Futurologie, in „Futurum" 2, 1969; Peter Beron, Forscherdrang aus dem Glauben an die geschichtl. Sendung der Slawen, 1971.

J.-E. Heyde, 30 Jahre im Dienste d. dt. Philosophie, in ZphF, 30, 1976; Biblgr. ebenda, 31, 1977.

Schizothymie (spr. *s-chizo* ..., aus griech. *schizein,* „spalten" u. *thymos,* „Gemüt"), eine allgem. Konstitutionsgruppe Kretschmers, vorwiegend mit dem leptosomen Habitus korrelierend, wobei er die Übergangsformen zwischen gesund und krank als s c h i z o i d bezeichnet. Bezeichnend ist u. a. die „psychoästhetische Proportion", d. h. ein eigenartiges Verhältnis zwischen sensibler Innenempfindlichkeit und äußerer Kühle. Experimentell zeigen die Schizothymen hohe Spaltungsfähigkeit (Abstraktionsvermögen; schizophrene Anlagen), starkes Perseverationsvermögen, erhöhte Neigung zum Formen- gegenüber dem Farbensehen u. ä. „Von den Typen, die ins handelnde Leben einzugreifen geeignet sind, stellen die Schizothymiker, wie es scheint, besonders die zäh Energischen, Unbeugsamen, Prinzipiellen und Konsequenten, die Herrennaturen, die heroischen Moralisten, die reinen Idealisten, die Fanatiker und Despoten und die diplomatisch biegsamen kalten Rechner" (Kretschmer) Gegensatz: Zyklothymie (→ Zyklothymiker).

E. Kretschmer, Körperbau und Charakter, [25]1967; Mauerhofer, Der schizoid-dämonische Charakter, 1930; L. Binswanger, Schizophrenie, 1957; J. Rattner, Das Wesen der schizophrenen Reaktion, 1963; Th. Marcotty, Begegnung mit dem Wahn, 1965.

Schlechta, Karl, Prof. em. in Darmstadt, * Wien 23. 1. 1904, † 19. 2. 1985 Ober-Ramstadt, wurde besonders bekannt, als er das Nietzsche-Bild aus der sogen. „Willen zur

Macht"-Schrift revidierte; befaßte sich kritisch mit den europäischen Geistes- und Naturwissenschaften hinsichtlich ihrer Bildungsinhalte. – Hauptwerke: Goethe in seinem Verhältnis zu Aristoteles, 1938; Erasmus v. Rotterdam, 1940; Goethes Wilhelm Meister, 1953; Nietzsches großer Mittag, 1954; Der Fall Nietzsche, 1959; F. Nietzsche – Von den verborgenen Anfängen seines Philosophierens, 1962; Werke Nietzsches (Hg.), I–III, 1954–55; Nietzsche-Index, I–III, 1965; Nietzsche-Chronik, 1975.

Schlegel, Friedrich, Philosoph u. Dichter, * 10. 3. 1772 Hannover, † 12. 1. 1829 Dresden, seit 1804 mit der Tochter Dorothea des Philosophen Moses Mendelssohn verheiratet. In S. hat sich das Schicksal der → Romantik philosophisch am deutlichsten ausgedrückt. S. sieht selbst kurz vor seinem Tode seine philos. Entwicklung folgendermaßen: 1. 1788–98 dunkles Sehnen und Suchen, 2. 1798–1808 künstler. und philos. Gestaltungstrieb, der zu einer Philosophie des allumfassenden Ich führte. 3. 1808–1818, nachdem 1808 der Übertritt zum Katholizismus erfolgt war, Gehorsam und Unterwerfung der Vernunft unter die kirchl. Wahrheiten, 4. 1818–1828 mystisches Eigenleben bei kirchl. Gehorsam. – Hauptwerke: Athenäums-Fragmente, 1798–1800; Philos. des Lebens, 1827; Philos. der Gesch., I–II, 1829; Philos. der Sprache, 1830; Briefwechsel, hg. 1926; Schriften und Fragmente, 1956 (Auswahl); Werke, I–XV, 1845; Hist.-krit. Gesamtausgabe, I–XX, 1958 ff.

W. Benjamin, Der Begriff der Kunstkritik in der dt. Romantik, 1920; B. v. Wiese, S., 1927; G. P. Hendrix, Das polit. Weltbild F. S.s, 1962; F. Nüsse, Die Sprachtheorie F. S.s, 1962; B. Lypp, Ästhet. Absolutismus und polit. Vernunft, 1972; K. Peter, F. S.s Philos. der unvollendeten Welt, 1973; H. Reinhardt, Integrale Sprachtheorie – Zur Aktualität der Sprachphilos. von Novalis und F. S., 1976; P. Klaus, F. S., 1978; H. Timm, Die heilige Revolution – Das religiöse Totalitätskonzept der Frühromantik, 1978; W. Michel, Ästhetische Hermeneutik, 1982; K. Behrens, F. S.s Geschichtsphilos., 1984.

Schleiermacher, Friedrich Ernst Daniel, Theologe u. Philosoph, * 21. 11. 1768 Breslau, † 12. 2. 1834 Berlin, schuf in engstem Zusammenhang mit dt. Idealismus und Romantik auf prot. Seite eine Philosophie gott- und weltverbundenen anschaulichen Denkens; forderte unter Milderung der idealist. Spekulation Kants und Fichtes eine größere Berücksichtigung der geistig-geschichtl. Realitäten, jedoch nicht in ihrer Vereinzelung, sondern in ihrer Einheit mit dem Ganzen und Ewigen betrachtet. Mit diesem Ewigen sich eins fühlen, ist Religion. Sie beruht auf einem Gefühl „schlechthinniger" Abhängigkeit, nämlich von Gott. In der Gottidee wird die absolute Einheit des Idealen und Realen mit Ausschluß aller Gegensätze gedacht, in dem Begriff der Welt aber die relative Einheit des Idealen und Realen unter der Form des Gegensatzes. Es ist demnach Gott weder als identisch mit der Welt, noch als getrennt von der Welt denkbar (→ Panentheïsmus). Die Dinge sind von Gott abhängig heißt soviel als: sie sind bedingt durch den Naturzusammenhang; demnach ist ein unmittelbares Eingreifen Gottes, also das Wunder, nicht möglich. Der Mensch ist in den göttl. Naturzusammenhang eingeschlossen, zw. Sittengesetz und Naturgesetz ist deshalb kein radikaler Unterschied. Jedem Individuum kommt eigentümliche Bedeutung zu, so daß auch jedes Individuum berufen ist, sein eigentümliches Urbild zu verwirklichen. In der Verwirklichung der in ihr ideell angelegten Individualität besteht die Freiheit der Persönlichkeit. Die Ethik behandelt S. als Güterlehre, Tugendlehre und Pflichtenlehre. Das allgemeinste Pflichtgesetz lautet nach S.: handle in jedem Augenblick mit der ganzen sittlichen Kraft und die ganze sittliche Aufgabe anstrebend. – Hauptwerke: Über die Religion – Reden an die Gebildeten unter ihren Verächtern, 1799; Grundlinien einer Kritik der bisherigen Sittenlehre, 1803; Monologe, 1806; Der christliche Glaube nach den Grundsätzen der evangel. Kirche, I–II, 1821; Entwurf eines Systems der Sittenlehre, 1835; Dialektik, 1839; Grundriß der philos. Ethik, hg. 1841; Sämtliche Werke, I–XXX, 1835–64; Kritische Gesamtausgabe, 1980 ff. – T. Tice (Hg.), S.-Bibliography, Princeton 1966.

W. Dilthey, Das Leben S.s, 1870 (Repr. 1970); F. Flückinger, Philos. und Theologie bei S., 1947; P. H. Jörgenson, Die Ethik S.s, 1959; H.-J. Birkner, S.s christliche Sittenlehre, 1964; G. Vattimo, S. – Filosofia dell'interpretazione, 1968; F. Beisser, S.s Lehre von Gott, 1970; J. Schnurr, S.s Theorie der Erziehung, 1975; J. Forstmann, A Romantic Triangle – S. and Early German Romanticism, Missoula 1977; H. Burbach, Das ethische Bewußtsein, 1984; G. Scholtz, Die Philos. S.s, 1984; M. Frank, Das individuelle Allgemeine – Textstrukturierung und Textinterpretation nach S., 1985; K. W. Clements, F. S., London 1987; W. H. Pleger, S.s Philos., 1988; R. Rieger, Interpretation und Wissen, 1988.

Schlick, Moritz, Philosoph, * 14. 4. 1882 Berlin, † 22. 6. 1936 Wien (ermordet), Prof. in Rostock, Kiel, Wien, 1931–32 Berkeley (*Univ. of California*); Begründer des „Wiener Kreises" (→ Neupositivismus), Vertreter eines empirischen Realismus, von Carnap und Wittgenstein beeinflußt, arbeitete hauptsächlich über das Wahrheitsproblem, über Erkenntnislehre sowie über den apriorischen Charakter von Logik und Mathematik; verwarf die Möglichkeit synthetischer Urteile *a priori* und versuchte das psychophysische Problem physikalisch zu lösen. Aufgabe der Philosophie sei es, Begriffe logisch zu klären; S. selbst untersuchte die Begriffe Raum, Zeit, Materie, Kausalität, Wahrscheinlichkeit, Organisches, Wertung, Hedonismus, freier Wille, ethisches Motiv. – Hauptwerke: Lebensweisheit, 1908; Raum und Zeit in der gegenwärtigen Physik, 1917; Allgemeine Erkenntnislehre, 1928; Fragen der Ethik, 1930; Les éconcés scientifiques et la réalité du mode extérieur, 1934; Gesammelte Aufsätze, 1938; Kultur und Natur, 1952; Aphorismen, 1962; Problems of Ethics, 1962, dt. 1984; Philosophical Papers, I–II, hg. 1978–79 (mit Bibl.).

E. T. Gadol, Rationality and Science, Wien 1982; R. Haller, S. und Neurath – Symposion, 1982.

Schluß, das formale logische Verfahren, aus mehreren Urteilen, den Voraussetzungen oder Prämissen, ein einziges Urteil, die S.folgerung, begrifflich abzuleiten. Im einfachsten Falle besteht der S. aus zwei Voraussetzungen und der S.folgerung; ein solcher S. heißt → Syllogismus; Schlüsse mit mehr als zwei Voraussetzungen müssen in Syllogismen zerlegt werden. Es können folgende S.fehler auftreten, die vermieden werden müssen: 1. Es dürfen nicht 4 Begriffe im S. auftauchen (→ *Quaternio terminorum*), 2. aus zwei verneinenden bzw. zwei partikulären Voraussetzungen folgt nichts (ebenso natürlich aus zwei partikulär-verneinenden). Sehr oft tritt der S. (durch Weglassung des Obersatzes) verkürzt auf (das Enthymem genannt); Beispiel: Gefährliches ist verboten, Hinauslehnen ist gefährlich, also ist Hinauslehnen verboten – oder kürzer: Hinauslehnen, da gefährlich, verboten! S.ketten entstehen dadurch, daß die S.folgerung eines S.es als Voraussetzung in einem anderen S. verwandt wird (Episyllogismus) und umgekehrt (Prosyllogismus); etwas anders ist der → Kettenschluß geartet. Bisher waren die Urteile des S. als → kategorisch angenommen (also: kategorische S.); sie können aber auch → hypothetisch sein (hypothetische S.). Der sog. disjunktive S. (→ disjunkt) ist eine Unterart des kategorischen S. Für alle S.e gilt: Die S.folgerung folgt dem schwächeren Teil (schwächer ist in diesem Sinn das Verneinende, Partikuläre, Hypothetische gegenüber dem Bejahenden, Allgemeinen, Kategorischen). – Obwohl „S." genannt, sind keine S.e im obigen Sinne mehr der S. aus → Analogie, → Induktion, → Wahrscheinlichkeit.

F. Raab, Wesen und Systematik der S.formen, 1891; G. Lebzeltern, Der Syllogismus, 1948; B. v. Freytag-Löringhoff, Logik – Ihr System und ihr Verhalten zur Logistik, 1955; S. Read, Relevant Logic, Oxford 1988.

Schmalenbach, Herman, Philosoph u. Pädagoge, * 15. 11. 1885 Brekkerfeld (Westf.), † 3. 11.1950 Basel als Prof. (seit 1931; früher Göttingen), arbeitete auch auf dem Gebiete der Psychologie und der Soziologie. – Hauptw.: Leibniz, 1921; Die soziologische Kategorie des Bundes, 1922; Das Mittelalter. Sein Begriff u. Wesen, 1926; Die Kantische Philosophie u. Religion, 1926; Kants Religion, 1929; Das Ethos u. d. Idee des Erkennens, 1933; Geist u. Sein, 1939; Philosophie d. Lehrerbildung, 1939; Hrsg. der „Philosophia universalis" seit 1939; Die Idee d. Logik als Philos. vom Logos, 1943; Macht u. Recht: Platons Absage an die Politik, 1946; Die Gegebenheiten des Fremdseelischen, i. „Misch-Festschrift", 1949.

Schmerz, Empfindung mit seelisch störender, ja zerstörender Wirkung, die durch überstarke äußere Reize oder krankhafte leibl. Vorgänge mannigfaltigster Art bewirkt wird. Bes. die Haut ist s.empfindlich. Der S. stellt ein wichtiges Symptom von Erkrankungen dar. – Der seelische S. ist ein rasch entstehendes und rasch abklingendes → Leid. Die stoische und die christl. Weltanschauung sehen im lautlosen Ertragen des S.es eine Tugend; das antike Griechentum sah dagegen im S. ein schicksalsmäßiges Unglück und überließ sich ungehemmt der Äußerung des S.es.

F. Sauerbruch/H. Wenke, Wesen und Bedeutung des S.es, 1936; L. v. Zumbusch, Über den S., 1933; A. Hoche, Vom Sinn des S.es, 1936; F. Knipp, Die Sinnwelt der S.en, 1937; C. S. Lewis, The Problem of Pain, London 1940, dt. 1954; E. Seifert, Der Wandel im menschl. S.erleben, 1960; R. Janzen (Hg.), S.-Analyse, 1968; E. Pöppel, Lust und S. – Grundlagen menschl. Erlebens und Verhaltens, 1982.

Schmidt, Alfred, * 19. 5. 1931 Berlin, Prof. in Frankfurt/M., befaßt sich mit Fragen zeitgemäßer Weiterentwicklung der Kritischen Theorie, sowie mit Studien zur Geschichte des Materialismus in systematisch-erkenntnistheoretischer Absicht. – Schr. u. a.: Der Begriff der Natur in der Lehre von Marx, ²1971; Geschichte und Struktur. Fragen einer marxistischen Historik, ³1977; Emanzipatorische Sinnlichkeit. L. Feuerbachs anthropologischer Materialismus, ²1977; Die Kritische Theorie als Geschichtsphilosophie, 1976; Drei Studien über Materialismus, 1977; Kritische Theorie/Humanismus/Aufklärung. Philosophische Arbeiten, 1981.

Schmidt, Gerhart, * 3. 6. 1925 Lörrach, Prof. in Bonn, befaßt sich mit historischen Forschungen über die Subjektivität in der Philosophie der

Neuzeit (Descartes) und Problemen des philosoph. Systems bei Hegel. Als Grundlegung der Philosophie gilt ihm eine nichtmetaphysische Ontologie, die er, ausgehend von Heidegger und E. Fink, allein auf den unbeweisbaren Gedanken des Seins gründet. – Schr. u. a.: Vom Wesen der Aussage, 1956; Hegel in Nürnberg, Untersuchungen zur philos. Propädeutik, 1960; Aufklärung u. Metaphysik, die Neubegründung des Wissens durch Descartes, 1956; (Hrsg.) Feuerbach, Grundsätze der Philosophie, 1967; (Mithg.), Die Aktualität der Transzendentalphilosophie, 1977; Subjektivität u. Sein. – Zur Ontologizität des Ich, 1979.

Schmitz, Hermann, * 16. 5. 1928 Kiel, Prof. das., arbeitet auf dem Gebiet d. Systemat. Philosophie (außer Theorie der Naturwissenschaft) in den Grenzen einer empirisch ernüchterten phänomenologischen Methode, befaßt sich auch mit Fragen der Philosophiegeschichte. – Veröffentlichte u. a.: Hegel als Denker d. Individualität, 1957; Goethes Altersdenken im problemgeschichtl. Zusammenhang, 1959; Subjektivität, 1968; System der Philosophie, Bd. 1, Die Gegenwart, 1964; Bd. 2 – Der Leib, 1965; Der Leib im Spiegel der Kunst, 1966; Bd. 3 – Der leibliche Raum, 1967; Der Gefühlsraum, 1969; Der Rechtsraum (Praktische Philosophie) 1973; Das Göttliche und der Raum, 1977; Die Wahrnehmung, 1978; Bd. 4 – Die Person, 1980; Bd. 5 – Die Aufhebung der Gegenwart, 1980; Nihilismus als Schicksal, 1972; Neue Phänomenologie, 1980; Der Ursprung des Gegenstandes. Von Parmenides zu Demokrit, 1988; Anaximander und die Anfänge der griech. Philos., 1988; Was wollte Kant?, 1989.

Schnädelbach, Herbert, * 6. 8. 1936 Altenburg/Thür., Prof. in Hamburg, bemüht sich um die Wiederannäherung zwischen der praktischen Philosophie und den Sozialwissenschaften durch die Integration von Handlungstheorie, Theorie der Rationalität u. d. Wissenschaftstheorie der Sozialwissenschaften; sympathisiert im übrigen mit der Rekonstruktion der Transzendentalphilosophie, die er für die einzig geeignete Grundlage eines solchen Theorienproblems hält. – Schr. u. a.: Hegels Theorie der subjektiven Freiheit, 1966; Erfahrung, Begründung und Reflexion, Versuch über den Positivismus, 1971; Geschichtsphilosophie nach Hegel. Die Probleme des Historismus, 1974; Reflexion und Diskurs. Fragen einer Logik der Philosophie, 1977; Philosophie in Deutschland 1831–1933, 1982; (Hg.), Rationalität: philos. Beiträge, 1984; Vernunft u. Geschichte. Vorträge u. Abhandlungen, 1987.

Schneider, Friedrich, Prof. in Bonn, * 13. 2. 1915 das., † 6. 1. 1977 ebda., betont das weltoffene Kennen (vermitteltes, unmittelbares Wissen) gegenüber dem Erkennen und Urteilen, versucht (ausgehend von jenem an die Sinne gebundenen Kennen) den Einzelwissenschaften gerecht zu werden und einen natürlichen Realismus zu begründen, wobei die von der Erkenntnistheorie übernommenen psychologischen Begriffe und Lehren (Empfindungsbegriff, Lehre von den Täuschungen u. a.) kritisch überprüft werden. – Schrieb u. a.: Erkenntnistheorie u. Theologie, 1950; Kennen u. Erkennen, [2]1967; Hauptprobleme der Erkenntnistheorie, 1959; Philosophie der Gegenwart, [2]1964; (Hg.) J. Rehmkes Grundriß der Gesch. der Philosophie, [5]1965.

Schneider, Reinhold, Geschichtsphilosoph und Dichter, * 13. 5. 1903 Baden-Baden, † 6. 4. 1958 in Freiburg/Br., war bestrebt, „den christl. Sinn der Gesch. zu erkennen und auszusagen, in Überwindung der Zeit, die ich in mir selber erlebte und bekämpfte; die Linie führt vom rein Tragischen zum radikalen Christentum im Sinne der Nachfolge, die alle Werte der Nachfolge und der auf ihr ruhenden Verheißung unterordnet". – Hptw.: Das Leiden des Camoes oder Untergang und Vollendung der portugies. Macht, 1930; Las Casas vor Karl V., Szenen aus der Konquistadorenzeit, 1937, [2]1946; Philipp II. oder Religion u. Macht, 1931; Das Inselreich, Gesetz u. Größe der brit. Macht, 1936; Der große Verzicht, 1950; Verhüllter Tag, Bekenntnisse und Erinnerungen, 1954. – Ausgew. Werke, 4 Bde., 1953.

H. Urs v. Balthasar, R. S., sein Weg u. sein Werk, 1953; R. S., in K. Pflegers „Kundschafter der Existenztiefe", 1959.

Scholastik (vom lat. *schola,* „Schule"), Schulwissensch., Schulbetrieb; der Betrieb der Wissenschaft, Philosophie, Theologie im abendländ.-christl. MA. (mit Einschluß von Byzanz); der S. ähnliche Zustände traten jedoch auch in der chines., indischen und Islam-Philos. auf. Die S. des christlichen Abendlandes (6. bzw. 9.–15. Jh.) war dadurch gekennzeichnet, daß die Grundlage f. Wissenschaft u. Philosophie von den christl., in den Dogmen niedergelegten Wahrheiten gebildet wurde. Trotzdem wurden vielfach nichtchristl. Gedanken geäußert, bes. unter dem Schutze der Lehre von der → Doppelten Wahrheit. – Gliederung der S.: 1. Die Früh-S. (9.–12. Jh.) steht zunächst auf dem Boden eines noch ungegliederten Ineinanders von Wissenschaft, Platonismus u. Theologie, ist gekennzeichnet durch die Ausbildung der scholast. Methode (→ *sic et non*) in Verbindung mit der Besinnung auf Eigenwert und Eigenleistung des Verstandes, u. durch den → Universalienstreit. Hauptvertreter (Dtld.): Hrabanus Maurus, Notker der Deutsche, Hugo v. St. Viktor; (Engl.): Alkuin, Joh. Scotus Eriugena, Adelhard v. Bath; (Frankr.): Abaelardus, Gilbert de la Porée, Amalrich von Bène; (Ital.): Petrus Damiani, Anselm von Canterbury, Bonaventura. – 2. Die Hoch-S. (13. Jh.) ist gekennzeichnet durch die sich vollziehende Scheidung zw. Wissenschaft und Philosophie (bes. Naturphilosoph.) einerseits, Theologie andererseits, sowie durch die Aufnahme des freilich nur in latein. Übersetzung vorliegenden Aristoteles (→ europäische Philosophie) in das philos. Denken des Abendlandes. Es bilden sich die Philosophien der großen Orden, bes. der Franziskaner und der Dominikaner, heraus, ebenso die großen Systeme des Albertus des Großen, des Thomas v. Aquino, des Duns Scotus. Anschließend Streit zw. Augustinisten, Aristotelikern, Averroisten, zw. Thomismus und Scotismus. Zeit der großen philos.-theol. Enzyklopädien (Summen). Weitere Hauptvertreter (Dtl.): Witelo, Dietrich von Freiberg, Ulrich Engelbert; (Frankreich): Vinzenz von Beauvais, Joh. von Jandun; (England): Roger Bacon, Robert Grosseteste, Alexander von Hales; (Ital.): Aegidius von Rom. – 3. Die Spät-S. (14. und 15. Jh.) ist gekennzeichnet durch rationalistische Systematisierungen (denen die S. im tadelnden Sinne ihren Namen verdankt), durch immer weitere Verselbständigung des naturwiss.-naturphilos. Denkens (→ Nominalismus), durch Herausbildung einer dem Irrationalen Rechnung tragenden Logik und Metaphysik, schließl. durch die endgültige Abspaltung der → Mystik von der immer unduldsamer werdenden kirchl. Theologie. Da die Kirche schon seit Anfang des 14. Jh. den Thomismus eindeutig bevorzugte, wurde kirchlicherseits die Spät-S. vorwiegend zur Geschichte des Thomismus. Die S. endete in der Tat mit der Trennung von Glauben und Wissen (bzw. naturwiss. Erkennen), so daß man ihre Geschichte als die Geschichte ihrer Selbstüberwindung betrachten könnte. – Hauptvertreter der Spät-S.: Albert von Sachsen, Nikolaus von Kues (Dtl.); Joh. Buridan, Nikolaus von Oresme, Peter d'Ailly (Frankr.); Wilhelm von Ockham (Engl.); Dante (Ital.). – Mit dem Zeitalter des Humanismus, der Renaissance, der Reformation hörte die S. auf, die alleinige abendländ. Geistesform in Wissenschaft und Philosophie zu sein; die → Neuscholastik vertritt weiterhin den Primat der christl. Philosophie gegenüber der profanen.

M. Grabmann, Die Philos. des MA.s, 1921; E. Gilson, L'esprit de la philos. médiévale, Paris 1932, dt. 1951; M. Müller, Sein und Geist – Systemat. Untersuchung über Grundproblem und Aufbau der mal. Ontologie, 1940; J. v. Steenberghen, Philos. des MA, 1950 (mit Bibl.); R. W. Southern, The Making of the Middle Ages, London 1959, dt. 1959; M. A. Schmidt, S., 1969; L. Weber, Das Distinktionsverfahren im mal. Denken, 1976; F. Ohly, Schriften zur mal. Bedeutungsforschung, 1977; W. Peerpeet, Ästhetik im MA., 1977; J. de Vries, Grundbegriffe der S., 1980; J. H. Overfield, Humanism and Scholasticism, Princeton 1984; K. Flasch, Das philos. Denken im MA, 1986; J. P. Beckmann/L. Honnefelder/G. Schrimpf/G. Wieland (Hgg.), Philos. im MA, 1987; K. Flasch, Einf. in die Philos. des MA.s, 1987.

scholastisch, nach der Methode der Scholastik; in tadelndem Sinne: spitzfindig, begrenzt verstandesmäßig, dogmatisch spekulativ, „mittelalterlich".

Scholien (vom griech. *scholion,* „aus der Schule stammend"), Erklärungen, erklärende Anmerkungen, Erläuterungen gegebener Begriffe.

Scholz, Heinrich, Philosoph, * 17. 12. 1884 Berlin, † 30. 12. 1956 in Münster/W., seit 1928 Prof. das., Hauptvertreter der → Logistik in Dtld. – Hauptw.: Religionsphilosophie, 1921, ²1973; Gesch. der Logik, 1931, ²1959; Logistik, 1933; Was ist Philosophie?, 1940; Metaphysik als strenge Wissenschaft, 1941; Fragmente eines Platonikers, 1941, ²1947; Grundzüge der mathemat. Logik, 2 Bände, ²1950–51; (gem. m. H. Hermes) Mathematische Logik, in Encykl. d. math. Wiss., 1952; Grundzüge der math. Logik, (gemeins. mit G. Hasenjaeger), 1961; *Mathesis Universalis,* 1961.

Vollst. Biblgr. in „*Mathesis Universalis*", 1961.

schön, im Gegensatz zu häßlich eine wohltuende Qualität unserer Empfindung, die uns, ohne daß unsere Begierden gereizt werden, gefällt. Kant spricht dabei von „interesselosem Wohlgefallen". Das S.e wird in der → Ästhetik als die Harmonie der Teile eines Ganzen und als eine scheinbare Zweckmäßigkeit, daher auch als objektiv s. aufgefaßt. Die metaphysische Auffassung vom S.en führt es auf eine Übereinstimmung zwischen Schein und Wesen des Gegenstandes, zwischen Angeschautem und Urbild zurück. Kant spricht von dem freien S.en, das nicht als Zutat zum Gegenstand anzusehen ist, das unmittelbar gefällt, ohne den Begriff vom Gegenstande vorauszusetzen, und sich mit keiner Vorstellung eines Zweckes verbindet. Während das S.e im Mittelpunkt der klassischen Kunstästhetik stand, wird es heute aus der modernen Kunst vorsätzlich eliminiert.

E. Burke, Philos. Untersuchung über den Ursprung unserer Ideen vom Erhabenen und S.en, London 1759 (Repr. 1970); W. Jung, Schöner Schein der Häßlichkeit – Ästhetik und Geschichtsphilos im 19. Jh., 1947; F. Kaufmann, Das Reich des S.en, 1960; A. Wiegand, Die S.heit und das Böse, 1967; K. Neumann, Gegenständlichkeit und Existenzbedeutung des S.en, 1973; H.-G. Gadamer, Die Aktualität des S.en, 1977; J. Lacoste, L'idee de beau, Paris 1986; W. Perpeet, Das Kunstschöne, 1987; H. Meyer, Kunst, Wahrheit und Sittlichkeit, 1989.

Schopenhauer, Arthur, Philosoph, * 22. 2. 1788 Danzig, † 21. 9. 1860 Frankfurt a. M., wo er seit 1832 nach (von ihm abgebrochener) Lehrtätigkeit in Berlin (seit 1820) als Privatgelehrter lebte. Seine Philosophie geht von den beiden Sätzen aus: 1. die Welt ist an sich Wille, 2. die Welt ist für mich Vorstellung (Hauptw.: „Die Welt als Wille und Vorstellung", 1819/44). Alles, was für die Erkenntnis da ist, also diese ganze Welt, ist Objekt in Beziehung auf ein Subjekt, ist Anschauung des Anschauenden, mit einem Wort: Vorstellung. Also: kein Subjekt ohne Objekt, kein Objekt ohne Subjekt. Aber diese Erkenntnis genügt nach S. nicht. Wir fragen, ob diese Welt nichts weiter als Vorstellung sei, und was, wenn sie noch etwas anderes ist. Wir erkennen nun: das als Individuum erscheinende Subjekt des Erkennens findet als sein innerstes Wesen den Willen, und zwar aus der Erfahrung seines Leibes; er ist auf zwei ganz verschiedene Weisen gegeben: als Vorstellung, als Objekt unter den Objekten, zugleich aber auch als das jedem unmittelbar Bekannte, welches das Wort Wille bezeichnet. Also: Der Leib ist die Objektivation des Willens; der Wille ist das Ansich des Leibes. Diese Erkenntnis ist der Schlüssel zum Wesen jeder Erscheinung in der Natur; alle Objekte müssen ihrem inneren Wesen nach dasselbe sein, was wir an uns Wille nennen. Der Wille ist das Ding an sich. Die fortgesetzte Reflexion führt dahin, auch die Kraft, welche in der Pflanze treibt, die Kraft, durch welche der Kristall anschießt, die, welche den Magnet zum Nordpol wendet, die, welche in den Wahlverwandtschaften der Stoffe als Fliehen und Suchen, Trennen und Vereinen erscheint, ja zuletzt sogar die Schwere, die in aller Materie so gewaltig strebt, den Stein zur Erde und die Erde zur Sonne zieht – diese alle ihrem inneren Wesen nach als Willen zu erkennen. Zeit und Raum allein sind es, mittels welcher das dem Wesen und dem Begriff nach Gleiche und Eine doch als verschieden, als Vielheit neben- und nacheinander erscheint; der Wille als Ding an sich liegt außer aller Zeit und allem Raum, wie auch außer aller Kausalität: er ist grundlos, ursachlos, ziellos und erkenntnislos; sobald er sich der objektiven Erkenntnis darstellt, zeigt er sich in Raum und Zeit dem *principium individuationis* unterworfen und wird dadurch Wille zum Leben. Die Stufen seiner Objektivation, von den allgemeinsten Kräften der Natur bis hinauf zum Tun des Menschen, sind Platons Ideen. Die durch Raum und Zeit bestimmten Objekte (Vorstellungen) betrachtet die Wissenschaft am Leitfaden der Kausalität. Darüber hinaus vermag allein das Genie in der Kunst durch reine Kontemplation und ungewöhnliche Kraft der Phantasie die ewigen Ideen aufzufassen und darzustellen, in der Poesie, der bildenden Kunst, der Musik. Die Musik nimmt eine besonders hohe Stellung ein, da sie nicht nur wie die anderen Kunstgattungen die Ideen abbildet, sondern die unmittelbare Objektivation des Weltwillens in uns ist. Von besonderer Wirkung war S.s Kunstmetaphysik auf Wagner u. Nietzsche. Der Wille muß immer streben, weil Streben sein alleiniges Wesen ist, dem kein erreichtes Ziel ein Ende macht, das daher keiner endlichen Befriedigung, d. h. keines Glückes, fähig ist. Mit der ganzen Kraft seiner Beredsamkeit stellt S. das Leiden allen Lebens in allen seinen Formen und Betätigungen dar, das Leiden, aus dem es keine andere Rettung gibt als die Verneinung des Willens zum Leben, die letzten Endes Aufhebung des Individuationsprinzips bedeutet, Übergang ins Nichtsein (Nirvana). Diese Verneinung geht aus der Durchschauung des *principium individuationis* hervor; aus dem Sichwiedererkennen in der fremden Erscheinung, das Gerechtigkeit und Mitleid zur Folge hat. Mitleid ist das Fundament der Moral. Das Gefühl des Mitleids bezieht sich nicht nur auf Menschen, sondern, was S. betont, ebenso auf Tiere. – Hauptwerke: Über die vierfache Wurzel des Satzes vom zureichenden Grund, 1813; Die Welt als Wille und Vorstellung, I–II, 1819/44; Über den Willen in der Natur, 1836; Die beiden Grundprobleme der Ethik, 1841; Parerga und Paralipomena, I–II, 1851; Gesammelte Briefe, hg. 1978; Gesamtausgabe, I–VI, 1873–74; Kritische Gesamtausgabe, 1911 ff.; Werke nach der Ausgabe letzter Hand, I–V, 1988.

J. Volkelt, A. S., 1900; K. Fischer, S. – Leben, Werke und Lehre, 1908; A. Hübscher, A. S. – ein Lebensbild, 1938; A. Hübscher, S. – Biographie eines Weltbildes, 1952; H. Zint, S. als Erlebnis, 1954; A. Neidert, Die Rechtsphilos. S.s, 1966; O. Most, Zeitliches und Ewiges bei Nietzsche und S., 1977; W. Weimer, S., 1982; V. Spierling (Hg.), Materialien zu S.s „Die Welt als Wille u. Vorstellung", 1984; J. Salaquarda (Hg.), S., 1985; R. Safranski, S. und die wilden Jahre der Philos., 1987; V. Spierling (Hg.), S. im Denken der Gegenwart, 1987; Y. Kamata, Der junge S. – Genese des Grundgedankens der Welt als Wille und Vorstellung, 1988; R. Malter, Der eine Gedanke. Hinführung zur Philos. S.s, 1988; W. Schirmacher (Hg.), S.s Aktualität. Ein Philosoph wird neu gelesen (S.-Studien 1/2), 1988; C. Janaway, Self and World in S.s Philosophy, Oxford 1989.

Schopenhauer-Gesellschaft. Internationale Gesellschaft, gegründet 30. 10. 1911 (von Paul Deussen, Arthur v. Gwinner, Josef Kohler) mit dem Ziel, „das Studium und das Verständnis der Schopenhauerschen Philosophie zu fördern". Diesem Ziel dienen das Schopenhauer-Archiv, als Zentralstelle der Schopenhauer-Forschung (bei der Stadt- und Universitäts-Bibliothek Frankfurt a. M.), die seit 1912 erscheinenden Jahrbücher der Gesellschaft und ihre internationalen wissenschaftlichen Tagungen, die mehr und mehr einem Gesamtthema unterstellt waren (1927 Dresden: „Europa und Indien"; 1929 Frankfurt a. M.: „Religion und Philosophie"; 1931 Hamburg: „Theorie und Wirklichkeit"; nach langer Unterbrechung der Tagungstätigkeit seit 1933: 1955 Frankfurt a. M.: „Schopenhauer und die Gegenwart"; 1960 Frankfurt a. M.: Gedenkfeiern zum 100. Todestag; 1961 München: 50-Jahr-Jubiläum der Gesellschaft, „Schopenhauer und die Existenzphilosophie"). Sitz der Gesellschaft: Frankfurt/M.; Vorsitz (1936) und Hrsg. des Jahrbuchs: Arthur Hübscher, Frankfurt/M.; seit 1984 R. Malter.

Schöpfung, die Hervorbringung der Welt u. jedes einzelnen Dinges aus dem Nichts durch einen allmächtigen Schöpfergott. Nach der christl. Lehre von der *creatio continua* (lat. „fortdauernde S.") ist der S.akt Gottes ein unausgesetzter und hat die Welt nicht nur hervorgebracht, sondern erhält sie im Sein. – Im übertragenen Sinne bezeichnet man als S. jedes Hervorbringen eines Neuen, bes. die Erzeugung eines Gebildes durch die gestaltende Tätigkeit des Geistes, der schöpferischen Phantasie. „Alle Schöpfung ist Werk der Natur" (Goethe). Die Auslegung der biblischen Sch.ssagen ist Aufgabe der kirchlichen Dogmatik.

R. Höningswald, S.sgesch. der Genesis, 1932; T. Haecker, Schöpfer und S., 1934; J. Schwarz, Das schöpferische im Weltbild der Wissenschaft, 1947; J. Santeler, Vom Nichts zum Sein – eine philos. S.slehre, 1949; R. Hönigswald, Vom erkenntnistheoret. Gehalt alter S.serzählungen, 1957; H.-E. Hengstenberg, Sein und Ursprünglichkeit – Zur philos. Grundlegung der S.slehre, 1959; E. O. James, Creation and Cosmology, Leiden 1969; L. Scheffczyk, Einf. in die S.slehre, 1975, [3]1987; P. Kaiser (Hg.), Evolutionstheorie und S.sverständnis, 1984.

schottische Schule, vom 18. und 19. Jh. sich erstreckende Richtung der Philosophie in Schottland, die dem franz. Materialismus und dem Skeptizismus Humes im Namen des „gesunden Menschenverstandes" (→ *Common sense),* später auch mit Berufung auf Kant entgegentrat und bes. die Gebiete der Psychologie, Erkenntnislehre, Ästhetik, Religionsphilosophie, Ethik pflegte. Wichtige Vertreter: Reid, Stewart, Thomas Brown, in der jüngeren Schule: Hamilton.

R. Metz, Die philos. Strömungen in Großbritannien, I–II, 1935; N. Waszek, Man's Social Nature – A Topic of the Scottish Enlightenment in its Historical Setting, Den Haag 1986.

Schottlaender, Rudolf, Prof. der Humboldt-Universität, Berlin, * 5. 8. 1900 das., † 4. 1. 1988 das., bearbeitete Fragen aus dem Gesamtbereich der praktischen Philosophie und philosophisch motivierte Problemstellungen der klass. Philologie; untersuchte in der philos. Anthropologie Fragen der Ableitung vom geschichtlichen Ursprung und Paradoxien der Kreativität; in der Ethik Probleme der ethisch-politischen Verantwortung. – Schrieb u. a.: Der philosophische Heilsbegriff, 1952; Theorie des Vertrauens, 1957; Früheste Grundsätze der Wissenschaft bei den Griechen, 1964; Römisches Gesellschaftsdenken, 1969: Art. „Malum" in hist. Wb. d. Philos., Bd. 5, 1980; „Parteilichkeit", Ansätze zu ihrer philos. Kritik, (im Philos. Jahrbuch), 1981; Ursprung – Ursache – Urheber und andere Themen in philos. Neubefragung, 1989.

Bibliogr. in ZphF, 24, 1970.

Schrift ist, philosophisch gedeutet, das sichtbare Ausdrucksmittel für das Gedachte und das Gesprochene durch festgelegte sinnfällige Zeichen. Die S. verhält sich zur Sprache so wie diese zur inneren Welt der Gedanken und Erlebnisse: Ist das Wort eine vorläufige oder endgültige objektive Gestalt des Gemeinten und Erlebten, so ist das schriftliche Bild des Wortes durch gegebene Zeichen eine weitere Objektivierung und Festlegung derselben inneren Gehalte. Gegenüber dem Gesprochenen und Gehörten hat die S. einen festen und dauerhaften Charakter. Während die einzelnen Zeichen (Buchstaben, Begriffselemente, Symbole, mathemat. Zeichen, graphische Darstellungen u. a.) stets als elementare Bedeutungsträger zu verstehen sind, haben die Bedeutungen der Schriftbilder von Wörtern und Sätzen einen höheren Sinngehalt, der sich nicht aus den Zeichenbedeutungen ableiten läßt, sondern erst im Verstehenszusammenhang des gedachten Wortes sichtbar wird. – Die S. der gesprochenen Sprache läßt sich deshalb nicht auf derselben elementaren Weise mit den Mitteln der kybernetischen Informationstheorie (→ Information) interpretieren, wie dies für Signale und einzelne bedeutungstragende Zeichen gilt. Diese vermitteln ja nur Außenweltinformation, während S. und Sprache Ausdrucksmittel für eine meist undifferenzierte Innenwelt-Information sind, die nicht mathematisch-informationstheoretisch, sondern nur verstehend und nacherlebend aufgenommen und verarbeitet werden kann. – Eine Sinnschrift (Safo), bezogen nur auf Sinnbedeutungen (ca. 180) von Grundzeichen (Zahlen, Symbolen, international gültigen Zeichen u. a.) hat A. → Eckardt entwickelt.

A. Eckhardt, Philos. der S., 1965; J. Derrida, L'écriture et la différence, Paris 1967, dt. 1972; W. J. Ong, Orality and Literacy, London 1982, dt. 1987; F. Coulmas, Über die S., 1981; V. Flusser, Die S., 1987.

Schrödinger, Erwin, Physiker, * 12. 8. 1887 Wien, † 4. 1. 1961 das., Prof. in Berlin, Oxford, Graz, Gent, arbeitete über Quantenmechanik u. die Wellentheorie der Materie (→ Wellenmechanik). – Hauptwerke: Abhandlungen zur Wellenmechanik, 1928; Vier Vorlesungen über Wellenmechanik, 1928; Zur Kritik der naturwiss. Erkenntnis, 1932; Was ist Leben?, Cambridge 1945, dt. 1946; Die Natur der Griechen, Cambridge 1954, dt. 1955; Geist und Materie, 1959; Was ist ein Naturgesetz?, 1963.

D. Hoffmann, E. S., 1984.

Schröter, Ernst Manfred, Philosoph, Schellingforscher, * 29. 11. 1880 München, † 24. 12. 1973 das., Prof. an der TH befaßte sich m. Fragen d. Wissenschaftsgeschichte, Philosophie der Technik und dem deutschen Idealismus sowie Spenglerinterpretationen. Ihm ist die Entdeckung, Bergung und komment. Herausgabe der „Weltalter-Urfassungen" als des wichtigsten Fundes der Schellingforschung zu verdanken. – Hauptw.: Der Ausgangspunkt der Metaphysik Schellings, 1908; Die Kulturmöglichkeiten der Technik als Formproblem, 1920; Der Streit um Spengler, Kritik seiner Kritiker, 1922; Philosophie der Technik, 1934; Die Weltalter, Fragmente (Urfassung von 1811–1813), 1946; Metaphysik des Untergangs, 1949; Krit. Studien. Üb. Schelling u. Kulturphilosophie, 1971.

Schuld, „Vorwerfbarkeit. Mit dem Unwerturteil S. wird dem Täter vorgeworfen, daß er sich nicht rechtgemäß verhalten, daß er sich für das Unrecht entschieden hat, obwohl er sich rechtmäßig verhalten, sich für das Rechte hätte entscheiden können. Der innere Grund des S.vorwurfs liegt darin, daß der Mensch auf freie, verantwortliche, sittliche Selbstbestimmung angelegt und deshalb befähigt ist, sich für das Recht und gegen das Unrecht zu entscheiden und das rechtlich Verbotene zu vermeiden ... Das Bewußtsein, Unrecht zu tun, kann im einzelnen Falle auch beim zurechnungsfähigen Menschen fehlen, weil er die Verbotsnorm nicht kennt oder verkennt. Auch in diesem Falle des Verbotsirrtums ist der Täter nicht in der Lage, sich gegen das Unrecht zu entscheiden" (aus einem Beschluß des Bundesgerichtshofes vom 18. 3. 1952). Schiller bezeichnet die S. als „der Übel größtes" und Goethe sagt, daß alle S. sich auf Erden rächt; vgl. Reue, Grenzsituationen, Freiheit.

C. Schmitt, Über S. u. S.arten, 1910; M. Brugger, S. und Strafe, 1933; W. Schöllgen, S. und Verantwortung, 1947; G. Stein, Gedanken über die S., 1947; W. Bitter (Hg.), Angst und S., 1971; B. Lauret, S.erfahrung u. Gottesfrage bei Nietzsche u. Freud, 1977.

Schulz, Walter, Prof. in Tübingen, * 18. 11. 1912 Gnadenfeld/Oberschlesien, hat in seinen Untersuchungen zur neuzeitlichen Metaphysik die These aufgebracht, daß die Vollendung der idealistischen Systematik nicht – wie bisher behauptet – bei Hegel, sondern bei Schelling erreicht ist. In „Philos. i. d. veränderten Welt" untersucht er Stellung und Möglichkeit der Philosophie in der Gegenwart und hebt die fachübergreifende Bedeutung der Ethik hervor. – Schrieb u. a.: Die Vollendung des dt. Idealismus in der Spätphilosophie Schellings, 1955; Der Gott der neuzeitlichen Metaphysik, [3]1962; Das Problem der absoluten Reflexion, 1963; J. G. Fichte, Vernunft und Freiheit, 1963; S. Kierkegaard. Existenz u. System, 1967; Wittgenstein, Die Negation der Philosophie, 1967; Philosophie in der veränderten Welt, 1972; Ich u. Welt. Philos. der Subjektivität, 1979; Vernunft u. Freiheit, 1981; Metaphysik des Schwebens. Unters. zur Geschichte der Ästhetik, 1985; Grundprobleme der Ethik, 1989.

Schulze-Sölde, Walter, Prof. in München, * 26. 4. 1888 Dortmund, † 24. 7. 1984 München, bevorzugte die Metaphysik als Gegengewicht gegen die Übermacht des Positivismus. Nach Emanzipation und fortschreitender Spezialisierung der Wissenschaften hält er eine synthetisch konstruktive und architektonisch systematische Metaphysik für ein Gebot unserer Zeit. Bei dem wenn auch unzulänglichen Versuch einer Erkenntnis großer Weltzusammenhänge besteht die Aufgabe der Metaphysik nicht darin, sich von den Einzeldisziplinen, wie es gewünscht wird, fernzuhalten, sondern in ihrer umgreifenden, enzyklopädischen Methode in sie einzubrechen, damit die Würde der „prima philosophia" wiederhergestellt werde. – Schrieb u. a.: Der Einzelne und sein Staat, 1922; Das Gesetz der Schönheit, 1925; Pädagogische Untersuchungen, 1930; Einzelmensch und Geschichte, 1953; Die Problematik des Physikalisch-Realen, 1962; Die Erneuerung des polit. Denkens aus dem Geist des Humanismus, 1971; Der Gottesgedanke – idea dei, 1971.

Schuppe, Wilhelm, Philosoph, * 5. 5. 1836 Brieg, † 29. 3. 1913 Breslau, seit 1873 Prof. in Greifswald, Vertreter einer extremen → Immanenzphilos. Die Wirklichkeit existiert nur als das, als was sie dem Bewußtsein gegeben ist. Die im Bewußtsein sich kundgebende Eigenperson ist als Ich- u. Leibbewußtsein mit besonderer Beständigkeit und Dauer gegeben. Fremde Personen (Bewußtseine) können nur erschlossen werden. Im ganzen gilt nach S.: Sein ist Bewußtsein, Objekt ist W a h r n e h m u n g. Von hier aus versuchte er, die Immanenzphilosophie mit dem naiven Realismus zusammenzubringen. („Die Bestätigung des naiven R." in „Vierteljahresschr. f. wissenschaftl. Philos." 1893, S. 387ff.) – Hauptw.: Erkenntnistheoretische Logik, 1878; Grundzüge der Ethik und Rechtsphilosophie, 1882; Grundriß der Erkenntnistheorie und Logik, 1894, [2]1910; Die immanente Philosophie, in „Zeitschr. f. immanente Philosophie", Bd. III, 1897; Das Problem d. Verantwortlichkeit, 1913; Allgem. Rechtslehre, 1936.

R. Zocher, Husserls Phänomenologie und S.s Logik, 1932; ders., W. S.s ontol. Logik in „Blätter f. d. Philos.", 1936; Fr. Schneider, W. Sch. und J. Rehmke, Diss., 1939; K. Hartmann in „The *Encyclopedia of Philosophy*", Bd. 7, 1967.

Schwarz, Balduin, Prof. in Salzburg, * 23. 3. 1902 Hannover, untersucht in seinem Hauptwerk u. in kleineren Schriften Form und Genese des Irrtums im Bereich d. Philos. Geht dem Gedanken einer *Philosophia perennis* im Sinne Leibniz' nach, behandelt ethische und werttheor. Fragen im Stil der Schule D. v. Hildebrands. – Schrieb u. a.: Der Irrtum in der Philosophie, 1934; Ewige Philosophie, 1937; Aufs. u. a. Descartes u. das geistesgesch. Probl. d. neueren Philos., 1937; *D. v. Hildebrand on Value,* 1949; *The Need for a Christian reappraisal of the History of Philosophy,* 1958; *The Role of Linguistic Analysis in Error Analysis,* 1960; Die Zukunft der Kunst – Hegel und Newman, 1965; Bemerkungen zu Platons Menon, 1968; Hermeneutik u. Sachkontakt, 1971. – Bibliographie in ZphF, 21, 1967.

schwedische Philosophie. Deutlicher in das Licht der Geschichte tritt die schwed. Ph. erst durch das kurze Wirken Descartes' in Schweden (1650). Im 18. Jh. wurde, bes. durch Kants Kritik an ihm, der Mystiker → Swedenborg (1688–1722) bekannt. Gleichzeitig gewann die Leibniz-Wolffsche, weniger die Lockesche Philosophie an Einfluß, um 1800 herum auch die Kantische, bes. durch Boëthius (1751–1810). Hegelianer war Borelius (1823–1908). Auch Fichte und Schelling wirkten ein. Der Klassiker der schwed. Ph. war → Boström (1797–1866), an den sich eine umfangreiche Schule angeschlossen hatte, u. a. Sahlin (1824–1917) u. → Liljequist (1865–1941). Norström (1856–1916) wurde kultur- u. religionsphilosophisch bekannt. Einen platonisch-kantianischen Transzendentalismus vertritt Larsson (1862–1944). Hägerström (1868–1939), zuerst von Aristoteles und Kant beeindruckt, setzte einen radikalen Bruch mit der metaphysischen Tradition durch. Als Begründer der sprachanalytischen, „wertnihilistischen" Uppsalaschule (Phalén, Oxenstierna u. a.) wurde er für die heutige schwedische Fachphilosophie (Hedenius, Wedberg, Marc Wogau) maßgebend. Bedeutsam als Ausdruck der schwedischen Philosophie sind auch Dichter wie Geijer, Tegnér, Strindberg. Seit dem 2. Weltkrieg fanden in der s. Ph. zunehmend engl. philos. Einflüsse Zugang; → A. Nyman.

Scandinavian Directory of Philosophy, 1972; *La philosophie scandinave, Revue intern. de Philosophie,* Sonderheft, 1981.

Schweitzer, Albert, prot. Theologe, Arzt und Kulturphilosoph, * 14. 1. 1875 in Keysersberg (Elsaß), 1913–17 und von 1924 an als „Negerdoktor" im Lambarene in Gabun (Französ. Äquatorialafrika). † 5. 9. 1965 das. S. geht davon aus, daß der Mensch nicht durch Erkennen der Welt, sondern durch Erleben der Welt ihr nahekommt. Die erste Tatsache der menschl. Existenz ist nicht das *„Cogito ergo sum"* des Descartes, sondern das elementar umfassendere: Ich bin Leben, das leben will inmitten von Leben, das Leben will. Ehrfurcht vor dem Leben ist demgemäß nach S. Grundlage aller Weltanschauung wie aller Ethik. – Hauptwerke: J. S. Bach (frz.), dt. 1908; Geschichte der Leben-Jesu-Forschung, 1906; Dt. und frz Orgelbaukunst und Orgelkunst, 1906; Gesch. der paulin. Forschung, 1911; Kulturphilosophie, I–II, 1923; Zwischen Wasser und Urwald, 1925; Das Christentum und die Weltreligionen, 1925; Mitteilungen aus Lambarene, I–III, 1925; Aus meinem Leben und Denken, 1931; Die Weltanschauung der ind. Denker, 1935; Afrikan. Jagdgesch., 1936; A. S. – Denken und Tat, hg. 1950.

G. Seaver, A. S. – Christian Revolutionary, London 1944, dt. 1956; H. Hagedorn, Prophet in the Wilderness, New York 1947, dt. 1954; G. Seaver, A. S. – The Man and his Mind, London 1947, dt. 1949; R. Grabs, Sinngebung des Lebens aus Geist und Gedankenwelt, 1950; J. B. Hygen, A. S.s Kulturkritik, Oslo 1954, dt. 1955; M. Tau, A. S. und der Friede, 1955; R. Grabs, A. S. – Denker aus Christentum, 1958; W. Picht, A. S. Wesen und Bedeutung, 1960; H. W. Bähr (Hg.), A. S. Sein Denken und sein Weg, 1962; H. Groos, A. S. – Größe und Grenzen, 1974; E. Jacobi, A. S. und die Musik, 1975; N. S. Griffith/L. Person (Hgg.), A. S. – An International Biography, Boston 1981; L. Watzal, Ethik, Kultur, Entwicklung – Zur Entwicklungskonzeption A. S.s, 1985; K. R. Seufert, Das Zeichen von Lambarene, 1988.

Schwelle des Bewußtseins, ein von Herbart in die Psychologie eingeführter Begriff, womit er die Grenze zw. Bewußtem und Unterbewußtem bezeichnet. Je nach genauer Bestimmung des Grenzwertes unterscheidet man mehrere Stufen innerhalb der Wahrnehmungsbereiche wie Reizsch., Traumsch., Beobachtungssch. u. a.

Sciacca, Michele Federico, * 12. 7. 1908 in Giarre/Catania, † 24. 2. 1975, Genua, ital. Philosoph. Prof. für theoretische Philosophie in Genua. Als Schüler von G. Gentile u. A. Aliotta versuchte S. die Immanenzphilosophie durch konsequentes Zuendedenken ihrer eigenen Positionen zu überwinden und zeigte, daß eine zu Ende gedachte Innerlichkeit, die objektiven Charakter trage und mit Subjektivität nicht verwechselt werden darf, zwangsläufig die Transzendenz erschließen müßte. Das Selbstbewußtsein ist die erste Spezifizierung der objektiven Innerlichkeit. Das „Ich bin" oder das Seinsbewußtsein ist ein synthetischer Akt des realen Seins meiner endlichen Existenz und der potentiellen Unendlichkeit der Intuition des Seins. – Hauptw.: *Linee di uno spiritualismo critico,* 1936; *Teoria e pratica della volontá,* 1938; *Intériorité objective,* 1951; *Filosofia e metafisica,* [3]1965; *Atto ed Essere,* [5]1972, dt. u. d. T. Akt und Sein, 1964; *L'interiorità oggettiva,* [5]1965, dt. u. d. T. Objektive Inwendigkeit, 1965; *L'uomo, questo squilibrato,* [5]1966; Das Wesen des Seins und die Dialektik seiner Formen, in ZphF, XIII, 1959; *Morte ed immortalità,* [2]1965; *La libertà e il tempo,* [2]1969; *Filosofia e antifilosofia,* [2]1971; *L'oscuramento dell'intelligenza,* [2]1971; *Platone,* [2]1969; *Ontologia triadica e trinitaria,* 1972; *Prospettiva sulla metafisica di San Tommaso,* 1975.

I. Höllhuber, M. F. S., ein Wegweiser abendländ. Denkens, 1962; E. Pignoloni, *Genesi e sviluppo del rosminianesimo nel pensiero di M. F. S.,* 2 Bde., 1964–67; J. Zabker, Das Sein als Idee bei M. F. S., in ZphF, 27, 1973; *Quaderni della „Cattedra Rosmini": M. F. S.,* 1976; P. P. Ottonello, *Saggisce S.,* 1978; *M. F. S.,* 1976–1979; F. L. Peccorini, *From Gentile's „Actualism" to S.'s „Idea",* 1981.

Scotismus, die Philosophie und Schule des → *Duns Scotus,* gekennzeichnet durch die Neigung zu feinsten Begriffsunterscheidungen, zur Hypostatisierung von Begriffen, Formalismus; z. T. Gegner des Thomismus.

Scotus → *Duns Scotus,* → *Johannes Scotus Eriugena.*

Seele (griech. *psychẹ,* lat. *ạnima*), in der Alltagssprache der Inbegriff der Bewußtseinsregungen (samt ihren Grundlagen) eines Lebewesens, bes. des Menschen, im Gegensatz zum → Leib und zur Materie. Wissenschaftlich verstanden ist S. der Inbegriff der mit dem Organismus eng verbundenen Erlebnisse, bes. der → Gefühle und → Triebe (Vitalseele) im Unterschied zum personalen → Geist. Das Beobachtbare hinsichtlich der S. wird von der Psychologie erörtert. Gegenstand der Metaphysik war bis in die Neuzeit die Frage, ob die S. eine Substanz ist oder nicht. Zur Entstehung der uralten Vorstellung der S. als Hauch hat von außen her beigetragen der Atemhauch des Lebenden, der beim Toten fehlt (weil er die S. „ausgehaucht" habe). Entsprechende Beobachtungen über das Blut und das Schwinden der S. bei hohem Blutverlust (infolge tödlicher Verwundung usw.) haben dazu geführt, im Blut den Träger der S. zu sehen. Von innen her hat das Erlebnis des Traums bes. zur Vorstellung einer weitgehend unabhängig vom Leibe bestehenden S. geführt.

Die Entwicklung des S.nlebens (griech. Psychogenesis), sowohl phylogenetisch wie ontogenetisch, wird untersucht durch die Kinderpsychologie, die Völkerpsychologie, die Tierpsychologie, die Erforschung der prähistorischen und (im engeren Sinne) kulturellen Entwicklung des S.nlebens durch die Entwicklungspsychologie.

„Psychisches Leben ist nicht ein für allemal vor undenklichen Zeiten entstanden, sondern es entsteht fortwährend. Wo und wann immer die Entwicklung einer Zellengruppe bestimmte Formen erreicht, da muß Psychisches, und zwar ebenfalls von bestimmter Art, entstehen." (Stumpf, Der Entwicklungsgedanke in der gegenwärtigen Philosophie, [2]1903). Da das psychische Leben an das Dasein und die Entwicklung materieller Körper, speziell des Nervensystems, gebunden ist, bildet deren Entwicklung die Grundlage auch der Psychogenesis.

Solange die S. als metaphysische Substanz aufgefaßt wurde, erhielt sie zunächst meist die Eigenschaften eines ganz feinen → Stoffes zugeschrieben, so bei den meisten Vorsokratikern in der griech. Philosophie. Immateriell und präexistierend ist sie nach Platon. Aristoteles nennt sie die erste Entelechie eines lebensfähigen Körpers; nur die Vernunft-S. des Menschen, der Geist, ist vom Leibe trennbar und unsterblich. Stofflich ist die S., soweit leibgebunden, nach der Auffassung einiger Kirchenväter (z. B. Tertullians), geistig nach Augustin u. a.; meist hält die Patristik die S. für eine unräumliche immaterielle Substanz. Diese Auffassung wurde im Christentum herrschend. Dagegen wendet sich Kant. Die Berufung auf immaterielle Prinzipien zwecks Entscheidung der S.nfrage ist nach ihm eine Zuflucht der faulen Vernunft. S. ist für ihn der Gegenstand des inneren Sinnes in seiner Verbindung mit dem Körper, aber keinerlei Substanz. Die Substanztheorie der S. hat der → Aktualitätstheorie weichen müssen. – Die Vorstellung von einer Entwicklung der S. wurde von der Romantik in die dt. Psychologie eingeführt. Herbert Spencer hat 1855 die Lehre von der S., d. h. die Psychologie nach dem Prinzip einer notwendigen stufenweisen Erwerbung jeder geistigen Kraft und Fähigkeit bearbeitet. 1863 hielt Wilhelm Wundt entwicklungsgeschichtliche Vorlesungen über die Menschen- und Tierseele, James Mark Baldwin arbeitete über die „Entwicklung des Geistes beim Kind und bei der Rasse" (1895, dt. 1898). Wilh. Wundt stellte die Psychogenesis in seinen „Grundzügen der physiologischen Psychologie" (1874) und in seiner „Völkerpsychologie" (1900) dar. Gegenwärtig unterscheidet man vielfach wieder (ähnlich wie Antike und Romantik) zw. S. und Geist, bzw. Bewußtsein. Für Palágyi und Klages ist die S. Trägerin der rhythmisch fließenden kontinuierlichen Lebensvorgänge, während der Geist im Gegensatz dazu „intermittiert". Im Sinne der Gegenwartspsychologie ist S. die

Trägerin des → Unbewußten und der Ausdruck derjenigen Struktureigenschaften (→ Gestaltqualitäten) des → Mikrokosmos, die dessen Teilen ihren (individuell je besonderen) Rang, ihre Gewichtigkeit und ihre Dynamik verleihen; → Beseeltheit. Als Gegenstand der wissensch. Psychologie wird die S. heute aller metaphysischen Anteile entkleidet und lediglich als ein hypothetischer Begriff angesehen, gleichbedeutend etwa mit dem gesamten Erlebnisbereich des Menschen, dem man empirisch nur durch Selbstbeobachtung und Verhaltensforschung beikommen kann.

Aristoteles, De Anima; E. Rohde, Psyche, 1890; E. Becher, Gehirn und S., 1911; C. G. Jung, Die Energetik der S., 1928; L. Klages, Der Geist als Widersacher der S., 1929; C. G. Jung, S.nprobleme der Gegenwart, 1932; A. Pfänder, Die S. des Menschen, 1933; A. Bier, Die S., 1939; A. Wellek, Das Problem des Seins, 1941; B. Rosenmöller, Metaphysik der S., 1947; E. Spranger, Die Magie der S., 1947; W. Fischel, Struktur und Dynamik der S., 1962; E. Fromm, Die S. des Menschen, 1979; W. Barrett, Death of the Soul, Oxford 1987; D. Kamper/C. Wulf (Hgg.), Die erloschene S., 1988.

Seelengrund, bei Meister Eckhardt und anderen dt. Mystikern das, was zur Aufnahme des Göttlichen in die Seele befähigt, das Wesen der Seele, auch Gottesbild, das Licht oder „Fünklein“.

Seelenvermögen, Begriff der älteren Psychologie seit der Aufklärung, die Denken, Fühlen und Wollen als selbständige S. betrachtet (so nach Kant: Erkenntnisvermögen, Begehrungsvermögen, Vermögen von Lust und Unlust). Die neuere Psychologie faßt dagegen alle Erscheinungen des Psychischen als Akte (→ Aktualitätstheorie) des → Ich auf.

Seelenwanderung → Metempsychose.

Seiendes, das Mannigfaltige, in welchem das → Sein das Identische ist. „S. und Sein unterscheiden sich wie Wahres und Wahrheit, Wirkliches u. Wirklichkeit, Reales und Realität. Es gibt vieles, was wahr ist, aber das Wahrsein selbst an diesem Vielen ist eines und dasselbe ... Des Wirklichen gibt es vielerlei, die Wirklichkeit an ihm ist eine, ein identischer Seinsmodus“ (Nic. Hartmann, Zur Grundlegung der Ontologie, [3]1948). Das S. ist das, was ist; es ist nicht identisch mit dem Gegebenen, sondern umfaßt auch das nicht Gegebene.

Sein bedeutet zunächst Dasein, Existenz, In-der-Welt-sein, Gegebensein (z. B. in dem Satz: Ich bin). Dabei ist bes. zw. realem und idealem S. zu unterscheiden. Reales S. wird oft als → Existenz, ideales als Essenz bzw. *Essentia* (→ Wesen) bezeichnet. Reales S. ist das von Dingen, Geschehnissen, Personen, Taten usw., denen → Realität zukommt; es ist raumzeitlich, individuell, einzig; ideales S. (im Sinne einer Idee) entbehrt der Zeitlichkeit, Wirklichkeit, Erfahrbarkeit, es hat nie den Charakter des Einzelfalles, ist streng beharrend, immer seiend (Nic. Hartmann). Ideales S. in diesem Sinne besitzen die Werte, die Ideen, die mathematischen und logischen Begriffe. Platon sah in ihnen das wahre, das eigentlich „reale“ S. (→ auch *Ens* [*realissimum*]). Vom S. im allgemeinen Sinne (Dasein) wird das Sosein unterschieden (→ Dasein). Gegenüber dem Mannigfaltigen, Wechselnden, Werden bezeichnet „S.“ das Beharrende, Bleibende, in allem Identische; gegenüber dem oft als „abgeleitetes“ S. aufgefaßten → „Schein“ das „wahre“ S. Nach den Eleaten gibt es kein Werden, sondern nur ein S., ungeworden, unvergänglich, einheitlich, ewig, unbeweglich, stetig, unteilbar, identisch mit sich selbst; für Heraklit gibt es dagegen kein beharrendes S., sondern nur ein immer wechselndes Werden. Das „wahre" S. liegt für den Metaphysiker im Transzendenten, im Ding an sich. S. bezeichnet endlich den Inbegriff alles Seienden („das Sein"), das Ganze der Welt. Dann ist er 1. entweder der allumfassende Begriff, d. h. seinem Umfang nach der umfassendste, da er alles einzelne S. umfaßt, seinem Inhalt nach der ärmste, da er kein Merkmal außer „ist" besitzt. 2. Oder mit S. wird der gerade entgegengesetzte Begriff bezeichnet; er umfaßt dann nur ein Ding, die All-Einheit, und sein Inhalt ist dann unendlich; er hat alle nur möglichen Merkmale. Im theolog. Denken ist Gott der immerwährende Schöpfer dieses S.s (→ Schöpfung), im metaphysisch-idealist. Denken ist das S. Geist, im materialist. Materie, im energet. Energie.

Im Sinne der modernen → Ontologie ist S. das Identische in der Mannigfaltigkeit des → Seienden. Anders gefaßt ist S. (nach der Formel des Aristoteles *to on hä on*) „das Seiende, insofern es Seiendes ist" oder das Seiende als solches in seiner Seiendheit, also vor seiner Aufgliederung in einzelne Dinge oder Gegenstände. Man unterscheidet die beiden Seinsweisen Realität und Idealität, an jeder S.weise die drei Seinsarten *(Modi)* Möglichkeit, Wirklichkeit und Notwendigkeit. Man spricht auch von Seinsschichten (→ Schichtenlehre). „S. ist ein Letztes, nach dem sich fragen läßt. Ein Letztes ist niemals definierbar. Definieren kann man nur auf Grund eines anderen, das hinter dem Gesuchten steht. Ein Letztes aber ist ein solches, hinter dem nichts steht" (Nic. Hartmann, Zur Grundlegung der Ontologie, [3]1948). Nach Heidegger entspringt das S. aus dem Nichten des → Nichts, indem das Nichts das Seiende versinken läßt und dadurch das S. enthüllt. Das S. bedarf desjenigen Seienden, das Dasein (→ Existenzphilosophie) heißt, um offenbar zu werden (→Fundamentalontologie). Das S. ist „Lichtung", das das Seiende „entbirgt", es erfaßbar macht. In dieser entbergenden Funktion besteht nach Heidegger der „Sinn von S.". Dieser Sinn kann nur erscheinen in dem „Da" des menschl. Daseins, d. h. in der Erschlossenheit des Daseins durch die → Stimmungen. Der Sinn des Daseins aber ist es, das S. als Lichtung alles Seienden geschehen zu lassen. „Wie aber, wenn das Ausbleiben des Bezugs des Seins zum Menschenwesen und die Vergessenheit dieses Ausbleibens von weither das moderne Weltalter bestimmten? Wie, wenn das Ausbleiben des Seins den Menschen immer ausschließlicher dem Seienden überließe, so daß der Mensch vom Bezug des Seins zu seinem (des Menschen) Wesen fast verlassen und diese Verlassenheit zugleich verhüllt bliebe? Wie, wenn die Zeichen dahin deuteten, als wolle diese Verlassenheit sich inskünftig noch entschiedener in der Vergessenheit einrichten?" (M. Heidegger, Was ist Metaphysik?, [7]1955). – Bei Sartre ist das S. eine rein logische Identität mit sich selbst; dem Menschen gegenüber tritt sie als → Ansichsein auf, als erdrückende, ekelerregende Massigkeit und Selbstgenügsamkeit; als Dasein verliert es an Gewichtigkeit und wird überhaupt erst erträglich dadurch, daß es das Nichts in sich aufgenommen hat. Das S. konnte zu einem metaphysischen Problem erst dann und nur dort werden, wo die Kopula (das Hilfszeitwort) „sein" in der Sprache auftrat. In den frühen Sprachen kam man ohne Kopula aus und verstand z. B. die (lat.) Wortgruppe (→ Satz): *„hic leo"* (hier Löwe) ohne weiteres als „hier ‚ist' ein Löwe" (ähnlich noch heute weitgehend in den slawischen und anderen Sprachen). Die Frage, was es bedeutet, daß ein vor Augen stehendes oder ein als gewußt vorhandenes Ding „ist", stellte sich nicht.

N. Hartmann, Grundzüge einer Metaphysik der Erkenntis, 1925; M. Heidegger, S. und Zeit, 1927; J.-P. Sartre, L'être et le néant, Paris 1943, dt. 1952; T. Litt, Denken und S., 1948; M. Heidegger, Einf. in die Metaphysik, 1953; J. B. Lotz, Das Urteil und das S., 1957; H. E. Hengstenberg, S. und Ursprünglichkeit, 1958; K.-H. Haag, Kritik der neueren Ontologie, 1960; J. B. Lotz, Die Identität von Geist und S., 1972; E. Fromm, Haben oder S., New York 1976, dt. 1976; G. Schmidt, Subjektivität und S., 1979; H. Kuhn, Der Weg vom Bewußtsein zum S., 1981; B. v. Brandenstein, S., Welt, Mensch, 1983; S. Knuuttila/J. Hintikka (Hgg.), The Logic of Being, Dordrecht 1985; R. Schönberger, Die Transformation des klass. S.sverständnisses, 1986; A. Badiou, L'être et l'événement, Paris 1988.

Seinsgeschichte, Grundbegriff der Philosophie Heideggers, wonach im geschichtlichen Wandel der Auffassungen des Seins nicht nur diese sich ändern, sondern auch das Sein selbst.

M. Heidegger, Einf. in die Metaphysik, 1953.

sekundär (lat.), die zweite Stelle einnehmend, zweitrangig, im Gegensatz zu primär.

Selbst, das → Ich; → S.bewußtsein, S.heit.

Selbstbeherrschung, eine der → Kardinaltugenden, „die Kraft, durch den vernünftig-sittlichen Willen das Eigenleben im Sinne menschlicher Vollkommenheit zu gestalten, unabhängig von den Naturtrieben und Affekten". Sie erscheint in zwei Hauptformen: als Mäßigkeit und Tapferkeit. Jene bedeutet „die Widerstandsfähigkeit gegen Lustreize aller Art, besonders die aus der sinnlichen Sphäre stammenden Reize, sofern durch sie dem geistig-sittlichen Leben Beeinträchtigung erwachsen würde. Tapferkeit ist die gleiche Widerstandsfähigkeit gegen Unlustreize aller Art und die entsprechenden Affekte der Furcht und Scheu vor Gefahr, vor Kampf, Leiden, Anstrengung da, wo das Ertragen und Bestehen durch die wesentlichen Lebensaufgaben gefordert wird" (Paulsen, System der Ethik, 2 Bde., [12]1921); → Stoa. In der modernen Psychologie wird bei S. zugleich an die Verdrängung natürlicher Kräfte gedacht, deren Widerstand Aggressionstriebe fördern kann, weshalb vielmehr eine Selbsterziehung gefordert wird, der eine tiefere → Selbsterkenntnis vorausgeht.

G. Kerschensteiner, Charakterbegriff und Charaktererziehung, 1912; R. Guardini, Briefe über Selbstbildung, 1930; G.-K. Kaltenbrunner, Der asketische Imperativ – Strategien der Selbstbeherrschung, 1985.

Selbstbeobachtung ist der unmittelbarste Zugang zum (eigenen) Bewußtsein, überhaupt zum Psychischen, daher auch die unmittelbarste Quelle aller → Psychologie; → Einfühlung. Die Schwierigkeit der S. besteht darin, daß der sich selbst Beobachtende zugleich Subjekt und Objekt der Beobachtung ist, also nur durch ein ständiges Oszillieren zwischen beiden Haltungen zu (deshalb stets unsicheren) Ergebnissen gelangen kann.

H. R. Günther, Das Problem des Sichselbstverstehens, 1934; W. Keller, Das Selbstwertstreben, 1963; W. Lyons, The Disappearance of Introspection, Cambridge Mass. 1986.

Selbstbewußtsein, im gewöhnlichen Sprachgebrauch die (berechtigte sowie, ironisch gemeint, die im Sinne von Überheblichkeit unberechtigte) Überzeugung vom Wert der eigenen Persönlichkeit, in der Psychologie das Erlebnis der Einheit und Eigenheit des „Ich" als denkendes, fühlendes, wollendes Wesen, das Gegenstück zum Außenwelt-(Objekt-)bewußtsein. Nach Kant entsprechen sich S. und Außenweltbewußtsein: „Das Bewußtsein meines eigenen Daseins ist zugleich ein unmittelbares Bewußtsein des Daseins anderer Dinge außer mir". Nach Hegel ist das Weltbild, das die Menschen sich in der Philosophie schaffen, das Bewußtsein der Welt. Nach Nic. Hartmann ist ein „S. der Welt" möglich, weil der Geist als Glied dieser Welt, das die unter ihm liegenden Schichten (→ Schichtenlehre) zu erkennen vermag, von sich selbst ein Bewußtsein haben kann.

G. Lehmann, Psychologie des S.s, 1923; J. Schaaf, Über Wissen und S., 1947; W. Bekker, S. und Spekulation, 1972; S. Schmieda, Strukturen des S.s, 1974; M. Bartels, S. und Unbewußtes. Studien zu Freud und Heidegger, 1976; E. Tugendhat, S. und Selbstbestimmung – Sprachanalytische Interpretationen, 1979; J. Schnelle, Das S.sproblem, 1985.

Selbsterkenntnis, die Erkenntnis des „Ich", des Selbst in seiner Eigenart, der Bedingungen und Reaktionsweisen dieser Eigenart, der Anlagen und Fähigkeiten, Fehler und Schwächen, Kräfte und Grenzen des eigenen Selbst. „Erkenne dich selbst!" stand über dem Eingang des Apollotempels zu Delphi. *Thales* (nach andern: *Cheilon*) hatte diesen Spruch geprägt. Sokrates sah in der S. die Vorbedingung aller Tugend, Lessing nannte sie den Mittelpunkt aller Weisheit, Kant aller menschlichen Weisheit Anfang. Goethe dagegen bekennt, daß ihm „die so bedeutend klingende Aufgabe: Erkenne dich selbst, immer verdächtig vorkam, als eine List geheim verbündeter Priester, die den Menschen durch unerreichbare Forderungen verwirren und von der Tätigkeit gegen die Außenwelt zu einer inneren falschen Beschaulichkeit verleiten wollten. Der Mensch kennt nur sich selbst, sofern er die Welt kennt, die er nur in sich, und sich nur in ihr gewahr wird. Jeder neue Gegenstand, wohl beschaut, schließt ein neues Organ in uns auf" (Bedeutende Fördernis, 1823). „Wie kann man sich selbst kennen lernen? Durch Betrachten niemals, wohl aber durch Handeln. Versuche, deine Pflicht zu tun, und du weißt gleich, was an dir ist" (Maximen u. Refl.); → Selbstbeobachtung, Selbstheit.

T. Litt, Die S. des Menschen, 1938; H. Driesch, Selbstbesinnung und S., 1940; F. C. Endres, S. und Selbsterziehung, 1946; U. Pothast, Über einige Fragen der Selbstbeziehung, 1971; B. Williams, Problems of the Self, Cambridge 1973, dt. 1978; H. Stein, Psychoanalytische Selbstpsychologie und die Philosophie des Selbst, 1979; H. Heinz, Vom Wert der S., 1988.

Selbstheit, nach Heidegger das Sein des Selbst, d. h. desjenigen → Seienden, das „Ich" sagen kann. Heidegger unterscheidet zwischen Ichselbst, das die Eigentlichkeit des Seins des Daseins als → Sorge meint, und Man-selbst, das als alltägliches Ich-sagen in der Verfallenheit an das → Man dem eigentlichen Seinkönnen ausweicht.

Selbstsucht, die Verengung des Willens auf die Interessen des isolierten Ich, unter Mißachtung der Interessen anderer und der Zwecke des Ganzen (Paulsen); Eigennutz, → Egoismus, der das Gemeinwohl ignoriert. Ein solches Verhalten hängt mit der betont egozentrischen Konstitution und deren Förderung durch einseitige Erziehung zusammen.

Selektion (lat.), Auslese, Zuchtwahl; im Sinne des Darwinismus die

Erhaltung von Organismen, die durch ihre eigene oder die Natur ihrer Umgebung begünstigt sind, während die weniger begünstigten zugrunde gehen, weil sie sich nicht genügend oder überhaupt nicht fortpflanzen. Der Ausdruck S. wird auch auf die Entstehung der Erzeugnisse des Geistes und der Kultur, z. B. der Denk- und Sprachformen, Werkzeuge, Maschinen usw. angewandt, ferner auf die soziale Auslese innerhalb einer Gemeinschaft, eines Berufs, einer sozialen Gruppe. Die negative Auslese, die das Schwache erhält, etwa während eines Krieges, in dem die Starken vernichtet werden, heißt Kontra-Selektion.

H. Schmidt, Der Kampf ums Dasein, 1930; H. Zimmermann, Evolution, 1953; H. W. Koch, Der Sozialdarwinismus, 1973; R. Augros, Die neue Biologie, 1988.

Semantik (Semasiologie, vom griech. *sęma*, „Zeichen"; Signifikant, vom lat. *signum*, „Zeichen"), Teildisziplin der → Semiotik, deren Forschungsgegenstand die Beziehung zwischen dem Zeichen und dem durch dieses bedeutetem oder bezeichnetem Objekt ist. Allgemein ist S. auch die Wissenschaft von den Bedeutungen sprachlicher Zeichen, die Theorie der Bedeutungen. Entscheidend für die moderne philosophische Bedeutungslehre war → Freges Unterscheidung zwischen Sinn und Bedeutung von sprachlichen Zeichen, die von → Carnap in seiner Theorie der Intensionen und Extensionen weitergeführt wurde und die den Ausgangspunkt für Quines Theorie der Bedeutung einerseits, der Referenz andererseits darstellte.

A. Marty, Über Wert und Methode einer allgemeinen Bedeutungslehre, 1926; R. Carnap, Meaning and Necessity – A Study in Semantics and Modal Logic, Chicago 1948, dt. 1972; W. Stegmüller, Das Wahrscheinlichkeitsproblem und die Idee der S., 1957; W. V. O. Quine, Word and Object, London 1960, dt. 1980; S. Ullmann, Semantics – An Introduction, Oxford 1962, dt. 1967; S. I. Hayakawa, Language in Thought and Action, London 1964, dt. 1967; F. Schmidt, Zeichen und Wirklichkeit, 1966; A. Schaff, Einf. in die S. (poln.), dt. 1966; J. Pinborg, Logik und S. im MA., 1972; W. Hogrebe, Kant und das Problem der transzendenten S., 1974; J. Pollock, The Foundations of Philosophical Semantics, Princeton 1984; R. Freundlich, Einf. in die S., 1988.

Semiotik (vom griech. *sęma*, „Zeichen"), die allgemeine Theorie der sprachlichen Zeichen und deren Gebrauch. → Peirce hat als erster die triadischen Bezugsmöglichkeiten des Zeichens erkannt: 1) die Beziehung Zeichen – Zeichen, 2) die Beziehung zwischen einem Zeichen und dem, was es bezeichnet oder bedeutet, und 3) die Beziehung zwischen dem Zeichen und seinem Benutzer. In entsprechender Weise läßt sich die S. in ihre drei Teildisziplinen gliedern: die Syntaktik, die → Semantik und die Pragmatik.

E. Holenstein, Linguistik, S., Hermeneutik, 1976; M. Bense, Vermittlung der Realitäten – Semiot. Erkenntnistheorie, 1976; U. Eco, Semiotics and the Philosophy of Language, Bloomington 1984, dt. 1985; W. Nöth, Handbuch der S., 1985.

Seneca, Lucius Annäus, röm. Philosoph, * um 4 v. Chr. Cordoba in Spanien, † 65 n. Chr. Rom, Erzieher des Nero, der ihn später zum Tode verurteilte, einer der bedeutendsten Stoiker, verfügte über eine Fülle von Kenntnissen, vorzügliche Natur- und Menschenbeobachtung sowie eine hohe Darstellungskunst. Philosophie ist sittlich-religiöse Lebensführung. Von der moral. Schwäche des Menschen ausgehend, verlangt er sittl. Strenge gegen das eigene Ich und verstehende, von Mitleid freie Milde gegenüber den Mitmenschen. Die höchste Tugend ist die Treue gegen sich selbst. Person und Werk S.s haben sehr dazu beigetragen, den Einfluß des

Stoizismus auf das öffentliche und literar. Leben Roms, auf Gesetzgebung, Rechtspflege und Staatsverwaltung, ja auch auf das Christentum machtvoll und lang anhaltend zu machen. S.s Vorbild ist häufig Poseidonios. – Vom glückseligen Leben, hg. 1922, [14]1978 (KTA 5); Philos. Schriften, I–V, 1924/89.

I. Hadot, S. und die griech.-röm. Tradition der Seelenleitung, 1968; K. A. Blüher, S. in Spanien, 1969; G. Manrach (Hg.), S. als Philosoph, 1975; V. Soerensen, S. – Ein Humanist an Neros Hof, 1984.

Sensation, bei den engl. Philosophen (z. B. Locke) soviel wie Sinnesempfindung, Eindruck; Gegensatz: Reflexion. In der Öffentlichkeit bezeichnet man mit S. ein plötzlich auftretendes Ereignis, das Aufsehen erregt, nicht immer, weil es tatsächlich bedeutend und eindrucksvoll ist, sondern häufig, weil ihm hauptsächlich durch die → Massenmedien zu einer scheinbaren Bedeutsamkeit verholfen wird.

sensibel (lat.), empfindbar, wahrnehmbar; mundus sensibilis: die Welt der wahrnehmbaren Dinge, im Gegensatz zu mundus intelligibilis, der Welt der Gedankendinge; dann (und jetzt vorwiegend in dieser Bedeutung): empfindlich, der Empfindung fähig. – Sensibilität, Fähigkeit der Empfindung, die oft auch dort vorausgesetzt wird, wo man strenggenommen nur von Erregbarkeit reden kann.

Sensorium (lat.), das allg. Organ für Empfindungen; Großhirnrinde; Empfindungsvermögen, – im Unterschied zu motorischen Zentren. E. Kretschmer unterscheidet zwischen sensorischen und sensiblen Vorgängen, wovon letztere und die empfundenen Qualitäten über den ganzen Körper verteilt sind.

Sensualismus (vom lat. *sensus*, „Gefühl, Empfindung, Sinn"), erkenntnistheoret. bzw. psycholog. Richtung, die alle Erkenntnis aus Sinneswahrnehmungen ableitet, bzw. alle Erscheinungen des Seelenlebens als mehr oder weniger zusammengesetzte Komplexe von Empfindungen auffaßt, die entweder auf innere oder auf äußere Reize zurückgehen.

Sensualisten sind im Altertum bes. die Kyrenaiker und die Epikureer; im MA. tritt der S. selten auf. In der neueren Philosophie legte Locke den Grund zum S. mit seinem berühmten Satz: *Nihil est in intellectu, quod non prius fuerit in sensu*. Im Verstande ist nichts, was nicht vorher in den Sinnen war. Systematisch begründete den S. in der franz. Aufklärung u. a. Condillac: „Die Sinneswahrnehmung umschließt alle Fähigkeiten der Seele". Hume fügt zur „äußeren", von der die bisherigen Vertreter des S. ausgingen, die „innere" Erfahrung hinzu: „All die schöpferische Kraft der Seele ist nichts weiter als die Fähigkeit, den durch die Sinne und die Erfahrung gegebenen Stoff zu verbinden, umzustellen und zu vermehren." Das Gegenteil des S. ist der – Rationalismus. Sehr nahe verwandt sind ihm der → Empiriokritizismus und der → Positivismus.

T. Ziehen, Erkenntnistheorie auf psychophysiolog. und physikal. Grundlage, 1913; Y. Reenpää, Allg. Sinnesphysiologie, 1962.

Sentiment (franz.), Gefühl. – Sentimentalität, → Empfindsamkeit, Schwärmerei. „Über naive und sentimentalische Dichtung" schrieb Friedr. Schiller (1795): jene bleibt ganz im Wirklichen, diese bezieht den wirklichen Zustand auf Ideen und wendet Ideen auf die Wirklichkeit an; jene ist realistisch, diese idealistisch, schwärmerisch.

M. Wieser, Der sentimentale Mensch, 1924.

Servatus Lupus von Ferrière, franz. Frühscholastiker, † um 814, Schüler von Hrabanus Maurus, führender Humanist seiner Zeit, der bes. Cicero verehrte; theologisch-philos. wandte er sich bes. den Fragen der Willensfreiheit, der Prädestination und von Leib und Seele zu, die er begrifflich-rationalistisch meistern wollte. – J. P. Migne, Patrologia Latina, Bd. 119, Paris 1844–55.

F. Sprotte, Biographie des S. L., 1880; E. v. Severus, Lupus v. Ferriéres – Gestalt und Werk, 1940; W. Edelstein, Eruditio und sapienta – Weltbild und Erziehung in der Karolingerzeit, 1963.

Seuse (Suso), Heinrich, Mystiker, * 1295 Überlingen (Bodensee), † 25. 1. 1366 Ulm, Dominikaner, Schüler Eckharts, jedoch in seiner Mystik viel zarter als Eckhart, für dessen Lehre er mit seinem „Büchlein der Wahrheit" eintrat. Eine bes. weite Verbreitung erfuhr sein „Büchlein der Ewigen Weisheit", das Predigten und Erbauungsschriften enthält. Gegen den Verdacht des Pantheismus suchte er sich mit nur halbem Erfolg zu schützen, indem er zw. der Erschaffung der Kreatur durch Gott und der Gottoffenbarung in der Kreatur unterschied. Schrieb u. a.: „Leben" (Autobiographie, verfaßt wahrscheinlich unter Mitwirkung der Mystikerin Elsbeth Stagel). – Dt. Schriften, 1907 (Repr. 1961); Schriften, I–II, 1922.

K. Gröber, Der Mystiker H. S., 1941; J. Bühlmann, Christuslehre und Christusmystik des H. S., 1942; A. M. Haas, Nim din selbes war – Studien zur Lehre der Selbsterkenntnis bei Meister Eckhart, Johannes Tauler und H. S., 1971; W. Nigg, Das mystische Dreigestirn – Meister Eckhardt, J. Tauler, H. S., 1988.

Severino, Emanuele, *26. 2. 1929 Brescia, erregte Aufsehen durch seine Frühreife, die zur Habilitation im Alter von 21 Jahren führte; seit 1963 o. Prof. zuerst an der Kathol. Univ. Mailand, dann seit 1970, nachdem die Katholische Kirche sein Denken offiziell als Atheismus verurteilte, in Venedig. Vertritt einen „Neoparmenidismus" und lehnt das Werden der Dinge in der Zeit als Widerspruch ab. Das abendländische Denken, demzufolge die Dinge (das Seiende) entstehen und vergehen, d. h. aus dem Nichts hervorgehen und in das Nichts zurückkehren, fasse das Seiende als Nichts auf und sei daher Nihilismus im wesentlichen Sinne. – Hauptw.: *La conscienza,* 1948; *Heidegger e la metafisica,* 1950; *La struttura originaria,* 1958, [2]1981; *Studi di filosofia della prassi,* 1962; *Essenza del nihilismo,* 1972 (dt. Teilübers. 1982); *Gli abitatori del tempo,* 1978 (dt. Teilübers. 1982); *Techne,* 1979; *Destino della necessità,* 1980; *La filosofia antica,* 1984; *La filosofia moderna,* 1984.

C. Scilironi, *Ontologia e storia nel pensiero di E. S.,* 1980; F. Volpi, ZphF, 34, 1980.

Sextus Empiricus, griech. Arzt und Philosoph, um 200–250 n. Chr., wirkte in Alexandrien und Athen; Vertreter des klass. antiken Skeptizismus. Seine Schriften, „Pyrrhonische Grundzüge" (dt. v. Pappenheim, 1877/81) und „Gegen die Mathematiker", d. h. Fachleute, sind unsere Hauptquelle für den antiken Skeptizismus. – Grundriß der pyrrhonischen Skepsis, hg. 1968; Opera, I–III, 1954–58.

W. Heintz, Studium zu S. E., 1932; J. Schmucker-Hartmann, Die Kunst des glückl. Zweifelns. Antike Skepsis bei S. E., Amsterdam 1986.

Sexualethik, der Bereich der ethischen Untersuchungen zum „Geschlechtsleben", dessen Grundformen im Zeichen der sittlichen Forderungen gesehen und diesen unterstellt werden. Eine realistische S. schließt folgende Grundaufgaben in sich ein: 1) Das psychologische Wissen von den Empfindungen und Gefühlen, die mit dem Geschlechtstrieb zusammenhängen, sowie von deren Auswirkung und Macht auf das gesamte Seelenleben; 2) Die Begründung und Forderung der geistigen und sittlichen Überlegenheit des Menschen über seine Sexualtriebe; 3) Grundlegung und Verwirklichung von erzieherischen Maßnahmen zur sittlichen Gestaltung des Geschlechtslebens. – In der modernen Entwicklung, die zur Beseitigung aller moralischen Tabus des Sexuallebens geführt hat, sieht sich die S. als Grundlage der Sexualerziehung dazu gezwungen, ihre Normen und Methoden neuzufassen, was ihr bisher noch nicht gelungen ist.

E. Fromm, Man for Himself, New York 1947, dt. 1954; P. Lersch, Vom Wesen der Geschlechter, 1947; A. Comfort, Sexual Behaviors in Society, New York 1950; H. Thielicke, Sex – Ethik der Geschlechtlichkeit, 1966; M. Foucault, Histoire de la sexualite, I–III, Paris 1976–84, dt. 1983–89; H. Beck/ A. Rieber, Anthropologie und Ethik der Sexualität, 1982; U. Sigusch, Die Mystifikation des Sexuellen, 1984; B. Nitzschke, Sexualität und Männlichkeit – Zwischen Symbiosewunsch und Gewalt, 1988.

Shaftesbury, Antony Ashley Cooper, Graf von, engl. Philosoph, * 26. 2. 1671 London, † 15. 2. 1713 Neapel, betonte bes. die Selbständigkeit der Moral gegenüber der Religion, aber auch gegenüber dem Naturmechanismus. Das Sittliche ist in der Natur des Menschen begründet, bes. in seinen ästhet. Neigungen; die Motive der Hoffnung auf Belohnung, der Furcht vor Strafe lassen sich nach S. nur anwenden, wenn es darauf ankommt, den Menschen zu bändigen, nicht aber, ihn sittlich zu machen. Das Wesen der von S. im Grunde individualistisch aufgefaßten Sittlichkeit besteht im harmonischen Verhältnis der selbstischen und der geselligen Neigungen. Höchstes Ideal ist die vollendete ästhetische Harmonie der Lebensführung. S. war von großem Einfluß auf Winckelmann, Herder, Goethe und Schiller. – Hauptwerke: The Moralists, 1709, dt. 1910; Characteristics of Men, Manners, Opinions, I–III, 1771, dt. 1776–79; B. Rand (Hg.), The Life – Unpublished Letters of S., New York 1900.

G. Zart, Einfluß der engl. Philosophen seit Bacon auf die dt. Philos. des 18. Jh.s, 1881; C. F. Weiser, S. und das dt. Geistesleben, 1926; F. Meinecke, S. und die Wurzeln des Historismus, 1934; S. George, Der Naturbegriff bei S., 1962; F. A. Uehlein, Kosmos und Subjektivität – Lord S.s „Philosophical Regimen“, 1976; W. H. Schrader, Ethik und Anthropologie in der engl. Aufklärung – Der Wandel der Moral-Sense-Theorie von S. bis Hume, 1984.

sic et non (lat. „so und nicht“ – so), ja und nein. Bez. für die wesentlich von Abälard geschaffene scholastische Methode. Bei jeder Frage werden zuerst die Autoritäten dafür gehört dann dagegen und schließlich die Lösungen gegeben. Diese Methode wurde die Grundlage für die Art und Weise der Quästionen und Disputationen der späteren Epoche auf theol., philos., kanonistischem und zivilrechtlichem Gebiet.

M. Grabmann, Die Gesch. der scholast. Methode, II, 1911.

Shankara → Schankara.

Sicheinsetzen, Begriff der Ethik, Gegenbegriff zur moralischen Indolenz, der „Trägheit des Herzens“. Das S. ist das tätige Stellungnehmen gegenüber der → Situation, das uneigennützige Eingreifen zugunsten eines bedrohten ethischen Wertes, die Übernahme eines Risikos. Der Begriff S. tritt schon bei Kierkegaard auf und kehrte in der Existenzphilosophie von K. Jaspers wieder, ähnlich bei Heidegger und

Sartre. Das Wesen des S.s wird charakterisiert durch das angeblich von Napoleon I. stammende Wort: *On s'engage, puis on voit,* „man setzt sich (für etwas) ein, dann sieht man", d. h. dann erst übersieht man die Konsequenzen. Bei Sartre heißt es: „Der Mensch, der sich einsetzt und sich darüber klar ist, daß er nicht nur derjenige ist, der zu sein er wählt, sondern auch ein Gesetzgeber, der zugleich mit sich selber die ganze Menschheit wählt, dürfte kaum dem Gefühl seiner vollen und tiefen Verantwortlichkeit entgehen" (*L'existentialisme est un humanisme,* 1946); → Arbeit, Passivismus.

H. Nohl, Die sittlichen Grunderfahrungen, [3]1949; O. Fr. Bollnow, Konkrete Ethik in ZphF, VI, 1952.

Sidgwick, Henry, engl. Philosoph, * 31. 5. 1838 Skipton (Yorkshire), † 28. 8. 1900 Cambridge, seit 1883 Prof. das., vertrat im Sinne von Kant und Fichte die Idee der moralischen Weltordnung und nannte sich „einen Utilitarier auf intuitionaler Basis": einerseits muß man anerkennen, daß jeder Mensch seine eigene Glückseligkeit sucht, und andererseits besteht als intuitiv erkanntes „ethisches Axiom" ebenso zweifellos die Forderung, daß jeder die allgemeine Glückseligkeit fördern soll. Die eigentliche ethische Aufgabe erblickte S. darin, den so gut wie unüberbrückbaren Gegensatz zw. Altruismus und Egoismus zu überbrücken. – Hauptw.: *Methods of Ethics,* 2 Bde., 1875, [6]1901, dt. 1909; *Practical Ethics,* 1898; *Philosophy, its Scope and Relations,* 1902; *Lectures on the ethics of T. H. Green, H. Spencer and I. Martineau,* 1902; *The Philosophy of Kant and other Lectures and essays,* 1905.

A. G. Sinclair, Der Utilitarismus bei S. und Spencer, 1907; E. Wentscher, Engl. Philosophie, 1924; W. C. Havard, *H. S. and later Utilitarian Political Philosophy,* 1959; A. Gauld, *The Founders of Psychical Research,* 1968.

Sieben freie Künste nannte man bei der Entstehung der Universitäten im Spätmittelalter die Disziplinen, die über die Theologie und über die elementare Schulbildung hinausführten. Der Lehrplan umfaßte das sogenannte „Trivium" (Dreiweg) mit Grammatik, Rhetorik und Logik und das „Quadrivium", zu dem Arithmetik, Geometrie, Musik und Astronomie gehörten. Diese sieben Disziplinen vermittelten reine geistige Bildung im Gegensatz zu der bloßen Nützlichkeit etwa von Jurisprudenz oder Medizin. Die Vorliebe für die „freien Künste" (artes liberales) zeugt von der Begeisterung für den ideellen Wissensdrang im griechischen Denken.

J. Koch (Hg.), Artes liberales. Von der antiken Bildung zur Wiss. des MA.s, 1959.

Sieben Weise, bei den alten Griechen sieben Herrscher und Staatsmänner des 7. und 6. Jh. v. Chr., deren Lebensweisheit in Form kurzer Aussprüche in ganz Hellas bekannt war. Diese s. W.n waren nach Platon (im „Protagoras"): Kleobulos aus Lindos, Periandros aus Korinth, Pittakos von Mytilene, Bias aus Priene, Thales aus Milet, Cheilon aus Lakedämon und Solon aus Athen. Zuweilen werden auch andere Namen genannt. Die bekanntesten ihrer Sprüche sind: Alles zur rechten Zeit (Pittakos). Der größte Reichtum ist: nichts zu wünschen (Bias). Erkenne dich selbst (Thales). Nichts im Übermaß (Cheilon, Solon).

W. Capelle, Die Vorsokratiker, 1936, [8]1968 (KTA 119); B. Snell, Leben und Meinungen der s. W., 1938, [4]1971.

Siger von Brabant, niederländ. Scholastiker, † 1282 Orvieto (am päpstl. Hofe ermordet), führender Vertreter des → Averroismus an der Pariser Universität im 13. Jh., an der er seit 1266 als Lehrer wirkte; durch den Bischof von Paris, Stephan Tempier, zweimal vor ein Ketzergericht gestellt, das ihn am 10. 12. 1270 und am 7. 3. 1277 verurteilte; vertrat, verhüllt in die Lehre von der „doppelten Wahrheit", die Unabhängigkeit der philos. Lehren von den kirchl. Dogmen. Leugnete die Willensfreiheit, da Mensch und Gott unter der gleichen Notwendigkeit stünden, ferner die Schöpfung der Welt aus dem Nichts; die Welt sei vielmehr ewig und ebenso die Ideen und die Intelligenzen in ihr. – Hauptw.: *De anima intellectiva*: Kommentar zu Aristoteles' De anima. – Ges. Ausgabe, I–II, 1908–11.

F. van Steenberghen, Les œuvres et la doctrine de S. de B., I–II, Paris 1931–42; W.-U. Klunker/B. Sandkühler, Menschliche Seele und kosmischer Geist – S. v. B. in der Auseinandersetzung mit Thomas v. Aquin, 1988.

Siger von Courtrai (auch van Kortrijk), Scholastiker, * kurz nach 1280 Gullegem bei Kortrijk, seit 1309 Lehrer in Paris, † 30. 5. 1341 ebda.; zusammen mit Lambert von Auxerre (Mitte 13. Jh.) sprachphilosophisch gerichteter Hauptvertreter der älteren *„logica moderna"* in der franz. Philosophie, schuf mit seinen *„Sophismata"* (auch als *„Impossibilia"*, „Unmöglichkeiten" bezeichnet) vielbenutzte Sammlungen von Denkaufgaben zur angewandten Logik. Verfaßte einen Kommentar zu Aristoteles' ersten Analytiken u. d. T. *„Ars priorum"*.

G. Wallerand, Les œuvres de S. de C., Paris 1913; A. Niglis, S. V. C., 1913; C. Verhaak, Z. v. K, Brüssel 1964.

signativ, auch signitiv (vom lat. signum, „Zeichen"), durch ein Zeichen festgehalten, fixiert, bloß bezeichnend. Das dementsprechende Denken heißt nach Leibniz s., weil damit nur die Zeichen als solche, nicht auch die von ihnen bezeichneten Gegenstände gedacht werden. Beispiele dafür bietet das abstrakte Denken in der Mathematik und Logistik, deren formale Operationen sich nur auf die Zeichen beziehen. Es muß davon noch das symbolische Denken (→ Symbol) unterschieden werden. „... Im signitiven Wort und im Bildergebrauch ist das Wort nur Zeichen und das Bild nur Abbild; im symbolischen wird das Wort zum Bilde und das Bild zum Sinnbild ..." (W. Weidle, Das Kunstwerk, S. 432).

Sigwart, Christoph, Philosoph, * 28. 3. 1830 Tübingen, † das. 5. 8. 1904 als Prof. (seit 1865), wirkte bes. nachhaltig durch seine „Logik" (2 Bde., 1873–78; [5]1924 hrsg. v. H. Maier). Diese beruht nach S. auf der Psychologie und ist eine (formale) Kunstlehre des Denkens, welche die Kriterien des wahren Denkens feststellen und zu allgemeingültigen und gewissen Sätzen führen soll, ohne jedoch auf den Inhalt des Denkens einzugehen; zugleich ist Logik auch eine Art Ethik des Denkens. In seiner Ethik („Vorfragen der Ethik", 1886, [2]1907) wandte sich S. gegen den formalist. Charakter der Kantischen Ethik und vertrat eine materiale Ethik, die den höchsten Wert in einer allgemeinen Menschenkultur sah. – Hauptwerke: Spinozas neuentdeckter Traktat von Gott, 1866; Logik, I–II, 1873–78; Vorfragen der Ethik, 1886.

I. Engel, S.s Lehre vom Erkennen, 1908; J. Flaig, S.s Beiträge zur Grundlegung und Aufbau der Ethik, 1912; L. Buchhorn, Evidenz und Axiome im Aufbau von S.s Logik, 1931.

Silesius (lat. „der Schlesier"), → Angelus S.

Silva-Tarouca, Amadeo, * 17. 7. 1898 Pruhonitz b. Prag/CSSR, Prof. in Graz, † 21. 11. 1971 das., betrachtete als Voraussetzung jedes fruchtbaren Philosophierens die Polarität im Ausgehen vom eigenen Erleben, vom Ich und Selbst als Mittelpunkt meines Denkens. Volles Engagement in solchem Philosophieren ist in „Wirklichkeitserlebnissen" anzutreffen, für deren Untersuchung S.-T. eine *Ontophänomenologie* entwickelte, die 3-schichtig vorgeht, weil die Erlebnistatsache nur durch geistig-sinnlich-körperliche Gegensatz-Zusammenhänge charakterisiert werden kann. – Hauptw.: Weltgeschichte des Geistes, 1937; Thomas heute, 1947; Theorie des Gottbeweises, 1949; Logik der Angst, 1953; Philosophie im Mittelpunkt, Entwurf einer Ontophänomenologie, 1957; Aufsätze zur Sozialphilosophie, 1970. – Vollst. Biblgr. in ZphF, 22, 1968.

Simmel, Georg, Philosoph und Soziologe, * 1. 3. 1858 Berlin, † 26. 9. 1918 Straßburg als Prof. (seit 1914), vertrat eine pragmatistische Wahrheitstheorie schon vor James, bestimmte das Erkennen als „freischwebenden Prozeß", übertrug die Aprioritätslehre Kants auf die Historik und analysierte das Phänomen der historischen Zeit. S. sah wie Bergson in der Wirklichkeit der Wissenschaft ein Zweckgebilde des Vorstellens, das seelisches Erleben adäquat ausdrücken kann. Die nicht mehr zur Vollendung gelangte funktionale Metaphysik der Dialektik von Leben und Form lehrt die Gleichrangigkeit aller Kulturgebiete mit je übersubjektiven Eigen-Logiken. Ursprünglich für eine rein deskriptive Moralwissenschaft eintretend, entwickelte S. später (in Anlehnung an Goethe, Schleiermacher und die Romantik) eine normative Ethik des „individuellen Gesetzes": Die tiefste sittliche Forderung ist nicht auf das einzelne Tun, sondern auf das Gesamtsein der Menschen gerichtet. S. ist der eigentliche Begründer der formalen Soziologie, d. h. der Wissenschaft „von den Formen der Vergesellschaftung, von den Beziehungsformen der Menschen zueinander". – Hauptwerke: Die Probleme der Geschichtsphilos., 1892; Philos. des Geldes, 1900, [8]1987; Grundfragen der Soziologie, 1908, [4]1984; Hauptprobleme der Philos., 1910; Goethe, 1913; Der Konflikt der modernen Kultur, 1918; Brücke und Tor, hg. 1957; Gesamtausgabe, I ff., 1988 ff.

M. Adler, G. S.s Bedeutung für die Geistesgesch., 1919; H. Gerson, Die Entwicklung der ethischen Anschauungen bei G. S., 1932; K. Gassen/M. Landmann (Hgg.), Buch des Dankes an G. S., 1958 (mit Bibl.); H. Müller, Lebensphilos. und Religion bei G. S., 1960; H. J. Helle, Soziologie und Erkenntnistheorie bei G. S., 1977; H. J. Dahme, Soziologie als exakte Wissenschaft, I–II, 1981; H.-J. Dahme/O. Rammstedt (Hgg.), G. S. und die Moderne, 1984; A. M. Bevers, Dynamik der Formen bei G. S., 1985; W. Jung, G. S. zur Einf., 1990.

Simon, Josef, *1. 8. 1930 Hupperath/Wittlich, Prof. in Bonn, untersucht Fragen des Erkenntnisproblems, des Wahrheitsbegriffs, der Kategorienlehre und der praktischen Philosophie unter Berücksichtigung der sprachphilosophischen Voraussetzungen transzendentalphilosophischer Reflexionen, – vor allem der Philos. der Neuzeit. – Schr. u. a.: Das Problem der Sprache bei Hegel, 1966; Sprache und Raum, Untersuchungen über das Verhältnis zwischen Wahrheit u. Bestimmtheit von Sätzen, 1969; Philosophie u. linguistische Theorie, 1971; Sprachphilosophische Aspekte der Kategorienlehre, 1971; Wahrheit und Freiheit. Zur Entwicklung der Wahrheitsfrage in der neueren Philosophie, 1978; Sprachphilosophie, 1981; Philosophie des Zeichens, 1989.

Simon von Tournai, franz. Frühscholastiker, † Anfang des 13. Jh., einer der bedeutendsten „Summisten", entwickelte nach den Regeln der Disputierkunst des MA. die Gattung der *Quaestiones quodlibetales"* (Behandlung von „Fragen über irgendwelche Dinge") zu klarer Gestaltung. Seine Schriften sind zwischen 1176 und 1192 verfaßt, teils ungedruckt: *Institutiones in sacram paginam; Quaestiones quodlibetales; Disputationes; De theologiis affirmationis et negationis.*

M. Grabmann, Gesch. der scholast. Methode, II, 1959.

Simplifikation (aus lat. *simplex,* „einfach", und *facere,* „machen"), Vereinfachung, meist im Sinne der unzulässigen Vereinfachung einer Problemlage dadurch, daß entscheidend wichtige Nuancen (absichtlich) übersehen oder daß Teilprobleme für „Scheinfragen" erklärt werden. – J. Burckhardt spricht in seinen „Weltgeschichtlichen Betrachtungen" (1905) von den *„terribles simplificateurs"* (franz., von den „schrecklichen Vereinfachern"), denen die Humanität eine viel zu weit gespannte und unübersichtliche Sache ist, die sie deshalb als „Humanitätsduselei" bekämpfen. Als eine S. wird die Reduzierung der gesamten Philosophie auf die Lehren des Positivismus betrachtet.

Singularismus (vom lat. *singularis,* „einzig"), diejenige philosophische Richtung, die alle Besonderheiten der Welt, alle ihre Mannigfaltigkeiten aus einem einzigen Prinzip ableitet (→ Monismus), im Gegensatz zum Dualismus oder Pluralismus.

Sinn, biologisch ein reizaufnehmendes Organ der Lebewesen; → Sinnesorgane; philosophisch der Wert und die Bedeutung (das Interesse), die eine Sache oder ein Erlebnis für mich oder für andere hat. Im Unterschied zum → Wesen gehört der S. nicht zur Sache selbst, sondern er wird ihr vom Menschen beigelegt, so daß eine Sache für den einen Menschen sinnvoll, für den anderen sinnlos sein kann, oder für mich heute sinnvoll und ein Jahr später sinnlos. Zum Gegenstand der Forschung wird der S. eines Gegenstandes oder eines Geschehnisses unter der stillschweigenden Annahme eines Kollektiv-Subjektes gemacht (Volk, Kultur, Epoche o. dgl.), das die Sinngebung jeweils vorgenommen hat bzw. vornimmt. In vielen Fällen wird die „S.forschung" als Wesensforschung betrieben, so von der philos. Anthropologie, der Phänomenologie, der Ausdruckskunde, der Existenzphilosophie. Ein Verfahren, den S. dessen zu erforschen, den jemand einem Worte, einer Geste, einer Handlung usw. beilegt, ist das → Verstehen; → Sinngehalt; sinnhaltig. – S. kann auch die allgemeine Sinnesart eines Menschen, seine Empfänglichkeit oder sein Verständnis für etwas bedeuten.

R. Eucken, Der S. und Wert des Lebens, 1908; W. Dilthey, Gesammelte Schriften, I, Einleitung in die Geisteswissenschaften, 1922; H. Gomperz, Über S. und S.gebilde – Verstehen und Erklären, 1929; W. Keller, Der S.begriff als Kategorie der Geisteswissenschaften, 1937; H. Reiner, Der S. unseres Daseins, 1960; M. Juritsch, S. und Geist, 1961; D. Laptschinsky, Der S. für den S., 1973; J. B. Lotz, Wider den Unsinn – Zur S.krise unserer Zeit, 1977; P. Hoffmann, Metaphysik oder verstehende S.wissenschaft, 1978; H. Ebeling, Die ideale S.dimension, 1982; R. Hitzeler, S.welten, 1988.

Sinnenwelt (*mundus sensibilis*), der Inbegriff der durch die Sinne vermittelten Inhalte des Bewußtseins, die wahrnehmbare Welt. → Sensualismus.

Sinnesorgane, Sinne, die Organe (Werkzeuge) der Organismen, die von den sie treffenden Reizen erregt werden (→ Reiz). An Stelle der subjektiven Einteilung der Sinne (Tastsinn, Gehör, Geschmack, Geruch, Gesicht) benutzt man jetzt oft eine objektive Einteilung nach der Natur der Reize und unterscheidet: mechanischen (Tast-, Schmerz-, Gleichgewichts- und Hörsinn), chemischen (Geschmack und Geruch), thermischen (Wärme- und Kältesinn) und optischen Sinn (Gesicht). Die S. für diese verschiedenen Sinne haben sich aus einer undifferenzierten, aber differenzierbaren Grundlage, dem Protoplasma der Zellen, in erdgeschichtlicher Zeit differenziert und allmählich entwikkelt, und es läßt sich annehmen, daß mit dieser Entwicklung eine ständige Vervollkommnung der Anpassung an die Reizqualität und deren Verarbeitung erfolgt ist. → Leib-Seele-Problem. Die menschlichen S. sind mit jenen der höheren Tiere nur sehr begrenzt vergleichbar, weil diese und vor allem niedrigere Tierarten Aufnahme und Verarbeitung von Reizen auf ganz andere Weise bewältigen.

J. K. Kreibig, Die S. des Menschen, 1901; W. v. Buddenbrock, Die Welt der S., 1932; B. Rensch, Psychische Komponenten der S., 1952; E. Horn, Vergleichende Sinnesphysiologie, 1982.

Sinngehalt, der Gehalt an → Sinn, den eine Sache dadurch erhält, daß ihr ein Sinn beigelegt od. als in ihr immanent gegeben entdeckt wird. Der S. setzt einen „sinnverleihenden Akt" voraus, durch den der Mensch die Sache zu seinem Mikrokosmos in Beziehung bringt. Durch den sinnverleihenden Akt erhält die Sache zugleich einen (erhöhten) Wert und die Qualität des S.es ist daher abhängig von der individuellen Wert-Rangordnung (→ Ethik). Der Sinn, der einer Sache verliehen werden kann, hängt ferner vom → Wesen der Sache ab, er ist dagegen unabhängig vom Güterwert der Sache (ein völlig „wertloses" Andenken an einen geliebten Menschen kann den denkbar höchsten S. besitzen).

sinnhaltig heißt ein Erlebnis, wenn es eine (vom Menschen unbewußt stets geforderte) Folgerichtigkeit besitzt, wenn Grund und Folge, zwischen denen es steht, klar erkannt werden können. Objektiv s. (sinnvoll) nennt man bisweilen einen Gegenstand, wenn sein Sosein unseren Ansprüchen, die wir an einen „richtigen" Gegenstand stets (gleichfalls unbewußt) stellen, genügt. Sinnhaltigkeit ist also keine objektive Gegebenheit, sondern ein Postulat, dem der sinnverleihende Akt (→ Singehalt) entspricht.

sinnlich, 1. zu den → Sinnen gehören, durch die Sinne vermittelt, wahrgenommen; 2. im ethischen Sinne: wer dem Sinnengenuß zuneigt. Entsprechend bezeichnet Sinnlichkeit 1. die Fähigkeit der s.en Wahrnehmung, 2. die Neigung zum Sinnengenuß.

si tacuisses, philosophus mansisses (lat., aus Boëthius' „Tröstung durch die Philosophie": hättest du geschwiegen, wärst du ein Philosoph geblieben), hättest du dir keine Blöße gegeben, hätte man dich immerhin für einen Philosophen halten können.

Sitte, die geschichtlich entstandene, im positiven → Recht enthaltene Ordnung des Lebens in der Gemeinschaft, der allgemein gewordene Stil des Handelns und des Verhaltens (das Schickliche), der in einer Stammes- oder Volksgemeinschaft, in einem Stand herrscht und dessen Einhaltung vom einzelnen wie von der Gemeinschaft mehr oder weniger streng gefordert und beobachtet wird. S.en erreichen wie viele andere Verhaltensformen und Vereinbarungen Gewohnheitscharakter. Sie sind aber mehr als das: man spricht nur von guten S.n, weil damit ein Sollen, eine moralische Forderung verknüpft wird. → Ethik.

Sittengesetz (moralisches G., sittliches G.), eine Vorschrift, die aus der menschlichen Sehnsucht nach moralischer Weltordnung hervorgeht und gebietet, das Gute zu tun und das Böse zu unterlassen. Es ist nach Kant ein Gesetz der Kausalität durch Freiheit und gebietet unbedingt → kategorisch, ohne Rücksicht auf empirische Zwecke.

I. Kant, Grundlegung zur Metaphysik der Sitten, 1785; I. Kant, Kritik der praktischen Vernunft, 1788; H. Spiegelberg, Gesetz und S., 1962; W. Woschak, Zum Begriff der S., 1988.

Sittlichkeit, der Inbegriff des Sittlichen, d. h. dessen, was für „gut" gehalten wird. Das sittl. Gefühl ist nach Kant „die empfundene Abhängigkeit des Privatwillens vom allgemeinen Willen". Die → Ethik hat das Wesen der S. zu ihrem Gegenstand.

O. F. Bollnow, Einfache S., 1947; T. Litt, Staatsgewalt und S., 1948; H. Reiner, Pflicht und Neigung – Die Grundlagen der S., 1951; W. Blumenfeld, Vom sittlichen Bewußtsein, 1968; W. Korff, Norm und S., 1973; F. Furger, Sittliche Praxis, 1975; K.-H. Ilting, Naturrecht und S., 1983.

Situation, in der Ethik die den Wert des Individuums mitbegründende „Einmaligkeit und Unwiederbringlichkeit aller dem Erleben und der Betätigung sich öffnenden Lebenslagen, deren Mannigfaltigkeit die Fülle des Menschenlebens ausmacht ... Je differenzierter und individualisierter das Wertgefühl des in der S. Stehenden ist, um so innerlicher und wesensgebundener seine Teilhabe an ihrer Wertfülle ... Die S.en sind das Aktionsfeld des Menschen, ja die inhaltliche Basis seines moralischen Lebens überhaupt. Ihre Mannigfaltigkeit ist die Inhaltsfülle des Daseins. Die Vielseitigkeit der in den S.en sich kreuzenden Interessen ist d. Schlüssel seines Wertgefühls ... Eine jede menschl. S. ist ein Stück ethischen Seins. Die Gesamtheit der S.en macht den Gehalt der ethischen Wirklichkeit aus" (Nic. Hartmann, Ethik, [3]1948). „Alle Initiative des Menschen ist situationsbedingt, zugleich aber auch situationsgestaltend ... In der S. muß der Mensch handeln. Wie er aber zu handeln hat, schreibt sie ihm nicht vor. Darin hat er Freiheit ... Die S. ist Zwang zum Entscheiden überhaupt, Freiheit aber ... darin, wie er entscheidet" (Nic. Hartmann, Zur Grundlegung der Ontologie, [3]1948); → Grenzsituationen, Milieu, Sicheinsetzen.

J.-P. Sartre, *Situations*, 2 Bde., 1948 u. 1949, dt. 1965.

Skandal der Philosophie nennt man den Umstand, daß die Philosophie im Laufe ihrer jahrtausendelangen Bemühungen abgesehen von einigen ontologischen Differenzierungen, logischen Axiomen und manchen geistreichen metaphysischen Hypothesen noch keine Erkenntnis zutage gefördert hat, der eine von allen Philosophen anerkannte Evidenz zukommt. – Im Ausdruck S. d. Ph. liegt eine Verkennung des Wesens der Philosophie: „Was aus zwingenden Gründen von jedermann anerkannt wird, das ist damit eine wissenschaftliche Erkenntnis geworden, ist nicht mehr Philosophie, sondern bezieht sich auf ein besonderes Gebiet des Erkennens" (K. Jaspers, Einf. i. d. Philosophie, 1950). Kant nennt es, im Hinblick auf Berkeleys Idealismus, einen S. d. Ph., daß man für die Realität der Dinge eines Beweises bedürfe. Das Wort S. d. Ph. wird als Vorwurf nur von positivistisch Denkenden und von philosophischen Laien gebraucht, weil sie die eigentliche Bedeutung der jeweils neuen Fragestellungen und Gesichtspunkte der Betrachtung verkennen. Ironisch ausgelegt und mehr gegen die nominalistischen Zuspitzungen der philosophischen Sprache gerichtet ist es für H. Heine ein kritischer Hinweis auf den S. d. Ph., wenn er die Philosophie als den „Mißbrauch der Terminologie" betrachtet, „die zu diesem Zweck eigens erfunden wird".

R. Lauth, Begriff, Begründung u. Rechtfertigung der Philos., 1967; R. Zimmermann, Der „S. d. P." und die Semantik, 1981; K. H. Haag, Der Fortschritt in der Philos., 1983; R. Gottlob, Der S. d. P., 1989.

Skepsis (vom griech. *skępesthai,* „spähend umherblicken"), zweifelnde Betrachtung, Zweifel; Skeptiker, Zweifler, Anhänger des Skeptizismus; skeptisch, zweifelnd, zweifelsvoll. Es wird dabei zwischen *negativer* S., die jeden festen Grund und Sinn von Erkenntnissen verneint und der *positiven* S. unterschieden, letztere als Ausdruck kritischen Denkens verstanden.

R. Hönigswald, Die S. in Philos. und Wissenschaft, 1914; K. Löwith, Wissen und Glauben, 1958; H. Craemer, Der skeptische Zweifel und seine Widerlegung, 1974; W. Weischedel, Skeptische Ethik, 1976; C. Wildt, Philos. Skepsis, 1980; → Skeptizismus.

Skeptizismus, philosophische Richtung, die den → Zweifel zum Prinzip des Denkens erhebt, bes. den Zweifel an einer sicheren Wahrheit. Der gemäßigte S. beschränkt sich auf die Erkenntnis der Tatsachen, während er sich gegenüber allen Hypothesen und Theorien Zurückhaltung auferlegt. Der antike S. entsteht als Rückschlag auf den metaphysischen Dogmatismus der vorhergehenden philosophischen Schulen zuerst bei Pyrrhon, ferner in der mittleren und neueren Akademie (Arkesilaos, Karneades) und im sog. späteren S. (Änesidemus, Sextus Empiricus u. a.). Änesidemus führt als zehn Gründe (Tropen) für den S. an: 1. die Verschiedenheit der Lebewesen, 2. der Menschen voneinander, 3. der Sinnesorgane, 4. der Zustände des Individuums, 5. der Lagen, Entfernungen, Orte, 6. das Vermischtsein des Wahrnehmungsobjekts mit anderen Objekten, 7. die Verschiedenheit der Erscheinungen je nach ihrer Verbindung, 8. die Relativität überhaupt, 9. die Abhängigkeit von der Anzahl der Wahrnehmungen, 10. die Abhängigkeit von Bildung, Sitten, Gesetzen, religiösen und philosophischen Anschauungen. – In neuerer Zeit ist man wieder darauf aufmerksam geworden, daß auch an jeder „rein" wissenschaftlichen Erkenntnis der Glaube einen großen Anteil hat, z. B. der Glaube an die wenn auch nicht vollkommene Übereinstimmung der Erkenntnis- und der Seinskategorien; → auch Grundrelation, Rensi.

C. Stumpf, Vom ethischen S., 1908; K. Jaspers, Der philos. Glaube, 1948; W. Stegmüller, Metaphysik, Wissenschaft, Skepsis, 1954; O. Marquard, Skeptische Methode im Blick auf Kant, 1958; A. Weische, Cicero und die neue Akademie – Untersuchungen zur Entstehung des antiken S., 1961; W. Ehrhardt, Philosophiegesch. und gesch. S., 1967; P. Unger, Ignorance – A Case for Scepticism, Oxford 1975; B. Irrgang, Skepsis in der Aufklärung, 1982; J. Annas/J. Barnes, The Modes of Scepticism. Ancient Texts and Modern Interpretations, Cambridge 1985;

H. Röttges, Dialektik und S., 1987; J. Barnes, The Toils of Scepticism, Cambridge 1990.

Sklavenmoral → Herrenmoral.

Slawophilentum, geistige Bewegung in Rußland, zum T. auch bei anderen slawischen Völkern, die um 1830 entstand und zunächst von → Kirejewskij, den Brüdern Konstantin und Iwan Aksakow (1817–1860, 1823–1886) und Alexej Chomjakow (1804–1860) geführt wurde. Unter Berufung auf die Geschichtsphilosophie Hegels und auf Herders Interesse für die slaw. Völker sowie aus dem Bedürfnis nach einer Überwindung des Kulturminderwertigkeitskomplexes angesichts der ihnen weit überlegenen westlichen Kultur, suchten einzelne Vertreter dieser Völker die Mission der slawischen Welt- und Lebensauffassung höher zu bestimmen und ihr eine große geschichtliche Aufgabe zuzuschreiben. Sie gerieten aber bald in eine intolerante Haltung gegenüber der westeuropäischen Denkweise (dem „Westlertum“) und dem nicht-orthodoxen Christentum.

G. Schischkoff, Slawische Philosophie und slawophile Ideologie, in „Kant-Studien“, 63. Jhrg., 1972.

Smith, Adam, schott. Philosoph und Soziologe, * 5. 6. 1723 Kirkcaldy (Schottl.), † 17. 7. 1790 Edinburgh, Begründer der mod. Nationalökonomie, war seit 1751 Prof. in Glasgow, später im Zolldienst in Edinburgh beschäftigt. Er knüpfte an Gedanken Humes an und sah die Quelle der sittl. Beurteilung in der Sympathie: „Handle so, daß ein unparteiischer Beobachter mit dir sympathisieren kann“. Er bekämpfte sowohl die lebensfeindl. theolog. wie die Egoismusmoral und näherte sich stark kantischen Grundsätzen. Aus dem individuellen Selbstinteresse leitete er das wirtschaftl. Leben ab. In ungehinderter Erwerbs- und Wettbewerbsfreiheit erblickte S., hierin ideologischer Vorläufer der modernen freien Wirtschaft, die Grundbedingung vollkommenen Wirtschaftslebens. – Hauptwerke: Theory of Moral Sentiments, 1759, dt. 1770; Inquiry into the Nature and Causes of the Wealth of Nations, I–II, 1776 (Repr. 1988), dt. 1776–92, [2]1982; Essays on Philosophical Subjects, 1795 (Repr. 1982).

T. Pütz, Wirtschaftslehre und Weltanschauung bei A. S., 1932; E. Ginzburg, The House of A. S., New York 1934; H. C. Recktenwald, A. S. – Leben und Werk, 1976; M. Trapp, A. S. – Polit. Philosophie und polit. Ökonomie, 1987; G. Streminger, A. S., 1989.

Snell, Bruno, * 18. 6. 1896 in Hildesheim, † 31. 10. 1986 Hamburg, Prof. der klassischen Philologie in Hamburg, befaßte sich mit philosophischen Interpretationen der griech. Dichtung, mit Sprachphilosophie u. Geistesgeschichte. – Hauptw.: Die Entdeckung des Geistes, [5]1980; Ausgaben von Bakchylides, Pindar der anonymen griech. Tragiker-Fragmente. Begründer des Lexikons f. Frühgriech. Epos, erscheint seit 1949; Dichtung u. Gesellschaft, [2]1965; Der Aufbau der Sprache, 1966; Der Weg zum Denken und zur Wahrheit, 1978. – Ges. Schr. mit Biblgr., 1966.

Snellmann, Johann Wilhelm v., finnischer Philosoph, * 12. 5. 1806 Stockholm, † 4. 7. 1881 Helsingfors, bedeutendster Vertreter der Hegelschen Philosophie in Finnland, machte die Freiheit zum Mittelpunkt seines Philosophierens, wodurch er die nationale Unabhängigkeitsbewegung Finnlands entscheidend förderte. Durch sein Eintreten für die finn. Sprache erreichte er die Gleichstellung des Finnischen mit dem Schwedischen. – Hauptw.: *Försök till en framställning af logiken,* 1837; *Filosofisk elementarcurs,* 3 Tle., 1837–40; Idee der Persönlichkeit, 1841, [2]1981; *Samlade arbeten,* erschienen in 10 Bdn., 1892–98; Briefwechsel, 1928.

Th. Rein, S., 2 Bde., 1895–1901; E. Vest, J. V. S., 1904; P. Airas, *The Individual and his Relation to the Community in J. V. S.,* 1958.

Söderblom, Nathan, schwed. Religionshistoriker, * 15. 1. 1866 in Trönö (Gefleborg), † 12. 7. 1931 Uppsala, seit 1914 Erzbischof der Schwed. Kirche und Prokanzler der Universität Uppsala, schrieb dt. u. a.: Die Religionen der Erde, 1905; Natürl. Theologie und allg. Religionsgesch., 1913; Das Werden des Gottesglaubens, 1916, [2]1926; Einf. i. d. Religionsgesch., 1920, [2]1928; Einigung der Christenheit, 1925, [3]1937; Christl. Einheit, 1928; Worte für jeden Tag, 1940; Der lebendige Gott im Zeugnis d. Religionsgesch., 1942; *Humor ok melankoli och ondra Lutherstudies,* 1919, [2]1947.

O. Krook, N. S., 1916; N. Karlström, N. S. in memoriam, 1931; H. Dörr, N. S. und der lebendige Gott, 1938; N. Karlström, N. S. Seine Entwicklung zum ökum. Kirchenführer, 1968.

Sokrates, * 469 v. Chr. Athen, † 399 das. (zum Tode durch den Giftbecher verurteilt), mit Aristoteles und Platon zusammen bedeutendster Philosoph der Antike, vielumstritten bis heute, von den einen als erster großer Ethiker gepriesen, von anderen (z. B. von Nietzsche, aber auch Hegel) als Aufklärer und Auflöser verworfen. Die kosmologische Naturphilosophie der Griechen wird in S. durch die anthropologische Ethik abgelöst, zugleich aber der ethische Relativismus der Sophisten widerlegt. Menschenprüfung, Jugendbildung, Seelenleitung war der Zweck seines Philosophierens, geistige Mäeutik (Geburtshilfe) und Ironie der Weg dazu. Seine Philosophie beruht auf der Grundüberzeugung, daß das Sittliche erkennbar und lehrbar ist und aus dem Wissen um Sittlichkeit stets das Handeln gemäß der Sittlichkeit folgt. In diesem Sinne suchte S. zunächst jedesmal vom Einzelfall aus die Menschen zu einer klaren Begriffsbildung hinsichtlich des sittlich Richtigen hinzuführen. Richtig ist aber das Handeln, das den wahren Nutzen des Menschen und damit seine Glückseligkeit bewirkt. Bedingung der praktischen Tüchtigkeit ist deshalb die Selbsterkenntnis. Weiß ich nämlich, was ich bin, so weiß ich, nach S., auch, was ich soll. In sich selbst findet S. aber auch ein göttliches → Daimonion, das ihm sagt, was er tun und was er meiden soll. Die höchste Tugend ist die Genügsamkeit; wer am wenigsten bedarf, ist der Gottheit am nächsten. Nur wer sich ferner selbst zu beherrschen gelernt hat und in allen Dingen ausschließlich der richtigen Einsicht folgt, ist imstande, andere zu beherrschen, und berechtigt, als Staatsmann zu wirken. Niemand, erläutert S. näher, würde einem Steuermann oder einem Arzt, der seine Kunst nicht gelernt hat, sein Leben anvertrauen; aber in den wichtigsten Dingen des menschlichen Lebens, in der Politik und in der Verwaltung des Staates, glaubt jeder mitsprechen und mitregieren zu können. S. wurde schließlich angeklagt, daß er nicht an die staatlichen Götter glaube, neue Gottheiten einführe und die Jugend verderbe, zum Tode verurteilt und hingerichtet, da er aus Achtung vor dem Gesetz nicht fliehen wollte. S. hinterließ keine Schriften. Die wichtigsten Quellen unserer Kenntnis von Leben und Lehre des S. sind die Schriften seiner Schüler Platon und Xenophon. – A. Patzer (Hg.), Bibliographia Socratica, 1985.

H. Maier, S. – Sein Werk und seine gesch. Stellung, 1913; G. Kafka, S., Platon und der sokratische Kreis, 1921; R. Guardini, Der Tod des S., 1945; F. Leist, Moses, S., Jesus, 1959; E. Sandvoss, S. und Nietzsche, Leiden 1966; G. Nebel, S., 1966; J. Irmscher, S. – Versuch einer Biographie, 1982; F. Wolff, Socrate, Paris 1985; G. Böhme, Der Typ S., 1988; T. C. Brickhouse/N. D. Smith, Socrates on Trial, Oxford 1989.

Sokratiker, → griech. Philosophie.

sokratische Methode, die auf Sokrates zurückgehende Form der Belehrung in Frage und Antwort, → Mäeutik.

B. Waldenfels, Das sokratische Fragen, 1961; W. Boder, Sokratische Ironie, 1973.

Solidarität, (neulat.), Zusammengehörigkeitsgefühl und zuverlässige praktische Bewährung desselben. Festes Zusammenhalten bei der Durchführung gemeinsamer Aufgaben u. Interessenansprüche.

I. v. Reitzenstein, S. und Gleichheit, 1961; J. Wössner, Mensch und Gesellschaft, 1963; R. Rorty, Solidarität oder Objektivität, dt. 1988.

Solipsismus (aus lat. *solus*, „allein", *ipse*, „selbst"; theoret. Egoismus), philos. Meinung, die das subjektive Ich mit seinem Bewußtseinsinhalt für das einzige Seiende hält. Nach Schopenhauer gehören Vertreter des radikalen S. ins Tollhaus. Doch gibt es auch einen gemäßigten S., der ein überindividuelles Ich überhaupt als Träger der Bewußtseinsinhalte annimmt, u. einen methodischen S., der wie bei Descartes u. Driesch mit dem S. beginnt, um von da aus zur außer dem Ich bestehenden Wirklichkeit vorzustoßen; → Subjektivismus, auch → Berkeley.

Sollen, nach Kant die Bestimmung des Dranges durch einen inneren Willen, d. h. des nur triebhaften Wollens durch überempirische sittl. Normen, durch den kategorischen Imperativ. Im Sinne der modernen Ethik ist S. die innere Aufforderung des Willens zur Verwirklichung von Werten, die zum sittlichen Handeln führen. Es wird dabei auf den rein intelligiblen Charakter des S. und auf dessen Unableitbarkeit vom Sein hingewiesen.

Solowjew, Wladimir, russ. Philosoph u. Dichter, * 16. 1. 1853 Moskau, † 31. 7. 1900 Uskoje b. Moskau. Seine Philosophie der All-Einheit stellt eine groß angelegte Synthese der Ideen des morgen- und abendländischen religionsphilosophischen Denkens dar, die ihre stärksten Anregungen Platon, Plotinos, den Kirchenvätern, mit Origenes und Augustin an der Spitze, und der deutschen Mystik (J. Boehme) verdankt; viel weniger befruchtend war für S. die Philosophie des deutschen Idealismus. – Hauptwerke: Vorlesungen über das Gottmenschentum, 1878–81; Kritik der abstrakten Prinzipien, 1880; Die Gesch. und Zukunft der Theokratie, 1887; La Russie et l'eglise universelle, 1889; Schönheit als Offenbarung der All-Einheit, 1889–90; Der Sinn der Liebe, 1892–94; Die Rechtfertigung des Guten, 1897; Drei Gespräche über Krieg, Fortschritt und das Ende der Weltgesch., 1899; Sämtliche Werke, I–IX, Moskau 1911; Gesamtausgabe, I–VIII, 1953 ff.

J. Strémooukhoff, W. S. et son œuvre messianique, Paris 1938; W. Szylkarski, Das philos. Werk von W. S., 1950; L. Müller, Das religionsphilos. System W. S.s 1956; F. Stepun, Mystische Weltschau, 1964; E. Klum, Natur, Kunst und Liebe in der Philos. W. S.s, 1965; H. H. Gäntzel, W. S.s Rechtsphilos., 1968; H. Dahm, V. S. und M. Scheler, 1971; P. Waage, Der unsichtbare Kontinent – W. S. der Denker Europas, 1988.

Sophia (griech. „Weisheit"), in der griech.-orthodox. Religionsphilosophie die schöpferische Weisheit Gottes, die alle Weltgedanken in sich birgt, die die ganze Natur in ihrem Herzen trägt, zugleich auch die ewige Idee der Menschheit selbst ist.

Sophisma (griech., „listig Ausgesonnenes"), Scheinbeweis; → Trugschluß.

Sophisten (vom griech. *sophistes*, „Meister, Künstler"), hießen ursprünglich im klass. Griechenland die Denker u. Weisen überhaupt, später die Lehrer der gewandten Rede- und Unterredungskunst; durch ihre Tendenz, in der Diskussion um jeden Preis obzusiegen, gerieten sie jedoch in eine geschwätzige, spitzfindige, Scheinweisheit („Sophistik", „sophistisch" im tadelnden Sinne). Seit Sokrates und Platon standen sie in ungünstigem Lichte, bis sie seit Hegel und Nietzsche wieder etwas besser beleumundet wurden, bes. unter Würdigung ihrer Bedeutung für die praktische Pädagogik und im allgemeinen für die aufklärerische Verbreitung des philosophischen Gedankenguts; vgl. → griech. Philosophie. – Hauptvertreter der älteren Sophistik: Protagoras, Gorgias, Hippias, Prodikos. Die S. haben insofern auch ihre Verdienste(sophistisch im positiven Sinne), da ihre praktische Beschäftigung mit philosoph. Argumentationen das Interesse am Philosophieren und kritisch. Denken weckte, die Lehren der Vorsokratiker in die Öffentlichkeit trugen und dadurch aufklärerisch zu wirken vermochten. Eine sog. „zweite Sophistik" entwickelte sich im 2. Jh. n. Chr. Ihre Vertreter waren u. a. Herodes Atticus, Lehrer des Kaisers Marc Aurel, der Redner Aelius Aristides, der Wanderprediger Dion von Prusa und der Biograph der S., Flavius Philostratus. In ihnen verkörperte sich das Bildungsideal der römischen Kaiserzeit, nämlich Allgemeinbildung, die auf den Klassikern der Vergangenheit beruhte. In erster Linie Rhetoren (→ Rhetorik), erstrebten die neuen S. eine Renaissance der reinen attischen Sprache unter starker Neigung zur Philosophie. Schriften der S. in den Auswahlen „Die Vorsokratiker" von Nestle, [5]1937, von Capelle, [8]1968 (KTA, Bd. 119).

E. Dupreel, Les sophistes, Neuchâtel 1949; W. Nestle, Griech. Geistesgesch., 1949; M. Untersteiner, Il sofisti, Florenz 1949; J. Kube, Techne und Arete – Sophist. Tugendwissen, 1969; C. J. Classen (Hg.), Sophistik, 1976; M. Emsbach, Sophistik als Aufklärung – Untersuchungen über Protagoras, 1980; G. Romeyer-Dherbey, Les sophistes, Paris 1985; O. A. Baumhauer, Die sophist. Rhetorik, 1986; T. Buchheim, Die Sophistik als Avantgarde des normalen Lebens, 1986; J. de Romilly, Les grands sophistes dans l' Athène de Péricles, Paris 1988.

Sophistes, Titel einer Schrift von Platon; erörtert die Frage nach dem Wesen des Sophisten, des Staatsmannes u. des Philosophen.

R. Marten, Der Logos der Dialektik, eine Theorie zu Platons S., 1965.

Sophistikationen der reinen Vernunft nennt Kant die Schlüsse der r. V., die keine empirischen Prämissen enthalten und vermittelst derer wir von etwas, das wir kennen, auf etwas anderes schließen, wovon wir doch keinen Begriff haben und dem wir gleichwohl, durch einen unvermeidlich. Schein, objektive Realität geben. Es sind sophistische Blendwerke der reinen Vernunft; so z. B., wenn wir von der Existenz der Welt oder von der Zweckmäßigkeit der Organismen auf einen Gott schließen.

Sophrosyne (griech. „Besonnenheit"), Mäßigung in der gesamten

Lebensführung (eigentl. „Gesundheit des Zwerchfells", in dem man den Sitz der Seele vermutete), im Sichbeteiligen an irdischen Dingen; seit Platon eine der vier → Kardinaltugenden.

Sorel, Georges, franz. Schriftsteller, * 2. 11. 1847 Cherbourg, † 30. 8. 1922 Boulogne sur Seine. Beeinflußt von Giambattista Vico und Bergson, übte S. scharfe Kritik an der modernen Kultur, betonte den revolutionären Charakter des Sozialismus und dessen syndikalistische Tendenzen (→ Syndikalismus). – Hauptwerke: Les illusions du progrès, 1908; Réflexions sur la violence, 1908, dt. 1960; La décomposition du Marxisme, 1908, dt. 1930 (Auswahl); De l'utilité du pragmatisme, 1921.

M. Freund, G. S. – Der revolutionäre Konservatismus, 1932, [2]1972; H. Berding, Rationalismus und Mythos – Geschichtsauffassung und polit. Theorie bei G. S., 1969; R. Vernon, Commitment and Change – G. S. and the Idea of Revolution, Toronto 1978; L. Portis, S. zur Einf., dt. 1983; J. R. Jennings, G. S. – The Character and Development of his Thought, New York 1985.

Sorge, in der Existenzphilosophie Heideggers das Sein desjenigen → Seienden, das das menschliche Dasein ist. In der Beziehung zur Umwelt ist das Dasein → Besorgen, in der zu den Mitmenschen ist es Fürsorge. In der S. selbst sind die drei Strukturmomente des Daseins zusammengefaßt: 1. das Sich-vorweg-sein, das Über-sich-hinaus-sein des Daseins zu seinem Seinkönnen, so, wie die → Angst es erschließt, 2. die → Geworfenheit, 3. das Verfallen. – S. ist ein Vernehmen von → Sein. Der Ruf der S. ist das → Gewissen. Daß die S. die Selbstentfaltung des Menschen zu dem fördert, was er in seinem Freisein für seine eigensten Möglichkeiten sein kann, drückt Seneca mit den Worten aus: *Cura hominis bonum perficit* (die S. vollendet das Gute im Menschen). Warum die Grundverfassung des menschl. Daseins die S. ist, erzählt Hyginus (um 25 v. Chr.) in der Fabel von der Erschaffung des Menschen. Die S. formte ihn aus Ton, Jupiter verlieh ihm den Geist. Wegen der strittigen Besitzverhältnisse an diesem Gebilde als Schiedsrichter angerufen, entschied Saturn, die „Zeit", daß Jupiter beim Tode des Gebildes den Geist und die Erde den Ton zurückerhalten solle, daß aber die S., weil sie es gebildet habe, es besitzen solle, solange es lebe *(Cura teneat, quamdiu vixerit)*; → auch Existenzphilosophie.

J. M. Demske, Sein, Mensch und Tod. Das Todesproblem bei M. Heidegger, 1962, [3]1984.

Sorokin, Pitirim Alexandrowitch, Prof. in Chicago (Harvard), früher Petersburg, * 21. 1. 1889 Tourya/Rußl., † 10. 2. 1968 Massach., USA, führender Soziologe und Kulturphilosoph, Schöpfer einer soziol. Theorie der dynamischen Kulturentwicklung deren Einzelmomente aus der Dialektik der personellen Eingriffe in das soziale Geschehen verstanden werden, wozu S. sich der Methode kulturmorphologischer Ganzheitsbetrachtungen bedient, dadurch aber zur Analytik vorstößt; vertrat als Hauptidee die Integration von unzähligen Kultursystemen in alles übergreifende Supersysteme, von deren 3 Idealtypen: ideational (relig.-spirituell), idealistic (rationallogisch) u. sensate (sinnlich-empir.), die vermischt auftreten, jeweils einer vorherrscht. – Hauptw.: *Sociology of Revolution*, 1925, dt. 1928; *Social and Cultural Mobility*, 1927, [3]1964; *Contemporary Sociological Theories*, 1928, dt. 1930; *Social and Cultural Dynamics*, 4 Bde., 1937–41, [2]1962; *Socio-*

cultural Causality, Space, Time, 1943, [2]1964; *Society, Culture and Personality,* 1947, [2]1962; *Social Philosophies of an Age of Crisis,* 1950, dt. 1953; *The American Sex Revolution,* 1957; *A Long Journey. The Autobiography,* 1963; *Sociological Theories of Today,* 1966.

Ph. J. Allan, ed. P. S. in Review „Durham", 1963; G. Müller, S. u. Spengler, in ZphF, XIX, 1965; ders., Weltanschauungen und Kultursysteme, ebda., 22, 1968; Fr. R. Cowell, *Value in Human Society. The Contributions of P. S. to Sociology,* 1970.

Sosein, das qualitativ bestimmte → Dasein, die → Essentia.

Sowjetphilosophie. In diesem Begriff werden von westlichen Forschern jene neueren Versuche sowjetischer Denker innerhalb des → Leninismus, → Marxismus und des dialektischen Materialismus (→ Materialismus) zusammengefaßt, die, insbesondere seit Stalins Tod, erste Ansätze kritischen Denkens aufweisen und den Rahmen der vorher genannten Strömungen, unter denen die Philosophie in den Ostblockländern bisher bekannt war, zu überschreiten beginnen. Man zeigt sich aufgeschlossener als bisher für die westliche und für die alte → russische Philosophie.

E. Huber, Um eine „dialektische Logik" – Diskussionen in der neueren S., 1966; D. Grille, Lenins Rivale Bogdanov und seine Philos., 1966; H. Fleischer, Philos. in der Sowjetunion, 1966; W. Goerdt, Die S. – Dokumente, 1967; F. Skoda, Die sowjetruss. philosophische Religionskritik, 1968; F. Rapp, Gesetz und Determination in der S., Dordrecht 1968; N. Bucharin/A. Deborin (Hgg.), Kontroversen über dialektischen und mechanistischen Materialismus, 1969; F. J. Adelmann, Philosophical Investigations in the USSR, Den Haag, 1975; O. Sik, Das kommunist. Machtsystem, 1976; G. Bieling, Der Aufbau der Dialektik in der sowjet. Diskussion, 1977; F. C. Schroeder, Wandlungen der sowjet. Staatstheorie, 1979.

Soziabilität (vom lat. *sociąbilis,* „gesellig, verträglich"), die Fähigkeit od. Neigung zur Gemeinschaftsbildung.

sozial (vom lat. *sociąlis,* „kameradschaftlich, gemeinschaftlich"), bezeichnet das Zwischenmenschliche, d. h. alles, was mit dem Zusammenleben von Menschen zusammenhängt, bes. also in den Bedeutungen: gesellschaftsbetreffend, gesellschafts- und gemeinschaftsbildend; Gegensatz: → asozial (= gemeinschaftsschädigend); → auch Sozialismus.

Sozialdarwinismus, → Darwinismus.

Sozialethik, Ethik des Gemeinschaftslebens, Lehre von den ethischen Verhältnissen u. Pflichten, die aus dem Gemeinschaftsleben erwachsen. Gegensatz: → Individualethik, die die sittl. Grundsätze aus dem Wesen des Menschen als sittlicher Person gewinnt; → Persönlichkeit.

N. Luhmann, Vertrauen – Ein Mechanismus der Reduktion sozialer Komplexität, 1968; D. Suhr, Die kognitiv-praktische Situation in S. und Jurisprudenz, 1977; W. Dreier, S., 1983.

Sozialismus, zuerst in Frankreich (*socialisme*) um 1830 verwendete Bez. für Ideal und Wirklichkeit einer sozialen Ordnung, in der das Wohl der → Gemeinschaft bestimmend ist, nicht die „Interessen" einzelner Menschen, Klassen, Parteien, Wirtschaftsgruppen, Stände. Durch den → Marxismus und die von ihm ausgehenden bzw. mit ihm verwandten politisch-weltanschaulichen Strömungen erhielt der Begriff S. den Inhalt einer Gegnerschaft zur individualist.-kapitalist. bürgerlichen Gesellschafts- und Wirtschaftsordnung. Im Gegensatz zu den revolutionären Bestrebungen der meisten den S. vertretenden politischen Ideologien bemüht sich der christliche S., meist unter Verkennung der unerschütterlichen Egoismen und zugespitzten sozialen Gegensätze, die ursprüngliche Bedeutung des S. wiederherzustellen und durch friedliche Mittel für ein Zusammenleben der Menschen auf der Grundlage gegenseitiger Achtung, ohne Haß, Neid u. Ressentiment, wirksam zu machen: → Solidarität, → Regel (goldene R.).

Dokumente des S., I–V, 1902–05 (Repr. 1968); T. Steinbüchel, Der S. als sittliche Idee, 1920; G. Radbruch, Kulturlehre des S., 1922; W. Sombart, Der proletar. S., I–II, 1924; R. Garaudy, Les sources françaises du socialisme scientifique, Paris 1949, dt. 1954; R. Garaudy, La liberté, Paris 1955, dt. 1959; T. Ramm, Früh-S., 1956 (KTA 223); L. Kolakowski, Der Mensch ohne Alternative, 1960; A. Metzger, Existenzialismus und S., 1968; H. Marcuse, An Essay on Liberation, Boston 1969, dt. 1969; G. Lichtheim, Kurze Gesch. des S., 1975; A. Meyer, Frühs. Theorien der sozialen Bewegungen 1789–1848, 1977; G. Schwan, S. in der Demokratie?, 1982; N. Bobbio, Quale socialismo?, Florenz 1986, engl. 1987.

Sozialphilosophie, philos. Untersuchung des sozialen Lebens, betrachtet nicht die konkrete Wirklichkeit des Gemeinschaftslebens, sondern stellt als soziale Normenlehre die Normen auf, nach denen es sich abspielen soll. S. umfaßt alle theoretischen Überlegungen über die Möglichkeiten einer besseren Welt, daher auch alle soz. Utopien und Ideologien, die sich durch den Anstrich der philosoph. Begründung für wissenschaftliche Theorien ausgeben.

P. A. Sorokin, Social Philosophies of an Age of Crisis, Boston 1950; W. Ziegenfuß, Gesellschaftsphilos., 1954; H. Freyer, Theorien des gegenwärtigen Zeitalters, 1955; A. Gehlen, Urmensch und Spätkultur, 1956; K. Schilling, Gesch. der sozialen Ideen, 1957 (KTA 261); W. Hofmann, Ideengesch. der sozialen Bewegung im 19. und 20. Jh., 1962; J. Habermas, Die Logik der Sozialwissenschaften, 1970; M. Horkheimer, Sozialphilos. Studien, 1972; R. Albrecht, Sozialtechnologie und ganzheitliche S., 1973; H. W. Koch, Der Sozialdarwinismus, 1973; G. Straass, Sozialanthropologie – Prämissen, Fakten, Probleme, 1976; F. Kainz, Hauptprobleme der Kultur- und S., 1977; M. Theunissen, Der Andere – Zur Sozialontologie der Gegenwart, 1977; W. Lefevre, Naturtheorie und Produktionsweise, 1978; H. Lenk, Zur S. der Technik, 1982.

Sozialpsychologie, Grenzgebiet zw. Soziologie und Psychologie, untersucht die Erlebnisse und die darauf gegründeten Verhaltensweisen des Individuums im sozialen Verband, d. h. in der Gemeinschaft, sowie die Erlebnisse und Verhaltensweisen sozialer Gruppen. Zum Aufgabenbereich der S. gehört die Untersuchung der seelischen Grundakte, die in der Gemeinschaft auftreten: Triebe, Instinkte, Mitteilungsformen, Suggestion, Liebe, Freundschaft, Geltungsbedürfnis, Machtwille u. dgl. (→ Tiefenpsychologie), ferner die Frage nach der seelischen Einwirkung der Umwelt, nach der seelischen Beschaffenheit sozialer Gruppen, des Bauern, des Arbeiters u. dgl., endlich auch der Mode, der Sitte und ihrer Entwicklungslinien. Die neue S. bemüht sich, bes. in den USA, zu einer wesentlichen Disziplin einer exakten Wissenschaft von der menschl. Gesellschaft zu werden und ist im Begriffe, deskriptiv-experimentelle Methoden auszuarbeiten, mit denen soziale Einstellungen und Haltungen (religiöser u. politischer Glaube, moralische Wertungen usw.) quantitativ untersucht werden können. Die amerikanische S., mit der die amerikanische → Soziologie weitgehend identisch ist, wird vom Evolutionismus stark beeinflußt u. ist in ihrem Wesen universalistisch und pragmatistisch. Die sozialen Beziehungen gelten als entscheidender für den Menschen, als Konstitution u. Struktur seines Bewußtseins. Im Mittelpunkt der Forschung stehen daher die zwischenmenschl. Beziehungen (*Human relations*), deren Pflege, Vertiefung u. Festigung auf allen Gebieten (Politik, Erziehung, Fürsorgewesen usw.) als die vornehmste Aufgabe der S. gilt. Andere wichtige Forschungsgebiete sind: die primitiven Kulturen und ihr Verhältnis zur Psyche des Kindes (*Cultural pattern*), das Seelenleben und seine Bewahrung vor Schädigungen (*Mental hygiene*), die Gruppe als Lebens- und Forschungseinheit.

H. Thirring, Homo Sapiens – Psychologie der menschl. Beziehungen, I–II, 1947–49; E. u. R. Hartley, Fundamentals of Social Psychology, 1952; W. J. H. Sprott, Social Psychology, London 1952; P. R. Hofstätter, Einf. in die S., 1956 (KTA 295); E. Fromm, The Crisis of Psychoanalysis, New York 1970, dt. 1970; H. E. Lück, Einf. in das Selbststudium der S., 1985; D. C. Pennington, Essential Social Psychology, London 1986.

Sozialreligionen nennt Alfred → Weber den demokratischen Kapitalismus, den demokratischen Sozialismus und den sowjetischen Kommunismus; ihr Ursprung ist die Erklärung der → Menschenrechte von 1776 mit ihrem religiös-sozialen Gehalt als Ausdruck eines neuen Menschenbildes. Der „dritte Mensch" (→ Funktionär) setzte sich seit der Mitte des 19. Jh. mit der neu entstehenden Sozialstruktur auseinander, wobei die Konkretisierung der alten seelisch-geistigen Absolutheiten und fast die ganze, transzendent fundierte Daseinsform untergingen. „Diese S. sind weithin an die Stelle der Transzendentalreligionen getreten; ideell und zugleich sozialstrukturell bilden sie in unerhörtem Maße die praktisch-dynamischen Umwälzungskräfte d. heutigen Daseins. Keine der Transzendentalreligionen, der Islam vielleicht ausgenommen, hat heute noch eine Missionskraft, die auch nur im entferntesten vergleichbar wäre derjenigen dieser S." (A. Weber, Kulturgesch. als Kultursoziologie, [2]1950, S. 423).

Soziolinguistik, → Sprachsoziologie.

Soziologie (aus lat. *sọcius,* „Genosse", u. griech. *lọgos,* „Lehre"), die Lehre von den Formen und Veränderungserscheinungen d. Zusammenlebens von Menschen sowie Tieren und Pflanzen. Sie ist die Wissenschaft vom Sozialen (→ sozial), sei es als allgemeine, grundlegende Sozialwissenschaft, oder als Einzelwissenschaft; sie umfaßt als System die sozialen Gebilde und die sozialen Prozesse. Sie untersucht also die ganze Vielheit der Gemeinschafts- und Gesellschaftserscheinungen wie Volk, Stand, Stamm, Männerbund, Sippe, Familie, Ehe, die Art der Gemeinschafts- u. Gesellschaftsbildung, ihre Ursachen, Formen, Entwicklungen, ihr Werden und Vergehen.
Die Anfänge soziolog. Denkens finden sich im → Naturrecht, das zwar ursprünglich Staatslehre (→ Staat), ist, sich aber schon in der Scholastik auf die gesamte gesellschaftliche Wirklichkeit ausdehnt und sich im 17. Jh. in zunehmendem Maße mit der Moralphilosophie vereinigt; aber die Menschen haben über Fragen ihres Zusammenlebens nachgedacht, seit sie überhaupt nachdenken (vgl. die klass. Staatslehre der griech. Antike, die Weisheit der altchines. Sozialethik), so daß die „vollständige Geschichte des sozialwiss. Denkens in der Tat durch die gesamte menschl. Denkgeschichte hindurchreicht" (Freyer). Die Anfänge der S. als selbständiger Wissenschaft liegen jedoch im 19. Jh.; ihr Begründer ist → Comte, von dessen sechsbändigem *„Cours de philosophie positive"* (1830–42) die drei letzten Bände die S. enthalten (gekürzte Ausg. u. d. Titel „S." KTA Bd. 107). Von Comte stammt auch das Wort S. Er entwickelt auf dem Grunde seiner empiristischen,

von ihm „positivistisch" genannten Philosophie eine S. als Naturwissenschaft. Danach ist S. die Lehre vom menschl. Gemeinschaftsleben als dem Inbegriff der Wechselwirkung der Individuen aufeinander. Nachfolger Comtes waren in England Herbert Spencer (*The Study of S.*, 1873, dt.: Einl. in d. Studium d. S., 1896) und J. St. Mill, ferner franz., amerikan. und ital. Soziologen, in Dtld. bes. Albert Schäffle (1831–1903; „Bau und Leben des sozialen Körpers", 4 Bände, 1878, [2]1896). Die stärkste Befruchtung erfuhr die dt. S. durch → Hegels Rechts- und Geschichtsphilosophie, aus der K. Marx seinen historischen → Materialismus entwickelte. In der neueren S. lassen sich nach Bülow (in „Wb. d. S.", hrsg. v. Bernsdorf u. Bülow, 1955) folgende Hauptrichtungen unterscheiden: Die mathematische Richtung, welche, um gewonnene Erkenntnisse zu veranschaulichen, mathematische Darstellungsmethoden anwendet, so vor allem Pareto. – Die physikalische Richtung (soziale Physik, soziale Mechanik, soziale Energetik). Hatte schon Saint-Simon auf soziologischem Gebiet mechanistisch gedacht, so haben im 19. Jh. Comte, Spencer und J. St. Mill diese Richtung eindrucksvoll vertreten. Auch W. Ostwalds energetische Deutung der sozialen Vorgänge hat Schule gemacht. – Die sozialbiologische Richtung begreift die Gesellschaft vom Leben her als Sozialkörper und verfährt organologisch. Organismus, Vererbung, Variabilität, Auslese, Anpassung, Kampf ums Dasein sind die tragenden Kategorien dieser das Biologische und das Soziale in unmittelbare Nähe bringenden Anschauungsweise. Hatten schon Platon, Aristoteles, Thomas von Aquino, Machiavelli, Althusius, Bodinus u. a. sich des organischen Vergleichs bedient, so übertrugen schließlich auch Kant und viele Denker nach ihm den Organismusgedanken auf den Staat. Die Romantiker, Schelling und Hegel, haben die Organismusanalogie gepflegt und in der S. sind Comte, Spencer u. a. deren Vertreter. – Die sozialanthropologische Richtung behandelt das Problem der Beziehung zwischen Rassen und Sozialgebilden, bes. die Fragen der Vererblichkeit von Eigenschaften innerhalb sozialer Gruppen, waren Gobineau und F. Galton (*Hereditary genius,* 1869). – Die anthropogeographische, soziographische und ethnologische Richtung hat ihren Ursprung bei Hippokrates und reicht über griech. u. röm. Denker hin bis zu Bodinus, Montesquieu, Herder, A. v. Humboldt, Hegel, Buckle u. a. Hierher gehört auch die ethnologisch-völkerkundliche bzw. völkerpsychologische Richtung, vertreten durch A. v. Humboldt, Lazarus, Steinthal, Bastian, Wilh. Wundt, Lévy-Bruhl, L. H. Morgan, Thurnwald u. a. – Die geschichtsphilosophische, universalhistorische und historische Richtung betrachtet den Menschen als geschichtl. Wesen und die gesellschaftl. Phänomene als kulturelle Erscheinungen. Im Mittelpunkt steht der soziale Prozeß in seiner historischen Entfaltung und dessen Bewertung im Rahmen der geschichtl. Betrachtung. Vertreter dieser Richtung sind vor allem Condorcet, Saint-Simon, Comte, Paul Barth, Oppenheimer, aber auch Alfred Weber, K. Mannheim, Scheler, Troeltsch, A. Rüstow und H. Freyer. – Die psychologische und sozialpsychologische Richtung geht davon aus, daß alle soziale Wirklichkeit seelisch bedingt ist und daher auch von innen, vom Psychischen her verstanden sein will. Zeigen schon Comtes und Spencers S.en einen starken psychologischen Einschlag und sind Tardes Theorie der Nachahmung und Le Bons Psychologie der Massen ein Beleg für den franz. Psychologismus in der S., so ist vor allem die amerikanische S. in ihren Hauptvertretern psychologisch orientiert; auch der Behaviorismus, die Tiefenpsychologie, sowie Forscher wie McCougall, Vierkandt, Tönnies und Simmel sind hier zu nennen. – Die universalistische Richtung ist antisubjektivistisch, sie geht von einer Gesamtschau der Sozialordnung oder der sozialen Gliederung aus und ist auf das Ganze, das Universum gerichtet. Ihr Vorbild ist Thomas von Aquino, ihr Hauptvertreter ist O. Spann, der Nachfolger von Adam Müller, des Sozialphilosophen der Romantik. Soziale Wirklichkeit wird grundsätzlich von oben her begriffen, ist ausgegliederter Geist; Gesellschaft ist ein geistiges System. – Die Richtung der Klassentheorien begreift den Prozeß der sozialen Differenzierung von unten her, von den im Zeitalter des Industrialismus in der Wirtschaft, in den Produktivkräften wirkenden Faktoren und von den durch sie bestimmten Interessen her (→ Materialismus, hist.). – Die Richtung der Mittelstandstheorien betont, daß im Widerstreit der sozialen Kräfte (Reiche, Arme, Besitzende, Nichtbesitzende) die mittlere Sprosse der sozialen Leiter zu zerbrechen droht und daß gesellschaftspolitisch alles darauf ankommt, den Mittelstand, die soziale Mittelschicht zu erhalten (W. H. v. Riehl u. a.). – Die formale oder reine S. will, im Gegensatz zu allen bisher genannten Richtungen, ein methodisch eindeutig bestimmtes Erkenntnisobjekt und dieses in einer selbständigen Einzelwissenschaft mit der „Form" als soziologischer Grundkategorie behandeln. Hauptvertreter ist Simmel, der auf Grund der Unterscheidung von Form und Inhalt der Gesellschaft die formale S. als selbständige Methode der wissenschaftl. Forschung im Sinne einer Lehre von den Formen sozialer Beziehungen mit dem Prinzip der Wechselwirkung im Mittelpunkt als empirische Disziplin betrachtet. Dieser Richtung nahe stehen Stammler, Vierkandt und L. v. Wiese. In der Beziehungslehre L. v. Wieses wird die naturwissenschaftl. belastete Kategorie der Wechselwirkung durch die neutralere der Wechselbeziehung ersetzt. Die phänomenologische Richtung tendiert nach einer Wesensschau, nach einer Art intuitiver Erkenntnis und logischer Durchdringung des in den sozialen Erscheinungen sich darbietenden Anschauungsstoffes. Sie stammt aus der Philosophie und wird insbesondere von Husserl, Scheler und Heidegger gepflegt. Ihre Keimzelle ist Hegels „Phänomenologie des Geistes" und ihre Vertreter in der S. sind vor allem Scheler, Litt und Vierkandt. – Die sozialökonomische Richtung erhebt Wirtschaft und Gesellschaft in ihrer wechselseitigen Bedingtheit zum Hauptthema und sieht die wirtschaftliche Welt mit der sozialen in eins; sie wird gepflegt von Max Weber, Sombart , Oppenheimer u. a. Mit seiner Abhandlung „Über einige Kategorien der verstehenden S. eröffnete Max Weber eine neue Richtung der S., der auch Sombart nahe steht. – Die kulturphilosophische und kultursoziologische Richtung räumt im Sinne der Unterscheidung von Natur- und Kulturwissenschaften (Windelband, Rickert) auch in der S. dem Begriff Kultur im Rahmen einer Strukturlehre der geschichtl. Welt eine Sonderstellung ein. Der Kulturbegriff wird von Bacon und Hobbes auf die Erziehung, von Pufendorf auf die Gesellschaft übertragen. Vico, Rousseau, Montesquieu, Voltaire, Hamann, Herder und Kant haben entscheidend zum Durchbruch des geistesgeschichtl. Kulturbegriffs beigetragen. Mit Dilthey, Burckhardt, Nietzsche, Spranger, Dempf, Mannheim, und vor allem mit Alfred Weber ist dann eine Kulturphilosophie und Kultur-S. herangereift, die bei dem letzteren drei geschichtl. Sphären, den Gesellschafts-, den Zivilisations- und den Kulturprozeß unterscheidet. – Die induktiv-analytische Richtung erfaßt mit Hilfe vor allem empirisch-statistischer Methoden das aus der konkreten Erfahrung anfallende Material; sie ist bes. in den USA ausgebildet worden. Das Motto ist: praktische Arbeit am konkreten Objekt mit Hilfe dazu bereitgestellter Erhebungstechniken (z. B. Test). Die graphische Darstellung der Ergebnisse geschieht in Soziogrammen und soziographischen Verbildlichungen. Das Hauptziel ist die prakt. Anwendbarkeit. – Schließlich sei noch die funktionale Richtung genannt, die sich mit Fragen der Entstehung und der inneren Strukturen von s.n Systemen und der Analyse von Gleichgewichtszuständen sowie der funktionalen Abhängigkeiten ihrer Elemente befaßt. Als deren Hauptvertreter gilt Talcott Parsons (*Essays in Sociological Theory – Pure and Applied,* 1949). – Spezielle S.en sind Kultur-S., Rechts-S., Kunst-S., Literatur-S., Wirtschafts- u. Betriebs-S., S. der Technik, Genossenschafts-S., Finanz-S., Pädagogische S., Wissens-S. usw. Angewandte S. ist der Inbegriff aller Bemühungen, Erkenntnisse der S. auf die Praxis anzuwenden und sozialreformatorisch oder sozialpolitisch auszuwerten. – Wenn auch S. eine inhaltsreiche Vorgeschichte und Systematik vorweisen kann, ist sie als Humandisziplin heute insofern in einer Krise begriffen, als über ihren Gegenstand und über die Fruchtbarkeit ihrer verschiedenen Methoden noch keine Einigkeit besteht.

T. Litt, Individuum und Gemeinschaft, 1919; J. Pieper, Grundformen sozialer Spielregeln, 1933; L. Proesler, Die Anfänge der Gesellschaftslehre, 1935; A. Vierkandt, Familie, Volk und Staat in ihren gesellschaftl. Lebensvorgängen, 1936; C. Antoni, Dalla storicismo alle sociologia, Florenz 1940, dt. 1950; P. J. Bouman, Allgemene Maatschappijleer, Amsterdam 1948, dt. 1950; G. Davy, Eléments de s., Vrin 1950; H. W. Odum, American Sociology, New York 1951; K. Renner, Mensch und Gesellschaft – Grundriß einer S., 1952; H. Schoeck, S. – Gesch. ihrer Probleme, 1952; W. Bernsdorf, Wörterbuch der S., 1955; A. Gehlen/H. Schelsky (Hg.), S., 1955; W. Maihofer, Vom Sinn menschl. Ordnung, 1956; M. Solms, Analytische Gesellschaftslehre, 1956; P. Winch, The Idea of a Social Science, New York 1958, dt. 1966; L. v. Wiese, Philos. und S., 1959; G. Weigand, Die Berechtigung sittlicher Werturteile in den Sozialwissenschaften, 1960; P. L. Berger, Invitation to Sociology, New York 1963, dt. 1969; W. Goode, The Family, Englewood Cliffs 1963, dt. 1967; W. E. Moore, Social Change, Englewood Cliffs 1963, dt. 1967; R. Aron, La sociologie allemande contemporaine, Paris 1966, dt. 1965; G. Hartfiel, Wörterbuch der S., 1972 (KTA 410); R. Gasché, Die hybride Wissenschaft, 1973; W. L. Bühl, Einf. in die Wissenschaftss., 1974; A. Schaff, Entfremdung als soziales Phänomen, 1977; M. Bock, S. als Grundlage des Wirklichkeitsverständnisses 1980; N. Konegen/K. Sondergeld, Wissenschaftstheorie für Sozialwissenschaftler, 1985; J. Kuzynski, Bemühungen um die S., 1986; G. Mikl-Horke, S. – Histor. Kontext und soziolog. Theorieentwürfe, 1989.

Soziologismus, die Tendenz, alle geistigen u. kulturellen Tatsachen lediglich aus gesellschaftlichen Zuständen zu erklären und die Soziologie zu einer Grundwissenschaft für alle Geistes- und Kulturwissenschaften zu machen.

Soziometrie, → Soziographie.

Spaemann, Robert, Prof. in München, * 5. 5. 1927 Berlin, bearbeitet Fragen zur Ideengeschichte der Neuzeit und zur Praktischen Philosophie, im einzelnen auch politische Philosophie, Religionsphilosophie und Ethik; versucht eine Rehabilitierung der teleologischen Naturphilosophie. – Schr. u. a.: Der Ursprung der Soziologie aus dem Geist der Restauration, 1959; Reflexion und Spontaneität, Studien über Fénelon, 1963; Zur Kritik der politischen Utopie, 1977; Einsprüche, 1978; Rousseau, 1980; Zur Frage: Wozu Geschichte und Wiederentdeckung teleologischen Denkens, 1981; Glück u. Wohlwollen, 1989.

spanische Philosophie. Die span. Ph. hat in den zwei Jahrtausenden ihres Bestehens mannigfache Wandlungen durchgemacht. Der Stoiker Seneca ist der erste Vertreter der span. Ph.; am Ausgang des Altertums gehört der Kirchenvater Isidor von Sevilla (560–636) ihr an. Dann kommt das über 500jährige Zwischenspiel der → islam. und der → jüd. Philosophie in Spanien. Erst in der Hoch- und Spätscholastik lebt die span. Ph. wieder auf. Vertreter u. a.: Dominicus Gundisalvus (12. Jh.) und Raymundus → Lullus (1235–1315). Die bisher wirksamste Epoche der span. Ph. ist das 16. Jh., währenddessen die kathol. Philosophie der Gegenreformation in Spanien und von Spanien aus bes. durch den Jesuitenorden organisiert wurde, vor allem durch → Loyola (1491–1556) und → Suárez (1548–1617). Durch Schopenhauer bekannt wurde der Jesuit → Gracian (1601–58). Erst im 19. Jh. erfolgte eine spürbare Erneuerung der philos. Tätigkeit mit dem Eindringen des dt. Denkens bes. durch die „Krausistas“ (vor allem Sanz del Rio, 1814–69), die span. Anhänger des dt. Philosophen → Krause (1781–1832), denen sich aber kath.-orthodoxe Denker wie Balmes (1810–48) und Donoso Cortés (1809–53) entgegenstellten. Und erst in neuester Zeit schließt sich Spanien mit selbständigen Gedankenbildungen an die Philosophie des übrigen Europa an, so bes. durch → Unamuno und José → Ortega y Gasset, nachdem bereits Menéndez y Pelayo (1856–1912) auf die Tradition der span. Ph. seit Seneca aufmerksam gemacht hatte.

J. Marias, Philosophes espagnoles de notre temps, Paris 1954; I. Höllhuber, Gesch. der Philos. im spanischen Kulturbereich, 1967; A. Guy, Histoire de la philosophie espagnole, Toulouse 1983.

Spann, Othmar, Nationalökonom, Soziologe u. Philosoph, * 1. 10. 1878 Altmannsdorf bei Wien, † 8. 7. 1950 Neustift (Burgenland), zunächst Prof. in Brünn, 1919–38 in Wien, knüpfte an den → Universalismus der platonisch-aristotel. Philosophie, die dt. Mystik u. den dt. Idealismus an u. entwarf eine Kategorienlehre, in deren Mittelpunkt die Ganzheit steht. Die Grundlage seines Systems ist die idealistische Metaphysik im Sinne Hegels, derzufolge alle Philosophie in der erscheinenden Realität nichts Letztes sieht. Neben diesem Ansatz war es insbesondere seine Distanzierung vom mechanistischen Denken, die ihn, immer auch im Anschluß an die europ. Philosophie, die differenzierte Gesamtschau seines Systems entwickeln ließ. Bekämpfte von da aus den Individualismus, Kollektivismus, Empirismus, Mechanismus und Materialismus in der Philosophie wie in der Soziologie. – Hauptwerke: Wirtschaft und Gesellschaft, 1907; Die Haupttheorien der Volkswirtschaftslehre, 1910; Gesellschaftslehre, 1914; Der wahre Staat, 1921; Kategorienlehre, 1924; Schöpfungsgang des Geistes, 1928; Geschichtsphilos., 1932; Erkenne Dich selbst, 1935; Naturphilos., 1937; Religionsphilos. auf gesch. Grundlage, 1947; Ganzheitliche Logik, I–V, hg. 1958; Kunstphilos., hg. 1973; Gesamtausgabe O. S., I–XXII, 1963–77.

H. Riehl (Hg.), Festschrift für O. S. – Die Ganzheit in Philos. und Wissenschaft, 1950; A. Rieber, Vom Positivismus zum Universalismus – Kritik des Ganzheitsbegriffs von O. S., 1971; W. Becher, Der Blick aufs Ganze – Das Weltbild O. S.s, 1985; J. H. Pichler (Hg.), O. S. oder die Welt als Ganzes, 1988.

Species (lat.), Art; → Spezies.

Spekulation (vom lat. *speculąri*, „von ferne betrachten"), der Versuch, rein gedanklich zu einer Erkenntnis jenseits der Erfahrung liegender Dinge zu gelangen. Die S. versucht also sowohl die Wahrnehmung als auch überhaupt das „Diesseits" zu überspringen, wogegen bes. Kant kritischen Einspruch erhob: „Eine theoretische Erkenntnis ist spekulativ, wenn sie auf einen Gegenstand oder solche Begriffe von einem Gegenstand geht, zu welchem man in keiner Erfahrung gelangen kann." Ähnlich Schiller: „Die Philosophie erscheint immer lächerlich, wenn sie aus eigenen Mitteln, ohne ihre Abhängigkeit von der Erfahrung zu gestehen, das Wissen erweitern und der Welt Gesetze geben will" (an Goethe 16. 10. 1795). Spekulative Systeme im Sinne Kants sind z. B. die des Pythagoras, der Eleaten, Platons, der Neuplatoniker, die von Descartes, Leibniz und den dt. Idealisten. Man bezeichnet den dt. Idealismus im allgemeinen als s.e Philosophie. Hegel dagegen versteht unter spekulativem Denken das von ihm geübte dialektische. S. gilt heute als formale Hilfsmethode in der Modelltheorie u. Hypothesenbildung.

W. Becker, Selbstbewußtsein und S., 1972; U. Petersen, Die log. Grundlegung der Dialektik – ein Beitrag zur exakten Begründung der spekulativen Philos., 1980.

Spencer, Herbert, engl. Philosoph, * 27. 4. 1820 Derby, † 8. 12. 1903 Brighton, Hauptvertreter des die 2. Hälfte des 19. Jh. weitgehend beherrschenden Evolutionismus. Er versteht unter Philosophie die vollkommen vereinheitlichte, einzelwissenschaftlich begründete Erkenntnis, soweit sie universelle Allgemeinheit, d. h. auf höchster Stufe, die Erkenntnis eines das ganze Universum umspannenden Gesetzes erreicht hat. Dieses Gesetz liegt für S. in der Entwicklung (Evolution); sie untersteht dem Gesetz der Erhaltung von Materie und Kraft und besteht in der Anhäufung (Integration) von Stoff unter gleichzeitiger Zerstreuung (Dissipation) von Bewegung: von relativ unbestimmter, unzusammenhängender Gleichartigkeit (Homogenität) gelangt die Entwicklung dabei zu bestimmter, zusammenhängender Ungleichartigkeit (Heterogenität); d. rückläufige Teil jeder Entwicklung ist die Auflösung (Dissolution), sie ist ein Aufnehmen (Absorption) der Bewegung mit begleitender Auflösung (Desintegration) des betr. Gebildes. Da auch das Universum von antagonist. Kräften beherrscht wird, muß es diesen Rhythmus von Entwicklung und Auflösung ewig durchmachen. – Hauptwerke: A System of Synthetic Philosophy, First principles, I–X, 1862–96, dt. 1875–1901; The Study of Sociology, 1873, dt. 1875; An Autobiography, 1904, dt. 1905; Werke, I–XIX, 1910 ff.

J. Rumney, H. S.s Sociology, London 1934; L. v. Wiese, H. S.s Einf. in die Soziologie, 1960; P. Kellermann, Kritik einer Soziologie der Ordnung, 1967; J. Peel, H. S., London 1971; K.-D. Curth, Das Verhältnis von Soziologie und Ökonomie in der Evolutionstheorie von H. S., 1972; H. Hudson, An Introduction to the Philosophy of H. S., New York 1974; J. G. Muhri, Normen von Erziehung – Analyse und Kritik von H. S.s evolutionistischer Pädagogik, 1982.

Spengler, Oswald, Kulturphilosoph, * 28. 5. 1880 Blankenburg a. Harz, † 8. 5. 1936 München, bekannt durch sein Hauptw.: Der Untergang des Abendlandes. Umriß einer Morphologie der Weltgesch., Bd. 1: Gestalt und Wirklichkeit, 1918 (81. Tsd. 1950), Bd. 2: Welthist. Perspektiven, 1922 (62. Tsd. 1941), in dem er – z. T. den russischen Geschichtsphilosophen → Danilewskij nachahmend – die die Weltgesch. ausmachenden Kulturen als Organismen mit einer begrenzten, von S. auf rund 1000 Jahre veranschlagten Lebensdauer ansieht. Aus dem Vergleich der abendländ. Kultur mit der abgeschlossenen antiken will S. die Zukunft der ersten berechnen; sie ist bereits in das Stadium der Zivilisation eingetreten, das schicksalsmäßig ihren Untergang einleitet; → zyklische Geschichtstheorie. S.s Buch hatte in der Zeit zwischen den beiden Weltkriegen ungewöhnlich viel Erfolg, weil es eine durch angeblich historische Tatsachen fundierte Gegnerschaft gegen den Geist enthielt, wie sie damals von der Lebensphilosophie, von Ernst Jünger, von Klages u. a. und von weiten Kreisen der Gebildeten vertreten wurde; → Untergangserwartung. Schon damals auch heftig kritisiert, wird das Buch seither zunehmend abfällig beurteilt, hauptsächlich wegen des in ihm zutage tretenden philosophischen Dilettantismus (S. bekennt, die Philosophie um ihrer selbst willen stets gründlich verachtet zu haben) u. Tatsachenkultes („Tatsachen sind wichtiger als Wahrheiten"). Im ganzen genommen vertritt S. einen recht flachen, das schwere Problem der Nichtübereinstimmung von Idee und Realität, von Geist u. Wirklichkeit mit billigen, effektvollen Mitteln simplifizierenden Morphologismus der weltgeschichtlichen Auffassung. – Hauptwerke: Preußentum und Sozialismus, 1919; Der Mensch und die Technik, 1931; Polit. Schriften, 1932; Jahre der Entscheidung, 1933; Reden und Aufsätze, 1937; Gedanken, 1941; Briefe 1913–1936, hg. 1963; Frühzeit der Weltgesch., hg. 1966.

M. Schröter, Metaphysik des Untergangs – Kulturkritische Studie über O. S., 1949; H. J. Schoeps, Vorläufer S.s, 1953; A. Koktanek, O. S. in seiner Zeit, 1968; P. C. Ludz (Hg.), S. heute, 1980; D. Felken, O. S., 1988.

Speusippos, griech. Philosoph, 405–334 v. Chr., Neffe Platons und sein Nachfolger in der Leitung der Akademie (348/7–339/8), deren Verfall unter ihm bereits einsetzte; denn er dürfte die Ideenlehre vernachlässigt haben, wenn er die ideellen Zahlen verwirft und nur an den geometrisch-mathematischen festhält. Hat unabhängig von Aristoteles eine eigene Systematik der Pflanzen und Tiere versucht. Die Fragmente seiner Schriften sammelte P. Lang, 1911, ²1964.

P. Merlan, From Platonism to Neoplatonism, Den Haag 1953; H. J. Krämer, S., in: Grundriß der Gesch. der Philos. (begr. von F. Ueberweg), Antike, III, 1983, S. 22–43.

Spezies (lat. *spęcies*), die Gestalt, äußere Erscheinung; in der Naturwissenschaft die → Art; in der → Kategorialanalyse die Kategorien als letzte S. verstanden.

Spezifikation (aus lat. *spęcies*, „Art", u. *fącere*, „machen"), Besonderung, differenzierte Betrachtung, Einteilung in Unterabteilungen, z. B. einer Gattung in Arten, einer Art in Unterarten.

spezifisch, eine Spezies (Art) betreffend, das, was einem Gegenstand wesentlich ist, ihn zu einem besonderen macht; eigenartig, kennzeichnend; z. B. die s.en Charaktermerkmale eines Menschen, das s.e Gewicht eines Stoffes.

Sphäre (vom griech. *sphaira,* „Kugel"), Bereich, Umfang, in der Geometrie die Kugel. – S.n h a r m o n i e, nach Pythagoras (Platon, Kepler u. a.) das von den sich durch die Luft bewegenden Planeten hervorgebrachte harmonische unhörbare Tönen; s p h ä r i s c h, kugelförmig, mit gekrümmter Oberfläche. Die S. eines Menschen ist der räumlich vorgestellte Freiheits-, Wirkungs- u. Machtbereich einer → Person.

Spiel, jede Tätigkeit, die aus Freude an ihr selbst geschieht und nicht von prakt. Zielsetzungen bestimmt wird. Das S. unterscheidet sich sowohl von der Arbeit wie von bloßen Instinkthandlungen. Es gehört zu gewissen Entwicklungsstufen der höheren Lebewesen, der Säugetiere und der Menschen. Über die Bedeutung des S.s gibt es zahlreiche Theorien. Am bekanntesten ist die Theorie von K. Groos geworden, wonach das S. eine unbeabsichtigte Selbstausbildung (Funktionsübung) des Lebewesens darstellt, die bes. für den Menschen notwendig ist. Das S. des Kindes macht verschiedene typische Stufen durch, deren Erforschung der Kinderpsychologie wichtige Aufschlüsse über das kindliche Seelenleben gegeben hat. Das S. ist aber auch im höheren Alter eine Quelle steter Lustgefühle und trägt viel zur Erhaltung des Selbstgefühls des Menschen bei. „Der Mensch spielt nur, wo er in voller Bedeutung des Wortes Mensch ist, und er ist nur da ganz Mensch, wo er spielt" (Schiller). → homo ludens. „Vielleicht muß man wählen: nichts zu sein oder zu spielen, was man ist" (Sartre, *Les chemins de la liberté,* Bd. 1. 1945), auch → Puerilismus. – Die rationalisierende Erforschung eines gezielten Spielvorgangs, etwa die Theorie der strategischen Spiele, führte zur Entstehung der mathematisch-kybernetischen S p i e l t h e o r i e, die es ermöglicht, rechnerisch die optimalen Bedingungen für optimal treffendes Spielverhalten im voraus zu bestimmen, was auch für das Verhalten in organisierten Gruppen, in Konfliktsituationen u. a. gilt. Darauf beruht u. a. die Konstruktion schachspielender Automaten.

J. Huizinga, Homo Ludens – Versuch einer Bestimmung des S.elements der Kultur (ndl. 1938), Amsterdam 1939; C. F. Jünger, Die S.e – Ein Schlüssel zu ihrer Bedeutung, 1959; E. Burger, Einf. in die Theorie der S.e, 1959; E. Fink, S. als Weltsymbol, 1960; K. Trebels, Einbildungskraft und S., 1967; I. Heidemann, Der Begriff des S.s und das ästhetische Weltbild in der Philos. der Gegenwart, 1968; H. Kutzner, Erfahrungen und Begriff des S.s, 1975; A. Flitner, Der Mensch und das S. in der verplanten Welt, 1976; W. Kellner, Zu einer Logik des Umwegs. Versuch über das S. als anthropolog. Grundfigur, 1985.

Spinoza, Benedictus de (portug. Bento Despiñoza, mit dem sakralen Vornamen Baruch), Philosoph, * 24. 11. 1632 Amsterdam, † 21. 2. 1677 i. Haag. Seine Vorfahren waren aus Portugal eingewanderte Juden; er selbst wurde 1656 wegen „schrecklicher Irrlehren" aus der jüdischen Gemeinde ausgestoßen. – S. wendet bei der Abfassung seines Hauptw., der „Ethik" (1677; dt. [7]1976 KTA, Bd. 24) in rigoroser Weise die von Descartes geschaffene Methode an. Nur die mathemat. Denkweise führt zur Wahrheit. Je mehr der menschl. Geist weiß, desto besser erkennt er seine Kräfte und die Ordnung der Natur, desto leichter kann er sich selbst leiten, sich Regeln geben und sich von nutzlosen Dingen zurückhalten. Da es nun in der Natur nichts geben kann, was ihren Gesetzen widerspricht, vielmehr alles nach bestimmten Gesetzen geschieht, derart, daß alles seine bestimmten Wirkungen nach bestimmten Gesetzen in unzerreißbarer Verkettung hervorbringt, so folgt daraus, daß die Seele, sobald sie ein Ding wahrhaft begreift, fortfährt, dieselben Wirkungen objektiv hervorzubringen. Denn die Seele ist selbst nur ein Teil der alles umfassenden Natur, der Substanz, die sich uns in zwei Attributen offenbart: Ausdehnung u. Denken (→ Res), Materie und Geist; alle Dinge, alle Ideen sind Modi, Daseinsweisen dieser einzigen, ewigen unendlichen Substanz, außer der es kein Sein gibt und keinen Gott: *Deus sive natura,* die Natur selbst ist Gott. Je mehr wir die Einzeldinge erkennen, um so mehr erkennen wir Gott. Je mehr und je besser wir Gott erkennen, um so mehr lieben wir ihn, und diese intellektuelle Liebe zu Gott ist ein Teil der unendlichen Liebe, womit Gott sich selbst liebt. In dieser Erkenntnis und Liebe Gottes besteht unser Heil. S. vertritt einen strengen Determinismus. Die Menschen halten sich für frei, weil sie sich ihrer Determiniertheit nicht bewußt sind. Gut u. Böse sind nur Charakteristika für die Beziehungen, die wir zwischen den Dingen herstellen. *Sub specie aeternitatis* gibt es nichts Böses.

Die Lehre S.s fand zunächst wenig Anklang. Durch den Streit von F. H. → Jacobi mit Moses Mendelssohn über den Spinozismus Lessings wurde das Interesse an S. allgemeiner. Durch Herder u. Goethe gelangte der → Spinozismus zu hohem Ansehen. – Hauptwerke: Tractatus theologico-politicus, 1670; Ethica ordine geometrico demonstrata, 1677, dt. 1744; Tractatus de intellectus emendatione, 1677; Tractatus politicus, 1677; Opera quotquot reperta sunt, I–II, 1882–83, I–IV, 1914; Opera, I–IV, 1924 (Repr. 1973); Sämtliche Werke, I–VII, 1945–78. – T. van der Werf/H. Siebrand/C. Westerveen, A S. Bibliography 1971–1983, Leiden 1984.

K. Stumpf, S.-Studien, 1919; H. Höffding, S.s Ethik, 1924; K. Fischer, S.s Leben, Werk und Lehre, 1946; G. Friedmann, Leibniz et S., Paris 1946; S. J. P. Siwek, S. et le panthéisme religieux, Paris 1950; D. Runes (Hg.), S.-Dictionary, New York 1951; H. M. Wolff, S.s Ethik – Eine kritische Einf., 1958; W. Cramer, S.s Philos. des Absoluten, 1966; H. Steffen, Recht und Staat im System S.s, 1968; E. Giancotti-Boscherini, Lexicon spinozanum, Den Haag 1970; W. S. Wurzer, Nietzsche und S., 1975; H. Stolte/L. Sonntag (Hgg.), S. in neuer Sicht, 1977; K. Jaspers, S., 1978; H. G. Hubbeling, S., 1978; F. Wiemann, B. d. S. – Eine Einf., 1982; K. Gründer/W. Schmidt-Biggemann (Hgg.), S. in der Frühzeit seiner religiösen Wirkung, 1984; G. Deleuze, S., Paris 1987, dt. 1988; Y. Yovel, S. and other Heretics, I–II, Princeton 1989.

Spinozismus, die Lehre und die philos. Weiterbildung der Lehre → Spinozas. In Deutschland entwickelten bes. im 18. Jh. Lessing, Herder, Goethe, Jacobi, Schleiermacher einen S., dessen „Gott-Natur"-Symbol viel weniger rationalistisch gestaltet war, als Spinozas *Deus sive natura.* Ähnliche Weiterbildungen in emotional-voluntaristischer Richtung erfuhr der S. bei Fichte, Schelling, Schopenhauer, Fechner, Wilh. Wundt u. a. Der S. war eine der wirkungsvollsten geistigen Strömungen in der Zeit der Deutschen Bewegung (→ Romantik). Lichtenberg sagte damals: „Wenn die Welt noch eine unzählbare Zahl von Jahren steht, so wird die Universal-Religion geläuterter S. sein", womit er vornehmlich S.s Pantheismus meint.

K. Christ, Jacobi u. Mendelssohn. Eine Analyse des Spinozastreits, 1988.

Spiritualismus (vom lat. *spiritus*, „Geist"), häufig auch als → Idealismus bezeichnet, diejenige philos. Richtung, die das Wirkliche (Absolute) als geistig annimmt, das Körperliche als Produkt oder Erscheinungsweise des Geistes oder als gar nicht vorhanden oder auch als bloße Vorstellung. Gegensatz: → Materialismus.

Spiritualität, Geistigkeit; Gegensatz: Materialität, Körperlichkeit; spirituell, geistig.

Spiritus (lat.), Geist; eigentlich bewegte Luft, Wind, Hauch, Lebenshauch, Atem. S. rector, herrschender, lenkender Geist; nach den Alchimisten eine „geistige" (feinmaterielle) Substanz in den Dingen. – S. sanctus, heiliger Geist.

spontan (lat.), von selbst, aus eigenem Antrieb. Spontaneität, Selbsttätigkeit, die Fähigkeit, sich unmittelbar aus eigenem Antrieb aktiv zu betätigen; in der Erlebnissphäre heißt s. aus dem Gefühl heraus denken und handeln, ohne Unterbrechung des Erlebnisstromes durch streng rationale und pragmatische Überlegungen.

I. Heidemann, Spontaneität und Zeitlichkeit, 1958; H. A. Müller, S.eität und Gesetzlichkeit, 1967.

Sprache, das umfassendste und differenzierteste Ausdrucksmittel des Menschen, zugleich die höchste Erscheinungsform sowohl subjektiven, wie auch des objektiven → Geistes. Die S. hat sich aus Naturlauten entwickelt. Jeder Schrei ist schon eine Art S. An der Verbesserung dieses wichtigen, wenn auch noch primitiven Verständigungsmittels arbeitete der Mensch, indem er den Schrei zu gestalten suchte. Der Schrei zerlegte sich in seine Bestandteile und es ergab sich eine Reihe von Lauten, die dem Schrei zunächst bloß eine je besondere Klangfarbe verliehen hatten. Die Laute lösten sich nun vom Schrei ab, wuchsen zu Lautgestalten wieder zusammen und wurden so zu Bausteinen für Wörter, wobei der pantomimische Charakter der Laute eine entscheidende Rolle spielte. Eine solche Lautgestalt, etwa „ho" kann von anderen Lautgestalten (ha, he, usw.) bereits so deutlich unterschieden werden, daß es der Gewohnheit gelingt, sie mit der Gegenwart oder mit dem Auftauchen eines bestimmten Gegenstands zu verknüpfen, so daß, wenn der Gegenstand erscheint, die Lautgestalt sich in gleichbleibender Form und wie von selbst einstellt. Der Vorgang ist umkehrbar: wenn die Lautgestalt gehört wird, kehrt der Gegenstand (als Vorstellung) wieder. Die Lautgestalt wird zum magischen Wort, dem die Kraft innewohnt, den Gegenstand herbeizuzaubern (im Denken primitiver Völker fallen Vorstellung und Realität noch weitgehend zusammen). Den magischen Charakter hat die S. noch heute (Verbot des „Beschreibens"; Beschwörungen, Gebete usw.).

Mit jedem Wort, das ich spreche, meine ich etwas. Das – Wort steht zwischen meinem Bewußtsein und dem gemeinten Gegenstand, es nimmt teil an der Seinsart beider. Es trennt sie voneinander, indem es mir ermöglicht, die durch das Wort erzeugte Vorstellung vom Gegenstand zu unterscheiden; ohne es könnte die Vorstellung nicht auftauchen, weder in mir noch in anderen. Aber das Wort verbindet auch Gegenstand u. Bewußtsein: ohne das Wort könnte die Vorstellung nicht zum Zeichen für das werden, was gemeint ist. In dieser Funktion des Trennens u. Verbindens liegt der Quell für die unendliche Wirkung der S. auf das Denken. Mittels der S. können die gesamte Erlebniswirklichkeit und das Denken sich zum eigenen Erkenntnisgegenstand machen, können sich objektivieren und an andere weitergegeben werden: sie werden tradierbar. Die S., selbst objektivierbarer Geist, wird zum Leib des personalen Geistes. Der Geist ist in das Wort gehüllt (Hölderlin). Weil aber unser Denken uns nur im Gewande und in der Form der S. bewußt werden kann, fassen wir die mikrokosmische Welt nach der Seinsart unserer S. auf: die Welt wird uns zu einer S. anderer Art. Jeder Gegenstand wird zum Träger eines → Wesens, das wir erfassen wollen. So wie der vom Gehörsinn wahrgenommene Klang, wie die Handbewegung u. die Mimik für uns etwas bedeuten, so hat auch die ganze Welt eine Bedeutung. So wie die S. den Geist verleiblicht, so durchgeistigt sie die Wirklichkeit. Das Wort ist das Gefäß unseres Geistes, aus dem wir ihn über die Welt ausgießen, ihr so einen → Sinn verleihend.

Durch das Wort wird der Gegenstand geistig verfügbar und zu etwas unserer Erkenntnis Gegebenem. Das Wort ist das aussprechbare Wesen des Gegenstandes. Mit dem wesentlichen Worte muß man den Gegenstand ansprechen, damit er uns sagt, was er eigentlich ist. Indem die Gegenstände zum Partner dieses Verständigungsprozesses werden, findet sich das sinngebende Bewußtsein, das in der S. auf sie wirkt, in ihnen tatsächlich wieder. Auf dem Vehikel der S. bewegt sich das Bewußtsein durch die Welt und kehrt bereichert zu sich selbst zurück; → Reflexion.

Man kann an der S. drei Funktionen unterscheiden (K. Bühler): Äußerung (Kundgabe), Einwirkung (durch Anruf, Mitteilung, usw.), Sachbezogenheit (Benennung, Orientierung, Darstellung). Der Sprechende äußert etwas, sei es für sich (Interjektion!), sei es als Mitteilung an andere, die er anspricht. Dies Bezogensein auf den anderen hat bereits (als Einflußnahme, Lenkung) die Form des Eingriffs in dessen (bzw. in d. gemeinsamen) Freiheitsbereich, ist ein „Behandeln". Nicht einfach Sätze werden ausgesprochen, sondern Bitten, Klagen, Fragen, Auskünfte, Belehrungen, Ermahnungen, Drohungen, Befehle (Ammann). Dabei ist meist von Sachlichem die Rede, das den Inhalt (in engerem Sinn) des Gesprochenen ausmacht. Der Schwerpunkt der Rede kann sowohl bei der Kundgabe (z. B. Abgabe einer Erklärung) wie bei der Einflußnahme wie bei dem Sachlichen liegen; aber auch mit der Fixierung eines Sachverhalts sollen Wege des Handelns aufgewiesen, Teile des Aktionsfeldes ausgekundschaftet, Richtpunkte sichergestellt werden. In allen Fällen ist „die Äußerung selbst ein Stück Leben" (Ammann).

Die Geschichte einer S. spiegelt die Sozialgeschichte des betreffenden Volkes wider. Die Wortstämme einer S. zeigen an, welche Gegenstände für das Volk zur Zeit der S.formung die wichtigsten waren. Der Wortschatz einer S. zeigt an, was ein Volk denkt, die Syntax zeigt an, wie es denkt (→ Denkraum). Da die S. objektiver Geist ist, charakterisiert sie ein Volk am genauesten. So ist es z. B. kennzeichnend, daß die Beduinen eine Anzahl von Worten für das Kamel je nach den Bezie-

hungen bilden, in denen es in ihrem Leben fungiert, daß ostafrikan. Jägervölker viele Ausdrücke für die Nuancen von „braun", aber nur einen für alle übrigen Farben zusammen haben. Wenn in einzelnen slawischen S.n das Hilfszeitwort „sein" eine geringere Rolle spielt, als etwa in den romanischen u. germanischen, so zeigt das, daß das Seinsproblem, vor allem das Problem der Seinsaussagen sich diesen Völkern doch nicht in der Schärfe stellt wie den roman. u. germanischen.
Die sprachl. Prägung verweist auf einen im Anhören vor Augen geführten Lebensbezirk. (Das Wort „Meer" bedeutet für den Fischer etwas anderes als für den Kurgast). Jedes vernommene Wort muß also interpretiert werden, um im Sinne des Sprechenden verstanden werden zu können. Eine richtige Interpretation ist nur möglich, wenn der Denkraum des Sprechenden wenigstens in den Strukturen bekannt ist. Das Verstehen einer fremden S. ist an denselben, hier nur komplizierteren Interpretationsvorgang gebunden. – Die Sprache ist mit dem Volke unmittelbar verbunden. Durch die Sprachverwandtschaft können Volksgruppen als zusammengehörig erkannt, die Wanderungen einzelner Völker rekonstruiert und Sprachfamilien gebildet werden. → Sprachphilosophie; → Schrift.

L. S. Wygotski, Denken und sprechen (russ.), Moskau 1934, dt. 1968, [5]1986; A. Ayer, Language, Truth and Logic, London 1956, dt. 1970; W. Haselbach, Grammatik und Sprachstruktur, 1966; J. R. Searle, Speech Acts, London 1969, dt. 1971; P. Crome, Symbol und Unzulänglichkeit der S., 1970; H. H. Lieb, Sprachstudium und Sprachstruktur, 1970; E. H. Lenneberg, Biologische Grundlagen der S., 1972; E. H. Lenneberg, Neue Perspektiven in der Erforschung der S., 1972; E. Albrecht, S. und Philos., 1975; F. Waismann, Logik, S., Philos., 1976; G. Seebass, Das Problem von S. und Denken, 1981; H. Bußmann, Lexikon der Sprachwissenschaft, 1983, [2]1990 (KTA 452); G. Wohlfart, Denken der S., 1984; H. Gipper, Das Sprachapriori, 1987; T. Kobusch, Sein und S., 1987; → Sprachphilosophie.

Sprachphilosophie, Untersuchung der → Sprache nach Ursprung, Wesen, Funktion in den menschl. Gemeinschaften und Kulturen. S. lehnt sich dabei an Sprachgeschichte und Sprachwissenschaft an und umfaßt Biologie, Logik, Psychologie, Soziologie der Sprache. Spekulationen üb. die Sprache, ihre Entstehung, Entwicklung und Bedeutung finden sich schon bei indischen wie bei griech. Philosophen (u. a. bei den Sophisten und bei Platon). Die naturalist. S. betrachtet die Sprache als eine natürlich gewordene Fähigkeit des Menschen, die idealist. S. als eine Schöpfung des Geistes. „Der augenblickliche Stand sprachphilos. Forschung ist gekennzeichnet durch zwei sich ergänzende Richtungen, nämlich durch den Rückgang auf die äußere und innere Wirklichkeit der tatsächlichen Sprechlage sowie durch das Hindrängen auf Erfassung der kategorialen Grundlagen menschlicher Sprache in einer allgemeinen Grammatik. Damit greift die Sprachforschung auf die ältere Forschung zurück, die an die Namen Herder, Humboldt und Grimm geknüpft ist. So kommt es denn, daß sie in die Bahnen mündet, welche auch die neuere Ontologie eingeschlagen hat" (Ernst Otto, Sprachwissenschaft und Philosophie, 1949). Von einer existenzphilos. Grundlage aus untersucht Hans Lipps das Wesen der Sprache, indem er den realen Vollzug wirklicher Gespräche zum Gegenstand seiner S. macht.

J. G. Herder, Über den Ursprung der Sprache, 1772; J. Grimm, Dt. Grammatik, I–IV, 1819–37; W. v. Humboldt, Über die Verschiedenheit des menschl. Sprachbaus, 1835; J. Grimm, Über den Ursprung der Sprache,

1851; A. Marty, Untersuchungen zur Grundlegung der allg. Grammatik und S., 1908; E. Cassirer, Die Philos. der symbol. Formen, I, 1923; H. Ammann, Vom Ursprung der Sprache, 1929; R. Hönigswald, Philos. und Sprache, 1937; L. Lavelle, La parole et l'écriture, Paris 1942; M. Black, Language and Philosophy, Ithaca 1949; B. Snell, Der Aufbau der Sprache, 1952; J. Lohmann, Philos. und Sprachwissenschaft, 1965; J. J. Katz, The Philosophy of Language, New York 1966, dt. 1969; E. Albrecht, Sprache und Erkenntnis, 1967; R. Rorty, Linguistic Turn, Chicago 1967; E. Coseriu, Die Gesch. der S. von der Antike bis zur Gegenwart, I–II, 1969; E. v. Savigny, Die Philos. der normalen Sprache, 1969; K. Lorenz, Elemente der Sprachkritik, 1970; W. Luther, S. als Grundwissenschaft, 1970; F. v. Kutschera, S., 1971; R. W. Langacker, S. und ihre Struktur, 1971; J. R. Searle (Hg.), The Philosophy of Language, Oxford 1971; H. Schnelle, S. und Linguistik, 1973; A. Borgmann, The Philosophy of Language, Den Haag 1974; G. Grewendorf/ G. Meggle (Hgg.), Linguistik und Philos., 1974; E. Heintel, Einf. in die S., 1975; E. Tugendhat, Vorlesungen zu Einf. in die sprachanalytische Philos., 1976; K.-O. Apel, (Hg.), Sprechakttheorie und Philos., 1976; K.-O. Apel, Die Idee der Sprache im Humanismus von Dante bis Vico, 1976; R. Kamp, Axiomatische Sprachtheorie, 1977; M. Hartig, Einf. in die S., 1978; A. Keller, S., 1979; B. Mojsisch (Hg.), S. in Antike u. MA, Amsterdam 1986.

Sprachpsychologie, derjenige Teil der → Sprachphilosophie, der den besonderen Zusammenhang der → Sprache mit dem menschl. Seelenleben untersucht. Bes. Fragestellungen: Sprache als seelische Leistung; Sprache im Rahmen der übrigen seelischen Funktionen: Denken, Fühlen, Wollen, Träumen, Phantasieren.

O. Dittrich, Grundzüge der S., I–II, 1903–04; K. Bühler, Sprachtheorie, 1937, Repr. 1965; F. Kainz, Psychologie der Sprache, I–V, 1941–69; H. Hörmann, Psychologie der Sprache, 1967; N. Chomsky, Language and Mind, New York 1968, dt. 1976; H. Grimm/J. Engelkamp, S. Handbuch und Lexikon der Psycholinguistik, 1981; G. List, S., 1981.

Sprachsoziologie, derjenige Teil der → Sprachphilosophie, der bes. von der Grundtatsache ausgeht, daß die → Sprache überhaupt nur in der Gemeinschaft entstehen konnte und auch inhaltlich gänzlich durch sie geprägt und erfüllt ist. Die Grundfragen der S. finden heute eine fruchtbare Fortsetzung in der Soziolinguistik, in der die Sprache vornehmlich als Voraussetzung und Medium sozialer Kommunikations- und Informationsprozesse betrachtet wird. Als linguistischer Kode betrachtet besteht die soziale Leistung der Sprache in Differenzierung und Objektivierung von Sachverhalten und Beziehungen sowie die Auflösung von Mehrdeutigkeiten in Handlungssituationen.

J. Stenzel, Philos. der Sprache, 1934; W. Porzig, Das Wunder der Sprache, 1950; U. Oevermann, Sprache und soziale Herkunft, 1970; W. Luther, Sprachphilos. als Grundwissenschaft, 1970; U. Engel/O. Schwencke (Hgg.), Gegenwartssprache und Gesellschaft, 1972; T. Luckmann, Soziologie der Sprache, in: R. König (Hg.), Hb. der empir. Sozialforschung, VII, 1979, S. 1–116; U. Ammon u.a. (Hgg.), Soziolinguistik. Ein internat. Hb. zur Wiss. von Sprache und Gesellschaft, I–II, 1987–88.

Spranger, Eduard, Philosoph u. Pädagoge, * 27. 6. 1882 Berlin, † 17. 9. 1963 Tübingen, seit 1920 Prof. in Berlin, seit 1946 Tübingen, Schüler Diltheys. Seine Arbeit galt der philos. Grundlegung der Geisteswissenschaften und der Kultur- und Lebensphilosophie bes. durch eine geisteswissenschaftl. Psychologie, in deren Mittelpunkt die Frage nach dem Wesen des → Verstehens steht als Auffassungsweise des → Sinngehaltes der Erscheinungen des objektiven Geistes. Je nach der besonderen geistigen Auffassungsweise und den dadurch erfaßten Sinn- und Wertgehalten ergeben sich für S. sechs je einem Kulturgebiet entsprechende Lebensformen, d. h. Haupttypen des Menschen: 1. der theoretische, 2. der ökonomische, 3. der ästhetische, 4. der soziale Mensch, 5. der Machtmensch, 6. der religiöse Mensch. In seinen kulturpädagog. Arbeiten betrachtet S. die Antike, das Christentum und den dt. Idealismus als tragende Kräfte des mod. Lebens. Richtete er seine Zielsetzung anfänglich stärker nach dem Humanitätsideal etwa W. v. Humboldts aus, so stellte er später immer stärker dem Individuum die Aufgabe der Selbstformung mit dem Hinblick auf kulturelle Werte und Staatssittlichkeit, da diese allein auch die ganzheitl. Struktur des Individuums gewährleisten. Seine romantisch anmutende Vorstellung vom „geborenen Erzieher" und dessen Selbstformung fand keine Fortsetzer, obwohl ihr entmythologisierter Gehalt, auf die moderne pädagogische Psychologie übertragen, ein Modell zur wesentlichen Förderung erzieherisch begabter Jungpädagogen liefert, wodurch maximal gründliche Erziehung und Bildung in einem neugefaßten Schulwesen gesichert werden können. → auch Strukturpsychologie, → Weltfrömmigkeit. – Hauptwerke: Die Grundlagen der Geschichtswissenschaft, 1905; W. v. Humboldt und die Humanitätsidee, 1909; W. v. Humboldt und die Reform des Bildungswesens, 1910; Lebensformen, 1914; Zur Psychologie des Verstehens, 1918; Die Psychologie des Jugendalters, 1924; Volk, Staat, Erziehung, 1932; Goethes Weltanschauung, 1933; Das dt. Bildungsideal der Gegenwart, 1938; Weltfrömmigkeit, 1940; Die Magie der Seele, 1947; Pestalozzis Denkformen, 1947; Pädagogische Perspektiven, 1952; Kulturfragen der Gegenwart, 1953; Der geborene Erzieher, 1958; Der Philosoph von Sanssouci, 1962; Gesammelte Schriften, I–XI, 1970–75. – T. Neu, Bibl. E. S., 1958.

H. Wenke (Hg.), Festschrift für E. S. – Bildnis eines geistigen Menschen, 1957; H. W. Bähr, Erziehung zur Menschlichkeit, 1958; W. Sacher, E. S., 1988.

Sprechakttheorie, untersucht im Anschluß an → Wittgensteins Spätphilosophie, wie mit dem Äußern von Sätzen Handlungen vollzogen werden. Nach J. L. → Austin wird unterschieden zwischen 1) der bloßen Äußerung von Sätzen (lokutionärer Akt), 2) Handlungen, die man durch das Äußern von Sätzen unter Geltung bestimmter Konventionen oder Regeln vollzieht, z. B. Behauptungs-, Befehls-, Frage-, aber auch Tauf- oder Wetthandlungen (illokutionärer Akt), 3) dem Hervorrufen von Wirkungen beim Gesprächspartner, z. B. jemanden überraschen, erheitern oder kränken (perlokutionärer Akt).

J. L. Austin, How to do Things with Words, Oxford 1962, dt. 1972; J. R. Searle, Speech Acts, London 1969, dt. 1971; K.-O. Apel (Hg.), Sprachpragmatik und Philos., 1976; J. R. Searle, Expression and Meaning, Cambridge 1979, dt. 1982; J. R. Searle/D. Vanderveken, Foundations of Illocutionary Logic, Cambridge 1985; D. Vanderveken, Les actes de discours, Lüttich 1988.

Staat, ein durch repräsentativ aktualisiertes Zusammenhandeln von Menschen dauernd sich erneuerndes Herrschaftsgefüge, das die gesellschaftlichen Akte auf einem bestimmten Gebiet in letzter Instanz ordnet (H. Heller, S., in Hwb. der Soziologie, hrsg. v. Vierkandt, 1931). Grundlage des S.es ist das → Recht. Kant unterscheidet: die Anarchie (Gesetz und Freiheit ohne Gewalt), den Despotismus (Gesetz und Gewalt ohne Freiheit), die Barbarei (Gewalt ohne Freiheit u. Gesetz), die Republik (Gewalt mit Freiheit und Gesetz). Die Antike (bes. seit Aristoteles) unterschied als Hauptformen des S.es Monarchie, Aristokratie und Demokratie sowie deren Entartungs- bzw. Verfallsformen; die unbeschränkte Monarchie wird zur Autokratie *(Tyrannis)*, die unbeschränkte Aristokratie zur Oligarchie, die unbeschränkte Demokratie zur Ochlokratie (Pöbelherrschaft) oder zur Anarchie. Eine moderne Mischform aus Obrigkeits-, Polizei- und Gewaltstaat ist der totalitäre S., der nicht Mittel zum Zweck, sondern Selbstzweck ist („Der Einzelne ist nichts, der S. ist alles"); er leitet sich von der Vergöttlichung des S.es in der S.philosophie Hegels her und findet seine Verwirklichung in Bolschewismus, Faschismus und Nationalsozialismus; → Leviathan. Der totalitäre S. beansprucht und erzwingt (durch Propaganda und Terror) die Lenkung aller innerhalb der S.s-grenzen sich vollziehenden Geschehnisse in Politik, Wirtschaft, Kultur, Rechtsprechung und Religion, er schreibt vor, was gut und böse, wahr und falsch, wertvoll und wertwidrig ist, er setzt an die Stelle der Freiheit die Disziplin (→ Kollektiv) und macht den S.sbürger zu seinem → Funktionär. Immer schon haben Begriff, Wesen, Ursprung und Sinn des Staates die Philosophen beschäftigt, so besonders Sokrates, Platon, Aristoteles, Machiavelli, Hobbes, Kant, Fichte, Hegel, Nietzsche u. a. Großen Einfluß gewann die S.stheorie (Vertragstheorie) Rousseaus: die ursprünglich in unbeschränkter Freiheit (Anarchie) lebenden Menschen haben (stillschweigend) einen Vertrag geschlossen *(Contrat social;* franz., „Gesellschaftsvertrag"), mit dem sie die Rechtsgüter des individuellen Lebens und Eigentums durch einen Gesamtwillen *(volonté générale)* garantieren ließen und so den S. (als Rechtsstaat) begründeten; der Gesamtwille ist nach Rousseau nicht identisch mit dem Willen aller *(volonté de tous),* er ist vielmehr das von den extremen Willensäußerungen gleichweit entfernte durchschnittliche Gesamtinteresse; es war Rousseau übrigens bekannt, daß die historischen S.en nicht durch Vertrag, sondern durch Gewalt zustande gekommen sind. – Nach christl.-naturrechtl. Auffassung ist der S. die dem Volke eigene Gemeinschaftsform; er ist mit Souveränität ausgestattet, sein Ziel ist die irdische Wohlfahrt seiner Glieder. Die rechtl. Gewalt des S.s stammt von Gott, gleichviel, um welche Staatsform es sich handelt. Der Einfluß des S.s auf die verschiedenen Lebensgebiete ist nur insoweit berechtigt, als das Gemeinwohl es erfordert. – Über die S.stheorie Hegels → Hegel.

H. Freyer, Der S., 1925; G. Kroll, Was ist der S.?, 1950; J. Maritain, L'homme et l'état, Paris 1953; E. v. Hippel, Gesch. der S.philos., I–II, 1955–57; J. Dabin, L'état ou le politique, Paris 1957, dt. 1964; H. Kuhn, Der S., 1967; P.-L. Weinacht, Studien zu Bedeutungsgesch. des Wortes S., 1968; H. Ryffel, Grundprobleme der Rechts- und S.sphilos., 1969; R. W. Füßlein, Mensch und S., 1973; F. Berber, Das S.sideal im Wandel der Weltgesch., 1973; N. Hoerster, Klassische Texte der S.sphilos., 1976; H. Ehrenberg/A. Fuchs, Sozials. und Freiheit – Von der Zukunft des Sozials.s, 1980; K. Adomeit, Antike Denker über den S., 1982; S. Goyard-Fabre, L'interminable querelle du contrat sociale, Ottawa 1983; N. Bobbio, Per una teoria generale della politica, Florenz 1986; A. de Jasay, Social Contract, Free Ride, Oxford 1989.

Staatsraison, von Machiavelli u. Richelieu geprägter Ausdruck für den Anspruch des Staates, sich über das (von ihm zu schützende) Recht hinwegsetzen zu dürfen, wenn ein sog. höheres Interesse es erfordert. Die S. gehörte bis zur Mitte des 19. Jh. zur Theorie u. Praxis der Staatsführung. Mit der S. verteidigte man die staatl. „Realpolitik" gegen rechtsphilosophische und sozialethische „Schwärmereien". Die höchsten Triumphe feiert die S. in den totalit. Staaten (→ Staat); mit der Idee des Rechtsstaates ist sie nicht vereinbar.

F. Meinecke, Die Idee der S. in der neueren Gesch., 1924; C. J. Friedrich, Constitutional

Reason of State, Providence 1957, dt. 1961; M. Stolleis, S. – Recht und Moral in der Philos. des 18. Jh.s, 1972; H. Münkler, Im Namen des Staates – Die Begründung der S. in der Frühen Neuzeit, 1987.

Stadien (*stadion* war ein griech. Längenmaß), → Stufen; Dreist.-Gesetz, → Comte.

Stagirite wird Aristoteles genannt, weil er aus der Stadt Stagira in Mazedonien stammt.

Stallmach, Josef, Prof. in Mainz, * 21. 2. 1917 Hindenburg/Oberschl., bearbeitet Grundfragen der Philosophie sowohl systematisch wie geschichtlich, sucht die sich durchhaltenden – insbes. gnoseologischen und ontologischen – Probleme aus ihrer Fortentwicklung von der Antike her zu verstehen. – Schrieb u. a.: Dynamis und Energeia. Untersuchungen am Werke des Aristoteles, 1959; Ate. Zur Frage des Selbst- und Weltverständnisses des frühgriech. Menschen, 1968; Mitherausgeber der „Buchreihe der Cusanus-Gesellschaft"; Der „Zerfall der Gegensätze" und der unendliche Gott, in: Kl. Jacobi (Hg.), N. v. Kues, 1979; Ansichsein u. Seinsverstehen. Neue Wege der Ontologie bei N. Hartmann und M. Heidegger, 1987. – Bibl. J. S., in: ZphF 42 (1988).

Stammbegriffe, bei Kant svw. Kategorien.

Stand, eine Gruppe von Menschen, die ein in bestimmter Weise gekennzeichnetes öffentliches Ansehen erfolgreich für sich in Anspruch nehmen und durch Gemeinsamkeit der Sitten und Gebräuche verbunden sind. Standesbewußtsein ist das Bewußtsein von der Zugehörigkeit zu einem bestimmten S., das sich besonders der „Standesehre" bewußt ist, die auf der Verpflichtung zur Wahrung der durch die besonderen Aufgaben gegebenen Pflichten beruht. Das S.esbewußtsein, das im Zeitalter des Ständestaates (Ausgang des MA. bis etwa 1800) bei Klerus, Adel und Bürgertum (diese drei Stände waren innenpolitisch die Gegenspieler der Fürsten), aber auch beim Handwerk stark entwickelt war, begegnet heute – in abgeschwächter Form – noch bei einigen Personengruppen, z. B. beim Adel, beim Klerus, in der Welt der Gelehrten, der Offiziere, der Juristen, der Ärzte, der Verleger und Buchhändler, der Journalisten und Bühnenkünstler.

M. Weber, Wirtschaft und Gesellschaft, 1922; F. Lütge, Dt. Sozial- und Wirtschaftsgesch., 1956.

Statik (vom griech. *statikos*, „zum Stillstehen bringend"); in der Physik die Lehre vom Gleichgewicht der Körper und dem Ausgleich der auf sie wirkenden Kräfte. Ein st.sch ausgeglichener Zustand innerhalb politischer Gruppierungen und Machtgegensätzen bezeichnet man als einen gegenwärtig anhaltenden Zustand, als Status quo.

statischer Sinn, der Sinn für Lageveränderungen des Körpers, lokalisiert in den drei halbkreisförmigen Bogengängen des Ohrlabyrinths.

statistische Gesetze, Durchschnittsgesetze der in Häufigkeitsmengen erwarteten Regelmäßigkeiten auf dem Gebiete des wirtschaftlichen, sozialen und staatlichen Lebens. Im sozialen Bereich handelt es sich um „Gesetze" mit geringem Wahrscheinlichkeitsgrad, da sie häufig aus einer unzureichenden Zahl von Erhebungen abgeleitet werden; anders verhält es sich im Bereich der Naturwiss., wo von beliebig oft wiederholbaren Experimenten ausgegangen werden kann. Der Wahrheitsgehalt ist um so größer, je größer die Zahl der beobachteten Einzelfälle von Massenerscheinungen ist. Die Atomphysik, die nicht das individuelle Geschehen, sondern nur Häufigkeiten erfassen kann, gelangt nach Heisenberg nur zu s.n G.n, nicht zu kausalen; vgl. → Gesetz.

W. D. Fröhlich, Forschungsstatistik, 1959; W. Stegmüller, Personelle und s. Wahrscheinlichkeit, 2. Halbbd., 1973.

status (lat.), Stand, Zustand; *s. quo ante,* der vorherige Zustand; *s. nascendi,* Zustand des Entstehens.

Stefanini, Luigi, ital. Philosoph, * 3. 11. 1891 Treviso, † 16. 1. 1956 Padua, war Prof. das., entwickelte den Idealismus in spiritualistischem und personalist. Sinne, von der Annahme ausgehend, daß das Sein personell sei, d. h. ein „Sein“, das sich „sagt“ in der zweifachen: menschlichen und göttlichen Dimension. – Hauptw.: *Idealismo cristiano,* 1930; *Platone,* 2 Bde., [2]1948; *L'imaginismo come problema filosofico,* 1936; *Il momento dell'educazione,* 1938 (Neuauflage u. d. T. *Il dramma filos. d. Germania,* [2]1948); *Esistenzialismo ateo ed esistenzialismo teistico,* 1952; *Personalismo educativo,* 1955; *Trattato di estetica,* 1955; *Personalismo filosofico,* 1962; *Personalismo sociale,* [2]1979 (dt. Teilübers. in „Päd. Umschau“, 1981).

Scritti in onore di L.S. (mit vollst. Bibliographie), 1960; F. Volpi, Anmerkungen zu L.S.s Personalismus, „Päd. Umschau“, 1981.

Steffens, Henrik, norweg. Philosoph und Dichter, * 2. 5. 1773 Stavanger, † 13. 2. 1845 Berlin, väterlicherseits dt. Herkunft, 1811 bis 1831 Prof. in Breslau, dann in Berlin, wirkte als Religionsphilosoph des (lutherischen) Protestantismus sowie als romantischer Naturforscher und Naturphilosoph; betrachtete die Entwicklungsgeschichte d. Menschen als ein Spiegelbild der Entwicklung der Welt. – Hauptwerke: Grundzüge der philos. Naturwissenschaft, 1806; Anthropologie, I–II, 1823; Was ich erlebte, I–X, 1840–44.

R. Petersen, H. S., Kopenhagen 1881, dt. 1884; R. Bruck, H. S. – Ein Beitrag zur Philos. der Romantik, 1906; I. Moeller, H. S., 1962.

Stegmüller, Wolfgang, Prof. in München, * 3. 6. 1923 Natters/Tirol, versteht die Philosophie als eine Wissenschaft, die rational über intersubjektiv nachprüfbare Aussagen zu argumentieren hat, deren Anzahl sich als begrenzt nachweisen läßt. Vorliegende philosophische Theorien in der Geschichte versucht er rational zu rekonstruieren und sie verbindlich zu diskutieren. Hauptaufgabe der Erkenntnistheorie ist für S., mögliche Positionen zu explizieren und dazu auch die sprachlichen Formulierungen auf Sinnwidrigkeiten hin zu untersuchen. – Hauptw.: Hauptströmungen der Gegenwartsphilosophie I: [7]1989, II: [8]1987, III: [8]1987, IV: 1989 (KTA Bde. 308, 309, 409, 415); Das Wahrheitsproblem und die Idee der Semantik, [2]1968; Glauben, Wissen und Erkennen, [2]1965; Der Phänomenalismus und seine Schwierigkeiten, 1958; Unvollständigkeit und Unentscheidbarkeit, 1959; Induktive Logik und Wahrscheinlichkeit (zusammen mit R. Carnap), 1959; Metaphysik, Skepsis, Wissenschaft, [2]1969; Wissenschaftl. Erklärung u. Begründung, [2]1974; Theorie u. Erfahrung, 1970; Personelle und statistische Wahrscheinlichkeit, 1973; Theorienstrukturen u. Theoriendynamik, 1974; *The Structure and Dy-*

namics of Theories, 1976; *Collected Papers on History of Philosophy, Epistemology and Philosophy of Science,* 2 Bde., 1977; (zus. mit M. V. v. Kibéd) Strukturtypen der Logik, 1984; Die Entwicklung des neuen Strukturalismus seit 1973, 1984.

Stein, Edith (Ord.-Name: Theresia Benedicta a Cruce), * 12. 10. 1891 in Breslau, † 9. 8. 1942 in Auschwitz; von jüdischer Abstammung, konvertierte sie 1922 zum Katholizismus. Als Schülerin Husserls befaßte sich S. mit phänomenologischen Forschungen auf der Grundlage des platonisch-thomistischen Denkens. – Hauptw.: Zum Problem der Einfühlung, 1917; Eine Untersuchung über den Staat, 1924; Husserls Phänomenologie und die Philosophie des hl. Th. v. Aquino, in „Festschrift f. E. Husserl“, 1929; Das Ethos der Frauenberufe, 1931; Th. v. Aquinos Untersuchungen über die Wahrheit, 2 Bde., 1931/34, [2]1952; Endliches und Ewiges Sein, 1950; Ges. Werke, 5 Bände, 1950–59; Briefe an H. Conrad Martius, 1960; Welt und Person, 1962; Aus dem Leben einer jüdischen Familie, 1965; Beiträge zur philosoph. Begründung der Psychologie, 1970.

A. Höfliger, Das Universalienproblem in E. S.s Werk „Endliches u. ewiges Sein“, 1968; B. W. Imhof, E. S.s philos. Entwicklung, I, 1987; E. Endres, E. S. – Christl. Philosophin, Jüd. Märtyrerin, 1987.

Stein, Heinrich Freiherr von, Philosoph, * 12. 2. 1857 Coburg, † 20. 6. 1887 Berlin, wirkte als Erzieher im Hause Richard Wagners, der tief auf ihn einwirkte, wurde 1881 Privatdozent in Halle, 1884 in Berlin, wo er sich an Dilthey anschloß; stand später zeitweise auch Nietzsche nahe. S., Vertreter eines ästhetischen Irrationalismus, betrachtete die Kunst als Weltanschauungsausdruck sowie entsprechend d. Ästhetik als Grundlage der Philosophie; hielt den Gehalt der Dinge nicht vom Verstande, sondern nur vom „empfindlichen Gemüt“ her für erfaßbar. – Hauptw.: Die Ideale des Materialismus, 1878; Die Entstehung der neueren Ästhetik, 1886; Vorlesungen über Ästhetik, 1897; Giordano Bruno, 1900; Zur Kultur der Seele, ges. Aufsätze, 1906; Auswahl „Idee und Welt“ aus Schriften, Briefen und Tagebüchern hrsg. v. Ralfs, 1940, KTA, Bd. 159.

H. St. Chamberlain u. E. Poske, H. v. S. und seine Weltanschauung nebst H. v. S.s Vermächtnis, [2]1904; W. Martin, Die Grundzüge der Ästhetik H. v. S.s, 1909; G. H. Wahnes, H. v. St. u. sein Verhältnis zu Wagner u. Nietzsche, (Diss.), 1927; Fr. Meller, Der Volksgedanke bei H. v. S., 1940.

Steinbüchel, Theodor, Theologe und Philosoph, * 15. 6. 1888 Köln, † 12. 2. 1949 Tübingen als Prof. (seit 1941), Vertreter eines christl. Sozialismus (Sittl. Ideen des Sozialismus, 1921; Lasalle u. d. Dt. Idealismus, 1926; Karl Marx, Gestalt, Werk und Ethos, 1946), der sich bemühte, gewisse idealist. Tendenzen des Marxismus und die relative Berechtigung der materialistischen Geschichtsauffassung nachzuweisen. Beiträge zur Existenzphilosophie sind die Schriften: Christliches Mittelalter, 1935, [2]1968; Umbruch des Denkens (1936), Existentialismus und christl. Ethos (1947), Dostojewski (1947). Das göttl. Gebot und die Erfordernisse der konkreten menschl. Situation sucht S. in Übereinstimmung zu bringen in: Philos. Grundlegung der kath. Sittenlehre, 2 Bde., 1938–1951. – S. schrieb ferner u. a.: Das Grundproblem der Hegelschen Philosophie, 1933; Fr. Nietzsche, eine christl. Besinnung, 1947; Zerfall des christl. Ethos im 19. Jh., 1951; Mensch und Gott, 1952. Von seinen gesammelten Aufsätzen zur Geistesgesch. erschien 1950 Bd. 1 u. d. T. „Sozialismus"; Mensch und Wirklichkeit in Philosophie und Dichtung des 20. Jh.s, 1949, [2]1951; Die Abstammung des Menschen, Theorie und Theologie, 1951; Vom Menschenbild des christlichen Mittelalters, [2]1952.

Steiner, Rudolf, philos. Schriftsteller, * 27. 2. 1861 Kraljewitsch (Kroatien), † 30. 3. 1925 Dornach b. Basel, gab nach mathemat.-naturwissenschaftl. Studien Goethes naturwissenschaftliche Schriften heraus (1883–97), war seit 1902 Generalsekretär der dt. Sektion der Theosophischen Gesellschaft und gründete 1912 die Anthroposophische Gesellschaft (→ Anthroposophie). – Hauptwerke: Die Philos. der Freiheit, 1894; Goethes Weltanschauung, 1897; Theosophie, 1904; Wie erlangt man Erkenntnisse der höheren Welten?, 1909; Die Geheimwissenschaft im Umriß, 1910; Die Rätsel der Philos., 1914; Vom Menschenrätsel, 1916; Von Seelenrätseln, 1917; Mein Lebensgang, 1925; Gesamtausgabe, 1954–60.

F. Rittelmeyer, Vom Lebenswerk R. S.s, 1921; H. Leisegang, Die Grundlagen der Anthroposophie, 1922; G. Troberg, R. S. und die Anthroposophie, 1949; G. Wachsmuth, R. S.s Erdenleben und Wirken von der Jh.wende bis zum Tode, 1941; J. Hemleben, R. S. in Selbstzeugnissen und Bilddokumenten, 1965; G. Wehr, C. G. Jung und R. S., 1972; W. Abendroth, R. S. und die heutige Welt, 1982; C. Lindenberg, R. S. – Eine Chronik, 1988.

Steinthal, Heymann, Philosoph, * 16. 5. 1823 Gröbzig, † 14. 3. 1899 Berlin als Prof. (seit 1863), neben Lazarus und W. Wundt wichtigster Vertreter der → Völkerpsychologie, trat auch als Sprachforscher hervor. – Hauptwerke: Die Sprachwissenschaft W. v. Humboldts und die Hegelsche Philos., 1848; Der Ursprung der Sprache, 1851; Grammatik, Logik, Psychologie, 1855; Abriß der Sprachwissenschaft, I–II, 1861–71; Ges. kleine Schriften, 1880; Allgemeine Ethik, 1885.

T. Achelis, H. S., 1898; W. Bumann, Die Sprachtheorie H. S.s, 1966.

Stern, William, Psychologe und Philosoph, * 29. 4. 1871 Berlin, † 27. 3. 1938 Durham, N. C., (USA); 1916–33 Prof. in Hamburg, Gründer des dortigen Psychol. Institutes, Mitbegründer der Universität Hamburg; 1935–38 Professor an der Duke University USA – Hauptanreger der modernen Kinderpsychologie und der differentiellen Psychologie. Vertrat einen „kritischen → Personalismus", in dem, im Unterschiede zu ‚Sachen', allein den Personen metaphysische Realität zugestanden wird. – Hauptwerke: Person und Sache – System des kritischen Personalismus, I–III, 1906–24; Die differentielle Psychologie, 1911; Die psychologischen Methoden der Intelligenzprüfung, 1912; Psychologie der frühen Kindheit, 1914; Allg. Psychologie auf personalist. Grundlage, 1935.

A. Adler (Hg.), Festschrift für W. S., 1931; S. Casper, Die personalist. Weltanschauung, 1933.

Stetigkeit, Kontinuität, ununterbrochener lückenloser Zusammenhang im Sein oder Übergang im Werden. Die Allgemeingültigkeit von Leibniz' „Gesetz der S." („Die Natur macht keine Sprünge"), welches besagt, daß es in der Natur keine Lücken gibt und in ihr alles durch Übergänge verbunden ist, wurde durch die Quantentheorie methodisch widerlegt. – Die Entwicklungstheorie Darwins rechnet in der Hauptsache mit stetigen Übergängen, die Mutationstheorie von de Vries dagegen mit sprunghafter Entwicklung; auch → Kontinuum.

M. Palágyi, Naturphilos. Vorlesungen, 1924; F. Dessauer, Naturwiss. Erkennen, 1958.

Steuerung, vorsätzliche Richtunggebung, eine erst in unserem Jh. erschlossene Kategorie, die – obwohl mit den Kategorien Bewegung und Handlung eng zusammenhängend – weder bei Aristoteles, noch in einer späteren Ontologie oder Kategorienlehre zu finden ist. Während Bewegung und Handlung von je einer Richtung, bzw. Zweck (Zweckgerichtetheit) bestimmt worden sind, ist der Vorgang *vorsätzliche Richtunggebung* sowohl in Naturgeschehnissen wie auch im Bereich menschlicher Handlungen niemals zuvor aus einem allgemeinen Prinzip der Möglichkeit von S. interpretiert worden, bis die → Kybernetik zunächst bei technischen Konstruktionen darauf hingewiesen hat. Gegenüber den kausalbedingten Richtungen mechanischer Vorgänge aller Art betrachten wir gesetzmäßig abrollende, sich wiederholende Prozeßabläufe in komplizierten – meist organischen – Strukturen als gesetzmäßig verlaufend in dem Sinne, wie sie vom Konstruktionscharakter dieser Strukturen im voraus so bestimmt werden; oder wir führen die S. derartiger Prozeßabläufe auf tiefer liegende, „vorprogrammierte" Anlagen und „Mechanismen" zurück, wie solche Erkenntnisse heute u. a. durch die Molekularbiologie zutage gefördert wurden. Es hat sich gezeigt, daß sowohl vollautomatische elektronische Konstruktionen der modernen Technik wie auch organische Strukturen und solche im gesamten menschlichen Bereich aus der Zusammenwirkung mit allen auf sie zukommenden Erfahrungskomponenten (Informationsdaten) einer autonomen Selbst-S. fähig sind, die keinem mechanisch kausalen Vorgang entspricht, sondern in jedem weiteren Schritt der Ablaufsrichtung erst durch die momentane Informationsverarbeitung mitentschieden wird; unter diesem Aspekt werden auch menschliche Handlungen als vom Willen entschieden und gesteuert interpretiert, woraus sich Ansätze zu einer neuartigen Bewußtseinstheorie ergeben.

Lit. → Kybernetik.

Stewart, Dugald, schott. Philosoph, * 22. 11. 1753 Edinburgh, † das. 11. 6. 1828, gehörte zur „Schottischen Schule" und gab der *Common-sense*-Philosophie d. größte Vertiefung; lehrte, daß das urspr. zwar empfindungshaft gegebene Selbst des Menschen erst durch den Verstand zum vernünftigen Selbstbewußtsein wird und daß die Realität der Außenwelt nicht durch das empfindungshafte Realitätserlebnis, sondern durch die wiederholte Wahrnehmung der Beständigkeit der Gegenstände gegeben ist. Die Sittlichkeit betrachtet er als autonom und unabhängig von Gesetz und Religion. – Hauptwerke: Elements of the Philosophy of Human Mind, I–III, 1792–1827; Philosophy of the Active and Moral Powers of Man, 1828; Collected Works, I–XI, Edinburgh 1860.

Stil, die bestimmte, gleichbleibende Art des Lebens und Leistens, bes. soweit es sich um eine bedeutende, schöpferische, werthafte Art handelt. In diesem Sinne spricht man von schöpferischen S.en (roman., gotischer, Renaissance-, Barock-S. usw.), vom S. der Kultur („Kultur ist Einheit des schöpferischen S.s in allen Lebensäußerungen eines Volkes", Nietzsche), vom S. eines großen Einzellebens (Goethes Lebens-S.). Im Alltag spricht man von S. ohne jede Wertung, etwa vom Mode-S., sportlichen S., Salon-S. u. a.

L. Dittmann, S., Symbol, Struktur, 1967; R. Heinz, S. als geisteswiss. Kategorie – Problemgesch. Untersuchung zum S.begriff im 19. und 20. Jh., 1986; P. Frankl, Zu Fragen des S.s, 1988.

Stimmung die Gefühlslage eines Menschen, die vom körperlichen Befinden stark beeinflußt ist und stark wechseln kann. Eine disharmonische Störung dieser Gefühlslage wird als „Verstimmung“ empfunden. Das „Gestimmtsein“ ist von größtem Einfluß auf das Verhalten, die Tätigkeit und den Gesamtausdruck des Menschen. Nach Heidegger ist die S. (er sagt → Befindlichkeit) der jeweilige tiefste Ausdruck der gesamtpersönlichen Daseinsverfassung. Eine der bedeutsamsten S.en ist die → Angst, da durch sie das → Nichts und, mittelbar, das Sein des Daseins offenbar wird. Dem gegenüber hebt O. Fr. Bollnow die Möglichkeit anderer S.n hervor, die grundsätzlich andere Tiefen des Daseins erschließen.

O. F. Bollnow, Das Wesen der S.en, 1941; J. Revers, Die Psychologie der Langeweile, 1949; W. Metzger, S. und Leistung, 1957; H. Plessner, Lachen und Weinen, 1961; N. Schwarz, S. als Information, 1987.

Stirling, James Hutchinson, schott. Philosoph und Kritiker, * 22. 1. 1820 Glasgow, † 19. 3. 1909 Trinity (Edinburgh), wurde durch sein dichterisch-philosophisches Werk *The Secret of Hegel* (1865, [2]1898, repr. 1967) zum Urheber der englischen Hegelbewegung und übersetzte und kommentierte auch Kants „Kritik der reinen Vernunft“ (*Text-Book of Kant,* 1881, mit Biographie). – Hauptwerke: *Sir W. Hamilton, being the Philosophy of Perception,* 1865; *The Secret of Hegel,* 1865, Repr. 1967; *Lectures on the Philosophy of Law,* 1873; *Text-Book of Kant,* 1881; *Darwinism – Workmen and work,* 1893; *What ist Thought?,* 1900.

A. H. Stirling, J. H. S., London 1912; R. Metz, England und die dt. Philos., 1941.

Stirner, Max (Pseudonym für Kaspar Schmidt), Philosoph, * 25. 10. 1806 Bayreuth, † 26. 6. 1856 Berlin, ging von Hegel und Feuerbach aus, gehörte zur Hegelschen Linken und versuchte in seinem Hauptw.: „Der Einzige und sein Eigentum“ (1845) den Nachweis, daß das einzig Reale das Individuum sei, das Ich, u. daß etwas nur insofern Wert habe, als es dem Ich dient: „Mir geht nichts über Mich“. Die Philosophie S.s ist das Musterbeispiel eines konsequent durchdachten Individualismus. Marx und Engels bekämpften ihn in „Sankt Max“ (in „Dokumente des Sozialismus“, 1903–1904). – Hauptwerke: Der Einzige und sein Eigentum, 1845; Gesch. der Reaktion, I–II, 1852; Kleinere Schriften, 1898; Das unwahre Prinzip unserer Erziehung, 1927.

J. H. Mackay, M. S., 1898 (Repr. 1977); H. Engert, Das histor. Denken M. S.s, 1911 (mit Bibl.); K. A. Mautz, Die Philos. M. S.s im Gegensatz zum Hegelschen Idealismus, 1936; C. A. Emge, M. S. – Eine geistig nicht bewältigte Tendenz, 1964; B. Kast, Die Thematik des „Eigners“ in der Philos. M. S.s, 1979; U. Simon, Zur Kritik der Philos. M. S.s, 1982.

Stoa, weitverbreitete Strömung der griech. Philosophie, die um 300 v. Chr. von Zenon aus Kition begründet wurde. Zenon versammelte seine Schüler in der *Stoa poikịle,* einer Säulenhalle in Athen, daher der Name. Berühmte Vertreter der älteren Stoa waren: Kleanthes (von dem der Ausspruch stammt: „In ihm [Gott = Kosmos] leben, weben und sind wir“, den Paulus in Athen zitiert; vgl. Apostelgeschichte 17,28) und Chrysippos; Panaitios und Poseidonios, die Schulhäupter der mittleren S., sowie Seneca, Musonius, Epiktet und der Kaiser Marc Aurel, die der jüngeren S. angehörten. In der Kaiserzeit war die S. eine Art ethischer Religion des römischen Volkes geworden. Gott und

Natur waren der S., die nach Art des Eklektizismus bzw. Synkretismus die verschiedensten Lehren in sich aufnahm, eins, das Menschenwesen ein Teil der Gott-Natur. Alles Wirkliche und Wirkende ist körperhaft; die Kraft ist nicht etwas Immaterielles oder Abstraktes, sondern der feinste Stoff selbst. Die wirkende Kraft im Ganzen der Welt ist die Gottheit. Sie durchdringt die Welt als ein allverbreiteter Hauch (Lichtäther), sie ist die Weltseele, die Weltvernunft. Aller Stoff ist eine Modifikation dieser göttlichen Kraft, und alles löst sich in ewigem Wechsel wieder auf in die göttliche Kraft. Alles geschieht nach einer inneren und absoluten Notwendigkeit, und das absolut Notwendige ist zugleich das absolut Zweckmäßige. Andererseits lehrte die S. die Willensfreiheit. Eben darum lautet die ethische Forderung: (aus Freiheit) in Übereinstimmung mit der Natur leben! Weil aber die menschl. Vernunft, sofern sie wirklich diesen Namen verdient, ein Teil der Weltvernunft ist, so heißt naturgemäß leben zugleich auch vernunftgemäß leben.

Alles sittliche Handeln ist nach der S. nichts anderes als Selbsterhaltung und Selbstbehauptung; aber sich selbst fördern heißt, wenn es im rechten Sinn geschieht, zugleich auch das allgemeine Wohl fördern. Alle Sünde und Unsittlichkeit ist nichts als Selbstzerstörung, Verlust der eigensten Menschennatur, Krankheit der Seele. Das richtige vernunft- und naturgemäße Begehren und Meiden, Tun und Lassen verbürgt allein das wahre Glück des Menschen. Richtig begehren und meiden heißt aber, seine Innerlichkeit gegenüber allem Äußerlichen zur höchsten Kraft steigern, keinem Geschick sich beugen, durch keine Macht sich brechen lassen. – Die stoische Ethik ist noch heute, namentlich in der angelsächsischen Welt, lebendig, ihr entspricht das Erziehungsideal des „Gentleman". – Texte: Epiktet, Handbüchlein der Moral und Unterredungen, hg. 1921, [11]1984 (KTA 2); Seneca, Vom glückseligen Leben, hg. 1922, [14]1978 (KTA 5); S. und Stoiker, I–IV, hg. 1950; Marc Aurel, Selbstbetrachtungen, hg. 1909, [12]1973 (KTA 4); Poseidonius, Fragmente der Stoiker, I–II, hg. 1982; Die Fragmente zur Dialektik der Stoiker, I–II, hg. 1986.

M. Pohlenz, Die S. – Die Gesch. einer geistigen Bewegung, I–II, 1948–55; H. u. M. Simon, Die alte S. und ihr Naturbegriff, 1956; K. Barwick, Probleme der stoischen Sprachlehre und Rhetorik, 1957; M. Frede, Die stoische Logik, 1974; G. Abel, Stoizismus und frühe Neuzeit, 1978; M. Forschner, Die stoizist. Ethik, 1981; M. Hossenfelder, S., Epikureismus und Skepsis, 1985.

Stoff ist seiner Bedeutung nach mit → Materie verwandt, aber doch nicht restlos bedeutungsgleich. Während bei Materie der Gedanke an grobe, schwere, tote, mechanist. Wirklichkeit vorherrscht, ist der S. ein „Material", das dem Gedanken der Gestaltbarkeit, Lebensfügsamkeit, Veredelung durch Formung Raum läßt; → Gestaltqualitäten.

Stöhr, Adolf, österr. Philosoph, * 20. 2. 1855 Pölten, † 10. 2. 1921 Wien. Prof. das. seit 1900, begründete im Gegensatz zur Intentionalitätslehre Brentanos, im Anschluß an E. Mach, eine philos. Psychologie, welche die Trennung von Subjekt und Objekt der Bewußtseinsakte für eine durch die Sprachform erzeugte Täuschung ansieht, wofür er den Ausdruck „Glossomorphie" prägte und das Bewußtsein als eine ungegliederte Einheit schilderte, im übrigen sich vom Empiriokritizismus durch die Annahme einer Vielheit von Erscheinungswelten distanzierte. – Hauptw.: Vom Geiste. Kritik der Existenz des mentalen Bewußtseins, 1833; Analyse der reinen Naturwissenschaft Kants, 1884; Umrisse einer Theorie der Namen, 1889; Algebra der Grammatik, 1898; Philosophie der unbelebten Materie, 1907; Lehrbuch der Logik in psychologisierender Darstellung, 1910; Das Zeitproblem, 1910; Wege des Glaubens, 1921.

Stoizismus, geistige Haltung im Sinne der → Stoa.

Stolz, im allgemeinen Hochmut, Übermut, Selbstwertgefühl überheblicher Menschen. Ursprünglich eine Haltung, die das aristokratische Selbstbewußtsein von der eigenen Person, Stellung und Macht charakterisierte, ein Hinaufstreben zum Höheren, das aber nur im harmonischen Ausgleich mit → Demut als echter sittlicher Wert aufgefaßt werden kann. Man spricht vom krankhaften S. sofern er nur der Auskompensierung von Unsicherheit dient, ohne daß die betreffende Person ein starkes, sicheres Selbstbewußtsein in sich trägt.

N. Hartmann, Ethik, 1925.

Strasser, Stephan, * 13. 3. 1905 Wien, Professor in Nimwegen, arbeitet auf dem Gebiet der normativen Pädagogik und ihrer Geschichte, befaßt sich mit philos. Anthropologie, Grundfragen der Phänomenologie und mit Problemen, die das Grenzgebiet zwischen Philosophie und Psychologie, zwischen Philosophie und Erziehungswissenschaft betreffen. – Schr. u. a.: E. Husserl. Cartesianische Meditationen u. Pariser Vorträge, 1950; Seele und Beseeltes, phänomenologische Untersuchungen, 1955; Das Gemüt. Grundgedanken zu einer Theorie des Gefühlslebens, 1956; Phänomenologie und Erfahrungswissenschaft vom Menschen, 1964; Erziehungswissenschaft – Erziehungsweisheit, 1965; *The Idea of a Dialogal Phenomenology,* 1969; Jenseits von Sein und Zeit, 1978.

Straton, griech. Philosoph, † 270 v. Chr., aus Lampsakos, der „Physiker", 287–69 Vorsteher der peripatetischen Schule; bildete die Weltanschauung des Aristoteles zu einem naturalistischen Pantheismus um. Das Göttliche ist die Natur selbst, die ohne Bewußtsein u. ohne Zwecke wirkt. Die psychischen Vorgänge sind Tätigkeiten des Leibes, außerhalb dessen es keinen Geist gibt. Nimmt einen leeren Raum an nur zwischen den Körpern und ihren Bestandteilen. Die Welt ist nicht von den Göttern erschaffen, sondern diese sind Erscheinungen der Natur.

M. Gatzemeier, Die Naturphilosophie des S. v. L., 1970.

Strauß, David Friedrich, Theologe und Philosoph, * 27. 1. 1808 Ludwigsburg, † 8. 2. 1874 das., der Verf. der Schriften: „Das Leben Jesu" (1835–36), „Die christl. Glaubenslehre" (1840) und „Der alte und der neue Glaube" (1872, [9]1877). In der letztgenannten Schrift behandelt er die vier Fragen: 1. Sind wir noch Christen? (Antwort: nein). 2. Haben wir noch Religion? (Ja, Pantheismus). 3. Wie begreifen wir die Welt? (durch naturwissenschaftliche [empirisch induktive] Methoden, entwicklungsgeschichtlich). 4. Wie ordnen wir unser Leben? S. gab die Geschichtlichkeit der Evangelienberichte preis und sah sie als Ergebnis der Mythenbildung an. – Hauptwerke: Das Leben Jesu, I–II, 1835/36; Die christl. Glaubenslehre, I–II, 1840/41; Ulrich v. Hutten, I–II, 1858; Voltaire,

1870; Der alte und der neue Glaube, 1872; Briefwechsel zwischen F. D. S. und F. T. Vischer, I–II, hg. 1952–53; Werke, I–V, 1895.

F. Nietzsche, D. F. S. – Der Bekenner und Schriftsteller, 1873; E. Zeller, S. in seinem Leben und seinen Schriften, 1874; T. Ziegler, S., I–II, 1908; H. Maier, An der Grenze der Philos. – Melanchthon, Lavater, S., 1909; G. Müller, Identität und Immanenz – Zur Genese der Theologie D. F. S.s, 1968; J. F. Sandberger, D. F. S. als theologischer Hegelianer, 1972; J.-M. Paul, D. F. S. et son époque, Paris 1982.

Ströker, Elisabeth, Prof. in Köln, früher Braunschweig, * 17. 8. 1928 Dortmund. Dir. d. Husserl-Archivs, bearbeitet Fragen der modernen Wissenschaftstheorie und Erkenntnistheorie. – Schrieb u. a.: Philosoph. Untersuchungen zum Raum, [2]1977; Denkwege der Chemie, 1967; Die Axiomatik der Sprachwissenschaften, 1, [2]1976; Einführung in die Wissenschaftstheorie, [2]1977; Das Problem der Epoché in der Philosophie Husserls, 1971; Wissenschaftsgeschichte als Herausforderung, 1976; Wissenschaftstheorie der Naturwiss.en, 1981; Theoriewandel in der Wissenschaftsgeschichte, 1982; Husserls transzendentale Phänomenologie, 1987; Phänomenolog. Studien, 1987; Wissenschaftsphilos. Studien, 1989.

struggle for life (engl.): Kampf ums Leben; oder *s. f. existence* (engl.), K. ums Dasein, → Darwinismus.

Struktur (lat. „Gefüge, Bau, Zusammenhang“), das Bezugssystem im Aufbau des Ganzen, schon bei Kant „Lage und Verbindung der Teile eines nach einheitl. Zweck sich bildenden Organismus“; in der neueren Psychologie eine der → Gestaltqualitäten. Der psychologische S.-Begriff wird gelegentlich auf den Querschnitt des augenblickl. Erlebens, also auf den strukturierten Zusammenhang der psychischen Inhalte in einem bestimmten Moment (beschreibende S.analyse, → Bewußtsein) angewandt; andere beziehen ihn auf den chronolog. Längsschnitt, d. h. sie wollen den S.zusammenhang der gegenwärtigen Erlebnisse mit solchen der Vergangenheit und auch mit erworbenen oder angeborenen → Dispositionen ergründen (genetische S.analyse, bes. von F. → Krueger vertreten). Beide Begriffe v. S. werden für das Individuum, für den allgemeinen Typus u. für die Gruppe oder kollektive Gebilde benutzt (z. B. s.-forschende Psychologie des Kindes, der Tiere, der Völker, der Masse, der Kunst und Religion, der Kultur und Wirtschaft, Sozialpsychologie, Psychopathologie usw.). „Seelische S.en werden erlebt“ (Dilthey); aber unter S. sind auch die nicht erlebnismäßigen Dispositionen zu verstehen (Konstitution, Typus, Charakter usw.). S. ist in der geisteswissenschaftl. Psychologie überhaupt d. „Totalitäts“-Zusammenhang von Erlebnis- u. Leistungsdispositionen, aufgegliedert nach Wertrichtungen u. bezogen auf den Mittelpunkt: das Ich; → Strukturpsychologie, → Strukturalismus.

W. Burkamp, Die S. der Ganzheiten, 1929; F. Kambartel, Erfahrung und S. 1968; H. Rombach, S.ontologie, 1971.

Strukturalismus, eine nach dem 2. Weltkrieg in Frankreich aufgetretene geistige Bewegung, deren Methodenlehre auf der Struktur als einer Grundgegebenheit aufzubauen versucht, aus der sich alle Phänomene bestimmen lassen sollen. Unter Struktur versteht der S. eine reale Gegebenheit, die objektiv vorhanden ist und subjektiv enthüllt werden kann. Strukturen sind für den S.

intelligible Regeln der Komplexe und Ganzheiten der Wirklichkeit, die sich aus ihrer gegenseitigen Relation bestimmen und als solche formal-übertragbaren Charakter aufweisen. Ausgehend von der Linguistik (Saussure, Jakobson, Trubetzkoj) beeinflußte der S. rasch die Methoden der „Wissenschaften vom Menschen" (Anthropologie, Ethnologie, Psychologie, Soziologie, Kunstästhetik u. a.). Der S. sieht in der Sprache, die als „code" aufgefaßt wird, d. h. als ein nach bestimmten Regeln kombinierbares Zeichensystem mit kommunikativer Funktion, den Prototyp jeder ganzheitlichen Organisation der Wirklichkeit. Die vom S. synchronisch untersuchten Sprachmodelle werden methodisch auf den gesamten Bereich des menschlichen Verhaltens ausgedehnt, bes. auf die gesellschaftlichen Phänomene. Der S. will antigeschichtlich und antimetaphysisch, bzw. antiideologisch vorgehen. Es gibt bis jetzt noch keine eigentliche Philosophie des S., wohl aber strukturalistisch ausgerichtete Untersuchungen in der Anthropologie, Soziologie und Psychologie. Als Hauptvertreter des S. gelten der Ethnologe C. Lévi-Strauss, der Psychoanalytiker J. Lacan, der Philosoph M. Foucault, sowie der marxistische Theoretiker L. Althusser.

C. Lévi-Strauss, Structures élémentaires de la parenté, Paris 1949, dt. 1981; C. Lévi-Strauss, L'Anthropologie structurale, Paris 1958, dt. 1967; M. Foucault, Histoire de la folie à l'âge classique, Paris 1961; C. Lévi-Strauss, Le cru et le cuit, Paris 1964; J. Lacan, Ecrits, Paris 1966; U. Jaeggi, Ordnung und Chaos – Der S. als Methode und Mode, 1968; J. Piaget, Le structuralisme, Paris 1968, dt. 1973; G. Schiwy, Der frz. S., 1969; P. Ricoeur, Le conflit des interpretations, I, Paris 1969, dt. 1973; C. Lévi-Strauss, Mythologica, I–III, Paris 1971–73, dt. 1971–75; H. Gallas (Hg.), S. als interpretatives Verfahren, 1972; H. Lang, Die Sprache und das Unbewußte, 1973; J. B. Fages, Comprendre le structuralisme, Toulouse, 1974; M. Frank, Was ist Neos., 1983; J. Albrecht, Europäischer S., 1988.

Strukturpsychologie, als „geisteswissenschaftl. Strukturlehre" (→ Struktur) begründet von W. Dilthey, fortgeführt von Spranger. Im Unterschied zur älteren, physiologisch zergliedernden Psychologie ist sie, wie die → Ganzheitspsychologie überhaupt (an deren Prinzipien sie teilnimmt), nicht Elementenpsychologie, sondern „bleibt in einer höheren Begriffsschicht stehen und nimmt den inneren Vorgang gleich als ein sinnbestimmtes Ganzes, das einer geistigen Gesamtsituation angehört und von ihr aus seine Bedeutung erfährt"; sie „ist nicht möglich ohne Kulturwissenschaften (Geisteswissenschaften), und diese wiederum können nicht ausgebaut werden ohne Rückgang auf die subjektiven Erlebnisweisen und die innere Struktur der zugehörigen Einzelseelen". Dieser ältere Struktur-Begriff hat nichts gemeinsames mit jenem des Strukturalismus. „Eine Orientierung ist hier wie dort nur möglich, wenn es gelingt, → Typen aufzustellen, deren Bildungsgesetz man begreift." (Spranger, Lebensformen, [8]1950).

W. Dilthey, Ideen über eine beschreibende und zergliedernde Psychologie, 1894; K. Jaspers, Allg. Psychopathologie, 1913; F. Krueger, Der Strukturbegriff in der Psychologie, 1924; H. Heicke, Der Strukturbegriff, 1928; A. Wellek, Ganzheitspsychologie und Strukturtheorie, 1955.

Stufen (Stadien), wichtiger Begriff für alles evolutionistische Denken, bezeichnet Teilstrecken einer (Höher-)Entwicklung die deutlich eine Veränderung, einen „Fortschritt", einen höheren gegenüber dem tieferen früheren Zustand erkennen lassen. Solche S. gibt es sowohl in der Einzel- wie in der Gesamtentwicklung (Ontogenie, Phylogenie, Biogenie), in der Geschichte der Völker und ihrer Kulturen, ihrer Sprache, Sitte, Kunst usw.; weiterhin in der Evolution der Organismen zu höheren Arten u. a. → Schichtenlehre.

E. Rothacker, Die Schichten der Persönlichkeit, 1938.

Stumpf, Carl, Philosoph und Psychologe, * 21. 4. 1848 Wiesentheid (Unterfranken), † 25. 12. 1936 Berlin als Prof. (seit 1894), bearbeitete vor allem die psycholog. Probleme der Tonempfindungen u. förderte dadurch die Musikwissenschaft. S. gründete die Logik und Erkenntnistheorie auf die Psychologie, ohne in Psychologismus zu verfallen. Seine von Brentano beeinflußte Trennung der Erscheinungen, d. h. der Sinnesinhalte und Gedächtnisbilder von den Funktionen (Akten, Zuständen, Erlebnissen) ist von Einfluß auf die Phänomenologie Husserls gewesen. Einer stetig fortschreitenden Entwicklung auf physischem Gebiet ist nach S. eine unstetige auf psychischem zugeordnet. – Hauptw.: Tonpsychologie, 2 Bde., 1883–1890; Der Entwicklungsgedanke in der Gegenwartsphilosophie, 1900; Erscheinungen und Funktionen, 1907; Zur Einteilung der Wissenschaften, 1907; Die Anfänge der Musik, 1911; Gefühl und Gefühlsempfindung, 1928; Erkenntnislehre I, 1939, II, 1940 (aus dem Nachlaß hrsg. v. Felix S.).

Die Philosophie der Gegenwart in Selbstdarstellungen, Bd. 5, 1924; Nic. Hartmann, Gedächtnisrede auf C. S., 1937.

Suárez, Franciscus, span. Theologe, * 5. 1. 1548 Granada, † 25. 9. 1617 Lissabon, Jesuit, führender Vertreter der gegenreformatorischen Neuscholastik, der erste selbständige Bearbeiter der aristotel. Metaphysik, trat für Thomas von Aquino und Duns Scotus ein, wich aber, Augustinus stark zuneigend, im einzelnen von ihnen ab. S.' Hauptwerk: *„Disputationes metaphysicae"*, 1597 u. öfter, wirkte nicht bloß auf Katholiken, sondern auch auf Protestanten; Schopenhauer noch macht darauf aufmerksam. S. leugnete den Realunterschied zw. *Essentia* und *Existentia* und lehrte die Erkenntnis zuerst des Einzelnen, dann erst des Allgemeinen. Staats- und völkerrechtlich schließt S. sich enger an Thomas von Aquino an. – Opera omnia, I–XXVIII, Paris 1856–78 (Repr. 1963); Ausgewählte Texte zum Völkerrecht, hg. 1965; Über die Individualität und das Individuationsprinzip, I–II, hg. 1976.

E. Conze, Der Begriff der Metaphysik bei F. S., 1928; F. Seiler, Der Zweck in der Philos. des S., 1936; J. Giers, Die Gerechtigkeitslehre des jungen S., 1958; S. Castellote Cubells, Die Anthropologie des S., 1962; H. Siegfried, Wahrheit und Metaphysik bei S., 1967; C. W. Hanko, S. and Western Civilisation, Palm Beach 1972; J. Soder, F. S. und das Völkerrecht, 1973; C. Larraizar, Una introduccion a F. S., Pamplona 1977; J. J. E. Gracia/D. Davies, The Metaphysics of Good and Evil According to S., München 1989.

Subjekt (lat. „das Zugrundeliegende"), schon bei Aristoteles im Sinne von → Substanz gebraucht, sowie später noch über das MA. hinaus. Erst seit dem 17. Jh. allmählich im heutigen Sinne benutzt, d. h. psychologisch-erkenntnistheoretisch das „Ich" bedeutend, insofern es sich einem andern – Nicht-Ich, Gegenstand, → Objekt – gegenüberfindet oder gegenüberstellt, oder ein objektiviertes „Ich" bedeutend, d. h. ein Individuum, dem ein Objekt gegenübersteht, gegenübergestellt wird, auf das sich Erkennen oder Tun dieses Individuums richten, das dann „S. des Erkennens", „S. des Handelns" ist; → Erkenntnis, Satz.

P. F. Strawson, Individuals – An Essay in Descriptive Metaphysics, London 1959, dt. 1972; H. Köchler, Die S.-Objekt Dialektik,

1974; W. Czapiewski (Hg.), Verlust des S.s? – Zur Kritik neopositivist. Theorien, 1975; M. Wetzel, Erkenntnistheorie: Die Gegenstandsbeziehung und Tätigkeit des erkennenden S. als Gegenstand der Erkenntnistheorie, 1978; G. Wenz, S. und Sein – Zur Theologie P. Tillichs, 1979; R. Bubner u.a. (Hg.), S. und Person, 1988; M. Frank, Die Frage nach dem S., 1988.

subjektiv, das Subjekt (Ich) betreffend, aus dem Erleben heraus für das Subjekt allein gültig, im Subjekt begründet, vom Subjekt abhängig, auf das Subjekt bezogen, daher gefühlsbetont, aus enger egozentrisch bestimmter Sicht → intersubjektiv, transsubjektiv.

subjektiver Geist, bei Hegel der Geist in seiner unmittelbaren Beziehung auf sich selbst (im Empfinden, Fühlen, Denken, Wollen der Individuen); → Geist, objektiver Geist.

Subjektivismus, die durch → Descartes eingeleitete „Wendung zum Subjekt", d. h. die Lehre, daß das Bewußtsein das primär Gegebene sei, alles andere aber Inhalt, Form oder Schöpfung des Bewußtseins. Den Höhepunkt dieses S. stellt der „Idealismus" → Berkeleys dar. Als gemäßigter S. dieser Art kann der Kantianismus betrachtet werden. Auch manche Spielarten des Positivismus neigen zu diesem S. Im eigentlichen Sinn ist S. die Lehre von der durchgängigen Subjektivität der intellektuellen Wahrheit, sowie der sittl. und ästhet. Werte, die Leugnung absoluter Geltungen (→ *Homo-mensura*-Satz). Im Extrem führt dieser S. theoretisch zum → Solipsismus, ethisch zum → Egoismus. Theoretische Subjektivisten waren insbesondere die Sophisten und Kyrenaiker, ethische die Hedonisten und in neuerer Zeit bes. → Stirner.

H. Pfeil, Der Psychologismus im engl. Empirismus, 1934 (Repr. 1973); M. Farber, The Search for an Alternative. Philosophical Perspectives of Subjectivism and Marxism, Philadelphia 1984.

Subjektivität, Inbegriff dessen, was zu einem Subjekt gehört (seine psychophysische Gesamtlage) und mehr oder weniger mitbestimmend ist für sein Empfinden, Denken, Urteilen usw.; ferner die Abhängigkeit vom Subjekt (Gegensatz: → Objektivität). Bei Hegel und Kierkegaard ist u n e n d l i c h e S. die Bezeichnung für die Eigenständigkeit des geistigen Lebens, bei Kierkegaard im Gegensatz zu einer Betrachtungsweise, die dem Allgemeinen den Vorzug vor dem Besonderen gibt.

M. A. de Oliveira, S. und Vermittlung, 1973; K. Düsing, Das Problem der S. in Hegels Logik, 1976; G. Schmidt, S. und Sein, 1979; M. Frank, Die Unhintergehbarkeit von Individualität – Reflexionen über Subjekt, Person und Individuum, 1986; K. Cramer u.a. (Hgg.), Theorie der S., 1987; R. Konersmann, Spiegel und Bild – Zur Metaphorik neuzeitl. S., 1988.

Sublimierung (lat.), Verfeinerung, Vergeistigung; → Re-Sublimierung. Im Sinne der Freudschen Psychoanalyse die Umbildung eines verdrängten Libidotriebs in eine fiktive Ersatzhandlung oder in eine geistige Betätigung, meist auf religiösem, metaphysischem oder künstlerischem Gebiete. In diesem Sinne erklärt die Psychoanalyse die meisten Kulturtätigkeiten aus verdrängter Sexualität.

Subordination (lat.), Unterordnung, z. B. eines Begriffes unter einen höheren, umfassenderen.

Subreption (lat.), Erschleichung (der Gültigkeit eines Schlusses durch einen – bewußten oder unbewußten – Denkfehler).

Subsistenz (vom lat. *subsistere*, „standhalten"), das Substanzsein, das Bestehen durch sich selbst.

sub specie aeterni oder **aeternitatis** (lat.): unter dem Gesichtspunkt des Ewigen, Unendlichen; → Spinoza.

substantiell (vom lat. *substantia,* „das Zugrundeliegende"), wesenhaft, materiell, vom Charakter einer Substanz.

Substanz (lat.), im alltäglichen Gebrauch svw. Materie, Stoff, philosophisch das Beharrende im Gegensatz zu seinen wechselnden Zuständen und Eigenschaften; was durch und in sich selbst ist, nicht durch ein anderes oder an bzw. in einem anderen. Als das allem zugrunde liegende Wesen der Dinge spielt die S. schon in der griech. Philosophie (bes. seit Aristoteles) eine Rolle, später bei den Scholastikern, bei Descartes und Spinoza. Während Descartes außer der absoluten S. (Gott) noch zwei andere, erschaffene S.en annahm (→ Res), gibt es nach Spinoza nur eine unendliche S., die man auch Gott oder Natur nennen kann. Zu den „Analogien der Erfahrung" gehört nach Kant der Satz: „Bei allem Wechsel der Erscheinungen beharrt die S., und das Quantum derselben wird in der Natur weder vermehrt noch vermindert". Für Schopenhauer ist S. – Materie, Hume erklärt die S. für eine Fiktion; sie sei nichts als das Zusammensein der Eigenschaften. Die Annahme, daß den seelischen Erscheinungen eine „seelische" S. zugrunde liegt, hat die neuere Psychologie zugunsten der → Aktualitäts-Theorie aufgegeben. Für die modernen Naturwissenschaften ist S. nur noch ein formaler Begriff mit der Bedeutung: Träger der Erscheinungen.

B. Bauch, Das S.problem in der griech. Philos., 1910; J. Hessen, Das S.problem in der Philos. der Neuzeit, 1932; H. Rombach, S., System, Struktur, I–II, 1965–66; W. Stegmüller (Hg.), Das Universalienproblem, 1978.

Substitution (lat.), Stellvertretung, Vertauschung, Ersetzung eines Begriffes oder eines mathemat. Ausdruckes durch einen anderen, gleichwertigen.

Substrat (lat.), Unterlage, Grundlage, Träger, Substanz; auch Essenz.

Subsumtion (lat.), Unterordnung, bes. in der Logik die Unterordnung des Artbegriffes unter den Gattungsbegriff; die Logistik älteren Stiles, z. B. noch bei Kant, war wesentlich S.slogik.

Südwestdeutsche Schule, eine Richtung des → Neukantianismus.

Sukzession (lat.), Aufeinanderfolge; sukzessive, nach und nach, allmählich.

Summisten, Bez. für die Schriftsteller des MA., die in ihren Werken, den sog. „Summen" (vom lat. *summa,* „Ganzes, Gesamtheit"), eine kurze übersichtliche Zusammenfassung eines gewaltigen theolog. bzw. philos. Stoffes gaben (Petrus Lombardus, Thomas von Aquino u. a.).

A. Dempf, Die Hauptform der mittelalterl. Weltanschauung, 1925.

summum bonum (lat.), das höchste Gut; Gott

Sünde, Frevel gegen den Willen, die Ordnung und die Zielsetzung Gottes. Die christl. Theologie betrachtet die S. als bewußten und gewollten Widerspruch gegen das göttliche Gesetz im Menschen, und dieser Widerspruch soll im Geiste und in der Gesinnung einzelner und ganzer Menschengruppen wurzeln.

J. Pieper, Über den Begriff der S., 1977; J. Ringleben, Hegels Theorie der S., 1977; M. Sievernich, Schuld und S. in der Theologie der Gegenwart, 1982.

Sün-tse (Hsüan-tse, Hsüntse, Hsüan K'uang), einer der einflußreichsten chines. Denker des 3. Jh. v. Chr., der im Gegensatz zu Meng-tse lehrt, daß die menschl. Natur ursprünglich böse sei und das Gute erst durch äußere Mittel wie Erziehung in sie hineingelegt werden müsse; meint eine Veränderung der inneren menschl. Natur. In dem jahrhundertelangen Streit ist S. eine stark umstrittene Persönlichkeit.

H. H. Dubs, The Philosophy of Hsüntse, London 1923; H. H. Dubs, Hsüntse – The Moulder of Ancient Confucianism, London 1927; W. Speiser/G. Dobon, Chinesische Geisteswelt, 1957; H. Schleichert, Klass. chines. Philos., 1980, [2]1990.

Supposition (lat.), Voraussetzung, Unterstellung, Annahme; das Vorausgesetzte, Angenommene. Zeitwort: supponieren. S. heißt auch Vertretung, Geltung eines Wortes von gleicher Bedeutung für oft sehr verschiedene Bereiche, z. B. Vater als Erzeuger eines Kindes und als Erziehungsberechtigter bzw. Unterhaltspflichtiger. „Zahlreiche philosoph. Scheinprobleme wurzeln in Unklarheiten der S. dieser Art" (Burkamp).

Supranaturalismus (Supern.; aus lat. *super*, „darüber" und Naturalismus), diejenige Richtung des Denkens, welche über die Natur hinausgehende, übernatürliche, ja übervernünftige Realitäten annimmt, die nur vermöge einer besonderen Funktion des Geistes (Glauben, Ahnung, geistige Schau, Ekstase) oder einer über unser Verstehen erhabenen Erkenntnisquelle, der Offenbarung, erkennbar sein sollen. Gegensatz: Naturalismus, auch Rationalismus.

Surrealismus (aus franz. *sur*, „über", und Realismus), eine seit etwa 1910 bes. in Frankreich wirksame, gewollt antirationalistische Geistesrichtung, die, von der dt. Romantik, Bergson und vor allem von Sigm. Freud beeinflußt, ein vom Intellekt nicht kontrolliertes geistiges Schaffen fordert, um die hinter der scheinbaren Wirklichkeit stehende Realität erfassen und darstellen zu können. Der S. geht von der Anschauung aus, daß das Unbewußte, das → Es, mit der erlebnistranszendenten Wirklichkeit (der gesuchten Realität) in Zusammenhang stehen müsse (wegen der Ähnlichkeit der Seinsart) und daß man deshalb dem Unbewußten oder Unterbewußten die Leitung des geistig-künstlerischen Schaffens überlassen sollte, um an die reale Wirklichkeit heranzukommen. In der Praxis (Malerei, Dichtung, Film) bevorzugt der S. die Darstellung von Träumen, Visionen, Halluzinationen und triebbedingten Assoziationen, die vorsätzlich als alogische Vorstellungsabläufe konstruiert werden. Er liefert interessantes Material für die philosophische Anthropologie und die Tiefenpsychologie.

D. Wyss, Der S., 1950; F. Aliquie, Philos. du Surréalisme, Paris 1956; P. Bürger (Hg.), S., 1982; J. Fürnkäs, S. als Erkenntnis. Walter Benjamin – Weimarer Einbahnstraße und Pariser Passagen, 1988.

Suso, dt. Mystiker, → Seuse.

Swedenborg, Emanuel, schwed. Mediziner und Naturforscher, * 29. 1. 1688 Stockholm, † 29. 3. 1772 London, entwickelte eine organolog. Naturphilosophie; später immer mehr okkult.-mystisch gerichtet, behauptete er, mit dem „Geisterreich" in Verbindung zu stehen und von dorther Offenbarungen zu empfangen. S. wird in Kants Schrift „Träume eines Geistersehers" (1766) als warnendes

Beispiel unkritisch-phantastischer Metaphysik hingestellt, S.s okkultmystisches Denken regte viele Geister des 18. und auch noch des 19. Jh. an; seine Anhänger, die S.ianer („Kirche des neuen Jerusalem", „Neue Kirche"), bildeten in England, Nordamerika, Schweden, Polen, Deutschland und der Schweiz zahlreiche Gemeinden. – Seine Werke, 5 Bde., 1924–27, gab F. A. Brecht heraus; Auswahl 1937.

M. Lamm, S., 1923; H. Geymüller, S. und die übersinnliche Welt, 1936; E. Benz, S. als geistiger Wegbereiter der Romantik, 1940; E. Benz, S. in Deutschland, 1947; J. Jonson, E. S., New York 1971; H. Bergmann (Hg.), E. S. 1688-1772, 1988.

Syllogismus (griech. „Zusammenrechnung"), → Schluß, bes. Schluß vom Allgemeinen auf das Besondere. – Die Grundelemente der Syllogistik, der klassischen, von Aristoteles begründeten Lehre von den Schlüssen, sind: 1) Beide Urteile (Prämissen), aus denen der Schluß *(conclusio)* gezogen wird, die man als Obersatz und Untersatz bezeichnet; 2) Die daran beteiligten Begriffe, wovon der den beiden Prämissen gemeinsame Begriff Mittelbegriff (M) heißt, die beiden anderen (P, S) als Außenbegriffe bezeichnet werden.

Alle M sind P	M P
Alle S sind M	S M
Alle S sind P	S P

Eine solche Schlußform ist z. B.

Alle Menschen sind sterblich
Alle Könige sind Menschen
Alle Könige sind sterblich

Die traditionelle → Logik untersucht die verschiedenen Schlußfiguren nach den möglichen Grundformen der Prämissen, die der Qualität und Quantität nach

allgemein	bejahend	(a)
allgemein	verneinend	(e)
partikulär	bejahend	(i)
partikulär	verneinend	(o)

sein können. Die vier Schlußfiguren (schēmata), die (mit Ausnahme der vierten) von Aristoteles stammen, sind:

1.	2.
M P	P M
S M	S M
S P	S P
3.	**4.**
M P	P M
M S	M S
S P	S P

Wenn man die Zahl der einzelnen Schlußarten (Schlußmodi) feststellt, die sich aus der Anwendung der möglichen Urteilsformen (a, e, i, o) auf diese vier Figuren ergeben, so gibt es rein schematisch insgesamt 64 Schlußmodi, von denen aber nur 19 zu logisch gültigen Schlußfolgerungen führen. Für diese haben die Scholastiker des 12. Jh.s folgende Merkwörter eingeführt, deren Anfangsbuchstaben und einige ihrer Konsonanten den jeweiligen Modus, bzw. die Beweisregel bezeichnen:

Barbara, Celarent primae, Darii, Ferioque.
Cesare, Camestres, Festino, Baroco secundae
Tertia grande sonans recitat Darapti, Felapton.
Disamis, Datisi, Bocardo, Ferison. Quartae sunt
Bamalip, Calemes, Dimatis, Fesapo, Fresison.

Die schematische Darstellung der S.n und die Anwendung der klassischen Operationsregel haben in der → Logistik eine erweiterte Formalisierung erfahren, innerhalb derer die Aristotelischen Grundfiguren als Einzelfälle der gesamten symbolisierten Logik betrachtet werden.

J. Hessen, Lehrbuch der Philos., I. Wissenschaftslehre, 1948; J. Lukasiewicz, Aristotles' Syllogistic from the Standpoint of Modern Formal Logic, Oxford 1951; G. Patzig, Die aristotelische Syllogistik, 1958; B. v. Freytag-Löringhoff, Logik, I–II, 1966–67; W.-W. Platzeck, Klassenlog. Syllogistik, 1984.

Symbiose (griech.), Lebensgemeinschaft; das dauernde Zusammenleben von Organismen verschiedener Art in der Weise, daß eine gegenseitige Förderung der Lebensinteressen der „Symbionten" stattfindet. Beim Menschen spricht man vom *s.tischen Verstehen,* das als ein Äquivalent der „instinkthaften Kontaktfähigkeit" aufgefaßt wird und Voraussetzung jedes gesellschaftlichen Lebens ist.

Symbol (griech.), Erkennungszeichen; Zeichen, Sinnbild; ein Gebilde, dem von einer bestimmten Gruppe von Menschen ein besonderer, durch das Wesen des Gebildes (im Gegensatz zur Allegorie) nicht nahegelegter → Sinn verliehen worden ist. Der Sinn des S.s, der von Menschen, die außerhalb jener Gruppe stehen, nicht verstanden werden kann bzw. soll, die also in die Symbolik des S.s nicht eingeweiht sind (jedes S. hat den Charakter des Geheimzeichens, zum mindesten des Verabredeten), ist in der Regel ein Hinweis auf oder eine Mahnung an etwas, das über oder hinter der sinnlich wahrnehmbaren Erscheinung des Gebildes liegt (z. B. das Kreuz als S. für den Christenglauben, bestimmte Hornsignale für Beginn u. Ende einer Treibjagd). S.e mit hohem Sinngehalt versinnbildlichen oft etwas, was auf andere Weise, als durch S.e, nicht ausgedrückt werden kann; so werden z. B. Donner u. Blitz als S.e für das → Numinose aufgefaßt, die Frau als S. für Erd- u. Lebensnähe, für das Geheimnis von Leben u. Welt (→ Sophia), der Mann als S. für Geistesverbundenheit. Der Alltag des Menschen ist erfüllt von S.en, die ihn erinnern, ermahnen, die gebieten und verbieten, die sich überschneiden und bekämpfen. „Alles ist ja nur symbolisch zu nehmen, und überall steckt noch etwas anderes dahinter" (Goethe zum Kanzler von Müller, 8. 6. 1821). Die Lehre vom Wesen und von den Arten des S.s heißt Symbolik oder S.wissenschaft; → Pasigraphie, Chiffre, signativ. In der Psychologie werden Merkmale des Ausdrucks (der Bewegung, der Schrift) als S.e aufgefaßt, in denen sich das psychische Leben des Einzelnen abbildet, das erst aus dem Verstehen dieser S.e erkannt wird. – M. Lurker, Bibl. der S.kunde, I–III, 1964–68.

E. Cassirer, Philos. der symbolischen Formen, I–III, 1923–29; W. Müri, Symbolon – Eine wort- und sachgesch. Studie, 1931; H. Friedmann, Wissenschaft und S., 1949; M. Foss, S. and Metaphor in Human Experience, Princeton 1949; C. G. Jung, Aion – Untersuchungen zur S.gesch., 1951; M. Lurker, Symbolon-Jahrbuch, I–VI, 1960 ff., 1972 ff.; A. Lorenzer, Kritik des psychoanalytischen S.begriffes, 1970; M. Lurker (Hg.), Wörterbuch der Symbolik, 1979, [5]1991 (KTA 464); J. Bretherton (Hg.), Symbolic Play, Orlando 1984; G. Aijmer, Symbolic Textures, Göteborg 1987.

Symmetrie (griech.), Ebenmaß; die gleichmäßige Anordnung gegenüber einem mittleren Punkt oder einer Achse der S., z. B. der Teile einer geometrischen Figur, der Formelemente eines künstlerischen Gegenstandes; wichtiges Gestaltungsprinzip der klassischen Ästhetik, insbesondere in der Baukunst und der Gartenarchitektur.

Sympathie (griech.), Mitempfinden, gleiche Stimmung, Empfindung, Mitgefühl; die Fähigkeit, Freude und Leid anderer mitzufühlen, die Fähigkeit des gleichsinnigen Fühlens; → Einfühlung. Eine kosmische S., einen inneren, seelisch-vitalen Zusammenhang des Alls, aller Dinge u. Kräfte, nehmen an die Vorsokratiker (bes. Empedokles), die Stoa, Plotin u. von diesem beeinflußt auch Mystiker, Romantiker u. Naturphilosophen wie Giordano Bruno, Paracelsus, Novalis u. a. S. äußert sich von Mensch zu Mensch als instinktive, scheinbar grundlose Zuneigung zu jemand, als das unbestimmte Gefühl der inneren Verwandtschaft mit einem anderen Menschen. Gegensatz – Antipathie.

M. Scheler, Zur Phänomenologie und Theorie der S.gefühle, 1913, u.d.T. Wesen und Formen der S. [2]1923.

Symposion, bei den alten Griechen eine Mahlzeit, zu der jeder etwas mitbringt, mit anschließendem Trinkgelage, bei dem von den Teilnehmern auch Reden gehalten wurden. In Platons Schrift „S." wird im Verlauf solcher Reden die Lehre vom Eros entwickelt. Auch Xenophon verfaßte eine S. betitelte Schrift. Seitdem war das S. ein beliebter Rahmen für die Behandlung philos. Probleme → Eros. In unserer Zeit wird der Name S. als Bezeichnung für Diskussionssitzungen auf wissenschaftlichen Fachtagungen verwendet.

Symptom (griech.), Zeichen, Anzeichen, Kennzeichen, Merkmal z. B. einer körperlichen, seelischen, sozialen Veränderung.

Synästhesie (griech.), Mitempfindung; sekundäre Empfindung; die Tatsache, daß durch Reizung eines Sinnes nicht nur eine ihm entsprechende, sondern zugleich auch eine Empfindung eines anderen Sinnesgebietes wird, so, wenn z. B. der Klang einer Trompete zugleich rot empfunden wird; → Phonismen.

Syndikalismus (vom griech. *syndikos,* „Sachwalter"), auf → Proudhon zurückgehende, sozialrevolutionäre Richtung, die später bes. durch → Sorel vertreten wurde. Der S. erstrebt die Vergesellschaftung der Produktionsmittel und ihre Überführung in Produktivgenossenschaften (Syndikate) durch die Arbeiter mittels „direkter (gewaltsamer) Aktion" wie Generalstreik, Boykott, Sabotage. Nicht durch die Eroberung des Staates soll das kapitalist. System sein Ende finden, sondern von unten her unterhöhlt soll es zusammenbrechen, wobei der Fanatismus der Kampfideologie keine klaren Vorstellungen davon erlaubte, wie ein neuer Anfang zum Ziel führen sollte. Prakt. Versuche zur Verwirklichung des S. fanden in Frankreich und Spanien statt. Sorel selbst wandte sich später vom S. ab.

G. Briefs, Zwischen Kapitalismus und S., 1952; W. Abendroth, Sozialgesch. der europ. Arbeiterbewegung, 1965.

Synechologie (vom griech. *synechein,* „zusammenhängen"), bei Herbart die Lehre von Raum, Zeit u. Materie als des Stetigen; heute selten gebrauchter Ausdruck für die Lehre von Zusammenhängen und ihren Strukturen; → Strukturalismus.

Synergie (griech.), Mitwirken; Zusammenwirken von verschiedenen Energien oder Potenzen zu einer einheitlichen Leistung. Theologisch die (von Luther als unmöglich hingestellte) Mitwirkung des Menschen am göttlichen Erlösungswerke. – Soziologisch die Zusammenarbeit auf allen Gebieten als Grundlage der Gemeinschaft.

Synkategorema (griech., Mehrz. S.ta), Mitbezeichnung; ein Ausdruck im Satz, der nur in Verbindung mit anderen Ausdrücken sinnvoll ist. Der Ausdruck S. war den mittelalterlichen Grammatikern geläufig und wird in der Neuzeit von Mill, Jevons, Husserl u. a. verwendet.

W. Burkamp, Logik, 1932.

Synkretismus (griech.), Vereinigung von Gedanken verschiedener Herkunft zu einem Ganzen, das innere Einheit und Widerspruchslosigkeit vermissen läßt; besonders gern auf die spätantike Religionsmischung angewandt. Synkretisten hießen im 16. Jh. die Philosophen, die zwischen Platon und Aristoteles vermitteln wollten.

Synkrisis und **Diakrisis** (griech.), Verbinden und Trennen, Verknüpfen und Sondern, Synthesis und Analysis; zwei Ausdrücke, die bei Platon vorkommen, aus dem sie Goethe übernommen hat und sie als Synthese und Analyse auffaßt, die er im schauenden Erkennen mit Ein- und Ausatmen vergleicht.

synonym (griech.), gleichbedeutend, sinnverwandt.

Synopsis (griech.), Zusammenschau; synoptisch, vom selben Standpunkt aus dargestellt, z. B. die ersten drei Evangelien.

Syntaktik (vom griech. *syntaxis*, „Zusammenordnung"), → Logistik.

Synteresis, in mittelalterl. Handschriften des Ezechiel-Kommentars des Hieronymus überlieferter griechischer Begriff für das Gewissen, sofern dieses einen auch durch das Böse in uns nicht auslöschbaren Funken der Erkenntnis des Guten *(scintilla conscientiae)* bildet; wahrscheinlich stoischen Ursprungs (= *conservatio sui* bei Seneca), von der scholastischen Philos. (Thomas v. Aquin, Bonaventura) u. der Mystik (→ Meister Eckhart) aufgegriffen und in seinem Verhältnis zur *conscientia* in verschied. Weise näher bestimmt, insbesondere durch N. v. Kues in „*De visione Dei*".

Synthese (vom griech. *synthesis* „Verbindung, Vereinheitlichung"), Vereinigung einer Mannigfaltigkeit, einer Gegensätzlichkeit oder gegensätzl. Vielheit zu einer Einheit, in der die Gegensätze und Widersprüche ausgeglichen oder aufgehoben (→ aufheben) sind; Gegensatz: → Analyse. Jede S. erzeugt ein neuartiges Gebilde, dessen Eigenschaften nicht auf bloß äußerlicher Summierung der Eigenschaften der Komponenten beruht, sondern auf wechselseitiger Durchdringung und Beeinflussung. Wahre S. ist also nicht Aggregat, sondern „schöpferische S." (Wilh. Wundt). Über S. im Hegelschen bzw. dialekt. Sinne → Dialektik und → Hegel. Kant erblickt die Hauptleistung des Verstandes in der „Synthesis der transzendentalen Apperzeption", wodurch empirische Anschauungen zur Einheit einer Erkenntnis zusammengefügt werden.

H. Berr, La synthèse en histoire, Paris 1911.

synthetisch heißt nach Kant ein → Urteil, dessen Prädikats-Inhalt noch nicht, wie im Falle des analytischen Urteils, im Subjekts-Inhalt enthalten ist, vielmehr durch den Urteilsvollzug erst neu hinzukommt. Kant unterscheidet s.e Urteile *a posteriori* und s.e Urteile *a priori,* letztere hauptsächlich im mathematischen Denken enthalten. Sie sind ihm der sachliche Ausgangspunkt für seine kritische Untersuchung der Erkenntnis. Daß sie möglich, ja vorhanden sind, wird von ihm dabei vorausgesetzt. S. Urteile sind solche, die unser Wissen erweitern; Gegensatz: → analytisch.

System (griech.), Zusammenschluß eines Mannigfaltigen zu einem einheitlichen und wohlgegliederten Ganzen, in dem das Einzelne im Verhältnis zum Ganzen und zu den übrigen Teilen die ihm angemessene Stellung einnimmt. Ein philos. S. ist die Vereinigung grundsätzl. bzw. grundlegender Erkenntnisse zu einer organischen Ganzheit, zu einer Doktrin, einem „Lehrgebäude"; → Methode. In der Gegenwart ist man, bes. durch die Phänomenologie Husserls, auf die Gefahren des sog. „S.denkens" aufmerksam geworden, d. i. einer Art des Philosophierens, das von vornherein die Gestaltung eines S.s anstrebt und daher geneigt ist, die Wirklichkeit zu konstruieren und zu stilisieren, anstatt sie zu erfassen. Diesen Gefahren sind selbst große Geister wie Kant und Hegel, auch Marx erlegen. Nicht mit Unrecht wird darauf hingewiesen, daß das Beste aus der Philosophie der großen Systematiker oft genug gerade das ist, was in ihre S.e eigentlich nicht hineinpaßt. In der wissenschaftl. Arbeit ist S. dagegen ein bewährtes Ordnungsprinzip; → Systematik.

K. Groos, Der Aufbau der S.e – Eine formale Einf. in die Philos., 1924; H. Rombach, Substanz, S., Struktur, I–II, 1965–66; H. C. F. Mansilia, S.bedürfnis und Anpassung, 1973; D. Henrich (Hg.), Ist s.atische Philos. möglich?, 1977; E. F. Sauer, Grundlagen s.atischer Philos., 1978.

System der Natur, Titel einer Schrift von → Holbach; das systematische Hauptwerk des franz. Materialismus im 18. Jh.

Systematik, die Wissenschaft u. Kunst der Systembildung; → systematisch, in der Form eines Systems, einer bestimmten Ordnung entsprechend; → Dokumentation.

P. Natorp, Philos. S., hg. 1958; A. Diemer (Hg.), S. und Klassifikation in Wissenschaft und Dokumentation, 1968.

Szientismus, auch Szientifismus (vom lat. *scientia,* „Wissenschaft"), Überbewertung der Wissenschaft, wodurch alle sinnvollen Probleme als wissenschaftlich lösbar betrachtet werden → Positivismus; dies insbesondere im Bereich der Soziologie und des kulturellen Lebens, wobei naturwissenschaftlich orientierte Methoden und Techniken ausreichend sein sollen, was für die lebendige Wirklichkeit des Menschen und für geisteswissensch. Bereiche keineswegs gilt.

tabu, unberührbar, das, was verehrungsvoll oder angstvoll gemieden wird, da es (nach polynesischen Tabu-Sitten) eine besondere Kraft (Mana) in sich trägt, bzw. verliehen bekommen hat. Ein als tabu betrachteter Gegenstand oder eine Person ist von dieser Kraft entweder erfüllt oder ihr völlig unterworfen. Im ersteren Fall entspricht dem eine Heiligenverehrung, im zweiten ist die Berührung damit unrein und gefährlich.

S. Freud, Totem und T., 1913; H. Zimmer, Mythen und Symbole, 1951; A. Gehlen, Urmensch und Spätkultur, 1956; N. Seibert, Auswirkungen von Tabuierung und Enttabuierung auf die Erziehung, 1984.

tabula rasa (lat. „abgeschabte Schreibtafel"), eine leere, unbeschriebene Tafel, ist nach Ansicht → Lockes und des Sensualismus die Seele vor aller Erfahrung. Die Bez. geht auf Albertus Magnus zurück;

das Problem findet sich schon in der antiken Philosophie.

Taine, Hippolyte, frz. Geschichtsschreiber, Philosoph u. Kritiker, * 21. 4. 1828 Vouziers, † 5. 3. 1893 Paris als Prof. (seit 1865), von Comte beeinflußter Positivist, legte in seiner Geschichts- und Kunstphilosophie, außer der Rasse und der jeweiligen historischen Lage, dem Milieu (der physischen, geistigen, sozialen, kulturellen Umwelt) größte Bedeutung bei, während beim Genie noch eine überragende Befähigung (*faculté maîtresse*) hinzukomme. Logisch-erkenntnistheoretisch neigte T. zum Nominalismus. – Hauptwerke: Philos. de l'art, 1865, dt. 1902; De l'intelligence, I–II, 1870, dt. 1886; Les origines de la France contemporaine, I–V, 1876–93, dt. 1877–94.

H. T. – Sa vie et sa correspondance, I–IV, Paris 1902–09, dt. 1911; A. Cresson, H. T., Paris 1951; C. Evans, T. Essai de biographie intérieure, Paris 1975.

Talent (vom griech. *tạlanton*, „Waage, Gewicht, das Zugewogene"; Luther übersetzt den Ausdruck im Matthäus-Evangelium mit „Zentner"; daher: das „anvertraute Pfund"), eine bestimmte, ungewöhnliche geistige Begabung, die im Individuum aus Anlage und durch Übung zu einer leichten, sicheren, geschickten Funktion gestaltet werden kann; vielfach neben das → Genie und seine freie Schöpferkraft gestellt, verstanden als eine weniger ursprüngliche, weniger tiefe, aber oft nützlichere Art der Begabung mit oft stärkeren Augenblickswirkungen.

W. Lange-Eichbaum, Genie, Irrsinn und Ruhm, 1928; G. Révész, T. und Genie, 1952.

Talmud (hebr. „Lehre"), Sammlung religionsgesetzlicher Schriften, → jüdische Philosophie. – Talmudist, Talmud-Gelehrter oder Kommentator des T., dem zugleich die praktische Verwirklichung der Religionsgesetze obliegt. Den Zugang zum Babylon. T. eröffnet der berühmte Raschi-Kommentar.

H. L. Strack, Einl. in T. und Midrasch, 1921; E. L. Berkovits, Was ist der T.?, 1935; E. Levinas, Quatre lectures talmudiques, Paris 1978; R. Gradwohl, Was ist der T.?, 1983; G. M. Freeman, The Heavenly Kingdom – Aspects of Political Thought in the T., Philadelphia 1986.

Tantrismus, eine im 1. Jahrtausend n. Chr. im Brahmanismus und Buddhismus aufkommende Geheimwissenschaft des Rituals, die in den Tantras (Gewebe, d. h. Texte) und anderen ihren Anhängern als geoffenbart geltenden Werken dargelegt wird. Mit ihm vielfach verbunden ist der Schaktismus, welcher als Göttinnen vorgestellten „Kräften" (schakti) eine besondere Rolle im Welt- und Heilsgeschehen zuweist.

H. v. Glasenapp, Die Religionen Indiens, 1944 (KTA 190); A. Mokerjee/K. Madmu, Die Welt des Tantra, 1987; N. N. Bhattacharyya, History of the Tantric Religion, Neu Delhi 1987.

Tao (chines., übersetzt mit Gott, Weg, Vernunft, Wort, Logos, Sinn), das All-Eine in der Philosophie des → Lao-tse. Es hat keinen Namen und keine Gestalt. Es ist unsichtbar, unhörbar, ungreifbar, unbestimmt und dennoch vollendet. Es steht still und ist doch immer in Bewegung. Es ändert sich selbst nicht und ist doch die Ursache aller Veränderungen. Es ist das Ewig-Eine, Unvergängliche, Allgegenwärtige, von Ewigkeit zu Ewigkeit. Es ist die Wurzel des Alls, die Mutter aller Dinge. „Der Mensch ist abhängig von der Erde, die Erde ist abhängig vom Himmel (Kosmos), der Himmel ist abhängig vom *tao*, *tao* ist abhängig von sich selbst."

A. Eckardt, Laotses Gedankenwelt. Nach dem Tao-te-king, 1957; J. C. Cooper, Taoism – The Way of the Mystic, 1972.

Taoismus, die Lehre Lao-tses vom → *Tao*, später durch Aufnahme schamanistischer Bestandteile und Angleichung an den Buddhismus ausgeartet zu verworrener Mystik und wüstem Aberglauben mit eigenen kirchl. Kulthandlungen. Vertreter sind Yang Tschu und Tschu-ang-tse (um 370–286). → Chinesische Philosophie.

B. Kandel, Wen Tzu – Ein Beitrag zum Verständnis eines taoist. Textes, 1974; J. Blofeld, Der T., 1986; K. K. Cho, Bewußtsein und Natursein, 1987.

Tatsache (lat. *factum*, „das Gemachte, Geschehene"; Gegensatz: *cogitatum* oder *dictum*, „das Gedachte od. Gesagte"), ein vorgefundenes Wirkliches (→ Sachverhalt), was als real Seiendes anerkannt wird. Ursprünglich wohl eine „Sachlage" oder ein „Tatbestand", der durch eine Tat erzeugt worden ist. Der Begriff T. meint ein Objekt, einen → Gegenstand, der in seinem Gegebensein allerdings immer vom Erleben des Subjekts mitgestaltet ist. Deshalb bemüht sich die Forschung, das Subjekt mit seinen Unvollkommenheiten bei der Feststellung von Tatsachen mehr und mehr auszuschalten u. durch Apparate, Instrumente zu ersetzen. Bes. gern beruft sich der Positivismus auf „T.n"; aber auch bei ihm variiert der Begriff der T. vom ungegliederten Wahrgenommenen bis zum abstrakten Denkergebnis eines geltenden Gesetzes. Nach M. Scheler müßte man die „reine T." daran erkennen können, daß sie sich bei Variation der sinnl. Funktion, durch die sie uns faktisch zugeht, als ein positives Etwas und als ein einsichtig Identisches erhält; ob alle T.en danach überprüft werden können, steht nicht fest; → Schein (zuverlässiger Schein). Unsicher ist der Begriff der T. bes. auf psycholog., geschichtlichem, geschichtsphilosoph. und soziolog. Gebiet.

L. Grunicke, Der Begriff der T. in der positivist. Philos. des 19. Jh.s, 1930; J. Cohn, Wirklichkeit als Aufgabe, 1955; H. Sachsse, Naturerkenntnis und Wirklichkeit, 1967; R. Stuhlmann-Laeisz, Das Sein-Sollen-Problem, 1983; K. R. Olson, An Essay on Facts, Stanford 1987.

tat tvam asi (sanskr. „das [*tat*] bist [*asi*] du [*tvam*]"), die in der Chandogya-Upanischad 6,12 von Uddalaka Aruni seinem Sohn erteilte Belehrung, daß die unsichtbare Substanz in dem Kern der Frucht eines Feigenbaumes das Urschöpferische ist, aus dem der Baum erwuchs und auch alles andere hervorgegangen ist. Diese letzte Essenz, aus der die Welt besteht, ist auch mit dem Selbst (*atman*) aller Lebewesen identisch. Von Schopenhauer in „Grundlage der Moral" (Schluß) ethisch gedeutet.

Tauler, Johannes, Mystiker, * um 1300 Straßburg, † 16. 6. 1361 das., Dominikaner, von Meister Eckhart entscheidend beeinflußt; eine Zeitlang der Baseler mystischen Bewegung der „Gottesfreunde" nahestehend, gewaltiger Prediger, der noch auf Luther und Schopenhauer, bes. aber auf den Verfasser der „Theologia deutsch" u. auf Joh. Seb. Bach wirkte. Unterscheidet genauer als Eckhart das Anerschaffene von dem durch Gnade Gewirkten im Menschen, ferner die Theologie von der prakt. Religiosität und Seelsorge. Predigte bes. die Erziehung des Menschen zum auf Gott vertrauenden Lebenswandel. – Sermon de T. et autres écrits mystique, I–II, Lüttich 1924–29; Deutsche Mystik, hg. 1967; Œuvres complètes de Jean T., I–VIII, Paris 1911–13.

F. W. Wentzlaff, Studien zur Lebenslehre T.s, 1940; E. Filthaut (Hg.), J. T. – ein dt. Mystiker, 1961; I. Weilner, J. T.s Bekehrungsweg, 1961; S. Dussart-Debèfve, Die Sprache der Predigten J. T.s, 1969; A. M. Haas, Nim din selbes war – Studien zur Lehre von der Selbsterkenntnis bei Meister Eckhardt, J. T. und H. Seuse, 1971; W. Nigg, Das myst. Dreigestirn, 1988.

Taurellus (zu dt.: Öchslein), Nicolaus, Humanist, * 1547 Mömpelgard (Montbéliard), † 1606 Altdorf, wandte sich gegen alle Bevormundung der Philosophie durch Theologie und Kirche und schuf als Aristoteliker eine protestantische Philosophie, die den Panpsychismus und Pantheïsmus des ital. Späthumanismus verwarf u. sich bes. mit Luthers Begriff der Erbsünde auseinandersetzte. Gott sei nicht bloß Nous, sondern eine unaufhörliche Tätigkeit, ein beständiger Akt der Sich-Selbst-Erschaffung. – Hauptwerke: Philosophiae triumphus, 1573; Synopsis Aristotelis metaphysices ad normam Christianae religionis explicatae, 1596; Uranologia, 1603; De rerum aeternitate, 1604.

F. X. Schmid, N. T., 1860; P. Petersen, Gesch. der aristotel. Philos. im protestant. Deutschland, 1921; M. Werner, Der protestantische Weg des Glaubens, 1955.

Tautologie (aus griech. *tautọ legẹin,* „dasselbe sagen"), überflüssige, mitunter jedoch auch notwendige Verdoppelung einer Aussage. Überflüssige T.n z. B. „bereits schon", „kleines Kerlchen". Eine überflüssige T. ist auch die Zirkeldefinition, → Diallele. Notwendige T. ist jede Worterklärung (Nominaldefinition), z. B. „Rotation ist Bewegung um eine Achse". Als T.n faßt die neuere Logik auch die log. Axiome und die analytischen Urteile auf, sofern sie durch Inhaltserläuterungen zur Eindeutigkeit des Gemeinten beitragen.

Taylor, Alfred Edward, engl. Philosoph, * 22. 12. 1869 Oundle, † 31. 12. 1945 Edinburgh als Prof. (seit 1924); vertrat zunächst eine auf Hegel zurückgehende Metaphysik, neigte später der Neuscholastik zu. Gegner des Evolutionismus und jedes Entwicklungsgedankens; denn jede Naturentwicklung setze eine ewige, unveränderliche Welt voraus. – Hptw.: *Elements of Metaphysics*, 1903, [9]1930; *The Faith of a Moralist*, 2 Bde., 1930; *Philosophical Studies*, 1934; *The Christian Hope of Immortality*, 1938; *Does God Exist?*, 1945.

A. J. D. Porteous, Nachruf i. d. Ztschr. *Mind*, 1946.

Taylorismus, ein von dem Amerikaner F. W. Taylor (1856–1915) begründetes System wissenschaftl. Betriebsführung, das auf Grund psychotechn. Feststellungen ein Minimum von Arbeitszeit und -kraft mit einem Maximum von Arbeitsleistung verbinden will, dabei aber durch seine mechanistische Auffassung des Arbeitsvorgangs dem arbeitenden Menschen und seinen seelisch-geistigen Bedürfnissen nicht gerecht wird.

A. E. Taylor, *The Principles of Scientific Management*, 1912, dt. 1913; ders., *Shop Management*, 1911, dt. [3]1920; Witte, T., 1928; Piper, T.-Literatur, 1922; F. v. Gottl-Ottlilienfeld, Von F. W. Taylor zu H. Ford, 1925.

Technik (griech. *tẹchne,* „Kunst, Kunstwerk"), die Art und Weise, etwas durchzusetzen, zu erreichen, zu bewerkstelligen; im allgemeinsten Sinn die menschliche Tätigkeit, insofern sie darauf gerichtet ist, das Vorgefundene, Gegebene menschlichen Bedürfnissen und Wünschen entsprechend zu ändern. Manuelle Ertüchtigung, Gestaltungssinn, Naturerkenntnis, Wissen, Einsicht sind die Voraussetzungen der T., Sicherung, Erhöhung, Veredlung des menschl. Daseins war ihr Ziel.

Ihren Verfahren nach war die T. jahrtausendelang handwerksmäßig empirisch, im 19. Jh. wurde sie, bes. durch Erfindung der Kraftmaschinen, in steigendem Maße wissenschaftlich-rationell zur Maschinen-Technik. Seitdem entstand das Problem „T. und Kultur", das sich in seiner ganzen Schwere aber erst dem 20. Jh. offenbarte. Aus der Ausbreitung der T. auf alle Länder der Erde und der daraus folgenden Umgestaltung der Arbeitsweise, der Gesellschaft und der menschl. Lebensführung (industrialis. Gesellschaft, Industrialisierung) ergaben sich weittragende Folgen, von denen die wichtigsten sind: Wendung vom Glauben und vom „Irrationalen" zu „Wissen", Zweckdenken, Rationalismus, exakter Berechnung und Prüfung, Sparsamkeit im Gebrauch der Produktionsmittel; ungeheurer Raubbau an Rohstoffen; Überproduktion, Steigerung der Bedürfnisse; Verstärkung der individuellen Freiheit im physischen Sinne unter gleichzeitiger erheblicher Verringerung im Sinne der Persönlichkeitswerte (→ Entfremdung), d. h. unter gleichzeitiger Mechanisierung der Gemeinschaft; es ergab sich ein völlig neues Raum- und Zeiterleben, Denken in weltweiten Räumen und Aufgaben, dem schließlich die Erde zu klein und zu eng wird; Wendung von ganzheitlicher, den ganzen Menschen erfordernder Arbeitsweise zum einseitig durchrationalisierten und mechanisierten Spezialistentum; Bewertung der Kulturhöhe eines Volkes zu Unrecht allein nach dem Maß des techn. Fortschritts. Dadurch wurden andererseits teilweise die traditionellen Kulturwerte beeinträchtigt, bes. Religion, Volkstum, Innerlichkeit überhaupt; auch deshalb, weil die gesteigerte T. aus den verschiedensten Gründen die schwersten Wirtschaftskrisen im Gefolge hatte, die nicht nur die europ. Welt in ihren Grundfesten erschütterten. Besonders seit dem Ende des zweiten Weltkrieges wird die T. von europäischen Kulturkritikern zunehmend mit Mißtrauen und Angst betrachtet. Die überstandenen Schrecken des Luftkrieges und die möglicherweise bevorstehenden der Atombombe lassen die T. als eine lebensfeindliche Macht erscheinen, die sich der Beherrschung durch den Menschen immer mehr entzieht und ein Menschenwesen bedrohendes Eigenleben erlangt (→ Naturbeherrschung). Immer häufiger wird die T. → „dämonisch" und → „apokalyptisch" genannt. Dadurch wird die existentielle → Angst als Grundbefindlichkeit des Daseins bestätigt und erhält neue Nahrung, so daß sie von A. Künzli als „die abendländische Krankheit" bezeichnet werden konnte. Derartige Überlegungen werden von den Bewunderern des techn. Fortschritts als gegenstandslos und romantisch zurückgewiesen. Nicht geleugnet werden kann die Gefährdung der Persönlichkeit durch die T. Denn jeder, der Maschinen und Apparate herstellt oder an der Herstellung indirekt beteiligt ist, auch jeder, der Maschinen, Apparate und techn. Einrichtungen benutzt, muß sich, um Maschinen, Apparate und techn. Einrichtungen richtig „bedienen" zu können, der Disziplin unterwerfen, die die Voraussetzung der Benutzbarkeit ist (Gebrauchsanweisungen, Bedienungsvorschriften, Verkehrsvorschriften; Maßnahmen zur Verhütung von Unfällen und Schäden beim Gebrauch). Die Erzeuger und Benutzer techn. Dinge sind Glieder eines → Kollektivs, das diese Disziplin erzwingt, in ihrem Denken, Fühlen u. Wollen werden sie weitgehend von ihm und seinem → kausal-mechanischen Weltbild bestimmt. Weite Kreise der zivilisierten Menschheit sind auf dem Wege, zu → Funktionären des techn. Kollektivs zu werden, in ihrer Menschlichkeit zu verkümmern und als Mitträger oder Mehrer kultureller Werte auszuscheiden. Diese Einsicht verbreitet sich zunehmend und geht mit einer kritischen Haltung zum techn. Fortschritt einher.

E. Kapp, Grundlinien einer Philos. der T., 1877; F. Dessauer, Philos. der T., 1927; N. Berdjajew, Der Mensch und die T., 1943; F. G. Jünger, Perfektion der T., 1946; M. Schröter, Bilanz der T., 1954; A. Gehlen, Die Seele im technischen Zeitalter, 1957; M. Heidegger, Die T. und die Kehre, 1962; J. Habermas, T. und Wissenschaft als Ideologie, 1968; K. Schilling, Philos. der T., 1968; H. Beck, Philos. der T., 1969; W. R. Glaser, Soziales und instrumentales Handeln – Probleme der Technologie, 1972; W. Trautmann, Utopie und T., 1974; H. Kaula, Philos. Aspekte der Maschinen-T., 1975; H. Sachsse, T. und Gesellschaft, I–II, 1976; S. Müller, Vernunft und T. bei Husserl, 1976; H. Stork, Einf. in die Philos. der T., 1977; F. Rapp, Analyt. T.philos., 1978; G. Ropohl, Eine Systemtheorie der T., 1979; H. Lenk, Zur Sozialphilos. der T., 1982; C. Perrow, Normal Accidents, New York 1984; U. Beck, Risikogesellschaft, 1986; R. Schubert, Zur Möglichkeit von T.philos., 1989.

Technokratie, (gr.), Herrschaft der → Technik, im allgemeinen die überwiegende Rolle der Technik im sozialen Leben, die weitgehende Bestimmung der Lebensformen des Einzelnen und der Gesellschaft durch die Industrialisierung, wobei dem Menschen oft die Stellung eines „Sklaven der Maschine" zugeschrieben wird. In der amerikanischen Wirtschaftssoziologie ist T. ein ideologischer Begriff, wonach die Wirtschaft durch die Mittel der Technik und von Technikern planmäßig geleitet zu einem rational für möglich gehaltenen gleichen Wohlstand für alle Menschen führen müßte.

G. Siebers, Das Ende des technischen Zeitalters, 1963; J. Habermas/N. Luhmann (Hgg.), Theorie der Gesellschaft oder Sozialtechnologie, 1971; H. Krauch, Computer-Demokratie – Hilft uns die T. entscheiden?, 1972; U. Beck, Gegengifte, 1988; U. Beck/H. Bonß (Hgg.), Weder Sozialtechnologie noch Aufklärung, 1989.

Teilhard de Chardin, Pierre, franz. Philosoph, * 1. 5. 1881 Sarcenat bei Clermont-Ferrand, † 10. 4. 1955 New York; Anthropologe, Jesuit. Seine Philosophie der universalen Evolution geht weit über die positivistische Evolutions-Theorie hinaus, indem sie den Prozeß vom Kosmos zur Personalität hin spiritualistisch als Involution und Interiorisation interpretiert und die Kontinuität von Natur und Kultur, Biosphäre und Noosphäre als Progreß in einer großen Synthese zusammenschließt, im Sinne des Theismus als Aufstieg der Schöpfung bis zum Menschen auf Gott hin, wobei diese theologische Konzeption die Perspektiven der Natur- und Kulturphilosophie zu einem positiven Ausblick auf die Zukunfts-Aufgabe der Menschheit integriert. – Hauptwerke: L'évolution créatrice, 1907; Le phénomène humain, 1940, dt. 1955; L'avenir de l'homme, 1959, dt. 1963; Œuvres, Paris 1963; Ges. Werke, I–X, 1961–68.

C. Cuénot, P. T. de C., Paris 1958, dt. 1966; P. Leroy, P. T. de C. – Tel que je l'ai connu, Paris 1958, dt. 1960; B. Delfgaauw, T. de C., Baarn 1961, dt. 1964; H. J. Hengstenberg, Evolution und Schöpfung – Eine Antwort auf den Evolutionismus T. de C.s, 1963; A. Müller, Das naturphilos. Werk T. de C.s, 1964; K. Schmitz-Moormann, Das Weltbild T. de C.s, 1967; A. Gosztonyi, Der Mensch und die Evolution, 1968; H. Reinalter (Hg.), Evolution der Welt – Versuche über T. de C., 1973; T. Broch, Das Problem der Freiheit bei T. de C., 1977; G. Schiwy, T. de C. – Sein Leben und seine Zeit, I–II, 1981; H. Dolch, P. T. de C. – Grenzgänge zwischen Naturwissenschaft und Theologie, 1986.

Teleologie (aus griech. *tẹlos*, „Ende, Ziel, Zweck, Vollendung", u.

logos, „Lehre“), die Lehre vom Zweck oder von der Zweckmäßigkeit; die Lehre, wonach nicht nur das menschl. Handeln, sondern auch das geschichtl. und das Naturgeschehen im ganzen wie im einzelnen durch Zwecke (teleologisch) bestimmt und geleitet werde; die Betrachtung der Dinge unter dem Gesichtspunkt der Zweckmäßigkeit. Die T. ist anthropozentrisch, wenn sie annimmt, daß alles für den Menschen da sei, metaphysisch, wenn sie einen den ganzen Weltprozeß beherrschenden Endzweck annimmt, transzendent, wenn sie ein außerweltliches zwecksetzendes Wesen annimmt, immanent im aristotelischen Sinne, wenn sie die Zwecke als in den Dingen selbst liegend betrachtet (→ Entelechie). Nach Kant ist die T. nur regulativ, heuristisch, d. h. sie hat nur für die Erkenntnisweise der äußeren Welt Bedeutung, sagt aber nichts über diese selbst aus. Nach christl. theolog. Auffassung muß Gott als die einzige und oberste Zweckursache des Geschehens betrachtet werden; ähnlich denkt z. T. der dt. Idealismus.

H. Driesch, Philos. des Organischen, 1919; F. Dessauer, Die T. in der Natur, 1949; N. Hartmann, Teleolog. Denken, 1951; J. Schmitz, Disput über das teleolog. Denken, 1960; B. v. Brandenstein, Teleolog. Denken, 1960; W. Strich, Telos und Zufall, 1961; H. P. Balmer, Freiheit statt T., 1977; R. Spaemann/R. Löw, Die Frage wozu?, 1981; E.-M. Engels, T. des Lebendigen. Eine historisch-systemat. Unters., 1982; M. Schramm, Natur ohne Sinn?, 1985; K. Loges, Das T.problem in der Psychologie, 1985; M. Ewers, Philos. des Organismus in teleolog. und dialekt. Sicht, 1986.

Telepathie (griech.), Fernfühlen; die vermutlich mögliche, objektiv psychologisch jedoch unverifizierbare „Erfassung der Bewußtseinsinhalte einer anderen Person auf einem anderen Wege als der Vermittlung durch die gewöhnliche Sinneswahrnehmung, also unter Ausschluß der Sprache, auch des unwillkürlichen Flüsterns oder irgendwelcher sonstiger sinnl. wahrnehmbarer Ausdrucksphänomene des Innenlebens der Person“ (T. K. Österreich, Grundbegriffe der Parapsychologie, ²1931); → Parapsychologie. Auf der Grundlage der physiologischen Psychologie werden heute u. a. in der Sowjetunion Versuche unternommen, T. und Parapsychologie empirisch zu begründen und „Fernfühlen“ sowie „Gedankenübertragung“ als besondere elektronische Vorgänge nachzuweisen.

W. v. Wasielewski, T. und Hellsehen, 1921; H. Driesch, Parapsychologie, 1932; H. Bender, Psychische Automation, 1936; A. Neuhäusler, T., Hellsehen, Präkognition, 1957; H. C. Berendt, T. und Hellsehen, 1983.

Telesio, Bernardino, ital. Philosoph, * 1508 Cosenza (Unteritalien), † 2. 10. 1588 das., Gründer der *Academia Telesiana* oder *Consentina* in Neapel; einer der Hauptvertreter des naturwiss. Empirismus der Renaissance, der bei T. allerdings stellenweise durch spekulative Neigungen gekreuzt wird. In der Selbsterhaltung findet er den Grundtrieb alles Seins, in der Selbstvervollkommnung das Ziel. – Hauptwerke: De natura rerum juxta propria principia, I–II, 1565; Varii de naturalibus rebus libelli, 1590 (Repr. 1971).

G. Gentile, B. T., Bari 1911; N. V. Deusen, T. – The First of the Moderns, New York 1932; N. Abbagnano, B. T., Mailand 1947; G. Soleri, T., Brescia 1954; G. Saitta, Il pensiero italiano dell'Umanesimo e nel Rinascimento, Florenz 1960; P. O. Kristeller, Eight Philosophers of the Italian Renaissance, Stanford 1964, dt. 1986.

Telos (griech.), Ziel; → Zweck.

Temperament (lat. „richtige Mischung“), die Veranlagung des Menschen hinsichtlich der Art, der

Stärke und des Ablaufs der gefühlsmäßigen Verhaltensweisen, Reaktionen und Willensprozesse. Als vier Temperamente unterscheidet man seit Hippokrates bzw. Galenos nach der Stärke oder Schwäche, Langsamkeit od. Schnelligkeit des durch das betr. T. beeinflußten Willens- bzw. Gefühlsverlaufs:

	starke:	schwache:
schnelle:	cholerisch	sanguinisch
langsame:	melancholisch	phlegmatisch

Jedes T. wird dabei als der seel. Ausdruck eines der vier Hauptsäfte des Körpers aufgefaßt: Blut (*haima*, lat. *sanguis*), Schleim (*phlegma*), schwarze Galle (*melancholia*), gelbe oder weiße Galle (*chole*). Je nach der geringeren oder größeren Motivationskraft der Gefühle ist der Sanguiniker schwankender Stimmungsmensch – oder flatterhaft; der Melancholiker Schwärmer, Hypochonder – od. Idealist der Tat; der Choleriker, heftig auftretender Willensmensch – oder übermäßig aufgeregt reagierender Gefühlsmensch, der Phlegmatiker kaltblütig, zäh – oder gleichgültig, apathisch. Die klassische Ableitung der T.e aus einzelnen „Säften" und ihrer individuell verschiedenen Mischung ist wissenschaftlich nicht haltbar; es handelt sich bei den T.en um Struktureigenschaften der Gesamtpersönlichkeit. Klages versteht unter T. die persönliche Willenserregbarkeit, die auf dem individuell konstanten Verhältnis von Größe der Triebkraft zur Größe des Widerstandes beruht. Es werden in diesem Sinne die beiden Grundtypen, der → Zyklothymiker und der Schizothymiker unterschieden. → Konstitution; → Kretschmer.

J. Bahnsen, Beiträge zur Charakterologie, I–II, 1867; E. Kretschmer, Körperbau und Charakter, 1921; L. Klages, Grundlagen der Charakterkunde, 1926; K. Hock, Dein T., 1953.

Tendenz (vom lat. *tendere*, „nach etwas streben"), die Richtung eines Geschehens oder Strebens; Absicht (auch → Intention), Streben, Zweck; tendenziös: in einer bestimmten Absicht.

Terminologie (aus lat. *terminus*, „Grenzzeichen", „Endpunkt", u. griech. *logos*, „Lehre"), Fachsprache, die Gesamtheit der in einer Wissenschaft oder Kunst gebrauchten Fach- oder Kunstausdrücke (*termini technici*). Bes. in der Philosophie gestaltet sich das Problem der T. immer schwieriger, da die philosophischen Begriffe durch die neuen Aspekte historisch späterer Interpretationen so vieldeutig werden, daß jeder Forscher, um richtig verstanden zu werden, seinen Darstellungen eine T., d. h. eine Erklärung von ihm benutzter Termini, voranstellen müßte. Die Folge davon ist, daß die T. als Ganzes immer unübersichtlicher wird und nur durch Nachvollzug der entsprechenden Aspekte verstanden werden kann. Die Schaffung stets neuer Termini für abstrakte Gedankengebilde scheint außerdem das Denken dazu zu verleiten, dahinter mehr zu sehen, als die jeweilige Konstruktion tatsächlich beinhaltet oder erfassen läßt.

R. Eucken, Gesch. der philos. T., 1879; F. Tönnies, Philos. T. in psycholog. und soziolog. Ansicht, 1906; A. Neuhäusler, Grundbegriffe der philos. Sprache, 1963; F. Kainz, Über die Sprachverführung des Denkens, 1972; T. W. Adorno, Philos. T., I–II, 1973–74.

Terminus (lat. „Grenzzeichen", „Endpunkt"), Begriffsbezeichnung, Begriffswort; vgl. Terminologie.

tertium comparationis (lat. „das Dritte der Vergleichung"), dasjenige, worin zwei verglichene Dinge übereinstimmen. So ist z. B. beim Vergleich zweier ebener Flächen ihre Zweidimensionalität das t. c.

tertium non datur (lat. „ein Drittes wird nicht gegeben"), → *exclusi tertii principium.*

Tertullian, Jurist und Kirchenvater, * Mitte 2. Jh. n. Chr. Karthago, † um 222 das., sprunghaft und unausgeglichen in seinem Denken und Sprechen. Verachtete alles „Heidentum", bes. in seiner eingehenden Kritik der griech. Philosophie. In seiner Schrift „Über die Seele" vertrat er, entgegen den Platonikern und Gnostikern, deren Körperlichkeit u. zeitlichen Anfang. Alles Wirkliche ist körperlich, auch Gott; verteidigte die Religionsfreiheit aus taktischen Gründen: die Wahl der Religion ist ein Recht des Individuums; es ist nicht religiös, zur Religion zwingen zu wollen. Das Wort → *„credo quia absurdum"* wird auf T. zurückgeführt. – Ausg. W., dt., Bibliothek der Kirchenväter, 1870f.

T. Brandt, T.s Ethik, 1929; A. Kolping, Sacramentum bei T., 1942; L. Stäger, Das Leben im römischen Afrika im Spiegel der Schriften T.s, 1973.

Tetens, Johann Nikolas, Psychologe, * 16. 9. 1736 Tetenbüll (Holstein), † 15. 8. 1807 in Kopenhagen, 1776–89 Prof. in Kiel, dann höherer Beamter in Kopenhagen; Vorläufer des auch das Irrationale anerkennenden dt. Positivismus; vertrat in seinen Hauptw.: „Über die allgemeine spekulative Philosophie", 1775; „Philos. Versuche über die menschl. Natur und ihre Entwicklung" (1776–77, 2 Bde., Neudr. der beiden Werke 1913) die Überzeugung, daß in der Selbstbeobachtung der Ausgangspunkt der Psychologie liegt und daß am Anfang der Psychologie die empir. Zergliederung des Seelenlebens stehen muß, dagegen erst am Ende eine metaphys. Zusammenfassung zulässig sei. – Über den Ursprung der Sprache und Schrift, 1772 (Repr. 1985).

G. Störring, Die Erkenntnistheorie von T., 1901; A. Seidel, T.' Einfluß auf Kant, 1932; O. Hintze, Die Eiderstedter Ahnen und der Lehrer der Philos. J. N. T., 1936.

Thales, griech. Philosoph, etwa 625–545 v. Chr., Staatsmann aus Milet, der weite Reisen machte und sich vielerlei Kenntnisse erwarb; soll auf Grund des in Ägypten erworbenen Wissens die Sonnenfinsternis von 585 vorausgesagt haben; nach Aristoteles der erste der ionischen Naturphilosophen und damit der erste (griech.) Philosoph überhaupt. Soll gelehrt haben, daß alles aus dem Wasser hervorgegangen ist. Die Prägung des Spruches: *„gnothi seauton!"* – Erkenne dich selbst! wird dem T. (auch dem Cheilon) zugeschrieben. Schriften von T. sind nicht erhalten.

H. Diels/W. Kranz, Fragmente der Vorsokratiker, 1903, [17]1974; W. Capelle, Die Vorsokratiker, 1936, [8]1968 (KTA 119); J. Mansfeld (Hg.), Die Vorsokratiker, 1986 (RUB 7966).

Theaitetos, Titel einer Schrift von Platon, die sich mit dem Wesen der Erkenntnis beschäftigt.

Theismus (vom griech. *theos*, „Gott"), der Glaube an einen einzigen, persönlichen, außer- und überweltlichen, selbstbewußten und selbsttätigen Gott, der als Schöpfer, Erhalter und Lenker der Welt gedacht wird. Gegensätze: → Deismus; Henotheismus (→ Gott), → Pantheismus, → Panentheismus, → Atheismus.

Theodizee (aus griech. *theos*, „Gott", u. *dike*, „Recht"), die von Theologen oder von theologisierenden Philosophen (den Stoikern im

Altertum, den Gnostikern, Leibniz in der Neuzeit) versuchte Rechtfertigung Gottes hinsichtlich des von ihm zugelassenen Übels in der Welt. Man leugnet entweder die Übel oder betrachtet sie als Prüfungen, die Gott schickt. Zu den Versuchen einer T. hat zuerst Epikur kritisch Stellung genommen: entweder will Gott das Übel in der Welt aufheben, aber er kann nicht; oder er kann, will aber nicht; oder er will weder, noch kann er; oder er will und kann auch. Die drei ersten Fälle sind in Hinsicht auf einen Gott undenkbar, der letzte verträgt sich nicht mit dem tatsächlichen Vorhandensein des Übels.

Leibniz, Essais de theodicée, 1710; H. Lindau, Die Theodicee im 18. Jh., 1911; H. Pfeil, Grundfragen der Philos. im Denken der Gegenwart, 1949; H. M. Wolff, Leibniz, T., Allbeseelung und Skepsis, 1961; O. Marquard, Schwierigkeiten mit der Geschichtsphilosophie, 1973; W. Schmidt-Biggemann, T. und Tatsachen, 1988; H.-G. Janssen, Gott – Freiheit – Leid. Das T.problem in der Philos. der Neuzeit, 1989.

Theogonie (griech.), Götterentstehung; Mythos vom Werden der Götter. Die erste T. der Antike, die Genealogie der griech. Götter, schrieb → Hesiod. Bei Ludwig Feuerbach (T., 1857) eine psychologische Untersuchung über die Entstehung der Gottesidee.

Theokratie (griech.), Gottesherrschaft, die im Namen Gottes beanspruchte Lenkung des Staates durch kirchliche Hierarchie, z. B. im alten Ägypten, i. Judentum u. kathol. MA; auch „gottgewollte" Kriege.

Theologia deutsch, eine mystische Erbauungsschrift, die Ende des 14. Jh. im Deutschherrenhause in Sachsenhausen bei Frankfurt a. M. entstand und großen Eindruck auf Luther machte, der ihr den Titel „Ein deutsch Theologia" gab und sie erstmalig (1518) veröffentlichte. – Ausg. mit neuhochdt. Übers. v. Pfeiffer, [5]1923.

Theologie (griech.), die Lehre von → Gott. Im engeren Sinne und im Unterschied zur Religionsphilosophie das Dogmen-System der christlichen Kirchenlehre. Man unterscheidet: historische T. (Kirchen-, Dogmen- u. T.geschichte, Bibelwissenschaft), systematische T. (Dogmatik, Apologetik, Moralt.) und praktische T. (Homiletik, Katechetik, Liturgik). Von der T. im eig. S. (übernatürliche oder Offenbarungs-T.), die aus den Offenbarungsquellen schöpft, ist die natürliche T. zu unterscheiden, die ein Teil der Metaphysik ist und von Gott handelt, insoweit er philosophisch erkennbar ist (bes. Gottesbeweise und Theodizeeproblem). Über das Verhältnis von Philosophie und Theologie → christliche Philosophie. Während bis zum Ausgang des MA. die Metaphysik als im Dienste der T. stehend, ja sogar als deren „Magd" betrachtet wurde, hat sich das Verhältnis umgekehrt: die philosoph. Metaphysik wurde gegenüber der T. die geistig höher und der Wahrheit näher stehende Weise, über die letzten Dinge nachzudenken, weil sie frei von die Wahrheit mit Notwendigkeit verfälschenden Personalismen ist, weil sie abstrakter und frei von der Wahrheit dogmatisierter mythologischen Bildern und Allegorien ist, weil sie reiner ist und nur nach Wahrheit, nicht aber zugleich nach einer, die Methode der Wahrheitssuche beeinträchtigenden Beherrschung der Seelen (sei es auch zu deren Heil) strebt.

A. v. Harnack, Grundriß der Dogmengesch., 1889; M. Grabmann, Gesch. der kathol. T. seit dem Ausgang der Väterzeit, 1933; E. Hirsch, Gesch. der neueren evangel. T., I–V, 1949–53; G. Söhngen, Der Weg der abendländischen T., 1959; V. A. de Pater, Theologische Sprachlogik, 1971; W. Pannenberg, Wissenschaftstheorie und T., 1973; A. Grabner-Haider, Semiotik und T., 1973; J. Macquarrie, Thinking about God, London 1973, dt. 1974; A. J. Bucher, Modellbegriffe – Philos. Untersuchungen in der T., 1974; G. Picht, T. – was ist das?, 1977; R. Schaeffler, Wechselbeziehungen zwischen Philos. und kath. T., 1980; H. Schöpfer, T. an der Basis, 1983; F. Kerr, Theology after Wittgenstein, Oxford 1988; G. Sauter, In der Freiheit des Geistes – Theolog. Studien, 1988; G. Hummel (Hg.), Die Begegnung zwischen Philos. und evangel. T. im 20. Jh., 1989.

Theonomie (griech.), Gottesgesetzlichkeit in der sittlichen Verwirklichung des Menschen. Während die Autonomie der Sittlichkeit eine eigene Gesetzgebung im sittlichen Geschehen voraussetzt, ist die T. insofern kein Gegensatz dazu, als sie die Autonomie nicht aufhebt. T. ist der weitere Weg der sittlichen Verwirklichung, nachdem der Mensch über seine eigenen Möglichkeiten hinausgreifen zu können glaubt.

Theophrastos, griech. Philosoph, 372–287 v. Chr., aus Eresos auf Lesbos, umfassender Gelehrter, mit Aristoteles der Begründer der Pflanzenbiologie u. -geographie. Durch den histor. Teil seiner Naturlehre Begründer der Geschichte der Philosophie (bes. der Charakterkunde und Erkenntnistheorie). Neben seiner philosophischen Arbeit *„De prima philosophia libellus“* (hrsg. v. H. Usener, 1890) wurde er berühmt durch seine Schrift „Ethische Charaktere“, hg. 1960. – Die logischen Fragmente des T., hg. 1973; Quellen zur Ethik T.s, hg. 1985.

J. M. Bochenski, La logique de T., Fribourg 1947; K. Gaiser, T. in Assos – Zur Entwicklung der Naturwissenschaft zwischen Akademie und Peripatos, 1985; G. Wöhrle, T.s Methode in seinen botanischen Schriften, Amsterdam 1985.

Theorem (griech.), Lehrsatz.

theoretisch (vom griech. *theorein*, „schauen“), durch begriffliches Denken auf das Erkennen gerichtet. Gegensatz: → praktisch.

Theorie (vom griech. *theorein*, „schauen“). Für Herodot ist das *theorein* zusammen mit *historein* (ausforschen) die Grundlage der Geschichtswissenschaft; bei den ionischen Naturphilosophen erhält das Wort T. den Sinn des geistigen Schauens abstrakter Dinge; der *„bios theoretikos“* des Aristoteles ist das ‚der denkenden Betrachtung der Dinge“ gewidmete Leben. T. bedeutet heute im Gegensatz zur bloßen → Empirie jede wissenschaftl. Wissens-Einheit, in welcher Tatsachen und Modellvorstellungen, bzw. Hypothesen zu einem Ganzen verarbeitet sind, also ein wiss. Gebilde, „in der die Tatsachen in ihrer Unterordnung unter die allgemeinen Gesetze erkannt und ihre Verbindungen aus diesen erklärt werden“ (Fries). Das ihr unausweichlich anhaftende hypothet. Element mischt in alle Erkenntnis durch T. etwas von Unsicherheit und bloßer Wahrscheinlichkeit, die sich mit jeder einstimmenden Tatsache günstiger stellt, mit jeder entgegenstehenden ungünstiger. Im Vertrauen auf die Geordnetheit alles Weltgeschehens (→ Ordnung) gilt eine T. für um so zutreffender, je einfacher sie ist. Daß die Abhängigkeit der Anziehungskraft von der Entfernung (V) mathematisch durch $\frac{1}{V^2}$ und nicht etwa durch $\frac{1}{V^{2,07}}$ ausgedrückt wird, ist (nach B. Bavink) ein *„sigillum veri“*, ein Wahrheitssiegel der dem Ausdruck zugrunde liegenden T. Wiss. Untersuchungen können durch T.n sowohl vorbereitet als auch abgeschlossen werden. In neuster Zeit gewinnt die T.bildung eine besondere Bedeutung in der Kybernetik, die auf eine vollständige Automation von Forschungseinrichtungen, Industrie und techn. Leben hinsteuert, wozu die nötigen mathemat. T.en bereits als erarbeitet gelten. Der T.nbildung in einzelnen Fachbereichen geht heute die allgem. → Wissenschaftstheorie voraus. → Hypothese; → Modell.

W. Leinfellner, Struktur und Aufbau wiss. T.n, 1965; W. Leinfellner, Die Enstehung der T., 1966; W. Stegmüller, Probleme und Resultate der Wissenschaftstheorie und analytischen Philos., II, 2, 1973; F. Kambartel, T. und Begründung, 1976; S. Körner, Erfahrung und T. Ein wiss.stheoret. Versuch, 1977; O. Gigon, La teoria e i suoi problemi in Platone e Aristotele, Neapel 1987.

Theosophie (griech.), Gottesweisheit; angebl. höheres Wissen um Gott und das Göttliche durch unmittelbares Erkennen (Gnosis) und Erleben, um die Geheimnisse der göttl. Schöpfung durch unmittelbare Schauung. Eine T. so allgemeiner Natur ist die Mystik J. Böhmes, Swedenborgs und anderer. Im engeren Sinn seit dem Ende des 19. Jh. Bez. für das Anliegen einer Sekte, deren Anschauungen vorwiegend im asiatischen Kulturkreis wurzeln und ein Konglomerat von buddhistisch-brahman. Vorstellungen und christl. modernen Ideen bilden; → indische Philosophie, Anthroposophie, Okkultismus.

W. Bruhn, Th. und Anthroposophie, 1921; G. Bichlmayr, Christentum, T. u. Anthroposophie, 1950.

These (vom griech. *thęsis*, „Setzung"), Behauptung, Lehrsatz, Antithese: Gegensatz, Gegenbehauptung; → Dialektik.

Theunissen, Michael, * 11. 10. 1932 Berlin, Prof. in Heidelberg. Im Mittelpunkt seines historischen Interesses stehen der dt. Idealismus, das nachhegelsche Denken und die Phänomenologie. Ausgehend von diesen Denkströmungen, geht es ihm um eine Ausschöpfung des materialen Gehalts der Dialektik und um deren dialogische Neufassung. – Schr. u. a.: Der Andere. Studien zur Soziologie der Gegenwart, 1965, [2]1981; Gesellschaft und Geschichte. Zur Kritik der kritischen Theorie, 1969; Hegels Lehre vom absoluten Geist als theologisch-politischer Traktat, 1970; Sein und Schein. Die kritische Funktion der Hegelschen Logik, 1978; Selbstverwirklichung u. Allgemeinheit: Zur Kritik des gegenwärtigen Bewußtseins, 1982.

Thiel, Christian, Prof. in Bochum, * 12. 6. 1937 Neusalz/Oder, bemüht sich um Rekonstruktion und Bewahrung klassisch-philosophischen Gedankengutes im Rahmen einer methodischen Philosophie („Konstruktivismus"), sowie um ein kritisches Verständnis von Rationalität durch Analyse des neuzeitlichen Wissenschaftsbegriffes und der Grundlagenkrisen. Arbeitet auf dem Gebiet der mathematischen Philosophie und Wissenschaftstheorie; Editionen zur Geschichte der Logik (u. a. Leibniz, Frege). – Schr. u. a.: Sinn und Bedeutung in der Logik G. Freges, 1965 (engl. 1968, span. 1972); Grundkrise und Grundlagenstreit, 1970; Frege und die moderne Grundlagenforschung (Hg.), 1975; Freges wissenschaftl. Briefwechsel (Hg.), 1976; Zugänge zur Philosophie (Mithg.), 1979; (Hg.), Erkenntnistheoret. Grundlagen der Mathematik, 1982; Frege, Grundlagen der Arithmetik, 1986.

Thiel, Manfred, * 27. 6. 1917 Heidelberg, arbeitet auf den Gebieten der Ontologie, Methodologie und Ethik, verweist auf die „Entfremdung" der Wissenschaften und auf eine wesentliche Verschiebung des ontologischen Moments in das Anthropologische mit den ontologischen Leitprinzipien der Distanz, Unmittelbarkeit und Gestalt. – Schr. u. a.: Ontologie der Persönlichkeit, Bd. I, 1950; Die Umstilisierung der Wissenschaft und die Krise der Welt, 1958; Dichtung u. Erfahrung, 1977; Ch. Baudelaire. Die Blumen des Bösen, 1978; Heidegger. Sein Werk, Aufbau und Durchblick, 1978; Interpretation. Philosophie, Jurisprudenz, Theologie, 1980; Nietzsche. Ein analytischer Aufbau seiner Denkstruktur, 1980; Der Nihilismus: Heidegger und die Sophistik, 1986; Jean-Paul Sartre. Schriftsteller oder Philosoph, 1987; Prolegomena zu einer Philosophie der Unmittelbarkeit, I–II, 1988.

Thomas von Aquino, Scholastiker, * 1225 (oder 1226) Schloß Roccasecca bei Aquino (Neapel), † 7. 3. 1274 Kloster Fossanuova bei Rom, der erste der scholast. → Kirchenlehrer, *„princeps philosophorum"* („Fürst der Philosophen"), seit 1879 der offizielle kath. Kirchenphilosoph, der die Lehren der christl. Kirche (bes. Augustinus) mit der Philosophie des Aristoteles verbindet. Lehrte in Köln und Bologna, Rom und Neapel. T. zieht zw. Glauben und Wissen als erster eine nicht nur deutliche, sondern scharfe Grenze. Die Sätze der Offenbarung oder des Glaubens, die Mysterien, seien durch die Vernunft nur als widerspruchsfrei und gegenüber Einwürfen nur als wahrscheinlich begründbar, was jedoch ihrer Autorität keinen Abbruch tue. In bezug auf die → Universalien war T. Realist. Als Theologe faßt er das Dasein Gottes im Sinne der christl. Religion auf und nimmt eine Weltschöpfung aus dem Nichts und die Unsterblichkeit der Seele an, die als „reine Form" nicht zerstört werden könne. Sie hat jedoch nicht vor dem irdischen Leben existiert, ist vielmehr bei der Zeugung durch Gott geschaffen worden. Sie gewinnt die Erkenntnis nicht durch Wiedererinnerung an Ideen, wie bei Platon, sondern durch Sinneswahrnehmung, in die die Ideenerkenntnis eingehüllt ist und so erst dem Intellekt einleuchtet. Die Synthese von materialen und idealen immanenten Prinzipien bei T. drängt zur Synthese der idealen immanenten mit den idealen transzendenten Prinzipien hin und kann als eine zusammenfassende Konzeption des aristotelischen Realismus und des platonischen Idealismus aufgefaßt werden. Das gesamte Weltall wird von T. als eine universalist. Ordnung, eine Hierarchie des Seins aufgefaßt, die auf Gott hingeordnet ist u. allem Seienden seinen ihm gebührenden Platz anweist. Dem Willen ist der Intellekt nach T. vorgeordnet. Der Mensch muß, um sittlich zu handeln, die natürliche Ordnung im Einzelleben und in der Gemeinschaft anerkennen. Am 24. 7. 1924 wurden 24 Thesen aus der Philosophie (Metaphysik u. Naturphilosophie) herausgehoben und kirchlicherseits als die echte Lehre des T. verordnet; → Thomismus. – Hauptwerke: De ente et essentia, 1254–55, lat.-dt. 1959; De veritate 1254–56, dt. 1932–34; De potentia Dei 1256–60, engl. 1932–34; Summa contra gentiles, 1261–64; De anima 1266 (Repr. 1968); Summa theologiae, 1268–73, dt. 1933 ff.; De malo, 1269, lat.-dt. 1959; Auswahl, 1956; Thomas-Brevier, 1958; Opera omnia, I–XXV, Parma 1852–72 (Repr. 1948)

L. Schütz, T.-Lexikon, 1895 (Repr. 1958); M. Grabmann, Einf. in die „summa theologiae" des T. v. A., 1928; R. J. Deferrari, A

Lexicon of S. T. v. A. – Based on the Summa Theologiae, I–V, Washington 1948–54; P. Wyser, T. v. A., 1950 (mit Bibl.); J. Hessen, T. und wir, 1955; J. Pieper, Hinführung zu T. v. A., 1958; G. Siewerth, Die Abstraktion und das Sein nach der Lehre von A. v. A., 1958; J. Hegyi, Die Bedeutung des Seins bei den klassischen Kommentatoren des hl. T. v. A., 1959; F. J. Kovach, Die Ästhetik des T. v. A., 1961; W. Kluxen, Philos. Ethik bei T. v. A., 1964; K. Riesenhuber, Die Transzendenz der Freiheit zum Guten bei T. v. A., 1971; W. Kluxen (Hg.), T. v. A. im philos. Gespräch, 1975; K. Bernath (Hg.), T. v. A. – Philos. Fragen, I–II, 1978–81; G. Pöltner, Schönheit – Eine Untersuchung zum Ursprung des Denkens bei T. v. A., 1978; J. Weisheipl, T. v. A. – Sein Leben und seine Theologie, 1980; A. Zimmermann (Hg.), T. v. A. – Werk u. Wirkung im Lichte neuerer Forschungen, 1987; E. Arroyabe, Das reflektierende Subjekt. Zur Erkenntnistheorie des T. v. A., 1988.

Thomas von Kempen (Thomas a Kempis), eigentlich Th. Hamerken, Theologe, * 1379 oder 1380 in Kempen a. Rh., † 25. 7. 1471 als Subprior des Klosters Agnetenberg bei Zwolle; Verfasser (Bearbeiter) des berühmten myst. Erbauungsbuches „Von der Nachfolge Christi" (*De imitatione Christi*); das Buch wirkt im Sinne des gottinnigen und werktätigen Christentums, wie es von der Mystik des späteren MA. gepflegt wurde. Nach neueren Forschungen (Ausgabe von F. Kern, 1947) ist der Verfasser dieses Buches G. Groote (1340–1384), ein Schüler von J. v. Ruysbroek. – Das Buch von der Nachfolge Christi, hg. 1912, 1984; Opera Omnia, I–VII, 1902–22.

A. Klöckner, T. v. K., 1921; J. Ginneken, Trois textes pré-Kempistes du premier et du second livre de L'imitation, I–II, Amsterdam 1940–41; H. N. Janowski (Hg.), G. Groote, T. v. K. und die Devotio moderna, 1978.

Thomas von Straßburg, dt. Scholastiker, † 1357, Augustinereremit, vertrat als Aristoteliker in den Naturwissenschaften ein empirisch-experimentelles, in den Geisteswissenschaften ein exakt philol. Verfahren, kommentierte die wissenschaftlichen Sentenzen des Petrus Lombardus; in seiner Willenslehre war er von Augustin bestimmt, indem er an eine gewisse Unabhängigkeit des Willens von der Vernunft glaubte. – Scripta super quattuor libros sententiarum, 1490.

B. Lindner, Die Erkenntnislehre des T. v. S., 1930.

Thomas von St. Viktor (Thomas Gallus, Thomas von Vercelli), franz. Scholastiker, † 5. 12. 1226 in Verceil, als Abt von St. Viktor, gab der Schule von Sankt Viktor eine Wendung zur Mystik, wobei er bes. an die Mystik des Pseudo-Dionysius, zu der er einen Kommentar schrieb (erschienen 1502 in der lat. Ausg. der Schriften des Dionysius), anknüpfte.

M. Grabmann, Gesch. der scholast. Methode, II, 1911; M. Grabmann, Mal. Geistesleben, I–II, 1926–36 (Repr. 1956).

Thomasius, Christian, Philosoph, * 1. 1. 1655 Leipzig, † 23. 9. 1728 Halle, von Pufendorf beeinflußt, lehrte seit 1681 in Leipzig, von wo er durch die Theologen wegen seiner Aufklärungsphilosophie vertrieben wurde, seit 1690 in Halle; hielt 1688 als erster Philosoph Vorlesungen in dt. Sprache. Er zeichnete sich in seiner theoretischen Philosophie mehr durch kritische, begriffsscharfe als durch tiefdringende eigene Gedanken aus. Als seine ethische Überzeugung lehrte er, daß die Sittlichkeit höher steht als das Recht und daß es außerhalb der Gemeinschaft kein Recht gibt. – Hauptwerke: Einl. zur Vernunftlehre, 1691; Ausübung der Vernunftlehre, 1691; Einl. in die Sittenlehre, 1692; Ausübung der Sittenlehre, 1696; Versuch vom Wesen des menschlichen Geistes, 1699; Fundamenta juris naturae et gentium, 1705 (Repr. 1963).

M. Fleischmann, C. T. – Leben und Lebenswerk, 1931; W. Bienert, Der Anbruch der christl. dt. Neuzeit bei C. T., 1934; E. Bloch, C. T., 1953; H. Herrmann, Das Verhältnis von Recht und pietist. Theologie bei C. T., 1971; W. Schneiders (Hg.), C. T., 1989 (m. Bibl.).

Thomasius, Jacob, Philosoph, * 27. 8. 1622 Leipzig, † 9. 9. 1684 das., Vater von Christian T., Lehrer Leibniz', war ein scharfsinniger Kritiker der Scholastik, deren Ende er voraussah, und besaß ein umfangreiches philosophiegesch. Wissen. – Erotemata metaphysica, 1670.

Thomismus, die Philosophie des Thomas v. Aquino u. seiner Anhänger, der Thomisten, gegliedert in den älteren T., teils vor, teils nach der Reformation, und den seit Mitte 19. Jh. bestehenden, in der Philosophie der Gegenwart wichtigen → Neuthomismus. Der T. bedeutet die Vereinigung von Aristotelismus mit christl. (kath.) Weltanschauung; er vertritt die Herrschaft des Intellekts über den Willen und Willensfreiheit innerhalb gewisser Grenzen, den Aufbau der Welt in sinnvollem Stufenbau und die Erkennbarkeit Gottes nur aus seinen Wirkungen in der sichtbaren Schöpfung.

E. Gilson, Le Thomisme, Straßburg 1919; G. M. Manser, Das Wesen des T., 1935; P. Wyser, Der T., 1951; W. Kamlah, Christentum und Geschichtlichkeit, 1951; F. van Steenberghen, Le Thomisme, Paris 1983; N. Bathen, Thomist. Ontologie u. Sprachanalyse, 1988.

Tiefenpsychologie, eine Disziplin der modernen analytischen Psychologie u. Psychotherapie, die sich auf die Lehren von Sigm. Freud, Alfred Adler und C. G. Jung stützt, aber die Theorie, daß das Seelenleben ausschließlich oder überwiegend durch den Sexualtrieb, durch Macht- und Geltungstrieb oder durch das libidinöse Kollektiv-Unbewußte bestimmt werden, als die Wirklichkeit verfälschende Simplifikationen und Biologismen ablehnt. Als eine Kraft des Unbewußten kann auch das Sittliche aufgefaßt werden. Die T. stellt gegenüber d. Psychoanalyse dieselbe Wendung zu einer undogmatischen Auffassung des Seelenlebens dar, wie die Ganzheitspsychologie gegenüber der physiologischen Psychologie Wundts: das Geistige im Menschen ist nicht nur eine Sublimierung des Triebhaften, nicht eine Art Begleiterscheinung des Leib-Seelischen, sondern existiert gleichursprünglich mit diesen.
Es hat sich ergeben, daß akute Neurosen nicht nur aus einer frühkindlich seelischen Verletzung (einem Trauma) und nicht allein aus dem sog. Oedipus-Komplex (Gesamtheit der unbewußten, verdrängten, sexuell getönten Beziehungen des Kindes zu seinen Eltern) entstehen, sondern aus dem Inswankengeraten der überpersönlichen Bindungen und Normen. Das Unbewußte ist für die T. nicht mehr allein das autonom Triebhafte, das unabhängig – Endothyme, sondern es bildet zusammen mit dem Bewußten und mit dem Bereich des Überpersönlichen (vor allem dem der sozialen Beziehungen und der ethischen Werte) ein gemeinsames Feld (→ Feldtheorie), innerhalb dessen sich nichts ereignen kann, wovon nicht alle Punkte des Feldes beeinflußt werden. Die alte Leib-Seele-Frage wird von der T. im Rahmen einer neuen Forschungsrichtung, der Psychosomatik bearbeitet. Leib und Seele werden als zwei komplementäre Erscheinungsweisen des Lebendigen aufgefaßt.

M. Kranefeld, Therapeutische Psychologie, 1930; K. Horney, The Neurotic Personality, New York 1937, dt. 1951; P. R. Hofstätter, Einf. in die T., 1948; G. R. Heyer, Vom Kraftfeld der Seele, 1949; F. Seifert, T. und die Entwicklung der Lehre vom Unbewußten, 1955; R. Heiss, Allg. T., 1956; J. Meinertz, Philos., T., Existenz, 1958; D. v. Uslar, Der Traum als Welt – Zur Ontologie und Phänomenologie des Traumes, 1964; D. Wyss, Die tiefenpsycholog. Schulen von den Anfängen bis zur Gegenwart, 1966; N. Peseschkion, Positive Psychotherapie, 1977; E. Wiesenhütter, Die Begegnung zwischen Philos. und T., 1979; P. Seidmann, T. – Ursprung und Gesch., 1982; L. J. Pongratz, Hauptströmungen der T., 1983 (KTA 467); E. Neumann, T. und neue Ethik, 1987.

Tielsch, Elfriede Walesca, Prof. Dr. jur. Dr. phil. FU Berlin, * 18. 2. 1910 Neu Lobitz, Hauptforsch.-Gebiete: Logik, Erkenntnis- u. Handlungstheorie der Antike (Sophisten, Platon-Aristoteles, Epikureer, Skeptiker) sowie ihre Einflüsse auf Naturwissenschaft, Gesellschaftsvertragstheorie, Menschenrecht u. Ethik der Neuzeit. Schr. u. a.: Kierkegaards Glaube, 1964; Die platonischen Versionen d. griech. Doxalehre, 1970; John Milton u. der Ursprung des neuzeitl. Liberalismus, 1980; Der kritische Empirismus der Antike, 1981; Was ist und was heißt Autorität, in: Kantstudien, 1980; *The Secret Influence of the Ancient Atomistic Ideas, „History of Europ. Ideas“*, 1981.

Tierpsychologie, die Wissenschaft vom Seelenleben der Tiere; sie ist nur möglich durch eine psychol., nach Analogien zum menschl. Seelenleben u. dessen Ausdrucksformen forschende Deutung des Verhaltens der Tiere unter beobachteten oder experimentell hergestellten Bedingungen. Die neuere T. umging zunächst das Problem der Tierseele, indem sie das „Verhalten“ der Tiere ohne die Annahme eines „psychischen Faktors“ mit den Methoden des Behaviorismus zu studieren und zu erklären versuchte. Nachdem es sich aber gezeigt hatte, daß das Verhalten des Menschen nur einen kleinen Teil seines Innenlebens widerspiegelt, stellte sich auch der modernen T., deren Methodik sich parallel zu der der Psychologie entwickelt, das Problem des Psychischen erneut.

Die älteren grch. Philosophen waren überzeugt, daß den Tieren ein dem Menschen ähnliches Seelenleben zukomme. Aristoteles (4. Jh. v. Chr.) hatte den Tieren nur noch eine empfindende Seele zugeschrieben, während er die denkende, vernünftige dem Menschen allein vorbehielt. Nach der Lehre der Stoa hat das Tier Empfindungen, Vorstellungen u. Triebe; aber es handelt nicht aus Einsicht, sondern es wird gewissermaßen durch die Natur „verwaltet“; ähnlich dachte das MA. Descartes erklärte die Tiere für Automaten ohne geistiges Leben. Montaigne, der frz. Materialismus und die dt. Aufklärung, Brehm, Vogt, Büchner u. Haeckel im 19. Jh. fanden keinen oder höchstens einen gradweisen Unterschied zw. Menschen- und Tierseele, oft sogar zugunsten dieser. Diese Auffassung erhielt eine wichtige Stütze durch die Übertragung der Entwicklungsidee in die Psychologie, die zuerst durch Karl Friedrich Burdach (Komparative Psychologie, 1842) und Carl Gustav Carus, später durch Spencer erfolgte.

Das Tier ist kein Automat, es handelt bewußt, aber die Bewußtseinsvorgänge verlaufen unreflektiert. Zu Vergangenheit und Zukunft hat das Tier keine bewußten Beziehungen. Das höhere Tier denkt (vermutlich) in (durch Reaktionen auf Umwelterscheinungen begründeten) → Einstellungen. Ähnlichkeit zwischen menschl. u. tierischem Seelenleben besteht in der Sphäre der Triebe und Gefühle. Höhere Tiere scheinen das emotionale Verhalten des Menschen insbesondere, wenn durch die Sprache ausgedrückt und liebevoll auf sie gerichtet, irgendwie zu „verstehen". Rothacker nennt die Schicht des Es (→ Schichtenlehre) das Reich „des Menschentiers in mir". Deshalb sind die Triebe u. Affekte der Tiere f. d. Menschen am leichtesten verstehbar.

W. Köhler, Intelligenzprüfung an Anthropoiden, 1917; J. v. Uexküll, Umwelt und Innenwelt der Tiere, 1921; F. Alverdes, Die T. in ihren Beziehungen zur Psychologie des Menschen, 1932; H. Fritsche, Tierseele, 1940; W. Fischel, Leben und Erlebnis bei Tieren und Menschen, 1949; B. Schmid, Die Seele der Tiere, 1951; W. Fischel, Methoden der tierpsycholog. Forschung, 1953; G. Tembrock, Grundlagen der T., 1967; I. Eibl-Eibesfeldt, Grundriß der vergleichenden Verhaltensforschung, 1967; R. A. Stamm (Hg.), T. Die biolog. Erforschung tier. und menschl. Verhaltens, 1984.

Tillich, Paul, Theologe und Philosoph, * 20. 8. 1886 Starzeddel b. Guben, † 22. 10. 1965 Chicago, früher Prof. in Marburg, Frankfurt u. New York, nach 1954 Prof. a. d. Harvard-Univ., Boston, seit 1948 häufig Gastprof. in Hamburg, religiöser Sozialist, der (von Fichte u. Schelling ausgehend, von Troeltsch u. Schweitzer beeinflußt) die protestant. Theologie im Sinne des dt. Idealismus zu begründen sucht. – Hauptwerke: Mystik und Schuldbewußtsein in Schellings philos. Entwicklung, 1912; Ideen zu einer Theologie der Kultur, 1921; Die religöse Lage der Gegenwart, 1926; Kairos zur Geisteslage und Geisteswendung, 1926; Die religiöse Verwirklichung, 1928; Der Protestantismus als Kritik und Gestaltung, 1929; Protestant. Prinzip und proletarische Situation, 1931; Die sozialist. Entscheidung, 1933; The Protestant Era, 1947, dt. 1950; The Shaking of the Foundations, 1948, dt. 1952; Systematic Theology, I–III, 1951–63, dt. 1955–66; The Courage to Be, 1952, dt. 1953; Live, Power and Justice, 1954, dt. 1955; The Dynamics of Faith, 1957, dt. 1961; Grenzen – Reden bei Verleihung des Friedenspreises des Dt. Buchhandels, 1962; Gesammelte Werke, I–XI, 1959–69; Hauptwerke, I ff., 1987ff.

K.-D. Nörenberg, Analogia Imaginis – Der Symbolbegriff bei P. T., 1966; W. Mödlhammer, Kirche und Welt bei P. T., 1971; E. Rolinck, Gesch. und Reich Gottes – Philos. und Theologie der Gesch. bei P. T., 1976; G. Wenz, Subjekt und Sein – Die Theologie P. T.s, 1979; Hermann Fischer (Hg.), P. T., 1989.

Timaios, Titel einer der Altersschriften von Platon; enthält seine Kosmologie und Naturphilosophie.

Tindal, Matthew, engl. Religionsphilosoph, * um 1653 Beer-Ferris (Devonshire), † 16. 8. 1733 Oxford, stellte in seiner Schrift *„Christianity as Old as the Creation"* (1730, dt. 1741), die geradezu als die Bibel des → Deismus galt, die These auf, daß alle positiven Religionen mit Ausnahme des Christentums Entstellungen der natürl. Religion seien. Diese sei die Urreligion, vollkommen im Besitze der einen, unveränderlichen Wahrheit, zu der die Offenbarung nichts hinzugefügt hat; auch das Christentum müsse sich mit den Vernunftwahrheiten dekken.

R. Bentley, Philelentherus Lipsiensis, 1810.

Titze, Hans, * 24. 4. 1903 Leipzig, philosoph. Schriftsteller, früher El.-Ingenieur, Schüler v. V. Kraft, Wien u. R. Meyer, Zürich; arbeitet als Naturphilosoph, versucht eine Brücke zu schlagen zu rein philosophischen Richtungen, die von Kant, Husserl u. Heidegger ausgehen, um den kritischen Rationalismus zu ergänzen. – *Hauptw.:* Moderne Physik und Religion, 1957; Erziehungsfragen in der Industriegesellschaft, 1964; Der Kausalbegriff in Philosophie u. Physik, 1971; Ist Information ein Prinzip?, 1971; Traktat üb.

Rational u. Irrational, 1975; Identitätsphilosophie heute und bei Schelling, 1979; Am Anfang war die Freiheit, 1981; Triptychon – Einheit von Materie, Leben u. Geist, 1988.

Tod, das natürliche Ende des Lebens, eines vitalen Organismus, dessen Leib von da ab nur noch den Gesetzen des Anorganischen untersteht. Die Frage, ob es im Wesen des Lebens selbst liegt, daß es einmal aufhört, hat die Menschen viel beschäftigt, nachdem sie den T. nicht mehr bloß als gefürchtete Tatsache hinnahmen, sondern als Problem aufzufassen begannen. Vielfach (Platon u. a., das Christentum) betrachtete man das Leben als von einer im Körper zeitweilig „eingekerkerten" Seele verursacht, den T. also als den Auszug der Seele aus dem Leibe in die Unsterblichkeit. Die Stoa und Epikur bemühten sich, die Furcht vor dem T. zu beseitigen; Epikur lehrt: „Der Tod ist für uns ein Nichts, denn solange wir leben, ist er nicht da, und wenn er da ist, sind wir nicht mehr."

Den T. gibt es nur für Lebewesen, die ausschl. auf geschlechtl. Fortpflanzung angewiesen sind, d. h. für die höher organisierten Lebewesen; erdgeschichtlich gibt es den T. also noch nicht lange. Auch dem Keimplasma kommt potentiell die Unsterblichkeit zu: es wird durch → Vererbung von einer Generation zur andern übertragen. Die Fortpflanzung ist, vom Bestehen der Gattung aus gesehen, die Negation des T.es. Die Theologie bezeichnet den T. als der Sünde Sold; Gottes Gnade verheißt die Wiederauferstehung. Alle Bemühungen, eine Unsterblichkeit des Menschen glaubhaft zu machen, sind von vornherein zum Scheitern verurteilt und haben nur „den Zweck, daß das Ich sich der unbedingten Bedrohung durch den T. oder den heischenden Gotteswillen entzieht, indem es eine unangreifbare Zone proklamiert, in der es – Gott ist" (Thielikke).

In der Existenzphilosophie Heideggers ist das Dasein ein Sein zum T.e, ist wesenhaft → Angst. In der Angst befindet sich das Dasein vor dem → Nichts der möglichen Unmöglichkeit seiner Existenz. Der T. ist eine Seinsmöglichkeit, die je das Dasein selbst zu übernehmen hat (so auch bei Rilke). Eigentliche Existenz ist deshalb ein Vorlaufen in den T. „Das vorlaufende Freiwerden für den eigenen T. befreit von der Verlorenheit in die zufällig sich andrängenden Möglichkeiten, so zwar, daß es die faktischen Möglichkeiten, die der unüberholbaren [dem T.e] vorgelagert sind, allererst eigentlich verstehen und wählen läßt. Das Vorlaufen erschließt der Existenz als äußerste Möglichkeit die Selbstaufgabe und zerbricht so jede Versteifung auf die je erreichte Existenz" (M. Heidegger, Sein u. Zeit, [14]1977). Erst durch den T. wird das Dasein zu einer faktischen Ganzheit. – Sartre bezeichnet diese Auffassung als „romantisch-idealistisch" und lehnt sie ab. „Wir haben alle Aussichten, zu sterben, bevor wir unsere Aufgabe erfüllt haben, oder, im Gegenteil, sie und uns selbst zu überleben ... Der T. ist nicht meine Möglichkeit, Anwesenheit in der Welt nicht mehr zu realisieren, sondern eine jederzeit mögliche Nichtung meiner Möglichkeiten ... Es ist widersinnig, daß wir geboren sind, es ist widersinnig, daß wir sterben" (*L'Etre et le néant*, [9]1943, S. 621, 631, 632). – Die von der modernen Medizin neuerschlossenen Möglichkeiten zum Hinausschieben des Todes (Entscheidungen zur Organentnahme für Transplantationen u. a.) haben einen Einstellungswandel gegenüber dem T. bewirkt.

E. Benz, Das T.esproblem in der stoischen Philos., 1929; R. Jolivet, Le problème de la mort chez M.Heidegger et J.-P. Sartre, Paris 1950; K. Feigel, Das Problem des T.es, 1953; J. M. Demske, Sein, Mensch und T. – Das T.esproblem bei M. Heidegger, 1962; J. Choron, Death and Western Thought, New York 1963; E. Fink, Metaphysik und T., 1969; F. Wiplinger, Der personal verstandene T., 1970; G. Scherer, Der T. als Frage an die Freiheit, 1971; W. Shibles (Hg.), Death – An Interdisciplinary Analysis, Whitewater Wisc. 1974; P. Aries, Essais sur l'historie de la mort en occident, Paris 1975, dt. 1976; F. Reisinger, Der T. im marxist. Denken heute, 1977; H. Paus (Hg.), Grenzerfahrung T., 1978; H. Ebeling (Hg.), Der T. in der Moderne, 1979; G. Scherer, Das Problem des T.es in der Philos., 1979, [2]1988; G. Stephenson (Hg.), Leben und Tod in den Religionen, 1980; R. Marten, Der menschl. T. – Eine philos. Revision, 1987; A. Nassehi/G. Weber, T., Modernität und Gesellschaft, 1989.

Toland, John, engl. Philosoph, * 30. 11. 1670 Redcastle (Irland), † 11. 3. 1722 Putney b. London, wurde als erster „Freidenker" genannt (von Molyneux in einem Brief an Locke, 1697); er schrieb (mit dem Titel schon seine These formulierend): *Christianity Not Mysterious* (1696 anonym), dt. „Das Christentum ohne Geheimnisse", 1908, und lehnte alles Übervernünftige in der Religion ab. In seinem „Pantheisticon" wendet er sich gegen die starre Unbeweglichkeit der Substanz Spinozas und entwirft eine Religion der Zukunft sowie eine Liturgie für deren Bekenner.

G. Berthold, J. T. und der Monismus der Gegenwart, 1876; A. Seeber, J. T. als polit. Schriftsteller, 1933; G. Gawlick, Moralität und Offenbarungsglauben. Studien zum engl. Deismus, 1965.

Toleranz (lat.), Duldung, das Geltenlassen fremder und andersartiger Anschauungen, Sitten u. Gewohnheiten. T. wird gefordert gegenüber den Besonderheiten der einzelnen Völker, Nationen, Interessengruppen und Religionen. Sie ist ein Zeichen für Selbstvertrauen und für das Bewußtsein der Gesichertheit der eigenen Position, für eine weltoffene Haltung, die den Vergleich mit anderen Meinungen nicht scheut und dem geistigen Wettbewerb nicht aus dem Wege geht. Jede T. hat darin ihre Grenzen, daß sie nur die Meinungen der Andersdenkenden duldet, nicht jedoch die Kampfmaßnahmen gegen die Träger der T., mit deren Unterwerfung unter die fanatische Ideologie der Gegner auch die Idee der T. ein Ende nehmen müßte.

W. Rest, T. – Eine Bildungsaufgabe und eine Gewissensfrage, 1948; G. Mensching, T. und Wahrheit in der Religion, 1955; H. Lutz (Hg.), Zur Gesch. der T. und Religionsfreiheit, 1977; R. Saage, Herrschaft, T., Widerstand, 1981; J. Blattner, T. als Strukturprinzip – ethische und psycholog. Studien zu einer christl. Kultur der Beziehung, 1985.

Tolstoj, Graf Leo Nikolajewitsch, russ. Schriftsteller und Denker; * 9. 9. 1828 Jasnaja Poljana, † 20. 10. 1910 Astapowo (Rjasan); von Schopenhauer und Rousseau beeinflußt, predigte er Rückkehr zur Natur und zum einfachen Leben des Urchristentums. Alle Zivilisation sei von Übel, bringe nur Elend; darum weg mit allen „Kulturgütern", weg mit der orthodoxen Kirche, weg mit dem Staate und seinem Zwang, überhaupt mit jeder Gewalt, weg selbst mit der Auflehnung gegen diese. Einfache bäuerliche Lebensweise und Arbeit (Grund und Boden gehören allen), Verleugnung des Selbst im Dienste Gottes und des Nächsten, Herstellung des Reiches Gottes auf Erden sind daher seine Ideale. Schrieb (außer Romanen und Dramen): Meine Beichte, 1880; Worin besteht mein Glaube?, 1884; Was sollen wir tun?, 1885; Das Reich Gottes ist in uns, 1893; dt. Auswahl weltanschaulicher Studien u. d. T. „Weltanschauung", hrsg. von W. Lüdtke, 1926.

D. S. Mereschkowski, T. u. Dostojewski, [3]1924; Ph. Witkop, T., 1927; Lenin u. Plechanow, L. T. im Spiegel des Marxismus, dt. 1928; Th. Mann, Goethe und T., [3]1964; K. Hamburger, L. T. Gestalt u. Problem, [2]1963; M. Doerne, T. u. Dostojewski, 1969.

Tönnies, Ferdinand, Soziologe, * 26. 7. 1855 Hof Riep, Kirchspiel Oldenswort (Schleswig), † 9. 4. 1936 Berlin, 1891–1923 Prof. das., prägte in seinem Werke „Gemeinschaft und Gesellschaft" (1887, [8]1935) die Unterscheidung der soziolog. Grundbegriffe → Gemeinschaft und → Gesellschaft. Jene ist dauerndes und echtes Zusammenleben in Familie und Volk. Sie wird im Laufe der Geschichte teilweise durch die Gesellschaft verdrängt, die eine mechanisch-zweckhafte Konstruktion ist und in der Großstadt wie im Staat zum Ausdruck gelangt; in ihr herrschen Egoismus, Abgrenzung, Kontrast, Profitsucht, Ausbeutung u. dgl.; sie entartet um so mehr, je mehr das Gemeinschaftsleben schwindet. – Hauptwerke: Gemeinschaft u. Gesellschaft, 1887; Thomas Hobbes, 1896; Kritik der öffentlichen Meinung, 1922; Soziolog. Studien und Kritiken, I–III, 1925–29; Geist der Neuzeit, 1935; Briefwechsel mit F. Paulsen, hg. 1961. – R. Fechner, F. T. – Bibl., 1985.

C. v. Brockdorff, Zu T.s Entwicklungsgesch., 1937; A. Bellebaum, Das soziolog. System von F. T., 1966; E. G. Jacoby, Die moderne Gesellschaft im Denken von F. T., 1971.

Topik, seit Aristoteles die Lehre von den *topoi*, den „Örtern", den „Gemeinplätzen", den allgemeinen Gesichtspunkten, die zur Erörterung eines Themas dienen. Unter transzendentaler T. versteht Kant die Bestimmung des „transzendentalen Ortes" eines Begriffs, d. h. der Stelle, welche ein Begriff, entweder in der Sinnlichkeit oder im reinen Verstand, einnimmt.

T. Viehweg, T. und Jurisprudenz, 1953; W. Schmidt-Biggemann, Topica universalis, 1983; R. Bubner, Dialektik als Topik, 1990.

Topitsch, Ernst, Prof. f. Philosophie in Graz, * 20. 3. 1919 Wien, befaßt sich mit Fragen der Sozialtheorie, Wissenschaftslogik und Weltanschauungsanalyse, bzw. mit der Analyse der für die traditionelle Auffassung der Welt, der Seele und der Erkenntnis grundlegenden Denkformen vom Standpunkt der modernen Wissenschaftslehre und Ideologiekritik. – Hauptwerke: Vom Ursprung und Ende der Metaphysik, 1958; Sozialphilos. zwischen Ideologie und Wissenschaft, 1961; Die Sozialphilos. Hegels als Heilslehre und Herrschaftsideologie, 1967; Die Freiheit der Wissenschaft und der polit. Auftrag der Universität, 1969; Mythos – Philos. – Politik, 1969; Gottwerdung und Revolution, 1973; Die Voraussetzungen der Transzendentalphilos., 1975; Erkenntnis und Illusion, 1979.

M. Greiffenhagen (Hg.), Der neue Konservatismus der siebziger Jahre, 1974; J. Kahl, Positivismus als Konservativismus, 1976; K. Salamun (Hg.), Sozialphilos. als Aufklärung. Festschrift für E. T., 1979 (mit Bibl.).

Totalität (lat.), → Ganzheit, Allheit.

Totemismus, die Überzeugung vieler primitiver Völker, vor allem der nordamerikan. Indianer, von einem Tier, einer Pflanze, einem Gestirn, einem Gerät und dgl. abzustammen und mit diesen Dingen verwandt zu sein. Das Totem ist dieses Ding selbst, das als mächtiger Beschützer des Stammes und als Symbol seiner inneren Verbundenheit verehrt wird. Totem heißt auch eine rohe Zeichnung dieser Dinge, die von den Häuptlingen als Unterschrift verwendet wird.

J. Lubbock, Origin of Civilisation, London 1870; A. Lang, The Secret of the Totem,

London 1905; S. Freud, Totem und Tabu, 1913; C. Lévi-Strauss, Le totémisme aujourd'hui, Paris 1962, dt. 1965; E. Leach (Hg.), Mythos und T., 1973.

Toynbee, Arnold Joseph, engl. Historiker und Geschichtsphilosoph, * 14. 4. 1889 London, † 22. 10. 1975 New York, als Universitätsprofessor und zeitweiliger Beamter des brit. Auswärtigen Amtes tätig, von Bergson beeinflußt, trieb auf zahlreichen Reisen hist. Studien und arbeitete seit 1921 an einer Darstellung der gesamten Kulturentwicklung der Menschheit *(A study of history)*. Es gibt keinen kulturellen Urkeim, sondern alle Völker sind zu kulturellem Aufstieg bestimmt u. nur die Art, in der sie dieser Bestimmung folgen, ist verschieden. Die Kulturgesch. verläuft unschematisch, jederzeit ist alles möglich; gegen eine Kulturmorphologie hat T. Bedenken. – Hauptwerke: Greek Historical Thought, 1924; A Study of History, I–XII, 1934–61, dt. 1970; Christianity and Civilisation, 1947; Civilisation on Trial, 1948, dt. 1949; Christianity among the Religions of the World, 1957, dt. 1959; Hellinism – The History of a Civilisation, 1959; Change and Habit, 1966, dt. 1969; Surviving the Future, 1971.

O. Anderle, Das universal-histor. System A. J. T.s, 1955; J. Ortega y Gasset, Una interpretación de la historia universal en torna a T., Madrid 1959, dt. 1964; P. Kaupp, T. und die Juden, 1967; M. Henningsen, Menschheit und Gesch. – Untersuchungen zu A. J. T.s „A Study of History", 1967; P. Hablützel, Bürgerl. Krisenbewußtsein und historische Perspektive – Zur Dialektik von Geschichtsbild und polit. Erfahrung bei A. J. T., 1980.

tradieren (vom lat. *tradere*, „übergeben, mitteilen"), weitergeben; tradierbar wird ein Bewußtseinsinhalt, ein Gedanke usw. dadurch, daß er sprachlich formuliert in Worte gefaßt wird; → Sprache.

Tradition (lat.), Überlieferung geistiger Bestände von Generation zu Generation; auf der T. beruht das kulturelle Leben. – T. heißt auch der Inhalt der Überlieferung, während alles, was auf T. beruht, traditionell heißt.

O. Samuel, Die Ontologie der Kultur, 1955; A. Künzli, T. und Revolution, 1975.

Traditionalismus (lat.), die Überbewertung der Tradition, des Überlieferten (in Wissenschaft, Kunst, Glauben, Brauch und Sitte); liegt jedem konservativen Denken zugrunde.

Trägheit, → Masse im soziol. Sinne.

tragisch, schicksalhaft scheiternd und traurig, ist ein Ereignis, ein Geschehen, ein Geschick, das Trauer erweckt, weil es sich dabei oft um den Untergang, die Vernichtung eines hohen Wertes oder Gutes im Kampfe gegen erhabene und übermächtige Gewalten handelt; das andererseits Ehrfurcht und Bewunderung erweckt, teils über den heldenhaften Kampf, der doch erfolglos gegen das Verhängnis geführt wird, teils über die Unvermeidlichkeit des t.en Geschicks; → Schuld. Die künstlerische Gestaltung des T.en erfolgt in der Tragödie.

L. Ziegler, Zur Metaphysik des T.en, 1902; J. Volkelt, Ästhetik des T.en, 1917; A. Delp, T.e Existenz, 1935; J. Sellmair, Der Mensch in der Tragik, 1939; H. Baden, Das T.e, 1941; A. Weber, Das T.e und die Gesch., 1943; P. Szondi, Versuch über das T.e, 1961; C. Rosset, La philosophie tragique, Paris 1961; M. Krüger, Wandlungen des T.en, 1973; W. Kaufmann, Tragödie und Philos., 1980; R. Breuer, T.e Handlungsstrukturen, 1988.

transfinit (aus lat. *trans*, „hinüber", u. *finis*, „Ende"), endlos, grenzenlos, unendlich.

transintelligibel (aus lat. *trans*, „hinüber", u. *intelligibilis*, „begreiflich"), außer Reichweite d. menschl. Verstandes; von Nic. → Hartmann geprägter Ausdruck; → Erkenntnis.

transobjektiv (vom lat. *trans*, „hinüber", u. → objektiv) heißt das Mehr-als-bloßes-Objekt-Sein des Gegenstandes; → Erkenntnis.

transsubjektiv (aus lat. *trans*, „hinüber", u. → subjektiv), jenseits, d. h. außerhalb des Subjektiven, des eigenen Ich, zunächst ohne metaphysische (transzendente) Bedeutung das vom Subjekt (der Eigenpersönlichkeit) unterschiedene Objekt (das Du, die unpersönliche Sache) bezeichnend; t. wird auch das → Fürsichsein genannt.

transzendent (vom lat. *transcęndere*, „hinübersteigen"), überfliegend (Kant), die Grenzen möglicher (nicht nur individueller od. gegenwärtig möglicher) Erfahrung übersteigend, außerhalb dieser Grenzen liegend, den Bereich des menschl. Bewußtseins überschreitend. Gegensatz → immanent; → Transzendenz.

transzendental (vom lat. *transcęndere*, „hinübersteigen"), in der Scholastik im allgemeinen gleichbedeutend mit → transzendent; im besonderen das, was alle Kategorien u. Gattungsbegriffe überschreitet, das Kennzeichen der Grundbestimmungen (Transzendentalien) des Seienden, die unmittelbar und notwendig aus dessen Wesen folgen und es unabtrennbar begleiten; meist werden sechs Transzendentalien genannt: Ding, Seiendes, das Wahre, das Gute, Etwas, das Eine. Das Seiende ist an sich Ding, mit Abweisung der Teilung ist es Eines, unterschieden von anderem Seienden Etwas, in bezug auf die Erkenntnis wahr, auf den Willen gut, mit Absehen vom Willen vollkommen. – Bei Kant wird das Wort in anderer, nicht ontologischer Bedeutung genommen (vgl. Th. Ziehen, Logik, 1920). Kant nennt t. diejenige Erkenntnis, „die sich nicht sowohl mit Gegenständen, sondern mit unserer Erkenntnisart von Gegenständen, sofern diese *a priori* möglich sein soll, beschäftigt ... T. bedeutet nicht etwas, das über alle Erfahrung hinausgeht (das wäre → transzendent), sondern was vor ihr (a priori) zwar hervorgeht, aber doch zu nichts mehrerem bestimmt ist, als lediglich Erfahrungserkenntnis möglich zu machen." (→ kopernikanische Wendung). Kant zerlegt die T.-Philosophie in eine t.e Elementarlehre (bestehend aus t.er Sinnenlehre und t.er Logik) und eine t.e Methodenlehre, die die formalen Bedingungen eines vollständigen Systems der reinen Vernunft bestimmt. Der Neukantianer Bauch formuliert moderner: „Anstatt also irgend geheimnisvolle Dinge und Wesen, die mit der Erfahrung nicht zu tun haben sollen, bezeichnet der Begriff des T.en zunächst das Problem der Erkenntnislehre, sodann diese selbst, und drittens ihre Methode." Heute nennt man t. meist das, was mit den Bedingungen der Möglichkeit der Erfahrung in Zusammenhang steht, womit auf die Erkenntnisart von Gegenständen hingewiesen wird, die a priori möglich sein soll.

H. Knittermeyer, Der Terminus t. in seiner histor. Entwicklung bis zu Kant, 1920; M. Scheler, Die t.e und die psycholog. Methode, 1922; G. Schulemann, Die Lehre von den T.ien in der scholast. Philos., 1929; O. Muck, Die t.e Methode in der scholast. Philos. der Gegenwart, 1964; A. Gideon, Der Begriff T. in Kants „Kritik der reinen Vernunft", 1977; J. Kopper, Das t.e Denken des Deutschen Idealismus, 1989.

Transzendentalismus, der Standpunkt der Transzendentalphilosophie Kants, auch der Neu-Idealismus Emersons.

Transzendentalphilosophie nennt Kant im Sinne d. Kritizismus „ein System aller Verstandesbegriffe u. Grundsätze, aber nur insofern sie auf Gegenstände gehen, welche den Sinnen gegeben und also durch Erfahrung belegt werden können." Im dt. Idealismus, bes. bei Schelling, erhält der Begriff T. eine durchaus spekulativ-metaphys. Bedeutung. – In neuerer Zeit versucht → W. Cramer nachzuweisen, daß T. ihre Grundlage notwendig in einer Ontologie der Subjektivität hat, die er, in Anlehnung an Leibniz, als Monadologie versteht.

W. Cramer, Die Monade – Das philos. Problem vom Ursprung, 1954; W. Cramer, Grundlegung einer Theorie des Geistes, 1957; R. Lauth, Zur Idee der T., 1965; M. Brelage, Studien zu T., 1965; H. Holz, Einf. in die T., 1973; E. Topitsch, Die Voraussetzungen der T., 1975; W. Marx, Transzendentale Logik als Wissenschaftstheorie, 1977; W. Oelmüller, Transzendentalphilos. Normenbegründung, 1978; W. Kuhlmann, Reflexive Letztbegründung – Untersuchungen zur T., 1985; Forum für Philosophie (Hg.), Kants transzendentale Deduktion und die Möglichkeit von T., 1988.

Transzendenz (vom lat. *transcendere*, „hinübersteigen"), im allgemeinsten Sinn das Überschreiten (T r a n s z e n d i e r e n) der Grenze zwischen zwei Bereichen, bes. jedoch aus dem „Diesseits" ins „Jenseits" (ins Transzendente bzw. in die „T."); metaphysisch der Übergang von dem Bereich mögl. Erfahrung (der Natur) in das jenseits dieses Bereichs Liegende. Kant erklärt: „Wir wollen die Grundsätze, deren Anwendung sich ganz und gar in den Grenzen mögl. – nicht bloß tatsächl. – Erfahrung hält, immanente, diejenigen aber, welche diese Grenzen überfliegen sollen, t.e Grundsätze nennen"; → transzendental. Eine bes. durch den Dualismus des Erkenntnisaktes bedingte notwendige T. lehrt Nic. Hartmann: „In aller Erkenntnis stehen einander Erkennendes und Erkanntes gegenüber. Das Gegenüber beider Glieder ist unaufhebbar und trägt den Charakter gegenseitiger Urgeschiedenheit oder T." Hartmann unterscheidet 4 Schichten der T.: Das Erkannte (*objectum*), das zu Erkennende (*objiciendum*), das Unerkannte (Transobjektive) und das Unerkennbare (Irrationale oder Transintelligible); → Erkenntnis.
Von besonderer Bedeutung ist die T. in der E x i s t e n z p h i l o s o p h i e. Bei Heidegger ist T. der durch die → Angst ausgelöste „Überstieg" über die Uneigentlichkeit des Daseins hinweg zur vollwertigen → Existenz, sie ist aber kein „Ausweg" aus der tragischen Ausweglosigkeit des Daseins selber (→ Geworfenheit). Bei Sartre ist der Mensch transzendent, denn er reicht über jede mögliche Erfahrung hinaus, die man mit ihm machen kann; aber er ist auch eine T., denn er hat die Fähigkeit zur T.: der Mensch transzendiert jedes Ding, sobald er es zu „seinem" Gegenstand macht, zum Gegenstand seiner Beurteilung (indem er ihm z. B. eine Bedeutung beilegt), seines Erkennens seines Tuns. T. im eigentlichen Sinne gibt es in der christlichen Existenzphilosophie u. bei Jaspers, welcher fordert, daß die Persönlichkeit die „Gegenwart steigere durch nicht nachlassende tätige Erfüllung (der durch den Überschritt über das bloße Weltsein, d. h. das Man-Selbst, zum Selbstsein, zur → Selbstheit, erlangten Freiheit) am Maßstabe der T." Jaspers unterscheidet drei Stufen der T. 1. das Transzendieren vom Denkbaren zum Undenkbaren, 2. die dadurch herbeigeführte Erhellung der existentiellen Bezüge zur T., 3. das Lesen der Chiffreschrift

der T. (→ Chiffre), das den höchsten Grad von Existenzerhellung ermöglicht.

N. Hartmann, Grundzüge einer Metaphysik der Erkenntnis, 1921; H.-E. Hengstenberg, Autonomismus und T.philos., 1950; L. Armbruster, Objekt und T. bei K. Jaspers, 1957; A. Metzger, Dämonie und T., 1964; N. Fischer, Die T. in der Transzendentalphilos., 1979; H.-P. Dürr (Hg.), Physik und T., 1986.

traumatisch, durch eine Verletzung (griech. *trąuma*), bzw. durch eindrucksvolle erschütternde Erlebnisse entstanden; t.e Neurosen oder Psychoneurosen: nach körperl. oder psychischen Traumen auftretende schwere nervöse Störungen, die im wesentlichen unter dem Bilde der Neurasthenie, Hypochondrie, Hysterie oder als Mischform derselben verlaufen; → Tiefenpsychologie.

von Schelven, Trauma u. Nervensystem, 1919; G. R. Heyer, Vom Kraftfeld der Seele, 1950.

Trendelenburg, Friedrich Adolf, * 30. 11. 1802 Eutin, † 24. 1. 1872 Berlin, das., seit 1833 Prof., antihegelian. Aristotelesanhänger, entwarf in dessen Sinne eine teleologische „organ. Weltanschauung", in der Denken und Sein durch eine beiden gemeinsame konstruktive Bewegung verbunden sind. Nach T. gibt es ein „schlechthin Gerechtes", das über aller Voraussetzung steht und von dem bedingt Gerechten unterschieden werden muß. – Hauptwerke: Logische Untersuchungen, I–II, 1840; Naturrecht auf dem Grunde der Ethik, 1860; Das Ebenmaß – Verwandtschaft zwischen der griech. Archäologie und der griech. Philos., 1865.

P. Petersen, Die Philos. A. T.s, 1913; R. Weiss, F. A. T. und das Naturrecht im 19. Jh., 1960; J. Schmidt, Hegels Wiss. der Logik und ihre Kritik durch A. T., 1977; K. C. Köhnke, Entstehung und Aufstieg des Neukantianismus, 1986.

Trichotomie (griech. „Dreiteilung"), auch Trichotomismus, Trialismus oder Trilogismus, Gliederung in drei Hauptstufen, z. B. Einteilung des Menschen in Leib, Seele u. Geist. Das System Hegels ist eine T.; in der Theologie die Trinitätslehre. Anzutreffen auch i. d. Anthropologie W. Wundts u. in der Anthroposophie R. Steiners.

Trieb ist eine leib.-seel. „Kraft", ein Gefühl des Bedürfens, das sich in einer Handlung zu entladen strebt (Antrieb; → Drang). Der T. ist nach Schopenhauer eine Stufe in der Entwicklung des Willens: physikal.-chem. Geschehen – Reflex – T. – Begehren – Wille; → Reiz, Tiefenpsychologie, → Psychoanalyse. T.handlungen sind durch unmittelbare Aufeinanderfolge von Motiv und Handlung, ohne oder mit schwacher Beteiligung des kontrollierenden Bewußtseins, gekennzeichnet. Die Befriedigung eines T.es ist stark lustbetont; seine Nichtbefriedigung ist unlustvoll, führt zu Verdrängungen und lebhaften Wunschbildern sowie Angst, kann schwere Störungen des Seelenlebens verursachen. Andererseits ist der Grad der T.beherrschung (→ Sublimierung), die ohne krankhafte Folgen bleibt, ein wesentl. Merkmal für die Höhe der geistigen Kultur eines Menschen oder Volkes.

P. Häberlin, Der Geist und die T.e, 1924; L. Szondi, Experimentelle Diagnostik, I–II, 1947–49; N. Tinbergen, The Study of Instinct, Oxford 1951, dt. 1952; A. Beeli, Psychotherapie-Prognose mit Hilfe der experimentellen Triebdiagnostik, 1965; P. Overhage, Der Affe in Dir. Vom tierischen zum menschl. Verhalten, 1972; J.-D. Vincent, Biologie des Begehrens, dt. 1990.

Trimurti (sanskrit. „Dreigestalt"), die seit den ersten Jh.n nach Chr. nachweisbare Lehre der Brahmanen, daß sich das eine göttliche Wesen als → Brahma (Schöpfer), Vischnu (Erhalter) und Schiva (Zerstörer) manifestiert.

Troeltsch, Ernst, Theologe und Philosoph, * 17. 2. 1865 Haunstetten bei Augsburg, † 1. 2. 1923 Berlin, 1894 Prof. in Heidelberg, 1915 in Berlin. Seine Bedeutung liegt vor allem auf dem Gebiete der Religionssoziologie sowie in seiner Kritik des Historismus. Religionsphilosophisch ging T. davon aus, daß der relig. Zustand ein apriorisches Erlebnis ist, was er aus dem Notwendigkeits- und Verpflichtungsgefühl schließt, das jeder Religion eigen sei. Die echteste, aber auch gefährlichste Form der Religion beruhe auf einem mystischen Erlebnis: dem des Geheimnisses des Lebens, das im Tatsächlich-Einmaligen ein Apriorisch-Allgemeines, den absoluten Geist, im Endlichen erscheinen lasse. – Geschichtsphilosophisch ging T. davon aus, daß das geschichtl. Einzelindividuum nur aus den größeren kollektiven Individualitäten wie Volk, Klasse, Zeitalter usw. verstehbar ist. Die Arbeit des Historikers ist nach T. stets Auslese und Herausarbeiten des ihm „Wesentlichen“, wobei für T. der Unterschied des naturwiss. und des geisteswiss. Begriffs der Zeit wichtig wird. – Hauptwerke: Die Soziallehren der christlichen Kirchen und Gruppen, 1912; Der Historismus und seine Probleme, 1922; Der Historismus und seine Überwindung, 1924; Gesammelte Werke, I–IV, 1923–25.

F. v. Rintelen, Versuch einer Überwindung des Historismus bei E. T., 1930; C. Antoni, Dallo storicismo alla sociologia, Florenz 1940, dt. 1950; E. Köhler, E. T., 1941; W. F. Kasch, Die Sozialphilos. von E. T., 1963; H.-J. Gabriel, Christlichkeit der Gesellschaft? Eine kritische Darstellung der Kulturphilos. von E. T., 1975; H. Renz/F. W. Graf (Hgg.), T.-Studien, I–III, 1982 ff.

Tropus (trope; lat., von griech. *tropē*, „Wendung, Umkehr“), Redewendung, Stilblüte; formelhaft benutzter Satz.

Trugschlüsse (Sophismen) sind unrichtige → Schlüsse, die auf (ungewollten oder gewollten) Denkfehlern aufbauen: z. B. „Was du nicht verloren hast, das hast du noch; Hörner hast du nicht verloren, also hast du Hörner“.

Aristoteles, Sophist. Widerlegungen.

Tschaadajew, (Čaadaev) Pjotr, russ. Religionsphilosoph, * 7. 6. 1794 Nižnij Novgorod, † 26. 4. 1856 Moskau. Begründer der russ. Geschichtsphilosophie, trat für eine Durchdringung Rußlands mit westeurop. Kultur ein, bes. für eine Wiedervereinigung der russ. Kirche, deren myst. Geist dabei auf den Westen übergehen soll, mit der kath., deren straffe Organisation T. für Rußland nutzbar machen wollte. Deshalb auf Befehl Nikolaus' I. für geisteskrank erklärt und überwacht, schrieb währenddessen die „Apologie eines Wahnsinnigen“. Seine Philosophie enthält Einflüsse Kants, Schellings u. der französischen „Traditionalisten“. – Schriften u. a.: Philos. Briefe (franz. 1829, russ. 1836); T.s Schriften und Briefe, dt. 1921 (Auswahl).

Winkler, P. J. Čaadaev, 1927; Ch. Quenet, *T. et ses lettres philosophiques*, 1931; H. Falk, Das Weltbild T.s, 1954; P. S. Schkurinow, P. T., Leben, Tätigkeit, Weltanschauung, 1960.

tschechische Philosophie. Eine eigenständige Philosophie gab es infolge straffer Herrschaft der Scholastik bzw. Neuscholastik im tschech. Volk bis weit ins 18. Jh. hinein nicht. Ausnahmen wie der bekannte Theologe u. Pädagoge J. A. Comenius (1592–1670) bestätigen die Regel. Der Anstoß zur tsch. Ph.

ging bes. von Herder und vom dt. Idealismus (bes. Hegel und Herbart) aus. Der Naturphilosoph A. Smetana (1814–51) und Historiker Fr. Palacky (1798–1876) sind Hegelianer, ebenso der deshalb des Amtes enthobene Priester Fr. Klácel (1802–82). Fr. Tschupr (1821–82) war Herbartianer; als solcher ist noch bekannter der Logiker M. A. Drbal (1829–85) und der positivistisch ausgerichtete Jos. Durdik (1837–1902). Von Richard Wagner beeinflußt ist der Ästhetiker O. Hostinsky (1847–1910). Mit Bewußtsein von der dt. Philosophie weg zur russ., noch mehr zum westl. Positivismus, wurde die tschech. Ph. durch Thomas G. → Masaryk (1850–1937) gezogen. Naturphilosophisch bekannt wurde der Biologe Em. Rádl (1873–1942). Vorovka (1879–1929) wollte mystisch-magische Skepsis und Gnosis vereinen. Zu den letzten tsch. Philosophen der Gegenwart, die aus der klassischen Tradition lebten, gehörten O. Brezina (1868–1929) ein Schopenhaueranhänger, Irrationalist und Plotinforscher, sowie J. Král (* 1882), Historiker der Philosophie, Positivist und Masaryk-Interpret. Die tsch. Ph., seit Ende des 2. Weltkrieges vom marxistischen Denken bestimmt, zeigte in den Jahren vor 1968 eine gewisse Autonomie, hauptsächlich in Geschichtsforschung und im Bereich der Wissenschaftstheorie, wovon man in der westlichen Welt – bis auf die Arbeiten des Phänomenologen J. Patozka († 1978) – nichts mehr vernehmen kann.

F. Ueberweg, Grundriß der Gesch. der Philos., IV, 1915; N. Lobkowicz, Marxismus-Lenininismus in der t. P., Dordrecht 1961; K. Mácha, Glaube u. Vernunft. Die böhm. Philos. in gesch. Übersicht, I–II, 1987.

Tschernyschewskij, Nikolaj Gawrilowitsch, russ. Schriftsteller, * 24. 7. 1828 Saratow, † das. 29. 10. 1889, radikaler Materialist, von Hegel und L. Feuerbach beeinflußt, wirkte durch den in sibir. Verbannung geschriebenen utopisch-nihilistischen Tendenzroman „Was tun?“ (dt. 3 Bde., 1883) stark auf seine Zeitgenossen. – Hauptwerke: Das anthropologische Prinzip in der Philos. (russ.), dt. 1956; Umrisse der polit. Ökonomie (Übersetzung von J. S. Mills, Principles of political economy), 1860; Werke (russ.), I–XI, Petersburg 1905–06.

G. W. Plechanow, T. – Eine literarhistor. Studie (russ. 1894), dt. 1914; M. Steklov, N. G. T. (russ. 1909), dt. 1913; W. F. Woehrlin, Černyševskij. The Man and The Journalist, Cambridge Mass. 1971 (m. Bibl.).

Tschirnhaus, Ehrenfried Walther Graf v., Philos., Math. u. Chemiker (Miterfinder d. Meißener Porzellans), * 10. 4. 1651 Kieslingswalde bei Görlitz, † 11. 10. 1708 Dresden, ein Leibniz verwandter Denker, mit dem er persönlich befreundet war, ohne jedoch von ihm geistig abhängig zu werden; auch von Spinoza stark beeinflußt; sein Hauptw.: „Heilkunde der Geister oder allg. Vorschriften für die Kunst der Forschung“ (1687) ist wissenschaftsmethodischer Art und fordert als Grundlage alles wiss. Verfahrens genaue Beobachtung sowie für die gedankl. Darstellung klare allgemeinverständl. Formulierungen; besteht auf strenger Zuordnung von Analyse und Synthese, von Induktion und Deduktion.

J. Verweyen, T. als Philosoph, 1906; H. M. Wolff, Die Weltanschauung der dt. Aufklärung, 1949; E. Winter (Hg.), E. W. v. T. und die Frühaufklärung in Mittel- und Osteuropa, 1960; E. Winter, E. W. v. T. – Der Freund Spinozas, 1977.

Tschitscherin, Boris Nikolajewitsch, russ. Rechtsphilosoph, * 1828, † 1903, der hervorragendste russ. Hegelianer, setzte sich mit Positivismus und Mystizismus auseinander, kämpfte vergeblich gegen den aufklärerischen Radikalismus seiner Epoche. – Hptw. (russ.): Philos. u. Religion, 1879, ²1901; Mystizismus i. d. Wissenschaft, 1880; Positive Philos. u. d. Einheit der Wissensch., 1892, dt. 1899; Grundzüge der Logik u. Metaphysik, 1894, dt. 1899; Rechtsphilos., 1900; Probleme der Philos., 1904.

D. Tschižewskij, Hegel bei den Slawen, ²1961.

Tschou Tun-I, chines. Philosoph, * 1017, † 1073, stand am Anfang des Neukonfuzianismus und entwickelte im Anschluß an das Iking eine Naturphilosophie, in der die fünf Elemente Holz, Feuer, Erde, Erz, Wasser durch die Vereinigung ihrer zwei Ki („Kräfte") den ewigen Kreislauf der Dinge, ihres Werdens und Vergehens, hervorbringen. – Übers. des Hauptw. von F. Grube, 1881, ²1932.

J. P. Bruce, Chu Hsi and his Masters, London 1923; The Philosophy of Chu Hsi, in: Journal of Chinese Philosophy 5 (1978).

Tschuang-tse (Tschuang-tsi, eig. Tschuang tschou), chines. Philosoph des 4. Jh. v. Chr. aus dem südl. Schantung, Anhänger Laotses, dessen Lehren er dichterisch darstellte, übernimmt Laotses Tao-Lehre; fügt hinzu, das → Tao sei nur durch unmittelbares Erleben, nicht theoretisch oder spekulativ zugänglich. Tao äußert sich bes. im Rhythmus des gesamten Alls. Der Mensch muß tapfer und optimistisch die Leiden überwinden, sowie die Triebe durch seine Freiheit. T.s Ideal ist der „wahre Mensch", der, im Rhythmus des Tao lebend, werktätig und unabhängig lebt. Übersetzung der Schrift „Das wahre Buch vom südl. Blütenland" von R. Wilhelm (Dschuang-Dsi), 1912; Auswahl in der Inselbücherei → Chines. Philosophie.

Tschu Hi, chin. Philosoph, * 19. 10. 1130 Juki (Prov. Fukien), † 24. 4. 1200 Kienjang (Fukien), Fürstenerzieher, Haupt des Neukonfuzianismus, bedeutendster u. einflußreichster Denker der Sung-Zeit, faßte die Philosophie von Tschou Tun-I zu der jahrhundertelang maßgeblichen Gestalt der chines. Philosophie zusammen. Für ihn entsteht und besteht die Welt in Wechselspiel zw. aktivem Geist und passiver Materie (→ Yin und Yang), in der allererst der Unterschied zwischen Gut und Böse und die Mannigfaltigkeit des Daseins und seiner Gestalten offenbar wird.

O. Graf, T. H., Djin-si lu, Tokio 1953; W. T. Chan, Reflections on Things at Hand, New York 1967.

Tse-Sse, chines. Philosoph, 5. Jh. n. Chr., Enkel Kung-tses, dessen Lehre er in grundlegenden Traktaten (Tschung-yung, „Rechte Mitte"; Ta-Hüeh, „Große Lehre") systematisierte.

Tugend ist die beständige Gerichtetheit des Willens auf das Sittlich-Gute; sie ist selbst sittlich gut und ein ethischer Wert. Platon definiert die T. als die Tauglichkeit der Seele zu dem ihr gemäßen Werke; er unterschied vier → Kardinal-T.en. Nach Aristoteles ist jede T. ein Mittleres zwischen zwei (verwerflichen) Extremen: die Besonnenheit zw. Zügellosigkeit und Gefühlsstumpfheit, die Tapferkeit zw. Tollkühnheit u. Feigheit, die Gerechtigkeit zw. Unrechttun u. Unrechtleiden, die Freigebigkeit zwischen Kleinlichkeit u. Vergeudung, die Sanftmut zw. Jähzorn u. Unfähigkeit zu gerechtem Zorn; ähnlich definiert er Ehrgeiz, Hochsinnigkeit, Anteilnahme und Schamgefühl. Die T. der Stoiker ist das vernunft- und naturgemäße Leben, diejenige Epikurs die richtige Einsicht in die Bedingungen der wahren Lust, Melanchthon sieht die T. in dem Willen zur Übereinstimmung des Wollens mit dem richtigen Wissen. Ein System der Tugenden entwirft Geulincx. Kant definiert: „T. ist die moralische Stärke in Befolgung seiner Pflicht, die niemals zur Gewohnheit werden, sondern immer ganz neu und ursprünglich aus der Denkungsart hervorgehen soll." Für Goethe ist die T. „das wahrhaft Passende in jedem Zustande". Die (nach kath. Auffassung übernatürlichen) christl. T.en sind Glaube, Liebe, Hoffnung; → auch Schleiermacher, Ethik.

D. v. Hildebrand, Sittliche Grundhaltung, 1933; O. F. Bollnow, Wesen und Wandel der T.en, 1958; A. MacIntyre, After Virtue, 1981, dt. 1987; M. Slote, Goods and Virtues, Oxford 1983; J. Halberstam (Hg.), Virtues and Values, Prentice Hall 1988.

Tugendhat, Ernst, * 8. 3. 1930 Brünn, seit 1980 Prof. für Philosophie an der FU Berlin. Nach der Dissertation über aristotelische Grundbegriffe („Ti kata tinos", 1958) und der Habilitation „Der Wahrheitsbegriff bei Husserl und Heidegger" (1967) wandte sich T. der angelsächsischen analytischen Philosophie in der Tradition Freges und des späten Wittgenstein zu. Den Versuch einer sprachanalytischen Rekonstruktion klassischer Fragen der theoretischen Philosophie unternimmt T. in den „Vorlesungen zur Einführung in die sprachanalytische Philosophie" (1976). Sprachanalytische Interpretationen der Selbstbeziehung im Rekurs auf Heidegger, Wittgenstein und G. H. Mead enthält der Band „Selbstbewußtsein und Selbstbestimmung" (1979). Weitere Werke u. a.: Logisch-semantische Propädeutik (mit V. Wolf), 1983; Probleme der Ethik, 1984.

Twardowski, Kasimir, poln. Philosoph, → polnische Philosophie.

Tychismus (vom griech. *tychę*, „Zufall"), die Lehre von der Herrschaft des Zufalls im Weltgeschehen, vertreten bes. von Ch. Peirce, sowie von einzelnen Naturwissenschaftlern.

A. Zimmermann, Tyche bei Platon, 1966.

typisch (griech.), urbildlich, vorbildlich, eine Klasse von Dingen oder Vorstellungen oder Tätigkeiten repräsentierend. Gegensatz: atypisch, vom Typus abweichend, keinem Typus zuzurechnen.

Typovergenz (aus griech. *typos*, „Muster, Vorbild", u. lat. *vęrgere*, „gerichtetsein"), in der Biologie das Hinstreben eines organ. Gebildes von einer weniger bestimmten zu einer typischen, zugleich differenzierteren Form; → Entelechie. In der mechanistischen Auffassung von T. → Maschinentheorie von J. Schultz – spielen die Eiweißkörperchen (Biogene) die Rolle von T.maschinchen, die das zielstrebige Wachstum eines Organismus durch rein physikalisch-chemische Kräfte, also ohne eine Entelechie, erklären sollen.

Typus, Typ (griech. [Mehrzahl: Typen] „Schlag, Prägung, Eindruck, Form, Gestalt, Vorbild, Muster, Beispiel"); T. bedeutet in erster Linie die Grundform, Urgestalt, die einer Reihe ähnlicher oder verwandter Individuen zugrunde liegt, in zweiter Linie auch das Exemplar oder Muster, das die Art oder Gattung am besten vertritt. Das Denken, das typisierende Begriffsbildung zum Ziel hat, ist völlig ursprünglich, da es der Prägnanztendenz des Bewußtseins entspricht und Anschaulichkeit mit Allgemeingültigkeit verbindet. Das Denken im Sinne des T., das typologische Denken, wurde in seiner hohen Bedeutung schon von Platon und Aristoteles erkannt und ist ein unentbehrliches Mittel der wissenschaftlichen Begriffsbildung (→ Begriff), insbesondere der Erfahrungswissenschaften.

Psychologisch gesehen ist das Typische gleichbedeutend mit dem Prägnanten, durch das ein bestimmtes → Wesen so rein zum Ausdruck gebracht wird, wie es überhaupt möglich scheint (z. B. ist das prägnante Dreieck, nämlich das auf einer – waagrechten – Seite stehende gleichseitige Dreieck, zugleich das „typische" und zugleich dasjenige unter allen mögl. Dreiecken, das das Wesen des Dreiecks, die Dreieckigkeit, am reinsten zu verkörpern scheint). Von den Typen der Weltanschauung (im Sammelband „Weltanschauung", 1911) spricht Dilthey: „Diese Typen gehen durch die historisch bedingte Singularität der einzelnen Gebilde hindurch ... Die einzelnen Stufen und die speziellen Gestaltungen eines T. werden widerlegt, aber ihre Wurzel im Leben dauert und wirkt fort und bringt immer neue Gebilde hervor".

Es gibt in der Sphäre des real Seienden keine ganz reinen Typen (Idealtypen; → Soziologie), sondern immer nur Mischtypen. Dieser Umstand begrenzt den gnoseologischen Wahrheitswert der typologischen Betrachtungsweise, die andererseits hervorragend geeignet ist, das Individuum nach seinen wesentlichen Momenten aufzuschließen u. dem Verstehen und Begreifen näherzubringen. Ein Meister typologischer Denkweise war Goethe. Besondere Bedeutung hat die typologische Anschauungsweise in der modernen Psychologie gefunden: Jaensch, → Jung, Kretschmer, Spranger, → Archetypus, Prototyp.

E. Seiterich, Die log. Struktur des Typenbegriffs, 1930; W. Bergfeld, Der Begriff des T., 1933; E. Spieth, Der Mensch als T., 1949; A. Seiffert, Die kategoriale Stellung des T., 1953; W. Hassemer, Tatbestand und T., 1968; J. Janoska-Bendl, Methodische Aspekte der Idealtypenlehre – M. Weber und die Soziologie der Geschichte, 1965; V. W. Ruttkowski, Typen und Schichten, 1978.

Übel, etwas Übles, der Gegensatz von Gutem, etwas, was als wertwidrig, lebenshemmend oder lebensvernichtend empfunden wird, was eine Disharmonie hervorruft; → Theodizee

E. L. Fischer, Das Problem des Ü.s und der Theodicee, 1883; B. Bavink, Das Ü. in der Welt, 1925; H. Pfeil, Grundfragen der Philos. im Denken der Gegenwart, 1949; H. Reiner, Gut und Böse, 1965; H. Blumenberg, Legitimation der Neuzeit, 1966; O. Marquard, Schwierigkeiten mit der Geschichtsphilos., 1973; W. Schmidt-Biggemann, Theodizee und Tatsachen, 1988.

Überbewußtes, überbewußt. Vom menschlichen intentionalen Bewußtsein, das sich auf Objekte der äußeren u. inneren Erfahrung richtet, ist einerseits das Unter- und Unbewußte, andererseits das Überbewußte zu unterscheiden. Das Ü. ist ein ungegenständliches u. unreflektiertes, aber ganzheitliches und unmittelbares Wissen, das dadurch entsteht, daß unsere gegenständlich gerichteten Akte und Aktivitäten in unserem Geist und unserer Psyche einen Widerhall und ein inneres Berührtsein hervorrufen. Wir haben ein ü. Wissen „um" diese inneren Geschehnisse, z. B. die personal vollzogenen geistigen Akte, die nach Scheler nicht gegenständlich erfaßbar sind. Hierhin gehört auch das Selbstbewußtsein als ungegenständliches Wissen um das, was wir zutiefst sind und haben, etwa die Kundgabe des Gewissens u. a. m.

M. Scheler, Der Formalismus in der Ethik und die materiale Wertethik, 1916; A. Brunner, Der Stufenbau der Welt, 1950; H. E. Hengstenberg, Philos. Anthropologie, 1957.

Übermensch, die Idee des durch seine vitale Abstammung, nicht also durch Fremd- oder Selbsterziehung vollkommenen Menschen; schon bei Lukian, dt. zuerst bei Heinr. Müller als „Gottesmensch" (in „Geistliche Erbauungsstunden", 1664–66), dann bei Herder, Hippel, Jean Paul; bei Goethe ist der Mensch vielleicht nur „ein Wurf nach einem höheren Ziele", ähnlich bei → Nietzsche.

R. Reininger, Nietzsches Kampf um den Sinn des Lebens, 1927; O. L. Schwarz, Average Man against Superior Man, New York 1947; E. Benz, Der Ü., 1961; W. Müller-Lauter, Das Willenswesen und der Ü. – Ein Beitrag zu Heideggers Nietzsche-Interpretation, in: Nietzsche-Studien 10/11 (1981/82).

übersinnlich ist, was nicht in der sinnlichen Anschauung gegeben ist, was nicht wahrgenommen und deshalb auch kein Gegenstand der Welterkenntnis werden kann.

Ueberweg, Friedrich, Philosoph, * 22. 1. 1826 Leichlingen b. Solingen, † 9. 6. 1871 als Prof. (seit 1862) in Königsberg, schuf mit seinem „Grundriß der Geschichte der Philosophie" (3 Bde., 1863 bis 1866, später 2-bändig 1928, [12]1956/57) das erste allg. philosophiegeschichtl. Handbuch, erfassend die nationalen philosophiegeschichtlichen Abläufe vieler anderer Staaten, auch außereuropäischer, das später von M. Heinze und in der bisher letzten (12.) Aufl. (1924–1930; nur Bd. 2., [2]1957) von Praechter, Geyer (11. Aufl.), Frischeisen-Köhler, Moog und Österreich neu bearbeitet wurde. Sein „System der Logik" (1857, [5]1882) enthält eine bes. klare und eingehende Darstellung des Schlusses und vertritt im ganzen eine Sachlogik. Erkenntnistheoretisch bemüht sich Ue. in Kritik des Berkeleyschen Ansatzes um eine nichtidealistische „Theorie der Wahrnehmung".

M. Brasch, Die Welt- und Lebensanschauung F. Ue.s in s. gesammelten Abhandlungen, 1889; H. Berger, Wege zum Realismus, 1959.

Überzeitlichkeit, überzeitlich ist das „höhere Mittlere" zwischen Zeitlichkeit im chronologischen Sinne und Zeitlosigkeit (z. B. eines mathematischen Gebildes). Zwei Termini A u. B stehen dann in ü. Relation zueinander, wenn weder die Kategorie des Nacheinander noch die des Zugleich für sie anwendbar ist. Das gilt z. B. für die Ausdrucksrelation (→ Ausdruck). Die Ü. der Relation gründet darauf, daß A u. B ihr Verhältnis zueinander selbst bestimmen, ohne eines Dritten zu ihrer Adjustierung zu bedürfen. Das entitativ Überzeitliche wirkt in die Zeit hinein, ohne selbst vom zeitlichen Verlauf betroffen zu werden; es hat nur eine „Stelle" in der Zeit. Das gilt z. B. für die geistigen Akte im Sinne Schelers. Ü. schließt Zeitgebundenheit nicht aus.

H. E. Hengstenberg, Philos. Weltanschauung, 1929; M. Scheler, Vorbilder und Führer, 1933.

Uexküll, Jakob Baron von, Biologe, * 8. 9. 1864 Keblas (Estland), † 25. 7. 1944 Capri, 1925 bis 1934 Prof. in Hamburg, untersuchte bes. das Gesamtverhältnis der Organismen zu ihrer Umgebung. Ue. lehrt, daß die Tiere nicht nur bloße Objekte, sondern auch Subjekte sind,

„deren wesentliche Tätigkeit im Merken u. Wirken besteht" und deren Umwelten „ebenso vielfältig sind wie die Tiere selbst." „Alle Tiersubjekte, die einfachsten wie die vielgestaltigsten, sind mit der gleichen Vollkommenheit in ihre Umwelten eingepaßt. Dem einfachen Tiere entspricht eine einfache Umwelt, dem vielgestaltigen eine ebenso reichgeglied. Umwelt". Während die Tiere jedoch nur jeweils ihre Umwelt haben, hat der Mensch eine geordnete, als Ganzes erfaßbare Welt. – Hauptwerke: Umwelt und Innenwelt der Tiere, 1909; Theoretische Biologie, 1920; Staatsbiologie, 1933; Streifzüge durch die Umwelten von Tieren und Menschen, 1934; Niegeschaute Welten (mit G. Krizet), 1934; Der unsterbliche Geist in der Natur, 1938; Bedeutungslehre, 1940; Der Sinn des Lebens – Gedanken über die Aufgaben der Biologie, 1947.

Ulmer, Karl, Philosoph, * 24. 8. 1915 Hamburg. Prof. in Tübingen (1957–70), seit 1970 in Wien, † 13. 4. 1981 das. Versuchte eine Neubegründung der Philosophie durch Ansetzung der Begriffe „Weltverständnis" und „Weltwesen" als letzte Prinzipien, in Auseinandersetzung mit der überlieferten Metaphysik und im Hinblick auf die Aufgabe einer Grundlegung der gegenwärtigen Welt. – Schrieb u. a.: Wahrheit, Kunst und Natur bei Aristoteles, 1953; Von der Sache der Philosophie, 1959; Nietzsche – Einheit und Sinn seines Werkes, 1962; Die Wissenschaften und die Wahrheit (Hrsg.), 1966; Philosophie der modernen Lebenswelt, 1972; Die Verantwortung der Wissenschaft (Hrsg.), 1975.

Ulrich Engelbert (Ulricus Engelberti) von Straßburg, Theologe u. Ästhetiker, * zw. 1248 und 1254 Köln, † 1277 Paris, Schüler Alberts des Großen, mit dem er in enger Freundschaft blieb und dessen Biograph wurde, stark vom Neuplatonismus beeinflußt; lehrte, daß dem ästhetischen Gegenstand der von der Formgebung ausstrahlende Adel die Schönheit verleiht. Seine Schriften u. a. „Kommentar zu Aristoteles' Meteora", „Sentenzen Kommentar" und *„De summo bono"* blieben größtenteils ungedruckt.

H. Finke, Ungedruckte Dominikanerbriefe des 13. Jh.s, 1891; M. Grabmann, U. E., 1926; B. Daguillon, U. de Strasbourg – La Summa de Bono, Paris 1930; J. Gründel, Die Lehre von den Umständen der menschl. Handlung im MA, 1963; F. J. Lescol, God as First Principle in U. of S., New York 1979.

ultra posse nemo obligatur (lat.), über sein Können hinaus kann niemand verpflichtet werden; geht auf einen Satz des Juristen Celsus (um 100 n. Chr.) im *Corpus juris* zurück: *Impossibilium nulla obligatio est*, das Unmögliche kann nicht Pflicht sein.

Umfang eines → Begriffes ist die Gesamtheit aller Begriffe (bzw. ungenau: auch aller Gegenstände), die unter ihn fallen, d. h. deren unterster Allgemeinbegriff er ist.

Umgreifendes, nach Jaspers das, was in der Subjekt-Objekt-Spaltung zur Erscheinung kommt. „Alles, was mir Gegenstand wird, tritt aus dem Umgreifen an mich heran, und ich als Subjekt aus ihm heraus ... Das Umgreifende bleibt für mein Bewußtsein dunkel". Es ist weitgehend identisch mit dem → Sein oder der → Transzendenz.

Umwelt → Uexküll, J.

Umwertung aller Werte, das von Nietzsche geforderte Loskommen von allen bisherigen (bes. christl.) Moralwerten und deren Umwandlung in Werte mit entgegengesetztem Inhalt. Denn die herkömmlichen Werte hätten sich geschichtlich nicht bewährt, die christliche Moral der Schwäche und Nachgiebigkeit hätte die natürliche Entfaltung von Kulturkräften und Geltungsdrang der Tüchtigen stets verhindert oder verurteilt. → Ethik. Die von Nietzsche geplante Schrift „Der Wille zur Macht" nannte Nietzsche im Untertitel: „Versuch einer U. a. W.".

Unamuno, Miguel de, span. Schriftsteller u. Philosoph, * 29. 9. 1864 Bilbao, † 31. 12. 1936 Salamanca, das. Prof. seit 1891, erblickte die Tragik des Lebens hauptsächlich in dem unlösbaren Widerstreit zwischen Glauben und Wissen, in dem er die Partei des irrationalen Glaubens ergriff. Der symbol. Repräsentant eines tragischen Lebens war für ihn Don Quichote. – Hauptwerke: Das tragische Lebensgefühl (span. 1912), dt. 1925; Die Agonie des Christentums (span. 1913), dt. 1928; Das Leben Don Quichotes und Sanchos (span. 1914), dt. 1926.

L. S. Granjel, M. de U., Madrid 1957, dt. 1962; E. Salcedo, Vida de M. U., Salamanca 1964; A. Gomez Moriana, Über den Sinn von „Congoia" bei U., 1965; C. R. F. Martinez, Die Vernunft-Herz-Problematik bei U., 1982.

unbedingt ist etwas, das seinerseits ohne Bedingungen (Ursachen) besteht oder wirkt; → absolut. „Dem Regressus in der Reihe der Bedingungen gegebener Erscheinungen ist es nicht erlaubt, bei einem Schlechthinunbedingten stehen zu bleiben" (Kant). In der Metaphysik des dt. Idealismus spielt der Begriff des U.en (des Absoluten) eine große Rolle; → *proton kinun*.

J. Volkelt, Kant als Philosoph des U.en, 1924; W. Cramer, Die absolute Reflexion, I–II, 1966–67; → absolut.

Unbestimmtheitsrelation (Unsicherheitsrelation,) eine von W. → Heisenberg entdeckte Relation, wonach das Produkt der Ungenauigkeit von Impulsbestimmung u. Ortsbestimmung eines Korpuskels, z. B. eines Elektrons im Atom mindestens gleich der Planckschen Konstante h (→ Konstanten, Mikrophysik) ist. Das bedeutet, daß z. B. der Ort u. der → Impuls eines Elektrons im Atom nicht gleichzeitig genau bestimmt werden können. Jede Steigerung der Genauigkeit in bezug auf den einen Faktor durch Veränderung der Versuchsanordnung würde einen Eingriff in das atomare Geschehen bedeuten, der die Bestimmbarkeit des anderen Faktors beeinträchtigt. Metaphysisch gesehen gibt die U. die empirische Grenze der Überprüfbarkeit und der begründeten Anwendung der Kausalität an: die letzten Gleichungen, zu denen der Physiker gelangt, sind Wahrscheinlichkeitsgleichungen, jedoch nicht solche, bei denen es sich um statistisch gewonnene Durchschnitte handelt, sondern solche, deren Veränderliche selbst eine Wahrscheinlichkeitsfunktion ist. Das mikrophysikal. Geschehen läßt sich so interpretieren, als käme ihm eine Art von Spontaneität, von „fehlender Ursächlichkeit" zu; die popularphilosophischen Versuche jedoch, von ihr die Freiheit im mikrokosm. Bereich und daraus die menschl. Freiheit abzuleiten, gehen fehl.

W. Heisenberg, Die physikal. Prinzipien der Quantentheorie, 1930; W. Heisenberg, Schritte über Grenzen, 1971; P. Mittelstaedt, Philos. Probleme der modernen Physik, 1976.

Unbewußtes, seel. Leben, soweit es sich außerhalb des Bewußtseins vollzieht. In der Auffassung Descartes' und der von ihm beeinflußten philosophisch-psychol. Entwicklung der „nachcartesianischen Jahrhunderte" erschien das Bewußtsein als die einzige Form des Seelenlebens. Eine Philosophie des Unbewußten schuf Ed. v. → Hartmann. Dagegen betrachtet die neue Psychologie das Bewußte nur als eine Insel, die aus dem Meer des Seelischen herausragt. Das Unbewußte im Sinne der Psychologie kann nur relativ für unser Ich, nicht unbewußt dagegen für ein das Ich umgreifendes Subjekt sein, das man „Seele" (oder, nach der psychologischen → Schichtenlehre, auch das → Es) nennen kann; → Kollektivbewußtsein. So wie das Ich Träger des Bewußten ist, so die Seele Trägerin des Unbewußten. Für die → Tiefenpsychologie und die Psychotherapie der Gegenwart ist das Unbewußte nicht mehr (wie bei Freud u. seiner Schule) das Ergebnis der Verdrängungsarbeit des Bewußtseins, sondern etwas Eigenständiges und Schöpferisches, die psychische Urwirklichkeit, der Quellgrund der den Menschen gemeinsamen Grundmotive und Urformen, der Archetypen des Erlebens; nach C. G. Jung ist das Unbewußte nicht triebhaft, sondern bildhaft; es ist die Heimat der schöpferischen Phantasie der Seele und aller darin liegenden Ursymbole sowie jenes spontanen Wertgefühls, das sich von der Ratio nicht erschüttern läßt. → Überbewußtes.

N. Caputi, Unconscious, Scarcoraw Press 1985; L. Klages, Vom Wesen des Bewußtseins, 1921; J.-C Filloux, L'inconscient, Paris 1947; A. C. MacIntyre, The Unconsciousness, New York 1958, dt. 1968; H. Lang, Die Sprache und das U., 1973; M. Bartels, Selbstbewußtsein und U., 1976; G. Bittner, Das U. – ein Mensch im Menschen?, 1988.

unendlich ist, was nicht zu Ende gedacht werden kann, von dem keine Grenzen abgesehen werden können. Raum und Zeit sind in diesem Sinne unendlich, denn jede Grenze, an der wir sie anfangen oder aufhören lassen, ist nur eine Grenze unserer Kenntnis und Erkenntnis unserer Sinne und unseres Verstandes. Ausdrücke von teilweiser Gleichsinnigkeit mit dem „U.en" sind: das „Transfinite" (die absolute unendliche Totalität), das „Infinite" (was positiv unendlich ist), das „Indefinite", woran eine Grenze nicht erkannt werden kann, und das „Inkommensurable", d. h. Unmeßbare. Von besonderer Bedeutung ist der U.keitsbegriff in der Mathematik, wo er (Mengenlehre, Geometrie) bes. durch Bolzano und Cantor bearbeitet worden ist. Die Idee der U.keit findet sich schon in der altindischen Spekulation. Den griech. Philosophen war die Welt meist unendlich, dem Christentum dagegen endlich, in ein festes Himmelsgewölbe eingeschlossen. Die Aufhebung der Offenheit der Vorstellungskraft zum Unendlichen wurde durch die Vorstellung von Gott gewährleistet, dem allein die Prädikate des U.n zugeschrieben wurden. Erst Nikolaus von Kues und Giordano Bruno verkündeten wieder die U.keit der Welt. Das u. Große (ähnlich auch das u. Kleine) wird in der Schulmathematik definiert als das stets größer Bleibende (als größer Gedachte) im Vergleich zu einem „Allergrößten", das man sich als fixiert ausdenkt und dabei die Denkbewegung (etwa auf der natürlichen Zahlenreihe) als u. begreift.

B. Bolzano, Paradoxien des U.en, 1851; K. Gutberlet, Das U.e metaphysisch u. mathematisch betrachtet, 1878; G. Meglio, La filosofia dell' infinito, Mailand 1951; H. Meschkowski (Hg.), Das Problem des U.en, 1974.

ungarische Philosophie. Die ersten Anfänge der ung. Ph. reichen bis zu dem dorthin ausgewanderten dt. Spätscholastiker Petrus Nigri († 1484) zurück. Auch Comenius (1592–1670) wirkte bei seinem Aufenthalt in Nordungarn. Descartes' Philosophie beeinflußte die ung. Ph. [u. a. die antischolastische Logik des János Apáczai-Csere (1625–1659)], die jedoch erst im Anschluß an den dt. Idealismus stärker einsetzte, wie etwa bei dem bedeutenden Ästhet Janos Erdélyi (1814–1868). C. Horváth (1808–1884) wollte alle philos. Systeme durch seinen „Konkretismus" (→ konkret) miteinander versöhnen. Am bedeutendsten ist Karl Böhm (1846–1911) mit seiner philos. Anthropologie. Bes. die Rechtsphilosophie wird gepflegt u. a. von Felix Somló, Theodor Surányi-Unger (von diesem auch die Wirtschaftsphilosophie). Oszkdr Jászi und der sog. Galilei-Kreis entwickelten eine positivismusähnliche Lehre. Bedeutender Lebensphilosoph ist → Palágyi (1859–1924), bedeutender Ontologe u. Logiker Ákos v. Pauler (1876–1933; Hauptw.: Grundlagen der Philos., 1925, auch dt.). Als Kulturphilosoph gilt Gyula Kornis, als bedeutender Neuscholastiker Al. Horváth. – Seit dem 2. Weltkrieg wird offiziell nur marxistische Philosophie betrieben; unter dem Namen Marxismus existieren in der u. Ph. jedoch von einander ganz verschiedene Richtungen und Strömungen. Der dogmatische dialektische Materialismus ist immer noch von großem Einfluß. Die Schule von G. → *Lukács* vertritt einen kritisch-marxistischen Standpunkt. László *Mátrai* († 1909) befaßt sich mit Philosophie der Psychologie und der Kulturgeschichte (schrieb z. B. Kulturhistorische Folgen der Auflösung der Österreich-Ungarischen Monarchie, dt. in *Acta Historica Academiae Scientiarum Hungaricae* 14, 1968). Ferenc *Tökei* († 1930) lenkte die Aufmerksamkeit auf den – geschichtsphilosophisch grundlegenden – Marxschen Begriff der asiatischen Produktionsweise (*Sur le mode de production asiatique,* 1966).

F. Ueberweg, Grundriß der Gesch. der Philos., V, [12]1956–57; B. Balla (Hg.), Soziologie u. Gesellschaft in Ungarn, 1974; T. Hanak, Marxistische Philos. u. Soziologie in Ungarn, 1976; L. Steindler, U. P. im Spiegel ihrer Geschichtsschreibung, 1988.

Unio mystica (lat.), mystische Vereinigung mit der Gottheit; sie wurde in den Mysterienkulten vollzogen. Von Platon und dem Neuplatonismus wurde die U. m. vergeistigt, noch mehr in der Mystik, bes. des dt. MA, in der es um die Vereinigung des Einzelnen „Schauenden" mit Gott ging.

universal (lat.), universell, weltumfassend, allumfassend, das Universum betreffend.

Universalienstreit. Im Mittelpunkt des mittelalterl. sog. U.es stand die Frage nach der Daseinsweise der Universalien (Allgemeinbegriffe), bes. der fünf Begriffe Gattung, Eigenschaft, unwesentliches Merkmal (Akzidenz); → Gattung, Allgemeinbegriff, → allgemein. Es standen sich 3 Hauptauffassungen mit vielen Abarten gegenüber, die sich während der drei Perioden jener Zeit abgespielt haben, – Frühscholastik, Spätscholastik und Hochscholastik (→ Scholastik) – 1. die Lehre, daß den Allgemeinbegriffen eine von den Einzeldingen verschiedene allgemeine metaphysisch-objektive Wesenheit (→ Idee) entspreche (radikaler Begriffs-Realismus, z. B. bei → Joh. Scotus Eriugena); 2. daß die Allgemeinbegriffe nur in einem Wort bestehen, durch das Ähnliches zusammengefaßt wird (→ Nominalismus, z. B. bei → Wilhelm von Ockham); 3. daß die Allgemeinbegriffe objektiv gültig seien, weil in ihnen doch das Wesen der Dinge erfaßt werde (gemäßigter Realismus, z. B. → Thomas von Aquino).

J. P. Schobinger, Vom Sein der Universalien, 1958; R. Hönigswald, Abstraktion und Analysis – Zur Problemgesch. des U.s, 1961; J.-E. Heyde, Die Objektivität des Allgemeinen – Ein Beitrag zur Lösung der Universalienfrage, 1965; H. C. Meyer, Macht und Wahnwitz der Begriffe, 1974; W. Stegmüller (Hg.), Das Universalienproblem, 1978.

Universalismus, All- und Vielseitigkeit, umfassendes Wissen; Gesamtrichtung, eine Denkform, die das Universum als eine Ganzheit erfaßt u. das einzelne von dieser übergeordneten Ganzheit her zu erklären, zu verstehen, abzuleiten sucht (Platon, Aristoteles, Thomas v. Aquino, Hegel). Ein soziolog., den Individualismus bekämpfender U. findet sich bei Adam Müller und Othmar Spann.

W. Heinrich (Hg.), O. Spann zum 70. Geburtstag – die Ganzheit in Philos. u. Wiss., 1950; A. Rieber, Vom Positivismus zum U., 1971; K. Hammacher (Hg.), U. im Werk der Brüder Humboldt, 1976.

Universum (lat.), das einheitliche All, die → Welt als der astronomische Gesamtkosmos.

Unmittelbarkeit, die Art der Gegebenheit einer Sache oder einer Erkenntnis, die ohne die Vermittlung einer besonders überzeugenden Wahrnehmung, bzw. einer begrifflichen Klärung, Begründung, Beweisführung usw. von evidenter Klarheit erscheint. U. charakterisiert die → Gewißheit einer intuitiven Erkenntnis. Bei Descartes ist U. der eigentliche Zugang zu den → angeborenen Ideen. Die englische Erfahrungsphilosophie lehnte den Gewißheitswert der U. völlig ab, womit später auch Denker wie Hegel, Goethe u. Schelling, wenn auch aus je anderen Gesichtspunkten, übereinstimmen. Besonders auf religiösem Gebiet wird der Erkenntniswert der U. bezweifelt, da sie auf subjektiven Stimmungen und Erwartungen beruht und zu leichtfertigen „Offenbarungen“, dadurch zum Offenbarungsglauben als Grundlage religiöser Weltbilder führt.

Unsicherheitsrelation → Unbestimmtheitsrelation.

Unsterblichkeit (Athanasie, Immortalität), die Fortdauer der Persönlichkeit bzw. der Seele nach dem Tode im erweiterten Sinn das Aufgehen der Seele in Gott oder im „Weltgeist“; endlich auch die Fortdauer einer Persönlichkeit in den Gedanken der Nachwelt. Der Glaube an die persönliche U. ist auf Grund bes. der Erfahrungen im Traum schon im primitiven Menschen entstanden; gestützt wird er durch die Furcht vor dem Tode und durch das Hängen am Leben. Die alten Religionen ließen die Seelen von Körper zu Körper wandern (Inder und Orphiker, → Metempsychose, Palingenesis) oder ein Schattendasein führen, im Hades (griech. Volksreligion) oder im Scheol, d. h. im Schattenreich, in der Hölle (Hebräer). Philosophisch wurde der Begriff der U. zuerst entwickelt von Platon, Cicero u. a. Folgende Beweise für die U. der Seele sind versucht worden, die logisch freilich lückenhaft sind und wissenschaftlich nicht vertretbar: 1. der metaphys. platonische: Die Bewegung eines Körpers, der die Bewegung aus sich selbst hervorbringt, ist anfanglos, folglich auch endlos. „Verhält es sich nun so, daß es nichts anderes gibt, was sich selbst bewegt, außer der Seele, so ist notwendig auch die Seele unentstanden und unsterblich" (Platon, Phaidros). 2. der ontolog.: Er leitet die U. ab aus dem Begriff der Seele als einer einfachen immateriellen Substanz, die als solche nicht zerstört werden könne (Descartes, Leibniz). 3. der theolog.: Die Absichten Gottes, mit denen er personenhafte Geschöpfe ins Dasein gerufen habe, könnten nicht während ihrer Erdenlaufbahn verwirklicht werden. 4. der histor.: Er betont die Allgemeinheit des Glaubens an U. 5. der spezifisch christl.: Die Auferstehung Christi und die Verheißung des ewigen Lebens nach dem → Tode. 6. der vulgär-moralische: Das Leben nach dem Tode ist eine Forderung der ausgleichenden Gerechtigkeit; Taten u. Lohn in diesem Leben stehen in keinem gerechten Verhältnis; es ist dazu eine (nach den Prinzipien der Wertethik allerdings überflüssige) Vergeltung – Belohnung oder Strafe – in einem Leben nach dem Tode nötig. Auf einen verwandten Gedankengang stützt sich Kant bei der Aufstellung der U. als prakt. Postulat. Gegner des Glaubens an eine persönliche U. sind u. a. Epikur, Lukrez, Spinoza, Hume, Hegel, Schopenhauer, Marx. – Heute bleibt für die U.serwartung nur der persönliche subjektive Glaube einzelner übrig, der keiner Beweise bedarf, sondern sich nur aus der Hoffnung auf eine Begegnung mit dem Absoluten als ein tiefes, unmittelbares Erlebnis einstellen kann.

E. Rohde, Psyche, 1894; H. Scholz, Der U.gedanke als philos. Problem, 1920; G. Heidingsfelder, Die U. der Seele, 1930; P. Lamont, The Illusion of Immortality, New York 1951; A. Wenzl, U. – Ihre metaphys. und anthropolog. Bedeutung, 1951; Q. Huonder, Das U.sproblem in der abendländ. Philos., 1970; H. Sonnemans, Seele, U., Auferstehung, 1984; G. Scherer, Sinnerfahrung und U., 1985; R. W. Perrett, Death and Immortality, Dordrecht 1987.

Unterbewußtsein, eine Schicht des Bewußtseins, die für gewöhnlich als tiefer liegend, vom Oberbewußtsein überdeckt betrachtet wird und nur in besonderen Fällen (z. B. bei Fehlleistungen, psychoneurotisch bedingten Äußerungen und im Traum) zum Vorschein kommt.

K. J. Grau, Bewußtsein, Unbewußtes, Unterbewußtes, 1922; O. Bumke, Das U. – Eine Kritik, 1922; F. Seifert, Tiefenpsychologie, 1955; O. Kankeleit, Das U. als Keimstätte des Schöpferischen, 1959; A. Mirtse, Das schöpferische Zusammenspiel von Bewußtsein und Unbewußtem, 1978; A. Arnold, U. und Unbewußtes, 1985.

Untergangserwartung. Die bekannteste Formulierung der U. stammt von Nietzsche (Vorrede zu der unter dem T. „Wille zur Macht" herausgegebenen Schrift): „Unsere ganze europ. Kultur bewegt sich seit langem schon mit einer Tortur der Spannung, die von Jahrzehnt zu Jahrzehnt wächst, wie auf eine Katastrophe los: unruhig, gewaltsam überstürzt: einem Strom ähnlich, der ans Ende will, der sich nicht mehr besinnt, der Furcht davor hat, sich zu besinnen". Bei Alfred Weber (Kulturgesch. als Kultursoziologie, 1950) heißt es, das Ergebnis der bisherigen Geschichte sei, daß die Menschheit zu der Welt- und Daseinsangst der Primitiven zurückkehre. Anfang des 16. Jh.s konnte Ulrich von Hutten noch ausrufen: „O Jahrhundert! O Wissenschaft! Es ist eine Lust zu leben!" und damit eine Fortschrittsgläubigkeit bekunden, die dann in der Philosophie der Aufklärung und in dem immanenten Optimismus des dialektischen Materialismus eine Stütze fand und an der die breite Masse auch heute noch festhält bzw. festhalten muß, da es widernatürlich ist, ein Leben ohne Zukunftshoffnungen zu führen. Diese Hoffnungen beruhen auf der Überlegung, daß wir uns in einem Übergangszustand befinden: die → Naturbeherrschung und die → Technik seien der Entwicklung der moralischen Fähigkeiten des Menschen vorausgeeilt und aus der so entstandenen Spannung käme alles Unheil. Schon Kant sagt in „Das Ende aller Dinge", es sei „natürlicherweise" so, daß „in den Fortschritten des menschl. Geschlechts die Kultur der Talente der Geschicklichkeit und des Geschmacks ... der Entwicklung der Moralität" vorauseile; es spräche aber nichts dagegen, daß diese Spannung durch Erziehungsmaßnahmen ausgeglichen u. eine neue Harmonie zwischen den materiellen und den geistigen Kräften auf der Erde herbeigeführt werden könne. In der Soziologie spricht man von einem Versagen unseres sozialen Denkens und unserer Sozialeinrichtungen im Vergleich zum Fortschritt von Wissenschaft und Technik. Dieses Phänomen, das man in der amerikan. Soziologie „*cultural lag*" (vgl. W. F. Ogburn, *Social change*, 1922) nennt, bedrohe unsere Kultur und müsse beseitigt werden; → auch Chiliasmus, Funktionär, Spengler. – Heute hat die U. als Vorstellung von einem kulturgeschichtlich mit Notwendigkeit auftretenden Ereignis nachgelassen und man denkt hauptsächlich an die Gefahr einer Selbstvernichtung der Kultur durch Atomwaffen.

E. Spranger, Die Kulturzyklentheorie und das Problem des Kulturverfalls, 1926; O. Veit, Die Flucht vor der Freiheit, 1947; M. Schröter, Metaphysik des Untergangs, 1949; F. Sieburg, Die Lust am Untergang, 1954; K. Jaspers, Die Atombombe und die Zukunft des Menschen, 1961; W. D. v. Rehfus (Hg.), Die Apokalypse denken, 1989.

Unwahrhaftigkeit, Begriff der Existenzphilosophie Sartres (franz. *mauvaise foi*), jene Art → Lüge, bei der ich mir die Wahrheit, die ich kenne, absichtlich verschweige, bei der ich mich gewissermaßen selbst belüge. Da ich mich aber nicht absichtlich selbst belügen kann (denn mein Bewußtsein ist für mich meist durchschaubar), beginnt meine U. zu verschwinden, sobald sie aufgetreten ist, und macht Ersatzformen meines u.en Verhaltens Platz, häufig dem Ressentiment u. → Zynismus. Sie wird dadurch in anderen Situationen fortwährend neu hervorgerufen und man kann ein ganzes Leben in U. verbringen.

Unzeitgemäße Betrachtungen, Titel eines Werkes von Friedrich → Nietzsche.

Upanischaden (vom indisch. *upa*, „nahe" u. *sad*, „sitzen" – „in der Nähe des Meisters sitzen"), philosophisch bedeutende Schriften der „Geheimlehren" innerhalb der → Veda, welche die geistige Entwicklung der altindischen Kultur in der Zeit von etwa 700 bis 500 v. Chr. bestimmen. Die Zeit der U. löste die erstarrenden Formelansammlungen der Priester und Brahmanen ab, die den suchenden indischen Geist nicht mehr befriedigen konnten. Die Grundstimmung der U. ist im Gegensatz zu der dem Lebenden zugewandten Haltung der Hymnenperiode der altvedischen Zeit von einer Bewertung alles Daseins als Leiden getragen (→ indische Philosophie).

W. Ruben, Die Philosophie der U., 1947; E. Hanefeld, Philos. Haupttexte der älteren U., 1976; B. Singh, The Philosophy of the Upanishads, New Delhi 1983.

Urpflanze, Begriff der Naturbetrachtung Goethes für das Urbild (Idee, begriffliche Urgestalt), nach dem alle anderen Pflanzenarten durch Abwandlungen entstanden sein sollen. Goethe glaubte, die U. in der Natur als eine noch unbekannte Art, oder auch etwa in der Grundgestalt eines Blattes oder eines Stammes finden zu können (meinte einmal, sie im botanischen Garten zu Palermo gefunden zu haben), während Schiller in einem Gespräch mit ihm darüber auf den platonischen Ideencharakter der U. hinwies. Es ist in der Philosophie ein offenes Problem, ob Urformen platonische Ideen, reale Entelechien oder nur Namen der betreffenden Gattungen (→ Nominalismus) sind.

Urphänomen, bei Goethe das empirische Phänomen, das jeder Mensch in der Natur gewahr wird und das durch Versuche zum wissenschaftl. Phänomen erhoben wird, indem man es unter andern Umständen und Bedingungen und in einer mehr oder weniger glücklichen Folge darstellt, so daß zuletzt das reine Phänomen als Resultat aller Erfahrungen und Versuche dasteht; es ist ideal als das letzte Erkennbare, real als erkannt, symbolisch, weil es alle Fälle begreift, identisch mit allen Fällen.

J. W. v. Goethe, Erfahrung u. Wissenschaft, 1798; J. W. v. Goethe, Versuch einer Witterungslehre, 1825; M. Hecker (Hg.), Goethe, Maximen und Reflexionen, 1907; R. Huch, Urphänomene, 1946.

Ursache (lat. *causa*) ist etwas im Verhältnis zu einem andern (der Wirkung), das ohne jenes nicht wäre (→ Kausalität). Die U. wird urspr. als der Gegenstand aufgefaßt, der etwas tut oder hervorbringt, und zwar in Analogie mit dem Ich, das die bewußte „U." seiner Handlungen ist. Dieser Begriff der U. macht es nötig, den Begriff der Kraft zu bilden, als der Fähigkeit eines Dinges (als U.), etwas zu bewirken, d. h. durch seine Tätigkeit eine Veränderung hervorzurufen. Da jedoch die wirkungsfähige U. selbst nicht ursachlos sein kann, sondern selbst erst durch eine Veränderung zum Wirken gebracht wird, so ist allmählich ein funktioneller Begriff der U. entstanden: U. ist eine Veränderung, die eine andere Veränderung bewirkt. Den Zusammenhang zw. U. und Wirkung nennt man → „Kausalnexus", und da die U. als eine Veränderung wiederum von einer anderen Veränderung als U. abhängig ist, so kann man von einer → Kausalreihe oder Kausalkette sprechen, die keinen „Anfang" erkennen läßt und von welcher ein Ende anzunehmen reine Willkür wäre (→ *proton kinun*). Jedes Glied dieser Kausalkette ist U. und Wirkung zugleich: die Kausalkette ist ein kontinuierl. Geschehen (ähnlich wie Grund und Folge, Dasein und Sosein), aus dem je nach Bedürfnis ein Stück als U. und ein damit im Zusammenhang stehendes, zeitlich nachfolgendes Stück als Wirkung herausgegriffen wird. Da in jedem Geschehen mehrere, ja viele verursachende Komponenten enthalten sind, wollen manche den Begriff U. durch den Begriff der „Komponenten" des Geschehens, und den der Wirkung durch den Begriff der „Resultierenden" ersetzen; – in der Kybernetik als Sonderfall von → Information deuten. → Okkasionalismus.

Urseiendes, nach M. Scheler das „höchste Sein", der „Weltgrund", der „oberste Grund". Das U. läßt sich denken als das, was „nur durch sich selbst ist und von dem alles andere abhängt". Dem Urseienden schreibt Scheler die beiden Attribute → Geist u. → Drang zu. „gegenseitige Durchdringung des ursprüngl. ohnmächtigen Geistes u. des ursprünglich dämonischen d. h. gegenüber allen geistigen Ideen und Werten blinden Dranges durch die wertende Ideierung und Vergeistigung der Drangsale, die hinter den Bildern der Dinge stehen, und die gleichzeitige Ermächtigung, d. h. Verlebendigung des Geistes, ist das Ziel und Ende endlichen Seins und Geschehens.“ (Die Stellung des Menschen im Kosmos, [5]1949).

M. Scheler, Vom Ewigen im Menschen, 1921.

Urstoff, → Materie.

Urteil, im logischen Sinne ein Akt des Bejahens oder des Verneinens, in dem zwei Begriffe (Subjekt und Prädikat; → Satz) in Beziehung zueinander gesetzt werden.
Im U. bezieht das Denken einen Begriff auf einen Gegenstand und setzt diesen zugleich mitsamt seinen Prädikaten, und zwar durch die Kopula „ist“, die stets auf absolute Geltung des behaupteten Sachverhaltes abzielt. Denn es ist für das echte U. kennzeichnend, daß es nichts als möglich zuläßt, was dieser Setzung widersprechen u. zugleich Geltung haben könnte. Kant unterscheidet (Kritik der r. V., Logik) folgende Arten von U.en: 1. nach ihrer Quantität: allgemeine, besondere, einzelne; 2. nach ihrer Qualität: bejahende, verneinende, unendliche; 3. nach ihrer Relation: kategorische, hypothetische, disjunktive; 4. nach ihrer Modalität: problematische, assertorische, apodiktische; analyt. oder Erläuterungs-U.e sind nach Kant solche U.e deren Prädikat im Subjekt bereits enthalten ist (alle Körper sind ausgedehnt); synth. oder Erweiterungsurteile bringen zu dem Begriff des Subjekts ein Prädikat hinzu, welches in jenem noch nicht gedacht war (alle Körper sind schwer).

G. Störring, Das urteilende und schließende Denken, 1926; E. Husserl, Erfahrung und U., 1939; J. B. Lotz, Sein und Wert, 1957; G. Nuchelmans, Judgement and Proposition, Amsterdam 1983; J. Ziegler, Satz und Urteil. – Unters. zum Begriff der gramm. Form, 1984; H. Margolis, Patterns, Thinking, and Cognition. A Theory of Judgment, Chicago 1987.

Urteilskraft, nach Kant 1. „das Vermögen, unter Regeln zu subsumieren, d. h. zu unterscheiden, ob etwas unter einer gegebenen Regel stehe oder nicht“ (subsumierende U.), 2. das Vermögen (die Fähigkeit), das Besondere als enthalten unter dem Allgemeinen (Regel, Prinzip, Gesetz) zu denken (reflektierende U.).

I. Kant, Kritik der U., 1790; F. C. Bartlett, The Mind at Work and Play, Boston 1951, dt. 1952; J. E. Pleines, Praxis und Vernunft, 1983.

Utilitarismus (vom lat. *utilis*, „nützlich“), Nützlichkeitsstandpunkt, in der Ethik diejenige Richtung, die den Zweck des menschlichen Handelns in dem Nutzen, der Wohlfahrt, sei es des einzelnen, sei es der Gesamtheit, erkennt; auch den Ursprung des Sittlichen erklärt der U. wenigstens teilweise aus Nützlichkeitserwägungen. Der Begründer des U. als eines pseudoethischen, auf der Gleichsetzung von gut und nützlich beruhenden Systems ist Jeremias → Bentham, nach dem „das größte Glück der größten Zahl“ erstrebt werden muß; indem wir das Wohl der Gemeinschaft fördern, fördern wir auch uns; → Eudämonismus. Wie der Begründer, so sind auch die späteren Vertreter des U. vorwiegend Engländer: J. St. Mill, Sidgwick u. a.

L. Stephens, The English Utilitarians, I–III, London 1900; G. Hartfiel, Wirtschaftliche und soziale Rationalität, 1968; N. Hoerster, Utilitarist. Ethik und Verallgemeinerung, 1971; O. Höffe (Hg.), Einf. in die utilitarist. Ethik, 1975; J. J. C. Smart/B. Williams, Utilitarianism – For and Against, Cambridge 1973, dt. 1979; W. R. Köhler, Zur Gesch. und Struktur der utilitarist. Ethik, 1979; S. O'B Conley, Utilitarianism and Individuality, Ithaca N. Y. 1982; C. B. Welch, Liberty and Utility, New York 1984; R. W. Trapp, Nicht-Klassischer U., 1988.

Utopie (aus griech. *ou*, „nicht“, u. *topos*, „Ort“), „Nirgendsland“, ein in Gedanken konstruierter idealer

Zustand menschl. Zusammenlebens, vergleichbar mit den Idealen kommunist.-humanitärer Färbung. Urbild aller U.n ist Platons „Staat"; Wort und Begriff stammen von Thomas → More (*Utopia*, 1516). Utopist: einer der unausführbare Weltverbesserungspläne (U.n) hegt, verkündet, durchführen will. Während jede Utopie von reinem Wunschdenken ausgeht, ist die spätere, aus ihr hervorgegangene utopische Denkform, die → Ideologie auf die konkrete geschichtliche Zukunft bezogen mit dem jeweiligen Anspruch, den „einzig wahren" Weg anbahnen zu können, wozu sie sich in neuester Zeit den Anstrich der Wissenschaftlichkeit gibt. Voraussetzung zur Hingabe an U.n und Ideologien ist Realitätsunreife, mangelndes kritisches Denken und die Neigung zum Negieren des Bestehenden.

E. Bloch, Geist der U., 1923; K. Mannheim, Ideologie und U., 1929; H. Freyer, Die polit. Insel – Gesch. der U. von Platon bis zur Gegenwart, 1936; M. Buber, Pfade in U., 1950; R. Ruyer, L'u. et les u.s, Paris, 1950; H. Conrad-Martius, U.en der Menschenzüchtung, 1955; G. Picht, Prognose, U., Planung, 1967; W. Kamlah, U., Eschatologie, Geschichtsteleologie, 1969; R. Grimm/J. Hermand (Hg.), Dt. utop. Denken im 20. Jh., 1974; W. Trautmann, U. und Technik, 1974; Y. Friedmann, Machbare U.en, 1977; H. Weigmann, U. als Kategorie der Ästhetik, 1980; P. Ricoeur, Lectures on Ideology and Utopia, New York 1986; K. Kumar, Utopia and Anti-Utopia in Modern Times, Oxford 1987; L. Bossle, Zur Soziologie utop. Denkens in Europa, 1988; B. Schmidt, Kritik der reinen U., 1988.

Vacherot, Etienne, franz. Philosoph, * 29. 7. 1809 Torcenay/Langres, † 28. 7. 1897 Paris, das. Prof. 1839–52 als Nachfolger von Cousin, gehörte der antimaterialistischen, antipositivistischen Strömung in der franz. Philosophie des 19. Jh. an, war stark vom dt. Idealismus beeinflußt; entwarf im Anschluß an Leibniz und Hegel eine Metaphysik auf psychologischer Grundlage, die Gott mehr als das Unendliche denn als das Vollkommene betrachtete. – Hauptwerke: La métaphysique et la science, I–II, 1858, I–III, 1863; La science et la conscience, 1870; Le nouveau spiritualisme, 1884.

L. Olle-Laprune, V., Paris 1898.

Vaihinger, Hans, Philosoph, * 25. 9. 1852 Nehren b. Tübingen, † 17. 12. 1933 Halle, das. seit 1884 Prof., wurde zunächst als Kantforscher (Kommentar zu Kants Kritik der r. V., 2 Bde., 1881, ²1922, Nachdr. 1970) bekannt, ist auch der Begründer d. Kantgesellschaft (1904) und der „Kantstudien" (1897). Sein Hauptw.: Die Philosophie des Als Ob, 1911, ¹⁰1927, stellt alle Werte und Ideale als bloße → Fiktionen dar: um Schwierigkeiten des Denkens zu überwinden u. das Denkziel zu erreichen, werden Fiktionen, d. h. Annahmen gemacht, die der Wirklichkeit widersprechen oder sogar in sich selbst widerspruchsvoll sind, jedoch dem Denken und somit dem Leben dienen. Moralphilosophisch schließt sich V. an Schillers Ethik an, bes. an seinen Begriff des ethischen Ideals. – Hauptwerke: Hartmann, Dühring und Lange, 1876; Nietzsche als Philosoph, 1902; Pessimismus und Optimismus, 1924.

E. Adickes, Kant und die Als-Ob-Philos., 1927; Festschrift für H. V. – Die Philos. des Als-Ob und das Leben, 1932 (Repr. 1986); H. Richtscheid, Das Problem des philos. Skeptizismus, 1935.

Vakuum (lat. „das Leere"), der leere → Raum; → *horror vacui*.

Valla, Laurentius (Lorenzo della Valle), ital. Humanist, * 1405 Piacenza, † 1. 8. 1457 Rom, bekämpfte als Lehrer der Rhetorik die unklass. Latinität und machte Herodot und Thukydides durch seine Übersetzungen im Abendland bekannt. Philosophisch wandte er sich gegen den falschen Epikureismus seiner Zeit (*De voluptate ac vero bono,* 1431), gegen die scholast. Logik und Dialektik, die ein Gemisch aus sprachlicher Barbarei und Sophistik sei (*Dialectiae disputationes contra Aristotelicos,* gedr. 1499), und bezeichnete das unbezweifelbare Zusammenbestehen von göttl. Allmacht und menschl. Willensfreiheit als Mysterium (*De libero arbitrio,* gedr. 1482, neuhrsg. v. M. Anfossi, 1934). V. übte auch scharfe Kritik am Mönchtum (*De professione religiosorum,* 1445) und erwies die Urkunde, in der Konstantin d. Gr. der röm. Kirche Italien u. das weströmische Reich schenkt, als Fälschung (*De Donatione Constantini magni,* hg. v. Ulrich v. Hutten, 1517). – *Opuscula tria,* 1869; *Opera,* 1540; *Opera omnia, I–II,* Turin 1962.

E. Maier, Die Willensfreiheit bei L. V. und P. Pomponazzi, 1914; H.-B. Gerl, Rhetorik als Philos. – L. V., 1974; M. Panizza Lorch, A Defense of Life – L. V.s Theory of Pleasure, 1985.

Van Breda, Herman Leo war Gründer u. Dir. d. Husserl-Archivs, * 28. 2. 1911 Lier/Belgien, Prof. in Leuven, † 4. 3. 1974 das., versuchte ausgehend von Husserls Lehre der genetischen Intentional-Analyse, unter Ablehnung von dessen radikalem Idealismus, eine Naturphilosophie auszubauen; wertvolle historische Forschungen zur Intuition in der Naturphilosophie, eigene Forschungen zur Phänomenologie. – Veröffl. u. a.: *Cultuurphilosophie,* 1943; *Grondbeginselen van de critiek der wetenschappen en van de cosmologie,* 1943. – Hg. von Husserls „Ges. Werken" (seit 1950 18 Bde.) und der Schriftenreihe „Phaenomenologica" (seit 1957 74 Bde.).

variabel (lat.), veränderlich, in der Mathematik verwendet man v.e Größen, deren Werte in funktionalem Zusammenhang aus der jeweiligen Operationsstruktur errechnet werden.

Variabilität (lat.), Veränderlichkeit, bes. im biolog. Sinne die Veränderlichkeit der Organismen, die Tatsache, daß Abkömmlinge derselben Eltern, Angehörige der gleichen Art und Rasse voneinander verschieden sind, vom „Typus" abweichen. Die Veränderung selbst nennt man Variation, das Produkt der Variation vielfach ebenso, richtiger Varietät oder Variant. Die V. liefert gleichsam der Auslese (→ Selektion) das Material für ihre Wirksamkeit, als deren Ergebnis Darwin die Entstehung der Arten und das „Überleben des Zweckmäßigsten" betrachtet. In der Molekularbiologie spricht man von der V. potenziell gleicher (gleich „vorprogrammierter") Erbträger.

Vauvenargues, Luc de Clapiers, Marquis de, franz. Moralist, * 6. 8. 1715 Aix en Provence, † 28. 5. 1747 Paris, zählt zu den bedeutendsten Aphoristikern, ausgezeichnet weniger durch rational-begriffl. als durch mystisch-fromme Haltung bei stoischer Überlegenheit. Am bekanntesten sein Wort: „Die großen Gedanken kommen aus dem Herzen". – Hauptwerke: Introduction à la connaissance de l'esprit humain, suivie de réflexions et de maximes, 1746, dt. 1899; Die frz. Moralisten, I, 1938; Liebe zum Leben – mutiges Denken, 1955; Œuvres, Paris 1857 (Repr. 1970).

H. Rabow, Die zehn Schaffensjahre des V., 1737–1747, 1932; F. Vial, Une philosophie et une morale du sentiment – L. de V., Paris 1938; R. Saitschick, Denker und Dichter, 1949; B. Durand, V. et sons temps, Cavaillon 1970; Y. Lainey, Les valeurs morales dans les écrits de V., Paris 1975.

Veda, der (sanskr. „Wissen"), die heilige Schriftensammlung der altindischen Kultur, etwa 6 mal so umfangreich wie die Bibel, der die Brahmanen überirdischen Ursprung zuschreiben. Der V. zerfällt in 4 Sanhitas (Sammlungen), 1. den Rig-V. (Götterhymnen), 2. den Sama-V. (Opferlieder), 3. den Yajur-V. (Opfersprüche) und 4. den Atharva-V. (Zauberlieder). An diese z. T. bis 1500 v. Chr. (?) zurückreichenden Werke schließen sich ab 1000 v. Chr. Brahmans (Ritualtexte), an diese Aranyakas („Waldbücher" über Opfermystik) und ab 800 v. Chr. → Upanischaden (philos. Geheimlehren) an. Der V. scheint im wesentlichen bereits um 500 v. Chr. abgeschlossen gewesen zu sein, doch sind hybride Upanischaden bis in die neuere Zeit hin abgefaßt worden. → indische Philosophie.

H. Oldenberg, Die Religion des V., 1894; M. Winternitz, Gesch. der ind. Literatur, 1905; H. Oldenberg, Die Weltanschauung der Brahmana-Texte, 1919; H. v. Glasenapp, Die Religionen Indiens, 1944 (KTA 190); H. v. Glasenapp, Die Philos. der Inder, 1949, [4]1985 (KTA 195); A. Ghose, The Secrets of the Veda, Ponicherry 1971; W. Rau, Zur vedan. Altertumskunde, 1983; S. Aurobindo, Das Geheimnis des V., 1987.

Vedanta, der (sanskr.), das „Ende des Veda", ursprüngl. Bezeichnung der am Ende des Veda stehenden Upanischaden, dann die die „Vollendung (des Sinns) des Veda" darlegenden phil. Systeme der Brahmanen, welche in sehr verschiedener Weise das Verhältnis der Einzelseele zur Weltseele, des Atman zu Brahman, darzulegen bemüht sind. Das heute noch in Indien am meisten verbreitete System des V. ist das des Schankara (um 800 n. Chr.), in neuester Zeit popularisiert durch Ramakrishnan und Vivekananda.

C. Isherwood (Hg.), V. and the West, Hollywood 1945, dt. 1949; E. Wood, V.-Dictionary, London 1964; A. Bateau (Hg.), Die Religionen Indiens, 1964; H. Torwesten, V. – Kern des Hinduismus, 1985.

Veit, Otto, * 29. 12. 1898 in Frankfurt/M., † 31. 1. 1984 Wiesbaden, nach dem 2. Weltkrieg maßgebend beteiligt an der Neugestaltung der deutschen Währung; em. Prof. für Staatswissenschaft das., daneben Arbeiten in Soziologie u. Kulturphilosophie. V. bemühte sich um Fundierung des politischen und sozialen Freiheitspostulates durch eine erneuerte Theorie der Willensfreiheit. Auch andere Gestaltungen des sozialen Lebens werden philosophisch unterbaut, insbesondere das Geld. – Hauptw.: Gefühl und Vernunft in der Wirtschaft, 1932; Die Tragik des technischen Zeitalters, 1935; Die Zukunft des Goldes, 1937; Volkswirtschaftliche Theorie der Liquidität, 1948; Soziologie der Freiheit, [2]1957; Reale Theorie des Geldes, 1966; Grundriß der Währungspolitik, [3]1969; Währungspolitik als Kunst des Unmöglichen, 1968; Christl.-jüdische Koexistenz, [2]1971; Ambivalenz von Mensch und Welt, 1981.

Velleität (vom lat. *velle,* „wollen"), kraftlose Willensregung, nicht durchgreifendes, passives Wollen; der Wunsch, der zu keiner Tat, dafür aber u. Umständen zur Verträumtheit als Ersatzhandlung führt.

Veränderung, das Anderswerden, der Übergang von einem qualitativ oder lagemäßig bestimmten Sein zu einem anderen. Die V. ist weiterhin bestimmt nach Umfang und Richtung, Dauer und Geschwindigkeit. Während nach Heraklit alles in steter V. ist, halten die Eleaten die V. für bloßen Schein: das Sein ist unveränderlich. Anaxagoras, Empedokles, Demokrit, Epikur führen die V. auf eine Verbindung und Trennung unveränderlicher Elementarteile (Atome) zurück. Nach Platon befinden sich die Sinnendinge in ewiger V., während ihre Urbilder, die Ideen, ewig unveränderlich seien. Aristoteles, der erste philos. wissenschaftl. Theoretiker der V., zählt vier Arten der V. auf: Ortsv., quantitative, qualitative, substantielle V. Durch die Entwicklungslehre (seit Mitte 18. Jh.) hat der Begriff der V. erneutes Interesse gewonnen: → Entwicklung ist u. a. stetige V. Als sein Korrelat fordert der Begriff der V. den der Beharrung; diese ist nur relativ fassbar, erweist sich deshalb oft als verzögerte V. Gewisse Richtungen der Metaphysik suchen hinter der V. ein beharrendes Sein, eine → Substanz.

Verantwortungsbewußtsein, das alles Tun und Unterlassen, Reden und Schweigen begleitende Bewußtsein davon, daß wir nicht milieu- oder situationsbedingt handeln, sondern daß wir so handeln können, wie wir handeln oder auch anders, d. h. also, daß die Folgen unserer Handlungen uns nicht nur zugerechnet werden können, sondern (in Anerkennung der Würde unserer Persönlichkeit) müssen; → Freiheit. Im freien, undogmatischen Denken ist es zugleich das Bewußtsein von der Tatsache, daß diese persönliche Verantwortung für unsere Entscheidungen und Handlungen uns von keinem Gott, von keiner Instanz abgenommen werden kann.

R. Wisser, Verantwortung im Wandel der Zeit, 1967; W. Weischedel, Das Wesen der Verantwortung, 1972; H. Jonas, Das Prinzip Verantwortung, 1979; J. Holl, Unters. zum Bedingungsverhältnis von Freiheit und Verantwortlichkeit, 1980; J. Jrasted, Free Will and Responsibility, Oxford 1984; U. K. Preuss, Polit. Verantwortung und Bürgerloyalität, 1984; M. J. White, Agency and Integrality, Dordrecht 1985.

Vererbung nennt man das Übergehen elterlicher Eigenschaften auf die Nachkommen; es beruht auf der Kontinuität des Keimplasmas, das zu einem Teil den Leib des neuen Individuums aus sich hervorgehen läßt, während ein anderer Teil in den Keimzellen (Ei- und Samenzellen) dieses Leibes weiter behalten wird und in einer neuen Generation wieder einen Leib erzeugt usw. Der Lamarckismus (→ Lamarck) betont den Einfluß der Umwelt auf das Erbgut bei langandauernder, über mehrere Generationen gleichsinnig gerichteter Einwirkung. Ob die im individuellen Leben erworbenen Eigenschaften auf die Nachkommen übergehen, ist noch immer umstritten. – Die V.slehre geht auf die Untersuchungen Gregor Mendels (1822–84) zurück, die schon in den 60er Jahren d. 19. Jh.s angestellt worden waren, aber erst um 1900 (durch Correns, Tschermak und de Vries) neu entdeckt und weiter verfolgt wurden.

R. Goldschmidt, Die Lehre von der V., 1927; R. Hertwig, Abstammungslehre und neuere Biologie, 1927; A. Kühn, Grundriß der V., 1939; A. Bathelmess, V.swiss., 1952; A. Müntzing, V.slehre, 1958; B. Rensch, Biophilos. auf erkenntnistheoretischer Grundlage, 1968; C. Niemitz (Hg.), Erbe und Umwelt, 1987.

Verfassung → Habitus, Konstitution, in der Psychologie augenblicklich vorherrschender seelischer Zustand; in der Staatslehre Grundgesetz.

Vergegenwärtigung, der psychische Akt, durch den Gedachtes, Vorgestelltes, Vermutetes, Geahntes,

Erinnertes, Erwartetes, Geplantes, Beabsichtigtes, begrifflich Gewußtes aus dem Bereich des (momentan) Nichtbewußten (Vergessenen) „emporgehoben“ und zu einem Teilinhalt des Bewußtseins gemacht wird. Das Ergebnis einer V. ist das Vergegenwärtigte, der aktuelle Bewußtseinsinhalt.

Vergessen, das Nachlassen oder Verschwinden der Kraft des Behaltens und Vergegenwärtigens, das Verdrängen von Erinnerungen oder Vorsätzen, Pflichten, Absichten usw., das durch Erlebnisse oder durch (unkontrollierbare) Einwirkungen aus dem Bereich des für die Aufrechterhaltung des inneren Gleichgewichtes des Menschen autonom sorgenden → Unbewußten herbeigeführt wird. Das V. von Wissensdaten eines Lehrstoffes beruht meist auf fehlender Weiterbeschäftigung mit der betreffenden Materie. Sind dagegen Erinnerungen von Erlebnissen unangenehm, beschämend, quälend, oder ist die Beachtung der Vorsätze, Pflichten, Absichten lästig, so werden sie besonders leicht „vergessen“.

S. Freud, Psychopathologie des Alltagslebens, 1901; A. Freud, Das Ich und die Abwehrmechanismen, 1936; M. Halbwachs, Das Gedächtnis, 1966; E. Tietel, V. als Wunscherfüllung, 1986; E. B. Bolles, Remembering and Forgetting, New York 1988.

Vergleichende Philosophiegeschichte, eine nach Muster der vergleichenden Forschung (etwa der vergl. Sprachwissenschaft) oft in der Geschichtsschreibung der Philosophie angedeutete, bisher kaum zur Entwicklung gekommene Methode, die aus den Vergleichen eigenständiger, für die betreffenden Völker und Kulturkreise typischer Anfänge des Philosophierens und der einschlägigen Weltanschauungen, Grundlehren u. a. Schlüsse auf spezifische geistige Anlagen und wesenseigene Lebensauffassungen zu ziehen vermag. Seitdem der Begriff von „reinen Nationen“ unhaltbar und durch das Zusammenwachsen der Völker und Kulturkreise in neuester Zeit eine „reine“, von außen unbeeinflußte Entwicklung unmöglich geworden ist, läßt sich V. Ph. nur auf frühgeschichtliche Kulturepochen sinnvoll anwenden.

W. Wundt, Die Nationen und ihre Philosophien, 1902; G. Schischkoff, V. Ph. der alten Kulturen (Indien, China, Griechenland) in „Kairos“, 1964.

Verhaltensforschung, Verhaltenspsychologie, → Behaviorismus.

Verifikation (vom lat. *verificare,* „die Wahrheit erweisen“), Bewahrheitung. Eine Annahme, Hypothese, kann sowohl durch Erfahrung als auch – sofern es sich um mathematisierbare Strukturmodelle handelt, formal durch bündigen logischen Beweis „verifiziert“, als wahr erwiesen werden. Fiktionen und religiös.-visionäre Vorstellungen sind grundsätzlich nicht verifizierbar. Der → Neupositivismus verlangt, daß ein Satz prinzipiell verifizierbar sei, d. h. daß angegeben werden könne, wie beschaffen die Erlebnisse sein müßten, die ihn bestätigen; → Einheitswissenschaft. Das Gegenteil zur V., der Nachweis der Nicht-Bewahrheitung eines Satzes, heißt *Falsifikation.*

Vermassung, der Prozeß moderner Formen der Massenentstehung. Im Gegensatz zur natürlichen Entstehung von Massensituationen (→ Masse im soz. Sinne), die man auf biologische, tiersoziol. und kollektiv-psychische Motive zurückführen kann, ist die V. hauptsächlich ein menschliches, von modernen Staaten gerne geduldetes, oft auch vorsätzlich gefördertes, Machwerk, das von der Entpersönlichung, Nivellierung und Entwurzelung der Einzelnen und ihrer Lebensformen im industriellen Zeitalter ermöglicht wurde. Die daraus resultierende, herabgesetzte Individualität sowie Unsicherheit und Anonymität unter Gleichartigen führen zur kollektiven Passivität, die es erleichtert, daß gleichgerichtete Interessen – von Neugierde und spielerischen Spannungen angefangen bis zu wirtschaftlichen Aufstiegsbestrebungen oder latenter Unzufriedenheit mit den herrschenden Zuständen – durch suggestive Beeinflussung stillschweigend zu „Interessengruppen" zusammengefaßt und als solche „befriedigt", gelenkt, bzw. auf pragmatisch typisierte Interessen und Lebensformen gesteuert werden. Massenveranstaltungen (insbesondere sportlicher Art), Massenkonsum, Massentourismus, Konsumglück, kommerzielle Steuerbarkeit des Kunstempfindens u. a. sowie moderne → Massenmedien u. Werbung sind heute die sichtbaren Erscheinungen und z. T. Ursachen einer fortschreitenden V. Wesentlich für die Haltung des einzelnen in der V. ist seine Unfähigkeit, sich dem „Dazugehören" und „Schritthalten" aus innerer Freiheit zu entziehen zugunsten eines „Zu-sich-Selbst-Finden" in individueller Lebensgestaltung.

H. de Man, V. und Kulturzerfall, 1951; R. Fischer, Masse und V., 1961; G. Schischkoff, Die gesteuerte V., 1964; → Masse.

Verneinung, die Aufhebung oder Verwerfung bzw. Nichtanerkennung eines Sachverhaltes, einer Beziehung; theoretisch ist sie die Behauptung ihres Nichtbestehens (→ auch Negation). Im verneinenden Urteil kann sich die V. entweder auf dessen Gesamtsachverhalt oder auf die Verbundenheit von Subjekt u. Prädikat erstrecken; sprachl. Ausdruck ist das „nicht". Wir können einen Satz erkennen oder diese Anerkennung ablehnen (→ Urteil), u. es ist sinnwidrig, beides zugleich tun zu wollen (Satz vom Widerspruch und Satz vom ausgeschlossenen Dritten). Mit einer V. ist noch keine positive Behauptung verbunden: „Diese Blume ist nicht wohlriechend" – gilt auch, wenn sie überhaupt keinen Duft ausströmt. Allgemein gilt, daß immer der formale (d. h. kontradiktorische) Sinn der V. eines Prädikats der zunächst richtige ist und daß jeder engere, bestimmtere Sinn der V. erst sein Recht nachweisen muß. – G. Falkenguber/G. Gabriel/J. Pafel (Hgg.), Bibl. zur Negation und V., 1984.

W. Burkamp, Logik, 1932; G. Kahl-Furthmann, Das Problem des Nicht, 1934; R. M. Gale, Negations and Non-Being, Oxford 1976.

Vernunft heißt die geistige Fähigkeit, Tätigkeit des Menschen, insofern sie nicht nur, wie der Verstand auf ursächliche, diskursive Erkenntnis, sondern auf Werterkenntnis, auf den universellen Zusammenhang der Dinge und alles Geschehens u. auf zweckvolle Betätigung innerhalb dieses Zusammenhangs gerichtet ist. Das Bestreben, die Welt durch V. zu begreifen und der V. gemäß zu gestalten, nennt man → Rationalismus; metaphys. Rationalismus ist der Glaube an eine V. im Weltgeschehen „das ganze obere Erkenntnisvermögen": V. ist neben der sinnlichen Wahrnehmung der andere der beiden Stämme unserer Erkenntnis. Sie ist das Vermögen der (systemat.) Prinzipien; als solches erzeugt sie die drei transzendentalen Ideen Seele, Welt, Gott, ist das Vermögen, nach Grundsätzen entweder zu urteilen (theoretische V.) oder zu handeln (praktische V.). Der Grundsatz der V. im logischen Gebrauch ist der, zu der bedingten Erkenntnis des Verstandes das Unbedingte zu finden. Nachdem durch Anaxagoras und Aristoteles der Begriff der V. (griech. → Nous) gefunden war, nahm zuerst deutlich die Stoa eine „Welt-V." an, die als identisch mit der Gesetzmäßigkeit der Natur betrachtet wurde. Hegel macht die V. zum Weltprinzip: das Wirkliche (das ja mit dem Geist identisch sei) ist die seiende V.: „Was vernünftig ist, das ist wirklich, u. was wirklich ist, das ist vernünftig." Hamann u. Herder leiten V. von Vernehmen ab: V. ist das geistige Organ, mit dem das Unsichtbare, Transzendente, Göttliche empfangen wird; → Ahnung. Nach Fichte, der dabei einen ethischen Begriff von V. vertritt, ist „die Alleinherrschaft der V." der „einzige letzte Endzweck, den ein vernünftiges Wesen sich setzen darf." Dieser *V.-glaube* wurde bereits von den Aufklärern vertreten.

P. Hazard, Die Herrschaft der V. – Das europäische Denken im 18. Jh., 1949; W. Kamlah, Der Mensch in der Profanität – Versuch einer Kritik der profanen durch die vernehmende V., 1949; H. Albert, Traktat über kritische V., 1968; H. Lübbe, Theorie und Entscheidung – Primat der prakt. V., 1971; K. Acham, V. und Engagement, 1972; S. Toulmin, Human Understanding, New York 1972, dt. 1978; H.-D. Klein, V. und Wirklichkeit, 1973; L. Nelson, Vom Selbstvertrauen der V., 1975; M. Landmann, Anklage gegen die V., 1976; J. Weizenbaum, Computer Power and Human Reason – From Judgement to Calculation, Cambridge Mass. 1976, dt. 1978; P. Lorenzen, Theorie der techn. und polit. V., 1978; G. Hoever, Erfahrung und V., 1981; H. Böhme/G. Böhme, Das Andere der V., 1983; N. Rescher, Rationality, Oxford 1988.

Vernunftbegriffe, transzendentale Ideen, bloße Ideen; die Annahme, daß sie einen Gegenstand außerhalb des Denkens hätten, ist jederzeit transzendent, also von der Kritik zurückzuweisen (Kant).

Versenkung, Ausdruck der Mystik: V. des Ich in die eigene „Tiefe" oder in die „Tiefe" der Gottheit oder in die Welt oder irgendeinen „Gegenstand" mittels Meditation, Intuition und Kontemplation (vgl. die Redewendungen: „in Gedanken, in den Anblick eines Bildes, einer Person, einer Gegend versunken sein"); → Ekstase.

Verstand heißt die der Vernunft das Material liefernde geistige Tätigkeit, insofern sie Begriffe bildet, urteilt, schließt; → Intellekt. Der V. ist die „denkende Seele", die Fähigkeit, „die Gegenstände und ihre Beziehungen durch Begriffe zu denken" (Wundt). Er ist das Vermögen der Begriffe, Urteile und Regeln (Kant). Es gibt indessen auch V. ohne Begriffe ebenso wie Begriffe ohne V. Die Zuverlässigkeit des Verstandes, als sicheres Instrumentarium zum Erkennen der Welt, führte – gegenüber der oft übertriebenen Geltung sogenannter irrationaler Erkenntnisse – zur Entstehung der Lehre vom → „gesunden Menschenverstand".

D. Hume, Enquiry Concerning Human Understanding, London 1758.

Verstandesbegriffe → **Kategorien.**

verstehen heißt, etwas in seinem Zusammenhang erkennen, sein Wesen, seine (nur als Zusammenhang erfaßbare) Bedeutung erkennen. V. ist nur möglich, wenn den Gegenständen, auf die das V. gerichtet ist, ein → Sinngehalt verliehen worden ist. Im V. wird entweder „Sinn" eines Leiblich-Körperlichen interpretiert (→ Hermeneutik, Physiognomik) oder etwas bereits → Sinnhaltiges durch weitere Sinngebung bestimmt (Gnomik). – V. gebraucht zuerst J. G. Droysen (Grundriß der Historik, 1868) als

Bez. einer besonderen wiss. Methode; später hat bes. → Dilthey das V. als grundlegende Methode der Psychologie und der Geisteswissenschaften der naturwissenschaftlichen Methode des „Erklärens" gegenübergestellt. Spranger unterscheidet das ideophysische V. (die Deutung eines Wesens aus physischen Zeichen), das persönliche, das sachl. und das geschichtl. V.

W. Dilthey, Die Entstehung der Hermeneutik, 1900; T. Erismann, Die Eigenart des Geistigen, 1924; E. Rothacker, Logik und Systematik der Geisteswiss., 1927; H. Gomperz, Über Sinn und Sinngebilde – V. und Erklären, 1929; P. F. Linke, Erkennen und Geist, 1936; O. F. Bollnow, Das V., 1949; H.-G. Gadamer, Wahrheit und Methode, 1960; G. H. v. Wright, Explanation and Understanding, Ithaca 1971, dt. 1974; M. Riedel, V. oder Erklären?, 1978; J. Schmucker-Hartmann, Logik des V., 1979; R. J. Howard, Three Facts of Hermeneutics, Berkeley 1982; D. Hirschfeld, V. als Synthese, 1985.

verstehende Psychologie, diejenige Methode der Psychologie, die das Individuelle zielgerichtet sieht und seine Erscheinung durch Ausdeutung und Verstehen bestimmbar zu machen versucht. Sie sucht Einsicht in die Strukturen des Seelenlebens zu gewinnen und ihren Sinn zu begreifen.

W. Störring, Die Frage der geisteswiss. und v. P., 1928; H. W. Gruhle, V. P., 1948; E. Meyer, Schriften zu Philos. und Psychologie, 1978.

Verstimmung, → Stimmung.

Versuch, → Experiment.

Vetter, August, em. Prof. in München, * 19. 2. 1887 Wuppertal-Elberfeld, † 15. 10. 1976, Ammerland/Obb., arbeitete auf dem Gebiet der Humanpsychologie (Charakterkunde, Diagnostik, Ausdruckswissenschaft), befaßte sich außerdem mit geisteswissenschaftlichen Untersuchungen zur philosophischen und erscheinungswissenschaftlichen Begründung der Anthropologie. – Hauptw.: Nietzsche, 1926; Frömmigkeit als Leidenschaft (Deutung Kierkegaards), [2]1963; Mitte der Zeit, die Geschichtlichkeit des Geistes im Lichte der Menschwerdung, [2]1962; Die philosophischen Grundlagen des Menschenbildes, [2]1955; Natur und Person (Anthropognomik), 1949; Die Erlebnisbedeutung der Phantasie, 1950; Wirklichkeit des Menschlichen 1960; Personale Anthropologie, 1966; Die Zeichensprache von Schrift und Traum, 1970; Kritik des Gefühls, [2]1977.

J. Trenzler, Wirklichkeit der Mitte (Festschr. zum 80. Geb.-Tag), 1968.

Via (lat. „Weg"), Methode. – *v. eminentiae,* die Methode, etwas durch Steigerung zu bestimmen; *v. negationis,* die Methode, etwas durch Verneinung zu bestimmen; *via moderna,* die kartesianische, rationalistisch-mathem. Methode.

Vico, Giovanni Battista, ital. Philosoph, * 23. 6. 1668 Neapel, † das. 23. 1. 1744, Begründer der Geschichtsphilosophie u. Völkerpsychologie. „Er hat . . . die ganze Ethnologie u. d. Universalgesch. des Rechtes vorausgeahnt" (J. Kohler), führte die vergleichende Methode in die Geschichtswissenschaft ein u. nahm an, daß alle Völker sich parallel entwickeln, in der Aufeinanderfolge eines götti., eines heroischen und eines menschl. Zeitalters. Philosophisch lehnte er den Kartesianismus ab. Vier Vorbilder bestimmen sein Denken. „Mit Plato erkennt er in der Idee den Maßstab. Mit Tacitus schildert er in den beschränkten Zwecken des menschl. Eigennutzes die Wirklichkeit. Mit Bacon besinnt er sich auf die Einheit der wissenschaftl. Welt. Mit Grotius faßt er die gesamte Philosophie und Theologie in das System eines allgemeinen Rechtes, in eine Überphilosophie, in die ‚Neue Wissenschaft': d. h. Bestand der reinen Idee u. geschichtl. Wandel verbunden im Ziel der Wahrheit u. begriffen in einem System" (R. Wisser). – Hauptwerke: Principj di una scienza nuova intorno alla natura delle nazioni, Prima Scienza Nuova, 1725, dt. 1989; Seconda Scienza Nuova, 1744; Autobiografia, hg. 1911; Gesamtausgabe, I–VIII, Bari 1914–41. – B. Croce, Bibliografia, Neapel 1904–36; R. Crease, V. – A Bibliography, New York 1978.

B. Croce, La filosofia di G. V., Bari 1911, dt. 1927; P. Peters, Der Aufbau der Weltgesch. bei G. V., 1926; F. Nicolini, Commento storico alla seconda Scienza nuova, I–II, Rom 1949/50, [2]1978; R. Wisser, Leibniz und V., 1954; F. Vaughan, The Political Philosophy of G. V., Den Haag 1972; L. Pompa, V. – A Study of the New Science, London 1975; F. Fellmann, Das V.-Axiom, 1976; I. Berlin, V. and Herder, London 1976; R. W. Schmidt, Geschichtsphilos. G. B. V.s, 1982; New V. Studies, Atlantic Highlands N. J. 1983 ff.; N. Badaloni, Introduzione a V., Rom/Bari 1984; P. Burke, V., Oxford 1985, dt. 1987; S. Otto/H. Viechtbauer (Hgg.), Sachkommentar zu G. V.s „Liber metaphysicus", 1985; S. Otto, G. V., 1989.

Vierkandt, Alfred, Ethnologe und Soziologe, * 4. 6. 1867 Hamburg, † 24. 4. 1953 Berlin, das. Prof. 1921–1935. Den Gegenstand seiner „Gesellschaftslehre" (1923, [2]1928) bilden die letzten Formen, Kräfte und Tatsachen des gesellschaftl. Lebens, die unabhängig von allem historischen Wandel aus dem Wesen der Gesellschaft folgen. Das Wesen der menschl. Gesellschaft besteht in einem Zustand spezifischer innerer Verbundenheit, der in der Gemeinschaft seine größte Intensität erreicht. Das Kennzeichen der Gemeinschaft ist die Ausweitung des Ich über die eigene Person hinaus. Eine „Einführung in die Gesellschaftslehre" gibt V. mit seiner Schrift „Familie, Volk und Staat" (1936, [2]1948 u. d. T. „Kleine Gesellschaftslehre"), in der er bes. seine Lehre von der → Gruppe darstellt und die großen Lebensgemeinschaften unter ganzheitlichem Blick in ihren gesellschaftlichen Lebensvorgängen behandelt. 1931 gab V. ein „Handwörterbuch der Soziologie", [2]1959, heraus, für das er selbst schrieb: Gruppe, Sozialpsychologie, Genossenschaftl. Gesellschaftsordnung der Naturvölker, Sittlichkeit. – Weitere W.: Der Dualismus im modernen Weltbild, 1923; Der geistig-sittliche Gehalt des neueren Naturrechts, 1927; Das Heilige in den primitiven Religionen, 1928 und Festschrift zum 80. Geb.-Tag (mit Bibliogr.), 1949.

G. Eisenmann, A. V. (dazu üb. weitere bedeutende Soziologen), 1968.

Vinzenz von Beauvais (Vincentius Bellovacensis), franz. Frühscholastiker, † um 1264, Lehrer der Söhne Ludwigs des Heiligen, führte mit seinem *„Speculum majus"*, einer umfangreichen, in vier Teile („Naturspiegel", „Lehrspiegel", „Geschichtsspiegel", „Sittenspiegel") gegliederten Exzerptensammlung, den Enzyklopädismus des MA. auf den Höhepunkt. Sein Werk *„De institutione filiorum regiorum seu nobilius"*, 1476, erschien dt. von Chr. Schlosser unter dem Titel „Hand- und Lehrbuch für königliche Prinzen und ihre Lehrer", 1819, [2]1887; in „Mittelalt. Jhb.", 4, 1967.

L. Lieser, V. v. B., 1928; A. C. Gabriel, The Educational Ideas of V. of B., Indiana 1956; G. Göller, V. v. B. und sein Musiktraktat im Speculum doctrinare, 1959; S. Lusignan, Speculum maius, Montréal 1979.

virtuell (vom lat. *virtus,* „Kraft, Vermögen"), dem Vermögen der Möglichkeit nach.

Virtuellitätshypothese auf den Arbeiten Erich Bechers beruhend, besagt, daß der menschl. Organismus eine virtuelle Gestalt ist, d. h. daß er eine in seinen Organen (virtuellen Gestalten 1. Ordnung) aufeinander abgestimmte und – dank der entelechialen Führung – ständig sich abstimmende typische Ganzheit ist. Das Großhirn ist ein Organ mit der Fähigkeit zu neuen virtuellen Bildungen. Nach der V. bedeutet z. B. ein → Reiz eine Gleichgewichtsstörung des virtuellen Systems des Organismus, deren Wiederherstellung der Empfindung entsprechen würde. Gleichgewichtsstörungen und -wiederherstellung bilden eine virtuelle Gestalt 2. Ordnung. Das physische Korrelat des Seelischen wäre nicht der Leib, sondern die Gesamtheit der virtuellen Geschehnisse. Zur Lösung der → Leib-Seele-Frage wird von der V. folgendes beigetragen: Wechselwirkung herrscht zwischen seelischer Führung (Entelechie) und den virtuellen Gestalten d. 1. Ordnung, Parallelismus zwischen den Bewußtseinsvorgängen und den virtuellen Gestalten 2. Ordnung.

E. Becher, Gehirn und Seele, 1911; A. Wenzl, Wiss. und Weltanschauung, 1936.

Virus (lat. „Gift“), Körper von molekularer Größe, der als Krankheitserreger (Zellenschädigung) auftritt und in seiner chem. Struktur und biolog. Funktion weitgehend den Genen ähnelt. Die V.forschung erörtert die für das Lebens-Problem wichtige Frage, ob die Viren als lebende Wesen niederster Stufe oder als chemische Stoffe von besonderer Komplexität zu betrachten sind. Ähnlich wie bei der Doppelnatur von Licht und Materie trifft auch beim V. die Wissenschaft auf eine empirische Unentscheidbarkeit.

K. M. Smith, The V., Cambridge 1942, dt. 1947; E. Schrödinger, Was ist leben?, 1946; W. Troll, Das V.problem in ontolog. Sicht, 1951; G. Schramm, Die Biochemie der Viren, 1954; W. Weidel, V. und Molekularbiologie, 1964.

Vischer, Friedrich Theodor, Dichter u. Ästhetiker, * 30. 6. 1807 Ludwigsburg, † 14. 9. 1887 Gmunden, 1866–77 Prof. in Stuttgart. Trotz weitgehender Anlehnung an Hegel in seinem Denken antithetisch und zum Eklektizismus neigend. – Hauptwerke: Ästhetik oder Wissenschaft des Schönen, I–VI, 1847–58; Über das Verhältnis von Form und Inhalt in der Kunst, 1858; Auch Einer (Roman), 1879; Briefe aus Italien, 1907.

H. Glockner, F. T. V. und das 19. Jh., 1931; E. Volhard, Zwischen Hegel und Nietzsche – Der Ästhetiker F. T. V., 1932; F. Schlawe, F. T. V., 1959; W. Göbel, F. T. V. – Grundzüge seiner Metaphysik und Ästhetik, 1983; H. Schlaffer (Hg.), F. T. V., 1987.

Vision (vom lat. *visio*, „Schau“), im engeren, psychologisch-psychiatrischen Sinne Gesichts-Halluzination. Im weiteren, religionsphilos. und -wiss. Sinne sind V.en „innere Gesichte“, die sich entweder auf örtl. od. zeitlich entfernte Ereignisse beziehen (Hellsehen im parapsycholog. Sinne) oder für Offenbarungen aus einer „anderen“ Welt gehalten werden. V.en werden oft auch als Vorahnungen und Anlaß von Entdeckungen, künstlerische Inspirationen sowie religiöse „Offenbarungen“ betrachtet.

H. Ahlenstiel/R. Kaufmann, V. und Traum, 1962; G. Schallenberg, Visionäre Erlebnisse, 1975.

visuell (vom lat. *visum*, „das Gesehene“), mit dem Auge beobachten oder beobachtet; v. sind Gedächtnis und Phantasie, wenn sie vorwiegend Gesichtswahrnehmungen reproduzieren.

vital (vom lat. *vita*, „Leben“), lebenskräftig; → Vitalismus; V.empfindungen.

Vitalismus (vom lat. *vita,* „Leben"), eine Auffassung des organischen Lebens, in deren Mittelpunkt die Annahme einer besonderen Lebenskraft (lat. *vis vitalis*) steht, von deren Wirken die Lebenserscheinungen abhängig sein sollen. Z. T. auf Aristoteles gründend trat der V. zuerst in Frankreich auf, am schärfsten formuliert von Louis Dumas (1765–1813). Der V. verwirft die ausschließlich mechanische und chemische Erklärung der Lebensvorgänge, wurde aber durch die psychologische und physikalische Chemie immer mehr auf Gebiete zurückgedrängt, die der chemisch-physikal. Analyse noch nicht zugänglich waren. Im 20. Jh. haben u. a. R. Wagner, Pauly, v. Uexküll, Reinke und Driesch (Phil. des Organischen, [4]1928) einen kritischen → Neuvitalismus begründet; gestützt auf entwicklungsmechanische Versuche spricht Driesch von einer „prospektiven Potenz der Embryonalanlagen" (→ äquipotentiell) und nimmt einen nicht physikal., unräuml., teleologisch wirkenden Faktor an, den er mit dem aristotel. Ausdruck → Entelechie benennt. Dieser neue V. verneint eine kausal-mechanische Erklärbarkeit der Lebenserscheinungen u. behauptet ihre Planmäßigkeit, Zielstrebigkeit und Eigengesetzlichkeit. Den V. in diesem Sinne vertreten u. a.: Palágyi, E. Becher, A. Wenzl, Conrad-Martius u. v. Uexküll; er wird u. a. von Bertalanffy bekämpft. Für kybernetisch (→ Kybernetik) denkende Biologen gilt der V. als endgültig widerlegt. → Alleben, Virus, Virtuellitätshypothese.

O. Bütschli, Mechanismus und V., 1901; E. Haeckel, Die Lebenswunder, 1904; G. Wolff, Mechanismus und V., 1905; H. Driesch, Philos. des Organischen, 1909; E. Becher, Gehirn und Seele, 1911; B. Bavink, Ergebnisse und Probleme der Naturwiss., 1914; J. v. Uexküll, Theoret. Biologie, 1920; H. Driesch, Gesch des V., 1922; G. Wolff, Leben und Erkennen, 1933; A. Wenzl, Das Leib-Seele-Problem, 1933; H. Conrad-Martius, Der Selbstaufbau der Natur, 1944; H. Conrad-Martius, Bios und Psyche, 1949; A. Wenzl, Materie und Leben als Probleme der Naturphilos., 1949; B. Rensch, Biophilos. auf erkenntnistheoret. Grundlage, 1958; H.-R. Haller, G. Wolff und sein Beitrag zum V., 1968; H. Rehder, Denkschritte im V., 1988.

Vitalseele, → Seele.

Vives, Johannes Ludovicus, humanist. Philosoph und Pädagoge, * 6. 3. 1492 Valencia, † 6. 5. 1540 Brügge, war Prof. in Löwen und Oxford. Er stellte in seinem psycholog. Hauptwerk: *De anima et vita,* 1538 die Forderung auf: Nicht, was die Seele ist, sondern welche Eigenschaften sie hat und wie sie wirkt, soll man zu erforschen suchen; dadurch ist er der „Vater der neueren empirischen Psychologie" geworden. Ferner versuchte er als einer der ersten eine Geschichte der Philosophie zu schreiben: *De initiis, sectis et laudibus philosophiae,* 1518. Er war ein Gegner der Scholastik zugunsten des Empirismus, der unmittelbaren Beobachtung und des Experimentes. – Hauptwerke: Pseudodialecticos, 1519; Kommentar „Caritas Dei" (von Augustinus), 1522; Satellitium animi vel Symbola, 1524; De anima et vita, 1538; Die Dialoge, 1897; Briefe, 1928; Opera omnia, I–II, 1555; Opera, I–VIII, 1782–90 (Repr. 1964).

G. Hoppe, Die Psychologie des V., 1901; T. G. A. Kater, V. und seine Stellung zu Aristoteles, 1908; P. Ilg, Die Selbsttätigkeit als Bildungsprinzip bei J. L. V., 1931; A. Buck (Hg.), J. L. V.-Vorträge, 1981; A. Comparot, Amour et verité, Paris 1983.

Volk, durch gleichartige Abstammung und Sprache zusammengeschlossene Kulturgemeinschaft, die als der eigentliche Träger des objektiven Geistes (→ Geist) gilt. Die Philosophie ist, vor allem in ihren größten Gestaltern, nicht nur meist sprachlich gebunden (→ Sprache), sondern sie trägt die Eigentümlichkeiten des V.es, dem sie angehört, auch in Gehalt und Aufbau deutlich in sich, entfaltet sich auf dem Grunde eines typischen Lebensgefühls u. Gestimmtseins und führt bestimmte für ein V. charakteristische Grundthemen gedanklich durch; Lit., s. V.skunde.

Volkelt, Johannes, * 21. 7. 1848 Bielitz-Biala (Österr.-Schlesien), † 8. 5. 1930 Leipzig, 1894–1921 Prof. in Leipzig, von Kant, Hegel, Schopenhauer, v. Hartmann u. Nietzsche beeinflußt; vertrat nach spekulativem Anfang und einer skeptischen Periode eine krit. Metaphysik, die auf der Anerkennung eines außersubjektiven Wirklichen aufbaut, das von V. „transsubjektives Minimum" genannt wird. V. hat ferner große Verdienste um die Systematisierung der Ästhetik. Zuletzt war V. um die Deutung von Zeit und Individualität im Sinne kritisch-realistischer Metaphysik bemüht. – Hauptwerke: Erfahrung und Denken, 1886; System der Ästhetik, I–III, 1905–14; Gewißheit und Wahrheit, 1918; Phänomenologie und Metaphysik der Zeit, 1925; Das Problem der Individualität, 1928.

W. Wirth, Grundfragen der Ästhetik im Anschluß an die Theorien J. V.s, 1926; W. Schuster (Hg.), Zwischen Philosophie und Kunst, 1926; F. Krueger, J. V., 1930; T. Neumann, Gewißheit und Skepsis, 1978.

Völkerpsychologie heißt seit Mitte des 19. Jh. die Wissenschaft vom Volksgeist, von den Elementen und Gesetzen des Seelisch-Geistigen im Völkerleben. Die V. untersucht jene psychischen Vorgänge, die in ihrer Entstehung u. Entwicklung an menschl. Gemeinschaften gebunden sind. Ihre Hauptuntersuchungsgebiete sind die Erscheinungen des objektiven Geistes, vor allem Sprache, Kunst, Mythos und Religion, Sitte, Gesellschaft, Recht, Kultur überhaupt. Die V. wurde gestaltet von Vico, Steinthal, Lazarus, Glogau u. a. und von Wilh. Wundt in deduktiver Methode ausgestaltet. Den Aufgaben der V. widmen sich in der Gegenwart die Entwicklungspsychologie, die ethnologische Soziologie, die Sozialpsychologie und Kultursoziologie.

W. Wundt, V., I–X, 1900–20; W. Wundt, Elemente der V., 1912; F. Gräbner, Das Weltbild der Primitiven, 1924; W. Hellpach, Völkerentwicklung und Völkergesch., 1944.

Volkmann-Schluck, Karl Heinz, Prof. in Köln, * 15. 11. 1914 Essen, † 25. 10. 1981 Köln, versuchte nachzuweisen, daß ohne ein Sich-Einlassen auf die Fragen M. Heideggers weder die Kontinuität der Geschichte des Europ. Denkens gewahrt, noch die gegenwärtige Welt zureichend begriffen werden kann. – Schrieb u. a.: Plotin als Interpret der Ontologie Platos, 1941, [2]1957; Nicolaus Cusanus. Die Philosophie im Übergang vom Mittelalter zur Neuzeit, 1957, [2]1968; Einführung in das philos. Denken, [2]1975; Leben und Denken. Interpretationen zur Philosophie Nietzsches, 1968; Mythos und Logos. Schellings Philosophie der Mythologie, 1969; Politische Philosophie, 1974; Die Metaphysik des Aristoteles, 1978.

Volksgeist, Bez. für das Überindividuelle der Angehörigen eines Volkes, wie es in den Erscheinungen des objektiven Geistes (→ Geist) zum Ausdruck kommt. Die Idee des V. oder Völkergeistes wurde von Herder geprägt, von Hegel in das Gefüge seiner Geschichtsphilosophie eingebaut, von Savigny in seine

Rechtslehre als Erklärungsprinzip eingeführt und wirkte, wenn auch in einer immer positivistischer werdenden Form, bis in W. Wundts Völkerpsychologie. Sofern unter V. nicht eine metaphysische Abstraktion verstanden wird, ist er ablesbar an den Besonderheiten der geschichtlichen und sprachlichen Entwicklung eines Volkes, bzw. an dessen typischen geistigen Schöpfungen.

E. Rothacker, Probleme der Kulturanthropologie, 1948.

Volkskunde, von Justus Möser, Joh. Gottfr. Herder, den Brüdern Grimm, Ernst Moritz Arndt und Friedr. Ludw. Jahn vorbereitete und von Arndts Schüler, Wilh. Heinr. v. Riehl begründete Wissenschaft („Die V. als Wissenschaft", 1858), die das Volk als einen lebendigen Organismus begriff, als „ein durch Gemeinsamkeit von Stamm, Sprache, Sitte und Siedlung verbundenes natürliches Glied im großen Organismus der Menschheit". Dieser Volksbegriff galt natürlich nur solange, als man noch von abgeschlossener Existenz und autonomer Sprach- sowie Kulturentwicklung der einzelnen Völker sprechen konnte, was seit Anfang des 20. Jh.s nur noch selten der Fall ist. Im ausgehenden 19. Jh. und im ersten Drittel des 20. Jh. drängten Völkerkunde, Völkerpsychologie u. Soziologie die Riehlsche V. in den Hintergrund. Bedeutungsvoll wurden die Arbeiten Hans Naumanns (Primitive Gemeinschaftskultur, 1921; Grundzüge der dt. V. „1922, [3]1935) u. seine Einteilung d. Volksgutes in „primitives Gemeinschaftsgut" u. „gesunkenes Kulturgut". → Soziologie.

A. Spamer, Wesen, Wege und Ziele der V., 1928; G. Ipsen, Programm einer Soziologie des dt. Volkstums, 1933; E. und R. Beitl, Wörterbuch der dt. V., 1936, [3]1974 (KTA 127); W.-E. Penckert/O. Lauffer, Quellen und Forschungen seit 1930, 1951; G. Lutz, V. – Ein Handbuch zur Gesch. ihrer Probleme, 1958; E. K. Francis, Ethnos und Demos, 1965; H. Gerndt, Kultur als Forschungsfeld, 1981; U. Jeggle/G. Korff (Hgg.), Volkskultur in der Moderne, 1986.

Volonté générale (franz. „Gesamtwillen"), → Staat, → Rousseau.

Voltaire, François Marie (eigentl. Name: Arouet I [e] j[eune]), der in V. umgestellt ist), der berühmteste der franz. Aufklärungsschriftsteller und -philosophen, * 21. 11. 1694 Paris, † das. 30. 5. 1778, in Frankreich mehrfach eingekerkert, 1750 bis 1752 am Hofe Friedrichs des Großen, seit 1758 auf seinem Gute Ferney bei Genf, stand unter dem Eindruck der engl. Aufklärungsphilosophie. V. hielt Erkenntnis von Transzendentem (z. B. hinsichtlich der Unsterblichkeit der Seele des menschl. Willens) für unmöglich und bekämpfte bes. die Kirche wegen ihrer Dogmenbildung. Gegenüber Rousseau betonte er den Wert der Kultur, ja er stellte in seinem histor. Hauptwerk *„Essai sur les moeurs et l'esprit des nations"* (7 Bde., 1756, dt. 6 Bde., 1867) die Entwicklung der Weltgeschichte als Kampf des Menschen um Fortschritt und Bildung dar. Der Ausdruck „philosophie de l'historie" (Philosophie der Geschichte) stammt von V. Sein satirischer Roman *„Candide ou l'optimisme"*, 1759, bekämpfte den Unsterblichkeitsgedanken u. Leibniz' Optimismus. – Weitere Hauptwerke: Lettres philosophiques sur les Anglais, 1731; Sur l'homme, 1738; Eléments de la philosophie de Newton, 1738; Dictionaire philosophique, 1764; Questions sur l'Encyclopédie, I–IX, 1770; Denkwürdigkeiten aus dem Leben des Herrn V., 1958; Œuvres, I-LII, Paris 1877–85; Werke,

I–IXXX, 1783–91; Schriften, I–II, 1986.

G. Lanson, V., 1906; D. F. Strauß, V., 1908; H. A. Korff, V. im literar. Deutschland des 18. Jh.s, 1918; G. Brandes, V., I–II, 1923; A. Noyes, V., London 1936, dt. 1953; P. Hazard, La pensée europécne au XVIII siècle de Montesquieu à Lessing, Paris 1946, dt. 1949; J. Orieux, V. ou la Royauté de l'esprit, Paris 1966, dt. 1968; I. O. Wade, The Intellectual Development of V., Princeton 1969; T. Besterman, V., 1971; P. Brockmeier u.a. (Hgg.), V. und Deutschland, 1979; H. Baader (Hg.), V., 1980; R. J. Howells (Hg.), V. and his World, Oxford 1985; A. J. Ayer, V., New York 1986, dt. 1987.

Voluntarismus (vom lat. *voluntas*, „Wille"), diejenige Richtung der Metaphysik unter der Psychologie, die nicht den Intellekt (→ Intellektualismus), sondern den → Willen psychologisch als Grundfunktion des seelischen Lebens, metaphysisch als das Grundprinzip oder Ansich des Seins betrachtet. Der Ausdruck stammt von Tönies (1883). Der klassische Philosoph des V. ist → Schopenhauer, für den der Wille das Grundprinzip aller Wirklichkeit ist. Voluntaristisch dachten schon die Stoiker, Augustinus, Duns Scotus (*Voluntas est superior intellectu*: „Der Wille steht über dem Denken") u. a.; Kant lehrte den Primat der praktischen Vernunft, Fichte hielt den Willen für das absolut schöpferische Prinzip der Welt; nach E. v. Hartmann ist der Wille in allem unbewußt wirksam; die Atome sind Willenseinheiten; Nietzsche sah in allem Lebenden den Willen zur Macht.

R. Knauer, Der V., 1907; L. Klages, Der Geist als Widersacher der Seele, II, 1929; F. J. v. Rintelen, Dämonie des Willens, 1947; P. Keiler, Wollen und Wert, 1970; A. Kenny, Will, Freedom and Power, Oxford 1976.

Vonessen, Franz, * 8. 3. 1923 Köln, Prof. in Freiburg/Br., befaßt sich mit Untersuchungen im Umkreis einer „Phänomenologie des Mythos", wozu ihm „mythische Bilder in der Sprache" den Weg weisen; damit in Verbindung Studien zur Auseinandersetzung mit antiker Naturerklärung und Kosmologie sowie zur Ideenlehre. – Schrieb u. a.: Mythos u. Wahrheit, Bultmanns Entmythol. u. d. Philosophie der Mythologie, 1964, ²1972; G. W. Leibniz, Zwei Briefe üb. das binäre Zahlensystem u. die chines. Philosophie (Zus. mit R. Loosen), 1968; Die Herrschaft des Leviathan, 1978; Was krank macht, ist auch heilsam. Mythisches Gleichheitsdenken, Aristoteles Katharsislehre u. die Idee der homöopathischen Heilkunst, 1980. Krisis der prakt. Vernunft: Ethik nach dem ‚Tod Gottes", 1988.

Voraussetzung, dasjenige, was die → Bedingung für etwas ist, was einem Geschehen, einem Beweis vorausgeht. Voraussetzungsloses Denken will unabhängig sein von weltanschaulichen, religiösen u. politischen Einflüssen, von privaten Wünschen, Meinungen und Absichten, von ungeprüften u. sachlich nicht gerechtfertigten V.en; → Objektivität. – D. Fr. Strauß hat in seinem Werk „Leben Jesu" (1836) den Ausdruck V.losigkeit der Wissenschaft geprägt, worunter das Freibleiben der wissenschaftl. Forschung von ihr fremden Voraussetzungen verstanden wurde, die etwa durch Einflüsse der Religion, Kirche, politische Interessen u. ä. stillschweigend angenommen werden. Der auch heute allgemein vertretene Sinn der V.losigkeit der Wissenschaft besteht darin, daß eine stillschweigende Vorwegnahme von erst zu beweisenden Behauptungen und Ergebnissen vermieden werden muß.

E. Spranger, Der Sinn der V.slosigkeit in den Geisteswiss., 1929; G. Hennemann, Zum Problem der V.slosigkeit und Objektivität der Wiss., 1947.

Voraussetzungslosigkeit der Wissenschaft, → Voraussetzung.

Vorhandenheit, nach Heidegger ein defizienter Modus der durch das → Besorgen erschlossenen → Zuhandenheit der umwelthaften Dinge. Als lediglich vorhanden (anwesend) und nicht zuhanden erscheinen Dinge, die uns nichts angehen, mit denen wir nicht umgehen, mit denen wir nichts zu tun haben. Ihr Wesen und ihre Wirklichkeit bleiben uns verborgen; wir erfahren nicht, was es mit ihnen für eine Bewandtnis, was es mit ihnen auf sich hat, betrachten sie deshalb als bloße Objekte der Naturwissenschaft.

Vorsokratiker, die griech. Philosophen vor Sokrates: die ionischen Naturphilosophen, Pythagoras u. seine Schule, Heraklit, die Eleaten und die jüngeren Naturphilosophen, bzw. die Atomisten. – Texte: H. Diels/W. Kranz, Die Fragmente der V., I–II, 1903, [17]1974; W. Capelle, Die Vorsokratiker, 1935, [8]1968 (KTA 119); J. Mansfeld, Die V., 1986 (RUB 10344).

W. Jaeger, Die Theologie der frühen griech. Dichter, 1953; J. Kerschensteiner, Kosmos – Quellenkrit. Unters. zu den V.n, 1962; K. Hildebrandt, Frühe griech. Denker, 1968; U. Hölscher, Anfängliches Fragen, 1968; W. Röd, Von Thales bis Demokrit, Gesch. der Philos., I, 1976; W. Schadewaldt, Die Anfänge der Philos. bei den Griechen, 1978; J. Barnes, Presocratic Philosophers, I–II, London 1979; H. Schmitz, Der Ursprung des Gegenstandes, 1988.

Vorstellung, ein Gegenstand meines Denkens, Fühlens, Wollens, meiner Einbildungskraft od. ein Traumgebilde, sofern das alles anschaulich ist, sofern es mir gelingt, es wie etwas Wahrnehmbares gleichsam vor mich hinzustellen. Im engeren Sinne ist V. das im Bewußtsein auftretende Bild eines früher wahrgenommenen Gegenstandes oder Vorganges der Außenwelt nach Wegfall der objektiven Gegenwart des Vorgestellten. Die meisten V.en sind Erinnerungsvorstellungen (→ Erinnerung, → Gedächtnis), sie können sich aber auf Zukunft beziehen (durch Erwartung, Vorfreude, Ahnung, Sorge, Furcht usw. hervorgerufen) oder können mehr oder minder freie Umbildung von Wahrnehmungen sein (Phantasie). Eine selbständige, durch besondere Anschaulichkeit u. Intensität ausgezeichnete Art von V. sind die eidetischen Anschauungsbilder (→ Eidetik), dagegen sind V.en aus den Wahrnehmungen durch die weiteren Sinnesorgane: Gehör, Geruch, Geschmack und Tastsinn von zunehmend schwächerer Intensität. V.en u. → Einstellungen sind die wesentlichen Elemente des → Denkens und des Phantasierens.

Vorurteil, das Insgesamt dessen, was einer von einer Sache weiß (→ Einstellung), was nur hingenommen wird, ohne sich über dieses Wissen zu vergewissern. → Idol. Um zu einem „Urteil" zu gelangen, trifft er aus diesen Insgesamt eine Auswahl, indem er unterdrückt, was nicht verifizierbar zu sein scheint, was er unüberprüft hingenommen hat, weshalb es sich als ein Trugbild erweisen kann. → Idol.

W.-G. Jankowitz, Philosophie und V., 1975; M. Koch-Hillebrecht, Der Stoff, aus dem die Dummheit ist – Eine Sozialpsychologie der V.e, 1978; W. Schneiders, Aufklärung und V.skritik, 1983; T. A. van Dyk, Prejudice in Discourse, Amsterdam 1984; D. G. Garan, Our Science Ruled by Human Prejudice, New York 1987.

Vossler, Karl, Romanist und Sprachphilosoph, * 6. 9. 1872 Hohenheim b. Stuttgart, † 18. 5. 1949 München, das. seit 1911 Prof.; hat durch seine Kultur- und Sprachphilosophie auf idealistischer Grundlage wesentlich zur Überwindung des

Positivismus beigetragen. – Schrieb u. a.: Positivismus und Idealismus in der Sprachwissenschaft, 1904; Frankreichs Kultur u. Sprache, 1913, [2]1929; Gesammelte Aufsätze zur Sprachphilosophie, 1923; Geist u. Kultur in d. Sprache, 1926; Südliche Romania, 1940; Aus der roman. Welt, 2 Bde., 1940; Wesenszüge romanischer Sprache u. Dichtung, 1946; Briefwechsel mit B. Croce, 1955.

Festschrift für K. V. (mit Bibliogr.), 1932.

Vranicki, Predrag, kroat. marxistischer Schriftsteller, * 21. 1. 1922 Benkovac, Prof. in Zagreb seit 1959, Mitglied der Jugosl. Akademie der Wisssenschaften u. Kunst seit 1973. Vertreter eines kritischen Neomarxismus im starken Gegensatz zur stalinistischen etatistischen Kontrarevolution. – Hauptw.: Geschichte des Marxismus, 2 Bde., 1972, Sonderausgabe 1980; in kroat. Sprache: Dialektischer u. historischer Materialismus, 1958, [3]1978; Geschichte des Marxismus, 1961, [4]1978; Philosophische Porträts, 1974, [2]1979; Philosophische Abhandlungen, 1979; Marxismus u. Sozialismus, 1979.

Wagner, Hans, Prof. in Bonn. * 10. 1. 1917 Plattling/Ndrbay., untersucht die verschiedenen Arten von Reflexion, insbesondere die noëmatische Geltungsreflexion, die auf Prinzipien der Gehaltsanalyse zurückführt; versucht weiterhin – im Zusammenhang damit – die allgemeinen Bedingungen der Möglichkeit einer gegenständlich inhaltlichen Gültigkeit, bzw. der Aprioritäten und deren Bedeutung für die Ontologie nachzuweisen. – Schrieb u. a.: Apriorität und Idealität, 1948; Existenz, Analogie und Dialektik, 1953; Philosophie und Reflexion, [3]1980; Aristoteles: Physikvorlesung (Übersetzung u. Kommentar), [3]1979; Kritische Philosophie, (system. und histor. Abhandlungen), 1980

Wahl, Jean, franz. Philosoph, * 25. 5. 1888 Marseille, † 22. 6. 1974 Paris, Prof. a. d. Sorbonne, arbeitete auf dem Gebiet der Philosophiegeschichte, Metaphysik und Gegenwartsphilosophie. – Hauptwerke: Les philosophies pluralistes d'Angleterre et d'Amerique, 1920; Du rôle de l'idée de l'instant dans la philosophie de Descartes, 1920; Etude sur le Parménide de Platon, 1926; Le malheur de la conscience dans la philosophie de Hegel, 1929; Etudes Kierkegaardiennes, 1938; Existence humaine et transcendence, 1944; Tableau de la philos. française, 1946, dt. 1948; Traité de métaphysique, 1953; Vers la fin de l'ontologie, 1956; L'expérience métaphysique, 1965.

E. Levinas, J. W. et Gabriel Marcel, Paris 1976.

wahr ist ein Urteil oder eine allgemeine Behauptung, sofern das damit Gemeinte mit einem dinglichen oder undinglichen → Sachverhalt übereinstimmt. Gegen diese auf Aristoteles zurückgehende Formel ist eingewendet worden, daß eine solche W.heit nicht erkannt werden könne, ohne daß zugleich d. Übereinstimmung erkannt wird; auch diese Erkenntnis wäre aber ein Urteil und dessen W.heit müßte in der Übereinstimmung mit wieder etwas anderem bestehen und man käme so ins Uferlose. W. in dem hier formulierten Sinne ist als ein erkenntnis- oder ontologisches Prädikat gedacht und nicht im Sinne der bloßen Richtigkeit, wie es im Aussagenkalkül (→ Logik) zur Unterscheidung zwischen W. und Falsch für den W.heitswert einer Aussage benützt wird. Ein → Urteil ist w., das einen Sachverhalt in evidenter Weise wiedergibt, anders ausgedrückt: „W. heißt ein Urteil, wenn das gegenteilige unmöglich evident sein kann." (O. Kraus, Franz Brentano, 1919). „Wenn wir ein Urteil als ein w.es vorstellen, so stellen wir uns ein evidentes vor, und zwar in der Weise, daß wir dieses nach Qualität und Gegenstand mit dem w. genannten vergleichen und als übereinstimmend vorstellen. Es liegt eine komparative Relation vor, doch wird nicht, wie die Adäquationstheorie meint, das beurteilte Ding mit dem Urteil, sondern es wird Urteil und Urteil in Vergleich gezogen" (A. Kastil, W.heit u. Sein, in ZphF, Bd. I, 1947). Die oberste Instanz der W.heit aber ist und bleibt das objektive Sein, die „Wirklichkeit" als Ganzes; daraus folgt, daß jede Einzel-„W.heit" nur einen relativen Wert beanspruchen kann, d. h. sie ist unvollkommen (→ Irrtum) und nur für den Augenblick gültig, sie ist nicht die ganze W.heit. Für die moderne Semantik ist das W.heitsproblem, so wie eingangs im aristotel. Sinne geschildert, insbesondere in der Alltagssprache, unlösbar. Es kann aber angenommen werden, daß die Möglichkeit der W.heitserkenntnis im Laufe der Geschichte sich aus primitivsten Anfängen stetig vervollkommnet, ausgebreitet, vertieft hat: das Denken entspricht – immer jedoch nur als subjektive Parallele zur objektiven – dem Sein immer mehr, es nähert sich einem Zustand, in dem es sich mit dem Sein deckt; → Konvergenz.

B. Bauch, W.heit, Wert und Wirklichkeit, 1923; H. Maier, Philos. der Wirklichkeit, 1926; V. Hauber, W.heit und Evidenz bei F. Brentano, 1936; T. Erismann, Denken und Sein – Probleme der W.heit, 1950; J. Thyssen, Die wiss. W.heit in der Philos., 1950; W. E. Heistermann, Erkenntnis und Sein – Untersuchungen zur Einf. in das W.heitsproblem, 1951; R. Lauth, Die absolute Ungeschichtlichkeit der W.heit, 1966; W. Franzen, Die Bedeutung von „w." und „W.heit", 1982; W. Becker, W.heit und sprachl. Handlung. Unters. zur sprachphilos. W.heitstheorie, 1987; L. B. Puntel, Grundlagen einer Theorie der W.heit, 1990.

Wahrhaftigkeit, Übereinstimmung der Rede mit dem Gedanken bzw. der Überzeugung des Redenden. Da diese Übereinstimmung der Sinn jeder Rede ist, wird sie vom Angeredeten vorausgesetzt; er verläßt sich auf die W. und gründet auf ihr sein Zutrauen zum anderen. Der Mißbrauch dieses Zutrauens ist die → Lüge; → Unwahrhaftigkeit. In der Praxis gibt es erträgliche Abweichungen von der W. sofern der Sprechende weiß, daß seine Argumente nicht streng bewiesen sind, dies jedoch zugunsten der Wirkung seiner Darlegung verschweigt.

Wahrheit, das Sein desjenigen → Seienden, das „wahr" genannt wird; → wahr. Nach Heidegger ist W. (griech. *alęthea,* wörtl. „Unverborgenheit") die Offenheit des → Seins; womit jedoch keine nähere Bestimmung der W. über ein Seiendes (über die Offenheit von dessen Sein) ausgesagt wird. Die Redewendung *die* W. im Sinne der e i n e n Wahrheit ist theologischen Ursprungs. – Über den formalen W.s w e r t einer Aussage → Logistik.

M. Heidegger, Vom Wesen der W., 1943; F. Vonessen, Mythos und W., 1964; E. Tugendhat, Der W.sbegriff bei Husserl und Heidegger, 1967; G. Skirbekk (Hg.), W.stheorien, 1977; J. Simon, W. als Freiheit, 1978; B. L. Puntel, W.stheorien in der neueren Philos., 1978; R. Bosley, On Truth, Washington 1982; M. Fleischer, W. und W.sgrund, 1984.

Wahrnehmung heißt das Erleben, das Bewußtwerden eines außenweltlich oder innenweltlich Wirklich-Gegenständlichen durch die äußeren Sinne oder durch den „inneren" Sinn unmittelbar; W. heißt auch das Gegenständliche selbst als Bewußtseinsinhalt. Wissenschaftlich betrachtet ist W. der Vorgang, durch den ein Empfindungszusammenhang in das Bewußtsein eintritt und seine Stelle im W.sfeld einnimmt (→ Empfindungen, Reiz). Durch diesen Vorgang erhält der Empfindungszusammenhang eine der Struktur des Bewußtseins entsprechende → Gestalt u. einen dem Inhalt des W.sfeldes entsprechenden Rang (→ Rangordnung). Eine W. kann auf einem → Irrtum beruhen; → Illusion, – Über den W.sraum → Raumwahrnehmung. Das Wort W. verführt zu der Frage, ob denn W. etwa die Nehmung des Wahren sei?

P. F. Linke, Grundfragen der W.slehre, 1918; L. Klages, Vom Wesen des Bewußtseins, 1921; R. E. Jaensch, Über den Aufbau der W.swelt und die Grundlagen der menschl. Erkenntnis, I, 1923; M. Palágyi, W.slehre, 1925; W. Ehrenstein, Beiträge zur ganzheitspsycholog. W.slehre, 1942; M. Merleau-Ponty, Phénoménologie de la perception, Paris 1945, dt. 1966; E. Lehrs, Vom Geist der Sinne, 1973; S. H. Bartley, Introduction to Perception, New York 1980; D. Hoffmann-Axthelm, Sinnesarbeit, 1984; W. Welsch, Aisthesis. Grundzüge u. Perspektiven der aristotel. Sinneslehre, 1987.

wahrscheinlich ist etwas, das einen mehr oder minder großen Anspruch auf Wahrheit erhebt, ohne doch genügend Gründe dafür zu bieten; → Probabilismus. Im täglichen Leben begnügt man sich mit W.keit an Stelle der erstrebten, aber schwer oder gar nicht erweisbaren Wahrheit. Grundsätzlich kann dasselbe Urteil w. wahr u. w. falsch sein. – In der Mathematik ist W.keit das Maß der Erwartung eines Ereignisses, ausgedrückt durch das Verhältnis der für dieses Ereignis günstigen Fälle zu allen möglichen Fällen, die eintreten können.

R. Mises, W.keit, Statistik und Wahrheit, 1928; P. Servien, Hasard et probabilités, Paris 1949; R. Carnap, Logical Foundations of Probability, Chicago 1950; P. Nolfi, Idee und W.keit, 1956; W. Stegmülller, Das Wahrheitsproblem und die Idee der Semantik, 1957; R. Carnap, Induktive Logik und W.keit, 1959; H. Vetter, W.keit und logischer Spielraum, 1967; B. Juhos/W. Katzenbrunner, W.keit als Erkenntnisform, 1970; M. Drieschner, Voraussage, W.keit, Objekt, 1979; H. Sachsse, Kausalität, Gesetzlichkeit, W.keit, 1979; R. Weatherford, Philosophical Foundations of Probability Theory, London 1982.

Waldenfels, Bernhard, Prof. in Bochum, * 17. 2. 1934 Essen, ausgehend von Husserl und französischen Phänomenologen wie Merleau-Ponty sucht er die Phänomenologie weiterzuentwickeln, indem er statt des Bewußtseins und seiner universalen Strukturen das leiblich-soziale Verhalten in den Mittelpunkt rückt und von daher die Offenheit, Variabilität und Vieldeutigkeit der verschiedenen Strukturierungsvorgänge betont. – Schr. u. a.: Das sokratische Fragen, 1961; Das Zwischenreich des Dialogs – sozialphilosoph. Untersuchungen in Anschluß an Husserl, 1971; Der Spielraum des Verhaltens, 1980; (Hg.) Phänomenologie und Marxismus, 4 Bde., 1977–79; Phänomenologie in Frankreich, 1983; In den Netzen der Lebenswelt, 1985; Ordnung im Zwielicht, 1987.

Wang-tschung, chines. Philosoph, 27–97, vertrat eine skeptisch-materialistische Philosophie, leugnete die Existenz eines persönlichen Gottes sowie das Fortleben der Seele nach dem Tode; gab der Weiterentwicklung des Konfuzianismus eine materialistisch-naturphilosophische Grundlage. – Hauptwerk: Lung-heng, I–II, engl. 1907–11.

Wang, Yang-ming, chines. Philosoph, * 15. 10. 1472 in Tschekkiang, † 9. 1. 1529 Nanan, stand im Gegensatz zu der rationalist. Naturphilosophie des Neukonfuzianismus, bekämpfte bes. Tschu Hsi und entwickelte die idealist. Philosophie von Lu Siang-schan erkenntnistheoretisch zu einem bedeutenden System, in dem es kein wahres Wissen geben kann ohne Handeln. Seine Philosophie stützt sich auf taoistische und buddhistische Lehren. → chines. Philosophie.

W.-M. Ju, Neo-Confucian Thought in Action – W. Y.-M.s Youth, Berkeley 1976.

Ward, James, engl. Psychologe, * 27. 1. 1843 Hull (Yorkshire), * 4. 3. 1925 Cambridge als Prof. (seit 1897), vertrat einen metaphysisch-voluntaristischen Monismus; sah in der Psychologie eine reine Theorie des Bewußtseins und betonte bes. die Bedeutung der Aufmerksamkeit als der einzigen Art psychischer Tätigkeit. Das Subjekt der allgemeinen Erfahrung ist ein übergreifendes und hängt mit allen Einzelsubjekten kontinuierlich zusammen. – Hauptwerke: Naturalism and Agnosticism, I–II, 1899; The Realm of Ends, 1911; Psychological Principles, 1918; A Study of Kant, 1922; Essays in Philosophy, 1927.

H. Murray, The Philosophy of J. W., London 1936.

Washeit, → Quidditas.

Weber, Alfred, Soziologe, * 30. 7. 1868 Erfurt, seit 1904 Prof. in Heidelberg, † 2. 5. 1958 das., verbindet die Soziologie mit der Strukturlehre der Geschichtswissenschaft. Seine → Kultursoziologie zeigt, daß die eigentl. Grundlage der großen Kulturen immer ein bestimmter charakteristischer Typus der betr. sozialen Organisation ist, und beschreibt die geschicht. Entwicklungsstufen dieser Typen. W.s Soziologie bietet neue Mittel, die gesellschaftliche Wirklichkeit der Gesch. zu verstehen; → Sozialreligionen. – Hauptwerke: Kulturgesch. als Kultursoziologie, 1935; Das Tragische und die Gesch., 1943; Abschied von der bisherigen Gesch., 1946; Die Prinzipien der Geschichts- und Kultursoziologie, 1951; Der dritte und der vierte Mensch, 1953.

E. Salin, Festschrift für A. W. – Synopsis, 1948; Das Wesen der Kulturhöhe und der Kulturkrise in der kultursoziologischen Sicht A. W.s, 1953; R. Eckert, Kultur, Zivilisation, Gesellschaft, 1970; E. Demm, A. W. als Politiker und Gelehrter, 1986.

Weber, Max, Nationalökonom, Soziologe u. Politiker, * 21. 4. 1864 Erfurt, † 14. 6. 1920, München, Prof. 1894–97 in Freiburg, dann in Heidelberg, 1919–20 in München, Begründer der Religionssoziologie. Er suchte die Sozialwissenschaften zum Range strenger Wissenschaftlichkeit zu erheben, indem er ihre Methoden prüfte und sie als rein beschreibende auffaßte. W. suchte scharf zu trennen: Erfahrungswissen u. wertende Beurteilung, einseitige partikulare Erkenntnis und Ergreifen des Totalen, empirische Wirklichkeit u. Wesen des Seins. Entgegen der intuitiven Verstehens-Theorie Diltheys muß nach W. die verstehende Soziologie, als „eine Wissenschaft, welche soziales Handeln deutend verstehen und dadurch in seinem Ablauf und seinen Wirkungen ursächlich erklären will“, rational hauptsächlich nach Zweck u. Mitteln fragen, weil allein dadurch das Verstehen eine besonders hohe Evidenz erreicht. Als Hilfsbegriff entwickelte W. den des Idealtypus (→ Soziologie, → Askese). – Hauptwerke: Wissenschaft als Beruf, 1917, [7]1984; Gesammelte Aufsätze zur Religionssoziologie, I–III,

1920–21; Gesammelte Politische Schriften, 1921, [5]1988; Wirtschaft und Gesellschaft, 1922, [5]1972; Gesammelte Aufsätze zur Wissenschaftslehre, 1922, [6]1988; Gesammelte Aufsätze zur Sozial- und Wirtschaftsgeschichte, 1924, [2]1988; Gesammelte Aufsätze zur Soziologie und Sozialpolitik, 1924, [2]1988; Ausgewählte Schriften – Universalgesch. Analysen, 1955. – C. Seyfarth/G. Schmidt (Hgg.), M.-W.-Bibl., 1982.

Marianne Weber, M. W., 1926, [3]1989; K. Jaspers, M. W., 1932; A. v. Schelting, M. W.s Wissenschaftslehre, 1934; D. Henrich, Die Einheit der Wissenschaftslehre M. W.s, 1952; W. Wegener, Die Quellen der Wissenschaftsauffassung M. W.s, 1962; G. Abramowski, Das Geschichtsbild M. W.s, 1966; J. Freund, M. W., Paris 1969; T. Burger, M. W.s Theory of Concept Formation, 1976; D. Käsler, Einf. in das Studium M. W.s, 1979; W. Schluchter, Die Entwicklung des okzidentalen Rationalismus, 1979; W. Schluchter, Rationalismus der Weltbeherrschung – Studien zu M. W., 1980; W. Schluchter, M. W.s Studie über das antike Judentum, 1981; W. Hennis, M. W.s Fragestellung, 1987; S. Whimster/S. Lash, M. W. – Rationality and Modernity, London 1987; C. Gneuss/J. Kokka (Hgg.), M. W. – Ein Symposion, 1988; W. Schluchter, Religion und Lebensführung, I–II, 1988; V. Heins, M. W. zur Einf., 1990.

Weber-Fechnersches Gesetz (Psychophysisches Gesetz), von E. H. Weber 1834 entdecktes u. von G. Th. → Fechner erweitertes Grundgesetz der Psychophysik, wonach, wenn die Reizquellen im geometr. Verhältnis an Stärke zunehmen (1, 2, 4, 8, 16 usw.), die Empfindungsintensitäten in arithmetischer Progression (1, 2, 3, 4, 5 usw.) wachsen.

Th. Lipps, Grundriß der Psychophysik, [3]1921; L. Schleglmann, 100 Jahre Psychophysik, in „Psych. Rundschau", 1961.

Wechselwirkung, bei Kant eine Kategorie der Relation, die die Dinge und Vorgänge zur Einheit der Sinnenwelt bringt. Im Okkasionalismus, bei Leibniz und Lotze vollzieht sich eine metaphys. Umdeutung der W. – In der Psychologie ist W. die wechselseitige Beeinflussung von Seele und Leib, Psychischem und Physischem (→ Leib-Seele-Problem). Nach der „Doppelursachen-Doppelwirkungshypothese" von C. Stumpf u. E. Becher hat jeder physische, nervöse Prozeß eine doppelte, nämlich eine physische u. psychische Ursache u. Wirkung, ebenso jeder psychische; sie hat die Vorteile der Theorie des psychophysischen → Parallelismus ohne deren gedankliche Schwierigkeiten. Anhänger dieser Hypothese sind E. v. Hartmann, W. James, Külpe, E. Becher, A. Wenzl.

L. Busse, Die W. zwischen Leib und Seele, 1900; R. Reininger, Das psychophysische Problem, 1916.

Weigel, Erhard, Pädagoge, Mathematiker u. Philosoph, * 16. 12. 1625 Weiden/Opf., † 21. 3. 1699 Jena, das. seit 1653 Prof., Lehrer Leibniz's, vertrat, unabhängig von Descartes und Spinoza, die Anwendung der mathematischen Methode in der Ethik und Metaphysik, verfaßte über 100 größere Schriften. – Hauptwerke: Mathemat. Kunstübungen, 1670; Arithmetische Beschreibung der Moralweisheit, 1674; Philosophia mathematica, 1693; Gesammelte pädagog. Schriften, hg. 1970.

O. Stamfort, Die philos. und pädagog. Grundansichten E. W.s, 1931; H. Schlee, E. W. und sein Schülerkreis, 1968; H. Schüling, E. W., 1970.

Weigel, Valentin, protest. Theosoph, * 1533 Naundorf bei Großenhain i. Sa., † 10. 6. 1588 Zschopau (Erzgeb.), das. seit 1567 Pfarrer, der bedeutendste Vertreter der nachreformator. Mystik, fußte auf Paracelsus. Jakob Böhme lernte aus W.s Schriften den Gehalt der bisherigen Mystik kennen. W. verstand Gott als den unbegreiflichen „Ge-

genwurf" des Menschen, die Welt als den begreiflichen. Der Mensch trägt in sich das Gute aus Gott, das Böse aus sich selbst, bleibt aber in seinem Wesen immer gut, da nur sein Wille böse werden kann. W.s Schriften (u. a. Der güldene Griff, 1616; *Dialogus de Christianismo,* 1610; Vom Orte der Welt, 1613) erschienen fast alle erst lange nach seinem Tode (von 1609 ab), da er zur Vermeidung von Konflikten mit der herrschenden kirchl. Orthodoxie seine mystisch-theosoph. Lehre geheimhielt. – Ausgewählte Werke, 1978.

H. Maier, V. W., 1926; W. Zeller, Die Schriften V. W.s, 1940; F. Lieb, V. W.s Kommentar zur Schöpfungsgesch., 1962; B. Goraix, La mystique de V. W., Lille 1972; G. Wehr, Alle Weisheit ist von Gott – Gestalten und Wirkungen christlicher Theosophie, 1980.

Weil, Simone, franz. Mystikerin. → Mystik.

Wein, Hermann, Prof. in Göttingen, * 20. 5. 1912 München, † 3. 11. 1981 Aidling/Riegsee, Schüler N. Hartmanns, ging jedoch bald eigene Wege, indem er versuchte, nicht nur im geistigen, sondern auch im natürlichen Sein dialektische Strukturen nachzuweisen; es ging ihm darum, aus dem metaphysischen System Hegels wesentliche, realistische Einsichten in die menschlich-gesellschaftliche Wirklichkeit zu gewinnen und sie für eine kritisch-wissenschaftliche Philosophie fruchtbar zu machen, die weder metaphysisch noch antimetaphysisch sein soll. – Schrieb u.a.: Untersuchungen über das Problembewußtsein, 1937; Das Problem des Relativismus, 1950; Zugang zu philos. Kosmologie, 1954; Realdialektik, [2]1964; Positives Antichristentum, 1962; Sprachphilosophie der Gegenwart, [2]1967; Philosophie als Erfahrungswissenschaft, 1965; Kentaurische Ph., 1968.

Festschr. f. H. W. mit Bblgr., 1975; H. K. A. Döll, Ein Philosoph in Haar. Tagebuch über ein Vierteljahr in der Irrenanstalt, 1981.

Weingartner, Paul, * 8. 6. 1931 Innsbruck, Prof. in Salzburg, befaßt sich mit Fragen der Erkenntnistheorie (insbes. Wahrheitsproblem) u. Wissenschaftstheorie (u. a. Einführung v. Wertaussagen u. Normen in einem wissenschaftlichen System, Fragen nach der Begründung von Wertaussagen u. Normen). Sucht nach neuen Lösungen für Probleme der traditionellen Metaphysik (Analogie, Übel, Tatsache, Sachverhalt), mit Hilfsmitteln der modernen Logik und Wissenschaftstheorie. – Schr. u. a.: Wissenschaftstheorie I, Einführung in die Hauptprobleme, 1971, [2]1978; Wissenschaftstheorie II, 1, Grundlagenprobleme der Logik u. Mathematik, 1976; Grundfragen zum Wahrheitsproblem, 1982; (Hg.), Erkenntnis- und Wissenschaftstheorie, 1983; (Hg.), Recent Developments in Epistemology and Philosophy of Science, 1987; (Hg.), Die eine Ethik in der pluralist. Gesellschaft, 1987; (Hg.), Grenzfragen zwischen Philos. u. Naturwiss., 1989.

E. Morscher (Hg.), Philos. als Wissenschaft: P. W. gewidmet, 1981 (mit Bibl.).

Weischedel, Wilhelm, * 11. 4. 1905 in Frankfurt/M., em. Professor a. d. Freien Univers. Berlin, † 20. 8. 1975 das., befaßte sich mit Fragen der Metaphysik, Ethik, Ästhetik und Geschichte der Philosophie. – Hauptwerke: Das Wesen der Verantwortung, 1933; Der Aufbruch der Freiheit zur Gemeinschaft – Studien zur Philos. des jungen Fichte, 1939; Die Tiefe im Antlitz der Welt – Entwurf einer Metaphysik der Kunst, 1952; Recht und Ethik, 1956; Wirklichkeit und Wirklichkeiten, 1960; Dokumente zur Gesch. der Friedrich-Humboldt Universität zu Berlin, 1960; Denken und Glauben (mit H. Gollwitzer), 1965; Die philos. Hintertreppe, 1966; Philos. Grenzgänge, 1967; Der Gott der Philosophen, I–II, 1971–72; Kant-Brevier (Hg.), 1974; Skeptische Ethik, 1976.

A. Schwan (Hg.), Festschrift für W. W. – Denken im Schatten des Nihilismus, 1975 (mit Bibl.).

Weisheit, „das Durchdringen des Wertgefühls ins Leben, in alle Sachfühlung, alles Reagieren und Agieren, bis in die spontanen, alles Erleben begleitenden ‚Wertantworten' hinein, die Durchsetzung des ganzen eigenen ethischen Seins mit seinen Gesichtspunkten, die wertbezogene stationäre Grundhaltung des prakt. Bewußtseins. In einem streng antiintellektualistischen Sinne könnte man es wohl nennen die ethische Geistigkeit, nämlich die das ganze Leben beherrschende Stellung des Ethos überhaupt als geistigen Grundfaktor des Menschentums" (Nic. Hartmann, Ethik, [3]1948). Bei Platon ist W. eine der drei höchsten Tugenden, die nur von Philosophen erreicht werden kann.

J. Maritain, Science et sagesse, Paris 1935; J. Lenz, Vorschule der W., 1941; U. Wilckens, W. und Torheit, 1956; H. Holzhey/J.-P. Leyvraz (Hgg.), Philos. und W., 1989.

Weizsäcker, Carl Friedrich Freiherr von, Physiker und Philosoph, * 28. 6. 1912 Kiel, 1946–1957 Abteilungsleiter am Max-Planck-Institut für Physik in Göttingen, arbeitete über Kernphysik und Quantentheorie sowie Astrophysik. 1957–1969 Ordinarius für Philosophie in Hamburg. Seit 1969 Direktor am inzwischen geschlossenen Max-Planck-Institut zur Erforschung der Lebensbedingungen der wissenschaftlich-technischen Welt in Starnberg. Arbeitet weiterhin als wissensch. Publizist. – Hauptwerke: Die Atomkerne, 1937; Zum Weltbild der Physik, 1943; Die Gesch. der Natur, 1948; Physik der Gegenwart, 1952; Die Verantwortung der Wissenschaft im Atomzeitalter, 1957; Die Tragweite der Wissenschaft, 1964; Gedanken über unsere Zukunft, 1966; Der ungesicherte Friede, 1969; Kriegsfolgen und Kriegsverhütung (Hg.), 1971; Die Einheit der Natur, 1971; Platonische Naturwissenschaft, 1971; Fragen zur Weltpolitik, 1975; Wege in der Gefahr, 1979; Der bedrohte Frieden, Aufsätze 1945–81, 1981; Aufbau der Physik, 1985.

R. Wisser, Verantwortung im Wandel der Zeit, 1967; E. Scheibel/G. Süssmann, Festschrift für C. F. v. W. – Einheit und Vielheit, 1973 (mit Bibl.); K. M. Meyer-Abich (Hg.), Festschrift für C. F. v. W. – Physik, Philos. und Politik, 1982; M. Schüz, Die Einheit des Wirklichen. C. F. v. W.s Denkweg, 1986.

Wellenmechanik, eine von Louis de → Broglie 1924 begründete und von Erwin → Schrödinger ausgebaute Theorie der Atome, die die Korpuskelnatur mit der Wellennatur mathematisch zu koordinieren und dadurch zu deuten sucht. Ein Materieteilchen kann demnach als der Energieknoten eines Bündels von Wellen gedeutet werden, die sich mit Überlichtgeschwindigkeit ausbreiten und „Materiewellen" heißen. Die Wellenfunktion eines Elektrons gibt die Wahrscheinlichkeit dafür an, wieweit das Elektron an einem bestimmten Ort gemessen werden kann, was jeweils vom Stand der Kenntnis des Beobachters abhängt. Die W. kommt, wenn auch auf anderen Wegen, zu den gleichen Resultaten wie die → Quantenmechanik.

E. Schrödinger, Abhandlungen zur W., 1928; B. Bavink, Das Weltbild der heutigen Naturwissenschaften, 1947; B. Juhos, Die Erkenntnislogischen Grundlagen der modernen Physik, 1967; B. Thüring, Einf. in die Protophysik der Welle, 1978; J. Broeckhove u.a. (Hgg.), Dynamics of Wave Packets in Molecular and Nuclear Physics, Berlin 1986.

Welt, im Sinne der Existenzphilosophie heißt zunächst einmal jener vorgängig erschlossene, vorprädikative Bedeutsamkeitszusammenhang, der „als der Bereich eines Sinngeschehens" (O. Pöggeler, Der Denkweg M. Heideggers, S. 54) gedacht werden kann. Dieses Geschehen ermittelt jedoch nicht das volle Wesen der W.: „Weil sich das eigentliche Weltende der Welt entzieht . . . stellt sich das Wesentliche der Welt als das Andere neben die Welt als Umwelt oder Bedeutsamkeitszusammenhang" (Pöggeler, S. 209). Im einzelnen wird unter W. verstanden: 1. das All des Seienden, das innerhalb der W. vorhanden sein kann, 2. das Sein dieses → Seienden, das in gewissen Gruppierungen auftreten kann, z. B. als die „W. des Mathematikers" usw. (→ Mikrokosmos), 3. das, worin das Dasein vor sich geht und lebt. z. B. die öffentliche Wir-W. oder die „eigene" und nächste (häusliche) Umwelt, 4. die W.lichkeit, die an sich *(a priori)* besteht und zugleich als Modus der verschiedenen „W.en"; sie ist nach Heidegger eine Seinsart des menschl. Daseins, und eine Einsicht in die transzendentale Grundverfassung d. Daseins „ermöglicht die Überwindung des Bewußtseinsbegriffes und der ihm mitgegebenen W.losigkeit und Isoliertheit des Subjekts" (F. J. Brecht, Einfl. in die Philos. d. Existenz, 1948).

Im Sinne der Astronomie ist W. (Weltall, Universum, Kosmos) das unser Sonnensystem mit einschließende Milchstraßensystem, das, aus großer Entfernung betrachtet, als ein rundliches oder ovales Nebelwölkchen erscheinen würde. Sein größter Durchmesser wird auf 100000 Lichtjahre (1 Lichtjahr = 9,461 Billionen km) geschätzt; es rotiert um seine kleine Achse. Schon das Fernrohr zeigt am Himmel viele Millionen solcher Nebelwölkchen (Spiralnebel). Aus der Spektralanalyse der von d. Sternen zu uns gelangenden Lichtstrahlen scheint sich zu ergeben, daß die anderen Systeme sich von unserem eigenen entfernen, u. zwar um so schneller, je weiter entfernt sie sind; z. B. bewegt sich ein System, das 250 Millionen Lichtjahre von uns entfernt ist, mit einer Geschwindigkeit von 42000 km in der Sekunde von uns fort: das Weltall dehnt sich aus. Über die Entstehung des Weltalls gibt es nur Theorien (→ Laplace); das Alter der Sonne wird auf 6–8 Milliarden, das der Erde auf 3, das der starren Erdkruste auf 2 Milliarden Jahre geschätzt; → Natur, Minkowskiwelt. Anthropologisch wird W. in der Gegenüberstellung zu den höheren Tieren dadurch verständlich, daß man diesen nur eine zerrissene „Umwelt" beimessen kann, bestehend aus einzelnen Ausschnitten, den jeweiligen Reizquellen entsprechend, während der Mensch alle Einzelwahrnehmungen aus der Umwelt im Zusammenhang auffaßt und daraus das Bild vom Ganzen als eine einheitliche, zusammenhängende W. ableitet. → Weltbild.

K. Marbe, die Gleichförmigkeit in der W., I–II, 1916–19; R. B. Perry, One World in the Making, New York 1945, dt. 1948; T. Litt, Mensch und W., 1948; P. Howard, The World Rebuilt, London 1951, dt. 1951; K. Löwith, Der W.begriff der neuzeitlichen Philos., 1960; G. Petry, Grundlagen für eine einheitl. W.- und Materietheorie, 1971.

Weltanschauung, der Inbegriff der Ergebnisse metaphysischen Denkens u. Forschens, wobei die Metaphysik aufzufassen ist als die Wissenschaft, die die Formen des Welterkennens, nämlich erstens die nach Epoche, Volk, Rasse usw. je verschiedene „natürliche" traditionsgebundene W., zweitens die ein Apriori-Wissen (vom Quantum induktiver Erfahrungen unabhängiges Wissen) auf allen Gebieten erstrebende Philosophie sowie drittens die Resultate der Einzelwissenschaften zu einer Ganzheit zusammenschließt. „W. birgt die Philosophie in sich, geht wie diese auf das Ganze Universale, Letzte und umfaßt nicht bloß das Wissen um den Kosmos, sondern auch die Wertungen, die erlebten Rangordnungen der Werte, die Lebensgestaltungen"(H. Meyer, Gesch. der abendländischen W., 5 Bände, 1947–1949); → Weltbild. Nach M. Scheler ist W. „die einen ganzen Kulturkreis oder eine Person beherrschende Art der Selektion u. Gliederung, in der sie die puren Washeiten der physischen, psychischen und idealen Dinge faktisch in sich aufnimmt, gleichgültig ob und wie sie dies reflexiv weiß oder nicht" (Der Formalismus i. d. Ethik u. d. materiale Wertethik, [2]1945).

K. Jaspers, Psychologie der W., 1919; M. Scheler, Schriften zur Soziologie und W.slehre, I–IV, 1923–24; W. Dilthey, W.slehre, in: Ges. Schriften, VI, 1931; K. Joel, Wandlungen der W., I–II, 1929–34; L. Gabriel, Logik der W., 1949; H. Meyer, W. der Gegenwart, 1949; C. Brinton, Ideas and Men, New York 1950, dt. 1954; A. Busemann, W. in psycholog. Sicht, 1967; E. Albrecht, W. und Erkenntnistheorie in der klassischen bürgerl. Philos., 1981.

Weltbild, im Unterschied von der → Weltanschauung die im Zusammenhang geordnete Summe des anschaul. Wissens von der → Welt, „die Gesamtheit der gegenständl. Inhalte, die ein Mensch hat" (Jaspers). Man kann unterscheiden: das sinnl.-räuml., das seelisch-kulturelle, das metaphys. W. Man spricht auch von einem physikal., biolog., philosoph. W. (→ kausal-mechanisches W., physikalisches W.).

O. Feyerabend, Das organolog. W., 1939; E. Schwarz, W. und Weltgesch., 1946; H. Linser, Chemismus des Lebens – Das biolog. W. der Gegenwart, 1948; D. J. Dijksterhuis, Die Mechanisierung des W.s, 1956 (niederl. 1950); K. Heim, Die Wandlungen im naturwiss. W., 1951; H. Precht, Das wiss. W. und seine Grenzen, 1960; K. Löwith, Der Weltbegriff in der neuzeitlichen Philosophie, 1960; G. Dux, Die Logik der W.er, 1981; H. Titze, Die Einheit der Welt, 1985.

Welte, Bernhard, Prof. in Freiburg/Br. * 31. 3. 1906 das., † 6. 9. 1983 Freiburg, befaßte sich mit Relig.-Philosophie und suchte dabei – neben Studien zum Mittelalter – die religionsphilos. Auseinandersetzung mit der neuen Philosophie, von Kant bis zur Sprachanalytik, zu fördern; Sondergebiete – M. Eckhart, M. Heidegger, 19. Jh. – Hauptwerke: Nietzsches Atheismus und das Christentum, 1958; Auf der Spur des Ewigen, 1965; Heilsverständnis – Philos. Untersuchungen zum Verständnis des Christentums, 1966; Im Spielfeld von Endlichkeit und Unendlichkeit, 1967; Determination und Freiheit, 1969; Dialektik der Liebe, 1973; Zeit und Geheimnis, 1975; Die Würde des Menschen und die Religion, 1977; Religionsphilos., 1978; Meister Eckhart, 1979.

A. Tischinger, Das Phänomen Schuld – Das menschl. Dasein in der Religionsphilos. B. W.s, 1986.

Weltfrömmigkeit, bei Goethe (Wilhelm Meisters Wanderjahre, Buch 2, Kap. 7) im Gegensatz zur „Hausfrömmigkeit" eine praktisch ins Weite wirkende Religiosität, die nicht nur unsere Nächsten fördern, sondern zugleich die ganze Menschheit „mitnehmen" soll. Bei Ed. Spranger ist W. eine religiöse Einstellung, die sich von den tiefreichenden Bedeutungsgehalten der Erscheinungen unserer irdischen Welt zu andächtigen Gefühlen gestimmt findet, nicht aber auf Jenseitiges gerichtet ist. W. gehört zur religiösen und sittlichen Haltung der meisten Vertreter des → Deismus.

E. Spranger, W., 1941.

Weltgeist, eine geistige – wollende, erkennende und aus ihren Zielsetzungen heraus schaffende – Macht, gedacht als Prinzip alles Wirklichen. Der Gedanke, beeinflußt durch Anaxagoras und Platos Lehre von der → Weltseele, stammt von Aristoteles *(Nous)* und wirkte in der Stoa und bei Plotin und Averroës fort. In der christl. Philosophie wurde Gott an die Stelle des W.es gesetzt. Das Prinzp des W.es gewann dann erst wieder bei der Überwindung des cartesischen Dualismus von Geist und Materie Bedeutung. Das Wort kommt bei Herder und Goethe vor, bei beiden aber mehr im Sinn der allbelebenden Weltseele. Für Hegel ist die geschichtliche Wirklichkeit der Prozeß des W., der sich in seiner Entfaltung durch alle Stufen der Natur u. Geschichte hindurch, „zu dem macht, was er an sich ist, seiner Tat, seinem Werk" (Phil.der Gesch.).

Weltgeschichte (Universalgeschichte), die Gesch. der ganzen Menschheit einschl. der primitiven Völker. Die Geschichtsforscher haben, abgesehen von der auf geographischer Grundlage aufgebauten „W." H. Helmolts (9 Bde., ²1913/1922), überwiegende Werke hervorgebracht, die sich entweder auf die europ. und westasiatischen Kulturvölker beschränken oder die Geschichte der übrigen Länder vom europäischen Standpunkt (vor allem dem der europ. Machtausbreitung) aus behandeln. „Eine Sammlung der Völkergeschichten in engerem oder weiterem Rahmen würde noch keine W. ausmachen: sie würde den Zusammenhang der Dinge aus den Augen verlieren. Eben darin aber besteht die Aufgabe der welthistorischen Wissenschaft, diesen Zusammenhang zu erkennen, den Gang der großen Begebenheiten, welcher alle Völker verbindet u. beherrscht, nachzuweisen", und erst daraus den Begriff einer auf Einheit hin tendierenden → Menschheit abzuleiten. „Daß eine solche Gemeinschaft stattfindet, lehrt der Augenschein" (L. v. Ranke, Vorrede zur „Weltgeschichte", 4 Bde., ³1910); → Geschichtsphilosophie.

K. Breysig, Der Stufenbau der W., 1927; H. Piper, Die Gesetze der W., 1927; H. Freyer, W. Europas, I–II, 1948; A. J. Toynbee, A Study of History, London 1934; A. Heuss, Zur Theorie der W., 1968.

Weltkongresse für Philosophie, seit dem 15. Kongreß in Varna am Schwarzen Meer (Bulgarien) Bezeichnung für die *Internationalen Kongresse für Philosophie,* die in der Regel alle fünf Jahre von der *„Fédération Internationale des Sociétés de Philosophie"* (FISP) veranstaltet werden, deren erster im Jahre 1900 anläßlich der Weltausstellung in Paris stattgefunden hat. Während alle weiteren Kongresse in westlichen Ländern, auf dem Boden älterer philosophischer Tradition, abgehalten wurden (der X. – Amsterdam 1948; XI. – Bruxelles 1953; XII. – Venedig 1958; XIII. – Mexico City 1963; XIV. – Wien 1968); wurde mit dem XV. Kongreß in Varna zum ersten Male auch die östliche Welt als gleichberechtigter Partner daran beteiligt, weshalb der Name *Weltkongresse* beschlossen werden konnte. Der XVI. W. f. Ph.

(ebenfalls von FISP mit der Unterstützung der UNESCO veranstaltet), wurde 1978 in Düsseldorf abgehalten, wodurch nach dem 1902 in Heidelberg veranstalteten internat. Kongr. f. Philosophie eine solche Zusammenkunft zum zweiten Mal in unserem Lande stattgefunden hat. Der XVII. W. f. Ph. fand 1983 in Montréal/Kanada statt mit dem Generalthema „Philosophie und Kultur". 1988 W. f. P. in Brighton.

Die internat. Kongresse für Philosophie und die FISP, in ZphF, 26, 1972; W. v. Del-Negro, Betrachtungen über die „Akten des XIV. Internationalen Kongreß in Wien", ebenda 27, 1973; „Akten d. XV. Weltkongr.", 4 Bde., Sofia 1973/74; L. Geldsetzer, Congressus philosophicé orbis terrarum: eine Biblgr. der internationalen Philosophen-Kongresse und ihrer Beiträge, 1981.

Weltlinie, im Riemannschen → Kontinuum die Kurve, die die Bewegung eines Punktes im vierdimensionalen Raum-Zeit-Koordinatensystem darstellt. Da es im mathemat. Formalismus der → Minkowskiwelt eine Zeit außerhalb des Kontinuums nicht gibt, kann in der dadurch formal „entzeitlichten" Welt auch nichts geschehen. „Das einzige Realgeschehen ist die nacheinander erlebte Wahrnehmung durch ein das Kontinuum ‚längs der W. seines Leibes' abwanderndes Subjekt. Der physikal. Welt, dem Wahrnehmungsobjekt kommt" bei dieser Deutung, „keine Zeitlichkeit mehr zu, in ihr geschieht nichts, sie ist schlechthin" wie H. Weyl (Philosophie der Mathematik und Naturwissenschaft, [3]1966) in aller Schärfe feststellt.

Weltreligionen nennt man diejenigen Religionen, die sich über einen größeren Teil der Erde, der Menschheit erstrecken, insbes. den Buddhismus (550 Mill. Bekenner), den Mohammedanismus (316 Mill.), das Christentum (750 Mill.).

A. Schweitzer, Das Christentum und die W., 1924; P. Schwarzenau, Der größere Gott – Christentum und Weltreligion, 1977; H.-W. Gensichen, W. und Weltfrieden, 1985.

Weltschmerz, das in der Zeit der Romantik verbreitete Gefühl, daß die Welt, in der wir zu leben haben, nicht die beste aller denkbaren Welten ist (wie Leibniz meinte), sondern die schlechteste. Verkünder des W.es waren der engl. Dichter Byron (1788–1824), der von ihm beeinflußte Heinrich Heine (1797–1856) und Nikolaus Lenau (1802–50). Dem W. starken Ausdruck gibt Ch. D. Grabbe, wenn er sagt: „Die allmächtige Bosheit also ist es, die den Weltkreis lenkt und ihn zerstört" (Herzog von Gotland); Der W. hat seine Wurzel im Dualismus von Gut und Böse im christl. Glauben und in der Erfahrung von der Übermacht des Bösen im menschlichen Leben. → auch Pessimismus.

A. Benengräber, Über Schmerz und W., 1880; C. V. Miller, W., Ann Arbor 1979.

Weltseele, eine seelische Kraft, gedacht als Prinzip allen Lebens. Der Gedanke kommt von Platon (Timaios: Die W. ist die Bewegerin der Welt. Sie enthält alles Körperliche und seine Elemente in sich. Sie erkennt alles). Der Schwerpunkt liegt bei der Bewegung als einem übermechanisch Wirkenden, Organisierenden. Die Stoa (*pneuma* als alles durchdringende Weltkraft) und die Neuplatoniker (Plotin) nahmen den Gedanken einer W. auf. Von dort wirkte er in der Renaissance auf Bruno, der sie als das alles belebende, nach Art des Künstlers schaffende Prinzip vorstellte. Bei Herder und Goethe ist W. gleichbedeutend mit → Weltgeist. In der Romantik wird die W. im Anschluß an G.

Bruno von Schelling als das Prinzip gefaßt, welches unbewußt schaffend „die ganze Natur zu einem allgemeinen Organismus verknüpft". Goethe schrieb ein Gedicht betitelt W. Der Begriff W. wird auch von Fechner u. a. benutzt; → Panpsychismus.

F. W. Schelling, Von der W., 1798.

Wenzl, Aloys, Philosoph, * 25. 1. 1887 München, † 20. 7. 1967 das., Prof. in München 1933–38 und seit 1946, Schüler von E. Becher, vertritt einen krit. Realismus und eine induktive Metaphysik, versucht die Ergebnisse mit der modernen Physik, Biologie und Psychologie in einer Metaphysik zu verbinden, die in den verschiedenen Wirklichkeitsschichten ontische Gemeinschaften findet, vor allem eine ursprüngliche „Freiheit", die allen Schichten spezifisch eignet. W.s Hervorhebung der Geistnatur des Menschen und ihrer Intention auf Unsterblichkeit kennzeichnet seine Philosophie als „Weg von den Grenzen der Wissenschaft an die Grenzen der Religion". – Hauptw.: Das Leib-Seele-Problem, 1933: Wissenschaft u. Weltanschauung, 1935, ²1949; Philosophie als Weg von den Grenzen der Wissenschaft an die Grenzen der Religion, 1939, ²1956; Philosophie der Freiheit, 2 Bde., 1947–49; Ontologie der Freiheit, in ZphF, III, 1948; Materie u. Leben als Probleme der Naturphilosophie, 1949; Unsterblichkeit, ihre metaphys. und anthropol. Bedeutung, 1951; Die philos. Grenzfragen der modernen Naturwissenschaft, 1954, ³1961; Theorie der Begabung, 1934, ²1957.

Werden. Übergang von einer Seinsbestimmtheit zur anderen, von einem Sosein zu einem anderen Sosein. Alles Seiende ist geworden und sein eigentliches Sein besteht im W. Das Verhältnis des Seins zum W. ist ein altes metaphysisches Problem. Parmenides ließ das W. im Sein untergehen. Heraklit das Sein im W. Im Laufe der Philosophiegeschichte gewann das W. immer wieder über das Sein die Oberhand. Nach der Akt-Potenz-Lehre des → Neuthomismus besteht das W. aus dem schon verwirklichten Akt und aus der vor der Verwirklichung stehenden Potenz (innere Ursachen des W.s). Ausgelöst wird der Werdeprozeß durch eine Wirkursache, gelenkt wird er durch eine zweite Ursache, das Ziel oder das „Weswegen"; das Ziel kann kraft einer → Entelechie im Werdenden selbst enthalten sein. Die letzte Ursache alles W.s ist das aristotelische → *Proton kinun,* an dessen Stelle die Scholastik Gott setzte; es bzw. er ist Ursprung und Ziel alles W.s zugleich, womit aber nicht auch das W. der letzten Ursache gemeint sein kann. → Nichts.

Wert, von → Lotze als Terminus in die Philosophie eingeführt, ist „ein von den Menschen gefühlsmäßig als übergeordnet Anerkanntes, zu dem man sich anschauend, anerkennend, verehrend, strebend, verhalten kann"(P. Menzer). Der W. ist keine Eigenschaft irgendwelcher Dinglichkeit, sondern eine durch die Fähigkeit des Wertens erkennbare Wesenheit, zugleich die Bedingung für das Wertvollsein der Objekte. Die Vielheit der menschl. Bedürfnisse und Gefühlsweisen erklärt die Verschiedenartigkeit der Wertung; was dem einen von hohem W. ist, besitzt für den anderen geringen oder gar keinen W. Die Möglichkeit, W.e nach Intensität und Art voneinander zu unterscheiden, führt zu deren „messender" Erfassung. Die W.arten werden formal unterschieden als positiver und negativer W. (Unwert, Mißwert), als relativer und absoluter, als subjektiver und objektiver W. Inhaltliche Unterscheidungen sind Güterwerte, logische ethische und ästhetische W.e: das Angenehme, Nützliche u. Brauchbare; das Wahre, das Gute, das Schöne. Hieraus begründeten → relativistischen oder → historischen Strömungen sucht v. Rintelen durch seine Wert-Logik zu begegnen; der Sinngehalt einer unwandelbaren Wertidee, etwa der Liebe, ist in vertikaler Tiefendimension wechselnder Steigerungsgrade fähig u. in jeweiliger horizontaler Variationsbreite, etwa als Eros, Agape, humanitäre, soziale Liebe, realisierbar. Eine Synthese des kantischen Apriorismus und der materiellen W.ethik von Aristoteles gibt N. Hartmann: „Es gibt ein für sich bestehendes Reich der W.e, einen echten ‚*Kosmos noetos*', der ebenso jenseits der Wirklichkeit, wie jenseits des Bewußtseins besteht"; er rechnet die Frage nach dem W. zu den metaphys., irrationalen, ewig unlösbaren Problemen; → Wertethik. Nietzsche machte die überragende Bedeutung der W.e und der W.schätzungen für die Weltanschauung sichtbar. W.schätzungen sind für ihn „physiologische Forderungen zur Erhaltung einer bestimmten Art von Leben"; in ihnen drückt sich der „Wille zur Macht" aus. Er verlangt und versucht eine → Umwertung aller W.e und eine „Rangordnung der W.e". Den höchsten W. verkörpert der große Mensch; er setzt (nach Nietzsche) die W.e fest; → W.philosophie. – Psychologisch betrachtet wird der W. eines Gegenstandes im alltäglichen Sinne darin gesehen, daß er dazu geeignet ist, Lusterlebnisse hervorzurufen und dazu veranlaßt, von ihm Besitz zu ergreifen.

B. Bauch, Wahrheit, W. und Wirklichkeit, 1923; N. Hartmann, Ethik, 1926; F. J. v. Rintelen, Der W.gedanke in der europäischen Geistesentwicklung, 1932; V. Kraft, Die Grundlage einer wiss. W.lehre, 1937; R. Polin, La création des valeurs, Paris 1944; S. Hart, Treatise on Values, New York 1949; M. Eberhardt, Das Werten, 1950; L. Lavelle, Traité des valeurs, I–II, Paris 1951; B. Juhos, Das W.geschehen und seine Erfassung, 1956; K. Stavenhagen, Person und Persönlichkeit, 1957; A. Stern, Geschichtsphilos. und W.problem, 1967; P. Keiler, Wollen und W., 1970; F. Fischer, Der Wille zum W., 1973; M. Scholl-Schaaf, W.haltung und W.system, 1975; E. H. Gombrich, Die Krise der Kulturgesch.: Gedanken zum W.problem in den Geisteswiss., dt. 1983.

Wertblindheit, Begriff der Axiologie, die Unfähigkeit Werte überhaupt zu empfinden und sie sich im Erleben zu eigen zu machen. W. ist bereits an dem Mangel an Ehrfurcht zu erkennen. Nicht nur beim ästhetischen Wertempfinden (etwa Musikalität, Sehen des Naturschönen usw.), sondern auch beim ethischen und religiösen wird angenommen, daß W. auf mangelnden Anlagen, auf Unbegabung beruhen kann, daß sie aber in den meisten Fällen durch vorgelebte Wertsituationen und häufiges Miterleben des Wertgefühls, besonders im Jugendalter, überwunden werden kann.

D. v. Hildebrand, Sittlichkeit und ethische Werterkenntnis, 1922; M. Müller, Über Grundbegriffe philosoph. Wertlehre, 1932; O. Kraus, Die Werttheorien, 1937; N. Hartmann, Ethik, ^{4}1949.

Wertethik, eine auf Aristoteles zurückgehende, bes. der kantischen formalen Ethik entgegengesetzte, daher von Scheler „materiale W." genannte Form der Ethik (→ Wert). Nach Kant ist ein moralisches Gebot (ein → kategorischer Imperativ) stets ein formales Gesetz, das nicht vorschreibt, was der Mensch wollen soll, sondern wie er wollen und handeln soll. Denn das Wesen des Guten ist eine reine Formqualität des Willens. – Die Bevorzugung der

Form gegenüber dem Inhalt reicht bis in die Antike zurück; bei Aristoteles war die reine Form der Zweck des Werdens, bei Plotin war sie das Gute. Bei Kant ist die „Materie" Sache der Sinne, alle Prinzipien (Kategorien, Ideen, Postulate usw.) sind dagegen „reine Form",besitzen überdies Apriorität und daher Anspruch auf Allgemeingültigkeit. Dagegen stellt M. Scheler (Der Formalismus i. d. Ethik u. d. materialen W., [4]1954) fest, daß weder alles Apriorische formal noch alles Materiale aposteriorisch ist. Ein materialbestimmter Wille braucht nicht, wie Kant meint, empirisch bestimmt zu sein und erniedrigt den Menschen nicht zum „Naturwesen". Ähnlich wie das Apriorische zum Aposteriorischen verhält sich für Kant das Denken zur Sinnlichkeit. Die Phänomenologie hat dagegen den Nachweis erbracht, daß in jeder Wahrnehmung eine Fülle apriorischer Elemente enthalten ist. Nach Kant ist jede materiale Bestimmung des Willens auf Lust u. Unlust bezogen und der Wert der begehrten Güter soll erst mittelbar durch diese Beziehung gegeben sein. In Wirklichkeit sind dem Bewußtsein nur die Wertträger gegeben samt dem Wertakzent, der sie begehrenswert macht. Das Wertvollsein einer Sache wird durch einen emotionalen, nicht durch einen intellektualen Akt erfaßt. Es gibt ein reines Wert-Apriori. „Auch das Emotionale des Geistes, das Fühlen, Vorziehen, Lieben, Hassen, Wollen hat einen ursprünglichen apriorischen Gehalt, den es nicht vom Denken erborgt, u. den die Ethik ganz unabhängig von der Logik aufzuweisen hat. Es gibt eine apriorische (→) *ordre du coeur,* oder *logique du coeur,* wie Blaise Pascal treffend sagt" (M. Scheler, a.a.O.). Es gibt ein primäres Wertgefühl, auf dem das Wertbewußtsein (das Werten) beruht, das stets ein materiales und gegenständliches Bewußtsein ist. Die Werte selbst sind nicht Gesetze oder Gebote, sondern inhaltlich-materiale und objektive Gebilde, auch wenn sie nicht reale Gebilde sind. Durch ihre materiale Natur sind sie fähig, den Inhalt v. Geboten zu bestimmen; → auch Ethik.

N. Hartmann, Ethik, 1926; H. Reiner, Pflicht und Neigung – die Grundlage der Sittlichkeit, 1951; H. Stoffer, Über das ethische Werturteil, 1955; S. Krohn, Die normative W., 1958; M. S. Frings, Person und Dasein – Zur Ontologie des Wertens, 1969; V. Zsifkovits, Der Friede als Wert, 1973; H. Drexler, Begegnung mit der W., 1978.

Wertfreie Wissenschaft, → Rationalismus.

Wertphilosophie (Werttheorie, Wertlehre, Axiologie), erst seit Lotze entstandenes philos. Gebiet, dessen Fragen vorher in der Logik, in der Ästhetik, und bes. in der Ethik einerseits, in der Psychologie, bes. der des Wollens und Fühlens andererseits erörtert wurden. Erst spät gruppierte sich um das Problem des → Wertes die neue philos. Disziplin, auf deren Gebiet sich Eisler, Münsterberg, Scheler, W. Stern, J. Cohn u. a. betätigten (→ Wertethik, Wert).

A. Messer, Dt. W. der Gegenwart, 1926; S. Behn, Philos. der Werte, 1930; D. Thielen, Kritik der Werttheorien, 1937; O. Kraus, Die Werttheorien, 1937; J. Hessen, W., 1937; J. Delesalle, Liberté et valeur, Leuven 1950; W. Ehrlich, Hauptprobleme der W., 1959; F. V. Kruse, Erkenntnis und Wertung, 1960; H. Albert/E. Topitsch, Werturteilsstreit, 1971; W. Schluchter, Wertfreiheit und Verantwortungsethik, 1971; S. Moser/A. Huning (Hgg.), Werte und Wertordnungen in Technik und Gesellschaft, 1975; J. J. Pandelis, Value, Ann Arbor 1980; B. H. Smith, Contingencies of Value. Alternative Perspectives for Critical Theory, Cambridge Mass. 1988.

Wesen (griech. *usia,* lat. *essentia*), 1. ein einzelnes Ding, bes. ein lebendes oder als lebend gedachtes; 2. die Eigenart, die „Natur", das eigentümliche Sein, Sosein (→ Dasein) eines Dinges; 3.das Wirkliche, „Wesenhafte", das „eigentliche" Sein im Gegensatz zum Schein; 4. Das Allgemeine, „Wesentliche", einer ganzen Art oder Gattung, seine Bedeutung, seine Idee, sein Sinngehalt. Die griech. Philosphie denkt W. und Sein vorwiegend in Eins zusammen. Später, bes. mit dem Aufkommen des modernen Irrationalismus (bes. seit Schopenhauer) werden sie immer schroffer als Gegensätze empfunden; → Wesenheit. – Im Sinne der modernen Psychologie ist W. eine der → Gestaltqualitäten, d. h. es ist eine erlebte Eigenschaft der Gegenstände, und zwar eine ausdruckshaltige; zu den W.seigenschaften (Ausdrucksqualitäten) gehören z. B. Charakter, Ethos, Habitus, Stimmung, Gefühlswert, die, wenn sie an Sachen auftreten, mehr oder weniger adäquat mit Adjektiven bezeichnet werden wie: feierlich, freundlich, stolz, finster, friedlich, wuchtig, zierlich; männlich, weiblich, kindlich, greisenhaft, polternd, krachend, klirrend, heulend; lächelnd, traurig, drohend, einladend, abweisend usw. Es handelt sich also um eine objektive Verlebendigung von Gegenstandseigenschaften. „Tatsächlich sind die W.seigenschaften dasjenige an dem anschaulich Gegebenen, das allein fähig ist, auf uns Eindruck zu machen, unser eigenes Wesen unmittelbar zu berühren ... Für jede W.seigenschaft gibt es ein ganz bestimmtes Gefüge (→ Struktur), in dem es sich am reinsten und zwingendsten verwirklicht, dieses nennt man ‚ausgezeichnet' oder ‚prägnant'" (W. Metzger, Psychologie, ²1957); → Prägnanz. → Sinn.

X. Zubiri, Vom W., 1968.

Wesenheit (Washeit, lat. *quidditas*), das, was das → Wesen einer Sache ausmacht, das Insgesamt ihrer Wesenseigenschaften, der substantielle Kern (Essenz) eines selbständig existierenden Seienden. – Bisweilen wird dieser Kern wie ein selbständiges Seiendes behandelt. Man spricht dann von „W.en", die in Beziehungen zueinander treten, Wirkungen ausüben usw.

Wesensschau (Wesenschauung, Ideenschau, Bedeutungsschau), der geistige Akt, durch den der Mensch der Ideen oder Bedeutungen bzw. des Wesens der Dinge entweder unmittelbar oder vermittelt durch die Wahrnehmung der betr. Dinge inne wird. Platon schuf den Mythus von der W. der Seele, die vor ihrer Einkörperung in den Leib die Ideen unmittelbar geschaut habe. Nach unmittelbarer W. streben der Neuplatonismus, die Mystik, der dt. Idealismus (→ auch Intuition). Von W. als durch Wahrnehmung vermittelter logischer Bedeutungsschau spricht die mod. Gegenstandslogik, z. B. Driesch. Bei Husserl ist W. das Sehen des → Eidos; → Phänomenologie, 5.

Wetter, Gustav A., Prof. f. russ. Philosophie u. Marxismusstudien a. d. Päpstl. Universität Rom, * 4. 5. 1911 Mödling/Österreich, neben seinen Untersuchungen zur russ. Geistesgeschichte befaßt sich W. hauptsächlich mit Fragen der marxistischen Philosophie, bei deren Erforschung er sein Augenmerk besonders den Schwierigkeiten zuwendet, die ihr durch die „Umkehrung" der Hegelschen Dialektik und die Ausarbeitung einer „Dialektik der Natur" entstehen. – Schrieb u. a.: Der Dialektische Materialismus, 1952, ⁵1960; Sowjetideologie heute, Bd. I: Der dialektische u. histor. Materialismus, 1962, [6]1972; Die Umkehrung Hegels, 1963, [2]1964.

Weyl, Hermann, Mathematiker, * 9. 11. 1885 Elmshorn, 1913–30 Prof. in Zürich, dann in Göttingen, seit 1933 in Princeton (N. J.), USA, † 9. 12. 1955 Zürich; trug durch sein dt. geschr. Werk: „Philosophie der Mathematik und Naturwissenschaft" (1927, [3]1966) Wesentliches zum Ausbau der Lehre vom vierdimensionalen Kontinuum bei. – Hauptwerke: Raum, Zeit, Materie, 1918; Das Kontinuum, 1918; Gruppentheorie und Quantenmechanik, 1928; The Open World, 1932; Mind and Nature, 1934; The Classical Groups, their Invariations and Representations, 1938; Algebraic Theory of Numbers, 1940.

Whewell, William, engl. Philosoph, * 24. 5. 1794 Lancaster, † 6. 3. 1866 Cambridge, das. nacheinander Professor der Mathematik, der Mineralogie und der Moralphilosophie, trat bes. für die Anwendung der Induktion in den Wissenschaften ein. Induktion ist nach ihm nicht bloß ein Anhäufen von neuen Tatsachen, sondern die Bildung allgemeiner Gesetze, die als solche in keiner der betreffenden Tatsachen existieren. – Hauptwerke: History of the Inductive Sciences, 1837, dt. 1840; Philosophy of the Inductive Sciences, I–II, 1840; On Hegels Criticism of Newtons Principia, 1849.

S. Marcucci, L'idealismo die W., Paris 1963.

Whitehead, Alfred North, engl. Philosoph u. Mathematiker, * 15. 2. 1861 Ramsgate, † 30. 12. 1947 Cambridge (Mass.), das. seit 1924 Prof. a. d. Harvard-University, einer der wichtigsten Vertreter des → Neurealismus, auf den er eine kritische Naturphilosophie gründete, die er später durch eine konstruktive Metaphysik ergänzte. Die abendländ. Philosophie nannte er „eine Reihe von Fußnoten zu Platon". Zusammen mit Russell verfaßte er die *„Principia Mathematica"* (→ Logistik). In seinem metaphysischen Hauptwerk: *„Process and reality. An essay in cosmology"* (1929, corr. ed. Griffin u. Sherburne, 1978; dt. 1979) stellt er die Objekte als beständige, gleichsam atomistische Bausteine der Natur dar, die aber nur Merkmale oder Eigenschaften des Werdens sind. Alles Seiende ist organismisch; das Wesen der Organismen enthüllt sich klar an den individuellen Elektronen und an den individuellen Lebewesen (*Coincidentia oppositorum*), in dem dazwischen liegenden Raum herrscht Verwirrung. – Hauptwerke: An Inquiry Concerning the Principles of Natural Knowledge, 1919; The Concept of Nature, 1920; The Principles of Relativity, 1924; Religion in the Making, 1926, dt. 1985; Science and the Modern World, 1926, dt. 1949; Process and Reality, 1929, dt. 1979; Adventures of Ideas, 1933, dt. 1971; Modes of Thought, 1938; Essays in Science and Philosophy, 1948 (Auszüge dt. 1949); The Interpretation of Science, 1961.

P. A. Schilpp, The Philosophy of A. N. W., La Salle 1941; F. Cesselin, La philos. organique de W., Paris 1950; A. H. Johnson, W.s Philosophy of Civilisation, Boston 1958; M. Jordan, New Shapes of Reality – Aspects of A. N. W.s Philosophy, London 1968; E. O. Laszlo, La métaphysique de W., Den Haag 1970; R. M. Martin, W.s Categorial Scheme and other Papers, 1974; L. Moser, Die Dimensionen des Dynamischen im Seinsbegriff – Eine Auswertung von W.s Wirklichkeitsverständnis, 1975; E. Wolf-Gazo (Hg.), W. – Eine Einf. in seine Kosmologie, 1980; R. L. Fetz, W. – Prozeßdenken und Substanz-Metaphysik, 1981; A. H. Johnson, W. and his Philosophy, Lanham 1983; L. Belaif, Whiteheadian Ethics, Lanham 1984; H. Holz/E. Wolf-Gazo (Hgg.), W. und der Prozeßbegriff, 1984; M. Code, Order and Organism,

New York 1985; V. Lowe, A. N. W., Baltimore 1985; F. Rapp/R. Wiehl (Hgg.), W.s Metaphysik der Kreativität, 1986; H. Maßen, Gott, das Gute und das Böse bei A. N. W., 1988.

Widerspiegelungstheorie, s. Abbildtheorie.

Widerspruch nennt man den ausgesprochenen Gegensatz zu einem behaupteten Satz (Urteil, Meinung). W. im logischen Sinne ist der ausschließende Gegensatz zweier Urteile od. Begriffe. Der Satz vom W. *(principium contradictionis)* besagt, daß → kontradiktorisch einander entgegengesetzte Urteile nicht beide zugleich wahr sein können, sondern wenn das eine wahr ist, muß das andere falsch sein; oder auch: dasselbe Urteil kann nicht zugleich bejaht und verneint werden.

J. Bahnsen, Der W. im Wissen und Wesen der Welt, 1880–81; R. Heiss, Die Logik des W.s, 1932; G. Kahl-Furthmann, Das Problem des Nicht, 1934; A. Kulenkampff, Antinomie und Dialektik – Die Funktion des W.s in der Philos., 1970; M. Wolff, Der Begriff des W.s, 1981.

Widerstandserlebnis, auf → Destutt de Tracy zurückgehender und von Dilthey eingeführter Begriff, der die Art der ursprünglichen, vorreflexiven Begegnung des Subjekts mit der Außenwelt kennzeichnet. Die → Realität ist nach Scheler das, was unserem Streben Widerstand leistet; das W. ist nach Nic. Hartmann eine der Tatsachen, die uns die Realitätsgewißheit vermitteln. In der Psychologie Freuds bedeutet W. das kaum vernehmbare Zurückdrängen der ins Unbewußte verdrängten Erlebnisse und Einzelvorstellungen.

M. Scheler, Wissensformen und die Gesellschaft, 1926; E. Fromm, Man by Itself, New York 1947, dt. 1954; R. Saage, Herrschaft, Toleranz, Widerstand, 1981; B. Schmidt, Das Widerstandsargument in der Erkenntnistheorie, 1985; H. Ebeling, Vernunft und Widerstand, 1986.

Wieland, Wolfgang, * 29. 6. 1933 Heidenheim/Brenz, Professor in Heidelberg, befaßt sich mit metaphysischen Fragen der aristotelischen Naturphilosophie, der Philosophie des deutschen Idealismus und als Mediziner mit methodologischen Untersuchungen zu medizinischen Theorien. – Schr. u. a.: Schellings Lehre von der Zeit, 1956; Die aristotelische Physik, [2]1970; Diagnose, Überlegungen zur Medizintheorie, 1975; Platon und die Formen des Wissens, 1982; Strukturwandel der Medizin und ärztlichen Ethik, 1986; Aporien der prakt. Vernunft, 1989.

Wiener Kreis, → Neupositivismus.

Wilhelm von Champeaux, frz. Frühscholastiker, * um 1070, † 1121 als Bischof (seit 1113) von Châlons-sur-Marne, zog sich nach Studium u. Lehrtätigkeit in Paris 1108 dort in das Kloster von St. Viktor zurück, vertrat im Universalienstreit des MA. (im Gegensatz zu seinem Lehrer, dem Nominalisten Roscelinus) einen extremen Realismus, demzufolge die Allgemeinbegriffe reale Substanzen sind; diesen Standpunkt milderte er jedoch später unter dem Einfluß der Kritik Abälards. – Sententiae Quaestiones, hg. 1898.

H. Weisweiler, Das Schrifttum Anselms von Laon und W. v. C. in dt. Bibliotheken, 1936.

Wilhelm von Ockham (Occam), engl. Scholastiker, * (kurz) vor 1300 Ockham (Surrey), † 9. 4. 1347 oder 1350 München, der bedeutendste Vertreter des → Nominalismus, wegen seiner dialektischen Gewandtheit als *„doctor invincibilis"* (unbesiegbarer Lehrer) bezeichnet. Er verkörpert sowohl die Vollendung als auch zugleich die Überwindung des scholastischen

Denkens in der engl. Philosophie und schuf eine Ontologie des transzendentalen Seins, die an Thomas von Aquino und Duns Scotus anknüpft und über Suarez, Leibniz und Gabriel Biel bis zu Kant reicht. Er sieht die ganze Welt als aus Einzeldingen und -wesen zusammengesetzt an und führt alle Erkenntnis auf die äußere und innere Erfahrung zurück; Gott begrifflich zu erkennen oder sein Dasein unwiderleglich zu beweisen, ist somit unmöglich, man muß einfach an ihn glauben; philosophische und theolog. Wahrheit sind zweierlei Dinge. Die Philosophie muß sich ebenso wie alle Wissenschaft überhaupt von der Theologie freimachen. W. lebte von 1328 an in München und unterstützte Kaiser Ludwig den Bayern im Kampf gegen das Papsttum. W.s Schule legte den Grund zur modernen Mechanik und Astronomie; sie muß nach den Forschungen von P. Duhem *(Etudes sur Léonard de Vinci,* 1909) als der Ausgangspunkt der modernen Dynamik (Trägheitsgesetz, Kraftbegriff, Fallgesetz), der Himmelsmechanik, des Kopernikanismus u. der Koordinatengeometrie bezeichnet werden. – Hauptwerke: Quaestiones in octo libros Physicorum, 1491; Sentenzenkommentar, 1495; Exposition aurea, 1496; Summa totius logicae, 1498; Opera Theologica, I–IV, St. Bonaventure N. Y. 1967–79.

E. Hochstetter, Metaphysik und Erkenntnislehre W.s v. O., 1927; S. Moser, Grundbegriffe der Naturphilos. W.s v. O., 1932; F. Hoffmann, Die erste Kritik des Ockhamismus, 1941; G. Martin, W. v. O., 1949; J. Miethke, O.s Weg zur Sozialphilos., 1969; A. Goddu, The Physics of W. of O., Leiden 1984; M. M. Adams, W. O., Notre Dame Ind. 1987; K. H. Iachau, Vision and Certitude, Leiden 1988; W. Vossenkuhl/R. Schönberger (Hgg.), Die Gegenwart O.s, 1990.

Wille, im Gegensatz zu → Trieb und → Drang der geistige Akt, durch den ein (als solcher erkannter) Wert, eine beabsichtigte Handlung, bejaht oder erstrebt wird. Der W. kann sich nur auf (subjektiv) Wertvolles richten (das Böse zu wollen vermag nur der „Satan"); er ist daher abhängig von der individuellen Wertrangordnung (→ Ethik). Das W.nsmotiv, also der Wert oder der wertvolle Sachverhalt, tritt im Rahmen einer → Situation in Erscheinung; jedes Willensmotiv erzeugt Gegenmotive (→ Hemmung), von deren Stärke es abhängt, ob der W. eine Handlung (→ Sachlichkeit) im Gefolge hat. Der W. ist, als geistiger Akt, stets freier W., d. h. er hat die Möglichkeit, unter mehreren Motiven zu wählen, sogar eines, das im Gegensatz zu seinen vitalen Bedürfnissen steht. Vermöge dieses W.ns ist der Mensch das einzige Wesen, das aus freien Stücken gegen seine eigenen Interessen handeln, sogar sich selbst vernichten kann (Selbstmord). Schopenhauer entwarf eine Metaphysik des All-W.ns, der objektiv als Natur einschl. des menschl. Leibes, subjektiv als bewußter W. erscheint. → Nietzsche schuf, an Schopenhauer anknüpfend, seine Lehre vom W.n zur Macht; Klages faßte den W.n in seinem Verhältnis zum Leben als die „universelle Hemmtriebfeder" auf. Hegel bezeichnete als das ideale Endziel der Welt das Bewußtsein des Geistes von seiner Freiheit (im W.n) und eben damit die Wirklichkeit seiner → Freiheit.

A. Schopenhauer, Die Welt als W. und Vorstellung, I–II, 1819; A. Pfänder, Phänomenologie des Wollens, 1900; L. Klages, Die Lehre vom W., 1929; F. Haensel, Beiträge zur Strukturanalyse des W.s, 1939; J. F. v. Rintelen, Dämonie des W.s, 1947; P. Ricoeur, Philos. de la volonté, I–III, Paris 1950–60; W. Keller, Das Problem der W.sfreiheit, 1965; P. Keiler, Wollen und Wert, 1970; F. Fischer, Der W. zum Wert, 1973; H. Düker, Untersuchungen über die Ausbildung des Wollens, 1975; H. Arendt, The Life of the Mind, New York 1978, dt.

1979; B. O'Shaugnessy, The Will, Cambridge 1980; P. Riley, Will and Political Legitimacy, Cambridge Mass. 1982; J. Trusted, Free Will and Responsibility, Oxford/New York 1984.

Wille zur Macht, Titel eines geplanten Werkes u. Bestandteil der Lebensphilosophie von → Nietzsche.

Willensfreiheit → Wille, Handlung, Freiheit.

Willkür, die Fähigkeit, unter mehreren Willensmotiven (→ Wille) zu wählen; W. heißt auch der Mißbrauch dieser Fähigkeit. Im alltäglichen Wortgebrauch soviel wie ungeplant, subjektiv, zufällig.

Winckelmann, Johann Joachim, Archäologe, * 9. 12. 1717 Stendal, † 8. 6. 1768 Triest (durch Mord), 1763 Generalkustos der klass. Altertümer im päpstlichen Kirchenstaat; wandte sich gegen den Rationalismus Wolffs und seiner Schule. Schönheit ist nach W. das Schwersterfaßbare: sie geht über unsere Fassungskraft hinaus. Rühmte die „edle Einfalt u. stille Größe" der Griechen. Die höchste Schöpfung der sich immer steigernden Natur ist nach W. der schöne Mensch. – Hauptwerke: Über die Nachahmung der griech. Werke in der Malerei und Bildhauerkunst, 1755; Kunst des Altertums, 1764; Ewiges Griechentum (Auswahl), 1944; Briefe und kleine Schriften, I–II, 1952; Gesamtausgabe, I–VIII, 1808–20. – H. Ruppert (Hg.), W. Bibl., 1942.

J. W. v. Goethe, W. und sein Jh., 1805; C. Justi, W. und seine Zeitgenossen, I–III, 1866; E. Curtius, W. und seine Nachfolge, 1941; W. Schadewaldt, W. und Homer, 1941; N. Himmelmann, W.s Hermeneutik, 1971; T. W. Gaehtgens, J. J. W., 1986; M. Käfer, W.s hermeneutische Prinzipien, 1986; L. Uhlig (Hg.), Griechenland als Ideal – W.-Rezeption in Deutschland, 1988.

Windelband, Wilhelm, Philosoph, * 11. 5. 1848 Potsdam, † 22. 10. 1915 Heidelberg als Prof. (seit 1903), verdient als Philosophiehistoriker, ging von Kants Kritizismus aus und legte den Grund zur Badischen oder Südwestdt. Schule des → Neukantianismus. Für ihn war Philosophie krit. Wissenschaft von den allgemein gültigen Werten. In der Wissenschaftslehre trennte er verallgemeinernde oder nomothet. Naturwissenschaften (die das Gesetz suchen) und individualisierende od. idiograph. Kulturwissenschaften (die die Einzeltatsache zu begreifen versuchen). – Hauptwerke: Gesch. der neueren Philos., I–II, 1878–80; Präludien, I–II, 1884; Gesch. der abendländ. Philos. im Altertum, 1888; Lehrbuch der Gesch. der Philos, 1892, ^{16}1976; Gesch. und Naturwissenschaft, 1894; Platon, 1900; Über Willensfreiheit, 1904; Die Philos. im dt. Geistesleben des 19. Jh.s, 1909.

H. Rickert, W. W., 1915; B. Jakovenko, W. W., 1941; G. Iggers, Dt. Geschichtswiss., 1971; H. Schnädelbach, Philos. in Deutschland 1831–1933, 1983.

Wirklichkeit, im Sinne der Metaphysik (im 1. Sinne) das Sein desjenigen → Seienden, das das Prädikat „wirklich" trägt, also das Wirklichsein eines Seienden. Der Ausdruck W. wurde von Meister Eckhart geprägt als (Übersetzung des lat. *actualitas* „Wirksamkeit"). Im Deutschen enthält der Begriff W. einen 2. Sinn: er beinhaltet die wichtige Komponente des Wirkens, während W. im Altgriech. u. Römischen mit Wahrheit, im Franz. u. Engl. mit Realität identisch ist, womit ein 3. Sinn unterschieden wird. Im Deutschen unterscheidet sich die Wahrheit von der W. dadurch, daß sie an die Evidenz (nicht an das Wirken) gebunden ist, die → Realität von der W. dadurch, daß sie auch das Mögliche enthält. W. steht im philos. Sprachgebrauch sowohl im Gegensatz zum bloß Scheinbaren als auch zum bloß Möglichen. Denkt man dabei mehr an den Gegensatz zum Scheinbaren, so benutzt man für W. auch den Ausdruck Realität, denkt man mehr an den Gegensatz zum Möglichen, so redet man anstelle von W. auch von Dasein. Im → Neuthomismus werden die Ausdrücke W. und Möglichkeit auch für Akt und Potenz gebraucht. Über Kants Begriff des Wirklichen → Postulat.

Die moderne Psychologie unterscheidet zunächst zwischen makrokosmischer (außenweltlicher) und mikrokosmischer (innerweltlicher) W. (→ Mikrokosmos). Nur die mikrokosm. W. kann erlebt werden (→ erlebnistranszendent), während die makrokosmische auf dem Umweg über die → Reize von ihrem Vorhandensein und ihren Eigenschaften dadurch Kunde gibt, daß sie in → Erscheinung tritt. Die makrokosm. W. ist gleichbedeutend mit der physikalischen W. (W. im 1. Sinne), deren Erforschung Aufgabe der Physik ist; aber auch die Physik hat es nicht mit der makrokosmischen W. selbst, sondern immer nur mit ihren Erscheinungen zu tun; → Schein. Die mikrokosm. W. ist im physikalischen Sinne die uns täglich begegnende Umwelt. Innerhalb dieser unterscheidet man das Angetroffene vom Vergegenwärtigten. Nur das Angetroffene ist „eigentlich" wirklich (W. im 2. Sinne); es ist die E r l e b n i s w i r k l i c h k e i t schlechthin, das unserer Wahrnehmung anschaulich Gegebene, und nimmt im Reiche des Seienden den gleichen Rang ein, wie die W. im 1. Sinn (W. Metzger). Gegenüber den Lehren der älteren Psychologie ist hervorzuheben: „Es gibt nur ein beobachtendes Subjekt, und das heißt „Ich"; und nur eine beobachtbare Welt, das ist die unmittelbar anschauliche. Diese selbst beobachtet aber nicht ihrerseits wieder die physikalische Welt (od. die Reize), sondern sie steht zu dieser in einem rein sachlich zu beschreibenden Abhängigkeitsverhältnis, auf Grund dessen sie vom Subjekt als Hinweis darauf genommen werden kann. Hierbei verwertet der Beobachter bestimmte Merkmale der anschaulichen Welt als Hinweise auf bestimmte Eigenschaften des physikalisch Wirklichen; und er kann sich in ihrer Wahl u. Deutung vergreifen. (W. Metzger, Psychologie, [2]1957).

Das Vergegenwärtigte ist der Bereich der W. im 3. Sinne; sie hat nicht denselben Rang wie die W. im 2. Sinn, aber sie gehört zur W., denn sie wirkt auf unser seelisch-geistiges Ich, sie wirkt bisweilen viel heftiger, als die leibhaft begegnenden Dinge und Personen es vermögen. Die W. im 3. Sinn und nur diese hat den Charakter der Intentionalität (→ Intention); sie wirkt in der Regel auf eine W. im 2. Sinne, kann aber bei theoretisch-wissenschaftlicher Einstellung des Ichs auch auf die W. im 1. Sinn hinweisen.

Das erlebnismäßige Verhältnis zwischen W. im 3. u. im 2. Sinne ist für die Erkenntnislehre oft die Grundlage gewesen für Annahmen über das Verhältnis der W. im 2. u. 1. Sinne. Die Gefahr, diese beiden sich ähnelnden Verhältnisse zu verwechseln oder zu vermengen, ist groß (→ Außenwelt, psychophys. Niveau).

Der Unterschied zwischen Etwas und Nichts (im alltägl. Sprachgebrauch zw. voll und leer, abwesend u. anwesend usw.) kann nicht mit wirklich u. nichtwirklich gleichgesetzt werden; ein Glas ohne Wasser ist anschaulich „leer", ein Fischglas

voll Wasser, aber ohne Fisch ist auch „leer“ usw.
Innerhalb der W. im 3. Sinne gibt es W.sgrade: ein befürchtetes Ereignis wird immer wirklicher, je näher es heranrückt, je wahrhaftiger (wahrscheinlicher) es erscheint usw. Aber auch unsere Sinnesorgane vermitteln uns, abgesehen von der individuell verschiedenen Sinnesschärfe, die W. (im 2. Sinne) in verschiedener Intensität, die über Riechen, Schmecken, Hören, Sehen bis zum Tasten ansteigt. Ein mit der Fingerspitze berührter oder gar mit der Hand umschlossener Gegenstand vermittelt uns in einzigartiger Weise die Gewißheit, es mit etwas Wirklichem zu tun zu haben. Mit dem Tatsinn ist ein im Unterbewußten verwurzeltes Wissen davon verbunden, daß in demselben Augenblick in welchem unsere anschaulich gegebene Hand den anschaulich gegebenen Gegenstand (beides W.en im 2. Sinn) berührt, auch eine Berührung im Reich des Makrokosmischen (W. im 1. Sinne) stattfindet.

F. H. Bradley, Appearance and Reality, London 1893, dt. 1928; M. Frischeisen-Köhler, Wissenschaft und W. 1912; B. Bauch, Wahrheit, Wert und W., 1923; G. Jacoby, Allg. Ontologie der W., I–II, 1925–55; H. Maier, Philos. der W., I–III, 1926–35; R. Reininger, Metaphysik der W., 1931; T. v. Uexküll/E. Grassi, W. als Geheimnis und Auftrag, 1945; K. Reidemeister, Geist und W., 1953; J. Cohn, W. als Aufgabe, 1955; H. Sachsse, Naturerkenntnis und W., 1967; B. Kanitschneider, Geometrie und W., 1971; H. Klein, Vernunft und W., I–II, 1973; P. M. S. Hacker, Appearance and Reality, Oxford 1987; P. Strasser, Philos. als W.ssuche, 1989.

Wirkung → Ursache; W.squantum → Quantentheorie. – Das „Prinzip der kleinsten W.“ besagt, daß von allen mechan. Bewegungen, die ein an bestimmte einschränkende Bedingungen gebundenes Körpersystem ausführen kann, diejenige Bewegung tatsächlich ausgeführt wird, bei der die gesamte W. einen möglichst geringen Wert erhält; → Minimum

H. Titze, Der Kausalbegriff in Philos. und Physik, 1964.

Wirtschaftsphilosophie, die philosoph. Betrachtung der Wirtschaft, untersucht bes. den Wert der Wirtschaft im Zusammenhang mit der Kultur überhaupt und die Beziehungen zwischen den allgemeinen weltanschaulichen Grundgedanken einer Zeit und ihren jeweiligen Wirtschaftstheorien. Die Grundfragen der W. werden heute unter neuen Gesichtspunkten als philosophische Probleme der politischen → Ökonomie, Soziologie und Politologie behandelt. Ausschlaggebend dabei ist die philosoph. Anthropologie, die bei allen vermeintlichen Gesetzmäßigkeiten im Wirtschaftsgeschehen stets auf den nie zuende erforschbaren Menschen, auf seine Unberechenbarkeit im sozialen und im politischen Leben verweist.

H. Freyer, Die Bewertung der Wirtschaft im philos. Denken des 19. Jh.s, 1921; H. Weber/P. Tischleder, Wirtschaftsethik, 1931; A. Berle, Die kapitalistische Revolution des 20. Jh.s, 1958; C. E. Weber, Die Kategorien des ökonomischen Denkens, 1958; F. Jonas, Das Selbstverständnis der ökonom. Theorie, 1964; G. Hartfiel, Wirtschaft und soziale Rationalität, 1968; R. Lay, Ethik für Wissenschaft und Politik, 1983; K. Lefringhausen, Wirtschaftsethik im Dialog, 1988.

Wissen heißt Erfahrungen und Einsichten besitzen, die subjektiv und objektiv gewiß sind und aus denen Urteile und Schlüsse gebildet werden können, die ebenfalls sicher genug erscheinen, um als W. gelten zu können. Nach M. Scheler ist W. die Teilhabe am Sosein eines Seienden, deren Voraussetzung die das eigene Sein transzendierende Teilnahme ist; diese Teilnahme wird im formalsten Sinn → Liebe genannt (→ Hingabe). Nach Scheler kann und soll das W. dienen: „Erstens dem Werden und der Entfaltung der Person, die weiß – das ist das Bildungswissen. Zweitens dem Werden der Welt und (vielleicht) dem zeitfreien Werden ihres obersten Soseins- u. Daseinsgrundes selbst (→ Urseiendes), die in unserem menschl. W. u. jedem möglichen W. um die Welt zu ihrer eigenen Wesensbestimmung gelangen, oder doch zu etwas, ohne das sie ihre Wesensbestimmung nicht erreichen können. Dieses W. um der Gottheit willen heiße Erlösungswissen. Und es gibt drittens das Werdensziel der praktischen Beherrschung u. Umbildung d. Welt für unsere menschl. Ziele u. Zwekke ... Das ist das W. der positiven W.schaft, das Herrschafts- oder Leistungswissen" (Erkenntnis u. Arbeit, in „Die W.sformen u. d. Gesellschaft", 1926); → Wissenssoziologie.

M. Landmann, Problematik – Nichtwissen und W.sverlangen im philos. Bewußtsein, 1949; O. Blaha, Das unmittelbare W., 1959; H. Pfeil, Was sollen wir wissen?, 1963; H. Popotz, Über die Präventivwirkung des Nicht-W.s, 1968; W. Stegmüller, Wiss. Erklärung und Begründung, 1969; J. C. Cahalan, Causal Realism, Lanham 1985; R. d'Amico, Historicism and Knowledge, New York 1989.

Wissenschaft (griech. *episteme,* lat. *scientia*), ein Kulturzweig, der nicht zu allen Zeiten und nicht bei allen Völkern in Blüte stand bzw. steht. So haben die Griechen W. in ihrer eigenständigen Kulturfunktion erstmalig entdeckt, ohne sie weiterzuentwickeln, und sie wurde als ein besonders kulturelles Lebensideal von den westeuropäischen Völkern übernommen und fortgesetzt. W. ist der Inbegriff des menschl. Wissens; das nach Prinzipien geordnete Ganze der Erkenntnis (Kant); der sachlich geordnete Zusammenhang von wahren Urteilen, wahrscheinlichen Annahmen (→ Hypothese, Theorie) und möglichen Fragen über das Ganze der Wirklichkeit oder einzelne Gebiete und Seiten derselben. Zum Unterschied vom ungeordneten (Erfahrungs-) Wissen (Empirie) geht die W. nicht bloß auf das Daß, sondern auch auf das Warum, die Gründe, Ursachen (Aristoteles) der Dinge. Sie schreitet analytisch vom „Ganzen" zu den „Teilen"; synthetisch von diesen zu jenem; durch Induktion von Erfahrungen und Beobachtungen zu Begriffen, Urteilen und Schlüssen, vom Einzelnen, Besonderen zum Allgemeinen, aber auch durch Deduktion vom Allgemeinen zum Besonderen, immer das eine am andern prüfend (→ Methode). Der wissenschaftliche Fortschritt besteht in dem immer weiteren systematischen Vordringen (→ System) in die Breite und Tiefe der Wirklichkeit, zu den Elementen des Seins u. Geschehens u. zur Erkenntnis ihrer Zusammenhänge, des großen Zusammenhangs der Wirklichkeit überhaupt, die wir → Welt nennen. Der Sinn dieses Zusammenhanges stammt von uns selbst, aus unserem Miteinandersein und aus der Rolle, die die Realität des Seienden sich in diesem Miteinander erzwingt. W. im höchsten Sinne ist Weltwissenschaft. Den → Einzelwissenschaften gegenüber kommt der Philosophie die besondere Aufgabe zu, die Gebiete real zusammengehörender Objekte abzustecken. Die Abstekkung der Objektgebiete ist kein schematisch-fachliches Einteilen, sondern ist „zugleich begründender Entwurf, auf dem die ganze konkrete begriffliche Arbeit u. Fragestellung der W. ruht ... Und was wir hier als wichtigstes betonen müssen: dieser gebietsabsteckende Entwurf der Realität und ihrer Seinsverfassung läßt erst das Seiende, das er bestimmt, zur Sicht kommen" (Heidegger) und zwar deshalb, weil die

Philosophie zunächst die Denkinstrumente erarbeiten muß, bevor ein bestimmter bzw. ein neuer Realitätsbereich überhaupt sichtbar werden kann (Technik z. B. wurde erst möglich, als die metaphysischen Voraussetzungen einer → Naturbeherrschung im heutigen Sinne gegeben waren; → Rationalismus).

Die abendländische W. ist aus dem Geiste der Griechen erwachsen, indem er von der mytholog. Betrachtung der Welt zu ihrer begriffl. Erfassung überging (→ europäische Philosophie). Die W. der griech. Kultur war eine Einheitswissenschaft und die Ansätze zu einzelwissenschaftlichem Denken, das bes. durch Aristoteles und seine Schule, durch die großen Ärzte (Hippokrates, Galenos usw.) und durch die Atomistiker angeregt wurde, beeinträchtigten nicht die Geschlossenheit der W. u. des Weltbildes. Auch das christl. Mittelalter bemühte sich mit Erfolg, die W. als harmonisches Ganzes zu betreiben (vgl. A. Dempf, Die Hauptform der mittelalterlichen Weltanschauung, 1925). Erst im ausgehenden MA. geschah die (damals nur von wenigen Denkern bemerkte) Ersetzung des Begriffs der W. durch den der Naturwissenschaft. Diese „neue W." trat ihren Siegeszug seit den Tagen der Renaissance an, als die Mathematisierbarkeit der experimentell gefundenen Erfahrungen erkannt u. die Naturgesetzlichkeit exakt entdeckt und erforscht wurde. Diese neue Gestalt der W. gewann eine solche Bedeutung, daß Kant den Wertgrad der einzelnen W.en nach ihrem Gehalt an Mathematik bestimmte. Durch diese experimentell-mathematische W. wurde die Weltanschauung des abendländischen Menschen grundlegend verändert und sein Einfluß auf andere Erdteile gesteigert, bes. durch die exaktwissenschaftliche Unterbauung der medizinischen W.n und der Technik, die bis dahin hauptsächlich auf handwerklicher Erfahrung beruht hatten. Mit der Ausdehnung der neuen W. wurde eine immer weitergehende Gliederung in Spezial-W.en nötig, wodurch vielfach der Blick für das Ganze der Wirklichkeit und den eigentlichen Zweck der W. als Weltwissenschaft verlorenging. Der Rationalismus wurde zur allein herrschenden Form auch für Bildung und Erziehung. Die dadurch erzeugte Übersteigerung d. intellektualist. Bildung wirkte wieder auf die W. zurück und bewirkte, daß der Wissenschaftler mehr und mehr zum Spezialisten und daß die wissenschaftl. Hochschulen mehr und mehr zu Ausbildungsstätten für Spezialisten wurden. → W.stheorie.

Die mangelnde Ausrichtung der Einzelwissenschaften auf ein gemeinsames Ziel führte zu einer „Krisis der W.", die nicht nur eine Vertrauenskrise hinsichtlich der Sache war, sondern bes. eine Krise der W.ler selbst. „Die Tatsache, daß heute überall in den Wurzeln gefragt wird theoret. Prinzipien in vielfacher Möglichkeit versucht und gegeneinander ausgespielt werden, überantwortet den Halbwissenden dem Zweifel; wo überhaupt kein fester Punkt mehr sei, schwebe das Bewußte in der Luft. Jedoch so sieht das Erkennen nur, wer nicht daran teilnimmt. Die schöpferischen Schritte zu neuen Prinzipien lassen wohl die Gebäude der Erkenntnis wanken, aber diese sogleich wieder auffangen in eine Kontinuität der Forschung, welche das Erworbene, das sie in Frage stellt, zugleich in einem neuen Sinn für das Ganze der besonderen W. bewahrt. Indessen: die Krise der W.en ist eine Krise der Menschen, von denen sie ergriffen werden, wenn diese nicht echt in ihrem Wissenwollen waren" (Jaspers, Die geistige Situation der Zeit, [8]1956). Einzelne Denker haben versucht, die Einzel-W.en zu einem aus einheitl. Grundgedanken abgeleiteten System zusammenzufassen: Francis Bacon, Leibniz, d'Alembert, Comte, W. Wundt, B. Erdmann, Ostwald u. a. Erst die Rückwendung ganzheitlicher Betrachtungsweisen auf allen Wissensgebieten scheinen die „Krisis der W." überwinden zu helfen, und sie könnte in unserer Gegenwart die Einzelwissenschaften und die Philosophie zu einer W. im eigentlichen Sinne wieder zusammenführen. Als ein Bindeglied dafür erweisen sich heute einzelne in verschiedenen W.bereichen geltende Prinzipien der kybernetischen Betrachtungsweise (→ Kybernetik).

Man teilt die Einzel-W.en ein nach den Gegenständen wie nach der Methode und unterscheidet beschreibende, erklärende, typisierende, generalisierende, Ereignis-, Gesetzes-, Struktur-W.en, rein theoret. Disziplinen, technische Kunstlehren usw. Es findet sich ferner die Einteilung in prakt. u. theoret., allgemeine und Spezial-W.en, Ideal- und Real-W.en. Exakte W.en werden häufig diejenigen genannt, die ihre Begründung mit Maß und Zahl durchführen wie die Mathematik, die Physik und Astronomie.

M. Weber, W. als Beruf, 1919; T. S. Kuhn, The Structure of Scientific Revolutions, New York 1962, dt. 1967; C. F. v. Weizsäcker, Die Tragweite der W., I, 1964; A. Diemer, Was heißt W.?, 1964; K. Holzkamp, W. als Handlung, 1968; R. Wohlgenannt, Was ist W.?, 1969; B. G. Kuznecov, Von Galilei bis Einstein – W.stheorie, W. und Philos., 1970; K. v. Fritz, Grundprobleme der Gesch. der antiken W., 1971; J. Mittelstraß, Das praktische Fundament der W., 1972; J. Mittelstraß, Die Möglichkeit von W., 1974; W. L. Bühl, Einf. in die W.ssoziologie, 1974; W. Ch. Zimmerli, W.skrise und W.skritik, 1974; K. Ulmer (Hg.), Die Verantwortung der W., 1975; N. Lobkowicz/K. Hübner (Hgg.), Die polit. Herausforderungen der W., 1976; T. S. Kuhn, Die Entstehung des Neuen. Studien zur Entstehung der W.sgesch., dt. 1977; H.-J. Sandkühler (Hg.), Die W. der Erkenntnis und die Erkenntnis der W., 1978; K. Hübner, Kritik der wiss. Vernunft, 1978; G. Bachelard, Die Bildung des wiss. Geistes, dt. 1978; E. Oeser, W.stheorie als Rekonstruktion der W.sgesch., 1979; M. Djuric, Mythos, W., Ideologie, 1979; E. Ströker, Theoriewandel in der W.sgesch., 1982; J. Mittelstraß, W. als Lebensform, 1982; R. Stewarts, Philosophy and Sociology of Science, Oxford 1983; E. Ströker (Hg.), Ethik der W.en? Philos. Fragen, 1984 (Ethik der W.en, I); H. M. Baumgartner/H. Staudinger (Hgg.), Entmoralisierung der W.en? Physik u. Chemie, 1985 (Ethik der W.en, II); H. Lenk (Hg.), Humane Experimente? Genbiologie u. Psychologie, 1985 (Ethik der W.en, III); G. Andersson, Kritik u. W.sgesch., 1988; W. Oelmüller (Hg), Philos. und W., 1988; P. Thullier, D'Archimède à Einstein: les faces cachées de l'invention scientifique, Paris 1988; A. O'Hear, An Introduction in the Philosophy of Science, Oxford 1989.

Wissenschaftsgläubigkeit, das kritiklose Vertrauen zu wissenschaftl. Erfolgsmeldungen und vermeintlich bewiesenen Forschungsergebnissen, die meist in der Tagespresse und in popularwissenschaftl. Darstellungen vermittelt werden. Oft werden tatsächlich wertvolle Ansätze zu neuen Theorien und Entdekkungen, die aber noch viele Fragen offenlassen, oder Resultate statistischer Erhebungen (→ statistische Gesetze), die eine sehr begrenzte Anzahl von Fällen berücksichtigen und für den Fachmann nur hypothetische Anhaltspunkte bedeuten, aus falschen Sensationserwartungen heraus als feststehende Tatsachen der Forschung mitgeteilt und auch geglaubt. W. scheint ihre Gründe hauptsächlich im Wunschdenken naiver und progressiv eingestellter Menschen zu haben.

Wissenschaftslehre, bei Fichte noch in der Bedeutung einer Metaphysik des Wissens, bei Bolzano in der einer ontolog. Logik, bezeichnet seit der Mitte des 19. Jh. die Lehre von den Methoden, Grundlagen, Voraussetzungen u. Zielen der Einzel-Wissenschaft; → Einzelwissenschaften. Die Grundfragen der W. werden heute von der Wissenschaftstheorie nicht mehr im klassischen Sinne, sondern hauptsächlich unter Heranziehung von Methoden der mathematischen Logik, Semantik, Modelltheorie und der logischen Sprachanalyse behandelt.

J. G. Fichte, Über den Begriff der W., 1794; B. Bolzano, W., 1837; W. Sauer, Grundlagen der Wissenschaft und der Wissenschaften, 1926; W. Leinfellner, Einf. in die Erkenntnis- und Wissenschaftstheorie, 1965; F. Kambartel/J. Mittelstraß (Hgg.), Zum normativen Fundament der Wissenschaften, 1973.

Wissenschaftstheorie, eine moderne Teildisziplin in den philosophischen Fakultäten, seit dem 2. Weltkrieg zunehmend stark vertreten, die mit ihrem formalen Charakter in keiner direkten Beziehung zur klassischen → Wissenschaftslehre steht. Sie ist „aus dem Bestreben hervorgegangen, philosophische Fragestellungen mit demselben Maß an Genauigkeit, an begrifflicher Klarheit, kurz: an wissenschaftlicher Verantwortlichkeit, zu behandeln, wie dies in den Einzelwissenschaften in Bezug auf ihre Fachprobleme geschieht" (Stegmüller). Die klassische Philosophie, die ihren Methoden und den Gegenständen nach nicht den Einzelwissenschaften gleichgestellt werden kann, gilt bekanntlich als ein offenes Problemdenken mit teilweise nicht rational erfaßbaren Hintergründen von Denken und Sein. Obwohl als eigentliche Quelle der Bildung und Schulung im fundamentalen Denken, historisch und systematisch an den Fakultäten gelehrt, wird sie von Vertretern der W. als „kaum durchschaubare Vermengung von begrifflichem und bildhaftmythologischem Denken, unfundierte spekulative Wortklaubereien und Sprachträumereien" abgetan. W. wird als aus der über 2000 Jahren stagnierenden aristotelischen Logik hervorgegangen betrachtet, deren moderne Form sich sowohl aus der begrifflichen Einkleidung von Aussagen, Prädikaten, logischen Operationen, Sätzen u. a. durch mathematische Symbole ergeben hat, wie auch aus der Einbeziehung „höherer Bereiche" der Logik. Aus ihren Teilgebieten seien demnach zunächst die formale klassische und intensionale Logik genannt, weiterhin als spezielle Bereiche – konstruktive, intuitionistische, epistemische, mehrwertige Logik, Modalitätenlogik, empirische Erfahrungslogik, Begriffs- und Theorienbildung, Axiomatisierung u. a. m.

Seitens der Vertreter moderner Deutungen der klassischen Philosophie und deren stets neu in Frage zu stellenden Konzeptionen wird die W. in den Fakultäten scharf bekämpft, was aber wenig daran ändert, daß W.tiker unter den szientifistischen Vorzeichen unseres Zeitalters ihre Zeit für gekommen halten. Zwar glaubt man, es sei leicht einzusehen, welche positivistisch-dogmatische Erstarrung im Denken die W. mit sich bringe. Aber wie dem anfangs zitierten Satz zu entnehmen ist, wird der Philosophie wissenschaftsautoritär *zur Auflage gemacht,* exakt, begrifflich klar, intersubjektiv verständlich, überprüfbar, wissenschaftlich verantwortlich zu sein. Nachdem was Philosophie war und noch ist, wie sie sich aus oft neuaufleuchtenden Aspekten des kritischen Problemdenkens präsentiert, wird nicht gefragt. Sie sollte, sie müsse so sein, wie es der enggefaßte Rationalismus der W. vorschreibt.

Es gibt auch mäßig orientierte Vertreter der W., die sich hauptsächlich mit Methodenfragen, deren Geschichte, mit Kritik an deren Verabsolutierung u. a. befassen und den logischen Formalismus der W. nur von der methodologischen Seite her akzeptieren. – Mag die Ablehnung der strengen W., die als Ersatz für Philosophie aufzutreten vorgibt, berechtigt erscheinen. Diese Kontroverse darf jedoch nicht zu einer Geringschätzung der neuen formalen Verfahren führen, die für den weiten Bereich des Logikkalküls stets an Bedeutung gewinnen. Ob dabei die Forderung, W. müsse ihren Platz in den mathematischen Instituten einnehmen, um im Rahmen des gesamten (quantitativen und strukturhaften) Formalismus eigene Wege zu gehen, erfüllbar ist, bleibt zunächst umstritten. In Zukunft dürfte es sich so verhalten, daß die formale W. in Kreisen ihrer klassisch-philosophischen Vertreter die Stellung einer Spezialdisziplin des engen rational logischen Bereiches innerhalb der übergreifenden Gesamtphilosophie gewinnt.

W. Stegmüller, Probleme u. Resultate der W. und analyt. Philos., I–II, 1969–70; W. K. Essler, W., I–IV, 1970–79; F. Kambartel/J. Mittelstraß (Hgg.), Zum normativen Fundament der Wiss., 1973; E. Ströker, Einf. in die W., 1973; R. Bubner (Hg.), Tendenzen der W., 1974; P. Janich u.a., W. als W.skritik, 1974; C. Hubig/W. v. Rahden (Hgg.), Konsequenzen krit. W., 1978; G. Böhme/M. v. Engelhardt, Entfremdete Wiss., 1979; E. Oeser, W. als Rekonstruktion der Weltgesch., I–II, 1979; E. Braun/H. Radermacher, Wissenschaftstheoret. Lexikon, 1978; J. Mittelstraß (Hg.), Enzyklopädie, Philos. und W., I ff., 1980 ff.; J. Speck (Hg.), Handbuch wissenschaftstheoret. Grundbegriffe, I–III, 1980; H. Lenk (Hg.), Zur Kritk der wiss. Rationalität, 1986; P. Lorenzen, Lehrbuch der konstruktiven W., 1987; P. Hoyningen-Huene/G. Hirsch (Hgg.), Wozu Wissenschaftsphilos.?, 1988; H. Seiffert/G. Radnitzky (Hgg), Hb. der W., 1989.

Wissenssoziologie, die Theorie von der Seinsverbundenheit des Wissens. Die W. untersucht die Sozialprozesse, die die Erkenntnisprozesse lenken und die Aspektstruktur der Erkenntnisse beeinflussen. Sie untersucht das Wesen geistiger Begegnungen (auch z. B. das „Aneinandervorbeireden" zweier Menschen aus verschiedenen sozialen Schichten), das Wesen u. die Konsequenzen der inneren Distanzierung von der eigenen sozialen Schicht mit dem Ziel, Angehörige anderer Schichten, d. Wesens der Standortgebundenheit d. Wissens u. a. verstehen zu können. Aus der W. ging nach dem 2. Weltkrieg die Wissenschaftssoziologie hervor, die sich mehr mit bildungspolitischen und organisationssoziologischen Fragen befaßt, um die Schwerpunkte der einzelnen Wissenschaftsbereiche und ihre Bedeutung für den sozialen Fortschritt näher zu erforschen.

J. Lieber, Wissen und Gesellschaft, 1952; W. Stark, Die W., 1960; P. L. Berger/T. Luckmann, Die gesellschaftliche Konstruktion der Wirklichkeit, 1969; K. Lenk, Marx in der W., 1972; M. Bracht, Voraussetzungen einer Soziologie des Wissens, 1974; J. Christes, Bildung und Gesellschaft in der Antike, 1975; W. Büchel, Gesellschaftl. Bedingungen der Naturwissenschaft, 1975; J. D. Bernd, Die soziale Funktion der Wissenschaft, 1986; R. Landmeier, Wissen und Macht, 1986.

Wisser, Richard * 5. 1. 1927 Worms, Prof. in Mainz, ausgehend von der Wertphilosophie, beeinflußt von Existenzphilosophie u. Fundamentalontologie, versucht er für Bestand und Wandel des Sinn-, Seins- und Existenzverständnisses eine anthropologische Basis auszumachen, wozu er sich u. a. des Begriffes „kritisch-krisische Grundbefindlichkeit" bedient. – Schrieb u. a.: Sinn u. Sein, 1960; (Hg.) Integritas, 1966; Politik als Gedanke u. Tat, 1967; (Hg.) Verantwortung im Wandel der Zeit, 1967; Martin Heidegger im Gespräch, 1970; Fernsehen – ein Medium sieht sich selbst, 1976; Der Gegensatz v. links u. rechts (Areopag-Jb.), 1981; (Hg.), Martin Heidegger – unterwegs im Denken, 1987.

Witelo (gen. auch Thuringo-Polonis nach dem thüring. Vater und poln. Mutter), dt. Naturphilosoph, * zw. 1220 u. 1230 in Schlesien, † 1275, stellte im mathemat.-dynam. Weltbild seiner *„Perspectiva"* (Erstdruck 1535) betitelten Optik das gesamte Naturgeschehen unter die Gesetze der Geometrie u. Optik und gab damit einen wichtigen Beitrag zur dt. Lichtmetaphysik des MA. – Nichterhaltene Schriften: *De elementatis conclusionibus. – De philosophia naturali. – Naturales animae passiones.*

C. Baeumker, W., 1908; A. M. Smith, W. on the Principles of Reflection, Ann Arbor 1976.

Wittgenstein, Ludwig, Philosoph, * 26. 4. 1889 in Wien, † 29. 4. 1951 Cambridge (Engl.) als Prof. (seit 1939), Neupositivist, Schüler u. Freund Russells. 1) W. lehrte im „Tractatus", der einzigen zu seinen Lebzeiten (1921) publizierten Schrift, daß die Erkenntnis ein Abbild von (von einander unabhängigen) Tatsachen ist. Urteile sind „Wahrheitsfunktionen" einzelner Aussagen über, d. h. logische Ableitungen von Tatsachen. Die Logik hat einen rein tautologischen Charakter, sie besagt nichts über die Wirklichkeit; es sei daher ein Fehler der Wissenschaft, mit einer Sprachlogik zu rechnen; das dem Denken und dem Sein Gemeinsame könne nicht ausgesagt, sondern nur geschaut und mittels Symbolen gezeigt werden. 2) In seiner späteren Arbeit „Philosoph. Untersuchungen" hat W. bekanntlich die meisten dieser Ansichten aus dem „Tractatus" widerrufen und behielt nur das ursprüngliche Ziel einer Destruktion der Philosophie bei. Seine Position in den „Philosophischen Untersuchungen" ist die, daß die Konzeption einer idealen Sprache fallengelassen wird und eine Vielzahl von Sprachspielen der „natürlichen" Sprache untersucht wird. Fehler begehen wir immer dann, wenn wir, ohne es zu merken, verschiedene Sprachspiele durcheinanderbringen; die „Sprachspiele haben nur logisch-tautologischen Charakter." – Hauptwerke: Tractatus Logico-Philosophicus, 1921; Philosophical Investigations, hg. 1953, dt. 1970; Remarks on the Foundations of Mathematics, hg. 1956, dt. 1956; The Blue and the Brown Book, hg. 1958, dt. 1970; Philosophical Grammar, hg. 1960; Lectures and Conversations on Aesthetics, Psychology and Religious Belief, hg. 1966, dt. 1968; Zettel, hg. 1967; On Certainty, hg. 1969 (engl.-dt.); Philosophical Remarks, 1975. – F. A. Lapointe, L. W. – A Comprehensive Bibliography, Westport 1980; G. Frougia/B. MacGuiness, W. – A Bibliographical Guide, Oxford 1990.

N. Malcolm, L. W. – Ein Erinnerungsbuch, 1960 G. Pitcher, The Philosophy of W., Englewood Cliffs 1964, dt. 1967; W. Schulz, Die Negation der Philos., 1967; F. Waismann, L. W. und der Wiener Kreis, 1967; I. Borgis, Index zu W.s Tractatus und zu seiner Bibl., 1968; R. Bensch, L. W. – Apriorische und mathematische Sätze, 1973; A. Janik/S. Toulmin, W.s Vienna, New York 1973, dt. 1984; R. Heinrich, Einbildung und Darstellung – Kantianismus bei W., 1977; J. M. Terricabras, L. W. – Kommentar und Interpretation, 1978; S. Cavall, The Claim of Reason, Oxford 1979; G. P. Baker/P. M. S. Hacker, An Analytical Commentary on the „Philosophical Investigations", I–II, Oxford 1980/85; G. H. v. Wright, W., Oxford 1982, dt. 1986; S. Thiele, Die Verwicklungen im Denken W.s. 1983; F. Wallner, Grenzen der Sprache, 1983; A. J. Ayer, W., London 1985; M. B. Hintikka/J. Hintikka, Investigating W., Oxford 1986, dt. 1990; A. Vohra, W.s Philosophy of Mind, La Salle 1986; D.

Pears, The False Prison. A Study of the Development of W.s Philosophy, I–II, Oxford 1987/88; G. Hennings, World and Language, London 1988; B. MacGuiness, W. – A Life. Young Ludwig (1889–1921), London 1988, dt. 1989; E. v. Savigny, W.s „Philos. Unters.“ – Ein Kommentar für Leser, I–II, 1988/89; C. Bezzel, W. zur Einf., 1988; J. Schulte, W. – Eine Einf., 1989.

Witz, bezeichnete bis Anfang des 19. Jh. ausschließlich (schlagfertigen) Verstand, Geist, Tiefsinn; bedeutet seither dagegen vorwiegend den komisch wirkenden, Lachen auslösenden, aufspaltenden und doch andererseits beziehungsvollen Kontrast in Lebenssituationen bzw. die Fähigkeit, jenen zu sehen und wirkungsvoll darzustellen. Dem W. geht meist dabei die Tiefe und der Bezug aufs Ganze ab, der dem → Humor eignet. Die urspr. Bedeutung von W. lebt noch in Redewendungen wie: „Der W. bei der Sache ist...“ u. ä.

K. Fischer, Über den W., 1871; A. Wellek, W., Lyrik, Sprache, 1970; L. Röhrich, Der W., 1977; O. F. Best, Der W. als Erkenntniskraft und Formprinzip, 1989.

Wolandt, Gerd, * 10. 2. 1928 Heiligenhaus, Prof. in Aachen, anknüpfend an Kant, Hönigswald, Zocher u. Wagner entwickelt W. einen systematischen Entwurf, der Konstitutionstheorie u. Geltungslehre miteinander verbindet. Die Momente der Subjektivität (Monade) und Intersubjektivität (Sprache) ermöglichen eine Differenzierung der Intentionalität im Hinblick auf Welt, Tatwelt u. Gestaltwelt. Insbesondere untersucht W. die Grundlegung der Geisteswissenschaften in einer Monadologie und die der Kunstwissenschaften in einer Gestalttheorie. – Schr. u. a.: Gegenständlichkeit u. Gliederung, 1964; Philosophie der Dichtung, 1965; Idealismus und Faktizität, 1971; Bild u. Wort, 1977; Philosophie des Tatsachenbezugs, 1982; Nic. Hartmann, 1982; (Hg.), Kunst u. Kunstforschung, 1983.

Wolff, Christian, Philosoph und Mathematiker, * 24. 1. 1679 Breslau, † 9. 4. 1754 Halle, das. seit 1707 Prof., führend in der dt. Aufklärung. Er schuf das System des dt. Rationalismus, unter Verwendung aristotel., stoischer, auch scholast. Gedanken, und machte die von ihm umgestaltete Leibnizsche Philosophie zur herrschenden philos. Lehre seiner Zeit; seine Schüler, die sog. Wolffianer, hatten an fast allen dt. Universitäten die philos. Lehrstühle inne. Großes Verdienst erwarb sich W. bes. dadurch, daß er seine sehr zahlreichen Werke zum großen Teil in dt. Sprache schrieb und damit den Grund zu einer philos. Terminologie in dt. Sprache legte. Kant nennt ihn den gewaltigsten Vertreter des rationalist. Dogmatismus, des Standpunktes des reinen ungebrochenen Vertrauens in die Macht der Vernunft. Die Titel seiner dt. geschriebenen Werke beginnen fast alle mit „Vernünftige Gedanken...“. – Selbstbiographie, hg. 1841; Gesammelte Werke, 1962 ff.

H. Pichler, W.s Ontologie, 1910; W. Frauendienst, W. als Staatsdenker, 1927; M. Wundt, C. W. und die dt. Aufklärung, 1941; M. Wundt, Die dt. Schulphilos. im Zeitalter der Aufklärung, 1945; H.-M. Bachmann, Die Staatslehre C. W.s, 1977; W. Schneiders (Hg.), C. W., 1983; C. Schröer, Naturbegriff u. Moralbegründung. Die Grundlegung der Ethik bei C. W. und deren Kritik durch Immanuel Kant, 1988.

Wort, Silbe oder Silbenverbindung, die einen Begriff, eine Vorstellung oder einen Gegenstand bezeichnet. So wie der Gedanke erst durch das W. in Erscheinung tritt, ist die bleibende Objektivierung des W. auf sinnfällige Zeichen, auf die → Schrift angewiesen. Die W.bedeutungen erörtert die → Semantik, die Bedeutung verwandter Wörter die Synonymik (→ synonym), die Abstammung der Wörter die Etymologie (aus griech. *etymon*, „Stammwort", u. *logos*, „Lehre"). Die W.arten entsprechen der mit den Sinnen wahrgenommenen Wirklichkeit: die Hauptwörter (Substantiva) den Gegenständen und Vorstellungen, die Eigenschaftswörter (Adjektiva) dem Sosein, der Qualität der Gegenstände, die Verhältnis- und Bindewörter (Präpositionen und Konjunktionen) den zwischen den Gegenständen bestehenden Beziehungen und Verhältnissen, die Tätigkeitswörter (Verben) den zwischen den Gegenständen sich abspielenden Vorgängen. Der → Satz enthält Aussagen, Fragen usw. über die beobachtete und erlebte Welt; → Logos.

A. Portmann/R. Ritsema (Hgg.), Man and Speech, Leiden 1973; M. Wessler, Die Einheit von W. und Sache, 1974; A. M. Disciullo/E. Williams, On the Definition of Word, Cambridge Mass. 1987.

Wroński, polnisch. Philosoph, → Hoëne.

Wunder (lat. *miraculum*), eine außerordentl. Begebenheit, die man sich nicht erklären kann, die dem naturgesetzl. Lauf der Dinge direkt widerspricht u. die vom frommen Glauben auf das Eingreifen übernatürl. Mächte (Gottes) zurückgeführt wird. Nach kath. Auffassung werden physikalische Prinzipien durch das W. nicht durchbrochen, auch nicht aufgehoben, sondern von Gott kraft seiner Allmacht für einen bestimmten Fall an ihrer Auswirkung gehindert; die Möglichkeit der W. ergebe sich aus der → Kontingenz des Seienden und aus der bloß physischen, nicht aber metaphysischen Notwendigkeit seines Daseins und Soseins. Das Fürwahrhalten von W.n ist nur Sache des Glaubens, wird von jedem kritischen Denken abgelehnt.

G. Kafka, Naturgesetz, Freiheit und W., 1940; E. Dohlhofer, Zeichen und W., 1957; F. Rode, Le Miracle dans le controverse moderniste, Paris 1965; E. u. L. Keller, Der Streit um die W., 1968; D. und R. Basinger, Philosophy and Miracle, Lewiston 1986.

Wundt, Wilhelm, Philosoph und Psychologe, * 16. 8. 1832 Neckarau (Baden), † 31. 8. 1920 Großbothen b. Leipzig, seit 1875 Prof. in Leipzig, wo er das erste Institut für experimentelle Psychologie gründete. Sein Arbeitsgebiet war bes. die Psychologie, dann aber auch Logik, Metaphysik, Ethik. Metaphysisch vertrat er eine umfassende, streng realistisch begründete, in einen voluntaristischen Idealismus auslaufende Weltanschauung. Philosophie ist für ihn die allgemeine Wissenschaft, welche die durch die Einzelwissenschaften vermittelten allgemeinen Erkenntnisse zu einem widerspruchslosen System vereinigen muß. Die Seele ist nach W.s Aktualitätstheorie des Seelischen einheitlich, aber nicht einfach, sie ist Subjekt, aber nicht Substanz, sie ist Ereignis, Tätigkeit, Entwicklung. Das Bewußtsein bildet den Punkt im Naturlauf, in dem die Welt sich auf sich selber besinnt. An die Stelle der Äquivalenz zw. Ursache und Wirkung, von welcher alle Naturereignisse beherrscht sind, tritt auf geistigem Gebiete das Gesetz des Wachstums der Energie, worin die schöpferische Kraft des Geistes (→ Synthese) zum Ausdruck kommt. Die Welt ist zweckvolle Entwicklung des Geistes (→ Heterogonie), der als göttl. Weltwille gedacht werden muß. – Hauptwerke: Vorlesungen über die Menschen- und Tierseele, 1863–64; Grundzüge der physiolog. Psychologie, 1874; Logik, 1880–83; Ethik, 1886; System der Philos., 1889; Grundriß der Psychologie, I–II, 1896; Einl. in die Philos., 1901; Völkerpsychologie, I–X, 1904–20; Elemente der Völkerpsychologie, 1912; Sinnl. und übersinnl. Welt, 1914; Erlebtes und Erkanntes, 1920. – E. Wundt, W. W.s Werk – Bibl., 1927.

W. Nef, Die Philos. W. W.s, 1923; A. Hoffmann (Hg.), W. W. – Eine Würdigung, 1924; P. Petersen, W. W. und seine Zeit, 1925; S. Heß, Das religiöse Bedürfnis bei W. W., 1935; W. Meischner, W. W., 1979; A. Arnold, W. W., 1980; D. N. Robinson, Towards a Science of Human Nature, New York 1982.

Würde des Menschen, nach Schiller der Ausdruck einer erhabenen Gesinnung: „Beherrschung der Triebe durch die moralische Kraft ist Geistesfreiheit, und W. heißt ihr Ausdruck in der Erscheinung“ (Über Anmut u. W., 1794). Der Begriff wurde zum ersten Male von → Pico della Mirandola in seiner berühmten Rede *„De hominis dignitate“* ins abendländische Bewußtsein gebracht. In der Gegenwart ist die W. Ausdruck für Persönlichkeitswerte des Menschen, die nur von wenigen verwirklicht werden.

F. Schiller, Über Anmut und Würde, 1793; E. Garin, P. della Mirandola, Florenz 1942; B. Welte, Die W. d. M. und die Religion, 1977.

Xenokrates, griech. Philosoph, 396–314 v. Chr., aus Chalkedon, seit 339 Vorsteher der platonischen Akademie; auf ihn geht die Dreiteilung der Philosophie in Dialektik (Logik), Physik (Naturphilosophie) und Ethik zurück. Die Einheit wird von X. als höchste Gottheit, zugleich als Zeus und als → Nous bestimmt.

R. Heinze, X. – Darstellung der Lehre und Sammlung der Fragmente, 1892; H. Leisegang, Hellenist. Philos., 1923; B. Schweitzer, X., 1932; H. J. Krämer, X., in: Grundriß der Philos. (begründet von F. Ueberweg), Antike, III, 1983, S. 44–72.

Xenophanes, griech. Philosoph, * 580/77 Kolophon (Kleinasien), † 485/80 Elea (Unteritalien), Gründer der Schule der Eleaten in Unteritalien, „der erste Einheitslehrer unter den eleat. Philosophen“ (Aristoteles). Selbst mehr dichterisch als begrifflich denkend, bekämpfte er jedoch die anthropomorphen Gottesvorstellungen. Demgegenüber forderte X. zuerst eine von allem Sinnenscheine freie „Weisheit“. In ihrem Sinne war ihm das Eine, das All die Gottheit, er verehrte die Gott-Natur als das Höchste; aber volle Gewißheit über die Götter und die Gesamtnatur hat noch keiner erlangt und wird keiner erlangen; und wenn es ihm auch gelänge, auf das Richtige zu treffen, so wüßte er's nicht, denn Schein ist über alles gebreitet. – Texte: W. Capelle, Die Vorsokratiker, 1936, [8]1968 (KTA 119); J. Mansfeld, Die Vorsokratiker, 1987 (RUB 10344).

N. Mavrokordatos, X., 1910; G. Calogero, Studi sill' eleatismo, Rom 1932; A. Lumpe, Die Philos. des X. von Kolophon, 1952.

Xenophon aus Athen, Offizier u. Politiker, um 450–354 v. Chr., verfaßte außer histor. auch philos. Schriften. Als Schüler des Sokrates suchte er dessen Persönlichkeit und Lehre festzuhalten. In seiner „Kyrupädie“, einem am Perserkönig Kyros orientierten Fürstenspiegel, schildert er das Ideal eines Herrschers, philos. Lehren mit realpolit. Blick für oriental. Verhältnisse verbindend. Er hinterließ „Erinnerungen an Sokrates“, eine „Apologie“ und ein „Symposion“, in denen die Lehren des Sokrates auf das tägliche Leben angewendet werden. Die Werke sind wichtige Quellen für das Bild des Menschen Sokrates, weniger für das seiner Philosophie. – Lexilogus X.tis, 1869; Die sokratischen Schriften, 1956; Gesammelte

Ausgabe, I–V, 1865–69; Opera Omnia, I–V, Oxford 1900–20.

E. Scharr, X.s Staats- und Gesellschaftsideal, 1919; E. Edelstein, X.tisches und platonisches Bild des Sokrates, 1935; J. K. Anderson, X., London 1974; S. W. Hirsch, The Friendship of the Barbarians, Hanover 1985.

Yang tschu, chines. Philosoph, um 450–380 v. Chr., ging von Laotse aus, vertrat aber im Gegensatz zum Taoismus eine pessimistische Weltanschauung mit dem individualistisch-materialistischen Ideal des Sich-Auslebens. Seine Schriften sind als die des Taoisten Lieh Tse überliefert worden und von dessen eigenen schwer zu trennen. – Yang Chu's Garden of Pleasure, London 1912.

Yang und Yin, das lichtvolle, schöpferische, männl., geistige einerseits, das nächtige, empfangende, weibl., stoffl. Prinzip andererseits (→ Animus) in der → chinesischen Philosophie; ursprüngl. kosmische Urkräfte, i. d. Vorstellungswelt fast aller Völker Asiens vorhanden, mit dem Polaritätsbegriff Chinas eng verbunden. Tung Tschung-schan (3. Jh. v. Chr.) dehnte dieses System auf alle Beziehungen menschl. Lebens aus. Beide Punkte der Gegenstücke, – des Yang im Yin und des

Yin im Yang, bedeuten das Leben des Zeichens, die Relation des gleichzeitigen Wachsens des Einen im Anderen, des Tages in der Nacht, der Nacht im Tage, des Todes im Leben, das Ausgleich Erfordernde des jeweils weiblichen im männlichen und männlichen im weiblichen Menschen usw.

G. v. d. Gabelentz (Hg.), Thai kih thu, 1876; H. v. Glasenapp, Die Philos. der Inder, 1949, ⁴1985 (KTA 195).

Yoga, die indische Theorie und Praxis der Konzentration und Meditation, durch welche der Besitz übermenschlichen Wissens und übernatürlicher Fähigkeiten zu erreichen gesucht wird. Das Wort (Sanskrit = Anschauung) bedeutet ursprünglich Joch im Sinne von Selbstunterjochung, Selbstzucht, Disziplin; im engeren Sinne sowohl „Anspannung, Trainierung" (des Denkens) wie „Vereinigung" (mit der Gottheit). Der Zweck dieser Anspannung ist, sich von dem störenden Einfluß der Außenwelt zu befreien. Seit der vedischen Zeit sind verschiedene Systeme und Methoden des Y. bei Brahmanen, Buddhisten, Jainas ausgebildet worden. Die klassischen Y.-Merksprüche (Y-Sutras) des Patanjali (abgeschlossen 4.–5. Jh. n. Chr.) benutzen das → Sankhya als philosoph. Grundlage, während umgekehrt die Philosophen des Sankhya-Systems die Y.lehre als Grundlage ihrer Praxis betrachten; → indische Philosophie. – P. Schreiner (Hg.), Y. Ein bibliograph. Überblick, 1979.

P. Brunton, The Hidding Teaching beyond Y., London 1941, dt. 1951; H. P. Yogananda, Autobiography of a Yogi, New York 1946, dt. 1950; J. M. Spath, Y., 1951; D. Dunne, Y. for Everyman, 1951, dt. 1952; S. Vivekanakda, Karma-Y. und Bhakti-Y., 1953; M. Eliade, Le Y. – Immortalité et liberté, Paris 1954, dt. 1960; W. Y. Evans-Wentz, Die große Befreiung, 1955; J. W. Hauer, Der Y. – Ein indischer Weg zum Selbst, 1958; A. Verdu, Abstraktion und Intuition als Wege zur Wahrheit in Y. und Zen, 1965; S. Panjikaram, Ansätze zu einer ganzheitlichen Spiritualität, 1983; D. Ebert, Physiolog. Aspekte des Y., 1986.

Yorck von Wartenburg, Paul Graf, * 1. 3. 1835 Berlin, † 12. 9. 1897 Klein-Öls, das. Grundbesitzer, bekannt geworden durch seinen Briefwechsel mit W. Dilthey 1877–1897 und sein „Italienisches Tagebuch", hrsg. v. Sigrid v. d. Schulenburg, 1923 bzw. 1927. Im Unterschied zu W. Dilthey erblickt Y. in einem betont evangelischen Standpunkt die Voraussetzungen für die Erfassung der Wirklichkeit geschichtlichen Seins. Y. hat vor allem auf die Fundamentalontologie Heideggers in „Sein und Zeit" eingewirkt. – Hauptwerk: Bewußtseinsstellung und Gesch., hg. 1956.

P. Hünerman, Der Durchbruch gesch. Denkens im 19. Jh. – Graf P. Y. v. W., 1967; K. Gründer, Zur Philos. des Grafen P. Y. v. W., 1970.

Zahl, die abstrakte, d. h. von jedem besonderen Gehalt absehende Bezeichnung eines Gliedes einer Reihe gleichartiger Elemente, dem je ein bestimmtes anderes Glied vorangeht u. folgt. „Das abstrakte individuelle Merkmal, das eine abstrakte Menge von anderen Mengen derselben Art unterscheiden läßt, heißt Z." (Schischkoff). Die elementare Zahlenreihe, beginnend mit 1, 2, 3. . ., die von jedem Kleinkind mühelos erlernt wird, ist die der „natürlichen Z.n". In der Algebra gibt es formal definierte Z.-Begriffe, wie den der negativen Z.n, der irrationalen Z.n u. a. Bei allen Völkern gibt es eine Z.ensymbolik (→ Pythagoras), gibt es Glücksz.en (z. B. 3), heilige Z.en (z. B. 3 u. 7), Unglücksz.en (z. B. 13).

G. Gohlke, Die ganzen Z.en im Aufbau der Welt, 1905; H. Radermacher/O. Toeplitz, Von Z.en und Figuren, 1930; G. Martin, Klass. Ontologie der Z., 1956; H.-G. Gadamer u.a. (Hgg.), Idee und Z., 1968; M. L. v. Franz, Z. und Zeit, 1970; H. J. Zacher, Die Hauptschriften zur Dyadik – Ein Beitrag zur Gesch. des binären Z.ensystems, 1973; G. Böhme, Zeit und Z., 1974; G. Ifrah, Universalgesch. der Z.en, dt. 1986; J. Bigelow, The Reality of Numbers, Oxford 1988.

Zarathustra (Zoroaster), Mitte des 6. Jh. v. Chr., Stifter d. Glaubenslehre der alten Iranier, in der zunächst allein als der gute Geist Ahuramazda (Ormuzd) verehrt wird, dem dann später Angromainyu (Arihman) als der böse Geist gegenübergestellt wird. Jenem stehen als sechs gute Geister Wahrhaftigkeit, gute Gesinnung, Weisheit, Herrschaft, Gesundheit und Langlebigkeit zur Seite, diesem Trug und Zorn. Die Aufgabe des Menschen ist, Ahuramazda im Kampf gegen Angromainyu beizustehen, wobei der Einzelne für Z. die Verantwortung für sein Tun (den richtigen Gebrauch der genannten 6 Tugenden) allein trägt, daher jederzeit Unheil abwenden könne. – Nietzsche nannte sein bekanntestes Werk nach Z., weil dieser als erster „im Kampf des Guten und des Bösen das eigentliche Rad im Getriebe der Dinge" gesehen habe.

B. Bartholomae, Z.s Leben und Lehre, 1919; J. Hertel, Die Zeit Zoroasters, 1924; H. Lommel, Die Religion Z.s, 1930; W. Hinz, Z., 1961; S. F. Oduev, Auf den Spuren Z.s, 1977 (russ. 1976); F. Zölzer, Leben und Lehre Z.s, 1979.

Zeichen, etwas, was für ein anderes steht, darauf hinweist. Das Z. ist ein Gegenstand, durch dessen Vorstellung eine andere, in einem denkenden Wesen mit ihr verknüpfte Vorstellung erneut bewußt wird. Die durch das Z. bewußt gemachte Vorstellung ist die → Bedeutung. Z., die mit ihrer Bedeutung zu einer inneren Einheit verschmolzen sind, heißen → Symbole. Die für den Menschen wichtigsten Z. der Weltvorgänge sind die → Erscheinungen; →

Chiffre, → Semantik. – In der Z.theorie, die als philosophische Grundlage der Informationstheorie gegenwärtig an Bedeutung gewinnt, ist Z. allgemeiner das Beabsichtigte (oft durch Konvention Festgesetzte) an einer (der Kommunikation dienenden) Realisation, während die zufälligen physischen Besonderheiten nur den Zeichenträger kennzeichnen.

F. de Saussure, Cours de linguistique générale, Paris 1916, dt. 1931; C. W. Morris, Foundations of the Theory of Signs, Chicago 1938, dt. 1972; A. Schaff, Sprache und Erkenntnis, 1964; U. Eco, Z. – Einf. in einen Begriff und seine Gesch., dt. 1977.

Zeit, die vom menschlichen Bewußtsein innerlich wahrgenommene Form der Veränderung: des Entstehens, Werdens, Fließens, Vergehens in der Welt bzw. dieses selbst samt allen davon betroffenen Inhalten. Z. gibt es, weil das Bewußtsein im Inneren und in der Außenwelt ständig Veränderungen wahrnimmt. Die „objektive", an körperlichen Veränderungen oder an den Wegstrecken der Himmelskörper gemessene Z. ist zu unterscheiden von der „subjektiven" Z., die auf dem erlebten Z.bewußtsein beruht. Letzteres ist von den Erlebnisinhalten abhängig, es ist hauptsächlich die Empfindung etwas zu tun, zu verändern, zu erleben usw. Die Redewendung: „Dazu habe ich keine Z." bedeutet: das auf mich Zukommende, die Zukunft, bildet eine lückenlose Kette von „z.gebundenen" Tätigkeiten, Erlebnissen usw., und es ist mir nicht möglich, eins dieser Glieder so auf der Z.bahn nach vorwärts oder rückwärts zu „verschieben", daß eine weitere Tätigkeit usw. Platz hat. „Zu früh" bedeutet: die Z. (d. h. die Gelegenheit) ist noch nicht da, „zu spät": die Gelegenheit ist nicht mehr da. Nur das Jetzt ist „Z. u. Gelegenheit", es liegt zwischen „zu früh" und „zu spät" und muß „wahrgenommen", bemerkt, ergriffen werden, damit überhaupt etwas getan werden kann. Zukunft, Gegenwart, Vergangenheit sind Abstraktionen dieser natürlichen Z.begriffe, in denen das „zu" ein Zeichen für den Sorgecharakter (→ Sorge) des Daseins ist. Dabei ist es bedeutsam, daß mit zunehmendem Alter des Menschen die noch kommenden Gelegenheiten diesem immer weniger Spielraum lassen, etwas zu tun, weil sie immer mehr von den Auswirkungen vergangener Geschehnisse vorbesetzt sind (der Mensch „schleppt seine Vergangenheit mit sich herum"); so wird die Zukunft immer mehr von Vergangenem erfüllt und ein Leben, dessen Zukunft nur noch aus Vergangenem besteht, heißt deshalb ein Leben ohne Zukunft, womit gemeint ist: ein von der Last der Vergangenheit erdrücktes, sinnlos gewordenes Dasein. – Von Heidegger, Sartre, Volkelt u. a. wird die Z. realistisch gedeutet. Nach Heidegger ist die Z. weder im Subjekt noch im Objekt, weder „innen" noch „außen", sie „ist" früher als jede Subjektivität und Objektivität, weil sie die Bedingung der Möglichkeit selbst für dieses „früher" darstellt. Eine große Rolle, wie u. a. Augustinus und Leibniz betont haben, spielt die Z. als Daseinsweise des Menschen, in der er Vergangenes, Gegenwärtiges und Zukünftiges notwendig erleben muß, so daß sie als eine unbedingte Voraussetzung seines Seins betrachtet werden kann. Für A. Augustinus ist die Zeit mit der Welt – erst von deren Anbeginn an – da und dauert bis ans „Ende" der Welt. Bei Kant ist die Z. die formale Bedingung *a priori* aller Erscheinungen überhaupt. Die moderne Physik lehrt, daß es eine objektive Z. nicht gibt: was so genannt wird ist in Wirklichkeit nur eine Koordinate im vierdimensionalen → Kontinuum; eine → Weltlinie, die formal als Entzeitlichung der Welt verstanden wird. Die sog. „histor. Z.“ umfaßt etwa 9000 Jahre, die prähistorische einige Hunderttausende, die geologische einige Milliarden, die kosmische ist nur als unendlich denkbar.

J. Volkelt, Phänomenologie und Metaphysik der Z., 1925; M. Heidegger, Sein und Z., 1927; E. Husserl, Vorlesungen zur Phänomenologie des inneren Z.bewußtseins, 1928; V. v. Weizsäcker, Gestalt und Z., 1942; L. Lavelle, Du temps et de l'éternité, Paris 1945; J. Pucelle, Le temps, Paris 1955; E. Fink, Zur ontolog. Frühgesch. von Raum, Z. und Bewegung, Den Haag 1957; R. Schaeffler, Die Struktur der Geschichts-Z., 1963; E. Minkowski, Le temps vécu, Neuchâtel 1968, dt. 1971; P. Bieri, Z. und Z.erfahrung, 1972; G. Böhme, Z. und Zahl, 1974; B. Welte, Z. und Geheimnis, 1975; R. Lauth, Die Konstitution der Z. im Bewußtsein, 1981; D. Wandschneider, Raum, Z., Relativität, 1982; N. Elias, Über die Z., 1984; P. Janich, Protophysics of Time, Dordrecht 1985; H. Blumenberg, Lebens-Z. und Welt-Z., 1986; G. Heinemann (Hg.) Z.begriffe, 1986; D. Kamper/C. Wulf (Hgg.), Die sterbende Z., 1987; P. C. Aichelberg (Hg.), Z. im Wandel der Z., 1988; S. Hawking, Eine kurze Gesch. der Z., 1988 (engl. 1988); H. Nowotny, Eigen-Z., 1989.

Zeitbewußtsein, auch Zeitempfindung: die besondere Art, wie die → Zeit erlebt wird, abhängig von der allgemeinen u. von der individuellen seelischen u. gesamtpersönlichen Beschaffenheit des betreffenden Menschen.

Zeitgeist, nach Hegel der in der Geschichte sich entfaltende → objektive Geist, der in allen einzelnen Erscheinungen eines Zeitalters wirksam ist; der Inbegriff von Ideen, die für eine Zeit charakteristisch sind. Goethe betrachtet den Z. als die vorherrschend geistige Seite einer Zeit: „Wenn eine Seite nun bes. hervortritt, sich der Menge bemächtigt und in dem Grade triumphiert, daß die entgegengesetzte sich in die Enge zurückziehen und für den Augenblick im stillen verbergen muß, so nennt man jenes Übergewicht den Z., der denn auch eine Zeitlang sein Wesen treibt.“ Die moderne Geschichtsschreibung versteht unter Z. den Geist einer Epoche bestehend aus allen kulturellen Äußerungen im gegebenen Zeitabschnitt.

G. W. F. Hegel, Vorlesungen zur Gesch. der Philos., hg. 1837; J. Habermas (Hg.), Stichworte zur geistigen Situation der Zeit, II, 1979; W. Ch. Zimmerli (Hg.), Technologisches Zeitalter oder Postmoderne?, 1988.

Zeitlichkeit, bei Heidegger die Zukunft, insofern sie die Gewesenheit enthält (→ Zeit), und auch die Gegenwart ausmacht, da das Dasein nicht im Jetzt verweilt, sondern sich selbst immer schon vorweg ist. Diese Z. ist das Wesen der → Sorge; Z. im Sinne der Physik → Weltlinie. Im allgemeinen bedeutet Z. die Grundform jeder bewußten Existenz und Geschichte.

G. Haeuptner, Über das Zeitenfernrohr, in ZphF, Bd. IV, 1950; I. Heidemann, Spontaneität und Z., 1958; H. Hönl u. a., Zeit und Z., 1961.

Zeitsinn nennt man die Fähigkeit der unmittelbaren richtigen Zeitschätzung; bei Tieren ist er gleichbedeutend mit dem unbewußten Gefühl für den natürlichen Rhythmus ihres Lebens. Beim Menschen ist der Z., ein Beiprodukt des Industrialismus, eine Art von psychologischem Analogon zum synthetischen Parfüm und zu den Anilinfarben“ (Aldous Huxley), ein unablässiges Wirken des den modernen Menschen quälenden Zeitdruckes im Unterbewußtsein.

Benussi, Psychologie der Zeitauffassung, 1913; Zeit in nervenärztl. Sicht (Tagungsvorträge), 1963.

Zeller, Eduard, Theologe u. Philosoph, * 22. 1. 1814 Kleinbottwar

(Württ.), † 19. 3. 1908 Stuttgart, seit 1872 Prof. in Berlin, erlangte vor allem als Historiker der antiken, daneben der dt. Philosophie Bedeutung: Die Phil. der Griechen, 3 Bde., 1844–52 (spät. Aufl. in 6 Bdn.); Grundriß der Geschichte der griech. Phil., 1883, neubearb. [14]1971, von W. Nestle; Gesch. der dt. Philosophie, 1872; Friedrich der Große als Philosoph, 1885; Kleine Schriften, 3 Bde., 1910/11.

W. Dilthey, Aus E. Z.s Jugendjahren (Ges. Schriften, Bd. 4, 1921); H. Diehls, Gedächtnisrede auf E. Z., 1908; K. Guggisberg, Der Z.handel in Bern, 1847, in: „Zwingliana", 1944.

Zeltner, Hermann, * 5. 7. 1903 Nürnberg Prof. em. in Erlangen, † 25. 11. 1975 das., ausgehend von der Phänomenologie (Husserl, Heidegger), befaßte sich mit Fragen des dt. Idealismus (Schelling, der Entwicklung von Kant über Hegel zu Marx) und mit modernen Problemen der Sozialphilosophie und Ideologiekritik. – Schrieb u. a.: Schelling, 1954; Ideologie und Wahrheit, 1966; Eigentum und Freiheit, 1970; Biblgr. in ZphF, 27, 1973.

Zen (aus sanskr. *dhyana,* „Meditation"), Methode buddhistischer Meditation, bes. von der Z.-Sekte gepflegt, in China u. Japan in Gebrauch und in der (seelisch-körperlichen) Pädagogik wirksam. Der *Z.-Buddhismus* ist keine Philosophie, auch keine Religion. Die gesuchte Erkenntnis durch innere Vertiefung wird unmittelbar erlangt: sie haftet weder an Begriffen, noch an Worten, leuchtet vielmehr im schweigenden Verstehen auf. Z. hat mit den in Europa bekannten Entspannungsübungen (vgl. J. H. Schultz, Das autogene Training, [8]1963) nur äußere Ähnlichkeit. Auf die chines. Landschaftsmalerei hat die Z.-Meditation großen Einfluß ausgeübt. – P. A. Vessie, Z.-Buddhism – A Bibliography of Books and Articles in English 1892–1975, Ann Arbor 1976.

S. Ohasama/A. Faust, Z. der lebendige Buddha in Japan, 1925; D. T. Suzuki, An Introduction to Z.-Buddhism, Kyoto 1934, dt. 1939; A. W. Watts, The Spirit of Z., London 1936, dt. 1956; E. Herrigel, Z. und die Kunst des Bogenschießens, 1948; G. Schüttler, Die Erleuchtung im Z.-Buddhismus, 1974; T. Frischkorn, Elemente traditioneller Z.-Praxis und ihre westl. Rezeption, 1984.

Zenon, der Eleate, etwa 490–430 v. Chr., erster griech. Philosoph, der Prosaschriften verfaßte, der sich des Denkmittels des indirekten Beweises bediente, deshalb von Aristoteles „Erfinder der Dialektik" genannt, berühmt durch seine Paradoxien; Platon rühmt seine dialektische Kunst als Beweismittel der Parmenides' Lehre von dem einen Sein und führt in „Parmenides" die Prosaschrift Z.s „Grammata" an. Z. lehrte das Sein als Einheit und als Ruhe, das Nichtsein als Vielheit und als Bewegung; d. h. wo Einheit und Ruhe ist, ist Sein, wo Vielheit und Bewegung Nichtsein; → Achilleus.

E. Raab, Die zenonischen Beweise, 1880; R. Heiss, Die Logik des Widerspruchs, 1932; K. Hildebrandt, Frühe griech. Denker, 1968; R. Ferber, Z.s Paradoxien der Bewegung, 1981.

Zenon, der Stoiker, griech. Philosoph, galt ursprünglich als begeisterter Anhänger Platons, durch den er die Philosophie als Lebensweg entdeckte; Kaufmannssohn vielleicht nichtgriech. Abstammung aus Kition auf Zypern, etwa 336–264 v. Chr., zunächst Schüler der Kyniker, dann um 300 Begründer der Stoa. Von Schriften und Lehren Bruchstücke überliefert.

T. Gomperz, Zur Chronologie des Stoikers Z., 1903; W. Nestle, Die Nachsokratiker, II, 1923; A. Graeser, Z. v. Kition, 1975.

Zetetiker (vom griech. *zetesis,* „Erforschung, Erwägung"), Bezeichnung der Skeptiker.

Zeug, bei Heidegger Sammelbezeichnung für die Gegenstände, mit denen das alltägliche → Besorgen zu tun hat; der Ausdruck ist eine Generalisierung des Z.-Bestandteils in den Begriffen Werk-Z., Handwerks-Z., Strick-Z., Näh-Z. usw. Das Insgesamt des Z.s konstituiert eine Werkwelt, die dem Menschen, weil er täglich mit ihr umgeht, innerlich vertraut ist; er braucht sie nicht erst zu „erkennen", beherrscht sie aus einer unmittelbaren Praxis, die zu seiner Wirkwelt gehört; → Zuhandenheit.

G. Prauss, Erkennen und Handeln in Heideggers „Sein und Zeit", 1977.

Ziegler, Leopold, Geschichts- und Religionsphilosoph, * 30. 4. 1881, Karlsruhe; † 25. 11. 1958. In jungen Jahren Anhänger von Ed. v. Hartmann. Baldige Ablösung von ihm. Sein Gesamtwerk ist bemüht, Innenwelt und Außenwelt des gespaltenen europäischen Menschen wieder in Übereinstimmung zu bringen; das in seiner Widersätzlichkeit verhärtete Bewußtsein von den vorbewußten Tiefenschichten und ihren religiösen Antrieben her wieder zu verjüngen, als Polysynthetiker zu einer Vereinigung der Gegensätze zu gelangen *(coincidentia oppositorum)* – Hauptwerke: Gestaltwandel der Götter, I–II, 1920; Das heilige Reich der Deutschen, I–II, 1925; Zwischen Mensch und Wirtschaft, 1927; Magna Charta einer Schule, 1928; Der europäische Geist, 1929; Überlieferung, 1936; Apollons letzte Epiphanie, 1937; Menschwerdung, I–II, 1948; Die neue Wissenschaft, 1951; Spätlese eigener Hand, 1953; Das Lehrgespräch vom Allgemeinen Menschen, 1956; Dreiflügelbild – G. Keller, H. Pestalozzi, A. Stifter, 1961; Briefe 1901–1958, hg. 1963.

H. Kessler u.a. (Hgg.), Ursprung und Gegenwart des Bewußtseins, 1976; M. Schneider-Fassbaender, L. Z. – Leben und Werk, 1978.

Ziehen, Theodor, Psychiater, Psychologe u. Philosoph, * 12. 11. 1862 Frankfurt a. M., † 29. 12. 1950 ebda., 1917–1930 Prof. in Halle, Positivist, sucht der Psychologie eine zugleich natur- und geisteswiss. Grundlage zu geben. Dem Psychologismus und Logizismus stellt er eine „gignomenologische" Auffassung der Logik gegenüber: die logischen Gesetze sind dasjenige, was der sowohl psychischen wie physischen Kausal- und Parallelgesetzlichkeit gemeinsam ist (das *Gignomẹn:* das „Werdende", d. Gegebene, das Erlebnis). – Hptw.: Leitfaden der physiologischen Psychologie, 1891, 12 1924; Die Grundlagen der Psychologie, 2 Bde., 1915; Erkenntnistheorie, 1913, 1934–36 in 3 Bdn.; Das Verhältnis der Logik zur Mengenlehre, 1918; Das Seelenleben der Jugendlichen, 1923, 5 1943; Lehrb. der Logik auf positivistischer Grundlage, 1920, 2 1971; Selbstbiogr. in Phil. der Gegenwart Bd. 4, 1923; Vorlesungen über Ästhetik, 2 Bde., 1923–1925; Die Grundlagen der Charakterologie, 1930, 2. Bd. 2 1939.

Ziel → Zweck.

Zirkelschluß → Circulus vitiosus.

Zivilisation (von lat. *civis,* „Bürger", dt. etwa „Gesittung"), die auf die Barbarei folgende Vorstufe der Kultur, die den Menschen allmählich zum planmäßig wohlgeordneten Zusammenwirken mit seinesgleichen erzieht u. damit erst die wichtigste Vorbedingung der Kultur schafft. Spengler setzte der Z. als dem Gesamtbereich des bloß Technisch-Mechanischen die Kultur als Reich des Organisch-Lebendigen gegenüber und lehrte, Kultur sinke im Laufe der Entwicklung ab zur Z. und gehe damit ihrem Untergang entgegen. Diese Auffassung ist allgemein geworden. Z. ist heute das, was den „Komfort“ hervorbringt, die von der Technik zur Verfügung gestellten Bequemlichkeiten. Der zivilisierte Mensch wird von diesen Bequemlichkeiten (ihrer Herstellung und Benutzung) körperlich u. geistig derart in Anspruch genommen und durch sie so eng in das technische Kollektiv (→ Technik) verflochten, daß er für Kultur weder Zeit noch Spannkraft hat und daß er eine innere Nötigung, außer zivilisiert auch noch kultiviert zu sein, oft nicht mehr verspürt. Im frz. und engl. Sprachgebrauch ist Z. gleichbedeutend mit Kultur; → Kulturphilosophie.

A. J. Toynbee, A Study of History, London 1934, dt. 1949; N. Elias, Über den Prozeß der Z., I–II, 1939; E. Callot, Civilisation et civilisations, Paris 1954; H. Friedmann, Epilegomena zur Diagnose des Wissenschaftszeitalters, 1954; H. Freyer, Theorie des gegenwärtigen Zeitalters, 1955; H. Fischer, Vernunft und Z., 1971; B. Nelson, Der Ursprung der Moderne – Vergleichende Studien zum Z.sprozeß, 1986.

Zocher, Rudolf, Philosoph, * 7. 7. 1887 in Großenhain/Sa., em. Prof. in Erlangen, † 1. 7. 1976 das., arbeitete auf dem Gebiet der philosoph. Grundlegung, Erkenntnistheorie und Geschichtsphilosophie; erweiterte, von H. Rickert ausgehend, den neukantischen Standpunkt durch Aufstellung einer transzendentalen Grundlehre, die nicht nur die positive Wissenschaft, sondern auch noch eine Ontologie von der Art, wie sie N. Hartmann dem Neukantianismus abrang, fundiert. – Hauptw.: Die objektive Geltungslogik und der Immanenzgedanke, 1925; Husserls Phänomenologie und Schuppes Logik, 1932; Geschichtsphilosophische Skizzen, 2 Bde., 1933/34; Die philosophische Grundlehre, 1939; Tatwelt und Erfahrungswissen, 1948; Philosophie in Begegnung mit Religion und Wissenschaft, 1955; Kants Grundlehre, 1959. – Vollst. Bblgr. in „Tradition u. Kritik“ Festschr. f. R. Z., 1967.

Zoroaster → Zarathustra.

Zufall (griech. *tyche*), das Eintreten unerwarteter, im Rahmen der gültigen Naturgesetze unvorhergesehener Ereignisse, bes. auch ihr unvorhergesehenes Zusammentreffen mit anderen Ereignissen. Im allgemeinen ist das, was sich uns als Z. darstellt, eine Verkettung von unbekannten oder ungenügend bekannten Ursachen und ebensolchen Wirkungen (vgl. dazu E. Whittaker, Z., Willensfreiheit u. Notwendigkeit, Tl. 2 von „Der Anfang u. d. Ende der Welt“, dt. 1955). Da aber jedes mit Bewußtsein begabte Lebewesen grundsätzlich die Möglichkeit hat, in den Kausalnexus einzugreifen und das (verursachte) Geschehen in Richtung auf ein Ziel zu verändern oder zu lenken (→ Finalität), da ferner die Absichten des Nebenmenschen grundsätzlich unerkennbar sind, wirken die Folgen der Ziele setzenden Spontaneität der Anderen *auf mich* als Zufälle, denen ich ausgeliefert bin, wenn auch ein Standpunkt denkbar ist, von dem aus gesehen es keine Zufälle „gibt“; dies hauptsächlich in der Auffassung von der absoluten Gültigkeit der Kausalität im Weltganzen, wonach alle Geschehnisse im „Weltmechanismus“ derart mit Notwendigkeit vorausbestimmt sind, daß „nichts hätte anders auftreten können“, daß alles uns zufällig Erscheinende ebenfalls mit Notwendigkeit geschieht. Besonders aufdringlich erscheint im Leben das Problem des Z., wenn dieser in der z.en Begegnung zweier Menschen erfahren wird, woraus sich manche zukunftsreiche Folgen ergeben. Man ist zu dem Glauben verführt, daß bei kleinen Abweichungen im vorausgegangenen Verhalten des einen oder des anderen die Begegnung „sicher" nicht zustande gekommen wäre. Andernfalls wird geglaubt, daß man im Z. irgendwie doch sinnvoll zueinander „geführt" worden sei.

W. Windelband, Die Lehren vom Z., 1870; G. Just, Begriff und Bedeutung des Z.es im organ. Geschehen, 1925; H. Titze, Der Kausalbegriff in Philos. und Physik, 1964; M. Oraison, Z. und Leben, 1972; H. Hoerz, Z., 1980; P. Erbrich, Z. – Eine naturwiss.-philos. Untersuchung, 1988.

Zuhandenheit, bei Heidegger die Seinsart der menschlichen Beziehung zum → Zeug. Für die Z. ist ihre Unauffälligkeit charakteristisch, was zur Folge hat, daß sich ihr Wesen namentlich dann enthüllt, wenn ein Werk-„Zeug" oder dergl. nicht zuhanden ist. Die Z. steht im Gegensatz zur bloßen → Vorhandenheit jener Dinge, die uns direkt nichts angehen.

Zurechnung besteht darin, daß ein Mensch für sein Tun u. dessen Folgen verantwortlich gemacht wird (→ Freiheit). Die Z.sfähigkeit und damit die Verantwortlichkeit hat verschiedene Grade, und zwar bestimmen sich diese Grade nach dem Vermögen, die Folgen einer Handlung vorauszusehen. Kinder (absolut bis zum 10., bedingt bis zum 16. Jahre), Geisteskranke u. Bewußtlose werden als nicht z.sfähig betrachtet. Mangel an geistiger Klarheit bedingt verminderte Z.sfähigkeit, für deren genaue Bemessung es jedoch, trotz „Fachgutachten", meist keine objektiven Methoden gibt. Voll z.sfähig ist jeder, der bei normaler Geistesbeschaffenheit die Folgen seiner Tat vorauszusehen vermag, bes. mit Rücksicht auf die Frage der Fahrlässigkeit, soweit sie überhaupt objektiv vorauszusehen sind. Allerdings decken sich die Begriffe der subjektiven → Schuld und der objektiven Z. nicht; diese erstreckt sich oft weit über jene hinaus. Während die menschlichen Handlungen, für die man vornehmlich zur Rechenschaft gezogen wird, in den meisten Fällen determiniert sind, wird die Zurechnungsgesetzlichkeit, wie die logische Gesetzlichkeit als äußerlich ursachlos oder kausalfrei betrachtet; eingebettet also in einem Bereich der Freiheit, des – dem Naturgesetze nicht unterliegenden – Sinnvollen. So ist die Zurechnungsgesetzlichkeit, sofern sie sich auch tatsächlich als innere „Gesetzlichkeit" nachweisen läßt, für das Verständnis der Freiheit wesentlich; auch diese bleibt verdunkelt, wenn jene verkannt wird.

W. Mohrmann, Dogmengesch. der Z.slehre, 1914; M. Stockhammer, Kants Z.sidee und Freiheitsautonomie, 1961; U. Neumann, Z. und Verschulden, 1985.

Zusammenhang, in der Physik die Einheit der Abhängigkeitsverhältnisse verschiedener Einzelereignisse und der meßbaren Größen der daran beteiligten Komponenten. In der Psychologie die Tatsache, daß die von den Sinnesorganen aufgenommenen Reize die Grundlage für Wahrnehmungen bilden, in denen zwischen den Teilen des Wahrgenommenen ein Z. besteht, durch den sich ein Gebilde, nicht ein ungeordnetes Nebeneinander von Einzelwahrnehmungen ergibt. Die ältere Psychologie nahm an, daß dieser Z. vom Bewußtsein hergestellt wird, dem dabei die Empfindungen als Material dienen; sie sprach daher nicht von Z., sondern von Zusammenschluß (→ Kohärenz). Dagegen stellt die Gestalttheorie des Z.s fest, daß nicht das Ich über die Bildung umfassenderer Bewußtseins-Einheiten, über Grenzverlauf, Gliederung, Gruppierung usw. entscheidet, sondern die sachliche Beschaffenheit des anschaulich Gegebenen; dabei ist maßgebend das „Zueinander“, das naturgemäße und zugleich vernunftgemäße Zusammengehören, aus dem sich die Entstehung erkennbarer (d. h. in ihrer Bedeutung erkennbarer) Gestalten ergibt. Sofern dieses Zusammengehören als ein gesetzmäßiges betrieben wird, spricht man nicht nur in der Physik, sondern unter anderen Gesichtspunkten auch in der Psychologie von einer besonders gearteten → Kausalität.

Zweck (ursprünglich die Zwecke, ein kurzer, breitköpfiger Nagel in der Mitte der Zielscheibe) ist ein vorgestellter und gewollter zukünftiger Vorgang oder Zustand, dessen Verwirklichung das kausale Zwischenglied auf dem Wege zum Ziel ist; er ist die antizipierte Vorstellung der Wirkung unseres Handelns (Wilh. Wundt), ihm werden die zu seiner Erreichung notwendigen Mittel zu- u. untergeordnet. Z. u. Ziel können zusammenfallen und das erreichte Ziel kann sich als Z. zur Erreichung eines noch weiter gesteckten Zieles erweisen; über Wilh. Wundts These von der Heterogenie der Z.e → Heterogonie. Die Möglichkeit der Erreichung eines Z.es kann nur vorausgesetzt werden, soweit ein Z.e und Ziele setzendes Eingreifen des Menschen in das kausal verursachte Naturgeschehen für realisierbar gehalten wird (→ Finalität). Ob es im Bereich des Biologischen eine Z.e und Ziele setzende Instanz gibt oder nicht, ist umstritten (→ Entelechie, Virtualitätshypothese). Kant nennt in seiner „Kritik der Urteilskraft“ den Z.begriff einen „Fremdling in der Naturwissenschaft“. Die Erklärung des Naturgeschehens aus Z.en heißt → Teleologie; → zweckmäßig. Die moderne psychologische Bestätigung mit Wesen und Funktion der Z.e hat zur Motivforschung geführt.

E. v. Hartmann, Kategorienlehre, I–III, 1896; H. Schneider, Philos. vom Z. aus, 1912; N. Hartmann, Teleologisches Denken, 1951; B. v. Brandenstein, Teleologisches Denken, 1960; N. Luhmann, Z.begriff und Systemrationalität, 1973; J. F. Haught, Nature and Purpose, 1980; R. Spaemann, Die Frage wozu?, Gesch. und Wiederentdekkung des teleolog. Denkens, 1981.

zweckmäßig ist eine Einrichtung, eine Handlung, die geeignet ist, einen → Zweck zu erfüllen. Z.e Handlungen und Einrichtungen außerhalb des menschl. Bereichs (u. dem der höheren Tiere) nennt man „zielstrebig“. Z. bedeutet auch eine bestimmte, der Erhaltung des Lebewesens dienende Art der Beziehung, der Wechselwirkung, des Ineinandergreifens der Funktionen. Dieser Begriff der Z.keit wurde bis zum Ausgang des 19. Jh. auf Grund des → kausal-mechanischen Weltbildes als zur Beschreibung der in der Biologie vorliegenden Tatsachen vollkommen ausreichend betrachtet. Seitdem ist man sich darüber klar geworden, daß „objektive Z.keit“ eine *contradictio in adjecto* ist und daß sogar ein toter Gegenstand, um z. sein zu können, einer Instanz bedarf, die den Zweck angibt, dem er dienen soll. Ein z.es Geschehen ist unter allen Umständen ein finales. Die offenkundige Zielstrebigkeit der Entwicklung organischer Einzelwesen – das sichtbare Streben nach dem Ziel einer ausgebildeten Form – ist durch die → Vererbung kausal nicht erklärbar;

auch die von der Molekularbiologie entdeckten „vorprogrammierten Erbanlagen" ermöglichen noch keine vollständige Erklärung; → Entelechie. Daß die Z.keit in der Natur ein zufälliger Erfolg sei, ist die Meinung Nietzsches.

H. Driesch, Die Philos. des Organischen, 1909; L. v. Bertalanffy, Kritische Theorie der Formbildung, 1928; H. Conrad-Martius, Der Selbstaufbau der Natur, 1944; U. Arnold, Die Entelechie, 1965.

Zweifel, Zustand der Ungewißheit, d. unentschiedenen Schwankens in dem, was man für wahr oder richtig halten soll (theoretischer, moralischer, religiöser Z.). Der Z. setzt kritisches Denken voraus und kann eine method. Bedeutung haben, zugleich eine Vorstufe der Erkenntnis darstellen, so z. B. bei Augustinus und Descartes; → Skeptizismus.

K. Löwith, Wissen, Glauben, Skepsis, 1958; H. Cramer, Für ein neues skeptisches Denken, 1983; M. D. Roth u.a. (Hgg.), Doubting, Dordrecht 1989.

Zwingli, Ulrich (Huldreich), Reformator und Humanist, * 1. 1. 1484 Wildhaus (Kanton St. Gallen), † 11. 10. 1531 in der Schlacht bei Kappel (Kanton Zürich), philos. durch die Stoa und den Renaissance-Platonismus (bes. Ficino) stark beeinflußt. Gott ist „höchstes Gut", durch die Vorsehung bekundet er sich jederzeit und überall. Die Verlorenheit des Menschen liegt in seiner Sündigkeit und in seiner tragischen Gesamtlage auf Erden; trotzdem bleibt er Bindeglied zwischen Erde und Himmel. – Hauptwerke: Von göttlicher und menschlicher Gerechtigkeit, 1523; De providentia Dei, 1530; Expositio Christianae fidei, 1531; Hauptschriften, 1940; Werke, I–VIII, 1829–41.

R. Stähelin, H. Z., I–II, 1895–97; G. W. Locher, Die Theologie H. Z.s im Lichte seiner Christologie, 1952; W. H. Neuser, Die reformatorische Wende bei Z., 1977; G. W. Locher, Z.s Thought, Leiden 1981; U. Gäbler, H. Z., 1983; P. Winzeler, Z. als Theologe der Befreiung, 1986.

zyklische Geschichtstheorie (vom griech. *kyklos,* „Kreis"), hat ihre Ansätze im altgr. Denken (Aristoteles), kommt später zum Ausdruck in der bekannten These von der „ewigen Wiederkehr des Gleichen"; in neuester Zeit von Osw. Spengler vertreten, besagt, daß der Geschichtsverlauf nicht gradlinig erfolgt (wie es die Fünfstadientheorie Fichtes, die Dreistadientheorie Comtes oder Lamprechts Lehre von den Kulturzeitaltern voraussetzen), sondern, getrennt nach Kulturkreisen, zyklisch: dem Aufstieg folgt naturgesetzlich der Verfall; → Geschichtsphilosophie.

T. Haering, Die Struktur der Weltgeschichte, 1921; E. Spranger, Die Kulturzyklentheorie und das Problem des Kulturverfalls, 1926; J. Schlobach, Zyklentheorie und Epochenmetaphorik, 1980; H. Corbin, Cyclical Time and Ismaili Gnosis, London 1983.

zykloid, s. Zyklothymiker.

Zyklothymiker (aus griech. *kyklos,* „Kreis", u. *thymos,* „Gemüt"), eine der beiden großen Konstitutionsgruppen Kretschmers (→ Konstitution), neben der Gruppe der → Schizothymie.

Z. sind vorwiegend Menschen mit pyknischer Konstitution; ihre Temperamentslage schwankt zw. gehoben (heiter) und depressiv (traurig), das psychische Tempo zw. beweglich und behäbig, die seelische Beweglichkeit ist durch die stets „runde" natürliche, dem Impuls adäquate Form der Mimik und der Körperbewegungen ausgezeichnet. Experimentell ist u. a. die Neigung zu ganzheitlicher Auffassung, zu verstärkter Farbempfindlichkeit und zu extensiver, flüssig-beweglicher Aufmerksamkeit feststellbar. In ihrer komplexen Lebenseinstellung u.

Haltung der Umwelt gegenüber geben die Z. hauptsächlich Menschen mit Neigung zum Aufgehen in Umwelt und Gegenwart, von aufgeschlossenem, geselligem, gutherzigem, natürlich-unmittelbarem Wesen. – Während der Typus des Z. im Bereich des Normalen und Gesunden anzutreffen ist, nennt Kretschmer den Temperamentshabitus der zyklisch-seelischen Zustände im Bereich der psychopathischen Grenzfälle Zykloidie.

E. Kretschmer, Körperbau u. Charakter, [25]1967; W. Hasemer, Tatbestand und Typus, 1968.

Zynismus, die ehrfurchtlose, alle Sitten verachtende Lebenshaltung der → Kyniker; die bewußte Herabsetzung aller Werte, Überzeugungen und sozialer Prinzipien, die Unfähigkeit etwas als ehrwürdig, ernst oder heilig zu empfinden; daher die aufdringliche Verächtlichmachung jeder gewohnten sittlichen Ordnung und Gläubigkeit der Mitmenschen. Zu den Wurzeln des Z. gehören das Scheitern am Leben, Arroganz, unüberwindliches Ressentiment und Verzweiflung in anhaltender Ausweglosigkeit, die nur gelegentlich zum Radikalismus führen. Den Typus des neuzeitlichen Zynikers beschrieb D. Diderot in seinem, 1805 von Goethe übersetzten, literarischen Werk „Rameau's Neffe".

ZEITTAFEL

vor Chr.

um 1500 bis 500	Tat tvam asi: religiös-metaphysische Spekulation in Indien: *Rigveda, Brahmanas* und *Upanishaden.*
im 6. Jh.	Die Lehre von Tao: *Lao-tse* in China. – Konfuzius' praktische Philosophie. Erlösung vom Leid: *Buddha* in Indien. – (Ausbreitung des Buddhismus seit dem 1. nachchrist. Jh. nach China, Burma, Siam, Ceylon, Tibet, 500 Jahre später auch nach Japan. Hinduistische Periode seit dem 10. Jh.: Ausbreitung unter dem Einfluß des Islam).
	Kosmologische Weltbetrachtung in Griechenland: Vom Mythos zum Logos – *Hesiod.* Ältere ionische Naturphilosophie: *Thales, Anaximander, Anaximenes.*
	Zahlenmystik: *Pythagoras*
	Das beharrende Sein: *Xenophanes der Eleate; Parmenides.*
im 5. Jh.	Alles fließt: *Heraklit.*
	Haß und Liebe (Abstoßung und Anziehung) als weltbildende Kräfte: *Empedokles.*
	Der Nous: *Anaxagoras.*
	Atomismus: *Leukipp* und später *Demokrit.*
	Subjektivismus, Aufklärung: die Sophistik: *Protagoras.*
	Durchbruch des Individualitätsbewußtseins: *Sokrates* 470/69–399.
im 4. Jh.	Intuition, Spekulation, Idealismus: *Platon* 427–347.
	Empirie, Wissenschaft, Realismus: *Aristoteles* 384–322.
	Tugend = Bedürfnislosigkeit: die Kyniker: *Antisthenes* 444 bis um 336, *Diogenes* von Sinope um 412 bis 323.
	Tugend = Genußfähigkeit: Hedonismus: die Kyrenaiker: *Aristippos.*
3. Jh. vor bis 4. Jh. n. Chr.	Hellenistisch-röm. Spätantike, Anfänge christl. Denkens, Individualismus, vernunftgemäßes (= naturgemäßes) Leben, Kosmopolitismus, Resignation, philosophischer Eklektizismus: die Stoa: *Zenon* 336–264, *Chrysippos* 281/80–208/05, *Poseidonios* 135–51, *Seneca* * um 4 v. Chr., † 65 n. Chr., der Apostel *Paulus* † 67, *Epiktet* um 50–138, *Marc Aurel* 121–180.
	Streben nach Glückseligkeit (= Freisein vom Leiden): *Epikur* 342/41–271/70, *Lucretius Carus* 96–55.
	Skeptizismus, Streben nach Unerschütterlichkeit (Ataraxie): *Pyrrhon* um 360 (oder früher) bis 270.
1. Jh. vor bis 3. Jh. n. Chr.	Verschmelzung platonischer Ideenlehre mit pythagoreischer Zahlenlehre und orientalischer Religionsmystik: Neupythagoreismus.

nach Chr.

im 1. Jh.	Verschmelzung griechischer Philosophie und jüdischer Theologie: *Philon der Jude,* † 50 n. Chr.; *Paulus.*
im 2. Jh.	christlich-orientalische Spekulation: Gnosis.

3.–5. Jh. Verschmelzung des Platonismus mit pythagoreischen, aristotelischen und stoischen Lehren einerseits und orientalischer Mystik andererseits: Neuplatonismus: *Ammonios Sakkas* etwa 175–242, *Plotinos* um 205–270, *Jamblichos* † um 330.

Ausbildung der christlichen Dogmatik:
die Kirchenväter: *Augustin* 354–430: Lehre vom Willen, von der Prädestination und vom Reich Gottes.

9.–13. Jh. Die Philosophie im Dienste der Theologie: Scholastik. – Streit zwischen Realismus und Nominalismus (Universalienstreit).

Christliche Schöpfungslehre in Neuplatonisch-pantheistischer Deutung: *Johannes Scotus Eriugena* 810–877.

Credo ut intelligam: *Anselm von Canterbury* 1033–1109.

Naturphilosophie: Auffassung von der atomistischen Struktur und der Konstanz der Materie: *Hugo von St. Viktor* 1096–1141.

Geschichtsphilosophie: christlich-eschatologisch: *Otto von Freising* 1114–1158.

Die erste selbständige Geschichte der Philosophie: „De dogmate philosophorum" (Über die Lehre der Philosophen): *Johann von Salisbury,* um 1115–1180.

Die erste große Staatslehre des Mittelalters: „Policraticus" (Der Staatsregent): *Johann von Salisbury.*

Die erste Wissenschaftslehre des Mittelalters: „Metalogicus" (Der über die Logik Hinausschauende): *Johann von Salisbury.*

10.–12. Jh. Arabische Scholastik: *Farabi* um 870–950, Aristoteleskommentator; der Mediziner, Naturwissenschaftler und Philosoph *Avicenna,* der bedeutendste Gelehrte des östl. Islams, der „zweite Aristoteles", 980–1037; der philosophische Skeptiker *Gazali,* der bedeutendste Theologe des Islams, 1059–1111; *Averroës,* der bedeutendste Gelehrte des abendländischen Islams, Höhepunkt und Ende der klassischen Islamphilosophie, 1126–1198.

13./14. Jh. Glanz und Ausklang der Scholastik:
Höhepunkt des rationalistischen kirchlich-scholastischen Realismus: *Thomas von Aquino* (doctor angelicus) 1225 (oder 1226)–1274.

Trennung der Theologie von Wissenschaft und Philosophie: *Albert der Große* (doctor universalis) 1193 (1207)–1280, *Roger Bacon* (doctor mirabilis) 1214–1294, *Duns Scotus* (doctor subtilis) um 1270–1308, *Wilhelm von Ockham* (doctor invincibilis) † 1349 oder 1350.

Deutsche Mystik: *Dietrich von Freiberg* † nach 1310, *Meister Eckhart* † 1327, *Tauler* † 1361, *Seuse* † 1366.

14./15. Jh. Anfänge des ital. Frühhumanismus: *Francesco Petrarca* 1304–74, *Coluccio Salutati* 1331–1406. Universale Be-

	deutung der lat. Sprache: *Laurentius Valla* 1405–57.
	Blütezeit der ital. Philosophie: *Georgios Plethon* 1355–1449, *Marsiglio Ficinus* 1433–1499, *Pico della Mirandola* 1463–1494: „De hominis dignitate".
15. Jh.	Übergang zur Neuzeit, Anfänge mathematischer Naturerkenntnis: *Nikolaus Cusanus* 1401–1454: Unendlichkeit der Welt, „coincidentia oppositorum".
	Neuzeit: Renaissance, Reformation, Humanismus:
1514	Verbindung des Humanismus mit politischen Spekulationen: *Macchiavelli* 1469–1527: „Il principe" (Das Buch vom Fürsten).
1516	Verbindung des Humanismus mit brit. Staatsphilosophie: *Thomas More* 1478–1535: „Utopia", die erste moderne Staatsutopie.
1531	Geschichtsphilosophie und Kulturkritik der Reformation: *Sebastian Franck* 1499–1542: „Chronica": die Geschichte als die eigentliche buchstabenlose Bibel, buchstabiert in Leben und Geschehnissen der Wirklichkeit („Geschichtsbibel").
† 1541	Neubegründung der Naturwissenschaft: Verbindung von Experiment und Spekulation als Grundsatz der Forschung: *Paracelsus* 1493–1541: die Natur als lebende und individuell bildende Kraft.
1543	Kopernikanisches Weltsystem: Bewegung der Erde um die Sonne: *Kopernikus* 1473–1543: „De revolutionibus orbium coelestium" (Von den Umwälzungen der Himmelskörper).
† 1560	Systematisierung der Philosophie der Reformation durch die Protestantische Scholastik: *Philipp Melanchthon* 1497–1560.
1580	Wiedererneuerung der antiken Skepsis: *Montaigne* 1533–1592, Repräsentant der französischen Philosophie im 16. Jh., Schöpfer des Essays als literarischer Gattung: „Essais".
1584	Modernes Unendlichkeitsgefühl: *Giordano Bruno* 1548–1600: „Dell' infinito, universo e mondi" (Vom unendlichen All und den Welten).
1602	Idee einer katholisch-päpstlichen Weltmonarchie auf der Grundlage eines christlichen Kommunismus: *Campanella* 1568–1639: „Città del Sole" (Sonnenstaat).
1612	Deutsche Frömmigkeit: *Jakob Böhme,* „Philosophus teutonicus" 1575–1624: „Aurora oder die Morgenröte im Aufgang".
1620	Wissen ist Macht: *Francis Bacon,* 1561–1626: Lehre von der Induktion, Naturbeherrschung als höchste Aufgabe der Wissenschaft: „Novum organum scientiarum" (Neues Werkzeug der Wissenschaften).
	Begründung des neueren Naturrechts und des Völker-

1625 rechts: *Hugo Grotius* 1583–1645: „De jure belli et pacis“ (dt. 1869 unter dem Titel: „Völkerrecht“).

1636 Wiederaufleben des Atomismus: *Daniel Sennert* 1572–1637: „Hypomnemata physica“; *Pierre Gassendi* 1592–1655.

1638 Grundlegung der mod. exakten Naturwissenschaft: *Galilei* 1564–1642: „Discorsi e dimonstrazioni matematichi intorno a due nuove science“.

Begründung des rationalistisch-individualistischen Denkens der mod. abendländischen Philosophie: *Descartes* 1596–1650: „Cogito ergo sum“.

1637 „Discours de la méthode“ (Abhandlung über die Methode).

1641 „Meditationes de prima philosophia“ (Denkübungen über die Philosophie).

1644 „Principia philosophiae“ (Die Grundlagen der Philosophie).

Englischer Empirismus:

1651 *Hobbes* 1588–1679: „Leviathan or the matter, form and autority of government“ (Leviathan oder das Wesen, die Form u. d. Macht der Regierung): realistische Gesellschafts- und Staatsphilosophie: Homo homini lupus. Bellum omnium contra omnes.

1670 *John Locke* 1632–1704: Vollender der englischen Aufklärung: Essay concerning human understanding“ (Versuch über den menschlichen Verstand): erste kritische Erkenntnistheorie.

1670 Religiöse Skepsis: *Pascal* 1623–62: „Pensées sur la religion“: Apologie des Christentums.

Okkasionalismus:

1675 *Geulincx* 1624–1669: „Gnothi seauton sive Ethica“: Höhepunkt des Leib-Seele-Dualismus.

1675 *Malebranche* 1638–1715: „De la recherche de la vérité“ (Von der Wahrheit): Panentheismus.

1677 Monistischer Pantheismus: *Spinoza* 1632–1677: deus sive natura: „Ethica“ (Ethik).

1687–88 Universitätsvorlesungen zum ersten Male in deutscher Sprache: *Christian Thomasius* 1655–1728.

1695–97 *Pierre Bayle,* Bahnbrecher der französischen Aufklärung, 1647–1706: „Dictionnaire historique et critique“ (Geschichtliches u. kritisches Wörterbuch).

Spiritualismus:

1710 *Berkeley* 1684–1753: „Treatise concerning the principles of human knowledge“ (Abhandlung über die Prinzipien der menschlichen Erkenntnis): erkenntnistheoretischer Subjektivisimus.

1714 *Leibniz* 1646–1716: Monadenlehre: „Monadologie“.

Englischer Deismus: Natürliche Religion gegen Kirchenglaube: *Collins* 1676–1729: „A discourse of freethinking“ (Abhandlung über Freidenkertum).

1719 Deutsche Aufklärung: umfassende Begriffssystematik auf rationalistischer Grundlage: *Christian Wolff* 1679–1754: „Vernünftige Gedanken von Gott, Welt und der Seele".

1725 Philosophischer Nationalismus, Begründung der neueren Geschichtsphilosophie und der Völkerpsychologie: *Vico* 1668–1744: „Prinzipien einer neuen Wissenschaft".

1748 Erkenntniskritischer und moralischer Skeptizismus: *Hume* 1711–1776: „Enquiry concerning human understanding" (Untersuchung über den menschlichen Verstand) und: „Enquiry concerning the principles of morals" (Untersuchung über die Grundlagen der Sittlichkeit).

1750–58 Begründung der Ästhetik als selbständiger Wissenschaft: *Baumgarten* 1714–1762: „Aesthetica".

1751–86 Französischer Materialismus: *d'Alembert* 1717–1738 und *Diderot* 1713–1784: „Encyclopédie ou dictionnaire raisonné des sciences, des arts et des métiers": materialistisch-sensualistisch-atheistisch gefärbte Erfahrungsphilosophie.
de Lamettrie 1709–1751: „L'homme machine" (Der Mensch eine Maschine), 1748.
Holbach 1723–1789: „Système de la nature ou des lois du monde physique et du monde moral". 1770: System des Materialismus.

1754 Sensualismus: *Condillac* 1715–1780: „Traité des sensations".

1755 Romantischer Protest gegen den Rationalismus der Aufklärung: *Rousseau* 1712–1778: „Discours sur l'origine et les fondements de l'inégalité parmi les hommes" und: „Emile ou de l'éducation" (1762).

1755 Theorie der Weltentstehung (die später sog. Kant-Laplacesche Theorie): *Kant* 1724–1804: „Allgemeine Naturgeschichte und Theorie des Himmels": organisches Prinzip der Naturerklärung.

1765 Höhepunkt der französischen Aufklärung: *Voltaire* 1694–1778: „Essai sur les moeurs et l'esprit des nations" (historisches Hauptwerk): Weltgeschichte als Kampf des Menschen um Fortschritt und Bildung. – Seine Welt- und Lebensanschauung: „Le philosophe ignorant".

1773–79 Die Idee der Humanität: *Herder* 1744–1803 „Von deutscher Art und Kunst", 1773; „Auch eine Philosophie der Geschichte zur Bildung der Menschheit", 1774; „Stimmen der Völker in Liedern", 1778/79.

1781 Kritizismus: *Kant* 1724–1804: „Kritik der reinen Vernunft": Philosophie des Erkennens: Zermalmung der dogmatisch-theologisch-rationalen Metaphysik, Beschränkung des Erkennens auf Natur und Vernunft.
Der Entwicklungsgedanke in der Geschichte: *Herder*

1784–91 1744–1803: „Ideen zur Philosophie der Geschichte der Menschheit“.

1788 Ethik des Sollens: *Kant* 1724–1804: „Kritik der praktischen Vernunft“: kategorischer Imperativ; Gott, Freiheit und Unsterblichkeit als Postulate der praktischen Vernunft.

1789 Utilitarismus: *Bentham* 1748–1832: „Introduction to the principles of morals and legislation“: das größte Glück der größten Zahl.

1790 Gestalthaft-anschaul. Denken (‚Urphänomen‘, ‚Morphologie‘): *Goethe* 1749–1832: „Metamorphose der Pflanze“. – Philosophie des Gefühls, Ästhetik: *Kants* „Kritik der Urteilskraft“.

1792 Ästhetischer Individualismus, Humanitätsideal: *Wilhelm von Humboldt* 1767–1835: „Ideen zu einem Versuch, die Grenzen der Wirksamkeit des Staates zu bestimmen“.

1793 Vernunftreligion gegen Kirchenglauben: *Kants* „Die Religion innerhalb der Grenzen der bloßen Vernunft“.

1794 Ethischer Idealismus: *Fichte* 1762–1814: „Wissenschaftslehre“. – 1800: „Die Bestimmung des Menschen“.

1795 Ideal der ästhetischen Menschenbildung: *Schiller* 1759–1805: „Briefe über die ästhetische Erziehung des Menschengeschlechts“.

1799 Individuell-ästhetischer Idealismus: *Friedrich Schlegel* 1772–1829: „Fragmente“.

1799 Ästhetisch-religiöser Idealismus: *Schleiermacher* 1768–1834: „Über die Religion“.

1801 Absoluter Idealismus, Identitätsphilosophie: *Schelling* 1775–1854: „Darstellung meines Systems“.

1807 Logischer Idealismus (Panlogismus), dialektische Methode: *Hegel* 1770–1831: „Phänomenologie des Geistes“. – 1817: „Enzyklopädie der philosophischen Wissenschaften“.

1808 *Fichte* 1762–1814: Reden an die deutsche Nation.

1819 Willensmetaphysik, Pessimismus: *Schopenhauer* 1788–1860: „Die Welt als Wille und Vorstellung“.

1824 Philosophischer Realismus: *Herbart* 1776–1841: „Psychologie als Wissenschaft neu begründet auf Erfahrung, Metaphysik und Mathematik“.

1825 Religiös-utopistischer Sozialismus: *Saint Simon* 1760 bis 1825. „Le nouveau Christianisme“.

1830 Atheismus: *Feuerbach* 1804–72: Religion ist Rückschritt: „Gedanken über Tod und Unsterblichkeit“, „Das Wesen des Christentums“.

1830–42 Französischer Positivismus: *Comte* 1798–1857: „Cours de philosophie positive“.

1843 Englischer Positivismus: *J. St. Mill* 1806–1873: „A system of Logic, rationative and inductive“.

Philosophie der christlichen Existenz: Absoluter Subjek-

1843 tivismus: *Kierkegaard* 1813–1855: „Entweder – oder“: Wurzel der modernen Existenzphilosophie und der dialektischen Theologie.

Anarchismus:

1845 *Stirner* 1806–56: „Der Einzige und sein Eigentum“: radikaler Individualismus.

1846 *Proudhon* 1809–1865: kommunistischer Sozialismus, ‚Eigentum ist Diebstahl „Qu'est-ce que la propriété?“, 1840; Hptw.: „Système des contradictions économiques ou la philosophie de la misère“.

1846 Spätromantische Fortsetzung des Goetheschen Denkens: Philosophie und Psychologie des Unbewußtseins: *Carus* 1789–1869: „Psyche“.

1848 Marxismus: *Marx* 1818–83 und *Engels* 1820–95: „Das kommunistische Manifest“.

1836 Amerikanischer Transzendentalismus: *R. W. Emerson* (1803–82): „Nature“.

1851–54 Begründung der modernen Soziologie: *Comte* 1798–1857: „Systeme de politique, ou Traité de sociologie instituant la religion de l'humanité“: Evolutionismus, ‚Dreistadiengesetz‘.

1853–55 Geschichtsphilosophie auf der Grundlage der Rassenforschung: *Gobineau* 1816–82: „Essai sur l'inégalité des races humaines“ (Über die Ungleichheit der Menschenrassen).

1854 Das vierdimensionale Kontinuum von Raum und Zeit. *Bernhard Riemann* 1826–66: „Über die Hypothesen, die der Geometrie zugrunde liegen“.

1855 Materialismus: *Ludwig Büchner* 1824–1899: „Kraft und Stoff“.

1859 Historischer Materialismus. *Karl Marx* 1818–83: „Zur Kritik der politischen Ökonomie“.

1856–64 Vereinigung von mechanischer Naturerklärung und idealistischer Metaphysik: *Lotze*. 1817–81: „Mikrokosmos, Ideen zur Naturgeschichte und Geschichte der Menschheit“.

1860 Psychophysik: *Fechner* 1801–1887: „Elemente der Psychophysik“.

1862–96 Evolutionismus: *Darwin* 1809–1882. *Spencer* 1820–1903: „A system of synthetic philosophy“.

1865 Milieutheorie: *Taine* 1828–1893: „Philosophie de l'art“ (Philosophie der Kunst).

1867–94 *Marx* 1818–83 und *Engels* 1820–95: „Das Kapital“.

1869 „Philosophie des Unbewußten“: *E. v. Hartmann* 1842–1906.

1879 Panpsychismus: *Fechner* 1801–1887: „Die Tagesansicht gegenüber der Nachtansicht“.

1878–81 Kulturkritik der Zeit, Charakterologie deutschen Wesens: *Lagarde* 1827–1891: „Deutsche Schriften“.

1882 Neuthomismus: Kardinal *Mercier* (1851–1926) begründet

das Institut Supérieur de Philosophie an der Universität Löwen.

1883–84 Ansätze zur Lebensphilosophie: *Nietzsche* 1844–1900:
1886 „Also sprach Zarathustra". „Jenseits von Gut und Böse".

1884 Logistik: *Gottlob Frege* 1848–1925: „Die Grundlagen der Arithmetik".

Unkritischer Realismus, reiner Sensualismus: *Mach*
1886 1838–1916: „Beiträge zur Analyse der Empfindungen".

1888 Neu-Idealismus, Noologismus: *Eucken* 1846–1926: „Die Einheit des Geisteslebens".

1889 Lebensphilosophie: *Henri Bergson* 1859–1941: „Essai sur les données immédiates de la conscience".

1890 Anfänge der Gestaltpsychologie: *Chr. v. Ehrenfels* 1859–1932: „Über Gestaltqualitäten".

Brentano 1838–1917: Überwindung des Psychologismus.

Die Idee der Geisteswissenschaften u. des Verstehens als Methode:

Dilthey 1833–1911: Geisteswissenschaftliche (verstehen-
1894 de) Psychologie: „Ideen über eine beschreibende und zergliedernde Psychologie". – 1910: „Der Aufbau der geschichtlichen Welt in den Geisteswissenschaften".

1896 Wertphilosophische Richtung des Neukantianismus (Südwestdeutsche Schule): *Rickert* 1863–1936: „Die Grenzen der naturwissenschaftlichen Begriffsbildung".

1899 Monismus: *Haeckel* 1834–1919: „Die Welträtsel".

Wandel des naturwissenschaftlich-physikalischen Weltbildes, das rein begrifflich-formal wird: unanschaulich, nur noch denkbar:

1900: Begründung der Quantentheorie: *Max Planck* 1858–1947: atomistische Theorie der Energie.

1905: Begründung der speziellen Relativitätstheorie: *Einstein* 1879–1955.

1900 Phänomenologie: *Husserl* 1859–1938: „Logische Untersuchungen" – „Ideen zu einer reinen Phänomenologie und phänomenologischen Philosophie", 1913.

Neuhegelianismus: *Croce,* 1866–1952: „Philosophie des
1900–18 Geistes", 4 Bde.

1900–20 „Völkerpsychologie": *Wilhelm Wundt* 1832–1920, 10 Bde.

Logizistisch-methodologische Richtung des Neukantia-
1902–12 nismus (Marburger Schule): *Hermann Cohen* 1842–1918: „System der Philosophie", 3 Bde.

1903 Neurealismus: *George Edward Moore* 1873–1958: „Refutation of idealism".

1907 „Pragmatismus": *James* 1842–1910: zivilisatorisch-humanitärer Optimismus; *Dewey* 1859–1952: „Human nature and conduct", 1922.

1908	Leben als Problem der Naturwissenschaft: *Palágyi* 1859–1924: Naturphilos. Vorlesungen über die Grundprobleme des Bewußtseins und des Lebens.
1909	Vitalismus: *Driesch* 1867–1941: „Philosophie des Organischen".
1910	Charakterkunde: *Klages* 1872–1956: „Prinzipien der Charakterologie", 4. Aufl. u. d. T.: „Die Grundlagen der Charakterkunde".
1910–13	Mathematische Logik, Logistik: *Russell* 1872–1970 und *Whitehead* 1861–1947: „Principia mathematica", 3 Bde.
1911	Fiktionalismus: *Vaihinger* 1852–1933: „Philosophie des Als-ob".
1912–23	Denkpsychologische (Würzburger Schule): *Oswald Külpe* 1862–1915: „Die Realisierung".
1913	Ausdruckswissenschaft: *Klages* 1872–1956: „Ausdrucksbewegung und Gestaltungskraft", 5. umgearb. Aufl. u. d. T.: „Die Wissenschaft vom Ausdruck", 1936.
1913	Philosophie des Irrationalismus: *Unamuno* 1864–1936: „Das tragische Lebensgefühl".
1914	Geisteswissenschaftliche Psychologie, verstehende Methode: *Spranger* 1882–1963: „Lebensformen".
1916	Begründung der Graphologie als Wissenschaft: *Klages* 1872–1956: „Handschrift und Charakter".
1918–22	Kulturpessimismus u. Untergangserwartung: *Spengler* 1880–1936; „Der Untergang des Abendlandes", 2 Bde.
1918	Philosophie als impressionistische Weltdeutung: *Keyserling* 1880–1946: „Reisetagebuch eines Philosophen".
1919	Begründung der Wertethik: *Max Scheler* 1874–1928: „Der Formalismus in der Ethik und die materiale Wertethik".
1921	Begründung der modernen Konstitutionsforschung: *Kretschmer* 1888–1964: „Körperbau und Charakter".
1922	Kritik des individualistischen Historismus: *Troeltsch* 1865–1923: „Der Historismus und seine Probleme".
1924	Universalismus: katholisch-scholastisches Welt- und Geschichtsbild: *Spann* 1878–1950: „Kategorienlehre".
1924–36	„Behaviorismus": *Watson* 1878–1950. 1924: Begründung der Wellenmechanik: *de Broglie* * 1892, *Schrödinger* 1887–1961 und *Heisenberg* 1901–1976: Begrenzung der Anwendbarkeit des Kausalgesetzes. 1926: Begründung der Quantenmechanik: *Born* 1882–1970, *Heisenberg* 1901–1976, *Jordan* 1902–1980, und *Dirac* * 1902: Diskontinuität der atomaren Vorgänge. 1927: *Heisenbergsche* „Unbestimmtheitsrelation": das atomare Geschehen ist mittels des Kausalgesetzes allein nicht bestimmbar.

	1933: *Max Planck* 1858–1947: „Wege zur physikalischen Erkenntnis".
	1936: *Heisenberg:* „Wandlungen in den Grundlagen der Naturwissenschaften".
	Existenzphilosophie: Versuch der Überwindung theoretischen Philosophierens:
1927	*Heidegger* 1889–1976: „Sein und Zeit".
	Jaspers 1883–1969: „Die geistige Situation der Zeit", 1931; „Philosophie", 1932, 3 Bde.
1928	Logischer Neupositivismus: Gründung des „Wiener Kreises". *M. Schlick* 1882–1936; *Carnap* 1891–1970: „Der logische Aufbau der Welt".
1928	Philosophische Anthropologie: *Max Scheler* 1874–1928: „Die Stellung des Menschen im Kosmos".
1929–33	Biozentrisches Weltbild: *Klages* 1872–1956: „Der Geist als Widersacher der Seele", 3 Bde. Frontstellung gegen „Idealismus" und „Materialismus" als logozentrische Weltbilder.
1931	Perspektivismus: *Ortega y Gasset* 1883–1955: „Aufstand der Massen".
1932	Neuthomismus: *Jacques Maritain* 1882–1973: „Distinguer pour unir ou les degrés du savoir", 1936 – *Etienne Gilson* 1884–1978: „L'esprit de la philosophie médiévale", 1932; ders.: „L'existentialisme chrétien", 1947.
1933	Dialektische Theologie: *Karl Barth* 1886–1968: „Theologische Existenz heute".
1934	*L. Lavelle* 1883–1951 und *R. Le Senne* 1882–1954 gründen zusammen die Richtung „Philosophie de l'Esprit", gleichnamige Buchreihe.
1935	Kultursoziologie: *Alfred Weber* 1868–1958: „Kulturgeschichte als Kultursoziologie".
1935	Neubegründung einer kritischen Ontologie: *Nicolai Hartmann* 1882–1950: „Zur Grundlegung der Ontologie".
1943	Franz. Existentialismus: *Jean-Paul Sartre* 1905–1980: „L'Etre et le néant".
1946	Die Technik als metaphysisches Problem: *Friedr. Georg Jünger* 1898–1977: „Perfektion der Technik".
1946	Die Zivilisation als schöpferische Synthesen: *A. J. Toynbee* 1889–1975: „A study of history", dt. 1949.
1947	Erste Zusammenkunft deutscher Philosophen nach dem 2. Weltkrieg in Garmisch-Partenkirchen (1. dt. Philos. Kongreß, 1.–8. Sept. 1947).
1950	*Nic. Hartmann* 1882–1950, „Philosophie der Natur".
1955	Weiterführung der ontologischen Problematik: *Günther Jacoby* 1881–1969. „Allg. Ontologie der Wirklichkeit", 2 Bde., 1925/55; *R. Reininger* 1869–1955, „Metaphysik der Wirklichkeit" 2 Bde., 1947/48.
1960	Neue Impulse der Nietzsche-Forschung: *K. Schlechta,* „Der Fall Nietzsche", 1959; *E. Fink,* „Nietzsches Phi-

losophie“, 1960; *M. Heidegger,* „Nietzsche“, 2 Bände, 1960.

1963 Moderne Fragen der Sprache, Logik und Semantik, teilweise auf L. Wittgenstein zurückgreifend. Wissenschaftstheoretische Probleme der Kybernetik und Informationstheorie. – Strukturalismus.

1966 Einbeziehung soziologischer, politologischer und ideologiekritischer Fragen in die philosophische Diskussion: Neomarxismus, „Frankfurter Schule“, Kritische Theorie. Philos. Anthropologie u. Verhaltensforschung.

1968 Kritische Wiederentdeckung positivistischer Fragestellungen: Analytische Philosophie, kritischer Rationalismus, logischer Positivismus, Modelltheorie; Weiterentwicklung der Wissenschaftstheorie und ihrer Anwendung; formallogische Behandlung des Wertproblems im Rahmen axiologischer, semantischer und symbollogischer Untersuchungen über die Beziehung von Sein und Sollen. Zunahme der Wittgensteinforschung.

1970 Zunahme der theoretischen Beschäftigung mit politischer Philosophie, zum Teil in institutionalisierter Form. Versuche zur Begründung einer „Friedensforschung“, Beschäftigung mit Theorien zur Vermeidung der Kriege und den dazu dienenden Untersuchungen der Lebensbedingungen in der veränderten Welt, – alles auf wissenschaftstheoretischer und philosophischer Basis.

1978 XVI. Weltkongreß für Philosophie in der Bundesrepublik Deutschland (27. 8.–3. 9. in Düsseldorf) – zum 2. Mal auf deutschem Boden – mit dem Generalthema: Die Philosophie und die Weltauffassung der modernen Wissenschaften.

1985 Zunehmende Beschäftigung mit den französischen Philosophen des Poststrukturalismus (Foucault, Derrida, Deleuze); Entwicklung praktischer ethischer Ansätze: Umweltethik, Wirtschaftsethik; Forschungen der Neurologie und zur Künstlichen Intelligenz fordern verstärkt eine Neubestimmung philosophischer Bewußtseinstheorie heraus.

1989 Mit zahlreichen Symposien und Veröffentlichungen wird des 100. Geburtstages von Wittgenstein (26. 4.) und Heidegger (26. 9.) gedacht.

AUS DEM VERLAGSPROGRAMM

Lexikon der philosophischen Werke

Hrsg. von F. Volpi und J. Nida-Rümelin. Redakt. verantw. Mitherausgeber M. Koettnitz und H. Olechnowitz. 1988. XVI, 863 Seiten. Leinen

ISBN 3 520 48601 6 (KTA 486)

Das »Lexikon der philosophischen Werke« gibt in 1147 Artikeln Auskunft über die bekanntesten und wirkungsgeschichtlich bedeutsamsten Werke der Philosophie. Im gesamten Zeitraum von Antike bis Gegenwart wird vorwiegend, aber nicht ausschließlich die westliche Philosophie berücksichtigt.

Ernst von Aster
Geschichte der Philosophie

Durchgesehen und ergänzt von Prof. Dr. E. Martens. 17. Aufl. 1980. XXIII, 520 Seiten. Leinen

ISBN 3 520 10817 8 (KTA 108)

Eine wissenschaftlich erstklassige Philosophiegeschichte, die nirgends in Einzelheiten steckenbleibt und den philosophischen Ideen und Problemen, die stets in den Zusammenhang der allgemeinen Kultur gestellt werden, nichts von ihrer Tiefe nimmt.

Julian Nida-Rümelin (Hg.)
Philosophie der Gegenwart in Einzeldarstellungen

Von Adorno bis von Wright.
1991. XXVI, 659 Seiten. Leinen

ISBN 3 520 42301 4 (KTA 423)

Dieser Band kreist das philosophische Wissen unserer Tage mit dem Blick auf das Lebenswerk von 131 führenden, die Diskussion prägenden Denkern und Denkerinnen ein. Nach einem knappen Überblick über die Vita wird der Leser mit den Gedankengängen der wichtigsten Werke vertraut gemacht; ein Werkverzeichnis und zahlreiche Literaturhinweise erleichtern das weitere Eindringen.

Wolfgang Stegmüller
Hauptströmungen der Gegenwartsphilosophie

Band I, 7. Aufl. 1989, LV, 736 Seiten. Leinen
ISBN 3 520 30807 X (KTA 308)

Band II, 8. Aufl. 1987, XX, 564 Seiten. Leinen
ISBN 3 520 30908 4 (KTA 309)

Band III, 8. Aufl. 1987, XXI, 351 Seiten. Leinen
ISBN 3 520 40908 9 (KTA 409)

Band IV, 1. Aufl. 1989, XV, 524 Seiten. Leinen
ISBN 3 520 41501 1 (KTA 415)

Bd. I: Philosophie der Evidenz, Methodische Phänomenologie, Angewandte Phänomenologie, Existenzialontologie, Existenzphilosophie, Kritischer Realismus, Moderner Empirismus, Wittgenstein.

Bd. II: Sprachphilosophie, Hermeneutik und Wissenschaftstheorie, Phänomenologie und Analytische Philosophie, Philosophische Logiken, Holistischer Naturalismus, Mögliche Welten, Interner Realismus, Strukturalismus.

Bd. III: Evolution des Kosmos, Theorie der Materie, Evolution des Lebens, Evolution des Wissens.

Bd. IV: Kripkes Wittgenstein, Empiristischer Vorstoß ins Normative und Transzendente (Moralphilosophie ohne Metaphysik. Mackies Wunder des Theismus).

Winfried Böhm
Wörterbuch der Pädagogik

14. Auflage 1994. X, 759 Seiten. Leinen
ISBN 3 520 09414 2 (KTA 94)

Von »Abaelard« bis »Zweiter Bildungsweg« enthält das Wörterbuch 2300 Stichwörter über pädagogische Grundprobleme und Grundbegriffe, Richtungen und Disziplinen der Erziehungswissenschaft, didaktische und methodische Fragen der Unterrichtsfächer, Überblicke über das Bildungswesen der wichtigsten Länder und Staaten unter Berücksichtigung der neuesten Entwicklungen.